上海出版资金项目
Shanghai Publishing Funds

臧克和◎主编

# 日藏唐代漢字鈔本字形表

第一册



華東師範大學出版社

**圖書在版編目(CIP)數據**

日藏唐代漢字抄本字形表/臧克和主編. 一上海：華東師範大學出版社，2015. 12
ISBN 978－7－5675－4392－8

Ⅰ.①日… Ⅱ.①臧… Ⅲ.①漢字一古文字一字形一抄本一唐代 Ⅳ.①H123

中國版本圖書館 CIP 資料核字(2015)第 301823 號

**日藏唐代漢字抄本字形表**

主　　編　臧克和
項目編輯　張繼紅
裝幀設計　高　山

出版發行　華東師範大學出版社
社　　址　上海市中山北路 3663 號　郵編 200062
網　　址　www.ecnupress.com.cn
電　　話　021－60821666　行政傳真 021－62572105
客服電話　021－62865537　門市(郵購)電話 021－62869887
地　　址　上海市中山北路 3663 號華東師範大學校内先鋒路口
網　　店　http://hdsdcbs.tmall.com

印 刷 者　上海当纳利印刷有限公司
開　　本　889×1194　16 開
印　　張　122.5
插　　頁　101
字　　數　1138千字
版　　次　2016 年 2 月第 1 版
印　　次　2016 年 2 月第 1 次
書　　號　ISBN 978－7－5675－4392－8/H・840
定　　價　998.00 元

出 版 人　王　焰

編輯委員會及分工（按姓氏拼音排列）：

陳秋萍（日文翻譯、文本釋文等）

郭　瑞（語料庫設計加工、字表編排等）

海村惟一（版本搜集、文本釋文等）

海村佳惟（日語翻譯、標注及日語索引、凡例等）

劉本才（字形對照）

劉　凌（特約責任編輯）

蘭小燕（文字處理）

蘇莉莉（索引編排）

王同芳（文字處理）

王　焰（策劃）

徐敬業（文字處理）

臧克和（統籌、前言、凡例、審讀）

臧其事（技術支持）

鄭邵琳（語料庫校對）

鄭仰甲（語料庫校對）

教育部人文社會科學重點研究基地華東師範大學中國文字研究與應用中心『十三五』規劃項目成果。

# 前言

在國家『十五』、『十一五』、『十二五』、『十三五』等規劃中，中國文字研究與應用中心相繼設計開展了《漢字斷代調查與漢字發展史》《秦漢六朝字形譜》《中國文字發展史》等課題，幾個重大項目之間具有內在發展的連續性。調研表明，作爲書籍形態漢字書寫及傳播，媒介材質與書寫方式關係尤爲重要。五代特别是宋代雕板印刷成熟，此前基本依賴手寫傳抄。這裏，也許可以稍稍回顧一下科技文化史上介質技術因素與漢字書體發展的關聯。

從中古紙質媒介與書體發展來看，晉南北朝時期紙張作爲書寫介質真正進入廣泛實用階段。考古研究表明，紙張開始並不是作爲書寫用途出現的。直到西晉時作爲書寫功能還是簡紙並用，東晉以降，便不再出現簡牘文書，而幾乎全是用紙了。經過東漢改進製造技術的紙張，到晉南北朝成爲社會用字的主要載體，較之其他書寫載體，極大地拓展了文字書寫的自由空間。只有紙張作爲新的書寫載體真正走向社會應用，書家輩出，呈現個性，才真正具備了物質基礎。『洛陽紙貴』之類的成語，也是出現于晉代（語出《晉書·左思傳》）。書寫空間擴展趨向自由，是需要一定物質基礎的。直接的因素，就是紙墨的完備。但用於書寫的紙張，開始也不可能廉價走入尋常百姓之家。晉南北朝書寫者自己就能制造紙墨，則已經見於正史文字。如《南史》卷三十一《張永傳》載：張永『有巧思』，『紙墨皆自營造』，宋文帝『每得永表啟，輒執玩咨嗟，自歎供御者了不及也』。而《梁書》卷四十九《袁峻傳》則記載：『袁峻，字孝高，陳郡陽夏人，魏郎中令渙之八世孫也。峻早孤，篤志好學，家貧無書，每從人假借，必皆抄寫。自課日五十紙，紙數不登，則不休息。訥言語，工文辭。』至於南北朝，家貧好學者，沒有力量購書，而卻可以有紙抄寫。這表明紙張作爲書寫材料，已經相當普遍了。物質因素具備了，版刻未行，此時還出現了從事書寫的專業戶。《魏書》卷五十五《劉芳傳》載劉芳曾爲諸僧傭寫經論：『劉芳字伯文，彭城人也……雖處窮窘之中，而業尚貞固，聰敏過人，篤志墳典。晝則傭書以自資給，夜則讀誦終夕不寢。至有易衣併日之敝，而澹然自守，不汲汲于榮利，不戚戚於賤貧。乃著《窮通論》以自慰焉。芳常爲諸僧傭寫經論，筆跡稱善。卷直以一縑，歲中能入百餘匹。如此數十年，賴以頗振。由是與德學大僧多有還往。』《北史》卷九十載蔣少遊以傭書爲業：『蔣少遊，樂安博昌人也。魏慕容白曜之平東陽，見俘入于平城，充平齊戶，後配雲中爲兵。性機巧，頗能畫刻。有文思，吟詠之際，時有短篇。遂留寄平城，以傭寫書爲業。』《梁書·孝行傳》記載沈崇傃傭書以養母。《南史·孝義傳》則記載庾震喪父母卒，居貧無以爲葬，賃書以營事，至手掌穿，然後葬事獲濟。這種或以書爲雇傭的關係，或以書爲業解決貧困問題，都在一定程度上反映了當時的社會書寫需求。基於上述，似可將紙張獲得廣泛使用，作爲魏晉南北朝社會文字發展的物質因素來看待。

相關紙張介質的普及，促進了楷、行、草等各種書體的完備，書面文學走向全面自覺，才真正具備了基礎條件。①社會文字使用，講究使用的場合和文字所記錄體裁的配合協調成爲可能，才是真正促成魏晉南北朝文體自覺的內在因素和基本條件。南北朝時期，無論是家庭教育還是個人修養，書藝構成『藝能』重要內容，『藝能』爲當時以及影響後世的『關鍵字』（見諸南北朝隋唐大量石刻、《顏氏家訓·雜藝》等）。梁啟超著《中國歷史研究法》，就直接從文化工具、著寫傳抄與文史的發展關係著眼進行考察：『史官制度，至漢已革。前此史官專有之知識，今已漸爲社會所公有，此其一也；文化工具日新，著寫傳抄及收藏之法，更加利便，史料容易彙集，此其二也；遷書既善美，引起學者興趣，社會靡然向風，此其三也。」梁氏史論，特別揭出著寫傳抄文化工具作爲直接的文史發展內因，可謂手眼跳出。

晚唐版刻印刷與書寫，應當放到這樣的時代背景下加以觀察：唐代社會經濟、文化與教育高度發展，達到中國古代社會鼎盛時期。楷書至此達到最高藝術水準，確定體制範型，調研者或謂之『定型自覺』。同時，也奠定了近現代楷字使用基礎。有唐書法楷則，爲後世不易之定制。楷字發展至定型，有其歷史的準備和自身的條件。就文字內部體制而言，南北朝楷書已經臻於成熟，爲隋唐楷字定型作了充分準備。從上述物質技術因素來看，兩晉南北朝紙張取代其他介質，對文字書寫空間和傳播速度帶來深刻影響。從唐代當時所提供的條件來看，主要有兩方面社會因素起了直接促進作用：一是承襲隋代科舉教育制度並趨於完備，二是整理形成與此相適應的社會標準規範。唐代楷字定型，是唐宋之際文字傳播方式發生革命性轉換的內在因素，即正是唐代楷字規範達到定型化程度，才使得印刷技術通行開來具備了基本前提。技術進步的直接影響，就是使得文字傳播水準不再因人而異。

根據上述關聯，即可發現，現存早期印刷漢字，與共時的石刻書體結構相同、水準一致，因爲二者實質上皆屬於唐代手寫體①。調查表明，印刷技術開始時僅僅是漢字成熟個體手寫翻版；印刷初期的技術改進，對當時文字規範所產生的實際影響，主要體現在傳播方式以及後世文字定型體制，文獻傳播水準，不再因人而異。

至於五代印刷與書寫，與晚唐印刷相比，在儒家經典雕印以及佛經類印刷的規模與分工方面有了明顯進步。漢字傳播史上，只有到了五代，纔實現了真正意義上的唐代定型漢字與最具能產性與傳播性的技術手段的結合：固定規範，傳播廣泛並形成社會文字標準；延續至今，構成現代漢字體制基礎。

與此同時，文獻至少主體文獻傳播方式不再因人而異，相當程度上個性化的書寫及表現方式，也就與此前六朝隋唐的書家輩出，千岩競秀，流派紛呈，各體書藝，臻於極致，迥乎有別了。定型之後，後世文字整體上也就只是受書家影響的產物。

基於上述因素，唐寫文字，保存爲難。日本現存有相當豐富的漢字抄寫本古文獻，其中時間上相當於中國隋唐時期的一批字形清晰的漢字手抄本文獻，日本學者藏家奉爲『國寶』，並逐一編號。至於家喻戶曉的日本『遣唐使』，差不多也就是到大唐神聖抄書者的『假名』。明代華亭陳繼儒撰《太平清話》，後來的高麗半島朝鮮人，也有來華訪求書籍的習慣，其『朝鮮人極好讀書』條云：『朝鮮人極好讀書，凡使臣到中土，或限五六十人，或舊典，或新書，稗官小說，在彼所缺者，五六十人日出市中，各寫書目，分頭遇人遍問，不惜重值購回。故彼國反有異書藏本也。』②基於同樣的關聯，中土由於種種因緣而不傳者，東瀛反有藏本抄本。

字表《一部》『且』字條，下錄初唐《禮記正義》往往作『旦』而中間有丿或、筆相接續，中唐的《翰苑》甚至在『且』形內部加一丿筆；《人部》『但』字條，『旦』符中間，亦有關聯，同歸一揆。這種書寫習慣，方之中土南北朝隋唐石刻用字，皆銜接有序。《、部》『州』字條，著錄中唐《翰苑》依然皆作類似『三刀』形，亦跟南北朝石刻的大量刻寫完全一致。《匚部》『匹』字條，初唐中唐抄本皆從『辶』符書寫，也與南北朝石刻的大量刻寫同致；『匝』字條，五代抄本仍從『辶』符書寫，亦與南北朝石刻的大量刻寫，結構一揆。《人部》『从』字條，下錄初唐《古文尚書》皆抄作雙刀相並形，與南北朝石刻的大量刻寫完全一致；本部『休』字條，所録初唐《古文尚書》《毛詩傳》多加、筆，亦與南北朝石刻不少寫法相同。《人部》『佉』，爲梵語譯音用字，見於所抄晚唐《摩訶止觀》本，中土見於經唐人增字的《玉篇》：『佉，去茄切。神名也。』唐代石刻《慧日寺石壁真言》《佛說彌勒菩薩兜率天下生成佛經碑》《懷州豎立生台記並經幢》《常庭訓建尊勝陁羅尼經幢》《金剛會碑》等。《人部》『作』字條，下録初唐《古文尚書》等於聲符『乍』其下部分抄爲『上』符，至中唐所抄《翰院》等，則或一仍其舊，或從『乍』符，晚唐五代則完全定型爲從『乍』結構。《刀部》『切』字條，初唐到五代，所抄字形『七』符皆作『十』符，無例外；中土南北朝石刻所用楷字記號化過程中『七』『十』開始形成區別，見《王誦墓誌》作『切』，《敬羽高衡造像記》作『切』，《元俊墓誌》作『切』；本部『初』字條，唐抄或從『示』或從『刃』省形；中土南北朝墓誌如《元恪嬪司馬顯姿墓誌》作『初』，《元顯魏墓誌》作『初』，《元誘墓誌》作『初』，《獨孤信墓誌》作『初』。《力部》『功』字條，初唐中唐晚唐所抄皆作『刀』形，至五代始見抄從『力』形；同樣的情形亦見於中土南北朝隋唐五代石刻。《廣部》録『廢』字條，日藏所抄皆從『疒』結構，而中土漢魏六朝隋唐五代石刻語料庫查詢結果，歷代從『广』從『疒』兩種結構並行。《穴部》『窺』字條，日藏唐抄皆從『穴』從『視』形；中土南北朝隋唐石刻歷代從『穴』『視』結構，正復常見。《耒部》『耕』字條，日抄初唐至五代皆將『耒』符抄作『禾』符；中土北魏及唐代石刻，也都見到將『耒』符替換爲『禾』符的用例。《骨部》『體』字條，日藏初唐所抄《豊詁正義》有作『躰』構造者，而晚唐所抄《摩訶止觀》五個字形皆如此作；至於中土《漢魏六朝隋唐五代字形表》著録北齊及唐代，僅個別刻石使用『躰』形。鉄－鉄－鐵字組，經過歷時使用，關係錯綜。《玉篇・金部》：『鉄，持栗切。古文鉄。』《名義》：『鉄，池理反。治鉄也。鉳，同上。』《玉篇・糸部》：『鉄，持栗切。縫衣也。又納也，索也。古作鉄。』今所用『鋼鐵』簡化字，適與之構成同形字。字表《金部》『鏃』字條，日存中唐所抄《翰苑》作『鉄』；中土南北朝隋唐石刻用字，北齊《宇文誠墓誌》『松筠雅操，鉄石深衷』作『鉄』，唐代神功元年張愔墓誌》：『松筠比質，挺標王佐之才；鉄石其聲，獨擅養人之器。』皆確乎以『鉄』爲『鐵』之例證。《爿部》『牀』字條，日藏中唐所抄《翰院》使用『床』形；《漢魏六朝隋唐五代字形表》本部著録『床』形，亦僅見于唐代石刻。《頁部》『類』字條，日藏所抄中唐《翰苑》字形左旁皆從上下雙犬形，現存《漢魏六朝隋唐五代字形表》尚未見到類似的寫法。

其餘像著－着、華－花等過渡性結構，也都若合一契。上述用例表明，日藏唐抄系列，與中土各個時段漢字使用及發展情形十分吻合。如此看來，日藏唐抄系列，確乎所來有自。

晚清羅振玉、楊守敬前輩學者，極力收拾，像《原本玉篇》，雖殘卷斷紙，不成完帙，吉光片羽，亦不啻連城拱璧，向爲學界所重。至於今日，亦復時見多所措意經心者。

顧頡剛、顧廷龍先生編《尚書文字合編》，臧克和上世紀所撰《尚書文字校詁》，即利用其中所著録日藏抄本資料，允稱便利。[3]該系文獻抄寫年代不一，但均源出於唐寫本。《尚書文字合編》曾交待有關抄本情況：岩崎本，岩崎男藏書，殘，日本大正七年（一九一八）影印本。九條本，九條道秀公舊藏，殘，日本昭和十七年（一九四二）《京都帝國大學文學部影印舊鈔本》第十集影印本。神田本，神田醇容安軒舊藏，殘，日本大正八年（一九一九）《容安軒舊書四種》影印本。島田本，島田翰院藏，殘，一九一四年羅振玉《雲窗叢刻》影印本。內野本，影寫日本元亨二年（一三二二）沙門素慶刻本，全，內野皎亭舊藏，日本昭和十四年（一九四〇）東方文化研究所影印本。上圖本（元亨本）舊本元亨三年（一三二三）藤原長賴手寫本，殘。上海圖書館藏，原件後間有脱佚，據羅振玉《雲窗叢刻》影印楊守敬本配補。觀智院本，日本元亨三年藤原長賴手寫本，殘。東寺觀智院藏，日本影本。古梓堂本，日本元亨三年藤原長賴手寫本，殘，古梓堂文庫舊藏，日本複印本。天理本，日本鐮倉末期寫本，殘，天理圖書館藏，日本複印本。足利本，日本室町時期寫本，全，足利學校遺跡圖書館藏，日本複印本。上圖本（影天正本）舊本影寫天正六年（一五七八）秀圓題記本，全。上圖本（八行本），該日寫本每半頁八行，行大字二十，全本。④

一九九九年，朱葆華教授赴日本下關大學任教，利用課餘時間，訪問東京大學等圖書館，除了複印回來日藏唐寫本《説文・木部》殘卷六紙外，還帶回了空海所撰《篆隸萬象名義》高山寺藏本。此前，中華書局曾影印過該抄本的拼版本。中國文字研究與應用中心在高山寺藏本等基礎上，研製了《原本玉篇》《篆隸萬象名義》等專書對比資料庫。

二〇〇〇年，上海古籍出版社影印出版了海外珍藏善本叢書，包括周勛初先生所輯《唐鈔文選集注匯存》，同樣包含日藏唐抄『國寶』。

二〇一三年，南京鳳凰出版社（原江蘇古籍出版社）影印出版了安平秋先生主編《日本國立公文書館藏宋元本漢籍選刊》十五册，《日本國會圖書館藏宋元本漢籍選刊》八册，洵犖犖大者。

二〇一四年在日本九州福岡國際大學召開的第二届世界漢字學會，有些意外的發現，二〇一一年所付梓《漢魏六朝隋唐五代字形表》，雖然初版應急，存在許多問題，還需不斷補正完善，然已在日本漢學界廣泛使用。福岡國際大學國際關係學院院長海村惟一教授，爲世界漢字學會理事，系當代日本漢學泰斗岡村繁先生嫡傳高足，宿學高僧，交遊往還者眾，中日兩國學術，能作無間之郵。在他所成功組織舉辦的世界漢字學會第二届年會上，我們就討論了如何在數字化網絡化時代，使這批珍貴傳抄漢籍漢字原形成爲兩國讀者便捷使用的材料。基於這批材料类型數量等實際情況，建立了兩國專業學者聯合工作體系。

這些材料根據撰寫內容的來源，可以分爲自寫本和他寫本。自寫本，即日本人手抄日本國文獻；他寫本，即中土流傳現存日本的唐抄本及相當於唐代的日本學者（遣唐使等）所抄寫並帶回日本的中國文獻，如《古文尚書》《禮記正義》《毛詩正義》《文選注》《翰苑》等。還有一批完整字書抄本，諸如唐抄《原本玉篇》《篆隸萬象名義》，北宋抄《新撰字鏡》等，規模稱大，我们在幾年前也早已作了語料庫深加工處理。至于日本陸續出土的青銅器物銘文、簡牘文等，散在各地，視情況將圖文並收。由於唐抄材料種類繁多且大部零散，除了本次付梓的三册，初計尚有數册，文字研究基地將陸續推出其餘若干册。

唐抄材料經過電腦系統處理，截取原形圖片，存真編排。就內容的唯一性及所呈現的形式而言，該字形譜系列，對於中國諸多學術領域尤其是漢字發展史，將填補重要缺環（業經基本失落了刻本流行之後的紙質書寫形式記憶）；對於日本漢學界語言文字學界，也將提供便利。基於此，字形表將編製日語中文數種索引，以便世界漢字文化圈地區使用。

首批三册，涉及日本奈良平安時期的日本漢字抄本文獻用字（相當於中國上自初唐下迄五代）。具體文獻時代屬性及其藏本源流情況，海村教授嘗揭示如下：

(1)《唐鈔本古文尚書》十三卷，廣橋家舊藏本。其中之一現在的岩崎藏本，殘本，没避唐太宗『民』字之諱，所書字體爲隸古定。⑤最新研究根據載體的紙料、用雌黄訂正文字的手法等，綜合判斷此本是初唐抄本。⑥

(2)《翰苑》卷三十，太宰府天滿宮宮司西高辻氏（菅原家）家傳並保持當時卷本裱裝原樣的天下孤本。傳此本出自菅原清公（七七〇—八四二）之手。菅原清公是太宰府天滿宮的祭神『日本學問神』菅原道真（八四五—九〇三）之祖父，遣唐判官。公元八〇四年作爲第十八次遣唐使，與遣唐大使藤原葛野麻呂，以及最澄、空海一起渡海赴唐，並受到謁見唐德宗的禮遇。其間菅原清公抄此《翰苑》卷三十帶回日本，系平安初期他抄本。⑦

(3)《摩訶止觀》卷第一，全本。此書是天臺大師智顗（五三八—五九七）於公元五九四年在荊州玉泉寺作的演講，由其弟子灌頂（五六一—六三二）筆錄編輯而成的論書，與《法華玄義》《法華文句》一起被稱爲『天臺三大部』的根本聖教之一。最初由鑒真和尚（六八八—七六三）帶至日本，日本天臺宗開祖最澄（七六七—八二二）抄錄了此本。日後，最澄與圓珍（八一四—八九一）作爲遣唐使入唐，又帶回了不少天臺典籍與《摩訶止觀》。據此卷書體以及其他特徵，認定此本爲平安中後期抄本。原藏（滋賀）石山寺，後移藏于酒井宇吉氏處，現藏於國際佛教學大學院大學。⑧

(4)《毛詩》殘本，原藏山城國（現京都市）鳴瀧常樂院，後移藏於和田維四郎氏處。狩野直喜博士向和田維四郎借來影印並分贈海内外學者，大正九年（一九二〇）在還給和田維四郎時，添加了跋文論證了此《毛詩》殘本的學術價值。此後，狩野直喜博士還與敦煌石室發現的《毛詩》殘卷（藏于巴黎國民圖書館）進行校對，通過對兩者的『解覯』、『袪袂末』、『斥取者』等辭彙的考證，確認了兩者是共通的初唐抄本。但就書體而言，此《毛詩》殘本勝於敦煌本。此外，此本與《唐鈔本古文尚書》一樣，在平安時代中期初的延喜年間（九〇一—九二三）加上了訓點，是漢籍訓點資料中現存最古老的珍貴資料之一。現藏于岩崎文庫。⑨

(5)《禮記正義》卷第五《曲禮》上、下，僅缺首尾。經文注語只略記首尾，接著施疏，即所謂的單疏本，與孔穎達的原本極其相近。古體字形頗多，就書寫風格而言，當爲離唐初不遠的抄本。紙背抄錄的《賢聖略問答》末尾有『天延三年（九七五）五夏月於興福寺喜多院松房記之』云云，這年的書寫者記錄了《賢聖略問答》是爲了後學而抄錄的。原藏興福寺，現藏于岩崎文庫。⑩

(6)《十誦律》殘一卷，存第四誦卷第二十二，卷本一軸，姚秦釋弗若多羅、鳩摩羅什所合譯。此本抄于天平十二年（七四〇），是奈良時代初期的他抄（寫經）本。卷末書：『皇后藤原氏光明子奉爲／尊考贈正一位太政大臣府君尊妣贈從一位／橘氏太夫人敬寫一切経論及律莊嚴既了／伏願憑斯勝因奉資冥助永庇菩提之／樹長遊般若之津又願上奉／聖朝恒延福壽下及寮采共盡忠節又／光明子自発誓言弘済沈淪勤除煩障妙／窮諸法早契菩提乃至伝燈無窮流／布天下聞名持卷獲福消災一切迷方會／帰覚路／天平十二年五月一日記。』無點。有奈良時代末期的朱筆校正。現藏于岩崎文庫。⑪

(7)《大般若波羅蜜多經》殘一卷，存卷第二百三十『初分難信解品』第三十四之四十九，卷本一軸，唐釋玄奘所譯。此卷有印記『薬師寺印』、『薬師寺金堂』，據此可知此本是天武天皇于六八〇年創建的奈良藥師寺的原裝寫經本，由此可窺奈良時代中期寫經本之一斑。奈良時代中期他抄（寫經）本，無點。原屬（奈良）藥師寺，現藏于岩崎文庫。⑫

(8)《大般若波羅蜜多經》殘一卷，存卷第一百四十『初分校量功德品』第三十之三十八，卷本一軸，唐釋玄奘所譯。卷末書：『無災殃而不成者般／若之金言真空之妙典被稱諸佛之／父母賢聖之師範也所以至誠奉／大般若経一部六百巻三世大覚十方／賢聖咸共証明我現當之勝必定／成熟貞観十三年（八七一）〈歳次／辛卯〉三月三日前上[野]／國大目従六位下安倍朝臣小氷麻呂。』平安中期他抄（寫經）本，無點。現藏于岩崎文庫。⑬

(9)《諸阿闍梨真言密教部類總録》是全本，大一帖。日本天臺宗僧安然（八四一？—九一五？）撰。紙帙（高山寺舊藏鎌倉中期寫『借屋圖』製），外題『安然律師八家秘録全』，朱印『方便智院』。卷末書有『康保二年（九六五）〈歳次／乙丑〉十一月二日〈日次／戊辰〉於東塔院寫之已了』（『二日』原脱落，插入一圈在其左傍補書）。另筆在卷末書有識語『仁平四年（一一五四）十月廿日未時交已，東寺沙門弁智法師識』，還有另筆書有『大師（空海）禦作目録』。桐外箱印票印記有『梧樓私印』、『青木印』。無點。高山寺舊藏，現藏于岩崎文庫。⑭

(10)《大毗盧遮那成佛神變加持經蓮花胎藏菩提幢標幟普通真言藏成就瑜伽》三卷，唐釋法全撰。平安時代末期合抄（數人分抄）本，卷本三軸。各卷抄寫者各異，據烏絲欄的樣式，應該是同時期合寫的。原藏寶菩提院，現藏于岩崎文庫。⑮



該選題屬於教育部人文社會科學重點研究基地中國文字研究與應用中心在『十三五』規劃定位中，與出土文字語料庫深加工專題建設及漢字發展史斷代調研相匹配的重大工程之一。從立項到實施，首先是基於著名學者、華東師範大學校務委員會主任童世駿教授的遠見通識和學術指導。在組織實施規劃過程中，華東師範大學副校長梅兵教授爲基地平臺及學科團隊建設花費了不少心血和精力；華東師範大學出版社董事長、社長王焰女士則直接策劃並全程指導項目進展。這些因緣，也許可以在這裏順便提到。

臧克和于華東師範大學中國文字研究與應用中心

① 臧克和《書體發展與文體自覺》，《學術月刊》二〇〇七年第三期。

② 明華亭陳繼儒撰《太平清話》二卷，所見版本爲大字本，卷一封面標識爲『官板』、『昌平叢書』字樣，卷二末注明『元治甲子春晚讎校　大島文』『慶應元年刊』，所蓋圖章爲『東京松雲堂書店發售』；另外，卷一『天下瀑布皆有聲』條，有眉批云：『京都魚山有無音瀑。』知該本爲日人所版。現藏德國波恩大學漢學系圖書館。所記諸條，標點爲筆者所加。

③ 臧克和《尚書文字校詁》，上海教育出版社一九九九年。

④ 顧頡剛、顧廷龍《尚書文字合編》，上海古籍出版社，一九九六年。

⑤ 《岩崎文庫貴重書解題Ⅳ》，東洋文庫，二〇〇四年三月，第八二頁。

⑥ 國寶《古文尚書》卷第三、卷第五、卷第十二，勉誠出版社，二〇一五年六月，第一五七頁。

⑦ 竹內理三《翰苑》，吉川弘文館，一九七七年五月，第一四三-第一五七頁。

⑧ 《日本古寫經善本叢刊第七輯》，國際佛教學大學院大學日本古寫經研究所，二〇一四年三月，第九頁。

⑨ 《岩崎文庫貴重書解題Ⅰ》，東洋文庫，二〇〇四年三月，第一頁。

⑩ 《岩崎文庫貴重書解題Ⅰ》，東洋文庫，二〇〇四年三月，第五頁。

⑪ 《岩崎文庫貴重書解題Ⅰ》，東洋文庫，二〇〇四年三月，第一頁。

⑫ 《岩崎文庫貴重書解題Ⅰ》，東洋文庫，二〇〇四年三月，第一頁。

⑬ 《岩崎文庫貴重書解題Ⅰ》，東洋文庫，二〇〇四年三月，第三頁。

⑭ 《岩崎文庫貴重書解題Ⅰ》，東洋文庫，二〇〇四年三月，第四頁。

⑮ 《岩崎文庫貴重書解題Ⅰ》，東洋文庫，二〇〇四年三月，第八頁。

# 目錄

凡例說明……一
正文……一
附錄一：部首索引……一八九五
附錄二：筆劃檢字表……一八九七
附錄三：日本字音檢字表……一九一四
附錄四：本書所用文獻異體字對照表……一九三二
附錄五：部分形體差異部件對照表……一九三三
跋……一九三五

# 凡例說明

①術語

《日藏唐代漢字抄本字形表》，取材於以真實用筆一次性抄寫並保存下來的共時紙質本，按時代先後排列字形。材料來源及時代屬性參看附表一和附表二。

字形與字體。字形體現爲構件成分和構件位置，反映漢字基本屬性；字體指體現各類字形書寫風格的基本體式，即漢字的體態類型。

異體字。異體字往往被籠統定義爲字音字義相同而字形有異，問題是何謂字音，字音又從何而來？何謂字義，字義又從何而來？但從漢字本體屬性而言，本無所謂『異體』，構件成分、構件位置和結構方式有異，就是不同的字形。若干文字學領域使用的術語，本質上都是詞彙學的，連異體字通常也是以詞語爲關聯視角的。異體現象，實質就是在漢字字形在長期使用歷史過程中所形成的結構性差異，而這些差異一般並不影響其記詞使用功能。

異體字與時代用字。異體字除了記詞功能相同條件下的形體差異之外，還要考慮歷史的因素；而習慣上所使用的『碑別字』之類，其實主要還是屬於共時的，如[商-商]一組，唐代石刻確實在作爲一個字形使用，但從歷代社會用字實際來看，二字功能還是各有明確分工的。基於此，不宜將各個歷史時期存在的『碑別字』之類籠而統之等量齊觀爲歷史異體字。我們在有關漢字斷代及漢字發展史調研場合，曾經提出過『過渡性形體』（transitional of body）。大量所謂異體字，其實就是漢字發展歷史上各個時期曾經存在過的過渡性質的形體。[1]日本九洲首府福冈博多（hakada，促讀濁音即ばんとぉ），神社高揭『民俗文化戝博多祇園山笠』，其中『戝』用若『財产』字，聯係結構前接『民俗文化財』，則是非物貭之財產（『文化遺產』）；『戝』字后接結構部分，則財產之名稱爲『博多祇園山笠』。[賊-戝]字组，中土字彙戝則見諸《龍龕手鑒》，同賊。其間過渡形體，爲兩漢簡牘石刻用字，如西漢張家山簡九〇六號省簡聲符部分作。日本語辭書亦存此字，讀同中土漢字。但如此使用措置，不辭無講。殆流俗演化，至此定型。檢出土文獻用字《漢魏六朝隋唐五代字形表·貝部》下攝『財』字分別作（東漢寇恩石刻）、（東漢蒼山元嘉題記）、（隋代劉多墓誌）等，即[財-戝]中間過渡形體。

②歸字

首先明確某一形體，到底屬於哪個字的某個時代的典型樣式，這是字形表最基本的認同排列原則。形體輪廓接近而區別度不高的字形或成分混用，往往體現了某個時期社會用字的實際，如[义-叉-乂]、[惱-惚]、[卩-阝]、[亓-开]（該時期社會用字，基本不存在开、開繁簡關係，故不影響結構區別）、[言-告]（《人部》『儋』字條，儋字聲符詹結構右下部分）等；楷

① 見臧克和《漢字過渡性形體價值》，《古漢語研究》二〇一三年第三期；www.wenzi.cn 所轉載刊於《中國文字研究》二〇一〇年總第十三輯臧克和《聯繫的重建》。

化導致若干字符區別度降低，輪廓混用，字形表歸字反映語料使用實際。

至於實物語料帶來的通用混用誤用等字際關係，如[淄-涇]、[城-域]等，字形表則儘量按照形體屬性加以分別，在條件許可的情況下，特別標注簡短抄寫語境，見④標注。對於實物材料中常見通用情況一般不予標注語境，如[修-脩]等，讀者可以通過字形下部所標注具體出處對照原始材料進行查詢。另外，關注這類字際關係所在語境，可結合本字形表所依託『唐抄本資料庫』及相關『石刻語料庫』(www.wenzi.cn)加以使用。

異體字組按照現代部首排列，往往散在各部。如《人部》：『侵』字條，所抄初唐《毛詩傳》、中唐《翰苑》多從亻形；又『傲』字條，所抄初唐《古文尚書》有『傲』『慠』異體：爲了呈現形體變異和聯繫，字形表皆在《人部》『修』『侵』『傲』諸條下排列。又如，《耒部》『耕』字條，日抄初唐至於五代，皆將耒符抄作禾符；中土北魏及唐代石刻，也都見到將耒符替換爲禾符的用例；字形表仍歸《耒部》排列。《耳部》『職』字条，日藏唐抄皆从身符構造，現代日語『學習、掌握』類書面表達形式也作『身に付く』；中土晋代南北朝到唐代石刻，隸變耳、身二符區別度不够，由耳、身構造的字形都存在；字形表同樣皆歸《耳部》排列。

漢字作爲繁簡處理後，使得漢字使用歷史存在一定交叉關係的字組，分部呈現。如[后-後]，分列口部和彳部。

③取材

字形表所取字形，全部來自年代關係明確、經過慎重選擇的實物材料，信息保真，參見材料來源表。凡是年代明確的唐抄本用字，除了少量背景模糊或存在殘缺部分的，存在一定差異度的形態，悉數加以著錄排列，並給出字形使用頻率，字頻標注於筆劃檢字表中每字的右上角。字頭所列出宋本《說文解字》小篆，便於使用者對照觀察隸變發展過程。

④標注

A.字形表所列字形皆標明出處，揭示時代屬性和所在位置。例如《人部》『佉』，爲梵語譯音用字，見於所抄並標注的晚唐《摩訶止觀》本，並相應注明字形在該抄本的頁碼、列數和字序（該字中土見於經唐人增字的《玉篇》：『佉，去茄切。神名也。』唐代石刻《慧日寺石壁真言》《佛說彌勒菩薩兜率天下生成佛經碑》《懷州豎立生台記並經幢》《常庭訓建尊勝陁羅尼經幢》《金剛會碑》等）。例如：

表示該字形为晚唐时期《翰苑》中第41片、第519列、第22個字形。

B.對於通用混用誤用等字際關係，盡可能標注對應語境，例如：

烏桓
中唐・翰苑
6_73_28

該字形收入『焉』字，語境爲『烏桓』，烏、焉兩字形混，給出語境以便對照。

C.字頭下標注日本音讀和訓讀，見⑧日本語音的標注及索引。

⑤分部

依照現代漢字部首合併習慣，按二〇〇部編排，字形表中會出現一些字形分合現象。異體字組按照現代部首排列，往往存在散在各部的情形。爲了呈現形體變異和聯繫，做了適當調整，集中爲一組排列，參見『歸字』。至於仍舊存在分散各部的情形，則可利用索引提供的路徑，加以聯繫。

⑥功能

根據前言的交代，本字形表用以彌補隋唐及以降業已中斷的漢字實際使用聯繫環節。

假如還無法回答哪個字形在哪個時期出現、哪個時期發生變異及變異的程度等，海量數據支持下完成的字符集研製工具書編纂就無從談起。這表明，真實還原社會用字環境的調查平臺尚存在缺陷。由於實物文字語料庫所選擇文獻材料類型仍然有限，即使入選材料也根據去重複度、清晰度顯示的要求而作了取捨，因此本字形表存在若干缺漏，有待於隨著實物文字語料庫不斷完善而補充。

《人部》『作』字條，下錄並標注初唐《古文尚書》等，于聲符『乍』其下部分抄爲『上』符，至中唐所抄《翰院》等，則或一仍其舊，或從『乍』符，晚唐五代則完全定型爲從『乍』結構：與南北朝隋唐五代石刻情形吻合。《人部》『你』字条，《大毗盧經》全部抄作『你』形，隋唐五代石刻語料庫除了唐元和九年《喬進臣買地券》『其地更不得忓吝，如有忓吝，打你九千，使你作奴婢，上至天，下至皇泉。保人辰堅故、保人管公明保人東方朔、見人李定度』之外，其餘皆見於經幢等刻石。字形表編排呈現，使得書體發展、字形演變、媒介因素，其時代座標，到眼即辨。參考本字形表可以對照反映包括隸變、楷化、簡化等現象在內的文字演變歷程，補具已經中斷聯繫的所謂『過渡性』形體；對照各個時期媒體介質技術等因素轉化對漢字發展帶來的具體影響；對照有關文字發展線索、漢語史調查分期、文化史藝術史考究座標、媒介技術對漢字發展的影響，各類器物實際用字所處階段特徵（變異趨勢）等，字形表都具有實際參考價值。

其中日語索引，還標注了唐抄本所存當時記錄的漢代、吳音及唐代讀音，對於漢語語音史的調研，亦有相當參考價值。

⑦檢索

部首索引表，檢索部首所在頁碼。

筆劃檢字表，提供字形表所有字頭及異體字的筆劃檢索。

附漢字筆劃及日本語索引。

⑧日本語音的標注及索引。

字頭下首先標注日本字音（音讀），另起一段標注日本字訓（訓讀）。

A. 日語字音（音讀）

日語字音均用片假名表示，標註『**慣**』爲慣用音，『**漢**』爲漢音，『**吳**』爲吳音，『**唐**』爲唐音。其前後排列參考小川環樹、西田太一郎、赤塚忠《新字源》等。

片假名前有『現』的則是指現代日語中的『常用漢字』、『當用漢字』、『教育用漢字』、『人名用漢字』的字音，均參考《新字源》等。

本表中的諸橋轍次《大漢和辭典》（修訂版，大修舘書店，一九八六）的歷史字音假名遣一律改爲現代字音假名遣。

音讀中『、』是表示特殊漢字的不同音讀，無漢、吳音之分。

B. 日語字訓（訓讀）

標記『**訓**』爲日語字訓，均用平假名表示，字訓是各種字典資料中同訓的第一訓，或者是常用字訓；無字訓者以『—』來表示。

C. 日本字音字訓的出處基本來源于小川環樹、西田太一郎、赤塚忠《新字源》（角川書店，一九九三），補充參考如下資料：

諸橋轍次《大漢和辭典》（修訂版，大修舘書店，一九八六）

簡野道明《增補/字源》（角川書店，一九九一）

尾崎雄二郎《角川大字源》（角川書店，一九九二）

白川靜《字通》（平凡社，一九九六）

## 附表一：材料來源表

| 排序 | 全名 | 抄本時期 | 正文簡稱 |
|---|---|---|---|
| 1 | 《唐鈔本古文尚書》殘卷 | 初唐 | 古文尚書 |
| 2 | 《毛詩》殘本 | 初唐 | 毛詩傳 |
| 3 | 《禮記正義》卷第五《曲禮》 | 初唐 | 禮記正義 |
| 4 | 《十誦律》殘一卷 | 奈良初期 | 十誦律 |
| 5 | 《大般若波羅蜜多經》殘一卷（第二百三十初分難信解品第三十四之四十九） | 奈良初期 | 般若經 |
| 6 | 《翰苑》卷三十 | 平安初期 | 翰苑 |
| 7 | 《大般若波羅蜜多經》殘一卷（存卷第一百四十初分校量功德品第三十之三十八） | 平安中期 | 般若經 |
| 8 | 《摩訶止觀》卷第一 | 平安中期 | 摩訶止觀 |
| 9 | 《諸阿闍梨真言密教部類總錄》 | 平安中期 | 密教部類 |
| 10 | 《大毗盧遮那成佛神變加持經蓮花胎藏菩提幢標幟普通真言藏成就瑜伽》 | 平安後期 | 大毗盧經 |

# 附表二：中日歷史時代分期對照表

<table>
<tr><td colspan="4">隋 581年-618年</td><td>飛鳥時代 6世紀末～710年</td></tr>
<tr><td rowspan="3">唐<br>618年-907年</td><td colspan="3">初唐 618年-762年</td><td>奈良時代 710年～794年</td></tr>
<tr><td colspan="3">中唐 763年-835年</td><td rowspan="8">平安時代 794年～1192年</td></tr>
<tr><td colspan="3">晚唐 836年-907年</td></tr>
<tr><td rowspan="5">五代</td><td>後梁 907年-923年</td><td rowspan="6">十國<br>907年<br>-979年</td><td rowspan="6">遼<br>916年<br>-1125年</td></tr>
<tr><td>後唐 923年-936年</td></tr>
<tr><td>後晉 936年-947年</td></tr>
<tr><td>後漢 947年-950年</td></tr>
<tr><td>後周 951年-960年</td></tr>
<tr><td>宋</td><td>北宋<br>960年-1127年</td></tr>
</table>

# 一部

漢現イツ呉現イチ
訓ひとつ

初唐•古文尚書 2_14_14
初唐•古文尚書 8_64_2
初唐•古文尚書 10_89_13
初唐•古文尚書 10_91_8
初唐•古文尚書 11_92_15
初唐•古文尚書 12_109_14
初唐•古文尚書 13_115_8
初唐•古文尚書 13_115_16
初唐•古文尚書 13_121_28
初唐•古文尚書 15_139_6
初唐•古文尚書 15_143_12
初唐•古文尚書 17_158_17
初唐•古文尚書 17_158_29
初唐•古文尚書 21_197_6
初唐•古文尚書 22_211_19
初唐•古文尚書 23_224_6
初唐•古文尚書 23_224_19
初唐•古文尚書 27_266_15
初唐•古文尚書 28_277_24
初唐•古文尚書 28_278_9
初唐•古文尚書 31_290_3
初唐•古文尚書 33_308_13
初唐•古文尚書 34_318_15
初唐•古文尚書 38_360_8
初唐•古文尚書 38_361_7
初唐•古文尚書 44_425_7
初唐•古文尚書 44_426_2
初唐•古文尚書 44_427_1
初唐•古文尚書 44_427_22
初唐•古文尚書 44_428_28
初唐•古文尚書 46_454_15
初唐•古文尚書 49_475_2
初唐・毛詩傳 5_49_9
初唐・毛詩傳 5_52_25
初唐・毛詩傳 7_73_10
初唐•禮記正義 5_70_22
初唐•禮記正義 5_74_6
初唐•禮記正義 6_89_14
初唐•禮記正義 8_120_69
初唐•禮記正義 10_147_20
初唐•禮記正義 10_152_23
初唐•禮記正義 11_169_14
初唐•禮記正義 11_176_21
初唐•禮記正義 11_178_13
初唐•禮記正義 12_180_19
初唐•禮記正義 12_184_20
初唐•禮記正義 13_196_22
初唐•禮記正義 13_199_12
初唐•禮記正義 15_236_6
初唐•禮記正義 17_261_11
初唐•禮記正義 17_261_14
初唐•禮記正義 17_261_26
初唐•禮記正義 19_286_13
初唐•禮記正義 23_345_11
初唐•禮記正義 24_359_7
初唐•禮記正義 24_359_23
初唐•禮記正義 24_360_13
初唐•禮記正義 24_361_2
初唐•禮記正義 24_361_9
初唐•禮記正義 24_361_22

| | | | | | | |
|---|---|---|---|---|---|---|
| 初唐・般若經<br>5_61_1 | 初唐・般若經<br>4_40_12 | 初唐・十誦律<br>6_96_11 | 初唐・十誦律<br>5_83_13 | 初唐・十誦律<br>4_61_12 | 初唐・十誦律<br>3_40_6 | 初唐・禮記正義<br>24_364_21 |
| 初唐・般若經<br>5_62_14 | 初唐・般若經<br>4_41_15 | 初唐・十誦律<br>18_349_7 | 初唐・十誦律<br>5_84_15 | 初唐・十誦律<br>4_64_15 | 初唐・十誦律<br>3_41_6 | 初唐・禮記正義<br>24_369_21 |
| 初唐・般若經<br>5_64_12 | 初唐・般若經<br>4_45_1 | 初唐・十誦律<br>18_350_4 | 初唐・十誦律<br>5_86_8 | 初唐・十誦律<br>4_66_3 | 初唐・十誦律<br>3_52_3 | 初唐・禮記正義<br>24_370_2 |
| 初唐・般若經<br>5_65_16 | 初唐・般若經<br>4_46_14 | 初唐・十誦律<br>19_362_9 | 初唐・十誦律<br>5_87_16 | 初唐・十誦律<br>4_70_17 | 初唐・十誦律<br>4_53_5 | 初唐・禮記正義<br>25_383_2 |
| 初唐・般若經<br>6_69_1 | 初唐・般若經<br>4_48_12 | 初唐・十誦律<br>19_366_5 | 初唐・十誦律<br>5_89_14 | 初唐・十誦律<br>4_71_15 | 初唐・十誦律<br>4_53_9 | 初唐・禮記正義<br>25_383_13 |
| 初唐・般若經<br>6_70_14 | 初唐・般若經<br>4_49_15 | 初唐・十誦律<br>19_366_17 | 初唐・十誦律<br>5_92_16 | 初唐・十誦律<br>5_74_6 | 初唐・十誦律<br>4_54_1 | 初唐・禮記正義<br>28_432_16 |
| 初唐・般若經<br>6_72_11 | 初唐・般若經<br>5_53_1 | 初唐・十誦律<br>19_367_8 | 初唐・十誦律<br>6_93_5 | 初唐・十誦律<br>5_75_14 | 初唐・十誦律<br>4_56_2 | 初唐・禮記正義<br>28_432_19 |
| 初唐・般若經<br>6_73_15 | 初唐・般若經<br>5_54_14 | 初唐・十誦律<br>19_373_12 | 初唐・十誦律<br>6_93_16 | 初唐・十誦律<br>5_77_1 | 初唐・十誦律<br>4_57_8 | 初唐・禮記正義<br>29_444_34 |
| 初唐・般若經<br>13_186_10 | 初唐・般若經<br>5_56_12 | 初唐・般若經<br>2_11_5 | 初唐・十誦律<br>6_94_16 | 初唐・十誦律<br>5_81_17 | 初唐・十誦律<br>4_58_17 | 初唐・十誦律<br>3_37_10 |
| 初唐・般若經<br>13_187_1 | 初唐・般若經<br>5_57_15 | 初唐・般若經<br>4_38_14 | 初唐・十誦律<br>6_95_16 | 初唐・十誦律<br>5_82_16 | 初唐・十誦律<br>4_60_5 | 初唐・十誦律<br>3_39_9 |

| | | | | | | |
|---|---|---|---|---|---|---|
| 中唐・翰苑<br>42_543_4 | 中唐・翰苑<br>37_476_45 | 中唐・翰苑<br>21_281_18 | 中唐・翰苑<br>21_274_35 | 中唐・翰苑<br>21_270_10 | 初唐・般若經<br>27_419_9 | 初唐・般若經<br>13_187_10 |
| 中唐・般若經<br>3_35_2 | 中唐・翰苑<br>37_477_6 | 中唐・翰苑<br>21_281_31 | 中唐・翰苑<br>21_274_39 | 中唐・翰苑<br>21_270_23 | 初唐・般若經<br>27_420_3 | 初唐・般若經<br>13_188_8 |
| 中唐・般若經<br>4_39_5 | 中唐・翰苑<br>38_484_15 | 中唐・翰苑<br>24_316_1 | 中唐・翰苑<br>21_274_43 | 中唐・翰苑<br>21_271_24 | 初唐・般若經<br>27_421_3 | 初唐・般若經<br>13_188_17 |
| 中唐・般若經<br>4_47_12 | 中唐・翰苑<br>38_492_21 | 中唐・翰苑<br>24_316_23 | 中唐・翰苑<br>21_275_20 | 中唐・翰苑<br>21_272_19 | 初唐・般若經<br>27_421_14 | 初唐・般若經<br>13_191_2 |
| 中唐・般若經<br>12_208_6 | 中唐・翰苑<br>38_492_23 | 中唐・翰苑<br>32_409_11 | 中唐・翰苑<br>21_275_24 | 中唐・翰苑<br>21_273_17 | 中唐・翰苑<br>19_254_34 | 初唐・般若經<br>13_192_6 |
| 中唐・般若經<br>12_209_1 | 中唐・翰苑<br>38_493_8 | 中唐・翰苑<br>32_417_13 | 中唐・翰苑<br>21_277_36 | 中唐・翰苑<br>21_273_29 | 中唐・翰苑<br>19_254_39 | 初唐・般若經<br>13_193_10 |
| 中唐・般若經<br>12_209_11 | 中唐・翰苑<br>40_508_41 | 中唐・翰苑<br>32_418_14 | 中唐・翰苑<br>21_280_43 | 中唐・翰苑<br>21_273_42 | 中唐・翰苑<br>20_257_16 | 初唐・般若經<br>13_194_3 |
| 中唐・般若經<br>13_210_5 | 中唐・翰苑<br>40_513_32 | 中唐・翰苑<br>32_419_51 | 中唐・翰苑<br>21_200_47 | 中唐・翰苑<br>21_274_6 | 中唐・翰苑<br>20_257_21 | 初唐・般若經<br>21_311_15 |
| 中唐・般若經<br>13_210_14 | 中唐・翰苑<br>40_513_40 | 中唐・翰苑<br>34_437_36 | 中唐・翰苑<br>21_281_3 | 中唐・翰苑<br>21_274_13 | 中唐・翰苑<br>20_257_26 | 初唐・般若經<br>27_417_8 |
| 中唐・般若經<br>13_211_9 | 中唐・翰苑<br>40_516_29 | 中唐・翰苑<br>37_474_20 | 中唐・翰苑<br>21_281_15 | 中唐・翰苑<br>21_274_24 | 中唐・翰苑<br>21_270_5 | 初唐・般若經<br>27_418_16 |

| | | | | | | |
|---|---|---|---|---|---|---|
| 晚唐•摩訶止觀 40_342_26 | 晚唐•摩訶止觀 8_74_21 | 晚唐•摩訶止觀 5_44_18 | 中唐・般若經 17_294_1 | 中唐・般若經 16_278_12 | 中唐・般若經 13_222_9 | 中唐・般若經 13_212_2 |
| 晚唐•摩訶止觀 41_356_5 | 晚唐•摩訶止觀 9_75_5 | 晚唐•摩訶止觀 6_47_14 | 晚唐•摩訶止觀 1_1_7 | 中唐・般若經 16_280_4 | 中唐・般若經 13_223_4 | 中唐・般若經 13_212_14 |
| 晚唐•摩訶止觀 42_358_21 | 晚唐•摩訶止觀 9_75_7 | 晚唐•摩訶止觀 6_49_10 | 晚唐•摩訶止觀 1_3_4 | 中唐・般若經 16_281_14 | 中唐・般若經 13_223_14 | 中唐・般若經 13_215_2 |
| 晚唐•摩訶止觀 42_362_16 | 晚唐•摩訶止觀 38_325_1 | 晚唐•摩訶止觀 6_50_21 | 晚唐•摩訶止觀 1_7_16 | 中唐・般若經 17_287_6 | 中唐・般若經 13_224_8 | 中唐・般若經 13_215_15 |
| 晚唐•摩訶止觀 43_374_8 | 晚唐•摩訶止觀 38_325_11 | 晚唐•摩訶止觀 6_51_3 | 晚唐•摩訶止觀 2_20_14 | 中唐・般若經 17_288_1 | 中唐・般若經 13_224_17 | 中唐・般若經 13_216_9 |
| 晚唐•摩訶止觀 43_374_20 | 晚唐•摩訶止觀 39_336_4 | 晚唐•摩訶止觀 6_51_5 | 晚唐•摩訶止觀 3_27_17 | 中唐・般若經 17_288_12 | 中唐・般若經 13_225_12 | 中唐・般若經 13_217_4 |
| 晚唐•摩訶止觀 52_439_6 | 晚唐•摩訶止觀 39_336_6 | 晚唐•摩訶止觀 6_54_6 | 晚唐•摩訶止觀 4_30_14 | 中唐・般若經 17_289_7 | 中唐・般若經 13_226_5 | 中唐・般若經 13_217_14 |
| 晚唐•摩訶止觀 52_439_10 | 晚唐•摩訶止觀 39_338_11 | 晚唐•摩訶止觀 8_72_18 | 晚唐•摩訶止觀 4_32_12 | 中唐・般若經 17_291_14 | 中唐・般若經 16_271_16 | 中唐・般若經 13_218_10 |
| 晚唐•摩訶止觀 52_439_21 | 晚唐•摩訶止觀 39_340_25 | 晚唐•摩訶止觀 8_74_7 | 晚唐•摩訶止觀 4_36_17 | 中唐・般若經 17_292_10 | 中唐・般若經 16_273_11 | 中唐・般若經 13_219_4 |
| 晚唐•摩訶止觀 52_440_16 | 晚唐•摩訶止觀 40_341_10 | 晚唐•摩訶止觀 8_74_14 | 晚唐•摩訶止觀 5_44_13 | 中唐・般若經 17_293_5 | 中唐・般若經 16_277_3 | 中唐・般若經 13_219_17 |

| | | | | | | |
|---|---|---|---|---|---|---|
| | | | | | | |
| 五代•大毗盧經 10_122_29 | 五代•大毗盧經 5_50_17 | 五代•密教部類 6_77_36 | 五代•密教部類 5_65_1 | 五代•密教部類 4_53_10 | 晚唐•摩訶止觀 62_523_7 | 晚唐•摩訶止觀 52_440_24 |
| 五代•大毗盧經 11_125_12 | 五代•大毗盧經 6_64_3 | 五代•密教部類 6_78_14 | 五代•密教部類 5_65_9 | 五代•密教部類 4_56_13 | 五代•密教部類 4_45_14 | 晚唐•摩訶止觀 52_441_20 |
| 五代•大毗盧經 11_134_11 | 五代•大毗盧經 6_72_24 | 五代•密教部類 6_86_8 | 五代•密教部類 5_66_5 | 五代•密教部類 4_57_11 | 五代•密教部類 4_45_19 | 晚唐•摩訶止觀 52_442_9 |
| 五代•大毗盧經 11_135_16 | 五代•大毗盧經 7_74_12 | 五代•密教部類 6_87_10 | 五代•密教部類 5_66_13 | 五代•密教部類 5_59_6 | 五代•密教部類 4_46_7 | 晚唐•摩訶止觀 52_442_12 |
| 五代•大毗盧經 11_137_12 | 五代•大毗盧經 7_86_17 | 五代•密教部類 6_89_17 | 五代•密教部類 5_67_10 | 五代•密教部類 5_60_6 | 五代•密教部類 4_47_7 | 晚唐•摩訶止觀 52_442_21 |
| 五代•大毗盧經 11_140_3 | 五代•大毗盧經 8_98_16 | 五代•大毗盧經 2_9_15 | 五代•密教部類 5_68_10 | 五代•密教部類 5_62_13 | 五代•密教部類 4_48_14 | 晚唐•摩訶止觀 52_442_27 |
| 五代•大毗盧經 12_147_13 | 五代•大毗盧經 8_99_7 | 五代•大毗盧經 2_11_8 | 五代•密教部類 5_69_11 | 五代•密教部類 5_62_33 | 五代•密教部類 4_49_10 | 晚唐•摩訶止觀 59_501_11 |
| 五代•大毗盧經 13_163_6 | 五代•大毗盧經 9_103_18 | 五代•大毗盧經 3_22_10 | 五代•密教部類 5_71_12 | 五代•密教部類 5_63_8 | 五代•密教部類 4_50_7 | 晚唐•摩訶止觀 60_507_9 |
| 五代•大毗盧經 14_175_1 | 五代•大毗盧經 9_106_30 | 五代•大毗盧經 3_23_10 | 五代•密教部類 5_73_21 | 五代•密教部類 5_64_3 | 五代•密教部類 4_51_7 | 晚唐•摩訶止觀 61_516_2 |
| 五代•大毗盧經 15_189_9 | 五代•大毗盧經 9_107_3 | 五代•大毗盧經 4_40_3 | 五代•密教部類 6_76_5 | 五代•密教部類 5_64_13 | 五代•密教部類 4_52_5 | 晚唐•摩訶止觀 61_517_6 |

五

五代·大毗盧經 15_191_12
五代·大毗盧經 15_196_34
五代·大毗盧經 15_197_10
五代·大毗盧經 15_197_21
五代·大毗盧經 16_203_4
五代·大毗盧經 17_219_10
五代·大毗盧經 17_226_11
五代·大毗盧經 19_248_31
五代·大毗盧經 19_251_9
五代·大毗盧經 20_258_11

五代·大毗盧經 20_261_11
五代·大毗盧經 21_267_11
五代·大毗盧經 22_275_11
五代·大毗盧經 22_277_8
五代·大毗盧經 22_278_25
五代·大毗盧經 22_282_21
五代·大毗盧經 24_305_15
五代·大毗盧經 24_308_17
五代·大毗盧經 24_311_21
五代·大毗盧經 25_320_19

五代·大毗盧經 25_320_39
五代·大毗盧經 26_328_10
五代·大毗盧經 26_328_18
五代·大毗盧經 26_328_29
五代·大毗盧經 26_330_7
五代·大毗盧經 27_337_21
五代·大毗盧經 28_362_25
五代·大毗盧經 28_362_44
五代·大毗盧經 30_378_18
五代·大毗盧經 31_387_1

五代·大毗盧經 31_388_15
五代·大毗盧經 32_398_23
五代·大毗盧經 32_400_10
五代·大毗盧經 32_401_7
五代·大毗盧經 35_413_13
五代·大毗盧經 35_416_3
五代·大毗盧經 35_422_10
五代·大毗盧經 61_757_17
五代·大毗盧經 63_775_1
五代·大毗盧經 64_803_16

五代·大毗盧經 64_807_6
五代·大毗盧經 65_813_14
五代·大毗盧經 65_820_7
五代·大毗盧經 66_823_6
五代·大毗盧經 66_824_1
五代·大毗盧經 66_829_1
五代·大毗盧經 66_829_10
五代·大毗盧經 67_838_11
五代·大毗盧經 68_851_39
五代·大毗盧經 68_856_6

五代·大毗盧經 68_856_26
五代·大毗盧經 68_857_13
五代·大毗盧經 72_880_2
五代·大毗盧經 72_880_29
五代·大毗盧經 72_891_19
五代·大毗盧經 73_895_1
五代·大毗盧經 74_912_18
五代·大毗盧經 74_915_11
五代·大毗盧經 90_1098_1
五代·大毗盧經 90_1098_16

五代·大毗盧經 91_1117_18
五代·大毗盧經 94_1154_19
五代·大毗盧經 95_1166_10
五代·大毗盧經 96_1183_23
五代·大毗盧經 96_1183_24
五代·大毗盧經 97_1190_15
五代·大毗盧經 97_1195_11
五代·大毗盧經 97_1195_12
五代·大毗盧經 97_1196_8
五代·大毗盧經 98_1201_16

# 二

漢ジ 呉現 二
訓 ふたつ

初唐•古文尚書 1_4_13
初唐•古文尚書 2_12_6
初唐•古文尚書 3_18_19
初唐•古文尚書 3_18_23
初唐•古文尚書 3_21_16
初唐•古文尚書 3_26_5
初唐•古文尚書 4_27_1
初唐•古文尚書 5_39_7
初唐•古文尚書 16_153_4

初唐•古文尚書 17_159_8
初唐•古文尚書 26_259_18
初唐•古文尚書 29_280_8
初唐•古文尚書 31_290_38
初唐•古文尚書 33_317_22
初唐•古文尚書 46_445_2
初唐•古文尚書 46_450_6
初唐•古文尚書 46_454_18
初唐•古文尚書 49_479_5

初唐・毛詩傳 1_9_30
初唐・毛詩傳 5_49_6
初唐・毛詩傳 6_59_3
初唐・毛詩傳 6_64_9
初唐・毛詩傳 7_73_12
初唐・毛詩傳 8_88_3
初唐・毛詩傳 9_98_3
初唐•禮記正義 1_2_14
初唐•禮記正義 1_2_17

初唐•禮記正義 1_3_23
初唐•禮記正義 1_10_18
初唐•禮記正義 5_70_25
初唐•禮記正義 5_74_15
初唐•禮記正義 6_82_22
初唐•禮記正義 7_104_18
初唐•禮記正義 7_105_9
初唐•禮記正義 7_105_29
初唐•禮記正義 7_108_9

初唐•禮記正義 7_109_22
初唐•禮記正義 7_109_29
初唐•禮記正義 7_112_3
初唐•禮記正義 9_138_9
初唐•禮記正義 10_147_12
初唐•禮記正義 10_153_21
初唐•禮記正義 10_157_21
初唐•禮記正義 11_169_20
初唐•禮記正義 11_173_5

初唐•禮記正義 11_178_16
初唐•禮記正義 12_179_14
初唐•禮記正義 15_229_19
初唐•禮記正義 15_232_15
初唐•禮記正義 16_240_18
初唐•禮記正義 16_247_3
初唐•禮記正義 19_288_24
初唐•禮記正義 19_290_7
初唐•禮記正義 20_296_12

初唐•禮記正義 22_328_10
初唐•禮記正義 22_335_23
初唐•禮記正義 23_349_10
初唐•禮記正義 24_357_24
初唐•禮記正義 24_358_3
初唐•禮記正義 24_358_23
初唐•禮記正義 24_359_5
初唐•禮記正義 24_359_20
初唐•禮記正義 24_360_10

| | | | | | | |
|---|---|---|---|---|---|---|
| 中唐・翰苑<br>14_185_34 | 初唐・般若經<br>27_417_17 | 初唐・般若經<br>15_215_6 | 初唐・般若經<br>10_146_4 | 初唐・般若經<br>4_50_7 | 初唐・十誦律<br>1_2_8 | 初唐・禮記正義<br>24_360_27 |
| 中唐・翰苑<br>15_188_22 | 初唐・般若經<br>27_422_6 | 初唐・般若經<br>23_351_1 | 初唐・般若經<br>11_150_1 | 初唐・般若經<br>5_58_5 | 初唐・十誦律<br>2_29_7 | 初唐・禮記正義<br>24_361_17 |
| 中唐・翰苑<br>15_192_5 | 中唐・翰苑<br>9_110_22 | 初唐・般若經<br>23_351_3 | 初唐・般若經<br>11_153_6 | 初唐・般若經<br>5_63_4 | 初唐・十誦律<br>2_30_9 | 初唐・禮記正義<br>24_361_24 |
| 中唐・翰苑<br>17_226_2 | 中唐・翰苑<br>9_115_28 | 初唐・般若經<br>23_355_15 | 初唐・般若經<br>11_156_10 | 初唐・般若經<br>5_66_5 | 初唐・十誦律<br>3_33_5 | 初唐・禮記正義<br>24_362_21 |
| 中唐・翰苑<br>17_228_9 | 中唐・翰苑<br>12_145_8 | 初唐・般若經<br>24_359_7 | 初唐・般若經<br>11_156_12 | 初唐・般若經<br>6_71_4 | 初唐・十誦律<br>5_77_15 | 初唐・禮記正義<br>24_369_19 |
| 中唐・翰苑<br>17_228_27 | 中唐・翰苑<br>12_154_13 | 初唐・般若經<br>24_359_9 | 初唐・般若經<br>11_159_12 | 初唐・般若經<br>6_71_6 | 初唐・般若經<br>2_2_11 | 初唐・禮記正義<br>26_391_23 |
| 中唐・翰苑<br>21_271_22 | 中唐・翰苑<br>13_160_12 | 初唐・般若經<br>24_363_8 | 初唐・般若經<br>11_162_16 | 初唐・般若經<br>6_74_5 | 初唐・般若經<br>2_6_9 | 初唐・禮記正義<br>26_395_18 |
| 中唐・翰苑<br>21_271_36 | 中唐・翰苑<br>13_168_9 | 初唐・般若經<br>27_414_6 | 初唐・般若經<br>14_208_8 | 初唐・般若經<br>6_74_7 | 初唐・般若經<br>2_6_11 | 初唐・禮記正義<br>26_396_4 |
| 中唐・翰苑<br>23_303_4 | 中唐・翰苑<br>14_185_29 | 初唐・般若經<br>27_417_15 | 初唐・般若經<br>14_211_13 | 初唐・般若經<br>10_142_15 | 初唐・般若經<br>2_9_14 | 初唐・禮記正義<br>27_409_22 |

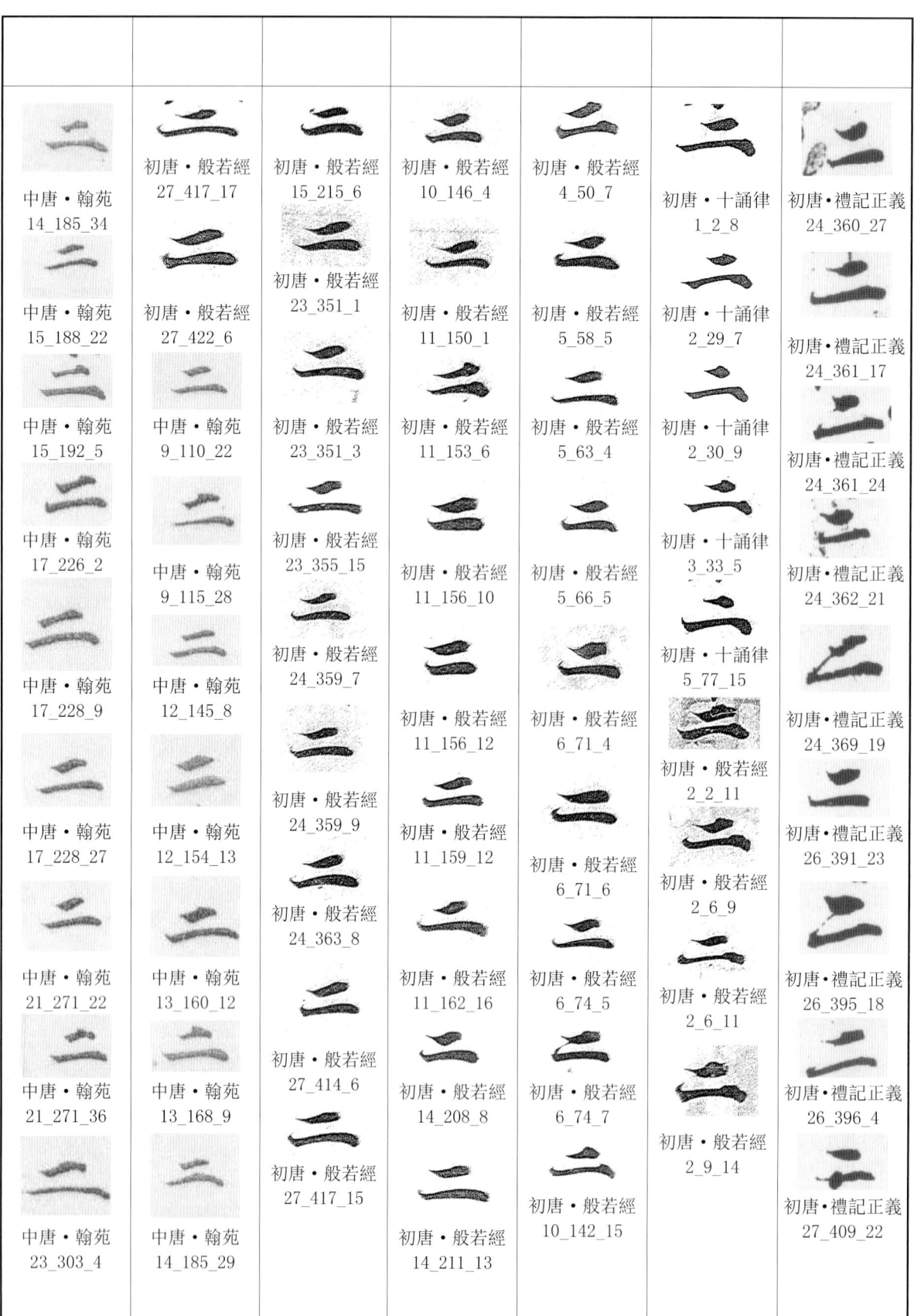

| | | | | | | |
|---|---|---|---|---|---|---|
| 五代•大毗盧經 3_27_9 | 五代•密教部類 2_21_19 | 晚唐•摩訶止觀 49_416_21 | 晚唐•摩訶止觀 14_124_1 | 晚唐•摩訶止觀 7_64_10 | 晚唐•摩訶止觀 1_3_8 | 中唐・翰苑 34_437_40 |
| 五代•大毗盧經 3_29_10 | 五代•密教部類 3_31_9 | 晚唐•摩訶止觀 49_416_24 | 晚唐•摩訶止觀 14_126_4 | 晚唐•摩訶止觀 7_64_14 | 晚唐•摩訶止觀 2_20_10 | 中唐・翰苑 39_505_19 |
| 五代•大毗盧經 3_33_8 | 五代•密教部類 3_41_7 | 晚唐•摩訶止觀 57_479_6 | 晚唐•摩訶止觀 15_133_23 | 晚唐•摩訶止觀 7_64_19 | 晚唐•摩訶止觀 3_26_14 | 中唐・翰苑 41_522_2 |
| 五代•大毗盧經 71_869_5 | 五代•密教部類 4_55_5 | 晚唐•摩訶止觀 57_480_22 | 晚唐•摩訶止觀 23_196_7 | 晚唐•摩訶止觀 7_64_23 | 晚唐•摩訶止觀 4_36_20 | 中唐・翰苑 41_522_9 |
| 五代•大毗盧經 71_877_6 | 五代•密教部類 5_58_7 | 五代•密教部類 1_5_20 | 晚唐•摩訶止觀 41_356_28 | 晚唐•摩訶止觀 7_64_28 | 晚唐•摩訶止觀 4_38_16 | 中唐・翰苑 41_530_21 |
| 五代•大毗盧經 71_879_22 | 五代•密教部類 6_75_6 | 五代•密教部類 2_11_8 | 晚唐•摩訶止觀 42_361_4 | 晚唐•摩訶止觀 11_101_15 | 晚唐•摩訶止觀 5_42_12 | 中唐・翰苑 42_543_38 |
| 五代•大毗盧經 72_885_16 | 五代•密教部類 6_82_8 | 五代•密教部類 2_15_1 | 晚唐•摩訶止觀 42_361_20 | 晚唐•摩訶止觀 12_103_18 | 晚唐•摩訶止觀 5_46_25 | 中唐・翰苑 44_559_7 |
| 五代•人毗盧經 90_1098_13 | 五代•密教部類 6_88_11 | 五代•密教部類 2_16_6 | 晚唐•摩訶止觀 42_365_23 | 晚唐•摩訶止觀 13_113_4 | 晚唐•摩訶止觀 6_55_7 | 中店・翰苑 44_560_14 |
| 五代•大毗盧經 90_1106_15 | 五代•大毗盧經 3_27_3 | 五代•密教部類 2_19_18 | 晚唐•摩訶止觀 46_391_18 | 晚唐•摩訶止觀 14_120_16 | 晚唐•摩訶止觀 7_64_6 | 中唐・翰苑 45_578_3 |

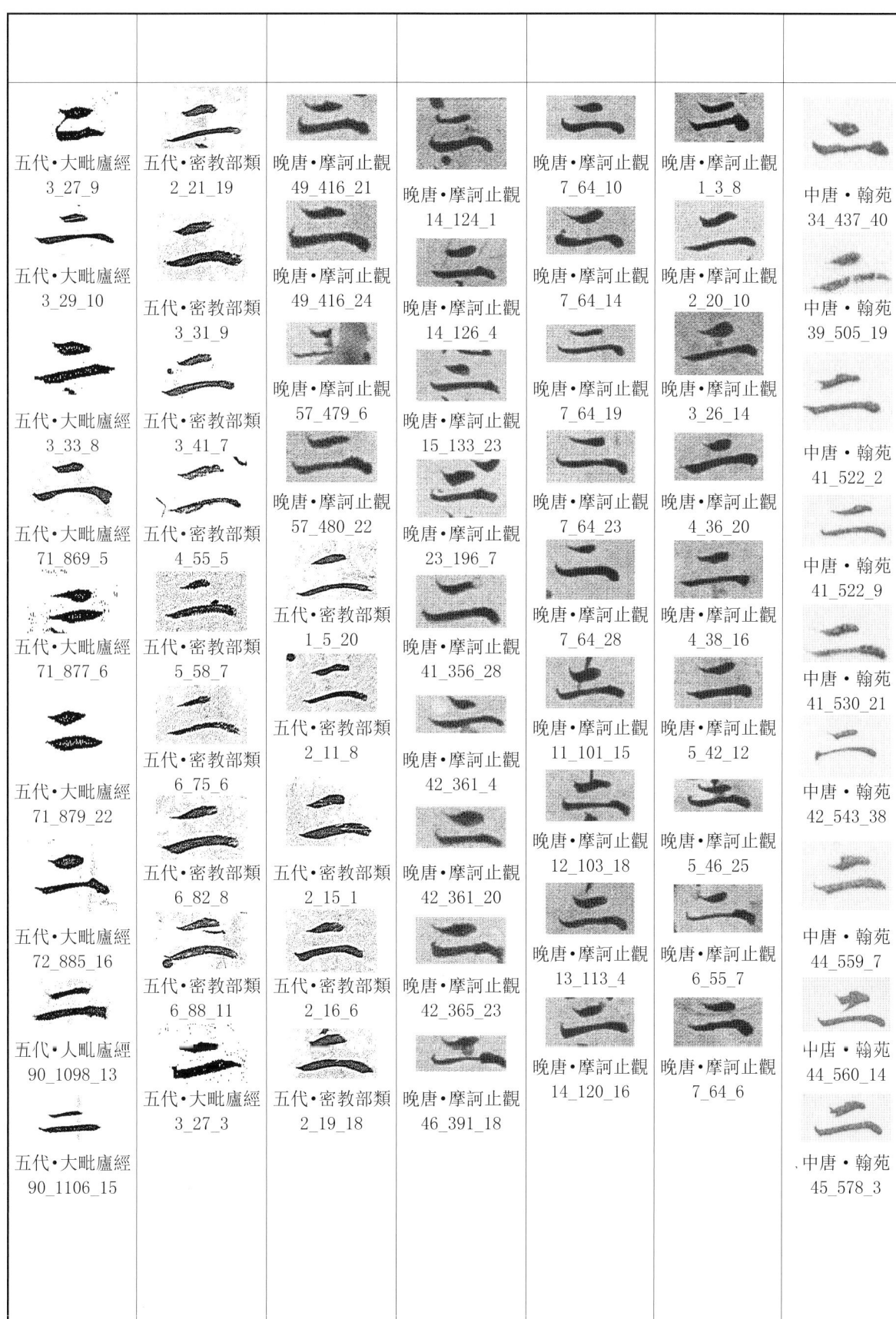

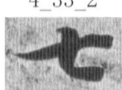

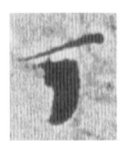

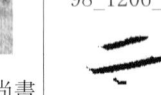

| | | | 七<br>漢シツ呉現シチ<br>訓ななつ | | 丁<br>漢現テイ呉現チョウ<br>訓ひのと | |
|---|---|---|---|---|---|---|
| 初唐・般若經 22_334_5 | 初唐・般若經 14_210_12 | 初唐・禮記正義 8_127_31 | 初唐・古文尚書 4_33_2 | 初唐・禮記正義 7_111_21 | 初唐・古文尚書 6_50_26 | 五代・大毗盧經 98_1206_6 |
| 初唐・般若經 22_335_17 | 初唐・般若經 14_212_5 | 初唐・禮記正義 22_338_23 | 初唐・古文尚書 26_258_5 | 中唐・翰苑 12_150_4 | 初唐・古文尚書 17_160_15 | 五代・大毗盧經 98_1206_14 |
| 初唐・般若經 22_338_2 | 初唐・般若經 18_275_12 | 初唐・禮記正義 22_339_2 | 初唐・古文尚書 34_326_7 | 中唐・翰苑 16_203_10 | 初唐・禮記正義 3_43_28 | 五代・大毗盧經 98_1207_4 |
| 初唐・般若經 22_340_3 | 初唐・般若經 19_278_11 | 初唐・禮記正義 22_339_13 | 初唐・毛詩傳 10_113_6 | 五代・大毗盧經 25_313_20 | 初唐・禮記正義 6_88_28 | 五代・大毗盧經 98_1207_9 |
| 初唐・般若經 27_407_3 | 初唐・般若經 19_280_17 | 初唐・禮記正義 26_406_6 | 初唐・禮記正義 4_57_2 | 五代・大毗盧經 32_401_20 | 初唐・禮記正義 6_91_17 | 五代・大毗盧經 98_1208_3 |
| 初唐・般若經 27_408_14 | 初唐・般若經 19_282_9 | 初唐・十誦律 1_2_1 | 初唐・禮記正義 5_71_7 | 五代・大毗盧經 87_1061_16 | 初唐・禮記正義 6_94_3 | 五代・大毗盧經 98_1213_4 |
| 初唐・般若經 27_410_9 | 初唐・般若經 19_286_3 | 初唐・十誦律 19_364_8 | 初唐・禮記正義 5_76_5 | 五代・大毗盧經 91_1114_18 | 初唐・禮記正義 7_110_24 | 五代・大毗盧經 98_1213_8 |
| 初唐・般若經 27_412_13 | 初唐・般若經 19_288_3 | 初唐・般若經 10_139_7 | 初唐・禮記正義 8_122_1 | | | 五代・大毗盧經 98_1213_15 |
| 初唐・般若經 27_414_15 | 初唐・般若經 19_289_12 | 初唐・般若經 14_209_5 | 初唐・禮記正義 8_125_23 | | | 五代・大毗盧經 98_1213_19 |

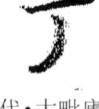

# 三

現 サン
訓 みつ

初唐•古文尚書 1_8_4
初唐•古文尚書 1_8_11
初唐•古文尚書 2_13_16
初唐•古文尚書 4_29_11
初唐•古文尚書 4_30_3
初唐•古文尚書 4_33_12
初唐•古文尚書 5_43_10
初唐•古文尚書 5_44_1

五代•大毗盧經 43_521_51
五代•大毗盧經 44_530_18
五代•大毗盧經 80_969_1
五代•大毗盧經 80_972_6
五代•大毗盧經 80_976_1
五代•大毗盧經 82_1005_3
五代•大毗盧經 82_1005_9
五代•大毗盧經 94_1149_1
五代•大毗盧經 98_1200_3

五代•密教部類 3_27_13
五代•密教部類 4_56_8
五代•密教部類 5_58_2
五代•密教部類 5_70_8
五代•密教部類 6_77_13
五代•密教部類 6_79_9
五代•密教部類 6_80_9
五代•密教部類 6_89_30
五代•大毗盧經 26_328_45

晚唐•摩訶止觀 3_27_21
晚唐•摩訶止觀 4_30_6
晚唐•摩訶止觀 4_34_24
晚唐•摩訶止觀 15_134_11
晚唐•摩訶止觀 30_263_2
晚唐•摩訶止觀 55_466_27
五代•密教部類 2_14_1
五代•密教部類 2_18_11
五代•密教部類 2_21_2

中唐・翰苑 32_417_44
中唐・翰苑 37_477_42
中唐・翰苑 40_510_18
中唐・翰苑 41_530_6
中唐・翰苑 43_554_11
中唐・般若經 6_87_8
中唐・般若經 6_89_6
中唐・般若經 6_91_4
中唐・般若經 6_93_3

中唐・翰苑 14_185_36
中唐・翰苑 16_203_33
中唐・翰苑 17_228_36
中唐・翰苑 21_274_22
中唐・翰苑 28_364_4
中唐・翰苑 28_368_35
中唐・翰苑 28_368_48
中唐・翰苑 31_405_18
中唐・翰苑 32_416_3

初唐・般若經 27_416_11
中唐・翰苑 2_13_8
中唐・翰苑 2_15_9
中唐・翰苑 2_15_14
中唐・翰苑 4_47_35
中唐・翰苑 5_62_28
中唐・翰苑 6_75_21
中唐・翰苑 8_97_35
中唐・翰苑 10_119_34

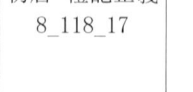

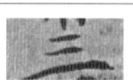

初唐•禮記正義 7_105_5
初唐•禮記正義 7_112_21
初唐•禮記正義 8_113_27
初唐•禮記正義 8_117_1
初唐•禮記正義 8_117_10
初唐•禮記正義 8_117_20
初唐•禮記正義 8_118_3
初唐•禮記正義 8_118_17

初唐・毛詩傳 10_113_3
初唐•禮記正義 4_53_23
初唐•禮記正義 4_55_7
初唐•禮記正義 4_55_16
初唐•禮記正義 4_57_5
初唐•禮記正義 5_81_27
初唐•禮記正義 6_82_4
初唐•禮記正義 7_103_2

初唐・毛詩傳 6_62_17
初唐・毛詩傳 6_63_17
初唐・毛詩傳 6_63_28
初唐・毛詩傳 6_65_8
初唐・毛詩傳 7_69_1
初唐・毛詩傳 7_71_9
初唐・毛詩傳 7_73_4
初唐・毛詩傳 7_75_3

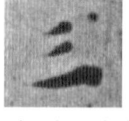

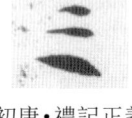

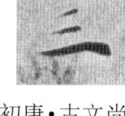

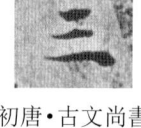

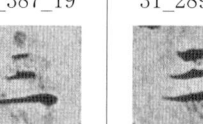

初唐•古文尚書 44_428_26
初唐•古文尚書 44_429_32
初唐•古文尚書 46_449_15
初唐•古文尚書 46_450_12
初唐・毛詩傳 2_21_3
初唐・毛詩傳 4_37_4
初唐・毛詩傳 5_49_4
初唐・毛詩傳 6_62_5

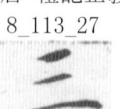

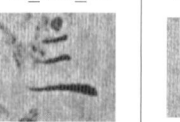

初唐•古文尚書 40_386_39
初唐•古文尚書 40_387_19
初唐•古文尚書 40_390_12
初唐•古文尚書 41_392_17
初唐•古文尚書 41_401_34
初唐•古文尚書 42_404_26
初唐•古文尚書 42_404_32
初唐•古文尚書 42_408_4

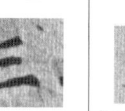

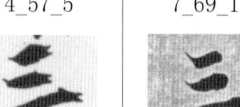

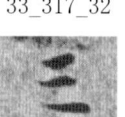

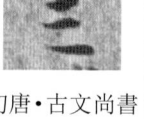

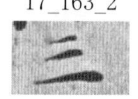

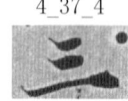

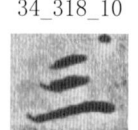

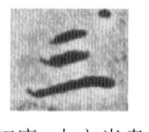

初唐•古文尚書 27_260_31
初唐•古文尚書 31_289_23
初唐•古文尚書 31_290_14
初唐•古文尚書 33_317_32
初唐•古文尚書 34_318_10
初唐•古文尚書 34_319_8
初唐•古文尚書 34_320_24
初唐•古文尚書 40_386_3

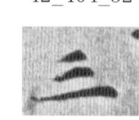

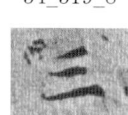

初唐•古文尚書 5_45_23
初唐•古文尚書 5_46_13
初唐•古文尚書 5_46_23
初唐•古文尚書 17_162_8
初唐•古文尚書 17_163_2
初唐•古文尚書 17_163_11
初唐•古文尚書 18_175_9
初唐•古文尚書 19_184_8

初唐•禮記正義 8_119_13

初唐•禮記正義 8_119_27

初唐•禮記正義 8_120_63

初唐•禮記正義 8_120_73

初唐•禮記正義 8_120_80

初唐•禮記正義 8_121_21

初唐•禮記正義 8_122_6

初唐•禮記正義 8_123_13

初唐•禮記正義 8_124_28

初唐•禮記正義 8_126_20

初唐•禮記正義 8_128_16

初唐•禮記正義 8_128_31

初唐•禮記正義 8_129_21

初唐•禮記正義 9_130_11

初唐•禮記正義 9_131_4

初唐•禮記正義 9_131_16

初唐•禮記正義 9_131_20

初唐•禮記正義 9_133_3

初唐•禮記正義 9_134_10

初唐•禮記正義 9_134_23

初唐•禮記正義 9_135_26

初唐•禮記正義 9_138_11

初唐•禮記正義 9_141_5

初唐•禮記正義 9_141_26

初唐•禮記正義 9_142_8

初唐•禮記正義 9_142_19

初唐•禮記正義 9_144_24

初唐•禮記正義 9_144_27

初唐•禮記正義 12_180_1

初唐•禮記正義 12_192_9

初唐•禮記正義 17_261_28

初唐•禮記正義 19_290_11

初唐•禮記正義 19_290_22

初唐•禮記正義 19_291_24

初唐•禮記正義 23_343_11

初唐•禮記正義 24_357_20

初唐•禮記正義 24_358_17

初唐•禮記正義 24_358_19

初唐•禮記正義 24_360_2

初唐•禮記正義 24_360_4

初唐•禮記正義 24_360_16

初唐•禮記正義 24_361_7

初唐•禮記正義 24_362_8

初唐•禮記正義 24_363_14

初唐•禮記正義 24_363_20

初唐•禮記正義 24_364_4

初唐•禮記正義 24_364_11

初唐•禮記正義 25_380_10

初唐•禮記正義 25_381_27

初唐•禮記正義 25_382_14

初唐•禮記正義 29_447_21

初唐•禮記正義 29_449_7

初唐•禮記正義 29_457_19

初唐•禮記正義 29_459_11

初唐•禮記正義 29_459_26

初唐•禮記正義 30_462_1

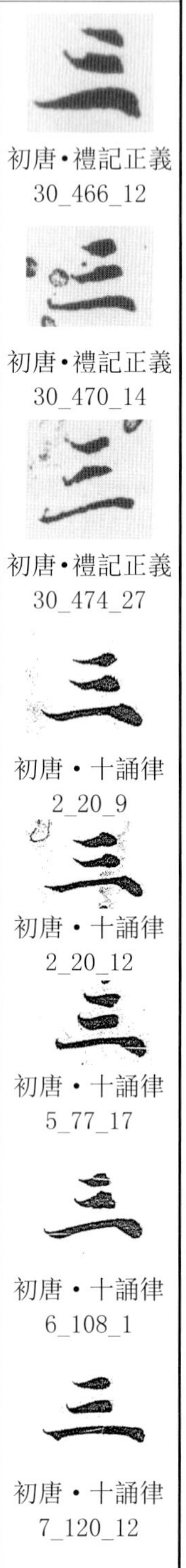

初唐•禮記正義 30_466_12

初唐•禮記正義 30_470_14

初唐•禮記正義 30_474_27

初唐・十誦律 2_20_9

初唐・十誦律 2_20_12

初唐・十誦律 5_77_17

初唐・十誦律 6_108_1

初唐・十誦律 7_120_12

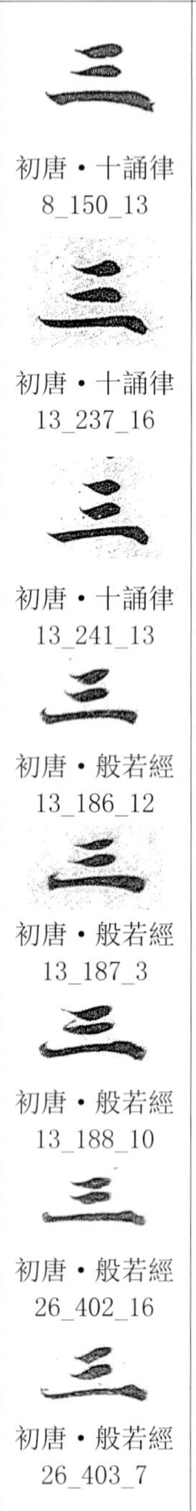

初唐・十誦律 8_150_13

初唐・十誦律 13_237_16

初唐・十誦律 13_241_13

初唐・般若經 13_186_12

初唐・般若經 13_187_3

初唐・般若經 13_188_10

初唐・般若經 26_402_16

初唐・般若經 26_403_7

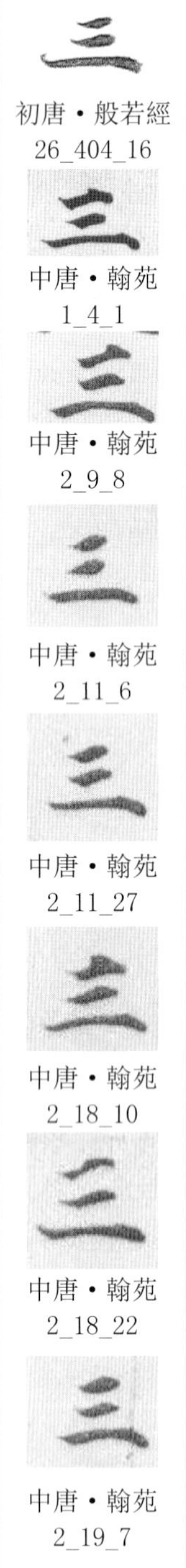

初唐・般若經 26_404_16

中唐・翰苑 1_4_1

中唐・翰苑 2_9_8

中唐・翰苑 2_11_6

中唐・翰苑 2_11_27

中唐・翰苑 2_18_10

中唐・翰苑 2_18_22

中唐・翰苑 2_19_7

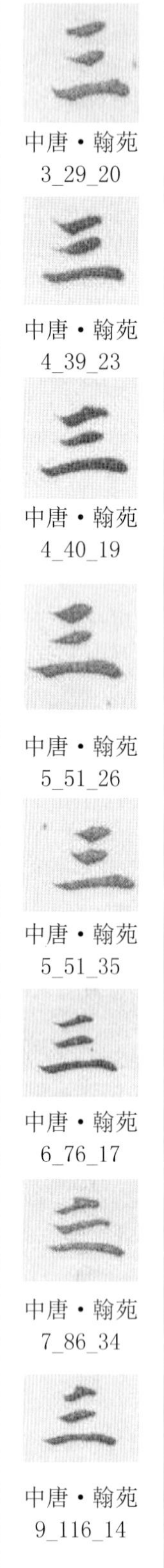

中唐・翰苑 3_29_20

中唐・翰苑 4_39_23

中唐・翰苑 4_40_19

中唐・翰苑 5_51_26

中唐・翰苑 5_51_35

中唐・翰苑 6_76_17

中唐・翰苑 7_86_34

中唐・翰苑 9_116_14

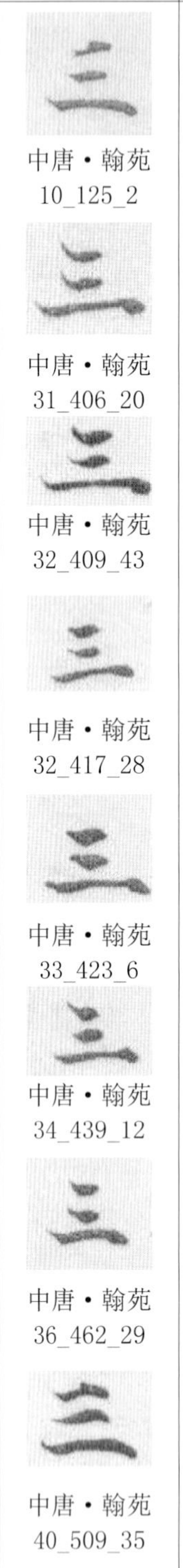

中唐・翰苑 10_125_2

中唐・翰苑 31_406_20

中唐・翰苑 32_409_43

中唐・翰苑 32_417_28

中唐・翰苑 33_423_6

中唐・翰苑 34_439_12

中唐・翰苑 36_462_29

中唐・翰苑 40_509_35

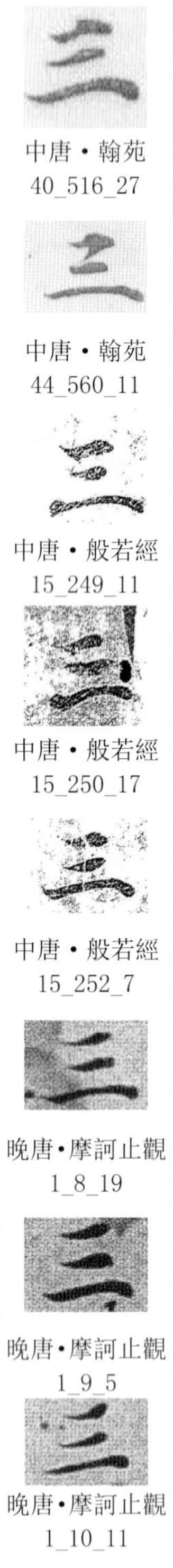

中唐・翰苑 40_516_27

中唐・翰苑 44_560_11

中唐・般若經 15_249_11

中唐・般若經 15_250_17

中唐・般若經 15_252_7

晚唐•摩訶止觀 1_8_19

晚唐•摩訶止觀 1_9_5

晚唐•摩訶止觀 1_10_11

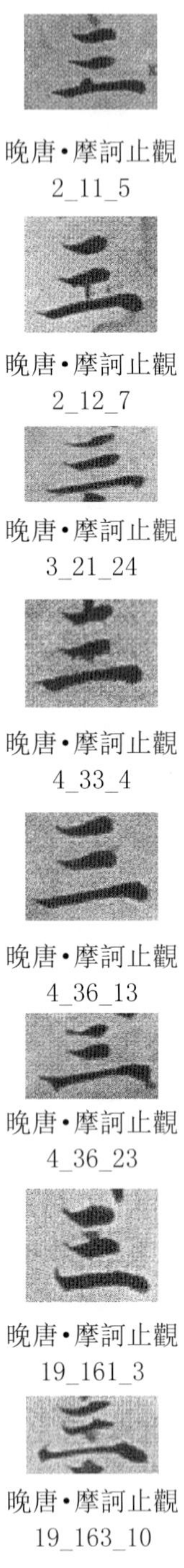

晚唐•摩訶止觀 2_11_5

晚唐•摩訶止觀 2_12_7

晚唐•摩訶止觀 3_21_24

晚唐•摩訶止觀 4_33_4

晚唐•摩訶止觀 4_36_13

晚唐•摩訶止觀 4_36_23

晚唐•摩訶止觀 19_161_3

晚唐•摩訶止觀 19_163_10

五代•大毗盧經
3_22_6

五代•大毗盧經
3_25_13

五代•大毗盧經
3_35_5

五代•大毗盧經
3_35_8

五代•大毗盧經
4_39_10

五代•大毗盧經
4_42_8

五代•大毗盧經
5_53_5

五代•大毗盧經
5_53_17

五代•密教部類
3_34_12

五代•密教部類
3_34_52

五代•密教部類
3_39_30

五代•密教部類
3_40_9

五代•密教部類
3_41_19

五代•密教部類
4_42_1

五代•密教部類
4_43_1

五代•大毗盧經
2_4_9

五代•密教部類
2_24_7

五代•密教部類
2_25_1

五代•密教部類
3_28_4

五代•密教部類
3_29_4

五代•密教部類
3_29_14

五代•密教部類
3_30_6

五代•密教部類
3_30_15

五代•密教部類
3_33_12

晚唐•摩訶止觀
55_462_10

晚唐•摩訶止觀
56_471_1

晚唐•摩訶止觀
57_479_17

五代•密教部類
2_12_1

五代•密教部類
2_16_2

五代•密教部類
2_16_11

五代•密教部類
2_20_2

五代•密教部類
2_24_5

晚唐•摩訶止觀
29_256_25

晚唐•摩訶止觀
30_259_8

晚唐•摩訶止觀
30_260_22

晚唐•摩訶止觀
32_276_18

晚唐•摩訶止觀
34_297_21

晚唐•摩訶止觀
53_453_19

晚唐•摩訶止觀
53_453_28

晚唐•摩訶止觀
54_454_12

晚唐•摩訶止觀
25_216_25

晚唐•摩訶止觀
26_220_13

晚唐•摩訶止觀
26_224_8

晚唐•摩訶止觀
26_227_24

晚唐•摩訶止觀
27_234_17

晚唐•摩訶止觀
27_236_18

晚唐•摩訶止觀
28_239_16

晚唐•摩訶止觀
28_241_8

晚唐•摩訶止觀
20_170_1

晚唐•摩訶止觀
20_174_6

晚唐•摩訶止觀
21_185_5

晚唐•摩訶止觀
22_189_10

晚唐•摩訶止觀
22_191_10

晚唐•摩訶止觀
23_203_7

晚唐•摩訶止觀
25_212_18

晚唐•摩訶止觀
25_212_21

五代•大毗盧經
5_57_16

五代•大毗盧經
5_58_11

五代•大毗盧經
6_67_1

五代•大毗盧經
6_67_13

五代•大毗盧經
6_70_4

五代•大毗盧經
6_71_5

五代•大毗盧經
6_72_6

五代•大毗盧經
6_73_3

五代•大毗盧經
6_73_16

五代•大毗盧經
6_73_21

五代•大毗盧經
7_74_1

五代•大毗盧經
7_74_4

五代•大毗盧經
7_74_17

五代•大毗盧經
7_75_17

五代•大毗盧經
7_77_8

五代•大毗盧經
29_374_23

五代•大毗盧經
30_377_3

五代•大毗盧經
30_378_9

五代•大毗盧經
30_384_3

五代•大毗盧經
31_386_4

五代•大毗盧經
31_388_3

五代•大毗盧經
31_388_18

五代•大毗盧經
31_391_16

五代•大毗盧經
31_392_11

五代•大毗盧經
31_394_29

五代•大毗盧經
36_431_3

五代•大毗盧經
37_434_3

五代•大毗盧經
37_435_3

五代•大毗盧經
37_436_3

五代•大毗盧經
37_440_4

五代•大毗盧經
38_441_3

五代•大毗盧經
38_444_3

五代•大毗盧經
38_447_3

五代•大毗盧經
38_447_10

五代•大毗盧經
45_545_1

五代•大毗盧經
45_545_2

五代•大毗盧經
45_549_4

五代•大毗盧經
46_560_16

五代•大毗盧經
47_575_24

五代•大毗盧經
47_578_3

五代•大毗盧經
48_586_11

五代•大毗盧經
49_593_6

五代•大毗盧經
49_599_3

五代•大毗盧經
49_601_13

五代•大毗盧經
63_789_16

五代•大毗盧經
64_793_9

五代•大毗盧經
64_794_1

五代•大毗盧經
64_799_12

五代•大毗盧經
64_805_4

五代•大毗盧經
64_806_8

五代•大毗盧經
96_1171_12

五代•大毗盧經
97_1185_12

五代•大毗盧經
97_1196_18

五代•大毗盧經
97_1199_8

五代•大毗盧經
98_1204_3

五代•大毗盧經
98_1209_13

# 于亐

ワ、ク
訓ここに

初唐•古文尚書
2_9_27

初唐•古文尚書
2_10_4

初唐•古文尚書
3_17_5

初唐•古文尚書
3_17_8

初唐•古文尚書
4_27_8

初唐•古文尚書
4_27_12

初唐•古文尚書
5_37_10

初唐•古文尚書
5_37_14

初唐•古文尚書
5_39_5

初唐•古文尚書
6_47_1

初唐•古文尚書
6_50_18

初唐•古文尚書
7_54_2

初唐•古文尚書
7_55_15

初唐•古文尚書
7_57_27

初唐•古文尚書
8_68_1

初唐•古文尚書
8_68_4

初唐•古文尚書
8_69_32

初唐•古文尚書
9_72_4

初唐•古文尚書
9_73_8

初唐•古文尚書
9_74_4

初唐•古文尚書
9_75_30

初唐•古文尚書
9_78_4

初唐•古文尚書
9_79_2

初唐•古文尚書
10_85_2

初唐•古文尚書
10_89_4

初唐•古文尚書
11_93_20

初唐•古文尚書
11_102_3

初唐•古文尚書
12_105_12

初唐•古文尚書
13_116_28

初唐•古文尚書
13_119_30

初唐•古文尚書
13_119_33

初唐•古文尚書
14_129_15

初唐•古文尚書
14_133_8

初唐•古文尚書
15_136_6

初唐•古文尚書
15_142_9

初唐•古文尚書
15_144_22

初唐•古文尚書
16_145_2

初唐•古文尚書
16_145_11

初唐•古文尚書
16_149_11

初唐•古文尚書
17_156_10

初唐•古文尚書
17_157_22

初唐•古文尚書
17_164_5

初唐•古文尚書
18_167_8

初唐•古文尚書
18_170_3

初唐•古文尚書
19_180_19

初唐•古文尚書
19_185_15

初唐•古文尚書
21_199_2

初唐•古文尚書
21_201_20

初唐•古文尚書
21_201_25

初唐·古文尚書
21_203_21

初唐·古文尚書
21_206_11

初唐·古文尚書
21_207_4

初唐·古文尚書
21_207_9

初唐·古文尚書
22_209_4

初唐·古文尚書
22_212_16

初唐·古文尚書
22_215_21

初唐·古文尚書
22_215_25

初唐·古文尚書
22_216_20

初唐·古文尚書
22_217_32

初唐·古文尚書
23_219_5

初唐·古文尚書
23_223_11

初唐·古文尚書
23_225_6

初唐·古文尚書
23_227_23

初唐·古文尚書
24_235_2

初唐·古文尚書
25_240_6

初唐·古文尚書
25_244_3

初唐·古文尚書
25_246_23

初唐·古文尚書
26_255_17

初唐·古文尚書
26_257_5

初唐·古文尚書
27_262_20

初唐·古文尚書
27_263_2

初唐·古文尚書
27_268_1

初唐·古文尚書
27_269_4

初唐·古文尚書
28_272_4

初唐·古文尚書
28_277_23

初唐·古文尚書
29_282_29

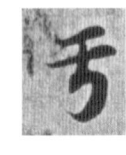

初唐·古文尚書
31_286_1

初唐·古文尚書
31_288_10

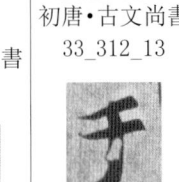

初唐·古文尚書
31_295_4

初唐·古文尚書
33_309_4

初唐·古文尚書
33_312_13

初唐·古文尚書
33_317_38

初唐·古文尚書
34_325_6

初唐·古文尚書
35_329_17

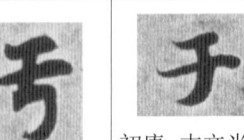

初唐·古文尚書
35_333_8

初唐·古文尚書
36_344_18

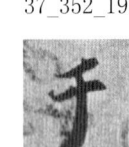

初唐·古文尚書
36_345_19

初唐·古文尚書
37_352_19

初唐·古文尚書
38_363_24

初唐·古文尚書
39_370_8

初唐·古文尚書
39_375_8

初唐·古文尚書
40_382_15

初唐·古文尚書
40_390_6

初唐·古文尚書
40_390_17

初唐·古文尚書
40_391_28

初唐·古文尚書
41_400_2

初唐·古文尚書
42_402_2

初唐·古文尚書
42_405_1

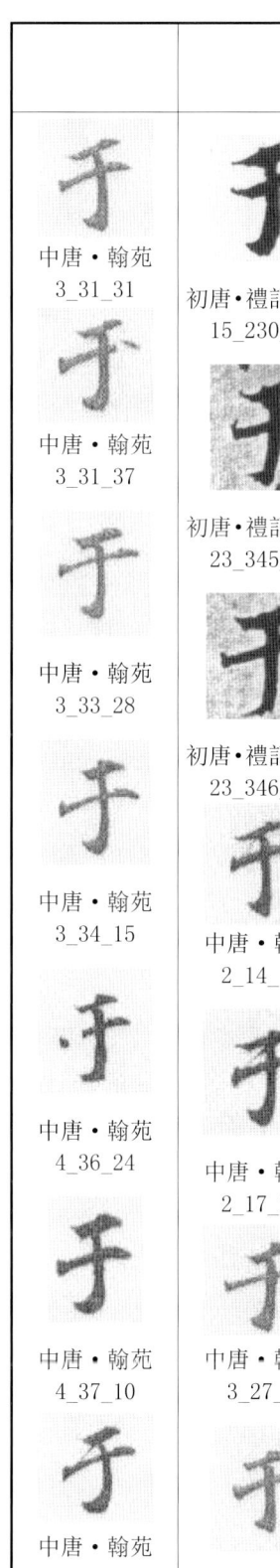

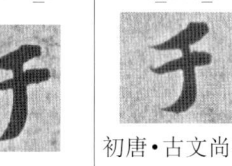

| | | | | | | |
|---|---|---|---|---|---|---|
| 中唐・翰苑 3_31_31 | 初唐•禮記正義 15_230_19 | 初唐・毛詩傳 10_110_11 | 初唐•古文尚書 49_474_6 | 初唐•古文尚書 45_436_11 | 初唐•古文尚書 43_416_3 | 初唐•古文尚書 42_405_26 |
| 中唐・翰苑 3_31_37 | 初唐•禮記正義 23_345_24 | 初唐•禮記正義 3_39_12 | 初唐•古文尚書 49_476_5 | 初唐•古文尚書 47_457_5 | 初唐•古文尚書 43_417_5 | 初唐•古文尚書 42_407_9 |
| 中唐・翰苑 3_33_28 | 初唐•禮記正義 23_346_20 | 初唐•禮記正義 4_59_20 | 初唐•古文尚書 49_477_27 | 初唐•古文尚書 47_458_29 | 初唐•古文尚書 43_419_8 | 初唐•古文尚書 42_408_37 |
| 中唐・翰苑 3_34_15 | 中唐・翰苑 2_14_16 | 初唐•禮記正義 4_60_25 | 初唐・毛詩傳 4_42_10 | 初唐•古文尚書 48_465_14 | 初唐•古文尚書 43_420_13 | 初唐•古文尚書 42_409_3 |
| 中唐・翰苑 4_36_24 | 中唐・翰苑 2_17_20 | 初唐•禮記正義 7_110_30 | 初唐・毛詩傳 5_45_15 | 初唐•古文尚書 48_466_11 | 初唐•古文尚書 44_425_3 | 初唐•古文尚書 42_410_5 |
| 中唐・翰苑 4_37_10 | 中唐・翰苑 3_27_7 | 初唐•禮記正義 12_188_20 | 初唐・毛詩傳 10_102_6 | 初唐•古文尚書 48_469_1 | 初唐•古文尚書 45_434_30 | 初唐•古文尚書 42_410_9 |
| 中唐・翰苑 4_38_9 | 中唐・翰苑 3_30_9 | 初唐•禮記正義 14_221_16 | 初唐・毛詩傳 10_108_2 | 初唐•古文尚書 48_472_20 | 初唐•古文尚書 45_435_20 | 初唐•古文尚書 43_412_15 |

中唐・翰苑
4_47_13

中唐・翰苑
4_47_24

中唐・翰苑
4_48_7

中唐・翰苑
5_50_18

中唐・翰苑
5_51_4

中唐・翰苑
5_52_8

中唐・翰苑
5_53_17

中唐・翰苑
5_54_26

中唐・翰苑
5_56_1

中唐・翰苑
5_58_20

中唐・翰苑
5_60_31

中唐・翰苑
5_61_4

中唐・翰苑
5_63_20

中唐・翰苑
6_66_5

中唐・翰苑
6_73_25

中唐・翰苑
6_76_2

中唐・翰苑
6_77_1

中唐・翰苑
6_77_10

中唐・翰苑
6_77_25

中唐・翰苑
7_79_28

中唐・翰苑
7_82_37

中唐・翰苑
7_83_10

中唐・翰苑
7_83_21

中唐・翰苑
7_83_33

中唐・翰苑
7_87_32

中唐・翰苑
7_90_7

中唐・翰苑
8_92_14

中唐・翰苑
8_99_30

中唐・翰苑
8_100_1

中唐・翰苑
8_101_15

中唐・翰苑
8_104_24

中唐・翰苑
9_108_28

中唐・翰苑
9_109_6

中唐・翰苑
9_109_16

中唐・翰苑
9_111_22

中唐・翰苑
9_111_27

中唐・翰苑
9_116_5

中唐・翰苑
10_122_24

中唐・翰苑
10_124_5

中唐・翰苑
13_167_24

中唐・翰苑
14_174_16

中唐・翰苑
15_187_20

中唐・翰苑
19_254_25

中唐・翰苑
20_265_20

中唐・翰苑
22_290_43

千數
中唐・翰苑
22_293_23

中唐・翰苑
26_344_28

中唐・翰苑
26_344_33

中唐・翰苑
26_344_43

中唐・翰苑
26_344_48

中唐・翰苑
26_345_3

中唐・翰苑
26_345_8

中唐・翰苑
26_345_13

中唐・翰苑
26_345_18

中唐・翰苑
38_486_21

中唐・翰苑
44_561_3

中唐・翰苑
44_566_3

晚唐•摩訶止觀
60_507_12

五代•密教部類
2_23_19

五代•大毗盧經
39_462_13

## 下 丅

漢 現 カ 現 呉 ゲ
訓 した

初唐•古文尚書
1_5_15

初唐•古文尚書
1_7_5

初唐•古文尚書
2_13_9

初唐•古文尚書
4_32_9

初唐•古文尚書
4_32_13

初唐•古文尚書
5_37_20

初唐•古文尚書
5_42_20

初唐•古文尚書
5_43_4

初唐•古文尚書
7_57_33

初唐•古文尚書
8_66_22

初唐•古文尚書
8_67_19

初唐•古文尚書
10_89_22

初唐•古文尚書
13_121_4

初唐•古文尚書
14_124_14

初唐•古文尚書
14_131_8

初唐•古文尚書
15_139_3

初唐•古文尚書
16_145_25

初唐•古文尚書
17_165_27

初唐•古文尚書
18_166_9

初唐•古文尚書
18_168_3

初唐•古文尚書
18_170_5

初唐•古文尚書
19_179_25

初唐•古文尚書
20_187_24

初唐•古文尚書
21_205_3

初唐•古文尚書
23_220_19

初唐•古文尚書
24_235_8

初唐•古文尚書
24_235_25

初唐•古文尚書
24_236_18

初唐•古文尚書
26_251_23

初唐•古文尚書
26_253_20

初唐•古文尚書
27_263_10

初唐•古文尚書
28_272_14

初唐•古文尚書
28_273_17

初唐•古文尚書
28_276_14

初唐•古文尚書
28_278_3

初唐•古文尚書
31_286_3

初唐•古文尚書
31_287_4

初唐•古文尚書
31_292_6

初唐•古文尚書
31_293_16

初唐•古文尚書
31_294_28

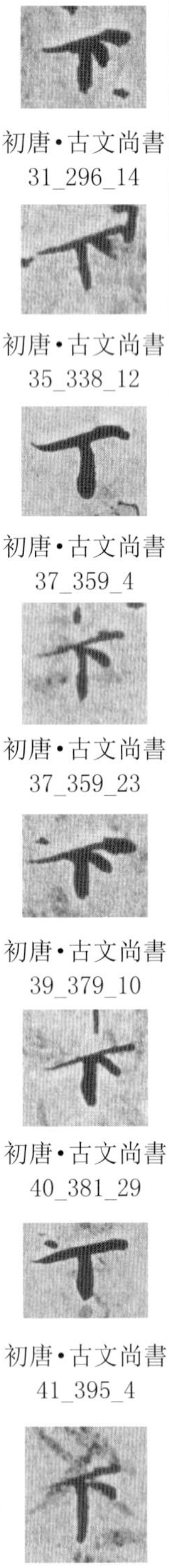

初唐•古文尚書 31_296_14
初唐•古文尚書 35_338_12
初唐•古文尚書 37_359_4
初唐•古文尚書 37_359_23
初唐•古文尚書 39_379_10
初唐•古文尚書 40_381_29
初唐•古文尚書 41_395_4
初唐•古文尚書 41_395_37

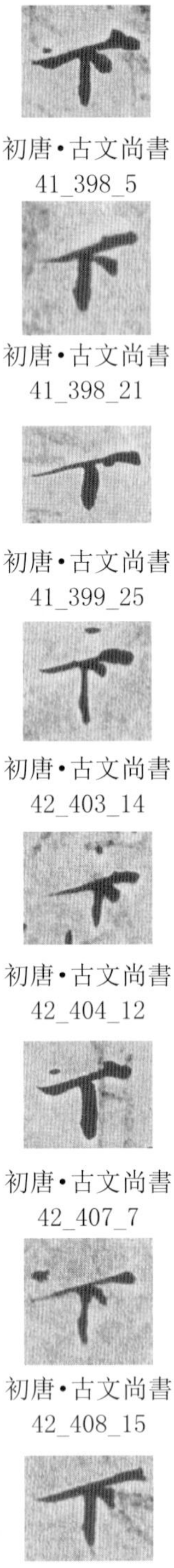

初唐•古文尚書 41_398_5
初唐•古文尚書 41_398_21
初唐•古文尚書 41_399_25
初唐•古文尚書 42_403_14
初唐•古文尚書 42_404_12
初唐•古文尚書 42_407_7
初唐•古文尚書 42_408_15
初唐•古文尚書 42_408_24

初唐•古文尚書 42_409_8
初唐•古文尚書 43_412_12
初唐•古文尚書 43_413_13
初唐•古文尚書 43_420_2
初唐•古文尚書 44_425_19
初唐•古文尚書 46_451_11
初唐•古文尚書 46_451_23
初唐•古文尚書 46_453_21

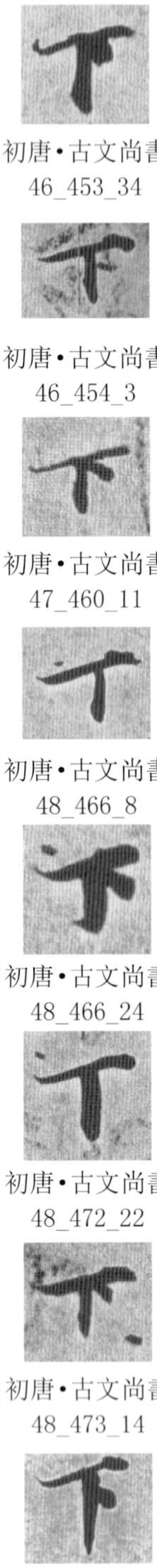

初唐•古文尚書 46_453_34
初唐•古文尚書 46_454_3
初唐•古文尚書 47_460_11
初唐•古文尚書 48_466_8
初唐•古文尚書 48_466_24
初唐•古文尚書 48_472_22
初唐•古文尚書 48_473_14
初唐 • 毛詩傳 9_100_2

初唐 • 毛詩傳 10_103_24
初唐•禮記正義 1_12_4
初唐•禮記正義 1_16_14
初唐•禮記正義 2_20_13
初唐•禮記正義 2_20_20
初唐•禮記正義 2_30_12
初唐•禮記正義 4_50_27
初唐•禮記正義 4_59_13

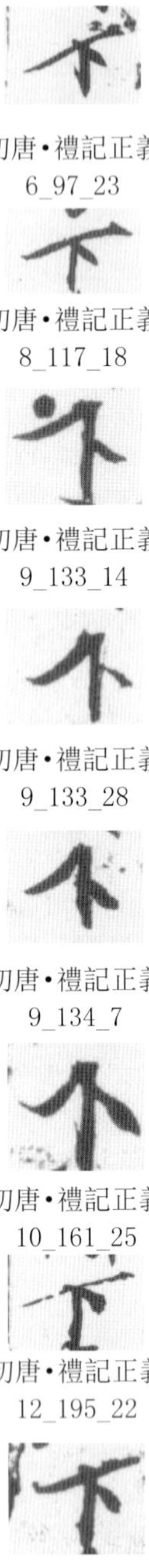

初唐•禮記正義 6_97_23
初唐•禮記正義 8_117_18
初唐•禮記正義 9_133_14
初唐•禮記正義 9_133_28
初唐•禮記正義 9_134_7
初唐•禮記正義 10_161_25
初唐•禮記正義 12_195_22
初唐•禮記正義 13_196_15

初唐•禮記正義 13_197_9
初唐•禮記正義 13_197_26
初唐•禮記正義 13_198_8
初唐•禮記正義 13_198_16
初唐•禮記正義 13_198_23
初唐•禮記正義 13_203_4
初唐•禮記正義 14_212_21
初唐•禮記正義 14_214_24

| | | | | | | |
|---|---|---|---|---|---|---|
| 中唐・翰苑 4_47_26 | 初唐・十誦律 3_47_2 | 初唐•禮記正義 21_319_13 | 初唐•禮記正義 20_298_11 | 初唐•禮記正義 19_289_16 | 初唐•禮記正義 18_271_26 | 初唐•禮記正義 14_216_17 |
| 中唐・翰苑 5_56_20 | 初唐・十誦律 18_356_2 | 初唐•禮記正義 22_328_19 | 初唐•禮記正義 20_298_24 | 初唐•禮記正義 19_290_4 | 初唐•禮記正義 18_273_13 | 初唐•禮記正義 14_217_14 |
| 中唐・翰苑 6_68_21 | 初唐・十誦律 19_370_7 | 初唐•禮記正義 23_354_16 | 初唐•禮記正義 20_299_11 | 初唐•禮記正義 19_290_18 | 初唐•禮記正義 18_274_16 | 初唐•禮記正義 14_220_24 |
| 中唐・翰苑 6_68_42 | 初唐・十誦律 19_373_3 | 初唐•禮記正義 24_367_10 | 初唐•禮記正義 20_299_23 | 初唐•禮記正義 19_290_26 | 初唐•禮記正義 18_274_25 | 初唐•禮記正義 14_221_23 |
| 中唐・翰苑 6_71_16 | 中唐・翰苑 3_32_36 | 初唐•禮記正義 24_369_4 | 初唐•禮記正義 20_300_20 | 初唐•禮記正義 19_291_13 | 初唐•禮記正義 18_275_21 | 初唐•禮記正義 15_237_15 |
| 中唐・翰苑 7_85_29 | 中唐・翰苑 3_35_32 | 初唐•禮記正義 26_397_22 | 初唐•禮記正義 20_301_22 | 初唐•禮記正義 19_292_16 | 初唐•禮記正義 18_276_13 | 初唐•禮記正義 16_249_15 |
| 中唐・翰苑 9_112_35 | 中唐・翰苑 4_36_14 | 初唐•禮記正義 29_458_9 | 初唐•禮記正義 20_306_16 | 初唐•禮記正義 19_294_1 | 初唐•禮記正義 19_285_7 | 初唐•禮記正義 17_258_8 |
| 中唐・翰苑 9_116_32 | 中唐・翰苑 4_43_17 | 初唐・十誦律 3_44_7 | 初唐•禮記正義 21_317_22 | 初唐•禮記正義 19_295_18 | 初唐•禮記正義 19_285_24 | 初唐•禮記正義 17_266_2 |

中唐・翰苑
10_125_23

中唐・翰苑
10_131_48

中唐・翰苑
11_140_15

中唐・翰苑
14_176_25

中唐・翰苑
15_193_26

中唐・翰苑
19_248_6

中唐・翰苑
21_278_33

中唐・翰苑
21_282_23

中唐・翰苑
23_300_18

中唐・翰苑
23_303_19

中唐・翰苑
23_306_18

中唐・翰苑
25_324_42

中唐・翰苑
25_329_36

中唐・翰苑
28_359_20

中唐・翰苑
28_360_30

中唐・翰苑
28_360_45

中唐・翰苑
33_427_35

中唐・翰苑
33_428_35

中唐・翰苑
33_429_4

中唐・翰苑
33_430_9

中唐・翰苑
34_442_10

中唐・翰苑
35_446_32

中唐・翰苑
35_451_6

中唐・翰苑
36_469_22

中唐・翰苑
38_492_19

中唐・翰苑
42_532_25

中唐・翰苑
42_535_39

中唐・翰苑
42_537_31

中唐・翰苑
45_576_13

晚唐•摩訶止觀
9_76_22

晚唐•摩訶止觀
18_156_18

晚唐•摩訶止觀
19_169_3

晚唐•摩訶止觀
21_181_21

晚唐•摩訶止觀
21_182_23

晚唐•摩訶止觀
21_183_6

晚唐•摩訶止觀
21_183_17

晚唐•摩訶止觀
22_192_14

晚唐•摩訶止觀
22_192_17

晚唐•摩訶止觀
30_264_21

晚唐•摩訶止觀
32_277_18

晚唐•摩訶止觀
32_280_12

晚唐•摩訶止觀
32_282_8

晚唐•摩訶止觀
33_285_1

晚唐•摩訶止觀
33_286_2

晚唐•摩訶止觀
33_287_17

晚唐•摩訶止觀
33_289_18

晚唐•摩訶止觀
33_290_26

晚唐•摩訶止觀
34_293_26

晚唐•摩訶止觀
34_296_20

晚唐•摩訶止觀
34_298_28

晚唐•摩訶止觀
43_368_12

晚唐•摩訶止觀
43_368_23

晚唐•摩訶止觀
43_369_9

晚唐•摩訶止觀
43_369_22

晚唐•摩訶止觀
43_370_7

晚唐•摩訶止觀
43_370_19

五代・大毗盧經 64_793_5 / 67_837_15 / 68_849_35 / 70_862_14 / 71_864_11 / 72_880_20 / 87_1063_17 / 93_1144_10

五代・大毗盧經 17_218_37 / 21_266_25 / 23_295_16 / 28_355_10 / 39_461_10 / 40_476_3 / 44_527_15 / 46_569_5

晚唐・摩訶止觀 53_453_6
晚唐・摩訶止觀 62_520_15
五代・密教部類 6_79_12
五代・密教部類 6_80_12
五代・大毗盧經 2_4_15
五代・大毗盧經 12_143_19
五代・大毗盧經 12_152_10
五代・大毗盧經 16_203_27

## 丈

呉現ジョウ 漢チョウ
訓たけ

初唐・禮記正義 17_262_3
初唐・禮記正義 17_262_16
初唐・禮記正義 17_262_24
詔吏人 中唐・翰苑 8_102_11
中唐・翰苑 23_300_16
中唐・翰苑 43_552_15

## 上

呉ジョウ 漢ショウ
訓うえ

初唐・古文尚書 1_1_17 / 2_13_8 / 2_13_13 / 3_21_8 / 4_32_14 / 5_43_3 / 7_57_16 / 8_66_25

初唐・古文尚書 8_67_21 / 8_68_24 / 9_78_15 / 12_108_22 / 13_114_20 / 13_114_34 / 13_123_27 / 15_135_5

初唐・古文尚書 16_148_1 / 17_159_5 / 17_162_20 / 20_188_21 / 20_190_11 / 25_246_14 / 26_255_12 / 27_262_21

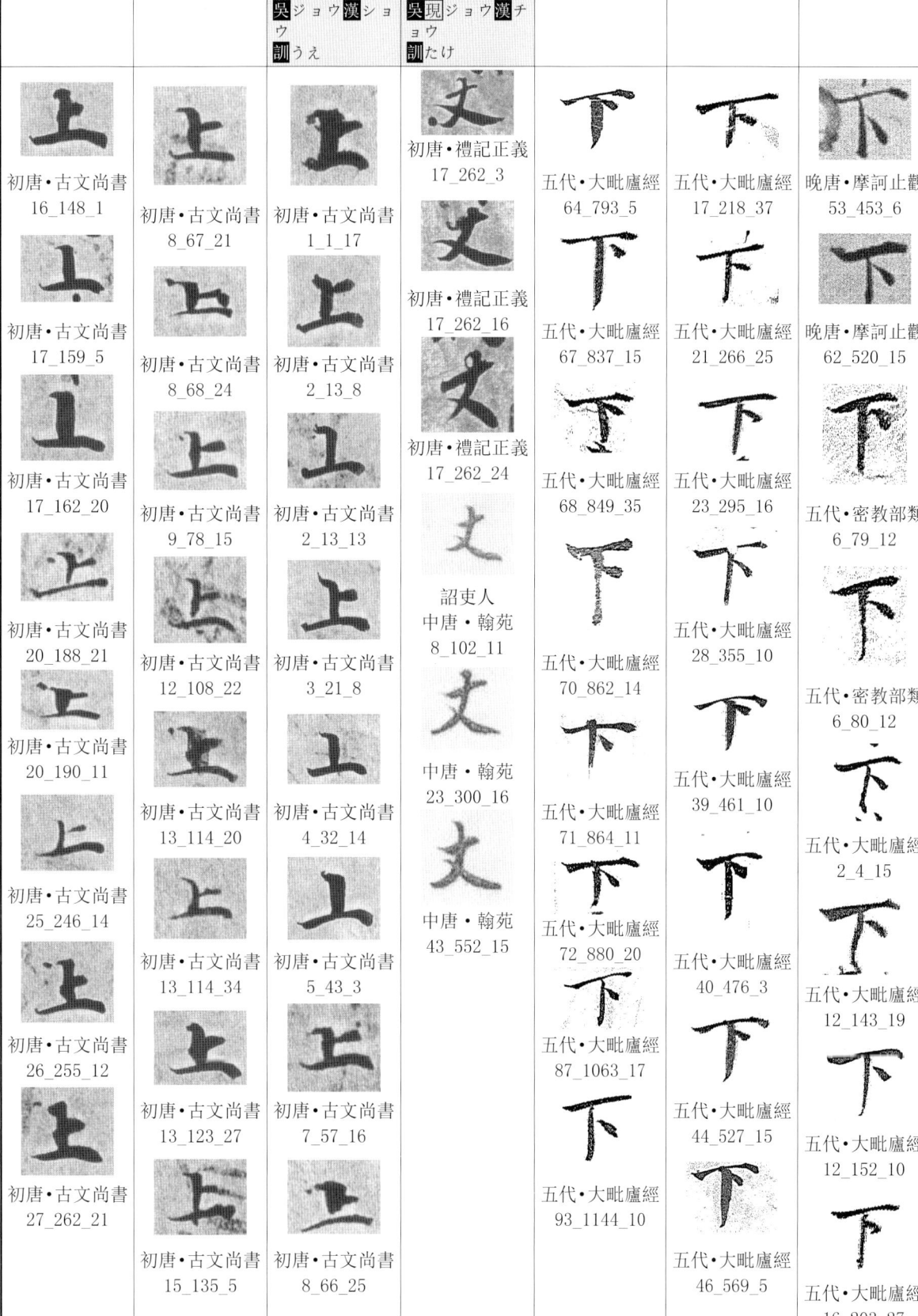

| | | | | | | |
|---|---|---|---|---|---|---|
| 初唐•禮記正義 14_216_15 | 初唐•禮記正義 12_192_1 | 初唐•禮記正義 9_133_19 | 初唐•禮記正義 6_88_2 | 初唐•古文尚書 47_462_30 | 初唐•古文尚書 41_392_1 | 初唐•古文尚書 27_262_31 |
| 初唐•禮記正義 14_220_15 | 初唐•禮記正義 12_194_9 | 初唐•禮記正義 9_134_12 | 初唐•禮記正義 7_98_4 | 初唐•古文尚書 47_463_11 | 初唐•古文尚書 42_408_3 | 初唐•古文尚書 28_273_12 |
| 初唐•禮記正義 16_239_6 | 初唐•禮記正義 13_196_2 | 初唐•禮記正義 11_172_3 | 初唐•禮記正義 7_102_27 | 初唐•古文尚書 47_463_24 | 初唐•古文尚書 43_419_2 | 初唐•古文尚書 31_292_5 |
| 初唐•禮記正義 17_258_13 | 初唐•禮記正義 13_199_23 | 初唐•禮記正義 11_177_23 | 初唐•禮記正義 7_109_32 | 初唐•禮記正義 1_10_8 | 初唐•古文尚書 46_451_10 | 初唐•古文尚書 31_296_10 |
| 初唐•禮記正義 17_259_8 | 初唐•禮記正義 13_205_12 | 初唐•禮記正義 12_183_24 | 初唐•禮記正義 7_110_8 | 初唐•禮記正義 1_16_6 | 初唐•古文尚書 46_451_22 | 初唐•古文尚書 33_309_32 |
| 初唐•禮記正義 17_261_3 | 初唐•禮記正義 14_210_20 | 初唐•禮記正義 12_184_11 | 初唐•禮記正義 7_112_14 | 初唐•禮記正義 2_20_24 | 初唐•古文尚書 46_453_17 | 初唐•古文尚書 39_370_17 |
| 初唐•禮記正義 17_263_7 | 初唐•禮記正義 14_211_17 | 初唐•禮記正義 12_186_1 | 初唐•禮記正義 8_117_14 | 初唐•禮記正義 2_21_8 | 初唐•古文尚書 46_454_7 | 初唐•古文尚書 39_371_26 |
| 初唐•禮記正義 17_265_24 | 初唐•禮記正義 14_216_7 | 初唐•禮記正義 12_186_24 | 初唐•禮記正義 8_128_7 | 初唐•禮記正義 5_79_8 | 初唐•古文尚書 47_462_21 | 初唐•古文尚書 40_384_30 |

| | | | | | | |
|---|---|---|---|---|---|---|
| 中唐・翰苑<br>4_48_30 | 中唐・翰苑<br>2_19_21 | 初唐・十誦律<br>3_47_1 | 初唐•禮記正義<br>25_384_16 | 初唐•禮記正義<br>22_328_6 | 初唐•禮記正義<br>20_305_26 | 初唐•禮記正義<br>19_285_23 |
| 中唐・翰苑<br>5_50_25 | 中唐・翰苑<br>3_24_17 | 初唐・十誦律<br>19_369_10 | 初唐•禮記正義<br>25_384_26 | 初唐•禮記正義<br>23_349_7 | 初唐•禮記正義<br>20_306_19 | 初唐•禮記正義<br>19_291_20 |
| 中唐・翰苑<br>6_66_1 | 中唐・翰苑<br>3_27_13 | 初唐・般若經<br>14_205_6 | 初唐•禮記正義<br>25_386_20 | 初唐•禮記正義<br>24_363_4 | 初唐•禮記正義<br>20_306_24 | 初唐•禮記正義<br>19_292_12 |
| 中唐・翰苑<br>6_74_14 | 中唐・翰苑<br>3_28_4 | 初唐・般若經<br>14_205_16 | 初唐•禮記正義<br>27_425_20 | 初唐•禮記正義<br>24_366_17 | 初唐•禮記正義<br>21_320_7 | 初唐•禮記正義<br>19_293_13 |
| 中唐・翰苑<br>27_354_9 | 中唐・翰苑<br>3_28_14 | 初唐・般若經<br>14_207_8 | 初唐•禮記正義<br>29_453_22 | 初唐•禮記正義<br>24_367_5 | 初唐•禮記正義<br>21_323_12 | 初唐•禮記正義<br>19_294_8 |
| 中唐・翰苑<br>27_355_14 | 中唐・翰苑<br>3_30_1 | 初唐・般若經<br>27_423_8 | 初唐•禮記正義<br>29_454_16 | 初唐•禮記正義<br>24_369_2 | 初唐•禮記正義<br>21_324_1 | 初唐•禮記正義<br>20_299_4 |
| 中唐・翰苑<br>28_359_40 | 中唐・翰苑<br>4_39_20 | 中唐・翰苑<br>2_14_7 | 初唐•禮記正義<br>29_458_26 | 初唐•禮記正義<br>24_372_14 | 初唐•禮記正義<br>21_324_6 | 初唐•禮記正義<br>20_299_25 |
| 中唐・翰苑<br>32_408_22 | 中唐・翰苑<br>4_48_23 | 中唐・翰苑<br>2_18_5 | 初唐・十誦律<br>2_25_13 | 初唐•禮記正義<br>25_373_17 | 初唐•禮記正義<br>22_326_11 | 初唐•禮記正義<br>20_304_11 |

中唐・翰苑
32_414_42

中唐・翰苑
33_424_19

中唐・翰苑
34_440_25

中唐・翰苑
38_487_12

中唐・翰苑
40_515_22

中唐・翰苑
40_516_16

中唐・翰苑
41_528_16

中唐・翰苑
44_562_10

中唐・翰苑
45_577_13

中唐・般若經
3_31_17

中唐・般若經
5_67_17

中唐・般若經
6_85_17

中唐・般若經
7_112_17

中唐・般若經
9_136_17

中唐・般若經
18_325_2

中唐・般若經
18_325_16

中唐・般若經
19_328_8

中唐・般若經
19_329_6

中唐・般若經
19_330_3

晚唐•摩訶止觀
1_5_12

晚唐•摩訶止觀
8_66_20

晚唐•摩訶止觀
11_97_17

晚唐•摩訶止觀
12_102_4

晚唐•摩訶止觀
12_103_9

晚唐•摩訶止觀
12_108_12

晚唐•摩訶止觀
15_128_15

晚唐•摩訶止觀
18_156_15

晚唐•摩訶止觀
19_169_1

晚唐•摩訶止觀
20_178_19

晚唐•摩訶止觀
21_185_16

晚唐•摩訶止觀
21_185_21

晚唐•摩訶止觀
21_186_7

晚唐•摩訶止觀
22_192_12

晚唐•摩訶止觀
22_192_19

晚唐•摩訶止觀
30_265_11

晚唐•摩訶止觀
30_265_20

晚唐•摩訶止觀
32_277_14

晚唐•摩訶止觀
32_280_10

晚唐•摩訶止觀
32_282_6

晚唐•摩訶止觀
33_284_29

晚唐•摩訶止觀
33_285_27

晚唐•摩訶止觀
33_289_16

晚唐•摩訶止觀
34_298_26

晚唐•摩訶止觀
43_368_10

晚唐•摩訶止觀
43_369_7

晚唐•摩訶止觀
48_410_6

晚唐•摩訶止觀
54_454_25

晚唐•摩訶止觀
57_486_4

晚唐•摩訶止觀
58_492_9

晚唐•摩訶止觀
61_512_25

晚唐•摩訶止觀
61_514_29

晚唐•摩訶止觀
61_518_12

五代•密教部類
2_11_6

五代•密教部類
2_11_13

五代•密教部類
2_12_6

五代•密教部類
2_12_13

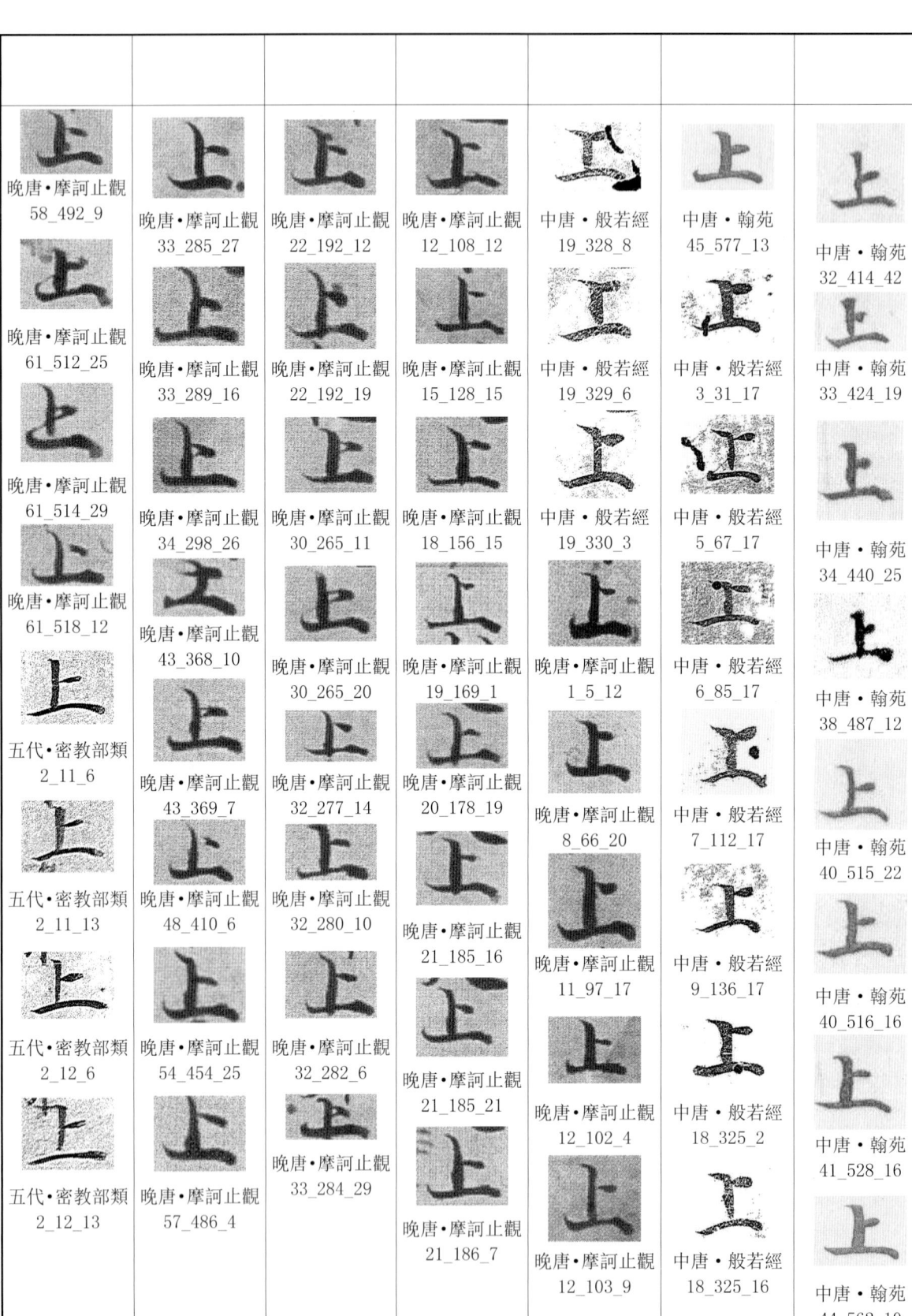

五代•密教部類 2_13_6
五代•密教部類 2_13_13
五代•密教部類 2_14_6
五代•密教部類 2_14_13
五代•密教部類 3_30_14
五代•密教部類 3_34_51
五代•密教部類 3_39_29
五代•密教部類 4_45_2

五代•密教部類 4_48_7
五代•密教部類 4_49_2
五代•密教部類 4_51_12
五代•密教部類 4_51_37
五代•密教部類 4_55_9
五代•密教部類 4_56_17
五代•密教部類 4_57_15
五代•密教部類 5_60_10

五代•密教部類 6_79_11
五代•密教部類 6_80_11
五代•密教部類 6_84_19
五代•密教部類 6_84_25
五代•密教部類 6_84_30
五代•密教部類 6_85_19
五代•密教部類 6_88_22
五代•大毗盧經 1_1_14

五代•大毗盧經 2_3_15
五代•大毗盧經 7_85_20
五代•大毗盧經 7_86_8
五代•大毗盧經 8_92_20
五代•大毗盧經 10_118_19
五代•大毗盧經 10_119_4
五代•大毗盧經 12_144_20
五代•大毗盧經 12_147_20

五代•大毗盧經 13_160_12
五代•大毗盧經 13_164_2
五代•大毗盧經 13_166_17
五代•大毗盧經 16_200_9
五代•大毗盧經 16_209_10
五代•大毗盧經 20_263_25
五代•大毗盧經 21_268_24
五代•大毗盧經 22_278_23

五代•大毗盧經 22_278_30
五代•大毗盧經 23_293_20
五代•大毗盧經 23_295_9
五代•大毗盧經 24_311_18
五代•大毗盧經 25_317_35
五代•大毗盧經 25_319_12
五代•大毗盧經 28_354_16
五代•大毗盧經 28_362_35

五代•大毗盧經 29_374_21
五代•大毗盧經 30_378_12
五代•大毗盧經 30_379_3
五代•大毗盧經 31_390_17
五代•大毗盧經 33_408_8
五代•大毗盧經 35_422_13
五代•大毗盧經 38_441_14
五代•大毗盧經 39_458_18

| | | | | 云 | 井 | |
|---|---|---|---|---|---|---|
| | | | | ウン<br>訓いう | 漢セイ呉ショウ<br>訓い | |
| 初唐•禮記正義<br>1_1_17<br>初唐•禮記正義<br>1_4_4<br>初唐•禮記正義<br>1_7_24<br>初唐•禮記正義<br>1_10_4<br>初唐•禮記正義<br>1_10_15<br>初唐•禮記正義<br>1_15_21<br>初唐•禮記正義<br>1_16_16<br>初唐•禮記正義<br>1_16_28 | 初唐・毛詩傳<br>8_85_1<br>初唐・毛詩傳<br>9_92_18<br>初唐・毛詩傳<br>9_94_3<br>初唐・毛詩傳<br>9_96_10<br>初唐・毛詩傳<br>10_103_11<br>初唐・毛詩傳<br>10_105_15<br>初唐・毛詩傳<br>10_107_6<br>初唐・毛詩傳<br>10_110_3 | 初唐・毛詩傳<br>6_63_27<br>初唐・毛詩傳<br>6_65_21<br>初唐・毛詩傳<br>6_67_20<br>初唐・毛詩傳<br>7_69_11<br>初唐・毛詩傳<br>7_72_8<br>初唐・毛詩傳<br>8_80_9<br>初唐・毛詩傳<br>8_82_2<br>初唐・毛詩傳<br>8_83_11 | 初唐・毛詩傳<br>4_43_5<br>初唐・毛詩傳<br>4_44_5<br>初唐・毛詩傳<br>4_44_10<br>初唐・毛詩傳<br>5_46_11<br>初唐・毛詩傳<br>5_48_18<br>初唐・毛詩傳<br>5_52_16<br>初唐・毛詩傳<br>5_54_11<br>初唐・毛詩傳<br>5_55_23 | 初唐・毛詩傳<br>2_11_3<br>初唐・毛詩傳<br>2_12_21<br>初唐・毛詩傳<br>2_15_18<br>初唐・毛詩傳<br>2_17_10<br>初唐・毛詩傳<br>2_19_12<br>初唐・毛詩傳<br>3_30_7<br>初唐・毛詩傳<br>4_33_5<br>初唐・毛詩傳<br>4_41_7 | 初唐•古文尚書<br>32_300_5<br>初唐•古文尚書<br>32_300_21 | 五代•大毗盧經<br>39_469_3<br>五代•大毗盧經<br>93_1137_10<br>五代•大毗盧經<br>93_1144_17<br>五代•大毗盧經<br>96_1176_6<br>五代•大毗盧經<br>96_1176_20<br>五代•大毗盧經<br>96_1176_24<br>五代•大毗盧經<br>96_1177_32<br>五代•大毗盧經<br>97_1195_5 |

初唐•禮記正義 2_17_14
初唐•禮記正義 2_18_9
初唐•禮記正義 2_28_5
初唐•禮記正義 2_29_19
初唐•禮記正義 3_39_25
初唐•禮記正義 3_42_5
初唐•禮記正義 3_44_25
初唐•禮記正義 3_45_18

初唐•禮記正義 3_47_9
初唐•禮記正義 4_50_28
初唐•禮記正義 4_51_25
初唐•禮記正義 4_54_10
初唐•禮記正義 4_57_17
初唐•禮記正義 4_63_2
初唐•禮記正義 4_64_13
初唐•禮記正義 5_67_14

初唐•禮記正義 5_69_6
初唐•禮記正義 5_69_18
初唐•禮記正義 5_70_2
初唐•禮記正義 5_71_25
初唐•禮記正義 5_72_16
初唐•禮記正義 5_72_23
初唐•禮記正義 5_80_13
初唐•禮記正義 5_80_31

初唐•禮記正義 5_81_19
初唐•禮記正義 6_82_15
初唐•禮記正義 6_83_7
初唐•禮記正義 6_84_7
初唐•禮記正義 6_88_16
初唐•禮記正義 6_88_25
初唐•禮記正義 6_89_11
初唐•禮記正義 6_89_26

初唐•禮記正義 6_90_8
初唐•禮記正義 6_90_13
初唐•禮記正義 6_92_13
初唐•禮記正義 6_93_29
初唐•禮記正義 6_94_6
初唐•禮記正義 6_96_18
初唐•禮記正義 7_98_23
初唐•禮記正義 7_104_28

初唐•禮記正義 7_107_1
初唐•禮記正義 7_109_6
初唐•禮記正義 7_109_14
初唐•禮記正義 7_110_15
初唐•禮記正義 7_111_5
初唐•禮記正義 7_111_23
初唐•禮記正義 8_113_11
初唐•禮記正義 8_115_27

初唐•禮記正義 8_117_7
初唐•禮記正義 8_119_9
初唐•禮記正義 11_171_10
初唐•禮記正義 11_174_6
初唐•禮記正義 11_174_12
初唐•禮記正義 11_177_20
初唐•禮記正義 12_181_11
初唐•禮記正義 12_183_4

初唐·禮記正義 13_204_11
初唐·禮記正義 13_206_19
初唐·禮記正義 14_215_3
初唐·禮記正義 14_215_13
初唐·禮記正義 14_218_12
初唐·禮記正義 14_218_16
初唐·禮記正義 14_218_23
初唐·禮記正義 14_221_6

初唐·禮記正義 14_223_26
初唐·禮記正義 15_225_26
初唐·禮記正義 15_229_14
初唐·禮記正義 15_230_24
初唐·禮記正義 17_257_9
初唐·禮記正義 17_267_17
初唐·禮記正義 18_268_7
初唐·禮記正義 18_270_2

初唐·禮記正義 18_272_13
初唐·禮記正義 18_272_22
初唐·禮記正義 18_274_3
初唐·禮記正義 18_274_15
初唐·禮記正義 27_426_21
初唐·禮記正義 28_427_30
初唐·禮記正義 28_429_5
初唐·禮記正義 28_430_18

初唐·禮記正義 28_430_24
初唐·禮記正義 28_434_2
初唐·禮記正義 28_435_1
初唐·禮記正義 28_436_6
初唐·禮記正義 28_436_18
初唐·禮記正義 28_437_28
初唐·禮記正義 28_442_13
初唐·禮記正義 28_443_16

初唐·禮記正義 29_445_2
初唐·禮記正義 29_448_20
初唐·禮記正義 29_449_12
初唐·禮記正義 30_460_2
初唐·禮記正義 30_463_13
初唐·禮記正義 30_463_21
初唐·禮記正義 30_466_14
初唐·禮記正義 30_473_25

初唐·禮記正義 30_474_25
初唐·十誦律 3_48_12
初唐·十誦律 4_67_2
初唐·十誦律 7_113_1
中唐·翰苑 2_9_14
中唐·翰苑 2_11_9
中唐·翰苑 2_12_8
中唐·翰苑 3_23_19

中唐·翰苑 3_23_28
中唐·翰苑 5_52_38
中唐·翰苑 5_52_39
中唐·翰苑 6_77_11
中唐·翰苑 7_90_35
中唐·翰苑 8_103_8
中唐·翰苑 10_124_6
中唐·翰苑 13_169_21

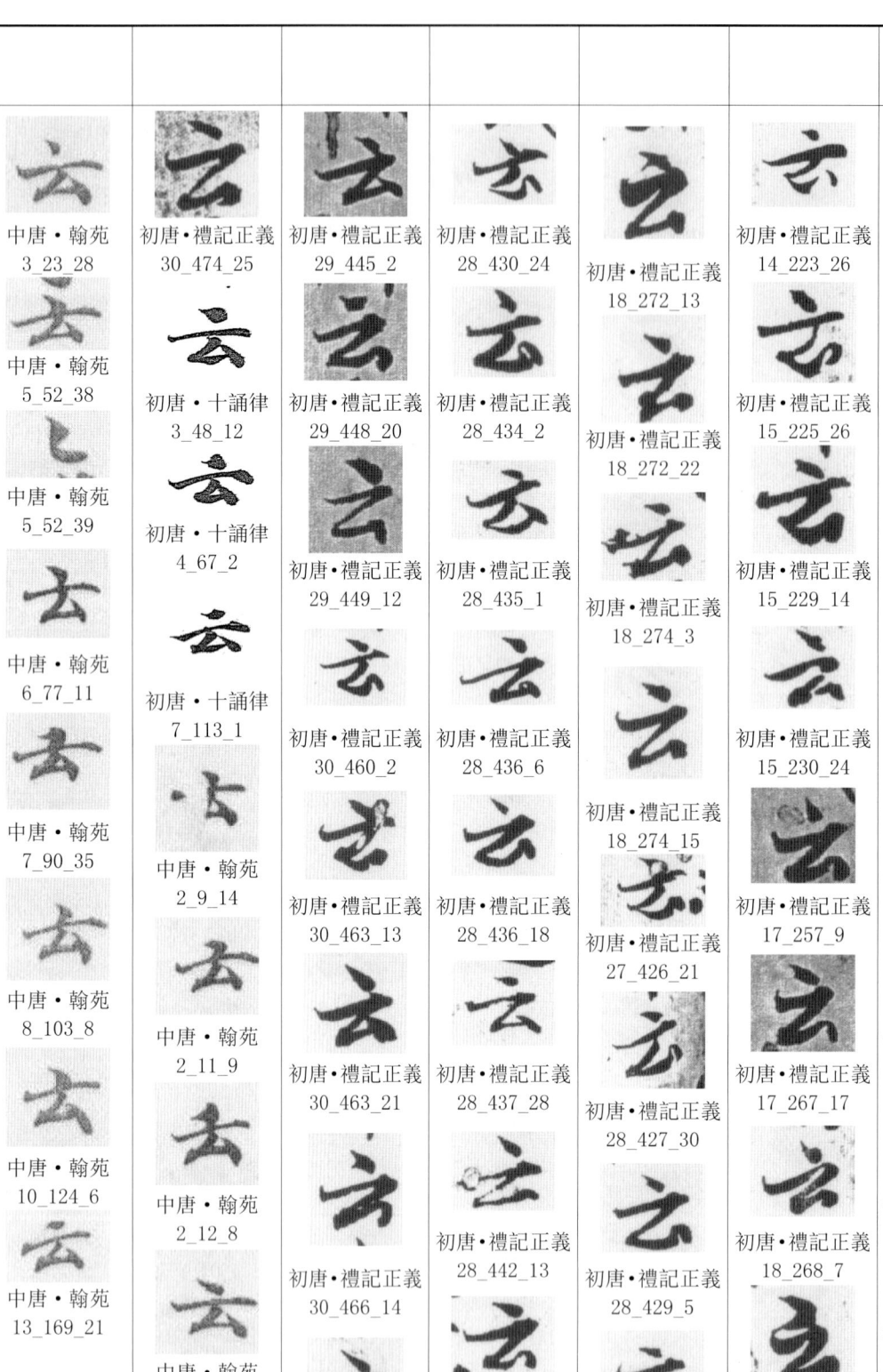

| | | | | | | |
|---|---|---|---|---|---|---|
| 晚唐•摩訶止觀 11_97_25 | 晚唐•摩訶止觀 10_88_2 | 晚唐•摩訶止觀 5_45_17 | 晚唐•摩訶止觀 1_5_1 | 中唐 • 翰苑 25_332_14 | 中唐 • 翰苑 23_308_12 | 中唐 • 翰苑 14_181_34 |
| 晚唐•摩訶止觀 11_98_11 | 晚唐•摩訶止觀 10_90_5 | 晚唐•摩訶止觀 7_59_16 | 晚唐•摩訶止觀 3_27_6 | 中唐 • 翰苑 26_341_7 | 中唐 • 翰苑 24_312_14 | 中唐 • 翰苑 14_185_5 |
| 晚唐•摩訶止觀 11_100_8 | 晚唐•摩訶止觀 11_93_10 | 晚唐•摩訶止觀 7_63_15 | 晚唐•摩訶止觀 3_28_18 | 中唐 • 翰苑 26_341_21 | 中唐 • 翰苑 24_314_2 | 中唐 • 翰苑 18_230_33 |
| 晚唐•摩訶止觀 13_116_15 | 晚唐•摩訶止觀 11_94_1 | 晚唐•摩訶止觀 8_66_11 | 晚唐•摩訶止觀 3_29_6 | 中唐 • 翰苑 26_343_28 | 中唐 • 翰苑 24_316_17 | 中唐 • 翰苑 20_260_9 |
| 晚唐•摩訶止觀 13_117_2 | 晚唐•摩訶止觀 11_94_23 | 晚唐•摩訶止觀 8_68_12 | 晚唐•摩訶止觀 4_33_11 | 中唐 • 翰苑 32_414_44 | 中唐 • 翰苑 24_316_36 | 中唐 • 翰苑 20_262_3 |
| 晚唐•摩訶止觀 58_494_24 | 晚唐•摩訶止觀 11_95_20 | 晚唐•摩訶止觀 8_69_17 | 晚唐•摩訶止觀 4_34_5 | 中唐 • 翰苑 41_530_45 | 中唐 • 翰苑 24_321_4 | 中唐 • 翰苑 20_264_20 |
| 晚唐•摩訶止觀 59_497_3 | 晚唐•摩訶止觀 11_96_14 | 晚唐•摩訶止觀 9_78_3 | 晚唐•摩訶止觀 4_34_14 | 中唐 • 翰苑 44_568_6 | 中唐 • 翰苑 25_328_33 | 中唐 • 翰苑 22_288_22 |
| 晚唐•摩訶止觀 59_500_8 | 晚唐•摩訶止觀 11_97_8 | 晚唐•摩訶止觀 10_87_4 | 晚唐•摩訶止觀 4_35_11 | 中唐 • 翰苑 45_572_15 | 中唐 • 翰苑 25_330_15 | 中唐 • 翰苑 23_298_18 |

## 不 不

漢訓 フツ ず

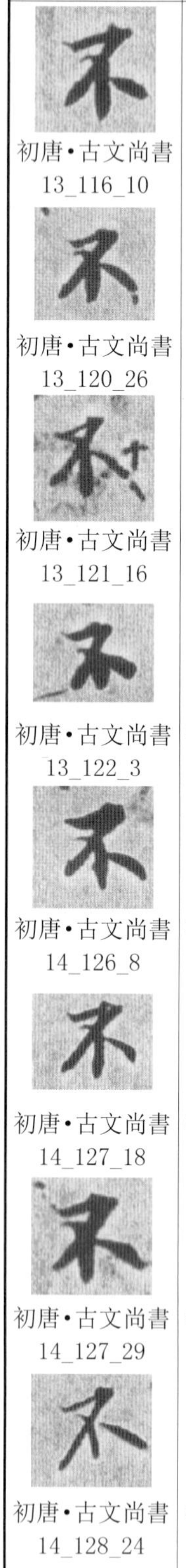

初唐•古文尚書 13_116_10
初唐•古文尚書 13_120_26
初唐•古文尚書 13_121_16
初唐•古文尚書 13_122_3
初唐•古文尚書 14_126_8
初唐•古文尚書 14_127_18
初唐•古文尚書 14_127_29
初唐•古文尚書 14_128_24

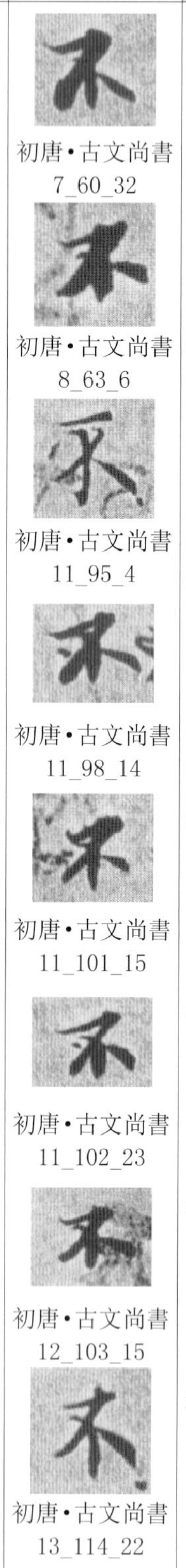

初唐•古文尚書 7_60_32
初唐•古文尚書 8_63_6
初唐•古文尚書 11_95_4
初唐•古文尚書 11_98_14
初唐•古文尚書 11_101_15
初唐•古文尚書 11_102_23
初唐•古文尚書 12_103_15
初唐•古文尚書 13_114_22

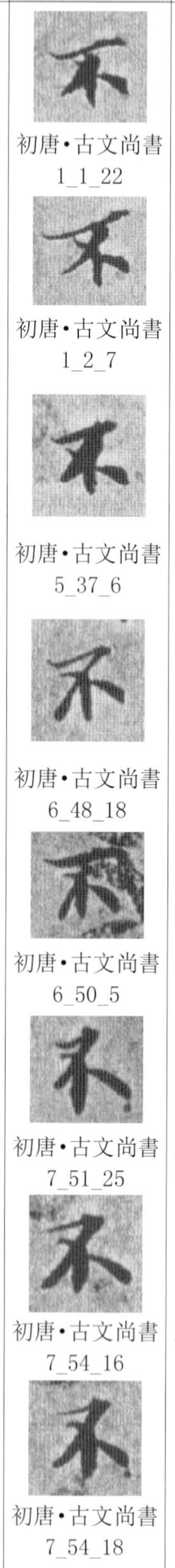

初唐•古文尚書 1_1_22
初唐•古文尚書 1_2_7
初唐•古文尚書 5_37_6
初唐•古文尚書 6_48_18
初唐•古文尚書 6_50_5
初唐•古文尚書 7_51_25
初唐•古文尚書 7_54_16
初唐•古文尚書 7_54_18

五代•大毗盧經 42_506_14
五代•大毗盧經 47_581_10
五代•大毗盧經 52_640_11
五代•大毗盧經 55_673_20
五代•大毗盧經 55_674_2
五代•大毗盧經 65_821_10
五代•大毗盧經 91_1112_9

五代•大毗盧經 15_190_7
五代•大毗盧經 18_229_7
五代•大毗盧經 22_285_12
五代•大毗盧經 23_298_12
五代•大毗盧經 23_299_28
五代•大毗盧經 26_326_11
五代•大毗盧經 32_397_16
五代•大毗盧經 40_482_18

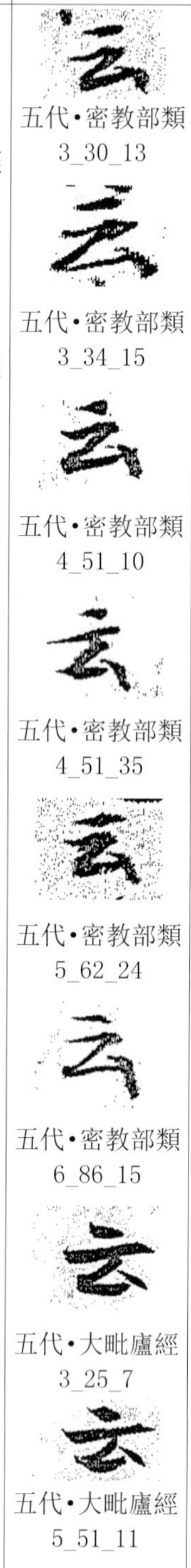

五代•密教部類 3_30_13
五代•密教部類 3_34_15
五代•密教部類 4_51_10
五代•密教部類 4_51_35
五代•密教部類 5_62_24
五代•密教部類 6_86_15
五代•大毗盧經 3_25_7
五代•大毗盧經 5_51_11

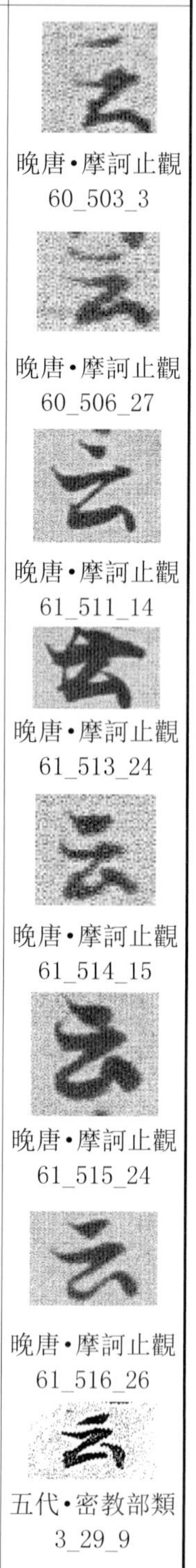

晚唐•摩訶止観 60_503_3
晚唐•摩訶止観 60_506_27
晚唐•摩訶止観 61_511_14
晚唐•摩訶止観 61_513_24
晚唐•摩訶止観 61_514_15
晚唐•摩訶止観 61_515_24
晚唐•摩訶止観 61_516_26
五代•密教部類 3_29_9

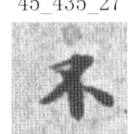

| | | | | | | |
|---|---|---|---|---|---|---|
| 初唐・毛詩傳 8_79_14 | 初唐・毛詩傳 5_55_9 | 初唐・毛詩傳 3_27_18 | 初唐・毛詩傳 2_13_8 | 初唐•古文尚書 44_424_29 | 初唐•古文尚書 15_135_3 | 初唐•古文尚書 14_129_26 |
| 初唐・毛詩傳 8_81_6 | 初唐・毛詩傳 6_60_12 | 初唐・毛詩傳 3_27_24 | 初唐・毛詩傳 2_14_7 | 初唐•古文尚書 45_435_23 | 初唐•古文尚書 15_136_16 | 初唐•古文尚書 14_130_17 |
| 初唐・毛詩傳 8_81_18 | 初唐・毛詩傳 6_61_2 | 初唐・毛詩傳 4_34_2 | 初唐・毛詩傳 2_18_8 | 初唐•古文尚書 45_435_27 | 初唐•古文尚書 17_163_13 | 初唐•古文尚書 14_131_9 |
| 初唐・毛詩傳 8_82_23 | 初唐・毛詩傳 6_61_7 | 初唐・毛詩傳 4_34_13 | 初唐・毛詩傳 3_22_9 | 初唐•古文尚書 45_436_14 | 初唐•古文尚書 17_163_26 | 初唐•古文尚書 14_131_28 |
| 初唐・毛詩傳 8_83_4 | 初唐・毛詩傳 6_64_26 | 初唐・毛詩傳 4_44_7 | 初唐・毛詩傳 3_23_5 | 初唐・毛詩傳 1_2_9 | 初唐•古文尚書 18_168_19 | 初唐•古文尚書 14_131_34 |
| 初唐・毛詩傳 8_84_2 | 初唐・毛詩傳 6_65_22 | 初唐・毛詩傳 5_47_18 | 初唐・毛詩傳 3_23_11 | 初唐・毛詩傳 1_7_11 | 初唐•古文尚書 26_251_26 | 初唐•古文尚書 14_134_6 |
| 初唐・毛詩傳 8_85_17 | 初唐・毛詩傳 7_76_7 | 初唐・毛詩傳 5_48_11 | 初唐・毛詩傳 3_24_5 | 初唐・毛詩傳 1_9_15 | 初唐•古文尚書 26_251_37 | 初唐•古文尚書 14_134_8 |
| 初唐・毛詩傳 8_86_19 | 初唐・毛詩傳 8_79_1 | 初唐・毛詩傳 5_48_19 | 初唐・毛詩傳 3_25_11 | 初唐・毛詩傳 1_9_23 | 初唐•古文尚書 44_424_13 | 初唐•古文尚書 15_135_1 |

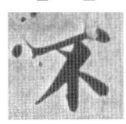

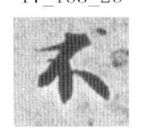

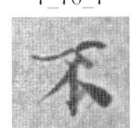

初唐・毛詩傳
8_87_7

初唐・毛詩傳
8_89_12

初唐・毛詩傳
9_91_16

初唐・毛詩傳
9_92_10

初唐・毛詩傳
9_93_12

初唐・毛詩傳
9_94_24

初唐・毛詩傳
9_96_12

初唐・毛詩傳
9_100_6

初唐・毛詩傳
10_103_7

初唐・毛詩傳
10_104_16

初唐・毛詩傳
10_105_7

初唐・毛詩傳
10_105_24

初唐・毛詩傳
10_106_8

初唐・毛詩傳
10_108_9

初唐・毛詩傳
10_111_4

初唐•禮記正義
1_6_19

初唐•禮記正義
1_6_25

初唐•禮記正義
1_7_17

初唐•禮記正義
1_8_28

初唐•禮記正義
1_13_15

初唐•禮記正義
1_14_11

初唐•禮記正義
1_14_14

初唐•禮記正義
1_14_23

初唐•禮記正義
1_16_27

初唐•禮記正義
2_17_5

初唐•禮記正義
2_18_24

初唐•禮記正義
2_19_15

初唐•禮記正義
2_19_20

初唐•禮記正義
2_20_9

初唐•禮記正義
2_21_20

初唐•禮記正義
2_22_22

初唐•禮記正義
26_403_23

初唐•禮記正義
26_404_28

初唐•禮記正義
26_405_3

初唐•禮記正義
26_406_16

初唐•禮記正義
26_407_6

初唐•禮記正義
26_408_5

初唐•禮記正義
26_408_14

初唐•禮記正義
27_409_19

初唐•禮記正義
27_413_10

初唐•禮記正義
27_418_9

初唐•禮記正義
27_419_16

初唐•禮記正義
27_420_3

初唐•禮記正義
27_420_12

初唐•禮記正義
27_420_15

初唐•禮記正義
27_420_18

初唐•禮記正義
27_421_16

初唐•禮記正義
27_421_27

初唐•禮記正義
27_423_11

初唐•禮記正義
27_423_29

初唐•禮記正義
27_424_4

初唐•禮記正義
27_426_23

初唐•禮記正義
27_426_26

初唐•禮記正義
28_427_13

初唐•禮記正義
28_428_12

初唐•禮記正義
28_429_9

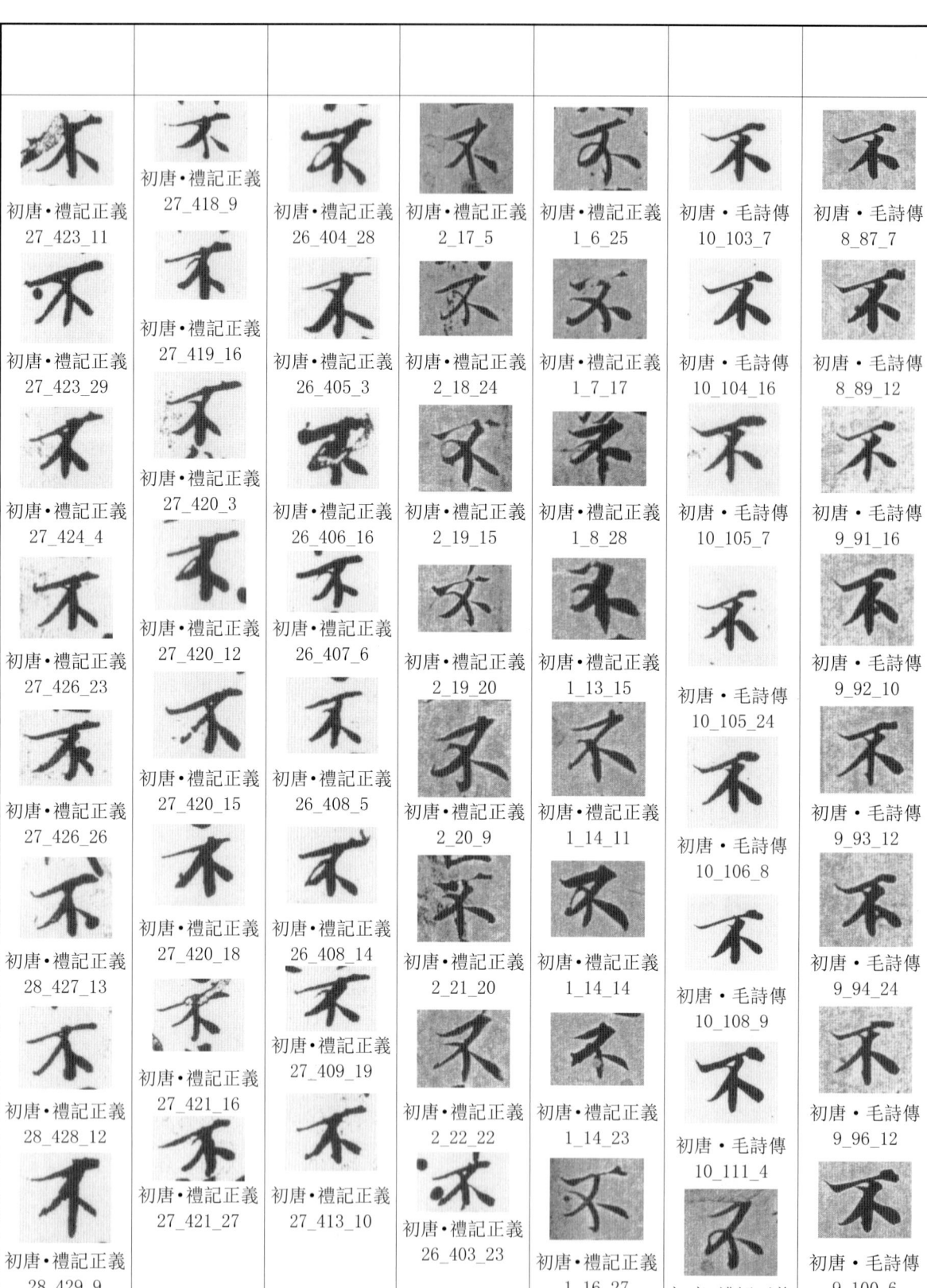

| | | | | | | |
|---|---|---|---|---|---|---|
| 初唐・般若經 21_323_17 | 初唐・般若經 13_193_12 | 初唐・般若經 8_109_2 | 初唐・十誦律 18_349_9 | 初唐・十誦律 1_6_10 | 初唐•禮記正義 30_467_19 | 初唐•禮記正義 28_429_14 |
| 初唐・般若經 25_379_12 | 初唐・般若經 13_194_5 | 初唐・般若經 8_109_6 | 初唐・十誦律 18_352_6 | 初唐・十誦律 1_6_13 | 初唐•禮記正義 30_467_21 | 初唐•禮記正義 28_430_29 |
| 初唐・般若經 25_380_9 | 初唐・般若經 13_195_14 | 初唐・般若經 8_110_8 | 初唐・十誦律 18_356_11 | 初唐・十誦律 18_345_3 | 初唐•禮記正義 30_470_25 | 初唐•禮記正義 28_431_4 |
| 初唐・般若經 25_382_7 | 初唐・般若經 21_312_2 | 初唐・般若經 8_111_1 | 初唐・十誦律 19_357_1 | 初唐・十誦律 18_345_16 | 初唐•禮記正義 30_471_3 | 初唐•禮記正義 28_431_20 |
| 初唐・般若經 27_411_1 | 初唐・般若經 21_320_7 | 初唐・般若經 8_112_11 | 初唐・十誦律 19_357_6 | 初唐・十誦律 18_346_9 | 初唐•禮記正義 30_471_29 | 初唐•禮記正義 28_433_17 |
| 初唐・般若經 27_411_11 | 初唐・般若經 21_320_11 | 初唐・般若經 12_164_15 | 初唐・十誦律 19_360_2 | 初唐・十誦律 18_346_12 | 初唐•禮記正義 30_472_2 | 初唐•禮記正義 28_434_21 |
| 初唐・般若經 27_413_5 | 初唐・般若經 21_321_13 | 初唐・般若經 12_165_12 | 初唐・十誦律 19_361_9 | 初唐・十誦律 18_347_3 | 初唐•禮記正義 30_472_23 | 初唐•禮記正義 30_467_12 |
| 中唐・翰苑 2_10_23 | 初唐・般若經 21_322_6 | 初唐・般若經 12_167_8 | 初唐・般若經 8_101_5 | 初唐・十誦律 18_347_8 | 初唐•禮記正義 30_474_20 | 初唐•禮記正義 30_467_17 |

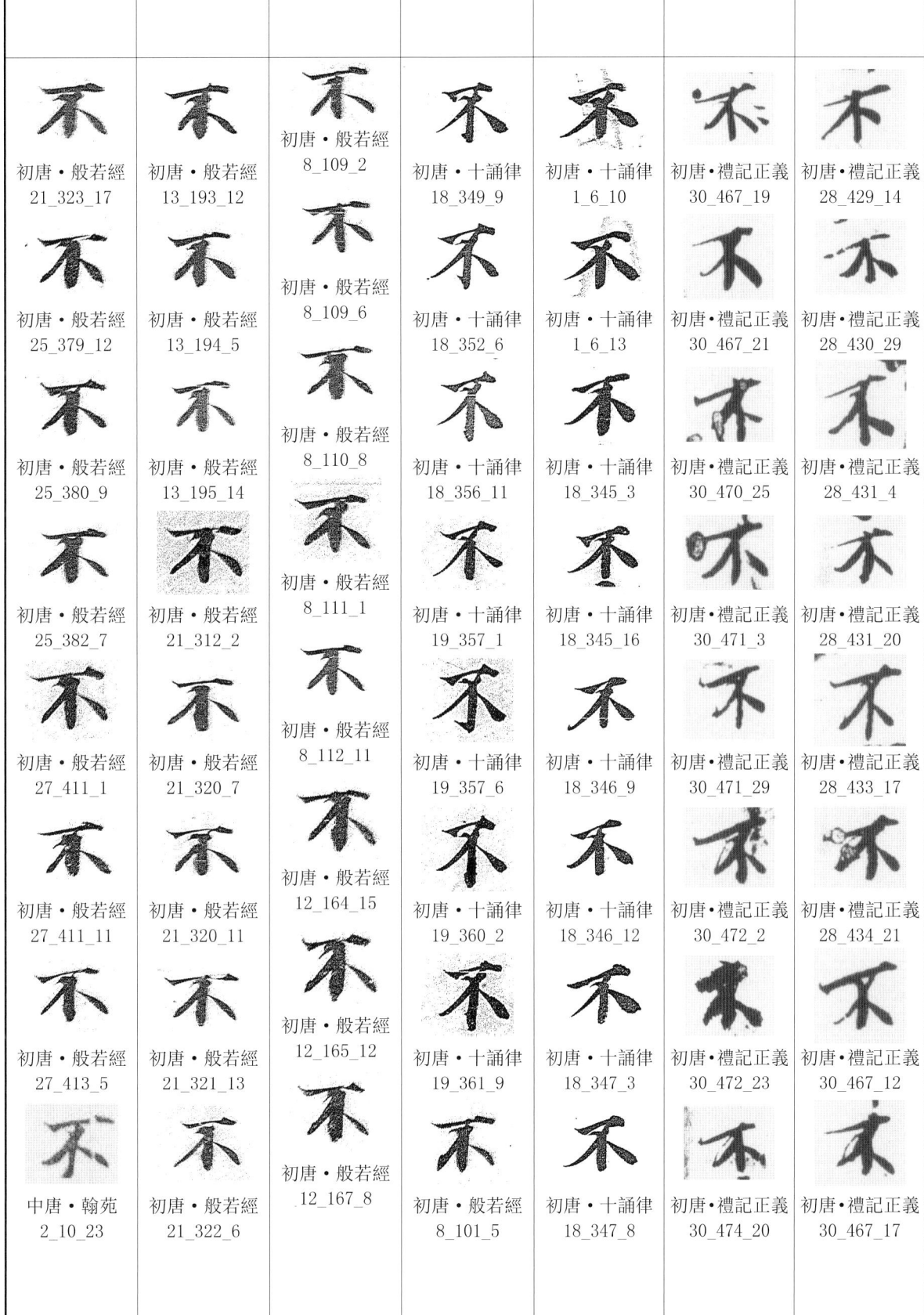

中唐·翰苑
2_15_16

中唐·翰苑
3_22_11

中唐·翰苑
3_22_16

中唐·翰苑
3_22_34

中唐·翰苑
4_43_1

中唐·翰苑
4_43_42

中唐·翰苑
6_68_24

中唐·翰苑
6_68_37

中唐·翰苑
6_68_41

中唐·翰苑
6_75_33

中唐·翰苑
7_82_1

中唐·翰苑
7_91_42

中唐·般若經
8_125_1

中唐·般若經
8_125_15

中唐·般若經
8_132_6

中唐·般若經
8_133_2

中唐·般若經
9_140_9

中唐·般若經
9_140_18

中唐·般若經
12_196_14

中唐·般若經
12_197_8

中唐·般若經
12_203_7

中唐·般若經
12_203_17

中唐·般若經
13_212_8

中唐·般若經
13_213_3

中唐·般若經
13_219_10

中唐·般若經
13_220_7

中唐·般若經
13_226_11

中唐·般若經
13_227_7

中唐·般若經
15_252_2

中唐·般若經
15_252_14

中唐·般若經
15_258_7

中唐·般若經
15_258_10

中唐·般若經
15_260_10

中唐·般若經
15_260_13

中唐·般若經
15_262_13

中唐·般若經
15_262_16

中唐·般若經
15_264_8

中唐·般若經
15_264_17

中唐·般若經
15_265_3

中唐·般若經
15_265_17

中唐·般若經
16_273_7

中唐·般若經
16_274_6

中唐·般若經
16_281_11

中唐·般若經
16_282_9

中唐·般若經
17_289_16

中唐·般若經
17_294_10

中唐·般若經
17_299_5

中唐·般若經
18_307_7

中唐·般若經
18_312_9

中唐·般若經
18_317_12

中唐·般若經
19_326_7

中唐·般若經
19_331_9

中唐·般若經
19_336_12

晚唐·摩訶止觀
1_3_15

晚唐·摩訶止觀
3_23_8

晚唐·摩訶止觀
3_23_38

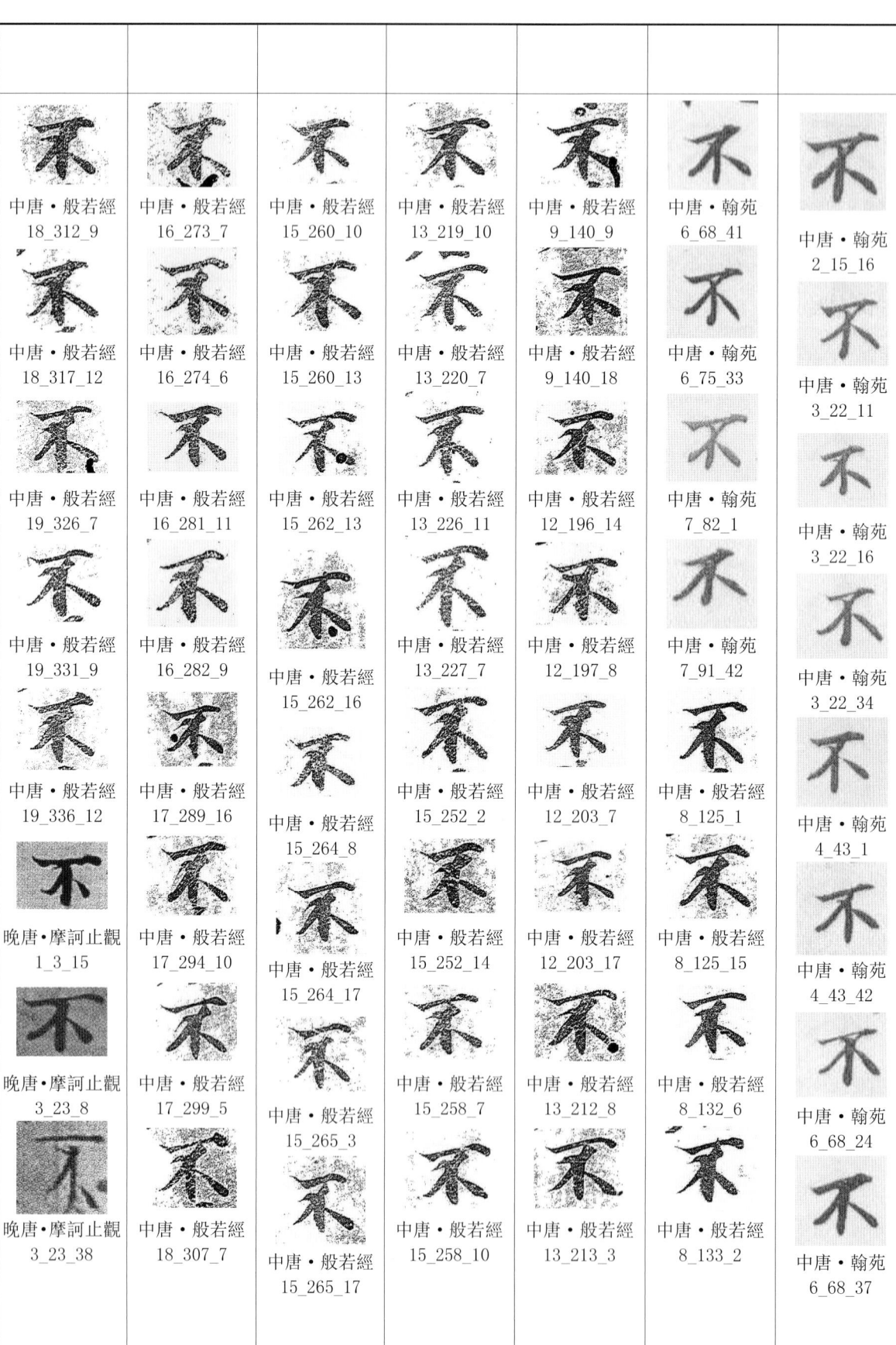

晚唐•摩訶止觀 3_28_3
晚唐•摩訶止觀 3_29_22
晚唐•摩訶止觀 4_35_1
晚唐•摩訶止觀 4_36_21
晚唐•摩訶止觀 14_125_14
晚唐•摩訶止觀 15_129_2
晚唐•摩訶止觀 15_132_16
晚唐•摩訶止觀 15_134_27

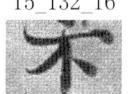

晚唐•摩訶止觀 15_135_1
晚唐•摩訶止觀 16_138_10
晚唐•摩訶止觀 16_139_7
晚唐•摩訶止觀 16_141_27
晚唐•摩訶止觀 16_143_14
晚唐•摩訶止觀 17_145_22
晚唐•摩訶止觀 17_146_4
晚唐•摩訶止觀 17_152_2

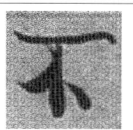

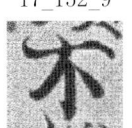

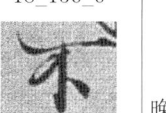

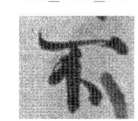

晚唐•摩訶止觀 17_152_9
晚唐•摩訶止觀 18_155_21
晚唐•摩訶止觀 18_156_6
晚唐•摩訶止觀 18_156_11
晚唐•摩訶止觀 18_157_9
晚唐•摩訶止觀 18_159_4
晚唐•摩訶止觀 18_159_6
晚唐•摩訶止觀 18_160_10

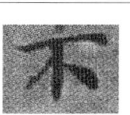

晚唐•摩訶止觀 19_161_22
晚唐•摩訶止觀 19_162_25
晚唐•摩訶止觀 19_165_9
晚唐•摩訶止觀 19_165_24
晚唐•摩訶止觀 46_396_26
晚唐•摩訶止觀 46_398_4
晚唐•摩訶止觀 47_399_9
晚唐•摩訶止觀 47_400_6

晚唐•摩訶止觀 47_400_11
晚唐•摩訶止觀 47_405_2
晚唐•摩訶止觀 47_405_15
晚唐•摩訶止觀 47_405_18
晚唐•摩訶止觀 47_406_5
晚唐•摩訶止觀 47_406_15
晚唐•摩訶止觀 47_406_19
晚唐•摩訶止觀 47_406_25

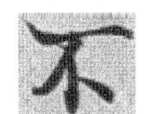

晚唐•摩訶止觀 48_407_1
晚唐•摩訶止觀 48_407_7
晚唐•摩訶止觀 48_407_26
晚唐•摩訶止觀 48_408_1
晚唐•摩訶止觀 48_413_24
晚唐•摩訶止觀 49_415_2
晚唐•摩訶止觀 49_415_18
晚唐•摩訶止觀 49_416_11

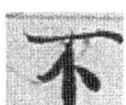

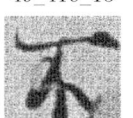

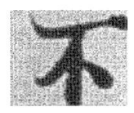

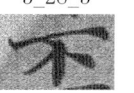

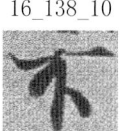

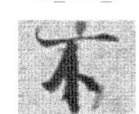

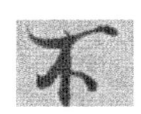

晚唐•摩訶止觀 49_416_13
晚唐•摩訶止觀 49_416_19
晚唐•摩訶止觀 49_417_1
晚唐•摩訶止觀 49_417_3
晚唐•摩訶止觀 49_417_5
晚唐•摩訶止觀 53_446_12
晚唐•摩訶止觀 53_446_16
晚唐•摩訶止觀 53_446_28

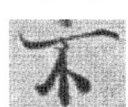

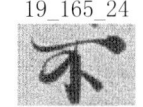

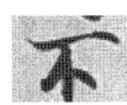

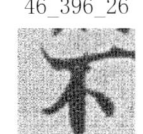

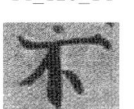

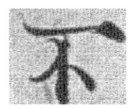

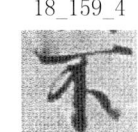

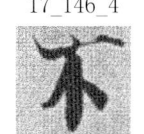

# 五㐅

現 ゴ
訓 いつ

| | | | | | | |
|---|---|---|---|---|---|---|
| 初唐•古文尚書 35_336_11 | 初唐•古文尚書 2_15_22 | 五代•大毗盧經 97_1187_23 | 五代•大毗盧經 7_79_14 | 五代•密教部類 3_34_34 | 晚唐•摩訶止觀 61_517_19 | 晚唐•摩訶止觀 53_451_4 |
| 初唐•古文尚書 35_337_10 | 初唐•古文尚書 3_21_19 | 五代•大毗盧經 97_1188_3 | 五代•大毗盧經 8_96_6 | 五代•密教部類 3_40_11 | 五代•密教部類 1_4_18 | 晚唐•摩訶止觀 53_451_6 |
| 初唐•古文尚書 36_344_27 | 初唐•古文尚書 3_22_5 | 五代•大毗盧經 97_1192_13 | 五代•大毗盧經 8_96_25 | 五代•密教部類 4_51_28 | 五代•密教部類 1_5_4 | 晚唐•摩訶止觀 53_451_27 |
| 初唐•古文尚書 40_385_19 | 初唐•古文尚書 3_22_10 | 五代•大毗盧經 97_1193_9 | 五代•大毗盧經 8_96_38 | 五代•密教部類 6_88_13 | 五代•密教部類 2_9_13 | 晚唐•摩訶止觀 53_453_25 |
| 初唐•古文尚書 40_386_24 | 初唐•古文尚書 6_50_20 | 五代•大毗盧經 97_1194_13 | 五代•大毗盧經 10_122_36 | 五代•大毗盧經 2_10_1 | 五代•密教部類 2_23_12 | 晚唐•摩訶止觀 54_455_21 |
| 初唐•古文尚書 40_388_29 | 初唐•古文尚書 7_51_9 | 五代•大毗盧經 98_1211_6 | 五代•大毗盧經 97_1184_38 | 五代•大毗盧經 2_10_8 | 五代•密教部類 2_23_16 | 晚唐•摩訶止觀 57_484_14 |
| 初唐•古文尚書 43_417_6 | 初唐•古文尚書 19_186_14 | | 五代•大毗盧經 97_1184_46 | 五代•大毗盧經 3_22_17 | 五代•密教部類 3_30_8 | 晚唐•摩訶止觀 57_484_19 |
| 初唐•古文尚書 43_418_3 | 初唐•古文尚書 24_230_7 | | 五代•大毗盧經 97_1186_41 | 五代•大毗盧經 3_31_5 | 五代•密教部類 3_32_21 | 晚唐•摩訶止觀 57_485_5 |

初唐•古文尚書
43_418_29

初唐•古文尚書
43_419_19

初唐•古文尚書
44_428_22

初唐•古文尚書
44_429_22

初唐•古文尚書
45_433_5

初唐•古文尚書
45_433_29

初唐•古文尚書
45_434_20

初唐•古文尚書
45_434_25

初唐•古文尚書
45_434_31

初唐•古文尚書
45_435_1

初唐•古文尚書
45_435_12

初唐•古文尚書
45_435_15

初唐•古文尚書
45_435_21

初唐•古文尚書
45_435_29

初唐•古文尚書
45_435_33

初唐•古文尚書
45_436_6

初唐•古文尚書
45_436_12

初唐•古文尚書
45_436_22

初唐•古文尚書
45_436_28

初唐•古文尚書
45_437_12

初唐•古文尚書
45_438_31

初唐•古文尚書
45_439_15

初唐•古文尚書
45_439_21

初唐•古文尚書
46_446_7

初唐•古文尚書
46_447_17

初唐•古文尚書
46_448_9

初唐•古文尚書
46_449_9

初唐•古文尚書
46_450_8

初唐•古文尚書
49_476_6

初唐•古文尚書
49_477_8

初唐 • 毛詩傳
7_69_21

初唐 • 毛詩傳
7_72_14

初唐 • 毛詩傳
9_99_12

初唐 • 毛詩傳
9_101_5

初唐 • 毛詩傳
10_106_12

初唐•禮記正義
3_37_14

初唐•禮記正義
3_37_16

初唐•禮記正義
3_44_4

初唐•禮記正義
3_49_25

初唐•禮記正義
4_56_17

初唐•禮記正義
5_71_1

初唐•禮記正義
5_75_18

初唐•禮記正義
5_78_7

初唐•禮記正義
8_121_25

初唐•禮記正義
8_123_8

初唐•禮記正義
8_128_29

初唐•禮記正義
8_129_23

初唐•禮記正義
8_129_29

初唐•禮記正義
9_135_3

初唐•禮記正義
9_135_22

初唐•禮記正義
12_182_2

初唐•禮記正義
12_182_17

初唐•禮記正義
16_242_6

初唐•禮記正義
17_260_25

初唐•禮記正義
17_262_20

初唐•禮記正義
19_291_2

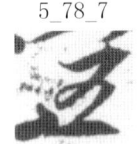

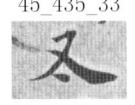

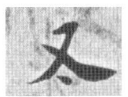

| | | | | | | |
|---|---|---|---|---|---|---|
| 中唐・翰苑 3_29_27 | 初唐・般若經 14_206_17 | 初唐・般若經 3_23_15 | 初唐・般若經 2_10_8 | 初唐・十誦律 2_16_8 | 初唐•禮記正義 24_358_12 | 初唐•禮記正義 19_291_16 |
| 中唐・翰苑 4_46_23 | 初唐・般若經 23_352_6 | 初唐・般若經 3_25_5 | 初唐・般若經 2_11_15 | 初唐・十誦律 2_29_16 | 初唐•禮記正義 24_359_13 | 初唐•禮記正義 19_291_26 |
| 中唐・翰苑 4_49_28 | 初唐・般若經 23_352_8 | 初唐・般若經 3_26_14 | 初唐・般若經 2_13_7 | 初唐・十誦律 6_112_10 | 初唐•禮記正義 24_359_15 | 初唐•禮記正義 22_336_1 |
| 中唐・翰苑 5_51_21 | 初唐・般若經 24_368_10 | 初唐・般若經 3_29_11 | 初唐・般若經 2_15_5 | 初唐・十誦律 7_113_3 | 初唐•禮記正義 24_359_26 | 初唐•禮記正義 23_342_16 |
| 中唐・翰苑 5_52_16 | 初唐・般若經 24_368_14 | 初唐・般若經 3_31_15 | 初唐・般若經 2_17_3 | 初唐・般若經 2_4_5 | 初唐•禮記正義 24_364_14 | 初唐•禮記正義 23_343_4 |
| 中唐・翰苑 5_54_31 | 初唐・般若經 24_370_2 | 初唐・般若經 3_33_5 | 初唐・般若經 3_18_10 | 初唐・般若經 2_5_10 | 初唐•禮記正義 24_366_24 | 初唐•禮記正義 23_345_25 |
| 中唐・翰苑 5_60_18 | 中唐・翰苑 3_23_11 | 初唐・般若經 14_202_15 | 初唐・般若經 3_20_2 | 初唐・般若經 2_7_1 | 初唐•禮記正義 24_368_27 | 初唐•禮記正義 24_357_13 |
| 中唐・翰苑 13_160_27 | 中唐・翰苑 3_27_35 | 初唐・般若經 14_204_15 | 初唐・般若經 3_21_17 | 初唐・般若經 2_8_12 | 初唐•禮記正義 27_414_18 | 初唐•禮記正義 24_358_10 |

中唐・翰苑 13_162_32
中唐・翰苑 13_164_36
中唐・翰苑 15_187_28
中唐・翰苑 16_201_3
中唐・翰苑 16_214_18
中唐・翰苑 17_215_21
中唐・翰苑 17_227_22
中唐・翰苑 18_230_7

中唐・翰苑 18_234_31
中唐・翰苑 18_239_22
中唐・翰苑 19_242_21
中唐・翰苑 19_246_4
中唐・翰苑 19_251_18
中唐・翰苑 20_263_20
中唐・翰苑 20_268_18
中唐・翰苑 21_272_42

中唐・翰苑 21_273_27
中唐・翰苑 21_273_40
中唐・翰苑 21_278_40
中唐・翰苑 21_279_9
中唐・翰苑 21_279_32
中唐・翰苑 21_281_22
中唐・翰苑 22_296_29
中唐・翰苑 24_317_15

中唐・翰苑 24_318_43
中唐・翰苑 25_324_27
中唐・翰苑 25_327_21
中唐・翰苑 25_330_4
中唐・翰苑 25_330_30
中唐・翰苑 26_340_30
中唐・翰苑 26_344_44
中唐・翰苑 26_345_42

中唐・翰苑 27_353_39
中唐・般若經 6_87_4
中唐・般若經 9_150_3
中唐・般若經 9_151_1
中唐・般若經 9_152_1
晚唐•摩訶止觀 1_9_23
晚唐•摩訶止觀 3_27_2
晚唐•摩訶止觀 3_28_14

晚唐•摩訶止觀 14_121_24
晚唐•摩訶止觀 15_134_5
晚唐•摩訶止觀 19_167_20
晚唐•摩訶止觀 20_173_22
晚唐•摩訶止觀 20_178_24
晚唐•摩訶止觀 22_189_2
晚唐•摩訶止觀 24_211_22
晚唐•摩訶止觀 25_213_6

晚唐•摩訶止觀 25_213_20
晚唐•摩訶止觀 25_214_5
晚唐•摩訶止觀 25_218_10
晚唐•摩訶止觀 26_222_16
晚唐•摩訶止觀 26_226_27
晚唐•摩訶止觀 26_227_1
晚唐•摩訶止觀 27_233_5
晚唐•摩訶止觀 27_233_7

| | | | | | | |
|---|---|---|---|---|---|---|
| 五代•大毗盧經 73_899_8 | 五代•大毗盧經 50_615_10 | 五代•大毗盧經 33_403_1 | 五代•大毗盧經 11_131_10 | 五代•大毗盧經 4_43_17 | 晚唐•摩訶止觀 61_515_9 | 晚唐•摩訶止觀 27_234_5 |
| 五代•大毗盧經 73_902_11 | 五代•大毗盧經 51_623_2 | 五代•大毗盧經 33_406_14 | 五代•大毗盧經 12_142_13 | 五代•大毗盧經 6_72_19 | 晚唐•摩訶止觀 61_515_18 | 晚唐•摩訶止觀 27_235_20 |
| 五代•大毗盧經 78_942_16 | 五代•大毗盧經 51_624_3 | 五代•大毗盧經 43_513_7 | 五代•大毗盧經 12_148_6 | 五代•大毗盧經 9_105_22 | 五代•密教部類 2_13_1 | 晚唐•摩訶止觀 27_235_27 |
| 五代•大毗盧經 80_977_9 | 五代•大毗盧經 51_624_6 | 五代•大毗盧經 43_521_27 | 五代•大毗盧經 13_157_14 | 五代•大毗盧經 9_110_8 | 五代•密教部類 2_18_1 | 晚唐•摩訶止觀 30_263_13 |
| 五代•大毗盧經 88_1072_39 | 五代•大毗盧經 58_709_16 | 五代•大毗盧經 43_521_37 | 五代•大毗盧經 16_199_20 | 五代•大毗盧經 10_117_23 | 五代•密教部類 2_20_14 | 晚唐•摩訶止觀 31_269_22 |
| 五代•大毗盧經 92_1130_13 | 五代•大毗盧經 64_801_6 | 五代•大毗盧經 43_521_43 | 五代•大毗盧經 16_203_17 | 五代•大毗盧經 10_120_10 | 五代•密教部類 4_54_8 | 晚唐•摩訶止觀 48_409_18 |
| 五代•大毗盧經 98_1210_6 | 五代•大毗盧經 67_840_21 | 五代•大毗盧經 45_544_22 | 五代•大毗盧經 16_211_5 | 五代•大毗盧經 11_126_22 | 五代•密教部類 6_89_24 | 晚唐•摩訶止觀 56_472_1 |
| | 五代•大毗盧經 72_885_32 | 五代•大毗盧經 50_610_11 | 五代•大毗盧經 24_302_21 | 五代•大毗盧經 11_130_17 | 五代•大毗盧經 2_21_8 | 晚唐•摩訶止觀 61_511_10 |

## 屯

漢トン 漢チュウ
訓たむろする

中唐・翰苑 2_18_26
中唐・翰苑 2_18_30
中唐・翰苑 2_18_33
中唐・翰苑 5_53_10
中唐・翰苑 5_54_16
中唐・翰苑 5_54_22
中唐・翰苑 5_54_30
中唐・翰苑 5_54_38

中唐・翰苑 5_55_7
中唐・翰苑 5_55_14
中唐・翰苑 5_55_23
中唐・翰苑 5_60_32
中唐・翰苑 6_69_4
中唐・翰苑 6_71_12
中唐・翰苑 6_71_19
中唐・翰苑 9_116_42

中唐・翰苑 10_122_3
中唐・翰苑 13_161_12
中唐・翰苑 20_262_37
中唐・翰苑 34_444_25
中唐・翰苑 36_464_22

## 旡

漢キ 呉ケ
訓むせぶ

初唐•古文尚書 1_3_6
初唐•古文尚書 1_4_1
初唐•古文尚書 1_4_22
初唐•古文尚書 2_11_13
初唐•古文尚書 3_19_5
初唐•古文尚書 4_28_10
初唐•古文尚書 4_29_13
初唐•古文尚書 4_30_15

初唐•古文尚書 5_40_23
初唐•古文尚書 9_74_1
初唐•古文尚書 14_124_29
初唐•古文尚書 15_140_3
初唐•古文尚書 17_156_6
初唐•古文尚書 17_163_16
初唐•古文尚書 21_207_1
初唐•古文尚書 25_246_3

初唐•古文尚書 25_247_3
初唐•古文尚書 26_259_2
初唐•古文尚書 31_289_21
初唐•古文尚書 34_323_14
初唐•禮記正義 8_126_6
初唐•禮記正義 10_156_15
初唐•禮記正義 11_165_26
初唐•禮記正義 11_175_4

初唐•禮記正義 12_193_15
初唐•禮記正義 13_203_16

| | | | 世 | 丑 | | 互 |
|---|---|---|---|---|---|---|
| | | | 漢現セイ呉現セ<br>訓よ | 漢チュウ呉チュ<br>訓うし | | 漢コ呉現ゴ<br>訓たがい |
| 初唐・古文尚書<br>43_420_32<br>初唐・古文尚書<br>45_433_15<br>初唐・古文尚書<br>47_455_13<br>初唐・古文尚書<br>47_455_15<br>初唐・古文尚書<br>47_456_5<br>初唐・古文尚書<br>49_474_20<br>初唐・古文尚書<br>49_475_3<br>初唐・古文尚書<br>49_477_2<br>初唐・毛詩傳<br>9_99_13 | 初唐・古文尚書<br>34_322_29<br>初唐・古文尚書<br>35_329_4<br>初唐・古文尚書<br>35_330_6<br>初唐・古文尚書<br>40_381_19<br>初唐・古文尚書<br>40_387_3<br>初唐・古文尚書<br>41_395_2<br>初唐・古文尚書<br>41_395_34<br>初唐・古文尚書<br>42_410_30<br>初唐・古文尚書<br>43_420_18 | 初唐・古文尚書<br>31_290_16<br>初唐・古文尚書<br>31_291_5<br>初唐・古文尚書<br>31_293_12<br>初唐・古文尚書<br>31_294_21<br>初唐・古文尚書<br>32_305_31<br>初唐・古文尚書<br>32_306_21<br>初唐・古文尚書<br>33_307_28<br>初唐・古文尚書<br>33_308_10<br>初唐・古文尚書<br>34_322_17 | 初唐・古文尚書<br>10_83_34<br>初唐・古文尚書<br>10_84_14<br>初唐・古文尚書<br>11_101_11<br>初唐・古文尚書<br>22_213_25<br>初唐・古文尚書<br>22_214_12<br>初唐・古文尚書<br>23_222_17<br>初唐・古文尚書<br>27_262_32<br>初唐・古文尚書<br>27_263_24<br>初唐・古文尚書<br>31_289_25 | 中唐・翰苑<br>44_560_17 | 五代・大毗盧經<br>50_612_8<br>五代・大毗盧經<br>57_703_3<br>五代・大毗盧經<br>85_1040_8<br>五代・大毗盧經<br>85_1040_17 | 初唐・古文尚書<br>46_451_3<br>初唐・禮記正義<br>4_58_26<br>初唐・禮記正義<br>18_281_2<br>晩唐・摩訶止觀<br>4_38_2<br>晩唐・摩訶止觀<br>5_43_21<br>晩唐・摩訶止觀<br>5_44_1<br>晩唐・摩訶止觀<br>41_357_24<br>晩唐・摩訶止觀<br>42_359_10 |

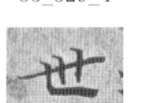

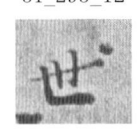

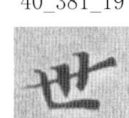

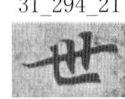

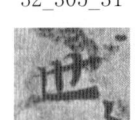

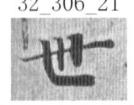

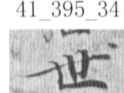

初唐・毛詩傳
9_101_6

初唐•禮記正義
2_28_15

初唐•禮記正義
2_30_4

初唐•禮記正義
5_79_24

初唐•禮記正義
15_233_19

初唐•禮記正義
26_390_24

初唐•禮記正義
26_392_5

初唐•禮記正義
26_392_10

初唐•禮記正義
26_393_13

初唐•禮記正義
26_394_5

初唐•禮記正義
26_401_25

初唐•禮記正義
26_403_5

初唐•禮記正義
26_403_26

初唐•禮記正義
26_404_9

初唐•禮記正義
26_404_25

初唐•禮記正義
26_405_13

初唐•禮記正義
26_407_25

初唐•禮記正義
27_415_3

初唐•禮記正義
29_447_7

初唐•禮記正義
29_449_8

初唐•禮記正義
29_453_24

初唐•禮記正義
29_457_11

初唐•禮記正義
29_457_21

初唐•禮記正義
29_459_9

初唐•禮記正義
29_459_27

初唐•禮記正義
30_460_4

初唐•禮記正義
30_462_2

初唐•禮記正義
30_470_15

初唐•禮記正義
30_475_1

初唐・十誦律
1_3_8

初唐・十誦律
3_50_12

初唐・十誦律
4_69_4

初唐・十誦律
9_164_10

中唐・翰苑
22_296_22

晚唐•摩訶止觀
1_7_3

晚唐•摩訶止觀
3_23_19

晚唐•摩訶止觀
4_31_12

晚唐•摩訶止觀
4_31_20

晚唐•摩訶止觀
5_44_9

晚唐•摩訶止觀
6_53_18

晚唐•摩訶止觀
6_54_3

晚唐•摩訶止觀
10_89_19

晚唐•摩訶止觀
11_101_5

晚唐•摩訶止觀
12_108_21

晚唐•摩訶止觀
21_184_5

晚唐•摩訶止觀
22_188_16

晚唐•摩訶止觀
23_198_3

晚唐•摩訶止觀
23_199_21

晚唐•摩訶止觀
24_204_10

晚唐•摩訶止觀
24_205_1

晚唐•摩訶止觀
24_209_9

晚唐•摩訶止觀
24_210_18

晚唐•摩訶止觀
24_210_23

晚唐•摩訶止觀
26_221_5

晚唐•摩訶止觀
26_223_17

晚唐•摩訶止觀
28_240_23

晚唐•摩訶止觀
28_242_8

晚唐•摩訶止觀
33_289_11

晚唐•摩訶止觀
55_462_11

晚唐•摩訶止觀
59_501_13

晚唐•摩訶止觀
61_518_22

晚唐•摩訶止觀
62_520_26

五代•密教部類
2_20_4

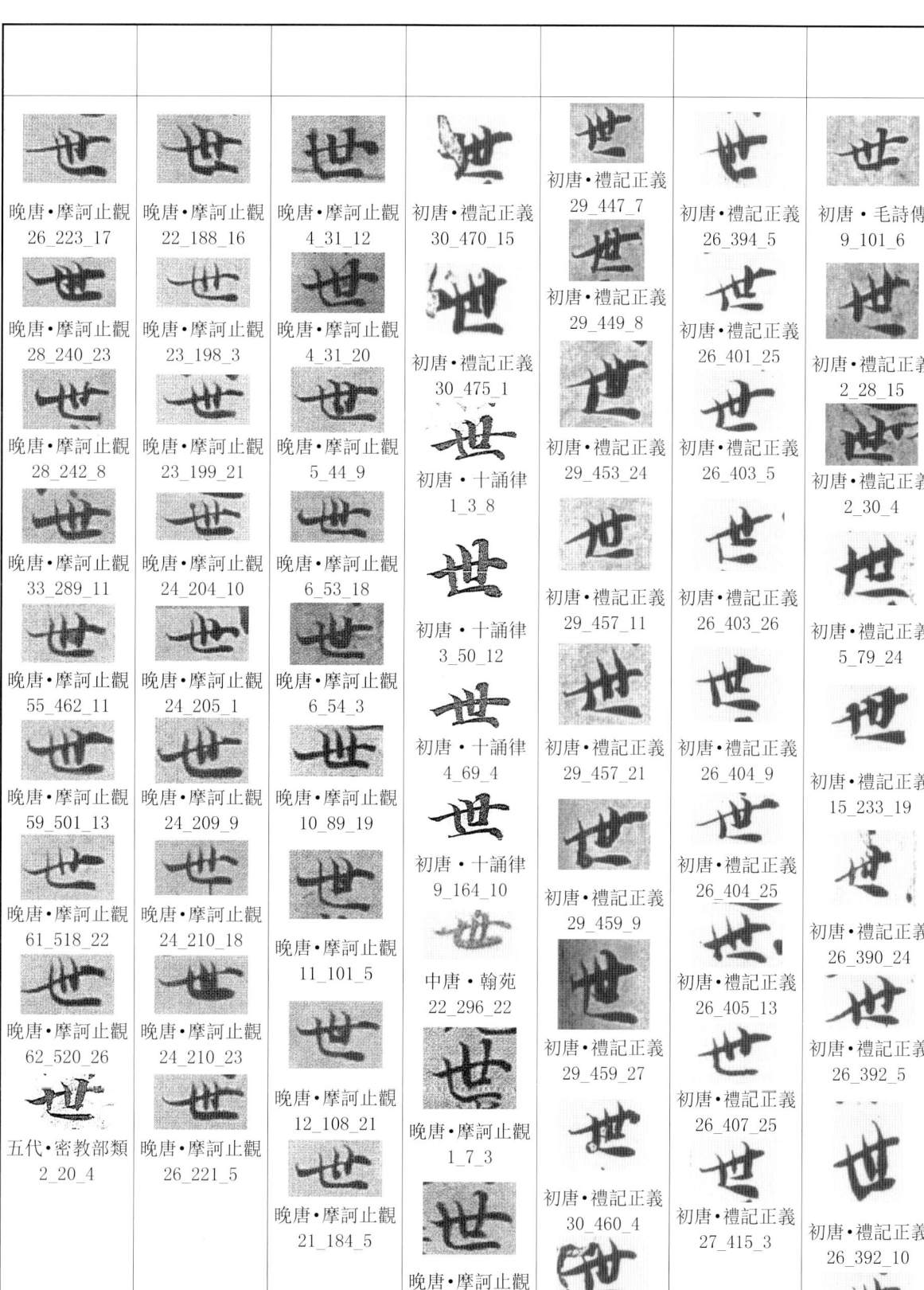

# 丙丙

漢現ヘイ呉ヒョウ
訓ひのえ

初唐•禮記正義
3_37_19

五代•大毗盧經
88_1072_21

五代•大毗盧經
90_1107_2

五代•大毗盧經
93_1145_7

五代•大毗盧經
94_1158_18

五代•大毗盧經
96_1171_2

五代•大毗盧經
96_1171_26

五代•大毗盧經
97_1186_35

五代•大毗盧經
98_1201_8

五代•大毗盧經
98_1211_2

五代•大毗盧經
67_844_5

五代•大毗盧經
67_848_3

五代•大毗盧經
67_848_17

五代•大毗盧經
68_853_10

五代•大毗盧經
68_853_24

五代•大毗盧經
72_883_3

五代•大毗盧經
73_899_2

五代•大毗盧經
78_948_15

五代•大毗盧經
79_960_22

五代•大毗盧經
42_504_21

五代•大毗盧經
44_532_7

五代•大毗盧經
46_555_14

五代•大毗盧經
60_741_12

五代•大毗盧經
64_793_10

五代•大毗盧經
64_803_18

五代•大毗盧經
64_807_11

五代•大毗盧經
65_821_3

五代•大毗盧經
67_840_10

五代•大毗盧經
21_266_38

五代•大毗盧經
31_394_30

五代•大毗盧經
32_398_36

五代•大毗盧經
32_400_13

五代•大毗盧經
39_452_3

五代•大毗盧經
39_457_10

五代•大毗盧經
39_471_10

五代•大毗盧經
40_478_7

五代•大毗盧經
42_501_1

五代•大毗盧經
11_136_14

五代•大毗盧經
12_152_4

五代•大毗盧經
13_162_4

五代•大毗盧經
13_162_7

五代•大毗盧經
14_182_10

五代•大毗盧經
14_184_7

五代•大毗盧經
17_223_19

五代•大毗盧經
18_232_18

五代•大毗盧經
21_266_37

五代•大毗盧經
2_4_10

五代•大毗盧經
2_10_16

五代•大毗盧經
3_22_2

五代•大毗盧經
3_35_6

五代•大毗盧經
4_39_11

五代•大毗盧經
5_49_5

五代•大毗盧經
5_55_13

五代•大毗盧經
9_110_31

五代•大毗盧經
11_136_4

## 丕

ヒ
訓おおきい

初唐•古文尚書 8_61_3
初唐•古文尚書 8_61_11
初唐•古文尚書 8_68_7
初唐•古文尚書 12_107_1
初唐•古文尚書 13_118_16
初唐•古文尚書 13_120_2
初唐•古文尚書 13_122_13
初唐•古文尚書 14_129_5

初唐•古文尚書 14_129_13
初唐•古文尚書 14_130_25
初唐•古文尚書 36_342_2
初唐•古文尚書 36_342_18
初唐•古文尚書 37_353_4

## 且

シャ 漢ショ 呉ソ
訓かつ

初唐・毛詩傳 4_34_18
初唐・毛詩傳 4_35_1
初唐・毛詩傳 5_55_15
初唐・毛詩傳 5_55_18
初唐・毛詩傳 6_57_7
初唐・毛詩傳 6_57_14
初唐・毛詩傳 6_58_1
初唐•禮記正義 1_8_21

初唐•禮記正義 4_66_2
初唐•禮記正義 27_425_7
初唐•禮記正義 30_466_23
中唐・翰苑 3_32_17
中唐・翰苑 4_44_34
中唐・翰苑 6_64_15
中唐・翰苑 7_88_41
中唐・翰苑 8_99_37

中唐・翰苑 8_102_9
中唐・翰苑 9_107_6
中唐・翰苑 9_111_28
中唐・翰苑 9_111_30
中唐・翰苑 10_128_23
中唐・翰苑 10_131_36
中唐・翰苑 15_200_22
中唐・翰苑 25_333_31

中唐・翰苑 27_352_17
中唐・翰苑 36_469_1
中唐・翰苑 37_470_23
中唐・翰苑 38_491_16
中唐・翰苑 38_491_30
中唐・翰苑 42_533_19
中唐・翰苑 42_534_21
中唐・翰苑 42_535_9

中唐・翰苑 43_555_16
五代•密教部類 3_40_10

## 丘

漢 現 キュウ 呉 ク
訓 おか

初唐・古文尚書 1_5_4
初唐・古文尚書 1_5_10
初唐・古文尚書 1_5_16
初唐・古文尚書 5_42_1
初唐•禮記正義 3_49_20
初唐•禮記正義 15_226_7
初唐・十誦律 1_3_14
初唐・十誦律 1_5_10
初唐・十誦律 1_10_12

初唐・十誦律 1_12_12
初唐・十誦律 2_29_3
初唐・十誦律 3_34_3
初唐・十誦律 3_35_12
初唐・十誦律 3_36_6
初唐・十誦律 3_38_10
初唐・十誦律 3_46_3
初唐・十誦律 3_48_16
初唐・十誦律 3_51_14

初唐・十誦律 4_53_11
初唐・十誦律 4_65_14
初唐・十誦律 4_67_6
初唐・十誦律 4_70_8
初唐・十誦律 4_70_15
初唐・十誦律 4_72_4
初唐・十誦律 5_82_2
初唐・十誦律 5_91_10
初唐・十誦律 6_93_7

初唐・十誦律 6_100_3
初唐・十誦律 6_102_2
初唐・十誦律 6_103_15
初唐・十誦律 6_105_2
初唐・十誦律 6_106_5
初唐・十誦律 7_124_4
初唐・十誦律 7_126_4
初唐・十誦律 8_133_9
初唐・十誦律 15_285_10

初唐・十誦律 16_302_17
初唐・十誦律 16_303_9
中唐・翰苑 11_141_4
中唐・翰苑 13_164_8
中唐・翰苑 13_166_15
中唐・翰苑 22_292_41
中唐・翰苑 44_562_2
晩唐•摩訶止観 2_12_17
晩唐•摩訶止観 14_121_26

晩唐•摩訶止観 55_463_26
晩唐•摩訶止観 55_464_3
晩唐•摩訶止観 55_464_18
晩唐•摩訶止観 55_465_18
晩唐•摩訶止観 55_465_24
晩唐•摩訶止観 55_466_6
晩唐•摩訶止観 55_467_10
晩唐•摩訶止観 55_468_19

## 吏

現 リ
訓 つかさ

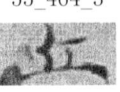

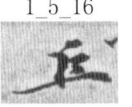

中唐・翰苑 5_61_8
中唐・翰苑 6_68_30
中唐・翰苑 9_112_27
中唐・翰苑 9_117_36
中唐・翰苑 12_157_39
中唐・翰苑 13_167_40
中唐・翰苑 15_195_6
中唐・翰苑 29_377_6

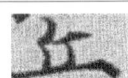

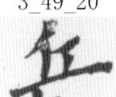

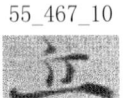

中唐・翰苑
29_377_27

中唐・翰苑
34_443_17

中唐・翰苑
35_446_10

刺史
中唐・翰苑
35_446_28

刺史
中唐・翰苑
36_460_47

中唐・翰苑
40_517_4

中唐・翰苑
41_520_2

## 亘

漢 セン 呉 ゼン
訓 めぐる

晩唐•摩訶止観
9_81_1

## 更

漢 現 コウ
訓 さら

初唐•古文尚書
7_53_12

初唐•古文尚書
31_292_16

初唐•古文尚書
38_365_18

初唐•古文尚書
39_379_3

初唐•禮記正義
4_62_16

初唐•禮記正義
5_74_9

初唐•禮記正義
7_104_5

初唐•禮記正義
9_143_16

初唐•禮記正義
9_143_29

初唐•禮記正義
9_146_4

初唐•禮記正義
10_156_18

初唐•禮記正義
30_461_19

初唐・十誦律
9_165_11

初唐・十誦律
12_219_13

初唐・十誦律
12_221_12

初唐・十誦律
12_222_16

初唐・十誦律
12_224_14

初唐・十誦律
12_225_17

初唐・十誦律
12_227_15

初唐・十誦律
12_228_17

初唐・十誦律
12_231_11

初唐・十誦律
12_233_17

初唐・十誦律
13_236_11

初唐・十誦律
13_239_4

初唐・十誦律
13_240_11

初唐・十誦律
13_242_14

初唐・十誦律
13_243_14

初唐・十誦律
13_246_8

初唐・十誦律
13_247_12

初唐・十誦律
13_248_14

初唐・十誦律
13_250_14

初唐・十誦律
13_251_12

初唐・十誦律
13_254_11

初唐・十誦律
14_256_15

初唐・十誦律
14_260_2

初唐・十誦律
14_262_6

初唐・十誦律
14_264_9

初唐・十誦律
14_266_11

初唐・十誦律
14_270_14

中唐・翰苑
5_52_12

表 甫

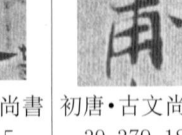

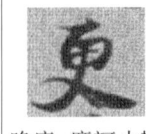

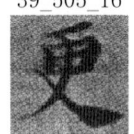

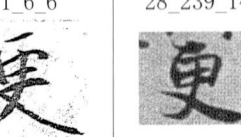

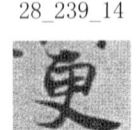

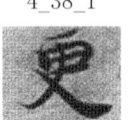

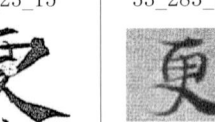

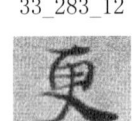

| | 表 | 甫 | | | | |
|---|---|---|---|---|---|---|
| | 現ヒョウ 訓おもて | 慣ホ 漢フ 訓はじめ | | | | |
| 中唐・翰苑 13_172_28 | 初唐・古文尚書 32_298_5 | 初唐・古文尚書 39_379_18 | 晩唐・摩訶止觀 60_508_5 | 晩唐・摩訶止觀 24_211_19 | 中唐・翰苑 39_505_16 | 中唐・翰苑 10_122_1 |
| 中唐・翰苑 16_204_2 | 初唐・古文尚書 32_299_8 | 初唐・古文尚書 39_379_23 | 五代・密教部類 1_6_6 | 晩唐・摩訶止觀 28_239_14 | 晩唐・摩訶止觀 4_38_1 | 中唐・翰苑 12_145_14 |
| 中唐・翰苑 18_237_3 | 初唐・古文尚書 35_330_30 | | 五代・密教部類 2_23_15 | 晩唐・摩訶止觀 33_283_12 | 晩唐・摩訶止觀 5_39_12 | 中唐・翰苑 14_174_17 |
| 中唐・翰苑 22_286_14 | 初唐・禮記正義 5_72_14 | | 五代・大毗盧經 11_134_9 | 晩唐・摩訶止觀 38_325_19 | 晩唐・摩訶止觀 5_43_19 | 中唐・翰苑 15_194_17 |
| 中唐・翰苑 22_295_2 | 初唐・禮記正義 9_146_11 | | 五代・大毗盧經 45_540_3 | 晩唐・摩訶止觀 42_359_9 | 晩唐・摩訶止觀 6_54_12 | 中唐・翰苑 32_409_2 |
| 中唐・翰苑 23_302_9 | 初唐・禮記正義 25_387_13 | | 五代・大毗盧經 64_799_14 | 晩唐・摩訶止觀 43_367_23 | 晩唐・摩訶止觀 7_56_3 | 中唐・翰苑 32_409_20 |
| 中唐・翰苑 24_310_20 | 初唐・禮記正義 27_421_4 | | 五代・大毗盧經 68_849_12 | 晩唐・摩訶止觀 51_431_5 | 晩唐・摩訶止觀 19_164_3 | 中唐・翰苑 32_409_28 |
| 中唐・翰苑 27_355_15 | 中唐・翰苑 2_13_7 | | 五代・大毗盧經 85_1040_16 | 晩唐・摩訶止觀 52_441_16 | 晩唐・摩訶止觀 20_174_4 | 中唐・翰苑 39_501_12 |

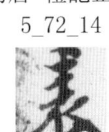

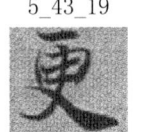

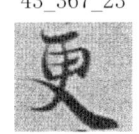

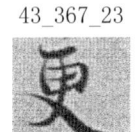

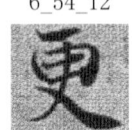

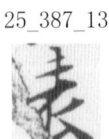

中唐・翰苑 32_413_26

中唐・翰苑 32_414_43

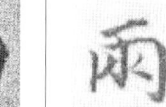

中唐・翰苑 34_434_3

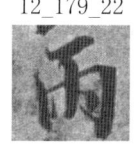

中唐・翰苑 37_474_1

中唐・翰苑 41_529_5

中唐・翰苑 42_542_16

晚唐•摩訶止觀 32_281_15

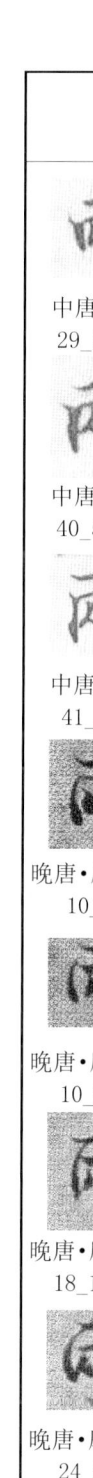

晚唐•摩訶止觀 36_311_6

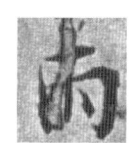

五代•大毗盧經 12_150_2

五代•大毗盧經 50_611_7

五代•大毗盧經 63_776_12

五代•大毗盧經 93_1139_10

# 兩 㒳

現 リョウ
訓 ふたつ

初唐•古文尚書 2_10_12

初唐•古文尚書 45_433_23

初唐•古文尚書 45_434_1

初唐•古文尚書 45_434_8

初唐•古文尚書 45_443_19

初唐•古文尚書 47_463_4

初唐•古文尚書 47_463_20

初唐•古文尚書 48_468_1

初唐•古文尚書 48_468_19

初唐•古文尚書 48_469_4

初唐•古文尚書 48_469_21

初唐・毛詩傳 5_56_20

初唐•禮記正義 10_147_15

初唐•禮記正義 11_177_1

初唐•禮記正義 11_177_9

初唐•禮記正義 11_177_21

初唐•禮記正義 12_179_10

初唐•禮記正義 12_179_22

初唐•禮記正義 17_255_11

初唐•禮記正義 20_310_4

初唐•禮記正義 21_311_6

初唐•禮記正義 21_317_16

初唐•禮記正義 27_417_7

初唐•禮記正義 29_444_40

中唐・翰苑 1_6_1

中唐・翰苑 3_25_38

中唐・翰苑 8_99_20

中唐・翰苑 13_160_4

中唐・翰苑 15_195_12

中唐・翰苑 15_197_14

中唐・翰苑 24_321_21

中唐・翰苑 24_321_32

中唐・翰苑 29_377_30

中唐・翰苑 40_513_29

中唐・翰苑 41_531_1

晚唐•摩訶止觀 10_86_3

晚唐•摩訶止觀 10_87_23

晚唐•摩訶止觀 18_156_25

晚唐•摩訶止觀 24_211_6

晚唐•摩訶止觀 31_270_11

# 事

漢シ 呉現ジ 唐現ズ
訓こと

初唐•古文尚書
27_261_24

初唐•古文尚書
27_262_10

初唐•古文尚書
27_265_12

初唐•古文尚書
31_286_12

初唐•古文尚書
31_290_30

初唐•古文尚書
32_297_4

初唐•古文尚書
32_297_18

初唐•古文尚書
22_214_3

初唐•古文尚書
23_226_15

初唐•古文尚書
24_234_13

初唐•古文尚書
24_234_24

初唐•古文尚書
25_240_29

初唐•古文尚書
25_248_26

初唐•古文尚書
26_257_15

初唐•古文尚書
21_198_32

初唐•古文尚書
21_199_13

初唐•古文尚書
21_200_10

初唐•古文尚書
21_202_16

初唐•古文尚書
22_212_14

初唐•古文尚書
22_213_10

初唐•古文尚書
22_213_18

初唐•古文尚書
17_158_32

初唐•古文尚書
19_180_12

初唐•古文尚書
20_192_23

初唐•古文尚書
20_196_19

初唐•古文尚書
21_197_3

初唐•古文尚書
21_197_7

初唐•古文尚書
21_198_17

初唐•古文尚書
7_56_20

初唐•古文尚書
10_87_21

初唐•古文尚書
11_94_2

初唐•古文尚書
11_94_12

初唐•古文尚書
12_104_30

初唐•古文尚書
14_132_2

初唐•古文尚書
16_152_19

五代•密教部類
5_66_3

五代•密教部類
5_67_3

五代•密教部類
5_68_3

五代•密教部類
5_69_3

五代•大毗盧經
7_78_12

五代•大毗盧經
7_78_27

五代•大毗盧經
7_78_31

五代•大毗盧經
78_947_6

晚唐•摩訶止觀
40_346_19

晚唐•摩訶止觀
40_347_26

晚唐•摩訶止觀
44_381_14

晚唐•摩訶止觀
46_391_15

晚唐•摩訶止觀
51_434_6

晚唐•摩訶止觀
51_434_9

晚唐•摩訶止觀
56_471_15

五代•密教部類
4_51_39

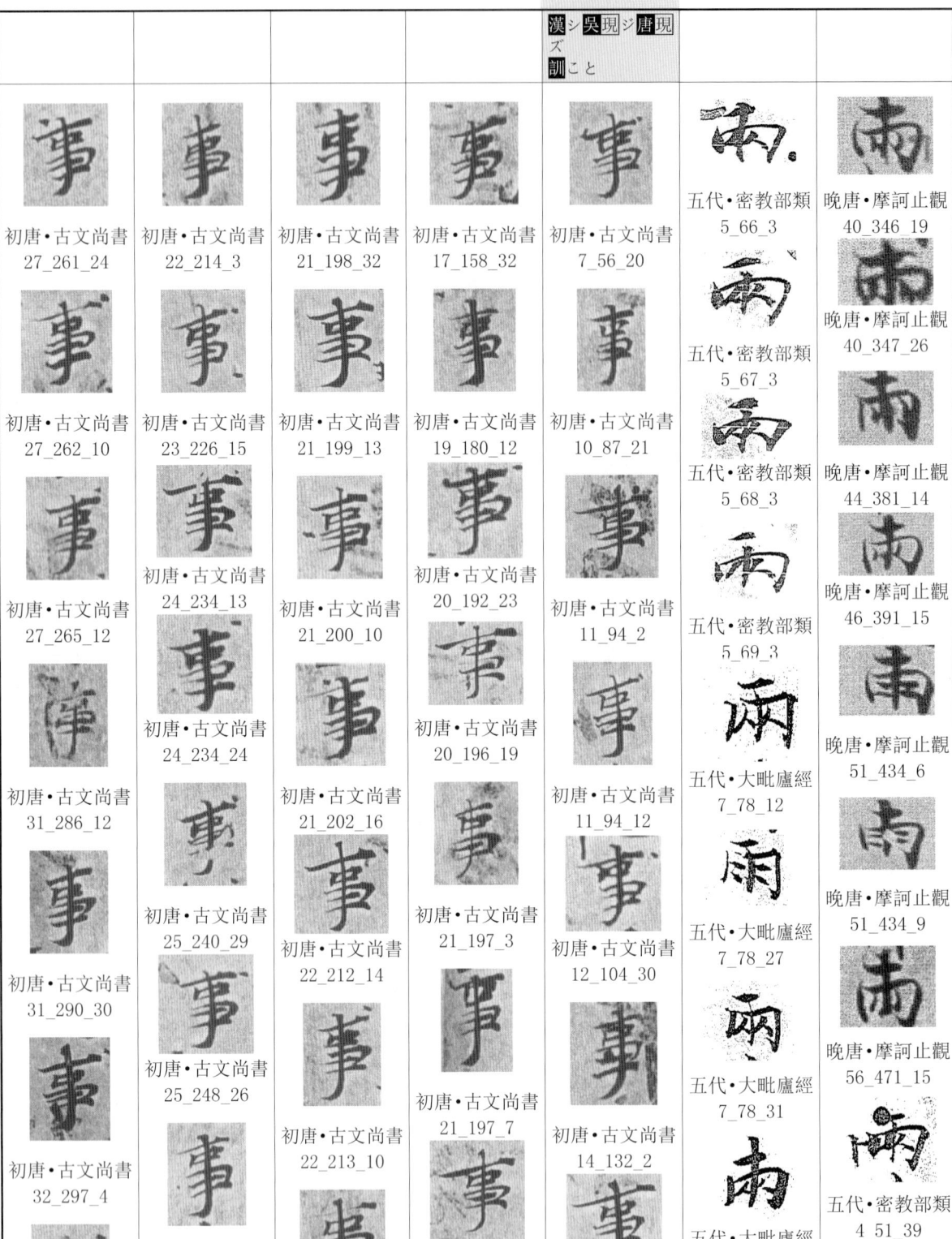

| | | | | | | |
|---|---|---|---|---|---|---|
| 初唐•禮記正義 5_76_23 | 初唐•禮記正義 4_58_23 | 初唐•禮記正義 3_35_20 | 初唐•禮記正義 1_8_18 | 初唐 • 毛詩傳 2_18_3 | 初唐•古文尚書 45_437_29 | 初唐•古文尚書 34_324_8 |
| 初唐•禮記正義 6_83_16 | 初唐•禮記正義 4_66_25 | 初唐•禮記正義 3_36_22 | 初唐•禮記正義 1_10_10 | 初唐 • 毛詩傳 6_63_13 | 初唐•古文尚書 46_447_25 | 初唐•古文尚書 34_324_22 |
| 初唐•禮記正義 6_84_19 | 初唐•禮記正義 5_69_24 | 初唐•禮記正義 3_37_1 | 初唐•禮記正義 1_11_6 | 初唐 • 毛詩傳 10_104_13 | 初唐•古文尚書 48_470_19 | 初唐•古文尚書 35_328_20 |
| 初唐•禮記正義 6_85_3 | 初唐•禮記正義 5_69_28 | 初唐•禮記正義 3_37_5 | 初唐•禮記正義 2_18_3 | 初唐 • 毛詩傳 10_105_22 | 初唐 • 毛詩傳 1_10_3 | 初唐•古文尚書 35_330_11 |
| 初唐•禮記正義 6_85_6 | 初唐•禮記正義 5_71_18 | 初唐•禮記正義 3_43_25 | 初唐•禮記正義 2_19_4 | 初唐 • 毛詩傳 10_108_6 | 初唐 • 毛詩傳 2_11_28 | 初唐•古文尚書 36_347_20 |
| 初唐•禮記正義 6_86_19 | 初唐•禮記正義 5_72_5 | 初唐•禮記正義 3_44_16 | 初唐•禮記正義 2_19_12 | 初唐 • 毛詩傳 10_111_1 | 初唐 • 毛詩傳 2_13_15 | 初唐•古文尚書 37_353_8 |
| 初唐•禮記正義 6_94_19 | 初唐•禮記正義 5_73_23 | 初唐•禮記正義 3_47_11 | 初唐•禮記正義 2_19_25 | 初唐•禮記正義 1_8_14 | 初唐 • 毛詩傳 2_16_21 | 初唐•古文尚書 44_427_27 |

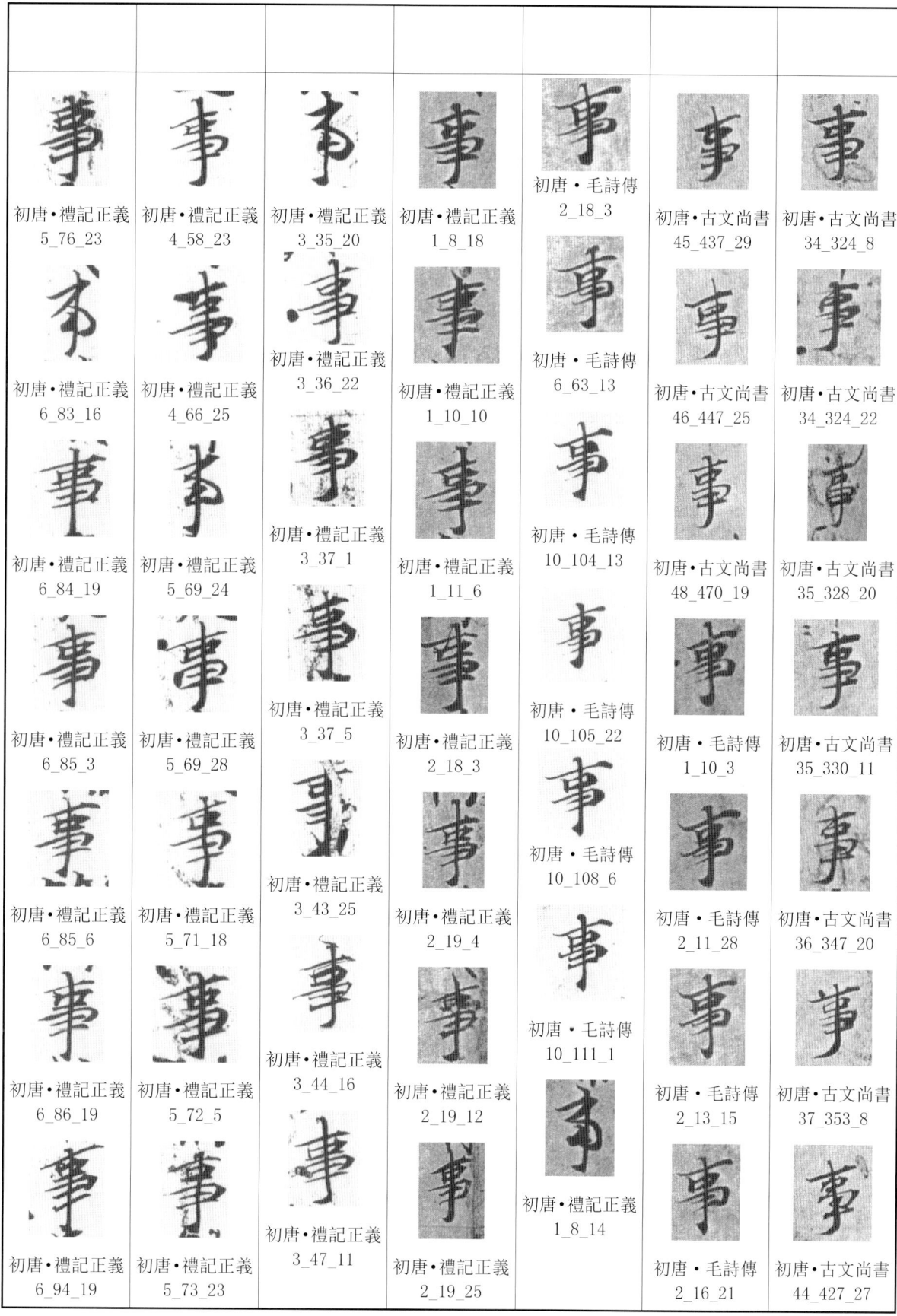

初唐•禮記正義
7_98_7

初唐•禮記正義
7_103_10

初唐•禮記正義
7_105_13

初唐•禮記正義
7_105_23

初唐•禮記正義
7_110_29

初唐•禮記正義
7_112_30

初唐•禮記正義
8_114_6

初唐•禮記正義
8_114_10

初唐•禮記正義
8_115_15

初唐•禮記正義
8_116_1

初唐•禮記正義
8_116_5

初唐•禮記正義
8_116_18

初唐•禮記正義
8_119_19

初唐•禮記正義
8_121_19

初唐•禮記正義
9_146_23

初唐•禮記正義
9_146_27

初唐•禮記正義
10_147_23

初唐•禮記正義
10_148_7

初唐•禮記正義
10_150_23

初唐•禮記正義
10_156_14

初唐•禮記正義
10_159_30

初唐•禮記正義
10_160_15

初唐•禮記正義
10_162_8

初唐•禮記正義
11_166_1

初唐•禮記正義
11_174_18

初唐•禮記正義
12_183_25

初唐•禮記正義
17_260_9

初唐•禮記正義
18_272_17

初唐•禮記正義
24_367_18

初唐•禮記正義
24_367_24

初唐•禮記正義
24_368_18

初唐•禮記正義
25_389_8

初唐•禮記正義
26_395_4

初唐•禮記正義
27_413_2

初唐•禮記正義
28_437_22

初唐•禮記正義
29_451_14

初唐•禮記正義
29_454_18

初唐•禮記正義
29_456_3

初唐•禮記正義
29_459_16

初唐•禮記正義
30_461_18

初唐•禮記正義
30_462_24

初唐・十誦律
1_11_5

初唐・十誦律
1_11_11

初唐・十誦律
3_42_3

初唐・十誦律
3_49_2

初唐・十誦律
4_62_15

初唐・十誦律
4_67_9

初唐・十誦律
5_88_16

初唐・十誦律
6_99_10

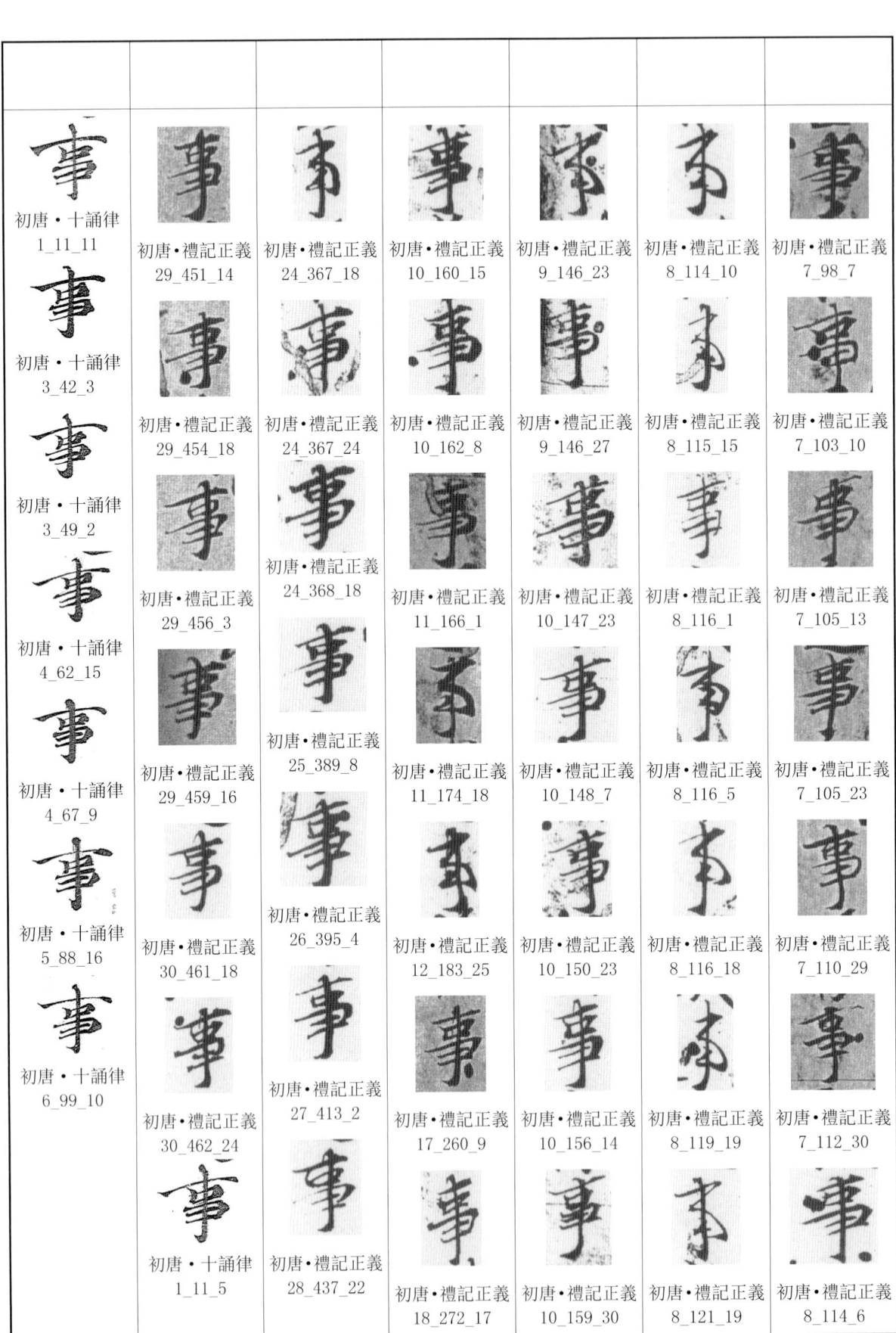

初唐 • 十誦律 15_294_2
初唐 • 十誦律 16_299_3
初唐 • 十誦律 16_299_5
初唐 • 十誦律 16_305_3
初唐 • 十誦律 16_305_5
初唐 • 十誦律 16_310_3
初唐 • 十誦律 16_310_5

初唐 • 十誦律 16_315_6
初唐 • 十誦律 16_315_8
初唐 • 十誦律 18_350_7
中唐 • 翰苑 3_25_18
中唐 • 翰苑 3_28_7
中唐 • 翰苑 3_30_23
中唐 • 翰苑 3_34_28

中唐 • 翰苑 4_39_22
中唐 • 翰苑 4_40_6
中唐 • 翰苑 4_42_32
中唐 • 翰苑 4_44_13
中唐 • 翰苑 8_93_25
中唐 • 翰苑 10_123_40
中唐 • 翰苑 10_128_10

中唐 • 翰苑 11_136_20
中唐 • 翰苑 11_141_25
中唐 • 翰苑 17_220_13
中唐 • 翰苑 18_241_8
中唐 • 翰苑 21_270_20
中唐 • 翰苑 21_273_1
中唐 • 翰苑 21_276_11

中唐 • 翰苑 21_282_27
中唐 • 翰苑 22_284_23
中唐 • 翰苑 25_333_19
中唐 • 翰苑 29_377_28
中唐 • 翰苑 36_467_17
中唐 • 翰苑 39_505_37
中唐 • 翰苑 41_525_17

中唐 • 翰苑 42_534_35
中唐 • 翰苑 44_566_16
晚唐•摩訶止觀 3_29_3
晚唐•摩訶止觀 3_29_15
晚唐•摩訶止觀 4_31_3
晚唐•摩訶止觀 5_44_4
晚唐•摩訶止觀 14_126_5

晚唐•摩訶止觀 15_130_5
晚唐•摩訶止觀 25_217_25
晚唐•摩訶止觀 33_285_23
晚唐•摩訶止觀 33_287_13
晚唐•摩訶止觀 35_305_26
晚唐•摩訶止觀 40_346_7
晚唐•摩訶止觀 40_347_14

晩唐•摩訶止観
52_442_14

晩唐•摩訶止観
52_444_18

晩唐•摩訶止観
52_445_14

晩唐•摩訶止観
53_451_11

晩唐•摩訶止観
53_451_16

晩唐•摩訶止観
53_452_4

晩唐•摩訶止観
56_471_12

晩唐•摩訶止観
57_482_21

晩唐•摩訶止観
57_486_16

五代•密教部類
4_56_12

五代•大毗盧經
7_77_45

五代•大毗盧經
7_84_28

五代•大毗盧經
13_155_7

五代•大毗盧經
17_223_20

五代•大毗盧經
27_338_8

五代•大毗盧經
28_363_13

五代•大毗盧經
35_414_6

五代•大毗盧經
53_652_26

五代•大毗盧經
55_673_28

五代•大毗盧經
66_831_19

五代•大毗盧經
77_930_14

五代•大毗盧經
93_1137_21

五代•大毗盧經
97_1184_30

五代•大毗盧經
97_1188_12

## 甚

漢シン 呉ジン
訓はなはだ

初唐•古文尚書
5_40_14

初唐•古文尚書
35_334_7

初唐•古文尚書
40_385_8

初唐・毛詩傳
1_10_14

初唐・毛詩傳
2_11_11

中唐・翰苑
2_18_16

中唐・翰苑
10_125_37

中唐・翰苑
10_128_42

中唐・翰苑
10_128_46

中唐・翰苑
15_190_38

中唐・翰苑
16_202_40

中唐・翰苑
19_254_43

中唐・翰苑
19_255_47

中唐・翰苑
20_256_1

中唐・翰苑
23_304_1

中唐・翰苑
25_325_3

中唐・翰苑
29_378_11

其地
中唐・翰苑
31_402_37

中唐・翰苑
38_490_3

中唐・翰苑
42_534_22

中唐・翰苑
44_557_6

晩唐•摩訶止観
7_56_10

晩唐•摩訶止観
20_178_17

晩唐•摩訶止観
22_192_4

晚唐•摩訶止觀
40_346_14

五代•大毗盧經
15_191_23

五代•大毗盧經
22_286_13

五代•大毗盧經
23_298_37

五代•大毗盧經
35_413_16

五代•大毗盧經
58_713_30

# 爾 𠚤

漢 ジ 呉 ニ
訓 なんじ

初唐•古文尚書
10_84_2

初唐•古文尚書
10_84_7

初唐•古文尚書
10_85_5

初唐•古文尚書
11_93_4

初唐•古文尚書
11_94_1

初唐•古文尚書
11_94_30

初唐•古文尚書
12_110_8

初唐•古文尚書
12_111_26

初唐•古文尚書
13_118_13

初唐•古文尚書
13_118_19

初唐•古文尚書
13_119_1

初唐•古文尚書
15_142_6

初唐•古文尚書
15_143_1

初唐•古文尚書
15_143_3

初唐•古文尚書
16_147_12

初唐•古文尚書
16_153_33

初唐•古文尚書
17_156_9

初唐•古文尚書
22_209_1

初唐•古文尚書
22_209_24

初唐•古文尚書
22_210_21

初唐•古文尚書
22_211_4

初唐•古文尚書
23_225_26

初唐•古文尚書
23_227_18

初唐•古文尚書
27_269_30

初唐•古文尚書
31_288_14

初唐•古文尚書
31_289_13

初唐•古文尚書
35_334_11

初唐•古文尚書
35_337_22

初唐•古文尚書
35_338_3

初唐•古文尚書
36_344_9

初唐•古文尚書
39_370_5

初唐•古文尚書
39_373_18

初唐•古文尚書
43_413_26

初唐•古文尚書
43_414_27

初唐•古文尚書
43_415_20

初唐•古文尚書
44_423_37

初唐•古文尚書
44_424_4

初唐•古文尚書
44_426_21

初唐•古文尚書
44_430_30

初唐•古文尚書
44_431_22

初唐・毛詩傳
7_77_14

初唐•禮記正義
4_53_17

初唐•禮記正義
5_77_27

初唐•禮記正義
7_100_6

初唐•禮記正義
7_100_12

初唐•禮記正義
7_100_21

初唐•禮記正義
7_100_23

初唐•禮記正義
7_102_15

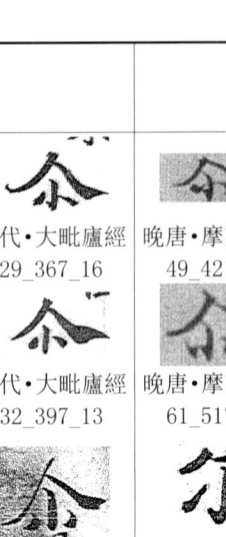

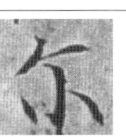

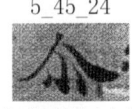

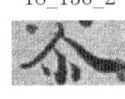

| | | | | | | |
|---|---|---|---|---|---|---|
| | | | | | | |
| 五代•大毗盧經 50_614_9 | 五代•大毗盧經 29_367_16 | 晚唐•摩訶止觀 49_421_28 | 晚唐•摩訶止觀 5_45_24 | 初唐・十誦律 6_102_15 | 初唐・十誦律 3_43_6 | 初唐•禮記正義 7_111_11 |
| 五代•大毗盧經 53_647_29 | 五代•大毗盧經 32_397_13 | 晚唐•摩訶止觀 61_517_17 | 晚唐•摩訶止觀 10_84_1 | 初唐・十誦律 9_160_6 | 初唐・十誦律 3_50_6 | 初唐•禮記正義 14_214_8 |
| 五代•大毗盧經 62_771_11 | 五代•大毗盧經 35_413_1 | 五代•大毗盧經 22_283_9 | 晚唐•摩訶止觀 18_156_2 | 初唐・十誦律 9_164_4 | 初唐・十誦律 3_50_11 | 初唐•禮記正義 14_219_26 |
| 五代•大毗盧經 65_813_24 | 五代•大毗盧經 39_452_1 | 五代•大毗盧經 23_290_1 | 晚唐•摩訶止觀 33_287_22 | 初唐・十誦律 9_164_9 | 初唐・十誦律 4_64_6 | 初唐•禮記正義 23_344_18 |
| 五代•大毗盧經 77_937_6 | 五代•大毗盧經 39_463_12 | 五代•大毗盧經 23_298_42 | 晚唐•摩訶止觀 42_363_10 | 中唐・翰苑 24_311_25 | 初唐・十誦律 4_68_15 | 初唐•禮記正義 28_433_21 |
| 五代•大毗盧經 78_943_15 | 五代•大毗盧經 39_471_1 | 五代•大毗盧經 25_321_18 | 晚唐•摩訶止觀 49_417_12 | 中唐・翰苑 31_407_13 | 初唐・十誦律 4_69_3 | 初唐•禮記正義 28_436_3 |
| 五代•大毗盧經 80_978_1 | 五代•大毗盧經 40_478_1 | 五代•大毗盧經 25_321_20 | 晚唐•摩訶止觀 49_420_22 | 中唐・翰苑 45_570_11 | 初唐・十誦律 5_90_6 | 初唐・十誦律 1_5_1 |
| 五代•大毗盧經 89_1083_14 | 五代•大毗盧經 50_614_4 | 五代•大毗盧經 25_322_5 | 晚唐•摩訶止觀 49_420_27 | 中唐・翰苑 45_575_6 | 初唐・十誦律 6_101_1 | 初唐・十誦律 2_15_6 |

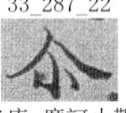

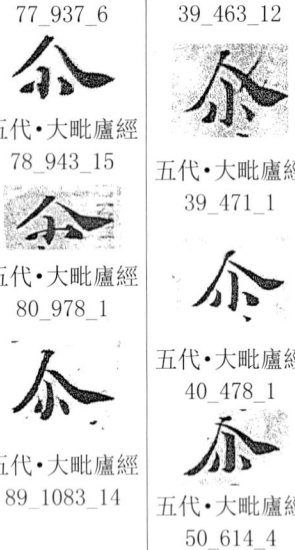

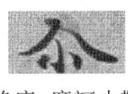

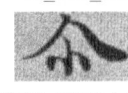

# 丨部

## 中

現チュウ
訓なか

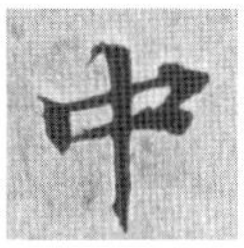
初唐•古文尚書
1_7_4

初唐•古文尚書
2_13_12

初唐•古文尚書
2_16_21

初唐•古文尚書
3_21_9

初唐•古文尚書
3_21_12

初唐•古文尚書
3_24_10

初唐•古文尚書
3_24_30

初唐•古文尚書
3_25_15

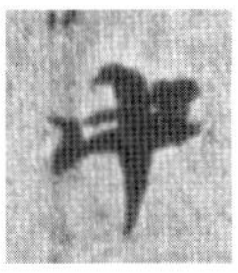
初唐•古文尚書
3_26_29

初唐•古文尚書
5_40_19

初唐•古文尚書
5_41_25

初唐•古文尚書
5_42_21

初唐•古文尚書
5_45_12

初唐•古文尚書
5_46_10

初唐•古文尚書
6_50_25

初唐•古文尚書
10_87_33

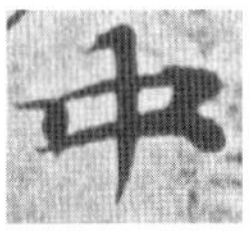
初唐•古文尚書
11_96_5

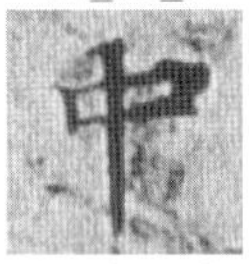
初唐•古文尚書
12_111_15

初唐•古文尚書
14_133_7

初唐•古文尚書
14_133_25

初唐•古文尚書
19_184_5

初唐•古文尚書
21_207_14

初唐•古文尚書
24_236_12

初唐•古文尚書
27_265_28

初唐•古文尚書
33_316_8

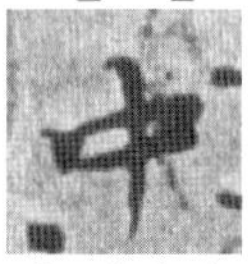
初唐•古文尚書
33_317_18

初唐•古文尚書
35_338_1

初唐•古文尚書
35_338_5

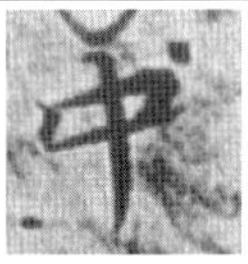
初唐•古文尚書
35_338_20

初唐•古文尚書
35_338_24

初唐•古文尚書
35_338_32

初唐•古文尚書
36_339_28

初唐•古文尚書
37_351_21

初唐•古文尚書
37_354_4

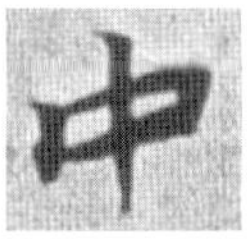
初唐•古文尚書
37_357_16

初唐•古文尚書
40_390_5

初唐•古文尚書
40_391_6

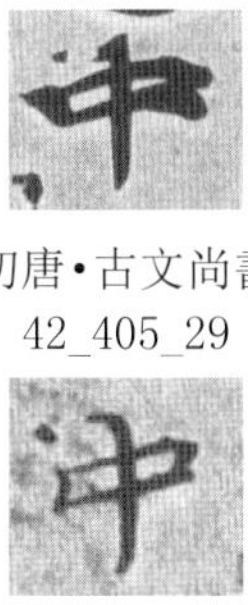
初唐•古文尚書
42_405_29
初唐•古文尚書
42_406_26

初唐•古文尚書
42_408_40

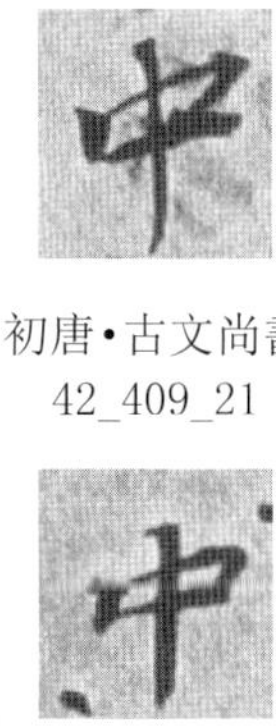
初唐•古文尚書
42_409_21
初唐•古文尚書
43_412_18

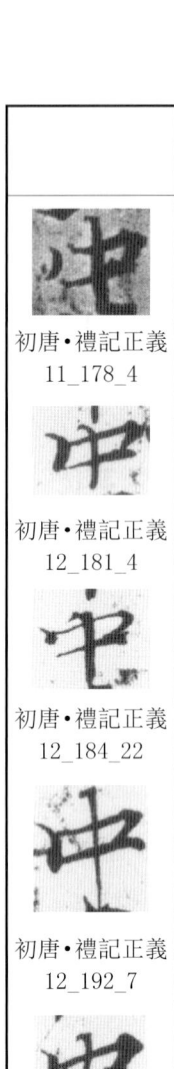

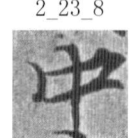

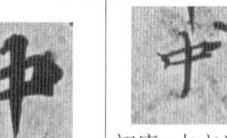

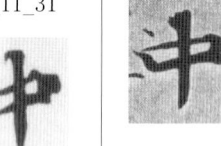

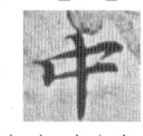

| | | | | | | |
|---|---|---|---|---|---|---|
| 初唐•禮記正義 11_178_4 | 初唐•禮記正義 2_31_19 | 初唐・毛詩傳 7_72_21 | 初唐・毛詩傳 1_2_10 | 初唐•古文尚書 48_473_3 | 初唐•古文尚書 47_461_4 | 初唐•古文尚書 43_417_9 |
| 初唐•禮記正義 12_181_4 | 初唐•禮記正義 2_32_17 | 初唐・毛詩傳 8_80_27 | 初唐・毛詩傳 2_11_31 | 初唐•古文尚書 48_473_19 | 初唐•古文尚書 47_461_30 | 初唐•古文尚書 43_418_6 |
| 初唐•禮記正義 12_184_22 | 初唐•禮記正義 6_97_28 | 初唐•禮記正義 1_10_28 | 初唐・毛詩傳 4_42_21 | 初唐•古文尚書 49_474_9 | 初唐•古文尚書 48_467_25 | 初唐•古文尚書 43_421_29 |
| 初唐•禮記正義 12_192_7 | 初唐•禮記正義 7_101_3 | 初唐•禮記正義 2_19_19 | 初唐・毛詩傳 4_43_14 | 初唐•古文尚書 49_475_20 | 初唐•古文尚書 48_468_14 | 初唐•古文尚書 47_456_25 |
| 初唐•禮記正義 12_192_16 | 初唐•禮記正義 8_114_12 | 初唐•禮記正義 2_23_8 | 初唐・毛詩傳 6_65_14 | 初唐•古文尚書 49_476_9 | 初唐•古文尚書 48_471_6 | 初唐•古文尚書 47_458_7 |
| 初唐•禮記正義 14_222_16 | 初唐•禮記正義 8_117_16 | 初唐•禮記正義 2_24_7 | 初唐・毛詩傳 7_69_24 | 初唐•古文尚書 49_477_11 | 初唐•古文尚書 48_471_24 | 初唐•古文尚書 47_458_25 |
| 初唐•禮記正義 16_246_21 | 初唐•禮記正義 11_176_28 | 初唐•禮記正義 2_24_21 | 初唐・毛詩傳 7_72_3 | 初唐•古文尚書 49_477_15 | 初唐•古文尚書 48_472_2 | 初唐•古文尚書 47_460_7 |

初唐•禮記正義
16_247_11

初唐•禮記正義
16_247_22

初唐•禮記正義
16_248_10

初唐•禮記正義
16_249_4

初唐•禮記正義
16_251_23

初唐•禮記正義
17_267_19

初唐•禮記正義
17_267_26

初唐•禮記正義
18_282_5

初唐•禮記正義
25_380_27

初唐•禮記正義
28_433_5

初唐・十誦律
2_16_5

初唐・十誦律
2_28_7

初唐・十誦律
2_28_11

初唐・十誦律
3_33_16

初唐・十誦律
3_35_15

初唐・十誦律
3_37_9

初唐・十誦律
3_39_7

初唐・十誦律
3_40_5

初唐・十誦律
3_41_5

初唐・十誦律
3_44_4

初唐・十誦律
3_46_16

初唐・十誦律
3_52_2

初唐・十誦律
4_55_18

初唐・十誦律
4_57_17

初唐・十誦律
4_58_15

初唐・十誦律
4_60_4

初唐・十誦律
4_61_11

初唐・十誦律
4_72_17

初唐・十誦律
5_81_15

初唐・十誦律
6_93_4

初唐・十誦律
6_93_14

初唐・十誦律
6_96_5

初唐・十誦律
6_100_10

初唐・十誦律
6_103_12

初唐・十誦律
7_122_11

初唐・十誦律
7_123_9

初唐・十誦律
7_128_7

初唐・十誦律
7_129_14

初唐・十誦律
7_131_1

初唐・十誦律
7_131_3

初唐・十誦律
8_147_6

初唐・十誦律
8_149_5

初唐・十誦律
8_150_8

初唐・十誦律
10_177_4

初唐・十誦律
11_212_14

初唐・十誦律
11_212_17

初唐・十誦律
11_213_13

初唐・十誦律
11_214_5

初唐・十誦律
14_267_13

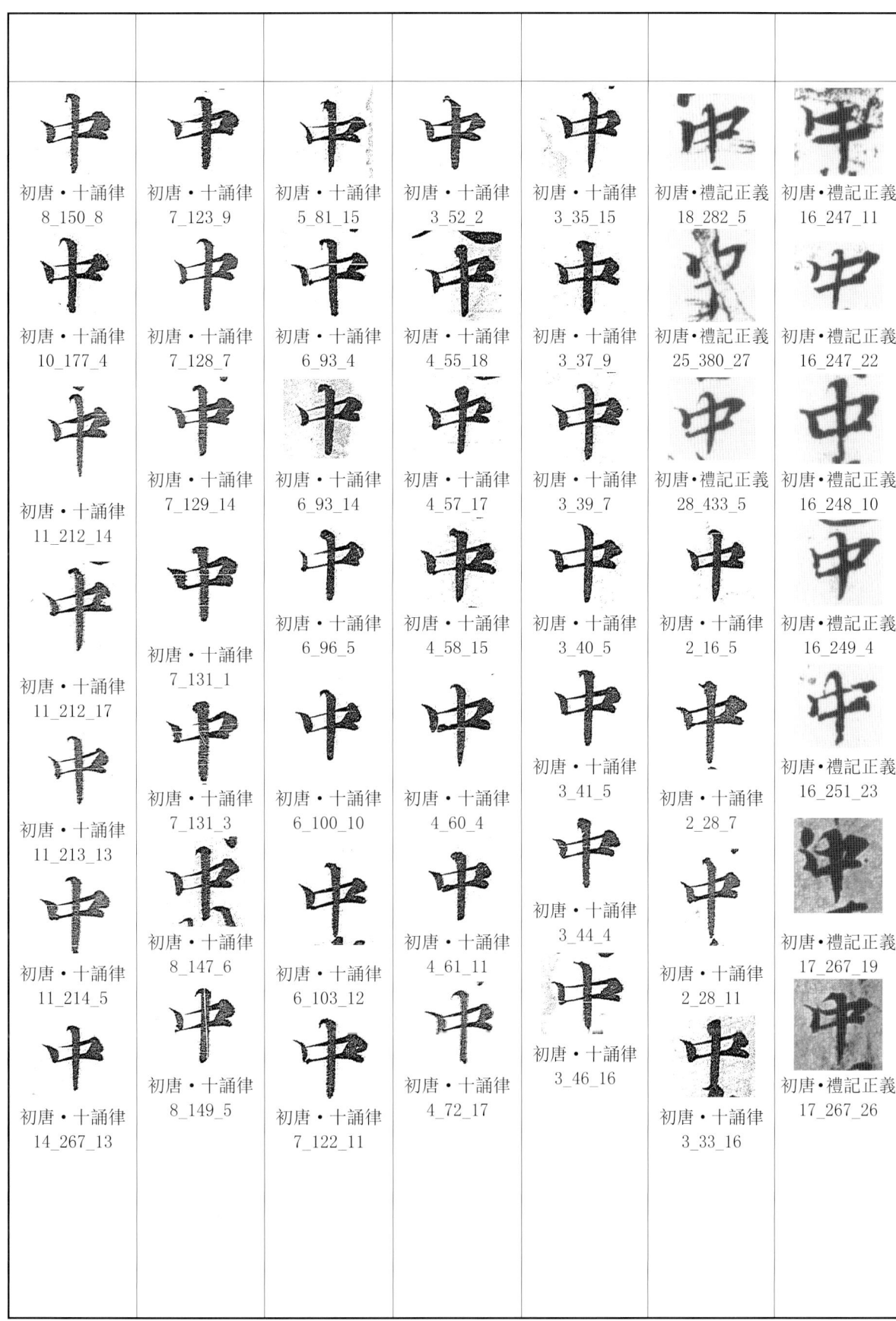

中唐・翰苑
2_11_26

中唐・翰苑
2_18_8

中唐・翰苑
3_25_11

中唐・翰苑
3_33_22

中唐・翰苑
4_41_34

屈申
中唐・翰苑
4_43_29

中唐・翰苑
4_44_28

中唐・翰苑
5_50_22

中唐・翰苑
5_55_1

中唐・翰苑
6_65_15

中唐・翰苑
6_74_30

中唐・翰苑
6_77_35

中唐・翰苑
7_78_11

中唐・翰苑
7_80_21

中唐・翰苑
7_87_37

中唐・翰苑
7_90_40

中唐・翰苑
8_98_10

中唐・翰苑
8_102_23

中唐・翰苑
9_108_37

中唐・翰苑
9_113_4

中唐・翰苑
9_115_30

中唐・翰苑
9_116_17

中唐・翰苑
9_116_19

中唐・翰苑
10_119_19

中唐・翰苑
10_123_8

中唐・翰苑
11_142_33

中唐・翰苑
12_149_44

中唐・翰苑
12_152_23

中唐・翰苑
12_153_20

中唐・翰苑
13_159_22

中唐・翰苑
13_163_37

中唐・翰苑
13_163_42

中唐・翰苑
13_164_12

中唐・翰苑
13_166_14

中唐・翰苑
13_169_19

中唐・翰苑
14_174_8

中唐・翰苑
14_175_21

中唐・翰苑
15_191_27

中唐・翰苑
15_192_19

中唐・翰苑
15_196_11

中唐・翰苑
16_206_12

中唐・翰苑
16_207_2

中唐・翰苑
17_226_39

中唐・翰苑
19_248_18

中唐・翰苑
19_250_36

中唐・翰苑
19_255_32

中唐・翰苑
21_272_21

中唐・翰苑
21_278_14

中唐・翰苑
22_292_39

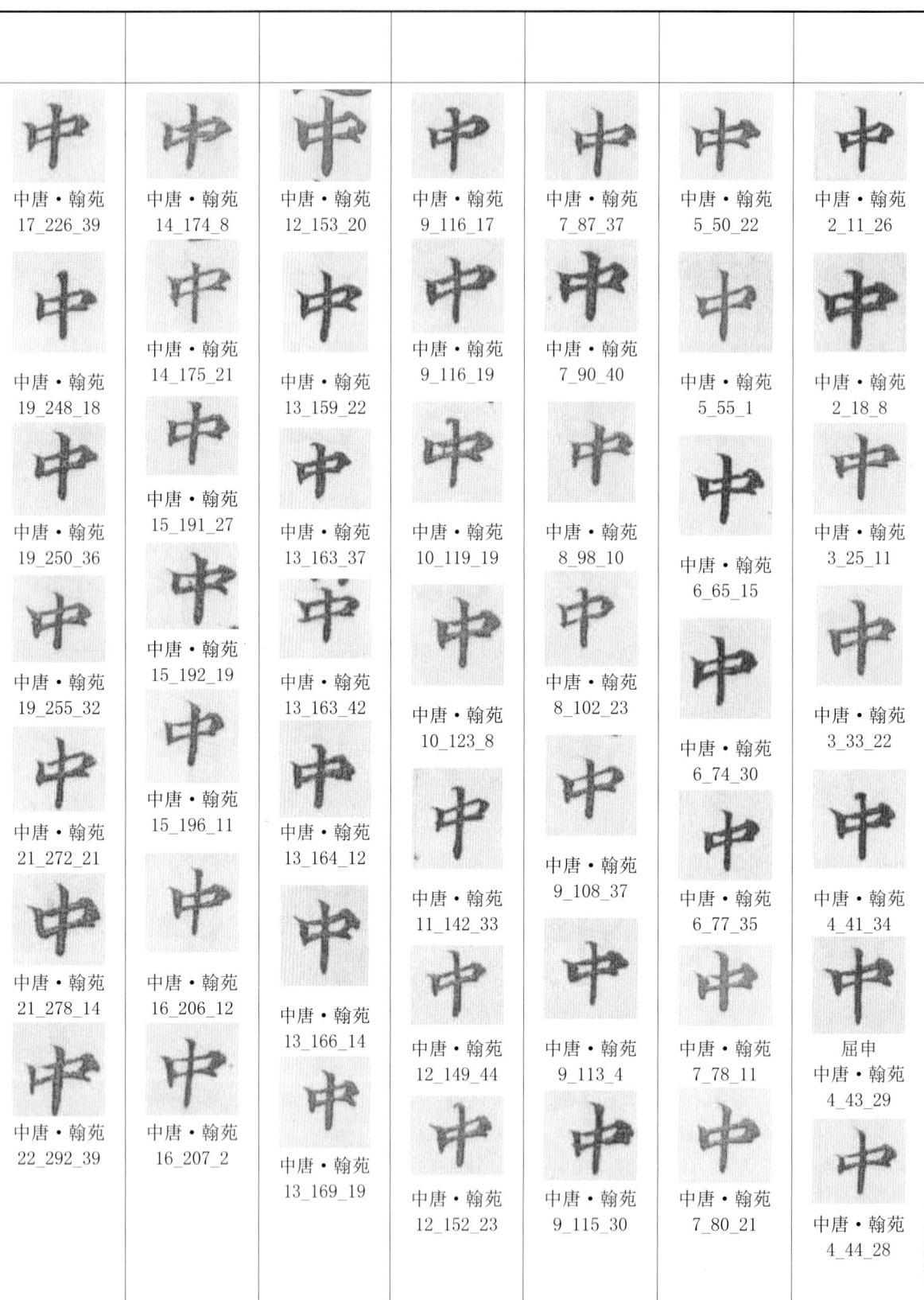

中唐·翰苑
23_300_6

中唐·翰苑
23_301_4

中唐·翰苑
23_303_35

中唐·翰苑
23_305_14

中唐·翰苑
23_305_35

中唐·翰苑
23_306_4

中唐·翰苑
23_306_27

中唐·翰苑
23_307_23

中唐·翰苑
24_318_1

中唐·翰苑
25_327_28

中唐·翰苑
25_332_20

中唐·翰苑
27_358_4

中唐·翰苑
28_363_17

中唐·翰苑
28_363_29

中唐·翰苑
28_366_11

中唐·翰苑
28_368_40

中唐·翰苑
28_369_5

中唐·翰苑
28_369_29

中唐·翰苑
28_370_29

中唐·翰苑
29_374_2

中唐·翰苑
29_374_6

中唐·翰苑
29_376_41

中唐·翰苑
29_382_30

中唐·翰苑
31_396_25

中唐·翰苑
31_399_30

中唐·翰苑
31_401_22

中唐·翰苑
31_403_26

中唐·翰苑
32_409_25

中唐·翰苑
32_409_47

中唐·翰苑
32_414_6

中唐·翰苑
32_414_16

中唐·翰苑
32_420_3

中唐·翰苑
32_420_21

中唐·翰苑
32_421_8

中唐·翰苑
33_430_40

中唐·翰苑
34_437_22

中唐·翰苑
34_442_23

中唐·翰苑
35_447_4

中唐·翰苑
35_453_18

中唐·翰苑
35_455_44

中唐·翰苑
35_457_5

中唐·翰苑
36_467_29

中唐·翰苑
36_467_42

中唐·翰苑
37_472_7

中唐·翰苑
37_475_9

中唐·翰苑
37_475_27

中唐·翰苑
37_477_31

中唐·翰苑
38_484_6

中唐·翰苑
38_486_28

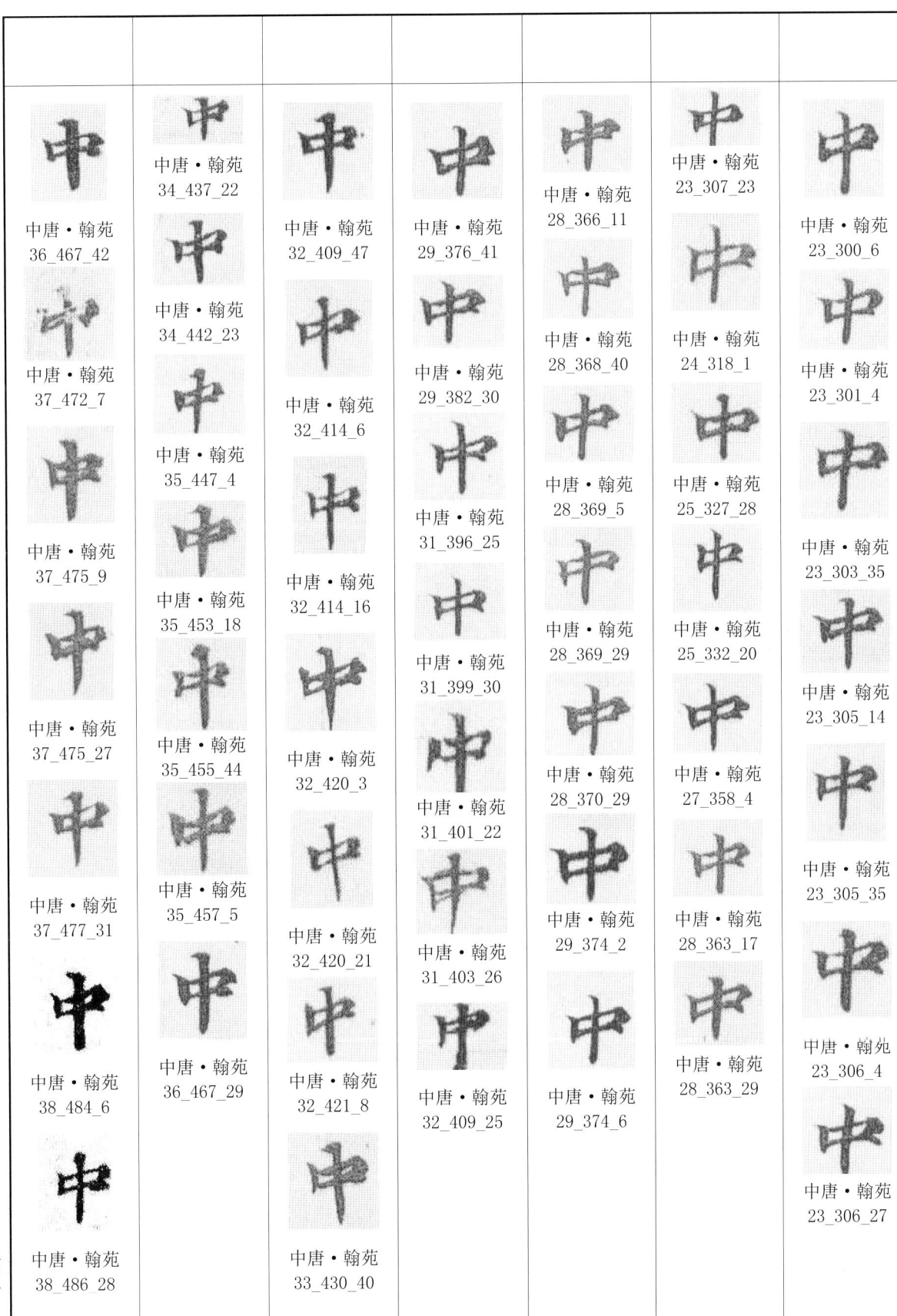

中唐·翰苑
38_494_28

中唐·翰苑
39_497_27

中唐·翰苑
40_514_5

中唐·翰苑
41_528_11

中唐·翰苑
42_537_41

中唐·翰苑
42_539_4

中唐·翰苑
42_541_5

中唐·翰苑
42_541_38

中唐·翰苑
43_547_1

中唐·翰苑
43_552_35

中唐·翰苑
43_553_5

晚唐•摩訶止觀
1_7_24

晚唐•摩訶止觀
1_9_2

晚唐•摩訶止觀
3_25_4

晚唐•摩訶止觀
4_33_1

晚唐•摩訶止觀
4_34_6

晚唐•摩訶止觀
4_36_5

晚唐•摩訶止觀
4_38_10

晚唐•摩訶止觀
5_46_12

晚唐•摩訶止觀
5_46_21

晚唐•摩訶止觀
6_48_12

晚唐•摩訶止觀
6_48_18

晚唐•摩訶止觀
6_50_12

晚唐•摩訶止觀
6_51_9

晚唐•摩訶止觀
6_52_20

晚唐•摩訶止觀
7_64_3

晚唐•摩訶止觀
8_67_4

晚唐•摩訶止觀
8_68_6

晚唐•摩訶止觀
9_75_24

晚唐•摩訶止觀
9_76_4

晚唐•摩訶止觀
9_76_25

晚唐•摩訶止觀
9_78_24

晚唐•摩訶止觀
9_82_25

晚唐•摩訶止觀
10_84_3

晚唐•摩訶止觀
11_94_12

晚唐•摩訶止觀
11_96_23

晚唐•摩訶止觀
11_98_15

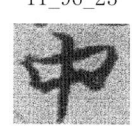

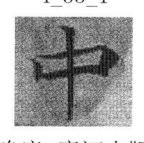

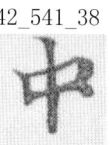

晚唐•摩訶止觀
13_118_12

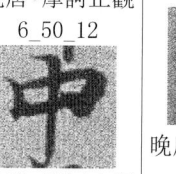

晚唐•摩訶止觀
15_128_9

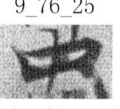

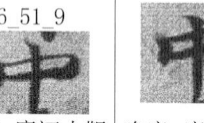

晚唐•摩訶止觀
15_135_23

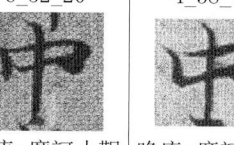

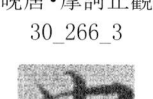

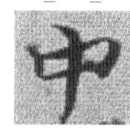

晚唐•摩訶止觀
16_143_11

晚唐•摩訶止觀
19_164_21

晚唐•摩訶止觀
21_180_3

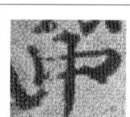

晚唐•摩訶止觀
21_184_18

晚唐•摩訶止觀
28_239_4

晚唐•摩訶止觀
30_265_2

晚唐•摩訶止觀
30_266_3

晚唐•摩訶止觀
31_267_8

晚唐•摩訶止觀
32_276_24

晚唐•摩訶止觀
32_277_3

晚唐•摩訶止觀
33_284_20

晚唐•摩訶止觀
33_286_7

晚唐•摩訶止觀
34_292_4

晚唐•摩訶止觀
36_308_23

晚唐•摩訶止觀
36_310_21

晚唐•摩訶止觀
38_328_11

晚唐•摩訶止觀
38_328_19

晚唐•摩訶止觀
38_328_24

晚唐•摩訶止觀
38_329_21

晚唐•摩訶止觀
38_330_21

晚唐•摩訶止觀
38_330_25

晚唐•摩訶止觀
38_331_22

晚唐•摩訶止觀
39_333_16

晚唐•摩訶止觀
39_335_4

晚唐•摩訶止觀
39_335_6

晚唐•摩訶止觀
39_335_8

晚唐•摩訶止觀
39_335_10

晚唐•摩訶止觀
39_335_14

晚唐•摩訶止觀
39_335_29

晚唐•摩訶止觀
39_337_9

晚唐•摩訶止觀
39_337_24

晚唐•摩訶止觀
39_338_3

晚唐•摩訶止觀
43_367_1

晚唐•摩訶止觀
43_368_5

晚唐•摩訶止觀
43_368_16

晚唐•摩訶止觀
43_368_28

晚唐•摩訶止觀
43_369_13

晚唐•摩訶止觀
43_369_27

晚唐•摩訶止觀
43_370_11

晚唐•摩訶止觀
44_381_15

晚唐•摩訶止觀
45_383_9

晚唐•摩訶止觀
45_386_10

晚唐•摩訶止觀
45_388_30

晚唐•摩訶止觀
45_389_19

晚唐•摩訶止觀
45_390_14

晚唐•摩訶止觀
45_390_28

晚唐•摩訶止觀
46_397_26

晚唐•摩訶止觀
48_408_11

晚唐•摩訶止觀
48_411_24

晚唐•摩訶止觀
48_412_17

晚唐•摩訶止觀
48_413_23

晚唐•摩訶止觀
48_414_3

晚唐•摩訶止觀
48_414_13

晚唐•摩訶止觀
49_416_10

晚唐•摩訶止觀
49_419_23

晚唐•摩訶止觀
50_423_16

晚唐•摩訶止觀
50_423_23

晚唐•摩訶止觀
50_424_30

| | | | | | | |
|---|---|---|---|---|---|---|
| 五代•大毗盧經<br>3_30_7 | 五代•密教部類<br>3_38_6 | 五代•密教部類<br>1_4_12 | 晚唐•摩訶止觀<br>58_489_3 | 晚唐•摩訶止觀<br>54_455_19 | 晚唐•摩訶止觀<br>54_454_24 | 晚唐•摩訶止觀<br>50_425_3 |
| 五代•大毗盧經<br>5_49_7 | 五代•密教部類<br>3_39_6 | 五代•密教部類<br>1_6_5 | 晚唐•摩訶止觀<br>58_492_19 | 晚唐•摩訶止觀<br>54_455_24 | 晚唐•摩訶止觀<br>54_454_27 | 晚唐•摩訶止觀<br>50_425_8 |
| 五代•大毗盧經<br>12_144_15 | 五代•密教部類<br>5_58_12 | 五代•密教部類<br>1_7_8 | 晚唐•摩訶止觀<br>59_499_10 | 晚唐•摩訶止觀<br>54_458_4 | 晚唐•摩訶止觀<br>54_455_2 | 晚唐•摩訶止觀<br>51_433_9 |
| 五代•大毗盧經<br>12_149_12 | 五代•密教部類<br>5_68_6 | 五代•密教部類<br>2_9_7 | 晚唐•摩訶止觀<br>59_502_8 | 晚唐•摩訶止觀<br>54_458_9 | 晚唐•摩訶止觀<br>54_455_5 | 晚唐•摩訶止觀<br>51_433_19 |
| 五代•大毗盧經<br>13_161_12 | 五代•密教部類<br>5_69_8 | 五代•密教部類<br>3_35_6 | 晚唐•摩訶止觀<br>59_502_16 | 晚唐•摩訶止觀<br>54_458_19 | 晚唐•摩訶止觀<br>54_455_8 | 晚唐•摩訶止觀<br>53_453_5 |
| 五代•大毗盧經<br>13_163_16 | 五代•密教部類<br>5_73_28 | 五代•密教部類<br>3_36_8 | 晚唐•摩訶止觀<br>59_502_25 | 晚唐•摩訶止觀<br>54_459_17 | 晚唐•摩訶止觀<br>54_455_12 | 晚唐•摩訶止觀<br>54_454_15 |
| 五代•大毗盧經<br>13_166_5 | 五代•密教部類<br>6_88_42 | 五代•密教部類<br>3_37_6 | 五代•密教部類<br>1_3_14 | 晚唐•摩訶止觀<br>58_488_27 | 晚唐•摩訶止觀<br>54_455_16 | 晚唐•摩訶止觀<br>54_454_21 |

五代•大毗盧經 14_170_7

五代•大毗盧經 14_176_10

五代•大毗盧經 15_190_5

五代•大毗盧經 15_191_21

五代•大毗盧經 21_270_17

五代•大毗盧經 23_291_8

五代•大毗盧經 24_309_26

五代•大毗盧經 25_317_22

五代•大毗盧經 29_374_13

五代•大毗盧經 30_376_26

五代•大毗盧經 31_394_9

五代•大毗盧經 31_394_34

五代•大毗盧經 32_398_13

五代•大毗盧經 35_411_8

五代•大毗盧經 39_457_5

五代•大毗盧經 39_460_11

五代•大毗盧經 39_469_21

五代•大毗盧經 43_521_10

五代•大毗盧經 45_547_1

五代•大毗盧經 46_558_16

五代•大毗盧經 46_566_20

五代•大毗盧經 47_579_17

五代•大毗盧經 50_607_9

五代•大毗盧經 54_658_10

五代•大毗盧經 54_661_14

五代•大毗盧經 56_682_31

五代•大毗盧經 58_716_4

五代•大毗盧經 60_742_14

五代•大毗盧經 63_779_2

五代•大毗盧經 64_796_10

五代•大毗盧經 64_802_25

五代•大毗盧經 67_836_11

五代•大毗盧經 69_861_10

五代•大毗盧經 71_866_15

五代•大毗盧經 71_878_12

五代•大毗盧經 72_885_19

五代•大毗盧經 72_890_15

五代•大毗盧經 75_924_20

五代•大毗盧經 79_964_15

五代•大毗盧經 80_979_26

五代•大毗盧經 82_999_39

五代•大毗盧經 83_1008_26

五代•大毗盧經 85_1045_29

五代•大毗盧經 86_1051_8

五代•大毗盧經 89_1087_27

五代•大毗盧經 90_1107_19

五代•大毗盧經 92_1127_15

五代•大毗盧經 92_1136_9

五代•大毗盧經 97_1192_11

# 丿部

## 乂

漢ガイ 呉ゲ 訓かる

初唐•古文尚書 3_18_14

初唐•古文尚書 5_41_16

初唐•古文尚書 20_189_15

初唐•古文尚書 23_219_24

初唐•古文尚書 23_226_28

初唐•古文尚書 28_276_6

初唐•古文尚書 36_348_22

## 乃

漢ダイ 呉ナイ 訓なんじ

初唐•古文尚書 1_8_6

初唐•古文尚書 1_8_13

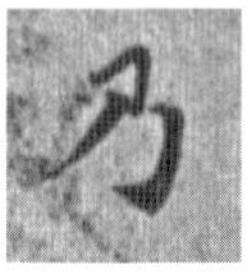
初唐•古文尚書 5_37_3

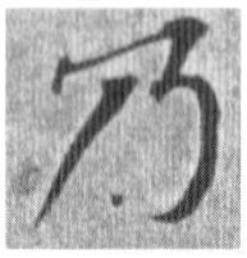
初唐•古文尚書 7_55_18

初唐•古文尚書 7_58_20

初唐•古文尚書 8_62_12

初唐•古文尚書 8_65_10

初唐•古文尚書 8_66_12

初唐•古文尚書 8_67_29

初唐•古文尚書 8_68_8

初唐•古文尚書 8_69_17

初唐•古文尚書 8_69_27

初唐•古文尚書 9_72_28

初唐•古文尚書 9_73_30

初唐•古文尚書 9_74_6

初唐•古文尚書 9_76_8

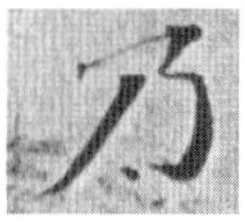
初唐•古文尚書 10_82_17

初唐•古文尚書 10_82_19

初唐•古文尚書 10_88_1

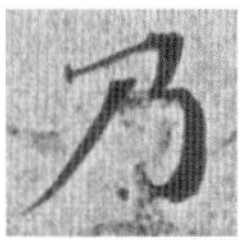
初唐•古文尚書 10_89_9

初唐•古文尚書 11_94_4

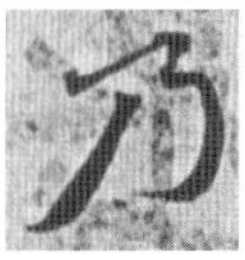
初唐•古文尚書 11_94_7

初唐•古文尚書 11_97_21

初唐•古文尚書 11_99_21

初唐•古文尚書 12_109_1

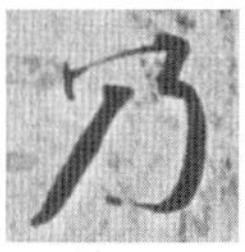
初唐•古文尚書 12_109_6

初唐•古文尚書 12_113_10

初唐•古文尚書 13_116_2

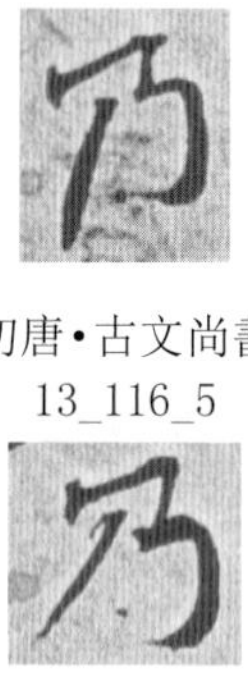
初唐•古文尚書 13_116_5

初唐•古文尚書 13_116_26

初唐•古文尚書 13_120_3

初唐•古文尚書 13_121_22

初唐•古文尚書 14_124_31

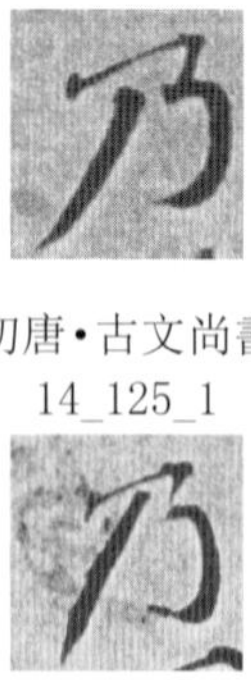
初唐•古文尚書 14_125_1

初唐•古文尚書 14_125_20

初唐•古文尚書 14_126_22

初唐•古文尚書 14_126_28

初唐•古文尚書 14_127_4

初唐•古文尚書 14_128_5

初唐•古文尚書 14_129_1

初唐•古文尚書 14_129_6

初唐•古文尚書 14_130_4

初唐•古文尚書 14_130_26

初唐•古文尚書 14_133_9

初唐•古文尚書 14_133_31

初唐•古文尚書 15_135_25

初唐•古文尚書 15_137_17

初唐•古文尚書 15_140_8

初唐•古文尚書 18_169_22

初唐•古文尚書 18_175_19

初唐•古文尚書 19_176_24

初唐•古文尚書 19_177_12

初唐•古文尚書 19_177_25

初唐•古文尚書 19_178_4

初唐•古文尚書 19_185_13

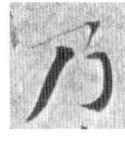

初唐•古文尚書 20_192_11

初唐•古文尚書 20_193_1

初唐•古文尚書 20_196_21

初唐•古文尚書 21_201_1

初唐•古文尚書 21_201_17

初唐•古文尚書 21_207_2

初唐•古文尚書 22_211_15

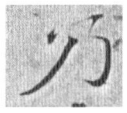

初唐•古文尚書 22_212_19

初唐•古文尚書 22_213_14

初唐•古文尚書 22_215_2

初唐•古文尚書 22_215_16

初唐•古文尚書 23_220_12

初唐•古文尚書 23_221_12

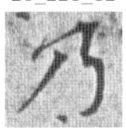

初唐•古文尚書 23_221_18

初唐•古文尚書 23_222_23

初唐•古文尚書 23_227_21

初唐•古文尚書 24_234_30

初唐•古文尚書 24_238_35

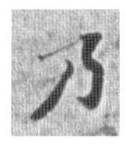

初唐•古文尚書 24_239_13

初唐•古文尚書 26_255_7

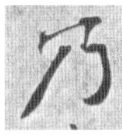

初唐•古文尚書 26_255_13

初唐•古文尚書 26_256_37

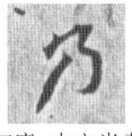

初唐•古文尚書 27_265_5

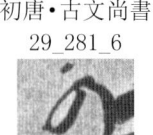

初唐•古文尚書 28_272_27

初唐•古文尚書 28_274_4

初唐•古文尚書 29_281_6

初唐•古文尚書 29_282_18

初唐•古文尚書 31_292_36

初唐•古文尚書 33_312_6

初唐・般若經
3_30_1

初唐・般若經
4_36_5

初唐・般若經
4_44_5

初唐・般若經
4_46_1

初唐・般若經
5_54_1

初唐・般若經
5_62_1

初唐・般若經
6_70_1

初唐•禮記正義
14_211_9

初唐•禮記正義
25_376_21

初唐•禮記正義
30_469_9

初唐・十誦律
3_33_9

初唐・十誦律
5_90_1

初唐・十誦律
19_372_8

初唐・般若經
3_28_5

初唐・毛詩傳
9_94_27

初唐・毛詩傳
9_96_20

初唐•禮記正義
4_53_21

初唐•禮記正義
6_89_7

初唐•禮記正義
7_109_5

初唐•禮記正義
8_122_11

初唐•禮記正義
13_202_23

初唐•古文尚書
42_408_35

初唐•古文尚書
42_409_14

初唐•古文尚書
43_420_15

初唐•古文尚書
44_430_13

初唐•古文尚書
49_476_18

初唐・毛詩傳
1_5_6

初唐・毛詩傳
6_65_2

初唐•古文尚書
38_368_29

初唐•古文尚書
39_375_6

初唐•古文尚書
41_393_36

初唐•古文尚書
41_395_19

初唐•古文尚書
41_396_1

初唐•古文尚書
41_396_21

初唐•古文尚書
41_401_32

初唐•古文尚書
36_344_13

初唐•古文尚書
36_346_21

初唐•古文尚書
36_348_11

初唐•古文尚書
36_348_18

初唐•古文尚書
38_364_18

初唐•古文尚書
38_365_29

初唐•古文尚書
38_368_19

初唐•古文尚書
33_313_17

初唐•古文尚書
34_319_3

初唐•古文尚書
35_328_29

初唐•古文尚書
35_329_2

初唐•古文尚書
35_336_2

初唐•古文尚書
36_341_5

初唐•古文尚書
36_341_31

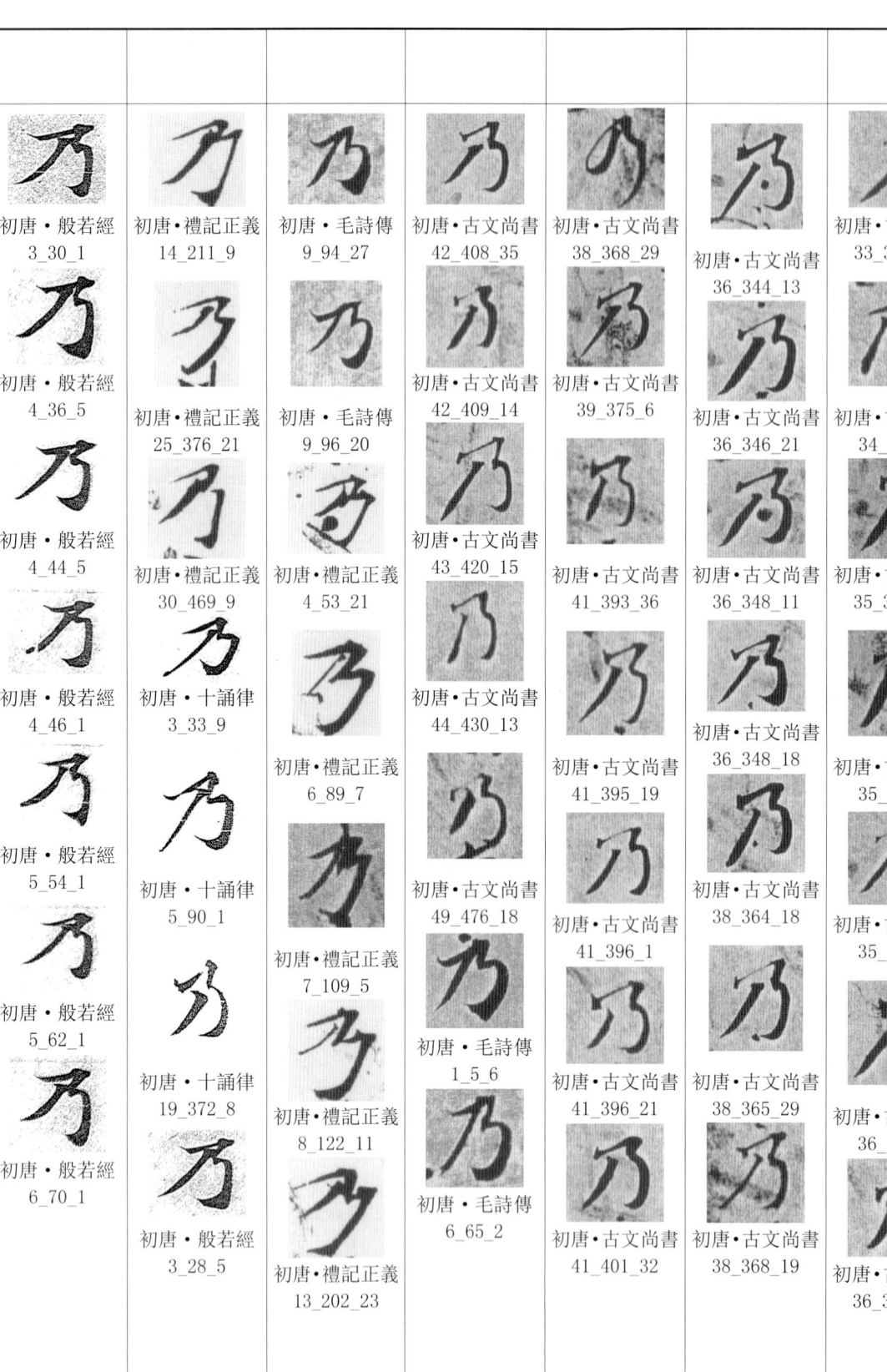

| | | | | | | |
|---|---|---|---|---|---|---|
| 初唐·般若經 6_83_2 | 初唐·般若經 12_165_7 | 初唐·般若經 18_260_6 | 初唐·般若經 20_304_5 | 初唐·般若經 25_380_4 | 中唐·翰苑 5_50_14 | 中唐·翰苑 12_155_3 |
| 初唐·般若經 7_92_3 | 初唐·般若經 12_167_3 | 初唐·般若經 18_268_14 | 初唐·般若經 21_313_4 | 初唐·般若經 25_382_2 | 中唐·翰苑 5_58_2 | 中唐·翰苑 13_165_9 |
| 初唐·般若經 8_102_7 | 初唐·般若經 16_234_17 | 初唐·般若經 18_270_12 | 初唐·般若經 21_314_16 | 中唐·翰苑 2_12_23 | 中唐·翰苑 6_68_7 | 中唐·翰苑 16_201_43 |
| 初唐·般若經 8_104_1 | 初唐·般若經 16_236_15 | 初唐·般若經 19_279_3 | 初唐·般若經 21_322_4 | 中唐·翰苑 3_22_39 | 中唐·翰苑 6_69_1 | 中唐·翰苑 16_202_19 |
| 初唐·般若經 8_110_16 | 初唐·般若經 17_245_6 | 初唐·般若經 20_293_1 | 初唐·般若經 21_323_15 | 中唐·翰苑 3_23_5 | 中唐·翰苑 6_69_31 | 中唐·翰苑 16_211_39 |
| 初唐·般若經 8_112_9 | 初唐·般若經 17_251_16 | 初唐·般若經 20_294_14 | 初唐·般若經 23_353_2 | 中唐·翰苑 3_25_26 | 中唐·翰苑 7_79_20 | 中唐·翰苑 17_222_11 |
| 初唐·般若經 10_140_5 | 初唐·般若經 17_253_14 | 初唐·般若經 20_302_9 | 初唐·般若經 23_354_14 | 中唐·翰苑 4_37_38 | 中唐·翰苑 8_103_5 | 中唐·翰苑 20_256_43 |

中唐・翰苑
33_427_31

中唐・翰苑
33_430_22

中唐・翰苑
35_453_32

中唐・翰苑
35_455_20

中唐・翰苑
35_456_8

中唐・翰苑
36_461_13

中唐・翰苑
36_467_20

中唐・翰苑
36_467_40

中唐・翰苑
36_469_15

中唐・翰苑
37_471_11

中唐・翰苑
37_475_5

中唐・翰苑
37_475_36

中唐・翰苑
37_476_10

中唐・翰苑
37_477_27

中唐・翰苑
37_478_6

及長有才武
中唐・翰苑
38_484_22

中唐・翰苑
38_490_19

中唐・翰苑
38_491_39

中唐・翰苑
38_493_41

中唐・翰苑
39_497_3

中唐・翰苑
39_502_9

中唐・翰苑
40_510_3

中唐・翰苑
41_525_14

中唐・翰苑
41_526_23

中唐・翰苑
42_540_37

中唐・翰苑
42_541_10

中唐・翰苑
42_541_32

中唐・翰苑
42_542_2

中唐・翰苑
42_542_5

中唐・翰苑
45_576_9

中唐・般若經
2_13_6

中唐・般若經
2_15_1

中唐・般若經
2_16_13

中唐・般若經
2_18_9

中唐・般若經
3_22_2

中唐・般若經
3_23_12

中唐・般若經
3_25_6

中唐・般若經
3_26_17

中唐・般若經
4_51_9

中唐・般若經
4_52_16

中唐・般若經
4_54_6

中唐・般若經
4_55_14

中唐・般若經
5_59_2

中唐・般若經
5_60_7

中唐・般若經
5_61_12

中唐・般若經
5_63_1

中唐・般若經
6_81_4

中唐・般若經
7_96_8

中唐・般若經
7_97_16

中唐 • 般若經 7_99_7
中唐 • 般若經 7_100_16
中唐 • 般若經 7_104_5
中唐 • 般若經 10_168_8
中唐 • 般若經 10_171_13
中唐 • 般若經 16_277_6
中唐 • 般若經 16_278_15

中唐 • 般若經 16_280_7
中唐 • 般若經 16_281_17
晚唐•摩訶止觀 11_98_2
晚唐•摩訶止觀 11_98_20
晚唐•摩訶止觀 13_117_8
晚唐•摩訶止觀 20_171_24
晚唐•摩訶止觀 26_222_9

晚唐•摩訶止觀 29_248_4
晚唐•摩訶止觀 29_250_15
晚唐•摩訶止觀 30_264_2
晚唐•摩訶止觀 32_275_27
晚唐•摩訶止觀 35_307_28
晚唐•摩訶止觀 37_324_22
晚唐•摩訶止觀 38_326_25

晚唐•摩訶止觀 38_332_25
晚唐•摩訶止觀 43_366_14
晚唐•摩訶止觀 45_384_28
晚唐•摩訶止觀 45_389_7
晚唐•摩訶止觀 45_389_27
晚唐•摩訶止觀 46_397_1
晚唐•摩訶止觀 46_397_19

晚唐•摩訶止觀 46_398_1
晚唐•摩訶止觀 46_398_22
晚唐•摩訶止觀 47_399_11
晚唐•摩訶止觀 47_400_13
晚唐•摩訶止觀 47_402_14
晚唐•摩訶止觀 60_504_6
晚唐•摩訶止觀 61_515_12

晚唐•摩訶止觀 62_519_26
晚唐•摩訶止觀 62_520_21
五代•大毗盧經 11_134_14
五代•大毗盧經 11_136_11
五代•大毗盧經 17_225_14
五代•大毗盧經 21_266_26
五代•大毗盧經 30_376_22

五代•大毗盧經 64_795_11
五代•大毗盧經 64_803_12
五代•大毗盧經 68_851_25
五代•大毗盧經 71_878_26
五代•大毗盧經 96_1177_1
五代•大毗盧經 96_1178_16

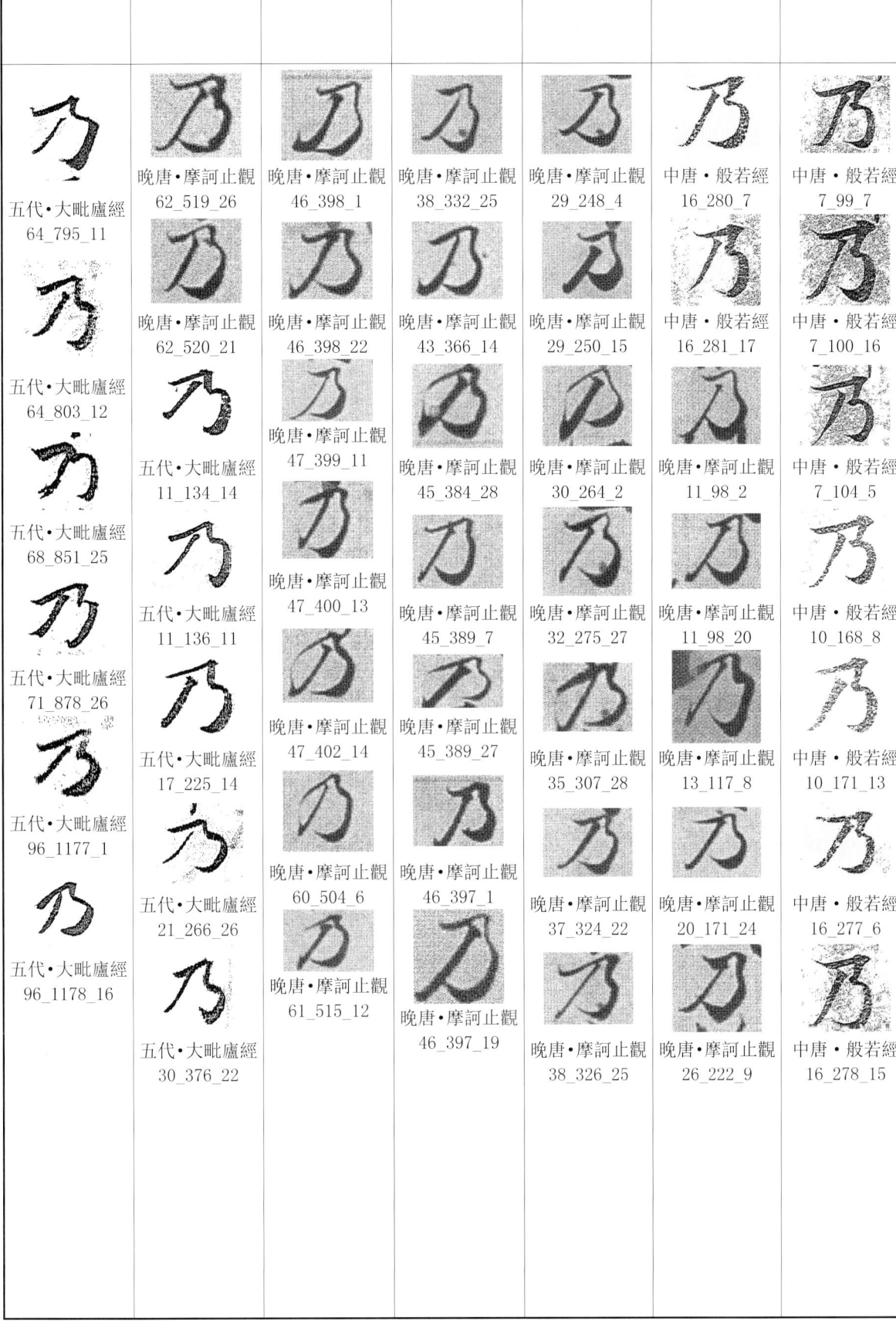

| | 及 | | 久 | 丸 | | 川 |
|---|---|---|---|---|---|---|
| | 漢現キュウ<br>訓およぶ | | 漢現キュウ呉現ク<br>訓ひさしい | 呉現ガン<br>訓まるい | | 現セン<br>訓かわ |
| 初唐・古文尚書<br>11_94_29 | 初唐・古文尚書<br>3_17_12 | 初唐・禮記正義<br>4_52_17 | 初唐・古文尚書<br>7_60_5 | 中唐・翰苑<br>22_295_4 | 中唐・翰苑<br>35_448_25 | 初唐・古文尚書<br>5_39_20 |
| 初唐・古文尚書<br>11_95_10 | 初唐・古文尚書<br>3_18_8 | 中唐・翰苑<br>23_298_26 | 初唐・古文尚書<br>12_113_19 | 晚唐・摩訶止觀<br>12_105_1 | 中唐・翰苑<br>35_451_28 | 初唐・古文尚書<br>18_174_12 |
| 初唐・古文尚書<br>11_95_16 | 初唐・古文尚書<br>3_26_10 | 中唐・翰苑<br>45_580_1 | 初唐・古文尚書<br>13_114_30 | 晚唐・摩訶止觀<br>50_424_3 | 中唐・翰苑<br>38_494_17 | 初唐・古文尚書<br>42_403_3 |
| 初唐・古文尚書<br>13_115_2 | 初唐・古文尚書<br>5_38_11 | 晚唐・摩訶止觀<br>12_109_5 | 初唐・古文尚書<br>13_120_22 | | 中唐・翰苑<br>42_533_23 | 初唐・古文尚書<br>42_404_3 |
| 初唐・古文尚書<br>16_153_6 | 初唐・古文尚書<br>5_38_22 | 晚唐・摩訶止觀<br>44_376_15 | 初唐・古文尚書<br>27_268_15 | | 五代・大毗盧經<br>2_17_4 | 中唐・翰苑<br>12_153_1 |
| 初唐・古文尚書<br>20_193_25 | 初唐・古文尚書<br>9_74_14 | 晚唐・摩訶止觀<br>56_477_16 | 初唐・古文尚書<br>29_281_13 | | | 中唐・翰苑<br>16_203_40 |
| 初唐・古文尚書<br>20_194_15 | 初唐・古文尚書<br>9_75_21 | 五代・大毗盧經<br>97_1184_1 | 初唐・古文尚書<br>33_309_13 | | | 中唐・翰苑<br>24_319_20 |
| 初唐・古文尚書<br>23_225_23 | 初唐・古文尚書<br>10_82_22 | 五代・大毗盧經<br>98_1201_19 | 初唐・古文尚書<br>44_430_16 | | | 中唐・翰苑<br>29_372_18 |

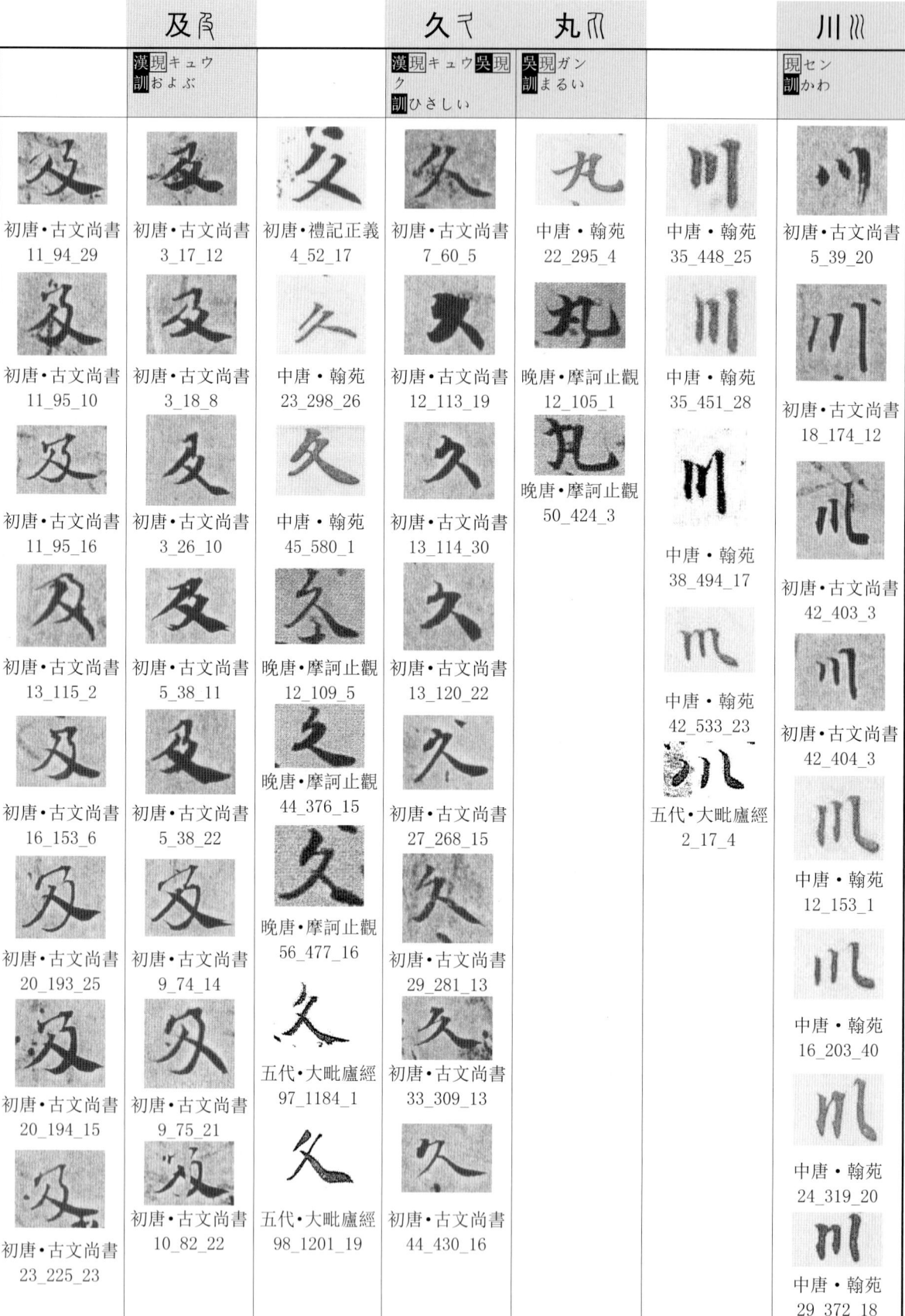

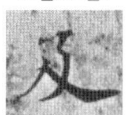

| | | | | | | |
|---|---|---|---|---|---|---|
| 初唐・十誦律 19_367_12 | 初唐・十誦律 4_55_8 | 初唐・禮記正義 23_349_9 | 初唐・禮記正義 12_184_17 | 初唐・禮記正義 7_98_27 | 初唐・禮記正義 1_5_15 | 初唐・古文尚書 38_361_4 |
| 初唐・十誦律 19_370_8 | 初唐・十誦律 4_58_4 | 初唐・禮記正義 23_355_2 | 初唐・禮記正義 15_230_15 | 初唐・禮記正義 8_114_22 | 初唐・禮記正義 1_5_26 | 初唐・古文尚書 38_361_26 |
| 初唐・般若經 3_27_7 | 初唐・十誦律 4_58_11 | 初唐・禮記正義 23_355_8 | 初唐・禮記正義 19_286_20 | 初唐・禮記正義 8_115_13 | 初唐・禮記正義 1_7_8 | 初唐・古文尚書 40_382_14 |
| 初唐・般若經 4_35_7 | 初唐・十誦律 6_104_5 | 初唐・禮記正義 27_410_4 | 初唐・禮記正義 20_306_4 | 初唐・禮記正義 8_122_19 | 初唐・禮記正義 1_15_8 | 初唐・古文尚書 40_383_19 |
| 初唐・般若經 4_43_7 | 初唐・十誦律 6_104_13 | 初唐・禮記正義 29_452_5 | 初唐・禮記正義 20_309_9 | 初唐・禮記正義 9_131_29 | 初唐・禮記正義 2_30_7 | 初唐・古文尚書 44_432_10 |
| 初唐・般若經 5_51_7 | 初唐・十誦律 9_170_16 | 初唐・禮記正義 30_467_18 | 初唐・禮記正義 22_333_4 | 初唐・禮記正義 9_144_26 | 初唐・禮記正義 3_36_11 | 初唐・古文尚書 45_433_14 |
| 初唐・般若經 5_59_7 | 初唐・十誦律 9_173_5 | 初唐・禮記正義 30_467_20 | 初唐・禮記正義 23_345_27 | 初唐・禮記正義 10_153_17 | 初唐・禮記正義 5_68_1 | 初唐・毛詩傳 1_3_7 |
| 初唐・般若經 6_67_7 | 初唐・十誦律 9_174_8 | 初唐・十誦律 4_55_1 | 初唐・禮記正義 23_348_4 | 初唐・禮記正義 11_164_28 | 初唐・禮記正義 6_83_23 | 初唐・毛詩傳 6_61_8 |

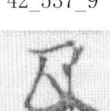

| | | | | | | |
|---|---|---|---|---|---|---|
| | | | | | | |
| 晚唐•摩訶止觀 47_405_4 | 晚唐•摩訶止觀 6_51_13 | 中唐・翰苑 41_528_15 | 中唐・翰苑 20_256_22 | 中唐・翰苑 7_80_12 | 中唐・翰苑 3_30_26 | 初唐・般若經 16_234_2 |
| 晚唐•摩訶止觀 49_417_14 | 晚唐•摩訶止觀 14_125_24 | 中唐・翰苑 42_537_9 | 中唐・翰苑 26_342_16 | 中唐・翰苑 10_127_15 | 中唐・翰苑 4_46_5 | 初唐・般若經 16_242_10 |
| 晚唐•摩訶止觀 49_417_26 | 晚唐•摩訶止觀 17_149_7 | 中唐・翰苑 42_538_1 | 中唐・翰苑 29_375_3 | 中唐・翰苑 10_130_20 | 中唐・翰苑 4_49_17 | 初唐・般若經 17_251_1 |
| 晚唐•摩訶止觀 56_470_7 | 晚唐•摩訶止觀 25_215_8 | 中唐・翰苑 42_538_8 | 中唐・翰苑 29_376_20 | 中唐・翰苑 12_146_14 | 中唐・翰苑 5_51_17 | 初唐・般若經 17_259_8 |
| 晚唐•摩訶止觀 56_474_20 | 晚唐•摩訶止觀 26_225_12 | 中唐・翰苑 42_540_19 | 中唐・翰苑 36_459_21 | 中唐・翰苑 12_153_2 | 中唐・翰苑 5_58_31 | 初唐・般若經 18_267_16 |
| 五代•密教部類 4_45_9 | 晚唐•摩訶止觀 30_259_11 | 中唐・翰苑 43_544_32 | 中唐・翰苑 36_461_2 | 中唐・翰苑 12_154_28 | 中唐・翰苑 6_73_33 | 初唐・般若經 18_276_7 |
| 五代•密教部類 4_56_6 | 晚唐•摩訶止觀 34_291_26 | 中唐・翰苑 43_554_29 | 中唐・翰苑 36_464_8 | 中唐・翰苑 15_187_18 | 中唐・翰苑 6_74_17 | 中唐・翰苑 2_16_13 |
| 五代•大毗盧經 2_18_5 | 晚唐•摩訶止觀 35_306_23 | 中唐・翰苑 45_575_8 | 中唐・翰苑 38_488_21 | 中唐・翰苑 18_233_14 | 中唐・翰苑 6_77_32 | 中唐・翰苑 3_27_32 |

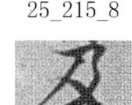

五代・大毗盧經 3_29_15
五代・大毗盧經 4_39_8
五代・大毗盧經 4_46_1
五代・大毗盧經 5_50_1
五代・大毗盧經 10_122_33
五代・大毗盧經 11_136_6
五代・大毗盧經 12_147_8
五代・大毗盧經 13_162_1

五代・大毗盧經 13_163_8
五代・大毗盧經 14_169_1
五代・大毗盧經 14_173_11
五代・大毗盧經 15_188_16
五代・大毗盧經 17_217_1
五代・大毗盧經 19_243_11
五代・大毗盧經 22_280_6
五代・大毗盧經 23_292_18

五代・大毗盧經 23_299_8
五代・大毗盧經 25_317_12
五代・大毗盧經 50_613_1
五代・大毗盧經 57_704_6
五代・大毗盧經 63_787_18
五代・大毗盧經 67_848_26
五代・大毗盧經 71_871_4
五代・大毗盧經 77_934_9

五代・大毗盧經 80_967_6
五代・大毗盧經 80_973_16
五代・大毗盧經 80_974_14
五代・大毗盧經 84_1022_11
五代・大毗盧經 85_1034_1
五代・大毗盧經 85_1036_3
五代・大毗盧經 88_1079_29
五代・大毗盧經 97_1197_3

五代・大毗盧經 98_1201_3

## 升

現 ショウ
訓 ます

初唐・古文尚書 11_99_26
初唐・古文尚書 24_231_9
初唐・古文尚書 31_291_9
初唐・毛詩傳 5_52_8
初唐・毛詩傳 5_53_5
初唐・禮記正義 11_172_2
初唐・禮記正義 11_173_13
初唐・禮記正義 11_173_22

初唐・禮記正義 11_174_3
初唐・禮記正義 11_174_7
初唐・禮記正義 13_200_12
初唐・禮記正義 27_421_8
中唐・翰苑 17_219_4
中唐・翰苑 19_251_19
中唐・翰苑 32_408_26
中唐・翰苑 32_410_12

中唐・翰苑
33_422_14

中唐・翰苑
33_423_15

## 乍

漢 サ
訓 たちまち

晚唐・摩訶止觀
55_464_25

## 乎

漢 コ
訓 よ

初唐・古文尚書
7_52_33

初唐・古文尚書
10_86_34

初唐・古文尚書
11_95_17

初唐・古文尚書
12_113_3

初唐・古文尚書
13_117_29

初唐・古文尚書
23_218_21

初唐・古文尚書
27_270_26

初唐・古文尚書
33_313_33

初唐・古文尚書
43_414_18

初唐・古文尚書
43_416_13

初唐・古文尚書
44_432_29

初唐・古文尚書
45_433_7

初唐・古文尚書
49_475_22

初唐・毛詩傳
6_66_24

初唐・毛詩傳
8_81_3

初唐・毛詩傳
8_84_8

初唐・毛詩傳
9_94_22

初唐・毛詩傳
10_106_21

初唐・禮記正義
2_27_19

初唐・禮記正義
2_27_23

初唐・禮記正義
26_390_13

初唐・禮記正義
27_413_15

中唐・翰苑
2_11_22

中唐・翰苑
4_45_11

中唐・翰苑
35_453_23

中唐・翰苑
37_471_19

中唐・翰苑
39_497_33

中唐・翰苑
44_563_13

中唐・翰苑
44_567_16

中唐・翰苑
44_568_8

中唐・翰苑
44_568_11

中唐・翰苑
45_570_8

中唐・翰苑
45_571_4

中唐・翰苑
45_571_7

中唐・翰苑
45_574_14

# 年

呉 ネン
訓 とし

中唐・翰苑 45_576_8
晩唐•摩訶止観 13_111_16
晩唐•摩訶止観 33_283_8

初唐•古文尚書 17_163_12
初唐•古文尚書 24_236_2
初唐•古文尚書 24_236_19
初唐•古文尚書 31_290_39
初唐•古文尚書 33_311_36
初唐•古文尚書 33_313_9
初唐•古文尚書 39_380_3

初唐•古文尚書 39_380_20
初唐•古文尚書 39_380_35
初唐•禮記正義 3_39_7
初唐•禮記正義 4_52_11
初唐•禮記正義 4_61_21
初唐•禮記正義 5_78_8
初唐•禮記正義 5_79_2

初唐•禮記正義 6_96_15
初唐•禮記正義 8_122_2
初唐•禮記正義 8_122_17
初唐•禮記正義 8_122_23
初唐•禮記正義 8_123_4
初唐•禮記正義 8_125_24
初唐•禮記正義 8_127_14

初唐•禮記正義 8_127_32
初唐•禮記正義 8_128_30
初唐•禮記正義 9_132_18
初唐•禮記正義 15_229_18
初唐•禮記正義 16_247_4
初唐•禮記正義 19_284_7
初唐•禮記正義 26_406_7

初唐•禮記正義 27_409_23
初唐•禮記正義 28_427_21
初唐•禮記正義 29_445_15
初唐•禮記正義 30_466_13
中唐・翰苑 4_42_26
中唐・翰苑 4_46_24
中唐・翰苑 5_50_12

中唐・翰苑 5_58_1
中唐・翰苑 5_60_8
中唐・翰苑 6_64_1
中唐・翰苑 6_64_6
中唐・翰苑 6_70_14
中唐・翰苑 6_71_29
中唐・翰苑 6_73_11

中唐•翰苑 6_75_5

中唐•翰苑 6_76_18

中唐•翰苑 9_108_29

中唐•翰苑 9_110_5

中唐•翰苑 10_120_19

中唐•翰苑 10_121_25

中唐•翰苑 10_125_30

中唐•翰苑 10_126_20

中唐•翰苑 12_145_9

中唐•翰苑 12_153_33

中唐•翰苑 12_156_31

中唐•翰苑 13_163_40

中唐•翰苑 13_164_37

中唐•翰苑 13_166_22

中唐•翰苑 13_168_10

中唐•翰苑 14_182_1

中唐•翰苑 14_185_11

中唐•翰苑 14_186_20

中唐•翰苑 15_187_29

中唐•翰苑 15_189_20

中唐•翰苑 15_195_25

中唐•翰苑 15_198_31

中唐•翰苑 15_200_46

中唐•翰苑 16_204_18

中唐•翰苑 16_207_10

中唐•翰苑 17_222_8

中唐•翰苑 17_223_14

中唐•翰苑 18_236_11

中唐•翰苑 20_260_1

中唐•翰苑 20_261_25

中唐•翰苑 21_270_22

中唐•翰苑 21_270_31

中唐•翰苑 22_287_16

中唐•翰苑 22_290_32

中唐•翰苑 22_293_26

中唐•翰苑 22_295_24

中唐•翰苑 23_298_1

中唐•翰苑 23_298_25

中唐•翰苑 23_302_39

中唐•翰苑 23_303_5

中唐•翰苑 25_332_10

中唐•翰苑 27_355_35

中唐•翰苑 27_356_27

中唐•翰苑 28_362_43

中唐•翰苑 29_374_20

中唐•翰苑 29_375_34

中唐•翰苑 29_376_26

中唐•翰苑 31_397_14

中唐•翰苑 31_397_37

中唐·翰苑 32_408_18
中唐·翰苑 32_409_7
中唐·翰苑 32_409_41
中唐·翰苑 32_421_10
中唐·翰苑 33_422_10
中唐·翰苑 33_423_7
中唐·翰苑 33_424_3
中唐·翰苑 33_432_2
中唐·翰苑 34_439_13
中唐·翰苑 34_442_5
中唐·翰苑 34_442_15
中唐·翰苑 34_444_32
中唐·翰苑 35_450_28
中唐·翰苑 35_454_10
中唐·翰苑 35_454_22
中唐·翰苑 35_457_46
中唐·翰苑 36_458_24
中唐·翰苑 36_459_14
中唐·翰苑 36_461_12
中唐·翰苑 36_461_43
中唐·翰苑 36_463_21
中唐·翰苑 36_464_33
中唐·翰苑 38_484_42
中唐·翰苑 38_494_33
中唐·翰苑 39_500_6
中唐·翰苑 39_500_31
中唐·翰苑 39_503_28
中唐·翰苑 39_505_20
中唐·翰苑 40_507_11
中唐·翰苑 40_507_25
中唐·翰苑 40_509_25
中唐·翰苑 40_509_36
中唐·翰苑 40_512_41
中唐·翰苑 40_513_12
中唐·翰苑 40_513_22
中唐·翰苑 41_522_3
中唐·翰苑 41_530_7
中唐·翰苑 43_547_24
中唐·翰苑 43_554_21
中唐·翰苑 43_555_18
中唐·翰苑 44_558_32
中唐·翰苑 44_559_8
中唐·翰苑 44_560_10
晚唐·摩訶止觀 1_2_17
晚唐·摩訶止觀 1_7_11
晚唐·摩訶止觀 4_30_3
晚唐·摩訶止觀 48_409_21
晚唐·摩訶止觀 56_476_27
五代·密教部類 2_24_4

| | | | | 胤<br>イン<br>訓たね | 禹<br>ウ<br>訓— | |
|---|---|---|---|---|---|---|
| | | | <br>五代・大毗盧經<br>46_564_19 | <br>初唐・古文尚書<br>25_240_1<br><br>初唐・古文尚書<br>25_240_8<br><br>初唐・禮記正義<br>2_17_13<br><br>初唐・禮記正義<br>12_183_3<br><br>初唐・禮記正義<br>14_223_25<br><br>中唐・翰苑<br>27_357_23<br><br>中唐・翰苑<br>35_451_2<br><br>中唐・翰苑<br>38_486_2 | <br>初唐・古文尚書<br>1_1_6<br><br>初唐・古文尚書<br>39_378_30<br><br>初唐・古文尚書<br>42_402_12<br><br>初唐・古文尚書<br>42_403_23 | <br>五代・大毗盧經<br>46_558_17 |

## 丶部

### 之 㞢

シ
訓ゆく

初唐•古文尚書
1_1_11

初唐•古文尚書
1_2_17

初唐•古文尚書
1_2_19

初唐•古文尚書
2_9_17

初唐•古文尚書
2_9_20

初唐•古文尚書
2_15_18

初唐•古文尚書
2_15_26

初唐•古文尚書
3_22_26

初唐•古文尚書
3_24_19

初唐•古文尚書
3_24_25

初唐•古文尚書
7_51_21

初唐•古文尚書
7_52_25

初唐•古文尚書
7_52_31

初唐•古文尚書
7_53_3

初唐•古文尚書
7_53_19

初唐•古文尚書
7_54_25

初唐•古文尚書
7_56_15

初唐•古文尚書
7_56_32

初唐•古文尚書
7_57_11

初唐•古文尚書
7_60_17

初唐•古文尚書
7_60_30

初唐•古文尚書
8_61_24

初唐•古文尚書
8_62_19

初唐•古文尚書
8_63_3

初唐•古文尚書
8_64_9

初唐•古文尚書
8_66_23

初唐•古文尚書
8_69_1

初唐•古文尚書
8_69_24

初唐•古文尚書
9_71_24

初唐•古文尚書
9_72_27

初唐•古文尚書
9_73_27

初唐•古文尚書
9_76_11

初唐•古文尚書
9_76_31

初唐•古文尚書
9_77_8

初唐•古文尚書
9_78_37

初唐•古文尚書
10_83_21

初唐•古文尚書
10_83_29

初唐•古文尚書
10_85_11

初唐•古文尚書
10_87_7

初唐•古文尚書
10_87_15

初唐•古文尚書
10_87_22

初唐•古文尚書
10_87_27

初唐•古文尚書
10_88_24

初唐•古文尚書
10_88_36

初唐•古文尚書
12_104_19

初唐•古文尚書
12_104_26

初唐•古文尚書
12_105_21

初唐•古文尚書
14_132_27

初唐•古文尚書 15_135_14

初唐•古文尚書 15_135_29

初唐•古文尚書 15_136_18

初唐•古文尚書 15_136_24

初唐•古文尚書 15_140_21

初唐•古文尚書 15_144_33

初唐•古文尚書 17_161_23

初唐•古文尚書 17_161_28

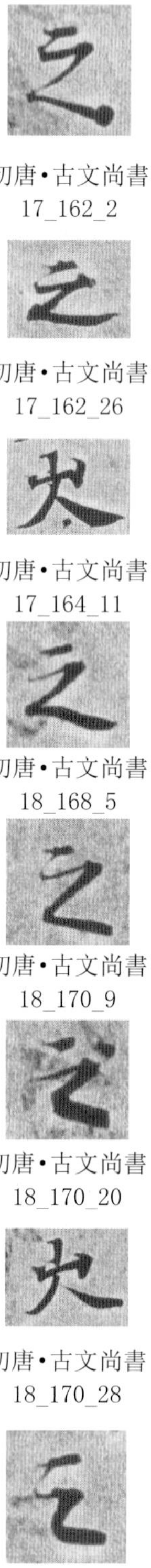

初唐•古文尚書 17_162_2

初唐•古文尚書 17_162_26

初唐•古文尚書 17_164_11

初唐•古文尚書 18_168_5

初唐•古文尚書 18_170_9

初唐•古文尚書 18_170_20

初唐•古文尚書 18_170_28

初唐•古文尚書 18_171_4

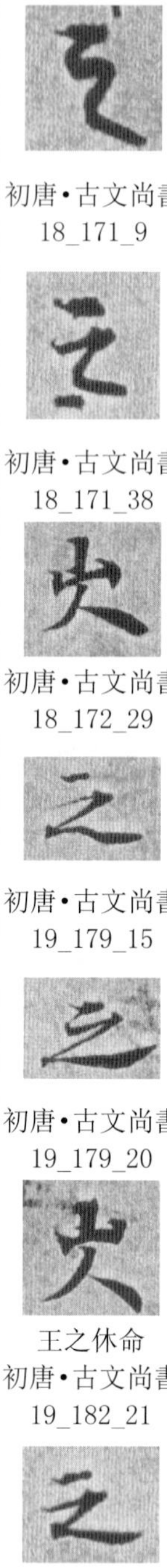

初唐•古文尚書 18_171_9

初唐•古文尚書 18_171_38

初唐•古文尚書 18_172_29

初唐•古文尚書 19_179_15

初唐•古文尚書 19_179_20

王之休命
初唐•古文尚書 19_182_21

初唐•古文尚書 19_183_2

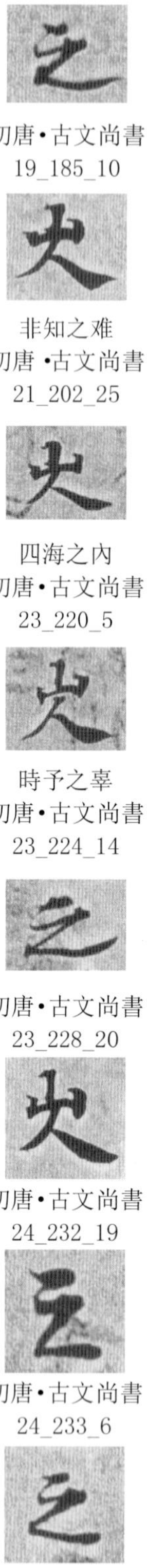

初唐•古文尚書 19_185_10

非知之难
初唐•古文尚書 21_202_25

四海之內
初唐•古文尚書 23_220_5

時予之辜
初唐•古文尚書 23_224_14

初唐•古文尚書 23_228_20

初唐•古文尚書 24_232_19

初唐•古文尚書 24_233_6

初唐•古文尚書 24_234_17

殷之即喪
初唐•古文尚書 26_256_33

初唐•古文尚書 26_257_35

若之何
初唐•古文尚書 27_270_5

初唐•古文尚書 27_270_21

初唐•古文尚書 28_273_26

初唐•古文尚書 28_273_30

神祇之犧牲
初唐•古文尚書 28_274_9

初唐•古文尚書 28_275_36

初唐•古文尚書 28_275_40

初唐•古文尚書 36_340_12

初唐•古文尚書 36_342_16

初唐•古文尚書 36_343_19

初唐•古文尚書 36_345_8

初唐•古文尚書 36_345_14

初唐•古文尚書 36_346_3

初唐•古文尚書 36_346_14

初唐•古文尚書 36_347_3

初唐•古文尚書 36_347_15

初唐•古文尚書 43_416_5

初唐•古文尚書 43_416_25

初唐•古文尚書 43_417_8

初唐•古文尚書 43_418_5

初唐•古文尚書 43_418_16

初唐•古文尚書 43_418_26

初唐•古文尚書 43_420_7

初唐•古文尚書 43_421_2

初唐•古文尚書 43_421_12

初唐•古文尚書 44_424_21

初唐•古文尚書 44_426_1

初唐•古文尚書 44_427_24

初唐•古文尚書 44_429_5

初唐•古文尚書 44_429_15

初唐•古文尚書 44_429_31

初唐•古文尚書 44_430_11

初唐•古文尚書 44_430_18

初唐•古文尚書 44_431_18

初唐•古文尚書 44_432_19

初唐•古文尚書 45_433_21

初唐•古文尚書 45_435_11

初唐•古文尚書 45_436_30

初唐•古文尚書 45_437_14

初唐•古文尚書 45_438_20

初唐•古文尚書 45_439_11

初唐•古文尚書 45_439_17

初唐•古文尚書 45_439_23

初唐•古文尚書 45_440_3

初唐•古文尚書 45_441_19

初唐•古文尚書 45_443_9

初唐•古文尚書 46_446_3

初唐•古文尚書 46_447_13

初唐•古文尚書 46_447_26

初唐•古文尚書 46_447_29

初唐•古文尚書 46_448_20

初唐•古文尚書 46_448_25

初唐•古文尚書 46_449_2

初唐•古文尚書 46_449_7

初唐•古文尚書 49_476_2

初唐•古文尚書 49_476_22

初唐•古文尚書 49_478_9

初唐•古文尚書 49_478_14

初唐•古文尚書 49_478_26

初唐•古文尚書 49_478_30

初唐 • 毛詩傳 1_3_4

初唐 • 毛詩傳 1_4_6

初唐 • 毛詩傳 1_5_9

初唐 • 毛詩傳 1_6_6

初唐 • 毛詩傳 1_9_1

初唐 • 毛詩傳 1_9_27

初唐 • 毛詩傳 2_11_27

初唐 • 毛詩傳 2_13_5

初唐 • 毛詩傳 2_15_14

初唐 • 毛詩傳 2_18_4

初唐 • 毛詩傳 2_19_20

初唐 • 毛詩傳 2_20_13

初唐 • 毛詩傳 3_26_6

初唐 • 毛詩傳 4_38_2

初唐 • 毛詩傳 4_40_16

初唐 • 毛詩傳 4_40_20

初唐 • 毛詩傳 4_41_10

初唐 • 毛詩傳 4_44_18

初唐・毛詩傳 5_47_1
初唐・毛詩傳 5_47_11
初唐・毛詩傳 5_49_2
初唐・毛詩傳 5_50_12
初唐・毛詩傳 5_52_3
初唐・毛詩傳 5_52_27
初唐・毛詩傳 5_54_1
初唐・毛詩傳 5_54_12

初唐・毛詩傳 5_55_25
初唐・毛詩傳 5_56_6
初唐・毛詩傳 5_56_14
初唐・毛詩傳 6_57_3
初唐・毛詩傳 6_61_11
初唐・毛詩傳 6_64_4
初唐・毛詩傳 6_64_11
初唐・毛詩傳 6_64_30

初唐・毛詩傳 6_65_10
初唐・毛詩傳 6_66_22
初唐・毛詩傳 7_68_8
初唐・毛詩傳 7_68_15
初唐・毛詩傳 7_69_19
初唐・毛詩傳 10_103_5
初唐・毛詩傳 10_103_21
初唐・毛詩傳 10_103_34

初唐・禮記正義 1_1_23
初唐・禮記正義 1_4_19
初唐・禮記正義 1_6_17
初唐・禮記正義 1_7_15
初唐・禮記正義 1_10_21
初唐・禮記正義 1_12_17
初唐・禮記正義 1_13_6
初唐・禮記正義 1_13_13

初唐・禮記正義 1_13_20
初唐・禮記正義 1_14_17
初唐・禮記正義 1_15_16
初唐・禮記正義 1_16_13
初唐・禮記正義 1_16_19
初唐・禮記正義 1_16_26
初唐・禮記正義 3_43_24
初唐・禮記正義 4_62_19

初唐・禮記正義 4_62_27
初唐・禮記正義 4_63_23
初唐・禮記正義 5_78_21
初唐・禮記正義 5_78_25
初唐・禮記正義 5_78_29
初唐・禮記正義 5_80_21
初唐・禮記正義 6_92_28
初唐・禮記正義 7_98_18

初唐・禮記正義 7_103_16
初唐・禮記正義 7_104_3
初唐・禮記正義 7_104_12
初唐・禮記正義 7_105_22
初唐・禮記正義 7_106_5
初唐・禮記正義 7_106_9
初唐・禮記正義 7_112_13
初唐・禮記正義 8_114_11

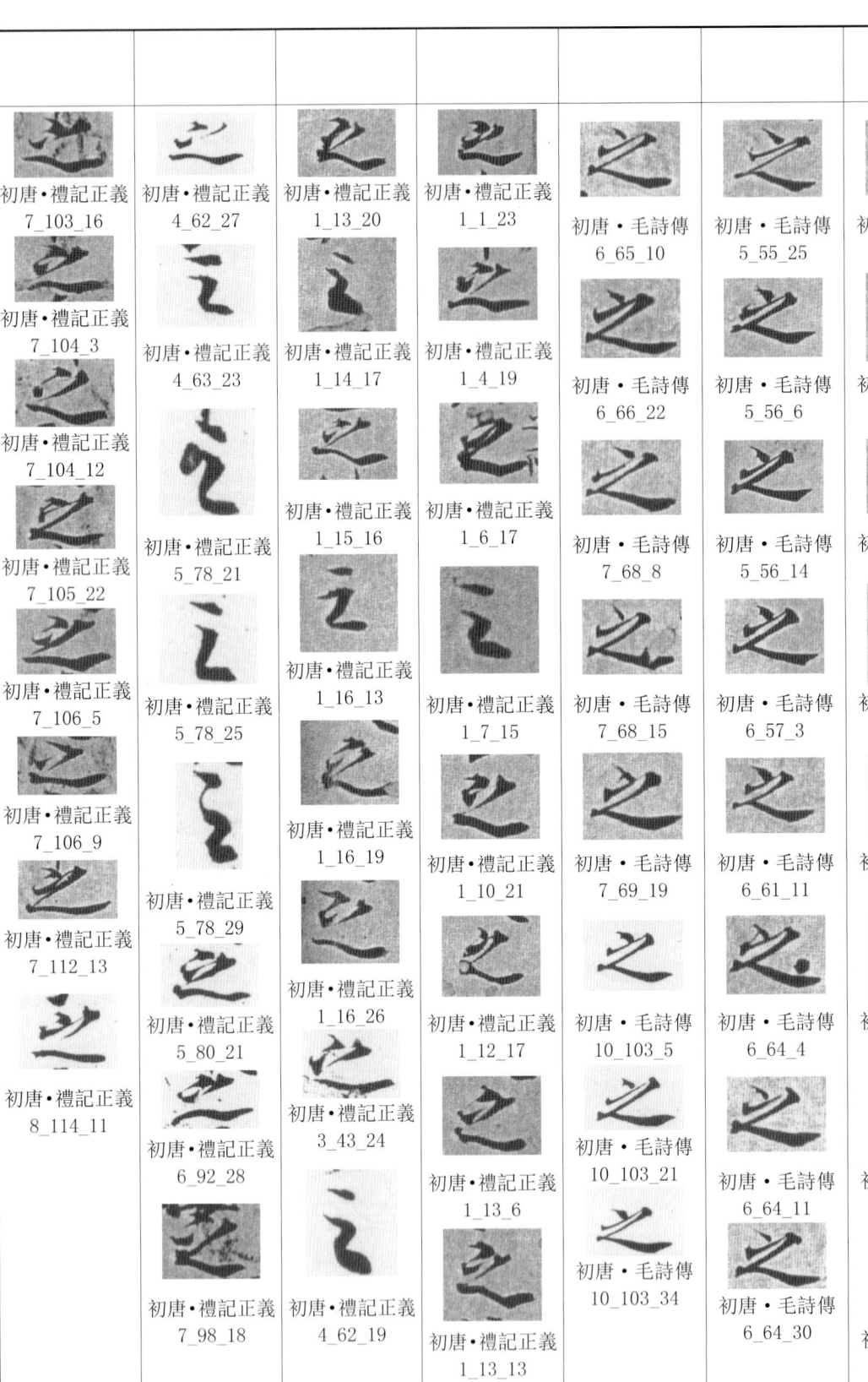

初唐•禮記正義
8_114_25

初唐•禮記正義
8_119_4

初唐•禮記正義
8_119_15

初唐•禮記正義
8_120_54

初唐•禮記正義
8_121_18

初唐•禮記正義
8_124_19

初唐•禮記正義
8_128_20

初唐•禮記正義
8_129_2

初唐•禮記正義
9_130_5

初唐•禮記正義
24_356_13

初唐•禮記正義
30_462_6

初唐•禮記正義
30_462_23

初唐•禮記正義
30_462_29

初唐•禮記正義
30_464_6

初唐•禮記正義
30_467_15

初唐•禮記正義
30_468_7

初唐•禮記正義
30_468_11

初唐•禮記正義
30_471_13

初唐•禮記正義
30_471_16

初唐•禮記正義
30_471_22

初唐•禮記正義
30_475_3

初唐・十誦律
8_134_5

初唐・十誦律
9_154_6

初唐・十誦律
19_368_15

初唐・十誦律
19_369_6

初唐・般若經
2_3_10

中唐・翰苑
2_9_10

中唐・翰苑
2_9_17

中唐・翰苑
2_9_23

中唐・翰苑
2_10_5

中唐・翰苑
2_10_10

中唐・翰苑
2_10_21

中唐・翰苑
2_10_30

中唐・翰苑
2_11_12

中唐・翰苑
2_11_18

中唐・翰苑
2_11_25

中唐・翰苑
2_12_20

中唐・翰苑
2_12_30

中唐・翰苑
2_13_10

中唐・翰苑
2_13_22

中唐・翰苑
2_15_3

中唐・翰苑
2_15_18

中唐・翰苑
2_16_42

中唐・翰苑
3_23_9

中唐・翰苑
3_23_23

中唐・翰苑
3_23_33

中唐・翰苑
11_141_29

中唐・翰苑
11_144_39

中唐・翰苑
39_500_9

中唐・翰苑
39_500_26

中唐・翰苑
43_555_22

中唐・翰苑
44_557_4

中唐・翰苑
44_561_9

中唐・翰苑
44_562_9

中唐・翰苑
44_563_3

中唐・翰苑
44_567_9

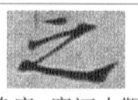

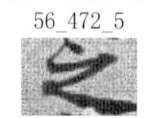

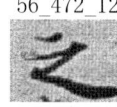

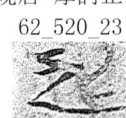

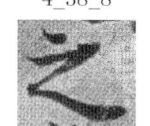

| | | | | | | |
|---|---|---|---|---|---|---|
| 五代•密教部類 2_22_9 | 晚唐•摩訶止觀 61_517_21 | 晚唐•摩訶止觀 56_472_5 | 晚唐•摩訶止觀 15_131_7 | 晚唐•摩訶止觀 11_94_10 | 晚唐•摩訶止觀 3_24_18 | 中唐•翰苑 45_570_2 |
| 五代•密教部類 2_23_8 | 晚唐•摩訶止觀 61_517_26 | 晚唐•摩訶止觀 56_472_12 | 晚唐•摩訶止觀 16_138_20 | 晚唐•摩訶止觀 11_95_23 | 晚唐•摩訶止觀 4_31_11 | 中唐•翰苑 45_570_14 |
| 五代•密教部類 2_23_18 | 晚唐•摩訶止觀 62_520_23 | 晚唐•摩訶止觀 56_472_16 | 晚唐•摩訶止觀 16_139_20 | 晚唐•摩訶止觀 12_104_17 | 晚唐•摩訶止觀 4_38_8 | 中唐•翰苑 45_570_17 |
| 五代•大毗盧經 7_76_8 | 五代•密教部類 1_4_20 | 晚唐•摩訶止觀 60_509_15 | 晚唐•摩訶止觀 18_156_19 | 晚唐•摩訶止觀 12_107_6 | 晚唐•摩訶止觀 9_76_8 | 中唐•翰苑 45_573_4 |
| 五代•大毗盧經 7_77_22 | 五代•密教部類 1_6_4 | 晚唐•摩訶止觀 60_510_5 | 晚唐•摩訶止觀 19_162_17 | 晚唐•摩訶止觀 12_110_18 | 晚唐•摩訶止觀 10_85_25 | 中唐•翰苑 45_576_6 |
| 五代•大毗盧經 8_92_10 | 五代•密教部類 1_6_12 | 晚唐•摩訶止觀 60_510_17 | 晚唐•摩訶止觀 19_165_15 | 晚唐•摩訶止觀 13_112_6 | 晚唐•摩訶止觀 10_86_15 | 中唐•般若經 2_2_9 |
| 五代•大毗盧經 8_92_17 | 五代•密教部類 1_8_16 | 晚唐•摩訶止觀 61_511_1 | 晚唐•摩訶止觀 20_175_13 | 晚唐•摩訶止觀 13_118_11 | 晚唐•摩訶止觀 10_90_1 | 晚唐•摩訶止觀 3_22_10 |
| 五代•大毗盧經 8_96_30 | 五代•密教部類 2_9_1 | 晚唐•摩訶止觀 61_512_3 | 晚唐•摩訶止觀 20_176_2 | 晚唐•摩訶止觀 15_130_24 | 晚唐•摩訶止觀 10_92_23 | 晚唐•摩訶止觀 3_24_3 |

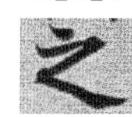

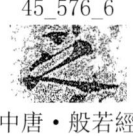

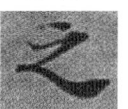

五代・大毗盧經
8_96_46

五代・大毗盧經
11_130_8

五代・大毗盧經
13_161_13

五代・大毗盧經
14_171_13

五代・大毗盧經
15_191_20

五代・大毗盧經
17_218_22

五代・大毗盧經
17_224_5

五代・大毗盧經
18_233_15

五代・大毗盧經
21_268_32

五代・大毗盧經
23_298_33

五代・大毗盧經
24_304_10

五代・大毗盧經
24_304_14

五代・大毗盧經
25_317_15

五代・大毗盧經
25_317_40

五代・大毗盧經
25_318_9

五代・大毗盧經
96_1181_12

五代・大毗盧經
97_1184_20

五代・大毗盧經
98_1209_20

## 丹 冃

現タン
訓あか

初唐・古文尚書
5_45_2

初唐・古文尚書
5_45_15

初唐・毛詩傳
4_42_19

初唐・毛詩傳
4_43_12

初唐・毛詩傳
4_43_23

初唐・禮記正義
25_382_6

中唐・翰苑
24_320_23

中唐・翰苑
41_524_22

五代・大毗盧經
61_761_13

## 卞

漢ヘン 漢ハン 呉ベン
訓のり

中唐・翰苑
25_334_19

中唐・翰苑
26_337_13

中唐・翰苑
26_338_5

中唐・翰苑
26_338_15

中唐・翰苑
26_338_21

中唐・翰苑
26_338_34

中唐・翰苑
26_338_41

中唐・翰苑
26_339_7

中唐・翰苑
26_339_12

中唐・翰苑
26_339_20

中唐・翰苑
26_339_30

中唐・翰苑
26_339_41

中唐・翰苑
26_340_1

中唐・翰苑
26_340_7

中唐・翰苑
26_340_12

中唐・翰苑
26_340_20

## 主

漢現シュ 呉現ス
訓ぬし

中唐・翰苑
26_342_11

中唐・翰苑
28_366_47

初唐・古文尚書
20_188_25

初唐・古文尚書
29_282_22

初唐・古文尚書
40_387_22

初唐・古文尚書
42_402_16

初唐・古文尚書
42_404_7

初唐・古文尚書
42_410_14

初唐・古文尚書
43_414_4

初唐・古文尚書
48_473_17

初唐・毛詩傳
1_10_20

初唐・毛詩傳
2_11_23

初唐・禮記正義
2_31_9

初唐・禮記正義
2_32_3

初唐・禮記正義
2_33_3

初唐・禮記正義
2_33_24

初唐・禮記正義
2_33_29

初唐・禮記正義
3_34_23

初唐・禮記正義
3_35_16

初唐・禮記正義
5_67_24

初唐・禮記正義
6_88_11

初唐・禮記正義
6_92_8

初唐・禮記正義
7_105_17

初唐・禮記正義
7_106_3

初唐・禮記正義
13_200_1

初唐・禮記正義
13_201_13

初唐・禮記正義
13_203_25

初唐・禮記正義
13_205_3

初唐・禮記正義
13_205_16

初唐・禮記正義
13_205_21

初唐・禮記正義
14_211_2

初唐・禮記正義
20_300_4

初唐・禮記正義
20_301_3

初唐・禮記正義
20_301_11

初唐・禮記正義
20_301_16

初唐・禮記正義
20_302_4

初唐・禮記正義
20_304_20

初唐・禮記正義
21_311_14

初唐・禮記正義
21_311_18

初唐・禮記正義
21_314_1

初唐・禮記正義
22_328_23

初唐・禮記正義
22_329_10

初唐・禮記正義
22_329_23

初唐・禮記正義
24_371_16

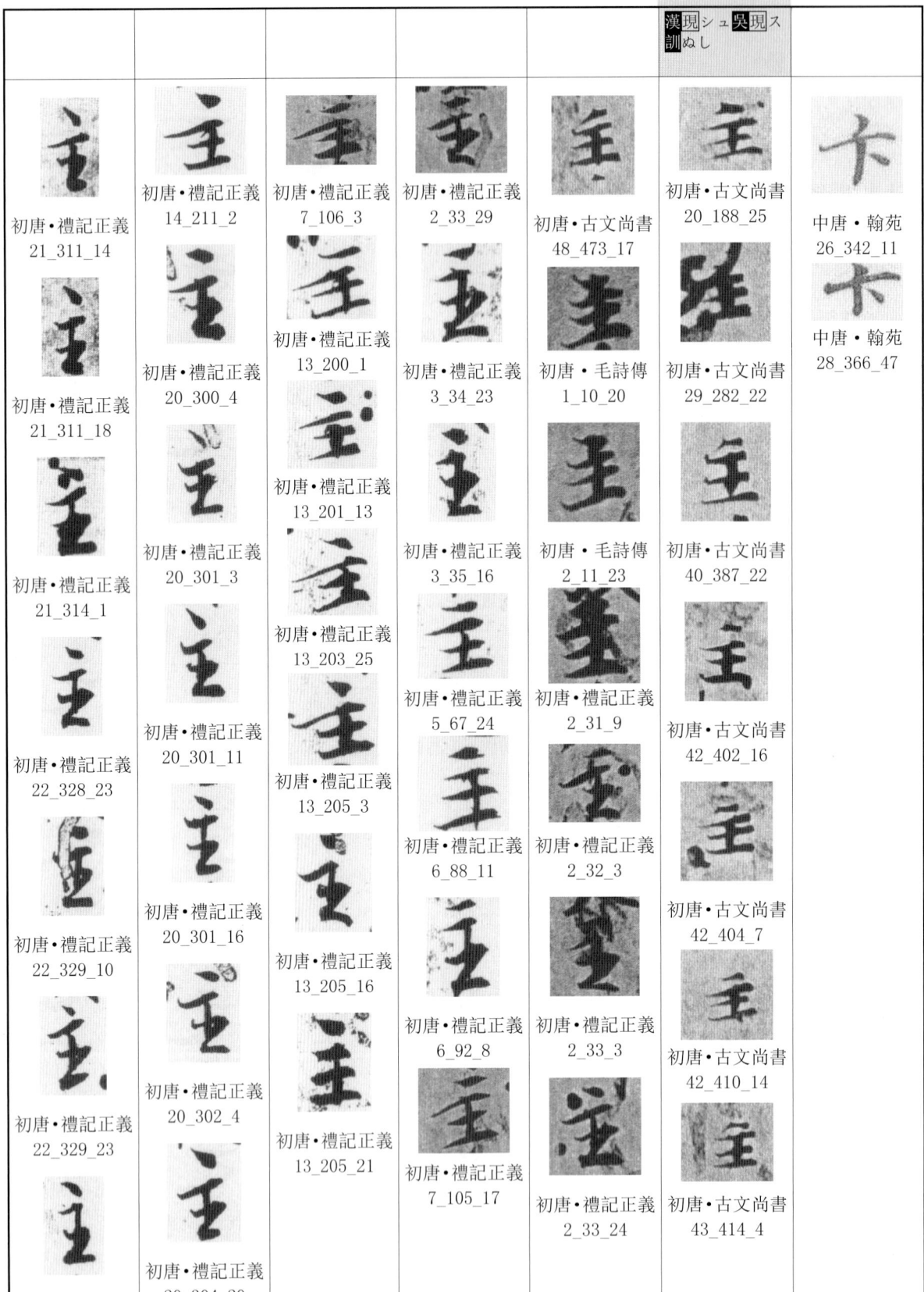

初唐•禮記正義 25_377_18
中唐・翰苑 3_34_3
中唐・翰苑 4_36_21
中唐・翰苑 4_37_33
中唐・翰苑 4_38_6
中唐・翰苑 4_44_30
中唐・翰苑 8_99_21
中唐・翰苑 9_106_15
中唐・翰苑 15_191_30
中唐・翰苑 19_242_13
中唐・翰苑 21_271_40
中唐・翰苑 21_277_47
中唐・翰苑 22_284_38
中唐・翰苑 22_295_19
中唐・翰苑 28_364_20
中唐・翰苑 32_409_9
中唐・翰苑 33_422_17
中唐・翰苑 40_513_36
中唐・翰苑 40_513_44
中唐・翰苑 40_518_4
中唐・翰苑 40_518_28
中唐・翰苑 43_547_12
中唐・翰苑 43_547_31
中唐・翰苑 43_554_39
晚唐•摩訶止觀 22_187_12
晚唐•摩訶止觀 38_331_11
晚唐•摩訶止觀 39_334_6
晚唐•摩訶止觀 48_413_4
晚唐•摩訶止觀 48_413_6
晚唐•摩訶止觀 48_413_14
晚唐•摩訶止觀 55_469_23
晚唐•摩訶止觀 56_477_13
五代•大毗盧經 11_129_5
五代•大毗盧經 16_200_15
五代•大毗盧經 18_232_14
五代•大毗盧經 23_288_3
五代•大毗盧經 23_290_14
五代•大毗盧經 39_452_14
五代•大毗盧經 39_462_5
五代•大毗盧經 40_478_21
五代•大毗盧經 43_522_3
五代•大毗盧經 44_525_5
五代•大毗盧經 46_561_10
五代•大毗盧經 63_774_5
五代•大毗盧經 68_849_3
五代•大毗盧經 80_968_12
五代•大毗盧經 84_1021_5
五代•大毗盧經 84_1023_3
五代•大毗盧經 94_1155_2

五代・大毗盧經
96_1176_3

五代・大毗盧經
96_1178_15

五代・大毗盧經
96_1182_5

## 半 𠬧

ハン
訓 なかば

初唐・古文尚書
22_216_15

初唐・古文尚書
22_217_15

初唐・古文尚書
37_354_19

初唐・古文尚書
46_446_5

初唐・禮記正義
17_263_15

初唐・禮記正義
23_343_15

初唐・禮記正義
23_343_22

初唐・十誦律
2_14_1

初唐・十誦律
2_14_3

中唐・翰苑
11_144_14

中唐・翰苑
26_339_9

中唐・翰苑
27_353_1

中唐・翰苑
28_365_10

中唐・翰苑
28_368_5

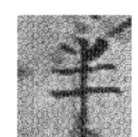

晚唐・摩訶止觀
3_23_36

晚唐・摩訶止觀
9_77_8

五代・大毗盧經
2_16_12

五代・大毗盧經
15_187_23

五代・大毗盧經
40_485_11

五代・大毗盧經
48_591_9

五代・大毗盧經
48_592_11

五代・大毗盧經
64_809_25

五代・大毗盧經
75_919_1

五代・大毗盧經
90_1102_2

五代・大毗盧經
90_1103_8

## 州 𡿧

漢 現 シュウ 呉 ス
訓 す

初唐・古文尚書
1_1_28

初唐・古文尚書
1_2_5

初唐・古文尚書
1_2_15

初唐・古文尚書
1_2_24

初唐・古文尚書
1_3_16

初唐・古文尚書
1_7_15

初唐・古文尚書
1_7_22

初唐・古文尚書
1_8_19

初唐・古文尚書
2_11_1

初唐・古文尚書
3_17_16

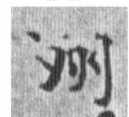

初唐・古文尚書
4_27_18

初唐・古文尚書
5_38_16

初唐・古文尚書
5_39_11

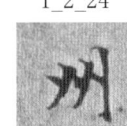

初唐・古文尚書
5_40_8

初唐・古文尚書
5_44_8

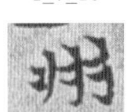

初唐・古文尚書
16_153_7

| | | | | | | |
|---|---|---|---|---|---|---|
| | | | <br>中唐・翰苑<br>41_522_13<br><br>中唐・翰苑<br>41_525_10<br><br>中唐・翰苑<br>41_528_10<br><br>中唐・翰苑<br>41_528_23<br><br>中唐・翰苑<br>44_561_5<br><br>晚唐•摩訶止觀<br>1_2_25<br><br>晚唐•摩訶止觀<br>13_114_25 | <br>中唐・翰苑<br>26_339_37<br><br>中唐・翰苑<br>27_354_11<br><br>卅餘國<br>中唐・翰苑<br>31_402_14<br><br>中唐・翰苑<br>31_404_8<br><br>中唐・翰苑<br>39_500_15<br><br>中唐・翰苑<br>40_514_8<br><br>中唐・翰苑<br>40_514_19<br><br>中唐・翰苑<br>40_516_11 | <br>中唐・翰苑<br>17_226_40<br><br>中唐・翰苑<br>19_243_18<br><br>中唐・翰苑<br>19_247_41<br><br>中唐・翰苑<br>20_260_5<br><br>中唐・翰苑<br>20_261_33<br><br>中唐・翰苑<br>23_301_19<br><br>中唐・翰苑<br>23_301_29<br><br>中唐・翰苑<br>24_311_18 | <br>初唐•古文尚書<br>21_207_22<br><br>中唐・翰苑<br>6_74_29<br><br>中唐・翰苑<br>13_164_35<br><br>中唐・翰苑<br>13_164_43<br><br>中唐・翰苑<br>13_165_8<br><br>中唐・翰苑<br>14_185_30<br><br>中唐・翰苑<br>15_194_30<br><br>中唐・翰苑<br>15_196_43 |

# 乙部

## 乙

慣現オツ 漢イツ
呉オチ
訓きのこ

初唐•古文尚書
6_47_5

初唐•古文尚書
6_47_15

初唐•古文尚書
7_51_1

初唐•古文尚書
17_160_10

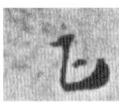

初唐•古文尚書
25_244_12

初唐•古文尚書
28_271_17

初唐•古文尚書
29_281_20

初唐•古文尚書
29_281_25

初唐•禮記正義
3_43_27

初唐•禮記正義
10_153_27

中唐・翰苑
21_274_15

中唐・翰苑
26_345_6

## 九

漢キュウ 呉ク
訓ここのつ

初唐•古文尚書
1_3_4

初唐•古文尚書
1_3_12

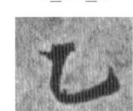

初唐•古文尚書
1_7_17

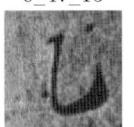

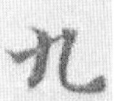

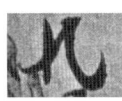

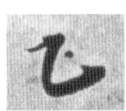

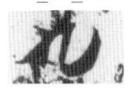

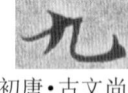

初唐•古文尚書
1_7_21

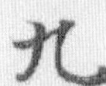

初唐•古文尚書
4_32_19

初唐•古文尚書
5_40_1

初唐•古文尚書
5_40_12

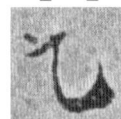

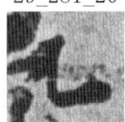

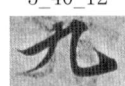

初唐•古文尚書
39_377_7

初唐•古文尚書
40_383_25

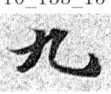

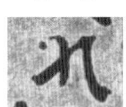

初唐・毛詩傳
1_8_9

初唐・毛詩傳
8_88_6

初唐•禮記正義
4_56_25

初唐•禮記正義
5_74_2

初唐•禮記正義
5_77_20

初唐•禮記正義
5_79_1

初唐•禮記正義
17_262_17

初唐•禮記正義
17_262_23

初唐•禮記正義
17_262_25

初唐•禮記正義
22_337_2

初唐•禮記正義
22_337_10

初唐•禮記正義
23_351_1

初唐・十誦律
5_90_3

初唐・般若經
2_3_12

初唐・般若經
9_131_9

初唐・般若經
10_132_4

初唐・般若經
10_133_15

初唐・般若經
23_344_2

初唐・般若經
23_344_14

初唐・般若經
23_346_10

中唐・翰苑
3_29_29

中唐・翰苑
4_46_11

中唐・翰苑
4_49_5

中唐・翰苑
10_122_14

中唐・翰苑
10_125_26

中唐・翰苑
12_157_27

中唐・翰苑
13_162_20

# 了

現 リョウ
訓 もつれる

初唐・十誦律
19_367_17

晩唐•摩訶止観
7_56_8

晩唐•摩訶止観
16_142_10

晩唐•摩訶止観
29_248_11

晩唐•摩訶止観
33_288_15

晩唐•摩訶止観
13_367_21

晩唐•摩訶止観
44_378_7

晩唐•摩訶止観
60_505_21

晩唐•摩訶止観
62_520_8

五代•密教部類
2_19_1

五代•密教部類
2_21_14

五代•大毗盧經
6_69_17

五代•大毗盧經
80_974_7

五代•大毗盧經
92_1135_1

五代•大毗盧經
94_1149_7

五代•大毗盧經
94_1150_7

晩唐•摩訶止観
6_48_13

晩唐•摩訶止観
13_113_6

晩唐•摩訶止観
15_134_17

晩唐•摩訶止観
23_196_22

晩唐•摩訶止観
23_198_1

晩唐•摩訶止観
23_199_18

晩唐•摩訶止観
28_238_4

晩唐•摩訶止観
44_378_12

晩唐•摩訶止観
46_391_27

晩唐•摩訶止観
48_407_22

中唐・翰苑
38_488_19

中唐・翰苑
38_488_28

中唐・翰苑
38_493_4

中唐・翰苑
38_493_34

中唐・翰苑
40_510_20

中唐・翰苑
41_528_7

中唐・翰苑
43_546_6

晩唐•摩訶止観
4_30_10

中唐・翰苑
35_446_18

中唐・翰苑
35_446_41

中唐・翰苑
35_457_14

中唐・翰苑
36_458_1

中唐・翰苑
36_460_24

中唐・翰苑
36_462_16

中唐・翰苑
36_464_20

中唐・翰苑
38_487_30

中唐・翰苑
38_488_9

中唐・翰苑
21_275_18

逐入丸都
中唐・翰苑
22_296_2

毀丸都而歸
中唐・翰苑
22_296_38

中唐・翰苑
26_345_14

中唐・翰苑
28_360_15

中唐・翰苑
30_385_18

中唐・翰苑
30_392_22

中唐・翰苑
32_415_19

中唐・翰苑
32_418_5

中唐・翰苑
20_263_32

中唐・翰苑
20_265_15

中唐・翰苑
20_265_35

中唐・翰苑
20_269_22

中唐・翰苑
20_269_29

中唐・翰苑
21_270_2

刊丸都之山
中唐・翰苑
22_294_22

中唐・翰苑
22_295_23

| | 也 | | | 乞 | | |
|---|---|---|---|---|---|---|
| | 漢ヤ呉エ<br>訓や | | | 慣コツ漢キツ漢<br>キ呉コチ呉ケ<br>訓こう | | |
| 初唐•古文尚書<br>1_4_19 | 初唐•古文尚書<br>1_1_5 | 五代•大毗盧經<br>88_1077_7 | 五代•大毗盧經<br>10_111_12 | 初唐・十誦律<br>5_75_13 | 五代•大毗盧經<br>14_179_17 | 晚唐•摩訶止觀<br>54_455_10 |
| 初唐•古文尚書<br>1_5_23 | 初唐•古文尚書<br>1_1_18 | 五代•大毗盧經<br>89_1091_19 | 五代•大毗盧經<br>33_403_5 | 初唐・十誦律<br>5_78_3 | 五代•大毗盧經<br>32_399_7 | 晚唐•摩訶止觀<br>54_455_13 |
| 初唐•古文尚書<br>1_6_8 | 初唐•古文尚書<br>1_1_34 | 五代•大毗盧經<br>90_1108_12 | 五代•大毗盧經<br>71_873_14 | 初唐・十誦律<br>5_83_12 | 五代•大毗盧經<br>52_633_3 | 晚唐•摩訶止觀<br>58_492_23 |
| 初唐•古文尚書<br>1_6_21 | 初唐•古文尚書<br>1_2_6 | 五代•大毗盧經<br>96_1172_18 | 五代•大毗盧經<br>72_887_1 | 中唐・翰苑<br>7_79_23 | | 晚唐•摩訶止觀<br>59_496_12 |
| 初唐•古文尚書<br>6_50_13 | 初唐•古文尚書<br>1_2_16 | | 五代•大毗盧經<br>82_998_1 | 中唐・翰苑<br>12_158_17 | | 晚唐•摩訶止觀<br>59_498_17 |
| 初唐•古文尚書<br>7_51_12 | 初唐•古文尚書<br>1_2_18 | | 五代•大毗盧經<br>84_1028_12 | 中唐・翰苑<br>34_443_1 | | 五代•密教部類<br>1_5_5 |
| 初唐•古文尚書<br>7_52_8 | 初唐•古文尚書<br>1_3_3 | | 五代•大毗盧經<br>85_1031_12 | 中唐・翰苑<br>41_527_22 | | 五代•大毗盧經<br>2_21_7 |
| 初唐•古文尚書<br>7_53_26 | 初唐•古文尚書<br>1_3_23 | | 五代•大毗盧經<br>86_1049_14 | 五代•大毗盧經<br>9_106_18 | | |

初唐•古文尚書 7_54_20
初唐•古文尚書 24_238_33
初唐•古文尚書 24_239_23
初唐•古文尚書 25_240_12
初唐•古文尚書 25_240_20
初唐•古文尚書 25_241_1
初唐•古文尚書 25_241_20
初唐•古文尚書 25_243_7

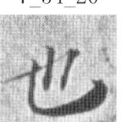

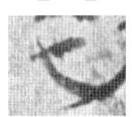

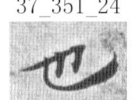

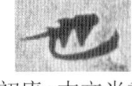

初唐•古文尚書 25_243_14
初唐•古文尚書 25_243_19
初唐•古文尚書 25_243_28
初唐•古文尚書 25_244_7
初唐•古文尚書 25_244_21
初唐•古文尚書 25_244_30
初唐•古文尚書 25_246_12
初唐•古文尚書 26_250_6

初唐•古文尚書 26_252_1
初唐•古文尚書 26_252_3
初唐•古文尚書 26_253_8
初唐•古文尚書 26_253_43
初唐•古文尚書 26_256_7
初唐•古文尚書 26_256_30
初唐•古文尚書 26_257_34
初唐•古文尚書 26_259_8

初唐•古文尚書 26_259_23
初唐•古文尚書 27_260_10
初唐•古文尚書 27_260_18
初唐•古文尚書 27_261_3
初唐•古文尚書 27_261_10
初唐•古文尚書 27_261_27
初唐•古文尚書 27_261_38
初唐•古文尚書 27_262_14

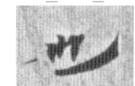

初唐•古文尚書 27_262_33
初唐•古文尚書 35_337_21
初唐•古文尚書 35_338_34
初唐•古文尚書 36_339_29
初唐•古文尚書 36_341_33
初唐•古文尚書 36_342_17
初唐•古文尚書 36_343_6
初唐•古文尚書 36_344_8

初唐•古文尚書 36_348_9
初唐•古文尚書 36_349_14
初唐•古文尚書 37_351_15
初唐•古文尚書 37_351_24
初唐•古文尚書 37_352_9
初唐•古文尚書 37_353_13
初唐•古文尚書 37_356_2
初唐•古文尚書 37_356_8

初唐•古文尚書 37_356_19
初唐•古文尚書 37_357_20
初唐•古文尚書 37_358_30
初唐•古文尚書 38_363_13
初唐•古文尚書 38_364_16
初唐•古文尚書 38_365_26
初唐•古文尚書 38_367_29
初唐•古文尚書 38_369_3

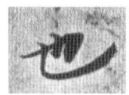

初唐·古文尚書 39_370_3
初唐·古文尚書 39_371_33
初唐·古文尚書 39_373_16
初唐·古文尚書 39_374_16
初唐·古文尚書 39_374_28
初唐·古文尚書 39_376_8
初唐·古文尚書 39_378_12
初唐·古文尚書 39_379_25

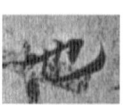

初唐·古文尚書 39_380_25
初唐·毛詩傳 1_2_7
初唐·毛詩傳 1_3_14
初唐·毛詩傳 1_4_3
初唐·毛詩傳 1_6_10
初唐·毛詩傳 1_8_8
初唐·毛詩傳 1_8_15
初唐·毛詩傳 1_8_18

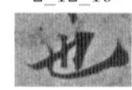

初唐·毛詩傳 1_8_25
初唐·毛詩傳 1_10_4
初唐·毛詩傳 1_10_15
初唐·毛詩傳 1_10_18
初唐·毛詩傳 2_11_1
初唐·毛詩傳 2_11_20
初唐·毛詩傳 2_11_34
初唐·毛詩傳 2_12_11

初唐·毛詩傳 2_12_19
初唐·毛詩傳 2_12_25
初唐·毛詩傳 2_13_3
初唐·毛詩傳 2_13_26
初唐·毛詩傳 2_15_2
初唐·毛詩傳 2_15_16
初唐·毛詩傳 2_16_5
初唐·毛詩傳 2_16_22

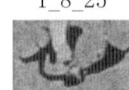

初唐·毛詩傳 2_18_5
初唐·毛詩傳 2_18_16
初唐·毛詩傳 2_19_10
初唐·毛詩傳 2_19_22
初唐·毛詩傳 2_20_15
初唐·毛詩傳 3_22_8
初唐·毛詩傳 3_26_7
初唐·毛詩傳 3_27_8

初唐·毛詩傳 3_27_11
初唐·毛詩傳 3_28_2
初唐·毛詩傳 5_53_9
初唐·毛詩傳 5_53_27
初唐·毛詩傳 5_53_32
初唐·毛詩傳 5_54_9
初唐·毛詩傳 5_54_16
初唐·毛詩傳 5_54_20

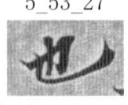

初唐·毛詩傳 5_54_27
初唐·毛詩傳 5_55_4
初唐·毛詩傳 5_55_12
初唐·毛詩傳 5_55_21
初唐·毛詩傳 6_57_11
初唐·毛詩傳 6_60_6
初唐·毛詩傳 6_61_13
初唐·毛詩傳 6_62_10

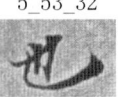

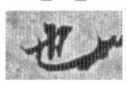

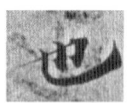

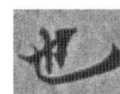

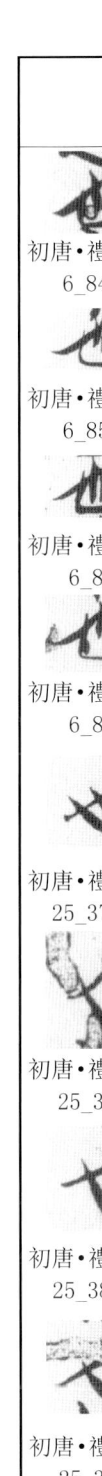

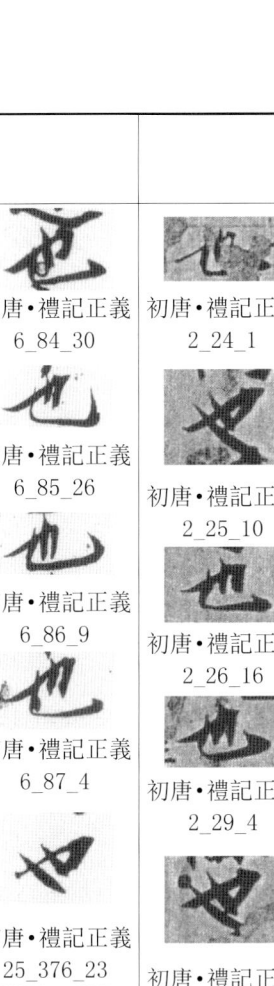

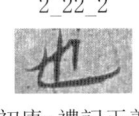

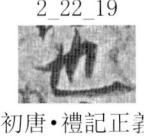

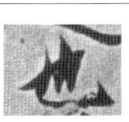

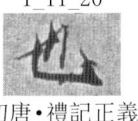

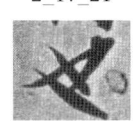

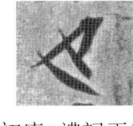

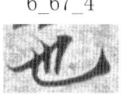

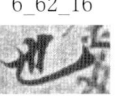

初唐・毛詩傳
6_62_16

初唐・毛詩傳
6_62_20

初唐・毛詩傳
6_63_16

初唐・毛詩傳
6_63_33

初唐・毛詩傳
6_64_6

初唐・毛詩傳
6_64_32

初唐・毛詩傳
6_65_26

初唐・毛詩傳
6_66_9

初唐・毛詩傳
6_67_4

初唐・毛詩傳
6_67_18

初唐・毛詩傳
7_68_6

初唐・毛詩傳
7_68_23

初唐・毛詩傳
7_69_9

初唐・毛詩傳
10_105_18

初唐・毛詩傳
10_107_9

初唐・毛詩傳
10_110_16

初唐•禮記正義
1_2_6

初唐•禮記正義
1_4_26

初唐•禮記正義
1_5_16

初唐•禮記正義
1_5_24

初唐•禮記正義
1_6_6

初唐•禮記正義
1_6_18

初唐•禮記正義
1_7_22

初唐•禮記正義
1_9_17

初唐•禮記正義
1_9_23

初唐•禮記正義
1_11_20

初唐•禮記正義
1_12_14

初唐•禮記正義
1_14_13

初唐•禮記正義
1_14_28

初唐•禮記正義
2_17_21

初唐•禮記正義
2_18_5

初唐•禮記正義
2_19_17

初唐•禮記正義
2_20_15

初唐•禮記正義
2_20_19

初唐•禮記正義
2_20_25

初唐•禮記正義
2_21_9

初唐•禮記正義
2_22_2

初唐•禮記正義
2_22_9

初唐•禮記正義
2_22_19

初唐•禮記正義
2_23_20

初唐•禮記正義
2_24_1

初唐•禮記正義
2_25_10

初唐•禮記正義
2_26_16

初唐•禮記正義
2_29_4

初唐•禮記正義
2_30_28

初唐•禮記正義
6_83_2

初唐•禮記正義
6_83_10

初唐•禮記正義
6_84_16

初唐•禮記正義
6_84_30

初唐•禮記正義
6_85_26

初唐•禮記正義
6_86_9

初唐•禮記正義
6_87_4

初唐•禮記正義
25_376_23

初唐•禮記正義
25_378_6

初唐•禮記正義
25_383_15

初唐•禮記正義
25_385_9

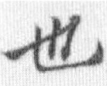

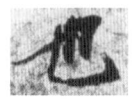

| | | | | | | |
|---|---|---|---|---|---|---|
| 初唐•禮記正義 25_386_16 | 初唐•禮記正義 30_461_23 | 初唐•禮記正義 30_471_24 | 中唐・翰苑 2_14_38 | 中唐・翰苑 28_366_38 | 中唐・翰苑 30_385_21 | 中唐・翰苑 31_399_45 |
| 初唐•禮記正義 25_388_14 | 初唐•禮記正義 30_461_26 | 初唐•禮記正義 30_473_1 | 中唐・翰苑 2_15_20 | 中唐・翰苑 28_367_12 | 中唐・翰苑 30_389_36 | 中唐・翰苑 31_404_17 |
| 初唐•禮記正義 26_390_23 | 初唐•禮記正義 30_464_11 | 初唐•禮記正義 30_473_21 | 中唐・翰苑 2_17_5 | 中唐・翰苑 28_367_32 | 中唐・翰苑 30_391_34 | 中唐・翰苑 31_407_30 |
| 初唐•禮記正義 29_458_20 | 初唐•禮記正義 30_464_18 | 初唐•禮記正義 30_474_24 | 中唐・翰苑 27_354_14 | 中唐・翰苑 28_368_10 | 中唐・翰苑 30_393_34 | 中唐・翰苑 40_511_16 |
| 初唐•禮記正義 29_459_5 | 初唐•禮記正義 30_466_7 | 中唐・翰苑 2_11_33 | 中唐・翰苑 27_357_19 | 中唐・翰苑 28_370_23 | 中唐・翰苑 30_394_33 | 中唐・翰苑 40_515_27 |
| 初唐•禮記正義 29_459_29 | 初唐•禮記正義 30_469_3 | 中唐・翰苑 2_11_35 | 中唐・翰苑 27_358_42 | 中唐・翰苑 29_372_11 | 中唐・翰苑 31_396_7 | 中唐・翰苑 41_524_14 |
| 初唐•禮記正義 30_460_9 | 初唐•禮記正義 30_469_8 | 中唐・翰苑 2_12_32 | 中唐・翰苑 28_365_28 | 中唐・翰苑 29_378_32 | 中唐・翰苑 31_398_8 | 中唐・翰苑 42_536_19 |
| 初唐•禮記正義 30_461_4 | 初唐•禮記正義 30_469_20 | 中唐・翰苑 2_13_25 | 中唐・翰苑 28_366_13 | 中唐・翰苑 29_381_15 | 中唐・翰苑 31_399_42 | 中唐・翰苑 42_537_24 |

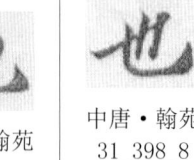

| | | | | | | |
|---|---|---|---|---|---|---|
| 五代•大毗盧經<br>21_271_13 | 五代•大毗盧經<br>6_73_23 | 晚唐•摩訶止觀<br>52_439_4 | 晚唐•摩訶止觀<br>42_358_18 | 晚唐•摩訶止觀<br>28_242_19 | 晚唐•摩訶止觀<br>6_50_1 | 中唐・翰苑<br>42_539_15 |
| 五代•大毗盧經<br>84_1025_16 | 五代•大毗盧經<br>7_79_18 | 晚唐•摩訶止觀<br>53_447_4 | 晚唐•摩訶止觀<br>42_359_6 | 晚唐•摩訶止觀<br>28_244_4 | 晚唐•摩訶止觀<br>10_90_3 | 中唐・翰苑<br>42_542_11 |
| 五代•大毗盧經<br>84_1025_18 | 五代•大毗盧經<br>20_254_9 | 晚唐•摩訶止觀<br>53_449_2 | 晚唐•摩訶止觀<br>42_359_18 | 晚唐•摩訶止觀<br>28_246_16 | 晚唐•摩訶止觀<br>10_91_21 | 中唐・翰苑<br>43_545_3 |
| 五代•大毗盧經<br>84_1025_24 | 五代•大毗盧經<br>20_254_18 | 晚唐•摩訶止觀<br>60_510_9 | 晚唐•摩訶止觀<br>42_365_2 | 晚唐•摩訶止觀<br>29_254_6 | 晚唐•摩訶止觀<br>24_211_18 | 中唐・翰苑<br>43_546_31 |
| 五代•大毗盧經<br>84_1025_30 | 五代•大毗盧經<br>20_255_1 | 晚唐•摩訶止觀<br>61_516_11 | 晚唐•摩訶止觀<br>43_371_6 | 晚唐•摩訶止觀<br>30_258_9 | 晚唐•摩訶止觀<br>25_218_4 | 中唐・翰苑<br>44_556_28 |
| 五代•大毗盧經<br>84_1025_39 | 五代•大毗盧經<br>20_255_6 | 晚唐•摩訶止觀<br>61_518_10 | 晚唐•摩訶止觀<br>44_378_4 | 晚唐•摩訶止觀<br>31_271_4 | 晚唐•摩訶止觀<br>26_223_8 | 中唐・翰苑<br>45_579_16 |
| 五代•大毗盧經<br>84_1025_42 | 五代•大毗盧經<br>20_256_12 | 五代•大毗盧經<br>5_52_12 | 晚唐•摩訶止觀<br>49_421_13 | 晚唐•摩訶止觀<br>32_278_27 | 晚唐•摩訶止觀<br>26_226_25 | 晚唐•摩訶止觀<br>3_24_16 |
| 五代•大毗盧經<br>84_1026_2 | 五代•大毗盧經<br>20_262_3 | 五代•大毗盧經<br>6_66_14 | 晚唐•摩訶止觀<br>52_438_1 | 晚唐•摩訶止觀<br>38_329_28 | 晚唐•摩訶止觀<br>28_239_11 | 晚唐•摩訶止觀<br>4_34_2 |

| | | 予<br>ヨ<br>訓あたえる | 夬<br>漢カイ<br>訓わける | | 尤<br>ユウ<br>訓とがめる | |
|---|---|---|---|---|---|---|
| <br>初唐•古文尚書<br>12_106_20 | <br>初唐•古文尚書<br>9_80_10 | <br>初唐•古文尚書<br>7_58_7 | <br>當決輕重<br>中唐・翰苑<br>3_34_9 | <br>中唐・翰苑<br>10_125_36 | <br>初唐•古文尚書<br>40_382_8 | <br>五代•大毗盧經<br>97_1187_46 |
| 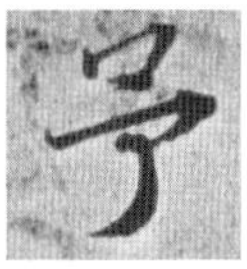<br>初唐•古文尚書<br>12_107_26 | <br>初唐•古文尚書<br>10_83_1 | <br>初唐•古文尚書<br>8_62_9 | | <br>中唐・翰苑<br>10_131_30 | <br>初唐•古文尚書<br>40_383_9 | <br>五代•大毗盧經<br>98_1206_5 |
| <br>初唐•古文尚書<br>12_109_13 | <br>初唐•古文尚書<br>10_84_4 | <br>初唐•古文尚書<br>8_63_16 | | <br>中唐・翰苑<br>10_131_45 | <br>初唐•古文尚書<br>40_383_31 | <br>五代•大毗盧經<br>98_1206_13 |
| <br>初唐•古文尚書<br>13_115_5 | <br>初唐•古文尚書<br>10_84_32 | <br>初唐•古文尚書<br>8_64_1 | | <br>中唐・翰苑<br>25_331_3 | <br>初唐•古文尚書<br>40_386_9 | <br>五代•大毗盧經<br>98_1207_3 |
| <br>初唐•古文尚書<br>13_116_23 | <br>初唐•古文尚書<br>10_86_5 | <br>初唐•古文尚書<br>8_64_4 | | <br>中唐・翰苑<br>44_556_44 | <br>初唐•古文尚書<br>40_386_34 | |
| <br>初唐•古文尚書<br>13_117_2 | <br>初唐•古文尚書<br>10_87_9 | <br>初唐•古文尚書<br>8_65_5 | | | <br>初唐•古文尚書<br>48_470_7 | |
| <br>初唐•古文尚書<br>13_118_5 | <br>初唐•古文尚書<br>11_92_14 | <br>初唐•古文尚書<br>9_76_6 | | | <br>中唐・翰苑<br>10_124_10 | |
| | | | | | <br>中唐・翰苑<br>10_125_18 | |

乳 𠃑　　乩

慣現ニュウ漢ジュ呉ニュ
訓ちち

ケイ
訓うらなう

中唐・翰苑
12_146_35

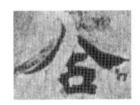

晚唐•摩訶止觀
3_21_12

晚唐•摩訶止觀
11_98_1

晚唐•摩訶止觀
11_98_14

晚唐•摩訶止觀
11_98_16

晚唐•摩訶止觀
14_122_19

晚唐•摩訶止觀
52_441_14

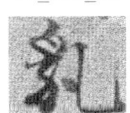

五代•大毗盧經
2_18_3

初唐•古文尚書
6_48_11

初唐•古文尚書
12_112_5

初唐•古文尚書
45_441_1

初唐•古文尚書
38_363_16

初唐•古文尚書
39_374_2

初唐•古文尚書
31_295_7

初唐•古文尚書
31_296_25

初唐•古文尚書
34_319_25

初唐•古文尚書
35_331_2

初唐•古文尚書
35_334_12

初唐•古文尚書
37_352_16

初唐•古文尚書
38_360_7

初唐•古文尚書
22_211_9

初唐•古文尚書
22_211_11

初唐•古文尚書
23_222_25

初唐•古文尚書
23_224_13

初唐•古文尚書
23_225_30

初唐•古文尚書
27_270_1

初唐•古文尚書
31_290_2

初唐•古文尚書
16_150_11

初唐•古文尚書
16_153_28

初唐•古文尚書
18_168_33

初唐•古文尚書
18_169_5

初唐•古文尚書
19_179_30

初唐•古文尚書
21_201_22

初唐•古文尚書
22_211_7

初唐•古文尚書
13_118_15

初唐•古文尚書
13_121_27

初唐•古文尚書
14_127_35

初唐•古文尚書
14_131_25

初唐•古文尚書
15_137_9

初唐•古文尚書
15_141_24

初唐•古文尚書
15_143_11

## 亂

現ラン 唐ロン
訓みだれる

初唐•古文尚書
8_66_17

初唐•古文尚書
8_67_11

初唐•古文尚書
14_128_1

初唐•古文尚書
14_128_9

初唐•古文尚書
16_148_10

初唐•古文尚書
20_188_11

初唐•古文尚書
20_193_8

初唐•古文尚書
20_193_21

## 乾

漢ケン 吳ゲン
訓かわく

中唐・翰苑
27_351_5

五代•大毗盧經
87_1063_9

五代•大毗盧經
92_1136_11

五代•大毗盧經
94_1156_1

五代•大毗盧經
25_317_38

五代•大毗盧經
45_547_16

五代•大毗盧經
66_829_34

初唐•禮記正義
22_326_7

中唐・翰苑
7_80_28

中唐・翰苑
19_242_17

中唐・翰苑
23_301_36

中唐・翰苑
26_342_32

中唐・翰苑
26_343_32

中唐・翰苑
44_556_33

五代•密教部類
6_86_14

初唐•古文尚書
36_342_19

初唐•古文尚書
36_343_4

初唐•古文尚書
37_357_24

初唐•古文尚書
37_358_16

初唐•古文尚書
48_466_26

初唐•禮記正義
1_16_7

初唐•禮記正義
21_317_2

初唐•禮記正義
21_319_7

初唐•古文尚書
16_149_5

初唐•古文尚書
16_150_1

初唐•古文尚書
17_165_24

初唐•古文尚書
19_181_24

初唐•古文尚書
19_182_9

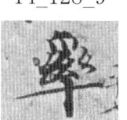

初唐•古文尚書
20_187_13

初唐•古文尚書
23_218_27

初唐•古文尚書
23_219_18

## 承

漢ショウ
訓うけたまわる

初唐•古文尚書
7_51_15

初唐•古文尚書
7_51_26

初唐•古文尚書
8_67_20

初唐•古文尚書
11_101_7

初唐•古文尚書
11_101_16

初唐•古文尚書
12_104_32

初唐•古文尚書
12_105_22

初唐•古文尚書
12_105_24

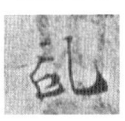

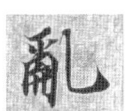

| | | | | | | |
|---|---|---|---|---|---|---|
| 除散亂風<br>五代•大毗盧經<br>27_339_38 | 初唐•禮記正義<br>28_428_26 | 初唐・毛詩傳<br>2_13_13 | 初唐•古文尚書<br>43_418_24 | 初唐•古文尚書<br>36_347_30 | 初唐•古文尚書<br>27_269_17 | 初唐•古文尚書<br>21_199_12 |
| | 中唐・翰苑<br>32_409_1 | 初唐・毛詩傳<br>6_60_5 | 初唐•古文尚書<br>43_418_32 | 初唐•古文尚書<br>36_348_8 | 初唐•古文尚書<br>28_272_10 | 初唐•古文尚書<br>21_200_15 |
| | 中唐・翰苑<br>42_533_33 | 初唐・毛詩傳<br>6_60_8 | 初唐•古文尚書<br>43_419_22 | 初唐•古文尚書<br>39_380_22 | 初唐•古文尚書<br>28_275_44 | 初唐•古文尚書<br>25_244_10 |
| | 晚唐•摩訶止觀<br>29_255_6 | 初唐・毛詩傳<br>9_99_11 | 初唐•古文尚書<br>46_451_16 | 初唐•古文尚書<br>40_382_12 | 初唐•古文尚書<br>31_289_6 | 初唐•古文尚書<br>26_259_7 |
| | 晚唐•摩訶止觀<br>56_471_26 | 初唐・毛詩傳<br>9_101_4 | 初唐•古文尚書<br>46_452_8 | 初唐•古文尚書<br>40_383_13 | 初唐•古文尚書<br>33_307_18 | 初唐•古文尚書<br>27_261_32 |
| | 五代•大毗盧經<br>14_179_20 | 初唐•禮記正義<br>5_79_23 | 初唐•古文尚書<br>47_456_16 | 初唐•古文尚書<br>40_385_6 | 初唐•古文尚書<br>33_317_1 | 初唐•古文尚書<br>27_263_5 |
| | 五代•大毗盧經<br>19_248_37 | 初唐•禮記正義<br>15_229_7 | 初唐•古文尚書<br>48_467_22 | 初唐•古文尚書<br>40_390_18 | 初唐•古文尚書<br>35_332_5 | 初唐•古文尚書<br>27_263_19 |
| | 五代•大毗盧經<br>23_298_36 | 初唐•禮記正義<br>15_233_21 | 初唐・毛詩傳<br>2_12_24 | 初唐•古文尚書<br>40_390_27 | 初唐•古文尚書<br>36_347_5 | 初唐•古文尚書<br>27_266_9 |

# 十部

## 十十

呉ジュウ 慣ジッ
漢シュウ
訓とお

- 初唐・古文尚書 1_8_2
- 初唐・古文尚書 1_8_10
- 初唐・古文尚書 11_96_7
- 初唐・古文尚書 15_139_5
- 初唐・古文尚書 17_159_7
- 初唐・古文尚書 19_184_7
- 初唐・古文尚書 21_205_5
- 初唐・古文尚書 24_230_6
- 初唐・古文尚書 25_242_6
- 初唐・古文尚書 26_258_4
- 初唐・古文尚書 31_290_37
- 初唐・古文尚書 49_479_4
- 初唐・毛詩傳 1_1_7
- 初唐・毛詩傳 1_9_29
- 初唐・禮記正義 8_123_3
- 初唐・禮記正義 8_127_30
- 初唐・禮記正義 8_128_28
- 初唐・禮記正義 10_153_20
- 初唐・禮記正義 13_196_28
- 初唐・禮記正義 15_224_20
- 初唐・禮記正義 15_225_21
- 初唐・禮記正義 15_225_27
- 初唐・禮記正義 15_226_13
- 初唐・禮記正義 17_263_12
- 初唐・禮記正義 28_427_19
- 初唐・十誦律 1_1_1
- 初唐・十誦律 2_16_7
- 初唐・十誦律 2_29_11
- 初唐・十誦律 2_29_15
- 初唐・十誦律 3_33_11
- 初唐・十誦律 7_118_2
- 初唐・十誦律 19_364_1
- 初唐・般若經 9_131_13
- 初唐・般若經 10_132_8
- 初唐・般若經 10_134_2
- 初唐・般若經 11_150_17
- 初唐・般若經 11_151_6
- 初唐・般若經 11_152_11
- 初唐・般若經 11_160_11
- 初唐・般若經 11_160_16
- 初唐・般若經 11_162_4
- 初唐・般若經 12_164_12
- 初唐・般若經 12_165_9
- 初唐・般若經 12_167_5
- 初唐・般若經 23_344_6
- 初唐・般若經 23_345_1
- 初唐・般若經 23_346_14
- 初唐・般若經 24_364_11

初唐·般若經
24_364_17

初唐·般若經
24_366_7

初唐·般若經
25_375_5

初唐·般若經
25_375_10

初唐·般若經
25_376_16

初唐·般若經
25_379_9

初唐·般若經
25_380_6

初唐·般若經
25_382_4

中唐·翰苑
2_16_21

中唐·翰苑
3_23_24

中唐·翰苑
3_27_18

中唐·翰苑
3_28_8

中唐·翰苑
3_28_17

中唐·翰苑
4_48_2

中唐·翰苑
5_50_34

中唐·翰苑
5_57_24

中唐·翰苑
5_60_17

中唐·翰苑
5_62_10

中唐·翰苑
5_62_29

中唐·翰苑
6_75_20

中唐·翰苑
7_81_16

中唐·翰苑
8_92_2

中唐·翰苑
8_103_38

中唐·翰苑
8_105_12

中唐·翰苑
9_110_36

中唐·翰苑
10_121_24

中唐·翰苑
10_123_12

中唐·翰苑
10_127_30

中唐·翰苑
12_146_27

中唐·翰苑
12_155_32

中唐·翰苑
13_168_2

中唐·翰苑
13_168_8

中唐·翰苑
15_191_19

中唐·翰苑
15_200_12

中唐·翰苑
16_201_1

中唐·翰苑
16_203_34

中唐·翰苑
17_217_43

中唐·翰苑
17_227_23

中唐·翰苑
17_228_7

中唐·翰苑
17_228_25

中唐·翰苑
17_228_37

中唐·翰苑
18_230_8

中唐·翰苑
18_230_11

中唐·翰苑
18_240_10

中唐·翰苑
18_240_18

中唐·翰苑
20_268_19

中唐·翰苑
22_284_11

中唐·翰苑
22_287_2

中唐·翰苑
22_287_14

中唐·翰苑
22_288_29

中唐·翰苑
22_290_19

中唐·翰苑
22_292_6

中唐·翰苑
22_295_8

中唐·翰苑
24_318_44

中唐·翰苑
24_320_36

中唐·翰苑
26_338_2

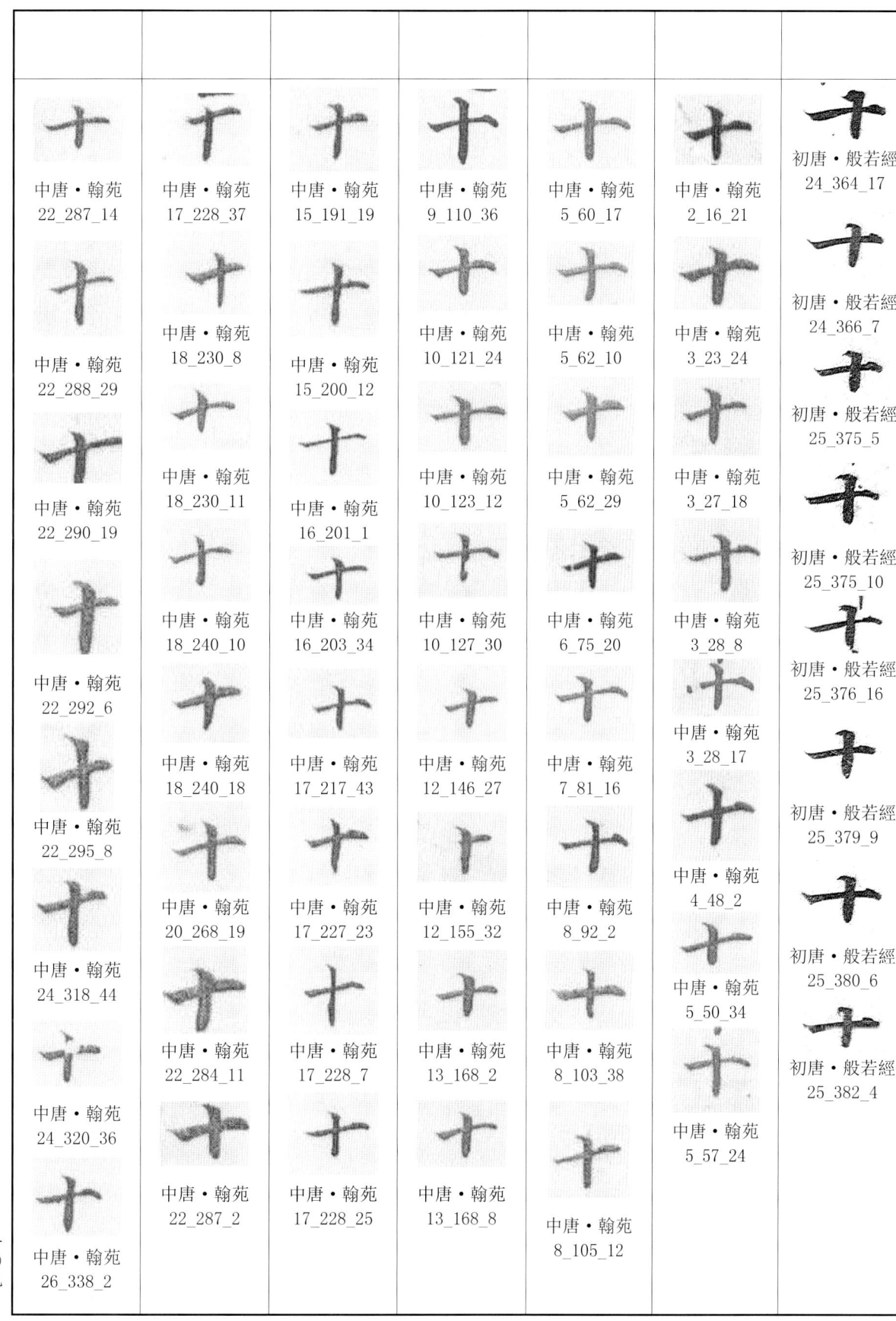

中唐·翰苑
26_338_8

中唐·翰苑
26_344_22

中唐·翰苑
26_345_23

中唐·翰苑
26_345_27

中唐·翰苑
26_345_32

中唐·翰苑
26_345_37

中唐·翰苑
26_345_41

中唐·翰苑
26_345_46

中唐·翰苑
26_346_4

中唐·翰苑
27_348_11

中唐·翰苑
27_353_40

中唐·翰苑
27_355_33

中唐·翰苑
28_360_21

中唐·翰苑
28_360_27

中唐·翰苑
28_360_37

中唐·翰苑
28_360_42

中唐·翰苑
28_361_6

中唐·翰苑
28_361_11

中唐·翰苑
28_361_16

中唐·翰苑
28_363_47

中唐·翰苑
28_365_42

中唐·翰苑
28_366_6

中唐·翰苑
28_366_44

中唐·翰苑
28_367_18

中唐·翰苑
28_367_37

中唐·翰苑
28_369_33

中唐·翰苑
30_386_10

中唐·翰苑
30_386_33

中唐·翰苑
31_405_19

中唐·翰苑
32_409_42

中唐·翰苑
32_415_7

中唐·翰苑
32_415_20

中唐·翰苑
32_417_10

中唐·翰苑
32_418_9

中唐·翰苑
32_418_13

中唐·翰苑
32_418_18

中唐·翰苑
33_422_21

中唐·翰苑
33_432_5

中唐·翰苑
35_457_44

中唐·翰苑
36_459_12

中唐·翰苑
36_460_38

中唐·翰苑
36_461_10

中唐·翰苑
37_470_42

中唐·翰苑
37_476_22

中唐·翰苑
38_486_37

中唐·翰苑
38_487_2

中唐·翰苑
38_487_24

中唐·翰苑
38_492_3

中唐·翰苑
38_492_27

中唐·翰苑
41_522_1

中唐·翰苑
41_528_8

中唐·翰苑
41_530_5

中唐·翰苑
43_544_13

中唐·翰苑
43_551_3

中唐·翰苑
43_554_16

中唐·翰苑
43_555_3

中唐・翰苑 44_560_13
中唐・般若經 10_157_7
中唐・般若經 10_158_14
中唐・般若經 10_159_10
中唐・般若經 10_160_16
中唐・般若經 10_161_11
中唐・般若經 10_163_1
中唐・般若經 10_163_14

中唐・般若經 10_165_4
中唐・般若經 10_167_12
中唐・般若經 10_168_10
中唐・般若經 10_169_7
中唐・般若經 10_170_4
中唐・般若經 10_170_17
中唐・般若經 10_171_15
中唐・般若經 11_172_12

中唐・般若經 11_173_10
中唐・般若經 11_176_5
中唐・般若經 11_177_2
中唐・般若經 11_177_15
中唐・般若經 11_178_11
中唐・般若經 11_179_6
中唐・般若經 11_180_3
中唐・般若經 11_180_16

中唐・般若經 11_181_13
晚唐•摩訶止觀 1_2_15
晚唐•摩訶止觀 4_30_2
晚唐•摩訶止觀 4_33_3
晚唐•摩訶止觀 4_34_25
晚唐•摩訶止觀 5_46_24
晚唐•摩訶止觀 6_48_24
晚唐•摩訶止觀 11_101_14

晚唐•摩訶止觀 13_112_7
晚唐•摩訶止觀 13_113_3
晚唐•摩訶止觀 13_115_6
晚唐•摩訶止觀 15_133_19
晚唐•摩訶止觀 15_134_20
晚唐•摩訶止觀 15_134_23
晚唐•摩訶止觀 15_135_21
晚唐•摩訶止觀 16_136_7

晚唐•摩訶止觀 16_137_2
晚唐•摩訶止觀 16_143_5
晚唐•摩訶止觀 16_143_23
晚唐•摩訶止觀 19_166_28
晚唐•摩訶止觀 20_173_26
晚唐•摩訶止觀 20_177_23
晚唐•摩訶止觀 20_178_21
晚唐•摩訶止觀 21_180_5

晚唐•摩訶止觀 21_181_23
晚唐•摩訶止觀 22_188_10
晚唐•摩訶止觀 22_192_8
晚唐•摩訶止觀 22_192_21
晚唐•摩訶止觀 27_235_24
晚唐•摩訶止觀 28_247_12
晚唐•摩訶止觀 30_262_15
晚唐•摩訶止觀 30_264_17

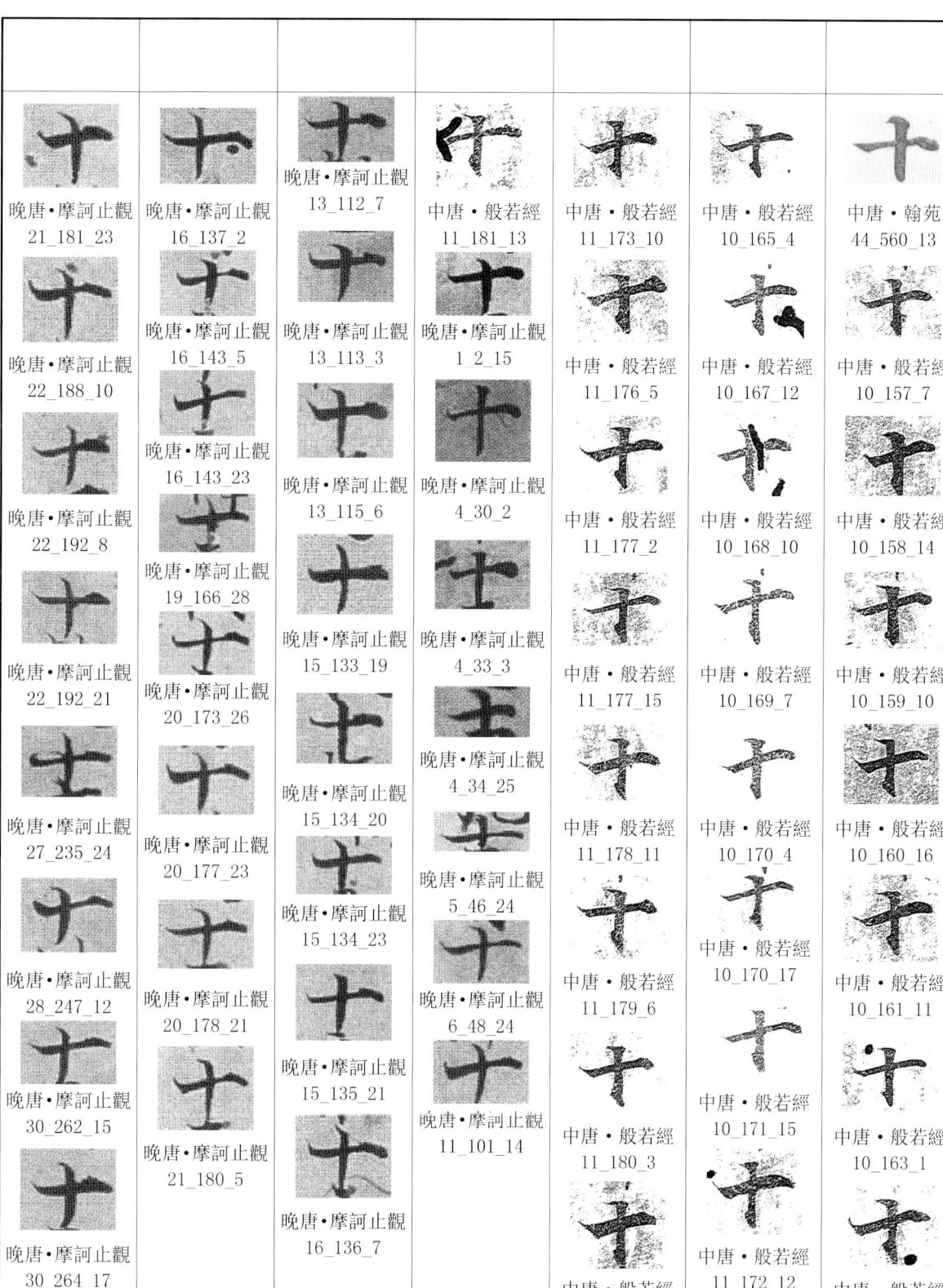

| | | | | | | |
|---|---|---|---|---|---|---|
| 五代•密教部類 6_80_13 | 五代•密教部類 2_21_1 | 五代•密教部類 2_15_2 | 晚唐•摩訶止觀 57_480_18 | 晚唐•摩訶止觀 47_404_10 | 晚唐•摩訶止觀 35_303_13 | 晚唐•摩訶止觀 31_269_10 |
| 五代•密教部類 6_81_8 | 五代•密教部類 2_21_7 | 五代•密教部類 2_19_6 | 晚唐•摩訶止觀 60_504_23 | 晚唐•摩訶止觀 47_404_12 | 晚唐•摩訶止觀 37_317_10 | 晚唐•摩訶止觀 31_270_2 |
| 五代•密教部類 6_82_9 | 五代•密教部類 2_21_13 | 五代•密教部類 2_19_11 | 晚唐•摩訶止觀 61_513_12 | 晚唐•摩訶止觀 47_404_15 | 晚唐•摩訶止觀 47_403_1 | 晚唐•摩訶止觀 31_270_29 |
| 五代•密教部類 6_83_9 | 五代•密教部類 2_21_20 | 五代•密教部類 2_19_17 | 晚唐•摩訶止觀 61_513_17 | 晚唐•摩訶止觀 47_404_23 | 晚唐•摩訶止觀 47_403_7 | 晚唐•摩訶止觀 31_274_10 |
| 五代•密教部類 6_84_9 | 五代•密教部類 3_41_6 | 五代•密教部類 2_20_1 | 晚唐•摩訶止觀 61_514_20 | 晚唐•摩訶止觀 48_409_19 | 晚唐•摩訶止觀 47_403_9 | 晚唐•摩訶止觀 32_281_24 |
| 五代•密教部類 6_85_9 | 五代•密教部類 3_41_18 | 五代•密教部類 2_20_7 | 晚唐•摩訶止觀 61_514_26 | 晚唐•摩訶止觀 52_444_20 | 晚唐•摩訶止觀 47_403_16 | 晚唐•摩訶止觀 33_289_22 |
| 五代•密教部類 6_89_28 | 五代•密教部類 6_78_9 | 五代•密教部類 2_20_13 | 晚唐•摩訶止觀 61_515_6 | 晚唐•摩訶止觀 55_464_16 | 晚唐•摩訶止觀 47_404_2 | 晚唐•摩訶止觀 34_297_12 |
| 五代•密教部類 6_89_34 | 五代•密教部類 6_79_13 | 五代•密教部類 2_20_19 | 五代•密教部類 1_5_21 | 晚唐•摩訶止觀 56_472_20 | 晚唐•摩訶止觀 47_404_8 | 晚唐•摩訶止觀 34_297_22 |

# 千 仟

セン
訓 ち

初唐•古文尚書
46_447_36

初唐•古文尚書
46_448_27

初唐•古文尚書
46_449_4

初唐•古文尚書
46_450_13

初唐•禮記正義
28_436_9

中唐・翰苑
3_25_5

中唐・翰苑
3_27_1

中唐・翰苑
4_47_36

五代•大毗盧經
94_1149_3

五代•大毗盧經
96_1177_23

五代•大毗盧經
97_1188_16

五代•大毗盧經
98_1202_11

五代•大毗盧經
60_741_8

五代•大毗盧經
64_798_1

五代•大毗盧經
71_869_4

五代•大毗盧經
73_896_6

五代•大毗盧經
88_1072_35

五代•大毗盧經
88_1072_38

五代•大毗盧經
88_1076_2

五代•大毗盧經
90_1096_1

五代•大毗盧經
30_380_4

五代•大毗盧經
30_380_17

五代•大毗盧經
30_381_15

五代•大毗盧經
35_416_13

五代•大毗盧經
41_494_15

五代•大毗盧經
43_521_14

五代•大毗盧經
43_521_26

五代•大毗盧經
43_521_36

五代•大毗盧經
18_229_30

五代•大毗盧經
18_230_8

五代•大毗盧經
23_299_13

五代•大毗盧經
25_315_15

五代•大毗盧經
26_328_38

五代•大毗盧經
26_328_44

五代•大毗盧經
28_352_19

五代•大毗盧經
29_366_15

五代•大毗盧經
11_135_2

五代•大毗盧經
13_165_16

五代•大毗盧經
15_195_31

五代•大毗盧經
15_195_43

五代•大毗盧經
17_220_5

五代•大毗盧經
17_222_19

五代•大毗盧經
17_223_8

五代•大毗盧經
18_227_7

五代•密教部類
6_89_37

五代•大毗盧經
2_4_7

五代•大毗盧經
2_21_17

五代•大毗盧經
3_30_17

五代•大毗盧經
3_35_3

五代•大毗盧經
5_49_1

五代•大毗盧經
5_55_19

五代•大毗盧經
7_85_8

中唐・翰苑
4_48_12

中唐・翰苑
4_49_11

中唐・翰苑
6_72_12

中唐・翰苑
6_75_12

中唐・翰苑
7_86_6

中唐・翰苑
7_88_27

中唐・翰苑
9_110_23

中唐・翰苑
11_139_17

中唐・翰苑
12_152_20

中唐・翰苑
13_160_13

中唐・翰苑
13_161_3

中唐・翰苑
13_161_7

中唐・翰苑
13_162_33

中唐・翰苑
13_163_8

中唐・翰苑
14_185_37

中唐・翰苑
15_188_23

中唐・翰苑
16_203_28

中唐・翰苑
16_206_31

中唐・翰苑
16_213_29

中唐・翰苑
17_225_26

中唐・翰苑
18_230_42

中唐・翰苑
20_258_29

中唐・翰苑
21_278_30

中唐・翰苑
22_294_8

中唐・翰苑
23_306_24

中唐・翰苑
23_309_8

中唐・翰苑
24_315_41

中唐・翰苑
26_335_41

中唐・翰苑
26_340_31

中唐・翰苑
26_344_37

中唐・翰苑
27_354_5

中唐・翰苑
28_366_17

中唐・翰苑
28_368_31

中唐・翰苑
28_368_44

中唐・翰苑
29_381_21

中唐・翰苑
31_402_35

中唐・翰苑
31_403_39

中唐・翰苑
31_405_26

中唐・翰苑
31_406_26

中唐・翰苑
32_411_39

中唐・翰苑
33_428_12

中唐・翰苑
34_444_17

中唐・翰苑
35_446_3

中唐・翰苑
37_474_36

中唐・翰苑
37_482_12

中唐・翰苑
39_495_37

中唐・翰苑
41_527_2

中唐・翰苑
42_543_7

中唐・翰苑
43_544_6

中唐・翰苑
43_546_5

中唐・翰苑
43_549_30

中唐・翰苑
43_554_12

中唐・翰苑
43_555_13

晚唐•摩訶止觀
3_28_10

晚唐•摩訶止觀
10_86_8

晚唐•摩訶止觀
10_88_23

## 卅 卅

漢ソウ
訓みそ

初唐•禮記正義 8_122_15
初唐•禮記正義 8_125_4
初唐•禮記正義 8_127_12
初唐・般若經 2_2_13
初唐・般若經 2_3_8
中唐・翰苑 3_35_19
中唐・翰苑 8_97_23
中唐・翰苑 10_124_27
中唐・翰苑 10_125_39

中唐・翰苑 34_442_3
中唐・翰苑 38_494_31
晚唐•摩訶止觀 1_2_20
晚唐•摩訶止觀 3_21_23
晚唐•摩訶止觀 3_22_12
晚唐•摩訶止觀 31_269_21
五代•密教部類 6_89_32
五代•大毗盧經 16_203_16
五代•大毗盧經 43_521_42
五代•大毗盧經 78_942_15

中唐・翰苑 13_168_28
中唐・翰苑 14_186_18
中唐・翰苑 15_187_27
中唐・翰苑 15_193_43
中唐・翰苑 20_263_19
中唐・翰苑 26_340_24
中唐・翰苑 26_342_13
中唐・翰苑 34_439_11

中唐・翰苑 4_46_22
中唐・翰苑 5_50_10
中唐・翰苑 5_60_20
中唐・翰苑 7_86_8
中唐・翰苑 7_88_20
中唐・翰苑 8_103_41
中唐・翰苑 12_153_31
中唐・翰苑 12_154_12

## 廿 卄

漢ジュウ 呉ニュウ
訓にじゅう

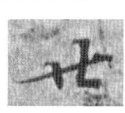

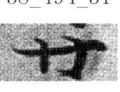

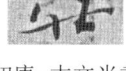

初唐•古文尚書 19_186_16
初唐•古文尚書 34_326_6
初唐•古文尚書 37_350_6
初唐•古文尚書 39_377_6
初唐•禮記正義 5_78_6
初唐•禮記正義 27_414_5
初唐•禮記正義 30_466_11
初唐・十誦律 19_364_6

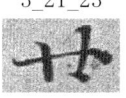

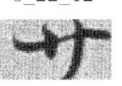

晚唐•摩訶止觀 51_430_20
晚唐•摩訶止觀 55_464_6
五代•大毗盧經 7_85_26
五代•大毗盧經 13_166_12
五代•大毗盧經 19_248_15
五代•大毗盧經 60_738_9
五代•大毗盧經 60_738_11
五代•大毗盧經 64_795_14

晚唐•摩訶止觀 18_158_8
晚唐•摩訶止觀 50_423_19
晚唐•摩訶止觀 50_426_18
晚唐•摩訶止觀 50_426_32
晚唐•摩訶止觀 50_428_11
晚唐•摩訶止觀 50_429_20
晚唐•摩訶止觀 50_429_30
晚唐•摩訶止觀 51_430_10

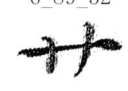

| 直 | 卌 | 卉 |
|---|---|---|
| 漢チョク 呉ジキ<br>漢チ<br>訓ただちに | シュウ<br>訓よんじゅう | キ<br>訓クサ |

初唐・禮記正義 21_312_9
初唐・禮記正義 21_313_3
初唐・禮記正義 22_339_28
初唐・禮記正義 27_414_20
初唐・禮記正義 27_424_5
初唐・禮記正義 27_424_13
初唐・禮記正義 28_432_21
中唐・翰苑 7_87_6

初唐・古文尚書 18_173_15
初唐・古文尚書 19_181_11
初唐・古文尚書 40_389_18
初唐・古文尚書 44_429_30
初唐・毛詩傳 7_72_4
初唐・禮記正義 3_40_25
初唐・禮記正義 10_152_6
初唐・禮記正義 21_312_6

初唐・古文尚書 39_380_31
初唐・般若經 2_3_11
中唐・翰苑 8_97_1
中唐・翰苑 8_104_3
中唐・翰苑 37_478_12
中唐・般若經 19_340_13

初唐・古文尚書 4_35_9

晚唐・摩訶止觀 49_420_9
晚唐・摩訶止觀 49_420_10
晚唐・摩訶止觀 50_427_19
晚唐・摩訶止觀 50_427_20
晚唐・摩訶止觀 55_466_26
晚唐・摩訶止觀 60_508_2
晚唐・摩訶止觀 60_508_3

晚唐・摩訶止觀 13_112_3
晚唐・摩訶止觀 23_197_8
晚唐・摩訶止觀 23_197_9
晚唐・摩訶止觀 33_284_13
晚唐・摩訶止觀 33_284_14
晚唐・摩訶止觀 36_311_3
晚唐・摩訶止觀 36_311_4
晚唐・摩訶止觀 45_388_13
晚唐・摩訶止觀 45_388_14

中唐・翰苑 14_181_39
中唐・翰苑 23_305_19
中唐・翰苑 26_343_33
中唐・翰苑 28_359_13
中唐・翰苑 28_367_6
中唐・翰苑 40_515_14
中唐・翰苑 41_527_31
中唐・般若經 2_2_8
中唐・般若經 2_2_10

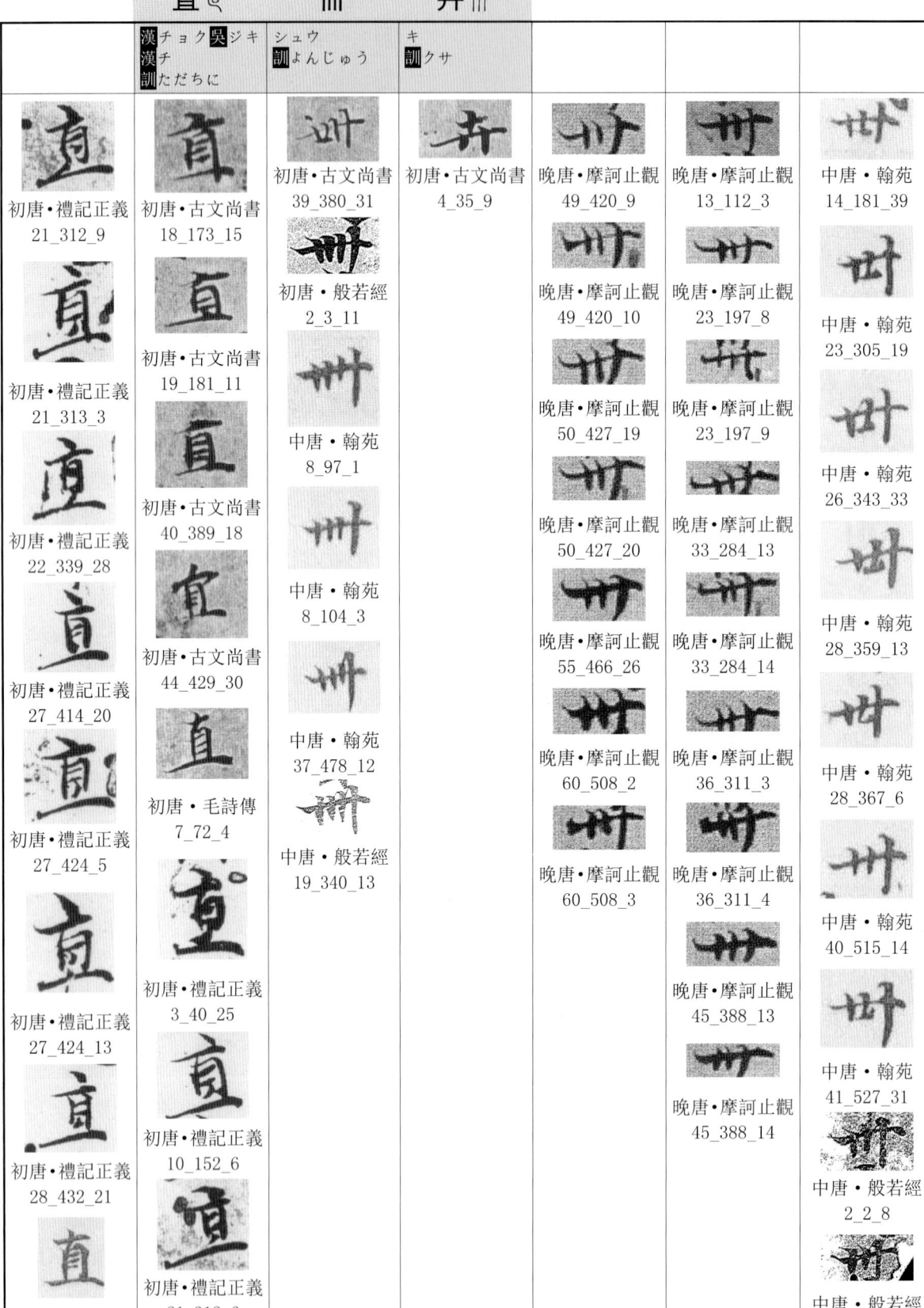

| | | 卑 | 卓 | 協 | | |
|---|---|---|---|---|---|---|
| | | ヒ<br>訓いやしい | 漢タク<br>訓すぐれる | 漢キョウ<br>訓あわせる | | |
| <br>初唐•禮記正義<br>6_97_8<br><br>初唐•禮記正義<br>13_201_10<br><br>初唐•禮記正義<br>13_202_4<br><br>初唐•禮記正義<br>22_331_11<br><br>初唐•禮記正義<br>24_361_16<br><br>初唐•禮記正義<br>26_396_22<br><br>初唐•禮記正義<br>27_419_9 | <br>初唐•古文尚書<br>37_356_14<br><br>初唐•古文尚書<br>38_362_8<br><br>初唐•古文尚書<br>44_425_5<br><br>初唐・毛詩傳<br>6_63_37<br><br>初唐•禮記正義<br>1_14_21<br><br>初唐•禮記正義<br>2_25_20<br><br>初唐•禮記正義<br>5_80_19 | <br>初唐•古文尚書<br>15_136_3<br><br>初唐•古文尚書<br>18_169_26<br><br>初唐•古文尚書<br>19_178_24<br><br>初唐•古文尚書<br>19_186_23<br><br>初唐•古文尚書<br>23_222_28<br><br>初唐•古文尚書<br>23_226_2<br><br>初唐•古文尚書<br>32_300_7 | <br>中唐・翰苑<br>23_299_23 | <br>初唐•古文尚書<br>15_143_7<br><br>初唐•古文尚書<br>21_203_20<br>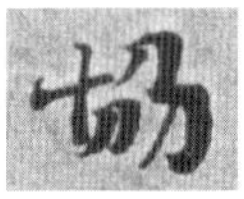<br>初唐•古文尚書<br>33_317_34 | <br>晚唐•摩訶止觀<br>46_398_10<br><br>晚唐•摩訶止觀<br>47_401_1<br><br>晚唐•摩訶止觀<br>54_454_8<br><br>五代•大毗盧經<br>88_1079_18 | <br>中唐・翰苑<br>7_87_22<br><br>中唐・翰苑<br>8_100_30<br><br>中唐・翰苑<br>15_189_8<br><br>中唐・翰苑<br>16_202_5<br><br>在真定<br>中唐・翰苑<br>42_541_16<br><br>晚唐•摩訶止觀<br>8_68_4<br><br>晚唐•摩訶止觀<br>11_97_10<br><br>晚唐•摩訶止觀<br>29_252_13 |

# 卒

漢ソツ慣ソツ漢シュツ
訓しもべ

初唐•禮記正義
2_28_6

中唐・翰苑
2_15_13

中唐・翰苑
2_21_31

中唐・翰苑
4_36_2

中唐・翰苑
9_112_28

中唐・翰苑
9_113_39

中唐・翰苑
10_120_41

中唐・翰苑
10_121_32

中唐・翰苑
31_405_41

中唐・翰苑
31_407_31

中唐・翰苑
32_409_16

中唐・翰苑
32_409_34

中唐・翰苑
32_411_24

中唐・翰苑
32_417_16

中唐・翰苑
27_351_28

中唐・翰苑
27_351_33

中唐・翰苑
27_352_2

中唐・翰苑
27_352_11

中唐・翰苑
27_353_9

中唐・翰苑
27_353_15

中唐・翰苑
31_405_37

中唐・翰苑
15_195_27

中唐・翰苑
15_196_22

甲卒
中唐・翰苑
15_197_10

中唐・翰苑
15_198_15

中唐・翰苑
16_204_21

中唐・翰苑
27_351_12

中唐・翰苑
27_351_16

中唐・翰苑
14_177_11

中唐・翰苑
14_179_8

中唐・翰苑
14_179_31

中唐・翰苑
14_181_12

中唐・翰苑
14_182_3

中唐・翰苑
14_184_3

中唐・翰苑
14_185_13

中唐・翰苑
13_169_24

中唐・翰苑
13_170_19

中唐・翰苑
13_171_4

中唐・翰苑
13_172_12

中唐・翰苑
14_173_10

中唐・翰苑
14_174_27

中唐・翰苑
14_175_15

中唐・翰苑
1_3_6

中唐・翰苑
4_43_16

中唐・翰苑
5_61_37

中唐・翰苑
9_114_35

中唐・翰苑
11_144_35

中唐・翰苑
12_157_13

中唐・翰苑
12_158_20

中唐・翰苑
10_122_12

中唐・翰苑
10_122_19

中唐・翰苑
15_191_10

中唐・翰苑
15_197_11

平敞
中唐・翰苑
17_215_17

中唐・翰苑
26_342_28

中唐・翰苑
29_382_45

中唐・翰苑
34_443_6

中唐・翰苑
34_443_22

中唐・翰苑
39_498_33

中唐・翰苑
41_528_21

中唐・翰苑
41_530_8

## 南

吳ナン 慣な 漢ダン
訓みなみ

初唐•古文尚書
1_2_26

初唐•古文尚書
2_11_7

初唐•古文尚書
3_18_7

初唐•古文尚書
4_28_4

初唐•古文尚書
4_29_22

初唐•古文尚書
4_35_11

初唐•古文尚書
5_38_21

初唐•古文尚書
5_41_23

初唐•古文尚書
11_97_12

初唐•古文尚書
34_320_9

初唐・毛詩傳
7_69_7

初唐•禮記正義
14_219_24

初唐•禮記正義
22_339_23

中唐・翰苑
1_5_5

中唐・翰苑
1_5_8

中唐・翰苑
3_24_13

中唐・翰苑
3_26_21

中唐・翰苑
3_30_7

中唐・翰苑
4_41_40

中唐・翰苑
5_50_16

中唐・翰苑
5_51_2

中唐・翰苑
5_51_18

中唐・翰苑
5_53_15

中唐・翰苑
5_55_11

中唐・翰苑
5_56_18

中唐・翰苑
5_58_18

中唐・翰苑
6_66_3

中唐・翰苑
6_76_25

中唐・翰苑
7_82_20

中唐・翰苑
8_98_2

中唐・翰苑
8_98_33

中唐・翰苑
10_126_7

中唐・翰苑
11_133_15

中唐・翰苑
12_150_7

中唐・翰苑
13_160_24

袁昭子尚
中唐・翰苑
13_167_33

中唐・翰苑
14_174_13

中唐・翰苑
15_193_32

兩部
中唐・翰苑
15_193_34

中唐・翰苑
16_203_31

## 博

慣バク 漢ハク
訓ほろい

五代・密教部類
1_5_9

五代・大毗盧經
8_100_12

五代・大毗盧經
19_239_14

五代・大毗盧經
29_374_29

五代・大毗盧經
37_438_2

五代・大毗盧經
86_1049_13

初唐・毛詩傳
5_55_3

中唐・翰苑
21_276_3

中唐・翰苑
41_522_7

中唐・翰苑
41_522_30

中唐・翰苑
41_523_10

晚唐・摩訶止觀
10_87_15

晚唐・摩訶止觀
52_443_21

五代・大毗盧經
50_615_18

五代・大毗盧經
67_847_11

五代・大毗盧經
73_899_7

五代・大毗盧經
80_970_6

五代・大毗盧經
83_1013_8

五代・大毗盧經
4_42_7

五代・大毗盧經
9_107_16

五代・大毗盧經
9_110_5

五代・大毗盧經
14_181_11

五代・大毗盧經
14_183_6

五代・大毗盧經
38_448_1

五代・大毗盧經
43_514_9

五代・大毗盧經
44_531_9

中唐・翰苑
43_549_26

中唐・翰苑
43_550_25

晚唐・摩訶止觀
3_29_16

晚唐・摩訶止觀
4_31_1

晚唐・摩訶止觀
4_36_11

晚唐・摩訶止觀
10_85_1

晚唐・摩訶止觀
44_381_4

五代・大毗盧經
3_27_13

中唐・翰苑
42_533_13

中唐・翰苑
42_533_40

中唐・翰苑
42_534_32

中唐・翰苑
42_535_30

中唐・翰苑
42_536_3

中唐・翰苑
42_540_11

中唐・翰苑
42_540_24

中唐・翰苑
43_546_21

中唐・翰苑
16_212_21

中唐・翰苑
16_213_5

中唐・翰苑
16_213_32

中唐・翰苑
17_225_16

中唐・翰苑
17_227_1

中唐・翰苑
42_532_1

中唐・翰苑
42_532_14

中唐・翰苑
42_533_7

# 厂部

## 厥

漢ケツ
訓しかけいし

初唐•古文尚書
1_5_24

初唐•古文尚書
1_6_9

初唐•古文尚書
1_6_13

初唐•古文尚書
1_7_1

初唐•古文尚書
1_7_9

初唐•古文尚書
1_8_22

初唐•古文尚書
2_9_2

中唐・翰苑
12_157_21

中唐・翰苑
12_157_28

中唐・翰苑
14_175_27

中唐・翰苑
44_561_7

五代•大毗盧經
65_814_20

## 原

漢現ゲン
訓はら

初唐•古文尚書
1_3_19

初唐•古文尚書
3_19_8

初唐•古文尚書
3_19_21

初唐•古文尚書
9_79_3

初唐・十誦律
19_365_4

中唐・翰苑
2_16_34

中唐・翰苑
5_54_32

中唐・翰苑
6_69_6

中唐・翰苑
40_518_36

中唐・翰苑
41_527_25

中唐・翰苑
42_541_28

中唐・翰苑
43_555_19

晚唐•摩訶止觀
4_32_7

## 厚

漢現コウ呉グ
訓あつい

初唐•古文尚書
16_149_18

初唐•古文尚書
35_330_7

初唐・毛詩傳
6_57_10

初唐・毛詩傳
9_97_6

初唐•禮記正義
23_343_13

中唐・翰苑
4_40_22

中唐・翰苑
8_99_9

中唐・翰苑
17_216_18

## 厄

漢アク呉現ヤク
訓くるしむ

中唐・翰苑
8_94_21

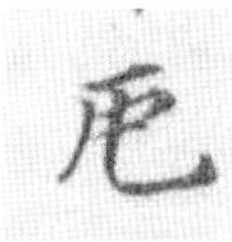
中唐・翰苑
29_378_24

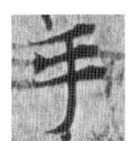

初唐•古文尚書
2_12_12

初唐•古文尚書
2_13_5

初唐•古文尚書
2_13_10

初唐•古文尚書
2_13_21

初唐•古文尚書
2_16_13

初唐•古文尚書
3_20_6

初唐•古文尚書
3_21_5

初唐•古文尚書
3_21_10

初唐•古文尚書
3_21_21

初唐•古文尚書
3_26_14

初唐•古文尚書
4_31_1

初唐•古文尚書
4_31_5

初唐•古文尚書
4_31_16

初唐•古文尚書
4_32_6

初唐•古文尚書
4_32_11

初唐•古文尚書
4_33_8

初唐•古文尚書
4_35_21

初唐•古文尚書
4_36_8

初唐•古文尚書
5_42_12

初唐•古文尚書
5_42_17

初唐•古文尚書
5_43_1

初唐•古文尚書
5_43_15

初唐•古文尚書
5_46_2

初唐•古文尚書
6_50_16

初唐•古文尚書
7_60_21

初唐•古文尚書
9_73_9

初唐•古文尚書
10_89_5

初唐•古文尚書
10_90_25

初唐•古文尚書
10_90_30

初唐•古文尚書
11_99_24

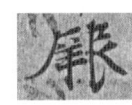

初唐•古文尚書
12_103_23

初唐•古文尚書
12_107_3

初唐•古文尚書
12_108_5

初唐•古文尚書
12_111_4

初唐•古文尚書
15_140_6

初唐•古文尚書
15_140_10

初唐•古文尚書
16_150_16

初唐•古文尚書
18_169_24

初唐•古文尚書
19_176_4

初唐•古文尚書
19_177_3

初唐•古文尚書
20_191_16

初唐•古文尚書
20_195_7

初唐•古文尚書
20_195_21

初唐•古文尚書
20_196_5

初唐•古文尚書
21_198_13

初唐•古文尚書
21_204_19

初唐•古文尚書
22_208_15

初唐•古文尚書
22_214_29

初唐•古文尚書
22_215_26

| | 厭 | 厲 | | | | |
|---|---|---|---|---|---|---|
| | エン<br>訓おさえる | 漢レイ<br>訓といし | | | | |
| | <br>初唐•古文尚書<br>33_311_19<br><br>初唐•禮記正義<br>19_292_14<br><br>初唐•禮記正義<br>19_292_18<br><br>中唐・翰苑<br>32_413_17 | <br>初唐•古文尚書<br>37_354_3 | <br>初唐•古文尚書<br>38_368_7<br><br>初唐•古文尚書<br>39_373_2<br><br>初唐•古文尚書<br>39_373_23<br><br>初唐•古文尚書<br>43_420_17<br><br>初唐•禮記正義<br>16_247_6 | <br>初唐•古文尚書<br>33_316_13<br><br>初唐•古文尚書<br>34_323_15<br><br>初唐•古文尚書<br>34_324_7<br><br>初唐•古文尚書<br>35_329_12<br><br>初唐•古文尚書<br>36_340_18<br><br>初唐•古文尚書<br>37_354_10<br><br>初唐•古文尚書<br>37_357_26<br><br>初唐•古文尚書<br>38_367_34 | 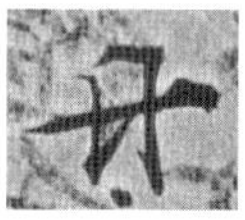<br>初唐•古文尚書<br>31_287_26<br><br>初唐•古文尚書<br>31_288_19<br><br>初唐•古文尚書<br>31_291_17<br><br>初唐•古文尚書<br>32_298_6<br>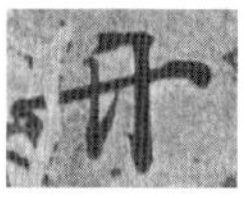<br>初唐•古文尚書<br>32_300_4<br>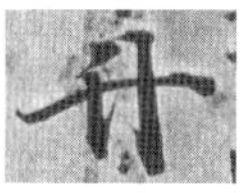<br>初唐•古文尚書<br>33_314_15<br><br>初唐•古文尚書<br>33_315_38<br><br>初唐•古文尚書<br>33_316_7 | <br>初唐•古文尚書<br>22_216_22<br><br>初唐•古文尚書<br>23_222_29<br><br>初唐•古文尚書<br>24_234_12<br><br>初唐•古文尚書<br>24_235_10<br><br>初唐•古文尚書<br>24_238_4<br><br>初唐•古文尚書<br>27_263_7<br><br>初唐•古文尚書<br>27_263_9 |

# 匚部

## 匹

漢ヒツ 慣ヒキ
訓ひき

中唐・翰苑
4_47_38

中唐・翰苑
5_50_35

中唐・翰苑
8_103_39

中唐・翰苑
8_103_42

中唐・翰苑
8_104_4

中唐・翰苑
21_276_38

中唐・翰苑
23_305_24

中唐・翰苑
34_437_37

中唐・翰苑
41_520_40

## 巨

漢現キョ 呉ゴ
訓さしがね

臣智
中唐・翰苑
18_229_28

臣智
中唐・翰苑
19_245_28

中唐・翰苑
28_364_27

長願臣僕
中唐・翰苑
41_521_6

## 匝

ソウ
訓めぐる

五代・大毗盧經
13_163_5

五代・大毗盧經
13_168_17

五代・大毗盧經
44_527_7

五代・大毗盧經
50_612_7

五代・大毗盧經
63_776_7

五代・大毗盧經
71_868_7

## 匡

キョウ
訓はこ

初唐・古文尚書
6_48_7

初唐・古文尚書
6_48_21

初唐・古文尚書
19_178_3

初唐・古文尚書
19_178_19

初唐・古文尚書
19_179_7

初唐・古文尚書
38_361_1

初唐・古文尚書
38_361_23

中唐・翰苑
34_442_27

## 匪

ヒ
訓はこ

初唐・古文尚書
22_213_26

初唐・古文尚書
37_356_28

初唐・古文尚書
43_416_1

初唐・禮記正義
27_423_9

## 匿 

慣 トク 漢 ジュク
呉 ノク
訓 かくれる

初唐•古文尚書
7_60_20

初唐•古文尚書
7_60_33

## 區 

漢 ク
訓 わける

中唐・翰苑
34_445_29

# 卜部

## 卜

慣 ボク
訓 うらなう

初唐•古文尚書
6_48_10

初唐•古文尚書
6_48_26

初唐•古文尚書
16_151_20

初唐•古文尚書
16_152_2

初唐•禮記正義
3_36_9

初唐•禮記正義
4_50_13

初唐•禮記正義
4_50_24

初唐•禮記正義
4_51_16

初唐•禮記正義
4_53_22

初唐•禮記正義
4_57_12

初唐•禮記正義
4_57_18

初唐•禮記正義
4_58_8

初唐•禮記正義
4_62_10

初唐•禮記正義
5_68_23

初唐•禮記正義
5_69_2

初唐•禮記正義
5_70_9

初唐•禮記正義
5_71_27

初唐•禮記正義
5_72_9

初唐•禮記正義
5_73_16

初唐•禮記正義
5_73_26

初唐•禮記正義
5_77_13

初唐•禮記正義
5_78_10

初唐•禮記正義
5_79_4

初唐•禮記正義
5_79_15

初唐•禮記正義
5_79_27

初唐•禮記正義
5_80_10

初唐•禮記正義
5_81_21

初唐•禮記正義
6_82_12

初唐•禮記正義
6_83_1

初唐•禮記正義
6_84_2

初唐•禮記正義
6_84_10

初唐•禮記正義
6_85_4

初唐•禮記正義
6_85_12

初唐•禮記正義
6_85_25

初唐•禮記正義
6_86_13

初唐•禮記正義
6_86_17

初唐•禮記正義
6_87_3

初唐•禮記正義
6_87_25

初唐•禮記正義
6_95_25

初唐•禮記正義
6_96_20

初唐•禮記正義
6_97_20

初唐•禮記正義
6_97_27

初唐•禮記正義
7_98_3

初唐•禮記正義
7_103_15

初唐•禮記正義
7_104_2

初唐•禮記正義
7_104_9

初唐•禮記正義
7_108_15

初唐•禮記正義
7_108_21

初唐·禮記正義 8_114_30
初唐·禮記正義 8_115_5
初唐·禮記正義 8_115_18
初唐·禮記正義 8_115_25
初唐·禮記正義 8_116_2
初唐·禮記正義 8_116_11
初唐·禮記正義 8_116_25
初唐·禮記正義 8_116_27

初唐·禮記正義 8_117_21
初唐·禮記正義 8_118_13
初唐·禮記正義 8_119_3
初唐·禮記正義 8_121_8
初唐·禮記正義 8_121_16
初唐·禮記正義 8_122_7
初唐·禮記正義 8_122_28
初唐·禮記正義 8_123_9

初唐·禮記正義 8_125_13
初唐·禮記正義 8_125_20
初唐·禮記正義 8_126_11
初唐·禮記正義 8_129_11
初唐·禮記正義 8_129_19
初唐·禮記正義 9_130_10
初唐·禮記正義 9_130_18
初唐·禮記正義 9_130_21

初唐·禮記正義 9_131_14
初唐·禮記正義 9_132_9
初唐·禮記正義 9_132_12
初唐·禮記正義 9_134_9
初唐·禮記正義 9_134_27
初唐·禮記正義 9_135_24
初唐·禮記正義 9_136_21
初唐·禮記正義 9_138_1

初唐·禮記正義 9_140_18
初唐·禮記正義 9_141_4
初唐·禮記正義 9_141_14
初唐·禮記正義 9_141_27
初唐·禮記正義 9_142_5
初唐·禮記正義 9_142_9
初唐·禮記正義 9_142_20
初唐·禮記正義 9_142_25

初唐·禮記正義 9_143_8
初唐·禮記正義 9_144_1
初唐·禮記正義 9_144_28
初唐·禮記正義 9_145_12
初唐·禮記正義 9_146_25
初唐·禮記正義 10_148_5
初唐·禮記正義 10_148_21
初唐·禮記正義 10_148_31

初唐·禮記正義 10_149_5
初唐·禮記正義 10_151_17
初唐·禮記正義 10_153_7
初唐·禮記正義 10_154_4
初唐·禮記正義 10_155_22
初唐·禮記正義 10_156_26
初唐·禮記正義 10_158_29
初唐·禮記正義 10_159_21

## 卦 卦

漢カ 呉ケ
訓うらかた

初唐•禮記正義
4_54_23

## 占 占

現セン
訓しめる

中唐・翰苑
17_220_21

中唐・翰苑
17_221_19

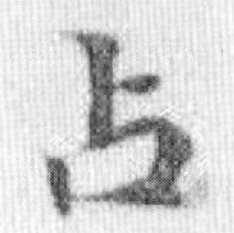
中唐・翰苑
22_284_33

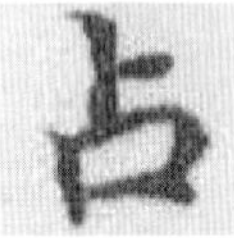
中唐・翰苑
29_376_8

晩唐•摩訶止觀
12_103_28

五代•大毗盧經
36_432_5

初唐•古文尚書
47_460_4

初唐•古文尚書
47_460_28

初唐•禮記正義
5_67_12

初唐•禮記正義
5_67_15

初唐•禮記正義
5_67_18

初唐•禮記正義
5_71_23

初唐•禮記正義
5_77_9

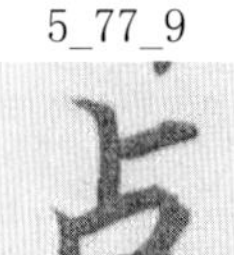
中唐・翰苑
17_219_34

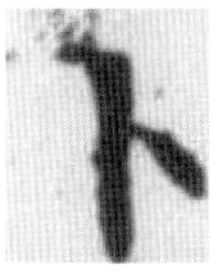
初唐•禮記正義
10_160_10

中唐・翰苑
3_33_12

中唐・翰苑
3_33_41

中唐・翰苑
7_86_31

# 冂部

## 內内

漢 ダイ 呉 ナイ
訓 うち

初唐・古文尚書 15_135_22

初唐・古文尚書 23_220_6

初唐・古文尚書 25_247_16

初唐・古文尚書 27_260_5

初唐・古文尚書 27_264_19

初唐・古文尚書 45_437_7

初唐・古文尚書 45_437_26

初唐・毛詩傳 3_31_5

初唐・禮記正義 2_32_25

初唐・禮記正義 2_33_7

初唐・禮記正義 3_43_23

初唐・禮記正義 3_45_10

初唐・禮記正義 3_46_8

初唐・禮記正義 3_46_17

初唐・禮記正義 3_46_30

初唐・禮記正義 3_48_5

初唐・禮記正義 6_89_29

初唐・禮記正義 6_91_30

初唐・禮記正義 11_178_24

初唐・禮記正義 12_192_26

初唐・禮記正義 17_267_21

初唐・禮記正義 21_318_16

初唐・禮記正義 23_344_6

初唐・禮記正義 23_344_23

初唐・禮記正義 23_345_4

初唐・禮記正義 23_345_8

初唐・十誦律 3_36_14

初唐・十誦律 3_36_17

初唐・十誦律 3_39_2

初唐・十誦律 3_39_5

初唐・十誦律 3_52_10

初唐・十誦律 4_54_12

初唐・十誦律 4_56_9

初唐・十誦律 4_57_15

初唐・十誦律 4_59_7

初唐・十誦律 4_60_12

初唐・十誦律 4_62_2

初唐・般若經 7_95_14

初唐・般若經 7_96_1

初唐・般若經 7_97_4

初唐・般若經 7_98_15

初唐・般若經 20_306_7

初唐・般若經 20_306_11

初唐・般若經 20_307_16

初唐・般若經 20_309_12

中唐・翰苑 3_30_11

中唐・翰苑 10_121_31

中唐・翰苑 10_127_9

| | | | | | | |
|---|---|---|---|---|---|---|
| 晚唐•摩訶止觀 41_352_2 | 晚唐•摩訶止觀 37_320_2 | 中唐・般若經 5_61_2 | 中唐・般若經 4_44_16 | 中唐・翰苑 39_498_17 | 中唐・翰苑 27_352_1 | 中唐・翰苑 12_155_38 |
| 晚唐•摩訶止觀 41_352_26 | 晚唐•摩訶止觀 40_342_9 | 晚唐•摩訶止觀 9_82_16 | 中唐・般若經 4_45_9 | 中唐・翰苑 43_548_33 | 中唐・翰苑 28_361_20 | 中唐・翰苑 14_182_21 |
| 晚唐•摩訶止觀 41_353_14 | 晚唐•摩訶止觀 40_343_6 | 晚唐•摩訶止觀 21_181_12 | 中唐・般若經 4_50_15 | 中唐・翰苑 43_553_7 | 中唐・翰苑 28_361_24 | 中唐・翰苑 21_279_42 |
| 晚唐•摩訶止觀 41_354_1 | 晚唐•摩訶止觀 40_345_1 | 晚唐•摩訶止觀 22_189_18 | 中唐・般若經 4_52_6 | 中唐・般若經 3_32_6 | 中唐・翰苑 28_361_28 | 中唐・翰苑 21_281_40 |
| 晚唐•摩訶止觀 41_354_19 | 晚唐•摩訶止觀 40_349_14 | 晚唐•摩訶止觀 23_195_12 | 中唐・般若經 4_53_12 | 中唐・般若經 3_36_9 | 中唐・翰苑 28_363_5 | 中唐・翰苑 21_282_8 |
| 晚唐•摩訶止觀 41_355_14 | 晚唐•摩訶止觀 41_350_3 | 晚唐•摩訶止觀 23_196_2 | 中唐・般若經 4_55_3 | 中唐・般若經 3_37_2 | 中唐・翰苑 30_387_30 | 中唐・翰苑 21_282_12 |
| 晚唐•摩訶止觀 41_356_3 | 晚唐•摩訶止觀 41_350_21 | 晚唐•摩訶止觀 23_196_13 | 中唐・般若經 5_58_9 | 中唐・般若經 4_40_12 | 中唐・翰苑 34_434_18 | 中唐・翰苑 22_291_26 |
| 晚唐•摩訶止觀 41_356_26 | 晚唐•摩訶止觀 41_351_11 | 晚唐•摩訶止觀 37_319_4 | 中唐・般若經 5_59_15 | 中唐・般若經 4_41_5 | 中唐・翰苑 36_458_15 | 中唐・翰苑 24_317_20 |

晚唐•摩訶止觀
44_381_12

晚唐•摩訶止觀
46_395_3

晚唐•摩訶止觀
62_520_11

五代•密教部類
1_6_13

五代•密教部類
3_34_14

五代•密教部類
4_51_9

五代•大毗盧經
7_78_40

五代•大毗盧經
9_102_4

五代•大毗盧經
9_103_36

五代•大毗盧經
13_155_16

五代•大毗盧經
13_157_13

五代•大毗盧經
14_175_23

五代•大毗盧經
14_178_15

五代•大毗盧經
15_194_18

五代•大毗盧經
18_237_4

五代•大毗盧經
19_248_25

五代•大毗盧經
23_288_19

五代•大毗盧經
23_296_13

五代•大毗盧經
24_309_20

五代•大毗盧經
25_317_10

五代•大毗盧經
28_349_19

五代•大毗盧經
28_353_7

五代•大毗盧經
39_453_3

五代•大毗盧經
39_456_6

五代•大毗盧經
39_468_13

五代•大毗盧經
39_469_16

五代•大毗盧經
43_524_4

五代•大毗盧經
44_525_16

五代•大毗盧經
46_556_13

五代•大毗盧經
46_560_1

五代•大毗盧經
50_607_16

五代•大毗盧經
51_623_13

五代•大毗盧經
54_662_6

五代•大毗盧經
57_706_20

五代•大毗盧經
63_775_6

五代•大毗盧經
63_791_1

五代•大毗盧經
64_797_9

五代•大毗盧經
64_801_4

五代•大毗盧經
72_889_15

五代•大毗盧經
73_900_23

五代•大毗盧經
73_900_26

五代•大毗盧經
77_931_6

五代•大毗盧經
77_935_21

五代•大毗盧經
85_1033_3

五代•大毗盧經
85_1045_4

五代•大毗盧經
85_1047_3

五代•大毗盧經
86_1060_32

五代•大毗盧經
87_1062_27

五代•大毗盧經
89_1091_4

五代•大毗盧經
90_1098_9

五代•大毗盧經
90_1099_16

五代•大毗盧經
90_1100_16

五代•大毗盧經
92_1132_9

五代•大毗盧經
92_1136_16

五代•大毗盧經
93_1138_10

## 冉

漢ゼン 呉ネン
訓よわい

初唐•禮記正義 11_164_25

初唐•禮記正義 28_435_6

中唐・翰苑 26_339_4

中唐・翰苑 37_482_40

中唐・翰苑 38_483_11

中唐・翰苑 40_509_14

## 用

漢現ヨウ
訓もちいる

初唐•古文尚書 2_11_23

初唐•古文尚書 7_56_17

初唐•古文尚書 8_61_2

初唐•古文尚書 8_61_10

初唐•古文尚書 8_61_14

初唐•古文尚書 8_61_27

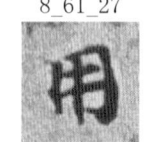

初唐•古文尚書 9_79_28

初唐•古文尚書 9_80_14

初唐•古文尚書 10_83_4

初唐•古文尚書 10_83_26

初唐•古文尚書 10_86_10

初唐•古文尚書 10_86_25

初唐•古文尚書 10_88_16

初唐•古文尚書 10_90_22

初唐•古文尚書 10_90_27

初唐•古文尚書 11_97_17

初唐•古文尚書 11_98_4

初唐•古文尚書 11_98_22

初唐•古文尚書 12_103_29

初唐•古文尚書 12_104_9

初唐•古文尚書 12_108_8

初唐•古文尚書 13_117_6

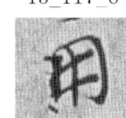

初唐•古文尚書 13_117_30

初唐•古文尚書 13_118_20

初唐•古文尚書 15_138_3

初唐•古文尚書 16_145_4

初唐•古文尚書 16_146_13

初唐•古文尚書 16_149_8

初唐•古文尚書 16_150_4

初唐•古文尚書 16_151_12

初唐•古文尚書 16_151_21

初唐•古文尚書 16_151_31

初唐•古文尚書 16_152_3

初唐•古文尚書 16_155_19

初唐•古文尚書 17_158_7

初唐•古文尚書 17_158_19

初唐•古文尚書 18_168_1

初唐•古文尚書 18_173_24

初唐•古文尚書 18_174_13

初唐•古文尚書 18_175_3

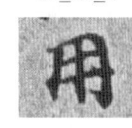

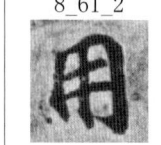

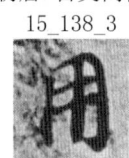

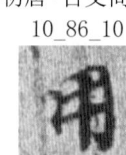

初唐•古文尚書 19_177_5

初唐•古文尚書 20_191_4

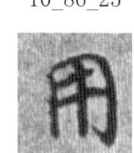

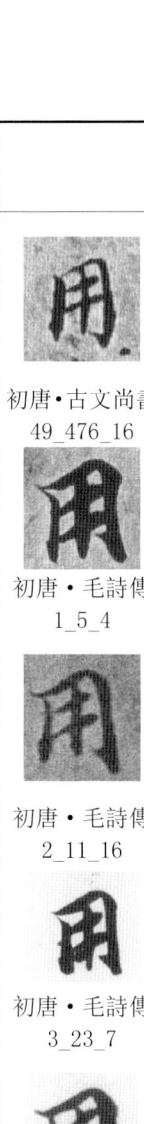

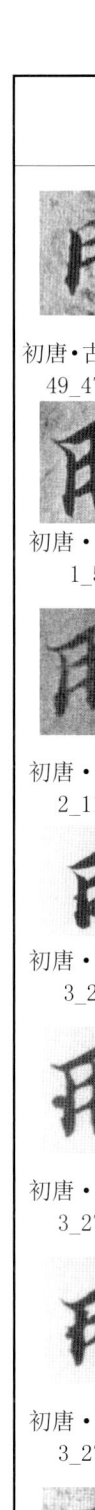

初唐•古文尚書 23_219_15
初唐•古文尚書 25_249_13
初唐•古文尚書 25_249_29
初唐•古文尚書 27_262_35
初唐•古文尚書 27_263_4
初唐•古文尚書 28_273_33
初唐•古文尚書 28_274_13

初唐•古文尚書 28_275_24
初唐•古文尚書 28_275_31
初唐•古文尚書 28_276_5
初唐•古文尚書 28_276_19
初唐•古文尚書 29_284_13
初唐•古文尚書 31_286_4
初唐•古文尚書 31_287_9

初唐•古文尚書 31_289_16
初唐•古文尚書 31_290_34
初唐•古文尚書 31_292_13
初唐•古文尚書 33_311_7
初唐•古文尚書 33_313_23
初唐•古文尚書 35_337_14
初唐•古文尚書 36_344_15

初唐•古文尚書 36_345_2
初唐•古文尚書 36_347_12
初唐•古文尚書 36_347_35
初唐•古文尚書 37_357_15
初唐•古文尚書 38_367_3
初唐•古文尚書 39_373_5
初唐•古文尚書 39_374_5

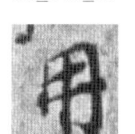

初唐•古文尚書 39_375_17
初唐•古文尚書 40_381_5
初唐•古文尚書 40_385_12
初唐•古文尚書 40_386_13
初唐•古文尚書 42_409_18
初唐•古文尚書 44_424_14
初唐•古文尚書 44_431_16

初唐•古文尚書 45_437_28
初唐•古文尚書 45_442_18
初唐•古文尚書 46_451_19
初唐•古文尚書 46_452_15
初唐•古文尚書 47_456_12
初唐•古文尚書 47_456_18
初唐•古文尚書 47_456_24

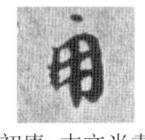

初唐•古文尚書 49_476_16
初唐 • 毛詩傳 1_5_4
初唐 • 毛詩傳 2_11_16
初唐 • 毛詩傳 3_23_7
初唐 • 毛詩傳 3_27_20
初唐 • 毛詩傳 3_27_27
初唐 • 毛詩傳 9_92_4

初唐•禮記正義 3_36_12
初唐•禮記正義 3_37_29
初唐•禮記正義 3_40_30
初唐•禮記正義 3_41_12
初唐•禮記正義 3_43_10
初唐•禮記正義 3_44_18
初唐•禮記正義 3_44_28

初唐•禮記正義 3_45_12
初唐•禮記正義 3_45_22
初唐•禮記正義 3_47_3
初唐•禮記正義 3_47_21
初唐•禮記正義 3_47_24
初唐•禮記正義 3_48_12
初唐•禮記正義 3_48_18

初唐•禮記正義 3_49_22
初唐•禮記正義 4_50_2
初唐•禮記正義 4_50_10
初唐•禮記正義 4_51_19
初唐•禮記正義 5_68_26
初唐•禮記正義 5_72_8
初唐•禮記正義 5_79_18

初唐•禮記正義 5_81_26
初唐•禮記正義 6_84_20
初唐•禮記正義 6_85_24
初唐•禮記正義 6_87_2
初唐•禮記正義 6_88_18
初唐•禮記正義 6_88_27
初唐•禮記正義 6_92_14

初唐•禮記正義 6_93_11
初唐•禮記正義 7_110_26
初唐•禮記正義 8_114_29
初唐•禮記正義 8_115_21
初唐•禮記正義 8_119_14
初唐•禮記正義 8_119_23
初唐•禮記正義 8_120_68

初唐•禮記正義 8_120_79
初唐•禮記正義 8_120_81
初唐•禮記正義 8_126_17
初唐•禮記正義 8_128_4
初唐•禮記正義 8_128_23
初唐•禮記正義 9_130_27
初唐•禮記正義 9_137_13

初唐•禮記正義 9_139_16
初唐•禮記正義 9_141_20
初唐•禮記正義 10_149_8
初唐•禮記正義 10_150_16
初唐•禮記正義 11_165_7
初唐•禮記正義 18_269_10
初唐•禮記正義 20_305_12

初唐•禮記正義
22_326_13

初唐•禮記正義
22_329_5

初唐•禮記正義
22_329_16

初唐•禮記正義
22_332_1

初唐•禮記正義
23_346_3

初唐•禮記正義
23_347_11

初唐•禮記正義
23_347_20

初唐•禮記正義
23_348_20

初唐•禮記正義
23_353_11

初唐•禮記正義
23_354_3

初唐•禮記正義
23_354_12

初唐•禮記正義
24_364_20

初唐•禮記正義
24_365_8

初唐•禮記正義
24_365_16

初唐•禮記正義
24_365_23

初唐•禮記正義
24_368_26

初唐•禮記正義
25_381_17

初唐•禮記正義
25_381_20

初唐•禮記正義
27_422_3

初唐•禮記正義
27_423_16

初唐•禮記正義
28_442_7

初唐•禮記正義
29_459_14

初唐•禮記正義
30_473_18

中唐 • 翰苑
4_43_10

中唐 • 翰苑
10_126_40

中唐 • 翰苑
10_127_28

中唐 • 翰苑
10_131_7

中唐 • 翰苑
11_141_5

中唐 • 翰苑
11_141_19

中唐 • 翰苑
12_147_5

中唐 • 翰苑
12_153_10

中唐 • 翰苑
17_218_22

中唐 • 翰苑
18_239_7

中唐 • 翰苑
19_242_8

中唐 • 翰苑
24_314_22

中唐 • 翰苑
29_375_10

中唐 • 翰苑
29_375_27

中唐 • 翰苑
29_382_15

中唐 • 翰苑
30_383_8

中唐 • 翰苑
31_398_12

中唐 • 翰苑
34_435_29

中唐 • 翰苑
35_446_11

中唐 • 翰苑
36_465_31

晚唐•摩訶止觀
4_32_10

晚唐•摩訶止觀
7_59_11

晚唐•摩訶止觀
9_83_13

晚唐•摩訶止觀
9_83_18

晚唐•摩訶止觀
12_107_3

晚唐•摩訶止觀
37_317_25

# 再冉

<table>
<tr><td></td><td></td><td>現サイ 慣現サ<br>訓ふたたび</td><td></td><td></td><td></td><td></td></tr>
<tr>
<td></td>
<td></td>
<td><br>初唐•禮記正義<br>24_358_25<br><br>初唐•禮記正義<br>24_360_21<br><br>初唐•禮記正義<br>24_361_5<br><br>初唐•禮記正義<br>30_468_17<br><br>中唐・翰苑<br>4_44_20<br><br>五代•大毗盧經<br>66_826_4</td>
<td><br>五代•大毗盧經<br>86_1057_15<br><br>五代•大毗盧經<br>86_1057_42<br><br>五代•大毗盧經<br>89_1085_12<br><br>五代•大毗盧經<br>93_1139_9</td>
<td><br>五代•大毗盧經<br>12_143_11<br><br>五代•大毗盧經<br>16_202_6<br><br>五代•大毗盧經<br>17_222_2<br><br>五代•大毗盧經<br>17_223_6<br><br>五代•大毗盧經<br>22_283_16<br><br>五代•大毗盧經<br>41_488_18<br><br>五代•大毗盧經<br>41_494_40</td>
<td><br>晚唐•摩訶止觀<br>58_491_6<br><br>晚唐•摩訶止觀<br>60_510_28<br><br>晚唐•摩訶止觀<br>61_513_3<br><br>晚唐•摩訶止觀<br>61_513_29<br><br>晚唐•摩訶止觀<br>61_517_10<br><br>晚唐•摩訶止觀<br>61_517_20<br>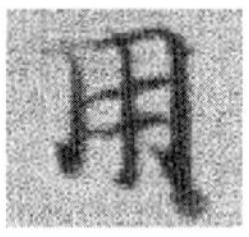<br>晚唐•摩訶止觀<br>61_517_25</td>
<td><br>晚唐•摩訶止觀<br>37_318_7<br><br>晚唐•摩訶止觀<br>37_319_1<br><br>晚唐•摩訶止觀<br>37_319_28<br><br>晚唐•摩訶止觀<br>37_320_20<br><br>晚唐•摩訶止觀<br>41_356_27<br><br>晚唐•摩訶止觀<br>54_457_26<br>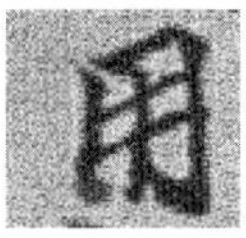<br>晚唐•摩訶止觀<br>55_469_7</td>
</tr>
</table>

# 人部

## 人 亻

漢ジン 呉ニン
訓ひと

初唐•古文尚書 5_43_11
初唐•古文尚書 7_59_25
初唐•古文尚書 7_60_8
初唐•古文尚書 8_64_3
初唐•古文尚書 9_81_6
初唐•古文尚書 9_81_22
初唐•古文尚書 10_88_9
初唐•古文尚書 10_88_19
初唐•古文尚書 10_89_14

初唐•古文尚書 11_92_16
初唐•古文尚書 15_143_13
初唐•古文尚書 15_144_11
初唐•古文尚書 15_144_32
初唐•古文尚書 16_150_13
初唐•古文尚書 16_150_24
初唐•古文尚書 16_152_21
初唐•古文尚書 16_155_2
初唐•古文尚書 31_290_18

初唐•古文尚書 31_294_30
初唐•古文尚書 31_295_21
初唐•古文尚書 33_309_5
初唐•古文尚書 33_309_29
初唐•古文尚書 34_320_18
初唐•古文尚書 34_323_17
初唐•古文尚書 34_325_19
初唐•古文尚書 36_343_11
初唐•古文尚書 36_345_21

初唐•古文尚書 36_346_15
初唐•古文尚書 37_353_2
初唐•古文尚書 37_353_23
初唐•古文尚書 37_353_29
初唐•古文尚書 37_356_30
初唐•古文尚書 37_357_19
初唐•古文尚書 38_360_9
初唐•古文尚書 38_361_8
初唐•古文尚書 38_367_21

初唐•古文尚書 39_370_10
初唐•古文尚書 39_371_14
初唐•古文尚書 39_371_35
初唐•古文尚書 39_372_7
初唐•古文尚書 39_373_10
初唐•古文尚書 39_374_7
初唐•古文尚書 40_388_16
初唐•古文尚書 41_401_24
初唐•古文尚書 43_417_3

初唐•古文尚書 43_417_24
初唐•古文尚書 43_418_20
初唐•古文尚書 43_419_16
初唐•古文尚書 44_425_14
初唐•古文尚書 44_426_17
初唐•古文尚書 44_427_2
初唐•古文尚書 44_427_23
初唐•古文尚書 44_428_29
初唐•古文尚書 44_432_2

初唐•古文尚書 44_432_28
初唐•古文尚書 45_438_27
初唐•古文尚書 46_447_8
初唐•古文尚書 46_453_4
初唐•古文尚書 46_454_16
初唐•古文尚書 47_457_3
初唐•古文尚書 47_457_15
初唐•古文尚書 47_457_20
初唐•古文尚書 47_460_21

初唐•古文尚書 48_466_18
初唐•古文尚書 48_470_25
初唐•古文尚書 48_471_8
初唐•古文尚書 48_471_26
初唐•古文尚書 48_473_16
初唐•古文尚書 49_475_34
初唐•古文尚書 49_476_14
初唐・毛詩傳 2_17_12
初唐・毛詩傳 3_25_14

初唐・毛詩傳 3_29_14
初唐・毛詩傳 3_32_15
初唐・毛詩傳 4_35_13
初唐・毛詩傳 4_39_9
初唐・毛詩傳 4_43_29
初唐・毛詩傳 5_48_3
初唐・毛詩傳 5_48_15
初唐・毛詩傳 5_48_21
初唐・毛詩傳 6_63_12

初唐・毛詩傳 6_66_4
初唐・毛詩傳 6_66_6
初唐・毛詩傳 6_66_30
初唐・毛詩傳 6_67_12
初唐・毛詩傳 7_68_21
初唐・毛詩傳 8_79_13
初唐・毛詩傳 8_80_11
初唐・毛詩傳 8_81_16
初唐・毛詩傳 8_82_8

初唐・毛詩傳 8_82_20
初唐・毛詩傳 8_82_30
初唐・毛詩傳 8_85_16
初唐・毛詩傳 8_86_17
初唐・毛詩傳 8_87_2
初唐・毛詩傳 8_89_7
初唐・毛詩傳 9_91_7
初唐・毛詩傳 9_93_1
初唐・毛詩傳 9_93_22

初唐・毛詩傳 9_94_17
初唐・毛詩傳 9_94_32
初唐・毛詩傳 9_95_7
初唐・毛詩傳 9_96_4
初唐・毛詩傳 9_96_18
初唐•禮記正義 1_9_22
初唐•禮記正義 1_12_8
初唐•禮記正義 1_13_2
初唐•禮記正義 1_14_22

初唐•禮記正義 2_21_11
初唐•禮記正義 2_22_4
初唐•禮記正義 2_22_13
初唐•禮記正義 2_31_10
初唐•禮記正義 2_33_25
初唐•禮記正義 3_34_1
初唐•禮記正義 3_34_24
初唐•禮記正義 3_35_17
初唐•禮記正義 3_39_17

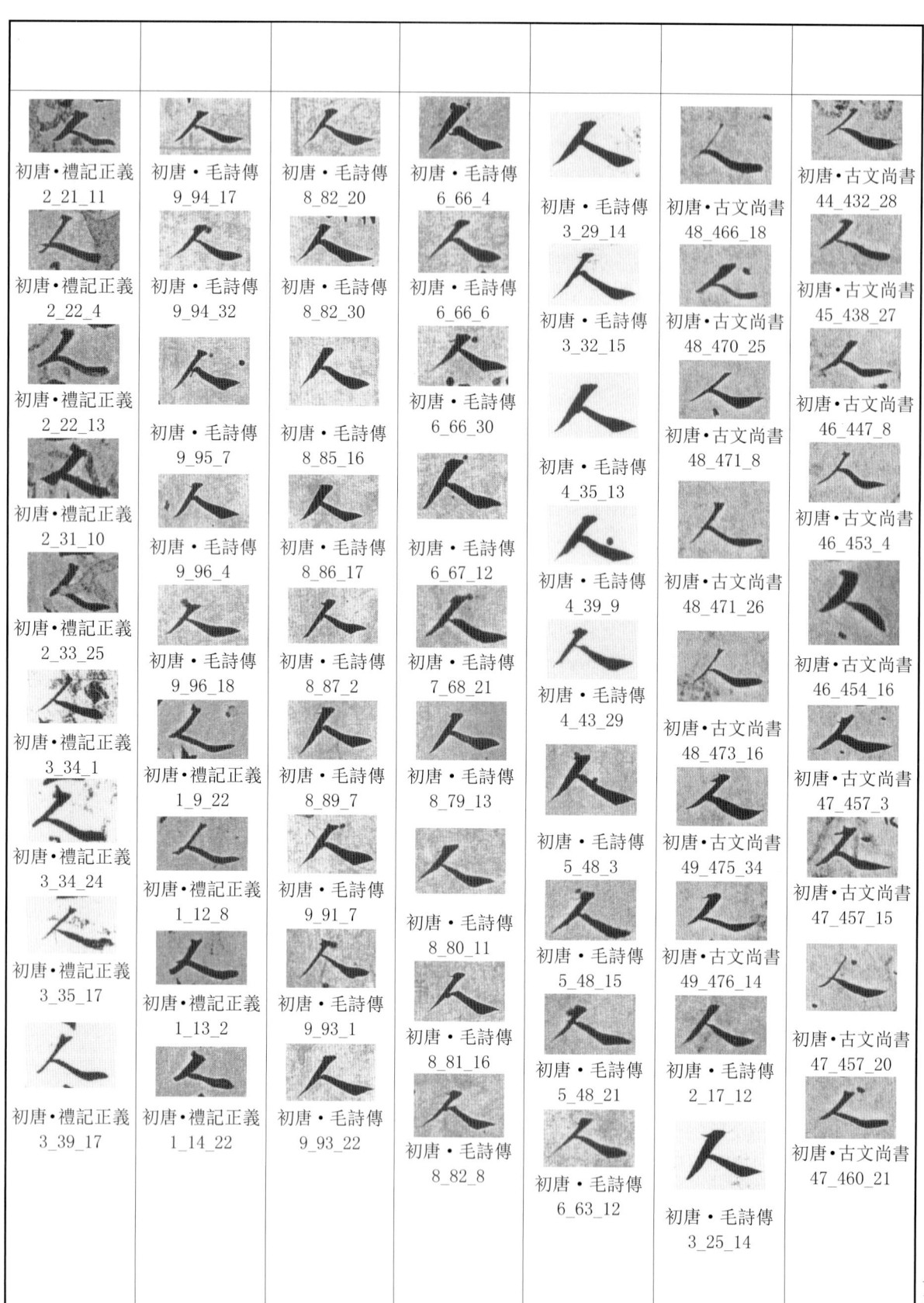

初唐•禮記正義 3_39_19
初唐•禮記正義 4_53_5
初唐•禮記正義 4_60_22
初唐•禮記正義 5_67_13
初唐•禮記正義 5_67_16
初唐•禮記正義 5_69_5
初唐•禮記正義 5_71_24
初唐•禮記正義 5_73_31
初唐•禮記正義 5_77_10

初唐•禮記正義 6_88_12
初唐•禮記正義 6_92_9
初唐•禮記正義 7_104_21
初唐•禮記正義 7_105_18
初唐•禮記正義 7_106_4
初唐•禮記正義 7_107_4
初唐•禮記正義 23_355_20
初唐•禮記正義 24_371_17
初唐•禮記正義 24_371_23

初唐•禮記正義 25_373_1
初唐•禮記正義 25_380_17
初唐•禮記正義 25_383_9
初唐•禮記正義 25_386_27
初唐•禮記正義 25_387_6
初唐•禮記正義 25_389_21
初唐•禮記正義 26_391_7
初唐•禮記正義 26_391_25
初唐•禮記正義 26_395_20

初唐•禮記正義 26_406_18
初唐•禮記正義 27_413_6
初唐•禮記正義 27_417_8
初唐•禮記正義 27_422_1
初唐•禮記正義 27_425_11
初唐•禮記正義 28_432_6
初唐•禮記正義 28_432_8
初唐•禮記正義 28_432_17
初唐•禮記正義 28_432_20

初唐•禮記正義 28_432_26
初唐•禮記正義 28_434_19
初唐•禮記正義 28_435_21
初唐•禮記正義 28_443_18
初唐•禮記正義 29_444_36
初唐•禮記正義 29_444_38
初唐•禮記正義 29_444_48
初唐•禮記正義 29_445_23
初唐•禮記正義 30_465_13

初唐・十誦律 5_78_16
初唐・十誦律 5_80_11
初唐・十誦律 7_120_10
初唐・十誦律 7_126_8
初唐・十誦律 7_131_7
初唐・十誦律 8_145_4
初唐・十誦律 8_150_11
初唐・十誦律 10_180_17
初唐・十誦律 18_348_9

初唐・十誦律 19_367_5
中唐・翰苑 3_22_28
中唐・翰苑 3_27_3
中唐・翰苑 3_27_36
中唐・翰苑 3_28_10
中唐・翰苑 4_38_2
中唐・翰苑 4_40_31
中唐・翰苑 4_40_38
中唐・翰苑 4_41_29

中唐·翰苑
4_47_9

中唐·翰苑
4_47_33

中唐·翰苑
4_48_36

中唐·翰苑
5_51_29

中唐·翰苑
5_56_9

中唐·翰苑
13_162_12

中唐·翰苑
13_167_41

中唐·翰苑
13_168_31

中唐·翰苑
14_174_40

中唐·翰苑
14_179_26

中唐·翰苑
14_180_12

中唐·翰苑
14_180_25

中唐·翰苑
14_182_5

中唐·翰苑
14_182_14

中唐·翰苑
14_185_15

中唐·翰苑
15_190_6

中唐·翰苑
15_191_23

中唐·翰苑
15_192_23

中唐·翰苑
15_195_29

中唐·翰苑
16_201_12

中唐·翰苑
16_202_15

中唐·翰苑
16_202_46

中唐·翰苑
16_206_21

中唐·翰苑
17_216_11

中唐·翰苑
17_217_22

中唐·翰苑
17_217_33

中唐·翰苑
17_220_30

中唐·翰苑
17_221_7

中唐·翰苑
17_226_23

中唐·翰苑
37_478_8

中唐·翰苑
37_481_21

中唐·翰苑
38_486_16

中唐·翰苑
38_487_3

中唐·翰苑
38_493_9

中唐·翰苑
38_493_21

中唐·翰苑
38_494_21

中唐·翰苑
39_495_3

中唐·翰苑
39_495_38

中唐·翰苑
39_496_8

中唐·翰苑
39_498_7

中唐·翰苑
39_503_16

中唐·翰苑
39_505_9

中唐·翰苑
39_505_24

中唐·翰苑
40_508_28

中唐·翰苑
40_509_37

中唐·翰苑
40_510_39

中唐·翰苑
40_512_19

中唐·翰苑
40_513_3

中唐·翰苑
40_514_2

中唐·翰苑
40_518_34

中唐·翰苑
41_519_7

中唐·翰苑
41_521_3

中唐·翰苑
41_523_19

中唐·翰苑
41_523_22

中唐·翰苑
41_523_42

中唐·翰苑
41_528_9

中唐·翰苑
41_530_1

中唐·翰苑
41_530_9

中唐·翰苑
41_530_24

中唐·翰苑
42_532_21

中唐·翰苑
42_538_31

中唐·翰苑
42_542_13

中唐·翰苑
43_544_15

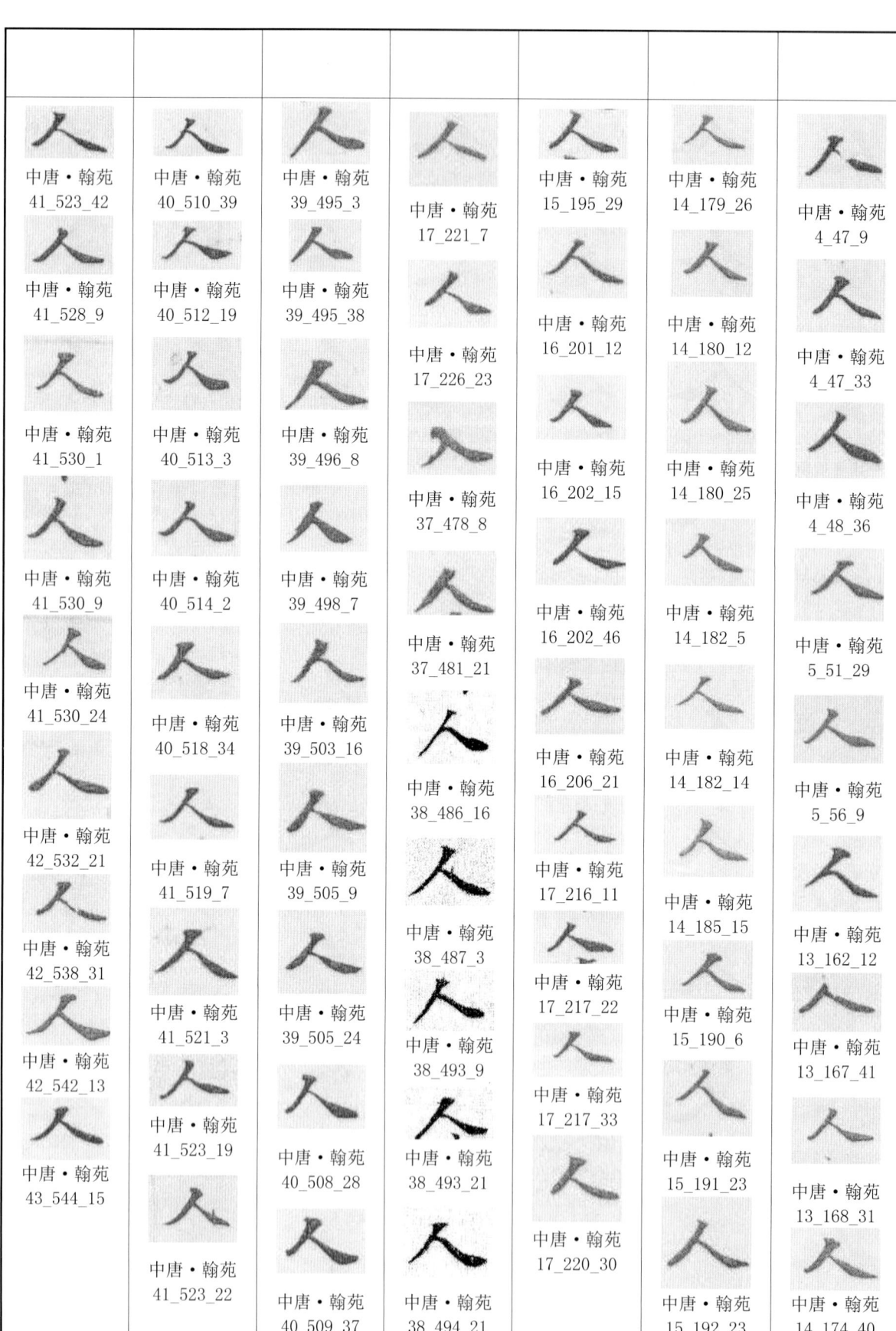

中唐・翰苑
43_544_37

中唐・翰苑
43_551_38

中唐・翰苑
43_554_31

中唐・翰苑
43_554_35

中唐・翰苑
43_555_4

中唐・翰苑
44_556_17

中唐・翰苑
45_570_1

中唐・翰苑
45_574_7

中唐・般若經
2_3_12

中唐・般若經
3_20_17

中唐・般若經
3_31_12

中唐・般若經
5_58_4

中唐・般若經
5_67_12

中唐・般若經
6_85_12

中唐・般若經
7_103_5

中唐・般若經
7_112_12

中唐・般若經
8_127_12

中唐・般若經
9_136_12

中唐・般若經
9_148_14

中唐・般若經
10_156_12

中唐・般若經
11_175_16

中唐・般若經
11_185_12

中唐・般若經
12_199_5

中唐・般若經
12_207_12

中唐・般若經
13_222_4

中唐・般若經
15_256_12

中唐・般若經
16_276_3

中唐・般若經
16_286_12

中唐・般若經
17_296_7

中唐・般若經
17_303_12

中唐・般若經
18_314_6

中唐・般若經
18_322_12

中唐・般若經
19_333_6

晚唐•摩訶止觀
1_6_8

晚唐•摩訶止觀
2_18_16

晚唐•摩訶止觀
2_19_7

晚唐•摩訶止觀
3_21_16

晚唐•摩訶止觀
3_21_25

晚唐•摩訶止觀
3_22_14

晚唐•摩訶止觀
3_23_1

晚唐•摩訶止觀
3_27_16

晚唐•摩訶止觀
3_28_8

晚唐•摩訶止觀
5_44_22

晚唐•摩訶止觀
6_49_13

晚唐•摩訶止觀
10_89_8

晚唐•摩訶止觀
11_95_24

晚唐•摩訶止觀
11_98_19

晚唐•摩訶止觀
11_99_3

晚唐•摩訶止觀
12_106_20

晚唐•摩訶止觀
12_107_1

晚唐•摩訶止觀
13_119_19

晚唐•摩訶止觀
14_120_7

晚唐•摩訶止觀
14_122_17

晚唐•摩訶止觀
14_127_13

晚唐•摩訶止觀
15_131_9

晚唐•摩訶止觀
16_143_17

晚唐•摩訶止觀
18_157_2

晚唐•摩訶止觀
45_383_16

晚唐•摩訶止觀
47_401_6

晚唐•摩訶止觀
47_401_15

晚唐•摩訶止觀
47_401_23

晚唐•摩訶止觀
47_402_4

晚唐•摩訶止觀
47_402_23

# 入人

| | 慣ジュ 漢ジュウ<br>呉ニュウ<br>訓いる | | | | | |
|---|---|---|---|---|---|---|

初唐•古文尚書 25_240_17
初唐•古文尚書 37_357_29
初唐•古文尚書 37_358_23
初唐•古文尚書 39_372_22
初唐•古文尚書 45_434_19
初唐•古文尚書 45_438_26
初唐•古文尚書 46_448_13
初唐・毛詩傳 4_35_14
初唐・毛詩傳 4_36_1

初唐•古文尚書 1_1_14
初唐•古文尚書 2_10_17
初唐•古文尚書 4_29_14
初唐•古文尚書 4_30_6
初唐•古文尚書 5_37_25
初唐•古文尚書 5_38_3
初唐•古文尚書 5_38_7
初唐•古文尚書 5_39_13
初唐•古文尚書 21_207_7

五代•大毗盧經 73_893_12
五代•大毗盧經 85_1034_14
五代•大毗盧經 94_1149_28
五代•大毗盧經 94_1149_35
五代•大毗盧經 95_1168_2

五代•大毗盧經 43_523_1
五代•大毗盧經 46_558_19
五代•大毗盧經 47_577_16
五代•大毗盧經 57_696_20
五代•大毗盧經 65_818_20
五代•大毗盧經 66_831_11
五代•大毗盧經 67_833_16
五代•大毗盧經 68_850_22
五代•大毗盧經 72_890_16

五代•密教部類 2_22_10
五代•密教部類 6_86_36
五代•密教部類 6_88_46
五代•大毗盧經 2_17_10
五代•大毗盧經 15_189_27
五代•大毗盧經 30_376_17
五代•大毗盧經 39_455_6
五代•大毗盧經 39_468_17
五代•大毗盧經 42_508_11

晚唐•摩訶止觀 56_470_21
晚唐•摩訶止觀 56_471_24
晚唐•摩訶止觀 56_472_10
晚唐•摩訶止觀 56_473_7
晚唐•摩訶止觀 56_474_15
晚唐•摩訶止觀 60_505_6
晚唐•摩訶止觀 60_509_19
晚唐•摩訶止觀 62_520_27
五代•密教部類 1_8_7

晚唐•摩訶止觀 47_403_23
晚唐•摩訶止觀 52_438_26
晚唐•摩訶止觀 52_443_7
晚唐•摩訶止觀 52_444_3
晚唐•摩訶止觀 53_447_15
晚唐•摩訶止觀 55_464_12
晚唐•摩訶止觀 55_465_2
晚唐•摩訶止觀 55_466_16
晚唐•摩訶止觀 55_468_25

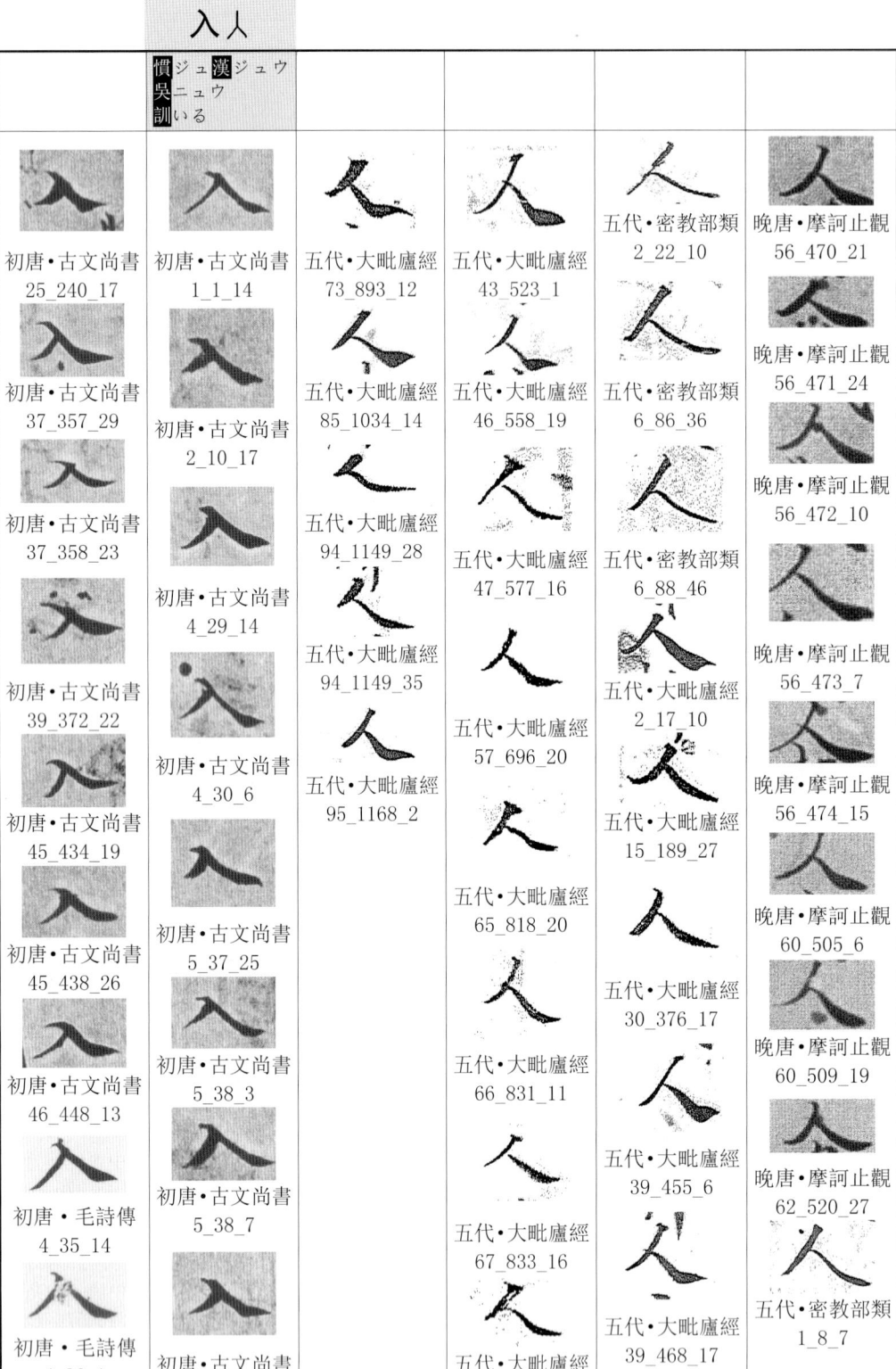

| | | | | | | |
|---|---|---|---|---|---|---|
| 中唐•翰苑 16_209_5 | 中唐•翰苑 6_71_39 | 初唐•十誦律 7_132_13 | 初唐•禮記正義 30_461_13 | 初唐•禮記正義 17_255_23 | 初唐•禮記正義 13_208_14 | 初唐•禮記正義 2_30_29 |
| 中唐•翰苑 17_217_36 | 中唐•翰苑 6_77_4 | 初唐•十誦律 8_150_1 | 初唐•禮記正義 30_463_7 | 初唐•禮記正義 17_256_23 | 初唐•禮記正義 13_208_28 | 初唐•禮記正義 2_32_9 |
| 中唐•翰苑 17_221_21 | 中唐•翰苑 7_80_18 | 初唐•十誦律 8_152_1 | 初唐•禮記正義 30_463_15 | 初唐•禮記正義 18_268_8 | 初唐•禮記正義 14_218_27 | 初唐•禮記正義 2_33_2 |
| 中唐•翰苑 20_268_4 | 中唐•翰苑 7_91_28 | 中唐•翰苑 2_18_4 | 初唐•十誦律 2_20_8 | 初唐•禮記正義 18_269_4 | 初唐•禮記正義 14_220_8 | 初唐•禮記正義 2_33_17 |
| 中唐•翰苑 22_296_1 | 中唐•翰苑 10_131_33 | 中唐•翰苑 2_19_27 | 初唐•十誦律 2_28_3 | 初唐•禮記正義 28_440_1 | 初唐•禮記正義 14_220_17 | 初唐•禮記正義 3_35_3 |
| 中唐•翰苑 24_315_25 | 中唐•翰苑 13_164_7 | 中唐•翰苑 3_22_5 | 初唐•十誦律 4_72_15 | 初唐•禮記正義 28_440_9 | 初唐•禮記正義 14_222_7 | 初唐•禮記正義 11_171_2 |
| 中唐•翰苑 24_315_35 | 中唐•翰苑 14_186_26 | 中唐•翰苑 3_22_9 | 初唐•十誦律 7_119_15 | 初唐•禮記正義 29_448_10 | 初唐•禮記正義 15_224_4 | 初唐•禮記正義 13_206_6 |
| 中唐•翰苑 24_316_11 | 中唐•翰苑 15_194_4 | 中唐•翰苑 5_50_19 | 初唐•十誦律 7_121_17 | 初唐•禮記正義 29_459_21 | 初唐•禮記正義 15_224_26 | 初唐•禮記正義 13_207_6 |
| 中唐•翰苑 24_317_43 | 中唐•翰苑 15_200_2 | 中唐•翰苑 6_68_12 | 初唐•十誦律 7_130_10 | 初唐•禮記正義 30_461_6 | 初唐•禮記正義 16_250_6 | 初唐•禮記正義 13_207_20 |

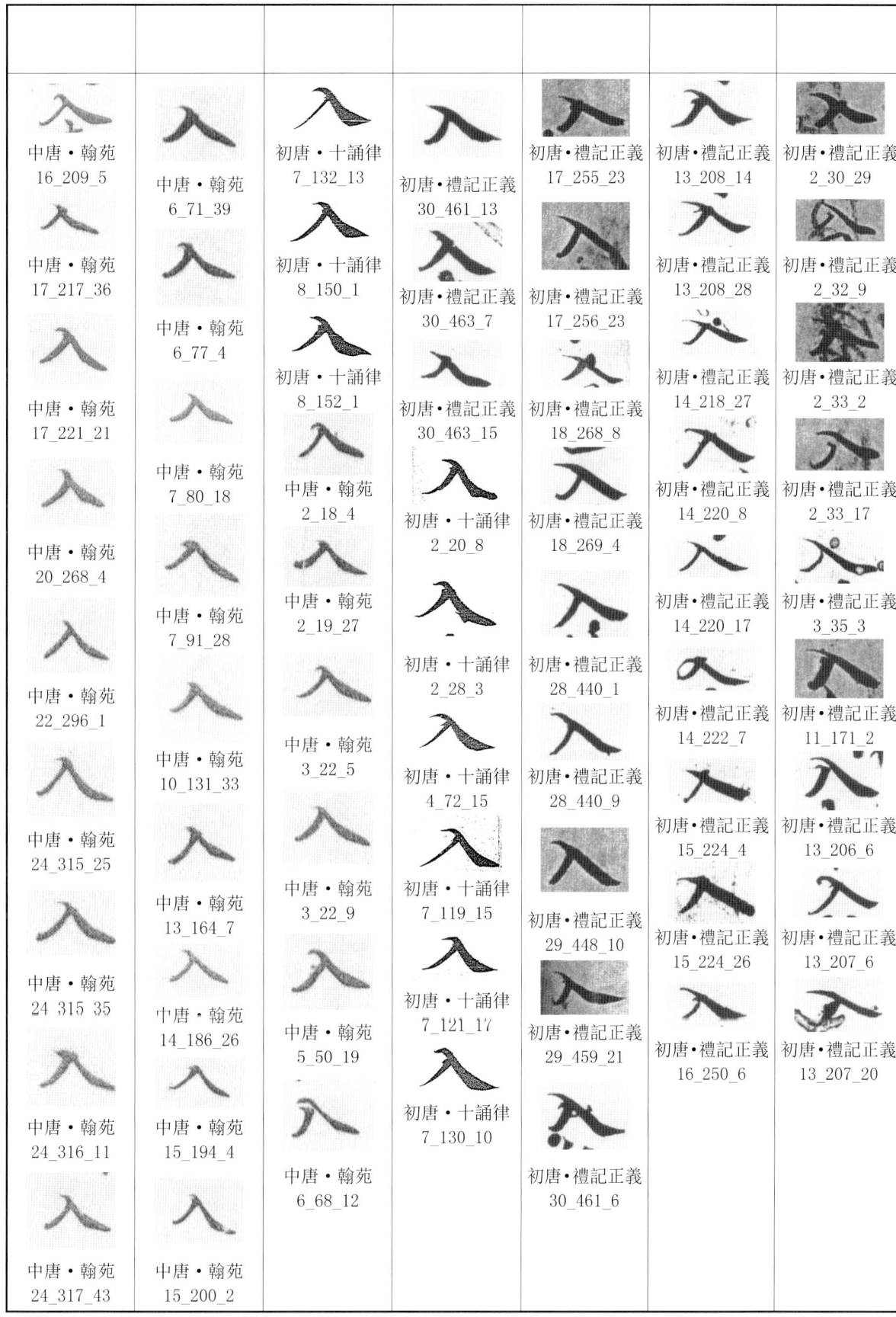

晚唐•摩訶止觀
56_474_9

晚唐•摩訶止觀
60_503_14

晚唐•摩訶止觀
60_507_11

五代•密教部類
1_3_18

五代•密教部類
3_34_40

五代•密教部類
4_44_6

五代•大毗盧經
2_9_5

五代•大毗盧經
9_108_16

五代•大毗盧經
10_116_14

晚唐•摩訶止觀
24_207_18

晚唐•摩訶止觀
26_228_18

晚唐•摩訶止觀
30_262_25

晚唐•摩訶止觀
31_268_27

晚唐•摩訶止觀
38_331_1

晚唐•摩訶止觀
38_332_12

晚唐•摩訶止觀
49_418_23

晚唐•摩訶止觀
49_419_2

晚唐•摩訶止觀
51_436_27

晚唐•摩訶止觀
9_75_10

晚唐•摩訶止觀
9_75_15

晚唐•摩訶止觀
9_75_19

晚唐•摩訶止觀
9_79_2

晚唐•摩訶止觀
9_79_5

晚唐•摩訶止觀
9_79_8

晚唐•摩訶止觀
11_96_6

晚唐•摩訶止觀
15_131_19

晚唐•摩訶止觀
21_186_4

晚唐•摩訶止觀
8_71_21

晚唐•摩訶止觀
8_72_9

晚唐•摩訶止觀
8_72_15

晚唐•摩訶止觀
8_73_2

晚唐•摩訶止觀
8_73_17

晚唐•摩訶止觀
8_73_24

晚唐•摩訶止觀
8_74_2

晚唐•摩訶止觀
8_74_17

晚唐•摩訶止觀
8_74_24

晚唐•摩訶止觀
1_9_3

晚唐•摩訶止觀
2_19_12

晚唐•摩訶止觀
6_51_22

晚唐•摩訶止觀
8_68_5

晚唐•摩訶止觀
8_68_14

晚唐•摩訶止觀
8_68_17

晚唐•摩訶止觀
8_70_11

晚唐•摩訶止觀
8_71_1

晚唐•摩訶止觀
8_71_8

中唐 • 翰苑
34_440_7

中唐 • 翰苑
34_440_15

中唐 • 翰苑
34_440_31

中唐 • 翰苑
35_447_2

中唐 • 翰苑
38_484_2

中唐 • 翰苑
40_518_18

中唐 • 翰苑
42_542_14

中唐 • 翰苑
43_553_21

中唐 • 翰苑
44_556_4

中唐 • 翰苑
24_320_40

中唐 • 翰苑
29_373_12

中唐 • 翰苑
29_373_43

中唐 • 翰苑
29_382_4

中唐 • 翰苑
30_392_9

中唐 • 翰苑
30_394_21

中唐 • 翰苑
31_398_11

中唐 • 翰苑
33_430_35

中唐 • 翰苑
33_433_18

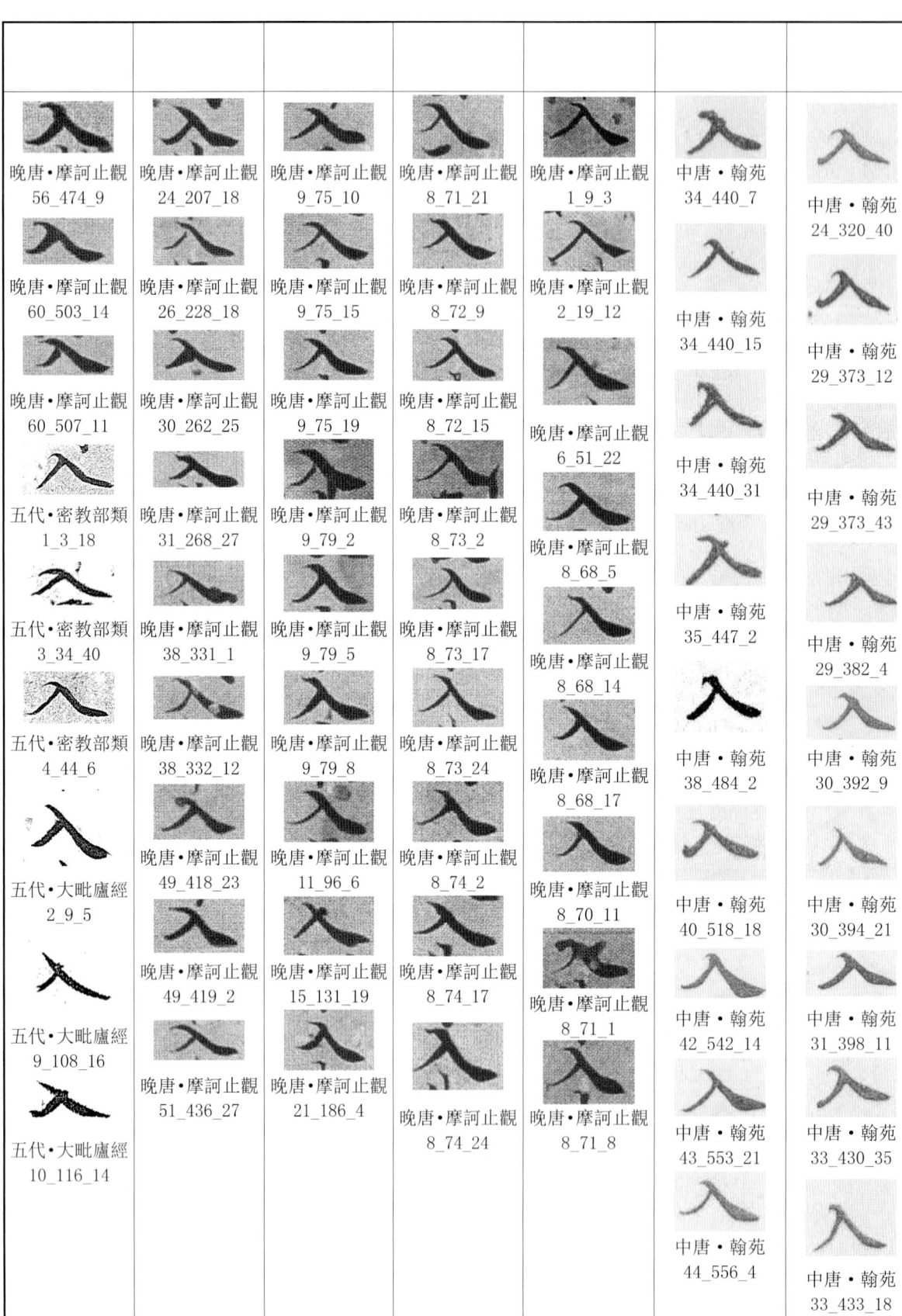

五代・大毗盧經
11_137_11

五代・大毗盧經
13_158_2

五代・大毗盧經
15_186_8

五代・大毗盧經
15_187_7

五代・大毗盧經
15_195_21

五代・大毗盧經
23_297_9

五代・大毗盧經
24_302_18

五代・大毗盧經
24_303_7

五代・大毗盧經
78_946_3

五代・大毗盧經
79_954_10

五代・大毗盧經
80_975_23

五代・大毗盧經
87_1063_33

五代・大毗盧經
89_1087_9

五代・大毗盧經
90_1097_13

五代・大毗盧經
90_1099_2

五代・大毗盧經
91_1110_12

五代・大毗盧經
92_1133_2

五代・大毗盧經
94_1156_9

五代・大毗盧經
97_1196_2

五代・大毗盧經
97_1199_7

## 仄 仄

慣ソク漢ショク
吳シキ
訓かたわら

初唐・古文尚書
38_366_7

## 仁 仁

慣ニ漢ジン吳ニ
訓いくつしむ

初唐・古文尚書
32_303_13

中唐・翰苑
14_181_4

中唐・翰苑
20_263_26

中唐・翰苑
20_264_30

中唐・翰苑
32_417_31

中唐・翰苑
32_417_35

中唐・翰苑
35_456_23

中唐・翰苑
40_515_29

中唐・翰苑
41_520_13

中唐・翰苑
41_529_4

晚唐・摩訶止觀
21_183_11

五代・密教部類
2_12_4

五代・密教部類
2_24_1

五代・密教部類
3_27_19

五代・密教部類
3_30_10

五代・密教部類
3_32_23

五代・密教部類
3_35_17

五代・密教部類
4_45_22

五代・密教部類
4_46_10

五代・密教部類
4_49_12

五代・密教部類
4_50_10

五代・密教部類
4_52_7

五代・密教部類
4_56_15

五代・密教部類
5_62_19

| 化 | | 仇 | 仆 | 什 | | |
|---|---|---|---|---|---|---|
| 漢カ呉ケ<br>訓ばける | | 漢キュウ/呉グ<br>訓あだ | ホク<br>訓たおれる | 漢シュウ呉ジュウ<br>訓とお | | |
| <br>初唐•古文尚書<br>8_61_31<br><br>初唐•古文尚書<br>25_248_10<br>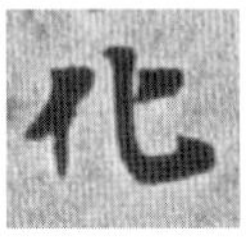<br>初唐•古文尚書<br>28_272_19<br><br>初唐•古文尚書<br>31_288_18<br>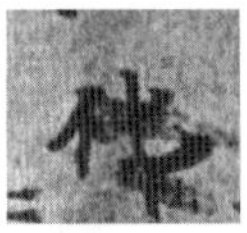<br>初唐•古文尚書<br>31_289_17<br><br>初唐•古文尚書<br>31_290_23<br><br>初唐•古文尚書<br>33_307_24<br><br>初唐•古文尚書<br>33_308_1<br>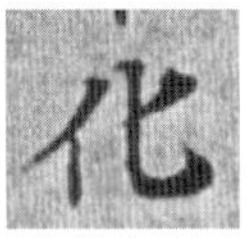<br>初唐•古文尚書<br>34_318_30 | <br>中唐・翰苑<br>39_506_20<br><br>中唐・翰苑<br>40_507_1<br><br>中唐・翰苑<br>40_509_1 | <br>中唐・翰苑<br>11_137_44<br><br>中唐・翰苑<br>14_182_7<br><br>中唐・翰苑<br>14_182_26<br><br>中唐・翰苑<br>16_202_27<br><br>中唐・翰苑<br>17_222_15<br><br>中唐・翰苑<br>17_222_25<br><br>中唐・翰苑<br>27_354_16<br><br>中唐・翰苑<br>27_357_12 | <br>初唐•古文尚書<br>7_53_18 | <br>中唐・翰苑<br>7_88_31 | <br>五代•密教部類<br>6_89_33<br><br>五代•大毗盧經<br>24_309_9<br><br>五代•大毗盧經<br>72_890_14 | <br>五代•密教部類<br>5_64_15<br><br>五代•密教部類<br>5_65_11<br><br>五代•密教部類<br>5_66_15<br><br>五代•密教部類<br>5_67_12<br><br>五代•密教部類<br>5_68_12<br><br>五代•密教部類<br>5_69_13<br><br>五代•密教部類<br>6_84_28<br><br>五代•密教部類<br>6_88_20 |

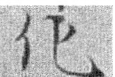

初唐•古文尚書 38_360_5
初唐•古文尚書 40_383_15
初唐•古文尚書 40_384_12
初唐•古文尚書 40_386_15
初唐•古文尚書 40_390_23
初唐•古文尚書 42_406_30
初唐•禮記正義 21_316_17
中唐•翰苑 5_50_3
中唐•翰苑 12_154_18

中唐•翰苑 14_183_7
中唐•翰苑 17_222_34
中唐•翰苑 35_456_16
中唐•翰苑 36_458_14
中唐•翰苑 37_470_25
中唐•翰苑 38_487_7
中唐•翰苑 40_511_22
中唐•翰苑 40_516_23
中唐•翰苑 40_517_15

中唐•翰苑 40_518_24
中唐•翰苑 41_529_22
晚唐•摩訶止觀 2_20_13
晚唐•摩訶止觀 3_26_23
晚唐•摩訶止觀 3_27_24
晚唐•摩訶止觀 14_127_24
晚唐•摩訶止觀 17_150_16
晚唐•摩訶止觀 19_169_4
晚唐•摩訶止觀 32_277_19

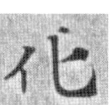

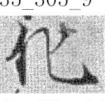

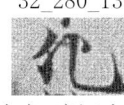

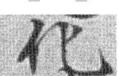

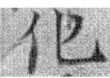

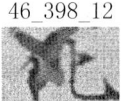

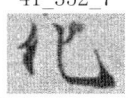

晚唐•摩訶止觀 32_280_13
晚唐•摩訶止觀 32_282_9
晚唐•摩訶止觀 33_285_2
晚唐•摩訶止觀 33_286_3
晚唐•摩訶止觀 33_290_27
晚唐•摩訶止觀 34_293_27
晚唐•摩訶止觀 34_296_21
晚唐•摩訶止觀 34_298_29
晚唐•摩訶止觀 35_305_4

晚唐•摩訶止觀 35_305_9
晚唐•摩訶止觀 37_318_3
晚唐•摩訶止觀 37_318_15
晚唐•摩訶止觀 41_352_7
晚唐•摩訶止觀 43_368_13
晚唐•摩訶止觀 43_368_24
晚唐•摩訶止觀 43_369_10
晚唐•摩訶止觀 43_369_23
晚唐•摩訶止觀 43_370_8

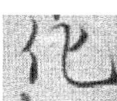

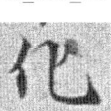

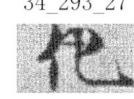

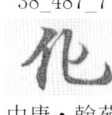

晚唐•摩訶止觀 43_370_20
晚唐•摩訶止觀 45_383_26
晚唐•摩訶止觀 46_397_13
晚唐•摩訶止觀 46_398_12
晚唐•摩訶止觀 52_445_7
五代•大毗盧經 7_74_9
五代•大毗盧經 7_74_14
五代•大毗盧經 26_332_39
五代•大毗盧經 41_494_45

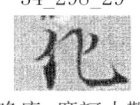

五代•大毗盧經 57_696_42
五代•大毗盧經 67_848_37
五代•大毗盧經 77_938_14
五代•大毗盧經 78_942_35
五代•大毗盧經 89_1093_12
五代•大毗盧經 91_1120_12

| | | 今 | | 从 | 介 | 仍 |
|---|---|---|---|---|---|---|
| | | 漢キン呉コン<br>訓いま | | 慣ジュウ漢シュウ呉ジュ<br>訓したがう | 漢カイ呉ケ<br>訓はさまる | 漢ジョウ呉ニョウ<br>訓よる |
| 初唐•古文尚書<br>16_146_10 | 初唐•古文尚書<br>13_114_13 | 初唐•古文尚書<br>6_50_19 | 初唐•古文尚書<br>37_356_26 | 初唐•古文尚書<br>7_52_13 | 初唐•禮記正義<br>15_234_2 | 初唐•禮記正義<br>29_450_16 |
| 初唐•古文尚書<br>17_156_4 | 初唐•古文尚書<br>13_115_4 | 初唐•古文尚書<br>7_51_13 | 初唐•古文尚書<br>47_459_2 | 初唐•古文尚書<br>7_59_1 | 初唐•禮記正義<br>15_234_7 | 中唐・翰苑<br>14_178_26 |
| 初唐•古文尚書<br>22_208_25 | 初唐•古文尚書<br>13_120_16 | 初唐•古文尚書<br>7_51_24 | 初唐•古文尚書<br>47_459_4 | 初唐•古文尚書<br>10_85_8 | 初唐•禮記正義<br>20_304_12 | 中唐・翰苑<br>18_237_10 |
| 初唐•古文尚書<br>25_247_24 | 初唐•古文尚書<br>14_127_16 | 初唐•古文尚書<br>7_53_8 | | 初唐•古文尚書<br>12_107_2 | 初唐•禮記正義<br>22_328_9 | 中唐・翰苑<br>33_426_15 |
| 初唐•古文尚書<br>26_252_4 | 初唐•古文尚書<br>14_131_24 | 初唐•古文尚書<br>8_62_1 | | 初唐•古文尚書<br>14_133_4 | 初唐•禮記正義<br>24_372_15 | 五代•密教部類<br>1_8_4 |
| 初唐•古文尚書<br>27_266_26 | 初唐•古文尚書<br>15_137_8 | 初唐•古文尚書<br>11_93_18 | | 初唐•古文尚書<br>19_180_24 | 初唐•禮記正義<br>25_373_18 | |
| 初唐•古文尚書<br>27_268_2 | 初唐•古文尚書<br>15_137_20 | 初唐•古文尚書<br>12_105_14 | | 初唐•古文尚書<br>19_181_3 | 初唐•禮記正義<br>25_374_1 | |
| 初唐•古文尚書<br>27_268_11 | 初唐•古文尚書<br>15_141_23 | 初唐•古文尚書<br>12_107_25 | | 初唐•古文尚書<br>20_189_14 | | |
| 初唐•古文尚書<br>27_269_29 | 初唐•古文尚書<br>15_143_25 | 初唐•古文尚書<br>13_114_10 | | | | |

| | | | | | | |
|---|---|---|---|---|---|---|
| 初唐・十誦律 2_29_5 | 初唐・禮記正義 18_279_3 | 初唐・禮記正義 6_87_21 | 初唐・毛詩傳 6_64_33 | 初唐・古文尚書 48_466_14 | 初唐・古文尚書 38_363_15 | 初唐・古文尚書 28_274_1 |
| 初唐・十誦律 2_31_2 | 初唐・禮記正義 20_299_14 | 初唐・禮記正義 6_97_15 | 初唐・毛詩傳 6_65_27 | 初唐・古文尚書 48_473_31 | 初唐・古文尚書 43_414_26 | 初唐・古文尚書 28_278_23 |
| 初唐・十誦律 3_51_16 | 初唐・禮記正義 20_301_12 | 初唐・禮記正義 8_126_5 | 初唐・毛詩傳 6_66_12 | 初唐・古文尚書 49_475_5 | 初唐・古文尚書 43_415_19 | 初唐・古文尚書 29_282_7 |
| 初唐・十誦律 4_70_10 | 初唐・禮記正義 24_370_14 | 初唐・禮記正義 12_180_12 | 初唐・毛詩傳 7_69_25 | 初唐・毛詩傳 1_7_9 | 初唐・古文尚書 43_416_8 | 初唐・古文尚書 31_296_24 |
| 初唐・十誦律 6_96_9 | 初唐・禮記正義 26_399_16 | 初唐・禮記正義 12_193_12 | 初唐・毛詩傳 7_72_23 | 初唐・毛詩傳 1_9_14 | 初唐・古文尚書 44_423_36 | 初唐・古文尚書 32_297_7 |
| 初唐・十誦律 8_134_16 | 初唐・禮記正義 27_425_18 | 初唐・禮記正義 14_216_22 | 初唐・毛詩傳 10_103_23 | 初唐・毛詩傳 2_14_5 | 初唐・古文尚書 44_424_10 | 初唐・古文尚書 32_305_13 |
| 初唐・十誦律 8_142_17 | 初唐・禮記正義 27_426_8 | 初唐・禮記正義 14_220_3 | 初唐・毛詩傳 10_106_14 | 初唐・毛詩傳 2_18_6 | 初唐・古文尚書 44_431_21 | 初唐・古文尚書 33_311_12 |
| 初唐・十誦律 9_154_15 | 初唐・禮記正義 30_475_22 | 初唐・禮記正義 16_250_14 | 初唐・禮記正義 1_12_25 | 初唐・毛詩傳 5_52_24 | 初唐・古文尚書 44_432_12 | 初唐・古文尚書 35_334_9 |
| 中唐・翰苑 4_42_2 | 初唐・十誦律 1_12_14 | 初唐・禮記正義 17_257_14 | 初唐・禮記正義 2_32_22 | 初唐・毛詩傳 5_53_21 | 初唐・古文尚書 48_466_1 | 初唐・古文尚書 35_334_19 |

中唐・翰苑 7_79_14
中唐・翰苑 8_99_25
中唐・翰苑 9_114_8
中唐・翰苑 9_115_8
中唐・翰苑 9_118_15
中唐・翰苑 10_125_21
中唐・翰苑 10_131_19
令臣尤等 中唐・翰苑 10_131_28
号令 中唐・翰苑 13_167_8

中唐・翰苑 14_180_10
中唐・翰苑 18_238_14
中唐・翰苑 20_256_15
中唐・翰苑 22_289_14
中唐・翰苑 22_291_23
中唐・翰苑 24_312_20
中唐・翰苑 24_316_27
中唐・翰苑 24_318_27
中唐・翰苑 25_323_5

中唐・翰苑 26_336_30
中唐・翰苑 26_341_15
中唐・翰苑 26_341_34
中唐・翰苑 32_413_10
中唐・翰苑 32_415_23
中唐・翰苑 35_449_25
中唐・翰苑 38_487_26
中唐・翰苑 39_497_19
中唐・翰苑 45_570_16

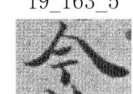

中唐・翰苑 45_571_11
晚唐•摩訶止觀 6_55_23
晚唐•摩訶止觀 12_110_6
晚唐•摩訶止觀 13_112_5
晚唐•摩訶止觀 15_133_14
晚唐•摩訶止觀 16_138_17
晚唐•摩訶止觀 16_143_22
晚唐•摩訶止觀 18_155_17
晚唐•摩訶止觀 19_162_9

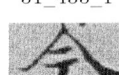

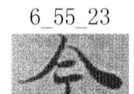

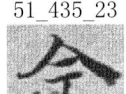

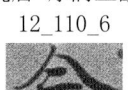

晚唐•摩訶止觀 19_163_5
晚唐•摩訶止觀 19_167_17
晚唐•摩訶止觀 20_172_3
晚唐•摩訶止觀 20_176_21
晚唐•摩訶止觀 20_177_17
晚唐•摩訶止觀 25_218_18
晚唐•摩訶止觀 28_246_2
晚唐•摩訶止觀 39_340_12
晚唐•摩訶止觀 40_341_8

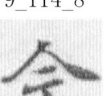

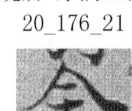

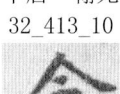

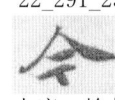

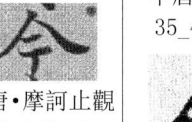

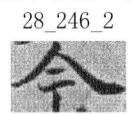

晚唐•摩訶止觀 41_357_26
晚唐•摩訶止觀 51_435_1
晚唐•摩訶止觀 51_435_23
晚唐•摩訶止觀 61_511_22
五代•密教部類 1_5_12
五代•密教部類 1_8_12
五代•大毗盧經 2_13_11
五代•大毗盧經 3_36_2
五代•大毗盧經 4_45_9

五代•大毗盧經 5_50_16
五代•大毗盧經 5_55_2
五代•大毗盧經 6_64_16
五代•大毗盧經 10_122_16
五代•大毗盧經 11_130_10
五代•大毗盧經 20_256_3
五代•大毗盧經 27_337_25
五代•大毗盧經 51_629_22
五代•大毗盧經 53_647_22

イ

訓 ゆえに

五代•大毗盧經 56_686_32
五代•大毗盧經 57_693_23
五代•大毗盧經 57_696_25
五代•大毗盧經 57_696_28
五代•大毗盧經 61_757_15
五代•大毗盧經 63_774_6

初唐•古文尚書 1_1_26
初唐•古文尚書 1_3_20
初唐•古文尚書 2_16_9
初唐•古文尚書 3_23_3
初唐•古文尚書 3_23_7
初唐•古文尚書 3_25_19
初唐•古文尚書 5_39_21
初唐•古文尚書 6_47_31

初唐•古文尚書 6_48_8
初唐•古文尚書 6_48_22
初唐•古文尚書 6_48_30
初唐•古文尚書 7_55_20
初唐•古文尚書 7_57_32
初唐•古文尚書 7_58_13
初唐•古文尚書 7_60_27
初唐•古文尚書 9_73_5

初唐•古文尚書 9_73_24
初唐•古文尚書 9_77_32
初唐•古文尚書 9_78_12
初唐•古文尚書 9_78_20
初唐•古文尚書 10_85_30
初唐•古文尚書 10_91_10
初唐•古文尚書 10_91_22
初唐•古文尚書 11_94_17

初唐•古文尚書 11_97_7
初唐•古文尚書 11_101_28
初唐•古文尚書 11_102_22
初唐•古文尚書 19_178_2
初唐•古文尚書 19_178_18
初唐•古文尚書 19_179_2
初唐•古文尚書 19_179_22
初唐•古文尚書 19_181_9

初唐•古文尚書 19_181_13
初唐•古文尚書 20_187_2
初唐•古文尚書 20_187_14
初唐•古文尚書 20_188_10
初唐•古文尚書 20_189_24
初唐•古文尚書 20_190_9
初唐•古文尚書 20_195_3
初唐•古文尚書 20_196_13

初唐•古文尚書 21_200_31
初唐•古文尚書 21_203_10
初唐•古文尚書 21_203_30
初唐•古文尚書 22_210_7
初唐•古文尚書 22_210_14
初唐•古文尚書 22_211_1
初唐•古文尚書 22_213_8
初唐•古文尚書 22_213_22

初唐•古文尚書 22_214_9
初唐•古文尚書 22_215_5
初唐•古文尚書 23_224_26
初唐•古文尚書 23_225_10
初唐•古文尚書 24_232_7
初唐•古文尚書 24_232_22
初唐•古文尚書 24_235_17
初唐•古文尚書 24_235_27

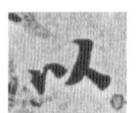

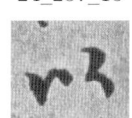

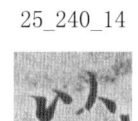

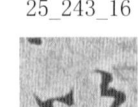

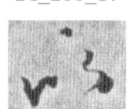

初唐•古文尚書 24_237_15
初唐•古文尚書 25_240_14
初唐•古文尚書 25_243_16
初唐•古文尚書 25_247_13
初唐•古文尚書 25_248_24
初唐•古文尚書 25_248_31
初唐•古文尚書 25_249_23
初唐•古文尚書 26_251_4

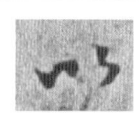

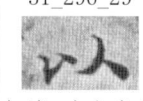

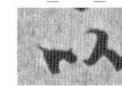

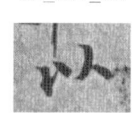

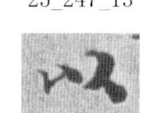

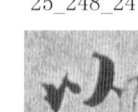

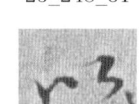

初唐•古文尚書 26_253_31
初唐•古文尚書 27_261_13
初唐•古文尚書 28_274_14
初唐•古文尚書 29_280_16
初唐•古文尚書 29_284_1
初唐•古文尚書 31_290_5
初唐•古文尚書 31_292_23
初唐•古文尚書 31_292_31

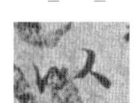

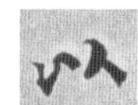

初唐•古文尚書 31_296_29
初唐•古文尚書 32_297_12
初唐•古文尚書 32_301_13
初唐•古文尚書 32_301_24
初唐•古文尚書 32_302_25
初唐•古文尚書 32_303_12
初唐•古文尚書 32_303_18
初唐•古文尚書 32_305_2

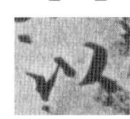

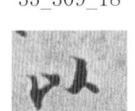

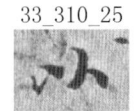

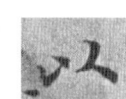

初唐•古文尚書 32_306_5
初唐•古文尚書 33_307_7
初唐•古文尚書 33_309_18
初唐•古文尚書 33_310_25
初唐•古文尚書 33_311_21
初唐•古文尚書 33_311_34
初唐•古文尚書 33_312_17
初唐•古文尚書 33_313_7

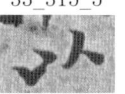

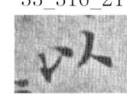

初唐•古文尚書 33_315_5
初唐•古文尚書 33_316_21
初唐•古文尚書 34_321_18
初唐•古文尚書 34_323_4
初唐•古文尚書 34_325_4
初唐•古文尚書 34_325_15
初唐•古文尚書 34_325_23
初唐•古文尚書 35_328_4

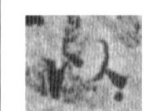

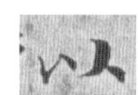

初唐•古文尚書 35_330_29
初唐•古文尚書 35_338_31
初唐•古文尚書 36_340_25
初唐•古文尚書 36_341_26
初唐•古文尚書 36_343_13
初唐•古文尚書 36_344_2
初唐•古文尚書 37_352_3
初唐•古文尚書 37_353_9

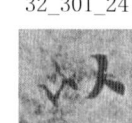

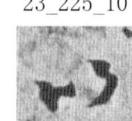

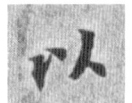

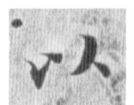

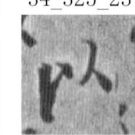

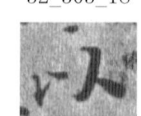

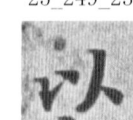

初唐•古文尚書 37_354_6
初唐•古文尚書 37_354_20
初唐•古文尚書 37_354_24
初唐•古文尚書 37_357_21
初唐•古文尚書 37_358_13
初唐•古文尚書 38_365_32
初唐•古文尚書 39_370_18
初唐•古文尚書 39_371_27

初唐•古文尚書 42_403_21
初唐•古文尚書 42_405_9
初唐•古文尚書 42_406_1
初唐•古文尚書 42_406_14
初唐•古文尚書 42_406_31
初唐•古文尚書 42_409_25
初唐•古文尚書 43_416_28
初唐•古文尚書 43_418_17

初唐•古文尚書 43_418_23
初唐•古文尚書 43_418_31
初唐•古文尚書 43_419_21
初唐•古文尚書 43_420_23
初唐•古文尚書 43_421_15
初唐•古文尚書 44_426_27
初唐•古文尚書 44_427_19
初唐•古文尚書 44_428_24

初唐•古文尚書 44_429_12
初唐•古文尚書 44_429_19
初唐•古文尚書 44_429_25
初唐•古文尚書 44_431_14
初唐•古文尚書 45_438_21
初唐•古文尚書 46_451_7
初唐•古文尚書 46_452_11
初唐•古文尚書 46_453_8

初唐•古文尚書 46_453_27
初唐•古文尚書 47_456_30
初唐•古文尚書 47_457_10
初唐•古文尚書 47_458_12
初唐•古文尚書 47_458_19
初唐•古文尚書 48_465_8
初唐•古文尚書 48_468_6
初唐•古文尚書 48_468_13

初唐•古文尚書 48_470_5
初唐•古文尚書 48_470_23
初唐•古文尚書 49_477_3
初唐•古文尚書 49_477_19
初唐・毛詩傳 1_3_2
初唐・毛詩傳 1_3_9
初唐・毛詩傳 1_9_10
初唐・毛詩傳 3_22_13

初唐・毛詩傳 3_23_13
初唐・毛詩傳 3_24_14
初唐・毛詩傳 3_26_4
初唐・毛詩傳 4_34_19
初唐・毛詩傳 4_35_2
初唐・毛詩傳 4_38_13
初唐・毛詩傳 4_41_39
初唐・毛詩傳 4_43_18

| | | | | | | |
|---|---|---|---|---|---|---|
| 初唐・般若經 2_5_7 | 初唐・十誦律 3_44_9 | 初唐•禮記正義 29_458_8 | 初唐•禮記正義 23_353_16 | 初唐•禮記正義 4_65_15 | 初唐•禮記正義 1_10_7 | 初唐・毛詩傳 5_48_1 |
| 初唐・般若經 2_8_9 | 初唐・十誦律 3_47_4 | 初唐•禮記正義 30_465_14 | 初唐•禮記正義 28_441_22 | 初唐•禮記正義 4_65_18 | 初唐•禮記正義 2_20_12 | 初唐・毛詩傳 5_48_13 |
| 初唐・般若經 2_11_12 | 初唐・十誦律 3_48_17 | 初唐•禮記正義 30_465_27 | 初唐•禮記正義 29_446_5 | 初唐•禮記正義 5_68_5 | 初唐•禮記正義 3_34_18 | 初唐・毛詩傳 5_53_30 |
| 初唐・般若經 2_15_2 | 初唐・十誦律 3_49_7 | 初唐•禮記正義 30_467_24 | 初唐•禮記正義 29_446_15 | 初唐•禮記正義 5_71_32 | 初唐•禮記正義 3_35_21 | 初唐・毛詩傳 6_63_22 |
| 初唐・般若經 3_18_7 | 初唐・十誦律 4_67_7 | 初唐•禮記正義 30_468_23 | 初唐•禮記正義 29_449_21 | 初唐•禮記正義 23_352_6 | 初唐•禮記正義 3_36_23 | 初唐・毛詩傳 6_64_18 |
| 初唐・般若經 3_21_14 | 初唐・十誦律 4_67_14 | 初唐・十誦律 1_11_9 | 初唐•禮記正義 29_453_6 | 初唐•禮記正義 23_352_16 | 初唐•禮記正義 3_38_17 | 初唐・毛詩傳 6_66_27 |
| 初唐・般若經 3_25_2 | 初唐・十誦律 9_162_14 | 初唐・十誦律 1_11_16 | 初唐•禮記正義 29_453_18 | 初唐•禮記正義 23_352_20 | 初唐•禮記正義 3_39_14 | 初唐•禮記正義 1_8_8 |
| 初唐・般若經 3_29_8 | 初唐・十誦律 9_163_4 | 初唐・十誦律 2_25_8 | 初唐•禮記正義 29_456_14 | 初唐•禮記正義 23_353_13 | 初唐•禮記正義 3_41_19 | 初唐•禮記正義 1_9_12 |

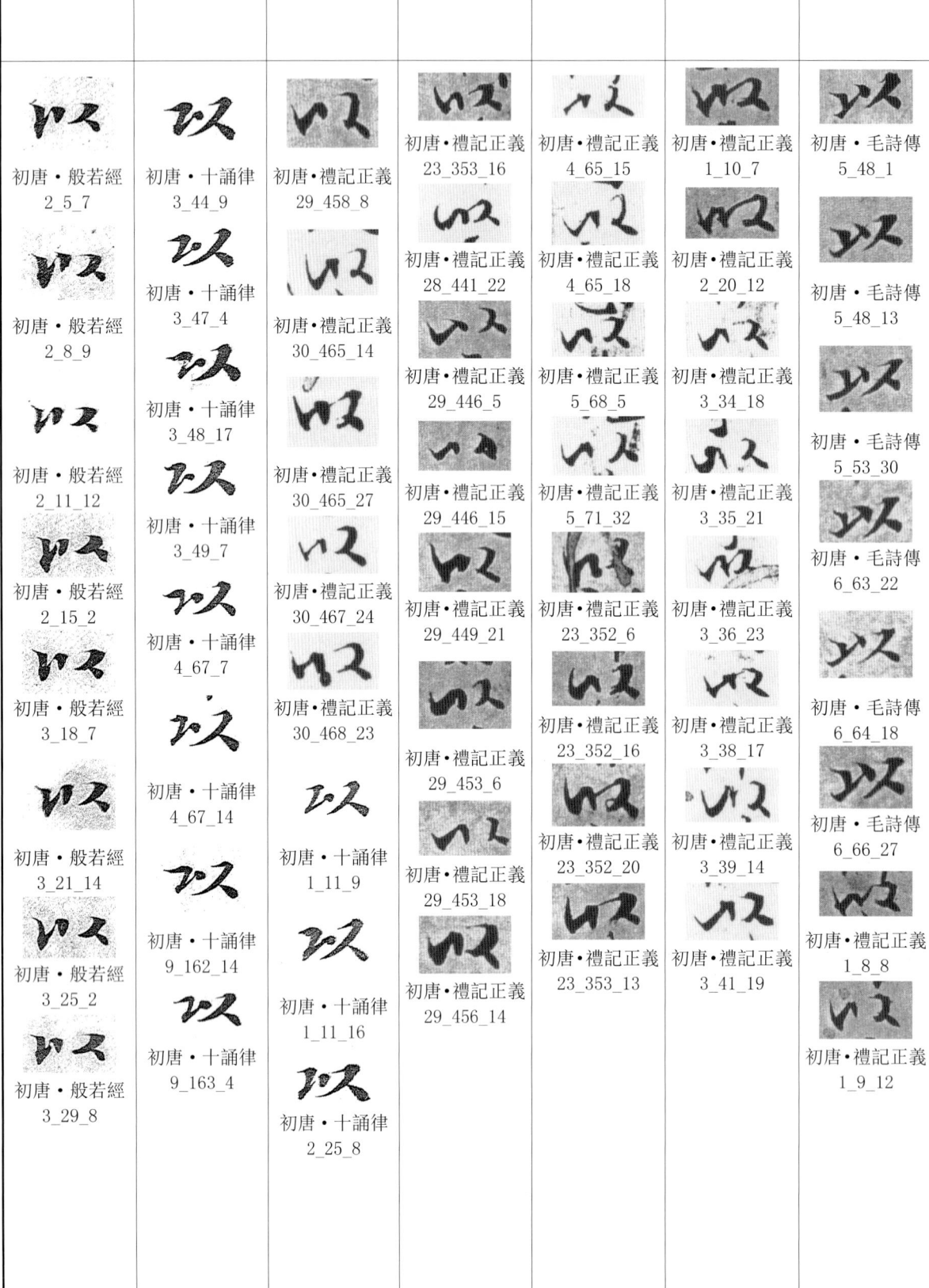

| | | | | | | |
|---|---|---|---|---|---|---|
| 中唐•翰苑 30_391_21 | 中唐•翰苑 30_384_40 | 中唐•翰苑 4_37_24 | 中唐•翰苑 3_22_21 | 初唐•般若經 26_392_8 | 初唐•般若經 24_361_15 | 初唐•般若經 3_33_2 |
| 中唐•翰苑 30_392_28 | 中唐•翰苑 30_385_2 | 中唐•翰苑 4_41_38 | 中唐•翰苑 3_27_39 | 初唐•般若經 26_396_5 | 初唐•般若經 24_365_12 | 初唐•般若經 4_37_8 |
| 中唐•翰苑 35_455_34 | 中唐•翰苑 30_385_10 | 中唐•翰苑 4_42_21 | 中唐•翰苑 3_28_19 | 初唐•般若經 26_400_6 | 初唐•般若經 24_369_9 | 初唐•般若經 4_41_2 |
| 中唐•翰苑 36_460_14 | 中唐•翰苑 30_387_12 | 中唐•翰苑 4_43_6 | 中唐•翰苑 3_29_24 | 中唐•翰苑 2_10_7 | 初唐•般若經 24_372_14 | 初唐•般若經 4_45_8 |
| 中唐•翰苑 36_467_32 | 中唐•翰苑 30_387_21 | 中唐•翰苑 4_43_12 | 中唐•翰苑 3_32_25 | 中唐•翰苑 2_14_6 | 初唐•般若經 25_376_5 | 初唐•般若經 4_49_2 |
| 中唐•翰苑 36_468_14 | 中唐•翰苑 30_388_26 | 中唐•翰苑 4_44_8 | 中唐•翰苑 4_36_9 | 中唐•翰苑 2_16_23 | 初唐•般若經 25_381_5 | 初唐•般若經 5_53_8 |
| 中唐•翰苑 37_471_37 | 中唐•翰苑 30_389_30 | 中唐•翰苑 4_48_31 | 中唐•翰苑 4_36_17 | 中唐•翰苑 2_19_1 | 初唐•般若經 25_385_7 | 初唐•般若經 5_57_2 |
| 中唐•翰苑 37_471_44 | 中唐•翰苑 30_391_13 | 中唐•翰苑 5_56_10 | 中唐•翰苑 4_36_33 | 中唐•翰苑 2_19_22 | 初唐•般若經 25_388_16 | 初唐•般若經 5_61_8 |

中唐・翰苑
37_472_8

中唐・翰苑
37_473_6

中唐・翰苑
37_476_3

中唐・翰苑
37_476_33

中唐・翰苑
43_550_15

中唐・翰苑
43_550_23

中唐・翰苑
43_551_13

中唐・翰苑
43_551_45

中唐・翰苑
43_553_19

中唐・翰苑
43_554_41

中唐・翰苑
44_557_12

中唐・翰苑
44_560_4

中唐・翰苑
44_565_1

中唐・翰苑
44_567_5

中唐・翰苑
45_573_14

晚唐•摩訶止觀
1_7_12

晚唐•摩訶止觀
6_49_15

晚唐•摩訶止觀
7_58_24

晚唐•摩訶止觀
7_59_8

晚唐•摩訶止觀
10_90_7

晚唐•摩訶止觀
10_92_7

晚唐•摩訶止觀
46_391_20

晚唐•摩訶止觀
46_396_19

晚唐•摩訶止觀
51_432_18

晚唐•摩訶止觀
51_432_23

晚唐•摩訶止觀
52_444_28

晚唐•摩訶止觀
52_445_5

晚唐•摩訶止觀
52_445_20

晚唐•摩訶止觀
52_445_25

晚唐•摩訶止觀
53_448_1

晚唐•摩訶止觀
56_474_26

晚唐•摩訶止觀
57_482_12

晚唐•摩訶止觀
58_491_9

晚唐•摩訶止觀
59_497_11

晚唐•摩訶止觀
59_500_17

晚唐•摩訶止觀
60_505_8

晚唐•摩訶止觀
60_505_20

晚唐•摩訶止觀
60_506_2

晚唐•摩訶止觀
60_509_12

晚唐•摩訶止觀
61_517_2

五代•密教部類
1_4_1

五代•密教部類
1_5_18

五代•大毗盧經
3_23_15

五代•大毗盧經
3_29_16

五代•大毗盧經
5_56_2

五代•大毗盧經
6_62_22

五代•大毗盧經
6_69_5

五代•大毗盧經
6_72_4

五代•大毗盧經
6_72_30

五代•大毗盧經
7_77_5

五代•大毗盧經
7_83_13

五代•大毗盧經
8_92_8

五代•大毗盧經
8_96_51

五代•大毗盧經
11_134_2

五代•大毗盧經
11_135_1

五代•大毗盧經
11_138_11

# 代

漢タイ 呉ダイ
訓かわる

中唐・翰苑
21_279_30

晃伐句驪
中唐・翰苑
22_295_26

中唐・翰苑
26_343_35

中唐・翰苑
26_344_27

中唐・翰苑
26_345_17

中唐・翰苑
27_356_43

中唐・翰苑
30_387_5

夷人還伐
中唐・翰苑
37_477_22

中唐・翰苑
7_87_35

戊巳
中唐・翰苑
8_92_35

中唐・翰苑
10_122_7

中唐・翰苑
10_126_6

中唐・翰苑
10_129_28

中唐・翰苑
13_166_31

中唐・翰苑
14_185_44

中唐・翰苑
19_242_14

初唐・禮記正義
16_247_7

初唐・禮記正義
27_425_5

中唐・翰苑
4_42_24

中唐・翰苑
4_49_6

中唐・翰苑
5_55_24

中唐・翰苑
7_81_31

中唐・翰苑
7_82_28

中唐・翰苑
7_86_20

初唐・古文尚書
18_169_4

初唐・古文尚書
18_169_16

初唐・古文尚書
18_171_34

初唐・古文尚書
31_286_18

初唐・古文尚書
31_286_29

初唐・古文尚書
31_290_17

初唐・古文尚書
38_365_19

初唐・禮記正義
5_81_28

五代・大毗盧經
91_1114_19

五代・大毗盧經
91_1118_2

五代・大毗盧經
93_1137_3

五代・大毗盧經
96_1180_26

五代・大毗盧經
59_721_22

五代・大毗盧經
59_722_3

五代・大毗盧經
80_971_18

五代・大毗盧經
82_999_18

五代・大毗盧經
85_1034_2

五代・大毗盧經
85_1042_13

五代・大毗盧經
87_1061_17

五代・大毗盧經
89_1087_6

五代・大毗盧經
12_142_12

五代・大毗盧經
12_148_8

五代・大毗盧經
13_159_1

五代・大毗盧經
52_643_37

五代・大毗盧經
54_666_16

五代・大毗盧經
54_668_25

五代・大毗盧經
56_682_34

五代・大毗盧經
57_695_21

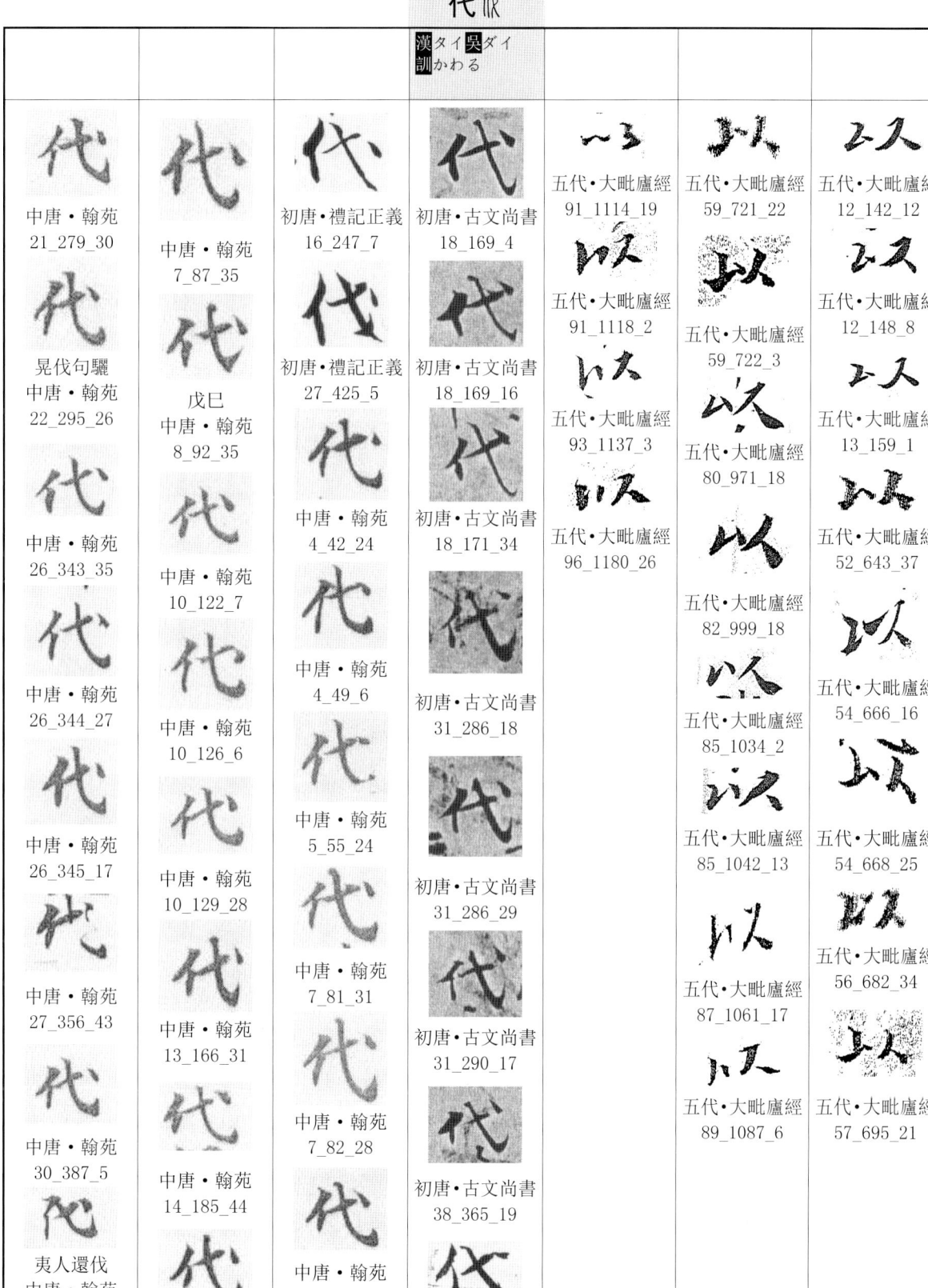

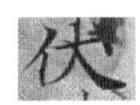

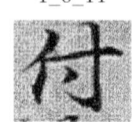

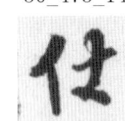

| 仙 | 仕 | | | | 付 | |
|---|---|---|---|---|---|---|
| セン 訓せん | 漢シ 呉ジ 訓つかえる | | | | フ 訓つける | |
| 中唐・翰苑 40_513_2 | 初唐•禮記正義 30_471_4 | 晚唐•摩訶止觀 2_20_23 | 晚唐•摩訶止觀 2_16_19 | 晚唐•摩訶止觀 2_11_23 | 晚唐•摩訶止觀 1_6_11 | 中唐・翰苑 37_478_13 |
| 五代•大毗盧經 2_19_6 | 初唐•禮記正義 30_473_14 | 晚唐•摩訶止觀 3_21_13 | 晚唐•摩訶止觀 2_17_1 | 晚唐•摩訶止觀 2_12_10 | 晚唐•摩訶止觀 1_8_7 | 伐夜郎 中唐・翰苑 39_499_30 |
| 五代•大毗盧經 79_964_9 | 初唐•禮記正義 30_475_24 | 晚唐•摩訶止觀 3_24_13 | 晚唐•摩訶止觀 2_17_13 | 晚唐•摩訶止觀 2_12_14 | 晚唐•摩訶止觀 1_8_22 | 中唐・翰苑 40_514_36 |
| 五代•大毗盧經 80_966_13 | 中唐・翰苑 13_172_26 | 晚唐•摩訶止觀 4_32_22 | 晚唐•摩訶止觀 2_18_3 | 晚唐•摩訶止觀 2_13_5 | 晚唐•摩訶止觀 1_9_12 | 晚唐•摩訶止觀 1_2_6 |
| 五代•大毗盧經 80_966_14 | | 五代•密教部類 6_86_19 | 晚唐•摩訶止觀 2_18_22 | 晚唐•摩訶止觀 2_14_16 | 晚唐•摩訶止觀 1_10_4 | 晚唐•摩訶止觀 3_26_3 |
| 五代•大毗盧經 80_967_5 | | | 晚唐•摩訶止觀 2_19_21 | 晚唐•摩訶止觀 2_15_9 | 晚唐•摩訶止觀 1_10_19 | |
| 五代•大毗盧經 80_967_10 | | | 晚唐•摩訶止觀 2_20_1 | 晚唐•摩訶止觀 2_15_21 | 晚唐•摩訶止觀 2_11_12 | |
| 五代•大毗盧經 80_973_9 | | | 晚唐•摩訶止觀 2_20_17 | 晚唐•摩訶止觀 2_16_9 | 晚唐•摩訶止觀 2_11_17 | |

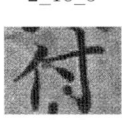

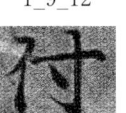

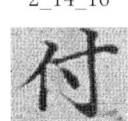

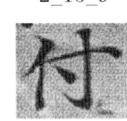

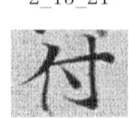

五代•大毗盧經 80_974_24
五代•大毗盧經 81_983_3
五代•大毗盧經 81_986_4
五代•大毗盧經 81_990_4
五代•大毗盧經 81_993_4
五代•大毗盧經 89_1093_5
五代•大毗盧經 90_1094_18
五代•大毗盧經 90_1094_19

## 仡

慣キツ漢ギツ
訓いさましい

五代•大毗盧經 22_282_11
五代•大毗盧經 22_282_16

## 他

タ
訓ほか

初唐•古文尚書 1_8_18
初唐・毛詩傳 3_29_13
初唐・毛詩傳 3_32_14
初唐・毛詩傳 4_35_12
初唐・毛詩傳 8_79_12
初唐・毛詩傳 8_80_10
初唐・毛詩傳 8_85_15
初唐・毛詩傳 9_93_21
初唐・毛詩傳 9_94_16

初唐・毛詩傳 9_96_3
初唐・毛詩傳 9_96_17
初唐•禮記正義 3_46_25
初唐•禮記正義 14_216_5
初唐•禮記正義 14_217_1
初唐•禮記正義 17_265_2
初唐•禮記正義 20_296_50
初唐•禮記正義 28_438_13
初唐•禮記正義 28_439_5

初唐•禮記正義 28_441_5
初唐•禮記正義 28_443_21
初唐•禮記正義 29_458_12
初唐・十誦律 7_122_5
初唐・十誦律 7_123_4
初唐・十誦律 7_128_1
初唐・十誦律 7_129_8
初唐・十誦律 8_147_1
初唐・十誦律 8_148_17

中唐・翰苑 8_101_21
中唐・翰苑 10_121_34
中唐・翰苑 27_353_32
中唐・翰苑 41_523_18
中唐・翰苑 42_532_6
中唐・翰苑 42_532_18
中唐・翰苑 42_533_26
中唐・翰苑 42_534_38
中唐・翰苑 42_535_20

中唐・翰苑 42_536_1
中唐・翰苑 42_540_18
中唐・翰苑 42_541_12
中唐・翰苑 42_542_1
中唐・翰苑 42_542_4
晚唐•摩訶止觀 3_27_14
晚唐•摩訶止觀 16_141_16
晚唐•摩訶止觀 16_141_18
晚唐•摩訶止觀 17_145_16

# 仞仭

漢 ジン
訓 はかる

中唐・翰苑
23_306_17

中唐・翰苑
23_309_9

五代・大毗盧經
78_944_15

五代・大毗盧經
89_1093_11

五代・大毗盧經
98_1200_20

五代・大毗盧經
98_1204_13

五代・大毗盧經
98_1205_10

五代・大毗盧經
98_1205_16

五代・大毗盧經
98_1213_18

五代・大毗盧經
21_271_14

五代・大毗盧經
22_275_6

五代・大毗盧經
22_277_7

五代・大毗盧經
24_302_7

五代・大毗盧經
25_321_13

五代・大毗盧經
26_330_19

五代・大毗盧經
26_336_32

五代・大毗盧經
27_341_26

五代・大毗盧經
72_886_13

五代・大毗盧經
8_100_1

五代・大毗盧經
9_101_9

五代・大毗盧經
9_109_25

五代・大毗盧經
10_111_2

五代・大毗盧經
11_125_16

五代・大毗盧經
15_190_12

五代・大毗盧經
15_198_10

五代・大毗盧經
18_230_18

五代・大毗盧經
19_251_5

五代・大毗盧經
4_43_21

五代・大毗盧經
5_52_6

五代・大毗盧經
5_57_6

五代・大毗盧經
6_61_6

五代・大毗盧經
6_62_8

五代・大毗盧經
6_62_21

五代・大毗盧經
6_66_6

五代・大毗盧經
6_68_14

五代・大毗盧經
8_98_6

晚唐・摩訶止觀
37_318_4

晚唐・摩訶止觀
37_318_16

晚唐・摩訶止觀
41_350_5

晚唐・摩訶止觀
44_380_9

晚唐・摩訶止觀
44_380_23

五代・大毗盧經
3_25_10

五代・大毗盧經
3_26_10

五代・大毗盧經
4_41_5

五代・大毗盧經
4_43_2

晚唐・摩訶止觀
17_145_19

晚唐・摩訶止觀
17_150_17

晚唐・摩訶止觀
17_150_23

晚唐・摩訶止觀
21_182_26

晚唐・摩訶止觀
24_205_13

晚唐・摩訶止觀
24_205_19

晚唐・摩訶止觀
25_214_14

晚唐・摩訶止觀
27_237_24

晚唐・摩訶止觀
31_273_22

## 伋
現キュウ 訓—

中唐・翰苑 15_188_40

## 令
漢レイ 呉リョウ 訓れい

初唐・古文尚書 11_102_17

初唐・古文尚書 12_106_14

初唐・古文尚書 17_165_29

初唐・古文尚書 18_166_13

初唐・古文尚書 18_166_16

初唐・古文尚書 20_191_2

初唐・古文尚書 29_285_4

初唐・古文尚書 35_337_17

初唐・古文尚書 36_346_12

初唐・古文尚書 37_358_34

初唐・古文尚書 37_359_18

初唐・古文尚書 38_366_3

初唐・古文尚書 38_367_8

初唐・古文尚書 48_472_17

初唐・古文尚書 48_473_4

初唐・毛詩傳 2_11_33

初唐・毛詩傳 8_82_28

初唐・禮記正義 9_130_14

初唐・禮記正義 10_155_5

初唐・禮記正義 10_155_12

初唐・禮記正義 10_155_19

初唐・禮記正義 12_182_12

初唐・禮記正義 12_190_8

初唐・禮記正義 12_191_26

初唐・禮記正義 15_227_14

初唐・禮記正義 17_266_9

初唐・禮記正義 18_270_13

初唐・禮記正義 21_317_18

初唐・禮記正義 29_456_5

中唐・翰苑 4_39_17

中唐・翰苑 8_100_16

中唐・翰苑 9_108_5

中唐・翰苑 12_148_33

中唐・翰苑 12_156_1

中唐・翰苑 15_193_16

中唐・翰苑 16_206_39

中唐・翰苑 16_211_15

中唐・翰苑 19_254_7

中唐・翰苑 21_277_24

中唐・翰苑 25_328_20

中唐・翰苑 30_387_34

中唐・翰苑 33_430_10

中唐・翰苑 34_437_31

中唐・翰苑 34_444_24

中唐・翰苑 36_460_28

中唐・翰苑 36_464_17

令爲永昌郡
中唐・翰苑 41_522_23

中唐・翰苑 42_533_24

| | | | | | | |
|---|---|---|---|---|---|---|
| 五代•大毗盧經 49_597_13 | 五代•大毗盧經 19_251_20 | 五代•大毗盧經 11_133_6 | 五代•密教部類 1_8_5 | 晚唐•摩訶止觀 25_212_12 | 晚唐•摩訶止觀 13_114_7 | 中唐・翰苑 42_538_15 |
| 五代•大毗盧經 51_630_13 | 五代•大毗盧經 21_266_39 | 五代•大毗盧經 15_188_8 | 五代•大毗盧經 2_6_8 | 晚唐•摩訶止觀 35_302_9 | 晚唐•摩訶止觀 15_128_1 | 中唐・翰苑 42_543_35 |
| 五代•大毗盧經 53_647_26 | 五代•大毗盧經 25_317_23 | 五代•大毗盧經 15_189_38 | 五代•大毗盧經 4_46_12 | 晚唐•摩訶止觀 43_370_25 | 晚唐•摩訶止觀 15_131_8 | 中唐・翰苑 43_546_34 |
| 五代•大毗盧經 53_654_21 | 五代•大毗盧經 26_333_35 | 五代•大毗盧經 15_196_39 | 五代•大毗盧經 5_59_2 | 晚唐•摩訶止觀 45_388_26 | 晚唐•摩訶止觀 15_135_17 | 晚唐•摩訶止觀 2_19_11 |
| 五代•大毗盧經 55_670_21 | 五代•大毗盧經 39_468_6 | 五代•大毗盧經 16_200_11 | 五代•大毗盧經 6_68_2 | 晚唐•摩訶止觀 45_389_15 | 晚唐•摩訶止觀 19_168_25 | 晚唐•摩訶止觀 3_27_25 |
| 五代•大毗盧經 55_676_10 | 五代•大毗盧經 43_511_11 | 五代•大毗盧經 17_223_12 | 五代•大毗盧經 7_82_12 | 晚唐•摩訶止觀 45_390_10 | 晚唐•摩訶止觀 22_192_20 | 晚唐•摩訶止觀 9_78_15 |
| 五代•大毗盧經 56_683_1 | 五代•大毗盧經 47_575_3 | 五代•大毗盧經 17_225_19 | 五代•大毗盧經 7_83_20 | 晚唐•摩訶止觀 45_390_24 | 晚唐•摩訶止觀 23_203_20 | 晚唐•摩訶止觀 9_83_5 |
| 五代•大毗盧經 56_683_4 | 五代•大毗盧經 48_583_49 | 五代•大毗盧經 19_248_30 | 五代•大毗盧經 7_84_52 | 晚唐•摩訶止觀 52_438_12 | 晚唐•摩訶止觀 24_209_11 | 晚唐•摩訶止觀 12_102_8 |

# 伏

漢フク吳ブク
訓ふせる

五代•大毗盧經
7_84_14
五代•大毗盧經
8_94_19
五代•大毗盧經
9_102_16
五代•大毗盧經
10_111_22
五代•大毗盧經
17_214_12
五代•大毗盧經
18_236_13
五代•大毗盧經
19_240_20
五代•大毗盧經
19_250_4

晚唐•摩訶止觀
37_320_7
晚唐•摩訶止觀
37_320_21
晚唐•摩訶止觀
59_502_19
晚唐•摩訶止觀
61_512_9
晚唐•摩訶止觀
61_513_14
晚唐•摩訶止觀
61_513_26
晚唐•摩訶止觀
61_514_2
晚唐•摩訶止觀
61_514_14

中唐 • 翰苑
19_249_11
中唐 • 翰苑
34_441_15
中唐 • 翰苑
34_442_17
中唐 • 翰苑
36_461_15
中唐 • 翰苑
44_562_12
晚唐•摩訶止觀
1_7_13
晚唐•摩訶止觀
37_317_26
晚唐•摩訶止觀
37_319_8

初唐•古文尚書
7_56_29
初唐•古文尚書
7_57_7
初唐•禮記正義
10_151_24
初唐•禮記正義
12_179_11
初唐 • 十誦律
19_368_1
中唐 • 翰苑
4_49_25
中唐 • 翰苑
10_131_16
中唐 • 翰苑
15_191_7

五代•大毗盧經
90_1107_13
五代•大毗盧經
94_1156_26
五代•大毗盧經
97_1186_23
五代•大毗盧經
97_1186_40
五代•大毗盧經
98_1201_11

五代•大毗盧經
66_827_34
五代•大毗盧經
67_833_11
五代•大毗盧經
71_869_17
五代•大毗盧經
72_880_21
五代•大毗盧經
73_893_31
五代•大毗盧經
73_898_14
五代•大毗盧經
84_1025_46
五代•大毗盧經
86_1060_18

五代•大毗盧經
59_722_22
五代•大毗盧經
61_750_33
五代•大毗盧經
64_803_20
五代•大毗盧經
64_806_3
五代•大毗盧經
64_807_14
五代•大毗盧經
65_814_12
五代•大毗盧經
65_819_5
五代•大毗盧經
65_819_12

## 伐 休

**伐** 吳バツ 訓きる

**休** 漢キュウ 吳ク 訓やすむ

### 伐

初唐•古文尚書
10_90_24

初唐•古文尚書
10_91_16

初唐・毛詩傳
2_19_19

初唐•禮記正義
5_72_26

初唐•禮記正義
5_79_5

中唐・翰苑
2_16_28

代屯句
中唐・翰苑
2_18_29

胡騎入代
中唐・翰苑
2_19_28

常居代鴈門
中唐・翰苑
2_21_13

使人代將
中唐・翰苑
3_22_29

戊日
中唐・翰苑
3_30_2

代急務
中唐・翰苑
4_40_2

九代
中唐・翰苑
4_46_12

中唐・翰苑
9_108_1

中唐・翰苑
9_108_35

代代不絕
中唐・翰苑
9_118_11

中唐・翰苑
14_174_20

三年一代
中唐・翰苑
21_270_24

三年一代
中唐・翰苑
28_362_45

先人代常
中唐・翰苑
31_399_17

聖帝代立
中唐・翰苑
31_399_35

中唐・翰苑
32_409_5

中唐・翰苑
33_427_27

中唐・翰苑
34_437_13

代尚秦女
中唐・翰苑
37_472_16

中唐・翰苑
38_491_10

代代相繼
中唐・翰苑
38_493_37

中唐・翰苑
39_503_35

中唐・翰苑
43_550_13

### 休

初唐•古文尚書
34_325_5

初唐•古文尚書
37_359_11

初唐・毛詩傳
2_17_8

初唐・毛詩傳
2_17_18

初唐・毛詩傳
2_20_7

初唐・毛詩傳
2_20_9

中唐・翰苑
9_112_30

中唐・翰苑
27_350_10

五代•大毗盧經
96_1180_44

五代•大毗盧經
64_793_12

五代•大毗盧經
67_848_19

五代•大毗盧經
68_856_25

五代•大毗盧經
69_859_4

五代•大毗盧經
72_880_12

五代•大毗盧經
78_944_14

五代•大毗盧經
78_944_21

五代•大毗盧經
89_1085_9

## 仲

漢チュウ
訓なか

初唐•古文尚書
44_423_8

初唐・毛詩傳
6_61_9

初唐•禮記正義
30_464_17

中唐・翰苑
29_374_11

中唐・翰苑
29_374_28

## 伎

漢キ呉ギ
訓わざ

中唐・翰苑
11_141_8

中唐・翰苑
37_473_12

晩唐•摩訶止觀
2_14_3

## 仰

慣コウ漢ギョウ
訓あおぐ

初唐•古文尚書
17_165_32

初唐•古文尚書
23_220_8

初唐•古文尚書
23_220_21

初唐•古文尚書
31_294_34

初唐•古文尚書
31_295_12

初唐•古文尚書
31_296_3

初唐•禮記正義
19_286_22

初唐•禮記正義
19_288_1

中唐・翰苑
15_199_19

中唐・翰苑
18_233_33

五代•大毗盧經
13_155_20

五代•大毗盧經
22_285_9

五代•大毗盧經
38_441_15

五代•大毗盧經
63_790_15

五代•大毗盧經
87_1063_14

五代•大毗盧經
89_1085_17

五代•大毗盧經
92_1132_22

## 任

漢ジン呉ニン
訓まかせる

初唐•古文尚書
7_59_23

初唐•古文尚書
7_60_4

初唐•古文尚書
9_81_2

初唐•古文尚書
9_81_17

初唐•古文尚書
16_155_11

初唐•古文尚書
16_155_15

初唐•古文尚書
17_158_28

初唐•古文尚書
19_185_11

初唐•古文尚書
20_191_29

初唐•古文尚書
35_335_1

初唐•古文尚書
37_353_31

初唐•古文尚書
43_414_20

初唐•古文尚書
43_418_15

初唐•古文尚書
43_419_12

中唐・翰苑
5_61_33

中唐・翰苑
15_200_9

## 似

漢シ 呉ジ
訓にる

初唐•古文尚書
2_15_12

初唐•古文尚書
5_39_16

初唐•古文尚書
18_171_43

初唐・毛詩傳
5_56_3

初唐•禮記正義
4_61_11

初唐•禮記正義
10_158_6

初唐•禮記正義
15_236_19

初唐•禮記正義
16_245_4

初唐•禮記正義
17_259_14

五代•大毗盧經
91_1119_3

五代•大毗盧經
91_1120_1

五代•大毗盧經
92_1124_13

中唐・翰苑
32_419_42

中唐・翰苑
32_419_54

中唐・翰苑
32_419_66

中唐・翰苑
33_424_10

晚唐•摩訶止觀
57_481_17

五代•大毗盧經
35_416_11

五代•大毗盧經
37_439_1

五代•大毗盧經
43_521_16

中唐・翰苑
15_188_15

中唐・翰苑
21_274_41

中唐・翰苑
26_344_26

中唐・翰苑
26_344_31

中唐・翰苑
31_407_5

中唐・翰苑
32_410_5

中唐・翰苑
32_418_25

中唐・翰苑
32_419_8

## 伊

イ
訓これ

初唐•古文尚書
23_222_7

初唐•古文尚書
23_223_14

初唐•古文尚書
23_224_16

初唐•古文尚書
23_226_18

初唐•古文尚書
25_243_21

初唐•古文尚書
25_246_19

初唐•古文尚書
26_255_2

中唐・翰苑
5_63_14

## 仿

ホウ
訓ならう

初唐•禮記正義
12_187_17

中唐・翰苑
25_333_10

中唐・翰苑
26_341_3

中唐・翰苑
26_342_17

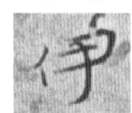

中唐・翰苑
28_362_40

中唐・翰苑
40_516_25

中唐・翰苑
42_533_16

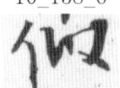

晚唐•摩訶止觀
18_156_3

晚唐•摩訶止觀
55_462_20

## 何　全

| 何 | 全 | | | | | |
|---|---|---|---|---|---|---|
| 漢カ 呉ガ<br>訓なに | 漢セン 呉ゼン<br>訓まったく | | | | | |

何

初唐•古文尚書 8_63_12

初唐•古文尚書 9_74_13

初唐•古文尚書 9_78_7

初唐•古文尚書 12_112_34

初唐•古文尚書 13_114_17

初唐•古文尚書 13_114_28

初唐•古文尚書 13_121_10

初唐•古文尚書 26_253_18

全

初唐•古文尚書 28_274_11

初唐•古文尚書 28_275_15

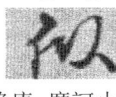

中唐・翰苑 3_23_8

中唐・翰苑 9_114_20

晩唐•摩訶止観 58_491_14

五代•大毗盧經 35_412_7

五代•大毗盧經 71_865_7

晩唐•摩訶止観 58_487_4

晩唐•摩訶止観 59_500_11

晩唐•摩訶止観 59_501_8

晩唐•摩訶止観 59_502_24

晩唐•摩訶止観 60_503_11

晩唐•摩訶止観 61_512_18

中唐・般若經 16_283_11

中唐・般若經 16_284_17

中唐・般若經 17_300_7

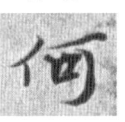

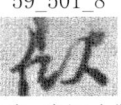

中唐・般若經 17_301_13

中唐・般若經 18_319_2

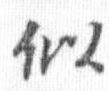

中唐・般若經 18_321_3

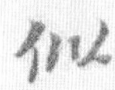

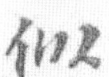

中唐・般若經 19_337_14

中唐・般若經 19_339_3

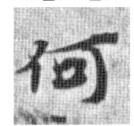

晩唐•摩訶止観 44_377_21

中唐・般若經 10_153_17

中唐・般若經 10_155_6

中唐・般若經 11_183_7

中唐・般若經 11_184_12

中唐・般若經 12_205_2

中唐・般若經 12_206_8

中唐・般若經 13_228_9

中唐・般若經 15_253_16

中唐・般若經 15_255_5

中唐・般若經 3_30_2

中唐・般若經 5_64_13

中唐・般若經 5_66_2

中唐・般若經 6_82_11

中唐・般若經 6_83_17

中唐・般若經 7_110_1

中唐・般若經 7_111_7

中唐・般若經 9_134_4

中唐・般若經 9_135_27

中唐・翰苑 12_146_19

中唐・翰苑 18_237_25

中唐・翰苑 18_241_16

中唐・翰苑 19_245_1

中唐・翰苑 24_317_3

中唐・翰苑 30_383_25

中唐・翰苑 39_501_16

中唐・翰苑 45_577_14

中唐・般若經 3_28_13

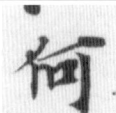

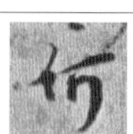

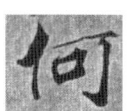

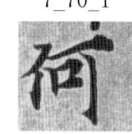

| | | | | | | |
|---|---|---|---|---|---|---|
| 初唐•禮記正義<br>14_223_24 | 初唐•禮記正義<br>2_32_5 | 初唐・毛詩傳<br>10_106_19 | 初唐・毛詩傳<br>7_68_22 | 初唐•古文尚書<br>49_475_9 | 初唐•古文尚書<br>43_416_10 | 初唐•古文尚書<br>26_253_30 |
| 初唐•禮記正義<br>19_289_19 | 初唐•禮記正義<br>3_39_29 | 初唐・毛詩傳<br>10_107_8 | 初唐・毛詩傳<br>7_70_1 | 初唐・毛詩傳<br>4_34_1 | 初唐•古文尚書<br>44_431_26 | 初唐•古文尚書<br>27_270_6 |
| 初唐•禮記正義<br>26_403_7 | 初唐•禮記正義<br>3_40_5 | 初唐・毛詩傳<br>10_107_10 | 初唐・毛詩傳<br>7_71_4 | 初唐・毛詩傳<br>4_44_6 | 初唐•古文尚書<br>44_432_3 | 初唐•古文尚書<br>27_270_22 |
| 初唐•禮記正義<br>26_406_9 | 初唐•禮記正義<br>8_128_9 | 初唐・毛詩傳<br>10_109_4 | 初唐・毛詩傳<br>7_72_25 | 初唐・毛詩傳<br>5_46_12 | 初唐•古文尚書<br>44_432_7 | 初唐•古文尚書<br>28_272_26 |
| 初唐•禮記正義<br>27_415_27 | 初唐•禮記正義<br>8_129_4 | 初唐・毛詩傳<br>10_111_11 | 初唐・毛詩傳<br>7_74_3 | 初唐・毛詩傳<br>6_65_29 | 初唐•古文尚書<br>44_432_22 | 初唐•古文尚書<br>33_312_14 |
| 初唐•禮記正義<br>27_420_27 | 初唐•禮記正義<br>9_131_30 | 初唐•禮記正義<br>1_6_7 | 初唐・毛詩傳<br>8_82_22 | 初唐・毛詩傳<br>6_66_14 | 初唐•古文尚書<br>44_432_31 | 初唐•古文尚書<br>33_313_29 |
| 初唐•禮記正義<br>27_423_8 | 初唐•禮記正義<br>9_135_14 | 初唐•禮記正義<br>2_17_12 | 初唐・毛詩傳<br>8_84_1 | 初唐・毛詩傳<br>6_66_20 | 初唐•古文尚書<br>45_433_9 | 初唐•古文尚書<br>43_414_28 |
| 初唐・十誦律<br>2_25_7 | 初唐•禮記正義<br>12_183_2 | 初唐•禮記正義<br>2_25_9 | 初唐・毛詩傳<br>10_105_4 | 初唐・毛詩傳<br>6_67_13 | 初唐•古文尚書<br>49_474_2 | 初唐•古文尚書<br>43_415_21 |

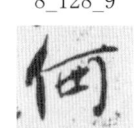

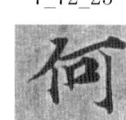

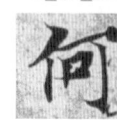

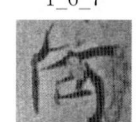

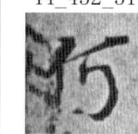

初唐・十誦律
3_48_13

初唐・十誦律
4_67_3

初唐・十誦律
6_106_15

初唐・十誦律
7_113_2

初唐・十誦律
10_178_11

初唐・十誦律
10_182_6

初唐・十誦律
10_182_9

初唐・般若經
2_5_6

初唐・般若經
2_8_8

初唐・般若經
2_11_11

初唐・般若經
2_15_1

初唐・般若經
3_18_6

初唐・般若經
3_21_13

初唐・般若經
3_25_1

初唐・般若經
3_29_7

初唐・般若經
3_33_1

初唐・般若經
4_37_7

初唐・般若經
4_41_1

初唐・般若經
4_45_7

初唐・般若經
4_49_1

初唐・般若經
5_53_7

初唐・般若經
5_57_1

初唐・般若經
5_61_7

初唐・般若經
5_65_2

初唐・般若經
6_69_7

初唐・般若經
6_73_1

初唐・般若經
6_76_8

初唐・般若經
6_79_13

初唐・般若經
7_84_3

初唐・般若經
7_88_14

初唐・般若經
7_93_3

初唐・般若經
7_96_12

初唐・般若經
8_103_6

初唐・般若經
8_106_14

初唐・般若經
8_111_14

初唐・般若經
8_115_8

初唐・般若經
9_118_14

初唐・般若經
9_122_3

初唐・般若經
9_125_13

初唐・般若經
9_129_4

初唐・般若經
10_133_3

初唐・般若經
10_136_14

初唐・般若經
10_141_3

初唐・般若經
10_144_13

初唐・般若經
11_148_7

初唐・般若經
11_151_17

初唐・般若經
11_155_6

初唐・般若經
11_158_7

初唐・般若經
11_161_11

初唐・般若經
12_166_7

初唐・般若經
12_170_5

初唐・般若經
12_173_10

初唐・般若經
12_176_15

初唐・般若經
13_180_8

初唐・般若經
13_184_5

初唐・般若經
13_187_16

初唐・般若經 13_191_8
初唐・般若經 13_195_3
初唐・般若經 14_198_14
初唐・般若經 14_202_11
初唐・般若經 14_206_13
初唐・般若經 14_210_8
初唐・般若經 15_213_14
初唐・般若經 15_217_3

初唐・般若經 15_220_14
初唐・般若經 15_224_6
初唐・般若經 15_227_17
初唐・般若經 16_231_9
初唐・般若經 16_236_2
初唐・般若經 16_239_17
初唐・般若經 17_244_10
初唐・般若經 17_248_8

初唐・般若經 17_253_1
初唐・般若經 17_256_16
初唐・般若經 18_261_8
初唐・般若經 18_265_6
初唐・般若經 18_269_16
初唐・般若經 18_273_14
初唐・般若經 19_278_7
初唐・般若經 19_282_5

初唐・般若經 19_285_16
初唐・般若經 19_289_8
初唐・般若經 20_294_2
初唐・般若經 20_298_16
初唐・般若經 20_303_9
初唐・般若經 26_404_3
初唐・般若經 27_408_10
初唐・般若經 27_412_9

初唐・般若經 27_416_7
初唐・般若經 27_420_9
中唐・翰苑 4_46_3
中唐・翰苑 5_60_34
中唐・翰苑 7_78_8
中唐・翰苑 7_79_16
中唐・翰苑 10_119_26
中唐・翰苑 12_156_21

中唐・翰苑 12_157_10
中唐・翰苑 12_158_2
中唐・翰苑 12_158_16
中唐・翰苑 15_187_41
中唐・翰苑 15_188_29
中唐・翰苑 20_256_24
中唐・翰苑 21_271_27
中唐・翰苑 21_277_39

中唐・翰苑 23_302_26
中唐・翰苑 25_328_1
中唐・翰苑 26_345_2
中唐・翰苑 35_452_29
中唐・翰苑 38_487_28
中唐・翰苑 39_497_38
河池
中唐・翰苑 40_508_39
中唐・翰苑 44_565_10

# 佉

コウ、コ
訓国名一

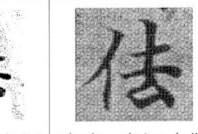

五代•大毗盧經
35_420_2

五代•大毗盧經
36_426_2

五代•大毗盧經
36_426_4

五代•大毗盧經
44_525_19

五代•大毗盧經
45_547_5

五代•大毗盧經
45_548_7

五代•大毗盧經
46_562_14

五代•大毗盧經
49_596_17

晚唐•摩訶止觀
2_17_3

晚唐•摩訶止觀
2_17_15

五代•大毗盧經
10_112_6

五代•大毗盧經
12_147_6

五代•大毗盧經
16_209_1

五代•大毗盧經
19_250_16

五代•大毗盧經
20_253_18

五代•大毗盧經
20_254_19

五代•大毗盧經
51_628_12

五代•大毗盧經
58_717_28

五代•大毗盧經
66_831_2

五代•大毗盧經
66_831_14

五代•大毗盧經
68_849_14

五代•大毗盧經
77_932_10

晚唐•摩訶止觀
56_474_25

晚唐•摩訶止觀
57_482_3

晚唐•摩訶止觀
61_511_15

晚唐•摩訶止觀
61_513_25

晚唐•摩訶止觀
61_516_13

五代•大毗盧經
20_255_3

五代•大毗盧經
20_256_4

五代•大毗盧經
40_482_19

晚唐•摩訶止觀
48_413_21

晚唐•摩訶止觀
50_422_1

晚唐•摩訶止觀
51_435_26

晚唐•摩訶止觀
52_442_19

晚唐•摩訶止觀
52_443_15

晚唐•摩訶止觀
55_465_21

晚唐•摩訶止觀
55_467_22

晚唐•摩訶止觀
55_468_23

晚唐•摩訶止觀
8_69_18

晚唐•摩訶止觀
9_78_4

晚唐•摩訶止觀
15_128_17

晚唐•摩訶止觀
18_154_7

晚唐•摩訶止觀
18_157_16

晚唐•摩訶止觀
18_160_5

晚唐•摩訶止觀
18_160_19

晚唐•摩訶止觀
19_161_15

中唐 • 翰苑
45_569_3

中唐 • 翰苑
45_580_11

晚唐•摩訶止觀
4_34_15

晚唐•摩訶止觀
6_47_20

晚唐•摩訶止觀
7_59_17

晚唐•摩訶止觀
7_63_16

晚唐•摩訶止觀
8_66_12

晚唐•摩訶止觀
8_68_13

初唐•禮記正義
6_95_19

初唐•禮記正義
7_112_4

初唐•禮記正義
8_116_3

初唐•禮記正義
9_131_18

初唐•禮記正義
13_199_16

初唐•禮記正義
13_209_2

初唐•禮記正義
13_209_8

初唐•禮記正義
17_255_3

## 但

漢タン呉ダン
訓ただし

初唐•古文尚書
8_64_26

初唐•古文尚書
13_123_5

初唐•古文尚書
14_128_28

初唐•禮記正義
1_11_8

初唐•禮記正義
1_16_3

初唐•禮記正義
2_23_4

初唐•禮記正義
2_26_17

初唐•禮記正義
5_79_20

五代•大毗盧經
27_339_3

五代•大毗盧經
45_544_20

## 佐

サ
訓たすけ

初唐•古文尚書
18_169_14

初唐•古文尚書
18_172_21

初唐•古文尚書
31_294_15

初唐•古文尚書
35_332_25

中唐 • 翰苑
42_538_32

五代•大毗盧經
11_126_16

五代•大毗盧經
22_284_17

五代•大毗盧經
24_302_19

## 佑

漢ユウ呉ウ
訓たすける

初唐•古文尚書
31_287_7

中唐 • 翰苑
28_361_3

中唐 • 翰苑
39_497_35

五代•大毗盧經
85_1033_14

五代•大毗盧經
60_743_18

五代•大毗盧經
65_816_12

五代•大毗盧經
67_847_1

五代•大毗盧經
67_847_4

五代•大毗盧經
72_888_14

五代•大毗盧經
73_903_4

五代•大毗盧經
75_924_25

五代•大毗盧經
80_969_15

伯 攸

| 伯 | 攸 | | | | | |
|---|---|---|---|---|---|---|
| 漢ハク<br>訓おさ | 漢ユウ<br>訓ところ | | | | | |

初唐•古文尚書 16_152_14
初唐•古文尚書 16_153_3
初唐•古文尚書 16_153_5
初唐•古文尚書 25_242_2
初唐•古文尚書 25_244_24
初唐•古文尚書 25_245_1
初唐•古文尚書 25_246_2
初唐•古文尚書 31_286_26

中唐・翰苑 6_70_7
中唐・翰苑 9_111_6
中唐・翰苑 30_390_9

晚唐•摩訶止觀 58_494_12
晚唐•摩訶止觀 59_495_5
晚唐•摩訶止觀 59_497_14

晚唐•摩訶止觀 39_337_16
晚唐•摩訶止觀 41_357_10
晚唐•摩訶止觀 42_361_18
晚唐•摩訶止觀 42_362_14
晚唐•摩訶止觀 44_381_22
晚唐•摩訶止觀 46_391_6
晚唐•摩訶止觀 49_417_10
晚唐•摩訶止觀 51_431_13

晚唐•摩訶止觀 24_205_25
晚唐•摩訶止觀 30_261_3
晚唐•摩訶止觀 32_278_12
晚唐•摩訶止觀 36_315_19
晚唐•摩訶止觀 37_318_26
晚唐•摩訶止觀 37_319_22
晚唐•摩訶止觀 37_320_14
晚唐•摩訶止觀 39_337_1

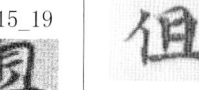

初唐•禮記正義 29_444_35
初唐•禮記正義 29_450_11
中唐・翰苑 21_271_7
中唐・翰苑 29_375_38
晚唐•摩訶止觀 11_97_14
晚唐•摩訶止觀 12_104_11
晚唐•摩訶止觀 14_120_9
晚唐•摩訶止觀 18_155_18

初唐•禮記正義 18_269_13
初唐•禮記正義 18_270_15
初唐•禮記正義 18_278_11
初唐•禮記正義 20_307_25
初唐•禮記正義 22_327_11
初唐•禮記正義 22_332_20
初唐•禮記正義 27_414_17
初唐•禮記正義 27_420_19

## 伽

慣キャ 漢カ 呉ガ
訓とぎ

初唐・十誦律 5_79_17
初唐・十誦律 5_80_17
初唐・十誦律 5_81_8
初唐・十誦律 5_85_3
初唐・十誦律 5_86_13
初唐・十誦律 5_88_4
初唐・十誦律 7_118_5
晚唐•摩訶止觀 12_102_23
晚唐•摩訶止觀 54_459_14

初唐・十誦律 3_45_11
初唐・十誦律 3_46_10
初唐・十誦律 3_48_6
初唐・十誦律 4_65_3
初唐・十誦律 4_66_9
初唐・十誦律 4_71_6
初唐・十誦律 5_74_12
初唐・十誦律 5_76_2
初唐・十誦律 5_77_6

中唐・翰苑 41_527_36

中唐・翰苑 6_64_17
中唐・翰苑 17_228_40
中唐・翰苑 19_250_28
中唐・翰苑 20_256_12
中唐・翰苑 27_350_18
中唐・翰苑 30_394_26
中唐・翰苑 32_410_32
中唐・翰苑 32_412_9

初唐•禮記正義 23_347_7
初唐•禮記正義 23_349_26
初唐•禮記正義 24_358_16
初唐•禮記正義 25_380_21
初唐•禮記正義 27_413_27
初唐•禮記正義 27_414_8
初唐•禮記正義 27_414_22
初唐•禮記正義 27_414_25

初唐•禮記正義 7_111_2
初唐•禮記正義 21_325_16
初唐•禮記正義 22_334_22
初唐•禮記正義 22_336_7
初唐•禮記正義 22_337_18
初唐•禮記正義 22_337_24
初唐•禮記正義 22_339_19
初唐•禮記正義 22_340_21

初唐•古文尚書 37_351_11
初唐•古文尚書 37_353_11
初唐•古文尚書 42_403_12
初唐•古文尚書 42_406_6
初唐•古文尚書 43_414_32
初唐•古文尚書 43_415_9
初唐•古文尚書 43_421_16
初唐•古文尚書 44_423_7

# 佚

漢 イツ
訓 のがれる

初唐・古文尚書 11_92_18
初唐・古文尚書 11_92_20

五代・大毗盧經 98_1201_2
五代・大毗盧經 98_1206_18

五代・大毗盧經 86_1049_19
五代・大毗盧經 86_1058_14
五代・大毗盧經 88_1072_7
五代・大毗盧經 89_1092_19
五代・大毗盧經 95_1163_4
五代・大毗盧經 96_1180_14
五代・大毗盧經 97_1184_4
五代・大毗盧經 97_1198_4
五代・大毗盧經 98_1200_19

五代・大毗盧經 43_511_21
五代・大毗盧經 44_528_16
五代・大毗盧經 45_541_1
五代・大毗盧經 69_861_8
五代・大毗盧經 71_864_9
五代・大毗盧經 80_968_9
五代・大毗盧經 80_968_20
五代・大毗盧經 81_993_3
五代・大毗盧經 82_995_3

五代・大毗盧經 23_293_2
五代・大毗盧經 23_295_2
五代・大毗盧經 23_300_14
五代・大毗盧經 35_411_6
五代・大毗盧經 35_413_4
五代・大毗盧經 35_420_4
五代・大毗盧經 39_467_4
五代・大毗盧經 42_510_18
五代・大毗盧經 43_511_8

五代・大毗盧經 5_53_4
五代・大毗盧經 5_57_15
五代・大毗盧經 6_66_22
五代・大毗盧經 12_142_10
五代・大毗盧經 12_144_4
五代・大毗盧經 14_170_15
五代・大毗盧經 16_201_14
五代・大毗盧經 19_240_10
五代・大毗盧經 23_290_4

五代・密教部類 3_33_5
五代・密教部類 3_34_5
五代・密教部類 3_35_5
五代・密教部類 3_36_7
五代・密教部類 3_37_5
五代・密教部類 3_38_5
五代・密教部類 3_39_5
五代・密教部類 4_51_23
五代・大毗盧經 2_3_13

## 佞

慣ネイ 漢デイ
訓おもねる

佞偽
初唐•古文尚書
38_364_14

非佞折獄
初唐•古文尚書
47_457_30

不佞
初唐•禮記正義
30_467_5

## 作

サク、サ
訓つくる

初唐•古文尚書
1_8_1

初唐•古文尚書
2_16_2

初唐•古文尚書
5_41_15

初唐•古文尚書
5_42_6

初唐•古文尚書
8_65_9

初唐•古文尚書
8_70_7

初唐•古文尚書
9_71_32

初唐•古文尚書
9_80_6

初唐•古文尚書
10_86_1

初唐•古文尚書
10_86_3

初唐•古文尚書
10_86_15

初唐•古文尚書
10_86_19

初唐•古文尚書
10_89_16

初唐•古文尚書
11_97_3

初唐•古文尚書
12_103_25

初唐•古文尚書
14_125_11

初唐•古文尚書
14_129_12

初唐•古文尚書
14_130_8

初唐•古文尚書
17_162_5

初唐•古文尚書
17_164_18

初唐•古文尚書
17_165_12

初唐•古文尚書
18_166_4

初唐•古文尚書
18_166_22

初唐•古文尚書
18_168_7

初唐•古文尚書
18_172_6

初唐•古文尚書
18_173_26

初唐•古文尚書
18_174_15

初唐•古文尚書
18_175_5

初唐•古文尚書
21_197_28

初唐•古文尚書
22_209_21

初唐•古文尚書
22_210_18

初唐•古文尚書
23_222_1

初唐•古文尚書
23_222_9

初唐•古文尚書
24_232_12

初唐•古文尚書
25_244_22

初唐•古文尚書
26_259_11

初唐•古文尚書
34_327_6

初唐•古文尚書
34_327_20

初唐•古文尚書
35_334_14

初唐•古文尚書
37_351_25

初唐•古文尚書
38_363_19

初唐•古文尚書
39_378_25

初唐•古文尚書
39_379_11

初唐•古文尚書
40_381_11

初唐•古文尚書
40_381_23

初唐•古文尚書
40_382_11

初唐•古文尚書
40_383_12

初唐•古文尚書
40_385_18

| | | | | | | |
|---|---|---|---|---|---|---|
| 初唐・十誦律 10_194_6 | 初唐・十誦律 9_174_5 | 初唐・十誦律 6_104_2 | 初唐・十誦律 4_56_10 | 初唐・十誦律 1_6_14 | 初唐•禮記正義 1_2_19 | 初唐•古文尚書 41_393_3 |
| 初唐・十誦律 11_196_16 | 初唐・十誦律 10_178_3 | 初唐・十誦律 7_124_12 | 初唐・十誦律 4_59_8 | 初唐・十誦律 1_9_11 | 初唐•禮記正義 3_42_17 | 初唐•古文尚書 42_406_18 |
| 初唐・十誦律 11_209_14 | 初唐・十誦律 10_179_1 | 初唐・十誦律 9_165_6 | 初唐・十誦律 4_60_13 | 初唐・十誦律 1_12_16 | 初唐•禮記正義 5_75_4 | 初唐•古文尚書 43_412_5 |
| 初唐・十誦律 12_215_8 | 初唐・十誦律 10_180_3 | 初唐・十誦律 9_166_10 | 初唐・十誦律 4_62_3 | 初唐・十誦律 2_16_17 | 初唐•禮記正義 7_102_22 | 初唐•古文尚書 43_414_1 |
| 初唐・十誦律 12_218_2 | 初唐・十誦律 10_184_17 | 初唐・十誦律 9_170_13 | 初唐・十誦律 4_71_14 | 初唐・十誦律 2_22_3 | 初唐•禮記正義 11_169_27 | 初唐•古文尚書 48_466_5 |
| 初唐・十誦律 12_223_3 | 初唐・十誦律 10_185_4 | 初唐・十誦律 9_171_11 | 初唐・十誦律 5_92_12 | 初唐・十誦律 2_31_17 | 初唐•禮記正義 14_216_23 | 初唐・毛詩傳 1_2_13 |
| 初唐・十誦律 12_223_14 | 初唐・十誦律 10_187_12 | 初唐・十誦律 9_172_13 | 初唐・十誦律 6_100_12 | 初唐・十誦律 3_52_11 | 初唐•禮記正義 17_265_7 | 初唐・毛詩傳 3_26_1 |
| 初唐・十誦律 12_226_4 | 初唐・十誦律 10_191_1 | 初唐・十誦律 9_173_11 | 初唐・十誦律 6_102_9 | 初唐・十誦律 4_53_4 | 初唐•禮記正義 26_402_18 | 初唐・毛詩傳 9_100_13 |

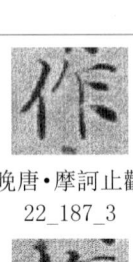

初唐・十誦律
12_229_3

初唐・十誦律
12_231_2

初唐・十誦律
13_235_2

初唐・十誦律
13_235_11

初唐・十誦律
13_241_15

初唐・十誦律
14_269_3

初唐・十誦律
14_270_5

初唐・十誦律
18_346_13

初唐・十誦律
18_350_8

初唐・十誦律
19_357_2

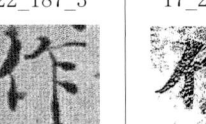

中唐・翰苑
4_48_24

中唐・翰苑
11_143_1

中唐・翰苑
11_143_11

中唐・翰苑
14_186_4

中唐・翰苑
17_223_23

中唐・翰苑
17_226_29

中唐・翰苑
18_234_17

中唐・翰苑
18_235_3

中唐・翰苑
18_236_15

中唐・翰苑
19_242_12

中唐・翰苑
19_242_24

中唐・翰苑
19_246_9

中唐・翰苑
20_267_21

中唐・翰苑
30_387_43

中唐・翰苑
30_394_27

中唐・翰苑
34_435_8

中唐・翰苑
35_451_3

中唐・翰苑
42_533_32

中唐・翰苑
43_547_36

中唐・翰苑
43_555_39

中唐・翰苑
44_564_10

中唐・般若經
4_50_6

中唐・般若經
6_80_1

中唐・般若經
6_95_3

中唐・般若經
8_119_14

中唐・般若經
9_142_7

中唐・般若經
10_167_2

中唐・般若經
12_192_2

中唐・般若經
13_214_10

中唐・般若經
15_267_6

中唐・般若經
17_291_5

中唐・般若經
18_308_13

中唐・般若經
19_327_13

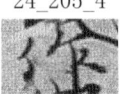

晚唐•摩訶止觀
2_19_8

晚唐•摩訶止觀
9_79_18

晚唐•摩訶止觀
15_133_4

晚唐•摩訶止觀
17_147_7

晚唐•摩訶止觀
18_157_17

晚唐•摩訶止觀
22_187_3

晚唐•摩訶止觀
24_205_4

晚唐•摩訶止觀
27_237_26

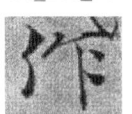

晚唐•摩訶止觀
28_238_3

晚唐•摩訶止觀
28_240_16

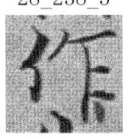

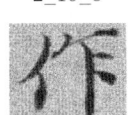

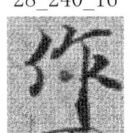

晚唐•摩訶止觀
30_258_11

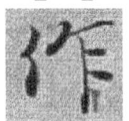

晚唐•摩訶止觀
30_262_3

晚唐•摩訶止觀
31_267_13

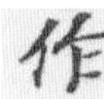

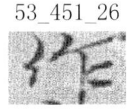

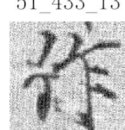

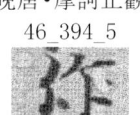

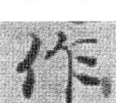

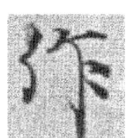

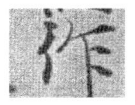

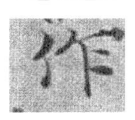

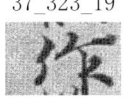

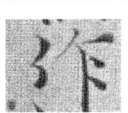

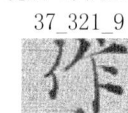

| | | | | | | |
|---|---|---|---|---|---|---|
| 五代•大毗盧經<br>17_214_10 | 五代•大毗盧經<br>7_79_3 | 晚唐•摩訶止觀<br>53_451_26 | 晚唐•摩訶止觀<br>42_358_20 | 晚唐•摩訶止觀<br>37_323_19 | 晚唐•摩訶止觀<br>37_320_28 | 晚唐•摩訶止觀<br>32_282_16 |
| 五代•大毗盧經<br>19_247_9 | 五代•大毗盧經<br>9_103_23 | 晚唐•摩訶止觀<br>59_499_27 | 晚唐•摩訶止觀<br>42_359_8 | 晚唐•摩訶止觀<br>37_323_23 | 晚唐•摩訶止觀<br>37_321_9 | 晚唐•摩訶止觀<br>33_284_26 |
| 五代•大毗盧經<br>19_251_18 | 五代•大毗盧經<br>10_115_1 | 五代•密教部類<br>6_88_32 | 晚唐•摩訶止觀<br>43_366_19 | 晚唐•摩訶止觀<br>37_323_27 | 晚唐•摩訶止觀<br>37_321_18 | 晚唐•摩訶止觀<br>33_287_10 |
| 五代•大毗盧經<br>20_256_11 | 五代•大毗盧經<br>10_122_51 | 五代•大毗盧經<br>2_14_19 | 晚唐•摩訶止觀<br>46_394_5 | 晚唐•摩訶止觀<br>37_324_5 | 晚唐•摩訶止觀<br>37_321_24 | 晚唐•摩訶止觀<br>33_289_2 |
| 五代•大毗盧經<br>22_279_15 | 五代•大毗盧經<br>11_135_7 | 五代•大毗盧經<br>2_21_13 | 晚唐•摩訶止觀<br>51_433_13 | 晚唐•摩訶止觀<br>37_324_9 | 晚唐•摩訶止觀<br>37_322_5 | 晚唐•摩訶止觀<br>35_304_24 |
| 五代•大毗盧經<br>26_331_1 | 五代•大毗盧經<br>12_143_12 | 五代•大毗盧經<br>3_31_7 | 晚唐•摩訶止觀<br>53_447_9 | 晚唐•摩訶止觀<br>38_329_1 | 晚唐•摩訶止觀<br>37_322_7 | 晚唐•摩訶止觀<br>35_304_29 |
| 五代•大毗盧經<br>26_332_28 | 五代•大毗盧經<br>14_172_8 | 五代•大毗盧經<br>7_77_37 | 晚唐•摩訶止觀<br>53_447_19 | 晚唐•摩訶止觀<br>38_330_23 | 晚唐•摩訶止觀<br>37_322_22 | 晚唐•摩訶止觀<br>35_305_8 |
| 五代•大毗盧經<br>27_338_6 | 五代•大毗盧經<br>16_209_13 | 五代•大毗盧經<br>7_78_16 | 晚唐•摩訶止觀<br>53_449_1 | 晚唐•摩訶止觀<br>42_358_8 | 晚唐•摩訶止觀<br>37_323_3 | 晚唐•摩訶止觀<br>35_305_24 |

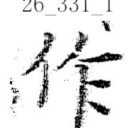

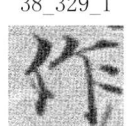

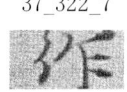

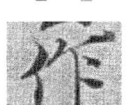

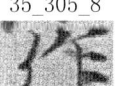

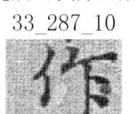

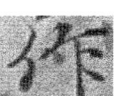

五代・大毗盧經 27_339_16
五代・大毗盧經 28_363_10
五代・大毗盧經 29_366_18
五代・大毗盧經 42_503_13
五代・大毗盧經 46_567_5
五代・大毗盧經 50_607_10
五代・大毗盧經 50_609_17
五代・大毗盧經 52_639_5

五代・大毗盧經 53_652_9
五代・大毗盧經 53_652_29
五代・大毗盧經 54_657_7
五代・大毗盧經 54_665_16
五代・大毗盧經 63_778_2
五代・大毗盧經 66_829_41
五代・大毗盧經 66_831_5
五代・大毗盧經 72_886_19

五代・大毗盧經 79_964_7
五代・大毗盧經 86_1051_20
五代・大毗盧經 92_1130_19
五代・大毗盧經 93_1137_20
五代・大毗盧經 93_1137_26
五代・大毗盧經 96_1172_4
五代・大毗盧經 96_1180_38

五代・大毗盧經 97_1192_3
五代・大毗盧經 97_1195_16
五代・大毗盧經 96_1174_27

## 位 𠀋

現 イ
訓 くらい

初唐・古文尚書 7_55_19
初唐・古文尚書 7_56_14
初唐・古文尚書 11_94_5
初唐・古文尚書 11_94_16
初唐・古文尚書 14_128_4
初唐・古文尚書 15_140_11
初唐・古文尚書 15_140_22
初唐・古文尚書 17_158_1

初唐・古文尚書 20_188_16
初唐・古文尚書 23_219_7
初唐・古文尚書 28_273_5
初唐・古文尚書 32_306_24
初唐・古文尚書 37_353_28
初唐・古文尚書 38_361_19
初唐・古文尚書 39_380_29
初唐・古文尚書 41_395_35

初唐・古文尚書 45_437_20
初唐・毛詩傳 4_36_5
初唐・毛詩傳 8_89_11
初唐・毛詩傳 9_91_19
初唐・毛詩傳 9_92_24
初唐・禮記正義 1_3_15
初唐・禮記正義 10_153_12
初唐・禮記正義 11_172_34

# 住

慣ジュウ 漢チュ
呉ジュ
訓すむ

初唐・十誦律 2_16_6
初唐・十誦律 2_21_9
初唐・十誦律 2_31_9
初唐・十誦律 2_32_13
初唐・十誦律 3_37_14
初唐・十誦律 3_39_13
初唐・十誦律 14_272_12
初唐・十誦律 14_273_2

五代•大毗盧經 12_145_20
五代•大毗盧經 15_196_1
五代•大毗盧經 22_280_5
五代•大毗盧經 39_469_22
五代•大毗盧經 40_479_16
五代•大毗盧經 82_999_36
五代•大毗盧經 98_1211_14

晚唐•摩訶止觀 62_519_20
五代•密教部類 5_70_4
五代•密教部類 5_71_7
五代•密教部類 5_72_5
五代•密教部類 5_72_16
五代•密教部類 6_74_5
五代•大毗盧經 8_91_20
五代•大毗盧經 11_129_15

晚唐•摩訶止觀 8_68_16
晚唐•摩訶止觀 18_157_25
晚唐•摩訶止觀 26_228_19
晚唐•摩訶止觀 60_503_17
晚唐•摩訶止觀 61_511_21
晚唐•摩訶止觀 61_512_1
晚唐•摩訶止觀 61 513 8
晚唐•摩訶止觀 61_517_14

中唐・翰苑 10_124_25
中唐・翰苑 21_273_35
中唐・翰苑 21_273_48
中唐・翰苑 26_346_8
中唐・翰苑 41_530_4
晚唐•摩訶止觀 3_26_24
晚唐•摩訶止觀 5_43_13
晚唐•摩訶止觀 7_58_23

初唐•禮記正義 14_220_22
初唐•禮記正義 16_239_22
初唐•禮記正義 16_249_26
初唐•禮記正義 29_453_12
立位 初唐•禮記正義 30_462_11
反吉於位 初唐•禮記正義 30_470_6
初唐・十誦律 19_366_6
初唐・十誦律 19_366_18

初唐•禮記正義 11_172_41
初唐•禮記正義 12_186_12
初唐•禮記正義 14_217_21
初唐•禮記正義 14_218_6
初唐•禮記正義 14_218_18
初唐•禮記正義 14_218_25
初唐•禮記正義 14_219_7
初唐•禮記正義 14_220_13

初唐·十誦律
14_273_5

初唐·十誦律
14_273_11

初唐·十誦律
14_273_17

初唐·十誦律
14_274_6

初唐·十誦律
14_274_9

初唐·十誦律
14_274_17

初唐·十誦律
15_275_6

初唐·十誦律
15_275_9

初唐·十誦律
15_276_15

初唐·十誦律
15_277_5

初唐·十誦律
15_277_12

初唐·十誦律
15_277_15

初唐·十誦律
15_278_4

初唐·十誦律
15_278_10

初唐·十誦律
19_357_17

初唐·般若經
8_110_2

初唐·般若經
10_135_16

初唐·般若經
10_136_4

初唐·般若經
10_137_8

初唐·般若經
12_172_9

初唐·般若經
12_172_15

初唐·般若經
12_174_3

初唐·般若經
21_321_7

初唐·般若經
23_348_13

初唐·般若經
23_349_1

初唐·般若經
23_350_7

初唐·般若經
25_387_14

初唐·般若經
25_388_3

初唐·般若經
25_389_10

任那
中唐·翰苑
26_341_24

中唐·翰苑
45_572_16

中唐·般若經
5_70_1

中唐·般若經
5_72_11

中唐·般若經
5_75_4

中唐·般若經
6_77_15

中唐·般若經
6_86_8

中唐·般若經
6_88_7

中唐·般若經
6_90_4

中唐·般若經
6_92_3

中唐·般若經
6_95_14

中唐·般若經
7_97_6

中唐·般若經
7_98_13

中唐·般若經
7_100_5

中唐·般若經
7_103_12

中唐·般若經
7_105_2

中唐·般若經
7_106_7

中唐·般若經
7_107_14

中唐·般若經
11_186_17

中唐·般若經
11_188_2

中唐·般若經
11_189_4

中唐·般若經
11_190_7

中唐·般若經
12_193_6

中唐·般若經
12_194_10

中唐·般若經
12_195_14

中唐·般若經
12_197_2

中唐·般若經
12_200_4

中唐·般若經 12_201_5
中唐·般若經 12_202_7
中唐·般若經 12_203_11
晚唐·摩訶止觀 5_42_17
晚唐·摩訶止觀 7_58_21
晚唐·摩訶止觀 8_68_19
晚唐·摩訶止觀 8_68_22
晚唐·摩訶止觀 8_68_25

晚唐·摩訶止觀 9_79_13
晚唐·摩訶止觀 29_255_16
晚唐·摩訶止觀 29_255_26
晚唐·摩訶止觀 43_373_1
晚唐·摩訶止觀 44_381_10
晚唐·摩訶止觀 44_382_5
晚唐·摩訶止觀 44_382_9
晚唐·摩訶止觀 47_403_2

晚唐·摩訶止觀 47_404_9
晚唐·摩訶止觀 56_475_13
晚唐·摩訶止觀 56_476_20
晚唐·摩訶止觀 56_477_14
晚唐·摩訶止觀 60_504_5
晚唐·摩訶止觀 61_513_13
晚唐·摩訶止觀 61_513_20
五代·大毗盧經 5_59_6

五代·大毗盧經 5_60_2
五代·大毗盧經 8_96_7
五代·大毗盧經 12_142_6
五代·大毗盧經 14_173_20
五代·大毗盧經 15_189_13
五代·大毗盧經 17_218_11
五代·大毗盧經 17_223_15
五代·大毗盧經 27_337_33

五代·大毗盧經 29_366_32
五代·大毗盧經 31_396_8
五代·大毗盧經 32_400_3
五代·大毗盧經 35_414_1
五代·大毗盧經 39_467_2
五代·大毗盧經 39_472_16
五代·大毗盧經 40_481_19
五代·大毗盧經 40_482_13

五代·大毗盧經 42_506_8
五代·大毗盧經 43_511_5
五代·大毗盧經 43_518_3
五代·大毗盧經 44_530_13
五代·大毗盧經 44_533_6
五代·大毗盧經 45_549_1
五代·大毗盧經 46_563_13
五代·大毗盧經 46_565_16

五代·大毗盧經 48_587_28
五代·大毗盧經 50_612_12
五代·大毗盧經 50_618_11
五代·大毗盧經 51_627_2
五代·大毗盧經 51_628_11
五代·大毗盧經 51_630_14
五代·大毗盧經 52_633_2
五代·大毗盧經 54_658_6

# 佛

慣ブツ 漢フツ 訓ほとけ

初唐・般若經 27_423_6
初唐・般若經 27_423_16
中唐・翰苑 43_552_11
中唐・翰苑 43_552_30
中唐・般若經 10_157_6
中唐・般若經 10_158_16
中唐・般若經 10_159_9
中唐・般若經 10_161_1

初唐・般若經 14_205_14
初唐・般若經 14_207_6
初唐・般若經 25_375_4
初唐・般若經 25_375_9
初唐・般若經 25_376_15
初唐・般若經 25_379_11
初唐・般若經 25_380_8
初唐・般若經 25_382_6

初唐・十誦律 2_28_8
初唐・十誦律 2_28_16
初唐・十誦律 3_43_1
初唐・十誦律 3_49_5
初唐・十誦律 3_49_6
初唐・十誦律 3_49_16
初唐・十誦律 3_50_14
初唐・十誦律 4_64_1

初唐・十誦律 1_3_1
初唐・十誦律 1_11_14
初唐・十誦律 1_11_15
初唐・十誦律 1_12_8
初唐・十誦律 2_15_1
初唐・十誦律 2_19_12
初唐・十誦律 2_20_3
初唐・十誦律 2_27_11

五代・大毗盧經 82_999_7
五代・大毗盧經 82_1000_18
五代・大毗盧經 84_1025_41
五代・大毗盧經 90_1107_14
五代・大毗盧經 92_1126_7
五代・大毗盧經 96_1179_3
五代・大毗盧經 96_1183_3
五代・大毗盧經 98_1201_20

五代・大毗盧經 64_796_7
五代・大毗盧經 64_799_6
五代・大毗盧經 67_839_2
五代・大毗盧經 67_848_11
五代・大毗盧經 71_870_1
五代・大毗盧經 72_888_6
五代・大毗盧經 78_942_30
五代・大毗盧經 79_964_11

五代・大毗盧經 54_660_16
五代・大毗盧經 55_679_8
五代・大毗盧經 57_703_15
五代・大毗盧經 59_730_16
五代・大毗盧經 60_744_2
五代・大毗盧經 60_745_6
五代・大毗盧經 62_767_2
五代・大毗盧經 63_785_11

中唐・般若經 11_181_15
中唐・般若經 18_323_7
中唐・般若經 18_324_4
中唐・般若經 18_324_17
中唐・般若經 18_325_14
中唐・般若經 19_328_6
中唐・般若經 19_329_4
中唐・般若經 19_330_1

中唐・般若經 19_330_16
中唐・般若經 19_333_12
中唐・般若經 19_334_9
中唐・般若經 19_335_5
中唐・般若經 19_336_2
晚唐•摩訶止觀 2_11_18
晚唐•摩訶止觀 2_11_24
晚唐•摩訶止觀 3_24_9

晚唐•摩訶止觀 6_51_14
晚唐•摩訶止觀 32_277_16
晚唐•摩訶止觀 32_281_21
晚唐•摩訶止觀 33_287_24
晚唐•摩訶止觀 33_289_21
晚唐•摩訶止觀 33_290_4
晚唐•摩訶止觀 33_290_21
晚唐•摩訶止觀 34_292_6

晚唐•摩訶止觀 34_293_4
晚唐•摩訶止觀 34_296_6
晚唐•摩訶止觀 34_296_15
晚唐•摩訶止觀 34_298_14
晚唐•摩訶止觀 34_298_23
晚唐•摩訶止觀 34_299_10
晚唐•摩訶止觀 35_301_11
晚唐•摩訶止觀 35_302_15

晚唐•摩訶止觀 35_302_23
晚唐•摩訶止觀 35_304_3
晚唐•摩訶止觀 35_305_25
晚唐•摩訶止觀 35_306_3
晚唐•摩訶止觀 35_306_22
晚唐•摩訶止觀 36_308_2
晚唐•摩訶止觀 36_309_19
晚唐•摩訶止觀 36_311_10

晚唐•摩訶止觀 36_313_17
晚唐•摩訶止觀 37_321_12
晚唐•摩訶止觀 38_328_22
晚唐•摩訶止觀 43_369_5
晚唐•摩訶止觀 43_369_18
晚唐•摩訶止觀 47_402_21
晚唐•摩訶止觀 47_405_9
晚唐•摩訶止觀 49_417_13

晚唐•摩訶止觀 49_417_25
晚唐•摩訶止觀 49_418_12
晚唐•摩訶止觀 49_421_20
晚唐•摩訶止觀 50_423_27
晚唐•摩訶止觀 50_427_3
晚唐•摩訶止觀 50_427_14
晚唐•摩訶止觀 52_444_24
晚唐•摩訶止觀 52_445_3

晚唐·摩訶止觀
52_445_23

晚唐·摩訶止觀
53_447_12

晚唐·摩訶止觀
54_456_23

晚唐·摩訶止觀
54_457_7

晚唐·摩訶止觀
54_458_14

晚唐·摩訶止觀
55_464_22

晚唐·摩訶止觀
55_465_5

晚唐·摩訶止觀
59_502_6

晚唐·摩訶止觀
60_503_23

晚唐·摩訶止觀
60_505_9

五代·密教部類
2_18_8

五代·密教部類
2_18_13

五代·密教部類
3_27_7

五代·密教部類
3_36_1

五代·密教部類
6_77_7

五代·密教部類
6_77_23

五代·大毗盧經
1_1_7

五代·大毗盧經
2_7_7

五代·大毗盧經
3_29_2

五代·大毗盧經
3_30_21

五代·大毗盧經
3_35_7

五代·大毗盧經
5_50_3

五代·大毗盧經
7_85_11

五代·大毗盧經
8_96_2

五代·大毗盧經
8_100_5

五代·大毗盧經
10_122_34

五代·大毗盧經
14_171_16

五代·大毗盧經
15_189_40

五代·大毗盧經
15_194_7

五代·大毗盧經
15_195_34

五代·大毗盧經
15_196_19

五代·大毗盧經
16_203_6

五代·大毗盧經
17_225_17

五代·大毗盧經
21_266_24

五代·大毗盧經
22_281_7

五代·大毗盧經
23_296_11

五代·大毗盧經
24_307_35

五代·大毗盧經
24_309_12

五代·大毗盧經
24_309_23

五代·大毗盧經
24_310_29

五代·大毗盧經
25_318_6

五代·大毗盧經
26_326_14

五代·大毗盧經
26_327_41

五代·大毗盧經
26_328_35

五代·大毗盧經
26_333_23

五代·大毗盧經
27_337_11

五代·大毗盧經
27_338_7

五代·大毗盧經
27_341_19

五代·大毗盧經
27_342_2

五代·大毗盧經
27_346_19

五代·大毗盧經
28_356_13

五代·大毗盧經
28_363_12

五代·大毗盧經
30_378_16

五代·大毗盧經
31_390_4

五代·大毗盧經
31_391_23

五代·大毗盧經
31_394_18

五代·大毗盧經 31_394_31

五代·大毗盧經 31_396_20

五代·大毗盧經 32_400_2

五代·大毗盧經 34_409_7

五代·大毗盧經 35_410_7

五代·大毗盧經 39_460_12

五代·大毗盧經 40_479_2

五代·大毗盧經 41_490_10

五代·大毗盧經 41_494_10

五代·大毗盧經 41_494_19

五代·大毗盧經 42_502_17

五代·大毗盧經 44_526_3

五代·大毗盧經 44_527_11

五代·大毗盧經 44_529_14

五代·大毗盧經 44_531_1

五代·大毗盧經 44_533_13

五代·大毗盧經 45_546_11

五代·大毗盧經 46_557_2

五代·大毗盧經 47_573_14

五代·大毗盧經 47_575_9

五代·大毗盧經 48_587_27

五代·大毗盧經 50_606_1

五代·大毗盧經 50_612_13

五代·大毗盧經 50_618_18

五代·大毗盧經 51_630_20

五代·大毗盧經 57_696_49

五代·大毗盧經 59_722_12

五代·大毗盧經 59_725_4

五代·大毗盧經 62_762_13

五代·大毗盧經 62_762_17

五代·大毗盧經 63_780_12

五代·大毗盧經 64_798_2

五代·大毗盧經 64_807_4

五代·大毗盧經 65_817_21

五代·大毗盧經 65_817_25

五代·大毗盧經 65_821_19

五代·大毗盧經 66_824_10

五代·大毗盧經 68_851_17

五代·大毗盧經 68_852_22

五代·大毗盧經 70_862_7

五代·大毗盧經 74_909_2

五代·大毗盧經 74_912_3

五代·大毗盧經 74_914_3

五代·大毗盧經 74_917_3

五代·大毗盧經 75_920_3

五代·大毗盧經 75_922_3

五代·大毗盧經 75_924_4

五代·大毗盧經 77_932_8

五代·大毗盧經 77_932_12

五代·大毗盧經 79_960_9

五代·大毗盧經 83_1009_10

五代·大毗盧經 86_1060_29

五代·大毗盧經 93_1145_18

五代·大毗盧經 96_1181_11

五代·大毗盧經 97_1184_26

五代·大毗盧經 97_1185_8

## 來

漢 ライ
訓 くる

初唐•禮記正義
26_393_4

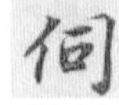

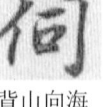

初唐•禮記正義
26_405_21

初唐•禮記正義
26_405_27

初唐•禮記正義
26_406_25

初唐•禮記正義
30_461_22

初唐•禮記正義
30_463_5

初唐•禮記正義
30_474_22

初唐・十誦律
2_27_8

初唐•禮記正義
4_60_11

初唐•禮記正義
6_87_27

初唐•禮記正義
6_94_1

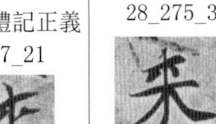

初唐•禮記正義
6_97_21

初唐•禮記正義
7_110_22

初唐•禮記正義
7_111_19

初唐•禮記正義
10_151_27

初唐•禮記正義
10_152_21

初唐•古文尚書
21_206_3

初唐•古文尚書
22_215_3

初唐•古文尚書
22_215_17

初唐•古文尚書
28_275_3

初唐•古文尚書
44_430_24

初唐•古文尚書
45_437_11

初唐•古文尚書
45_438_8

初唐•禮記正義
4_58_12

## 余

ヨ
訓 あまる

中唐・翰苑
44_568_1

中唐・翰苑
45_569_14

中唐・翰苑
45_573_17

中唐・翰苑
45_575_10

中唐・翰苑
45_577_2

中唐・翰苑
45_580_9

初唐•古文尚書
10_89_12

初唐•禮記正義
26_397_11

初唐•禮記正義
26_399_13

初唐•禮記正義
26_400_7

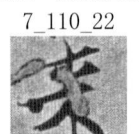

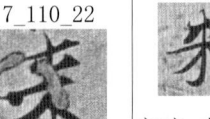

中唐・翰苑
44_560_3

中唐・翰苑
44_562_11

中唐・翰苑
44_563_14

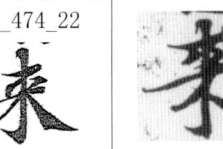

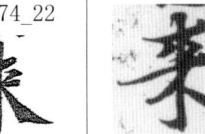

中唐・翰苑
44_564_12

## 伺

シ
訓 うかがう

背山向海
中唐・翰苑
25_324_24

中唐・翰苑
37_471_3

## 佛

五代•大毗盧經
97_1186_20

中唐・翰苑
10_120_15

中唐・翰苑
12_156_3

中唐・翰苑
14_185_17

中唐・翰苑
16_211_3

中唐・翰苑
17_222_35

中唐・翰苑
17_223_18

中唐・翰苑
19_248_14

中唐・翰苑
20_261_3

初唐・般若經
27_411_10

初唐・般若經
27_413_4

中唐・翰苑
4_42_22

中唐・翰苑
4_44_21

中唐・翰苑
5_59_13

中唐・翰苑
8_102_24

中唐・翰苑
9_109_23

中唐・翰苑
9_114_26

初唐・十誦律 14_259_8
初唐・十誦律 13_236_17
初唐・十誦律 11_202_8
初唐・十誦律 9_161_4
初唐・十誦律 3_44_14

初唐・十誦律 14_261_12
初唐・十誦律 13_239_10
初唐・十誦律 11_207_12
初唐・十誦律 9_161_10
初唐・十誦律 3_47_9

初唐・十誦律 14_263_16
初唐・十誦律 13_243_2
初唐・十誦律 12_218_17
初唐・十誦律 9_161_13
初唐・十誦律 8_135_7

初唐・十誦律 14_266_17
初唐・十誦律 13_245_15
初唐・十誦律 12_222_3
初唐・十誦律 9_162_3
初唐・十誦律 8_136_10

初唐・般若經 13_193_11
初唐・十誦律 13_248_4
初唐・十誦律 12_225_4
初唐・十誦律 9_167_15
初唐・十誦律 8_141_16

初唐・般若經 13_194_4
初唐・十誦律 13_251_2
初唐・十誦律 12_228_5
初唐・十誦律 9_168_4
初唐・十誦律 8_143_7

初唐・般若經 13_195_13
初唐・十誦律 13_253_17
初唐・十誦律 12_231_17
初唐・十誦律 9_168_7
初唐・十誦律 9_155_6

初唐・般若經 27_410_17
初唐・十誦律 14_256_4
初唐・十誦律 12_234_6
初唐・十誦律 9_168_14
初唐・十誦律 9_156_8

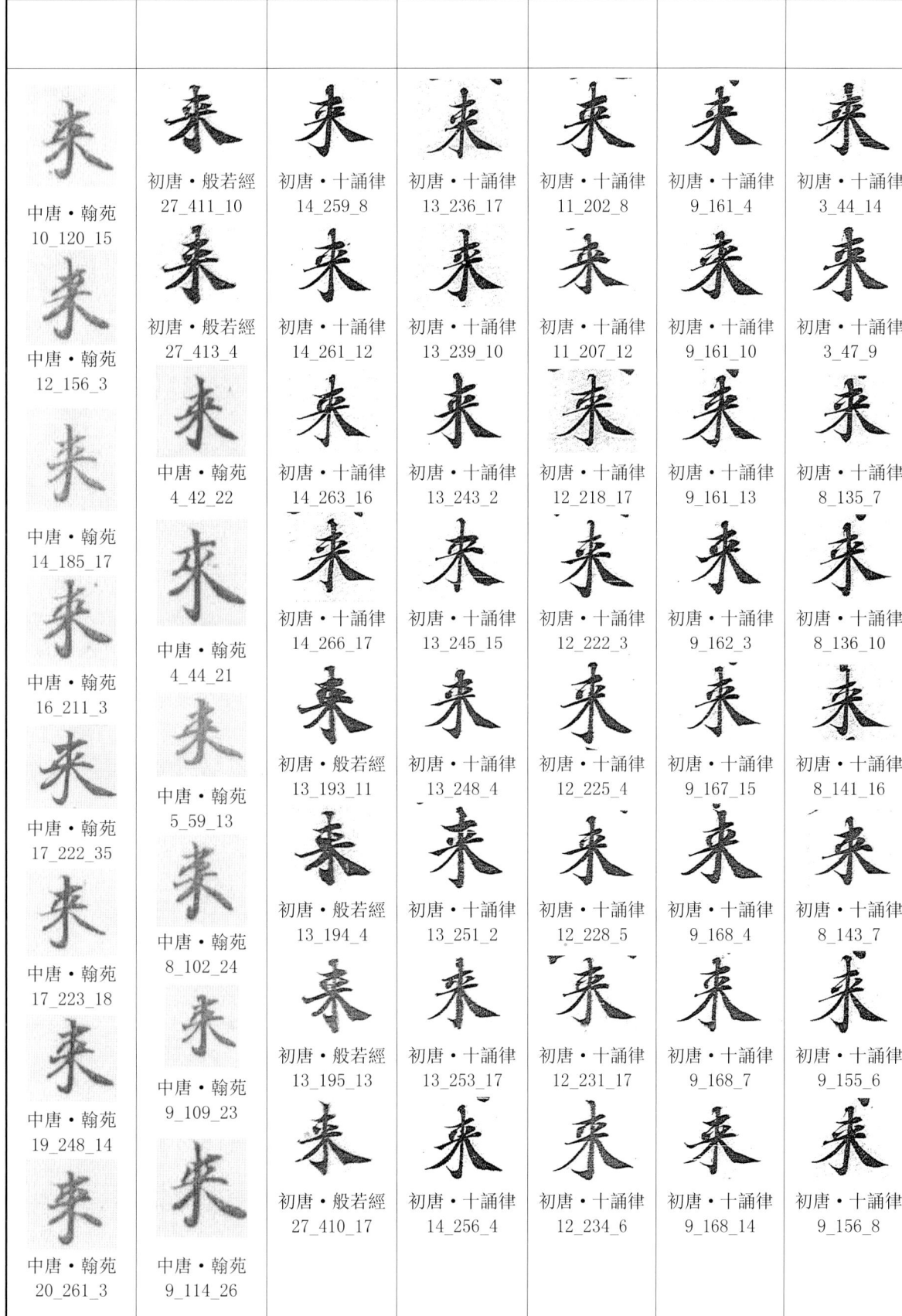

| | | | | | | |
|---|---|---|---|---|---|---|
| 晚唐•摩訶止觀<br>34_291_25 | 晚唐•摩訶止觀<br>14_125_3 | 晚唐•摩訶止觀<br>3_29_2 | 中唐・般若經<br>16_271_17 | 中唐・般若經<br>15_260_5 | 中唐・翰苑<br>41_527_35 | 中唐・翰苑<br>27_353_8 |
| 晚唐•摩訶止觀<br>34_292_13 | 晚唐•摩訶止觀<br>14_126_14 | 晚唐•摩訶止觀<br>7_57_25 | 中唐・般若經<br>16_273_12 | 中唐・般若經<br>15_260_8 | 中唐・翰苑<br>43_544_25 | 中唐・翰苑<br>30_393_3 |
| 晚唐•摩訶止觀<br>34_292_16 | 晚唐•摩訶止觀<br>16_138_5 | 晚唐•摩訶止觀<br>10_84_7 | 中唐・般若經<br>16_277_4 | 中唐・般若經<br>15_262_8 | 中唐・翰苑<br>43_554_25 | 中唐・翰苑<br>31_397_26 |
| 晚唐•摩訶止觀<br>34_292_20 | 晚唐•摩訶止觀<br>27_230_13 | 晚唐•摩訶止觀<br>10_89_3 | 中唐・般若經<br>16_278_13 | 中唐・般若經<br>15_262_11 | 中唐・翰苑<br>43_555_25 | 中唐・翰苑<br>31_398_1 |
| 晚唐•摩訶止觀<br>34_294_8 | 晚唐•摩訶止觀<br>33_288_5 | 晚唐•摩訶止觀<br>12_108_13 | 中唐・般若經<br>16_280_5 | 中唐・般若經<br>15_264_12 | 中唐・翰苑<br>44_556_43 | 中唐・翰苑<br>35_454_31 |
| 晚唐•摩訶止觀<br>34_296_30 | 晚唐•摩訶止觀<br>34_291_7 | 晚唐•摩訶止觀<br>12_108_23 | 中唐・般若經<br>16_281_15 | 中唐・般若經<br>15_264_15 | 中唐・翰苑<br>44_557_18 | 中唐・翰苑<br>37_470_21 |
| 晚唐•摩訶止觀<br>34_297_2 | 晚唐•摩訶止觀<br>34_291_10 | 晚唐•摩訶止觀<br>12_109_22 | 晚唐•摩訶止觀<br>3_28_21 | 中唐・般若經<br>16_268_12 | 中唐・般若經<br>15_258_2 | 中唐・翰苑<br>38_494_23 |
| 晚唐•摩訶止觀<br>34_299_22 | 晚唐•摩訶止觀<br>34_291_13 | 晚唐•摩訶止觀<br>14_123_24 | 晚唐•摩訶止觀<br>3_28_24 | 中唐・般若經<br>16_270_6 | 中唐・般若經<br>15_258_5 | 中唐・翰苑<br>40_517_11 |

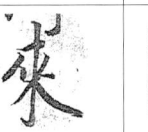

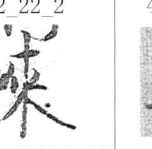

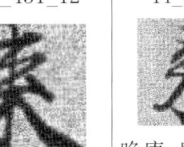

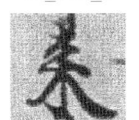

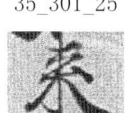

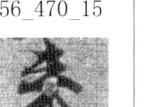

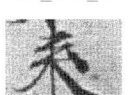

| | | | | | | |
|---|---|---|---|---|---|---|
| 五代·大毗盧經 15_189_6 | 五代·大毗盧經 9_101_14 | 五代·大毗盧經 2_18_11 | 五代·密教部類 2_22_2 | 晚唐·摩訶止觀 49_421_23 | 晚唐·摩訶止觀 43_369_17 | 晚唐·摩訶止觀 35_301_22 |
| 五代·大毗盧經 15_194_15 | 五代·大毗盧經 10_122_32 | 五代·大毗盧經 4_40_7 | 五代·密教部類 2_22_8 | 晚唐·摩訶止觀 51_431_12 | 晚唐·摩訶止觀 44_375_1 | 晚唐·摩訶止觀 35_301_25 |
| 五代·大毗盧經 15_196_13 | 五代·大毗盧經 11_135_20 | 五代·大毗盧經 5_55_7 | 五代·密教部類 3_32_7 | 晚唐·摩訶止觀 56_470_15 | 晚唐·摩訶止觀 44_380_26 | 晚唐·摩訶止觀 35_303_4 |
| 五代·大毗盧經 15_196_29 | 五代·大毗盧經 12_150_15 | 五代·大毗盧經 6_72_11 | 五代·密教部類 3_34_22 | 晚唐·摩訶止觀 56_472_28 | 晚唐·摩訶止觀 47_406_8 | 晚唐·摩訶止觀 35_303_7 |
| 五代·大毗盧經 15_198_14 | 五代·大毗盧經 13_155_10 | 五代·大毗盧經 6_73_14 | 五代·密教部類 5_64_6 | 晚唐·摩訶止觀 56_478_17 | 晚唐·摩訶止觀 48_410_4 | 晚唐·摩訶止觀 35_304_13 |
| 五代·大毗盧經 17_218_17 | 五代·大毗盧經 14_172_20 | 五代·大毗盧經 7_75_9 | 五代·密教部類 5_65_4 | 晚唐·摩訶止觀 58_488_13 | 晚唐·摩訶止觀 48_412_13 | 晚唐·摩訶止觀 35_304_23 |
| 五代·大毗盧經 17_218_33 | 五代·大毗盧經 14_173_7 | 五代·大毗盧經 7_77_14 | 五代·密教部類 5_66_8 | 晚唐·摩訶止觀 61_518_13 | 晚唐·摩訶止觀 48_414_20 | 晚唐·摩訶止觀 35_305_1 |
| 五代·大毗盧經 18_230_24 | 五代·大毗盧經 14_182_4 | 五代·大毗盧經 8_98_19 | 五代·密教部類 6_84_21 | 五代·密教部類 2_18_4 | 晚唐·摩訶止觀 49_419_14 | 晚唐·摩訶止觀 39_340_7 |

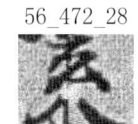

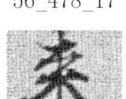

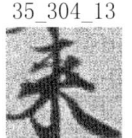

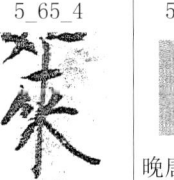

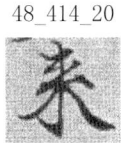

五代·大毗盧經 19_248_24
五代·大毗盧經 19_251_12
五代·大毗盧經 19_251_23
五代·大毗盧經 20_255_28
五代·大毗盧經 21_271_20
五代·大毗盧經 22_275_14
五代·大毗盧經 23_291_13
五代·大毗盧經 23_294_14
五代·大毗盧經 23_297_4
五代·大毗盧經 23_297_14
五代·大毗盧經 24_309_2
五代·大毗盧經 24_310_25
五代·大毗盧經 24_311_2
五代·大毗盧經 25_318_1
五代·大毗盧經 25_319_32
五代·大毗盧經 25_320_36
五代·大毗盧經 26_327_46
五代·大毗盧經 26_330_24
五代·大毗盧經 26_332_2
五代·大毗盧經 26_332_11
五代·大毗盧經 26_336_36
五代·大毗盧經 27_340_2
五代·大毗盧經 27_343_2
五代·大毗盧經 27_346_2
五代·大毗盧經 27_347_18
五代·大毗盧經 28_356_2
五代·大毗盧經 28_361_15
五代·大毗盧經 28_361_28
五代·大毗盧經 28_362_2
五代·大毗盧經 29_366_2
五代·大毗盧經 29_366_10
五代·大毗盧經 29_367_15
五代·大毗盧經 29_369_2
五代·大毗盧經 29_369_12
五代·大毗盧經 29_372_6
五代·大毗盧經 29_373_17
五代·大毗盧經 30_375_7
五代·大毗盧經 30_376_2
五代·大毗盧經 30_380_2
五代·大毗盧經 30_380_16
五代·大毗盧經 30_383_2
五代·大毗盧經 30_384_17
五代·大毗盧經 31_389_25
五代·大毗盧經 31_390_19
五代·大毗盧經 39_457_7
五代·大毗盧經 39_459_2
五代·大毗盧經 39_459_8
五代·大毗盧經 39_459_13
五代·大毗盧經 39_459_17
五代·大毗盧經 39_467_10
五代·大毗盧經 39_472_1
五代·大毗盧經 43_522_7
五代·大毗盧經 44_525_7
五代·大毗盧經 47_573_4
五代·大毗盧經 48_592_21
五代·大毗盧經 51_627_14

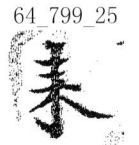

| 使 | 佳 | 侉 | | | | |
|---|---|---|---|---|---|---|
| シ<br>訓つかう | 慣カ漢カイ呉ケ<br>訓よい | 漢カ<br>訓おごる | | | | |
| 初唐•古文尚書<br>3_22_27<br>初唐•古文尚書<br>7_56_10<br>初唐•古文尚書<br>10_91_13<br>初唐•古文尚書<br>10_91_25<br>初唐•古文尚書<br>11_100_2<br>初唐•古文尚書<br>12_105_26<br>初唐•古文尚書<br>15_136_31<br>初唐•古文尚書<br>17_160_32 | 中唐・翰苑<br>25_331_4<br>中唐・翰苑<br>32_410_21 | 初唐•古文尚書<br>33_310_1<br>初唐•古文尚書<br>33_310_27 | 五代•大毗盧經<br>83_1009_5<br>五代•大毗盧經<br>89_1087_13<br>五代•大毗盧經<br>96_1176_10<br>五代•大毗盧經<br>96_1176_14<br>五代•大毗盧經<br>96_1183_5<br>五代•大毗盧經<br>97_1186_6<br>五代•大毗盧經<br>98_1210_20 | 五代•大毗盧經<br>73_896_26<br>五代•大毗盧經<br>73_900_18<br>五代•大毗盧經<br>74_909_25<br>五代•大毗盧經<br>74_914_17<br>五代•大毗盧經<br>77_938_21<br>五代•大毗盧經<br>78_942_29<br>五代•大毗盧經<br>79_957_35<br>五代•大毗盧經<br>79_960_15 | 五代•大毗盧經<br>71_871_9<br>五代•大毗盧經<br>71_871_12<br>五代•大毗盧經<br>71_872_7<br>五代•大毗盧經<br>71_873_7<br>五代•大毗盧經<br>71_874_17<br>五代•大毗盧經<br>71_875_4<br>五代•大毗盧經<br>71_878_34<br>五代•大毗盧經<br>72_886_18 | 五代•大毗盧經<br>53_652_1<br>五代•大毗盧經<br>64_799_25<br>五代•大毗盧經<br>64_800_4<br>五代•大毗盧經<br>66_829_17<br>五代•大毗盧經<br>67_837_14<br>五代•大毗盧經<br>67_837_19<br>五代•大毗盧經<br>67_848_10<br>五代•大毗盧經<br>68_852_10 |

| | | | | | | |
|---|---|---|---|---|---|---|
| 初唐•禮記正義 28_429_26 | 初唐•禮記正義 15_227_10 | 初唐・毛詩傳 4_41_20 | 初唐•古文尚書 45_438_29 | 初唐•古文尚書 29_284_22 | 初唐•古文尚書 20_188_26 | 初唐•古文尚書 17_161_11 |
| 初唐•禮記正義 28_431_2 | 初唐•禮記正義 15_232_9 | 初唐・毛詩傳 9_92_33 | 初唐•古文尚書 45_439_10 | 初唐•古文尚書 38_363_5 | 初唐•古文尚書 21_207_27 | 初唐•古文尚書 17_162_14 |
| 初唐•禮記正義 28_431_10 | 初唐•禮記正義 15_232_12 | 初唐•禮記正義 3_40_11 | 初唐•古文尚書 45_443_31 | 初唐•古文尚書 39_375_15 | 初唐•古文尚書 22_208_4 | 初唐•古文尚書 18_171_21 |
| 初唐•禮記正義 30_466_19 | 初唐•禮記正義 20_308_5 | 初唐•禮記正義 4_50_29 | 初唐•古文尚書 47_457_18 | 初唐•古文尚書 41_395_32 | 初唐•古文尚書 22_209_14 | 初唐•古文尚書 18_172_23 |
| 初唐•禮記正義 30_468_21 | 初唐•禮記正義 21_319_12 | 初唐•禮記正義 7_102_3 | 初唐•古文尚書 47_460_30 | 初唐•古文尚書 41_397_11 | 初唐•古文尚書 23_219_25 | 初唐•古文尚書 19_177_17 |
| 初唐・十誦律 8_134_11 | 初唐•禮記正義 27_416_25 | 初唐•禮記正義 10_151_7 | 初唐•古文尚書 48_464_15 | 初唐•古文尚書 41_399_9 | 初唐•古文尚書 23_220_17 | 初唐•古文尚書 19_179_11 |
| 初唐・十誦律 9_154_12 | 初唐•禮記正義 27_418_12 | 初唐•禮記正義 10_154_6 | 初唐•古文尚書 48_465_25 | 初唐•古文尚書 43_417_25 | 初唐•古文尚書 23_223_18 | 初唐•古文尚書 19_180_13 |
| 初唐・十誦律 11_204_2 | 初唐•禮記正義 27_419_28 | 初唐•禮記正義 10_156_8 | 初唐•古文尚書 48_471_30 | 初唐•古文尚書 44_425_21 | 初唐•古文尚書 28_278_12 | 初唐•古文尚書 20_188_14 |

中唐•翰苑
2_18_21

中唐•翰苑
3_22_27

中唐•翰苑
4_36_28

中唐•翰苑
4_37_41

中唐•翰苑
4_38_10

中唐•翰苑
4_42_3

中唐•翰苑
4_44_16

中唐•翰苑
4_44_19

中唐•翰苑
4_45_25

中唐•翰苑
5_50_24

中唐•翰苑
5_54_9

中唐•翰苑
7_79_22

中唐•翰苑
8_99_6

中唐•翰苑
8_102_15

中唐•翰苑
9_107_18

中唐•翰苑
9_109_7

中唐•翰苑
9_110_8

中唐•翰苑
10_123_41

中唐•翰苑
19_243_3

中唐•翰苑
21_271_45

中唐•翰苑
21_273_11

中唐•翰苑
21_273_36

中唐•翰苑
21_273_49

中唐•翰苑
21_274_11

中唐•翰苑
21_275_44

中唐•翰苑
21_276_45

中唐•翰苑
25_327_23

中唐•翰苑
25_332_26

中唐•翰苑
27_355_43

中唐•翰苑
28_364_16

中唐•翰苑
30_392_26

中唐•翰苑
30_393_5

中唐•翰苑
30_393_39

中唐•翰苑
30_394_24

中唐•翰苑
31_397_12

中唐•翰苑
31_397_23

中唐•翰苑
31_402_8

中唐•翰苑
32_414_24

中唐•翰苑
32_414_41

中唐•翰苑
32_421_18

中唐•翰苑
33_431_27

中唐•翰苑
33_431_37

中唐•翰苑
33_433_4

中唐•翰苑
34_437_11

中唐•翰苑
35_451_32

中唐•翰苑
35_452_36

中唐•翰苑
35_456_3

中唐•翰苑
42_536_10

中唐•翰苑
42_541_41

中唐•翰苑
42_543_30

中唐•翰苑
43_544_20

中唐•翰苑
43_544_23

中唐•翰苑
43_552_26

中唐•翰苑
44_558_10

中唐•翰苑
44_558_43

晚唐•摩訶止觀
3_28_22

晚唐•摩訶止觀
3_28_26

晚唐•摩訶止觀
56_476_5

五代•密教部類
1_5_1

五代•大毗盧經
14_182_5

五代•大毗盧經
15_188_13

五代•大毗盧經
27_338_2

五代•大毗盧經
46_556_18

五代•大毗盧經
50_616_13

五代•大毗盧經
51_624_4

五代•大毗盧經
63_787_13

五代•大毗盧經
63_787_21

五代•大毗盧經
63_788_2

五代•大毗盧經
63_788_18

五代•大毗盧經
63_790_6

五代•大毗盧經
63_791_21

五代•大毗盧經
66_829_23

五代•大毗盧經
67_837_20

五代•大毗盧經
85_1039_12

五代•大毗盧經
95_1168_9

五代•大毗盧經
97_1193_7

# 供

漢 キョウ 吳 ク
訓 とも

初唐•古文尚書
18_171_40

初唐•禮記正義
19_283_10

初唐・十誦律
2_26_7

初唐・十誦律
2_26_15

中唐・翰苑
24_314_20

晚唐•摩訶止觀
3_23_45

晚唐•摩訶止觀
55_464_13

晚唐•摩訶止觀
55_465_3

晚唐•摩訶止觀
55_465_27

晚唐•摩訶止觀
55_466_19

晚唐•摩訶止觀
55_468_16

晚唐•摩訶止觀
55_468_28

五代•密教部類
2_20_11

五代•密教部類
6_88_7

五代•密教部類
6_88_34

五代•大毗盧經
2_8_1

五代•大毗盧經
14_172_16

五代•大毗盧經
14_173_17

五代•大毗盧經
21_266_21

五代•大毗盧經
21_274_7

五代•大毗盧經
22_279_11

五代•大毗盧經
22_286_7

五代•大毗盧經
23_287_12

五代•大毗盧經
31_394_15

五代•大毗盧經
31_394_21

五代•大毗盧經
31_394_37

五代•大毗盧經
31_394_40

五代•大毗盧經
46_556_14

五代•大毗盧經
60_737_1

五代•大毗盧經
60_740_9

五代•大毗盧經
71_876_7

五代•大毗盧經
88_1079_25

## 佩

漢 ハイ
訓 おびだま

初唐・禮記正義
20_308_25

初唐・禮記正義
20_309_24

初唐・禮記正義
20_309_27

初唐・禮記正義
20_310_3

初唐・禮記正義
21_311_4

初唐・禮記正義
21_311_15

初唐・禮記正義
21_312_8

初唐・禮記正義
21_312_21

## 侈

シ
訓 おごる

初唐・古文尚書
33_308_24

初唐・古文尚書
33_309_17

中唐・翰苑
22_285_42

## 例

漢 レイ
訓 たとえる

晚唐・摩訶止觀
45_390_3

晚唐・摩訶止觀
53_451_22

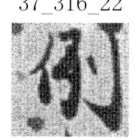

晚唐・摩訶止觀
57_483_10

晚唐・摩訶止觀
61_514_3

晚唐・摩訶止觀
13_116_11

晚唐・摩訶止觀
33_287_21

晚唐・摩訶止觀
37_316_22

晚唐・摩訶止觀
37_321_2

晚唐・摩訶止觀
39_339_24

晚唐・摩訶止觀
42_361_22

晚唐・摩訶止觀
43_366_9

晚唐・摩訶止觀
43_366_18

## 侍

漢 シ 呉 ジ
訓 さむらい

中唐・翰苑
6_77_2

中唐・翰苑
16_210_34

待諸侯變
中唐・翰苑
42_534_15

中唐・翰苑
44_558_36

中唐・翰苑
45_578_4

五代・大毗盧經
51_624_16

五代・大毗盧經
80_966_8

五代・大毗盧經
83_1008_9

初唐・禮記正義
28_431_16

初唐・禮記正義
28_432_7

初唐・禮記正義
28_432_28

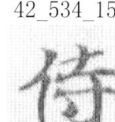

初唐・禮記正義
28_435_11

待放未絕者
初唐・禮記正義
29_447_25

大夫待放之時
初唐・禮記正義
29_448_23

中唐・翰苑
16_210_23

初唐・古文尚書
37_356_23

初唐・古文尚書
37_357_3

初唐・古文尚書
38_364_2

初唐・古文尚書
38_365_2

初唐・古文尚書
38_366_21

初唐・古文尚書
39_371_17

初唐・古文尚書
39_372_25

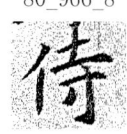

必待君僕
初唐・禮記正義
21_315_10

## 佽

漢 シ
訓 ならぶ

初唐・毛詩傳 8_83_5

初唐・毛詩傳 8_83_7

初唐・毛詩傳 8_84_5

初唐・毛詩傳 8_87_8

## 依

漢 イ 呉 エ
訓 よる

初唐・古文尚書 16_145_16

初唐・古文尚書 27_267_24

初唐・毛詩傳 8_86_7

初唐・禮記正義 10_155_21

初唐・禮記正義 11_175_9

初唐・禮記正義 17_261_4

初唐・禮記正義 19_287_2

初唐・禮記正義 25_389_10

初唐・十誦律 18_355_2

中唐・翰苑 4_44_11

中唐・翰苑 13_170_1

中唐・翰苑 13_171_2

中唐・翰苑 14_184_1

中唐・翰苑 25_323_43

中唐・翰苑 31_401_23

中唐・般若經 2_11_15

中唐・般若經 3_27_13

中唐・般若經 4_49_5

中唐・般若經 5_63_13

中唐・般若經 6_78_16

中唐・般若經 6_94_2

中唐・般若經 7_109_1

中唐・般若經 8_118_13

中唐・般若經 8_133_4

中唐・般若經 9_141_5

中唐・般若經 9_152_17

中唐・般若經 10_166_1

中唐・般若經 11_182_7

中唐・般若經 12_191_1

中唐・般若經 12_204_2

中唐・般若經 13_213_8

中唐・般若經 13_227_9

---

初唐・禮記正義 21_313_5

初唐・禮記正義 21_313_16

初唐・禮記正義 21_314_2

初唐・禮記正義 21_314_6

初唐・禮記正義 21_314_16

中唐・翰苑 25_325_23

中唐・翰苑 25_329_45

中唐・翰苑 25_330_3

五代・大毗盧經 8_98_22

五代・大毗盧經 25_322_29

五代・大毗盧經 55_678_19

中唐・般若經
15_252_16

中唐・般若經
15_266_5

中唐・般若經
16_282_11

中唐・般若經
17_290_4

中唐・般若經
17_299_7

中唐・般若經
18_307_12

中唐・般若經
18_317_14

中唐・般若經
19_326_12

中唐・般若經
19_336_14

晩唐•摩訶止觀
3_29_9

晩唐•摩訶止觀
4_32_13

晩唐•摩訶止觀
7_56_1

晩唐•摩訶止觀
9_76_2

晩唐•摩訶止觀
14_123_26

晩唐•摩訶止觀
15_131_17

晩唐•摩訶止觀
24_205_5

晩唐•摩訶止觀
26_228_6

晩唐•摩訶止觀
34_299_23

晩唐•摩訶止觀
35_301_23

晩唐•摩訶止觀
35_303_5

晩唐•摩訶止觀
41_357_11

晩唐•摩訶止觀
43_373_24

晩唐•摩訶止觀
45_390_2

五代•大毗盧經
2_7_16

五代•大毗盧經
2_16_1

五代•大毗盧經
3_36_7

五代•大毗盧經
3_36_9

五代•大毗盧經
4_46_11

五代•大毗盧經
14_181_16

五代•大毗盧經
15_194_11

五代•大毗盧經
40_480_19

五代•大毗盧經
67_837_6

五代•大毗盧經
79_960_8

五代•大毗盧經
86_1060_10

## 併 𠏉

漢 ヘイ
訓 あわせる

晩唐•摩訶止觀
51_435_20

晩唐•摩訶止觀
51_435_28

晩唐•摩訶止觀
51_436_6

晩唐•摩訶止觀
51_436_16

晩唐•摩訶止觀
51_437_3

晩唐•摩訶止觀
51_437_15

晩唐•摩訶止觀
51_437_26

晩唐•摩訶止觀
52_438_19

晩唐•摩訶止觀
52_439_2

晩唐•摩訶止觀
52_439_25

| | | | 便 漢ヘン 呉ベン 訓たより | 佷 漢コン 訓もとる | 侔 漢ボウ 呉ム 訓ひとしい | 佼 漢コウ 呉キョウ 訓うつくしい |
|---|---|---|---|---|---|---|
| <br>晩唐•摩訶止觀<br>26_224_13 | <br>中唐・翰苑<br>37_471_5 | <br>中唐・翰苑<br>8_103_4 | <br>初唐•古文尚書<br>38_366_5 | <br>五代•大毗盧經<br>66_831_28 | <br>中唐・翰苑<br>42_541_6 | <br>初唐・毛詩傳<br>5_54_25 |
| <br>晩唐•摩訶止觀<br>27_236_12 | <br>晩唐•摩訶止觀<br>11_97_13 | <br>中唐・翰苑<br>9_113_2 | <br>初唐•古文尚書<br>38_367_12 | <br>五代•大毗盧經<br>66_831_36 | | |
| 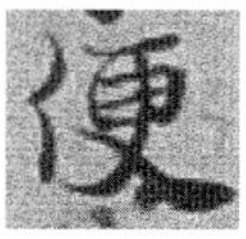<br>晩唐•摩訶止觀<br>29_252_11 | <br>晩唐•摩訶止觀<br>14_121_7 | <br>中唐・翰苑<br>11_142_14 | <br>初唐•禮記正義<br>1_7_12 | | | |
| 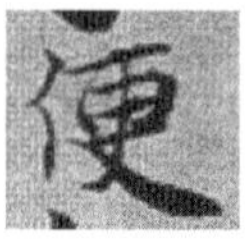<br>晩唐•摩訶止觀<br>29_253_8 | <br>晩唐•摩訶止觀<br>14_121_20 | <br>中唐・翰苑<br>18_238_8 | <br>初唐・十誦律<br>3_41_1 | | | |
| 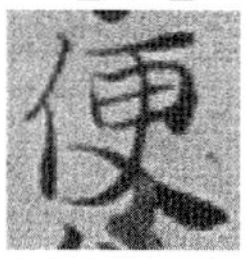<br>晩唐•摩訶止觀<br>29_253_16 | 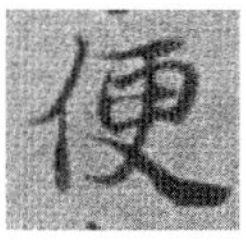<br>晩唐•摩訶止觀<br>15_134_10 | <br>中唐・翰苑<br>22_285_30 | <br>初唐・十誦律<br>4_61_7 | | | |
| <br>晩唐•摩訶止觀<br>29_254_11 | <br>晩唐•摩訶止觀<br>16_140_19 | <br>中唐・翰苑<br>25_325_18 | <br>初唐・十誦律<br>6_98_7 | | | |
| 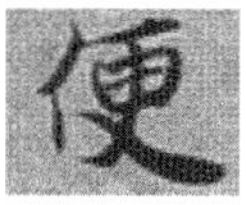<br>晩唐•摩訶止觀<br>29_255_11 | <br>晩唐•摩訶止觀<br>17_151_6 | <br>中唐・翰苑<br>29_382_34 | <br>中唐・翰苑<br>2_21_19 | | | |
| 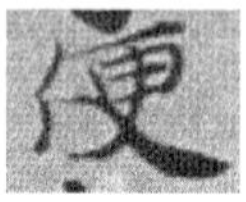<br>晩唐•摩訶止觀<br>29_255_21 | <br>晩唐•摩訶止觀<br>26_221_19 | <br>中唐・翰苑<br>30_391_9 | <br>中唐・翰苑<br>8_102_39 | | | |

保 侶

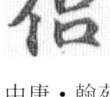

| | | 保<br>慣ホ 漢ホウ<br>訓たもつ | 侶<br>漢リョ 呉ロ<br>訓とも | | | |
|---|---|---|---|---|---|---|
| 中唐・翰苑<br>15_194_35 | 初唐・毛詩傳<br>4_33_6 | 初唐•古文尚書<br>11_101_23 | 中唐・翰苑<br>29_372_16 | 五代•大毗盧經<br>35_416_2 | 晩唐•摩訶止観<br>57_482_26 | 晩唐•摩訶止観<br>29_256_2 |
| 晩唐•摩訶止観<br>1_4_22 | 初唐•禮記正義<br>22_338_19 | 初唐•古文尚書<br>16_155_6 | | 五代•大毗盧經<br>39_470_9 | 五代•密教部類<br>4_53_18 | 晩唐•摩訶止観<br>29_256_10 |
| | 中唐・翰苑<br>3_22_10 | 初唐•古文尚書<br>23_221_25 | | 五代•大毗盧經<br>60_734_2 | 五代•大毗盧經<br>5_49_20 | 晩唐•摩訶止観<br>30_260_20 |
| | 中唐・翰苑<br>9_112_9 | 初唐•古文尚書<br>23_222_5 | | 五代•大毗盧經<br>87_1062_4 | 五代•大毗盧經<br>8_96_13 | 晩唐•摩訶止観<br>30_261_15 |
| | 中唐・翰苑<br>9_117_29 | 初唐•古文尚書<br>23_225_29 | | 五代•大毗盧經<br>97_1186_28 | 五代•大毗盧經<br>9_109_18 | 晩唐•摩訶止観<br>30_263_22 |
| | 中唐・翰苑<br>10_122_27 | 初唐•古文尚書<br>23_228_18 | | 五代•大毗盧經<br>97_1193_11 | 五代•大毗盧經<br>14_172_7 | 晩唐•摩訶止観<br>31_268_1 |
| | 中唐・翰苑<br>11_134_28 | 初唐•古文尚書<br>29_284_9 | | 五代•大毗盧經<br>97_1198_11 | 五代•大毗盧經<br>26_327_34 | 晩唐•摩訶止観<br>37_317_6 |
| | 中唐・翰苑<br>14_185_45 | 初唐・毛詩傳<br>3_32_17 | | | 五代•大毗盧經<br>27_340_27 | 晩唐•摩訶止観<br>41_357_3 |

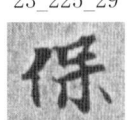

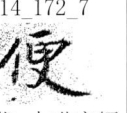

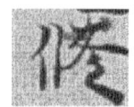

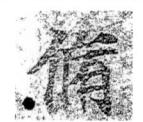

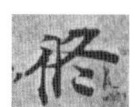

## 修

漢シュウ 呉シュ
訓おさめる

初唐・古文尚書 7_60_18
初唐・古文尚書 19_180_9
初唐・古文尚書 22_211_6
初唐・古文尚書 22_215_1
初唐・古文尚書 22_215_15
初唐・古文尚書 22_216_24
初唐・古文尚書 33_314_18
初唐・古文尚書 38_364_22

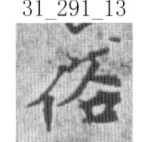

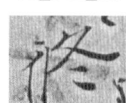

中唐・般若經 12_191_6
晩唐・摩訶止觀 1_9_16
晩唐・摩訶止觀 5_40_5
晩唐・摩訶止觀 5_40_21
晩唐・摩訶止觀 5_41_10
晩唐・摩訶止觀 5_41_22
晩唐・摩訶止觀 5_42_8
晩唐・摩訶止觀 6_53_2

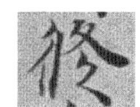

晩唐・摩訶止觀 8_67_12
晩唐・摩訶止觀 12_103_15
晩唐・摩訶止觀 13_113_13
晩唐・摩訶止觀 18_158_21
晩唐・摩訶止觀 18_159_1
晩唐・摩訶止觀 18_159_7
晩唐・摩訶止觀 21_183_23
晩唐・摩訶止觀 27_229_7

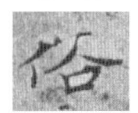

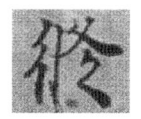

晩唐・摩訶止觀 31_273_5
晩唐・摩訶止觀 39_339_11
晩唐・摩訶止觀 55_466_8
晩唐・摩訶止觀 55_468_9
五代・大毗盧經 6_64_2
五代・大毗盧經 80_970_18
五代・大毗盧經 80_973_14

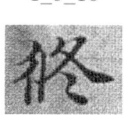

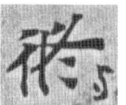

## 促

呉ソク
訓うながす

初唐・十誦律 5_91_14

## 俗

呉ゾク
訓ならわし

初唐・古文尚書 31_291_13
初唐・古文尚書 31_292_14
初唐・古文尚書 31_292_21
初唐・古文尚書 31_292_27
初唐・古文尚書 32_304_7
初唐・古文尚書 33_307_33
初唐・毛詩傳 1_4_11
初唐・禮記正義 2_32_13

初唐・禮記正義 2_32_27
初唐・禮記正義 2_33_12
初唐・禮記正義 28_438_21
初唐・禮記正義 28_440_27
初唐・禮記正義 28_441_14
初唐・禮記正義 28_442_21
初唐・禮記正義 28_443_8
初唐・禮記正義 29_444_53

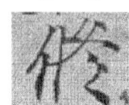

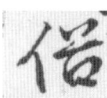

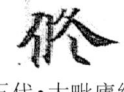

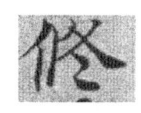

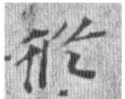

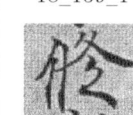

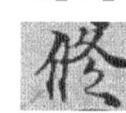

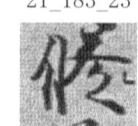

初唐•禮記正義 29_445_9

初唐•禮記正義 29_446_22

初唐•禮記正義 29_454_13

初唐•禮記正義 29_455_1

初唐•禮記正義 29_457_17

初唐•禮記正義 29_458_18

中唐 • 翰苑 3_29_17

中唐 • 翰苑 11_136_12

中唐 • 翰苑 11_138_19

中唐 • 翰苑 11_141_15

中唐 • 翰苑 11_144_3

中唐 • 翰苑 12_145_28

中唐 • 翰苑 12_151_3

中唐 • 翰苑 13_171_14

中唐 • 翰苑 14_176_6

中唐 • 翰苑 14_179_1

中唐 • 翰苑 14_181_8

中唐 • 翰苑 14_183_9

中唐 • 翰苑 17_220_10

中唐 • 翰苑 18_237_9

中唐 • 翰苑 18_237_17

中唐 • 翰苑 19_242_32

中唐 • 翰苑 19_243_21

中唐 • 翰苑 19_247_13

中唐 • 翰苑 19_253_3

中唐 • 翰苑 20_266_10

中唐 • 翰苑 22_283_20

中唐 • 翰苑 22_285_40

中唐 • 翰苑 24_317_7

中唐 • 翰苑 25_327_8

中唐 • 翰苑 25_328_14

中唐 • 翰苑 26_343_26

中唐 • 翰苑 29_377_19

中唐 • 翰苑 30_383_18

中唐 • 翰苑 30_388_20

中唐 • 翰苑 30_390_17

中唐 • 翰苑 31_399_26

中唐 • 翰苑 32_411_43

中唐 • 翰苑 35_448_21

中唐 • 翰苑 39_504_21

中唐 • 翰苑 40_510_35

中唐 • 翰苑 41_519_19

中唐 • 翰苑 43_545_13

中唐 • 翰苑 43_550_2

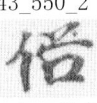

中唐 • 翰苑 43_550_16

晚唐•摩訶止觀 1_10_9

晚唐•摩訶止觀 14_123_18

晚唐•摩訶止觀 17_144_3

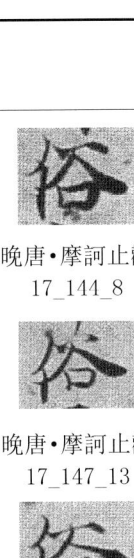

晚唐•摩訶止觀 17_144_8

晚唐•摩訶止觀 17_147_13

晚唐•摩訶止觀 17_147_23

晚唐•摩訶止觀 17_148_7

晚唐•摩訶止觀 23_199_8

晚唐•摩訶止觀 23_202_12

## 信

シン
訓まこと

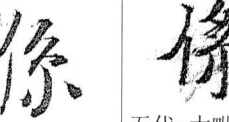

初唐・古文尚書 8_62_6
初唐・古文尚書 8_62_23
初唐・古文尚書 9_79_27
初唐・古文尚書 17_163_9
初唐・古文尚書 20_192_24
初唐・古文尚書 21_204_5
初唐・古文尚書 22_216_1
初唐・古文尚書 24_238_22

## 侮

漢ブ
訓あなどる

初唐・古文尚書 10_88_7
初唐・古文尚書 10_88_23
初唐・古文尚書 21_197_13
初唐・古文尚書 21_197_21

## 係

漢ケイ
訓かかる

五代・大毗盧經 88_1080_13
五代・大毗盧經 94_1158_5
五代・大毗盧經 53_646_15
五代・大毗盧經 54_669_24
五代・大毗盧經 56_685_20
五代・大毗盧經 57_695_14
五代・大毗盧經 58_715_16
五代・大毗盧經 66_830_12
五代・大毗盧經 66_830_13
五代・大毗盧經 77_929_11
五代・大毗盧經 51_626_28
五代・大毗盧經 51_626_29
五代・大毗盧經 51_631_14
五代・大毗盧經 51_631_15
五代・大毗盧經 52_635_11
五代・大毗盧經 52_638_18
五代・大毗盧經 52_638_19
五代・大毗盧經 52_643_27
五代・大毗盧經 6_62_4
五代・大毗盧經 20_253_12
五代・大毗盧經 22_278_2
五代・大毗盧經 26_333_11
五代・大毗盧經 26_333_12
五代・大毗盧經 30_385_8
五代・大毗盧經 51_626_12
五代・大毗盧經 51_626_13

## 俛

漢ベン呉メン
訓つとめる

初唐・禮記正義 17_255_5
初唐・禮記正義 19_286_21

# 倦

ケン
訓つかれる

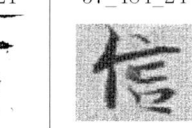

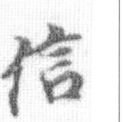

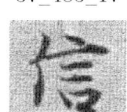

| | | | | | | |
|---|---|---|---|---|---|---|
| 初唐・毛詩傳 10_106_7 | 晚唐•摩訶止觀 57_485_17 | 晚唐•摩訶止觀 13_111_15 | 中唐・翰苑 33_430_14 | 中唐・翰苑 4_44_33 | 初唐•禮記正義 4_51_4 | 初唐•古文尚書 33_315_30 |
| | 晚唐•摩訶止觀 58_494_13 | 晚唐•摩訶止觀 13_111_18 | 中唐・翰苑 34_444_39 | 中唐・翰苑 5_58_25 | 初唐•禮記正義 10_151_9 | 初唐•古文尚書 40_390_7 |
| | 晚唐•摩訶止觀 58_494_17 | 晚唐•摩訶止觀 21_183_15 | 中唐・翰苑 35_447_11 | 中唐・翰苑 6_77_26 | 初唐•禮記正義 10_154_11 | 初唐•古文尚書 40_391_8 |
| | 五代•大毗盧經 26_332_12 | 晚唐•摩訶止觀 26_222_22 | 中唐・翰苑 43_553_2 | 中唐・翰苑 11_138_12 | 初唐•禮記正義 15_226_5 | 初唐•古文尚書 45_435_5 |
| | 五代•大毗盧經 26_332_17 | 晚唐•摩訶止觀 47_404_3 | 晚唐•摩訶止觀 7_58_17 | 中唐・翰苑 11_139_33 | 初唐•禮記正義 22_332_9 | 初唐•古文尚書 45_441_5 |
| | 五代•大毗盧經 27_337_7 | 晚唐•摩訶止觀 56_474_8 | 晚唐•摩訶止觀 7_63_18 | 中唐・翰苑 32_416_28 | 初唐•禮記正義 22_337_23 | 初唐•古文尚書 45_442_3 |
| | 五代•大毗盧經 27_339_21 | 晚唐•摩訶止觀 57_484_24 | 晚唐•摩訶止觀 8_66_10 | 中唐・翰苑 32_418_17 | 初唐•禮記正義 22_339_6 | 初唐•古文尚書 47_462_17 |
| | 五代•大毗盧經 96_1176_15 | 晚唐•摩訶止觀 57_485_3 | 晚唐•摩訶止觀 11_96_16 | 中唐・翰苑 32_418_22 | 初唐・般若經 2_3_4 | 初唐•禮記正義 1_4_22 |

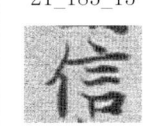

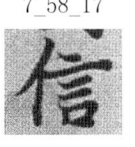

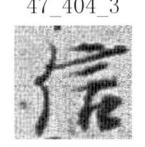

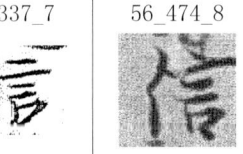

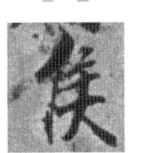

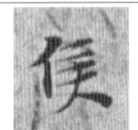

## 俟

シ
訓 おおきい

晩唐•摩訶止観 43_371_5

## 侵

シン
訓 おかす

初唐•古文尚書 19_178_5

初唐•古文尚書 23_227_22

初唐•古文尚書 36_348_19

初唐•古文尚書 37_357_27

初唐•古文尚書 39_373_24

初唐・毛詩傳 2_19_18

中唐・翰苑 2_11_32

中唐・翰苑 2_12_3

中唐・翰苑 2_12_22

中唐・翰苑 2_16_11

中唐・翰苑 9_117_40

中唐・翰苑 27_351_23

中唐・翰苑 33_427_23

中唐・翰苑 42_534_4

## 侯

漢 コウ
訓 まと

初唐•古文尚書 3_22_17

初唐•古文尚書 25_246_11

初唐•古文尚書 25_247_12

初唐•古文尚書 39_378_4

初唐•古文尚書 39_378_20

初唐•古文尚書 39_379_19

初唐•古文尚書 39_380_8

初唐•古文尚書 41_398_17

初唐•古文尚書 43_414_9

初唐•古文尚書 44_431_10

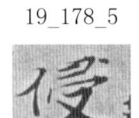

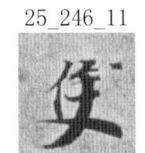

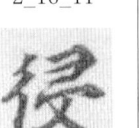

初唐•古文尚書 48_464_22

初唐•古文尚書 49_474_18

初唐・毛詩傳 4_42_16

初唐・毛詩傳 9_101_12

初唐・毛詩傳 9_101_14

初唐・毛詩傳 9_101_17

初唐・毛詩傳 9_101_21

初唐•禮記正義 4_55_19

初唐•禮記正義 4_57_1

初唐•禮記正義 5_68_18

初唐•禮記正義 5_77_29

初唐•禮記正義 6_93_5

初唐•禮記正義 11_165_4

初唐•禮記正義 14_221_27

初唐•禮記正義 20_297_15

初唐•禮記正義 20_298_17

初唐•禮記正義 20_301_21

初唐•禮記正義 21_325_15

初唐•禮記正義 22_330_23
初唐•禮記正義 22_332_4
初唐•禮記正義 22_336_4
初唐•禮記正義 22_337_21
初唐•禮記正義 22_339_8
初唐•禮記正義 23_345_17
初唐•禮記正義 23_346_23

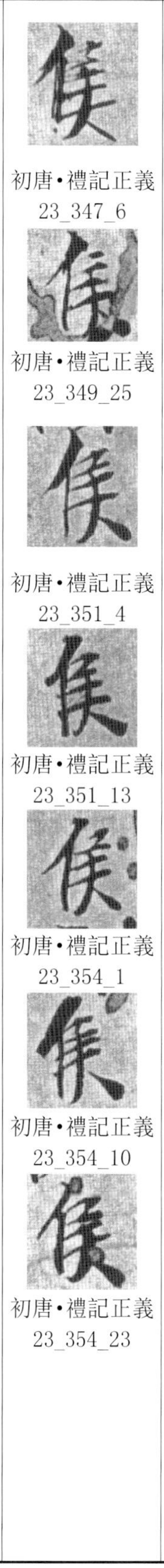

初唐•禮記正義 23_347_6
初唐•禮記正義 23_349_25
初唐•禮記正義 23_351_4
初唐•禮記正義 23_351_13
初唐•禮記正義 23_354_1
初唐•禮記正義 23_354_10
初唐•禮記正義 23_354_23

初唐•禮記正義 23_355_5
初唐•禮記正義 24_357_18
初唐•禮記正義 24_358_15
初唐•禮記正義 24_362_17
初唐•禮記正義 24_363_17
初唐•禮記正義 24_365_22
初唐•禮記正義 24_366_7

初唐•禮記正義 25_380_4
初唐•禮記正義 25_380_20
初唐•禮記正義 26_391_16
初唐•禮記正義 26_400_29
初唐•禮記正義 26_402_4
初唐•禮記正義 26_402_10
初唐•禮記正義 26_408_3

初唐•禮記正義 27_419_18
初唐•禮記正義 28_427_2
初唐•禮記正義 28_427_23
初唐•禮記正義 28_428_7
初唐•禮記正義 28_429_12
中唐・翰苑 3_32_4
中唐・翰苑 3_32_12

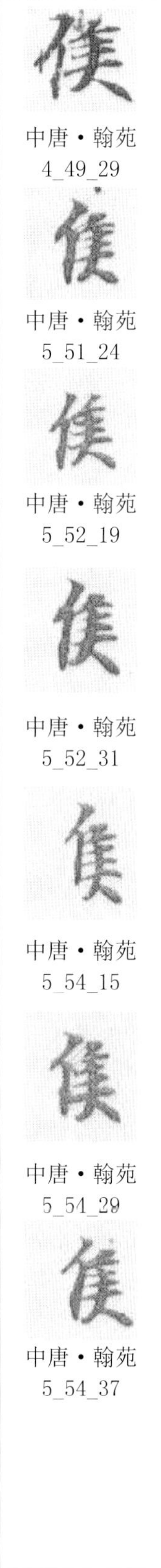

中唐・翰苑 4_49_29
中唐・翰苑 5_51_24
中唐・翰苑 5_52_19
中唐・翰苑 5_52_31
中唐・翰苑 5_54_15
中唐・翰苑 5_54_29
中唐・翰苑 5_54_37

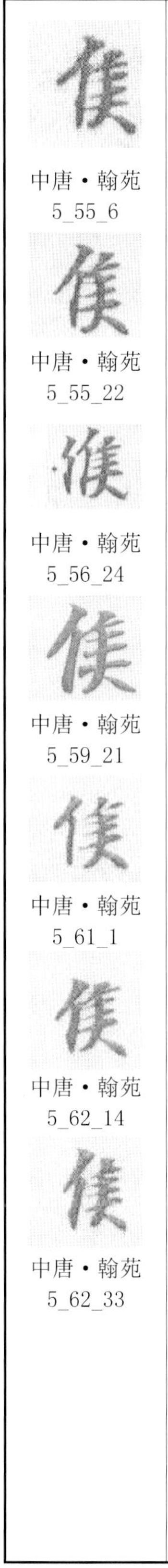

中唐・翰苑 5_55_6
中唐・翰苑 5_55_22
中唐・翰苑 5_56_24
中唐・翰苑 5_59_21
中唐・翰苑 5_61_1
中唐・翰苑 5_62_14
中唐・翰苑 5_62_33

| 倚 | 倒 | 俎 |
|---|---|---|
| イ<br>訓よる | 漢トウ<br>訓たおれる | 漢ショ 呉ソ<br>訓まないた |

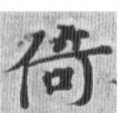

**倚**

初唐•古文尚書 13_116_1

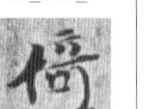

初唐•古文尚書 13_116_18

初唐•禮記正義 12_182_22

初唐•禮記正義 13_209_22

初唐•禮記正義 13_209_27

初唐•禮記正義 14_210_7

初唐•禮記正義 20_309_22

初唐•禮記正義 21_311_16

**倒**

初唐・十誦律 9_160_15

初唐・十誦律 9_167_12

中唐・翰苑 39_501_17

晚唐•摩訶止觀 19_165_7

晚唐•摩訶止觀 19_165_11

晚唐•摩訶止觀 19_168_19

晚唐•摩訶止觀 44_375_17

**俎**

中唐・翰苑 17_218_23

中唐・翰苑 30_383_9

中唐・翰苑 38_489_2

中唐・翰苑 38_489_17

中唐・翰苑 38_490_25

中唐・翰苑 40_510_29

中唐・翰苑 42_534_17

中唐・翰苑 42_538_3

中唐・翰苑 42_538_20

烏集 中唐・翰苑 16_205_23

中唐・翰苑 20_260_41

中唐・翰苑 23_301_27

中唐・翰苑 23_302_19

中唐・翰苑 36_463_8

中唐・翰苑 36_464_37

中唐・翰苑 38_485_8

中唐・翰苑 9_113_5

中唐・翰苑 9_116_27

中唐・翰苑 12_155_26

中唐・翰苑 14_182_33

中唐・翰苑 15_198_24

中唐・翰苑 15_199_6

中唐・翰苑 15_200_28

中唐・翰苑 6_69_23

中唐・翰苑 6_70_27

中唐・翰苑 7_84_22

中唐・翰苑 7_88_16

中唐・翰苑 8_93_9

中唐・翰苑 9_110_11

中唐・翰苑 9_110_34

初唐•禮記正義 21_311_22

初唐•禮記正義 21_312_11

初唐•禮記正義 21_313_6

初唐•禮記正義 21_313_19

## 值

漢チ 呉ジ
訓あたい

初唐・十誦律 3_45_1

初唐・十誦律 3_47_13

晚唐•摩訶止觀 3_23_20

## 借

漢セキ 漢シャ 呉シャク
訓かりる

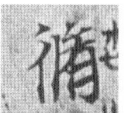

中唐・翰苑 18_230_2

中唐・翰苑 19_245_45

晚唐•摩訶止觀 51_437_9

## 脩

漢シュウ
訓ほじし

初唐•古文尚書 5_43_13

初唐•古文尚書 7_60_29

初唐•古文尚書 8_65_11

初唐•古文尚書 9_76_3

初唐•古文尚書 22_217_25

初唐•古文尚書 24_237_13

初唐•古文尚書 24_238_18

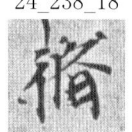

初唐•古文尚書 25_241_19

初唐•古文尚書 33_315_31

初唐•古文尚書 38_365_20

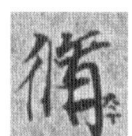

初唐•古文尚書 41_401_10

初唐・毛詩傳 3_22_11

初唐・毛詩傳 5_50_14

初唐•禮記正義 29_445_3

初唐•禮記正義 29_455_19

初唐•禮記正義 29_456_9

中唐・翰苑 4_43_4

中唐・翰苑 23_303_26

中唐・般若經 2_12_3

中唐・般若經 2_19_13

中唐・般若經 4_49_10

中唐・般若經 4_56_17

中唐・般若經 6_79_4

中唐・般若經 6_94_7

中唐・般若經 7_102_1

中唐・般若經 8_119_1

中唐・般若經 8_126_8

中唐・般若經 9_141_10

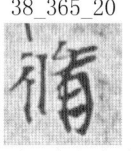

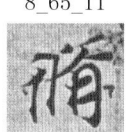

中唐・般若經 9_147_11

中唐・般若經 10_166_6

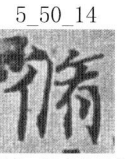

中唐・般若經 11_174_12

中唐・般若經 12_198_1

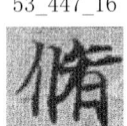

| 俱 |  | 倡 |  |  |  |  |
| --- | --- | --- | --- | --- | --- | --- |
|  | 漢ク呉グ<br>訓ともに | ショウ<br>訓わざおぎ |  |  |  |  |
| 中唐・翰苑<br>17_226_43 | 初唐•禮記正義<br>6_97_9 | 初唐•古文尚書<br>19_178_12 | 五代•大毗盧經<br>40_481_6 | 晚唐•摩訶止觀<br>37_321_15 | 中唐・般若經<br>19_326_17 | 中唐・般若經<br>13_213_13 |
| 涓水<br>中唐・翰苑<br>20_262_17 | 俱卜牲與日<br>初唐•禮記正義<br>8_124_8 |  | 五代•大毗盧經<br>80_973_18 | 晚唐•摩訶止觀<br>45_389_1 | 中唐・般若經<br>19_332_2 | 中唐・般若經<br>13_220_17 |
| 中唐・翰苑<br>31_404_3 | 初唐•禮記正義<br>10_150_9 |  | 五代•大毗盧經<br>93_1137_1 | 晚唐•摩訶止觀<br>53_447_16 | 晚唐•摩訶止觀<br>1_9_17 | 中唐・般若經<br>15_266_10 |
| 中唐・翰苑<br>36_467_16 | 初唐•禮記正義<br>11_171_27 |  | 五代•大毗盧經<br>95_1160_3 | 晚唐•摩訶止觀<br>55_464_1 | 晚唐•摩訶止觀<br>19_167_25 | 中唐・般若經<br>16_274_16 |
| 俱詣闕<br>中唐・翰苑<br>44_558_44 | 賓主俱襲行<br>初唐•禮記正義<br>22_329_11 |  | 五代•大毗盧經<br>96_1182_9 | 五代•大毗盧經<br>2_11_20 | 晚唐•摩訶止觀<br>19_169_7 | 中唐・般若經<br>17_290_9 |
| 晚唐•摩訶止觀<br>4_37_6 | 賓主俱裼<br>初唐•禮記正義<br>22_329_24 |  | 五代•大毗盧經<br>97_1184_2 | 五代•大毗盧經<br>2_15_13 | 晚唐•摩訶止觀<br>26_221_1 | 中唐・般若經<br>17_295_3 |
| 晚唐•摩訶止觀<br>16_141_19 | 中唐・翰苑<br>3_26_28 |  |  | 五代•大毗盧經<br>5_50_11 | 晚唐•摩訶止觀<br>27_229_2 | 中唐・般若經<br>18_307_17 |
| 晚唐•摩訶止觀<br>18_160_16 | 中唐・翰苑<br>15_191_43 |  |  | 五代•大毗盧經<br>9_108_8 | 晚唐•摩訶止觀<br>36_309_5 | 中唐・般若經<br>18_313_2 |

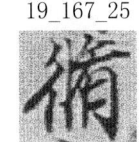

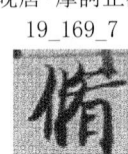

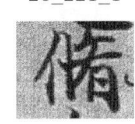

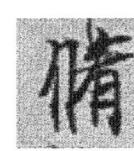

| 倫 | 俾 | | | | | |
|---|---|---|---|---|---|---|
| リン<br>訓たぐい | ヒ、ヘイ<br>訓しもべ | | | | | |
| 初唐•古文尚書<br>47_455_22 | 初唐•古文尚書<br>12_105_1 | 五代•大毗盧經<br>89_1091_11 | 五代•大毗盧經<br>51_627_16 | 五代•大毗盧經<br>19_242_12 | 晚唐•摩訶止觀<br>40_346_25 | 晚唐•摩訶止觀<br>19_162_24 |
| 初唐•古文尚書<br>47_456_36 | | 五代•大毗盧經<br>98_1202_21 | 五代•大毗盧經<br>51_631_16 | 五代•大毗盧經<br>23_299_9 | 晚唐•摩訶止觀<br>42_364_2 | 晚唐•摩訶止觀<br>23_197_22 |
| 中唐・翰苑<br>15_196_1 | | 五代•大毗盧經<br>98_1202_24 | 五代•大毗盧經<br>55_674_4 | 五代•大毗盧經<br>44_530_19 | 晚唐•摩訶止觀<br>44_382_24 | 晚唐•摩訶止觀<br>23_198_15 |
| | | | 五代•大毗盧經<br>61_759_11 | 五代•大毗盧經<br>45_550_23 | 晚唐•摩訶止觀<br>48_410_1 | 晚唐•摩訶止觀<br>26_225_16 |
| | | | 五代•大毗盧經<br>63_791_22 | 五代•大毗盧經<br>46_560_9 | 晚唐•摩訶止觀<br>57_486_12 | 晚唐•摩訶止觀<br>26_226_20 |
| | | | 五代•大毗盧經<br>64_798_10 | 五代•大毗盧經<br>46_562_4 | 五代•大毗盧經<br>2_11_15 | 晚唐•摩訶止觀<br>28_244_13 |
| | | | 五代•大毗盧經<br>67_837_5 | 五代•大毗盧經<br>47_581_2 | 五代•大毗盧經<br>7_85_3 | 晚唐•摩訶止觀<br>38_332_10 |
| | | | 五代•大毗盧經<br>81_994_10 | 五代•大毗盧經<br>47_581_15 | 五代•大毗盧經<br>17_215_13 | 晚唐•摩訶止觀<br>39_335_13 |

## 倍

漢ハイ 呉バイ
訓そむく

初唐•古文尚書
46_444_8

初唐•古文尚書
46_444_17

初唐•古文尚書
46_445_12

初唐•古文尚書
46_445_22

初唐•古文尚書
46_446_2

初唐•禮記正義
23_344_24

初唐•禮記正義
23_345_3

晚唐•摩訶止觀
3_28_12

中唐・翰苑
39_505_15

## 候

漢コウ
訓そうろう

初唐・毛詩傳
1_9_2

初唐・毛詩傳
6_64_20

中唐・翰苑
9_115_12

中唐・翰苑
10_119_23

中唐・翰苑
10_122_21

中唐・翰苑
12_147_10

中唐・翰苑
12_156_14

中唐・翰苑
31_398_7

倭西南
中唐・翰苑
32_419_46

倭人
中唐・翰苑
32_420_23

中唐・翰苑
32_421_12

倭王
中唐・翰苑
33_422_11

倭女王
中唐・翰苑
33_423_8

中唐・翰苑
33_423_40

中唐・翰苑
33_424_4

中唐・翰苑
31_405_4

中唐・翰苑
32_408_20

中唐・翰苑
32_408_32

倭人
中唐・翰苑
32_413_11

中唐・翰苑
32_414_7

中唐・翰苑
32_414_34

中唐・翰苑
32_417_5

倭國
中唐・翰苑
32_418_34

中唐・翰苑
25_332_21

中唐・翰苑
25_333_5

中唐・翰苑
26_335_36

中唐・翰苑
31_400_1

中唐・翰苑
31_401_15

中唐・翰苑
31_402_21

中唐・翰苑
31_403_12

倭人
中唐・翰苑
31_403_21

## 倭

ワ
訓やまと

中唐・翰苑
1_5_3

中唐・翰苑
16_206_20

中唐・翰苑
16_206_28

中唐・翰苑
17_227_3

中唐・翰苑
17_228_1

中唐・翰苑
17_228_33

中唐・翰苑
18_238_35

中唐・翰苑
19_246_28

| | 側 | | 偈 | 倉 | 健 | |
|---|---|---|---|---|---|---|
| | 慣ソク漢ショク<br>訓かわ | | 漢ケツ<br>訓すこやか | ソウ<br>訓くら | 漢ケン<br>訓すこやか | |
| 中唐・翰苑<br>36_460_18 | 初唐・古文尚書<br>38_367_16 | 五代・大毗盧經<br>96_1177_25 | 偈樂肉飛<br>中唐・翰苑<br>40_517_27 | 初唐・禮記正義<br>24_364_9 | 中唐・翰苑<br>11_138_23 | 五代・大毗盧經<br>68_849_11 |
| 中唐・翰苑<br>36_462_6 | 初唐・毛詩傳<br>4_34_16 | | 晚唐・摩訶止觀<br>2_17_8 | 中唐・翰苑<br>17_216_6 | 中唐・翰苑<br>12_153_6 | |
| 中唐・翰苑<br>44_564_3 | 初唐・禮記正義<br>2_25_2 | | 晚唐・摩訶止觀<br>2_18_1 | 中唐・翰苑<br>41_521_16 | 勇健<br>中唐・翰苑<br>13_163_32 | |
| 五代・大毗盧經<br>2_17_7 | 不可測<br>中唐・翰苑<br>10_123_1 | | 晚唐・摩訶止觀<br>30_266_5 | 中唐・翰苑<br>41_522_35 | 中唐・翰苑<br>16_201_5 | |
| 五代・大毗盧經<br>10_117_10 | 中唐・翰苑<br>10_131_1 | | 晚唐・摩訶止觀<br>31_268_10 | 中唐・翰苑<br>41_523_17 | 中唐・翰苑<br>18_236_32 | |
| 五代・大毗盧經<br>20_263_13 | 中唐・翰苑<br>19_245_33 | | 晚唐・摩訶止觀<br>31_270_16 | | 五代・大毗盧經<br>80_977_13 | |
| 五代・大毗盧經<br>20_263_20 | 中唐・翰苑<br>36_458_35 | | 晚唐・摩訶止觀<br>38_325_22 | | 五代・大毗盧經<br>96_1172_22 | |
| 五代・大毗盧經<br>23_293_10 | 中唐・翰苑<br>36_459_20 | | 五代・大毗盧經<br>9_105_10 | | | |

## 停

慣チョウ漢テイ
呉ジョウ
訓とまる

初唐•古文尚書
3_19_17

中唐・翰苑
16_206_8

晚唐•摩訶止觀
1_4_1

## 偷

慣チュウ漢トウ
訓ぬすむ

初唐・毛詩傳
3_30_11

中唐・翰苑
29_380_9

## 偵

漢テイ
訓うかがう

中唐・翰苑
5_55_33

中唐・翰苑
12_156_13

中唐・翰苑
15_190_33

## 偶

慣グウ漢ゴウ呉グ
訓たぐい

初唐•禮記正義
27_418_28

初唐•禮記正義
27_419_8

初唐•禮記正義
27_419_15

初唐•禮記正義
27_419_24

初唐•禮記正義
28_430_4

初唐•禮記正義
28_430_20

初唐•禮記正義
28_431_15

晚唐•摩訶止觀
59_495_14

初唐•禮記正義
3_37_17

初唐•禮記正義
3_44_5

初唐•禮記正義
4_56_1

初唐•禮記正義
27_417_18

初唐•禮記正義
27_417_28

初唐•禮記正義
27_418_5

初唐•禮記正義
27_418_15

初唐•禮記正義
27_418_22

五代•大毗盧經
78_946_6

五代•大毗盧經
78_951_18

五代•大毗盧經
79_957_11

五代•大毗盧經
79_961_10

五代•大毗盧經
90_1097_19

五代•大毗盧經
92_1133_5

五代•大毗盧經
28_352_10

五代•大毗盧經
28_362_16

五代•大毗盧經
46_563_15

五代•大毗盧經
46_569_20

五代•大毗盧經
56_684_24

五代•大毗盧經
58_707_10

五代•大毗盧經
66_829_33

五代•大毗盧經
78_945_16

## 偏

ヘン
訓かたよる

初唐•禮記正義
13_207_17

初唐・十誦律
4_72_8

初唐・十誦律
8_140_13

中唐・翰苑
15_187_40

晩唐•摩訶止観
5_42_14

晩唐•摩訶止観
15_134_6

晩唐•摩訶止観
16_140_9

晩唐•摩訶止観
16_140_12

晩唐•摩訶止観
24_207_12

晩唐•摩訶止観
26_220_25

晩唐•摩訶止観
26_221_7

晩唐•摩訶止観
26_228_14

晩唐•摩訶止観
41_354_20

晩唐•摩訶止観
43_374_22

## 偽

ギ
訓いつわる

初唐•古文尚書
8_62_25

初唐•古文尚書
38_364_15

初唐•古文尚書
47_459_17

## 假

漢カ呉ケ
訓かり

初唐•禮記正義
7_100_5

初唐•禮記正義
7_100_11

初唐•禮記正義
7_100_18

初唐•禮記正義
7_102_14

初唐•禮記正義
7_104_29

初唐•禮記正義
7_111_10

初唐•禮記正義
9_130_13

初唐•禮記正義
15_227_13

初唐•禮記正義
27_411_18

初唐•禮記正義
27_424_28

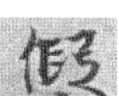

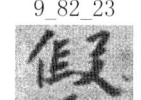

鍛金
中唐・翰苑
11_143_15

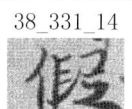

中唐・翰苑
12_147_17

中唐・翰苑
33_423_42

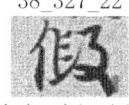

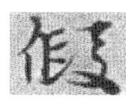

晩唐•摩訶止観
4_36_1

晩唐•摩訶止観
7_64_1

晩唐•摩訶止観
9_78_22

晩唐•摩訶止観
9_82_23

晩唐•摩訶止観
15_131_20

晩唐•摩訶止観
31_267_1

晩唐•摩訶止観
38_327_11

晩唐•摩訶止観
38_327_22

晩唐•摩訶止観
38_328_3

晩唐•摩訶止観
38_328_8

晩唐•摩訶止観
38_329_19

晩唐•摩訶止観
38_330_19

晩唐•摩訶止観
38_330_24

晩唐•摩訶止観
38_331_14

晩唐•摩訶止観
38_331_18

晩唐•摩訶止観
39_333_14

晩唐•摩訶止観
39_334_20

晩唐•摩訶止観
39_334_27

晩唐•摩訶止観
39_335_27

晚唐•摩訶止觀
48_414_11

晚唐•摩訶止觀
49_416_6

晚唐•摩訶止觀
58_488_23

晚唐•摩訶止觀
39_336_26

晚唐•摩訶止觀
39_337_23

晚唐•摩訶止觀
39_338_2

晚唐•摩訶止觀
46_393_10

晚唐•摩訶止觀
47_402_16

晚唐•摩訶止觀
48_411_22

晚唐•摩訶止觀
48_413_12

晚唐•摩訶止觀
48_413_19

## 傅

フ
訓もり

初唐•古文尚書
17_161_9

初唐•古文尚書
17_161_30

初唐•古文尚書
18_170_26

初唐•古文尚書
18_171_2

## 備

ビ
訓そなえる

初唐•古文尚書
20_196_25

初唐•古文尚書
32_302_24

初唐•古文尚書
39_371_16

初唐•古文尚書
42_405_17

初唐•古文尚書
45_433_26

初唐•古文尚書
45_434_11

初唐•古文尚書
46_451_9

初唐•古文尚書
47_463_1

初唐•古文尚書
47_463_16

初唐•禮記正義
27_418_14

初唐•禮記正義
28_430_3

初唐•禮記正義
28_430_19

初唐•禮記正義
28_431_14

中唐・翰苑
2_19_2

中唐・翰苑
2_19_23

中唐・翰苑
2_21_16

中唐・翰苑
4_38_20

中唐・翰苑
4_39_29

中唐・翰苑
6_65_4

中唐・翰苑
6_67_8

中唐・翰苑
9_112_25

中唐・翰苑
9_113_37

中唐・翰苑
10_126_14

中唐・翰苑
11_135_22

中唐・翰苑
12_157_17

中唐・翰苑
21_277_6

中唐・翰苑
40_517_34

中唐・翰苑
42_534_14

晚唐•摩訶止觀
26_228_4

晚唐•摩訶止觀
33_286_4

| | | 傳 | 禽 | 傍 | 傘 | 傲 |
|---|---|---|---|---|---|---|
| | | 漢テン呉デン<br>訓つたえる | 漢キン<br>訓とり | 漢ホウ呉ボウ<br>訓かたわら | サン<br>訓かさ | 呉ゴウ<br>訓あなどる |
| 初唐•禮記正義<br>4_61_23 | 初唐•古文尚書<br>29_285_5 | 初唐•古文尚書<br>11_96_12 | 中唐・翰苑<br>11_136_18 | 初唐•禮記正義<br>29_453_2 | 五代•大毗盧經<br>71_872_13 | 初唐•古文尚書<br>7_59_9 |
| 初唐•禮記正義<br>4_64_12 | 初唐•古文尚書<br>34_326_12 | 初唐•古文尚書<br>15_139_11 | 中唐・翰苑<br>14_175_17 | 中唐・翰苑<br>25_326_24 | 五代•大毗盧經<br>71_875_1 | 初唐•禮記正義<br>27_424_18 |
| 初唐•禮記正義<br>6_96_17 | 初唐•古文尚書<br>37_350_12 | 初唐•古文尚書<br>17_159_13 | 中唐・翰苑<br>35_455_24 | 中唐・翰苑<br>32_418_27 | 五代•大毗盧經<br>73_899_12 | |
| 初唐•禮記正義<br>8_123_14 | 初唐•古文尚書<br>39_377_12 | 初唐•古文尚書<br>19_184_13 | 中唐・翰苑<br>39_495_7 | 中唐・翰苑<br>35_447_35 | 五代•大毗盧經<br>73_904_2 | |
| 初唐•禮記正義<br>8_125_9 | 初唐・毛詩傳<br>1_1_5 | 初唐•古文尚書<br>21_205_11 | | 五代•大毗盧經<br>66_822_24 | | |
| 初唐•禮記正義<br>8_125_25 | 初唐•禮記正義<br>3_39_24 | 初唐•古文尚書<br>24_230_12 | | 五代•大毗盧經<br>84_1019_23 | | |
| 初唐•禮記正義<br>8_127_17 | 初唐•禮記正義<br>4_52_27 | 初唐•古文尚書<br>25_242_12 | | 五代•大毗盧經<br>84_1025_6 | | |
| 初唐•禮記正義<br>8_128_1 | 初唐•禮記正義<br>4_54_1 | 初唐•古文尚書<br>26_258_10 | | | | |

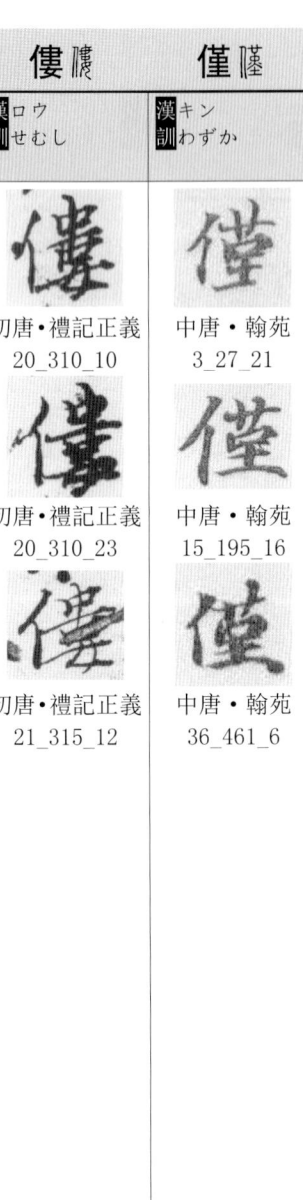

## 僂

漢ロウ
訓せむし

初唐•禮記正義 20_310_10

初唐•禮記正義 20_310_23

初唐•禮記正義 21_315_12

## 僅

漢キン
訓わずか

中唐・翰苑 3_27_21

中唐・翰苑 15_195_16

中唐・翰苑 36_461_6

---

晩唐•摩訶止観 18_157_11

晩唐•摩訶止観 18_158_17

五代•密教部類 2_21_17

五代•大毗盧經 2_15_5

五代•大毗盧經 39_468_3

---

中唐・翰苑 34_434_10

中唐・翰苑 34_435_15

中唐・翰苑 41_520_4

中唐・翰苑 41_520_42

中唐・翰苑 43_549_2

中唐・翰苑 44_556_5

晩唐•摩訶止観 4_36_10

晩唐•摩訶止観 18_157_7

---

中唐・翰苑 24_313_13

中唐・翰苑 24_316_35

中唐・翰苑 25_326_12

中唐・翰苑 25_327_4

中唐・翰苑 25_333_41

中唐・翰苑 26_336_12

中唐・翰苑 27_348_3

中唐・翰苑 32_415_44

---

中唐・翰苑 6_72_29

中唐・翰苑 7_81_32

中唐・翰苑 8_100_21

中唐・翰苑 9_112_18

中唐・翰苑 14_178_27

中唐・翰苑 17_217_23

中唐・翰苑 21_272_31

中唐・翰苑 23_306_40

---

初唐•禮記正義 9_132_20

初唐•禮記正義 9_132_23

初唐•禮記正義 9_141_3

初唐•禮記正義 15_230_23

初唐•禮記正義 26_406_8

初唐•禮記正義 29_445_12

初唐•禮記正義 29_447_19

初唐・十誦律 19_372_10

## 儆

漢 ケイ
訓 いましめる

中唐・翰苑
6_67_7

## 僚

リョウ
訓 とも

初唐・古文尚書
8_69_12

初唐・古文尚書
19_177_26

初唐・古文尚書
38_365_30

初唐・古文尚書
38_366_19

## 僉

セン
訓 みな

初唐・禮記正義
5_74_20

## 像

漢 ショウ 呉 ソウ
訓 かたち

五代・大毗盧經
12_154_5

五代・大毗盧經
13_162_15

五代・大毗盧經
64_797_23

五代・大毗盧經
79_964_10

五代・大毗盧經
86_1057_25

初唐・十誦律
2_20_7

中唐・翰苑
41_524_20

中唐・翰苑
41_528_38

晚唐・摩訶止觀
28_238_6

晚唐・摩訶止觀
34_294_24

晚唐・摩訶止觀
45_383_24

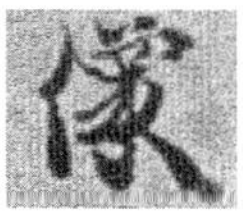
晚唐・摩訶止觀
49_416_3

五代・密教部類
2_21_23

## 傷

ショウ
訓 きず

初唐・古文尚書
19_177_6

初唐・古文尚書
28_276_25

中唐・翰苑
20_267_39

中唐・翰苑
37_474_34

中唐・翰苑
37_476_26

中唐・翰苑
43_548_34

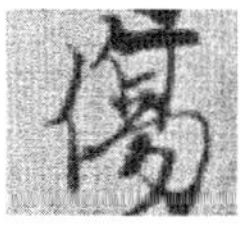
晚唐・摩訶止觀
48_408_23

## 傾

漢 ケイ
訓 かたむく

初唐・禮記正義
13_197_19

中唐・翰苑
22_291_7

中唐・翰苑
22_294_2

五代・大毗盧經
86_1060_25

## 僖

キ
訓 よろこぶ

初唐・毛詩傳
1_2_5

初唐・毛詩傳
1_8_23

初唐•禮記正義
4_61_18

初唐•禮記正義
5_78_5

初唐•禮記正義
8_122_14

初唐•禮記正義
8_125_3

初唐•禮記正義
8_127_11

## 僭

セン
訓 おごる

初唐•古文尚書
33_309_31

初唐•禮記正義
26_403_14

初唐•禮記正義
26_404_22

中唐・翰苑
42_539_20

## 僕

呉 ボク
訓 しもべ

初唐•古文尚書
29_279_27

初唐•古文尚書
29_280_14

初唐•古文尚書
37_351_9

初唐•古文尚書
37_351_17

初唐•古文尚書
37_356_25

初唐•古文尚書
37_357_6

初唐•古文尚書
37_358_9

初唐•古文尚書
38_363_21

初唐•古文尚書
38_364_1

初唐•古文尚書
38_364_11

初唐•古文尚書
38_367_31

初唐•古文尚書
38_368_4

初唐•古文尚書
38_368_12

初唐•古文尚書
38_368_22

初唐•古文尚書
39_372_24

初唐•禮記正義
10_162_3

君之僕御
初唐•禮記正義
10_162_23

初唐•禮記正義
10_163_19

初唐•禮記正義
11_164_1

初唐•禮記正義
11_164_27

初唐•禮記正義
11_165_5

初唐•禮記正義
11_165_25

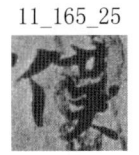

初唐•禮記正義
11_167_10

初唐•禮記正義
11_168_7

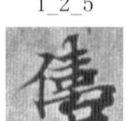

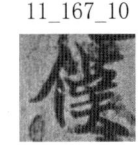

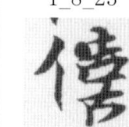

初唐•禮記正義
11_170_22

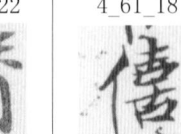

初唐•禮記正義
11_173_19

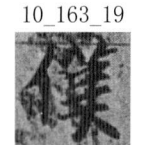

初唐•禮記正義
11_173_24

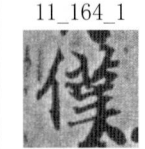

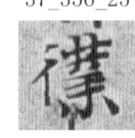

初唐•禮記正義
11_174_25

初唐•禮記正義
12_182_7

初唐•禮記正義
12_182_21

初唐•禮記正義
12_184_2

初唐•禮記正義
12_184_13

初唐•禮記正義
12_189_15

初唐•禮記正義
12_189_23

初唐•禮記正義
12_192_14

# 僧

ソウ
訓ぼうず

初唐・十誦律 3_37_7
初唐・十誦律 3_38_5
初唐・十誦律 3_39_8
初唐・十誦律 3_41_3
初唐・十誦律 3_41_14
初唐・十誦律 3_43_14
初唐・十誦律 3_45_10
初唐・十誦律 3_46_9

初唐・十誦律 1_12_4
初唐・十誦律 1_12_6
初唐・十誦律 2_28_10
初唐・十誦律 2_32_8
初唐・十誦律 3_35_14
初唐・十誦律 3_36_1
初唐・十誦律 3_37_2
初唐・十誦律 3_37_5

中唐・翰苑 33_431_14
中唐・翰苑 41_521_7
五代・大毗盧經 10_114_2

初唐・禮記正義 16_251_21
初唐・禮記正義 16_252_5
初唐・禮記正義 18_278_25
中唐・翰苑 5_58_28
中唐・翰苑 12_145_5
中唐・翰苑 13_163_5
中唐・翰苑 13_167_13

初唐・禮記正義 13_204_3
初唐・禮記正義 13_205_9
初唐・禮記正義 13_205_25
初唐・禮記正義 15_237_18
初唐・禮記正義 16_239_10
初唐・禮記正義 16_250_2
初唐・禮記正義 16_251_10

初唐・禮記正義 13_200_17
初唐・禮記正義 13_201_7
初唐・禮記正義 13_201_19
初唐・禮記正義 13_201_24
初唐・禮記正義 13_202_1
初唐・禮記正義 13_202_15
初唐・禮記正義 13_203_20

初唐・禮記正義 13_198_6
初唐・禮記正義 13_198_13
初唐・禮記正義 13_198_25
初唐・禮記正義 13_199_9
初唐・禮記正義 13_199_14
初唐・禮記正義 13_199_19
初唐・禮記正義 13_199_26

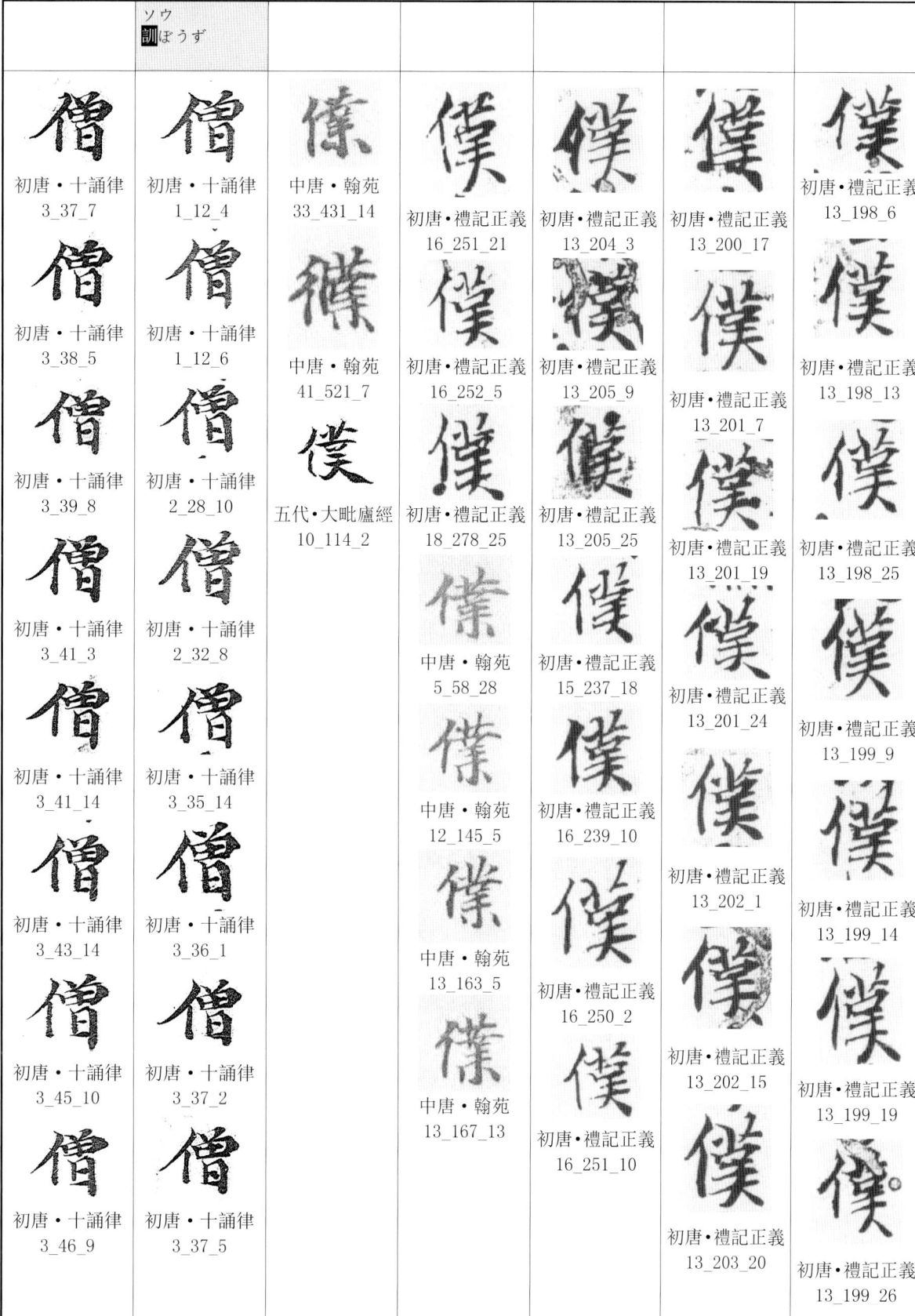

| | | | | | | |
|---|---|---|---|---|---|---|
| 初唐・十誦律 6_93_15 | 初唐・十誦律 5_87_8 | 初唐・十誦律 5_82_6 | 初唐・十誦律 5_75_12 | 初唐・十誦律 4_68_2 | 初唐・十誦律 4_56_1 | 初唐・十誦律 3_48_5 |
| 初唐・十誦律 6_94_9 | 初唐・十誦律 5_88_3 | 初唐・十誦律 5_83_11 | 初唐・十誦律 5_76_1 | 初唐・十誦律 4_68_4 | 初唐・十誦律 4_57_5 | 初唐・十誦律 3_49_12 |
| 初唐・十誦律 6_94_12 | 初唐・十誦律 5_88_10 | 初唐・十誦律 5_83_17 | 初唐・十誦律 5_76_7 | 初唐・十誦律 4_71_5 | 初唐・十誦律 4_57_7 | 初唐・十誦律 3_49_14 |
| 初唐・十誦律 6_94_15 | 初唐・十誦律 5_89_6 | 初唐・十誦律 5_84_5 | 初唐・十誦律 5_77_5 | 初唐・十誦律 4_71_8 | 初唐・十誦律 4_58_16 | 初唐・十誦律 4_53_8 |
| 初唐・十誦律 6_95_13 | 初唐・十誦律 5_91_12 | 初唐・十誦律 5_85_2 | 初唐・十誦律 5_78_6 | 初唐・十誦律 4_72_1 | 初唐・十誦律 4_61_9 | 初唐・十誦律 4_53_16 |
| 初唐・十誦律 6_95_15 | 初唐・十誦律 6_93_2 | 初唐・十誦律 5_85_12 | 初唐・十誦律 5_79_16 | 初唐・十誦律 4_72_16 | 初唐・十誦律 4_62_9 | 初唐・十誦律 4_53_18 |
| 初唐・十誦律 6_96_6 | 初唐・十誦律 6_93_3 | 初唐・十誦律 5_85_15 | 初唐・十誦律 5_80_16 | 初唐・十誦律 5_73_2 | 初唐・十誦律 4_65_2 | 初唐・十誦律 4_55_12 |
| 初唐・十誦律 6_96_10 | 初唐・十誦律 6_93_11 | 初唐・十誦律 5_86_12 | 初唐・十誦律 5_81_7 | 初唐・十誦律 5_74_11 | 初唐・十誦律 4_66_8 | 初唐・十誦律 4_55_15 |

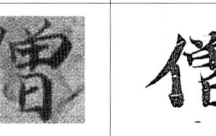

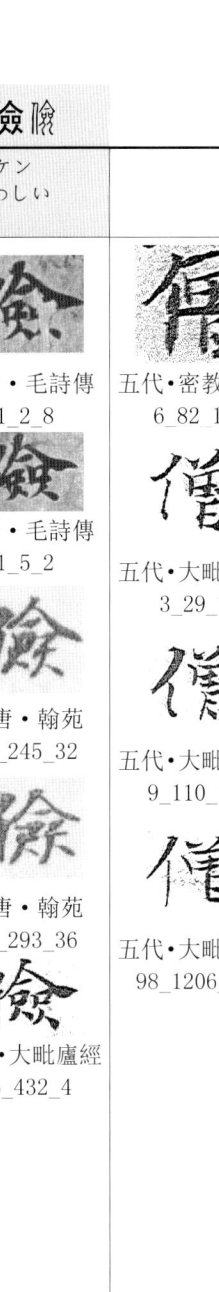

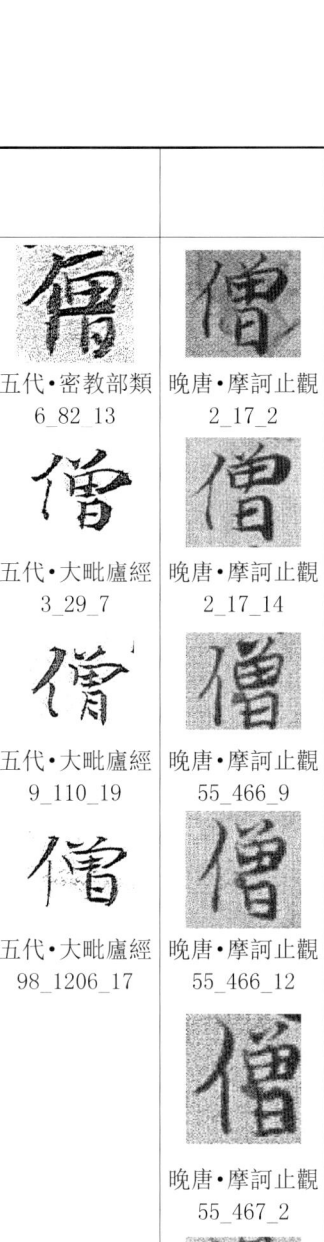

| 儌 | 儋 | 儉 | | | | |
|---|---|---|---|---|---|---|
| 慣ギョウ漢キョウ<br>訓— | 漢タン<br>訓になう | 漢現ケン<br>訓けわしい | | | | |
| 中唐・翰苑<br>8_104_11 | 中唐・翰苑<br>31_403_5 | 初唐・毛詩傳<br>1_2_8 | 五代・密教部類<br>6_82_13 | 晚唐・摩訶止觀<br>2_17_2 | 初唐・十誦律<br>16_310_2 | 初唐・十誦律<br>11_213_10 |
| 中唐・翰苑<br>9_116_40 | 中唐・翰苑<br>41_523_26 | 初唐・毛詩傳<br>1_5_2 | 五代・大毗盧經<br>3_29_7 | 晚唐・摩訶止觀<br>2_17_14 | 初唐・十誦律<br>16_315_5 | 初唐・十誦律<br>11_214_8 |
| 中唐・翰苑<br>31_402_29 | | 中唐・翰苑<br>19_245_32 | 五代・大毗盧經<br>9_110_19 | 晚唐・摩訶止觀<br>55_466_9 | 初唐・十誦律<br>18_348_15 | 初唐・十誦律<br>11_214_11 |
| 中唐・翰苑<br>34_441_8 | | 中唐・翰苑<br>22_293_36 | 五代・大毗盧經<br>98_1206_17 | 晚唐・摩訶止觀<br>55_466_12 | 初唐・十誦律<br>18_350_10 | 初唐・十誦律<br>11_214_14 |
| 中唐・翰苑<br>34_445_25 | | 五代・大毗盧經<br>36_432_4 | | 晚唐・摩訶止觀<br>55_467_2 | 初唐・十誦律<br>19_359_2 | 初唐・十誦律<br>15_288_16 |
| 中唐・翰苑<br>35_447_34 | | | | 晚唐・摩訶止觀<br>55_467_7 | 初唐・十誦律<br>19_360_15 | 初唐・十誦律<br>15_293_16 |
| 中唐・翰苑<br>36_458_3 | | | | 五代・密教部類<br>6_78_21 | 初唐・十誦律<br>19_362_5 | 初唐・十誦律<br>16_299_2 |
| 中唐・翰苑<br>40_513_37 | | | | 五代・密教部類<br>6_81_18 | 中唐・翰苑<br>29_378_6 | 初唐・十誦律<br>16_305_2 |
| 中唐・翰苑<br>43_555_40 | | | | | | |

## 儞

ジ
訓なんじ

五代•大毗盧經
18_230_9

五代•大毗盧經
24_302_17

五代•大毗盧經
24_303_6

五代•大毗盧經
25_313_18

五代•大毗盧經
27_339_1

五代•大毗盧經
28_360_19

五代•大毗盧經
31_393_13

五代•大毗盧經
32_401_2

## 僻

ヒ 漢ヘイ
訓ひがむ

初唐•古文尚書
13_116_21

初唐•古文尚書
38_366_6

晚唐•摩訶止觀
27_235_13

晚唐•摩訶止觀
47_405_27

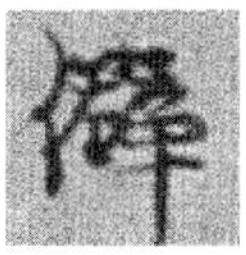
晚唐•摩訶止觀
59_498_19

## 億

漢ヨク 呉オク
訓おしはかる

中唐・翰苑
14_185_35

晚唐•摩訶止觀
3_27_11

## 僵

漢キョウ
訓たおれる

中唐・翰苑
10_120_33

## 儀

ギ
訓のり

五代•密教部類
5_59_5

五代•密教部類
5_60_5

五代•大毗盧經
2_8_6

五代•大毗盧經
25_318_10

五代•大毗盧經
96_1181_14

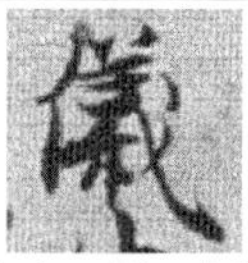
晚唐•摩訶止觀
23_203_10

晚唐•摩訶止觀
35_303_20

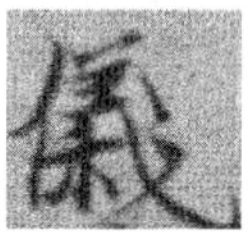
晚唐•摩訶止觀
52_444_26

晚唐•摩訶止觀
54_458_30

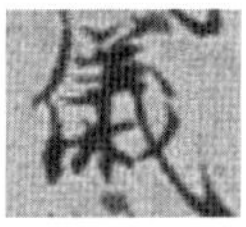
晚唐•摩訶止觀
54_461_15

五代•密教部類
4_50_6

五代•密教部類
4_51_6

五代•密教部類
4_55_3

初唐•禮記正義
15_236_17

初唐•禮記正義
18_279_5

初唐•禮記正義
20_301_1

初唐•禮記正義
20_305_18

初唐•禮記正義
20_309_13

中唐・翰苑
15_198_6

中唐・翰苑
18_241_32

中唐・翰苑
44_556_13

五代・大毗盧經 44_535_12
五代・大毗盧經 44_535_20
五代・大毗盧經 45_539_5
五代・大毗盧經 47_577_11
五代・大毗盧經 48_583_10
五代・大毗盧經 48_591_15
五代・大毗盧經 49_593_18
五代・大毗盧經 50_616_3

五代・大毗盧經 50_620_8
五代・大毗盧經 50_621_5
五代・大毗盧經 52_641_4
五代・大毗盧經 52_642_12
五代・大毗盧經 54_668_13
五代・大毗盧經 59_724_21
五代・大毗盧經 65_812_21
五代・大毗盧經 65_813_4

五代・大毗盧經 71_877_9
五代・大毗盧經 78_949_14
五代・大毗盧經 86_1058_18
五代・大毗盧經 88_1077_20
五代・大毗盧經 90_1095_15
五代・大毗盧經 91_1111_18
五代・大毗盧經 91_1115_15
五代・大毗盧經 93_1146_11

五代・大毗盧經 94_1158_6
五代・大毗盧經 96_1174_5
五代・大毗盧經 96_1174_16

## 儒

漢 ジュ
訓 よわい

初唐・禮記正義 22_339_24
中唐・翰苑 21_273_44
五代・大毗盧經 74_915_17

## 儜

漢 ドウ
訓 よわい

五代・大毗盧經 5_53_16
五代・大毗盧經 5_57_11
五代・大毗盧經 5_58_10
五代・大毗盧經 6_67_12
五代・大毗盧經 15_192_5
五代・大毗盧經 21_272_13
五代・大毗盧經 25_313_8
五代・大毗盧經 26_330_6

五代・大毗盧經 38_445_2
五代・大毗盧經 45_544_4
五代・大毗盧經 47_573_25
五代・大毗盧經 54_656_1
五代・大毗盧經 57_692_16

## 儻

トウ
訓すぐれる

儻煞
中唐・翰苑
20_267_36

## 儼

漢ゲン
訓おごそか

五代・大毗盧經
36_432_3

## 儵

漢シュク
訓にわか

晚唐・摩訶止觀
43_374_12

## 償

漢ショウ
訓つぐなう

中唐・翰苑
20_267_43

## 優

漢ユウ呉ウ
訓やさしい

初唐・禮記正義
4_63_10

中唐・翰苑
3_32_28

中唐・翰苑
26_340_17

中唐・翰苑
27_350_9

五代・大毗盧經
11_130_13

五代・大毗盧經
19_241_4

五代・大毗盧經
39_465_3

五代・大毗盧經
44_528_20

初唐・十誦律
19_357_8

## 儐

ヒン
訓みちびく

初唐・十誦律
7_124_10

初唐・十誦律
7_124_13

初唐・十誦律
7_125_1

初唐・十誦律
18_346_11

初唐・十誦律
18_346_14

初唐・十誦律
18_347_2

初唐・十誦律
18_356_13

初唐・十誦律
19_357_3

# 八部

## 八

漢ハツ 呉ハチ
訓やつ

初唐•古文尚書 5_43_7

初唐•古文尚書 19_186_18

初唐•古文尚書 37_350_7

初唐・毛詩傳 2_21_6

初唐・毛詩傳 4_37_7

初唐•禮記正義 3_39_6

初唐•禮記正義 4_55_23

初唐•禮記正義 5_70_20

初唐•禮記正義 5_71_10

初唐•禮記正義 5_71_28

初唐•禮記正義 5_76_15

初唐•禮記正義 6_96_14

初唐•禮記正義 8_114_23

初唐•禮記正義 8_115_14

初唐•禮記正義 17_262_1

初唐•禮記正義 17_262_4

初唐•禮記正義 19_291_7

初唐•禮記正義 23_355_25

初唐•禮記正義 24_356_3

初唐・十誦律 7_128_8

初唐・十誦律 8_147_7

初唐・般若經 9_128_4

初唐・般若經 9_128_9

初唐・般若經 9_129_13

初唐・般若經 9_131_6

初唐・般若經 10_132_1

初唐・般若經 10_133_12

初唐・般若經 10_139_11

初唐・般若經 10_140_7

初唐・般若經 10_141_17

初唐・般若經 12_164_13

初唐・般若經 12_165_10

初唐・般若經 12_167_6

初唐・般若經 22_340_10

初唐・般若經 22_340_15

初唐・般若經 23_342_4

初唐・般若經 23_343_16

初唐・般若經 23_344_11

初唐・般若經 23_346_7

初唐・般若經 23_352_10

初唐・般若經 23_353_4

初唐・般若經 23_354_16

初唐・般若經 25_379_10

初唐・般若經 25_380_7

初唐・般若經 25_382_5

中唐・翰苑 3_25_4

中唐・翰苑 5_62_9

中唐・翰苑 6_71_28

中唐・翰苑 7_90_38

中唐・翰苑 8_105_13

中唐・翰苑 10_120_10

中唐・翰苑 10_127_31

中唐・翰苑 12_155_31

中唐・翰苑 13_163_21

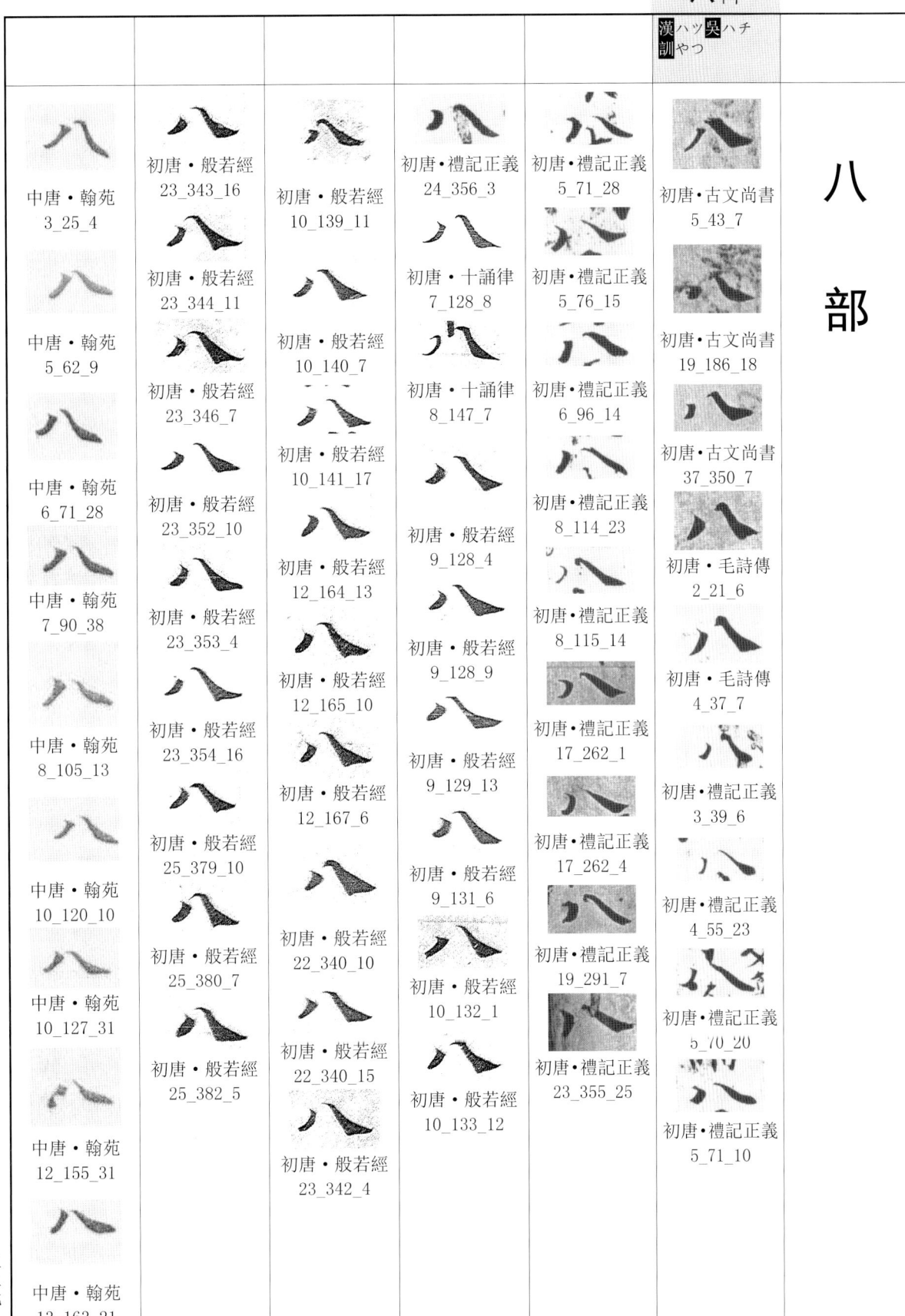

中唐・翰苑 17_228_38

中唐・翰苑 20_266_16

中唐・翰苑 20_267_29

中唐・翰苑 21_275_4

中唐・翰苑 21_275_11

中唐・翰苑 24_320_35

中唐・翰苑 26_342_2

中唐・翰苑 26_345_9

中唐・翰苑 27_348_12

中唐・翰苑 27_357_20

中唐・翰苑 27_358_37

中唐・翰苑 28_360_9

中唐・翰苑 28_368_36

中唐・翰苑 28_369_1

中唐・翰苑 29_382_20

中唐・翰苑 32_418_1

中唐・翰苑 33_424_17

中唐・翰苑 36_461_11

中唐・翰苑 43_546_4

中唐・翰苑 43_554_15

中唐・般若經 6_87_12

中唐・般若經 6_89_10

中唐・般若經 6_91_8

中唐・般若經 6_93_7

中唐・般若經 7_96_10

中唐・般若經 7_98_1

中唐・般若經 7_99_9

中唐・般若經 7_101_1

中唐・般若經 7_104_7

中唐・般若經 7_105_13

中唐・般若經 7_107_2

中唐・般若經 7_108_9

中唐・般若經 10_158_15

中唐・般若經 10_160_17

中唐・般若經 10_163_2

中唐・般若經 10_165_5

中唐・般若經 10_168_11

中唐・般若經 10_170_5

中唐・般若經 10_171_16

中唐・般若經 11_173_11

中唐・般若經 11_177_3

中唐・般若經 11_178_12

中唐・般若經 11_180_4

中唐・般若經 11_181_14

晚唐•摩訶止觀 1_8_13

晚唐•摩訶止觀 13_113_8

晚唐•摩訶止觀 15_134_14

晚唐•摩訶止觀 17_147_10

晚唐•摩訶止觀 17_148_13

晚唐•摩訶止觀 17_149_5

晚唐•摩訶止觀 17_150_11

晚唐•摩訶止觀 17_152_15

晚唐•摩訶止觀 17_152_27

晚唐•摩訶止觀 18_153_13

晚唐•摩訶止觀 21_181_6

晚唐•摩訶止觀 45_389_9

晚唐•摩訶止觀 50_426_15

晚唐•摩訶止觀 50_426_29

晚唐•摩訶止觀 50_428_8

晚唐•摩訶止觀 50_429_17

晚唐•摩訶止觀 50_429_27

晚唐•摩訶止觀 51_430_7

晚唐•摩訶止觀 51_430_17

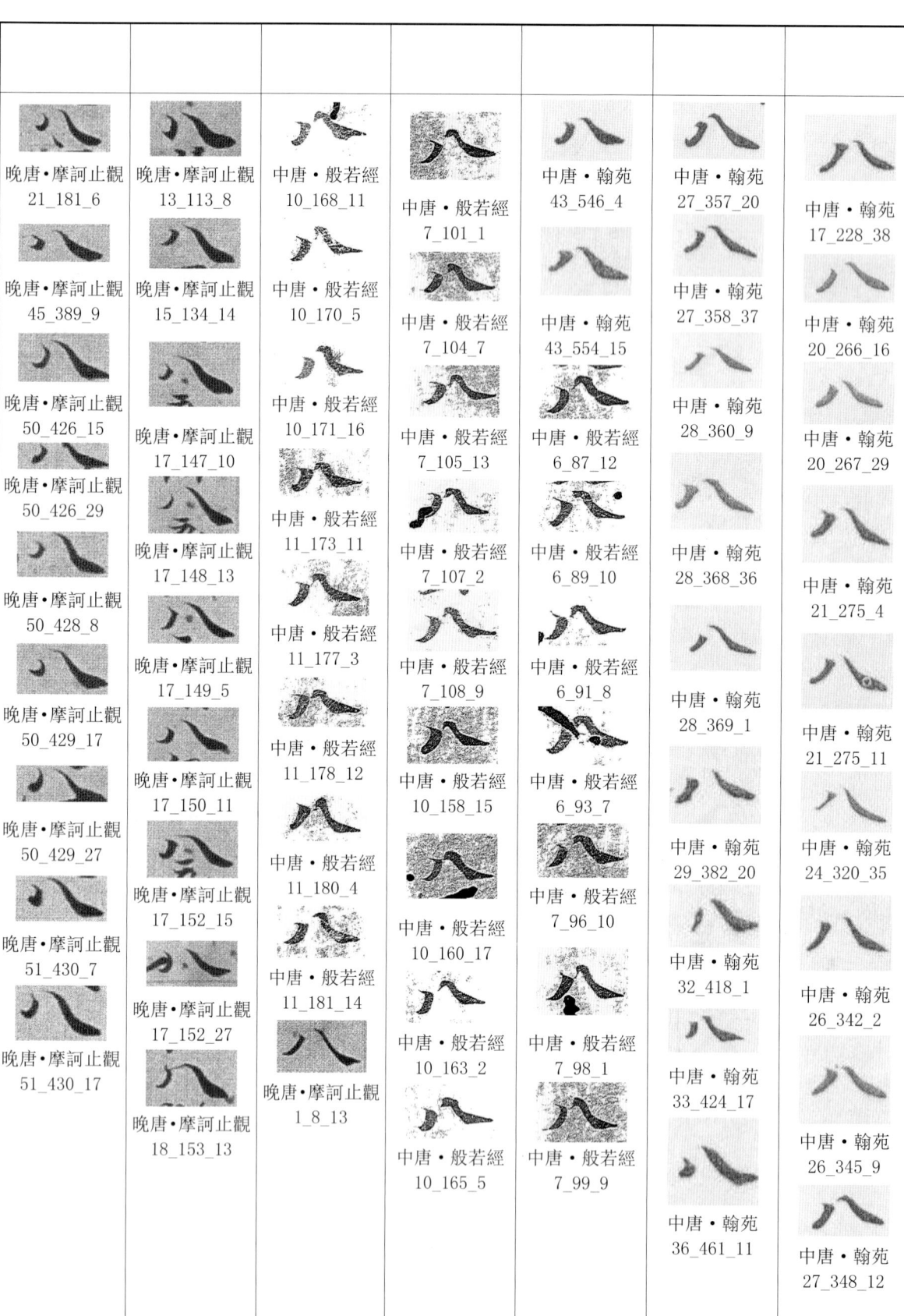

公 兮

| | | 漢コウ呉ク<br>訓おおやけ | 漢ケイ<br>訓— | | | |
|---|---|---|---|---|---|---|
| 初唐•古文尚書 32_297_2<br>初唐•古文尚書 32_297_11<br>初唐•古文尚書 32_297_14<br>初唐•古文尚書 32_297_25<br>初唐•古文尚書 32_297_31<br>初唐•古文尚書 32_304_18<br>初唐•古文尚書 32_305_22<br>初唐•古文尚書 33_315_35 | 初唐•古文尚書 31_287_19<br>初唐•古文尚書 31_287_30<br>初唐•古文尚書 31_293_2<br>初唐•古文尚書 31_294_6<br>初唐•古文尚書 31_294_23<br>初唐•古文尚書 31_295_14<br>初唐•古文尚書 31_296_5<br>初唐•古文尚書 31_296_28 | 初唐•古文尚書 9_72_13<br>初唐•古文尚書 16_153_12<br>初唐•古文尚書 20_187_12<br>初唐•古文尚書 27_260_32<br>初唐•古文尚書 29_284_8<br>初唐•古文尚書 29_284_21<br>初唐•古文尚書 31_286_16<br>初唐•古文尚書 31_286_20 | 初唐・毛詩傳 6_67_7<br>初唐・毛詩傳 6_67_15<br>初唐・毛詩傳 6_67_23<br>初唐・毛詩傳 7_70_15<br>初唐・毛詩傳 7_73_17 | 五代•大毗盧經 88_1076_3<br>五代•大毗盧經 90_1094_11<br>五代•大毗盧經 90_1101_8<br>五代•大毗盧經 96_1175_3 | 五代•大毗盧經 13_164_11<br>五代•大毗盧經 14_180_12<br>五代•大毗盧經 16_204_15<br>五代•大毗盧經 33_404_14<br>五代•大毗盧經 39_456_10<br>五代•大毗盧經 39_458_16<br>五代•大毗盧經 40_479_7<br>五代•大毗盧經 40_482_20<br>五代•大毗盧經 42_508_21 | 晚唐•摩訶止觀 60_505_15<br>五代•密教部類 1_5_14<br>五代•密教部類 2_10_1<br>五代•密教部類 2_14_8<br>五代•密教部類 2_18_16<br>五代•密教部類 2_21_8<br>五代•密教部類 6_85_20<br>五代•大毗盧經 10_112_15<br>五代•大毗盧經 13_156_5 |

| | | | | | | |
|---|---|---|---|---|---|---|
| 初唐•禮記正義 22_336_10 | 初唐•禮記正義 9_145_24 | 初唐•禮記正義 4_62_9 | 初唐•禮記正義 1_12_20 | 初唐 • 毛詩傳 5_48_27 | 初唐•古文尚書 34_322_33 | 初唐•古文尚書 33_316_10 |
| 初唐•禮記正義 22_337_12 | 初唐•禮記正義 13_206_14 | 初唐•禮記正義 4_62_26 | 初唐•禮記正義 1_13_11 | 初唐 • 毛詩傳 5_50_6 | 初唐•古文尚書 34_325_26 | 初唐•古文尚書 33_316_16 |
| 初唐•禮記正義 23_347_5 | 初唐•禮記正義 14_219_20 | 初唐•禮記正義 8_126_29 | 初唐•禮記正義 1_15_26 | 初唐 • 毛詩傳 8_80_18 | 初唐 • 毛詩傳 1_2_6 | 初唐•古文尚書 33_317_12 |
| 初唐•禮記正義 23_349_8 | 初唐•禮記正義 15_230_12 | 初唐•禮記正義 8_127_33 | 初唐•禮記正義 1_16_22 | 初唐 • 毛詩傳 9_99_7 | 初唐 • 毛詩傳 1_8_24 | 初唐•古文尚書 33_317_20 |
| 初唐•禮記正義 24_358_14 | 初唐•禮記正義 15_230_21 | 初唐•禮記正義 9_131_27 | 初唐•禮記正義 3_39_2 | 初唐 • 毛詩傳 9_101_9 | 初唐 • 毛詩傳 3_22_7 | 初唐•古文尚書 33_317_23 |
| 初唐•禮記正義 24_363_15 | 初唐•禮記正義 18_274_26 | 初唐•禮記正義 9_135_9 | 初唐•禮記正義 3_41_16 | 初唐•禮記正義 1_2_10 | 初唐 • 毛詩傳 4_38_7 | 初唐•古文尚書 34_320_38 |
| 初唐•禮記正義 25_374_23 | 初唐•禮記正義 18_275_3 | 初唐•禮記正義 9_140_27 | 初唐•禮記正義 3_43_11 | 初唐•禮記正義 1_3_7 | 初唐 • 毛詩傳 4_38_10 | 初唐•古文尚書 34_321_15 |
| 初唐•禮記正義 25_375_7 | 初唐•禮記正義 21_323_13 | 初唐•禮記正義 9_141_21 | 初唐•禮記正義 4_61_19 | 初唐•禮記正義 1_4_17 | 初唐 • 毛詩傳 4_39_5 | 初唐•古文尚書 34_322_6 |

初唐・禮記正義 25_376_9
初唐・禮記正義 25_380_19
初唐・禮記正義 26_408_18
初唐・禮記正義 28_427_28
初唐・禮記正義 28_435_8
初唐・禮記正義 28_442_2
初唐・禮記正義 29_445_18
中唐・翰苑 1_1_10

中唐・翰苑 4_36_20
中唐・翰苑 4_37_32
中唐・翰苑 4_38_5
中唐・翰苑 8_102_40
中唐・翰苑 9_106_14
中唐・翰苑 9_106_17
中唐・翰苑 13_169_2
中唐・翰苑 23_299_4

中唐・翰苑 23_299_14
中唐・翰苑 30_394_16
中唐・翰苑 35_450_24
中唐・翰苑 35_452_2
中唐・翰苑 35_453_31
中唐・翰苑 42_534_25
中唐・翰苑 43_547_11
中唐・翰苑 43_547_30

中唐・翰苑 43_554_38
中唐・翰苑 45_580_8

## 六

漢リク 呉ロク
訓むつ

初唐・古文尚書 1_7_7
初唐・古文尚書 4_33_6
初唐・古文尚書 25_242_7
初唐・古文尚書 27_265_9
初唐・古文尚書 45_443_18
初唐・古文尚書 46_446_16
初唐・毛詩傳 5_49_7
初唐・毛詩傳 6_59_6
初唐・毛詩傳 7_72_18

初唐・毛詩傳 7_75_6
初唐・禮記正義 4_55_26
初唐・禮記正義 5_71_4
初唐・禮記正義 5_75_27
初唐・禮記正義 12_179_16
初唐・禮記正義 12_180_6
初唐・禮記正義 12_180_24
初唐・禮記正義 12_184_15
初唐・禮記正義 17_261_21

初唐・禮記正義 17_261_29
初唐・禮記正義 17_262_26
初唐・禮記正義 17_263_13
初唐・禮記正義 24_362_10
初唐・禮記正義 28_427_20
初唐・禮記正義 29_452_3
初唐・般若經 6_82_1
初唐・般若經 11_157_7
初唐・般若經 11_157_12

初唐・般若經
11_158_16

初唐・般若經
19_291_17

初唐・般若經
24_371_13

初唐・般若經
24_372_1

初唐・般若經
24_373_7

中唐・翰苑
3_31_27

中唐・翰苑
4_40_23

中唐・翰苑
5_50_11

共立
中唐・翰苑
5_51_39

中唐・翰苑
5_57_25

中唐・翰苑
5_60_7

中唐・翰苑
8_102_21

中唐・翰苑
10_119_2

中唐・翰苑
17_216_31

中唐・翰苑
18_230_9

中唐・翰苑
21_274_4

中唐・翰苑
22_287_3

中唐・翰苑
22_290_20

中唐・翰苑
22_290_31

中唐・翰苑
22_292_3

中唐・翰苑
22_293_25

中唐・翰苑
22_295_9

中唐・翰苑
25_333_15

中唐・翰苑
26_337_33

中唐・翰苑
26_340_36

中唐・翰苑
26_344_49

中唐・翰苑
26_345_47

中唐・翰苑
28_359_2

中唐・翰苑
28_359_36

中唐・翰苑
28_361_17

中唐・翰苑
28_364_3

中唐・翰苑
28_365_41

中唐・翰苑
28_366_43

中唐・翰苑
28_367_36

中唐・翰苑
29_374_16

中唐・翰苑
29_375_40

答云
中唐・翰苑
31_397_29

中唐・翰苑
32_415_14

中唐・翰苑
32_416_2

中唐・翰苑
32_417_38

中唐・翰苑
32_417_40

中唐・翰苑
33_422_20

中唐・翰苑
33_423_27

中唐・翰苑
33_432_8

中唐・翰苑
33_432_10

中唐・翰苑
35_450_27

中唐・翰苑
36_459_13

中唐・翰苑
36_460_37

中唐・翰苑
38_484_41

中唐・翰苑
39_496_3

中唐・翰苑
39_496_19

中唐・翰苑
39_496_27

中唐・翰苑
39_503_27

中唐・翰苑
40_507_24

中唐・翰苑
40_509_24

中唐・翰苑
40_510_16

中唐・翰苑
40_513_11

中唐・翰苑
40_515_18

中唐・翰苑
41_522_21

中唐・翰苑
41_527_32

中唐・翰苑
42_543_8

中唐・翰苑
43_552_16

中唐・般若經
9_137_14

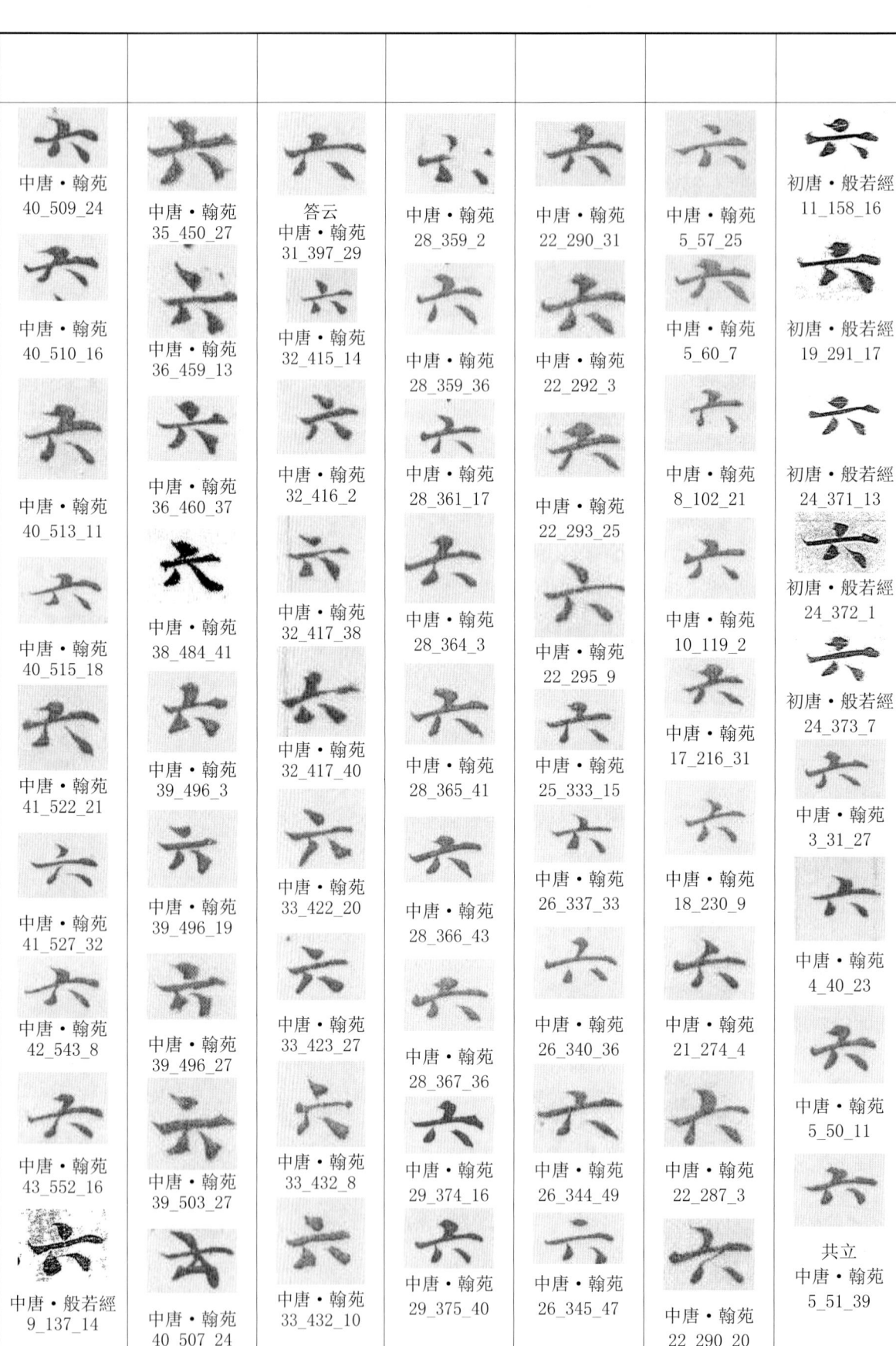

| | | | | | | |
|---|---|---|---|---|---|---|
| 五代•大毗盧經<br>41_494_29 | 五代•密教部類<br>5_61_6 | 晚唐•摩訶止觀<br>61_516_18 | 晚唐•摩訶止觀<br>37_317_11 | 晚唐•摩訶止觀<br>15_134_8 | 中唐・般若經<br>9_151_9 | 中唐・般若經<br>9_138_13 |
| 五代•大毗盧經<br>45_541_4 | 五代•大毗盧經<br>4_44_12 | 晚唐•摩訶止觀<br>61_517_11 | 晚唐•摩訶止觀<br>46_394_16 | 晚唐•摩訶止觀<br>18_157_22 | 中唐・般若經<br>9_152_9 | 中唐・般若經<br>9_139_12 |
| 五代•大毗盧經<br>45_545_4 | 五代•大毗盧經<br>9_110_32 | 晚唐•摩訶止觀<br>62_519_18 | 晚唐•摩訶止觀<br>47_404_24 | 晚唐•摩訶止觀<br>21_185_24 | 晚唐•摩訶止觀<br>1_2_21 | 中唐・般若經<br>9_140_12 |
| 五代•大毗盧經<br>88_1072_36 | 五代•大毗盧經<br>10_120_16 | 五代•密教部類<br>2_13_8 | 晚唐•摩訶止觀<br>55_464_15 | 晚唐•摩訶止觀<br>21_186_1 | 晚唐•摩訶止觀<br>1_7_10 | 中唐・般若經<br>9_143_8 |
| | 五代•大毗盧經<br>11_127_8 | 五代•密教部類<br>2_18_6 | 晚唐•摩訶止觀<br>57_483_21 | 晚唐•摩訶止觀<br>22_188_8 | 晚唐•摩訶止觀<br>3_28_1 | 中唐・般若經<br>9_144_9 |
| | 五代•大毗盧經<br>23_299_12 | 五代•密教部類<br>2_20_20 | 晚唐•摩訶止觀<br>57_486_20 | 晚唐•摩訶止觀<br>22_189_4 | 晚唐•摩訶止觀<br>5_46_13 | 中唐・般若經<br>9_145_10 |
| | 五代•大毗盧經<br>33_403_11 | 五代•密教部類<br>3_35_12 | 晚唐•摩訶止觀<br>58_487_13 | 晚唐•摩訶止觀<br>28_239_24 | 晚唐•摩訶止觀<br>9_80_21 | 中唐・般若經<br>9_146_12 |
| | 五代•大毗盧經<br>33_407_3 | 五代•密教部類<br>3_36_16 | 晚唐•摩訶止觀<br>59_502_12 | 晚唐•摩訶止觀<br>30_262_24 | 晚唐•摩訶止觀<br>13_112_23 | 中唐・般若經<br>9_149_11 |
| | 五代•大毗盧經<br>39_460_16 | 五代•密教部類<br>3_37_20 | 晚唐•摩訶止觀<br>61_511_3 | 晚唐•摩訶止觀<br>31_268_26 | 晚唐•摩訶止觀<br>13_113_16 | 中唐・般若經<br>9_150_10 |

## 共

漢 キョウ 呉 ク
訓 とも

初唐•古文尚書 7_59_26
初唐•古文尚書 7_60_9
初唐•古文尚書 9_73_16
初唐•古文尚書 12_105_6
初唐•古文尚書 12_106_4
初唐•古文尚書 14_125_5
初唐•古文尚書 14_125_10
初唐•古文尚書 14_125_26

初唐•古文尚書 15_143_5
初唐•古文尚書 15_144_5
初唐•古文尚書 27_266_17
初唐•古文尚書 45_434_16
初唐•禮記正義 1_11_11
初唐•禮記正義 24_361_26
初唐•禮記正義 30_463_8
初唐・十誦律 2_31_8

初唐・十誦律 2_32_12
初唐・十誦律 3_37_13
初唐・十誦律 3_39_12
初唐・十誦律 3_40_9
初唐・十誦律 3_41_9
初唐・十誦律 3_52_6
初唐・十誦律 4_54_4
初唐・十誦律 4_56_5

初唐・十誦律 4_57_11
初唐・十誦律 4_59_3
初唐・十誦律 4_60_8
初唐・十誦律 4_61_15
初唐・十誦律 6_94_2
初唐・十誦律 6_95_2
初唐・十誦律 6_96_2
初唐・十誦律 6_96_14

初唐・十誦律 6_97_12
初唐・十誦律 6_98_13
初唐・十誦律 7_125_3
初唐・十誦律 7_125_8
初唐・十誦律 8_144_4
初唐・十誦律 9_174_1
初唐・十誦律 10_176_9
初唐・十誦律 11_200_9

初唐・十誦律 11_205_14
初唐・十誦律 12_219_3
初唐・十誦律 12_222_6
初唐・十誦律 12_225_7
初唐・十誦律 12_228_8
初唐・十誦律 12_232_3
初唐・十誦律 12_234_9
初唐・十誦律 13_237_3

初唐・十誦律 13_239_13
初唐・十誦律 13_248_3
初唐・十誦律 14_256_3
初唐・十誦律 14_258_8
初唐・十誦律 14_259_7
初唐・十誦律 14_260_16
初唐・十誦律 14_263_3
初唐・十誦律 14_267_3

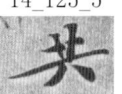

初唐・十誦律
14_274_16

初唐・十誦律
15_279_16

初唐・十誦律
15_284_3

初唐・十誦律
15_288_13

初唐・十誦律
15_293_13

初唐・十誦律
16_298_16

初唐・十誦律
16_304_16

初唐・十誦律
16_309_16

初唐・十誦律
16_315_2

初唐・十誦律
17_318_6

初唐・十誦律
17_321_8

初唐・十誦律
17_325_12

初唐・十誦律
17_329_15

初唐・十誦律
17_334_1

初唐・十誦律
18_338_15

初唐・十誦律
18_343_1

初唐・十誦律
18_347_4

初唐・十誦律
18_347_9

初唐・十誦律
19_360_4

初唐・十誦律
19_370_11

初唐・般若經
8_100_15

初唐・般若經
12_164_16

初唐・般若經
12_165_13

初唐・般若經
12_167_9

初唐・般若經
21_311_12

初唐・般若經
25_379_13

初唐・般若經
25_380_10

初唐・般若經
25_382_8

中唐・翰苑
6_66_17

中唐・翰苑
18_231_10

中唐・翰苑
26_336_36

中唐・翰苑
36_467_21

中唐・翰苑
36_468_27

中唐・翰苑
37_470_11

中唐・翰苑
38_488_38

中唐・翰苑
39_496_25

中唐・般若經
3_34_16

中唐・般若經
4_39_2

中唐・般若經
4_43_5

中唐・般若經
4_47_9

中唐・般若經
10_159_1

中唐・般若經
10_161_3

中唐・般若經
10_163_5

中唐・般若經
10_165_8

中唐・般若經
10_168_14

中唐・般若經
10_170_8

中唐・般若經
11_172_2

中唐・般若經
11_173_14

中唐・般若經
11_177_6

中唐・般若經
11_178_15

中唐・般若經
11_180_7

中唐・般若經
11_181_17

晚唐•摩訶止觀
10_91_14

晚唐•摩訶止觀
17_145_21

晚唐•摩訶止觀
17_145_23

晚唐•摩訶止觀
17_146_2

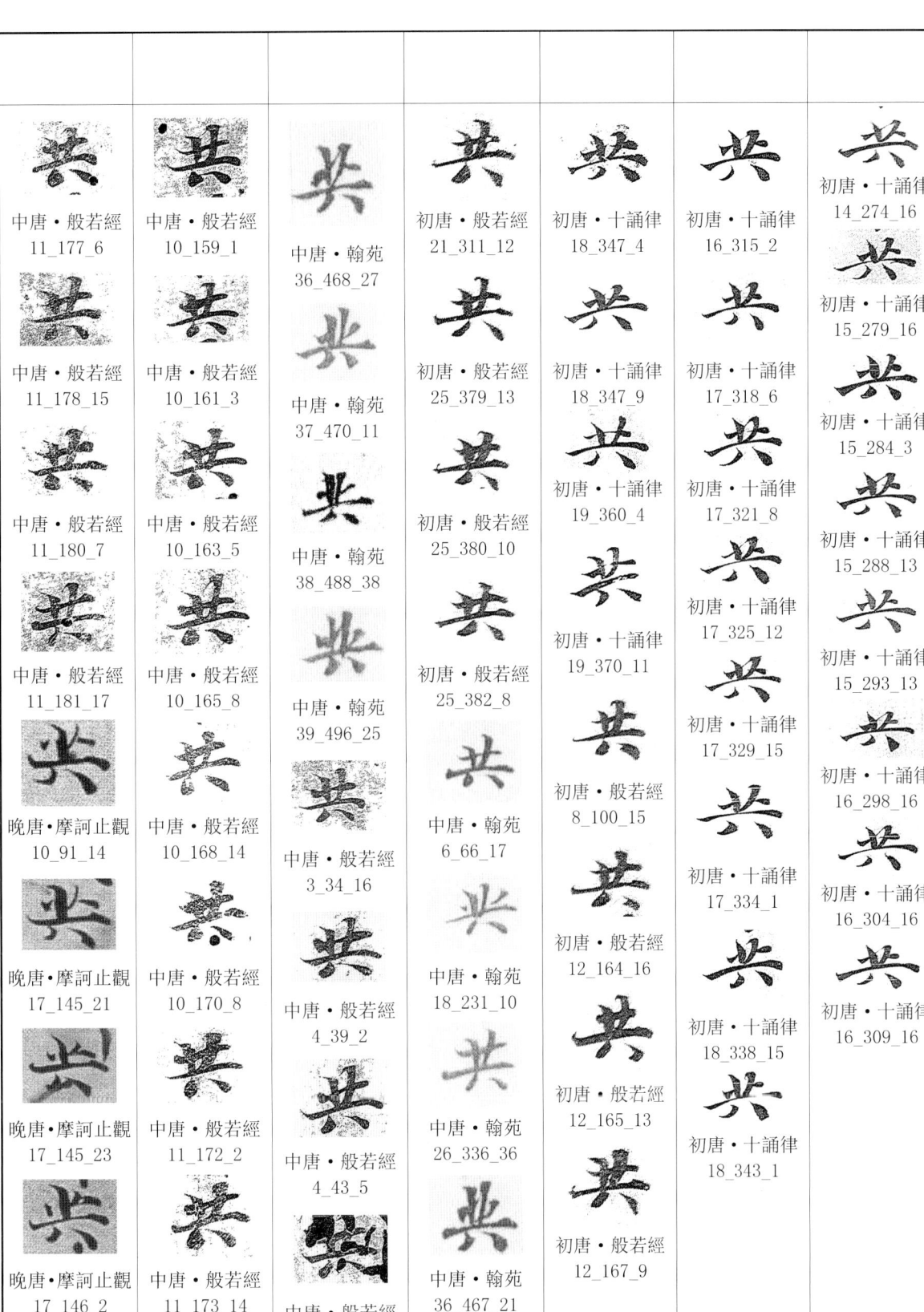

晩唐•摩訶止觀
17_146_5

晩唐•摩訶止觀
17_151_23

晩唐•摩訶止觀
17_152_3

晩唐•摩訶止觀
17_152_7

晩唐•摩訶止觀
17_152_10

晩唐•摩訶止觀
24_205_20

晩唐•摩訶止觀
39_333_4

晩唐•摩訶止觀
41_354_4

晩唐•摩訶止觀
41_356_9

晩唐•摩訶止觀
44_380_12

晩唐•摩訶止觀
44_380_24

晩唐•摩訶止觀
53_453_21

晩唐•摩訶止觀
53_453_26

五代•大毗盧經
17_214_18

五代•大毗盧經
51_624_13

## 兵

漢ヘイ 呉ヒョウ
訓つわもの

初唐•古文尚書
20_191_5

初唐•古文尚書
20_191_26

初唐•禮記正義
3_38_13

初唐•禮記正義
3_39_23

初唐•禮記正義
3_39_27

初唐•禮記正義
3_40_4

初唐•禮記正義
3_40_17

初唐•禮記正義
3_41_24

初唐•禮記正義
3_42_27

初唐•禮記正義
16_246_14

初唐•禮記正義
16_249_8

中唐・翰苑
2_20_4

中唐・翰苑
2_20_14

中唐・翰苑
3_25_37

中唐・翰苑
3_26_41

中唐・翰苑
3_35_15

中唐・翰苑
4_36_5

中唐・翰苑
4_39_21

中唐・翰苑
4_42_27

中唐・翰苑
4_47_6

中唐・翰苑
5_52_35

中唐・翰苑
5_56_15

中唐・翰苑
5_58_7

中唐・翰苑
5_59_12

中唐・翰苑
6_67_1

中唐・翰苑
6_67_18

中唐・翰苑
6_67_36

中唐・翰苑
6_69_3

中唐・翰苑
6_72_10

中唐・翰苑
6_77_31

中唐・翰苑
8_93_12

中唐・翰苑
8_94_12

中唐・翰苑
8_95_6

中唐・翰苑
8_96_19

中唐・翰苑
8_96_22

中唐・翰苑
8_97_14

中唐・翰苑
8_97_22

中唐・翰苑
8_98_9

中唐・翰苑
8_105_11

中唐・翰苑
9_109_24

中唐・翰苑
10_126_25

中唐・翰苑
10_131_22

中唐・翰苑
11_143_19

中唐・翰苑
12_151_5

中唐・翰苑
12_157_16

中唐・翰苑
12_157_33

中唐・翰苑
13_162_27

中唐・翰苑
15_188_33

中唐・翰苑
15_190_11

中唐・翰苑
15_191_4

中唐・翰苑
15_194_33

中唐・翰苑
15_196_19

中唐・翰苑
16_202_38

中唐・翰苑
17_216_29

中唐・翰苑
20_256_20

中唐・翰苑
21_270_44

中唐・翰苑
21_273_4

中唐・翰苑
24_321_30

中唐・翰苑
28_365_32

中唐・翰苑
28_366_16

中唐・翰苑
28_368_28

中唐・翰苑
34_439_43

中唐・翰苑
34_442_32

中唐・翰苑
36_461_36

中唐・翰苑
38_494_39

中唐・翰苑
39_503_30

中唐・翰苑
41_526_2

中唐・翰苑
42_534_3

中唐・翰苑
42_534_9

中唐・翰苑
42_535_8

中唐・翰苑
42_535_15

中唐・翰苑
42_540_28

## 弟

テイ
訓おとうと

第九
初唐•古文尚書
1_7_16

第三
初唐•古文尚書
2_13_15

第四
初唐•古文尚書
2_13_18

第二
初唐•古文尚書
3_21_15

第九
初唐•古文尚書
4_32_18

初唐•禮記正義
2_28_14

中唐・翰苑
4_38_18

弓矢刀矛
中唐・翰苑
17_216_27

中唐・翰苑
29_376_1

中唐・翰苑
32_413_33

中唐・翰苑
32_414_19

中唐・翰苑
35_449_6

中唐・翰苑
38_493_7

中唐・翰苑
42_541_25

晚唐•摩訶止觀
2_13_17

晚唐•摩訶止觀
14_125_25

晚唐•摩訶止觀
25_213_1

晚唐•摩訶止觀
25_213_8

晚唐•摩訶止觀
25_217_7

晚唐•摩訶止觀
26_226_22

晚唐•摩訶止觀
27_229_25

## 其

漢キ 呉ギ 呉ゴ
訓その

初唐•古文尚書 5_41_24
初唐•古文尚書 5_46_29
初唐•古文尚書 6_48_13
初唐•古文尚書 7_52_11
初唐•古文尚書 7_53_28
初唐•古文尚書 7_54_8
初唐•古文尚書 10_90_4

初唐•古文尚書 2_11_17
初唐•古文尚書 2_13_1
初唐•古文尚書 3_18_13
初唐•古文尚書 3_18_17
初唐•古文尚書 3_22_21
初唐•古文尚書 3_23_12
初唐•古文尚書 4_36_20

五代•大毗盧經 87_1062_8
五代•大毗盧經 91_1113_22
五代•大毗盧經 91_1118_4
五代•大毗盧經 97_1184_36
五代•大毗盧經 97_1196_7

五代•大毗盧經 50_606_8
五代•大毗盧經 54_660_7
五代•大毗盧經 63_774_8
五代•大毗盧經 63_783_12
五代•大毗盧經 64_807_5
五代•大毗盧經 80_975_7
五代•大毗盧經 86_1054_10

五代•大毗盧經 23_287_18
五代•大毗盧經 28_352_11
五代•大毗盧經 37_434_14
五代•大毗盧經 39_467_14
五代•大毗盧經 43_521_21
五代•大毗盧經 43_521_38
五代•大毗盧經 45_549_13

晚唐•摩訶止觀 57_480_23
晚唐•摩訶止觀 57_480_25
五代•密教部類 4_44_4
五代•大毗盧經 2_18_13
五代•大毗盧經 7_84_26
五代•大毗盧經 10_120_8
五代•大毗盧經 11_132_14

晚唐•摩訶止觀 27_230_18
晚唐•摩訶止觀 31_269_7
晚唐•摩訶止觀 31_269_27
晚唐•摩訶止觀 34_295_22
晚唐•摩訶止觀 57_479_5
晚唐•摩訶止觀 57_480_3
晚唐•摩訶止觀 57_480_21

初唐•古文尚書 10_91_18
初唐•古文尚書 11_93_6
初唐•古文尚書 11_94_10
初唐•古文尚書 24_239_10
初唐•古文尚書 24_239_18
初唐•古文尚書 25_240_18
初唐•古文尚書 26_253_3

初唐•古文尚書 26_253_38
初唐•古文尚書 27_261_19
初唐•古文尚書 27_261_23
初唐•古文尚書 27_261_29
初唐•古文尚書 27_262_2
初唐•古文尚書 27_262_26
初唐•古文尚書 27_266_28

初唐•古文尚書 27_267_4
初唐•古文尚書 27_268_23
初唐•古文尚書 27_270_7
初唐•古文尚書 27_270_23
初唐•古文尚書 28_272_32
初唐•古文尚書 28_273_34
初唐•古文尚書 28_278_24

初唐•古文尚書 28_278_30
初唐•古文尚書 29_279_8
初唐•古文尚書 29_279_21
初唐•古文尚書 29_280_4
初唐•古文尚書 29_285_6
初唐•古文尚書 31_286_11
初唐•古文尚書 31_288_3

初唐•古文尚書 31_289_4
初唐•古文尚書 31_289_18
初唐•古文尚書 31_292_39
初唐•古文尚書 31_296_9
初唐•古文尚書 32_299_10
初唐•古文尚書 32_299_14
初唐•古文尚書 32_299_18

初唐•古文尚書 32_299_22
初唐•古文尚書 32_299_26
初唐•古文尚書 32_300_11
初唐•古文尚書 32_300_20
初唐•古文尚書 32_304_19
初唐•古文尚書 32_305_23
初唐•古文尚書 33_309_28

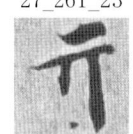

初唐•古文尚書 33_310_22
初唐•古文尚書 33_311_25
初唐•古文尚書 33_312_15
初唐•古文尚書 33_313_30
初唐•古文尚書 33_315_27
初唐•古文尚書 33_317_5
初唐•古文尚書 33_317_28

初唐·古文尚書
34_318_33

初唐·古文尚書
34_320_34

初唐·古文尚書
34_320_39

初唐·古文尚書
34_321_16

初唐·古文尚書
34_322_22

初唐·古文尚書
34_323_28

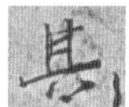

初唐·古文尚書
34_324_20

初唐·古文尚書
35_328_5

初唐·古文尚書
35_328_19

初唐·古文尚書
35_328_24

初唐·古文尚書
35_330_16

初唐·古文尚書
36_340_23

初唐·古文尚書
36_341_2

初唐·古文尚書
36_341_17

初唐·古文尚書
36_341_24

初唐·古文尚書
36_341_28

初唐·古文尚書
37_353_7

初唐·古文尚書
37_354_26

初唐·古文尚書
37_356_22

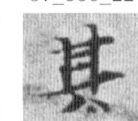

初唐·古文尚書
37_358_18

初唐·古文尚書
37_359_27

初唐·古文尚書
38_360_4

初唐·古文尚書
38_361_2

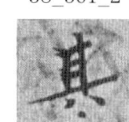

初唐·古文尚書
38_361_24

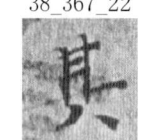

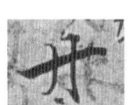

初唐·古文尚書
38_362_5

初唐·古文尚書
38_362_24

初唐·古文尚書
38_364_7

初唐·古文尚書
38_365_22

初唐·古文尚書
38_366_9

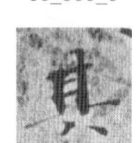

初唐·古文尚書
38_367_22

初唐·古文尚書
38_368_17

初唐·古文尚書
38_368_27

初唐·古文尚書
39_371_36

初唐·古文尚書
39_372_3

初唐·古文尚書
39_372_8

初唐·古文尚書
39_372_17

初唐·古文尚書
39_373_13

初唐·古文尚書
47_459_21

初唐·古文尚書
47_461_9

初唐·古文尚書
47_461_11

初唐·古文尚書
47_461_13

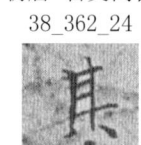

初唐·古文尚書
47_461_17

初唐·古文尚書
47_461_20

初唐·古文尚書
47_461_23

初唐·古文尚書
47_462_22

初唐·古文尚書
47_462_28

初唐·古文尚書
47_463_6

初唐·古文尚書
48_470_20

初唐·古文尚書
49_477_4

初唐•古文尚書 49_478_22
初唐•毛詩傳 1_3_6
初唐•毛詩傳 1_4_9
初唐•毛詩傳 1_6_1
初唐•毛詩傳 1_7_7
初唐•毛詩傳 1_8_3
初唐•毛詩傳 1_10_11

初唐•毛詩傳 2_11_15
初唐•毛詩傳 2_14_3
初唐•毛詩傳 2_14_11
初唐•毛詩傳 2_15_9
初唐•毛詩傳 2_17_7
初唐•毛詩傳 2_18_12
初唐•毛詩傳 2_19_5

初唐•毛詩傳 3_23_1
初唐•毛詩傳 3_25_7
初唐•毛詩傳 3_27_28
初唐•毛詩傳 3_29_10
初唐•毛詩傳 3_32_11
初唐•毛詩傳 4_35_9
初唐•毛詩傳 4_36_4

初唐•毛詩傳 5_46_13
初唐•毛詩傳 5_50_15
初唐•毛詩傳 5_51_3
初唐•毛詩傳 5_53_7
初唐•毛詩傳 5_53_22
初唐•毛詩傳 6_60_14
初唐•毛詩傳 6_61_4

初唐•毛詩傳 6_65_4
初唐•毛詩傳 6_65_24
初唐•毛詩傳 6_67_2
初唐•毛詩傳 7_76_10
初唐•毛詩傳 7_78_5
初唐•毛詩傳 8_80_20
初唐•毛詩傳 8_84_13

初唐•毛詩傳 8_89_9
初唐•毛詩傳 8_90_1
初唐•毛詩傳 9_92_31
初唐•毛詩傳 9_93_2
初唐•毛詩傳 9_100_9
初唐•毛詩傳 10_103_28
初唐•毛詩傳 10_107_2

初唐•毛詩傳 10_107_14
初唐•毛詩傳 10_109_11
初唐•毛詩傳 10_112_5
初唐•禮記正義 1_3_12
初唐•禮記正義 1_10_27
初唐•禮記正義 2_25_1
初唐•禮記正義 3_38_5

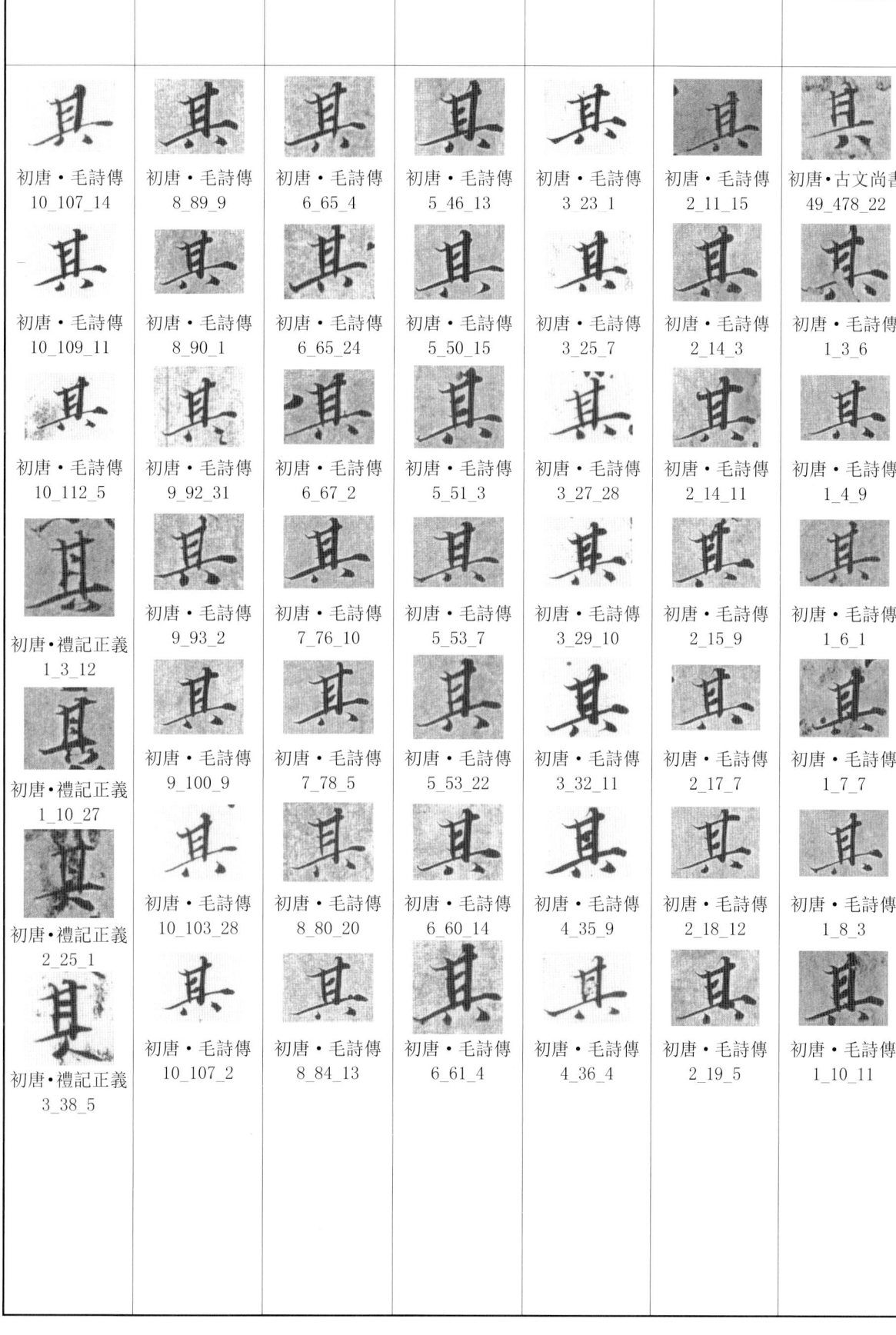

初唐•禮記正義 3_41_5
初唐•禮記正義 3_48_2
初唐•禮記正義 4_50_3
初唐•禮記正義 4_52_15
初唐•禮記正義 4_54_22
初唐•禮記正義 4_56_2
初唐•禮記正義 4_58_2
初唐•禮記正義 5_75_13
初唐•禮記正義 6_83_11
初唐•禮記正義 6_84_17
初唐•禮記正義 6_85_27
初唐•禮記正義 6_87_10
初唐•禮記正義 6_88_20
初唐•禮記正義 6_90_27
初唐•禮記正義 6_93_6
初唐•禮記正義 6_93_14
初唐•禮記正義 6_93_26
初唐•禮記正義 6_94_8
初唐•禮記正義 6_94_11
初唐•禮記正義 7_103_7
初唐•禮記正義 7_107_9
哀子某
初唐•禮記正義 7_108_20
初唐•禮記正義 7_108_23
初唐•禮記正義 8_126_14
初唐•禮記正義 9_145_8
初唐•禮記正義 23_349_6
初唐•禮記正義 23_349_24
初唐•禮記正義 23_350_12
初唐•禮記正義 23_350_18
初唐•禮記正義 23_351_11
初唐•禮記正義 23_351_25
初唐•禮記正義 23_353_25
初唐•禮記正義 23_354_17
初唐•禮記正義 23_354_21
初唐•禮記正義 23_355_6
初唐•禮記正義 23_355_13
初唐•禮記正義 24_356_10
初唐•禮記正義 24_357_5
初唐•禮記正義 24_357_26
初唐•禮記正義 24_363_1
初唐•禮記正義 24_364_13
初唐•禮記正義 24_365_19
初唐•禮記正義 24_365_26
初唐•禮記正義 24_367_3
初唐•禮記正義 24_369_10
初唐•禮記正義 24_370_23
初唐•禮記正義 25_378_23
初唐•禮記正義 25_379_14
初唐•禮記正義 25_381_25

初唐•禮記正義 25_382_23
初唐•禮記正義 25_384_6
初唐•禮記正義 25_384_15
初唐•禮記正義 25_385_27
初唐•禮記正義 25_386_26
初唐•禮記正義 25_387_5
初唐•禮記正義 25_387_26

初唐•禮記正義 26_390_10
初唐•禮記正義 26_399_26
嗣子某 初唐•禮記正義 26_400_25
嗣子某 初唐•禮記正義 26_401_14
初唐•禮記正義 26_401_16
初唐•禮記正義 26_402_15
初唐•禮記正義 26_403_17

初唐•禮記正義 26_404_14
初唐•禮記正義 26_405_7
初唐•禮記正義 26_406_22
初唐•禮記正義 27_409_27
初唐•禮記正義 27_410_5
初唐•禮記正義 27_410_17
某父 初唐•禮記正義 27_414_9

稱子某 初唐•禮記正義 27_415_9
嗣子某 初唐•禮記正義 27_415_18
避子某 初唐•禮記正義 27_416_6
初唐•禮記正義 27_416_19
某有負薪之憂 初唐•禮記正義 27_422_7
某士名也 初唐•禮記正義 27_422_20
初唐•禮記正義 28_428_23

初唐•禮記正義 28_430_26
初唐•禮記正義 28_431_8
初唐•禮記正義 28_435_24
初唐•禮記正義 28_436_23
初唐•禮記正義 29_444_31
初唐•禮記正義 29_445_4
初唐•禮記正義 29_445_8

初唐•禮記正義 29_446_21
初唐•禮記正義 29_454_2
初唐•禮記正義 29_454_6
初唐•禮記正義 29_455_20
初唐•禮記正義 29_456_18
初唐•禮記正義 29_456_21
初唐•禮記正義 29_457_9

初唐•禮記正義 30_460_21
初唐•禮記正義 30_465_21
初唐•禮記正義 30_468_1
初唐•禮記正義 30_474_13
初唐・十誦律 2_20_6
中唐・翰苑 2_13_17
中唐・翰苑 3_27_26

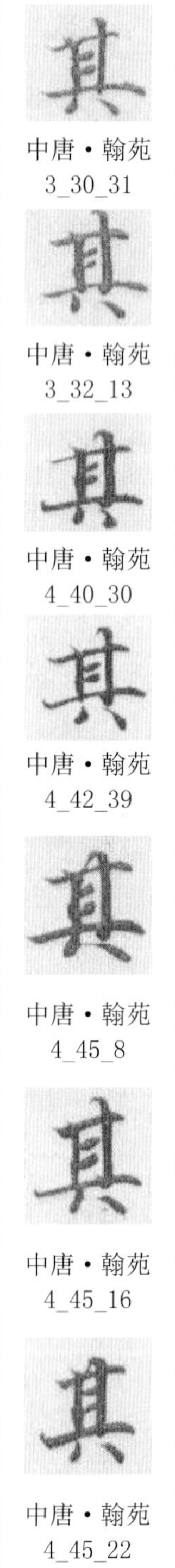

中唐・翰苑 3_30_31
中唐・翰苑 3_32_13
中唐・翰苑 4_40_30
中唐・翰苑 4_42_39
中唐・翰苑 4_45_8
中唐・翰苑 4_45_16
中唐・翰苑 4_45_22

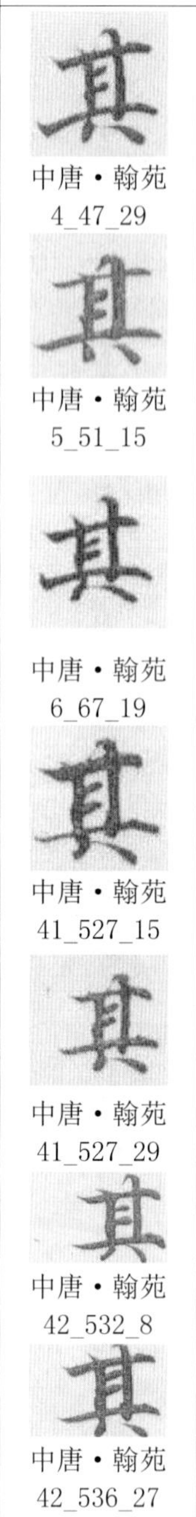

中唐・翰苑 4_47_29
中唐・翰苑 5_51_15
中唐・翰苑 6_67_19
中唐・翰苑 41_527_15
中唐・翰苑 41_527_29
中唐・翰苑 42_532_8
中唐・翰苑 42_536_27

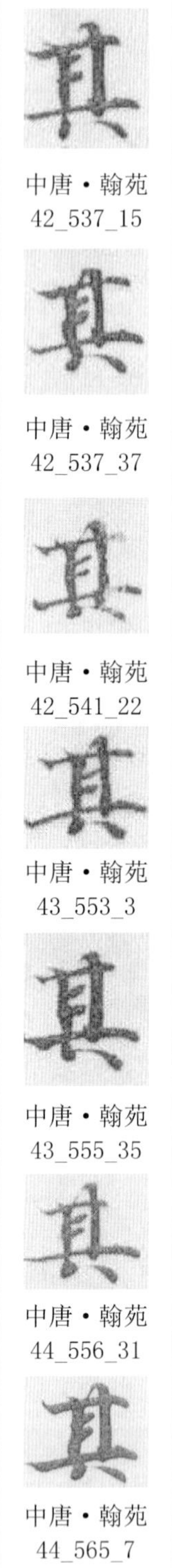

中唐・翰苑 42_537_15
中唐・翰苑 42_537_37
中唐・翰苑 42_541_22
中唐・翰苑 43_553_3
中唐・翰苑 43_555_35
中唐・翰苑 44_556_31
中唐・翰苑 44_565_7

中唐・翰苑 45_569_11
中唐・翰苑 45_572_1
晚唐•摩訶止觀 1_9_9
晚唐•摩訶止觀 6_49_24
晚唐•摩訶止觀 7_61_11
晚唐•摩訶止觀 10_88_24
晚唐•摩訶止觀 13_111_19

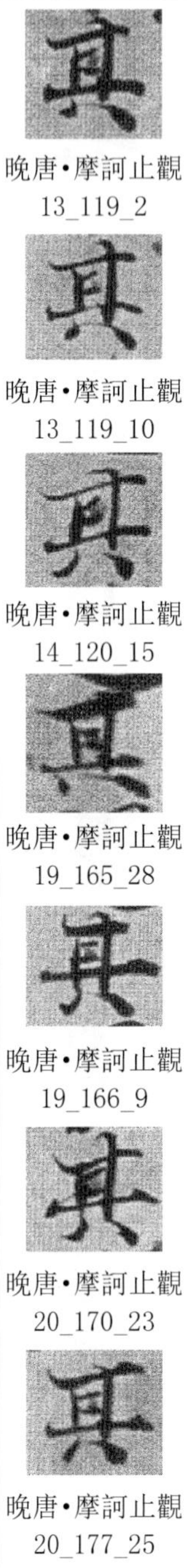

晚唐•摩訶止觀 13_119_2
晚唐•摩訶止觀 13_119_10
晚唐•摩訶止觀 14_120_15
晚唐•摩訶止觀 19_165_28
晚唐•摩訶止觀 19_166_9
晚唐•摩訶止觀 20_170_23
晚唐•摩訶止觀 20_177_25

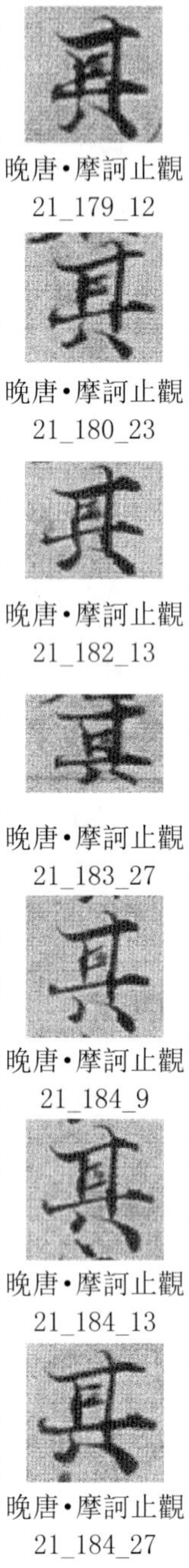

晚唐•摩訶止觀 21_179_12
晚唐•摩訶止觀 21_180_23
晚唐•摩訶止觀 21_182_13
晚唐•摩訶止觀 21_183_27
晚唐•摩訶止觀 21_184_9
晚唐•摩訶止觀 21_184_13
晚唐•摩訶止觀 21_184_27

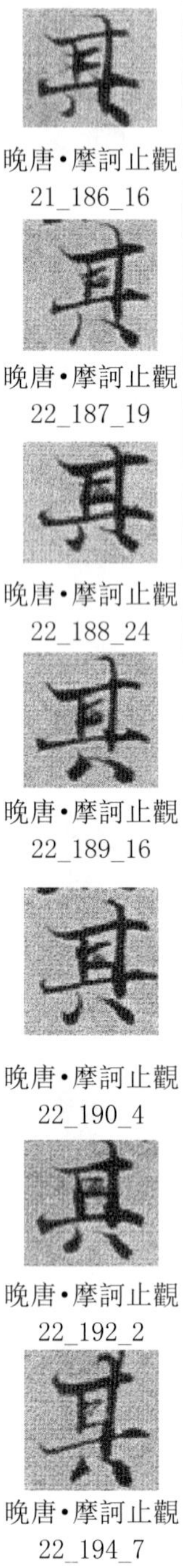

晚唐•摩訶止觀 21_186_16
晚唐•摩訶止觀 22_187_19
晚唐•摩訶止觀 22_188_24
晚唐•摩訶止觀 22_189_16
晚唐•摩訶止觀 22_190_4
晚唐•摩訶止觀 22_192_2
晚唐•摩訶止觀 22_194_7

| | | | | | | |
|---|---|---|---|---|---|---|
| 五代·大毗盧經 57_702_6 | 五代·大毗盧經 43_521_9 | 五代·大毗盧經 14_176_9 | 晚唐·摩訶止觀 61_516_9 | 晚唐·摩訶止觀 52_442_4 | 晚唐·摩訶止觀 34_295_16 | 晚唐·摩訶止觀 24_206_21 |
| 五代·大毗盧經 63_777_11 | 五代·大毗盧經 43_523_6 | 五代·大毗盧經 26_326_32 | 晚唐·摩訶止觀 61_517_23 | 晚唐·摩訶止觀 52_443_18 | 晚唐·摩訶止觀 35_302_18 | 晚唐·摩訶止觀 24_209_5 |
| 五代·大毗盧經 63_792_1 | 五代·大毗盧經 44_529_8 | 五代·大毗盧經 32_397_20 | 五代·密教部類 1_3_16 | 晚唐·摩訶止觀 55_463_5 | 晚唐·摩訶止觀 39_339_6 | 晚唐·摩訶止觀 24_210_26 |
| 五代·大毗盧經 65_819_10 | 五代·大毗盧經 46_563_14 | 五代·大毗盧經 39_457_4 | 五代·大毗盧經 3_24_33 | 晚唐·摩訶止觀 56_477_27 | 晚唐·摩訶止觀 43_367_15 | 晚唐·摩訶止觀 27_237_18 |
| 五代·大毗盧經 84_1025_44 | 五代·大毗盧經 50_609_8 | 五代·大毗盧經 39_462_10 | 五代·大毗盧經 11_141_11 | 晚唐·摩訶止觀 57_482_9 | 晚唐·摩訶止觀 44_378_2 | 晚唐·摩訶止觀 33_286_6 |
| 五代·大毗盧經 86_1053_1 | 五代·大毗盧經 50_610_6 | 五代·大毗盧經 39_463_4 | 五代·大毗盧經 13_164_1 | 晚唐·摩訶止觀 58_494_18 | 晚唐·摩訶止觀 49_421_11 | 晚唐·摩訶止觀 34_295_4 |
| 五代·大毗盧經 87_1062_25 | 五代·大毗盧經 50_610_14 | 五代·大毗盧經 40_480_9 | 五代·大毗盧經 13_166_16 | 晚唐·摩訶止觀 59_500_18 | 晚唐·摩訶止觀 51_435_12 | 晚唐·摩訶止觀 34_295_10 |

# 尚 𡰪

ショウ 漢 シャウ
訓 たかい

五代・大毗盧經
96_1177_15

五代・大毗盧經
96_1177_31

五代・大毗盧經
96_1178_8

初唐・古文尚書
6_50_4

初唐・古文尚書
7_52_22

初唐・古文尚書
9_76_18

初唐・古文尚書
9_79_19

初唐・古文尚書
9_79_29

初唐・古文尚書
11_96_1

初唐・古文尚書
16_152_22

初唐・古文尚書
17_159_1

初唐・古文尚書
19_184_1

初唐・古文尚書
23_225_27

初唐・古文尚書
32_303_4

初唐・古文尚書
32_303_25

初唐・古文尚書
34_319_15

初唐・古文尚書
34_326_1

初唐・古文尚書
37_350_1

初唐・古文尚書
39_377_1

初唐・古文尚書
44_426_22

初唐・古文尚書
49_474_10

初唐・古文尚書
49_479_1

初唐・禮記正義
5_80_11

初唐・禮記正義
14_214_7

初唐・禮記正義
15_238_19

初唐・禮記正義
20_304_27

初唐・禮記正義
20_305_25

初唐・禮記正義
28_434_5

初唐・禮記正義
29_448_5

初唐・禮記正義
29_448_11

初唐・禮記正義
30_472_11

初唐・十誦律
1_7_15

中唐・翰苑
5_61_34

中唐・翰苑
7_81_28

中唐・翰苑
9_115_44

中唐・翰苑
9_116_20

中唐・翰苑
10_126_21

中唐・翰苑
10_128_28

中唐・翰苑
11_133_14

中唐・翰苑
13_168_33

中唐・翰苑
14_177_2

中唐・翰苑
14_183_2

中唐・翰苑
17_217_9

中唐・翰苑
18_235_23

中唐・翰苑
23_297_3

中唐・翰苑
29_377_20

中唐・翰苑
30_395_3

中唐・翰苑
34_439_34

中唐・翰苑
34_440_12

中唐・翰苑
34_440_28

中唐・翰苑
34_440_43

# 典 典

テン
訓 ふみ

初唐•古文尚書
48_469_6

初唐•禮記正義
10_155_9

初唐•禮記正義
16_242_28

初唐•禮記正義
22_333_12

初唐•禮記正義
23_346_6

初唐•禮記正義
24_358_6

中唐・翰苑
21_276_12

五代•大毗盧經
97_1187_9

初唐•古文尚書
42_411_11

初唐•古文尚書
43_413_23

初唐•古文尚書
43_414_6

初唐•古文尚書
47_456_14

初唐•古文尚書
47_456_20

初唐•古文尚書
47_456_26

初唐•古文尚書
48_465_30

初唐•古文尚書
48_468_9

初唐•古文尚書
35_336_12

初唐•古文尚書
36_346_27

初唐•古文尚書
36_347_22

初唐•古文尚書
39_371_3

初唐•古文尚書
42_402_7

初唐•古文尚書
42_403_16

初唐•古文尚書
42_406_10

初唐•古文尚書
42_410_1

初唐•古文尚書
13_116_19

初唐•古文尚書
22_216_19

初唐•古文尚書
24_235_9

初唐•古文尚書
25_240_2

初唐•古文尚書
26_251_3

初唐•古文尚書
27_265_11

初唐•古文尚書
32_300_2

初唐•古文尚書
33_313_26

晚唐•摩訶止觀
32_281_2

晚唐•摩訶止觀
33_283_3

晚唐•摩訶止觀
38_329_11

晚唐•摩訶止觀
39_340_23

晚唐•摩訶止觀
45_387_6

五代•密教部類
6_85_16

晚唐•摩訶止觀
13_114_5

晚唐•摩訶止觀
22_191_8

晚唐•摩訶止觀
26_221_4

晚唐•摩訶止觀
28_245_17

晚唐•摩訶止觀
28_247_7

晚唐•摩訶止觀
29_249_3

晚唐•摩訶止觀
32_276_15

晚唐•摩訶止觀
32_279_11

中唐・翰苑
34_441_10

中唐・翰苑
34_443_27

中唐・翰苑
37_472_17

中唐・翰苑
45_574_11

中唐・翰苑
45_579_11

晚唐•摩訶止觀
1_9_13

晚唐•摩訶止觀
9_83_25

晚唐•摩訶止觀
10_85_19

# 具

漢ク 呉グ
訓そなえる

初唐・古文尚書 14_128_6
初唐・古文尚書 14_128_30
初唐・古文尚書 23_221_11
初唐・古文尚書 45_433_25
初唐・古文尚書 45_434_10
初唐・古文尚書 45_441_25
初唐・古文尚書 47_463_17
初唐・古文尚書 47_463_23

初唐・禮記正義 6_94_16
初唐・禮記正義 11_168_16
初唐・禮記正義 11_170_9
初唐・十誦律 1_11_12
初唐・十誦律 3_49_3
初唐・十誦律 4_67_10
初唐・十誦律 9_162_17
中唐・翰苑 8_103_29

中唐・翰苑 10_125_42
晚唐・摩訶止觀 7_63_4
晚唐・摩訶止觀 12_105_6
晚唐・摩訶止觀 12_106_11
晚唐・摩訶止觀 19_166_12
晚唐・摩訶止觀 23_197_19
晚唐・摩訶止觀 27_231_18
晚唐・摩訶止觀 27_231_22

晚唐・摩訶止觀 27_232_16
晚唐・摩訶止觀 27_232_19
晚唐・摩訶止觀 27_233_30
晚唐・摩訶止觀 27_234_4
晚唐・摩訶止觀 33_285_25
晚唐・摩訶止觀 34_297_19
晚唐・摩訶止觀 34_298_7
晚唐・摩訶止觀 36_313_12

晚唐・摩訶止觀 39_337_22
晚唐・摩訶止觀 49_418_9
晚唐・摩訶止觀 50_425_17
晚唐・摩訶止觀 50_426_14
晚唐・摩訶止觀 51_431_18
晚唐・摩訶止觀 52_441_22
晚唐・摩訶止觀 54_458_28
晚唐・摩訶止觀 54_460_22

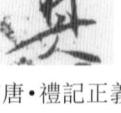

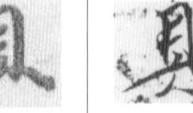

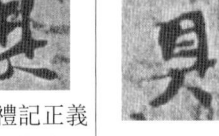

晚唐・摩訶止觀 55_462_2
晚唐・摩訶止觀 56_478_7
晚唐・摩訶止觀 57_484_25
晚唐・摩訶止觀 58_489_4
晚唐・摩訶止觀 58_489_24
晚唐・摩訶止觀 59_498_10
晚唐・摩訶止觀 61_515_8
五代・大毗盧經 2_13_17

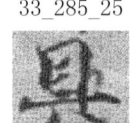

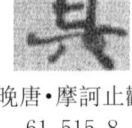

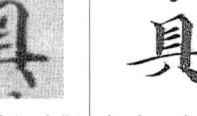

五代・大毗盧經 2_20_1
五代・大毗盧經 3_22_5
五代・大毗盧經 3_30_8
五代・大毗盧經 7_84_48
五代・大毗盧經 8_91_12
五代・大毗盧經 8_94_8
五代・大毗盧經 13_164_13
五代・大毗盧經 16_210_12

# 並 竝 幷

漢 ヘイ 呉 ヒョウ
訓 ならぶ

五代・大毗盧經 24_310_11
五代・大毗盧經 40_483_9
五代・大毗盧經 42_505_3
五代・大毗盧經 42_507_16
五代・大毗盧經 44_528_7
五代・大毗盧經 71_869_1
五代・大毗盧經 74_909_21

初唐・古文尚書 19_178_8
初唐・古文尚書 40_388_36
初唐・古文尚書 40_389_11
初唐・古文尚書 46_454_25
初唐・古文尚書 47_463_3
初唐・古文尚書 47_463_19
初唐・毛詩傳 7_77_13

並失事正 初唐・禮記正義 2_19_10
並為敬主人 初唐・禮記正義 2_31_6
初唐・禮記正義 5_68_25
並用 初唐・禮記正義 5_79_17
三筮並凶 初唐・禮記正義 6_82_6
初唐・禮記正義 8_115_20
初唐・禮記正義 8_119_22

初唐・禮記正義 12_179_7
初唐・禮記正義 12_184_3
初唐・禮記正義 12_184_14
初唐・禮記正義 12_185_16
初唐・禮記正義 20_302_2
初唐・禮記正義 25_380_24
初唐・禮記正義 29_455_27

中唐・翰苑 4_47_27
中唐・翰苑 6_69_28
中唐・翰苑 6_74_24
中唐・翰苑 7_78_37
中唐・翰苑 10_125_10
中唐・翰苑 12_151_31
中唐・翰苑 13_169_5

中唐・翰苑 14_185_20
中唐・翰苑 15_197_26
中唐・翰苑 15_197_28
中唐・翰苑 19_246_31
中唐・翰苑 20_256_31
中唐・翰苑 22_296_21
中唐・翰苑 25_333_38

中唐・翰苑 26_341_35
中唐・翰苑 29_372_5
中唐・翰苑 34_436_27
中唐・翰苑 35_446_35
中唐・翰苑 37_472_5
中唐・翰苑 38_489_3
中唐・翰苑 39_500_33

中唐・翰苑
40_510_5

中唐・翰苑
40_513_23

中唐・翰苑
42_532_23

中唐・翰苑
42_535_23

中唐・翰苑
42_537_29

中唐・翰苑
44_561_4

晚唐•摩訶止觀
3_22_22

晚唐•摩訶止觀
19_164_26

晚唐•摩訶止觀
22_194_23

晚唐•摩訶止觀
23_195_2

晚唐•摩訶止觀
23_195_15

晚唐•摩訶止觀
48_412_1

晚唐•摩訶止觀
48_412_5

晚唐•摩訶止觀
48_412_10

晚唐•摩訶止觀
48_412_15

晚唐•摩訶止觀
48_412_23

晚唐•摩訶止觀
48_413_28

晚唐•摩訶止觀
48_414_14

晚唐•摩訶止觀
48_414_18

晚唐•摩訶止觀
48_414_22

晚唐•摩訶止觀
50_426_22

五代•密教部類
1_3_9

五代•密教部類
2_9_20

五代•密教部類
2_22_5

五代•密教部類
4_57_6

五代•密教部類
5_62_5

五代•密教部類
5_73_10

五代•大毗盧經
10_117_32

五代•大毗盧經
10_122_26

五代•大毗盧經
27_340_14

五代•大毗盧經
28_351_11

五代•大毗盧經
54_661_15

五代•大毗盧經
57_705_7

五代•大毗盧經
58_710_16

五代•大毗盧經
64_797_13

五代•大毗盧經
72_885_30

五代•大毗盧經
77_936_1

五代•大毗盧經
80_970_16

五代•大毗盧經
80_972_8

五代•大毗盧經
80_974_4

五代•大毗盧經
80_976_20

五代•大毗盧經
84_1023_16

五代•大毗盧經
85_1039_8

五代•大毗盧經
85_1039_13

五代•大毗盧經
89_1091_14

五代•大毗盧經
89_1093_8

五代•大毗盧經
90_1095_11

五代•大毗盧經
90_1100_19

五代•大毗盧經
92_1130_1

# 前

セン 呉 ゼン 漢 セン
訓 まえ

五代・大毗盧經 92_1133_10
五代・大毗盧經 92_1134_17
五代・大毗盧經 92_1135_8

初唐・古文尚書 11_100_3
初唐・古文尚書 11_100_22
初唐・古文尚書 15_143_16
初唐・古文尚書 15_144_23
初唐・古文尚書 15_144_31
初唐・古文尚書 34_325_7
初唐・古文尚書 34_325_18
初唐・古文尚書 36_345_20

初唐・古文尚書 36_346_11
初唐・古文尚書 38_360_16
初唐・古文尚書 38_361_15
初唐・禮記正義 2_21_18
初唐・禮記正義 2_23_25
初唐・禮記正義 9_143_7
初唐・禮記正義 9_143_20
初唐・禮記正義 10_149_26

初唐・禮記正義 10_150_22
初唐・禮記正義 10_163_25
初唐・禮記正義 11_166_19
初唐・禮記正義 11_167_1
初唐・禮記正義 12_179_1
初唐・禮記正義 14_221_13
初唐・禮記正義 14_221_20
初唐・禮記正義 15_230_25

初唐・禮記正義 16_250_11
初唐・禮記正義 17_263_11
初唐・禮記正義 17_265_21
初唐・禮記正義 18_268_6
初唐・禮記正義 18_272_19
初唐・禮記正義 18_280_23
初唐・禮記正義 19_285_15
初唐・禮記正義 19_288_16

初唐・禮記正義 20_308_2
初唐・禮記正義 21_311_12
初唐・禮記正義 21_312_17
初唐・禮記正義 21_313_25
初唐・禮記正義 23_346_8
初唐・禮記正義 24_366_18
初唐・禮記正義 26_405_15
初唐・禮記正義 27_412_22

初唐・禮記正義 28_433_14
初唐・禮記正義 29_456_2
初唐・禮記正義 30_473_2
初唐・十誦律 2_21_8
初唐・十誦律 2_30_3
初唐・十誦律 18_345_7
初唐・十誦律 18_346_3
初唐・十誦律 18_349_12

初唐・十誦律 18_351_7

中唐・翰苑 5_60_29

中唐・翰苑 5_62_23

中唐・翰苑 9_114_45

中唐・翰苑 10_129_27

中唐・翰苑 10_130_40

中唐・翰苑 13_163_41

中唐・翰苑 15_190_18

中唐・翰苑 16_201_30

中唐・翰苑 16_210_37

中唐・翰苑 20_263_15

中唐・翰苑 21_272_41

中唐・翰苑 21_281_17

中唐・翰苑 22_287_7

中唐・翰苑 22_295_14

中唐・翰苑 28_361_23

中唐・翰苑 30_385_7

中唐・翰苑 35_450_5

中唐・翰苑 40_514_35

中唐・翰苑 44_562_15

中唐・翰苑 45_577_6

中唐・翰苑 45_578_8

中唐・般若經 3_29_7

中唐・般若經 5_65_7

中唐・般若經 6_83_5

中唐・般若經 7_110_12

中唐・般若經 9_134_15

中唐・般若經 10_154_11

中唐・般若經 11_183_18

中唐・般若經 12_205_13

中唐・般若經 15_254_10

中唐・般若經 16_284_5

中唐・般若經 17_301_1

中唐・般若經 18_320_8

中唐・般若經 19_338_8

晚唐•摩訶止觀 1_2_5

晚唐•摩訶止觀 4_37_26

晚唐•摩訶止觀 5_43_15

晚唐•摩訶止觀 16_137_10

晚唐•摩訶止觀 17_150_10

晚唐•摩訶止觀 23_197_27

晚唐•摩訶止觀 23_202_6

晚唐•摩訶止觀 23_202_24

晚唐•摩訶止觀 31_269_20

晚唐•摩訶止觀 35_302_19

晚唐•摩訶止觀 39_339_25

晚唐•摩訶止觀 43_367_8

晚唐•摩訶止觀 51_434_22

晚唐•摩訶止觀 51_435_17

晚唐•摩訶止觀 52_440_10

晚唐•摩訶止觀 53_453_1

晚唐•摩訶止觀 53_453_18

晚唐•摩訶止觀 53_453_27

晚唐•摩訶止觀 54_454_11

晚唐•摩訶止觀 56_478_9

五代•密教部類 2_22_20

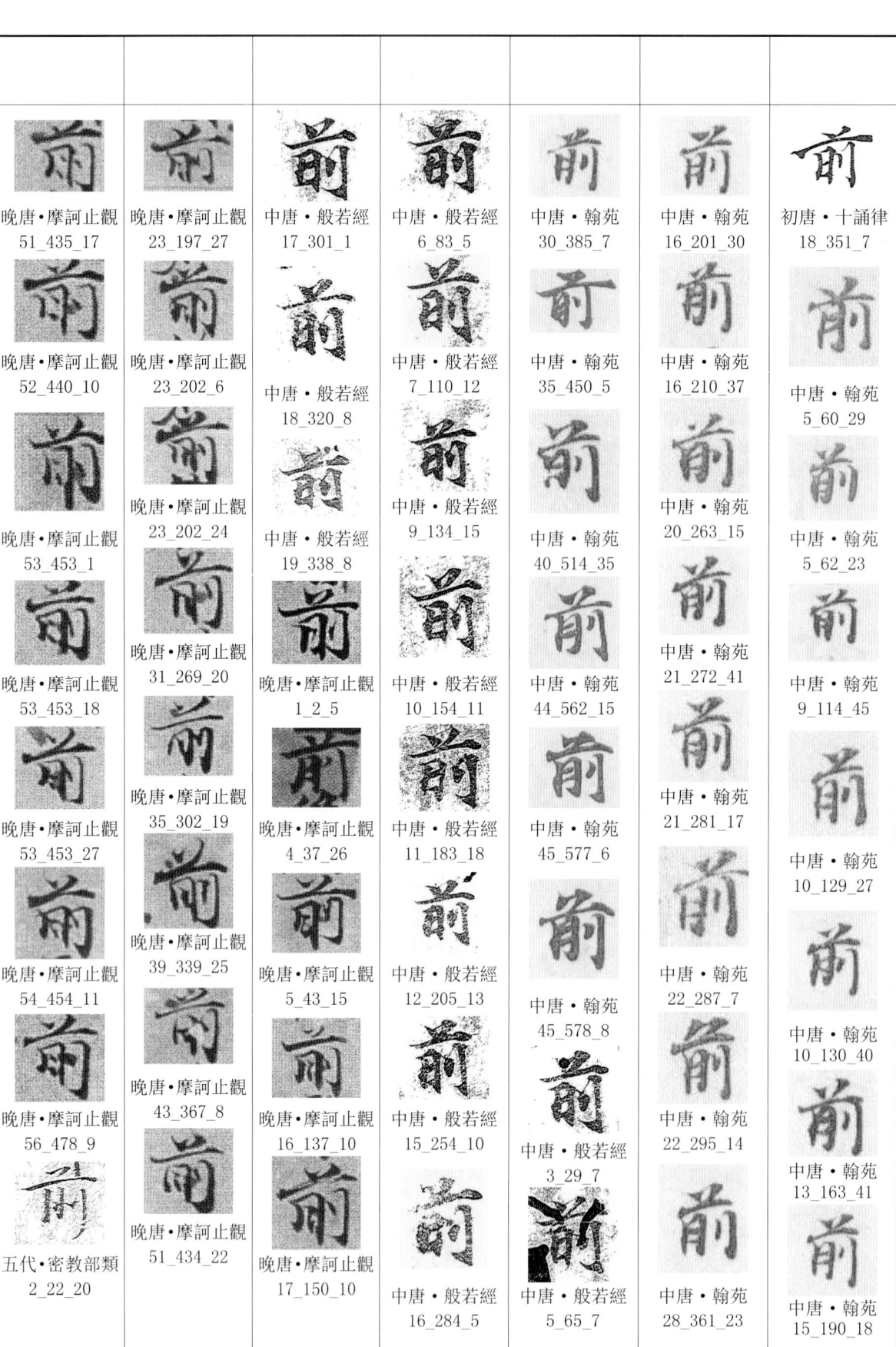

五代·密教部類
3_36_20

五代·密教部類
3_38_16

五代·密教部類
6_77_37

五代·大毗盧經
7_79_12

五代·大毗盧經
7_79_16

五代·大毗盧經
10_124_9

五代·大毗盧經
11_139_2

五代·大毗盧經
18_233_4

五代·大毗盧經
18_234_9

五代·大毗盧經
19_244_7

五代·大毗盧經
19_252_16

五代·大毗盧經
20_255_11

五代·大毗盧經
20_255_29

五代·大毗盧經
20_263_29

五代·大毗盧經
23_297_6

五代·大毗盧經
25_324_10

五代·大毗盧經
27_340_9

五代·大毗盧經
27_346_14

五代·大毗盧經
28_351_22

五代·大毗盧經
28_352_7

五代·大毗盧經
28_353_19

五代·大毗盧經
28_355_5

五代·大毗盧經
41_487_7

五代·大毗盧經
41_494_48

五代·大毗盧經
46_561_16

五代·大毗盧經
46_567_4

五代·大毗盧經
48_583_17

五代·大毗盧經
50_620_1

五代·大毗盧經
50_621_6

五代·大毗盧經
51_631_20

五代·大毗盧經
52_643_4

五代·大毗盧經
54_663_11

五代·大毗盧經
60_748_16

五代·大毗盧經
64_796_12

五代·大毗盧經
64_805_3

五代·大毗盧經
65_818_6

五代·大毗盧經
71_867_17

五代·大毗盧經
73_900_3

五代·大毗盧經
73_902_2

五代·大毗盧經
73_903_2

五代·大毗盧經
75_924_23

五代·大毗盧經
77_934_5

五代·大毗盧經
78_946_5

五代·大毗盧經
78_951_26

五代·大毗盧經
79_957_14

五代·大毗盧經
85_1044_33

五代·大毗盧經
86_1057_6

五代·大毗盧經
90_1100_1

五代·大毗盧經
92_1128_10

五代·大毗盧經
97_1197_12

## 兹 玆 兹

シ 慣 ジ
訓 しげる

初唐・古文尚書
6_47_2

初唐・古文尚書
6_49_17

初唐・古文尚書
7_54_3

初唐・古文尚書
8_63_19

初唐・古文尚書
10_84_31

初唐・古文尚書
12_106_24

初唐・古文尚書
13_119_34

初唐・古文尚書
14_127_34

初唐・古文尚書
15_136_7

初唐・古文尚書
16_151_23

初唐・古文尚書
18_167_16

初唐・古文尚書
20_192_6

初唐・古文尚書
20_192_8

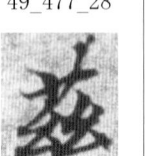

初唐・古文尚書
22_215_22

初唐・古文尚書
33_308_15

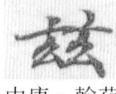

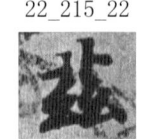

初唐・古文尚書
33_314_8

初唐・古文尚書
36_347_7

初唐・古文尚書
40_388_33

初唐・古文尚書
49_477_28

初唐・毛詩傳
6_67_17

初唐・禮記正義
28_428_17

中唐・翰苑
43_553_18

中唐・翰苑
43_554_1

中唐・翰苑
43_554_23

中唐・翰苑
44_556_23

五代・大毗盧經
22_283_10

## 真 眞

現 シン
訓 ま

初唐・般若經
8_105_16

初唐・般若經
8_106_3

初唐・般若經
8_107_6

初唐・般若經
21_316_17

初唐・般若經
21_317_4

初唐・般若經
21_318_9

中唐・翰苑
3_23_30

直代雲中
中唐・翰苑
7_87_34

中唐・翰苑
20_260_11

中唐・翰苑
27_358_30

中唐・翰苑
35_446_19

中唐・翰苑
35_446_42

中唐・翰苑
35_457_15

中唐・翰苑
36_458_2

中唐・翰苑
36_460_25

中唐・翰苑
36_462_17

中唐・翰苑
36_464_21

中唐・翰苑
42_532_19

中唐・般若經
5_68_6

中唐・般若經
5_70_17

中唐・般若經
5_76_3

中唐・般若經 6_80_10

中唐・般若經 6_81_17

晚唐•摩訶止觀 1_5_23

晚唐•摩訶止觀 6_50_15

晚唐•摩訶止觀 14_122_22

晚唐•摩訶止觀 15_130_7

晚唐•摩訶止觀 17_144_1

晚唐•摩訶止觀 17_144_6

晚唐•摩訶止觀 17_147_15

晚唐•摩訶止觀 17_147_21

晚唐•摩訶止觀 17_148_5

晚唐•摩訶止觀 23_199_7

晚唐•摩訶止觀 23_202_11

晚唐•摩訶止觀 25_215_6

晚唐•摩訶止觀 25_216_13

晚唐•摩訶止觀 25_216_21

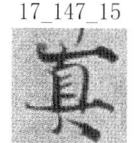

晚唐•摩訶止觀 32_276_8

晚唐•摩訶止觀 32_276_13

晚唐•摩訶止觀 32_276_17

晚唐•摩訶止觀 35_307_29

晚唐•摩訶止觀 39_335_7

晚唐•摩訶止觀 40_343_10

晚唐•摩訶止觀 40_343_19

晚唐•摩訶止觀 44_376_11

晚唐•摩訶止觀 44_378_29

晚唐•摩訶止觀 45_384_26

晚唐•摩訶止觀 45_385_8

晚唐•摩訶止觀 46_392_14

晚唐•摩訶止觀 48_410_26

晚唐•摩訶止觀 51_434_17

晚唐•摩訶止觀 54_455_7

晚唐•摩訶止觀 54_455_9

晚唐•摩訶止觀 58_487_7

晚唐•摩訶止觀 60_503_6

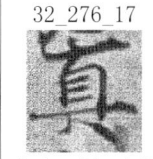

晚唐•摩訶止觀 60_503_29

晚唐•摩訶止觀 60_506_14

晚唐•摩訶止觀 60_506_20

晚唐•摩訶止觀 60_506_24

晚唐•摩訶止觀 61_512_23

晚唐•摩訶止觀 61_513_30

五代•密教部類 1_1_5

五代•密教部類 1_4_3

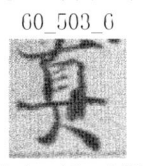

五代•密教部類 3_32_8

五代•密教部類 3_33_6

五代•密教部類 3_34_6

五代•密教部類 3_34_23

五代•密教部類 5_64_11

五代•密教部類 5_65_7

五代•密教部類 5_66_11

真 五代•密教部類 5_67_8
真 五代•密教部類 5_68_8
真 五代•密教部類 5_69_9
真 五代•大毗盧經 2_3_5
真 五代•大毗盧經 2_8_12
真 五代•大毗盧經 2_15_10
真 五代•大毗盧經 3_23_5

真 五代•大毗盧經 3_24_8
真 五代•大毗盧經 3_32_3
真 五代•大毗盧經 3_36_10
真 五代•大毗盧經 4_40_10
真 五代•大毗盧經 4_47_5
真 五代•大毗盧經 5_51_3
真 五代•大毗盧經 5_56_10

真 五代•大毗盧經 5_60_12
真 五代•大毗盧經 6_65_10
真 五代•大毗盧經 6_72_1
真 五代•大毗盧經 6_72_21
真 五代•大毗盧經 7_77_2
真 五代•大毗盧經 7_79_1
真 五代•大毗盧經 7_83_10

真 五代•大毗盧經 8_89_7
真 五代•大毗盧經 8_96_53
真 五代•大毗盧經 8_97_7
真 五代•大毗盧經 10_113_6
真 五代•大毗盧經 10_115_3
真 五代•大毗盧經 10_117_3
真 五代•大毗盧經 10_124_3

真 五代•大毗盧經 11_131_2
真 五代•大毗盧經 11_132_1
真 五代•大毗盧經 11_138_6
真 五代•大毗盧經 11_139_18
真 五代•大毗盧經 13_156_13
真 五代•大毗盧經 13_158_12
真 五代•大毗盧經 14_178_19

真 五代•大毗盧經 14_185_3
真 五代•大毗盧經 15_189_2
真 五代•大毗盧經 15_189_23
真 五代•大毗盧經 15_193_18
真 五代•大毗盧經 15_195_23
真 五代•大毗盧經 16_200_13
真 五代•大毗盧經 16_204_1

真 五代•大毗盧經 16_207_5
真 五代•大毗盧經 16_210_14
真 五代•大毗盧經 16_211_2
真 五代•大毗盧經 17_214_16
真 五代•大毗盧經 17_218_3
真 五代•大毗盧經 17_225_3
真 五代•大毗盧經 18_232_12

五代·大毗盧經
18_234_5

五代·大毗盧經
19_244_1

五代·大毗盧經
19_248_1

五代·大毗盧經
19_252_5

五代·大毗盧經
20_257_3

五代·大毗盧經
20_258_13

五代·大毗盧經
20_260_3

五代·大毗盧經
20_261_16

五代·大毗盧經
20_263_3

五代·大毗盧經
21_266_3

五代·大毗盧經
21_270_3

五代·大毗盧經
21_274_9

五代·大毗盧經
78_948_5

五代·大毗盧經
78_951_5

五代·大毗盧經
79_954_5

五代·大毗盧經
79_957_5

五代·大毗盧經
79_961_5

五代·大毗盧經
80_979_3

五代·大毗盧經
80_981_6

五代·大毗盧經
81_983_4

五代·大毗盧經
81_986_5

五代·大毗盧經
81_990_5

五代·大毗盧經
81_993_5

五代·大毗盧經
82_996_5

五代·大毗盧經
82_999_4

五代·大毗盧經
82_1002_3

五代·大毗盧經
82_1005_5

五代·大毗盧經
83_1008_4

五代·大毗盧經
83_1012_4

五代·大毗盧經
83_1015_4

五代·大毗盧經
83_1018_4

五代·大毗盧經
84_1023_4

五代·大毗盧經
84_1027_4

五代·大毗盧經
84_1030_4

五代·大毗盧經
85_1048_5

五代·大毗盧經
86_1051_3

五代·大毗盧經
86_1051_16

五代·大毗盧經
86_1054_6

五代·大毗盧經
86_1057_3

五代·大毗盧經
86_1057_17

五代·大毗盧經
86_1060_3

五代·大毗盧經
86_1060_34

五代·大毗盧經
87_1062_6

五代·大毗盧經
87_1063_4

五代·大毗盧經
87_1067_5

五代·大毗盧經
87_1069_2

五代·大毗盧經
88_1072_3

五代·大毗盧經
88_1076_5

五代·大毗盧經
88_1079_7

五代・大毗盧經
89_1082_4

五代・大毗盧經
89_1085_4

五代・大毗盧經
89_1087_3

五代・大毗盧經
89_1087_16

五代・大毗盧經
96_1180_5

五代・大毗盧經
96_1181_34

五代・大毗盧經
96_1182_6

五代・大毗盧經
96_1183_19

五代・大毗盧經
97_1195_14

五代・大毗盧經
98_1203_10

五代・大毗盧經
98_1212_16

## 兼 𥝐

ケン
訓かねる

初唐・禮記正義
1_14_3

初唐・禮記正義
8_115_8

初唐・禮記正義
10_153_13

初唐・禮記正義
27_421_24

初唐・禮記正義
27_425_28

中唐・翰苑
3_30_13

中唐・翰苑
25_323_8

中唐・翰苑
29_377_7

晚唐・摩訶止観
52_441_9

## 與 𦦙 与

ヨ
訓あたえる

初唐・古文尚書
1_7_20

初唐・古文尚書
1_8_17

初唐・古文尚書
3_22_25

初唐・古文尚書
5_44_6

初唐・古文尚書
10_83_12

初唐・古文尚書
10_85_9

初唐・古文尚書
11_102_13

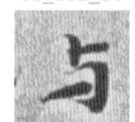

初唐・古文尚書
12_106_2

初唐・古文尚書
12_112_22

初唐・古文尚書
13_122_15

初唐・古文尚書
14_132_22

初唐・古文尚書
14_133_16

初唐・古文尚書
16_149_17

初唐・古文尚書
17_157_7

初唐・古文尚書
18_169_9

初唐・古文尚書
19_178_6

初唐・古文尚書
22_208_24

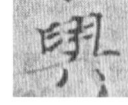

初唐・古文尚書
23_226_17

初唐・古文尚書
24_236_20

初唐・古文尚書
45_439_1

初唐・古文尚書
45_443_32

初唐・古文尚書
47_460_27

初唐・毛詩傳
8_82_5

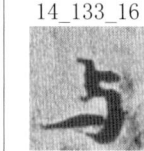

初唐・毛詩傳
9_91_20

初唐•禮記正義 1_10_22
初唐•禮記正義 2_25_5
初唐•禮記正義 2_28_22
初唐•禮記正義 2_29_28
初唐•禮記正義 5_70_30
初唐•禮記正義 5_76_1
初唐•禮記正義 5_76_12
初唐•禮記正義 5_76_22
初唐•禮記正義 6_84_12
初唐•禮記正義 6_91_8
初唐•禮記正義 6_93_17
初唐•禮記正義 6_95_4
初唐•禮記正義 8_124_6
初唐•禮記正義 8_124_11
初唐•禮記正義 9_135_8
初唐•禮記正義 9_135_13
初唐•禮記正義 9_137_3
初唐•禮記正義 9_139_25
初唐•禮記正義 9_140_26
初唐•禮記正義 9_142_12
初唐•禮記正義 10_147_3
初唐•禮記正義 11_178_3
初唐•禮記正義 12_185_7
初唐•禮記正義 13_200_10
初唐•禮記正義 13_207_10
初唐•禮記正義 14_214_17
初唐•禮記正義 15_231_5
初唐•禮記正義 15_232_20
初唐•禮記正義 18_273_23
初唐•禮記正義 18_279_24
初唐•禮記正義 18_280_22
初唐•禮記正義 19_285_14
初唐•禮記正義 19_295_2
初唐•禮記正義 20_296_4
初唐•禮記正義 20_296_46
初唐•禮記正義 20_296_55
初唐•禮記正義 20_297_28
初唐•禮記正義 21_321_17
初唐•禮記正義 23_351_20
初唐•禮記正義 25_375_6
初唐•禮記正義 25_377_14
初唐•禮記正義 25_377_17
初唐•禮記正義 25_388_11
初唐•禮記正義 26_401_24
初唐•禮記正義 26_402_22
初唐•禮記正義 26_404_7
初唐•禮記正義 26_404_31
初唐•禮記正義 26_407_14
初唐•禮記正義 26_407_24
初唐•禮記正義 27_417_26
初唐•禮記正義 27_418_2
初唐•禮記正義 27_418_20
初唐•禮記正義 27_419_11
初唐•禮記正義 28_443_9
初唐•禮記正義 30_462_26
初唐•禮記正義 30_465_2

初唐·十誦律 3_45_9
初唐·十誦律 3_48_4
初唐·十誦律 5_76_16
初唐·十誦律 5_78_11
初唐·十誦律 5_78_14
初唐·十誦律 5_80_9
初唐·十誦律 5_81_13
初唐·十誦律 5_84_13

初唐·十誦律 5_86_7
初唐·十誦律 5_87_9
初唐·十誦律 8_135_9
初唐·十誦律 8_136_12
初唐·十誦律 8_139_15
初唐·十誦律 8_141_17
初唐·十誦律 8_142_14
初唐·十誦律 8_143_17

初唐·十誦律 9_155_8
初唐·十誦律 9_156_10
初唐·十誦律 9_165_3
初唐·十誦律 9_166_4
初唐·十誦律 9_169_13
初唐·十誦律 18_351_5
初唐·十誦律 18_351_10
初唐·十誦律 18_351_13

初唐·十誦律 18_352_1
初唐·十誦律 18_352_5
初唐·十誦律 18_352_10
初唐·十誦律 18_352_14
初唐·十誦律 18_353_2
初唐·十誦律 18_353_6
初唐·十誦律 18_353_12
初唐·十誦律 18_353_16

初唐·十誦律 18_354_4
初唐·十誦律 18_354_8
初唐·十誦律 18_354_13
初唐·十誦律 18_355_1
初唐·十誦律 18_355_6
初唐·十誦律 18_355_10
初唐·十誦律 18_355_15
初唐·十誦律 18_356_1

初唐·十誦律 18_356_6
初唐·十誦律 18_356_10
初唐·十誦律 18_356_16
初唐·十誦律 19_357_11
初唐·十誦律 19_358_2
初唐·十誦律 19_358_6
初唐·十誦律 19_358_17
中唐·翰苑 3_22_12

中唐·翰苑 3_33_26
中唐·翰苑 3_34_21
中唐·翰苑 4_37_15
中唐·翰苑 4_44_1
中唐·翰苑 7_82_21
中唐·翰苑 8_100_33
中唐·翰苑 8_102_35
中唐·翰苑 9_106_1

中唐・翰苑
9_117_31

中唐・翰苑
11_135_17

中唐・翰苑
12_157_11

中唐・翰苑
12_157_22

中唐・翰苑
13_168_34

中唐・翰苑
13_171_15

中唐・翰苑
14_173_35

中唐・翰苑
14_177_12

中唐・翰苑
14_186_23

中唐・翰苑
15_194_12

中唐・翰苑
15_196_41

中唐・翰苑
15_197_23

中唐・翰苑
16_207_21

中唐・翰苑
17_220_39

中唐・翰苑
17_227_28

中唐・翰苑
17_227_32

中唐・翰苑
17_228_13

中唐・翰苑
17_228_32

中唐・翰苑
18_238_34

中唐・翰苑
19_244_25

中唐・翰苑
19_246_45

中唐・翰苑
19_251_25

中唐・翰苑
19_251_33

中唐・翰苑
19_255_18

中唐・翰苑
20_257_32

太興六年
中唐・翰苑
22_290_30

中唐・翰苑
24_317_25

中唐・翰苑
26_335_35

中唐・翰苑
26_336_28

中唐・翰苑
27_355_20

中唐・翰苑
28_370_28

中唐・翰苑
29_374_5

中唐・翰苑
31_403_2

中唐・翰苑
32_408_2

中唐・翰苑
32_409_40

漢興
中唐・翰苑
34_437_25

中唐・翰苑
34_439_2

永興元年
中唐・翰苑
34_444_30

光武中興
中唐・翰苑
35_457_6

中唐・翰苑
37_470_28

中唐・翰苑
39_496_15

中唐・翰苑
39_504_30

中唐・翰苑
40_512_34

中唐・翰苑
40_516_35

中唐・翰苑
40_518_33

中唐・翰苑
41_526_25

中唐・翰苑
42_536_6

中唐・翰苑
42_541_4

中唐・翰苑
42_543_12

中唐・翰苑
42_543_16

中唐・翰苑
42_543_22

中唐・翰苑
43_546_9

中唐・翰苑
43_546_14

中唐・翰苑
43_546_18

中唐・翰苑
43_546_22

中唐・翰苑
43_550_3

中唐·翰苑
43_551_30

中唐·翰苑
44_558_38

中唐·翰苑
45_573_9

晚唐·摩訶止觀
3_22_4

晚唐·摩訶止觀
3_27_20

晚唐·摩訶止觀
9_81_4

晚唐·摩訶止觀
24_211_9

晚唐·摩訶止觀
25_213_23

晚唐·摩訶止觀
25_214_4

晚唐·摩訶止觀
27_230_17

晚唐·摩訶止觀
28_244_19

晚唐·摩訶止觀
32_282_21

晚唐·摩訶止觀
35_304_14

晚唐·摩訶止觀
44_376_5

晚唐·摩訶止觀
44_377_12

晚唐·摩訶止觀
46_391_17

晚唐·摩訶止觀
48_410_17

晚唐·摩訶止觀
51_434_8

五代·密教部類
3_36_19

五代·密教部類
3_38_15

五代·密教部類
4_44_1

五代·大毗盧經
2_14_2

五代·大毗盧經
4_39_9

五代·大毗盧經
4_46_2

五代·大毗盧經
7_83_28

五代·大毗盧經
14_169_2

五代·大毗盧經
14_170_13

五代·大毗盧經
14_179_8

五代·大毗盧經
19_252_8

五代·大毗盧經
25_324_1

五代·大毗盧經
26_325_14

五代·大毗盧經
26_326_15

五代·大毗盧經
31_394_28

五代·大毗盧經
39_469_7

五代·大毗盧經
43_522_19

五代·大毗盧經
44_536_3

五代·大毗盧經
52_639_19

五代·大毗盧經
52_640_24

五代·大毗盧經
53_652_12

五代·大毗盧經
55_673_42

五代·大毗盧經
57_695_18

五代·大毗盧經
57_696_19

五代·大毗盧經
57_696_33

五代·大毗盧經
57_704_7

五代·大毗盧經
67_837_3

五代·大毗盧經
72_891_14

五代·大毗盧經
72_891_18

五代·大毗盧經
73_893_17

五代·大毗盧經
73_893_29

五代·大毗盧經
77_932_7

五代·大毗盧經
80_967_4

五代·大毗盧經
83_1008_29

五代·大毗盧經
92_1129_4

## 冀

キ
訓 こいねがう

中唐・翰苑
13_164_33

中唐・翰苑
13_167_39

## 興

漢 キョウ 呉 コウ
訓 おこる

初唐•古文尚書
27_266_1

初唐•古文尚書
28_272_1

初唐•古文尚書
28_278_28

初唐•古文尚書
37_354_7

初唐•古文尚書
40_389_24

初唐・毛詩傳
3_27_7

初唐・毛詩傳
4_40_26

初唐・毛詩傳
4_41_26

初唐・毛詩傳
5_52_9

初唐・毛詩傳
5_53_10

初唐・毛詩傳
6_62_9

初唐・毛詩傳
7_78_9

初唐・毛詩傳
10_102_9

初唐・毛詩傳
10_103_12

中唐・翰苑
4_42_20

中唐・翰苑
36_465_32

中唐・翰苑
41_521_10

中唐・翰苑
42_534_8

賜乘輿服
中唐・翰苑
43_547_18

中唐・翰苑
45_578_16

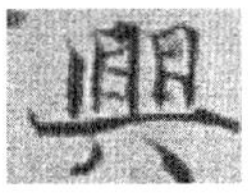
晩唐•摩訶止觀
46_391_11

晩唐•摩訶止觀
51_434_1

# 勹部

## 勿

漢ブツ 呉モチ
訓なし

初唐•古文尚書
10_91_14

初唐•古文尚書
11_94_23

初唐•古文尚書
11_98_30

初唐•古文尚書
15_144_4

初唐•古文尚書
44_427_5

初唐•古文尚書
44_427_9

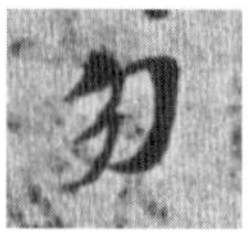
初唐•古文尚書
44_428_4

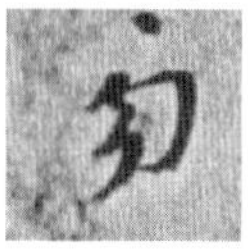
初唐•古文尚書
44_428_13

初唐•古文尚書
46_451_18

初唐•古文尚書
46_452_14

初唐•禮記正義
18_268_3

初唐•禮記正義
18_268_27

初唐•禮記正義
18_270_4

初唐•禮記正義
18_270_23

中唐・翰苑
5_62_7

中唐・翰苑
10_123_35

晚唐•摩訶止觀
23_203_19

晚唐•摩訶止觀
50_425_21

五代•大毗盧經
2_9_17

五代•大毗盧經
97_1187_18

## 包

ホウ 漢ハウ
訓つつむ

初唐•古文尚書
44_423_18

中唐・翰苑
8_95_8

## 匈

キョウ
訓むね

中唐・翰苑
1_3_1

中唐・翰苑
2_8_1

中唐・翰苑
2_13_3

中唐・翰苑
2_13_15

中唐・翰苑
2_17_24

句注
中唐・翰苑
2_19_29

中唐・翰苑
2_20_7

中唐・翰苑
2_21_17

中唐・翰苑
3_22_3

中唐・翰苑
3_23_15

中唐・翰苑
3_26_14

中唐・翰苑
3_29_15

中唐・翰苑
3_35_11

中唐・翰苑
4_39_10

中唐・翰苑
4_42_33

中唐・翰苑
4_48_33

匐 

フク
訓はらばう

晚唐•摩訶止觀
12_104_1

中唐・翰苑
43_546_10

中唐・翰苑
13_172_16

中唐・翰苑
14_173_23

中唐・翰苑
14_174_21

中唐・翰苑
14_186_24

中唐・翰苑
15_188_12

中唐・翰苑
15_194_13

中唐・翰苑
15_198_27

中唐・翰苑
16_203_21

中唐・翰苑
9_114_14

中唐・翰苑
9_114_16

中唐・翰苑
9_117_2

中唐・翰苑
9_117_15

中唐・翰苑
10_119_17

中唐・翰苑
10_125_14

中唐・翰苑
11_134_19

中唐・翰苑
11_135_14

中唐・翰苑
8_93_22

中唐・翰苑
8_97_5

中唐・翰苑
8_98_17

中唐・翰苑
8_102_4

中唐・翰苑
9_106_22

中唐・翰苑
9_106_39

中唐・翰苑
9_108_16

中唐・翰苑
9_113_21

中唐・翰苑
5_58_16

中唐・翰苑
6_64_7

中唐・翰苑
6_75_16

中唐・翰苑
7_80_19

中唐・翰苑
7_82_10

中唐・翰苑
7_83_11

中唐・翰苑
7_85_8

中唐・翰苑
7_89_16

# 匕部

## 北

ホク
訓きた

初唐•古文尚書 1_3_21
初唐•古文尚書 2_11_3
初唐•古文尚書 3_18_4
初唐•古文尚書 4_28_1
初唐•古文尚書 5_38_17
初唐•古文尚書 19_186_12
初唐•古文尚書 25_246_17
初唐•古文尚書 34_320_11

初唐•禮記正義 14_218_4
中唐•翰苑 2_10_1
中唐•翰苑 2_14_17
中唐•翰苑 2_18_27
中唐•翰苑 2_19_17
中唐•翰苑 3_24_20
中唐•翰苑 3_26_3
中唐•翰苑 3_26_10

中唐•翰苑 3_26_32
中唐•翰苑 3_35_24
中唐•翰苑 4_45_26
中唐•翰苑 4_47_11
中唐•翰苑 4_47_22
中唐•翰苑 4_48_5
中唐•翰苑 4_49_9
中唐•翰苑 5_51_7

中唐•翰苑 5_51_33
中唐•翰苑 5_54_17
中唐•翰苑 5_55_37
中唐•翰苑 5_58_14
中唐•翰苑 10_125_34
中唐•翰苑 12_150_11
中唐•翰苑 12_152_18
中唐•翰苑 13_163_16

中唐•翰苑 13_165_7
中唐•翰苑 14_174_14
中唐•翰苑 15_187_23
中唐•翰苑 15_188_11
中唐•翰苑 15_188_35
中唐•翰苑 15_193_33
中唐•翰苑 16_202_33
中唐•翰苑 16_203_8

中唐•翰苑 16_203_32
中唐•翰苑 16_210_14
中唐•翰苑 16_213_25
中唐•翰苑 17_227_27
中唐•翰苑 17_228_12
中唐•翰苑 20_259_10
中唐•翰苑 21_280_17
中唐•翰苑 21_281_36

中唐•翰苑 22_287_1
中唐•翰苑 22_288_27
中唐•翰苑 22_290_25
中唐•翰苑 22_291_9
中唐•翰苑 22_292_2
中唐•翰苑 23_305_10
中唐•翰苑 23_306_7
中唐•翰苑 23_308_19

中唐•翰苑 23_308_28
中唐•翰苑 24_310_25
中唐•翰苑 24_311_15
中唐•翰苑 24_311_29
中唐•翰苑 24_313_20
中唐•翰苑 24_314_9
中唐•翰苑 24_315_24
中唐•翰苑 24_316_41

中唐•翰苑 24_318_40
中唐•翰苑 28_365_11
中唐•翰苑 28_367_35
中唐•翰苑 28_368_8
中唐•翰苑 28_370_19
中唐•翰苑 29_373_6
中唐•翰苑 29_381_20
中唐•翰苑 30_385_22

中唐•翰苑 30_386_9
中唐•翰苑 30_386_23
中唐•翰苑 31_397_5
中唐•翰苑 31_399_8
中唐•翰苑 31_406_3
中唐•翰苑 32_415_18
中唐•翰苑 32_419_22
中唐•翰苑 37_481_11

中唐•翰苑 37_482_5
中唐•翰苑 37_482_29
中唐•翰苑 37_482_38
中唐•翰苑 38_483_14
中唐•翰苑 40_510_9
中唐•翰苑 42_543_11
中唐•翰苑 43_546_13
晚唐•摩訶止觀 44_381_5

五代•密教部類 6_86_26
五代•大毗盧經 14_181_6
五代•大毗盧經 44_529_9
五代•大毗盧經 45_546_1
五代•大毗盧經 50_614_11
五代•大毗盧經 57_702_1
五代•大毗盧經 59_731_9
五代•大毗盧經 71_871_7

五代•大毗盧經 73_901_10
五代•大毗盧經 78_945_4
五代•大毗盧經 85_1037_7
五代•大毗盧經 89_1091_1
五代•大毗盧經 91_1119_2

# 儿部

## 元

漢ゲン 呉ガン
訓もと

初唐•古文尚書
25_248_16

初唐•古文尚書
28_271_18

初唐•古文尚書
43_412_7

初唐•禮記正義
9_132_16

初唐•禮記正義
9_132_17

初唐•禮記正義
16_247_16

中唐•翰苑
2_16_19

中唐•翰苑
5_60_6

中唐•翰苑
5_63_26

中唐•翰苑
6_64_5

中唐•翰苑
6_70_13

中唐•翰苑
6_75_4

中唐•翰苑
9_111_11

中唐•翰苑
13_164_26

中唐•翰苑
14_185_10

中唐•翰苑
15_189_19

中唐•翰苑
15_195_24

中唐•翰苑
16_204_17

中唐•翰苑
17_222_7

中唐•翰苑
17_223_13

中唐•翰苑
20_259_32

中唐•翰苑
20_261_22

中唐•翰苑
21_275_23

中唐•翰苑
23_297_25

中唐•翰苑
23_302_38

中唐•翰苑
25_328_28

中唐•翰苑
25_332_18

中唐•翰苑
29_375_29

中唐•翰苑
32_408_17

中唐•翰苑
32_414_14

中唐•翰苑
32_420_4

中唐•翰苑
32_421_9

中唐•翰苑
33_422_9

中唐•翰苑
34_444_31

中唐•翰苑
35_454_7

中唐•翰苑
35_454_19

中唐•翰苑
38_484_39

中唐•翰苑
39_500_3

中唐•翰苑
39_503_25

中唐•翰苑
40_507_8

中唐•翰苑
40_507_22

中唐•翰苑
40_509_22

中唐•翰苑
43_546_42

中唐•翰苑
43_554_18

中唐•翰苑
43_554_20

晚唐•摩訶止観
1_6_17

五代•密教部類
1_2_1

五代•密教部類
1_3_12

五代・密教部類
2_24_3

五代・密教部類
3_34_38

五代・密教部類
3_39_18

五代・密教部類
3_41_12

五代・密教部類
4_43_13

五代・密教部類
4_51_32

五代・密教部類
6_77_26

## 允

イン
訓まこと

初唐・古文尚書
20_192_7

初唐・古文尚書
21_203_19

初唐・古文尚書
22_215_19

初唐・古文尚書
33_314_17

中唐・翰苑
7_84_28

中唐・翰苑
9_107_12

## 兄

漢ケイ 呉キョウ
訓あに

初唐・古文尚書
31_296_13

初唐・古文尚書
43_421_28

初唐・古文尚書
44_423_1

初唐・毛詩傳
7_77_7

初唐・毛詩傳
8_83_1

初唐・毛詩傳
8_83_21

初唐・毛詩傳
8_87_4

初唐・禮記正義
2_28_13

初唐・禮記正義
26_392_21

初唐・禮記正義
30_469_22

初唐・禮記正義
30_471_10

初唐・禮記正義
30_472_9

初唐・禮記正義
30_473_8

中唐・翰苑
4_37_18

中唐・翰苑
4_38_17

中唐・翰苑
11_137_28

中唐・翰苑
11_137_41

中唐・翰苑
12_149_15

中唐・翰苑
16_207_12

中唐・翰苑
21_271_20

中唐・翰苑
21_272_14

中唐・翰苑
21_272_27

中唐・翰苑
21_273_23

中唐・翰苑
21_274_19

中唐・翰苑
21_274_30

中唐・翰苑
21_276_17

中唐・翰苑
21_278_5

中唐・翰苑
21_278_23

讓其兄
中唐・翰苑
35_449_24

中唐・翰苑
38_488_26

中唐・翰苑
38_493_6

中唐・翰苑
44_558_22

中唐・翰苑
44_563_15

五代・大毗盧經
86_1054_9

# 光

現 コウ
訓 ひかる

初唐•古文尚書 36_345_15
初唐•古文尚書 36_346_1
初唐•十誦律 19_365_6
初唐•十誦律 19_371_1
中唐•翰苑 4_46_20
中唐•翰苑 5_50_8
中唐•翰苑 14_174_10
中唐•翰苑 14_181_35

中唐•翰苑 15_195_9
中唐•翰苑 15_195_23
中唐•翰苑 16_204_15
中唐•翰苑 16_206_46
中唐•翰苑 28_367_22
中唐•翰苑 32_421_6
中唐•翰苑 32_421_24
中唐•翰苑 34_438_26

中唐•翰苑 35_457_3
中唐•翰苑 35_457_8
中唐•翰苑 36_467_11
中唐•翰苑 37_470_36
中唐•翰苑 39_498_19
中唐•翰苑 39_504_15
中唐•翰苑 39_505_38
中唐•翰苑 43_551_43

晩唐•摩訶止觀 1_5_6
晩唐•摩訶止觀 2_13_1
晩唐•摩訶止觀 3_25_12
晩唐•摩訶止觀 9_76_18
晩唐•摩訶止觀 9_78_13
晩唐•摩訶止觀 9_80_4
晩唐•摩訶止觀 11_101_26
晩唐•摩訶止觀 30_261_2

晩唐•摩訶止觀 30_262_1
晩唐•摩訶止觀 35_300_9
晩唐•摩訶止觀 35_300_19
晩唐•摩訶止觀 35_301_4
晩唐•摩訶止觀 57_481_20
晩唐•摩訶止觀 60_504_27
晩唐•摩訶止觀 60_507_16
五代•大毗盧經 8_89_4

五代•大毗盧經 8_94_10
五代•大毗盧經 8_96_17
五代•大毗盧經 8_96_31
五代•大毗盧經 11_139_8
五代•大毗盧經 12_144_10
五代•大毗盧經 12_146_5
五代•大毗盧經 12_149_14
五代•大毗盧經 12_153_6

五代•大毗盧經 13_166_10
五代•大毗盧經 14_175_37
五代•大毗盧經 14_176_2
五代•大毗盧經 15_188_14
五代•大毗盧經 17_216_10
五代•大毗盧經 18_229_16
五代•大毗盧經 18_229_19
五代•大毗盧經 19_238_8

五代·大毗盧經 19_243_1

五代·大毗盧經 25_315_13

五代·大毗盧經 28_349_17

五代·大毗盧經 28_359_2

五代·大毗盧經 28_359_8

五代·大毗盧經 28_360_16

五代·大毗盧經 28_361_17

五代·大毗盧經 28_361_32

五代·大毗盧經 29_365_6

五代·大毗盧經 35_416_9

五代·大毗盧經 40_483_10

五代·大毗盧經 40_484_5

五代·大毗盧經 43_518_18

五代·大毗盧經 43_521_4

五代·大毗盧經 44_527_9

五代·大毗盧經 44_529_16

五代·大毗盧經 44_530_10

五代·大毗盧經 45_540_23

五代·大毗盧經 45_548_1

五代·大毗盧經 46_559_7

五代·大毗盧經 46_561_7

五代·大毗盧經 46_563_10

五代·大毗盧經 50_612_5

五代·大毗盧經 50_614_12

五代·大毗盧經 50_615_3

五代·大毗盧經 50_615_7

五代·大毗盧經 50_617_17

五代·大毗盧經 50_619_15

五代·大毗盧經 51_630_1

五代·大毗盧經 52_634_3

五代·大毗盧經 57_704_17

五代·大毗盧經 57_705_17

五代·大毗盧經 63_775_16

五代·大毗盧經 63_778_11

五代·大毗盧經 66_824_25

五代·大毗盧經 66_824_26

五代·大毗盧經 67_836_5

五代·大毗盧經 67_839_16

五代·大毗盧經 71_868_18

五代·大毗盧經 71_871_19

五代·大毗盧經 71_878_11

五代·大毗盧經 72_883_20

五代·大毗盧經 73_900_15

五代·大毗盧經 74_914_1

五代·大毗盧經 78_946_7

五代·大毗盧經 79_954_1

五代·大毗盧經 85_1034_17

五代·大毗盧經 85_1035_15

五代·大毗盧經 89_1093_16

五代·大毗盧經 89_1093_19

五代·大毗盧經 93_1145_41

五代·大毗盧經 97_1187_33

# 先

セン
訓さき

初唐・古文尚書 1_1_35
初唐・古文尚書 6_49_9
初唐・古文尚書 6_49_22
初唐・古文尚書 7_52_14
初唐・古文尚書 7_52_29
初唐・古文尚書 7_54_23
初唐・古文尚書 7_59_18
初唐・古文尚書 7_60_1

初唐・古文尚書 9_74_2
初唐・古文尚書 9_74_21
初唐・古文尚書 10_82_14
初唐・古文尚書 10_85_3
初唐・古文尚書 11_101_10
初唐・古文尚書 11_102_38
初唐・古文尚書 12_103_13
初唐・古文尚書 12_104_23

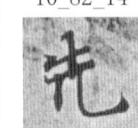

初唐・古文尚書 12_105_17
初唐・古文尚書 12_112_28
初唐・古文尚書 13_118_8
初唐・古文尚書 13_118_14
初唐・古文尚書 13_119_13
初唐・古文尚書 13_119_26
初唐・古文尚書 13_122_11
初唐・古文尚書 14_124_27

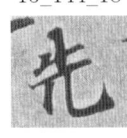

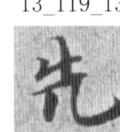

初唐・古文尚書 14_126_19
初唐・古文尚書 14_127_8
初唐・古文尚書 14_129_3
初唐・古文尚書 15_144_18
初唐・古文尚書 19_178_26
初唐・古文尚書 19_179_13
初唐・古文尚書 20_187_33
初唐・古文尚書 21_203_22

初唐・古文尚書 21_204_8
初唐・古文尚書 22_217_33
初唐・古文尚書 23_218_10
初唐・古文尚書 23_221_23
初唐・古文尚書 23_222_3
初唐・古文尚書 23_222_16
初唐・古文尚書 23_227_24
初唐・古文尚書 23_228_9

初唐・古文尚書 24_234_8
初唐・古文尚書 25_249_2
初唐・古文尚書 25_249_17
初唐・古文尚書 26_250_4
初唐・古文尚書 26_251_8
初唐・古文尚書 29_282_30
初唐・古文尚書 31_287_22
初唐・古文尚書 31_287_32

初唐・古文尚書 31_295_5
初唐・古文尚書 31_295_20
初唐・古文尚書 32_303_30
初唐・古文尚書 34_324_28
初唐・古文尚書 35_331_15
初唐・古文尚書 35_332_14
初唐・古文尚書 35_336_19
初唐・古文尚書 36_344_19

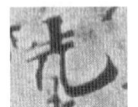

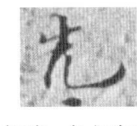

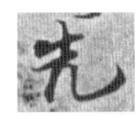

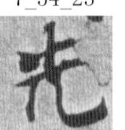

初唐・十誦律 5_92_1

初唐・十誦律 7_114_2

初唐・十誦律 7_116_3

初唐・十誦律 7_118_12

初唐・十誦律 12_220_3

初唐・十誦律 12_223_5

初唐・十誦律 12_226_6

初唐・十誦律 12_229_5

初唐•禮記正義 28_434_8

初唐•禮記正義 28_436_4

初唐•禮記正義 28_438_8

初唐•禮記正義 29_452_6

初唐•禮記正義 29_456_22

初唐•禮記正義 29_457_10

初唐•禮記正義 29_458_27

初唐•禮記正義 30_466_2

初唐•禮記正義 10_151_22

初唐•禮記正義 10_152_8

初唐•禮記正義 11_174_26

初唐•禮記正義 26_406_29

初唐•禮記正義 26_407_22

初唐•禮記正義 27_410_12

初唐•禮記正義 28_433_1

初唐•禮記正義 28_433_22

初唐•禮記正義 6_95_26

初唐•禮記正義 6_96_22

初唐•禮記正義 6_97_19

初唐•禮記正義 7_98_8

初唐•禮記正義 7_99_7

初唐•禮記正義 8_116_8

初唐•禮記正義 8_119_25

初唐•禮記正義 10_151_1

初唐•禮記正義 5_69_11

初唐•禮記正義 5_69_19

初唐•禮記正義 5_71_31

初唐•禮記正義 5_79_26

初唐•禮記正義 5_80_7

初唐•禮記正義 5_80_23

初唐•禮記正義 6_91_7

初唐•禮記正義 6_94_20

初唐•古文尚書 39_371_29

初唐•古文尚書 44_429_10

初唐•古文尚書 46_447_19

初唐•禮記正義 2_32_1

初唐•禮記正義 2_33_9

初唐•禮記正義 3_34_7

初唐•禮記正義 4_50_17

初唐•禮記正義 5_68_28

初唐•古文尚書 36_345_6

初唐•古文尚書 36_346_24

初唐•古文尚書 36_347_13

初唐•古文尚書 37_353_1

初唐•古文尚書 37_353_22

初唐•古文尚書 38_362_11

初唐•古文尚書 38_363_8

初唐•古文尚書 39_370_20

初唐 • 十誦律 18_350_6
中唐 • 翰苑 2_13_18
中唐 • 翰苑 2_16_24
中唐 • 翰苑 7_90_18
中唐 • 翰苑 8_97_9
中唐 • 翰苑 10_126_26
中唐 • 翰苑 10_131_25
中唐 • 翰苑 11_144_8

中唐 • 翰苑 13_165_17
中唐 • 翰苑 14_177_19
中唐 • 翰苑 15_190_29
中唐 • 翰苑 18_231_31
中唐 • 翰苑 19_250_21
中唐 • 翰苑 21_272_36
中唐 • 翰苑 21_275_14
中唐 • 翰苑 22_286_20

中唐 • 翰苑 23_306_44
中唐 • 翰苑 26_343_15
中唐 • 翰苑 26_343_37
中唐 • 翰苑 27_355_5
中唐 • 翰苑 30_393_24
中唐 • 翰苑 31_399_15
中唐 • 翰苑 35_453_38
中唐 • 翰苑 38_486_12

中唐 • 翰苑 41_526_13
中唐 • 翰苑 42_537_16
中唐 • 翰苑 44_561_15
晚唐•摩訶止觀 5_40_4
晚唐•摩訶止觀 11_100_15
晚唐•摩訶止觀 12_107_15
晚唐•摩訶止觀 22_193_9
晚唐•摩訶止觀 22_194_11

晚唐•摩訶止觀 22_194_16
晚唐•摩訶止觀 24_209_8
晚唐•摩訶止觀 36_315_25
晚唐•摩訶止觀 54_457_18
晚唐•摩訶止觀 54_457_25
晚唐•摩訶止觀 59_502_5
晚唐•摩訶止觀 61_518_16
五代•大毗盧經 2_15_1

五代•大毗盧經 11_140_16
五代•大毗盧經 14_175_34
五代•大毗盧經 16_202_11
五代•大毗盧經 26_327_24
五代•大毗盧經 32_398_35
五代•大毗盧經 42_508_20
五代•大毗盧經 50_610_1
五代•大毗盧經 57_696_13

五代•大毗盧經 61_757_10
五代•大毗盧經 63_780_11
五代•大毗盧經 65_814_6
五代•大毗盧經 80_975_11

## 充

慣ジュウ 漢シュウ
訓あてる

- 充革車 初唐・古文尚書 39_370_11
- 初唐・古文尚書 39_371_15
- 初唐・禮記正義 16_243_18
- 初唐・禮記正義 16_244_8
- 初唐・禮記正義 21_319_3
- 五代・大毗盧經 67_833_6
- 五代・大毗盧經 67_839_11
- 五代・大毗盧經 73_893_34

## 兆

漢チョウ 呉ジョウ
訓きざす

- 初唐・古文尚書 19_179_4
- 初唐・古文尚書 44_429_2
- 初唐・古文尚書 44_430_8
- 初唐・古文尚書 44_432_17
- 初唐・禮記正義 4_54_24
- 初唐・禮記正義 5_78_22
- 中唐・翰苑 6_74_9
- 中唐・翰苑 17_219_32

## 克

現コク
訓たえしのぶ

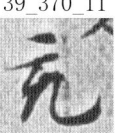

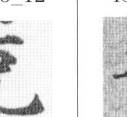

- 初唐・古文尚書 7_52_12
- 初唐・古文尚書 8_67_27
- 初唐・古文尚書 13_118_17
- 初唐・古文尚書 19_181_18
- 初唐・古文尚書 20_192_9
- 初唐・古文尚書 22_211_13
- 初唐・古文尚書 22_213_23
- 初唐・古文尚書 23_218_25
- 初唐・古文尚書 23_222_27
- 初唐・古文尚書 23_227_19
- 初唐・古文尚書 25_247_26
- 初唐・古文尚書 31_286_5
- 初唐・古文尚書 31_293_5
- 初唐・古文尚書 32_300_8
- 初唐・古文尚書 32_306_2
- 初唐・古文尚書 33_315_36
- 初唐・古文尚書 33_316_5
- 初唐・古文尚書 33_316_11
- 初唐・古文尚書 34_323_12
- 初唐・古文尚書 35_332_2
- 初唐・古文尚書 35_337_24
- 初唐・古文尚書 37_352_18
- 初唐・古文尚書 38_362_9
- 初唐・古文尚書 38_368_2
- 初唐・古文尚書 39_373_21
- 初唐・古文尚書 43_412_1
- 初唐・古文尚書 45_438_19
- 初唐・古文尚書 45_440_2
- 初唐・古文尚書 46_452_28
- 初唐・古文尚書 47_461_15
- 初唐・禮記正義 15_230_5
- 初唐・禮記正義 15_231_4
- 初唐・禮記正義 20_300_11
- 初唐・禮記正義 20_302_10
- 初唐・禮記正義 27_423_12
- 中唐・翰苑 6_65_9
- 中唐・翰苑 22_288_9
- 中唐・翰苑 28_361_13
- 中唐・翰苑 30_392_18
- 中唐・翰苑 33_426_5

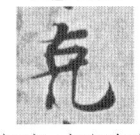

## 兜

漢トウ
訓かぶと

初唐•古文尚書
20_190_27

中唐・翰苑
32_417_17

中唐・翰苑
42_542_29

五代•大毗盧經
89_1093_13

## 兔

漢ト
訓うさぎ

野兔
五代•大毗盧經
49_598_11

---

中唐・翰苑
32_413_28

中唐・翰苑
32_415_39

中唐・翰苑
38_483_36

中唐・翰苑
38_484_17

晚唐•摩訶止觀
24_207_27

晚唐•摩訶止觀
48_408_7

五代•大毗盧經
8_96_24

五代•大毗盧經
23_289_4

## 兒

漢ジ 呉ニ
訓こ

初唐•禮記正義
14_215_6

中唐・翰苑
5_63_23

中唐・翰苑
9_108_26

中唐・翰苑
16_210_24

中唐・翰苑
16_210_35

中唐・翰苑
18_238_2

中唐・翰苑
19_247_48

中唐・翰苑
27_351_41

## 免

呉メン 漢ベン
訓まぬかれる

初唐•古文尚書
17_163_17

初唐•古文尚書
37_354_9

初唐•古文尚書
37_354_25

初唐•古文尚書
45_436_26

初唐•古文尚書
45_440_13

初唐•禮記正義
8_122_12

中唐・翰苑
3_27_23

中唐・翰苑
20_268_22

---

中唐・翰苑
33_427_30

# 几部

## 凡

吳ボン 漢ハン
訓すべて

初唐•古文尚書 7_51_8
初唐•古文尚書 11_93_3
初唐•古文尚書 14_131_30
初唐•古文尚書 27_265_1
初唐•古文尚書 43_412_13
初唐•古文尚書 47_456_27
初唐•禮記正義 2_31_25
初唐•禮記正義 4_50_12

初唐•禮記正義 5_68_12
初唐•禮記正義 5_70_15
初唐•禮記正義 5_70_17
初唐•禮記正義 5_81_20
初唐•禮記正義 12_195_2
初唐•禮記正義 13_198_24
初唐•禮記正義 13_199_8
初唐•禮記正義 18_272_14

初唐•禮記正義 19_286_1
初唐•禮記正義 20_296_8
初唐•禮記正義 20_300_2
初唐•禮記正義 22_330_4
初唐•禮記正義 23_343_8
初唐•禮記正義 25_377_11
初唐•禮記正義 25_378_20
初唐•禮記正義 25_380_2

初唐•禮記正義 25_383_24
初唐•禮記正義 27_413_5
初唐•禮記正義 29_454_15
中唐・翰苑 5_62_25
中唐・翰苑 7_86_7
中唐・翰苑 17_228_35
中唐・翰苑 18_230_3
登丸都 中唐・翰苑 22_293_11

中唐・翰苑 27_348_9
中唐・翰苑 27_353_38
中唐・翰苑 28_362_30
中唐・翰苑 31_401_27
中唐・翰苑 35_455_4
中唐・翰苑 36_460_35
中唐・翰苑 41_523_41
中唐・翰苑 43_555_11

晚唐•摩訶止観 4_34_23
晚唐•摩訶止観 5_46_23
晚唐•摩訶止観 18_157_1
晚唐•摩訶止観 22_190_13
晚唐•摩訶止観 25_219_24
晚唐•摩訶止観 26_220_2
晚唐•摩訶止観 32_281_10
晚唐•摩訶止観 33_283_1

| | | | | | | |
|---|---|---|---|---|---|---|
| | | | | <br>五代•大毗盧經<br>49_601_25<br><br>五代•大毗盧經<br>96_1180_35 | <br>晚唐•摩訶止觀<br>58_487_17<br><br>晚唐•摩訶止觀<br>58_487_21<br><br>五代•大毗盧經<br>2_4_19<br><br>五代•大毗盧經<br>5_59_3<br><br>五代•大毗盧經<br>7_78_46<br><br>五代•大毗盧經<br>18_234_12<br><br>五代•大毗盧經<br>28_357_15<br><br>五代•大毗盧經<br>41_495_3 | <br>晚唐•摩訶止觀<br>33_283_10<br><br>晚唐•摩訶止觀<br>33_283_25<br><br>晚唐•摩訶止觀<br>33_284_5<br><br>晚唐•摩訶止觀<br>34_294_29<br><br>晚唐•摩訶止觀<br>37_323_12<br><br>晚唐•摩訶止觀<br>44_382_26<br><br>晚唐•摩訶止觀<br>48_407_24<br><br>晚唐•摩訶止觀<br>52_444_12 |

# 亠部

## 亡

漢ボウ 呉モウ
訓ない

初唐·古文尚書
6_47_24

初唐·古文尚書
7_56_26

初唐·古文尚書
7_58_22

初唐·古文尚書
10_88_5

初唐·古文尚書
10_88_10

初唐·古文尚書
10_90_18

初唐·古文尚書
11_100_10

初唐·古文尚書
13_115_9

初唐·古文尚書
14_132_8

初唐·古文尚書
15_135_30

初唐·古文尚書
15_136_2

初唐·古文尚書
15_141_3

初唐·古文尚書
15_143_4

初唐·古文尚書
17_157_20

初唐·古文尚書
21_197_9

初唐·古文尚書
21_197_25

初唐·古文尚書
23_218_4

初唐·古文尚書
24_232_25

初唐·古文尚書
26_253_15

初唐·古文尚書
26_257_3

初唐·古文尚書
26_257_11

初唐·古文尚書
26_257_30

初唐·古文尚書
27_261_21

初唐·古文尚書
27_262_13

初唐·古文尚書
27_267_5

初唐·古文尚書
27_267_15

初唐·古文尚書
27_268_6

初唐·古文尚書
27_269_9

初唐·古文尚書
27_269_31

初唐·古文尚書
28_274_18

初唐·古文尚書
29_280_6

初唐·古文尚書
31_289_31

初唐·古文尚書
32_305_10

初唐·古文尚書
34_321_5

初唐·古文尚書
34_321_11

初唐·古文尚書
35_336_5

初唐·古文尚書
38_360_10

初唐·古文尚書
38_365_31

初唐·古文尚書
39_370_6

初唐·古文尚書
40_387_9

初唐·古文尚書
40_391_26

初唐·古文尚書
41_395_1

初唐·古文尚書
41_398_12

初唐·古文尚書
43_416_31

初唐·古文尚書
43_418_33

初唐·古文尚書
43_420_11

初唐·古文尚書
45_441_21

初唐·古文尚書
48_468_34

## 亦

漢エキ吳ヤク
訓わき

初唐・古文尚書 1_2_1
初唐・古文尚書 1_2_11
初唐・古文尚書 7_59_20
初唐・古文尚書 8_65_6
初唐・古文尚書 8_66_13
初唐・古文尚書 10_86_6
初唐・古文尚書 11_102_7
初唐・古文尚書 12_106_26

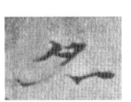

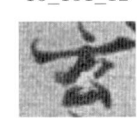

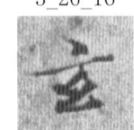

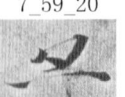

晚唐・摩訶止觀 15_131_12
晚唐・摩訶止觀 54_455_15
晚唐・摩訶止觀 54_455_17
五代・密教部類 6_78_19
五代・大毗盧經 19_242_8
五代・大毗盧經 63_776_19
五代・大毗盧經 80_972_3

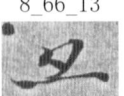

中唐・翰苑 16_213_27
中唐・翰苑 20_259_16
中唐・翰苑 20_259_27
中唐・翰苑 22_293_38
中唐・翰苑 23_306_41
中唐・翰苑 24_315_11
中唐・翰苑 35_454_1
中唐・翰苑 45_577_8

## 玄

吳ゲン漢ケン
訓くろ

初唐・古文尚書 3_26_16
初唐・古文尚書 3_26_19
初唐・禮記正義 4_63_17
初唐・禮記正義 9_136_4
初唐・禮記正義 24_367_7
初唐・禮記正義 24_368_7
初唐・禮記正義 24_369_3
中唐・翰苑 16_213_21

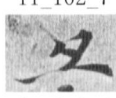

中唐・翰苑 34_440_39
中唐・翰苑 35_454_24
中唐・翰苑 36_469_2
晚唐・摩訶止觀 11_93_3

中唐・翰苑 10_120_2
中唐・翰苑 12_149_20
中唐・翰苑 14_179_20
中唐・翰苑 14_183_35
中唐・翰苑 16_201_35
中唐・翰苑 19_244_11
中唐・翰苑 26_336_16
中唐・翰苑 34_438_20

初唐・古文尚書 49_475_37
初唐・毛詩傳 3_25_2
中唐・翰苑 3_22_37
中唐・翰苑 5_56_29
中唐・翰苑 9_117_23
中唐・翰苑 9_118_44
中唐・翰苑 10_119_12
中唐・翰苑 10_119_30

初唐•禮記正義
20_301_4

初唐•禮記正義
21_315_18

初唐•禮記正義
21_322_3

初唐•禮記正義
21_323_1

初唐•禮記正義
22_327_7

初唐•禮記正義
22_327_18

初唐•禮記正義
22_330_1

初唐•禮記正義
22_332_15

初唐•禮記正義
15_225_11

初唐•禮記正義
15_228_20

初唐•禮記正義
16_251_5

初唐•禮記正義
17_260_18

初唐•禮記正義
18_280_11

初唐•禮記正義
19_284_16

初唐•禮記正義
19_284_20

初唐•禮記正義
6_97_13

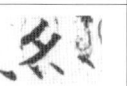

初唐•禮記正義
8_118_26

初唐•禮記正義
8_120_78

初唐•禮記正義
8_124_30

初唐•禮記正義
9_142_21

初唐•禮記正義
11_177_14

初唐•禮記正義
12_195_17

初唐•禮記正義
13_197_24

初唐•禮記正義
2_26_13

初唐•禮記正義
2_27_15

初唐•禮記正義
2_29_18

初唐•禮記正義
2_33_8

初唐•禮記正義
5_67_17

初唐•禮記正義
5_77_30

初唐•禮記正義
5_79_7

初唐•禮記正義
6_85_1

初唐•古文尚書
47_463_22

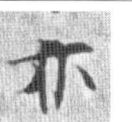

初唐•古文尚書
48_473_21

初唐 • 毛詩傳
2_11_9

初唐 • 毛詩傳
3_29_6

初唐 • 毛詩傳
9_97_9

初唐•禮記正義
1_11_4

初唐•禮記正義
1_12_11

初唐•古文尚書
34_320_31

初唐•古文尚書
34_321_9

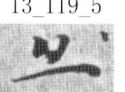

初唐•古文尚書
34_322_7

初唐•古文尚書
35_331_13

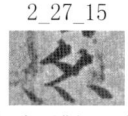

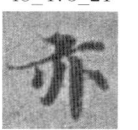

初唐•古文尚書
35_332_18

初唐•古文尚書
36_340_2

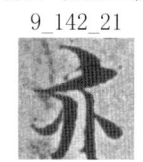

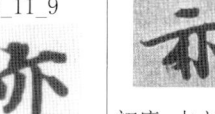

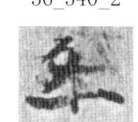

初唐•古文尚書
36_340_10

初唐•古文尚書
39_374_20

初唐•古文尚書
13_119_5

初唐•古文尚書
13_123_8

初唐•古文尚書
18_166_17

初唐•古文尚書
20_196_10

初唐•古文尚書
22_210_9

初唐•古文尚書
23_219_14

初唐•古文尚書
23_228_16

初唐•古文尚書
25_244_28

初唐•古文尚書
26_251_12

初唐•禮記正義
22_334_2

初唐•禮記正義
22_334_16

初唐•禮記正義
23_346_26

初唐•禮記正義
23_348_6

初唐•禮記正義
23_353_2

初唐•禮記正義
23_354_2

初唐•禮記正義
24_358_2

初唐•禮記正義
24_360_7

初唐•禮記正義
24_360_24

初唐•禮記正義
26_398_24

初唐•禮記正義
26_403_22

初唐•禮記正義
26_407_29

初唐•禮記正義
27_411_25

初唐•禮記正義
27_425_24

初唐•禮記正義
30_473_6

初唐・十誦律
5_77_18

初唐・十誦律
5_89_10

初唐・十誦律
5_90_5

初唐・十誦律
9_166_2

初唐・十誦律
10_184_8

初唐・十誦律
11_206_7

初唐・十誦律
12_229_11

中唐・翰苑
2_18_39

中唐・翰苑
2_20_15

中唐・翰苑
5_53_22

中唐・翰苑
5_53_24

中唐・翰苑
7_87_28

中唐・翰苑
7_88_23

中唐・翰苑
8_99_39

中唐・翰苑
9_117_6

中唐・翰苑
13_170_21

中唐・翰苑
16_211_32

中唐・翰苑
17_228_24

中唐・翰苑
17_228_31

中唐・翰苑
18_234_37

中唐・翰苑
18_238_21

中唐・翰苑
18_240_23

中唐・翰苑
21_272_4

中唐・翰苑
21_276_41

中唐・翰苑
22_284_24

中唐・翰苑
25_330_18

中唐・翰苑
26_337_27

中唐・翰苑
26_338_7

中唐・翰苑
28_364_17

中唐・翰苑
28_368_22

中唐・翰苑
28_369_17

中唐・翰苑
29_376_2

中唐・翰苑
29_376_35

中唐・翰苑
29_376_43

中唐・翰苑
32_413_13

中唐・翰苑
35_450_17

中唐・翰苑
38_483_25

中唐・翰苑
44_557_5

中唐・翰苑
45_569_8

中唐・翰苑
45_573_12

中唐・翰苑
45_576_2

晚唐•摩訶止觀
4_35_22

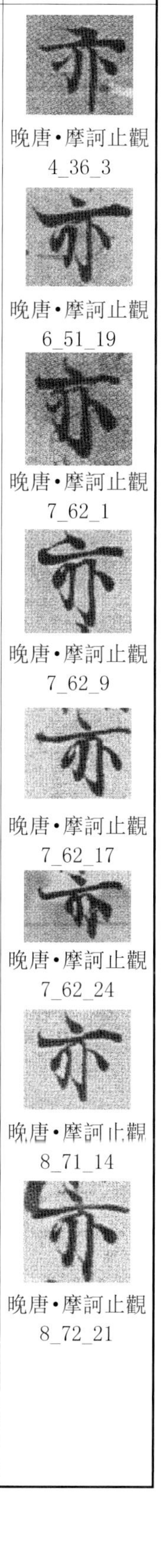
晚唐•摩訶止觀
4_36_3
晚唐•摩訶止觀
6_51_19
晚唐•摩訶止觀
7_62_1
晚唐•摩訶止觀
7_62_9
晚唐•摩訶止觀
7_62_17
晚唐•摩訶止觀
7_62_24
晚唐•摩訶止觀
8_71_14
晚唐•摩訶止觀
8_72_21

晚唐•摩訶止觀
9_76_5
晚唐•摩訶止觀
9_79_20
晚唐•摩訶止觀
9_82_13
晚唐•摩訶止觀
10_86_25
晚唐•摩訶止觀
10_92_4
晚唐•摩訶止觀
12_110_26
晚唐•摩訶止觀
13_111_5
晚唐•摩訶止觀
13_116_10

晚唐•摩訶止觀
14_120_24
晚唐•摩訶止觀
16_137_22
晚唐•摩訶止觀
18_155_4
晚唐•摩訶止觀
19_161_11
晚唐•摩訶止觀
20_177_12
晚唐•摩訶止觀
20_177_18
晚唐•摩訶止觀
23_199_14
晚唐•摩訶止觀
23_201_9

晚唐•摩訶止觀
23_202_4
晚唐•摩訶止觀
23_202_22
晚唐•摩訶止觀
24_206_27
晚唐•摩訶止觀
24_211_13
晚唐•摩訶止觀
28_243_20
晚唐•摩訶止觀
28_245_3
晚唐•摩訶止觀
30_264_14
晚唐•摩訶止觀
30_266_25

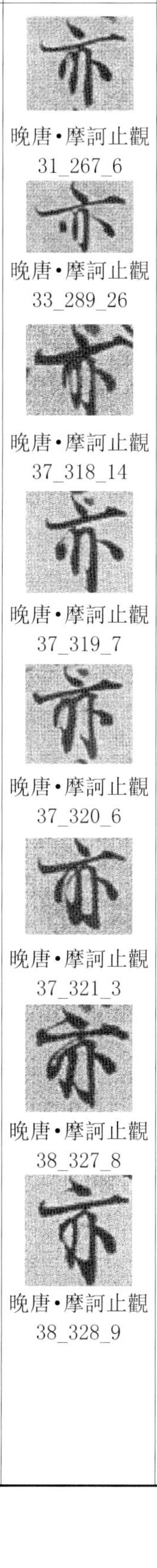
晚唐•摩訶止觀
31_267_6
晚唐•摩訶止觀
33_289_26
晚唐•摩訶止觀
37_318_14
晚唐•摩訶止觀
37_319_7
晚唐•摩訶止觀
37_320_6
晚唐•摩訶止觀
37_321_3
晚唐•摩訶止觀
38_327_8
晚唐•摩訶止觀
38_328_9

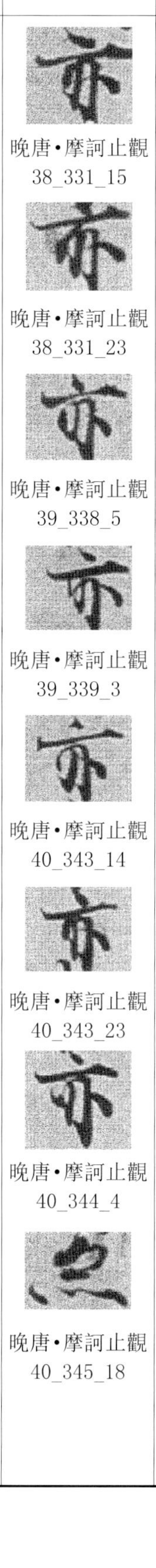
晚唐•摩訶止觀
38_331_15
晚唐•摩訶止觀
38_331_23
晚唐•摩訶止觀
39_338_5
晚唐•摩訶止觀
39_339_3
晚唐•摩訶止觀
40_343_14
晚唐•摩訶止觀
40_343_23
晚唐•摩訶止觀
40_344_4
晚唐•摩訶止觀
40_345_18

晚唐•摩訶止觀
40_345_28
晚唐•摩訶止觀
40_346_13
晚唐•摩訶止觀
40_348_19
晚唐•摩訶止觀
42_364_25
晚唐•摩訶止觀
44_381_17
晚唐•摩訶止觀
44_382_6
晚唐•摩訶止觀
44_382_18
晚唐•摩訶止觀
45_383_27

晚唐•摩訶止觀
45_390_4

晚唐•摩訶止觀
47_399_15

晚唐•摩訶止觀
48_407_18

晚唐•摩訶止觀
49_417_17

晚唐•摩訶止觀
49_420_21

晚唐•摩訶止觀
49_420_26

晚唐•摩訶止觀
50_423_4

晚唐•摩訶止觀
50_424_15

晚唐•摩訶止觀
50_426_28

晚唐•摩訶止觀
50_428_18

晚唐•摩訶止觀
50_428_24

晚唐•摩訶止觀
50_428_31

晚唐•摩訶止觀
50_429_25

晚唐•摩訶止觀
51_430_5

晚唐•摩訶止觀
51_430_15

晚唐•摩訶止觀
55_469_18

晚唐•摩訶止觀
56_476_6

晚唐•摩訶止觀
56_478_2

晚唐•摩訶止觀
58_490_10

晚唐•摩訶止觀
58_493_13

晚唐•摩訶止觀
59_498_22

晚唐•摩訶止觀
59_499_20

晚唐•摩訶止觀
60_506_17

晚唐•摩訶止觀
60_509_5

五代•密教部類
1_7_1

五代•密教部類
1_8_19

五代•密教部類
2_9_21

五代•密教部類
2_23_4

五代•密教部類
3_39_14

五代•密教部類
6_77_15

五代•大毗盧經
3_24_20

五代•大毗盧經
3_25_11

五代•大毗盧經
5_51_10

五代•大毗盧經
7_81_6

五代•大毗盧經
8_96_33

五代•大毗盧經
11_138_9

五代•大毗盧經
11_140_13

五代•大毗盧經
12_142_3

五代•大毗盧經
15_196_38

五代•大毗盧經
18_229_6

五代•大毗盧經
22_279_4

五代•大毗盧經
23_298_11

五代•大毗盧經
23_298_41

五代•大毗盧經
25_320_33

五代•大毗盧經
26_326_21

五代•大毗盧經
27_337_47

五代•大毗盧經
28_359_6

五代•大毗盧經
42_504_13

五代•大毗盧經
52_634_14

五代•大毗盧經
52_639_11

五代•大毗盧經
53_645_13

五代•大毗盧經
53_647_28

五代•大毗盧經
56_684_25

五代•大毗盧經
56_691_20

五代•大毗盧經
58_713_29

五代•大毗盧經
59_722_21

五代•大毗盧經
60_748_27

五代•大毗盧經
61_750_32

五代•大毗盧經
63_776_1

五代•大毗盧經
63_789_11

五代•大毗盧經
65_816_7

五代•大毗盧經
65_819_21

五代•大毗盧經
65_821_9

五代•大毗盧經
79_957_38

五代•大毗盧經
84_1019_25

五代•大毗盧經
84_1020_2

五代•大毗盧經
84_1025_12

五代•大毗盧經
89_1085_7

五代•大毗盧經
93_1137_27

# 交

漢コウ 呉キョウ
訓まじわる

初唐•古文尚書
22_211_5

初唐•古文尚書
22_211_17

初唐•古文尚書
31_292_7

初唐•古文尚書
38_364_21

初唐・毛詩傳
7_68_13

初唐•禮記正義
3_35_7

中唐・翰苑
4_44_2

中唐・翰苑
4_45_38

中唐・翰苑
9_117_34

中唐・翰苑
11_143_26

中唐・翰苑
21_270_33

中唐・翰苑
30_388_6

中唐・翰苑
35_446_25

中唐・翰苑
35_448_18

中唐・翰苑
35_448_29

中唐・翰苑
35_450_1

中唐・翰苑
35_450_15

中唐・翰苑
35_455_5

中唐・翰苑
35_457_10

中唐・翰苑
36_459_15

中唐・翰苑
36_460_8

中唐・翰苑
36_460_45

中唐・翰苑
36_464_40

中唐・翰苑
37_481_4

中唐・翰苑
38_494_26

中唐・翰苑
44_566_11

中唐・翰苑
45_580_17

晩唐•摩訶止觀
24_206_1

晩唐•摩訶止觀
26_220_10

五代•大毗盧經
13_168_9

五代•大毗盧經
18_237_5

五代•大毗盧經
28_349_20

五代•大毗盧經
46_561_20

五代•大毗盧經
84_1022_10

五代•大毗盧經
85_1046_10

五代•大毗盧經
85_1048_11

五代•大毗盧經
85_1048_19

五代•大毗盧經
90_1097_15

五代•大毗盧經
93_1141_22

## 亢

コウ
訓あふれる

初唐・古文尚書
8_63_18

初唐・古文尚書
11_100_11

初唐・古文尚書
21_207_5

初唐・古文尚書
27_269_5

初唐・古文尚書
28_271_29

初唐・古文尚書
39_380_5

初唐・古文尚書
39_380_23

## 亥

漢カイ 呉ガイ
訓い

初唐・禮記正義
6_94_4

初唐・禮記正義
7_110_25

初唐・禮記正義
7_111_22

## 享

現キョウ
訓すすめる

初唐・古文尚書
10_85_1

初唐・古文尚書
10_85_10

初唐・古文尚書
10_85_24

初唐・古文尚書
39_379_30

初唐・古文尚書
39_380_17

初唐・古文尚書
43_412_10

初唐・古文尚書
43_413_7

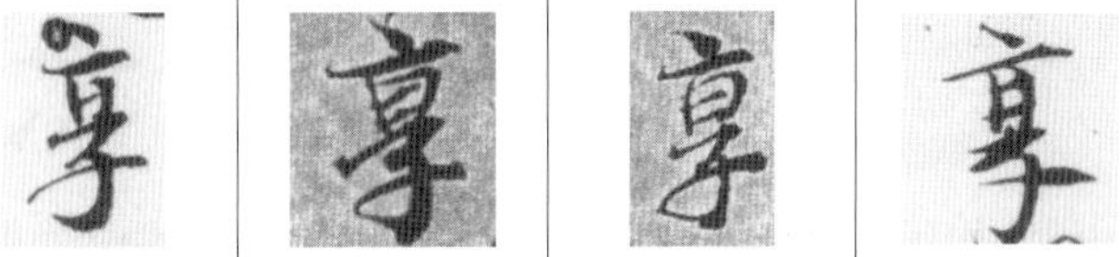

初唐・禮記正義
3_49_15

初唐・禮記正義
21_323_14

初唐・禮記正義
21_323_19

初唐・禮記正義
21_325_19

初唐・禮記正義
21_325_25

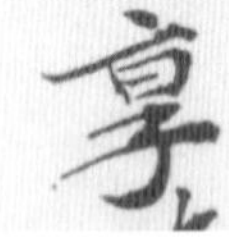

初唐・禮記正義
22_329_14

初唐・禮記正義
23_349_13

初唐・禮記正義
23_349_19

初唐・禮記正義
23_350_1

初唐・禮記正義
23_350_7

初唐・禮記正義
23_351_6

初唐・禮記正義
23_351_26

初唐・禮記正義
23_352_3

初唐・禮記正義
23_352_7

初唐・禮記正義
23_352_17

初唐・禮記正義
23_352_21

初唐・禮記正義
23_353_8

初唐・禮記正義
23_354_11

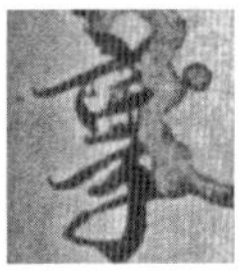

初唐・禮記正義
23_355_10

初唐・禮記正義
25_377_5

初唐・禮記正義
25_377_29

初唐・禮記正義
25_378_17

初唐・禮記正義
25_378_21

初唐・禮記正義
25_379_7

初唐・禮記正義
25_379_16

初唐・禮記正義
25_380_11

初唐・禮記正義
25_381_2

初唐・禮記正義
25_381_7

享（續）

初唐•禮記正義 25_381_15
初唐•禮記正義 25_382_15
初唐•禮記正義 25_383_3
初唐•禮記正義 25_383_11
初唐•禮記正義 25_383_14
初唐•禮記正義 25_388_7
享祭之食 五代•大毗盧經 21_268_30

## 京 ⺋

漢ケイ 呉キョウ
唐キン
訓みやこ

初唐•古文尚書 32_302_30
中唐・翰苑 6_74_8
中唐・翰苑 17_223_20
中唐・翰苑 25_327_26

## 夜 ⺋

漢ヤ
訓よる

初唐•古文尚書 37_354_5
初唐•古文尚書 37_354_18
初唐・十誦律 2_30_10
中唐・翰苑 2_17_8
中唐・翰苑 2_19_42
中唐・翰苑 3_26_30
中唐・翰苑 6_67_23
中唐・翰苑 15_197_19

中唐・翰苑 17_221_10
中唐・翰苑 18_239_30
中唐・翰苑 37_480_1
中唐・翰苑 37_480_26
中唐・翰苑 38_483_29
中唐・翰苑 38_484_30
中唐・翰苑 38_485_6
中唐・翰苑 38_489_15

中唐・翰苑 38_490_30
中唐・翰苑 38_491_12
中唐・翰苑 38_491_27
中唐・翰苑 39_496_29
中唐・翰苑 39_499_31
晩唐•摩訶止観 2_19_1
晩唐•摩訶止観 2_20_20
晩唐•摩訶止観 9_77_7

五代•密教部類 4_56_10
五代•密教部類 5_58_4
五代•大毗盧經 2_20_9
五代•大毗盧經 4_42_2
五代•大毗盧經 4_42_13
五代•大毗盧經 4_42_16
五代•大毗盧經 5_48_10
五代•大毗盧經 6_61_13

五代•大毗盧經 9_104_9
五代•大毗盧經 10_112_7
五代•大毗盧經 19_239_11
五代•大毗盧經 23_292_4
五代•大毗盧經 80_967_18
五代•大毗盧經 80_972_10
五代•大毗盧經 80_976_14
五代•大毗盧經 83_1008_2

| | | 商 | 毫 | 亮 | 亭 | |
|---|---|---|---|---|---|---|
| | | 現ショウ<br>訓あきなう | 漢ハク呉バク<br>訓— | リョウ<br>訓あきらか | 漢現テイ呉チョウ唐チン<br>訓あずまや | |
| 中唐・翰苑<br>13_159_27 | 初唐•古文尚書<br>26_258_6 | 初唐•古文尚書<br>11_96_8 | 初唐•古文尚書<br>6_50_24 | 初唐•古文尚書<br>17_162_31 | 中唐・翰苑<br>5_56_23 | 五代•大毗盧經<br>83_1008_25 |
| 中唐・翰苑<br>30_392_19 | 初唐•古文尚書<br>28_278_22 | 初唐•古文尚書<br>15_139_7 | 初唐•古文尚書<br>7_51_7 | 初唐•古文尚書<br>31_293_10 | 中唐・翰苑<br>5_61_13 | 五代•大毗盧經<br>83_1009_8 |
| 晚唐•摩訶止觀<br>3_22_5 | 初唐•古文尚書<br>29_279_20 | 初唐•古文尚書<br>17_159_9 | 初唐•古文尚書<br>22_208_13 | | 中唐・翰苑<br>9_115_6 | 五代•大毗盧經<br>83_1011_1 |
| 五代•大毗盧經<br>44_525_18 | 初唐•古文尚書<br>29_280_3 | 初唐•古文尚書<br>19_184_9 | 初唐•古文尚書<br>22_208_23 | | 中唐・翰苑<br>10_121_40 | 五代•大毗盧經<br>90_1096_18 |
| 五代•大毗盧經<br>45_547_4 | 初唐•古文尚書<br>32_304_6 | 初唐•古文尚書<br>21_205_7 | | | | |
| 五代•大毗盧經<br>45_548_6 | 初唐•禮記正義<br>28_441_21 | 初唐•古文尚書<br>23_226_8 | | | | |
| 五代•大毗盧經<br>46_562_13 | 初唐•禮記正義<br>29_445_20 | 初唐•古文尚書<br>24_230_8 | | | | |
| 五代•大毗盧經<br>60_743_17 | 初唐•禮記正義<br>29_446_6 | 初唐•古文尚書<br>25_242_8 | | | | |

# 率 𤣥

漢 リツ 慣 ソツ
訓 ひきいる

五代・大毗盧經
63_791_10

五代・大毗盧經
65_816_11

五代・大毗盧經
72_888_13

五代・大毗盧經
73_903_3

五代・大毗盧經
85_1043_16

初唐・古文尚書
9_73_15

初唐・古文尚書
11_98_1

初唐・古文尚書
19_178_13

初唐・古文尚書
19_178_25

初唐・古文尚書
26_251_2

初唐・古文尚書
31_293_15

初唐・古文尚書
32_299_34

初唐・古文尚書
36_348_10

初唐・古文尚書
42_409_1

初唐・禮記正義
15_232_21

初唐・禮記正義
28_433_19

初唐・禮記正義
28_436_2

中唐・翰苑
2_10_14

中唐・翰苑
2_11_11

中唐・翰苑
3_26_39

中唐・翰苑
5_61_35

中唐・翰苑
5_62_35

中唐・翰苑
12_154_15

中唐・翰苑
12_157_6

中唐・翰苑
13_160_11

中唐・翰苑
13_167_15

中唐・翰苑
14_182_12

中唐・翰苑
15_190_3

中唐・翰苑
18_233_20

中唐・翰苑
26_344_11

中唐・翰苑
28_359_12

中唐・翰苑
28_359_18

中唐・翰苑
28_359_26

中唐・翰苑
28_359_30

中唐・翰苑
28_359_34

中唐・翰苑
28_363_12

中唐・翰苑
28_363_37

中唐・翰苑
28_364_9

中唐・翰苑
36_458_9

中唐・翰苑
36_465_16

中唐・翰苑
39_498_5

中唐・翰苑
39_505_22

中唐・翰苑
42_538_10

五代・大毗盧經
89_1093_14

## 亶 亶

タン
訓 あつい

初唐・古文尚書
6_50_30

初唐・古文尚書
11_98_5

## 亹

漢 ビ 呉 ミ
訓 みぎわ

初唐・禮記正義
4_59_15

# 冫部

## 冰

ヒョウ
訓こおり

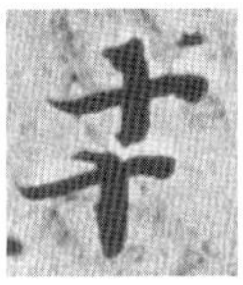

初唐•古文尚書
35_333_10

初唐•古文尚書
35_334_1

晚唐•摩訶止觀
32_278_23

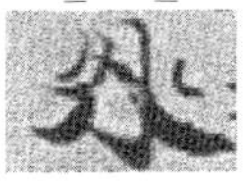

晚唐•摩訶止觀
51_431_2

五代•大毗盧經
59_730_14

## 冷

漢レイ 呉リョウ
訓ひえる

晚唐•摩訶止觀
20_171_23

## 凌

リョウ
訓しのぐ

中唐・翰苑
36_463_4

## 凍

漢トウ
訓こおる

中唐・翰苑
40_511_15

## 凝

ギョウ
訓こる

中唐・翰苑
24_313_5

# 冖部

## 冠

現 カン
訓 かんむり

初唐・禮記正義 7_98_16

初唐・禮記正義 7_112_5

初唐・禮記正義 27_414_3

初唐・禮記正義 29_455_10

寇邊 中唐・翰苑 4_39_13

寇抄美稷 中唐・翰苑 6_64_22

寇掠 中唐・翰苑 6_74_22

寇五原 中唐・翰苑 12_157_19

烏桓寇雲中 中唐・翰苑 13_159_20

寇掠 中唐・翰苑 13_164_28

寇漁陽 中唐・翰苑 15_189_24

寇居庸 中唐・翰苑 15_196_7

寇酒泉 中唐・翰苑 16_204_22

不爲寇抄 中唐・翰苑 17_216_21

賊爲寇 中唐・翰苑 19_244_36

中唐・翰苑 23_299_1

中唐・翰苑 23_300_34

中唐・翰苑 25_327_12

中唐・翰苑 25_329_8

中唐・翰苑 25_329_24

中唐・翰苑 28_359_41

寇盜 中唐・翰苑 29_382_38

中唐・翰苑 30_386_19

犬戎之寇 中唐・翰苑 33_427_19

中唐・翰苑 34_434_2

中唐・翰苑 34_435_28

寇盜 中唐・翰苑 34_438_4

大寇郡縣 中唐・翰苑 34_439_25

中唐・翰苑 35_457_24

數爲邊寇 中唐・翰苑 40_509_13

晚唐・摩訶止觀 19_167_9

五代・大毗盧經 14_177_17

五代・大毗盧經 19_242_20

五代・大毗盧經 35_414_12

五代・大毗盧經 46_566_2

五代・大毗盧經 50_610_13

五代・大毗盧經 50_614_17

五代・大毗盧經 50_619_7

五代・大毗盧經 67_840_17

五代・大毗盧經 67_842_17

五代・大毗盧經 92_1126_12

冢 

漢チョウ
訓つか

中唐・翰苑
42_541_14

冥 

慣メイ 漢ベイ 呉ミョウ
訓くらい

初唐・十誦律
19_368_9

中唐・翰苑
20_262_32

中唐・翰苑
37_470_40

晚唐・摩訶止觀
53_448_20

五代・大毗盧經
57_706_15

# 凵部

## 凶 ⊠

漢現キョウ
訓きょう

初唐•古文尚書 14_134_11
初唐•古文尚書 15_144_10
初唐•古文尚書 16_145_7
初唐•古文尚書 16_145_27
初唐•古文尚書 26_253_36
初唐•古文尚書 40_387_24
初唐•禮記正義 4_52_22
初唐•禮記正義 4_57_25

初唐•禮記正義 5_81_2
初唐•禮記正義 6_82_7
初唐•禮記正義 6_82_23
初唐•禮記正義 6_85_22
初唐•禮記正義 6_86_18
初唐•禮記正義 7_102_6
初唐•禮記正義 8_118_11
初唐•禮記正義 9_131_9

初唐•禮記正義 10_154_16
初唐•禮記正義 16_245_9
初唐•禮記正義 30_461_16
初唐•禮記正義 30_462_22
初唐•禮記正義 30_470_24
初唐•禮記正義 30_472_16
初唐•禮記正義 30_474_6
中唐・翰苑 5_63_6

中唐・翰苑 17_219_37
中唐・翰苑 17_220_22
中唐・翰苑 22_284_35
中唐・翰苑 30_389_28

## 出 ⊎

スイ漢シュツ
訓でる

初唐•古文尚書 2_15_20
初唐•古文尚書 3_26_7
初唐•古文尚書 4_33_4
初唐•古文尚書 5_44_5
初唐•古文尚書 5_46_16
初唐•古文尚書 10_89_8
初唐•古文尚書 10_90_9
初唐•古文尚書 19_176_28

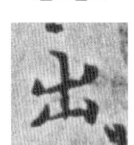

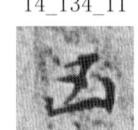

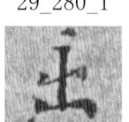

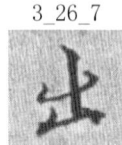

初唐•古文尚書 27_269_21
初唐•古文尚書 29_280_1
初唐•古文尚書 29_280_25
初唐•古文尚書 29_281_4
初唐•古文尚書 29_282_10
初唐•古文尚書 37_357_28
初唐•古文尚書 37_358_22
初唐•古文尚書 45_436_1

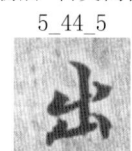

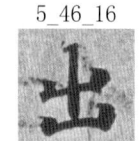

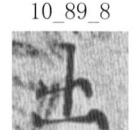

| | | | | | | |
|---|---|---|---|---|---|---|
| 初唐・十誦律 19_358_13 | 初唐・十誦律 8_136_16 | 初唐•禮記正義 30_461_5 | 初唐•禮記正義 21_312_16 | 初唐•禮記正義 14_220_9 | 初唐•禮記正義 5_72_27 | 初唐•古文尚書 45_438_25 |
| 中唐・翰苑 2_15_12 | 初唐・十誦律 8_145_19 | 初唐•禮記正義 30_461_12 | 初唐•禮記正義 25_376_8 | 初唐•禮記正義 15_228_22 | 初唐•禮記正義 5_73_13 | 初唐•禮記正義 2_22_23 |
| 中唐・翰苑 3_25_7 | 初唐・十誦律 9_155_11 | 初唐•禮記正義 30_463_6 | 初唐•禮記正義 25_382_25 | 初唐•禮記正義 16_250_5 | 初唐•禮記正義 11_175_6 | 初唐•禮記正義 2_25_29 |
| 中唐・翰苑 5_58_12 | 初唐・十誦律 9_156_13 | 初唐•禮記正義 30_463_14 | 初唐•禮記正義 25_385_26 | 初唐•禮記正義 17_255_22 | 初唐•禮記正義 12_182_26 | 初唐•禮記正義 3_34_25 |
| 中唐・翰苑 5_58_34 | 初唐・十誦律 10_193_3 | 初唐•禮記正義 30_465_8 | 初唐•禮記正義 28_427_25 | 初唐•禮記正義 17_256_22 | 初唐•禮記正義 12_183_16 | 初唐•禮記正義 3_38_6 |
| 中唐・翰苑 5_62_37 | 初唐・十誦律 13_241_11 | 初唐•禮記正義 30_470_12 | 初唐•禮記正義 28_441_4 | 初唐•禮記正義 18_271_1 | 初唐•禮記正義 12_183_23 | 初唐•禮記正義 3_38_18 |
| 中唐・翰苑 8_92_16 | 初唐・十誦律 18_349_1 | 初唐・十誦律 7_127_6 | 初唐•禮記正義 28_443_19 | 初唐•禮記正義 18_271_20 | 初唐•禮記正義 12_193_20 | 初唐•禮記止義 3_40_1 |
| 中唐・翰苑 8_100_31 | 初唐・十誦律 18_355_12 | 初唐・十誦律 8_135_13 | 初唐•禮記正義 29_448_9 | 初唐•禮記正義 21_311_8 | 初唐•禮記正義 14_220_7 | 初唐•禮記正義 4_54_21 |

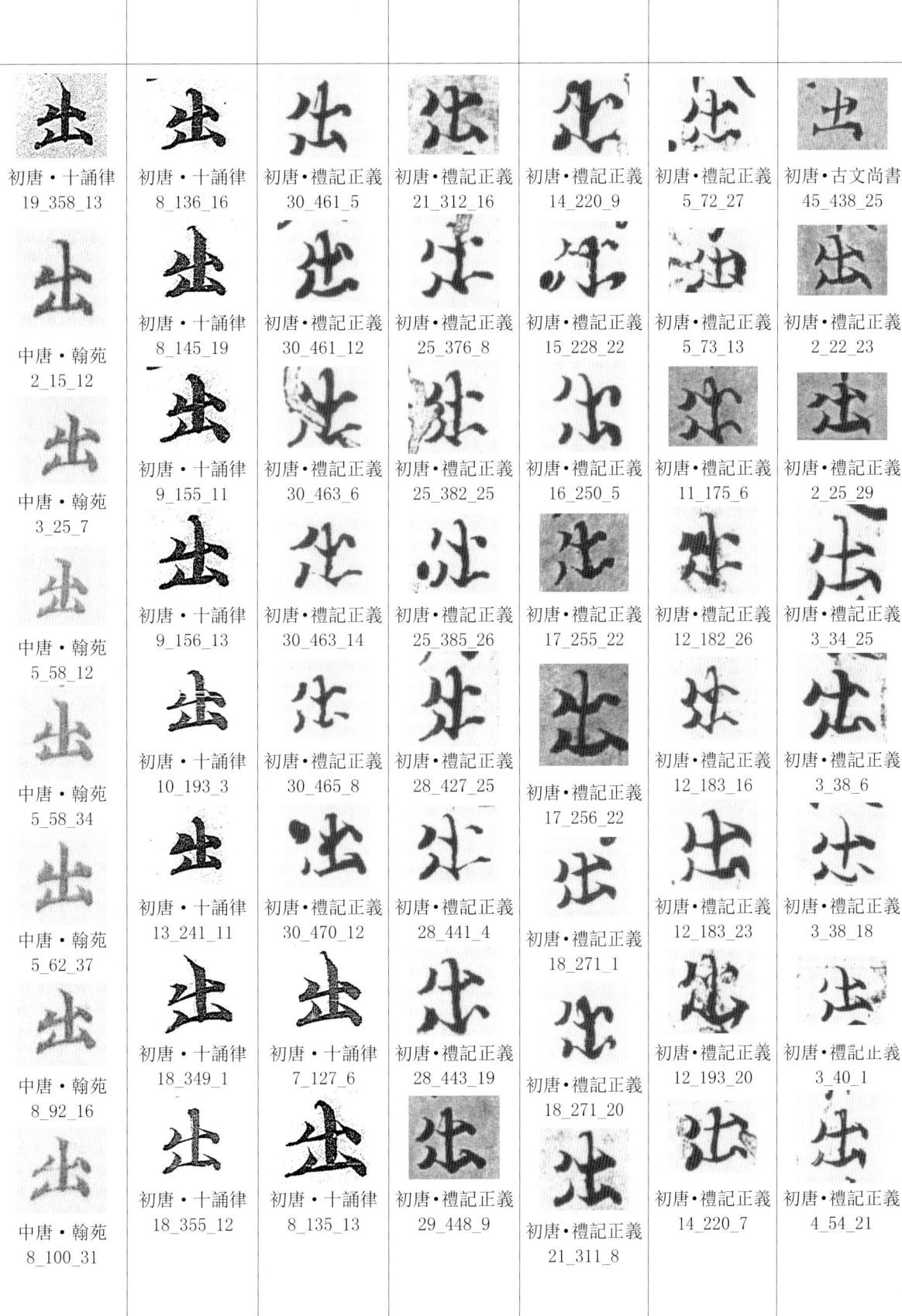

晚唐•摩訶止觀 12_107_14
晚唐•摩訶止觀 13_114_13
晚唐•摩訶止觀 20_172_10
晚唐•摩訶止觀 20_178_13
晚唐•摩訶止觀 21_185_27
晚唐•摩訶止觀 23_198_7
晚唐•摩訶止觀 23_198_11
晚唐•摩訶止觀 28_240_1

晚唐•摩訶止觀 8_74_25
晚唐•摩訶止觀 9_75_12
晚唐•摩訶止觀 9_75_16
晚唐•摩訶止觀 9_75_20
晚唐•摩訶止觀 9_79_3
晚唐•摩訶止觀 9_79_6
晚唐•摩訶止觀 9_79_9
晚唐•摩訶止觀 11_97_27

晚唐•摩訶止觀 8_72_2
晚唐•摩訶止觀 8_72_10
晚唐•摩訶止觀 8_72_16
晚唐•摩訶止觀 8_73_10
晚唐•摩訶止觀 8_73_18
晚唐•摩訶止觀 8_73_25
晚唐•摩訶止觀 8_74_10
晚唐•摩訶止觀 8_74_18

中唐·翰苑 40_518_27
中唐·翰苑 43_551_19
中唐·翰苑 44_556_3
晚唐•摩訶止觀 2_12_20
晚唐•摩訶止觀 6_54_2
晚唐•摩訶止觀 8_70_19
晚唐•摩訶止觀 8_71_2
晚唐•摩訶止觀 8_71_9

中唐·翰苑 30_391_19
中唐·翰苑 36_466_25
中唐·翰苑 37_470_8
中唐·翰苑 38_487_10
中唐·翰苑 39_496_32
中唐·翰苑 39_501_29
中唐·翰苑 39_504_19
中唐·翰苑 40_508_20

中唐·翰苑 19_246_25
中唐·翰苑 19_250_15
中唐·翰苑 19_252_39
中唐·翰苑 20_264_39
中唐·翰苑 23_298_29
中唐·翰苑 23_307_21
中唐·翰苑 24_316_39
中唐·翰苑 25_324_7

中唐·翰苑 8_105_3
中唐·翰苑 9_110_18
中唐·翰苑 9_118_45
中唐·翰苑 10_119_31
中唐·翰苑 10_120_5
中唐·翰苑 10_125_11
中唐·翰苑 10_128_14
中唐·翰苑 12_149_4

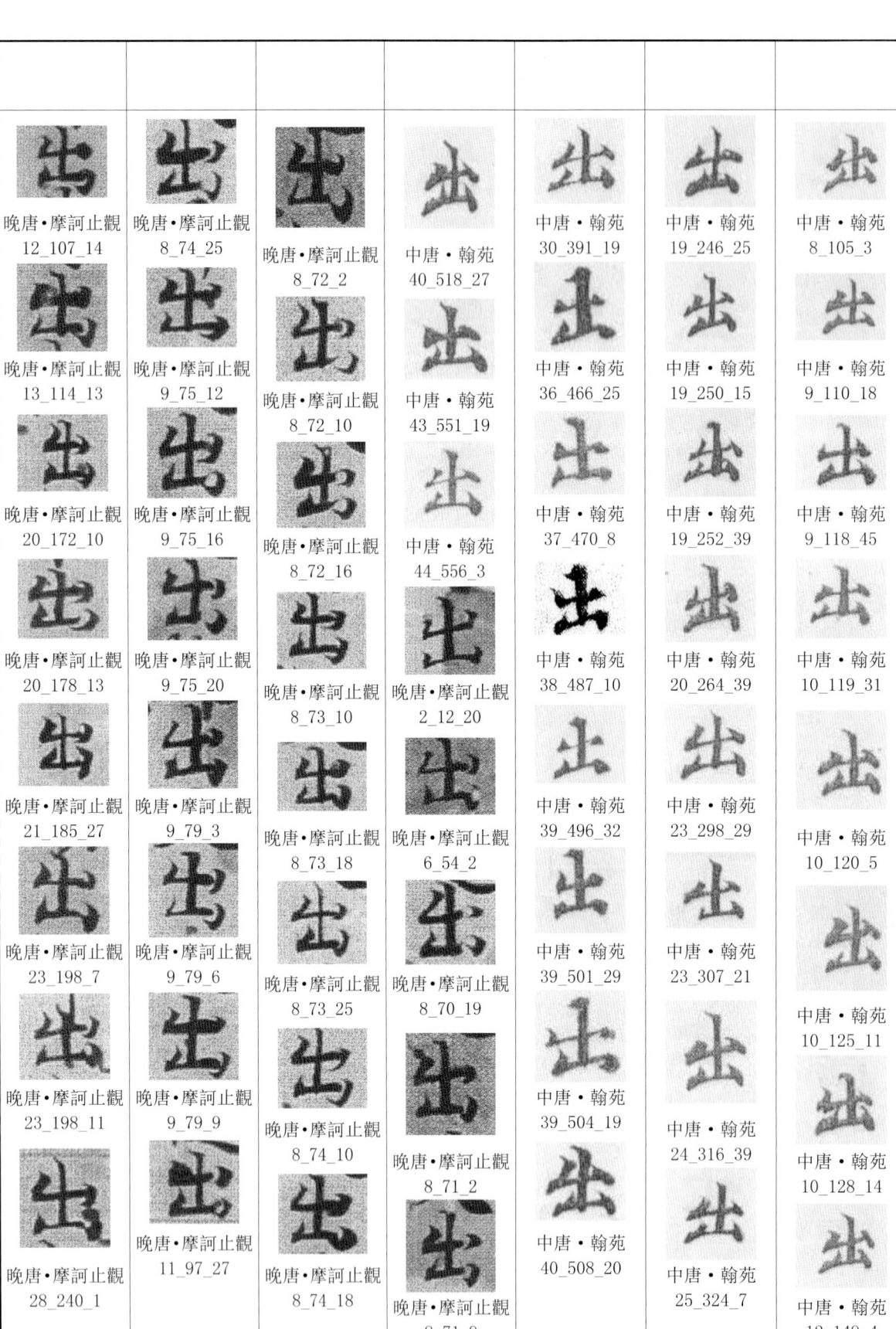

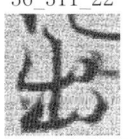

| | | | | | | |
|---|---|---|---|---|---|---|
| 五代•大毗盧經<br>97_1199_15 | 五代•大毗盧經<br>87_1064_2<br>五代•大毗盧經<br>93_1144_18<br>五代•大毗盧經<br>93_1145_23<br>五代•大毗盧經<br>94_1156_16<br>五代•大毗盧經<br>94_1158_7<br>五代•大毗盧經<br>94_1158_11<br>五代•大毗盧經<br>97_1192_20<br>五代•大毗盧經<br>97_1196_1 | 五代•大毗盧經<br>45_547_6<br>五代•大毗盧經<br>46_568_9<br>五代•大毗盧經<br>56_683_10<br>五代•大毗盧經<br>58_717_18<br>五代•大毗盧經<br>60_744_11<br>五代•大毗盧經<br>62_770_1<br>五代•大毗盧經<br>79_960_21<br>五代•大毗盧經<br>86_1060_12 | 五代•大毗盧經<br>3_32_1<br>五代•大毗盧經<br>8_91_25<br>五代•大毗盧經<br>12_153_15<br>五代•大毗盧經<br>13_162_6<br>五代•大毗盧經<br>13_166_7<br>五代•大毗盧經<br>22_279_14<br>五代•大毗盧經<br>26_328_40<br>五代•大毗盧經<br>43_518_11 | 五代•密教部類<br>3_36_10<br>五代•密教部類<br>3_37_8<br>五代•密教部類<br>3_38_8<br>五代•密教部類<br>3_39_8<br>五代•密教部類<br>4_45_18<br>五代•密教部類<br>4_53_12<br>五代•密教部類<br>6_77_38<br>五代•大毗盧經<br>3_24_19 | 晚唐•摩訶止觀<br>48_413_25<br>晚唐•摩訶止觀<br>52_443_10<br>晚唐•摩訶止觀<br>60_510_16<br>晚唐•摩訶止觀<br>61_512_19<br>晚唐•摩訶止觀<br>61_514_23<br>五代•密教部類<br>1_1_14<br>五代•密教部類<br>2_23_5<br>五代•密教部類<br>3_35_8 | 晚唐•摩訶止觀<br>28_241_2<br>晚唐•摩訶止觀<br>28_242_7<br>晚唐•摩訶止觀<br>32_281_12<br>晚唐•摩訶止觀<br>35_307_10<br>晚唐•摩訶止觀<br>36_310_29<br>晚唐•摩訶止觀<br>36_311_22<br>晚唐•摩訶止觀<br>36_311_25<br>晚唐•摩訶止觀<br>40_349_9 |

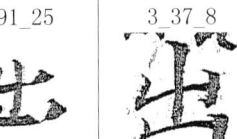

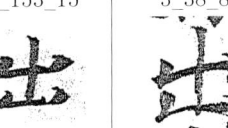

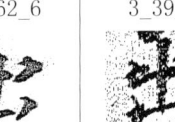

# 卩部

## 印

現 イン
訓 しるし

中唐・翰苑
15_193_10

中唐・翰苑
17_221_24

中唐・翰苑
17_222_27

中唐・翰苑
33_422_4

中唐・翰苑
33_423_44

中唐・翰苑
34_435_26

中唐・翰苑
38_485_16

邛澤
中唐・翰苑
39_502_11

邛澤
中唐・翰苑
39_502_17

邛澤
中唐・翰苑
39_502_27

邛河
中唐・翰苑
39_503_13

邛河
中唐・翰苑
39_503_19

中唐・翰苑
39_506_16

中唐・翰苑
43_554_32

五代・密教部類
5_72_7

五代・密教部類
5_72_18

五代・密教部類
5_73_9

五代・密教部類
5_73_18

五代・密教部類
6_74_7

五代・大毗盧經
2_4_3

五代・大毗盧經
3_23_14

五代・大毗盧經
3_24_27

五代・大毗盧經
3_24_29

五代・大毗盧經
3_32_9

五代・大毗盧經
3_36_14

五代・大毗盧經
4_40_15

五代・大毗盧經
5_56_14

五代・大毗盧經
5_60_17

五代・大毗盧經
6_65_15

五代・大毗盧經
6_70_7

五代・大毗盧經
7_75_4

五代・大毗盧經
7_79_4

五代・大毗盧經
7_83_5

五代・大毗盧經
9_103_29

五代・大毗盧經
11_131_6

五代・大毗盧經
13_158_15

五代・大毗盧經
13_160_13

五代・大毗盧經
13_163_13

五代・大毗盧經
13_165_10

五代・大毗盧經
14_174_2

五代・大毗盧經
14_174_7

五代・大毗盧經
14_174_25

五代·大毗盧經 14_175_17
五代·大毗盧經 14_181_5
五代·大毗盧經 15_193_17
五代·大毗盧經 15_195_17
五代·大毗盧經 15_195_28
五代·大毗盧經 16_210_13
五代·大毗盧經 17_214_15

五代·大毗盧經 17_218_40
五代·大毗盧經 17_222_7
五代·大毗盧經 17_222_12
五代·大毗盧經 19_243_10
五代·大毗盧經 19_244_5
五代·大毗盧經 20_260_8
五代·大毗盧經 22_278_22

五代·大毗盧經 23_292_12
五代·大毗盧經 23_294_10
五代·大毗盧經 23_296_19
五代·大毗盧經 23_297_7
五代·大毗盧經 23_299_2
五代·大毗盧經 26_327_23
五代·大毗盧經 28_349_2

五代·大毗盧經 28_350_12
五代·大毗盧經 28_351_17
五代·大毗盧經 28_352_8
五代·大毗盧經 28_353_20
五代·大毗盧經 28_355_3
五代·大毗盧經 30_376_10
五代·大毗盧經 30_380_12

五代·大毗盧經 31_396_17
五代·大毗盧經 32_400_23
五代·大毗盧經 33_404_13
五代·大毗盧經 35_414_15
五代·大毗盧經 39_454_1
五代·大毗盧經 40_479_8
五代·大毗盧經 40_482_21

五代·大毗盧經 42_508_19
五代·大毗盧經 42_508_26
五代·大毗盧經 42_508_41
五代·大毗盧經 42_508_42
五代·大毗盧經 43_515_14
五代·大毗盧經 43_522_10
五代·大毗盧經 44_526_18

五代·大毗盧經 44_528_5
五代·大毗盧經 44_532_15
五代·大毗盧經 44_533_19
五代·大毗盧經 45_542_9
五代·大毗盧經 45_547_20
五代·大毗盧經 46_561_17
五代·大毗盧經 46_565_2

五代•大毗盧經
46_568_16

五代•大毗盧經
50_611_10

五代•大毗盧經
50_619_5

五代•大毗盧經
50_619_10

五代•大毗盧經
50_620_2

五代•大毗盧經
50_621_7

五代•大毗盧經
50_621_21

五代•大毗盧經
51_630_23

五代•大毗盧經
54_663_12

五代•大毗盧經
57_706_2

五代•大毗盧經
58_708_5

五代•大毗盧經
58_708_15

五代•大毗盧經
58_709_10

五代•大毗盧經
58_709_12

五代•大毗盧經
58_709_20

五代•大毗盧經
58_710_10

五代•大毗盧經
58_717_25

五代•大毗盧經
59_723_2

五代•大毗盧經
59_728_7

五代•大毗盧經
59_730_5

五代•大毗盧經
60_742_2

五代•大毗盧經
60_743_5

五代•大毗盧經
60_743_13

五代•大毗盧經
60_744_8

五代•大毗盧經
61_758_3

五代•大毗盧經
63_774_18

五代•大毗盧經
63_776_15

五代•大毗盧經
63_779_15

五代•大毗盧經
64_801_8

五代•大毗盧經
65_817_24

五代•大毗盧經
67_835_15

五代•大毗盧經
67_839_20

五代•大毗盧經
68_849_33

五代•大毗盧經
71_867_20

五代•大毗盧經
71_868_13

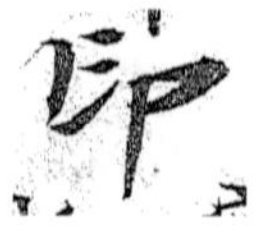
五代•大毗盧經
71_870_10

五代•大毗盧經
72_885_15

五代•大毗盧經
73_895_15

五代•大毗盧經
73_900_5

五代•大毗盧經
73_900_10

五代•大毗盧經
73_902_5

五代•大毗盧經
73_902_15

五代•大毗盧經
73_903_5

五代•大毗盧經
74_909_10

五代•大毗盧經
78_951_24

五代•大毗盧經
80_965_10

五代•大毗盧經
80_965_17

五代•大毗盧經
80_971_15

五代•大毗盧經
80_974_10

## 卯 𢨥

現ラン
訓たまご

中唐・翰苑
19_251_15

中唐・翰苑
43_544_33

## 危 𠂈

慣キ
訓あぶない

初唐•禮記正義
13_197_15

中唐・翰苑
9_115_23

中唐・翰苑
10_130_42

中唐・翰苑
34_438_17

初唐•古文尚書
33_314_6

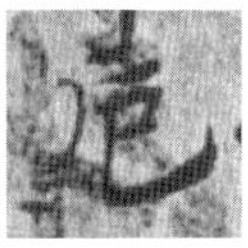
初唐•古文尚書
33_315_7

初唐•古文尚書
35_333_2

初唐•古文尚書
35_333_22

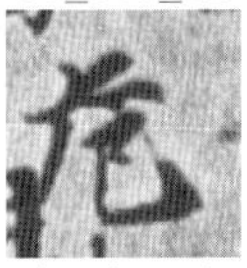
初唐•古文尚書
35_334_4

初唐•古文尚書
37_354_17

初唐・毛詩傳
3_25_1

初唐・毛詩傳
10_103_30

五代•大毗盧經
97_1186_32

五代•大毗盧經
97_1199_20

五代•大毗盧經
93_1137_23

五代•大毗盧經
96_1171_9

五代•大毗盧經
96_1176_11

五代•大毗盧經
96_1176_28

五代•大毗盧經
96_1179_10

五代•大毗盧經
96_1181_27

五代•大毗盧經
96_1183_18

五代•大毗盧經
89_1085_14

五代•大毗盧經
90_1100_2

五代•大毗盧經
90_1100_15

五代•大毗盧經
91_1119_12

五代•大毗盧經
92_1132_8

五代•大毗盧經
92_1133_22

五代•大毗盧經
92_1136_15

五代•大毗盧經
80_974_25

五代•大毗盧經
80_976_10

五代•大毗盧經
80_979_7

五代•大毗盧經
85_1042_5

五代•大毗盧經
85_1043_20

五代•大毗盧經
85_1044_24

五代•大毗盧經
89_1085_11

# 即

吳ソク 漢ショク

訓つく

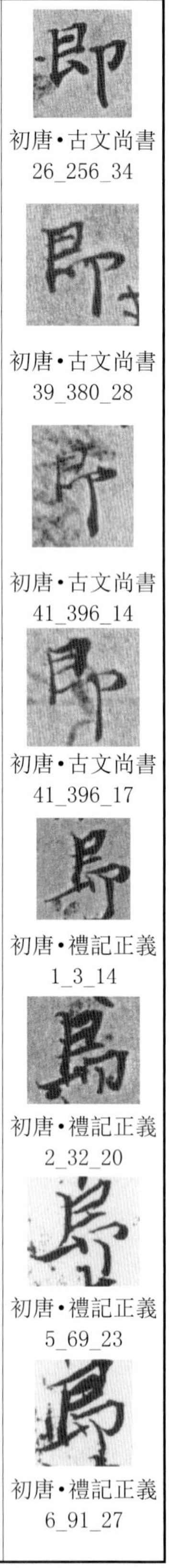

初唐•古文尚書 26_256_34

初唐•古文尚書 39_380_28

初唐•古文尚書 41_396_14

初唐•古文尚書 41_396_17

初唐•禮記正義 1_3_14

初唐•禮記正義 2_32_20

初唐•禮記正義 5_69_23

初唐•禮記正義 6_91_27

初唐•禮記正義 7_104_22

初唐•禮記正義 7_109_7

初唐•禮記正義 7_112_6

初唐•禮記正義 8_113_5

初唐•禮記正義 11_164_2

初唐•禮記正義 13_196_1

初唐•禮記正義 20_299_24

初唐•禮記正義 28_442_10

初唐•禮記正義 29_451_20

初唐・十誦律 2_20_4

中唐・翰苑 3_22_7

中唐・翰苑 7_79_29

中唐・翰苑 8_102_1

中唐・翰苑 8_102_18

中唐・翰苑 9_109_22

中唐・翰苑 9_109_28

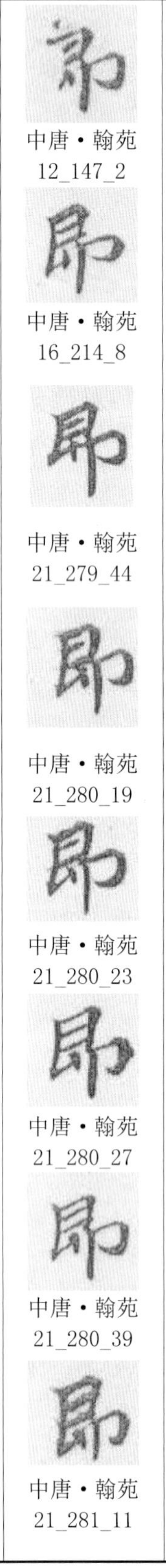

中唐・翰苑 12_147_2

中唐・翰苑 16_214_8

中唐・翰苑 21_279_44

中唐・翰苑 21_280_19

中唐・翰苑 21_280_23

中唐・翰苑 21_280_27

中唐・翰苑 21_280_39

中唐・翰苑 21_281_11

中唐・翰苑 21_281_26

中唐・翰苑 21_281_44

中唐・翰苑 22_288_15

中唐・翰苑 22_291_1

中唐・翰苑 23_298_33

中唐・翰苑 24_310_33

中唐・翰苑 24_317_29

中唐・翰苑 24_322_17

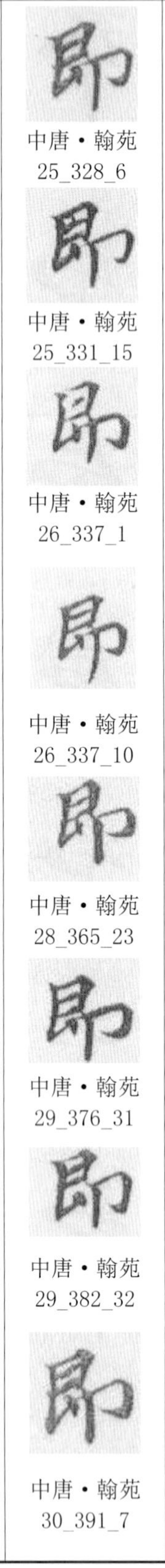

中唐・翰苑 25_328_6

中唐・翰苑 25_331_15

中唐・翰苑 26_337_1

中唐・翰苑 26_337_10

中唐・翰苑 28_365_23

中唐・翰苑 29_376_31

中唐・翰苑 29_382_32

中唐・翰苑 30_391_7

中唐・翰苑 32_416_26

中唐・翰苑 37_470_24

中唐・翰苑 42_534_28

中唐・翰苑 42_534_39

中唐・翰苑 42_535_21

晚唐•摩訶止觀 3_28_19

晚唐•摩訶止觀 4_35_19

晚唐•摩訶止觀 6_49_23

晚唐•摩訶止觀 6_50_11

晚唐•摩訶止觀 6_52_9

晚唐•摩訶止觀 6_53_5

晚唐•摩訶止觀 7_59_24

晚唐•摩訶止觀 7_60_5

晚唐•摩訶止觀 7_60_10

晚唐•摩訶止觀 7_61_8

晚唐•摩訶止觀 7_63_23

晚唐•摩訶止觀 7_63_25

晚唐•摩訶止觀 7_64_2

晚唐•摩訶止觀 8_67_1

晚唐•摩訶止觀 38_329_18

晚唐•摩訶止觀 38_329_20

晚唐•摩訶止觀 38_330_12

晚唐•摩訶止觀 38_330_18

晚唐•摩訶止觀 38_330_20

晚唐•摩訶止觀 38_331_8

晚唐•摩訶止觀 38_331_16

晚唐•摩訶止觀 38_331_24

晚唐•摩訶止觀 39_333_11

晚唐•摩訶止觀 39_333_13

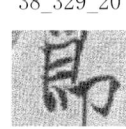

晚唐•摩訶止觀 39_333_15

晚唐•摩訶止觀 39_335_24

晚唐•摩訶止觀 39_335_26

晚唐•摩訶止觀 39_335_28

晚唐•摩訶止觀 39_337_11

晚唐•摩訶止觀 39_337_21

晚唐•摩訶止觀 39_337_27

晚唐•摩訶止觀 39_338_21

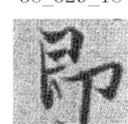

晚唐•摩訶止觀 40_342_5

晚唐•摩訶止觀 40_342_13

晚唐•摩訶止觀 40_342_24

晚唐•摩訶止觀 40_344_20

晚唐•摩訶止觀 40_345_15

晚唐•摩訶止觀 40_345_24

晚唐•摩訶止觀 40_347_11

晚唐•摩訶止觀 40_347_17

晚唐•摩訶止觀 42_360_7

晚唐•摩訶止觀 44_378_1

晚唐•摩訶止觀 44_379_26

晚唐•摩訶止觀 44_382_15

晚唐•摩訶止觀 45_385_12

晚唐•摩訶止觀 45_385_26

晚唐•摩訶止觀 45_386_14

晚唐•摩訶止觀 45_386_21

晚唐•摩訶止觀 45_386_26

晚唐•摩訶止觀 45_387_15

晚唐•摩訶止觀 45_388_7

晚唐•摩訶止觀 45_388_15

晚唐•摩訶止觀 46_393_9

晚唐•摩訶止觀 46_398_20

晚唐•摩訶止觀 48_411_19

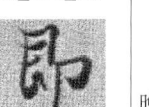

晚唐•摩訶止觀 48_411_21

晚唐•摩訶止觀 48_411_23

晚唐•摩訶止觀 48_412_21

晚唐•摩訶止觀 48_413_2

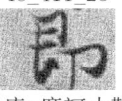

晚唐·摩訶止觀 48_413_7
晚唐·摩訶止觀 48_413_11
晚唐·摩訶止觀 48_413_17
晚唐·摩訶止觀 48_413_22
晚唐·摩訶止觀 48_414_2
晚唐·摩訶止觀 60_503_7
晚唐·摩訶止觀 60_505_14
晚唐·摩訶止觀 60_507_3

晚唐·摩訶止觀 60_510_6
晚唐·摩訶止觀 61_516_8
晚唐·摩訶止觀 61_516_19
晚唐·摩訶止觀 61_516_27
晚唐·摩訶止觀 61_517_12
晚唐·摩訶止觀 62_519_19
五代·大毗盧經 7_81_14
五代·大毗盧經 7_88_6

五代·大毗盧經 12_143_1
五代·大毗盧經 16_210_16
五代·大毗盧經 17_225_26
五代·大毗盧經 19_249_24
五代·大毗盧經 19_249_25
五代·大毗盧經 23_299_19
五代·大毗盧經 24_305_12
五代·大毗盧經 24_307_23

五代·大毗盧經 24_309_7
五代·大毗盧經 25_319_16
五代·大毗盧經 25_319_25
五代·大毗盧經 25_320_29
五代·大毗盧經 26_326_29
五代·大毗盧經 27_337_42
五代·大毗盧經 27_341_17
五代·大毗盧經 39_453_11

五代·大毗盧經 42_508_4
五代·大毗盧經 43_518_1
五代·大毗盧經 47_573_16
五代·大毗盧經 47_576_4
五代·大毗盧經 47_581_17
五代·大毗盧經 48_586_31
五代·大毗盧經 49_602_19
五代·大毗盧經 52_643_12

五代·大毗盧經 55_671_2
五代·大毗盧經 55_671_20
五代·大毗盧經 55_673_35
五代·大毗盧經 58_713_24
五代·大毗盧經 62_766_7
五代·大毗盧經 64_807_1
五代·大毗盧經 65_817_18
五代·大毗盧經 65_818_28

五代·大毗盧經 68_851_2
五代·大毗盧經 72_890_12
五代·大毗盧經 73_896_23
五代·大毗盧經 73_897_21
五代·大毗盧經 73_903_1
五代·大毗盧經 73_905_4
五代·大毗盧經 74_914_14
五代·大毗盧經 78_944_8

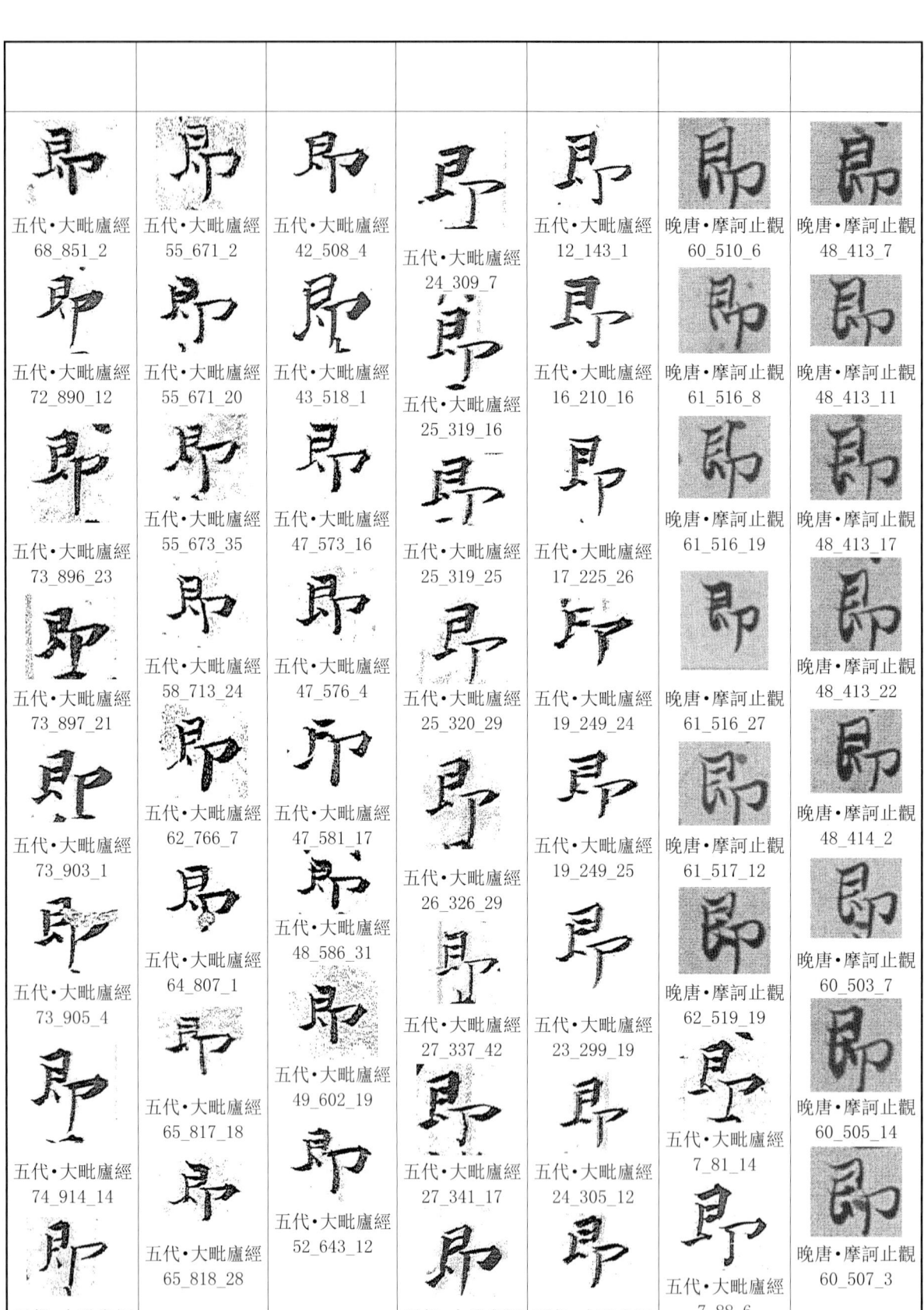

# 卷

吳カン 漢ケン
訓まく

五代・大毗盧經
84_1025_21

五代・大毗盧經
85_1041_8

五代・大毗盧經
87_1063_7

五代・大毗盧經
87_1066_3

五代・大毗盧經
94_1150_4

五代・大毗盧經
96_1171_29

五代・大毗盧經
96_1178_1

五代・大毗盧經
97_1184_22

初唐・十誦律
1_1_7

初唐・十誦律
19_364_4

初唐・十誦律
19_373_7

初唐・般若經
2_2_9

中唐・翰苑
1_1_3

中唐・翰苑
24_322_11

中唐・般若經
19_340_9

晚唐・摩訶止觀
1_1_5

晚唐・摩訶止觀
13_112_4

晚唐・摩訶止觀
13_115_7

晚唐・摩訶止觀
35_307_1

晚唐・摩訶止觀
50_423_21

晚唐・摩訶止觀
58_492_7

晚唐・摩訶止觀
62_523_5

五代・密教部類
3_27_14

五代・密教部類
3_28_5

五代・密教部類
3_29_5

五代・密教部類
3_29_15

五代・密教部類
3_30_7

五代・密教部類
3_32_20

五代・密教部類
3_33_13

五代・密教部類
3_34_13

五代・密教部類
3_35_13

五代・密教部類
3_36_17

五代・密教部類
3_37_13

五代・密教部類
3_38_13

五代・密教部類
3_39_13

五代・密教部類
3_41_8

五代・密教部類
3_41_20

五代・密教部類
4_43_11

五代・密教部類
4_44_14

五代・密教部類
4_45_15

五代・密教部類
4_46_8

五代・密教部類
4_47_8

五代・密教部類
4_48_15

五代・密教部類
4_49_11

五代・密教部類
4_50_8

五代・密教部類
4_51_8

五代・密教部類
4_53_11

五代・密教部類
4_55_6

五代・密教部類
4_56_14

五代・密教部類
4_57_12

五代・密教部類
5_58_8

五代・密教部類
5_59_7

五代・密教部類
5_60_7

五代・密教部類
5_62_14

五代・密教部類
5_62_34

五代・密教部類
5_63_9

| 卿 | 卻 | 卸 | | | | |
|---|---|---|---|---|---|---|
| 漢ケイ呉キョウ<br>訓きみ | 漢キャク<br>訓しりぞく | シャ<br>訓おろす | | | | |
| <br>初唐•古文尚書<br>9_72_14 | <br>攘卻也<br>初唐•禮記正義<br>12_186_17 | <br>郵亭<br>中唐・翰苑<br>5_61_12 | 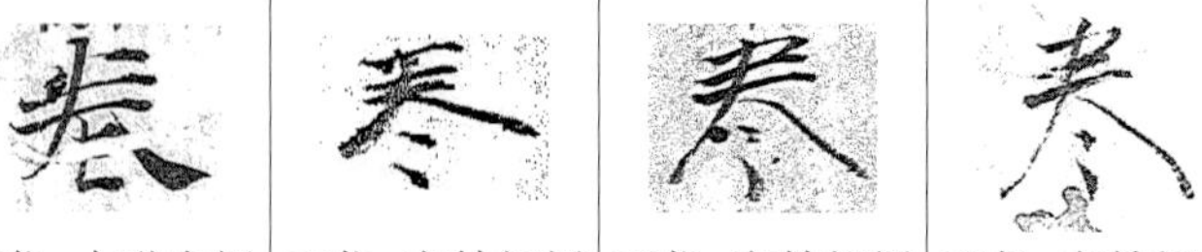<br>五代•大毗盧經<br>71_864_10 | 五代•密教部類<br>6_89_38 | 五代•密教部類<br>6_82_10 | 五代•密教部類<br>5_71_13 |
| <br>初唐•古文尚書<br>15_138_11 | <br>初唐•禮記正義<br>12_187_11 | | | <br>五代•大毗盧經<br>1_1_13 | <br>五代•密教部類<br>6_83_11 | <br>五代•密教部類<br>5_73_22 |
| <br>初唐•古文尚書<br>16_153_13 | <br>初唐•禮記正義<br>13_203_28 | | | <br>五代•大毗盧經<br>2_3_14 | <br>五代•密教部類<br>6_84_11 | <br>五代•密教部類<br>6_77_14 |
| <br>初唐•古文尚書<br>27_260_13 | <br>中唐・翰苑<br>4_48_10 | | | <br>五代•大毗盧經<br>33_408_7 | <br>五代•密教部類<br>6_85_10 | <br>五代•密教部類<br>6_78_10 |
| <br>初唐•古文尚書<br>27_261_7 | <br>中唐・翰苑<br>4_49_8 | | | <br>五代•大毗盧經<br>34_409_13 | <br>五代•密教部類<br>6_86_9 | <br>五代•密教部類<br>6_79_10 |
| <br>初唐•古文尚書<br>27_264_21 | <br>晚唐•摩訶止觀<br>23_200_15 | | | <br>五代•大毗盧經<br>35_411_7 | <br>五代•密教部類<br>6_87_11 | <br>五代•密教部類<br>6_79_15 |
| <br>初唐•古文尚書<br>27_265_10 | <br>晚唐•摩訶止觀<br>32_275_23 | | | <br>五代•大毗盧經<br>69_861_9 | <br>五代•密教部類<br>6_88_12 | <br>五代•密教部類<br>6_80_10 |
| <br>初唐•古文尚書<br>27_266_6 | <br>五代•大毗盧經<br>37_437_2 | | | <br>五代•大毗盧經<br>70_862_13 | <br>五代•密教部類<br>6_89_18 | <br>五代•密教部類<br>6_80_15 |

| | | | | | | |
|---|---|---|---|---|---|---|
| | | | <br>初唐•禮記正義<br>30_463_1 | <br>初唐•禮記正義<br>25_388_19 | <br>初唐•禮記正義<br>14_217_20 | <br>初唐•古文尚書<br>31_294_24 |
| | | | <br>中唐・翰苑<br>8_102_41 | <br>初唐•禮記正義<br>25_389_18 | <br>初唐•禮記正義<br>14_219_13 | <br>初唐•古文尚書<br>39_380_12 |
| | | | <br>中唐・翰苑<br>21_275_40 | <br>初唐•禮記正義<br>26_390_14 | <br>初唐•禮記正義<br>14_219_27 | <br>初唐・毛詩傳<br>8_82_12 |
| | | | <br>中唐・翰苑<br>23_302_18 | <br>初唐•禮記正義<br>26_390_17 | <br>初唐•禮記正義<br>14_220_12 | <br>初唐・毛詩傳<br>8_83_14 |
| | | | | <br>初唐•禮記正義<br>26_390_21 | <br>初唐•禮記正義<br>14_220_21 | <br>初唐・毛詩傳<br>9_92_25 |
| | | | | <br>初唐•禮記正義<br>27_417_25 | <br>初唐•禮記正義<br>14_221_24 | <br>初唐・毛詩傳<br>9_94_6 |
| | | | | <br>初唐•禮記正義<br>27_417_27 | <br>初唐•禮記正義<br>24_357_27 | <br>初唐•禮記正義<br>13_201_4 |
| | | | | 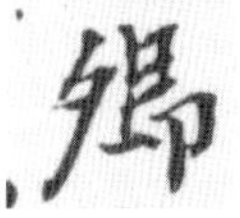<br>初唐•禮記正義<br>27_418_23 | <br>初唐•禮記正義<br>24_361_13 | <br>初唐•禮記正義<br>14_217_15 |

# 刀部

## 刀

現トウ
訓かたな

- 中唐・翰苑 17_216_26
- 中唐・翰苑 24_315_2
- 中唐・翰苑 24_319_1
- 中唐・翰苑 24_319_15
- 中唐・翰苑 25_325_24
- 中唐・翰苑 25_330_6
- 晩唐・摩訶止觀 5_40_15
- 晩唐・摩訶止觀 21_182_9
- 五代・大毗盧經 3_32_8
- 五代・大毗盧經 23_298_3
- 五代・大毗盧經 23_298_15
- 五代・大毗盧經 23_299_18
- 五代・大毗盧經 50_620_10
- 五代・大毗盧經 59_730_4
- 五代・大毗盧經 59_730_10
- 五代・大毗盧經 60_743_4
- 五代・大毗盧經 67_838_3
- 五代・大毗盧經 73_900_4
- 五代・大毗盧經 74_909_9
- 五代・大毗盧經 77_936_10
- 五代・大毗盧經 82_996_27
- 五代・大毗盧經 84_1021_12
- 五代・大毗盧經 84_1021_17
- 五代・大毗盧經 93_1144_12

## 刃

漢ジン呉ニン
訓やいば

- 中唐・翰苑 3_22_17
- 中唐・翰苑 7_91_20

## 切

漢現セツ呉現サイ
訓きる

- 初唐・古文尚書 19_176_29
- 初唐・禮記正義 13_199_13
- 初唐・十誦律 8_138_4
- 初唐・十誦律 9_159_1
- 初唐・十誦律 10_175_9
- 初唐・十誦律 10_181_5
- 初唐・十誦律 10_182_2
- 初唐・十誦律 11_199_9
- 初唐・十誦律 11_204_17
- 初唐・十誦律 11_212_9
- 初唐・十誦律 11_213_17
- 初唐・十誦律 12_221_5
- 初唐・般若經 5_65_17
- 初唐・般若經 6_69_2
- 初唐・般若經 6_70_15
- 初唐・般若經 6_72_12

| | | | | | | |
|---|---|---|---|---|---|---|
| 晚唐•摩訶止觀 6_49_11 | 中唐・般若經 13_215_3 | 中唐・般若經 12_208_7 | 初唐・般若經 27_419_10 | 初唐・般若經 8_106_9 | 初唐・般若經 7_89_16 | 初唐・般若經 6_73_16 |
| 晚唐•摩訶止觀 7_62_22 | 中唐・般若經 13_215_16 | 中唐・般若經 12_209_2 | 初唐・般若經 27_420_4 | 初唐・般若經 8_107_12 | 初唐・般若經 7_92_15 | 初唐・般若經 6_76_3 |
| 晚唐•摩訶止觀 7_63_21 | 中唐・般若經 13_216_10 | 中唐・般若經 12_209_12 | 初唐・般若經 27_421_4 | 初唐・般若經 8_111_9 | 初唐・般若經 7_94_9 | 初唐・般若經 6_77_10 |
| 晚唐•摩訶止觀 8_68_24 | 中唐・般若經 13_217_5 | 中唐・般若經 13_210_6 | 初唐・般若經 27_421_15 | 初唐・般若經 8_113_2 | 初唐・般若經 7_96_7 | 初唐・般若經 6_79_8 |
| 晚唐•摩訶止觀 8_69_2 | 中唐・般若經 13_217_15 | 中唐・般若經 13_210_15 | 中唐・翰苑 10_121_20 | 初唐・般若經 8_115_3 | 初唐・般若經 7_97_10 | 初唐・般若經 6_80_11 |
| 晚唐•摩訶止觀 8_69_6 | 中唐・般若經 13_218_11 | 中唐・般若經 13_211_10 | 中唐・般若經 3_35_3 | 初唐・般若經 9_116_7 | 初唐・般若經 8_101_2 | 初唐・般若經 6_83_15 |
| 晚唐•摩訶止觀 8_69_10 | 中唐・般若經 18_316_5 | 中唐・般若經 13_212_3 | 中唐・般若經 4_39_6 | 初唐・般若經 9_118_9 | 初唐・般若經 8_103_1 | 初唐・般若經 7_85_9 |
| 晚唐•摩訶止觀 9_82_6 | 中唐・般若經 18_317_2 | 中唐・般若經 13_212_15 | 中唐・般若經 4_47_13 | 初唐・般若經 9_119_15 | 初唐・般若經 8_104_12 | 初唐・般若經 7_88_9 |

晚唐•摩訶止觀 12_102_10
晚唐•摩訶止觀 12_105_15
晚唐•摩訶止觀 12_105_19
晚唐•摩訶止觀 15_130_13
晚唐•摩訶止觀 15_132_11
晚唐•摩訶止觀 15_132_24
晚唐•摩訶止觀 19_166_14
晚唐•摩訶止觀 22_187_5
晚唐•摩訶止觀 23_203_4
晚唐•摩訶止觀 26_223_2
晚唐•摩訶止觀 26_224_4
晚唐•摩訶止觀 26_225_6
晚唐•摩訶止觀 26_226_8
晚唐•摩訶止觀 28_243_3
晚唐•摩訶止觀 28_244_25
晚唐•摩訶止觀 29_249_2
晚唐•摩訶止觀 30_259_13
晚唐•摩訶止觀 32_282_23
晚唐•摩訶止觀 34_294_12
晚唐•摩訶止觀 37_316_13
晚唐•摩訶止觀 37_324_25
晚唐•摩訶止觀 38_325_2
晚唐•摩訶止觀 41_356_6
晚唐•摩訶止觀 47_405_6
晚唐•摩訶止觀 48_407_16
晚唐•摩訶止觀 49_418_11
晚唐•摩訶止觀 49_420_24
晚唐•摩訶止觀 49_421_8
晚唐•摩訶止觀 49_421_17
晚唐•摩訶止觀 50_423_26
晚唐•摩訶止觀 52_439_11
晚唐•摩訶止觀 52_439_22
晚唐•摩訶止觀 52_441_21
晚唐•摩訶止觀 52_443_4
晚唐•摩訶止觀 53_449_14
晚唐•摩訶止觀 53_450_15
晚唐•摩訶止觀 53_450_19
晚唐•摩訶止觀 54_456_21
晚唐•摩訶止觀 55_462_4
晚唐•摩訶止觀 55_468_3
晚唐•摩訶止觀 56_473_27
晚唐•摩訶止觀 56_475_8
晚唐•摩訶止觀 56_476_3
晚唐•摩訶止觀 57_479_24
晚唐•摩訶止觀 58_489_26
晚唐•摩訶止觀 58_489_29
晚唐•摩訶止觀 58_492_26
晚唐•摩訶止觀 59_501_12
晚唐•摩訶止觀 61_517_7
五代•密教部類 3_32_5
五代•密教部類 3_34_20
五代•密教部類 5_64_4
五代•密教部類 5_65_2
五代•密教部類 5_66_6
五代•大毗盧經 2_9_16
五代•大毗盧經 3_22_4

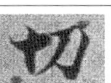

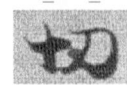

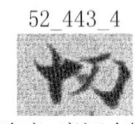

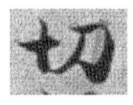

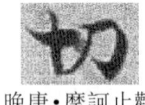

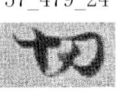

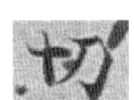

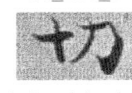

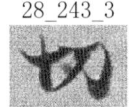

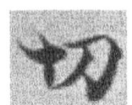

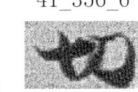

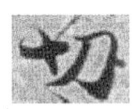

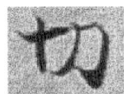

初唐•禮記正義
11_176_7

初唐•禮記正義
12_179_20

初唐•禮記正義
12_180_16

初唐•禮記正義
12_181_14

初唐•禮記正義
12_181_20

初唐•禮記正義
19_285_21

初唐•禮記正義
19_290_2

初唐•禮記正義
19_290_20

## 分 𠔁

漢現フン 呉現ブン 慣現ブ
訓わける

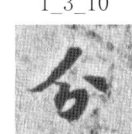

初唐•古文尚書
1_3_10

初唐•古文尚書
5_40_10

初唐•古文尚書
14_132_31

初唐•古文尚書
14_133_14

初唐•古文尚書
32_302_11

初唐 • 毛詩傳
4_38_11

初唐•禮記正義
2_25_18

初唐•禮記正義
7_102_7

## 刈 𠔁

漢ガイ
訓かる

初唐•古文尚書
34_322_26

初唐•古文尚書
42_409_2

五代•大毗盧經
90_1098_17

五代•大毗盧經
91_1109_11

五代•大毗盧經
94_1154_20

五代•大毗盧經
96_1172_11

五代•大毗盧經
96_1181_16

五代•大毗盧經
97_1186_4

五代•大毗盧經
97_1186_16

五代•大毗盧經
98_1201_17

五代•大毗盧經
68_856_7

五代•大毗盧經
68_856_27

五代•大毗盧經
72_880_30

五代•大毗盧經
72_891_20

五代•大毗盧經
73_895_2

五代•大毗盧經
82_1004_14

五代•大毗盧經
86_1051_27

五代•大毗盧經
88_1079_31

五代•大毗盧經
8_93_17

五代•大毗盧經
65_817_15

五代•大毗盧經
66_823_7

五代•大毗盧經
66_824_2

五代•大毗盧經
66_829_2

五代•大毗盧經
66_829_11

五代•大毗盧經
68_851_40

五代•大毗盧經
68_852_8

五代•大毗盧經
3_22_11

五代•大毗盧經
3_23_11

五代•大毗盧經
4_40_4

五代•大毗盧經
5_50_18

五代•大毗盧經
6_64_4

五代•大毗盧經
6_64_11

五代•大毗盧經
6_73_12

五代•大毗盧經
7_86_18

初唐•禮記正義 25_382_12

初唐•禮記正義 29_456_6

初唐・般若經 2_3_2

初唐・般若經 2_6_12

初唐・般若經 2_9_17

初唐・般若經 2_13_1

初唐・般若經 2_16_12

初唐・般若經 3_19_13

初唐・般若經 3_23_7

初唐・般若經 3_26_8

初唐・般若經 3_31_7

初唐・般若經 3_34_8

初唐・般若經 4_39_7

初唐・般若經 4_42_8

初唐・般若經 4_47_7

初唐・般若經 4_50_8

初唐・般若經 5_55_7

初唐・般若經 5_58_8

初唐・般若經 5_63_7

初唐・般若經 6_71_7

初唐・般若經 6_74_8

初唐・般若經 6_78_2

初唐・般若經 7_90_8

初唐・般若經 7_98_2

初唐・般若經 8_105_3

初唐・般若經 8_108_5

初唐・般若經 8_113_11

初唐・般若經 9_116_16

初唐・般若經 9_120_7

初唐・般若經 9_123_11

初唐・般若經 9_127_8

初唐・般若經 9_130_12

初唐・般若經 10_135_1

初唐・般若經 10_138_5

初唐・般若經 10_142_16

初唐・般若經 10_146_5

初唐・般若經 11_150_2

初唐・般若經 11_153_9

初唐・般若經 11_156_13

初唐・般若經 11_163_2

初唐・般若經 12_168_7

初唐・般若經 12_171_14

初唐・般若經 12_175_2

初唐・般若經 13_182_3

初唐・般若經 13_185_16

初唐・般若經 13_189_10

初唐・般若經 13_192_16

初唐・般若經 13_196_16

初唐・般若經 14_200_5

初唐・般若經 14_204_7

初唐・般若經 14_208_9

初唐・般若經 14_211_16

初唐・般若經 15_215_7

初唐・般若經 15_218_12

初唐・般若經 15_222_10

初唐・般若經 15_225_15

初唐・般若經
16_229_13

初唐・般若經
16_233_1

初唐・般若經
16_238_4

初唐・般若經
19_283_14

初唐・般若經
19_287_12

初唐・般若經
19_290_17

初唐・般若經
20_296_2

初唐・般若經
20_300_12

初唐・般若經
20_305_9

初唐・般若經
20_308_14

初唐・般若經
21_316_2

初唐・般若經
21_319_7

初唐・般若經
21_324_17

初唐・般若經
22_328_8

初唐・般若經
22_332_3

初唐・般若經
22_335_11

初唐・般若經
22_339_12

初唐・般若經
23_343_3

初唐・般若經
23_347_13

初唐・般若經
23_351_4

初唐・般若經
23_355_16

初唐・般若經
24_359_10

初唐・般若經
24_363_11

初唐・般若經
24_367_6

初唐・般若經
24_370_17

初唐・般若經
25_374_6

初唐・般若經
25_377_14

初唐・般若經
25_383_6

初唐・般若經
25_386_17

初唐・般若經
25_390_9

初唐・般若經
26_393_17

初唐・般若經
26_398_1

初唐・般若經
26_402_1

初唐・般若經
26_405_17

初唐・般若經
27_410_3

初唐・般若經
27_414_7

初唐・般若經
27_418_1

初唐・般若經
27_422_7

中唐・翰苑
3_23_37

中唐・翰苑
3_25_30

中唐・翰苑
6_71_4

中唐・翰苑
6_72_22

中唐・翰苑
7_81_26

中唐・翰苑
7_87_39

獄久者
中唐・翰苑
7_91_40

中唐・翰苑
9_106_21

中唐・翰苑
9_118_23

久遠
中唐・翰苑
10_121_1

非不欲久
中唐・翰苑
10_129_38

中唐・翰苑
15_195_11

中唐・翰苑
15_197_12

中唐・翰苑
23_300_43

中唐・翰苑
26_338_1

中唐・翰苑
27_357_26

中唐・翰苑
31_404_18

中唐・翰苑
32_419_56

中唐・翰苑
32_420_25

久矣
中唐・翰苑
35_453_7

中唐・翰苑
38_492_5

中唐・翰苑
38_493_42

中唐・翰苑
40_508_2

晚唐•摩訶止觀
1_4_4

晚唐•摩訶止觀
1_8_14

晚唐•摩訶止觀
2_18_18

晚唐•摩訶止觀
2_20_6

晚唐•摩訶止觀
2_20_11

晚唐•摩訶止觀
2_20_15

晚唐•摩訶止觀
7_58_1

晚唐•摩訶止觀
16_143_2

晚唐•摩訶止觀
17_149_1

晚唐•摩訶止觀
17_149_9

晚唐•摩訶止觀
18_155_14

晚唐•摩訶止觀
18_155_25

晚唐•摩訶止觀
19_162_2

晚唐•摩訶止觀
28_246_20

晚唐•摩訶止觀
29_254_25

晚唐•摩訶止觀
30_257_1

晚唐•摩訶止觀
31_271_6

晚唐•摩訶止觀
36_315_18

晚唐•摩訶止觀
36_315_27

晚唐•摩訶止觀
37_318_25

晚唐•摩訶止觀
37_319_21

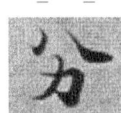

晚唐•摩訶止觀
40_342_11

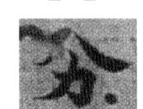

晚唐•摩訶止觀
42_358_26

晚唐•摩訶止觀
42_362_17

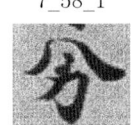

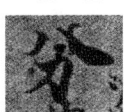

晚唐•摩訶止觀
43_366_22

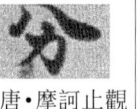

晚唐•摩訶止觀
43_370_23

晚唐•摩訶止觀
46_394_18

晚唐•摩訶止觀
46_395_19

晚唐•摩訶止觀
47_404_21

晚唐•摩訶止觀
47_405_11

晚唐•摩訶止觀
57_485_25

晚唐•摩訶止觀
58_487_6

晚唐•摩訶止觀
60_503_5

晚唐•摩訶止觀
60_506_13

晚唐•摩訶止觀
60_506_19

晚唐•摩訶止觀
60_506_23

晚唐•摩訶止觀
61_512_22

五代•密教部類
1_6_7

五代•大毗盧經
2_16_4

五代•大毗盧經
6_69_8

五代•大毗盧經
7_76_20

五代•大毗盧經
11_129_14

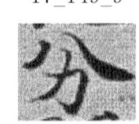

五代•大毗盧經
14_175_30

五代•大毗盧經
14_184_14

五代•大毗盧經
16_210_5

五代•大毗盧經
23_288_14

五代•大毗盧經
23_288_17

五代•大毗盧經
30_378_7

五代•大毗盧經
30_380_20

五代•大毗盧經
41_499_4

五代•大毗盧經
65_819_14

五代・大毗盧經 66_828_2
五代・大毗盧經 66_831_13
五代・大毗盧經 88_1072_37
五代・大毗盧經 88_1072_44
五代・大毗盧經 96_1178_19
五代・大毗盧經 96_1181_18
五代・大毗盧經 97_1196_15
五代・大毗盧經 97_1198_18

## 刊 㓩

現カン
訓けずる

中唐・翰苑 5_57_7

## 刑 㓝

漢現ケイ 呉ギョウ
訓のり

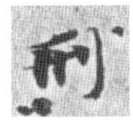

初唐・古文尚書 9_79_31
初唐・古文尚書 9_80_15
初唐・古文尚書 14_129_14
初唐・古文尚書 14_130_10
初唐・古文尚書 18_171_24
初唐・古文尚書 39_377_4
初唐・古文尚書 39_378_18
初唐・古文尚書 39_378_32

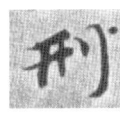

初唐・古文尚書 39_379_13
初唐・古文尚書 39_379_15
初唐・古文尚書 39_379_24
初唐・古文尚書 40_381_12
初唐・古文尚書 40_381_25
初唐・古文尚書 40_385_16
初唐・古文尚書 40_385_22
初唐・古文尚書 40_386_21

初唐・古文尚書 40_386_27
初唐・古文尚書 40_388_4
初唐・古文尚書 40_388_35
初唐・古文尚書 40_389_10
初唐・古文尚書 41_392_12
初唐・古文尚書 41_393_32
初唐・古文尚書 42_402_11
初唐・古文尚書 42_405_27

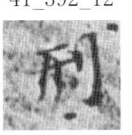

初唐・古文尚書 42_406_24
初唐・古文尚書 42_408_38
初唐・古文尚書 42_409_19
初唐・古文尚書 43_412_16
初唐・古文尚書 43_415_12
初唐・古文尚書 43_416_27
初唐・古文尚書 43_417_7
初唐・古文尚書 43_418_4

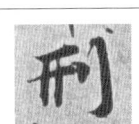

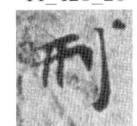

初唐・古文尚書 43_418_30
初唐・古文尚書 43_419_20
初唐・古文尚書 44_428_23
初唐・古文尚書 44_429_23
初唐・古文尚書 44_431_2
初唐・古文尚書 44_431_17
初唐・古文尚書 44_432_6
初唐・古文尚書 45_433_6

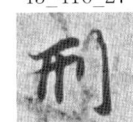

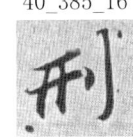

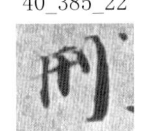

# 列

漢 現 レツ 呉 レチ
訓 わける

| | | | | | | |
|---|---|---|---|---|---|---|
| 初唐•古文尚書 23_219_4 | 初唐•古文尚書 48_468_27 | 初唐•古文尚書 47_462_29 | 初唐•古文尚書 47_456_21 | 初唐•古文尚書 46_453_18 | 初唐•古文尚書 46_447_1 | 初唐•古文尚書 45_434_21 |
| 初唐•古文尚書 23_219_26 | 初唐•古文尚書 49_475_36 | 初唐•古文尚書 47_463_5 | 初唐•古文尚書 47_456_28 | 初唐•古文尚書 46_453_24 | 初唐•古文尚書 46_447_14 | 初唐•古文尚書 45_434_32 |
| 初唐•古文尚書 26_256_14 | 初唐•古文尚書 49_476_17 | 初唐•古文尚書 47_463_8 | 初唐•古文尚書 47_457_7 | 初唐•古文尚書 46_454_4 | 初唐•古文尚書 46_447_18 | 初唐•古文尚書 45_435_13 |
| 初唐•古文尚書 27_262_29 | 初唐•古文尚書 49_478_20 | 初唐•古文尚書 47_463_21 | 初唐•古文尚書 47_460_1 | 初唐•古文尚書 47_455_3 | 初唐•古文尚書 46_448_7 | 初唐•古文尚書 45_435_16 |
| 初唐•古文尚書 44_423_5 | 中唐・翰苑 9_115_37 | 初唐•古文尚書 48_464_17 | 初唐•古文尚書 47_460_24 | 初唐•古文尚書 47_455_11 | 初唐•古文尚書 46_448_10 | 初唐•古文尚書 45_439_16 |
| 初唐•禮記正義 29_446_26 | 中唐・翰苑 17_219_26 | 初唐•古文尚書 48_465_19 | 初唐•古文尚書 47_460_31 | 初唐•古文尚書 47_456_2 | 初唐•古文尚書 46_450_9 | 初唐•古文尚書 45_440_4 |
| 初唐•禮記正義 29_448_6 | 中唐・翰苑 19_247_18 | 初唐•古文尚書 48_465_23 | 初唐•古文尚書 47_461_10 | 初唐•古文尚書 47_456_9 | 初唐•古文尚書 46_450_20 | 初唐•古文尚書 45_442_19 |
| 初唐•禮記正義 29_449_2 | 刊丸都之山 中唐・翰苑 22_294_21 | 初唐•古文尚書 48_465_31 | 初唐•古文尚書 47_461_19 | 初唐•古文尚書 47_456_15 | 初唐•古文尚書 46_450_23 | 初唐•古文尚書 45_443_12 |

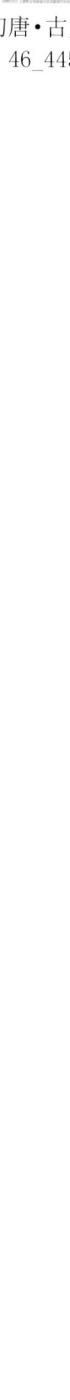

| | 別 | 刎 | 刖 | | | |
|---|---|---|---|---|---|---|
| | 慣ベツ 呉ベチ<br>訓わかれる | 慣フン 漢ブン<br>訓くびはねる | 漢ゲツ<br>訓あしきる | | | |
| 初唐•禮記正義<br>24_360_9 | 初唐•古文尚書<br>5_41_3 | 晚唐•摩訶止觀<br>10_85_9 | 初唐•古文尚書<br>46_445_18 | 中唐・翰苑<br>22_283_3 | 初唐•禮記正義<br>30_474_1 | 初唐•禮記正義<br>29_450_2 |
| 初唐•禮記正義<br>24_360_26 | 初唐•古文尚書<br>32_298_2 | | | 中唐・翰苑<br>31_404_26 | 初唐•禮記正義<br>30_475_13 | 初唐•禮記正義<br>29_450_13 |
| 初唐•禮記正義<br>24_361_20 | 初唐•古文尚書<br>32_299_2 | | | 中唐・翰苑<br>35_447_33 | 中唐・翰苑<br>2_20_20 | 初唐•禮記正義<br>29_457_25 |
| 初唐•禮記正義<br>24_362_19 | 初唐•古文尚書<br>46_450_14 | | | 五代•密教部類<br>1_8_1 | 中唐・翰苑<br>5_53_23 | 初唐•禮記正義<br>30_460_13 |
| 初唐・十誦律<br>3_45_13 | 初唐・毛詩傳<br>5_53_19 | | | 五代•密教部類<br>6_89_23 | 中唐・翰苑<br>5_54_1 | 初唐•禮記正義<br>30_464_9 |
| 初唐・十誦律<br>3_48_8 | 初唐•禮記正義<br>3_46_2 | | | 五代•大毗盧經<br>39_461_11 | 中唐・翰苑<br>16_214_17 | 初唐•禮記正義<br>30_466_6 |
| 初唐・十誦律<br>6_104_1 | 初唐•禮記正義<br>11_165_16 | | | 五代•大毗盧經<br>78_945_7 | 中唐・翰苑<br>20_263_3 | 初唐•禮記正義<br>30_470_20 |
| 初唐・十誦律<br>6_104_10 | 初唐•禮記正義<br>24_359_19 | | | | 中唐・翰苑<br>21_282_18 | 初唐•禮記正義<br>30_472_1 |

初唐・十誦律
6_107_4

初唐・十誦律
6_108_4

初唐・十誦律
6_109_3

初唐・十誦律
6_110_13

初唐・十誦律
8_136_2

初唐・十誦律
8_137_13

初唐・十誦律
8_137_17

初唐・十誦律
9_155_17

初唐・十誦律
9_158_10

初唐・十誦律
9_158_14

初唐・十誦律
9_170_7

初唐・十誦律
9_173_2

初唐・十誦律
9_173_16

初唐・十誦律
14_270_1

初唐・十誦律
14_270_3

初唐・十誦律
19_357_15

初唐・十誦律
19_357_16

初唐・般若經
2_6_14

初唐・般若經
2_10_2

初唐・般若經
2_13_3

初唐・般若經
2_16_14

初唐・般若經
3_19_15

初唐・般若經
3_23_9

初唐・般若經
3_26_10

初唐・般若經
3_31_9

初唐・般若經
3_34_10

初唐・般若經
4_39_9

初唐・般若經
4_42_10

初唐・般若經
4_47_9

初唐・般若經
4_50_10

初唐・般若經
5_55_9

初唐・般若經
5_58_10

初唐・般若經
5_63_9

初唐・般若經
5_66_10

初唐・般若經
6_71_9

初唐・般若經
6_74_10

初唐・般若經
6_78_4

初唐・般若經
6_81_5

初唐・般若經
7_86_3

初唐・般若經
7_90_10

初唐・般若經
7_95_3

初唐・般若經
7_98_4

初唐・般若經
8_105_5

初唐・般若經
8_108_7

初唐・般若經
8_113_13

初唐・般若經
9_117_1

初唐・般若經
9_120_9

初唐・般若經
9_123_13

初唐・般若經
9_127_10

初唐・般若經
9_130_14

初唐・般若經
10_135_3

初唐・般若經
10_138_7

初唐・般若經
10_142_18

初唐・般若經
10_146_7

初唐・般若經
11_150_4

初唐・般若經
11_153_11

初唐・般若經
25_387_2

初唐・般若經
25_390_11

初唐・般若經
26_394_2

初唐・般若經
26_398_3

初唐・般若經
26_402_3

初唐・般若經
26_406_2

初唐・般若經
27_410_5

初唐・般若經
27_414_9

初唐・般若經
27_418_3

初唐・般若經
27_422_9

中唐・翰苑
7_81_24

中唐・翰苑
12_146_1

中唐・翰苑
12_146_37

中唐・翰苑
13_171_1

中唐・翰苑
13_172_13

中唐・翰苑
18_235_22

中唐・翰苑
19_242_38

中唐・翰苑
19_245_18

中唐・翰苑
24_310_10

中唐・翰苑
29_375_36

中唐・翰苑
35_455_29

中唐・翰苑
43_550_37

晚唐•摩訶止觀
2_18_19

晚唐•摩訶止觀
5_43_11

晚唐•摩訶止觀
6_49_22

晚唐•摩訶止觀
6_54_14

晚唐•摩訶止觀
6_55_9

晚唐•摩訶止觀
7_58_2

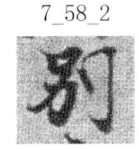

晚唐•摩訶止觀
13_117_20

晚唐•摩訶止觀
14_122_4

晚唐•摩訶止觀
15_130_3

晚唐•摩訶止觀
16_137_8

晚唐•摩訶止觀
16_143_3

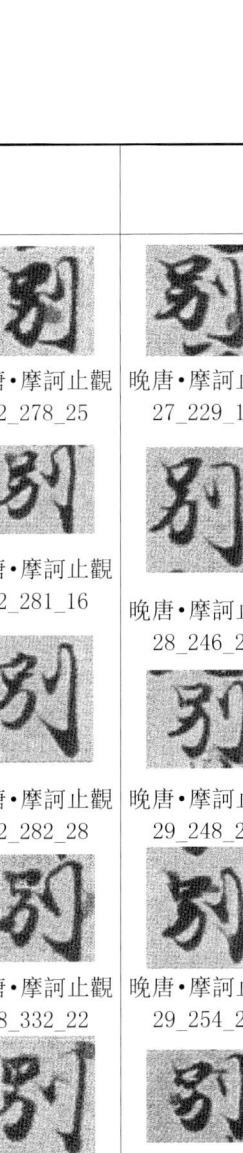

晚唐•摩訶止觀
17_146_8

晚唐•摩訶止觀
17_146_11

晚唐•摩訶止觀
17_152_17

晚唐•摩訶止觀
17_152_23

晚唐•摩訶止觀
18_154_15

晚唐•摩訶止觀
20_177_16

晚唐•摩訶止觀
27_229_6

晚唐•摩訶止觀
27_229_10

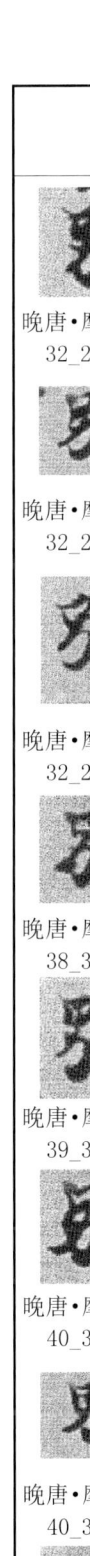

晚唐•摩訶止觀
28_246_21

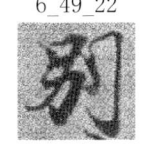

晚唐•摩訶止觀
29_248_20

晚唐•摩訶止觀
29_254_26

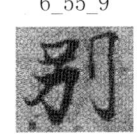

晚唐•摩訶止觀
30_257_2

晚唐•摩訶止觀
30_262_12

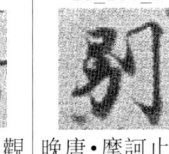

晚唐•摩訶止觀
31_270_24

晚唐•摩訶止觀
31_271_7

晚唐•摩訶止觀
32_278_25

晚唐•摩訶止觀
32_281_16

晚唐•摩訶止觀
32_282_28

晚唐•摩訶止觀
38_332_22

晚唐•摩訶止觀
39_335_17

晚唐•摩訶止觀
40_342_12

晚唐•摩訶止觀
40_348_12

晚唐•摩訶止觀
41_354_15

# 利 𥝢

現 り
訓 きく

中唐・翰苑
40_508_36

晚唐・摩訶止觀
1_8_16

晚唐・摩訶止觀
3_23_4

晚唐・摩訶止觀
11_96_26

晚唐・摩訶止觀
22_187_25

晚唐・摩訶止觀
24_210_10

晚唐・摩訶止觀
27_237_21

晚唐・摩訶止觀
31_269_5

中唐・翰苑
9_111_2

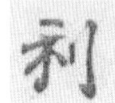

中唐・翰苑
9_114_3

中唐・翰苑
9_117_39

中唐・翰苑
13_160_19

列口
中唐・翰苑
20_262_33

中唐・翰苑
27_351_38

中唐・翰苑
32_416_15

中唐・翰苑
33_423_17

初唐・古文尚書
39_371_10

初唐・十誦律
4_64_11

初唐・十誦律
4_68_11

初唐・十誦律
8_140_4

中唐・翰苑
3_22_35

中唐・翰苑
4_45_17

中唐・翰苑
8_95_2

中唐・翰苑
8_95_13

初唐・古文尚書
9_76_15

初唐・古文尚書
12_103_28

初唐・古文尚書
12_104_7

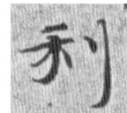

初唐・古文尚書
12_107_14

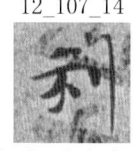

初唐・古文尚書
18_174_7

初唐・古文尚書
32_304_10

初唐・古文尚書
32_305_5

初唐・古文尚書
32_305_16

五代・大毗盧經
27_343_17

五代・大毗盧經
65_817_27

五代・大毗盧經
67_835_20

五代・大毗盧經
77_932_11

五代・大毗盧經
78_944_6

晚唐・摩訶止觀
47_405_12

晚唐・摩訶止觀
49_418_4

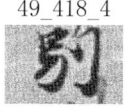

晚唐・摩訶止觀
57_483_7

晚唐・摩訶止觀
57_483_13

晚唐・摩訶止觀
57_483_16

晚唐・摩訶止觀
61_511_20

五代・密教部類
5_72_17

五代・大毗盧經
7_78_15

晚唐・摩訶止觀
41_354_27

晚唐・摩訶止觀
42_359_1

晚唐・摩訶止觀
43_366_23

晚唐・摩訶止觀
43_370_24

晚唐・摩訶止觀
46_393_29

晚唐・摩訶止觀
46_394_19

晚唐・摩訶止觀
46_394_25

晚唐・摩訶止觀
47_404_22

初 判

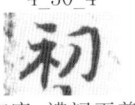

| 初 | 判 | | | | | |
|---|---|---|---|---|---|---|
| 漢ショ 呉ソ<br>訓はじめ | ハン 慣バン<br>訓わける | | | | | |
| 初唐•禮記正義<br>4_50_4<br>初唐•禮記正義<br>4_65_20<br>初唐•禮記正義<br>4_65_26<br>初唐•禮記正義<br>4_66_20<br>初唐•禮記正義<br>7_99_5<br>初唐•禮記正義<br>9_145_5<br>初唐•禮記正義<br>9_145_25<br>初唐•禮記正義<br>12_184_9 | 晚唐•摩訶止觀<br>61_511_19<br>晚唐•摩訶止觀<br>61_511_24<br>晚唐•摩訶止觀<br>61_517_13 | 五代•大毗盧經<br>93_1145_10<br>五代•大毗盧經<br>93_1147_2<br>五代•大毗盧經<br>94_1148_12<br>五代•大毗盧經<br>96_1180_41<br>五代•大毗盧經<br>97_1184_45 | 五代•大毗盧經<br>63_787_10<br>五代•大毗盧經<br>63_787_17<br>五代•大毗盧經<br>63_790_19<br>五代•大毗盧經<br>65_813_32<br>五代•大毗盧經<br>71_874_14<br>五代•大毗盧經<br>72_880_17<br>五代•大毗盧經<br>85_1036_15<br>五代•大毗盧經<br>92_1128_7 | 五代•大毗盧經<br>50_615_15<br>五代•大毗盧經<br>51_625_4<br>五代•大毗盧經<br>55_670_1<br>五代•大毗盧經<br>57_695_22<br>五代•大毗盧經<br>59_730_9<br>五代•大毗盧經<br>60_739_14<br>五代•大毗盧經<br>60_745_25<br>五代•大毗盧經<br>61_750_45 | 五代•大毗盧經<br>4_38_10<br>五代•大毗盧經<br>4_46_17<br>五代•大毗盧經<br>6_64_8<br>五代•大毗盧經<br>17_216_15<br>五代•大毗盧經<br>23_298_17<br>五代•大毗盧經<br>30_385_15<br>五代•大毗盧經<br>42_506_4<br>五代•大毗盧經<br>46_568_11 | 晚唐•摩訶止觀<br>40_343_16<br>晚唐•摩訶止觀<br>40_343_27<br>晚唐•摩訶止觀<br>40_345_11<br>晚唐•摩訶止觀<br>40_345_22<br>晚唐•摩訶止觀<br>55_466_13<br>晚唐•摩訶止觀<br>55_467_8<br>晚唐•摩訶止觀<br>55_468_13<br>五代•大毗盧經<br>2_11_4 |

初唐•禮記正義 12_192_23
初唐•禮記正義 13_205_5
初唐•禮記正義 14_213_12
初唐•禮記正義 21_315_6
初唐•禮記正義 25_379_6
初唐•禮記正義 25_381_14
初唐 • 十誦律 6_100_11
初唐 • 十誦律 6_102_8

初唐 • 般若經 2_3_1
中唐 • 翰苑 3_35_33
中唐 • 翰苑 4_48_14
中唐 • 翰苑 6_76_16
中唐 • 翰苑 8_96_15
中唐 • 翰苑 9_109_30
中唐 • 翰苑 11_134_18
中唐 • 翰苑 11_134_37

中唐 • 翰苑 12_156_17
中唐 • 翰苑 12_156_29
中唐 • 翰苑 13_162_8
中唐 • 翰苑 13_166_12
中唐 • 翰苑 15_192_2
中唐 • 翰苑 15_192_18
中唐 • 翰苑 15_198_25
中唐 • 翰苑 16_210_13

中唐 • 翰苑 20_265_39
中唐 • 翰苑 23_300_4
中唐 • 翰苑 23_302_37
中唐 • 翰苑 23_307_9
中唐 • 翰苑 32_408_16
中唐 • 翰苑 32_414_5
中唐 • 翰苑 33_422_8
中唐 • 翰苑 33_422_23

中唐 • 翰苑 33_423_5
中唐 • 翰苑 35_456_20
中唐 • 翰苑 35_457_26
中唐 • 翰苑 38_483_32
中唐 • 翰苑 38_490_40
中唐 • 翰苑 39_499_17
中唐 • 翰苑 42_541_9
晚唐•摩訶止觀 2_11_3

晚唐•摩訶止觀 3_28_5
晚唐•摩訶止觀 3_29_8
晚唐•摩訶止觀 4_37_16
晚唐•摩訶止觀 4_38_13
晚唐•摩訶止觀 5_39_16
晚唐•摩訶止觀 5_42_21
晚唐•摩訶止觀 6_50_5
晚唐•摩訶止觀 6_55_4

晚唐•摩訶止觀 7_56_23
晚唐•摩訶止觀 8_68_18
晚唐•摩訶止觀 11_95_1
晚唐•摩訶止觀 17_147_9
晚唐•摩訶止觀 18_159_18
晚唐•摩訶止觀 18_159_25
晚唐•摩訶止觀 18_160_14
晚唐•摩訶止觀 19_162_22

## 剌 　　　　　 㓟

| 漢 ラツ<br>訓 もとる | ヒ<br>訓 はぐ | | | | | |
|---|---|---|---|---|---|---|
| 初唐・毛詩傳<br>1_2_3 | 晚唐・摩訶止觀<br>29_248_22 | 五代・大毗盧經<br>25_322_15 | 五代・大毗盧經<br>8_96_21 | 晚唐・摩訶止觀<br>57_484_16 | 晚唐・摩訶止觀<br>56_472_3 | 晚唐・摩訶止觀<br>19_167_1 |
| 初唐・毛詩傳<br>3_22_4 | | 五代・大毗盧經<br>35_415_16 | 五代・大毗盧經<br>12_145_8 | 晚唐・摩訶止觀<br>57_485_11 | 晚唐・摩訶止觀<br>56_478_24 | 晚唐・摩訶止觀<br>19_167_11 |
| 初唐・毛詩傳<br>3_26_5 | | 五代・大毗盧經<br>47_576_10 | 五代・大毗盧經<br>13_161_2 | 晚唐・摩訶止觀<br>57_486_10 | 晚唐・摩訶止觀<br>57_480_8 | 晚唐・摩訶止觀<br>20_174_7 |
| 初唐・毛詩傳<br>4_38_4 | | 五代・大毗盧經<br>47_580_5 | 五代・大毗盧經<br>14_182_16 | 晚唐・摩訶止觀<br>60_503_18 | 晚唐・摩訶止觀<br>57_482_5 | 晚唐・摩訶止觀<br>24_204_20 |
| 初唐・毛詩傳<br>5_50_3 | | 五代・大毗盧經<br>71_866_13 | 五代・大毗盧經<br>15_189_29 | 晚唐・摩訶止觀<br>60_504_20 | 晚唐・摩訶止觀<br>57_482_14 | 晚唐・摩訶止觀<br>27_235_26 |
| 初唐・毛詩傳<br>6_60_3 | | 五代・大毗盧經<br>85_1045_21 | 五代・大毗盧經<br>17_225_8 | 晚唐・摩訶止觀<br>61_516_1 | 晚唐・摩訶止觀<br>57_482_23 | 晚唐・摩訶止觀<br>28_239_17 |
| 初唐・毛詩傳<br>7_76_3 | | | 五代・大毗盧經<br>23_292_11 | 五代・大毗盧經<br>6_69_12 | 晚唐・摩訶止觀<br>57_483_27 | 晚唐・摩訶止觀<br>41_353_16 |
| 初唐・毛詩傳<br>8_89_3 | | | 五代・大毗盧經<br>24_310_16 | 五代・大毗盧經<br>6_72_5 | 晚唐・摩訶止觀<br>57_484_13 | 晚唐・摩訶止觀<br>56_470_11 |

# 到

現 トウ
訓 いたる

初唐・毛詩傳 8_89_8
初唐・毛詩傳 9_99_3
初唐•禮記正義 14_223_14
初唐•禮記正義 14_223_21
中唐・翰苑 11_140_27
中唐・翰苑 11_142_43
中唐・翰苑 15_196_44
中唐・翰苑 21_276_39

中唐・翰苑 23_301_20
中唐・翰苑 35_446_27
中唐・翰苑 36_461_1
中唐・翰苑 36_464_42
中唐・翰苑 40_514_9
中唐・翰苑 40_516_12
中唐・翰苑 41_528_24
晚唐•摩訶止觀 36_308_25

初唐•古文尚書 27_268_12
初唐•禮記正義 14_220_20
初唐・十誦律 2_28_9
初唐・十誦律 3_37_4
初唐・十誦律 4_55_14
初唐・十誦律 5_85_14
初唐・十誦律 6_94_11
初唐・十誦律 7_120_5

初唐・十誦律 7_122_9
初唐・十誦律 7_123_1
初唐・十誦律 7_123_7
初唐・十誦律 7_127_14
初唐・十誦律 7_128_5
初唐・十誦律 7_129_4
初唐・十誦律 7_129_12
初唐・十誦律 7_130_16

初唐・十誦律 8_146_7
初唐・十誦律 8_147_4
初唐・十誦律 8_148_13
初唐・十誦律 8_149_3
初唐・十誦律 8_150_6
初唐・十誦律 9_169_8
初唐・十誦律 11_201_15
初唐・十誦律 11_207_2

初唐・十誦律 11_208_14
初唐・十誦律 11_214_10
初唐・十誦律 19_361_8
中唐・翰苑 5_56_17
中唐・翰苑 6_68_19
中唐・翰苑 8_97_17
中唐・翰苑 31_405_13
中唐・翰苑 31_407_4

中唐・翰苑 32_419_7
中唐・翰苑 35_446_40
中唐・翰苑 41_520_32
晚唐•摩訶止觀 33_285_17
晚唐•摩訶止觀 33_286_21
晚唐•摩訶止觀 51_436_28
晚唐•摩訶止觀 61_512_20
晚唐•摩訶止觀 61_514_24

五代•大毗盧經
9_109_5

五代•大毗盧經
98_1211_11

## 制

漢 現 セイ
訓 きる

初唐•古文尚書
9_76_7

初唐•古文尚書
9_77_4

初唐•古文尚書
17_165_11

初唐•古文尚書
25_247_23

初唐•古文尚書
33_310_20

初唐•古文尚書
33_311_16

初唐•古文尚書
40_385_14

初唐•古文尚書
40_386_18

初唐•古文尚書
40_388_37

初唐•古文尚書
40_389_12

初唐•古文尚書
42_405_23

初唐•古文尚書
42_406_20

初唐•古文尚書
43_418_28

初唐•古文尚書
43_419_18

初唐•古文尚書
46_448_21

初唐•禮記正義
5_75_3

初唐•禮記正義
6_95_20

初唐•禮記正義
7_102_4

初唐•禮記正義
10_153_6

初唐•禮記正義
10_154_2

初唐•禮記正義
26_393_22

初唐•禮記正義
29_445_1

初唐•禮記正義
29_456_25

初唐•禮記正義
30_465_10

中唐・翰苑
9_116_25

中唐・翰苑
10_120_9

中唐・翰苑
10_123_22

中唐・翰苑
20_264_19

中唐・翰苑
21_271_14

中唐・翰苑
23_301_37

中唐・翰苑
29_376_23

中唐・翰苑
35_451_1

中唐・翰苑
35_457_22

中唐・翰苑
39_504_41

中唐・翰苑
42_541_3

中唐・翰苑
43_555_32

中唐・翰苑
44_563_10

五代•大毗盧經
8_95_1

五代•大毗盧經
56_689_18

## 刻

現 コク
訓 きざむ

初唐•古文尚書
18_170_11

初唐•古文尚書
29_280_34

初唐•古文尚書
29_281_9

初唐•古文尚書
45_443_4

初唐•禮記正義
22_331_28

初唐•禮記正義
22_332_16

初唐•禮記正義
23_343_16

中唐・翰苑
11_138_8

中唐・翰苑
11_139_30

中唐・翰苑
22_294_17

中唐・翰苑
37_473_19

中唐・翰苑
37_476_11

中唐・翰苑
38_493_23

中唐・翰苑
41_528_32

## 券

漢 ケン
訓 わりふ

中唐・翰苑
16_213_13

## 則

現 ソク
訓 のり

初唐•古文尚書
1_1_31

初唐•古文尚書
3_22_18

初唐•古文尚書
6_48_24

初唐•古文尚書
8_67_16

初唐•古文尚書
8_67_22

初唐•古文尚書
8_69_14

初唐•古文尚書
9_71_12

初唐•古文尚書
9_71_37

初唐•古文尚書
9_75_17

初唐•古文尚書
9_80_1

初唐•古文尚書
10_88_28

初唐•古文尚書
11_92_3

初唐•古文尚書
12_103_12

初唐•古文尚書
12_104_8

初唐•古文尚書
14_125_18

初唐•古文尚書
16_155_35

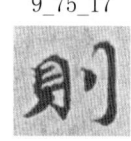

初唐•古文尚書
17_164_19

初唐•古文尚書
17_165_3

初唐•古文尚書
17_165_9

初唐•古文尚書
17_165_14

初唐•古文尚書
19_180_26

初唐•古文尚書
19_181_5

初唐•古文尚書
19_182_3

初唐•古文尚書
20_193_16

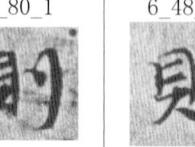

初唐•古文尚書
20_193_20

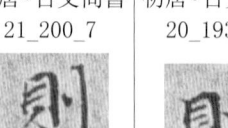

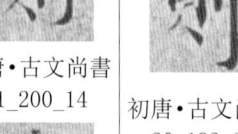

初唐•古文尚書
21_197_19

初唐•古文尚書
21_198_28

初唐•古文尚書
21_199_11

初唐•古文尚書
21_199_15

初唐•古文尚書
21_200_4

初唐•古文尚書
21_200_7

初唐•古文尚書
21_200_14

初唐•古文尚書
21_202_8

初唐•古文尚書
21_204_4

初唐•古文尚書
21_204_29

初唐•古文尚書 22_216_6
初唐•古文尚書 22_217_22
初唐•古文尚書 23_223_24
初唐•古文尚書 23_224_10
初唐•古文尚書 23_224_25
初唐•古文尚書 23_226_16
初唐•古文尚書 23_228_14

初唐•古文尚書 29_281_33
初唐•古文尚書 31_292_41
初唐•古文尚書 32_300_18
初唐•古文尚書 32_302_33
初唐•古文尚書 33_313_4
初唐•古文尚書 33_315_26
初唐•古文尚書 35_336_16

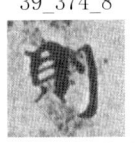

初唐•古文尚書 35_337_20
初唐•古文尚書 35_338_11
初唐•古文尚書 36_348_1
初唐•古文尚書 36_348_6
初唐•古文尚書 38_368_16
初唐•古文尚書 38_368_26
初唐•古文尚書 39_373_11

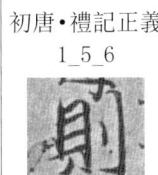

初唐•古文尚書 39_374_8
初唐•古文尚書 39_374_19
初唐•古文尚書 41_401_7
初唐•古文尚書 41_401_15
初唐•古文尚書 41_401_21
初唐•古文尚書 44_430_7
初唐•古文尚書 45_434_12

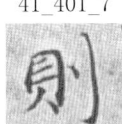

初唐•古文尚書 45_435_9
初唐•古文尚書 45_443_14
初唐•古文尚書 46_453_30
初唐•古文尚書 46_454_20
初唐•古文尚書 48_468_30
初唐•古文尚書 48_470_22
初唐•古文尚書 48_472_4

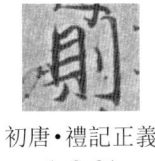

初唐 • 毛詩傳 6_65_7
初唐 • 毛詩傳 10_106_5
初唐•禮記正義 1_1_19
初唐•禮記正義 1_4_16
初唐•禮記正義 1_5_6
初唐•禮記正義 1_6_24
初唐•禮記正義 1_9_10

初唐•禮記正義 1_11_13
初唐•禮記正義 1_14_8
初唐•禮記正義 2_18_23
初唐•禮記正義 2_19_9
初唐•禮記正義 2_20_22
初唐•禮記正義 2_21_5
初唐•禮記正義 2_23_16

初唐•禮記正義 2_25_4
初唐•禮記正義 2_26_12
初唐•禮記正義 2_27_8
初唐•禮記正義 2_29_6
初唐•禮記正義 3_44_10
初唐•禮記正義 3_46_27
初唐•禮記正義 4_65_22

初唐•禮記正義 5_68_22
初唐•禮記正義 5_69_30
初唐•禮記正義 5_72_6
初唐•禮記正義 5_73_24
初唐•禮記正義 5_77_18
初唐•禮記正義 5_81_3
初唐•禮記正義 6_82_8

初唐•禮記正義 6_83_3
初唐•禮記正義 6_83_14
初唐•禮記正義 6_84_1
初唐•禮記正義 6_84_22
初唐•禮記正義 6_90_25
初唐•禮記正義 7_105_16
初唐•禮記正義 7_105_30

初唐•禮記正義 7_106_16
初唐•禮記正義 7_110_3
初唐•禮記正義 8_116_7
初唐•禮記正義 8_117_25
初唐•禮記正義 8_118_22
初唐•禮記正義 9_130_26
初唐•禮記正義 9_131_12

初唐•禮記正義 9_131_22
初唐•禮記正義 9_133_24
初唐•禮記正義 9_134_4
初唐•禮記正義 9_134_16
初唐•禮記正義 9_134_29
初唐•禮記正義 9_135_5
初唐•禮記正義 9_135_28

初唐•禮記正義 9_138_20
初唐•禮記正義 9_139_24
初唐•禮記正義 9_140_16
初唐•禮記正義 9_140_25
初唐•禮記正義 9_143_11
初唐•禮記正義 9_143_24
初唐•禮記正義 9_144_17

初唐•禮記正義 9_146_24
初唐•禮記正義 10_147_21
初唐•禮記正義 10_148_14
初唐•禮記正義 10_155_10
初唐•禮記正義 25_388_4
初唐•禮記正義 25_388_9
初唐•禮記正義 26_398_23

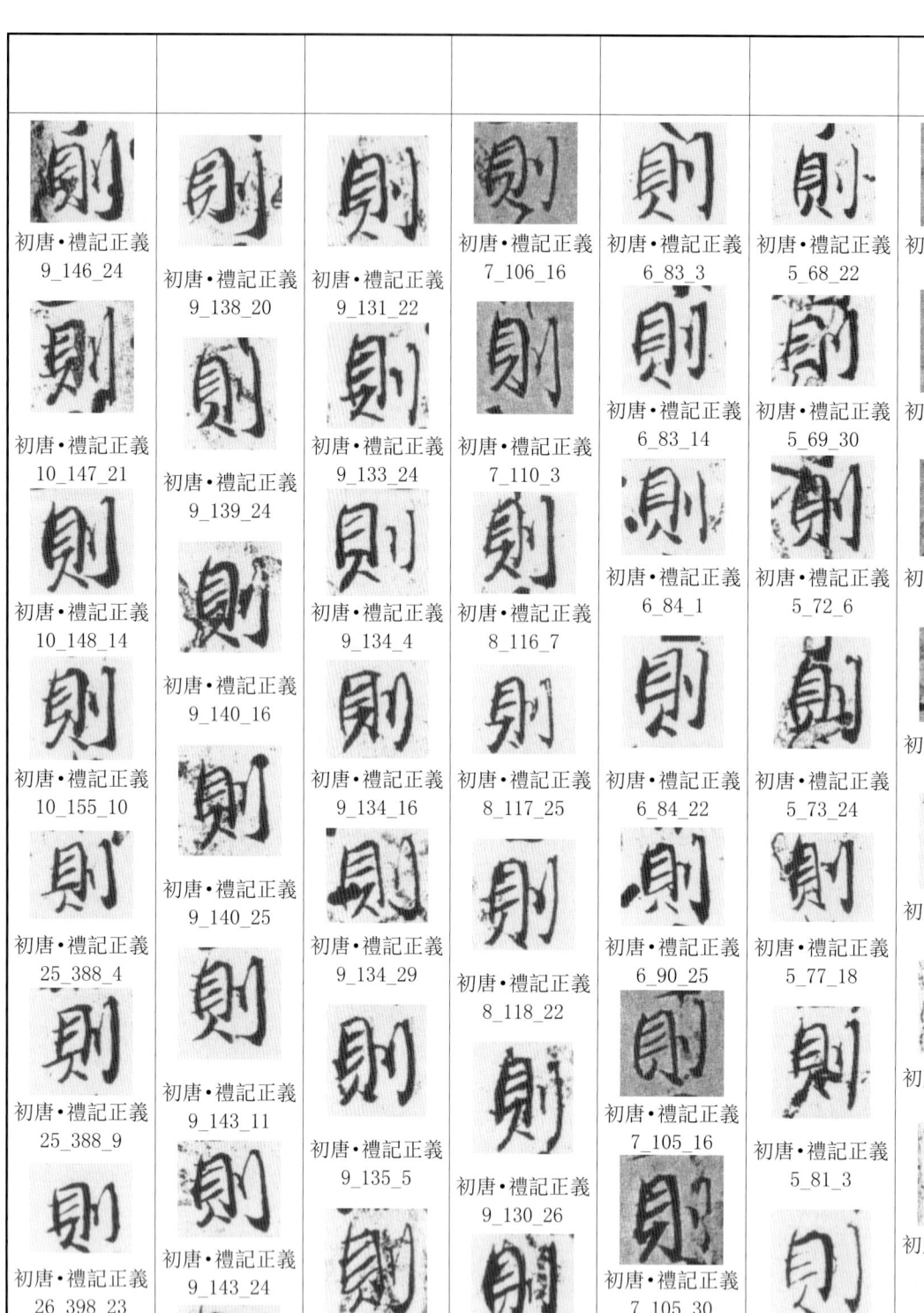

| | | | | | | |
|---|---|---|---|---|---|---|
| 中唐・翰苑 30_389_3 | 中唐・翰苑 12_151_18 | 中唐・翰苑 10_122_43 | 中唐・翰苑 8_95_21 | 初唐•禮記正義 29_459_30 | 初唐•禮記正義 27_420_14 | 初唐•禮記正義 26_403_21 |
| 中唐・翰苑 31_397_38 | 中唐・翰苑 22_285_24 | 中唐・翰苑 10_130_4 | 家財 中唐・翰苑 8_95_38 | 初唐•禮記正義 30_462_18 | 初唐•禮記正義 27_421_18 | 初唐•禮記正義 26_404_12 |
| 中唐・翰苑 31_399_37 | 中唐・翰苑 25_326_33 | 中唐・翰苑 11_137_25 | 中唐・翰苑 8_102_8 | 初唐•禮記正義 30_470_2 | 初唐•禮記正義 27_424_16 | 初唐•禮記正義 26_404_30 |
| 中唐・翰苑 35_449_9 | 中唐・翰苑 25_333_21 | 中唐・翰苑 11_139_29 | 中唐・翰苑 9_114_34 | 中唐・翰苑 2_11_20 | 初唐•禮記正義 28_432_18 | 初唐•禮記正義 26_407_18 |
| 中唐・翰苑 35_449_21 | 中唐・翰苑 30_384_45 | 中唐・翰苑 11_144_7 | 中唐・翰苑 9_114_38 | 中唐・翰苑 4_41_19 | 初唐•禮記正義 28_432_27 | 初唐•禮記正義 26_408_8 |
| 中唐・翰苑 35_452_9 | 中唐・翰苑 30_386_41 | 財物 中唐・翰苑 12_145_21 | 中唐・翰苑 9_118_19 | 中唐・翰苑 4_41_25 | 初唐•禮記正義 28_433_20 | 初唐•禮記正義 27_418_11 |
| 中唐・翰苑 35_452_21 | 中唐・翰苑 30_386_45 | 中唐・翰苑 12_149_16 | 中唐・翰苑 10_120_6 | 中唐・翰苑 8_94_10 | 初唐•禮記正義 29_453_5 | 初唐•禮記正義 27_420_5 |

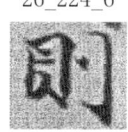

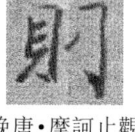

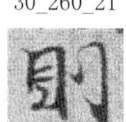

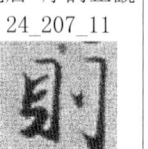

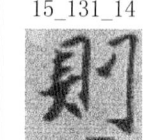

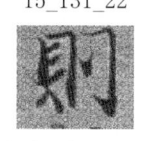

| | | | | | | |
|---|---|---|---|---|---|---|
| 五代•大毗盧經<br>97_1187_26 | 晚唐•摩訶止觀<br>42_358_3<br>晚唐•摩訶止觀<br>42_361_11<br>晚唐•摩訶止觀<br>42_362_3<br>晚唐•摩訶止觀<br>42_364_17<br>晚唐•摩訶止觀<br>52_438_8<br>五代•大毗盧經<br>72_885_4<br>五代•大毗盧經<br>96_1183_28 | 晚唐•摩訶止觀<br>28_247_15<br>晚唐•摩訶止觀<br>30_257_12<br>晚唐•摩訶止觀<br>30_260_21<br>晚唐•摩訶止觀<br>30_260_25<br>晚唐•摩訶止觀<br>40_345_9<br>晚唐•摩訶止觀<br>40_347_20<br>晚唐•摩訶止觀<br>40_348_5 | 晚唐•摩訶止觀<br>26_220_19<br>晚唐•摩訶止觀<br>26_224_6<br>晚唐•摩訶止觀<br>28_241_7<br>晚唐•摩訶止觀<br>28_241_13<br>晚唐•摩訶止觀<br>28_241_19<br>晚唐•摩訶止觀<br>28_241_25<br>晚唐•摩訶止觀<br>28_246_3 | 晚唐•摩訶止觀<br>18_154_16<br>晚唐•摩訶止觀<br>18_158_15<br>晚唐•摩訶止觀<br>24_207_11<br>晚唐•摩訶止觀<br>25_215_18<br>晚唐•摩訶止觀<br>25_217_26<br>晚唐•摩訶止觀<br>25_218_16<br>晚唐•摩訶止觀<br>26_220_6 | 晚唐•摩訶止觀<br>4_37_15<br>晚唐•摩訶止觀<br>10_91_10<br>晚唐•摩訶止觀<br>15_131_14<br>晚唐•摩訶止觀<br>15_131_22<br>晚唐•摩訶止觀<br>15_135_4<br>晚唐•摩訶止觀<br>15_135_10<br>晚唐•摩訶止觀<br>18_154_10 | 中唐 • 翰苑<br>35_453_25<br>中唐 • 翰苑<br>36_459_28<br>中唐 • 翰苑<br>40_511_4<br>中唐 • 翰苑<br>41_523_43<br>中唐 • 翰苑<br>45_573_6<br>晚唐•摩訶止觀<br>1_6_14<br>晚唐•摩訶止觀<br>3_22_11 |

| | | 剛 | 剕 | 剃 | | 剎 |
|---|---|---|---|---|---|---|
| | | コウ慣現ゴウ<br>訓たちきる | ヒ<br>訓あしきる | 漢テイ<br>訓そる | | 漢セツ呉セチ<br>訓はたばしら |
| 晚唐•摩訶止觀<br>54_460_15 | 初唐•禮記正義<br>3_38_26 | 初唐•古文尚書<br>33_314_12 | 初唐•古文尚書<br>46_445_6 | 晚唐•摩訶止觀<br>2_13_14 | 五代•大毗盧經<br>73_896_9 | 晚唐•摩訶止觀<br>35_303_16 |
| 五代•密教部類<br>2_16_13 | 初唐•禮記正義<br>3_41_1 | 初唐•古文尚書<br>44_429_27 | 初唐•古文尚書<br>46_445_21 | | 五代•大毗盧經<br>84_1021_10 | 五代•大毗盧經<br>4_39_19 |
| 五代•密教部類<br>2_19_15 | 初唐•禮記正義<br>3_44_19 | 初唐•禮記正義<br>3_35_22 | 初唐•古文尚書<br>46_449_5 | | 五代•大毗盧經<br>84_1021_21 | 五代•大毗盧經<br>9_104_14 |
| 五代•密教部類<br>3_31_2 | 初唐•禮記正義<br>3_45_3 | 初唐•禮記正義<br>3_36_24 | | | 五代•大毗盧經<br>84_1022_13 | 五代•大毗盧經<br>22_280_13 |
| 五代•密教部類<br>3_32_2 | 初唐•禮記正義<br>3_46_16 | 初唐•禮記正義<br>3_37_7 | | | 五代•大毗盧經<br>84_1023_2 | 五代•大毗盧經<br>46_557_3 |
| 五代•密教部類<br>3_33_2 | 初唐•禮記正義<br>3_48_6 | 初唐•禮記正義<br>3_37_22 | | | 五代•大毗盧經<br>84_1027_2 | 五代•大毗盧經<br>60_741_4 |
| 五代•密教部類<br>3_34_2 | 晚唐•摩訶止觀<br>4_38_5 | 初唐•禮記正義<br>3_37_26 | | | 五代•大毗盧經<br>84_1028_13 | 五代•大毗盧經<br>64_798_3 |
| 五代•密教部類<br>3_34_17 | 晚唐•摩訶止觀<br>54_457_2 | 初唐•禮記正義<br>3_37_30 | | | 五代•大毗盧經<br>84_1030_2 | 五代•大毗盧經<br>66_824_11 |

五代•密教部類
3_35_2

五代•密教部類
3_35_15

五代•密教部類
3_36_4

五代•密教部類
3_37_2

五代•密教部類
3_37_15

五代•密教部類
3_38_2

五代•密教部類
3_39_2

五代•密教部類
4_44_3

五代•密教部類
4_48_5

五代•密教部類
4_53_2

五代•密教部類
5_62_7

五代•密教部類
5_62_10

五代•密教部類
5_62_30

五代•密教部類
5_63_2

五代•密教部類
5_63_5

五代•密教部類
6_86_17

五代•大毗盧經
5_51_13

五代•大毗盧經
7_82_20

五代•大毗盧經
7_83_3

五代•大毗盧經
7_83_7

五代•大毗盧經
7_83_27

五代•大毗盧經
7_84_5

五代•大毗盧經
7_84_25

五代•大毗盧經
7_84_35

五代•大毗盧經
7_84_43

五代•大毗盧經
7_86_20

五代•大毗盧經
7_88_10

五代•大毗盧經
7_88_14

五代•大毗盧經
8_90_17

五代•大毗盧經
11_141_18

五代•大毗盧經
12_143_14

五代•大毗盧經
12_149_10

五代•大毗盧經
13_157_9

五代•大毗盧經
13_163_12

五代•大毗盧經
13_163_20

五代•大毗盧經
13_164_9

五代•大毗盧經
14_175_14

五代•大毗盧經
14_181_14

五代•大毗盧經
16_201_4

五代•大毗盧經
16_209_17

五代•大毗盧經
16_210_20

五代•大毗盧經
17_216_7

五代•大毗盧經
23_294_7

五代•大毗盧經
23_298_8

五代•大毗盧經
24_307_12

五代•大毗盧經
24_308_2

五代•大毗盧經
28_362_41

五代•大毗盧經
35_413_8

五代•大毗盧經
39_454_17

五代•大毗盧經
39_462_2

五代•大毗盧經
39_471_4

五代•大毗盧經
40_478_18

五代•大毗盧經
40_484_4

五代•大毗盧經
41_486_9

五代•大毗盧經
41_487_4

五代•大毗盧經
41_489_2

五代·大毗盧經
43_519_2

五代·大毗盧經
44_526_17

五代·大毗盧經
44_532_2

五代·大毗盧經
50_606_14

五代·大毗盧經
50_607_4

五代·大毗盧經
50_611_9

五代·大毗盧經
55_676_20

五代·大毗盧經
57_703_17

五代·大毗盧經
58_708_14

五代·大毗盧經
58_709_9

五代·大毗盧經
58_709_19

五代·大毗盧經
58_710_9

五代·大毗盧經
60_735_10

五代·大毗盧經
60_736_2

五代·大毗盧經
60_739_2

五代·大毗盧經
60_739_8

五代·大毗盧經
60_740_4

五代·大毗盧經
63_774_17

五代·大毗盧經
63_779_14

五代·大毗盧經
63_781_4

五代·大毗盧經
63_781_14

五代·大毗盧經
63_781_19

五代·大毗盧經
63_782_4

五代·大毗盧經
63_782_8

五代·大毗盧經
63_782_14

五代·大毗盧經
63_783_2

五代·大毗盧經
63_783_20

五代·大毗盧經
63_784_11

五代·大毗盧經
63_785_2

五代·大毗盧經
63_785_7

五代·大毗盧經
63_785_21

五代·大毗盧經
63_786_2

五代·大毗盧經
63_791_16

五代·大毗盧經
64_793_4

五代·大毗盧經
64_794_17

五代·大毗盧經
64_796_14

五代·大毗盧經
64_797_3

五代·大毗盧經
64_797_7

五代·大毗盧經
64_798_8

五代·大毗盧經
64_798_15

五代·大毗盧經
64_799_2

五代·大毗盧經
64_799_9

五代·大毗盧經
64_799_27

五代·大毗盧經
64_800_10

五代·大毗盧經
64_802_15

五代·大毗盧經
64_807_21

五代·大毗盧經
65_811_2

五代·大毗盧經
65_813_9

五代·大毗盧經
65_813_26

五代·大毗盧經
65_813_30

五代·大毗盧經
65_816_2

五代·大毗盧經
65_821_5

五代·大毗盧經
65_821_17

五代·大毗盧經
66_824_5

五代·大毗盧經
66_824_16

五代·大毗盧經
66_827_2

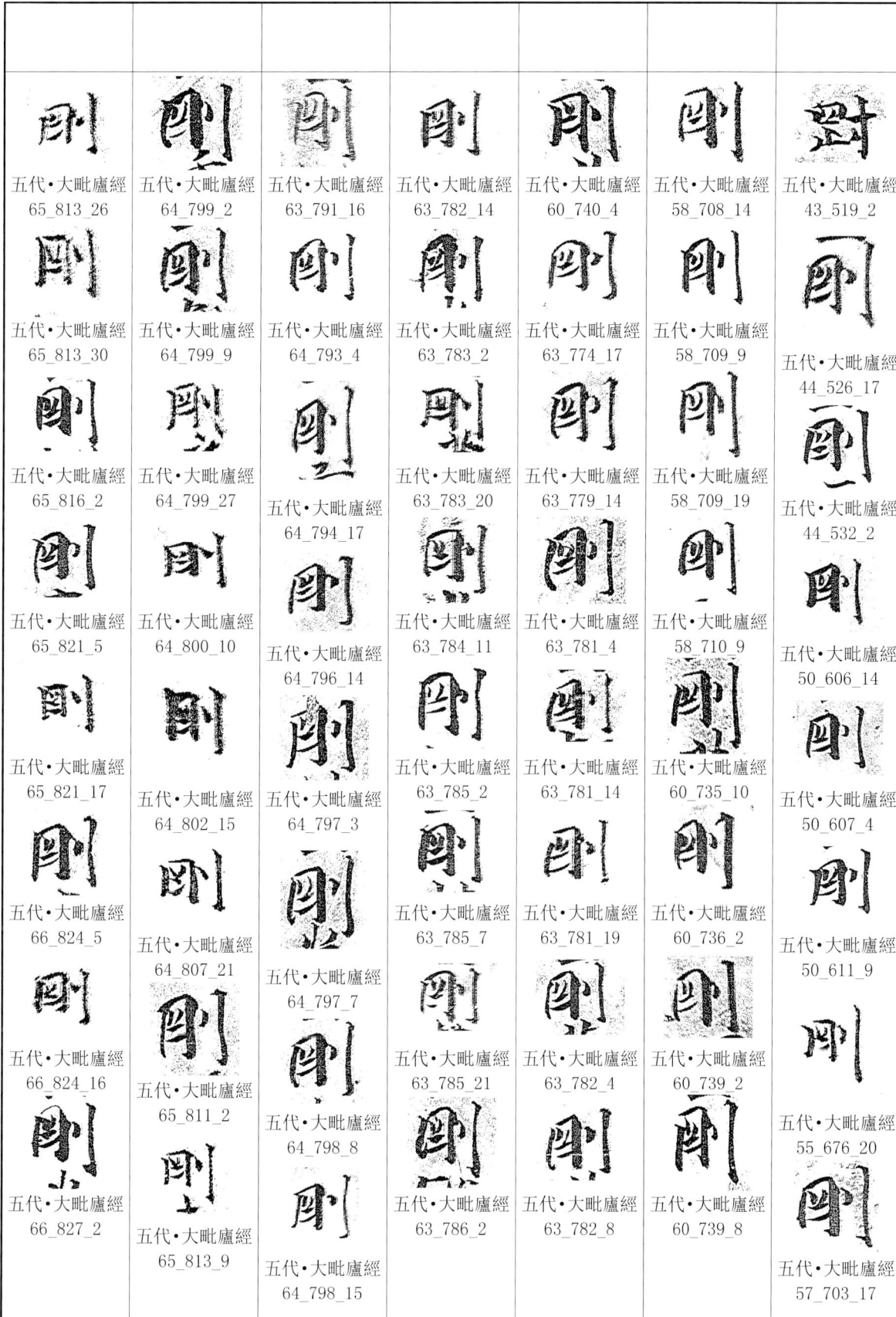

| | 副 | 剝 | 剖 | 剠 | | |
|---|---|---|---|---|---|---|
| | 慣現フク漢フ<br>訓さく | 漢ハク<br>訓はぐ | 慣ボウ漢ホウ呉フ<br>訓わる | ケイ、ギョウ<br>訓いれずみ | | |
| <br>中唐・翰苑<br>31_407_15<br><br>無所報副<br>中唐・翰苑<br>40_518_2 | <br>初唐•禮記正義<br>11_172_47<br><br>初唐•禮記正義<br>11_173_16<br><br>初唐•禮記正義<br>11_173_29<br><br>初唐•禮記正義<br>27_415_16<br><br>初唐•禮記正義<br>27_416_17<br><br>中唐・翰苑<br>7_78_10<br><br>中唐・翰苑<br>31_405_39 | <br>晚唐•摩訶止觀<br>29_248_23 | <br>中唐・翰苑<br>19_252_14 | <br>初唐•古文尚書<br>40_387_18<br><br>初唐•古文尚書<br>40_388_21 | <br>五代•大毗盧經<br>97_1197_8<br><br>五代•大毗盧經<br>98_1202_4 | <br>五代•大毗盧經<br>66_827_28<br><br>五代•大毗盧經<br>66_828_17<br><br>五代•大毗盧經<br>66_829_13<br><br>五代•大毗盧經<br>67_848_5<br><br>五代•大毗盧經<br>68_855_5<br><br>五代•大毗盧經<br>71_867_19<br><br>五代•大毗盧經<br>71_868_12<br><br>五代•大毗盧經<br>73_902_14 |

## 創

現ソウ
訓きずつく

中唐・翰苑
3_27_9

中唐・翰苑
10_131_38

中唐・翰苑
11_133_16

中唐・翰苑
15_191_20

中唐・翰苑
23_299_6

中唐・翰苑
25_334_17

中唐・翰苑
38_485_24

## 割

現カツ
訓わる

初唐•古文尚書
3_22_20

初唐•古文尚書
15_136_11

初唐•古文尚書
15_136_21

初唐•古文尚書
46_447_5

中唐・翰苑
19_244_21

中唐・翰苑
26_336_24

中唐・翰苑
39_500_17

中唐・翰苑
41_522_11

晚唐•摩訶止觀
29_248_24

## 劍

現ケン
訓つるぎ

中唐・翰苑
36_467_23

晚唐•摩訶止觀
3_21_9

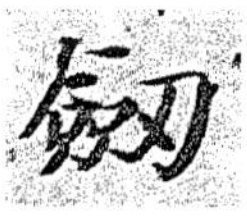
五代•大毗盧經
22_278_9

五代•大毗盧經
36_432_1

五代•大毗盧經
43_521_40

五代•大毗盧經
49_599_21

五代•大毗盧經
54_668_19

## 劉

リュウ
訓ころす

初唐•古文尚書
6_47_26

初唐•禮記正義
4_51_23

初唐•禮記正義
4_58_4

中唐・翰苑
3_35_1

中唐・翰苑
13_161_19

中唐・翰苑
13_164_39

中唐・翰苑
15_193_2

中唐・翰苑
22_296_7

中唐・翰苑
30_395_5

中唐・翰苑
34_439_33

中唐・翰苑
34_442_26

## 劓

漢ギ
訓はなきる

初唐•古文尚書
15_135_26

初唐•古文尚書
15_136_10

初唐•古文尚書
40_387_16

初唐•古文尚書
46_444_1

初唐•古文尚書
46_444_16

初唐•古文尚書
46_448_28

# 力部

力

漢 現 リョク 呉 現 リキ
訓 ちから

初唐・古文尚書 8_66_10
初唐・古文尚書 10_89_10
初唐・古文尚書 10_90_10
初唐・毛詩傳 10_106_2
初唐・禮記正義 5_77_1
初唐・禮記正義 12_191_15
初唐・般若經 2_4_6
初唐・般若經 2_5_11

初唐・般若經 2_7_2
初唐・般若經 2_8_13
初唐・般若經 2_10_9
初唐・般若經 2_11_16
初唐・般若經 23_352_9
初唐・般若經 25_375_6
初唐・般若經 25_375_11
初唐・般若經 25_376_17

中唐・翰苑 4_39_33
中唐・翰苑 10_127_35
中唐・翰苑 10_131_9
中唐・翰苑 13_161_26
中唐・翰苑 13_162_28
中唐・翰苑 13_164_9
中唐・翰苑 13_166_16
中唐・翰苑 15_191_15

中唐・翰苑 15_197_27
中唐・翰苑 18_236_16
中唐・翰苑 28_367_21
中唐・翰苑 29_381_34
中唐・翰苑 29_381_36
中唐・翰苑 29_382_11
中唐・翰苑 33_431_20
中唐・般若經 6_87_7

中唐・般若經 6_89_5
中唐・般若經 6_91_3
中唐・般若經 6_93_2
中唐・般若經 10_157_8
中唐・般若經 10_159_11
中唐・般若經 10_161_12
中唐・般若經 10_163_15
中唐・般若經 10_167_13

中唐・般若經 10_169_8
中唐・般若經 10_171_1
中唐・般若經 11_172_13
中唐・般若經 11_176_6
中唐・般若經 11_177_16
中唐・般若經 11_179_7
中唐・般若經 11_180_17
晚唐・摩訶止觀 7_59_10

# 功

漢現コウ 呉現ク
訓いさお

初唐•古文尚書 42_405_6

初唐•古文尚書 48_470_3

初唐・毛詩傳 1_9_6

初唐・毛詩傳 2_17_20

初唐•禮記正義 2_26_25

初唐•禮記正義 2_29_8

初唐•禮記正義 2_29_10

初唐•禮記正義 2_29_17

初唐•古文尚書 31_295_17

初唐•古文尚書 34_319_11

初唐•古文尚書 35_330_19

初唐•古文尚書 36_349_13

初唐•古文尚書 38_363_10

初唐•古文尚書 42_402_1

初唐•古文尚書 42_404_29

初唐•古文尚書 42_404_35

初唐•古文尚書 16_146_5

初唐•古文尚書 17_158_8

初唐•古文尚書 20_196_6

初唐•古文尚書 23_225_17

初唐•古文尚書 23_228_21

初唐•古文尚書 26_257_1

初唐•古文尚書 26_257_14

初唐•古文尚書 27_262_27

初唐•古文尚書 2_11_24

初唐•古文尚書 3_19_23

初唐•古文尚書 5_43_12

初唐•古文尚書 10_84_18

初唐•古文尚書 10_85_17

初唐•古文尚書 11_92_7

初唐•古文尚書 15_144_24

初唐•古文尚書 15_144_34

五代•大毗盧經 14_173_15

五代•大毗盧經 17_218_23

五代•大毗盧經 17_219_17

五代•大毗盧經 60_734_14

五代•大毗盧經 63_788_5

五代•大毗盧經 65_818_19

五代•大毗盧經 68_856_21

五代•大毗盧經 97_1188_17

五代•大毗盧經 2_6_7

五代•大毗盧經 5_49_21

五代•大毗盧經 8_96_5

五代•大毗盧經 9_101_3

五代•大毗盧經 9_103_10

五代•大毗盧經 12_147_5

五代•大毗盧經 14_173_5

五代•大毗盧經 14_173_10

晚唐•摩訶止觀 9_83_17

晚唐•摩訶止觀 10_86_1

晚唐•摩訶止觀 10_88_7

晚唐•摩訶止觀 10_91_12

晚唐•摩訶止觀 14_121_21

晚唐•摩訶止觀 54_460_3

晚唐•摩訶止觀 60_503_13

五代•大毗盧經 2_5_14

# 加

漢 現 カ
訓 くわえる

初唐•古文尚書
10_86_28

初唐•古文尚書
20_191_22

初唐•古文尚書
20_194_5

初唐•古文尚書
40_388_24

初唐•古文尚書
43_419_23

初唐•禮記正義
10_152_11

初唐•禮記正義
21_321_21

初唐•禮記正義
21_325_8

初唐•禮記正義
22_326_27

五代•大毗盧經
15_196_30

五代•大毗盧經
22_281_8

五代•大毗盧經
44_528_9

五代•大毗盧經
90_1094_8

五代•大毗盧經
97_1187_29

五代•大毗盧經
97_1192_6

晚唐•摩訶止觀
54_461_20

晚唐•摩訶止觀
55_462_6

晚唐•摩訶止觀
57_481_8

晚唐•摩訶止觀
61_516_6

五代•大毗盧經
8_100_6

五代•大毗盧經
9_101_23

五代•大毗盧經
13_156_6

五代•大毗盧經
14_173_3

中唐 • 翰苑
41_528_13

中唐 • 般若經
2_2_4

晚唐•摩訶止觀
3_24_5

晚唐•摩訶止觀
7_57_17

晚唐•摩訶止觀
7_59_2

晚唐•摩訶止觀
12_104_15

晚唐•摩訶止觀
16_143_7

晚唐•摩訶止觀
52_441_8

中唐 • 翰苑
22_294_20

竦二峯而切漢
中唐 • 翰苑
23_308_7

中唐 • 翰苑
28_361_32

中唐 • 翰苑
33_426_10

中唐 • 翰苑
36_459_5

中唐 • 翰苑
37_473_18

中唐 • 翰苑
37_481_13

中唐 • 翰苑
40_514_17

中唐 • 翰苑
10_120_45

中唐 • 翰苑
10_122_9

中唐 • 翰苑
10_131_10

中唐 • 翰苑
11_140_34

中唐 • 翰苑
14_186_11

中唐 • 翰苑
15_188_7

中唐 • 翰苑
15_191_34

中唐 • 翰苑
18_240_21

初唐•禮記正義
2_29_22

初唐•禮記正義
2_29_27

初唐•禮記正義
2_30_17

初唐•禮記正義
30_465_18

中唐 • 翰苑
2_9_11

中唐 • 翰苑
2_11_30

中唐 • 翰苑
6_70_6

攻破
中唐 • 翰苑
6_74_6

初唐•禮記正義 22_329_19

初唐•禮記正義 25_377_3

初唐•禮記正義 25_379_20

如故 中唐・翰苑 7_80_2

中唐・翰苑 10_127_44

中唐・翰苑 16_214_15

中唐・翰苑 17_216_37

中唐・翰苑 17_216_39

中唐・翰苑 17_216_41

中唐・翰苑 17_216_43

中唐・翰苑 17_217_4

中唐・翰苑 21_273_24

中唐・翰苑 21_275_33

中唐・翰苑 22_284_37

中唐・翰苑 22_285_2

中唐・翰苑 22_285_27

中唐・翰苑 25_329_18

中唐・翰苑 26_341_8

中唐・翰苑 26_341_22

中唐・翰苑 26_342_19

中唐・翰苑 35_452_7

中唐・翰苑 37_476_8

中唐・翰苑 40_514_44

五代•密教部類 1_6_15

五代•密教部類 2_9_22

五代•密教部類 3_27_10

五代•密教部類 3_37_25

五代•密教部類 5_61_1

五代•密教部類 5_72_10

五代•密教部類 6_77_10

五代•密教部類 6_89_10

五代•大毗盧經 2_2_10

五代•大毗盧經 2_5_19

五代•大毗盧經 7_77_15

五代•大毗盧經 7_78_4

五代•大毗盧經 7_84_32

五代•大毗盧經 8_94_2

五代•大毗盧經 10_123_3

五代•大毗盧經 12_142_11

五代•大毗盧經 12_143_16

五代•大毗盧經 12_144_16

五代•大毗盧經 12_145_16

五代•大毗盧經 12_146_16

五代•大毗盧經 12_147_16

五代•大毗盧經 14_173_8

五代•大毗盧經 16_201_19

五代•大毗盧經 16_203_14

五代•大毗盧經 16_207_8

五代•大毗盧經 17_215_6

五代•大毗盧經 24_311_19

五代•大毗盧經 28_350_18

五代•大毗盧經 28_354_14

五代•大毗盧經 35_410_10

五代•大毗盧經 39_454_3

五代•大毗盧經 43_521_53

五代•大毗盧經 50_612_14

五代•大毗盧經 55_671_14

五代•大毗盧經 63_792_19

五代•大毗盧經 69_860_10

五代•大毗盧經 72_885_8

五代•大毗盧經 78_946_20

五代•大毗盧經 83_1008_27

五代•大毗盧經 85_1040_20

| | 助 | | 劫 | 劦 | 劣 | |
|---|---|---|---|---|---|---|
| | 慣現ジョ漢ショ<br>訓たすける | | 慣ゴウ漢キョウ<br>呉コウ<br>訓おびやかす | キョウ、ギョウ<br>訓力をあわせる | 漢レツ<br>訓おとる | |
| 初唐・毛詩傳<br>8_84_6<br>初唐・十誦律<br>19_368_10<br>中唐・翰苑<br>5_54_6<br>中唐・翰苑<br>16_206_43<br>中唐・翰苑<br>39_497_36<br>晚唐・摩訶止觀<br>29_253_26<br>晚唐・摩訶止觀<br>29_254_13<br>五代・大毗盧經<br>86_1053_4 | 初唐・古文尚書<br>16_154_8<br>初唐・古文尚書<br>16_154_12<br>初唐・古文尚書<br>25_249_20<br>初唐・古文尚書<br>31_287_31<br>初唐・古文尚書<br>35_332_26<br>初唐・古文尚書<br>36_343_27<br>初唐・古文尚書<br>42_406_27<br>初唐・毛詩傳<br>8_83_8 | 晚唐・摩訶止觀<br>7_58_5<br>晚唐・摩訶止觀<br>10_86_10<br>晚唐・摩訶止觀<br>16_138_4<br>五代・大毗盧經<br>2_11_18<br>五代・大毗盧經<br>12_146_8<br>五代・大毗盧經<br>63_777_18<br>五代・大毗盧經<br>63_779_9<br>五代・大毗盧經<br>89_1085_18 | 初唐・古文尚書<br>15_135_12<br>初唐・十誦律<br>2_15_11<br>初唐・十誦律<br>2_21_4<br>初唐・十誦律<br>2_21_15<br>初唐・十誦律<br>2_24_5<br>初唐・十誦律<br>2_27_15<br>中唐・翰苑<br>16_203_13<br>晚唐・摩訶止觀<br>1_7_6 | 中唐・翰苑<br>27_358_26 | 初唐・禮記正義<br>4_63_11<br>中唐・翰苑<br>3_32_29 | 五代・大毗盧經<br>85_1044_3<br>五代・大毗盧經<br>85_1044_16<br>五代・大毗盧經<br>85_1044_22<br>五代・大毗盧經<br>97_1188_13<br>五代・大毗盧經<br>98_1201_9<br>五代・大毗盧經<br>98_1203_7 |

## 勇

初唐•禮記正義 13_197_22

中唐・翰苑 13_163_31

中唐・翰苑 16_201_4

中唐・翰苑 17_216_15

中唐・翰苑 18_235_24

中唐・翰苑 18_236_9

中唐・翰苑 36_460_7

## 勇

吳現ユウ漢ヨウ
訓いさむ

初唐•禮記正義 5_76_31

初唐•禮記正義 12_191_14

初唐•禮記正義 12_191_24

初唐•禮記正義 12_192_18

初唐•禮記正義 12_193_2

初唐•禮記正義 12_195_24

初唐•禮記正義 13_196_12

## 勉

漢現ベン
訓つとめる

初唐•古文尚書 10_89_7

初唐•古文尚書 10_90_6

初唐•古文尚書 15_141_18

初唐•古文尚書 16_154_10

初唐•古文尚書 21_203_11

初唐•古文尚書 31_294_7

初唐•古文尚書 34_325_24

初唐•古文尚書 38_365_13

## 勃

慣ボツ漢ホツ
訓にわかに

初唐•禮記正義 14_218_20

五代•大毗盧經 47_581_11

五代•大毗盧經 48_582_12

## 劾

吳ガイ
訓きわめる

初唐•古文尚書 47_462_24

## 劭

漢ショウ
訓つとめる

中唐・翰苑 14_181_6

## 努

漢現ド
訓つとめる

中唐・翰苑 23_303_32

五代•大毗盧經 95_1168_8

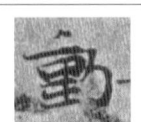

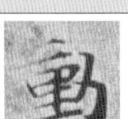

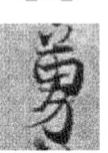

| | | 動 | 勘 | 勒 | 務 | |
|---|---|---|---|---|---|---|
| | | 慣現ドウ漢トウ<br>訓うごく | 漢現カン<br>訓たえる | ロク<br>訓おもがい | 呉現ム漢ブ<br>訓つとめる | |
| 中唐・翰苑<br>5_60_16 | 初唐・古文尚書<br>12_110_1 | 初唐・古文尚書<br>9_76_27 | 初唐・古文尚書<br>25_246_4 | 初唐・禮記正義<br>14_211_28 | 初唐・古文尚書<br>22_214_26 | 晩唐・摩訶止観<br>8_66_6 |
| 中唐・翰苑<br>11_132_2 | 初唐・古文尚書<br>16_147_17 | 初唐・古文尚書<br>9_77_31 | | 中唐・翰苑<br>8_105_10 | 初唐・古文尚書<br>22_215_8 | 晩唐・摩訶止観<br>22_188_4 |
| 中唐・翰苑<br>40_515_30 | 初唐・古文尚書<br>16_151_7 | 初唐・古文尚書<br>9_78_19 | | 中唐・翰苑<br>41_528_34 | 初唐・禮記正義<br>28_438_19 | 晩唐・摩訶止観<br>26_223_25 |
| 晩唐・摩訶止観<br>7_57_13 | 初唐・古文尚書<br>20_195_4 | 初唐・古文尚書<br>10_83_3 | | 中唐・翰苑<br>44_557_15 | 初唐・禮記正義<br>28_439_16 | 五代・大毗盧經<br>44_531_12 |
| 晩唐・摩訶止観<br>8_67_22 | 初唐・古文尚書<br>20_195_15 | 初唐・古文尚書<br>10_83_25 | | 中唐・翰苑<br>44_557_25 | 中唐・翰苑<br>36_467_38 | 五代・大毗盧經<br>50_609_19 |
| 晩唐・摩訶止観<br>8_68_1 | 初唐・毛詩傳<br>2_16_16 | 初唐・古文尚書<br>10_86_9 | | 晩唐・摩訶止観<br>2_20_19 | 中唐・翰苑<br>36_468_22 | 五代・大毗盧經<br>59_729_7 |
| 晩唐・摩訶止観<br>9_81_25 | 初唐・毛詩傳<br>5_48_30 | 初唐・古文尚書<br>10_86_24 | | 晩唐・摩訶止観<br>44_377_23 | | 五代・大毗盧經<br>63_780_17 |
| 晩唐・摩訶止観<br>9_83_1 | 初唐・禮記正義<br>27_426_10 | 初唐・古文尚書<br>12_109_12 | | 五代・大毗盧經<br>42_509_4 | | |

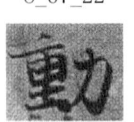

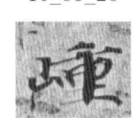

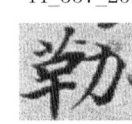

## 勞 | 募

**勞**
漢現ロウ
訓ほねおる

- 初唐・古文尚書 8_70_8
- 初唐・古文尚書 9_71_33
- 初唐・古文尚書 10_83_14
- 初唐・古文尚書 10_84_3
- 初唐・古文尚書 13_118_12
- 初唐・古文尚書 13_119_11
- 初唐・古文尚書 14_124_30

**募**
漢現ボ 呉現モ
訓つのる

- 中唐・翰苑 6_74_35
- 中唐・翰苑 13_161_22
- 中唐・翰苑 13_165_3
- 中唐・翰苑 33_427_33
- 中唐・翰苑 37_475_7

**勤**

- 五代・大毗盧經 87_1063_28
- 五代・大毗盧經 96_1179_2
- 五代・大毗盧經 96_1181_20

- 五代・大毗盧經 48_587_15
- 五代・大毗盧經 63_777_2
- 五代・大毗盧經 67_836_17
- 五代・大毗盧經 67_837_17
- 五代・大毗盧經 67_844_7
- 五代・大毗盧經 78_942_27
- 五代・大毗盧經 85_1041_17
- 五代・大毗盧經 86_1060_26

- 五代・大毗盧經 16_203_12
- 五代・大毗盧經 16_207_11
- 五代・大毗盧經 28_352_18
- 五代・大毗盧經 40_482_5
- 五代・大毗盧經 43_519_11
- 五代・大毗盧經 48_587_3
- 五代・大毗盧經 48_587_7
- 五代・大毗盧經 48_587_13

- 晚唐・摩訶止觀 28_241_17
- 晚唐・摩訶止觀 35_303_27
- 晚唐・摩訶止觀 43_372_16
- 晚唐・摩訶止觀 48_408_16
- 五代・大毗盧經 13_156_4
- 五代・大毗盧經 14_182_2
- 五代・大毗盧經 15_188_2
- 五代・大毗盧經 16_199_28

- 晚唐・摩訶止觀 15_131_4
- 晚唐・摩訶止觀 16_139_10
- 晚唐・摩訶止觀 19_169_17
- 晚唐・摩訶止觀 20_172_2
- 晚唐・摩訶止觀 23_196_10
- 晚唐・摩訶止觀 23_198_6
- 晚唐・摩訶止觀 23_203_13
- 晚唐・摩訶止觀 24_207_14

## 勤

漢キン 呉ゴン
訓つとめる

## 勢

漢現セイ 呉セ
訓いきおい

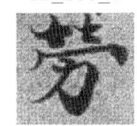

| | | | | | | |
|---|---|---|---|---|---|---|
| 初唐・古文尚書 42_408_32 | 初唐・古文尚書 8_67_14 | 五代・大毗盧經 45_551_2 | 晚唐・摩訶止觀 54_460_2 | 初唐・古文尚書 5_40_17 | 初唐・禮記正義 27_426_13 | 初唐・古文尚書 14_125_3 |
| 初唐・古文尚書 42_409_10 | 初唐・古文尚書 10_82_24 | 五代・大毗盧經 46_562_9 | 五代・大毗盧經 2_5_13 | 初唐・古文尚書 46_447_6 | 中唐・翰苑 12_155_6 | 初唐・古文尚書 16_145_24 |
| 初唐・古文尚書 44_424_3 | 初唐・古文尚書 10_84_19 | 五代・大毗盧經 48_585_2 | 五代・大毗盧經 2_6_6 | 中唐・翰苑 3_32_27 | 晚唐・摩訶止觀 6_52_8 | 初唐・古文尚書 35_329_9 |
| 初唐・古文尚書 44_424_9 | 初唐・古文尚書 31_293_6 | 五代・大毗盧經 50_620_23 | 五代・大毗盧經 9_108_11 | 中唐・翰苑 10_126_37 | 晚唐・摩訶止觀 50_428_13 | 初唐・古文尚書 35_330_13 |
| 初唐・古文尚書 44_424_20 | 初唐・古文尚書 31_294_11 | 五代・大毗盧經 79_957_17 | 五代・大毗盧經 17_218_21 | 中唐・翰苑 10_129_39 | 晚唐・摩訶止觀 50_429_13 | 初唐・古文尚書 44_429_13 |
| 初唐・古文尚書 44_424_30 | 初唐・古文尚書 35_330_12 | 五代・大毗盧經 85_1043_5 | 五代・大毗盧經 19_245_15 | 中唐・翰苑 15_190_23 | 晚唐・摩訶止觀 51_435_6 | 初唐・禮記正義 27_423_20 |
| 初唐・古文尚書 49_478_23 | 初唐・古文尚書 35_336_25 | | 五代・大毗盧經 19_246_5 | 晚唐・摩訶止觀 21_186_23 | 五代・大毗盧經 2_12_21 | 初唐・禮記正義 27_423_28 |
| 初唐・十誦律 19_371_12 | 初唐・古文尚書 42_407_17 | | 五代・大毗盧經 26_332_37 | 晚唐・摩訶止觀 38_327_18 | | |

| | | | 勸<br>吳カン漢ケン<br>訓すすめる | 勳<br>漢クン<br>訓いさお | | |
|---|---|---|---|---|---|---|
| | | <br>五代•大毗盧經<br>5_55_3<br><br>五代•大毗盧經<br>5_56_8 | <br>初唐•古文尚書<br>10_91_26<br><br>初唐•古文尚書<br>12_113_14<br><br>初唐•古文尚書<br>13_114_5<br><br>初唐•古文尚書<br>31_292_45<br><br>初唐•古文尚書<br>32_301_15<br><br>中唐・翰苑<br>4_38_22<br><br>中唐・翰苑<br>4_39_31<br><br>晚唐•摩訶止觀<br>19_169_22 | <br>中唐・翰苑<br>2_20_24<br><br>中唐・翰苑<br>22_291_11<br><br>中唐・翰苑<br>37_473_22<br><br>中唐・翰苑<br>44_558_25 | <br>五代•大毗盧經<br>3_24_2<br><br>五代•大毗盧經<br>43_523_11<br><br>五代•大毗盧經<br>50_609_18<br><br>五代•大毗盧經<br>59_729_6<br><br>五代•大毗盧經<br>63_780_16 | <br>中唐・翰苑<br>9_116_34<br><br>勒兵<br>中唐・翰苑<br>21_270_43<br><br>中唐・翰苑<br>26_338_26<br><br>晚唐•摩訶止觀<br>10_84_9<br><br>晚唐•摩訶止觀<br>59_501_2<br><br>五代•大毗盧經<br>2_12_4<br><br>五代•大毗盧經<br>2_13_12<br><br>五代•大毗盧經<br>2_20_16 |

# 厶部

## 厶

シ
訓わたくし

初唐•古文尚書
20_193_26

## 去

漢現キョ 呉現コ
訓さる

初唐•古文尚書
1_5_13

初唐•古文尚書
4_30_24

初唐•古文尚書
5_42_2

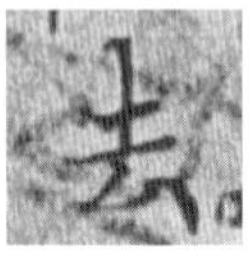
初唐•古文尚書
10_91_17

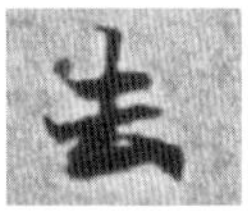
初唐•古文尚書
16_145_26

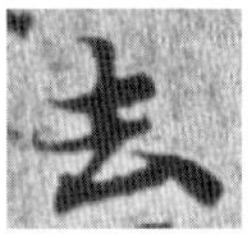
初唐•古文尚書
26_259_21

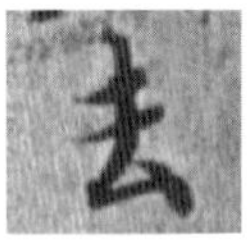
初唐•古文尚書
27_260_15

初唐•古文尚書
33_308_8

初唐・毛詩傳
1_8_17

初唐・毛詩傳
1_9_22

初唐・毛詩傳
4_41_17

初唐・毛詩傳
4_43_34

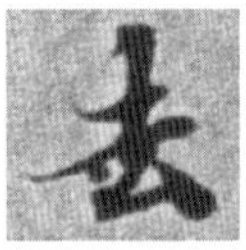
初唐・毛詩傳
5_48_23

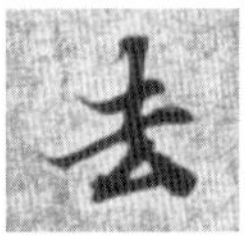
初唐・毛詩傳
9_94_25

初唐・毛詩傳
9_96_13

初唐•禮記正義
4_65_25

初唐•禮記正義
4_66_19

初唐•禮記正義
19_290_27

初唐•禮記正義
21_318_8

初唐•禮記正義
28_437_16

初唐•禮記正義
28_438_7

初唐•禮記正義
29_449_23

初唐•禮記正義
29_450_7

初唐•禮記正義
29_457_18

初唐•禮記正義
29_459_6

初唐•禮記正義
29_459_20

初唐•禮記正義
30_461_27

初唐・十誦律
2_24_9

初唐・十誦律
2_27_7

初唐・十誦律
7_119_6

初唐・十誦律
12_221_11

初唐・十誦律
12_224_9

初唐・十誦律
12_224_13

初唐・十誦律
12_227_14

初唐・十誦律
12_233_16

初唐・十誦律
13_236_6

初唐・十誦律
13_236_10

初唐・十誦律
13_237_11

初唐・十誦律
13_239_3

中唐・翰苑
2_20_10

中唐・翰苑 5_51_32
中唐・翰苑 5_59_16
中唐・翰苑 6_67_33
中唐・翰苑 6_71_25
中唐・翰苑 8_98_3
中唐・翰苑 14_181_21
中唐・翰苑 16_202_30
中唐・翰苑 16_213_26

中唐・翰苑 17_220_35
中唐・翰苑 20_267_8
中唐・翰苑 24_317_12
中唐・翰苑 31_397_6
中唐・翰苑 31_402_30
中唐・翰苑 33_431_10
中唐・翰苑 38_487_40
中唐・翰苑 39_496_43

中唐・翰苑 41_519_18
土地境埇 中唐・翰苑 41_519_32
中唐・翰苑 42_543_1
中唐・翰苑 43_544_3
中唐・翰苑 43_546_1
中唐・翰苑 43_554_7
中唐・翰苑 44_557_26
晚唐•摩訶止觀 12_109_4

晚唐•摩訶止觀 12_109_8
晚唐•摩訶止觀 14_126_13
晚唐•摩訶止觀 15_129_6
晚唐•摩訶止觀 33_287_18
晚唐•摩訶止觀 37_318_12
晚唐•摩訶止觀 44_380_27
晚唐•摩訶止觀 44_381_6
晚唐•摩訶止觀 45_383_17

晚唐•摩訶止觀 56_477_20
五代•大毗盧經 6_62_11
五代•大毗盧經 10_118_4
五代•大毗盧經 11_125_4
五代•大毗盧經 13_160_4
五代•大毗盧經 15_188_6
五代•大毗盧經 15_197_12
五代•大毗盧經 22_282_9

五代•大毗盧經 24_305_11
五代•大毗盧經 24_307_10
五代•大毗盧經 29_373_19
五代•大毗盧經 31_392_22
五代•大毗盧經 42_507_12
五代•大毗盧經 43_514_4
五代•大毗盧經 43_517_14
五代•大毗盧經 45_541_3

五代•大毗盧經 54_655_12
五代•大毗盧經 54_669_12
五代•大毗盧經 88_1078_2
五代•大毗盧經 88_1080_4
五代•大毗盧經 89_1083_4
五代•大毗盧經 94_1154_4
五代•大毗盧經 97_1191_3

# 參

現 サン
訓 まいる

初唐•古文尚書
26_255_10

初唐•古文尚書
26_256_13

初唐・毛詩傳
6_62_19

初唐・毛詩傳
7_71_13

初唐•禮記正義
5_76_19

初唐•禮記正義
8_123_17

初唐•禮記正義
16_250_23

初唐•禮記正義
19_290_1

初唐•禮記正義
19_290_19

中唐・翰苑
2_15_7

中唐・翰苑
3_29_3

中唐・翰苑
15_197_2

中唐・翰苑
23_305_39

# 又部

又 ヲ

ユウ
訓また

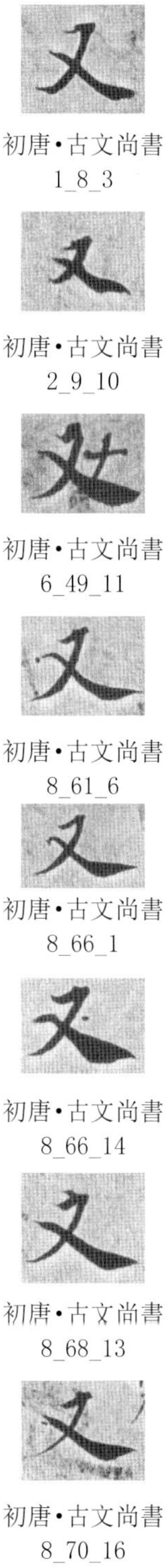

初唐•古文尚書 1_8_3
初唐•古文尚書 2_9_10
初唐•古文尚書 6_49_11
初唐•古文尚書 8_61_6
初唐•古文尚書 8_66_1
初唐•古文尚書 8_66_14
初唐•古文尚書 8_68_13
初唐•古文尚書 8_70_16

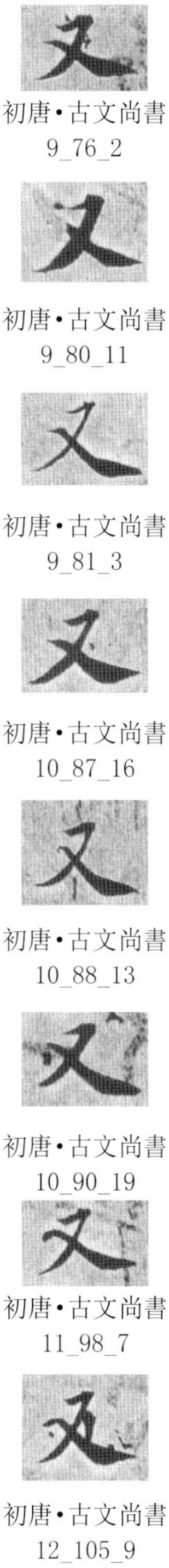

初唐•古文尚書 9_76_2
初唐•古文尚書 9_80_11
初唐•古文尚書 9_81_3
初唐•古文尚書 10_87_16
初唐•古文尚書 10_88_13
初唐•古文尚書 10_90_19
初唐•古文尚書 11_98_7
初唐•古文尚書 12_105_9

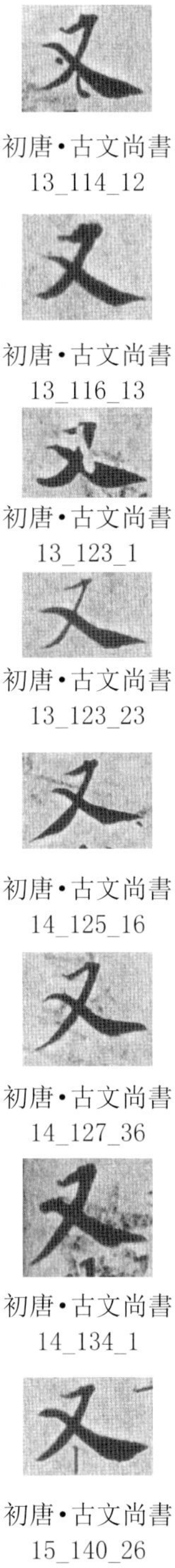

初唐•古文尚書 13_114_12
初唐•古文尚書 13_116_13
初唐•古文尚書 13_123_1
初唐•古文尚書 13_123_23
初唐•古文尚書 14_125_16
初唐•古文尚書 14_127_36
初唐•古文尚書 14_134_1
初唐•古文尚書 15_140_26

初唐•古文尚書 16_146_19
初唐•古文尚書 17_156_16
初唐•古文尚書 19_180_3
初唐•古文尚書 20_195_17
初唐•古文尚書 20_196_23
初唐•古文尚書 21_204_18
初唐•古文尚書 22_213_1
初唐•古文尚書 23_226_7

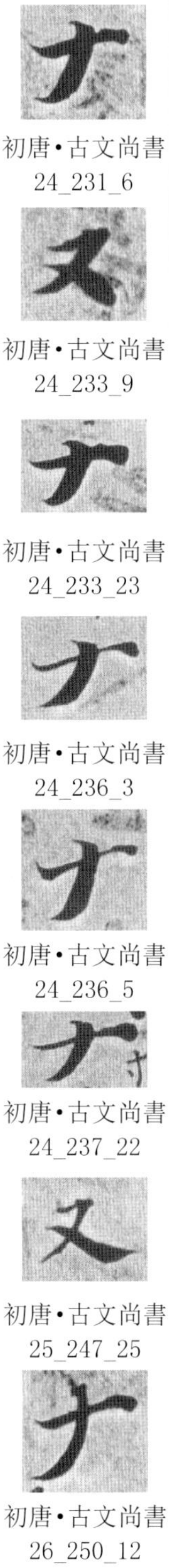

初唐•古文尚書 24_231_6
初唐•古文尚書 24_233_9
初唐•古文尚書 24_233_23
初唐•古文尚書 24_236_3
初唐•古文尚書 24_236_5
初唐•古文尚書 24_237_22
初唐•古文尚書 25_247_25
初唐•古文尚書 26_250_12

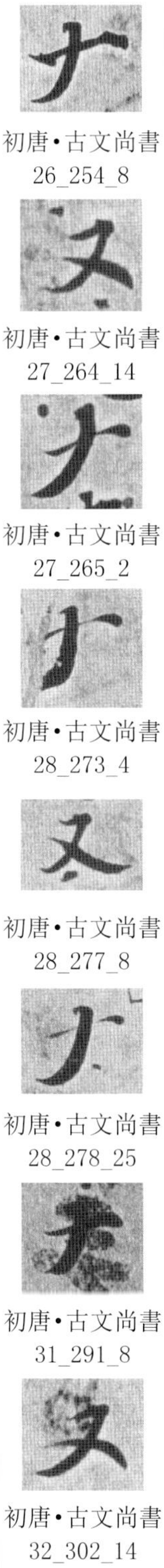

初唐•古文尚書 26_254_8
初唐•古文尚書 27_264_14
初唐•古文尚書 27_265_2
初唐•古文尚書 28_273_4
初唐•古文尚書 28_277_8
初唐•古文尚書 28_278_25
初唐•古文尚書 31_291_8
初唐•古文尚書 32_302_14

初唐•古文尚書
32_303_1

初唐•古文尚書
34_321_10

初唐•古文尚書
35_329_13

初唐•古文尚書
37_358_2

初唐•古文尚書
38_360_18

初唐•古文尚書
40_382_5

初唐•古文尚書
41_392_8

初唐•古文尚書
41_396_10

初唐•古文尚書
41_399_29

初唐•古文尚書
41_401_8

初唐•古文尚書
42_411_4

初唐•古文尚書
44_428_30

初唐•古文尚書
44_430_25

初唐•古文尚書
44_430_27

初唐•古文尚書
45_439_19

初唐•古文尚書
45_439_25

初唐•古文尚書
46_446_4

初唐•古文尚書
46_454_13

初唐•古文尚書
47_455_21

初唐•古文尚書
47_455_23

初唐•古文尚書
47_463_2

初唐•古文尚書
47_463_18

初唐•古文尚書
48_465_16

初唐•古文尚書
48_472_16

初唐•古文尚書
49_476_10

初唐 • 毛詩傳
2_11_21

初唐 • 毛詩傳
6_64_7

初唐•禮記正義
3_45_5

初唐•禮記正義
4_54_5

初唐•禮記正義
4_59_23

初唐•禮記正義
4_60_16

初唐•禮記正義
5_67_7

初唐•禮記正義
5_78_23

初唐•禮記正義
7_99_1

初唐•禮記正義
7_111_4

初唐•禮記正義
8_113_3

初唐•禮記正義
8_118_12

初唐•禮記正義
8_127_28

初唐•禮記正義
8_128_26

初唐•禮記正義
9_130_20

初唐•禮記正義
9_137_6

初唐•禮記正義
9_139_13

初唐•禮記正義
10_152_10

初唐•禮記正義
11_164_20

初唐•禮記正義
11_166_6

初唐•禮記正義
12_180_23

初唐•禮記正義
13_208_17

初唐•禮記正義
14_218_15

初唐•禮記正義
15_237_16

初唐•禮記正義
16_243_11

初唐•禮記正義
16_248_12

初唐•禮記正義
17_259_18

初唐•禮記正義
18_273_6

初唐•禮記正義
18_278_3

初唐•禮記正義
20_298_13

初唐•禮記正義
20_299_19

初唐•禮記正義
22_328_20

初唐•禮記正義
22_331_16

初唐•禮記正義
22_332_24

初唐•禮記正義
22_333_22

初唐•禮記正義
22_336_8

初唐•禮記正義
22_337_19

初唐•禮記正義
22_340_22

初唐•禮記正義
24_358_27

初唐•禮記正義
24_366_22

初唐•禮記正義
25_374_16

初唐•禮記正義
25_376_5

初唐•禮記正義
25_376_24

初唐•禮記正義
26_405_5

初唐•禮記正義
26_407_9

初唐•禮記正義
27_415_21

初唐•禮記正義
27_418_29

初唐•禮記正義
28_431_3

初唐•禮記正義
29_445_10

初唐 • 十誦律
19_369_8

初唐 • 十誦律
19_370_15

中唐 • 翰苑
2_11_36

中唐 • 翰苑
2_19_5

中唐 • 翰苑
4_39_25

中唐 • 翰苑
4_47_20

中唐 • 翰苑
7_91_4

中唐 • 翰苑
9_106_6

中唐 • 翰苑
9_106_28

中唐 • 翰苑
9_112_7

中唐 • 翰苑
9_116_2

中唐 • 翰苑
10_119_4

中唐 • 翰苑
10_127_39

中唐 • 翰苑
10_130_25

中唐 • 翰苑
12_148_15

中唐 • 翰苑
13_160_20

中唐 • 翰苑
13_163_1

中唐 • 翰苑
14_176_13

中唐 • 翰苑
18_240_41

中唐 • 翰苑
19_251_7

中唐 • 翰苑
19_251_36

中唐 • 翰苑
19_252_1

中唐 • 翰苑
19_255_6

中唐 • 翰苑
21_275_28

中唐 • 翰苑
21_275_47

中唐 • 翰苑
21_276_22

中唐 • 翰苑
21_277_17

中唐 • 翰苑
21_282_11

中唐 • 翰苑
24_317_23

中唐 • 翰苑
24_320_27

中唐 • 翰苑
24_320_38

中唐 • 翰苑
24_321_15

中唐 • 翰苑
25_324_36

中唐 • 翰苑
25_324_44

中唐 • 翰苑
25_330_38

中唐 • 翰苑
25_331_5

中唐 • 翰苑
27_354_7

中唐 • 翰苑
27_355_10

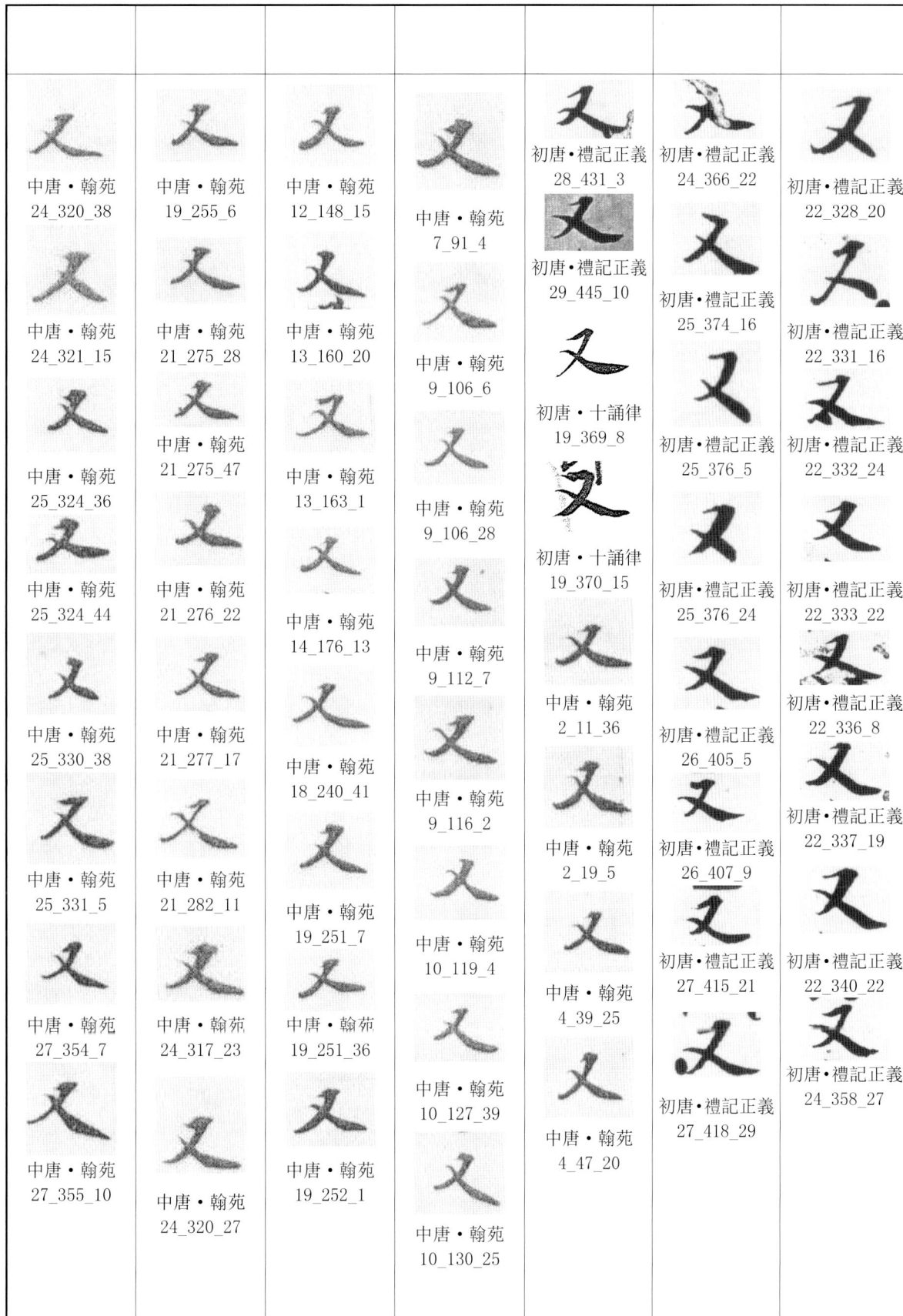

中唐·翰苑 28_361_18
中唐·翰苑 28_361_43
中唐·翰苑 28_363_6
中唐·翰苑 28_363_15
中唐·翰苑 28_363_24
中唐·翰苑 28_365_36
中唐·翰苑 28_369_25
中唐·翰苑 29_371_1

中唐·翰苑 29_371_10
中唐·翰苑 29_371_15
中唐·翰苑 29_371_31
中唐·翰苑 29_371_40
中唐·翰苑 29_373_9
中唐·翰苑 29_373_23
中唐·翰苑 29_381_40
中唐·翰苑 30_394_11

中唐·翰苑 31_406_23
中唐·翰苑 32_411_8
中唐·翰苑 32_419_11
中唐·翰苑 33_428_17
中唐·翰苑 33_429_30
中唐·翰苑 34_440_33
中唐·翰苑 36_468_3
中唐·翰苑 39_506_10

中唐·翰苑 44_568_2
中唐·翰苑 45_569_15
中唐·翰苑 45_574_1
中唐·翰苑 45_575_11
晚唐·摩訶止觀 3_23_26
晚唐·摩訶止觀 3_27_23
晚唐·摩訶止觀 4_35_9
晚唐·摩訶止觀 10_90_4

晚唐·摩訶止觀 10_91_22
晚唐·摩訶止觀 11_93_25
晚唐·摩訶止觀 11_94_22
晚唐·摩訶止觀 11_96_13
晚唐·摩訶止觀 11_97_7
晚唐·摩訶止觀 11_98_10
晚唐·摩訶止觀 11_99_9
晚唐·摩訶止觀 14_121_16

晚唐·摩訶止觀 14_123_22
晚唐·摩訶止觀 14_127_2
晚唐·摩訶止觀 20_175_18
晚唐·摩訶止觀 20_176_5
晚唐·摩訶止觀 23_195_17
晚唐·摩訶止觀 23_196_21
晚唐·摩訶止觀 23_199_17
晚唐·摩訶止觀 25_214_3

晚唐·摩訶止觀 26_222_15
晚唐·摩訶止觀 26_226_26
晚唐·摩訶止觀 27_234_26
晚唐·摩訶止觀 27_235_19
晚唐·摩訶止觀 29_250_19
晚唐·摩訶止觀 29_251_28
晚唐·摩訶止觀 29_252_26
晚唐·摩訶止觀 29_254_7

# 叉

慣シャ 漢サ 漢サイ
訓また

初唐・十誦律 1_4_13
初唐・十誦律 1_6_7
初唐・十誦律 1_8_11
初唐・十誦律 1_10_6
初唐・十誦律 2_13_11
初唐・十誦律 2_14_11
初唐・十誦律 2_18_10
初唐・十誦律 2_23_3

五代・大毗盧經 86_1057_32
五代・大毗盧經 90_1100_11
五代・大毗盧經 96_1178_12
五代・大毗盧經 97_1184_37
五代・大毗盧經 97_1187_14

五代・大毗盧經 7_77_24
五代・大毗盧經 7_77_35
五代・大毗盧經 7_78_2
五代・大毗盧經 7_84_11
五代・大毗盧經 7_84_31
五代・大毗盧經 15_191_22
五代・大毗盧經 48_583_13
五代・大毗盧經 65_818_22

晚唐・摩訶止觀 56_470_13
晚唐・摩訶止觀 56_473_24
晚唐・摩訶止觀 57_482_18
晚唐・摩訶止觀 61_513_2
晚唐・摩訶止觀 61_515_4
五代・密教部類 1_7_5
五代・密教部類 2_9_4
五代・人毗盧經 2_13_15

晚唐・摩訶止觀 52_439_5
晚唐・摩訶止觀 52_442_8
晚唐・摩訶止觀 53_446_5
晚唐・摩訶止觀 53_447_5
晚唐・摩訶止觀 53_449_3
晚唐・摩訶止觀 53_450_3
晚唐・摩訶止觀 53 450 12
晚唐・摩訶止觀 53_452_27

晚唐・摩訶止觀 43_368_25
晚唐・摩訶止觀 43_369_24
晚唐・摩訶止觀 50_422_11
晚唐・摩訶止觀 50_423_11
晚唐・摩訶止觀 50_424_22
晚唐・摩訶止觀 51_436_23
晚唐・摩訶止觀 51_437_5
晚唐・摩訶止觀 52_438_2

晚唐・摩訶止觀 29_255_7
晚唐・摩訶止觀 29_255_17
晚唐・摩訶止觀 29_256_24
晚唐・摩訶止觀 30_262_6
晚唐・摩訶止觀 30_266_2
晚唐・摩訶止觀 31_267_14
晚唐・摩訶止觀 31_268_9
晚唐・摩訶止觀 43_368_2

反 友

| | 反 | 友 | | | | |
|---|---|---|---|---|---|---|
| | 漢現ハン呉現ホン慣ヘン 訓かえす | 漢現ユウ 訓とも | | | | |
| 初唐•禮記正義 30_470_3 | 初唐•古文尚書 13_119_25 | 初唐•古文尚書 8_68_6 | 五代•大毗盧經 90_1108_13 | 五代•大毗盧經 90_1094_14 | 五代•大毗盧經 45_539_1 | 五代•大毗盧經 9_106_19 |
| 初唐•禮記正義 30_472_18 | 初唐•古文尚書 14_126_12 | 初唐•古文尚書 8_69_13 | 五代•大毗盧經 91_1110_3 | 五代•大毗盧經 90_1098_8 | 五代•大毗盧經 49_599_12 | 五代•大毗盧經 13_155_17 |
| 初唐•禮記正義 30_474_8 | 初唐•古文尚書 26_255_3 | | 五代•大毗盧經 91_1111_13 | 五代•大毗盧經 90_1098_19 | 五代•大毗盧經 63_792_15 | 五代•大毗盧經 19_239_12 |
| 初唐•禮記正義 30_475_17 | 初唐•古文尚書 26_256_1 | | 五代•大毗盧經 91_1112_11 | 五代•大毗盧經 90_1100_14 | 五代•大毗盧經 80_969_17 | 五代•大毗盧經 20_260_7 |
| 中唐・翰苑 5_60_25 | 初唐•古文尚書 40_391_11 | | 五代•大毗盧經 96_1172_19 | 五代•大毗盧經 90_1101_10 | 五代•大毗盧經 82_998_2 | 五代•大毗盧經 23_292_5 |
| 中唐・翰苑 6_67_37 | 初唐•古文尚書 45_437_5 | | 五代•大毗盧經 97_1196_20 | 五代•大毗盧經 90_1106_3 | 五代•大毗盧經 85_1031_13 | 五代•大毗盧經 26_330_3 |
| 中唐・翰苑 25_326_34 | 初唐•古文尚書 45_437_23 | | 五代•大毗盧經 98_1202_16 | 五代•大毗盧經 90_1106_14 | 五代•大毗盧經 86_1049_15 | 五代•大毗盧經 33_403_6 |
| 厄雙及弄珠 中唐・翰苑 29_378_26 | 初唐•禮記正義 14_221_14 | | | 五代•大毗盧經 90_1106_34 | 五代•大毗盧經 88_1079_14 | 五代•大毗盧經 37_438_16 |

# 取

漢 シュウ
訓 とる

初唐・十誦律 7_123_3
初唐・十誦律 7_127_17
初唐・十誦律 7_129_7
初唐・十誦律 8_143_5
初唐・十誦律 8_143_11
初唐・十誦律 8_146_10
初唐・十誦律 8_148_16
初唐・般若經 6_82_6

初唐・禮記正義 18_269_14
初唐・禮記正義 24_372_1
初唐・禮記正義 24_372_4
初唐・禮記正義 24_372_6
初唐・禮記正義 29_450_24
初唐・十誦律 4_55_5
初唐・十誦律 7_120_7
初唐・十誦律 7_122_4

初唐・毛詩傳 3_30_13
初唐・禮記正義 3_40_26
初唐・禮記正義 4_62_11
初唐・禮記正義 11_173_28
初唐・禮記正義 12_185_2
初唐・禮記正義 13_204_8
初唐・禮記正義 13_205_28
以呈之耳 初唐・禮記正義 14_212_4

初唐・古文尚書 3_23_11
初唐・古文尚書 3_23_15
初唐・古文尚書 12_110_24
初唐・古文尚書 28_275_5
初唐・古文尚書 35_338_23
初唐・古文尚書 43_416_29
初唐・古文尚書 43_418_19
初唐・毛詩傳 3_25_6

五代・大毗盧經 72_881_4
五代・大毗盧經 82_1000_14
五代・大毗盧經 86_1052_20
五代・大毗盧經 87_1061_18
五代・大毗盧經 88_1077_23
五代・大毗盧經 91_1112_5
五代・大毗盧經 91_1114_20

五代・大毗盧經 25_313_22
五代・大毗盧經 26_327_12
五代・大毗盧經 32_401_22
五代・大毗盧經 40_474_8
五代・大毗盧經 51_625_22
五代・大毗盧經 55_670_6
五代・大毗盧經 59_721_19
五代・大毗盧經 65_812_24

中唐・翰苑 34_444_20
中唐・翰苑 36_459_26
中唐・翰苑 39_503_23
五代・大毗盧經 4_42_18
五代・大毗盧經 5_52_13
五代・大毗盧經 6_62_23
五代・大毗盧經 22_283_12
五代・大毗盧經 22_284_15

受 叔

慣現ジュ呉ズ漢シュウ
訓うける

現シュク
訓おじ

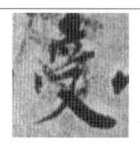

初唐・禮記正義 13_202_6
初唐・禮記正義 13_202_24
初唐・禮記正義 13_203_18
初唐・禮記正義 13_204_20
初唐・禮記正義 13_206_2
初唐・禮記正義 20_309_17
初唐・禮記正義 25_378_16
初唐・禮記正義 25_388_6

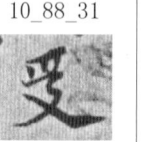

初唐・古文尚書 29_279_7
初唐・古文尚書 31_286_6
初唐・古文尚書 31_287_11
初唐・古文尚書 34_320_33
初唐・古文尚書 48_469_11
初唐・古文尚書 48_470_8
初唐・古文尚書 49_477_22
初唐・古文尚書 49_478_7

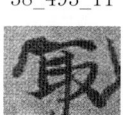

初唐・古文尚書 8_63_2
初唐・古文尚書 10_88_31
初唐・古文尚書 18_166_15
初唐・古文尚書 19_182_1
初唐・古文尚書 24_229_10
初唐・古文尚書 24_239_9
初唐・古文尚書 25_244_4
初唐・古文尚書 28_278_29

初唐・古文尚書 44_423_9
初唐・毛詩傳 4_43_37
初唐・毛詩傳 5_53_14
初唐・毛詩傳 5_54_19
初唐・毛詩傳 5_56_5
初唐・禮記正義 2_30_5
初唐・禮記正義 29_445_26
初唐・禮記正義 29_446_10

晚唐・摩訶止觀 45_383_18
晚唐・摩訶止觀 60_510_27
五代・密教部類 1_4_19
五代・密教部類 1_5_6
五代・密教部類 2_22_17
五代・大毗盧經 25_317_6
五代・大毗盧經 53_652_11
五代・大毗盧經 94_1150_6

中唐・翰苑 31_406_41
中唐・翰苑 34_437_16
中唐・翰苑 35_449_18
中唐・翰苑 38_493_11
晚唐・摩訶止觀 2_13_2
晚唐・摩訶止觀 3_22_9
晚唐・摩訶止觀 30_263_10
晚唐・摩訶止觀 40_342_22

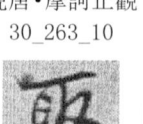

初唐・般若經 19_292_5
中唐・翰苑 5_59_24
中唐・翰苑 10_126_8
中唐・翰苑 10_126_29
中唐・翰苑 12_151_32
中唐・翰苑 16_201_14
中唐・翰苑 30_387_46
中唐・翰苑 31_399_21

| | | | | | | |
|---|---|---|---|---|---|---|
| 初唐・般若經 19_292_3 | 初唐・般若經 18_260_15 | 初唐・般若經 16_237_7 | 初唐・般若經 6_68_14 | 初唐・般若經 4_46_10 | 初唐・般若經 3_27_17 | 初唐・禮記正義 30_468_19 |
| 中唐・翰苑 6_72_4 | 初唐・般若經 18_262_13 | 初唐・般若經 16_243_3 | 初唐・般若經 6_70_10 | 初唐・般若經 5_51_17 | 初唐・般若經 3_28_14 | 初唐・十誦律 7_131_4 |
| 中唐・翰苑 9_108_11 | 初唐・般若經 18_268_9 | 初唐・般若經 16_243_17 | 初唐・般若經 6_82_4 | 初唐・般若經 5_52_14 | 初唐・般若經 3_30_10 | 初唐・十誦律 8_150_9 |
| 中唐・翰苑 9_109_37 | 初唐・般若經 18_269_6 | 初唐・般若經 17_245_15 | 初唐・般若經 14_212_12 | 初唐・般若經 5_54_10 | 初唐・般若經 4_35_17 | 初唐・十誦律 10_183_4 |
| 臣伏憂之 中唐・翰苑 10_131_17 | 初唐・般若經 18_271_4 | 初唐・般若經 17_251_11 | 初唐・般若經 15_213_1 | 初唐・般若經 5_59_17 | 初唐・般若經 4_36_14 | 初唐・十誦律 19_359_16 |
| 中唐・翰苑 12_149_32 | 初唐・般若經 18_276_17 | 初唐・般若經 17_252_8 | 初唐・般若經 15_214_8 | 初唐・般若經 5_60_14 | 初唐・般若經 4_38_10 | 初唐・般若經 2_7_6 |
| 中唐・翰苑 14_174_45 | 初唐・般若經 19_277_14 | 初唐・般若經 17_254_6 | 初唐・般若經 16_234_12 | 初唐・般若經 5_62_10 | 初唐・般若經 4_43_17 | 初唐・般若經 2_7_12 |
| 中唐・翰苑 14_185_24 | 初唐・般若經 19_279_12 | 初唐・般若經 18_260_1 | 初唐・般若經 16_235_9 | 初唐・般若經 6_67_17 | 初唐・般若經 4_44_14 | 初唐・般若經 2_8_17 |

# 叟

漢 ソウ
訓 おきな

中唐・翰苑
41_530_20

五代•大毗盧經
21_269_5

五代•大毗盧經
23_292_9

五代•大毗盧經
26_326_23

五代•大毗盧經
41_494_39

五代•大毗盧經
44_530_12

五代•大毗盧經
67_841_9

五代•密教部類
4_44_8

五代•密教部類
4_45_4

五代•密教部類
4_50_1

五代•密教部類
4_51_1

五代•密教部類
4_53_16

五代•大毗盧經
7_84_16

五代•大毗盧經
10_122_44

五代•大毗盧經
14_179_12

晚唐•摩訶止觀
55_465_26

晚唐•摩訶止觀
55_466_18

晚唐•摩訶止觀
55_468_15

晚唐•摩訶止觀
55_468_27

晚唐•摩訶止觀
55_469_5

晚唐•摩訶止觀
55_469_11

晚唐•摩訶止觀
57_483_17

晚唐•摩訶止觀
62_521_16

晚唐•摩訶止觀
30_262_27

晚唐•摩訶止觀
31_273_23

晚唐•摩訶止觀
35_303_12

晚唐•摩訶止觀
39_339_15

晚唐•摩訶止觀
43_373_14

晚唐•摩訶止觀
45_390_17

晚唐•摩訶止觀
55_464_11

晚唐•摩訶止觀
55_465_1

晚唐•摩訶止觀
8_71_23

晚唐•摩訶止觀
8_73_4

晚唐•摩訶止觀
8_74_4

晚唐•摩訶止觀
10_92_19

晚唐•摩訶止觀
24_209_13

晚唐•摩訶止觀
26_221_9

晚唐•摩訶止觀
28_243_16

晚唐•摩訶止觀
29_249_20

中唐・翰苑
25_328_19

中唐・翰苑
27_351_8

中唐・翰苑
34_443_13

中唐・翰苑
35_452_40

晚唐•摩訶止觀
1_5_2

晚唐•摩訶止觀
1_10_13

晚唐•摩訶止觀
3_26_4

晚唐•摩訶止觀
8_70_13

# 叛

慣ホン 漢ハン 呉バン
訓そむく

初唐•古文尚書 31_289_5

初唐・毛詩傳 4_39_11

中唐・翰苑 5_51_30

中唐・翰苑 5_60_26

中唐・翰苑 6_64_21

中唐・翰苑 6_67_3

中唐・翰苑 6_71_37

中唐・翰苑 6_77_33

中唐・翰苑 12_149_21

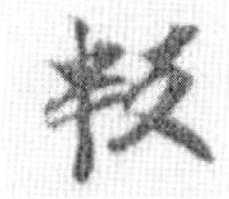
中唐・翰苑 13_164_6

中唐・翰苑 15_194_11

中唐・翰苑 15_196_6

中唐・翰苑 26_342_27

中唐・翰苑 36_458_36

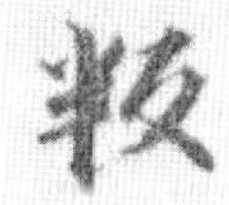
中唐・翰苑 39_503_24

中唐・翰苑 41_525_13

中唐・翰苑 42_533_36

中唐・翰苑 42_538_4

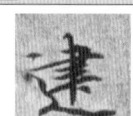

# 廴部

## 延

現エン
訓のびる

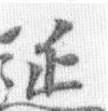

初唐•古文尚書 40_382_13
初唐•古文尚書 40_383_18
初唐・十誦律 19_370_4
中唐・翰苑 5_63_5
中唐・翰苑 9_111_15
中唐・翰苑 13_163_6
中唐・翰苑 13_163_19
中唐・翰苑 13_167_14

中唐・翰苑 13_168_38
中唐・翰苑 15_189_17
中唐・翰苑 22_283_8
中唐・翰苑 23_299_9
中唐・翰苑 23_300_9
中唐・翰苑 35_457_12
中唐・翰苑 36_464_30
中唐・翰苑 38_485_9

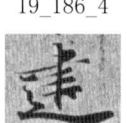

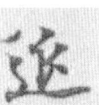

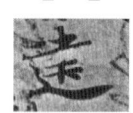

中唐・翰苑 43_554_5
晩唐•摩訶止觀 54_460_20
五代•大毗盧經 85_1042_8
五代•大毗盧經 87_1067_3
五代•大毗盧經 95_1161_15

## 建

漢現ケン呉現コン
訓たてる

初唐•古文尚書 3_22_15
初唐•古文尚書 15_137_16
初唐•古文尚書 15_141_7
初唐•古文尚書 19_186_4
初唐•古文尚書 22_212_13
初唐•古文尚書 34_321_4
初唐•禮記正義 9_139_19
中唐・翰苑 5_63_24

中唐・翰苑 6_75_2
中唐・翰苑 9_116_21
中唐・翰苑 12_153_17
中唐・翰苑 12_153_29
中唐・翰苑 13_168_6
中唐・翰苑 14_181_1
中唐・翰苑 14_181_37
中唐・翰苑 14_186_16

中唐・翰苑 15_195_8
中唐・翰苑 15_195_22
中唐・翰苑 20_269_37
中唐・翰苑 22_289_16
中唐・翰苑 27_347_16
中唐・翰苑 28_363_11
中唐・翰苑 28_363_36
中唐・翰苑 31_401_9

中唐・翰苑
34_439_9

中唐・翰苑
34_442_1

中唐・翰苑
35_456_24

中唐・翰苑
35_457_34

中唐・翰苑
35_457_42

中唐・翰苑
36_459_10

中唐・翰苑
38_489_4

中唐・翰苑
43_547_6

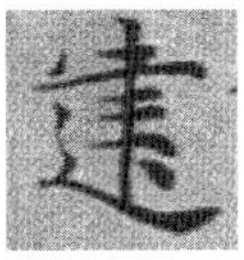
晚唐•摩訶止觀
4_34_12

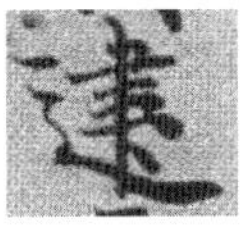
晚唐•摩訶止觀
7_59_12

晚唐•摩訶止觀
9_78_6

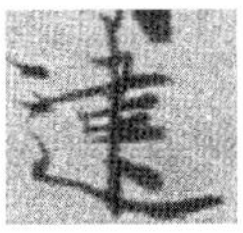
晚唐•摩訶止觀
9_83_19

五代•大毗盧經
6_70_15

五代•大毗盧經
72_885_31

五代•大毗盧經
85_1038_9

五代•大毗盧經
85_1043_7

# 干部

## 干

現カン
訓ほす

初唐・古文尚書
20_191_13

初唐・古文尚書
27_261_9

初唐・古文尚書
28_271_5

明不相干
初唐・古文尚書
41_397_41

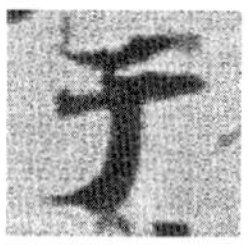
晩唐・摩訶止観
28_247_10

晩唐・摩訶止観
28_247_19

晩唐・摩訶止観
29_248_18

晩唐・摩訶止観
29_249_6

晩唐・摩訶止観
29_251_12

晩唐・摩訶止観
29_253_24

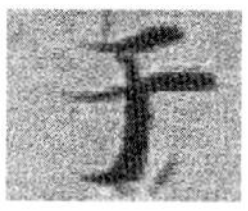
晩唐・摩訶止観
29_254_15

晩唐・摩訶止観
29_254_19

晩唐・摩訶止観
29_254_23

晩唐・摩訶止観
29_255_2

晩唐・摩訶止観
29_256_19

晩唐・摩訶止観
30_257_6

晩唐・摩訶止観
30_257_15

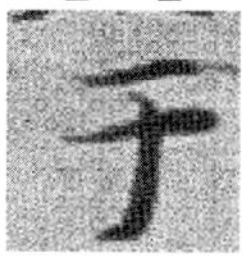
晩唐・摩訶止観
30_257_19

晩唐・摩訶止観
30_258_3

晩唐・摩訶止観
30_259_6

晩唐・摩訶止観
30_259_18

## 午

現ゴ
訓うま

初唐・禮記正義
3_38_11

初唐・禮記正義
3_39_21

初唐・禮記正義
3_41_22

## 平

漢現ヘイ呉ビョウ慣ヒョウ
訓たいら

初唐・古文尚書
1_3_18

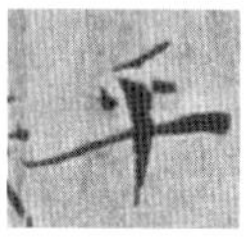
初唐・古文尚書
1_5_18

初唐・古文尚書
3_19_10

初唐・古文尚書
3_20_1

初唐・古文尚書
5_41_27

初唐・古文尚書
40_382_16

初唐・古文尚書
40_383_21

初唐・古文尚書
40_384_10

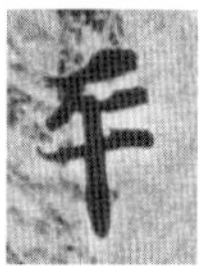
初唐・古文尚書
42_402_13

初唐・古文尚書
47_456_22

初唐・古文尚書
47_458_16

初唐・毛詩傳
5_55_7

初唐・毛詩傳
10_103_20

初唐・禮記正義
19_292_25

初唐•禮記正義
19_294_22

初唐•禮記正義
19_294_24

初唐•禮記正義
19_295_4

初唐•禮記正義
20_296_6

初唐•禮記正義
20_296_48

初唐•禮記正義
20_297_2

初唐•禮記正義
20_297_9

初唐•禮記正義
20_298_3

初唐•般若經
8_109_10

初唐•般若經
21_320_15

中唐•翰苑
2_13_5

中唐•翰苑
2_15_1

中唐•翰苑
5_57_23

中唐•翰苑
8_97_11

中唐•翰苑
8_97_40

中唐•翰苑
8_98_4

中唐•翰苑
13_163_17

中唐•翰苑
13_163_38

中唐•翰苑
13_166_13

中唐•翰苑
14_183_5

中唐•翰苑
14_185_9

中唐•翰苑
15_189_18

中唐•翰苑
16_202_3

中唐•翰苑
22_285_28

中唐•翰苑
22_288_34

中唐•翰苑
22_289_11

中唐•翰苑
22_289_24

中唐•翰苑
22_290_44

中唐•翰苑
23_299_20

中唐•翰苑
23_300_5

中唐•翰苑
23_300_8

中唐•翰苑
23_301_28

中唐•翰苑
23_301_43

中唐•翰苑
23_304_20

中唐•翰苑
23_308_25

中唐•翰苑
24_315_34

中唐•翰苑
24_317_41

中唐•翰苑
24_318_36

中唐•翰苑
24_320_9

中唐•翰苑
24_321_11

中唐•翰苑
28_359_5

中唐•翰苑
32_415_16

中唐•翰苑
33_433_23

中唐•翰苑
35_447_29

中唐•翰苑
35_451_8

中唐•翰苑
39_501_26

中唐•翰苑
39_503_44

中唐•翰苑
40_511_25

中唐•翰苑
40_514_4

## 幹

現 カン
訓 みき

初唐・古文尚書
5_44_12

初唐・古文尚書
5_44_15

初唐・古文尚書
5_46_12

中唐・翰苑
24_310_18

五代・大毗盧經
39_472_19

五代・大毗盧經
45_540_17

五代・大毗盧經
47_573_18

五代・大毗盧經
94_1156_12

五代・大毗盧經
94_1158_8

五代・大毗盧經
97_1184_14

五代・大毗盧經
28_361_1

五代・大毗盧經
31_387_4

五代・大毗盧經
31_389_1

五代・大毗盧經
31_389_17

五代・大毗盧經
31_392_17

五代・大毗盧經
33_403_10

五代・大毗盧經
39_471_17

五代・大毗盧經
9_105_24

五代・大毗盧經
11_127_7

五代・大毗盧經
11_136_16

五代・大毗盧經
11_137_3

五代・大毗盧經
16_212_19

五代・大毗盧經
17_220_12

五代・大毗盧經
22_278_10

中唐・般若經
5_74_12

中唐・般若經
6_77_6

晚唐・摩訶止觀
12_107_25

晚唐・摩訶止觀
26_224_23

五代・大毗盧經
6_72_17

五代・大毗盧經
7_74_5

五代・大毗盧經
8_96_3

衍文
中唐・翰苑
40_514_6

中唐・翰苑
40_517_6

中唐・翰苑
41_521_25

中唐・翰苑
41_529_25

中唐・翰苑
44_561_11

中唐・般若經
5_69_9

中唐・般若經
5_72_2

# 工部

## 工 工

漢 現 コウ 呉 現 ク
訓 たくみ

初唐・古文尚書
17_161_2

## 巧 巧

漢 現 コウ
訓 たくみ

巧言令色
初唐・古文尚書
38_367_4

晩唐・摩訶止観
29_252_9

晩唐・摩訶止観
40_344_25

晩唐・摩訶止観
40_345_19

晩唐・摩訶止観
40_345_26

晩唐・摩訶止観
41_350_17

晩唐・摩訶止観
41_350_26

五代・大毗盧經
5_49_18

五代・大毗盧經
8_99_26

五代・大毗盧經
22_276_6

五代・大毗盧經
29_369_16

五代・大毗盧經
29_371_19

五代・大毗盧經
43_518_15

其座極巧嚴
五代・大毗盧經
57_702_9

## 左 左

現 サ
訓 ひだり

初唐・古文尚書
18_172_12

初唐・古文尚書
18_172_25

初唐・古文尚書
23_225_13

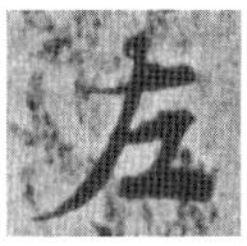
初唐・古文尚書
31_287_20

初唐・古文尚書
34_319_19

初唐・古文尚書
34_320_15

初唐・古文尚書
35_332_3

初唐・古文尚書
38_360_14

初唐・古文尚書
38_361_13

初唐・古文尚書
38_362_15

初唐・古文尚書
39_370_1

初唐・禮記正義
1_4_23

初唐・禮記正義
3_41_25

初唐・禮記正義
3_43_5

初唐・禮記正義
4_61_22

初唐・禮記正義
6_96_16

初唐・禮記正義
8_123_21

初唐・禮記正義
8_125_8

初唐・禮記正義
9_132_19

初唐・禮記正義
9_136_11

初唐・禮記正義
9_142_13

初唐•禮記正義 9_142_17

初唐•禮記正義 11_168_9

初唐•禮記正義 11_168_12

初唐•禮記正義 11_176_1

初唐•禮記正義 12_185_18

初唐•禮記正義 12_186_3

初唐•禮記正義 12_187_6

初唐•禮記正義 12_188_1

初唐•禮記正義 12_188_10

初唐•禮記正義 12_192_13

初唐•禮記正義 15_237_9

初唐•禮記正義 16_239_8

初唐•禮記正義 16_239_14

初唐•禮記正義 16_240_27

初唐•禮記正義 16_242_26

初唐•禮記正義 16_244_13

初唐•禮記正義 16_244_26

初唐•禮記正義 16_245_1

初唐•禮記正義 16_245_16

初唐•禮記正義 16_245_22

初唐•禮記正義 16_246_12

初唐•禮記正義 16_246_25

初唐•禮記正義 16_247_25

初唐•禮記正義 16_248_15

初唐•禮記正義 16_248_21

初唐•禮記正義 16_249_19

初唐•禮記正義 16_249_22

初唐•禮記正義 16_250_8

初唐•禮記正義 16_250_19

初唐•禮記正義 16_251_16

初唐•禮記正義 16_252_4

初唐•禮記正義 16_252_10

初唐•禮記正義 17_254_3

初唐•禮記正義 18_278_23

初唐•禮記正義 18_279_10

初唐•禮記正義 18_280_2

初唐•禮記正義 18_280_9

初唐•禮記正義 18_280_12

初唐•禮記正義 18_280_27

初唐•禮記正義 20_304_28

初唐•禮記正義 20_306_15

初唐•禮記正義 20_306_20

初唐•禮記正義 20_306_25

初唐•禮記正義 23_343_18

初唐•禮記正義 25_385_24

初唐•禮記正義 25_386_14

初唐•禮記正義 27_409_9

初唐•禮記正義 27_410_22

初唐•禮記正義 27_411_1

初唐•禮記正義
27_411_27

初唐•禮記正義
29_445_11

中唐・翰苑
3_24_25

中唐・翰苑
3_26_1

中唐・翰苑
3_30_36

中唐・翰苑
3_30_40

中唐・翰苑
3_31_7

中唐・翰苑
3_31_13

中唐・翰苑
3_31_20

中唐・翰苑
3_31_44

中唐・翰苑
3_32_6

中唐・翰苑
3_33_37

中唐・翰苑
4_42_31

中唐・翰苑
4_47_1

中唐・翰苑
5_51_11

中唐・翰苑
5_52_3

中唐・翰苑
5_52_22

中唐・翰苑
5_55_10

中唐・翰苑
5_58_22

中唐・翰苑
6_64_9

中唐・翰苑
6_71_17

中唐・翰苑
6_71_31

中唐・翰苑
7_83_37

中唐・翰苑
7_84_1

中唐・翰苑
7_84_5

中唐・翰苑
7_84_8

中唐・翰苑
7_84_13

中唐・翰苑
7_84_18

中唐・翰苑
7_85_20

中唐・翰苑
7_85_25

中唐・翰苑
7_86_41

中唐・翰苑
7_88_4

中唐・翰苑
7_88_12

中唐・翰苑
8_92_29

中唐・翰苑
9_108_41

中唐・翰苑
13_171_26

中唐・翰苑
13_172_18

中唐・翰苑
15_188_14

中唐・翰苑
25_329_44

中唐・翰苑
28_359_4

中唐・翰苑
28_369_15

中唐・翰苑
37_481_25

中唐・翰苑
40_512_23

中唐・翰苑
42_540_41

晚唐•摩訶止觀
25_219_9

五代•大毗盧經
3_25_4

五代•大毗盧經
9_101_21

五代•大毗盧經
9_107_25

五代•大毗盧經
13_155_29

## 差

シ漢現サ
訓さす

初唐•古文尚書
1_2_12

初唐•古文尚書
12_113_2

初唐•古文尚書
40_389_2

初唐•古文尚書
40_389_16

初唐•古文尚書
46_445_13

初唐•古文尚書
46_445_23

初唐•古文尚書
47_458_30

初唐•古文尚書
47_459_12

五代•大毗盧經
92_1127_6

五代•大毗盧經
92_1127_19

五代•大毗盧經
92_1129_16

五代•大毗盧經
93_1141_18

五代•大毗盧經
93_1144_7

五代•大毗盧經
98_1209_6

五代•大毗盧經
85_1040_13

五代•大毗盧經
85_1048_22

五代•大毗盧經
86_1051_18

五代•大毗盧經
87_1063_13

五代•大毗盧經
88_1079_15

五代•大毗盧經
89_1086_11

五代•大毗盧經
90_1098_6

五代•大毗盧經
77_928_12

五代•大毗盧經
77_935_1

五代•大毗盧經
78_951_9

五代•大毗盧經
80_966_9

五代•大毗盧經
82_996_24

五代•大毗盧經
84_1023_7

五代•大毗盧經
85_1033_4

五代•大毗盧經
54_657_4

五代•大毗盧經
62_764_9

五代•大毗盧經
63_791_8

五代•大毗盧經
67_838_9

五代•大毗盧經
67_844_2

五代•大毗盧經
68_849_34

五代•大毗盧經
71_872_11

五代•大毗盧經
35_420_5

五代•大毗盧經
36_426_5

五代•大毗盧經
38_444_11

五代•大毗盧經
44_537_15

五代•大毗盧經
46_560_6

五代•大毗盧經
46_564_16

五代•大毗盧經
50_611_1

五代•大毗盧經
15_190_9

五代•大毗盧經
16_202_14

五代•大毗盧經
17_217_11

五代•大毗盧經
19_246_6

五代•大毗盧經
24_304_16

五代•大毗盧經
25_320_7

五代•大毗盧經
26_327_27

初唐•禮記正義
8_123_18

收羌戎
中唐・翰苑
6_73_31

中唐・翰苑
25_326_31

晚唐•摩訶止觀
6_47_25

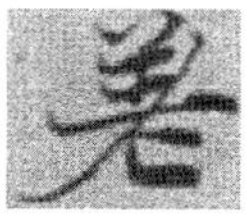
晚唐•摩訶止觀
6_49_21

晚唐•摩訶止觀
29_248_19

晚唐•摩訶止觀
29_254_5

晚唐•摩訶止觀
49_418_3

五代•大毗盧經
67_835_19

五代•大毗盧經
78_946_1

# 土部

## 土土

慣現ド 漢現ト
訓つち

初唐•古文尚書
1_4_21

初唐•古文尚書
1_5_6

初唐•古文尚書
1_5_19

初唐•古文尚書
1_5_25

初唐•古文尚書
2_12_13

初唐•古文尚書
3_20_7

初唐•古文尚書
3_20_15

初唐•古文尚書
3_22_4

初唐•古文尚書
3_22_12

初唐•古文尚書
3_22_24

初唐•古文尚書
3_23_5

初唐•古文尚書
4_31_17

初唐•古文尚書
5_41_13

初唐•古文尚書
5_41_28

初唐•古文尚書
5_42_13

初唐•古文尚書
5_44_3

初唐•古文尚書
42_402_15

初唐•古文尚書
44_430_28

初唐•古文尚書
44_431_8

初唐•古文尚書
49_478_6

中唐・翰苑
4_36_30

中唐・翰苑
4_41_3

中唐・翰苑
10_120_23

中唐・翰苑
12_146_10

中唐・翰苑
12_149_46

中唐・翰苑
17_215_19

中唐・翰苑
17_226_24

中唐・翰苑
19_245_46

中唐・翰苑
23_298_30

中唐・翰苑
23_302_23

中唐・翰苑
23_303_24

中唐・翰苑
25_324_18

中唐・翰苑
30_386_28

中唐・翰苑
30_387_37

中唐・翰苑
30_391_20

中唐・翰苑
34_434_21

中唐・翰苑
36_465_27

中唐・翰苑
36_468_7

中唐・翰苑
36_469_17

中唐・翰苑
38_483_3

土地
中唐・翰苑
39_503_42

土地
中唐・翰苑
40_508_13

中唐・翰苑
40_511_8

中唐・翰苑
40_512_39

中唐・翰苑
41_524_5

中唐・翰苑
43_548_29

中唐・翰苑
43_551_18

晚唐•摩訶止観
30_260_10

# 士 士

漢 現シ 呉ジ
訓 さむらい

晚唐•摩訶止觀 31_272_27
晚唐•摩訶止觀 39_339_8
晚唐•摩訶止觀 43_374_1
五代•大毗盧經 7_83_23
五代•大毗盧經 13_155_5
五代•大毗盧經 41_494_35
五代•大毗盧經 41_494_41
五代•大毗盧經 41_494_46

五代•大毗盧經 73_896_10

初唐•古文尚書 27_260_14
初唐•古文尚書 27_264_22
初唐•古文尚書 27_266_7
初唐•古文尚書 28_273_29
初唐•古文尚書 33_308_18
初唐•古文尚書 33_309_9
初唐•古文尚書 33_310_16
初唐•古文尚書 33_314_10

初唐•古文尚書 33_315_13
初唐•古文尚書 38_360_21
初唐•古文尚書 38_361_21
初唐•古文尚書 38_366_12
初唐•古文尚書 38_367_28
初唐•古文尚書 42_405_22
初唐•古文尚書 42_406_19
初唐•古文尚書 42_408_26

初唐 • 毛詩傳 2_12_6
初唐 • 毛詩傳 2_13_19
初唐 • 毛詩傳 2_16_11
初唐 • 毛詩傳 2_20_6
初唐•禮記正義 1_10_6
初唐•禮記正義 1_10_17
初唐•禮記正義 1_11_14
初唐•禮記正義 1_11_26

初唐•禮記正義 1_12_3
初唐•禮記正義 1_12_5
初唐•禮記正義 1_14_16
初唐•禮記正義 4_55_25
初唐•禮記正義 4_57_4
初唐•禮記正義 6_84_31
初唐•禮記正義 6_85_9
初唐•禮記正義 6_90_6

初唐•禮記正義 6_90_14
初唐•禮記正義 6_91_23
初唐•禮記正義 6_97_12
初唐•禮記正義 7_106_15
初唐•禮記正義 7_106_22
初唐•禮記正義 7_106_28
初唐•禮記正義 7_107_25
初唐•禮記正義 7_107_29

初唐•禮記正義
7_108_11

初唐•禮記正義
11_165_10

初唐•禮記正義
12_191_17

初唐•禮記正義
12_191_25

初唐•禮記正義
12_192_19

初唐•禮記正義
12_193_4

初唐•禮記正義
12_194_21

初唐•禮記正義
12_195_25

初唐•禮記正義
13_196_13

初唐•禮記正義
13_197_23

初唐•禮記正義
13_200_23

初唐•禮記正義
14_214_12

初唐•禮記正義
15_227_22

初唐•禮記正義
15_228_17

初唐•禮記正義
18_274_24

初唐•禮記正義
20_299_16

初唐•禮記正義
20_302_5

初唐•禮記正義
26_394_15

初唐•禮記正義
26_395_13

初唐•禮記正義
26_396_1

初唐•禮記正義
27_416_26

初唐•禮記正義
27_418_13

初唐•禮記正義
27_418_31

初唐•禮記正義
27_419_21

初唐•禮記正義
27_419_29

初唐•禮記正義
27_420_10

初唐•禮記正義
27_421_6

初唐•禮記正義
27_422_21

初唐•禮記正義
27_425_3

初唐•禮記正義
27_426_3

初唐•禮記正義
28_429_21

初唐•禮記正義
28_429_27

初唐•禮記正義
28_430_14

中唐・翰苑
2_21_30

中唐・翰苑
2_21_37

中唐・翰苑
3_23_10

中唐・翰苑
4_36_1

中唐・翰苑
8_100_17

中唐・翰苑
13_161_2

中唐・翰苑
14_183_34

中唐・翰苑
15_191_9

中唐・翰苑
21_276_4

中唐・翰苑
21_276_7

中唐・翰苑
21_279_24

中唐・翰苑
26_345_40

中唐・翰苑
28_363_20

道士
中唐・翰苑
29_378_10

士氣
中唐・翰苑
30_384_13

軍士
中唐・翰苑
41_527_8

五代•大毗盧經
65_818_16

## 圭 圭

漢 ケイ
訓 たま

初唐•禮記正義 20_304_24
初唐•禮記正義 20_305_20
初唐•禮記正義 21_321_14
初唐•禮記正義 21_323_6
初唐•禮記正義 21_323_16
初唐•禮記正義 21_324_10
初唐•禮記正義 21_324_29
初唐•禮記正義 22_328_15
初唐•禮記正義 22_329_6
初唐•禮記正義 22_332_27
初唐•禮記正義 22_333_18
初唐•禮記正義 22_334_12
初唐•禮記正義 22_334_27
初唐•禮記正義 22_335_20
初唐•禮記正義 22_336_13
初唐•禮記正義 22_337_9
初唐•禮記正義 22_337_27
初唐•禮記正義 22_339_1
初唐•禮記正義 22_339_7
初唐•禮記正義 22_339_12
初唐•禮記正義 22_339_18
初唐•禮記正義 23_341_22
初唐•禮記正義 23_343_9
初唐•禮記正義 23_345_20
初唐•禮記正義 23_347_21
初唐•禮記正義 23_349_16
初唐•禮記正義 23_355_23
初唐•禮記正義 24_359_1
初唐•禮記正義 24_372_7
初唐•禮記正義 25_374_21
初唐•禮記正義 25_374_29
初唐•禮記正義 25_379_8

## 地 地

漢 現 チ 呉 現 ジ
訓 つち

初唐•古文尚書 1_5_7
初唐•古文尚書 2_9_6
初唐•古文尚書 2_16_6
初唐•古文尚書 4_32_2
初唐•古文尚書 5_40_16
初唐•古文尚書 16_149_10
初唐•古文尚書 19_177_2
初唐•古文尚書 19_177_10
初唐•古文尚書 28_275_27
初唐•古文尚書 41_396_6
初唐•古文尚書 41_397_6
初唐•古文尚書 41_397_23
初唐•古文尚書 41_397_32
初唐•禮記正義 6_83_22
初唐•禮記正義 6_86_28
初唐•禮記正義 17_263_16

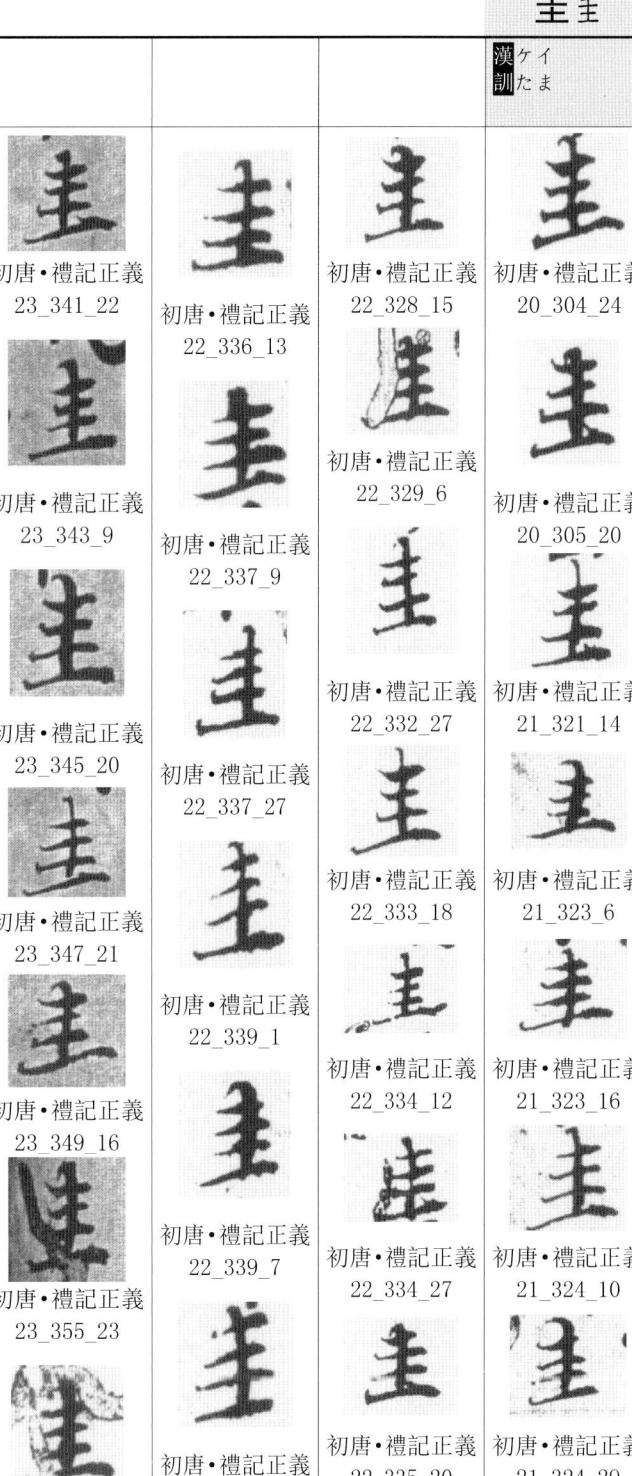

中唐・翰苑
16_203_24

中唐・翰苑
16_209_14

中唐・翰苑
16_210_11

中唐・翰苑
17_217_29

中唐・翰苑
37_470_2

中唐・翰苑
37_470_38

中唐・翰苑
37_477_24

中唐・翰苑
37_482_9

中唐・翰苑
10_128_1

中唐・翰苑
10_128_39

中唐・翰苑
12_146_11

中唐・翰苑
12_149_40

中唐・翰苑
12_152_39

中唐・翰苑
13_172_29

中唐・翰苑
14_173_12

中唐・翰苑
14_175_16

中唐・翰苑
2_12_12

中唐・翰苑
2_12_31

中唐・翰苑
2_18_28

中唐・翰苑
4_40_12

中唐・翰苑
4_48_11

中唐・翰苑
7_87_40

中唐・翰苑
8_99_28

中唐・翰苑
8_102_29

初唐・般若經
19_282_16

初唐・般若經
24_364_12

初唐・般若經
24_365_1

初唐・般若經
24_366_8

初唐・般若經
26_403_1

初唐・般若經
26_403_9

初唐・般若經
26_405_2

中唐・翰苑
2_11_19

初唐・般若經
11_151_1

初唐・般若經
11_151_7

初唐・般若經
11_152_12

初唐・般若經
13_186_14

初唐・般若經
13_187_5

初唐・般若經
13_188_12

初唐・般若經
19_281_7

初唐・般若經
19_281_11

初唐・禮記正義
26_398_17

初唐・禮記正義
26_398_21

初唐・禮記正義
26_399_20

初唐・十誦律
4_55_7

初唐・十誦律
4_58_10

初唐・般若經
6_72_2

初唐・般若經
6_72_6

初唐・般若經
6_73_10

初唐・禮記正義
19_290_28

初唐・禮記正義
20_308_11

初唐・禮記正義
21_314_27

初唐・禮記正義
22_333_7

初唐・禮記正義
22_333_28

初唐・禮記正義
24_367_9

初唐・禮記正義
24_367_14

初唐・禮記正義
24_369_7

中唐・翰苑
39_500_12

中唐・翰苑
39_503_5

中唐・翰苑
39_503_43

仇池
中唐・翰苑
40_509_2

中唐・翰苑
40_509_32

中唐・翰苑
41_519_33

中唐・翰苑
41_524_6

中唐・翰苑
42_537_38

中唐・翰苑
42_539_6

中唐・翰苑
43_544_28

中唐・翰苑
43_546_30

中唐・翰苑
43_550_34

中唐・般若經
15_249_13

中唐・般若經
15_251_2

中唐・般若經
15_252_9

晚唐•摩訶止觀
3_22_3

晚唐•摩訶止觀
4_32_1

晚唐•摩訶止觀
11_101_22

晚唐•摩訶止觀
12_103_5

晚唐•摩訶止觀
12_107_26

晚唐•摩訶止觀
21_179_4

晚唐•摩訶止觀
22_193_18

晚唐•摩訶止觀
29_248_13

晚唐•摩訶止觀
35_300_23

晚唐•摩訶止觀
47_402_2

晚唐•摩訶止觀
47_403_17

晚唐•摩訶止觀
47_404_16

晚唐•摩訶止觀
50_423_29

晚唐•摩訶止觀
55_469_10

晚唐•摩訶止觀
56_474_18

晚唐•摩訶止觀
61_514_27

晚唐•摩訶止觀
61_515_22

晚唐•摩訶止觀
61_516_3

晚唐•摩訶止觀
61_516_5

五代•密教部類
2_17_4

五代•密教部類
3_40_3

五代•密教部類
4_45_11

五代•大毗盧經
2_9_7

五代•大毗盧經
2_16_3

五代•大毗盧經
2_21_11

五代•大毗盧經
3_24_26

五代•大毗盧經
4_37_8

五代•大毗盧經
4_43_10

五代•大毗盧經
5_48_3

五代•大毗盧經
7_75_10

五代•大毗盧經
7_75_11

五代•大毗盧經
93_1138_15

五代•大毗盧經
93_1139_8

五代•大毗盧經
93_1142_12

五代•大毗盧經
96_1183_6

五代•大毗盧經
97_1190_8

五代•大毗盧經
97_1195_10

五代•大毗盧經
97_1199_10

五代•大毗盧經
98_1210_9

## 在 扗

吳 現ザイ 漢サイ
訓 ある

初唐•古文尚書 1_3_14

初唐•古文尚書 3_26_28

初唐•古文尚書 5_41_21

初唐•古文尚書 7_56_13

初唐•古文尚書 8_65_31

初唐•古文尚書 8_67_3

初唐•古文尚書 9_75_8

初唐•古文尚書 11_99_2

初唐•古文尚書 12_111_13

初唐•古文尚書 13_114_19

初唐•古文尚書 13_114_32

初唐•古文尚書 14_124_9

初唐•古文尚書 14_125_19

初唐•古文尚書 18_171_6

初唐•古文尚書 18_172_24

初唐•古文尚書 19_185_7

初唐•古文尚書 20_191_10

初唐•古文尚書 20_193_9

初唐•古文尚書 25_246_13

初唐•古文尚書 26_251_33

初唐•古文尚書 26_254_10

初唐•古文尚書 26_254_18

初唐•古文尚書 26_255_11

初唐•古文尚書 26_256_15

初唐•古文尚書 26_257_31

初唐•古文尚書 27_269_14

初唐•古文尚書 29_279_3

初唐•古文尚書 33_315_9

初唐•古文尚書 34_323_26

初唐•古文尚書 34_324_18

初唐•古文尚書 36_347_6

初唐•古文尚書 36_347_31

初唐•古文尚書 37_355_2

初唐•古文尚書 38_369_35

初唐•古文尚書 39_371_19

初唐•古文尚書 41_395_3

初唐•古文尚書 41_395_36

初唐•古文尚書 41_398_4

初唐•古文尚書 41_398_20

初唐•古文尚書 42_407_2

初唐•古文尚書 42_407_6

初唐•古文尚書 42_408_2

初唐•古文尚書 42_411_7

初唐•古文尚書 42_411_28

初唐•古文尚書 43_412_11

初唐•古文尚書 43_412_22

初唐•古文尚書 43_413_10

初唐•古文尚書 44_425_13

初唐•古文尚書 44_431_20

初唐•古文尚書 44_432_11

初唐•古文尚書 45_438_12

初唐•古文尚書 45_438_24

初唐•古文尚書 45_438_30

初唐•古文尚書 47_458_6

初唐•古文尚書 47_458_24

初唐•古文尚書 47_459_10

初唐•古文尚書
48_466_7

初唐•古文尚書
48_466_23

初唐•古文尚書
48_471_9

初唐•古文尚書
48_471_27

初唐•古文尚書
48_472_19

初唐•古文尚書
48_473_11

初唐・毛詩傳
1_7_3

初唐・毛詩傳
1_8_11

初唐・毛詩傳
1_8_27

初唐・毛詩傳
2_13_29

初唐・毛詩傳
2_17_3

初唐・毛詩傳
6_62_7

初唐・毛詩傳
6_62_21

初唐・毛詩傳
6_63_19

初唐・毛詩傳
6_65_5

初唐・毛詩傳
7_69_3

初唐・毛詩傳
7_69_14

初唐・毛詩傳
7_71_11

初唐・毛詩傳
7_72_11

初唐・毛詩傳
8_89_10

初唐・毛詩傳
9_91_18

初唐・毛詩傳
9_92_23

初唐•禮記正義
1_1_12

初唐•禮記正義
1_2_5

初唐•禮記正義
3_38_19

初唐•禮記正義
8_124_22

初唐•禮記正義
8_125_7

初唐•禮記正義
10_149_24

初唐•禮記正義
11_172_35

初唐•禮記正義
12_179_18

初唐•禮記正義
12_192_12

初唐•禮記正義
12_192_15

初唐•禮記正義
12_192_20

初唐•禮記正義
12_192_24

初唐•禮記正義
12_193_9

初唐•禮記正義
13_205_10

初唐•禮記正義
16_239_11

初唐•禮記正義
16_246_11

初唐•禮記正義
16_246_20

初唐•禮記正義
16_247_21

初唐•禮記正義
16_247_24

初唐•禮記正義
16_248_9

初唐•禮記正義
16_249_18

初唐•禮記正義
16_249_21

初唐•禮記正義
16_251_22

初唐•禮記正義
16_252_3

初唐•禮記正義
17_259_7

初唐•禮記正義
17_260_3

初唐•禮記正義
17_263_5

初唐•禮記正義
17_265_18

初唐•禮記正義
20_299_20

初唐•禮記正義
20_306_18

初唐•禮記正義
21_318_15

初唐•禮記正義
21_319_17

初唐•禮記正義
25_374_8

初唐•禮記正義
26_397_26

初唐•禮記正義
26_399_28

初唐•禮記正義
26_405_10

初唐•禮記正義
27_415_1

初唐•禮記正義
29_457_4

初唐•禮記正義
29_458_11

初唐•禮記正義
30_461_1

初唐•禮記正義
30_472_8

初唐•禮記正義
30_472_12

初唐•禮記正義
30_474_17

初唐・十誦律
1_3_2

初唐・十誦律
2_15_2

初唐・十誦律
2_15_14

初唐・十誦律
2_28_12

初唐・十誦律
3_43_2

初唐・十誦律
4_64_2

初唐・十誦律
5_91_2

初唐・十誦律
9_160_2

初唐・十誦律
18_349_11

中唐・翰苑
4_36_38

中唐・翰苑
8_97_39

中唐・翰苑
10_124_18

中唐・翰苑
12_148_3

中唐・翰苑
12_150_3

中唐・翰苑
12_152_15

中唐・翰苑
15_198_34

中唐・翰苑
16_213_20

中唐・翰苑
16_214_16

中唐・翰苑
17_225_13

中唐・翰苑
17_226_19

中唐・翰苑
17_227_19

中唐・翰苑
17_228_5

中唐・翰苑
17_228_19

中唐・翰苑
18_230_45

中唐・翰苑
18_235_10

中唐・翰苑
18_238_27

中唐・翰苑
20_258_26

左部
中唐・翰苑
21_280_45

中唐・翰苑
21_282_19

中唐・翰苑
22_286_25

中唐・翰苑
22_288_24

中唐・翰苑
22_289_19

中唐・翰苑
22_291_28

中唐・翰苑
23_297_4

中唐・翰苑
23_305_8

中唐・翰苑
23_308_16

中唐・翰苑
23_308_24

中唐・翰苑
24_312_21

中唐・翰苑
24_313_17

中唐・翰苑
24_314_5

中唐・翰苑
24_318_35

中唐・翰苑
25_327_25

中唐・翰苑
25_333_26

中唐・翰苑
26_335_23

中唐・翰苑
26_335_45

中唐・翰苑
26_336_4

中唐・翰苑
26_336_44

| | | | | | | |
|---|---|---|---|---|---|---|
| 晚唐•摩訶止觀<br>20_177_6 | 晚唐•摩訶止觀<br>12_106_21 | 晚唐•摩訶止觀<br>7_62_19 | 中唐・翰苑<br>42_541_15 | 中唐・翰苑<br>31_403_14 | 中唐・翰苑<br>29_373_28 | 中唐・翰苑<br>26_337_8 |
| 晚唐•摩訶止觀<br>33_286_5 | 晚唐•摩訶止觀<br>12_109_16 | 晚唐•摩訶止觀<br>7_65_11 | 中唐・翰苑<br>43_549_22 | 中唐・翰苑<br>31_403_24 | 中唐・翰苑<br>29_381_16 | 中唐・翰苑<br>26_341_36 |
| 晚唐•摩訶止觀<br>35_302_17 | 晚唐•摩訶止觀<br>13_114_1 | 晚唐•摩訶止觀<br>8_69_12 | 中唐・翰苑<br>44_564_2 | 中唐・翰苑<br>37_480_20 | 中唐・翰苑<br>30_386_5 | 中唐・翰苑<br>27_349_12 |
| 晚唐•摩訶止觀<br>36_315_20 | 晚唐•摩訶止觀<br>15_135_7 | 晚唐•摩訶止觀<br>8_69_21 | 中唐・翰苑<br>44_565_12 | 中唐・翰苑<br>38_487_29 | 中唐・翰苑<br>31_397_1 | 中唐・翰苑<br>27_349_15 |
| 晚唐•摩訶止觀<br>37_318_27 | 晚唐•摩訶止觀<br>15_135_20 | 晚唐•摩訶止觀<br>8_70_5 | 中唐・翰苑<br>44_567_13 | 遺將莊豪<br>中唐・翰苑<br>38_491_5 | 中唐・翰苑<br>31_397_44 | 中唐・翰苑<br>28_362_39 |
| 晚唐•摩訶止觀<br>37_319_23 | 晚唐•摩訶止觀<br>17_147_6 | 晚唐•摩訶止觀<br>9_75_28 | 中唐・翰苑<br>45_573_1 | 中唐・翰苑<br>38_494_9 | 中唐・翰苑<br>31_399_5 | 中唐・翰苑<br>28_370_17 |
| 晚唐•摩訶止觀<br>37_320_15 | 晚唐•摩訶止觀<br>18_154_23 | 晚唐•摩訶止觀<br>9_76_12 | 晚唐•摩訶止觀<br>1_10_8 | 莊豪<br>中唐・翰苑<br>39_499_25 | 中唐・翰苑<br>31_401_16 | 中唐・翰苑<br>29_371_36 |
| 晚唐•摩訶止觀<br>41_352_6 | 晚唐•摩訶止觀<br>20_173_19 | 晚唐•摩訶止觀<br>9_77_25 | 晚唐•摩訶止觀<br>7_62_15 | 中唐・翰苑<br>41_530_3 | 中唐・翰苑<br>31_402_41 | 中唐・翰苑<br>29_372_7 |

| | | | | | | |
|---|---|---|---|---|---|---|
| 晚唐•摩訶止觀 41_352_17 | 晚唐•摩訶止觀 62_520_7 | 五代•大毗盧經 12_147_4 | 五代•大毗盧經 40_484_9 | 五代•大毗盧經 47_571_3 | 五代•大毗盧經 54_668_41 | 五代•大毗盧經 67_839_3 |
| 晚唐•摩訶止觀 41_353_15 | 五代•密教部類 5_73_26 | 五代•大毗盧經 12_147_18 | 五代•大毗盧經 43_511_24 | 五代•大毗盧經 47_574_50 | 五代•大毗盧經 56_682_28 | 五代•大毗盧經 71_870_23 |
| 晚唐•摩訶止觀 41_353_22 | 五代•密教部類 6_81_10 | 五代•大毗盧經 13_167_11 | 五代•大毗盧經 43_521_8 | 五代•大毗盧經 47_577_26 | 五代•大毗盧經 60_737_18 | 五代•大毗盧經 72_881_24 |
| 晚唐•摩訶止觀 41_354_11 | 五代•大毗盧經 3_30_20 | 五代•大毗盧經 14_171_12 | 五代•大毗盧經 44_526_6 | 五代•大毗盧經 50_613_8 | 五代•大毗盧經 60_738_6 | 五代•大毗盧經 72_882_13 |
| 晚唐•摩訶止觀 41_356_4 | 五代•大毗盧經 11_137_20 | 五代•大毗盧經 14_181_10 | 五代•大毗盧經 45_546_5 | 五代•大毗盧經 54_664_4 | 五代•大毗盧經 60_738_15 | 五代•大毗盧經 72_889_14 |
| 晚唐•摩訶止觀 41_356_16 | 五代•大毗盧經 12_144_11 | 五代•大毗盧經 15_190_2 | 五代•大毗盧經 45_549_20 | 五代•大毗盧經 54_665_3 | 五代•大毗盧經 62_762_11 | 五代•大毗盧經 73_893_27 |
| 晚唐•摩訶止觀 44_381_11 | 五代•大毗盧經 12_145_13 | 五代•大毗盧經 19_248_22 | 五代•大毗盧經 45_550_7 | 五代•大毗盧經 54_666_7 | 五代•大毗盧經 65_821_18 | 五代•大毗盧經 77_928_11 |
| 晚唐•摩訶止觀 55_466_4 | 五代•大毗盧經 12_146_13 | 五代•大毗盧經 35_416_16 | 五代•大毗盧經 45_550_14 | 五代•大毗盧經 54_668_27 | 五代•大毗盧經 66_829_29 | 五代•大毗盧經 77_935_12 |

## 坊

慣現ボッ 漢ホウ
呉現ボウ
訓まち

初唐・十誦律 6_100_7

初唐・十誦律 6_100_14

初唐・十誦律 6_101_15

初唐・十誦律 6_102_11

## 圻

漢キ/漢ギン
訓さかい

初唐•古文尚書 25_246_8

初唐•古文尚書 25_247_33

初唐•古文尚書 27_260_4

初唐•古文尚書 32_301_19

初唐•古文尚書 32_302_3

初唐•古文尚書 32_302_31

## 均

現キン
訓ひとしい

初唐•禮記正義 24_363_26

中唐・翰苑 34_443_10

晚唐•摩訶止觀 57_486_8

五代•大毗盧經 50_606_19

五代•大毗盧經 71_867_14

## 坂

漢現ハン
訓さか

初唐•禮記正義 5_78_19

五代•大毗盧經 92_1127_18

五代•大毗盧經 92_1128_9

五代•大毗盧經 94_1152_6

五代•大毗盧經 94_1152_32

五代•大毗盧經 94_1153_6

五代•大毗盧經 97_1194_3

五代•大毗盧經 98_1210_17

五代•大毗盧經 85_1037_2

五代•大毗盧經 85_1045_27

五代•大毗盧經 85_1047_2

五代•大毗盧經 86_1051_36

五代•大毗盧經 89_1088_1

五代•大毗盧經 90_1106_24

五代•大毗盧經 91_1109_7

五代•大毗盧經 91_1109_16

五代•大毗盧經 78_942_14

五代•大毗盧經 78_945_12

五代•大毗盧經 78_946_10

五代•大毗盧經 78_948_2

五代•大毗盧經 80_967_14

五代•大毗盧經 80_974_19

五代•大毗盧經 82_999_41

五代•大毗盧經 82_1004_22

## 坑

漢 コウ
訓 あな

晩唐•摩訶止觀 2_19_10

晩唐•摩訶止觀 2_19_15

## 坐

吳 ザ
訓 すわる

初唐•禮記正義 14_210_11

初唐•禮記正義 24_371_26

初唐•禮記正義 28_433_4

初唐•禮記正義 28_435_12

初唐•禮記正義 29_451_25

初唐・十誦律 1_4_17

初唐・十誦律 1_6_9

初唐・十誦律 1_8_13

初唐・十誦律 1_10_8

初唐・十誦律 2_13_13

初唐・十誦律 2_16_15

初唐・十誦律 2_18_17

初唐・十誦律 2_23_5

初唐・十誦律 2_25_6

初唐・十誦律 2_25_14

初唐・十誦律 2_28_15

初唐・十誦律 4_72_6

初唐・十誦律 8_140_11

初唐・十誦律 12_221_6

初唐・十誦律 12_227_10

初唐・十誦律 12_233_11

中唐・翰苑 7_91_24

中唐・翰苑 8_92_27

中唐・翰苑 30_387_31

中唐・翰苑 38_488_11

中唐・翰苑 44_562_5

晩唐•摩訶止觀 4_30_13

晩唐•摩訶止觀 9_79_14

晩唐•摩訶止觀 10_88_4

晩唐•摩訶止觀 11_95_5

晩唐•摩訶止觀 14_126_15

晩唐•摩訶止觀 48_408_8

五代•大毗盧經 6_69_7

五代•大毗盧經 24_307_27

五代•大毗盧經 42_508_30

五代•大毗盧經 44_527_12

五代•大毗盧經 45_548_13

五代•大毗盧經 50_611_16

五代•大毗盧經 57_702_7

五代•大毗盧經 71_869_11

## 壯

漢 現 ソウ
訓 さかん

初唐・毛詩傳 5_54_23

北隣穢貊
中唐・翰苑 17_227_5

中唐・翰苑 18_236_8

中唐・翰苑 30_389_17

中唐・翰苑 30_391_5

五代•大毗盧經 65_818_15

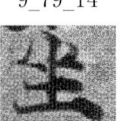

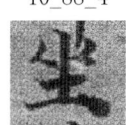

## 城

漢セイ 呉現ジョウ
訓しろ

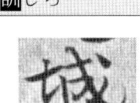

西域
中唐・翰苑
1_6_6

中唐・翰苑
2_13_6

中唐・翰苑
4_41_1

中唐・翰苑
6_65_2

中唐・翰苑
6_68_15

中唐・翰苑
6_68_20

中唐・翰苑
6_68_39

西域
中唐・翰苑
7_78_17

初唐•古文尚書
16_145_21

初唐•禮記正義
2_32_16

初唐•禮記正義
2_33_6

初唐・十誦律
1_3_5

初唐・十誦律
2_15_5

初唐・十誦律
2_15_17

初唐・十誦律
3_43_5

初唐・十誦律
9_160_5

五代•大毗盧經
46_560_12

五代•大毗盧經
54_665_6

五代•大毗盧經
54_665_17

五代•大毗盧經
67_838_8

五代•大毗盧經
80_977_8

五代•大毗盧經
93_1144_9

五代•大毗盧經
98_1212_13

初唐•禮記正義
25_373_10

初唐•禮記正義
25_386_22

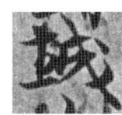

中唐・翰苑
18_233_17

乘土船
中唐・翰苑
36_468_6

晚唐•摩訶止觀
60_505_3

五代•大毗盧經
13_168_11

五代•大毗盧經
14_177_20

五代•大毗盧經
23_295_17

初唐•禮記正義
21_314_17

初唐•禮記正義
21_317_13

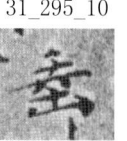

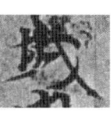

初唐•禮記正義
21_317_19

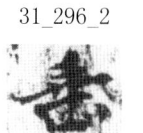

初唐•禮記正義
21_319_14

初唐•禮記正義
24_366_20

初唐•禮記正義
24_370_4

初唐•禮記正義
24_370_19

初唐•禮記正義
24_370_24

## 垂

漢現スイ
訓たれる

初唐•古文尚書
31_295_10

初唐•古文尚書
31_296_2

初唐•禮記正義
20_308_24

初唐•禮記正義
21_311_10

初唐•禮記正義
21_312_15

初唐•禮記正義
21_312_22

初唐•禮記正義
21_313_23

初唐•禮記正義
21_314_3

## 幸

漢現コウ
訓しあわせ

中唐・翰苑
10_130_21

晚唐•摩訶止觀
57_481_13

中唐・翰苑
7_89_8

中唐・翰苑
7_90_15

中唐・翰苑
8_97_12

中唐・翰苑
8_97_41

中唐・翰苑
8_98_5

中唐・翰苑
9_108_13

中唐・翰苑
9_109_39

中唐・翰苑
9_115_4

中唐・翰苑
13_160_38

中唐・翰苑
13_168_23

西域
中唐・翰苑
14_173_20

中唐・翰苑
14_178_25

中唐・翰苑
14_179_18

中唐・翰苑
14_183_32

中唐・翰苑
15_193_25

中唐・翰苑
15_196_15

中唐・翰苑
15_196_34

中唐・翰苑
16_213_24

中唐・翰苑
17_216_2

中唐・翰苑
18_234_2

中唐・翰苑
18_235_1

中唐・翰苑
19_243_9

中唐・翰苑
19_245_12

中唐・翰苑
19_247_4

中唐・翰苑
19_249_17

中唐・翰苑
20_257_39

中唐・翰苑
20_260_42

中唐・翰苑
21_276_26

中唐・翰苑
21_276_34

中唐・翰苑
21_277_9

中唐・翰苑
21_277_18

中唐・翰苑
22_286_24

中唐・翰苑
22_288_17

中唐・翰苑
22_288_23

中唐・翰苑
22_288_26

中唐・翰苑
22_289_13

中唐・翰苑
22_289_18

中唐・翰苑
22_291_3

中唐・翰苑
22_291_15

中唐・翰苑
22_291_22

中唐・翰苑
22_291_27

中唐・翰苑
22_294_30

中唐・翰苑
22_296_45

中唐・翰苑
23_297_11

中唐・翰苑
23_298_20

中唐・翰苑
23_302_1

中唐・翰苑
23_303_18

中唐・翰苑
23_303_34

中唐・翰苑
24_310_31

中唐・翰苑
24_317_21

中唐・翰苑
24_317_42

中唐・翰苑
24_318_38

中唐・翰苑
24_320_33

中唐・翰苑
25_327_2

中唐・翰苑
26_335_2

中唐・翰苑
27_347_19

## 垢 垢

漢コウ 呉ク
訓あか

初唐・毛詩傳
4_41_18

五代•大毗盧經
4_39_7

五代•大毗盧經
5_59_20

五代•大毗盧經
6_68_21

五代•大毗盧經
8_93_5

五代•大毗盧經
11_134_20

五代•大毗盧經
11_140_10

五代•大毗盧經
12_150_9

## 垣 垣

エン
訓かき

初唐・十誦律
3_34_10

中唐・翰苑
10_120_24

---

中唐・翰苑
43_554_6

中唐・翰苑
43_554_8

晩唐•摩訶止觀
2_17_22

横亘四域
晩唐•摩訶止觀
9_81_3

晩唐•摩訶止觀
41_352_8

晩唐•摩訶止觀
43_373_19

晩唐•摩訶止觀
46_397_14

晩唐•摩訶止觀
46_398_13

中唐・翰苑
37_471_21

絶域荒外
中唐・翰苑
38_494_13

中唐・翰苑
42_542_30

中唐・翰苑
43_544_14

中唐・翰苑
43_545_25

中唐・翰苑
43_546_23

中唐・翰苑
43_550_38

中唐・翰苑
43_550_42

城中
中唐・翰苑
28_369_4

中唐・翰苑
28_369_14

中唐・翰苑
28_369_20

中唐・翰苑
28_369_38

中唐・翰苑
30_384_18

燒城寺
中唐・翰苑
35_446_6

中唐・翰苑
36_460_40

中唐・翰苑
36_469_6

古沙城
中唐・翰苑
28_366_1

安城
中唐・翰苑
28_366_29

中唐・翰苑
28_367_1

中唐・翰苑
28_367_23

中唐・翰苑
28_367_42

中唐・翰苑
28_367_47

中唐・翰苑
28_368_15

城中
中唐・翰苑
28_368_39

中唐・翰苑
27_349_20

中唐・翰苑
27_357_8

中唐・翰苑
28_363_4

中唐・翰苑
28_363_16

亦城名主
中唐・翰苑
28_364_18

安城
中唐・翰苑
28_364_24

百濟王城
中唐・翰苑
28_365_6

爲之城
中唐・翰苑
28_365_17

| 埋 | 埃 | | | | | |
|---|---|---|---|---|---|---|
| 漢バイ 呉 現マイ<br>訓うめる | 漢アイ<br>訓ちり | | | | | |
| 中唐・翰苑<br>29_377_2<br>中唐・翰苑<br>39_496_26 | 初唐•禮記正義<br>18_271_13 | 五代•大毗盧經<br>93_1139_1<br>五代•大毗盧經<br>94_1151_17<br>五代•大毗盧經<br>95_1160_12 | 五代•大毗盧經<br>63_783_17<br>五代•大毗盧經<br>66_822_23<br>五代•大毗盧經<br>74_914_11<br>五代•大毗盧經<br>78_948_28<br>五代•大毗盧經<br>83_1018_10<br>五代•大毗盧經<br>84_1019_18<br>五代•大毗盧經<br>84_1025_5<br>五代•大毗盧經<br>90_1107_11 | 五代•大毗盧經<br>50_619_14<br>五代•大毗盧經<br>52_634_2<br>五代•大毗盧經<br>55_671_37<br>五代•大毗盧經<br>55_673_22<br>五代•大毗盧經<br>56_682_22<br>五代•大毗盧經<br>60_736_12<br>五代•大毗盧經<br>60_742_20<br>五代•大毗盧經<br>61_752_4 | 五代•大毗盧經<br>28_356_10<br>五代•大毗盧經<br>28_357_17<br>五代•大毗盧經<br>28_357_24<br>五代•大毗盧經<br>31_393_6<br>五代•大毗盧經<br>31_393_21<br>五代•大毗盧經<br>39_455_4<br>五代•大毗盧經<br>39_466_20<br>五代•大毗盧經<br>50_615_2 | 五代•大毗盧經<br>14_177_5<br>五代•大毗盧經<br>15_188_7<br>五代•大毗盧經<br>16_202_9<br>五代•大毗盧經<br>16_204_24<br>五代•大毗盧經<br>18_232_27<br>五代•大毗盧經<br>18_233_9<br>五代•大毗盧經<br>18_233_16<br>五代•大毗盧經<br>23_299_24 |

| | | 執 | 埵 | 埴 | 域 | 埆 |
|---|---|---|---|---|---|---|
| | | 慣現シツ 慣シュ<br>漢現シュウ<br>訓とる | タ<br>訓かたつち | 漢ショク<br>訓はに | 呉現イキ<br>訓くぎる | 漢カク<br>訓かたい |
| <br>初唐•禮記正義<br>19_294_14<br><br>初唐•禮記正義<br>20_300_3<br><br>初唐•禮記正義<br>20_300_7<br><br>初唐•禮記正義<br>20_302_23<br><br>初唐•禮記正義<br>20_303_7<br><br>初唐•禮記正義<br>20_303_25<br><br>初唐•禮記正義<br>20_304_13<br><br>初唐•禮記正義<br>20_304_19 | <br>初唐•禮記正義<br>12_180_14<br><br>初唐•禮記正義<br>12_180_21<br><br>初唐•禮記正義<br>12_181_12<br><br>初唐•禮記正義<br>12_189_25<br><br>初唐•禮記正義<br>14_211_23<br><br>初唐•禮記正義<br>14_211_27<br><br>初唐•禮記正義<br>18_278_6<br><br>初唐•禮記正義<br>19_293_7 | <br>初唐•古文尚書<br>16_152_18<br><br>初唐•禮記正義<br>2_17_26<br><br>初唐•禮記正義<br>2_18_12<br><br>初唐•禮記正義<br>10_163_20<br><br>初唐•禮記正義<br>11_164_18<br>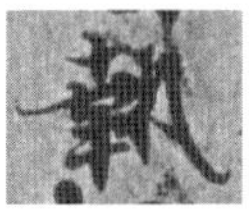<br>初唐•禮記正義<br>11_166_13<br><br>初唐•禮記正義<br>11_166_23<br><br>初唐•禮記正義<br>11_176_5 | <br>初唐・十誦律<br>19_358_9<br><br>五代•大毗盧經<br>7_83_9<br><br>五代•大毗盧經<br>7_84_45<br><br>五代•大毗盧經<br>16_209_15<br><br>五代•大毗盧經<br>26_336_14<br><br>五代•大毗盧經<br>63_782_10 | <br>初唐•古文尚書<br>3_20_9<br><br>初唐•古文尚書<br>3_20_18 | <br>中唐・翰苑<br>17_215_14<br><br>中唐・翰苑<br>25_334_22<br><br>中唐・翰苑<br>45_573_5 | <br>中唐・翰苑<br>41_519_35 |

初唐•禮記正義
20_305_29

初唐•禮記正義
20_307_16

初唐•禮記正義
21_316_1

初唐•禮記正義
21_316_18

初唐•禮記正義
21_318_4

初唐•禮記正義
21_320_1

初唐•禮記正義
21_320_22

初唐•禮記正義
22_330_5

初唐•禮記正義
22_330_9

初唐•禮記正義
22_330_16

初唐•禮記正義
22_332_12

初唐•禮記正義
22_332_25

初唐•禮記正義
22_333_16

初唐•禮記正義
22_334_3

初唐•禮記正義
22_334_10

初唐•禮記正義
22_334_25

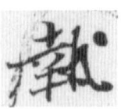

初唐•禮記正義
22_336_11

初唐•禮記正義
22_337_22

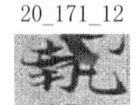

初唐•禮記正義
22_337_25

初唐•禮記正義
22_340_25

初唐•禮記正義
23_341_3

初唐•禮記正義
23_341_21

初唐•禮記正義
23_342_24

初唐•禮記正義
23_343_1

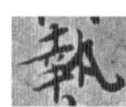

初唐•禮記正義
23_345_19

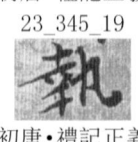

初唐•禮記正義
23_351_17

初唐•禮記正義
25_373_21

初唐•禮記正義
25_374_20

初唐•禮記正義
25_375_8

初唐•禮記正義
25_387_25

中唐・翰苑
34_444_22

晚唐•摩訶止觀
13_115_16

晚唐•摩訶止觀
20_171_12

晚唐•摩訶止觀
27_229_22

晚唐•摩訶止觀
36_314_2

晚唐•摩訶止觀
36_314_6

五代•大毗盧經
7_82_18

五代•大毗盧經
7_84_23

五代•大毗盧經
7_88_8

五代•大毗盧經
14_184_18

五代•大毗盧經
16_201_2

五代•大毗盧經
16_210_18

五代•大毗盧經
40_478_16

五代•大毗盧經
46_564_11

五代•大毗盧經
48_583_44

五代•大毗盧經
50_618_1

五代•大毗盧經
50_619_3

五代•大毗盧經
63_791_13

五代•大毗盧經
64_793_2

五代•大毗盧經
64_800_8

五代•大毗盧經
72_888_16

五代•大毗盧經
84_1021_11

五代•大毗盧經
85_1035_6

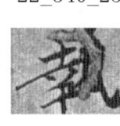

五代•大毗盧經
85_1039_18

五代•大毗盧經
85_1048_23

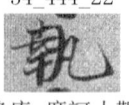

五代•大毗盧經
89_1087_36

五代・大毗盧經
92_1135_2

五代・大毗盧經
94_1149_8

五代・大毗盧經
94_1149_39

五代・大毗盧經
94_1150_8

五代・大毗盧經
97_1197_6

## 基

現キ
訓もと

初唐・古文尚書
34_321_8

初唐・古文尚書
34_322_3

中唐・翰苑
11_133_2

中唐・翰苑
23_299_7

中唐・翰苑
25_332_6

中唐・翰苑
29_373_25

中唐・翰苑
38_485_25

中唐・翰苑
42_532_4

## 堅

現ケン
訓かたい

初唐・古文尚書
32_302_18

中唐・翰苑
2_18_41

晩唐・摩訶止觀
7_57_9

五代・大毗盧經
7_82_14

五代・大毗盧經
10_122_22

五代・大毗盧經
15_193_3

五代・大毗盧經
17_223_14

五代・大毗盧經
40_482_2

五代・大毗盧經
43_523_12

五代・大毗盧經
45_540_9

五代・大毗盧經
57_705_1

五代・大毗盧經
58_710_1

五代・大毗盧經
59_726_1

五代・大毗盧經
59_730_8

五代・大毗盧經
63_789_13

五代・大毗盧經
63_790_18

五代・大毗盧經
71_879_17

五代・大毗盧經
82_1000_17

五代・大毗盧經
86_1060_22

五代・大毗盧經
89_1087_35

五代・大毗盧經
92_1129_1

## 堂

吳現ドウ漢トウ
訓おもてざしき

初唐・毛詩傳
1_7_4

初唐・毛詩傳
1_8_12

初唐・毛詩傳
1_8_28

初唐・毛詩傳
2_13_30

初唐・毛詩傳
2_17_4

初唐・禮記正義
3_49_17

初唐・禮記正義
9_139_1

初唐・禮記正義
14_210_22

初唐・禮記正義
14_211_19

初唐・禮記正義
21_324_3

初唐・禮記正義
21_324_5

初唐・般若經
1_1_5

中唐・翰苑
41_530_44

中唐・翰苑
44_562_7

## 報

現ホウ
訓むくいる

初唐•古文尚書
10_87_6

初唐•古文尚書
26_256_2

初唐•古文尚書
41_394_10

初唐•古文尚書
41_395_20

初唐•古文尚書
48_470_4

初唐•古文尚書
48_470_21

中唐・翰苑
11_137_45

中唐・翰苑
12_145_32

## 場

呉現ジョウ
訓ば

晩唐•摩訶止観
11_95_7

五代•大毗盧經
11_141_4

五代•大毗盧經
15_195_40

五代•大毗盧經
86_1060_20

## 堪

慣タン漢現カン
訓たえる

五代•大毗盧經
8_96_40

五代•大毗盧經
17_222_4

五代•大毗盧經
18_236_17

五代•大毗盧經
25_318_11

五代•大毗盧經
98_1209_2

初唐•禮記正義
27_424_1

中唐・翰苑
26_344_8

晩唐•摩訶止観
12_103_7

晩唐•摩訶止観
24_204_28

晩唐•摩訶止観
24_211_1

五代•大毗盧經
2_20_6

五代•大毗盧經
8_95_13

五代•大毗盧經
8_96_26

## 堯

ギョウ
訓たかい

初唐•古文尚書
42_407_18

初唐•古文尚書
42_410_12

初唐•古文尚書
42_411_9

初唐•古文尚書
43_420_29

初唐・毛詩傳
1_5_8

初唐•禮記正義
24_366_3

初唐•古文尚書
23_223_3

初唐•古文尚書
23_223_22

初唐•古文尚書
40_386_42

初唐•古文尚書
41_395_8

初唐•古文尚書
41_396_20

初唐•古文尚書
41_400_5

初唐•古文尚書
41_400_27

初唐•古文尚書
42_404_24

## 塔

現トウ
訓そとば

中唐・翰苑
29_378_14

晩唐•摩訶止観
3_23_43

五代•大毗盧經
2_19_2

| 塢 | 壹 | 壺 | | | | |
|---|---|---|---|---|---|---|
| 漢オ 呉ウ<br>訓とりで | 呉 現イチ 漢イツ<br>訓ひとつ | 漢コ<br>訓つぼ | | | | |
| 五代・大毗盧經<br>37_439_3 | 中唐・翰苑<br>38_486_19<br>中唐・翰苑<br>38_487_14<br>五代・大毗盧經<br>95_1169_10 | 臺耆<br>中唐・翰苑<br>6_64_13<br>中唐・翰苑<br>29_378_19 | 晚唐・摩訶止觀<br>30_261_20<br>晚唐・摩訶止觀<br>34_296_14<br>晚唐・摩訶止觀<br>43_373_25<br>晚唐・摩訶止觀<br>55_469_21<br>五代・大毗盧經<br>7_74_8 | 晚唐・摩訶止觀<br>26_221_10<br>晚唐・摩訶止觀<br>26_225_11<br>晚唐・摩訶止觀<br>26_228_3<br>晚唐・摩訶止觀<br>26_228_10<br>晚唐・摩訶止觀<br>27_236_22<br>晚唐・摩訶止觀<br>27_237_6<br>晚唐・摩訶止觀<br>27_237_12<br>晚唐・摩訶止觀<br>30_260_24 | 晚唐・摩訶止觀<br>10_86_12<br>晚唐・摩訶止觀<br>15_134_16<br>晚唐・摩訶止觀<br>16_141_8<br>晚唐・摩訶止觀<br>17_147_17<br>晚唐・摩訶止觀<br>17_150_1<br>晚唐・摩訶止觀<br>17_151_9<br>晚唐・摩訶止觀<br>17_151_25<br>晚唐・摩訶止觀<br>20_170_20 | 中唐・翰苑<br>12_148_38<br>中唐・翰苑<br>12_148_40<br>中唐・翰苑<br>14_184_33<br>中唐・翰苑<br>33_429_39<br>中唐・翰苑<br>40_518_1<br>晚唐・摩訶止觀<br>9_75_23<br>晚唐・摩訶止觀<br>9_76_3<br>晚唐・摩訶止觀<br>10_85_22 |

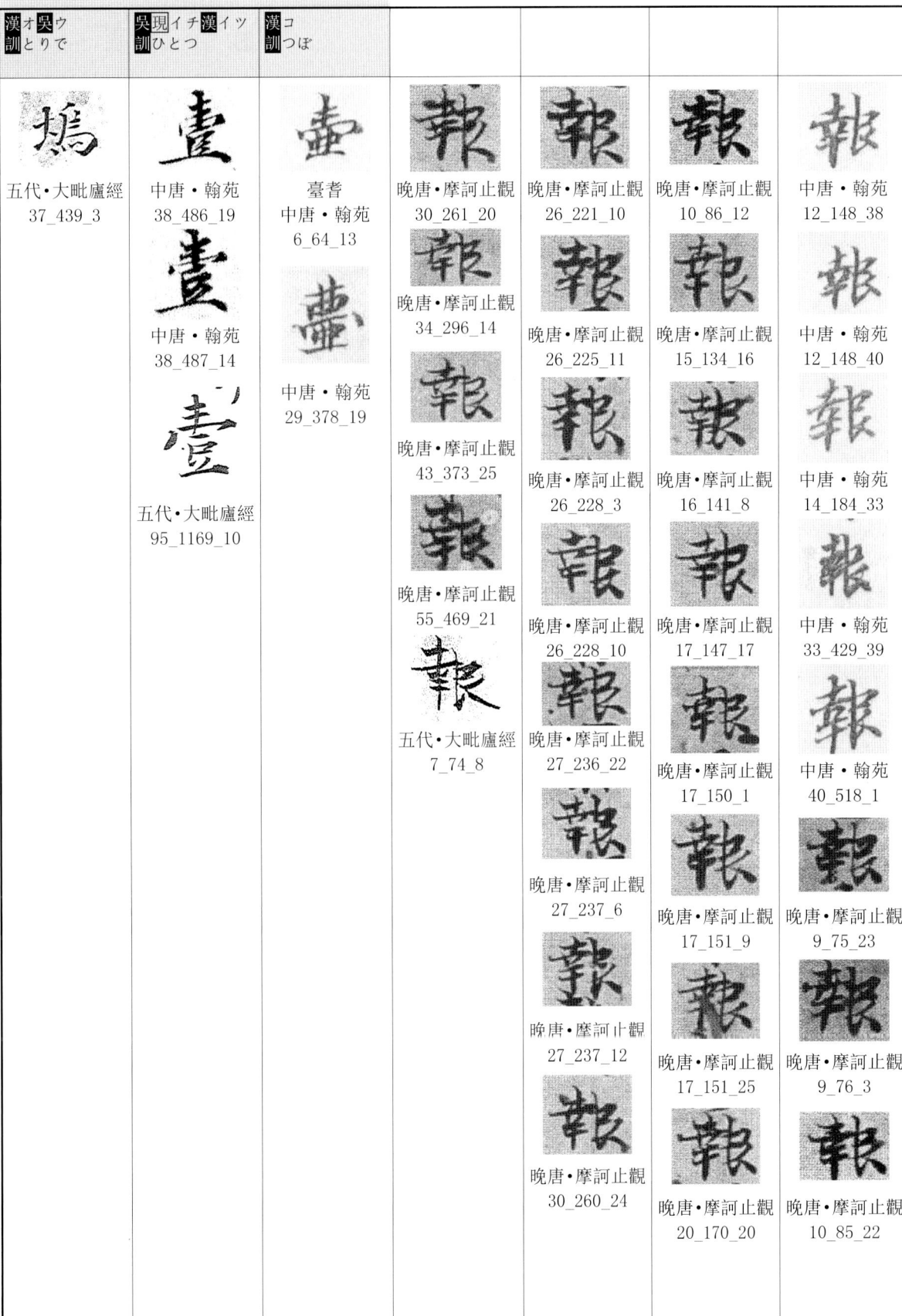

## 墓 墓

漢 現 ボ
訓 はか

中唐・翰苑
22_288_1

中唐・翰苑
22_296_17

## 塞 塞

ソク/サイ
訓 ふさぐ

中唐・翰苑
2_20_12

中唐・翰苑
3_24_6

中唐・翰苑
3_25_10

中唐・翰苑
4_38_21

中唐・翰苑
4_39_30

密理而能塞
中唐・翰苑
4_40_36

行獨於塞
中唐・翰苑
4_42_10

中唐・翰苑
4_46_9

中唐・翰苑
4_48_29

中唐・翰苑
5_58_13

中唐・翰苑
5_62_38

中唐・翰苑
6_71_2

中唐・翰苑
6_71_42

中唐・翰苑
8_102_7

中唐・翰苑
9_106_37

中唐・翰苑
9_112_10

中唐・翰苑
9_112_26

中唐・翰苑
9_113_38

中唐・翰苑
9_116_39

中唐・翰苑
9_117_30

中唐・翰苑
9_118_18

中唐・翰苑
10_119_32

中唐・翰苑
10_120_13

中唐・翰苑
10_121_37

中唐・翰苑
10_122_28

中唐・翰苑
10_123_39

中唐・翰苑
11_137_23

中唐・翰苑
12_148_6

中唐・翰苑
12_155_37

中唐・翰苑
12_158_23

中唐・翰苑
13_171_21

中唐・翰苑
13_172_27

中唐・翰苑
14_173_33

中唐・翰苑
14_186_1

中唐・翰苑
15_190_8

極塞
中唐・翰苑
30_384_16

中唐・翰苑
38_494_42

中唐・翰苑
43_546_29

晚唐•摩訶止觀
20_172_24

晚唐•摩訶止觀
20_173_11

五代•大毗盧經
85_1038_8

五代•大毗盧經
85_1043_6

## 塗

漢現ト
訓ぬる

- 初唐•古文尚書 4_31_18
- 初唐•古文尚書 5_42_15
- 中唐・翰苑 4_42_40
- 中唐・翰苑 7_83_8
- 中唐・翰苑 7_83_19
- 中唐・翰苑 18_240_44
- 中唐・翰苑 18_241_12
- 中唐・翰苑 26_338_24
- 中唐・翰苑 27_352_34
- 中唐・翰苑 27_353_14
- 中唐・翰苑 29_380_13
- 中唐・翰苑 30_384_38
- 晚唐•摩訶止觀 21_179_9
- 晚唐•摩訶止觀 21_180_20
- 晚唐•摩訶止觀 21_182_10
- 晚唐•摩訶止觀 46_396_18
- 五代•大毗盧經 20_257_1
- 五代•大毗盧經 20_258_21
- 五代•大毗盧經 39_464_11
- 五代•大毗盧經 46_556_9

## 境

漢現ケイ 吳現キョウ
訓さかい

- 初唐•古文尚書 1_1_24
- 初唐・毛詩傳 2_16_4
- 初唐•禮記正義 2_30_30
- 初唐•禮記正義 2_31_12
- 初唐•禮記正義 2_31_27
- 中唐・翰苑 14_173_1
- 中唐・翰苑 17_225_1
- 中唐・翰苑 20_258_9
- 中唐・翰苑 37_474_33
- 晚唐•摩訶止觀 1_3_20
- 晚唐•摩訶止觀 5_45_19
- 晚唐•摩訶止觀 6_50_10
- 晚唐•摩訶止觀 32_281_6
- 晚唐•摩訶止觀 37_323_8
- 晚唐•摩訶止觀 53_447_21
- 晚唐•摩訶止觀 53_448_8
- 晚唐•摩訶止觀 53_448_19
- 晚唐•摩訶止觀 53_448_24
- 晚唐•摩訶止觀 57_485_21
- 五代•大毗盧經 17_218_13
- 五代•大毗盧經 26_327_49
- 五代•大毗盧經 26_328_24
- 五代•大毗盧經 30_375_11
- 五代•大毗盧經 49_593_4
- 五代•大毗盧經 51_626_26
- 五代•大毗盧經 57_704_2
- 五代•大毗盧經 59_730_19
- 五代•大毗盧經 60_745_9
- 五代•大毗盧經 62_762_14
- 五代•大毗盧經 68_852_14
- 五代•大毗盧經 68_852_23
- 五代•大毗盧經 78_944_23

| 塵 | 塹 | 墟 | | | 壽 | |
|---|---|---|---|---|---|---|
| 吳ジン<br>訓ちり | セン慣ザン<br>訓ほり | 漢キョ<br>訓あと | | | 吳現ジュ慣ス漢シュウ<br>訓ことぶき | |
| <br>初唐•禮記正義<br>18_270_25<br><br>初唐•禮記正義<br>18_271_12<br><br>中唐•翰苑<br>2_15_28<br><br>中唐•翰苑<br>2_17_2<br><br>中唐•翰苑<br>3_24_5<br><br>雞鹿塞<br>中唐•翰苑<br>3_25_9<br><br>中唐•翰苑<br>4_45_33<br><br>晚唐•摩訶止觀<br>6_52_7 | <br>中唐•翰苑<br>23_303_22<br><br>中唐•翰苑<br>24_318_26 | <br>初唐•禮記正義<br>28_442_5<br><br>殷墟<br>初唐•禮記正義<br>29_446_2<br><br>夏墟<br>初唐•禮記正義<br>29_446_13 | <br>五代•大毗盧經<br>27_343_34<br><br>五代•大毗盧經<br>39_455_9<br><br>五代•大毗盧經<br>39_459_11<br><br>五代•大毗盧經<br>45_548_20<br><br>五代•大毗盧經<br>74_909_27 | <br>中唐•翰苑<br>45_571_3<br><br>中唐•翰苑<br>45_572_3<br><br>晚唐•摩訶止觀<br>45_387_22<br><br>晚唐•摩訶止觀<br>56_473_10<br><br>五代•大毗盧經<br>11_133_1<br><br>五代•大毗盧經<br>11_133_17<br><br>五代•大毗盧經<br>11_134_13 | <br>初唐•古文尚書<br>26_254_16<br>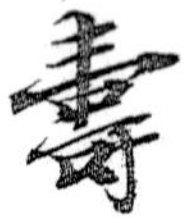<br>初唐•十誦律<br>19_370_6<br><br>中唐•翰苑<br>6_64_4<br><br>中唐•翰苑<br>9_111_16<br><br>中唐•翰苑<br>36_463_19<br><br>中唐•翰苑<br>40_518_6<br><br>中唐•翰苑<br>45_570_7 | <br>五代•大毗盧經<br>86_1060_36 |

五代•大毗盧經 66_824_13
五代•大毗盧經 73_896_12
五代•大毗盧經 77_940_4

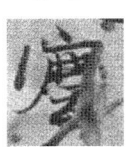

五代•大毗盧經 39_455_3
五代•大毗盧經 46_557_5
五代•大毗盧經 47_574_3
五代•大毗盧經 47_574_10
五代•大毗盧經 47_575_1
五代•大毗盧經 55_671_18
五代•大毗盧經 64_798_4

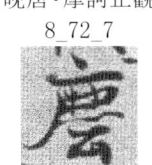

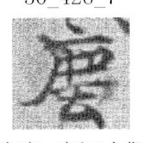

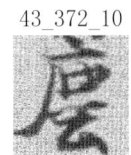

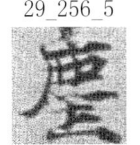

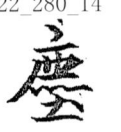

晚唐•摩訶止觀 50_428_12
晚唐•摩訶止觀 50_429_12
晚唐•摩訶止觀 51_435_5
五代•大毗盧經 2_12_20
五代•大毗盧經 4_39_20
五代•大毗盧經 16_204_35
五代•大毗盧經 22_280_14
五代•大毗盧經 31_393_5

晚唐•摩訶止觀 48_411_12
晚唐•摩訶止觀 48_411_29
晚唐•摩訶止觀 50_423_15
晚唐•摩訶止觀 50_426_7
晚唐•摩訶止觀 50_426_21
晚唐•摩訶止觀 50_427_26
晚唐•摩訶止觀 50_427_29
晚唐•摩訶止觀 50_428_6

晚唐•摩訶止觀 37_320_4
晚唐•摩訶止觀 41_352_28
晚唐•摩訶止觀 43_371_21
晚唐•摩訶止觀 43_372_10
晚唐•摩訶止觀 44_379_13
晚唐•摩訶止觀 46_393_2
晚唐•摩訶止觀 47_403_3
晚唐•摩訶止觀 47_403_26

晚唐•摩訶止觀 21_186_2
晚唐•摩訶止觀 22_189_3
晚唐•摩訶止觀 23_203_6
晚唐•摩訶止觀 29_249_24
晚唐•摩訶止觀 29_256_5
晚唐•摩訶止觀 35_303_15
晚唐•摩訶止觀 37_319_5
晚唐•摩訶止觀 37_319_11

晚唐•摩訶止觀 8_71_20
晚唐•摩訶止觀 8_71_27
晚唐•摩訶止觀 8_72_7
晚唐•摩訶止觀 8_72_13
晚唐•摩訶止觀 8_72_20
晚唐•摩訶止觀 9_75_8
晚唐•摩訶止觀 11_100_20
晚唐•摩訶止觀 12_105_5

| | 增 | 墝 | 墳 | 墜 | | 墮 |
|---|---|---|---|---|---|---|
| | ソウ 慣 現 ゾウ<br>訓 ます | 暫空<br>訓 | 漢 現 フン<br>訓 はか | 現 ツイ<br>訓 おちる | | 呉 現 ダ<br>訓 くずれる |
| <br>晚唐•摩訶止觀<br>60_507_22 | <br>初唐•古文尚書<br>41_401_9 | <br>中唐・翰苑<br>41_519_34 | <br>初唐•古文尚書<br>1_6_2 | <br>初唐•古文尚書<br>14_134_25 | <br>五代•大毗盧經<br>83_1009_1 | <br>中唐・翰苑<br>3_27_10 |
| <br>五代•大毗盧經<br>15_189_36 | <br>中唐・翰苑<br>3_28_5 | | <br>初唐•古文尚書<br>1_6_6 | <br>初唐•古文尚書<br>27_270_19 | <br>五代•大毗盧經<br>97_1185_17 | <br>晚唐•摩訶止觀<br>11_100_16 |
| <br>五代•大毗盧經<br>80_970_2 | <br>中唐・翰苑<br>17_221_23 | | <br>初唐•古文尚書<br>2_12_15 | | | <br>晚唐•摩訶止觀<br>22_193_17 |
| <br>五代•大毗盧經<br>82_996_1 | <br>中唐・翰苑<br>20_262_25 | | <br>初唐•古文尚書<br>3_20_10 | | | <br>晚唐•摩訶止觀<br>22_193_23 |
| <br>五代•大毗盧經<br>92_1131_6 | <br>晚唐•摩訶止觀<br>20_178_15 | | <br>中唐・翰苑<br>41_530_35 | | | <br>晚唐•摩訶止觀<br>22_194_3 |
| <br>五代•大毗盧經<br>93_1139_34 | <br>晚唐•摩訶止觀<br>25_212_15 | | | | | <br>晚唐•摩訶止觀<br>24_206_9 |
| | <br>晚唐•摩訶止觀<br>30_260_12 | | | | | <br>晚唐•摩訶止觀<br>55_468_6 |
| | <br>晚唐•摩訶止觀<br>57_486_3 | | | | | <br>五代•大毗盧經<br>15_190_1 |

| 壁壁 | 墾墾 | | 壇壇 | 墨墨 | 墩 | 墡 |
|---|---|---|---|---|---|---|
| 漢現ヘキ<br>訓かべ | 現コン<br>訓ひらく | | 呉現ダン漢現タン<br>訓だん | 漢現ボク呉モク<br>訓すみ | トン<br>訓つちもり | セン、ゼン<br>訓しろつち |
| <br>中唐・翰苑<br>23_306_13<br><br>中唐・翰苑<br>23_309_6 | <br>晩唐•摩訶止觀<br>44_377_20 | <br>五代•大毗盧經<br>19_243_8<br><br>五代•大毗盧經<br>39_455_15<br><br>五代•大毗盧經<br>39_469_4<br><br>五代•大毗盧經<br>50_606_15<br><br>五代•大毗盧經<br>59_729_15<br><br>五代•大毗盧經<br>63_774_10<br><br>五代•大毗盧經<br>71_866_20 | <br>中唐・翰苑<br>23_301_39<br><br>五代•密教部類<br>4_44_7<br><br>五代•大毗盧經<br>2_19_21<br><br>五代•大毗盧經<br>10_115_2<br><br>五代•大毗盧經<br>11_132_10<br><br>五代•大毗盧經<br>11_137_17<br><br>五代•大毗盧經<br>14_174_6<br><br>五代•大毗盧經<br>19_239_9 | <br>初唐•古文尚書<br>45_442_20<br><br>初唐•古文尚書<br>45_443_8<br><br>初唐•古文尚書<br>45_443_11<br><br>初唐•古文尚書<br>46_448_23 | <br>中唐・翰苑<br>9_112_16 | <br>晩唐•摩訶止觀<br>46_396_20 |

## 壤

漢現ジョウ
訓つち

中唐・翰苑
19_250_3

中唐・翰苑
23_308_26

中唐・翰苑
25_334_14

五代・大毗盧經
38_441_16

五代・大毗盧經
52_639_21

五代・大毗盧經
52_642_23

五代・大毗盧經
53_647_4

五代・大毗盧經
62_768_12

五代・大毗盧經
65_819_16

五代・大毗盧經
66_828_4

五代・大毗盧經
69_859_2

五代・大毗盧經
69_859_6

五代・大毗盧經
77_938_10

五代・大毗盧經
24_307_31

五代・大毗盧經
27_339_15

五代・大毗盧經
41_492_4

五代・大毗盧經
45_540_12

五代・大毗盧經
51_627_29

五代・大毗盧經
57_703_20

五代・大毗盧經
59_728_5

五代・大毗盧經
65_810_1

## 壞

漢現カイ呉エ
訓こわす

初唐・古文尚書
18_171_18

中唐・翰苑
10_121_39

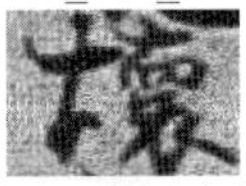
晚唐・摩訶止觀
56_471_25

五代・大毗盧經
2_9_20

五代・大毗盧經
15_192_19

五代・大毗盧經
18_229_11

五代・大毗盧經
18_236_8

五代・大毗盧經
19_239_16

## 壑

慣ガク漢カク
訓みぞ

中唐・翰苑
17_225_4

中唐・翰苑
17_226_33

中唐・翰苑
29_380_7

中唐・翰苑
33_433_20

中唐・翰苑
34_440_9

## 壓

慣現アツ漢オウ
訓おさえる

五代・大毗盧經
65_821_14

## 壙

コウ
訓あな

初唐・禮記正義
15_237_8

初唐・禮記正義
16_239_2

# 寸部

## 寸

慣現スン漢ソン
訓はかる

初唐・禮記正義 4_55_17
初唐・禮記正義 4_55_24
初唐・禮記正義 4_55_27
初唐・禮記正義 17_261_24
初唐・禮記正義 17_262_10
初唐・禮記正義 17_262_19
初唐・禮記正義 19_291_3
初唐・禮記正義 19_291_17
初唐・禮記正義 19_291_27
初唐・禮記正義 22_330_19
初唐・禮記正義 22_331_5
初唐・禮記正義 22_331_26
初唐・禮記正義 22_337_11
初唐・禮記正義 22_338_24
初唐・禮記正義 22_339_3
初唐・禮記正義 22_339_14
初唐・禮記正義 23_342_17
初唐・禮記正義 23_343_5
初唐・禮記正義 23_343_12
初唐・禮記正義 23_343_14
初唐・禮記正義 23_343_21
初唐・禮記正義 23_345_26
初唐・禮記正義 23_355_17
初唐・禮記正義 23_355_26
初唐・禮記正義 24_356_4
初唐・禮記正義 24_362_11
中唐・翰苑 4_40_20
中唐・翰苑 29_382_21
中唐・翰苑 41_523_40
五代・大毗盧經 90_1098_2

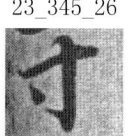

## 寺

呉現ジ漢シ
訓てら

初唐・般若經 1_1_3
中唐・翰苑 29_378_13
中唐・翰苑 35_446_7
中唐・翰苑 35_447_23
晚唐・摩訶止觀 1_3_3
晚唐・摩訶止觀 3_23_12
晚唐・摩訶止觀 13_112_13
晚唐・摩訶止觀 13_115_3

## 射

漢 シャ
訓 いる

初唐•古文尚書 10_87_14

初唐•古文尚書 10_87_26

初唐•禮記正義 14_219_12

初唐•禮記正義 27_417_4

初唐•禮記正義 27_418_18

初唐•禮記正義 27_419_6

初唐•禮記正義 27_420_1

初唐•禮記正義 27_421_2

## 封

漢 現 ホウ 慣 現 フウ 呉 フ
訓 さかい

中唐・翰苑 39_498_21

中唐・翰苑 39_500_4

中唐・翰苑 41_526_26

中唐・翰苑 41_527_9

中唐・翰苑 43_546_43

中唐・翰苑 44_559_15

晚唐•摩訶止觀 15_131_25

中唐・翰苑 20_261_23

中唐・翰苑 20_262_9

中唐・翰苑 20_264_10

中唐・翰苑 32_412_19

中唐・翰苑 33_429_32

中唐・翰苑 36_458_17

中唐・翰苑 37_476_9

中唐・翰苑 38_490_20

初唐•禮記正義 8_115_12

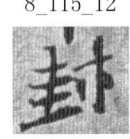

初唐•禮記正義 29_445_16

初唐•禮記正義 29_445_24

初唐•禮記正義 29_446_8

中唐・翰苑 8_93_4

中唐・翰苑 12_155_21

中唐・翰苑 14_182_24

中唐・翰苑 20_259_33

初唐•古文尚書 3_22_9

初唐•古文尚書 32_301_22

初唐•古文尚書 32_302_20

初唐・毛詩傳 4_38_14

初唐・毛詩傳 4_40_1

初唐・毛詩傳 4_40_4

初唐•禮記正義 5_70_11

初唐•禮記正義 8_114_21

五代•大毗盧經 35_412_3

五代•大毗盧經 71_865_3

五代•密教部類 1_2_3

五代•密教部類 2_23_9

五代•密教部類 3_28_10

五代•密教部類 3_34_48

五代•密教部類 3_39_22

五代•密教部類 6_81_13

五代•大毗盧經 2_19_1

五代•大毗盧經 23_288_18

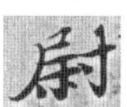

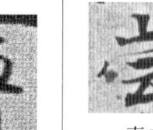

## 尉

現イ
訓おさえる

中唐・翰苑
12_158_42

中唐・翰苑
15_193_21

中唐・翰苑
15_196_29

中唐・翰苑
17_222_14

中唐・翰苑
17_222_24

中唐・翰苑
22_292_28

中唐・翰苑
40_510_12

中唐・翰苑
40_513_31

初唐•古文尚書
44_424_1

中唐・翰苑
5_61_32

中唐・翰苑
6_64_30

中唐・翰苑
6_74_16

中唐・翰苑
7_78_19

中唐・翰苑
7_84_12

中唐・翰苑
7_88_38

中唐・翰苑
9_109_2

晚唐•摩訶止觀
20_177_5

晚唐•摩訶止觀
20_178_2

晚唐•摩訶止觀
43_370_12

晚唐•摩訶止觀
44_375_8

五代•大毗盧經
67_841_6

## 專

現セン
訓もっぱら

專美
初唐•古文尚書
23_226_5

初唐•古文尚書
38_369_34

初唐•禮記正義
9_145_7

中唐・翰苑
44_567_12

晚唐•摩訶止觀
4_30_4

晚唐•摩訶止觀
8_66_17

晚唐•摩訶止觀
16_136_4

晚唐•摩訶止觀
59_499_11

晚唐•摩訶止觀
59_501_3

中唐・翰苑
19_253_9

中唐・翰苑
19_254_31

中唐・翰苑
23_303_33

中唐・翰苑
29_377_10

中唐・翰苑
29_377_22

中唐・翰苑
29_382_1

中唐・翰苑
37_471_7

中唐・翰苑
37_475_39

初唐•禮記正義
27_424_2

初唐•禮記正義
28_429_28

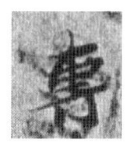

初唐•禮記正義
28_430_16

初唐•禮記正義
28_430_28

中唐・翰苑
11_136_15

中唐・翰苑
13_161_1

中唐・翰苑
16_205_8

中唐・翰苑
16_212_8

# 尊

現 ソン
訓 とうとぶ

中唐・翰苑
41_522_18

中唐・翰苑
42_533_15

中唐・翰苑
42_534_34

中唐・翰苑
44_558_21

初唐・古文尚書
5_39_26

初唐・古文尚書
17_160_19

初唐・古文尚書
19_186_22

初唐・古文尚書
37_356_13

初唐・毛詩傳
6_63_36

初唐・禮記正義
1_13_26

初唐・禮記正義
1_14_12

初唐・禮記正義
2_20_16

初唐・禮記正義
2_25_19

初唐・禮記正義
5_73_3

尊卑
初唐・禮記正義
5_80_18

尊卑
初唐・禮記正義
6_97_7

初唐・禮記正義
15_228_12

初唐・禮記正義
19_295_13

初唐・禮記正義
20_302_13

初唐・禮記正義
20_306_21

初唐・禮記正義
22_331_9

初唐・禮記正義
26_396_20

初唐・禮記正義
27_419_12

初唐・禮記正義
29_452_24

初唐・禮記正義
29_453_7

初唐・十誦律
1_3_9

初唐・十誦律
2_26_17

初唐・十誦律
3_50_13

初唐・十誦律
4_69_5

初唐・十誦律
9_164_11

初唐・十誦律
19_366_1

初唐・十誦律
19_366_13

中唐・翰苑
11_144_34

導之礼義
中唐・翰苑
35_457_38

中唐・翰苑
42_540_21

中唐・翰苑
42_541_26

晚唐・摩訶止觀
1_7_4

晚唐・摩訶止觀
12_108_25

五代・密教部類
5_73_12

五代・大毗盧經
2_10_11

五代・大毗盧經
2_14_10

五代・大毗盧經
2_15_7

五代・大毗盧經
7_77_20

五代・大毗盧經
11_129_13

五代・大毗盧經
11_130_24

五代・大毗盧經
12_142_8

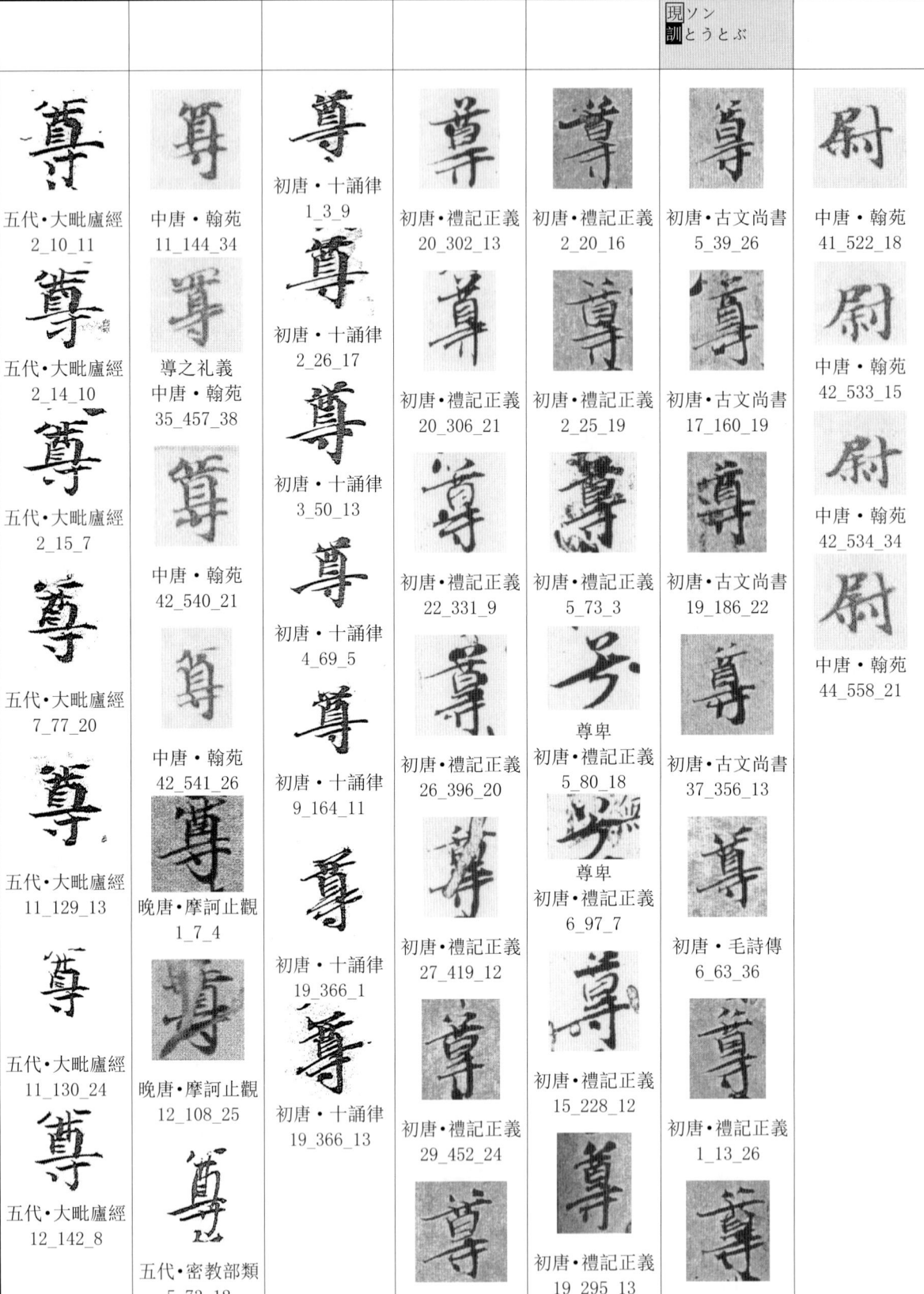

五代·大毗盧經
12_143_5

五代·大毗盧經
14_175_25

五代·大毗盧經
14_183_15

五代·大毗盧經
16_203_13

五代·大毗盧經
18_232_19

五代·大毗盧經
39_452_4

五代·大毗盧經
39_457_13

五代·大毗盧經
39_460_7

五代·大毗盧經
39_471_11

五代·大毗盧經
40_478_8

五代·大毗盧經
40_480_15

五代·大毗盧經
40_481_21

五代·大毗盧經
40_482_8

五代·大毗盧經
40_482_12

五代·大毗盧經
42_501_2

五代·大毗盧經
42_504_22

五代·大毗盧經
42_504_25

五代·大毗盧經
46_554_4

五代·大毗盧經
46_558_10

五代·大毗盧經
46_561_1

五代·大毗盧經
46_562_10

五代·大毗盧經
46_565_20

五代·大毗盧經
46_568_20

五代·大毗盧經
48_591_3

五代·大毗盧經
49_601_32

五代·大毗盧經
51_629_8

五代·大毗盧經
52_640_12

五代·大毗盧經
53_652_18

五代·大毗盧經
54_662_1

五代·大毗盧經
55_679_16

五代·大毗盧經
56_682_32

五代·大毗盧經
57_702_5

五代·大毗盧經
58_707_15

五代·大毗盧經
59_731_8

五代·大毗盧經
60_742_6

五代·大毗盧經
64_793_20

五代·大毗盧經
66_829_31

五代·大毗盧經
67_836_15

五代·大毗盧經
67_840_5

五代·大毗盧經
71_871_15

五代·大毗盧經
72_883_4

五代·大毗盧經
72_890_19

五代·大毗盧經
73_896_19

五代·大毗盧經
85_1035_9

五代·大毗盧經
90_1107_3

五代·大毗盧經
93_1145_46

五代·大毗盧經
94_1158_19

## 對 尋

**對** 漢現タイ 呉現ツイ 訓むかう

**尋** 呉現ジン 訓たずねる

### 尋

- 初唐•禮記正義 4_66_24
- 初唐•禮記正義 6_85_28
- 初唐•禮記正義 14_220_5
- 中唐・翰苑 33_431_28
- 晩唐•摩訶止觀 1_4_10
- 五代•大毗盧經 39_467_6

### 對

- 初唐•古文尚書 23_228_29
- 初唐•古文尚書 24_229_6
- 初唐•古文尚書 36_345_10
- 初唐•禮記正義 2_22_1
- 初唐•禮記正義 2_23_23
- 初唐•禮記正義 23_348_26
- 初唐•禮記正義 26_398_1
- 初唐•禮記正義 27_417_10
- 初唐•禮記正義 27_417_23
- 初唐•禮記正義 28_431_24
- 初唐•禮記正義 28_432_22
- 初唐•禮記正義 28_433_23
- 初唐•禮記正義 28_434_9
- 初唐•禮記正義 28_434_24
- 初唐•禮記正義 28_436_5
- 中唐・翰苑 7_79_33
- 中唐・翰苑 10_123_29
- 中唐・翰苑 11_142_6
- 中唐・翰苑 21_270_15
- 中唐・翰苑 28_360_24
- 中唐・翰苑 31_405_30
- 中唐・翰苑 31_406_16
- 封長貴 中唐・翰苑 39_506_2
- 中唐・翰苑 43_545_9
- 中唐・翰苑 44_564_13
- 中唐・翰苑 45_571_8
- 晩唐•摩訶止觀 5_44_23
- 晩唐•摩訶止觀 26_225_18
- 晩唐•摩訶止觀 28_238_7
- 晩唐•摩訶止觀 28_241_20
- 晩唐•摩訶止觀 30_260_8
- 晩唐•摩訶止觀 30_261_8
- 晩唐•摩訶止觀 30_263_17
- 晩唐•摩訶止觀 36_310_7
- 晩唐•摩訶止觀 44_379_15
- 晩唐•摩訶止觀 48_411_14
- 晩唐•摩訶止觀 50_427_6
- 晩唐•摩訶止觀 51_430_12
- 晩唐•摩訶止觀 61_512_6
- 晩唐•摩訶止觀 61_512_11
- 晩唐•摩訶止觀 61_512_16
- 晩唐•摩訶止觀 61_512_21
- 晩唐•摩訶止觀 61_512_26
- 五代•大毗盧經 3_30_16
- 五代•大毗盧經 9_102_26
- 五代•大毗盧經 9_103_7
- 五代•大毗盧經 19_245_17
- 五代•大毗盧經 19_252_12

五代·大毗盧經
20_253_20

五代·大毗盧經
50_613_11

五代·大毗盧經
50_613_14

五代·大毗盧經
64_804_6

五代·大毗盧經
68_851_21

五代·大毗盧經
85_1033_15

五代·大毗盧經
85_1035_12

五代·大毗盧經
85_1044_17

## 導 

吳 現 ドウ
訓 みちびく

初唐·古文尚書
14_131_4

初唐·古文尚書
24_232_9

初唐·古文尚書
39_371_24

初唐·禮記正義
16_250_15

五代·大毗盧經
2_10_17

# 廾部

## 弁

吳 現 ベン
訓 かんむり

初唐•禮記正義
25_385_6

初唐•禮記正義
25_385_23

中唐・翰苑
17_226_8

中唐・翰苑
17_228_17

中唐・翰苑
19_246_43

中唐・翰苑
22_285_8

中唐・翰苑
25_326_23

中唐・翰苑
25_328_8

## 弄

漢 ロウ
訓 もてあそぶ

中唐・翰苑
29_378_27

## 弇

エン
訓 おおう

初唐•古文尚書
10_84_6

初唐•古文尚書
10_84_21

初唐•古文尚書
10_85_32

## 弊

漢 現 ヘイ
訓 たおれる

初唐•古文尚書
33_307_23

初唐•古文尚書
33_307_32

摯幣
初唐•禮記正義
14_212_7

操幣
初唐•禮記正義
20_304_23

初唐•禮記正義
20_306_5

廟中將幣
初唐•禮記正義
25_380_29

中唐・翰苑
10_126_36

# 大部

## 大

漢現タイ呉現ダイ/漢タ呉ダ
訓おおきい

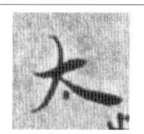

初唐・古文尚書 1_5_11
初唐・古文尚書 3_19_3
初唐・古文尚書 3_19_11
初唐・古文尚書 4_29_23
初唐・古文尚書 4_30_21
初唐・古文尚書 4_36_17
初唐・古文尚書 7_54_26
初唐・古文尚書 8_61_15

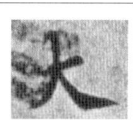

初唐・古文尚書 8_61_28
初唐・古文尚書 8_68_10
初唐・古文尚書 8_69_16
初唐・古文尚書 9_71_2
初唐・古文尚書 9_71_16
初唐・古文尚書 10_84_33
初唐・古文尚書 10_85_23
初唐・古文尚書 11_98_20

初唐・古文尚書 11_102_36
初唐・古文尚書 12_103_10
初唐・古文尚書 12_107_18
初唐・古文尚書 12_109_3
初唐・古文尚書 12_109_18
初唐・古文尚書 13_114_4
初唐・古文尚書 13_119_8
初唐・古文尚書 13_121_2

初唐・古文尚書 14_130_3
初唐・古文尚書 14_130_9
初唐・古文尚書 14_131_6
初唐・古文尚書 14_132_6
初唐・古文尚書 14_132_16
初唐・古文尚書 15_144_30
初唐・古文尚書 16_151_27
初唐・古文尚書 16_152_4

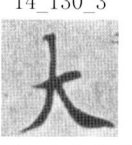

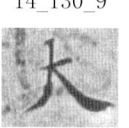

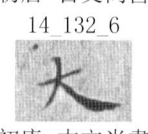

初唐・古文尚書 16_152_8
初唐・古文尚書 16_154_5
初唐・古文尚書 16_154_11
初唐・古文尚書 37_355_10
初唐・古文尚書 38_363_20
初唐・古文尚書 38_365_8
初唐・古文尚書 39_373_19
初唐・古文尚書 39_374_10

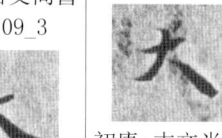

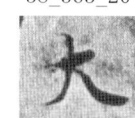

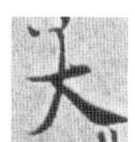

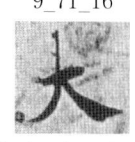

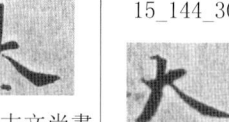

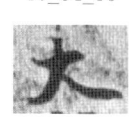

初唐・古文尚書 39_380_36
初唐・古文尚書 40_388_13
初唐・古文尚書 41_399_2
初唐・古文尚書 43_413_4
初唐・古文尚書 46_447_30
初唐・古文尚書 46_449_17
初唐・毛詩傳 2_11_12
初唐・毛詩傳 2_12_10

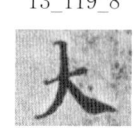

初唐・毛詩傳
4_34_9

初唐・毛詩傳
5_51_7

初唐・毛詩傳
5_54_4

初唐・毛詩傳
5_54_28

初唐・毛詩傳
6_57_6

初唐・毛詩傳
7_73_8

初唐・毛詩傳
8_82_13

初唐・毛詩傳
8_83_15

初唐・毛詩傳
9_92_26

初唐・毛詩傳
9_94_7

初唐・毛詩傳
9_99_10

初唐・毛詩傳
9_101_3

初唐•禮記正義
1_15_22

初唐•禮記正義
1_16_17

初唐•禮記正義
2_26_2

初唐•禮記正義
2_26_24

初唐•禮記正義
2_29_7

初唐•禮記正義
2_29_16

初唐•禮記正義
3_34_27

初唐•禮記正義
3_49_14

初唐•禮記正義
4_53_10

初唐•禮記正義
4_55_21

初唐•禮記正義
4_56_7

初唐•禮記正義
4_56_13

初唐•禮記正義
5_68_20

初唐•禮記正義
5_69_9

初唐•禮記正義
5_69_27

初唐•禮記正義
5_69_31

初唐•禮記正義
5_70_4

初唐•禮記正義
5_70_10

初唐•禮記正義
5_70_12

初唐•禮記正義
5_71_17

初唐•禮記正義
5_73_4

初唐•禮記正義
5_78_27

初唐•禮記正義
5_79_13

初唐•禮記正義
6_83_15

初唐•禮記正義
6_83_18

初唐•禮記正義
6_83_28

初唐•禮記正義
6_85_2

初唐•禮記正義
6_87_18

初唐•禮記正義
7_102_18

初唐•禮記正義
7_102_24

初唐•禮記正義
7_111_26

初唐•禮記正義
14_213_17

初唐•禮記正義
14_219_11

初唐•禮記正義
14_219_14

初唐•禮記正義
14_221_10

初唐•禮記正義
15_227_20

初唐•禮記正義
15_228_15

初唐•禮記正義
15_232_16

初唐•禮記正義
16_240_16

初唐•禮記正義
17_258_21

初唐•禮記正義
20_301_24

初唐•禮記正義
21_315_7

初唐•禮記正義
22_336_5

初唐•禮記正義
26_397_2

| | | | | | | |
|---|---|---|---|---|---|---|
| 中唐•翰苑<br>7_78_39 | 中唐•翰苑<br>3_23_13 | 初唐•般若經<br>12_164_8 | 初唐•十誦律<br>8_141_8 | 初唐•十誦律<br>2_24_4 | 初唐•禮記正義<br>28_429_16 | 初唐•禮記正義<br>26_398_8 |
| 中唐•翰苑<br>34_439_24 | 中唐•翰苑<br>3_26_37 | 初唐•般若經<br>12_164_10 | 初唐•十誦律<br>9_167_2 | 初唐•十誦律<br>2_25_12 | 初唐•禮記正義<br>28_441_2 | 初唐•禮記正義<br>26_398_14 |
| 中唐•翰苑<br>34_441_12 | 中唐•翰苑<br>3_30_32 | 初唐•般若經<br>20_309_17 | 初唐•十誦律<br>11_204_7 | 初唐•十誦律<br>2_27_14 | 初唐•禮記正義<br>30_463_2 | 初唐•禮記正義<br>26_398_19 |
| 中唐•翰苑<br>37_470_4 | 中唐•翰苑<br>3_31_42 | 初唐•般若經<br>25_379_1 | 初唐•十誦律<br>11_213_8 | 初唐•十誦律<br>3_35_17 | 初唐•禮記正義<br>30_467_25 | 初唐•禮記正義<br>26_399_2 |
| 中唐•翰苑<br>38_483_43 | 中唐•翰苑<br>4_37_16 | 初唐•般若經<br>25_379_3 | 初唐•般若經<br>2_2_1 | 初唐•十誦律<br>3_38_3 | 初唐•十誦律<br>2_15_10 | 初唐•禮記正義<br>27_418_17 |
| 中唐•翰苑<br>38_488_24 | 中唐•翰苑<br>5_62_5 | 初唐•般若經<br>25_379_5 | 初唐•般若經<br>7_99_3 | 初唐•十誦律<br>5_92_8 | 初唐•十誦律<br>2_19_14 | 初唐•禮記正義<br>27_418_24 |
| 中唐•翰苑<br>41_520_6 | 中唐•翰苑<br>5_62_20 | 初唐•般若經<br>25_379_7 | 初唐•般若經<br>12_164_4 | 初唐•十誦律<br>6_93_9 | 初唐•十誦律<br>2_21_3 | 初唐•禮記正義<br>27_419_2 |
| 中唐•翰苑<br>41_526_30 | 中唐•翰苑<br>6_67_28 | 中唐•翰苑<br>2_18_3 | 初唐•般若經<br>12_164_6 | 初唐•十誦律<br>6_95_11 | 初唐•十誦律<br>2_21_14 | 初唐•禮記正義<br>27_423_14 |

中唐・翰苑 42_541_39
中唐・翰苑 43_544_30
中唐・翰苑 43_545_1
中唐・翰苑 43_545_20
中唐・翰苑 43_546_19
中唐・翰苑 43_551_31
中唐・翰苑 43_551_40
中唐・翰苑 44_558_19

中唐・翰苑 44_558_39
中唐・翰苑 44_560_5
中唐・翰苑 45_579_8
中唐・般若經 1_1_1
中唐・般若經 3_33_4
中唐・般若經 3_37_7
中唐・般若經 4_41_10
中唐・般若經 4_45_14

中唐・般若經 10_158_6
中唐・般若經 10_158_8
中唐・般若經 10_158_10
中唐・般若經 10_158_12
中唐・般若經 10_160_8
中唐・般若經 10_160_10
中唐・般若經 10_160_12
中唐・般若經 10_160_14

中唐・般若經 10_162_10
中唐・般若經 10_162_12
中唐・般若經 10_162_14
中唐・般若經 10_162_16
中唐・般若經 10_164_13
中唐・般若經 10_164_15
中唐・般若經 10_164_17
中唐・般若經 10_165_2

中唐・般若經 19_340_1
晚唐•摩訶止觀 1_2_11
晚唐•摩訶止觀 1_7_1
晚唐•摩訶止觀 1_8_8
晚唐•摩訶止觀 3_29_4
晚唐•摩訶止觀 4_30_18
晚唐•摩訶止觀 4_37_4
晚唐•摩訶止觀 6_47_11

晚唐•摩訶止觀 10_88_22
晚唐•摩訶止觀 11_93_8
晚唐•摩訶止觀 11_97_23
晚唐•摩訶止觀 12_102_5
晚唐•摩訶止觀 12_105_10
晚唐•摩訶止觀 12_106_14
晚唐•摩訶止觀 12_106_22
晚唐•摩訶止觀 13_112_10

晚唐•摩訶止觀 13_116_26
晚唐•摩訶止觀 14_120_17
晚唐•摩訶止觀 14_122_9
晚唐•摩訶止觀 14_126_23
晚唐•摩訶止觀 14_127_19
晚唐•摩訶止觀 52_444_6
晚唐•摩訶止觀 52_444_10
晚唐•摩訶止觀 52_444_17

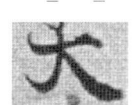

| | | | | | | |
|---|---|---|---|---|---|---|
| 五代•大毗盧經 8_95_8 | 五代•大毗盧經 3_22_12 | 五代•密教部類 6_86_1 | 五代•密教部類 6_79_17 | 五代•密教部類 3_33_8 | 晚唐•摩訶止觀 55_467_16 | 晚唐•摩訶止觀 53_452_3 |
| 五代•大毗盧經 8_96_11 | 五代•大毗盧經 3_32_6 | 五代•密教部類 6_87_1 | 五代•密教部類 6_79_20 | 五代•密教部類 4_43_14 | 晚唐•摩訶止觀 55_467_27 | 晚唐•摩訶止觀 54_454_16 |
| 五代•大毗盧經 9_101_2 | 五代•大毗盧經 4_39_17 | 五代•密教部類 6_88_1 | 五代•密教部類 6_80_1 | 五代•密教部類 4_53_13 | 晚唐•摩訶止觀 55_469_9 | 晚唐•摩訶止觀 54_454_20 |
| 五代•大毗盧經 9_103_26 | 五代•大毗盧經 5_49_12 | 五代•密教部類 6_89_1 | 五代•密教部類 6_82_1 | 五代•密教部類 5_73_1 | 晚唐•摩訶止觀 56_470_8 | 晚唐•摩訶止觀 54_454_22 |
| 五代•大毗盧經 9_103_33 | 五代•大毗盧經 5_56_3 | 五代•大毗盧經 2_7_17 | 五代•密教部類 6_83_1 | 五代•密教部類 6_77_1 | 晚唐•摩訶止觀 58_488_4 | 晚唐•摩訶止觀 54_457_12 |
| 五代•大毗盧經 9_103_35 | 五代•大毗盧經 7_85_21 | 五代•大毗盧經 2_11_3 | 五代•密教部類 6_83_20 | 五代•密教部類 6_77_17 | 晚唐•摩訶止觀 60_508_1 | 晚唐•摩訶止觀 54_459_7 |
| 五代•大毗盧經 12_145_3 | 五代•大毗盧經 7_85_25 | 五代•大毗盧經 2_13_19 | 五代•密教部類 6_84_1 | 五代•密教部類 6_78_1 | 晚唐•摩訶止觀 62_521_17 | 晚唐•摩訶止觀 54_460_1 |
| 五代•大毗盧經 12_148_4 | 五代•大毗盧經 8_95_3 | 五代•大毗盧經 2_17_1 | 五代•密教部類 6_85_1 | 五代•密教部類 6_79_1 | 五代•密教部類 3_27_1 | 晚唐•摩訶止觀 55_464_5 |

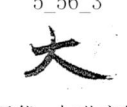

# 天

現 テン
訓 あめ

初唐・古文尚書
16_148_17

初唐・古文尚書
17_165_16

初唐・古文尚書
17_165_26

初唐・古文尚書
18_169_8

初唐・古文尚書
18_170_4

初唐・古文尚書
19_179_24

初唐・古文尚書
19_186_2

初唐・古文尚書
19_186_8

初唐・古文尚書
10_85_14

初唐・古文尚書
11_102_4

初唐・古文尚書
11_102_26

初唐・古文尚書
11_102_32

初唐・古文尚書
12_103_8

初唐・古文尚書
13_117_1

初唐・古文尚書
13_117_23

初唐・古文尚書
14_124_10

初唐・古文尚書
5_46_32

初唐・古文尚書
6_49_15

初唐・古文尚書
6_49_30

初唐・古文尚書
7_51_20

初唐・古文尚書
7_52_2

初唐・古文尚書
7_52_18

初唐・古文尚書
7_53_27

初唐・古文尚書
7_54_7

五代・大毗盧經
94_1153_13

五代・大毗盧經
96_1174_1

五代・大毗盧經
97_1184_44

五代・大毗盧經
98_1209_4

五代・大毗盧經
71_863_1

五代・大毗盧經
89_1093_18

五代・大毗盧經
90_1096_11

五代・大毗盧經
90_1100_12

五代・大毗盧經
91_1112_3

五代・大毗盧經
91_1113_29

五代・大毗盧經
92_1130_8

五代・大毗盧經
93_1145_40

五代・大毗盧經
64_803_44

五代・大毗盧經
67_837_11

五代・大毗盧經
68_849_1

五代・大毗盧經
68_851_27

五代・大毗盧經
68_851_35

五代・大毗盧經
68_855_1

五代・大毗盧經
69_860_1

五代・大毗盧經
70_862_1

五代・大毗盧經
12_153_2

五代・大毗盧經
13_156_11

五代・大毗盧經
13_158_11

五代・大毗盧經
13_161_16

五代・大毗盧經
13_164_3

五代・大毗盧經
63_788_4

五代・大毗盧經
64_793_13

五代・大毗盧經
64_799_7

初唐•古文尚書 20_189_1

初唐•古文尚書 20_189_23

初唐•古文尚書 20_196_8

初唐•古文尚書 23_220_18

初唐•古文尚書 23_225_8

初唐•古文尚書 23_225_20

初唐•古文尚書 24_229_1

初唐•古文尚書 24_235_6

初唐•古文尚書 24_235_23

初唐•古文尚書 24_236_9

初唐•古文尚書 24_236_16

初唐•古文尚書 24_237_6

初唐•古文尚書 24_237_29

初唐•古文尚書 24_238_20

初唐•古文尚書 24_239_16

初唐•古文尚書 24_239_32

初唐•古文尚書 25_240_33

初唐•古文尚書 25_246_26

初唐•古文尚書 25_247_2

初唐•古文尚書 25_247_36

初唐•古文尚書 26_250_8

初唐•古文尚書 26_250_17

初唐•古文尚書 26_251_11

初唐•古文尚書 26_251_22

初唐•古文尚書 26_251_29

初唐•古文尚書 26_252_12

初唐•古文尚書 26_253_17

初唐•古文尚書 26_254_11

初唐•古文尚書 26_254_19

初唐•古文尚書 26_255_18

初唐•古文尚書 26_256_26

初唐•古文尚書 26_256_28

初唐•古文尚書 26_259_4

初唐•古文尚書 28_271_25

初唐•古文尚書 28_272_6

初唐•古文尚書 28_272_12

初唐•古文尚書 28_273_15

初唐•古文尚書 28_275_26

初唐•古文尚書 31_287_3

初唐•古文尚書 31_287_6

初唐•古文尚書 31_290_32

初唐•古文尚書 31_292_2

初唐•古文尚書 32_306_11

初唐•古文尚書 33_307_19

初唐•古文尚書 36_339_13

初唐•古文尚書 36_340_11

初唐•古文尚書 36_341_7

初唐•古文尚書 39_378_8

初唐•古文尚書 39_379_9

初唐•古文尚書 40_381_28

初唐•古文尚書 41_393_16

初唐•古文尚書 41_396_7

初唐•古文尚書 41_397_5

初唐•古文尚書 41_397_24

初唐•古文尚書 41_397_27

初唐•古文尚書 41_397_37

| | | | | | | |
|---|---|---|---|---|---|---|
| 初唐·古文尚書 42_408_23 | 初唐·古文尚書 43_419_26 | 初唐·古文尚書 44_430_3 | 初唐·古文尚書 48_471_17 | 初唐 · 毛詩傳 6_62_22 | 初唐·禮記正義 4_54_8 | 初唐·禮記正義 5_73_11 |
| 初唐·古文尚書 42_409_7 | 初唐·古文尚書 43_420_26 | 初唐·古文尚書 45_441_27 | 初唐·古文尚書 48_471_21 | 初唐 · 毛詩傳 6_63_20 | 初唐·禮記正義 4_55_11 | 初唐·禮記正義 5_77_24 |
| 初唐·古文尚書 43_412_2 | 初唐·古文尚書 44_425_1 | 初唐·古文尚書 45_442_14 | 初唐·古文尚書 48_472_5 | 初唐 · 毛詩傳 6_65_6 | 初唐·禮記正義 4_56_23 | 初唐·禮記正義 5_81_23 |
| 初唐·古文尚書 43_412_28 | 初唐·古文尚書 44_425_15 | 初唐·古文尚書 48_466_2 | 初唐·古文尚書 48_472_9 | 初唐 · 毛詩傳 10_106_25 | 初唐·禮記正義 4_59_6 | 初唐·禮記正義 6_93_2 |
| 初唐·古文尚書 43_413_8 | 初唐·古文尚書 44_426_8 | 初唐·古文尚書 48_466_15 | 初唐·古文尚書 48_472_21 | 初唐 · 毛詩傳 10_109_9 | 初唐·禮記正義 4_59_12 | 初唐·禮記正義 9_131_1 |
| 初唐·古文尚書 43_413_12 | 初唐·古文尚書 44_426_13 | 初唐·古文尚書 48_466_22 | 初唐·古文尚書 48_472_23 | 初唐 · 毛詩傳 10_112_3 | 初唐·禮記正義 5_68_15 | 初唐·禮記正義 9_137_11 |
| 初唐·古文尚書 43_414_2 | 初唐·古文尚書 44_426_25 | 初唐·古文尚書 48_467_1 | 初唐·古文尚書 48_473_13 | 初唐·禮記正義 3_44_12 | 初唐·禮記正義 5_72_17 | 初唐·禮記正義 9_139_26 |
| 初唐·古文尚書 43_414_15 | 初唐·古文尚書 44_427_17 | 初唐·古文尚書 48_471_4 | 初唐 · 毛詩傳 6_62_8 | 初唐·禮記正義 3_49_12 | 初唐·禮記正義 5_72_32 | 初唐·禮記正義 10_152_2 |

初唐•禮記正義
14_222_4

初唐•禮記正義
19_293_8

初唐•禮記正義
19_295_10

初唐•禮記正義
20_297_19

初唐•禮記正義
20_301_18

初唐•禮記正義
22_330_7

初唐•禮記正義
22_331_2

初唐•禮記正義
22_333_6

初唐•禮記正義
22_333_27

初唐•禮記正義
22_335_25

初唐•禮記正義
23_348_2

初唐•禮記正義
23_349_14

初唐•禮記正義
23_350_2

初唐•禮記正義
23_351_7

初唐•禮記正義
23_351_22

初唐•禮記正義
23_354_27

初唐•禮記正義
24_362_14

初唐•禮記正義
24_363_12

初唐•禮記正義
25_380_6

初唐•禮記正義
26_398_11

初唐•禮記正義
26_399_5

初唐•禮記正義
26_400_4

初唐•禮記正義
26_408_9

初唐•禮記正義
27_426_18

初唐•禮記正義
28_429_6

初唐•十誦律
3_45_2

初唐•十誦律
3_47_14

初唐•十誦律
19_373_2

中唐•翰苑
2_10_8

中唐•翰苑
2_14_28

中唐•翰苑
3_26_19

中唐•翰苑
3_30_5

中唐•翰苑
3_35_31

中唐•翰苑
7_83_31

中唐•翰苑
7_90_19

中唐•翰苑
9_112_31

中唐•翰苑
9_114_12

中唐•翰苑
9_114_41

中唐•翰苑
10_123_31

中唐•翰苑
10_131_47

中唐•翰苑
12_152_38

中唐•翰苑
12_155_1

中唐•翰苑
13_164_16

中唐•翰苑
14_176_24

中唐•翰苑
14_184_28

中唐•翰苑
15_199_20

中唐•翰苑
16_210_39

中唐•翰苑
17_219_10

中唐•翰苑
17_220_17

中唐•翰苑
17_222_21

大栗
中唐•翰苑
18_234_21

中唐•翰苑
18_240_35

中唐•翰苑
18_240_39

中唐•翰苑
20_264_41

中唐•翰苑
20_269_1

中唐•翰苑
22_284_16

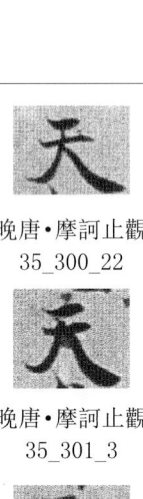

晚唐•摩訶止觀
35_300_22

晚唐•摩訶止觀
35_301_3

晚唐•摩訶止觀
37_321_13

晚唐•摩訶止觀
53_447_14

五代•密教部類
2_20_5

五代•密教部類
2_20_10

五代•密教部類
6_77_28

五代•密教部類
6_86_27

晚唐•摩訶止觀
20_175_16

晚唐•摩訶止觀
21_185_15

晚唐•摩訶止觀
21_185_20

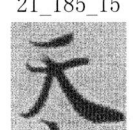

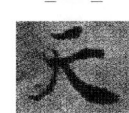

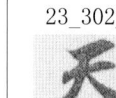

晚唐•摩訶止觀
21_186_13

晚唐•摩訶止觀
31_274_26

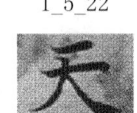

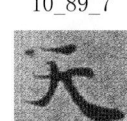

晚唐•摩訶止觀
33_289_15

晚唐•摩訶止觀
33_289_17

晚唐•摩訶止觀
34_295_7

晚唐•摩訶止觀
4_36_8

晚唐•摩訶止觀
9_76_21

晚唐•摩訶止觀
9_80_22

晚唐•摩訶止觀
10_89_7

晚唐•摩訶止觀
14_123_1

晚唐•摩訶止觀
20_170_12

晚唐•摩訶止觀
20_174_19

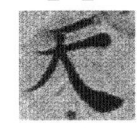

晚唐•摩訶止觀
20_175_3

中唐・翰苑
43_549_15

中唐・翰苑
43_552_27

晚唐•摩訶止觀
1_5_22

晚唐•摩訶止觀
2_16_2

晚唐•摩訶止觀
3_23_48

晚唐•摩訶止觀
3_24_21

晚唐•摩訶止觀
4_32_3

晚唐•摩訶止觀
4_34_19

中唐・翰苑
40_517_1

中唐・翰苑
42_532_24

中唐・翰苑
42_535_38

中唐・翰苑
42_537_30

中唐・翰苑
43_544_40

中唐・翰苑
43_544_42

中唐・翰苑
43_547_44

中唐・翰苑
43_549_3

中唐・翰苑
35_451_5

中唐・翰苑
35_453_9

中唐・翰苑
37_470_37

中唐・翰苑
37_471_10

中唐・翰苑
38_485_11

中唐・翰苑
39_497_25

中唐・翰苑
39_497_34

中唐・翰苑
40_513_19

中唐・翰苑
22_284_27

中唐・翰苑
23_302_5

中唐・翰苑
24_314_29

中唐・翰苑
24_318_25

中唐・翰苑
29_375_2

中唐・翰苑
32_413_27

中唐・翰苑
32_415_38

中唐・翰苑
33_427_34

五代·大毗盧經 9_106_12
五代·大毗盧經 12_149_1
五代·大毗盧經 14_184_10
五代·大毗盧經 17_216_18
五代·大毗盧經 23_292_2
五代·大毗盧經 24_311_24
五代·大毗盧經 26_328_7
五代·大毗盧經 31_394_8
五代·大毗盧經 31_394_10
五代·大毗盧經 31_394_33
五代·大毗盧經 31_394_35
五代·大毗盧經 39_463_2
五代·大毗盧經 40_479_14
五代·大毗盧經 68_849_7
五代·大毗盧經 71_878_29
五代·大毗盧經 78_948_3
五代·大毗盧經 78_948_16
五代·大毗盧經 78_951_3
五代·大毗盧經 79_954_3
五代·大毗盧經 79_957_3
五代·大毗盧經 79_957_28
五代·大毗盧經 79_961_3
五代·大毗盧經 79_961_25
五代·大毗盧經 80_970_4
五代·大毗盧經 80_971_5
五代·大毗盧經 80_974_17
五代·大毗盧經 80_979_2
五代·大毗盧經 80_981_4
五代·大毗盧經 82_996_3
五代·大毗盧經 85_1034_11
五代·大毗盧經 85_1036_5
五代·大毗盧經 85_1036_7
五代·大毗盧經 85_1036_20
五代·大毗盧經 85_1037_13
五代·大毗盧經 85_1038_17
五代·大毗盧經 85_1038_19
五代·大毗盧經 85_1039_2
五代·大毗盧經 85_1039_4
五代·大毗盧經 85_1039_7
五代·大毗盧經 85_1039_11
五代·大毗盧經 85_1045_12
五代·大毗盧經 85_1046_14
五代·大毗盧經 85_1048_3
五代·大毗盧經 86_1051_2
五代·大毗盧經 87_1063_3
五代·大毗盧經 87_1067_4
五代·大毗盧經 88_1072_2
五代·大毗盧經 88_1079_5
五代·大毗盧經 88_1079_28
五代·大毗盧經 89_1087_2
五代·大毗盧經 89_1092_10
五代·大毗盧經 89_1092_15
五代·大毗盧經 89_1093_15
五代·大毗盧經 90_1094_10
五代·大毗盧經 90_1096_4
五代·大毗盧經 90_1097_5

# 夫

現フ 慣現フウ
訓おっと

| | | | | | | |
|---|---|---|---|---|---|---|
| 初唐•禮記正義 2_22_3 | 初唐・毛詩傳 8_83_16 | 初唐•古文尚書 15_138_13 | 五代•大毗盧經 98_1211_19 | 五代•大毗盧經 93_1138_3 | 五代•大毗盧經 92_1129_9 | 五代•大毗盧經 90_1101_3 |
| 初唐•禮記正義 2_22_12 | 初唐・毛詩傳 9_92_27 | 初唐•古文尚書 20_187_16 | | 五代•大毗盧經 93_1138_23 | 五代•大毗盧經 92_1129_15 | 五代•大毗盧經 91_1120_4 |
| 初唐•禮記正義 4_55_22 | 初唐・毛詩傳 9_94_8 | 初唐•古文尚書 23_224_7 | | 五代•大毗盧經 93_1141_3 | 五代•大毗盧經 92_1130_10 | 五代•大毗盧經 92_1126_5 |
| 初唐•禮記正義 4_56_8 | 初唐•禮記正義 1_8_23 | 初唐•古文尚書 23_224_20 | | 五代•大毗盧經 93_1145_2 | 五代•大毗盧經 92_1132_2 | 五代•大毗盧經 92_1127_1 |
| 初唐•禮記正義 4_56_14 | 初唐•禮記正義 1_14_6 | 初唐•古文尚書 37_351_23 | | 五代•大毗盧經 94_1153_15 | 五代•大毗盧經 92_1132_19 | 五代•大毗盧經 92_1127_9 |
| 初唐•禮記正義 6_89_24 | 初唐•禮記正義 1_15_23 | 初唐・毛詩傳 6_63_38 | | 五代•大毗盧經 96_1172_12 | 五代•大毗盧經 92_1135_12 | 五代•大毗盧經 92_1128_15 |
| 初唐•禮記正義 6_91_6 | 初唐•禮記正義 2_21_10 | 初唐・毛詩傳 7_73_9 | | 五代•大毗盧經 97_1197_10 | 五代•大毗盧經 93_1137_16 | 五代•大毗盧經 92_1128_20 |
| 初唐•禮記正義 6_92_21 | 初唐•禮記正義 2_21_23 | 初唐・毛詩傳 8_82_14 | | 五代•大毗盧經 98_1210_5 | 五代•大毗盧經 93_1137_18 | 五代•大毗盧經 92_1129_8 |

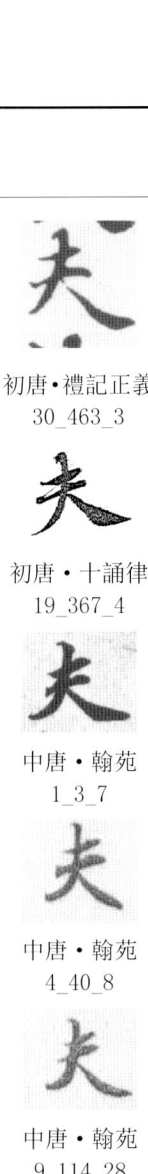

初唐•禮記正義 7_102_25
初唐•禮記正義 7_109_26
初唐•禮記正義 7_110_6
初唐•禮記正義 7_111_27
初唐•禮記正義 8_113_17
初唐•禮記正義 10_152_14
初唐•禮記正義 11_165_9
初唐•禮記正義 13_200_26

初唐•禮記正義 13_201_2
初唐•禮記正義 13_206_17
初唐•禮記正義 14_214_11
初唐•禮記正義 14_219_15
初唐•禮記正義 15_227_21
初唐•禮記正義 15_228_16
初唐•禮記正義 15_230_10
初唐•禮記正義 15_232_17

初唐•禮記正義 20_301_9
初唐•禮記正義 20_301_25
初唐•禮記正義 23_347_23
初唐•禮記正義 23_352_8
初唐•禮記正義 23_352_22
初唐•禮記正義 24_358_1
初唐•禮記正義 24_361_15
初唐•禮記正義 25_383_8

初唐•禮記正義 26_391_6
初唐•禮記正義 26_392_2
初唐•禮記正義 26_393_9
初唐•禮記正義 26_393_25
初唐•禮記正義 26_397_3
初唐•禮記正義 26_398_9
初唐•禮記正義 26_398_15
初唐•禮記正義 26_398_20

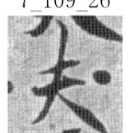

初唐•禮記正義 26_399_3
初唐•禮記正義 26_399_18
初唐•禮記正義 26_400_14
初唐•禮記正義 26_401_3
初唐•禮記正義 27_409_13
初唐•禮記正義 27_410_7
初唐•禮記正義 27_415_23
初唐•禮記正義 27_416_9

初唐•禮記正義 27_418_1
初唐•禮記正義 27_418_4
初唐•禮記正義 27_418_25
初唐•禮記正義 27_419_3
初唐•禮記正義 27_421_1
初唐•禮記正義 28_429_17
初唐•禮記正義 28_441_3
初唐•禮記正義 29_448_22

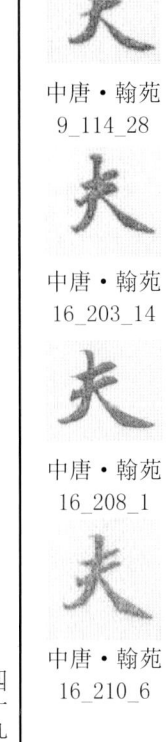

初唐•禮記正義 30_463_3
初唐・十誦律 19_367_4
中唐・翰苑 1_3_7
中唐・翰苑 4_40_8
中唐・翰苑 9_114_28
中唐・翰苑 16_203_14
中唐・翰苑 16_208_1
中唐・翰苑 16_210_6

中唐 • 翰苑
16_212_44
中唐 • 翰苑
16_213_17
中唐 • 翰苑
17_215_8
中唐 • 翰苑
17_218_19
中唐 • 翰苑
17_220_8
中唐 • 翰苑
17_222_9
中唐 • 翰苑
17_223_15
大木
中唐 • 翰苑
18_241_3

中唐 • 翰苑
19_250_17
中唐 • 翰苑
19_250_30
中唐 • 翰苑
19_251_20
中唐 • 翰苑
19_252_11
中唐 • 翰苑
19_253_11
中唐 • 翰苑
19_254_9
中唐 • 翰苑
19_255_2
中唐 • 翰苑
19_255_27

中唐 • 翰苑
19_255_42
中唐 • 翰苑
20_259_12
中唐 • 翰苑
21_271_44
中唐 • 翰苑
21_275_43
中唐 • 翰苑
23_307_5
中唐 • 翰苑
27_354_21
中唐 • 翰苑
27_355_8
中唐 • 翰苑
29_376_21

中唐 • 翰苑
29_381_17
中唐 • 翰苑
30_383_26
中唐 • 翰苑
30_386_6
中唐 • 翰苑
32_420_16
中唐 • 翰苑
32_421_23
中唐 • 翰苑
33_423_13
中唐 • 翰苑
33_424_9
中唐 • 翰苑
33_432_19

中唐 • 翰苑
34_434_6
中唐 • 翰苑
34_435_37
中唐 • 翰苑
34_439_15
中唐 • 翰苑
38_492_22
中唐 • 翰苑
42_541_40
中唐 • 翰苑
43_554_30
中唐 • 翰苑
43_554_34
中唐 • 翰苑
44_563_5

中唐 • 翰苑
44_564_5
中唐 • 翰苑
44_564_15
中唐 • 翰苑
45_572_7
中唐 • 翰苑
45_574_4
中唐 • 翰苑
45_574_15
中唐 • 翰苑
45_575_14
中唐 • 翰苑
45_579_6
晚唐•摩訶止觀
22_190_14

晚唐•摩訶止觀
32_280_22
晚唐•摩訶止觀
32_281_11
晚唐•摩訶止觀
32_282_18
晚唐•摩訶止觀
37_323_13
晚唐•摩訶止觀
38_325_10
晚唐•摩訶止觀
43_371_7
晚唐•摩訶止觀
48_407_25
五代•大毗盧經
2_4_20

五代・大毗盧經
5_59_4

五代・大毗盧經
28_357_16

五代・大毗盧經
41_495_4

五代・大毗盧經
92_1131_14

五代・大毗盧經
97_1187_30

## 太

慣 タ 慣 タイ
訓 ふとい

初唐・古文尚書
27_260_29

初唐・古文尚書
35_330_27

初唐・古文尚書
35_330_40

初唐・古文尚書
37_351_8

初唐・古文尚書
37_351_16

初唐・毛詩傳
1_10_7

初唐・毛詩傳
2_15_5

初唐・毛詩傳
2_19_1

初唐・禮記正義
16_250_1

初唐・禮記正義
26_402_16

初唐・十誦律
19_366_7

初唐・十誦律
19_366_9

初唐・十誦律
19_367_3

中唐・翰苑
2_16_33

中唐・翰苑
4_39_15

中唐・翰苑
5_58_3

中唐・翰苑
5_58_27

中唐・翰苑
5_61_38

中唐・翰苑
6_70_18

中唐・翰苑
7_78_24

中唐・翰苑
7_85_17

中唐・翰苑
12_157_23

中唐・翰苑
13_164_2

中唐・翰苑
13_168_46

中唐・翰苑
15_187_3

中唐・翰苑
15_189_29

中唐・翰苑
15_196_12

中唐・翰苑
21_271_18

中唐・翰苑
22_293_40

中唐・翰苑
23_297_23

中唐・翰苑
23_300_2

中唐・翰苑
23_301_8

中唐・翰苑
23_302_7

中唐・翰苑
32_410_31

中唐・翰苑
32_412_8

中唐・翰苑
32_416_18

中唐・翰苑
34_444_33

中唐・翰苑
35_446_20

中唐・翰苑
36_460_10

中唐・翰苑
36_461_4

中唐・翰苑
38_490_12

中唐・翰苑
39_498_11

中唐・翰苑
39_505_35

中唐・翰苑
39_506_14

中唐・翰苑
40_516_31

中唐・翰苑
41_529_19

中唐・翰苑
42_541_37

中唐・翰苑
44_561_6

| | 夭 | 央 | 失 | | | |
|---|---|---|---|---|---|---|
| | ヨウ<br>訓わかじに | 吳現オウ漢ヨウ<br>訓なかば | 漢現シツ/漢イツ<br>訓うしなう | | | |

晚唐・摩訶止觀
15_131_2

晚唐・摩訶止觀
54_458_25

五代・大毗盧經
48_585_12

五代・大毗盧經
90_1096_14

## 夭

ヨウ
訓わかじに

初唐・古文尚書
4_31_4

初唐・古文尚書
4_31_12

初唐・古文尚書
24_236_10

初唐・古文尚書
24_237_8

中唐・翰苑
20_263_17

中唐・翰苑
45_570_6

中唐・翰苑
45_571_6

中唐・翰苑
45_572_2

## 央

吳現オウ漢ヨウ
訓なかば

初唐・禮記正義
11_176_29

初唐・禮記正義
12_192_17

初唐・禮記正義
16_246_22

初唐・禮記正義
16_251_24

晚唐・摩訶止觀
33_290_16

晚唐・摩訶止觀
34_293_16

## 失

漢現シツ/漢イツ
訓うしなう

初唐・古文尚書
11_92_21

初唐・古文尚書
11_92_25

初唐・古文尚書
11_100_12

初唐・古文尚書
13_119_29

初唐・古文尚書
13_120_18

初唐・古文尚書
20_193_18

初唐・古文尚書
47_461_29

初唐・禮記正義
2_19_11

初唐・禮記正義
9_140_8

初唐・禮記正義
15_236_26

初唐・禮記正義
30_467_6

初唐・般若經
12_169_5

初唐・般若經
12_169_11

初唐・般若經
12_170_16

初唐・般若經
25_384_6

初唐・般若經
25_384_12

初唐・般若經
25_386_2

中唐・翰苑
3_22_18

中唐・翰苑
3_22_38

中唐・翰苑
9_113_23

中唐・翰苑
10_122_40

中唐・翰苑
10_124_14

中唐・翰苑
15_191_29

中唐・翰苑
21_274_26

中唐・翰苑
21_275_22

中唐・翰苑
22_289_5

中唐・般若經
11_186_8

中唐・般若經
11_187_11

中唐・般若經
11_188_12

中唐・般若經
11_189_15

中唐・般若經
12_192_13

中唐・般若經
12_194_1

中唐・般若經
12_195_4

中唐・般若經
12_196_9

中唐・般若經
12_199_12

中唐・般若經
12_200_15

中唐・般若經
12_201_15

中唐・般若經
12_203_2

晚唐•摩訶止觀
32_278_16

晚唐•摩訶止觀
39_335_18

晚唐•摩訶止觀
43_374_11

晚唐•摩訶止觀
45_383_13

晚唐•摩訶止觀
54_461_13

五代•大毗盧經
15_189_45

五代•大毗盧經
50_616_2

五代•大毗盧經
83_1008_38

五代•大毗盧經
97_1184_40

## 夷

イ

訓たいらか

初唐•古文尚書
2_11_12

初唐•古文尚書
2_11_20

初唐•古文尚書
2_16_1

初唐•古文尚書
2_16_5

初唐•古文尚書
3_25_6

初唐•古文尚書
3_26_4

初唐•古文尚書
4_35_8

初唐•古文尚書
4_35_14

初唐•古文尚書
34_319_18

初唐•古文尚書
34_320_6

初唐•古文尚書
42_402_5

初唐•古文尚書
42_403_13

初唐•古文尚書
42_406_7

初唐•古文尚書
43_414_33

初唐•古文尚書
43_415_10

初唐•古文尚書
43_421_17

初唐•禮記正義
27_410_3

初唐・十誦律
7_115_16

初唐・十誦律
7_117_17

中唐・翰苑
1_2_2

中唐・翰苑
1_5_9

中唐・翰苑
1_7_2

中唐・翰苑
2_9_22

中唐・翰苑
4_42_29

中唐・翰苑
5_59_28

中唐・翰苑
5_02_17

中唐・翰苑
7_82_18

中唐・翰苑
9_113_42

中唐・翰苑
9_114_29

中唐・翰苑
10_123_3

中唐・翰苑
12_154_37

中唐・翰苑
16_210_15

中唐・翰苑
17_215_12

中唐・翰苑
20_264_24

中唐・翰苑
20_265_13

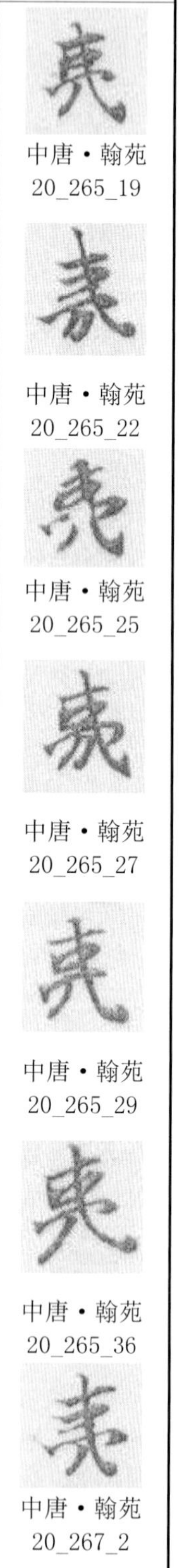

中唐・翰苑
20_265_19
中唐・翰苑
20_265_22
中唐・翰苑
20_265_25
中唐・翰苑
20_265_27
中唐・翰苑
20_265_29
中唐・翰苑
20_265_36
中唐・翰苑
20_267_2

中唐・翰苑
20_269_23
中唐・翰苑
21_272_29
中唐・翰苑
23_306_35
中唐・翰苑
23_308_20
中唐・翰苑
24_310_34
中唐・翰苑
24_313_12
中唐・翰苑
25_326_11

中唐・翰苑
25_327_3
中唐・翰苑
27_347_10
中唐・翰苑
27_348_2
中唐・翰苑
30_383_3
中唐・翰苑
30_392_23
中唐・翰苑
32_415_13
中唐・翰苑
33_433_42

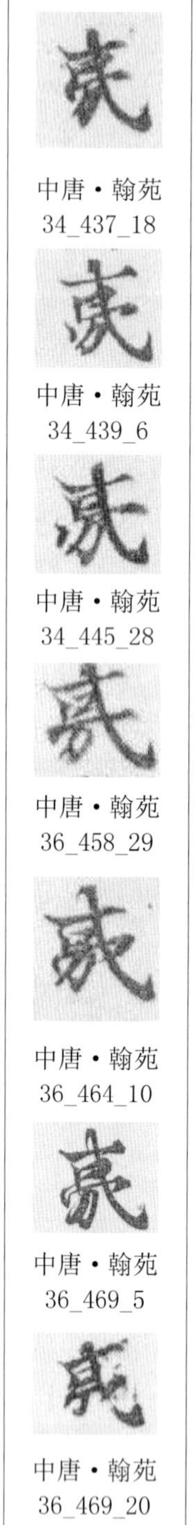

中唐・翰苑
34_437_18
中唐・翰苑
34_439_6
中唐・翰苑
34_445_28
中唐・翰苑
36_458_29
中唐・翰苑
36_464_10
中唐・翰苑
36_469_5
中唐・翰苑
36_469_20

中唐・翰苑
37_471_20
中唐・翰苑
37_472_13
中唐・翰苑
37_474_13
中唐・翰苑
37_475_28
中唐・翰苑
37_476_4
中唐・翰苑
37_476_16
中唐・翰苑
37_476_41

中唐・翰苑
37_476_47
中唐・翰苑
37_477_8
中唐・翰苑
37_477_19
中唐・翰苑
37_478_19
中唐・翰苑
37_479_3
中唐・翰苑
37_480_17
中唐・翰苑
38_483_2

中唐・翰苑
38_485_1
中唐・翰苑
38_486_9
中唐・翰苑
38_489_20
中唐・翰苑
38_493_3
中唐・翰苑
38_494_43
中唐・翰苑
39_502_19
無幾
中唐・翰苑
39_503_3

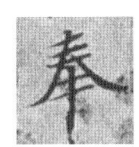

奉 夾

漢現ホウ呉現ブ
訓たてまつる

漢コウ慣キョウ
訓はさむ

初唐•古文尚書
36_345_3

初唐•古文尚書
36_347_11

初唐•古文尚書
44_426_28

初唐•古文尚書
44_427_20

初唐•禮記正義
19_286_2

初唐•禮記正義
19_286_18

初唐•禮記正義
19_287_9

初唐•古文尚書
16_155_18

初唐•古文尚書
19_185_22

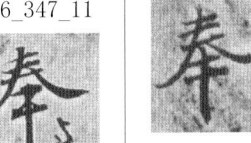

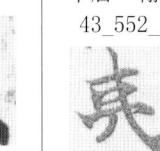

初唐•古文尚書
19_186_31

初唐•古文尚書
20_190_6

初唐•古文尚書
36_343_5

初唐•古文尚書
36_343_25

初唐•古文尚書
36_344_16

初唐•古文尚書
9_74_7

初唐•古文尚書
9_75_11

初唐•古文尚書
11_94_9

初唐•古文尚書
13_117_7

初唐•古文尚書
13_117_31

初唐•古文尚書
15_135_4

初唐•古文尚書
16_149_22

初唐•古文尚書
1_1_7

初唐•禮記正義
11_177_3

初唐•禮記正義
12_179_8

五代•大毗盧經
33_404_12

五代•大毗盧經
42_508_40

五代•大毗盧經
77_928_7

中唐・翰苑
41_530_10

中唐・翰苑
43_552_3

中唐・翰苑
44_566_8

中唐・翰苑
40_516_4

中唐・翰苑
40_516_21

中唐・翰苑
40_517_36

中唐・翰苑
40_518_14

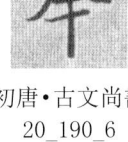

中唐・翰苑
41_525_11

中唐・翰苑
41_528_5

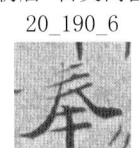

中唐・翰苑
41_529_27

中唐・翰苑
40_509_16

中唐・翰苑
40_509_38

中唐・翰苑
40_510_17

中唐・翰苑
40_512_7

中唐・翰苑
40_512_37

中唐・翰苑
40_513_39

中唐・翰苑
40_514_29

| | | | | | | |
|---|---|---|---|---|---|---|
| 五代•大毗盧經 51_624_8 | 五代•大毗盧經 16_207_2 | 中唐・翰苑 43_553_10 | 中唐・翰苑 14_183_21 | 初唐・十誦律 19_368_7 | 初唐•禮記正義 20_300_18 | 初唐•禮記正義 19_287_23 |
| 五代•大毗盧經 53_654_16 | 五代•大毗盧經 19_248_28 | 中唐・翰苑 44_558_11 | 中唐・翰苑 27_354_15 | 初唐・十誦律 19_369_11 | 初唐•禮記正義 20_300_26 | 初唐•禮記正義 19_288_5 |
| 五代•大毗盧經 64_798_11 | 五代•大毗盧經 39_468_19 | 五代•大毗盧經 4_40_1 | 中唐・翰苑 32_421_14 | 中唐・翰苑 8_101_16 | 初唐•禮記正義 20_305_11 | 初唐•禮記正義 19_293_2 |
| 五代•大毗盧經 66_829_3 | 五代•大毗盧經 49_603_2 | 五代•大毗盧經 5_60_8 | 中唐・翰苑 34_443_30 | 中唐・翰苑 10_127_6 | 初唐•禮記正義 20_306_9 | 初唐•禮記正義 19_294_10 |
| 五代•大毗盧經 80_972_16 | 五代•大毗盧經 50_616_6 | 五代•大毗盧經 13_155_6 | 中唐・翰苑 34_444_36 | 中唐・翰苑 13_167_19 | 初唐•禮記正義 20_309_7 | 初唐•禮記正義 19_295_23 |
| 五代•大毗盧經 83_1015_1 | 五代•大毗盧經 50_616_18 | 五代•大毗盧經 16_202_1 | 中唐・翰苑 36_467_31 | 中唐・翰苑 14_183_13 | 初唐•禮記正義 25_376_28 | 初唐•禮記正義 20_297_25 |
| 五代•大毗盧經 87_1062_28 | 五代•大毗盧經 51_623_4 | 五代•大毗盧經 16_202_19 | 中唐・翰苑 40_515_25 | 中唐・翰苑 14_183_17 | 初唐・十誦律 19_365_9 | 初唐•禮記正義 20_298_22 |

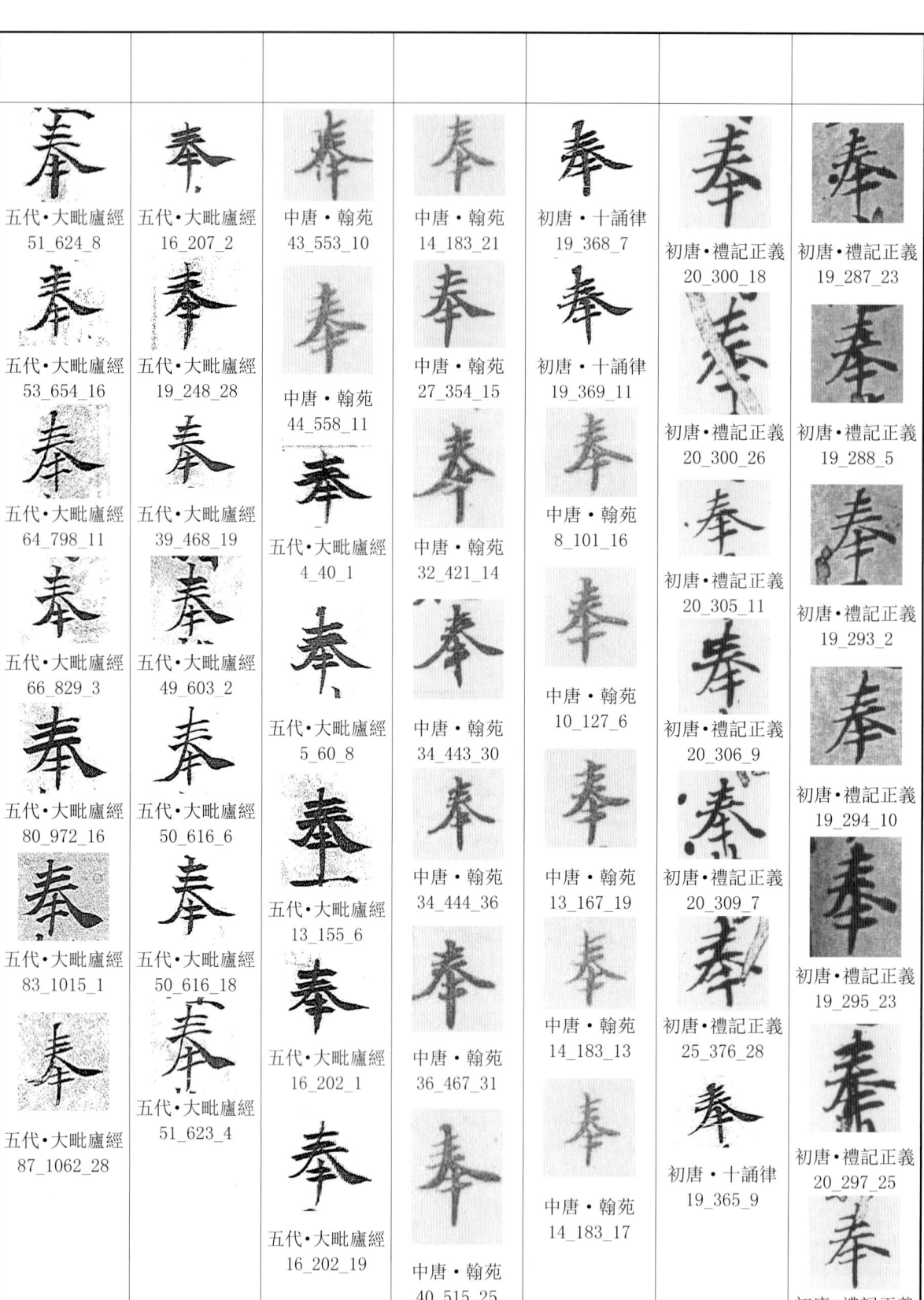

## 奄

エン
訓おおう

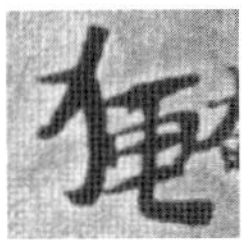
初唐•禮記正義
29_445_21

晚唐•摩訶止觀
43_373_10

五代•大毗盧經
9_101_15

中唐・翰苑
13_167_35

中唐・翰苑
13_167_42

中唐・翰苑
16_212_19

中唐・翰苑
22_286_2

中唐・翰苑
22_290_38

中唐・翰苑
22_292_8

中唐・翰苑
22_293_33

中唐・翰苑
22_296_10

## 奔

ホン
訓はしる

初唐•古文尚書
25_244_1

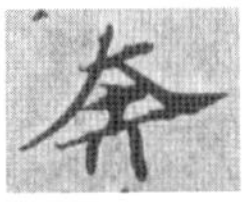
初唐•古文尚書
25_246_21

初唐•禮記正義
11_166_9

初唐•禮記正義
27_423_17

初唐•禮記正義
28_427_26

初唐•禮記正義
30_465_9

初唐•禮記正義
30_466_17

初唐•禮記正義
30_469_17

## 奈

慣ナ漢ダイ
訓からなし

太僕祭彤
中唐・翰苑
5_58_29

中唐・翰苑
26_345_21

中唐・翰苑
26_345_26

中唐・翰苑
28_359_33

## 奇

漢キ呉ギ
訓くし

初唐•禮記正義
3_37_8

初唐•禮記正義
3_37_15

初唐•禮記正義
17_255_16

初唐•禮記正義
17_256_5

初唐•禮記正義
17_256_26

初唐•禮記正義
27_418_7

五代•大毗盧經
30_377_25

五代•大毗盧經
68_851_13

五代•大毗盧經
97_1198_2

五代•大毗盧經
98_1200_11

## 奚

漢ケイ
訓しもべ

中唐・翰苑
19_245_41

中唐・翰苑
20_262_44

中唐・翰苑
27_349_23

中唐・翰苑
27_351_32

中唐・翰苑
27_352_5

中唐・翰苑
27_353_22

中唐・翰苑
27_353_31

中唐・翰苑
45_574_9

## 奕

漢エキ呉ヤク
訓うつくしい

五代・大毗盧經
12_149_8

五代・大毗盧經
46_568_2

## 奐

カン
訓とりかえる

中唐・翰苑
6_64_32

## 契

漢現ケイ漢現キツ
訓ちぎる

五代・大毗盧經
8_99_20

五代・大毗盧經
22_277_2

五代・大毗盧經
33_405_17

五代・大毗盧經
43_516_22

五代・大毗盧經
67_845_17

五代・大毗盧經
85_1042_17

初唐・禮記正義
19_287_16

初唐・十誦律
19_372_5

中唐・翰苑
21_274_8

中唐・翰苑
24_320_22

中唐・翰苑
37_480_6

晚唐・摩訶止觀
59_499_1

五代・密教部類
5_71_11

五代・大毗盧經
2_10_19

## 奏

漢現ソウ
訓かなでる

夷犯奏
中唐・翰苑

中唐・翰苑
41_527_40

五代・大毗盧經
14_170_2

五代・大毗盧經
85_1041_19

中唐・翰苑
10_123_30

中唐・翰苑
14_179_5

中唐・翰苑
29_375_13

中唐・翰苑
29_375_18

秦女
中唐・翰苑
37_472_18

秦蜀
中唐・翰苑
37_474_28

中唐・翰苑
37_476_39
37_477_2

| 奪 | 奧 | 奠 | | | 奢 | 爽 |
|---|---|---|---|---|---|---|
| 慣現ダツ<br>訓うばう | 慣オク漢現オウ<br>訓おく | 漢現テン漢テイ<br>呉デン<br>訓まつる | | | シャ<br>訓おごる | ソウ<br>訓あきらか |
| <br>初唐•古文尚書<br>15_135_13<br><br>初唐•古文尚書<br>40_384_26<br><br>初唐•古文尚書<br>43_418_18<br><br>初唐•古文尚書<br>43_419_13<br><br>初唐•禮記正義<br>6_95_10<br><br>初唐•禮記正義<br>26_406_17<br><br>晩唐•摩訶止觀<br>28_241_23 | <br>五代•大毗盧經<br>37_439_12<br><br>五代•大毗盧經<br>43_521_20 | <br>初唐•古文尚書<br>15_140_5 | <br>五代•大毗盧經<br>30_381_12<br><br>五代•大毗盧經<br>32_398_28<br><br>五代•大毗盧經<br>44_535_19<br><br>五代•大毗盧經<br>60_747_14<br><br>五代•大毗盧經<br>63_775_15 | <br>晩唐•摩訶止觀<br>2_13_8<br><br>晩唐•摩訶止觀<br>2_17_17<br><br>五代•大毗盧經<br>15_198_16<br><br>五代•大毗盧經<br>17_220_2<br><br>五代•大毗盧經<br>18_230_7<br><br>五代•大毗盧經<br>23_301_7<br><br>五代•大毗盧經<br>25_322_32 | <br>初唐•古文尚書<br>33_307_25<br><br>初唐•古文尚書<br>33_308_4<br><br>初唐•古文尚書<br>33_309_16<br><br>中唐・翰苑<br>21_272_8<br><br>中唐・翰苑<br>21_273_20<br><br>中唐・翰苑<br>21_273_45<br><br>中唐・翰苑<br>21_274_10 | <br>初唐•古文尚書<br>13_123_24<br><br>中唐・翰苑<br>8_93_18 |

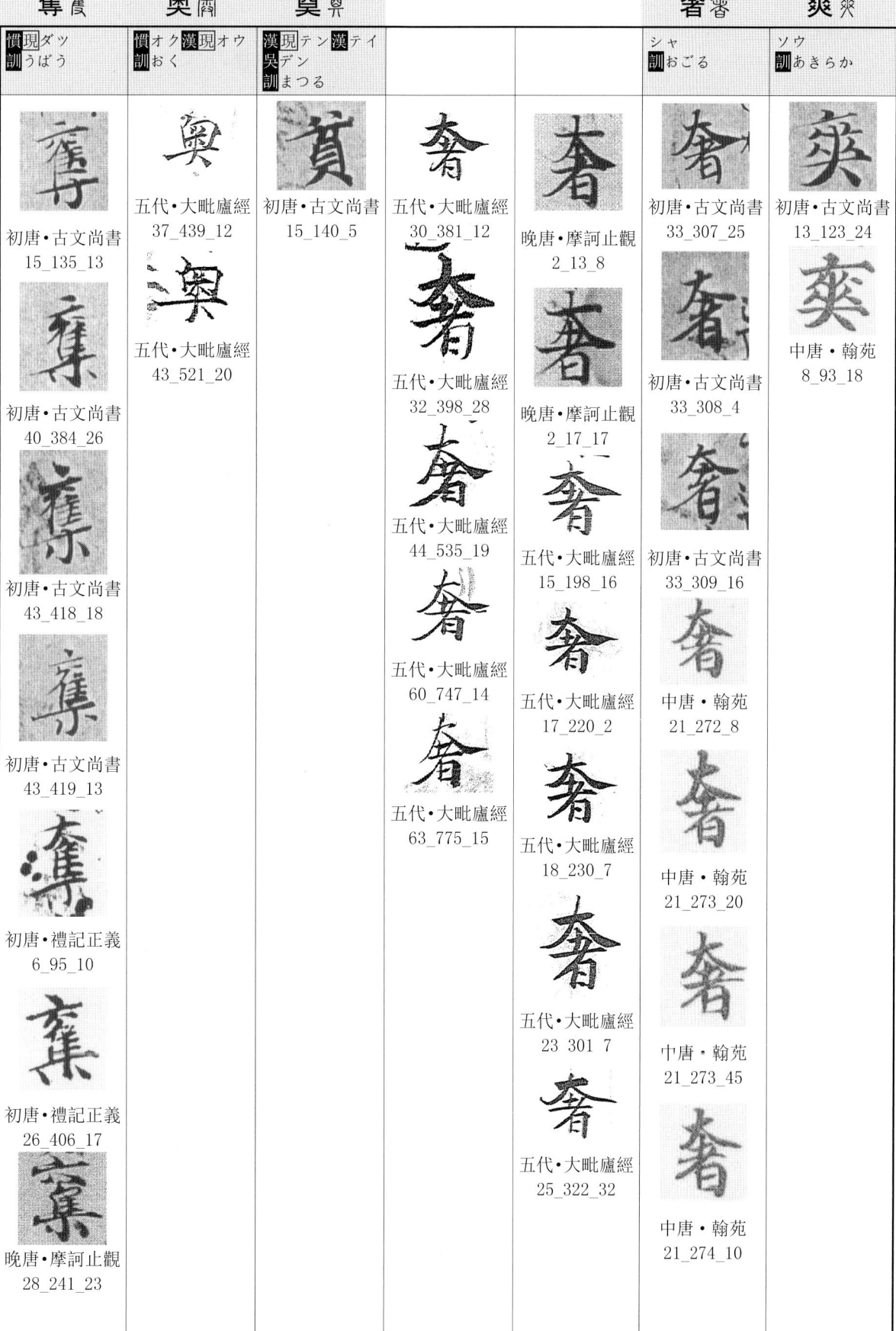

## 奮 

フン
訓ふるう

初唐•禮記正義
11_171_15

初唐•禮記正義
11_171_21

中唐・翰苑
6_70_4

中唐・翰苑
6_70_20

中唐・翰苑
6_72_2

中唐・翰苑
23_302_12

五代•大毗盧經
67_843_14

晚唐•摩訶止觀
56_472_7

五代•大毗盧經
8_96_45

尢部

就

漢現シュウ 呉現ジュ
訓つく

初唐•古文尚書
1_5_20

初唐•古文尚書
26_257_10

初唐•古文尚書
27_267_25

初唐•禮記正義
12_183_17

初唐•禮記正義
12_190_23

初唐•禮記正義
12_191_19

初唐•禮記正義
13_205_24

初唐•禮記正義
24_358_13

初唐•禮記正義
24_358_20

初唐•禮記正義
24_358_26

初唐•禮記正義
24_359_8

初唐•禮記正義
24_359_16

初唐•禮記正義
24_359_24

初唐•禮記正義
24_359_27

初唐•禮記正義
24_360_5

初唐•禮記正義
24_360_14

初唐•禮記正義
24_360_17

初唐•禮記正義
24_360_22

初唐•禮記正義
24_361_3

初唐•禮記正義
24_361_6

初唐•禮記正義
24_361_10

初唐•禮記正義
24_361_29

初唐・十誦律
2_19_7

初唐・十誦律
2_23_12

中唐・翰苑
4_43_19

中唐・翰苑
5_63_18

晚唐•摩訶止觀
20_174_1

五代•大毗盧經
2_3_11

五代•大毗盧經
2_8_21

五代•大毗盧經
2_14_21

五代•大毗盧經
7_77_27

五代•大毗盧經
10_122_49

五代•大毗盧經
26_327_40

五代•大毗盧經
29_368_22

五代•大毗盧經
35_414_10

五代•大毗盧經
35_411_4

五代•大毗盧經
41_494_18

五代•大毗盧經
53_654_23

五代•大毗盧經
69_861_6

五代•大毗盧經
71_864_7

五代•大毗盧經
73_893_22

五代•大毗盧經
73_898_16

五代・大毗盧
經 89_1093_2

五代•大毗盧經
78_945_18

五代•大毗盧經
80_973_7

五代•大毗盧經
97_1193_15

# 弋部

## 弋

漢ヨク　訓くい

中唐・翰苑
11_136_16

## 式

呉現シキ　漢ショク　訓のり

初唐・古文尚書
16_155_37

初唐・古文尚書
17_158_11

初唐・古文尚書
17_165_25

初唐・古文尚書
23_218_24

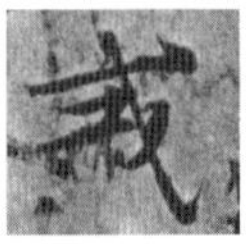

初唐・古文尚書
31_288_17

初唐・古文尚書
34_322_24

初唐・古文尚書
35_336_13

初唐・古文尚書
36_347_1

初唐・禮記正義
5_75_1

初唐・禮記正義
5_75_6

初唐・禮記正義
10_162_2

初唐・禮記正義
13_197_5

初唐・禮記正義
14_212_13

初唐・禮記正義
14_214_2

初唐・禮記正義
14_214_21

初唐・禮記正義
14_214_29

初唐・禮記正義
15_224_7

初唐・禮記正義
15_224_28

初唐・禮記正義
15_225_7

初唐・禮記正義
15_225_12

初唐・禮記正義
15_234_16

初唐・禮記正義
16_245_18

初唐・禮記正義
16_246_3

初唐・禮記正義
17_255_1

初唐・禮記正義
17_265_10

初唐・禮記正義
17_266_1

初唐・禮記正義
18_272_3

初唐・禮記正義
18_273_5

初唐・禮記正義
18_273_16

初唐・禮記正義
18_274_19

初唐・禮記正義
18_274_28

初唐・禮記正義
18_276_3

初唐・禮記正義
18_276_14

初唐・禮記正義
18_280_4

戍卒
中唐・翰苑
10_122_18

中唐・翰苑
34_441_18

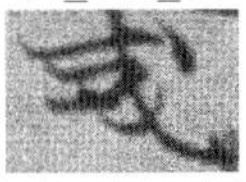

晚唐・摩訶止觀
52_444_27

五代・密教部類
4_55_4

弑 弒

シ 慣 シイ
訓 ころす

初唐·禮記正義
1_3_11

# 小部

## 小

現 ショウ
訓 ちいさい

初唐・古文尚書 4_36_14
初唐・古文尚書 7_56_30
初唐・古文尚書 7_57_9
初唐・古文尚書 9_76_16
初唐・古文尚書 9_77_20
初唐・古文尚書 17_160_9
初唐・古文尚書 21_206_7
初唐・古文尚書 27_264_3
初唐・古文尚書 27_265_30

初唐・古文尚書 27_266_11
初唐・古文尚書 31_293_7
初唐・古文尚書 31_294_12
初唐・古文尚書 31_295_8
初唐・古文尚書 31_295_25
初唐・古文尚書 34_319_26
初唐・古文尚書 34_320_29
初唐・古文尚書 35_331_3
初唐・古文尚書 35_332_10

初唐・古文尚書 36_339_2
初唐・古文尚書 36_339_17
初唐・古文尚書 36_339_33
初唐・古文尚書 37_355_9
初唐・古文尚書 37_358_5
初唐・古文尚書 38_365_7
初唐・古文尚書 39_371_11
初唐・毛詩傳 8_85_5
初唐・毛詩傳 9_101_19

初唐・禮記正義 2_26_26
初唐・禮記正義 2_29_9
初唐・禮記正義 2_29_21
初唐・禮記正義 2_29_26
初唐・禮記正義 2_30_16
初唐・禮記正義 5_73_22
初唐・禮記正義 6_84_18
初唐・禮記正義 8_114_9
初唐・禮記正義 8_116_17

初唐・禮記正義 9_146_26
初唐・禮記正義 10_148_6
初唐・禮記正義 13_204_13
初唐・禮記正義 16_240_17
初唐・禮記正義 20_303_5
初唐・禮記正義 22_331_13
初唐・禮記正義 23_349_2
初唐・禮記正義 23_350_15
初唐・禮記正義 23_353_21

初唐・禮記正義 26_397_12
初唐・禮記正義 26_399_14
初唐・禮記正義 26_400_8
初唐・十誦律 5_92_10
中唐・翰苑 6_72_15
中唐・翰苑 7_81_23
中唐・翰苑 7_86_3
中唐・翰苑 7_88_34
中唐・翰苑 7_90_4

## 少

現 ショウ
訓 すくない

初唐•古文尚書 34_324_12
初唐•古文尚書 44_423_12
初唐・毛詩傳 5_52_22
初唐•禮記正義 1_7_5
初唐•禮記正義 4_56_5
初唐•禮記正義 6_84_23
初唐•禮記正義 6_87_16
初唐•禮記正義 6_88_23

初唐•古文尚書 2_12_1
初唐•古文尚書 4_31_9
初唐•古文尚書 11_102_21
初唐•古文尚書 26_259_15
初唐•古文尚書 27_260_25
初唐•古文尚書 27_261_4
初唐•古文尚書 27_268_20
初唐•古文尚書 33_307_5

晚唐•摩訶止觀 4_30_19
晚唐•摩訶止觀 41_352_3
晚唐•摩訶止觀 41_354_2
晚唐•摩訶止觀 41_354_24
晚唐•摩訶止觀 56_470_1
五代•密教部類 2_13_9
五代•大毗盧經 8_96_23

中唐・翰苑 32_417_34
中唐・翰苑 32_417_42
中唐・翰苑 32_418_3
中唐・翰苑 32_418_11
中唐・翰苑 32_418_21
中唐・翰苑 34_437_38
中唐・翰苑 38_494_2
中唐・翰苑 43_551_9
中唐・翰苑 45_580_10

中唐・翰苑 26_340_34
中唐・翰苑 26_345_35
中唐・翰苑 26_346_2
中唐・翰苑 27_350_1
中唐・翰苑 27_354_2
中唐・翰苑 28_364_1
中唐・翰苑 28_369_19
中唐・翰苑 32_412_15
中唐・翰苑 32_417_26

中唐・翰苑 21_276_16
中唐・翰苑 21_277_8
中唐・翰苑 22_285_1
中唐・翰苑 23_300_21
中唐・翰苑 23_307_25
中唐・翰苑 24_319_2
中唐・翰苑 25_323_44
中唐・翰苑 25_324_4
中唐・翰苑 25_325_4

中唐・翰苑 7_91_33
中唐・翰苑 10_122_39
中唐・翰苑 10_130_8
中唐・翰苑 11_139_13
中唐・翰苑 18_230_5
中唐・翰苑 18_230_39
中唐・翰苑 19_245_17
中唐・翰苑 19_247_47
中唐・翰苑 21_274_18

| | | | | | | |
|---|---|---|---|---|---|---|
| 五代•密教部類 3_38_17 | 晚唐•摩訶止觀 19_165_8 | 中唐•翰苑 33_428_20 | 中唐•翰苑 13_166_23 | 初唐•十誦律 14_260_4 | 初唐•十誦律 12_234_13 | 初唐•禮記正義 6_93_22 |
| 五代•大毗盧經 19_239_3 | 晚唐•摩訶止觀 24_209_22 | 中唐•翰苑 34_440_30 | 中唐•翰苑 14_179_29 | 初唐•十誦律 14_262_1 | 初唐•十誦律 13_237_7 | 初唐•禮記正義 7_98_21 |
| 五代•大毗盧經 27_346_16 | 晚唐•摩訶止觀 42_361_24 | 晚唐•摩訶止觀 7_63_10 | 中唐•翰苑 14_179_39 | 初唐•十誦律 14_262_8 | 初唐•十誦律 13_239_17 | 初唐•禮記正義 7_110_13 |
| 五代•大毗盧經 28_362_21 | 晚唐•摩訶止觀 54_454_14 | 晚唐•摩訶止觀 15_135_2 | 中唐•翰苑 16_207_11 | 初唐•十誦律 14_264_5 | 初唐•十誦律 13_243_8 | 初唐•禮記正義 30_464_29 |
| | 晚唐•摩訶止觀 54_461_8 | 晚唐•摩訶止觀 18_160_23 | 中唐•翰苑 18_236_10 | 初唐•十誦律 14_264_12 | 初唐•十誦律 13_243_17 | 初唐•十誦律 1_10_13 |
| | 晚唐•摩訶止觀 54_461_11 | 晚唐•摩訶止觀 19_161_9 | 中唐•翰苑 28_368_33 | 中唐•翰苑 3_32_33 | 初唐•十誦律 13_246_4 | 初唐•十誦律 3_44_10 |
| | 晚唐•摩訶止觀 61_514_5 | 晚唐•摩訶止觀 19_162_4 | 中唐•翰苑 28_368_46 | 中唐•翰苑 9_108_30 | 初唐•十誦律 13_246_11 | 初唐•十誦律 3_47_5 |
| | 五代•密教部類 3_36_21 | 晚唐•摩訶止觀 19_162_20 | 中唐•翰苑 29_381_30 | 中唐•翰苑 11_137_16 | 初唐•十誦律 13_248_10 | 初唐•十誦律 12_232_7 |

# 口部

## 口

漢現コウ呉現ク
訓くち

初唐•古文尚書 9_76_4
初唐•古文尚書 9_76_30
初唐•古文尚書 11_94_8
初唐•古文尚書 11_94_22
初唐•古文尚書 20_190_16
初唐•古文尚書 32_304_11
初唐•古文尚書 32_305_6
初唐•古文尚書 47_458_9
中唐・翰苑 2_18_36
中唐・翰苑 3_34_12
中唐・翰苑 6_72_18
中唐・翰苑 6_75_24
中唐・翰苑 10_124_2
中唐・翰苑 15_200_4
中唐・翰苑 16_211_21
中唐・翰苑 20_262_34
中唐・翰苑 22_296_32
中唐・翰苑 24_310_27
中唐・翰苑 28_362_18
中唐・翰苑 33_422_18
中唐・翰苑 33_423_22
中唐・翰苑 33_424_22
中唐・翰苑 36_462_32
中唐・翰苑 37_478_11
中唐・翰苑 40_515_17
晚唐•摩訶止觀 3_22_19
晚唐•摩訶止觀 12_108_17
晚唐•摩訶止觀 21_186_25
晚唐•摩訶止觀 29_251_8
晚唐•摩訶止觀 56_471_21
晚唐•摩訶止觀 59_495_8
晚唐•摩訶止觀 59_497_21
五代•大毗盧經 3_23_17
五代•大毗盧經 3_28_9
五代•大毗盧經 4_39_13
五代•大毗盧經 6_72_15
五代•大毗盧經 7_76_13
五代•大毗盧經 13_158_16
五代•大毗盧經 16_203_7
五代•大毗盧經 24_304_8
五代•大毗盧經 28_351_14
五代•大毗盧經 37_434_10
五代•大毗盧經 77_935_20
五代•大毗盧經 89_1085_22
五代•大毗盧經 97_1184_9

## 古

現コ
訓ふるい

初唐•古文尚書 7_51_17
初唐•古文尚書 7_51_27
初唐•古文尚書 7_59_16
初唐•古文尚書 9_81_18
初唐•古文尚書 10_82_12
初唐•古文尚書 10_83_8
初唐•古文尚書 10_85_12
初唐•古文尚書 11_100_20

# 可

現 カ
訓 ゆるす

初唐•古文尚書 1_1_32
初唐•古文尚書 2_16_8
初唐•古文尚書 3_18_26
初唐•古文尚書 3_20_3
初唐•古文尚書 3_25_18
初唐•古文尚書 5_42_3
初唐•古文尚書 6_50_9
初唐•古文尚書 7_54_17

五代•大毗盧經 2_19_5
五代•大毗盧經 32_397_15

中唐・翰苑 28_365_45
中唐・翰苑 29_381_10
中唐・翰苑 39_497_16
中唐・翰苑 45_570_13
中唐・翰苑 45_571_10
五代•密教部類 6_83_14
五代•密教部類 6_84_14
五代•密教部類 6_87_13

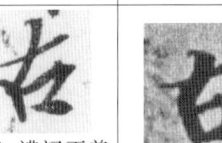

中唐・翰苑 26_338_36
中唐・翰苑 26_338_43
中唐・翰苑 27_350_29
中唐・翰苑 27_350_33
中唐・翰苑 27_351_7
中唐・翰苑 27_351_15
中唐・翰苑 27_351_35
中唐・翰苑 27_352_39

初唐•禮記正義 4_50_16
初唐•禮記正義 10_152_20
初唐•禮記正義 11_164_7
中唐・翰苑 17_226_12
中唐・翰苑 18_231_3
中唐・翰苑 21_275_31
中唐・翰苑 25_328_7
中唐・翰苑 26_336_14

初唐•古文尚書 22_214_6
初唐•古文尚書 32_306_18
初唐•古文尚書 33_312_11
初唐•古文尚書 33_313_24
初唐•古文尚書 40_382_4
初唐•古文尚書 40_383_3
初唐•古文尚書 46_448_19
初唐•禮記正義 2_27_4

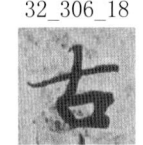

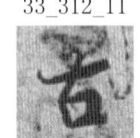

初唐•古文尚書 12_104_17
初唐•古文尚書 12_104_21
初唐•古文尚書 12_112_16
初唐•古文尚書 14_124_25
初唐•古文尚書 15_144_16
初唐•古文尚書 22_212_17
初唐•古文尚書 22_213_12
初唐•古文尚書 22_213_21

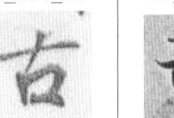

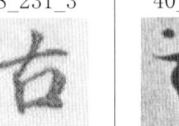

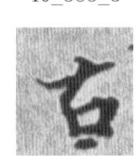

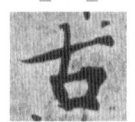

| | | | | | | |
|---|---|---|---|---|---|---|
| 初唐•禮記正義 10_160_23 | 初唐•禮記正義 8_126_23 | 初唐 • 毛詩傳 6_63_21 | 初唐•古文尚書 46_452_19 | 初唐•古文尚書 31_290_27 | 初唐•古文尚書 17_160_18 | 初唐•古文尚書 9_79_5 |
| 初唐•禮記正義 14_214_13 | 初唐•禮記正義 9_135_7 | 初唐 • 毛詩傳 9_94_18 | 初唐•古文尚書 46_453_26 | 初唐•古文尚書 33_313_6 | 初唐•古文尚書 20_190_32 | 初唐•古文尚書 9_79_10 |
| 初唐•禮記正義 14_221_22 | 初唐•禮記正義 9_135_29 | 初唐•禮記正義 1_9_11 | 初唐•古文尚書 47_458_11 | 初唐•古文尚書 34_319_13 | 初唐•古文尚書 20_191_21 | 初唐•古文尚書 9_79_16 |
| 初唐•禮記正義 15_224_23 | 初唐•禮記正義 9_137_1 | 初唐•禮記正義 5_77_2 | 初唐•古文尚書 47_458_18 | 初唐•古文尚書 36_341_9 | 初唐•古文尚書 20_191_28 | 初唐•古文尚書 9_79_20 |
| 初唐•禮記正義 15_228_11 | 初唐•禮記正義 9_138_22 | 初唐•禮記正義 6_86_22 | 初唐•古文尚書 48_465_5 | 初唐•古文尚書 36_343_3 | 初唐•古文尚書 20_195_14 | 初唐•古文尚書 9_79_26 |
| 初唐•禮記正義 17_256_3 | 初唐•禮記正義 10_148_19 | 初唐•禮記正義 6_90_22 | 初唐 • 毛詩傳 1_9_9 | 初唐•古文尚書 36_343_24 | 初唐•古文尚書 21_201_13 | 初唐•古文尚書 9_79_30 |
| 初唐•禮記正義 18_277_14 | 初唐•禮記正義 10_148_26 | 初唐•禮記正義 8_124_4 | 初唐 • 毛詩傳 2_19_8 | 初唐•古文尚書 42_411_24 | 初唐•古文尚書 26_257_32 | 初唐•古文尚書 11_95_2 |
| 初唐•禮記正義 19_293_5 | 初唐•禮記正義 10_159_24 | 初唐•禮記正義 8_124_21 | 初唐 • 毛詩傳 5_47_19 | 初唐•古文尚書 44_428_7 | 初唐•古文尚書 28_272_24 | 初唐•古文尚書 11_95_15 |

| | | | | | | |
|---|---|---|---|---|---|---|
| 晚唐•摩訶止觀<br>12_110_9 | 中唐・般若經<br>4_47_17 | 中唐・翰苑<br>31_399_43 | 中唐・翰苑<br>10_131_12 | 中唐・翰苑<br>9_114_5 | 中唐・翰苑<br>4_36_8 | 初唐•禮記正義<br>21_324_18 |
| 晚唐•摩訶止觀<br>13_116_22 | 晚唐•摩訶止觀<br>3_29_23 | 中唐・翰苑<br>31_403_37 | 中唐・翰苑<br>16_214_24 | 中唐・翰苑<br>9_115_25 | 中唐・翰苑<br>4_37_21 | 初唐•禮記正義<br>26_408_6 |
| 晚唐•摩訶止觀<br>13_117_6 | 晚唐•摩訶止觀<br>6_52_3 | 中唐・翰苑<br>32_419_28 | 中唐・翰苑<br>21_277_11 | 中唐・翰苑<br>10_120_8 | 中唐・翰苑<br>4_48_19 | 初唐•禮記正義<br>29_455_15 |
| 晚唐•摩訶止觀<br>13_117_15 | 晚唐•摩訶止觀<br>6_52_15 | 中唐・翰苑<br>33_429_25 | 中唐・翰苑<br>23_306_22 | 中唐・翰苑<br>10_121_4 | 中唐・翰苑<br>6_75_34 | 初唐•禮記正義<br>30_468_2 |
| 晚唐•摩訶止觀<br>14_120_2 | 晚唐•摩訶止觀<br>6_53_1 | 中唐・翰苑<br>33_430_12 | 中唐・翰苑<br>24_321_28 | 中唐・翰苑<br>10_122_11 | 中唐・翰苑<br>6_77_21 | 初唐・十誦律<br>5_78_10 |
| 晚唐•摩訶止觀<br>14_120_25 | 晚唐•摩訶止觀<br>6_53_10 | 中唐・般若經<br>3_35_7 | 中唐・翰苑<br>26_335_39 | 中唐・翰苑<br>10_122_45 | 中唐・翰苑<br>7_82_2 | 初唐・十誦律<br>5_78_13 |
| 晚唐•摩訶止觀<br>14_122_6 | 晚唐•摩訶止觀<br>7_57_12 | 中唐・般若經<br>4_39_10 | 中唐・翰苑<br>28_365_19 | 中唐・翰苑<br>10_126_39 | 中唐・翰苑<br>7_82_32 | 初唐・般若經<br>8_101_6 |
| 晚唐•摩訶止觀<br>14_122_24 | 晚唐•摩訶止觀<br>10_87_17 | 中唐・般若經<br>4_43_13 | 中唐・翰苑<br>31_396_20 | 中唐・翰苑<br>10_129_9 | 中唐・翰苑<br>9_113_10 | 初唐・般若經<br>21_312_3 |

晚唐•摩訶止觀 14_123_20
晚唐•摩訶止觀 18_156_1
晚唐•摩訶止觀 18_157_6
晚唐•摩訶止觀 24_205_24
晚唐•摩訶止觀 27_234_22
晚唐•摩訶止觀 29_249_8
晚唐•摩訶止觀 29_250_3
晚唐•摩訶止觀 30_258_20

晚唐•摩訶止觀 30_259_21
晚唐•摩訶止觀 35_305_11
晚唐•摩訶止觀 35_305_16
晚唐•摩訶止觀 36_308_28
晚唐•摩訶止觀 39_339_4
晚唐•摩訶止觀 39_339_26
晚唐•摩訶止觀 42_358_5
晚唐•摩訶止觀 42_362_25

晚唐•摩訶止觀 44_382_11
晚唐•摩訶止觀 45_388_11
晚唐•摩訶止觀 45_388_19
晚唐•摩訶止觀 47_405_16
晚唐•摩訶止觀 47_405_19
晚唐•摩訶止觀 47_406_16
晚唐•摩訶止觀 47_406_20
晚唐•摩訶止觀 47_406_26

晚唐•摩訶止觀 48_407_2
晚唐•摩訶止觀 48_407_8
晚唐•摩訶止觀 49_415_19
晚唐•摩訶止觀 49_417_6
晚唐•摩訶止觀 49_420_3
晚唐•摩訶止觀 49_420_12
晚唐•摩訶止觀 51_432_17
晚唐•摩訶止觀 51_432_22

晚唐•摩訶止觀 52_442_6
晚唐•摩訶止觀 53_446_9
晚唐•摩訶止觀 53_446_13
晚唐•摩訶止觀 53_446_17
晚唐•摩訶止觀 53_446_29
晚唐•摩訶止觀 53_451_28
晚唐•摩訶止觀 54_455_22
晚唐•摩訶止觀 54_456_1

晚唐•摩訶止觀 56_477_8
晚唐•摩訶止觀 58_489_6
晚唐•摩訶止觀 60_507_21
晚唐•摩訶止觀 60_508_7
晚唐•摩訶止觀 60_508_24
晚唐•摩訶止觀 61_511_5
五代•密教部類 6_88_14
五代•大毗盧經 2_15_20

五代•大毗盧經 19_247_2
五代•大毗盧經 19_249_26
五代•大毗盧經 21_267_16
五代•大毗盧經 25_320_42
五代•大毗盧經 30_376_34
五代•大毗盧經 57_703_19
五代•大毗盧經 73_904_19
五代•大毗盧經 77_938_8

右　叵

| | | | | 漢現ユウ呉現ウ<br>訓みぎ | ハ<br>訓かたい | |
|---|---|---|---|---|---|---|
| 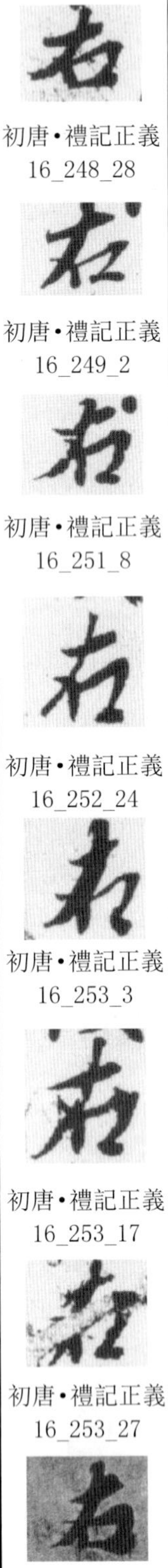<br>初唐•禮記正義<br>16_248_28<br>初唐•禮記正義<br>16_249_2<br>初唐•禮記正義<br>16_251_8<br>初唐•禮記正義<br>16_252_24<br>初唐•禮記正義<br>16_253_3<br>初唐•禮記正義<br>16_253_17<br>初唐•禮記正義<br>16_253_27<br>初唐•禮記正義<br>17_254_13 | <br>初唐•禮記正義<br>12_191_13<br>初唐•禮記正義<br>12_192_21<br>初唐•禮記正義<br>12_194_8<br>初唐•禮記正義<br>12_194_20<br>初唐•禮記正義<br>14_219_17<br>初唐•禮記正義<br>16_239_13<br>初唐•禮記正義<br>16_243_13<br>初唐•禮記正義<br>16_248_17 | 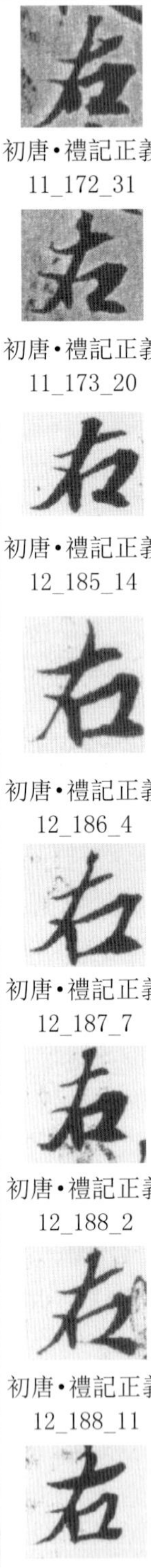<br>初唐•禮記正義<br>11_172_31<br>初唐•禮記正義<br>11_173_20<br>初唐•禮記正義<br>12_185_14<br>初唐•禮記正義<br>12_186_4<br>初唐•禮記正義<br>12_187_7<br>初唐•禮記正義<br>12_188_2<br>初唐•禮記正義<br>12_188_11<br>初唐•禮記正義<br>12_190_22 | <br>初唐•古文尚書<br>38_360_15<br>初唐•古文尚書<br>38_361_14<br>初唐•古文尚書<br>38_362_16<br>初唐•古文尚書<br>39_370_2<br>初唐•禮記正義<br>5_76_24<br>初唐•禮記正義<br>11_168_13<br>初唐•禮記正義<br>11_171_18<br>初唐•禮記正義<br>11_171_29 | 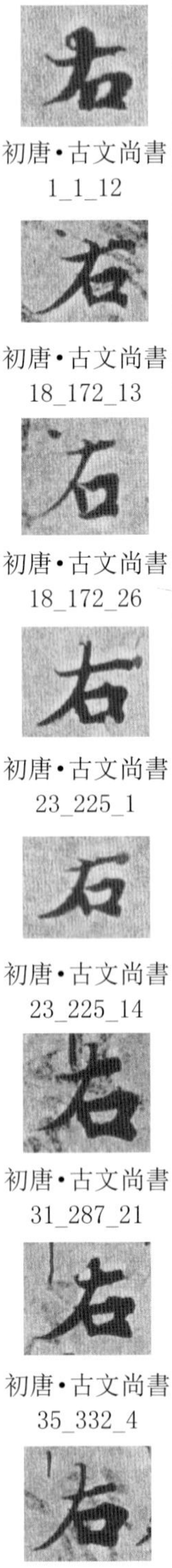<br>初唐•古文尚書<br>1_1_12<br>初唐•古文尚書<br>18_172_13<br>初唐•古文尚書<br>18_172_26<br>初唐•古文尚書<br>23_225_1<br>初唐•古文尚書<br>23_225_14<br>初唐•古文尚書<br>31_287_21<br>初唐•古文尚書<br>35_332_4<br>初唐•古文尚書<br>36_343_8 | <br>五代•大毗盧經<br>5_53_12<br>五代•大毗盧經<br>5_58_6<br>五代•大毗盧經<br>6_67_8<br>五代•大毗盧經<br>21_272_9<br>五代•大毗盧經<br>25_313_4<br>五代•大毗盧經<br>49_597_6 | <br>五代•大毗盧經<br>91_1115_3<br>五代•大毗盧經<br>95_1160_14<br>五代•大毗盧經<br>97_1186_42 |

| | | | | | | |
|---|---|---|---|---|---|---|
| 五代•大毗盧經<br>50_619_11 | 五代•大毗盧經<br>21_270_7 | 中唐・翰苑<br>28_369_16 | 中唐・翰苑<br>7_84_19 | 中唐・翰苑<br>6_64_10 | 中唐・翰苑<br>3_31_8 | 初唐•禮記正義<br>18_272_11 |
| 五代•大毗盧經<br>51_622_15 | 五代•大毗盧經<br>24_304_17 | 曰拘古智卑狗<br>中唐・翰苑<br>32_411_22 | 中唐・翰苑<br>7_85_26 | 中唐・翰苑<br>6_66_12 | 中唐・翰苑<br>3_31_14 | 初唐•禮記正義<br>18_279_18 |
| 五代•大毗盧經<br>54_662_2 | 五代•大毗盧經<br>24_311_11 | 高后時<br>中唐・翰苑<br>42_540_5 | 中唐・翰苑<br>7_87_16 | 中唐・翰苑<br>6_67_40 | 中唐・翰苑<br>3_31_21 | 初唐•禮記正義<br>20_305_1 |
| 五代•大毗盧經<br>54_664_21 | 五代•大毗盧經<br>26_327_25 | 晚唐•摩訶止觀<br>25_219_10 | 中唐・翰苑<br>7_88_5 | 中唐・翰苑<br>6_71_10 | 中唐・翰苑<br>3_32_1 | 初唐•禮記正義<br>20_306_13 |
| 五代•大毗盧經<br>56_684_20 | 五代•大毗盧經<br>35_415_11 | 五代•大毗盧經<br>3_24_34 | 中唐・翰苑<br>7_88_13 | 中唐・翰苑<br>7_83_38 | 中唐・翰苑<br>3_32_7 | 初唐•禮記正義<br>23_343_19 |
| 五代•大毗盧經<br>58_707_11 | 五代•大毗盧經<br>43_521_44 | 五代•大毗盧經<br>13_155_26 | 中唐・翰苑<br>13_163_15 | 中唐・翰苑<br>7_84_2 | 中唐・翰苑<br>3_34_2 | 左右<br>中唐・翰苑<br>3_25_1 |
| 五代•大毗盧經<br>58_709_3 | 五代•大毗盧經<br>46_558_2 | 五代•大毗盧經<br>16_202_12 | 中唐・翰苑<br>21_281_33 | 中唐・翰苑<br>7_84_9 | 中唐・翰苑<br>5_54_19 | 中唐・翰苑<br>3_25_2 |
| 五代•大毗盧經<br>58_710_4 | 五代•大毗盧經<br>50_617_16 | 五代•大毗盧經<br>20_260_13 | 中唐・翰苑<br>25_330_2 | 中唐・翰苑<br>7_84_14 | 中唐・翰苑<br>5_60_36 | 中唐・翰苑<br>3_26_11 |

# 号 号

吳 現 ゴウ 漢 コウ
訓 さけぶ

五代•密教部類
5_62_32

五代•密教部類
5_63_7

下垂号滿願
五代•大毗盧經
23_295_18

五代•大毗盧經
44_528_1

五代•大毗盧經
44_532_16

五代•大毗盧經
46_563_16

五代•大毗盧經
55_674_3

五代•大毗盧經
64_793_16

中唐 • 翰苑
29_375_37

中唐 • 翰苑
32_415_31

中唐 • 翰苑
32_416_9

中唐 • 翰苑
33_433_39

中唐 • 翰苑
34_434_8

中唐 • 翰苑
37_478_14

五代•密教部類
2_23_10

五代•密教部類
5_62_12

中唐 • 翰苑
13_171_8

中唐 • 翰苑
14_184_12

中唐 • 翰苑
18_229_10

中唐 • 翰苑
18_240_37

中唐 • 翰苑
20_257_43

中唐 • 翰苑
23_307_29

中唐 • 翰苑
27_356_18

中唐 • 翰苑
27_356_32

初唐•古文尚書
37_358_32

初唐•古文尚書
37_359_16

初唐•古文尚書
40_383_29

中唐 • 翰苑
3_32_23

因以予之
中唐 • 翰苑
8_94_30

中唐 • 翰苑
11_134_35

中唐 • 翰苑
13_164_14

中唐 • 翰苑
13_167_7

五代•大毗盧經
92_1129_17

五代•大毗盧經
93_1141_8

五代•大毗盧經
93_1144_13

五代•大毗盧經
82_996_28

五代•大毗盧經
85_1033_5

五代•大毗盧經
85_1040_14

五代•大毗盧經
85_1048_24

五代•大毗盧經
86_1057_45

五代•大毗盧經
87_1063_21

五代•大毗盧經
88_1079_17

五代•大毗盧經
92_1127_20

五代•大毗盧經
63_790_2

五代•大毗盧經
64_797_27

五代•大毗盧經
67_841_13

五代•大毗盧經
68_849_20

五代•大毗盧經
72_883_5

五代•大毗盧經
77_934_23

五代•大毗盧經
79_954_8

五代•大毗盧經
80_966_10

## 只

シ
訓ただし

初唐•禮記正義
1_15_13

晚唐•摩訶止觀
9_75_3

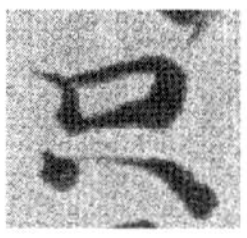
晚唐•摩訶止觀
9_77_13

晚唐•摩訶止觀
16_141_25

晚唐•摩訶止觀
18_157_5

晚唐•摩訶止觀
27_235_22

晚唐•摩訶止觀
27_236_2

晚唐•摩訶止觀
27_236_15

## 叱

漢シツ呉シチ
訓しかる

五代•大毗盧經
9_102_13

五代•大毗盧經
66_823_4

中唐・翰苑
40_516_13

中唐・翰苑
41_527_42

中唐・翰苑
41_528_25

置吏
中唐・翰苑
2_21_22

中唐・翰苑
15_196_45

中唐・翰苑
21_276_40

中唐・翰苑
21_277_16

中唐・翰苑
23_301_21

中唐・翰苑
36_464_43

中唐・翰苑
39_505_17

中唐・翰苑
40_514_10

## 史

現シ
訓ふびと

初唐•禮記正義
1_12_10

初唐•禮記正義
4_62_22

初唐•禮記正義
7_103_23

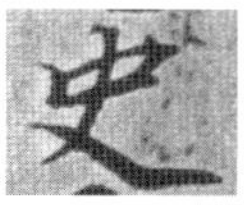
初唐•禮記正義
7_105_26

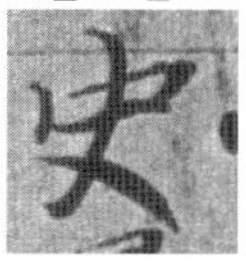
初唐•禮記正義
7_106_1

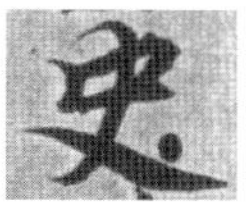
初唐•禮記正義
7_111_6

中唐・翰苑
2_14_26

中唐・翰苑
2_21_2

## 叶

現キョウ
訓あわせる

中唐・翰苑
8_101_2

中唐・翰苑
17_219_33

中唐・翰苑
31_407_36

五代•大毗盧經
68_853_6

五代•大毗盧經
84_1021_6

晚唐•摩訶止觀
27_236_25

晚唐•摩訶止觀
28_238_21

晚唐•摩訶止觀
44_379_10

晚唐•摩訶止觀
46_392_24

五代•大毗盧經
83_1016_10

五代•大毗盧經
90_1102_3

## 叩

漢コウ
訓たたく

中唐・翰苑
19_249_15

## 句

現ク
訓まがる

初唐・毛詩傳
2_21_7

初唐・毛詩傳
4_37_8

初唐・毛詩傳
5_49_8

初唐・毛詩傳
5_49_13

初唐・毛詩傳
6_59_7

初唐・毛詩傳
7_75_7

初唐・毛詩傳
8_88_7

初唐・毛詩傳
9_98_7

初唐・毛詩傳
10_113_7

初唐•禮記正義
14_215_15

中唐・翰苑
2_18_31

中唐・翰苑
6_72_27

中唐・翰苑
6_73_12

中唐・翰苑
6_73_18

中唐・翰苑
6_74_37

中唐・翰苑
11_142_26

中唐・翰苑
16_214_2

中唐・翰苑
19_250_12

中唐・翰苑
20_258_2

中唐・翰苑
20_258_23

中唐・翰苑
20_260_19

中唐・翰苑
20_260_31

中唐・翰苑
20_266_30

中唐・翰苑
22_290_39

中唐・翰苑
22_293_2

中唐・翰苑
22_293_14

中唐・翰苑
22_295_27

中唐・翰苑
22_296_4

中唐・翰苑
25_323_24

中唐・翰苑
25_323_36

中唐・翰苑
42_536_24

中唐・翰苑
42_537_20

晚唐•摩訶止觀
10_85_24

晚唐•摩訶止觀
35_307_6

晚唐•摩訶止觀
37_316_21

晚唐•摩訶止觀
37_321_1

晚唐•摩訶止觀
37_324_17

晚唐•摩訶止觀
37_324_21

晚唐•摩訶止觀
37_324_26

晚唐•摩訶止觀
38_329_8

## 召

漢 現 ショウ
訓 めす

- 中唐・翰苑 42_541_21
- 五代・大毗盧經 15_194_3
- 五代・大毗盧經 15_195_7
- 五代・大毗盧經 15_195_30
- 五代・大毗盧經 15_196_33
- 五代・大毗盧經 26_333_14
- 五代・大毗盧經 50_616_16
- 五代・大毗盧經 51_622_20

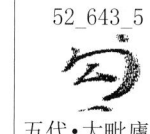

- 初唐・古文尚書 28_276_9
- 初唐・古文尚書 28_277_14
- 初唐・禮記正義 3_48_16
- 初唐・禮記正義 3_48_21
- 初唐・禮記正義 15_226_18
- 初唐・禮記正義 15_227_1
- 中唐・翰苑 42_533_21
- 中唐・翰苑 42_534_24

- 中唐・翰苑 28_362_14
- 中唐・翰苑 34_443_18
- 中唐・翰苑 42_540_8
- 中唐・翰苑 44_558_29

## 司

現 シ 唐 ス
訓 つかさどる

- 中唐・翰苑 9_112_37
- 中唐・翰苑 13_170_11
- 中唐・翰苑 23_303_7
- 中唐・翰苑 27_357_27
- 中唐・翰苑 28_362_5
- 中唐・翰苑 28_362_8
- 中唐・翰苑 28_362_11

- 初唐・古文尚書 24_239_27
- 初唐・古文尚書 34_327_9
- 初唐・古文尚書 39_378_10
- 初唐・古文尚書 43_413_21
- 初唐・禮記正義 6_91_10
- 初唐・禮記正義 27_419_5
- 中唐・翰苑 6_74_19

- 五代・大毗盧經 37_440_6
- 五代・大毗盧經 52_643_5
- 五代・大毗盧經 90_1108_20
- 五代・大毗盧經 91_1112_8
- 五代・大毗盧經 98_1203_9

- 晚唐・摩訶止觀 59_498_6
- 五代・大毗盧經 7_81_10
- 五代・大毗盧經 11_135_5
- 五代・大毗盧經 12_149_20
- 五代・大毗盧經 12_150_20
- 五代・大毗盧經 13_165_20
- 五代・大毗盧經 18_233_5
- 五代・大毗盧經 18_233_11

| 吉 | | | | 台 | | |
|---|---|---|---|---|---|---|
| | | 吴现キチ漢现キツ<br>訓よい | | 漢现タイ吴现ダイ慣ダイ<br>訓うてな | | |
| 初唐•禮記正義<br>6_82_21<br>初唐•禮記正義<br>6_85_21<br>初唐•禮記正義<br>6_85_30<br>初唐•禮記正義<br>6_86_15<br>初唐•禮記正義<br>6_86_21<br>初唐•禮記正義<br>6_89_6<br>初唐•禮記正義<br>6_97_26<br>初唐•禮記正義<br>7_98_2 | 初唐•古文尚書<br>39_372_4<br>初唐•古文尚書<br>39_372_10<br>初唐•古文尚書<br>39_372_18<br>初唐•古文尚書<br>43_417_2<br>初唐•古文尚書<br>44_432_27<br>初唐•禮記正義<br>4_52_21<br>初唐•禮記正義<br>4_53_27<br>初唐•禮記正義<br>4_57_24 | 初唐•古文尚書<br>9_72_2<br>初唐•古文尚書<br>14_134_3<br>初唐•古文尚書<br>15_136_17<br>初唐•古文尚書<br>25_248_21<br>初唐•古文尚書<br>25_248_39<br>初唐•古文尚書<br>38_366_11<br>初唐•古文尚書<br>38_367_25<br>初唐•古文尚書<br>39_371_37 | 中唐 • 翰苑<br>17_222_26<br>中唐 • 翰苑<br>20_260_23<br>中唐 • 翰苑<br>20_263_9<br>中唐 • 翰苑<br>27_354_17<br>中唐 • 翰苑<br>27_357_13<br>晚唐•摩訶止觀<br>3_24_22<br>晚唐•摩訶止觀<br>4_36_9 | 初唐•古文尚書<br>6_48_15<br>初唐•古文尚書<br>18_167_6<br>初唐•古文尚書<br>18_167_11<br>初唐•古文尚書<br>18_173_8<br>初唐•古文尚書<br>21_206_6<br>初唐•古文尚書<br>24_239_3<br>初唐•古文尚書<br>26_253_5<br>中唐 • 翰苑<br>17_222_16 | 五代•大毗盧經<br>66_830_17<br>五代•大毗盧經<br>80_979_30 | 五代•大毗盧經<br>51_626_15<br>五代•大毗盧經<br>52_643_42<br>五代•大毗盧經<br>53_650_1<br>五代•大毗盧經<br>53_651_19<br>五代•大毗盧經<br>53_651_21<br>五代•大毗盧經<br>53_651_24<br>五代•大毗盧經<br>66_822_17<br>五代•大毗盧經<br>66_822_19 |

| | | | | | | |
|---|---|---|---|---|---|---|
| 五代•大毗盧經<br>45_553_11 | 五代•大毗盧經<br>9_110_12 | 初唐•禮記正義<br>30_472_15 | 初唐•禮記正義<br>10_154_23 | 初唐•禮記正義<br>9_140_15 | 初唐•禮記正義<br>8_129_15 | 初唐•禮記正義<br>7_98_6 |
| 五代•大毗盧經<br>46_554_8 | 五代•大毗盧經<br>14_183_4 | 初唐•禮記正義<br>30_474_5 | 初唐•禮記正義<br>10_160_12 | 初唐•禮記正義<br>9_143_10 | 初唐•禮記正義<br>8_129_27 | 初唐•禮記正義<br>7_98_12 |
| 五代•大毗盧經<br>46_554_13 | 五代•大毗盧經<br>23_294_1 | 中唐・翰苑<br>17_219_36 | 初唐•禮記正義<br>15_237_25 | 初唐•禮記正義<br>9_143_23 | 初唐•禮記正義<br>9_130_19 | 初唐•禮記正義<br>7_98_26 |
| 五代•大毗盧經<br>47_573_8 | 五代•大毗盧經<br>24_307_25 | 中唐・翰苑<br>17_220_25 | 初唐•禮記正義<br>15_238_20 | 初唐•禮記正義<br>9_145_14 | 初唐•禮記正義<br>9_130_25 | 初唐•禮記正義<br>7_99_26 |
| 五代•大毗盧經<br>50_610_4 | 五代•大毗盧經<br>39_460_1 | 中唐・翰苑<br>22_284_34 | 初唐•禮記正義<br>30_461_15 | 初唐•禮記正義<br>9_146_1 | 初唐•禮記正義<br>9_131_21 | 初唐•禮記正義<br>7_102_5 |
| 五代•大毗盧經<br>71_870_8 | 五代•大毗盧經<br>45_547_2 | 中唐・翰苑<br>26_345_7 | 初唐•禮記正義<br>30_462_21 | 初唐•禮記正義<br>10_148_17 | 初唐•禮記正義<br>9_134_28 | 初唐•禮記正義<br>8_117_24 |
| 五代•大毗盧經<br>80_973_4 | 五代•大毗盧經<br>45_552_2 | 中唐・翰苑<br>32_417_18 | 初唐•禮記正義<br>30_470_4 | 初唐•禮記正義<br>10_148_24 | 初唐•禮記正義<br>9_135_27 | 初唐•禮記正義<br>8_118_9 |
| 五代•大毗盧經<br>80_977_17 | 五代•大毗盧經<br>45_552_8 | 中唐・翰苑<br>42_534_42 | 初唐•禮記正義<br>30_470_23 | 初唐•禮記正義<br>10_154_15 | 初唐•禮記正義<br>9_137_25 | 初唐•禮記正義<br>8_118_21 |

五代・大毗盧經
83_1018_2

五代・大毗盧經
90_1094_6

五代・大毗盧經
96_1177_4

# 同 冋

慣 現 ドウ 漢 トウ
訓 おなじ

初唐・古文尚書
1_4_6

初唐・古文尚書
1_4_16

初唐・古文尚書
1_8_7

初唐・古文尚書
1_8_20

初唐・古文尚書
5_44_9

初唐・古文尚書
10_83_13

初唐・古文尚書
13_122_1

初唐・古文尚書
13_122_7

初唐・古文尚書
13_123_19

初唐・古文尚書
14_128_3

初唐・古文尚書
14_128_19

初唐・古文尚書
19_177_29

初唐・古文尚書
19_178_16

初唐・古文尚書
23_226_20

初唐・古文尚書
27_266_24

初唐・古文尚書
28_271_10

初唐・古文尚書
33_307_29

初唐・古文尚書
33_308_12

初唐・古文尚書
33_317_36

初唐・古文尚書
34_318_20

初唐・古文尚書
40_387_5

初唐・古文尚書
40_391_1

初唐・古文尚書
43_422_17

初唐・古文尚書
44_423_16

初唐・古文尚書
45_437_18

初唐・古文尚書
45_439_5

初唐・古文尚書
46_451_1

初唐・古文尚書
48_464_24

初唐・毛詩傳
8_79_17

初唐・毛詩傳
8_81_8

初唐・毛詩傳
8_86_1

初唐・毛詩傳
8_86_9

初唐・毛詩傳
8_86_11

初唐・毛詩傳
9_91_17

初唐・禮記正義
1_8_17

初唐・禮記正義
2_25_8

初唐・禮記正義
2_28_24

初唐・禮記正義
2_29_30

初唐・禮記正義
6_93_19

初唐・禮記正義
8_123_20

初唐・禮記正義
9_135_12

初唐・禮記正義
9_136_13

初唐・禮記正義
9_140_2

初唐・禮記正義
9_141_8

初唐・禮記正義
10_147_7

初唐・禮記正義
13_207_12

初唐・禮記正義
13_207_24

初唐・禮記正義
14_214_18

| | | | | | | |
|---|---|---|---|---|---|---|
| 中唐・翰苑 13_171_18 | 初唐・十誦律 12_234_11 | 初唐・十誦律 10_176_11 | 初唐•禮記正義 26_408_7 | 初唐•禮記正義 26_404_29 | 初唐•禮記正義 25_388_13 | 初唐•禮記正義 15_231_9 |
| 中唐・翰苑 14_177_15 | 初唐・十誦律 13_237_5 | 初唐・十誦律 11_200_11 | 初唐•禮記正義 27_410_21 | 初唐•禮記正義 26_405_2 | 初唐•禮記正義 25_388_22 | 初唐•禮記正義 15_231_15 |
| 中唐・翰苑 17_218_26 | 初唐・十誦律 13_239_15 | 初唐・十誦律 11_205_16 | 初唐•禮記正義 27_410_29 | 初唐•禮記正義 26_405_22 | 初唐•禮記正義 26_397_15 | 初唐•禮記正義 16_243_17 |
| 中唐・翰苑 19_247_9 | 初唐・十誦律 13_240_8 | 初唐・十誦律 12_219_5 | 初唐•禮記正義 27_411_26 | 初唐•禮記正義 26_405_28 | 初唐•禮記正義 26_399_22 | 初唐•禮記正義 16_243_24 |
| 中唐・翰苑 28_370_9 | 初唐・十誦律 13_241_8 | 初唐・十誦律 12_222_8 | 初唐•禮記正義 28_428_13 | 初唐•禮記正義 26_406_13 | 初唐•禮記正義 26_400_3 | 初唐•禮記正義 19_285_17 |
| 中唐・翰苑 28_370_31 | 初唐・十誦律 14_267_5 | 初唐・十誦律 12_225_9 | 初唐•禮記正義 28_443_12 | 初唐•禮記正義 26_407_3 | 初唐•禮記正義 26_401_27 | 初唐•禮記正義 20_296_41 |
| 中唐・翰苑 29_374_8 | 初唐・十誦律 14_270_2 | 初唐・十誦律 12_228_10 | 初唐•禮記正義 29_444_43 | 初唐•禮記正義 26_407_17 | 初唐•禮記正義 26_402_26 | 初唐•禮記正義 23_346_19 |
| 中唐・翰苑 31_406_17 | 中唐・翰苑 4_45_2 | 初唐・十誦律 12_232_5 | 初唐•禮記正義 29_451_3 | 初唐•禮記正義 26_407_27 | 初唐•禮記正義 26_404_11 | 初唐•禮記正義 23_351_24 |

| | | | | | | |
|---|---|---|---|---|---|---|
| 五代•密教部類<br>3_30_18 | 晚唐•摩訶止觀<br>28_239_10 | 晚唐•摩訶止觀<br>25_214_8 | 晚唐•摩訶止觀<br>6_48_27 | 晚唐•摩訶止觀<br>6_47_10 | 晚唐•摩訶止觀<br>4_34_17 | 中唐 • 翰苑<br>35_448_24 |
| 五代•密教部類<br>3_34_53 | 晚唐•摩訶止觀<br>30_260_15 | 晚唐•摩訶止觀<br>25_218_17 | 晚唐•摩訶止觀<br>6_49_8 | 晚唐•摩訶止觀<br>6_47_13 | 晚唐•摩訶止觀<br>4_37_10 | 中唐 • 翰苑<br>37_482_2 |
| 五代•密教部類<br>3_39_31 | 晚唐•摩訶止觀<br>30_261_10 | 晚唐•摩訶止觀<br>26_220_21 | 晚唐•摩訶止觀<br>9_77_12 | 晚唐•摩訶止觀<br>6_47_17 | 晚唐•摩訶止觀<br>5_45_21 | 中唐 • 翰苑<br>39_504_7 |
| 五代•密教部類<br>4_51_41 | 晚唐•摩訶止觀<br>39_334_22 | 晚唐•摩訶止觀<br>26_222_13 | 晚唐•摩訶止觀<br>9_82_10 | 晚唐•摩訶止觀<br>6_48_2 | 晚唐•摩訶止觀<br>5_46_2 | 中唐 • 翰苑<br>40_512_38 |
| 五代•密教部類<br>6_84_22 | 晚唐•摩訶止觀<br>40_343_3 | 晚唐•摩訶止觀<br>27_230_22 | 晚唐•摩訶止觀<br>16_141_21 | 晚唐•摩訶止觀<br>6_48_6 | 晚唐•摩訶止觀<br>5_46_5 | 中唐 • 翰苑<br>41_520_36 |
| 五代•密教部類<br>6_85_21 | 晚唐•摩訶止觀<br>41_353_6 | 晚唐•摩訶止觀<br>27_231_4 | 晚唐•摩訶止觀<br>18_154_4 | 晚唐•摩訶止觀<br>6_48_9 | 晚唐•摩訶止觀<br>5_46_7 | 中唐 • 翰苑<br>41_527_16 |
| 五代•大毗盧經<br>2_6_4 | 晚唐•摩訶止觀<br>47_405_3 | 晚唐•摩訶止觀<br>27_232_8 | 晚唐•摩訶止觀<br>18_154_14 | 晚唐•摩訶止觀<br>6_48_15 | 晚唐•摩訶止觀<br>5_46_9 | 中唐 • 翰苑<br>43_550_6 |
| 五代•大毗盧經<br>2_9_12 | 五代•密教部類<br>2_9_3 | 晚唐•摩訶止觀<br>28_238_23 | 晚唐•摩訶止觀<br>24_211_12 | 晚唐•摩訶止觀<br>6_48_21 | 晚唐•摩訶止觀<br>5_46_27 | 晚唐•摩訶止觀<br>3_22_7 |

| 吐 | 吊 | | | | | |
|---|---|---|---|---|---|---|
| 現ト<br>訓はく | チョウ<br>訓つるす | | | | | |
| 中唐・翰苑<br>21_270_7 | 初唐・古文尚書<br>16_150_18<br>初唐・古文尚書<br>16_150_27<br>初唐・禮記正義<br>30_467_13 | 五代・大毗盧經<br>78_948_14<br>五代・大毗盧經<br>86_1051_14<br>五代・大毗盧經<br>96_1178_2<br>五代・大毗盧經<br>97_1184_24<br>五代・大毗盧經<br>97_1185_5 | 五代・大毗盧經<br>64_805_2<br>五代・大毗盧經<br>66_824_17<br>五代・大毗盧經<br>66_829_21<br>五代・大毗盧經<br>66_829_43<br>五代・大毗盧經<br>67_843_4<br>五代・大毗盧經<br>71_878_24<br>五代・大毗盧經<br>72_890_13<br>五代・大毗盧經<br>73_902_1 | 五代・大毗盧經<br>47_575_8<br>五代・大毗盧經<br>48_587_21<br>五代・大毗盧經<br>59_722_25<br>五代・大毗盧經<br>61_754_14<br>五代・大毗盧經<br>62_762_12<br>五代・大毗盧經<br>63_777_16<br>五代・大毗盧經<br>63_790_13<br>五代・大毗盧經<br>64_803_42 | 五代・大毗盧經<br>14_175_3<br>五代・大毗盧經<br>16_210_17<br>五代・大毗盧經<br>24_309_8<br>五代・大毗盧經<br>25_317_42<br>五代・大毗盧經<br>31_390_3<br>五代・大毗盧經<br>31_396_18<br>五代・大毗盧經<br>37_434_13<br>五代・大毗盧經<br>40_479_20 | 五代・大毗盧經<br>5_51_18<br>五代・大毗盧經<br>6_72_9<br>五代・大毗盧經<br>7_81_15<br>五代・大毗盧經<br>11_133_11<br>五代・大毗盧經<br>11_138_4<br>五代・大毗盧經<br>12_143_2<br>五代・大毗盧經<br>12_150_13<br>五代・大毗盧經<br>12_152_18 |

## 吁

ク、ウ/キョ
訓ああ

初唐・古文尚書
44_430_23

初唐・古文尚書
44_431_3

## 吃

漢キツ
訓どもる

五代・大毗盧經
3_27_1

五代・大毗盧經
8_100_22

五代・大毗盧經
24_302_13

五代・大毗盧經
26_330_2

五代・大毗盧經
26_331_2

五代・大毗盧經
27_337_3

五代・大毗盧經
29_370_20

五代・大毗盧經
35_422_5

五代・大毗盧經
36_428_5

五代・大毗盧經
37_438_15

五代・大毗盧經
51_627_34

五代・大毗盧經
61_756_15

五代・大毗盧經
71_879_20

五代・大毗盧經
84_1024_12

五代・大毗盧經
84_1025_25

五代・大毗盧經
93_1139_29

## 吒

タ漢ト
訓しかる

晩唐・摩訶止觀
2_13_22

五代・大毗盧經
3_33_10

五代・大毗盧經
9_102_12

五代・大毗盧經
9_102_23

五代・大毗盧經
15_187_22

五代・大毗盧經
15_192_15

五代・大毗盧經
15_193_1

五代・大毗盧經
29_373_21

五代・大毗盧經
35_420_9

五代・大毗盧經
36_426_9

五代・大毗盧經
48_584_12

五代・大毗盧經
49_597_9

五代・大毗盧經
51_625_19

五代・大毗盧經
60_739_13

五代・大毗盧經
63_787_16

五代・大毗盧經
64_794_12

五代・大毗盧經
64_794_13

五代・大毗盧經
64_809_18

五代・大毗盧經
64_809_23

五代・大毗盧經
64_809_24

五代・大毗盧經
65_818_37

五代・大毗盧經
65_818_39

五代・大毗盧經
66_823_3

五代・大毗盧經
66_825_18

五代・大毗盧經
66_826_1

五代・大毗盧經
66_827_22

五代・大毗盧經
67_846_8

五代・大毗盧經
67_847_19

五代・大毗盧經
68_858_17

五代・大毗盧經
68_858_22

五代・大毗盧經
73_898_30

五代・大毗盧經
75_920_19

五代・大毗盧經
80_977_14

五代・大毗盧經
81_984_14

五代・大毗盧經
88_1076_22

五代・大毗盧經
90_1103_5

五代・大毗盧經
93_1142_19

## ⿰口乏

漢ホウ呉現ボウ
訓とぼしい

五代・大毗盧經
37_433_6

## 向冋

呉コウ漢キョウ
漢ショウ
訓むく

初唐・古文尚書
9_79_6

初唐・古文尚書
9_79_17

初唐・禮記正義
4_51_24

初唐・禮記正義
12_185_24

初唐・禮記正義
13_205_15

初唐・禮記正義
14_219_25

初唐・禮記正義
16_253_9

初唐・禮記正義
17_254_8

初唐・禮記正義
19_293_21

初唐・禮記正義
20_300_15

初唐・禮記正義
20_309_5

初唐・禮記正義
21_317_20

中唐・翰苑
5_61_20

中唐・翰苑
8_92_32

中唐・翰苑
11_136_36

中唐・翰苑
12_154_17

中唐・翰苑
16_201_28

形小而駿
中唐・翰苑
23_307_26

中唐・翰苑
30_389_35

中唐・翰苑
31_397_34

邛河
中唐・翰苑
39_503_20

中唐・翰苑
40_517_14

中唐・翰苑
40_518_23

中唐・般若經
15_257_8

中唐・般若經
15_258_3

中唐・般若經
15_258_9

中唐・般若經
15_258_16

中唐・般若經
15_259_12

中唐・般若經
15_260_6

中唐・般若經
15_260_12

中唐・般若經
15_261_2

中唐・般若經
15_261_14

中唐・般若經
15_262_9

中唐・般若經
15_262_15

中唐・般若經
15_263_5

中唐・般若經
15_264_1

中唐・般若經
15_264_13

中唐・般若經
15_265_2

中唐・般若經
15_265_9

中唐・般若經
15_267_17

# 后

漢 現 コウ 呉 ゴ
訓 きみ

初唐•古文尚書 14_126_20
初唐•古文尚書 14_129_10
初唐•古文尚書 14_130_24
初唐•古文尚書 19_179_1
初唐•古文尚書 19_181_2
初唐•古文尚書 19_181_17
初唐•古文尚書 20_187_9
初唐•古文尚書 23_223_1

初唐•古文尚書 11_101_1
初唐•古文尚書 11_101_24
初唐•古文尚書 12_104_18
初唐•古文尚書 12_104_22
初唐•古文尚書 13_118_10
初唐•古文尚書 13_120_1
初唐•古文尚書 13_122_12
初唐•古文尚書 14_124_28

五代•大毗盧經 7_78_39
五代•大毗盧經 19_252_2
五代•大毗盧經 39_455_19
五代•大毗盧經 64_797_26
五代•大毗盧經 77_935_6

晚唐•摩訶止觀 47_404_14
晚唐•摩訶止觀 55_466_23
晚唐•摩訶止觀 56_474_17
晚唐•摩訶止觀 61_514_22
五代•大毗盧經 6_64_21
五代•大毗盧經 6_65_9
五代•大毗盧經 7_78_23
五代•大毗盧經 7_78_33

晚唐•摩訶止觀 5_40_10
晚唐•摩訶止觀 7_57_5
晚唐•摩訶止觀 8_66_16
晚唐•摩訶止觀 8_67_8
晚唐•摩訶止觀 15_128_20
晚唐•摩訶止觀 33_284_6
晚唐•摩訶止觀 44_381_1
晚唐•摩訶止觀 47_403_11

中唐・般若經 16_277_5
中唐・般若經 16_278_3
中唐・般若經 16_278_14
中唐・般若經 16_279_11
中唐・般若經 16_280_6
中唐・般若經 16_281_4
中唐・般若經 16_281_16
晚唐•摩訶止觀 2_15_2

中唐・般若經 16_268_13
中唐・般若經 16_269_12
中唐・般若經 16_270_7
中唐・般若經 16_271_5
中唐・般若經 16_272_1
中唐・般若經 16_272_17
中唐・般若經 16_273_13
中唐・般若經 16_276_10

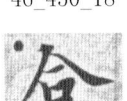

初唐•古文尚書 23_226_24
初唐•古文尚書 23_227_4
初唐•古文尚書 33_317_33
初唐•古文尚書 37_353_5
初唐•古文尚書 38_364_19
初唐•古文尚書 38_368_1
初唐•古文尚書 38_369_4
初唐•古文尚書 39_375_7

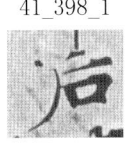

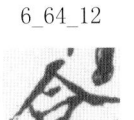

初唐•古文尚書 41_398_1
初唐•古文尚書 41_401_35
初唐•古文尚書 42_404_10
初唐•古文尚書 42_404_33
初唐•古文尚書 42_408_5
初唐•禮記正義 21_323_20
初唐•禮記正義 21_325_26
初唐•禮記正義 23_347_9

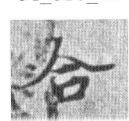

初唐•禮記正義 23_348_5
初唐•禮記正義 23_348_18
初唐•禮記正義 23_349_20
初唐•禮記正義 23_350_8
初唐・十誦律 19_365_2
中唐・翰苑 2_13_20
中唐・翰苑 3_25_34
中唐・翰苑 15_193_4

中唐・翰苑 32_412_14
五代•大毗盧經 80_966_7
五代•大毗盧經 80_972_12
五代•大毗盧經 80_977_4
五代•大毗盧經 80_981_5
五代•大毗盧經 83_1008_10
五代•大毗盧經 83_1012_3
五代•大毗盧經 85_1042_16

五代•大毗盧經 85_1044_23
五代•大毗盧經 87_1069_1
五代•大毗盧經 92_1129_5
五代•大毗盧經 92_1129_10

## 合 合

現 ゴウ
訓 あう

初唐•古文尚書 15_144_8
初唐•古文尚書 21_204_6
初唐•古文尚書 28_277_22
初唐•古文尚書 28_278_7
初唐•古文尚書 29_280_26
初唐•古文尚書 34_318_12
初唐•古文尚書 45_441_7
初唐•古文尚書 45_441_17

初唐•古文尚書 46_450_18
初唐・毛詩傳 6_64_12
初唐•禮記正義 25_374_13
初唐•禮記正義 28_435_18
初唐・十誦律 2_31_11
初唐・十誦律 2_32_7
初唐・十誦律 5_73_6
初唐・十誦律 6_94_5

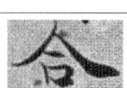

初唐・十誦律
6_107_16

初唐・十誦律
6_108_10

初唐・十誦律
6_109_17

初唐・十誦律
6_111_11

初唐・十誦律
7_114_13

初唐・十誦律
7_116_14

初唐・十誦律
8_141_3

初唐・十誦律
19_362_8

中唐・翰苑
3_27_4

中唐・翰苑
5_51_25

中唐・翰苑
7_80_23

中唐・翰苑
8_100_36

中唐・翰苑
10_126_24

丁令西南
中唐・翰苑
12_150_5

中唐・翰苑
14_178_19

中唐・翰苑
15_188_9

先令輕騎偵視
中唐・翰苑
15_190_30

中唐・翰苑
15_194_32

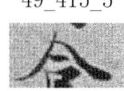

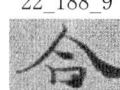

中唐・翰苑
15_200_38

中唐・翰苑
17_220_23

中唐・翰苑
24_317_28

中唐・翰苑
24_317_35

中唐・翰苑
24_320_21

中唐・翰苑
26_340_23

令德
中唐・翰苑
30_393_29

中唐・翰苑
33_428_36

中唐・翰苑
36_458_38

中唐・翰苑
36_468_4

中唐・翰苑
40_508_7

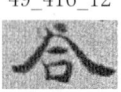

中唐・翰苑
40_517_2

晚唐•摩訶止觀
12_106_4

晚唐•摩訶止觀
13_112_2

晚唐•摩訶止觀
22_188_9

晚唐•摩訶止觀
22_192_13

晚唐•摩訶止觀
22_192_18

晚唐•摩訶止觀
23_196_15

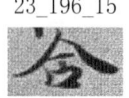

晚唐•摩訶止觀
28_244_8

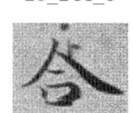

晚唐•摩訶止觀
28_244_22

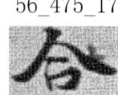

晚唐•摩訶止觀
43_374_26

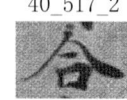

晚唐•摩訶止觀
45_384_10

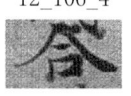

晚唐•摩訶止觀
49_415_5

晚唐•摩訶止觀
49_415_9

晚唐•摩訶止觀
49_415_14

晚唐•摩訶止觀
49_416_12

晚唐•摩訶止觀
49_416_15

晚唐•摩訶止觀
56_475_17

晚唐•摩訶止觀
61_511_2

五代•大毗盧經
3_27_4

五代•大毗盧經
3_27_10

五代•大毗盧經
3_33_9

五代•大毗盧經
3_34_5

五代•大毗盧經
4_37_13

五代•大毗盧經
4_38_6

五代•大毗盧經
4_41_13

五代•大毗盧經
4_41_20

五代•大毗盧經
4_42_6

# 名

| | 慣現メイ 漢ベイ<br>呉現ミョウ<br>訓な | | | | | |
|---|---|---|---|---|---|---|
| 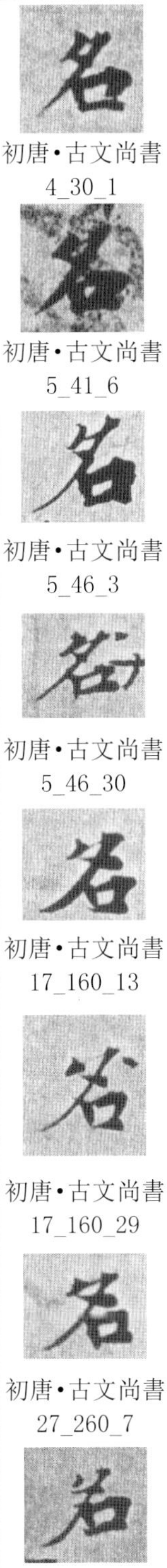 | 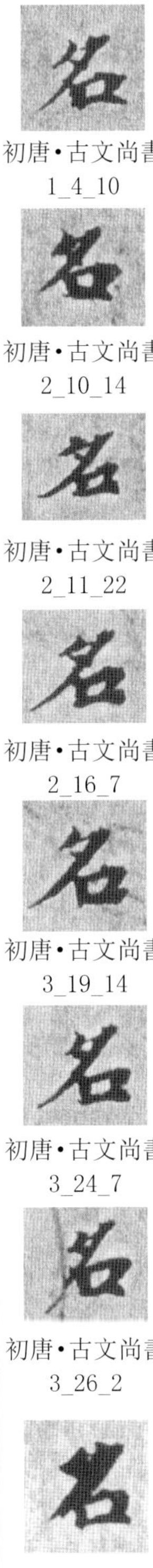 | 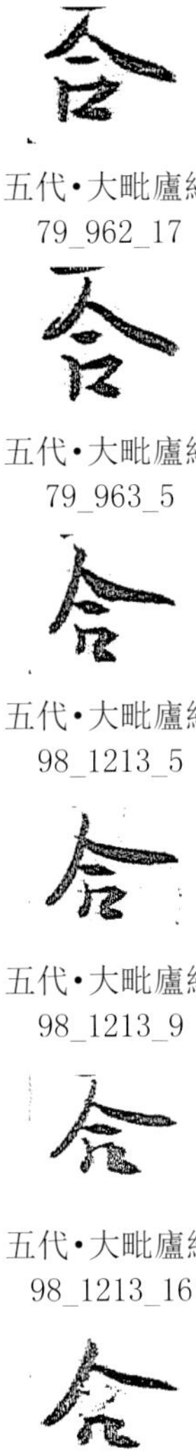 |  |  |  |  |
| 初唐•古文尚書 4_30_1 | 初唐•古文尚書 1_4_10 | 五代•大毗盧經 79_962_17 | 五代•大毗盧經 66_831_35 | 五代•大毗盧經 65_820_29 | 五代•大毗盧經 6_62_3 | 五代•大毗盧經 4_43_9 |
| 初唐•古文尚書 5_41_6 | 初唐•古文尚書 2_10_14 | 五代•大毗盧經 79_963_5 | 五代•大毗盧經 67_832_2 | 五代•大毗盧經 66_822_10 | 五代•大毗盧經 6_62_10 | 五代•大毗盧經 4_43_15 |
| 初唐•古文尚書 5_46_3 | 初唐•古文尚書 2_11_22 | 五代•大毗盧經 98_1213_5 | 五代•大毗盧經 67_834_5 | 五代•大毗盧經 66_827_16 | 五代•大毗盧經 6_67_6 | 五代•大毗盧經 5_51_8 |
| 初唐•古文尚書 5_46_30 | 初唐•古文尚書 2_16_7 | 五代•大毗盧經 98_1213_9 | 五代•大毗盧經 67_834_9 | 五代•大毗盧經 66_828_10 | 五代•大毗盧經 65_810_17 | 五代•大毗盧經 5_51_14 |
| 初唐•古文尚書 17_160_13 | 初唐•古文尚書 3_19_14 | 五代•大毗盧經 98_1213_16 | 五代•大毗盧經 67_845_13 | 五代•大毗盧經 66_828_23 | 五代•大毗盧經 65_819_29 | 五代•大毗盧經 5_53_10 |
| 初唐•古文尚書 17_160_29 | 初唐•古文尚書 3_24_7 | 五代•大毗盧經 98_1213_20 | 五代•大毗盧經 79_953_14 | 五代•大毗盧經 66_830_10 | 五代•大毗盧經 65_819_33 | 五代•大毗盧經 5_53_14 |
| 初唐•古文尚書 27_260_7 | 初唐•古文尚書 3_26_2 | | 五代•大毗盧經 79_956_4 | 五代•大毗盧經 66_831_27 | 五代•大毗盧經 65_820_6 | 五代•大毗盧經 5_58_4 |
| 初唐•古文尚書 34_322_12 | 初唐•古文尚書 4_28_19 | | 五代•大毗盧經 79_960_3 | 五代•大毗盧經 66_831_31 | 五代•大毗盧經 65_820_13 | 五代•大毗盧經 5_58_8 |

初唐•古文尚書 34_327_26

初唐•古文尚書 35_328_6

初唐•古文尚書 35_328_8

初唐•古文尚書 35_328_25

初唐•古文尚書 36_346_13

初唐•古文尚書 37_351_14

初唐•古文尚書 37_352_7

初唐•古文尚書 40_381_8

初唐•古文尚書 41_401_29

初唐•古文尚書 42_403_1

初唐•古文尚書 42_404_5

初唐•古文尚書 42_404_8

初唐•古文尚書 45_443_34

初唐•古文尚書 49_476_25

初唐•禮記正義 1_2_15

初唐•禮記正義 1_2_20

初唐•禮記正義 1_3_3

初唐•禮記正義 1_3_19

初唐•禮記正義 1_3_24

初唐•禮記正義 1_6_13

初唐•禮記正義 3_34_5

初唐•禮記正義 5_74_5

初唐•禮記正義 7_104_14

初唐•禮記正義 10_157_11

初唐•禮記正義 10_157_17

初唐•禮記正義 11_177_6

初唐•禮記正義 11_177_11

初唐•禮記正義 25_388_18

初唐•禮記正義 25_388_23

初唐•禮記正義 25_389_17

初唐•禮記正義 26_390_11

初唐•禮記正義 26_391_26

初唐•禮記正義 26_392_4

初唐•禮記正義 26_393_18

初唐•禮記正義 26_394_17

初唐•禮記正義 26_395_21

初唐•禮記正義 26_395_24

初唐•禮記正義 26_397_16

初唐•禮記正義 26_401_28

初唐•禮記正義 26_402_19

初唐•禮記正義 26_404_5

初唐•禮記正義 26_404_15

初唐•禮記正義 26_405_18

初唐•禮記正義 26_406_14

初唐•禮記正義 26_406_20

初唐•禮記正義 26_406_30

初唐•禮記正義 26_407_28

初唐•禮記正義 26_408_27

初唐•禮記正義 27_409_8

初唐•禮記正義 27_409_20

初唐•禮記正義 27_417_15

初唐•禮記正義 27_422_22

初唐•禮記正義 28_428_11

初唐•禮記正義 29_448_27

初唐 • 十誦律 7_120_1

初唐 • 十誦律 7_122_15

初唐・十誦律
7_127_11

初唐・十誦律
7_129_1

初唐・十誦律
7_130_13

初唐・十誦律
8_146_5

初唐・十誦律
8_148_11

初唐・十誦律
8_150_4

初唐・十誦律
19_373_5

初唐・般若經
6_81_16

初唐・般若經
19_291_15

中唐・翰苑
3_28_21

中唐・翰苑
3_33_23

中唐・翰苑
7_81_5

中唐・翰苑
11_134_2

召呼
中唐・翰苑
11_139_27

中唐・翰苑
11_140_8

中唐・翰苑
12_153_7

中唐・翰苑
14_176_28

中唐・翰苑
14_179_3

中唐・翰苑
15_200_42

中唐・翰苑
16_211_44

中唐・翰苑
17_215_24

中唐・翰苑
17_216_33

中唐・翰苑
17_219_19

中唐・翰苑
18_229_27

以石押其頭
中唐・翰苑
18_238_10

中唐・翰苑
19_244_28

中唐・翰苑
19_245_27

中唐・翰苑
21_270_13

中唐・翰苑
21_271_25

中唐・翰苑
21_272_5

中唐・翰苑
21_272_20

中唐・翰苑
21_273_18

中唐・翰苑
21_273_30

中唐・翰苑
21_273_43

中唐・翰苑
21_274_7

中唐・翰苑
21_274_14

中唐・翰苑
21_274_25

中唐・翰苑
21_274_36

中唐・翰苑
21_274_40

中唐・翰苑
21_274_44

中唐・翰苑
24_321_36

中唐・翰苑
25_323_39

中唐・翰苑
25_324_2

中唐・翰苑
26_337_28

中唐・翰苑
27_358_7

中唐・翰苑
28_364_19

中唐・翰苑
28_367_44

中唐・翰苑
30_394_37

中唐・翰苑
31_396_11

中唐・翰苑
31_399_11

中唐・翰苑
32_409_14

中唐・翰苑
33_428_31

中唐・翰苑
33_433_31

中唐・翰苑
34_435_32

中唐・翰苑
38_486_17

中唐・翰苑
38_488_15

中唐・翰苑
38_491_42

中唐・翰苑
39_503_11

中唐・翰苑
40_508_21

中唐・翰苑
40_508_42

中唐・翰苑
40_514_18

中唐・翰苑
42_539_23

中唐・翰苑
42_541_33

中唐・翰苑
43_549_19

中唐・翰苑
43_551_17

中唐・翰苑
43_552_9

中唐・翰苑
44_565_5

中唐・般若經
3_28_6

中唐・般若經
5_64_6

中唐・般若經
6_82_4

中唐・般若經
7_109_11

中唐・般若經
8_133_14

中唐・般若經
10_153_10

中唐・般若經
11_182_17

中唐・般若經
12_204_12

中唐・般若經
15_253_9

中唐・般若經
16_283_4

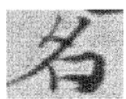

中唐・般若經
17_299_17

中唐・般若經
18_318_7

中唐・般若經
19_337_7

晚唐•摩訶止觀
2_16_16

晚唐•摩訶止觀
2_18_17

晚唐•摩訶止觀
4_35_23

晚唐•摩訶止觀
4_36_2

晚唐•摩訶止觀
4_37_11

晚唐•摩訶止觀
50_429_6

晚唐•摩訶止觀
51_434_12

晚唐•摩訶止觀
52_445_12

晚唐•摩訶止觀
53_446_27

晚唐•摩訶止觀
53_448_27

晚唐•摩訶止觀
53_449_16

晚唐•摩訶止觀
53_450_25

晚唐•摩訶止觀
53_451_18

晚唐•摩訶止觀
54_459_9

晚唐•摩訶止觀
57_482_10

晚唐•摩訶止觀
57_482_16

晚唐•摩訶止觀
57_483_18

晚唐•摩訶止觀
57_486_25

晚唐•摩訶止觀
58_490_3

晚唐•摩訶止觀
58_490_18

晚唐•摩訶止觀
58_490_22

晚唐•摩訶止觀
58_490_24

晚唐•摩訶止觀
58_492_17

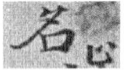

晚唐•摩訶止觀
58_493_8

晚唐•摩訶止觀
58_493_15

晚唐•摩訶止觀
58_494_10

晚唐•摩訶止觀
58_494_20

晚唐•摩訶止觀
59_495_7

晚唐•摩訶止觀
59_499_15

晚唐•摩訶止觀
59_499_21

晚唐•摩訶止觀
59_500_2

晚唐•摩訶止觀
59_500_7

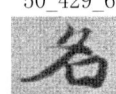

晚唐•摩訶止觀
59_501_6

晚唐•摩訶止觀
59_502_22

晚唐•摩訶止觀
60_503_1

晚唐•摩訶止觀
60_504_2

晚唐•摩訶止觀
60_506_12

晚唐•摩訶止觀
60_506_18

晚唐•摩訶止觀
60_507_23

晚唐•摩訶止觀
60_508_9

晚唐•摩訶止觀
60_508_27

晚唐•摩訶止觀
60_509_6

晚唐•摩訶止觀
61_512_7

晚唐•摩訶止觀
61_513_5

晚唐•摩訶止觀
61_514_9

晚唐•摩訶止觀
61_514_13

五代•密教部類
1_8_3

五代•密教部類
1_8_17

五代•密教部類
2_22_11

五代•密教部類
3_30_21

五代•密教部類
5_62_11

五代•密教部類
5_62_31

五代•大毗盧經
3_24_32

五代•大毗盧經
3_25_12

五代•大毗盧經
8_91_22

五代•大毗盧經
11_138_17

五代•大毗盧經
12_144_2

五代•大毗盧經
12_145_2

五代•大毗盧經
12_146_2

五代•大毗盧經
12_147_2

五代•大毗盧經
12_148_2

五代•大毗盧經
12_150_1

五代•大毗盧經
17_223_2

五代•大毗盧經
19_249_23

五代•大毗盧經
19_252_20

五代•大毗盧經
20_253_14

五代•大毗盧經
23_295_11

五代•大毗盧經
23_297_12

五代•大毗盧經
24_307_24

五代•大毗盧經
26_335_13

五代•大毗盧經
27_337_48

五代•大毗盧經
27_343_18

五代•大毗盧經
28_361_13

五代•大毗盧經
31_395_18

五代•大毗盧經
43_522_5

五代•大毗盧經
44_528_2

五代•大毗盧經
44_532_17

五代•大毗盧經
44_537_9

五代•大毗盧經
45_543_26

五代•大毗盧經
46_558_4

五代•大毗盧經
46_563_18

五代•大毗盧經
47_573_12

五代•大毗盧經
47_579_24

五代•大毗盧經
49_598_9

五代•大毗盧經
49_602_15

五代•大毗盧經
89_1089_17

五代•大毗盧經
90_1100_7

五代•大毗盧經
90_1106_32

# 各

カク
訓 おのおの

五代・大毗盧經 91_1109_19
五代・大毗盧經 92_1122_2
五代・大毗盧經 94_1149_38
五代・大毗盧經 94_1153_3
五代・大毗盧經 95_1163_8
五代・大毗盧經 95_1166_19
五代・大毗盧經 95_1168_6

初唐・古文尚書 3_22_19
初唐・古文尚書 8_67_5
初唐・古文尚書 10_89_2
初唐・古文尚書 10_89_23
初唐・古文尚書 11_93_23
初唐・古文尚書 14_133_5
初唐・古文尚書 14_133_23
初唐・古文尚書 16_151_16

初唐・古文尚書 27_266_13
初唐・古文尚書 36_346_7
初唐・古文尚書 41_393_11
初唐・古文尚書 41_397_16
初唐・古文尚書 42_405_3
初唐・古文尚書 46_448_12
初唐・古文尚書 47_455_5
初唐・古文尚書 47_456_34

初唐・禮記正義 1_10_24
初唐・禮記正義 3_36_16
初唐・禮記正義 4_50_1
初唐・禮記正義 9_145_6
初唐・禮記正義 10_147_17
初唐・禮記正義 10_147_24
初唐・禮記正義 10_162_9
初唐・禮記正義 12_179_13

初唐・禮記正義 12_179_25
初唐・禮記正義 19_287_19
初唐・禮記正義 19_294_4
初唐・禮記正義 22_328_24
初唐・禮記正義 23_343_20
初唐・禮記正義 23_350_16
初唐・禮記正義 23_355_11
初唐・禮記正義 24_357_3

初唐・禮記正義 25_387_24
初唐・禮記正義 25_389_9
初唐・禮記正義 28_435_22
初唐・禮記正義 28_437_23
初唐・禮記正義 28_440_13
中唐・翰苑 2_18_9
中唐・翰苑 2_18_40
中唐・翰苑 3_32_24

中唐・翰苑 5_52_33
中唐・翰苑 7_87_38
中唐・翰苑 7_88_24
中唐・翰苑 8_103_21
中唐・翰苑 8_104_2
中唐・翰苑 11_139_11
中唐・翰苑 11_140_16
中唐・翰苑 15_194_2

吾 呑

漢ゴ
訓われ

慣ドン 慣トン 慣テン
訓のむ

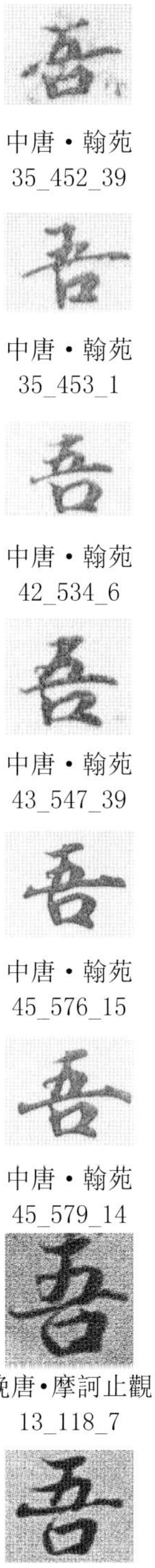

中唐・翰苑 35_452_39
中唐・翰苑 35_453_1
中唐・翰苑 42_534_6
中唐・翰苑 43_547_39
中唐・翰苑 45_576_15
中唐・翰苑 45_579_14
晚唐•摩訶止觀 13_118_7
晚唐•摩訶止觀 13_118_18

初唐•古文尚書 27_268_27
初唐•禮記正義 1_1_20
初唐•禮記正義 11_164_17
中唐・翰苑 6_73_14
中唐・翰苑 6_74_39
居庸 中唐・翰苑 15_196_8
蛟龍之害 中唐・翰苑 32_413_9
中唐・翰苑 35_452_28

中唐・翰苑 15_197_36
中唐・翰苑 15_200_6
中唐・翰苑 20_263_2
晚唐•摩訶止觀 21_179_22

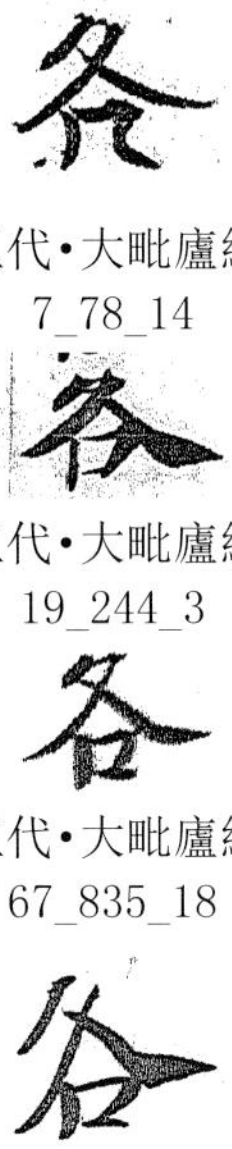

五代•大毗盧經 7_78_14
五代•大毗盧經 19_244_3
五代•大毗盧經 67_835_18
五代•大毗盧經 98_1212_6

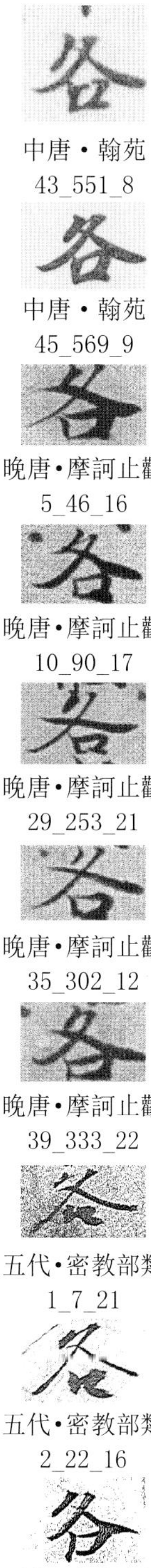

中唐・翰苑 43_551_8
中唐・翰苑 45_569_9
晚唐•摩訶止觀 5_46_16
晚唐•摩訶止觀 10_90_17
晚唐•摩訶止觀 29_253_21
晚唐•摩訶止觀 35_302_12
晚唐•摩訶止觀 39_333_22
五代•密教部類 1_7_21
五代•密教部類 2_22_16
五代•大毗盧經 6_72_23

中唐・翰苑 30_383_31
中唐・翰苑 30_384_4
中唐・翰苑 30_392_27
中唐・翰苑 35_455_16
中唐・翰苑 36_468_5
中唐・翰苑 37_481_16
中唐・翰苑 39_500_22
中唐・翰苑 40_510_22

中唐・翰苑 18_229_18
中唐・翰苑 18_230_44
中唐・翰苑 18_240_30
中唐・翰苑 19_245_20
中唐・翰苑 21_278_34
中唐・翰苑 22_284_25
中唐・翰苑 28_362_34
中唐・翰苑 28_369_18

## 吹

スイ 漢サイ
訓ふく

中唐・翰苑
17_223_27

中唐・翰苑
29_380_12

中唐・翰苑
43_555_1

五代・密教部類
6_86_33

五代・大毗盧經
24_304_9

五代・大毗盧經
24_304_13

## 吟

漢現ギン
訓うめく

中唐・翰苑
17_221_13

## 呈

現テイ
訓しめす

初唐・禮記正義
14_212_2

中唐・翰苑
37_473_14

五代・大毗盧經
98_1209_12

五代・大毗盧經
98_1207_15

五代・大毗盧經
65_819_34

五代・大毗盧經
66_828_13

五代・大毗盧經
68_852_19

五代・大毗盧經
82_1003_20

五代・大毗盧經
83_1013_17

五代・大毗盧經
87_1061_19

五代・大毗盧經
87_1067_23

五代・大毗盧經
89_1089_16

## 吠

漢ハイ 呉バイ
訓ほえる

五代・大毗盧經
17_220_11

五代・大毗盧經
22_284_12

五代・大毗盧經
42_507_13

五代・大毗盧經
44_535_18

五代・大毗盧經
45_540_15

五代・大毗盧經
47_579_4

五代・大毗盧經
49_593_8

五代・大毗盧經
65_813_2

五代・大毗盧經
11_130_9

## 呂

漢リョ呉ロ
訓せぼね

初唐•古文尚書 39_377_3

初唐•古文尚書 39_378_1

初唐•古文尚書 39_378_3

初唐•古文尚書 39_378_19

初唐•古文尚書 39_379_12

初唐•古文尚書 39_379_14

初唐•古文尚書 39_379_27

初唐•古文尚書 39_380_7

中唐・翰苑 4_37_34

## 吽

漢ゴウ呉グ
訓ほえる

五代•大毗盧經 5_54_1

五代•大毗盧經 5_58_15

五代•大毗盧經 6_67_17

五代•大毗盧經 8_91_5

五代•大毗盧經 9_101_26

五代•大毗盧經 9_102_1

五代•大毗盧經 13_157_7

五代•大毗盧經 15_187_20

五代•大毗盧經 15_192_21

五代•大毗盧經 17_213_1

五代•大毗盧經 24_303_10

五代•大毗盧經 24_308_18

五代•大毗盧經 24_310_9

五代•大毗盧經 24_310_10

五代•大毗盧經 29_365_15

五代•大毗盧經 30_382_1

五代•大毗盧經 40_476_8

五代•大毗盧經 43_514_14

五代•大毗盧經 47_574_38

五代•大毗盧經 47_575_11

五代•大毗盧經 48_584_9

五代•大毗盧經 49_596_14

五代•大毗盧經 62_768_11

五代•大毗盧經 63_780_3

五代•大毗盧經 64_805_1

五代•大毗盧經 65_817_29

五代•大毗盧經 66_823_1

五代•大毗盧經 66_825_12

五代•大毗盧經 66_825_15

五代•大毗盧經 66_825_16

五代•大毗盧經 67_847_14

五代•大毗盧經 68_853_30

五代•大毗盧經 68_857_5

五代•大毗盧經 73_894_1

五代•大毗盧經 73_898_20

告𠮟 吼 吳呉

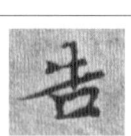

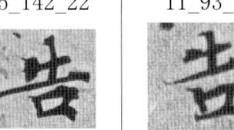

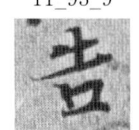

| | | 告 | 吼 | 吳 | | |
|---|---|---|---|---|---|---|
| | | 慣現コク呉コウ 漢コウ 訓つげる | 漢コウ 訓ほえる | 現ゴ 訓くれ | | |
| 初唐•古文尚書 15_142_22 | 初唐•古文尚書 11_93_9 | 初唐•古文尚書 7_58_8 | 晚唐•摩訶止觀 52_444_9 | 初唐•古文尚書 4_29_21 | 五代•大毗盧經 77_939_11 | 五代•大毗盧經 73_898_21 |
| 初唐•古文尚書 17_156_8 | 初唐•古文尚書 11_93_13 | 初唐•古文尚書 7_58_11 | 晚唐•摩訶止觀 54_460_12 | 中唐 • 翰苑 5_58_32 | 五代•大毗盧經 77_939_12 | 五代•大毗盧經 73_898_22 |
| 初唐•古文尚書 17_156_21 | 初唐•古文尚書 11_98_3 | 初唐•古文尚書 7_60_16 | 五代•大毗盧經 46_568_6 | 中唐 • 翰苑 33_428_5 | 五代•大毗盧經 88_1078_6 | 五代•大毗盧經 75_920_21 |
| 初唐•古文尚書 17_157_12 | 初唐•古文尚書 11_98_21 | 初唐•古文尚書 7_60_25 | 五代•大毗盧經 77_938_27 | 中唐 • 翰苑 33_429_12 | 五代•大毗盧經 98_1207_13 | 五代•大毗盧經 75_922_20 |
| 初唐•古文尚書 25_244_2 | 初唐•古文尚書 14_129_7 | 初唐•古文尚書 9_77_26 | | 中唐 • 翰苑 34_436_23 | 五代•大毗盧經 98_1207_14 | 五代•大毗盧經 75_925_12 |
| 初唐•古文尚書 25_246_22 | 初唐•古文尚書 14_130_5 | 初唐•古文尚書 9_78_14 | | 中唐 • 翰苑 38_490_14 | | 五代•大毗盧經 77_930_20 |
| 初唐•古文尚書 26_259_17 | 初唐•古文尚書 14_131_26 | 初唐•古文尚書 10_87_10 | | 中唐 • 翰苑 42_538_16 | | 五代•大毗盧經 77_938_15 |
| 初唐•古文尚書 27_269_33 | 初唐•古文尚書 15_142_5 | 初唐•古文尚書 10_87_18 | | | | |

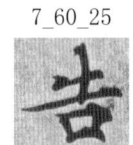

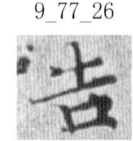

# 含

慣 現 ガン 漢 カン
呉 ゴン
訓 ふくむ

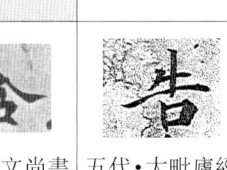

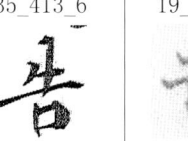

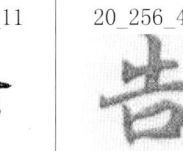

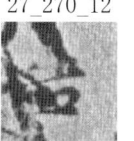

| | | | | | | |
|---|---|---|---|---|---|---|
| 初唐•古文尚書<br>8_63_23<br>初唐•古文尚書<br>8_64_23<br>初唐•禮記正義<br>20_301_23<br>初唐•禮記正義<br>24_363_8<br>中唐・翰苑<br>19_249_9<br>中唐・翰苑<br>20_262_19<br>晩唐•摩訶止觀<br>52_443_24<br>五代•大毗盧經<br>4_46_20 | 五代•大毗盧經<br>35_413_6<br>五代•大毗盧經<br>39_452_11<br>五代•大毗盧經<br>40_478_15 | 中唐・翰苑<br>19_255_14<br>中唐・翰苑<br>20_256_4<br>十四吉士<br>中唐・翰苑<br>26_345_39<br>中唐・翰苑<br>41_521_1<br>中唐・翰苑<br>41_526_17<br>中唐・翰苑<br>42_534_26<br>五代•大毗盧經<br>11_129_2<br>五代•大毗盧經<br>23_290_11 | 初唐•禮記正義<br>30_472_3<br>初唐•禮記正義<br>30_472_20<br>初唐•禮記正義<br>30_473_3<br>初唐•禮記正義<br>30_473_7<br>初唐•禮記正義<br>30_474_9<br>初唐•禮記正義<br>30_475_18<br>初唐・十誦律<br>6_106_2<br>中唐・翰苑<br>12_149_1 | 初唐•禮記正義<br>6_88_13<br>初唐•禮記正義<br>6_92_10<br>初唐•禮記正義<br>9_144_20<br>初唐•禮記正義<br>30_461_25<br>初唐•禮記正義<br>30_463_11<br>初唐•禮記正義<br>30_466_20<br>初唐•禮記正義<br>30_467_11<br>初唐•禮記正義<br>30_471_1 | 初唐・毛詩傳<br>5_48_2<br>初唐・毛詩傳<br>5_48_14<br>初唐・毛詩傳<br>5_48_20<br>初唐•禮記正義<br>3_48_24<br>初唐•禮記正義<br>4_53_4<br>初唐•禮記正義<br>4_53_9<br>定天下之吉<br>初唐•禮記正義<br>4_59_9<br>不吉<br>初唐•禮記正義<br>4_62_15 | 初唐•古文尚書<br>27_270_12<br>初唐•古文尚書<br>31_286_14<br>初唐•古文尚書<br>39_379_8<br>初唐•古文尚書<br>40_391_25<br>初唐•古文尚書<br>41_393_12<br>初唐•古文尚書<br>44_430_29<br>初唐•古文尚書<br>44_431_12<br>初唐•古文尚書<br>48_464_14 |

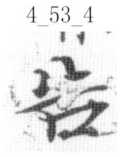

# 君

現 クン
訓 きみ

五代・大毗盧經 7_87_6
五代・大毗盧經 13_165_3
五代・大毗盧經 30_376_27
五代・大毗盧經 45_547_13
五代・大毗盧經 51_630_11
五代・大毗盧經 60_745_20

初唐・古文尚書 10_83_9
初唐・古文尚書 11_101_13
初唐・古文尚書 11_102_9
初唐・古文尚書 11_102_16
初唐・古文尚書 16_151_29
初唐・古文尚書 17_158_33
初唐・古文尚書 17_165_19
初唐・古文尚書 19_178_22

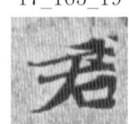

初唐・古文尚書 19_179_10
初唐・古文尚書 19_181_12
初唐・古文尚書 19_181_25
初唐・古文尚書 20_187_11
初唐・古文尚書 20_187_21
初唐・古文尚書 23_223_20
初唐・古文尚書 23_227_8
初唐・古文尚書 23_227_14

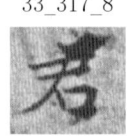

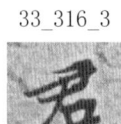

初唐・古文尚書 23_228_7
初唐・古文尚書 31_286_30
初唐・古文尚書 32_304_2
初唐・古文尚書 33_316_3
初唐・古文尚書 33_317_8
初唐・古文尚書 34_318_11
初唐・古文尚書 34_319_9
初唐・古文尚書 34_320_25

初唐・古文尚書 34_326_3
初唐・古文尚書 34_327_4
初唐・古文尚書 34_327_21
初唐・古文尚書 34_327_23
初唐・古文尚書 35_328_1
初唐・古文尚書 35_328_16
初唐・古文尚書 36_346_5
初唐・古文尚書 36_346_19

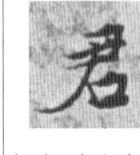

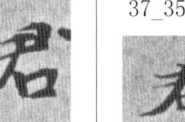

初唐・古文尚書 36_349_9
初唐・古文尚書 37_353_26
初唐・古文尚書 37_358_19
初唐・古文尚書 37_358_21
初唐・古文尚書 38_365_15
初唐・古文尚書 38_368_8
初唐・古文尚書 38_368_18
初唐・古文尚書 38_368_28

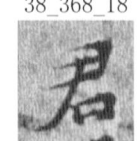

初唐・古文尚書 38_369_12
初唐・古文尚書 38_369_20
初唐・古文尚書 38_369_29
初唐・古文尚書 39_371_25
初唐・古文尚書 39_374_15
初唐・古文尚書 39_375_24
初唐・古文尚書 40_383_28
初唐・古文尚書 40_386_6

初唐•古文尚書 41_395_5
初唐•古文尚書 41_398_15
初唐•古文尚書 42_404_27
初唐•古文尚書 42_408_12
初唐•古文尚書 48_466_19
初唐 • 毛詩傳 1_9_8
初唐 • 毛詩傳 2_11_4
初唐 • 毛詩傳 2_13_4

初唐 • 毛詩傳 3_27_13
初唐 • 毛詩傳 4_34_6
初唐 • 毛詩傳 4_44_3
初唐 • 毛詩傳 4_44_11
初唐 • 毛詩傳 5_46_9
初唐 • 毛詩傳 5_50_8
初唐 • 毛詩傳 5_53_16
初唐 • 毛詩傳 7_76_6

初唐 • 毛詩傳 8_82_3
初唐 • 毛詩傳 8_82_25
初唐 • 毛詩傳 8_83_19
初唐 • 毛詩傳 9_99_14
初唐 • 毛詩傳 10_103_15
初唐•禮記正義 1_3_13
初唐•禮記正義 1_13_27
初唐•禮記正義 1_16_8

初唐•禮記正義 2_21_16
初唐•禮記正義 2_21_25
初唐•禮記正義 2_23_24
初唐•禮記正義 3_34_4
初唐•禮記正義 5_70_8
初唐•禮記正義 10_155_16
初唐•禮記正義 10_161_12
初唐•禮記正義 10_162_14

初唐•禮記正義 10_162_21
初唐•禮記正義 10_163_3
初唐•禮記正義 10_163_5
初唐•禮記正義 11_171_4
初唐•禮記正義 11_172_33
初唐•禮記正義 11_172_39
初唐•禮記正義 11_173_11
初唐•禮記正義 11_175_3

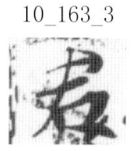

初唐•禮記正義 12_182_25
初唐•禮記正義 12_183_15
初唐•禮記正義 12_183_21
初唐•禮記正義 12_184_8
初唐•禮記正義 12_185_8
初唐•禮記正義 12_185_27
初唐•禮記正義 12_186_22
初唐•禮記正義 12_188_26

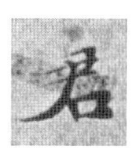

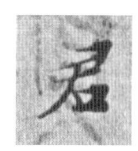

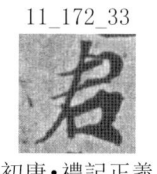

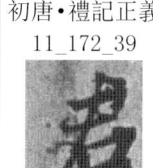

初唐•禮記正義 12_189_13
初唐•禮記正義 12_190_6
初唐•禮記正義 12_190_12
初唐•禮記正義 12_191_22
初唐•禮記正義 12_192_11
初唐•禮記正義 13_196_24
初唐•禮記正義 13_199_18
初唐•禮記正義 14_212_11

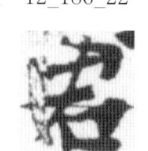

初唐•禮記正義 14_212_27

初唐•禮記正義 14_213_3

初唐•禮記正義 14_213_29

初唐•禮記正義 14_214_6

初唐•禮記正義 14_214_20

初唐•禮記正義 15_226_16

初唐•禮記正義 15_227_8

初唐•禮記正義 15_228_9

初唐•禮記正義 16_241_15

初唐•禮記正義 16_241_22

初唐•禮記正義 16_241_26

初唐•禮記正義 16_244_19

初唐•禮記正義 16_246_9

初唐•禮記正義 16_246_19

初唐•禮記正義 16_249_20

初唐•禮記正義 16_253_24

初唐•禮記正義 17_255_14

初唐•禮記正義 17_255_21

初唐•禮記正義 18_271_25

初唐•禮記正義 18_273_12

初唐•禮記正義 18_275_6

初唐•禮記正義 18_275_12

初唐•禮記正義 18_275_17

初唐•禮記正義 18_275_23

初唐•禮記正義 18_275_27

初唐•禮記正義 18_277_2

初唐•禮記正義 18_278_22

初唐•禮記正義 18_281_14

初唐•禮記正義 18_282_1

初唐•禮記正義 19_284_12

初唐•禮記正義 19_294_7

初唐•禮記正義 20_297_5

初唐•禮記正義 20_297_7

初唐•禮記正義 20_297_13

初唐•禮記正義 20_301_5

初唐•禮記正義 20_301_27

初唐•禮記正義 20_306_2

初唐•禮記正義 21_311_20

初唐•禮記正義 21_312_3

初唐•禮記正義 21_313_1

初唐•禮記正義 21_314_9

初唐•禮記正義 21_315_11

初唐•禮記正義 23_347_19

初唐•禮記正義 23_352_4

初唐•禮記正義 23_352_18

初唐•禮記正義 23_355_14

初唐•禮記正義 25_377_19

初唐•禮記正義 25_388_16

初唐•禮記正義 25_389_15

初唐•禮記正義 26_397_1

初唐•禮記正義 26_398_7

初唐•禮記正義 26_398_27

初唐•禮記正義 26_399_1

初唐•禮記正義 26_399_24

初唐•禮記正義 26_402_23

初唐•禮記正義 26_403_10

# 呵

カ
訓 しかる

晚唐•摩訶止觀
22_190_20

五代•大毗盧經
9_102_14

五代•大毗盧經
66_823_5

五代•大毗盧經
66_826_2

五代•大毗盧經
66_826_5

中唐・翰苑
37_471_28

中唐・翰苑
37_481_18

中唐・翰苑
37_482_15

中唐・翰苑
38_483_27

中唐・翰苑
39_498_26

中唐・翰苑
42_537_34

中唐・翰苑
36_467_34

中唐・翰苑
36_468_16

中唐・翰苑
36_468_34

中唐・翰苑
36_469_14

中唐・翰苑
36_469_31

中唐・翰苑
37_470_14

中唐・翰苑
37_471_2

中唐・翰苑
37_471_15

中唐・翰苑
12_155_28

中唐・翰苑
14_184_41

中唐・翰苑
18_240_40

中唐・翰苑
20_265_6

中唐・翰苑
35_452_10

中唐・翰苑
35_452_22

中唐・翰苑
36_458_22

中唐・翰苑
36_467_14

初唐•禮記正義
28_442_14

初唐•禮記正義
29_444_37

初唐•禮記正義
29_444_49

初唐•禮記正義
29_447_14

初唐•禮記正義
29_449_17

初唐•禮記正義
30_460_18

初唐•禮記正義
30_462_7

初唐・十誦律
19_366_12

初唐•禮記正義
27_410_13

初唐•禮記正義
27_414_30

初唐•禮記正義
27_415_5

初唐•禮記正義
27_416_24

初唐•禮記正義
27_421_26

初唐•禮記正義
28_431_18

初唐•禮記正義
28_432_9

初唐•禮記正義
28_438_1

初唐•禮記正義
26_404_8

初唐•禮記正義
26_404_20

初唐•禮記正義
26_405_11

初唐•禮記正義
26_405_20

初唐•禮記正義
26_405_26

初唐•禮記正義
26_406_11

初唐•禮記正義
26_407_1

初唐•禮記正義
26_408_24

## 味 (味)

呉 現 ミ 漢 ビ
訓 あじ

初唐・般若經 3_20_9
初唐・般若經 3_20_17
初唐・般若經 3_22_7
初唐・般若經 5_51_2
初唐・般若經 5_52_3
初唐・般若經 5_53_16
初唐・般若經 15_226_13
初唐・般若經 15_227_4

初唐・般若經 16_228_13
初唐・般若經 17_259_3
初唐・般若經 18_260_4
初唐・般若經 18_262_2
中唐・翰苑 35_449_7
晚唐・摩訶止觀 26_220_16
五代・大毗盧經 4_44_8
五代・大毗盧經 29_374_10

五代・大毗盧經 29_374_12
五代・大毗盧經 29_374_15
五代・大毗盧經 90_1104_10

## 呪

慣 ジュ 呉 シュ 漢 シュウ
訓 のろう

五代・密教部類 1_6_21

## 呬 (呬)

キ
訓 いき

五代・密教部類 3_29_2
五代・密教部類 3_29_11
五代・密教部類 3_30_2
五代・大毗盧經 9_110_20
五代・大毗盧經 53_646_9
五代・大毗盧經 67_847_3
五代・大毗盧經 67_847_6

## 呼 (呼)

漢 現 コ
訓 よぶ

初唐・禮記正義 15_226_24
初唐・禮記正義 26_390_9
初唐・禮記正義 26_391_21
初唐・禮記正義 26_393_12
初唐・禮記正義 26_395_16
中唐・翰苑 3_33_8
中唐・翰苑 3_33_33

中唐・翰苑 5_54_33
中唐・翰苑 7_86_22
中唐・翰苑 9_111_23
中唐・翰苑 11_139_28
中唐・翰苑 18_236_30
中唐・翰苑 19_244_43
中唐・翰苑 32_409_18

## 咄

漢トツ
訓しかる

中唐・翰苑
26_345_12

五代•大毗盧經
68_857_9

## 咈

漢フツ漢ヒツ
訓たがう

初唐•古文尚書
28_272_31

## 呴

ク
訓ふく

五代•大毗盧經
7_87_5

五代•大毗盧經
56_686_33

五代•大毗盧經
60_736_8

五代•大毗盧經
66_830_16

五代•大毗盧經
68_854_2

五代•大毗盧經
94_1153_1

五代•大毗盧經
37_438_20

五代•大毗盧經
42_504_23

五代•大毗盧經
47_579_36

五代•大毗盧經
51_626_14

五代•大毗盧經
52_638_20

五代•大毗盧經
52_639_8

五代•大毗盧經
52_643_41

五代•大毗盧經
25_316_13

五代•大毗盧經
26_333_13

五代•大毗盧經
26_333_21

五代•大毗盧經
35_422_15

五代•大毗盧經
36_428_13

五代•大毗盧經
37_434_19

五代•大毗盧經
37_436_15

中唐・翰苑
32_409_36

中唐・翰苑
34_435_39

中唐・翰苑
44_556_6

晚唐•摩訶止觀
16_139_19

晚唐•摩訶止觀
38_327_2

五代•大毗盧經
15_197_14

五代•大毗盧經
20_253_13

## 和

吳 現 ワ 慣 現 オ 漢 カ
訓 やわらぐ

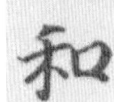

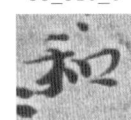

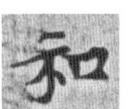

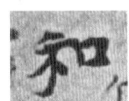

初唐・古文尚書 9_72_1
初唐・古文尚書 9_72_17
初唐・古文尚書 12_107_8
初唐・古文尚書 14_133_19
初唐・古文尚書 22_210_19
初唐・古文尚書 22_211_2
初唐・古文尚書 27_266_23
初唐・古文尚書 33_315_10
初唐・古文尚書 33_316_6
初唐・古文尚書 33_317_16
初唐・古文尚書 35_336_14
初唐・古文尚書 35_337_15
初唐・古文尚書 41_396_18
初唐・古文尚書 41_397_2
初唐・禮記正義 5_76_3
初唐・十誦律 2_31_10
初唐・十誦律 2_32_6
初唐・十誦律 6_94_4
初唐・十誦律 6_107_15
初唐・十誦律 6_108_9
初唐・十誦律 6_109_16
初唐・十誦律 6_111_10
初唐・十誦律 7_114_12
初唐・十誦律 7_116_13
初唐・十誦律 19_362_7
中唐・翰苑 2_18_1
中唐・翰苑 3_34_24
中唐・翰苑 4_38_13
中唐・翰苑 4_43_7
中唐・翰苑 5_63_25
中唐・翰苑 6_68_33
中唐・翰苑 6_73_9
中唐・翰苑 8_102_36
中唐・翰苑 8_103_2
中唐・翰苑 16_204_16
中唐・翰苑 16_207_1
中唐・翰苑 17_223_12
中唐・翰苑 20_269_3
中唐・翰苑 25_325_14
中唐・翰苑 30_389_2
中唐・翰苑 35_451_7
中唐・翰苑 39_506_25
中唐・翰苑 40_507_6
中唐・翰苑 40_518_42
中唐・翰苑 41_530_2
中唐・翰苑 42_536_12
晚唐・摩訶止觀 1_9_15
晚唐・摩訶止觀 2_14_1

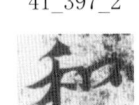

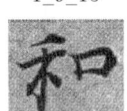

## 呶

慣 ド 漢 ドウ
訓 かまびすしい

五代・大毗盧經 47_578_16

# 命 命

慣 現 メイ 漢 ベイ
呉 現 ミョウ
訓 いのち

初唐・古文尚書 17_159_4
初唐・古文尚書 17_162_7
初唐・古文尚書 17_162_10
初唐・古文尚書 17_162_19
初唐・古文尚書 17_162_25
初唐・古文尚書 18_166_5
初唐・古文尚書 18_166_18
初唐・古文尚書 18_172_17

初唐・古文尚書 13_115_6
初唐・古文尚書 13_115_18
初唐・古文尚書 13_116_27
初唐・古文尚書 13_117_21
初唐・古文尚書 15_135_6
初唐・古文尚書 15_141_9
初唐・古文尚書 16_149_7
初唐・古文尚書 16_150_3

初唐・古文尚書 7_56_16
初唐・古文尚書 7_57_23
初唐・古文尚書 8_64_21
初唐・古文尚書 9_76_12
初唐・古文尚書 9_77_9
初唐・古文尚書 11_100_1
初唐・古文尚書 11_100_14
初唐・古文尚書 12_108_23

初唐・古文尚書 5_37_2
初唐・古文尚書 6_49_16
初唐・古文尚書 6_50_1
初唐・古文尚書 7_51_23
初唐・古文尚書 7_52_7
初唐・古文尚書 7_52_21
初唐・古文尚書 7_54_1
初唐・古文尚書 7_54_11

五代・密教部類 5_60_9
五代・密教部類 6_84_18
五代・密教部類 6_84_24
五代・密教部類 6_84_29
五代・密教部類 6_85_15
五代・密教部類 6_88_21
五代・密教部類 6_89_20

五代・密教部類 2_13_5
五代・密教部類 2_13_12
五代・密教部類 2_14_5
五代・密教部類 2_14_12
五代・密教部類 2_24_2
五代・密教部類 3_34_44
五代・密教部類 4_57_14
五代・密教部類 5_59_9

晩唐・摩訶止観 23_196_20
晩唐・摩訶止観 28_244_7
晩唐・摩訶止観 45_384_9
晩唐・摩訶止観 56_475_16
五代・密教部類 2_11_5
五代・密教部類 2_11_12
五代・密教部類 2_12_5
五代・密教部類 2_12_12

初唐·古文尚書 18_172_28
初唐·古文尚書 19_179_32
初唐·古文尚書 19_180_8
初唐·古文尚書 19_181_22
初唐·古文尚書 19_182_7
初唐·古文尚書 19_182_23
初唐·古文尚書 19_183_4
初唐·古文尚書 19_184_4
初唐·古文尚書 19_185_3
初唐·古文尚書 21_205_2
初唐·古文尚書 24_229_5
初唐·古文尚書 24_229_12
初唐·古文尚書 24_236_14
初唐·古文尚書 24_237_18
初唐·古文尚書 24_238_2
初唐·古文尚書 24_238_23
初唐·古文尚書 25_247_7
初唐·古文尚書 25_248_7
初唐·古文尚書 26_251_31
初唐·古文尚書 26_252_18
初唐·古文尚書 26_253_26
初唐·古文尚書 26_254_9
初唐·古文尚書 26_254_17
初唐·古文尚書 26_255_16
初唐·古文尚書 26_256_24
初唐·古文尚書 26_259_5
初唐·古文尚書 29_284_6
初唐·古文尚書 29_284_19
初唐·古文尚書 31_286_8
初唐·古文尚書 31_286_27
初唐·古文尚書 31_287_15
初唐·古文尚書 31_296_27
初唐·古文尚書 32_297_10
初唐·古文尚書 33_313_10
初唐·古文尚書 34_327_3
初唐·古文尚書 35_328_3
初唐·古文尚書 35_328_27
初唐·古文尚書 35_334_10
初唐·古文尚書 35_334_20
初唐·古文尚書 36_345_16
初唐·古文尚書 36_346_4
初唐·古文尚書 37_350_4
初唐·古文尚書 37_351_3
初唐·古文尚書 37_351_27
初唐·古文尚書 37_352_2
初唐·古文尚書 37_352_6
初唐·古文尚書 37_353_10
初唐·古文尚書 37_359_28
初唐·古文尚書 38_363_17
初唐·古文尚書 39_378_2
初唐·古文尚書 39_378_6
初唐·古文尚書 39_378_24
初唐·古文尚書 39_379_28
初唐·古文尚書 39_380_10
初唐·古文尚書 40_385_1
初唐·古文尚書 41_396_2

初唐•古文尚書 41_396_22
初唐•古文尚書 41_401_33
初唐•古文尚書 42_404_25
初唐•古文尚書 43_412_8
初唐•古文尚書 43_413_5
初唐•古文尚書 43_422_14
初唐•古文尚書 44_423_33
初唐•古文尚書 44_426_26

初唐•古文尚書 44_427_18
初唐•古文尚書 48_471_10
初唐•古文尚書 48_471_29
初唐 • 毛詩傳 1_9_34
初唐 • 毛詩傳 5_47_17
初唐•禮記正義 4_53_2
初唐•禮記正義 4_54_3
初唐•禮記正義 5_70_21

初唐•禮記正義 7_99_19
初唐•禮記正義 7_102_28
初唐•禮記正義 7_103_11
初唐•禮記正義 7_104_4
初唐•禮記正義 7_104_17
初唐•禮記正義 7_104_26
初唐•禮記正義 7_105_7
初唐•禮記正義 7_105_14

初唐•禮記正義 7_105_24
初唐•禮記正義 7_106_6
初唐•禮記正義 7_106_12
初唐•禮記正義 7_106_17
初唐•禮記正義 7_106_23
初唐•禮記正義 7_107_2
初唐•禮記正義 7_107_19
初唐•禮記正義 7_107_24

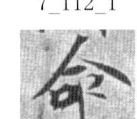

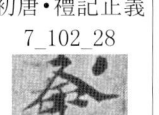

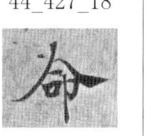

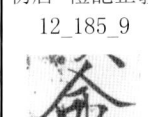

初唐•禮記正義 7_108_1
初唐•禮記正義 7_108_16
初唐•禮記正義 7_109_4
初唐•禮記正義 7_109_17
初唐•禮記正義 7_109_20
初唐•禮記正義 7_109_27
初唐•禮記正義 7_109_33
初唐•禮記正義 7_110_2

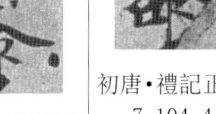

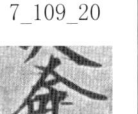

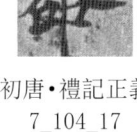

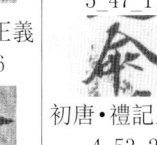

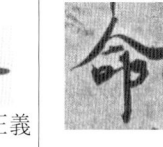

初唐•禮記正義 7_110_10
初唐•禮記正義 7_112_1
初唐•禮記正義 7_112_9
初唐•禮記正義 7_112_12
初唐•禮記正義 7_112_19
初唐•禮記正義 8_113_1
初唐•禮記正義 8_113_8
初唐•禮記正義 8_113_14

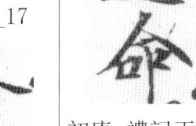

初唐•禮記正義 8_113_20
初唐•禮記正義 8_113_25
初唐•禮記正義 12_185_9
初唐•禮記正義 12_190_20
初唐•禮記正義 12_191_23
初唐•禮記正義 12_194_6
初唐•禮記正義 15_226_17
初唐•禮記正義 15_226_23

## 周

漢 現 シュウ 呉 シュ 呉 ス
訓 まわり

初唐・古文尚書 31_287_18
初唐・古文尚書 31_287_29
初唐・古文尚書 31_290_11
初唐・古文尚書 32_297_1
初唐・古文尚書 32_297_13
初唐・古文尚書 32_297_24
初唐・古文尚書 33_311_15
初唐・古文尚書 33_315_34

初唐・古文尚書 24_233_14
初唐・古文尚書 25_243_4
初唐・古文尚書 25_243_8
初唐・古文尚書 25_248_12
初唐・古文尚書 29_284_3
初唐・古文尚書 29_284_15
初唐・古文尚書 29_285_1
初唐・古文尚書 31_286_19

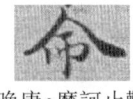

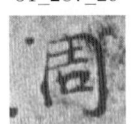

五代・大毗盧經 23_293_4
五代・大毗盧經 43_524_11
五代・大毗盧經 44_535_26
五代・大毗盧經 45_540_30
五代・大毗盧經 65_817_13
五代・大毗盧經 66_829_35
五代・大毗盧經 67_841_5

五代・大毗盧經 3_26_6
五代・大毗盧經 5_51_7
五代・大毗盧經 6_73_10
五代・大毗盧經 7_86_4
五代・大毗盧經 11_133_2
五代・大毗盧經 11_133_18
五代・大毗盧經 18_234_8
五代・大毗盧經 22_275_10

晚唐・摩訶止觀 45_387_23
晚唐・摩訶止觀 54_458_10
晚唐・摩訶止觀 56_473_11
五代・大毗盧經 2_21_16
五代・大毗盧經 3_22_9
五代・大毗盧經 3_22_16
五代・大毗盧經 3_23_2
五代・大毗盧經 3_23_9

中唐・翰苑 19_253_32
中唐・翰苑 20_261_10
中唐・翰苑 30_394_32
中唐・翰苑 31_404_20
中唐・翰苑 32_416_30
中唐・翰苑 34_441_24
中唐・翰苑 35_452_41
晚唐・摩訶止觀 4_33_13

初唐・禮記正義 15_228_10
初唐・禮記正義 22_331_22
初唐・禮記正義 22_337_8
初唐・禮記正義 22_338_29
初唐・禮記正義 22_339_11
初唐・禮記正義 23_350_19
初唐・禮記正義 30_468_15
中唐・翰苑 2_10_11

初唐•古文尚書 33_316_15
初唐•古文尚書 33_317_11
初唐•古文尚書 34_321_3
初唐•古文尚書 34_321_21
初唐•古文尚書 34_321_24
初唐•古文尚書 34_326_8
初唐•古文尚書 34_327_7
初唐•古文尚書 37_350_8

初唐•古文尚書 37_351_7
初唐•古文尚書 39_377_8
初唐•禮記正義 3_42_20
初唐•禮記正義 5_80_29
初唐•禮記正義 8_114_17
初唐•禮記正義 8_124_14
初唐•禮記正義 8_126_18
初唐•禮記正義 9_137_14

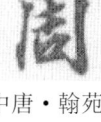

初唐•禮記正義 9_138_7
初唐•禮記正義 11_165_1
初唐•禮記正義 17_261_12
初唐•禮記正義 18_273_21
初唐•禮記正義 18_274_9
初唐•禮記正義 24_362_26
初唐•禮記正義 29_451_27
初唐•禮記正義 29_453_4

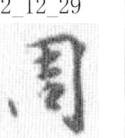

初唐•禮記正義 29_453_23
初唐•禮記正義 29_457_5
中唐 • 翰苑 2_9_1
中唐 • 翰苑 2_12_29
中唐 • 翰苑 2_16_4
中唐 • 翰苑 2_16_35
中唐 • 翰苑 24_311_9

同時
中唐 • 翰苑 10_125_6
中唐 • 翰苑 30_392_1
中唐 • 翰苑 31_403_35
中唐 • 翰苑 35_450_23
中唐 • 翰苑 35_452_1
中唐 • 翰苑 35_453_30
中唐 • 翰苑 39_501_1
中唐 • 翰苑 45_574_6

中唐 • 翰苑 45_580_7
晚唐•摩訶止觀 9_76_19
晚唐•摩訶止觀 33_287_15
晚唐•摩訶止觀 41_355_22
五代•大毗盧經 13_163_4
五代•大毗盧經 13_168_16
五代•大毗盧經 39_456_2
五代•大毗盧經 44_527_6

五代•大毗盧經 50_612_6
五代•大毗盧經 63_776_6
五代•大毗盧經 63_778_14
五代•大毗盧經 71_868_6
五代•大毗盧經 73_905_1

# 唧

慣ソク 漢ショク
訓なく

五代・大毗盧經
5_48_4

五代・大毗盧經
78_941_5

五代・大毗盧經
78_941_13

# 咸

漢カン/呉ゲン/
呉カン
訓みな

初唐・古文尚書
47_460_5

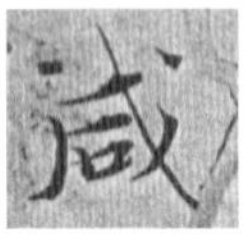
初唐・古文尚書
49_476_8

初唐・禮記正義
5_74_18

中唐・翰苑
15_191_37

中唐・翰苑
19_253_46

中唐・翰苑
31_398_25

晚唐・摩訶止觀
7_63_9

晚唐・摩訶止觀
50_425_20

初唐・古文尚書
11_98_28

初唐・古文尚書
12_109_2

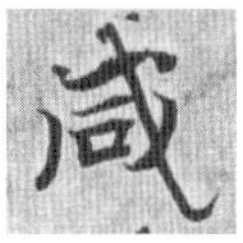
初唐・古文尚書
17_164_3

初唐・古文尚書
23_220_7

初唐・古文尚書
34_319_23

初唐・古文尚書
36_343_12

初唐・古文尚書
37_355_13

初唐・古文尚書
37_359_10

# 哉

サイ
訓かな

晚唐・摩訶止觀
55_465_14

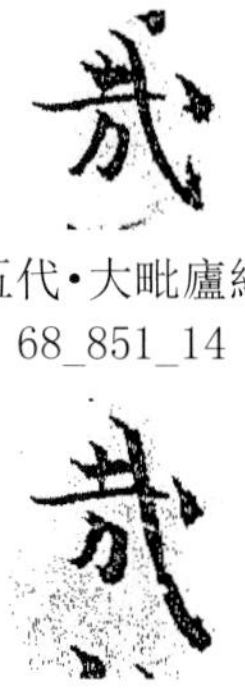
五代・大毗盧經
68_851_14

五代・大毗盧經
68_851_16

初唐・古文尚書
36_341_20

初唐・古文尚書
37_356_21

初唐・古文尚書
41_393_43

初唐・古文尚書
48_464_13

初唐・古文尚書
49_475_32

初唐・毛詩傳
10_107_16

中唐・翰苑
4_37_20

製裁
中唐・翰苑
33_432_35

初唐・古文尚書
43_419_7

初唐・古文尚書
43_420_3

五代・大毗盧經
97_1187_42

# 咎

漢キュウ
訓とがめる

初唐・古文尚書
9_80_12

初唐・古文尚書
9_80_20

初唐・古文尚書
12_105_10

初唐・古文尚書
21_204_20

初唐・古文尚書
21_204_32

初唐・古文尚書
25_243_3

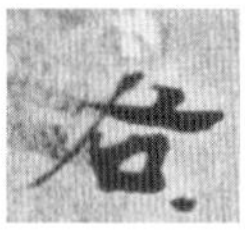
初唐・古文尚書
25_243_5

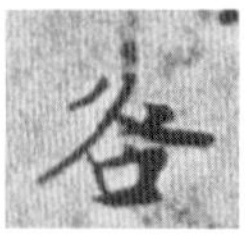
初唐・古文尚書
42_406_16

## 哂

シン
訓 わらう

初唐・禮記正義
28_436_16

初唐・禮記正義
28_436_28

## 哩

リ
訓 わい

五代・大毗盧經
4_42_10

五代・大毗盧經
6_66_11

五代・大毗盧經
6_73_25

五代・大毗盧經
9_107_26

五代・大毗盧經
10_120_2

五代・大毗盧經
11_127_14

五代・大毗盧經
11_127_19

五代・大毗盧經
14_181_18

五代・大毗盧經
15_186_7

五代・大毗盧經
16_199_2

五代・大毗盧經
16_199_10

五代・大毗盧經
17_220_21

五代・大毗盧經
18_233_22

五代・大毗盧經
18_235_4

五代・大毗盧經
20_262_2

五代・大毗盧經
21_273_5

五代・大毗盧經
22_282_17

五代・大毗盧經
26_335_25

五代・大毗盧經
37_439_5

五代・大毗盧經
37_439_7

五代・大毗盧經
38_444_12

五代・大毗盧經
44_535_7

五代・大毗盧經
47_579_39

五代・大毗盧經
47_581_12

五代・大毗盧經
48_582_13

五代・大毗盧經
49_595_11

五代・大毗盧經
50_604_14

五代・大毗盧經
51_625_13

五代・大毗盧經
52_643_30

五代・大毗盧經
55_674_6

五代・大毗盧經
56_684_9

五代・大毗盧經
56_688_14

五代・大毗盧經
57_699_22

五代・大毗盧經
58_711_13

五代・大毗盧經
59_726_10

五代・大毗盧經
62_764_10

五代・大毗盧經
64_809_13

五代・大毗盧經
64_809_20

五代・大毗盧經
66_831_25

五代・大毗盧經
66_831_33

五代・大毗盧經
67_833_2

五代・大毗盧經
67_837_8

五代・大毗盧經
68_856_32

五代・大毗盧經
71_879_21

五代・大毗盧經
80_967_3

五代・大毗盧經
80_967_8

五代・大毗盧經
81_986_3

五代・大毗盧經
81_991_12

五代・大毗盧經 82_1003_11
五代・大毗盧經 82_1005_17
五代・大毗盧經 83_1006_15
五代・大毗盧經 83_1010_17
五代・大毗盧經 83_1013_10
五代・大毗盧經 84_1021_2
五代・大毗盧經 87_1061_12
五代・大毗盧經 91_1112_2

五代・大毗盧經 94_1152_1
五代・大毗盧經 98_1213_3

## 品 品

漢 現 ヒン 呉 ホン
訓 しな

初唐・古文尚書 4_33_13
初唐・古文尚書 5_44_2
初唐・般若經 2_3_6
中唐・翰苑 21_270_11
中唐・翰苑 21_271_23
中唐・翰苑 21_271_37
中唐・翰苑 21_272_3
中唐・翰苑 21_272_18

中唐・翰苑 21_273_16
中唐・翰苑 21_273_28
中唐・翰苑 21_273_41
中唐・翰苑 21_274_5
中唐・翰苑 21_274_23
中唐・翰苑 21_274_34
中唐・翰苑 21_275_5
中唐・翰苑 21_275_12

中唐・翰苑 21_275_19
中唐・般若經 2_2_6
晚唐・摩訶止觀 3_27_3
晚唐・摩訶止觀 3_28_15
晚唐・摩訶止觀 11_93_9
晚唐・摩訶止觀 12_105_11
晚唐・摩訶止觀 20_178_20
晚唐・摩訶止觀 21_180_4

晚唐・摩訶止觀 21_181_22
晚唐・摩訶止觀 21_183_18
晚唐・摩訶止觀 21_184_19
晚唐・摩訶止觀 21_186_8
晚唐・摩訶止觀 28_240_6
晚唐・摩訶止觀 31_269_23
晚唐・摩訶止觀 31_270_12
晚唐・摩訶止觀 46_397_10

晚唐・摩訶止觀 46_398_9
晚唐・摩訶止觀 47_399_21
晚唐・摩訶止觀 47_400_30
晚唐・摩訶止觀 55_466_28
五代・密教部類 4_53_21

## 哀

現アイ
訓あわれ

初唐•古文尚書
41_394_3

初唐•古文尚書
41_395_10

初唐•古文尚書
47_459_25

初唐・毛詩傳
9_101_16

初唐•禮記正義
5_78_31

初唐•禮記正義
6_85_10

初唐•禮記正義
6_95_11

## 吒

タ漢ト
訓しかる

五代•大毗盧經
11_126_3

五代•大毗盧經
35_420_10

五代•大毗盧經
36_426_10

## 哆

シ、シャ
訓—

五代•大毗盧經
4_42_15

五代•大毗盧經
22_283_4

五代•大毗盧經
30_378_11

## 唎

リ
訓こえ

五代•大毗盧經
43_511_17

五代•大毗盧經
43_511_27

五代•大毗盧經
61_757_2

五代•大毗盧經
68_856_14

五代•大毗盧經
84_1019_10

五代•大毗盧經
49_596_11

五代•大毗盧經
50_604_17

五代•大毗盧經
59_724_12

## 唅

漢カン
訓ふくむ

五代•大毗盧經
7_81_11

五代•大毗盧經
8_100_8

五代•大毗盧經
10_112_14

五代•大毗盧經
12_146_6

五代•大毗盧經
12_151_12

五代•大毗盧經
19_241_19

五代•大毗盧經
25_316_14

五代•大毗盧經
40_475_6

五代•大毗盧經
41_498_10

## 咽

慣イン呉エン
訓のむ

五代•大毗盧經
35_415_3

| 哲 | 哿 | 咫 | 咨 | | | |
|---|---|---|---|---|---|---|
| 漢現テツ<br>訓あきらか | カ<br>訓よい | シ<br>訓みじかい | シ<br>訓はかる | | | |
| <br>初唐•古文尚書<br>17_164_15<br><br>初唐•古文尚書<br>49_475_33<br><br>晚唐•摩訶止觀<br>22_188_5 | <br>五代•大毗盧經<br>79_959_13 | <br>中唐・翰苑<br>30_393_23 | <br>初唐•古文尚書<br>36_339_7<br><br>初唐•古文尚書<br>36_339_23<br><br>初唐•古文尚書<br>36_340_6<br><br>初唐•禮記正義<br>28_428_5 | <br>五代•大毗盧經<br>18_237_16<br><br>五代•大毗盧經<br>56_684_27<br><br>五代•大毗盧經<br>98_1212_14 | <br>中唐・翰苑<br>38_493_1<br><br>中唐・翰苑<br>39_495_29<br><br>中唐・翰苑<br>39_496_21<br><br>中唐・翰苑<br>41_522_5<br><br>中唐・翰苑<br>41_523_20<br><br>中唐・翰苑<br>44_556_40<br><br>五代•大毗盧經<br>6_68_8 | 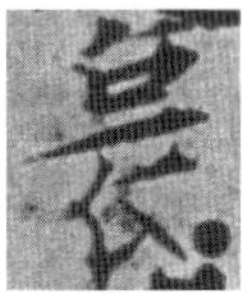<br>初唐•禮記正義<br>7_107_5<br><br>初唐•禮記正義<br>7_108_18<br><br>初唐•禮記正義<br>9_132_15<br><br>中唐・翰苑<br>12_151_15<br><br>中唐・翰苑<br>30_389_33<br><br>中唐・翰苑<br>38_485_22<br><br>中唐・翰苑<br>38_486_7 |

五代•密教部類
5_68_2

五代•密教部類
5_69_2

## 唐

漢 現 トウ
訓 から

初唐・毛詩傳
1_4_7

初唐・毛詩傳
9_97_10

初唐•禮記正義
29_446_9

中唐・翰苑
2_14_4

中唐・翰苑
44_560_6

五代•密教部類
5_66_2

五代•密教部類
5_67_2

## 喃

コク
訓 とりのこえ

中唐・翰苑
17_223_28

## 哭

コク
訓 なく

初唐•禮記正義
2_28_7

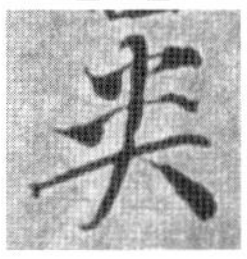

初唐•禮記正義
29_453_9

中唐・翰苑
12_151_12

中唐・翰苑
30_390_24

## 哩

デツ、ネチ
訓 いかる

五代•大毗盧經
45_544_18

五代•大毗盧經
77_930_16

## 員

エン 慣 現 イン 漢
ウン
訓 かず

初唐•古文尚書
29_280_33

中唐・翰苑
17_215_36

中唐・翰苑
28_359_22

## 哥

カ
訓 うたう

中唐・翰苑
22_284_2

中唐・翰苑
32_416_11

## 唱 唱

現ショウ
訓となえる

初唐・十誦律
11_204_6

初唐・十誦律
11_213_7

初唐・十誦律
3_34_4

初唐・十誦律
3_35_16

初唐・十誦律
3_36_7

初唐・十誦律
3_38_11

初唐・十誦律
4_53_13

初唐・十誦律
5_82_3

初唐・十誦律
6_93_8

初唐・十誦律
9_167_1

## 啉

漢ラン/漢リン
訓むさぼる

五代・大毗盧經
75_918_13

五代・大毗盧經
97_1190_16

五代・大毗盧經
98_1213_1

五代・大毗盧經
79_959_12

五代・大毗盧經
79_962_11

五代・大毗盧經
82_997_11

五代・大毗盧經
86_1049_10

五代・大毗盧經
88_1076_18

五代・大毗盧經
88_1080_11

五代・大毗盧經
89_1085_23

五代・大毗盧經
93_1142_11

五代・大毗盧經
6_66_1

五代・大毗盧經
8_90_12

五代・大毗盧經
10_114_1

五代・大毗盧經
10_116_1

五代・大毗盧經
13_157_1

五代・大毗盧經
15_186_1

五代・大毗盧經
68_856_1

五代・大毗盧經
78_949_11

## 唵

漢アン
訓ほおばる

五代・大毗盧經
3_26_1

五代・大毗盧經
3_33_1

五代・大毗盧經
4_37_1

五代・大毗盧經
4_41_1

五代・大毗盧經
5_48_1

五代・大毗盧經
5_52_1

五代・大毗盧經
5_57_1

五代・大毗盧經
6_61_1

## 啶

テイ
訓—

五代•大毗盧經
37_433_5

## 唯

吳現ユイ 漢現イ
訓ただ

五代•大毗盧經
10_122_8

五代•大毗盧經
98_1211_16

中唐・翰苑
36_468_21

晚唐•摩訶止觀
44_375_6

晚唐•摩訶止觀
46_394_1

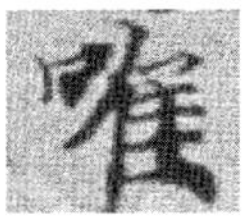
晚唐•摩訶止觀
60_508_16

五代•密教部類
1_7_13

五代•大毗盧經
2_5_15

五代•大毗盧經
5_55_15

初唐•禮記正義
25_383_12

中唐・翰苑
14_177_16

中唐・翰苑
15_191_13

中唐・翰苑
18_233_5

中唐・翰苑
23_305_22

中唐・翰苑
24_310_13

中唐・翰苑
30_383_11

初唐•禮記正義
16_241_5

初唐•禮記正義
20_302_25

初唐•禮記正義
21_324_7

初唐•禮記正義
22_326_12

初唐•禮記正義
24_361_21

初唐•禮記正義
25_382_8

初唐•禮記正義
25_382_27

初唐•禮記正義
3_49_7

初唐•禮記正義
5_72_7

初唐•禮記正義
5_73_15

初唐•禮記正義
5_73_27

初唐•禮記正義
6_86_25

初唐•禮記正義
8_120_66

初唐•禮記正義
8_124_13

## 唾

タ 慣ダ
訓つばする

晚唐•摩訶止觀
55_464_8

| 喜 | | | | 啓 | 嗱 | 啖 |
|---|---|---|---|---|---|---|
| | | 現キ/シ<br>訓よろこぶ | | 漢現ケイ<br>訓ひらく | 漢ダ呉ナ<br>訓— | 漢タン<br>訓くう |
| 晩唐•摩訶止觀<br>3_28_7 | 中唐・翰苑<br>33_429_19 | 初唐•古文尚書<br>12_105_4 | 初唐•禮記正義<br>29_446_14 | 初唐•古文尚書<br>18_175_18 | 五代•大毗盧經<br>38_441_17 | 五代•大毗盧經<br>90_1106_27 |
| 晩唐•摩訶止觀<br>10_84_17 | 中唐・翰苑<br>35_449_13 | 初唐•古文尚書<br>12_106_5 | 中唐・翰苑<br>2_10_26 | 初唐•古文尚書<br>21_197_10 | | |
| 晩唐•摩訶止觀<br>10_91_1 | 中唐・翰苑<br>39_504_26 | 初唐・毛詩傳<br>4_34_20 | 中唐・翰苑<br>2_16_25 | 初唐•古文尚書<br>36_343_7 | | |
| 晩唐•摩訶止觀<br>11_97_1 | 中唐・翰苑<br>41_530_40 | 初唐・般若經<br>12_164_9 | 中唐・翰苑<br>3_23_14 | 初唐•古文尚書<br>47_459_30 | | |
| 晩唐•摩訶止觀<br>13_114_9 | 中唐・般若經<br>10_158_11 | 初唐・般若經<br>25_379_6 | 中唐・翰苑<br>36_469_4 | 初唐•禮記正義<br>8_125_27 | | |
| 晩唐•摩訶止觀<br>45_383_1 | 中唐・般若經<br>10_160_13 | 中唐・翰苑<br>9_111_29 | 中唐・翰苑<br>37_480_3 | 初唐•禮記正義<br>9_138_15 | | |
| 五代•大毗盧經<br>2_14_3 | 中唐・般若經<br>10_162_15 | 中唐・翰苑<br>18_237_18 | 五代•大毗盧經<br>22_285_10 | 初唐•禮記正義<br>24_372_3 | | |
| 五代•大毗盧經<br>5_50_21 | 中唐・般若經<br>10_165_1 | 中唐・翰苑<br>22_284_7 | 五代•大毗盧經<br>98_1210_12 | 初唐•禮記正義<br>29_446_4 | | |

# 喪 𠷔

漢 現 ソウ
訓 も

五代・大毗盧經 5_51_2
五代・大毗盧經 14_179_1
五代・大毗盧經 16_200_19
五代・大毗盧經 21_266_9
五代・大毗盧經 21_268_17
五代・大毗盧經 23_287_10
五代・大毗盧經 47_575_17
五代・大毗盧經 68_850_17

五代・大毗盧經 71_874_18
五代・大毗盧經 72_884_1
五代・大毗盧經 79_961_28
五代・大毗盧經 84_1026_4
五代・大毗盧經 92_1129_13
五代・大毗盧經 94_1156_28

初唐・古文尚書 17_163_18
初唐・古文尚書 17_163_24
初唐・古文尚書 20_195_20
初唐・古文尚書 20_196_4
初唐・古文尚書 26_252_10
初唐・古文尚書 26_256_35
初唐・古文尚書 27_266_30

初唐・古文尚書 27_267_29
初唐・古文尚書 27_268_5
初唐・古文尚書 29_279_23
初唐・禮記正義 1_11_15
初唐・禮記正義 5_70_18
初唐・禮記正義 6_85_16
初唐・禮記正義 6_94_18

初唐・禮記正義 6_94_26
初唐・禮記正義 7_106_29
初唐・禮記正義 7_108_12
初唐・禮記正義 7_112_25
初唐・禮記正義 26_397_27
初唐・禮記止義 26_399_9
初唐・禮記正義 26_399_29

初唐・禮記正義 29_447_10
初唐・禮記正義 29_448_17
初唐・禮記正義 29_452_18
中唐・翰苑 8_93_6
中唐・翰苑 17_220_34
中唐・翰苑 29_376_17
中唐・翰苑 41_530_14

中唐・翰苑 41_530_28
中唐・翰苑 44_566_12
晚唐・摩訶止觀 43_374_10

# 喃

呉 ナン
訓 しゃべる

五代•大毗盧經 6_73_8
五代•大毗盧經 10_118_10
五代•大毗盧經 11_125_10
五代•大毗盧經 15_186_16
五代•大毗盧經 15_197_9
五代•大毗盧經 16_205_9
五代•大毗盧經 17_219_9
五代•大毗盧經 17_226_9

五代•大毗盧經 20_258_9
五代•大毗盧經 20_261_9
五代•大毗盧經 21_264_9
五代•大毗盧經 21_267_9
五代•大毗盧經 23_300_9
五代•大毗盧經 24_305_8
五代•大毗盧經 24_307_8
五代•大毗盧經 24_312_9

五代•大毗盧經 25_316_9
五代•大毗盧經 25_319_9
五代•大毗盧經 25_321_9
五代•大毗盧經 26_329_9
五代•大毗盧經 26_333_9
五代•大毗盧經 74_912_16
五代•大毗盧經 74_915_9
五代•大毗盧經 75_918_9

五代•大毗盧經 75_920_16
五代•大毗盧經 75_922_15
五代•大毗盧經 75_925_9
五代•大毗盧經 77_929_9
五代•大毗盧經 77_933_8
五代•大毗盧經 77_939_9
五代•大毗盧經 78_943_10
五代•大毗盧經 78_949_9

五代•大毗盧經 78_952_9
五代•大毗盧經 79_955_9
五代•大毗盧經 79_959_9
五代•大毗盧經 79_962_9
五代•大毗盧經 80_980_9
五代•大毗盧經 81_982_9
五代•大毗盧經 81_984_9
五代•大毗盧經 81_987_9

五代•大毗盧經 81_991_9
五代•大毗盧經 81_994_8
五代•大毗盧經 82_997_9
五代•大毗盧經 82_1000_9
五代•大毗盧經 82_1003_8
五代•大毗盧經 83_1016_8
五代•大毗盧經 84_1019_8
五代•大毗盧經 84_1024_8

五代•大毗盧經 84_1028_9
五代•大毗盧經 85_1031_9
五代•大毗盧經 86_1049_9
五代•大毗盧經 86_1052_9
五代•大毗盧經 86_1055_9
五代•大毗盧經 96_1171_18
五代•大毗盧經 97_1190_14
五代•大毗盧經 98_1204_9

| 單單 | [illegible] | 喫喫 | 喇 |
|---|---|---|---|
| タン/吳ゼン<br>訓— | アン<br>訓— | 慣現キツ漢ケキ<br>訓くう | ラツ唐ラ<br>訓はやくち |

## 喇

五代•大毗盧經 22_283_21

五代•大毗盧經 68_853_13

## 喫

五代•大毗盧經 19_250_21

五代•大毗盧經 20_254_25

五代•大毗盧經 86_1058_19

## [illegible]

五代•大毗盧經 38_444_19

## 單

初唐•古文尚書 48_466_12

初唐•古文尚書 48_467_8

初唐•禮記正義 18_281_12

中唐•翰苑 2_17_19

中唐•翰苑 3_24_14

中唐•翰苑 3_26_33

中唐•翰苑 3_26_35

中唐•翰苑 3_27_6

中唐•翰苑 3_30_8

中唐•翰苑 3_31_30

中唐•翰苑 3_31_36

中唐•翰苑 3_32_40

中唐•翰苑 3_33_27

中唐•翰苑 3_34_14

中唐•翰苑 4_36_23

中唐•翰苑 4_37_9

中唐•翰苑 4_38_8

中唐•翰苑 4_47_12

中唐•翰苑 4_47_23

中唐•翰苑 4_48_6

中唐•翰苑 5_50_17

中唐•翰苑 5_51_3

中唐•翰苑 5_52_7

中唐•翰苑 5_53_16

中唐•翰苑 5_55_38

中唐•翰苑 5_58_19

中唐•翰苑 5_60_30

中唐•翰苑 5_61_3

# 嗢 嗢

漢 オツ
訓 むせぶ

五代•大毗盧經
17_220_7

五代•大毗盧經
17_221_5

五代•大毗盧經
27_342_6

五代•大毗盧經
27_345_1

五代•大毗盧經
30_385_22

五代•大毗盧經
45_539_22

五代•大毗盧經
47_578_18

五代•大毗盧經
55_670_7

中唐・翰苑
34_442_7

中唐・翰苑
34_442_39

中唐・翰苑
35_446_43

五代•大毗盧經
32_397_14

五代•大毗盧經
93_1137_24

中唐・翰苑
10_124_4

中唐・翰苑
13_167_23

中唐・翰苑
14_174_15

中唐・翰苑
15_187_19

中唐・翰苑
16_201_24

中唐・翰苑
22_296_8

中唐・翰苑
34_439_17

中唐・翰苑
9_108_27

中唐・翰苑
9_109_5

中唐・翰苑
9_109_15

中唐・翰苑
9_111_21

中唐・翰苑
9_111_26

中唐・翰苑
9_116_4

中唐・翰苑
10_122_23

中唐・翰苑
7_90_6

中唐・翰苑
8_92_13

中唐・翰苑
8_99_29

中唐・翰苑
8_99_42

中唐・翰苑
8_101_14

中唐・翰苑
8_104_6

中唐・翰苑
8_104_23

中唐・翰苑
7_78_32

中唐・翰苑
7_79_27

中唐・翰苑
7_82_36

中唐・翰苑
7_83_9

中唐・翰苑
7_83_20

中唐・翰苑
7_83_32

中唐・翰苑
7_87_31

中唐・翰苑
5_63_19

中唐・翰苑
6_66_4

中唐・翰苑
6_73_24

中唐・翰苑
6_76_1

中唐・翰苑
6_76_26

中唐・翰苑
6_77_9

中唐・翰苑
6_77_24

## 嗟

サ漢シャ
訓なげく

初唐•古文尚書
36_339_24

初唐•古文尚書
36_340_17

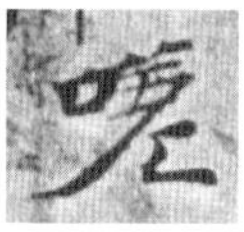
初唐•古文尚書
36_341_14

初唐•古文尚書
43_413_18

初唐・毛詩傳
6_67_16

初唐・毛詩傳
8_81_13

初唐・毛詩傳
8_86_14

中唐・翰苑
30_395_7

五代•大毗盧經
93_1145_17

晚唐•摩訶止觀
49_416_4

晚唐•摩訶止觀
49_416_8

晚唐•摩訶止觀
59_499_13

晚唐•摩訶止觀
61_511_4

五代•大毗盧經
7_79_5

五代•大毗盧經
23_298_16

五代•大毗盧經
56_688_19

五代•大毗盧經
88_1073_10

## 喻

ユ
訓さとす

初唐•古文尚書
9_72_18

初唐・毛詩傳
4_41_28

初唐・毛詩傳
5_53_12

初唐・毛詩傳
10_103_14

晚唐•摩訶止觀
5_39_8

晚唐•摩訶止觀
32_281_25

晚唐•摩訶止觀
45_387_3

晚唐•摩訶止觀
49_415_31

## 喟

キ、カイ
訓なげく

中唐・翰苑
45_578_17

## 喁

漢ギョウ慣グウ
訓あぎとう

五代•大毗盧經
92_1124_10

五代•大毗盧經
92_1124_12

五代•大毗盧經
56_688_22

五代•大毗盧經
56_690_1

五代•大毗盧經
58_718_19

## 喧

漢ケン
訓かまびすしい

晩唐•摩訶止観
29_251_18

## 啼

漢テイ
訓なく

晩唐•摩訶止観
10_84_19

## 喬喬

漢キョウ呉ギョウ
訓たかい

初唐•古文尚書
4_31_8

初唐•古文尚書
4_31_13

中唐・翰苑
35_446_23

中唐・翰苑
35_446_29

中唐・翰苑
41_528_27

## 善譱[illegible]

呉現ゼン
訓よい

初唐•古文尚書
5_46_35

初唐•古文尚書
10_84_8

初唐•古文尚書
10_84_24

初唐•古文尚書
10_85_33

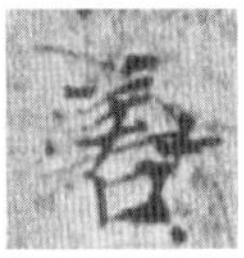
初唐•古文尚書
10_86_13

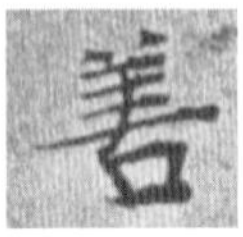
初唐•古文尚書
10_87_3

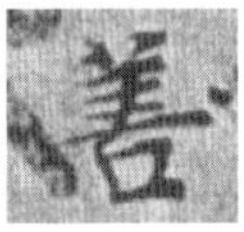
初唐•古文尚書
10_88_2

初唐•古文尚書
10_91_1

初唐•古文尚書
10_91_30

初唐•古文尚書
11_92_2

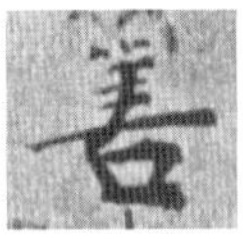
初唐•古文尚書
11_98_10

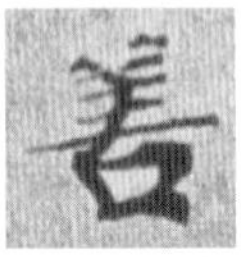
初唐•古文尚書
11_98_18

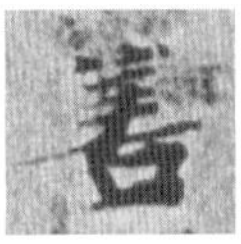
初唐•古文尚書
14_131_10

初唐•古文尚書
14_134_7

初唐•古文尚書
15_138_1

初唐•古文尚書
16_146_4

初唐•古文尚書
16_151_2

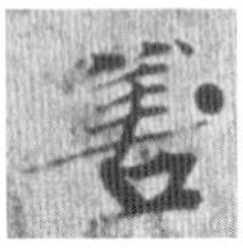
初唐•古文尚書
16_151_14

初唐•古文尚書
16_153_24

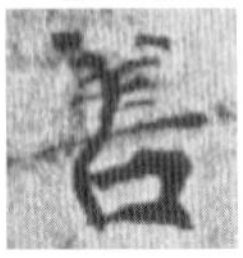
初唐•古文尚書
16_155_23

初唐•古文尚書
18_168_11

初唐•古文尚書
18_168_20

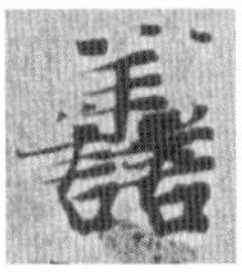
初唐•古文尚書
20_195_2

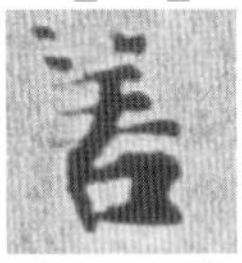
初唐•古文尚書
20_195_10

初唐•古文尚書
20_195_19

初唐•古文尚書
20_195_22

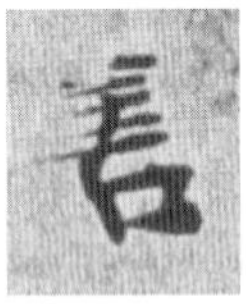
初唐•古文尚書
21_202_4

初唐•古文尚書
21_204_24

初唐•古文尚書
31_292_22

初唐•古文尚書
31_292_24

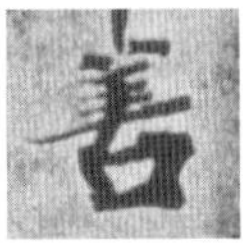
初唐•古文尚書
31_292_30

初唐•古文尚書
31_292_38

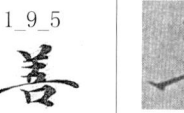

初唐•古文尚書
31_292_40
初唐•古文尚書
31_295_16
初唐•古文尚書
32_298_10
初唐•古文尚書
32_299_6
初唐•古文尚書
32_299_16
初唐•古文尚書
32_299_23
初唐•古文尚書
32_299_27
初唐•古文尚書
32_301_9

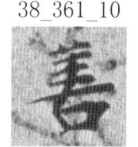

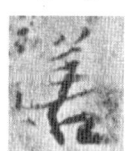

初唐•古文尚書
37_359_22
初唐•古文尚書
38_361_10
初唐•古文尚書
38_369_32
初唐•古文尚書
40_383_22
初唐•古文尚書
40_386_14
初唐•古文尚書
42_404_20
初唐•古文尚書
43_417_23
初唐•古文尚書
44_430_6

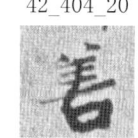

初唐•古文尚書
44_431_15
初唐•古文尚書
47_456_39
初唐•古文尚書
48_473_9
初唐•古文尚書
49_476_23
初唐•古文尚書
49_477_17
初唐•古文尚書
49_478_10
初唐•古文尚書
49_478_19
初唐•毛詩傳
2_13_2

初唐•毛詩傳
2_13_18
初唐•毛詩傳
5_48_8
初唐•禮記正義
4_59_19
初唐•禮記正義
10_160_7
初唐•禮記正義
10_160_17
初唐•禮記正義
11_223_9
初唐•十誦律
1_9_5
初唐•十誦律
10_177_5

初唐•般若經
2_4_3
初唐•般若經
2_10_6
初唐•般若經
2_17_1
初唐•般若經
3_23_13
初唐•般若經
3_31_13
初唐•般若經
4_39_13
初唐•般若經
4_47_13
初唐•般若經
5_55_13

初唐•般若經
5_63_13
初唐•般若經
6_71_13
初唐•般若經
6_78_8
初唐•般若經
7_87_1
初唐•般若經
7_95_7
初唐•般若經
8_105_9
初唐•般若經
8_114_1
初唐•般若經
9_120_13

初唐•般若經
9_127_14
初唐•般若經
10_135_7
初唐•般若經
10_143_4
初唐•般若經
11_150_8
初唐•般若經
11_154_1
初唐•般若經
11_160_3
初唐•般若經
12_168_13
初唐•般若經
12_175_8

初唐・般若經 13_182_9

初唐・般若經 13_190_1

初唐・般若經 14_197_5

初唐・般若經 14_200_11

初唐・般若經 14_204_13

初唐・般若經 14_209_3

初唐・般若經 15_215_13

初唐・般若經 15_222_16

初唐・般若經 16_230_2

初唐・般若經 16_238_10

初唐・般若經 17_247_1

初唐・般若經 17_255_9

初唐・般若經 18_263_16

初唐・般若經 18_272_7

初唐・般若經 19_280_15

初唐・般若經 19_288_1

初唐・般若經 20_297_1

初唐・般若經 20_305_15

初唐・般若經 21_316_8

初唐・般若經 22_325_6

初唐・般若經 22_332_9

初唐・般若經 22_340_1

初唐・般若經 23_348_2

初唐・般若經 23_356_5

初唐・般若經 24_363_17

初唐・般若經 24_368_1

初唐・般若經 25_374_12

初唐・般若經 25_383_12

初唐・般若經 25_390_15

初唐・般若經 26_398_7

初唐・般若經 27_407_1

初唐・般若經 27_414_13

初唐・般若經 27_418_7

初唐・般若經 27_422_13

中唐・翰苑 4_45_9

中唐・翰苑 5_56_12

中唐・翰苑 8_95_3

中唐・翰苑 11_136_13

中唐・翰苑 16_206_22

中唐・翰苑 16_212_7

中唐・翰苑 19_253_8

中唐・翰苑 19_253_42

中唐・翰苑 19_254_5

中唐・翰苑 19_254_30

中唐・翰苑 29_381_41

中唐・翰苑 31_406_34

中唐・翰苑 44_567_2

中唐・般若經 2_3_7

中唐・般若經 2_3_10

中唐・般若經 3_20_12

中唐・般若經 3_20_15

中唐・般若經 3_31_7

中唐・般若經 3_31_10

中唐・般若經 4_57_16

中唐・般若經 5_58_2

中唐・般若經 5_67_7

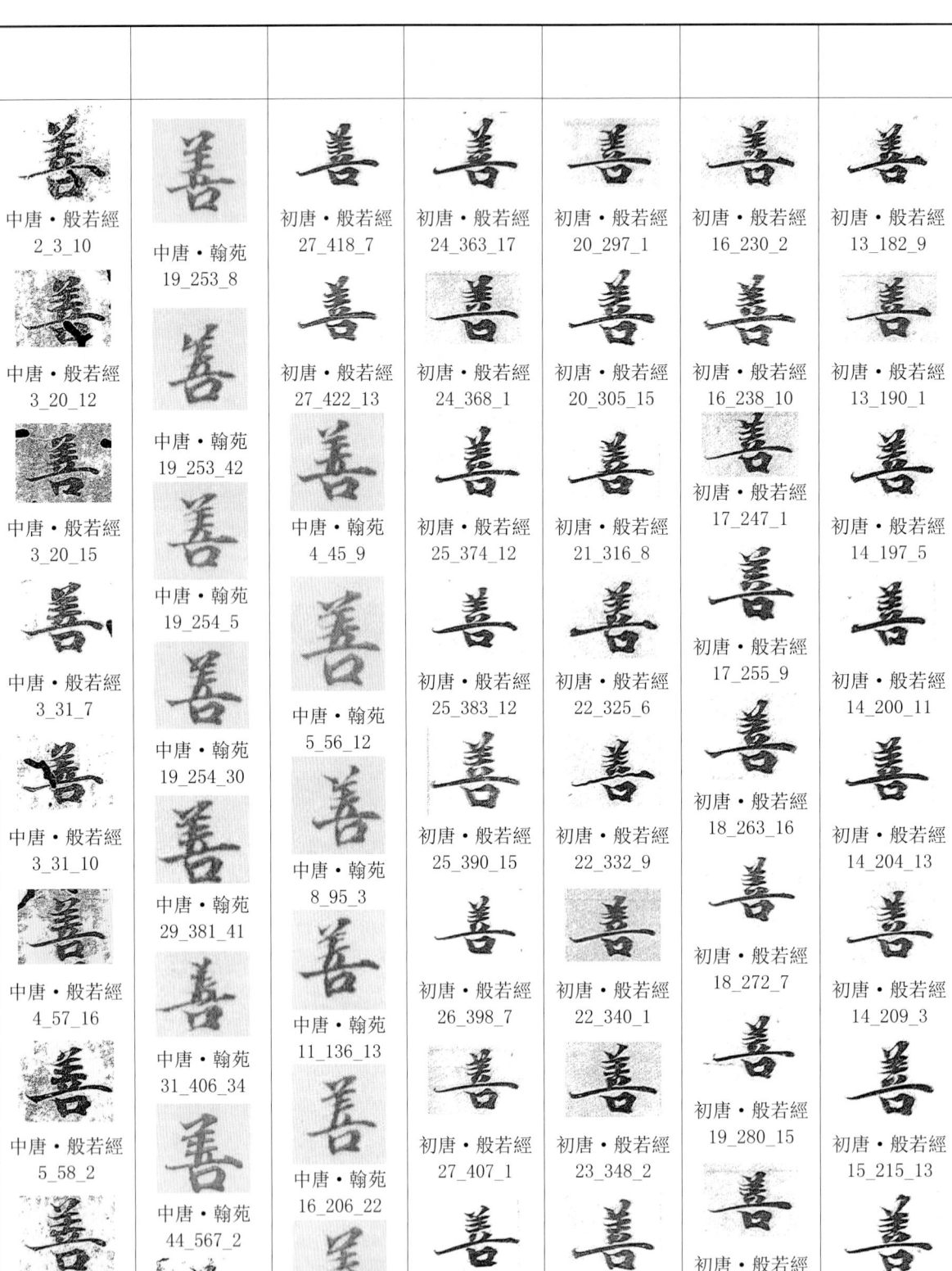

中唐・般若經
5_67_10

中唐・般若經
6_85_7

中唐・般若經
6_85_10

中唐・般若經
7_102_17

中唐・般若經
7_103_3

中唐・般若經
7_112_7

中唐・般若經
7_112_10

中唐・般若經
8_127_7

中唐・般若經
8_127_10

中唐・般若經
9_136_7

中唐・般若經
9_136_10

中唐・般若經
9_148_9

中唐・般若經
9_148_12

中唐・般若經
10_156_7

中唐・般若經
10_156_10

中唐・般若經
11_175_11

中唐・般若經
11_175_14

中唐・般若經
11_185_7

中唐・般若經
11_185_10

中唐・般若經
12_198_17

中唐・般若經
12_199_3

中唐・般若經
12_207_7

中唐・般若經
12_207_10

中唐・般若經
13_221_16

中唐・般若經
13_222_2

中唐・般若經
15_256_7

中唐・般若經
15_256_10

中唐・般若經
16_275_15

中唐・般若經
16_276_1

中唐・般若經
16_286_7

中唐・般若經
16_286_10

中唐・般若經
17_296_2

中唐・般若經
17_296_5

中唐・般若經
17_303_7

中唐・般若經
17_303_10

中唐・般若經
18_314_1

中唐・般若經
18_314_4

中唐・般若經
18_322_7

中唐・般若經
18_322_10

中唐・般若經
19_333_1

中唐・般若經
19_333_4

晚唐•摩訶止觀
5_40_18

晚唐•摩訶止觀
5_46_14

晚唐•摩訶止觀
10_84_22

晚唐•摩訶止觀
10_92_21

晚唐•摩訶止觀
14_127_14

晚唐•摩訶止觀
15_135_15

晚唐•摩訶止觀
21_183_19

晚唐•摩訶止觀
21_184_20

晚唐•摩訶止觀
21_186_9

晚唐•摩訶止觀
22_190_9

晚唐•摩訶止觀
23_199_1

晚唐•摩訶止觀
23_201_15

晚唐•摩訶止觀
35_306_24

晚唐•摩訶止觀
55_465_12

晚唐•摩訶止觀
58_492_1

| 嗔 | 嗦 | 嗏 | 嗇 | | | |
|---|---|---|---|---|---|---|
| シン<br>訓いかる | サ<br>訓— | ト、ヅ<br>訓— | ショク<br>訓とりいれ | | | |
| <br>五代•大毗盧經<br>68_851_24 | <br>五代•大毗盧經<br>37_438_12 | <br>五代•大毗盧經<br>82_997_14 | <br>初唐•古文尚書<br>8_66_11<br><br>初唐•古文尚書<br>8_66_18<br><br>初唐•古文尚書<br>8_67_15 | <br>五代•大毗盧經<br>55_670_19<br><br>五代•大毗盧經<br>66_826_10<br><br>五代•大毗盧經<br>71_867_7<br><br>五代•大毗盧經<br>97_1184_33 | <br>五代•大毗盧經<br>21_268_6<br><br>五代•大毗盧經<br>22_282_23<br><br>五代•大毗盧經<br>24_305_17<br><br>五代•大毗盧經<br>27_340_22<br><br>五代•大毗盧經<br>31_391_21<br><br>五代•大毗盧經<br>39_452_16<br><br>五代•大毗盧經<br>47_574_26<br><br>五代•大毗盧經<br>50_608_2 | <br>五代•大毗盧經<br>2_11_21<br><br>五代•大毗盧經<br>3_29_12<br><br>五代•大毗盧經<br>5_49_17<br><br>五代•大毗盧經<br>6_64_6<br><br>五代•大毗盧經<br>11_130_5<br><br>五代•大毗盧經<br>15_196_8<br><br>五代•大毗盧經<br>16_202_3<br><br>五代•大毗盧經<br>21_267_20 |

| 嗚 | 嗅 | | 嗣 | | | 嘌 |
|---|---|---|---|---|---|---|
| 漢オ 呉ウ<br>訓ああ | 漢シュウ<br>訓かぐ | | 現シ<br>訓つぐ | | | リツ、リチ<br>訓— |
| <br>五代•大毗盧經<br>22_277_16 | <br>晚唐•摩訶止觀<br>12_104_4 | <br>初唐•古文尚書<br>49_474_19<br><br>初唐•禮記正義<br>26_400_23<br><br>初唐•禮記正義<br>26_401_12<br><br>初唐•禮記正義<br>29_453_27<br><br>中唐・翰苑<br>13_171_24<br><br>中唐・翰苑<br>17_222_12 | 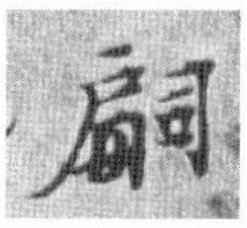<br>初唐•古文尚書<br>25_240_9<br><br>初唐•古文尚書<br>25_240_35<br><br>初唐•古文尚書<br>25_244_15<br>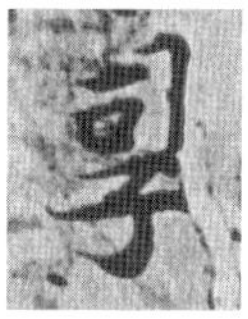<br>初唐•古文尚書<br>35_331_5<br><br>初唐•古文尚書<br>36_343_30<br><br>初唐•古文尚書<br>37_352_21<br><br>初唐•古文尚書<br>48_473_29<br><br>初唐•古文尚書<br>49_474_15 | <br>五代•大毗盧經<br>82_995_2 | <br>五代•大毗盧經<br>30_384_20<br><br>五代•大毗盧經<br>42_502_22<br><br>五代•大毗盧經<br>43_517_4<br><br>五代•大毗盧經<br>65_813_1<br><br>五代•大毗盧經<br>81_984_17<br><br>五代•大毗盧經<br>81_988_1<br><br>五代•大毗盧經<br>81_992_2<br><br>五代•大毗盧經<br>81_994_17 | <br>五代•大毗盧經<br>4_41_17<br><br>五代•大毗盧經<br>6_62_7<br><br>五代•大毗盧經<br>6_63_1<br><br>五代•大毗盧經<br>10_111_13<br><br>五代•大毗盧經<br>23_301_19<br><br>五代•大毗盧經<br>27_343_9<br><br>五代•大毗盧經<br>27_344_13<br><br>五代•大毗盧經<br>28_361_23 |

## 噉

漢 タン
訓 くう

中唐・翰苑
30_387_26

中唐・翰苑
35_448_34

五代・大毗盧經
20_255_32

五代・大毗盧經
49_595_16

五代・大毗盧經
49_596_20

五代・大毗盧經
64_803_14

五代・大毗盧經
67_832_4

五代・大毗盧經
84_1025_17

## 嘀

サク
訓 —

五代・大毗盧經
56_688_13

## 嗽

シャ
訓 —

五代・大毗盧經
95_1167_4

## 嘏 

漢 カ
訓 さいわい

祝嘏辭說
初唐・禮記正義
2_20_6

## 嘉

中唐・翰苑
29_375_30

中唐・翰苑
32_414_15

中唐・翰苑
32_419_16

中唐・翰苑
36_464_31

中唐・翰苑
37_475_45

中唐・翰苑
44_559_6

晚唐・摩訶止觀
45_383_12

## 嘉 

漢 カ
訓 よみする

初唐・古文尚書
16_145_9

初唐・古文尚書
31_295_1

初唐・古文尚書
42_403_10

初唐・古文尚書
49_477_24

初唐・禮記正義
24_363_10

中唐・翰苑
6_69_24

中唐・翰苑
25_332_19

中唐・翰苑
27_356_25

## 唛

リョウ
訓 —

五代・大毗盧經
61_756_11

五代・大毗盧經
77_939_18

五代・大毗盧經
78_941_2

五代・大毗盧經
78_941_6

五代・大毗盧經
78_941_14

## 噱

漢キャク
訓あご

五代•大毗盧經
37_437_4

## 嘮

ロウ漢ロウ
訓かまびすしい

五代•大毗盧經
26_335_21

## 嘘

キョ
訓ふく

中唐・翰苑
16_211_23

五代•大毗盧經
38_450_17

五代•大毗盧經
85_1031_11

## 喀

ラク
訓—

五代•大毗盧經
28_357_18

五代•大毗盧經
28_357_19

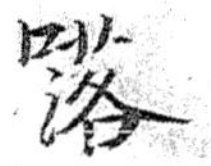

五代•大毗盧經
33_403_4

五代•大毗盧經
37_438_7

五代•大毗盧經
40_475_13

五代•大毗盧經
40_476_10

五代•大毗盧經
41_491_10

五代•大毗盧經
84_1028_11

## 噁

漢オ/漢アク
訓いかる

五代•大毗盧經
39_469_23

五代•大毗盧經
86_1057_20

五代•大毗盧經
86_1058_20

五代•大毗盧經
90_1108_22

五代•大毗盧經
91_1112_17

| 噞 | 噬 | | | | 器 | 略 |
|---|---|---|---|---|---|---|
| ゲン<br>訓あぎとう | 吳ゼイ<br>訓かむ | | | | キ<br>訓うつわ | ロ<br>訓一 |
| <br>五代•大毗盧經<br>38_447_15<br><br>五代•大毗盧經<br>44_538_10<br><br>五代•大毗盧經<br>59_721_11 | <br>初唐•古文尚書<br>35_333_28 | <br>五代•大毗盧經<br>67_842_9<br>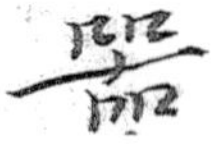<br>五代•大毗盧經<br>92_1129_6 | <br>中唐・翰苑<br>11_143_20<br><br>中唐・翰苑<br>24_322_29<br><br>中唐・翰苑<br>42_540_16<br><br>五代•大毗盧經<br>11_135_10<br><br>五代•大毗盧經<br>12_152_3<br><br>五代•大毗盧經<br>25_318_14<br><br>五代•大毗盧經<br>46_570_4<br><br>五代•大毗盧經<br>64_795_19 | <br>初唐•禮記正義<br>20_300_6<br><br>初唐•禮記正義<br>20_302_16<br><br>初唐•禮記正義<br>20_303_1<br><br>初唐•禮記正義<br>20_304_21<br><br>初唐•禮記正義<br>20_306_3<br><br>初唐•禮記正義<br>20_307_17<br><br>初唐•禮記正義<br>23_344_21<br>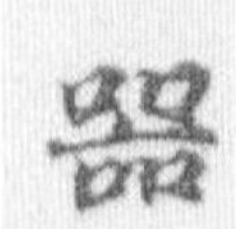<br>未嘗不哭<br>中唐・翰苑<br>9_113_33 | <br>初唐•古文尚書<br>9_81_10<br><br>初唐•古文尚書<br>10_82_2<br><br>初唐•古文尚書<br>18_174_8<br><br>初唐•古文尚書<br>28_275_21<br><br>初唐•禮記正義<br>19_293_11<br><br>初唐•禮記正義<br>19_295_14<br><br>初唐•禮記正義<br>20_297_27<br><br>初唐•禮記正義<br>20_298_23 | <br>五代•大毗盧經<br>15_192_3<br><br>五代•大毗盧經<br>19_250_8<br><br>五代•大毗盧經<br>30_378_1 |

| 嚕 | 嚮 | 噒 | 𡃯 | 嚒 | 嚑 | 嚂 |
|---|---|---|---|---|---|---|
| ロ<br>訓かたる | 漢キョウ呉コウ<br>訓むかう | リン<br>訓— | ヘイ<br>訓— | マ<br>訓— | クン<br>訓— | ラン<br>訓むさぼる |
| <br>五代•大毗盧經<br>3_27_15<br><br>五代•大毗盧經<br>13_157_4<br><br>五代•大毗盧經<br>16_212_16<br><br>五代•大毗盧經<br>19_251_17<br><br>五代•大毗盧經<br>26_330_10<br><br>五代•大毗盧經<br>47_573_24<br><br>五代•大毗盧經<br>47_578_15<br><br>五代•大毗盧經<br>50_614_3 | <br>晚唐•摩訶止觀<br>29_251_19 | <br>五代•大毗盧經<br>98_1205_6<br><br>五代•大毗盧經<br>98_1205_8 | <br>五代•大毗盧經<br>22_277_3 | <br>五代•大毗盧經<br>77_930_13 | <br>五代•大毗盧經<br>50_614_1 | <br>五代•大毗盧經<br>55_671_8 |

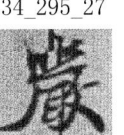

| | | 嚴嚴 | ⿰口隶 | ⿰口履 | | |
|---|---|---|---|---|---|---|
| | | 漢現ゲン吳現ゴン<br>訓きびしい | レイ、ライ<br>訓— | リ<br>訓— | | |
| 晚唐•摩訶止觀<br>13_112_12 | 中唐・翰苑<br>29_380_17 | 初唐•古文尚書<br>45_441_26 | 五代•大毗盧經<br>18_233_3 | 五代•大毗盧經<br>18_232_22 | 五代•大毗盧經<br>75_920_20 | 五代•大毗盧經<br>53_652_6 |
| 晚唐•摩訶止觀<br>34_295_27 | 中唐・翰苑<br>40_510_36 | 初唐•古文尚書<br>45_442_12 | 五代•大毗盧經<br>18_235_10 | 五代•大毗盧經<br>18_235_7 | 五代•大毗盧經<br>85_1034_9 | 五代•大毗盧經<br>56_691_12 |
| 晚唐•摩訶止觀<br>49_417_22 | 晚唐•摩訶止觀<br>7_59_7 | 初唐・十誦律<br>19_367_15 | 五代•大毗盧經<br>47_579_35 | 五代•大毗盧經<br>19_249_17 | 五代•大毗盧經<br>86_1049_12 | 五代•大毗盧經<br>57_692_15 |
| 晚唐•摩訶止觀<br>59_499_9 | 晚唐•摩訶止觀<br>8_69_23 | 中唐・翰苑<br>10_124_9 | 五代•大毗盧經<br>61_759_13 | 五代•大毗盧經<br>28_360_18 | 五代•大毗盧經<br>89_1085_25 | 五代•大毗盧經<br>64_804_12 |
| 五代•大毗盧經<br>2_16_20 | 晚唐•摩訶止觀<br>9_76_14 | 中唐・翰苑<br>10_125_17 | 五代•大毗盧經<br>79_962_18 | 五代•大毗盧經<br>42_503_12 | 五代•大毗盧經<br>89_1085_27 | 五代•大毗盧經<br>65_819_27 |
| 五代•大毗盧經<br>7_84_41 | 晚唐•摩訶止觀<br>12_102_20 | 中唐・翰苑<br>15_190_14 | 五代•大毗盧經<br>93_1142_13 | 五代•大毗盧經<br>53_646_10 | 五代•大毗盧經<br>90_1101_17 | 五代•大毗盧經<br>75_922_19 |
| 五代•大毗盧經<br>8_92_9 | 晚唐•摩訶止觀<br>12_104_21 | 中唐・翰苑<br>15_196_16 | | 五代•大毗盧經<br>53_649_12 | 五代•大毗盧經<br>96_1173_7 | 五代•大毗盧經<br>82_997_13 |
| 五代•大毗盧經<br>12_148_9 | 晚唐•摩訶止觀<br>12_107_9 | 中唐・翰苑<br>19_247_31 | | | | |

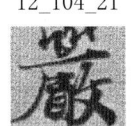

| | | 嚩<br>ハク<br>訓一 | | | | |
|---|---|---|---|---|---|---|
| 五代•大毗盧經<br>9_103_12 | 五代•大毗盧經<br>4_41_3 | 五代•大毗盧經<br>3_26_8 | 五代•大毗盧經<br>97_1186_37 | 五代•大毗盧經<br>54_658_14 | 五代•大毗盧經<br>23_291_3 | 五代•大毗盧經<br>13_155_1 |
| 五代•大毗盧經<br>9_107_2 | 五代•大毗盧經<br>4_41_14 | 五代•大毗盧經<br>3_26_16 | 五代•大毗盧經<br>98_1203_5 | 五代•大毗盧經<br>57_702_10 | 五代•大毗盧經<br>26_328_42 | 五代•大毗盧經<br>13_163_15 |
| 五代•大毗盧經<br>10_111_17 | 五代•大毗盧經<br>8_91_2 | 五代•大毗盧經<br>3_27_6 | | 五代•大毗盧經<br>57_702_19 | 五代•大毗盧經<br>39_461_9 | 五代•大毗盧經<br>13_164_20 |
| 五代•大毗盧經<br>10_116_16 | 五代•大毗盧經<br>8_98_4 | 五代•大毗盧經<br>3_33_3 | | 五代•大毗盧經<br>63_776_10 | 五代•大毗盧經<br>41_497_4 | 五代•大毗盧經<br>13_165_15 |
| 五代•大毗盧經<br>10_121_2 | 五代•大毗盧經<br>8_98_21 | 五代•大毗盧經<br>3_33_14 | | 五代•大毗盧經<br>63_789_18 | 五代•大毗盧經<br>46_564_7 | 五代•大毗盧經<br>13_167_9 |
| 五代•大毗盧經<br>11_125_14 | 五代•大毗盧經<br>8_99_16 | 五代•大毗盧經<br>3_34_3 | | 五代•大毗盧經<br>78_948_31 | 五代•大毗盧經<br>46_567_19 | 五代•大毗盧經<br>14_169_14 |
| 五代•大毗盧經<br>11_127_24 | 五代•大毗盧經<br>8_99_29 | 五代•大毗盧經<br>4_37_4 | | 五代•大毗盧經<br>93_1139_12 | 五代•大毗盧經<br>49_593_25 | 五代•大毗盧經<br>14_172_4 |
| 五代•大毗盧經<br>13_158_1 | 五代•大毗盧經<br>9_101_5 | 五代•大毗盧經<br>4_38_2 | | 五代•大毗盧經<br>93_1144_5 | 五代•大毗盧經<br>50_609_11 | 五代•大毗盧經<br>14_177_13 |

| | 嚂 | 嚾 | | | | |
|---|---|---|---|---|---|---|
| | ラン、カン<br>訓— | カン<br>訓さけぶ | | | | |
| 五代・大毗盧經<br>55_670_25 | 五代・大毗盧經<br>28_357_11 | 中唐・翰苑<br>18_236_29 | 五代・大毗盧經<br>95_1164_17 | 五代・大毗盧經<br>82_1000_16 | 五代・大毗盧經<br>35_419_6 | 五代・大毗盧經<br>13_158_3 |
| 五代・大毗盧經<br>55_670_29 | 五代・大毗盧經<br>28_357_12 | | | 五代・大毗盧經<br>82_1000_20 | 五代・大毗盧經<br>35_419_12 | 五代・大毗盧經<br>32_402_2 |
| 五代・大毗盧經<br>55_671_27 | 五代・大毗盧經<br>37_433_10 | | | 五代・大毗盧經<br>94_1153_8 | 五代・大毗盧經<br>35_421_12 | 五代・大毗盧經<br>33_403_2 |
| 五代・大毗盧經<br>55_671_28 | 五代・大毗盧經<br>40_475_10 | | | 五代・大毗盧經<br>94_1155_4 | 五代・大毗盧經<br>81_988_6 | 五代・大毗盧經<br>33_403_13 |
| 五代・大毗盧經<br>60_749_4 | 五代・大毗盧經<br>40_476_9 | | | 五代・大毗盧經<br>94_1157_17 | 五代・大毗盧經<br>81_992_7 | 五代・大毗盧經<br>33_405_4 |
| 五代・大毗盧經<br>62_765_13 | 五代・大毗盧經<br>40_477_1 | | | 五代・大毗盧經<br>94_1158_3 | 五代・大毗盧經<br>82_995_7 | 五代・大毗盧經<br>33_405_15 |
| 五代・大毗盧經<br>73_906_11 | 五代・大毗盧經<br>41_491_9 | | | 五代・大毗盧經<br>94_1159_2 | 五代・大毗盧經<br>82_998_11 | 五代・大毗盧經<br>33_407_5 |
| 五代・大毗盧經<br>95_1169_13 | 五代・大毗盧經<br>50_604_19 | | | 五代・大毗盧經<br>95_1162_17 | 五代・大毗盧經<br>82_1000_11 | 五代・大毗盧經<br>33_407_14 |

| (cont.) | 囂 | 囊 | 囉 | | | |
|---|---|---|---|---|---|---|
| | ゴウ/キョウ 訓かまびすしい | ノウ 訓ふくろ | ラ 訓もらう | | | |
| 五代•大毗盧經 97_1194_1 | 初唐•古文尚書 6_50_28 | 晚唐•摩訶止觀 16_143_10 | 五代•大毗盧經 3_27_8 | 五代•大毗盧經 5_58_9 | 五代•大毗盧經 8_100_21 | 五代•大毗盧經 11_127_5 |
| | 中唐・翰苑 42_533_17 | 晚唐•摩訶止觀 19_167_5 | 五代•大毗盧經 3_33_16 | 五代•大毗盧經 6_67_4 | 五代•大毗盧經 9_102_9 | 五代•大毗盧經 42_503_22 |
| | 中唐・翰苑 42_534_36 | 五代•大毗盧經 38_445_4 | 五代•大毗盧經 4_37_15 | 五代•大毗盧經 6_67_11 | 五代•大毗盧經 9_102_20 | 五代•大毗盧經 42_504_2 |
| | | | 五代•大毗盧經 4_38_4 | 五代•大毗盧經 7_86_13 | 五代•大毗盧經 9_102_34 | 五代•大毗盧經 42_504_29 |
| | | | 五代•大毗盧經 4_41_11 | 五代•大毗盧經 7_86_23 | 五代•大毗盧經 9_109_13 | 五代•大毗盧經 43_514_13 |
| | | | 五代•大毗盧經 5_53_8 | 五代•大毗盧經 8_90_8 | 五代•大毗盧經 10_111_8 | 五代•大毗盧經 44_538_15 |
| | | | 五代•大毗盧經 5_53_15 | 五代•大毗盧經 8_90_15 | 五代•大毗盧經 10_118_14 | 五代•大毗盧經 45_540_8 |
| | | | 五代•大毗盧經 5_58_2 | 五代•大毗盧經 8_92_1 | 五代•大毗盧經 10_119_19 | 五代•大毗盧經 45_544_3 |

| | ⿰口鑁 | ⿰口驃 | ⿰口覽 | | | |
|---|---|---|---|---|---|---|
| | 吳モン漢バン<br>訓— | ヒョウ<br>訓— | ラン<br>訓— | | | |
| | <br>五代•大毗盧經<br>37_433_7 | <br>五代•大毗盧經<br>22_275_15 | <br>五代•大毗盧經<br>12_145_6<br><br>五代•大毗盧經<br>12_151_11<br><br>五代•大毗盧經<br>14_174_17<br><br>五代•大毗盧經<br>97_1188_8 | <br>五代•大毗盧經<br>51_631_18<br><br>五代•大毗盧經<br>58_714_8<br><br>五代•大毗盧經<br>58_714_14<br><br>五代•大毗盧經<br>58_717_8<br><br>五代•大毗盧經<br>58_718_14<br><br>五代•大毗盧經<br>96_1174_23<br><br>五代•大毗盧經<br>96_1175_10<br><br>五代•大毗盧經<br>98_1213_17 | <br>五代•大毗盧經<br>48_591_11<br><br>五代•大毗盧經<br>49_599_19<br><br>五代•大毗盧經<br>49_603_11<br><br>五代•大毗盧經<br>51_627_21<br><br>五代•大毗盧經<br>51_628_23<br><br>五代•大毗盧經<br>51_629_1<br><br>五代•大毗盧經<br>51_629_5<br><br>五代•大毗盧經<br>51_630_31 | <br>五代•大毗盧經<br>47_571_18<br><br>五代•大毗盧經<br>47_573_33<br><br>五代•大毗盧經<br>47_573_34<br><br>五代•大毗盧經<br>47_574_1<br><br>五代•大毗盧經<br>47_574_35<br><br>五代•大毗盧經<br>47_577_10<br><br>五代•大毗盧經<br>48_583_2<br><br>五代•大毗盧經<br>48_585_17 |

# 口部

## 囚 ⑦

漢現 シュウ
訓 とらえる

初唐・古文尚書 45_434_3
初唐・古文尚書 47_459_6
中唐・翰苑 8_92_7
中唐・翰苑 16_211_9
中唐・翰苑 17_219_29

## 四 ⑧

現 シ
訓 よつ

初唐・古文尚書 2_13_19
初唐・古文尚書 3_23_19
初唐・古文尚書 7_55_3
初唐・古文尚書 18_167_9
初唐・古文尚書 18_168_15
初唐・古文尚書 18_170_16
初唐・古文尚書 20_192_20
初唐・古文尚書 21_205_6
初唐・古文尚書 23_220_3

初唐・古文尚書 27_261_34
初唐・古文尚書 27_262_7
初唐・古文尚書 28_272_17
初唐・古文尚書 31_289_29
初唐・古文尚書 31_290_24
初唐・古文尚書 31_293_11
初唐・古文尚書 31_294_20
初唐・古文尚書 32_301_26
初唐・古文尚書 32_302_27

初唐・古文尚書 32_302_34
初唐・古文尚書 34_319_17
初唐・古文尚書 35_332_6
初唐・古文尚書 35_332_29
初唐・古文尚書 40_381_15
初唐・古文尚書 40_381_30
初唐・古文尚書 41_397_7
初唐・古文尚書 42_407_10
初唐・古文尚書 42_408_20

初唐・古文尚書 43_413_19
初唐・毛詩傳 2_16_3
初唐・毛詩傳 3_25_3
初唐・毛詩傳 5_49_12
初唐・毛詩傳 6_65_12
初唐・毛詩傳 7_69_17
初唐・毛詩傳 9_98_6
初唐・禮記正義 3_42_22
初唐・禮記正義 4_61_20

初唐・禮記正義 5_75_8
初唐・禮記正義 8_119_2
初唐・禮記正義 8_121_7
初唐・禮記正義 8_121_23
初唐・禮記正義 8_122_4
初唐・禮記正義 8_122_25
初唐・禮記正義 8_122_27
初唐・禮記正義 8_123_6
初唐・禮記正義 8_124_23

| | | | | | | |
|---|---|---|---|---|---|---|
| 初唐・般若經<br>10_140_2 | 初唐・般若經<br>9_124_14 | 初唐・十誦律<br>12_230_12 | 初唐・十誦律<br>3_34_5 | 初唐・禮記正義<br>22_331_4 | 初唐・禮記正義<br>11_168_14 | 初唐・禮記正義<br>8_124_25 |
| 初唐・般若經<br>10_141_12 | 初唐・般若經<br>9_124_17 | 初唐・十誦律<br>14_265_12 | 初唐・十誦律<br>3_36_8 | 初唐・禮記正義<br>22_331_25 | 初唐・禮記正義<br>11_176_24 | 初唐・禮記正義<br>8_126_25 |
| 初唐・般若經<br>11_163_13 | 初唐・般若經<br>9_126_5 | 初唐・十誦律<br>14_268_1 | 初唐・十誦律<br>3_38_12 | 初唐・禮記正義<br>22_335_3 | 初唐・禮記正義<br>11_178_18 | 初唐・禮記正義<br>8_127_23 |
| 初唐・般若經<br>11_163_17 | 初唐・般若經<br>9_126_8 | 初唐・般若經<br>2_3_9 | 初唐・十誦律<br>6_106_13 | 初唐・禮記正義<br>25_381_6 | 初唐・禮記正義<br>12_195_13 | 初唐・禮記正義<br>9_135_20 |
| 初唐・般若經<br>12_165_3 | 初唐・般若經<br>10_135_14 | 初唐・般若經<br>9_121_3 | 初唐・十誦律<br>6_106_17 | 初唐・禮記正義<br>25_381_11 | 初唐・禮記正義<br>16_242_14 | 初唐・禮記正義<br>9_138_18 |
| 初唐・般若經<br>12_166_16 | 初唐・般若經<br>10_136_2 | 初唐・般若經<br>9_121_8 | 初唐・十誦律<br>6_108_6 | 初唐・禮記正義<br>28_435_20 | 初唐・禮記正義<br>17_260_16 | 初唐・禮記正義<br>9_141_13 |
| 初唐・般若經<br>22_333_1 | 初唐・般若經<br>10_137_6 | 初唐・般若經<br>9_122_12 | 初唐・十誦律<br>7_115_13 | 初唐・禮記正義<br>29_445_14 | 初唐・禮記正義<br>19_290_29 | 初唐・禮記正義<br>9_141_29 |
| 初唐・般若經<br>22_333_6 | 初唐・般若經<br>10_138_16 | 初唐・般若經<br>9_124_5 | 初唐・十誦律<br>7_117_14 | 初唐・十誦律<br>1_1_5 | 初唐・禮記正義<br>19_291_14 | 初唐・禮記正義<br>9_142_4 |
| 初唐・般若經<br>22_334_12 | 初唐・般若經<br>10_139_2 | 初唐・般若經<br>9_124_8 | 初唐・十誦律<br>12_217_12 | 初唐・十誦律<br>2_29_12 | 初唐・禮記正義<br>22_330_18 | 初唐・禮記正義<br>10_153_15 |

| | | | | | | |
|---|---|---|---|---|---|---|
| 中唐·翰苑<br>28_370_6 | 中唐·翰苑<br>26_335_40 | 中唐·翰苑<br>16_201_2 | 中唐·翰苑<br>9_106_7 | 中唐·翰苑<br>2_17_22 | 初唐·般若經<br>23_351_17 | 初唐·般若經<br>22_336_7 |
| 中唐·翰苑<br>29_374_10 | 中唐·翰苑<br>26_340_25 | 中唐·翰苑<br>16_203_27 | 中唐·翰苑<br>9_117_24 | 中唐·翰苑<br>3_29_4 | 初唐·般若經<br>23_352_3 | 初唐·般若經<br>22_336_10 |
| 中唐·翰苑<br>29_374_27 | 中唐·翰苑<br>26_340_29 | 中唐·翰苑<br>16_214_14 | 中唐·翰苑<br>10_129_17 | 中唐·翰苑<br>3_33_19 | 初唐·般若經<br>23_352_16 | 初唐·般若經<br>22_336_16 |
| 中唐·翰苑<br>29_382_9 | 中唐·翰苑<br>26_342_14 | 中唐·翰苑<br>17_225_25 | 中唐·翰苑<br>10_129_43 | 中唐·翰苑<br>5_58_10 | 初唐·般若經<br>23_354_11 | 初唐·般若經<br>22_337_2 |
| 中唐·翰苑<br>30_391_29 | 中唐·翰苑<br>26_344_39 | 中唐·翰苑<br>17_227_24 | 中唐·翰苑<br>12_146_2 | 中唐·翰苑<br>6_72_11 | 初唐·般若經<br>25_378_10 | 初唐·般若經<br>22_338_9 |
| 中唐·翰苑<br>31_397_13 | 中唐·翰苑<br>26_345_38 | 中唐·翰苑<br>20_259_34 | 中唐·翰苑<br>12_146_38 | 中唐·翰苑<br>6_74_28 | 初唐·般若經<br>25_378_14 | 初唐·般若經<br>22_338_12 |
| 中唐·翰苑<br>31_404_1 | 中唐·翰苑<br>27_357_15 | 中唐·翰苑<br>21_273_15 | 中唐·翰苑<br>12_154_36 | 中唐·翰苑<br>7_86_9 | 初唐·般若經<br>25_379_17 | 初唐·般若經<br>23_348_11 |
| 中唐·翰苑<br>32_417_32 | 中唐·翰苑<br>28_359_28 | 中唐·翰苑<br>21_281_7 | 中唐·翰苑<br>13_163_39 | 中唐·翰苑<br>7_87_20 | 初唐·般若經<br>25_381_15 | 初唐·般若經<br>23_348_16 |
| 中唐·翰苑<br>33_423_23 | 中唐·翰苑<br>28_361_7 | 中唐·翰苑<br>24_318_41 | 中唐·翰苑<br>13_164_34 | 中唐·翰苑<br>7_88_21 | 中唐·翰苑<br>2_10_36 | 初唐·般若經<br>23_350_5 |

| | | | | | | |
|---|---|---|---|---|---|---|
| 晚唐•摩訶止觀 1_2_18 | 中唐・般若經 10_168_4 | 中唐・般若經 7_108_4 | 中唐・般若經 7_100_3 | 中唐・般若經 6_92_1 | 中唐・般若經 6_86_6 | 中唐・翰苑 33_424_2 |
| 晚唐•摩訶止觀 1_9_7 | 中唐・般若經 10_169_15 | 中唐・般若經 10_157_15 | 中唐・般若經 7_100_13 | 中唐・般若經 6_92_10 | 中唐・般若經 6_86_15 | 中唐・翰苑 34_442_4 |
| 晚唐•摩訶止觀 1_10_16 | 中唐・般若經 10_171_9 | 中唐・般若經 10_158_2 | 中唐・般若經 7_103_10 | 中唐・般若經 6_92_13 | 中唐・般若經 6_87_1 | 中唐・翰苑 34_444_16 |
| 晚唐•摩訶止觀 2_11_9 | 中唐・般若經 11_173_4 | 中唐・般若經 10_159_17 | 中唐・般若經 7_104_2 | 中唐・般若經 6_95_12 | 中唐・般若經 6_88_5 | 中唐・翰苑 36_467_4 |
| 晚唐•摩訶止觀 3_22_13 | 中唐・般若經 11_176_13 | 中唐・般若經 10_160_4 | 中唐・般若經 7_104_17 | 中唐・般若經 7_96_5 | 中唐・般若經 6_88_13 | 中唐・翰苑 37_471_22 |
| 晚唐•摩訶止觀 3_27_8 | 中唐・般若經 11_178_5 | 中唐・般若經 10_162_2 | 中唐・般若經 7_105_8 | 中唐・般若經 7_97_4 | 中唐・般若經 6_88_16 | 中唐・翰苑 40_509_6 |
| 晚唐•摩訶止觀 6_48_19 | 中唐・般若經 11_179_14 | 中唐・般若經 10_162_6 | 中唐・般若經 7_106_5 | 中唐・般若經 7_97_13 | 中唐・般若經 6_90_2 | 中唐・翰苑 40_513_21 |
| 晚唐•摩訶止觀 9_76_20 | 中唐・般若經 11_181_7 | 中唐・般若經 10_164_5 | 中唐・般若經 7_106_14 | 中唐・般若經 7_98_11 | 中唐・般若經 6_90_11 | 中唐・翰苑 41_527_1 |
| 晚唐•摩訶止觀 9_77_18 | 晚唐•摩訶止觀 1_2_16 | 中唐・般若經 10_164_9 | 中唐・般若經 7_107_12 | 中唐・般若經 7_99_4 | 中唐・般若經 6_90_14 | 中唐・翰苑 43_554_13 |

晚唐•摩訶止觀 9_81_2

晚唐•摩訶止觀 15_134_2

晚唐•摩訶止觀 19_169_28

晚唐•摩訶止觀 21_181_4

晚唐•摩訶止觀 23_203_9

晚唐•摩訶止觀 24_208_14

晚唐•摩訶止觀 24_210_15

晚唐•摩訶止觀 24_211_10

晚唐•摩訶止觀 25_212_28

晚唐•摩訶止觀 25_213_24

晚唐•摩訶止觀 25_213_26

晚唐•摩訶止觀 25_218_6

晚唐•摩訶止觀 25_218_8

晚唐•摩訶止觀 25_218_21

晚唐•摩訶止觀 26_224_7

晚唐•摩訶止觀 26_227_23

晚唐•摩訶止觀 27_233_1

晚唐•摩訶止觀 27_233_10

晚唐•摩訶止觀 27_233_31

晚唐•摩訶止觀 27_234_2

晚唐•摩訶止觀 27_236_17

晚唐•摩訶止觀 28_239_18

晚唐•摩訶止觀 28_239_21

晚唐•摩訶止觀 28_239_26

晚唐•摩訶止觀 28_241_14

晚唐•摩訶止觀 28_242_17

晚唐•摩訶止觀 28_246_14

晚唐•摩訶止觀 29_255_15

晚唐•摩訶止觀 29_255_25

晚唐•摩訶止觀 30_258_7

晚唐•摩訶止觀 30_258_12

晚唐•摩訶止觀 30_260_5

晚唐•摩訶止觀 30_260_18

晚唐•摩訶止觀 30_262_10

晚唐•摩訶止觀 30_264_11

晚唐•摩訶止觀 30_264_16

晚唐•摩訶止觀 31_270_20

晚唐•摩訶止觀 31_270_22

晚唐•摩訶止觀 31_270_27

晚唐•摩訶止觀 31_271_8

晚唐•摩訶止觀 32_277_12

晚唐•摩訶止觀 32_278_1

晚唐•摩訶止觀 32_280_8

晚唐•摩訶止觀 32_282_4

晚唐•摩訶止觀 33_284_27

晚唐•摩訶止觀 35_303_18

晚唐•摩訶止觀 36_308_15

晚唐•摩訶止觀 37_317_8

晚唐•摩訶止觀 38_329_25

晚唐•摩訶止觀 40_341_5

晚唐•摩訶止觀 40_341_13

晚唐•摩訶止觀 40_342_15

晚唐•摩訶止觀 40_343_1

晚唐•摩訶止觀 42_358_23

晚唐•摩訶止觀 42_360_27

晚唐•摩訶止觀 42_361_13

晚唐•摩訶止觀 42_365_14

晚唐•摩訶止觀 43_366_4

晚唐•摩訶止觀 43_366_20

晚唐•摩訶止觀 43_367_25

晚唐•摩訶止觀 43_368_3

晚唐•摩訶止觀 43_368_14

晚唐•摩訶止觀 43_368_26

| | | | | | | |
|---|---|---|---|---|---|---|
| 五代•大毗盧經<br>15_193_2 | 五代•大毗盧經<br>5_58_14 | 五代•密教部類<br>6_79_14 | 晚唐•摩訶止觀<br>62_519_12 | 晚唐•摩訶止觀<br>51_434_26 | 晚唐•摩訶止觀<br>46_393_20 | 晚唐•摩訶止觀<br>43_369_11 |
| 五代•大毗盧經<br>16_199_14 | 五代•大毗盧經<br>9_109_10 | 五代•密教部類<br>6_80_14 | 五代•密教部類<br>2_12_8 | 晚唐•摩訶止觀<br>55_466_21 | 晚唐•摩訶止觀<br>50_426_17 | 晚唐•摩訶止觀<br>43_369_25 |
| 五代•大毗盧經<br>17_221_10 | 五代•大毗盧經<br>10_119_17 | 五代•密教部類<br>6_81_9 | 五代•密教部類<br>2_17_1 | 晚唐•摩訶止觀<br>55_467_4 | 晚唐•摩訶止觀<br>50_426_31 | 晚唐•摩訶止觀<br>43_370_9 |
| 五代•大毗盧經<br>18_228_7 | 五代•大毗盧經<br>11_126_18 | 五代•密教部類<br>6_83_10 | 五代•密教部類<br>2_20_8 | 晚唐•摩訶止觀<br>56_478_10 | 晚唐•摩訶止觀<br>50_428_10 | 晚唐•摩訶止觀<br>43_374_24 |
| 五代•大毗盧經<br>18_236_1 | 五代•大毗盧經<br>11_131_7 | 五代•密教部類<br>6_84_10 | 五代•密教部類<br>3_37_12 | 晚唐•摩訶止觀<br>57_480_4 | 晚唐•摩訶止觀<br>50_429_19 | 晚唐•摩訶止觀<br>44_376_10 |
| 五代•大毗盧經<br>18_236_3 | 五代•大毗盧經<br>13_160_14 | 五代•密教部類<br>6_89_35 | 五代•密教部類<br>3_37_22 | 晚唐•摩訶止觀<br>57_480_26 | 晚唐•摩訶止觀<br>50_429_29 | 晚唐•摩訶止觀<br>44_377_7 |
| 五代•大毗盧經<br>20_263_23 | 五代•大毗盧經<br>13_163_1 | 五代•大毗盧經<br>3_24_31 | 五代•密教部類<br>3_38_12 | 晚唐•摩訶止觀<br>59_498_5 | 晚唐•摩訶止觀<br>51_430_9 | 晚唐•摩訶止觀<br>44_378_8 |
| 五代•大毗盧經<br>27_339_30 | 五代•大毗盧經<br>14_182_11 | 五代•大毗盧經<br>4_42_20 | 五代•密教部類<br>3_39_12 | 晚唐•摩訶止觀<br>60_504_24 | 晚唐•摩訶止觀<br>51_430_19 | 晚唐•摩訶止觀<br>44_378_15 |
| 五代•大毗盧經<br>32_402_14 | 五代•大毗盧經<br>14_182_13 | 五代•大毗盧經<br>5_51_17 | 五代•密教部類<br>4_42_8 | 晚唐•摩訶止觀<br>62_519_1 | 晚唐•摩訶止觀<br>51_434_2 | 晚唐•摩訶止觀<br>45_389_4 |

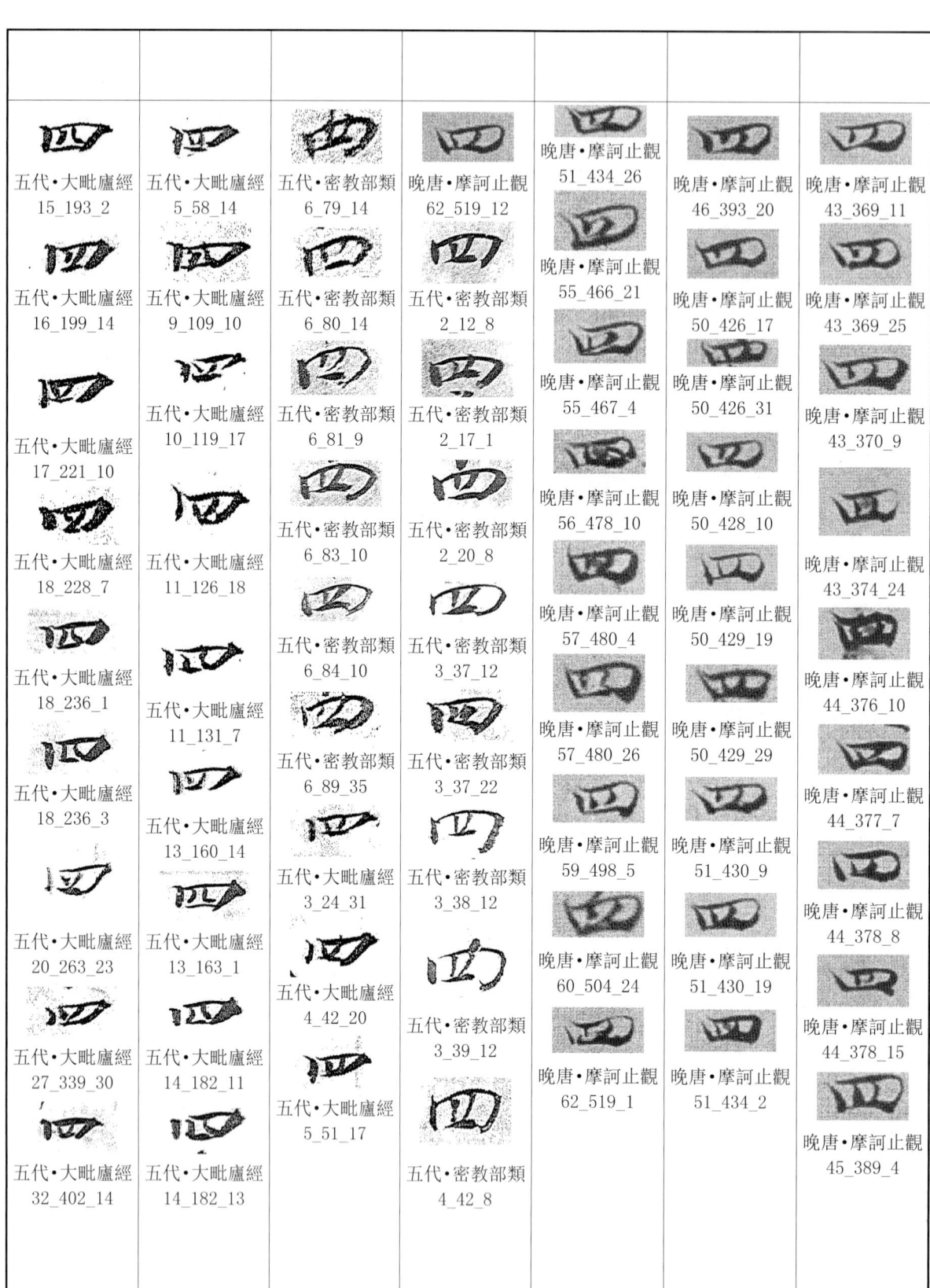

# 因

現 イン
訓 よる

初唐•禮記正義 19_287_20
初唐•禮記正義 24_368_23
初唐•禮記正義 25_387_12
初唐•禮記正義 25_387_20
初唐•禮記正義 29_446_20
初唐・十誦律 1_12_1
初唐・十誦律 3_44_11

初唐•禮記正義 9_143_28
初唐•禮記正義 9_144_5
初唐•禮記正義 9_144_10
初唐•禮記正義 9_146_8
初唐•禮記正義 9_146_20
初唐•禮記正義 10_148_3
初唐•禮記正義 10_148_8
初唐•禮記正義 15_238_13

初唐•古文尚書 21_200_30
初唐•古文尚書 25_241_14
初唐•古文尚書 46_448_18
初唐•禮記正義 3_42_15
初唐•禮記正義 4_63_18
初唐•禮記正義 7_100_19
初唐•禮記正義 9_143_5
初唐•禮記正義 9_143_15

五代•大毗盧經 71_867_11
五代•大毗盧經 80_979_21
五代•大毗盧經 92_1130_11

五代•大毗盧經 55_671_31
五代•大毗盧經 55_671_46
五代•大毗盧經 55_671_52
五代•大毗盧經 56_685_16
五代•大毗盧經 57_703_6
五代•大毗盧經 63_774_13
五代•大毗盧經 63_792_11
五代•大毗盧經 64_794_3
五代•大毗盧經 67_843_9

五代•大毗盧經 45_546_18
五代•大毗盧經 46_556_11
五代•大毗盧經 47_581_25
五代•大毗盧經 50_606_16
五代•大毗盧經 50_609_9
五代•大毗盧經 50_616_17
五代•大毗盧經 51_627_22
五代•大毗盧經 52_640_7
五代•大毗盧經 53_653_5

五代•大毗盧經 33_406_10
五代•大毗盧經 39_455_16
五代•大毗盧經 41_494_31
五代•大毗盧經 42_504_6
五代•大毗盧經 43_511_29
五代•大毗盧經 43_521_39
五代•大毗盧經 44_527_19
五代•大毗盧經 45_540_2
五代•大毗盧經 45_544_5

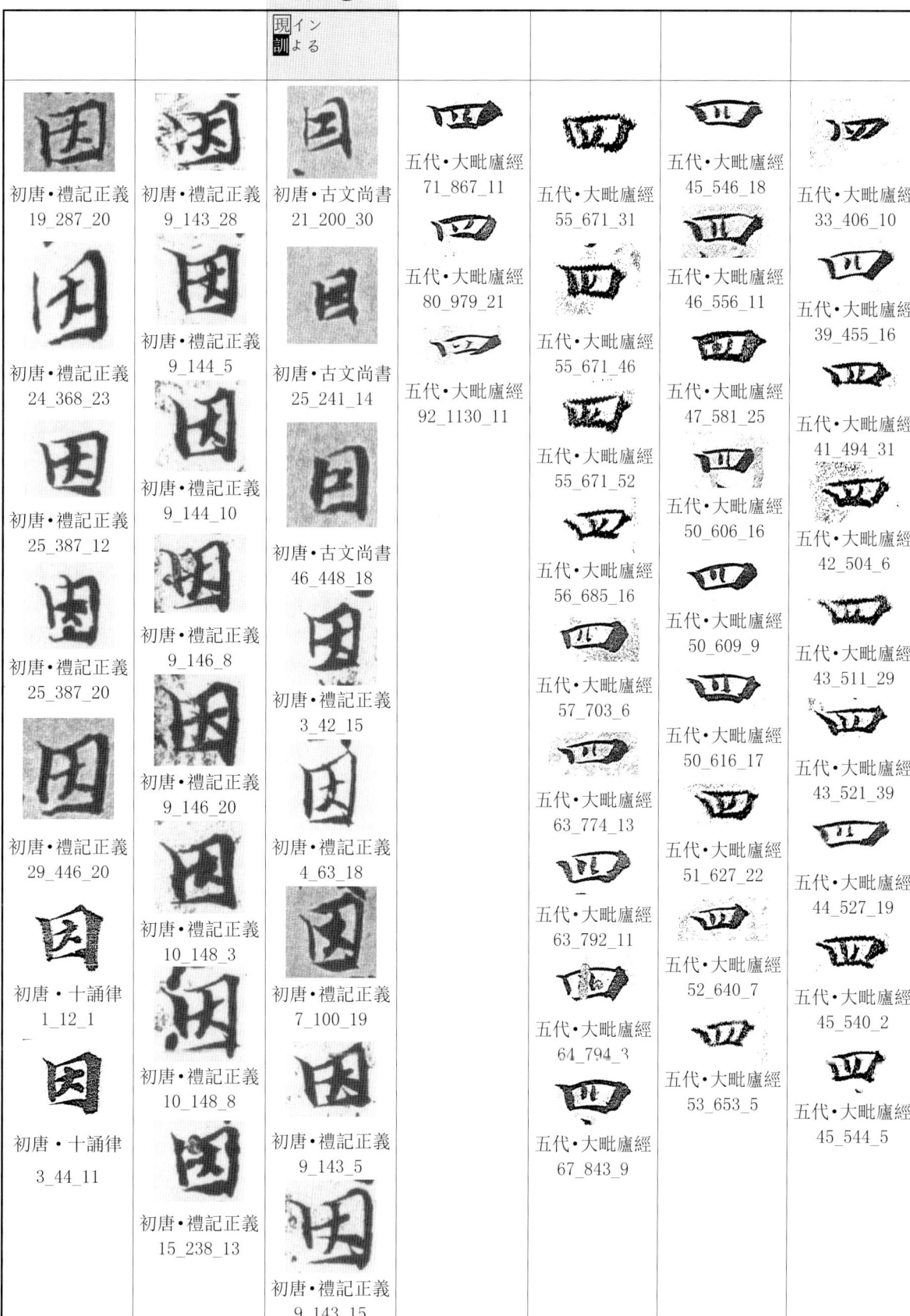

| | | | | | | |
|---|---|---|---|---|---|---|
| 晚唐•摩訶止觀 4_35_12 | 中唐・翰苑 37_471_6 | 田種 中唐・翰苑 25_324_31 | 中唐・翰苑 15_191_1 | 中唐・翰苑 8_94_28 | 初唐・十誦律 8_150_14 | 初唐・十誦律 3_47_6 |
| 晚唐•摩訶止觀 10_92_8 | 中唐・翰苑 38_487_43 | 中唐・翰苑 29_374_9 | 中唐・翰苑 15_193_30 | 中唐・翰苑 10_120_27 | 初唐・十誦律 8_151_11 | 初唐・十誦律 3_49_9 |
| 晚唐•摩訶止觀 11_101_16 | 中唐・翰苑 38_488_14 | 能入人目 中唐・翰苑 29_382_6 | 中唐・翰苑 15_200_5 | 中唐・翰苑 11_134_32 | 初唐・十誦律 9_163_6 | 初唐・十誦律 3_50_17 |
| 晚唐•摩訶止觀 13_113_14 | 中唐・翰苑 39_499_35 | 中唐・翰苑 32_416_20 | 中唐・翰苑 16_203_4 | 中唐・翰苑 11_138_7 | 初唐・十誦律 7_132_6 | 初唐・十誦律 4_67_16 |
| 晚唐•摩訶止觀 14_120_21 | 中唐・翰苑 39_503_10 | 中唐・翰苑 33_430_15 | 中唐・翰苑 16_212_42 | 中唐・翰苑 13_171_7 | 初唐・十誦律 19_368_6 | 初唐・十誦律 4_69_9 |
| 晚唐•摩訶止觀 14_121_10 | 中唐・翰苑 41_527_39 | 中唐・翰苑 33_432_16 | 中唐・翰苑 20_258_4 | 中唐・翰苑 14_184_9 | 中唐・翰苑 3_30_17 | 初唐・十誦律 7_120_13 |
| 晚唐•摩訶止觀 14_127_20 | 中唐・翰苑 43_544_18 | 中唐・翰苑 34_441_19 | 中唐・翰苑 20_266_1 | 中唐・翰苑 15_188_8 | 中唐・翰苑 4_43_33 | 初唐・十誦律 7_121_10 |
| 晚唐•摩訶止觀 16_136_25 | 中唐・翰苑 44_566_14 | 中唐・翰苑 36_468_26 | 中唐・翰苑 23_307_28 | 中唐・翰苑 6_69_9 | 中唐・翰苑 6_67_34 | 初唐・十誦律 7_131_10 |

晚唐•摩訶止觀
17_145_9

晚唐•摩訶止觀
17_145_12

晚唐•摩訶止觀
17_149_24

晚唐•摩訶止觀
17_150_7

晚唐•摩訶止觀
18_157_15

晚唐•摩訶止觀
25_214_6

晚唐•摩訶止觀
25_219_15

晚唐•摩訶止觀
25_219_19

晚唐•摩訶止觀
25_219_26

晚唐•摩訶止觀
26_221_2

晚唐•摩訶止觀
26_221_14

晚唐•摩訶止觀
26_222_17

晚唐•摩訶止觀
26_222_25

晚唐•摩訶止觀
26_224_28

晚唐•摩訶止觀
26_225_27

晚唐•摩訶止觀
27_233_16

晚唐•摩訶止觀
27_233_19

晚唐•摩訶止觀
27_233_27

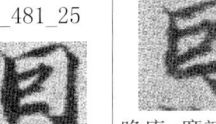

晚唐•摩訶止觀
28_240_24

晚唐•摩訶止觀
28_241_4

晚唐•摩訶止觀
30_262_17

晚唐•摩訶止觀
30_263_19

晚唐•摩訶止觀
30_264_19

晚唐•摩訶止觀
30_266_7

晚唐•摩訶止觀
31_267_16

晚唐•摩訶止觀
31_268_12

晚唐•摩訶止觀
31_269_12

晚唐•摩訶止觀
31_270_4

晚唐•摩訶止觀
31_271_2

晚唐•摩訶止觀
32_276_10

晚唐•摩訶止觀
38_325_28

晚唐•摩訶止觀
38_326_11

晚唐•摩訶止觀
38_326_21

晚唐•摩訶止觀
38_330_2

晚唐•摩訶止觀
42_363_1

晚唐•摩訶止觀
42_364_4

晚唐•摩訶止觀
42_364_13

晚唐•摩訶止觀
42_364_27

晚唐•摩訶止觀
43_371_19

晚唐•摩訶止觀
44_380_16

晚唐•摩訶止觀
52_442_15

晚唐•摩訶止觀
52_445_15

晚唐•摩訶止觀
52_445_21

晚唐•摩訶止觀
53_446_3

晚唐•摩訶止觀
53_452_5

晚唐•摩訶止觀
56_473_2

晚唐•摩訶止觀
56_475_14

晚唐•摩訶止觀
56_478_19

晚唐•摩訶止觀
57_481_25

晚唐•摩訶止觀
57_482_19

晚唐•摩訶止觀
60_503_9

五代•大毗盧經
2_11_10

五代•大毗盧經
8_91_6

五代•大毗盧經
11_134_6

五代•大毗盧經
12_153_3

五代•大毗盧經
24_310_18

## 困

現コン
訓こまる

初唐•古文尚書
12_108_17

初唐•古文尚書
12_108_19

初唐•古文尚書
16_155_28

初唐•古文尚書
22_217_11

初唐・毛詩傳
9_93_16

中唐・翰苑
8_95_19

中唐・翰苑
8_99_24

中唐・翰苑
9_108_6

## 囧

漢ケイ 呉キョウ
訓まど

初唐•古文尚書
37_351_12

## 回

漢現カイ 呉現エ
訓まわす

初唐•禮記正義
17_264_18

五代•大毗盧經
84_1019_31

五代•大毗盧經
91_1113_20

五代•大毗盧經
94_1151_18

五代•大毗盧經
58_712_22

五代•大毗盧經
60_742_8

五代•大毗盧經
66_822_21

五代•大毗盧經
73_898_25

五代•大毗盧經
77_929_14

五代•大毗盧經
78_942_11

五代•大毗盧經
83_1018_8

五代•大毗盧經
84_1019_16

五代•大毗盧經
27_337_28

五代•大毗盧經
41_494_14

五代•大毗盧經
49_601_14

五代•大毗盧經
49_601_24

五代•大毗盧經
51_626_18

五代•大毗盧經
51_626_22

五代•大毗盧經
57_695_23

五代•大毗盧經
58_712_16

五代•大毗盧經
24_310_22

五代•大毗盧經
25_315_22

五代•大毗盧經
26_333_16

五代•大毗盧經
26_333_25

五代•大毗盧經
26_333_27

五代•大毗盧經
26_333_32

五代•大毗盧經
26_334_2

五代•大毗盧經
26_335_11

中唐・翰苑
9_114_33

中唐・翰苑
9_118_41

中唐・翰苑
34_442_43

## 固 固

現 コ
訓 かためる

初唐•古文尚書
32_301_21

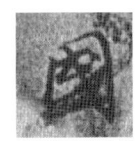

初唐•古文尚書
32_302_19

初唐•古文尚書
40_385_3

中唐・翰苑
2_12_11

中唐・翰苑
4_42_16

中唐・翰苑
10_123_11

中唐・翰苑
15_194_34

中唐・翰苑
28_360_12

中唐・翰苑
28_367_45

中唐・翰苑
35_446_13

中唐・翰苑
38_486_35

晚唐•摩訶止觀
7_57_10

五代•大毗盧經
7_82_15

五代•大毗盧經
15_193_4

五代•大毗盧經
40_482_3

五代•大毗盧經
43_523_13

五代•大毗盧經
57_705_2

五代•大毗盧經
58_710_2

五代•大毗盧經
59_726_2

五代•大毗盧經
65_819_7

五代•大毗盧經
86_1060_23

## 國 國

現 コク
訓 くに

初唐•古文尚書
5_46_24

初唐•古文尚書
7_51_11

初唐•古文尚書
16_146_8

初唐•古文尚書
16_153_2

初唐•古文尚書
20_187_4

初唐•古文尚書
25_247_29

初唐•古文尚書
26_257_26

初唐•古文尚書
27_260_6

初唐•古文尚書
32_305_11

初唐•古文尚書
33_315_3

初唐•古文尚書
38_360_1

初唐•古文尚書
39_380_1

初唐•古文尚書
39_380_18

初唐•古文尚書
41_395_38

初唐•古文尚書
41_398_22

初唐•古文尚書
44_431_7

初唐•古文尚書
47_456_11

初唐•古文尚書
47_456_17

初唐•古文尚書
47_456_23

初唐・毛詩傳
1_1_10

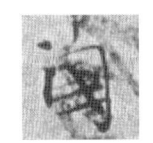

初唐・毛詩傳
2_11_30

初唐・毛詩傳
2_15_21

初唐・毛詩傳
2_19_17

初唐・毛詩傳
3_23_2

初唐・毛詩傳
3_25_8

初唐・毛詩傳
3_25_13

初唐・毛詩傳
3_27_12

初唐・毛詩傳
4_38_12

初唐・毛詩傳
4_39_8

初唐・毛詩傳
4_43_28

初唐・毛詩傳
5_51_13

初唐・毛詩傳
6_60_7

初唐・毛詩傳
8_80_26

初唐•禮記正義
2_31_18

初唐•禮記正義
2_32_4

初唐•禮記正義
2_32_10

初唐•禮記正義
2_32_15

初唐•禮記正義
2_32_23

初唐•禮記正義
3_44_14

初唐•禮記正義
5_69_7

初唐•禮記正義
5_70_3

初唐•禮記正義
14_222_8

初唐•禮記正義
14_222_15

初唐•禮記正義
16_243_9

初唐•禮記正義
16_253_23

初唐•禮記正義
17_255_13

初唐•禮記正義
17_261_27

初唐•禮記正義
17_267_25

初唐•禮記正義
18_268_9

初唐•禮記正義
18_269_5

初唐•禮記正義
18_271_24

初唐•禮記正義
18_273_11

初唐•禮記正義
20_297_4

初唐•禮記正義
20_297_6

初唐•禮記正義
20_297_12

初唐•禮記正義
22_331_19

初唐•禮記正義
23_341_26

初唐•禮記正義
25_382_9

初唐•禮記正義
25_388_15

初唐•禮記正義
25_389_14

初唐•禮記正義
25_389_24

初唐•禮記正義
28_436_12

初唐•禮記正義
28_436_20

初唐•禮記正義
28_437_18

初唐•禮記正義
28_438_11

初唐•禮記正義
28_438_24

初唐•禮記正義
30_473_4

初唐•禮記正義
30_473_16

初唐•禮記正義
30_474_19

初唐•禮記正義
30_474_26

初唐•禮記正義
30_475_26

初唐•十誦律
4_64_5

初唐•十誦律
5_91_5

中唐•翰苑
1_5_4

中唐•翰苑
3_30_22

中唐•翰苑
3_33_21

中唐•翰苑
4_37_1

中唐•翰苑
4_44_29

中唐•翰苑
6_66_7

中唐•翰苑
6_66_21

中唐•翰苑
6_67_22

中唐•翰苑
6_68_17

中唐•翰苑
6_68_36

中唐•翰苑
6_69_19

中唐•翰苑
6_69_35

中唐•翰苑
7_82_26

中唐•翰苑
7_83_2

中唐•翰苑
7_88_11

中唐•翰苑
8_92_5

中唐•翰苑
9_108_36

中唐•翰苑
9_115_31

中唐•翰苑
9_116_18

中唐•翰苑
10_123_9

中唐•翰苑
10_127_12

中唐•翰苑
11_134_25

中唐•翰苑
37_481_8

中唐•翰苑
37_481_10

中唐•翰苑
37_481_15

中唐•翰苑
37_482_33

中唐•翰苑
37_482_36

中唐•翰苑
38_483_1

中唐•翰苑
38_483_18

中唐•翰苑
38_483_24

中唐•翰苑
38_494_29

中唐•翰苑
40_514_12

中唐•翰苑
40_515_11

中唐•翰苑
42_542_26

中唐•翰苑
43_545_19

中唐•翰苑
43_546_26

中唐•翰苑
44_556_1

中唐•翰苑
44_556_15

中唐•翰苑
44_558_28

晚唐•摩訶止觀
3_26_15

晚唐•摩訶止觀
3_27_15

晚唐•摩訶止觀
43_373_26

五代•密教部類
6_88_31

五代•大毗盧經
13_155_4

五代•大毗盧經
17_223_10

五代•大毗盧經
92_1130_7

| 圓 | 園 | | | | 圍 | |
|---|---|---|---|---|---|---|
| 現エン<br>訓まるい | 漢現エン呉オン<br>訓その | | | | 現イ<br>訓かこむ | |
| <br>初唐•禮記正義<br>4_59_28<br><br>初唐•禮記正義<br>17_264_17<br><br>山圖所居<br>中唐・翰苑<br>40_513_5<br><br>晚唐•摩訶止觀<br>4_30_16<br><br>晚唐•摩訶止觀<br>4_36_24<br><br>晚唐•摩訶止觀<br>4_38_11<br><br>晚唐•摩訶止觀<br>6_50_2<br><br>晚唐•摩訶止觀<br>6_55_12 | 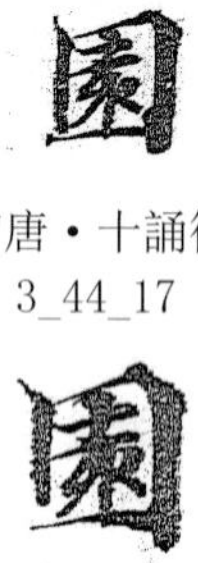<br>初唐・十誦律<br>3_44_17<br>初唐・十誦律<br>3_47_12 | <br>五代•大毗盧經<br>67_840_14<br><br>五代•大毗盧經<br>71_868_14<br><br>五代•大毗盧經<br>80_972_14<br><br>五代•大毗盧經<br>85_1035_4<br><br>五代•大毗盧經<br>85_1047_7<br><br>五代•大毗盧經<br>92_1127_4 | <br>五代•大毗盧經<br>41_488_5<br><br>五代•大毗盧經<br>44_526_19<br><br>五代•大毗盧經<br>46_563_6<br><br>五代•大毗盧經<br>50_608_14<br><br>五代•大毗盧經<br>51_624_14<br><br>五代•大毗盧經<br>63_774_19<br><br>五代•大毗盧經<br>63_790_9<br><br>五代•大毗盧經<br>64_795_9 | <br>中唐・翰苑<br>15_196_25<br><br>中唐・翰苑<br>15_197_32<br><br>中唐・翰苑<br>29_378_20<br><br>五代•大毗盧經<br>7_84_9<br><br>五代•大毗盧經<br>8_94_14<br><br>五代•大毗盧經<br>14_180_19<br><br>五代•大毗盧經<br>22_280_19<br><br>五代•大毗盧經<br>40_485_15 | <br>中唐・翰苑<br>2_15_4<br><br>中唐・翰苑<br>3_26_31<br><br>中唐・翰苑<br>8_97_28<br><br>中唐・翰苑<br>8_100_8<br><br>中唐・翰苑<br>8_100_27<br><br>中唐・翰苑<br>13_160_33<br><br>中唐・翰苑<br>15_194_26<br><br>中唐・翰苑<br>15_195_15 | <br>五代•大毗盧經<br>93_1141_2 |

| | | | | | | |
|---|---|---|---|---|---|---|
| 五代•密教部類 4_50_13 | 晚唐•摩訶止觀 61_517_3 | 晚唐•摩訶止觀 54_454_28 | 晚唐•摩訶止觀 16_140_13 | 晚唐•摩訶止觀 8_69_19 | 晚唐•摩訶止觀 7_63_14 | 晚唐•摩訶止觀 7_56_5 |
| 五代•密教部類 5_62_22 | 五代•密教部類 2_14_9 | 晚唐•摩訶止觀 59_502_18 | 晚唐•摩訶止觀 38_332_24 | 晚唐•摩訶止觀 9_76_10 | 晚唐•摩訶止觀 7_63_17 | 晚唐•摩訶止觀 7_58_13 |
| 五代•密教部類 6_77_29 | 五代•密教部類 3_28_8 | 晚唐•摩訶止觀 60_505_1 | 晚唐•摩訶止觀 39_335_19 | 晚唐•摩訶止觀 9_78_5 | 晚唐•摩訶止觀 8_66_9 | 晚唐•摩訶止觀 7_58_16 |
| 五代•大毗盧經 6_69_20 | 五代•密教部類 3_29_7 | 晚唐•摩訶止觀 60_507_17 | 晚唐•摩訶止觀 41_355_2 | 晚唐•摩訶止觀 9_83_16 | 晚唐•摩訶止觀 8_66_13 | 晚唐•摩訶止觀 7_58_19 |
| 五代•大毗盧經 8_93_14 | 五代•密教部類 3_33_15 | 晚唐•摩訶止觀 61_511_25 | 晚唐•摩訶止觀 42_359_3 | 晚唐•摩訶止觀 12_103_13 | 晚唐•摩訶止觀 8_67_11 | 晚唐•摩訶止觀 7_58_22 |
| 五代•大毗盧經 14_175_36 | 五代•密教部類 3_39_23 | 晚唐•摩訶止觀 61_513_7 | 晚唐•摩訶止觀 42_360_19 | 晚唐•摩訶止觀 13_114_17 | 晚唐•摩訶止觀 8_68_10 | 晚唐•摩訶止觀 7_59_1 |
| 五代•大毗盧經 20_260_27 | 五代•密教部類 3_41_13 | 晚唐•摩訶止觀 61_516_16 | 晚唐•摩訶止觀 50_425_25 | 晚唐•摩訶止觀 15_134_7 | 晚唐•摩訶止觀 8_68_15 | 晚唐•摩訶止觀 7_59_9 |
| 五代•大毗盧經 24_309_29 | 五代•密教部類 4_43_17 | 晚唐•摩訶止觀 61_516_21 | 晚唐•摩訶止觀 54_454_26 | 晚唐•摩訶止觀 16_140_10 | 晚唐•摩訶止觀 8_69_15 | 晚唐•摩訶止觀 7_59_19 |

## 圜 

漢カン/漢エン
訓めぐる/まるい

初唐•禮記正義
3_49_19

五代•密教部類
2_21_22

五代•大毗盧經
12_154_2

五代•大毗盧經
13_162_14

五代•大毗盧經
39_466_6

五代•大毗盧經
40_480_8

五代•大毗盧經
50_609_16

五代•大毗盧經
63_778_9

## 圖 

漢現ト呉現ズ
訓はかる

初唐•古文尚書
7_59_22

初唐•古文尚書
36_341_1

中唐・翰苑
18_241_21

中唐・翰苑
25_328_32

中唐・翰苑
41_528_36

中唐・翰苑
43_550_9

中唐・翰苑
43_552_37

五代•大毗盧經
77_931_11

五代•大毗盧經
77_932_14

五代•大毗盧經
85_1043_1

五代•大毗盧經
88_1072_8

五代•大毗盧經
88_1072_11

五代•大毗盧經
90_1099_20

五代•大毗盧經
46_563_9

五代•大毗盧經
46_569_13

五代•大毗盧經
50_612_3

五代•大毗盧經
59_729_11

五代•大毗盧經
67_836_3

五代•大毗盧經
72_883_18

五代•大毗盧經
72_888_11

五代•大毗盧經
73_896_29

五代•大毗盧經
28_351_10

五代•大毗盧經
28_353_23

五代•大毗盧經
28_359_7

五代•大毗盧經
28_361_16

五代•大毗盧經
35_415_19

五代•大毗盧經
44_525_14

五代•大毗盧經
46_559_6

五代•大毗盧經
46_561_6

# 巾部

## 巾

漢キン
訓ふきん

初唐•古文尚書 1_6_10
初唐•古文尚書 3_20_11
初唐•古文尚書 4_31_2
初唐•古文尚書 27_264_6

## 布

漢ホ 呉現フ
訓ぬの

初唐•古文尚書 4_30_26
初唐•古文尚書 7_60_24
初唐•古文尚書 12_109_20
初唐•古文尚書 15_142_12
初唐•古文尚書 17_158_20
初唐•古文尚書 31_286_36
初唐•古文尚書 35_337_9
初唐•古文尚書 39_379_7

初唐•古文尚書 42_404_15
初唐•禮記正義 18_275_20
初唐・十誦律 1_2_4
初唐・十誦律 1_3_15
初唐・十誦律 1_4_2
初唐・十誦律 1_5_13
初唐・十誦律 1_5_15
初唐・十誦律 1_7_17

初唐・十誦律 1_8_2
初唐・十誦律 1_9_12
初唐・十誦律 1_9_14
初唐・十誦律 1_12_17
初唐・十誦律 2_13_2
初唐・十誦律 2_16_10
初唐・十誦律 2_17_6
初唐・十誦律 2_17_13

初唐・十誦律 2_22_9
初唐・十誦律 2_22_11
初唐・十誦律 2_24_10
初唐・十誦律 2_24_12
初唐・十誦律 2_26_9
初唐・十誦律 2_27_2
初唐・十誦律 2_27_5
初唐・十誦律 2_28_4

初唐・十誦律 2_29_8
初唐・十誦律 2_31_6
初唐・十誦律 2_32_10
初唐・十誦律 3_37_11
初唐・十誦律 3_39_10
初唐・十誦律 3_40_7
初唐・十誦律 3_41_7
初唐・十誦律 3_52_4

初唐·十誦律 4_54_2

初唐·十誦律 4_56_3

初唐·十誦律 4_57_9

初唐·十誦律 4_59_1

初唐·十誦律 4_60_6

初唐·十誦律 4_61_13

初唐·十誦律 6_93_17

初唐·十誦律 6_94_17

初唐·十誦律 6_95_17

初唐·十誦律 6_96_12

初唐·十誦律 6_97_10

初唐·十誦律 6_98_11

初唐·十誦律 6_104_3

初唐·十誦律 6_104_11

初唐·十誦律 7_113_7

初唐·十誦律 7_114_14

初唐·十誦律 7_115_3

初唐·十誦律 7_116_15

初唐·十誦律 7_117_4

初唐·十誦律 8_133_5

初唐·十誦律 8_135_2

初唐·十誦律 8_136_3

初唐·十誦律 8_137_14

初唐·十誦律 8_138_1

初唐·十誦律 9_161_5

初唐·十誦律 9_167_16

初唐·十誦律 9_170_14

初唐·十誦律 9_173_3

初唐·十誦律 9_174_6

初唐·十誦律 10_175_5

初唐·十誦律 10_186_5

初唐·十誦律 10_187_15

初唐·十誦律 10_188_9

初唐·十誦律 10_189_5

初唐·十誦律 10_191_4

初唐·十誦律 10_191_15

初唐·十誦律 10_192_5

初唐·十誦律 10_194_9

初唐·十誦律 11_195_3

初唐·十誦律 11_197_2

初唐·十誦律 11_199_5

初唐·十誦律 11_209_17

初唐·十誦律 11_210_11

初唐·十誦律 11_212_5

初唐·十誦律 12_215_11

初唐·十誦律 12_216_5

初唐·十誦律 12_217_5

初唐·十誦律 12_217_15

初唐·十誦律 12_218_3

初唐·十誦律 12_220_12

初唐·十誦律 12_223_15

初唐·十誦律 12_226_16

初唐·十誦律 12_230_5

初唐·十誦律 12_230_15

初唐·十誦律 12_231_3

初唐·十誦律 12_232_17

初唐・十誦律 13_235_5
初唐・十誦律 13_235_12
初唐・十誦律 13_238_1
初唐・十誦律 13_238_7
初唐・十誦律 13_240_13
初唐・十誦律 13_241_16
初唐・十誦律 13_242_5
初唐・十誦律 13_247_3

初唐・十誦律 13_250_5
初唐・十誦律 13_253_5
初唐・十誦律 14_255_5
初唐・十誦律 14_258_9
初唐・十誦律 14_260_17
初唐・十誦律 14_263_4
初唐・十誦律 14_265_5
初唐・十誦律 14_265_15

初唐・十誦律 14_266_3
初唐・十誦律 14_268_4
初唐・十誦律 14_268_9
初唐・十誦律 14_269_4
初唐・十誦律 14_270_6
初唐・十誦律 14_271_1
初唐・十誦律 15_276_1
初唐・十誦律 15_280_1

初唐・十誦律 15_285_1
初唐・十誦律 15_290_1
初唐・十誦律 15_295_1
初唐・十誦律 16_300_1
初唐・十誦律 16_306_1
初唐・十誦律 16_311_1
初唐・十誦律 16_316_1
初唐・十誦律 17_319_1

初唐・十誦律 17_322_1
初唐・十誦律 17_326_1
初唐・十誦律 17_330_1
初唐・十誦律 17_335_1
初唐・十誦律 18_339_1
初唐・十誦律 18_345_8
初唐・十誦律 18_349_13
初唐・十誦律 18_350_12

初唐・十誦律 19_359_4
初唐・十誦律 19_360_5
初唐・十誦律 19_361_4
初唐・十誦律 19_361_11
初唐・十誦律 19_362_12
初唐・十誦律 19_364_11
初唐・十誦律 19_373_1
初唐・般若經 7_87_8

初唐・般若經 7_87_16
初唐・般若經 7_89_6
初唐・般若經 20_297_10
初唐・般若經 20_298_1
初唐・般若經 20_299_10
中唐・翰苑 12_147_6
中唐・翰苑 12_155_39
中唐・翰苑 17_226_31

中唐・翰苑
18_233_26

中唐・翰苑
18_234_19

中唐・翰苑
19_242_26

中唐・翰苑
19_246_11

中唐・翰苑
25_330_36

中唐・翰苑
25_330_42

中唐・翰苑
25_331_1

中唐・翰苑
30_383_37

中唐・翰苑
30_385_4

中唐・翰苑
30_387_23

南北市羅
中唐・翰苑
31_406_4

中唐・翰苑
32_419_59

中唐・翰苑
33_423_30

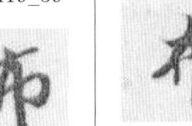

中唐・翰苑
34_436_10

中唐・翰苑
34_437_35

中唐・翰苑
34_438_1

中唐・翰苑
35_455_35

中唐・翰苑
37_481_37

中唐・翰苑
37_482_26

中唐・翰苑
38_486_13

中唐・翰苑
40_517_22

中唐・般若經
2_4_6

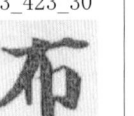

中唐・般若經
2_6_4

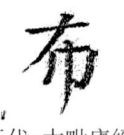

中唐・般若經
2_7_17

中唐・般若經
2_12_10

中唐・般若經
2_14_4

中唐・般若經
2_17_11

中唐・般若經
3_21_5

中唐・般若經
3_22_16

中唐・般若經
3_24_8

中唐・般若經
3_26_3

五代・大毗盧經
4_41_8

五代・大毗盧經
5_53_1

五代・大毗盧經
5_57_12

五代・大毗盧經
6_66_19

五代・大毗盧經
14_175_33

五代・大毗盧經
14_184_15

五代・大毗盧經
16_199_11

五代・大毗盧經
16_204_12

五代・大毗盧經
16_210_2

五代・大毗盧經
23_287_7

五代・大毗盧經
35_416_20

五代・大毗盧經
43_521_2

五代・大毗盧經
43_521_47

五代・大毗盧經
50_608_18

五代・大毗盧經
54_660_10

五代・大毗盧經
71_869_20

五代・大毗盧經
57_700_1

五代・大毗盧經
58_711_14

五代・大毗盧經
59_731_10

五代・大毗盧經
62_772_4

五代・大毗盧經
63_781_10

五代・大毗盧經
67_833_3

五代・大毗盧經
73_901_12

## 帚

慣ソウ 漢シュウ
訓ほうき

形如掃帚
初唐•禮記正義
18_269_24

初唐•禮記正義
25_379_19

初唐•禮記正義
25_382_19

中唐・翰苑
17_222_30

中唐・翰苑
32_419_60

中唐・翰苑
41_520_41

初唐•禮記正義
24_363_21

初唐•禮記正義
24_364_5

初唐•禮記正義
24_364_24

初唐•禮記正義
24_365_2

初唐•禮記正義
25_377_2

初唐•禮記正義
25_379_25

## 帛

漢ハク
訓きぬ

初唐•禮記正義
21_321_23

初唐•禮記正義
21_325_10

初唐•禮記正義
21_325_24

初唐•禮記正義
22_326_6

初唐•禮記正義
22_327_2

初唐•禮記正義
22_329_21

初唐•禮記正義
23_350_6

## 希

漢現キ 呉ケ
訓まれ

初唐・毛詩傳
8_85_4

晚唐•摩訶止觀
33_289_13

五代•大毗盧經
58_713_3

五代•大毗盧經
58_713_27

五代•大毗盧經
58_713_31

五代•大毗盧經
72_889_4

## 市

漢現シ
訓いち

初唐•古文尚書
23_223_12

初唐•古文尚書
23_223_31

中唐・翰苑
2_21_23

中唐・翰苑
15_193_29

中唐・翰苑
19_248_16

中唐・翰苑
24_314_7

中唐・翰苑
42_540_14

五代•大毗盧經
78_945_6

五代•大毗盧經
85_1037_10

五代•大毗盧經
90_1101_16

五代•大毗盧經
97_1196_13

## 帥 帥

慣ソツ 漢シュツ／漢現スイ
訓ひきいる

初唐・古文尚書
31_294_27

長帥
中唐・翰苑
18_229_21

渠帥
中唐・翰苑
19_245_24

渠帥
中唐・翰苑
23_298_12

豪帥放縱
中唐・翰苑
39_504_36

渠帥
中唐・翰苑
41_527_19

搖師越人
中唐・翰苑
42_538_29

## 帝 帝

漢現テイ 呉タイ
訓みかど

初唐・古文尚書
1_1_20

初唐・古文尚書
16_148_2

初唐・古文尚書
18_168_31

初唐・古文尚書
25_244_11

初唐・古文尚書
28_271_16

初唐・古文尚書
29_281_19

初唐・古文尚書
29_281_24

初唐・古文尚書
40_386_36

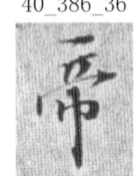

初唐・古文尚書
40_386_41

初唐・古文尚書
41_392_3

初唐・古文尚書
41_394_2

初唐・古文尚書
41_395_6

初唐・古文尚書
41_399_22

初唐・古文尚書
41_400_4

初唐・古文尚書
43_419_3

初唐・禮記正義
5_78_16

初唐・禮記正義
9_139_10

初唐・禮記正義
17_258_4

初唐・禮記正義
24_364_15

中唐・翰苑
3_30_16

中唐・翰苑
3_35_26

中唐・翰苑
4_37_28

中唐・翰苑
4_39_8

中唐・翰苑
4_48_15

中唐・翰苑
5_57_21

中唐・翰苑
6_67_9

中唐・翰苑
8_96_17

中唐・翰苑
8_97_8

中唐・翰苑
8_97_30

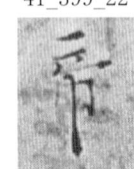

中唐・翰苑
8_99_4

中唐・翰苑
8_100_15

中唐・翰苑
8_101_12

中唐・翰苑
8_101_29

中唐・翰苑
8_105_1

中唐・翰苑
9_111_12

以綵繩牽
中唐・翰苑
12_151_30

中唐・翰苑
13_159_16

中唐・翰苑
13_162_7

中唐・翰苑
13_166_11

中唐・翰苑
14_182_23

中唐・翰苑
14_185_7

中唐・翰苑
15_192_16

中唐•翰苑 15_198_12
中唐•翰苑 17_223_10
中唐•翰苑 17_223_22
中唐•翰苑 20_259_31
中唐•翰苑 20_261_21
中唐•翰苑 22_283_2
中唐•翰苑 23_300_33
中唐•翰苑 25_328_29
中唐•翰苑 29_375_5
中唐•翰苑 30_395_17
中唐•翰苑 31_396_10
中唐•翰苑 31_399_18
中唐•翰苑 31_399_34
中唐•翰苑 31_402_4
中唐•翰苑 32_408_14
中唐•翰苑 32_414_38
中唐•翰苑 33_422_7
中唐•翰苑 33_426_11
中唐•翰苑 33_427_20
中唐•翰苑 33_428_23
中唐•翰苑 33_429_17
中唐•翰苑 33_430_7
中唐•翰苑 33_430_18
中唐•翰苑 33_431_23
中唐•翰苑 33_433_1
中唐•翰苑 33_433_25
中唐•翰苑 34_435_4
中唐•翰苑 34_444_8
中唐•翰苑 34_445_19
中唐•翰苑 36_463_17
中唐•翰苑 38_484_38
中唐•翰苑 39_497_32
中唐•翰苑 39_500_8
中唐•翰苑 39_502_22
中唐•翰苑 40_507_21
中唐•翰苑 40_509_19
中唐•翰苑 40_510_2
中唐•翰苑 40_512_10
中唐•翰苑 40_516_1
中唐•翰苑 41_521_23
中唐•翰苑 41_525_6
中唐•翰苑 42_535_35
中唐•翰苑 42_540_26
中唐•翰苑 42_541_8
中唐•翰苑 43_546_33
中唐•翰苑 43_551_35
中唐•翰苑 44_558_13
晚唐•摩訶止觀 3_26_18
五代•大毗盧經 8_98_9

五代・大毗盧經 8_99_2
五代・大毗盧經 9_101_22
五代・大毗盧經 10_119_15
五代・大毗盧經 11_126_13
五代・大毗盧經 18_227_1
五代・大毗盧經 18_228_6
五代・大毗盧經 18_229_1
五代・大毗盧經 18_231_6
五代・大毗盧經 19_238_1
五代・大毗盧經 20_262_14
五代・大毗盧經 21_265_3
五代・大毗盧經 22_275_8
五代・大毗盧經 22_277_19
五代・大毗盧經 22_283_8
五代・大毗盧經 25_314_2
五代・大毗盧經 32_402_13
五代・大毗盧經 33_405_9
五代・大毗盧經 33_407_12
五代・大毗盧經 43_516_9
五代・大毗盧經 47_571_13
五代・大毗盧經 61_755_14
五代・大毗盧經 61_760_14
五代・大毗盧經 62_764_15
五代・大毗盧經 65_820_16
五代・大毗盧經 67_845_9
五代・大毗盧經 73_893_7
五代・大毗盧經 78_943_16
五代・大毗盧經 74_915_16
五代・大毗盧經 78_944_19
五代・大毗盧經 81_987_12
五代・大毗盧經 92_1126_3
五代・大毗盧經 93_1138_1
五代・大毗盧經 97_1191_4

## 師師

現 シ
訓 もろもろ

初唐・古文尚書 16_152_15
初唐・古文尚書 20_187_17
初唐・古文尚書 22_213_20
初唐・古文尚書 25_247_10
初唐・古文尚書 26_259_14
初唐・古文尚書 26_259_16
初唐・古文尚書 26_259_19
初唐・古文尚書 27_260_24
初唐・古文尚書 27_260_26
初唐・古文尚書 27_260_28
初唐・古文尚書 27_260_30
初唐・古文尚書 27_261_5
初唐・古文尚書 27_264_23
初唐・古文尚書 27_265_14
初唐・古文尚書 27_268_19
初唐・古文尚書 27_268_21

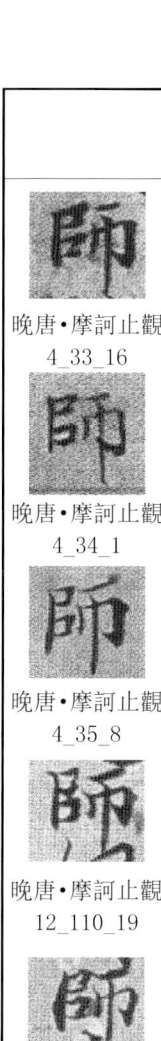

初唐•古文尚書
27_270_28

初唐•古文尚書
29_285_15

初唐•古文尚書
31_286_23

初唐•古文尚書
31_294_3

初唐•古文尚書
31_294_35

初唐•古文尚書
31_296_23

初唐•古文尚書
33_314_2

初唐•古文尚書
45_433_27

初唐•古文尚書
49_477_25

初唐•禮記正義
3_39_10

初唐•禮記正義
4_57_15

初唐•禮記正義
5_72_28

初唐•禮記正義
5_77_4

初唐•禮記正義
14_221_4

初唐•禮記正義
14_222_2

初唐•禮記正義
15_230_17

初唐•禮記正義
15_232_22

元帥
初唐•禮記正義
16_247_17

初唐・般若經
1_1_2

中唐・翰苑
6_68_2

中唐・翰苑
6_68_4

中唐・翰苑
9_107_20

中唐・翰苑
10_126_33

中唐・翰苑
10_129_19

中唐・翰苑
11_139_14

渠帥
中唐・翰苑
12_155_24

烏桓元帥
中唐・翰苑
13_164_27

中唐・翰苑
14_184_44

中唐・翰苑
17_223_21

中唐・翰苑
25_327_27

中唐・翰苑
32_408_25

中唐・翰苑
33_422_13

中唐・翰苑
34_435_34

中唐・翰苑
36_462_28

渠帥
中唐・翰苑
37_477_35

中唐・翰苑
37_482_3

中唐・翰苑
41_523_30

中唐・翰苑
44_559_13

晚唐•摩訶止觀
1_4_21

晚唐•摩訶止觀
2_20_24

晚唐•摩訶止觀
3_21_21

晚唐•摩訶止觀
3_22_16

晚唐•摩訶止觀
3_26_6

晚唐•摩訶止觀
3_26_19

晚唐•摩訶止觀
3_29_14

晚唐•摩訶止觀
4_31_7

晚唐•摩訶止觀
4_32_9

晚唐•摩訶止觀
4_33_5

晚唐•摩訶止觀
4_33_16

晚唐•摩訶止觀
4_34_1

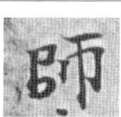

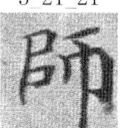

晚唐•摩訶止觀
4_35_8

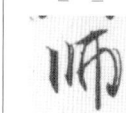

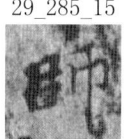

晚唐•摩訶止觀
12_110_19

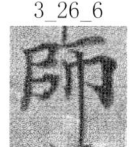

晚唐•摩訶止觀
46_394_9

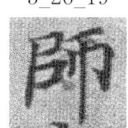

晚唐•摩訶止觀
46_396_13

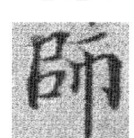

晚唐•摩訶止觀
52_444_7

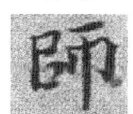

晚唐•摩訶止觀
54_460_5

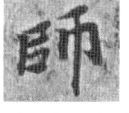

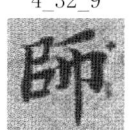

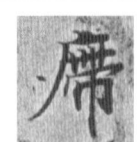

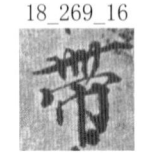

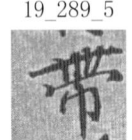

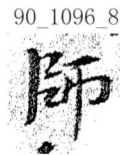

| | | 帶帯 | 席席 | | | |
|---|---|---|---|---|---|---|
| | | タイ<br>訓おび | 現セキ<br>訓むしろ | | | |
| 中唐・翰苑 17_225_14<br>中唐・翰苑 20_259_15<br>中唐・翰苑 20_262_27<br>中唐・翰苑 25_329_43<br>中唐・翰苑 26_335_24<br>中唐・翰苑 27_349_2<br>中唐・翰苑 28_360_5<br>中唐・翰苑 28_360_11 | 初唐•禮記正義 19_291_12<br>初唐•禮記正義 19_291_19<br>初唐•禮記正義 19_292_3<br>初唐•禮記正義 19_292_11<br>初唐•禮記正義 20_299_29<br>初唐•禮記正義 20_310_2<br>中唐・翰苑 3_28_16<br>中唐・翰苑 8_103_30 | 初唐•禮記正義 18_269_16<br>初唐•禮記正義 19_288_22<br>初唐•禮記正義 19_289_5<br>初唐•禮記正義 19_289_14<br>初唐•禮記正義 19_289_26<br>初唐•禮記正義 19_290_3<br>初唐•禮記正義 19_290_16<br>初唐•禮記正義 19_290_24 | 初唐•古文尚書 33_308_19<br>初唐•禮記正義 7_104_23<br>初唐•禮記正義 7_109_8<br>初唐•禮記正義 7_112_7<br>初唐•禮記正義 8_113_6<br>初唐•禮記正義 23_341_15 | 五代•大毗盧經 67_843_12<br>五代•大毗盧經 73_899_4<br>五代•大毗盧經 77_938_24<br>五代•大毗盧經 90_1096_8<br>五代•大毗盧經 97_1187_17 | 五代•大毗盧經 13_167_3<br>五代•大毗盧經 42_506_3<br>五代•大毗盧經 42_508_22<br>五代•大毗盧經 43_515_15<br>五代•大毗盧經 43_523_20<br>五代•大毗盧經 44_529_12<br>五代•大毗盧經 50_615_14<br>五代•大毗盧經 51_625_3 | 晚唐•摩訶止觀 54_460_10<br>五代•密教部類 6_80_19<br>五代•密教部類 6_83_21<br>五代•大毗盧經 2_9_11<br>五代•大毗盧經 2_15_18<br>五代•大毗盧經 3_29_11<br>五代•大毗盧經 9_107_23<br>五代•大毗盧經 9_110_23 |

中唐・翰苑
28_360_17

中唐・翰苑
28_360_23

中唐・翰苑
28_360_33

中唐・翰苑
28_361_2

中唐・翰苑
29_380_5

中唐・翰苑
31_403_15

中唐・翰苑
31_405_1

中唐・翰苑
32_411_32

中唐・翰苑
35_447_36

五代・大毗盧經
87_1065_19

## 常

漢ショウ 呉現ジョウ
訓つね

初唐・古文尚書
5_37_7

初唐・古文尚書
5_46_25

初唐・古文尚書
6_49_20

初唐・古文尚書
6_50_6

初唐・古文尚書
6_50_15

初唐・古文尚書
7_55_21

初唐・古文尚書
7_56_18

初唐・古文尚書
10_83_28

初唐・古文尚書
18_171_20

初唐・古文尚書
22_217_19

初唐・古文尚書
24_235_29

初唐・古文尚書
25_240_36

初唐・古文尚書
25_241_5

初唐・古文尚書
26_251_40

初唐・古文尚書
27_265_26

初唐・古文尚書
32_300_17

初唐・古文尚書
32_303_16

初唐・古文尚書
35_330_1

初唐・古文尚書
35_330_28

初唐・古文尚書
35_330_41

初唐・古文尚書
35_337_11

初唐・古文尚書
36_339_15

初唐・古文尚書
36_340_13

初唐・古文尚書
36_344_28

初唐・古文尚書
37_354_13

初唐・古文尚書
39_375_26

初唐・古文尚書
39_376_6

初唐・古文尚書
41_398_9

初唐・古文尚書
41_399_6

初唐・古文尚書
42_409_31

初唐・古文尚書
49_477_9

初唐・毛詩傳
5_53_8

初唐・毛詩傳
10_112_7

初唐・禮記正義
2_32_29

初唐・禮記正義
2_33_13

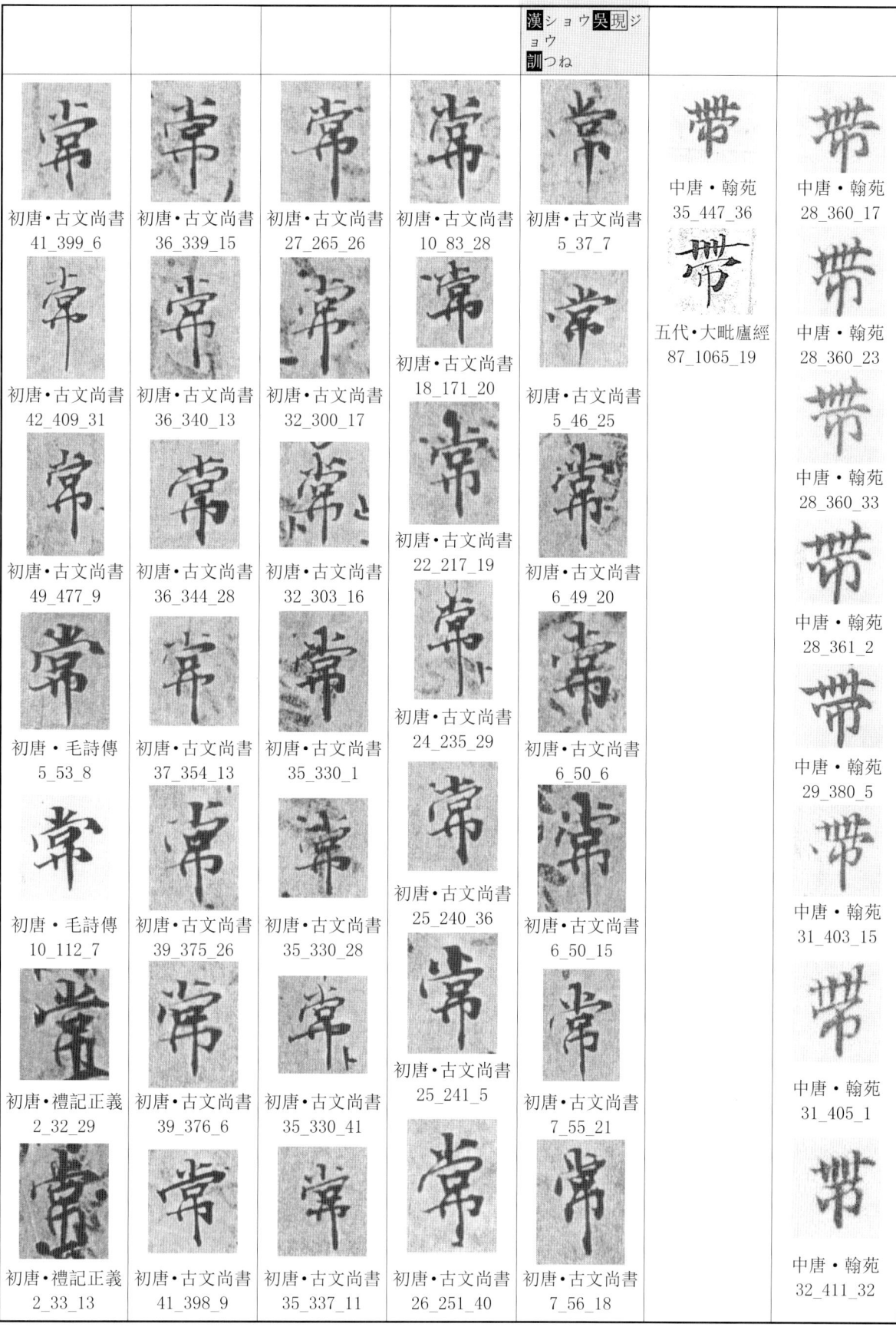

| | | | | | | |
|---|---|---|---|---|---|---|
| 中唐・般若經 2_4_13 | 中唐・翰苑 31_398_10 | 中唐・翰苑 11_136_28 | 初唐・十誦律 2_28_13 | 初唐•禮記正義 11_175_10 | 初唐•禮記正義 7_102_10 | 初唐•禮記正義 3_48_27 |
| 中唐・般若經 2_6_2 | 中唐・翰苑 31_399_14 | 中唐・翰苑 14_185_40 | 中唐・翰苑 2_21_11 | 初唐•禮記正義 12_194_2 | 初唐•禮記正義 7_102_21 | 初唐•禮記正義 6_84_25 |
| 中唐・般若經 2_12_17 | 中唐・翰苑 35_450_21 | 中唐・翰苑 15_196_31 | 中唐・翰苑 3_29_23 | 初唐•禮記正義 14_220_6 | 初唐•禮記正義 7_105_4 | 初唐•禮記正義 6_85_29 |
| 中唐・般若經 2_13_1 | 中唐・翰苑 35_451_11 | 中唐・翰苑 15_197_18 | 中唐・翰苑 3_33_25 | 初唐•禮記正義 19_292_26 | 初唐•禮記正義 7_111_15 | 初唐•禮記正義 7_99_15 |
| 中唐・般若經 2_13_15 | 中唐・翰苑 37_474_23 | 中唐・翰苑 18_239_20 | 中唐・翰苑 4_43_31 | 初唐•禮記正義 19_293_23 | 初唐•禮記正義 8_123_27 | 初唐•禮記正義 7_100_10 |
| 中唐・般若經 2_14_1 | 中唐・翰苑 37_482_24 | 中唐・翰苑 19_242_7 | 中唐・翰苑 4_44_40 | 初唐•禮記正義 24_370_12 | 初唐•禮記正義 8_125_14 | 初唐•禮記正義 7_100_16 |
| 中唐・般若經 5_70_15 | 中唐・翰苑 43_548_28 | 中唐・翰苑 29_371_29 | 中唐・翰苑 8_93_26 | 初唐•禮記正義 25_385_2 | 初唐•禮記正義 8_125_17 | 初唐•禮記正義 7_101_22 |

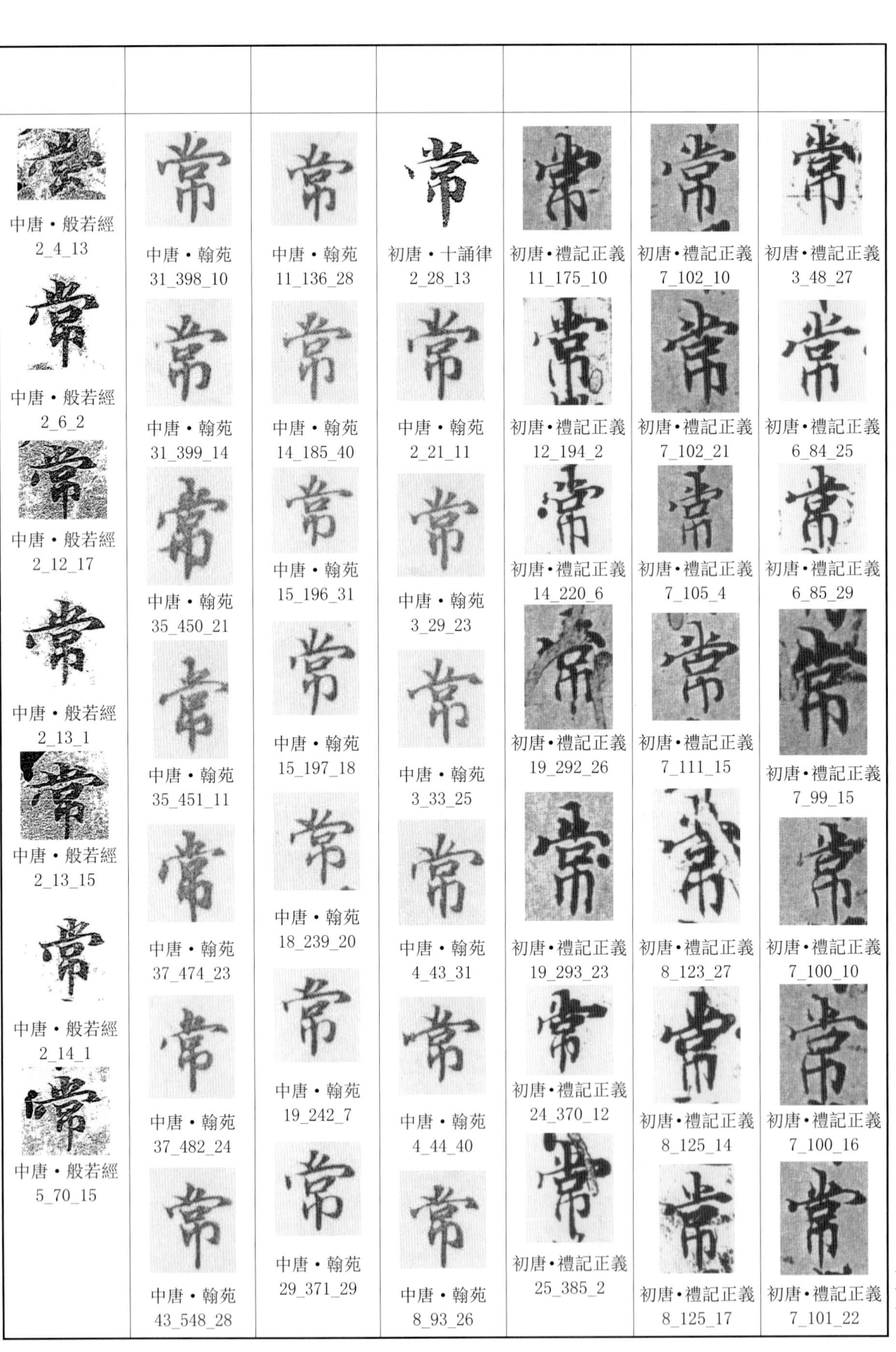

中唐・般若經
6_80_13

中唐・般若經
6_80_16

中唐・般若經
6_81_11

中唐・般若經
6_81_14

中唐・般若經
6_86_10

中唐・般若經
6_86_13

中唐・般若經
6_87_17

中唐・般若經
6_88_3

中唐・般若經
6_95_16

中唐・般若經
7_96_2

中唐・般若經
7_96_15

中唐・般若經
7_97_1

中唐・般若經
7_103_14

中唐・般若經
7_103_17

中唐・般若經
7_104_12

中唐・般若經
7_104_15

中唐・般若經
7_113_11

中唐・般若經
7_113_14

中唐・般若經
7_114_8

中唐・般若經
7_114_11

中唐・般若經
8_120_11

中唐・般若經
8_120_14

中唐・般若經
8_121_8

中唐・般若經
8_121_11

中唐・般若經
8_128_5

中唐・般若經
8_128_8

中唐・般若經
8_129_1

中唐・般若經
8_129_4

中唐・般若經
9_137_9

中唐・般若經
9_137_12

中唐・般若經
9_138_1

中唐・般若經
9_138_4

中唐・般若經
9_143_2

中唐・般若經
9_143_5

中唐・般若經
9_143_12

中唐・般若經
9_143_15

中唐・般若經
9_149_6

中唐・般若經
9_149_9

中唐・般若經
9_149_15

中唐・般若經
9_150_1

中唐・般若經
10_157_10

中唐・般若經
10_157_13

中唐・般若經
10_159_4

中唐・般若經
10_159_7

中唐・般若經
10_167_15

中唐・般若經
10_168_1

中唐・般若經
10_168_17

中唐・般若經
10_169_3

中唐・般若經
11_176_8

中唐・般若經
11_176_11

中唐・般若經
11_177_9

中唐・般若經
11_177_12

中唐・般若經
11_186_11

中唐・般若經
11_186_14

中唐・般若經
11_187_4

中唐・般若經
11_187_7

中唐・般若經
12_192_16

中唐・般若經
12_193_2

中唐・般若經
12_193_10

中唐・般若經
12_193_13

中唐・般若經
12_199_15

中唐・般若經
12_200_1

中唐・般若經
12_200_8

中唐・般若經
12_200_11

中唐・般若經
12_208_10

中唐・般若經
12_208_13

中唐・般若經
12_209_6

中唐・般若經
12_209_9

中唐・般若經
13_215_6

中唐・般若經
13_215_9

中唐・般若經
13_216_3

中唐・般若經
13_216_6

中唐・般若經
13_222_13

中唐・般若經
13_222_16

中唐・般若經
13_223_9

中唐・般若經
13_223_12

中唐・般若經
15_257_13

中唐・般若經
15_257_16

中唐・般若經
15_259_5

中唐・般若經
15_259_8

中唐・般若經
16_268_5

中唐・般若經
16_268_8

中唐・般若經
16_269_4

中唐・般若經
16_269_7

中唐・般若經
16_276_15

中唐・般若經
16_277_1

中唐・般若經
16_277_13

中唐・般若經
16_277_16

中唐・般若經
17_287_13

中唐・般若經
17_287_16

中唐・般若經
17_292_4

中唐・般若經
17_292_7

中唐・般若經
17_297_2

中唐・般若經
17_297_5

中唐・般若經
17_304_15

中唐・般若經
17_305_1

中唐・般若經
18_309_14

中唐・般若經
18_309_17

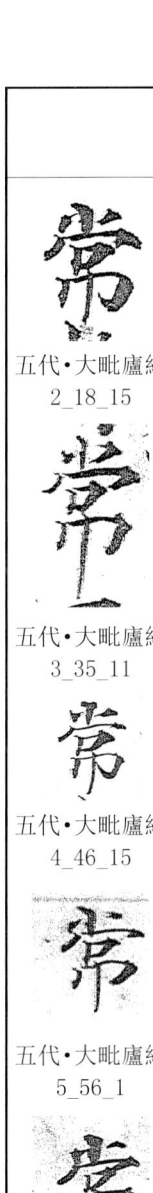

中唐・般若經
18_315_3

中唐・般若經
18_315_6

中唐・般若經
18_323_15

中唐・般若經
18_324_1

中唐・般若經
19_328_14

中唐・般若經
19_328_17

中唐・般若經
19_334_3

中唐・般若經
19_334_6

晚唐•摩訶止觀
2_14_8

晚唐•摩訶止觀
4_30_12

晚唐•摩訶止觀
5_42_16

晚唐•摩訶止觀
6_54_24

晚唐•摩訶止觀
9_80_11

晚唐•摩訶止觀
10_84_18

晚唐•摩訶止觀
10_89_4

晚唐•摩訶止觀
12_110_27

晚唐•摩訶止觀
14_123_25

晚唐•摩訶止觀
14_125_4

晚唐•摩訶止觀
14_126_2

晚唐•摩訶止觀
14_126_17

晚唐•摩訶止觀
14_127_9

晚唐•摩訶止觀
16_141_23

晚唐•摩訶止觀
21_182_17

晚唐•摩訶止觀
36_313_10

晚唐•摩訶止觀
38_328_17

晚唐•摩訶止觀
38_332_1

晚唐•摩訶止觀
43_374_19

晚唐•摩訶止觀
44_381_19

晚唐•摩訶止觀
46_397_6

晚唐•摩訶止觀
46_397_29

晚唐•摩訶止觀
46_398_18

晚唐•摩訶止觀
47_399_2

晚唐•摩訶止觀
47_399_5

晚唐•摩訶止觀
47_400_19

晚唐•摩訶止觀
47_400_21

晚唐•摩訶止觀
47_400_24

晚唐•摩訶止觀
47_400_26

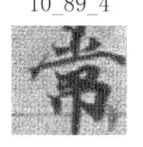

晚唐•摩訶止觀
53_447_20

晚唐•摩訶止觀
53_447_24

晚唐•摩訶止觀
53_449_21

五代•大毗盧經
2_12_5

五代•大毗盧經
2_13_16

五代•大毗盧經
2_18_15

五代•大毗盧經
3_35_11

五代•大毗盧經
4_46_15

五代•大毗盧經
5_56_1

五代•大毗盧經
13_166_6

五代•大毗盧經
19_248_21

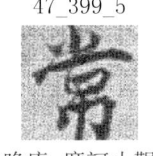

五代•大毗盧經
21_266_18

五代・大毗盧經
29_366_17

五代・大毗盧經
29_366_31

五代・大毗盧經
41_494_25

五代・大毗盧經
54_664_3

五代・大毗盧經
56_682_27

五代・大毗盧經
57_693_1

五代・大毗盧經
58_713_10

五代・大毗盧經
68_851_18

五代・大毗盧經
73_904_13

五代・大毗盧經
78_942_21

五代・大毗盧經
90_1106_29

五代・大毗盧經
90_1106_35

五代・大毗盧經
90_1107_7

五代・大毗盧經
91_1113_12

五代・大毗盧經
92_1129_11

五代・大毗盧經
97_1196_6

## 帳 𢅏

現 チョウ
訓 とばり

帳下
中唐・翰苑
4_47_25

廬帳
中唐・翰苑
5_61_16

棄帳
中唐・翰苑
6_67_31

## 幘 𢅅

漢 サク
訓 ずきん

中唐・翰苑
25_329_20

## 幗 𢅥

漢 カク
訓 かみかざり

中唐・翰苑
11_142_36

## 幣 𢅧

漢 ヘイ
訓 ぬさ

中唐・翰苑
11_144_27

中唐・翰苑
43_546_39

| | | 幟幟 | | | 幢幢 | 幡幡 |
|---|---|---|---|---|---|---|
| | | シ<br>訓のぼり | | | 漢トウ/呉ドウ/<br>漢トウ<br>訓はた | 漢ハン呉ホン<br>訓はた |
| | <br>五代•大毗盧經<br>77_928_10 | <br>五代•大毗盧經<br>2_3_2<br><br>五代•大毗盧經<br>7_76_10<br><br>五代•大毗盧經<br>11_129_19<br><br>五代•大毗盧經<br>23_290_20<br><br>五代•大毗盧經<br>35_410_21<br><br>五代•大毗盧經<br>63_777_10<br><br>五代•大毗盧經<br>69_860_21<br><br>五代•大毗盧經<br>71_863_21 | <br>五代•大毗盧經<br>67_848_13<br><br>五代•大毗盧經<br>69_860_19<br><br>五代•大毗盧經<br>71_863_19<br><br>五代•大毗盧經<br>85_1046_15 | <br>五代•大毗盧經<br>39_458_20<br><br>五代•大毗盧經<br>40_483_2<br><br>五代•大毗盧經<br>41_490_9<br><br>五代•大毗盧經<br>50_621_20<br><br>五代•大毗盧經<br>53_645_12<br><br>五代•大毗盧經<br>53_647_10<br><br>五代•大毗盧經<br>53_647_16<br><br>五代•大毗盧經<br>63_777_3 | <br>中唐・翰苑<br>21_277_46<br><br>五代•大毗盧經<br>2_2_19<br><br>五代•大毗盧經<br>6_70_17<br><br>五代•大毗盧經<br>8_100_17<br><br>五代•大毗盧經<br>18_237_12<br><br>五代•大毗盧經<br>23_291_18<br><br>五代•大毗盧經<br>28_350_17<br><br>五代•大毗盧經<br>35_410_19 | <br>燔燒<br>中唐・翰苑<br>5_61_10<br><br>幡蓋<br>五代•大毗盧經<br>13_168_4<br><br>赤色幡<br>五代•大毗盧經<br>14_174_20<br><br>金剛幡<br>五代•大毗盧經<br>41_487_5 |

# 山部

## 山

漢 現 サン 呉 セン
訓 やま

初唐•古文尚書 1_1_4
初唐•古文尚書 1_1_10
初唐•古文尚書 2_15_17
初唐•古文尚書 3_18_24
初唐•古文尚書 3_24_15
初唐•古文尚書 3_24_24
初唐•古文尚書 5_38_20
初唐•古文尚書 5_38_24

初唐•古文尚書 16_145_3
初唐•古文尚書 16_145_17
初唐•古文尚書 42_403_2
初唐•古文尚書 42_404_2
初唐・毛詩傳 3_22_1
初唐・毛詩傳 3_27_1
初唐・毛詩傳 3_27_22
初唐・毛詩傳 3_30_15

初唐・毛詩傳 3_30_22
初唐・毛詩傳 4_33_9
初唐・毛詩傳 4_37_1
初唐•禮記正義 22_335_6
初唐・十誦律 3_34_16
初唐・十誦律 3_44_3
初唐・十誦律 3_45_8
初唐・十誦律 3_46_15

初唐・十誦律 3_48_3
中唐・翰苑 2_14_9
中唐・翰苑 3_25_25
中唐・翰苑 3_26_20
中唐・翰苑 5_59_8
中唐・翰苑 6_71_15
中唐・翰苑 9_110_30
中唐・翰苑 9_113_25

中唐・翰苑 10_120_28
中唐・翰苑 11_134_31
中唐・翰苑 12_147_16
中唐・翰苑 12_148_9
中唐・翰苑 12_152_12
中唐・翰苑 12_152_14
中唐・翰苑 12_152_32
中唐・翰苑 12_152_44

中唐・翰苑 13_164_1
中唐・翰苑 13_170_2
中唐・翰苑 13_171_5
中唐・翰苑 14_184_4
中唐・翰苑 16_202_25
中唐・翰苑 16_203_39
中唐・翰苑 18_230_46
中唐・翰苑 22_288_31

中唐・翰苑
22_294_25

中唐・翰苑
23_303_25

中唐・翰苑
23_305_7

中唐・翰苑
23_305_16

中唐・翰苑
23_306_3

中唐・翰苑
23_307_16

中唐・翰苑
23_307_32

中唐・翰苑
23_308_15

中唐・翰苑
23_308_23

中唐・翰苑
24_311_20

中唐・翰苑
24_312_18

中唐・翰苑
24_312_37

中唐・翰苑
24_313_16

中唐・翰苑
24_314_4

中唐・翰苑
25_323_28

中唐・翰苑
25_324_23

中唐・翰苑
25_325_6

中唐・翰苑
27_348_34

中唐・翰苑
27_349_16

中唐・翰苑
27_353_13

中唐・翰苑
28_368_18

中唐・翰苑
28_370_2

中唐・翰苑
28_370_16

中唐・翰苑
28_370_22

中唐・翰苑
29_371_7

中唐・翰苑
29_371_14

中唐・翰苑
29_371_22

中唐・翰苑
29_371_24

中唐・翰苑
29_371_35

中唐・翰苑
29_371_42

中唐・翰苑
29_372_1

中唐・翰苑
29_372_4

中唐・翰苑
29_373_39

中唐・翰苑
29_376_40

中唐・翰苑
29_381_38

中唐・翰苑
30_384_21

中唐・翰苑
30_386_37

中唐・翰苑
31_398_19

中唐・翰苑
31_398_26

中唐・翰苑
31_401_2

中唐・翰苑
31_401_24

中唐・翰苑
31_403_30

中唐・翰苑
33_430_37

中唐・翰苑
33_433_19

中唐・翰苑
33_433_32

中唐・翰苑
34_440_17

中唐・翰苑
34_443_24

中唐・翰苑
34_444_14

中唐・翰苑
34_444_28

中唐・翰苑
35_451_27

中唐・翰苑
36_466_31

中唐・翰苑
36_466_34

中唐・翰苑
38_486_23

中唐・翰苑
38_488_16

中唐・翰苑
38_492_18

中唐・翰苑
38_494_16

| 岸 | 岑 | 岠 | | | | |
|---|---|---|---|---|---|---|
| 現ガン 訓きし | 漢シン 漢ギン 訓みね | キョ 訓— | | | | |
| 初唐•古文尚書 2_12_19 | 中唐・翰苑 20_262_36 | 初唐•古文尚書 18_174_11 | 五代•密教部類 6_86_28 | 晩唐•摩訶止觀 55_469_17 | 中唐・翰苑 42_535_2 | 中唐・翰苑 39_504_9 |
| 初唐•古文尚書 2_13_2 | | | 五代•密教部類 6_89_29 | 五代•密教部類 2_11_3 | 中唐・翰苑 42_543_19 | 中唐・翰苑 40_509_29 |
| 中唐・翰苑 24_321_22 | | | 五代•大毗盧經 2_5_10 | 五代•密教部類 2_12_3 | 晩唐•摩訶止觀 11_99_12 | 中唐・翰苑 40_510_14 |
| 中唐・翰苑 31_405_7 | | | 五代•大毗盧經 2_16_9 | 五代•密教部類 2_14_3 | 晩唐•摩訶止觀 12_107_18 | 中唐・翰苑 40_512_36 |
| 中唐・翰苑 38_491_21 | | | 五代•大毗盧經 23_298_28 | 五代•密教部類 6_78_17 | 晩唐•摩訶止觀 12_108_9 | 中唐・翰苑 40_513_4 |
| 晩唐•摩訶止觀 7_57_22 | | | 五代•大毗盧經 23_298_32 | 五代•密教部類 6_80_17 | 晩唐•摩訶止觀 15_130_20 | 中唐・翰苑 40_514_32 |
| 晩唐•摩訶止觀 33_286_25 | | | 五代•大毗盧經 92_1126_10 | 五代•密教部類 6_83_17 | 晩唐•摩訶止觀 24_207_17 | 中唐・翰苑 41_520_19 |
| | | | | 五代•密教部類 6_85_12 | 晩唐•摩訶止觀 43_374_25 | 中唐・翰苑 41_522_32 |

| 峰 | 峭 | 峽 | 峙 | 岱 | 岳 | |
|---|---|---|---|---|---|---|
| 漢現ホウ<br>訓みね | ショウ<br>訓けわしい | 慣現キョウ漢コウ<br>訓はざま | 呉ジ<br>訓そばたつ | 漢タイ<br>訓— | 現ガク<br>訓たけ | |

**峰**

中唐・翰苑
23_308_5

五代・大毗盧經
2_16_11

五代・大毗盧經
8_100_19

五代・大毗盧經
18_237_14

五代・大毗盧經
23_298_29

五代・大毗盧經
67_848_15

五代・大毗盧經
73_895_9

**峭**

中唐・翰苑
13_163_13

**峽**

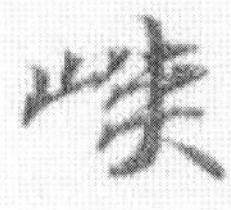
中唐・翰苑
24_310_6

**峙**

中唐・翰苑
28_370_4

**岱**

初唐・古文尚書
2_10_22

初唐・古文尚書
2_11_9

初唐・古文尚書
2_14_17

初唐・古文尚書
2_15_16

初唐・古文尚書
3_17_11

初唐・古文尚書
3_18_6

中唐・翰苑
12_152_31

**岳**

晚唐・摩訶止觀
3_29_17

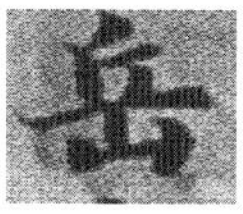
晚唐・摩訶止觀
4_31_2

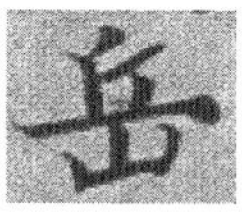
晚唐・摩訶止觀
4_36_12

五代・大毗盧經
2_17_6

五代・大毗盧經
9_109_7

五代・大毗盧經
47_577_23

## 崔

スイ 漢サイ
訓—

初唐•禮記正義
3_47_6

初唐•禮記正義
5_81_16

初唐•禮記正義
8_119_6

初唐•禮記正義
8_120_76

初唐•禮記正義
25_379_2

## 崩

現ホウ
訓くずれる

初唐・毛詩傳
5_54_6

初唐・毛詩傳
5_55_6

初唐・毛詩傳
5_55_10

中唐・翰苑
11_133_1

中唐・翰苑
17_218_6

中唐・翰苑
18_233_32

中唐・翰苑
20_269_28

## 崇

慣現スウ 漢シュウ 呉ス
訓あがめる

初唐•古文尚書
13_120_4

初唐•古文尚書
13_120_13

初唐•古文尚書
14_130_27

中唐・翰苑
6_65_6

中唐・翰苑
6_67_14

中唐・翰苑
6_68_27

中唐・翰苑
6_69_7

## 崖

漢ガイ
訓がけ

中唐・翰苑
41_520_23

五代•大毗盧經
22_283_19

## 島

現トウ
訓しま

中唐・翰苑
19_247_38

中唐・翰苑
27_354_8

中唐・翰苑
31_401_25

中唐・翰苑
31_403_28

## 峻

シュン
訓たかい

中唐・翰苑
19_247_32

中唐・翰苑
41_520_21

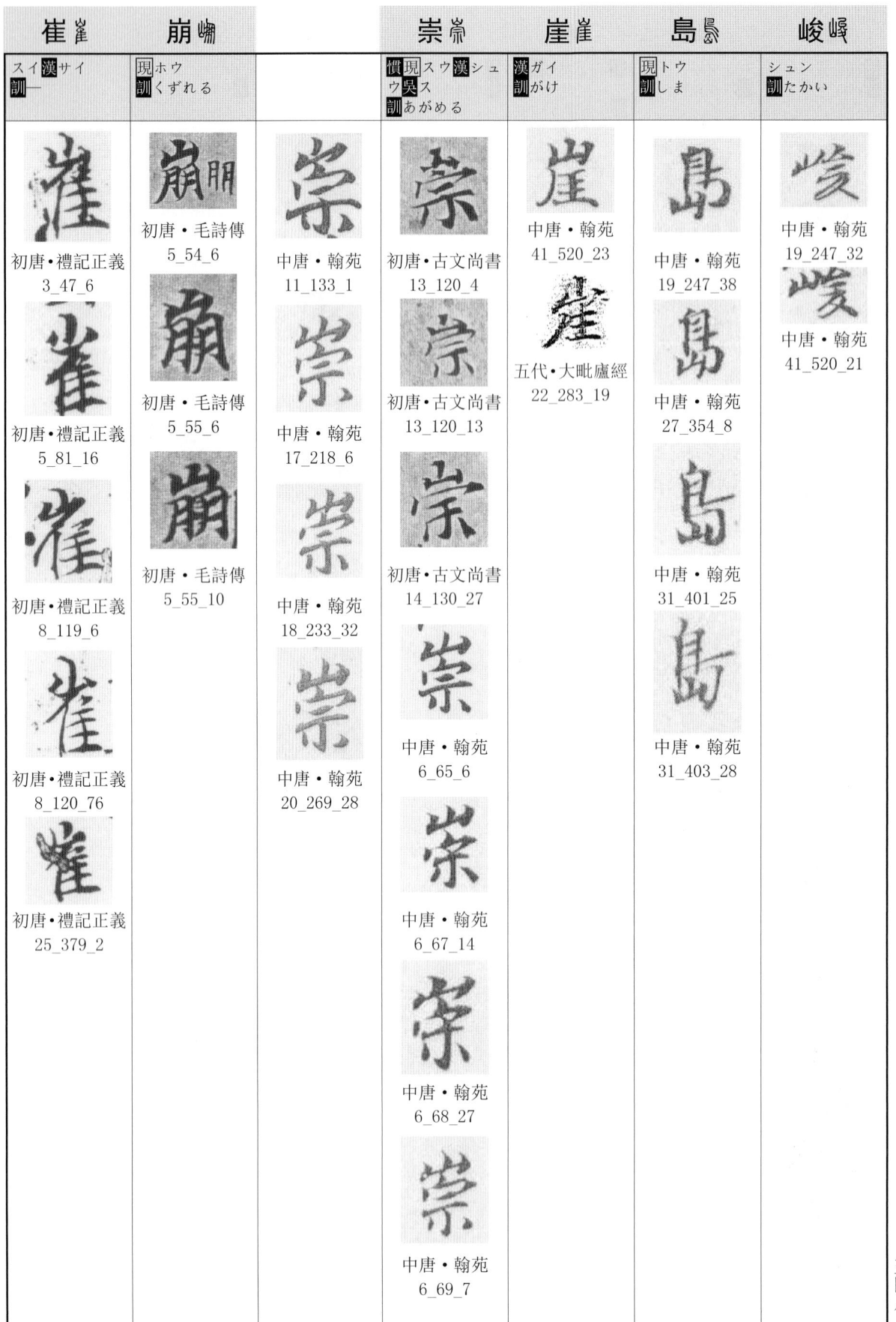

| 巀 | 嶭 | 嶧 | 嶠 | 崿 | 嵎 | 崛 |
|---|---|---|---|---|---|---|
| サツ、ザチ<br>訓— | 漢ガツ漢ゲツ<br>訓たかい | 漢エキ<br>訓— | 漢キョウ<br>訓やまみち | ガク<br>訓きし | 慣グウ漢グ<br>訓くま | 漢クツ<br>訓そばだつ |
| <br>中唐・翰苑<br>23_304_23 | <br>中唐・翰苑<br>23_304_24 | <br>初唐•古文尚書<br>3_23_26<br><br>初唐•古文尚書<br>3_24_23 | <br>中唐・翰苑<br>11_134_5<br><br>中唐・翰苑<br>22_295_7 | <br>中唐・翰苑<br>24_313_8 | <br>初唐•古文尚書<br>2_11_11<br><br>初唐•古文尚書<br>2_11_19 | <br>初唐・十誦律<br>3_44_2<br><br>初唐・十誦律<br>3_46_14 |

## 巒

ラン
訓たかい

中唐・翰苑
24_311_8

## 巖

ガン
訓けわしい

五代・密教部類
2_12_10

五代・大毗盧經
2_16_13

初唐・古文尚書
17_161_10

初唐・古文尚書
17_162_1

初唐・古文尚書
18_170_27

初唐・古文尚書
18_171_5

中唐・翰苑
10_120_29

中唐・翰苑
23_308_2

中唐・翰苑
23_309_21

## 巉

漢サン呉ザン
訓—

中唐・翰苑
23_308_1

中唐・翰苑
23_309_20

## 巂

漢ケイ/漢スイ
訓まわり

中唐・翰苑
38_492_12

中唐・翰苑
39_498_10

中唐・翰苑
39_500_21

中唐・翰苑
39_503_33

中唐・翰苑
39_506_13

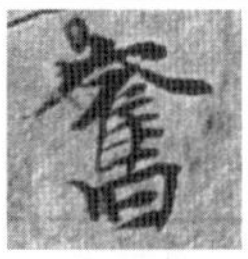
初唐・禮記正義
17_260_26

初唐・禮記正義
17_261_6

初唐・禮記正義
17_263_19

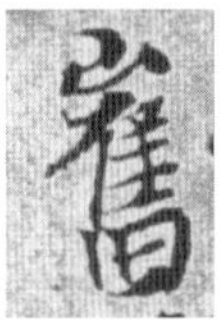
初唐・禮記正義
17_264_2

初唐・禮記正義
17_264_7

中唐・翰苑
37_481_38

中唐・翰苑
37_482_27

## 嶺

漢レイ呉リョウ
訓みね

中唐・翰苑
12_150_15

中唐・翰苑
15_198_4

中唐・翰苑
23_309_5

# 彳部

## 行

漢現コウ 唐現アン
呉現ギョウ
訓いく

初唐•古文尚書 1_1_8
初唐•古文尚書 6_49_7
初唐•古文尚書 6_49_27
初唐•古文尚書 10_87_20
初唐•古文尚書 11_102_15
初唐•古文尚書 11_102_19
初唐•古文尚書 11_102_24
初唐•古文尚書 11_102_31

初唐•古文尚書 12_103_20
初唐•古文尚書 14_126_16
初唐•古文尚書 14_132_18
初唐•古文尚書 21_198_23
初唐•古文尚書 21_200_18
初唐•古文尚書 21_201_15
初唐•古文尚書 21_201_26
初唐•古文尚書 21_202_14

初唐•古文尚書 21_202_27
初唐•古文尚書 21_203_7
初唐•古文尚書 21_203_31
初唐•古文尚書 21_204_23
初唐•古文尚書 22_211_23
初唐•古文尚書 22_212_1
初唐•古文尚書 26_251_36
初唐•古文尚書 28_275_34

初唐•古文尚書 28_277_10
初唐•古文尚書 31_294_8
初唐•古文尚書 36_347_18
初唐•古文尚書 36_348_16
初唐•古文尚書 36_349_6
初唐•古文尚書 38_369_31
初唐•古文尚書 39_373_7
初唐•古文尚書 40_388_2

初唐•古文尚書 41_393_26
初唐•古文尚書 41_399_5
初唐•古文尚書 41_401_13
初唐•古文尚書 42_407_20
初唐•古文尚書 42_410_35
初唐•古文尚書 44_426_5
初唐•古文尚書 44_426_19
初唐•古文尚書 44_427_26

初唐•古文尚書 45_437_31
初唐•古文尚書 45_439_13
初唐•古文尚書 46_451_21
初唐•古文尚書 46_452_20
初唐•古文尚書 49_475_30
初唐 • 毛詩傳 2_15_1
初唐 • 毛詩傳 8_79_7
初唐 • 毛詩傳 8_80_24

初唐・毛詩傳 8_81_14
初唐・毛詩傳 8_82_6
初唐・毛詩傳 8_85_10
初唐・毛詩傳 8_86_15
初唐・毛詩傳 10_110_9
初唐・毛詩傳 10_110_14
初唐•禮記正義 2_19_3
初唐•禮記正義 2_32_31

初唐•禮記正義 2_33_15
初唐•禮記正義 5_73_14
初唐•禮記正義 10_155_17
初唐•禮記正義 10_159_29
初唐•禮記正義 10_160_14
初唐•禮記正義 10_160_24
初唐•禮記正義 10_160_30
初唐•禮記正義 11_167_5

初唐•禮記正義 11_169_17
初唐•禮記正義 11_178_1
初唐•禮記正義 12_181_27
初唐•禮記正義 12_182_14
初唐•禮記正義 12_187_4
初唐•禮記正義 12_187_19
初唐•禮記正義 12_188_18
初唐•禮記正義 12_189_7

初唐•禮記正義 12_190_3
初唐•禮記正義 12_192_5
初唐•禮記正義 12_193_14
初唐•禮記正義 13_198_11
初唐•禮記正義 14_214_19
初唐•禮記正義 14_214_27
初唐•禮記正義 14_223_20
初唐•禮記正義 15_229_22

初唐•禮記正義 16_242_18
初唐•禮記正義 16_244_7
初唐•禮記正義 18_268_17
初唐•禮記正義 18_271_9
初唐•禮記正義 18_278_15
初唐•禮記正義 18_281_16
初唐•禮記正義 18_281_21
初唐•禮記正義 18_281_24

初唐•禮記正義 20_306_27
初唐•禮記正義 20_307_18
初唐•禮記正義 20_308_13
初唐•禮記正義 21_321_3
初唐•禮記正義 22_329_13
初唐•禮記正義 22_338_17
初唐•禮記正義 23_349_3
初唐•禮記正義 23_353_22

初唐•禮記正義 24_359_21
初唐•禮記正義 24_360_11
初唐•禮記正義 24_360_28
初唐•禮記正義 24_361_23
初唐•禮記正義 24_361_25
初唐•禮記正義 25_377_20
初唐•禮記正義 25_377_28
初唐•禮記正義 25_378_12

初唐•禮記正義 25_380_16
初唐•禮記正義 25_383_1
初唐•禮記正義 28_437_3
初唐•禮記正義 28_437_19
初唐•禮記正義 28_438_3
初唐•禮記正義 28_439_1
初唐•禮記正義 28_439_11
初唐•禮記正義 28_442_16

初唐•禮記正義 29_450_17
初唐•禮記正義 29_454_23
初唐•禮記正義 29_455_24
初唐•禮記正義 29_456_15
初唐•禮記正義 29_457_8
初唐·十誦律 1_10_17
初唐·十誦律 4_65_1
初唐·十誦律 4_65_10

初唐·十誦律 4_66_6
初唐·十誦律 4_66_16
初唐·十誦律 4_71_2
初唐·十誦律 5_74_9
初唐·十誦律 5_75_2
初唐·十誦律 5_83_2
初唐·十誦律 7_121_3
初唐·般若經 2_7_8

初唐·般若經 2_7_14
初唐·般若經 2_9_2
初唐·般若經 6_81_14
初唐·般若經 6_83_1
初唐·般若經 7_84_12
初唐·般若經 14_201_8
初唐·般若經 14_202_1
初唐·般若經 14_203_10

初唐·般若經 14_212_14
初唐·般若經 15_213_3
初唐·般若經 15_214_10
初唐·般若經 19_291_13
初唐·般若經 19_292_17
初唐·般若經 20_294_13
初唐·般若經 27_419_6
初唐·般若經 27_419_16

初唐·般若經 27_421_10
中唐·翰苑 2_16_26
中唐·翰苑 4_42_7
中唐·翰苑 6_70_21
中唐·翰苑 10_130_12
中唐·翰苑 15_199_15
中唐·翰苑 16_205_20
中唐·翰苑 16_210_21

中唐·翰苑 17_221_6
中唐·翰苑 19_244_37
中唐·翰苑 19_244_40
中唐·翰苑 19_246_20
中唐·翰苑 23_307_13
中唐·翰苑 24_315_39
中唐·翰苑 29_375_26
中唐·翰苑 30_386_12

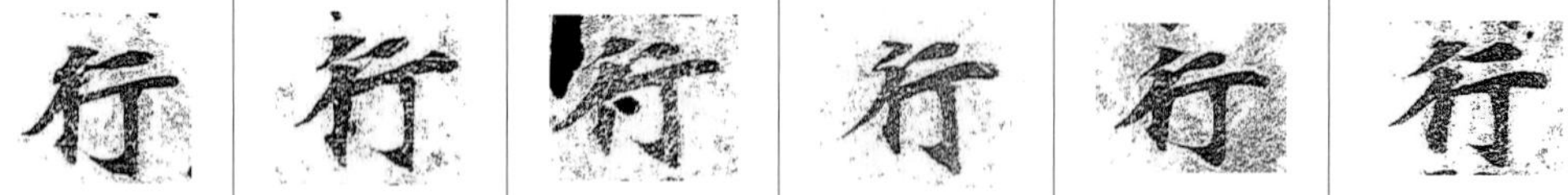

中唐・般若經 18_313_3
中唐・般若經 18_307_3
中唐・般若經 17_291_8
中唐・般若經 15_266_15
中唐・般若經 13_214_13
中唐・般若經 2_12_4

中唐・翰苑 30_386_21

中唐・般若經 18_313_7
中唐・般若經 18_308_1
中唐・般若經 17_295_4
中唐・般若經 15_267_9
中唐・般若經 13_221_1
中唐・般若經 2_19_14

中唐・翰苑 31_405_9

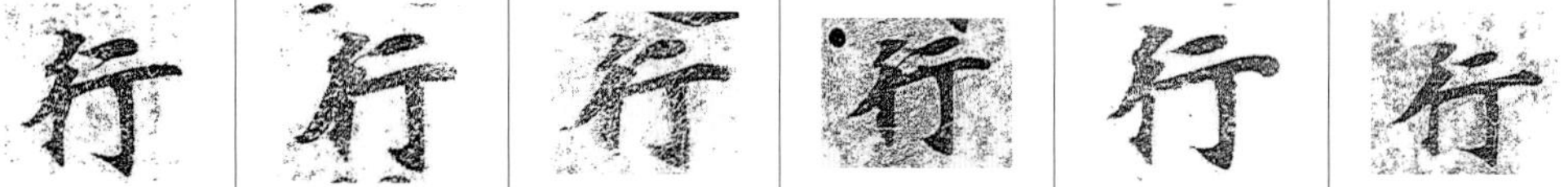

中唐・般若經 18_315_1
中唐・般若經 18_308_5
中唐・般若經 17_295_8
中唐・般若經 16_274_17
中唐・般若經 13_221_5
中唐・般若經 3_20_1

中唐・翰苑 32_419_3

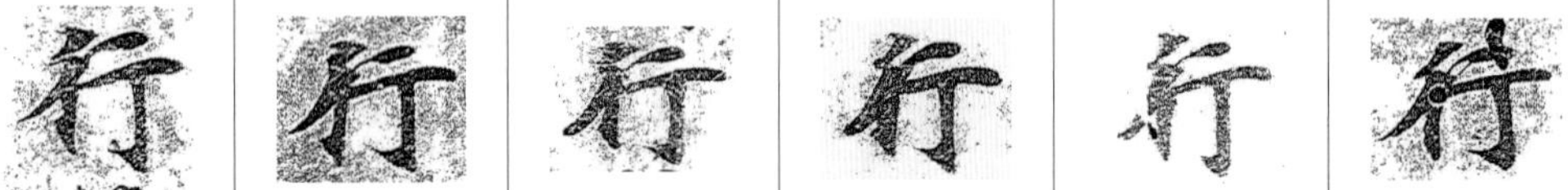

中唐・般若經 18_315_15
中唐・般若經 18_308_16
中唐・般若經 17_299_11
中唐・般若經 16_275_4
中唐・般若經 13_227_13
中唐・般若經 3_27_17

中唐・翰苑 32_419_50

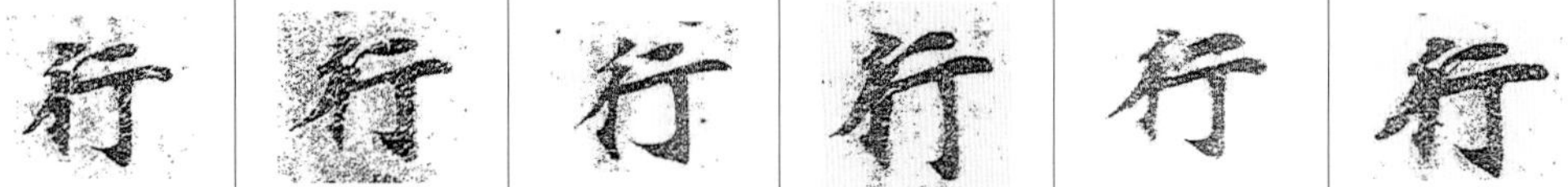

中唐・般若經 18_316_11
中唐・般若經 18_309_12
中唐・般若經 17_300_2
中唐・般若經 16_282_15
中唐・般若經 13_228_4
中唐・般若經 12_204_6

中唐・翰苑 33_430_17

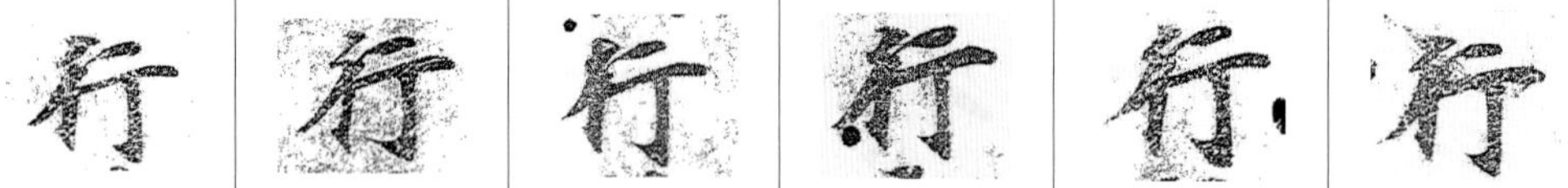

中唐・般若經 18_317_8
中唐・般若經 18_310_10
中唐・般若經 17_304_13
中唐・般若經 16_283_6
中唐・般若經 15_253_3
中唐・般若經 12_204_14

中唐・翰苑 41_522_37

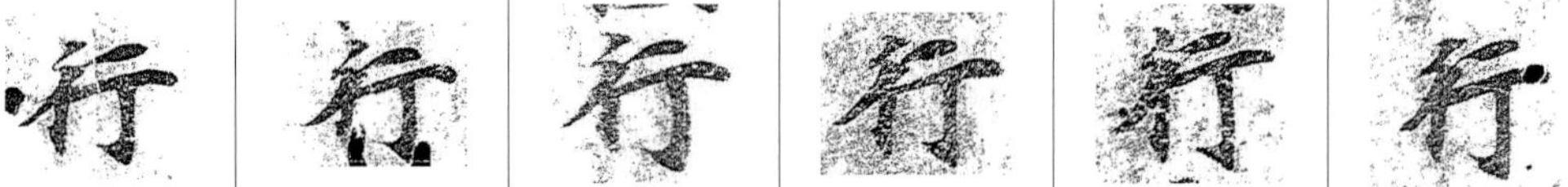

中唐・般若經 18_318_1
中唐・般若經 18_311_7
中唐・般若經 17_305_10
中唐・般若經 17_290_10
中唐・般若經 15_253_11
中唐・般若經 13_213_14

中唐・翰苑 42_534_31

中唐・般若經 18_318_9
中唐・般若經 18_312_5
中唐・般若經 18_306_6
中唐・般若經 17_290_14
中唐・般若經 15_266_11
中唐・般若經 13_214_2

中唐・翰苑 43_544_8

| | | | | | | |
|---|---|---|---|---|---|---|
| 晚唐•摩訶止觀<br>29_249_22 | 晚唐•摩訶止觀<br>24_209_14 | 晚唐•摩訶止觀<br>22_187_14 | 晚唐•摩訶止觀<br>19_169_9 | 晚唐•摩訶止觀<br>8_66_14 | 晚唐•摩訶止觀<br>1_6_7 | 中唐・般若經<br>19_327_1 |
| 晚唐•摩訶止觀<br>30_263_8 | 晚唐•摩訶止觀<br>25_212_2 | 晚唐•摩訶止觀<br>22_188_19 | 晚唐•摩訶止觀<br>19_169_27 | 晚唐•摩訶止觀<br>8_68_11 | 晚唐•摩訶止觀<br>1_7_7 | 中唐・般若經<br>19_327_5 |
| 晚唐•摩訶止觀<br>31_268_23 | 晚唐•摩訶止觀<br>26_224_2 | 晚唐•摩訶止觀<br>22_189_24 | 晚唐•摩訶止觀<br>21_179_7 | 晚唐•摩訶止觀<br>9_79_12 | 晚唐•摩訶止觀<br>3_25_6 | 中唐・般若經<br>19_327_16 |
| 晚唐•摩訶止觀<br>31_273_8 | 晚唐•摩訶止觀<br>26_224_5 | 晚唐•摩訶止觀<br>22_191_21 | 晚唐•摩訶止觀<br>21_180_18 | 晚唐•摩訶止觀<br>11_93_13 | 晚唐•摩訶止觀<br>3_25_19 | 中唐・般若經<br>19_332_3 |
| 晚唐•摩訶止觀<br>39_339_12 | 晚唐•摩訶止觀<br>26_227_10 | 晚唐•摩訶止觀<br>24_204_22 | 晚唐•摩訶止觀<br>21_182_8 | 晚唐•摩訶止觀<br>14_126_3 | 晚唐•摩訶止觀<br>3_28_27 | 中唐・般若經<br>19_332_7 |
| 晚唐•摩訶止觀<br>43_373_18 | 晚唐•摩訶止觀<br>26_227_16 | 晚唐•摩訶止觀<br>24_205_8 | 晚唐•摩訶止觀<br>21_183_21 | 晚唐•摩訶止觀<br>16_142_16 | 晚唐•摩訶止觀<br>3_29_21 | 中唐・般若經<br>19_337_1 |
| 晚唐•摩訶止觀<br>45_386_20 | 晚唐•摩訶止觀<br>28_240_5 | 晚唐•摩訶止觀<br>24_207_25 | 晚唐•摩訶止觀<br>21_184_22 | 晚唐•摩訶止觀<br>17_150_13 | 晚唐•摩訶止觀<br>5_40_3 | 中唐・般若經<br>19_337_9 |
| 晚唐•摩訶止觀<br>45_386_24 | 晚唐•摩訶止觀<br>28_243_18 | 晚唐•摩訶止觀<br>24_208_1 | 晚唐•摩訶止觀<br>21_186_11 | 晚唐•摩訶止觀<br>19_168_1 | 晚唐•摩訶止觀<br>7_58_20 | 晚唐•摩訶止觀<br>1_4_19 |

| | | | | | | |
|---|---|---|---|---|---|---|
| 五代•大毗盧經 35_415_17 | 五代•大毗盧經 15_189_26 | 五代•密教部類 5_62_17 | 五代•密教部類 3_27_20 | 晚唐•摩訶止觀 59_498_21 | 晚唐•摩訶止觀 57_481_2 | 晚唐•摩訶止觀 45_390_19 |
| 五代•大毗盧經 38_443_3 | 五代•大毗盧經 15_195_19 | 五代•密教部類 5_73_5 | 五代•密教部類 3_32_24 | 晚唐•摩訶止觀 59_499_17 | 晚唐•摩訶止觀 58_487_1 | 晚唐•摩訶止觀 46_397_11 |
| 五代•大毗盧經 39_463_14 | 五代•大毗盧經 16_199_8 | 五代•密教部類 6_78_15 | 五代•密教部類 4_44_15 | 晚唐•摩訶止觀 59_499_23 | 晚唐•摩訶止觀 58_494_27 | 晚唐•摩訶止觀 47_403_8 |
| 五代•大毗盧經 39_468_16 | 五代•大毗盧經 19_251_21 | 五代•密教部類 6_86_10 | 五代•密教部類 4_45_20 | 晚唐•摩訶止觀 61_512_13 | 晚唐•摩訶止觀 59_496_18 | 晚唐•摩訶止觀 47_404_11 |
| 五代•大毗盧經 40_481_9 | 五代•大毗盧經 22_280_7 | 五代•大毗盧經 2_9_14 | 五代•密教部類 4_45_23 | 晚唐•摩訶止觀 61_513_18 | 晚唐•摩訶止觀 59_496_26 | 晚唐•摩訶止觀 49_419_22 |
| 五代•大毗盧經 41_494_28 | 五代•大毗盧經 24_310_26 | 五代•大毗盧經 2_10_6 | 五代•密教部類 4_56_11 | 晚唐•摩訶止觀 61_513_23 | 晚唐•摩訶止觀 59_497_8 | 晚唐•摩訶止觀 54_457_17 |
| 五代•大毗盧經 52_634_13 | 五代•大毗盧經 27_337_12 | 五代•大毗盧經 8_97_4 | 五代•密教部類 5_58_5 | 晚唐•摩訶止觀 62_519_14 | 晚唐•摩訶止觀 59_497_16 | 晚唐•摩訶止觀 54_458_3 |
| 五代•大毗盧經 52_636_3 | 五代•大毗盧經 31_395_9 | 五代•大毗盧經 13_167_19 | 五代•密教部類 5_59_8 | 五代•密教部類 2_12_11 | 晚唐•摩訶止觀 59_497_26 | 晚唐•摩訶止觀 54_458_18 |

| 征 | | | 役 | | | |
|---|---|---|---|---|---|---|
| 漢現セイ<br>訓うつ | | | 漢現エキ呉現ヤク<br>訓さきもり | | | |
| 初唐•禮記正義<br>5_70_24<br>初唐•禮記正義<br>5_72_25<br>中唐・翰苑<br>2_11_16<br>中唐・翰苑<br>4_43_13<br>中唐・翰苑<br>5_58_15<br>中唐・翰苑<br>13_168_14<br>中唐・翰苑<br>22_292_43<br>中唐・翰苑<br>22_293_28 | 中唐・翰苑<br>26_344_9 | 中唐・翰苑<br>11_140_24<br>中唐・翰苑<br>12_145_6<br>中唐・翰苑<br>14_178_23<br>投赴<br>中唐・翰苑<br>15_191_40<br>中唐・翰苑<br>15_191_44<br>中唐・翰苑<br>19_244_15<br>沒入爲其家奴<br>中唐・翰苑<br>20_268_3<br>中唐・翰苑<br>26_336_20 | 初唐•古文尚書<br>37_357_7<br>初唐•古文尚書<br>37_358_10<br>初唐・毛詩傳<br>2_17_5<br>初唐・毛詩傳<br>2_17_14<br>初唐・毛詩傳<br>9_92_32<br>初唐・毛詩傳<br>9_100_5<br>初唐・毛詩傳<br>10_103_27<br>中唐・翰苑<br>10_121_23 | 五代•大毗盧經<br>84_1025_23<br>五代•大毗盧經<br>94_1151_15<br>五代•大毗盧經<br>95_1161_16<br>五代•大毗盧經<br>96_1182_12<br>五代•大毗盧經<br>97_1184_6<br>五代•大毗盧經<br>97_1184_21<br>五代•大毗盧經<br>97_1192_7<br>五代•大毗盧經<br>97_1197_16 | 五代•大毗盧經<br>68_850_23<br>五代•大毗盧經<br>68_851_1<br>五代•大毗盧經<br>68_851_5<br>五代•大毗盧經<br>71_866_4<br>五代•大毗盧經<br>72_890_9<br>五代•大毗盧經<br>72_890_11<br>五代•大毗盧經<br>79_964_1<br>五代•大毗盧經<br>83_1008_15 | 五代•大毗盧經<br>54_657_1<br>五代•大毗盧經<br>57_704_1<br>五代•大毗盧經<br>60_743_19<br>五代•大毗盧經<br>61_754_9<br>五代•大毗盧經<br>61_754_13<br>五代•大毗盧經<br>62_764_1<br>五代•大毗盧經<br>67_833_15<br>五代•大毗盧經<br>68_850_15 |

中唐・翰苑
23_303_11

中唐・翰苑
26_344_2

中唐・翰苑
32_415_3

中唐・翰苑
33_427_26

## 徂 徂

漢 ソ
訓 ゆく

初唐・古文尚書
22_208_12

## 往 往

現 オウ
訓 ゆく

初唐・古文尚書
7_51_5

初唐・古文尚書
7_53_9

初唐・古文尚書
15_137_4

初唐・古文尚書
15_137_22

初唐・古文尚書
22_208_21

初唐・古文尚書
32_297_5

初唐・古文尚書
32_297_19

初唐・古文尚書
32_297_32

初唐・古文尚書
45_438_7

初唐・古文尚書
49_474_1

初唐・古文尚書
49_475_7

初唐・毛詩傳
9_94_20

初唐・毛詩傳
9_96_16

初唐・禮記正義
4_60_15

初唐・禮記正義
28_443_2

初唐・禮記正義
30_461_21

初唐・禮記正義
30_463_4

初唐・禮記正義
30_474_23

初唐・十誦律
2_17_5

初唐・十誦律
2_17_9

初唐・十誦律
2_17_12

初唐・十誦律
2_18_1

初唐・十誦律
2_18_4

初唐・十誦律
2_18_12

初唐・十誦律
2_18_15

初唐・十誦律
2_19_2

初唐・十誦律
2_22_8

初唐・十誦律
2_23_7

初唐・十誦律
14_271_6

初唐・十誦律
15_276_6

初唐・十誦律
15_280_6

初唐・十誦律
15_281_13

初唐・十誦律
15_285_6

初唐・十誦律
15_290_6

初唐・十誦律
15_295_6

初唐・十誦律
16_300_6

初唐・十誦律
16_306_6

初唐・十誦律
16_311_6

初唐・十誦律
16_316_5

初唐・十誦律
17_319_5

初唐・十誦律
17_322_5

初唐・十誦律
17_326_5

初唐・十誦律
17_330_5

初唐・十誦律
17_335_5

初唐・十誦律
18_339_5

中唐・翰苑
2_11_14

中唐・翰苑
4_44_25

中唐・翰苑
10_128_9

中唐・翰苑
18_241_30

中唐・翰苑
19_248_13

中唐・翰苑
35_449_41

中唐・翰苑
35_453_27

中唐・翰苑
38_494_4

中唐・翰苑
43_546_40

往來
中唐・翰苑
44_556_42

五代・大毗盧經
2_18_17

五代・大毗盧經
18_229_29

五代・大毗盧經
31_392_23

五代・大毗盧經
55_673_36

五代・大毗盧經
66_829_36

五代・大毗盧經
67_835_2

五代・大毗盧經
71_866_7

五代・大毗盧經
89_1087_40

# 彼

現 ヒ
訓 かれ

初唐・毛詩傳
5_53_33

初唐・毛詩傳
6_57_1

初唐・禮記正義
15_233_6

初唐・禮記正義
25_387_22

初唐・禮記正義
29_449_13

初唐・禮記正義
29_450_27

初唐・十誦律
8_134_13

初唐・十誦律
9_154_14

初唐・十誦律
10_179_13

初唐・十誦律
11_201_16

初唐・十誦律
11_207_3

初唐・十誦律
14_267_8

初唐・十誦律
14_271_14

初唐・十誦律
14_272_7

初唐・十誦律
14_272_14

初唐・十誦律
14_273_7

初唐・十誦律
14_273_13

初唐・十誦律
14_274_2

初唐・十誦律
14_274_11

初唐・十誦律
15_275_2

初唐・十誦律
15_275_11

初唐・十誦律
15_277_7

初唐・十誦律
15_278_6

初唐・十誦律
15_278_12

初唐・十誦律
15_279_4

初唐・十誦律
15_279_11

初唐・十誦律
15_281_3

初唐・十誦律
15_282_3

初唐・十誦律
15_282_9

初唐・十誦律
15_283_1

初唐・十誦律
15_283_8

初唐・十誦律
15_283_15

初唐・十誦律
15_285_14

初唐・十誦律
15_286_3

初唐・十誦律
15_286_9

初唐・十誦律
15_287_1

初唐・十誦律
15_287_8

初唐・十誦律
15_287_15

初唐・十誦律
15_288_8

初唐・十誦律
15_290_14

初唐・十誦律
15_291_3

初唐・十誦律
15_291_12

初唐・十誦律
15_292_2

初唐・十誦律
15_292_9

初唐・十誦律
15_293_2

初唐・十誦律
15_293_8

初唐・十誦律
16_296_9

初唐・十誦律
16_296_16

初唐・十誦律
16_297_6

初唐・十誦律
16_297_16

初唐・十誦律
16_298_5

初唐・十誦律
16_298_11

初唐・十誦律
16_300_17

初唐・十誦律
16_302_7

初唐・十誦律
16_302_14

初唐・十誦律
16_303_7

初唐・十誦律
16_303_13

初唐・十誦律
16_304_2

初唐・十誦律
16_304_11

初唐・十誦律
16_306_17

初唐・十誦律
16_307_7

初唐・十誦律
16_307_17

初唐・十誦律
16_308_6

初唐・十誦律
16_308_12

初唐・十誦律
16_309_4

初唐・十誦律
16_309_11

初唐・十誦律
16_312_3

初唐・十誦律
16_312_13

初唐・十誦律
16_313_2

初唐・十誦律
16_313_8

初唐・十誦律
16_313_17

初唐・十誦律
16_314_7

初唐・十誦律
16_314_14

初唐・十誦律
16_316_13

初唐・十誦律
17_317_3

初唐・十誦律
17_317_9

初唐・十誦律
17_318_1

初唐・十誦律
17_319_13

初唐・十誦律
17_320_3

初唐・十誦律
17_320_10

初唐・十誦律
17_321_3

初唐・十誦律
17_322_13

初唐・十誦律
17_323_2

初唐・十誦律
17_323_11

初唐・十誦律
17_324_1

初唐・十誦律
17_324_8

初唐・十誦律
17_325_1

初唐・十誦律
17_325_7

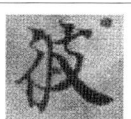

初唐・十誦律
17_326_16

初唐・十誦律
17_327_8

初唐・十誦律
17_327_15

初唐・十誦律
17_328_5

初唐・十誦律
17_328_15

初唐・十誦律
17_329_4

初唐・十誦律
17_329_10

初唐・十誦律
17_330_16

初唐・十誦律
17_331_6

初唐・十誦律
17_331_13

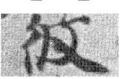

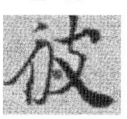

初唐・十誦律
17_332_6

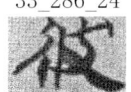

初唐・十誦律
17_332_12

初唐・十誦律
17_333_2

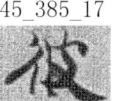

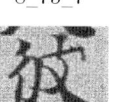

初唐・十誦律
17_333_11

初唐・十誦律
17_335_16

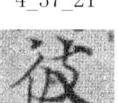

初唐・十誦律
17_336_6

初唐・十誦律
17_336_16

初唐・十誦律
18_337_5

初唐・十誦律
18_337_11

初唐・十誦律
18_338_3

初唐・十誦律
18_338_10

初唐・十誦律
18_340_2

初唐・十誦律
18_340_12

初唐・十誦律
18_341_1

初唐・十誦律
18_341_7

初唐・十誦律
18_341_16

初唐・十誦律
18_342_6

初唐・十誦律
18_342_13

烏羽攸設
中唐・翰苑
18_241_25

中唐・翰苑
35_449_36

晚唐•摩訶止觀
4_37_21

晚唐•摩訶止觀
7_57_14

晚唐•摩訶止觀
8_69_24

晚唐•摩訶止觀
8_70_16

晚唐•摩訶止觀
8_71_26

晚唐•摩訶止觀
8_73_7

晚唐•摩訶止觀
20_171_15

晚唐•摩訶止觀
21_182_20

晚唐•摩訶止觀
24_209_1

晚唐•摩訶止觀
25_214_18

晚唐•摩訶止觀
29_256_20

晚唐•摩訶止觀
33_283_20

晚唐•摩訶止觀
33_286_24

晚唐•摩訶止觀
45_385_17

晚唐•摩訶止觀
45_386_5

晚唐•摩訶止觀
45_388_3

晚唐•摩訶止觀
61_513_4

五代•大毗盧經
2_8_16

五代•大毗盧經
7_77_1

五代•大毗盧經
7_82_13

五代•大毗盧經
7_84_53

五代•大毗盧經
8_89_6

五代•大毗盧經
8_92_12

五代•大毗盧經
8_96_15

五代•大毗盧經
8_97_6

五代•大毗盧經
9_104_16

## 徇

漢 シュン 呉 ジュン
訓 となえる

中唐・翰苑
16_205_19

初唐・禮記正義
3_39_15

初唐・禮記正義
12_182_24

侍駕
初唐・禮記正義
12_186_9

## 待

漢 現 タイ 呉 ダイ
訓 まつ

初唐・古文尚書
10_91_5

初唐・古文尚書
17_165_28

初唐・古文尚書
18_174_21

初唐・古文尚書
19_182_6

初唐・古文尚書
26_257_33

初唐・古文尚書
27_268_14

初唐・毛詩傳
6_63_4

初唐・毛詩傳
6_63_11

五代・大毗盧經
73_896_1

五代・大毗盧經
77_928_13

五代・大毗盧經
84_1025_47

五代・大毗盧經
85_1042_1

五代・大毗盧經
93_1145_24

五代・大毗盧經
94_1153_2

五代・大毗盧經
47_579_37

五代・大毗盧經
50_607_8

五代・大毗盧經
54_658_18

五代・大毗盧經
56_686_34

五代・大毗盧經
62_766_13

五代・大毗盧經
63_779_11

五代・大毗盧經
63_790_1

五代・大毗盧經
71_870_2

五代・大毗盧經
15_189_1

五代・大毗盧經
16_211_1

五代・大毗盧經
25_322_13

五代・大毗盧經
39_453_8

五代・大毗盧經
44_527_2

五代・大毗盧經
44_531_8

五代・大毗盧經
46_558_1

五代・大毗盧經
47_577_22

五代・大毗盧經
9_109_6

五代・大毗盧經
11_133_7

五代・大毗盧經
11_133_16

五代・大毗盧經
11_135_9

五代・大毗盧經
11_138_5

五代・大毗盧經
13_162_11

五代・大毗盧經
13_165_7

五代・大毗盧經
14_175_20

## 衍

エン
訓 はびこる

初唐・毛詩傳 5_51_5
初唐・毛詩傳 5_52_6
初唐・毛詩傳 5_53_3
初唐・毛詩傳 5_56_17
中唐・翰苑 3_33_9
中唐・翰苑 3_33_34
中唐・翰苑 5_54_34
中唐・翰苑 7_86_23

## 後

慣 現 ゴ 漢 現 コウ
呉 グ
訓 おくれる

初唐・古文尚書 1_1_37
初唐・古文尚書 11_93_21
初唐・古文尚書 13_114_15
初唐・古文尚書 13_114_25
初唐・古文尚書 15_143_23
初唐・古文尚書 17_157_2
初唐・古文尚書 22_217_8
初唐・古文尚書 25_249_7

初唐・古文尚書 27_263_23
初唐・古文尚書 29_282_3
初唐・古文尚書 34_322_16
初唐・古文尚書 34_322_28
初唐・古文尚書 36_343_10
初唐・古文尚書 36_343_29
初唐・古文尚書 38_360_17
初唐・古文尚書 38_361_16

初唐・古文尚書 39_379_16
初唐・古文尚書 49_477_1
初唐・毛詩傳 1_6_7
初唐・毛詩傳 7_68_10
初唐・毛詩傳 9_99_9
初唐・禮記正義 1_3_17
初唐・禮記正義 4_64_21
初唐・禮記正義 4_64_26

初唐・禮記正義 5_69_1
初唐・禮記正義 5_69_14
初唐・禮記正義 5_69_21
初唐・禮記正義 5_79_10
初唐・禮記正義 5_79_28
初唐・禮記正義 5_80_9
初唐・禮記正義 6_89_3
初唐・禮記正義 8_116_10

初唐・禮記正義 8_126_3
初唐・禮記正義 8_126_9
初唐・禮記正義 9_138_2
初唐・禮記正義 9_140_19
初唐・禮記正義 10_149_13
初唐・禮記正義 11_171_28
初唐・禮記正義 12_185_25
初唐・禮記正義 12_193_11

初唐・禮記正義 16_252_23
初唐・禮記正義 16_253_16
初唐・禮記正義 17_254_2
初唐・禮記正義 17_267_10
初唐・禮記正義 20_307_12
初唐・禮記正義 20_308_3
初唐・禮記正義 21_315_14
初唐・禮記正義 23_349_12

| | | | | | | |
|---|---|---|---|---|---|---|
| 中唐・翰苑 12_146_4 | 中唐・翰苑 10_130_41 | 中唐・翰苑 6_65_11 | 中唐・翰苑 4_44_23 | 初唐・十誦律 10_190_11 | 初唐•禮記正義 30_460_27 | 初唐•禮記正義 24_365_7 |
| 中唐・翰苑 12_147_23 | 中唐・翰苑 11_136_6 | 中唐・翰苑 6_70_9 | 中唐・翰苑 4_46_16 | 初唐・十誦律 10_193_13 | 初唐•禮記正義 30_462_15 | 初唐•禮記正義 24_365_15 |
| 中唐・翰苑 12_150_22 | 中唐・翰苑 11_138_13 | 中唐・翰苑 6_73_5 | 中唐・翰苑 5_50_4 | 初唐・十誦律 11_196_9 | 初唐•禮記正義 30_469_26 | 初唐•禮記正義 24_366_19 |
| 中唐・翰苑 12_153_25 | 中唐・翰苑 11_141_9 | 中唐・翰苑 6_76_11 | 中唐・翰苑 5_53_11 | 初唐・十誦律 11_209_2 | 初唐•禮記正義 30_471_20 | 初唐•禮記正義 25_376_20 |
| 中唐・翰苑 12_156_24 | 中唐・翰苑 11_143_29 | 中唐・翰苑 7_86_28 | 中唐・翰苑 5_57_16 | 初唐・十誦律 11_214_15 | 初唐•禮記正義 30_471_23 | 初唐•禮記正義 26_407_2 |
| 中唐・翰苑 12_158_26 | 中唐・翰苑 11_144_18 | 浚稽山 中唐・翰苑 9_110_28 | 中唐・翰苑 5_60_1 | 中唐・翰苑 1_6_7 | 初唐•禮記正義 30_475_20 | 初唐•禮記正義 29_450_10 |
| 中唐・翰苑 13_159_11 | 中唐・翰苑 12_145_15 | 中唐・翰苑 9_113_27 | 中唐・翰苑 5_62_24 | 中唐・翰苑 3_24_9 | 初唐・十誦律 2_30_6 | 初唐•禮記正義 29_458_3 |
| 中唐・翰苑 13_162_2 | 中唐・翰苑 12_145_30 | 中唐・翰苑 10_126_12 | 中唐・翰苑 5_63_10 | 中唐・翰苑 3_29_11 | 初唐・十誦律 5_92_5 | 初唐•禮記正義 30_460_24 |

中唐・翰苑 13_166_6

中唐・翰苑 13_167_9

中唐・翰苑 13_172_21

中唐・翰苑 14_175_11

中唐・翰苑 14_177_6

中唐・翰苑 14_178_17

中唐・翰苑 14_180_1

中唐・翰苑 14_181_31

中唐・翰苑 14_184_5

中唐・翰苑 14_185_1

中唐・翰苑 14_186_12

中唐・翰苑 15_187_37

中唐・翰苑 15_189_13

中唐・翰苑 15_192_11

中唐・翰苑 15_194_7

中唐・翰苑 15_194_21

中唐・翰苑 15_195_18

中唐・翰苑 15_198_7

中唐・翰苑 16_204_11

中唐・翰苑 16_210_2

中唐・翰苑 16_210_26

中唐・翰苑 16_211_11

中唐・翰苑 17_215_4

中唐・翰苑 17_218_15

中唐・翰苑 17_222_1

中唐・翰苑 17_223_5

中唐・翰苑 17_227_9

中唐・翰苑 18_230_30

中唐・翰苑 18_232_11

中唐・翰苑 18_234_6

中唐・翰苑 18_236_1

中唐・翰苑 18_239_13

中唐・翰苑 19_243_22

中唐・翰苑 19_250_7

中唐・翰苑 19_254_23

中唐・翰苑 20_260_33

中唐・翰苑 20_264_15

中唐・翰苑 21_280_1

中唐・翰苑 21_280_29

中唐・翰苑 22_284_43

中唐・翰苑 22_292_31

中唐・翰苑 23_297_14

中唐・翰苑 24_315_3

中唐・翰苑 25_323_19

中唐・翰苑 25_326_7

中唐・翰苑 25_329_11

中唐・翰苑 26_335_11

中唐・翰苑 27_347_27

中唐・翰苑 27_354_25

中唐・翰苑 28_361_40

中唐・翰苑 29_381_4

中唐・翰苑 30_385_8

中唐・翰苑 30_389_7

中唐・翰苑 30_393_37

中唐・翰苑 31_401_11

中唐・翰苑 32_408_9

中唐·翰苑
32_412_11

中唐·翰苑
32_421_3

中唐·翰苑
33_427_7

中唐·翰苑
33_428_38

中唐·翰苑
33_432_15

中唐·翰苑
33_432_42

中唐·翰苑
33_433_36

中唐·翰苑
34_434_11

中唐·翰苑
34_436_19

中唐·翰苑
34_438_22

中唐·翰苑
34_441_25

中唐·翰苑
34_444_3

中唐·翰苑
34_445_15

中唐·翰苑
35_448_5

中唐·翰苑
35_450_11

中唐·翰苑
35_454_11

中唐·翰苑
35_455_41

中唐·翰苑
35_456_28

中唐·翰苑
36_459_6

中唐·翰苑
36_463_12

中唐·翰苑
36_466_3

中唐·翰苑
36_469_9

中唐·翰苑
37_474_6

中唐·翰苑
37_480_11

中唐·翰苑
38_485_18

中唐·翰苑
38_486_3

中唐·翰苑
38_487_4

中唐·翰苑
38_488_22

中唐·翰苑
38_489_11

中唐·翰苑
38_490_9

中唐·翰苑
38_492_13

中唐·翰苑
38_493_15

中唐·翰苑
39_499_5

中唐·翰苑
39_499_15

中唐·翰苑
39_500_27

中唐·翰苑
39_500_29

中唐·翰苑
39_502_13

中唐·翰苑
39_503_21

中唐·翰苑
39_506_9

中唐·翰苑
40_507_12

中唐·翰苑
40_512_1

中唐·翰苑
40_516_6

中唐·翰苑
41_521_18

中唐·翰苑
41_525_1

中唐·翰苑
41_529_10

中唐·翰苑
42_537_23

中唐·翰苑
43_549_11

中唐·翰苑
43_555_23

中唐·翰苑
44_557_20

晚唐•摩訶止觀
1_4_3

晚唐•摩訶止觀
1_8_3

晚唐•摩訶止觀
4_37_18

晚唐•摩訶止觀
4_37_27

晚唐•摩訶止觀
4_38_14

晚唐•摩訶止觀
5_42_7

晚唐•摩訶止觀
5_42_23

| 徑 | 律 | | | | | |
|---|---|---|---|---|---|---|
| 漢現ケイ<br>訓こみち | 漢現リツ呉現リチ<br>訓のり | | | | | |
| 經此州<br>初唐•古文尚書<br>5_39_9 | 初唐・十誦律<br>1_1_3 | 五代•大毗盧經<br>48_583_21 | 晩唐•摩訶止觀<br>57_483_8 | 晩唐•摩訶止觀<br>23_202_16 | 晩唐•摩訶止觀<br>19_162_23 | 晩唐•摩訶止觀<br>5_43_17 |
| 君子不誣十室<br>初唐•禮記正義<br>13_196_27 | 初唐・十誦律<br>19_364_3 | 五代•大毗盧經<br>96_1177_7 | 五代•密教部類<br>1_8_6 | 晩唐•摩訶止觀<br>28_239_23 | 晩唐•摩訶止觀<br>19_167_12 | 晩唐•摩訶止觀<br>5_43_20 |
| 徑一圍三<br>初唐•禮記正義<br>17_261_25 | 初唐・十誦律<br>19_367_13 | 五代•大毗盧經<br>98_1212_11 | 五代•密教部類<br>2_23_1 | 晩唐•摩訶止觀<br>31_270_10 | 晩唐•摩訶止觀<br>20_174_13 | 晩唐•摩訶止觀<br>6_55_5 |
| 其徑皆五寸<br>初唐•禮記正義<br>23_342_14 | 五代•密教部類<br>4_43_16 | | 五代•大毗盧經<br>5_51_16 | 晩唐•摩訶止觀<br>52_440_15 | 晩唐•摩訶止觀<br>23_197_5 | 晩唐•摩訶止觀<br>10_84_4 |
| 中唐・翰苑<br>34_438_18 | | | 五代•大毗盧經<br>7_79_17 | 晩唐•摩訶止觀<br>53_453_10 | 晩唐•摩訶止觀<br>23_198_8 | 晩唐•摩訶止觀<br>12_102_1 |
| 中唐・翰苑<br>34_440_37 | | | 五代•大毗盧經<br>16_202_13 | 晩唐•摩訶止觀<br>53_453_22 | 晩唐•摩訶止觀<br>23_199_25 | 晩唐•摩訶止觀<br>18_159_20 |
| | | | 五代•大毗盧經<br>18_233_10 | 晩唐•摩訶止觀<br>54_454_4 | 晩唐•摩訶止觀<br>23_200_24 | 晩唐•摩訶止觀<br>18_160_2 |
| | | | 五代•大毗盧經<br>24_310_19 | 晩唐•摩訶止觀<br>54_454_17 | 晩唐•摩訶止觀<br>23_201_22 | 晩唐•摩訶止觀<br>18_160_15 |

## 徒

漢現ト呉ズ
訓かち

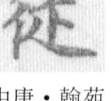

- 初唐•古文尚書 34_327_10
- 初唐•古文尚書 42_408_7
- 初唐•古文尚書 44_424_25
- 初唐•禮記正義 3_40_10
- 初唐•禮記正義 5_77_15
- 初唐•禮記正義 8_114_28
- 中唐・翰苑 7_79_31
- 中唐・翰苑 10_120_42
- 中唐・翰苑 14_179_19
- 中唐・翰苑 14_180_24
- 中唐・翰苑 14_183_33
- 中唐・翰苑 19_244_45
- 中唐・翰苑 34_435_42
- 中唐・翰苑 35_455_32
- 中唐・翰苑 44_564_17
- 晚唐•摩訶止觀 39_339_9
- 五代•大毗盧經 85_1033_17
- 五代•大毗盧經 85_1033_20
- 五代•大毗盧經 86_1055_13
- 五代•大毗盧經 97_1187_27
- 五代•大毗盧經 97_1187_39

## 徐

呉現ジョ
訓おもむろ

- 初唐•古文尚書 3_17_15
- 中唐・翰苑 10_130_14
- 中唐・翰苑 13_164_31
- 中唐・翰苑 14_185_28
- 中唐・翰苑 15_191_36
- 中唐・翰苑 15_196_30
- 中唐・翰苑 29_376_32

## 術

慣現ジュツ漢シュツ
訓みち

- 中唐・翰苑 43_553_4

## 徙

シ
訓うつ

- 初唐•古文尚書 6_49_1
- 初唐•古文尚書 7_51_10
- 初唐•古文尚書 7_51_29
- 初唐•古文尚書 7_54_19
- 初唐•古文尚書 7_55_7
- 初唐•古文尚書 8_64_11
- 初唐•古文尚書 8_65_20
- 初唐•古文尚書 9_71_11
- 初唐•古文尚書 9_73_17
- 初唐•古文尚書 9_74_19
- 初唐•古文尚書 9_75_4
- 初唐•古文尚書 9_75_10
- 初唐•古文尚書 9_78_24
- 初唐•古文尚書 10_82_7
- 初唐•古文尚書 10_88_27
- 初唐•古文尚書 10_90_14

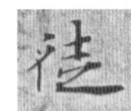

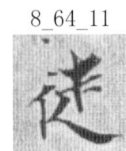

初唐•古文尚書 11_97_19
初唐•古文尚書 12_103_21
初唐•古文尚書 12_104_10
初唐•古文尚書 12_105_28
初唐•古文尚書 12_106_12
初唐•古文尚書 12_107_23
初唐•古文尚書 12_111_8
初唐•古文尚書 12_112_20

初唐•古文尚書 12_113_26
初唐•古文尚書 13_114_2
初唐•古文尚書 13_114_23
初唐•古文尚書 13_116_12
初唐•古文尚書 13_117_16
初唐•古文尚書 13_120_27
初唐•古文尚書 13_121_17
初唐•古文尚書 13_122_9

初唐•古文尚書 14_126_10
初唐•古文尚書 15_138_6
初唐•古文尚書 15_144_28
初唐•古文尚書 16_145_14
初唐•古文尚書 16_147_6
初唐•古文尚書 16_148_15
初唐•古文尚書 31_289_8
中唐・翰苑 12_149_34

中唐・翰苑 16_206_34
中唐・翰苑 35_455_43
中唐・翰苑 36_462_25
中唐・翰苑 37_482_22
中唐・翰苑 38_483_9
五代•大毗盧經 18_227_17
五代•大毗盧經 20_255_2
五代•大毗盧經 66_831_1

## 從

慣現ジュウ 漢現ショウ 呉現ジュ
訓したがう

初唐•古文尚書 7_52_28
初唐•古文尚書 7_59_11
初唐•古文尚書 8_61_30
初唐•古文尚書 8_64_19
初唐•古文尚書 9_77_15
初唐•古文尚書 10_87_1
初唐•古文尚書 10_90_12
初唐•古文尚書 11_95_5

初唐•古文尚書 12_107_19
初唐•古文尚書 14_133_22
初唐•古文尚書 20_190_10
初唐•古文尚書 33_311_13
初唐•古文尚書 35_338_21
初唐•古文尚書 37_357_8
初唐•古文尚書 39_371_18
初唐•古文尚書 39_379_4

初唐•古文尚書 44_423_26
初唐•古文尚書 45_436_24
初唐•古文尚書 45_440_7
初唐•古文尚書 45_440_12
初唐•古文尚書 45_443_16
初唐•古文尚書 47_459_15
初唐•古文尚書 47_459_20
初唐•古文尚書 48_468_25

初唐・毛詩傳
4_42_8

初唐・毛詩傳
4_43_35

初唐・毛詩傳
5_45_13

初唐・毛詩傳
9_100_3

初唐・毛詩傳
10_103_25

初唐•禮記正義
2_30_23

初唐•禮記正義
3_43_4

初唐•禮記正義
4_62_5

初唐•禮記正義
5_80_15

初唐•禮記正義
5_81_14

初唐•禮記正義
6_95_27

初唐•禮記正義
8_120_60

初唐•禮記正義
8_122_10

初唐•禮記正義
8_123_1

初唐•禮記正義
8_123_12

初唐•禮記正義
8_126_16

初唐•禮記正義
9_131_11

初唐•禮記正義
9_133_23

初唐•禮記正義
9_134_3

初唐•禮記正義
9_134_15

初唐•禮記正義
10_159_23

初唐•禮記正義
11_168_8

初唐•禮記正義
11_171_25

初唐•禮記正義
11_172_30

初唐•禮記正義
12_188_12

初唐•禮記正義
12_188_16

初唐•禮記正義
12_193_7

初唐•禮記正義
12_195_4

初唐•禮記正義
13_204_2

初唐•禮記正義
13_204_25

初唐•禮記正義
16_242_17

初唐•禮記正義
21_311_5

初唐•禮記正義
26_393_1

初唐•禮記正義
28_439_19

初唐•禮記正義
29_447_24

初唐•禮記正義
29_454_5

初唐•禮記正義
29_455_14

初唐・十誦律
1_12_13

初唐・十誦律
2_21_10

初唐・十誦律
2_29_4

初唐・十誦律
2_31_1

初唐・十誦律
3_51_15

初唐・十誦律
4_70_9

初唐・十誦律
4_72_5

初唐・十誦律
5_75_11

初唐・十誦律
5_83_10

初唐・十誦律
8_140_10

初唐・十誦律
11_202_12

初唐・十誦律
19_366_16

中唐・翰苑
3_25_17

中唐・翰苑
3_26_13

中唐・翰苑
3_28_6

中唐・翰苑
6_67_10

中唐・翰苑
7_82_16

中唐・翰苑
7_88_2

中唐・翰苑
8_100_25

泥野侯破奴
中唐・翰苑
9_110_9

中唐・翰苑
9_118_31

中唐・翰苑
9_118_46

中唐・翰苑
11_135_8

中唐・翰苑
11_141_18

中唐・翰苑
13_166_24

中唐・翰苑
13_167_5

中唐・翰苑
13_169_17

中唐・翰苑
15_198_26

中唐・翰苑
16_211_28

囚徒
中唐・翰苑
17_219_30

中唐・翰苑
19_246_32

中唐・翰苑
21_271_35

中唐・翰苑
21_272_16

中唐・翰苑
21_273_39

中唐・翰苑
21_274_32

中唐・翰苑
21_275_10

中唐・翰苑
21_282_26

中唐・翰苑
23_307_4

中唐・翰苑
28_362_9

中唐・翰苑
31_404_31

中唐・翰苑
36_469_19

中唐・翰苑
37_474_24

中唐・翰苑
38_491_7

中唐・翰苑
39_499_27

中唐・翰苑
40_517_9

中唐・翰苑
41_525_16

中唐・翰苑
42_538_18

中唐・翰苑
42_541_23

中唐・翰苑
43_550_17

晚唐•摩訶止觀
1_6_3

晚唐•摩訶止觀
5_46_28

晚唐•摩訶止觀
6_49_1

晚唐•摩訶止觀
11_94_24

晚唐•摩訶止觀
11_97_26

晚唐•摩訶止觀
16_141_9

晚唐•摩訶止觀
19_162_13

晚唐•摩訶止觀
22_187_7

晚唐•摩訶止觀
25_214_27

晚唐•摩訶止觀
30_257_20

晚唐•摩訶止觀
35_300_10

晚唐•摩訶止觀
35_306_21

晚唐•摩訶止觀
35_306_28

晚唐•摩訶止觀
42_363_24

晚唐•摩訶止觀
44_380_21

晚唐•摩訶止觀
47_406_2

晚唐•摩訶止觀
48_412_24

晚唐•摩訶止觀
54_457_3

晚唐•摩訶止觀
54_457_11

晚唐•摩訶止觀
57_483_15

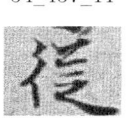

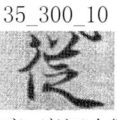

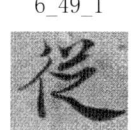

晚唐•摩訶止觀
58_491_28

晚唐•摩訶止觀
58_492_5

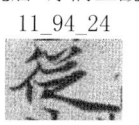

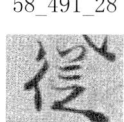

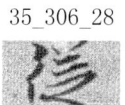

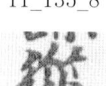

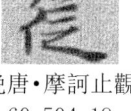

晚唐•摩訶止觀
60_504_19

晚唐•摩訶止觀
61_515_5

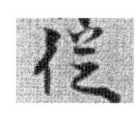

晚唐•摩訶止觀
61_515_25

五代•大毗盧經
7_78_29

## 得

現 トク
訓 える

| | | | | | | |
|---|---|---|---|---|---|---|
| 初唐•古文尚書 22_213_17 | 初唐•古文尚書 5_40_15 | 五代•大毗盧經 78_948_17 | 五代•大毗盧經 59_728_1 | 五代•大毗盧經 56_690_10 | 五代•大毗盧經 27_342_1 | 五代•大毗盧經 15_189_28 |
| 初唐•古文尚書 23_224_22 | 初唐•古文尚書 13_114_29 | 五代•大毗盧經 79_957_26 | 五代•大毗盧經 62_762_16 | 五代•大毗盧經 56_690_15 | 五代•大毗盧經 29_369_10 | 五代•大毗盧經 17_225_7 |
| 初唐•古文尚書 26_257_20 | 高宗夢得說 初唐•古文尚書 17_160_4 | 五代•大毗盧經 96_1176_12 | 五代•大毗盧經 62_766_12 | 五代•大毗盧經 56_690_29 | 五代•大毗盧經 31_393_22 | 五代•大毗盧經 18_228_8 |
| 初唐•古文尚書 27_265_27 | 初唐•古文尚書 17_160_25 | 五代•大毗盧經 97_1199_13 | 五代•大毗盧經 65_819_39 | 五代•大毗盧經 58_716_16 | 五代•大毗盧經 39_452_5 | 五代•大毗盧經 22_279_5 |
| 初唐•古文尚書 29_281_31 | 初唐•古文尚書 17_161_27 | | 五代•大毗盧經 66_828_15 | 五代•大毗盧經 58_717_16 | 五代•大毗盧經 43_511_32 | 五代•大毗盧經 24_307_20 |
| 初唐•古文尚書 38_367_2 | 初唐•古文尚書 17_162_23 | | 五代•大毗盧經 68_852_21 | 五代•大毗盧經 58_717_23 | 五代•大毗盧經 44_527_1 | 五代•大毗盧經 26_332_9 |
| 初唐•古文尚書 40_386_30 | 初唐•古文尚書 20_193_14 | | 五代•大毗盧經 68_853_1 | 五代•大毗盧經 58_717_27 | 五代•大毗盧經 47_579_13 | 五代•大毗盧經 27_339_20 |
| 初唐•古文尚書 41_397_17 | 初唐•古文尚書 20_196_15 | | 五代•大毗盧經 78_948_8 | 五代•大毗盧經 58_717_33 | 五代•大毗盧經 54_658_12 | 五代•大毗盧經 27_341_25 |

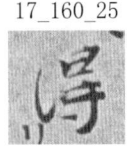

初唐・古文尚書
41_399_12

初唐・古文尚書
45_440_19

初唐・古文尚書
47_461_3

初唐・毛詩傳
4_41_38

初唐・毛詩傳
6_60_13

初唐・毛詩傳
6_61_3

初唐・毛詩傳
6_65_23

初唐・毛詩傳
9_100_7

初唐・毛詩傳
10_107_13

初唐・禮記正義
1_7_13

初唐・禮記正義
1_13_9

初唐・禮記正義
1_13_16

初唐・禮記正義
5_78_14

初唐・禮記正義
5_78_26

初唐・禮記正義
6_82_28

初唐・禮記正義
6_86_12

初唐・禮記正義
6_86_16

初唐・禮記正義
7_103_31

初唐・禮記正義
7_106_2

初唐・禮記正義
8_129_25

初唐・禮記正義
9_131_13

初唐・禮記正義
9_131_23

初唐・禮記正義
9_142_10

初唐・禮記正義
9_143_14

初唐・禮記正義
9_143_27

初唐・禮記正義
10_148_2

初唐・禮記正義
10_160_11

初唐・禮記正義
10_160_22

初唐・禮記正義
12_179_26

初唐・禮記正義
12_182_16

初唐・禮記正義
12_187_15

初唐・禮記正義
13_208_13

初唐・禮記正義
13_208_27

初唐・禮記正義
13_209_4

初唐・禮記正義
14_217_9

初唐・禮記正義
17_254_27

初唐・禮記正義
17_262_2

初唐・禮記正義
17_266_6

初唐・禮記正義
17_267_3

初唐・禮記正義
18_271_17

初唐・禮記正義
18_277_9

初唐・禮記正義
20_307_22

初唐・禮記正義
21_313_18

初唐・禮記正義
26_390_8

初唐・禮記正義
26_391_20

初唐・禮記正義
26_393_11

初唐・禮記正義
26_395_15

初唐・禮記正義
27_419_22

初唐・禮記正義
27_420_16

初唐・禮記正義
28_433_18

初唐・禮記正義
29_458_15

初唐・禮記正義
29_458_23

初唐・禮記正義
29_459_3

初唐・禮記正義
30_475_23

初唐・十誦律
3_45_6

初唐・十誦律
3_48_1

| | | | | | | |
|---|---|---|---|---|---|---|
| 初唐•十誦律 7_120_15 | 初唐•十誦律 9_158_4 | 初唐•十誦律 11_205_8 | 中唐•翰苑 6_68_25 | 中唐•翰苑 9_114_18 | 中唐•翰苑 16_206_30 | 中唐•翰苑 28_366_27 |
| 初唐•十誦律 7_131_12 | 初唐•十誦律 9_159_4 | 初唐•十誦律 13_240_7 | 中唐•翰苑 7_82_33 | 中唐•翰苑 10_124_13 | 中唐•翰苑 16_212_40 | 中唐•翰苑 30_387_28 |
| 初唐•十誦律 8_136_9 | 初唐•十誦律 10_178_10 | 初唐•十誦律 13_241_7 | 中唐•翰苑 8_94_25 | 中唐•翰苑 10_130_10 | 中唐•翰苑 20_256_25 | 中唐•翰苑 32_419_29 |
| 初唐•十誦律 8_137_7 | 初唐•十誦律 10_179_7 | 初唐•十誦律 19_361_3 | 中唐•翰苑 8_94_32 | 中唐•翰苑 12_149_31 | 中唐•翰苑 20_256_39 | 中唐•翰苑 33_428_2 |
| 初唐•十誦律 8_138_7 | 初唐•十誦律 10_181_1 | 初唐•般若經 8_101_7 | 中唐•翰苑 8_95_34 | 中唐•翰苑 15_194_42 | 中唐•翰苑 20_257_4 | 中唐•翰苑 33_430_20 |
| 初唐•十誦律 8_150_16 | 初唐•十誦律 10_181_8 | 初唐•般若經 21_312_4 | 中唐•翰苑 8_98_13 | 中唐•翰苑 15_197_20 | 中唐•翰苑 25_325_19 | 中唐•翰苑 33_430_30 |
| 初唐•十誦律 9_155_5 | 初唐•十誦律 11_200_3 | 中唐•翰苑 3_27_25 | 中唐•翰苑 8_99_26 | 中唐•翰苑 16_201_33 | 中唐•翰苑 25_334_4 | 中唐•翰苑 33_431_40 |
| 初唐•十誦律 9_156_7 | 初唐•十誦律 11_205_2 | 中唐•翰苑 4_47_28 | 中唐•翰苑 8_100_32 | 中唐•翰苑 16_206_17 | 中唐•翰苑 26_343_2 | 中唐•翰苑 34_440_24 |

| | | | | | | |
|---|---|---|---|---|---|---|
| 晚唐•摩訶止觀 10_88_10 | 晚唐•摩訶止觀 2_11_8 | 中唐・般若經 17_301_11 | 中唐・般若經 12_204_17 | 中唐・般若經 7_109_16 | 中唐・般若經 3_35_8 | 中唐・翰苑 36_461_7 |
| 晚唐•摩訶止觀 10_89_9 | 晚唐•摩訶止觀 2_18_15 | 中唐・般若經 18_318_12 | 中唐・般若經 12_206_6 | 中唐・般若經 7_111_5 | 中唐・般若經 4_39_11 | 中唐・翰苑 37_473_5 |
| 晚唐•摩訶止觀 10_90_18 | 晚唐•摩訶止觀 3_23_46 | 中唐・般若經 18_321_1 | 中唐・般若經 13_228_7 | 中唐・般若經 9_134_2 | 中唐・般若經 4_43_14 | 中唐・翰苑 37_476_32 |
| 晚唐•摩訶止觀 11_99_24 | 晚唐•摩訶止觀 3_27_26 | 中唐・般若經 19_337_12 | 中唐・般若經 15_253_14 | 中唐・般若經 9_135_25 | 中唐・般若經 4_48_1 | 中唐・翰苑 38_484_14 |
| 晚唐•摩訶止觀 13_115_15 | 晚唐•摩訶止觀 4_34_16 | 中唐・般若經 19_339_1 | 中唐・般若經 15_255_3 | 中唐・般若經 10_153_15 | 中唐・般若經 5_64_11 | 中唐・翰苑 39_504_40 |
| 晚唐•摩訶止觀 13_119_17 | 晚唐•摩訶止觀 9_78_18 | 晚唐•摩訶止觀 1_10_10 | 中唐・般若經 16_283_9 | 中唐・般若經 10_155_4 | 中唐・般若經 5_65_17 | 中唐・翰苑 41_529_26 |
| 晚唐•摩訶止觀 14_120_26 | 晚唐•摩訶止觀 9_79_1 | 晚唐•摩訶止觀 1_10_15 | 中唐・般若經 16_284_15 | 中唐・般若經 11_183_5 | 中唐・般若經 6_82_9 | 中唐・般若經 3_28_11 |
| 晚唐•摩訶止觀 14_122_7 | 晚唐•摩訶止觀 9_83_10 | 晚唐•摩訶止觀 2_11_2 | 中唐・般若經 17_300_5 | 中唐・般若經 11_184_10 | 中唐・般若經 6_83_15 | 中唐・般若經 3_29_17 |

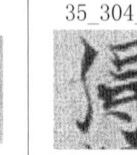

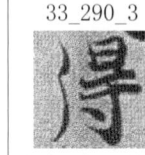

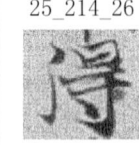

晚唐•摩訶止觀
15_128_2

晚唐•摩訶止觀
15_132_22

晚唐•摩訶止觀
16_140_1

晚唐•摩訶止觀
16_141_11

晚唐•摩訶止觀
18_156_5

晚唐•摩訶止觀
18_156_9

晚唐•摩訶止觀
18_156_12

晚唐•摩訶止觀
18_157_20

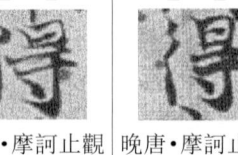

晚唐•摩訶止觀
18_159_13

晚唐•摩訶止觀
19_166_3

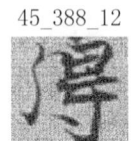

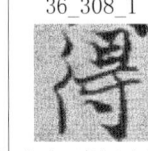

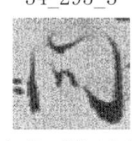

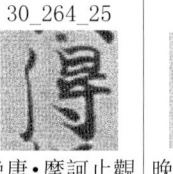

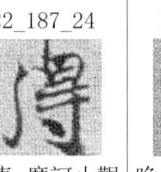

晚唐•摩訶止觀
21_181_1

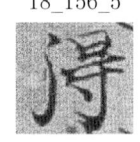

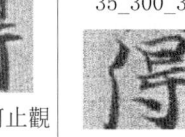

晚唐•摩訶止觀
22_187_24

晚唐•摩訶止觀
23_197_15

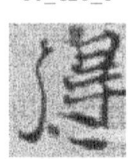

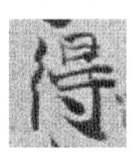

晚唐•摩訶止觀
23_202_27

晚唐•摩訶止觀
23_203_23

晚唐•摩訶止觀
24_206_23

晚唐•摩訶止觀
25_214_26

晚唐•摩訶止觀
25_215_14

晚唐•摩訶止觀
26_226_11

晚唐•摩訶止觀
30_264_25

晚唐•摩訶止觀
30_265_6

晚唐•摩訶止觀
30_265_15

晚唐•摩訶止觀
30_265_25

晚唐•摩訶止觀
33_288_16

晚唐•摩訶止觀
33_290_3

晚唐•摩訶止觀
34_293_3

晚唐•摩訶止觀
34_295_3

晚唐•摩訶止觀
34_296_5

晚唐•摩訶止觀
34_298_13

晚唐•摩訶止觀
35_300_3

晚唐•摩訶止觀
35_301_10

晚唐•摩訶止觀
35_302_22

晚唐•摩訶止觀
35_304_2

晚唐•摩訶止觀
35_306_2

晚唐•摩訶止觀
36_308_1

晚唐•摩訶止觀
36_309_18

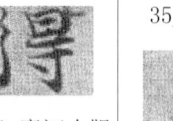

晚唐•摩訶止觀
36_311_9

晚唐•摩訶止觀
36_313_16

晚唐•摩訶止觀
37_322_9

晚唐•摩訶止觀
37_322_16

晚唐•摩訶止觀
37_322_29

晚唐•摩訶止觀
37_324_11

晚唐•摩訶止觀
38_326_16

晚唐•摩訶止觀
38_330_17

晚唐•摩訶止觀
39_335_16

晚唐•摩訶止觀
42_363_27

晚唐•摩訶止觀
42_364_18

晚唐•摩訶止觀
43_371_1

晚唐•摩訶止觀
44_382_12

晚唐•摩訶止觀
45_383_11

晚唐•摩訶止觀
45_388_12

晚唐•摩訶止觀
45_388_20

晚唐•摩訶止觀
45_389_21

晚唐•摩訶止觀
49_420_5

晚唐•摩訶止觀
50_426_3

晚唐•摩訶止觀
55_466_11

| | | | | | | |
|---|---|---|---|---|---|---|
| 得<br>五代•大毗盧經<br>54_668_39 | 得<br>五代•大毗盧經<br>43_511_12 | 得<br>五代•大毗盧經<br>29_374_31 | 得<br>五代•大毗盧經<br>24_305_13 | 得<br>五代•大毗盧經<br>7_79_15 | 得<br>晚唐•摩訶止觀<br>60_510_7 | 得<br>晚唐•摩訶止觀<br>55_468_12 |
| 得<br>五代•大毗盧經<br>55_679_26 | 得<br>五代•大毗盧經<br>46_562_7 | 得<br>五代•大毗盧經<br>30_378_34 | 得<br>五代•大毗盧經<br>24_305_24 | 得<br>五代•大毗盧經<br>8_91_21 | 得<br>晚唐•摩訶止觀<br>60_510_20 | 得<br>晚唐•摩訶止觀<br>56_475_19 |
| 得<br>五代•大毗盧經<br>56_690_18 | 得<br>五代•大毗盧經<br>47_574_21 | 得<br>五代•大毗盧經<br>31_389_13 | 得<br>五代•大毗盧經<br>25_319_30 | 得<br>五代•大毗盧經<br>11_137_18 | 得<br>晚唐•摩訶止觀<br>61_518_2 | 得<br>晚唐•摩訶止觀<br>57_481_19 |
| 得<br>五代•大毗盧經<br>57_692_27 | 得<br>五代•大毗盧經<br>47_575_4 | 得<br>五代•大毗盧經<br>32_398_8 | 得<br>五代•大毗盧經<br>25_320_30 | 得<br>五代•大毗盧經<br>15_196_40 | 得<br>五代•密教部類<br>2_23_7 | 得<br>晚唐•摩訶止觀<br>58_494_3 |
| 得<br>五代•大毗盧經<br>57_696_14 | 得<br>五代•大毗盧經<br>47_577_24 | 得<br>五代•大毗盧經<br>32_398_14 | 得<br>五代•大毗盧經<br>26_327_43 | 得<br>五代•大毗盧經<br>18_232_3 | 得<br>五代•大毗盧經<br>2_6_10 | 得<br>晚唐•摩訶止觀<br>59_495_15 |
| 得<br>五代•大毗盧經<br>59_722_26 | 得<br>五代•大毗盧經<br>48_583_34 | 得<br>五代•大毗盧經<br>39_458_8 | 得<br>五代•大毗盧經<br>27_341_27 | 得<br>五代•大毗盧經<br>23_288_6 | 得<br>五代•大毗盧經<br>2_8_18 | 得<br>晚唐•摩訶止觀<br>59_498_14 |
| 得<br>五代•大毗盧經<br>60_748_14 | 得<br>五代•大毗盧經<br>48_584_5 | 得<br>五代•大毗盧經<br>40_482_15 | 得<br>五代•大毗盧經<br>27_343_25 | 得<br>五代•大毗盧經<br>23_299_22 | 得<br>五代•大毗盧經<br>5_59_16 | 得<br>晚唐•摩訶止觀<br>60_505_11 |
| 得<br>五代•大毗盧經<br>60_748_25 | 得<br>五代•大毗盧經<br>52_640_18 | 得<br>五代•大毗盧經<br>43_511_10 | 得<br>五代•大毗盧經<br>29_366_8 | 得<br>五代•大毗盧經<br>23_301_13 | 得<br>五代•大毗盧經<br>7_77_12 | 得<br>晚唐•摩訶止觀<br>60_505_25 |

# 御

| | | | 漢現ギョ呉現ゴ<br>訓おん | | | |
|---|---|---|---|---|---|---|
| 初唐•禮記正義<br>15_233_25 | 初唐•禮記正義<br>13_200_6 | 初唐•古文尚書<br>38_365_3 | 初唐•古文尚書<br>13_116_24 | 五代•大毗盧經<br>89_1087_44 | 五代•大毗盧經<br>73_893_9 | 五代•大毗盧經<br>61_757_11 |
| 初唐•禮記正義<br>15_237_19 | 初唐•禮記正義<br>13_200_27 | 初唐•禮記正義<br>5_76_21 | 初唐•古文尚書<br>13_117_11 | 五代•大毗盧經<br>91_1115_4 | 五代•大毗盧經<br>73_896_24 | 五代•大毗盧經<br>62_762_8 |
| 初唐•禮記正義<br>16_246_23 | 初唐•禮記正義<br>13_201_8 | 初唐•禮記正義<br>10_162_4 | 初唐•古文尚書<br>31_292_33 | 五代•大毗盧經<br>93_1137_28 | 五代•大毗盧經<br>73_898_2 | 五代•大毗盧經<br>64_806_7 |
| 初唐•禮記正義<br>16_247_8 | 初唐•禮記正義<br>15_227_25 | 初唐•禮記正義<br>10_162_24 | 初唐•古文尚書<br>33_311_24 | 五代•大毗盧經<br>94_1152_13 | 五代•大毗盧經<br>73_898_26 | 五代•大毗盧經<br>65_814_10 |
| 初唐•禮記正義<br>16_247_18 | 初唐•禮記正義<br>15_228_1 | 初唐•禮記正義<br>11_164_3 | 初唐•古文尚書<br>37_351_20 | 五代•大毗盧經<br>94_1152_30 | 五代•大毗盧經<br>73_904_20 | 五代•大毗盧經<br>72_881_15 |
| 初唐•禮記正義<br>16_248_25 | 初唐•禮記正義<br>15_229_2 | 初唐•禮記正義<br>11_164_19 | 初唐•古文尚書<br>37_356_24 | 五代•大毗盧經<br>94_1153_4 | 五代•大毗盧經<br>78_942_12 | 五代•大毗盧經<br>72_881_22 |
| 初唐•禮記正義<br>16_249_16 | 初唐•禮記正義<br>15_233_9 | 初唐•禮記正義<br>11_176_15 | 初唐•古文尚書<br>37_357_5 | 五代•大毗盧經<br>95_1160_15 | 五代•大毗盧經<br>80_969_12 | 五代•大毗盧經<br>72_882_11 |
| 初唐•禮記正義<br>16_250_9 | 初唐•禮記正義<br>15_233_13 | 初唐•禮記正義<br>13_198_20 | 初唐•古文尚書<br>38_364_3 | 五代•大毗盧經<br>97_1198_12 | 五代•大毗盧經<br>86_1051_34 | 五代•大毗盧經<br>72_885_5 |

初唐•禮記正義
16_251_11

初唐•禮記正義
16_252_6

初唐•禮記正義
16_253_14

初唐•禮記正義
16_253_22

初唐•禮記正義
17_254_25

初唐•禮記正義
17_255_12

初唐•禮記正義
17_256_16

初唐•禮記正義
18_277_22

初唐•禮記正義
27_418_32

中唐・翰苑
20_265_3

中唐・翰苑
43_547_20

## 復

漢 現 フク 慣 フク
訓 かえる

初唐•古文尚書
2_12_8

初唐•古文尚書
2_12_23

初唐•古文尚書
5_41_8

初唐•古文尚書
16_148_4

初唐•古文尚書
16_148_19

初唐•古文尚書
19_180_18

初唐•古文尚書
24_239_14

初唐・毛詩傳
1_9_24

初唐・毛詩傳
1_9_33

初唐•禮記正義
6_87_1

初唐•禮記正義
8_129_17

初唐•禮記正義
10_148_20

初唐•禮記正義
10_148_27

初唐•禮記正義
25_379_27

初唐•禮記正義
27_425_8

初唐•禮記正義
27_426_27

初唐•禮記正義
28_427_14

初唐•禮記正義
30_465_19

初唐•禮記正義
30_474_21

初唐・十誦律
6_112_8

初唐・十誦律
7_122_2

初唐・十誦律
7_127_15

初唐・十誦律
7_129_5

初唐・十誦律
8_146_8

初唐・十誦律
8_148_14

初唐・般若經
2_4_1

初唐・般若經
14_209_1

中唐・翰苑
2_17_26

中唐・翰苑
3_22_40

中唐・翰苑
3_24_16

中唐・翰苑
3_27_12

中唐・翰苑
4_44_14

中唐・翰苑
4_45_35

中唐・翰苑
5_62_19

中唐・翰苑
6_64_20

中唐・翰苑
9_115_26

中唐・翰苑
10_122_13

中唐・翰苑
15_189_23

中唐・翰苑
15_191_2

中唐・翰苑
15_194_43

| | | | | | | |
|---|---|---|---|---|---|---|
| 晚唐•摩訶止觀 24_211_23 | 中唐・般若經 17_303_1 | 中唐・般若經 11_185_1 | 中唐・般若經 6_85_1 | 中唐・翰苑 42_538_35 | 中唐・翰苑 35_447_28 | 中唐・翰苑 15_196_5 |
| 晚唐•摩訶止觀 25_213_21 | 中唐・般若經 18_308_12 | 中唐・般若經 12_192_1 | 中唐・般若經 6_95_2 | 中唐・翰苑 44_559_11 | 中唐・翰苑 37_476_15 | 中唐・翰苑 16_211_27 |
| 晚唐•摩訶止觀 26_227_2 | 中唐・般若經 18_322_1 | 中唐・般若經 12_207_1 | 中唐・般若經 7_112_1 | 中唐・翰苑 45_580_4 | 中唐・翰苑 37_477_32 | 中唐・翰苑 16_212_13 |
| 晚唐•摩訶止觀 28_243_21 | 中唐・般若經 19_327_12 | 中唐・般若經 13_214_9 | 中唐・般若經 8_119_13 | 中唐・般若經 2_3_1 | 中唐・翰苑 38_492_25 | 中唐・翰苑 18_240_24 |
| 晚唐•摩訶止觀 28_245_4 | 晚唐•摩訶止觀 13_111_6 | 中唐・般若經 15_256_1 | 中唐・般若經 9_136_1 | 中唐・般若經 3_31_1 | 中唐・翰苑 39_495_41 | 中唐・翰苑 22_293_27 |
| 晚唐•摩訶止觀 28_247_8 | 晚唐•摩訶止觀 16_137_23 | 中唐・般若經 15_267_5 | 中唐・般若經 9_142_6 | 中唐・般若經 4_50_5 | 中唐・翰苑 39_496_31 | 中唐・翰苑 30_394_20 |
| 晚唐•摩訶止觀 29_249_4 | 晚唐•摩訶止觀 16_139_8 | 中唐・般若經 16_286_1 | 中唐・般若經 10_156_1 | 中唐・般若經 5_67_1 | 中唐・翰苑 39_500_32 | 中唐・翰苑 32_409_32 |
| 晚唐•摩訶止觀 29_249_12 | 晚唐•摩訶止觀 19_169_11 | 中唐・般若經 17_291_4 | 中唐・般若經 10_167_1 | 中唐・般若經 6_79_16 | 中唐・翰苑 39_503_22 | 中唐・翰苑 33_424_6 |

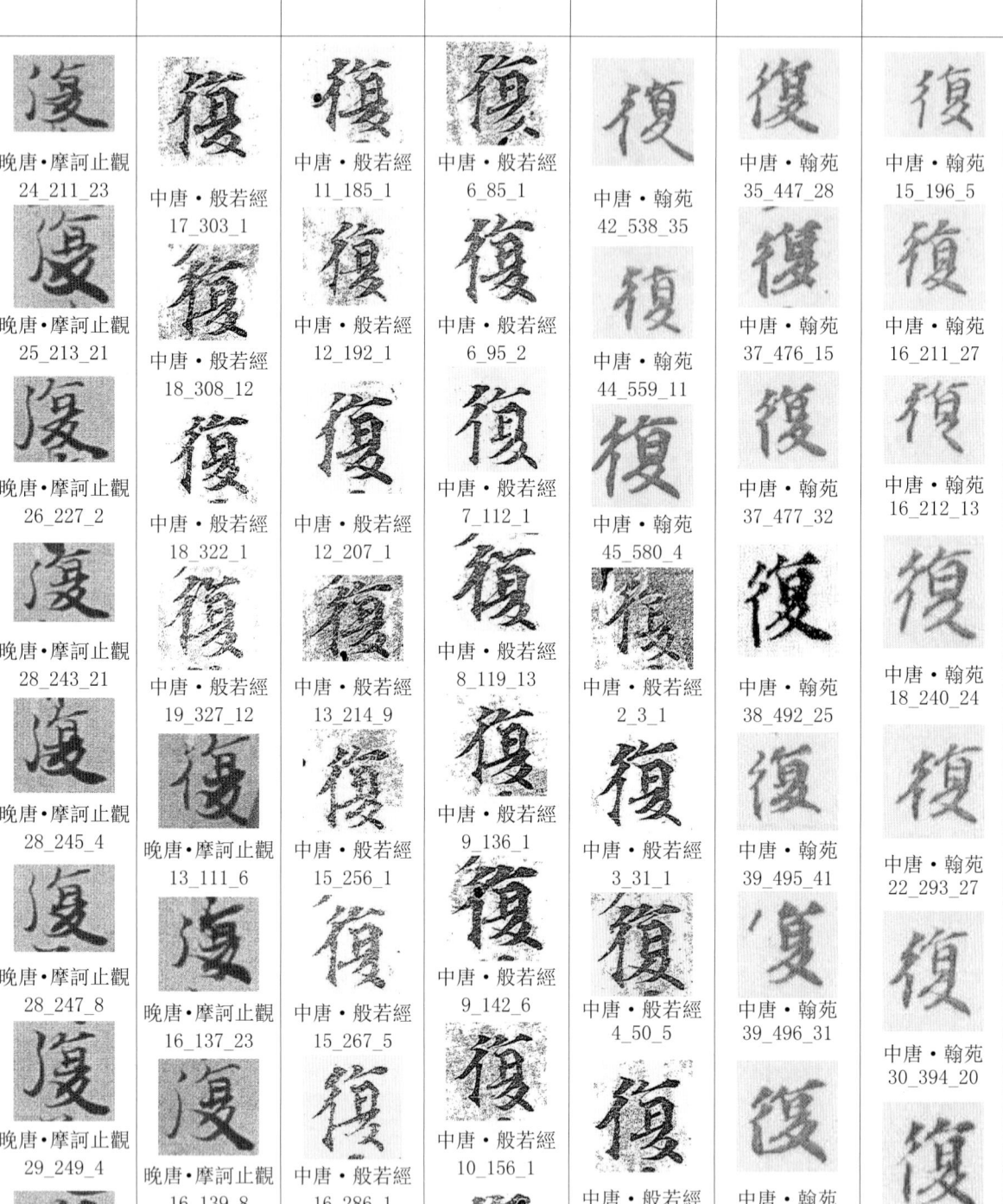

## 循 循

現 ジュン
訓 したがう

中唐・翰苑 31_405_5
中唐・翰苑 43_550_7

初唐•古文尚書 11_98_15
初唐•古文尚書 19_179_12
初唐•古文尚書 26_251_39
初唐•古文尚書 32_300_13
初唐•古文尚書 36_349_1
初唐•古文尚書 42_409_23
修蚍 中唐・翰苑 12_147_18
中唐・翰苑 15_198_2

五代•大毗盧經 63_774_1
五代•大毗盧經 65_819_22
五代•大毗盧經 73_901_6
五代•大毗盧經 77_931_1
五代•大毗盧經 97_1199_16
五代•大毗盧經 98_1212_12

五代•大毗盧經 13_166_18
五代•大毗盧經 26_334_5
五代•大毗盧經 40_478_9
五代•大毗盧經 44_525_1
五代•大毗盧經 44_530_16
五代•大毗盧經 44_531_6
五代•大毗盧經 50_607_18
五代•大毗盧經 50_609_6

晚唐•摩訶止觀 60_507_20
五代•大毗盧經 3_31_6
五代•大毗盧經 11_129_1
五代•大毗盧經 11_133_9
五代•大毗盧經 11_133_20
五代•大毗盧經 11_140_14
五代•大毗盧經 11_141_1
五代•大毗盧經 12_150_16

晚唐•摩訶止觀 39_340_3
晚唐•摩訶止觀 48_407_19
晚唐•摩訶止觀 49_417_18
晚唐•摩訶止觀 49_420_4
晚唐•摩訶止觀 49_420_13
晚唐•摩訶止觀 50_422_2
晚唐•摩訶止觀 55_467_20
晚唐•摩訶止觀 58_489_31

晚唐•摩訶止觀 30_259_4
晚唐•摩訶止觀 30_259_16
晚唐•摩訶止觀 30_259_24
晚唐•摩訶止觀 32_281_9
晚唐•摩訶止觀 34_292_8
晚唐•摩訶止觀 35_305_7
晚唐•摩訶止觀 37_323_11
晚唐•摩訶止觀 38_329_17

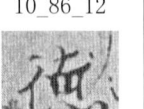

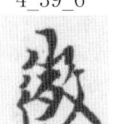

| | 德 | | | | | 微 |
|---|---|---|---|---|---|---|
| | 現トク<br>訓とく | | | | | 漢現ビ 呉ミ<br>訓ひそか |
| 初唐•古文尚書<br>10_86_12 | 初唐•古文尚書<br>8_63_20 | 五代•大毗盧經<br>58_710_18 | 五代•大毗盧經<br>28_349_14 | 晚唐•摩訶止觀<br>22_189_9 | 初唐•古文尚書<br>37_357_12 | 初唐•古文尚書<br>23_226_6 |
| 初唐•古文尚書<br>10_86_31 | 初唐•古文尚書<br>8_63_24 | 五代•大毗盧經<br>63_790_11 | 五代•大毗盧經<br>28_352_16 | 晚唐•摩訶止觀<br>25_215_1 | 初唐 • 毛詩傳<br>4_39_6 | 初唐•古文尚書<br>26_258_1 |
| 初唐•古文尚書<br>10_90_28 | 初唐•古文尚書<br>8_64_15 | 五代•大毗盧經<br>66_824_12 | 五代•大毗盧經<br>45_548_11 | 晚唐•摩訶止觀<br>34_297_14 | 初唐•禮記正義<br>16_252_19 | 初唐•古文尚書<br>26_259_9 |
| 初唐•古文尚書<br>10_91_21 | 初唐•古文尚書<br>8_64_24 | 五代•大毗盧經<br>72_883_14 | 五代•大毗盧經<br>46_557_4 | 晚唐•摩訶止觀<br>50_423_14 | 初唐•禮記正義<br>18_270_8 | 初唐•古文尚書<br>27_260_1 |
| 初唐•古文尚書<br>13_123_25 | 初唐•古文尚書<br>8_67_32 | 五代•大毗盧經<br>73_896_11 | 五代•大毗盧經<br>46_559_16 | 晚唐•摩訶止觀<br>60_504_12 | 朱徽<br>中唐 • 翰苑<br>6_65_25 | 初唐•古文尚書<br>27_260_3 |
| 初唐•古文尚書<br>14_124_8 | 初唐•古文尚書<br>8_68_15 | 五代•大毗盧經<br>78_948_32 | 五代•大毗盧經<br>50_611_14 | 五代•大毗盧經<br>19_241_9 | 中唐 • 翰苑<br>36_462_7 | 初唐•古文尚書<br>27_260_19 |
| 初唐•古文尚書<br>16_145_8 | 初唐•古文尚書<br>8_69_5 | 五代•大毗盧經<br>85_1044_6 | 五代•大毗盧經<br>50_620_4 | 五代•大毗盧經<br>26_336_25 | 晚唐•摩訶止觀<br>11_100_13 | 初唐•古文尚書<br>27_261_11 |
| 初唐•古文尚書<br>16_146_2 | 初唐•古文尚書<br>8_69_23 | 五代•大毗盧經<br>94_1149_18 | 五代•大毗盧經<br>54_667_9 | 五代•大毗盧經<br>27_340_15 | 晚唐•摩訶止觀<br>19_162_14 | 初唐•古文尚書<br>28_271_14 |

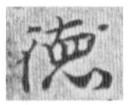

初唐•古文尚書 16_148_9

初唐•古文尚書 16_148_21

初唐•古文尚書 17_158_9

初唐•古文尚書 17_158_14

初唐•古文尚書 17_158_25

初唐•古文尚書 17_160_16

初唐•古文尚書 18_167_13

初唐•古文尚書 18_168_18

初唐•古文尚書 18_173_9

初唐•古文尚書 18_173_20

初唐•古文尚書 20_194_17

初唐•古文尚書 21_203_25

初唐•古文尚書 21_204_11

初唐•古文尚書 21_206_21

初唐•古文尚書 22_208_35

初唐•古文尚書 22_215_13

初唐•古文尚書 22_217_24

初唐•古文尚書 23_220_10

初唐•古文尚書 23_220_23

初唐•古文尚書 24_237_25

初唐•古文尚書 24_238_5

初唐•古文尚書 24_238_8

初唐•古文尚書 24_238_26

初唐•古文尚書 27_263_8

初唐•古文尚書 27_263_21

初唐•古文尚書 29_285_23

初唐•古文尚書 31_287_1

初唐•古文尚書 31_293_4

初唐•古文尚書 31_294_9

初唐•古文尚書 32_306_8

初唐•古文尚書 33_307_13

初唐•古文尚書 33_309_20

初唐•古文尚書 33_312_2

初唐•古文尚書 33_313_14

初唐•古文尚書 33_314_16

初唐•古文尚書 33_315_28

初唐•古文尚書 34_318_34

初唐•古文尚書 34_320_27

初唐•古文尚書 37_352_20

初唐•古文尚書 37_353_20

初唐•古文尚書 38_364_20

初唐•古文尚書 38_365_17

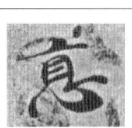

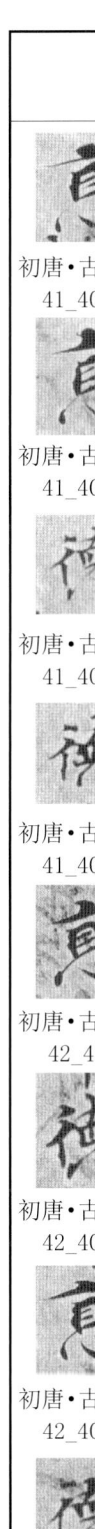

初唐•古文尚書 38_369_5

初唐•古文尚書 38_369_9

初唐•古文尚書 38_369_15

初唐•古文尚書 38_369_23

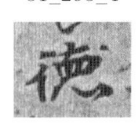

初唐•古文尚書 41_392_11

初唐•古文尚書 41_393_31

初唐•古文尚書 41_400_18

初唐•古文尚書 41_400_22

初唐•古文尚書 41_401_12

初唐•古文尚書 41_401_22

初唐•古文尚書 42_406_4

初唐•古文尚書 42_406_36

初唐•古文尚書 42_407_15

初唐•古文尚書 42_408_10

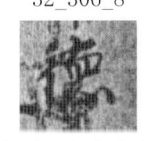

初唐•古文尚書 42_408_30
初唐•古文尚書 42_409_12
初唐•古文尚書 42_410_19
初唐•古文尚書 43_412_3
初唐•古文尚書 43_413_1
初唐•古文尚書 44_428_27
初唐•古文尚書 44_429_16
初唐•古文尚書 44_430_1

初唐•古文尚書 48_465_17
初唐•古文尚書 48_465_27
初唐•古文尚書 49_474_5
初唐•古文尚書 49_475_15
初唐・毛詩傳 5_54_30
初唐・毛詩傳 5_56_7
初唐•禮記正義 4_59_27
初唐•禮記正義 4_60_4

初唐•禮記正義 22_330_26
初唐•禮記正義 27_421_5
初唐•禮記正義 27_421_13
初唐・十誦律 1_9_8
初唐・十誦律 3_35_18
初唐・十誦律 3_38_4
初唐・十誦律 4_53_15
初唐・十誦律 4_57_4

初唐・十誦律 5_82_5
初唐・十誦律 6_93_10
初唐・十誦律 6_95_12
初唐・十誦律 8_141_9
初唐・十誦律 9_167_3
初唐・十誦律 10_177_8
初唐・十誦律 11_204_8
初唐・十誦律 11_213_9

中唐・翰苑 6_64_18
中唐・翰苑 10_122_33
總攝 中唐・翰苑 13_166_33
中唐・翰苑 13_171_25
中唐・翰苑 28_359_25
中唐・翰苑 28_360_1
中唐・翰苑 28_360_7
中唐・翰苑 28_360_13

中唐・翰苑 28_360_19
中唐・翰苑 28_360_25
中唐・翰苑 28_361_33
中唐・翰苑 30_393_30
中唐・翰苑 32_417_23
中唐・翰苑 32_417_27
中唐・翰苑 35_452_5
中唐・翰苑 40_514_25

中唐・翰苑 40_518_30
中唐・翰苑 41_519_21
中唐・翰苑 41_521_9
中唐・翰苑 41_523_4
中唐・翰苑 44_556_34
中唐・般若經 2_2_5
晚唐•摩訶止觀 3_24_6
晚唐•摩訶止觀 3_29_20

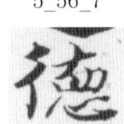

徵

チョウ/チ
訓 しるし

中唐・翰苑
36_459_27

初唐•禮記正義
1_1_22

甘徵河
中唐・翰苑
3_26_24

中唐・翰苑
11_138_5

中唐・翰苑
21_273_2

徵弱
中唐・翰苑
21_279_25

中唐・翰苑
36_458_34

中唐・翰苑
36_459_19

中唐・翰苑
36_459_24

五代•大毗盧經
77_938_12

五代•大毗盧經
84_1025_45

五代•大毗盧經
90_1094_9

五代•大毗盧經
41_490_3

五代•大毗盧經
43_524_2

五代•大毗盧經
44_528_10

五代•大毗盧經
44_532_12

五代•大毗盧經
49_602_1

五代•大毗盧經
49_602_10

五代•大毗盧經
51_630_22

五代•大毗盧經
68_855_3

五代•大毗盧經
12_148_12

五代•大毗盧經
14_173_4

五代•大毗盧經
14_184_9

五代•大毗盧經
15_196_22

五代•大毗盧經
15_196_31

五代•大毗盧經
16_204_16

五代•大毗盧經
20_260_25

五代•大毗盧經
22_281_9

晚唐•摩訶止觀
55_462_7

晚唐•摩訶止觀
57_481_9

晚唐•摩訶止觀
61_516_7

晚唐•摩訶止觀
62_520_19

五代•密教部類
6_79_18

五代•密教部類
6_79_21

五代•大毗盧經
8_100_7

五代•大毗盧經
9_101_24

晚唐•摩訶止觀
7_56_13

晚唐•摩訶止觀
7_57_18

晚唐•摩訶止觀
7_59_3

晚唐•摩訶止觀
12_104_16

晚唐•摩訶止觀
16_143_8

晚唐•摩訶止觀
21_181_15

晚唐•摩訶止觀
36_313_28

晚唐•摩訶止觀
54_461_21

## 徹

漢テツ
訓とおる

初唐・毛詩傳
5_47_10

中唐・翰苑
30_395_6

中唐・翰苑
31_396_8

五代・大毗盧經
72_880_22

## 衛

漢現エイ呉エ
訓まもる

中唐・翰苑
12_155_18

中唐・翰苑
13_172_24

中唐・翰苑
15_191_32

中唐・翰苑
20_265_42

中唐・翰苑
21_277_33

中唐・翰苑
44_556_2

初唐・禮記正義
11_164_24

初唐・禮記正義
15_230_7

初唐・禮記正義
28_427_22

初唐・禮記正義
28_441_24

初唐・十誦律
4_64_4

初唐・十誦律
5_91_4

五代・大毗盧經
50_607_1

五代・大毗盧經
51_624_17

## 徼

漢キョウ
訓めぐる

侵犯
中唐・翰苑
41_528_2

## 衡

漢現コウ
訓つのぎ

初唐・古文尚書
5_38_12

初唐・古文尚書
5_38_23

初唐・古文尚書
23_221_26

初唐・古文尚書
23_222_6

初唐・古文尚書
23_226_4

初唐・古文尚書
23_228_19

初唐・禮記正義
19_293_14

初唐・禮記正義
19_294_21

初唐・禮記正義
19_295_9

初唐・禮記正義
20_296_2

初唐・禮記正義
20_296_10

初唐・禮記正義
20_296_45

初唐・禮記正義
20_296_52

初唐・禮記正義
20_297_10

中唐・翰苑
5_63_4

## 徽

キ
訓つな

初唐・古文尚書
23_226_6

中唐・翰苑
6_67_15

中唐・翰苑
6_69_8

五代・大毗盧經
22_284_13

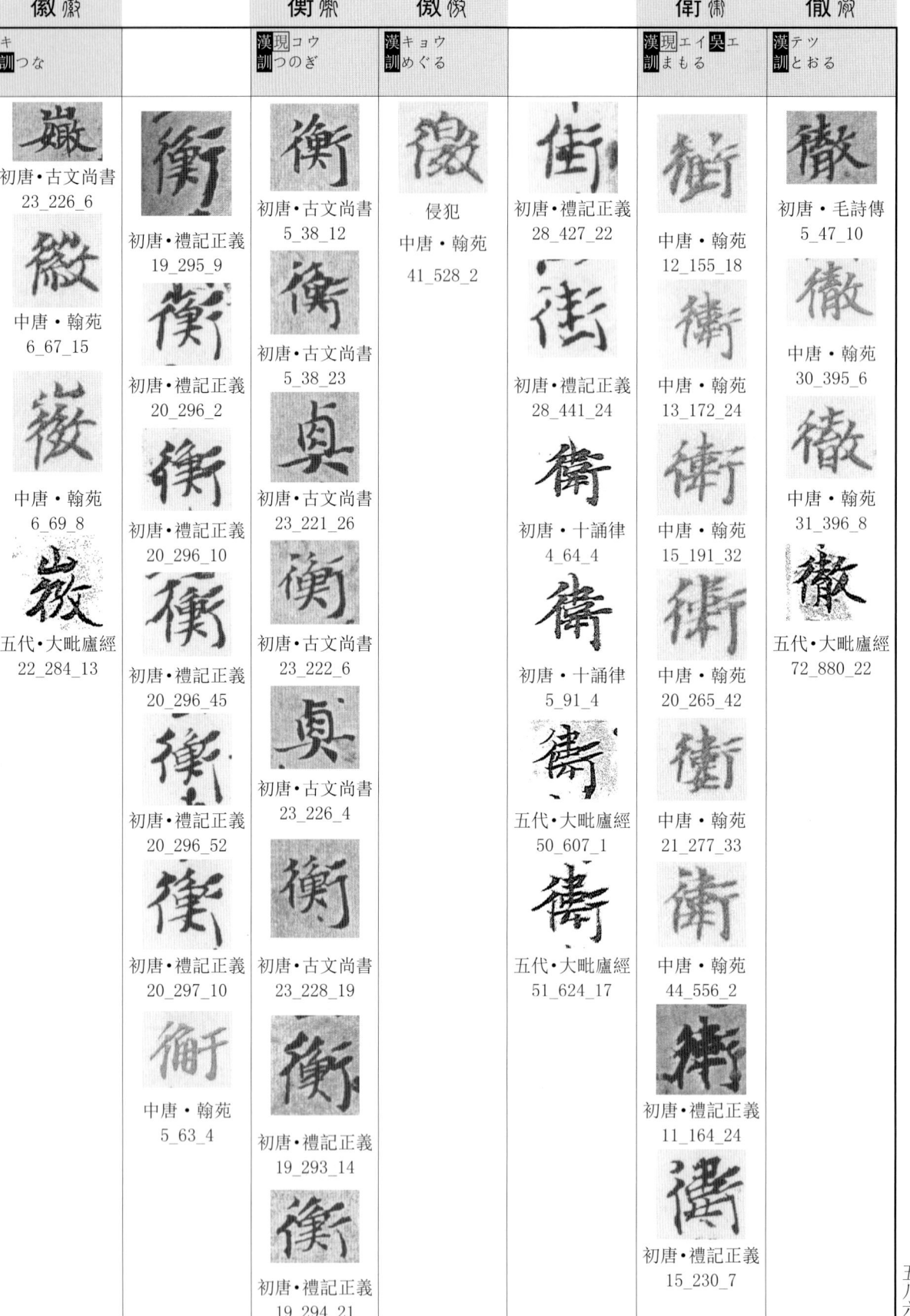

# 彡部

## 形 形

漢現ケイ 呉現ギョウ
訓かたち

初唐•古文尚書 17_161_18
初唐•古文尚書 18_169_28
初唐•古文尚書 18_170_13
初唐•古文尚書 18_172_2
初唐•禮記正義 4_66_7
初唐•禮記正義 15_236_16
初唐•禮記正義 16_252_18
初唐•禮記正義 17_257_13

初唐•禮記正義 18_269_21
初唐•禮記正義 18_270_20
初唐•禮記正義 22_338_5
中唐・翰苑 18_235_5
中唐・翰苑 18_237_24
中唐・翰苑 18_238_40
中唐・翰苑 19_247_19
中唐・翰苑 19_247_30

中唐・翰苑 22_285_6
中唐・翰苑 23_307_24
中唐・翰苑 25_326_21
中唐・翰苑 30_383_24
中唐・翰苑 33_432_39
中唐・翰苑 43_552_13
中唐・翰苑 43_552_39
五代•大毗盧經 9_104_12

五代•大毗盧經 12_154_4
五代•大毗盧經 14_179_4
五代•大毗盧經 17_215_15
五代•大毗盧經 19_247_13
五代•大毗盧經 25_317_41
五代•大毗盧經 26_332_22
五代•大毗盧經 26_332_25
五代•大毗盧經 27_339_29

五代•大毗盧經 28_351_15
五代•大毗盧經 28_354_20
五代•大毗盧經 40_482_1
五代•大毗盧經 42_505_4
五代•大毗盧經 46_561_2
五代•大毗盧經 47_581_18
五代•大毗盧經 50_610_20
五代•大毗盧經 52_634_19

五代•大毗盧經 53_654_13
五代•大毗盧經 60_742_1
五代•大毗盧經 60_745_24
五代•大毗盧經 61_750_28
五代•大毗盧經 61_750_44
五代•大毗盧經 63_778_5
五代 大毗盧經 64_797_25
五代•大毗盧經 64_803_4

| 彰彰 | 彭彭 | 彫彫 | 彩彩 | 彤彤 | | |
|---|---|---|---|---|---|---|
| 漢現ショウ呉ソウ<br>訓あや | 漢ホウ<br>訓— | 現チョウ<br>訓ほる | 現サイ<br>訓いろどる | 漢トウ<br>訓あか | | |
| <br>初唐•古文尚書<br>10_90_29 | <br>初唐•古文尚書<br>4_28_8<br><br>初唐•古文尚書<br>4_28_16<br><br>中唐・翰苑<br>45_573_7 | <br>中唐・翰苑<br>35_447_31<br><br>中唐・翰苑<br>35_448_16 | <br>五代•大毗盧經<br>41_487_1 | <br>五代•大毗盧經<br>12_145_11 | <br>五代•大毗盧經<br>90_1106_19 | <br>五代•大毗盧經<br>67_835_16<br><br>五代•大毗盧經<br>67_839_15<br><br>五代•大毗盧經<br>78_942_9<br><br>五代•大毗盧經<br>80_965_15<br><br>五代•大毗盧經<br>80_979_18<br><br>五代•大毗盧經<br>84_1021_15<br><br>五代•大毗盧經<br>85_1034_12<br><br>五代•大毗盧經<br>87_1062_30 |

## 影

漢 現 エイ 呉 ヨウ
訓 かげ

中唐・翰苑
19_251_6

晚唐•摩訶止觀
29_251_15

## 鬱

漢 ウツ
訓 しげる

初唐・十誦律
5_89_3

中唐・翰苑
21_271_32

五代•大毗盧經
41_487_17

五代•大毗盧經
50_610_8

# 夕部

## 夕 㐅

漢 現 セキ
訓 ゆう

初唐・古文尚書 18_173_3

初唐・古文尚書 37_357_23

初唐・古文尚書 37_358_15

初唐・毛詩傳 6_65_28

初唐・毛詩傳 6_65_30

初唐・毛詩傳 6_66_13

初唐・毛詩傳 6_66_15

初唐・毛詩傳 6_66_19

初唐・毛詩傳 6_66_23

初唐・毛詩傳 7_69_26

初唐・毛詩傳 7_70_2

初唐・毛詩傳 7_72_24

初唐・毛詩傳 7_72_26

初唐・禮記正義 22_334_14

中唐・翰苑 8_92_23

中唐・翰苑 24_322_6

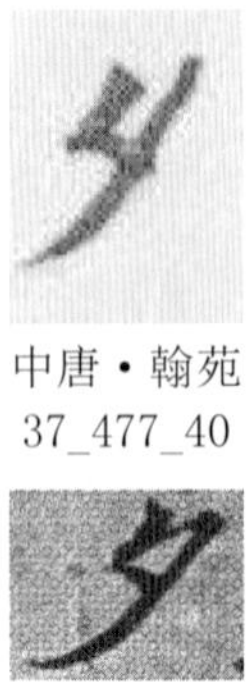

中唐・翰苑 37_477_40

晚唐・摩訶止觀 9_77_4

## 外 㸚

漢 現 ガイ 呉 現 ゲ
唐 ウイ
訓 そと

初唐・古文尚書 15_135_18

初唐・古文尚書 17_161_25

初唐・古文尚書 27_264_18

初唐・毛詩傳 2_15_10

初唐・毛詩傳 2_15_15

初唐・毛詩傳 2_15_19

初唐・毛詩傳 2_16_1

初唐・禮記正義 2_23_15

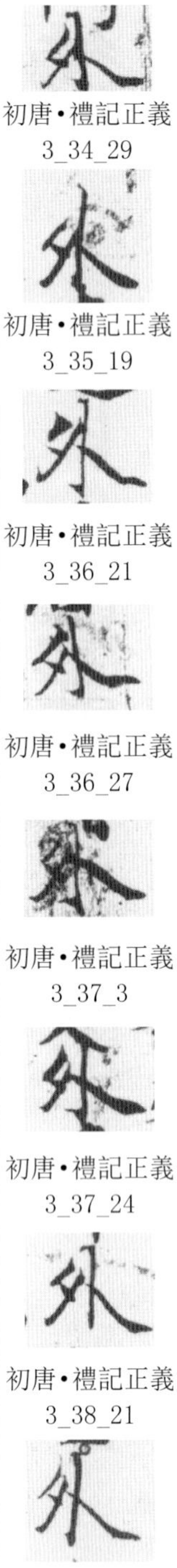

初唐・禮記正義 3_34_29

初唐・禮記正義 3_35_19

初唐・禮記正義 3_36_21

初唐・禮記正義 3_36_27

初唐・禮記正義 3_37_3

初唐・禮記正義 3_37_24

初唐・禮記正義 3_38_21

初唐・禮記正義 3_44_15

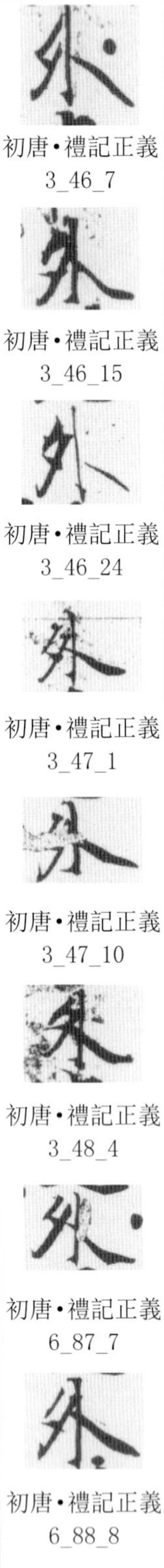

初唐・禮記正義 3_46_7

初唐・禮記正義 3_46_15

初唐・禮記正義 3_46_24

初唐・禮記正義 3_47_1

初唐・禮記正義 3_47_10

初唐・禮記正義 3_48_4

初唐・禮記正義 6_87_7

初唐・禮記正義 6_88_8

| | | | | | | |
|---|---|---|---|---|---|---|
| 中唐•般若經 3_32_14 | 中唐•翰苑 36_458_4 | 中唐•翰苑 20_256_13 | 中唐•翰苑 8_98_11 | 初唐•般若經 8_103_15 | 初唐•禮記正義 18_271_22 | 初唐•禮記正義 6_89_18 |
| 中唐•般若經 3_32_17 | 中唐•翰苑 37_480_24 | 中唐•翰苑 20_257_37 | 中唐•翰苑 8_100_23 | 初唐•般若經 20_309_10 | 初唐•禮記正義 21_318_11 | 初唐•禮記正義 6_91_14 |
| 中唐•般若經 3_36_16 | 中唐•翰苑 37_481_35 | 中唐•翰苑 20_269_10 | 中唐•翰苑 9_115_3 | 初唐•般若經 20_309_13 | 初唐•禮記正義 23_344_9 | 初唐•禮記正義 6_93_13 |
| 中唐•般若經 3_37_3 | 中唐•翰苑 38_494_15 | 中唐•翰苑 28_362_2 | 中唐•翰苑 10_121_27 | 初唐•般若經 21_313_2 | 初唐•禮記正義 24_371_21 | 初唐•禮記正義 12_179_5 |
| 中唐•般若經 4_41_3 | 中唐•翰苑 40_513_38 | 中唐•翰苑 28_362_22 | 中唐•翰苑 12_148_7 | 初唐•般若經 21_314_14 | 初唐•禮記正義 25_384_7 | 初唐•禮記正義 12_189_2 |
| 中唐•般若經 4_41_6 | 中唐•翰苑 41_519_31 | 中唐•翰苑 34_434_16 | 中唐•翰苑 12_158_24 | 中唐•翰苑 4_37_6 | 初唐•般若經 7_98_13 | 初唐•禮記正義 12_189_9 |
| 中唐•般若經 4_45_7 | 中唐•翰苑 44_556_14 | 中唐•翰苑 34_445_26 | 中唐•翰苑 14_173_34 | 中唐•翰苑 4_37_13 | 初唐•般若經 7_98_16 | 初唐•禮記正義 13_205_27 |
| 中唐•般若經 4_45_10 | 中唐•翰苑 44_556_37 | 中唐•翰苑 35_447_27 | 中唐•翰苑 16_201_16 | 中唐•翰苑 6_71_3 | 初唐•般若經 8_102_5 | 初唐•禮記正義 13_206_27 |

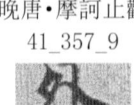

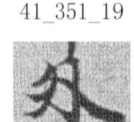

中唐・般若經 4_51_7
中唐・般若經 4_52_14
中唐・般若經 4_54_4
中唐・般若經 4_55_12
中唐・般若經 5_58_17
中唐・般若經 5_60_5
中唐・般若經 5_61_10
中唐・般若經 5_62_16

晚唐•摩訶止觀 2_16_20
晚唐•摩訶止觀 6_54_11
晚唐•摩訶止觀 21_183_9
晚唐•摩訶止觀 22_189_6
晚唐•摩訶止觀 23_195_8
晚唐•摩訶止觀 23_195_23
晚唐•摩訶止觀 23_196_14
晚唐•摩訶止觀 37_319_10

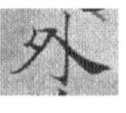

晚唐•摩訶止觀 37_320_3
晚唐•摩訶止觀 40_342_10
晚唐•摩訶止觀 40_343_26
晚唐•摩訶止觀 40_345_21
晚唐•摩訶止觀 40_349_7
晚唐•摩訶止觀 40_349_21
晚唐•摩訶止觀 41_350_11
晚唐•摩訶止觀 41_351_1

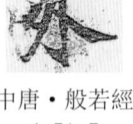

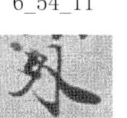

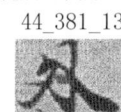

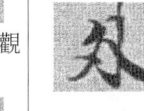

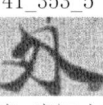

晚唐•摩訶止觀 41_351_19
晚唐•摩訶止觀 41_352_13
晚唐•摩訶止觀 41_353_5
晚唐•摩訶止觀 41_353_21
晚唐•摩訶止觀 41_354_9
晚唐•摩訶止觀 41_355_1
晚唐•摩訶止觀 41_355_21
晚唐•摩訶止觀 41_356_14

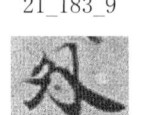

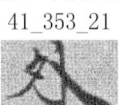

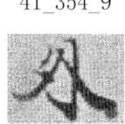

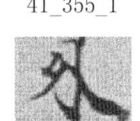

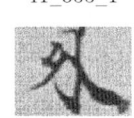

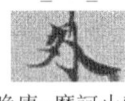

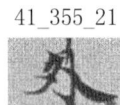

晚唐•摩訶止觀 41_357_9
晚唐•摩訶止觀 44_381_13
晚唐•摩訶止觀 46_395_9
晚唐•摩訶止觀 46_395_26
五代•密教部類 3_35_19
五代•密教部類 4_54_6
五代•密教部類 5_62_21
五代•密教部類 5_63_14

五代•密教部類 5_70_6
五代•大毗盧經 9_102_5
五代•大毗盧經 23_295_22
五代•大毗盧經 25_324_12
五代•大毗盧經 35_416_7
五代•大毗盧經 35_416_17
五代•大毗盧經 42_510_19
五代•大毗盧經 43_524_5

五代•大毗盧經 51_622_25
五代•大毗盧經 77_935_5
五代•大毗盧經 88_1079_12

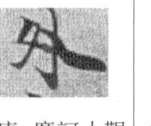

## 夙

シュク
訓 つつしむ

中唐・翰苑
11_133_3

## 多

現 タ
訓 おおい

初唐・古文尚書
15_144_21

初唐・古文尚書
15_144_29

初唐・古文尚書
22_212_9

初唐・古文尚書
22_213_6

初唐・古文尚書
26_251_43

初唐・古文尚書
26_255_9

初唐・古文尚書
26_256_12

初唐・古文尚書
28_277_25

初唐・古文尚書
28_278_14

初唐・古文尚書
31_295_3

初唐・古文尚書
31_295_18

初唐・古文尚書
34_320_2

初唐・古文尚書
34_320_35

初唐・古文尚書
48_464_9

初唐・古文尚書
48_465_4

初唐・毛詩傳
5_53_26

初唐・禮記正義
1_2_24

初唐・禮記正義
10_157_26

初唐・禮記正義
10_158_3

初唐・禮記正義
14_222_18

初唐・禮記正義
28_432_5

初唐・禮記正義
28_432_25

初唐・禮記正義
28_434_18

初唐・十誦律
5_89_4

初唐・十誦律
12_219_7

初唐・十誦律
12_222_10

初唐・十誦律
12_225_11

初唐・十誦律
12_228_12

初唐・十誦律
13_243_4

初唐・十誦律
13_243_10

初唐・十誦律
13_245_17

初唐・十誦律
13_246_6

初唐・十誦律
13_248_6

初唐・十誦律
13_248_11

初唐・十誦律
13_251_4

初唐・十誦律
13_251_10

初唐・十誦律
13_254_2

初唐・十誦律
13_254_8

初唐・十誦律
14_256_6

初唐・十誦律
14_256_12

初唐・十誦律
14_259_10

初唐・十誦律
14_259_16

初唐・十誦律
14_261_14

初唐・十誦律
14_262_3

初唐・十誦律
14_264_1

初唐・十誦律
14_264_7

初唐・十誦律
14_267_7

初唐・般若經
2_2_7

初唐・般若經
7_87_13

初唐・般若經
7_88_4

初唐・般若經
7_89_11

初唐・般若經
7_91_15

初唐・般若經
7_92_10

初唐・般若經
7_94_4

初唐・般若經
20_297_15

初唐・般若經
20_298_6

初唐・般若經
20_299_15

初唐・般若經
20_302_4

初唐・般若經
20_302_16

初唐・般若經
20_304_12

中唐・翰苑
2_21_41

中唐・翰苑
3_22_36

中唐・翰苑
3_28_3

中唐・翰苑
3_32_32

中唐・翰苑
8_96_20

中唐・翰苑
9_108_22

中唐・翰苑
9_108_38

中唐・翰苑
9_118_33

中唐・翰苑
10_119_14

中唐・翰苑
10_128_4

中唐・翰苑
10_128_29

中唐・翰苑
10_129_1

中唐・翰苑
12_149_47

中唐・翰苑
13_163_34

中唐・翰苑
16_205_5

中唐・翰苑
18_230_26

中唐・翰苑
19_254_44

中唐・翰苑
19_255_1

中唐・翰苑
23_304_2

中唐・翰苑
23_305_6

中唐・翰苑
23_305_36

中唐・翰苑
23_307_31

中唐・翰苑
24_321_16

中唐・翰苑
24_321_39

中唐・翰苑
25_323_26

中唐・翰苑
25_324_37

中唐・翰苑
28_363_44

中唐・翰苑
28_368_29

中唐・翰苑
28_368_42

中唐・翰苑
28_369_7

中唐・翰苑
29_378_12

中唐 • 翰苑 29_381_32
中唐 • 翰苑 32_416_13
中唐 • 翰苑 39_501_28
中唐 • 翰苑 39_504_22
中唐 • 翰苑 40_511_10
中唐 • 翰苑 40_512_27
中唐 • 翰苑 40_517_19

中唐 • 翰苑 40_518_38
中唐 • 翰苑 40_518_41
中唐 • 翰苑 41_519_8
中唐 • 般若經 1_1_7
中唐 • 般若經 2_4_11
中唐 • 般若經 2_5_14
中唐 • 般若經 2_7_11

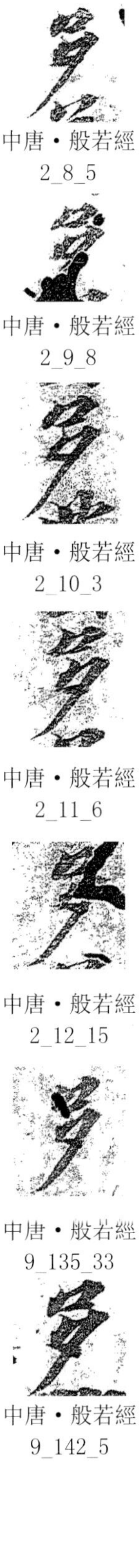

中唐 • 般若經 2_8_5
中唐 • 般若經 2_9_8
中唐 • 般若經 2_10_3
中唐 • 般若經 2_11_6
中唐 • 般若經 2_12_15
中唐 • 般若經 9_135_33
中唐 • 般若經 9_142_5

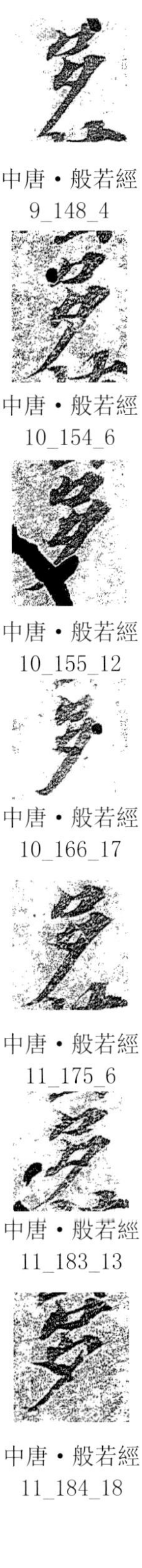

中唐 • 般若經 9_148_4
中唐 • 般若經 10_154_6
中唐 • 般若經 10_155_12
中唐 • 般若經 10_166_17
中唐 • 般若經 11_175_6
中唐 • 般若經 11_183_13
中唐 • 般若經 11_184_18

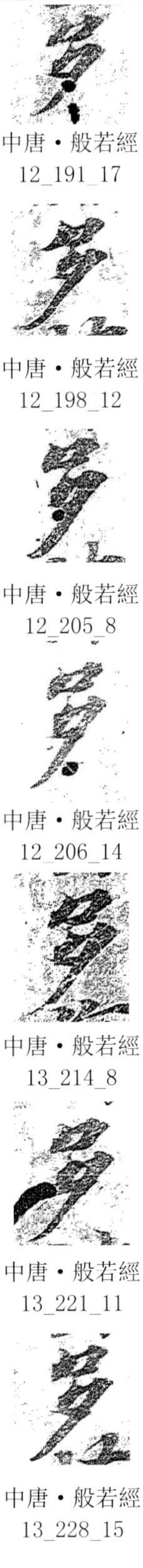

中唐 • 般若經 12_191_17
中唐 • 般若經 12_198_12
中唐 • 般若經 12_205_8
中唐 • 般若經 12_206_14
中唐 • 般若經 13_214_8
中唐 • 般若經 13_221_11
中唐 • 般若經 13_228_15

中唐 • 般若經 15_254_5
中唐 • 般若經 15_255_11
中唐 • 般若經 15_267_4
中唐 • 般若經 16_275_10
中唐 • 般若經 16_283_17
中唐 • 般若經 16_285_6
中唐 • 般若經 17_291_3

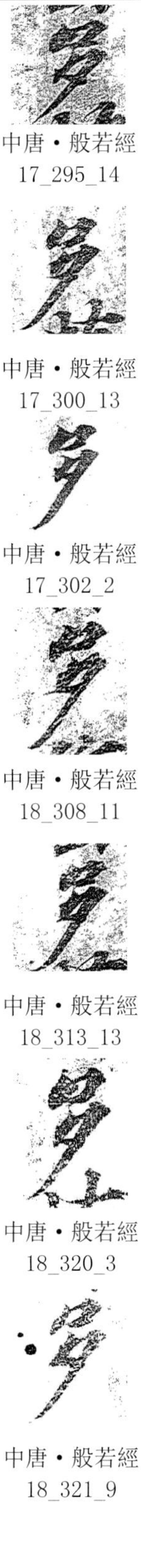

中唐 • 般若經 17_295_14
中唐 • 般若經 17_300_13
中唐 • 般若經 17_302_2
中唐 • 般若經 18_308_11
中唐 • 般若經 18_313_13
中唐 • 般若經 18_320_3
中唐 • 般若經 18_321_9

中唐·般若經 19_327_11

中唐·般若經 19_332_13

中唐·般若經 19_338_3

中唐·般若經 19_339_9

中唐·般若經 19_340_7

晚唐·摩訶止觀 1_10_6

晚唐·摩訶止觀 1_10_22

晚唐·摩訶止觀 2_12_3

晚唐·摩訶止觀 3_23_3

晚唐·摩訶止觀 6_47_1

晚唐·摩訶止觀 6_49_2

晚唐·摩訶止觀 12_103_16

晚唐·摩訶止觀 14_125_10

晚唐·摩訶止觀 14_127_11

晚唐·摩訶止觀 15_134_28

晚唐·摩訶止觀 19_165_5

晚唐·摩訶止觀 20_175_1

晚唐·摩訶止觀 21_179_17

晚唐·摩訶止觀 21_185_8

晚唐·摩訶止觀 22_192_5

晚唐·摩訶止觀 24_209_21

晚唐·摩訶止觀 27_231_8

晚唐·摩訶止觀 30_257_21

晚唐·摩訶止觀 35_300_5

晚唐·摩訶止觀 39_340_11

晚唐·摩訶止觀 43_368_6

晚唐·摩訶止觀 43_368_17

晚唐·摩訶止觀 43_369_14

晚唐·摩訶止觀 43_369_28

晚唐·摩訶止觀 52_443_22

晚唐·摩訶止觀 59_497_6

五代·密教部類 3_41_10

五代·密教部類 6_86_21

五代·密教部類 6_86_37

五代·密教部類 6_88_47

五代·大毗盧經 3_26_12

五代·大毗盧經 3_27_5

五代·大毗盧經 4_41_7

五代·大毗盧經 4_41_18

五代·大毗盧經 4_43_5

五代·大毗盧經 4_44_3

五代·大毗盧經 5_48_5

五代·大毗盧經 5_52_8

五代·大毗盧經 5_57_8

五代·大毗盧經 6_61_9

五代·大毗盧經 6_62_5

五代·大毗盧經 6_66_9

五代·大毗盧經 6_73_5

五代·大毗盧經 7_80_5

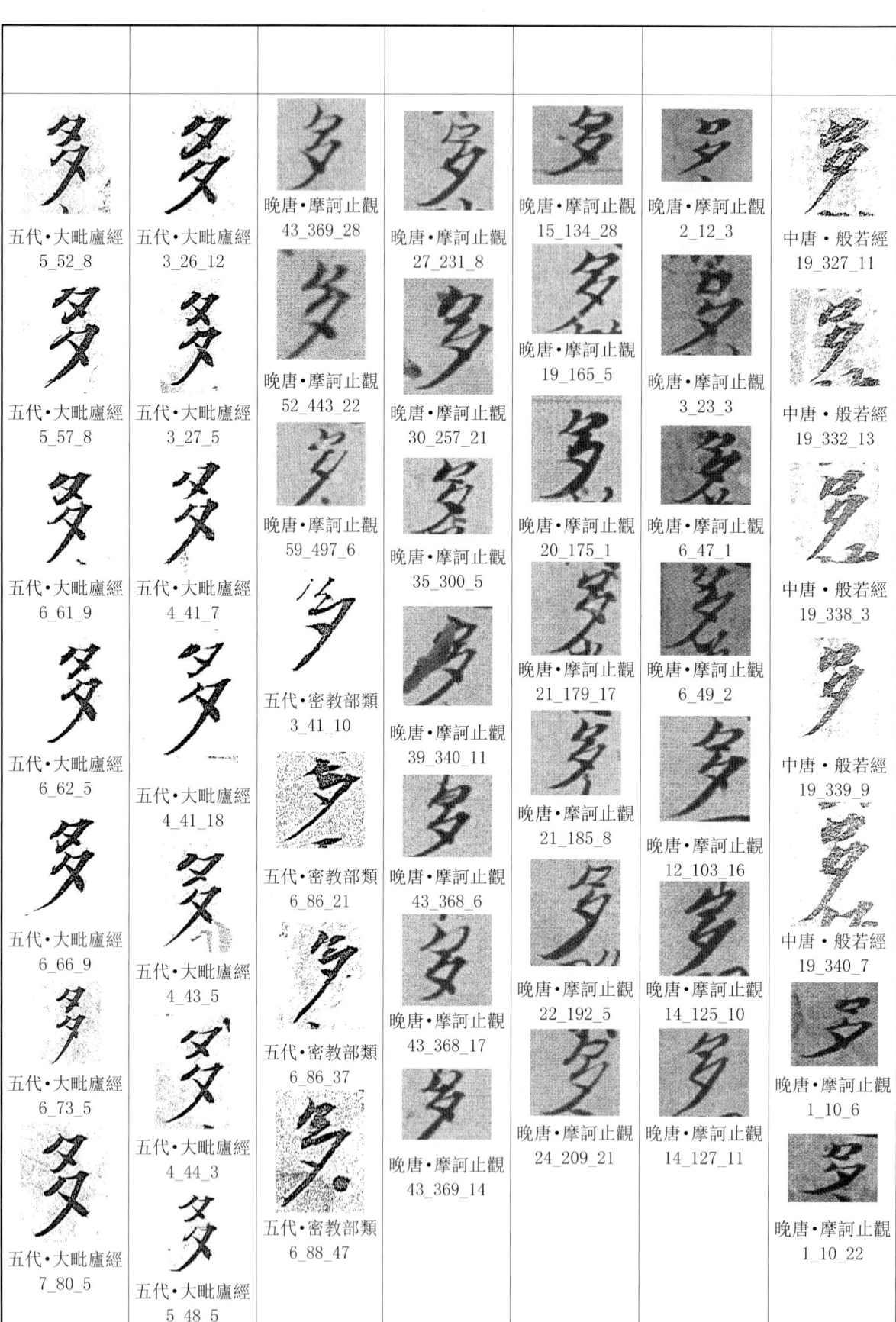

五代·大毗盧經 7_86_7

五代·大毗盧經 8_90_5

五代·大毗盧經 9_101_12

五代·大毗盧經 9_107_11

五代·大毗盧經 10_118_6

五代·大毗盧經 10_119_9

五代·大毗盧經 11_125_6

五代·大毗盧經 11_125_18

五代·大毗盧經 12_151_5

五代·大毗盧經 13_160_6

五代·大毗盧經 15_186_13

五代·大毗盧經 15_186_18

五代·大毗盧經 15_187_2

五代·大毗盧經 15_191_5

五代·大毗盧經 15_197_5

五代·大毗盧經 16_205_5

五代·大毗盧經 16_208_5

五代·大毗盧經 16_212_5

五代·大毗盧經 17_219_5

五代·大毗盧經 17_226_5

五代·大毗盧經 18_230_20

五代·大毗盧經 19_249_5

五代·大毗盧經 19_251_8

五代·大毗盧經 20_253_5

五代·大毗盧經 20_258_5

五代·大毗盧經 20_261_5

五代·大毗盧經 21_264_5

五代·大毗盧經 21_267_5

五代·大毗盧經 21_271_5

五代·大毗盧經 21_271_17

五代·大毗盧經 23_298_38

五代·大毗盧經 23_300_5

五代·大毗盧經 24_302_10

五代·大毗盧經 24_302_20

五代·大毗盧經 24_303_9

五代·大毗盧經 24_305_5

五代·大毗盧經 24_307_5

五代·大毗盧經 24_308_11

五代·大毗盧經 24_310_5

五代·大毗盧經 24_312_5

五代·大毗盧經 25_313_2

五代·大毗盧經 25_316_5

五代·大毗盧經 25_319_5

五代·大毗盧經 57_696_11

五代·大毗盧經 57_698_18

五代·大毗盧經 57_699_5

五代·大毗盧經 58_712_5

五代·大毗盧經 58_718_5

五代·大毗盧經 59_721_5

# 夢

呉 現 ム 漢 ボウ
訓 ゆめ

| | | | | | | |
|---|---|---|---|---|---|---|
| 初唐•古文尚書<br>18_169_7 | 初唐•古文尚書<br>5_41_14 | 五代•大毗盧經<br>95_1169_5 | 五代•大毗盧經<br>94_1151_5 | 五代•大毗盧經<br>65_812_5 | 五代•大毗盧經<br>61_756_5 | 五代•大毗盧經<br>59_723_21 |
| 初唐•古文尚書<br>18_170_8 | 初唐•古文尚書<br>5_41_18 | 五代•大毗盧經<br>96_1171_14 | 五代•大毗盧經<br>94_1152_12 | 五代•大毗盧經<br>65_817_5 | 五代•大毗盧經<br>61_759_5 | 五代•大毗盧經<br>59_724_5 |
| 初唐•古文尚書<br>18_171_46 | 初唐•古文尚書<br>5_46_18 | 五代•大毗盧經<br>96_1179_16 | 五代•大毗盧經<br>94_1154_6 | 五代•大毗盧經<br>66_822_5 | 五代•大毗盧經<br>61_761_5 | 五代•大毗盧經<br>59_725_1 |
| 其後滋蔓<br>中唐・翰苑<br>33_433_38 | 初唐•古文尚書<br>17_160_3 | 五代•大毗盧經<br>98_1202_29 | 五代•大毗盧經<br>94_1157_5 | 五代•大毗盧經<br>66_825_5 | 五代•大毗盧經<br>62_765_5 | 五代•大毗盧經<br>60_747_5 |
| 中唐・翰苑<br>43_549_1 | 初唐•古文尚書<br>17_160_24 | 五代•大毗盧經<br>98_1202_33 | 五代•大毗盧經<br>95_1161_5 | 五代•大毗盧經<br>66_830_5 | 五代•大毗盧經<br>62_771_5 | 五代•大毗盧經<br>60_748_1 |
| 中唐・翰苑<br>43_551_36 | 初唐•古文尚書<br>17_161_16 | 五代•大毗盧經<br>98_1204_5 | 五代•大毗盧經<br>95_1164_5 | 五代•大毗盧經<br>68_850_5 | 五代•大毗盧經<br>64_802_5 | 五代•大毗盧經<br>60_748_13 |
| 中唐・翰苑<br>44_561_14 | 初唐•古文尚書<br>18_168_30 | | 五代•大毗盧經<br>95_1166_5 | 五代•大毗盧經<br>68_852_6 | 五代•大毗盧經<br>64_809_5 | 五代•大毗盧經<br>61_754_2 |

| | | | | | 舞 <br>漢現ブ呉ム<br>訓まう | |
|---|---|---|---|---|---|---|
| | | | | <br>中唐・翰苑<br>44_568_12 | <br>中唐・翰苑<br>12_151_20<br><br>中唐・翰苑<br>17_218_9<br><br>中唐・翰苑<br>17_219_18<br><br>中唐・翰苑<br>18_237_20<br><br>中唐・翰苑<br>18_240_6<br><br>中唐・翰苑<br>22_284_3<br><br>中唐・翰苑<br>29_375_15 | <br>中唐・翰苑<br>45_580_5 |

# 夊部

## 冬

現トウ
訓ふゆ

初唐・古文尚書
4_29_3

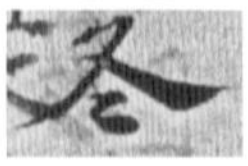
初唐・古文尚書
36_339_30

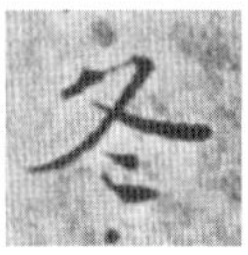
初唐・古文尚書
36_340_7

中唐・翰苑
6_71_30

中唐・翰苑
9_108_15

中唐・翰苑
10_128_41

中唐・翰苑
29_371_27

中唐・翰苑
29_375_8

中唐・翰苑
30_384_34

中唐・翰苑
30_386_44

中唐・翰苑
40_518_37

## 夏

漢現カ 呉現ゲ
訓なつ

初唐・古文尚書
1_3_25

初唐・古文尚書
1_4_8

初唐・古文尚書
3_23_24

初唐・古文尚書
3_24_3

初唐・古文尚書
7_58_23

初唐・古文尚書
35_338_35

初唐・古文尚書
36_339_8

初唐・古文尚書
39_378_16

初唐・古文尚書
39_378_29

初唐・禮記正義
3_49_9

初唐・禮記正義
8_122_3

初唐・禮記正義
8_122_18

初唐・禮記正義
8_122_24

初唐・禮記正義
8_123_5

初唐・禮記正義
8_128_24

初唐・禮記正義
8_129_20

初唐・禮記正義
9_130_28

初唐・禮記正義
9_131_15

初唐・禮記正義
25_384_10

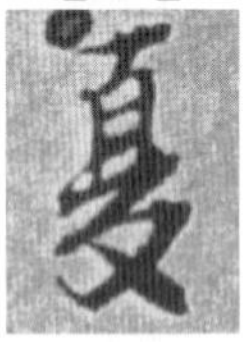
初唐・禮記正義
29_446_12

初唐・禮記正義
29_446_16

初唐・禮記正義
29_451_21

初唐・禮記正義
29_456_28

中唐・翰苑
2_13_19

中唐・翰苑
5_51_1

中唐・翰苑
6_76_19

中唐・翰苑
7_82_23

中唐・翰苑
9_106_12

中唐・翰苑
10_128_45

中唐・翰苑
28_363_30

中唐・翰苑
28_370_30

中唐・翰苑
29_371_28

中唐・翰苑
29_374_7

中唐・翰苑
29_375_9

中唐・翰苑
30_384_44

中唐・翰苑
30_386_40

中唐・翰苑
32_412_13

中唐・翰苑
36_464_36

中唐・翰苑
40_511_12

中唐・翰苑
40_518_40

晚唐・摩訶止觀
1_3_5

## 夔

漢 キ
訓 —

中唐・翰苑
15_196_40

中唐・翰苑
15_197_24

中唐・翰苑
23_297_6

中唐・翰苑
23_297_19

中唐・翰苑
23_298_7

中唐・翰苑
23_298_35

# 广部

## 庇

ヒ
訓 かばう

初唐・十誦律 19_368_12

## 序

呉 ジョ
訓 かき

初唐・古文尚書 16_155_38
初唐・古文尚書 41_397_19
初唐・古文尚書 46_447_16
初唐・禮記正義 7_104_7
初唐・禮記正義 11_178_8
初唐・十誦律 7_113_15
初唐・十誦律 7_115_11
初唐・十誦律 7_117_12

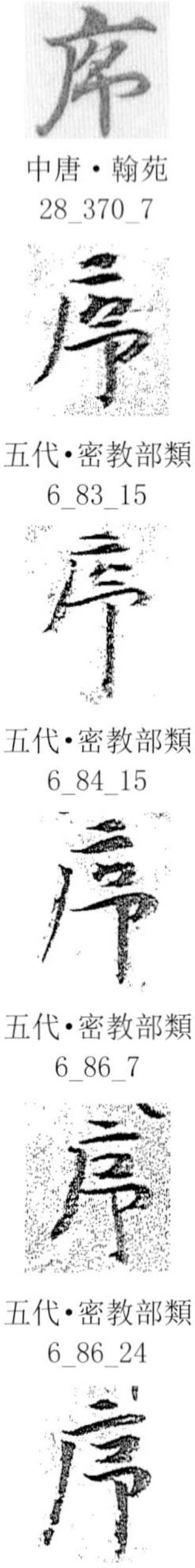

中唐・翰苑 28_370_7
五代・密教部類 6_83_15
五代・密教部類 6_84_15
五代・密教部類 6_86_7
五代・密教部類 6_86_24
五代・密教部類 6_87_9

## 府

現 フ
訓 くら

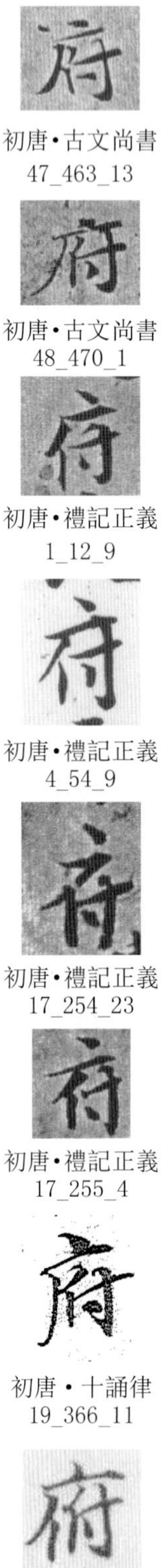

初唐・古文尚書 47_463_13
初唐・古文尚書 48_470_1
初唐・禮記正義 1_12_9
初唐・禮記正義 4_54_9
初唐・禮記正義 17_254_23
初唐・禮記正義 17_255_4
初唐・十誦律 19_366_11
中唐・翰苑 2_21_28

## 底

漢 現 テイ
訓 そこ

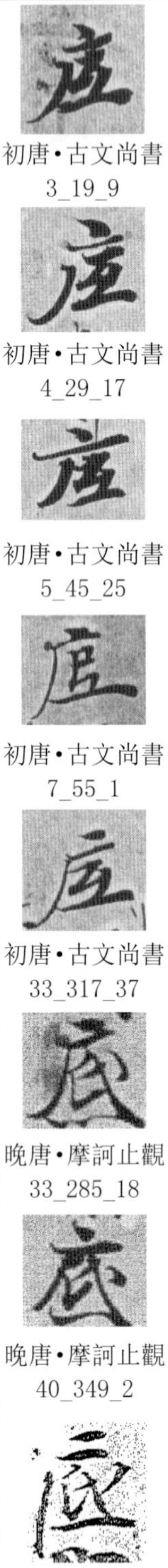

初唐・古文尚書 3_19_9
初唐・古文尚書 4_29_17
初唐・古文尚書 5_45_25
初唐・古文尚書 7_55_1
初唐・古文尚書 33_317_37
晚唐・摩訶止觀 33_285_18
晚唐・摩訶止觀 40_349_2
五代・密教部類 6_88_29

五代・大毗盧經 4_43_11
五代・大毗盧經 6_62_24
五代・大毗盧經 9_103_3
五代・大毗盧經 10_118_17
五代・大毗盧經 10_120_5
五代・大毗盧經 11_127_17
五代・大毗盧經 14_181_19
五代・大毗盧經 15_198_5

五代·大毗盧經 16_204_11
五代·大毗盧經 17_219_21
五代·大毗盧經 17_221_9
五代·大毗盧經 18_228_24
五代·大毗盧經 18_232_17
五代·大毗盧經 24_302_14
五代·大毗盧經 27_337_4
五代·大毗盧經 28_357_9
五代·大毗盧經 29_368_2
五代·大毗盧經 29_368_15
五代·大毗盧經 30_377_13
五代·大毗盧經 30_385_1
五代·大毗盧經 32_401_19
五代·大毗盧經 40_474_6
五代·大毗盧經 42_503_3
五代·大毗盧經 42_504_20
五代·大毗盧經 42_505_2
五代·大毗盧經 45_543_19
五代·大毗盧經 51_627_35
五代·大毗盧經 51_629_6
五代·大毗盧經 52_636_2
五代·大毗盧經 52_640_5
五代·大毗盧經 53_645_21
五代·大毗盧經 55_675_20
五代·大毗盧經 56_684_19
五代·大毗盧經 56_686_16
五代·大毗盧經 57_698_12
五代·大毗盧經 57_698_15
五代·大毗盧經 61_757_3
五代·大毗盧經 65_810_11
五代·大毗盧經 65_820_14
五代·大毗盧經 67_834_10
五代·大毗盧經 67_837_9
五代·大毗盧經 71_873_15
五代·大毗盧經 72_880_23
五代·大毗盧經 77_930_1
五代·大毗盧經 78_944_3
五代·大毗盧經 78_950_2
五代·大毗盧經 80_967_2
五代·大毗盧經 82_1003_16
五代·大毗盧經 83_1006_14
五代·大毗盧經 83_1010_16
五代·大毗盧經 84_1021_3
五代·大毗盧經 88_1077_4
五代·大毗盧經 91_1114_17
五代·大毗盧經 94_1152_16
五代·大毗盧經 96_1175_14
五代·大毗盧經 98_1206_4
五代·大毗盧經 98_1206_12
五代·大毗盧經 98_1207_2

## 庚

コウ
訓 かのえ

初唐•古文尚書
7_55_13

初唐•古文尚書
7_59_2

初唐•古文尚書
10_89_19

初唐•古文尚書
11_96_4

初唐•古文尚書
11_97_2

初唐•古文尚書
11_99_20

初唐•古文尚書
13_123_15

初唐•古文尚書
15_139_2

初唐•古文尚書
15_140_2

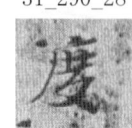

初唐•古文尚書
17_160_7

初唐•古文尚書
34_327_13

初唐•古文尚書
35_331_10

五代•大毗盧經
20_262_9

## 度

呉 ド 漢 ト
訓 たび

初唐•古文尚書
7_56_4

初唐•古文尚書
7_56_23

度乃口
初唐•古文尚書
11_94_6

初唐•古文尚書
11_94_19

水中流不渡
初唐•古文尚書
12_111_18

初唐•古文尚書
26_251_27

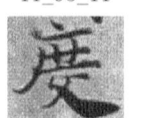

卿士師師非度
初唐•古文尚書
27_264_26

初唐•古文尚書
27_265_19

初唐•古文尚書
31_290_28

初唐•古文尚書
33_309_25

度作刑
初唐•古文尚書
40_381_10

初唐•古文尚書
40_381_17

何度非及
初唐•古文尚書
44_432_8

初唐•古文尚書
45_433_11

初唐•禮記正義
29_456_26

中唐・翰苑
5_59_15

中唐・翰苑
5_61_24

中唐・翰苑
6_70_22

中唐・翰苑
12_158_4

中唐・翰苑
13_160_5

中唐・翰苑
13_161_4

中唐・翰苑
15_196_35

中唐・翰苑
20_256_40

中唐・翰苑
22_287_18

中唐・翰苑
23_299_16

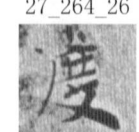

中唐・翰苑
23_302_10

中唐・翰苑
23_302_20

中唐・翰苑
23_302_30

中唐・翰苑
31_405_23

中唐・翰苑
31_406_7

中唐・翰苑
31_406_24

中唐・翰苑
36_464_2

中唐・翰苑
37_477_39

中唐・翰苑
41_522_33

中唐・翰苑
41_523_9

中唐・翰苑
41_523_15

中唐・翰苑
43_555_33

晚唐•摩訶止觀
11_95_11

晚唐•摩訶止觀
13_113_17

晚唐•摩訶止觀
24_210_13

| | 座<br>吴現ザ<br>訓すわる | 庫庫<br>漢コ吴ク唐ク<br>訓くら | | 庭庭<br>漢現テイ<br>訓にわ | | |
|---|---|---|---|---|---|---|
| 五代・大毗盧經<br>28_362_39 | 中唐・翰苑<br>44_562_14 | 中唐・翰苑<br>14_180_20 | 中唐・翰苑<br>6_67_20 | 初唐・古文尚書<br>7_57_28 | 五代・大毗盧經<br>20_258_20 | 晚唐・摩訶止觀<br>33_290_10 |
| 五代・大毗盧經<br>28_362_42 | 五代・大毗盧經<br>12_144_5 | 中唐・翰苑<br>17_216_7 | 中唐・翰苑<br>7_87_33 | 初唐・古文尚書<br>11_99_4 | 五代・大毗盧經<br>27_337_20 | 晚唐・摩訶止觀<br>34_293_10 |
| 五代・大毗盧經<br>39_467_5 | 五代・大毗盧經<br>13_167_5 | 會援病卒<br>中唐・翰苑<br>34_443_5 | 中唐・翰苑<br>7_90_8 | 初唐・古文尚書<br>11_99_12 | 五代・大毗盧經<br>27_339_32 | 晚唐・摩訶止觀<br>39_333_2 |
| 五代・大毗盧經<br>42_508_24 | 五代・大毗盧經<br>16_207_4 | | 中唐・翰苑<br>16_202_21 | 初唐・毛詩傳<br>3_24_4 | 五代・大毗盧經<br>41_494_30 | 晚唐・摩訶止觀<br>44_375_23 |
| 五代・大毗盧經<br>50_618_15 | 五代・大毗盧經<br>19_243_17 | | 中唐・翰苑<br>34_437_5 | 初唐・毛詩傳<br>3_31_4 | 五代・大毗盧經<br>47_580_2 | 晚唐・摩訶止觀<br>52_445_8 |
| 五代・大毗盧經<br>59_729_20 | 五代・大毗盧經<br>24_306_3 | | | 中唐・翰苑<br>3_24_21 | 五代・大毗盧經<br>51_629_13 | 晚唐・摩訶止觀<br>60_505_12 |
| 五代・大毗盧經<br>67_842_5 | 五代・大毗盧經<br>24_307_13 | | | 中唐・翰苑<br>5_51_34 | 五代・大毗盧經<br>87_1064_17 | 晚唐・摩訶止觀<br>60_505_26 |
| 五代・大毗盧經<br>80_966_5 | 五代・大毗盧經<br>24_307_15 | | | 逢侯<br>中唐・翰苑<br>5_62_32 | 五代・大毗盧經<br>89_1088_3 | 五代・大毗盧經<br>9_107_19 |

五代•大毗盧經
98_1202_32

## 庾

ユ
訓くら

初唐•禮記正義
1_7_23

五代•大毗盧經
17_221_2

五代•大毗盧經
30_385_19

五代•大毗盧經
43_516_12

五代•大毗盧經
55_670_5

五代•大毗盧經
55_681_17

五代•大毗盧經
85_1046_12

五代•大毗盧經
98_1202_28

中唐・翰苑
21_275_26

中唐・翰苑
28_363_21

初唐•古文尚書
49_475_23

初唐・毛詩傳
2_17_11

初唐•禮記正義
1_9_21

初唐•禮記正義
1_12_7

初唐•禮記正義
26_404_32

初唐•禮記正義
27_425_10

中唐・翰苑
2_11_21

中唐・翰苑
20_268_24

初唐•古文尚書
43_417_12

初唐•古文尚書
43_422_11

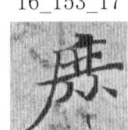

初唐•古文尚書
44_423_29

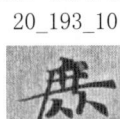

初唐•古文尚書
44_427_13

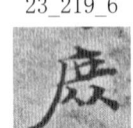

初唐•古文尚書
47_460_6

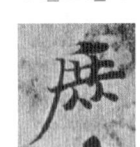

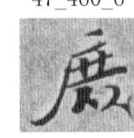

初唐•古文尚書
47_460_35

初唐•古文尚書
48_470_6

初唐•古文尚書
48_472_13

## 庶

現ショ
訓もろもろ

初唐•古文尚書
16_153_17

初唐•古文尚書
20_193_10

初唐•古文尚書
23_219_6

初唐•古文尚書
23_226_10

初唐•古文尚書
33_308_17

初唐•古文尚書
39_376_2

初唐•古文尚書
40_391_22

初唐•古文尚書
41_394_5

五代•大毗盧經
80_971_20

五代•大毗盧經
85_1034_20

| 廆 | 廁 | | | 康 | 庸 | 廊 |
|---|---|---|---|---|---|---|
| カイ/ガイ<br>訓かべ | シ<br>訓かわや | | | 現コウ<br>訓ゆたか | 漢現ヨウ<br>訓はたらく | ロウ<br>訓ひさし |
| <br>中唐・翰苑<br>5_62_2<br><br>中唐・翰苑<br>12_158_38 | <br>五代・大毗盧經<br>91_1114_14 | <br>中唐・翰苑<br>32_412_16<br><br>中唐・翰苑<br>42_543_13<br><br>中唐・翰苑<br>43_546_15<br><br>中唐・翰苑<br>43_554_19 | <br>初唐・毛詩傳<br>2_19_2<br><br>初唐・禮記正義<br>3_37_21<br><br>初唐・禮記正義<br>5_67_9<br><br>初唐・禮記正義<br>27_411_23<br><br>初唐・禮記正義<br>29_445_25<br><br>中唐・翰苑<br>6_75_3<br><br>中唐・翰苑<br>13_165_22<br><br>中唐・翰苑<br>13_169_4 | <br>初唐・古文尚書<br>12_105_5<br><br>初唐・古文尚書<br>19_179_3<br><br>初唐・古文尚書<br>26_250_13<br><br>初唐・古文尚書<br>31_294_19<br><br>初唐・古文尚書<br>32_301_25<br><br>初唐・毛詩傳<br>1_10_8<br><br>初唐・毛詩傳<br>1_10_16<br><br>初唐・毛詩傳<br>2_15_6 | <br>初唐・古文尚書<br>17_157_28<br><br>初唐・古文尚書<br>18_166_21<br><br>中唐・翰苑<br>15_196_9<br><br>中唐・翰苑<br>26_343_39 | <br>五代・大毗盧經<br>86_1057_30 |

| | 廣 | 廌 | 廉 | 廓 | 廏 | 廋 |
|---|---|---|---|---|---|---|
| | 現コウ<br>訓ひろい | 漢チ<br>訓のり | 現レン<br>訓かど | カク<br>訓ひろい | キュウ<br>訓うまや | 漢ソウ漢シュウ<br>訓かくす |
| <br>初唐•禮記正義<br>23_343_10<br><br>初唐•禮記正義<br>24_357_1<br><br>初唐・十誦律<br>5_91_16<br><br>初唐・十誦律<br>13_240_12<br><br>中唐・翰苑<br>4_41_14<br><br>中唐・翰苑<br>7_81_2<br><br>中唐・翰苑<br>7_83_23 | <br>初唐•古文尚書<br>2_12_18<br><br>初唐•古文尚書<br>23_219_21<br><br>初唐・毛詩傳<br>5_55_2<br><br>初唐•禮記正義<br>12_195_11<br><br>初唐•禮記正義<br>13_207_8<br><br>初唐•禮記正義<br>17_258_15<br><br>初唐•禮記正義<br>19_284_25 | <br>中唐・翰苑<br>35_454_3 | <br>中唐・翰苑<br>44_561_10 | <br>中唐・翰苑<br>27_348_36 | <br>晩唐•摩訶止觀<br>3_23_10<br><br>晩唐•摩訶止觀<br>3_23_14 | <br>中唐・翰苑<br>19_254_2<br><br>中唐・翰苑<br>19_254_18 |

中唐・翰苑
9_106_31

中唐・翰苑
9_114_10

中唐・翰苑
15_197_4

中唐・翰苑
16_206_3

中唐・翰苑
24_319_11

中唐・翰苑
29_373_14

中唐・翰苑
30_386_30

中唐・翰苑
32_418_31

中唐・翰苑
33_433_33

中唐・翰苑
37_470_3

中唐・翰苑
39_501_10

中唐・翰苑
40_508_3

中唐・翰苑
41_523_5

中唐・翰苑
43_551_39

晚唐•摩訶止觀
5_39_13

晚唐•摩訶止觀
7_57_20

晚唐•摩訶止觀
7_65_17

晚唐•摩訶止觀
8_66_2

晚唐•摩訶止觀
8_70_2

晚唐•摩訶止觀
17_146_13

晚唐•摩訶止觀
17_146_16

晚唐•摩訶止觀
18_153_2

晚唐•摩訶止觀
18_153_6

晚唐•摩訶止觀
20_173_27

晚唐•摩訶止觀
27_235_25

晚唐•摩訶止觀
28_239_7

晚唐•摩訶止觀
31_274_14

晚唐•摩訶止觀
43_366_24

晚唐•摩訶止觀
52_443_20

晚唐•摩訶止觀
60_506_9

五代•密教部類
1_1_13

五代•密教部類
1_8_2

五代•大毗盧經
21_269_17

五代•大毗盧經
26_336_7

五代•大毗盧經
27_340_24

五代•大毗盧經
29_371_27

五代•大毗盧經
73_901_16

五代•大毗盧經
73_902_7

五代•大毗盧經
73_902_8

五代•大毗盧經
75_920_1

五代•大毗盧經
85_1037_11

五代•大毗盧經
85_1048_1

五代•大毗盧經
93_1138_26

五代•大毗盧經
96_1177_9

五代•大毗盧經
96_1177_21

五代•大毗盧經
98_1203_2

## 廢 廢

漢ハイ
訓すたれる

初唐•古文尚書 8_64_13

初唐•古文尚書 11_100_16

初唐•古文尚書 14_132_26

初唐•古文尚書 16_150_15

初唐•古文尚書 16_151_5

初唐•古文尚書 21_207_15

初唐•古文尚書 36_348_4

初唐・毛詩傳 2_12_23

## 慶 慶

漢ケイ 呉キョウ
訓さいわい

初唐•古文尚書 44_429_1

初唐•古文尚書 49_476_11

中唐・翰苑 15_197_34

中唐・翰苑 27_356_42

中唐・翰苑 44_560_8

晩唐•摩訶止觀 57_481_12

五代•密教部類 1_2_2

## 廛 廛

漢テン
訓やしき

中唐・翰苑 22_288_37

初唐•禮記正義 22_334_1

初唐•禮記正義 24_371_18

初唐•禮記正義 25_380_26

中唐・翰苑 23_301_35

中唐・翰苑 27_357_14

中唐・翰苑 35_453_46

中唐・翰苑 40_515_5

初唐•禮記正義 3_47_15

初唐•禮記正義 6_91_12

初唐•禮記正義 13_209_10

初唐•禮記正義 18_272_5

初唐•禮記正義 18_273_15

初唐•禮記正義 18_274_18

初唐•禮記正義 22_333_9

初唐•禮記正義 1_10_19

初唐•禮記正義 1_10_26

初唐•禮記正義 1_11_5

初唐•禮記正義 1_11_12

初唐•禮記正義 1_11_18

初唐•禮記正義 2_19_18

初唐•禮記正義 2_20_4

## 廟 廟

ビョウ
訓たまや

初唐•古文尚書 10_85_22

初唐•古文尚書 15_140_18

初唐•古文尚書 21_200_27

初唐•古文尚書 26_251_16

初唐•古文尚書 28_275_29

初唐•古文尚書 29_282_17

初唐•禮記正義 1_10_9

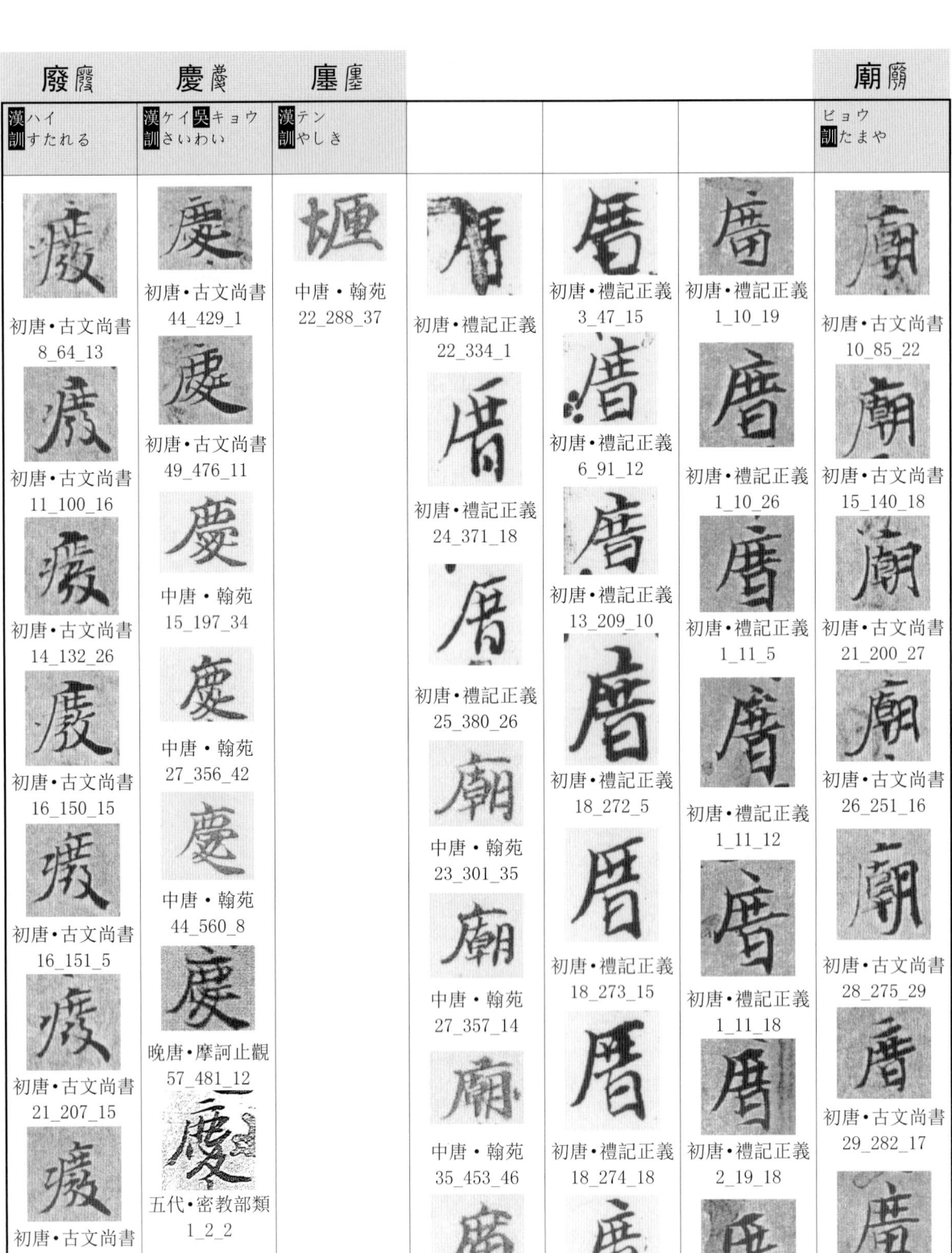

初唐・毛詩傳
2_13_12

初唐・禮記正義
30_464_26

中唐・翰苑
42_537_32

## 稟

リン
訓くら

中唐・翰苑
36_468_33

中唐・翰苑
36_469_13

中唐・翰苑
36_469_30

中唐・翰苑
37_470_13

中唐・翰苑
37_471_1

中唐・翰苑
37_471_14

中唐・翰苑
37_471_27

## 廬

漢リョ呉ロ
訓いおり

初唐・十誦律
3_33_2

初唐・十誦律
3_33_7

初唐・十誦律
3_33_13

初唐・十誦律
6_103_9

中唐・翰苑
5_61_15

中唐・翰苑
6_68_10

中唐・翰苑
11_135_29

中唐・翰苑
11_136_32

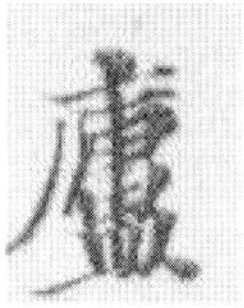
中唐・翰苑
31_406_31

# 宀部

## 宄

キ
訓 よこしま

初唐•古文尚書
9_73_4

初唐•古文尚書
9_73_23

初唐•古文尚書
14_134_21

初唐•古文尚書
15_135_20

初唐•古文尚書
27_264_9

初唐•古文尚書
27_264_16

初唐•古文尚書
40_384_5

## 宇

現 ウ
訓 のき

中唐・翰苑
27_349_1

中唐・翰苑
41_529_9

## 守

呉 現 シュ 呉 現 ス
漢 シュウ
訓 まもる

初唐•古文尚書
32_301_23

初唐•古文尚書
32_302_23

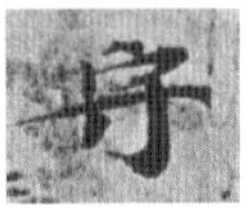
初唐•古文尚書
35_331_6

初唐•古文尚書
35_332_13

初唐•禮記正義
22_335_27

初唐•禮記正義
22_337_13

初唐•禮記正義
22_339_9

初唐•禮記正義
22_339_20

初唐•禮記正義
30_466_1

初唐•禮記正義
30_467_7

中唐・翰苑
2_18_42

中唐・翰苑
4_39_27

中唐・翰苑
5_52_37

中唐・翰苑
7_78_25

中唐・翰苑
10_122_29

中唐・翰苑
13_164_3

中唐・翰苑
13_169_1

中唐・翰苑
15_187_4

中唐・翰苑
15_189_30

中唐・翰苑
15_196_14

中唐・翰苑
21_271_11

中唐・翰苑
22_293_41

中唐・翰苑
23_297_24

中唐・翰苑
23_300_3

中唐・翰苑
23_301_9

中唐・翰苑
25_332_16

中唐・翰苑
34_440_41

中唐・翰苑
34_444_34

## 安

現 アン
訓 やすい

## 宅

漢 現 タク
訓 いえ

初唐•古文尚書
6_50_7

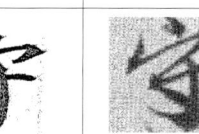

初唐•古文尚書
7_59_14

初唐•古文尚書
8_70_4

初唐•古文尚書
9_71_28

初唐•古文尚書
11_101_17

初唐•古文尚書
11_102_8

初唐•古文尚書
12_106_6

初唐•古文尚書
12_108_3

中唐・翰苑
4_41_4

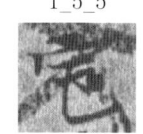

中唐・翰苑
25_334_13

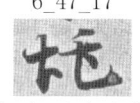

晚唐•摩訶止觀
43_374_3

晚唐•摩訶止觀
44_376_19

初唐•古文尚書
1_5_5

初唐•古文尚書
6_47_17

初唐•古文尚書
17_162_29

初唐•古文尚書
21_207_8

初唐•古文尚書
32_298_7

初唐•古文尚書
37_353_3

初唐•禮記正義
6_84_11

初唐•禮記正義
7_107_12

五代•大毗盧經
92_1129_19

五代•大毗盧經
92_1130_3

晚唐•摩訶止觀
50_425_22

五代•大毗盧經
2_13_13

五代•大毗盧經
15_189_34

五代•大毗盧經
19_244_14

五代•大毗盧經
19_247_4

五代•大毗盧經
19_248_6

五代•大毗盧經
19_252_3

中唐・翰苑
39_505_4

中唐・翰苑
39_505_36

中唐・翰苑
39_506_15

中唐・翰苑
41_529_20

中唐・翰苑
42_535_17

中唐・翰苑
42_541_19

中唐・翰苑
44_558_27

中唐・翰苑
35_446_21

中唐・翰苑
35_457_13

中唐・翰苑
36_460_11

中唐・翰苑
36_461_5

中唐・翰苑
36_461_9

中唐・翰苑
38_490_13

中唐・翰苑
39_498_12

初唐・古文尚書 14_127_10

初唐・古文尚書 15_141_10

初唐・古文尚書 16_147_2

初唐・古文尚書 16_155_31

初唐・古文尚書 19_179_23

初唐・古文尚書 23_226_13

初唐・古文尚書 23_228_12

初唐・古文尚書 26_251_19

初唐・古文尚書 29_284_23

初唐・古文尚書 31_288_1

初唐・古文尚書 31_290_35

初唐・古文尚書 32_302_26

初唐・古文尚書 32_302_32

初唐・古文尚書 32_302_36

初唐・古文尚書 33_314_5

初唐・古文尚書 33_315_6

初唐・古文尚書 36_341_32

初唐・古文尚書 44_424_15

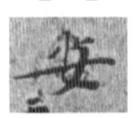

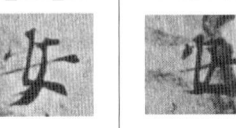

初唐・古文尚書 44_430_14

初唐・古文尚書 44_431_23

初唐・古文尚書 44_432_14

初唐・毛詩傳 4_33_2

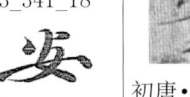

初唐・毛詩傳 10_103_19

初唐・禮記正義 16_245_27

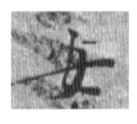

初唐・禮記正義 22_331_18

初唐・禮記正義 22_336_28

初唐・禮記正義 23_341_18

初唐・十誦律 5_89_7

初唐・般若經 7_91_4

初唐・般若經 20_301_10

中唐・翰苑 2_19_12

中唐・翰苑 2_19_39

中唐・翰苑 6_64_26

中唐・翰苑 6_66_6

中唐・翰苑 6_66_20

中唐・翰苑 6_67_21

中唐・翰苑 6_68_16

中唐・翰苑 6_68_35

中唐・翰苑 6_69_18

中唐・翰苑 6_69_34

中唐・翰苑 9_108_40

中唐・翰苑 9_115_20

中唐・翰苑 10_123_20

中唐・翰苑 13_164_17

中唐・翰苑 13_168_7

中唐・翰苑 15_192_15

中唐・翰苑 22_289_17

中唐・翰苑 24_314_6

中唐・翰苑 24_315_33

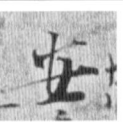

中唐・翰苑 24_317_40

中唐・翰苑 26_340_9

中唐・翰苑 28_364_23

中唐・翰苑 28_366_28

中唐・翰苑 29_380_10

中唐・翰苑 32_408_13

中唐・翰苑 32_414_29

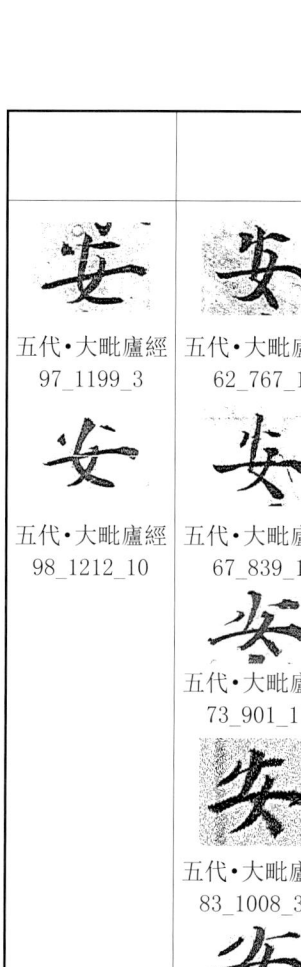

案
中唐・翰苑
32_419_45

中唐・翰苑
33_422_6

中唐・翰苑
34_434_20

中唐・翰苑
37_477_10

中唐・翰苑
41_520_8

中唐・翰苑
41_525_5

中唐・翰苑
41_530_32

中唐・翰苑
42_542_17

中唐・翰苑
42_542_24

中唐・翰苑
42_543_3

中唐・翰苑
42_543_32

中唐・翰苑
43_546_3

中唐・翰苑
43_554_10

中唐・般若經
2_5_3

中唐・般若經
2_6_17

中唐・般若經
2_8_14

中唐・般若經
2_10_12

晚唐•摩訶止觀
3_26_20

晚唐•摩訶止觀
16_141_20

晚唐•摩訶止觀
21_184_8

五代•密教部類
1_2_6

五代•密教部類
2_13_2

五代•密教部類
5_73_23

五代•大毗盧經
5_60_1

五代•大毗盧經
6_69_6

五代•大毗盧經
10_117_8

五代•大毗盧經
12_150_6

五代•大毗盧經
12_152_1

五代•大毗盧經
14_175_32

五代•大毗盧經
17_217_13

五代•大毗盧經
18_234_29

五代•大毗盧經
24_309_16

五代•大毗盧經
39_467_1

五代•大毗盧經
44_531_17

五代•大毗盧經
50_607_19

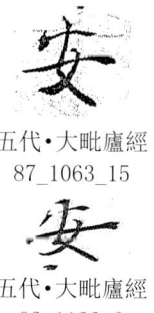

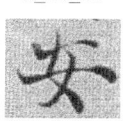

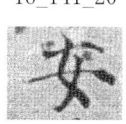

五代•大毗盧經
50_610_2

五代•大毗盧經
54_660_9

五代•大毗盧經
56_684_22

五代•大毗盧經
57_703_14

五代•大毗盧經
60_744_1

五代•大毗盧經
62_767_1

五代•大毗盧經
67_839_1

五代•大毗盧經
73_901_11

五代•大毗盧經
83_1008_30

五代•大毗盧經
85_1037_9

五代•大毗盧經
85_1045_8

五代•大毗盧經
87_1063_15

五代•大毗盧經
92_1126_6

五代•大毗盧經
97_1199_3

五代•大毗盧經
98_1212_10

## 定

漢テイ 呉ジョウ
訓さだめる

- 初唐・十誦律 2_21_11
- 初唐・十誦律 7_119_16
- 初唐・十誦律 7_122_1
- 初唐・十誦律 7_130_11
- 初唐・十誦律 7_132_14
- 初唐・十誦律 8_150_2
- 初唐・十誦律 8_152_2
- 初唐・般若經 8_109_17
- 初唐・禮記正義 4_51_13
- 初唐・禮記正義 4_58_1
- 初唐・禮記正義 4_59_5
- 初唐・禮記正義 6_85_20
- 初唐・禮記正義 8_128_27
- 初唐・禮記正義 10_157_1
- 初唐・禮記正義 10_159_3
- 初唐・禮記正義 29_445_13
- 初唐・古文尚書 4_29_18
- 初唐・古文尚書 4_30_8
- 初唐・古文尚書 12_108_4
- 初唐・古文尚書 15_140_12
- 初唐・古文尚書 16_146_20
- 初唐・古文尚書 16_147_3
- 初唐・古文尚書 31_287_25
- 初唐・古文尚書 31_288_2

## 完

現カン
訓まったい

- 初唐・古文尚書 28_275_13

## 宋

漢ソウ
訓—

- 中唐・翰苑 13_172_4
- 中唐・翰苑 25_333_33
- 中唐・翰苑 25_334_10
- 中唐・翰苑 27_355_27
- 中唐・翰苑 29_375_28
- 中唐・翰苑 32_413_31
- 中唐・翰苑 32_414_1
- 中唐・翰苑 36_466_2
- 初唐・禮記正義 18_272_4
- 初唐・禮記正義 18_273_14
- 初唐・禮記正義 18_274_17
- 初唐・禮記正義 24_363_25
- 初唐・禮記正義 28_439_24
- 吳棠 中唐・翰苑 5_58_33
- 中唐・翰苑 25_333_28

## 宏

漢コウ
訓ひろい

- 初唐・古文尚書 16_151_22
- 初唐・古文尚書 16_151_25

| | | | | | | |
|---|---|---|---|---|---|---|
| 晚唐•摩訶止觀 17_144_24 | 晚唐•摩訶止觀 10_91_19 | 晚唐•摩訶止觀 4_37_25 | 中唐・翰苑 42_535_37 | 中唐・翰苑 6_64_27 | 初唐・般若經 22_337_5 | 初唐・般若經 9_124_11 |
| 晚唐•摩訶止觀 17_149_3 | 晚唐•摩訶止觀 11_94_20 | 晚唐•摩訶止觀 5_40_23 | 中唐・翰苑 42_541_17 | 中唐・翰苑 13_164_18 | 初唐・般若經 22_338_15 | 初唐・般若經 9_125_3 |
| 晚唐•摩訶止觀 17_149_15 | 晚唐•摩訶止觀 11_97_5 | 晚唐•摩訶止觀 5_41_7 | 中唐・般若經 5_69_16 | 中唐・翰苑 13_165_10 | 初唐・般若經 23_344_5 | 初唐・般若經 9_126_11 |
| 晚唐•摩訶止觀 18_160_11 | 晚唐•摩訶止觀 11_99_7 | 晚唐•摩訶止觀 5_43_8 | 中唐・般若經 5_72_9 | 中唐・翰苑 25_327_45 | 初唐・般若經 23_344_17 | 初唐・般若經 9_131_12 |
| 晚唐•摩訶止觀 35_307_22 | 晚唐•摩訶止觀 12_108_2 | 晚唐•摩訶止觀 5_45_12 | 中唐・般若經 5_75_2 | 中唐・翰苑 32_409_49 | 初唐・般若經 23_346_13 | 初唐・般若經 10_132_7 |
| 晚唐•摩訶止觀 42_359_15 | 晚唐•摩訶止觀 13_112_19 | 晚唐•摩訶止觀 6_47_7 | 中唐・般若經 6_77_13 | 中唐・翰苑 36_460_13 | 中唐・翰苑 2_11_2 | 初唐・般若經 10_134_1 |
| 晚唐•摩訶止觀 42_360_16 | 晚唐•摩訶止觀 13_112_28 | 晚唐•摩訶止觀 6_48_17 | 晚唐•摩訶止觀 1_5_5 | 中唐・翰苑 37_477_26 | 中唐・翰苑 3_35_34 | 初唐・般若經 21_321_5 |
| 晚唐•摩訶止觀 44_375_11 | 晚唐•摩訶止觀 17_144_19 | 晚唐•摩訶止觀 6_55_18 | 晚唐•摩訶止觀 4_36_22 | 中唐・翰苑 42_533_1 | 中唐・翰苑 5_55_8 | 初唐・般若經 22_336_13 |

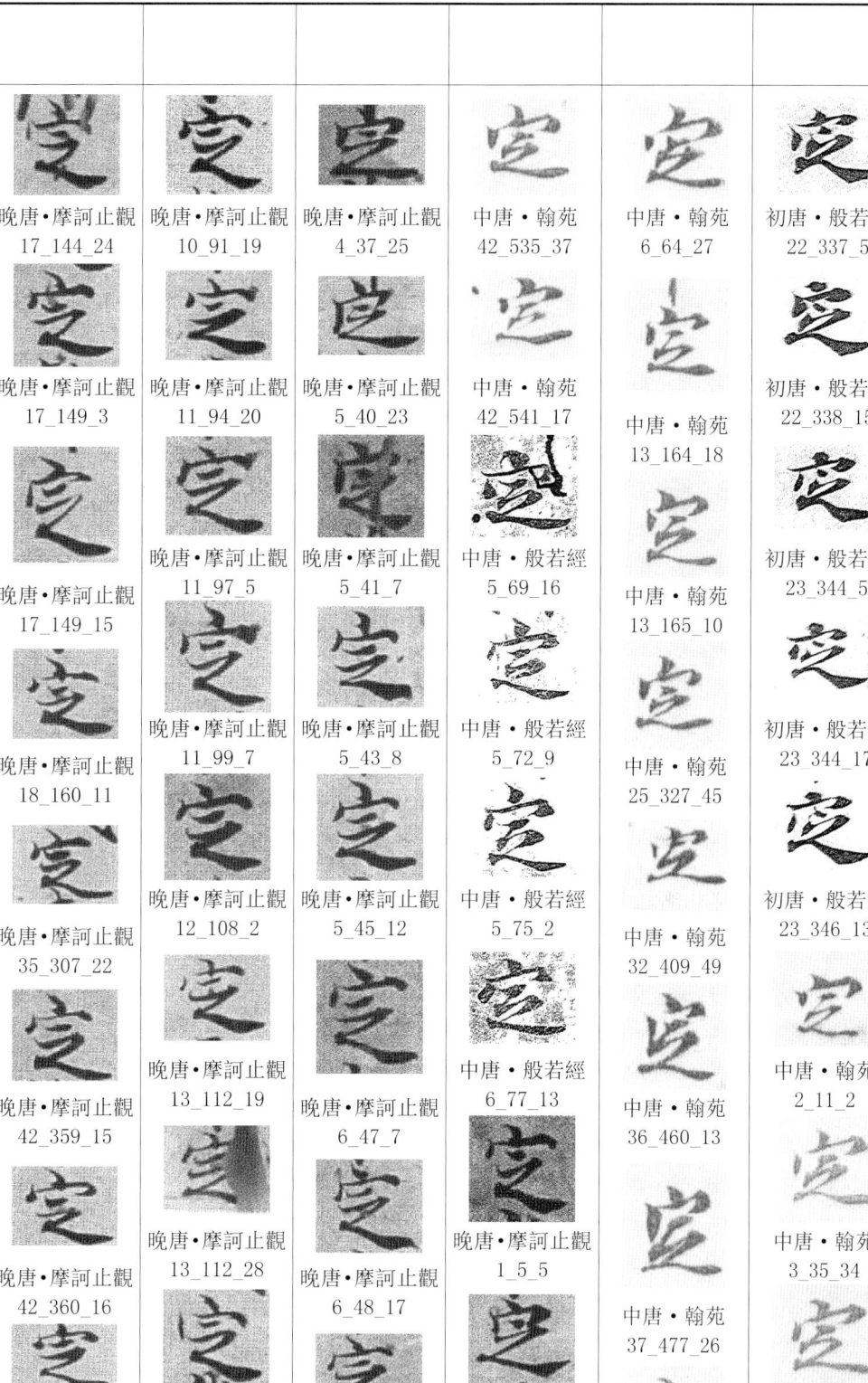

## 宗 𡧍

慣シュウ 漢ソウ
訓みたまや

初唐•古文尚書 24_231_2
初唐•古文尚書 24_232_14
初唐•古文尚書 24_232_18
初唐•古文尚書 24_233_2
初唐•古文尚書 24_233_19
初唐•古文尚書 26_251_15
初唐•古文尚書 28_275_28
初唐•古文尚書 29_279_11

初唐•古文尚書 5_39_4
初唐•古文尚書 5_39_24
初唐•古文尚書 17_160_2
初唐•古文尚書 17_160_23
初唐•古文尚書 21_200_20
初唐•古文尚書 21_203_13
初唐•古文尚書 21_207_29
初唐•古文尚書 24_230_2

五代•大毗盧經 89_1085_15
五代•大毗盧經 94_1149_12
五代•大毗盧經 94_1150_10
五代•大毗盧經 97_1185_16
五代•大毗盧經 97_1199_14
五代•大毗盧經 98_1212_2

五代•大毗盧經 80_965_13
五代•大毗盧經 80_965_18
五代•大毗盧經 80_975_17
五代•大毗盧經 80_977_19
五代•大毗盧經 80_979_6
五代•大毗盧經 85_1042_11
五代•大毗盧經 85_1044_1
五代•大毗盧經 87_1062_18

五代•大毗盧經 51_623_11
五代•大毗盧經 58_710_11
五代•大毗盧經 63_792_20
五代•大毗盧經 66_824_21
五代•大毗盧經 66_829_50
五代•大毗盧經 73_899_18
五代•大毗盧經 77_935_2
五代•大毗盧經 77_935_3

五代•大毗盧經 15_194_16
五代•大毗盧經 17_217_7
五代•大毗盧經 18_234_27
五代•大毗盧經 23_299_29
五代•大毗盧經 28_362_7
五代•大毗盧經 46_566_11
五代•大毗盧經 50_619_1
五代•大毗盧經 51_622_1

五代•密教部類 6_80_21
五代•密教部類 6_82_16
五代•大毗盧經 3_25_5
五代•大毗盧經 4_47_8
五代•大毗盧經 6_70_8
五代•大毗盧經 10_117_6
五代•大毗盧經 10_124_6
五代•大毗盧經 13_156_1

初唐・毛詩傳 7_76_11

初唐・毛詩傳 8_80_21

初唐•禮記正義 3_47_14

初唐•禮記正義 5_79_6

初唐•禮記正義 22_333_8

初唐•禮記正義 22_333_29

初唐•禮記正義 22_334_21

初唐•禮記正義 22_336_6

初唐•禮記正義 22_337_17

初唐•禮記正義 22_340_20

初唐•禮記正義 23_346_16

初唐•禮記正義 27_409_24

初唐•禮記正義 28_440_12

初唐•禮記正義 29_458_2

初唐•禮記正義 30_467_8

初唐•禮記正義 30_469_24

初唐•禮記正義 30_471_8

初唐•禮記正義 30_471_18

初唐•禮記正義 30_471_21

初唐•禮記正義 30_472_5

初唐•禮記正義 30_472_21

初唐•禮記正義 30_475_19

初唐•禮記正義 30_474_11

中唐・翰苑 3_29_2

杜崇 中唐・翰苑 6_65_19

中唐・翰苑 21_279_1

中唐・翰苑 21_282_17

中唐・翰苑 22_283_10

中唐・翰苑 32_409_37

中唐・翰苑 34_443_9

中唐・翰苑 35_453_45

宣示漢德 中唐・翰苑 40_514_22

晚唐•摩訶止觀 1_6_16

晚唐•摩訶止觀 3_26_16

晚唐•摩訶止觀 15_135_12

五代•密教部類 4_53_4

五代•大毗盧經 39_468_18

## 宜

現 ギ

訓 よろしい

初唐•古文尚書 2_9_7

初唐•古文尚書 2_9_11

初唐•古文尚書 10_83_19

初唐•古文尚書 26_253_27

初唐•古文尚書 29_281_34

初唐•古文尚書 40_381_21

初唐•古文尚書 45_433_19

初唐•古文尚書 46_447_27

初唐•古文尚書 47_455_8

初唐•禮記正義 1_4_11

初唐•禮記正義 2_26_14

初唐•禮記正義 3_34_6

初唐•禮記正義 6_96_5

初唐•禮記正義 8_126_13

初唐•禮記正義 14_213_25

初唐•禮記正義 15_233_15

## 官 宛

| 官 | 宛 | | | | | |
|---|---|---|---|---|---|---|
| 現カン<br>訓つかさ | エン<br>訓かがむ | | | | | |

**官**

- 初唐•古文尚書 9_72_20
- 初唐•古文尚書 15_142_20
- 初唐•古文尚書 17_161_13
- 初唐•古文尚書 17_165_23
- 初唐•古文尚書 17_165_31
- 初唐•古文尚書 19_178_9
- 初唐•古文尚書 19_185_6

**宛**

- 中唐・翰苑 9_108_3
- 中唐・翰苑 44_558_40
- 晚唐•摩訶止観 49_416_17
- 晚唐•摩訶止観 51_435_14

**(column 3)**

- 中唐・翰苑 43_550_43
- 晚唐•摩訶止観 24_208_21
- 晚唐•摩訶止観 26_221_20
- 晚唐•摩訶止観 26_224_14
- 五代•大毗盧經 2_16_6
- 五代•大毗盧經 42_510_24

**(column 4)**

- 中唐・翰苑 15_200_23
- 中唐・翰苑 17_215_20
- 中唐・翰苑 17_218_2
- 中唐・翰苑 19_242_20
- 中唐・翰苑 19_246_3
- 中唐・翰苑 25_324_26
- 中唐・翰苑 35_449_5
- 中唐・翰苑 41_524_9

**(column 5)**

- 初唐•禮記正義 28_433_13
- 初唐•禮記正義 28_439_8
- 初唐•禮記正義 28_440_14
- 中唐・翰苑 2_21_20
- 中唐・翰苑 4_44_10
- 中唐・翰苑 10_131_23
- 中唐・翰苑 12_146_12
- 中唐・翰苑 15_190_26

**(column 6)**

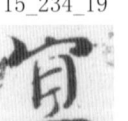

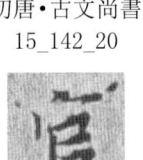

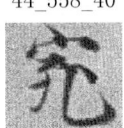

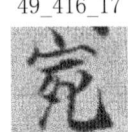

- 初唐•禮記正義 20_302_26
- 初唐•禮記正義 20_310_9
- 初唐•禮記正義 21_312_4
- 初唐•禮記正義 21_313_10
- 初唐•禮記正義 23_348_19
- 初唐•禮記正義 26_390_3
- 初唐•禮記正義 26_408_13
- 初唐•禮記正義 27_421_11

**(column 7)**

- 初唐•禮記正義 15_234_19
- 初唐•禮記正義 16_248_8
- 初唐•禮記正義 17_255_24
- 初唐•禮記正義 18_274_14
- 初唐•禮記正義 19_287_8
- 初唐•禮記正義 19_287_14
- 初唐•禮記正義 19_287_22
- 初唐•禮記正義 19_295_17

初唐•古文尚書 20_193_11

初唐•古文尚書 20_193_13

初唐•古文尚書 20_193_23

初唐•古文尚書 20_194_11

初唐•古文尚書 23_219_28

初唐•古文尚書 23_222_19

初唐•古文尚書 37_356_11

初唐•古文尚書 37_357_9

初唐•古文尚書 39_370_15

初唐•古文尚書 39_371_23

初唐•古文尚書 39_373_3

初唐•古文尚書 39_373_14

初唐•古文尚書 41_397_10

初唐•古文尚書 42_406_22

初唐•古文尚書 45_434_15

初唐•古文尚書 45_437_3

初唐•古文尚書 45_437_19

初唐•古文尚書 48_464_3

初唐•古文尚書 48_464_19

初唐•禮記正義 6_89_8

初唐•禮記正義 7_103_17

初唐•禮記正義 18_273_22

中唐•翰苑 2_14_29

中唐•翰苑 3_32_22

中唐•翰苑 7_82_30

中唐•翰苑 7_86_21

中唐•翰苑 17_216_34

中唐•翰苑 18_229_24

中唐•翰苑 18_230_24

中唐•翰苑 20_269_27

中唐•翰苑 20_269_38

中唐•翰苑 21_272_43

中唐•翰苑 21_273_7

中唐•翰苑 21_277_27

中唐•翰苑 22_290_8

中唐•翰苑 22_290_10

中唐•翰苑 23_303_3

中唐•翰苑 26_344_19

中唐•翰苑 27_358_44

中唐•翰苑 28_361_21

中唐•翰苑 28_362_3

中唐•翰苑 28_362_28

中唐•翰苑 28_362_33

中唐•翰苑 28_362_37

中唐•翰苑 31_404_21

中唐•翰苑 31_405_35

中唐•翰苑 31_406_14

中唐•翰苑 32_410_3

中唐•翰苑 32_411_19

中唐・翰苑
32_416_31

中唐・翰苑
32_417_8

中唐・翰苑
42_541_27

五代・大毗盧經
18_233_23

五代・大毗盧經
83_1015_3

## 宣

現セン
訓あきらか

初唐・古文尚書
12_109_5

初唐・禮記正義
6_96_13

中唐・翰苑
2_16_5

中唐・翰苑
6_65_10

中唐・翰苑
23_300_32

中唐・翰苑
23_303_9

中唐・翰苑
27_358_13

晚唐・摩訶止觀
1_4_6

晚唐・摩訶止觀
13_116_25

晚唐・摩訶止觀
14_126_18

晚唐・摩訶止觀
18_157_3

五代・大毗盧經
24_305_19

## 客

漢カク 呉キャク
訓まろうど

初唐・禮記正義
3_35_1

初唐・禮記正義
13_206_3

初唐・禮記正義
14_221_1

初唐・禮記正義
15_231_25

初唐・禮記正義
15_232_2

初唐・禮記正義
15_235_15

初唐・禮記正義
26_398_3

初唐・十誦律
10_176_14

初唐・十誦律
10_177_10

初唐・十誦律
10_181_11

初唐・十誦律
10_183_5

初唐・十誦律
11_200_4

初唐・十誦律
11_205_11

初唐・十誦律
13_245_12

初唐・十誦律
13_247_17

初唐・十誦律
13_250_16

初唐・十誦律
13_253_2

初唐・十誦律
14_255_2

初唐・十誦律
14_255_17

初唐・十誦律
14_258_5

初唐・十誦律
14_259_4

初唐・十誦律
14_260_13

初唐・十誦律
14_262_17

初唐・十誦律
14_263_13

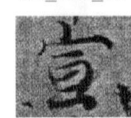

賞賜
中唐・翰苑
14_175_1

中唐・翰苑
21_275_36

中唐・翰苑
22_286_17

慕容晃
中唐・翰苑
22_287_12

慕容恪
中唐・翰苑
22_288_2

慕容晃
中唐・翰苑
22_295_21

可容千人
中唐・翰苑
23_306_23

曽不容刀
中唐・翰苑
24_319_14

中唐・翰苑
28_362_20

晩唐・摩訶止観
41_352_27

## 室

漢現シツ
訓むろ

初唐・古文尚書
29_279_12

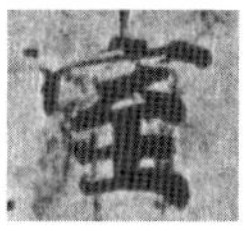
初唐・古文尚書
31_288_16

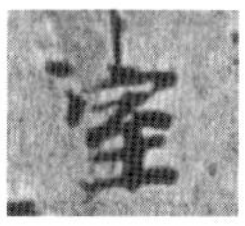
初唐・古文尚書
31_289_15

初唐・毛詩傳
4_35_15

初唐・毛詩傳
4_36_2

初唐・毛詩傳
6_66_8

初唐・禮記正義
13_196_29

初唐・禮記正義
15_224_21

初唐・禮記正義
15_225_22

初唐・禮記正義
15_225_28

初唐・禮記正義
15_226_14

初唐・禮記正義
22_336_23

中唐・翰苑
2_10_16

中唐・翰苑
17_216_5

中唐・翰苑
18_235_4

中唐・翰苑
18_236_14

中唐・翰苑
19_245_15

中唐・翰苑
19_250_35

中唐・翰苑
22_296_36

中唐・翰苑
23_306_21

中唐・翰苑
23_306_26

中唐・翰苑
33_430_39

中唐・翰苑
43_548_14

中唐・翰苑
43_555_38

晩唐・摩訶止観
3_25_14

晩唐・摩訶止観
12_104_9

晩唐・摩訶止観
56_477_1

晩唐・摩訶止観
56_477_12

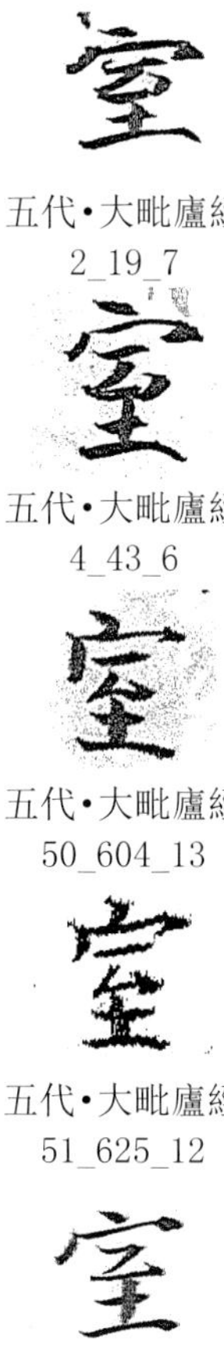
五代・大毗盧經
2_19_7

五代・大毗盧經
4_43_6

五代・大毗盧經
50_604_13

五代・大毗盧經
51_625_12

五代・大毗盧經
90_1104_11

## 害

吳ガイ
訓そこなう

初唐・古文尚書
9_72_25

初唐・古文尚書
9_77_24

初唐・古文尚書
9_78_6

初唐・古文尚書
9_78_33

初唐・古文尚書
10_88_32

初唐・古文尚書
11_102_37

初唐・古文尚書
12_111_10

初唐・古文尚書
12_112_8

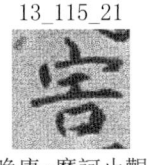

初唐・古文尚書 13_120_9
初唐・古文尚書 13_122_20
初唐・古文尚書 16_147_15
初唐・古文尚書 19_177_14
初唐・古文尚書 26_252_13
初唐・古文尚書 26_254_26
初唐・古文尚書 47_460_20
初唐・禮記正義 14_222_23

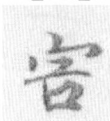

初唐・禮記正義 30_469_7
中唐・翰苑 4_45_23
中唐・翰苑 9_111_3
中唐・翰苑 11_137_32
中唐・翰苑 14_181_16
中唐・翰苑 32_413_19
中唐・翰苑 37_474_35
中唐・翰苑 42_536_18

晚唐・摩訶止觀 3_21_8
晚唐・摩訶止觀 13_115_21
晚唐・摩訶止觀 15_132_3
晚唐・摩訶止觀 32_275_22
晚唐・摩訶止觀 50_425_24
晚唐・摩訶止觀 56_470_27
五代・大毗盧經 4_46_6
五代・大毗盧經 15_197_24

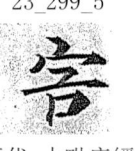

五代・大毗盧經 18_229_5
五代・大毗盧經 23_299_5
五代・大毗盧經 33_404_3
五代・大毗盧經 48_584_15
五代・大毗盧經 64_807_10
五代・大毗盧經 65_820_20

## 家

漢カ 呉ケ
訓いえ

初唐・古文尚書 12_103_6
初唐・古文尚書 15_137_18
初唐・古文尚書 15_138_10
初唐・古文尚書 15_138_15
初唐・古文尚書 16_148_13
初唐・古文尚書 16_148_26
初唐・古文尚書 19_185_8

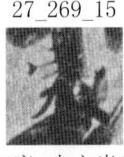

初唐・古文尚書 27_269_1
初唐・古文尚書 27_269_15
初唐・古文尚書 29_282_15
初唐・古文尚書 31_287_27
初唐・古文尚書 31_288_4
初唐・古文尚書 32_305_12
初唐・古文尚書 32_305_34

初唐・古文尚書 34_321_25
初唐・古文尚書 35_329_11
初唐・古文尚書 35_330_15
初唐・古文尚書 48_468_36
初唐・古文尚書 48_469_17
初唐・古文尚書 48_470_12
初唐・毛詩傳 3_25_9

初唐・毛詩傳
4_35_17

初唐•禮記正義
1_13_12

初唐•禮記正義
2_22_6

初唐•禮記正義
2_22_15

初唐•禮記正義
2_23_1

初唐•禮記正義
15_224_12

初唐•禮記正義
25_389_25

初唐•禮記正義
26_394_18

初唐•禮記正義
26_394_23

初唐•禮記正義
30_464_24

初唐•禮記正義
30_468_6

中唐・翰苑
2_10_18

中唐・翰苑
4_38_1

中唐・翰苑
4_39_16

中唐・翰苑
7_91_30

中唐・翰苑
8_95_37

中唐・翰苑
11_144_32

中唐・翰苑
12_145_12

中唐・翰苑
14_181_26

中唐・翰苑
15_199_1

中唐・翰苑
15_200_37

中唐・翰苑
16_201_17

中唐・翰苑
16_206_33

中唐・翰苑
17_217_38

中唐・翰苑
18_230_43

中唐・翰苑
18_235_7

中唐・翰苑
20_268_7

中唐・翰苑
24_314_16

中唐・翰苑
24_321_26

中唐・翰苑
26_340_33

中唐・翰苑
26_340_39

中唐・翰苑
27_354_1

中唐・翰苑
27_354_6

中唐・翰苑
28_365_22

中唐・翰苑
28_369_12

中唐・翰苑
30_385_15

中唐・翰苑
33_428_16

中唐・翰苑
33_430_42

中唐・翰苑
37_475_18

中唐・翰苑
41_520_29

中唐・翰苑
43_547_40

中唐・翰苑
44_556_12

晚唐•摩訶止觀
4_34_26

晚唐•摩訶止觀
60_509_20

五代•密教部類
1_4_6

五代•密教部類
1_5_15

五代•密教部類
2_10_2

五代•大毗盧經
68_856_29

五代•大毗盧經
68_857_16

## 宮

慣グウ 漢キュウ
呉ク
訓みや

初唐•古文尚書
46_446_10

初唐•古文尚書
46_446_23

初唐•古文尚書
46_449_11

初唐•禮記正義
2_22_28

初唐•禮記正義
2_23_7

初唐•禮記正義
2_23_14

初唐•禮記正義
2_24_6

初唐•禮記正義
2_24_20

中唐 • 翰苑
17_216_4

中唐 • 翰苑
21_271_9

中唐 • 翰苑
22_293_31

中唐 • 翰苑
22_296_35

中唐 • 翰苑
28_361_41

中唐 • 翰苑
32_415_47

中唐 • 翰苑
43_555_37

晚唐•摩訶止觀
9_81_23

五代•大毗盧經
7_77_19

五代•大毗盧經
13_167_13

五代•大毗盧經
14_170_6

五代•大毗盧經
85_1035_20

五代•大毗盧經
94_1149_5

## 宴

現エン
訓くつろぐ

中唐 • 翰苑
14_178_14

## 容

漢現ヨウ
訓いれる

初唐•古文尚書
28_275_33

初唐•禮記正義
15_236_4

初唐•禮記正義
15_236_27

初唐•禮記正義
20_300_28

初唐•禮記正義
20_303_17

賞賜
中唐 • 翰苑
14_185_25

中唐 • 翰苑
18_237_2

中唐 • 翰苑
21_276_13

中唐 • 翰苑
43_549_10

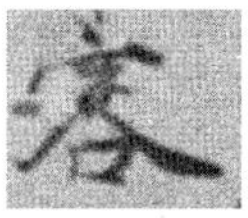
晚唐•摩訶止觀
52_443_25

五代•大毗盧經
14_178_20

## 宰

現サイ
訓ほふる

初唐•古文尚書
19_185_9

初唐•禮記正義
25_376_11

中唐 • 翰苑
28_362_36

## 宿

漢 現 シュク 呉 スク
訓 やどる

初唐・古文尚書
19_186_19

初唐・毛詩傳
6_64_13

初唐・十誦律
3_45_14

初唐・十誦律
3_48_9

初唐・十誦律
3_52_15

初唐・十誦律
4_56_14

初唐・十誦律
4_59_12

初唐・十誦律
4_60_17

五代・大毗盧經
24_305_29

五代・大毗盧經
35_415_20

五代・大毗盧經
38_449_1

五代・大毗盧經
45_551_15

五代・大毗盧經
72_884_9

五代・大毗盧經
85_1035_16

五代・大毗盧經
93_1138_40

晚唐・摩訶止觀
44_382_25

晚唐・摩訶止觀
55_463_7

晚唐・摩訶止觀
58_490_17

晚唐・摩訶止觀
59_500_26

五代・大毗盧經
8_96_9

五代・大毗盧經
14_178_1

五代・大毗盧經
21_268_11

晚唐・摩訶止觀
16_142_17

晚唐・摩訶止觀
16_142_23

晚唐・摩訶止觀
26_226_15

晚唐・摩訶止觀
30_261_1

晚唐・摩訶止觀
30_261_23

晚唐・摩訶止觀
35_307_26

晚唐・摩訶止觀
36_309_14

## 寂

漢 セキ 呉 ジャク
訓 さびしい

晚唐・摩訶止觀
6_54_18

晚唐・摩訶止觀
6_54_22

晚唐・摩訶止觀
8_67_18

晚唐・摩訶止觀
8_68_3

晚唐・摩訶止觀
13_116_18

晚唐・摩訶止觀
16_136_12

晚唐・摩訶止觀
16_141_24

## 寄

キ
訓 よる

中唐・翰苑
7_85_4

中唐・翰苑
15_200_20

## 寇

漢 コウ
訓 あだする

初唐・古文尚書
39_378_11

初唐・古文尚書
40_383_35

初唐・古文尚書
40_384_17

中唐・翰苑
2_19_4

中唐・翰苑
14_180_30

中唐・翰苑
28_362_15

# 密

慣ミツ 漢ビツ
訓しげし

初唐・十誦律 4_62_7
初唐・十誦律 5_76_4
初唐・十誦律 5_77_8
初唐・十誦律 5_84_2
初唐・十誦律 5_85_5
初唐・十誦律 5_86_15
初唐・十誦律 5_88_6
初唐・十誦律 19_359_15

中唐・翰苑 12_155_17
中唐・翰苑 36_465_7
中唐・翰苑 37_470_22
中唐・翰苑 41_520_31
晚唐・摩訶止觀 18_159_10
五代・大毗盧經 6_72_28
五代・大毗盧經 88_1076_4

五代・大毗盧經 88_1077_19
五代・大毗盧經 94_1150_3
五代・大毗盧經 85_1046_6

初唐・古文尚書 31_288_13
初唐・古文尚書 31_289_12
中唐・翰苑 4_40_32
中唐・翰苑 21_272_46
中唐・翰苑 24_321_27
中唐・般若經 1_1_6
晚唐・摩訶止觀 18_159_15
晚唐・摩訶止觀 28_239_2

晚唐・摩訶止觀 36_313_9
晚唐・摩訶止觀 36_313_24
晚唐・摩訶止觀 56_470_16
五代・密教部類 1_1_7
五代・密教部類 5_63_6
五代・密教部類 5_71_9
五代・密教部類 5_72_6
五代・密教部類 6_74_6

五代・大毗盧經 3_23_13
五代・大毗盧經 6_72_13
五代・大毗盧經 7_76_6
五代・大毗盧經 11_129_4
五代・大毗盧經 11_131_5
五代・大毗盧經 11_132_9
五代・大毗盧經 11_137_7
五代・大毗盧經 17_222_6

五代・大毗盧經 19_244_4
五代・大毗盧經 21_266_6
五代・大毗盧經 23_290_13
五代・大毗盧經 26_327_32
五代・大毗盧經 26_327_48
五代・大毗盧經 39_452_13
五代・大毗盧經 39_453_19
五代・大毗盧經 39_462_4

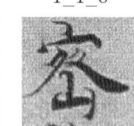

## 寐 寒 富

**寐**

漢ビ
訓ねる

中唐・翰苑
32_417_19

**寒**

漢カン
訓さむい

初唐•古文尚書
36_339_32

初唐•古文尚書
36_340_9

中唐・翰苑
9_108_24

中唐・翰苑
10_128_43

中唐・翰苑
30_384_43

我曹之塞
中唐・翰苑
39_497_14

中唐・翰苑
40_511_11

中唐・翰苑
41_519_2

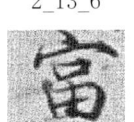

**富**

慣フウ 呉フ
訓とむ

初唐•古文尚書
33_311_30

初唐•古文尚書
33_312_18

初唐•古文尚書
42_410_10

初唐•古文尚書
42_410_29

中唐・翰苑
12_148_14

中唐・翰苑
39_502_1

晚唐•摩訶止觀
2_13_6

晚唐•摩訶止觀
48_408_5

五代•大毗盧經
96_1180_33

五代•大毗盧經
96_1181_26

五代•大毗盧經
96_1182_4

五代•大毗盧經
96_1183_17

五代•大毗盧經
97_1184_17

五代•大毗盧經
85_1046_7

五代•大毗盧經
87_1062_20

五代•大毗盧經
92_1131_13

五代•大毗盧經
92_1136_14

五代•大毗盧經
96_1176_2

五代•大毗盧經
96_1178_14

五代•大毗盧經
96_1179_9

五代•大毗盧經
96_1180_18

五代•大毗盧經
46_565_1

五代•大毗盧經
54_660_2

五代•大毗盧經
57_706_19

五代•大毗盧經
60_742_7

五代•大毗盧經
63_774_4

五代•大毗盧經
73_895_14

五代•大毗盧經
77_935_17

五代•大毗盧經
85_1044_29

五代•大毗盧經
40_478_20

五代•大毗盧經
40_479_6

五代•大毗盧經
40_479_12

五代•大毗盧經
43_522_2

五代•大毗盧經
43_522_9

五代•大毗盧經
43_522_14

五代•大毗盧經
44_525_4

五代•大毗盧經
45_546_7

## 寔

漢ショク 訓まことに

- 中唐・翰苑 6_73_2
- 中唐・翰苑 6_74_34
- 中唐・翰苑 6_75_27
- 中唐・翰苑 7_80_30
- 中唐・翰苑 36_469_3
- 中唐・翰苑 38_485_26

## 寡

カ 訓やもめ

- 初唐・古文尚書 34_324_4
- 初唐・古文尚書 41_398_11
- 初唐・古文尚書 41_399_11
- 初唐・古文尚書 41_399_28
- 中唐・翰苑 12_145_33
- 中唐・翰苑 30_389_21

## 寬

カン 訓ひろい

- 初唐・古文尚書 33_315_22

## 寢

現シン 訓ねる

- 初唐・禮記正義 14_221_11
- 中唐・翰苑 11_135_30
- 中唐・翰苑 44_561_2

## 實

慣ジツ 漢シツ 訓み

- 初唐・古文尚書 8_67_31
- 初唐・古文尚書 8_69_4
- 初唐・古文尚書 17_164_17
- 初唐・古文尚書 28_275_22
- 初唐・古文尚書 32_303_20
- 初唐・古文尚書 32_306_9
- 初唐・古文尚書 33_307_17
- 初唐・古文尚書 38_360_12
- 初唐・古文尚書 38_361_11
- 初唐・古文尚書 38_367_7
- 初唐・古文尚書 39_372_9
- 初唐・古文尚書 45_443_1
- 初唐・古文尚書 45_443_28
- 初唐・古文尚書 46_444_10
- 初唐・古文尚書 46_445_15
- 初唐・古文尚書 46_446_20
- 初唐・古文尚書 46_448_3
- 初唐・古文尚書 48_468_26
- 初唐・毛詩傳 5_52_4
- 初唐・毛詩傳 5_52_23
- 初唐・毛詩傳 5_53_1

初唐・毛詩傳 5_56_15

初唐・禮記正義 4_54_13

初唐・禮記正義 4_63_8

初唐・禮記正義 4_64_4

初唐・禮記正義 20_303_11

初唐・禮記正義 27_411_15

初唐・禮記正義 27_412_17

初唐・十誦律 2_19_16

初唐・十誦律 3_50_5

初唐・十誦律 3_50_10

初唐・十誦律 4_68_14

初唐・十誦律 4_69_2

初唐・十誦律 5_78_9

初唐・十誦律 5_79_4

初唐・十誦律 5_79_11

初唐・十誦律 5_80_4

初唐・十誦律 5_81_4

初唐・十誦律 9_164_3

初唐・十誦律 9_164_8

初唐・般若經 8_110_3

初唐・般若經 21_321_8

中唐・翰苑 12_146_22

中唐・般若經 5_70_2

中唐・般若經 5_72_12

中唐・般若經 5_75_5

中唐・般若經 0_77_10

晚唐•摩訶止觀 4_37_8

晚唐•摩訶止觀 5_39_18

晚唐•摩訶止觀 5_42_9

晚唐•摩訶止觀 6_47_15

晚唐•摩訶止觀 6_50_7

晚唐•摩訶止觀 6_50_16

晚唐•摩訶止觀 6_54_7

晚唐•摩訶止觀 7_61_12

晚唐•摩訶止觀 19_163_1

晚唐•摩訶止觀 19_164_1

晚唐•摩訶止觀 19_165_1

晚唐•摩訶止觀 19_166_4

晚唐•摩訶止觀 21_181_14

晚唐•摩訶止觀 25_216_1

晚唐•摩訶止觀 28_238_1

晚唐•摩訶止觀 29_252_17

晚唐•摩訶止觀 30_258_17

晚唐•摩訶止觀 30_260_23

晚唐•摩訶止觀 30_261_19

晚唐•摩訶止觀 32_280_28

晚唐•摩訶止觀 33_283_14

晚唐•摩訶止觀 33_283_28

晚唐•摩訶止觀 34_298_1

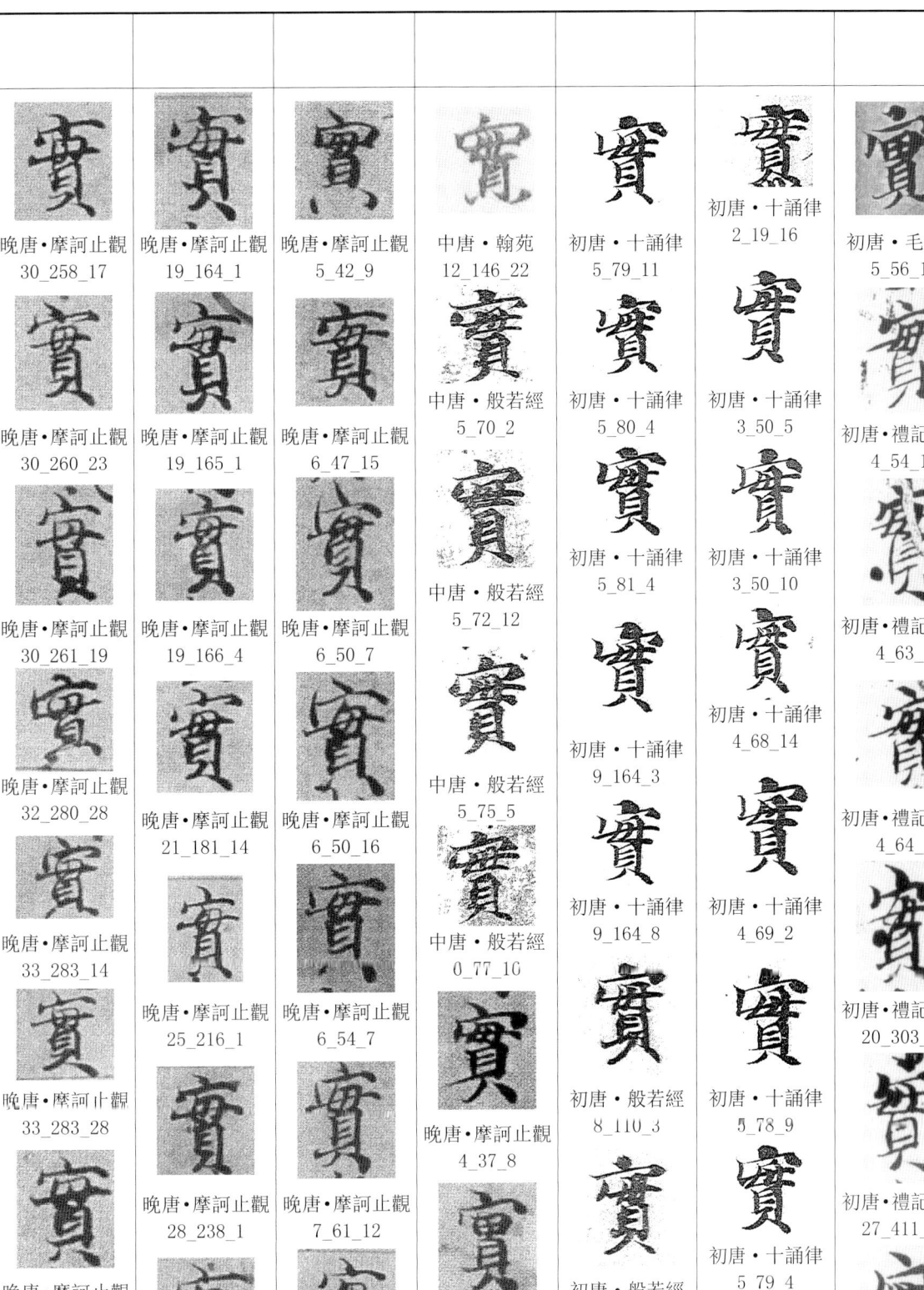

## 寤 𡪢

ゴ
訓さめる

中唐・翰苑 45_578_12

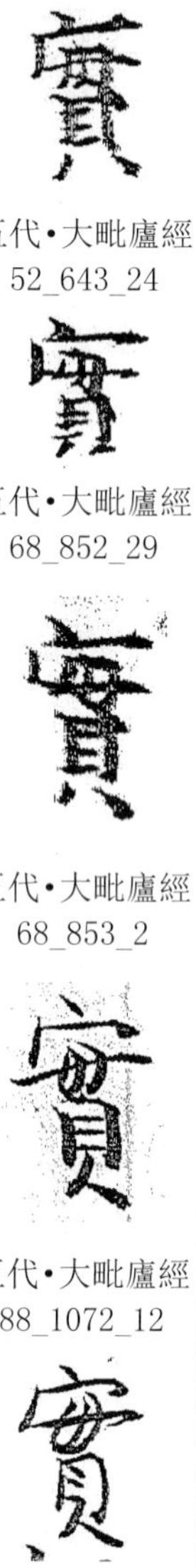

五代•大毗盧經 52_643_24
五代•大毗盧經 68_852_29
五代•大毗盧經 68_853_2
五代•大毗盧經 88_1072_12
五代•大毗盧經 93_1145_37

五代•大毗盧經 13_165_5
五代•大毗盧經 25_319_34
五代•大毗盧經 26_328_33
五代•大毗盧經 29_366_29
五代•大毗盧經 29_368_24
五代•大毗盧經 45_547_15
五代•大毗盧經 47_579_22

五代•密教部類 1_8_11
五代•密教部類 3_32_9
五代•密教部類 3_33_7
五代•密教部類 3_34_7
五代•密教部類 3_34_24
五代•大毗盧經 3_23_6
五代•大毗盧經 11_139_19

晚唐•摩訶止観 52_442_1
晚唐•摩訶止観 52_442_23
晚唐•摩訶止観 54_455_4
晚唐•摩訶止観 54_455_6
晚唐•摩訶止観 54_456_14
晚唐•摩訶止観 56_471_11
晚唐•摩訶止観 58_492_13

晚唐•摩訶止観 42_365_20
晚唐•摩訶止観 48_414_23
晚唐•摩訶止観 51_436_29
晚唐•摩訶止観 51_437_6
晚唐•摩訶止観 51_437_12
晚唐•摩訶止観 52_438_6
晚唐•摩訶止観 52_440_18

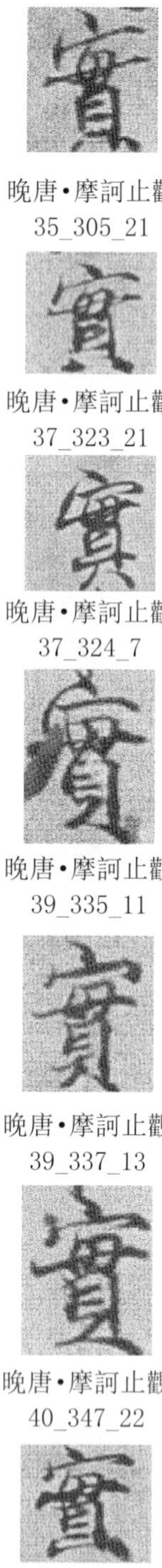

晚唐•摩訶止観 35_305_21
晚唐•摩訶止観 37_323_21
晚唐•摩訶止観 37_324_7
晚唐•摩訶止観 39_335_11
晚唐•摩訶止観 39_337_13
晚唐•摩訶止観 40_347_22
晚唐•摩訶止観 42_358_22

## 察

漢サツ 呉セチ
訓しる

初唐・古文尚書 43_416_2
初唐・古文尚書 43_416_22
初唐・古文尚書 45_439_8
初唐・古文尚書 45_440_17
初唐・古文尚書 45_441_11
初唐・古文尚書 46_452_23
初唐・古文尚書 46_453_2
初唐・古文尚書 47_458_27

初唐・古文尚書 47_459_5
中唐・翰苑 8_100_2
晚唐・摩訶止觀 23_203_18
五代・大毗盧經 2_14_16
五代・大毗盧經 23_290_7
五代・大毗盧經 84_1024_13
五代・大毗盧經 84_1025_26
五代・大毗盧經 88_1077_8

## 寧

慣ネイ 呉ニョウ
訓やすんじる

初唐・古文尚書 31_290_6
初唐・古文尚書 36_341_6
初唐・古文尚書 44_429_7
初唐・古文尚書 44_430_15
中唐・翰苑 15_193_24
中唐・翰苑 17_222_6
中唐・翰苑 23_302_17
中唐・翰苑 23_302_28

晚唐・摩訶止觀 3_23_22
晚唐・摩訶止觀 10_86_11
晚唐・摩訶止觀 13_111_13
晚唐・摩訶止觀 29_250_1
晚唐・摩訶止觀 59_496_3
五代・大毗盧經 43_511_1
五代・大毗盧經 51_630_29

五代・大毗盧經 52_637_11
五代・大毗盧經 88_1077_21
五代・大毗盧經 92_1124_18
五代・大毗盧經 97_1191_8

## 寮

リョウ
訓つかさ

初唐・十誦律 19_370_9

## 審

現シン
訓つまびらか

初唐・古文尚書 18_169_23
初唐・古文尚書 18_170_6
初唐・古文尚書 39_372_31
初唐・古文尚書 45_438_18
初唐・古文尚書 45_440_1
初唐・古文尚書 46_452_27
初唐・古文尚書 46_453_14

初唐•古文尚書
47_461_25

初唐•古文尚書
48_467_7

初唐•禮記正義
4_57_23

初唐•禮記正義
29_455_23

初唐•禮記正義
29_456_12

五代•大毗盧經
97_1187_10

## 寫

シャ
訓うつす

初唐・十誦律
19_367_7

五代•密教部類
2_23_6

五代•密教部類
2_23_13

五代•大毗盧經
53_653_4

五代•大毗盧經
72_888_2

五代•大毗盧經
79_955_17

## 龍

漢チョウ
訓めぐみ

初唐•古文尚書
21_197_11

初唐•古文尚書
21_197_15

初唐•古文尚書
33_308_20

初唐•古文尚書
33_309_11

中唐・翰苑
42_541_30

## 寶

漢ホウ呉ホウ
訓たから

初唐•古文尚書
17_157_24

初唐•古文尚書
17_157_32

初唐•古文尚書
48_469_27

初唐•古文尚書
48_470_13

初唐•禮記正義
21_324_15

中唐・翰苑
11_135_12

中唐・翰苑
12_155_11

中唐・翰苑
18_232_21

中唐・翰苑
22_296_25

染以草實
中唐・翰苑
33_432_28

中唐・翰苑
37_478_9

晚唐•摩訶止觀
3_27_22

晚唐•摩訶止觀
4_38_6

晚唐•摩訶止觀
10_89_15

晚唐•摩訶止觀
16_143_13

晚唐•摩訶止觀
36_314_5

晚唐•摩訶止觀
41_352_18

晚唐•摩訶止觀
47_399_24

晚唐•摩訶止觀
47_401_3

晚唐•摩訶止觀
48_408_9

晚唐•摩訶止觀
48_408_21

晚唐•摩訶止觀
48_409_4

晚唐•摩訶止觀
48_410_8

晚唐•摩訶止觀
51_431_26

晚唐•摩訶止觀
51_432_1

晚唐•摩訶止觀
54_460_25

晚唐•摩訶止觀
55_463_21

晚唐•摩訶止觀
56_471_2

晚唐•摩訶止觀
60_503_26

晚唐•摩訶止觀
60_509_22

晚唐•摩訶止觀
62_521_12

五代•大毗盧經
2_12_14

五代•大毗盧經
4_45_7

五代•大毗盧經
13_164_17

五代•大毗盧經
13_167_6

五代•大毗盧經
14_169_4

五代•大毗盧經
14_170_16

五代•大毗盧經
14_177_16

五代•大毗盧經
16_204_6

五代•大毗盧經
22_278_26

五代•大毗盧經
28_354_19

五代•大毗盧經
35_414_11

五代•大毗盧經
39_458_19

五代•大毗盧經
40_483_1

五代•大毗盧經
41_490_8

五代•大毗盧經
44_532_5

五代•大毗盧經
50_614_16

五代•大毗盧經
50_618_4

五代•大毗盧經
50_618_12

五代•大毗盧經
50_619_6

五代•大毗盧經
50_619_9

五代•大毗盧經
54_662_11

五代•大毗盧經
57_702_17

五代•大毗盧經
57_703_7

五代•大毗盧經
57_705_12

五代•大毗盧經
57_705_16

五代•大毗盧經
57_706_1

五代•大毗盧經
58_707_13

五代•大毗盧經
58_707_20

五代•大毗盧經
58_708_1

五代•大毗盧經
58_708_6

五代•大毗盧經
58_708_9

五代•大毗盧經
58_709_4

五代•大毗盧經
58_709_11

五代•大毗盧經
58_709_14

五代•大毗盧經
58_710_5

五代•大毗盧經
58_714_1

五代•大毗盧經
58_716_6

五代•大毗盧經
58_716_10

五代•大毗盧經
58_716_17

五代•大毗盧經
58_716_20

五代•大毗盧經
58_717_1

五代•大毗盧經
58_717_15

五代•大毗盧經
58_717_24

五代•大毗盧經
58_717_29

五代•大毗盧經
58_717_37

五代•大毗盧經
59_723_1

五代·大毗盧經
59_724_20

五代·大毗盧經
59_725_5

五代·大毗盧經
60_740_11

五代·大毗盧經
64_794_18

五代·大毗盧經
65_820_24

五代·大毗盧經
67_840_16

五代·大毗盧經
71_870_15

五代·大毗盧經
71_871_10

五代·大毗盧經
71_873_11

五代·大毗盧經
71_875_11

五代·大毗盧經
71_878_18

五代·大毗盧經
72_888_20

五代·大毗盧經
73_893_14

五代·大毗盧經
73_898_28

五代·大毗盧經
78_942_31

五代·大毗盧經
85_1041_4

五代·大毗盧經
86_1060_7

五代·大毗盧經
92_1126_11

五代·大毗盧經
93_1144_16

上海出版资金项目
Shanghai Publishing Funds

臧克和◎主編

# 日藏唐代漢字鈔本字形表

第二册

華東師範大學出版社

# 彐部

## 彗

漢ケイ 呉エ
訓ほうき

五代・大毗盧經
92_1131_16

## 彝

イ
訓つね

初唐・古文尚書
39_375_9

初唐・古文尚書
42_409_6

# 尸部

## 尸

シ

訓しかばね

初唐•禮記正義 29_451_23
初唐•禮記正義 29_451_26
初唐•十誦律 7_118_7
中唐•翰苑 3_32_8
中唐•翰苑 5_63_16
中唐•翰苑 22_296_20
中唐•翰苑 26_339_34
中唐•翰苑 39_496_34

中唐•翰苑 40_511_7
中唐•般若經 2_3_4
中唐•般若經 3_20_9
中唐•般若經 3_29_4
中唐•般若經 3_31_4
中唐•般若經 4_57_13
中唐•般若經 5_65_4
中唐•般若經 5_67_4

中唐•般若經 6_83_2
中唐•般若經 6_85_4
中唐•般若經 7_102_14
中唐•般若經 7_110_9
中唐•般若經 7_112_4
中唐•般若經 8_127_4
中唐•般若經 9_134_12
中唐•般若經 9_136_4

中唐•般若經 9_148_6
中唐•般若經 10_154_8
中唐•般若經 10_156_4
中唐•般若經 11_175_8
中唐•般若經 11_183_15
中唐•般若經 11_185_4
中唐•般若經 12_198_14
中唐•般若經 12_205_10

中唐•般若經 12_207_4
中唐•般若經 13_221_13
中唐•般若經 13_228_17
中唐•般若經 15_254_7
中唐•般若經 15_256_4
中唐•般若經 16_275_12
中唐•般若經 16_284_2
中唐•般若經 16_286_4

中唐•般若經 17_295_16
中唐•般若經 17_300_15
中唐•般若經 17_303_4
中唐•般若經 18_313_15
中唐•般若經 18_320_5
中唐•般若經 18_322_4
中唐•般若經 19_332_15
中唐•般若經 19_338_5

## 尹

漢イン
訓おさ

初唐・古文尚書 23_222_8
初唐・古文尚書 23_223_15
初唐・古文尚書 23_224_17
初唐・古文尚書 23_226_19

## 尺

漢セキ呉シャク
訓ものさし

初唐・禮記正義 4_55_15
初唐・禮記正義 4_55_20
初唐・禮記正義 4_56_18
初唐・禮記正義 4_56_26
初唐・禮記正義 4_57_3
初唐・禮記正義 4_57_6
初唐・禮記正義 12_195_14
初唐・禮記正義 17_262_8

初唐・禮記正義 17_262_27
初唐・禮記正義 19_290_12
初唐・禮記正義 19_291_1
初唐・禮記正義 19_291_8
初唐・禮記正義 19_291_15
初唐・禮記正義 19_291_25
初唐・禮記正義 22_335_12
初唐・禮記正義 22_335_21

初唐・禮記正義 22_335_24
初唐・禮記正義 24_367_16
初唐・禮記正義 24_368_11
初唐・禮記正義 29_452_4
中唐・翰苑 4_40_24
中唐・翰苑 7_91_21
中唐・翰苑 18_234_32
中唐・翰苑 23_298_32

中唐・翰苑 26_344_32
中唐・翰苑 29_382_10
中唐・翰苑 29_382_19
中唐・翰苑 30_385_3
中唐・翰苑 30_393_21
中唐・翰苑 33_423_34
中唐・翰苑 34_437_41
中唐・翰苑 43_552_17

## 尼

漢ジ呉ニ
訓あま

初唐・古文尚書 25_240_7
初唐・古文尚書 25_240_10
初唐・十誦律 7_126_5
初唐・十誦律 8_145_1
初唐・十誦律 14_269_15
初唐・十誦律 18_348_6
初唐・十誦律 18_351_9
初唐・十誦律 18_352_9

初唐・十誦律 18_353_1
初唐・十誦律 18_354_3
初唐・般若經 13_183_3
初唐・般若經 13_183_11
初唐・般若經 13_185_1
初唐・般若經 26_399_3
初唐・般若經 26_399_11
初唐・般若經 26_401_3

# 尾

漢 訓 現 ビ お

中唐・翰苑 18_234_29
中唐・翰苑 33_432_38
中唐・翰苑 38_493_33
五代・大毗盧經 8_98_24
五代・大毗盧經 8_99_14
五代・大毗盧經 9_106_9
五代・大毗盧經 9_108_10
五代・大毗盧經 10_120_6

初唐・古文尚書 4_34_25
初唐・古文尚書 35_333_6
初唐・古文尚書 35_333_26
初唐・禮記正義 17_265_13
初唐・禮記正義 17_265_16
初唐・禮記正義 17_266_13
中唐・翰苑 10_130_34
中唐・翰苑 18_234_27

五代・大毗盧經 80_973_5
五代・大毗盧經 80_973_12
五代・大毗盧經 80_977_18
五代・大毗盧經 83_1018_3
五代・大毗盧經 84_1028_18
五代・大毗盧經 90_1101_12
五代・大毗盧經 96_1177_5

五代・大毗盧經 74_908_3
五代・大毗盧經 74_910_17
五代・大毗盧經 74_913_1
五代・大毗盧經 75_919_5
五代・大毗盧經 75_921_1
五代・大毗盧經 75_922_25
五代・大毗盧經 75_925_17
五代・大毗盧經 77_934_4

五代・大毗盧經 42_501_5
五代・大毗盧經 42_502_16
五代・大毗盧經 52_637_3
五代・大毗盧經 54_658_5
五代・大毗盧經 54_661_23
五代・大毗盧經 59_721_16
五代・大毗盧經 59_721_17

五代・密教部類 1_1_19
五代・密教部類 1_4_15
五代・密教部類 3_41_3
五代・大毗盧經 5_52_11
五代・大毗盧經 9_101_16
五代・大毗盧經 12_143_4
五代・大毗盧經 14_171_4
五代・大毗盧經 14_176_20

中唐・翰苑 29_378_7
中唐・般若經 15_249_2
中唐・般若經 15_250_7
中唐・般若經 15_251_14
晚唐・摩訶止觀 3_26_2
晚唐・摩訶止觀 11_94_7
晚唐・摩訶止觀 22_188_20
晚唐・摩訶止觀 51_430_3

五代·大毗盧經 10_120_17
五代·大毗盧經 11_126_19
五代·大毗盧經 13_157_2
五代·大毗盧經 18_232_5
五代·大毗盧經 18_232_20
五代·大毗盧經 18_233_1
五代·大毗盧經 18_235_5
五代·大毗盧經 18_235_8
五代·大毗盧經 20_258_12
五代·大毗盧經 22_275_17
五代·大毗盧經 22_282_3
五代·大毗盧經 23_300_15
五代·大毗盧經 24_302_11
五代·大毗盧經 24_303_1
五代·大毗盧經 25_313_11
五代·大毗盧經 29_365_7
五代·大毗盧經 29_371_7
五代·大毗盧經 30_375_8
五代·大毗盧經 30_379_1
五代·大毗盧經 31_393_1
五代·大毗盧經 42_508_1
五代·大毗盧經 43_514_12
五代·大毗盧經 43_516_16
五代·大毗盧經 44_536_1
五代·大毗盧經 45_543_17
五代·大毗盧經 45_544_1
五代·大毗盧經 47_577_12
五代·大毗盧經 49_593_1
五代·大毗盧經 50_613_18
五代·大毗盧經 51_627_32
五代·大毗盧經 52_635_16
五代·大毗盧經 54_655_13
五代·大毗盧經 54_668_17
五代·大毗盧經 55_675_18
五代·大毗盧經 56_685_12
五代·大毗盧經 58_711_8
五代·大毗盧經 58_712_24
五代·大毗盧經 60_749_1
五代·大毗盧經 61_760_9
五代·大毗盧經 67_834_11
五代·大毗盧經 67_847_9
五代·大毗盧經 68_851_7
五代·大毗盧經 68_852_11
五代·大毗盧經 68_853_25
五代·大毗盧經 68_856_30
五代·大毗盧經 72_887_6
五代·大毗盧經 74_912_20
五代·大毗盧經 75_918_16
五代·大毗盧經 77_930_7
五代·大毗盧經 80_969_13
五代·大毗盧經 82_997_12
五代·大毗盧經 86_1049_11
五代·大毗盧經 87_1067_18
五代·大毗盧經 88_1070_11
五代·大毗盧經 88_1076_25
五代·大毗盧經 91_1111_17

## 居 㞐

漢 キョ 呉 コ
訓 いる

| | | | | | | |
|---|---|---|---|---|---|---|
| 初唐•禮記正義 3_48_3 | 初唐 • 毛詩傳 4_33_7 | 初唐•古文尚書 32_300_22 | 初唐•古文尚書 16_155_33 | 初唐•古文尚書 11_94_20 | 初唐•古文尚書 1_5_17 | 五代•大毗盧經 94_1157_10 |
| 初唐•禮記正義 16_244_12 | 初唐 • 毛詩傳 4_36_3 | 初唐•古文尚書 33_309_10 | 初唐•古文尚書 17_163_7 | 初唐•古文尚書 12_103_18 | 初唐•古文尚書 4_28_15 | 五代•大毗盧經 95_1164_13 |
| 初唐•禮記正義 16_245_15 | 初唐 • 毛詩傳 7_77_4 | 初唐•古文尚書 37_353_24 | 初唐•古文尚書 21_198_15 | 初唐•古文尚書 15_140_7 | 初唐•古文尚書 4_29_6 | 五代•大毗盧經 95_1166_15 |
| 初唐•禮記正義 16_246_26 | 初唐 • 毛詩傳 9_91_8 | 初唐•古文尚書 37_357_31 | 初唐•古文尚書 21_198_22 | 初唐•古文尚書 15_140_15 | 初唐•古文尚書 6_50_32 | 五代•大毗盧經 96_1175_7 |
| 初唐•禮記正義 16_247_10 | 初唐 • 毛詩傳 9_92_6 | 初唐•古文尚書 37_358_25 | 初唐•古文尚書 21_207_18 | 初唐•古文尚書 16_146_17 | 初唐•古文尚書 7_51_2 | 五代•大毗盧經 98_1207_17 |
| 初唐•禮記正義 16_249_13 | 初唐 • 毛詩傳 9_93_4 | 初唐•古文尚書 44_424_17 | 初唐•古文尚書 22_208_5 | 初唐•古文尚書 16_146_30 | 初唐•古文尚書 7_51_6 | |
| 初唐•禮記正義 16_250_18 | 初唐 • 毛詩傳 10_103_18 | 初唐 • 毛詩傳 1_10_12 | 初唐•古文尚書 22_208_22 | 初唐•古文尚書 16_150_6 | 初唐•古文尚書 10_89_6 | |
| 初唐•禮記正義 18_279_9 | 初唐•禮記正義 1_3_20 | 初唐 • 毛詩傳 2_11_26 | 初唐•古文尚書 32_299_11 | 初唐•古文尚書 16_155_7 | 初唐•古文尚書 10_90_5 | |

初唐•禮記正義 19_290_6

初唐•禮記正義 19_290_15

初唐•禮記正義 28_438_12

初唐•禮記正義 28_442_3

初唐•禮記正義 28_443_20

初唐•禮記正義 29_452_17

初唐•禮記正義 29_454_1

中唐・翰苑 2_10_27

中唐・翰苑 2_11_42

中唐・翰苑 2_14_15

中唐・翰苑 2_16_39

中唐・翰苑 2_21_12

中唐・翰苑 4_41_6

中唐・翰苑 5_53_19

中唐・翰苑 5_63_21

中唐・翰苑 7_87_3

中唐・翰苑 7_87_19

中唐・翰苑 8_99_34

中唐・翰苑 10_126_30

中唐・翰苑 11_136_26

中唐・翰苑 12_145_19

中唐・翰苑 12_155_36

中唐・翰苑 13_161_25

中唐・翰苑 13_162_29

中唐・翰苑 13_164_10

中唐・翰苑 13_166_17

中唐・翰苑 13_169_18

中唐・翰苑 14_184_40

中唐・翰苑 17_220_33

中唐・翰苑 17_226_37

中唐・翰苑 18_233_31

中唐・翰苑 18_234_36

中唐・翰苑 19_243_8

中唐・翰苑 19_247_3

中唐・翰苑 20_257_41

中唐・翰苑 20_265_34

中唐・翰苑 21_282_35

中唐・翰苑 25_323_35

中唐・翰苑 25_324_1

中唐・翰苑 27_347_17

中唐・翰苑 28_363_22

中唐・翰苑 28_369_42

君長 中唐・翰苑 30_383_44

中唐・翰苑 30_384_24

中唐・翰苑 30_386_35

中唐・翰苑 30_386_43

君長 中唐・翰苑 30_387_7

中唐・翰苑 30_389_22

中唐・翰苑 31_401_26

君長 中唐・翰苑 34_435_22

中唐・翰苑 35_456_5

中唐・翰苑 36_463_22

中唐・翰苑 37_470_12

中唐・翰苑 37_471_18

中唐・翰苑 37_481_30

中唐・翰苑 38_486_20

屈　届

漢 クツ
訓 まがる

カイ
訓 とどける

五代・大毗盧經
28_353_3

五代・大毗盧經
28_355_6

五代・大毗盧經
40_484_8

五代・大毗盧經
41_487_8

五代・大毗盧經
46_565_10

五代・大毗盧經
50_620_5

五代・大毗盧經
54_665_7

五代・大毗盧經
54_667_10

初唐・禮記正義
25_387_1

中唐・翰苑
4_43_28

中唐・翰苑
40_517_31

五代・大毗盧經
15_195_3

五代・大毗盧經
23_293_6

五代・大毗盧經
27_340_16

五代・大毗盧經
27_346_17

五代・大毗盧經
28_349_7

初唐・禮記正義
15_235_22

初唐・禮記正義
19_288_13

初唐・禮記正義
21_319_15

初唐・禮記正義
24_371_4

初唐・禮記正義
25_373_23

初唐・禮記正義
25_374_11

初唐・禮記正義
25_375_2

初唐・禮記正義
25_375_13

中唐・翰苑
17_227_2

中唐・翰苑
32_418_24

五代・大毗盧經
12_152_9

五代・大毗盧經
22_280_10

五代・大毗盧經
39_463_1

五代・大毗盧經
78_945_9

五代・大毗盧經
92_1130_15

中唐・翰苑
43_548_27

各以身毒爲名
中唐・翰苑
43_551_12

中唐・翰苑
45_576_4

中唐・翰苑
45_576_16

晚唐・摩訶止觀
3_27_1

晚唐・摩訶止觀
30_260_16

晚唐・摩訶止觀
30_261_11

五代・大毗盧經
2_18_21

中唐・翰苑
38_494_7

中唐・翰苑
39_502_10

中唐・翰苑
40_508_37

中唐・翰苑
40_512_31

中唐・翰苑
40_513_7

中唐・翰苑
42_543_14

中唐・翰苑
43_546_16

中唐・翰苑
43_547_9

| 屣 | 屠 | 展 | 屋 | 屍 |
| --- | --- | --- | --- | --- |
| シ<br>訓くつ | 漢ト 漢チョ<br>訓さく | 現テン<br>訓ころがる | 現オク<br>訓や | シ<br>訓しかばね |

**屣**

初唐・十誦律
4_72_14

初唐・十誦律
8_141_2

**屠**

中唐・翰苑
5_60_33

中唐・翰苑
7_84_24

中唐・翰苑
7_85_12

中唐・翰苑
7_85_21

中唐・翰苑
22_293_13

晩唐・摩訶止観
3_23_16

**展**

初唐・禮記正義
11_167_11

初唐・禮記正義
11_167_18

初唐・禮記正義
11_170_7

中唐・翰苑
18_239_8

中唐・翰苑
33_426_6

晩唐・摩訶止観
12_109_25

晩唐・摩訶止観
62_519_21

**屋**

中唐・翰苑
19_245_14

中唐・翰苑
23_308_22

中唐・翰苑
42_540_40

**屍**

中唐・翰苑
12_151_8

中唐・翰苑
29_376_38

五代・大毗盧經
90_1097_20

五代・大毗盧經
90_1098_15

五代・大毗盧經
90_1100_22

五代・大毗盧經
91_1119_19

五代・大毗盧經
94_1149_19

五代・大毗盧經
72_885_21

五代・大毗盧經
73_901_3

五代・大毗盧經
77_934_20

五代・大毗盧經
78_951_23

五代・大毗盧經
79_961_12

五代・大毗盧經
80_979_28

五代・大毗盧經
82_996_21

五代・大毗盧經
85_1044_7

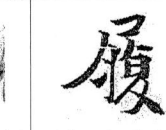

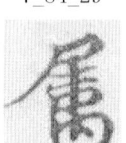

| | | | 屬 | 屩 | | 履 |
|---|---|---|---|---|---|---|
| | | | 呉ゾク漢ショク 訓やから | 漢キャク 訓くつ | | リ 訓はく |
| 中唐・翰苑 6_64_28 | 初唐・禮記正義 7_98_19 | 初唐・古文尚書 46_449_14 | 初唐・古文尚書 2_9_18 | 五代・大毗盧經 37_437_1 | 五代・大毗盧經 49_593_17 | 初唐・禮記正義 10_160_28 |
| 中唐・翰苑 7_84_29 | 初唐・禮記正義 10_153_29 | 初唐・古文尚書 46_450_5 | 初唐・古文尚書 4_29_2 | | 五代・大毗盧經 52_638_13 | 初唐・禮記正義 10_161_3 |
| 中唐・翰苑 7_89_1 | 初唐・禮記正義 10_157_13 | 初唐・古文尚書 46_450_11 | 初唐・古文尚書 12_111_29 | | 五代・大毗盧經 52_639_1 | 初唐・禮記正義 12_193_21 |
| 中唐・翰苑 9_117_9 | 初唐・禮記正義 19_289_3 | 初唐・古文尚書 46_450_17 | 初唐・古文尚書 12_112_14 | | 五代・大毗盧經 52_642_13 | 中唐・翰苑 18_233_29 |
| 中唐・翰苑 10_127_16 | 初唐・禮記正義 25_384_5 | 初唐・古文尚書 46_450_21 | 初唐・古文尚書 38_366_20 | | 五代・大毗盧經 84_1025_28 | 中唐・翰苑 25_325_7 |
| 中唐・翰苑 12_152_1 | 初唐・禮記正義 25_385_8 | 初唐・古文尚書 46_451_2 | 初唐・古文尚書 46_448_26 | | | 中唐・翰苑 25_330_8 |
| 中唐・翰苑 14_182_22 | 初唐・禮記正義 29_452_15 | 初唐・古文尚書 49_476_4 | 初唐・古文尚書 46_449_3 | | | 中唐・翰苑 35_457_25 |
| 中唐・翰苑 17_217_2 | 初唐・禮記正義 29_455_13 | 初唐・古文尚書 49_477_7 | 初唐・古文尚書 46_449_8 | | | 晩唐・摩訶止觀 4_31_23 |

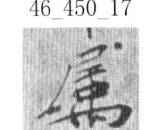

| | | | | | | |
|---|---|---|---|---|---|---|
| | | | | | | |
| | |  五代•大毗盧經 85_1047_6 |  五代•大毗盧經 54_658_20 |  五代•大毗盧經 14_180_17 |  中唐・翰苑 36_458_16 | 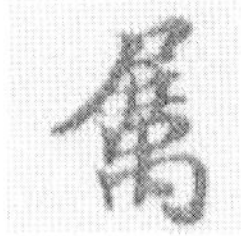 中唐・翰苑 20_260_3 |
| | |  五代•大毗盧經 89_1092_5 |  五代•大毗盧經 57_692_23 |  五代•大毗盧經 14_184_5 |  中唐・翰苑 39_498_18 | 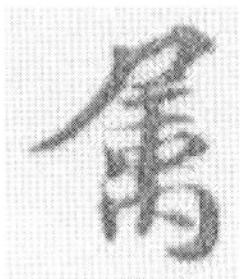 中唐・翰苑 20_261_4 |
| | |  五代•大毗盧經 90_1096_3 |  五代•大毗盧經 57_704_15 |  五代•大毗盧經 19_243_15 |  中唐・翰苑 39_500_39 | 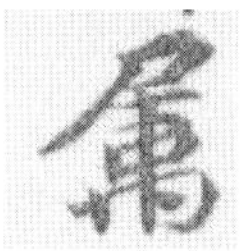 中唐・翰苑 20_261_31 |
| | |  五代•大毗盧經 91_1119_7 |  五代•大毗盧經 63_788_14 |  五代•大毗盧經 22_280_17 |  中唐・翰苑 43_544_17 |  中唐・翰苑 21_274_38 |
| | |  五代•大毗盧經 92_1132_5 |  五代•大毗盧經 67_848_41 |  五代•大毗盧經 39_461_5 |  晚唐•摩訶止觀 21_179_19 |  中唐・翰苑 22_290_1 |
| | |  五代•大毗盧經 96_1177_14 |  五代•大毗盧經 71_878_23 |  五代•大毗盧經 45_549_10 |  五代•大毗盧經 7_78_10 |  中唐・翰苑 22_292_21 |
| | | |  五代•大毗盧經 85_1037_20 |  五代•大毗盧經 46_557_1 |  五代•大毗盧經 7_84_37 |  中唐・翰苑 31_407_27 |
| | | |  五代•大毗盧經 85_1039_10 |  五代•大毗盧經 50_613_5 |  五代•大毗盧經 10_122_28 |  中唐・翰苑 32_411_27 |

# 己部

## 己

漢現キ 呉現コ
訓おのれ

初唐•古文尚書 11_92_24
初唐•古文尚書 11_92_30
初唐•古文尚書 11_95_9
初唐•古文尚書 16_147_26
初唐•古文尚書 23_224_28
初唐•古文尚書 24_231_22
初唐•古文尚書 24_234_5
初唐•古文尚書 24_235_13

初唐•古文尚書 24_239_5
初唐•古文尚書 25_243_24
初唐•古文尚書 35_332_32
初唐•古文尚書 35_333_16
初唐•古文尚書 38_361_33
初唐・毛詩傳 5_48_29
初唐•禮記正義 1_15_15
初唐•禮記正義 2_21_7

初唐•禮記正義 2_27_21
初唐•禮記正義 2_30_22
初唐•禮記正義 3_44_1
初唐•禮記正義 14_215_1
初唐•禮記正義 18_279_25
初唐•禮記正義 25_374_9
初唐•禮記正義 26_405_29
初唐•禮記正義 27_422_4

初唐•禮記正義 28_433_16
初唐•禮記正義 28_440_17
初唐•禮記正義 28_441_9
中唐・翰苑 11_143_12
晩唐•摩訶止観 3_25_2
晩唐•摩訶止観 6_51_11
晩唐•摩訶止観 21_183_1
晩唐•摩訶止観 47_402_12

晩唐•摩訶止観 49_418_7
五代•大毗盧經 42_507_21

## 已

イ
訓すでに

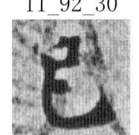

初唐•古文尚書 3_18_21
初唐•古文尚書 3_18_25
初唐•古文尚書 4_30_5
初唐•古文尚書 4_30_25
初唐•古文尚書 6_47_16
初唐•古文尚書 14_128_34
初唐•古文尚書 17_156_19
初唐•古文尚書 19_177_19

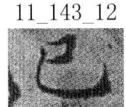

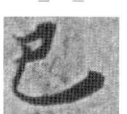

| | | | | | | |
|---|---|---|---|---|---|---|
| 中唐・翰苑 8_104_16 | 初唐・十誦律 4_68_5 | 初唐•禮記正義 30_461_28 | 初唐•禮記正義 17_259_4 | 初唐•禮記正義 6_95_23 | 初唐・毛詩傳 1_10_6 | 初唐•古文尚書 24_238_21 |
| 中唐・翰苑 9_115_1 | 初唐・十誦律 4_70_4 | 初唐•禮記正義 30_470_13 | 初唐•禮記正義 24_363_3 | 初唐•禮記正義 7_102_26 | 初唐・毛詩傳 1_10_13 | 初唐•古文尚書 25_248_1 |
| 中唐・翰苑 9_115_18 | 初唐・十誦律 7_114_4 | 初唐•禮記正義 30_471_25 | 初唐•禮記正義 26_405_16 | 初唐•禮記正義 7_110_7 | 初唐・毛詩傳 2_15_4 | 初唐•古文尚書 31_290_12 |
| 中唐・翰苑 9_117_5 | 初唐・十誦律 7_116_5 | 初唐•禮記正義 30_471_28 | 初唐•禮記正義 27_409_4 | 初唐•禮記正義 8_115_1 | 初唐・毛詩傳 2_18_18 | 初唐•古文尚書 33_315_15 |
| 中唐・翰苑 10_122_38 | 初唐・十誦律 7_118_14 | 初唐•禮記正義 30_472_13 | 初唐•禮記正義 27_423_23 | 初唐•禮記正義 11_167_7 | 初唐・毛詩傳 5_53_34 | 初唐•古文尚書 34_323_31 |
| 中唐・翰苑 26_338_12 | 初唐・十誦律 9_163_12 | 初唐・十誦律 1_12_7 | 初唐•禮記正義 28_433_9 | 初唐•禮記正義 11_167_14 | 初唐・毛詩傳 6_57_2 | 初唐•古文尚書 36_347_34 |
| 中唐・翰苑 29_375_21 | 初唐・十誦律 9_173_10 | 初唐・十誦律 3_49_15 | 初唐•禮記正義 28_433_11 | 初唐•禮記正義 11_171_12 | 初唐・毛詩傳 10_110_5 | 初唐•古文尚書 39_380_16 |
| 中唐・翰苑 33_430_21 | 初唐・十誦律 18_350_9 | 初唐・十誦律 3_51_10 | 初唐•禮記正義 29_459_24 | 初唐•禮記正義 12_186_23 | 初唐•禮記正義 2_30_11 | 初唐•古文尚書 49_475_6 |

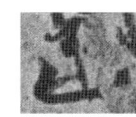

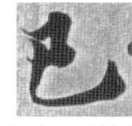

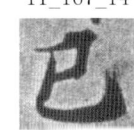

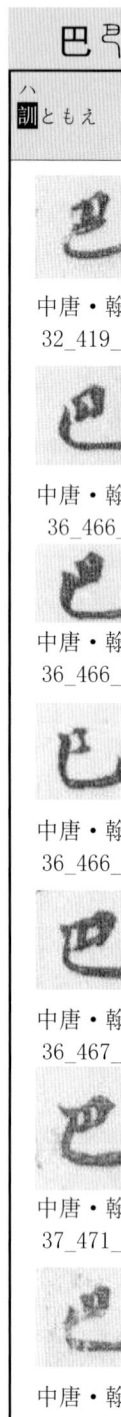

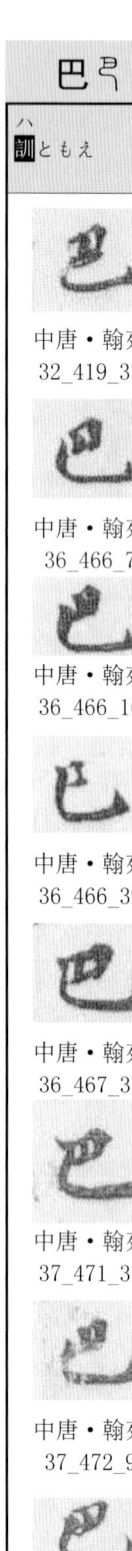

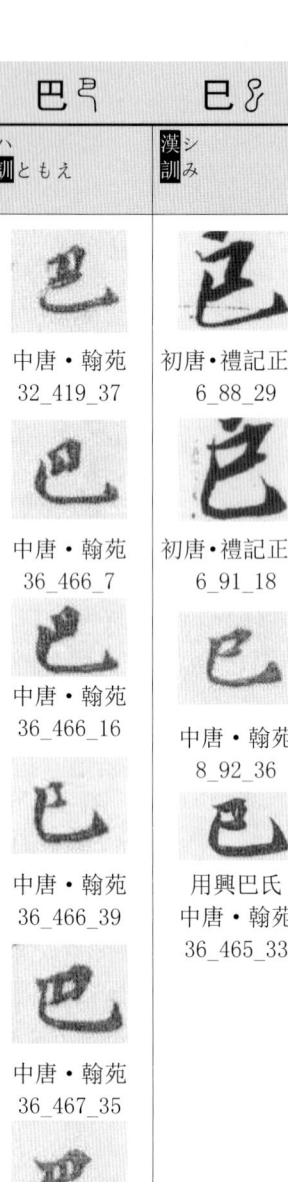

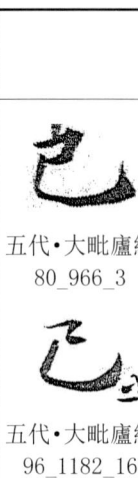

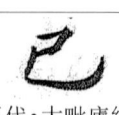

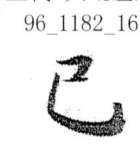

| 巴 | 巳 | | | | | |
|---|---|---|---|---|---|---|
| ハ<br>訓ともえ | 漢シ<br>訓み | | | | | |
| 中唐・翰苑<br>32_419_37 | 初唐•禮記正義<br>6_88_29 | 五代•大毗盧經<br>80_966_3 | 五代•大毗盧經<br>19_244_8 | 晚唐•摩訶止觀<br>57_485_23 | 晚唐•摩訶止觀<br>37_322_6 | 中唐・翰苑<br>41_524_4 |
| 中唐・翰苑<br>36_466_7 | 初唐•禮記正義<br>6_91_18 | 五代•大毗盧經<br>96_1182_16 | 五代•大毗盧經<br>21_269_8 | 晚唐•摩訶止觀<br>57_486_7 | 晚唐•摩訶止觀<br>43_367_17 | 中唐・翰苑<br>42_535_36 |
| 中唐・翰苑<br>36_466_16 | 中唐・翰苑<br>8_92_36 | 五代•大毗盧經<br>98_1200_5 | 五代•大毗盧經<br>31_390_16 | 晚唐•摩訶止觀<br>58_494_5 | 晚唐•摩訶止觀<br>49_417_11 | 晚唐•摩訶止觀<br>12_110_5 |
| 中唐・翰苑<br>36_466_39 | 用興巴氏<br>中唐・翰苑<br>36_465_33 | | 五代•大毗盧經<br>40_482_9 | 晚唐•摩訶止觀<br>60_510_23 | 晚唐•摩訶止觀<br>54_459_20 | 晚唐•摩訶止觀<br>15_133_9 |
| 中唐・翰苑<br>36_467_35 | | | 五代•大毗盧經<br>42_508_5 | 晚唐•摩訶止觀<br>61_513_21 | 晚唐•摩訶止觀<br>56_475_23 | 晚唐•摩訶止觀<br>16_141_4 |
| 中唐・翰苑<br>37_471_35 | | | 五代•大毗盧經<br>43_523_3 | 五代•大毗盧經<br>2_15_21 | 晚唐•摩訶止觀<br>56_475_29 | 晚唐•摩訶止觀<br>22_192_26 |
| 中唐・翰苑<br>37_472_9 | | | 五代•大毗盧經<br>48_587_17 | 五代•大毗盧經<br>11_133_15 | 晚唐•摩訶止觀<br>56_476_8 | 晚唐•摩訶止觀<br>31_271_5 |
| 中唐・翰苑<br>37_474_30 | | | 五代•大毗盧經<br>55_679_20 | 五代•大毗盧經<br>16_201_18 | 晚唐•摩訶止觀<br>57_480_12 | 晚唐•摩訶止觀<br>32_275_26 |

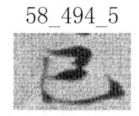

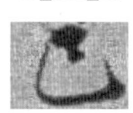

中唐・翰苑
37_475_24

中唐・翰苑
37_477_30

中唐・翰苑
41_529_17

## 巷 

漢 コウ
訓 ちまた

初唐・禮記正義
15_224_16

中唐・翰苑
28_363_19

# 弓部

## 弓 弓

漢現キュウ
訓ゆみ

中唐・翰苑
12_154_29

中唐・翰苑
14_176_5

中唐・翰苑
14_176_11

中唐・翰苑
16_212_27

中唐・翰苑
17_216_24

中唐・翰苑
19_244_32

中唐・翰苑
24_322_32

中唐・翰苑
25_324_8

中唐・翰苑
25_324_12

中唐・翰苑
25_324_35

中唐・翰苑
29_382_7

五代・大毗盧經
68_849_38

五代・大毗盧經
85_1035_18

五代・大毗盧經
92_1133_21

## 引 引

現イン
訓ひく

初唐・禮記正義
3_40_24

初唐・禮記正義
3_42_19

初唐・禮記正義
9_138_28

初唐・禮記正義
10_158_24

初唐・禮記正義
11_174_15

引君上也
初唐・禮記正義
12_185_26

初唐・禮記正義
14_216_26

初唐・禮記正義
15_229_15

初唐・禮記正義
16_250_16

初唐・禮記正義
18_273_7

初唐・禮記正義
28_442_11

初唐・禮記正義
30_464_5

中唐・翰苑
3_25_35

中唐・翰苑
6_69_2

中唐・翰苑
6_73_27

中唐・翰苑
19_251_1

中唐・翰苑
19_255_20

中唐・翰苑
34_441_3

中唐・翰苑
39_496_42

晚唐・摩訶止觀
5_39_5

晚唐・摩訶止觀
10_87_19

晚唐・摩訶止觀
13_111_11

晚唐・摩訶止觀
14_120_10

晚唐・摩訶止觀
24_211_20

五代・密教部類
1_7_2

五代・大毗盧經
3_26_2

五代・大毗盧經
4_42_14

五代・大毗盧經
4_42_17

五代•大毗盧經 4_43_3
五代•大毗盧經 4_44_11
五代•大毗盧經 5_52_2
五代•大毗盧經 5_53_20
五代•大毗盧經 6_61_7
五代•大毗盧經 6_62_6
五代•大毗盧經 6_66_2
五代•大毗盧經 6_66_7
五代•大毗盧經 6_67_16
五代•大毗盧經 8_98_7
五代•大毗盧經 8_100_2
五代•大毗盧經 9_106_8
五代•大毗盧經 9_106_10
五代•大毗盧經 9_106_17
五代•大毗盧經 9_106_20
五代•大毗盧經 9_106_26
五代•大毗盧經 9_106_28
五代•大毗盧經 9_107_18
五代•大毗盧經 9_108_3
五代•大毗盧經 47_578_10
五代•大毗盧經 47_580_15
五代•大毗盧經 48_586_8
五代•大毗盧經 48_586_10
五代•大毗盧經 48_589_8
五代•大毗盧經 48_589_10
五代•大毗盧經 48_589_19
五代•大毗盧經 48_591_13
五代•大毗盧經 48_592_8
五代•大毗盧經 48_592_10
五代•大毗盧經 48_592_16
五代•大毗盧經 49_599_8
五代•大毗盧經 49_599_10
五代•大毗盧經 49_601_9
五代•大毗盧經 49_602_28
五代•大毗盧經 49_603_12
五代•大毗盧經 51_626_8
五代•大毗盧經 51_626_10
五代•大毗盧經 51_629_33
五代•大毗盧經 51_631_8
五代•大毗盧經 51_631_10
五代•大毗盧經 52_633_14
五代•大毗盧經 52_635_8
五代•大毗盧經 94_1158_4
五代•大毗盧經 94_1159_6
五代•大毗盧經 95_1161_8
五代•大毗盧經 95_1162_21
五代•大毗盧經 95_1164_9
五代•大毗盧經 95_1165_2
五代•大毗盧經 95_1166_9

五代・大毗盧經
95_1167_10

五代・大毗盧經
95_1169_9

五代・大毗盧經
95_1170_7

五代・大毗盧經
96_1171_17

五代・大毗盧經
96_1171_19

五代・大毗盧經
96_1175_24

五代・大毗盧經
98_1208_6

## 弗

漢フツ 吳ホツ
訓あらず

初唐・古文尚書
6_48_4

初唐・古文尚書
6_49_19

初唐・古文尚書
6_50_14

初唐・古文尚書
7_51_14

初唐・古文尚書
7_60_19

初唐・古文尚書
8_62_10

初唐・古文尚書
8_63_25

初唐・古文尚書
8_66_4

初唐・古文尚書
8_69_28

初唐・古文尚書
8_70_5

初唐・古文尚書
8_70_9

初唐・古文尚書
9_71_45

初唐・古文尚書
9_77_27

初唐・古文尚書
9_79_4

初唐・古文尚書
9_80_7

初唐・古文尚書
10_84_5

初唐・古文尚書
10_86_7

初唐・古文尚書
11_92_11

初唐・古文尚書
11_95_1

初唐・古文尚書
11_97_25

初唐・古文尚書
11_101_3

初唐・古文尚書
11_102_1

初唐・古文尚書
12_103_2

初唐・古文尚書
12_104_14

初唐・古文尚書
12_108_11

初唐・古文尚書
12_109_4

初唐・古文尚書
12_111_1

初唐・古文尚書
12_111_28

初唐・古文尚書
12_112_2

初唐・古文尚書
12_113_5

初唐・古文尚書
13_121_23

初唐・古文尚書
13_122_21

初唐・古文尚書
14_127_2

初唐・古文尚書
14_130_29

初唐・古文尚書
14_134_2

初唐・古文尚書
14_134_4

初唐・古文尚書
14_134_16

初唐・古文尚書
16_154_21

初唐・古文尚書
17_156_17

初唐・古文尚書
17_163_21

初唐・古文尚書
18_166_6

初唐・古文尚書
18_167_14

初唐・古文尚書
18_167_18

初唐・古文尚書
19_176_1

初唐・古文尚書
19_177_28

初唐・古文尚書
19_181_21

初唐・古文尚書
19_182_17

初唐・古文尚書
20_188_5

初唐•古文尚書 20_192_13

初唐•古文尚書 20_193_24

初唐•古文尚書 21_199_7

初唐•古文尚書 21_201_18

初唐•古文尚書 21_203_17

初唐•古文尚書 21_204_16

初唐•古文尚書 22_213_19

初唐•古文尚書 23_222_26

初唐•古文尚書 23_224_8

初唐•古文尚書 23_226_27

初唐•古文尚書 23_227_5

初唐•古文尚書 24_236_6

初唐•古文尚書 24_237_23

初唐•古文尚書 24_237_26

初唐•古文尚書 25_249_4

初唐•古文尚書 26_250_11

初唐•古文尚書 26_250_15

初唐•古文尚書 26_250_19

初唐•古文尚書 26_252_8

初唐•古文尚書 26_252_19

初唐•古文尚書 26_254_7

初唐•古文尚書 26_257_2

初唐•古文尚書 27_261_30

初唐•古文尚書 27_264_2

初唐•古文尚書 28_276_12

初唐•古文尚書 29_281_3

初唐•古文尚書 31_291_15

初唐•古文尚書 31_294_1

初唐•古文尚書 32_299_33

初唐•古文尚書 32_303_7

初唐•古文尚書 33_312_9

初唐•古文尚書 33_314_11

初唐•古文尚書 33_314_13

初唐•古文尚書 34_319_22

初唐•古文尚書 34_323_11

初唐•古文尚書 35_337_28

初唐•古文尚書 37_352_17

初唐•古文尚書 37_358_3

初唐•古文尚書 37_359_2

初唐•古文尚書 38_361_3

初唐•古文尚書 38_364_23

初唐•古文尚書 38_369_8

初唐•古文尚書 39_373_20

初唐•古文尚書 40_383_34

初唐•古文尚書 40_385_11

初唐•古文尚書 41_394_8

初唐•古文尚書 42_407_13

初唐•古文尚書 43_419_4

初唐•古文尚書 44_423_39

初唐•古文尚書 44_424_8

初唐•古文尚書 45_435_17

初唐•古文尚書 45_436_8

初唐•古文尚書 45_441_23

初唐•古文尚書 46_451_20

初唐•古文尚書 48_467_24

初唐•古文尚書 48_472_11

## 弦

吳ゲン 漢カン
訓つる

中唐・翰苑 3_35_18

中唐・翰苑 14_181_24

晚唐・摩訶止觀 54_460_8

## 弧

漢 現コ
訓きゆみ

中唐・翰苑 19_244_33

中唐・翰苑 29_380_2

晚唐・摩訶止觀 51_434_3

晚唐・摩訶止觀 62_519_13

五代・大毗盧經 90_1107_4

晚唐・摩訶止觀 28_239_22

晚唐・摩訶止觀 43_367_3

晚唐・摩訶止觀 43_368_1

晚唐・摩訶止觀 43_368_15

晚唐・摩訶止觀 43_369_12

晚唐・摩訶止觀 43_370_10

晚唐・摩訶止觀 44_377_8

晚唐・摩訶止觀 44_378_16

## 弘

漢コウ 吳グ
訓ひろし

初唐・古文尚書 33_317_10

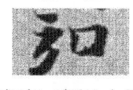

初唐・古文尚書 35_336_9

初唐・禮記正義 17_258_20

初唐・十誦律 19_371_8

中唐・翰苑 22_289_3

中唐・翰苑 22_290_28

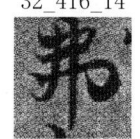

中唐・翰苑 22_290_42

晚唐・摩訶止觀 28_238_14

初唐・禮記正義 10_158_21

初唐・禮記正義 10_161_5

初唐・十誦律 4_64_12

初唐・十誦律 4_68_12

中唐・翰苑 32_416_14

晚唐・摩訶止觀 1_4_5

五代・大毗盧經 71_874_15

初唐・毛詩傳 3_28_7

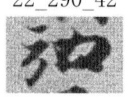

初唐・毛詩傳 3_28_9

初唐・毛詩傳 3_29_1

初唐・毛詩傳 3_29_3

初唐・毛詩傳 3_31_6

初唐・毛詩傳 3_31_8

初唐・毛詩傳 3_31_14

初唐・毛詩傳 3_32_2

## 弩

漢ド
訓いしゆみ

中唐・翰苑 29_382_13
中唐・翰苑 37_475_35
五代・大毗盧經 5_52_16
五代・大毗盧經 9_110_28
五代・大毗盧經 10_119_11
五代・大毗盧經 17_226_18
五代・大毗盧經 18_231_1

五代・大毗盧經 20_255_15
五代・大毗盧經 21_265_1
五代・大毗盧經 31_389_26
五代・大毗盧經 31_392_14
五代・大毗盧經 32_399_1
五代・大毗盧經 32_402_11
五代・大毗盧經 33_407_10

五代・大毗盧經 49_602_14
五代・大毗盧經 52_636_8
五代・大毗盧經 60_748_11
五代・大毗盧經 62_768_14
五代・大毗盧經 85_1036_9
五代・大毗盧經 95_1169_15

## 弭

漢ビ呉ミ
訓ゆはず

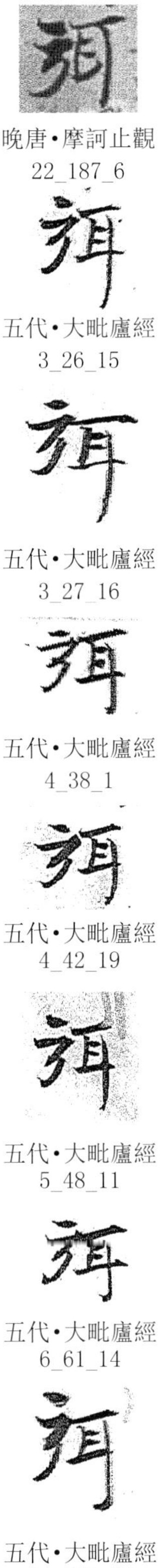

晚唐・摩訶止觀 22_187_6
五代・大毗盧經 3_26_15
五代・大毗盧經 3_27_16
五代・大毗盧經 4_38_1
五代・大毗盧經 4_42_19
五代・大毗盧經 5_48_11
五代・大毗盧經 6_61_14
五代・大毗盧經 21_268_27

五代・大毗盧經 53_649_11
五代・大毗盧經 57_694_21
五代・大毗盧經 84_1029_1
五代・大毗盧經 88_1070_16
五代・大毗盧經 89_1083_15

## 弱

漢ジョク呉ニャク
訓たわむ

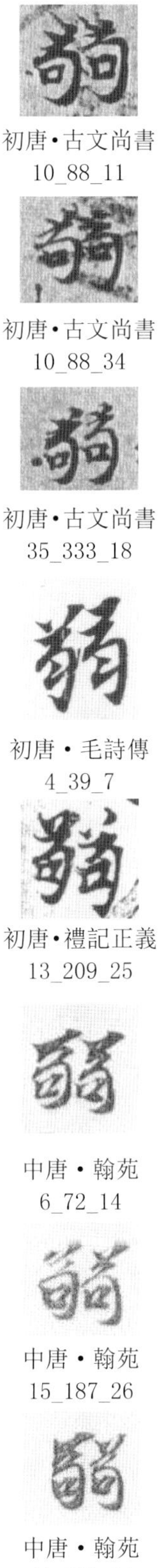

初唐・古文尚書 10_88_11
初唐・古文尚書 10_88_34
初唐・古文尚書 35_333_18
初唐・毛詩傳 4_39_7
初唐・禮記正義 13_209_25
中唐・翰苑 6_72_14
中唐・翰苑 15_187_26
中唐・翰苑 21_279_26

中唐・翰苑 30_385_24
中唐・翰苑 30_386_25
中唐・翰苑 39_495_4
晚唐・摩訶止觀 23_196_5
晚唐・摩訶止觀 38_327_17
五代・大毗盧經 37_437_7
五代・大毗盧經 38_450_18

## 彊

漢キョウ呉ゴウ
訓つよい

初唐•毛詩傳 4_41_32

中唐•翰苑 4_46_15

中唐•翰苑 9_114_37

中唐•翰苑 16_210_1

中唐•翰苑 20_259_20

中唐•翰苑 25_334_16

中唐•翰苑 27_349_6

初唐•古文尚書 32_302_21

## 彈

呉ダン漢タン
訓ひく

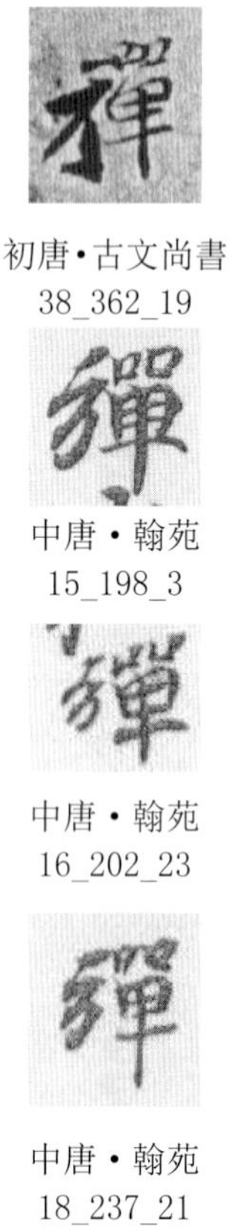

初唐•古文尚書 38_362_19

中唐•翰苑 15_198_3

中唐•翰苑 16_202_23

中唐•翰苑 18_237_21

## 弼

漢ヒツ
訓すけ

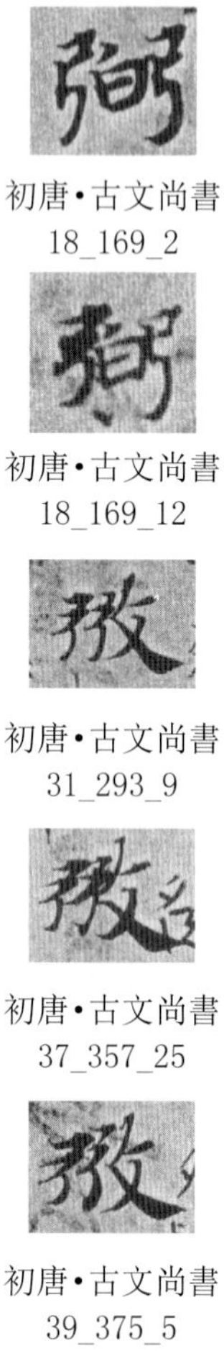

初唐•古文尚書 18_169_2

初唐•古文尚書 18_169_12

初唐•古文尚書 31_293_9

初唐•古文尚書 37_357_25

初唐•古文尚書 39_375_5

## 強

漢キョウ呉ゴウ
訓つよい

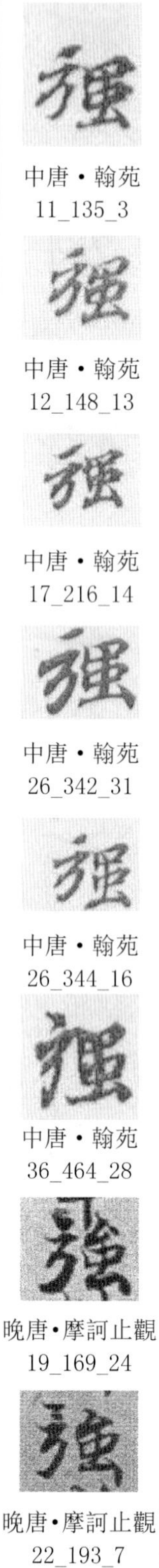

中唐•翰苑 11_135_3

中唐•翰苑 12_148_13

中唐•翰苑 17_216_14

中唐•翰苑 26_342_31

中唐•翰苑 26_344_16

中唐•翰苑 36_464_28

晚唐•摩訶止觀 19_169_24

晚唐•摩訶止觀 22_193_7

初唐•古文尚書 9_71_4

初唐•古文尚書 9_71_31

初唐•毛詩傳 4_39_3

初唐•十誦律 10_185_12

中唐•翰苑 3_35_16

中唐•翰苑 4_45_29

中唐•翰苑 7_82_13

中唐•翰苑 11_133_10

## 張

現チョウ
訓はる

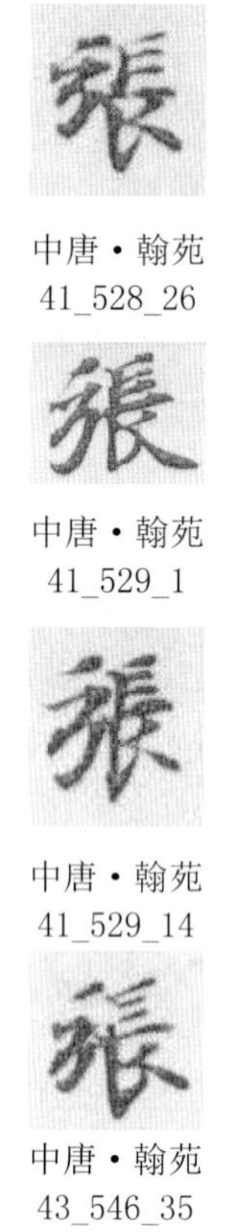

中唐•翰苑 41_528_26

中唐•翰苑 41_529_1

中唐•翰苑 41_529_14

中唐•翰苑 43_546_35

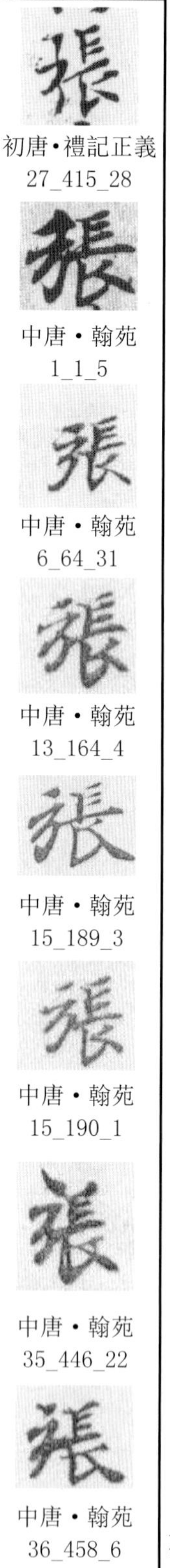

初唐•禮記正義 27_415_28

中唐•翰苑 1_1_5

中唐•翰苑 6_64_31

中唐•翰苑 13_164_4

中唐•翰苑 15_189_3

中唐•翰苑 15_190_1

中唐•翰苑 35_446_22

中唐•翰苑 36_458_6

## 彎 𢍬

ワン
訓 ひく

中唐・翰苑
29_380_1

五代・大毗盧經
41_494_8

五代・大毗盧經
42_509_3

晚唐・摩訶止觀
3_21_4

晚唐・摩訶止觀
44_377_22

晚唐・摩訶止觀
48_409_3

晚唐・摩訶止觀
48_410_7

晚唐・摩訶止觀
55_469_16

五代・大毗盧經
2_5_9

五代・大毗盧經
14_175_7

五代・大毗盧經
40_484_11

中唐・翰苑
32_409_17

中唐・翰苑
32_409_35

中唐・翰苑
32_410_10

中唐・翰苑
32_410_15

中唐・翰苑
32_413_24

中唐・翰苑
32_415_1

中唐・翰苑
32_416_12

晚唐・摩訶止觀
2_11_13

中唐・翰苑
26_338_17

中唐・翰苑
26_338_31

中唐・翰苑
26_338_38

中唐・翰苑
26_339_18

中唐・翰苑
26_339_22

中唐・翰苑
27_351_29

中唐・翰苑
27_352_23

中唐・翰苑
31_407_32

## 彌

漢 ビ 呉 ミ
訓 とめる

初唐・禮記正義
14_213_24

初唐・禮記正義
19_295_28

初唐・禮記正義
21_314_20

初唐・十誦律
7_123_17

初唐・十誦律
18_346_2

号稱天安定王
中唐・翰苑
13_164_15

中唐・翰苑
24_321_34

中唐・翰苑
25_332_23

初唐・古文尚書
49_478_29

# 子部

子

シ唐ス
訓こ

初唐•古文尚書 10_83_16
初唐•古文尚書 10_85_15
初唐•古文尚書 14_129_17
初唐•古文尚書 14_130_13
初唐•古文尚書 17_160_11
初唐•古文尚書 17_165_17
初唐•古文尚書 20_196_9

初唐•古文尚書 21_206_8
初唐•古文尚書 24_229_2
初唐•古文尚書 25_244_14
初唐•古文尚書 25_247_1
初唐•古文尚書 31_296_16
初唐•古文尚書 32_304_3
初唐•古文尚書 34_319_27

初唐•古文尚書 34_320_30
初唐•古文尚書 34_322_19
初唐•古文尚書 34_322_30
初唐•古文尚書 34_327_18
初唐•古文尚書 35_331_4
初唐•古文尚書 35_332_11
初唐•古文尚書 39_371_12

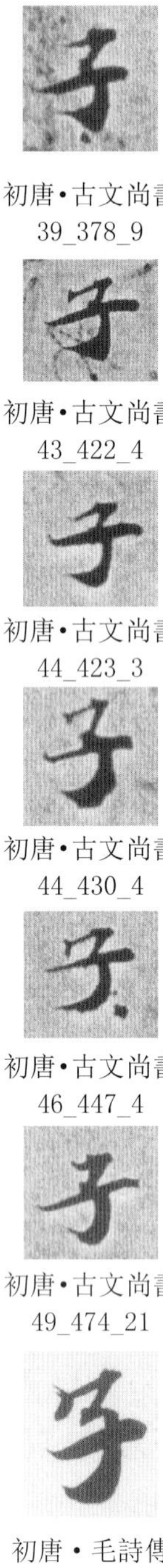

初唐•古文尚書 39_378_9
初唐•古文尚書 43_422_4
初唐•古文尚書 44_423_3
初唐•古文尚書 44_430_4
初唐•古文尚書 46_447_4
初唐•古文尚書 49_474_21
初唐・毛詩傳 3_28_3

初唐・毛詩傳 3_28_11
初唐・毛詩傳 3_31_2
初唐・毛詩傳 3_31_10
初唐・毛詩傳 4_33_15
初唐・毛詩傳 4_34_7
初唐・毛詩傳 4_42_9
初唐・毛詩傳 4_44_4

初唐・毛詩傳 4_44_12
初唐・毛詩傳 5_45_14
初唐・毛詩傳 5_46_10
初唐・毛詩傳 5_50_9
初唐・毛詩傳 5_51_8
初唐・毛詩傳 5_53_23
初唐・毛詩傳 5_54_2

初唐・毛詩傳 5_54_13
初唐・毛詩傳 5_54_15
初唐・毛詩傳 6_57_4
初唐・毛詩傳 6_64_3
初唐・毛詩傳 6_67_5
初唐・毛詩傳 6_67_14
初唐・毛詩傳 6_67_21

初唐・毛詩傳 7_68_7
初唐・毛詩傳 7_70_13
初唐・毛詩傳 7_73_15
初唐・毛詩傳 9_93_24
初唐・毛詩傳 9_94_29
初唐・毛詩傳 9_96_6
初唐・毛詩傳 9_96_22

初唐・毛詩傳 9_100_1
初唐・毛詩傳 9_101_20
初唐・毛詩傳 10_103_16
初唐•禮記正義 2_28_21
初唐•禮記正義 4_55_12
初唐•禮記正義 4_56_24
初唐•禮記正義 5_68_16

初唐•禮記正義 5_72_18
初唐•禮記正義 5_73_1
初唐•禮記正義 5_73_12
初唐•禮記正義 5_77_25
初唐•禮記正義 5_81_24
初唐•禮記正義 6_93_3
初唐•禮記正義 7_107_6

初唐•禮記正義 7_108_19
初唐•禮記正義 9_137_17
初唐•禮記正義 9_139_20
初唐•禮記正義 9_139_27
初唐•禮記正義 10_152_3
初唐•禮記正義 27_415_8
初唐•禮記正義 27_415_13

初唐•禮記正義 27_415_17
初唐•禮記正義 27_415_25
初唐•禮記正義 27_416_5
初唐•禮記正義 27_416_11
初唐•禮記正義 27_416_18
初唐•禮記正義 27_425_12
初唐•禮記正義 27_426_19

初唐•禮記正義 28_427_6
初唐•禮記正義 28_427_15
初唐•禮記正義 28_428_16
初唐•禮記正義 28_429_7
初唐•禮記正義 28_431_19
初唐•禮記正義 28_432_10
初唐•禮記正義 28_435_2

初唐•禮記正義
28_435_15

初唐•禮記正義
28_435_27

初唐•禮記正義
28_436_15

初唐•禮記正義
28_437_2

初唐•禮記正義
28_438_2

初唐•禮記正義
28_442_15

初唐•禮記正義
29_457_2

初唐•禮記正義
30_467_23

初唐•禮記正義
30_468_10

初唐•禮記正義
30_474_12

初唐・十誦律
1_9_2

初唐・十誦律
19_365_8

初唐・十誦律
19_371_3

中唐・翰苑
2_10_9

至于
中唐・翰苑
2_16_32

單于
中唐・翰苑
3_24_15

單于
中唐・翰苑
3_26_34

單于
中唐・翰苑
3_26_36

中唐・翰苑
3_31_32

單于
中唐・翰苑
3_32_41

中唐・翰苑
4_37_3

中唐・翰苑
4_38_3

中唐・翰苑
5_52_32

中唐・翰苑
5_60_35

中唐・翰苑
6_68_5

中唐・翰苑
6_77_3

單于
中唐・翰苑
7_78_33

中唐・翰苑
7_83_17

中唐・翰苑
7_85_18

中唐・翰苑
9_112_32

中唐・翰苑
9_118_2

中唐・翰苑
9_118_38

中唐・翰苑
27_358_11

中唐・翰苑
27_358_14

中唐・翰苑
30_387_4

中唐・翰苑
30_390_22

中唐・翰苑
32_409_13

中唐・翰苑
32_411_15

中唐・翰苑
32_411_45

中唐・翰苑
32_412_18

中唐・般若經
3_31_9

中唐・般若經
5_58_1

中唐・般若經
5_67_9

中唐・般若經
6_85_9

中唐・般若經
7_103_2

中唐・般若經
7_112_9

中唐・般若經
8_127_9

中唐・般若經
9_136_9

中唐・般若經
9_148_11

| | | | | | | |
|---|---|---|---|---|---|---|
| 五代•大毗盧經 11_132_15 | 五代•大毗盧經 2_18_14 | 晚唐•摩訶止觀 40_348_2 | 晚唐•摩訶止觀 24_206_22 | 晚唐•摩訶止觀 2_13_18 | 中唐•般若經 16_275_17 | 中唐•般若經 10_156_9 |
| 五代•大毗盧經 13_167_4 | 五代•大毗盧經 5_50_4 | 晚唐•摩訶止觀 43_374_5 | 晚唐•摩訶止觀 24_207_9 | 晚唐•摩訶止觀 2_20_26 | 中唐•般若經 16_286_9 | 中唐•般若經 11_175_13 |
| 五代•大毗盧經 14_175_27 | 五代•大毗盧經 7_84_27 | 晚唐•摩訶止觀 52_444_8 | 晚唐•摩訶止觀 25_213_2 | 晚唐•摩訶止觀 3_21_1 | 中唐•般若經 17_296_4 | 中唐•般若經 11_185_9 |
| 五代•大毗盧經 15_193_13 | 五代•大毗盧經 9_110_24 | 晚唐•摩訶止觀 54_458_26 | 晚唐•摩訶止觀 27_229_26 | 晚唐•摩訶止觀 3_21_22 | 中唐•般若經 17_303_9 | 中唐•般若經 12_199_2 |
| 五代•大毗盧經 16_203_10 | 五代•大毗盧經 10_122_35 | 晚唐•摩訶止觀 54_460_6 | 晚唐•摩訶止觀 31_269_8 | 晚唐•摩訶止觀 13_118_5 | 中唐•般若經 18_314_3 | 中唐•般若經 12_207_9 |
| 五代•大毗盧經 16_209_19 | 五代•大毗盧經 11_129_17 | 晚唐•摩訶止觀 54_460_11 | 晚唐•摩訶止觀 31_269_28 | 晚唐•摩訶止觀 14_126_1 | 中唐•般若經 18_322_9 | 中唐•般若經 13_222_1 |
| 五代•大毗盧經 18_233_19 | 五代•大毗盧經 11_131_12 | 五代•密教部類 4_44_5 | 晚唐•摩訶止觀 40_346_18 | 晚唐•摩訶止觀 24_206_8 | 中唐•般若經 19_333_3 | 中唐•般若經 15_256_9 |

# 孔

漢 現 コウ 呉 ク
訓 あな

初唐•古文尚書 34_326_10
初唐•古文尚書 37_350_10
初唐•古文尚書 39_377_10
初唐•禮記正義 10_152_28
初唐•禮記正義 11_164_14
初唐•禮記正義 20_303_23
初唐•禮記正義 22_331_17
初唐•禮記正義 23_344_8
初唐•禮記正義 23_344_13

初唐•古文尚書 5_40_3
初唐•古文尚書 11_96_10
初唐•古文尚書 15_139_9
初唐•古文尚書 17_159_11
初唐•古文尚書 19_184_11
初唐•古文尚書 21_205_9
初唐•古文尚書 24_230_10
初唐•古文尚書 25_242_10
初唐•古文尚書 26_258_8

五代•大毗盧經 89_1089_14
五代•大毗盧經 90_1096_9
五代•大毗盧經 92_1132_3
五代•大毗盧經 93_1139_28
五代•大毗盧經 93_1145_3
五代•大毗盧經 94_1154_17
五代•大毗盧經 96_1171_22

五代•大毗盧經 51_627_1
五代•大毗盧經 51_627_26
五代•大毗盧經 65_812_14
五代•大毗盧經 66_825_14
五代•大毗盧經 66_830_15
五代•大毗盧經 67_839_14
五代•大毗盧經 67_843_13

五代•大毗盧經 48_592_13
五代•大毗盧經 49_596_13
五代•大毗盧經 50_606_2
五代•大毗盧經 50_608_20
五代•大毗盧經 50_610_19
五代•大毗盧經 50_618_20
五代•大毗盧經 51_623_10

五代•大毗盧經 42_508_23
五代•大毗盧經 45_546_12
五代•大毗盧經 47_572_15
五代•大毗盧經 47_576_3
五代•大毗盧經 47_578_13
五代•大毗盧經 48_582_17
五代•大毗盧經 48_587_6

五代•大毗盧經 19_250_18
五代•大毗盧經 20_254_21
五代•大毗盧經 22_279_2
五代•大毗盧經 23_288_1
五代•大毗盧經 39_452_18
五代•大毗盧經 39_467_15
五代•大毗盧經 40_479_3

字 存 孕

孔

晚唐•摩訶止觀
3_23_33

五代•大毗盧經
60_740_14

五代•大毗盧經
85_1043_14

初唐•禮記正義
26_408_29

初唐•禮記正義
27_410_8

初唐•禮記正義
28_435_14

初唐•禮記正義
28_436_14

中唐・翰苑
20_265_31

中唐・翰苑
20_269_12

中唐・翰苑
39_501_32

中唐・翰苑
44_562_1

孕

ヨウ
訓はらむ

中唐・翰苑
12_146_34

中唐・翰苑
16_209_10

中唐・翰苑
19_251_12

五代•大毗盧經
40_474_7

五代•大毗盧經
88_1076_26

存

漢ソウ吳ゾウ
訓たもつ

初唐•禮記正義
30_470_1

中唐・翰苑
4_44_31

中唐・翰苑
18_237_11

中唐・翰苑
23_299_3

中唐・翰苑
45_574_13

五代•密教部類
1_7_14

五代•密教部類
1_8_21

五代•大毗盧經
10_122_10

字

吳ジ
訓あざ

初唐•禮記正義
1_2_18

初唐•禮記正義
3_42_8

初唐•禮記正義
10_152_13

初唐•禮記正義
11_169_25

初唐•禮記正義
17_265_9

初唐•禮記正義
26_407_20

初唐•禮記正義
27_409_17

初唐•禮記正義
28_428_24

中唐・翰苑
11_139_36

中唐・翰苑
11_140_9

中唐・翰苑
19_252_43

中唐・翰苑
29_377_25

晚唐•摩訶止觀
3_26_9

晚唐•摩訶止觀
14_123_10

晚唐•摩訶止觀
14_124_9

晚唐•摩訶止觀
39_334_25

晚唐•摩訶止觀
39_337_4

晚唐•摩訶止觀
44_381_25

晚唐•摩訶止觀
44_382_3

晚唐•摩訶止觀
57_486_26

晚唐•摩訶止觀
58_490_25

晚唐•摩訶止觀 58_492_18
晚唐•摩訶止觀 58_493_9
晚唐•摩訶止觀 58_493_16
晚唐•摩訶止觀 59_495_17
晚唐•摩訶止觀 59_495_23
晚唐•摩訶止觀 59_495_25
晚唐•摩訶止觀 61_512_8

五代•密教部類 5_64_2
五代•密教部類 5_66_4
五代•密教部類 5_67_4
五代•密教部類 5_68_4
五代•密教部類 5_69_4
五代•大毗盧經 6_69_13
五代•大毗盧經 8_92_2

五代•大毗盧經 8_94_4
五代•大毗盧經 11_134_3
五代•大毗盧經 11_134_5
五代•大毗盧經 11_134_7
五代•大毗盧經 11_139_5
五代•大毗盧經 12_142_15
五代•大毗盧經 12_143_7

五代•大毗盧經 12_144_7
五代•大毗盧經 12_145_7
五代•大毗盧經 12_146_7
五代•大毗盧經 12_147_7
五代•大毗盧經 12_148_7
五代•大毗盧經 12_150_5
五代•大毗盧經 14_176_7

五代•大毗盧經 14_176_15
五代•大毗盧經 15_193_11
五代•大毗盧經 16_209_2
五代•大毗盧經 19_238_7
五代•大毗盧經 19_239_15
五代•大毗盧經 19_240_15
五代•大毗盧經 22_279_7

五代•大毗盧經 30_376_25
五代•大毗盧經 35_415_7
五代•大毗盧經 35_416_15
五代•大毗盧經 37_434_12
五代•大毗盧經 39_466_17
五代•大毗盧經 39_467_17
五代•大毗盧經 39_469_24

五代•大毗盧經 40_484_2
五代•大毗盧經 43_513_8
五代•大毗盧經 43_521_7
五代•大毗盧經 47_574_7
五代•大毗盧經 47_574_36
五代•大毗盧經 47_575_14
五代•大毗盧經 47_576_12

## 季

現キ
訓おさない

初唐•古文尚書
43_422_1

初唐•古文尚書
44_423_10

初唐•禮記正義
4_53_13

初唐•禮記正義
15_229_20

初唐•禮記正義
30_464_21

中唐・翰苑
14_178_3

中唐・翰苑
28_360_18

## 孚

フ
訓とりこ

初唐•古文尚書
24_238_1

初唐•古文尚書
45_434_28

初唐•古文尚書
45_440_24

初唐•古文尚書
47_462_4

初唐•古文尚書
47_462_7

## 孝

漢コウ呉キョウ
訓—

初唐•古文尚書
14_131_16

初唐・毛詩傳
9_101_11

初唐•禮記正義
6_95_15

初唐•禮記正義
6_96_9

初唐•禮記正義
7_110_19

初唐•禮記正義
7_111_16

初唐•禮記正義
26_397_24

五代•大毗盧經
97_1194_2

五代•大毗盧經
97_1196_12

五代•大毗盧經
84_1019_14

五代•大毗盧經
87_1062_10

五代•大毗盧經
89_1087_11

五代•大毗盧經
93_1138_39

五代•大毗盧經
93_1145_14

五代•大毗盧經
95_1160_10

五代•大毗盧經
97_1188_9

五代•大毗盧經
56_685_17

五代•大毗盧經
63_780_4

五代•大毗盧經
63_780_10

五代•大毗盧經
64_803_25

五代•大毗盧經
73_897_20

五代•大毗盧經
74_909_12

五代•大毗盧經
77_938_16

五代•大毗盧經
47_580_7

五代•大毗盧經
48_586_29

五代•大毗盧經
55_671_4

五代•大毗盧經
55_671_19

五代•大毗盧經
55_675_15

五代•大毗盧經
55_678_15

五代•大毗盧經
55_679_10

## 孟

慣モウ 漢ボウ 呉ニョウ

訓かしら

初唐・禮記正義 9_139_2

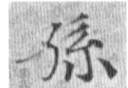

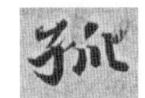

初唐・禮記正義 9_139_17

初唐・禮記正義 30_465_3

## 孤

漢現コ

訓みなしご

初唐・古文尚書 3_24_1

初唐・古文尚書 3_24_20

初唐・古文尚書 10_88_12

初唐・古文尚書 10_88_29

初唐・古文尚書 27_261_6

初唐・禮記正義 1_7_6

猜狐 中唐・翰苑 4_45_7

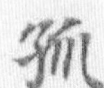

中唐・翰苑 15_187_25

晩唐・摩訶止觀 43_371_10

## 孫

現ソン

訓まご

初唐・古文尚書 10_83_17

初唐・古文尚書 13_122_25

初唐・古文尚書 13_123_13

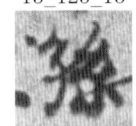

初唐・古文尚書 14_129_18

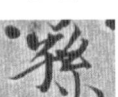

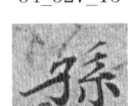

初唐・古文尚書 14_130_14

初唐・古文尚書 22_214_24

初唐・古文尚書 25_249_22

初唐・古文尚書 27_269_3

初唐・古文尚書 31_296_17

初唐・古文尚書 34_322_20

初唐・古文尚書 34_322_31

初唐・古文尚書 34_327_15

初唐・古文尚書 43_422_6

初唐・古文尚書 44_423_4

初唐・古文尚書 48_473_30

初唐・古文尚書 49_474_16

初唐・古文尚書 49_474_22

初唐・毛詩傳 5_51_9

初唐・毛詩傳 5_53_24

初唐・禮記正義 7_110_20

初唐・禮記正義 7_111_17

初唐・禮記正義 15_229_21

初唐・禮記正義 15_229_25

初唐・禮記正義 15_230_8

初唐・禮記正義 15_231_7

初唐・禮記正義 29_453_28

初唐・禮記正義 29_457_3

初唐・禮記正義 30_460_8

初唐・禮記正義 30_463_24

初唐・禮記正義 30_464_13

初唐・禮記正義 30_464_22

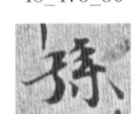

中唐・翰苑 4_37_7

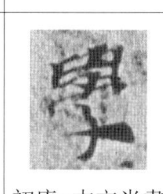

中唐・翰苑
4_37_14

中唐・翰苑
9_106_18

中唐・翰苑
9_118_39

中唐・翰苑
12_150_9

中唐・翰苑
13_165_21

中唐・翰苑
13_169_3

中唐・翰苑
16_203_18

中唐・翰苑
16_207_7

中唐・翰苑
20_256_14

中唐・翰苑
23_299_5

中唐・翰苑
23_299_15

中唐・翰苑
23_302_33

中唐・翰苑
40_518_8

中唐・翰苑
43_545_7

中唐・翰苑
43_545_18

中唐・翰苑
43_548_9

中唐・翰苑
44_556_38

五代•大毗盧經
63_788_9

## 孰

吳 シュク
訓 にる

中唐・翰苑
45_571_15

## 學

吳 ガク
訓 まなぶ

初唐•古文尚書
7_55_14

初唐•古文尚書
7_56_5

初唐•古文尚書
21_206_10

初唐•古文尚書
21_207_12

初唐•古文尚書
22_212_15

初唐•古文尚書
22_213_11

初唐•古文尚書
22_214_23

初唐•古文尚書
22_215_4

初唐•古文尚書
22_216_4

初唐•古文尚書
22_216_13

初唐•古文尚書
22_216_14

初唐•古文尚書
22_216_21

初唐•古文尚書
22_217_3

初唐•古文尚書
22_217_13

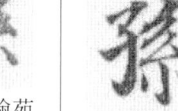

初唐•古文尚書
22_217_21

初唐•古文尚書
23_218_20

初唐•古文尚書
23_219_12

初唐•禮記正義
2_17_19

初唐•禮記正義
2_18_16

中唐・翰苑
21_276_6

中唐・翰苑
35_457_36

孺 

漢 ジュ
訓 ものみご

晚唐·摩訶止觀
1_5_13

晚唐·摩訶止觀
11_93_16

晚唐·摩訶止觀
12_105_22

晚唐·摩訶止觀
62_521_14

五代·密教部類
1_5_2

五代·密教部類
4_53_19

五代·大毗盧經
2_9_9

五代·大毗盧經
11_132_4

五代·大毗盧經
94_1152_15

五代·大毗盧經
97_1191_5

# 女部

## 女

漢ジョ 呉ニョ 慣ニョウ
訓おんな

初唐・毛詩傳
6_63_3

初唐・毛詩傳
6_66_26

初唐・毛詩傳
7_73_5

初唐・毛詩傳
8_82_21

初唐・毛詩傳
8_83_17

初唐・禮記正義
17_254_17

初唐・禮記正義
26_392_22

中唐・翰苑
3_27_34

中唐・翰苑
7_80_11

中唐・翰苑
11_140_33

中唐・翰苑
11_142_4

中唐・翰苑
11_144_10

中唐・翰苑
12_145_18

當合上下文爲姙
中唐・翰苑
15_200_10

中唐・翰苑
17_217_46

中唐・翰苑
18_235_20

中唐・翰苑
19_242_36

中唐・翰苑
20_268_9

中唐・翰苑
22_296_28

中唐・翰苑
30_388_30

中唐・翰苑
30_389_1

中唐・翰苑
30_389_14

中唐・翰苑
31_404_23

中唐・翰苑
31_407_29

中唐・翰苑
32_409_12

中唐・翰苑
32_409_38

中唐・翰苑
32_411_4

中唐・翰苑
32_411_13

中唐・翰苑
32_411_28

中唐・翰苑
32_411_35

中唐・翰苑
32_416_1

中唐・翰苑
32_419_19

中唐・翰苑
33_423_9

中唐・翰苑
33_423_25

中唐・翰苑
33_426_12

中唐・翰苑
33_428_21

中唐・翰苑
33_429_29

中唐・翰苑
33_430_2

中唐・翰苑
33_430_24

中唐・翰苑
33_430_31

中唐・翰苑
33_431_8

中唐・翰苑
33_432_11

中唐・翰苑
34_435_6

中唐・翰苑
35_448_23

中唐・翰苑
36_459_17

中唐・翰苑
36_469_28

中唐・翰苑
37_472_19

中唐・翰苑
38_483_34

中唐・翰苑
38_492_29

中唐・翰苑
43_547_7

中唐・般若經
2_3_11

中唐・般若經
3_20_16

中唐・般若經
3_31_11

# 奴

漢ド 呉ヌ
訓やっこ

中唐・翰苑
1_3_2

中唐・翰苑
2_8_2

中唐・翰苑
2_13_4

中唐・翰苑
2_13_16

中唐・翰苑
2_17_25

中唐・翰苑
2_20_8

中唐・翰苑
2_21_18

中唐・翰苑
3_22_4

五代・大毗盧經
92_1130_5

五代・大毗盧經
85_1036_4

五代・大毗盧經
85_1036_19

五代・大毗盧經
85_1038_20

五代・大毗盧經
89_1091_15

五代・大毗盧經
89_1092_7

五代・大毗盧經
90_1094_20

五代・大毗盧經
90_1096_5

五代・大毗盧經
90_1098_20

五代・大毗盧經
91_1110_4

五代・大毗盧經
52_643_38

五代・大毗盧經
78_942_8

五代・大毗盧經
80_967_15

五代・大毗盧經
80_967_20

五代・大毗盧經
80_972_20

五代・大毗盧經
80_974_5

五代・大毗盧經
80_974_15

五代・大毗盧經
84_1022_14

五代・大毗盧經
85_1034_13

中唐・般若經
17_303_11

中唐・般若經
18_314_5

中唐・般若經
18_322_11

中唐・般若經
19_333_5

五代・大毗盧經
9_106_14

五代・大毗盧經
14_171_15

五代・大毗盧經
46_558_18

五代・大毗盧經
52_639_6

五代・大毗盧經
52_643_33

中唐・般若經
11_175_15

中唐・般若經
11_185_11

中唐・般若經
12_199_4

中唐・般若經
12_207_11

中唐・般若經
13_222_3

中唐・般若經
15_256_11

中唐・般若經
16_276_2

中唐・般若經
16_286_11

中唐・般若經
17_296_6

中唐・般若經
5_58_3

中唐・般若經
5_67_11

中唐・般若經
6_85_11

中唐・般若經
7_103_4

中唐・般若經
7_112_11

中唐・般若經
8_127_11

中唐・般若經
9_136_11

中唐・般若經
9_148_13

中唐・般若經
10_156_11

中唐·翰苑 3_23_16
中唐·翰苑 3_29_16
中唐·翰苑 3_35_12
中唐·翰苑 4_39_11
中唐·翰苑 4_42_34
中唐·翰苑 4_48_34
中唐·翰苑 5_58_17
中唐·翰苑 6_64_8

中唐·翰苑 7_80_20
中唐·翰苑 7_82_11
中唐·翰苑 7_83_12
中唐·翰苑 7_85_9
中唐·翰苑 7_89_17
中唐·翰苑 8_93_23
中唐·翰苑 8_94_36
中唐·翰苑 8_97_6

中唐·翰苑 8_98_18
中唐·翰苑 8_102_5
中唐·翰苑 9_106_23
中唐·翰苑 9_106_40
中唐·翰苑 9_108_17
中唐·翰苑 9_110_13
中唐·翰苑 9_113_22
中唐·翰苑 9_114_15

中唐·翰苑 9_114_17
中唐·翰苑 9_117_3
中唐·翰苑 9_117_16
中唐·翰苑 10_119_7
中唐·翰苑 10_119_18
中唐·翰苑 10_125_15
中唐·翰苑 11_135_15
中唐·翰苑 12_154_24

中唐·翰苑 13_172_17
中唐·翰苑 14_174_22
中唐·翰苑 14_186_25
中唐·翰苑 15_194_14
中唐·翰苑 15_198_28
中唐·翰苑 16_203_22
中唐·翰苑 20_268_8
中唐·翰苑 20_268_11

中唐·翰苑 21_279_13
中唐·翰苑 21_279_17
中唐·翰苑 21_280_21
中唐·翰苑 21_280_25
中唐·翰苑 21_280_41
中唐·翰苑 21_281_13
中唐·翰苑 21_281_28
中唐·翰苑 22_285_37

中唐·翰苑 26_339_15
中唐·翰苑 31_405_42
中唐·翰苑 32_410_20
中唐·翰苑 32_411_11
中唐·翰苑 43_546_11
晚唐·摩訶止觀 2_20_3

# 如

漢 現 ジョ 呉 ニョ
訓 したがう

初唐•古文尚書 6_48_14
初唐•古文尚書 6_49_3
初唐•古文尚書 6_50_2
初唐•古文尚書 8_65_1
初唐•古文尚書 19_182_26
初唐•古文尚書 21_198_25
初唐•古文尚書 23_223_21
初唐•古文尚書 24_239_2
初唐•古文尚書 26_253_4

初唐•古文尚書 27_270_20
初唐•毛詩傳 2_13_17
初唐•毛詩傳 3_27_21
初唐•毛詩傳 6_67_9
初唐•毛詩傳 7_68_18
初唐•毛詩傳 7_70_17
初唐•毛詩傳 7_73_19
初唐•毛詩傳 8_79_15
初唐•毛詩傳 8_81_7

初唐•毛詩傳 8_85_18
初唐•毛詩傳 9_97_7
初唐•毛詩傳 10_103_32
初唐•禮記正義 2_32_21
初唐•禮記正義 4_62_4
初唐•禮記正義 5_80_2
初唐•禮記正義 6_91_2
初唐•禮記正義 7_99_4
初唐•禮記正義 9_130_3

初唐•禮記正義 9_134_19
初唐•禮記正義 9_140_21
初唐•禮記正義 14_218_21
初唐•禮記正義 15_226_6
初唐•禮記正義 16_250_13
初唐•禮記正義 17_256_15
初唐•禮記正義 17_257_22
初唐•禮記正義 18_269_22
初唐•禮記正義 20_300_9

初唐•禮記正義 20_303_10
初唐•禮記正義 20_303_13
初唐•禮記正義 20_304_2
初唐•禮記正義 20_304_4
初唐•禮記正義 20_304_15
初唐•禮記正義 20_308_7
初唐•禮記正義 20_310_12
初唐•禮記正義 23_346_27
初唐•禮記正義 23_350_17

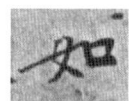

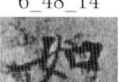

初唐•禮記正義 24_357_4
初唐•禮記正義 27_423_7
初唐•禮記正義 28_439_22
初唐•禮記正義 28_442_22
初唐•禮記正義 29_448_16
初唐•禮記正義 29_454_25
初唐•十誦律 2_13_14
初唐•十誦律 2_20_5
初唐•十誦律 2_20_11

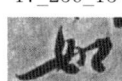

初唐•十誦律 2_31_14
初唐•十誦律 3_37_17
初唐•十誦律 3_42_4
初唐•十誦律 4_53_2
初唐•十誦律 4_56_17
初唐•十誦律 4_62_16
初唐•十誦律 4_71_12
初唐•十誦律 5_73_9
初唐•十誦律 5_78_1

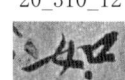

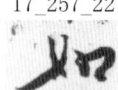

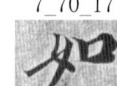

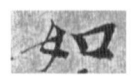

初唐・十誦律 5_87_1

初唐・十誦律 5_88_17

初唐・十誦律 5_89_11

初唐・十誦律 5_89_16

初唐・十誦律 5_92_13

初唐・十誦律 6_95_8

初唐・十誦律 6_99_11

初唐・十誦律 8_137_1

初唐・十誦律 8_143_9

初唐・十誦律 9_157_1

初唐・十誦律 9_165_13

初唐・十誦律 9_166_7

初唐・十誦律 9_171_3

初唐・十誦律 9_172_8

初唐・十誦律 10_178_4

初唐・十誦律 10_178_6

初唐・十誦律 10_179_2

初唐・十誦律 10_179_4

初唐・十誦律 10_179_8

初唐・十誦律 10_179_10

初唐・十誦律 10_180_4

初唐・十誦律 10_180_6

初唐・十誦律 10_182_13

初唐・十誦律 10_183_11

初唐・十誦律 10_184_10

初唐・十誦律 10_184_15

初唐・十誦律 10_187_6

初唐・十誦律 10_187_10

初唐・十誦律 10_190_16

初唐・十誦律 10_193_17

初唐・十誦律 10_194_4

初唐・十誦律 11_196_14

初唐・十誦律 11_200_15

初唐・十誦律 11_202_3

初唐・十誦律 11_202_17

初唐・十誦律 11_206_3

初唐・十誦律 11_207_7

初唐・十誦律 11_208_7

初唐・十誦律 11_209_5

初唐・十誦律 11_209_9

初唐・十誦律 11_209_12

初唐・十誦律 11_213_5

初唐・十誦律 12_215_3

初店・丨誦律 12_215_6

初唐・十誦律 12_223_1

初唐・十誦律 12_226_2

初唐・十誦律 12_229_1

初唐・十誦律 12_229_12

初唐・十誦律 14_267_9

初唐・十誦律 18_349_5

初唐・十誦律 19_361_1

初唐・般若經 8_105_17

初唐・般若經 8_106_4

初唐・般若經 8_107_7

初唐・般若經 21_317_1

初唐・般若經 21_317_5

初唐・般若經 21_318_10

中唐・翰苑 3_23_1

中唐・翰苑 4_41_7

中唐・翰苑 8_95_14

中唐・翰苑 9_113_35

中唐・翰苑 10_119_44

中唐・翰苑 10_122_16

中唐・翰苑
10_130_29
中唐・翰苑
12_146_23
中唐・翰苑
12_152_22
中唐・翰苑
14_181_18
中唐・翰苑
14_181_22
中唐・翰苑
16_210_44
中唐・翰苑
16_211_33
中唐・翰苑
17_215_32
中唐・翰苑
18_234_23

中唐・翰苑
18_235_6
中唐・翰苑
18_240_25
中唐・翰苑
19_251_17
中唐・翰苑
20_256_23
中唐・翰苑
21_281_38
中唐・翰苑
22_285_7
中唐・翰苑
25_326_22
中唐・翰苑
26_339_27
中唐・翰苑
27_353_7

中唐・翰苑
29_382_12
中唐・翰苑
35_455_23
厚加慰納
中唐・翰苑
41_527_26
中唐・翰苑
41_530_13
中唐・翰苑
44_556_10
中唐・般若經
2_11_16
中唐・般若經
3_21_2
中唐・般若經
3_29_6
中唐・般若經
4_49_6

中唐・般若經
4_56_13
中唐・般若經
5_58_6
中唐・般若經
5_65_6
中唐・般若經
5_68_7
中唐・般若經
5_71_1
中唐・般若經
5_73_10
中唐・般若經
5_76_4
中唐・般若經
6_78_17
中唐・般若經
6_80_11

中唐・般若經
6_83_4
中唐・般若經
6_94_3
中唐・般若經
7_101_14
中唐・般若經
7_103_7
中唐・般若經
7_110_11
中唐・般若經
8_118_14
中唐・般若經
8_126_4
中唐・般若經
8_127_14
中唐・般若經
9_134_14

中唐・般若經
9_141_6
中唐・般若經
9_147_7
中唐・般若經
9_148_16
中唐・般若經
10_154_10
中唐・般若經
10_166_2
中唐・般若經
11_174_8
中唐・般若經
11_176_1
中唐・般若經
11_183_17
中唐・般若經
12_191_2

中唐・般若經
12_197_14
中唐・般若經
12_199_7
中唐・般若經
12_205_12
中唐・般若經
13_213_9
中唐・般若經
13_220_13
中唐・般若經
13_222_6
中唐・般若經
15_254_9
中唐・般若經
15_266_6
中唐・般若經
16_274_12

中唐・般若經 16_276_5
中唐・般若經 16_284_4
中唐・般若經 17_290_5
中唐・般若經 17_294_16
中唐・般若經 17_296_9
中唐・般若經 17_300_17
中唐・般若經 18_307_13
中唐・般若經 18_312_15
中唐・般若經 18_314_8

中唐・般若經 18_320_7
中唐・般若經 19_326_13
中唐・般若經 19_331_15
中唐・般若經 19_333_8
中唐・般若經 19_338_7
晚唐•摩訶止觀 3_28_4
晚唐•摩訶止觀 3_28_20
晚唐•摩訶止觀 3_28_23
晚唐•摩訶止觀 3_29_1

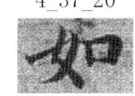

晚唐•摩訶止觀 4_37_20
晚唐•摩訶止觀 4_38_3
晚唐•摩訶止觀 4_38_17
晚唐•摩訶止觀 6_51_24
晚唐•摩訶止觀 7_56_7
晚唐•摩訶止觀 7_57_24
晚唐•摩訶止觀 7_63_1
晚唐•摩訶止觀 8_71_15
晚唐•摩訶止觀 8_72_22

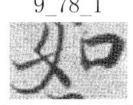

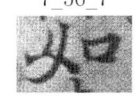

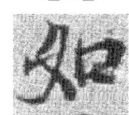

晚唐•摩訶止觀 9_76_6
晚唐•摩訶止觀 9_76_16
晚唐•摩訶止觀 9_78_1
晚唐•摩訶止觀 9_79_21
晚唐•摩訶止觀 9_80_1
晚唐•摩訶止觀 9_82_14
晚唐•摩訶止觀 10_84_6
晚唐•摩訶止觀 10_86_21
晚唐•摩訶止觀 11_95_21

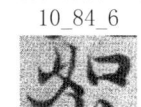

晚唐•摩訶止觀 12_103_20
晚唐•摩訶止觀 12_103_22
晚唐•摩訶止觀 12_106_18
晚唐•摩訶止觀 12_107_12
晚唐•摩訶止觀 12_108_22
晚唐•摩訶止觀 13_111_7
晚唐•摩訶止觀 13_112_22
晚唐•摩訶止觀 14_123_23
晚唐•摩訶止觀 14_125_2

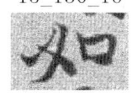

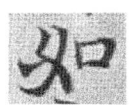

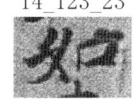

晚唐•摩訶止觀 14_126_21
晚唐•摩訶止觀 15_130_16
晚唐•摩訶止觀 16_137_24
晚唐•摩訶止觀 16_143_9
晚唐•摩訶止觀 17_146_24
晚唐•摩訶止觀 20_178_23
晚唐•摩訶止觀 21_179_20
晚唐•摩訶止觀 21_179_24
晚唐•摩訶止觀 21_180_7

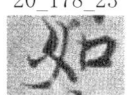

晚唐•摩訶止觀 21_181_25
晚唐•摩訶止觀 21_183_2
晚唐•摩訶止觀 22_189_13
晚唐•摩訶止觀 22_191_12
晚唐•摩訶止觀 22_191_14
晚唐•摩訶止觀 22_193_11
晚唐•摩訶止觀 23_197_1
晚唐•摩訶止觀 23_199_15

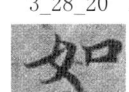

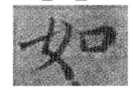

晚唐•摩訶止觀 23_202_5

晚唐•摩訶止觀 23_202_23

晚唐•摩訶止觀 24_204_1

晚唐•摩訶止觀 24_206_7

晚唐•摩訶止觀 25_215_16

晚唐•摩訶止觀 25_216_16

晚唐•摩訶止觀 27_234_7

晚唐•摩訶止觀 28_245_5

晚唐•摩訶止觀 29_253_5

晚唐•摩訶止觀 29_253_13

晚唐•摩訶止觀 29_255_8

晚唐•摩訶止觀 29_255_18

晚唐•摩訶止觀 29_255_27

晚唐•摩訶止觀 29_256_7

晚唐•摩訶止觀 32_275_15

晚唐•摩訶止觀 32_278_19

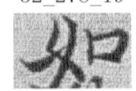

晚唐•摩訶止觀 32_281_20

晚唐•摩訶止觀 33_283_16

晚唐•摩訶止觀 33_288_4

晚唐•摩訶止觀 33_289_20

晚唐•摩訶止觀 34_291_6

晚唐•摩訶止觀 34_291_9

晚唐•摩訶止觀 34_291_12

晚唐•摩訶止觀 34_291_24

晚唐•摩訶止觀 34_291_30

晚唐•摩訶止觀 34_292_12

晚唐•摩訶止觀 34_292_15

晚唐•摩訶止觀 34_292_19

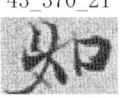

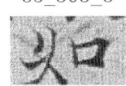

晚唐•摩訶止觀 34_294_7

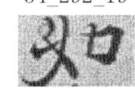

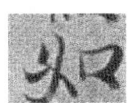

晚唐•摩訶止觀 34_294_17

晚唐•摩訶止觀 34_296_29

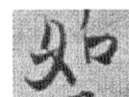

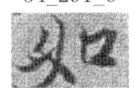

晚唐•摩訶止觀 34_297_1

晚唐•摩訶止觀 34_299_21

晚唐•摩訶止觀 35_301_21

晚唐•摩訶止觀 35_301_24

晚唐•摩訶止觀 35_303_3

晚唐•摩訶止觀 35_303_6

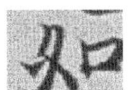

晚唐•摩訶止觀 35_304_12

晚唐•摩訶止觀 35_304_22

晚唐•摩訶止觀 35_304_30

晚唐•摩訶止觀 36_311_23

晚唐•摩訶止觀 36_311_27

晚唐•摩訶止觀 36_313_26

晚唐•摩訶止觀 37_316_23

晚唐•摩訶止觀 37_321_4

晚唐•摩訶止觀 38_329_2

晚唐•摩訶止觀 39_338_6

晚唐•摩訶止觀 40_344_5

晚唐•摩訶止觀 40_346_1

晚唐•摩訶止觀 40_346_16

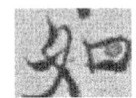

晚唐•摩訶止觀 40_348_20

晚唐•摩訶止觀 41_357_19

晚唐•摩訶止觀 42_361_23

晚唐•摩訶止觀 43_370_21

晚唐•摩訶止觀 43_373_4

晚唐•摩訶止觀 44_376_20

晚唐•摩訶止觀 44_377_14

晚唐•摩訶止觀 45_383_7

晚唐•摩訶止觀 45_383_28

晚唐•摩訶止觀 45_385_16

晚唐•摩訶止觀 45_386_4

晚唐•摩訶止觀 45_387_1

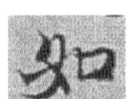

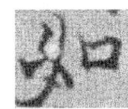

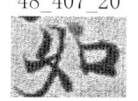

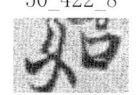

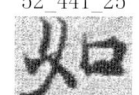

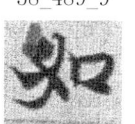

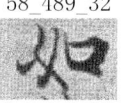

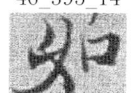

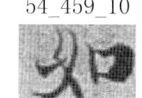

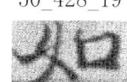

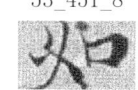

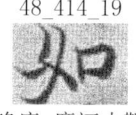

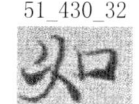

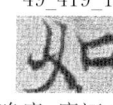

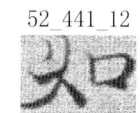

晚唐•摩訶止觀 46_394_7
晚唐•摩訶止觀 46_394_27
晚唐•摩訶止觀 46_395_14
晚唐•摩訶止觀 46_396_11
晚唐•摩訶止觀 46_397_7
晚唐•摩訶止觀 46_398_6
晚唐•摩訶止觀 47_399_16
晚唐•摩訶止觀 47_400_27
晚唐•摩訶止觀 47_405_21
晚唐•摩訶止觀 48_407_20
晚唐•摩訶止觀 48_408_3
晚唐•摩訶止觀 48_410_3
晚唐•摩訶止觀 48_412_12
晚唐•摩訶止觀 48_414_19
晚唐•摩訶止觀 49_415_27
晚唐•摩訶止觀 49_417_19
晚唐•摩訶止觀 49_419_13
晚唐•摩訶止觀 49_421_22
晚唐•摩訶止觀 50_422_8
晚唐•摩訶止觀 50_423_28
晚唐•摩訶止觀 50_424_1
晚唐•摩訶止觀 50_428_19
晚唐•摩訶止觀 51_430_32
晚唐•摩訶止觀 51_431_20
晚唐•摩訶止觀 52_440_20
晚唐•摩訶止觀 52_441_12
晚唐•摩訶止觀 52_441_24
晚唐•摩訶止觀 52_441_25
晚唐•摩訶止觀 53_449_6
晚唐•摩訶止觀 53_450_30
晚唐•摩訶止觀 53_451_8
晚唐•摩訶止觀 53_451_10
晚唐•摩訶止觀 53_451_12
晚唐•摩訶止觀 54_456_5
晚唐•摩訶止觀 54_456_26
晚唐•摩訶止觀 54_457_19
晚唐•摩訶止觀 54_458_6
晚唐•摩訶止觀 54_458_24
晚唐•摩訶止觀 54_459_10
晚唐•摩訶止觀 54_460_4
晚唐•摩訶止觀 54_460_9
晚唐•摩訶止觀 54_460_13
晚唐•摩訶止觀 54_460_17
晚唐•摩訶止觀 54_461_3
晚唐•摩訶止觀 56_470_14
晚唐•摩訶止觀 56_472_27
晚唐•摩訶止觀 56_476_10
晚唐•摩訶止觀 56_476_25
晚唐•摩訶止觀 56_478_3
晚唐•摩訶止觀 56_478_16
晚唐•摩訶止觀 57_481_14
晚唐•摩訶止觀 57_484_8
晚唐•摩訶止觀 58_488_12
晚唐•摩訶止觀 58_488_16
晚唐•摩訶止觀 58_489_9
晚唐•摩訶止觀 58_489_32
晚唐•摩訶止觀 58_491_19
晚唐•摩訶止觀 59_495_10
晚唐•摩訶止觀 59_496_19
晚唐•摩訶止觀 59_496_24
晚唐•摩訶止觀 59_498_12
晚唐•摩訶止觀 59_498_23
晚唐•摩訶止觀 59_499_7

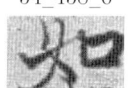

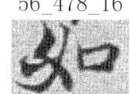

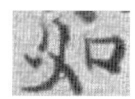

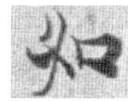

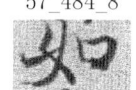

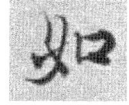

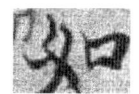

晚唐•摩訶止觀
59_501_1

晚唐•摩訶止觀
59_502_11

晚唐•摩訶止觀
60_504_1

晚唐•摩訶止觀
60_504_18

晚唐•摩訶止觀
60_506_7

晚唐•摩訶止觀
60_509_17

晚唐•摩訶止觀
62_520_25

五代•密教部類
2_18_3

五代•密教部類
3_32_6

五代•密教部類
3_34_21

五代•密教部類
5_64_5

五代•密教部類
5_65_3

五代•密教部類
5_66_7

五代•大毗盧經
2_7_12

五代•大毗盧經
2_8_15

五代•大毗盧經
2_10_15

五代•大毗盧經
4_40_6

五代•大毗盧經
5_55_6

五代•大毗盧經
6_70_16

五代•大毗盧經
6_72_10

五代•大毗盧經
6_73_13

五代•大毗盧經
7_75_8

五代•大毗盧經
7_77_13

五代•大毗盧經
7_79_6

五代•大毗盧經
7_82_1

五代•大毗盧經
7_83_25

五代•大毗盧經
8_92_11

五代•大毗盧經
8_96_20

五代•大毗盧經
8_96_34

五代•大毗盧經
8_98_18

五代•大毗盧經
9_101_13

五代•大毗盧經
9_105_8

五代•大毗盧經
10_124_8

五代•大毗盧經
11_132_11

五代•大毗盧經
11_135_11

五代•大毗盧經
11_135_19

五代•大毗盧經
11_139_12

五代•大毗盧經
11_141_13

五代•大毗盧經
11_141_16

五代•大毗盧經
12_142_4

五代•大毗盧經
12_150_14

五代•大毗盧經
13_155_9

五代•大毗盧經
14_172_19

五代•大毗盧經
14_173_6

五代•大毗盧經
14_178_12

五代•大毗盧經
14_182_3

五代•大毗盧經
15_189_5

五代•大毗盧經
15_195_4

五代•大毗盧經
15_196_28

五代•大毗盧經
15_198_13

五代•大毗盧經
16_201_16

五代•大毗盧經
17_215_11

五代•大毗盧經
17_218_7

五代•大毗盧經
17_218_32

五代•大毗盧經
18_230_23

五代•大毗盧經
19_241_2

五代•大毗盧經
19_244_6

五代•大毗盧經
19_245_12

五代•大毗盧經
19_251_22

五代•大毗盧經
20_255_10

五代•大毗盧經
20_255_27

五代•大毗盧經
20_263_32

五代•大毗盧經 21_271_19
五代•大毗盧經 22_275_13
五代•大毗盧經 22_284_9
五代•大毗盧經 22_286_11
五代•大毗盧經 23_291_12
五代•大毗盧經 23_294_13
五代•大毗盧經 23_297_3
五代•大毗盧經 23_298_30
五代•大毗盧經 24_309_1

五代•大毗盧經 24_310_24
五代•大毗盧經 24_311_1
五代•大毗盧經 25_317_26
五代•大毗盧經 25_317_43
五代•大毗盧經 25_319_31
五代•大毗盧經 25_324_9
五代•大毗盧經 25_324_13
五代•大毗盧經 26_328_32
五代•大毗盧經 26_330_23

五代•大毗盧經 26_332_1
五代•大毗盧經 27_340_1
五代•大毗盧經 27_343_1
五代•大毗盧經 27_346_13
五代•大毗盧經 27_347_17
五代•大毗盧經 28_354_8
五代•大毗盧經 28_354_18
五代•大毗盧經 28_356_1
五代•大毗盧經 28_361_14

五代•大毗盧經 28_361_27
五代•大毗盧經 28_362_1
五代•大毗盧經 28_362_20
五代•大毗盧經 28_362_24
五代•大毗盧經 29_366_1
五代•大毗盧經 29_366_9
五代•大毗盧經 29_369_1
五代•大毗盧經 29_369_11
五代•大毗盧經 29_372_5

五代•大毗盧經 29_373_14
五代•大毗盧經 30_375_6
五代•大毗盧經 30_376_1
五代•大毗盧經 30_380_1
五代•大毗盧經 30_380_15
五代•大毗盧經 30_383_1
五代•大毗盧經 30_384_16
五代•大毗盧經 31_390_18
五代•大毗盧經 31_391_5

五代•大毗盧經 31_394_7
五代•大毗盧經 35_416_8
五代•大毗盧經 39_457_6
五代•大毗盧經 39_459_1
五代•大毗盧經 39_459_7
五代•大毗盧經 39_459_12
五代•大毗盧經 39_459_16
五代•大毗盧經 39_467_9
五代•大毗盧經 40_480_13

五代•大毗盧經 40_481_14
五代•大毗盧經 40_482_10
五代•大毗盧經 41_487_11
五代•大毗盧經 43_522_6
五代•大毗盧經 44_525_6
五代•大毗盧經 44_525_12
五代•大毗盧經 45_548_3
五代•大毗盧經 45_552_14
五代•大毗盧經 46_568_17

## 妄

漢ボウ呉モウ
訓みだり

晚唐•摩訶止觀
44_379_28

晚唐•摩訶止觀
51_432_7

晚唐•摩訶止觀
62_521_9

五代•大毗盧經
83_1008_35

初唐•古文尚書
15_144_13

初唐•古文尚書
38_363_2

初唐・般若經
8_109_4

初唐・般若經
21_320_9

中唐・般若經
5_69_3

中唐・般若經
5_71_13

中唐・般若經
5_74_6

中唐・般若經
5_76_17

五代•大毗盧經
96_1176_23

五代•大毗盧經
96_1177_20

五代•大毗盧經
96_1177_34

五代•大毗盧經
96_1183_4

五代•大毗盧經
97_1186_25

五代•大毗盧經
97_1186_34

五代•大毗盧經
97_1195_7

五代•大毗盧經
98_1203_3

五代•大毗盧經
98_1210_19

五代•大毗盧經
64_799_22

五代•大毗盧經
64_799_24

五代•大毗盧經
64_800_3

五代•大毗盧經
64_804_19

五代•大毗盧經
65_818_5

五代•大毗盧經
65_818_14

五代•大毗盧經
65_819_8

五代•大毗盧經
65_819_23

五代•大毗盧經
96_1176_13

五代•大毗盧經
55_676_16

五代•大毗盧經
57_700_18

五代•大毗盧經
57_700_19

五代•大毗盧經
58_716_9

五代•大毗盧經
59_730_6

五代•大毗盧經
60_742_3

五代•大毗盧經
61_750_20

五代•大毗盧經
63_775_18

五代•大毗盧經
64_796_1

五代•大毗盧經
50_610_17

五代•大毗盧經
50_620_21

五代•大毗盧經
51_624_1

五代•大毗盧經
51_629_18

五代•大毗盧經
51_632_12

五代•大毗盧經
53_645_10

五代•大毗盧經
54_661_20

五代•大毗盧經
55_671_5

五代•大毗盧經
55_671_6

五代•大毗盧經
46_569_8

五代•大毗盧經
46_570_1

五代•大毗盧經
47_573_3

五代•大毗盧經
47_577_13

五代•大毗盧經
47_579_30

五代•大毗盧經
48_583_5

五代•大毗盧經
48_583_6

五代•大毗盧經
48_592_20

五代•大毗盧經
50_608_16

## 好

漢 現 コウ
訓 このむ

- 初唐•古文尚書 2_15_10
- 初唐•古文尚書 16_154_23
- 初唐•古文尚書 27_264_5
- 初唐•古文尚書 32_303_9
- 初唐•古文尚書 32_304_5
- 初唐・毛詩傳 2_12_1
- 初唐・毛詩傳 2_13_6
- 初唐・毛詩傳 2_16_6
- 初唐・毛詩傳 2_20_1

- 初唐・毛詩傳 5_54_26
- 初唐・毛詩傳 9_96_8
- 初唐・毛詩傳 9_97_1
- 初唐•禮記正義 11_164_9
- 初唐•禮記正義 14_223_10
- 初唐•禮記正義 23_344_16
- 初唐•禮記正義 23_344_25
- 初唐•禮記正義 23_345_2
- 初唐•禮記正義 23_345_9

- 初唐・十誦律 1_9_6
- 初唐・十誦律 8_137_3
- 初唐・十誦律 9_157_3
- 初唐・十誦律 10_177_6
- 初唐・十誦律 10_185_1
- 初唐・十誦律 11_203_12
- 初唐・十誦律 13_241_4
- 中唐・翰苑 3_34_27
- 中唐・翰苑 9_108_33

- 中唐・翰苑 17_221_11
- 中唐・翰苑 19_248_7
- 中唐・翰苑 20_264_32
- 中唐・翰苑 22_284_1
- 中唐・翰苑 29_382_37
- 中唐・翰苑 30_383_41
- 中唐・翰苑 33_432_29
- 中唐・翰苑 33_433_17

- 中唐・翰苑 40_512_28
- 中唐・翰苑 40_514_15
- 晩唐•摩訶止観 3_23_18
- 晩唐•摩訶止観 33_287_26
- 晩唐•摩訶止観 33_289_8
- 晩唐•摩訶止観 33_290_23
- 晩唐•摩訶止観 34_291_17
- 晩唐•摩訶止観 34_291_20
- 晩唐•摩訶止観 34_291_23

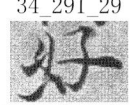

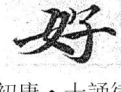

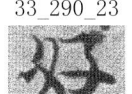

- 晩唐•摩訶止観 34_291_29
- 晩唐•摩訶止観 34_292_10
- 晩唐•摩訶止観 34_293_23
- 晩唐•摩訶止観 34_294_28
- 晩唐•摩訶止観 34_296_17
- 晩唐•摩訶止観 34_297_27
- 晩唐•摩訶止観 34_298_25
- 五代•大毗盧經 24_309_28

## 妃

ヒ
訓 きさき

- 五代•大毗盧經 32_400_18
- 五代•大毗盧經 33_404_6
- 五代•大毗盧經 44_537_5
- 五代•大毗盧經 46_563_12
- 五代•大毗盧經 71_871_5
- 五代•大毗盧經 77_934_10
- 五代•大毗盧經 77_935_16
- 五代•大毗盧經 78_942_4
- 五代•大毗盧經 80_966_6
- 五代•大毗盧經 80_966_15

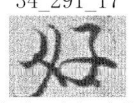

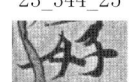

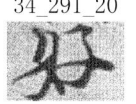

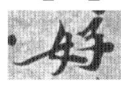

## 妙

吳現ミョウ漢ビョウ
訓わかい

初唐・十誦律
19_371_16

晚唐•摩訶止觀
1_5_20

晚唐•摩訶止觀
7_56_12

晚唐•摩訶止觀
13_112_24

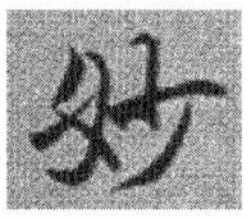
晚唐•摩訶止觀
14_126_19

晚唐•摩訶止觀
16_141_6

晚唐•摩訶止觀
18_158_3

晚唐•摩訶止觀
20_170_19

## 妓 

漢キ吳ギ
訓わざおぎ

五代•大毗盧經
14_172_10

## 妣 

ヒ
訓なきはは

初唐・十誦律
19_366_14

## 妥

慣ダン漢タン
訓やすんじる

初唐•禮記正義
20_298_7

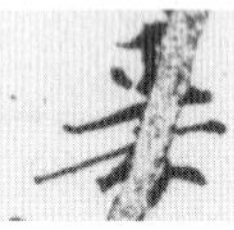
初唐•禮記正義
20_298_10

初唐•禮記正義
20_299_8

初唐•禮記正義
20_299_21

初唐•禮記正義
20_309_1

## 妒 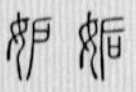

漢ト
訓ねたむ

初唐・十誦律
1_7_3

中唐・翰苑
17_218_1

五代•大毗盧經
56_689_19

五代•大毗盧經
98_1213_6

五代•大毗盧經
92_1136_2

五代•大毗盧經
96_1171_4

五代•大毗盧經
80_972_13

五代•大毗盧經
80_977_3

五代•大毗盧經
85_1037_5

五代•大毗盧經
85_1037_18

五代•大毗盧經
85_1038_5

五代•大毗盧經
85_1038_12

五代•大毗盧經
85_1039_14

五代•大毗盧經
85_1044_28

五代•大毗盧經
89_1082_3

五代•大毗盧經
92_1127_17

# 姊

現 シ
訓 あね

初唐•禮記正義
2_28_19

初唐•禮記正義
2_30_9

五代•大毗盧經
82_1005_10

五代•大毗盧經
78_948_33

五代•大毗盧經
85_1041_9

五代•大毗盧經
87_1063_1

五代•大毗盧經
87_1063_36

五代•大毗盧經
92_1126_8

五代•大毗盧經
93_1137_14

五代•大毗盧經
94_1156_20

五代•大毗盧經
98_1200_18

五代•大毗盧經
52_643_17

五代•大毗盧經
53_647_14

五代•大毗盧經
63_775_3

五代•大毗盧經
63_780_7

五代•大毗盧經
63_787_2

五代•大毗盧經
71_867_6

五代•大毗盧經
78_948_25

五代•大毗盧經
78_948_29

五代•大毗盧經
39_457_3

五代•大毗盧經
39_468_4

五代•大毗盧經
46_564_3

五代•大毗盧經
46_564_13

五代•大毗盧經
49_602_16

五代•大毗盧經
50_610_3

五代•大毗盧經
50_612_1

五代•大毗盧經
50_618_8

五代•大毗盧經
14_177_6

五代•大毗盧經
14_183_3

五代•大毗盧經
19_238_18

五代•大毗盧經
21_266_20

五代•大毗盧經
21_269_11

五代•大毗盧經
22_283_15

五代•大毗盧經
27_346_20

五代•大毗盧經
28_355_13

晚唐•摩訶止觀
61_515_14

五代•大毗盧經
2_16_8

五代•大毗盧經
8_99_27

五代•大毗盧經
13_159_2

五代•大毗盧經
13_164_6

五代•大毗盧經
14_170_10

五代•大毗盧經
14_172_3

五代•大毗盧經
14_172_13

晚唐•摩訶止觀
27_237_10

晚唐•摩訶止觀
34_297_15

晚唐•摩訶止觀
47_403_20

晚唐•摩訶止觀
47_404_19

晚唐•摩訶止觀
54_455_18

晚唐•摩訶止觀
54_455_20

晚唐•摩訶止觀
57_481_7

晚唐•摩訶止觀
60_507_13

## 妖

ヨウ
訓なまめく

中唐・翰苑
31_407_33

## 妨

ホウ 慣ボウ
訓さまたげる

晩唐・摩訶止観
32_275_21

晩唐・摩訶止観
39_336_11

晩唐・摩訶止観
49_416_27

## 妤

ヨ
訓—

初唐・古文尚書
12_105_8

## 妻

漢セイ 呉サイ
訓つま

初唐・毛詩傳
7_73_11

初唐・禮記正義
2_21_27

初唐・禮記正義
2_24_23

初唐・禮記正義
2_26_9

初唐・禮記正義
26_392_19

初唐・禮記正義
26_392_25

初唐・禮記正義
26_393_2

初唐・禮記正義
26_396_3

中唐・翰苑
4_36_22

中唐・翰苑
4_38_7

中唐・翰苑
9_106_16

中唐・翰苑
9_118_1

中唐・翰苑
11_144_30

中唐・翰苑
12_145_4

中唐・翰苑
12_145_11

中唐・翰苑
12_145_29

中唐・翰苑
15_198_33

中唐・翰苑
15_199_11

中唐・翰苑
15_200_34

中唐・翰苑
22_285_34

中唐・翰苑
22_296_23

中唐・翰苑
33_428_18

中唐・翰苑
33_429_26

中唐・翰苑
33_432_20

中唐・翰苑
35_449_19

中唐・翰苑
36_460_4

中唐・翰苑
37_476_23

中唐・翰苑
38_493_14

## 姓

漢現セイ 呉現ショウ
訓かばね

初唐•古文尚書
9_72_6

初唐•古文尚書
15_142_8

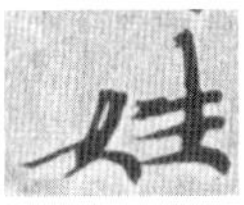
初唐•古文尚書
42_405_25

初唐•古文尚書
43_422_18

初唐•古文尚書
44_423_17

初唐•古文尚書
44_423_20

初唐•古文尚書
44_431_25

初唐•古文尚書
44_432_16

## 妹

呉現マイ
訓いもうと

初唐•禮記正義
2_28_20

初唐•禮記正義
2_30_10

娣是妻之妹
初唐•禮記正義
26_392_27

中唐・翰苑
36_459_23

七姊妹
五代•大毗盧經
82_1005_11

## 姑

漢コ
訓しゅうとめ

初唐•禮記正義
1_8_16

初唐•禮記正義
2_28_18

初唐•禮記正義
2_30_8

初唐•禮記正義
26_395_26

初唐•禮記正義
26_396_5

初唐•禮記正義
26_396_8

## 妾

ショウ
訓めかけ

初唐・毛詩傳
7_73_13

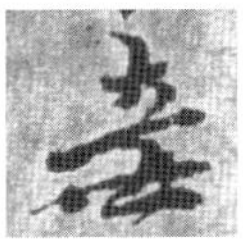
初唐•禮記正義
17_259_23

不妄指
初唐•禮記正義
17_259_26

初唐•禮記正義
26_391_12

初唐•禮記正義
26_393_6

初唐•禮記正義
26_393_17

初唐•禮記正義
26_394_21

初唐•禮記正義
26_395_7

## 委

現イ
訓したがう

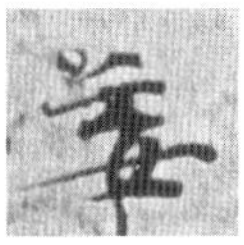
初唐•古文尚書
35_334_33

初唐•禮記正義
21_314_7

初唐•禮記正義
21_314_25

晩唐•摩訶止観
10_87_18

晩唐•摩訶止観
30_260_1

晩唐•摩訶止観
33_287_9

晩唐•摩訶止観
39_340_4

中唐・翰苑
43_547_14

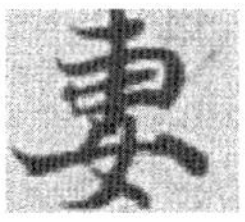
晩唐•摩訶止観
43_374_4

## 始

シ
訓はじめる

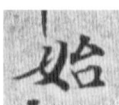

初唐•古文尚書 40_383_11
初唐•古文尚書 40_387_12
初唐•古文尚書 40_388_12
初唐・毛詩傳 6_62_24
初唐•禮記正義 4_66_27
初唐•禮記正義 10_163_14
初唐•禮記正義 12_183_22
中唐・翰苑 6_76_5
中唐・翰苑 8_92_21

初唐•古文尚書 17_162_21
初唐•古文尚書 20_188_3
初唐•古文尚書 22_216_18
初唐•古文尚書 22_217_18
初唐•古文尚書 25_243_2
初唐•古文尚書 33_316_1
初唐•古文尚書 33_317_6
初唐•古文尚書 34_318_17
初唐•古文尚書 40_382_10

中唐・翰苑 37_471_23
中唐・翰苑 37_477_43
中唐・翰苑 38_484_36
中唐・翰苑 42_537_25

中唐・翰苑 26_343_3
中唐・翰苑 26_343_11
中唐・翰苑 26_343_30
中唐・翰苑 27_358_41
中唐・翰苑 32_415_27
中唐・翰苑 36_466_15
中唐・翰苑 36_467_5
中唐・翰苑 36_468_18

中唐・翰苑 3_33_20
中唐・翰苑 7_82_29
中唐・翰苑 7_82_38
中唐・翰苑 7_86_35
中唐・翰苑 11_139_45
中唐・翰苑 11_140_11
中唐・翰苑 21_281_42
中唐・翰苑 21_282_5

初唐・毛詩傳 8_86_2
初唐・毛詩傳 8_86_10
初唐•禮記正義 13_207_25
初唐•禮記正義 13_208_1
中唐・翰苑 3_29_5
中唐・翰苑 3_31_41
中唐・翰苑 3_33_1
中唐・翰苑 3_33_6

初唐•古文尚書 48_464_6
初唐•古文尚書 48_464_25
初唐•古文尚書 48_464_28
初唐・毛詩傳 8_80_14
初唐・毛詩傳 8_80_35
初唐・毛詩傳 8_81_9
初唐・毛詩傳 8_82_11
初唐・毛詩傳 8_83_13

# 威

現 イ
訓 おどす

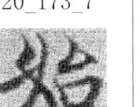

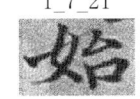

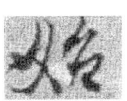

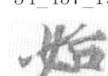

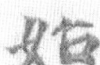

中唐・翰苑 34_439_30
中唐・翰苑 35_447_10
中唐・翰苑 36_465_1
既滅夜郎 中唐・翰苑 38_491_26
中唐・翰苑 40_514_26
晩唐•摩訶止觀 21_186_22
晩唐•摩訶止觀 35_303_19
晩唐•摩訶止觀 54_461_14

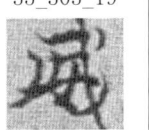

初唐•古文尚書 45_442_15
初唐•禮記正義 15_236_2
中唐・翰苑 6_73_4
中唐・翰苑 10_123_21
中唐・翰苑 13_159_4
中唐・翰苑 23_302_13
中唐・翰苑 25_325_29
中唐・翰苑 34_438_13

初唐•古文尚書 8_65_17
初唐•古文尚書 13_117_26
初唐•古文尚書 41_393_4
初唐•古文尚書 41_395_25
初唐•古文尚書 41_401_14
初唐•古文尚書 42_410_17
初唐•古文尚書 42_410_25
初唐•古文尚書 43_418_12

晩唐•摩訶止觀 20_173_7
晩唐•摩訶止觀 58_487_16
晩唐•摩訶止觀 58_487_20
五代•大毗盧經 3_30_2
五代•大毗盧經 72_881_5
五代•大毗盧經 79_960_18

晩唐•摩訶止觀 1_7_21
晩唐•摩訶止觀 3_21_17
晩唐•摩訶止觀 10_88_3
晩唐•摩訶止觀 10_90_2
晩唐•摩訶止觀 12_109_14
晩唐•摩訶止觀 15_135_3
晩唐•摩訶止觀 15_135_16
晩唐•摩訶止觀 19_167_7
晩唐•摩訶止觀 20_172_19

中唐・翰苑 33_424_1
中唐・翰苑 34_437_19
中唐・翰苑 35_454_8
中唐・翰苑 35_454_20
中唐・翰苑 35_457_30
中唐・翰苑 39_505_18
中唐・翰苑 41_522_28
中唐・翰苑 42_543_28
中唐・翰苑 43_553_1

中唐・翰苑 8_105_2
中唐・翰苑 10_121_16
中唐・翰苑 14_179_11
中唐・翰苑 14_179_23
中唐・翰苑 14_183_25
中唐・翰苑 15_187_32
中唐・翰苑 26_337_31
中唐・翰苑 31_405_22

| 姙 | 姝 | 姻 | 姪 | 姿 | | |
|---|---|---|---|---|---|---|
| 呉現ニン漢ジン<br>訓はらむ | シュ<br>訓うつくしい | 現イン<br>訓とつぎさき | 漢テツ漢チツ<br>訓おい | 現シ<br>訓すがた | | |
| <br>中唐・翰苑<br>16_210_27 | <br>五代•大毗盧經<br>20_261_15 | <br>初唐•古文尚書<br>8_69_11<br><br>初唐・毛詩傳<br>6_60_11<br><br>中唐・翰苑<br>3_33_32<br><br>中唐・翰苑<br>14_177_18<br><br>中唐・翰苑<br>29_376_11<br><br>中唐・翰苑<br>30_388_8<br><br>中唐・翰苑<br>35_457_32 | <br>初唐•禮記正義<br>15_231_16<br>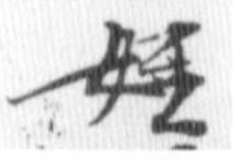<br>初唐•禮記正義<br>26_392_7<br><br>初唐•禮記正義<br>26_392_17<br><br>初唐•禮記正義<br>26_396_21 | <br>中唐・翰苑<br>14_177_5 | <br>五代•大毗盧經<br>19_248_8<br><br>五代•大毗盧經<br>40_479_17<br><br>五代•大毗盧經<br>41_490_2<br><br>五代•大毗盧經<br>47_574_47<br><br>五代•大毗盧經<br>64_807_7<br><br>五代•大毗盧經<br>67_840_11<br><br>五代•大毗盧經<br>67_841_18<br><br>五代•大毗盧經<br>96_1181_13 | <br>五代•大毗盧經<br>8_94_9<br><br>五代•大毗盧經<br>8_96_16<br><br>五代•大毗盧經<br>12_148_11<br><br>五代•大毗盧經<br>14_184_8<br><br>五代•大毗盧經<br>17_218_18<br><br>五代•大毗盧經<br>17_224_6<br><br>五代•大毗盧經<br>18_229_17<br><br>五代•大毗盧經<br>18_229_20 |

| | 娜 | | 姦 | 娣 | 姹 | 姼 |
|---|---|---|---|---|---|---|
| | 漢ダ 呉ナ<br>訓たおやか | | 漢カン<br>訓みだら | 漢テイ 呉ダイ<br>訓いもうと | タ<br>訓おとめ | シ、タ 漢シ 漢テイ<br>訓たおやめ |
| <br>五代•大毗盧經<br>22_278_8 | <br>五代•大毗盧經<br>3_27_12 | <br>中唐・翰苑<br>41_527_43 | 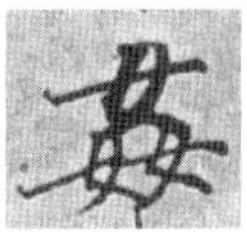<br>初唐•古文尚書<br>9_73_3 | <br>初唐•禮記正義<br>26_392_8 | <br>五代•大毗盧經<br>4_43_13<br><br>五代•大毗盧經<br>79_955_14 | <br>中唐・翰苑<br>43_545_4 |
| <br>五代•大毗盧經<br>22_283_13 | <br>五代•大毗盧經<br>3_33_11 | | 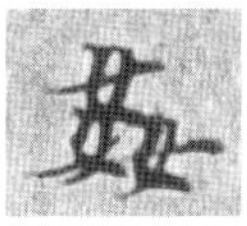<br>初唐•古文尚書<br>9_73_22 | <br>初唐•禮記正義<br>26_392_23 | | |
| <br>五代•大毗盧經<br>35_421_3 | <br>五代•大毗盧經<br>5_48_9 | | <br>初唐•古文尚書<br>14_134_20 | <br>初唐•禮記正義<br>26_396_12 | | |
| <br>五代•大毗盧經<br>36_427_3 | <br>五代•大毗盧經<br>10_116_6 | | <br>初唐•古文尚書<br>15_135_16 | <br>初唐•禮記正義<br>26_396_19 | | |
| <br>五代•大毗盧經<br>42_507_14 | <br>五代•大毗盧經<br>10_116_8 | | <br>初唐•古文尚書<br>27_264_8 | | | |
| <br>五代•大毗盧經<br>49_593_10 | <br>五代•大毗盧經<br>13_157_5 | | 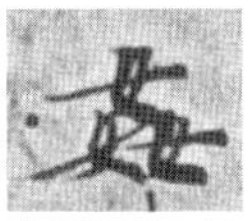<br>初唐•古文尚書<br>27_264_15 | | | |
| <br>五代•大毗盧經<br>55_677_18 | <br>五代•大毗盧經<br>21_268_26 | | 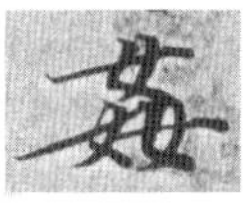<br>初唐•古文尚書<br>40_384_4 | | | |
| <br>五代•大毗盧經<br>55_677_19 | <br>五代•大毗盧經<br>22_277_17 | | <br>初唐•古文尚書<br>43_419_15 | | | |

# 娑

サ 漢 シャ

訓 —

五代·大毗盧經 57_694_13

五代·大毗盧經 57_695_17

五代·大毗盧經 65_819_30

五代·大毗盧經 72_880_9

五代·大毗盧經 86_1055_16

晚唐·摩訶止觀 12_102_22

晚唐·摩訶止觀 54_457_22

五代·大毗盧經 3_34_2

五代·大毗盧經 7_74_23

五代·大毗盧經 9_103_11

五代·大毗盧經 9_106_16

五代·大毗盧經 10_116_15

五代·大毗盧經 10_118_18

五代·大毗盧經 10_119_3

五代·大毗盧經 10_121_1

五代·大毗盧經 11_127_1

五代·大毗盧經 11_127_23

五代·大毗盧經 15_192_11

五代·大毗盧經 16_199_15

五代·大毗盧經 16_206_1

五代·大毗盧經 17_221_13

五代·大毗盧經 18_228_11

五代·大毗盧經 18_233_24

五代·大毗盧經 18_235_11

五代·大毗盧經 19_251_1

五代·大毗盧經 19_251_27

五代·大毗盧經 20_255_16

五代·大毗盧經 20_256_13

五代·大毗盧經 20_259_8

五代·大毗盧經 20_262_16

五代·大毗盧經 21_265_8

五代·大毗盧經 21_269_21

五代·大毗盧經 21_272_8

五代·大毗盧經 21_272_19

五代·大毗盧經 21_273_15

五代·大毗盧經 22_277_22

五代·大毗盧經 22_278_14

五代·大毗盧經 23_301_9

五代·大毗盧經 25_313_3

五代·大毗盧經 25_314_6

五代·大毗盧經 25_322_38

五代·大毗盧經 26_326_36

五代·大毗盧經 26_331_8

五代·大毗盧經 26_335_20

五代·大毗盧經 27_339_5

五代·大毗盧經 27_342_11

五代·大毗盧經 27_345_7

五代·大毗盧經 27_348_5
五代·大毗盧經 28_358_1
五代·大毗盧經 28_361_33
五代·大毗盧經 29_365_8
五代·大毗盧經 29_368_28
五代·大毗盧經 29_371_29
五代·大毗盧經 29_374_6
五代·大毗盧經 30_375_19
五代·大毗盧經 30_379_7
五代·大毗盧經 30_379_15
五代·大毗盧經 30_382_4
五代·大毗盧經 31_386_15
五代·大毗盧經 31_390_9
五代·大毗盧經 32_399_15
五代·大毗盧經 33_403_12
五代·大毗盧經 33_407_13
五代·大毗盧經 36_424_10
五代·大毗盧經 36_428_3
五代·大毗盧經 38_445_8
五代·大毗盧經 38_448_3
五代·大毗盧經 40_475_19
五代·大毗盧經 40_476_24
五代·大毗盧經 40_477_6
五代·大毗盧經 41_491_11
五代·大毗盧經 41_493_12
五代·大毗盧經 41_496_12
五代·大毗盧經 41_498_12
五代·大毗盧經 41_500_12
五代·大毗盧經 42_505_10
五代·大毗盧經 42_508_12
五代·大毗盧經 43_512_1
五代·大毗盧經 44_536_5
五代·大毗盧經 45_540_7
五代·大毗盧經 45_541_9
五代·大毗盧經 45_545_5
五代·大毗盧經 47_572_12
五代·大毗盧經 47_576_18
五代·大毗盧經 47_580_10
五代·大毗盧經 48_584_10
五代·大毗盧經 48_584_18
五代·大毗盧經 48_585_11
五代·大毗盧經 48_587_29
五代·大毗盧經 49_594_1
五代·大毗盧經 49_597_15
五代·大毗盧經 49_602_23
五代·大毗盧經 50_605_3
五代·大毗盧經 51_632_14
五代·大毗盧經 52_633_9
五代·大毗盧經 52_636_9

五代·大毗盧經 52_636_18
五代·大毗盧經 52_639_26
五代·大毗盧經 53_644_1
五代·大毗盧經 53_646_16
五代·大毗盧經 53_647_30
五代·大毗盧經 53_649_15
五代·大毗盧經 53_653_6

五代·大毗盧經 54_655_14
五代·大毗盧經 54_656_3
五代·大毗盧經 55_672_1
五代·大毗盧經 55_675_12
五代·大毗盧經 55_676_22
五代·大毗盧經 55_678_12
五代·大毗盧經 55_679_37

五代·大毗盧經 55_681_13
五代·大毗盧經 56_683_14
五代·大毗盧經 56_685_14
五代·大毗盧經 56_686_5
五代·大毗盧經 56_687_11
五代·大毗盧經 56_689_14
五代·大毗盧經 56_690_41

五代·大毗盧經 57_693_32
五代·大毗盧經 57_697_1
五代·大毗盧經 57_701_1
五代·大毗盧經 58_712_25
五代·大毗盧經 58_713_34
五代·大毗盧經 58_716_23
五代·大毗盧經 58_719_5

五代·大毗盧經 59_722_29
五代·大毗盧經 59_725_7
五代·大毗盧經 59_728_14
五代·大毗盧經 61_751_4
五代·大毗盧經 61_754_18
五代·大毗盧經 61_757_26
五代·大毗盧經 62_763_1

五代·大毗盧經 62_766_17
五代·大毗盧經 62_769_3
五代·大毗盧經 62_772_19
五代·大毗盧經 62_773_1
五代·大毗盧經 65_810_14
五代·大毗盧經 65_815_1
五代·大毗盧經 65_820_26

五代·大毗盧經 66_823_10
五代·大毗盧經 67_834_2
五代·大毗盧經 67_834_17
五代·大毗盧經 68_851_8
五代·大毗盧經 68_854_6
五代·大毗盧經 68_858_13
五代·大毗盧經 68_858_18

五代·大毗盧經
69_859_7

五代·大毗盧經
72_882_23

五代·大毗盧經
72_887_17

五代·大毗盧經
73_894_2

五代·大毗盧經
73_898_33

五代·大毗盧經
74_908_7

五代·大毗盧經
74_909_11

五代·大毗盧經
74_911_2

五代·大毗盧經
74_913_5

五代·大毗盧經
74_916_7

五代·大毗盧經
75_919_9

五代·大毗盧經
78_941_17

五代·大毗盧經
78_944_25

五代·大毗盧經
78_950_7

五代·大毗盧經
79_953_11

五代·大毗盧經
79_956_1

五代·大毗盧經
79_959_16

五代·大毗盧經
79_963_2

五代·大毗盧經
80_980_17

五代·大毗盧經
81_982_15

五代·大毗盧經
81_985_1

五代·大毗盧經
81_988_5

五代·大毗盧經
81_992_6

五代·大毗盧經
82_995_6

五代·大毗盧經
82_998_10

五代·大毗盧經
82_1000_19

五代·大毗盧經
82_1001_5

五代·大毗盧經
82_1004_23

五代·大毗盧經
83_1007_1

五代·大毗盧經
83_1011_2

五代·大毗盧經
83_1013_18

五代·大毗盧經
83_1017_2

五代·大毗盧經
84_1020_5

五代·大毗盧經
84_1021_22

五代·大毗盧經
84_1024_16

五代·大毗盧經
84_1026_9

五代·大毗盧經
84_1028_16

五代·大毗盧經
84_1029_2

五代·大毗盧經
85_1032_1

五代·大毗盧經
86_1050_6

五代·大毗盧經
86_1053_7

五代·大毗盧經
86_1055_18

五代·大毗盧經
86_1059_1

五代·大毗盧經
87_1062_13

五代·大毗盧經
87_1065_15

五代·大毗盧經
87_1066_8

五代·大毗盧經
87_1067_24

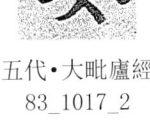

五代·大毗盧經
88_1070_17

五代·大毗盧經
88_1074_21

## 娉

漢ヘイ 漢ホウ
訓めとる

中唐・翰苑
11_144_26

中唐・翰苑
30_389_10

中唐・翰苑
34_435_41

中唐・翰苑
35_457_29

## 姬

キ
訓ひめ

初唐・禮記正義
4_62_13

中唐・翰苑
30_392_5

五代・大毗盧經
98_1205_15

五代・大毗盧經
98_1207_7

五代・大毗盧經
98_1208_1

五代・大毗盧經
95_1164_16

五代・大毗盧經
95_1166_13

五代・大毗盧經
95_1167_5

五代・大毗盧經
95_1170_2

五代・大毗盧經
96_1175_19

五代・大毗盧經
97_1191_9

五代・大毗盧經
98_1205_9

五代・大毗盧經
93_1143_15

五代・大毗盧經
93_1146_17

五代・大毗盧經
94_1148_14

五代・大毗盧經
94_1153_7

五代・大毗盧經
94_1155_3

五代・大毗盧經
94_1159_1

五代・大毗盧經
95_1162_16

五代・大毗盧經
91_1109_20

五代・大毗盧經
91_1112_21

五代・大毗盧經
91_1115_5

五代・大毗盧經
91_1118_8

五代・大毗盧經
92_1122_6

五代・大毗盧經
92_1125_5

五代・大毗盧經
93_1140_1

五代・大毗盧經
88_1078_8

五代・大毗盧經
89_1081_1

五代・大毗盧經
89_1083_16

五代・大毗盧經
89_1086_14

五代・大毗盧經
89_1090_1

五代・大毗盧經
90_1102_7

五代・大毗盧經
90_1104_18

## 娶

漢 シュウ
訓 めとる

初唐・毛詩傳
6_63_24

初唐・毛詩傳
6_64_16

初唐・毛詩傳
6_64_29

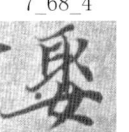

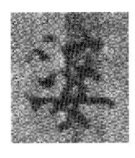

初唐・毛詩傳
7_68_4

初唐・毛詩傳
7_68_9

初唐・禮記正義
7_98_17

中唐・翰苑
11_144_6

中唐・翰苑
19_242_34

中唐・翰苑
19_246_17

中唐・翰苑
20_268_30

中唐・翰苑
30_388_22

中唐・翰苑
35_457_33

中唐・翰苑
36_464_13

## 婁

漢 ロウ
訓 つなぐ

初唐・毛詩傳
3_28_10

初唐・毛詩傳
3_29_5

中唐・翰苑
16_214_7

中唐・翰苑
21_277_20

中唐・翰苑
29_381_9

中唐・翰苑
30_383_13

## 婆

呉 バ
訓 ばば

初唐・十誦律
1_7_12

初唐・十誦律
2_24_1

初唐・十誦律
7_118_6

初唐・十誦律
8_140_5

晩唐・摩訶止觀
2_15_23

晩唐・摩訶止觀
3_23_27

五代・大毗盧經
7_80_19

五代・大毗盧經
9_110_3

五代・大毗盧經
10_116_12

五代・大毗盧經
17_220_8

五代・大毗盧經
18_232_11

五代・大毗盧經
20_259_2

五代・大毗盧經
21_272_17

五代・大毗盧經
22_282_8

五代・大毗盧經
25_319_11

五代・大毗盧經
27_342_7

五代・大毗盧經
27_345_2

五代・大毗盧經
30_375_15

五代・大毗盧經
35_421_8

五代・大毗盧經
36_427_8

五代・大毗盧經
42_504_17

五代・大毗盧經
45_540_14

五代・大毗盧經
47_578_19

五代・大毗盧經
48_582_20

五代・大毗盧經
49_593_7

五代・大毗盧經
51_632_18

五代・大毗盧經
58_718_20

五代・大毗盧經
59_727_20

| 婚 | 婬 | 婇 | 婢 | | | |
|---|---|---|---|---|---|---|
| 現コン<br>訓えんぐみ | イン<br>訓みだら | サイ<br>訓あざな | 漢ヒ<br>訓はしため | | | |
| <br>初唐•古文尚書<br>8_68_5<br><br>初唐•古文尚書<br>8_69_10<br><br>初唐・毛詩傳<br>6_60_10<br><br>初唐•禮記正義<br>26_396_17<br><br>中唐・翰苑<br>3_33_31<br><br>中唐・翰苑<br>14_177_17<br><br>中唐・翰苑<br>29_376_10<br><br>中唐・翰苑<br>30_388_7 | <br>中唐・翰苑<br>17_217_47<br><br>中唐・翰苑<br>30_389_15 | <br>五代•大毗盧經<br>14_171_14 | <br>中唐・翰苑<br>8_94_37<br><br>中唐・翰苑<br>10_119_8<br><br>中唐・翰苑<br>12_154_25<br><br>中唐・翰苑<br>20_268_12<br><br>中唐・翰苑<br>22_285_38 | <br>五代•大毗盧經<br>92_1136_13<br><br>五代•大毗盧經<br>94_1156_3 | <br>五代•大毗盧經<br>71_879_11<br><br>五代•大毗盧經<br>78_952_17<br><br>五代•大毗盧經<br>79_962_13<br><br>五代•大毗盧經<br>80_966_11<br><br>五代•大毗盧經<br>81_991_11<br><br>五代•大毗盧經<br>84_1024_18<br><br>五代•大毗盧經<br>87_1063_11 | <br>五代•大毗盧經<br>60_736_7<br><br>五代•大毗盧經<br>62_768_16<br><br>五代•大毗盧經<br>63_788_10<br><br>五代•大毗盧經<br>65_819_31<br><br>五代•大毗盧經<br>66_828_12<br><br>五代•大毗盧經<br>68_852_18<br><br>五代•大毗盧經<br>68_858_9 |

## 婦

漢現フ
訓よめ

初唐・古文尚書
46_447_7

初唐・毛詩傳
6_64_1

初唐・禮記正義
1_8_13

初唐・禮記正義
2_22_20

初唐・禮記正義
2_22_27

初唐・禮記正義
2_23_6

初唐・禮記正義
2_24_2

初唐・禮記正義
2_27_18

初唐・禮記正義
13_209_12

初唐・禮記正義
14_210_9

初唐・禮記正義
16_251_12

初唐・禮記正義
16_252_1

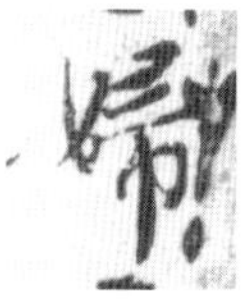
初唐・禮記正義
26_390_25

中唐・翰苑
11_141_20

中唐・翰苑
11_142_15

中唐・翰苑
11_142_40

中唐・翰苑
17_217_48

中唐・翰苑
25_328_36

中唐・翰苑
30_389_11

中唐・翰苑
38_486_15

中唐・翰苑
38_492_24

中唐・翰苑
40_510_38

五代・大毗盧經
92_1131_15

## 媒

漢現バイ
訓なこうど

中唐・翰苑
35_457_28

## 媛

エン
訓うつくしい

初唐・古文尚書
7_55_2

## 嫂

ソウ
訓あによめ

中唐・翰苑
12_145_34

## 媚

ビ
訓よい

初唐・古文尚書
38_366_8

初唐・古文尚書
38_367_17

## 嬈

漢ジョウ 呉ニョウ
訓わずらわしい

五代•大毗盧經
19_248_36

## 嫚

エン 呉マン
訓あなどる

中唐・翰苑
9_118_21

## 嫁

漢現カ 呉ケ
訓よめ

中唐・翰苑
30_388_21

中唐・翰苑
30_389_26

中唐・翰苑
36_459_37

中唐・翰苑
43_547_41

初唐・毛詩傳
6_63_23

初唐・毛詩傳
6_64_15

初唐・毛詩傳
6_64_28

中唐・翰苑
11_142_18

中唐・翰苑
11_144_5

中唐・翰苑
19_242_33

中唐・翰苑
19_246_16

中唐・翰苑
20_268_29

## 嫌

漢ケン 呉ゲン
訓きらう

初唐•禮記正義
26_404_13

初唐•禮記正義
26_405_4

初唐・十誦律
1_7_5

五代•大毗盧經
2_10_13

初唐•禮記正義
4_51_11

初唐•禮記正義
10_156_11

初唐•禮記正義
10_156_23

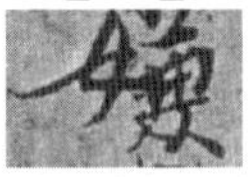
初唐•禮記正義
11_176_3

初唐•禮記正義
13_202_10

初唐•禮記正義
16_253_13

初唐•禮記正義
16_253_20

初唐•禮記正義
17_254_20

## 嫉

漢シツ
訓ねたむ

初唐・十誦律
1_7_2

## 嬉

キ
訓たのしむ

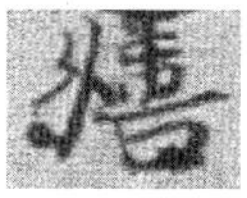

晩唐•摩訶止觀
44_376_28

## 嬌

キョウ
訓なまめかしい

五代•大毗盧經
82_1005_15

## 嬰

漢エイ
訓めぐらす

晩唐•摩訶止觀
24_207_26

## 嬭

漢ダイ漢デイ漢ジ
訓はは

五代•大毗盧經
18_228_16

五代•大毗盧經
33_403_9

五代•大毗盧經
33_407_2

## 嬪

漢ヒン
訓ひめ

中唐・翰苑
33_426_14

## 嬢

漢ジョウ
訓むすめ

五代•大毗盧經
29_371_13

# 幺部

## 幾

現キ
訓いく

初唐•古文尚書 16_153_18
初唐•古文尚書 23_226_11
初唐•古文尚書 39_376_3
初唐•古文尚書 44_423_30
初唐•古文尚書 44_427_14
初唐•古文尚書 47_461_1
初唐•古文尚書 49_475_24
初唐・十誦律 2_32_4
中唐・翰苑 20_260_4
中唐・翰苑 20_261_32
中唐・翰苑 24_311_17
中唐・翰苑 29_380_16
晚唐•摩訶止觀 12_107_21
晚唐•摩訶止觀 12_108_4
五代•大毗盧經 14_178_16

## 幽

漢現ユウ
訓くらい

初唐•古文尚書 46_447_9
初唐•禮記正義 4_60_23
中唐・翰苑 2_16_36
中唐・翰苑 6_74_26
中唐・翰苑 13_164_32
中唐・翰苑 13_164_42
中唐・翰苑 13_167_38
中唐・翰苑 15_196_42
中唐・翰苑 32_408_3
中唐・翰苑 35_455_27

## 幼

吳現ヨウ漢ユウ
訓おさない

初唐•古文尚書 10_88_14
初唐•古文尚書 10_88_30
初唐•古文尚書 13_122_24
初唐•古文尚書 13_123_12
初唐•古文尚書 43_422_3
初唐•禮記正義 1_7_4
初唐•禮記正義 1_9_3
中唐・翰苑 18_235_18

## 幻

吳現ゲン漢カン
訓まぼろし

晚唐•摩訶止觀 43_373_21
晚唐•摩訶止觀 45_383_25
五代•大毗盧經 51_632_3
五代•大毗盧經 51_632_13
五代•大毗盧經 52_633_8

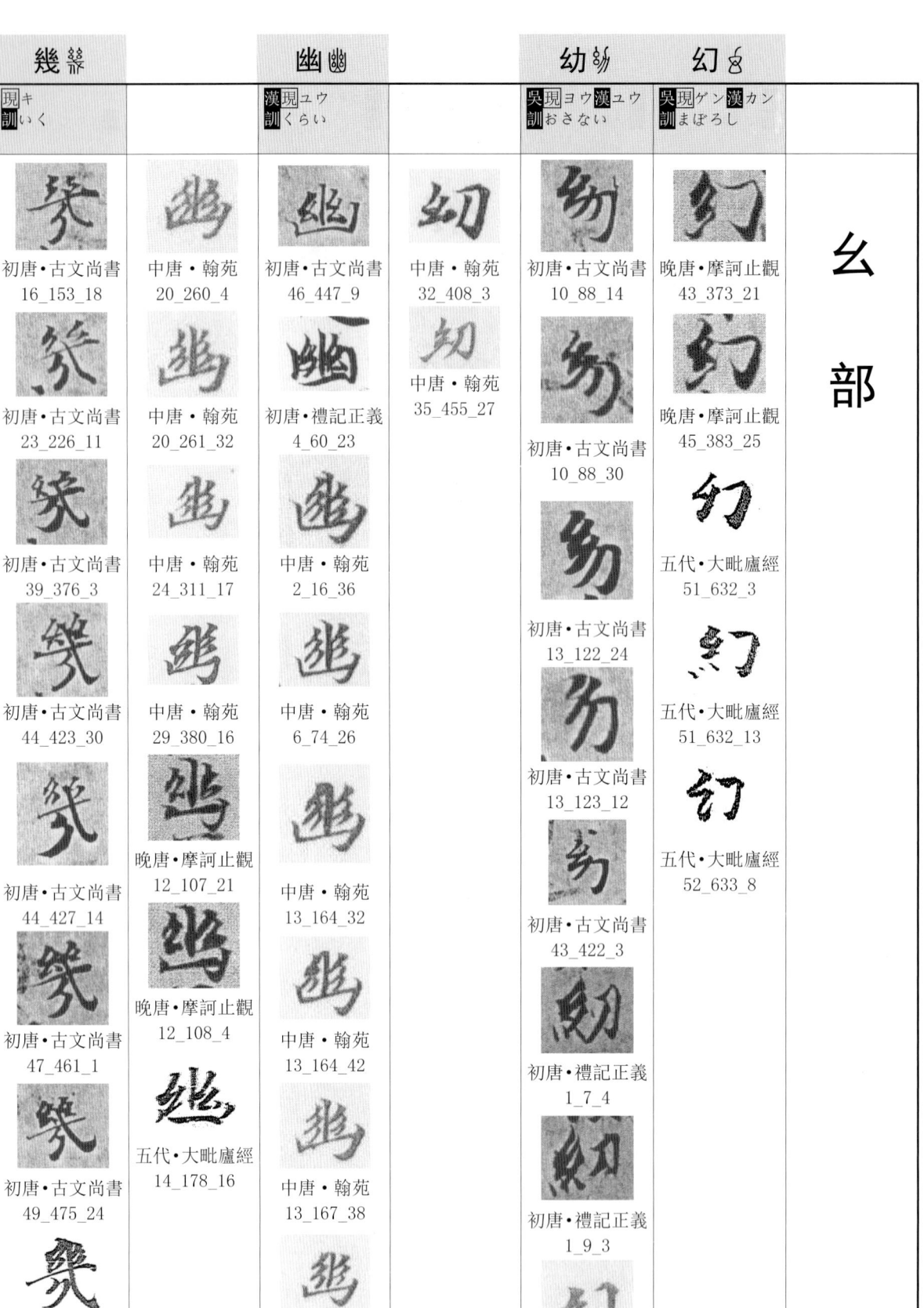

# 麼

漢バ 呉マ 唐モ
訓こまかい

初唐・十誦律
4_54_7

初唐・十誦律
6_101_5

初唐・十誦律
6_103_2

晚唐•摩訶止觀
16_143_25

晚唐•摩訶止觀
17_144_2

晚唐•摩訶止觀
17_144_4

晚唐•摩訶止觀
17_144_9

晚唐•摩訶止觀
17_144_18

晚唐•摩訶止觀
17_144_20

晚唐•摩訶止觀
17_144_22

晚唐•摩訶止觀
17_145_2

晚唐•摩訶止觀
17_145_8

晚唐•摩訶止觀
17_145_14

晚唐•摩訶止觀
17_145_20

晚唐•摩訶止觀
17_146_6

晚唐•摩訶止觀
17_146_18

晚唐•摩訶止觀
17_146_12

五代•大毗盧經
4_42_4

五代•大毗盧經
5_53_18

五代•大毗盧經
6_62_14

五代•大毗盧經
6_67_14

五代•大毗盧經
7_74_18

五代•大毗盧經
11_126_20

五代•大毗盧經
11_127_2

五代•大毗盧經
14_175_4

五代•大毗盧經
18_227_20

五代•大毗盧經
18_228_12

五代•大毗盧經
18_231_17

五代•大毗盧經
20_255_17

五代•大毗盧經
26_326_2

五代•大毗盧經
29_368_9

五代•大毗盧經
30_378_10

五代•大毗盧經
30_384_19

五代•大毗盧經
31_386_12

五代•大毗盧經
31_388_14

五代•大毗盧經
31_388_19

五代•大毗盧經
31_392_12

五代•大毗盧經
31_393_10

五代•大毗盧經
32_402_9

五代•大毗盧經
32_402_19

五代•大毗盧經
33_406_19

五代•大毗盧經
35_421_7

五代•大毗盧經
36_427_7

五代•大毗盧經
42_505_8

五代•大毗盧經
45_543_18

五代•大毗盧經
47_573_26

五代•大毗盧經
49_593_11

五代•大毗盧經
51_627_19

五代•大毗盧經
51_628_20

五代·大毗盧經
51_628_27

五代·大毗盧經
52_639_27

五代·大毗盧經
53_646_17

五代·大毗盧經
54_655_15

五代·大毗盧經
55_675_19

五代·大毗盧經
56_684_18

五代·大毗盧經
56_686_6

五代·大毗盧經
57_698_14

五代·大毗盧經
58_713_1

五代·大毗盧經
61_752_15

五代·大毗盧經
62_765_18

五代·大毗盧經
62_772_11

五代·大毗盧經
68_851_9

五代·大毗盧經
72_880_28

五代·大毗盧經
78_949_16

五代·大毗盧經
82_1005_16

五代·大毗盧經
83_1013_9

五代·大毗盧經
94_1152_21

五代·大毗盧經
95_1169_14

五代·大毗盧經
95_1169_16

五代·大毗盧經
97_1190_17

# 巛部

## 巢 

漢 現 ソウ
訓 す

中唐・翰苑
30_386_42

# 王部

## 王王

現オウ
訓かしら

初唐•古文尚書 3_22_7

初唐•古文尚書 3_23_16

初唐•古文尚書 6_49_10

初唐•古文尚書 6_49_23

初唐•古文尚書 7_52_15

初唐•古文尚書 7_52_30

初唐•古文尚書 7_54_24

初唐•古文尚書 7_57_22

初唐•古文尚書 7_58_1

初唐•古文尚書 7_59_19

初唐•古文尚書 7_60_2

初唐•古文尚書 7_60_14

初唐•古文尚書 7_60_23

初唐•古文尚書 8_61_1

初唐•古文尚書 8_61_13

初唐•古文尚書 10_82_15

初唐•古文尚書 10_85_4

初唐•古文尚書 11_99_3

初唐•古文尚書 11_99_11

初唐•古文尚書 12_103_1

初唐•古文尚書 12_103_14

初唐•古文尚書 12_104_24

初唐•古文尚書 12_105_18

初唐•古文尚書 12_112_29

初唐•古文尚書 14_127_9

初唐•古文尚書 15_144_19

初唐•古文尚書 17_162_28

初唐•古文尚書 17_164_6

初唐•古文尚書 18_166_1

初唐•古文尚書 18_166_20

初唐•古文尚書 18_172_8

初唐•古文尚書 19_178_27

初唐•古文尚書 19_179_14

初唐•古文尚書 19_180_20

初唐•古文尚書 19_182_20

初唐•古文尚書 19_183_1

初唐•古文尚書 19_185_16

初唐•古文尚書 19_185_21

初唐•古文尚書 19_186_30

初唐•古文尚書 20_187_10

初唐•古文尚書 20_189_21

初唐•古文尚書 20_192_3

初唐•古文尚書 20_192_16

初唐•古文尚書 21_198_29

初唐•古文尚書 21_200_35

初唐•古文尚書 21_203_15

初唐•古文尚書 21_203_23

初唐•古文尚書 21_203_26

初唐•古文尚書 21_204_9

初唐•古文尚書 21_204_21

初唐•古文尚書 21_206_1

初唐•古文尚書 22_212_6

初唐•古文尚書 22_213_3

初唐•古文尚書 22_217_34

初唐•古文尚書 23_218_11

初唐•古文尚書 23_219_9

初唐•古文尚書 23_219_19

初唐•古文尚書 23_219_30

初唐•古文尚書 23_222_4

初唐•古文尚書 23_227_25

初唐•古文尚書 23_228_10

初唐•古文尚書 24_232_3

初唐•古文尚書 24_232_11

初唐•古文尚書 24_234_10

初唐•古文尚書 24_234_18

初唐•古文尚書 24_235_3

初唐•古文尚書 24_239_7

初唐•古文尚書 24_239_26

初唐•古文尚書 25_240_16

初唐•古文尚書 25_240_21

初唐•古文尚書 25_241_13

初唐•古文尚書 25_246_7

初唐•古文尚書 25_246_24

初唐•古文尚書 25_247_9

初唐•古文尚書 31_288_15

初唐•古文尚書 31_289_14

初唐•古文尚書 31_295_6

初唐•古文尚書 31_296_1

初唐•古文尚書 32_304_1

初唐•古文尚書 33_313_36

初唐•古文尚書 34_325_1

初唐•古文尚書 34_327_2

初唐•古文尚書 34_327_12

初唐•古文尚書 34_327_14

初唐•古文尚書 34_327_17

初唐•古文尚書 35_328_11

初唐•古文尚書 35_329_10

初唐•古文尚書 35_330_14

初唐•古文尚書 35_330_25

初唐•古文尚書 35_330_33

初唐•古文尚書 35_331_16

初唐•古文尚書 35_332_15

初唐•古文尚書 36_342_6

初唐•古文尚書 36_342_10

初唐•古文尚書 36_342_22

初唐•古文尚書 36_342_26

初唐•古文尚書 36_344_20

初唐•古文尚書 36_345_7

初唐•古文尚書 36_346_16

初唐•古文尚書 37_351_2

初唐•古文尚書 37_352_10

初唐•古文尚書 38_363_9

初唐•古文尚書 39_371_1

初唐•古文尚書 39_371_30

初唐•古文尚書
39_374_29

初唐•古文尚書
39_376_1

初唐•古文尚書
39_378_14

初唐•古文尚書
39_378_23

初唐•古文尚書
39_379_29

初唐•古文尚書
39_380_15

初唐•古文尚書
39_380_27

初唐•古文尚書
40_382_1

初唐•古文尚書
43_413_16

初唐•古文尚書
43_421_7

初唐•古文尚書
43_422_16

初唐•古文尚書
44_430_21

初唐•古文尚書
47_462_19

初唐•古文尚書
47_463_12

初唐•古文尚書
47_463_26

初唐•古文尚書
48_473_25

初唐•古文尚書
49_477_23

初唐•古文尚書
49_478_8

初唐 • 毛詩傳
10_104_12

初唐 • 毛詩傳
10_105_21

初唐 • 毛詩傳
10_108_5

初唐 • 毛詩傳
10_110_17

初唐•禮記正義
1_5_8

初唐•禮記正義
1_5_17

初唐•禮記正義
1_6_27

初唐•禮記正義
1_7_26

初唐•禮記正義
1_9_14

初唐•禮記正義
2_28_10

初唐•禮記正義
4_50_19

初唐•禮記正義
4_53_11

初唐•禮記正義
4_53_15

初唐•禮記正義
5_78_13

初唐•禮記正義
8_117_5

初唐•禮記正義
8_119_28

初唐•禮記正義
8_121_1

初唐•禮記正義
8_128_19

初唐•禮記正義
9_144_22

初唐•禮記正義
10_152_9

初唐•禮記正義
10_152_15

初唐•禮記正義
10_152_27

初唐•禮記正義
10_154_1

初唐•禮記正義
10_160_19

初唐•禮記正義
13_207_21

初唐•禮記正義
13_208_15

初唐•禮記正義
16_242_8

初唐•禮記正義
16_243_25

初唐•禮記正義
16_250_4

初唐•禮記正義
16_251_3

初唐•禮記正義
18_272_23

初唐•禮記正義
21_323_15

初唐•禮記正義
22_333_15

初唐•禮記正義
23_346_21

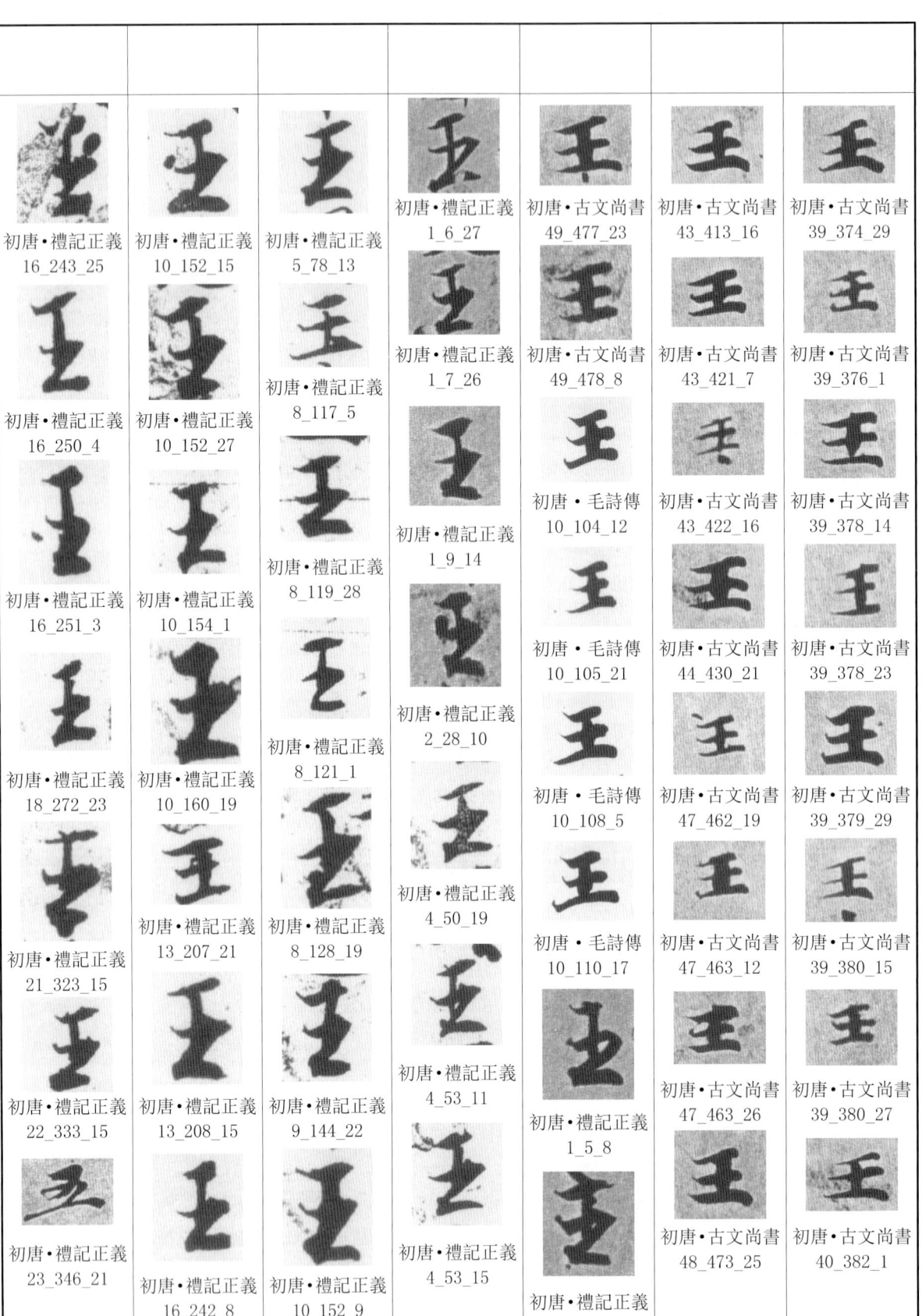

初唐•禮記正義 23_348_14
初唐•禮記正義 23_349_11
初唐•禮記正義 24_358_9
初唐•禮記正義 26_393_21
初唐•禮記正義 29_444_55
初唐•十誦律 1_3_3
初唐•十誦律 2_15_3
初唐•十誦律 2_15_15

初唐•十誦律 3_43_3
初唐•十誦律 8_133_11
初唐•十誦律 8_153_12
初唐•十誦律 9_160_3
中唐•翰苑 2_9_16
中唐•翰苑 2_16_6
中唐•翰苑 2_16_37
中唐•翰苑 3_22_25

中唐•翰苑 3_24_28
中唐•翰苑 3_30_38
中唐•翰苑 3_31_1
中唐•翰苑 3_31_11
中唐•翰苑 3_31_18
中唐•翰苑 3_31_24
中唐•翰苑 4_47_3
中唐•翰苑 5_51_13

中唐•翰苑 5_52_5
中唐•翰苑 5_52_24
中唐•翰苑 5_54_5
中唐•翰苑 5_54_21
中唐•翰苑 5_58_24
中唐•翰苑 5_59_4
中唐•翰苑 5_60_41
中唐•翰苑 6_68_1

中唐•翰苑 6_68_3
中唐•翰苑 6_73_20
中唐•翰苑 7_83_40
中唐•翰苑 7_85_23
中唐•翰苑 7_87_1
中唐•翰苑 7_87_17
中唐•翰苑 7_88_35
中唐•翰苑 9_106_19

中唐•翰苑 10_124_22
中唐•翰苑 12_157_8
中唐•翰苑 13_162_39
中唐•翰苑 13_163_14
中唐•翰苑 13_163_29
中唐•翰苑 13_164_19
中唐•翰苑 13_167_28
中唐•翰苑 13_172_2

中唐•翰苑 13_172_20
中唐•翰苑 14_182_29
中唐•翰苑 15_193_9
中唐•翰苑 16_210_19
中唐•翰苑 16_210_29
中唐•翰苑 16_211_8
中唐•翰苑 16_211_16
中唐•翰苑 16_211_35

中唐·翰苑
16_212_9

中唐·翰苑
16_213_1

中唐·翰苑
17_223_17

中唐·翰苑
18_230_16

中唐·翰苑
18_231_16

中唐·翰苑
18_231_22

中唐·翰苑
18_231_30

中唐·翰苑
19_250_32

中唐·翰苑
19_251_22

中唐·翰苑
19_252_13

中唐·翰苑
19_253_29

中唐·翰苑
19_254_11

中唐·翰苑
20_262_8

中唐·翰苑
20_264_18

中唐·翰苑
20_266_2

中唐·翰苑
21_271_6

中唐·翰苑
21_281_45

中唐·翰苑
21_282_16

中唐·翰苑
22_291_6

中唐·翰苑
22_293_30

中唐·翰苑
39_496_4

中唐·翰苑
39_496_14

中唐·翰苑
39_496_20

中唐·翰苑
39_496_28

中唐·翰苑
39_499_2

中唐·翰苑
39_499_10

中唐·翰苑
39_499_21

中唐·翰苑
39_499_37

土平敝
中唐·翰苑
39_501_25

中唐·翰苑
39_504_43

中唐·翰苑
39_505_33

中唐·翰苑
39_506_8

中唐·翰苑
40_509_31

中唐·翰苑
40_510_28

中唐·翰苑
41_523_33

中唐·翰苑
42_532_16

中唐·翰苑
42_535_33

中唐·翰苑
42_536_5

中唐·翰苑
42_537_6

中唐·翰苑
42_537_13

中唐·翰苑
42_537_19

中唐·翰苑
42_539_2

中唐·翰苑
42_539_11

中唐·翰苑
42_542_27

中唐·翰苑
42_543_34

中唐·翰苑
43_544_4

中唐·翰苑
43_547_5

中唐·翰苑
43_548_10

中唐·翰苑
43_551_6

中唐·翰苑
43_552_43

中唐·翰苑
43_554_3

中唐·翰苑
43_554_24

中唐·翰苑
43_554_28

中唐·翰苑
44_556_24

中唐·翰苑
44_556_29

中唐·翰苑
44_557_19

中唐・翰苑 44_558_7
中唐・翰苑 44_567_8
晚唐•摩訶止觀 2_12_6
晚唐•摩訶止觀 3_21_6
晚唐•摩訶止觀 3_23_7
晚唐•摩訶止觀 9_80_16
晚唐•摩訶止觀 10_85_4
晚唐•摩訶止觀 14_123_2

晚唐•摩訶止觀 33_289_6
晚唐•摩訶止觀 33_290_8
晚唐•摩訶止觀 34_293_8
晚唐•摩訶止觀 34_296_10
晚唐•摩訶止觀 34_298_18
晚唐•摩訶止觀 35_301_16
晚唐•摩訶止觀 35_302_27
晚唐•摩訶止觀 35_304_7

晚唐•摩訶止觀 35_306_7
晚唐•摩訶止觀 54_458_29
五代•密教部類 3_32_17
五代•密教部類 3_33_10
五代•密教部類 3_34_10
五代•密教部類 3_34_32
五代•密教部類 6_85_14
五代•大毗盧經 2_7_20

五代•大毗盧經 8_96_50
五代•大毗盧經 12_149_15
五代•大毗盧經 13_158_14
五代•大毗盧經 13_159_5
五代•大毗盧經 13_167_7
五代•大毗盧經 14_170_18
五代•大毗盧經 15_188_5
五代•大毗盧經 20_260_23

五代•大毗盧經 22_284_11
五代•大毗盧經 39_456_15
五代•大毗盧經 39_459_6
五代•大毗盧經 39_472_14
五代•大毗盧經 41_492_11
五代•大毗盧經 43_521_5
五代•大毗盧經 44_527_5
五代•大毗盧經 44_528_15

五代•大毗盧經 46_565_5
五代•大毗盧經 46_567_10
五代•大毗盧經 46_568_14
五代•大毗盧經 49_595_4
五代•大毗盧經 50_612_20
五代•大毗盧經 60_739_4
五代•大毗盧經 60_740_17
五代•大毗盧經 60_741_5

五代•大毗盧經 63_789_3
五代•大毗盧經 67_841_20
五代•大毗盧經 77_934_12
五代•大毗盧經 80_970_5
五代•大毗盧經 80_970_15
五代•大毗盧經 80_970_20
五代•大毗盧經 80_971_10
五代•大毗盧經 80_974_3

五代•大毗盧經
82_996_4

五代•大毗盧經
82_999_3

五代•大毗盧經
82_999_35

五代•大毗盧經
82_1002_2

五代•大毗盧經
84_1025_38

五代•大毗盧經
85_1034_7

五代•大毗盧經
85_1037_17

五代•大毗盧經
85_1048_4

五代•大毗盧經
86_1054_13

五代•大毗盧經
86_1057_9

五代•大毗盧經
88_1079_6

五代•大毗盧經
90_1101_4

五代•大毗盧經
93_1138_4

五代•大毗盧經
93_1141_4

五代•大毗盧經
94_1156_4

五代•大毗盧經
95_1160_5

## 玉王

漢ギョウ呉ゴク
訓たま

初唐•古文尚書
2_15_13

初唐•古文尚書
14_128_8

初唐•古文尚書
14_128_32

初唐•禮記正義
1_15_19

初唐•禮記正義
19_289_22

初唐•禮記正義
20_304_14

初唐•禮記正義
20_305_23

初唐•禮記正義
20_306_6

初唐•禮記正義
20_309_26

初唐•禮記正義
21_316_2

初唐•禮記正義
21_316_19

初唐•禮記正義
21_317_4

初唐•禮記正義
21_319_8

初唐•禮記正義
21_320_23

初唐•禮記正義
21_322_25

初唐•禮記正義
22_326_8

初唐•禮記正義
22_326_10

初唐•禮記正義
22_327_17

初唐•禮記正義
22_330_6

初唐•禮記正義
22_330_12

初唐•禮記正義
22_335_16

初唐•禮記正義
22_337_5

初唐•禮記正義
22_338_26

初唐•禮記正義
23_344_11

初唐•禮記正義
23_346_11

初唐•禮記正義
23_350_13

初唐•禮記正義
23_350_23

初唐•禮記正義
23_351_19

初唐•禮記正義
23_351_27

初唐•禮記正義
23_355_9

初唐•禮記正義
23_355_19

初唐•禮記正義
24_356_12

初唐•禮記正義
24_356_24

初唐•禮記正義
24_357_6

初唐•禮記正義
24_363_24

## 珊

サン
訓さんち

五代•大毗盧經
23_301_2

## 珞

ラク漢レキ
訓—

五代•大毗盧經
46_564_5

五代•大毗盧經
50_618_10

五代•大毗盧經
63_789_22

五代•大毗盧經
64_794_20

五代•大毗盧經
67_842_15

五代•大毗盧經
92_1126_15

## 珏玨

カク
訓ついのぎょく

斑布
中唐・翰苑
33_423_29

## 玗

ウ
訓びいし

中唐・翰苑
24_311_2

中唐・翰苑
24_312_8

中唐・翰苑
17_215_27

中唐・翰苑
30_383_40

晚唐•摩訶止觀
1_3_1

晚唐•摩訶止觀
13_115_1

五代•密教部類
3_30_1

初唐•禮記正義
25_376_18

初唐•禮記正義
25_378_24

初唐•禮記正義
25_386_18

初唐•禮記正義
25_388_2

中唐・翰苑
3_27_27

侯王
中唐・翰苑
12_155_27

中唐・翰苑
16_214_23

初唐•禮記正義
24_364_19

初唐•禮記正義
24_367_22

初唐•禮記正義
24_368_22

初唐•禮記正義
25_373_22

初唐•禮記正義
25_374_26

初唐•禮記正義
25_375_9

初唐•禮記正義
25_376_12

## 珠

現シュ
訓たま

初唐•古文尚書
3_25_8

初唐•古文尚書
3_25_23

初唐•古文尚書
3_26_9

中唐・翰苑
18_232_4

中唐・翰苑
18_233_8

中唐・翰苑
29_378_28

中唐・翰苑
31_403_3

語言殊離
中唐・翰苑
33_433_15

## 珮

漢ハイ
訓おびだま

中唐・翰苑
17_220_36

## 珣

シュン
訓たま

中唐・翰苑
24_311_1

中唐・翰苑
24_312_7

## 珪

漢ケイ
訓たま

初唐•禮記正義
20_303_26

中唐・翰苑
18_234_16

五代•密教部類
4_57_13

五代•密教部類
5_72_19

五代•密教部類
6_87_14

五代•密教部類
6_89_19

五代•密教部類
6_89_36

中唐・翰苑
32_414_20

中唐・翰苑
43_555_10

晚唐•摩訶止観
21_182_27

五代•密教部類
2_14_4

五代•密教部類
3_27_23

五代•密教部類
3_32_26

五代•密教部類
3_37_18

五代•密教部類
4_50_12

## 珍

現チン
訓たから

韓琮
中唐・翰苑
6_76_8

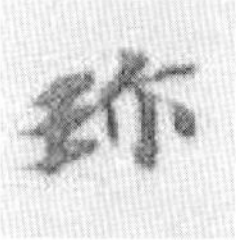
中唐・翰苑
12_155_10

中唐・翰苑
14_175_8

中唐・翰苑
16_214_25

中唐・翰苑
18_232_6

中唐・翰苑
22_296_24

中唐・翰苑
24_322_26

中唐・翰苑
26_344_42

| | | | リ<br>訓すじ | 漢ハン<br>訓わける | | |
|---|---|---|---|---|---|---|
| 晚唐•摩訶止觀<br>31_274_19 | 中唐・翰苑<br>24_315_8 | 初唐•古文尚書<br>47_456_37 | 初唐•古文尚書<br>8_67_8 | 初唐•禮記正義<br>29_453_19 | 五代•大毗盧經<br>31_391_7 | 晚唐•摩訶止觀<br>11_94_8 |
| 晚唐•摩訶止觀<br>33_285_24 | 中唐・翰苑<br>24_320_2 | 中唐・翰苑<br>3_34_4 | 初唐•古文尚書<br>16_148_23 | 中唐・翰苑<br>4_42_15 | 五代•大毗盧經<br>44_533_5 | 晚唐•摩訶止觀<br>51_431_23 |
| 晚唐•摩訶止觀<br>33_287_8 | 晚唐•摩訶止觀<br>5_44_6 | 中唐・翰苑<br>4_40_33 | 初唐•古文尚書<br>29_284_24 | 中唐・翰苑<br>13_166_5 | 五代•大毗盧經<br>46_560_14 | 晚唐•摩訶止觀<br>52_441_27 |
| 晚唐•摩訶止觀<br>33_287_14 | 晚唐•摩訶止觀<br>15_129_7 | 中唐・翰苑<br>10_126_18 | 初唐•古文尚書<br>31_292_18 | 中唐・翰苑<br>13_166_21 | 五代•大毗盧經<br>54_661_24 | 晚唐•摩訶止觀<br>54_461_6 |
| 晚唐•摩訶止觀<br>35_301_28 | 晚唐•摩訶止觀<br>15_129_13 | 中唐・翰苑<br>11_138_25 | 初唐•古文尚書<br>32_303_19 | 中唐・翰苑<br>13_167_21 | 五代•大毗盧經<br>54_667_4 | 晚唐•摩訶止觀<br>62_520_6 |
| 晚唐•摩訶止觀<br>40_342_23 | 晚唐•摩訶止觀<br>15_129_15 | 中唐・翰苑<br>20_259_24 | 初唐•古文尚書<br>34_318_31 | 中唐・翰苑<br>13_168_36 | 五代•大毗盧經<br>57_700_21 | 五代•大毗盧經<br>8_92_15 |
| 晚唐•摩訶止觀<br>40_346_8 | 晚唐•摩訶止觀<br>16_136_11 | 中唐・翰苑<br>20_266_23 | 初唐•古文尚書<br>45_440_21 | 中唐・翰苑<br>33_433_11 | 五代•大毗盧經<br>97_1195_2 | 五代•大毗盧經<br>13_168_6 |
| 晚唐•摩訶止觀<br>40_347_15 | 晚唐•摩訶止觀<br>31_271_26 | 中唐・翰苑<br>22_289_31 | 初唐•古文尚書<br>46_453_10 | | 五代•大毗盧經<br>97_1199_2 | 五代•大毗盧經<br>28_354_10 |

晩唐・摩訶止觀 53_451_9
晩唐・摩訶止觀 53_451_14
晩唐・摩訶止觀 57_486_23
晩唐・摩訶止觀 58_488_5
晩唐・摩訶止觀 58_488_15
晩唐・摩訶止觀 58_488_24
晩唐・摩訶止觀 58_490_4
晩唐・摩訶止觀 58_490_12

晩唐・摩訶止觀 58_491_1
晩唐・摩訶止觀 59_496_13
晩唐・摩訶止觀 59_499_2
五代・大毗盧經 52_643_25
五代・大毗盧經 97_1184_29

# 現

吳現ゲン 漢ケン
訓あらわれる

初唐・十誦律 2_21_1
初唐・十誦律 18_351_6
初唐・般若經 2_4_4
初唐・般若經 2_10_7
初唐・般若經 2_17_2
初唐・般若經 3_23_14
初唐・般若經 3_31_14
初唐・般若經 4_39_14

初唐・般若經 4_47_14
初唐・般若經 5_55_14
初唐・般若經 5_63_14
初唐・般若經 6_71_14
初唐・般若經 6_78_9
初唐・般若經 7_87_2
初唐・般若經 7_95_8
初唐・般若經 8_105_10

初唐・般若經 8_114_2
初唐・般若經 9_120_14
初唐・般若經 9_127_15
初唐・般若經 10_135_8
初唐・般若經 10_143_5
初唐・般若經 11_150_9
初唐・般若經 11_154_2
初唐・般若經 11_160_4

初唐・般若經 12_168_14
初唐・般若經 12_175_9
初唐・般若經 13_182_10
初唐・般若經 13_190_2
初唐・般若經 14_197_6
初唐・般若經 14_200_12
初唐・般若經 14_204_14
初唐・般若經 14_209_4

初唐・般若經 15_215_14
初唐・般若經 15_222_17
初唐・般若經 16_230_3
初唐・般若經 16_238_11
初唐・般若經 17_247_2
初唐・般若經 17_255_10
初唐・般若經 18_263_17
初唐・般若經 18_272_8

初唐 • 般若經
19_280_16

初唐 • 般若經
19_288_2

初唐 • 般若經
20_297_2

初唐 • 般若經
20_305_16

初唐 • 般若經
21_316_9

初唐 • 般若經
22_325_7

初唐 • 般若經
22_332_10

初唐 • 般若經
22_340_2

初唐 • 般若經
23_348_3

初唐 • 般若經
23_356_6

初唐 • 般若經
24_364_1

初唐 • 般若經
24_368_2

初唐 • 般若經
25_374_13

初唐 • 般若經
25_383_13

初唐 • 般若經
25_390_16

初唐 • 般若經
26_398_8

初唐 • 般若經
27_407_2

初唐 • 般若經
27_414_14

初唐 • 般若經
27_418_8

初唐 • 般若經
27_422_14

晚唐•摩訶止觀
1_9_22

晚唐•摩訶止觀
3_25_16

晚唐•摩訶止觀
10_89_18

晚唐•摩訶止觀
12_109_15

晚唐•摩訶止觀
34_294_16

晚唐•摩訶止觀
35_301_7

晚唐•摩訶止觀
60_506_6

五代•密教部類
3_32_13

五代•密教部類
3_34_28

五代•密教部類
6_88_44

五代•大毗盧經
3_30_19

五代•大毗盧經
7_85_6

五代•大毗盧經
8_96_10

五代•大毗盧經
11_139_1

五代•大毗盧經
14_178_18

五代•大毗盧經
17_218_15

五代•大毗盧經
19_239_2

五代•大毗盧經
19_241_8

五代•大毗盧經
20_260_20

五代•大毗盧經
27_339_26

五代•大毗盧經
39_456_7

五代•大毗盧經
44_525_17

五代•大毗盧經
45_548_17

五代•大毗盧經
46_568_10

五代•大毗盧經
52_634_15

五代•大毗盧經
53_654_10

五代•大毗盧經
55_670_23

五代•大毗盧經
60_744_12

五代•大毗盧經
61_750_41

五代•大毗盧經
62_770_2

五代•大毗盧經
63_775_12

五代•大毗盧經
64_794_5

五代•大毗盧經
64_799_23

五代•大毗盧經
71_868_2

五代•大毗盧經
71_878_13

五代•大毗盧經
86_1057_27

| 琮 | 琰 | 琴 | 琨 | 琦 | 琪 | |
|---|---|---|---|---|---|---|
| 漢ソウ<br>訓— | エン<br>訓— | 漢現キン呉ゴン<br>訓こと | コン<br>訓— | 漢キ<br>訓めずらしい | 漢キ<br>訓— | |
| <br>初唐•禮記正義<br>21_321_20 | <br>中唐・翰苑<br>13_172_3 | <br>初唐•古文尚書<br>2_16_22 | <br>初唐•古文尚書<br>4_33_19 | <br>中唐・翰苑<br>43_555_9 | <br>中唐・翰苑<br>24_312_9 | <br>五代•大毗盧經<br>97_1197_11 |
| <br>初唐•禮記正義<br>21_325_7 | <br>五代•大毗盧經<br>48_589_11 | <br>初唐•古文尚書<br>3_24_31 | <br>初唐•古文尚書<br>4_34_2 | | | <br>五代•大毗盧經<br>98_1210_16 |
| <br>初唐•禮記正義<br>21_325_27 | | <br>初唐・毛詩傳<br>4_34_11 | | | | |
| <br>初唐•禮記正義<br>22_326_26 | | | | | | |
| <br>初唐•禮記正義<br>22_329_18 | | | | | | |
| <br>初唐•禮記正義<br>23_348_21 | | | | | | |
| <br>初唐•禮記正義<br>23_348_24 | | | | | | |
| <br>初唐•禮記正義<br>23_350_9 | | | | | | |

初唐•禮記正義
23_350_26

初唐•禮記正義
23_352_19

初唐•禮記正義
23_354_5

初唐•禮記正義
24_356_2

初唐•禮記正義
24_359_4

中唐・翰苑
6_76_23

中唐・翰苑
7_79_6

## 琶

ハ
訓がっき

五代•大毗盧經
87_1063_20

## 瑇

漢タイ
訓—

中唐・翰苑
43_551_22

## 瑟

漢シツ
訓おおごと

初唐•古文尚書
3_17_1

初唐•古文尚書
3_24_32

初唐・毛詩傳
4_34_5

初唐・毛詩傳
4_34_12

中唐・翰苑
18_237_22

五代•大毗盧經
4_43_12

五代•大毗盧經
11_126_2

五代•大毗盧經
11_126_9

五代•大毗盧經
24_302_1

五代•大毗盧經
29_368_16

五代•大毗盧經
29_373_20

五代•大毗盧經
68_856_19

五代•大毗盧經
74_908_2

五代•大毗盧經
74_910_16

五代•大毗盧經
74_912_24

五代•大毗盧經
74_916_2

五代•大毗盧經
75_919_4

五代•大毗盧經
75_920_25

五代•大毗盧經
75_922_24

五代•大毗盧經
75_925_16

五代•大毗盧經
81_984_13

五代•大毗盧經
87_1063_19

五代•大毗盧經
87_1067_19

五代•大毗盧經
88_1070_12

五代•大毗盧經
88_1076_21

五代•大毗盧經
93_1142_18

## 瑑

漢テン 漢チン 漢チ
訓たまのあげぼ

初唐•禮記正義
22_335_8

初唐•禮記正義
22_338_7

初唐•禮記正義
23_342_3

初唐•禮記正義
23_350_25

初唐•禮記正義
23_352_5

初唐•禮記正義
23_355_22

初唐•禮記正義
24_358_29

## 瑗

エン
訓—

初唐•禮記正義
23_345_14

## 瑜

ユ
訓—

五代•大毗盧經
42_510_22

五代•大毗盧經
43_511_7

五代•大毗盧經
43_511_13

五代•大毗盧經
69_861_7

五代•大毗盧經
71_864_8

五代•大毗盧經
88_1072_6

五代•大毗盧經
96_1180_13

五代•大毗盧經
97_1184_3

五代•大毗盧經
2_3_12

五代•大毗盧經
12_142_9

五代•大毗盧經
12_144_3

五代•大毗盧經
23_295_1

五代•大毗盧經
35_411_5

五代•大毗盧經
39_467_3

五代•大毗盧經
42_510_14

五代•大毗盧經
42_510_17

五代•密教部類
3_33_4

五代•密教部類
3_34_4

五代•密教部類
3_35_4

五代•密教部類
3_36_6

五代•密教部類
3_37_4

五代•密教部類
3_38_4

五代•密教部類
3_39_4

五代•密教部類
4_51_22

## 瑞

吳ズイ
訓しるし

初唐•禮記正義
20_305_22

初唐•禮記正義
22_332_8

初唐•禮記正義
22_333_13

初唐•禮記正義
23_346_7

初唐•禮記正義
23_354_18

初唐•禮記正義
23_355_15

初唐•禮記正義
24_358_7

## 瑁

漢ボウ 吳モウ
訓—

中唐・翰苑
43_551_23

## 瓊

漢 ケイ
訓 たま

初唐•禮記正義
2_25_12

初唐•禮記正義
2_27_25

## 環

漢 カン
訓 たまき

初唐•禮記正義
5_76_29

初唐•禮記正義
23_345_7

晩唐•摩訶止觀
22_190_12

五代•大毗盧經
28_361_10

五代•大毗盧經
39_463_9

## 璞

漢 ハク
訓 あらたま

中唐・翰苑
24_312_12

中唐・翰苑
31_399_23

## 璋

ショウ
訓 —

初唐•禮記正義
21_321_15

初唐•禮記正義
21_323_7

初唐•禮記正義
21_323_21

初唐•禮記正義
22_328_16

初唐•禮記正義
22_329_7

初唐•禮記正義
23_349_21

初唐•禮記正義
24_359_2

## 璜

漢 コウ
訓 おびだま

初唐•禮記正義
23_353_15

初唐•禮記正義
23_354_14

## 瑭

トウ、ドウ
訓 たま

初唐•禮記正義
23_353_12

初唐•禮記正義
23_354_13

## 瑶

ヨウ
訓 たま

初唐•古文尚書
4_33_18

初唐•古文尚書
4_34_1

| | | 瓔 | 璽 | | | 璧 |
|---|---|---|---|---|---|---|
| | | 漢エイ呉ヨウ 訓— | シ慣現ジ 訓しるし | | | 漢ヘキ 訓たま |
| | |  中唐・翰苑 18_233_7 |  中唐・翰苑 3_27_28 |  初唐・禮記正義 23_352_1 |  初唐・禮記正義 23_342_26 |  初唐・禮記正義 20_304_25 |
| | |  五代・大毗盧經 46_564_4 | | 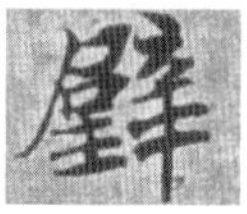 初唐・禮記正義 23_352_15 |  初唐・禮記正義 23_343_3 |  初唐・禮記正義 20_305_21 |
| | |  五代・大毗盧經 50_618_9 | |  初唐・禮記正義 23_354_4 |  初唐・禮記正義 23_344_4 |  初唐・禮記正義 21_321_19 |
| | |  五代・大毗盧經 63_789_21 | |  初唐・禮記正義 25_377_4 |  初唐・禮記正義 23_345_1 |  初唐・禮記正義 21_325_6 |
| | |  五代・大毗盧經 64_794_19 | |  初唐・禮記正義 25_379_21 |  初唐・禮記正義 23_345_21 |  初唐・禮記正義 22_326_25 |
| | |  五代・大毗盧經 67_842_14 | |  初唐・禮記正義 26_401_20 |  初唐・禮記正義 23_348_15 |  初唐・禮記正義 22_329_17 |
| | |  五代・大毗盧經 92_1126_14 | |  初唐・禮記正義 26_403_13 |  初唐・禮記正義 23_348_23 |  初唐・禮記正義 22_332_13 |
| | | | | |  初唐・禮記正義 23_350_4 |  初唐・禮記正義 23_341_1 |

# 无部

既

漢 現 キ
訓 すでに

初唐•古文尚書 13_116_9
初唐•古文尚書 13_120_17
初唐•古文尚書 21_207_11
初唐•古文尚書 24_235_14
初唐•古文尚書 24_237_30
初唐•古文尚書 27_266_8
初唐・毛詩傳 4_44_1
初唐・毛詩傳 5_46_7

初唐・毛詩傳 10_106_4
初唐•禮記正義 4_65_27
初唐•禮記正義 4_66_21
初唐•禮記正義 5_77_26
初唐•禮記正義 5_80_6
初唐•禮記正義 6_86_11
初唐•禮記正義 6_89_10
初唐•禮記正義 7_103_30

初唐•禮記正義 7_109_13
初唐•禮記正義 12_181_22
初唐•禮記正義 13_199_24
初唐•禮記正義 15_233_7
初唐•禮記正義 17_254_24
初唐•禮記正義 18_279_8
初唐•禮記正義 18_280_6
初唐•禮記正義 20_310_22

初唐•禮記正義 21_323_26
初唐•禮記正義 21_324_13
初唐•禮記正義 22_326_3
初唐•禮記正義 22_334_9
初唐•禮記正義 23_346_9
初唐•禮記正義 23_348_12
初唐•禮記正義 24_366_8
初唐•禮記正義 25_379_22

初唐•禮記正義 27_409_14
初唐•禮記正義 27_415_10
初唐•禮記正義 27_421_7
初唐•禮記正義 30_462_12
初唐•禮記正義 30_473_12
初唐・十誦律 19_367_16
中唐・翰苑 2_10_34
中唐・翰苑 3_30_10

中唐・翰苑 4_44_26
中唐・翰苑 5_53_18
中唐・翰苑 6_68_40
中唐・翰苑 6_77_6
中唐・翰苑 10_127_1
中唐・翰苑 10_131_20
中唐・翰苑 18_239_5
中唐・翰苑 19_251_9

| | | | | | | |
|---|---|---|---|---|---|---|
| | | | | <br>晚唐•摩訶止觀<br>45_385_25<br><br>晚唐•摩訶止觀<br>45_386_13<br><br>晚唐•摩訶止觀<br>45_387_14<br><br>晚唐•摩訶止觀<br>49_420_17<br><br>晚唐•摩訶止觀<br>58_494_2<br><br>晚唐•摩訶止觀<br>59_495_26 | <br>晚唐•摩訶止觀<br>16_142_9<br><br>晚唐•摩訶止觀<br>18_155_13<br><br>晚唐•摩訶止觀<br>19_162_1<br><br>晚唐•摩訶止觀<br>38_326_9<br><br>晚唐•摩訶止觀<br>39_340_10<br><br>晚唐•摩訶止觀<br>40_346_9<br><br>晚唐•摩訶止觀<br>42_360_25<br><br>晚唐•摩訶止觀<br>45_385_11 | <br>中唐・翰苑<br>36_465_29<br><br>中唐・翰苑<br>37_477_25<br><br>中唐・翰苑<br>38_489_5<br><br>中唐・翰苑<br>38_491_25<br><br>晚唐•摩訶止觀<br>13_111_17<br><br>晚唐•摩訶止觀<br>16_139_1<br><br>晚唐•摩訶止觀<br>16_139_23<br><br>晚唐•摩訶止觀<br>16_140_21 |

# 木部

## 木

漢現ボク 呉現モク
訓き

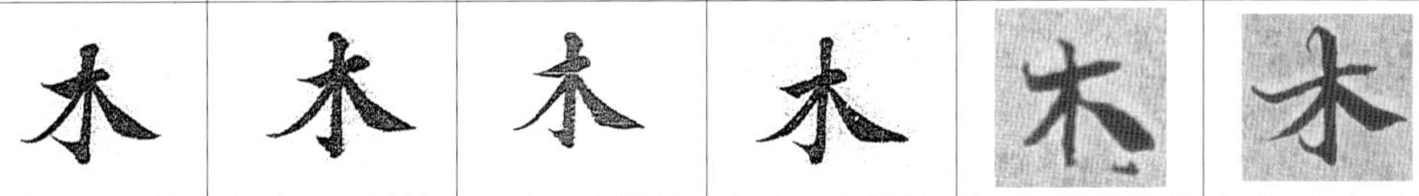

初唐•古文尚書 1_6_14
初唐•古文尚書 19_181_8
初唐・十誦律 2_14_10
初唐・十誦律 6_110_6
初唐・十誦律 7_116_10
初唐・十誦律 11_197_8

初唐•古文尚書 3_20_12
初唐•禮記正義 24_356_28
初唐・十誦律 2_18_9
初唐・十誦律 6_111_3
初唐・十誦律 7_117_10
初唐・十誦律 11_197_19

初唐•古文尚書 4_31_6
初唐•禮記正義 24_369_26
初唐・十誦律 2_23_2
初唐・十誦律 6_111_17
初唐・十誦律 10_188_4
初唐・十誦律 11_210_6

初唐•古文尚書 4_34_12
初唐・十誦律 1_4_12
初唐・十誦律 2_25_3
初唐・十誦律 6_112_6
初唐・十誦律 10_188_15
初唐・十誦律 11_210_17

初唐•古文尚書 4_35_1
初唐・十誦律 1_6_6
初唐・十誦律 6_106_10
初唐・十誦律 6_112_16
初唐・十誦律 10_191_10
初唐・十誦律 12_215_17

初唐•古文尚書 7_53_2
初唐・十誦律 1_8_10
初唐・十誦律 6_107_10
初唐・十誦律 7_113_13
初唐・十誦律 10_192_11
初唐・十誦律 12_218_9

初唐•古文尚書 7_53_20
初唐・十誦律 1_10_5
初唐・十誦律 6_108_16
初唐・十誦律 7_114_9
初唐・十誦律 10_194_15
初唐・十誦律 12_220_1

初唐•古文尚書 19_180_23
初唐・十誦律 2_13_10
初唐・十誦律 6_109_9
初唐・十誦律 7_115_9
初唐・十誦律 11_195_10
初唐・十誦律 12_221_1

初唐·十誦律 12_224_4
初唐·十誦律 12_227_5
初唐·十誦律 12_231_9
初唐·十誦律 12_233_6
初唐·十誦律 13_236_1
初唐·十誦律 13_238_13
初唐·十誦律 13_241_2
初唐·十誦律 13_242_11

初唐·十誦律 13_245_9
初唐·十誦律 13_247_9
初唐·十誦律 13_250_11
初唐·十誦律 13_253_11
初唐·十誦律 14_255_11
初唐·十誦律 14_258_15
初唐·十誦律 14_261_6
初唐·十誦律 14_263_10

初唐·十誦律 14_266_9
初唐·十誦律 14_268_15
初唐·十誦律 14_269_10
初唐·十誦律 14_270_12
初唐·十誦律 18_345_14
初唐·十誦律 18_350_2
初唐·十誦律 18_351_1
初唐·十誦律 19_359_10

初唐·十誦律 19_360_11
初唐·十誦律 19_362_1
初唐·十誦律 19_363_1
中唐·翰苑 4_40_17
中唐·翰苑 7_91_13
中唐·翰苑 10_120_31
中唐·翰苑 11_138_9
中唐·翰苑 11_139_31

中唐·翰苑 18_236_28
中唐·翰苑 24_310_12
中唐·翰苑 27_358_32
中唐·翰苑 28_361_37
中唐·翰苑 28_370_25
中唐·翰苑 29_371_26
中唐·翰苑 30_387_42
中唐·翰苑 31_399_39

中唐·翰苑 33_432_23
中唐·翰苑 38_485_29
中唐·翰苑 38_487_6
中唐·翰苑 40_511_18
中唐·翰苑 40_515_4
中唐·翰苑 41_520_26
晚唐·摩訶止觀 20_176_1
晚唐·摩訶止觀 20_177_2

晚唐·摩訶止觀 59_495_13
晚唐·摩訶止觀 62_521_8
五代·大毗盧經 2_18_4
五代·大毗盧經 92_1130_17

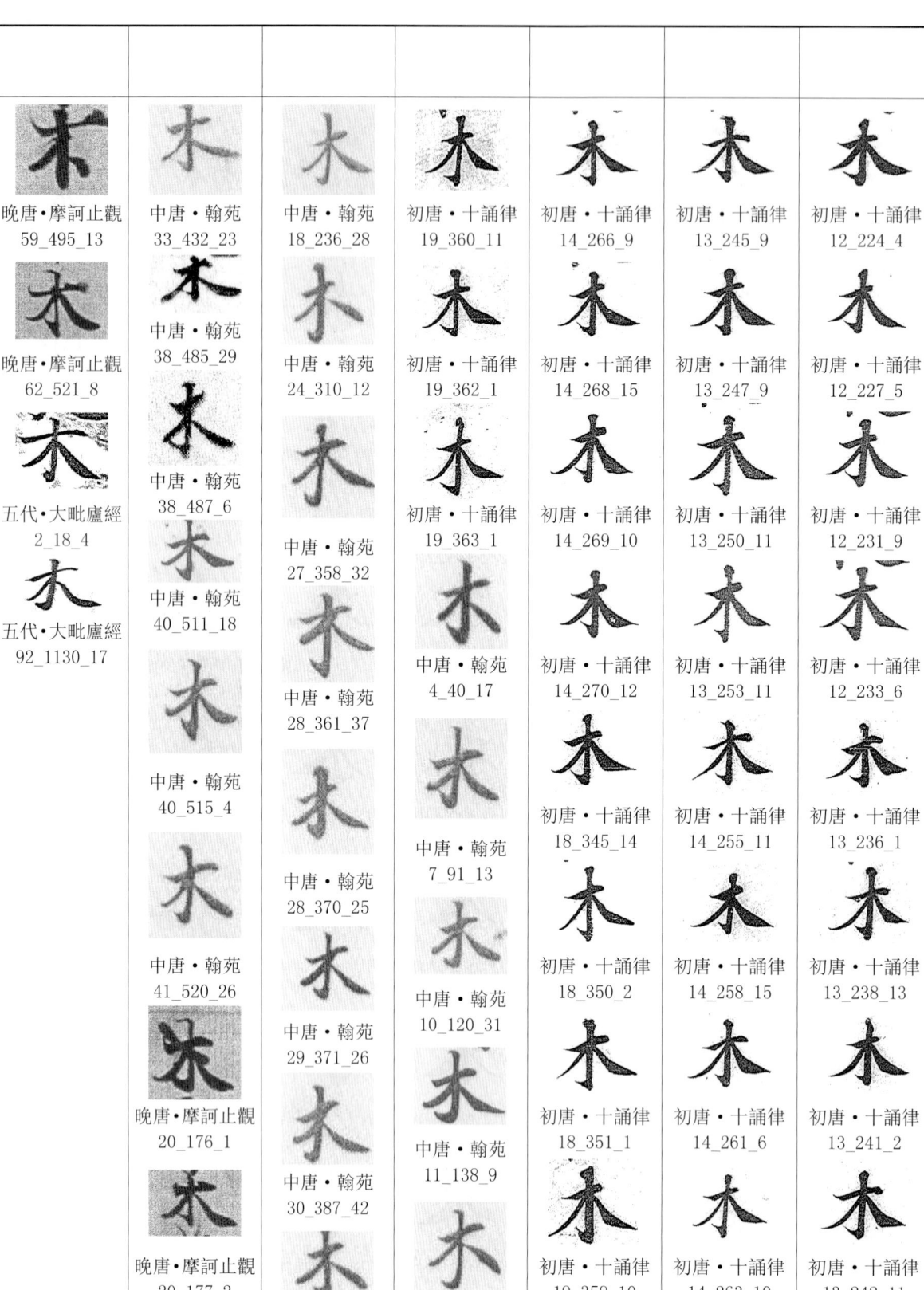

吳 ミ 漢 ビ
訓 いまだ

初唐・古文尚書 24_239_8
初唐・古文尚書 32_304_16
初唐・古文尚書 32_305_20
初唐・古文尚書 33_311_18
初唐・禮記正義 10_152_16
初唐・禮記正義 11_175_5
初唐・禮記正義 11_175_7
初唐・禮記正義 12_192_27

初唐・禮記正義 14_217_6
初唐・禮記正義 14_220_19
初唐・禮記正義 23_341_24
初唐・禮記正義 26_399_7
初唐・禮記正義 27_411_16
初唐・禮記正義 27_412_19
初唐・禮記正義 27_413_20
初唐・禮記正義 27_414_11

初唐・禮記正義 27_416_13
初唐・禮記正義 27_426_1
初唐・禮記正義 28_428_27
初唐・禮記正義 29_449_22
初唐・禮記正義 29_459_2
初唐・禮記正義 30_473_13
初唐・十誦律 1_3_10
初唐・十誦律 1_3_17

初唐・十誦律 1_4_6
初唐・十誦律 1_4_14
初唐・十誦律 6_100_15
初唐・十誦律 6_102_12
初唐・十誦律 9_172_12
初唐・十誦律 12_221_8
初唐・十誦律 12_221_10
初唐・十誦律 12_224_11

初唐・十誦律 12_227_13
初唐・十誦律 12_233_13
初唐・十誦律 12_233_15
初唐・十誦律 13_236_8
初唐・十誦律 13_237_9
初唐・十誦律 13_239_2
初唐・十誦律 19_360_16
初唐・十誦律 19_361_7

中唐・翰苑 4_36_7
中唐・翰苑 4_43_37
中唐・翰苑 4_45_14
中唐・翰苑 4_45_20
中唐・翰苑 8_97_15
中唐・翰苑 9_113_30
中唐・翰苑 10_126_22
中唐・翰苑 10_128_15

中唐・翰苑 14_174_5
來如飛鳥 中唐・翰苑 14_181_17
中唐・翰苑 23_307_10
中唐・翰苑 26_343_18
中唐・翰苑 30_395_9
中唐・翰苑 33_423_16
中唐・翰苑 33_429_41
中唐・翰苑 36_467_12

## 本

ホン
**訓** もと

## 末

**慣** マツ **漢** バツ
**訓** すえ

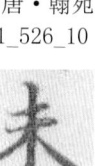

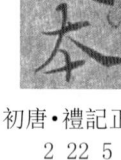

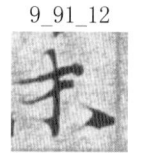

初唐•禮記正義 28_437_17
初唐•禮記正義 28_438_23
初唐•禮記正義 28_439_10
初唐•禮記正義 28_440_15
初唐•禮記正義 28_440_18
初唐•禮記正義 28_441_11
初唐•禮記正義 28_443_26

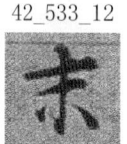

初唐•古文尚書 16_147_27
初唐•古文尚書 20_187_31
初唐•古文尚書 47_459_22
初唐・毛詩傳 1_4_8
初唐・毛詩傳 9_91_14
初唐•禮記正義 2_22_5
初唐•禮記正義 17_265_3

中唐・翰苑 21_278_11
中唐・翰苑 31_406_30
中唐・翰苑 42_533_12
晚唐•摩訶止觀 3_22_1
晚唐•摩訶止觀 62_521_13
五代•密教部類 1_8_15
五代•大毗盧經 21_268_22
五代•大毗盧經 93_1143_10

初唐・毛詩傳 6_65_11
初唐・毛詩傳 7_69_20
初唐・毛詩傳 7_72_17
初唐・毛詩傳 9_91_12
初唐・毛詩傳 9_91_15
初唐•禮記正義 4_66_18
初唐•禮記正義 10_161_19
中唐・翰苑 12_158_37

五代•大毗盧經 43_511_9
五代•大毗盧經 46_563_4
五代•大毗盧經 50_619_19
五代•大毗盧經 55_679_25
五代•大毗盧經 97_1192_9

晚唐•摩訶止觀 43_367_20
晚唐•摩訶止觀 43_369_16
晚唐•摩訶止觀 58_491_10
晚唐•摩訶止觀 58_493_20
晚唐•摩訶止觀 59_498_26
五代•大毗盧經 15_196_6
五代•大毗盧經 25_320_35
五代•大毗盧經 39_471_21

中唐・翰苑 38_494_24
中唐・翰苑 41_526_10
中唐・翰苑 41_528_14
晚唐•摩訶止觀 1_2_7
晚唐•摩訶止觀 12_109_21
晚唐•摩訶止觀 23_197_18
晚唐•摩訶止觀 35_303_25
晚唐•摩訶止觀 36_314_25

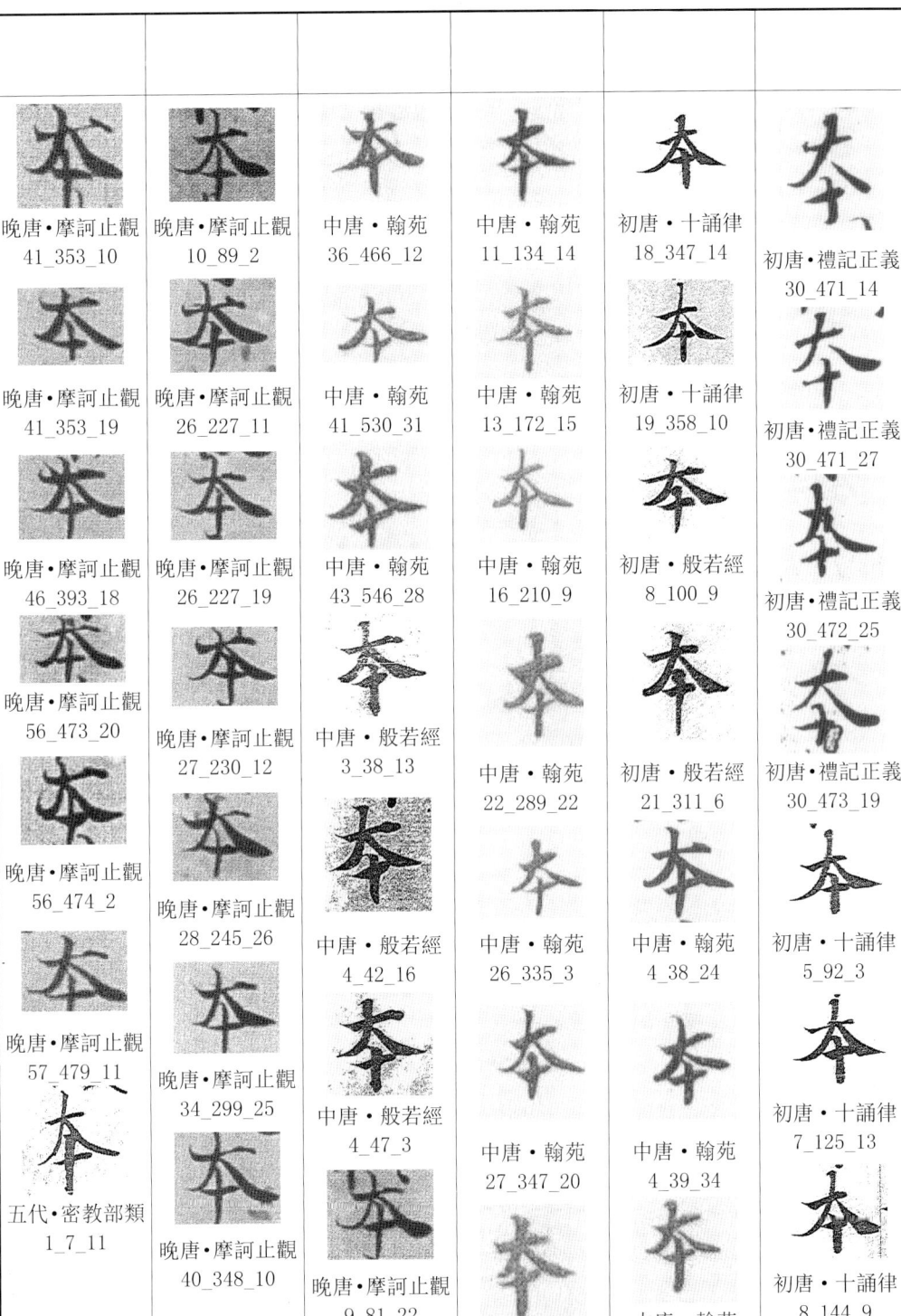

初唐•禮記正義 29_454_26
初唐•禮記正義 29_456_10
初唐•禮記正義 30_460_17
初唐•禮記正義 30_462_4
初唐•禮記正義 30_462_27
初唐•禮記正義 30_463_26
初唐•禮記正義 30_466_25

初唐•禮記正義 30_471_14
初唐•禮記正義 30_471_27
初唐•禮記正義 30_472_25
初唐•禮記正義 30_473_19
初唐•十誦律 5_92_3
初唐•十誦律 7_125_13
初唐•十誦律 8_144_9

初唐•十誦律 18_347_14
初唐•十誦律 19_358_10
初唐•般若經 8_100_9
初唐•般若經 21_311_6
中唐•翰苑 4_38_24
中唐•翰苑 4_39_34
中唐•翰苑 9_117_13

中唐•翰苑 11_134_14
中唐•翰苑 13_172_15
中唐•翰苑 16_210_9
中唐•翰苑 22_289_22
中唐•翰苑 26_335_3
中唐•翰苑 27_347_20
中唐•翰苑 35_451_9

中唐•翰苑 36_466_12
中唐•翰苑 41_530_31
中唐•翰苑 43_546_28
中唐•般若經 3_38_13
中唐•般若經 4_42_16
中唐•般若經 4_47_3
晚唐•摩訶止觀 9_81_22

晚唐•摩訶止觀 10_89_2
晚唐•摩訶止觀 26_227_11
晚唐•摩訶止觀 26_227_19
晚唐•摩訶止觀 27_230_12
晚唐•摩訶止觀 28_245_26
晚唐•摩訶止觀 34_299_25
晚唐•摩訶止觀 40_348_10

晚唐•摩訶止觀 41_353_10
晚唐•摩訶止觀 41_353_19
晚唐•摩訶止觀 46_393_18
晚唐•摩訶止觀 56_473_20
晚唐•摩訶止觀 56_474_2
晚唐•摩訶止觀 57_479_11
五代•密教部類 1_7_11

五代•密教部類 1_8_14
五代•密教部類 3_26_6
五代•密教部類 3_30_19
五代•密教部類 3_31_6
五代•密教部類 3_40_6
五代•密教部類 4_42_5
五代•密教部類 4_52_6

五代•密教部類 5_61_3
五代•密教部類 5_64_14
五代•密教部類 5_65_10
五代•密教部類 5_66_14
五代•密教部類 5_67_11
五代•密教部類 5_68_11
五代•密教部類 5_69_12

五代•密教部類 5_73_8
五代•密教部類 5_73_17
五代•密教部類 6_76_1
五代•密教部類 6_80_18
五代•密教部類 6_84_26
五代•密教部類 6_84_31
五代•密教部類 6_85_24

五代•密教部類 6_88_23
五代•密教部類 6_89_25
五代•大毗盧經 5_52_9
五代•大毗盧經 6_68_17
五代•大毗盧經 7_81_7
五代•大毗盧經 11_130_23
五代•大毗盧經 12_142_7

五代•大毗盧經 12_145_18
五代•大毗盧經 15_194_12
五代•大毗盧經 16_200_12
五代•大毗盧經 20_255_12
五代•大毗盧經 20_255_23
五代•大毗盧經 20_256_7
五代•大毗盧經 25_319_21

五代•大毗盧經 26_333_28
五代•大毗盧經 27_337_40
五代•大毗盧經 27_337_44
五代•大毗盧經 37_434_17
五代•大毗盧經 39_454_9
五代•大毗盧經 40_480_14
五代•大毗盧經 40_481_20

五代•大毗盧經 40_482_7
五代•大毗盧經 40_482_11
五代•大毗盧經 42_504_24
五代•大毗盧經 42_506_13
五代•大毗盧經 43_515_13
五代•大毗盧經 50_608_11
五代•大毗盧經 51_627_9

## 朱 朴

| | | 朱 | 朴 | | | |
|---|---|---|---|---|---|---|
| | | 漢現シュ<br>訓あかい | ハク慣ボク漢ハク<br>訓すなお | | | |
| 中唐・翰苑<br>19_254_36 | 中唐・翰苑<br>6_65_24 | 初唐・古文尚書<br>5_45_16 | 羅、朴……七姓<br>中唐・翰苑<br>37_477_37 | 五代・大毗盧經<br>96_1177_29 | 五代・大毗盧經<br>67_834_13 | 五代・大毗盧經<br>52_640_8 |
| 中唐・翰苑<br>19_255_15 | 中唐・翰苑<br>19_250_23 | 初唐・毛詩傳<br>4_42_6 | | 五代・大毗盧經<br>97_1186_9 | 五代・大毗盧經<br>82_1004_8 | 五代・大毗盧經<br>56_687_3 |
| 中唐・翰苑<br>20_256_37 | 中唐・翰苑<br>19_252_46 | 初唐・毛詩傳<br>4_42_20 | | 五代・大毗盧經<br>97_1199_4 | 五代・大毗盧經<br>88_1079_27 | 五代・大毗盧經<br>57_693_17 |
| 中唐・翰苑<br>20_257_6 | 中唐・翰苑<br>19_253_5 | 初唐・毛詩傳<br>4_43_13 | | | 五代・大毗盧經<br>89_1087_12 | 五代・大毗盧經<br>57_693_26 |
| 中唐・翰苑<br>20_257_33 | 中唐・翰苑<br>19_253_16 | 初唐・毛詩傳<br>4_43_24 | | | 五代・大毗盧經<br>92_1122_1 | 五代・大毗盧經<br>57_696_30 |
| 中唐・翰苑<br>23_307_2 | 中唐・翰苑<br>19_253_36 | 初唐・毛詩傳<br>5_45_11 | | | 五代・大毗盧經<br>93_1139_2 | 五代・大毗盧經<br>60_745_15 |
| 中唐・翰苑<br>36_459_38 | 中唐・翰苑<br>19_254_21 | 初唐・禮記正義<br>7_104_30 | | | 五代・大毗盧經<br>96_1177_22 | 五代・大毗盧經<br>66_829_30 |
| 中唐・翰苑<br>36_463_1 | 中唐・翰苑<br>19_254_28 | 初唐・禮記正義<br>24_364_7 | | | | |

| | 杖 | 杅 | 杕 | | 杜 | |
|---|---|---|---|---|---|---|
| | ジョウ 訓てこ | ウ漢オ 訓ゆのみ | 漢テイ呉ダイ 訓— | | 慣ド漢ト呉ズ 訓やまなし | |

載杖以行
初唐•禮記正義
18_278_13

五代•大毗盧經
51_622_19

五代•大毗盧經
67_842_10

五代•大毗盧經
77_931_14

五代•大毗盧經
80_965_20

## 杖

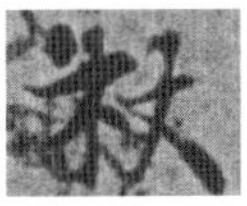
初唐•禮記正義
11_165_14

初唐•禮記正義
11_166_15

初唐•禮記正義
11_176_12

初唐•禮記正義
12_180_22

初唐•禮記正義
12_181_8

初唐•禮記正義
18_268_22

初唐•禮記正義
18_269_20

初唐•禮記正義
18_278_7

## 杅

中唐・翰苑
9_108_7

## 杕

初唐・毛詩傳
7_76_1

初唐・毛詩傳
7_78_2

初唐・毛詩傳
7_78_11

初唐・毛詩傳
8_84_10

初唐・毛詩傳
8_88_1

初唐•禮記正義
16_247_12

以爲怯
中唐・翰苑
3_22_23

中唐・翰苑
6_65_18

## 杜

初唐・毛詩傳
7_76_2

初唐・毛詩傳
7_78_4

初唐・毛詩傳
7_78_15

初唐・毛詩傳
8_84_12

初唐・毛詩傳
8_88_2

初唐•禮記正義
4_63_14

初唐•禮記正義
4_64_9

初唐•禮記正義
5_68_3

中唐・翰苑
36_464_5

中唐・翰苑
40_514_13

中唐・翰苑
40_516_14

中唐・翰苑
45_577_10

五代•大毗盧經
19_241_6

五代•大毗盧經
63_779_6

| 枉 | | 東 | 杞 | 李 | 杓 | 杏 |
|---|---|---|---|---|---|---|
| オウ<br>訓まがる | | 吳ソク<br>訓たば | キ慣コ<br>訓くこ | リ<br>訓すもも | 漢シャク<br>訓ひしゃく | 慣キョウ漢コウ<br>唐アン<br>訓あんず |
| <br>枉公<br>初唐•古文尚書<br>32_297_30<br><br>枉法<br>初唐•古文尚書<br>45_438_2<br><br>左袵<br>中唐・翰苑<br>37_481_26 | 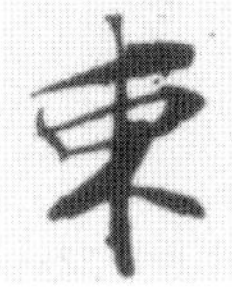<br>初唐•禮記正義<br>22_327_1<br><br>初唐•禮記正義<br>22_329_20<br><br>初唐•禮記正義<br>25_377_1<br><br>初唐•禮記正義<br>25_379_18<br><br>初唐•禮記正義<br>25_379_24<br>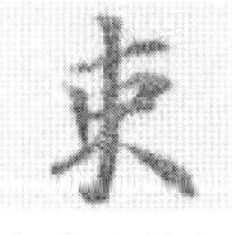<br>中唐・翰苑<br>30_387_17 | <br>初唐・毛詩傳<br>6_62_3<br><br>初唐・毛詩傳<br>6_63_15<br><br>初唐・毛詩傳<br>6_64_35<br><br>初唐・毛詩傳<br>7_68_26<br><br>初唐・毛詩傳<br>7_71_7<br>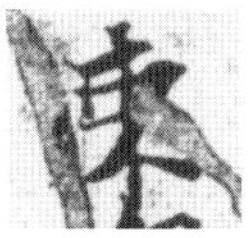<br>初唐•禮記正義<br>21_321_22<br><br>初唐•禮記正義<br>21_325_9 | <br>初唐•禮記正義<br>28_439_23<br><br>初唐•禮記正義<br>28_440_11 | 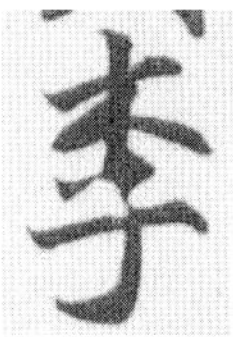<br>中唐・翰苑<br>2_20_21<br><br>中唐・翰苑<br>2_21_5<br><br>中唐・翰苑<br>3_22_42<br><br>中唐・翰苑<br>35_446_12 | <br>五代•大毗盧經<br>37_437_8 | <br>五代•大毗盧經<br>85_1035_11 |

## 枚

吴マイ漢バイ
訓むち

枚根
中唐・翰苑
39_502_7

中唐・翰苑
39_505_5

中唐・翰苑
39_505_27

## 析

漢現セキ吴シャク
訓さく

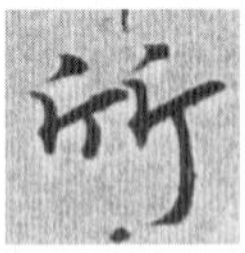
初唐・古文尚書
16_146_15

初唐・古文尚書
16_146_28

中唐・翰苑
25_327_13

中唐・翰苑
25_329_25

晚唐・摩訶止觀
29_252_6

晚唐・摩訶止觀
29_255_13

晚唐・摩訶止觀
38_326_20

晚唐・摩訶止觀
38_332_18

五代・大毗盧經
66_822_13

五代・大毗盧經
83_1009_3

中唐・翰苑
30_384_10

中唐・翰苑
30_384_22

中唐・翰苑
34_445_6

中唐・翰苑
34_445_24

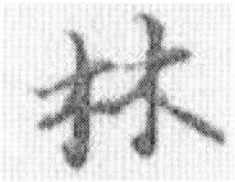
中唐・翰苑
42_533_6

中唐・翰苑
42_535_25

晚唐・摩訶止觀
1_8_5

晚唐・摩訶止觀
12_104_2

## 林

現リン
訓はやし

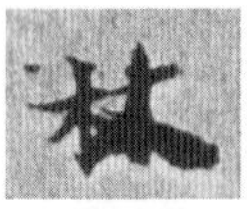
初唐・古文尚書
2_9_9

初唐・十誦律
3_34_12

中唐・翰苑
3_33_15

中唐・翰苑
5_58_41

中唐・翰苑
7_89_4

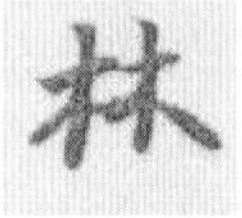
中唐・翰苑
7_90_28

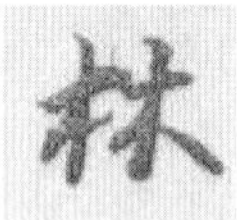
中唐・翰苑
7_91_12

中唐・翰苑
27_351_42

## 枝

シ漢キ
訓えだ

中唐・翰苑
13_165_23

中唐・翰苑
13_171_23

中唐・翰苑
24_321_19

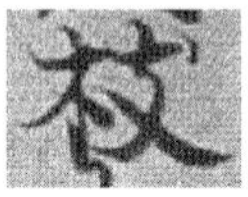
晚唐・摩訶止觀
26_227_18

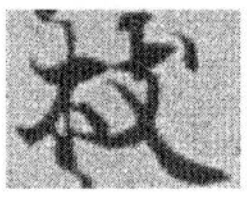
晚唐・摩訶止觀
40_348_9

晚唐・摩訶止觀
41_353_3

晚唐・摩訶止觀
41_353_26

五代・大毗盧經
46_564_15

## 杶

チュン
訓ちゃんちん

初唐・古文尚書
5_44_11

## 東

漢トウ
訓ひがし

初唐•古文尚書
1_2_25

初唐•古文尚書
2_11_2

初唐•古文尚書
3_18_1

初唐•古文尚書
3_19_7

初唐•古文尚書
3_19_20

初唐•古文尚書
25_246_16

初唐•古文尚書
29_284_11

## 杼

漢チョ
訓ひ

初唐・毛詩傳
10_103_2

## 杻

漢ジュウ
訓もち

初唐・毛詩傳
3_30_20

初唐・毛詩傳
3_30_25

## 杭

コウ
訓わたる

中唐・翰苑
5_63_3

## 板

ハン慣バン
訓いた

初唐•禮記正義
24_366_16

初唐•禮記正義
24_370_7

中唐・翰苑
37_474_10

中唐・翰苑
37_478_16

## 杵

ショ
訓きね

五代•大毗盧經
9_105_16

五代•大毗盧經
16_201_5

五代•大毗盧經
63_789_15

五代•大毗盧經
63_792_7

五代•大毗盧經
68_849_24

五代•大毗盧經
92_1126_20

## 松

漢ショウ
訓まつ

初唐•古文尚書
2_15_2

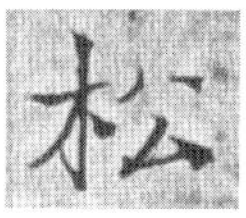
初唐•古文尚書
5_44_20

中唐・翰苑
24_310_16

初唐•古文尚書
29_285_2

初唐•古文尚書
31_286_25

初唐•古文尚書
34_320_5

初唐•毛詩傳
6_62_26

初唐•毛詩傳
6_65_17

初唐•毛詩傳
7_69_6

初唐•禮記正義
14_218_3

初唐•禮記正義
24_371_24

中唐•翰苑
2_12_21

中唐•翰苑
6_73_26

車重
中唐•翰苑
6_75_29

中唐•翰苑
6_77_13

中唐•翰苑
7_78_23

中唐•翰苑
7_87_4

中唐•翰苑
7_87_10

中唐•翰苑
8_98_1

中唐•翰苑
8_98_25

中唐•翰苑
8_105_23

中唐•翰苑
10_126_3

中唐•翰苑
11_134_15

中唐•翰苑
11_135_1

中唐•翰苑
11_137_3

中唐•翰苑
12_146_15

中唐•翰苑
12_146_17

中唐•翰苑
12_150_10

中唐•翰苑
12_152_17

中唐•翰苑
13_163_3

中唐•翰苑
13_168_43

中唐•翰苑
13_168_45

中唐•翰苑
13_170_7

中唐•翰苑
13_170_22

中唐•翰苑
14_173_13

中唐•翰苑
14_173_32

中唐•翰苑
14_174_36

中唐•翰苑
14_174_44

中唐•翰苑
14_180_5

中唐•翰苑
14_184_16

中唐•翰苑
14_185_23

中唐•翰苑
14_186_28

中唐•翰苑
15_187_2

中唐•翰苑
15_189_1

中唐•翰苑
15_194_23

中唐•翰苑
16_202_42

中唐•翰苑
16_203_12

中唐•翰苑
16_203_25

中唐•翰苑
16_212_1

中唐•翰苑
16_212_3

中唐•翰苑
16_212_17

中唐•翰苑
16_212_36

中唐・翰苑 16_213_8
中唐・翰苑 16_214_4
中唐・翰苑 17_215_11
中唐・翰苑 17_225_17
中唐・翰苑 17_226_34
中唐・翰苑 17_228_6
中唐・翰苑 19_244_22

中唐・翰苑 19_255_29
中唐・翰苑 20_258_28
中唐・翰苑 20_259_6
中唐・翰苑 20_260_37
中唐・翰苑 20_263_4
中唐・翰苑 20_264_21
中唐・翰苑 21_272_28

中唐・翰苑 21_280_37
中唐・翰苑 21_282_20
中唐・翰苑 21_282_29
中唐・翰苑 21_282_33
中唐・翰苑 22_283_4
中唐・翰苑 22_284_19
中唐・翰苑 22_285_14

中唐・翰苑 22_290_4
中唐・翰苑 22_292_1
中唐・翰苑 22_292_25
束馬懸軍 中唐・翰苑 22_293_5
中唐・翰苑 23_297_22
中唐・翰苑 23_299_18
中唐・翰苑 23_300_1

中唐・翰苑 23_300_45
中唐・翰苑 23_301_13
中唐・翰苑 23_301_26
中唐・翰苑 23_302_25
中唐・翰苑 23_304_7
中唐・翰苑 23_304_18
中唐・翰苑 23_306_10

中唐・翰苑 23_309_2
中唐・翰苑 24_311_14
中唐・翰苑 24_311_28
中唐・翰苑 24_312_23
中唐・翰苑 24_312_29
中唐・翰苑 24_313_11
中唐・翰苑 24_314_8

中唐・翰苑 24_316_40
中唐・翰苑 24_317_14
中唐・翰苑 24_320_6
中唐・翰苑 24_320_32
中唐・翰苑 25_324_15
中唐・翰苑 25_326_10
中唐・翰苑 26_335_28

中唐・翰苑
26_336_8

中唐・翰苑
26_336_25

中唐・翰苑
26_337_9

中唐・翰苑
26_343_23

中唐・翰苑
27_347_9

中唐・翰苑
27_348_1

中唐・翰苑
27_356_10

中唐・翰苑
27_356_20

中唐・翰苑
28_366_22

中唐・翰苑
28_366_36

中唐・翰苑
28_367_34

中唐・翰苑
28_370_3

中唐・翰苑
29_371_3

中唐・翰苑
29_372_32

中唐・翰苑
29_373_40

中唐・翰苑
29_381_19

中唐・翰苑
30_383_2

中唐・翰苑
30_386_13

中唐・翰苑
31_397_4

中唐・翰苑
31_401_18

中唐・翰苑
31_403_1

中唐・翰苑
31_403_17

中唐・翰苑
31_404_9

中唐・翰苑
31_406_43

中唐・翰苑
31_407_2

中唐・翰苑
32_414_30

中唐・翰苑
32_418_36

中唐・翰苑
37_481_2

中唐・翰苑
37_482_4

中唐・翰苑
37_482_28

中唐・翰苑
37_482_37

中唐・翰苑
38_483_13

中唐・翰苑
42_536_20

中唐・翰苑
42_537_11

中唐・翰苑
42_539_9

中唐・翰苑
42_539_13

中唐・翰苑
42_540_32

中唐・翰苑
42_543_15

中唐・翰苑
42_543_43

中唐・翰苑
43_544_1

中唐・翰苑
43_549_25

中唐・翰苑
45_576_11

中唐・翰苑
45_577_4

晚唐•摩訶止觀
10_84_20

晚唐•摩訶止觀
44_381_2

五代•大毗盧經
14_181_2

五代•大毗盧經
50_606_7

五代•大毗盧經
63_781_7

五代•大毗盧經
71_866_11

果 𣎳

現 カ
訓 はたす

五代•大毗盧經 78_945_3
五代•大毗盧經 79_964_4
五代•大毗盧經 90_1094_2
五代•大毗盧經 90_1099_12
五代•大毗盧經 91_1119_1
五代•大毗盧經 92_1126_1

初唐•禮記正義 5_71_3
初唐•般若經 13_190_10
初唐•般若經 13_190_15
初唐•般若經 13_192_2
初唐•般若經 13_193_17
初唐•般若經 13_194_10
初唐•般若經 13_196_2
初唐•般若經 27_407_12

初唐•般若經 27_407_17
初唐•般若經 27_409_6
初唐•般若經 27_411_6
初唐•般若經 27_411_16
初唐•般若經 27_413_10
中唐•翰苑 4_49_19
中唐•般若經 15_257_11
中唐•般若經 15_258_6

中唐•般若經 15_258_12
中唐•般若經 15_259_3
中唐•般若經 15_259_15
中唐•般若經 15_260_9
中唐•般若經 15_260_15
中唐•般若經 15_261_6
中唐•般若經 15_261_17
中唐•般若經 15_262_12

中唐•般若經 15_263_1
中唐•般若經 15_263_9
中唐•般若經 15_264_4
中唐•般若經 15_264_16
中唐•般若經 15_265_5
中唐•般若經 15_265_13
中唐•般若經 16_268_3
中唐•般若經 16_269_2

中唐•般若經 16_269_15
中唐•般若經 16_270_13
中唐•般若經 16_271_8
中唐•般若經 16_272_7
中唐•般若經 16_273_3
中唐•般若經 16_274_2
中唐•般若經 16_276_13
中唐•般若經 16_277_11

中唐•般若經 16_278_6
中唐•般若經 16_279_3
中唐•般若經 16_279_14
中唐•般若經 16_280_12
中唐•般若經 16_281_7
中唐•般若經 16_282_5
晚唐•摩訶止觀 1_10_12
晚唐•摩訶止觀 1_10_17

五代•大毗盧經
80_969_11

五代•大毗盧經
24_310_27

五代•大毗盧經
24_310_30

五代•大毗盧經
26_333_33

五代•大毗盧經
26_334_6

五代•大毗盧經
27_337_31

五代•大毗盧經
35_415_18

五代•大毗盧經
39_458_14

五代•大毗盧經
45_547_14

晚唐•摩訶止觀
56_474_24

晚唐•摩訶止觀
60_507_26

晚唐•摩訶止觀
60_508_10

五代•密教部類
5_63_11

五代•大毗盧經
8_91_19

五代•大毗盧經
13_165_4

五代•大毗盧經
15_189_41

五代•大毗盧經
24_310_21

晚唐•摩訶止觀
28_244_12

晚唐•摩訶止觀
28_244_20

晚唐•摩訶止觀
42_361_2

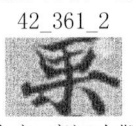

晚唐•摩訶止觀
45_389_22

晚唐•摩訶止觀
47_401_21

晚唐•摩訶止觀
55_466_22

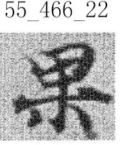

晚唐•摩訶止觀
55_467_5

晚唐•摩訶止觀
56_470_5

晚唐•摩訶止觀
26_228_9

晚唐•摩訶止觀
26_228_11

晚唐•摩訶止觀
26_228_17

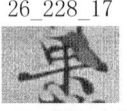

晚唐•摩訶止觀
27_236_21

晚唐•摩訶止觀
27_237_5

晚唐•摩訶止觀
27_237_11

晚唐•摩訶止觀
28_240_25

晚唐•摩訶止觀
28_241_5

晚唐•摩訶止觀
17_150_3

晚唐•摩訶止觀
17_150_9

晚唐•摩訶止觀
17_151_8

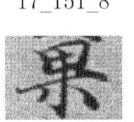

晚唐•摩訶止觀
17_151_24

晚唐•摩訶止觀
19_168_4

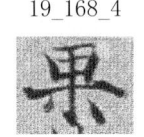

晚唐•摩訶止觀
20_170_7

晚唐•摩訶止觀
26_221_15

晚唐•摩訶止觀
26_225_10

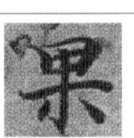

晚唐•摩訶止觀
2_11_4

晚唐•摩訶止觀
2_11_10

晚唐•摩訶止觀
15_134_15

晚唐•摩訶止觀
16_141_7

晚唐•摩訶止觀
17_145_10

晚唐•摩訶止觀
17_145_13

晚唐•摩訶止觀
17_147_16

晚唐•摩訶止觀
17_149_25

## 柯

カ
訓え

中唐・翰苑
5_62_8

## 柄

漢ヘイ呉ヒョウ
訓え

中唐・翰苑
31_407_20

## 柘

シャ
訓やまぐわ

初唐・古文尚書
5_44_16

## 栲

慣ゴウ漢コウ
訓ぬるで

初唐・毛詩傳
3_30_17

初唐・毛詩傳
3_30_21

## 枯

漢コ
訓かれる

五代・大毗盧經
64_801_7

初唐・十誦律
5_73_16

初唐・十誦律
5_75_4

初唐・十誦律
5_76_9

初唐・十誦律
5_82_9

初唐・十誦律
5_83_4

初唐・十誦律
5_84_7

初唐・十誦律
5_86_1

初唐・十誦律
5_87_10

## 某

漢ボウ
訓それがし

初唐・禮記正義
6_89_32

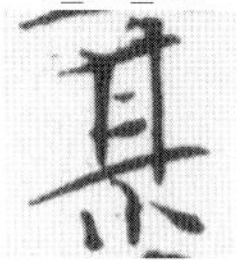
初唐・禮記正義
6_92_16

初唐・禮記正義
7_107_7

初唐・禮記正義
7_110_21

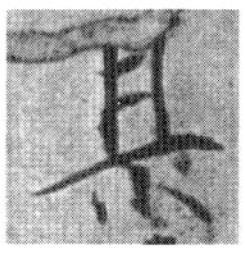
初唐・禮記正義
7_111_3

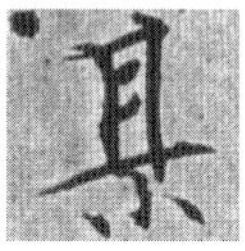
初唐・禮記正義
7_111_18

初唐・十誦律
3_36_3

初唐・十誦律
3_38_7

| 柏 | 柢 | 柳 | | 枳 | 柚 | 柵 |
|---|---|---|---|---|---|---|
| 漢ハク呉ヒャク<br>訓ひのき | 漢テイ<br>訓ね | 漢現リュウ<br>訓やなぎ | | キ<br>訓からたち | 慣ユ漢ユウ呉ジク<br>訓ゆず | 漢サク漢サン<br>訓やらい |
| <br>初唐•古文尚書<br>5_44_14 | 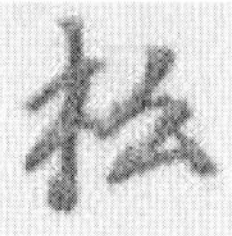<br>夷者柢也<br>中唐・翰苑<br>20_264_27 | <br>中唐・翰苑<br>2_19_15 | <br>五代•大毗盧經<br>68_853_19 | <br>五代•大毗盧經<br>18_231_2 | <br>初唐•古文尚書<br>4_36_11 | <br>中唐・翰苑<br>19_245_13 |
| <br>初唐•古文尚書<br>5_44_18 | | <br>中唐・翰苑<br>13_168_22 | <br>五代•大毗盧經<br>71_877_4 | <br>五代•大毗盧經<br>27_341_10 | <br>初唐•古文尚書<br>4_36_19 | |
| <br>初唐•古文尚書<br>37_352_13 | | <br>中唐・翰苑<br>16_202_32 | <br>五代•大毗盧經<br>75_918_17 | <br>五代•大毗盧經<br>29_371_12 | | |
| <br>初唐•古文尚書<br>42_402_4 | | <br>中唐・翰苑<br>24_321_25 | <br>五代•大毗盧經<br>95_1167_1 | 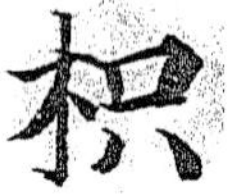<br>五代•大毗盧經<br>45_544_2 | | |
| <br>初唐•古文尚書<br>43_421_25 | | | | <br>五代•大毗盧經<br>47_571_12 | | |
| <br>初唐•古文尚書<br>43_421_27 | | | | <br>五代•大毗盧經<br>49_603_9 | | |
| <br>初唐•古文尚書<br>48_464_4 | | | | <br>五代•大毗盧經<br>52_638_12 | | |
| <br>中唐・翰苑<br>6_65_1 | | | | <br>五代•大毗盧經<br>62_764_11 | | |

| | 柔 | 枲 | 柬 | 栩 | 柱 | |
|---|---|---|---|---|---|---|
| | 慣ニュウ漢ジュウ<br>訓やわらかい | シ<br>訓あさ | 漢カン呉ケン<br>訓えらぶ | 漢ク<br>訓くぬぎ | 慣チュウ漢チュ<br>訓はしら | |
| <br>初唐•禮記正義<br>3_46_18<br><br>初唐•禮記正義<br>3_48_7<br><br>中唐・翰苑<br>14_176_21<br><br>中唐・翰苑<br>20_264_43<br><br>五代•大毗盧經<br>43_523_9<br><br>五代•大毗盧經<br>87_1064_8 | <br>初唐•古文尚書<br>33_314_14<br><br>初唐•古文尚書<br>33_315_21<br><br>初唐•古文尚書<br>44_429_28<br><br>初唐•禮記正義<br>3_43_16<br><br>初唐•禮記正義<br>3_44_7<br><br>初唐•禮記正義<br>3_45_13<br><br>初唐•禮記正義<br>3_45_25 | <br>初唐•古文尚書<br>2_14_20 | <br>初唐•古文尚書<br>16_153_31<br><br>初唐•古文尚書<br>38_365_28<br><br>初唐•古文尚書<br>45_434_27<br><br>初唐•古文尚書<br>45_435_18<br><br>初唐•古文尚書<br>45_440_23<br><br>初唐•古文尚書<br>45_441_22 | <br>初唐・毛詩傳<br>10_102_8<br><br>初唐・毛詩傳<br>10_103_1 | <br>初唐•禮記正義<br>5_68_2<br><br>五代•大毗盧經<br>13_167_17<br><br>五代•大毗盧經<br>87_1062_23 | <br>中唐・翰苑<br>6_68_14 |

## 桂 桂

漢 ケイ
訓 かつら

往者從軍
中唐・翰苑
9_118_29

中唐・翰苑
21_279_20

中唐・翰苑
21_279_27

中唐・翰苑
21_280_4

中唐・翰苑
36_461_30

中唐・翰苑
42_533_5

中唐・翰苑
42_535_24

## 桓 桓

漢 カン
訓 むくろじ

初唐・毛詩傳
4_40_7

初唐・毛詩傳
4_41_29

初唐・毛詩傳
4_43_36

初唐・毛詩傳
4_44_14

初唐・毛詩傳
5_53_13

初唐・毛詩傳
5_54_18

初唐・毛詩傳
5_56_4

初唐•禮記正義
17_258_3

初唐•禮記正義
22_336_12

初唐•禮記正義
22_336_17

初唐•禮記正義
22_336_20

初唐•禮記正義
27_409_21

初唐•禮記正義
28_427_18

中唐・翰苑
1_3_4

中唐・翰苑
5_61_30

中唐・翰苑
5_62_4

中唐・翰苑
6_73_29

中唐・翰苑
6_75_19

中唐・翰苑
11_132_5

中唐・翰苑
11_134_4

中唐・翰苑
11_134_12

中唐・翰苑
11_134_30

中唐・翰苑
11_136_11

中唐・翰苑
11_138_18

中唐・翰苑
11_141_14

中唐・翰苑
11_144_2

中唐・翰苑
12_146_9

中唐・翰苑
12_148_2

中唐・翰苑
12_151_2

中唐・翰苑
12_154_4

中唐・翰苑
12_155_13

中唐・翰苑
12_157_5

中唐・翰苑
12_158_28

中唐・翰苑
13_159_19

中唐・翰苑
13_160_31

中唐・翰苑
13_161_15

中唐・翰苑
13_162_10

中唐・翰苑
13_164_25

中唐・翰苑
13_167_44

中唐・翰苑
13_168_16

中唐・翰苑
13_171_17

中唐・翰苑
14_174_2

中唐・翰苑
14_177_14

中唐・翰苑
15_193_19

中唐・翰苑
15_194_16

中唐・翰苑
15_196_27

中唐・翰苑
15_198_11

中唐・翰苑
32_408_28

## 校

漢現コウ呉キョウ
訓かせ

中唐・翰苑 5_61_31

中唐・翰苑 7_78_18

中唐・翰苑 7_89_6

中唐・翰苑 7_90_30

中唐・翰苑 15_193_20

中唐・翰苑 15_196_28

中唐・翰苑 35_457_37

晩唐•摩訶止観 28_246_22

## 格

漢カク慣コウ呉キャク
訓つっかかる

初唐•古文尚書 7_58_4

初唐•古文尚書 23_225_5

初唐•古文尚書 24_234_9

初唐•古文尚書 25_248_14

初唐•古文尚書 38_362_4

初唐•古文尚書 41_396_12

初唐•古文尚書 43_422_13

中唐・翰苑 6_69_32

中唐・翰苑 27_357_28

中唐・翰苑 28_364_29

中唐・翰苑 28_370_11

中唐・翰苑 29_372_22

中唐・翰苑 29_374_21

中唐・翰苑 29_377_13

故銘其桰
中唐・翰苑 30_394_3

中唐・翰苑 32_417_1

## 栝

漢カツ
訓びゃくしん

初唐•古文尚書 5_44_13

初唐•古文尚書 5_44_23

初唐•古文尚書 16_153_21

中唐・翰苑 20_261_6

中唐・翰苑 25_332_11

中唐・翰苑 25_334_23

中唐・翰苑 26_343_4

中唐・翰苑 27_357_2

## 栴

セン
訓—

晩唐•摩訶止観 57_481_22

五代•大毗盧經 71_873_16

## 桐

漢ドウ漢トウ
訓きり

初唐•古文尚書 3_24_2

初唐•古文尚書 3_24_29

中唐・翰苑 34_444_7

中唐・翰苑 36_463_16

晚唐•摩訶止觀
46_394_20

晚唐•摩訶止觀
47_405_13

## 核

漢 カク
訓 さね

初唐•古文尚書
45_435_4

初唐•古文尚書
45_435_25

初唐•古文尚書
45_441_3

初唐•古文尚書
45_442_1

## 根

現 コン
訓 ね

初唐 • 毛詩傳
10_104_5

初唐 • 般若經
10_139_6

初唐 • 般若經
23_352_7

恨不能致之
中唐 • 翰苑
31_396_2

中唐 • 翰苑
39_502_8

中唐 • 翰苑
39_505_6

中唐 • 翰苑
39_505_28

中唐 • 般若經
6_87_5

中唐 • 般若經
6_89_3

中唐 • 般若經
6_91_1

中唐 • 般若經
6_92_17

晚唐•摩訶止觀
1_4_15

晚唐•摩訶止觀
4_38_24

晚唐•摩訶止觀
8_70_10

晚唐•摩訶止觀
8_70_17

晚唐•摩訶止觀
8_70_24

晚唐•摩訶止觀
8_71_6

晚唐•摩訶止觀
8_71_13

晚唐•摩訶止觀
9_75_6

晚唐•摩訶止觀
12_103_10

晚唐•摩訶止觀
18_157_23

晚唐•摩訶止觀
21_185_25

晚唐•摩訶止觀
23_203_5

晚唐•摩訶止觀
31_269_6

晚唐•摩訶止觀
31_269_26

晚唐•摩訶止觀
34_299_24

晚唐•摩訶止觀
40_342_20

晚唐•摩訶止觀
42_365_27

晚唐•摩訶止觀
43_370_3

晚唐•摩訶止觀
43_370_15

晚唐•摩訶止觀
43_371_17

晚唐•摩訶止觀
43_372_9

晚唐•摩訶止觀
44_379_12

晚唐•摩訶止觀
46_393_1

晚唐•摩訶止觀
48_411_11

晚唐•摩訶止觀
48_411_27

晚唐•摩訶止觀
50_426_6

晚唐•摩訶止觀
50_426_12

晚唐•摩訶止觀
54_458_8

晚唐•摩訶止觀
54_458_11

## 條 柴 栗

修築
中唐・翰苑
10_120_43

繕修
中唐・翰苑
10_122_5

中唐・翰苑
20_266_17

中唐・翰苑
20_267_30

中唐・翰苑
42_543_23

五代・大毗盧經
2_17_15

### 條

現ジョウ
訓えだ

初唐・古文尚書
1_6_16

初唐・古文尚書
1_6_19

初唐・古文尚書
8_66_2

初唐・古文尚書
8_67_7

初唐・毛詩傳
5_55_17

初唐・毛詩傳
5_55_19

初唐・毛詩傳
6_57_16

初唐・禮記正義
29_455_7

### 柴

漢サイ
訓しば

中唐・翰苑
10_120_32

晩唐・摩訶止観
20_176_8

五代・密教部類
2_13_10

### 栗

漢リツ
訓くり

初唐・毛詩傳
4_33_14

中唐・翰苑
5_55_18

以栗米和水
中唐・翰苑
25_325_12

中唐・翰苑
38_494_37

中唐・翰苑
39_495_40

中唐・翰苑
39_498_23

晩唐・摩訶止観
20_175_21

### 根

五代・大毗盧經
65_814_19

五代・大毗盧經
72_885_11

五代・大毗盧經
82_996_31

五代・大毗盧經
82_1004_7

五代・大毗盧經
97_1199_18

晩唐・摩訶止観
59_502_13

五代・密教部類
5_73_7

五代・密教部類
5_73_16

五代・大毗盧經
9_102_28

五代・大毗盧經
32_398_40

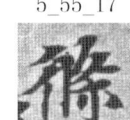

五代・大毗盧經
32_399_12

五代・大毗盧經
43_515_12

五代・大毗盧經
47_574_27

## 桀

漢ケツ
訓ねぐら

中唐・翰苑
10_119_38

豪傑
中唐・翰苑
42_533_35

## 粢

シ
訓とがた

深慮
中唐・翰苑
10_121_12

深入霆擊
中唐・翰苑
10_131_32

深以爲憂
中唐・翰苑
14_181_27

孫淵
中唐・翰苑
23_302_34

莫測深淺
中唐・翰苑
23_306_33

平流清深
中唐・翰苑
24_321_14

深谷
中唐・翰苑
25_323_29

深山窮谷
中唐・翰苑
30_386_36

深山
中唐・翰苑
34_444_27

山川阻深
中唐・翰苑
35_451_30

山川阻深
中唐・翰苑
38_494_19

水源深廣
中唐・翰苑
39_501_9

## 案

アン
訓つくえ

初唐・禮記正義
1_1_14

初唐・禮記正義
1_2_7

初唐・禮記正義
1_4_3

初唐・禮記正義
2_18_6

初唐・禮記正義
4_51_22

初唐・禮記正義
4_55_1

初唐・禮記正義
4_56_4

初唐・禮記正義
4_59_1

初唐・禮記正義
6_87_15

初唐・禮記正義
6_90_3

初唐・禮記正義
6_93_21

初唐・禮記正義
8_120_75

初唐・禮記正義
12_189_20

初唐・禮記正義
13_206_13

初唐・禮記正義
18_272_9

初唐・禮記正義
24_371_11

初唐・禮記正義
26_407_10

初唐・禮記正義
27_410_28

初唐・禮記正義
27_414_27

初唐・禮記正義
27_416_15

初唐・禮記正義
28_441_15

初唐・禮記正義
29_446_24

中唐・翰苑
23_298_14

中唐・翰苑
24_318_28

中唐・翰苑
25_332_15

中唐・翰苑
26_336_31

中唐・翰苑
32_415_24

## 桑

現ソウ
訓くわ

- 初唐・古文尚書 1_4_20
- 初唐・古文尚書 1_5_21
- 初唐・古文尚書 2_16_18
- 初唐・毛詩傳 10_110_13
- 中唐・翰苑 19_246_8
- 中唐・翰苑 27_349_3
- 中唐・翰苑 27_349_30

## 梢

ショウ
訓こずえ

- 揖讓 中唐・翰苑 17_219_2

## 梵

漢フウ 呉ボウ
訓ー

- 初唐・十誦律 1_5_5
- 初唐・十誦律 1_6_17
- 晩唐・摩訶止觀 20_170_11
- 晩唐・摩訶止觀 22_189_22
- 晩唐・摩訶止觀 34_295_6
- 五代・密教部類 3_39_20
- 五代・密教部類 3_41_15
- 五代・密教部類 4_43_19
- 五代・密教部類 5_64_1
- 五代・密教部類 5_66_1
- 五代・密教部類 5_67_1
- 五代・密教部類 5_68_1
- 五代・密教部類 5_69_1
- 五代・密教部類 6_77_27
- 五代・大毗盧經 2_9_13
- 五代・大毗盧經 15_190_6
- 五代・大毗盧經 23_290_5
- 五代・大毗盧經 33_404_11
- 五代・大毗盧經 35_413_5
- 五代・大毗盧經 37_433_8
- 五代・大毗盧經 42_508_39
- 五代・大毗盧經 47_581_9
- 五代・大毗盧經 55_674_1
- 五代・大毗盧經 55_680_11
- 五代・大毗盧經 61_752_10
- 五代・大毗盧經 62_764_8
- 五代・大毗盧經 77_928_6
- 五代・大毗盧經 79_957_20
- 五代・大毗盧經 79_957_27
- 五代・大毗盧經 85_1036_17
- 五代・大毗盧經 92_1130_9
- 五代・大毗盧經 92_1135_11
- 五代・大毗盧經 94_1153_14

| 梓 | 梅 | 桴 | 梱 | 桯 | 梧 | 械 |
|---|---|---|---|---|---|---|
| シ<br>訓あずさ | 漢バイ<br>訓うめ | 漢フ<br>訓むね | コン<br>訓こり | 漢テイ漢ケイ<br>訓はしら | ゴ<br>訓あおぎり | 漢カイ<br>訓かせ |
| <br>椵梓<br>初唐•古文尚書<br>4_35_3 | <br>初唐•古文尚書<br>22_210_24<br><br>初唐•古文尚書<br>22_210_27 | <br>中唐・翰苑<br>20_269_18 | <br>初唐・毛詩傳<br>10_104_9 | 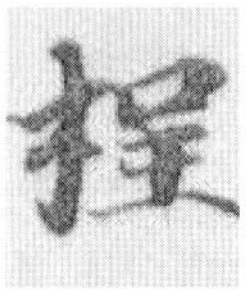<br>搖師越人<br>中唐・翰苑<br>42_538_28 | <br>中唐・翰苑<br>34_437_7<br><br>中唐・翰苑<br>36_461_35 | <br>五代•大毗盧經<br>64_795_20 |

## 梯

漢テイ呉タイ
訓はしご

中唐・翰苑 30_385_19

晩唐・摩訶止觀 4_37_22

## 梟

キョウ
訓ふくろう

初唐・古文尚書 40_384_21

中唐・翰苑 13_165_18

## 梨

リ
訓なし

初唐・十誦律 3_43_16

初唐・十誦律 3_45_12

初唐・十誦律 3_46_11

初唐・十誦律 3_48_7

初唐・十誦律 4_65_4

初唐・十誦律 4_66_10

初唐・十誦律 4_71_7

初唐・十誦律 5_74_13

初唐・十誦律 5_76_3

初唐・十誦律 5_77_7

初唐・十誦律 5_80_1

初唐・十誦律 5_81_1

初唐・十誦律 5_81_9

初唐・十誦律 5_84_1

初唐・十誦律 5_85_4

初唐・十誦律 5_86_14

初唐・十誦律 5_88_5

中唐・翰苑 7_83_15

中唐・翰苑 18_234_24

沈黎郡
中唐・翰苑 40_513_16

五代・密教部類 1_1_4

五代・密教部類 1_3_6

五代・密教部類 2_9_11

五代・密教部類 4_51_26

五代・密教部類 5_71_6

五代・密教部類 5_72_4

五代・密教部類 5_72_15

五代・密教部類 6_74_4

五代・大毗盧經 7_77_44

五代・大毗盧經 23_287_17

五代・大毗盧經 24_311_10

五代・大毗盧經 41_486_19

五代・大毗盧經 59_724_23

五代・大毗盧經 96_1180_10

五代・大毗盧經 96_1183_13

| 棼 | 椓 | 楛 | 棗 | | | 梁 |
| --- | --- | --- | --- | --- | --- | --- |
| 漢フン<br>訓むなぎ | 漢タク<br>訓うつ | 漢コ<br>訓しつこい | 漢ソウ<br>訓なつめ | | | リョウ<br>訓はし |
| <br>初唐•古文尚書<br>40_390_2<br><br>初唐•古文尚書<br>40_390_28 | <br>初唐•古文尚書<br>40_387_17<br><br>初唐•古文尚書<br>40_388_19<br><br>中唐・翰苑<br>38_491_18<br><br>中唐・翰苑<br>38_491_33 | <br>初唐•古文尚書<br>5_45_22<br><br>初唐•古文尚書<br>5_46_9<br><br>中唐・翰苑<br>29_382_16<br>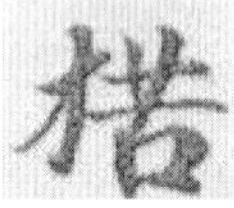<br>中唐・翰苑<br>30_393_15<br><br>中唐・翰苑<br>31_397_20 | <br>中唐・翰苑<br>17_215_34 | <br>中唐・翰苑<br>40_514_11<br><br>中唐・翰苑<br>41_528_28<br>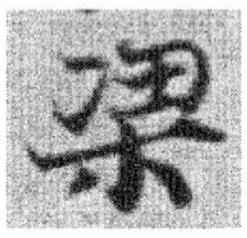<br>晚唐•摩訶止觀<br>55_463_22 | <br>初唐•禮記正義<br>27_412_1<br>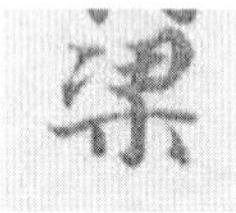<br>中唐・翰苑<br>7_78_20<br>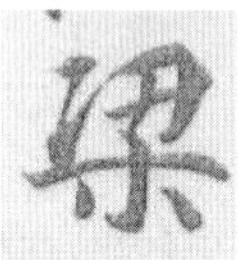<br>中唐・翰苑<br>8_104_13<br><br>中唐・翰苑<br>9_116_23<br>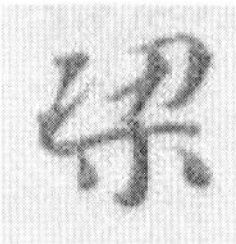<br>中唐・翰苑<br>12_158_8<br><br>中唐・翰苑<br>19_255_41<br>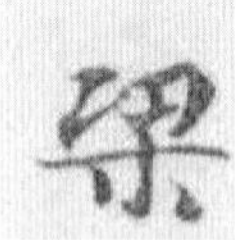<br>中唐・翰苑<br>25_328_27<br><br>中唐・翰苑<br>25_333_35 | <br>初唐•禮記正義<br>9_132_4<br>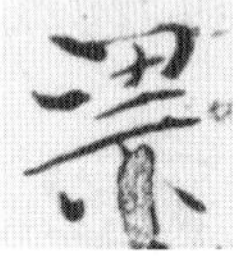<br>初唐•禮記正義<br>9_132_22<br><br>初唐•禮記正義<br>9_134_22<br><br>初唐•禮記正義<br>9_141_2<br><br>初唐•禮記正義<br>9_141_24<br><br>初唐•禮記正義<br>26_406_4<br><br>初唐•禮記正義<br>27_410_20<br><br>初唐•禮記正義<br>27_411_4 |

初唐•古文尚書
49_476_7

初唐・毛詩傳
10_110_1

初唐・毛詩傳
10_110_4

中唐・翰苑
30_384_15

中唐・翰苑
30_386_24

中唐・翰苑
37_482_1

晩唐•摩訶止観
15_135_14

晩唐•摩訶止観
41_352_5

## 極

漢キョク呉ゴク
訓むね

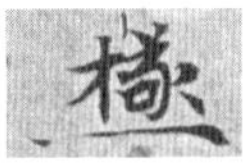
初唐•古文尚書
16_146_21

初唐•古文尚書
16_147_5

初唐•古文尚書
16_147_10

初唐•古文尚書
19_176_21

初唐•古文尚書
28_277_9

初唐•古文尚書
47_457_4

初唐•古文尚書
47_457_21

初唐•古文尚書
48_472_12

## 楗

漢ケン
訓かんぬき

中唐・翰苑
11_140_6

## 棺

現カン
訓ひつぎ

初唐•禮記正義
27_412_12

中唐・翰苑
8_92_41

中唐・翰苑
12_151_10

中唐・翰苑
22_286_10

## 椋

リョウ
訓ちしゃ

寇掠
中唐・翰苑
13_164_29

寇掠
中唐・翰苑
14_180_31

掠男女
中唐・翰苑
22_296_26

初唐・毛詩傳
6_57_12

初唐・毛詩傳
6_59_1

## 椒

ショウ
訓はじかみ

初唐・毛詩傳
5_50_1

初唐・毛詩傳
5_52_1

初唐・毛詩傳
5_52_11

初唐・毛詩傳
5_52_13

初唐・毛詩傳
5_52_17

初唐・毛詩傳
5_55_13

初唐・毛詩傳
5_55_24

初唐・毛詩傳
5_56_12

| 棄 | 棠 | 棐 | 棘 | | | |
|---|---|---|---|---|---|---|
| キ<br>訓すてる | 漢トウ呉ドウ<br>訓やまなし | ヒ<br>訓ゆだめ | 漢キョク<br>訓いばら | | | |
| <br>初唐•古文尚書<br>14_126_30<br><br>初唐•古文尚書<br>14_127_26<br><br>初唐•古文尚書<br>14_132_25<br><br>初唐•古文尚書<br>22_211_10<br><br>初唐•古文尚書<br>26_250_9<br><br>初唐•古文尚書<br>26_251_13<br><br>初唐•古文尚書<br>48_468_23 | 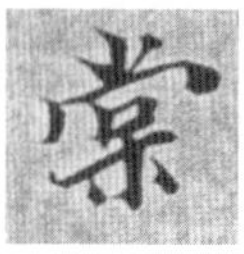<br>初唐・毛詩傳<br>7_78_17 | <br>初唐•古文尚書<br>41_398_8<br><br>初唐•古文尚書<br>42_409_5 | <br>初唐・毛詩傳<br>10_108_4<br><br>中唐・翰苑<br>2_19_18 | <br>五代•大毗盧經<br>74_909_26<br><br>五代•大毗盧經<br>77_933_17<br><br>五代•大毗盧經<br>79_961_26<br><br>五代•大毗盧經<br>88_1072_25<br><br>五代•大毗盧經<br>91_1113_8 | <br>五代•大毗盧經<br>20_254_13<br><br>五代•大毗盧經<br>57_702_8<br><br>五代•大毗盧經<br>64_802_22<br><br>五代•大毗盧經<br>64_802_26<br><br>五代•大毗盧經<br>66_822_27<br><br>五代•大毗盧經<br>67_833_9<br><br>五代•大毗盧經<br>73_898_13<br><br>五代•大毗盧經<br>73_902_6 | <br>晚唐•摩訶止觀<br>41_352_16<br><br>晚唐•摩訶止觀<br>56_470_4<br><br>五代•密教部類<br>5_71_8<br><br>五代•大毗盧經<br>3_30_10<br><br>五代•大毗盧經<br>15_191_15<br><br>五代•大毗盧經<br>17_216_13<br><br>五代•大毗盧經<br>19_247_10<br><br>五代•大毗盧經<br>20_254_8 |

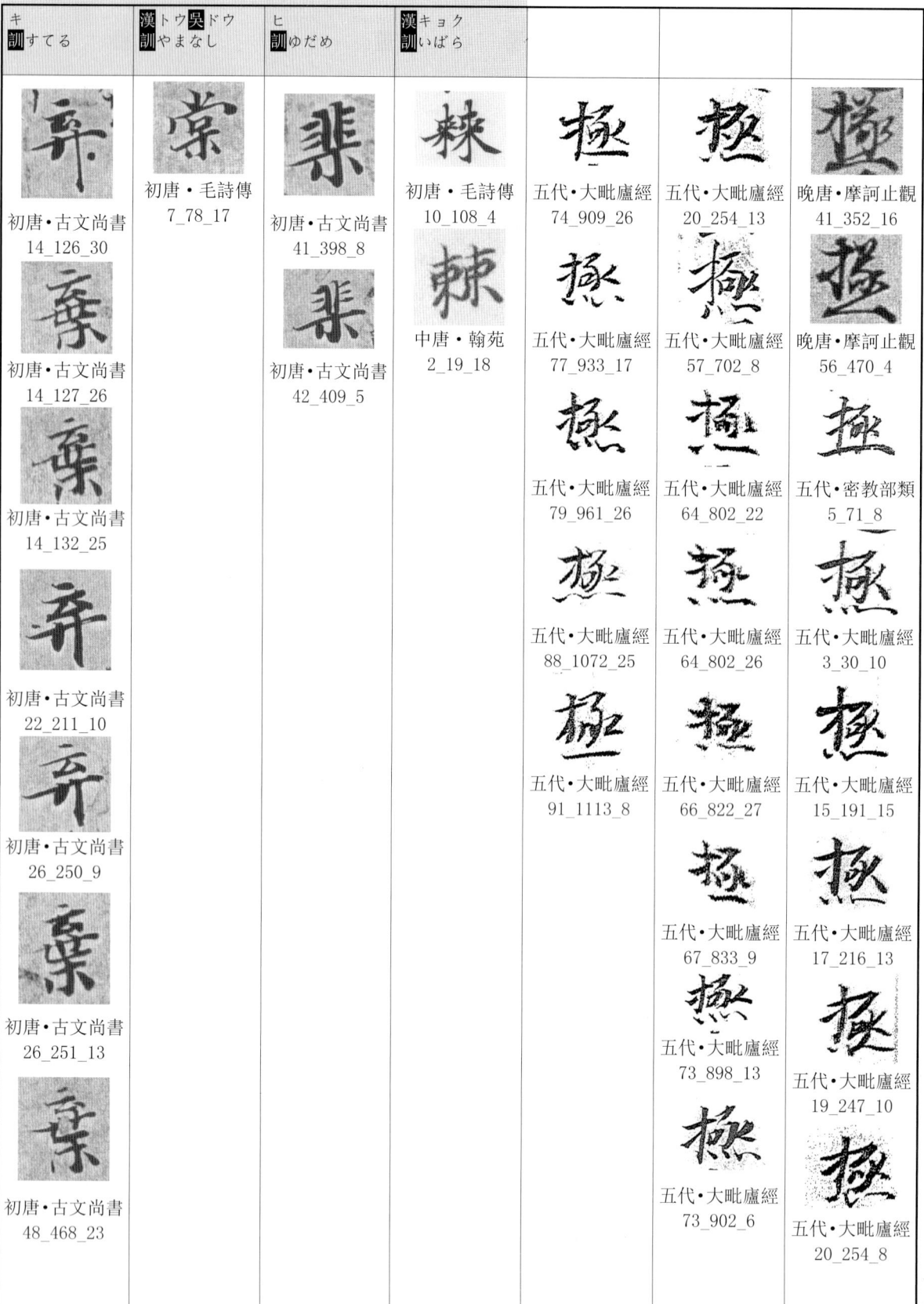

## 楊

ヨウ
**訓**やなぎ

中唐・翰苑
13_165_15

中唐・翰苑
41_524_15

中唐・翰苑
41_525_20

## 楞

ロウ、リョウ
**訓**かど

晚唐•摩訶止觀
12_104_20

晚唐•摩訶止觀
59_499_8

中唐・翰苑
34_437_14

中唐・翰苑
35_449_31

中唐・翰苑
38_490_41

中唐・翰苑
39_498_32

中唐・翰苑
39_499_18

中唐・翰苑
43_552_42

## 楚

**漢**ソ
**訓**いばら

初唐・毛詩傳
7_71_8

初唐•禮記正義
1_3_6

中唐・翰苑
1_1_6

中唐・翰苑
9_116_1

法禁
中唐・翰苑
16_202_2

中唐・翰苑
27_348_33

中唐・翰苑
27_353_12

中唐・翰苑
27_353_35

## 楪

**呉**ヨウ**漢**チョウ
**訓**ゆずりは

中唐・翰苑
41_526_4

中唐・翰苑
19_255_26

晚唐•摩訶止觀
48_409_10

五代•大毗盧經
45_544_7

五代•大毗盧經
97_1187_32

中唐・翰苑
4_43_41

中唐・翰苑
6_67_30

中唐・翰苑
15_200_32

中唐・翰苑
19_251_23

中唐・翰苑
19_251_31

中唐・翰苑
19_251_39

中唐・翰苑
19_252_2

## 楯

吳ジュウ
訓たて

中唐・翰苑
37_474_11

中唐・翰苑
37_478_17

## 槐

漢カイ
訓えんじゅ

中唐・翰苑
15_198_18

中唐・翰苑
15_200_45

中唐・翰苑
16_201_22

中唐・翰苑
16_202_18

中唐・翰苑
16_205_16

中唐・翰苑
16_207_5

## 槌

漢ツイ
訓つち

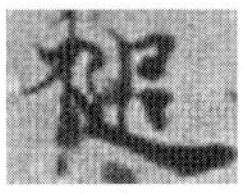

晚唐•摩訶止觀
54_460_16

五代•大毗盧經
64_797_24

五代•大毗盧經
66_827_30

## 椴

漢タン吳ダン吳タン
訓とど

椴梓
初唐•古文尚書
4_35_2

## 榆

ユ
訓にれ

初唐・毛詩傳
3_27_6

中唐・翰苑
37_482_8

中唐・翰苑
41_526_5

## 榾

漢コツ
訓ほた

姦猾
中唐・翰苑
41_528_1

## 楫

シュウ、ショウ
訓かじ

初唐•古文尚書
18_174_17

初唐•古文尚書
18_174_23

| 楟 | 楙 | 椽 | 業 |
|---|---|---|---|
| 漢テイ<br>訓やまなし | 漢ボウ 呉ム<br>訓しげる | 漢テン<br>訓たるき | 呉ゴウ 漢ギョウ<br>訓わざ |

**楟**

中唐・翰苑
22_286_8

**楙**

初唐・古文尚書
15_141_6

初唐・古文尚書
16_153_30

初唐・古文尚書
31_293_3

初唐・古文尚書
38_364_17

**椽**

中唐・翰苑
15_190_13

**業**

初唐・古文尚書
7_52_32

初唐・古文尚書
7_54_27

初唐・古文尚書
16_152_9

初唐・古文尚書
21_207_16

初唐・古文尚書
34_322_4

初唐・古文尚書
34_325_14

初唐・古文尚書
35_332_17

初唐・古文尚書
35_333_13

初唐・古文尚書
36_342_27

初唐・古文尚書
36_343_21

初唐・古文尚書
38_363_11

中唐・翰苑
2_10_38

中唐・翰苑
4_41_32

中唐・翰苑
11_139_6

中唐・翰苑
30_392_2

中唐・翰苑
30_393_9

晚唐・摩訶止観
7_60_9

晚唐・摩訶止観
10_92_24

晚唐・摩訶止観
23_203_8

晚唐・摩訶止観
29_251_10

晚唐・摩訶止観
55_466_10

晚唐・摩訶止観
55_467_3

晚唐・摩訶止観
55_468_10

晚唐・摩訶止観
56_472_4

晚唐・摩訶止観
59_501_18

五代・大毗盧經
2_15_14

五代・大毗盧經
3_23_21

五代・大毗盧經
3_28_11

## 槃

漢 ハン 呉 バン
訓 たらい

中唐・翰苑
33_426_7

中唐・翰苑
33_428_33

中唐・翰苑
33_428_39

中唐・翰苑
33_429_22

中唐・翰苑
33_430_26

中唐・翰苑
33_430_28

中唐・翰苑
33_432_12

中唐・翰苑
40_511_17

## 槨

カク
訓 ひつぎ

初唐・禮記正義
27_412_15

中唐・翰苑
8_92_42

以繩繫於槨
中唐・翰苑
30_391_17

## 構

漢 現 コウ
訓 かまえる

中唐・翰苑
13_170_3

中唐・翰苑
25_332_4

中唐・翰苑
33_426_16

中唐・翰苑
37_480_4

中唐・翰苑
42_532_7

## 模

漢 ボ 呉 モ
訓 かた

中唐・翰苑
21_277_30

## 橐

タク
訓 ふくろ

中唐・翰苑
8_101_20

五代・大毗盧經
77_930_15

五代・大毗盧經
78_948_18

五代・大毗盧經
83_1008_36

五代・大毗盧經
93_1137_22

五代・大毗盧經
97_1184_11

五代・大毗盧經
5_50_13

五代・大毗盧經
6_64_7

五代・大毗盧經
6_71_6

五代・大毗盧經
7_84_29

五代・大毗盧經
12_148_20

五代・大毗盧經
31_391_17

五代・大毗盧經
35_414_7

| | 標 | 樝 | | 横 | 榮 | |
|---|---|---|---|---|---|---|
| | ヒョウ、ヘウ<br>訓しるし | 漢サ呉シャ<br>訓しどみ | | 漢コウ呉オウ<br>訓よこ | 慣エイ漢エイ呉ヨウ<br>訓さかえる | |
| 始則標期在茶<br>晚唐•摩訶止觀<br>15_135_5<br><br>標幟<br>五代•大毗盧經<br>2_3_1<br><br>標幟<br>五代•大毗盧經<br>7_76_9<br><br>標幟<br>五代•大毗盧經<br>11_129_18<br><br>標幟<br>五代•大毗盧經<br>23_290_19<br><br>標熾<br>五代•大毗盧經<br>23_291_19<br><br>標幟<br>五代•大毗盧經<br>25_318_7 | 標稱<br>中唐・翰苑<br>3_29_7<br><br>標廣大之名<br>中唐・翰苑<br>7_81_1<br><br>用標男伎<br>中唐・翰苑<br>11_141_6<br><br>轍標臣智<br>中唐・翰苑<br>18_229_6<br><br>尚勇標能<br>中唐・翰苑<br>18_235_25<br><br>隨六甲以標年<br>中唐・翰苑<br>29_374_19<br><br>因禮義而標袟<br>中唐・翰苑<br>32_416_24 | 初唐•古文尚書<br>40_390_10 | 晚唐•摩訶止觀<br>33_285_21<br><br>晚唐•摩訶止觀<br>33_286_22<br><br>晚唐•摩訶止觀<br>44_375_18<br><br>晚唐•摩訶止觀<br>49_417_4<br><br>五代•大毗盧經<br>80_979_24 | 中唐・翰苑<br>42_534_43<br><br>晚唐•摩訶止觀<br>9_80_23<br><br>晚唐•摩訶止觀<br>13_113_23<br><br>晚唐•摩訶止觀<br>17_146_19<br><br>晚唐•摩訶止觀<br>17_146_22<br><br>晚唐•摩訶止觀<br>18_153_14<br><br>晚唐•摩訶止觀<br>18_153_18<br><br>晚唐•摩訶止觀<br>30_261_6 | 中唐・翰苑<br>17_221_27<br><br>中唐・翰苑<br>23_301_18<br><br>中唐・翰苑<br>29_371_30<br><br>中唐・翰苑<br>30_394_25<br><br>中唐・翰苑<br>32_420_10<br><br>五代•大毗盧經<br>46_563_2 | 中唐・翰苑<br>40_515_3<br><br>晚唐•摩訶止觀<br>5_41_19<br><br>晚唐•摩訶止觀<br>6_53_7<br><br>晚唐•摩訶止觀<br>11_100_23<br><br>五代•大毗盧經<br>24_305_32<br><br>五代•大毗盧經<br>38_449_4<br><br>五代•大毗盧經<br>80_974_12 |

| 樓 | 樞 | 樗 |
|---|---|---|
| 漢ロウ<br>訓たかどの | 慣スウ漢シュ<br>訓とぼそ | 漢チョ<br>訓ごんずい |

中唐・翰苑
37_475_38

五代・大毗盧經
44_529_1

中唐・翰苑
21_279_21

中唐・翰苑
21_279_28

中唐・翰苑
21_280_5

中唐・翰苑
24_319_22

中唐・翰苑
24_322_15

中唐・翰苑
26_338_23

中唐・翰苑
36_461_21

中唐・翰苑
37_473_10

## 樓

中唐・翰苑
4_48_25

中唐・翰苑
13_162_17

中唐・翰苑
13_166_4

中唐・翰苑
13_166_20

中唐・翰苑
13_167_11

中唐・翰苑
13_167_20

中唐・翰苑
13_168_35

中唐・翰苑
21_279_19

## 樞

初唐・毛詩傳
3_22_3

初唐・毛詩傳
3_27_3

初唐・毛詩傳
3_27_9

初唐・毛詩傳
4_37_3

中唐・翰苑
24_310_36

## 樗

初唐・毛詩傳
3_30_23

中唐・翰苑
29_378_22

標幟
五代・大毗盧經
71_863_20

標幟
五代・大毗盧經
77_928_9

三點灰為標
五代・大毗盧經
79_964_20

標熾
五代・大毗盧經
96_1178_6

標幟
五代・大毗盧經
35_410_20

標幟
五代・大毗盧經
40_480_6

標熾
五代・大毗盧經
44_526_14

標誌
五代・大毗盧經
54_660_4

標幟
五代・大毗盧經
63_777_9

標幟
五代・大毗盧經
63_792_9

標幟
五代・大毗盧經
69_860_20

## 樊

漢 ハン
訓 かこむ

中唐・翰苑 19_245_36
中唐・翰苑 36_466_18

## 樂

現 ラク
訓 たのしい

初唐・毛詩傳 1_3_13
初唐・毛詩傳 1_7_12
初唐・毛詩傳 1_9_12
初唐・毛詩傳 1_9_17
初唐・毛詩傳 1_10_17
初唐・毛詩傳 2_11_8
初唐・毛詩傳 2_11_13
初唐・毛詩傳 2_12_2

初唐・毛詩傳 2_13_7
初唐・毛詩傳 2_14_8
初唐・毛詩傳 2_15_13
初唐・毛詩傳 2_16_7
初唐・毛詩傳 2_18_9
初唐・毛詩傳 2_20_2
初唐・毛詩傳 2_20_11
初唐・毛詩傳 3_24_1

初唐・毛詩傳 3_30_4
初唐・毛詩傳 4_34_21
初唐・毛詩傳 4_44_8
初唐・禮記正義 14_221_3
初唐・禮記正義 14_222_1
中唐・翰苑 3_30_30
中唐・翰苑 10_119_20
中唐・翰苑 14_178_10

中唐・翰苑 17_218_5
中唐・翰苑 17_227_29
中唐・翰苑 20_261_17
中唐・翰苑 20_261_29
中唐・翰苑 20_267_22
中唐・翰苑 22_292_22
中唐・翰苑 26_339_14
中唐・翰苑 31_402_26

中唐・翰苑 32_420_18
中唐・翰苑 33_433_22
中唐・翰苑 35_451_4
中唐・翰苑 40_517_28
中唐・翰苑 41_520_9
中唐・翰苑 43_555_28
中唐・翰苑 44_566_10
中唐・般若經 2_6_11

中唐・般若經 2_14_11
中唐・般若經 3_23_6
中唐・般若經 3_24_4
中唐・般若經 3_36_12
中唐・般若經 4_40_8
中唐・般若經 4_53_7
中唐・般若經 5_60_1
中唐・般若經 5_71_3

| | | | | | | |
|---|---|---|---|---|---|---|
| 中唐・般若經 18_315_17 | 中唐・般若經 16_270_15 | 中唐・般若經 13_217_9 | 中唐・般若經 11_188_6 | 中唐・般若經 9_150_6 | 中唐・般若經 8_122_2 | 中唐・般若經 5_73_5 |

| | | | | | | |
|---|---|---|---|---|---|---|
| 中唐・般若經 18_324_12 | 中唐・般若經 16_278_8 | 中唐・般若經 13_224_1 | 中唐・般若經 12_194_4 | 中唐・般若經 9_150_14 | 中唐・般若經 8_122_15 | 中唐・般若經 6_88_9 |

| | | | | | | |
|---|---|---|---|---|---|---|
| 中唐・般若經 19_329_12 | 中唐・般若經 16_279_5 | 中唐・般若經 13_224_13 | 中唐・般若經 12_194_14 | 中唐・般若經 10_161_6 | 中唐・般若經 8_129_11 | 中唐・般若經 6_89_15 |

| | | | | | | |
|---|---|---|---|---|---|---|
| 中唐・般若經 19_334_17 | 中唐・般若經 17_288_8 | 中唐・般若經 15_249_5 | 中唐・般若經 12_200_18 | 中唐・般若經 10_169_10 | 中唐・般若經 8_130_6 | 中唐・般若經 7_97_8 |

| | | | | | | |
|---|---|---|---|---|---|---|
| 晚唐•摩訶止觀 1_3_13 | 中唐・般若經 17_292_17 | 中唐・般若經 15_249_16 | 中唐・般若經 12_201_9 | 中唐・般若經 10_170_11 | 中唐・般若經 9_138_9 | 中唐・般若經 7_98_6 |

| | | | | | | |
|---|---|---|---|---|---|---|
| 晚唐•摩訶止觀 13_111_2 | 中唐・般若經 17_297_14 | 中唐・般若經 15_259_17 | 中唐・般若經 12_209_15 | 中唐・般若經 11_178_1 | 中唐・般若經 9_138_17 | 中唐・般若經 7_105_4 |

| | | | | | | |
|---|---|---|---|---|---|---|
| 晚唐•摩訶止觀 21_184_7 | 中唐・般若經 17_305_12 | 中唐・般若經 15_261_8 | 中唐・般若經 13_210_10 | 中唐・般若經 11_179_1 | 中唐・般若經 9_144_4 | 中唐・般若經 7_106_1 |

| | | | | | | |
|---|---|---|---|---|---|---|
| 晚唐•摩訶止觀 21_185_12 | 中唐・般若經 18_310_12 | 中唐・般若經 16_269_17 | 中唐・般若經 13_216_13 | 中唐・般若經 11_187_14 | 中唐・般若經 9_144_13 | 中唐・般若經 7_114_18 |

## 樹

吳 現 ジュ
訓 うえる

五代・大毗盧經 2_17_21
五代・大毗盧經 14_170_17
五代・大毗盧經 17_218_36
五代・大毗盧經 44_527_14

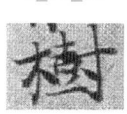

中唐・翰苑 31_399_10
晚唐・摩訶止觀 2_15_11
晚唐・摩訶止觀 4_32_19
晚唐・摩訶止觀 4_33_15
晚唐・摩訶止觀 4_33_20
晚唐・摩訶止觀 10_88_6
晚唐・摩訶止觀 12_104_23
晚唐・摩訶止觀 15_131_5

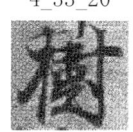

初唐・古文尚書 20_187_8
初唐・古文尚書 32_298_13
初唐・毛詩傳 10_103_8
初唐・毛詩傳 10_103_35
初唐・十誦律 3_34_14
初唐・十誦律 19_369_1
中唐・翰苑 8_93_5
中唐・翰苑 11_133_4

五代・大毗盧經 89_1093_10
五代・大毗盧經 96_1173_14

五代・大毗盧經 14_170_5
五代・大毗盧經 27_337_37
五代・大毗盧經 44_531_18
五代・大毗盧經 83_1008_31
五代・大毗盧經 85_1039_3
五代・大毗盧經 85_1041_20
五代・大毗盧經 89_1092_9
五代・大毗盧經 89_1092_14

晚唐・摩訶止觀 26_223_12
晚唐・摩訶止觀 36_313_11
晚唐・摩訶止觀 44_377_13
晚唐・摩訶止觀 46_391_19
晚唐・摩訶止觀 48_410_18
晚唐・摩訶止觀 51_434_10
五代・密教部類 1_7_20
五代・大毗盧經 2_19_13

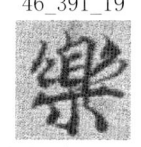

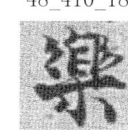

晚唐・摩訶止觀 21_185_18
晚唐・摩訶止觀 21_185_22
晚唐・摩訶止觀 22_189_7
晚唐・摩訶止觀 22_189_12
晚唐・摩訶止觀 22_189_17
晚唐・摩訶止觀 24_208_19
晚唐・摩訶止觀 26_220_23
晚唐・摩訶止觀 26_222_23

| | 機 | 橙 | 橧 | 橋 | 橖 | 樸 |
|---|---|---|---|---|---|---|
| | 漢キ<br>訓はた | 漢トウ<br>訓だいだい | ソウ漢ショウ<br>訓ぶたごや | 漢現キョウ<br>訓はし | トウ、ドウ<br>訓はどめ | 慣ボク/ハク、ホク<br>訓あらき |
| <br>晩唐•摩訶止観<br>41_351_4 | <br>中唐・翰苑<br>8_93_16<br><br>中唐・翰苑<br>10_124_16<br><br>中唐・翰苑<br>21_272_45<br><br>晩唐•摩訶止観<br>24_209_24<br><br>晩唐•摩訶止観<br>24_210_7<br><br>晩唐•摩訶止観<br>25_214_12<br><br>晩唐•摩訶止観<br>39_335_9<br><br>晩唐•摩訶止観<br>41_350_23 | <br>晩唐•摩訶止観<br>4_37_23 | <br>中唐・翰苑<br>23_303_27 | <br>爲之成橋<br>中唐・翰苑<br>20_256_36 | <br>中唐・翰苑<br>7_83_6<br><br>中唐・翰苑<br>7_83_14 | <br>僕人<br>初唐•禮記正義<br>12_190_15 |

| 檄 | 檢 | 檐 | 檣 | 櫛 | 橐 | 橘 |
|---|---|---|---|---|---|---|
| 慣ゲキ漢ケキ<br>訓ふれぶみ | 現ケン<br>訓ふう | エン、タン<br>訓ひさし | 漢ショウ<br>訓ほばしら | 漢シツ<br>訓くし | タク<br>訓ふくろ | 漢キツ<br>訓たちばな |
| <br>中唐・翰苑<br>42_534_41 | <br>初唐•古文尚書<br>38_362_23<br><br>五代•密教部類<br>1_3_2<br><br>五代•大毗盧經<br>22_279_3 | <br>初唐•禮記正義<br>27_423_24<br><br>初唐•禮記正義<br>27_426_6 | <br>中唐・翰苑<br>43_548_18 | <br>中唐・翰苑<br>27_352_40 | <br>中唐・翰苑<br>16_209_6<br><br>中唐・翰苑<br>16_210_16 | <br>初唐•古文尚書<br>4_36_10<br><br>初唐•古文尚書<br>4_36_16<br><br>初唐・十誦律<br>19_367_1 |

| 樵 | 檿 | 檻 | | | 檀 | 檍 |
|---|---|---|---|---|---|---|
| 漢ショウ<br>訓きこる | エン<br>訓やまぐわ | 漢カン<br>訓おり | | | 漢タン呉ダン<br>訓まゆみ | 慣オク漢ヨク漢イ<br>訓かし |
| <br>初唐•禮記正義<br>27_423_1<br><br>初唐•禮記正義<br>27_423_25<br><br>初唐•禮記正義<br>27_426_7 | <br>初唐•古文尚書<br>2_16_17 | <br>五代•大毗盧經<br>10_111_25 | <br>晚唐•摩訶止觀<br>30_259_10<br><br>晚唐•摩訶止觀<br>51_437_24<br><br>晚唐•摩訶止觀<br>52_438_28<br><br>晚唐•摩訶止觀<br>52_440_2<br>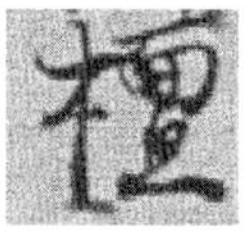<br>晚唐•摩訶止觀<br>57_481_23<br><br>五代•大毗盧經<br>59_732_1<br><br>五代•大毗盧經<br>71_873_17<br><br>五代•大毗盧經<br>80_971_13 | <br>晚唐•摩訶止觀<br>3_21_3<br><br>晚唐•摩訶止觀<br>24_210_17<br><br>晚唐•摩訶止觀<br>24_211_8<br><br>晚唐•摩訶止觀<br>25_217_2<br><br>晚唐•摩訶止觀<br>25_219_2<br><br>晚唐•摩訶止觀<br>27_233_3<br><br>晚唐•摩訶止觀<br>29_256_27<br><br>晚唐•摩訶止觀<br>30_257_11 | <br>中唐 • 翰苑<br>15_198_16<br><br>中唐 • 翰苑<br>15_200_43<br><br>中唐 • 翰苑<br>16_201_20<br><br>中唐 • 翰苑<br>16_202_16<br><br>中唐 • 翰苑<br>16_205_14<br><br>中唐 • 翰苑<br>16_207_3<br><br>中唐 • 翰苑<br>25_324_34<br><br>晚唐•摩訶止觀<br>2_11_1 | <br>初唐 • 毛詩傳<br>3_30_26 |

## 櫝

漢トク
訓ひつ

初唐•禮記正義
24_372_2

初唐•禮記正義
24_372_5

## 櫓

漢ロウ
訓おおだて

中唐・翰苑
4_48_26

## 權

漢ケン 吳ゴン
訓おもり

初唐•古文尚書
46_454_14

初唐•古文尚書
47_455_7

晚唐•摩訶止觀
27_237_30

晚唐•摩訶止觀
29_252_16

晚唐•摩訶止觀
37_323_17

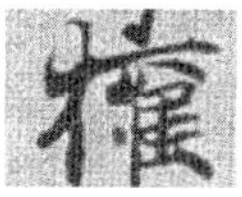
晚唐•摩訶止觀
37_324_3

晚唐•摩訶止觀
38_328_6

晚唐•摩訶止觀
42_365_19

晚唐•摩訶止觀
51_437_10

晚唐•摩訶止觀
52_438_3

晚唐•摩訶止觀
52_438_10

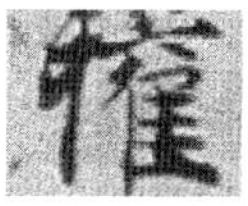
晚唐•摩訶止觀
52_440_14

晚唐•摩訶止觀
52_441_28

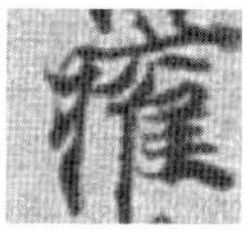
晚唐•摩訶止觀
54_456_12

# 支部

## 支

現 シ
訓 ささえる

初唐・毛詩傳
5_53_18

初唐・毛詩傳
7_78_21

初唐・般若經
10_139_10

初唐・般若經
10_139_14

初唐・般若經
10_140_10

初唐・般若經
10_142_2

初唐・般若經
14_209_8

初唐・般若經
14_210_15

初唐・般若經
14_212_8

初唐・般若經
15_214_4

初唐・般若經
15_216_1

初唐・般若經
15_217_10

初唐・般若經
15_219_4

初唐・般若經
15_221_4

初唐・般若經
15_223_4

初唐・般若經
15_224_13

初唐・般若經
15_226_7

初唐・般若經
16_228_7

初唐・般若經
16_230_7

初唐・般若經
16_231_16

初唐・般若經
16_233_10

初唐・般若經
16_236_9

初唐・般若經
16_238_15

初唐・般若經
16_240_7

初唐・般若經
16_242_1

初唐・般若經
17_244_17

初唐・般若經
17_247_6

初唐・般若經
17_248_15

初唐・般若經
17_250_9

初唐・般若經
17_253_8

初唐・般若經
17_255_14

初唐・般若經
19_278_14

初唐・般若經
19_281_3

初唐・般若經
19_282_12

初唐・般若經
19_284_6

初唐・般若經
19_286_6

初唐・般若經
19_288_6

初唐・般若經
19_289_15

初唐・般若經
19_291_9

初唐・般若經
20_294_9

初唐・般若經
20_297_6

初唐・般若經
20_299_6

初唐・般若經
20_301_4

初唐・般若經
20_303_16

初唐・般若經
20_306_3

初唐・般若經
20_307_12

初唐・般若經
20_309_6

初唐・般若經
21_314_10

初唐・般若經 21_316_13
初唐・般若經 21_318_5
初唐・般若經 21_319_16
初唐・般若經 21_323_9
初唐・般若經 22_325_11
初唐・般若經 22_327_5
初唐・般若經 22_328_17
初唐・般若經 22_330_15
初唐・般若經 22_332_14
初唐・般若經 22_334_8
初唐・般若經 22_336_3
初唐・般若經 22_338_5
初唐・般若經 22_340_6
初唐・般若經 22_341_17
初唐・般若經 23_343_12
初唐・般若經 23_346_3
初唐・般若經 23_348_7
初唐・般若經 23_350_1
初唐・般若經 23_351_13
初唐・般若經 23_352_13
初唐・般若經 23_353_7
初唐・般若經 23_354_7
初唐・般若經 23_355_2
初唐・般若經 23_356_10
初唐・般若經 24_358_6
初唐・般若經 24_360_2
初唐・般若經 24_362_4
初唐・般若經 24_364_5
初唐・般若經 24_366_1
初唐・般若經 24_368_6
初唐・般若經 24_369_15
初唐・般若經 24_371_9
初唐・般若經 24_373_3
初唐・般若經 25_374_17
初唐・般若經 25_376_11
初唐・般若經 25_378_6
初唐・般若經 25_381_11
初唐・般若經 25_383_17
初唐・般若經 25_385_13
初唐・般若經 25_387_9
初唐・般若經 25_389_5
初唐・般若經 26_391_3
初唐・般若經 26_392_14
初唐・般若經 26_394_9
初唐・般若經 26_396_11
初唐・般若經 26_398_12
初唐・般若經 26_400_12
初唐・般若經 26_402_10
初唐・般若經 26_404_10
初唐・般若經 27_407_6
初唐・般若經 27_408_17
初唐・般若經 27_410_12
初唐・般若經 27_412_16
初唐・般若經 27_415_1
初唐・般若經 27_416_14
初唐・般若經 27_418_12

| | | | | | | |
|---|---|---|---|---|---|---|
| 五代•大毗盧經 90_1100_10 | 五代•大毗盧經 2_16_15 | 中唐・般若經 7_101_4 | 中唐・般若經 6_89_13 | 中唐・翰苑 31_407_14 | 中唐・翰苑 21_271_30 | 初唐・般若經 27_420_16 |
| 五代•大毗盧經 90_1102_6 | 五代•大毗盧經 11_135_4 | 中唐・般若經 7_104_10 | 中唐・般若經 6_91_7 | 中唐・翰苑 32_410_6 | 中唐・翰苑 21_273_32 | 初唐・般若經 27_423_1 |
| 五代•大毗盧經 91_1116_4 | 五代•大毗盧經 12_142_14 | 中唐・般若經 7_105_16 | 中唐・般若經 6_91_11 | 中唐・翰苑 32_419_39 | 中唐・翰苑 21_274_27 | 中唐・翰苑 9_111_20 |
| 五代•大毗盧經 92_1128_8 | 五代•大毗盧經 13_165_18 | 中唐・般若經 7_107_5 | 中唐・般若經 6_93_6 | 中唐・翰苑 35_454_29 | 中唐・翰苑 21_277_42 | 中唐・翰苑 13_170_25 |
| 五代•大毗盧經 93_1147_3 | 五代•大毗盧經 16_210_4 | 中唐・般若經 7_108_12 | 中唐・般若經 6_93_10 | 中唐・翰苑 42_543_24 | 中唐・翰苑 27_350_40 | 中唐・翰苑 18_229_12 |
| 五代•大毗盧經 94_1148_13 | 五代•大毗盧經 71_873_20 | 晚唐•摩訶止觀 30_263_3 | 中唐・般若經 7_96_13 | 中唐・般若經 6_87_11 | 中唐・翰苑 27_351_22 | 中唐・翰苑 18_230_19 |
| 五代•大毗盧經 97_1196_14 | 五代•大毗盧經 71_875_9 | 晚唐•摩訶止觀 30_263_14 | 中唐・般若經 7_98_4 | 中唐・般若經 6_87_15 | 中唐・翰苑 27_351_24 | 中唐・翰苑 18_230_21 |
| | 五代•大毗盧經 71_875_14 | 晚唐•摩訶止觀 47_402_20 | 中唐・般若經 7_99_12 | 中唐・般若經 6_89_9 | 中唐・翰苑 31_406_11 | 中唐・翰苑 18_231_19 |

# 犬部

## 犬 犬

現ケン
訓いね

初唐•禮記正義
14_210_17

初唐•禮記正義
14_211_7

初唐•禮記正義
14_211_21

初唐•禮記正義
28_429_19

中唐・翰苑
12_150_18

中唐・翰苑
12_151_26

中唐・翰苑
19_251_26

中唐・翰苑
19_251_28

中唐・翰苑
27_356_24

大家
中唐・翰苑
30_385_14

中唐・翰苑
33_427_16

## 犯 犯

漢ハン 呉ボン
訓おかす

初唐•古文尚書
10_91_15

初唐•古文尚書
45_439_2

初唐•古文尚書
47_457_27

初唐•古文尚書
47_460_14

初唐・十誦律
6_105_3

初唐・十誦律
7_125_10

初唐・十誦律
8_144_6

初唐・十誦律
18_347_11

中唐・翰苑
4_42_30

中唐・翰苑
5_57_1

中唐・翰苑
9_115_45

中唐・翰苑
9_116_11

中唐・翰苑
10_119_42

中唐・翰苑
11_139_43

中唐・翰苑
16_202_8

中唐・翰苑
20_267_27

中唐・翰苑
37_476_40

中唐・翰苑
37_477_1

中唐・翰苑
41_528_3

晚唐•摩訶止觀
2_19_5

晚唐•摩訶止觀
56_476_14

晚唐•摩訶止觀
56_476_18

五代•大毗盧經
18_234_22

## 狂 狂

漢キョウ
訓くるう

初唐•古文尚書
27_268_26

初唐•古文尚書
27_269_13

初唐・十誦律
9_160_12

初唐・十誦律
9_165_7

初唐・十誦律
9_165_15

初唐・十誦律
9_167_9

初唐・十誦律
9_169_16

初唐・十誦律
9_171_14

## 狐

漢コ
訓きつね

中唐・翰苑
7_83_7

中唐・翰苑
7_83_18

中唐・翰苑
33_428_26

## 狗

漢コウ 呉ク
訓いぬ

中唐・翰苑
17_216_40

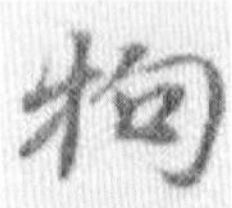
中唐・翰苑
26_339_43

中唐・翰苑
27_347_7

中唐・翰苑
27_348_28

中唐・翰苑
27_351_25

中唐・翰苑
27_353_21

中唐・翰苑
32_411_10

中唐・翰苑
32_411_25

中唐・翰苑
2_16_9

中唐・翰苑
2_16_30

## 犹

イン
訓—

中唐・翰苑
2_9_4

中唐・翰苑
2_10_4

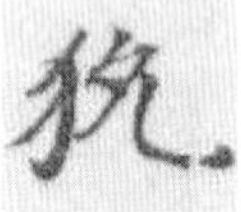
中唐・翰苑
2_10_20

中唐・翰苑
2_10_29

中唐・翰苑
2_11_39

中唐・翰苑
2_12_15

中唐・翰苑
2_12_19

中唐・翰苑
2_14_12

## 狄

漢テキ
訓えびす

初唐•古文尚書
3_23_25

初唐•古文尚書
3_24_4

初唐•古文尚書
34_320_12

中唐・翰苑
4_49_10

中唐・翰苑
9_113_43

中唐・翰苑
9_114_30

中唐・翰苑
10_123_4

中唐・翰苑
27_347_18

初唐・十誦律
9_172_14

初唐・十誦律
9_173_12

中唐・翰苑
12_149_38

| 猜 | 狼 | 狹 | 狩 | 狸 | | 狀 |
|---|---|---|---|---|---|---|
| 漢サイ<br>訓ねたむ | ロウ<br>訓おおかみ | 慣現キョウ漢コウ<br>訓せまい | 吳現シュ漢シュウ<br>訓かる | リ<br>訓たぬき | | 吳ジョウ<br>訓かたち |
| <br>中唐・翰苑<br>4_45_6 | <br>中唐・翰苑<br>40_511_20<br><br>中唐・翰苑<br>40_515_2 | <br>初唐・禮記正義<br>2_26_21<br><br>中唐・翰苑<br>39_501_14 | <br>初唐・禮記正義<br>5_72_31<br><br>中唐・翰苑<br>8_105_5<br><br>中唐・翰苑<br>19_254_24 | <br>五代・大毗盧經<br>37_439_6<br><br>五代・大毗盧經<br>37_439_8 | <br>五代・大毗盧經<br>24_304_15<br><br>五代・大毗盧經<br>46_558_20<br><br>五代・大毗盧經<br>54_667_5<br><br>五代・大毗盧經<br>64_803_5<br><br>五代・大毗盧經<br>85_1034_15 | <br>初唐・禮記正義<br>18_270_21<br><br>中唐・翰苑<br>9_113_14<br><br>中唐・翰苑<br>14_180_26<br><br>眣夷<br>中唐・翰苑<br>20_265_18<br><br>中唐・翰苑<br>24_310_1<br><br>中唐・翰苑<br>24_322_13<br><br>中唐・翰苑<br>33_432_45<br><br>五代・大毗盧經<br>19_246_1 |

| | | 猶 | 猴 | 猒 | | 猛 |
|---|---|---|---|---|---|---|
| | | 漢ユウ<br>訓ためらう | 漢コウ<br>訓さる | エン、オン/ヨウ<br>訓あきる | | 慣モウ漢ボウ<br>訓たけし |
| 初唐•禮記正義<br>10_157_2<br>初唐•禮記正義<br>10_157_9<br>猶豫<br>初唐•禮記正義<br>10_158_11<br>初唐•禮記正義<br>13_202_11<br>初唐•禮記正義<br>14_223_8<br>初唐•禮記正義<br>15_237_3<br>初唐•禮記正義<br>15_237_24<br>初唐•禮記正義<br>16_244_3 | 初唐•古文尚書<br>36_340_15<br>初唐•古文尚書<br>36_341_12<br>初唐・毛詩傳<br>6_62_13<br>初唐・毛詩傳<br>9_95_11<br>初唐・毛詩傳<br>9_95_16<br>初唐•禮記正義<br>4_51_14<br>初唐•禮記正義<br>5_74_19<br>初唐•禮記正義<br>6_82_27 | 初唐•古文尚書<br>6_49_18<br>初唐•古文尚書<br>7_58_18<br>初唐•古文尚書<br>9_75_27<br>初唐•古文尚書<br>9_79_9<br>初唐•古文尚書<br>10_89_17<br>初唐•古文尚書<br>13_121_30<br>初唐•古文尚書<br>14_132_32<br>初唐•古文尚書<br>17_163_25 | 晚唐•摩訶止觀<br>45_386_7 | 晚唐•摩訶止觀<br>10_91_4<br>五代•大毗盧經<br>63_783_9<br>五代•大毗盧經<br>64_793_19<br>五代•大毗盧經<br>90_1106_40 | 五代•大毗盧經<br>44_531_13<br>五代•大毗盧經<br>47_574_48<br>五代•大毗盧經<br>63_777_14<br>五代•大毗盧經<br>64_807_8<br>五代•大毗盧經<br>67_838_19<br>五代•大毗盧經<br>67_840_12 | 初唐•古文尚書<br>33_315_23<br>中唐・翰苑<br>16_212_12<br>晚唐•摩訶止觀<br>26_223_26<br>五代•大毗盧經<br>8_96_18<br>五代•大毗盧經<br>17_216_14<br>五代•大毗盧經<br>17_218_19<br>五代•大毗盧經<br>17_224_7<br>五代•大毗盧經<br>19_248_9 |

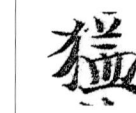

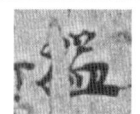

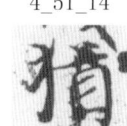

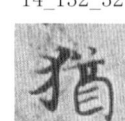

# 猱

漢 ドウ
訓 さる

五代·大毗盧經 21_273_3

五代·大毗盧經 55_676_15
五代·大毗盧經 59_730_13
五代·大毗盧經 63_776_18
五代·大毗盧經 63_779_8
五代·大毗盧經 64_803_52
五代·大毗盧經 73_893_19
五代·大毗盧經 80_977_11

五代·大毗盧經 14_178_11
五代·大毗盧經 19_245_11
五代·大毗盧經 24_307_14
五代·大毗盧經 26_332_16
五代·大毗盧經 28_351_13
五代·大毗盧經 44_525_11
五代·大毗盧經 44_530_8
五代·大毗盧經 50_610_16

中唐 · 翰苑 20_266_14
中唐 · 翰苑 20_268_26
中唐 · 翰苑 32_410_29
中唐 · 翰苑 34_445_9
中唐 · 翰苑 35_456_9
中唐 · 翰苑 40_511_13
中唐 · 翰苑 41_521_14
晚唐·摩訶止觀 54_461_16

初唐·禮記正義 30_475_9
中唐 · 翰苑 5_53_9
中唐 · 翰苑 9_109_40
中唐 · 翰苑 9_115_43
中唐 · 翰苑 11_142_32
中唐 · 翰苑 14_180_32
中唐 · 翰苑 15_192_9
中唐 · 翰苑 18_235_31

初唐·禮記正義 28_438_18
初唐·禮記正義 28_439_7
初唐·禮記正義 29_452_26
初唐·禮記正義 30_461_14
初唐·禮記正義 30_462_8
初唐·禮記正義 30_472_7
初唐·禮記正義 30_473_17
初唐·禮記正義 30_474_7

初唐·禮記正義 17_263_20
初唐·禮記正義 18_277_12
初唐·禮記正義 18_281_20
初唐·禮記正義 19_294_18
初唐·禮記正義 21_311_23
初唐·禮記正義 26_390_2
初唐·禮記正義 26_408_26
初唐·禮記正義 27_413_9

## 獄

吳ゴク 漢ギョウ
訓ひとや

初唐・古文尚書
42_410_2

初唐・古文尚書
42_410_15

初唐・古文尚書
42_411_12

初唐・古文尚書
43_413_24

初唐・古文尚書
43_414_7

初唐・古文尚書
43_416_4

初唐・古文尚書
43_416_24

初唐・古文尚書
45_434_4

初唐・古文尚書
45_434_14

初唐・古文尚書
45_442_8

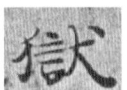

初唐・古文尚書
46_452_17

初唐・古文尚書
47_457_32

初唐・古文尚書
47_458_3

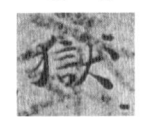

初唐・古文尚書
47_458_14

初唐・古文尚書
47_458_21

初唐・古文尚書
47_459_28

初唐・古文尚書
47_460_18

初唐・古文尚書
47_462_1

初唐・古文尚書
47_462_9

初唐・古文尚書
48_467_27

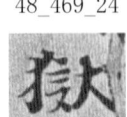

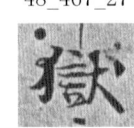

初唐・古文尚書
48_468_10

初唐・古文尚書
48_468_18

初唐・古文尚書
48_468_28

初唐・古文尚書
48_469_2

初唐・古文尚書
48_469_7

初唐・古文尚書
48_469_19

初唐・古文尚書
48_469_24

初唐・古文尚書
48_470_9

初唐・古文尚書
49_477_6

中唐・翰苑
3_34_5

中唐・翰苑
7_91_39

中唐・翰苑
17_216_9

中唐・翰苑
17_219_27

中唐・翰苑
22_285_21

晚唐・摩訶止観
5_41_16

晚唐・摩訶止観
21_179_5

晚唐・摩訶止観
22_193_19

晚唐・摩訶止観
29_248_14

晚唐・摩訶止観
35_300_13

晚唐・摩訶止観
56_474_19

## 獲

漢カク 吳キャク
訓える

初唐・古文尚書
22_213_2

初唐・古文尚書
23_224_9

初唐・古文尚書
27_265_8

初唐・禮記正義
6_95_22

初唐・十誦律
19_373_8

中唐・翰苑
2_9_6

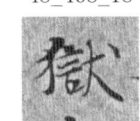

中唐・翰苑
2_12_2

中唐・翰苑
3_27_29

中唐・翰苑
4_47_18

中唐・翰苑
5_51_6

中唐・翰苑
8_94_27

中唐・翰苑
15_187_11

中唐・翰苑
22_293_19

中唐・翰苑
32_410_17

中唐・翰苑
35_452_31

# 獨

吳 ドク 漢 トク
訓 ひとり

中唐・翰苑
39_495_8

中唐・翰苑
41_526_39

晚唐・摩訶止觀
9_83_6

晚唐・摩訶止觀
16_141_5

晚唐・摩訶止觀
26_225_8

五代・大毗盧經
18_232_1

五代・大毗盧經
97_1187_2

初唐・毛詩傳
7_77_3

初唐・毛詩傳
8_79_6

初唐・毛詩傳
8_80_23

初唐・毛詩傳
8_85_9

初唐・十誦律
2_16_13

初唐・般若經
14_197_12

初唐・般若經
14_198_1

初唐・般若經
14_199_5

初唐・般若經
27_415_5

初唐・般若經
27_415_11

初唐・般若經
27_417_1

中唐・翰苑
9_117_1

中唐・翰苑
30_383_15

中唐・翰苑
33_431_19

中唐・翰苑
36_467_41

中唐・翰苑
36_468_24

中唐・翰苑
38_487_36

中唐・般若經
17_287_8

中唐・般若經
17_288_3

中唐・般若經
17_288_14

中唐・般若經
17_289_9

中唐・般若經
17_291_16

中唐・般若經
17_292_12

中唐・般若經
17_293_7

中唐・般若經
17_294_3

中唐・般若經
17_296_14

中唐・般若經
17_297_9

中唐・般若經
17_298_3

中唐・般若經
17_298_15

晚唐・摩訶止觀
1_5_24

晚唐・摩訶止觀
4_31_13

晚唐・摩訶止觀
23_197_12

晚唐・摩訶止觀
35_302_16

晚唐・摩訶止觀
36_310_26

晚唐・摩訶止觀
36_311_19

晚唐・摩訶止觀
38_327_20

晚唐・摩訶止觀
41_354_10

晚唐・摩訶止觀
41_356_15

晚唐・摩訶止觀
57_482_7

五代・大毗盧經
4_40_13

五代・大毗盧經
63_790_16

五代・大毗盧經
92_1126_18

## 獫

ケン
訓 —

中唐・翰苑
2_12_18

中唐・翰苑
2_14_11

中唐・翰苑
2_16_8

中唐・翰苑
2_16_29

## 獵

現 リョウ
訓 かり

初唐•禮記正義
3_42_25

初唐•禮記正義
17_256_28

初唐•禮記正義
17_257_10

中唐・翰苑
4_42_8

中唐・翰苑
11_136_17

中唐・翰苑
16_205_9

## 獸

慣 ジュウ
訓 けもの

初唐•禮記正義
10_157_10

初唐•禮記正義
10_157_16

初唐•禮記正義
10_157_22

中唐・翰苑
4_41_11

中唐・翰苑
12_145_38

中唐・翰苑
12_146_33

中唐・翰苑
14_175_18

中唐・翰苑
19_254_42

中唐・翰苑
24_322_25

中唐・翰苑
28_370_27

中唐・翰苑
35_455_25

中唐・翰苑
37_471_34

中唐・翰苑
37_471_38

中唐・翰苑
37_473_16

中唐・翰苑
37_474_22

中唐・翰苑
37_474_26

中唐・翰苑
37_475_13

中唐・翰苑
37_475_42

中唐・翰苑
39_496_30

晚唐•摩訶止觀
39_333_1

五代•大毗盧經
46_568_13

## 獺

慣 ダツ 漢 タツ
訓 かわうそ

中唐・翰苑
34_434_1

中唐・翰苑
34_435_30

## 獻

漢 ケン 呉 コン
訓 たてまつる

初唐•古文尚書
29_282_28

獻公初卜
初唐•禮記正義
9_145_23

中唐・翰苑
5_50_27

中唐・翰苑
8_101_19

中唐・翰苑
12_154_23

中唐・翰苑
12_156_22

中唐・翰苑
13_166_10

中唐・翰苑
17_222_20

| | | 玃 𤣤 | 玀 | | | |
|---|---|---|---|---|---|---|
| | | 慣カク漢ケキ<br>訓おおざる | リ<br>訓たぬき | | | |
| | | <br>玃屬<br>初唐•禮記正義<br>10_157_12 | <br>中唐・翰苑<br>2_9_3<br><br>中唐・翰苑<br>2_10_3<br><br>中唐・翰苑<br>2_10_19<br><br>中唐・翰苑<br>2_10_28<br><br>中唐・翰苑<br>2_11_38<br><br>中唐・翰苑<br>2_12_14 | <br>五代•大毗盧經<br>16_201_12<br><br>五代•大毗盧經<br>16_202_20<br><br>五代•大毗盧經<br>21_266_22<br><br>五代•大毗盧經<br>28_355_12<br><br>五代•大毗盧經<br>39_465_1<br><br>五代•大毗盧經<br>98_1200_12 | <br>中唐・翰苑<br>35_455_1<br>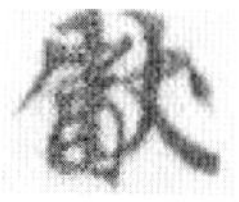<br>中唐・翰苑<br>36_458_30<br><br>中唐・翰苑<br>42_542_15<br><br>中唐・翰苑<br>43_544_38<br><br>中唐・翰苑<br>44_558_12<br><br>中唐・翰苑<br>44_559_4<br><br>中唐・翰苑<br>44_559_12<br><br>五代•大毗盧經<br>4_40_2 | <br>中唐・翰苑<br>31_397_17<br><br>中唐・翰苑<br>32_421_1<br><br>中唐・翰苑<br>33_422_16<br><br>中唐・翰苑<br>33_422_30<br><br>中唐・翰苑<br>33_423_19<br><br>中唐・翰苑<br>33_424_20<br><br>中唐・翰苑<br>35_450_7<br><br>中唐・翰苑<br>35_451_19 |

# 歹部

## 死

現 シ
訓 しぬ

初唐・古文尚書 9_77_6
初唐・古文尚書 10_90_26
初唐・古文尚書 10_91_19
初唐・古文尚書 14_127_5
初唐・古文尚書 14_127_32
初唐・古文尚書 26_257_22
初唐・古文尚書 29_280_17
初唐・古文尚書 46_447_12

初唐・古文尚書 46_448_6
初唐・古文尚書 47_457_2
初唐・毛詩傳 1_6_2
初唐・毛詩傳 3_29_11
初唐・毛詩傳 3_29_18
初唐・毛詩傳 3_32_12
初唐・毛詩傳 4_35_10
初唐・禮記正義 15_238_10

初唐・禮記正義 26_408_23
初唐・禮記正義 27_409_2
初唐・禮記正義 27_409_5
初唐・禮記正義 27_410_14
初唐・禮記正義 27_411_13
初唐・禮記正義 27_411_17
初唐・禮記正義 27_411_20
初唐・禮記正義 27_412_10

初唐・禮記正義 27_412_18
初唐・禮記正義 27_413_4
初唐・禮記正義 27_413_19
初唐・禮記正義 27_413_25
初唐・般若經 6_82_10
初唐・般若經 6_83_5
初唐・般若經 7_84_16
初唐・般若經 19_292_9

初唐・般若經 20_293_4
初唐・般若經 20_294_17
中唐・翰苑 4_37_5
中唐・翰苑 5_52_21
中唐・翰苑 6_77_19
中唐・翰苑 7_79_12
中唐・翰苑 7_79_39
中唐・翰苑 7_91_23

中唐・翰苑 7_91_38
中唐・翰苑 8_92_39
中唐・翰苑 8_95_31
中唐・翰苑 8_95_35
中唐・翰苑 9_108_25
中唐・翰苑 12_148_27
中唐・翰苑 12_149_10
中唐・翰苑 12_151_6

中唐 • 翰苑
12_152_6

中唐 • 翰苑
12_152_26

中唐 • 翰苑
13_166_18

中唐 • 翰苑
16_211_26

中唐 • 翰苑
17_217_34

中唐 • 翰苑
17_220_26

中唐 • 翰苑
19_242_44

中唐 • 翰苑
19_243_4

中唐 • 翰苑
23_303_43

中唐 • 翰苑
27_356_40

中唐 • 翰苑
27_358_10

中唐 • 翰苑
27_358_15

中唐 • 翰苑
29_382_33

中唐 • 翰苑
30_390_20

中唐 • 翰苑
30_391_6

中唐 • 翰苑
32_409_19

中唐 • 翰苑
32_413_32

中唐 • 翰苑
32_414_18

中唐 • 翰苑
33_432_14

中唐 • 翰苑
37_471_29

中唐 • 翰苑
37_476_36

中唐 • 翰苑
38_490_26

中唐 • 翰苑
38_493_36

中唐 • 翰苑
39_495_34

中唐 • 翰苑
40_508_35

中唐 • 翰苑
40_511_3

中唐 • 翰苑
42_533_20

中唐 • 翰苑
42_534_37

中唐 • 翰苑
44_556_30

中唐 • 翰苑
45_571_13

中唐 • 翰苑
45_572_9

中唐 • 翰苑
45_573_3

晚唐•摩訶止觀
6_53_4

晚唐•摩訶止觀
7_56_21

晚唐•摩訶止觀
7_59_23

晚唐•摩訶止觀
23_196_26

晚唐•摩訶止觀
24_207_20

晚唐•摩訶止觀
25_215_20

晚唐•摩訶止觀
30_263_1

晚唐•摩訶止觀
30_264_5

晚唐•摩訶止觀
33_284_11

晚唐•摩訶止觀
36_311_2

晚唐•摩訶止觀
42_361_21

晚唐•摩訶止觀
42_362_20

晚唐•摩訶止觀
44_375_20

晚唐•摩訶止觀
45_388_6

晚唐•摩訶止觀
46_395_17

晚唐•摩訶止觀
50_427_17

晚唐•摩訶止觀
52_443_12

晚唐•摩訶止觀
55_464_26

五代•大毗盧經
3_30_4

五代•大毗盧經
6_65_3

五代•大毗盧經
23_291_7

五代•大毗盧經
27_343_32

五代•大毗盧經
64_803_31

五代•大毗盧經
64_803_41

| | 殊 | 殉 | 殆 | 殄 | 殃 | |
|---|---|---|---|---|---|---|
| | 漢シュ呉ジュ<br>訓ころす | 呉現ジュウ<br>訓したがう | 漢タイ<br>訓あやうい | 漢テン<br>訓つきる | 漢ヨウ呉オウ<br>訓わざわい | |
| <br>晚唐•摩訶止観<br>48_409_26 | <br>初唐•古文尚書<br>1_2_2 | <br>中唐・翰苑<br>17_220_31 | <br>中唐・翰苑<br>10_130_43 | <br>初唐•古文尚書<br>15_135_27 | <br>初唐•古文尚書<br>12_106_17 | <br>五代•大毗盧經<br>64_803_55 |
| <br>晚唐•摩訶止觀<br>53_449_8 | <br>初唐•古文尚書<br>32_300_3 | | <br>中唐・翰苑<br>15_187_12 | <br>初唐•古文尚書<br>32_304_17 | | <br>五代•大毗盧經<br>64_806_6 |
| <br>五代•大毗盧經<br>9_108_18 | <br>初唐•古文尚書<br>32_300_19 | | | | | <br>五代•大毗盧經<br>80_972_11 |
| <br>五代•大毗盧經<br>31_395_19 | <br>初唐•古文尚書<br>44_423_23 | | | | | <br>五代•大毗盧經<br>82_999_38 |
| <br>五代•大毗盧經<br>39_458_9 | <br>初唐•禮記正義<br>1_9_1 | | | | | <br>五代•大毗盧經<br>82_1002_1 |
| <br>五代•大毗盧經<br>41_487_16 | <br>大珠<br>中唐・翰苑<br>17_215_31 | | | | | <br>五代•大毗盧經<br>82_1004_2 |
| <br>五代•大毗盧經<br>42_506_2 | <br>中唐・翰苑<br>27_357_22 | | | | | <br>五代•大毗盧經<br>88_1074_19 |
| <br>五代•大毗盧經<br>43_523_15 | <br>晚唐•摩訶止觀<br>40_346_10 | | | | | <br>五代•大毗盧經<br>91_1117_24 |

| 殯 | 殪 | 殤 | 殘 | 殖 | | |
|---|---|---|---|---|---|---|
| ヒン<br>訓かりもがり | 漢エイ<br>訓たおす | ショウ<br>訓わかじに | 漢サン呉ザン<br>訓のこる | 漢ショク<br>訓くさる | | |
| <br>中唐・翰苑<br>29_377_3 | <br>中唐・翰苑<br>19_254_41 | <br>中唐・翰苑<br>45_573_10 | <br>初唐•古文尚書<br>14_125_23<br><br>初唐•古文尚書<br>14_126_3<br><br>初唐・十誦律<br>7_113_17<br><br>初唐・十誦律<br>7_116_1<br><br>初唐・十誦律<br>7_118_10<br><br>中唐・翰苑<br>14_183_1<br><br>五代•大毗盧經<br>48_584_14<br><br>五代•大毗盧經<br>64_807_9 | <br>初唐•古文尚書<br>42_403_9 | <br>五代•大毗盧經<br>54_663_15<br><br>五代•大毗盧經<br>97_1197_5<br><br>五代•大毗盧經<br>98_1211_12 | <br>五代•大毗盧經<br>50_608_9<br><br>五代•大毗盧經<br>50_615_13<br><br>五代•大毗盧經<br>50_616_11<br><br>五代•大毗盧經<br>51_625_2<br><br>五代•大毗盧經<br>52_639_14<br><br>五代•大毗盧經<br>52_640_16<br><br>五代•大毗盧經<br>52_640_19<br><br>五代•大毗盧經<br>53_652_21 |

# 戈部

## 戈

カ
訓ほこ

初唐•古文尚書
20_191_14

扞戍使
中唐・翰苑
5_54_10

中唐・翰苑
42_543_18

## 戊

慣ボ漢ボウ
訓つちのえ

初唐•禮記正義
3_37_20

初唐•禮記正義
3_48_19

征戍
中唐・翰苑
2_11_17

## 戎

漢ジュウ
訓つわもの

初唐•古文尚書
8_69_30

初唐•古文尚書
9_71_1

初唐•古文尚書
20_190_23

初唐•古文尚書
34_320_8

初唐•禮記正義
15_235_14

初唐•禮記正義
15_236_1

初唐•禮記正義
16_243_12

初唐•禮記正義
16_246_15

中唐・翰苑
2_10_32

中唐・翰苑
2_14_10

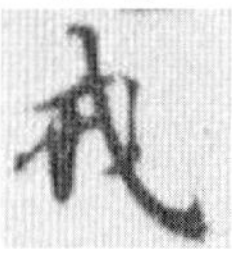
中唐・翰苑
2_16_20

中唐・翰苑
6_73_32

中唐・翰苑
12_158_36

中唐・翰苑
33_426_2

中唐・翰苑
33_427_17

中唐・翰苑
33_428_3

## 戍

慣ジュ漢シュ
訓まもる

中唐・翰苑
9_113_40

中唐・翰苑
9_116_43

中唐・翰苑
22_286_15

中唐・翰苑
22_288_12

五代•大毗盧經
10_120_18

五代•大毗盧經
94_1157_11

## 成

漢セイ呉ジョウ
訓なる

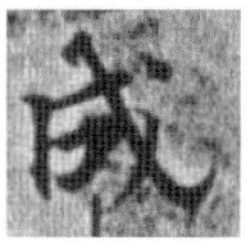
初唐•古文尚書
7_60_7

初唐•古文尚書
8_65_25

初唐•古文尚書
10_88_8

初唐•古文尚書
10_88_18

初唐•古文尚書
18_174_6

初唐•古文尚書
19_179_18

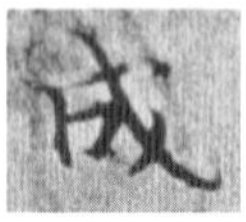
初唐•古文尚書
21_198_8

初唐•古文尚書
21_203_24

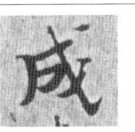

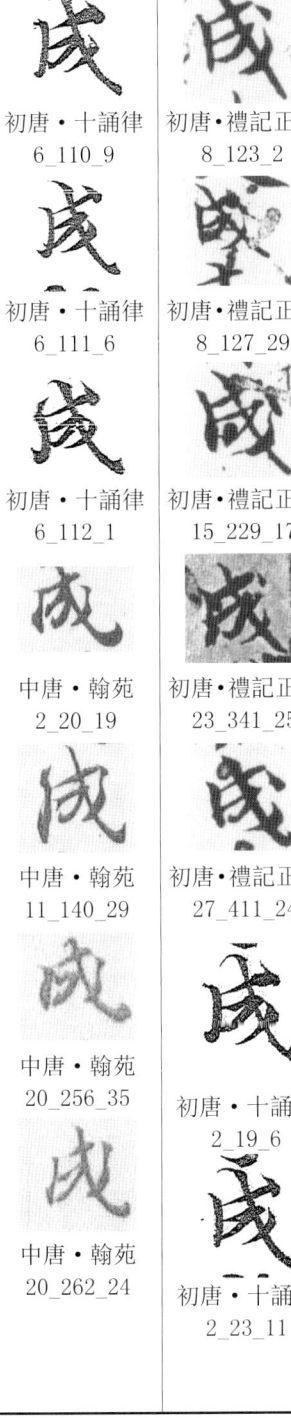

初唐•古文尚書 21_204_10
初唐•古文尚書 22_210_8
初唐•古文尚書 22_210_15
初唐•古文尚書 22_217_35
初唐•古文尚書 23_218_12
初唐•古文尚書 23_221_13
初唐•古文尚書 23_221_19
初唐•古文尚書 23_224_2

初唐•古文尚書 23_225_15
初唐•古文尚書 24_231_4
初唐•古文尚書 29_284_2
初唐•古文尚書 29_284_14
初唐•古文尚書 31_294_18
初唐•古文尚書 31_295_13
初唐•古文尚書 31_296_6
初唐•古文尚書 33_316_12

初唐•古文尚書 33_317_27
初唐•古文尚書 34_318_19
初唐•古文尚書 34_321_2
初唐•古文尚書 34_321_20
初唐•古文尚書 34_322_23
初唐•古文尚書 34_323_1
初唐•古文尚書 34_325_2
初唐•古文尚書 34_325_13

初唐•古文尚書 35_329_14
初唐•古文尚書 35_330_18
初唐•古文尚書 35_331_9
初唐•古文尚書 38_369_18
初唐•古文尚書 42_404_34
初唐•古文尚書 42_405_4
初唐•古文尚書 42_406_28
初唐•古文尚書 42_409_30

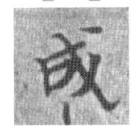

初唐•古文尚書 44_428_25
初唐•古文尚書 44_429_26
初唐•古文尚書 47_462_2
初唐•古文尚書 47_462_10
初唐•古文尚書 48_469_15
初唐・毛詩傳 6_63_7
初唐•禮記正義 4_59_10
初唐•禮記正義 5_67_10

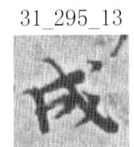

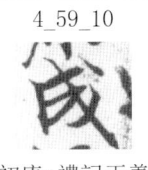

初唐•禮記正義 8_117_12
初唐•禮記正義 8_123_2
初唐•禮記正義 8_127_29
初唐•禮記正義 15_229_17
初唐•禮記正義 23_341_25
初唐•禮記正義 27_411_24
初唐・十誦律 2_19_6
初唐・十誦律 2_23_11

初唐・十誦律 6_109_12
初唐・十誦律 6_110_9
初唐・十誦律 6_111_6
初唐・十誦律 6_112_1
中唐・翰苑 2_20_19
中唐・翰苑 11_140_29
中唐・翰苑 20_256_35
中唐・翰苑 20_262_24

| | | | | | | |
|---|---|---|---|---|---|---|
| 五代•大毗盧經<br>26_333_22 | 五代•大毗盧經<br>17_225_16 | 五代•大毗盧經<br>7_75_16 | 五代•密教部類<br>6_77_6 | 晚唐•摩訶止觀<br>38_327_25 | 晚唐•摩訶止觀<br>16_141_1 | 中唐・翰苑<br>30_394_17 |
| 五代•大毗盧經<br>27_337_30 | 五代•大毗盧經<br>18_229_22 | 五代•大毗盧經<br>7_77_26 | 五代•密教部類<br>6_77_22 | 晚唐•摩訶止觀<br>38_329_13 | 晚唐•摩訶止觀<br>27_233_4 | 中唐・翰苑<br>30_394_35 |
| 五代•大毗盧經<br>27_346_18 | 五代•大毗盧經<br>19_238_10 | 五代•大毗盧經<br>10_122_48 | 五代•密教部類<br>6_89_6 | 晚唐•摩訶止觀<br>51_431_3 | 晚唐•摩訶止觀<br>27_233_9 | 中唐・翰苑<br>35_451_40 |
| 五代•大毗盧經<br>27_346_25 | 五代•大毗盧經<br>19_240_17 | 五代•大毗盧經<br>12_147_12 | 五代•大毗盧經<br>2_2_6 | 晚唐•摩訶止觀<br>52_445_2 | 晚唐•摩訶止觀<br>27_233_14 | 中唐・翰苑<br>44_556_39 |
| 五代•大毗盧經<br>28_362_48 | 五代•大毗盧經<br>19_242_1 | 五代•大毗盧經<br>14_176_16 | 五代•大毗盧經<br>2_3_10 | 晚唐•摩訶止觀<br>55_462_9 | 晚唐•摩訶止觀<br>27_233_21 | 晚唐•摩訶止觀<br>2_15_17 |
| 五代•大毗盧經<br>29_368_21 | 五代•大毗盧經<br>23_296_10 | 五代•大毗盧經<br>15_189_39 | 五代•大毗盧經<br>2_8_9 | 晚唐•摩訶止觀<br>59_495_16 | 晚唐•摩訶止觀<br>27_234_13 | 晚唐•摩訶止觀<br>2_19_16 |
| 五代•大毗盧經<br>34_409_6 | 五代•大毗盧經<br>26_327_17 | 五代•大毗盧經<br>15_194_19 | 五代•大毗盧經<br>2_8_20 | 晚唐•摩訶止觀<br>60_505_17 | 晚唐•摩訶止觀<br>36_314_4 | 晚唐•摩訶止觀<br>10_88_16 |
| 五代•大毗盧經<br>35_411_3 | 五代•大毗盧經<br>26_327_39 | 五代•大毗盧經<br>16_204_5 | 五代•大毗盧經<br>2_14_20 | 五代•密教部類<br>3_27_6 | 晚唐•摩訶止觀<br>36_314_8 | 晚唐•摩訶止觀<br>16_140_26 |

# 戒

漢 カイ
訓 いましめる

初唐・般若經 7_91_3
初唐・般若經 7_92_2
初唐・般若經 7_93_13
初唐・般若經 20_301_9
初唐・般若經 20_302_8
初唐・般若經 20_304_4
中唐・般若經 2_5_2
中唐・般若經 2_6_16

初唐・十誦律 3_51_5
初唐・十誦律 3_51_7
初唐・十誦律 3_51_9
初唐・十誦律 4_54_10
初唐・十誦律 4_69_12
初唐・十誦律 4_69_15
初唐・十誦律 4_69_17
初唐・十誦律 4_70_3

初唐・古文尚書 43_421_23
初唐・古文尚書 44_424_7
初唐・古文尚書 44_424_27
初唐・古文尚書 44_427_25
初唐・古文尚書 44_429_11
初唐・古文尚書 48_465_6
初唐・十誦律 2_13_17
初唐・十誦律 3_51_3

初唐・古文尚書 7_57_18
初唐・古文尚書 15_141_13
初唐・古文尚書 20_192_5
初唐・古文尚書 20_192_17
初唐・古文尚書 21_200_32
初唐・古文尚書 43_416_12
初唐・古文尚書 43_416_16
初唐・古文尚書 43_421_5

五代・大毗盧經 83_1009_9
五代・大毗盧經 88_1079_23
五代・大毗盧經 89_1093_1
五代・大毗盧經 97_1187_38
五代・大毗盧經 97_1193_14

五代・大毗盧經 69_860_6
五代・大毗盧經 70_862_6
五代・大毗盧經 71_863_6
五代・大毗盧經 72_885_34
五代・大毗盧經 73_893_21
五代・大毗盧經 73_898_15
五代・大毗盧經 73_900_24
五代・大毗盧經 80_973_6

五代・大毗盧經 38_446_1
五代・大毗盧經 39_463_17
五代・大毗盧經 41_494_17
五代・大毗盧經 46_568_3
五代・大毗盧經 46_570_5
五代・大毗盧經 53_654_20
五代・大毗盧經 53_654_22
五代・大毗盧經 57_696_48

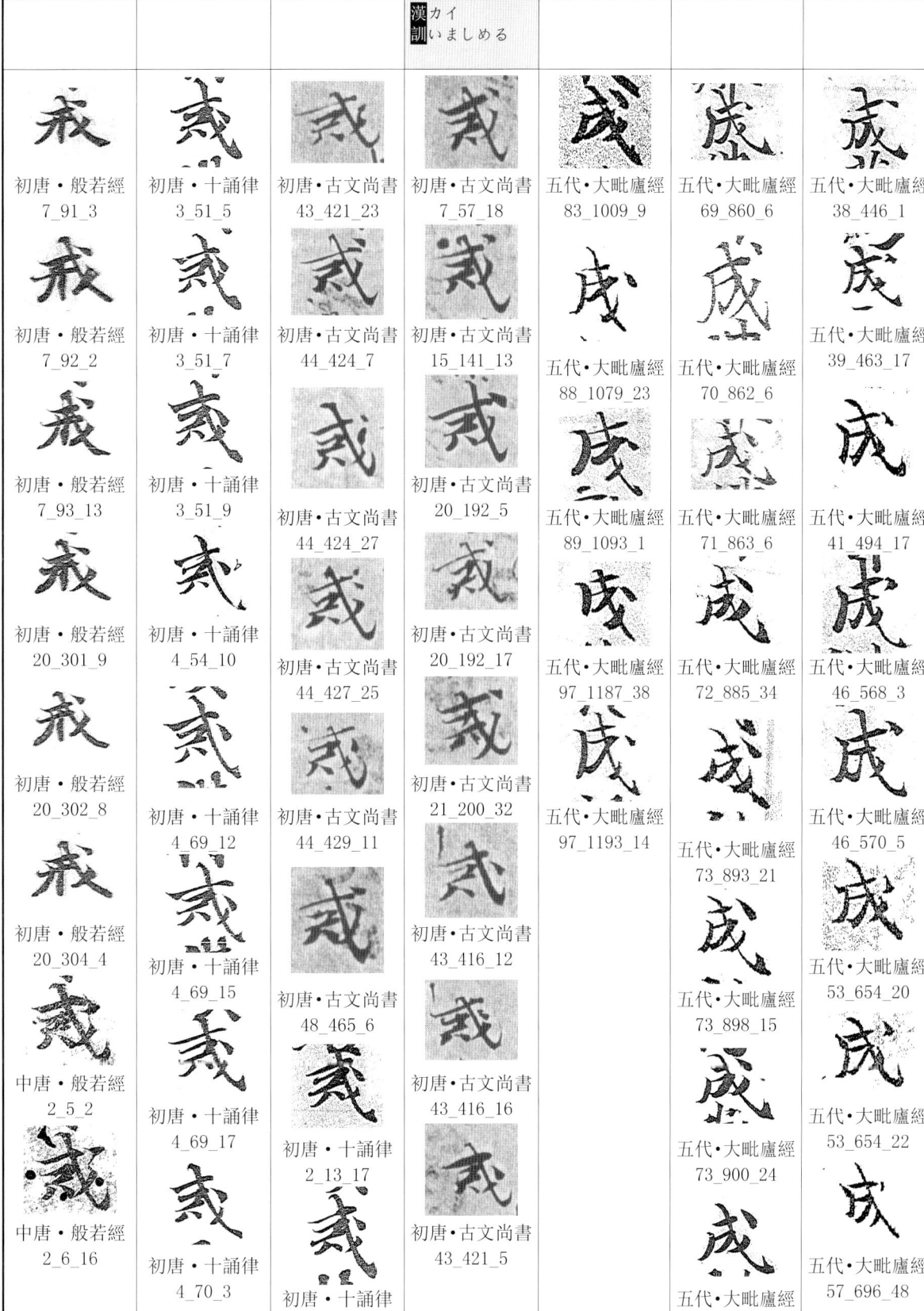

# 我 𢦏

| | | 現ガ<br>訓われ | | | | |
|---|---|---|---|---|---|---|
| 初唐•古文尚書<br>9_77_3 | 初唐•古文尚書<br>8_63_5 | 初唐•古文尚書<br>6_47_22 | 五代•密教部類<br>4_56_5 | 五代•密教部類<br>4_45_8 | 晚唐•摩訶止觀<br>1_10_14 | 中唐・般若經<br>2_10_11 |
| 初唐•古文尚書<br>9_77_16 | 初唐•古文尚書<br>8_64_8 | 初唐•古文尚書<br>6_47_35 | 五代•密教部類<br>4_57_4 | 五代•密教部類<br>4_47_6 | 晚唐•摩訶止觀<br>5_40_7 | 中唐・般若經<br>2_13_5 |
| 初唐•古文尚書<br>9_78_25 | 初唐•古文尚書<br>8_64_20 | 初唐•古文尚書<br>6_49_5 | 五代•密教部類<br>5_59_4 | 五代•密教部類<br>4_48_12 | 晚唐•摩訶止觀<br>22_191_7 | 中唐・般若經<br>2_14_17 |
| 初唐•古文尚書<br>9_80_13 | 初唐•古文尚書<br>8_64_30 | 初唐•古文尚書<br>7_51_4 | 五代•密教部類<br>5_60_4 | 五代•密教部類<br>4_49_6 | 晚唐•摩訶止觀<br>22_193_15 | 中唐・般若經<br>2_16_12 |
| 初唐•古文尚書<br>9_80_19 | 初唐•古文尚書<br>8_64_32 | 初唐•古文尚書<br>7_53_30 | 五代•密教部類<br>5_64_10 | 五代•密教部類<br>4_51_5 | 晚唐•摩訶止觀<br>35_307_21 | 中唐・般若經<br>2_18_8 |
| 初唐•古文尚書<br>10_82_13 | 初唐•古文尚書<br>8_65_15 | 初唐•古文尚書<br>7_54_10 | 五代•大毗盧經<br>25_315_21 | 五代•密教部類<br>4_52_4 | 晚唐•摩訶止觀<br>44_375_10 | 中唐・般若經<br>3_22_1 |
| 初唐•古文尚書<br>10_83_22 | 初唐•古文尚書<br>8_65_22 | 初唐•古文尚書<br>7_55_6 | 五代•大毗盧經<br>42_504_12 | 五代•密教部類<br>4_53_8 | 晚唐•摩訶止觀<br>56_472_9 | 中唐・般若經<br>3_25_5 |
| 初唐•古文尚書<br>10_84_13 | 初唐•古文尚書<br>8_69_15 | 初唐•古文尚書<br>7_59_17 | 五代•大毗盧經<br>59_732_7 | | 五代•密教部類<br>4_42_4 | 中唐・般若經<br>3_26_16 |

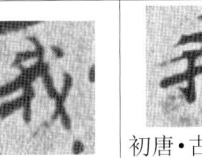

初唐•古文尚書
10_84_26

初唐•古文尚書
10_86_21

初唐•古文尚書
11_93_11

初唐•古文尚書
11_95_6

初唐•古文尚書
11_100_21

初唐•古文尚書
11_101_9

初唐•古文尚書
12_103_4

初唐•古文尚書
12_104_16

初唐•古文尚書
12_105_15

初唐•古文尚書
12_107_6

初唐•古文尚書
12_110_2

初唐•古文尚書
13_115_15

初唐•古文尚書
13_115_22

初唐•古文尚書
13_117_15

初唐•古文尚書
13_118_7

初唐•古文尚書
13_119_4

初唐•古文尚書
13_119_22

初唐•古文尚書
13_121_8

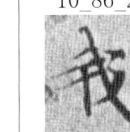

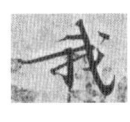

初唐•古文尚書
13_121_13

初唐•古文尚書
13_123_7

初唐•古文尚書
14_124_26

初唐•古文尚書
14_125_12

初唐•古文尚書
14_125_27

初唐•古文尚書
14_126_18

初唐•古文尚書
14_127_7

初唐•古文尚書
14_128_13

初唐•古文尚書
14_129_8

初唐•古文尚書
14_130_12

初唐•古文尚書
14_132_14

初唐•古文尚書
15_135_24

初唐•古文尚書
15_138_2

初唐•古文尚書
15_143_26

初唐•古文尚書
15_144_7

初唐•古文尚書
15_144_17

初唐•古文尚書
16_145_6

初唐•古文尚書
16_146_7

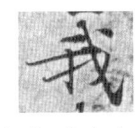

初唐•古文尚書
16_146_11

初唐•古文尚書
16_148_5

初唐•古文尚書
16_148_12

初唐•古文尚書
16_148_25

初唐•古文尚書
16_149_15

初唐•古文尚書
16_154_2

初唐•古文尚書
16_154_16

初唐•古文尚書
16_155_13

初唐•古文尚書
16_155_36

初唐•古文尚書
17_156_5

初唐•古文尚書
17_157_13

初唐•古文尚書
18_168_13

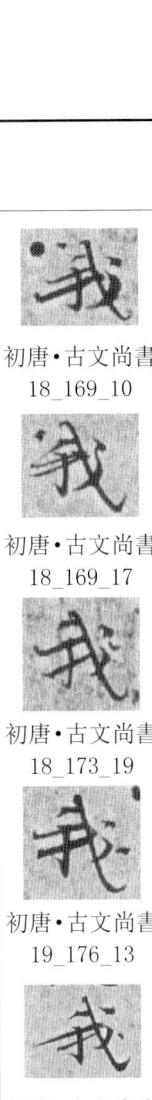

初唐•古文尚書
18_169_10

初唐•古文尚書
18_169_17

初唐•古文尚書
18_173_19

初唐•古文尚書
19_176_13

初唐•古文尚書
19_178_29

初唐•古文尚書
19_180_6

初唐•古文尚書
21_202_9

初唐•古文尚書
22_209_13

| | | | | | | |
|---|---|---|---|---|---|---|
| 初唐•古文尚書<br>44_426_29 | 初唐•古文尚書<br>36_343_9 | 初唐•古文尚書<br>31_295_24 | 初唐•古文尚書<br>29_279_24 | 初唐•古文尚書<br>27_262_15 | 初唐•古文尚書<br>25_247_5 | 初唐•古文尚書<br>22_209_15 |
| 初唐•古文尚書<br>44_427_21 | 初唐•古文尚書<br>36_343_28 | 初唐•古文尚書<br>32_297_8 | 初唐•古文尚書<br>29_280_7 | 初唐•古文尚書<br>27_262_34 | 初唐•古文尚書<br>25_249_6 | 初唐•古文尚書<br>22_210_11 |
| 初唐•古文尚書<br>48_465_2 | 初唐•古文尚書<br>37_353_15 | 初唐•古文尚書<br>32_305_28 | 初唐•古文尚書<br>29_280_21 | 初唐•古文尚書<br>27_263_11 | 初唐•古文尚書<br>26_250_10 | 初唐•古文尚書<br>22_211_26 |
| 初唐•古文尚書<br>48_465_20 | 初唐•古文尚書<br>38_361_6 | 初唐•古文尚書<br>32_306_15 | 初唐•古文尚書<br>29_280_31 | 初唐•古文尚書<br>27_268_22 | 初唐•古文尚書<br>26_252_5 | 初唐•古文尚書<br>23_220_22 |
| 初唐•古文尚書<br>49_475_27 | 初唐•古文尚書<br>39_374_18 | 初唐•古文尚書<br>34_320_28 | 初唐•古文尚書<br>29_281_5 | 初唐•古文尚書<br>27_269_6 | 初唐•古文尚書<br>26_253_40 | 初唐•古文尚書<br>23_222_2 |
| 初唐・毛詩傳<br>1_7_10 | 初唐•古文尚書<br>44_423_27 | 初唐•古文尚書<br>35_332_9 | 初唐•古文尚書<br>29_281_12 | 初唐•古文尚書<br>27_270_13 | 初唐•古文尚書<br>26_254_5 | 初唐•古文尚書<br>23_225_2 |
| 初唐・毛詩傳<br>1_8_20 | 初唐•古文尚書<br>44_425_6 | 初唐•古文尚書<br>35_332_27 | 初唐•古文尚書<br>29_282_13 | 初唐•古文尚書<br>28_278_27 | 初唐•古文尚書<br>26_254_13 | 初唐•古文尚書<br>23_226_14 |
| 初唐・毛詩傳<br>1_8_21 | 初唐•古文尚書<br>44_425_22 | 初唐•古文尚書<br>35_334_23 | 初唐•古文尚書<br>31_290_31 | 初唐•古文尚書<br>29_279_5 | 初唐•古文尚書<br>26_254_27 | 初唐•古文尚書<br>24_239_20 |

| | | | | | | |
|---|---|---|---|---|---|---|
| 初唐・十誦律 11_204_11 | 初唐・十誦律 7_127_3 | 初唐・十誦律 5_79_2 | 初唐・十誦律 4_66_1 | 初唐•禮記正義 9_133_9 | 初唐・毛詩傳 9_93_14 | 初唐・毛詩傳 2_14_6 |
| 初唐・十誦律 14_268_17 | 初唐・十誦律 8_135_15 | 初唐・十誦律 5_79_9 | 初唐・十誦律 4_66_17 | 初唐•禮記正義 28_439_12 | 初唐・毛詩傳 9_94_23 | 初唐・毛詩傳 2_18_7 |
| 中唐・翰苑 9_109_12 | 初唐・十誦律 8_145_16 | 初唐・十誦律 5_84_6 | 初唐・十誦律 5_73_15 | 初唐・十誦律 2_13_15 | 初唐・毛詩傳 9_95_6 | 初唐・毛詩傳 5_47_14 |
| 中唐・翰苑 9_109_26 | 初唐・十誦律 9_155_13 | 初唐・十誦律 5_84_14 | 初唐・十誦律 5_74_10 | 初唐・十誦律 2_17_3 | 初唐・毛詩傳 9_96_11 | 初唐・毛詩傳 6_64_34 |
| 中唐・翰苑 16_211_5 | 初唐・十誦律 10_180_15 | 初唐・十誦律 7_123_12 | 初唐・十誦律 5_75_3 | 初唐・十誦律 2_22_6 | 初唐・毛詩傳 10_105_19 | 初唐・毛詩傳 8_79_16 |
| 中唐・翰苑 20_256_7 | 初唐・十誦律 10_190_7 | 初唐・十誦律 7_123_15 | 初唐・十誦律 5_75_10 | 初唐・十誦律 2_31_3 | 初唐・毛詩傳 10_106_15 | 初唐・毛詩傳 8_85_19 |
| 中唐・翰苑 23_302_22 | 初唐・十誦律 10_193_12 | 初唐・十誦律 7_124_1 | 初唐・十誦律 5_76_8 | 初唐・十誦律 3_46_7 | 初唐・毛詩傳 10_107_12 | 初唐・毛詩傳 9_91_6 |
| 中唐・翰苑 38_487_22 | 初唐・十誦律 11_202_10 | 初唐・十誦律 7_124_5 | 初唐・十誦律 5_76_17 | 初唐・十誦律 3_48_10 | 初唐•禮記正義 4_53_20 | 初唐・毛詩傳 9_92_34 |

中唐・翰苑
39_497_11

中唐・翰苑
40_517_10

中唐・翰苑
43_547_42

中唐・般若經
2_8_7

中唐・般若經
2_8_10

中唐・般若經
2_9_10

中唐・般若經
2_9_13

中唐・般若經
2_16_5

中唐・般若經
2_16_8

中唐・般若經
2_17_5

中唐・般若經
2_17_8

中唐・般若經
3_24_15

中唐・般若經
3_25_2

中唐・般若經
3_26_1

中唐・般若經
3_28_4

中唐・般若經
4_40_15

中唐・般若經
4_41_1

中唐・般若經
4_44_11

中唐・般若經
4_44_14

中唐・般若經
4_53_15

中唐・般若經
4_54_1

中唐・般若經
4_54_14

中唐・般若經
4_54_17

中唐・般若經
5_61_5

中唐・般若經
5_61_8

中唐・般若經
5_62_3

中唐・般若經
5_62_6

中唐・般若經
5_64_4

中唐・般若經
5_73_12

中唐・般若經
5_75_15

中唐・般若經
5_76_1

中唐・般若經
6_82_2

中唐・般若經
6_90_6

中唐・般若經
6_90_9

中唐・般若經
6_91_13

中唐・般若經
6_91_16

中唐・般若經
7_98_15

中唐・般若經
7_99_1

中唐・般若經
7_99_14

中唐・般若經
7_99_17

中唐・般若經
7_106_9

中唐・般若經
7_106_12

中唐・般若經
7_107_7

中唐・般若經
7_107_10

中唐・般若經
7_109_9

中唐・般若經
8_116_4

中唐・般若經
8_116_7

中唐・般若經
8_116_17

中唐・般若經
8_117_3

中唐・般若經
8_123_8

中唐・般若經
8_123_11

中唐・般若經
8_124_5

中唐・般若經
8_124_8

中唐・般若經
8_130_15

中唐・般若經
8_131_1

中唐・般若經
8_131_11

中唐·般若經 8_131_14

中唐·般若經 8_133_12

中唐·般若經 9_139_7

中唐·般若經 9_139_10

中唐·般若經 9_139_16

中唐·般若經 9_140_2

中唐·般若經 9_145_4

中唐·般若經 9_145_7

中唐·般若經 9_145_14

中唐·般若經 9_145_17

中唐·般若經 9_151_4

中唐·般若經 9_151_7

中唐·般若經 9_151_13

中唐·般若經 9_151_16

中唐·般若經 10_153_8

中唐·般若經 10_161_14

中唐·般若經 10_161_17

中唐·般若經 10_163_8

中唐·般若經 10_163_11

中唐·般若經 10_171_3

中唐·般若經 10_171_6

中唐·般若經 11_172_5

中唐·般若經 11_172_8

中唐·般若經 11_179_9

中唐·般若經 11_179_12

中唐·般若經 11_180_10

中唐·般若經 11_180_13

中唐·般若經 11_182_15

中唐·般若經 11_188_15

中唐·般若經 11_189_1

中唐·般若經 11_189_8

中唐·般若經 11_189_11

中唐·般若經 12_195_7

中唐·般若經 12_195_10

中唐·般若經 12_196_1

中唐·般若經 12_196_4

中唐·般若經 12_202_1

中唐·般若經 12_202_4

中唐·般若經 12_202_11

中唐·般若經 12_202_14

中唐·般若經 12_204_10

中唐·般若經 13_211_1

中唐·般若經 13_211_4

中唐·般若經 13_211_14

中唐·般若經 13_211_17

中唐·般若經 13_218_1

中唐·般若經 13_218_4

中唐·般若經 13_218_15

中唐·般若經 13_219_1

中唐·般若經 13_225_4

中唐·般若經 13_225_7

中唐·般若經 13_225_17

中唐·般若經 13_226_3

中唐·般若經 13_227_17

中唐·般若經 15_250_10

中唐·般若經 15_250_13

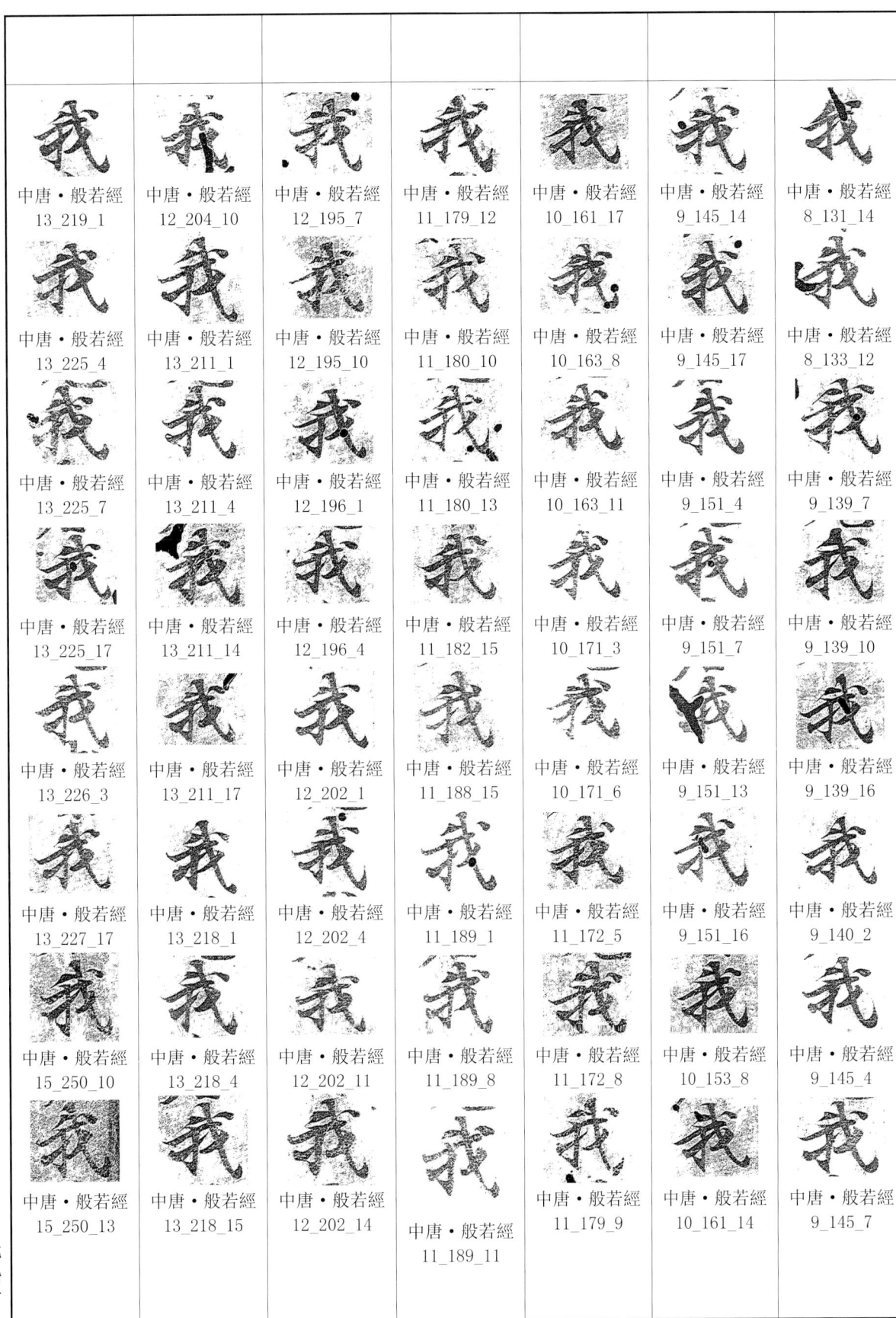

| | | | | | | |
|---|---|---|---|---|---|---|
| 晚唐•摩訶止觀 36_309_17 | 晚唐•摩訶止觀 34_293_9 | 晚唐•摩訶止觀 2_14_22 | 中唐·般若經 18_306_11 | 中唐·般若經 17_289_2 | 中唐·般若經 16_271_13 | 中唐·般若經 15_251_5 |
| 晚唐•摩訶止觀 36_311_8 | 晚唐•摩訶止觀 34_296_4 | 晚唐•摩訶止觀 4_35_17 | 中唐·般若經 18_325_11 | 中唐·般若經 17_289_5 | 中唐·般若經 16_272_9 | 中唐·般若經 15_251_8 |
| 晚唐•摩訶止觀 36_313_15 | 晚唐•摩訶止觀 34_298_12 | 晚唐•摩訶止觀 10_92_15 | 中唐·般若經 19_330_9 | 中唐·般若經 17_293_12 | 中唐·般若經 16_272_12 | 中唐·般若經 15_253_7 |
| 晚唐•摩訶止觀 37_321_28 | 晚唐•摩訶止觀 35_301_9 | 晚唐•摩訶止觀 13_111_1 | 中唐·般若經 19_330_12 | 中唐·般若經 17_293_15 | 中唐·般若經 16_279_16 | 中唐·般若經 15_262_2 |
| 晚唐•摩訶止觀 38_326_3 | 晚唐•摩訶止觀 35_302_21 | 晚唐•摩訶止觀 30_266_16 | 中唐·般若經 19_335_13 | 中唐·般若經 17_298_8 | 中唐·般若經 16_280_2 | 中唐·般若經 15_262_5 |
| 晚唐•摩訶止觀 38_331_12 | 晚唐•摩訶止觀 35_304_1 | 晚唐•摩訶止觀 33_290_2 | 中唐·般若經 19_335_16 | 中唐·般若經 17_298_11 | 中唐·般若經 16_280_14 | 中唐·般若經 15_263_11 |
| 晚唐•摩訶止觀 44_376_3 | 晚唐•摩訶止觀 35_306_1 | 晚唐•摩訶止觀 33_290_9 | 中唐·般若經 19_337_5 | 中唐·般若經 17_299_15 | 中唐·般若經 16_280_17 | 中唐·般若經 15_263_14 |
| 晚唐•摩訶止觀 45_386_19 | 晚唐•摩訶止觀 35_307_31 | 晚唐•摩訶止觀 34_293_2 | 晚唐•摩訶止觀 1_4_18 | 中唐·般若經 18_306_8 | 中唐·般若經 16_283_2 | 中唐·般若經 16_271_10 |

| | | | | | | |
|---|---|---|---|---|---|---|
| 五代•大毗盧經 57_693_30 | 五代•大毗盧經 39_466_15 | 五代•大毗盧經 14_173_2 | 五代•大毗盧經 7_88_3 | 五代•大毗盧經 4_39_1 | 晚唐•摩訶止觀 59_497_9 | 晚唐•摩訶止觀 45_388_23 |
| 五代•大毗盧經 58_713_12 | 五代•大毗盧經 48_583_41 | 五代•大毗盧經 21_269_6 | 五代•大毗盧經 10_111_6 | 五代•大毗盧經 4_45_8 | 五代•大毗盧經 2_4_13 | 晚唐•摩訶止觀 45_389_12 |
| 五代•大毗盧經 58_713_22 | 五代•大毗盧經 48_583_43 | 五代•大毗盧經 21_269_10 | 五代•大毗盧經 10_112_16 | 五代•大毗盧經 5_50_15 | 五代•大毗盧經 2_5_21 | 晚唐•摩訶止觀 45_390_7 |
| 五代•大毗盧經 65_814_13 | 五代•大毗盧經 51_629_19 | 五代•大毗盧經 22_285_6 | 五代•大毗盧經 10_122_13 | 五代•大毗盧經 5_55_1 | 五代•大毗盧經 2_6_9 | 晚唐•摩訶止觀 45_390_21 |
| 五代•大毗盧經 73_893_20 | 五代•大毗盧經 52_640_25 | 五代•大毗盧經 26_326_6 | 五代•大毗盧經 10_122_15 | 五代•大毗盧經 6_64_15 | 五代•大毗盧經 2_7_15 | 晚唐•摩訶止觀 55_464_23 |
| 五代•大毗盧經 79_957_23 | 五代•大毗盧經 53_647_27 | 五代•大毗盧經 26_326_16 | 五代•大毗盧經 10_122_43 | 五代•大毗盧經 7_81_12 | 五代•大毗盧經 2_13_10 | 晚唐•摩訶止觀 56_473_6 |
| 五代•大毗盧經 79_960_5 | 五代•大毗盧經 55_679_23 | 五代•大毗盧經 26_326_24 | 五代•大毗盧經 10_123_5 | 五代•大毗盧經 7_81_13 | 五代•大毗盧經 3_28_1 | 晚唐•摩訶止觀 56_474_11 |
| 五代•大毗盧經 97_1186_26 | 五代•大毗盧經 55_679_30 | 五代•大毗盧經 39_455_5 | 五代•大毗盧經 11_138_1 | 五代•大毗盧經 7_87_8 | 五代•大毗盧經 3_36_1 | 晚唐•摩訶止觀 56_477_10 |

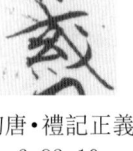

## 或 或

呉 ワク
訓 くに

五代・大毗盧經
98_1212_5

初唐・古文尚書
7_56_27

初唐・古文尚書
12_112_4

初唐・古文尚書
27_261_31

初唐・古文尚書
27_261_36

初唐・古文尚書
39_379_21

初唐・古文尚書
44_424_6

初唐・古文尚書
45_437_21

初唐・古文尚書
45_437_25

初唐・古文尚書
45_437_30

初唐・古文尚書
45_438_4

初唐・古文尚書
48_468_35

初唐・禮記正義
6_93_10

初唐・禮記正義
8_121_20

初唐・禮記正義
8_121_22

初唐・禮記正義
8_121_24

初唐・禮記正義
9_138_5

初唐・禮記正義
10_158_4

初唐・禮記正義
14_221_21

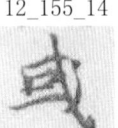

初唐・禮記正義
15_232_3

初唐・禮記正義
15_232_5

初唐・禮記正義
17_260_20

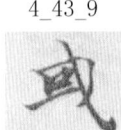

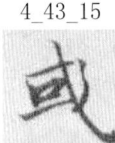

初唐・禮記正義
17_264_23

初唐・禮記正義
21_320_26

初唐・禮記正義
21_321_5

初唐・禮記正義
22_340_17

初唐・禮記正義
25_381_16

初唐・禮記正義
25_381_19

初唐・禮記正義
26_396_24

初唐・禮記正義
26_403_27

初唐・禮記正義
27_416_20

初唐・禮記正義
27_418_6

初唐・禮記正義
28_430_6

初唐・禮記正義
28_433_6

初唐・禮記正義
29_459_15

中唐・翰苑
4_43_3

中唐・翰苑
4_43_9

中唐・翰苑
4_43_15

中唐・翰苑
4_43_21

中唐・翰苑
4_48_39

中唐・翰苑
10_120_26

中唐・翰苑
11_144_13

中唐・翰苑
12_155_14

中唐・翰苑
15_194_8

中唐・翰苑
15_194_10

中唐・翰苑
19_245_5

中唐・翰苑
21_270_37

中唐・翰苑
23_300_26

中唐・翰苑
31_403_31

中唐・翰苑
31_403_33

中唐・翰苑
38_483_5

中唐・翰苑
38_489_22

晚唐•摩訶止觀
5_44_3

晚唐•摩訶止觀
5_44_5

晚唐•摩訶止觀
5_44_7

晚唐•摩訶止觀
5_44_15

晚唐•摩訶止觀
5_44_25

晚唐•摩訶止觀
5_45_4

晚唐•摩訶止觀
8_70_7

晚唐•摩訶止觀
8_70_14

晚唐•摩訶止觀
8_70_21

晚唐•摩訶止觀
8_71_3

晚唐•摩訶止觀
8_71_17

晚唐•摩訶止觀
8_71_24

晚唐•摩訶止觀
8_72_4

晚唐•摩訶止觀
8_72_11

晚唐•摩訶止觀
8_72_24

晚唐•摩訶止觀
8_73_5

晚唐•摩訶止觀
8_73_12

晚唐•摩訶止觀
8_73_19

晚唐•摩訶止觀
8_73_26

晚唐•摩訶止觀
8_74_5

晚唐•摩訶止觀
8_74_12

晚唐•摩訶止觀
9_78_10

晚唐•摩訶止觀
10_90_20

晚唐•摩訶止觀
10_90_24

晚唐•摩訶止觀
10_91_2

晚唐•摩訶止觀
10_91_6

晚唐•摩訶止觀
18_156_8

晚唐•摩訶止觀
18_156_10

晚唐•摩訶止觀
18_157_19

晚唐•摩訶止觀
22_192_10

晚唐•摩訶止觀
22_192_15

晚唐•摩訶止觀
22_194_10

晚唐•摩訶止觀
22_194_15

晚唐•摩訶止觀
22_194_20

晚唐•摩訶止觀
25_219_18

晚唐•摩訶止觀
25_219_25

晚唐•摩訶止觀
27_231_10

晚唐•摩訶止觀
27_231_13

晚唐•摩訶止觀
27_231_17

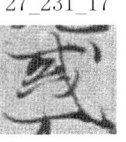

晚唐•摩訶止觀
27_231_20

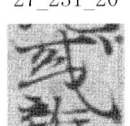

晚唐•摩訶止觀
27_231_24

晚唐•摩訶止觀
27_231_27

晚唐•摩訶止觀
27_232_9

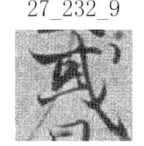

晚唐•摩訶止觀
27_232_15

晚唐•摩訶止觀
27_232_26

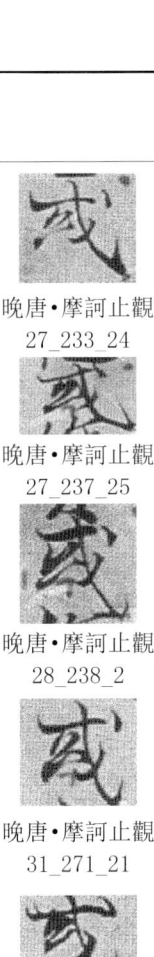

晚唐•摩訶止觀
27_233_24

晚唐•摩訶止觀
27_237_25

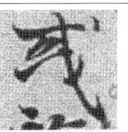

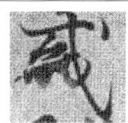

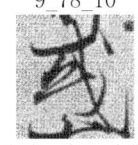

晚唐•摩訶止觀
28_238_2

晚唐•摩訶止觀
31_271_21

晚唐•摩訶止觀
31_272_2

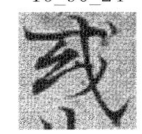

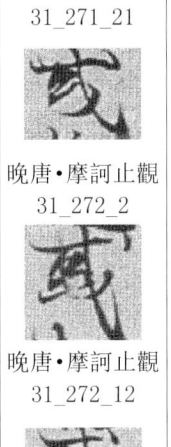

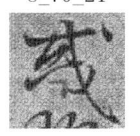

晚唐•摩訶止觀
31_272_12

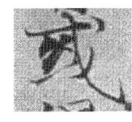

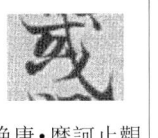

晚唐•摩訶止觀
31_272_18

晚唐•摩訶止觀
31_272_23

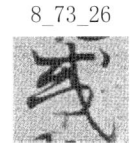

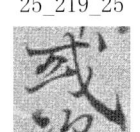

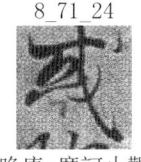

## 戟 戚 戕

**戟** 慣ゲキ 訓ほこ

五代•大毗盧經
50_621_10

五代•大毗盧經
85_1043_19

五代•大毗盧經
91_1119_11

**戚** 漢セキ 訓みうち

中唐・翰苑
10_119_1

**戕** 漢ショウ 訓そこなう

初唐•古文尚書
14_125_17

初唐•古文尚書
14_125_22

五代•大毗盧經
55_673_19

五代•大毗盧經
85_1045_16

五代•大毗盧經
86_1057_41

五代•大毗盧經
93_1138_8

五代•大毗盧經
97_1192_16

五代•大毗盧經
97_1192_18

五代•大毗盧經
97_1194_6

晚唐•摩訶止觀
58_492_4

五代•密教部類
1_7_9

五代•密教部類
1_7_17

五代•大毗盧經
2_18_8

五代•大毗盧經
26_332_27

五代•大毗盧經
26_332_31

五代•大毗盧經
29_366_24

五代•大毗盧經
47_576_8

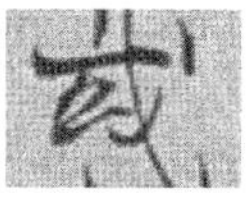
晚唐•摩訶止觀
41_353_11

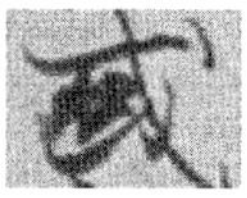
晚唐•摩訶止觀
41_353_27

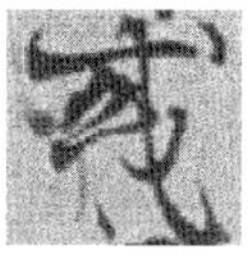
晚唐•摩訶止觀
41_354_16

晚唐•摩訶止觀
41_355_11

晚唐•摩訶止觀
41_355_28

晚唐•摩訶止觀
41_356_23

晚唐•摩訶止觀
51_430_16

晚唐•摩訶止觀
58_491_27

晚唐•摩訶止觀
31_272_28

晚唐•摩訶止觀
31_273_3

晚唐•摩訶止觀
31_273_9

晚唐•摩訶止觀
31_273_15

晚唐•摩訶止觀
31_273_20

晚唐•摩訶止觀
35_306_20

晚唐•摩訶止觀
36_308_9

晚唐•摩訶止觀
36_309_26

| | 戮 | | 臧 | 截 | 戢 | 戡 |
|---|---|---|---|---|---|---|
| | リュウ 漢リク<br>訓ころす | | 慣ゾウ<br>訓しもべ | 漢セツ<br>訓たつ | シュウ<br>訓おさめる | 漢カン 漢チン<br>訓さす |
| 晩唐•摩訶止觀<br>44_377_1 | 初唐•古文尚書<br>9_79_32 | 初唐•禮記正義<br>30_463_29 | 初唐•古文尚書<br>10_91_35 | 初唐•古文尚書<br>40_388_15 | 晩唐•摩訶止觀<br>35_300_28 | 初唐•古文尚書<br>25_242_3 |
| 五代•大毗盧經<br>63_785_13 | 初唐•古文尚書<br>9_80_16 | 初唐•禮記正義<br>30_464_12 | 初唐•古文尚書<br>11_92_12 | 初唐•古文尚書<br>46_444_13 | | 初唐•古文尚書<br>25_244_25 |
| 五代•大毗盧經<br>63_786_19 | 初唐•古文尚書<br>26_257_4 | 初唐•禮記正義<br>30_464_15 | 初唐•古文尚書<br>31_291_16 | 中唐・翰苑<br>13_159_24 | | 初唐•古文尚書<br>25_244_27 |
| 五代•大毗盧經<br>79_957_15 | 初唐•古文尚書<br>26_257_23 | 初唐•禮記正義<br>30_465_15 | 初唐•古文尚書<br>31_291_18 | 晩唐•摩訶止觀<br>29_248_25 | | 初唐•古文尚書<br>25_245_2 |
| 五代•大毗盧經<br>82_999_30 | 初唐•古文尚書<br>40_387_8 | 初唐•禮記正義<br>30_465_25 | 初唐•古文尚書<br>37_359_3 | 晩唐•摩訶止觀<br>44_375_19 | | |
| 五代•大毗盧經<br>87_1062_29 | 初唐•古文尚書<br>40_388_7 | 初唐•禮記正義<br>30_466_15 | 初唐•禮記正義<br>15_229_24 | 五代•大毗盧經<br>55_676_4 | | |
| | 初唐•古文尚書<br>40_391_23 | 初唐•禮記正義<br>30_466_21 | 初唐•禮記正義<br>15_231_6 | | | |
| | 初唐•古文尚書<br>41_393_7 | 初唐•禮記正義<br>30_469_11 | 初唐•禮記正義<br>30_463_23 | | | |

## 戲

慣ギ 呉ゲ 漢キ
訓たわむれる

初唐•古文尚書 15_141_4
初唐•古文尚書 15_141_16
初唐•古文尚書 25_249_12
初唐•古文尚書 25_249_27
中唐・翰苑 17_223_30
中唐・翰苑 25_327_33
中唐・翰苑 29_378_16
中唐・翰苑 29_378_31

## 戴

タイ
訓いただく

晩唐•摩訶止觀 4_32_2
晩唐•摩訶止觀 19_167_10
五代•大毗盧經 19_242_17
五代•大毗盧經 29_364_14
五代•大毗盧經 64_802_20
五代•大毗盧經 64_803_24
五代•大毗盧經 78_944_9
五代•大毗盧經 85_1038_13
五代•大毗盧經 88_1073_4
五代•大毗盧經 88_1074_11
五代•大毗盧經 90_1096_12
中唐・翰苑 15_191_16
中唐・翰苑 34_441_9
中唐・翰苑 38_491_24
中唐・翰苑 39_496_16
中唐・翰苑 41_526_29
五代•大毗盧經 15_191_13
五代•大毗盧經 16_212_12
五代•大毗盧經 20_254_10
中唐・翰苑 4_48_17
中唐・翰苑 8_94_7
中唐・翰苑 8_94_15
中唐・翰苑 8_94_40
中唐・翰苑 8_95_27
中唐・翰苑 11_141_22
中唐・翰苑 12_157_25
中唐・翰苑 13_160_21

## 戰

現セン
訓たたかう

初唐•禮記正義 5_78_17
初唐•禮記正義 15_230_18
中唐・翰苑 2_11_34
中唐・翰苑 3_22_13
中唐・翰苑 3_22_33
中唐・翰苑 3_27_5
中唐・翰苑 4_37_23
中唐・翰苑 4_46_6
初唐•古文尚書 41_394_6
初唐•古文尚書 41_395_14
中唐・翰苑 39_502_6

# 比部

## 比

漢 現ヒ 吳ヒ
訓 くらべる

初唐•古文尚書 12_105_11
初唐•古文尚書 12_106_15
初唐•古文尚書 13_123_2
初唐•古文尚書 13_123_18
初唐•古文尚書 15_143_8
初唐•古文尚書 15_144_9
初唐•古文尚書 27_261_8
初唐•古文尚書 28_271_4

初唐•古文尚書 46_451_12
初唐•古文尚書 46_452_1
初唐・毛詩傳 5_54_8
初唐・毛詩傳 8_81_19
初唐・毛詩傳 8_82_16
初唐・毛詩傳 8_86_20
初唐・毛詩傳 9_92_13
初唐•禮記正義 5_75_30

初唐•禮記正義 5_76_4
初唐•禮記正義 6_86_2
初唐•禮記正義 18_276_7
初唐•禮記正義 26_404_17
初唐・十誦律 1_3_13
初唐・十誦律 1_5_9
初唐・十誦律 1_10_11
初唐・十誦律 1_12_11

初唐・十誦律 2_29_2
初唐・十誦律 3_34_2
初唐・十誦律 3_35_11
初唐・十誦律 3_36_5
初唐・十誦律 3_38_9
初唐・十誦律 3_46_2
初唐・十誦律 3_48_15
初唐・十誦律 3_51_13

初唐・十誦律 4_53_10
初唐・十誦律 4_65_13
初唐・十誦律 4_67_5
初唐・十誦律 4_70_7
初唐・十誦律 4_70_14
初唐・十誦律 4_72_3
初唐・十誦律 12_228_3
初唐・十誦律 12_228_14

初唐・十誦律 12_229_6
初唐・十誦律 12_230_9
初唐・十誦律 12_231_15
初唐・十誦律 12_232_10
初唐・十誦律 12_234_4
初唐・十誦律 12_234_16
初唐・十誦律 13_235_9
初唐・十誦律 13_236_15

初唐•十誦律 13_237_12

初唐•十誦律 13_238_5

初唐•十誦律 13_239_8

初唐•十誦律 13_240_3

初唐•十誦律 13_242_3

初唐•十誦律 13_242_17

初唐•十誦律 13_245_3

初唐•十誦律 13_245_13

初唐•十誦律 13_247_1

初唐•十誦律 13_247_15

初唐•十誦律 13_248_1

初唐•十誦律 13_250_3

初唐•十誦律 13_250_17

初唐•十誦律 13_253_3

初唐•十誦律 13_253_15

初唐•十誦律 14_255_3

初唐•十誦律 14_255_15

初唐•十誦律 14_256_1

初唐•十誦律 14_258_3

初唐•十誦律 14_258_6

初唐•十誦律 14_259_2

初唐•十誦律 14_259_5

初唐•十誦律 14_260_11

初唐•十誦律 14_260_14

初唐•十誦律 14_261_10

初唐•十誦律 14_262_15

初唐•十誦律 14_263_1

初唐•十誦律 14_263_14

初唐•十誦律 14_265_9

初唐•十誦律 14_266_15

初唐•十誦律 14_267_15

初唐•十誦律 14_269_14

初唐•十誦律 14_270_18

初唐•十誦律 14_271_9

初唐•十誦律 14_272_2

初唐•十誦律 14_272_9

初唐•十誦律 14_272_16

初唐•十誦律 14_273_8

初唐•十誦律 14_273_14

初唐•十誦律 14_274_3

初唐•十誦律 14_274_13

初唐•十誦律 15_275_3

初唐•十誦律 15_275_13

初唐•十誦律 15_276_9

初唐•十誦律 15_276_12

初唐•十誦律 15_277_2

初唐•十誦律 15_277_9

初唐•十誦律 15_278_1

初唐•十誦律 15_278_7

初唐•十誦律 15_278_13

初唐•十誦律 15_279_6

初唐•十誦律 15_279_13

初唐•十誦律 15_280_9

初唐•十誦律 15_280_12

初唐•十誦律 15_281_5

初唐•十誦律 15_281_14

初唐•十誦律 15_282_4

初唐•十誦律 16_314_16

初唐•十誦律 16_316_8

初唐•十誦律 16_316_15

初唐•十誦律 17_317_4

初唐•十誦律 17_317_10

初唐•十誦律 17_318_2

初唐•十誦律 17_319_8

初唐•十誦律 17_319_15

初唐•十誦律 17_320_5

初唐•十誦律 17_320_12

初唐•十誦律 17_321_4

初唐•十誦律 17_322_8

初唐•十誦律 17_322_14

初唐•十誦律 17_323_3

初唐•十誦律 17_323_13

初唐•十誦律 17_324_3

初唐•十誦律 17_324_10

初唐•十誦律 17_325_2

初唐•十誦律 17_325_8

初唐•十誦律 17_326_8

初唐•十誦律 17_326_17

初唐•十誦律 17_327_10

初唐•十誦律 17_327_17

初唐•十誦律 17_328_7

初唐•十誦律 17_328_16

初唐•十誦律 17_329_5

初唐•十誦律 17_329_11

初唐•十誦律 17_330_8

初唐•十誦律 17_330_11

初唐•十誦律 17_331_1

初唐•十誦律 17_331_8

初唐•十誦律 17_331_15

初唐•十誦律 17_332_7

初唐•十誦律 17_332_13

初唐•十誦律 17_333_3

初唐•十誦律 17_333_12

初唐•十誦律 17_335_8

初唐•十誦律 17_335_11

初唐•十誦律 17_336_1

初唐•十誦律 17_336_8

初唐•十誦律 17_336_17

初唐•十誦律 18_337_6

初唐•十誦律 18_337_12

初唐•十誦律 18_338_5

初唐•十誦律 18_338_11

初唐•十誦律 18_339_8

初唐•十誦律 18_339_11

初唐•十誦律 18_340_4

初唐•十誦律 18_340_13

初唐•十誦律 18_341_2

初唐•十誦律 18_341_8

初唐•十誦律 18_342_1

初唐•十誦律 18_342_8

初唐•十誦律 18_342_14

初唐•十誦律 18_346_5

# 毖

ヒ
訓つつしむ

初唐・古文尚書 31_288_5

晚唐•摩訶止觀 55_466_5

晚唐•摩訶止觀 55_467_9

晚唐•摩訶止觀 55_468_18

五代•大毗盧經 9_103_9

五代•大毗盧經 45_540_5

五代•大毗盧經 64_799_17

五代•大毗盧經 72_884_4

晚唐•摩訶止觀 14_121_25

晚唐•摩訶止觀 21_181_17

晚唐•摩訶止觀 33_289_28

晚唐•摩訶止觀 55_463_25

晚唐•摩訶止觀 55_464_2

晚唐•摩訶止觀 55_464_17

晚唐•摩訶止觀 55_465_17

晚唐•摩訶止觀 55_465_23

中唐・翰苑 21_276_30

中唐・翰苑 21_277_14

中唐・翰苑 21_277_22

中唐・翰苑 21_277_32

中唐・翰苑 21_278_13

中唐・翰苑 37_472_23

中唐・翰苑 43_544_9

晚唐•摩訶止觀 2_12_16

中唐・翰苑 21_273_38

中唐・翰苑 21_274_2

中唐・翰苑 21_274_20

中唐・翰苑 21_274_31

中唐・翰苑 21_275_2

中唐・翰苑 21_275_9

中唐・翰苑 21_275_16

中唐・翰苑 21_275_37

中唐・翰苑 10_125_29

中唐・翰苑 21_270_9

中唐・翰苑 21_271_21

中唐・翰苑 21_271_34

中唐・翰苑 21_271_47

中唐・翰苑 21_272_15

中唐・翰苑 21_273_13

中唐・翰苑 21_273_25

初唐・十誦律 18_348_4

初唐・十誦律 18_351_8

初唐・十誦律 18_351_16

初唐・十誦律 18_352_8

初唐・十誦律 18_353_10

初唐・十誦律 18_354_2

初唐・十誦律 19_359_13

中唐・翰苑 8_103_23

# 毗

漢 ヒ 呉 ビ
訓 へそ

中唐・翰苑 8_103_35
中唐・翰苑 27_356_38
晚唐•摩訶止觀 2_14_17
晚唐•摩訶止觀 33_288_22
晚唐•摩訶止觀 49_421_2
五代•密教部類 3_27_2
五代•密教部類 6_77_2
五代•密教部類 6_77_18
五代•密教部類 6_78_2
五代•密教部類 6_79_2

五代•密教部類 6_80_2
五代•密教部類 6_81_2
五代•密教部類 6_82_2
五代•密教部類 6_83_2
五代•密教部類 6_84_2
五代•密教部類 6_85_2
五代•密教部類 6_86_2
五代•密教部類 6_87_2
五代•密教部類 6_88_2
五代•密教部類 6_89_2

五代•大毗盧經 2_7_3
五代•大毗盧經 3_24_38
五代•大毗盧經 7_77_38
五代•大毗盧經 8_98_10
五代•大毗盧經 9_104_7
五代•大毗盧經 17_215_12
五代•大毗盧經 17_221_1
五代•大毗盧經 19_242_11
五代•大毗盧經 20_262_8
五代•大毗盧經 22_280_1

五代•大毗盧經 30_385_18
五代•大毗盧經 33_405_10
五代•大毗盧經 33_405_18
五代•大毗盧經 33_408_2
五代•大毗盧經 34_409_2
五代•大毗盧經 35_410_2
五代•大毗盧經 40_478_3
五代•大毗盧經 43_516_11
五代•大毗盧經 45_550_22

五代•大毗盧經 46_562_3
五代•大毗盧經 47_581_1
五代•大毗盧經 55_670_4
五代•大毗盧經 55_681_16
五代•大毗盧經 56_688_18
五代•大毗盧經 67_845_10
五代•大毗盧經 67_845_18
五代•大毗盧經 69_860_2
五代•大毗盧經 70_862_2
五代•大毗盧經 71_863_2

五代•大毗盧經 78_950_3
五代•大毗盧經 80_967_7
五代•大毗盧經 80_967_16
五代•大毗盧經 83_1006_18
五代•大毗盧經 85_1031_17
五代•大毗盧經 85_1033_12
五代•大毗盧經 85_1038_3
五代•大毗盧經 88_1077_15
五代•大毗盧經 90_1094_3
五代•大毗盧經 90_1099_13

五代•大毗盧經 90_1100_8
五代•大毗盧經 90_1103_1
五代•大毗盧經 91_1113_2
五代•大毗盧經 91_1114_11
五代•大毗盧經 91_1115_12
五代•大毗盧經 91_1116_2
五代•大毗盧經 91_1117_11
五代•大毗盧經 91_1117_13
五代•大毗盧經 92_1128_3
五代•大毗盧經 92_1133_18

# 牙部

## 牙

漢ガ 吳ゲ
訓きば

初唐•古文尚書
4_34_15

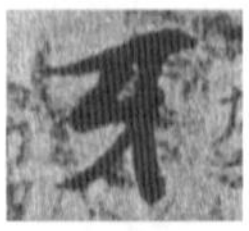
初唐•古文尚書
34_326_4

初唐•古文尚書
34_327_5

初唐•古文尚書
34_327_22

初唐•古文尚書
34_327_24

初唐•古文尚書
35_328_2

初唐•古文尚書
35_328_17

初唐•古文尚書
36_346_20

中唐・翰苑
6_74_11

晚唐•摩訶止觀
15_128_14

五代•大毗盧經
28_351_16

五代•大毗盧經
29_372_7

五代•大毗盧經
29_374_3

五代•大毗盧經
46_568_8

五代•大毗盧經
71_875_5

五代•大毗盧經
63_786_15

五代•大毗盧經
64_794_4

# 瓦部

## 瓦 

漢 ガ
訓 かわら

中唐・翰苑
8_95_22

晩唐•摩訶止觀
62_521_5

## 瓶 

漢 ヘイ 唐 ビン
訓 かめ

五代•大毗盧經
14_170_12

五代•大毗盧經
54_662_12

五代•大毗盧經
85_1041_5

## 甌 

漢 オウ
訓 ほとぎ

中唐・翰苑
42_536_21

中唐・翰苑
42_539_14

# 止部

## 止 𣥂

現 シ
訓 とまる

初唐・毛詩傳 10_102_18
初唐・毛詩傳 10_103_9
初唐・毛詩傳 10_104_1
初唐・禮記正義 4_62_25
初唐・禮記正義 5_81_4
初唐・禮記正義 6_82_9
初唐・禮記正義 8_118_23
初唐・禮記正義 9_143_12
初唐・禮記正義 9_143_25

初唐・禮記正義 9_144_12
初唐・禮記正義 12_182_19
初唐・禮記正義 12_189_21
初唐・禮記正義 12_190_14
初唐・禮記正義 13_202_14
初唐・禮記正義 13_204_14
初唐・十誦律 18_355_3
中唐・翰苑 4_37_39
中唐・翰苑 4_41_20

中唐・翰苑 12_148_42
中唐・翰苑 15_193_17
中唐・翰苑 16_202_29
坐其上 中唐・翰苑 30_387_33
中唐・翰苑 30_390_4
中唐・翰苑 30_391_27
中唐・翰苑 45_576_5
晚唐・摩訶止觀 1_1_3

晚唐・摩訶止觀 1_2_1
晚唐・摩訶止觀 3_24_19
晚唐・摩訶止觀 4_34_10
晚唐・摩訶止觀 4_36_15
晚唐・摩訶止觀 4_37_12
晚唐・摩訶止觀 5_40_12
晚唐・摩訶止觀 5_40_24
晚唐・摩訶止觀 5_41_13
晚唐・摩訶止觀 5_41_25

晚唐・摩訶止觀 5_42_11
晚唐・摩訶止觀 5_43_4
晚唐・摩訶止觀 5_45_3
晚唐・摩訶止觀 5_45_6
晚唐・摩訶止觀 5_45_13
晚唐・摩訶止觀 6_47_18
晚唐・摩訶止觀 6_54_21
晚唐・摩訶止觀 6_55_14
晚唐・摩訶止觀 12_110_14

晚唐・摩訶止觀 16_139_14
晚唐・摩訶止觀 19_161_4
晚唐・摩訶止觀 24_205_6
晚唐・摩訶止觀 27_234_18
晚唐・摩訶止觀 27_235_1
晚唐・摩訶止觀 27_235_18
晚唐・摩訶止觀 39_340_16
晚唐・摩訶止觀 55_462_24
晚唐・摩訶止觀 55_463_11
晚唐・摩訶止觀 55_463_19

晩唐•摩訶止觀
58_490_14

晩唐•摩訶止觀
58_490_19

晩唐•摩訶止觀
58_493_17

晩唐•摩訶止觀
58_494_11

晩唐•摩訶止觀
59_499_24

晩唐•摩訶止觀
59_500_24

晩唐•摩訶止觀
59_502_23

晩唐•摩訶止觀
60_506_21

晩唐•摩訶止觀
60_509_9

晩唐•摩訶止觀
62_523_3

五代•大毗盧經
21_268_2

五代•大毗盧經
68_858_4

五代•大毗盧經
68_858_12

五代•大毗盧經
96_1179_4

## 正

漢現セイ呉現ショウ
訓ただしい

初唐•古文尚書
1_7_13

初唐•古文尚書
1_7_19

初唐•古文尚書
7_56_2

初唐•古文尚書
7_56_21

初唐•古文尚書
11_94_13

初唐•古文尚書
14_133_26

初唐•古文尚書
15_140_9

初唐•古文尚書
15_140_16

初唐•古文尚書
18_167_7

初唐•古文尚書
18_168_14

初唐•古文尚書
19_178_20

初唐•古文尚書
19_181_1

初唐•古文尚書
19_186_25

初唐•古文尚書
23_221_24

初唐•古文尚書
23_222_12

初唐•古文尚書
24_234_11

初唐•古文尚書
24_234_22

初唐•古文尚書
24_238_3

初唐•古文尚書
24_238_24

初唐•古文尚書
27_261_33

初唐•古文尚書
27_262_6

初唐•古文尚書
29_284_26

初唐•古文尚書
31_293_13

初唐•古文尚書
31_294_25

初唐•古文尚書
35_337_25

初唐•古文尚書
35_337_29

初唐•古文尚書
35_338_10

初唐•古文尚書
35_338_16

初唐•古文尚書
35_338_27

初唐•古文尚書
35_338_33

初唐•古文尚書
36_343_14

初唐•古文尚書
36_344_3

初唐•古文尚書
36_346_25

初唐•古文尚書
36_347_14

初唐•古文尚書
37_351_10

初唐•古文尚書
37_356_29

初唐•古文尚書
37_357_17

初唐•古文尚書
37_358_12

初唐•古文尚書
38_361_22

初唐•古文尚書
38_361_32

| | | | | | | |
|---|---|---|---|---|---|---|
| 初唐•禮記正義<br>9_130_16 | 初唐•禮記正義<br>8_114_1 | 初唐•禮記正義<br>3_38_14 | 初唐・毛詩傳<br>7_72_1 | 初唐•古文尚書<br>45_436_20 | 初唐•古文尚書<br>42_409_22 | 初唐•古文尚書<br>38_362_20 |
| 初唐•禮記正義<br>9_130_23 | 初唐•禮記正義<br>8_117_2 | 初唐•禮記正義<br>3_39_8 | 初唐•禮記正義<br>1_5_11 | 初唐•古文尚書<br>47_458_26 | 初唐•古文尚書<br>43_418_7 | 初唐•古文尚書<br>38_363_22 |
| 初唐•禮記正義<br>9_130_29 | 初唐•禮記正義<br>8_121_13 | 初唐•禮記正義<br>3_43_18 | 初唐•禮記正義<br>1_8_3 | 初唐•古文尚書<br>47_460_8 | 初唐•古文尚書<br>44_429_29 | 初唐•古文尚書<br>38_364_9 |
| 初唐•禮記正義<br>9_131_5 | 初唐•禮記正義<br>8_128_5 | 初唐•禮記正義<br>3_49_10 | 初唐•禮記正義<br>1_12_22 | 初唐•古文尚書<br>47_461_5 | 初唐•古文尚書<br>45_434_29 | 初唐•古文尚書<br>38_367_27 |
| 初唐•禮記正義<br>9_132_27 | 初唐•禮記正義<br>8_128_17 | 初唐•禮記正義<br>4_55_8 | 初唐•禮記正義<br>1_13_8 | 初唐•古文尚書<br>48_468_15 | 初唐•古文尚書<br>45_435_10 | 初唐•古文尚書<br>38_367_33 |
| 初唐•禮記正義<br>9_133_17 | 初唐•禮記正義<br>8_128_25 | 初唐•禮記正義<br>6_87_12 | 初唐•禮記正義<br>2_19_13 | 初唐•古文尚書<br>49_475_21 | 初唐•古文尚書<br>45_435_19 | 初唐•古文尚書<br>38_368_3 |
| 初唐•禮記正義<br>9_133_26 | 初唐•禮記正義<br>8_129_13 | 初唐•禮記正義<br>6_94_23 | 初唐•禮記正義<br>2_27_1 | 初唐•古文尚書<br>49_477_12 | 初唐•古文尚書<br>45_435_32 | 初唐•古文尚書<br>38_368_15 |
| 初唐•禮記正義<br>9_134_24 | 初唐•禮記正義<br>9_130_12 | 初唐•禮記正義<br>7_99_16 | 初唐•禮記正義<br>3_36_2 | 初唐・毛詩傳<br>3_22_14 | 初唐•古文尚書<br>45_436_10 | 初唐•古文尚書<br>38_368_21 |

初唐•禮記正義 9_137_15
初唐•禮記正義 9_139_4
初唐•禮記正義 9_141_28
初唐•禮記正義 9_142_1
初唐•禮記正義 9_142_11
初唐•禮記正義 9_143_1
初唐•禮記正義 9_145_20
初唐•禮記正義 10_149_1
初唐•禮記正義 10_161_20
初唐•禮記正義 11_173_8
初唐•禮記正義 12_185_3
初唐•禮記正義 13_199_5
初唐•禮記正義 13_204_21
初唐•禮記正義 13_206_10
初唐•禮記正義 13_209_18
初唐•禮記正義 14_210_24
初唐•禮記正義 14_212_16
初唐•禮記正義 14_216_1
初唐•禮記正義 14_217_17
初唐•禮記正義 15_229_10
初唐•禮記正義 15_237_10
初唐•禮記正義 16_240_5
初唐•禮記正義 16_241_19
初唐•禮記正義 16_251_18
初唐•禮記正義 17_255_18
初唐•禮記正義 17_256_1
初唐•禮記正義 17_256_8
初唐•禮記正義 17_256_25
初唐•禮記正義 17_257_4
初唐•禮記正義 17_258_17
初唐•禮記正義 17_263_22
初唐•禮記正義 18_272_6
初唐•禮記正義 18_274_13
初唐•禮記正義 18_282_7
初唐•禮記正義 18_282_19
初唐•禮記正義 19_285_8
初唐•禮記正義 19_286_9
初唐•禮記正義 19_291_23
初唐•禮記正義 19_293_18
初唐•禮記正義 19_295_1
初唐•禮記正義 20_300_12
初唐•禮記正義 20_305_6
初唐•禮記正義 20_309_2
初唐•禮記正義 21_316_14
初唐•禮記正義 21_322_6
初唐•禮記正義 24_364_12
初唐•禮記正義 25_388_24
初唐•禮記正義 26_397_17
初唐•禮記正義 28_430_9
初唐•禮記正義 28_432_1
初唐•禮記正義 28_434_12
初唐•禮記正義 28_437_8
初唐•禮記正義 29_453_26
初唐•禮記正義 29_455_4
初唐•禮記正義 29_458_4
初唐•禮記正義 30_464_2

| | | | | | | |
|---|---|---|---|---|---|---|
| 中唐•般若經<br>19_335_8 | 中唐•般若經<br>18_325_3 | 中唐•般若經<br>7_99_5 | 中唐•翰苑<br>33_423_47 | 中唐•翰苑<br>21_273_14 | 初唐•般若經<br>14_207_9 | 初唐•禮記正義<br>30_470_7 |
| 中唐•般若經<br>19_336_5 | 中唐•般若經<br>18_325_17 | 中唐•般若經<br>7_100_14 | 中唐•翰苑<br>40_514_40 | 中唐•翰苑<br>21_273_26 | 初唐•般若經<br>23_352_1 | 初唐•禮記正義<br>30_475_5 |
| 晚唐•摩訶止觀<br>5_40_11 | 中唐•般若經<br>19_328_9 | 中唐•般若經<br>7_104_3 | 中唐•般若經<br>6_86_16 | 中唐•翰苑<br>21_274_3 | 初唐•般若經<br>23_352_17 | 初唐•十誦律<br>19_366_4 |
| 晚唐•摩訶止觀<br>6_52_21 | 中唐•般若經<br>19_329_7 | 中唐•般若經<br>7_105_9 | 中唐•般若經<br>6_88_14 | 中唐•翰苑<br>21_274_21 | 初唐•般若經<br>23_354_12 | 初唐•般若經<br>10_138_17 |
| 晚唐•摩訶止觀<br>8_70_12 | 中唐•般若經<br>19_330_4 | 中唐•般若經<br>7_106_15 | 中唐•般若經<br>6_90_12 | 中唐•翰苑<br>21_275_3 | 初唐•般若經<br>27_423_9 | 初唐•般若經<br>10_140_3 |
| 晚唐•摩訶止觀<br>8_71_22 | 中唐•般若經<br>19_331_2 | 中唐•般若經<br>7_108_5 | 中唐•般若經<br>6_92_11 | 中唐•翰苑<br>21_275_17 | 中唐•翰苑<br>3_29_25 | 初唐•般若經<br>10_141_13 |
| 晚唐•摩訶止觀<br>8_73_3 | 中唐•般若經<br>19_333_15 | 中唐•般若經<br>18_323_10 | 中唐•般若經<br>7_96_6 | 中唐•翰苑<br>22_292_37 | 中唐•翰苑<br>7_89_20 | 初唐•般若經<br>14_205_7 |
| 晚唐•摩訶止觀<br>8_74_3 | 中唐•般若經<br>19_334_12 | 中唐•般若經<br>18_324_7 | 中唐•般若經<br>7_97_14 | 中唐•翰苑<br>25_333_40 | 中唐•翰苑<br>21_272_1 | 初唐•般若經<br>14_205_17 |

# 此

シ
訓 ここ

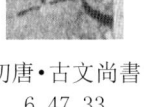

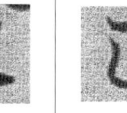

| | | | | | | |
|---|---|---|---|---|---|---|
| 初唐•古文尚書 6_47_7 | 初唐•古文尚書 1_1_9 | 五代•大毗盧經 13_161_3 | 五代•密教部類 6_82_14 | 晚唐•摩訶止觀 48_411_1 | 晚唐•摩訶止觀 17_151_21 | 晚唐•摩訶止觀 9_75_22 |
| 初唐•古文尚書 6_47_19 | 初唐•古文尚書 1_1_19 | 五代•大毗盧經 14_179_11 | 五代•大毗盧經 2_6_13 | 晚唐•摩訶止觀 51_434_18 | 晚唐•摩訶止觀 26_228_7 | 晚唐•摩訶止觀 11_97_9 |
| 初唐•古文尚書 6_47_33 | 初唐•古文尚書 1_3_15 | 五代•大毗盧經 28_363_2 | 五代•大毗盧經 2_21_19 | 晚唐•摩訶止觀 54_458_15 | 晚唐•摩訶止觀 27_236_13 | 晚唐•摩訶止觀 15_134_12 |
| 初唐•古文尚書 6_50_3 | 初唐•古文尚書 1_4_17 | 五代•大毗盧經 30_376_20 | 五代•大毗盧經 3_29_3 | 晚唐•摩訶止觀 54_458_17 | 晚唐•摩訶止觀 29_253_25 | 晚唐•摩訶止觀 16_140_23 |
| 初唐•古文尚書 7_54_13 | 初唐•古文尚書 2_15_21 | 五代•大毗盧經 44_530_11 | 五代•大毗盧經 3_35_12 | 晚唐•摩訶止觀 55_462_14 | 晚唐•摩訶止觀 29_254_12 | 晚唐•摩訶止觀 16_141_2 |
| 初唐•古文尚書 7_55_10 | 初唐•古文尚書 4_29_8 | 五代•大毗盧經 63_774_11 | 五代•大毗盧經 3_36_5 | 晚唐•摩訶止觀 61_518_8 | 晚唐•摩訶止觀 35_303_11 | 晚唐•摩訶止觀 17_148_8 |
| 初唐•古文尚書 8_64_14 | 初唐•古文尚書 5_39_10 | | 五代•大毗盧經 5_49_9 | 五代•密教部類 6_78_22 | 晚唐•摩訶止觀 44_379_1 | 晚唐•摩訶止觀 17_148_23 |
| 初唐•古文尚書 10_85_28 | 初唐•古文尚書 5_40_7 | | 五代•大毗盧經 6_64_19 | 五代•密教部類 6_81_19 | 晚唐•摩訶止觀 46_392_15 | 晚唐•摩訶止觀 17_149_21 |

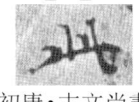

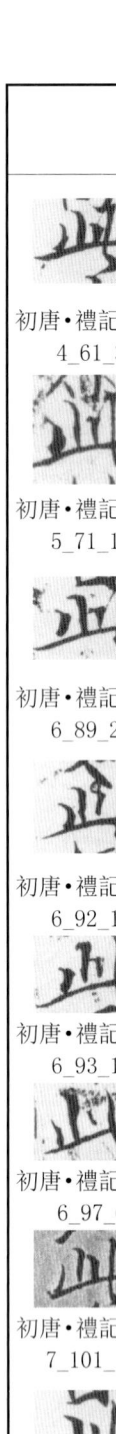

初唐•禮記正義
4_61_3

初唐•禮記正義
5_71_13

初唐•禮記正義
6_89_21

初唐•禮記正義
6_92_18

初唐•禮記正義
6_93_18

初唐•禮記正義
6_97_6

初唐•禮記正義
7_101_10

初唐•禮記正義
8_114_4

初唐•禮記正義
1_11_24

初唐•禮記正義
1_16_4

初唐•禮記正義
2_25_3

初唐•禮記正義
2_31_4

初唐•禮記正義
3_36_5

初唐•禮記正義
3_40_21

初唐•禮記正義
3_46_13

初唐•禮記正義
4_56_20

初唐・毛詩傳
7_71_1

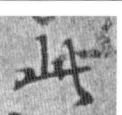

初唐・毛詩傳
7_73_1

初唐・毛詩傳
7_73_20

初唐・毛詩傳
8_80_31

初唐・毛詩傳
8_82_19

初唐・毛詩傳
9_94_4

初唐・毛詩傳
9_97_8

初唐•禮記正義
1_9_19

初唐・毛詩傳
1_4_1

初唐・毛詩傳
3_26_2

初唐・毛詩傳
4_43_32

初唐・毛詩傳
6_66_2

初唐・毛詩傳
6_66_18

初唐・毛詩傳
6_67_10

初唐・毛詩傳
7_68_19

初唐・毛詩傳
7_70_4

初唐•古文尚書
33_311_3

初唐•古文尚書
33_315_11

初唐•古文尚書
36_347_32

初唐•古文尚書
38_361_28

初唐•古文尚書
39_374_22

初唐•古文尚書
39_375_28

初唐•古文尚書
40_389_8

初唐•古文尚書
49_478_18

初唐•古文尚書
18_171_28

初唐•古文尚書
19_182_27

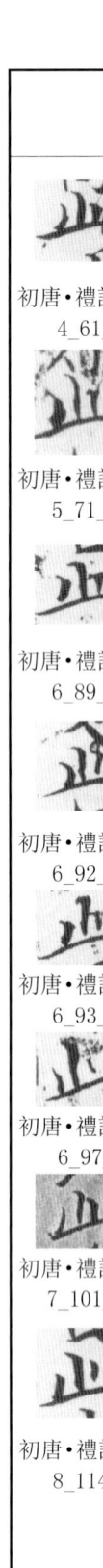

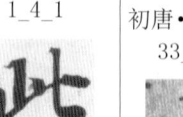

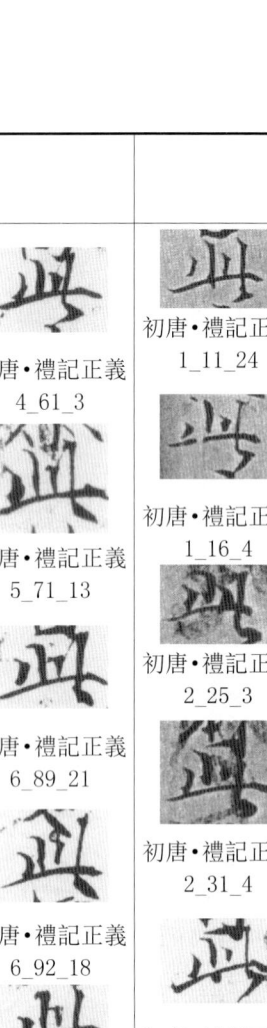

初唐•古文尚書
19_186_33

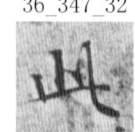

初唐•古文尚書
20_192_19

初唐•古文尚書
22_216_3

初唐•古文尚書
23_225_11

初唐•古文尚書
33_307_16

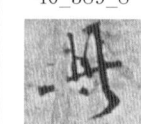

初唐•古文尚書
33_309_6

初唐•古文尚書
11_97_11

初唐•古文尚書
12_107_10

初唐•古文尚書
13_120_24

初唐•古文尚書
14_128_12

初唐•古文尚書
15_136_35

初唐•古文尚書
15_143_18

初唐•古文尚書
16_152_5

初唐•古文尚書
18_168_21

初唐·禮記正義 8_120_65
初唐·禮記正義 9_131_3
初唐·禮記正義 9_131_26
初唐·禮記正義 9_141_10
初唐·禮記正義 10_147_4
初唐·禮記正義 10_150_17
初唐·禮記正義 10_154_3
初唐·禮記正義 10_157_20
初唐·禮記正義 10_161_23
初唐·禮記正義 11_165_24
初唐·禮記正義 11_175_23
初唐·禮記正義 13_205_1
初唐·禮記正義 13_207_11
初唐·禮記正義 14_212_19
初唐·禮記正義 14_215_20
初唐·禮記正義 14_216_12
初唐·禮記正義 14_216_27
初唐·禮記正義 14_217_8
初唐·禮記正義 15_230_26
初唐·禮記正義 15_233_12
初唐·禮記正義 15_237_13
初唐·禮記正義 16_242_22
初唐·禮記正義 16_247_27
初唐·禮記正義 18_268_12
初唐·禮記正義 18_273_24
初唐·禮記正義 18_274_4
初唐·禮記正義 18_280_16
初唐·禮記正義 18_281_10
初唐·禮記正義 19_283_6
初唐·禮記正義 19_286_12
初唐·禮記正義 19_292_23
初唐·禮記正義 19_293_25
初唐·禮記正義 20_296_1
初唐·禮記正義 20_296_44
初唐·禮記正義 20_300_23
初唐·禮記正義 20_301_13
初唐·禮記正義 20_306_10
初唐·禮記正義 20_309_14
初唐·禮記正義 21_320_20
初唐·禮記正義 21_322_11
初唐·禮記正義 22_327_24
初唐·禮記正義 23_345_15
初唐·禮記正義 24_362_24
初唐·禮記正義 24_364_1
初唐·禮記正義 25_385_21
初唐·禮記正義 25_388_12
初唐·禮記正義 25_389_1
初唐·禮記正義 26_391_22
初唐·禮記正義 26_394_3
初唐·禮記正義 26_395_17
初唐·禮記正義 26_397_20
初唐·禮記正義 26_400_27
初唐·禮記正義 26_405_24
初唐·禮記正義 27_416_3
初唐·禮記正義 27_419_26
初唐·禮記正義 27_422_14

| | | | | | | |
|---|---|---|---|---|---|---|
| 中唐・翰苑<br>23_307_15 | 中唐・翰苑<br>14_180_22 | 中唐・翰苑<br>7_86_33 | 初唐・十誦律<br>17_319_6 | 初唐・十誦律<br>15_280_7 | 初唐•禮記正義<br>29_458_7 | 初唐•禮記正義<br>28_434_15 |
| 中唐・翰苑<br>24_310_32 | 中唐・翰苑<br>15_188_17 | 中唐・翰苑<br>9_109_33 | 初唐・十誦律<br>17_322_6 | 初唐・十誦律<br>15_285_7 | 初唐•禮記正義<br>30_470_10 | 初唐•禮記正義<br>28_437_11 |
| 中唐・翰苑<br>24_318_2 | 中唐・翰苑<br>15_200_16 | 中唐・翰苑<br>9_118_4 | 初唐・十誦律<br>17_326_6 | 初唐・十誦律<br>15_290_7 | 初唐•禮記正義<br>30_475_8 | 初唐•禮記正義<br>28_440_23 |
| 中唐・翰苑<br>24_318_22 | 中唐・翰苑<br>22_288_16 | 中唐・翰苑<br>10_126_41 | 初唐・十誦律<br>17_330_6 | 初唐・十誦律<br>15_295_7 | 初唐・十誦律<br>6_93_13 | 初唐•禮記正義<br>28_442_12 |
| 中唐・翰苑<br>25_328_5 | 中唐・翰苑<br>22_291_2 | 中唐・翰苑<br>10_127_17 | 初唐・十誦律<br>17_335_6 | 初唐・十誦律<br>16_300_7 | 初唐・十誦律<br>6_96_4 | 初唐•禮記正義<br>28_443_10 |
| 中唐・翰苑<br>25_333_20 | 中唐・翰苑<br>23_300_30 | 中唐・翰苑<br>10_128_34 | 初唐・十誦律<br>18_339_6 | 初唐・十誦律<br>16_306_7 | 初唐・十誦律<br>10_184_3 | 初唐•禮記正義<br>29_450_5 |
| 中唐・翰苑<br>26_342_5 | 中唐・翰苑<br>23_305_15 | 中唐・翰苑<br>10_129_42 | 中唐・翰苑<br>4_41_27 | 初唐・十誦律<br>16_311_7 | 初唐・十誦律<br>14_271_7 | 初唐•禮記正義<br>29_451_1 |
| 中唐・翰苑<br>27_358_36 | 中唐・翰苑<br>23_307_8 | 中唐・翰苑<br>10_131_2 | 中唐・翰苑<br>4_49_15 | 初唐・十誦律<br>16_316_6 | 初唐・十誦律<br>15_276_7 | 初唐•禮記正義<br>29_451_9 |

中唐・翰苑 28_362_31
中唐・翰苑 28_366_9
中唐・翰苑 28_366_34
中唐・翰苑 28_367_8
中唐・翰苑 28_367_29
中唐・翰苑 28_368_6
中唐・翰苑 31_397_27
中唐・翰苑 31_398_5

中唐・翰苑 31_399_20
中唐・翰苑 31_399_38
中唐・翰苑 35_452_32
中唐・翰苑 37_470_1
中唐・翰苑 38_483_22
中唐・翰苑 39_500_41
中唐・翰苑 42_534_5
中唐・翰苑 43_553_8

中唐・般若經 3_27_14
中唐・般若經 5_63_14
中唐・般若經 7_109_2
中唐・般若經 8_133_5
中唐・般若經 10_153_1
中唐・般若經 11_182_8
中唐・般若經 12_204_3
中唐・般若經 13_227_10

中唐・般若經 15_252_17
中唐・般若經 16_282_12
中唐・般若經 17_299_8
中唐・般若經 18_317_15
中唐・般若經 19_336_15
晚唐•摩訶止觀 3_24_8
晚唐•摩訶止觀 3_24_11
晚唐•摩訶止觀 3_24_17

晚唐•摩訶止觀 6_47_8
晚唐•摩訶止觀 7_58_9
晚唐•摩訶止觀 8_70_9
晚唐•摩訶止觀 8_71_19
晚唐•摩訶止觀 8_72_26
晚唐•摩訶止觀 10_84_12
晚唐•摩訶止觀 10_86_22
晚唐•摩訶止觀 10_89_11

晚唐•摩訶止觀 10_89_21
晚唐•摩訶止觀 10_91_16
晚唐•摩訶止觀 11_93_4
晚唐•摩訶止觀 11_93_20
晚唐•摩訶止觀 11_94_17
晚唐•摩訶止觀 11_95_14
晚唐•摩訶止觀 11_96_3
晚唐•摩訶止觀 11_96_9

晚唐•摩訶止觀 11_96_17
晚唐•摩訶止觀 11_97_2
晚唐•摩訶止觀 11_97_19
晚唐•摩訶止觀 11_98_6
晚唐•摩訶止觀 11_99_4
晚唐•摩訶止觀 11_100_1
晚唐•摩訶止觀 12_102_15
晚唐•摩訶止觀 12_104_8

晚唐•摩訶止觀
13_114_2

晚唐•摩訶止觀
13_114_14

晚唐•摩訶止觀
13_118_20

晚唐•摩訶止觀
14_122_20

晚唐•摩訶止觀
14_123_16

晚唐•摩訶止觀
14_125_12

晚唐•摩訶止觀
15_132_27

晚唐•摩訶止觀
20_171_13

晚唐•摩訶止觀
20_174_23

晚唐•摩訶止觀
20_175_6

晚唐•摩訶止觀
20_175_23

晚唐•摩訶止觀
20_176_10

晚唐•摩訶止觀
21_179_2

晚唐•摩訶止觀
21_180_13

晚唐•摩訶止觀
21_182_4

晚唐•摩訶止觀
21_184_16

晚唐•摩訶止觀
21_186_5

晚唐•摩訶止觀
22_187_8

晚唐•摩訶止觀
22_188_14

晚唐•摩訶止觀
22_189_20

晚唐•摩訶止觀
22_191_9

晚唐•摩訶止觀
22_191_16

晚唐•摩訶止觀
23_202_28

晚唐•摩訶止觀
23_203_16

晚唐•摩訶止觀
24_204_26

晚唐•摩訶止觀
25_213_19

晚唐•摩訶止觀
25_216_11

晚唐•摩訶止觀
25_216_17

晚唐•摩訶止觀
26_222_8

晚唐•摩訶止觀
30_259_19

晚唐•摩訶止觀
33_283_18

晚唐•摩訶止觀
37_316_24

晚唐•摩訶止觀
37_318_8

晚唐•摩訶止觀
37_321_5

晚唐•摩訶止觀
37_321_22

晚唐•摩訶止觀
37_324_12

晚唐•摩訶止觀
38_329_3

晚唐•摩訶止觀
38_329_22

晚唐•摩訶止觀
38_332_5

晚唐•摩訶止觀
39_335_15

晚唐•摩訶止觀
39_339_2

晚唐•摩訶止觀
42_360_5

晚唐•摩訶止觀
43_366_7

晚唐•摩訶止觀
43_370_22

晚唐•摩訶止觀
43_372_8

晚唐•摩訶止觀
44_376_21

晚唐•摩訶止觀
44_381_7

晚唐•摩訶止觀
45_387_26

晚唐•摩訶止觀
46_396_4

晚唐•摩訶止觀
47_406_10

晚唐•摩訶止觀
49_416_28

晚唐•摩訶止觀
50_422_21

晚唐•摩訶止觀
50_424_5

晚唐•摩訶止觀
50_425_1

晚唐•摩訶止觀
50_426_4

晚唐•摩訶止觀
51_433_2

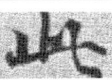

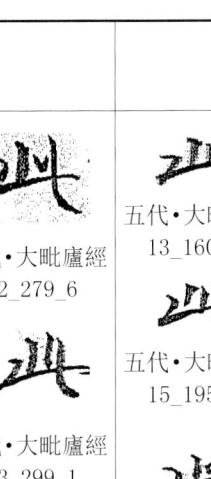

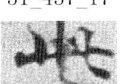

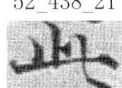

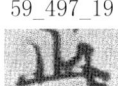

| | | | | | | |
|---|---|---|---|---|---|---|
| 五代·大毗盧經<br>22_279_6 | 五代·大毗盧經<br>13_160_11 | 五代·大毗盧經<br>8_94_3 | 五代·密教部類<br>6_88_38 | 晚唐·摩訶止觀<br>57_486_15 | 晚唐·摩訶止觀<br>54_456_6 | 晚唐·摩訶止觀<br>51_437_17 |
| 五代·大毗盧經<br>23_299_1 | 五代·大毗盧經<br>15_195_15 | 五代·大毗盧經<br>8_96_32 | 五代·大毗盧經<br>2_5_1 | 晚唐·摩訶止觀<br>58_487_12 | 晚唐·摩訶止觀<br>54_458_20 | 晚唐·摩訶止觀<br>52_438_21 |
| 五代·大毗盧經<br>23_299_17 | 五代·大毗盧經<br>15_195_26 | 五代·大毗盧經<br>8_96_48 | 五代·大毗盧經<br>2_6_2 | 晚唐·摩訶止觀<br>59_497_19 | 晚唐·摩訶止觀<br>54_459_24 | 晚唐·摩訶止觀<br>52_439_27 |
| 五代·大毗盧經<br>24_305_27 | 五代·大毗盧經<br>17_216_4 | 五代·大毗盧經<br>8_96_52 | 五代·大毗盧經<br>2_9_3 | 晚唐·摩訶止觀<br>59_499_28 | 晚唐·摩訶止觀<br>54_461_26 | 晚唐·摩訶止觀<br>52_444_29 |
| 五代·大毗盧經<br>24_307_16 | 五代·大毗盧經<br>17_218_39 | 五代·大毗盧經<br>10_122_45 | 五代·大毗盧經<br>2_13_6 | 晚唐·摩訶止觀<br>61_513_28 | 晚唐·摩訶止觀<br>55_462_18 | 晚唐·摩訶止觀<br>52_445_6 |
| 五代·大毗盧經<br>24_307_21 | 五代·大毗盧經<br>18_234_16 | 五代·大毗盧經<br>11_137_2 | 五代·大毗盧經<br>4_39_3 | 五代·密教部類<br>6_77_35 | 晚唐·摩訶止觀<br>56_477_15 | 晚唐·摩訶止觀<br>52_445_26 |
| 五代·大毗盧經<br>25_320_15 | 五代·大毗盧經<br>19_248_4 | 五代·大毗盧經<br>12_142_1 | 五代·大毗盧經<br>7_75_3 | 五代·密教部類<br>6_86_23 | 晚唐·摩訶止觀<br>56_478_5 | 晚唐·摩訶止觀<br>53_451_1 |
| 五代·大毗盧經<br>26_327_30 | 五代·大毗盧經<br>19_249_21 | 五代·大毗盧經<br>13_158_10 | 五代·大毗盧經<br>7_88_4 | 五代·密教部類<br>6_88_33 | 晚唐·摩訶止觀<br>57_481_5 | 晚唐·摩訶止觀<br>53_451_23 |

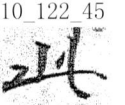

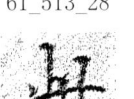

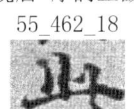

五代·大毗盧經 26_332_7

五代·大毗盧經 26_333_26

五代·大毗盧經 26_334_1

五代·大毗盧經 27_337_27

五代·大毗盧經 27_337_46

五代·大毗盧經 27_337_51

五代·大毗盧經 27_341_22

五代·大毗盧經 28_362_33

五代·大毗盧經 28_363_8

五代·大毗盧經 29_369_8

五代·大毗盧經 30_376_9

五代·大毗盧經 30_380_10

五代·大毗盧經 31_391_11

五代·大毗盧經 35_414_2

五代·大毗盧經 39_469_1

五代·大毗盧經 40_476_11

五代·大毗盧經 40_476_20

五代·大毗盧經 42_508_6

五代·大毗盧經 43_511_2

五代·大毗盧經 44_527_17

五代·大毗盧經 47_579_10

五代·大毗盧經 49_602_2

五代·大毗盧經 53_647_13

五代·大毗盧經 55_673_13

五代·大毗盧經 56_690_8

五代·大毗盧經 60_748_22

五代·大毗盧經 61_757_22

五代·大毗盧經 62_762_5

五代·大毗盧經 64_803_39

五代·大毗盧經 65_810_4

五代·大毗盧經 65_821_15

五代·大毗盧經 66_829_26

五代·大毗盧經 66_831_18

五代·大毗盧經 68_850_25

五代·大毗盧經 71_878_14

五代·大毗盧經 72_882_15

五代·大毗盧經 73_893_23

五代·大毗盧經 79_961_16

五代·大毗盧經 82_1004_1

五代·大毗盧經 83_1008_22

五代·大毗盧經 86_1051_15

五代·大毗盧經 86_1057_10

五代·大毗盧經 86_1057_16

五代·大毗盧經 89_1085_13

五代·大毗盧經 93_1145_34

五代·大毗盧經 94_1149_23

五代·大毗盧經 96_1176_18

五代·大毗盧經 96_1177_28

五代·大毗盧經 97_1185_3

五代·大毗盧經 97_1186_30

## 步 𣥂

漢 現 ホ 吳 現 ブ 唐 現 フ
訓 あるく

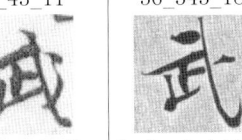

初唐・禮記正義 12_182_3
初唐・禮記正義 12_182_18
初唐・禮記正義 12_194_16
初唐・禮記正義 12_195_20
初唐・禮記正義 15_225_17
初唐・禮記正義 17_262_29
初唐・禮記正義 17_263_14

初唐・禮記正義 18_281_4
初唐・禮記正義 18_281_19
中唐・翰苑 8_96_21
中唐・翰苑 8_97_13
中唐・翰苑 11_142_37
中唐・翰苑 24_318_34
中唐・翰苑 24_320_45

中唐・翰苑 24_321_10
中唐・翰苑 28_366_8
中唐・翰苑 28_367_7
中唐・翰苑 28_367_28
中唐・翰苑 29_373_18
中唐・翰苑 38_491_23
晚唐・摩訶止觀 4_31_14

五代・大毗盧經 92_1123_2
五代・大毗盧經 92_1125_2

## 武 𣦍

漢 現 ブ 吳 現 ム
訓 たけし

初唐・古文尚書 17_160_14
初唐・古文尚書 29_285_19
初唐・古文尚書 31_286_35
初唐・古文尚書 31_294_17
初唐・古文尚書 34_325_12
初唐・古文尚書 35_331_8
初唐・古文尚書 36_342_21
初唐・古文尚書 36_342_25

初唐・古文尚書 36_343_18
初唐・古文尚書 36_345_13
初唐・古文尚書 37_355_4
初唐・古文尚書 37_359_14
初唐・禮記正義 28_442_1
初唐・禮記正義 30_464_16
中唐・翰苑 4_36_10

中唐・翰苑 4_43_11
中唐・翰苑 4_46_21
中唐・翰苑 5_50_9
虎牙營 中唐・翰苑 6_74_10
中唐・翰苑 8_104_27
中唐・翰苑 8_105_18
中唐・翰苑 12_153_18
中唐・翰苑 12_153_30

弓戈
中唐・翰苑
12_154_30

中唐・翰苑
13_165_14

中唐・翰苑
13_166_29

中唐・翰苑
14_174_11

中唐・翰苑
14_181_2

中唐・翰苑
14_181_36

中唐・翰苑
14_181_38

中唐・翰苑
14_186_17

中唐・翰苑
20_259_30

中唐・翰苑
20_261_20

中唐・翰苑
20_262_7

中唐・翰苑
21_277_26

中唐・翰苑
28_360_39

中唐・翰苑
28_361_9

中唐・翰苑
30_392_16

中唐・翰苑
30_395_16

中唐・翰苑
31_396_9

中唐・翰苑
31_402_3

中唐・翰苑
32_421_7

中唐・翰苑
33_422_1

中唐・翰苑
34_436_4

中唐・翰苑
34_436_13

中唐・翰苑
34_437_28

中唐・翰苑
34_438_12

中唐・翰苑
34_438_27

中唐・翰苑
34_439_3

中唐・翰苑
34_439_10

中唐・翰苑
34_439_29

中唐・翰苑
34_439_41

中唐・翰苑
34_440_8

中唐・翰苑
34_442_2

中唐・翰苑
34_442_29

中唐・翰苑
34_444_10

中唐・翰苑
35_456_25

中唐・翰苑
35_457_4

中唐・翰苑
35_457_43

中唐・翰苑
36_459_11

中唐・翰苑
36_466_27

中唐・翰苑
38_484_26

中唐・翰苑
38_484_37

中唐・翰苑
38_494_30

中唐・翰苑
39_498_20

中唐・翰苑
39_500_7

中唐・翰苑
39_502_21

中唐・翰苑
39_506_1

中唐・翰苑
40_507_20

中唐・翰苑
40_508_10

中唐・翰苑
40_509_18

中唐・翰苑
40_512_9

中唐・翰苑
42_535_32

中唐・翰苑
42_540_25

中唐・翰苑
42_543_26

中唐・翰苑
43_546_32

## 歲

漢現セイ 吳現サイ
訓とし

- 初唐•古文尚書 18_174_26
- 初唐•毛詩傳 1_6_5
- 初唐•毛詩傳 1_7_5
- 初唐•毛詩傳 1_8_29
- 初唐•毛詩傳 2_14_1
- 初唐•禮記正義 4_52_6
- 初唐•禮記正義 7_110_28
- 初唐•禮記正義 19_284_14
- 中唐•翰苑 3_22_31
- 中唐•翰苑 3_23_4
- 中唐•翰苑 3_29_18
- 中唐•翰苑 7_81_19
- 中唐•翰苑 7_89_19
- 中唐•翰苑 10_121_29
- 中唐•翰苑 11_144_15
- 中唐•翰苑 14_185_33
- 中唐•翰苑 15_188_31
- 中唐•翰苑 20_266_8
- 中唐•翰苑 31_396_23
- 中唐•翰苑 32_420_31
- 中唐•翰苑 34_437_30
- 中唐•翰苑 35_456_27
- 中唐•翰苑 37_478_7
- 中唐•翰苑 40_514_21

## 歷

漢現レキ 吳リャク
訓へる

- 初唐•古文尚書 15_142_4
- 初唐•古文尚書 31_289_22
- 中唐•翰苑 4_42_25
- 中唐•翰苑 10_129_16
- 中唐•翰苑 32_409_6
- 中唐•翰苑 41_519_12
- 晚唐•摩訶止觀 9_79_11
- 晚唐•摩訶止觀 13_113_2
- 晚唐•摩訶止觀 23_203_2
- 晚唐•摩訶止觀 28_244_23
- 五代•大毗盧經 10_112_1
- 五代•大毗盧經 23_291_10

## 歸

現キ
訓かえる

- 初唐•毛詩傳 4_39_13
- 初唐•毛詩傳 9_94_19
- 初唐•毛詩傳 9_96_15
- 初唐•十誦律 19_374_1
- 中唐•翰苑 5_51_31
- 中唐•翰苑 12_152_10
- 中唐•翰苑 12_152_30
- 中唐•翰苑 14_180_33
- 中唐•翰苑 14_185_18
- 中唐•翰苑 15_199_7
- 中唐•翰苑 16_203_2
- 中唐•翰苑 22_296_41
- 中唐•翰苑 26_344_12
- 中唐•翰苑 30_389_5
- 中唐•翰苑 31_396_15
- 中唐•翰苑 33_432_43

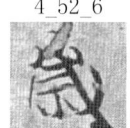

| | | | | | | |
|---|---|---|---|---|---|---|
| 五代•大毗盧經 23_293_3 | 五代•大毗盧經 4_46_10 | 五代•大毗盧經 3_22_8 | 晚唐•摩訶止觀 17_152_19 | 晚唐•摩訶止觀 16_141_22 | 中唐・翰苑 43_548_40 | 中唐・翰苑 35_451_43 |
| 五代•大毗盧經 23_298_13 | 五代•大毗盧經 5_51_6 | 五代•大毗盧經 3_22_15 | 晚唐•摩訶止觀 18_153_4 | 晚唐•摩訶止觀 17_148_2 | 中唐・翰苑 43_555_34 | 中唐・翰苑 35_453_33 |
| 五代•大毗盧經 44_535_25 | 五代•大毗盧經 6_73_9 | 五代•大毗盧經 3_23_1 | 晚唐•摩訶止觀 18_153_16 | 晚唐•摩訶止觀 17_148_18 | 中唐・翰苑 44_568_16 | 中唐・翰苑 38_484_18 |
| 五代•大毗盧經 45_540_29 | 五代•大毗盧經 7_86_3 | 五代•大毗盧經 3_23_8 | 晚唐•摩訶止觀 19_168_8 | 晚唐•摩訶止觀 17_149_13 | 晚唐•摩訶止觀 2_12_8 | 中唐・翰苑 40_518_25 |
| 五代•大毗盧經 64_802_12 | 五代•大毗盧經 8_98_14 | 五代•大毗盧經 3_26_5 | 晚唐•摩訶止觀 20_172_14 | 晚唐•摩訶止觀 17_150_5 | 晚唐•摩訶止觀 4_33_12 | 中唐・翰苑 41_519_20 |
| 五代•大毗盧經 64_807_18 | 五代•大毗盧經 18_234_7 | 五代•大毗盧經 3_36_6 | 晚唐•摩訶止觀 26_226_14 | 晚唐•摩訶止觀 17_150_19 | 晚唐•摩訶止觀 5_40_6 | 中唐・翰苑 41_519_23 |
| 五代•大毗盧經 65_817_12 | 五代•大毗盧經 22_275_9 | 五代•大毗盧經 3_36_8 | 晚唐•摩訶止觀 28_238_19 | 晚唐•摩訶止觀 17_151_13 | 晚唐•摩訶止觀 15_134_22 | 中唐・翰苑 41_520_12 |
| | | | | 晚唐•摩訶止觀 17_152_5 | 晚唐•摩訶止觀 15_135_11 | 中唐・翰苑 42_538_12 |

# 攴部

## 收

漢 シュウ
訓 おさめる

初唐•古文尚書
33_310_7

中唐・翰苑
2_20_23

中唐・翰苑
14_186_10

## 攻

漢 コウ
訓 せめる

初唐・毛詩傳
10_105_8

初唐・毛詩傳
10_105_25

中唐・翰苑
6_77_34

中唐・翰苑
8_94_6

中唐・翰苑
8_94_14

中唐・翰苑
14_174_19

中唐・翰苑
15_194_19

中唐・翰苑
15_194_44

中唐・翰苑
15_197_30

中唐・翰苑
22_288_4

中唐・翰苑
32_409_4

中唐・翰苑
34_442_11

中唐・翰苑
36_464_14

中唐・翰苑
39_496_9

中唐・翰苑
39_497_20

中唐・翰苑
39_505_25

中唐・翰苑
42_540_29

## 改

現 カイ
訓 あらためる

初唐•古文尚書
24_238_17

初唐•古文尚書
25_241_18

初唐•古文尚書
31_292_15

初唐•禮記正義
1_3_18

初唐•禮記正義
5_75_25

初唐•禮記正義
9_137_26

初唐•禮記正義
9_140_17

初唐•禮記正義
26_403_24

初唐•禮記正義
26_407_7

初唐•禮記正義
29_454_21

謀政事
中唐・翰苑
21_272_48

中唐・翰苑
22_290_18

中唐・翰苑
34_437_26

輔政
中唐・翰苑
35_454_18

中唐・翰苑
38_491_40

自汶山以西
中唐・翰苑
40_514_31

分段
五代・大毗盧經
30_378_8

## 放

現ホウ
訓はなす

初唐・古文尚書
2_16_10

初唐・古文尚書
33_307_8

初唐・古文尚書
33_310_8

初唐・禮記正義
29_447_26

初唐・禮記正義
29_448_24

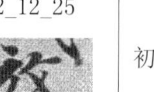

初唐・十誦律
7_119_8

初唐・十誦律
7_121_5

初唐・十誦律
7_130_3

初唐・十誦律
7_132_1

初唐・十誦律
8_149_11

初唐・十誦律
8_151_6

中唐・翰苑
11_136_24

中唐・翰苑
39_504_37

晚唐・摩訶止觀
2_12_25

晚唐・摩訶止觀
9_78_11

晚唐・摩訶止觀
35_300_7

五代・大毗盧經
2_20_10

五代・大毗盧經
44_527_8

五代・大毗盧經
67_836_2

五代・大毗盧經
97_1193_4

## 政

漢セイ 呉ショウ
訓まつりごと

初唐・古文尚書
7_59_27

初唐・古文尚書
7_60_12

初唐・古文尚書
7_60_31

初唐・古文尚書
8_61_18

初唐・古文尚書
11_92_26

初唐・古文尚書
11_102_11

初唐・古文尚書
13_119_31

初唐・古文尚書
13_120_19

初唐・古文尚書
14_128_2

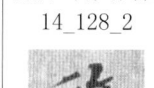

初唐・古文尚書
14_128_16

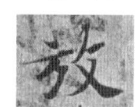

初唐・古文尚書
16_153_25

初唐・古文尚書
17_162_16

初唐・古文尚書
17_163_28

初唐・古文尚書
18_169_19

初唐・古文尚書
20_192_27

初唐・古文尚書
21_198_16

初唐・古文尚書
21_198_31

初唐・古文尚書
28_275_43

初唐・古文尚書
31_291_11

初唐・古文尚書
31_292_11

初唐・古文尚書
32_302_38

初唐・古文尚書
32_303_11

初唐・古文尚書
33_315_29

初唐・古文尚書
34_318_4

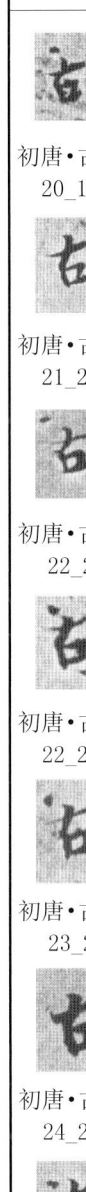

初唐•古文尚書 34_318_29
初唐•古文尚書 34_323_20
初唐•古文尚書 34_324_21
初唐•古文尚書 34_325_8
初唐•古文尚書 34_325_21
初唐•古文尚書 40_390_19
初唐•古文尚書 41_393_2
初唐•古文尚書 43_413_22

初唐•古文尚書 43_414_5
初唐•古文尚書 48_472_18
初唐•古文尚書 48_473_10
初唐・毛詩傳 2_11_32
初唐・毛詩傳 2_13_14
初唐・毛詩傳 3_24_9
初唐・毛詩傳 5_48_9
初唐・毛詩傳 5_51_1

初唐・毛詩傳 8_82_27
初唐・毛詩傳 9_100_4
初唐・毛詩傳 10_103_26
初唐•禮記正義 2_31_20
初唐•禮記正義 29_446_7
初唐•禮記正義 29_446_17
初唐・十誦律 19_366_8
中唐・翰苑 7_88_18

相攻 中唐・翰苑 21_270_46
有功 中唐・翰苑 34_435_2
中唐・翰苑 35_452_17
攻殺縣令 中唐・翰苑 36_464_19
中唐・翰苑 41_529_21
中唐・翰苑 41_529_23
中唐・翰苑 44_566_5

# 故 𢼄

現 コ
訓 ころす

初唐•古文尚書 2_12_9
初唐•古文尚書 5_41_9
初唐•古文尚書 6_48_2
初唐•古文尚書 7_56_19
初唐•古文尚書 12_103_17
初唐•古文尚書 12_105_23
初唐•古文尚書 12_106_29
初唐•古文尚書 12_107_17

初唐•古文尚書 13_123_22
初唐•古文尚書 15_143_20
初唐•古文尚書 16_146_26
初唐•古文尚書 16_148_16
初唐•古文尚書 17_160_20
初唐•古文尚書 18_167_17
初唐•古文尚書 18_168_6
初唐•古文尚書 18_168_22

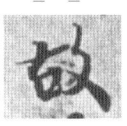

初唐•古文尚書 20_187_32
初唐•古文尚書 21_200_28
初唐•古文尚書 22_208_3
初唐•古文尚書 22_208_28
初唐•古文尚書 23_224_1
初唐•古文尚書 24_239_12
初唐•古文尚書 25_247_34
初唐•古文尚書 26_250_7

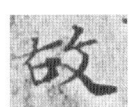

| | | | | | | |
|---|---|---|---|---|---|---|
| 初唐•禮記正義 4_55_30 | 初唐•禮記正義 3_37_28 | 初唐•禮記正義 1_14_27 | 初唐・毛詩傳 6_64_14 | 初唐•古文尚書 42_408_34 | 初唐•古文尚書 35_333_19 | 初唐•古文尚書 26_251_10 |
| 初唐•禮記正義 4_62_20 | 初唐•禮記正義 3_38_22 | 初唐•禮記正義 1_16_24 | 初唐・毛詩傳 6_65_20 | 初唐•古文尚書 42_409_13 | 初唐•古文尚書 35_336_21 | 初唐•古文尚書 27_269_18 |
| 初唐•禮記正義 4_64_8 | 初唐•禮記正義 3_40_12 | 初唐•禮記正義 2_19_14 | 初唐・毛詩傳 9_94_1 | 初唐•古文尚書 42_411_21 | 初唐•古文尚書 36_347_19 | 初唐•古文尚書 28_271_20 |
| 初唐•禮記正義 4_65_1 | 初唐•禮記正義 3_41_13 | 初唐•禮記正義 2_22_18 | 初唐・毛詩傳 9_94_14 | 初唐•古文尚書 43_420_1 | 初唐•古文尚書 37_358_20 | 初唐•古文尚書 28_273_38 |
| 初唐•禮記正義 4_65_6 | 初唐•禮記正義 3_46_11 | 初唐•禮記正義 2_23_21 | 初唐・毛詩傳 9_94_30 | 初唐•古文尚書 43_420_28 | 初唐•古文尚書 39_379_20 | 初唐•古文尚書 28_278_11 |
| 初唐•禮記正義 4_66_8 | 初唐•禮記正義 3_48_8 | 初唐•禮記正義 2_25_21 | 初唐・毛詩傳 10_105_27 | 初唐•古文尚書 48_467_15 | 初唐•古文尚書 40_388_27 | 初唐•古文尚書 31_287_5 |
| 初唐•禮記正義 5_67_3 | 初唐•禮記正義 4_52_18 | 初唐•禮記正義 2_30_21 | 初唐•禮記正義 1_6_15 | 初唐・毛詩傳 1_2_12 | 初唐•古文尚書 41_399_8 | 初唐•古文尚書 31_289_7 |
| 初唐•禮記正義 5_69_3 | 初唐•禮記正義 4_53_6 | 初唐•禮記正義 3_35_9 | 初唐•禮記正義 1_7_16 | 初唐・毛詩傳 4_34_10 | 初唐•古文尚書 42_408_22 | 初唐•古文尚書 32_303_23 |

| | | | | | | |
|---|---|---|---|---|---|---|
| 初唐•禮記正義 12_181_10 | 初唐•禮記正義 11_164_13 | 初唐•禮記正義 9_138_13 | 初唐•禮記正義 8_120_61 | 初唐•禮記正義 7_100_1 | 初唐•禮記正義 6_85_23 | 初唐•禮記正義 5_71_20 |
| 初唐•禮記正義 12_187_5 | 初唐•禮記正義 11_166_2 | 初唐•禮記正義 9_138_23 | 初唐•禮記正義 8_120_70 | 初唐•禮記正義 7_101_13 | 初唐•禮記正義 6_86_6 | 初唐•禮記正義 5_72_13 |
| 初唐•禮記正義 12_188_4 | 初唐•禮記正義 11_166_11 | 初唐•禮記正義 9_142_23 | 初唐•禮記正義 8_125_2 | 初唐•禮記正義 7_102_12 | 初唐•禮記正義 6_86_24 | 初唐•禮記正義 5_73_29 |
| 初唐•禮記正義 12_190_11 | 初唐•禮記正義 11_171_8 | 初唐•禮記正義 9_146_2 | 初唐•禮記正義 8_127_10 | 初唐•禮記正義 7_110_12 | 初唐•禮記正義 6_88_22 | 初唐•禮記正義 5_77_6 |
| 初唐•禮記正義 12_193_6 | 初唐•禮記正義 11_172_37 | 初唐•禮記正義 10_147_14 | 初唐•禮記正義 8_129_16 | 初唐•禮記正義 8_113_21 | 初唐•禮記正義 6_92_24 | 初唐•禮記正義 5_78_2 |
| 初唐•禮記正義 12_194_3 | 初唐•禮記正義 11_173_23 | 初唐•禮記正義 10_156_17 | 初唐•禮記正義 8_129_28 | 初唐•禮記正義 8_114_27 | 初唐•禮記正義 6_95_24 | 初唐•禮記正義 5_80_22 |
| 初唐•禮記正義 13_197_21 | 初唐•禮記止義 11_177_18 | 初唐•禮記正義 10_158_8 | 初唐•禮記正義 9_136_14 | 初唐•禮記正義 8_115_28 | 初唐•禮記正義 6_96_12 | 初唐•禮記正義 6_84_4 |
| 初唐•禮記正義 13_200_3 | 初唐•禮記正義 12_180_3 | 初唐•禮記正義 10_158_14 | 初唐•禮記正義 9_138_4 | 初唐•禮記正義 8_118_28 | 初唐•禮記正義 7_98_20 | 初唐•禮記正義 6_85_8 |

初唐•禮記正義 13_201_18

初唐•禮記正義 14_212_8

初唐•禮記正義 14_212_10

初唐•禮記正義 14_213_27

初唐•禮記正義 14_215_17

初唐•禮記正義 14_216_21

初唐•禮記正義 14_217_13

初唐•禮記正義 14_218_7

初唐•禮記正義 14_219_8

初唐•禮記正義 14_222_25

初唐•禮記正義 15_224_25

初唐•禮記正義 15_225_13

初唐•禮記正義 15_228_13

初唐•禮記正義 15_233_14

初唐•禮記正義 15_234_18

初唐•禮記正義 15_238_21

初唐•禮記正義 16_239_9

初唐•禮記正義 16_241_11

初唐•禮記正義 16_242_27

初唐•禮記正義 16_245_11

初唐•禮記正義 16_245_28

初唐•禮記正義 16_253_15

初唐•禮記正義 17_254_11

初唐•禮記正義 17_255_2

初唐•禮記正義 17_264_12

初唐•禮記正義 17_264_19

初唐•禮記正義 17_265_22

初唐•禮記正義 17_267_14

初唐•禮記正義 18_268_14

初唐•禮記正義 18_269_8

初唐•禮記正義 18_269_25

初唐•禮記正義 18_271_11

初唐•禮記正義 18_275_25

初唐•禮記正義 18_276_11

初唐•禮記正義 18_277_16

初唐•禮記正義 18_278_10

初唐•禮記正義 18_280_10

初唐•禮記正義 19_291_28

初唐•禮記正義 19_293_3

初唐•禮記正義 19_295_5

初唐•禮記正義 19_295_16

初唐•禮記正義 19_295_19

初唐•禮記正義 20_297_21

初唐•禮記正義 20_298_18

初唐•禮記正義 20_302_1

初唐•禮記正義 20_303_19

初唐•禮記正義 20_306_22

初唐•禮記正義 20_310_16

初唐•禮記正義 21_313_21

初唐•禮記正義 21_314_22

初唐•禮記正義 21_318_19

初唐•禮記正義 21_324_27

初唐•禮記正義 22_326_23

初唐•禮記正義 22_330_11

初唐•禮記正義 22_335_15

初唐•禮記正義 22_337_4

初唐·禮記正義 22_338_25

初唐·禮記正義 23_342_18

初唐·禮記正義 23_344_17

初唐·禮記正義 23_346_5

初唐·禮記正義 23_348_27

初唐·禮記正義 23_353_18

初唐·禮記正義 23_355_18

初唐·禮記正義 24_358_5

初唐·禮記正義 24_359_25

初唐·禮記正義 24_360_15

初唐·禮記正義 24_361_4

初唐·禮記正義 24_364_25

初唐·禮記正義 24_368_2

初唐·禮記正義 25_373_3

初唐·禮記正義 25_375_4

初唐·禮記正義 25_375_15

初唐·禮記正義 25_379_1

初唐·禮記正義 25_379_11

初唐·禮記正義 25_380_13

初唐·禮記正義 25_383_4

初唐·禮記正義 25_386_6

初唐·禮記正義 26_390_19

初唐·禮記正義 26_396_14

初唐·禮記正義 26_398_28

初唐·禮記正義 26_401_15

初唐·禮記正義 26_404_21

初唐·禮記正義 26_406_2

初唐·禮記正義 26_408_12

初唐·禮記正義 27_410_15

初唐·禮記正義 27_412_24

初唐·禮記正義 27_417_24

初唐·禮記正義 27_418_16

初唐·禮記正義 27_419_25

初唐·禮記正義 27_423_15

初唐·禮記正義 27_424_20

初唐·禮記正義 28_431_13

初唐·禮記正義 28_436_29

初唐·禮記正義 28_442_6

初唐·禮記正義 28_443_27

初唐·禮記正義 29_449_20

初唐·禮記正義 29_450_26

初唐·禮記正義 29_454_9

初唐·禮記正義 29_454_12

初唐·禮記正義 29_454_28

初唐·禮記正義 29_458_17

變故俗者
初唐·禮記正義 29_458_25

初唐·禮記正義 30_463_12

初唐·禮記正義 30_465_1

初唐·禮記正義 30_466_8

初唐·禮記正義 30_472_26

初唐·禮記正義 30_474_18

初唐·十誦律 2_25_9

初唐·十誦律 3_42_1

初唐·十誦律 3_44_13

初唐·十誦律 3_47_8

初唐·十誦律 4_62_13

初唐・十誦律
4_68_8

初唐・十誦律
5_77_13

初唐・十誦律
5_85_10

初唐・十誦律
5_88_14

初唐・十誦律
6_99_8

初唐・十誦律
7_121_1

初唐・十誦律
7_129_16

初唐・十誦律
7_131_15

初唐・十誦律
8_142_13

初唐・十誦律
8_148_7

初唐・十誦律
8_149_7

初唐・十誦律
8_151_2

初唐・十誦律
9_163_15

初唐・十誦律
9_172_5

初唐・般若經
2_4_9

初唐・般若經
2_4_16

初唐・般若經
2_5_8

初唐・般若經
2_6_17

初唐・般若經
2_7_5

初唐・般若經
2_8_1

初唐・般若經
2_8_10

初唐・般若經
2_10_5

初唐・般若經
2_10_12

初唐・般若經
2_11_4

初唐・般若經
2_11_13

初唐・般若經
2_13_6

初唐・般若經
2_13_11

初唐・般若經
2_14_11

初唐・般若經
2_15_3

初唐・般若經
2_16_17

初唐・般若經
2_17_7

初唐・般若經
2_17_16

初唐・般若經
3_18_8

初唐・般若經
3_20_1

初唐・般若經
3_20_6

初唐・般若經
3_21_6

初唐・般若經
3_21_15

初唐・般若經
3_23_12

初唐・般若經
3_24_2

初唐・般若經
3_24_11

初唐・般若經
3_25_3

初唐・般若經
3_26_13

初唐・般若經
3_27_1

初唐・般若經
3_28_17

初唐・般若經
3_29_9

初唐・般若經
5_59_1

初唐・般若經
5_60_17

初唐・般若經
5_61_9

初唐・般若經
5_63_12

初唐・般若經
5_64_2

初唐・般若經
5_64_11

初唐・般若經
5_65_4

初唐・般若經
5_66_13

初唐・般若經
6_67_1

初唐・般若經
6_68_17

初唐・般若經
6_69_9

故
初唐•般若經
6_71_12

故
初唐•般若經
6_72_1

故
初唐•般若經
6_72_10

故
初唐•般若經
6_73_3

故
初唐•般若經
6_74_13

故
初唐•般若經
6_75_1

故
初唐•般若經
6_76_1

故
初唐•般若經
6_76_10

故
初唐•般若經
6_78_7

故
初唐•般若經
6_78_14

故
初唐•般若經
6_79_6

故
初唐•般若經
11_161_4

故
初唐•般若經
11_161_13

故
初唐•般若經
11_163_7

故
初唐•般若經
11_163_12

故
初唐•般若經
12_165_17

故
初唐•般若經
12_166_9

故
初唐•般若經
12_168_12

故
初唐•般若經
12_169_2

故
初唐•般若經
12_169_15

故
初唐•般若經
12_170_7

故
初唐•般若經
12_172_2

故
初唐•般若經
12_172_7

故
初唐•般若經
12_173_3

故
初唐•般若經
12_173_12

故
初唐•般若經
12_175_7

故
初唐•般若經
12_175_14

故
初唐•般若經
12_176_8

故
初唐•般若經
12_176_17

故
初唐•般若經
12_178_11

故
初唐•般若經
12_178_16

故
初唐•般若經
13_180_1

故
初唐•般若經
13_180_10

故
初唐•般若經
13_182_8

故
初唐•般若經
13_182_15

故
初唐•般若經
13_183_15

故
初唐•般若經
13_184_7

故
初唐•般若經
13_186_4

故
初唐•般若經
13_186_9

故
初唐•般若經
18_264_16

故
初唐•般若經
18_265_8

故
初唐•般若經
18_267_3

故
初唐•般若經
18_267_10

故
初唐•般若經
18_269_9

故
初唐•般若經
18_270_1

故
初唐•般若經
18_272_6

故
初唐•般若經
18_272_15

故
初唐•般若經
18_273_7

故
初唐•般若經
18_273_16

故
初唐•般若經
18_275_11

故
初唐•般若經
18_276_1

故
初唐•般若經
19_277_17

故
初唐•般若經
19_278_9

故
初唐•般若經
19_280_14

故
初唐•般若經
19_281_6

故
初唐•般若經
19_281_15

初唐•般若經 19_282_7

初唐•般若經 19_284_2

初唐•般若經 19_284_9

初唐•般若經 19_285_9

初唐•般若經 19_286_1

初唐•般若經 19_287_17

初唐•般若經 19_288_9

初唐•般若經 19_289_1

初唐•般若經 19_289_10

初唐•般若經 19_291_5

初唐•般若經 19_291_12

初唐•般若經 20_293_12

初唐•般若經 20_294_4

初唐•般若經 20_296_7

初唐•般若經 20_297_9

初唐•般若經 20_298_9

初唐•般若經 20_299_1

初唐•般若經 20_300_17

初唐•般若經 20_301_7

初唐•般若經 20_303_2

初唐•般若經 20_303_11

初唐•般若經 20_305_14

初唐•般若經 20_306_6

初唐•般若經 20_306_15

初唐•般若經 20_307_7

初唐•般若經 20_309_2

初唐•般若經 20_309_9

初唐•般若經 21_313_13

初唐•般若經 21_314_5

初唐•般若經 21_316_7

初唐•般若經 21_316_16

初唐•般若經 21_317_8

初唐•般若經 21_317_17

初唐•般若經 21_319_12

初唐•般若經 21_320_2

初唐•般若經 21_322_12

初唐•般若經 21_323_4

初唐•般若經 22_325_5

初唐•般若經 22_325_14

初唐•般若經 22_326_8

初唐•般若經 22_326_17

初唐•般若經 22_328_13

初唐•般若經 22_329_3

初唐•般若經 22_330_1

初唐•般若經 22_330_10

初唐•般若經 22_332_8

初唐•般若經 22_332_17

初唐•般若經 22_333_11

初唐•般若經 22_334_3

初唐•般若經 22_335_16

初唐•般若經 22_336_6

初唐•般若經 22_337_8

初唐•般若經 22_337_17

初唐•般若經 22_339_17

初唐•般若經 22_340_9

初唐•般若經 22_341_3

初唐・般若經 22_341_12
初唐・般若經 23_343_8
初唐・般若經 23_343_15
初唐・般若經 27_416_9
初唐・般若經 27_418_6
初唐・般若經 27_418_15
初唐・般若經 27_420_2
初唐・般若經 27_420_11

初唐・般若經 27_422_12
初唐・般若經 27_423_4
中唐・翰苑 2_10_22
中唐・翰苑 2_10_24
中唐・翰苑 2_10_31
中唐・翰苑 4_40_37
中唐・翰苑 4_44_12
中唐・翰苑 6_66_10

中唐・翰苑 7_80_3
中唐・翰苑 7_85_14
中唐・翰苑 8_94_38
中唐・翰苑 8_95_10
中唐・翰苑 9_109_35
中唐・翰苑 10_128_22
中唐・翰苑 11_138_1
中唐・翰苑 13_171_6

中唐・翰苑 14_176_23
中唐・翰苑 16_203_23
中唐・翰苑 16_211_6
中唐・翰苑 19_245_4
中唐・翰苑 20_260_10
中唐・翰苑 20_264_40
中唐・翰苑 20_265_30
中唐・翰苑 20_269_11

中唐・翰苑 21_282_32
中唐・翰苑 23_298_19
中唐・翰苑 24_317_6
中唐・翰苑 25_333_42
中唐・翰苑 26_341_33
中唐・翰苑 30_393_43
中唐・翰苑 31_397_45
中唐・翰苑 35_448_28

中唐・翰苑 35_451_35
中唐・翰苑 36_460_20
中唐・翰苑 37_471_42
中唐・翰苑 39_501_19
中唐・翰苑 42_534_23
中唐・翰苑 42_539_5
中唐・翰苑 43_548_41
中唐・翰苑 44_566_13

晚唐•摩訶止觀 3_27_4
晚唐•摩訶止觀 5_45_9
晚唐•摩訶止觀 6_47_4
晚唐•摩訶止觀 6_47_21
晚唐•摩訶止觀 6_49_5
晚唐•摩訶止觀 6_53_16
晚唐•摩訶止觀 6_53_24
晚唐•摩訶止觀 9_80_13

晚唐•摩訶止觀
10_92_10

晚唐•摩訶止觀
12_110_23

晚唐•摩訶止觀
13_118_17

晚唐•摩訶止觀
14_120_23

晚唐•摩訶止觀
14_121_22

晚唐•摩訶止觀
15_132_29

晚唐•摩訶止觀
16_137_1

晚唐•摩訶止觀
16_138_21

晚唐•摩訶止觀
16_139_11

晚唐•摩訶止觀
16_142_6

晚唐•摩訶止觀
19_163_3

晚唐•摩訶止觀
19_166_6

晚唐•摩訶止觀
23_197_24

晚唐•摩訶止觀
23_200_11

晚唐•摩訶止觀
24_207_22

晚唐•摩訶止觀
25_212_3

晚唐•摩訶止觀
25_212_20

晚唐•摩訶止觀
25_212_27

晚唐•摩訶止觀
25_213_5

晚唐•摩訶止觀
25_213_11

晚唐•摩訶止觀
25_214_15

晚唐•摩訶止觀
25_215_15

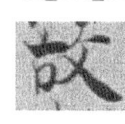

晚唐•摩訶止觀
25_217_18

晚唐•摩訶止觀
28_239_5

晚唐•摩訶止觀
28_242_13

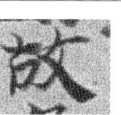

晚唐•摩訶止觀
28_243_24

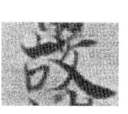

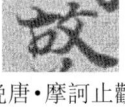

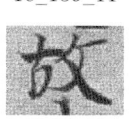

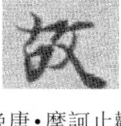

晚唐•摩訶止觀
28_246_10

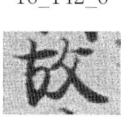

晚唐•摩訶止觀
29_250_5

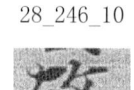

晚唐•摩訶止觀
30_257_3

晚唐•摩訶止觀
30_257_25

晚唐•摩訶止觀
30_264_7

晚唐•摩訶止觀
30_264_24

晚唐•摩訶止觀
30_265_5

晚唐•摩訶止觀
30_265_14

晚唐•摩訶止觀
30_265_24

晚唐•摩訶止觀
31_269_1

晚唐•摩訶止觀
33_287_5

晚唐•摩訶止觀
38_328_2

晚唐•摩訶止觀
38_331_13

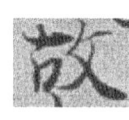

晚唐•摩訶止觀
38_331_21

晚唐•摩訶止觀
38_332_4

晚唐•摩訶止觀
39_334_7

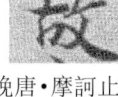

晚唐•摩訶止觀
39_334_11

晚唐•摩訶止觀
39_334_15

晚唐•摩訶止觀
39_334_26

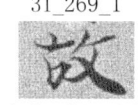

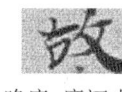

晚唐•摩訶止觀
39_335_12

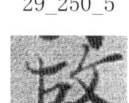

晚唐•摩訶止觀
39_336_22

晚唐•摩訶止觀
39_337_5

晚唐•摩訶止觀
39_337_15

晚唐•摩訶止觀
40_349_17

晚唐•摩訶止觀
40_349_24

晚唐•摩訶止觀
41_350_7

晚唐•摩訶止觀
41_350_15

晚唐•摩訶止觀
41_350_24

晚唐•摩訶止觀
41_351_5

晚唐•摩訶止觀
41_351_15

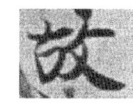

晚唐•摩訶止觀 41_351_24

晚唐•摩訶止觀 41_352_9

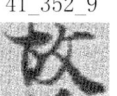

晚唐•摩訶止觀 41_352_20

晚唐•摩訶止觀 41_353_1

晚唐•摩訶止觀 41_353_8

晚唐•摩訶止觀 41_353_17

晚唐•摩訶止觀 41_353_23

晚唐•摩訶止觀 41_353_24

晚唐•摩訶止觀 41_354_5

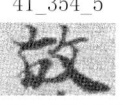

晚唐•摩訶止觀 41_354_13

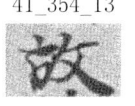

晚唐•摩訶止觀 41_354_21

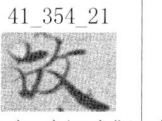

晚唐•摩訶止觀 41_354_25

晚唐•摩訶止觀 41_355_3

晚唐•摩訶止觀 41_355_8

晚唐•摩訶止觀 41_355_16

晚唐•摩訶止觀 41_355_25

晚唐•摩訶止觀 41_356_10

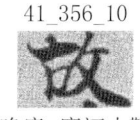

晚唐•摩訶止觀 41_356_19

晚唐•摩訶止觀 41_357_4

晚唐•摩訶止觀 41_357_15

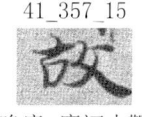

晚唐•摩訶止觀 42_359_25

晚唐•摩訶止觀 42_363_9

晚唐•摩訶止觀 42_364_9

晚唐•摩訶止觀 42_365_10

晚唐•摩訶止觀 42_365_13

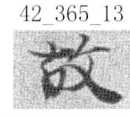

晚唐•摩訶止觀 42_365_22

晚唐•摩訶止觀 43_366_3

晚唐•摩訶止觀 44_376_14

晚唐•摩訶止觀 44_377_2

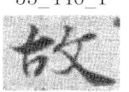

晚唐•摩訶止觀 44_378_10

晚唐•摩訶止觀 44_378_18

晚唐•摩訶止觀 44_382_13

晚唐•摩訶止觀 46_391_25

晚唐•摩訶止觀 46_392_3

晚唐•摩訶止觀 49_421_26

晚唐•摩訶止觀 51_433_25

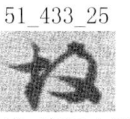

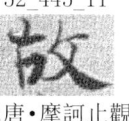

晚唐•摩訶止觀 51_434_11

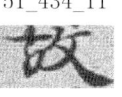

晚唐•摩訶止觀 51_435_27

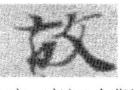

晚唐•摩訶止觀 51_436_14

晚唐•摩訶止觀 51_436_22

晚唐•摩訶止觀 51_437_1

晚唐•摩訶止觀 51_437_13

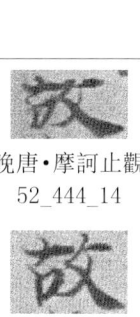

晚唐•摩訶止觀 52_438_17

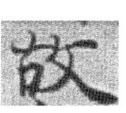

晚唐•摩訶止觀 52_439_23

晚唐•摩訶止觀 52_442_17

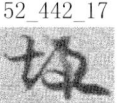

晚唐•摩訶止觀 52_442_26

晚唐•摩訶止觀 52_443_2

晚唐•摩訶止觀 52_443_13

晚唐•摩訶止觀 52_444_14

晚唐•摩訶止觀 52_445_11

晚唐•摩訶止觀 53_446_1

晚唐•摩訶止觀 53_446_26

晚唐•摩訶止觀 53_448_26

晚唐•摩訶止觀 53_451_17

晚唐•摩訶止觀 56_474_27

晚唐•摩訶止觀 57_484_4

| | | | | | | |
|---|---|---|---|---|---|---|
| | | | | | | |
| 五代•大毗盧經 23_291_5 | 五代•大毗盧經 15_189_12 | 五代•大毗盧經 7_84_30 | 五代•大毗盧經 7_75_5 | 晚唐•摩訶止觀 62_520_1 | 晚唐•摩訶止觀 58_488_1 | 晚唐•摩訶止觀 57_484_18 |
| 五代•大毗盧經 24_307_17 | 五代•大毗盧經 16_200_20 | 五代•大毗盧經 7_84_38 | 五代•大毗盧經 7_76_15 | 五代•密教部類 6_86_35 | 晚唐•摩訶止觀 58_488_17 | 晚唐•摩訶止觀 57_484_21 |
| 五代•大毗盧經 25_319_24 | 五代•大毗盧經 17_215_20 | 五代•大毗盧經 7_84_47 | 五代•大毗盧經 7_77_11 | 五代•密教部類 6_88_45 | 晚唐•摩訶止觀 58_488_21 | 晚唐•摩訶止觀 57_485_4 |
| 五代•大毗盧經 27_338_1 | 五代•大毗盧經 17_223_17 | 五代•大毗盧經 7_84_51 | 五代•大毗盧經 7_77_34 | 五代•大毗盧經 2_12_2 | 晚唐•摩訶止觀 58_488_25 | 晚唐•摩訶止觀 57_485_8 |
| 五代•大毗盧經 29_366_30 | 五代•大毗盧經 18_234_19 | 五代•大毗盧經 8_91_11 | 五代•大毗盧經 7_78_1 | 五代•大毗盧經 2_13_9 | 晚唐•摩訶止觀 60_508_26 | 晚唐•摩訶止觀 57_485_12 |
| 五代•大毗盧經 30_376_11 | 五代•大毗盧經 18_234_38 | 五代•大毗盧經 9_104_5 | 五代•大毗盧經 7_78_11 | 五代•大毗盧經 3_28_21 | 晚唐•摩訶止觀 61_515_21 | 晚唐•摩訶止觀 57_486_11 |
| 五代•大毗盧經 31_395_17 | 五代•大毗盧經 19_248_12 | 五代•大毗盧經 11_138_15 | 五代•大毗盧經 7_83_19 | 五代•大毗盧經 6_64_14 | 晚唐•摩訶止觀 61_517_1 | 晚唐•摩訶止觀 57_486_17 |
| 五代•大毗盧經 39_454_13 | 五代•大毗盧經 19_252_18 | 五代•大毗盧經 12_148_1 | 五代•大毗盧經 7_84_21 | 五代•大毗盧經 6_72_8 | 晚唐•摩訶止觀 61_517_18 | 晚唐•摩訶止觀 58_487_22 |

## 教 效

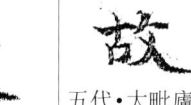

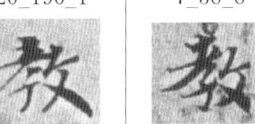

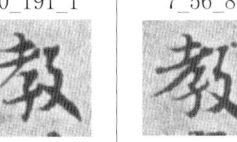

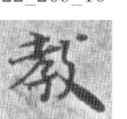

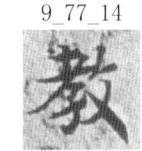

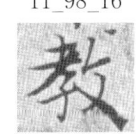

| | 教 | 效 | | | | |
|---|---|---|---|---|---|---|
| | 吳 キョウ<br>訓 おしえる | 漢 コウ<br>訓 きく | | | | |
| 初唐・古文尚書<br>20_190_1<br>初唐・古文尚書<br>20_191_1<br>初唐・古文尚書<br>22_209_10<br>初唐・古文尚書<br>22_212_3<br>初唐・古文尚書<br>22_217_4<br>初唐・古文尚書<br>22_217_6<br>初唐・古文尚書<br>23_220_15<br>初唐・古文尚書<br>23_220_26 | 初唐・古文尚書<br>7_56_6<br>初唐・古文尚書<br>7_56_8<br>初唐・古文尚書<br>7_58_15<br>初唐・古文尚書<br>8_61_19<br>初唐・古文尚書<br>9_77_14<br>初唐・古文尚書<br>11_98_16<br>初唐・古文尚書<br>15_141_21<br>初唐・古文尚書<br>18_169_20 | 初唐・古文尚書<br>27_265_15<br>初唐・禮記正義<br>11_170_19<br>初唐・禮記正義<br>26_403_15<br>初唐・禮記正義<br>26_404_23<br>中唐・翰苑<br>6_65_8<br>中唐・翰苑<br>15_188_6 | 五代・大毗盧經<br>96_1182_2 | 五代・大毗盧經<br>59_728_10<br>五代・大毗盧經<br>62_762_20<br>五代・大毗盧經<br>64_795_5<br>五代・大毗盧經<br>64_800_6<br>五代・大毗盧經<br>67_836_10<br>五代・大毗盧經<br>74_909_20<br>五代・大毗盧經<br>91_1109_17<br>五代・大毗盧經<br>96_1180_29 | 五代・大毗盧經<br>53_647_17<br>五代・大毗盧經<br>56_682_26<br>五代・大毗盧經<br>56_686_25<br>五代・大毗盧經<br>56_690_35<br>五代・大毗盧經<br>57_693_10<br>五代・大毗盧經<br>58_716_19<br>五代・大毗盧經<br>59_722_2<br>五代・大毗盧經<br>59_722_17 | 五代・大毗盧經<br>39_454_21<br>五代・大毗盧經<br>39_464_2<br>五代・大毗盧經<br>39_469_5<br>五代・大毗盧經<br>39_472_9<br>五代・大毗盧經<br>45_543_25<br>五代・大毗盧經<br>47_574_37<br>五代・大毗盧經<br>48_583_32<br>五代・大毗盧經<br>48_583_38 |

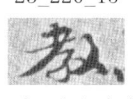

| | | | | | | |
|---|---|---|---|---|---|---|
| 五代•密教部類 3_32_16 | 晚唐•摩訶止觀 18_158_19 | 晚唐•摩訶止觀 15_134_19 | 中唐 • 翰苑 35_457_18 | 初唐•禮記正義 2_17_18 | 初唐•古文尚書 42_403_17 | 初唐•古文尚書 28_273_35 |
| 五代•密教部類 3_33_9 | 晚唐•摩訶止觀 24_205_14 | 晚唐•摩訶止觀 16_141_14 | 晚唐•摩訶止觀 5_45_18 | 初唐•禮記正義 2_18_15 | 初唐•古文尚書 42_404_13 | 初唐•古文尚書 29_280_22 |
| 五代•密教部類 3_34_9 | 晚唐•摩訶止觀 27_237_14 | 晚唐•摩訶止觀 17_150_15 | 晚唐•摩訶止觀 10_89_24 | 初唐•禮記正義 2_31_21 | 初唐•古文尚書 42_405_16 | 初唐•古文尚書 31_289_19 |
| 五代•密教部類 3_34_31 | 晚唐•摩訶止觀 61_517_24 | 晚唐•摩訶止觀 17_151_2 | 晚唐•摩訶止觀 10_91_20 | 初唐•禮記正義 10_155_13 | 初唐•古文尚書 42_406_2 | 初唐•古文尚書 32_300_16 |
| 五代•密教部類 4_49_4 | 晚唐•摩訶止觀 61_518_7 | 晚唐•摩訶止觀 17_152_1 | 晚唐•摩訶止觀 11_93_7 | 初唐•禮記正義 29_445_5 | 初唐•古文尚書 42_406_32 | 初唐•古文尚書 33_307_4 |
| 五代•密教部類 4_51_14 | 五代•密教部類 1_1_8 | 晚唐•摩訶止觀 18_154_28 | 晚唐•摩訶止觀 11_93_23 | 中唐 • 翰苑 9_115_36 | 初唐•古文尚書 42_409_32 | 初唐•古文尚書 35_337_13 |
| 五代•密教部類 5_62_3 | 五代•密教部類 1_4_7 | 晚唐•摩訶止觀 18_155_8 | 晚唐•摩訶止觀 11_96_25 | 中唐 • 翰苑 20_266_19 | 初唐•古文尚書 44_429_18 | 初唐•古文尚書 36_345_1 |
| 五代•密教部類 5_62_27 | 五代•密教部類 2_23_2 | 晚唐•摩訶止觀 18_156_13 | 晚唐•摩訶止觀 15_129_4 | 中唐 • 翰苑 20_267_12 | 初唐•古文尚書 48_471_28 | 初唐•古文尚書 38_364_8 |

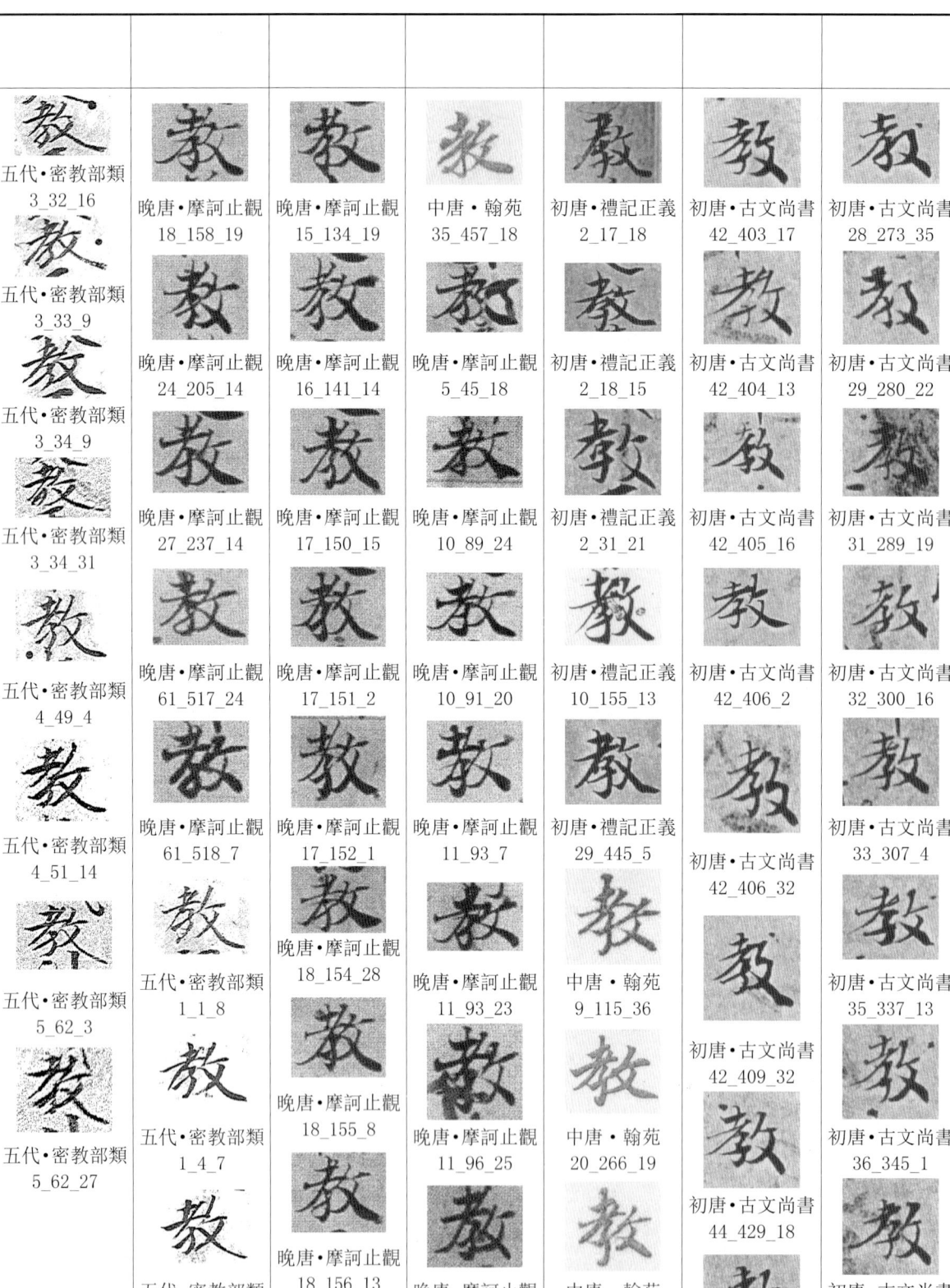

## 敕

漢チョク
訓いましめる

初唐・古文尚書 10_89_20
初唐・古文尚書 39_375_13
五代・大毗盧經 19_251_15
五代・大毗盧經 19_251_25
五代・大毗盧經 66_831_8
五代・大毗盧經 97_1186_38

五代・大毗盧經 56_687_6
五代・大毗盧經 57_693_20
五代・大毗盧經 57_693_28
五代・大毗盧經 73_899_1
五代・大毗盧經 98_1201_7
五代・大毗盧經 98_1211_1

五代・大毗盧經 5_55_12
五代・大毗盧經 6_68_10
五代・大毗盧經 9_110_30
五代・大毗盧經 11_136_3
五代・大毗盧經 44_532_6
五代・大毗盧經 54_663_16
五代・大毗盧經 56_684_1
五代・大毗盧經 56_686_29

## 救

漢キュウ 慣グ 呉ク
訓すくう

初唐・古文尚書 14_127_3
初唐・古文尚書 14_127_30
初唐・古文尚書 18_175_15
初唐・古文尚書 27_270_24
初唐・古文尚書 28_278_20
中唐・翰苑 8_98_15
晚唐・摩訶止觀 24_206_16
五代・大毗盧經 4_46_8

五代・大毗盧經 66_829_4
五代・大毗盧經 67_841_10
五代・大毗盧經 71_869_18
五代・大毗盧經 80_972_17
五代・大毗盧經 83_1015_2
五代・大毗盧經 97_1186_39
五代・大毗盧經 97_1187_8
五代・大毗盧經 98_1211_10

五代・大毗盧經 49_603_3
五代・大毗盧經 50_616_7
五代・大毗盧經 50_616_19
五代・大毗盧經 51_623_5
五代・大毗盧經 51_624_9
五代・大毗盧經 53_654_18
五代・大毗盧經 60_742_5
五代・大毗盧經 64_798_12

五代・大毗盧經 2_15_6
五代・大毗盧經 11_137_15
五代・大毗盧經 18_231_7
五代・大毗盧經 19_248_29
五代・大毗盧經 19_251_14
五代・大毗盧經 19_251_24
五代・大毗盧經 23_292_10
五代・大毗盧經 40_481_1

## 敢

現 カン
訓 あえてする

初唐•古文尚書
7_56_28

初唐•古文尚書
7_57_6

初唐•古文尚書
8_68_9

初唐•古文尚書
8_69_18

初唐•古文尚書
10_83_2

初唐•古文尚書
10_83_24

初唐•古文尚書
10_86_8

初唐•古文尚書
10_86_23

## 敓

タツ、ダチ
訓 うばう

初唐•古文尚書
40_384_6

初唐•古文尚書
43_417_14

## 敘

呉 ジョ
訓 ついず

初唐•古文尚書
16_155_8

初唐・毛詩傳
4_40_5

初唐・毛詩傳
4_40_8

初唐・毛詩傳
4_41_30

初唐・毛詩傳
4_44_15

中唐・翰苑
1_6_8

中唐・翰苑
44_560_1

五代•密教部類
2_24_9

## 敏

漢 ビン 呉 ミン
訓 つとめる

初唐•古文尚書
22_214_28

初唐•古文尚書
22_215_10

初唐・毛詩傳
2_16_18

中唐・翰苑
5_59_25

中唐・翰苑
8_95_20

中唐・翰苑
12_157_35

中唐・翰苑
13_167_34

中唐・翰苑
15_189_12

中唐・翰苑
15_196_20

晩唐•摩訶止觀
11_93_2

## 敗

漢 ハイ 呉 バイ
訓 やぶる

初唐•古文尚書
9_73_1

初唐•古文尚書
9_73_20

初唐•古文尚書
12_111_20

初唐•古文尚書
13_115_26

初唐•古文尚書
27_263_6

初唐•古文尚書
27_263_18

初唐•古文尚書
28_278_31

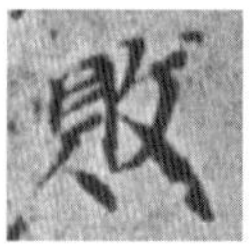
初唐•古文尚書
29_279_9

## 敝

漢 ヘイ
訓 やぶれる

中唐・翰苑
39_501_27

# 敬

漢現ケイ 呉キョウ
訓うやまう

初唐•古文尚書 6_49_28
初唐•古文尚書 8_61_16
初唐•古文尚書 12_109_23
初唐•古文尚書 14_132_5
初唐•古文尚書 14_132_13
初唐•古文尚書 16_149_3
初唐•古文尚書 16_149_19
初唐•古文尚書 16_154_1

五代•大毗盧經 8_96_43
五代•大毗盧經 19_248_18

初唐•禮記正義 30_467_10
中唐 • 翰苑 2_11_1
中唐 • 翰苑 5_56_37
中唐 • 翰苑 9_106_43
中唐 • 翰苑 11_139_41
中唐 • 翰苑 16_202_7
中唐 • 翰苑 41_526_11
中唐 • 翰苑 45_569_1

初唐•禮記正義 18_278_18
初唐•禮記正義 18_279_21
初唐•禮記正義 18_280_19
初唐•禮記正義 18_280_25
初唐•禮記正義 26_397_7
初唐•禮記正義 26_400_2
初唐•禮記正義 26_400_19
初唐•禮記正義 26_401_23

初唐•古文尚書 48_469_9
初唐 • 毛詩傳 5_48_12
初唐•禮記正義 3_46_6
初唐•禮記正義 11_175_8
初唐•禮記正義 16_242_24
初唐•禮記正義 16_244_24
初唐•禮記正義 16_245_25
初唐•禮記正義 18_278_5

初唐•古文尚書 25_248_19
初唐•古文尚書 32_297_29
初唐•古文尚書 34_324_24
初唐•古文尚書 35_337_27
初唐•古文尚書 35_338_14
初唐•古文尚書 38_364_13
初唐•古文尚書 40_388_1
初唐•古文尚書 47_457_26

初唐•古文尚書 16_151_18
初唐•古文尚書 16_151_34
初唐•古文尚書 16_154_25
初唐•古文尚書 16_155_17
初唐•古文尚書 17_157_15
初唐•古文尚書 19_182_16
初唐•古文尚書 19_182_29
初唐•古文尚書 23_228_28

初唐•古文尚書 16_154_15
初唐•古文尚書 17_156_1
初唐•古文尚書 17_157_18
初唐•古文尚書 19_180_5
初唐•古文尚書 19_182_31
初唐•古文尚書 20_190_3
初唐•古文尚書 21_200_9
初唐•古文尚書 23_219_17

初唐•古文尚書 24_239_28
初唐•古文尚書 25_240_26
初唐•古文尚書 31_294_33
初唐•古文尚書 32_297_9
初唐•古文尚書 34_325_9
初唐•古文尚書 36_344_11
初唐•古文尚書 36_344_24
初唐•古文尚書 37_358_29

初唐•古文尚書 37_359_25
初唐•古文尚書 39_374_13
初唐•古文尚書 39_375_16
初唐•古文尚書 42_406_35
初唐•古文尚書 42_407_21
初唐•古文尚書 42_411_1
初唐•古文尚書 42_411_15
初唐•古文尚書 44_426_23

初唐•古文尚書 44_427_15
初唐•古文尚書 44_428_8
初唐•古文尚書 44_428_21
初唐•古文尚書 44_429_21
初唐•古文尚書 44_432_4
初唐•古文尚書 45_433_2
初唐•古文尚書 45_442_13
初唐•古文尚書 47_459_26

初唐•古文尚書 47_460_16
初唐•古文尚書 47_463_30
初唐•古文尚書 48_464_11
初唐•古文尚書 48_464_16
初唐•古文尚書 48_465_9
初唐•古文尚書 48_465_13
初唐•古文尚書 48_465_21
初唐•禮記正義 1_8_27

初唐•禮記正義 2_31_8
初唐•禮記正義 3_35_15
初唐•禮記正義 4_51_7
初唐•禮記正義 10_154_18
初唐•禮記正義 10_154_27
初唐•禮記正義 10_156_1
初唐•禮記正義 10_162_6
初唐•禮記正義 11_175_20

初唐•禮記正義 12_183_8
初唐•禮記正義 13_207_9
初唐•禮記正義 14_212_24
初唐•禮記正義 14_213_26
初唐•禮記正義 14_214_3
初唐•禮記正義 15_225_3
初唐•禮記正義 15_234_17
初唐•禮記正義 17_254_10

初唐•禮記正義
17_255_7

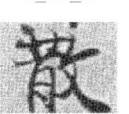

初唐•禮記正義
18_275_16

初唐•禮記正義
18_280_14

初唐•禮記正義
18_282_10

初唐•禮記正義
19_284_19

初唐•禮記正義
19_285_1

初唐•禮記正義
19_295_29

初唐•禮記正義
26_390_6

初唐・十誦律
2_26_2

初唐・十誦律
2_26_14

初唐・十誦律
19_367_6

中唐・翰苑
3_35_2

中唐・翰苑
3_35_28

中唐・翰苑
4_38_11

大驚
中唐・翰苑
6_67_29

中唐・翰苑
7_89_10

中唐・翰苑
12_152_34

中唐・翰苑
29_374_14

中唐・翰苑
29_378_4

敞其前後
中唐・翰苑
30_385_5

晚唐•摩訶止觀
12_106_7

晚唐•摩訶止觀
54_459_5

五代•大毗盧經
2_4_5

五代•大毗盧經
3_24_6

五代•大毗盧經
23_292_7

五代•大毗盧經
31_391_28

五代•大毗盧經
43_523_19

## 散

現 サン
訓 ちらす

初唐・毛詩傳
3_24_12

初唐・毛詩傳
7_77_2

初唐•禮記正義
1_4_10

初唐・般若經
8_100_3

初唐・般若經
21_310_17

中唐・翰苑
7_81_25

中唐・翰苑
8_95_25

中唐・翰苑
16_207_29

中唐・翰苑
27_349_14

中唐・翰苑
34_445_2

中唐・翰苑
34_445_4

中唐・翰苑
35_446_38

中唐・翰苑
36_462_13

中唐・翰苑
38_494_8

中唐・般若經
3_34_4

中唐・般若經
3_38_7

中唐・般若經
4_42_10

中唐・般若經
4_46_14

晚唐•摩訶止觀
5_41_1

晚唐•摩訶止觀
49_415_7

晚唐•摩訶止觀
49_415_11

晚唐•摩訶止觀
49_415_17

晚唐•摩訶止觀
49_416_14

晚唐•摩訶止觀
49_416_16

| 敷 | 敦 | 敝 | | | | |
|---|---|---|---|---|---|---|
| 現フ<br>訓しく | トン<br>訓あつい | 漢ヘイ<br>訓やぶれる | | | | |
| 晚唐•摩訶止觀<br>1_3_6 | 五代•大毗盧經<br>56_682_12 | 中唐・翰苑<br>17_215_18 | 五代•大毗盧經<br>85_1040_4 | 五代•大毗盧經<br>54_667_8 | 五代•大毗盧經<br>27_339_37 | 五代•大毗盧經<br>7_78_45 |
| 晚唐•摩訶止觀<br>55_469_8 | | | 五代•大毗盧經<br>85_1042_15 | 五代•大毗盧經<br>58_707_4 | 五代•大毗盧經<br>28_350_5 | 五代•大毗盧經<br>9_103_30 |
| 五代•大毗盧經<br>2_7_9 | | | 五代•大毗盧經<br>85_1044_10 | 五代•大毗盧經<br>58_707_17 | 五代•大毗盧經<br>35_416_19 | 五代•大毗盧經<br>9_104_20 |
| 五代•大毗盧經<br>13_161_6 | | | 五代•大毗盧經<br>90_1099_6 | 五代•大毗盧經<br>63_779_17 | 五代•大毗盧經<br>39_468_7 | 五代•大毗盧經<br>10_117_13 |
| 五代•大毗盧經<br>13_165_2 | | | 五代•大毗盧經<br>90_1102_5 | 五代•大毗盧經<br>66_827_25 | 五代•大毗盧經<br>40_483_13 | 五代•大毗盧經<br>13_155_21 |
| 五代•大毗盧經<br>14_170_20 | | | 五代•大毗盧經<br>91_1110_23 | 五代•大毗盧經<br>66_828_1 | 五代•大毗盧經<br>42_508_34 | 五代•大毗盧經<br>17_217_10 |
| 五代•大毗盧經<br>19_245_5 | | | 五代•大毗盧經<br>92_1124_17 | 五代•大毗盧經<br>78_951_8 | 五代•大毗盧經<br>48_583_9 | 五代•大毗盧經<br>17_222_13 |
| 五代•大毗盧經<br>39_456_18 | | | 五代•大毗盧經<br>98_1209_18 | 五代•大毗盧經<br>79_954_12 | 五代•大毗盧經<br>54_664_16 | 五代•大毗盧經<br>18_237_6 |

五代•大毗盧經
39_459_4

五代•大毗盧經
40_483_17

五代•大毗盧經
40_485_2

五代•大毗盧經
41_492_9

五代•大毗盧經
45_547_12

五代•大毗盧經
46_563_5

五代•大毗盧經
50_619_20

五代•大毗盧經
60_743_21

五代•大毗盧經
63_775_10

五代•大毗盧經
80_975_9

## 數

慣スウ漢ス
訓かず

初唐•古文尚書
10_84_10

初唐•古文尚書
10_84_16

初唐•古文尚書
21_200_2

初唐•古文尚書
21_200_25

初唐•古文尚書
46_454_26

初唐•禮記正義
4_64_27

初唐•禮記正義
4_65_5

初唐•禮記正義
4_65_9

初唐•禮記正義
4_66_12

初唐•禮記正義
4_66_15

初唐•禮記正義
4_66_26

初唐•禮記正義
9_137_21

初唐•禮記正義
9_140_7

初唐•禮記正義
9_140_11

初唐•禮記正義
19_284_15

初唐•禮記正義
20_303_3

初唐•禮記正義
23_350_20

初唐・十誦律
1_7_7

中唐・翰苑
2_19_40

中唐・翰苑
3_22_14

中唐・翰苑
3_23_3

中唐・翰苑
3_27_17

中唐・翰苑
3_35_22

中唐・翰苑
4_39_12

中唐・翰苑
4_48_21

中唐・翰苑
6_71_26

中唐・翰苑
6_74_3

中唐・翰苑
6_75_36

中唐・翰苑
7_86_5

中唐・翰苑
8_92_10

中唐・翰苑
11_139_15

中唐・翰苑
11_143_5

中唐・翰苑
12_152_19

中唐・翰苑
14_181_13

中唐・翰苑
15_190_4

中唐・翰苑
16_206_5

中唐・翰苑
18_230_41

中唐・翰苑
18_240_9

中唐・翰苑
22_293_24

中唐・翰苑
23_298_31

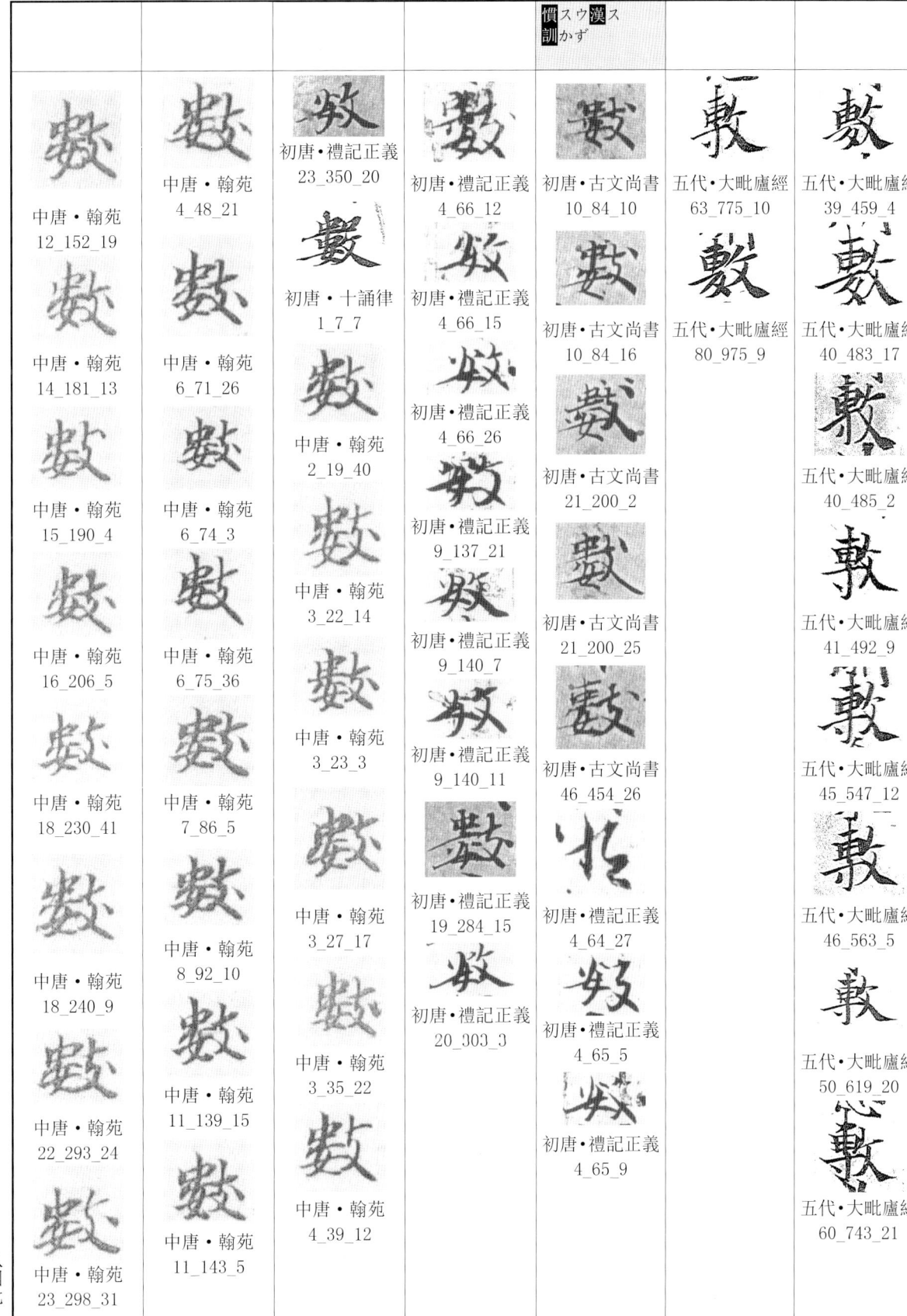

# 敵

漢 テキ
訓 あいて

| | | | | | | |
|---|---|---|---|---|---|---|
| 初唐•古文尚書 27_266_4 | 五代•大毗盧經 97_1192_8 | 五代•大毗盧經 9_108_15 | 晚唐•摩訶止觀 15_134_25 | 中唐・翰苑 43_550_40 | 中唐・翰苑 37_482_11 | 中唐・翰苑 23_306_16 |
| 初唐•古文尚書 27_266_20 | 五代•大毗盧經 97_1193_8 | 五代•大毗盧經 39_463_5 | 晚唐•摩訶止觀 22_192_22 | 中唐・翰苑 43_550_44 | 中唐・翰苑 39_495_36 | 中唐・翰苑 24_314_14 |
| 初唐•古文尚書 28_276_10 | | 五代•大毗盧經 46_560_13 | 晚唐•摩訶止觀 33_290_14 | 中唐・翰苑 43_551_2 | 中唐・翰苑 39_500_23 | 中唐・翰苑 27_354_4 |
| 初唐•古文尚書 28_277_15 | | 五代•大毗盧經 64_798_5 | 晚唐•摩訶止觀 34_293_14 | 中唐・翰苑 43_555_2 | 中唐・翰苑 39_500_30 | 中唐・翰苑 29_375_39 |
| 初唐•禮記正義 13_203_17 | | 五代•大毗盧經 66_824_14 | 晚唐•摩訶止觀 55_466_7 | 中唐・翰苑 43_555_12 | 中唐・翰苑 40_509_10 | 中唐・翰苑 30_386_31 |
| 中唐・翰苑 7_82_25 | | 五代•大毗盧經 73_896_13 | 晚唐•摩訶止觀 55_466_25 | 中唐・翰苑 43_555_24 | 中唐・翰苑 40_514_20 | 中唐・翰苑 32_419_25 |
| 中唐・翰苑 8_95_9 | | 五代•大毗盧經 96_1177_17 | 晚唐•摩訶止觀 55_468_7 | 中唐・翰苑 44_557_1 | 中唐・翰苑 43_544_12 | 中唐・翰苑 35_446_2 |
| 中唐・翰苑 34_440_14 | | 五代•大毗盧經 96_1178_9 | 五代•大毗盧經 4_39_21 | 晚唐•摩訶止觀 14_121_5 | 中唐・翰苑 43_549_29 | 中唐・翰苑 35_447_14 |

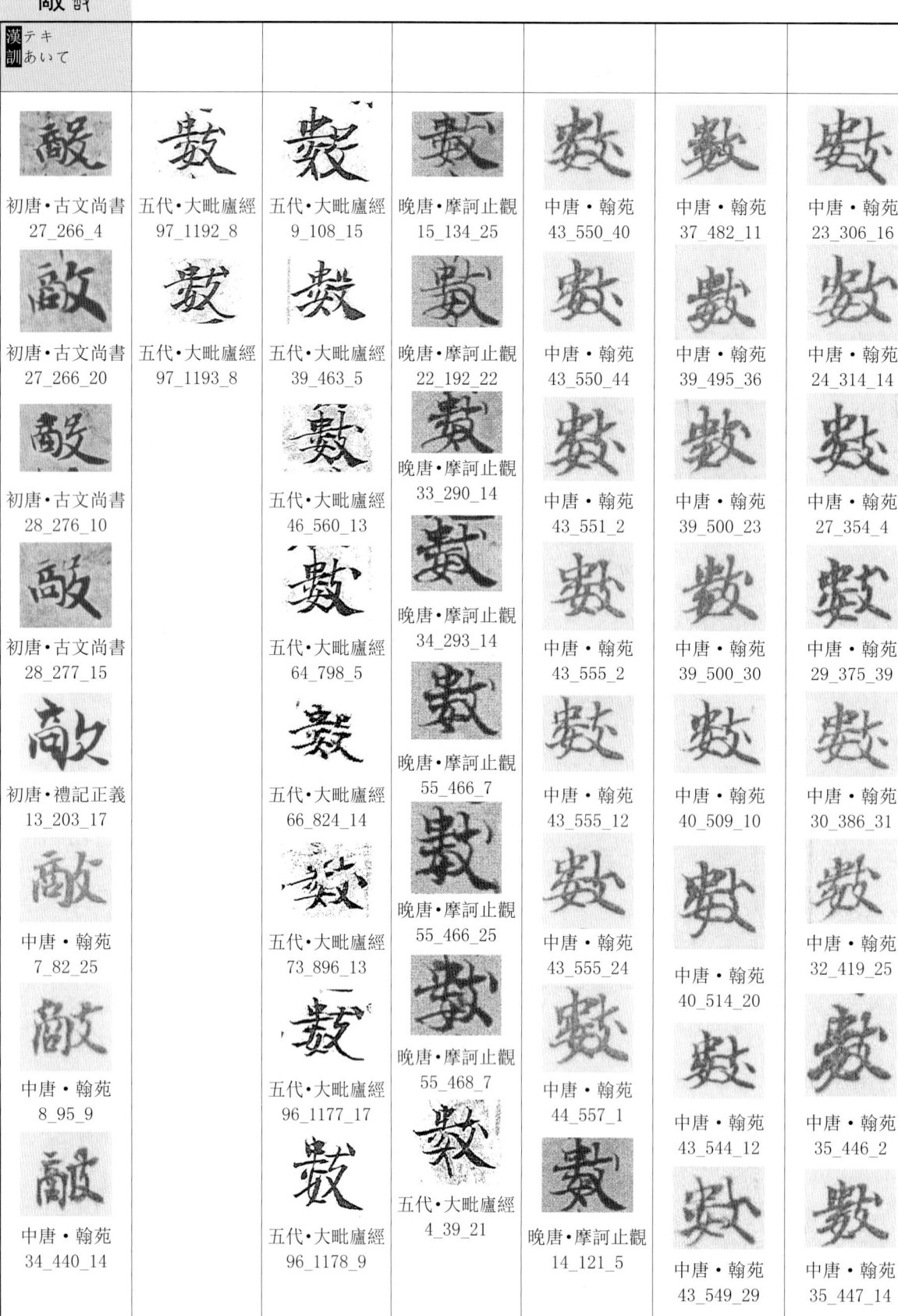

晚唐・摩訶止觀
30_261_7

五代・大毗盧經
64_803_50

五代・大毗盧經
64_804_7

## 整
漢セイ
訓ととのえる

初唐・古文尚書
44_425_16

中唐・翰苑
2_12_25

## 斂
レン
訓おさめる

初唐・古文尚書
28_276_8

初唐・古文尚書
28_277_1

中唐・翰苑
12_151_7

中唐・翰苑
24_322_12

## 變
ヘン
訓かわる

初唐・古文尚書
8_61_12

初唐・古文尚書
8_61_29

初唐・古文尚書
24_234_20

初唐・古文尚書
31_289_26

初唐・古文尚書
33_311_5

初唐・禮記正義
28_439_17

初唐・禮記正義
28_440_26

初唐・禮記正義
28_441_8

初唐・禮記正義
28_442_20

初唐・禮記正義
28_442_27

初唐・禮記正義
29_444_1

初唐・禮記正義
29_447_15

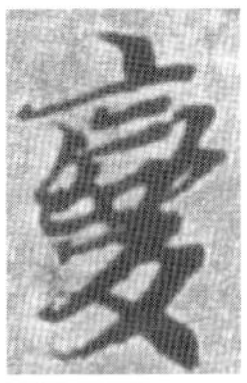
初唐・禮記正義
29_451_12

初唐・禮記正義
29_451_19

初唐・禮記正義
29_458_1

6

初唐・禮記正義
29_457_16

初唐・禮記正義
29_458_24

初唐・般若經
8_100_6

初唐・般若經
8_109_7

初唐・般若經
21_311_3

初唐・般若經
21_320_12

中唐・翰苑
10_121_35

中唐・翰苑
42_534_18

中唐・般若經
3_34_7

中唐・般若經
3_38_10

中唐・般若經
4_42_13

中唐・般若經
4_46_17

中唐・般若經
5_69_6

中唐・般若經
5_71_16

中唐・般若經
6_77_3

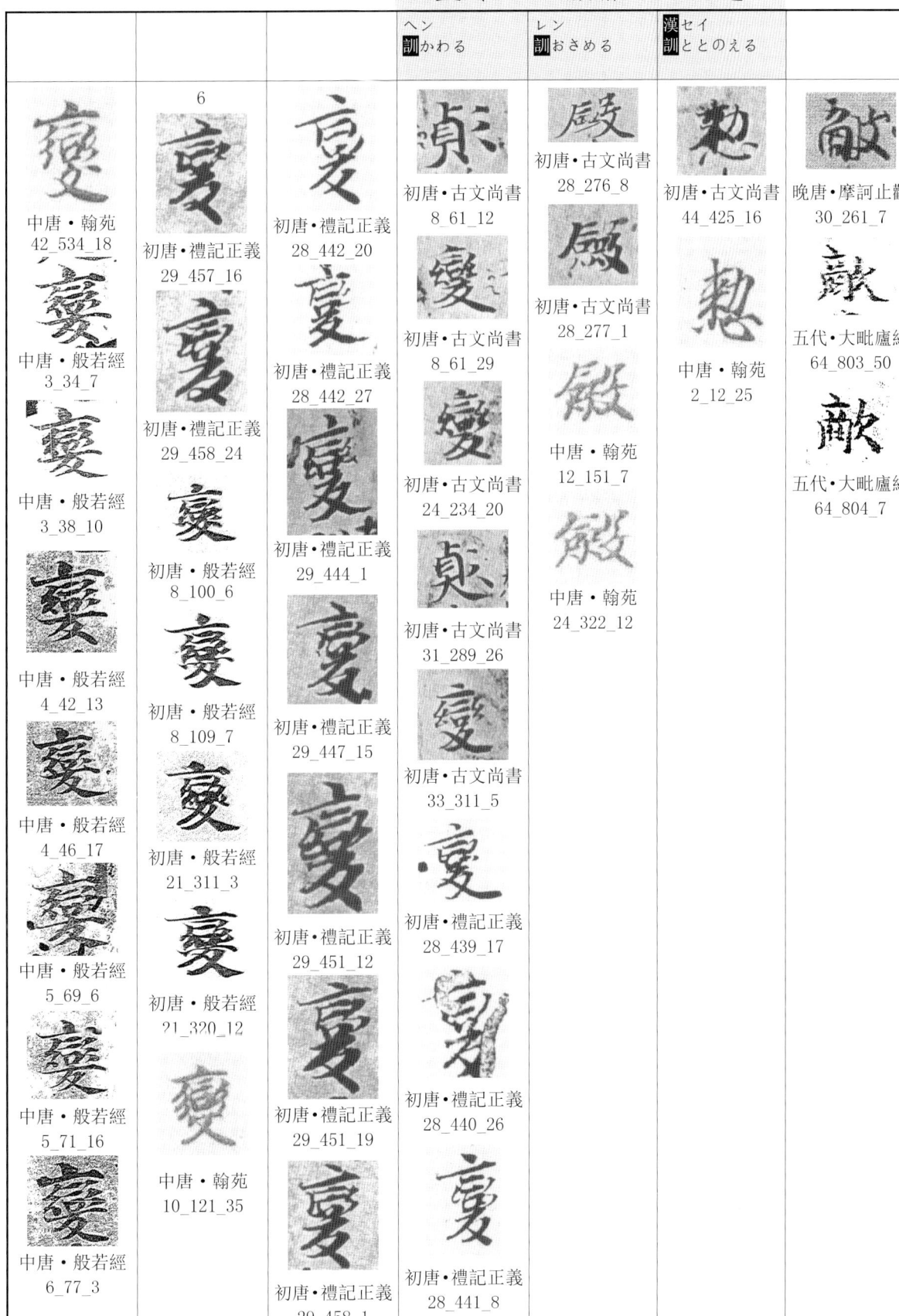

| | | | | | | |
|---|---|---|---|---|---|---|
| | | | | <br>五代•大毗盧經<br>70_862_9<br><br>五代•大毗盧經<br>71_863_9<br><br>五代•大毗盧經<br>91_1113_28 | <br>五代•密教部類<br>6_77_9<br><br>五代•密教部類<br>6_89_9<br><br>五代•大毗盧經<br>1_1_9<br><br>五代•大毗盧經<br>2_2_9<br><br>五代•大毗盧經<br>16_204_4<br><br>五代•大毗盧經<br>35_410_9<br><br>五代•大毗盧經<br>46_554_9<br><br>五代•大毗盧經<br>69_860_9 | <br>晚唐•摩訶止觀<br>11_94_15<br><br>晚唐•摩訶止觀<br>28_242_11<br><br>晚唐•摩訶止觀<br>34_299_14<br><br>晚唐•摩訶止觀<br>35_304_17<br><br>晚唐•摩訶止觀<br>35_304_26<br><br>晚唐•摩訶止觀<br>37_316_2<br><br>晚唐•摩訶止觀<br>51_430_29<br><br>五代•密教部類<br>3_27_9 |

# 日部

## 日 日

漢ジツ 呉ニチ
訓ひ

初唐・古文尚書 11_93_22
初唐・古文尚書 18_175_10
初唐・古文尚書 19_186_10
初唐・古文尚書 24_230_4
初唐・古文尚書 24_232_16
初唐・古文尚書 24_233_4
初唐・古文尚書 24_233_8
初唐・古文尚書 24_233_21

初唐・古文尚書 24_233_28
初唐・古文尚書 33_309_12
初唐・古文尚書 35_330_37
初唐・古文尚書 35_338_36
初唐・古文尚書 44_424_18
初唐・古文尚書 44_425_8
初唐・古文尚書 44_426_3
初唐・毛詩傳 1_8_1

初唐・毛詩傳 1_9_18
初唐・毛詩傳 2_14_9
初唐・毛詩傳 2_18_10
初唐・毛詩傳 4_34_3
初唐・毛詩傳 4_35_4
初唐・毛詩傳 5_53_29
初唐・毛詩傳 5_55_27
初唐・禮記正義 3_35_23

初唐・禮記正義 3_36_13
初唐・禮記正義 3_36_25
初唐・禮記正義 3_37_9
初唐・禮記正義 3_37_12
初唐・禮記正義 3_38_1
初唐・禮記正義 3_38_27
初唐・禮記正義 3_41_2
初唐・禮記正義 3_43_17

初唐・禮記正義 3_45_21
初唐・禮記正義 3_49_24
初唐・禮記正義 4_50_7
初唐・禮記正義 4_51_6
初唐・禮記正義 5_76_13
初唐・禮記正義 6_83_25
初唐・禮記正義 6_84_14
初唐・禮記正義 6_84_28

初唐・禮記正義 6_85_14
初唐・禮記正義 6_86_7
初唐・禮記正義 6_86_14
初唐・禮記正義 6_87_11
初唐・禮記正義 6_88_9
初唐・禮記正義 6_88_21
初唐・禮記正義 6_88_26
初唐・禮記正義 6_89_5

初唐•禮記正義
6_89_15

初唐•禮記正義
6_89_20

初唐•禮記正義
6_90_1

初唐•禮記正義
6_90_11

初唐•禮記正義
6_90_28

初唐•禮記正義
6_91_20

初唐•禮記正義
6_92_1

初唐•禮記正義
6_92_6

初唐•禮記正義
6_92_17

初唐•禮記正義
6_92_29

初唐•禮記正義
6_94_2

初唐•禮記正義
6_94_9

初唐•禮記正義
6_94_12

初唐•禮記正義
6_94_22

初唐•禮記正義
6_95_29

初唐•禮記正義
7_98_10

初唐•禮記正義
7_98_29

初唐•禮記正義
7_99_8

初唐•禮記正義
7_99_12

初唐•禮記正義
7_99_27

初唐•禮記正義
7_100_4

初唐•禮記正義
7_110_23

初唐•禮記正義
7_111_20

初唐•禮記正義
8_124_12

初唐•禮記正義
8_127_9

初唐•禮記正義
9_132_13

初唐•禮記正義
9_136_23

初唐•禮記正義
10_151_11

初唐•禮記正義
10_153_22

初唐•禮記正義
10_153_24

初唐•禮記正義
10_154_13

初唐•禮記正義
10_159_27

初唐•禮記正義
10_160_26

初唐•禮記正義
22_333_3

初唐•禮記正義
22_333_21

初唐•禮記正義
22_334_8

初唐・十誦律
2_16_9

初唐・十誦律
2_29_13

初唐・十誦律
2_29_17

初唐・十誦律
8_134_17

初唐・十誦律
9_154_16

初唐・十誦律
19_358_11

初唐・十誦律
19_361_6

一月
中唐・翰苑
2_11_5

一月
中唐・翰苑
2_11_24

中唐・翰苑
2_15_15

中唐・翰苑
2_21_33

中唐・翰苑
3_30_3

中唐・翰苑
3_31_9

中唐・翰苑
3_32_15

中唐・翰苑
5_52_11

中唐・翰苑
5_56_33

中唐・翰苑
5_60_39

中唐・翰苑
8_92_3

中唐・翰苑
8_92_19

夕拜月
中唐・翰苑
8_92_25

中唐・翰苑 8_92_33
中唐・翰苑 8_97_36
中唐・翰苑 10_125_4
中唐・翰苑 10_126_1
中唐・翰苑 10_127_26
中唐・翰苑 10_128_18
中唐・翰苑 10_129_34
中唐・翰苑 11_136_2

中唐・翰苑 11_137_1
中唐・翰苑 11_137_5
中唐・翰苑 12_152_40
中唐・翰苑 16_205_4
中唐・翰苑 17_219_14
中唐・翰苑 19_249_6
中唐・翰苑 19_250_38
中唐・翰苑 19_251_5

中唐・翰苑 20_256_9
中唐・翰苑 20_256_16
中唐・翰苑 21_270_36
中唐・翰苑 23_305_31
中唐・翰苑 25_325_21
中唐・翰苑 27_350_26
中唐・翰苑 30_386_11
中唐・翰苑 30_391_8

中唐・翰苑 31_398_23
中唐・翰苑 32_419_52
中唐・翰苑 34_445_21
中唐・翰苑 35_454_23
中唐・翰苑 36_460_26
中唐・翰苑 36_463_5
中唐・翰苑 36_464_24
中唐・翰苑 36_465_5

中唐・翰苑 37_470_35
中唐・翰苑 37_470_44
白竹 中唐・翰苑 37_475_32
中唐・翰苑 40_518_17
中唐・翰苑 40_518_26
中唐・翰苑 44_560_15
晚唐•摩訶止觀 1_2_22
晚唐•摩訶止觀 4_38_9

晚唐•摩訶止觀 9_76_17
晚唐•摩訶止觀 9_77_16
晚唐•摩訶止觀 10_85_12
晚唐•摩訶止觀 12_107_13
晚唐•摩訶止觀 20_178_14
晚唐•摩訶止觀 35_300_26
晚唐•摩訶止觀 58_491_5
晚唐•摩訶止觀 59_498_15

晚唐•摩訶止觀 60_504_21
晚唐•摩訶止觀 60_504_25
五代•密教部類 2_24_8
五代•密教部類 4_53_14
五代•密教部類 4_56_9
五代•密教部類 5_58_3
五代•密教部類 5_60_8
五代•密教部類 5_73_2

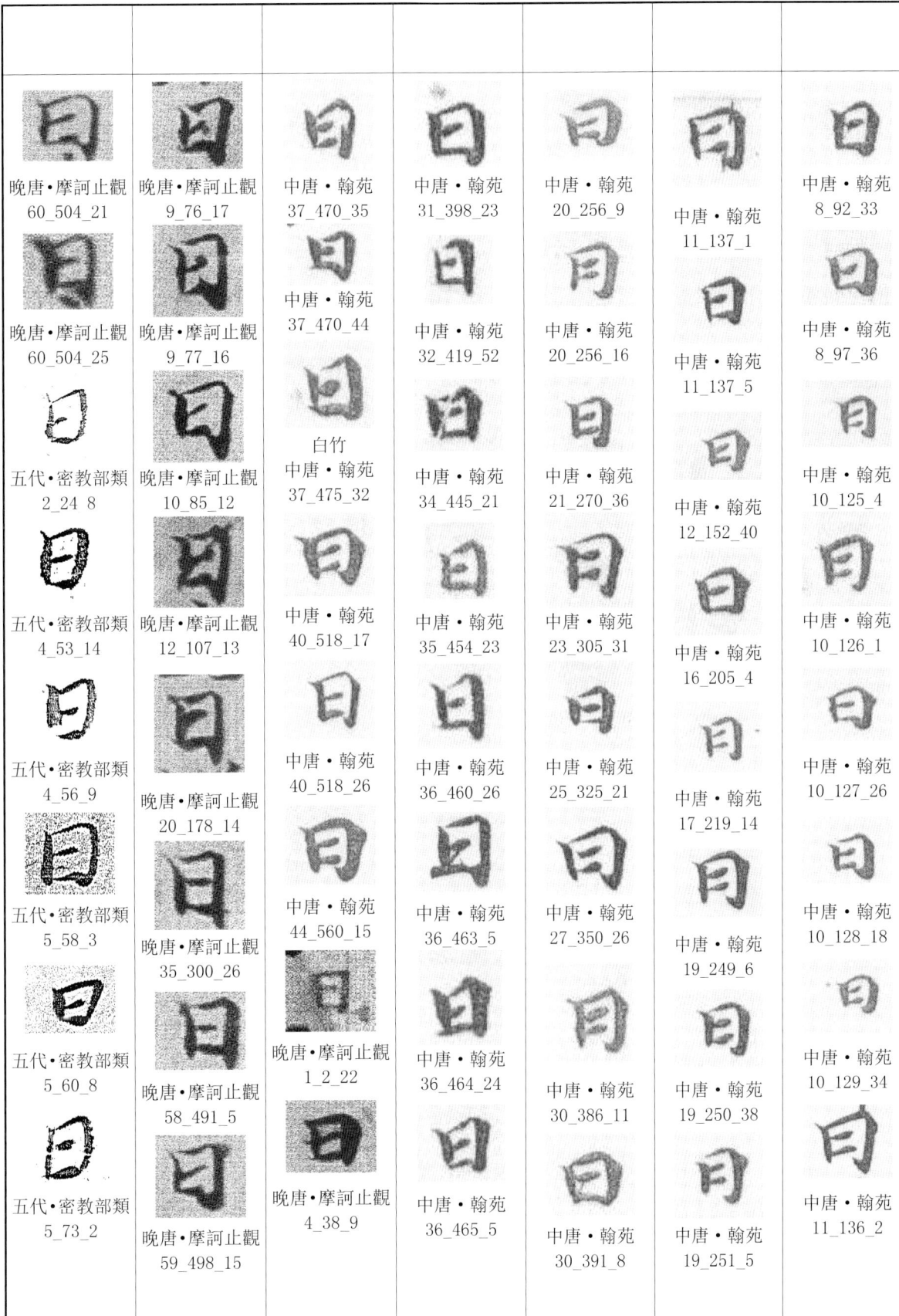

五代·大毗盧經 2_7_18
五代·大毗盧經 3_27_7
五代·大毗盧經 3_33_15
五代·大毗盧經 4_38_3
五代·大毗盧經 7_86_12
五代·大毗盧經 7_86_22
五代·大毗盧經 8_90_7
五代·大毗盧經 8_90_14

五代·大毗盧經 8_96_29
五代·大毗盧經 11_139_14
五代·大毗盧經 12_145_9
五代·大毗盧經 13_158_4
五代·大毗盧經 14_176_18
五代·大毗盧經 15_191_7
五代·大毗盧經 16_212_7
五代·大毗盧經 19_248_16

五代·大毗盧經 19_249_7
五代·大毗盧經 20_253_7
五代·大毗盧經 26_325_17
五代·大毗盧經 29_364_17
五代·大毗盧經 35_419_7
五代·大毗盧經 36_425_7
五代·大毗盧經 36_431_7
五代·大毗盧經 37_436_7

五代·大毗盧經 39_471_9
五代·大毗盧經 40_483_3
五代·大毗盧經 44_530_9
五代·大毗盧經 46_567_13
五代·大毗盧經 57_704_16
五代·大毗盧經 59_727_15
五代·大毗盧經 62_771_15
五代·大毗盧經 63_778_18

五代·大毗盧經 64_801_11
五代·大毗盧經 64_802_7
五代·大毗盧經 64_809_7
五代·大毗盧經 65_812_7
五代·大毗盧經 65_813_19
五代·大毗盧經 65_817_7
五代·大毗盧經 66_822_7
五代·大毗盧經 66_825_7

五代·大毗盧經 66_827_13
五代·大毗盧經 66_828_7
五代·大毗盧經 66_830_7
五代·大毗盧經 67_837_12
五代·大毗盧經 68_850_7
五代·大毗盧經 92_1127_8
五代·大毗盧經 92_1132_1
五代·大毗盧經 92_1132_18

五代·大毗盧經 93_1145_1
五代·大毗盧經 93_1145_19
五代·大毗盧經 93_1145_22
五代·大毗盧經 93_1145_39

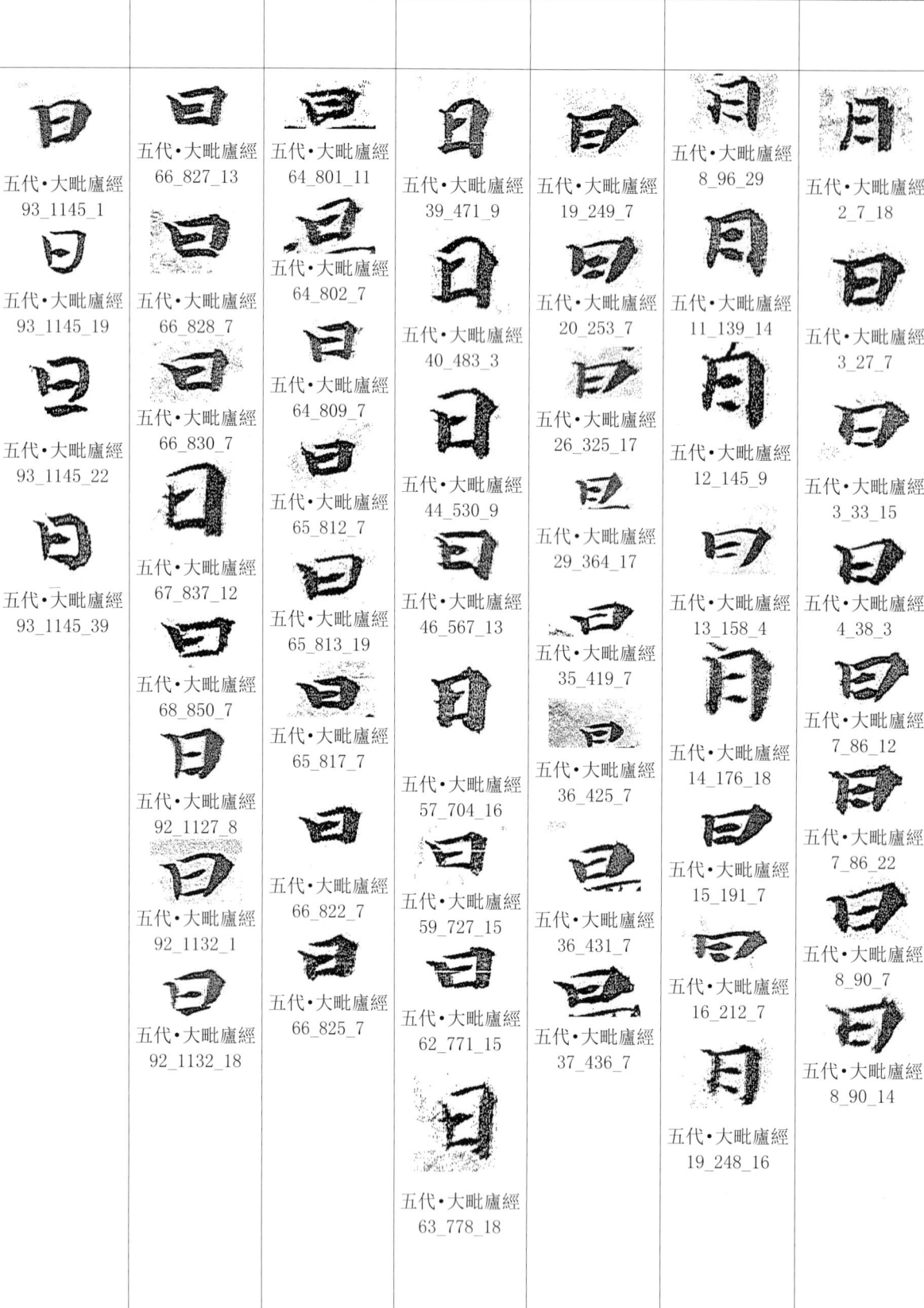

# 曰

エツ
訓いう

初唐•古文尚書 1_5_9
初唐•古文尚書 2_10_8
初唐•古文尚書 2_10_15
初唐•古文尚書 2_10_19
初唐•古文尚書 2_12_2
初唐•古文尚書 3_19_18
初唐•古文尚書 3_20_17
初唐•古文尚書 3_26_23
初唐•古文尚書 4_31_11
初唐•古文尚書 4_36_15
初唐•古文尚書 4_36_18
初唐•古文尚書 5_37_21
初唐•古文尚書 5_44_22
初唐•古文尚書 6_48_12
初唐•古文尚書 6_49_2
初唐•古文尚書 7_52_10
初唐•古文尚書 7_58_3
初唐•古文尚書 9_81_5
初唐•古文尚書 11_100_5
初唐•古文尚書 13_120_8
初唐•古文尚書 13_121_9
初唐•古文尚書 13_122_19
初唐•古文尚書 14_129_11
初唐•古文尚書 14_130_7
初唐•古文尚書 15_141_2
初唐•古文尚書 17_160_30
初唐•古文尚書 24_233_12
初唐•古文尚書 24_233_15
初唐•古文尚書 24_234_6
初唐•古文尚書 24_235_4
初唐•古文尚書 24_238_36
初唐•古文尚書 24_239_15
初唐•古文尚書 28_271_21
初唐•古文尚書 28_275_6
初唐•古文尚書 28_275_10
初唐•古文尚書 28_275_14
初唐•古文尚書 28_275_19
初唐•古文尚書 28_275_23
初唐•古文尚書 29_285_11
初唐•古文尚書 31_290_40
初唐•古文尚書 31_291_4
初唐•古文尚書 31_296_19
初唐•古文尚書 32_305_30
初唐•古文尚書 33_313_37
初唐•古文尚書 34_323_10
初唐•古文尚書 34_323_22
初唐•古文尚書 34_324_2
初唐•古文尚書 34_324_10
初唐•古文尚書 35_328_13
初唐•古文尚書 35_330_39
初唐•古文尚書 36_339_5
初唐•古文尚書 36_339_20
初唐•古文尚書 36_340_4
初唐•古文尚書 36_346_18
初唐•古文尚書 37_352_12
初唐•古文尚書 39_374_30

| | | | | | | |
|---|---|---|---|---|---|---|
| 初唐•禮記正義 7_104_15 | 初唐•禮記正義 5_76_6 | 初唐•禮記正義 5_71_8 | 初唐•禮記正義 3_43_20 | 初唐•禮記正義 1_10_3 | 初唐•古文尚書 45_443_20 | 初唐•古文尚書 40_382_2 |
| 初唐•禮記正義 7_108_17 | 初唐•禮記正義 5_76_17 | 初唐•禮記正義 5_71_11 | 初唐•禮記正義 4_55_10 | 初唐•禮記正義 2_25_14 | 初唐•古文尚書 46_444_15 | 初唐•古文尚書 40_386_1 |
| 初唐•禮記正義 7_110_18 | 初唐•禮記正義 5_76_27 | 初唐•禮記正義 5_74_7 | 初唐•禮記正義 5_70_23 | 初唐•禮記正義 2_27_3 | 初唐•古文尚書 46_445_20 | 初唐•古文尚書 40_388_28 |
| 初唐•禮記正義 7_111_9 | 初唐•禮記正義 6_87_8 | 初唐•禮記正義 5_74_16 | 初唐•禮記正義 5_70_26 | 初唐•禮記正義 2_27_14 | 初唐•古文尚書 47_463_27 | 初唐•古文尚書 43_413_17 |
| 初唐•禮記正義 8_114_3 | 初唐•禮記正義 6_87_14 | 初唐•禮記正義 5_74_29 | 初唐•禮記正義 5_70_29 | 初唐•禮記正義 2_28_2 | 初唐•古文尚書 48_473_26 | 初唐•古文尚書 43_421_8 |
| 初唐•禮記正義 8_117_4 | 初唐•禮記正義 7_99_10 | 初唐•禮記正義 5_75_9 | 初唐•禮記正義 5_70_32 | 初唐•禮記正義 3_36_4 | 初唐 • 毛詩傳 3_30_10 | 初唐•古文尚書 44_424_2 |
| 初唐•禮記正義 8_121_15 | 初唐•禮記正義 7_99_18 | 初唐•禮記正義 5_75_19 | 初唐•禮記正義 5_71_2 | 初唐•禮記正義 3_38_16 | 初唐 • 毛詩傳 5_56_22 | 初唐•古文尚書 44_430_22 |
| 初唐•禮記正義 9_143_3 | 初唐•禮記正義 7_100_2 | 初唐•禮記正義 5_75_28 | 初唐•禮記正義 5_71_5 | 初唐•禮記正義 3_40_2 | 初唐•禮記正義 1_5_13 | 初唐•古文尚書 45_443_10 |

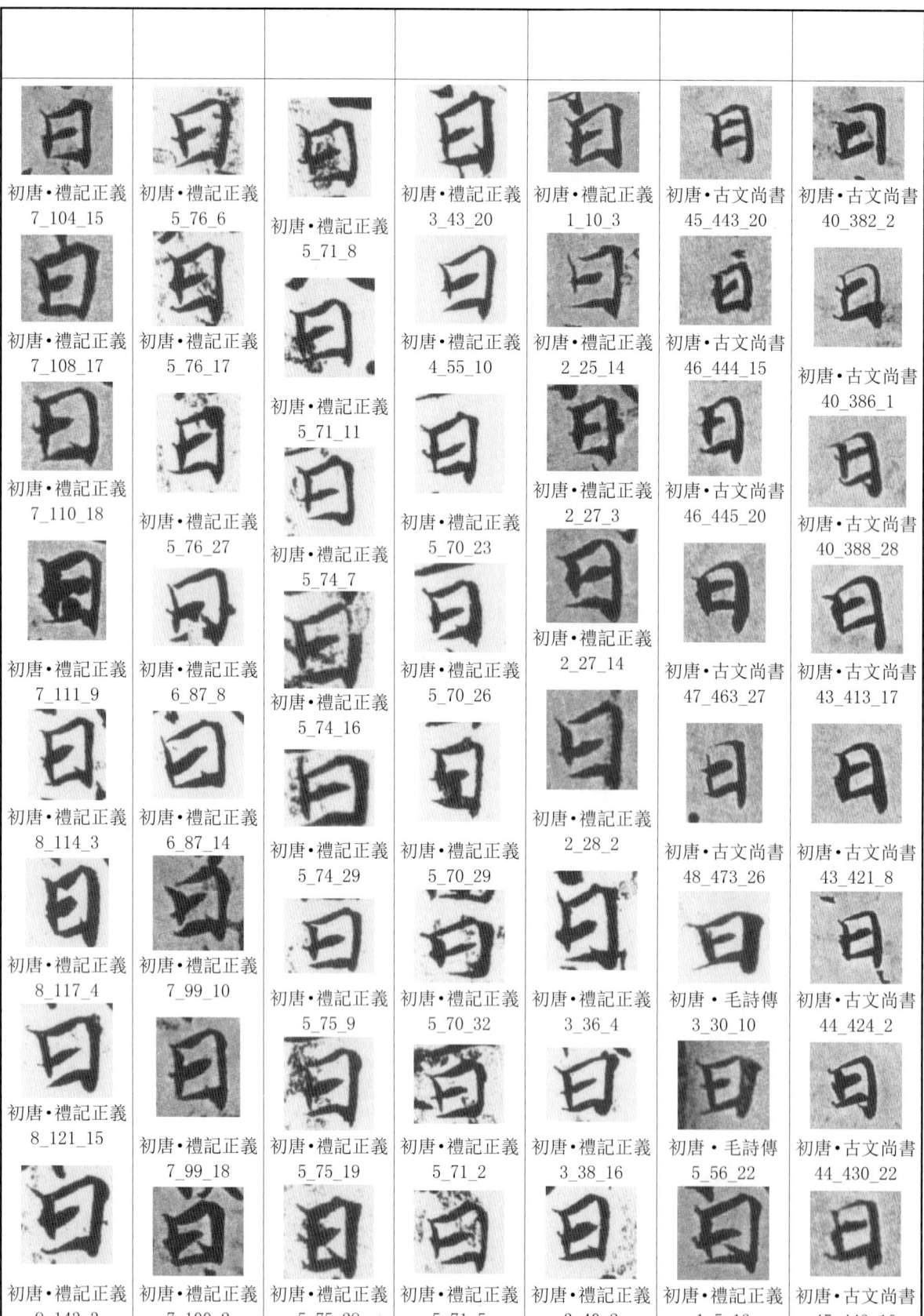

| | | | | | | |
|---|---|---|---|---|---|---|
| 初唐•禮記正義 27_417_3 | 初唐•禮記正義 26_390_20 | 初唐•禮記正義 20_302_3 | 初唐•禮記正義 17_263_24 | 初唐•禮記正義 15_237_12 | 初唐•禮記正義 13_204_23 | 初唐•禮記正義 9_145_22 |
| 初唐•禮記正義 27_417_17 | 初唐•禮記正義 26_397_19 | 初唐•禮記正義 20_303_22 | 初唐•禮記正義 18_272_8 | 初唐•禮記正義 16_240_7 | 初唐•禮記正義 13_206_12 | 初唐•禮記正義 10_149_3 |
| 初唐•禮記正義 27_422_6 | 初唐•禮記正義 26_398_26 | 初唐•禮記正義 20_304_10 | 初唐•禮記正義 18_273_10 | 初唐•禮記正義 16_241_21 | 初唐•禮記正義 13_209_20 | 初唐•禮記正義 10_158_15 |
| 初唐•禮記正義 27_423_2 | 初唐•禮記正義 26_399_12 | 初唐•禮記正義 20_305_8 | 初唐•禮記正義 18_282_21 | 初唐•禮記正義 16_244_17 | 初唐•禮記正義 14_210_26 | 初唐•禮記正義 10_161_22 |
| 初唐•禮記正義 27_426_22 | 初唐•禮記正義 26_399_23 | 初唐•禮記正義 20_309_4 | 初唐•禮記正義 19_285_10 | 初唐•禮記正義 16_251_20 | 初唐•禮記正義 14_212_18 | 初唐•禮記正義 11_164_16 |
| 初唐•禮記正義 28_427_4 | 初唐•禮記正義 26_400_6 | 初唐•禮記正義 21_316_16 | 初唐•禮記正義 19_286_11 | 初唐•禮記正義 17_255_20 | 初唐•禮記正義 14_216_3 | 初唐•禮記正義 11_177_15 |
| 初唐•禮記正義 28_428_3 | 初唐•禮記正義 26_400_22 | 初唐•禮記正義 21_322_8 | 初唐•禮記正義 19_293_20 | 初唐•禮記正義 17_257_6 | 初唐•禮記正義 14_217_19 | 初唐•禮記正義 12_191_9 |
| 初唐•禮記正義 28_429_8 | 初唐•禮記正義 27_416_2 | 初唐•禮記正義 25_388_26 | 初唐•禮記正義 20_300_14 | 初唐•禮記正義 17_258_19 | 初唐•禮記正義 15_229_12 | 初唐•禮記正義 13_199_7 |

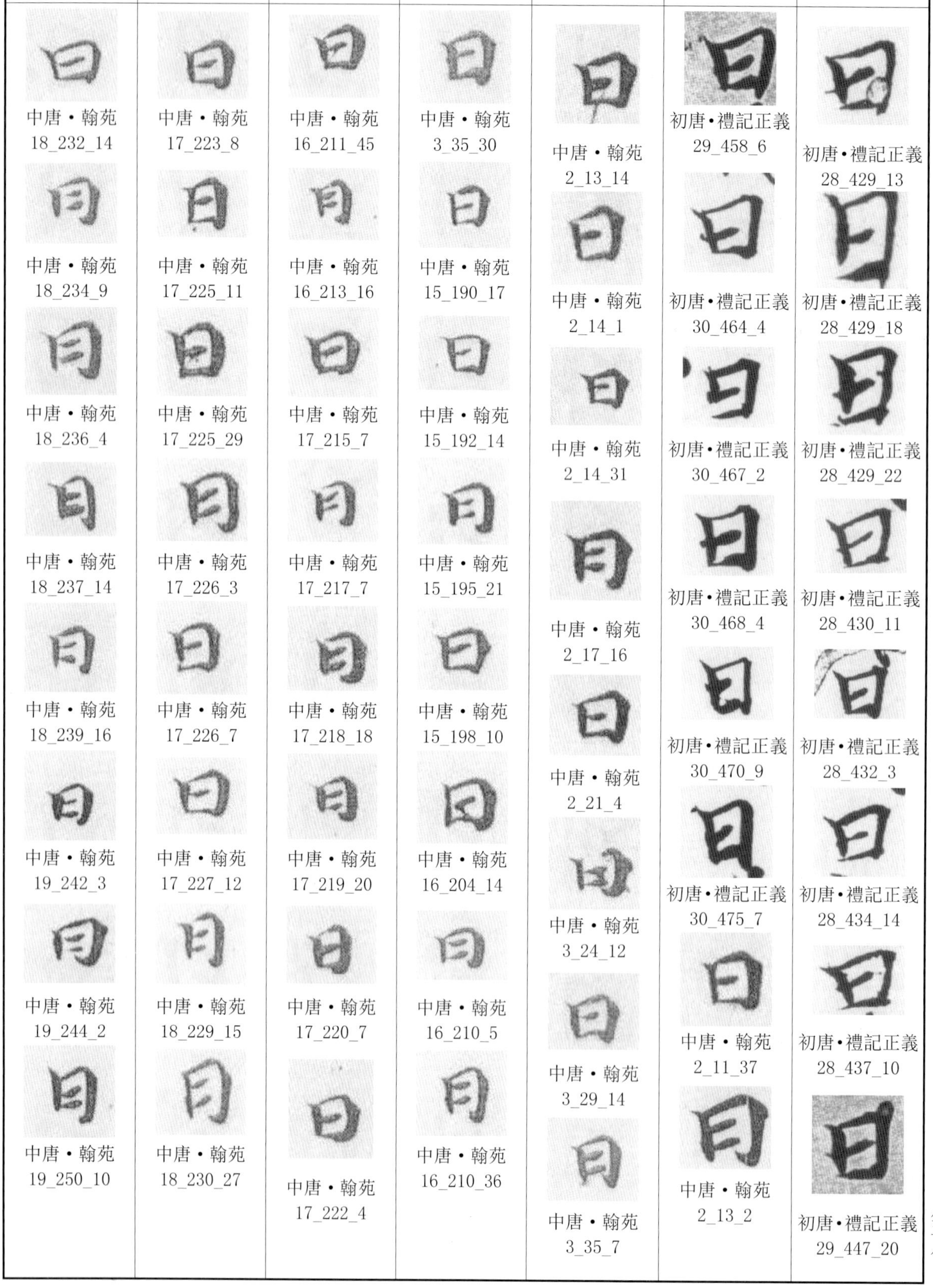

初唐•禮記正義 28_429_13
初唐•禮記正義 28_429_18
初唐•禮記正義 28_429_22
初唐•禮記正義 28_430_11
初唐•禮記正義 28_432_3
初唐•禮記正義 28_434_14
初唐•禮記正義 28_437_10
初唐•禮記正義 29_447_20

初唐•禮記正義 29_458_6
初唐•禮記正義 30_464_4
初唐•禮記正義 30_467_2
初唐•禮記正義 30_468_4
初唐•禮記正義 30_470_9
初唐•禮記正義 30_475_7
中唐・翰苑 2_11_37
中唐・翰苑 2_13_2

中唐・翰苑 2_13_14
中唐・翰苑 2_14_1
中唐・翰苑 2_14_31
中唐・翰苑 2_17_16
中唐・翰苑 2_21_4
中唐・翰苑 3_24_12
中唐・翰苑 3_29_14
中唐・翰苑 3_35_7

中唐・翰苑 3_35_30
中唐・翰苑 15_190_17
中唐・翰苑 15_192_14
中唐・翰苑 15_195_21
中唐・翰苑 15_198_10
中唐・翰苑 16_204_14
中唐・翰苑 16_210_5
中唐・翰苑 16_210_36

中唐・翰苑 16_211_45
中唐・翰苑 16_213_16
中唐・翰苑 17_215_7
中唐・翰苑 17_217_7
中唐・翰苑 17_218_18
中唐・翰苑 17_219_20
中唐・翰苑 17_220_7
中唐・翰苑 17_222_4

中唐・翰苑 17_223_8
中唐・翰苑 17_225_11
中唐・翰苑 17_225_29
中唐・翰苑 17_226_3
中唐・翰苑 17_226_7
中唐・翰苑 17_227_12
中唐・翰苑 18_229_15
中唐・翰苑 18_230_27

中唐・翰苑 18_232_14
中唐・翰苑 18_234_9
中唐・翰苑 18_236_4
中唐・翰苑 18_237_14
中唐・翰苑 18_239_16
中唐・翰苑 19_242_3
中唐・翰苑 19_244_2
中唐・翰苑 19_250_10

中唐·翰苑
19_252_45

中唐·翰苑
20_256_6

中唐·翰苑
20_257_44

中唐·翰苑
20_258_21

中唐·翰苑
20_259_26

中唐·翰苑
20_261_16

中唐·翰苑
20_261_28

中唐·翰苑
20_264_6

中唐·翰苑
20_264_17

中唐·翰苑
20_264_23

中唐·翰苑
20_265_17

中唐·翰苑
20_266_25

中唐·翰苑
20_269_34

中唐·翰苑
21_270_6

中唐·翰苑
21_271_17

中唐·翰苑
21_277_5

中唐·翰苑
21_277_28

中唐·翰苑
21_279_4

中唐·翰苑
21_280_16

中唐·翰苑
21_280_36

中唐·翰苑
21_281_8

中唐·翰苑
21_281_23

中唐·翰苑
22_283_17

中唐·翰苑
22_284_18

中唐·翰苑
27_355_18

中唐·翰苑
27_355_29

中唐·翰苑
27_357_5

中唐·翰苑
27_357_31

中唐·翰苑
28_365_2

中唐·翰苑
28_370_14

中唐·翰苑
29_372_25

中唐·翰苑
29_374_24

中唐·翰苑
29_377_16

中唐·翰苑
29_381_7

中唐·翰苑
30_385_32

中唐·翰苑
30_388_17

中唐·翰苑
30_390_14

中唐·翰苑
30_392_14

中唐·翰苑
30_394_4

中唐·翰苑
30_395_14

中唐·翰苑
31_396_27

中唐·翰苑
31_398_22

中唐·翰苑
31_399_12

中唐·翰苑
31_399_24

中唐·翰苑
31_401_14

中唐·翰苑
31_403_11

中唐·翰苑
31_404_30

中唐·翰苑
31_405_36

中唐·翰苑
31_405_40

中唐·翰苑
31_407_12

中唐·翰苑
31_407_16

中唐·翰苑
32_408_12

中唐·翰苑
32_409_15

中唐·翰苑
32_410_9

中唐·翰苑
32_410_14

中唐·翰苑
32_410_19

中唐·翰苑 32_411_3
中唐·翰苑 32_411_20
中唐·翰苑 32_414_3
中唐·翰苑 32_414_11
中唐·翰苑 32_417_4
中唐·翰苑 32_417_14
中唐·翰苑 32_417_25
中唐·翰苑 32_417_29
中唐·翰苑 32_417_33
中唐·翰苑 32_417_37
中唐·翰苑 32_417_41
中唐·翰苑 32_417_45
中唐·翰苑 32_418_2
中唐·翰苑 32_418_6
中唐·翰苑 32_418_10
中唐·翰苑 32_418_15
中唐·翰苑 32_418_20
中唐·翰苑 32_418_33
中唐·翰苑 32_420_15
中唐·翰苑 33_423_3
中唐·翰苑 33_427_10
中唐·翰苑 33_428_32
中唐·翰苑 33_433_40
中唐·翰苑 34_434_14
中唐·翰苑 34_435_35
中唐·翰苑 34_436_22
中唐·翰苑 34_437_39
中唐·翰苑 34_438_25
中唐·翰苑 34_441_28
中唐·翰苑 34_444_6
中唐·翰苑 35_448_8
中唐·翰苑 35_448_14
中唐·翰苑 35_449_35
中唐·翰苑 35_450_14
中唐·翰苑 35_451_22
中唐·翰苑 35_452_4
中唐·翰苑 35_452_38
中唐·翰苑 35_453_6
中唐·翰苑 35_454_14
中唐·翰苑 35_457_2
中唐·翰苑 36_459_9
中唐·翰苑 36_463_15
中唐·翰苑 36_466_6
中唐·翰苑 36_469_12
中唐·翰苑 36_469_32
中唐·翰苑 37_474_9
中唐·翰苑 37_476_38
中唐·翰苑 37_480_14
中唐·翰苑 38_486_6
中唐·翰苑 38_487_19
中唐·翰苑 38_488_18
中唐·翰苑 38_489_14
中唐·翰苑 38_492_16
中唐·翰苑 39_497_10
中唐·翰苑 39_499_8
中唐·翰苑 39_502_16

中唐・翰苑
40_507_15

中唐・翰苑
44_560_2

中唐・翰苑
44_563_4

中唐・翰苑
44_564_4

中唐・翰苑
44_564_14

中唐・翰苑
44_566_1

中唐・翰苑
45_569_7

中唐・翰苑
45_569_17

中唐・翰苑
45_570_10

中唐・翰苑
45_571_9

中唐・翰苑
45_572_5

中唐・翰苑
45_574_3

中唐・翰苑
45_575_4

中唐・翰苑
45_575_13

中唐・翰苑
45_576_14

中唐・翰苑
45_579_4

中唐・翰苑
45_579_13

晚唐•摩訶止觀
1_4_17

晚唐•摩訶止觀
7_56_16

晚唐•摩訶止觀
11_99_16

晚唐•摩訶止觀
12_102_21

晚唐•摩訶止觀
12_103_26

晚唐•摩訶止觀
12_104_22

晚唐•摩訶止觀
12_105_12

晚唐•摩訶止觀
12_106_3

晚唐•摩訶止觀
12_106_16

晚唐•摩訶止觀
12_107_10

晚唐•摩訶止觀
49_419_12

五代•大毗盧經
3_24_10

五代•大毗盧經
4_40_12

五代•大毗盧經
4_47_7

五代•大毗盧經
5_51_5

五代•大毗盧經
5_56_12

五代•大毗盧經
5_60_14

五代•大毗盧經
6_65_12

五代•大毗盧經
6_72_3

五代•大毗盧經
7_77_4

五代•大毗盧經
7_83_12

五代•大毗盧經
8_89_9

五代•大毗盧經
8_97_9

五代•大毗盧經
10_113_8

五代•大毗盧經
10_115_5

五代•大毗盧經
10_117_5

五代•大毗盧經
10_124_5

五代•大毗盧經
11_130_16

五代•大毗盧經
13_156_15

五代•大毗盧經
14_185_5

五代•大毗盧經
15_189_4

五代•大毗盧經
15_195_25

五代•大毗盧經
16_204_3

五代•大毗盧經
16_207_7

五代•大毗盧經
16_211_4

五代•大毗盧經
17_218_5

五代•大毗盧經
17_225_5

五代•大毗盧經
19_240_3

五代•大毗盧經
19_252_7

五代·大毗盧經
20_257_5

五代·大毗盧經
20_260_5

五代·大毗盧經
20_263_5

五代·大毗盧經
21_270_5

五代·大毗盧經
22_281_20

五代·大毗盧經
23_298_6

五代·大毗盧經
24_304_6

五代·大毗盧經
74_917_7

五代·大毗盧經
75_920_7

五代·大毗盧經
75_922_7

五代·大毗盧經
75_924_8

五代·大毗盧經
77_928_16

五代·大毗盧經
77_932_3

五代·大毗盧經
77_938_3

五代·大毗盧經
78_948_7

五代·大毗盧經
78_951_7

五代·大毗盧經
79_954_7

五代·大毗盧經
79_957_7

五代·大毗盧經
79_961_7

五代·大毗盧經
80_979_5

五代·大毗盧經
80_981_8

五代·大毗盧經
81_983_6

五代·大毗盧經
81_990_7

五代·大毗盧經
81_993_7

五代·大毗盧經
82_996_7

五代·大毗盧經
82_999_6

五代·大毗盧經
82_1002_5

五代·大毗盧經
82_1005_7

五代·大毗盧經
83_1008_6

五代·大毗盧經
83_1012_6

五代·大毗盧經
83_1015_6

五代·大毗盧經
83_1018_6

五代·大毗盧經
84_1023_6

五代·大毗盧經
84_1027_6

五代·大毗盧經
84_1030_6

五代·大毗盧經
85_1044_19

五代·大毗盧經
86_1051_5

五代·大毗盧經
86_1054_8

五代·大毗盧經
86_1057_5

五代·大毗盧經
86_1060_5

五代·大毗盧經
87_1063_6

五代·大毗盧經
87_1067_7

五代·大毗盧經
87_1069_4

五代·大毗盧經
88_1072_5

五代·大毗盧經
88_1076_7

五代·大毗盧經
88_1079_9

五代·大毗盧經
89_1082_6

五代·大毗盧經
89_1085_6

五代·大毗盧經
89_1087_5

五代·大毗盧經
90_1101_7

五代·大毗盧經
90_1106_6

五代·大毗盧經
91_1110_7

五代·大毗盧經
91_1113_7

五代·大毗盧經
91_1120_7

五代·大毗盧經
92_1123_6

五代·大毗盧經
93_1138_7

初唐•禮記正義
21_313_11

初唐•禮記正義
21_314_21

初唐•禮記正義
21_315_8

初唐•禮記正義
21_315_16

初唐•禮記正義
22_340_8

中唐・翰苑
16_202_4

晚唐•摩訶止觀
23_200_7

晚唐•摩訶止觀
23_201_5

## 曲

漢キョク
訓まがる

初唐・毛詩傳
4_40_13

初唐・毛詩傳
4_43_1

初唐・毛詩傳
5_46_3

初唐・毛詩傳
5_48_5

初唐•禮記正義
2_25_25

初唐•禮記正義
16_244_15

初唐•禮記正義
18_273_8

初唐•禮記正義
19_285_5

## 早

漢ソウ 慣サッ
訓はやい

初唐•禮記正義
29_453_3

初唐・十誦律
19_372_4

晚唐•摩訶止觀
9_77_1

五代•大毗盧經
37_437_13

## 旦

タン
訓あした

初唐•古文尚書
37_357_22

初唐•古文尚書
37_358_14

中唐・翰苑
9_118_43

中唐・翰苑
11_144_36

中唐・翰苑
12_153_22

中唐・翰苑
12_154_8

中唐・翰苑
29_371_33

中唐・翰苑
29_371_43

五代•大毗盧經
95_1165_9

五代•大毗盧經
95_1168_5

五代•大毗盧經
98_1203_12

五代•大毗盧經
98_1212_18

五代•大毗盧經
93_1141_7

五代•大毗盧經
93_1145_6

五代•大毗盧經
93_1147_6

五代•大毗盧經
94_1149_11

五代•大毗盧經
94_1153_18

五代•大毗盧經
94_1156_7

五代•大毗盧經
95_1160_8

五代•大毗盧經
95_1163_7

## 旬

呉ジュン 漢シュン
訓—

初唐•禮記正義 6_87_5

初唐•禮記正義 6_87_24

初唐•禮記正義 6_88_3

初唐•禮記正義 6_88_6

初唐•禮記正義 6_89_2

初唐•禮記正義 6_89_12

初唐•禮記正義 6_89_17

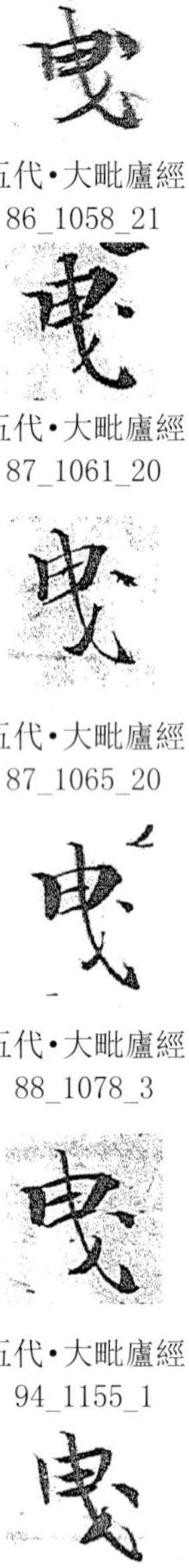

五代•大毗盧經 86_1058_21

五代•大毗盧經 87_1061_20

五代•大毗盧經 87_1065_20

五代•大毗盧經 88_1078_3

五代•大毗盧經 94_1155_1

五代•大毗盧經 95_1169_17

五代•大毗盧經 81_982_14

五代•大毗盧經 82_998_8

五代•大毗盧經 83_1010_20

五代•大毗盧經 84_1025_40

五代•大毗盧經 86_1050_4

五代•大毗盧經 86_1053_3

五代•大毗盧經 86_1055_17

五代•大毗盧經 18_232_7

五代•大毗盧經 42_505_9

五代•大毗盧經 45_539_15

五代•大毗盧經 54_656_2

五代•大毗盧經 58_713_2

五代•大毗盧經 68_851_12

五代•大毗盧經 80_980_16

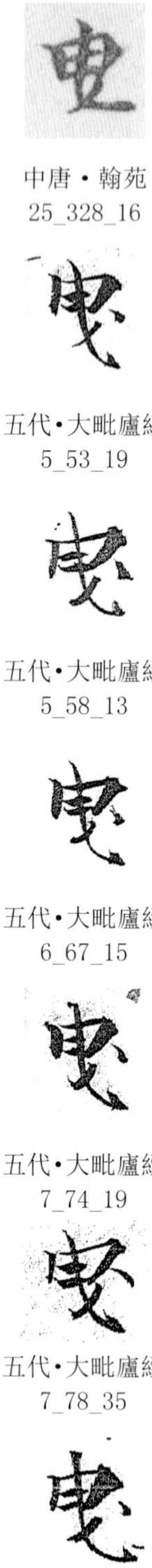

中唐・翰苑 25_328_16

五代•大毗盧經 5_53_19

五代•大毗盧經 5_58_13

五代•大毗盧經 6_67_15

五代•大毗盧經 7_74_19

五代•大毗盧經 7_78_35

五代•大毗盧經 15_187_6

## 曳

漢エイ
訓ひく

初唐・毛詩傳 3_28_8

初唐・毛詩傳 3_29_7

初唐•禮記正義 20_305_4

初唐•禮記正義 20_307_5

初唐•禮記正義 20_307_8

初唐•禮記正義 20_308_10

初唐•禮記正義 20_308_17

晚唐•摩訶止觀 29_251_14

晚唐•摩訶止觀 29_252_12

晚唐•摩訶止觀 54_454_3

晚唐•摩訶止觀 62_519_4

五代•大毗盧經 28_349_15

昔 旱 旨

昔

漢セキ 呉シャク
訓むかし

旱

カン
訓ひでり

旨

現シ
訓むね

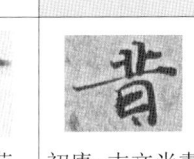

中唐・翰苑
32_414_46

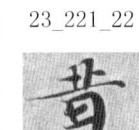

中唐・翰苑
33_427_11

中唐・翰苑
45_579_5

晩唐・摩訶止観
3_23_6

晩唐・摩訶止観
44_376_4

五代・大毗盧經
2_18_18

五代・大毗盧經
51_629_25

五代・大毗盧經
52_636_15

初唐・古文尚書
23_221_22

初唐・古文尚書
37_355_1

初唐・禮記正義
4_60_19

初唐・禮記正義
27_425_30

初唐・禮記正義
27_426_12

中唐・翰苑
26_341_26

中唐・翰苑
30_392_15

中唐・翰苑
32_412_12

初唐・古文尚書
18_175_2

初唐・古文尚書
18_175_16

五代・大毗盧經
28_361_24

五代・大毗盧經
66_830_20

五代・大毗盧經
91_1117_12

五代・大毗盧經
91_1117_14

初唐・古文尚書
21_200_37

初唐・古文尚書
21_201_5

中唐・翰苑
9_111_5

中唐・翰苑
17_220_2

中唐・翰苑
35_449_8

中唐・翰苑
44_565_9

五代・大毗盧經
20_254_27

五代・大毗盧經
21_272_2

初唐・禮記正義
6_97_24

初唐・禮記正義
6_97_29

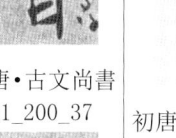

初唐・禮記正義
7_98_5

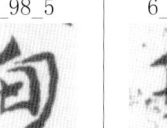

初唐・禮記正義
8_117_15

初唐・禮記正義
8_117_17

初唐・禮記正義
8_117_19

晩唐・摩訶止観
4_30_11

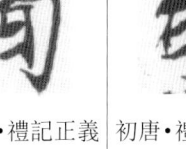

初唐・禮記正義
6_89_27

初唐・禮記正義
6_91_25

初唐・禮記正義
6_91_29

初唐・禮記正義
6_92_3

初唐・禮記正義
6_92_26

初唐・禮記正義
6_93_12

初唐・禮記正義
6_97_18

| | | 易 | 昌 | 昆 | 昇 | |
|---|---|---|---|---|---|---|
| | | イ漢エキ<br>訓とかげ | ショウ<br>訓さかん | 現コン<br>訓むし | 現ショウ<br>訓のぼる | |
| <br>初唐•禮記正義<br>29_445_7 | <br>初唐•古文尚書<br>31_290_19 | 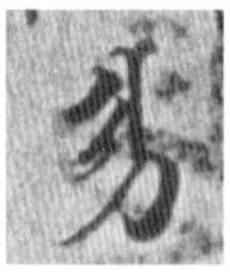<br>初唐•古文尚書<br>10_88_35 | <br>初唐•古文尚書<br>7_53_14 | <br>中唐・翰苑<br>2_9_21 | <br>晩唐•摩訶止観<br>40_349_8 | <br>五代•大毗盧經<br>52_639_33 |
| <br>中唐・翰苑<br>9_118_22 | <br>初唐•古文尚書<br>36_341_3 | <br>初唐•古文尚書<br>14_131_29 | <br>中唐・翰苑<br>14_180_3 | <br>中唐・翰苑<br>37_481_39 | <br>晩唐•摩訶止観<br>61_518_20 | |
| <br>中唐・翰苑<br>14_184_32 | <br>初唐•古文尚書<br>36_341_29 | <br>初唐•古文尚書<br>14_131_35 | <br>中唐・翰苑<br>27_358_8 | <br>中唐・翰苑<br>39_500_34 | <br>五代•大毗盧經<br>39_471_6 | |
| <br>中唐・翰苑<br>19_246_37 | <br>初唐•古文尚書<br>40_383_17 | <br>初唐•古文尚書<br>15_136_4 | <br>中唐・翰苑<br>40_518_9 | <br>中唐・翰苑<br>42_541_24 | <br>五代•大毗盧經<br>56_683_3 | |
| <br>中唐・翰苑<br>20_264_45 | <br>初唐•禮記正義<br>5_75_21 | <br>初唐•古文尚書<br>15_136_32 | <br>中唐・翰苑<br>41_522_26 | <br>中唐・翰苑<br>43_545_21 | | |
| <br>晩唐•摩訶止観<br>5_40_2 | <br>初唐•禮記正義<br>26_405_32 | <br>初唐•古文尚書<br>20_191_3 | <br>中唐・翰苑<br>41_525_8 | <br>中唐・翰苑<br>43_547_22 | | |
| <br>晩唐•摩訶止観<br>15_131_23 | <br>初唐•禮記正義<br>29_444_51 | <br>初唐•古文尚書<br>21_203_5 | | | | |

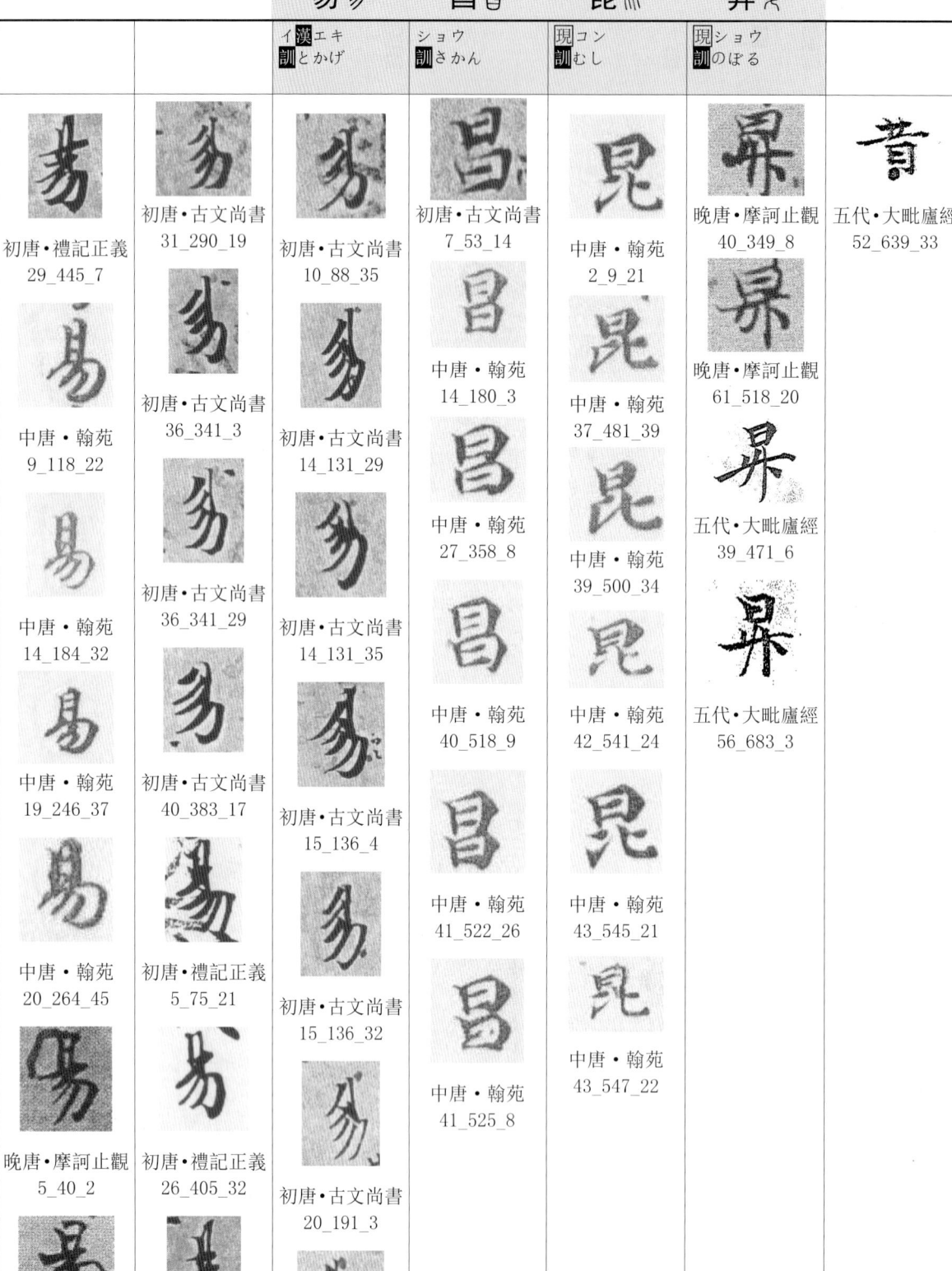

晩唐•摩訶止觀
24_209_12

晩唐•摩訶止觀
25_216_6

晩唐•摩訶止觀
27_230_23

晩唐•摩訶止觀
28_241_22

晩唐•摩訶止觀
37_316_3

晩唐•摩訶止觀
40_348_17

晩唐•摩訶止觀
41_357_17

晩唐•摩訶止觀
42_358_4

晩唐•摩訶止觀
43_370_26

晩唐•摩訶止觀
52_438_15

五代•大毗盧經
9_107_15

五代•大毗盧經
9_110_27

五代•大毗盧經
27_340_8

## 明

慣メイ 唐ミン 呉ミョウ
訓あかる

初唐•古文尚書
3_26_30

初唐•古文尚書
10_91_23

初唐•古文尚書
11_100_6

初唐•古文尚書
14_124_7

初唐•古文尚書
16_147_25

初唐•古文尚書
17_164_13

初唐•古文尚書
17_165_5

初唐•古文尚書
19_181_15

初唐•古文尚書
19_185_20

初唐•古文尚書
19_186_29

初唐•古文尚書
20_189_3

初唐•古文尚書
20_192_10

初唐•古文尚書
20_192_26

初唐•古文尚書
22_208_33

初唐•古文尚書
23_225_28

初唐•古文尚書
23_226_12

初唐•古文尚書
24_233_7

初唐•古文尚書
28_271_8

初唐•古文尚書
32_299_13

初唐•古文尚書
32_302_12

初唐•古文尚書
36_342_15

初唐•古文尚書
36_343_23

初唐•古文尚書
36_344_12

初唐•古文尚書
36_344_25

初唐•古文尚書
36_346_2

初唐•古文尚書
36_349_7

初唐•古文尚書
37_355_6

初唐•古文尚書
37_355_18

初唐•古文尚書
41_397_38

初唐•古文尚書
41_398_6

初唐•古文尚書
41_398_25

初唐•古文尚書
41_400_23

初唐•古文尚書
41_400_25

初唐•古文尚書
41_401_19

初唐•古文尚書
41_401_23

初唐•古文尚書
42_407_4

初唐•古文尚書
42_408_9

初唐•古文尚書
42_408_11

初唐•古文尚書
42_408_36

初唐•古文尚書
42_409_16

| | | | | | | |
|---|---|---|---|---|---|---|
| 初唐・般若經 19_288_11 | 初唐•禮記正義 29_458_10 | 初唐•禮記正義 23_352_24 | 初唐•禮記正義 20_296_49 | 初唐•禮記正義 10_153_4 | 初唐•禮記正義 3_36_8 | 初唐•古文尚書 43_412_14 |
| 初唐・般若經 19_288_15 | 初唐•禮記正義 29_458_22 | 初唐•禮記正義 25_373_7 | 初唐•禮記正義 20_300_16 | 初唐•禮記正義 10_161_27 | 初唐•禮記正義 3_49_16 | 初唐•古文尚書 46_450_22 |
| 初唐・般若經 19_290_3 | 初唐•禮記正義 29_459_1 | 初唐•禮記正義 25_374_10 | 初唐•禮記正義 20_305_9 | 初唐•禮記正義 14_212_22 | 初唐•禮記正義 4_60_27 | 初唐•古文尚書 47_459_29 |
| 中唐・翰苑 2_17_9 | 初唐・十誦律 19_365_7 | 初唐•禮記正義 25_389_4 | 初唐•禮記正義 20_309_6 | 初唐•禮記正義 14_215_18 | 初唐•禮記正義 7_102_8 | 初唐•古文尚書 47_460_22 |
| 中唐・翰苑 2_20_2 | 初唐・十誦律 19_371_2 | 初唐•禮記正義 26_397_23 | 初唐•禮記正義 20_309_15 | 初唐•禮記正義 15_237_17 | 初唐•禮記正義 8_113_15 | 初唐•古文尚書 48_466_9 |
| 中唐・翰苑 4_44_27 | 初唐・般若經 6_78_16 | 初唐•禮記正義 27_424_26 | 初唐•禮記正義 21_322_24 | 初唐•禮記正義 19_292_24 | 初唐•禮記正義 9_138_29 | 初唐•古文尚書 49_474_11 |
| 中唐・翰苑 5_57_20 | 初唐・般若經 6_79_3 | 初唐•禮記正義 28_439_3 | 初唐•禮記正義 22_328_7 | 初唐•禮記正義 19_293_22 | 初唐•禮記正義 9_140_4 | 初唐•古文尚書 49_475_25 |
| 中唐・翰苑 9_110_4 | 初唐・般若經 6_80_6 | 初唐•禮記正義 29_456_7 | 初唐•禮記正義 22_328_21 | 初唐•禮記正義 19_294_2 | 初唐•禮記正義 10_147_9 | 初唐・毛詩傳 4_41_3 |

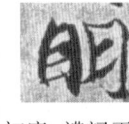

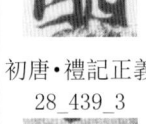

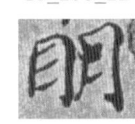

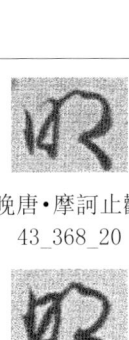

中唐・翰苑 14_185_6
中唐・翰苑 14_185_41
中唐・翰苑 16_212_2
中唐・翰苑 16_212_4
中唐・翰苑 16_212_18
中唐・翰苑 16_212_37
中唐・翰苑 20_262_40
中唐・翰苑 23_300_38

中唐・翰苑 25_326_2
中唐・翰苑 31_396_16
中唐・翰苑 34_442_14
中唐・翰苑 36_458_23
中唐・翰苑 36_461_42
中唐・翰苑 37_471_13
中唐・翰苑 37_481_40
中唐・翰苑 39_497_40

中唐・翰苑 39_500_35
中唐・翰苑 41_521_22
中唐・翰苑 43_551_34
中唐・翰苑 43_551_44
晚唐•摩訶止觀 1_2_3
晚唐•摩訶止觀 6_52_6
晚唐•摩訶止觀 7_56_4
晚唐•摩訶止觀 10_85_8

晚唐•摩訶止觀 11_101_21
晚唐•摩訶止觀 16_138_13
晚唐•摩訶止觀 16_138_16
晚唐•摩訶止觀 16_139_4
晚唐•摩訶止觀 16_139_6
晚唐•摩訶止觀 18_155_19
晚唐•摩訶止觀 24_204_13
晚唐•摩訶止觀 24_211_26

晚唐•摩訶止觀 27_236_26
晚唐•摩訶止觀 29_248_10
晚唐•摩訶止觀 29_252_21
晚唐•摩訶止觀 29_256_14
晚唐•摩訶止觀 30_263_7
晚唐•摩訶止觀 30_263_26
晚唐•摩訶止觀 31_268_18
晚唐•摩訶止觀 31_271_14

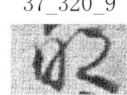

晚唐•摩訶止觀 33_288_14
晚唐•摩訶止觀 34_294_18
晚唐•摩訶止觀 35_300_25
晚唐•摩訶止觀 37_320_9
晚唐•摩訶止觀 37_320_24
晚唐•摩訶止觀 38_325_18
晚唐•摩訶止觀 42_364_16
晚唐•摩訶止觀 43_368_9

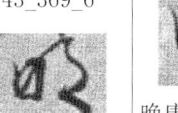

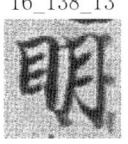

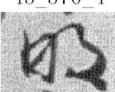

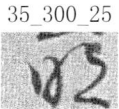

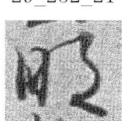

晚唐•摩訶止觀 43_368_20
晚唐•摩訶止觀 43_369_6
晚唐•摩訶止觀 43_369_19
晚唐•摩訶止觀 43_370_4
晚唐•摩訶止觀 43_370_16
晚唐•摩訶止觀 44_378_6
晚唐•摩訶止觀 44_379_8
晚唐•摩訶止觀 46_392_22

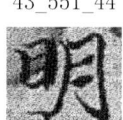

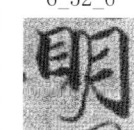

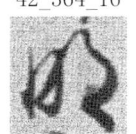

| | | | | | | |
|---|---|---|---|---|---|---|
| 五代·大毗盧經<br>45_550_2 | 五代·大毗盧經<br>28_361_29 | 五代·大毗盧經<br>14_175_31 | 五代·大毗盧經<br>3_28_4 | 晚唐·摩訶止觀<br>61_514_17 | 晚唐·摩訶止觀<br>52_440_3 | 晚唐·摩訶止觀<br>47_403_13 |
| 五代·大毗盧經<br>45_551_17 | 五代·大毗盧經<br>32_400_17 | 五代·大毗盧經<br>14_179_16 | 五代·大毗盧經<br>6_69_9 | 晚唐·摩訶止觀<br>62_520_3 | 晚唐·摩訶止觀<br>57_481_21 | 晚唐·摩訶止觀<br>47_404_5 |
| 五代·大毗盧經<br>45_552_4 | 五代·大毗盧經<br>33_404_5 | 五代·大毗盧經<br>15_188_4 | 五代·大毗盧經<br>6_69_14 | 五代·密教部類<br>5_73_4 | 晚唐·摩訶止觀<br>59_496_11 | 晚唐·摩訶止觀<br>48_411_8 |
| 五代·大毗盧經<br>45_552_11 | 五代·大毗盧經<br>39_461_13 | 五代·大毗盧經<br>16_200_17 | 五代·大毗盧經<br>8_92_14 | 五代·密教部類<br>5_73_14 | 晚唐·摩訶止觀<br>59_500_22 | 晚唐·摩訶止觀<br>49_415_28 |
| 五代·大毗盧經<br>46_563_11 | 五代·大毗盧經<br>39_464_10 | 五代·大毗盧經<br>17_222_8 | 五代·大毗盧經<br>8_95_15 | 五代·密教部類<br>6_84_17 | 晚唐·摩訶止觀<br>59_502_21 | 晚唐·摩訶止觀<br>49_415_30 |
| 五代·大毗盧經<br>46_565_4 | 五代·大毗盧經<br>44_527_10 | 五代·大毗盧經<br>21_270_2 | 五代·大毗盧經<br>8_96_49 | 五代·大毗盧經<br>2_14_13 | 晚唐·摩訶止觀<br>60_503_21 | 晚唐·摩訶止觀<br>50_422_14 |
| 五代·大毗盧經<br>46_567_9 | 五代·大毗盧經<br>44_537_4 | 五代·大毗盧經<br>21_272_6 | 五代·大毗盧經<br>9_103_25 | 五代·大毗盧經<br>2_21_6 | 晚唐·摩訶止觀<br>60_504_11 | 晚唐·摩訶止觀<br>51_430_26 |
| 五代·大毗盧經<br>49_595_3 | 五代·大毗盧經<br>45_540_25 | 五代·大毗盧經<br>26_332_34 | 五代·大毗盧經<br>10_123_2 | 五代·大毗盧經<br>3_23_4 | 晚唐·摩訶止觀<br>61_512_14 | 晚唐·摩訶止觀<br>51_430_31 |

| | | | | 旻 | 昏 | 春 |
|---|---|---|---|---|---|---|
| | | | | 漢ビン 呉ミン 訓あきぞら | コン 訓くれ | 現シュウ 訓はる |

五代・大毗盧經 49_595_19
五代・大毗盧經 56_682_24
五代・大毗盧經 60_739_3
五代・大毗盧經 60_740_16
五代・大毗盧經 72_888_5
五代・大毗盧經 77_934_11
五代・大毗盧經 80_969_19
五代・大毗盧經 83_1009_13

五代・大毗盧經 86_1057_26
五代・大毗盧經 89_1092_6
五代・大毗盧經 89_1093_4
五代・大毗盧經 90_1094_17
五代・大毗盧經 91_1112_6
五代・大毗盧經 91_1112_13
五代・大毗盧經 92_1136_1
五代・大毗盧經 94_1152_17

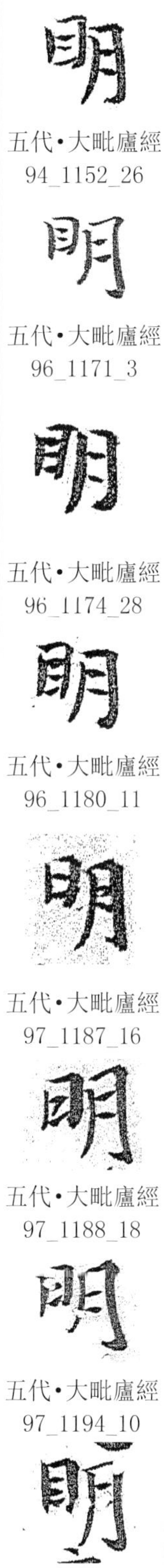

五代・大毗盧經 94_1152_26
五代・大毗盧經 96_1171_3
五代・大毗盧經 96_1174_28
五代・大毗盧經 96_1180_11
五代・大毗盧經 97_1187_16
五代・大毗盧經 97_1188_18
五代・大毗盧經 97_1194_10
五代・大毗盧經 98_1202_7

## 旻

中唐・翰苑 16_209_4

## 昏

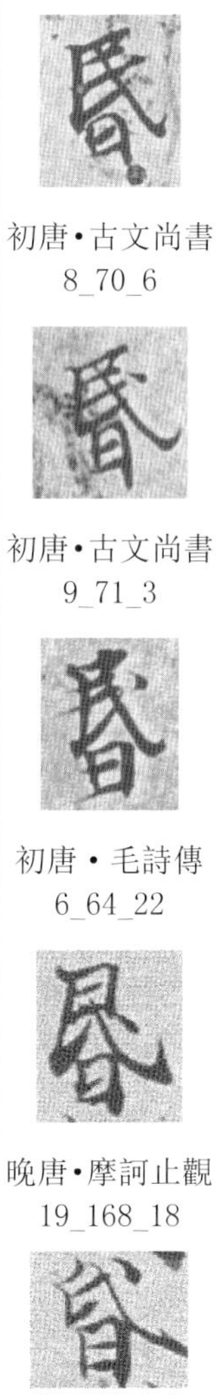

初唐・古文尚書 8_70_6
初唐・古文尚書 9_71_3
初唐・毛詩傳 6_64_22
晚唐・摩訶止觀 19_168_18
晚唐・摩訶止觀 40_346_11

## 春

初唐・古文尚書 35_333_9
初唐・古文尚書 35_333_29
初唐・毛詩傳 6_61_10
初唐・禮記正義 5_78_3
初唐・禮記正義 5_79_21
初唐・禮記正義 7_100_13
初唐・禮記工義 8_121_10
初唐・禮記正義 8_129_12

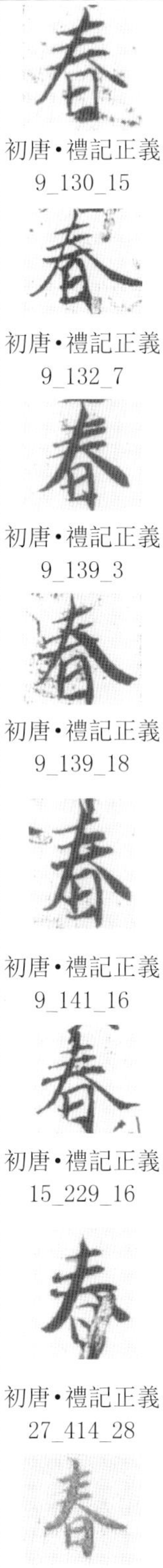

初唐・禮記正義 9_130_15
初唐・禮記正義 9_132_7
初唐・禮記正義 9_139_3
初唐・禮記正義 9_139_18
初唐・禮記正義 9_141_16
初唐・禮記正義 15_229_16
初唐・禮記正義 27_414_28
中唐・翰苑 9_110_6

| 昧 | 昜 | 昺 | | | 冒 | |
|---|---|---|---|---|---|---|
| 漢バイ 呉マイ 訓くらい | ヨウ 訓あがる | 漢ヘイ 漢ホウ 訓あきらか | | | 漢ボウ 呉モウ 訓おおう | |

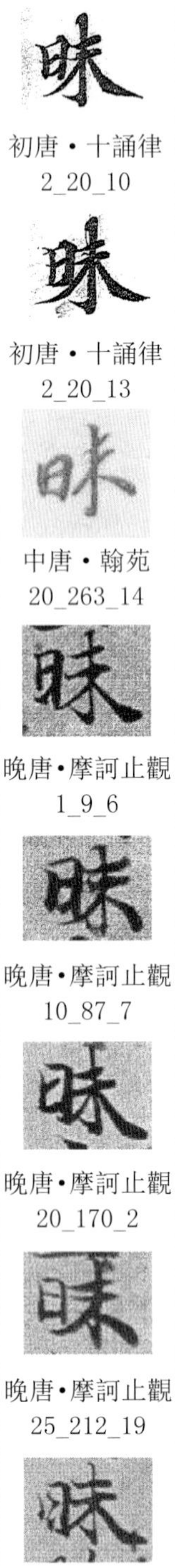

初唐・十誦律 2_20_10
初唐・十誦律 2_20_13
中唐・翰苑 20_263_14
晚唐・摩訶止觀 1_9_6
晚唐・摩訶止觀 10_87_7
晚唐・摩訶止觀 20_170_2
晚唐・摩訶止觀 25_212_19
晚唐・摩訶止觀 26_224_9

初唐・古文尚書 3_23_27
初唐・古文尚書 4_28_12

晚唐・摩訶止觀 33_288_12

五代・大毗盧經 38_441_10
五代・大毗盧經 38_447_11
五代・大毗盧經 44_534_17
五代・大毗盧經 49_598_17
五代・大毗盧經 65_818_36
五代・大毗盧經 65_818_38
五代・大毗盧經 97_1190_7

中唐・翰苑 8_100_4
中唐・翰苑 11_135_6
中唐・翰苑 11_135_23
中唐・翰苑 13_172_10
中唐・翰苑 14_173_25
五代・大毗盧經 4_37_7
五代・大毗盧經 5_48_2
五代・大毗盧經 15_198_19

初唐・禮記正義 22_330_10
初唐・禮記正義 22_330_17
初唐・禮記正義 22_331_1
初唐・禮記正義 22_332_2
中唐・翰苑 3_35_13
中唐・翰苑 4_36_36
中唐・翰苑 8_99_17

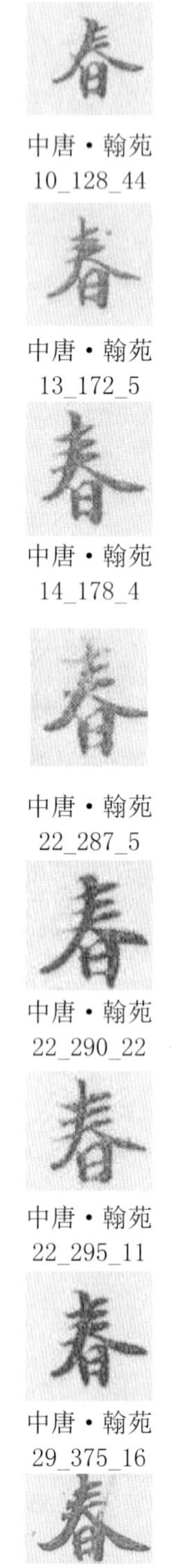

中唐・翰苑 10_128_44
中唐・翰苑 13_172_5
中唐・翰苑 14_178_4
中唐・翰苑 22_287_5
中唐・翰苑 22_290_22
中唐・翰苑 22_295_11
中唐・翰苑 29_375_16
中唐・翰苑 44_563_11

晚唐•摩訶止觀 26_227_25
晚唐•摩訶止觀 27_236_19
晚唐•摩訶止觀 35_303_10
晚唐•摩訶止觀 50_429_23
晚唐•摩訶止觀 51_435_8
五代•密教部類 4_47_4
五代•密教部類 4_56_3
五代•大毗盧經 2_13_2

五代•大毗盧經 3_25_14
五代•大毗盧經 6_70_5
五代•大毗盧經 6_72_7
五代•大毗盧經 7_74_21
五代•大毗盧經 7_77_9
五代•大毗盧經 7_83_17
五代•大毗盧經 11_130_20
五代•大毗盧經 11_131_9

五代•大毗盧經 11_135_14
五代•大毗盧經 11_138_19
五代•大毗盧經 14_171_7
五代•大毗盧經 15_189_17
五代•大毗盧經 16_200_4
五代•大毗盧經 17_220_19
五代•大毗盧經 18_227_27
五代•大毗盧經 18_234_24

五代•大毗盧經 19_244_19
五代•大毗盧經 23_292_15
五代•大毗盧經 26_333_19
五代•大毗盧經 31_396_16
五代•大毗盧經 32_400_8
五代•大毗盧經 37_440_5
五代•大毗盧經 39_452_9
五代•大毗盧經 39_461_3

五代•大毗盧經 39_463_19
五代•大毗盧經 43_518_8
五代•大毗盧經 44_528_14
五代•大毗盧經 44_530_15
五代•大毗盧經 44_532_4
五代•大毗盧經 45_549_5
五代•大毗盧經 47_575_25
五代•大毗盧經 50_612_19

五代•大毗盧經 52_639_16
五代•大毗盧經 54_660_20
五代•大毗盧經 57_704_5
五代•大毗盧經 60_746_2
五代•大毗盧經 64_799_13
五代•大毗盧經 65_810_6
五代•大毗盧經 67_833_23
五代•大毗盧經 68_849_32

五代•大毗盧經 71_870_18
五代•大毗盧經 71_878_10
五代•大毗盧經 71_878_21
五代•大毗盧經 74_909_18
五代•大毗盧經 78_942_34
五代•大毗盧經 80_976_4
五代•大毗盧經 80_976_16
五代•大毗盧經 82_999_11

五代・大毗盧經
83_1018_13

五代・大毗盧經
84_1019_22

五代・大毗盧經
85_1045_14

五代・大毗盧經
88_1073_12

五代・大毗盧經
89_1087_22

五代・大毗盧經
90_1099_9

五代・大毗盧經
91_1110_27

五代・大毗盧經
91_1119_14

五代・大毗盧經
92_1134_4

五代・大毗盧經
92_1135_19

五代・大毗盧經
93_1145_21

五代・大毗盧經
94_1158_21

五代・大毗盧經
97_1185_13

五代・大毗盧經
98_1209_14

# 是 昰

慣ゼ 漢シ
訓これ

初唐・古文尚書
1_3_22

初唐・古文尚書
1_5_2

初唐・古文尚書
7_51_30

初唐・古文尚書
8_65_21

初唐・古文尚書
9_71_13

初唐・古文尚書
9_72_21

初唐・古文尚書
9_73_18

初唐・古文尚書
9_74_20

初唐・古文尚書
9_77_17

初唐・古文尚書
9_80_25

初唐・古文尚書
10_84_25

初唐・古文尚書
10_88_21

初唐・古文尚書
10_88_33

初唐・古文尚書
11_92_23

初唐・古文尚書
12_110_3

初唐・古文尚書
13_114_3

初唐・古文尚書
13_115_23

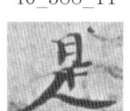

初唐・古文尚書
13_119_23

初唐・古文尚書
14_126_11

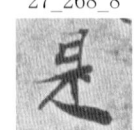

初唐・古文尚書
18_172_15

初唐・古文尚書
19_180_7

初唐・古文尚書
20_194_10

初唐・古文尚書
22_214_19

初唐・古文尚書
22_215_9

初唐・古文尚書
22_217_12

初唐・古文尚書
23_220_24

初唐・古文尚書
27_268_8

初唐・古文尚書
28_272_11

初唐・古文尚書
33_313_16

初唐・古文尚書
34_321_19

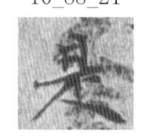

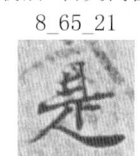

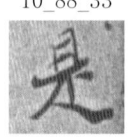

初唐・古文尚書
36_347_25

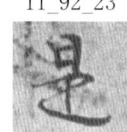

初唐・古文尚書
39_373_6

初唐・古文尚書
40_388_11

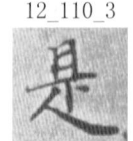

初唐・古文尚書
41_397_20

初唐・古文尚書
43_412_25

初唐・古文尚書
43_414_22

初唐・古文尚書
43_415_8

初唐・古文尚書
43_416_18

初唐・古文尚書
43_418_9

初唐・毛詩傳
1_2_14

初唐・毛詩傳 1_9_3
初唐・毛詩傳 3_29_15
初唐・毛詩傳 3_32_16
初唐・毛詩傳 5_54_14
初唐・毛詩傳 9_100_14
初唐•禮記正義 1_3_21
初唐•禮記正義 1_11_19
初唐•禮記正義 2_18_14

初唐•禮記正義 2_28_26
初唐•禮記正義 2_30_1
初唐•禮記正義 3_37_25
初唐•禮記正義 3_43_3
初唐•禮記正義 3_44_13
初唐•禮記正義 3_45_8
初唐•禮記正義 3_48_23
初唐•禮記正義 4_53_28

初唐•禮記正義 4_54_25
初唐•禮記正義 4_65_11
初唐•禮記正義 4_66_16
初唐•禮記正義 5_67_28
初唐•禮記正義 5_72_1
初唐•禮記正義 5_73_10
初唐•禮記正義 5_73_19
初唐•禮記正義 5_73_20

初唐•禮記正義 5_77_22
初唐•禮記正義 5_79_12
初唐•禮記正義 6_82_17
初唐•禮記正義 6_83_9
初唐•禮記正義 6_84_15
初唐•禮記正義 6_84_29
初唐•禮記正義 6_88_5
初唐•禮記正義 6_89_16

初唐•禮記正義 6_91_22
初唐•禮記正義 6_92_2
初唐•禮記正義 6_95_9
初唐•禮記正義 7_99_6
初唐•禮記正義 7_103_13
初唐•禮記正義 7_103_24
初唐•禮記正義 7_105_27
初唐•禮記正義 7_106_13

初唐•禮記正義 7_107_28
初唐•禮記正義 7_109_18
初唐•禮記正義 7_111_25
初唐•禮記正義 8_115_24
初唐•禮記正義 8_125_16
初唐•禮記正義 9_134_20
初唐•禮記正義 9_142_3
初唐•禮記正義 9_144_2

初唐•禮記正義 9_144_13
初唐•禮記正義 9_145_18
初唐•禮記正義 9_146_7
初唐•禮記正義 10_149_14
初唐•禮記正義 10_153_2
初唐•禮記正義 10_154_26
初唐•禮記正義 10_157_15
初唐•禮記正義 10_159_4

| | | | | | | |
|---|---|---|---|---|---|---|
| 初唐•禮記正義 27_421_19 | 初唐•禮記正義 25_377_6 | 初唐•禮記正義 23_354_19 | 初唐•禮記正義 22_330_2 | 初唐•禮記正義 17_257_18 | 初唐•禮記正義 12_194_18 | 初唐•禮記正義 11_166_25 |
| 初唐•禮記正義 27_423_13 | 初唐•禮記正義 26_392_18 | 初唐•禮記正義 24_356_8 | 初唐•禮記正義 22_334_5 | 初唐•禮記正義 17_264_16 | 初唐•禮記正義 14_215_21 | 初唐•禮記正義 11_167_2 |
| 初唐•禮記正義 28_429_1 | 初唐•禮記正義 26_392_24 | 初唐•禮記正義 24_359_9 | 初唐•禮記正義 22_335_29 | 初唐•禮記正義 17_267_23 | 初唐•禮記正義 14_220_1 | 初唐•禮記正義 11_169_8 |
| 初唐•禮記正義 28_436_27 | 初唐•禮記正義 26_405_25 | 初唐•禮記正義 24_362_25 | 初唐•禮記正義 22_337_15 | 初唐•禮記正義 18_272_25 | 初唐•禮記正義 14_221_25 | 初唐•禮記正義 11_169_12 |
| 初唐•禮記正義 29_446_18 | 初唐•禮記正義 26_406_27 | 初唐•禮記正義 24_369_8 | 初唐•禮記正義 23_343_6 | 初唐•禮記正義 21_322_4 | 初唐•禮記正義 15_226_10 | 初唐•禮記正義 11_173_7 |
| 初唐•禮記正義 29_457_14 | 初唐•禮記正義 27_409_3 | 初唐•禮記正義 25_375_12 | 初唐•禮記正義 23_343_25 | 初唐•禮記正義 21_324_14 | 初唐•禮記正義 15_227_15 | 初唐•禮記正義 11_175_24 |
| 初唐•禮記正義 30_466_4 | 初唐•禮記正義 27_412_16 | 初唐•禮記正義 25_376_1 | 初唐•禮記正義 23_347_2 | 初唐•禮記正義 22_327_8 | 初唐•禮記正義 15_232_8 | 初唐•禮記正義 11_178_9 |
| 初唐•禮記正義 30_468_5 | 初唐•禮記正義 27_419_19 | 初唐•禮記正義 25_376_16 | 初唐•禮記正義 23_351_9 | 初唐•禮記正義 22_327_19 | 初唐•禮記正義 15_233_16 | 初唐•禮記正義 12_180_10 |

初唐•禮記正義 30_469_19
初唐•禮記正義 30_470_11
初唐•禮記正義 30_475_10
初唐・十誦律 1_3_6
初唐・十誦律 1_11_4
初唐・十誦律 1_11_10
初唐・十誦律 1_11_17
初唐・十誦律 2_17_1

初唐・十誦律 11_208_5
初唐・十誦律 11_209_3
初唐・十誦律 11_209_10
初唐・十誦律 11_209_13
初唐・十誦律 11_212_16
初唐・十誦律 11_213_6
初唐・十誦律 11_213_12
初唐・十誦律 12_215_1

初唐・十誦律 12_215_4
初唐・十誦律 12_215_7
初唐・十誦律 12_219_8
初唐・十誦律 12_222_11
初唐・十誦律 12_223_2
初唐・十誦律 12_225_12
初唐・十誦律 12_226_3
初唐・十誦律 12_226_12

初唐・十誦律 12_229_2
初唐・十誦律 12_229_13
初唐・十誦律 12_232_8
初唐・十誦律 12_234_14
初唐・十誦律 13_237_8
初唐・十誦律 13_240_1
初唐・十誦律 14_267_10
初唐・十誦律 14_267_12

初唐・十誦律 18_349_6
初唐・十誦律 19_361_2
中唐・翰苑 2_18_19
中唐・翰苑 3_24_23
中唐・翰苑 3_31_25
中唐・翰苑 4_49_18
中唐・翰苑 5_61_28
中唐・翰苑 6_67_13

中唐・翰苑 7_79_15
中唐・翰苑 7_79_42
中唐・翰苑 8_100_12
中唐・翰苑 8_105_20
中唐・翰苑 10_129_25
中唐・翰苑 12_154_34
中唐・翰苑 12_155_20
中唐・翰苑 12_158_25

中唐・翰苑 13_160_40
中唐・翰苑 15_187_15
中唐・翰苑 15_194_6
中唐・翰苑 15_196_24
中唐・翰苑 16_201_38
中唐・翰苑 16_206_26
中唐・翰苑 17_219_23
中唐・翰苑 17_228_42

| | | | | | | |
|---|---|---|---|---|---|---|
| 中唐・般若經 11_174_16 | 中唐・般若經 9_147_8 | 中唐・般若經 8_119_15 | 中唐・翰苑 43_552_24 | 中唐・翰苑 35_449_29 | 中唐・翰苑 26_339_2 | 中唐・翰苑 18_231_33 |
| 中唐・般若經 11_176_2 | 中唐・般若經 9_147_15 | 中唐・般若經 8_126_5 | 中唐・翰苑 44_557_17 | 中唐・翰苑 35_457_17 | 中唐・翰苑 27_348_16 | 中唐・翰苑 20_256_8 |
| 中唐・般若經 11_184_6 | 中唐・般若經 9_149_1 | 中唐・般若經 8_126_12 | 中唐・翰苑 45_576_17 | 中唐・翰苑 36_460_23 | 中唐・翰苑 30_393_11 | 中唐・翰苑 20_256_28 |
| 中唐・般若經 12_191_3 | 中唐・般若經 10_154_17 | 中唐・般若經 8_127_15 | 中唐・翰苑 45_581_10 | 中唐・翰苑 36_468_30 | 中唐・翰苑 33_431_7 | 中唐・翰苑 20_268_34 |
| 中唐・般若經 12_191_10 | 中唐・般若經 10_166_3 | 中唐・般若經 9_135_21 | 中唐・般若經 7_103_8 | 中唐・翰苑 36_468_32 | 中唐・翰苑 33_433_3 | 中唐・翰苑 23_309_15 |
| 中唐・般若經 12_192_3 | 中唐・般若經 10_166_10 | 中唐・般若經 9_141_7 | 中唐・般若經 7_111_1 | 中唐・翰苑 37_471_17 | 中唐・翰苑 34_436_7 | 中唐・翰苑 24_322_24 |
| 中唐・般若經 12_197_15 | 中唐・般若經 10_167_3 | 中唐・般若經 9_141_14 | 中唐・般若經 8_118_15 | 中唐・翰苑 39_495_10 | 中唐・翰苑 34_437_42 | 中唐・翰苑 25_324_13 |
| 中唐・般若經 12_198_5 | 中唐・般若經 11_174_9 | 中唐・般若經 9_142_8 | 中唐・般若經 8_119_5 | 中唐・翰苑 40_516_33 | 中唐・翰苑 35_447_25 | 中唐・翰苑 25_327_46 |

| | | | | | | |
|---|---|---|---|---|---|---|
| 晚唐•摩訶止觀 7_60_22 | 晚唐•摩訶止觀 4_33_21 | 中唐・般若經 19_327_14 | 中唐・般若經 18_308_4 | 中唐・般若經 17_290_6 | 中唐・般若經 15_254_16 | 中唐・般若經 12_199_8 |
| 晚唐•摩訶止觀 7_61_6 | 晚唐•摩訶止觀 4_35_3 | 中唐・般若經 19_331_16 | 中唐・般若經 18_308_14 | 中唐・般若經 17_290_13 | 中唐・般若經 15_266_7 | 中唐・般若經 12_206_2 |
| 晚唐•摩訶止觀 7_63_2 | 晚唐•摩訶止觀 4_35_20 | 中唐・般若經 19_332_6 | 中唐・般若經 18_312_16 | 中唐・般若經 17_291_6 | 中唐・般若經 15_266_14 | 中唐・般若經 13_213_10 |
| 晚唐•摩訶止觀 7_63_11 | 晚唐•摩訶止觀 4_36_4 | 中唐・般若經 19_333_9 | 中唐・般若經 18_313_6 | 中唐・般若經 17_294_17 | 中唐・般若經 15_267_7 | 中唐・般若經 13_214_1 |
| 晚唐•摩訶止觀 7_64_16 | 晚唐•摩訶止觀 4_37_3 | 中唐・般若經 19_338_14 | 中唐・般若經 18_314_9 | 中唐・般若經 17_295_7 | 中唐・般若經 16_274_13 | 中唐・般若經 13_214_11 |
| 晚唐•摩訶止觀 7_64_25 | 晚唐•摩訶止觀 5_42_19 | 晚唐•摩訶止觀 3_22_23 | 中唐・般若經 18_320_14 | 中唐・般若經 17_296_10 | 中唐・般若經 16_275_3 | 中唐・般若經 13_220_14 |
| 晚唐•摩訶止觀 8_66_7 | 晚唐•摩訶止觀 6_52_10 | 晚唐•摩訶止觀 3_29_7 | 中唐・般若經 19_326_14 | 中唐・般若經 17_301_7 | 中唐・般若經 16_276_6 | 中唐・般若經 13_221_4 |
| 晚唐•摩訶止觀 8_68_8 | 晚唐•摩訶止觀 6_55_10 | 晚唐•摩訶止觀 4_32_17 | 中唐・般若經 19_327_4 | 中唐・般若經 18_307_14 | 中唐・般若經 16_284_11 | 中唐・般若經 13_222_7 |

晚唐•摩訶止觀
8_69_13

晚唐•摩訶止觀
8_71_16

晚唐•摩訶止觀
8_72_23

晚唐•摩訶止觀
9_76_7

晚唐•摩訶止觀
9_77_14

晚唐•摩訶止觀
9_78_2

晚唐•摩訶止觀
9_79_22

晚唐•摩訶止觀
9_82_15

晚唐•摩訶止觀
9_83_14

晚唐•摩訶止觀
10_89_17

晚唐•摩訶止觀
11_95_22

晚唐•摩訶止觀
12_106_27

晚唐•摩訶止觀
12_108_15

晚唐•摩訶止觀
13_111_8

晚唐•摩訶止觀
13_112_9

晚唐•摩訶止觀
13_114_3

晚唐•摩訶止觀
13_115_8

晚唐•摩訶止觀
14_124_13

晚唐•摩訶止觀
14_124_18

晚唐•摩訶止觀
14_125_8

晚唐•摩訶止觀
14_125_17

晚唐•摩訶止觀
14_127_18

晚唐•摩訶止觀
15_134_24

晚唐•摩訶止觀
33_283_4

晚唐•摩訶止觀
33_283_27

晚唐•摩訶止觀
33_284_19

晚唐•摩訶止觀
33_284_22

晚唐•摩訶止觀
33_290_17

晚唐•摩訶止觀
34_293_17

晚唐•摩訶止觀
34_296_11

晚唐•摩訶止觀
34_297_29

晚唐•摩訶止觀
34_298_19

晚唐•摩訶止觀
35_305_20

晚唐•摩訶止觀
38_325_15

晚唐•摩訶止觀
38_326_6

晚唐•摩訶止觀
38_330_13

晚唐•摩訶止觀
38_332_26

晚唐•摩訶止觀
39_337_12

晚唐•摩訶止觀
39_338_7

晚唐•摩訶止觀
39_338_22

晚唐•摩訶止觀
40_341_17

晚唐•摩訶止觀
40_341_22

晚唐•摩訶止觀
40_344_6

晚唐•摩訶止觀
40_344_9

晚唐•摩訶止觀
40_344_14

晚唐•摩訶止觀
40_346_2

晚唐•摩訶止觀
40_348_21

晚唐•摩訶止觀
41_357_20

晚唐•摩訶止觀
42_359_20

晚唐•摩訶止觀
42_360_14

晚唐•摩訶止觀
42_360_18

晚唐•摩訶止觀
42_360_22

晚唐•摩訶止觀
42_362_15

晚唐•摩訶止觀
42_362_26

晚唐•摩訶止觀
42_363_14

晚唐•摩訶止觀
42_363_19

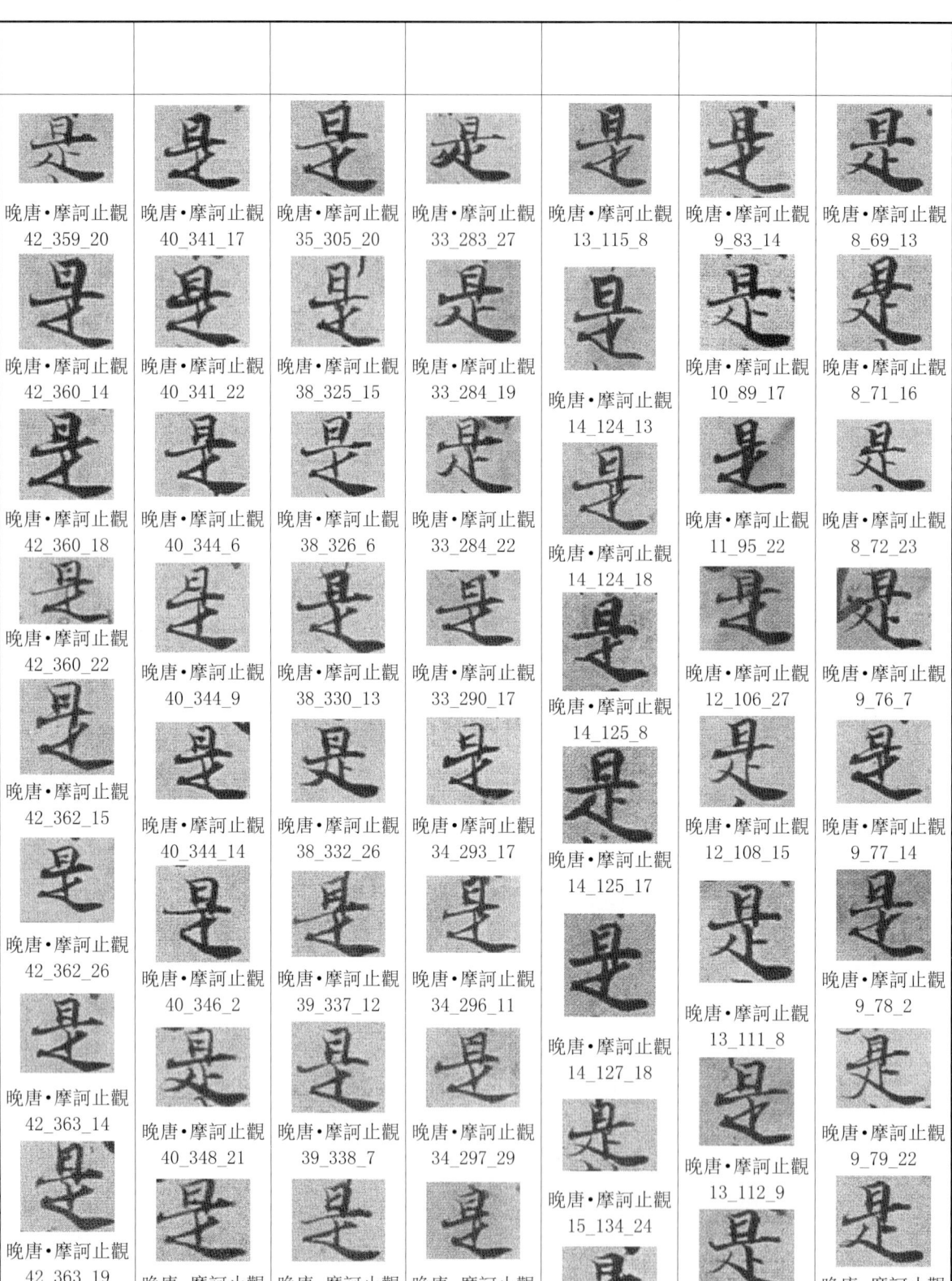

晚唐•摩訶止觀 42_364_3

晚唐•摩訶止觀 42_364_26

晚唐•摩訶止觀 42_365_6

晚唐•摩訶止觀 42_365_21

晚唐•摩訶止觀 43_366_2

晚唐•摩訶止觀 43_367_6

晚唐•摩訶止觀 43_371_18

晚唐•摩訶止觀 43_371_22

晚唐•摩訶止觀 43_372_4

晚唐•摩訶止觀 44_376_13

晚唐•摩訶止觀 44_378_22

晚唐•摩訶止觀 44_379_6

晚唐•摩訶止觀 44_382_2

晚唐•摩訶止觀 45_383_29

晚唐•摩訶止觀 46_392_7

晚唐•摩訶止觀 46_392_20

晚唐•摩訶止觀 46_394_2

晚唐•摩訶止觀 46_394_28

晚唐•摩訶止觀 46_395_1

晚唐•摩訶止觀 46_395_15

晚唐•摩訶止觀 46_395_18

晚唐•摩訶止觀 46_397_8

晚唐•摩訶止觀 46_398_7

晚唐•摩訶止觀 47_399_18

晚唐•摩訶止觀 47_400_28

晚唐•摩訶止觀 47_401_5

晚唐•摩訶止觀 47_401_14

晚唐•摩訶止觀 47_401_22

晚唐•摩訶止觀 47_402_3

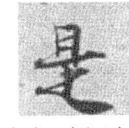

晚唐•摩訶止觀 47_402_22

晚唐•摩訶止觀 47_403_22

晚唐•摩訶止觀 48_407_21

晚唐•摩訶止觀 48_409_5

晚唐•摩訶止觀 48_410_19

晚唐•摩訶止觀 48_411_6

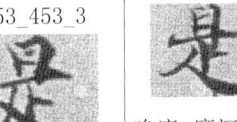

晚唐•摩訶止觀 48_412_2

晚唐•摩訶止觀 48_412_6

晚唐•摩訶止觀 48_412_11

晚唐•摩訶止觀 53_447_6

晚唐•摩訶止觀 53_449_4

晚唐•摩訶止觀 53_451_20

晚唐•摩訶止觀 53_453_3

晚唐•摩訶止觀 53_453_12

晚唐•摩訶止觀 53_453_20

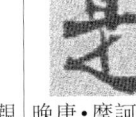

晚唐•摩訶止觀 53_453_24

晚唐•摩訶止觀 54_454_13

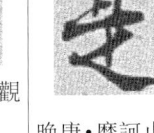

五代•密教部類 3_30_17

五代•大毗盧經 17_215_18

五代•大毗盧經 17_223_1

五代•大毗盧經 17_223_16

五代•大毗盧經 19_249_22

五代•大毗盧經 21_268_8

五代•大毗盧經 22_276_1

五代•大毗盧經 23_291_2

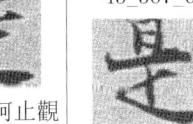

五代•大毗盧經 23_297_11

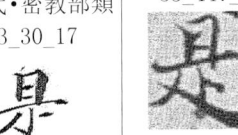

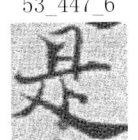

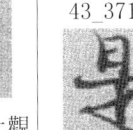

五代•大毗盧經 24_305_28

是 五代•大毗盧經 24_310_23
是 五代•大毗盧經 24_310_28
是 五代•大毗盧經 26_326_22
是 五代•大毗盧經 26_326_30
是 五代•大毗盧經 26_335_12
是 五代•大毗盧經 31_390_6
是 五代•大毗盧經 39_453_12
是 五代•大毗盧經 40_481_15

是 五代•大毗盧經 43_522_4
是 五代•大毗盧經 46_570_2
是 五代•大毗盧經 47_573_17
是 五代•大毗盧經 47_574_2
是 五代•大毗盧經 47_574_39
是 五代•大毗盧經 47_575_15
是 五代•大毗盧經 47_575_23
是 五代•大毗盧經 47_580_1

是 五代•大毗盧經 48_583_18
是 五代•大毗盧經 48_583_22
是 五代•大毗盧經 51_624_2
是 五代•大毗盧經 52_639_12
是 五代•大毗盧經 52_643_13
是 五代•大毗盧經 53_651_26
是 五代•大毗盧經 53_652_15
是 五代•大毗盧經 55_671_9

是 五代•大毗盧經 55_671_17
是 五代•大毗盧經 58_712_18
是 五代•大毗盧經 59_730_7
是 五代•大毗盧經 61_757_12
是 五代•大毗盧經 62_766_8
是 五代•大毗盧經 63_779_1
是 五代•大毗盧經 63_780_14
是 五代•大毗盧經 64_796_2

是 五代•大毗盧經 64_798_17
是 五代•大毗盧經 64_803_29
是 五代•大毗盧經 64_803_35
是 五代•大毗盧經 64_803_48
是 五代•大毗盧經 64_804_2
是 五代•大毗盧經 64_807_2
是 五代•大毗盧經 65_817_19
是 五代•大毗盧經 65_818_29

是 五代•大毗盧經 65_819_24
是 五代•大毗盧經 65_819_35
是 五代•大毗盧經 68_850_19
是 五代•大毗盧經 68_851_3
是 五代•大毗盧經 71_878_32
是 五代•大毗盧經 72_884_6
是 五代•大毗盧經 73_896_18
是 五代•大毗盧經 74_909_13

是 五代•大毗盧經 74_914_15
是 五代•大毗盧經 77_938_17
是 五代•大毗盧經 77_940_3
是 五代•大毗盧經 79_958_2
是 五代•大毗盧經 84_1019_30
是 五代•大毗盧經 84_1024_19
是 五代•大毗盧經 84_1025_4
是 五代•大毗盧經 84_1025_9

| | 星 | 昴 | 映 | | | |
|---|---|---|---|---|---|---|
| | 漢セイ呉ショウ<br>訓ほし | 慣コウ漢ゴウ<br>訓あがる | 漢エイ呉ヨウ<br>訓うつる | | | |
| 初唐・毛詩傳<br>7_69_2<br>初唐・毛詩傳<br>7_69_13<br>初唐・毛詩傳<br>7_71_14<br>初唐・毛詩傳<br>7_72_10<br>中唐・翰苑<br>2_14_37<br>中唐・翰苑<br>12_152_42<br>五代・大毗盧經<br>92_1131_18 | 初唐・古文尚書<br>19_186_15<br>初唐・毛詩傳<br>6_62_6<br>初唐・毛詩傳<br>6_62_18<br>初唐・毛詩傳<br>6_63_18<br>初唐・毛詩傳<br>6_63_29<br>初唐・毛詩傳<br>6_63_32<br>初唐・毛詩傳<br>6_64_25 | 中唐・翰苑<br>2_14_32 | 餘映<br>中唐・翰苑<br>27_355_41<br>餘映<br>中唐・翰苑<br>27_356_30<br>五代・大毗盧經<br>8_96_44<br>五代・大毗盧經<br>50_612_10 | 五代・大毗盧經<br>96_1181_25<br>五代・大毗盧經<br>96_1181_33<br>五代・大毗盧經<br>96_1182_1<br>五代・大毗盧經<br>97_1184_23<br>五代・大毗盧經<br>96_1179_8 | 五代・大毗盧經<br>91_1117_16<br>五代・大毗盧經<br>91_1117_21<br>五代・大毗盧經<br>94_1149_26<br>五代・大毗盧經<br>94_1158_17<br>五代・大毗盧經<br>96_1171_30<br>五代・大毗盧經<br>96_1176_5<br>五代・大毗盧經<br>96_1180_4 | 五代・大毗盧經<br>84_1025_13<br>五代・大毗盧經<br>84_1025_22<br>五代・大毗盧經<br>84_1025_27<br>五代・大毗盧經<br>86_1057_7<br>五代・大毗盧經<br>86_1057_11<br>五代・大毗盧經<br>90_1107_1<br>五代・大毗盧經<br>90_1108_17<br>五代・大毗盧經<br>90_1108_21 |

## 曷 𣌭

漢カツ
訓なに

初唐・古文尚書
12_104_13

初唐・毛詩傳
10_107_1

初唐・毛詩傳
10_107_7

初唐・毛詩傳
10_109_10

初唐・毛詩傳
10_112_4

## 昭 𣅀

ショウ
訓あきらか

初唐・古文尚書
34_327_16

初唐・毛詩傳
4_38_6

初唐・毛詩傳
4_38_9

初唐・毛詩傳
4_39_4

初唐・毛詩傳
5_48_26

初唐・毛詩傳
5_50_5

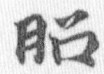

初唐・毛詩傳
8_80_17

初唐・毛詩傳
9_99_6

初唐・毛詩傳
9_101_8

初唐・禮記正義
26_406_5

中唐・翰苑
11_138_11

中唐・翰苑
13_167_31

中唐・翰苑
20_262_39

中唐・翰苑
29_374_13

中唐・翰苑
30_393_27

中唐・翰苑
34_437_9

中唐・翰苑
37_474_16

中唐・翰苑
37_475_3

中唐・翰苑
37_475_43

## 晉 㬜

シン
訓すすむ

初唐・毛詩傳
1_2_4

初唐・毛詩傳
1_4_2

初唐・毛詩傳
3_22_5

初唐・毛詩傳
4_38_5

初唐・毛詩傳
4_40_15

初唐・毛詩傳
5_50_4

初唐・毛詩傳
5_51_12

初唐・毛詩傳
5_53_15

初唐・毛詩傳
6_60_4

初唐・毛詩傳
8_89_6

初唐・禮記正義
5_78_9

初唐・禮記正義
5_79_3

初唐・禮記正義
15_230_3

初唐・禮記正義
15_231_2

中唐・翰苑
25_333_32

中唐・翰苑
25_333_27

中唐・翰苑
25_334_9

中唐・翰苑
27_355_30

| 晡 | 時 |
| --- | --- |
| 暫空<br>訓 | 吳ジ 漢シ<br>訓とき |

五代•大毗盧經 86_1052_18

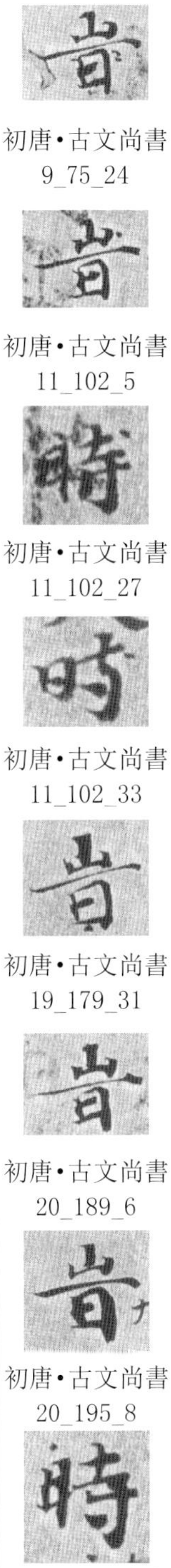

初唐•古文尚書 9_75_24

初唐•古文尚書 11_102_5

初唐•古文尚書 11_102_27

初唐•古文尚書 11_102_33

初唐•古文尚書 19_179_31

初唐•古文尚書 20_189_6

初唐•古文尚書 20_195_8

初唐•古文尚書 20_195_12

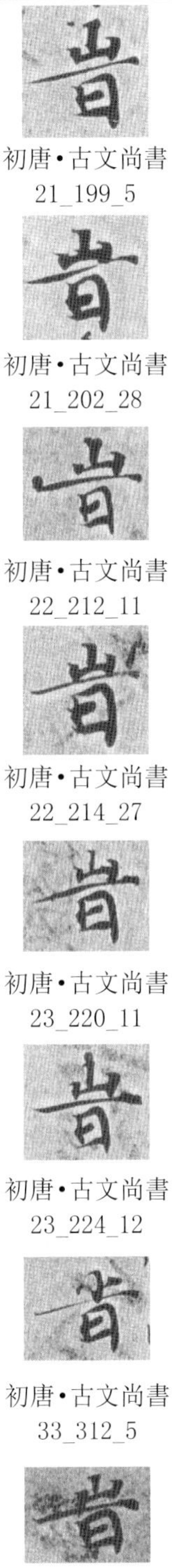

初唐•古文尚書 21_199_5

初唐•古文尚書 21_202_28

初唐•古文尚書 22_212_11

初唐•古文尚書 22_214_27

初唐•古文尚書 23_220_11

初唐•古文尚書 23_224_12

初唐•古文尚書 33_312_5

初唐•古文尚書 34_321_1

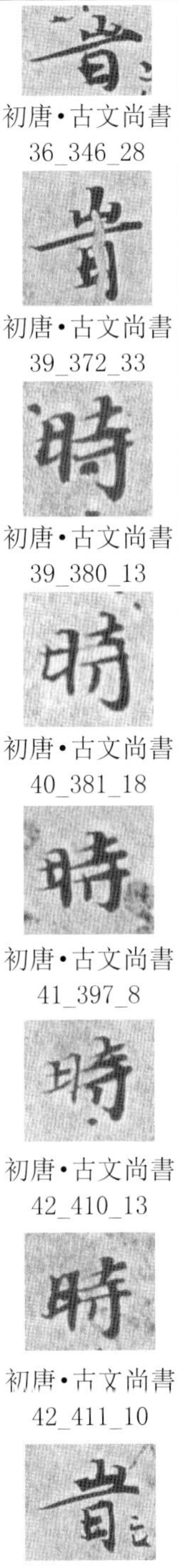

初唐•古文尚書 36_346_28

初唐•古文尚書 39_372_33

初唐•古文尚書 39_380_13

初唐•古文尚書 40_381_18

初唐•古文尚書 41_397_8

初唐•古文尚書 42_410_13

初唐•古文尚書 42_411_10

初唐•古文尚書 43_414_31

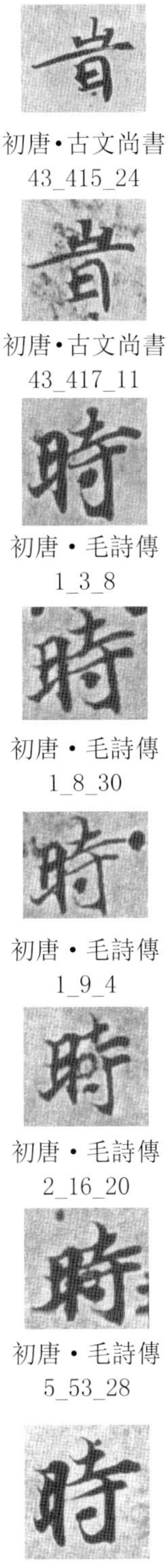

初唐•古文尚書 43_415_24

初唐•古文尚書 43_417_11

初唐 • 毛詩傳 1_3_8

初唐 • 毛詩傳 1_8_30

初唐 • 毛詩傳 1_9_4

初唐 • 毛詩傳 2_16_20

初唐 • 毛詩傳 5_53_28

初唐 • 毛詩傳 6_60_15

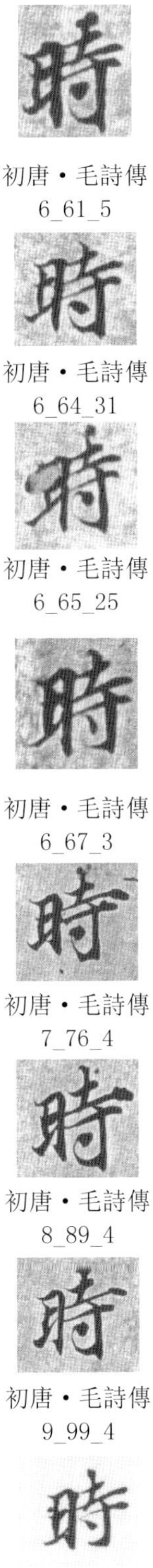

初唐 • 毛詩傳 6_61_5

初唐 • 毛詩傳 6_64_31

初唐 • 毛詩傳 6_65_25

初唐 • 毛詩傳 6_67_3

初唐 • 毛詩傳 7_76_4

初唐 • 毛詩傳 8_89_4

初唐 • 毛詩傳 9_99_4

初唐 • 毛詩傳 10_107_11

初唐•禮記正義 2_17_20

初唐•禮記正義 2_18_4

初唐•禮記正義 3_42_23

初唐•禮記正義 3_49_26

初唐•禮記正義 4_51_5

初唐•禮記正義 4_62_8

初唐•禮記正義 6_90_18

初唐•禮記正義
9_133_7

初唐•禮記正義
10_151_10

初唐•禮記正義
10_153_16

初唐•禮記正義
10_154_12

初唐•禮記正義
10_163_16

初唐•禮記正義
11_175_2

初唐•禮記正義
12_182_8

初唐•禮記正義
12_183_26

初唐•禮記正義
12_189_11

初唐•禮記正義
13_199_20

初唐•禮記正義
13_205_2

初唐•禮記正義
15_231_10

初唐•禮記正義
15_238_12

初唐•禮記正義
16_241_8

初唐•禮記正義
16_245_10

初唐•禮記正義
16_252_8

初唐•禮記正義
17_258_5

初唐•禮記正義
17_266_4

初唐•禮記正義
18_270_19

初唐•禮記正義
18_281_17

初唐•禮記正義
20_307_19

初唐•禮記正義
20_309_18

初唐•禮記正義
21_316_21

初唐•禮記正義
21_317_11

初唐•禮記正義
21_318_2

初唐•禮記正義
21_319_6

初唐•禮記正義
21_319_24

初唐•禮記正義
21_321_8

初唐•禮記正義
21_321_11

初唐•禮記正義
22_329_4

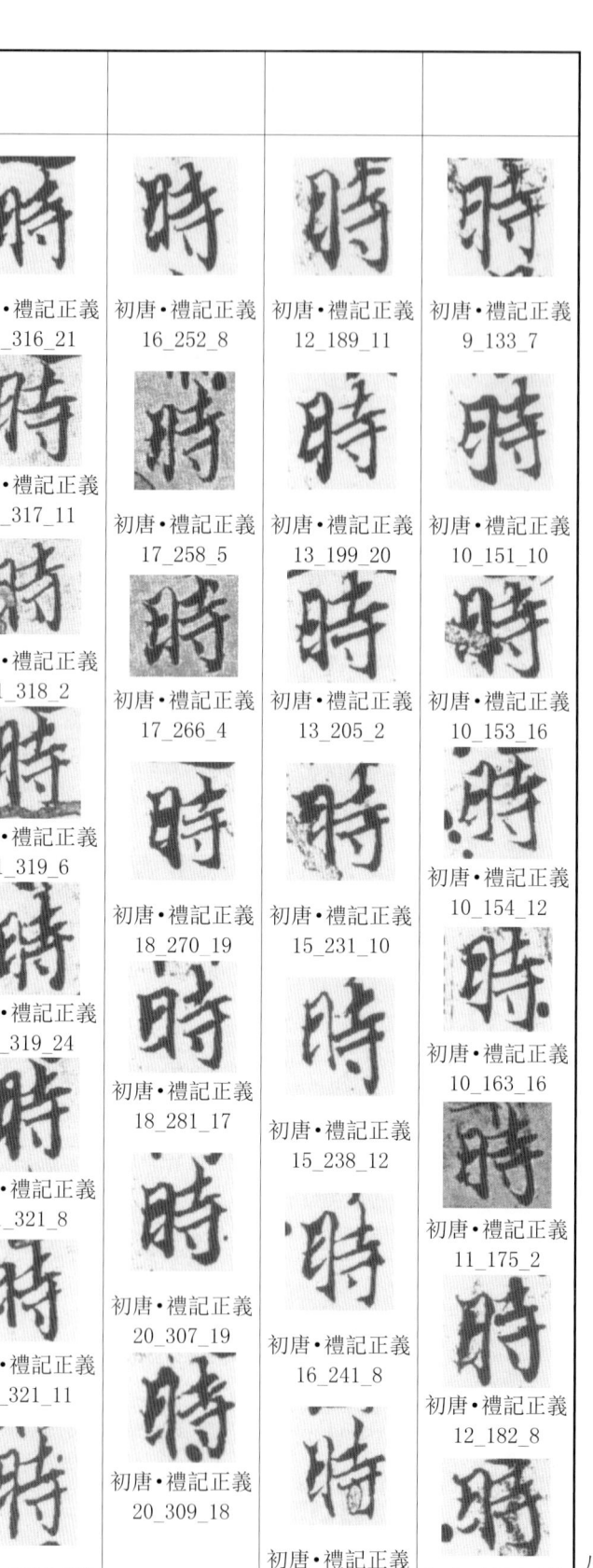

初唐•禮記正義
22_329_15

初唐•禮記正義
24_370_27

初唐•禮記正義
24_371_7

初唐•禮記正義
25_374_28

初唐•禮記正義
25_375_17

初唐•禮記正義
25_378_2

初唐•禮記正義
25_378_22

初唐•禮記正義
25_386_25

初唐•禮記正義
25_387_4

初唐•禮記正義
26_392_13

初唐•禮記正義
27_411_14

初唐•禮記正義
27_426_4

初唐•禮記正義
28_443_6

初唐•禮記正義
29_448_26

初唐•禮記正義
29_449_26

初唐•禮記正義
30_464_19

初唐・十誦律
1_3_7

初唐・十誦律
1_5_2

初唐・十誦律
2_15_7

初唐・十誦律
17_322_3

初唐・十誦律
17_326_3

初唐・十誦律
17_330_3

初唐・十誦律
17_335_3

| | | | | | | |
|---|---|---|---|---|---|---|
| 時<br>初唐•十誦律<br>18_339_3 | 時<br>中唐•翰苑<br>4_48_35 | 時<br>中唐•翰苑<br>10_129_18 | 時<br>中唐•翰苑<br>17_219_24 | 時<br>中唐•翰苑<br>32_414_39 | 時<br>中唐•翰苑<br>39_499_22 | 時<br>中唐•翰苑<br>44_566_15 |
| 時<br>中唐•翰苑<br>2_9_18 | 時<br>中唐•翰苑<br>7_81_20 | 時<br>中唐•翰苑<br>12_146_3 | 時<br>中唐•翰苑<br>20_267_35 | 時<br>中唐•翰苑<br>32_420_32 | 時<br>中唐•翰苑<br>39_504_17 | 時<br>晚唐•摩訶止觀<br>1_3_9 |
| 時<br>中唐•翰苑<br>2_15_11 | 時<br>中唐•翰苑<br>7_81_22 | 時<br>中唐•翰苑<br>12_147_1 | 時<br>中唐•翰苑<br>23_299_24 | 時<br>中唐•翰苑<br>33_428_22 | 時<br>中唐•翰苑<br>39_505_2 | 時<br>晚唐•摩訶止觀<br>3_22_8 |
| 時<br>中唐•翰苑<br>2_16_38 | 時<br>中唐•翰苑<br>8_101_13 | 時<br>中唐•翰苑<br>12_154_35 | 時<br>中唐•翰苑<br>27_357_16 | 時<br>中唐•翰苑<br>34_438_3 | 時<br>中唐•翰苑<br>41_519_4 | 時<br>晚唐•摩訶止觀<br>4_30_15 |
| 時<br>中唐•翰苑<br>3_22_19 | 時<br>中唐•翰苑<br>8_105_21 | 時<br>中唐•翰苑<br>13_159_17 | 時<br>中唐•翰苑<br>30_391_30 | 時<br>中唐•翰苑<br>34_444_9 | 時<br>中唐•翰苑<br>42_540_6 | 時<br>晚唐•摩訶止觀<br>7_57_3 |
| 時<br>中唐•翰苑<br>3_35_10 | 時<br>中唐•翰苑<br>9_111_13 | 時<br>中唐•翰苑<br>13_167_29 | 時<br>中唐•翰苑<br>30_394_19 | 時<br>中唐•翰苑<br>34_445_20 | 時<br>中唐•翰苑<br>44_556_41 | 時<br>晚唐•摩訶止觀<br>8_68_20 |
| 時<br>中唐•翰苑<br>4_39_9 | 時<br>中唐•翰苑<br>10_119_28 | 時<br>中唐•翰苑<br>14_174_12 | 時<br>中唐•翰苑<br>30_395_18 | 時<br>中唐•翰苑<br>37_475_22 | 時<br>中唐•翰苑<br>44_558_6 | 時<br>晚唐•摩訶止觀<br>15_128_18 |
| 時<br>中唐•翰苑<br>4_43_34 | 時<br>中唐•翰苑<br>10_125_7 | 時<br>中唐•翰苑<br>15_198_13 | 時<br>中唐•翰苑<br>32_414_25 | 時<br>中唐•翰苑<br>38_491_2 | 時<br>中唐•翰苑<br>44_566_4 | |

五代・大毗盧經
23_290_2

五代・大毗盧經
15_195_13

五代・密教部類
2_23_20

晚唐・摩訶止觀
58_493_22

晚唐・摩訶止觀
56_477_5

晚唐・摩訶止觀
44_380_28

晚唐・摩訶止觀
44_380_19

晚唐・摩訶止觀
24_209_25

五代・大毗盧經
43_518_2

五代・大毗盧經
40_478_2

五代・大毗盧經
39_471_2

五代・大毗盧經
39_463_13

五代・大毗盧經
39_452_2

五代・大毗盧經
35_413_2

五代・大毗盧經
32_400_1

五代・大毗盧經
27_337_16

五代・大毗盧經
94_1149_36

五代・大毗盧經
64_794_7

五代・大毗盧經
43_519_9

五代・大毗盧經
43_519_8

## 晃 晄

漢 コウ
訓 あきらか

晚唐・摩訶止觀
35_300_20

中唐・翰苑
22_295_25

中唐・翰苑
22_295_22

中唐・翰苑
22_294_32

中唐・翰苑
22_287_13

## 書 書

ショ
訓 かく

初唐・古文尚書
19_184_2

初唐・古文尚書
18_167_1

初唐・古文尚書
17_159_10

初唐・古文尚書
17_159_2

初唐・古文尚書
15_139_8

初唐・古文尚書
11_96_9

初唐・古文尚書
11_96_2

初唐・古文尚書
34_326_9

初唐・古文尚書
34_326_2

初唐・古文尚書
26_258_7

初唐・古文尚書
25_242_9

初唐・古文尚書
24_230_9

初唐・古文尚書
21_205_8

初唐・古文尚書
19_184_10

初唐・古文尚書
47_460_2

初唐・古文尚書
39_378_26

初唐・古文尚書
39_377_9

初唐・古文尚書
39_377_2

初唐・古文尚書
37_350_9

初唐・古文尚書
37_350_2

初唐・古文尚書
35_330_23

初唐•古文尚書
47_460_25

初唐•古文尚書
47_463_10

初唐•古文尚書
49_479_2

初唐•禮記正義
2_17_4

初唐•禮記正義
2_17_16

初唐•禮記正義
2_18_11

初唐•禮記正義
2_18_19

初唐•禮記正義
5_80_12

初唐•禮記正義
24_364_29

中唐・翰苑
2_13_13

中唐・翰苑
2_14_30

中唐・翰苑
2_17_15

中唐・翰苑
3_23_18

中唐・翰苑
15_192_13

中唐・翰苑
15_195_20

中唐・翰苑
15_198_9

晝行
中唐・翰苑
15_199_14

盡據匈奴故地
中唐・翰苑
16_203_19

中唐・翰苑
16_204_13

中唐・翰苑
16_210_4

中唐・翰苑
17_215_6

中唐・翰苑
17_218_17

中唐・翰苑
17_222_3

中唐・翰苑
17_223_7

中唐・翰苑
17_227_11

中唐・翰苑
18_230_32

中唐・翰苑
18_232_13

中唐・翰苑
18_234_8

中唐・翰苑
18_236_3

中唐・翰苑
18_239_15

中唐・翰苑
19_244_1

中唐・翰苑
19_250_9

中唐・翰苑
20_259_22

中唐・翰苑
20_261_13

中唐・翰苑
20_264_3

中唐・翰苑
20_264_16

中唐・翰苑
20_266_21

中唐・翰苑
21_280_3

中唐・翰苑
22_289_29

中唐・翰苑
22_290_13

中唐・翰苑
22_292_15

中唐・翰苑
23_297_16

糧盡
中唐・翰苑
23_303_40

中唐・翰苑
24_312_26

中唐・翰苑
24_313_10

中唐・翰苑
24_315_5

中唐・翰苑
24_319_28

中唐・翰苑
24_322_19

中唐・翰苑
25_323_21

中唐·翰苑
25_326_9

中唐·翰苑
25_327_1

中唐·翰苑
25_327_29

中唐·翰苑
25_332_17

中唐·翰苑
26_335_13

中唐·翰苑
26_341_6

中唐·翰苑
27_347_29

中唐·翰苑
27_354_27

中唐·翰苑
27_355_28

中唐·翰苑
29_381_6

中唐·翰苑
31_401_13

中唐·翰苑
32_408_11

中唐·翰苑
32_414_2

中唐·翰苑
32_420_12

中唐·翰苑
32_421_5

中唐·翰苑
33_427_9

中唐·翰苑
34_434_13

中唐·翰苑
34_436_21

中唐·翰苑
34_438_24

中唐·翰苑
34_441_27

中唐·翰苑
34_444_5

中唐·翰苑
34_445_17

中唐·翰苑
35_448_7

中唐·翰苑
35_450_13

中唐·翰苑
35_454_13

中唐·翰苑
35_457_1

中唐·翰苑
36_459_8

中唐·翰苑
36_463_14

中唐·翰苑
36_466_5

中唐·翰苑
36_469_11

中唐·翰苑
37_474_8

中唐·翰苑
37_480_13

中唐·翰苑
38_486_5

中唐·翰苑
38_489_13

中唐·翰苑
38_492_15

畫其身象龍文
中唐·翰苑
38_493_24

中唐·翰苑
39_499_7

中唐·翰苑
39_502_15

中唐·翰苑
40_507_14

中唐·翰苑
40_510_32

中唐·翰苑
40_512_3

中唐·翰苑
40_516_8

中唐·翰苑
41_521_20

中唐·翰苑
41_525_3

中唐·翰苑
41_526_16

畫像
中唐·翰苑
41_528_37

中唐·翰苑
41_529_12

中唐·翰苑
41_530_39

中唐·翰苑
42_532_12

| | | 曼 | 晨 | 曹 | | |
|---|---|---|---|---|---|---|
| | | 漢バン 呉マン 訓ひく | 漢シン 訓あした | 漢ソウ 呉ゾウ 訓つかさ | | |
| 五代•大毗盧經 23_300_4 | 五代•大毗盧經 12_151_4 | 中唐・翰苑 6_68_13 | 五代•大毗盧經 46_567_11 | 初唐•禮記正義 15_230_11 | 中唐・翰苑 43_553_24 | 中唐・翰苑 42_534_30 |
| 五代•大毗盧經 24_305_4 | 五代•大毗盧經 13_161_8 | 中唐・翰苑 7_81_15 | 五代•大毗盧經 63_778_16 | 中唐・翰苑 15_191_35 | 中唐・翰苑 44_557_22 | 中唐・翰苑 42_537_2 |
| 五代•大毗盧經 24_312_4 | 五代•大毗盧經 13_162_8 | 中唐・翰苑 16_207_9 | | 夫餘之冑 中唐・翰苑 27_354_24 | 中唐・翰苑 45_581_11 | 中唐・翰苑 42_540_2 |
| 五代•大毗盧經 25_316_4 | 五代•大毗盧經 14_180_13 | 中唐・翰苑 16_207_18 | | 中唐・翰苑 38_492_6 | 晚唐•摩訶止觀 1_5_7 | 中唐・翰苑 42_542_3 |
| 五代•大毗盧經 25_319_4 | 五代•大毗盧經 15_191_4 | 五代•密教部類 4_43_2 | | 中唐・翰苑 39_497_12 | 晚唐•摩訶止觀 2_16_17 | 中唐・翰苑 42_542_22 |
| 五代•大毗盧經 25_321_4 | 五代•大毗盧經 15_197_4 | 五代•大毗盧經 10_112_2 | | | 晚唐•摩訶止觀 13_114_6 | 中唐・翰苑 43_545_15 |
| 五代•大毗盧經 26_325_4 | 五代•大毗盧經 17_226_4 | 五代•大毗盧經 11_129_9 | | | | 中唐・翰苑 43_549_13 |
| 五代•大毗盧經 26_333_4 | 五代•大毗盧經 19_249_4 | 五代•大毗盧經 11_137_8 | | | | |

五代·大毗盧經
28_360_4
五代·大毗盧經
29_364_4
五代·大毗盧經
29_367_4
五代·大毗盧經
29_370_4
五代·大毗盧經
30_377_4
五代·大毗盧經
30_381_4
五代·大毗盧經
31_388_4
五代·大毗盧經
40_473_4

五代·大毗盧經
40_480_10
五代·大毗盧經
40_485_8
五代·大毗盧經
41_486_3
五代·大毗盧經
41_493_4
五代·大毗盧經
41_498_4
五代·大毗盧經
41_500_4
五代·大毗盧經
42_507_4
五代·大毗盧經
43_520_4

五代·大毗盧經
44_525_8
五代·大毗盧經
44_534_4
五代·大毗盧經
44_538_4
五代·大毗盧經
45_543_4
五代·大毗盧經
45_546_8
五代·大毗盧經
47_572_4
五代·大毗盧經
47_578_4
五代·大毗盧經
48_582_4

五代·大毗盧經
48_586_4
五代·大毗盧經
48_589_4
五代·大毗盧經
48_592_4
五代·大毗盧經
49_596_4
五代·大毗盧經
49_601_4
五代·大毗盧經
50_604_4
五代·大毗盧經
50_607_13
五代·大毗盧經
51_626_4

五代·大毗盧經
51_631_4
五代·大毗盧經
52_638_4
五代·大毗盧經
52_642_4
五代·大毗盧經
53_649_4
五代·大毗盧經
53_651_4
五代·大毗盧經
54_655_4
五代·大毗盧經
54_669_4
五代·大毗盧經
55_675_4

五代·大毗盧經
55_678_4
五代·大毗盧經
56_685_4
五代·大毗盧經
56_689_4
五代·大毗盧經
57_692_4
五代·大毗盧經
57_695_4
五代·大毗盧經
57_699_4
五代·大毗盧經
58_715_4
五代·大毗盧經
58_718_4

五代·大毗盧經
59_721_4
五代·大毗盧經
59_724_4
五代·大毗盧經
60_738_19
五代·大毗盧經
60_747_4
五代·大毗盧經
60_747_19
五代·大毗盧經
61_753_4
五代·大毗盧經
61_756_4
五代·大毗盧經
61_759_4

## 最

サイ
訓 もっとも

初唐•禮記正義
12_189_1

中唐・翰苑
7_82_12

中唐・翰苑
7_88_8

中唐・翰苑
12_148_11

中唐・翰苑
17_215_15

中唐・翰苑
23_305_17

中唐・翰苑
24_318_4

## 朁

サン
訓 かつて

初唐•古文尚書
46_451_15

## 替

呉 現 タイ 漢 テイ
訓 やめる

田鼃
中唐・翰苑
18_234_15

中唐・翰苑
21_270_34

中唐・翰苑
42_539_25

## 晝

漢 チュウ
訓 ひる

初唐・十誦律
2_30_8

中唐・翰苑
17_221_9

中唐・翰苑
44_561_1

## 晦

漢 カイ
訓 みそか

中唐・翰苑
2_15_24

中唐・翰苑
2_17_4

中唐・翰苑
33_431_36

中唐・翰苑
37_470_39

五代•大毗盧經
94_1151_4

五代•大毗盧經
94_1157_4

五代•大毗盧經
95_1161_4

五代•大毗盧經
95_1164_4

五代•大毗盧經
95_1166_4

五代•大毗盧經
95_1169_4

五代•大毗盧經
96_1171_13

五代•大毗盧經
96_1183_8

五代•大毗盧經
61_761_4

五代•大毗盧經
62_765_4

五代•大毗盧經
62_768_4

五代•大毗盧經
62_771_4

五代•大毗盧經
93_1139_19

五代•大毗盧經
93_1142_4

五代•大毗盧經
93_1146_4

五代•大毗盧經
94_1148_4

景 晷 暑

| 漢ケイ<br>訓ひかり | キ<br>訓ひかげ | ジョ<br>訓あつい | | | | |
|---|---|---|---|---|---|---|
| <br>中唐・翰苑<br>23_302_36<br><br>中唐・翰苑<br>33_422_22<br><br>中唐・翰苑<br>33_423_4<br><br>中唐・翰苑<br>39_504_16<br><br>五代•大毗盧經<br>97_1187_34 | <br>中唐・翰苑<br>19_249_7 | <br>初唐•古文尚書<br>35_338_37<br><br>初唐•古文尚書<br>36_339_11 | <br>五代•大毗盧經<br>73_900_8<br><br>五代•大毗盧經<br>74_912_1 | <br>五代•大毗盧經<br>39_457_12<br><br>五代•大毗盧經<br>39_469_2<br><br>五代•大毗盧經<br>40_479_9<br><br>五代•大毗盧經<br>43_522_11<br><br>五代•大毗盧經<br>45_549_11<br><br>五代•大毗盧經<br>71_872_18<br><br>五代•大毗盧經<br>72_890_17 | <br>五代•密教部類<br>4_45_1<br><br>五代•密教部類<br>4_48_6<br><br>五代•密教部類<br>4_49_1<br><br>五代•密教部類<br>4_51_11<br><br>五代•大毗盧經<br>12_152_8<br><br>五代•大毗盧經<br>13_161_1<br><br>五代•大毗盧經<br>25_322_8 | <br>中唐・翰苑<br>30_383_19<br>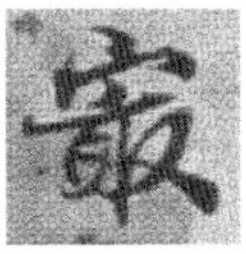<br>晩唐•摩訶止觀<br>7_56_22<br><br>晩唐•摩訶止觀<br>36_311_16<br><br>晩唐•摩訶止觀<br>54_458_5<br><br>晩唐•摩訶止觀<br>54_458_13<br><br>晩唐•摩訶止觀<br>54_458_23<br><br>晩唐•摩訶止觀<br>57_482_13 |

# 智

チ
訓 ちえ

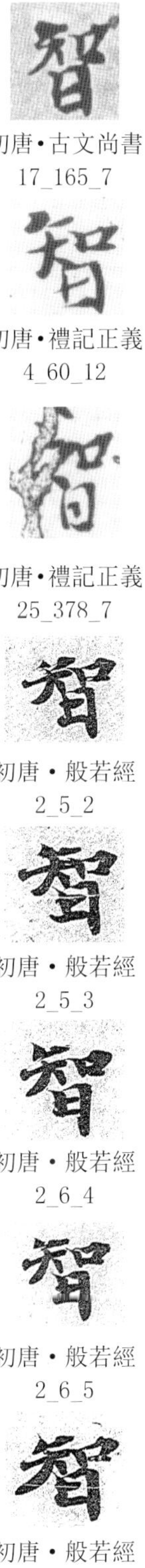

初唐•古文尚書
17_165_7

初唐•禮記正義
4_60_12

初唐•禮記正義
25_378_7

初唐・般若經
2_5_2

初唐・般若經
2_5_3

初唐・般若經
2_6_4

初唐・般若經
2_6_5

初唐・般若經
2_8_4

初唐・般若經
2_8_5

初唐・般若經
2_9_9

初唐・般若經
2_9_10

初唐・般若經
2_11_7

初唐・般若經
2_11_8

初唐・般若經
2_12_10

初唐・般若經
2_12_11

初唐・般若經
2_14_14

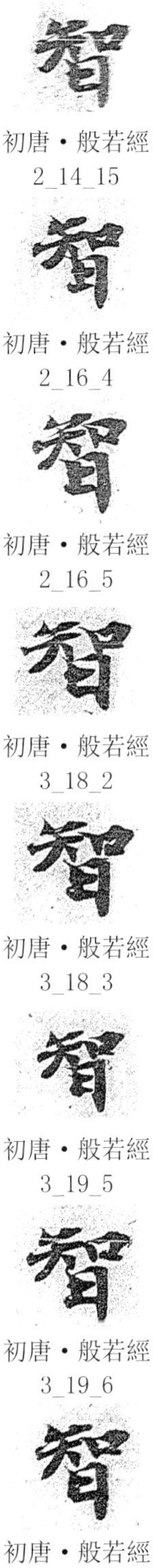

初唐・般若經
2_14_15

初唐・般若經
2_16_4

初唐・般若經
2_16_5

初唐・般若經
3_18_2

初唐・般若經
3_18_3

初唐・般若經
3_19_5

初唐・般若經
3_19_6

初唐・般若經
3_21_9

初唐・般若經
3_21_10

初唐・般若經
3_22_16

初唐・般若經
3_22_17

初唐・般若經
3_24_14

初唐・般若經
3_24_15

初唐・般若經
3_25_17

初唐・般若經
3_26_1

初唐・般若經
3_29_3

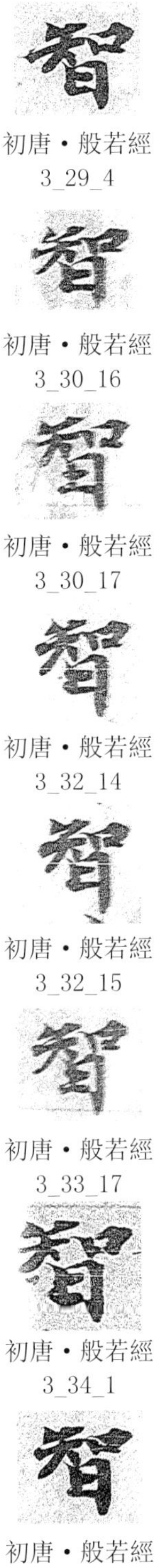

初唐・般若經
3_29_4

初唐・般若經
3_30_16

初唐・般若經
3_30_17

初唐・般若經
3_32_14

初唐・般若經
3_32_15

初唐・般若經
3_33_17

初唐・般若經
3_34_1

初唐・般若經
4_37_3

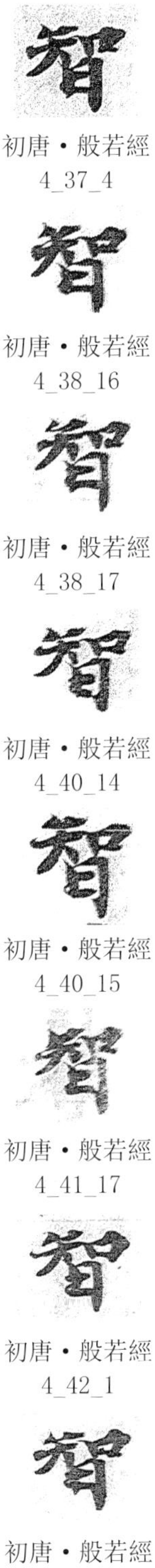

初唐・般若經
4_37_4

初唐・般若經
4_38_16

初唐・般若經
4_38_17

初唐・般若經
4_40_14

初唐・般若經
4_40_15

初唐・般若經
4_41_17

初唐・般若經
4_42_1

初唐・般若經
4_45_3

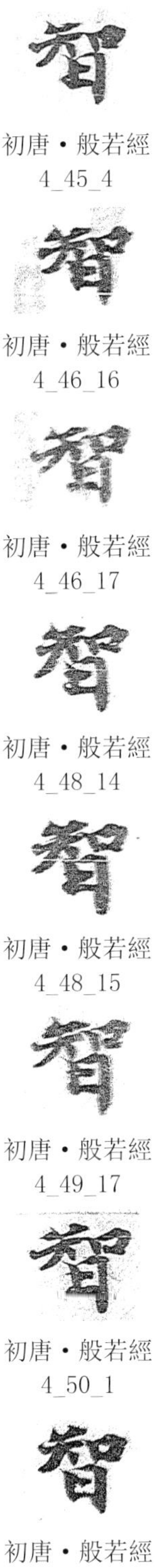

初唐・般若經
4_45_4

初唐・般若經
4_46_16

初唐・般若經
4_46_17

初唐・般若經
4_48_14

初唐・般若經
4_48_15

初唐・般若經
4_49_17

初唐・般若經
4_50_1

初唐・般若經
5_53_3

初唐•般若經 5_53_4

初唐•般若經 5_54_16

初唐•般若經 5_54_17

初唐•般若經 5_56_14

初唐•般若經 5_56_15

初唐•般若經 5_57_17

初唐•般若經 5_58_1

初唐•般若經 5_61_3

初唐•般若經 5_61_4

初唐•般若經 5_62_16

初唐•般若經 5_62_17

初唐•般若經 5_64_14

初唐•般若經 5_64_15

初唐•般若經 5_65_18

初唐•般若經 5_66_1

初唐•般若經 6_69_3

初唐•般若經 6_69_4

初唐•般若經 6_70_16

初唐•般若經 6_70_17

初唐•般若經 6_72_13

初唐•般若經 6_72_14

初唐•般若經 6_73_17

初唐•般若經 6_74_1

初唐•般若經 6_76_4

初唐•般若經 6_76_5

初唐•般若經 6_77_11

初唐•般若經 6_77_12

初唐•般若經 6_79_9

初唐•般若經 6_79_10

初唐•般若經 6_80_12

初唐•般若經 6_80_13

初唐•般若經 6_83_16

初唐•般若經 6_83_17

初唐•般若經 7_85_10

初唐•般若經 7_85_11

初唐•般若經 7_88_10

初唐•般若經 7_88_11

初唐•般若經 7_89_17

初唐•般若經 7_90_1

初唐•般若經 11_149_11

初唐•般若經 11_149_12

初唐•般若經 11_151_13

初唐•般若經 11_151_14

初唐•般若經 11_153_1

初唐•般若經 11_153_2

初唐•般若經 11_155_2

初唐•般若經 11_155_3

初唐•般若經 11_156_5

初唐•般若經 11_156_6

初唐•般若經 11_158_3

初唐•般若經 11_158_4

初唐•般若經 11_159_7

初唐•般若經 11_159_8

初唐•般若經 11_161_7

初唐•般若經 11_161_8

初唐•般若經 11_162_11

初唐·般若經
14_208_1

初唐·般若經
14_208_2

初唐·般若經
14_210_4

初唐·般若經
14_210_5

初唐·般若經
14_211_8

初唐·般若經
14_211_9

初唐·般若經
15_213_10

初唐·般若經
15_213_11

初唐·般若經
15_214_17

初唐·般若經
15_214_18

初唐·般若經
15_216_16

初唐·般若經
15_216_17

初唐·般若經
15_218_4

初唐·般若經
15_218_5

初唐·般若經
15_220_10

初唐·般若經
15_220_11

初唐·般若經
15_222_2

初唐·般若經
15_222_3

初唐·般若經
15_224_2

初唐·般若經
15_224_3

初唐·般若經
15_225_7

初唐·般若經
15_225_8

初唐·般若經
15_227_13

初唐·般若經
15_227_14

初唐·般若經
16_229_5

初唐·般若經
16_229_6

初唐·般若經
16_231_5

初唐·般若經
16_231_6

初唐·般若經
16_232_10

初唐·般若經
16_232_11

初唐·般若經
16_235_15

初唐·般若經
16_237_13

初唐·般若經
16_237_14

初唐·般若經
25_388_11

初唐·般若經
25_388_12

初唐·般若經
25_390_1

初唐·般若經
25_390_2

初唐·般若經
26_391_9

初唐·般若經
26_391_14

初唐·般若經
26_392_3

初唐·般若經
26_392_4

初唐·般若經
26_393_3

初唐·般若經
26_393_9

初唐·般若經
26_393_10

初唐·般若經
26_394_15

初唐·般若經
26_395_2

初唐·般若經
26_395_7

初唐·般若經
26_395_11

初唐·般若經
26_395_17

初唐·般若經
26_396_1

初唐·般若經
26_396_17

初唐·般若經
26_397_4

初唐·般若經
26_397_10

初唐·般若經
26_397_11

初唐·般若經
26_400_1

智 初唐•般若經 26_400_2
智 初唐•般若經 26_401_10
智 初唐•般若經 26_401_11
智 初唐•般若經 26_403_16
智 初唐•般若經 26_403_17
智 初唐•般若經 26_405_9
智 初唐•般若經 26_405_10
智 初唐•般若經 27_408_6

智 初唐•般若經 27_408_7
智 初唐•般若經 27_409_12
智 初唐•般若經 27_409_13
智 初唐•般若經 27_412_5
智 初唐•般若經 27_412_6
智 初唐•般若經 27_413_16
智 初唐•般若經 27_413_17
智 初唐•般若經 27_416_3

智 初唐•般若經 27_416_4
智 初唐•般若經 27_417_10
智 初唐•般若經 27_417_11
智 初唐•般若經 27_420_5
智 初唐•般若經 27_420_6
智 初唐•般若經 27_421_16
智 初唐•般若經 27_421_17
智 中唐•翰苑 16_201_7

智 中唐•翰苑 18_229_8
智 中唐•翰苑 18_229_29
智 中唐•翰苑 18_230_29
智 中唐•翰苑 19_245_29
智 中唐•翰苑 32_411_23
智 中唐•翰苑 32_416_27
智 中唐•翰苑 32_418_8
智 中唐•翰苑 32_418_12

智 中唐•般若經 12_208_8
智 中唐•般若經 12_208_17
智 中唐•般若經 12_209_4
智 中唐•般若經 12_209_13
智 中唐•般若經 13_210_4
智 中唐•般若經 13_210_8
智 中唐•般若經 13_210_16
智 中唐•般若經 13_211_8

智 中唐•般若經 13_211_12
智 中唐•般若經 13_212_4
智 中唐•般若經 13_212_13
智 中唐•般若經 13_212_17
智 中唐•般若經 13_215_4
智 中唐•般若經 13_215_14
智 中唐•般若經 13_216_1
智 中唐•般若經 13_216_11

智 中唐•般若經 13_217_3
智 中唐•般若經 13_217_7
智 中唐•般若經 13_217_16
智 中唐•般若經 13_218_9
智 中唐•般若經 13_218_13
智 中唐•般若經 13_219_6
智 中唐•般若經 13_219_16
智 中唐•般若經 13_220_3

中唐·般若經 13_222_11

中唐·般若經 13_223_3

中唐·般若經 13_223_7

中唐·般若經 13_223_16

中唐·般若經 13_224_7

中唐·般若經 13_224_11

中唐·般若經 13_225_2

中唐·般若經 13_225_11

中唐·般若經 13_225_15

中唐·般若經 13_226_7

中唐·般若經 13_226_16

中唐·般若經 13_227_3

晚唐·摩訶止觀 1_2_9

晚唐·摩訶止觀 3_24_23

晚唐·摩訶止觀 3_25_9

晚唐·摩訶止觀 3_29_12

晚唐·摩訶止觀 4_33_6

晚唐·摩訶止觀 13_114_11

晚唐·摩訶止觀 21_183_14

晚唐·摩訶止觀 22_187_26

晚唐·摩訶止觀 22_188_17

晚唐·摩訶止觀 24_210_12

晚唐·摩訶止觀 26_225_24

晚唐·摩訶止觀 28_247_24

晚唐·摩訶止觀 29_250_13

晚唐·摩訶止觀 30_264_22

晚唐·摩訶止觀 30_265_3

晚唐·摩訶止觀 30_265_12

晚唐·摩訶止觀 30_265_22

晚唐·摩訶止觀 34_297_3

晚唐·摩訶止觀 35_306_25

晚唐·摩訶止觀 44_375_12

晚唐·摩訶止觀 45_383_3

晚唐·摩訶止觀 52_443_27

晚唐·摩訶止觀 53_447_25

晚唐·摩訶止觀 53_448_4

晚唐·摩訶止觀 53_448_17

晚唐·摩訶止觀 53_448_25

晚唐·摩訶止觀 53_453_7

晚唐·摩訶止觀 55_468_4

若智信具足 晚唐·摩訶止觀 57_484_23

智故不懼 晚唐·摩訶止觀 57_485_7

非已智分 晚唐·摩訶止觀 57_485_24

若無智 晚唐·摩訶止觀 57_486_1

三智 晚唐·摩訶止觀 58_488_29

智惠轉著 晚唐·摩訶止觀 60_504_14

分智斷 晚唐·摩訶止觀 60_506_25

四諦智 晚唐·摩訶止觀 62_519_3

五代·密教部類 3_35_16

五代·密教部類 3_37_16

五代·大毗盧經 2_13_3

五代·大毗盧經 2_15_15

五代·大毗盧經 3_24_35

五代·大毗盧經 6_70_21

五代·大毗盧經 10_116_7

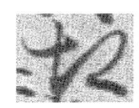

五代·大毗盧經 10_116_9
五代·大毗盧經 12_146_3
五代·大毗盧經 16_204_30
五代·大毗盧經 19_245_6
五代·大毗盧經 22_277_13
五代·大毗盧經 23_295_6
五代·大毗盧經 23_296_8
五代·大毗盧經 23_298_18

五代·大毗盧經 26_326_26
五代·大毗盧經 27_341_15
五代·大毗盧經 27_341_21
五代·大毗盧經 27_341_23
五代·大毗盧經 27_343_15
五代·大毗盧經 27_346_27
五代·大毗盧經 29_371_20
五代·大毗盧經 30_380_11

五代·大毗盧經 39_468_1
五代·大毗盧經 42_507_19
五代·大毗盧經 42_507_24
五代·大毗盧經 43_513_5
五代·大毗盧經 43_513_6
五代·大毗盧經 43_518_5
五代·大毗盧經 43_518_16
五代·大毗盧經 44_528_4

五代·大毗盧經 50_608_6
五代·大毗盧經 52_639_25
五代·大毗盧經 52_641_9
五代·大毗盧經 52_641_13
五代·大毗盧經 52_643_2
五代·大毗盧經 52_643_15
五代·大毗盧經 52_643_21
五代·大毗盧經 54_661_1

五代·大毗盧經 55_676_9
五代·大毗盧經 55_676_11
五代·大毗盧經 59_728_6
五代·大毗盧經 59_731_6
五代·大毗盧經 60_735_1
五代·大毗盧經 60_744_13
五代·大毗盧經 62_768_13
五代·大毗盧經 62_770_3

五代·大毗盧經 63_792_6
五代·大毗盧經 64_800_5
五代·大毗盧經 65_813_34
五代·大毗盧經 65_816_15
五代·大毗盧經 65_817_23
五代·大毗盧經 65_819_44
五代·大毗盧經 71_870_6
五代·大毗盧經 71_876_6

五代·大毗盧經 73_902_12
五代·大毗盧經 77_934_13
五代·大毗盧經 85_1046_16
五代·大毗盧經 86_1051_28
五代·大毗盧經 92_1132_21
五代·大毗盧經 93_1137_4

# 普

漢ホ 呉フ
訓あまねし

初唐・古文尚書
34_318_27

中唐・翰苑
25_333_36

中唐・翰苑
25_333_37

晚唐・摩訶止觀
10_85_7

晚唐・摩訶止觀
12_102_7

晚唐・摩訶止觀
49_420_28

晚唐・摩訶止觀
51_431_16

晚唐・摩訶止觀
60_506_3

五代・密教部類
4_51_20

五代・大毗盧經
2_3_3

五代・大毗盧經
3_36_13

五代・大毗盧經
5_55_17

五代・大毗盧經
5_56_13

五代・大毗盧經
6_65_13

五代・大毗盧經
7_86_9

五代・大毗盧經
12_153_11

五代・大毗盧經
13_163_3

五代・大毗盧經
13_166_1

五代・大毗盧經
14_169_6

五代・大毗盧經
14_173_16

五代・大毗盧經
14_174_1

五代・大毗盧經
14_176_1

五代・大毗盧經
15_196_32

五代・大毗盧經
17_224_3

五代・大毗盧經
18_236_19

五代・大毗盧經
21_272_14

五代・大毗盧經
21_274_6

五代・大毗盧經
22_278_4

五代・大毗盧經
24_305_23

五代・大毗盧經
25_313_9

五代・大毗盧經
26_335_22

五代・大毗盧經
26_336_8

五代・大毗盧經
28_349_16

五代・大毗盧經
28_354_6

五代・大毗盧經
28_359_1

五代・大毗盧經
29_365_9

五代・大毗盧經
31_391_1

五代・大毗盧經
31_391_18

五代・大毗盧經
31_394_23

五代・大毗盧經
31_396_11

五代・大毗盧經
35_410_22

五代・大毗盧經
39_459_18

五代・大毗盧經
41_486_1

五代・大毗盧經
44_533_18

五代・大毗盧經
45_542_8

五代・大毗盧經
45_546_16

五代・大毗盧經
45_549_2

五代・大毗盧經
47_573_20

五代・大毗盧經
47_579_26

五代・大毗盧經
50_606_20

五代・大毗盧經
50_612_4

五代・大毗盧經
50_613_9

## 暉

キ
訓ひかり

中唐・翰苑
36_466_20

五代・大毗盧經
11_139_15

五代・大毗盧經
40_483_4

五代・大毗盧經
46_567_14

五代・大毗盧經
50_612_9

五代・大毗盧經
63_778_19

五代・大毗盧經
71_868_10

## 暖

漢ダン
訓あたたかい

中唐・翰苑
19_252_31

## 暇

漢カ
訓ひま

初唐・毛詩傳
1_9_25

初唐・禮記正義
6_90_21

## 暌

ケイ、キョウ
訓ひ

初唐・古文尚書
37_350_3

初唐・古文尚書
37_351_5

初唐・古文尚書
37_351_26

初唐・古文尚書
37_352_1

初唐・古文尚書
37_352_4

初唐・古文尚書
37_352_14

初唐・古文尚書
37_353_12

## 曾

慣ソ 慣ゾ／漢ソウ 呉ゾウ
訓かさねる

初唐・禮記正義
2_20_11

初唐・禮記正義
28_435_4

中唐・翰苑
24_319_12

晚唐・摩訶止觀
35_303_26

五代・大毗盧經
88_1072_18

五代・大毗盧經
96_1171_1

五代・大毗盧經
96_1171_8

五代・大毗盧經
97_1186_13

五代・大毗盧經
97_1197_1

五代・大毗盧經
63_778_15

五代・大毗盧經
67_836_1

五代・大毗盧經
69_860_22

五代・大毗盧經
71_864_1

五代・大毗盧經
78_945_20

五代・大毗盧經
78_951_1

五代・大毗盧經
79_961_19

五代・大毗盧經
86_1057_37

## 目施

イ
訓ひがめぐる

目施
中唐・翰苑
20_263_5

## 暗

漢アン
訓くらい

五代•大毗盧經
21_272_22

五代•大毗盧經
24_305_10

五代•大毗盧經
26_327_21

五代•大毗盧經
36_429_9

五代•大毗盧經
38_447_14

五代•大毗盧經
40_474_24

五代•大毗盧經
40_475_1

五代•大毗盧經
41_500_10

五代•大毗盧經
43_517_15

五代•大毗盧經
43_520_10

五代•大毗盧經
44_534_12

五代•大毗盧經
74_914_21

五代•大毗盧經
80_971_4

五代•大毗盧經
80_976_13

五代•大毗盧經
83_1008_1

五代•大毗盧經
93_1145_26

五代•大毗盧經
96_1171_31

## 暈

ウン
訓かさ

中唐・翰苑
2_13_11

中唐・翰苑
2_15_6

## 會

漢カイ吳エ
訓あう

初唐•古文尚書
1_4_15

初唐・毛詩傳
7_68_14

初唐•禮記正義
15_230_2

初唐•禮記正義
16_243_16

初唐•禮記正義
16_243_23

初唐•禮記正義
23_346_18

初唐・十誦律
1_4_16

初唐・十誦律
1_6_8

初唐・十誦律
1_8_12

初唐・十誦律
1_10_7

初唐・十誦律
2_13_12

初唐・十誦律
2_18_16

初唐・十誦律
2_23_4

初唐・十誦律
2_25_5

初唐・十誦律
5_89_9

初唐・十誦律
19_373_16

# 嘗 暮 朅

嘗 漢ショウ 吳ジョウ 訓なめる

初唐・古文尚書 10_85_26

初唐・毛詩傳 10_111_12

中唐・翰苑 9_113_31

中唐・翰苑 14_174_6

中唐・翰苑 15_199_13

中唐・翰苑 20_267_34

暮 漢ボ 訓くれる

初唐・毛詩傳 1_7_8

中唐・翰苑 37_470_19

五代・大毗盧經 5_52_17

五代・大毗盧經 5_53_6

五代・大毗盧經 5_57_17

五代・大毗盧經 6_67_2

朅 漢ケツ 訓さる

五代・大毗盧經 19_240_9

五代・大毗盧經 23_300_13

五代・大毗盧經 63_791_11

五代・大毗盧經 19_241_15

五代・大毗盧經 22_280_12

五代・大毗盧經 23_290_10

五代・大毗盧經 23_291_15

五代・大毗盧經 31_390_21

五代・大毗盧經 40_478_14

五代・大毗盧經 60_748_29

五代・大毗盧經 93_1138_34

中唐・翰苑 34_443_3

中唐・翰苑 41_528_17

中唐・翰苑 42_534_19

晚唐・摩訶止觀 32_276_12

晚唐・摩訶止觀 32_279_6

晚唐・摩訶止觀 38_326_26

晚唐・摩訶止觀 61_512_2

五代・大毗盧經 15_195_38

中唐・翰苑 17_218_25

中唐・翰苑 17_219_12

中唐・翰苑 17_223_4

中唐・翰苑 18_240_2

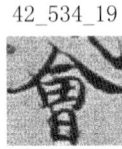

中唐・翰苑 22_284_13

中唐・翰苑 22_285_25

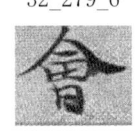

中唐・翰苑 31_402_42

中唐・翰苑 32_412_21

中唐・翰苑 3_26_29

中唐・翰苑 3_30_18

中唐・翰苑 7_90_5

中唐・翰苑 7_90_13

中唐・翰苑 7_90_26

中唐・翰苑 7_91_1

中唐・翰苑 12_155_5

中唐・翰苑 14_178_7

## 暫

吳ザン
訓しばらく

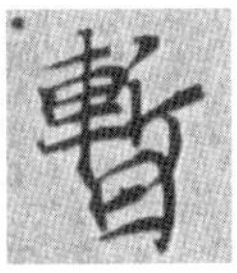
初唐•古文尚書
14_134_18

初唐•古文尚書
15_135_8

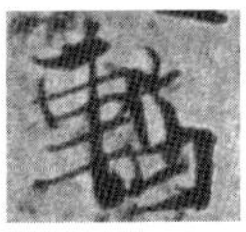
初唐•禮記正義
11_175_25

## 暨

漢キ
訓およぶ

初唐•禮記正義
15_235_16

## 暱

漢ジツ
訓ちかづく

初唐•古文尚書
20_193_27

初唐•古文尚書
20_194_7

初唐•古文尚書
39_370_7

五代•大毗盧經
57_693_13

## 暝

慣メイ漢ベイ吳ミョウ
訓くらい

五代•大毗盧經
96_1171_32

中唐・翰苑
26_335_10

中唐・翰苑
27_347_26

中唐・翰苑
33_427_6

## 曄

ヨウ
訓かがやく

中唐・翰苑
3_24_8

中唐・翰苑
3_29_10

中唐・翰苑
11_134_7

中唐・翰苑
13_159_2

中唐・翰苑
13_160_10

中唐・翰苑
13_160_34

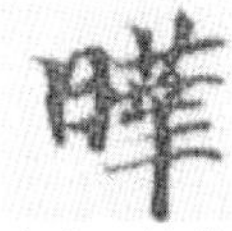
中唐・翰苑
23_297_13

## 暢

チョウ
訓のびる

初唐•古文尚書
39_378_28

| 曠 | 曜 | 曉 | 曇 | 曆 | | 暴 |
|---|---|---|---|---|---|---|
| コウ<br>訓あきらか | ヨウ<br>訓ひかり | 慣ギョウ漢キョウ<br>訓あかつき | 漢タン呉ドン<br>訓くもる | 漢レキ呉リャク<br>訓こよみ | | 呉ボウ慣バク<br>訓あばく |
| <br>初唐•禮記正義<br>16_244_25<br><br>初唐•禮記正義<br>18_280_26<br><br>中唐・翰苑<br>4_42_23<br><br>中唐・翰苑<br>33_433_24<br><br>五代•大毗盧經<br>2_11_17 | <br>五代•大毗盧經<br>44_529_17<br><br>五代•大毗盧經<br>80_969_2<br><br>五代•大毗盧經<br>90_1095_10<br><br>五代•大毗盧經<br>94_1149_2<br><br>五代•大毗盧經<br>94_1149_40<br><br>五代•大毗盧經<br>94_1152_20 | <br>中唐・翰苑<br>6_68_31<br><br>中唐・翰苑<br>34_440_35<br><br>五代•密教部類<br>2_13_11<br><br>五代•密教部類<br>3_27_22 | <br>五代•密教部類<br>2_21_11<br><br>五代•大毗盧經<br>45_547_9<br><br>五代•大毗盧經<br>46_566_7<br><br>五代•大毗盧經<br>80_966_20 | <br>中唐・翰苑<br>29_375_31<br><br>中唐・翰苑<br>31_405_10 | <br>五代•大毗盧經<br>20_254_16<br><br>五代•大毗盧經<br>64_803_6<br><br>五代•大毗盧經<br>15_191_18 | <br>初唐•古文尚書<br>25_244_17<br><br>初唐•古文尚書<br>28_277_11<br><br>中唐・翰苑<br>5_59_23<br><br>中唐・翰苑<br>10_126_31<br><br>中唐・翰苑<br>33_426_4<br><br>中唐・翰苑<br>33_427_24<br><br>五代•大毗盧經<br>15_191_24 |

# 曩

漢ドウ 呉ノウ
訓さき

五代·大毗盧經 3_26_3
五代·大毗盧經 3_33_13
五代·大毗盧經 3_35_1
五代·大毗盧經 4_42_1
五代·大毗盧經 5_52_15
五代·大毗盧經 6_66_16
五代·大毗盧經 6_73_1
五代·大毗盧經 7_80_1
五代·大毗盧經 7_86_1
五代·大毗盧經 8_90_1
五代·大毗盧經 8_98_1
五代·大毗盧經 9_107_8
五代·大毗盧經 9_108_6
五代·大毗盧經 9_110_22
五代·大毗盧經 10_118_1
五代·大毗盧經 10_119_2
五代·大毗盧經 11_125_1
五代·大毗盧經 11_126_6
五代·大毗盧經 12_151_1
五代·大毗盧經 13_160_1
五代·大毗盧經 15_187_17
五代·大毗盧經 15_190_11
五代·大毗盧經 15_191_1
五代·大毗盧經 16_205_1
五代·大毗盧經 16_208_1
五代·大毗盧經 16_212_1
五代·大毗盧經 17_219_1
五代·大毗盧經 17_226_1
五代·大毗盧經 19_249_1
五代·大毗盧經 20_253_1
五代·大毗盧經 20_258_1
五代·大毗盧經 20_261_1
五代·大毗盧經 21_264_1
五代·大毗盧經 21_267_1
五代·大毗盧經 21_271_1
五代·大毗盧經 21_272_20
五代·大毗盧經 22_275_1
五代·大毗盧經 22_284_18
五代·大毗盧經 22_284_19
五代·大毗盧經 23_300_1
五代·大毗盧經 24_305_1
五代·大毗盧經 24_307_1
五代·大毗盧經 24_308_7
五代·大毗盧經 24_310_1
五代·大毗盧經 24_312_1
五代·大毗盧經 24_312_14
五代·大毗盧經 25_316_1
五代·大毗盧經 25_319_1
五代·大毗盧經 25_321_1

## 曬

シ 漢 サイ
訓 さらす

五代・大毗盧經 9_108_13
五代・大毗盧經 54_668_18
五代・大毗盧經 57_693_12

五代・大毗盧經 93_1146_1
五代・大毗盧經 94_1148_1
五代・大毗盧經 94_1151_1
五代・大毗盧經 94_1154_1
五代・大毗盧經 94_1157_1
五代・大毗盧經 95_1161_1
五代・大毗盧經 95_1164_1

五代・大毗盧經 90_1108_1
五代・大毗盧經 91_1111_1
五代・大毗盧經 91_1114_1
五代・大毗盧經 91_1117_1
五代・大毗盧經 92_1124_1
五代・大毗盧經 93_1139_16
五代・大毗盧經 93_1142_1

五代・大毗盧經 86_1055_1
五代・大毗盧經 86_1058_1
五代・大毗盧經 87_1061_1
五代・大毗盧經 87_1065_1
五代・大毗盧經 87_1067_8
五代・大毗盧經 88_1070_1
五代・大毗盧經 88_1074_1

五代・大毗盧經 66_830_1
五代・大毗盧經 67_845_1
五代・大毗盧經 68_850_1
五代・大毗盧經 68_857_2
五代・大毗盧經 71_879_1
五代・大毗盧經 72_880_10
五代・大毗盧經 72_881_27

五代・大毗盧經 64_802_1
五代・大毗盧經 64_809_1
五代・大毗盧經 65_812_1
五代・大毗盧經 65_817_1
五代・大毗盧經 66_822_1
五代・大毗盧經 66_825_1
五代・大毗盧經 66_827_7

五代・大毗盧經 25_322_31
五代・大毗盧經 26_325_1
五代・大毗盧經 26_329_1
五代・大毗盧經 61_761_1
五代・大毗盧經 62_765_1
五代・大毗盧經 62_768_1
五代・大毗盧經 62_771_1

# 水 氵

現 スイ
訓 みず

## 水部

初唐•古文尚書 1_3_9
初唐•古文尚書 1_4_14
初唐•古文尚書 1_5_12
初唐•古文尚書 1_8_9
初唐•古文尚書 2_10_13
初唐•古文尚書 2_10_16
初唐•古文尚書 2_10_18
初唐•古文尚書 2_12_7

初唐•古文尚書 3_18_20
初唐•古文尚書 3_19_15
初唐•古文尚書 3_25_12
初唐•古文尚書 3_25_14
初唐•古文尚書 3_26_6
初唐•古文尚書 4_30_23
初唐•古文尚書 4_36_5
初唐•古文尚書 5_39_8

初唐•古文尚書 5_41_5
初唐•古文尚書 5_41_29
初唐•古文尚書 12_111_14
初唐•古文尚書 16_146_22
初唐•古文尚書 18_171_17
初唐•古文尚書 18_174_20
初唐•古文尚書 27_267_3
初唐•古文尚書 27_267_18

初唐•古文尚書 42_402_14
初唐•古文尚書 42_404_1
初唐•毛詩傳 4_38_3
初唐•毛詩傳 4_40_21
初唐•毛詩傳 4_41_11
初唐•毛詩傳 4_44_19
初唐•毛詩傳 5_47_2
初唐•毛詩傳 5_49_3

初唐•般若經 6_75_2
初唐•般若經 6_75_10
初唐•般若經 6_76_17
初唐•般若經 19_284_10
初唐•般若經 19_285_1
初唐•般若經 19_286_10
中唐•翰苑 3_26_16
冰厚六尺 中唐•翰苑 4_40_21

中唐•翰苑 4_41_18
中唐•翰苑 4_41_23
中唐•翰苑 6_77_14
中唐•翰苑 7_87_42
中唐•翰苑 10_120_37
中唐•翰苑 10_128_6
中唐•翰苑 10_129_14
中唐•翰苑 11_136_22

中唐·翰苑 14_173_16
中唐·翰苑 14_178_11
中唐·翰苑 16_202_28
中唐·翰苑 16_203_41
中唐·翰苑 16_206_2
中唐·翰苑 16_206_37
中唐·翰苑 16_209_17
中唐·翰苑 16_212_25

中唐·翰苑 16_212_29
中唐·翰苑 16_212_34
中唐·翰苑 19_255_37
中唐·翰苑 20_256_5
中唐·翰苑 20_257_10
中唐·翰苑 20_257_29
中唐·翰苑 20_262_18
中唐·翰苑 22_285_15

中唐·翰苑 24_315_22
中唐·翰苑 24_315_28
中唐·翰苑 24_316_9
中唐·翰苑 24_316_20
中唐·翰苑 24_316_26
中唐·翰苑 24_316_31
中唐·翰苑 24_316_37
中唐·翰苑 24_317_1

中唐·翰苑 24_317_11
中唐·翰苑 24_317_27
中唐·翰苑 24_317_34
中唐·翰苑 24_318_3
中唐·翰苑 24_318_30
中唐·翰苑 24_320_13
中唐·翰苑 24_320_15
中唐·翰苑 24_320_26

中唐·翰苑 24_321_6
中唐·翰苑 25_323_45
中唐·翰苑 25_324_5
中唐·翰苑 25_325_15
中唐·翰苑 25_332_8
中唐·翰苑 25_334_8
中唐·翰苑 27_349_4
中唐·翰苑 27_349_28

中唐·翰苑 27_349_31
中唐·翰苑 28_365_18
中唐·翰苑 29_372_13
中唐·翰苑 29_373_20
中唐·翰苑 29_374_3
中唐·翰苑 30_385_25
中唐·翰苑 30_386_26
中唐·翰苑 31_405_8

中唐·翰苑 31_406_40
中唐·翰苑 32_413_18
中唐·翰苑 34_440_6
中唐·翰苑 34_440_19
中唐·翰苑 36_469_21
中唐·翰苑 36_469_25
中唐·翰苑 38_483_39
中唐·翰苑 38_486_27

觸沉木
中唐·翰苑
38_486_31

中唐·翰苑
38_487_11

中唐·翰苑
38_491_9

中唐·翰苑
39_495_19

中唐·翰苑
39_499_29

中唐·翰苑
39_501_7

中唐·翰苑
39_503_34

中唐·翰苑
40_511_14

中唐·翰苑
41_521_17

中唐·翰苑
41_522_36

晚唐·摩訶止觀
11_94_11

晚唐·摩訶止觀
12_107_7

晚唐·摩訶止觀
23_195_5

晚唐·摩訶止觀
23_195_9

晚唐·摩訶止觀
24_206_10

晚唐·摩訶止觀
32_278_20

晚唐·摩訶止觀
32_278_26

晚唐·摩訶止觀
36_311_26

晚唐·摩訶止觀
45_383_8

晚唐·摩訶止觀
45_386_9

晚唐·摩訶止觀
51_431_4

晚唐·摩訶止觀
54_458_1

五代·大毗盧經
9_103_31

五代·大毗盧經
12_145_5

五代·大毗盧經
12_152_14

五代·大毗盧經
13_155_14

五代·大毗盧經
13_156_8

五代·大毗盧經
16_201_15

五代·大毗盧經
16_204_9

五代·大毗盧經
17_222_14

五代·大毗盧經
20_263_7

五代·大毗盧經
20_263_21

五代·大毗盧經
23_289_5

五代·大毗盧經
23_296_5

五代·大毗盧經
23_297_2

五代·大毗盧經
25_324_15

五代·大毗盧經
27_346_10

五代·大毗盧經
28_349_12

五代·大毗盧經
28_350_4

五代·大毗盧經
28_351_9

五代·大毗盧經
28_354_2

五代·大毗盧經
40_475_15

五代·大毗盧經
46_554_12

五代·大毗盧經
46_566_17

五代·大毗盧經
50_617_9

五代·大毗盧經
50_620_19

五代·大毗盧經
50_621_16

五代·大毗盧經
51_622_4

五代·大毗盧經
51_625_25

五代·大毗盧經
54_661_7

五代·大毗盧經
54_661_13

五代·大毗盧經
60_742_13

五代·大毗盧經
67_839_8

五代·大毗盧經
67_842_3

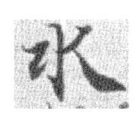

五代·大毗盧經
71_870_13

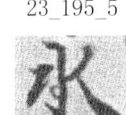

五代·大毗盧經
78_946_21

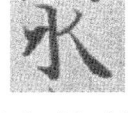

| | | 永 | 汁 | | | |
|---|---|---|---|---|---|---|
| | | 漢現エイ呉ヨウ<br>訓ながい | 漢ジュウ漢シュウ<br>訓しる | | | |
| 初唐・古文尚書<br>48_470_28<br>初唐・毛詩傳<br>4_35_3<br>初唐・毛詩傳<br>4_35_5<br>初唐・十誦律<br>19_368_11<br>中唐・翰苑<br>5_57_22<br>中唐・翰苑<br>6_64_3<br>中唐・翰苑<br>6_70_12<br>中唐・翰苑<br>6_73_8 | 初唐・古文尚書<br>24_236_4<br>初唐・古文尚書<br>24_236_7<br>初唐・古文尚書<br>24_238_29<br>初唐・古文尚書<br>24_238_32<br>初唐・古文尚書<br>33_311_35<br>初唐・古文尚書<br>34_319_28<br>初唐・古文尚書<br>39_375_4<br>初唐・古文尚書<br>44_429_9 | 初唐・古文尚書<br>7_53_29<br>初唐・古文尚書<br>14_132_4<br>初唐・古文尚書<br>15_137_15<br>初唐・古文尚書<br>16_149_9<br>初唐・古文尚書<br>17_158_15<br>初唐・古文尚書<br>22_213_24<br>初唐・古文尚書<br>23_218_3<br>初唐・古文尚書<br>23_228_1 | 中唐・翰苑<br>30_388_1 | 五代・大毗盧經<br>92_1135_22<br>五代・大毗盧經<br>92_1136_8<br>五代・大毗盧經<br>92_1136_19<br>五代・大毗盧經<br>97_1198_5 | 五代・大毗盧經<br>86_1051_29<br>五代・大毗盧經<br>86_1052_16<br>五代・大毗盧經<br>90_1098_11<br>五代・大毗盧經<br>90_1100_18<br>五代・大毗盧經<br>90_1106_20<br>五代・大毗盧經<br>91_1110_20<br>五代・大毗盧經<br>92_1133_1<br>五代・大毗盧經<br>92_1134_11 | 五代・大毗盧經<br>78_951_21<br>五代・大毗盧經<br>80_971_16<br>五代・大毗盧經<br>80_975_3<br>五代・大毗盧經<br>84_1022_3<br>五代・大毗盧經<br>84_1023_12<br>五代・大毗盧經<br>85_1039_16<br>五代・大毗盧經<br>85_1046_19<br>五代・大毗盧經<br>86_1051_1 |

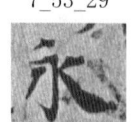

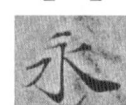

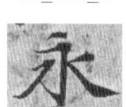

## 汝

漢 ジョ
訓 なんじ

初唐•古文尚書 12_106_9

初唐•古文尚書 17_156_22

初唐•古文尚書 35_330_3

初唐•古文尚書 35_334_21

初唐•古文尚書 35_336_18

初唐•古文尚書 35_338_7

初唐•古文尚書 35_338_22

初唐•古文尚書 36_344_21

初唐•古文尚書 5_41_22

初唐•禮記正義 22_339_22

中唐・翰苑 10_126_9

## 江

漢 コウ 呉 コウ
訓 え

初唐•古文尚書 4_29_12

初唐•古文尚書 4_30_4

初唐•古文尚書 5_37_11

初唐•古文尚書 5_37_24

初唐•古文尚書 5_39_1

初唐•古文尚書 5_40_2

初唐•古文尚書 5_40_5

初唐•古文尚書 5_41_2

## 汙

漢 オ
訓 けがす

男汙比丘尼 初唐・十誦律 7_126_2

男汙比丘尼 初唐・十誦律 8_144_15

男汙比丘尼 初唐・十誦律 18_348_3

中唐・翰苑 40_511_24

中唐・翰苑 40_514_3

中唐・翰苑 41_521_24

中唐・翰苑 41_522_25

中唐・翰苑 41_525_7

晚唐•摩訶止觀 19_169_18

五代•大毗盧經 47_581_23

中唐・翰苑 17_222_5

中唐・翰苑 23_302_16

中唐・翰苑 23_302_27

中唐・翰苑 30_393_40

中唐・翰苑 32_408_15

中唐・翰苑 32_414_4

中唐・翰苑 34_444_29

中唐・翰苑 36_463_18

中唐・翰苑 6_76_15

中唐・翰苑 10_123_17

中唐・翰苑 12_156_16

中唐・翰苑 12_156_28

中唐・翰苑 14_183_4

中唐・翰苑 14_185_8

中唐・翰苑 15_192_1

中唐・翰苑 15_192_17

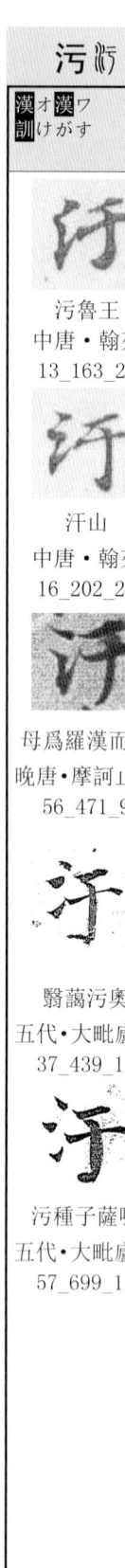

## 污 汙

漢オ 漢ワ
訓けがす

污魯王
中唐・翰苑
13_163_27

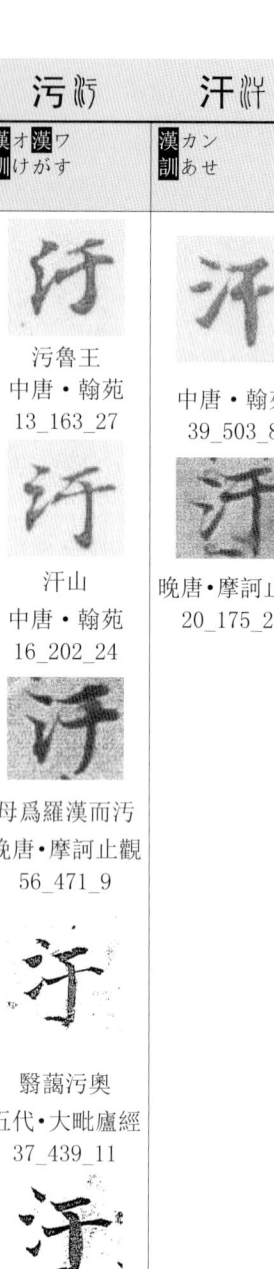

汙山
中唐・翰苑
16_202_24

母爲羅漢而污
晚唐•摩訶止觀
56_471_9

翳藹污奧
五代•大毗盧經
37_439_11

污種子薩嚩
五代•大毗盧經
57_699_11

## 汗

漢カン
訓あせ

中唐・翰苑
39_503_8

晚唐•摩訶止觀
20_175_20

---

初唐・十誦律
10_182_8

初唐・十誦律
11_202_13

中唐・翰苑
7_79_8

晚唐•摩訶止觀
44_376_6

晚唐•摩訶止觀
55_465_7

五代•大毗盧經
9_106_5

五代•大毗盧經
11_130_1

五代•大毗盧經
63_780_15

---

初唐・十誦律
4_68_13

初唐・十誦律
8_135_4

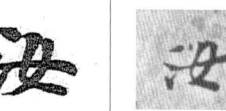

初唐・十誦律
9_155_3

初唐・十誦律
9_164_2

初唐・十誦律
9_164_17

初唐・十誦律
10_179_17

初唐・十誦律
10_181_17

初唐・十誦律
10_182_5

---

初唐・十誦律
1_8_14

初唐・十誦律
2_22_2

初唐・十誦律
2_23_17

初唐・十誦律
2_24_8

初唐・十誦律
2_25_10

初唐・十誦律
2_25_15

初唐・十誦律
2_27_4

初唐・十誦律
3_50_4

---

初唐•古文尚書
44_424_22

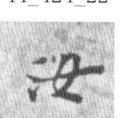

初唐•古文尚書
44_427_11

初唐•古文尚書
44_431_13

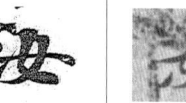

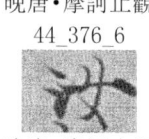

初唐•古文尚書
44_432_13

初唐•古文尚書
47_462_16

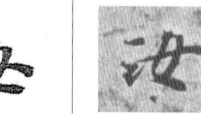

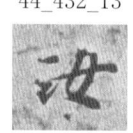

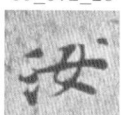

初唐•禮記正義
7_100_22

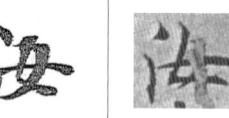

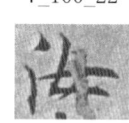

初唐•禮記正義
7_101_25

初唐・十誦律
1_5_11

---

初唐•古文尚書
36_344_26

初唐•古文尚書
38_366_18

初唐•古文尚書
39_371_4

初唐•古文尚書
39_372_28

初唐•古文尚書
39_374_24

初唐•古文尚書
39_375_23

初唐•古文尚書
43_416_9

初唐•古文尚書
44_424_11

## 池

漢 チ
訓 いけ

初唐・古文尚書 2_11_21
初唐・古文尚書 5_40_21
初唐・古文尚書 5_41_1
初唐・十誦律 3_35_7
中唐・翰苑 13_159_8
中唐・翰苑 13_160_37
中唐・翰苑 16_203_44
中唐・翰苑 16_204_8

中唐・翰苑 39_499_4
中唐・翰苑 39_500_2
中唐・翰苑 39_500_36
中唐・翰苑 39_500_44
中唐・翰苑 39_501_23
中唐・翰苑 39_501_36
中唐・翰苑 39_503_14
中唐・翰苑 39_506_21

中唐・翰苑 40_507_2
居於河池
中唐・翰苑 40_508_14
中唐・翰苑 40_508_40
晚唐•摩訶止觀 2_19_17
晚唐•摩訶止觀 23_195_4
五代•大毗盧經 2_16_21

## 求

漢 キュウ 呉 グ
訓 もとめる

初唐•古文尚書 7_53_13
初唐•古文尚書 9_81_8
初唐•古文尚書 9_81_12
初唐•古文尚書 14_130_15
初唐•古文尚書 17_157_34
初唐•古文尚書 17_161_4
初唐•古文尚書 17_161_22
初唐•古文尚書 17_162_22

初唐•古文尚書 18_170_2
初唐•古文尚書 18_170_19
初唐•古文尚書 22_212_8
初唐•古文尚書 22_213_5
初唐•古文尚書 39_372_21
初唐•禮記正義 5_67_1
初唐•禮記正義 28_438_17
初唐•禮記正義 28_442_19

初唐•禮記正義 29_452_7
中唐・翰苑 3_24_18
中唐・翰苑 4_45_36
中唐・翰苑 5_60_5
中唐・翰苑 10_122_36
中唐・翰苑 14_176_29
中唐・翰苑 15_188_4
中唐・翰苑 17_223_11

中唐・翰苑 33_431_29
中唐・翰苑 38_490_6
中唐・翰苑 39_498_16
中唐・般若經 2_12_9
中唐・般若經 2_13_3
中唐・般若經 2_14_3
中唐・般若經 2_14_15
中唐・般若經 2_15_14

中唐•般若經 13_219_3
中唐•般若經 13_219_13
中唐•般若經 13_220_12
中唐•般若經 13_222_8
中唐•般若經 13_222_17
中唐•般若經 13_223_13
中唐•般若經 13_224_4
中唐•般若經 13_224_16
中唐•般若經 13_225_8
中唐•般若經 13_226_4
中唐•般若經 13_226_13
中唐•般若經 15_249_8
中唐•般若經 15_250_2
中唐•般若經 15_250_14
中唐•般若經 15_251_9
中唐•般若經 15_252_4
中唐•般若經 15_267_14
中唐•般若經 16_268_10
中唐•般若經 16_269_9
中唐•般若經 16_270_4
中唐•般若經 16_271_2
中唐•般若經 16_271_15
中唐•般若經 16_272_14
中唐•般若經 16_273_10
中唐•般若經 16_274_11
中唐•般若經 16_276_7
中唐•般若經 16_277_2
中唐•般若經 16_277_17
中唐•般若經 16_278_11
中唐•般若經 16_279_8
中唐•般若經 16_280_3
中唐•般若經 16_281_1
中唐•般若經 16_281_13
中唐•般若經 17_291_13
中唐•般若經 17_292_9
中唐•般若經 17_293_4
中唐•般若經 17_293_17
中唐•般若經 17_294_15
中唐•般若經 17_296_11
中唐•般若經 17_297_6
中唐•般若經 17_297_17
中唐•般若經 17_298_12
中唐•般若經 18_309_4
中唐•般若經 18_310_2
中唐•般若經 18_310_16
中唐•般若經 18_311_14
中唐•般若經 18_312_14
中唐•般若經 18_314_10
中唐•般若經 18_315_7
中唐•般若經 18_316_3
中唐•般若經 18_316_17
中唐•般若經 19_328_4
中唐•般若經 19_329_2
中唐•般若經 19_329_16
中唐•般若經 19_330_14
中唐•般若經 19_331_14

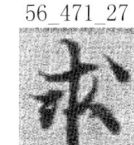

| 沐 | 沅 | | | | | |
|---|---|---|---|---|---|---|
| 漢ボク 呉モク<br>訓あらう | 漢ゲン<br>訓— | | | | | |
| 中唐・翰苑<br>17_222_33<br>中唐・翰苑<br>41_521_8 | 中唐・翰苑<br>34_440_5<br>中唐・翰苑<br>34_442_13 | 晚唐•摩訶止觀<br>56_471_27<br>晚唐•摩訶止觀<br>58_494_1<br>五代•大毗盧經<br>10_122_47<br>五代•大毗盧經<br>43_524_13<br>五代•大毗盧經<br>45_553_17<br>五代•大毗盧經<br>97_1187_11 | 晚唐•摩訶止觀<br>43_369_21<br>晚唐•摩訶止觀<br>43_370_6<br>晚唐•摩訶止觀<br>43_370_18<br>晚唐•摩訶止觀<br>49_418_26<br>晚唐•摩訶止觀<br>49_419_24<br>晚唐•摩訶止觀<br>51_433_21<br>晚唐•摩訶止觀<br>51_436_21<br>晚唐•摩訶止觀<br>55_468_1 | 晚唐•摩訶止觀<br>33_286_1<br>晚唐•摩訶止觀<br>33_290_25<br>晚唐•摩訶止觀<br>34_293_25<br>晚唐•摩訶止觀<br>34_296_19<br>晚唐•摩訶止觀<br>34_298_27<br>晚唐•摩訶止觀<br>43_368_11<br>晚唐•摩訶止觀<br>43_368_22<br>晚唐•摩訶止觀<br>43_369_8 | 晚唐•摩訶止觀<br>19_169_2<br>晚唐•摩訶止觀<br>20_170_10<br>晚唐•摩訶止觀<br>32_277_15<br>晚唐•摩訶止觀<br>32_280_11<br>晚唐•摩訶止觀<br>32_282_7<br>晚唐•摩訶止觀<br>33_283_13<br>晚唐•摩訶止觀<br>33_283_22<br>晚唐•摩訶止觀<br>33_284_30 | 中唐・般若經<br>19_333_10<br>中唐・般若經<br>19_334_7<br>中唐・般若經<br>19_335_3<br>中唐・般若經<br>19_335_17<br>晚唐•摩訶止觀<br>7_57_6<br>晚唐•摩訶止觀<br>8_66_18<br>晚唐•摩訶止觀<br>10_85_2<br>晚唐•摩訶止觀<br>14_127_6 |

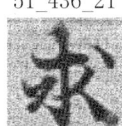

## 沙

呉シャ 漢サ
訓みぎわ

初唐・十誦律 1_7_10
初唐・十誦律 1_8_16
初唐・十誦律 7_118_8
初唐・十誦律 7_123_16
初唐・十誦律 8_140_6
初唐・十誦律 18_346_1
中唐・翰苑 10_128_2
中唐・翰苑 12_149_41
中唐・翰苑 13_160_23
中唐・翰苑 26_345_11
中唐・翰苑 27_358_22
中唐・翰苑 28_365_46
中唐・翰苑 34_436_3
中唐・翰苑 34_439_39
中唐・翰苑 34_439_40
中唐・翰苑 36_461_29
中唐・翰苑 38_486_18
中唐・翰苑 38_487_13
涉危歷險 中唐・翰苑 41_519_10
中唐・翰苑 42_540_31
晚唐・摩訶止觀 10_85_17
晚唐・摩訶止觀 29_249_25
晚唐・摩訶止觀 29_256_6
晚唐・摩訶止觀 37_319_6
晚唐・摩訶止觀 37_319_12
晚唐・摩訶止觀 37_320_5
晚唐・摩訶止觀 47_403_4
晚唐・摩訶止觀 47_403_27
晚唐・摩訶止觀 47_405_8
五代・密教部類 1_2_4
五代・大毗盧經 16_204_14
五代・大毗盧經 25_318_4
五代・大毗盧經 35_412_4
五代・大毗盧經 71_865_4
五代・大毗盧經 90_1094_4

## 沖

漢チュウ
訓おき

初唐・古文尚書 16_150_12
初唐・古文尚書 16_150_21
中唐・翰苑 43_547_3

## 沒

漢ボツ 慣モツ
訓もぐる

初唐・古文尚書 27_267_9
初唐・古文尚書 27_267_14
初唐・古文尚書 29_280_5
初唐・禮記正義 27_409_15
中唐・翰苑 7_91_27
中唐・翰苑 9_118_34
中唐・翰苑 17_217_35
中唐・翰苑 22_285_33

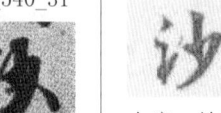

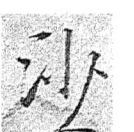

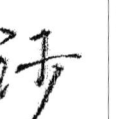

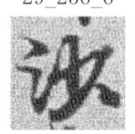

中唐・翰苑
23_298_28

中唐・翰苑
31_406_39

仇池汶郡
中唐・翰苑
39_506_22

中唐・翰苑
40_507_3

五代•大毗盧經
4_37_5

五代•大毗盧經
6_73_6

五代•大毗盧經
7_80_6

五代•大毗盧經
9_107_5

五代•大毗盧經
10_112_10

五代•大毗盧經
10_118_7

五代•大毗盧經
11_125_7

五代•大毗盧經
12_151_6

五代•大毗盧經
13_160_7

五代•大毗盧經
15_197_6

五代•大毗盧經
16_205_6

五代•大毗盧經
16_208_6

五代•大毗盧經
17_219_6

五代•大毗盧經
17_226_6

五代•大毗盧經
20_258_6

五代•大毗盧經
20_261_6

五代•大毗盧經
21_264_6

五代•大毗盧經
21_267_6

五代•大毗盧經
21_271_6

五代•大毗盧經
23_300_6

五代•大毗盧經
24_305_6

五代•大毗盧經
24_307_6

五代•大毗盧經
24_310_6

五代•大毗盧經
24_312_6

五代•大毗盧經
25_316_6

五代•大毗盧經
25_319_6

五代•大毗盧經
25_321_6

五代•大毗盧經
26_325_6

五代•大毗盧經
26_329_6

五代•大毗盧經
26_333_6

五代•大毗盧經
27_341_6

五代•大毗盧經
27_343_8

五代•大毗盧經
27_344_6

五代•大毗盧經
27_344_12

五代•大毗盧經
27_347_6

五代•大毗盧經
28_360_6

五代•大毗盧經
53_646_6

五代•大毗盧經
53_649_6

五代•大毗盧經
53_651_6

五代•大毗盧經
54_655_6

五代•大毗盧經
54_669_6

五代•大毗盧經
55_675_6

五代•大毗盧經
55_678_6

五代•大毗盧經
55_681_6

五代•大毗盧經
56_685_6

五代•大毗盧經
56_689_6

五代•大毗盧經
57_692_6

五代•大毗盧經
57_693_11

五代•大毗盧經
57_695_6

五代•大毗盧經
57_699_6

五代•大毗盧經
58_712_6

五代•大毗盧經
58_715_6

五代·大毗盧經 58_718_6
五代·大毗盧經 59_721_6
五代·大毗盧經 59_724_6
五代·大毗盧經 59_727_6
五代·大毗盧經 60_747_6
五代·大毗盧經 61_753_6
五代·大毗盧經 61_756_6
五代·大毗盧經 61_759_6
五代·大毗盧經 61_761_6
五代·大毗盧經 62_765_6
五代·大毗盧經 62_768_6
五代·大毗盧經 62_771_6
五代·大毗盧經 62_772_2
五代·大毗盧經 71_879_6
五代·大毗盧經 72_886_6
五代·大毗盧經 72_891_6
五代·大毗盧經 73_897_6
五代·大毗盧經 73_906_6
五代·大毗盧經 74_910_7
五代·大毗盧經 74_912_13
五代·大毗盧經 74_915_6
五代·大毗盧經 77_929_6
五代·大毗盧經 77_933_6
五代·大毗盧經 77_939_6
五代·大毗盧經 78_943_7
五代·大毗盧經 78_949_6
五代·大毗盧經 78_952_6
五代·大毗盧經 79_955_6
五代·大毗盧經 79_959_6
五代·大毗盧經 79_962_6
五代·大毗盧經 80_980_6
五代·大毗盧經 81_982_6
五代·大毗盧經 81_987_6
五代·大毗盧經 81_991_6
五代·大毗盧經 81_994_6
五代·大毗盧經 82_997_6
五代·大毗盧經 82_1000_6
五代·大毗盧經 82_1003_6
五代·大毗盧經 82_1003_10
五代·大毗盧經 83_1006_6
五代·大毗盧經 83_1010_6
五代·大毗盧經 83_1013_6
五代·大毗盧經 83_1016_6
五代·大毗盧經 84_1024_6
五代·大毗盧經 84_1028_6
五代·大毗盧經 85_1031_6
五代·大毗盧經 86_1049_6
五代·大毗盧經 86_1052_6
五代·大毗盧經 86_1055_6
五代·大毗盧經 86_1058_6
五代·大毗盧經 87_1061_6
五代·大毗盧經 87_1065_6
五代·大毗盧經 87_1067_13
五代·大毗盧經 88_1070_6
五代·大毗盧經 88_1074_6
五代·大毗盧經 88_1076_13

## 沂

ギン 漢 ギ 慣 キ
訓 ふち

初唐•古文尚書 3_18_12

中唐・翰苑 44_568_9

中唐・翰苑 20_259_8

中唐・翰苑 22_294_6

中唐・翰苑 25_323_14

中唐・翰苑 25_324_16

中唐・翰苑 30_385_28

中唐・翰苑 41_524_7

初唐・毛詩傳 4_42_11

初唐・毛詩傳 4_42_23

初唐・毛詩傳 4_43_2

初唐・毛詩傳 5_46_4

初唐・毛詩傳 5_48_6

初唐・毛詩傳 5_50_11

初唐・毛詩傳 7_77_11

初唐•禮記正義 12_180_8

## 沃

漢 オク 慣 ヨク
訓 そそぐ

初唐•古文尚書 18_175_21

初唐•古文尚書 19_176_12

初唐・毛詩傳 4_38_15

初唐・毛詩傳 4_39_14

初唐・毛詩傳 4_40_2

初唐・毛詩傳 4_40_10

初唐・毛詩傳 4_40_12

初唐・毛詩傳 4_40_14

五代•大毗盧經 95_1162_8

五代•大毗盧經 95_1164_6

五代•大毗盧經 95_1166_6

五代•大毗盧經 95_1169_6

五代•大毗盧經 96_1171_15

五代•大毗盧經 97_1190_5

五代•大毗盧經 98_1204_6

五代•大毗盧經 98_1206_1

五代•大毗盧經 93_1139_21

五代•大毗盧經 93_1142_6

五代•大毗盧經 93_1146_6

五代•大毗盧經 94_1148_6

五代•大毗盧經 94_1151_6

五代•大毗盧經 94_1154_7

五代•大毗盧經 94_1157_6

五代•大毗盧經 95_1161_6

五代•大毗盧經 88_1080_7

五代•大毗盧經 89_1083_7

五代•大毗盧經 89_1086_6

五代•大毗盧經 89_1089_6

五代•大毗盧經 90_1104_6

五代•大毗盧經 90_1108_6

五代•大毗盧經 91_1111_6

五代•大毗盧經 92_1124_6

| 沇 | | 決 | 汶 | | | 沈 |
|---|---|---|---|---|---|---|
| イン、エン漢イ<br>訓— | | 漢現ケツ呉ケチ<br>訓きめる | 漢ブン漢ボン漢ビン呉モン<br>訓けがれ | | | 呉ジン漢チン<br>訓しずむ |
| <br>初唐•古文尚書<br>1_2_23 | <br>中唐・翰苑<br>11_141_28<br><br>中唐・翰苑<br>11_142_27<br><br>五代•大毗盧經<br>18_234_26<br><br>五代•大毗盧經<br>55_673_31<br><br>五代•大毗盧經<br>97_1185_15<br><br>五代•大毗盧經<br>98_1212_1 | <br>初唐•禮記正義<br>4_51_10<br><br>初唐•禮記正義<br>4_57_27<br><br>初唐•禮記正義<br>4_57_29<br><br>初唐•禮記正義<br>10_150_1<br><br>初唐•禮記正義<br>10_156_10<br><br>初唐•禮記正義<br>10_156_28<br><br>初唐•禮記正義<br>27_417_12<br><br>中唐・翰苑<br>11_138_26 | <br>初唐•古文尚書<br>3_17_6<br><br>攻擊<br>中唐・翰苑<br>5_52_14<br><br>攻皐林<br>中唐・翰苑<br>5_58_39<br><br>中唐・翰苑<br>29_373_26<br><br>中唐・翰苑<br>40_509_28<br><br>中唐・翰苑<br>40_512_35 | <br>晚唐•摩訶止觀<br>61_518_21 | <br>初唐•古文尚書<br>9_78_3<br><br>初唐•古文尚書<br>12_112_1<br><br>初唐・十誦律<br>19_371_10<br>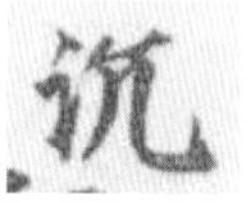<br>中唐・翰苑<br>36_468_20<br><br>中唐・翰苑<br>38_485_28<br><br>中唐・翰苑<br>38_486_30<br><br>中唐・翰苑<br>38_487_5<br><br>中唐・翰苑<br>40_513_15 | <br>初唐•古文尚書<br>9_78_28<br><br>初唐•古文尚書<br>12_112_23<br><br>初唐•古文尚書<br>16_146_24<br><br>初唐•古文尚書<br>27_262_36<br><br>初唐•古文尚書<br>27_263_14<br><br>初唐•古文尚書<br>28_272_2<br><br>初唐•古文尚書<br>28_272_21<br><br>初唐•古文尚書<br>28_273_9 |

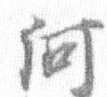

## 沫

漢バイ　訓—

- 五代・大毗盧經 8_100_30
- 五代・大毗盧經 17_219_14
- 五代・大毗盧經 21_269_1
- 五代・大毗盧經 21_269_15
- 五代・大毗盧經 42_503_4

## 河

漢カ　呉ガ　訓かわ

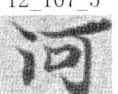

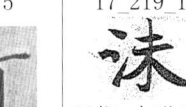

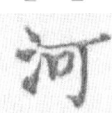

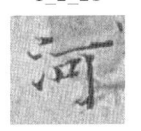

- 初唐・古文尚書 1_1_1
- 初唐・古文尚書 1_1_15
- 初唐・古文尚書 1_2_21
- 初唐・古文尚書 1_3_2
- 初唐・古文尚書 1_3_5
- 初唐・古文尚書 1_3_8
- 初唐・古文尚書 2_10_5
- 初唐・古文尚書 4_27_13
- 初唐・古文尚書 11_97_6
- 初唐・古文尚書 11_97_14
- 初唐・古文尚書 21_207_10
- 初唐・古文尚書 21_207_21
- 初唐・古文尚書 22_208_11
- 初唐・古文尚書 22_208_20
- 初唐・十誦律 3_35_5
- 中唐・翰苑 3_26_8
- 中唐・翰苑 3_26_15
- 中唐・翰苑 3_26_25
- 中唐・翰苑 5_53_2
- 中唐・翰苑 5_53_21
- 中唐・翰苑 19_249_2
- 中唐・翰苑 19_250_27
- 中唐・翰苑 20_256_11
- 中唐・翰苑 21_274_45
- 中唐・翰苑 24_319_10
- 中唐・翰苑 29_372_28
- 中唐・翰苑 29_373_27
- 中唐・翰苑 39_501_24
- 晚唐・摩訶止觀 1_9_1
- 晚唐・摩訶止觀 2_20_8
- 晚唐・摩訶止觀 4_31_15
- 晚唐・摩訶止觀 10_85_16
- 晚唐・摩訶止觀 12_107_5
- 晚唐・摩訶止觀 39_333_3
- 五代・大毗盧經 2_17_2
- 五代・大毗盧經 25_318_3

## 沬

慣マツ　漢バツ　訓あわ

- 晚唐・摩訶止觀 43_373_15
- 五代・大毗盧經 30_381_13

# 法

慣ハッ 慣ホッ 漢ホウ 呉ホウ 訓のり

初唐•古文尚書 1_8_16
初唐•古文尚書 7_56_22
初唐•古文尚書 7_58_14
初唐•古文尚書 10_83_20
初唐•古文尚書 11_94_18
初唐•古文尚書 11_97_16
初唐•古文尚書 12_105_16
初唐•古文尚書 13_119_6

初唐•古文尚書 17_165_13
初唐•古文尚書 17_165_33
初唐•古文尚書 19_186_27
初唐•古文尚書 20_189_17
初唐•古文尚書 20_189_22
初唐•古文尚書 22_214_5
初唐•古文尚書 23_218_13
初唐•古文尚書 26_251_41

初唐•古文尚書 27_265_18
初唐•古文尚書 28_273_36
初唐•古文尚書 31_292_32
初唐•古文尚書 31_294_36
初唐•古文尚書 34_323_2
初唐•古文尚書 35_337_19
初唐•古文尚書 36_347_26
初唐•古文尚書 39_371_32

初唐•古文尚書 39_375_27
初唐•古文尚書 39_376_7
初唐•古文尚書 39_379_2
初唐•古文尚書 40_386_2
初唐•古文尚書 40_386_31
初唐•古文尚書 41_399_7
初唐•古文尚書 42_403_22
初唐•古文尚書 42_406_15

初唐•古文尚書 43_415_16
初唐•古文尚書 43_421_19
初唐•古文尚書 45_438_3
初唐•古文尚書 45_439_3
初唐•古文尚書 46_452_25
初唐•古文尚書 46_453_9
初唐•古文尚書 47_460_15
初唐•古文尚書 49_478_25

初唐•禮記正義 1_10_14
初唐•禮記正義 3_36_15
初唐•禮記正義 3_43_2
初唐•禮記正義 5_75_5
初唐•禮記正義 10_155_4
初唐•禮記正義 10_155_8
初唐•禮記正義 10_155_18
初唐•禮記正義 16_241_2

初唐•禮記正義 16_249_11
初唐•禮記正義 18_268_18
初唐•禮記正義 19_293_24
初唐•禮記正義 24_362_27
初唐•禮記正義 27_417_5
初唐•禮記正義 28_437_7
初唐•禮記正義 28_438_26
初唐•禮記正義 28_439_14

初唐•般若經 12_169_12
初唐•般若經 12_170_17
初唐•般若經 15_226_15
初唐•般若經 15_227_6
初唐•般若經 16_228_15
初唐•般若經 18_276_2
初唐•般若經 19_277_3
初唐•般若經 19_279_1

初唐•般若經 8_109_16
初唐•般若經 8_110_1
初唐•般若經 8_110_14
初唐•般若經 8_112_7
初唐•般若經 12_164_17
初唐•般若經 12_165_14
初唐•般若經 12_167_10
初唐•般若經 12_169_6

初唐•般若經 3_21_2
初唐•般若經 3_22_9
初唐•般若經 6_67_2
初唐•般若經 6_68_3
初唐•般若經 6_69_16
初唐•般若經 8_101_3
初唐•般若經 8_108_16
初唐•般若經 8_108_18

初唐•十誦律 11_207_8
初唐•十誦律 11_208_8
初唐•十誦律 11_209_6
初唐•十誦律 18_344_3
初唐•十誦律 19_364_9
初唐•十誦律 19_364_13
初唐•十誦律 19_372_3
初唐•般若經 3_20_11

初唐•十誦律 10_183_12
初唐•十誦律 10_184_11
初唐•十誦律 10_187_7
初唐•十誦律 10_194_1
初唐•十誦律 11_200_16
初唐•十誦律 11_202_4
初唐•十誦律 11_203_1
初唐•十誦律 11_206_4

初唐•十誦律 6_107_14
初唐•十誦律 6_108_3
初唐•十誦律 6_108_8
初唐•十誦律 6_109_2
初唐•十誦律 6_109_15
初唐•十誦律 6_110_12
初唐•十誦律 6_111_9
初唐•十誦律 10_182_14

初唐•禮記正義 28_440_21
初唐•禮記正義 29_455_21
初唐•禮記正義 29_456_11
初唐•禮記正義 29_456_19
初唐•禮記正義 30_475_4
初唐•十誦律 1_2_2
初唐•十誦律 1_2_6
初唐•十誦律 6_107_3

| | | | | | | |
|---|---|---|---|---|---|---|
| 中唐・般若經 12_199_13 | 中唐・般若經 11_188_13 | 中唐・般若經 11_174_11 | 中唐・般若經 2_12_2 | 中唐・翰苑 16_202_1 | 初唐・般若經 25_380_11 | 初唐・般若經 21_311_17 |
| 中唐・般若經 12_200_16 | 中唐・般若經 11_189_16 | 中唐・般若經 11_177_7 | 中唐・般若經 10_163_6 | 中唐・翰苑 28_361_39 | 初唐・般若經 25_382_9 | 初唐・般若經 21_320_3 |
| 中唐・般若經 12_201_16 | 中唐・般若經 12_191_5 | 中唐・般若經 11_178_16 | 中唐・般若經 10_165_9 | 中唐・翰苑 30_383_17 | 初唐・般若經 25_384_7 | 初唐・般若經 21_320_5 |
| 中唐・般若經 12_203_3 | 中唐・般若經 12_192_14 | 中唐・般若經 11_180_8 | 中唐・般若經 10_166_5 | 中唐・翰苑 30_388_24 | 初唐・般若經 25_384_13 | 初唐・般若經 21_321_4 |
| 中唐・般若經 12_204_5 | 中唐・般若經 12_194_2 | 中唐・般若經 11_182_1 | 中唐・般若經 10_168_15 | 中唐・翰苑 36_460_15 | 初唐・般若經 25_386_3 | 初唐・般若經 21_321_6 |
| 中唐・般若經 13_213_12 | 中唐・般若經 12_195_5 | 中唐・般若經 11_182_10 | 中唐・般若經 10_170_9 | 中唐・翰苑 40_510_34 | 中唐・翰苑 7_91_18 | 初唐・般若經 21_322_2 |
| 中唐・般若經 13_220_16 | 中唐・般若經 12_196_10 | 中唐・般若經 11_186_9 | 中唐・般若經 11_172_3 | 中唐・翰苑 43_552_32 | 中唐・翰苑 10_119_43 | 初唐・般若經 21_323_13 |
| 中唐・般若經 13_227_12 | 中唐・般若經 12_197_17 | 中唐・般若經 11_187_12 | 中唐・般若經 11_173_15 | 中唐・翰苑 44_567_10 | 中唐・翰苑 12_148_19 | 初唐・般若經 25_379_14 |

| | | | | | | |
|---|---|---|---|---|---|---|
| 晚唐•摩訶止觀 6_50_19 | 晚唐•摩訶止觀 3_25_20 | 晚唐•摩訶止觀 2_18_2 | 晚唐•摩訶止觀 2_13_4 | 晚唐•摩訶止觀 1_8_6 | 中唐・般若經 18_313_1 | 中唐・般若經 15_253_2 |
| 晚唐•摩訶止觀 6_51_1 | 晚唐•摩訶止觀 3_26_5 | 晚唐•摩訶止觀 2_18_21 | 晚唐•摩訶止觀 2_14_15 | 晚唐•摩訶止觀 1_8_21 | 中唐・般若經 18_317_17 | 中唐・般若經 15_266_9 |
| 晚唐•摩訶止觀 6_54_15 | 晚唐•摩訶止觀 4_30_20 | 晚唐•摩訶止觀 2_19_20 | 晚唐•摩訶止觀 2_15_8 | 晚唐•摩訶止觀 1_9_11 | 中唐・般若經 19_326_16 | 中唐・般若經 16_274_15 |
| 晚唐•摩訶止觀 7_58_14 | 晚唐•摩訶止觀 4_31_17 | 晚唐•摩訶止觀 2_20_16 | 晚唐•摩訶止觀 2_15_18 | 晚唐•摩訶止觀 1_10_1 | 中唐・般若經 19_332_1 | 中唐・般若經 16_282_14 |
| 晚唐•摩訶止觀 7_59_20 | 晚唐•摩訶止觀 4_32_23 | 晚唐•摩訶止觀 3_21_14 | 晚唐•摩訶止觀 2_15_20 | 晚唐•摩訶止觀 1_10_3 | 中唐・般若經 19_336_17 | 中唐・般若經 17_290_8 |
| 晚唐•摩訶止觀 7_60_1 | 晚唐•摩訶止觀 4_35_16 | 晚唐•摩訶止觀 3_24_2 | 晚唐•摩訶止觀 2_16_8 | 晚唐•摩訶止觀 1_10_18 | 晚唐•摩訶止觀 1_3_21 | 中唐・般若經 17_295_2 |
| 晚唐•摩訶止觀 7_61_16 | 晚唐•摩訶止觀 5_39_3 | 晚唐•摩訶止觀 3_24_14 | 晚唐•摩訶止觀 2_16_22 | 晚唐•摩訶止觀 2_11_11 | 晚唐•摩訶止觀 1_5_17 | 中唐・般若經 17_299_10 |
| 晚唐•摩訶止觀 7_62_23 | 晚唐•摩訶止觀 6_49_18 | 晚唐•摩訶止觀 3_25_7 | 晚唐•摩訶止觀 2_17_12 | 晚唐•摩訶止觀 2_12_13 | 晚唐•摩訶止觀 1_6_12 | 中唐・般若經 18_307_16 |

晚唐•摩訶止觀
7_63_6

晚唐•摩訶止觀
7_63_22

晚唐•摩訶止觀
35_306_15

晚唐•摩訶止觀
35_307_12

晚唐•摩訶止觀
36_313_6

晚唐•摩訶止觀
38_325_3

晚唐•摩訶止觀
38_326_2

晚唐•摩訶止觀
38_330_6

晚唐•摩訶止觀
38_331_6

晚唐•摩訶止觀
38_332_19

晚唐•摩訶止觀
39_338_12

晚唐•摩訶止觀
39_339_13

晚唐•摩訶止觀
39_340_21

晚唐•摩訶止觀
39_340_26

晚唐•摩訶止觀
40_341_15

晚唐•摩訶止觀
40_344_7

晚唐•摩訶止觀
40_347_12

晚唐•摩訶止觀
41_355_23

晚唐•摩訶止觀
42_359_23

晚唐•摩訶止觀
42_363_5

晚唐•摩訶止觀
42_364_8

晚唐•摩訶止觀
42_365_4

晚唐•摩訶止觀
42_365_16

晚唐•摩訶止觀
42_365_24

晚唐•摩訶止觀
43_366_13

晚唐•摩訶止觀
43_367_10

晚唐•摩訶止觀
43_367_13

晚唐•摩訶止觀
43_371_20

晚唐•摩訶止觀
43_372_7

晚唐•摩訶止觀
45_387_5

晚唐•摩訶止觀
45_387_12

晚唐•摩訶止觀
45_388_29

晚唐•摩訶止觀
45_389_18

晚唐•摩訶止觀
45_390_13

晚唐•摩訶止觀
45_390_27

晚唐•摩訶止觀
46_393_30

晚唐•摩訶止觀
46_398_26

晚唐•摩訶止觀
47_400_1

晚唐•摩訶止觀
47_400_17

晚唐•摩訶止觀
47_405_10

晚唐•摩訶止觀
47_406_28

晚唐•摩訶止觀
48_407_4

晚唐•摩訶止觀
48_407_13

晚唐•摩訶止觀
48_412_3

晚唐•摩訶止觀
48_413_26

晚唐•摩訶止觀
49_418_13

晚唐•摩訶止觀
49_420_25

晚唐•摩訶止觀
49_421_18

晚唐•摩訶止觀
49_421_21

晚唐•摩訶止觀
49_421_24

晚唐•摩訶止觀
50_422_6

晚唐•摩訶止觀
50_423_31

晚唐•摩訶止觀
50_426_19

晚唐•摩訶止觀
50_427_1

晚唐•摩訶止觀
50_427_4

晚唐•摩訶止觀
50_427_7

晚唐•摩訶止觀 50_427_10
晚唐•摩訶止觀 50_427_15
晚唐•摩訶止觀 51_433_8
晚唐•摩訶止觀 51_433_18
晚唐•摩訶止觀 51_435_3
晚唐•摩訶止觀 53_447_10
晚唐•摩訶止觀 53_452_9
晚唐•摩訶止觀 54_458_16
晚唐•摩訶止觀 55_464_4
晚唐•摩訶止觀 56_471_28
晚唐•摩訶止觀 56_473_4
晚唐•摩訶止觀 56_473_28
晚唐•摩訶止觀 56_474_28
晚唐•摩訶止觀 56_475_3
晚唐•摩訶止觀 56_475_9
晚唐•摩訶止觀 56_478_21
晚唐•摩訶止觀 57_479_25
晚唐•摩訶止觀 58_489_27
晚唐•摩訶止觀 58_491_18
晚唐•摩訶止觀 58_493_1
晚唐•摩訶止觀 58_493_5
晚唐•摩訶止觀 58_494_14
晚唐•摩訶止觀 60_505_22
晚唐•摩訶止觀 61_516_24
晚唐•摩訶止觀 61_517_8
五代•密教部類 1_1_20
五代•密教部類 1_3_20
五代•密教部類 1_4_16
五代•密教部類 1_6_8
五代•密教部類 1_6_10
五代•密教部類 2_18_19
五代•密教部類 2_22_4
五代•密教部類 3_26_8
五代•密教部類 3_31_8
五代•密教部類 3_39_11
五代•密教部類 3_40_8
五代•密教部類 4_42_7
五代•密教部類 4_44_11
五代•密教部類 4_51_40
五代•密教部類 4_53_9
五代•密教部類 4_54_7
五代•密教部類 4_57_5
五代•密教部類 4_57_10
五代•密教部類 5_58_6
五代•密教部類 5_61_5
五代•密教部類 5_62_4
五代•密教部類 5_62_28
五代•密教部類 5_70_7
五代•密教部類 6_88_9
五代•密教部類 6_88_36
五代•大毗盧經 2_8_14
五代•大毗盧經 2_10_7
五代•大毗盧經 2_14_14
五代•大毗盧經 3_22_14
五代•大毗盧經 3_29_4
五代•大毗盧經 3_35_13

五代·大毗盧經 5_56_6

五代·大毗盧經 5_60_5

五代·大毗盧經 5_60_10

五代·大毗盧經 7_74_7

五代·大毗盧經 7_75_18

五代·大毗盧經 7_76_3

五代·大毗盧經 7_77_17

五代·大毗盧經 7_77_28

五代·大毗盧經 7_80_13

五代·大毗盧經 7_81_16

五代·大毗盧經 7_82_2

五代·大毗盧經 7_85_12

五代·大毗盧經 7_85_22

五代·大毗盧經 8_91_10

五代·大毗盧經 8_91_17

五代·大毗盧經 8_100_16

五代·大毗盧經 11_132_12

五代·大毗盧經 11_137_14

五代·大毗盧經 11_140_12

五代·大毗盧經 14_172_14

五代·大毗盧經 14_173_13

五代·大毗盧經 14_180_4

五代·大毗盧經 16_201_17

五代·大毗盧經 16_204_37

五代·大毗盧經 16_210_7

五代·大毗盧經 17_215_19

五代·大毗盧經 62_762_22

五代·大毗盧經 64_805_9

五代·大毗盧經 64_807_16

五代·大毗盧經 65_812_20

五代·大毗盧經 65_813_16

五代·大毗盧經 65_813_37

五代·大毗盧經 65_814_18

五代·大毗盧經 67_848_12

五代·大毗盧經 68_852_28

五代·大毗盧經 71_865_6

五代·大毗盧經 72_881_20

五代·大毗盧經 72_882_10

五代·大毗盧經 72_882_16

五代·大毗盧經 73_904_16

五代·大毗盧經 73_905_5

五代·大毗盧經 74_909_14

五代·大毗盧經 77_939_14

五代·大毗盧經 78_948_11

五代·大毗盧經 82_999_20

五代·大毗盧經 82_999_34

五代·大毗盧經 82_1004_20

五代·大毗盧經 84_1025_32

五代·大毗盧經 86_1051_31

五代·大毗盧經 86_1057_39

五代·大毗盧經 86_1060_6

五代·大毗盧經 87_1063_30

五代·大毗盧經 87_1064_16

五代·大毗盧經 88_1072_31

五代·大毗盧經 90_1107_15

五代·大毗盧經 93_1139_14

## 沮

漢ショ 呉ソ
訓はばむ

初唐•古文尚書
1_4_4

初唐•古文尚書
1_4_12

初唐•古文尚書
32_301_14

中唐・翰苑
20_259_9

中唐・翰苑
22_294_7

中唐・翰苑
25_323_15

中唐・翰苑
25_324_17

中唐・翰苑
30_385_29

## 沾

テン、セン、チョウ
訓ます

中唐・翰苑
27_350_16

晩唐•摩訶止観
55_464_10

晩唐•摩訶止観
57_480_20

五代•大毗盧經
15_196_2

晩唐•摩訶止観
29_249_11

晩唐•摩訶止観
32_279_14

晩唐•摩訶止観
32_281_8

晩唐•摩訶止観
33_283_5

晩唐•摩訶止観
34_292_7

晩唐•摩訶止観
37_323_10

晩唐•摩訶止観
38_329_16

晩唐•摩訶止観
45_387_10

## 況

漢キョウ
訓いわんや

初唐•古文尚書
9_77_2

初唐•禮記正義
27_413_12

中唐・翰苑
9_116_3

晩唐•摩訶止観
3_23_17

晩唐•摩訶止観
3_28_13

晩唐•摩訶止観
10_84_2

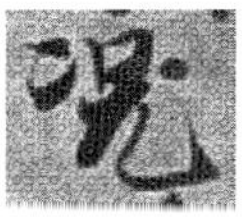
晩唐•摩訶止観
10_86_2

晩唐•摩訶止観
28_247_11

## 泗

シ
訓はなじる

初唐•古文尚書
3_25_1

初唐•古文尚書
3_25_11

初唐•古文尚書
4_27_9

初唐•古文尚書
5_37_16

初唐•古文尚書
5_38_8

五代•大毗盧經
93_1145_44

五代•大毗盧經
96_1183_22

五代•大毗盧經
97_1184_18

五代•大毗盧經
97_1186_31

五代•大毗盧經
97_1187_13

五代•大毗盧經
97_1187_25

五代•大毗盧經
98_1201_12

## 泊

漢ハク
訓とまる

五代・大毗盧經
21_268_12

五代・大毗盧經
37_438_3

## 沿

エン
訓そう

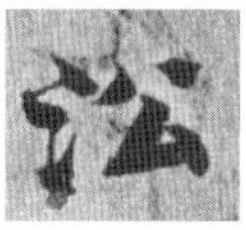
初唐・古文尚書
5_37_9

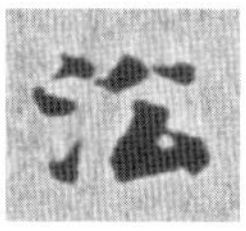
初唐・古文尚書
5_37_22

## 泡

漢ホウ
訓あわ

晚唐・摩訶止觀
43_373_13

## 注

慣チュウ漢シュ
呉シュ漢チュ呉
チュ

初唐・禮記正義
1_9_18

初唐・禮記正義
3_38_3

初唐・禮記正義
4_54_7

初唐・禮記正義
4_64_11

初唐・禮記正義
5_67_11

初唐・禮記正義
5_69_17

初唐・禮記正義
5_71_22

初唐・禮記正義
5_72_22

初唐・禮記正義
5_77_8

初唐・禮記正義
5_80_28

初唐・禮記正義
6_90_12

初唐・禮記正義
6_96_28

初唐・禮記正義
7_107_20

初唐・禮記正義
8_121_5

初唐・禮記正義
9_145_11

初唐・禮記正義
10_147_5

初唐・禮記正義
10_147_16

初唐・禮記正義
13_204_10

初唐・禮記正義
14_215_12

初唐・禮記正義
14_218_22

初唐・禮記正義
14_221_5

初唐・禮記正義
16_239_19

初唐・禮記正義
17_256_20

初唐・禮記正義
17_263_18

初唐・禮記正義
18_272_21

初唐・禮記正義
18_273_20

初唐・禮記正義
18_274_11

初唐・禮記正義
21_321_12

## 泣 洋

| 泣 | 洋 | | | | | |
|---|---|---|---|---|---|---|
| キュウ 訓なく | ハン 訓きし | | | | | |

**泣**

中唐・翰苑
4_37_36

中唐・翰苑
12_151_13

中唐・翰苑
30_390_25

中唐・翰苑
30_390_27

中唐・翰苑
43_545_8

晚唐・摩訶止觀
55_464_20

**洋**

五代・大毗盧經
15_187_21

五代・大毗盧經
66_823_2

五代・大毗盧經
73_898_29

中唐・翰苑
20_260_8

中唐・翰苑
20_262_2

中唐・翰苑
24_312_13

晚唐・摩訶止觀
14_126_22

五代・密教部類
2_22_6

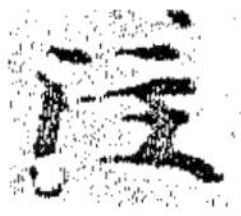
五代・密教部類
3_39_26

五代・大毗盧經
54_666_5

初唐・禮記正義
30_463_20

中唐・翰苑
1_1_12

中唐・翰苑
2_11_8

中唐・翰苑
2_12_7

中唐・翰苑
2_19_30

中唐・翰苑
3_23_27

中唐・翰苑
7_90_34

初唐・禮記正義
25_381_10

初唐・禮記正義
25_386_8

初唐・禮記正義
26_396_16

初唐・禮記正義
26_403_11

初唐・禮記正義
28_429_25

初唐・禮記正義
28_434_1

初唐・禮記正義
29_453_10

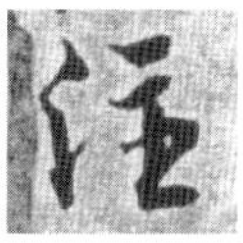
初唐・禮記正義
23_353_20

初唐・禮記正義
24_356_16

初唐・禮記正義
24_363_27

初唐・禮記正義
24_364_27

初唐・禮記正義
24_368_14

初唐・禮記正義
24_372_16

初唐・禮記正義
25_373_27

初唐・禮記正義
22_330_24

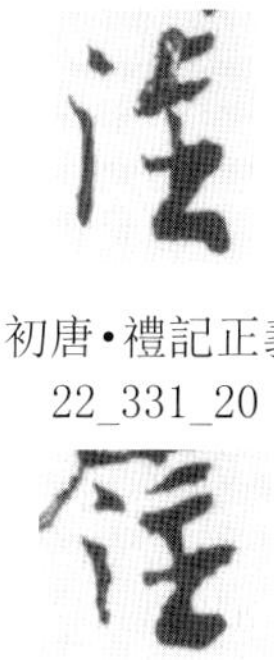
初唐・禮記正義
22_331_20

初唐・禮記正義
22_334_28

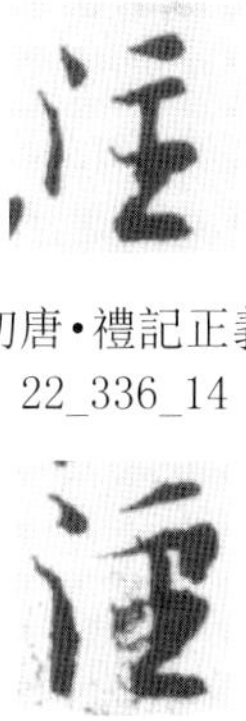
初唐・禮記正義
22_336_14

初唐・禮記正義
22_337_28

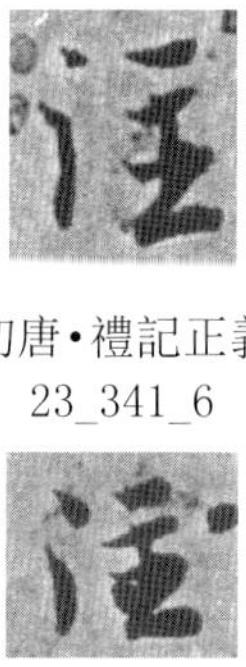
初唐・禮記正義
23_341_6

初唐・禮記正義
23_349_1

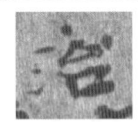

## 泥

漢 現 デイ
訓 どろ

初唐•古文尚書
4_32_1

初唐•古文尚書
5_42_16

五代•大毗盧經
9_106_7

五代•大毗盧經
33_406_17

五代•大毗盧經
42_508_2

五代•大毗盧經
44_536_2

五代•大毗盧經
72_891_13

五代•大毗盧經
79_953_10

五代•大毗盧經
84_1021_1

五代•大毗盧經
97_1191_2

五代•大毗盧經
98_1207_18

## 泯

漢 ビン 呉 ミン
訓 つきる

初唐•古文尚書
40_389_27

初唐•古文尚書
40_390_24

## 治

漢 現 チ 呉 現 ジ
訓 おさめる

初唐•古文尚書
1_8_8

初唐•古文尚書
3_18_22

初唐•古文尚書
5_42_10

初唐•古文尚書
7_60_10

初唐•古文尚書
14_125_6

初唐•古文尚書
14_125_28

初唐•古文尚書
14_128_10

初唐•古文尚書
14_128_15

初唐•古文尚書
16_148_22

初唐•古文尚書
20_187_29

初唐•古文尚書
20_188_27

初唐•古文尚書
20_190_13

初唐•古文尚書
20_193_7

初唐•古文尚書
20_193_17

初唐•古文尚書
23_227_11

初唐•古文尚書
27_262_5

初唐•古文尚書
28_276_20

初唐•古文尚書
29_284_25

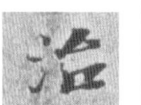

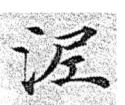

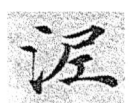

初唐•古文尚書
31_296_7

初唐•古文尚書
32_297_33

初唐•古文尚書
33_315_16

初唐•古文尚書
34_318_5

初唐•古文尚書
34_318_32

初唐•古文尚書
34_321_22

初唐•古文尚書
34_323_5

初唐•古文尚書
34_324_15

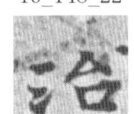

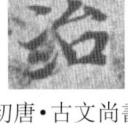

初唐•古文尚書
35_332_28

初唐•古文尚書
36_341_15

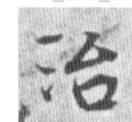

初唐•古文尚書
36_347_4

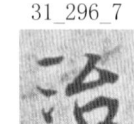

初唐•古文尚書
36_347_29

初唐•古文尚書
36_348_3

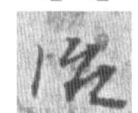

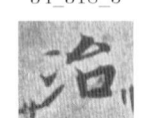

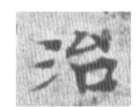

初唐•古文尚書
36_349_12

## 波

ハ
訓なみ

初唐・毛詩傳 4_41_12
初唐・十誦律 1_4_9
初唐・十誦律 1_6_3
初唐・十誦律 1_8_7
初唐・十誦律 1_10_2
初唐・十誦律 2_13_7
初唐・十誦律 2_14_7
初唐・十誦律 2_18_6

五代・密教部類 6_80_20
五代・密教部類 6_82_15
五代・大毗盧經 9_102_27
五代・大毗盧經 14_185_2
五代・大毗盧經 68_851_22
五代・大毗盧經 82_999_21

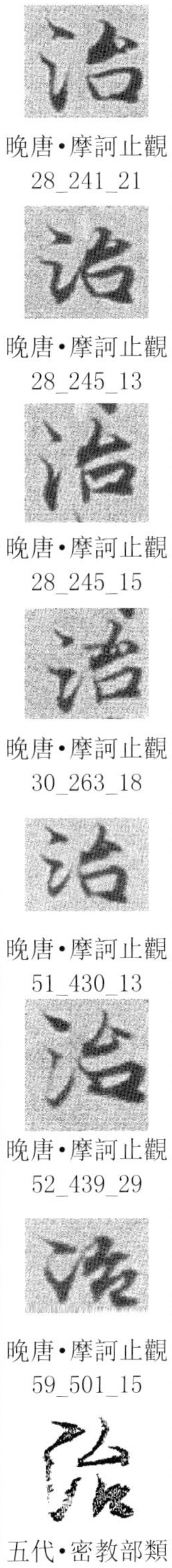

晚唐・摩訶止觀 28_241_21
晚唐・摩訶止觀 28_245_13
晚唐・摩訶止觀 28_245_15
晚唐・摩訶止觀 30_263_18
晚唐・摩訶止觀 51_430_13
晚唐・摩訶止觀 52_439_29
晚唐・摩訶止觀 59_501_15
五代・密教部類 3_37_19

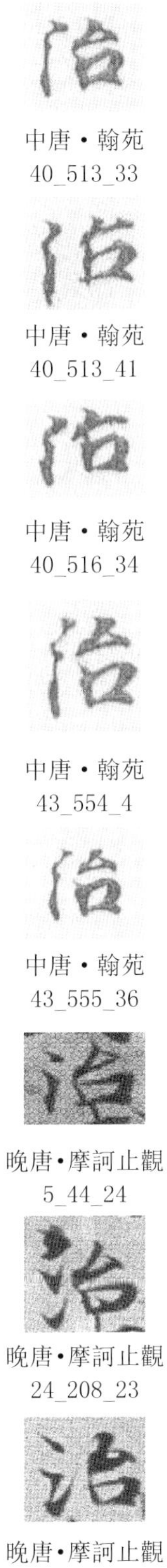

中唐・翰苑 40_513_33
中唐・翰苑 40_513_41
中唐・翰苑 40_516_34
中唐・翰苑 43_554_4
中唐・翰苑 43_555_36
晚唐・摩訶止觀 5_44_24
晚唐・摩訶止觀 24_208_23
晚唐・摩訶止觀 26_225_19

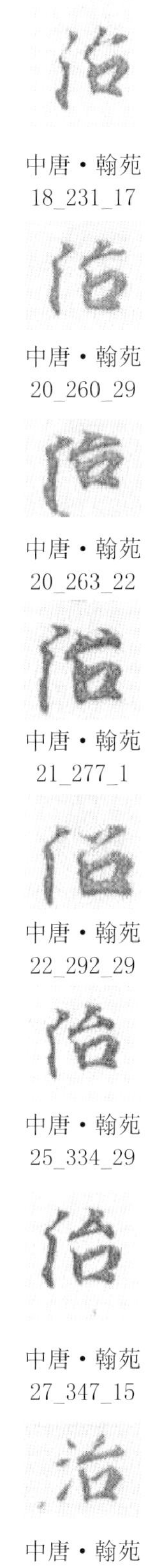

中唐・翰苑 18_231_17
中唐・翰苑 20_260_29
中唐・翰苑 20_263_22
中唐・翰苑 21_277_1
中唐・翰苑 22_292_29
中唐・翰苑 25_334_29
中唐・翰苑 27_347_15
中唐・翰苑 31_402_23

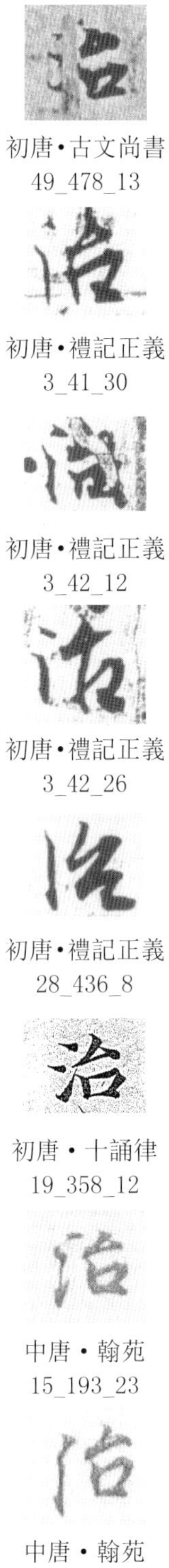

初唐・古文尚書 49_478_13
初唐・禮記正義 3_41_30
初唐・禮記正義 3_42_12
初唐・禮記正義 3_42_26
初唐・禮記正義 28_436_8
初唐・十誦律 19_358_12
中唐・翰苑 15_193_23
中唐・翰苑 18_230_17

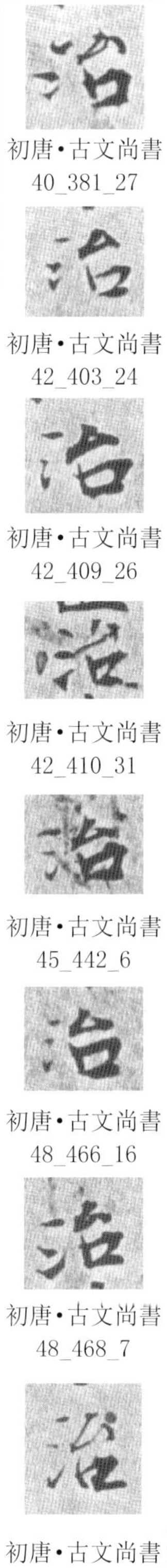

初唐・古文尚書 40_381_27
初唐・古文尚書 42_403_24
初唐・古文尚書 42_409_26
初唐・古文尚書 42_410_31
初唐・古文尚書 45_442_6
初唐・古文尚書 48_466_16
初唐・古文尚書 48_468_7
初唐・古文尚書 48_468_32

初唐・十誦律 2_22_16
初唐・十誦律 2_24_17
初唐・十誦律 6_106_7
初唐・十誦律 6_107_7
初唐・十誦律 6_108_13
初唐・十誦律 6_109_6
初唐・十誦律 6_110_3
初唐・十誦律 6_110_16

初唐・十誦律 6_111_14
初唐・十誦律 6_112_3
初唐・十誦律 6_112_13
初唐・十誦律 7_113_10
初唐・十誦律 7_114_6
初唐・十誦律 7_115_6
初唐・十誦律 7_115_14
初唐・十誦律 7_116_7

初唐・十誦律 7_117_7
初唐・十誦律 7_117_15
初唐・十誦律 7_118_16
初唐・十誦律 8_140_3
初唐・十誦律 10_188_1
初唐・十誦律 10_188_12
初唐・十誦律 10_191_7
初唐・十誦律 10_192_8

初唐・十誦律 18_350_15
初唐・十誦律 19_359_7
初唐・十誦律 19_360_8
初唐・十誦律 19_361_14
初唐・十誦律 19_362_15
初唐・般若經 2_2_4
初唐・般若經 7_87_10
初唐・般若經 7_88_1

初唐・般若經 7_89_8
初唐・般若經 7_91_12
初唐・般若經 7_92_7
初唐・般若經 7_94_1
初唐・般若經 20_297_12
初唐・般若經 20_298_3
初唐・般若經 20_299_12
初唐・般若經 20_302_1

初唐・般若經 20_302_13
初唐・般若經 20_304_9
中唐・翰苑 17_225_8
中唐・翰苑 17_226_42
中唐・翰苑 24_314_24
中唐・翰苑 24_318_6
中唐・翰苑 26_344_41
中唐・翰苑 34_441_16

中唐・翰苑 34_442_18
中唐・翰苑 36_461_16
中唐・般若經 1_1_4
中唐・般若經 2_4_8
中唐・般若經 2_5_11
中唐・般若經 2_6_6
中唐・般若經 2_7_8
中唐・般若經 10_154_3

中唐・般若經 10_155_9
中唐・般若經 10_166_14
中唐・般若經 11_175_3
中唐・般若經 11_183_10
中唐・般若經 11_184_15
中唐・般若經 12_191_14
中唐・般若經 12_198_9
中唐・般若經 12_205_5

中唐・般若經 12_206_11
中唐・般若經 13_214_5
中唐・般若經 13_221_8
中唐・般若經 13_228_12
中唐・般若經 15_254_2
中唐・般若經 15_255_8
中唐・般若經 15_267_1
中唐・般若經 16_275_7

中唐・般若經 16_283_14
中唐・般若經 16_285_3
中唐・般若經 17_290_17
中唐・般若經 17_295_11
中唐・般若經 17_300_10
中唐・般若經 17_301_16
中唐・般若經 18_308_8
中唐・般若經 18_313_10

中唐・般若經 18_319_5
中唐・般若經 18_321_6
中唐・般若經 19_327_8
中唐・般若經 19_332_10
中唐・般若經 19_337_17
中唐・般若經 19_339_6
中唐・般若經 19_340_4
晚唐•摩訶止觀 12_105_25

晚唐•摩訶止觀 25_212_7
晚唐•摩訶止觀 25_213_15
晚唐•摩訶止觀 33_287_2
晚唐•摩訶止觀 51_430_22
晚唐•摩訶止觀 51_435_9
五代•大毗盧經 3_33_5
五代•大毗盧經 7_75_12
五代•大毗盧經 14_171_17

五代•大毗盧經 30_378_2
五代•大毗盧經 31_396_23
五代•大毗盧經 39_460_17
五代•大毗盧經 40_484_18
五代•大毗盧經 45_553_9
五代•大毗盧經 50_614_7
五代•大毗盧經 50_615_21
五代•大毗盧經 50_621_2

五代•大毗盧經 52_641_2
五代•大毗盧經 59_732_2
五代•大毗盧經 59 732_8
五代•大毗盧經 59_732_14
五代•大毗盧經 60_733_3
五代•大毗盧經 60_733_9
五代•大毗盧經 60_733_16
五代•大毗盧經 60_734_3

## 浙

漢セツ
訓—

五代•大毗盧經
16_199_1

## 泰

タイ
訓やすい

初唐•禮記正義
7_100_7

初唐•禮記正義
7_101_1

初唐•禮記正義
7_105_1

初唐•禮記正義
7_111_12

## 洒

慣シャ漢サイ
訓あらう

初唐・毛詩傳
3_24_7

初唐・毛詩傳
3_31_7

初唐・毛詩傳
3_32_4

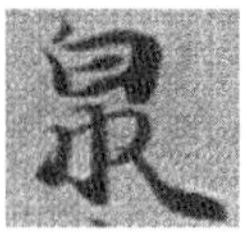
晩唐•摩訶止觀
13_115_2

晩唐•摩訶止觀
22_189_15

## 泉

漢セン
訓いずみ

初唐•古文尚書
16_146_23

初唐•禮記正義
5_78_20

中唐・翰苑
2_17_7

中唐・翰苑
2_19_37

中唐・翰苑
8_105_36

中唐・翰苑
14_174_34

中唐・翰苑
16_204_24

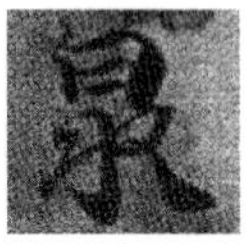
晩唐•摩訶止觀
1_3_2

五代•大毗盧經
98_1205_13

五代•大毗盧經
60_734_9

五代•大毗盧經
60_734_15

五代•大毗盧經
60_735_2

五代•大毗盧經
67_839_9

五代•大毗盧經
71_876_4

五代•大毗盧經
80_970_12

五代•大毗盧經
89_1085_19

五代•大毗盧經
89_1091_9

## 活

漢カツ
訓いきる

中唐・翰苑
9_114_21

## 洛

ラク
訓まとう

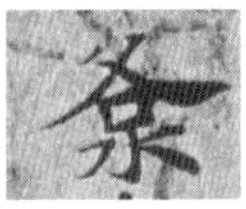
初唐•古文尚書
31_288_11

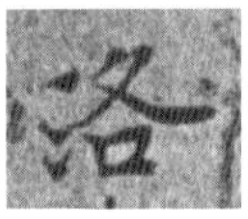
初唐•古文尚書
31_289_10

中唐・翰苑
6_74_43

中唐・翰苑
41_520_33

中唐・翰苑
44_557_27

五代•大毗盧經
10_112_5

## 染

漢ゼン慣セン
訓そめる

中唐・翰苑
33_432_25

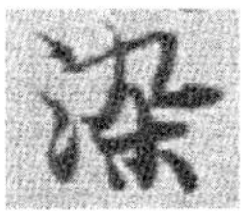
晚唐•摩訶止觀
23_199_3

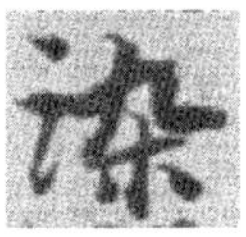
晚唐•摩訶止觀
23_201_17

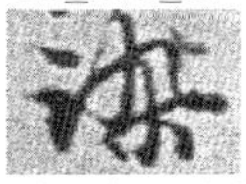
晚唐•摩訶止觀
32_275_2

晚唐•摩訶止觀
56_473_17

五代•大毗盧經
12_150_4

五代•大毗盧經
36_432_7

五代•大毗盧經
92_1131_9

## 洞

慣ドウ漢トウ
訓つらぬく

中唐・翰苑
23_304_25

中唐・翰苑
34_437_4

晚唐•摩訶止觀
4_30_24

晚唐•摩訶止觀
29_254_1

晚唐•摩訶止觀
33_285_12

晚唐•摩訶止觀
35_300_24

## 洩

漢エイ/漢セツ
訓のびる

中唐・翰苑
31_407_17

## 洪

漢コウ
訓おおみず

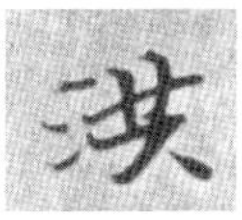
初唐•古文尚書
42_403_25

初唐•禮記正義
5_81_8

初唐•禮記正義
6_83_4

## 洹

エン、オン
訓かわのな

晚唐•摩訶止觀
45_389_26

晚唐•摩訶止觀
47_401_13

## 浦

漢ホ
訓うら

中唐・翰苑
14_176_35

中唐・翰苑
36_458_39

中唐・翰苑
36_460_29

中唐・翰苑
42_532_2

中唐・翰苑
42_534_44

## 津

現シン
訓つ

初唐•古文尚書
27_267_6

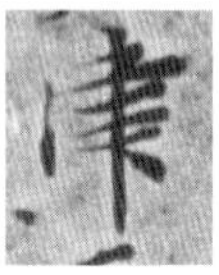

初唐•古文尚書
27_267_21

初唐・十誦律
19_369_7

中唐・翰苑
24_318_13

中唐・翰苑
28_367_41

中唐・翰苑
29_372_27

中唐・翰苑
41_520_17

中唐・翰苑
41_523_14

## 洲

漢シュウ呉ス
訓す

中唐・翰苑
31_403_27

五代•大毗盧經
2_17_5

## 洗

漢セン漢セイ
訓あらう

初唐・毛詩傳
4_41_16

中唐・翰苑
17_218_29

晩唐•摩訶止観
46_396_14

五代•大毗盧經
16_204_33

## 派

慣ハ漢ハイ
訓わかれる

中唐・翰苑
13_170_6

中唐・翰苑
24_321_20

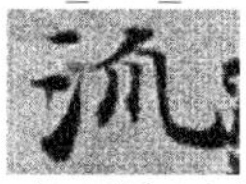

晩唐•摩訶止観
1_9_8

## 洎

漢キ
訓そそぐ

初唐•古文尚書
3_25_9

初唐•古文尚書
4_32_3

初唐•古文尚書
10_82_16

初唐•古文尚書
13_121_26

初唐•古文尚書
13_122_22

初唐•古文尚書
19_177_24

初唐•古文尚書
22_208_14

## 洽

漢コウ
訓うるおす

初唐•古文尚書
34_318_3

初唐•古文尚書
34_318_28

中唐・翰苑
36_459_32

## 涇 (印: 涇)

漢ケイ
訓ながれ

初唐•禮記正義
15_225_20

中唐・翰苑
2_15_21

中唐・翰苑
2_16_17

涇渭
中唐・翰苑
2_16_40

## 涉

漢ショウ
訓わたる

初唐•古文尚書
11_97_5

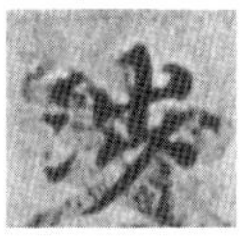
初唐•古文尚書
27_267_1

初唐•古文尚書
27_267_17

初唐•古文尚書
35_333_7

晚唐•摩訶止觀
1_7_9

## 消

現ショウ
訓きえる

初唐•古文尚書
24_234_28

初唐•古文尚書
33_316_22

初唐・十誦律
19_373_10

中唐・翰苑
21_279_12

中唐・翰苑
21_281_27

晚唐•摩訶止觀
2_15_6

## 涅

慣ネツ漢デツ
訓くろつち

晚唐•摩訶止觀
5_41_18

晚唐•摩訶止觀
6_53_6

晚唐•摩訶止觀
11_100_22

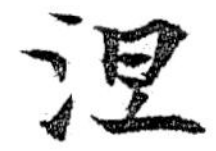
五代•大毗盧經
6_66_10

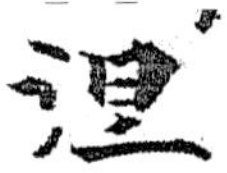
五代•大毗盧經
9_101_20

五代•大毗盧經
14_181_17

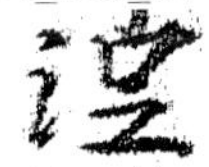
五代•大毗盧經
24_305_31

五代•大毗盧經
38_449_3

五代•大毗盧經
67_837_7

五代•大毗盧經
72_880_7

## 海

カイ
訓うみ

初唐•古文尚書
2_10_21

初唐•古文尚書
2_11_5

初唐•古文尚書
2_12_16

初唐•古文尚書
2_14_4

初唐•古文尚書
3_17_10

初唐•古文尚書
3_18_3

初唐•古文尚書
4_27_15

初唐•古文尚書
4_28_6

初唐•古文尚書
4_35_12

初唐•古文尚書
5_37_12

初唐•古文尚書
5_37_26

初唐•古文尚書
5_38_2

初唐•古文尚書
5_39_6

初唐•古文尚書
5_39_14

初唐•古文尚書
5_39_22

初唐•古文尚書
23_220_4

初唐•古文尚書 32_302_1

初唐•古文尚書 32_302_28

初唐•古文尚書 32_302_35

中唐•翰苑 3_26_6

中唐•翰苑 10_126_5

中唐•翰苑 17_225_20

中唐•翰苑 17_226_38

中唐•翰苑 17_226_44

中唐•翰苑 18_231_1

中唐•翰苑 19_247_37

中唐•翰苑 20_262_31

中唐•翰苑 20_269_20

中唐•翰苑 23_301_11

中唐•翰苑 24_315_36

中唐•翰苑 24_317_44

中唐•翰苑 24_320_41

中唐•翰苑 25_324_25

中唐•翰苑 26_335_31

中唐•翰苑 27_349_17

中唐•翰苑 28_364_28

中唐•翰苑 28_369_28

中唐•翰苑 29_373_13

中唐•翰苑 29_373_45

中唐•翰苑 29_381_26

中唐•翰苑 30_386_16

中唐•翰苑 31_398_20

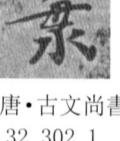

中唐•翰苑 31_401_4

中唐•翰苑 31_401_21

中唐•翰苑 31_403_25

中唐•翰苑 31_404_5

中唐•翰苑 31_405_6

中唐•翰苑 31_405_25

中唐•翰苑 31_406_8

中唐•翰苑 31_406_25

中唐•翰苑 32_415_17

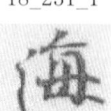

中唐•翰苑 32_419_49

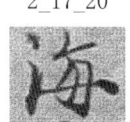

中唐•翰苑 32_420_20

中唐•翰苑 42_533_8

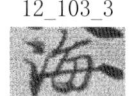

中唐•翰苑 42_533_14

中唐•翰苑 42_533_41

中唐•翰苑 42_534_33

中唐•翰苑 42_537_12

中唐•翰苑 42_539_10

晚唐•摩訶止觀 2_17_20

晚唐•摩訶止觀 12_103_3

晚唐•摩訶止觀 12_106_23

晚唐•摩訶止觀 21_179_21

晚唐•摩訶止觀 24_207_21

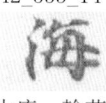

晚唐•摩訶止觀 29_249_26

晚唐•摩訶止觀 44_375_21

五代•密教部類 2_11_11

五代•密教部類 3_27_18

五代•密教部類 3_29_6

五代•密教部類 3_33_14

五代•密教部類 3_37_17

五代•密教部類 4_46_9

五代•密教部類 4_50_9

五代•密教部類 6_81_16

五代•密教部類 6_82_11

五代•密教部類 6_89_31

五代•大毗盧經 4_39_18

五代•大毗盧經 5_49_13

五代•大毗盧經 13_155_15

五代•大毗盧經 13_156_9

五代•大毗盧經 13_156_12

五代•大毗盧經 15_196_23

五代•大毗盧經 16_204_10

五代•大毗盧經 16_204_31

五代•大毗盧經 22_280_11

五代•大毗盧經 22_281_10

五代•大毗盧經 39_462_17

五代•大毗盧經 47_577_19

五代•大毗盧經 58_716_14

五代•大毗盧經 71_876_10

五代•大毗盧經 86_1051_7

五代•大毗盧經 86_1051_22

## 浩

漢 コウ
訓 ひろい

晚唐•摩訶止觀 1_5_19

晚唐•摩訶止觀 10_87_14

## 浮

漢 フ
訓 うく

初唐•古文尚書 2_9_26

初唐•古文尚書 2_10_9

初唐•古文尚書 3_17_4

初唐•古文尚書 3_25_3

初唐•古文尚書 4_27_7

初唐•古文尚書 9_77_33

初唐•古文尚書 9_78_21

初唐•古文尚書 9_79_23

初唐•古文尚書 11_94_24

初唐•古文尚書 11_102_2

初唐•古文尚書 11_102_18

中唐・翰苑 20_256_32

中唐・翰苑 24_315_1

中唐・翰苑 31_406_38

中唐・翰苑 36_468_11

中唐・翰苑 36_468_25

中唐・翰苑 37_480_7

中唐・翰苑 38_484_1

中唐・翰苑 43_550_8

晚唐•摩訶止觀 62_521_2

## 浴

ヨク
訓あびる

中唐・翰苑
35_448_27

衍文
中唐・翰苑
36_459_31

中唐・翰苑
44_568_7

晚唐•摩訶止觀
12_106_24

五代•大毗盧經
16_202_7

五代•大毗盧經
16_204_19

## 流

漢リュウ呉ル
訓ながれる

初唐•古文尚書
2_10_7

初唐•古文尚書
5_37_18

初唐•古文尚書
12_111_16

初唐•古文尚書
33_307_30

初唐•古文尚書
33_308_14

初唐・毛詩傳
4_41_13

初唐・十誦律
19_372_14

初唐・般若經
13_190_9

初唐・般若經
13_190_14

初唐・般若經
13_192_1

初唐・般若經
27_407_11

初唐・般若經
27_407_16

初唐・般若經
27_409_5

中唐・翰苑
15_191_28

中唐・翰苑
16_206_10

中唐・翰苑
16_209_12

中唐・翰苑
24_317_36

中唐・翰苑
24_320_20

中唐・翰苑
24_321_12

中唐・翰苑
29_372_15

中唐・翰苑
29_373_3

中唐・翰苑
29_373_11

中唐・翰苑
29_373_42

中唐・翰苑
39_495_22

中唐・翰苑
39_501_18

中唐・般若經
15_257_7

中唐・般若經
15_257_10

中唐・般若經
15_259_11

中唐・般若經
15_259_14

中唐・般若經
15_261_13

中唐・般若經
15_261_16

中唐・般若經
15_263_17

中唐・般若經
15_264_3

中唐・般若經
15_267_16

中唐・般若經
16_268_2

中唐・般若經
16_269_11

中唐・般若經
16_269_14

中唐・般若經
16_271_4

中唐・般若經
16_271_7

中唐・般若經
16_272_16

中唐・般若經
16_273_2

中唐・般若經
16_276_9

中唐・般若經
16_276_12

中唐・般若經
16_278_2

中唐・般若經
16_278_5

中唐・般若經
16_279_10

中唐・般若經
16_279_13

中唐・般若經
16_281_3

## 清

呉ショウ漢セイ
唐シン
訓きよい

初唐•古文尚書
39_372_30

初唐•古文尚書
41_399_23

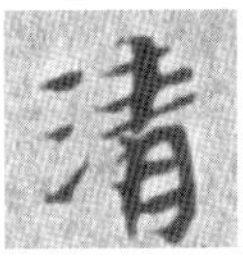
初唐•古文尚書
45_439_7

初唐•古文尚書
45_440_16

初唐•古文尚書
46_453_1

初唐•古文尚書
48_466_10

初唐•古文尚書
48_467_6

## 涌

慣ユウ漢ヨウ
訓わく

中唐・翰苑
39_495_24

## 浚

シュン
訓さらう

中唐・翰苑
9_107_4

五代•大毗盧經
30_381_14

## 浪

ロウ唐ラン
訓なみ

中唐・翰苑
17_227_30

中唐・翰苑
20_261_18

中唐・翰苑
20_267_23

中唐・翰苑
22_292_23

中唐・翰苑
24_319_17

中唐・翰苑
31_402_27

中唐・翰苑
32_420_19

五代•大毗盧經
19_242_14

五代•大毗盧經
3_30_5

五代•大毗盧經
12_153_14

五代•大毗盧經
22_279_8

五代•大毗盧經
22_279_13

五代•大毗盧經
54_666_4

五代•大毗盧經
63_779_16

五代•大毗盧經
71_869_19

五代•大毗盧經
92_1131_17

中唐・般若經
16_281_6

晚唐•摩訶止觀
1_4_9

晚唐•摩訶止觀
3_21_11

晚唐•摩訶止觀
16_139_9

晚唐•摩訶止觀
21_179_23

晚唐•摩訶止觀
28_241_16

晚唐•摩訶止觀
43_373_11

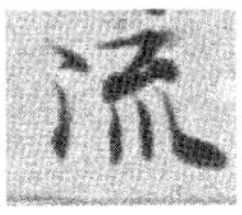
晚唐•摩訶止觀
44_375_25

初唐·古文尚書
48_468_29

初唐·毛詩傳
5_47_9

初唐·十誦律
2_19_4

初唐·十誦律
2_19_10

初唐·十誦律
2_23_9

初唐·十誦律
2_23_15

初唐·十誦律
7_119_1

初唐·十誦律
7_120_2

初唐·十誦律
7_120_8

初唐·十誦律
7_122_6

初唐·十誦律
7_122_16

初唐·十誦律
7_123_5

初唐·十誦律
7_127_12

初唐·十誦律
7_128_2

初唐·十誦律
7_129_2

初唐·十誦律
7_129_9

初唐·十誦律
7_130_14

初唐·十誦律
7_131_5

初唐·十誦律
8_135_10

初唐·十誦律
8_136_13

初唐·十誦律
8_142_1

初唐·十誦律
8_142_11

初唐·十誦律
8_142_15

初唐·十誦律
10_176_7

初唐·十誦律
11_200_7

初唐·十誦律
11_205_9

初唐·十誦律
12_219_1

初唐·十誦律
12_222_4

初唐·十誦律
12_225_5

初唐·十誦律
12_228_6

初唐·十誦律
12_232_1

初唐·十誦律
12_234_7

初唐·十誦律
13_237_1

初唐·十誦律
13_239_11

初唐·十誦律
14_267_1

初唐·十誦律
17_318_4

初唐·十誦律
17_321_6

初唐·十誦律
17_325_10

初唐·十誦律
17_329_13

初唐·十誦律
17_333_14

初唐·十誦律
18_338_13

初唐·十誦律
18_342_16

初唐·十誦律
19_359_17

初唐·般若經
2_4_7

初唐·般若經
2_4_11

初唐·般若經
2_4_14

初唐·般若經
2_5_4

初唐·般若經
2_5_12

初唐·般若經
2_5_16

初唐•般若經
11_162_6

初唐•般若經
11_162_13

初唐•般若經
11_163_10

初唐•般若經
12_165_1

初唐•般若經
12_165_15

初唐•般若經
12_166_5

初唐•般若經
12_166_13

初唐•般若經
12_167_11

初唐•般若經
12_168_1

初唐•般若經
12_168_17

初唐•般若經
12_169_7

初唐•般若經
12_169_13

初唐•般若經
12_170_3

初唐•般若經
12_170_11

初唐•般若經
12_171_1

初唐•般若經
12_171_8

初唐•般若經
12_172_5

初唐•般若經
12_172_12

初唐•般若經
12_173_1

初唐•般若經
12_173_8

初唐•般若經
12_173_16

初唐•般若經
12_174_6

初唐•般若經
12_174_13

初唐•般若經
12_175_12

初唐•般若經
12_176_1

初唐•般若經
12_176_6

初唐•般若經
12_176_13

初唐•般若經
12_177_4

初唐•般若經
12_177_10

初唐•般若經
12_177_17

初唐•般若經
12_178_14

初唐•般若經
12_179_7

初唐•般若經
12_179_16

初唐•般若經
13_180_6

初唐•般若經
13_180_14

初唐•般若經
13_181_7

初唐•般若經
13_181_14

初唐•般若經
13_182_13

初唐•般若經
13_183_5

初唐•般若經
13_183_13

初唐•般若經
13_184_3

初唐•般若經
13_184_11

初唐•般若經
13_185_3

初唐•般若經
13_185_10

初唐•般若經
13_186_7

初唐•般若經
13_186_16

初唐•般若經
13_187_7

初唐•般若經
13_187_14

初唐•般若經
13_188_5

初唐•般若經 13_188_14

初唐•般若經 13_189_4

初唐•般若經 13_190_5

初唐•般若經 13_190_11

初唐•般若經 13_190_16

初唐•般若經 13_191_6

初唐•般若經 13_191_14

初唐•般若經 13_192_3

初唐•般若經 13_192_10

初唐•般若經 13_193_7

初唐•般若經 13_194_1

初唐•般若經 13_194_11

初唐•般若經 13_195_1

初唐•般若經 13_195_9

初唐•般若經 13_196_3

初唐•般若經 13_196_10

初唐•般若經 14_197_9

初唐•般若經 14_197_16

初唐•般若經 14_198_5

初唐•般若經 14_198_12

初唐•般若經 14_199_2

初唐•般若經 14_199_9

初唐•般若經 14_199_16

初唐•般若經 14_200_15

初唐•般若經 14_201_9

初唐•般若經 14_202_2

初唐•般若經 14_202_9

初唐•般若經 14_202_17

初唐•般若經 14_203_11

初唐•般若經 14_204_1

初唐•般若經 14_204_17

初唐•般若經 14_205_11

初唐•般若經 14_206_4

初唐•般若經 14_206_11

初唐•般若經 14_207_2

初唐•般若經 14_207_13

初唐•般若經 14_208_3

初唐•般若經 14_209_9

初唐•般若經 14_209_13

初唐•般若經 14_209_16

初唐•般若經 14_210_6

初唐•般若經 14_210_16

初唐•般若經 14_211_3

初唐•般若經 14_211_10

初唐•般若經 14_212_9

初唐•般若經 14_212_16

初唐•般若經 15_213_5

初唐•般若經 15_213_12

初唐•般若經 15_214_5

| | | | | | | |
|---|---|---|---|---|---|---|
| 初唐・般若經 18_266_2 | 初唐・般若經 18_262_14 | 初唐・般若經 17_257_12 | 初唐・般若經 17_254_7 | 初唐・般若經 17_249_4 | 初唐・般若經 17_245_16 | 初唐・般若經 16_240_13 |
| 初唐・般若經 18_266_9 | 初唐・般若經 18_263_4 | 初唐・般若經 17_258_2 | 初唐・般若經 17_254_14 | 初唐・般若經 17_249_11 | 初唐・般若經 17_246_6 | 初唐・般若經 16_241_3 |
| 初唐・般若經 18_267_8 | 初唐・般若經 18_264_5 | 初唐・般若經 17_258_18 | 初唐・般若經 17_255_15 | 初唐・般若經 17_250_10 | 初唐・般若經 17_247_7 | 初唐・般若經 16_242_2 |
| 初唐・般若經 18_268_10 | 初唐・般若經 18_264_10 | 初唐・般若經 18_260_2 | 初唐・般若經 17_256_3 | 初唐・般若經 17_251_12 | 初唐・般若經 17_247_12 | 初唐・般若經 16_243_4 |
| 初唐・般若經 18_269_7 | 初唐・般若經 18_264_14 | 初唐・般若經 18_260_16 | 初唐・般若經 17_256_7 | 初唐・般若經 17_252_9 | 初唐・般若經 17_247_16 | 初唐・般若經 17_244_1 |
| 初唐・般若經 18_269_14 | 初唐・般若經 18_265_4 | 初唐・般若經 18_261_6 | 初唐・般若經 17_256_14 | 初唐・般若經 17_252_16 | 初唐・般若經 17_248_6 | 初唐・般若經 17_244_8 |
| 初唐・般若經 18_270_7 | 初唐・般若經 18_265_14 | 初唐・般若經 18_261_16 | 初唐・般若經 17_257_7 | 初唐・般若經 17_253_9 | 初唐・般若經 17_248_16 | 初唐・般若經 17_245_1 |

| | | | | | | |
|---|---|---|---|---|---|---|
| 五代・大毗盧經 39_454_11 | 五代・大毗盧經 11_134_16 | 晚唐・摩訶止觀 57_479_13 | 晚唐・摩訶止觀 16_142_25 | 中唐・翰苑 41_529_24 | 關東水潦 中唐・翰苑 6_77_15 | 初唐・般若經 27_419_17 |
| 五代・大毗盧經 43_524_6 | 五代・大毗盧經 14_177_1 | 晚唐・摩訶止觀 57_479_29 | 晚唐・摩訶止觀 36_309_10 | 晚唐・摩訶止觀 7_62_6 | 中唐・翰苑 15_194_36 | 初唐・般若經 27_420_7 |
| 五代・大毗盧經 47_575_5 | 五代・大毗盧經 15_188_9 | 晚唐・摩訶止觀 59_502_14 | 晚唐・摩訶止觀 36_310_24 | 晚唐・摩訶止觀 7_62_10 | 中唐・翰苑 16_209_3 | 初唐・般若經 27_420_17 |
| 五代・大毗盧經 55_671_55 | 五代・大毗盧經 22_281_13 | 五代・密教部類 6_79_19 | 晚唐・摩訶止觀 52_442_29 | 晚唐・摩訶止觀 7_65_8 | 中唐・翰苑 24_318_8 | 初唐・般若經 27_421_11 |
| 五代・大毗盧經 56_683_2 | 五代・大毗盧經 25_313_14 | 五代・大毗盧經 3_23_19 | 晚唐・摩訶止觀 54_457_27 | 晚唐・摩訶止觀 8_69_7 | 中唐・翰苑 24_321_13 | 初唐・般若經 27_422_1 |
| 五代・大毗盧經 56_690_25 | 五代・大毗盧經 28_356_14 | 五代・大毗盧經 5_60_3 | 晚唐・摩訶止觀 56_473_22 | 晚唐・摩訶止觀 10_89_5 | 中唐・翰苑 29_373_22 | 初唐・般若經 27_423_2 |
| 五代・大毗盧經 59_730_17 | 五代・大毗盧經 30_379_5 | 五代・大毗盧經 6_68_6 | 晚唐・摩訶止觀 56_474_4 | 晚唐・摩訶止觀 11_101_10 | 中唐・翰苑 37_477_4 | 初唐・般若經 27_423_13 |

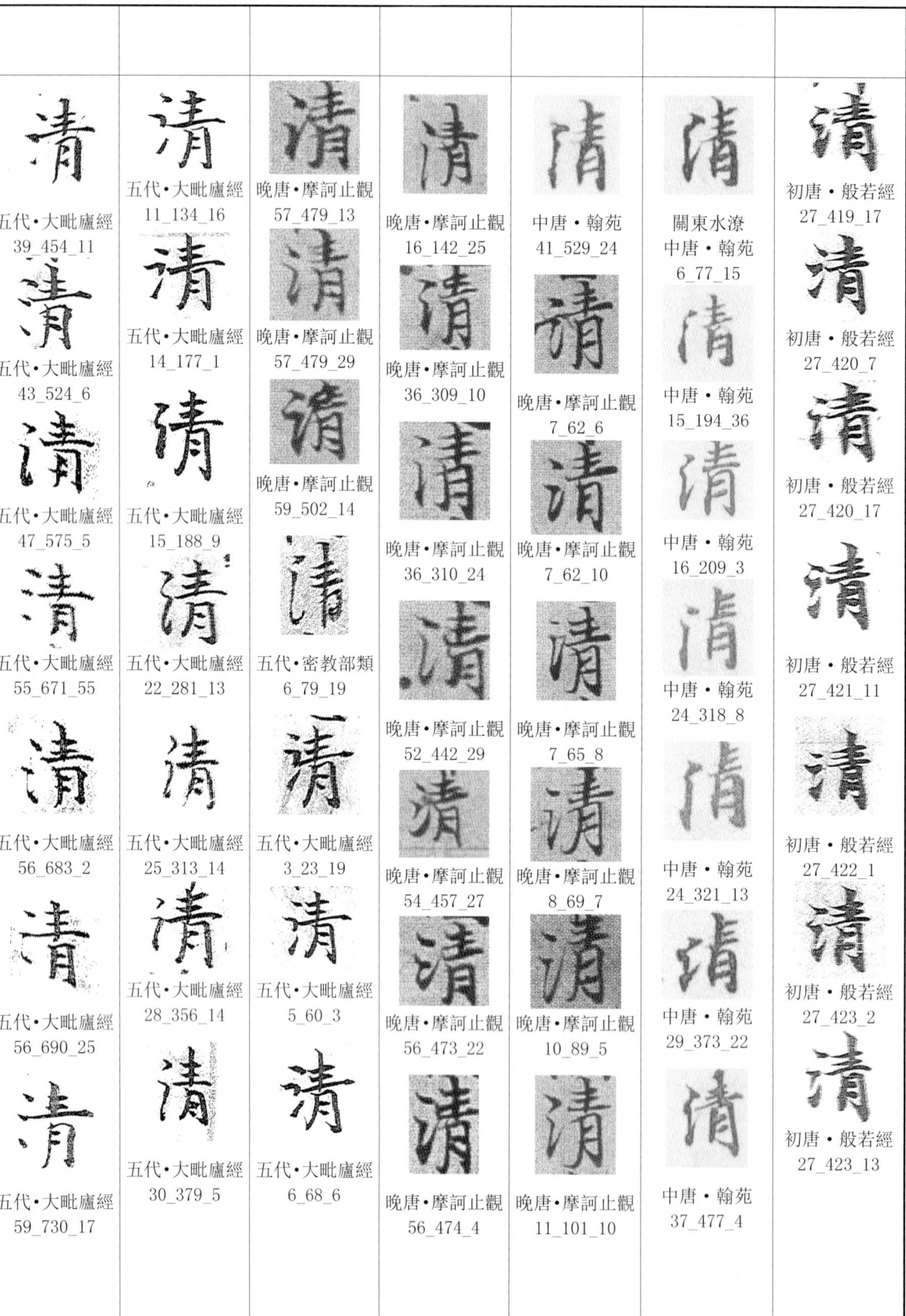

初唐・般若經
27_415_15

初唐・般若經
27_416_5

初唐・般若經
27_416_15

初唐・般若經
27_417_5

初唐・般若經
27_417_12

初唐・般若經
27_418_13

初唐・般若經
27_419_7

五代・大毗盧經
60_743_14

五代・大毗盧經
78_948_9

五代・大毗盧經
60_745_7

五代・大毗盧經
60_745_17

五代・大毗盧經
61_760_1

五代・大毗盧經
72_885_12

五代・大毗盧經
73_898_17

五代・大毗盧經
73_904_14

五代・大毗盧經
97_1198_14

五代・大毗盧經
87_1063_34

五代・大毗盧經
88_1072_16

五代・大毗盧經
88_1072_29

五代・大毗盧經
94_1156_10

五代・大毗盧經
94_1157_13

五代・大毗盧經
94_1158_12

## 淩

リョウ
訓 しのぐ

初唐・古文尚書
32_306_7

初唐・古文尚書
33_307_10

## 淺

漢 セン
訓 あさい

中唐・翰苑
23_306_34

中唐・翰苑
39_501_13

晚唐・摩訶止觀
4_37_17

晚唐・摩訶止觀
5_42_22

晚唐・摩訶止觀
5_43_22

晚唐・摩訶止觀
18_159_19

晚唐・摩訶止觀
18_160_3

晚唐・摩訶止觀
18_160_17

晚唐・摩訶止觀
33_287_11

晚唐・摩訶止觀
40_349_19

晚唐・摩訶止觀
41_354_23

晚唐・摩訶止觀
42_358_9

晚唐・摩訶止觀
54_454_1

晚唐・摩訶止觀
61_518_4

晚唐・摩訶止觀
62_519_6

晚唐・摩訶止觀
62_521_1

五代・大毗盧經
63_792_3

五代・大毗盧經
73_900_13

## 淑

シュク
訓きよい

初唐•古文尚書
32_298_3

## 淹

エン
訓ひたす

中唐・翰苑
16_212_23

中唐・翰苑
24_316_25

晩唐•摩訶止観
11_100_17

## 涿

漢タク
訓—

中唐・翰苑
3_25_23

中唐・翰苑
5_59_6

中唐・翰苑
15_197_8

## 涯

漢ガイ
訓きし

初唐•古文尚書
2_12_21

初唐•古文尚書
3_25_13

初唐•古文尚書
27_267_7

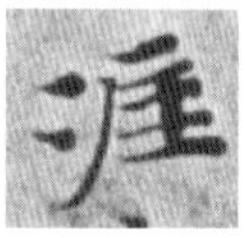
初唐•古文尚書
27_267_20

## 渠

漢キョ
訓みぞ

初唐•禮記正義
12_194_14

初唐•禮記正義
12_195_16

初唐•禮記正義
13_196_10

中唐・翰苑
3_32_18

中唐・翰苑
6_64_16

中唐・翰苑
7_88_42

中唐・翰苑
12_155_23

中唐・翰苑
19_245_22

中唐・翰苑
19_245_23

中唐・翰苑
23_298_13

中唐・翰苑
31_407_21

中唐・翰苑
34_435_13

中唐・翰苑
34_435_33

中唐・翰苑
36_462_27

中唐・翰苑
37_477_34

中唐・翰苑
41_523_29

中唐・翰苑
41_527_18

## 混

漢コン 訓まぜる

晚唐・摩訶止観
23_196_19

## 涸

漢コ 漢カク 訓かれる

五代・大毗盧經
55_680_19

## 淨

漢セイ 呉ジョウ 訓きよい

初唐・十誦律
2_19_5

初唐・十誦律
2_19_11

初唐・十誦律
2_23_10

初唐・十誦律
2_23_16

初唐・十誦律
7_119_2

初唐・十誦律
7_120_3

初唐・十誦律
7_120_9

初唐・十誦律
7_122_7

初唐・十誦律
7_122_17

初唐・十誦律
7_123_6

初唐・十誦律
7_127_13

初唐・十誦律
7_128_3

初唐・十誦律
7_129_3

初唐・十誦律
7_129_10

初唐・十誦律
7_130_15

初唐・十誦律
7_131_6

初唐・十誦律
8_135_11

初唐・十誦律
8_136_14

初唐・十誦律
8_142_2

初唐・十誦律
8_142_12

初唐・十誦律
8_142_16

初唐・十誦律
10_176_8

初唐・十誦律
11_200_8

初唐・十誦律
11_205_10

初唐・十誦律
12_219_2

初唐・十誦律
12_222_5

初唐・十誦律
12_225_6

初唐・十誦律
12_228_7

初唐・十誦律
12_232_2

初唐・十誦律
12_234_8

初唐・十誦律
13_237_2

初唐・十誦律
13_239_12

初唐・十誦律
14_267_2

初唐・十誦律
14_269_12

初唐・十誦律
17_318_5

初唐・十誦律 17_321_7

初唐・十誦律 17_325_11

初唐・十誦律 17_329_14

初唐・十誦律 17_333_15

初唐・十誦律 18_338_14

初唐・十誦律 19_360_1

初唐・般若經 2_4_8

初唐・般若經 2_4_12

初唐・般若經 8_114_12

初唐・般若經 8_114_17

初唐・般若經 8_115_7

初唐・般若經 8_115_15

初唐・般若經 11_159_10

初唐・般若經 11_160_8

初唐・般若經 11_160_14

初唐・般若經 11_161_3

初唐・般若經 11_161_10

初唐・般若經 11_162_1

初唐・般若經 11_162_7

初唐・般若經 11_162_14

初唐・般若經 11_163_11

初唐・般若經 12_165_2

初唐・般若經 12_165_16

初唐・般若經 12_166_6

初唐・般若經 12_166_14

初唐・般若經 12_167_12

初唐・般若經 12_168_2

初唐・般若經 12_169_1

初唐・般若經 12_169_8

初唐・般若經 12_169_14

初唐・般若經 12_170_4

初唐・般若經 12_170_12

初唐・般若經 12_171_2

初唐・般若經 12_171_9

初唐・般若經 12_172_6

初唐・般若經 12_172_13

初唐・般若經 12_173_2

初唐・般若經 12_173_9

初唐・般若經 12_173_17

初唐・般若經 12_174_7

初唐・般若經 12_174_14

初唐・般若經 12_175_13

初唐・般若經 12_176_2

初唐・般若經 12_176_7

初唐・般若經 12_176_14

初唐・般若經 18_269_8

初唐・般若經 18_269_15

初唐・般若經 18_270_8

初唐・般若經 18_271_6

初唐·般若經 27_413_12
初唐·般若經 27_414_2
初唐·般若經 27_415_3
初唐·般若經 27_415_10
初唐·般若經 27_415_16
初唐·般若經 27_416_6
初唐·般若經 27_416_16

初唐·般若經 27_417_6
初唐·般若經 27_417_13
初唐·般若經 27_418_14
初唐·般若經 27_419_8
初唐·般若經 27_420_1
初唐·般若經 27_420_8
初唐·般若經 27_421_1

初唐·般若經 27_421_12
初唐·般若經 27_422_2
初唐·般若經 27_423_3
初唐·般若經 27_423_14
中唐·翰苑 18_239_1
中唐·翰苑 19_247_28
中唐·般若經 2_5_1

中唐·般若經 2_6_15
中唐·般若經 2_10_5
中唐·般若經 2_11_8
中唐·般若經 2_11_11
中唐·般若經 2_13_4
中唐·般若經 2_14_16
中唐·般若經 2_16_11

中唐·般若經 2_18_1
中唐·般若經 2_18_4
中唐·般若經 2_18_7
中唐·般若經 2_19_1
中唐·般若經 2_19_4
中唐·般若經 3_21_17
中唐·般若經 3_25_4

中唐·般若經 3_26_10
中唐·般若經 3_26_13
中唐·般若經 3_26_15
中唐·般若經 3_27_9
中唐·般若經 3_27_12
中唐·般若經 4_45_2
中唐·般若經 4_45_5

中唐·般若經 4_48_15
中唐·般若經 4_49_1
中唐·般若經 4_55_6
中唐·般若經 4_55_9
中唐·般若經 6_78_12
中唐·般若經 9_140_16
中唐·般若經 10_165_11

| | | | | | | |
|---|---|---|---|---|---|---|
| 中唐・般若經 11_190_1 | 中唐・般若經 17_289_17 | 中唐・般若經 18_312_10 | 晚唐•摩訶止觀 7_62_11 | 晚唐•摩訶止觀 13_118_25 | 晚唐•摩訶止觀 22_191_6 | 晚唐•摩訶止觀 34_297_16 |
| 中唐・般若經 12_204_1 | 中唐・般若經 17_294_11 | 中唐・般若經 18_317_10 | 晚唐•摩訶止觀 7_65_9 | 晚唐•摩訶止觀 16_139_18 | 晚唐•摩訶止觀 23_199_4 | 晚唐•摩訶止觀 36_308_5 |
| 中唐・般若經 13_213_4 | 中唐・般若經 17_299_3 | 中唐・般若經 18_317_13 | 晚唐•摩訶止觀 8_69_8 | 晚唐•摩訶止觀 16_143_1 | 晚唐•摩訶止觀 23_201_18 | 晚唐•摩訶止觀 36_309_11 |
| 中唐・般若經 15_251_17 | 中唐・般若經 17_299_6 | 中唐・般若經 19_326_8 | 晚唐•摩訶止觀 10_87_24 | 晚唐•摩訶止觀 18_157_24 | 晚唐•摩訶止觀 24_206_18 | 晚唐•摩訶止觀 36_309_22 |
| 中唐・般若經 16_282_7 | 中唐・般若經 18_307_5 | 中唐・般若經 19_331_7 | 晚唐•摩訶止觀 10_89_6 | 晚唐•摩訶止觀 22_190_24 | 晚唐•摩訶止觀 32_275_14 | 晚唐•摩訶止觀 36_310_25 |
| 中唐・般若經 16_282_10 | 中唐・般若經 18_307_8 | 中唐・般若經 19_336_10 | 晚唐•摩訶止觀 12_103_24 | 晚唐•摩訶止觀 22_191_1 | 晚唐•摩訶止觀 32_281_18 | 晚唐•摩訶止觀 39_339_7 |
| 中唐・般若經 17_289_14 | 中唐・般若經 18_312_7 | 中唐・般若經 19_336_13 | 晚唐•摩訶止觀 13_111_3 | 晚唐•摩訶止觀 22_191_3 | 晚唐•摩訶止觀 34_294_19 | 晚唐•摩訶止觀 46_396_27 |

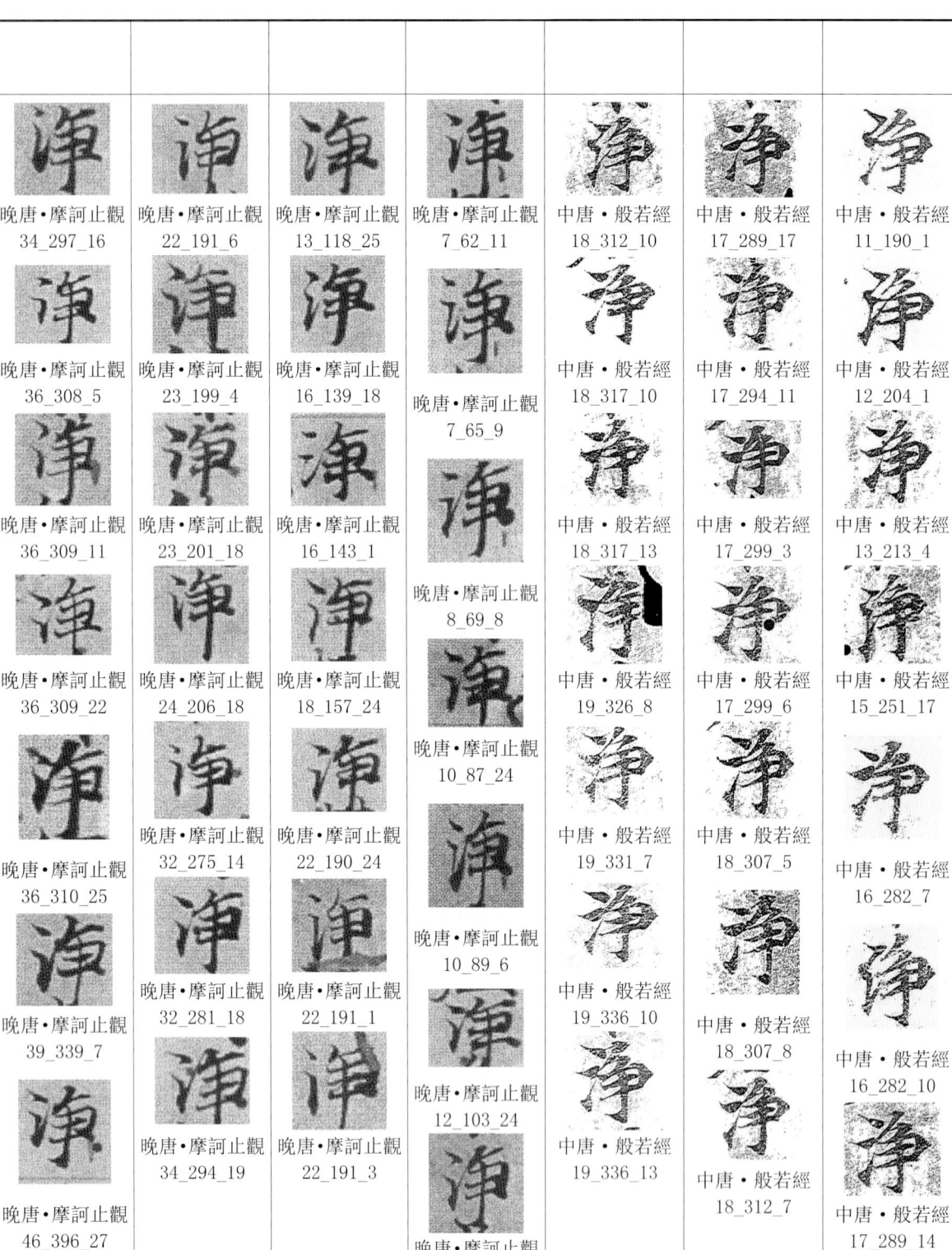

晚唐•摩訶止觀
46_398_5

晚唐•摩訶止觀
47_400_4

晚唐•摩訶止觀
47_400_10

晚唐•摩訶止觀
47_400_12

晚唐•摩訶止觀
49_419_10

晚唐•摩訶止觀
52_443_1

晚唐•摩訶止觀
56_474_5

晚唐•摩訶止觀
57_479_14

晚唐•摩訶止觀
57_480_1

晚唐•摩訶止觀
59_502_15

五代•大毗盧經
2_7_10

五代•大毗盧經
2_12_8

五代•大毗盧經
2_20_2

五代•大毗盧經
2_20_18

五代•大毗盧經
3_23_20

五代•大毗盧經
4_39_2

五代•大毗盧經
4_45_1

五代•大毗盧經
5_60_4

五代•大毗盧經
6_68_18

五代•大毗盧經
6_71_3

五代•大毗盧經
7_75_7

五代•大毗盧經
7_76_11

五代•大毗盧經
7_85_4

五代•大毗盧經
10_117_2

五代•大毗盧經
10_117_19

五代•大毗盧經
11_134_17

五代•大毗盧經
11_140_18

五代•大毗盧經
11_141_2

五代•大毗盧經
12_153_8

五代•大毗盧經
13_155_2

五代•大毗盧經
14_170_9

五代•大毗盧經
14_177_2

五代•大毗盧經
14_178_13

五代•大毗盧經
14_180_3

五代•大毗盧經
14_185_1

五代•大毗盧經
15_188_10

五代•大毗盧經
78_948_20

五代•大毗盧經
87_1063_29

五代•大毗盧經
87_1063_35

五代•大毗盧經
88_1072_10

五代•大毗盧經
88_1072_17

五代•大毗盧經
88_1072_30

五代•大毗盧經
88_1073_8

五代•大毗盧經
92_1130_14

五代•大毗盧經
93_1138_41

五代•大毗盧經
93_1139_6

五代•大毗盧經
96_1180_22

五代•大毗盧經
96_1180_28

五代•大毗盧經
97_1184_7

## 淳

漢シュン 呉ジュン
訓そそぐ

中唐・翰苑
2_14_2

中唐・翰苑
7_81_10

浮圖
中唐・翰苑
18_241_20

中唐・翰苑
26_339_1

五代・密教部類
3_34_43

## 涼

漢リョウ
訓すずしい

中唐・翰苑
6_74_25

晚唐・摩訶止觀
11_101_11

## 淪

リン
訓しずむ

初唐・古文尚書
27_266_29

初唐・古文尚書
27_267_8

初唐・古文尚書
29_279_22

初唐・十誦律
19_371_11

中唐・翰苑
23_297_1

中唐・翰苑
23_298_27

初唐・古文尚書
4_27_14

初唐・古文尚書
4_28_3

初唐・古文尚書
5_37_15

初唐・古文尚書
5_38_4

初唐・古文尚書
5_38_6

中唐・翰苑
10_126_10

晚唐・摩訶止觀
4_31_16

## 淮

慣ワイ 漢カイ 呉エ
訓—

初唐・古文尚書
2_11_15

初唐・古文尚書
2_12_4

初唐・古文尚書
3_17_13

初唐・古文尚書
3_18_9

初唐・古文尚書
3_18_11

初唐・古文尚書
3_25_5

初唐・古文尚書
3_26_3

初唐・古文尚書
4_27_10

## 淫

イン
訓ひたす

初唐・古文尚書
25_249_11

初唐・古文尚書
25_249_25

初唐・古文尚書
33_309_34

初唐・古文尚書
40_387_13

初唐・古文尚書
46_446_24

中唐・翰苑
22_285_41

五代・大毗盧經
97_1188_4

五代・大毗盧經
97_1192_1

五代・大毗盧經
97_1198_15

## 淡

エン 漢タン
訓あわい

五代•大毗盧經
37_433_4

## 深

シン
訓ふかい

初唐・毛詩傳
1_4_13

初唐・毛詩傳
1_5_13

初唐•禮記正義
12_195_12

初唐•禮記正義
13_197_14

初唐•禮記正義
19_289_9

初唐•禮記正義
19_292_8

初唐•禮記正義
19_292_21

中唐・翰苑
7_89_12

中唐・翰苑
8_98_42

中唐・翰苑
10_122_32

中唐・翰苑
23_303_36

中唐・翰苑
23_304_3

中唐・翰苑
30_385_11

中唐・翰苑
34_440_18

中唐・翰苑
40_518_32

中唐・翰苑
41_529_3

中唐・翰苑
44_565_8

晩唐•摩訶止觀
4_37_19

晩唐•摩訶止觀
5_43_1

晩唐•摩訶止觀
5_44_2

晩唐•摩訶止觀
7_56_11

晩唐•摩訶止觀
7_57_19

晩唐•摩訶止觀
7_65_13

晩唐•摩訶止觀
7_65_22

晩唐•摩訶止觀
11_96_21

晩唐•摩訶止觀
18_159_21

晩唐•摩訶止觀
18_160_1

晩唐•摩訶止觀
33_287_12

晩唐•摩訶止觀
34_297_4

晩唐•摩訶止觀
40_349_26

晩唐•摩訶止觀
42_358_10

晩唐•摩訶止觀
54_454_6

晩唐•摩訶止觀
62_519_23

五代•大毗盧經
26_327_47

五代•大毗盧經
27_340_23

五代•大毗盧經
35_413_17

五代•大毗盧經
57_705_3

五代•大毗盧經
80_965_4

五代•大毗盧經
87_1063_32

五代•大毗盧經
96_1180_15

## 涵

漢カン
訓ひたす

中唐・翰苑
24_313_3

## 減

慣ゲン漢カン
訓へる

初唐•古文尚書
46_453_29

有若感
中唐・翰苑
38_486_34

晩唐•摩訶止觀
30_260_14

晩唐•摩訶止觀
34_298_10

五代•密教部類
3_37_26

## 湎

漢ベン呉メン
訓おぼれる

初唐•古文尚書
27_263_15

初唐•古文尚書
28_272_22

初唐•古文尚書
28_273_10

晩唐•摩訶止觀
22_190_16

晩唐•摩訶止觀
44_376_25

## 湖

漢コ
訓みずうみ

初唐•古文尚書
4_29_24

## 湛

漢タン漢チン漢セン
訓たたえる

中唐・翰苑
26_339_28

五代•大毗盧經
36_432_12

## 湏

カイ、ケ
訓ただれる

自足至頂
中唐・翰苑
23_309_13

頂髻徒跣
中唐・翰苑
35_455_30

楚傾襄王
中唐・翰苑
38_490_42

楚傾襄王
中唐・翰苑
39_499_19

方百頃
中唐・翰苑
40_509_5

## 渌

ロク漢リョク
訓こす

涿耶懷疑
中唐・翰苑
6_69_37

涿耶山下
中唐・翰苑
6_71_13

中唐・翰苑
24_316_30

中唐・翰苑
24_317_10

中唐・翰苑
27_350_12

## 淄

シ
訓くろ

初唐•古文尚書
2_11_16

初唐•古文尚書
2_12_5

## 渭

イ
訓—

中唐・翰苑
2_16_41

中唐・翰苑
2_19_16

## 測

慣ソク
訓はかる

中唐・翰苑
23_306_32

初唐•古文尚書
19_179_19

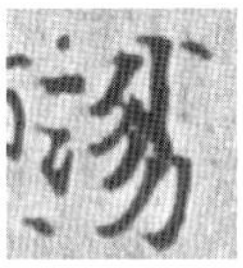
初唐•古文尚書
23_225_16

初唐•古文尚書
24_231_5

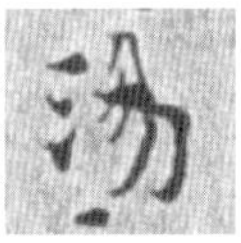
初唐•古文尚書
27_262_23

初唐•古文尚書
27_263_20

## 湯

漢トウ
訓ゆ

初唐•古文尚書
6_50_22

初唐•古文尚書
13_119_7

初唐•古文尚書
13_120_28

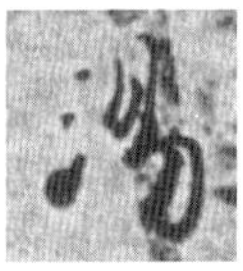
初唐•古文尚書
14_124_5

初唐•古文尚書
14_130_6

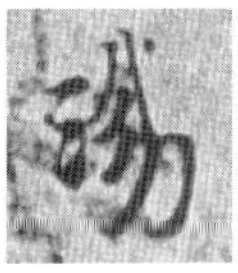
初唐•古文尚書
14_131_5

初唐•古文尚書
16_148_20

## 湍

タン
訓はやせ

初唐・毛詩傳
4_41_14

## 温

漢オン漢ウン
訓あたたかい

中唐・翰苑
3_31_15

中唐・翰苑
5_57_9

中唐・翰苑
5_59_1

中唐・翰苑
41_519_3

五代•密教部類
6_83_13

五代•密教部類
6_84_13

五代•密教部類
6_87_12

## 渇

慣カツ漢ケツ漢カツ
訓かわく

晚唐•摩訶止觀
22_191_15

晚唐•摩訶止觀
45_385_18

五代•大毗盧經
4_41_16

五代•大毗盧經
91_1113_14

## 渡

漢ト
訓わたる

初唐•古文尚書
11_97_13

初唐•古文尚書
18_174_18

中唐・翰苑
3_26_22

中唐・翰苑
6_65_20

中唐・翰苑
16_212_41

中唐・翰苑
20_257_5

中唐・翰苑
32_415_15

五代•大毗盧經
47_577_15

## 滋

慣ジ漢シ呉シ
訓しげる

象而後有滋
初唐•禮記正義
4_64_23

滋而後數
初唐•禮記正義
4_64_24

中唐・翰苑
33_433_37

中唐・翰苑
38_493_18

五代•大毗盧經
46_563_1

## 渾

漢コン
訓にごる

中唐・翰苑
20_262_45

中唐・翰苑
37_474_27

中唐・翰苑
39_504_23

晩唐•摩訶止觀
2_17_19

晩唐•摩訶止觀
31_272_24

晩唐•摩訶止觀
50_422_4

五代•大毗盧經
2_18_20

## 游

漢ユウ
訓およぐ

初唐・十誦律
4_64_17

初唐・十誦律
4_66_5

初唐・十誦律
4_71_1

初唐・十誦律
5_74_8

初唐・十誦律
5_83_1

初唐・十誦律
19_369_3

中唐・翰苑
12_150_13

中唐・翰苑
36_458_7

## 淵

エン
訓ふち

晩唐•摩訶止觀
62_520_10

## 湟

漢コウ呉オウ
訓ほり

中唐・翰苑
42_535_3

| | 滅 | 溝 | 滇 | 漠 | 滑 | 渧 |
|---|---|---|---|---|---|---|
| | 慣メツ漢ベツ<br>訓ほろびる | 漢コウ<br>訓みぞ | テン<br>訓— | 漢バク<br>訓すなはら | ショ<br>訓したむ | テイ、ダイ<br>訓なくさま |
| <br>初唐•古文尚書<br>40_386_38<br><br>初唐•古文尚書<br>41_395_29<br><br>初唐•古文尚書<br>43_416_30<br><br>初唐・般若經<br>9_117_11<br><br>初唐・般若經<br>9_118_1<br><br>初唐・般若經<br>9_119_7<br><br>初唐・般若經<br>22_329_5<br><br>初唐・般若經<br>22_329_12 | <br>初唐•古文尚書<br>9_79_12<br><br>初唐•古文尚書<br>9_79_22<br><br>初唐•古文尚書<br>15_135_28<br><br>初唐•古文尚書<br>15_136_23<br><br>初唐•古文尚書<br>26_257_29<br>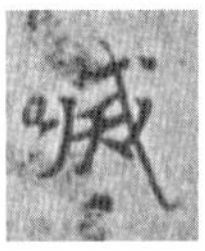<br>初唐•古文尚書<br>29_279_2<br><br>初唐•古文尚書<br>33_308_25<br><br>初唐•古文尚書<br>33_309_19 | <br>初唐•禮記正義<br>12_195_10<br><br>初唐•禮記正義<br>12_195_18<br><br>初唐•禮記正義<br>13_196_9<br><br>初唐•禮記正義<br>13_197_13 | <br>中唐・翰苑<br>39_499_3<br><br>中唐・翰苑<br>39_499_9<br><br>中唐・翰苑<br>39_500_1<br><br>中唐・翰苑<br>39_501_22 | <br>中唐・翰苑<br>5_61_25<br><br>中唐・翰苑<br>12_149_42<br><br>五代•大毗盧經<br>21_268_10<br><br>五代•大毗盧經<br>37_438_4 | <br>初唐・毛詩傳<br>7_78_7<br>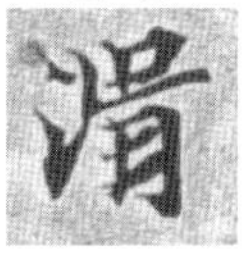<br>初唐・毛詩傳<br>7_78_19 | <br>中唐・翰苑<br>16_209_16<br><br>中唐・翰苑<br>16_212_24<br><br>晚唐•摩訶止觀<br>11_100_14<br><br>晚唐•摩訶止觀<br>29_249_27 |

初唐・般若經
22_331_3

中唐・翰苑
3_24_19

中唐・翰苑
10_121_42

械弊
中唐・翰苑
10_126_35

中唐・翰苑
11_134_23

中唐・翰苑
11_135_26

中唐・翰苑
26_341_31

中唐・翰苑
31_402_5

中唐・翰苑
39_499_33

中唐・翰苑
42_535_19

中唐・翰苑
42_538_21

晚唐•摩訶止觀
2_15_7

晚唐•摩訶止觀
2_19_19

晚唐•摩訶止觀
6_53_9

晚唐•摩訶止觀
6_53_23

晚唐•摩訶止觀
10_88_13

晚唐•摩訶止觀
13_116_19

晚唐•摩訶止觀
16_136_13

晚唐•摩訶止觀
16_142_18

晚唐•摩訶止觀
23_202_14

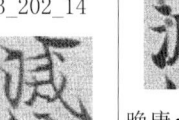

晚唐•摩訶止觀
23_202_20

晚唐•摩訶止觀
23_203_28

晚唐•摩訶止觀
26_226_16

晚唐•摩訶止觀
28_240_9

晚唐•摩訶止觀
28_240_12

晚唐•摩訶止觀
28_240_18

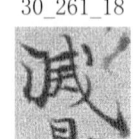

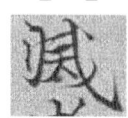

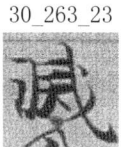

晚唐•摩訶止觀
28_241_1

晚唐•摩訶止觀
28_241_24

晚唐•摩訶止觀
28_242_1

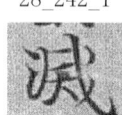

晚唐•摩訶止觀
28_242_16

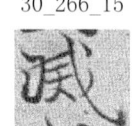

晚唐•摩訶止觀
28_246_5

晚唐•摩訶止觀
28_246_9

晚唐•摩訶止觀
29_252_27

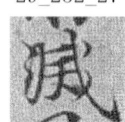

晚唐•摩訶止觀
29_253_10

晚唐•摩訶止觀
29_253_18

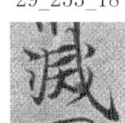

晚唐•摩訶止觀
29_255_14

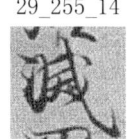

晚唐•摩訶止觀
29_255_24

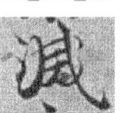

晚唐•摩訶止觀
29_256_4

晚唐•摩訶止觀
29_256_12

晚唐•摩訶止觀
30_261_13

晚唐•摩訶止觀
30_261_18

晚唐•摩訶止觀
30_263_23

晚唐•摩訶止觀
30_264_1

晚唐•摩訶止觀
30_264_6

晚唐•摩訶止觀
30_266_15

晚唐•摩訶止觀
30_266_24

晚唐•摩訶止觀
31_267_24

晚唐•摩訶止觀
31_268_8

晚唐•摩訶止觀
31_269_17

晚唐•摩訶止觀
31_270_7

晚唐•摩訶止觀
31_273_14

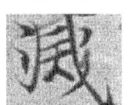

晚唐•摩訶止觀
32_275_11

晚唐•摩訶止觀
32_276_6

晚唐•摩訶止觀
32_276_11

晚唐•摩訶止觀
32_276_14

晚唐•摩訶止觀
32_277_11

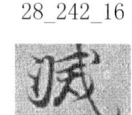

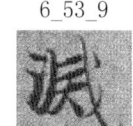

晚唐·摩訶止觀 32_279_16
晚唐·摩訶止觀 35_307_4
晚唐·摩訶止觀 35_307_16
晚唐·摩訶止觀 36_308_12
晚唐·摩訶止觀 36_308_21
晚唐·摩訶止觀 36_310_2
晚唐·摩訶止觀 36_310_6
晚唐·摩訶止觀 36_310_10

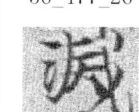

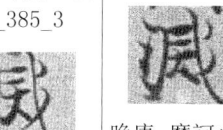

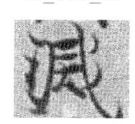

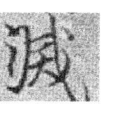

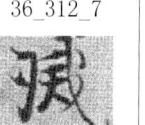

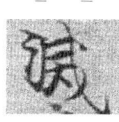

晚唐·摩訶止觀 36_310_15
晚唐·摩訶止觀 36_310_19
晚唐·摩訶止觀 36_312_7
晚唐·摩訶止觀 36_312_11
晚唐·摩訶止觀 36_312_14
晚唐·摩訶止觀 36_312_17
晚唐·摩訶止觀 36_312_21
晚唐·摩訶止觀 36_312_25

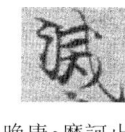

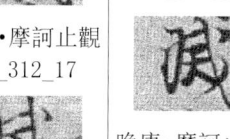

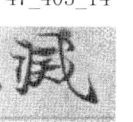

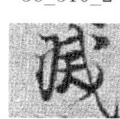

晚唐·摩訶止觀 36_312_28
晚唐·摩訶止觀 38_329_24
晚唐·摩訶止觀 38_330_10
晚唐·摩訶止觀 39_339_14
晚唐·摩訶止觀 40_344_13
晚唐·摩訶止觀 42_363_7
晚唐·摩訶止觀 42_363_18
晚唐·摩訶止觀 42_364_14

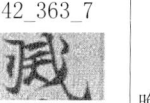

晚唐·摩訶止觀 43_372_24
晚唐·摩訶止觀 45_384_14
晚唐·摩訶止觀 45_385_3
晚唐·摩訶止觀 45_385_5
晚唐·摩訶止觀 45_387_13
晚唐·摩訶止觀 45_387_27
晚唐·摩訶止觀 45_388_4
晚唐·摩訶止觀 46_392_1

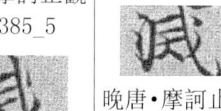

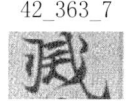

晚唐·摩訶止觀 47_401_9
晚唐·摩訶止觀 47_401_18
晚唐·摩訶止觀 47_401_25
晚唐·摩訶止觀 47_402_6
晚唐·摩訶止觀 47_402_26
晚唐·摩訶止觀 47_403_5
晚唐·摩訶止觀 47_403_14
晚唐·摩訶止觀 47_403_28

晚唐·摩訶止觀 47_404_6
晚唐·摩訶止觀 47_405_1
晚唐·摩訶止觀 49_420_14
晚唐·摩訶止觀 55_463_8
晚唐·摩訶止觀 56_473_15
晚唐·摩訶止觀 56_475_25
晚唐·摩訶止觀 56_476_1
晚唐·摩訶止觀 56_476_9

晚唐·摩訶止觀 56_477_26
晚唐·摩訶止觀 57_479_3
晚唐·摩訶止觀 57_483_4
五代·大毗盧經 2_11_14
五代·大毗盧經 2_12_19
五代·大毗盧經 8_93_10
五代·大毗盧經 11_133_5
五代·大毗盧經 12_148_16

## 溢

漢イツ
訓あふれる

中唐・翰苑
33_428_13

中唐・翰苑
37_475_21

五代・大毗盧經
46_565_3

五代・大毗盧經
64_796_11

五代・大毗盧經
80_974_6

五代・大毗盧經
92_1135_16

五代・大毗盧經
93_1141_19

五代・大毗盧經
28_352_6

## 準

慣ジュウ 漢セツ
訓たいらか

初唐・古文尚書
10_87_30

灌奴部
中唐・翰苑
21_279_16

五代・大毗盧經
19_252_15

五代・大毗盧經
28_351_21

五代・大毗盧經
28_353_18

五代・大毗盧經
28_355_4

五代・大毗盧經
41_487_6

## 溪

漢ケイ
訓たに

中唐・翰苑
31_407_18

漢人
中唐・翰苑
40_514_1

中唐・翰苑
39_504_1

中唐・翰苑
42_536_29

晚唐・摩訶止觀
1_4_11

## 源

漢ゲン
訓みなもと

中唐・翰苑
13_170_10

中唐・翰苑
24_320_17

中唐・翰苑
25_332_2

中唐・翰苑
27_355_23

中唐・翰苑
29_372_29

中唐・翰苑
29_373_30

中唐・翰苑
29_373_34

中唐・翰苑
39_501_8

五代・大毗盧經
48_587_11

五代・大毗盧經
88_1073_7

## 溺

漢 デキ
訓 おぼれる

初唐•古文尚書 9_78_29

初唐•古文尚書 12_112_24

初唐•古文尚書 16_146_25

中唐・翰苑 39_495_33

## 漕

漢 ソウ
訓 はこぶ

中唐・翰苑 26_340_4

## 漸

吳 ゼン
訓 すすむ

初唐•古文尚書 3_20_13

初唐•古文尚書 3_20_19

初唐•古文尚書 31_290_22

初唐•古文尚書 40_389_26

初唐•古文尚書 40_390_22

初唐•禮記正義 5_69_26

斬將王
中唐・翰苑 3_31_22

中唐・翰苑 4_37_25

斬首
中唐・翰苑 8_94_16

中唐・翰苑 9_118_26

中唐・翰苑 35_456_13

中唐・翰苑 38_493_16

中唐・翰苑 41_521_12

晚唐•摩訶止觀 4_36_18

晚唐•摩訶止觀 4_37_14

晚唐•摩訶止觀 5_39_15

晚唐•摩訶止觀 5_39_24

晚唐•摩訶止觀 5_43_2

晚唐•摩訶止觀 5_43_16

晚唐•摩訶止觀 5_46_10

晚唐•摩訶止觀 6_48_10

晚唐•摩訶止觀 6_55_16

晚唐•摩訶止觀 10_89_23

晚唐•摩訶止觀 11_93_22

晚唐•摩訶止觀 11_96_5

晚唐•摩訶止觀 11_96_11

晚唐•摩訶止觀 11_98_8

晚唐•摩訶止觀 12_102_17

晚唐•摩訶止觀 12_108_6

晚唐•摩訶止觀 18_159_23

晚唐•摩訶止觀 19_161_25

晚唐•摩訶止觀 19_162_11

晚唐•摩訶止觀 19_162_18

晚唐•摩訶止觀 19_163_6

晚唐•摩訶止觀 28_238_9

晚唐•摩訶止觀 28_238_12

晚唐•摩訶止觀 28_238_16

晚唐•摩訶止觀 42_358_14

晚唐•摩訶止觀 42_360_11

晚唐•摩訶止觀 51_436_26

# 漢

カン

訓—

晚唐•摩訶止觀
60_510_18

五代•大毗盧經
7_78_41

五代•大毗盧經
7_78_42

初唐•古文尚書
5_39_2

初唐•禮記正義
17_258_2

初唐・十誦律
7_126_15

初唐・十誦律
8_145_11

初唐・十誦律
18_348_13

初唐・般若經
13_193_16

初唐・般若經
13_194_9

初唐・般若經
13_196_1

初唐・般若經
27_411_5

初唐・般若經
27_411_15

初唐・般若經
27_413_9

中唐・翰苑
2_13_1

中唐・翰苑
2_13_12

中唐・翰苑
2_17_14

中唐・翰苑
2_18_20

中唐・翰苑
2_20_3

中唐・翰苑
2_20_13

中唐・翰苑
3_23_17

中唐・翰苑
3_24_10

中唐・翰苑
3_29_12

中唐・翰苑
3_30_15

中唐・翰苑
3_35_5

中唐・翰苑
4_39_4

中唐・翰苑
4_42_19

中唐・翰苑
4_46_17

中唐・翰苑
4_49_4

中唐・翰苑
5_50_5

中唐・翰苑
5_53_12

中唐・翰苑
5_56_8

中唐・翰苑
5_57_2

中唐・翰苑
5_57_17

中唐・翰苑
5_60_2

中唐・翰苑
5_63_11

中唐・翰苑
6_65_12

中唐・翰苑
6_70_10

中唐・翰苑
6_73_6

中唐・翰苑
6_76_12

中唐・翰苑
6_76_20

中唐・翰苑
7_79_10

中唐・翰苑
7_81_6

中唐・翰苑
7_85_5

中唐・翰苑
7_89_13

中唐・翰苑
8_93_19

中唐・翰苑
8_96_11

中唐・翰苑
8_96_14

中唐・翰苑
8_98_8

中唐・翰苑
8_99_27

中唐・翰苑
8_99_38

中唐・翰苑
8_101_8

中唐・翰苑
8_102_32

中唐・翰苑
8_104_18

中唐・翰苑
8_105_22

中唐・翰苑
9_107_14

中唐・翰苑
9_107_17

中唐・翰苑
9_109_10

中唐・翰苑
9_109_18

中唐・翰苑
9_109_21

中唐・翰苑
9_109_31

中唐・翰苑
9_110_7

中唐・翰苑
9_111_8

中唐・翰苑
9_117_32

中唐・翰苑
10_122_34

中唐・翰苑
10_124_19

中唐・翰苑
11_134_8

中唐・翰苑
11_134_17

中唐・翰苑
11_136_7

中唐・翰苑
11_138_14

中唐・翰苑
11_141_10

中唐・翰苑
11_143_30

中唐・翰苑
12_146_5

中唐・翰苑
12_147_24

中唐・翰苑
12_150_23

中唐・翰苑
12_153_26

中唐・翰苑
12_156_12

中唐・翰苑
12_156_25

中唐・翰苑
12_157_32

中唐・翰苑
12_158_40

中唐・翰苑
13_159_12

中唐・翰苑
13_162_3

中唐・翰苑
13_166_7

中唐・翰苑
13_170_15

中唐・翰苑
14_173_6

中唐・翰苑
14_175_12

中唐・翰苑
14_177_7

中唐・翰苑
14_179_2

中唐・翰苑
14_181_32

中唐・翰苑
14_185_2

中唐・翰苑
14_186_13

中唐・翰苑
15_187_22

中唐・翰苑
15_189_14

中唐・翰苑
15_192_12

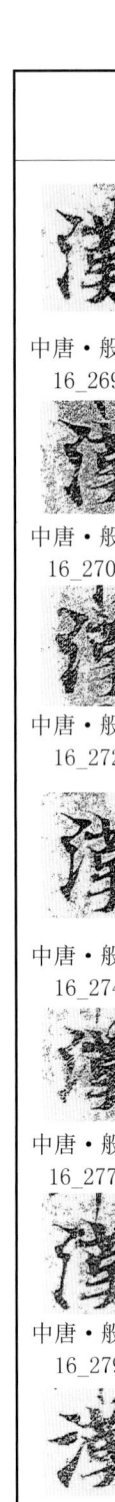

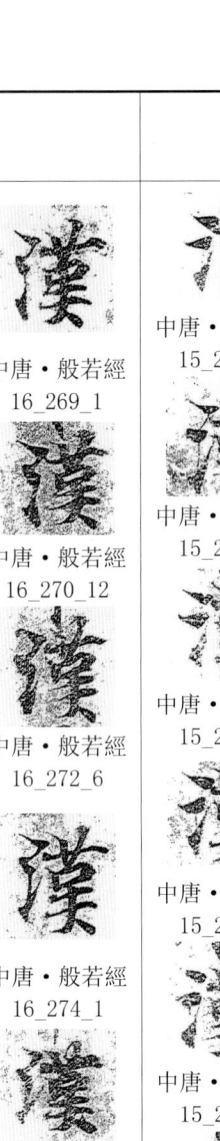

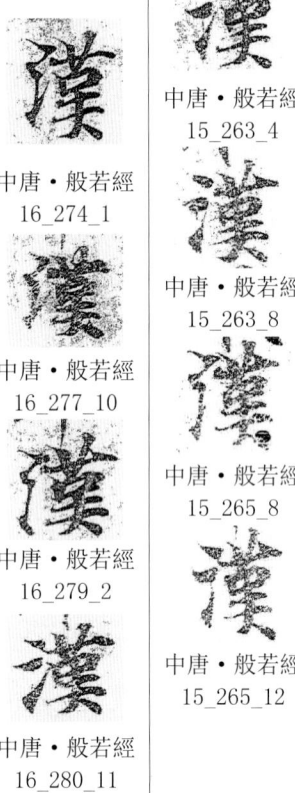

中唐・翰苑
15_195_19

中唐・翰苑
15_198_8

中唐・翰苑
16_204_12

中唐・翰苑
16_210_3

中唐・翰苑
17_215_5

中唐・翰苑
17_218_16

中唐・翰苑
17_222_2

中唐・翰苑
17_223_6

中唐・翰苑
17_227_10

中唐・翰苑
18_230_31

中唐・翰苑
18_232_12

中唐・翰苑
18_234_7

中唐・翰苑
18_236_2

中唐・翰苑
18_239_14

中唐・翰苑
19_243_23

中唐・翰苑
19_250_8

中唐・翰苑
41_529_11

中唐・翰苑
41_530_33

中唐・翰苑
42_532_11

中唐・翰苑
42_537_1

中唐・翰苑
42_538_33

中唐・翰苑
42_540_1

中唐・翰苑
42_542_21

中唐・翰苑
43_544_22

中唐・翰苑
43_544_27

中唐・翰苑
43_545_14

中唐・翰苑
43_549_12

中唐・翰苑
43_553_23

中唐・翰苑
43_555_29

中唐・翰苑
44_556_11

中唐・翰苑
44_556_36

中唐・翰苑
44_557_2

中唐・翰苑
44_557_21

中唐・翰苑
44_558_18

中唐・般若經
15_258_15

中唐・般若經
15_259_2

中唐・般若經
15_261_1

中唐・般若經
15_261_5

中唐・般若經
15_263_4

中唐・般若經
15_263_8

中唐・般若經
15_265_8

中唐・般若經
15_265_12

中唐・般若經
16_269_1

中唐・般若經
16_270_12

中唐・般若經
16_272_6

中唐・般若經
16_274_1

中唐・般若經
16_277_10

中唐・般若經
16_279_2

中唐・般若經
16_280_11

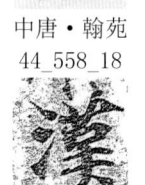

中唐・般若經
16_282_4

晚唐•摩訶止觀
2_17_11

晚唐•摩訶止觀
45_390_1

晚唐•摩訶止觀
56_471_7

## 滯

慣現タイ漢テイ
訓とどこおる

初唐•古文尚書
37_356_6

晚唐•摩訶止觀
27_229_18

晚唐•摩訶止觀
40_349_3

## 滿

漢バン呉マン
訓みちる

初唐・毛詩傳
5_53_4

初唐•禮記正義
9_131_19

初唐•禮記正義
9_135_25

初唐•禮記正義
27_413_21

中唐・翰苑
5_59_27

中唐・翰苑
5_62_16

中唐・翰苑
8_92_1

中唐・翰苑
8_100_20

中唐・翰苑
10_128_16

中唐・翰苑
14_182_9

中唐・翰苑
14_182_30

中唐・翰苑
20_265_43

中唐・翰苑
27_351_36

晚唐•摩訶止觀
1_7_8

晚唐•摩訶止觀
3_25_13

晚唐•摩訶止觀
12_103_14

晚唐•摩訶止觀
18_158_6

晚唐•摩訶止觀
54_455_1

晚唐•摩訶止觀
54_455_3

晚唐•摩訶止觀
60_507_18

五代•大毗盧經
2_12_16

五代•大毗盧經
3_27_11

五代•大毗盧經
6_70_19

五代•大毗盧經
6_73_4

五代•大毗盧經
7_75_15

五代•大毗盧經
7_80_4

五代•大毗盧經
7_86_6

五代•大毗盧經
8_90_4

五代•大毗盧經
8_93_15

五代•大毗盧經
10_111_23

五代•大毗盧經
10_118_5

五代•大毗盧經
10_119_8

五代•大毗盧經
11_125_5

五代•大毗盧經
12_150_18

五代•大毗盧經
13_160_5

五代•大毗盧經
15_187_12

五代•大毗盧經
15_187_14

五代•大毗盧經
15_195_41

五代•大毗盧經
15_196_25

五代•大毗盧經
16_200_7

## 漯

ルイ
訓かわのな

初唐・古文尚書
2_10_2

初唐・古文尚書
2_10_11

初唐・古文尚書
4_32_4

## 漆

漢シツ
訓うるし

厥貢漆絲
初唐・古文尚書
1_8_24

初唐・古文尚書
2_9_8

初唐・毛詩傳
4_33_11

丹漆
初唐・禮記正義
25_382_7

中唐・翰苑
40_508_25

五代・大毗盧經
89_1083_5

五代・大毗盧經
89_1089_4

五代・大毗盧經
90_1095_18

五代・大毗盧經
90_1101_22

五代・大毗盧經
90_1104_4

五代・大毗盧經
90_1108_4

五代・大毗盧經
97_1196_17

五代・大毗盧經
98_1204_4

五代・大毗盧經
79_957_1

五代・大毗盧經
79_957_18

五代・大毗盧經
82_1000_4

五代・大毗盧經
83_1013_4

五代・大毗盧經
84_1026_5

五代・大毗盧經
84_1028_4

五代・大毗盧經
85_1043_2

五代・大毗盧經
88_1072_9

五代・大毗盧經
67_833_7

五代・大毗盧經
67_833_12

五代・大毗盧經
67_833_14

五代・大毗盧經
67_839_12

五代・大毗盧經
77_929_4

五代・大毗盧經
77_931_12

五代・大毗盧經
77_932_15

五代・大毗盧經
78_946_12

五代・大毗盧經
57_700_9

五代・大毗盧經
58_712_4

五代・大毗盧經
59_727_4

五代・大毗盧經
61_750_25

五代・大毗盧經
61_750_35

五代・大毗盧經
62_772_14

五代・大毗盧經
65_818_7

五代・大毗盧經
65_818_9

五代・大毗盧經
16_205_4

五代・大毗盧經
51_625_10

五代・大毗盧經
52_635_4

五代・大毗盧經
53_654_14

五代・大毗盧經
55_679_21

五代・大毗盧經
57_695_27

五代・大毗盧經
57_696_26

五代・大毗盧經
57_700_6

## 漫

漢バン吳マン
訓ひろい

中唐・翰苑
30_386_20

五代•大毗盧經
39_453_5

五代•大毗盧經
39_466_8

五代•大毗盧經
39_469_11

## 漁

慣リョウ漢ギョ
訓すなどる

中唐・翰苑
15_189_25

中唐・翰苑
15_189_27

中唐・翰苑
15_197_6

，水源
中唐・翰苑
24_316_38

中唐・翰苑
39_501_38

## 漩

漢セン
訓うずまき

五代•大毗盧經
54_664_19

## 演

エン
訓ながれる

中唐・翰苑
19_249_3

晚唐•摩訶止觀
2_14_6

晚唐•摩訶止觀
10_90_10

五代•大毗盧經
9_109_19

五代•大毗盧經
10_111_11

五代•大毗盧經
11_130_11

五代•大毗盧經
30_376_18

五代•大毗盧經
30_378_20

五代•大毗盧經
55_678_20

五代•大毗盧經
65_810_10

五代•大毗盧經
87_1064_1

五代•大毗盧經
94_1156_15

## 漏

漢ロウ吳ル
訓もれる

晚唐•摩訶止觀
5_41_12

晚唐•摩訶止觀
5_46_19

晚唐•摩訶止觀
22_191_19

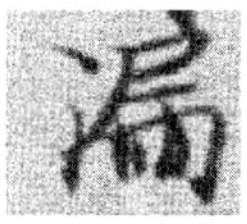
晚唐•摩訶止觀
23_198_25

晚唐•摩訶止觀
23_198_27

晚唐•摩訶止觀
23_200_20

五代•大毗盧經
52_641_12

## 漿

漢ショウ
訓しる

中唐・翰苑
43_548_26

| 澗 | 潤 | 潔 | 澍 | 潛 | 濆 | 潭 |
|---|---|---|---|---|---|---|
| 漢カン呉ケン<br>訓たに | 漢ジュン<br>訓うるおう | 漢ケツ<br>訓いさぎよい | 呉ジュ<br>訓そそぐ | 漢セン<br>訓ひそむ | 漢フン<br>訓わく | 呉ジン漢タン<br>訓ふち |
| <br>初唐•古文尚書<br>18_171_16 | <br>初唐•古文尚書<br>34_318_7 | <br>初唐•古文尚書<br>3_23_13 | <br>晚唐•摩訶止觀<br>12_102_2 | <br>初唐•古文尚書<br>5_40_22 | <br>中唐・翰苑<br>27_353_29 | <br>中唐・翰苑<br>24_321_18 |
| | <br>初唐•古文尚書<br>34_319_4 | <br>中唐・翰苑<br>18_238_45 | | <br>初唐•古文尚書<br>5_41_4 | | |
| | <br>五代•大毗盧經<br>54_664_20 | <br>中唐・翰苑<br>19_247_27 | | <br>中唐・翰苑<br>15_197_21 | | |
| | <br>五代•大毗盧經<br>56_691_3 | <br>衍文<br>中唐・翰苑<br>24_318_9 | | | | |
| | | <br>五代•大毗盧經<br>19_240_3 | | | | |

## 濁

慣ダク 漢タク 呉ジョク
訓にごる

初唐・毛詩傳
4_41_19

晩唐•摩訶止観
23_195_3

晩唐•摩訶止観
23_196_18

晩唐•摩訶止観
23_203_21

晩唐•摩訶止観
29_251_20

吏譯平端
中唐・翰苑
40_517_5

中唐・翰苑
16_203_42

中唐・翰苑
24_316_13

中唐・翰苑
24_321_38

中唐・翰苑
33_433_34

中唐・翰苑
39_502_12

中唐・翰苑
39_503_9

中唐・翰苑
40_516_2

初唐•古文尚書
4_29_20

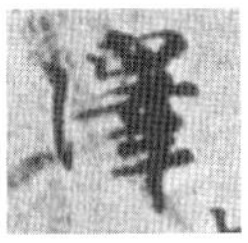
初唐•古文尚書
4_30_11

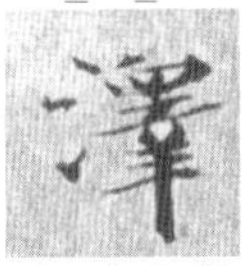
初唐•古文尚書
5_41_20

初唐•古文尚書
5_46_20

初唐•古文尚書
5_46_22

初唐•古文尚書
34_318_6

初唐•古文尚書
34_318_35

## 澤

漢タク
訓さわ

初唐•古文尚書
1_4_2

初唐•古文尚書
1_4_9

初唐•古文尚書
1_4_18

初唐•古文尚書
3_19_13

初唐•古文尚書
4_28_18

初唐•古文尚書
4_29_9

初唐•古文尚書
4_29_16

## 澄

漢 現チョウ
訓すむ

五代•密教部類
2_11_4

五代•密教部類
3_27_17

五代•密教部類
3_28_6

五代•密教部類
4_47_9

五代•密教部類
4_55_7

## 澈

漢テツ
訓きよい

中唐・翰苑
24_318_10

## 濮

ホク 慣ボク
訓—

中唐・翰苑
27_350_15

## 濬

シュン
訓さらう

中唐・翰苑
42_536_28

## 

五代・大毗盧經
92_1131_5

五代・大毗盧經
94_1151_20

## 濕

シュウ 慣シツ
訓しめる

五代・大毗盧經
8_99_15

五代・大毗盧經
22_275_18

五代・大毗盧經
29_371_8

五代・大毗盧經
43_516_17

五代・大毗盧經
47_571_14

五代・大毗盧經
88_1080_15

五代・大毗盧經
90_1095_13

五代・大毗盧經
91_1109_1

## 濫

ラン 漢カン
訓ひろがる

初唐・古文尚書
40_389_22

晚唐・摩訶止觀
29_252_25

## 激

慣ゲキ 漢ケキ
訓はげしい

初唐・毛詩傳
4_41_8

郡徼
中唐・翰苑
37_480_23

## 濊

漢ワイ／漢カツ
訓けがれる

中唐・翰苑
19_246_27

## 濟

漢 セイ 吳 サイ
訓 すむ

初唐•古文尚書 1_2_20

初唐•古文尚書 1_2_28

初唐•古文尚書 2_10_1

初唐•古文尚書 2_10_10

初唐•古文尚書 3_17_9

初唐•古文尚書 12_111_2

初唐•古文尚書 18_174_10

初唐•古文尚書 33_315_25

初唐・十誦律 7_126_7

初唐・十誦律 8_145_3

初唐・十誦律 18_348_8

初唐・十誦律 19_371_9

中唐・翰苑 1_4_8

中唐・翰苑 17_228_41

中唐・翰苑 19_255_39

中唐・翰苑 20_256_26

中唐・翰苑 24_318_14

中唐・翰苑 25_333_7

中唐・翰苑 26_336_35

中唐・翰苑 26_336_43

中唐・翰苑 26_344_1

中唐・翰苑 26_346_11

中唐・翰苑 27_347_14

中唐・翰苑 27_348_15

中唐・翰苑 27_350_19

中唐・翰苑 27_355_2

中唐・翰苑 27_355_12

中唐・翰苑 27_355_38

中唐・翰苑 27_356_5

中唐・翰苑 27_356_35

中唐・翰苑 27_357_7

中唐・翰苑 29_374_26

中唐・翰苑 29_377_18

五代•大毗盧經 4_45_12

五代•大毗盧經 14_180_8

中唐・翰苑 28_365_4

## 濱

ヒン
訓 はま

初唐•古文尚書 2_12_17

初唐•古文尚書 2_12_20

初唐•古文尚書 3_25_2

中唐・翰苑 29_381_24

中唐・翰苑 30_386_14

## 瀆

漢 トク
訓 みぞ

初唐•古文尚書 40_390_16

初唐•禮記正義 9_144_14

讀云御耳
初唐•禮記正義 15_233_23

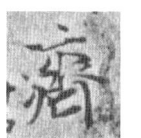

## 瀝

漢レキ
訓したたる

五代・大毗盧經
21_269_16

## 灌

カン
訓そそぐ

中唐・翰苑
21_281_12

中唐・翰苑
30_387_45

中唐・翰苑
30_390_1

中唐・翰苑
30_391_23

晚唐・摩訶止觀
13_114_22

五代・密教部類
2_16_3

五代・密教部類
2_25_2

五代・密教部類
3_26_4

五代・密教部類
3_31_4

五代・密教部類
3_40_4

五代・密教部類
4_44_9

五代・密教部類
4_47_1

五代・密教部類
4_48_2

五代・密教部類
4_55_1

五代・密教部類
4_57_8

五代・密教部類
5_65_5

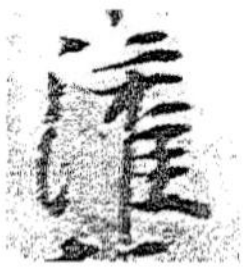
五代・密教部類
5_66_9

五代・密教部類
5_67_5

五代・密教部類
5_69_5

五代・密教部類
5_70_2

五代・大毗盧經
2_15_3

五代・大毗盧經
15_195_11

五代・大毗盧經
43_523_4

## 瀾

ラン
訓なみ

中唐・翰苑
24_318_7

## 瀲

レン
訓うかぶ

中唐・翰苑
24_314_27

## 灣

ワン

訓いりえ

中唐・翰苑
24_321_17

## 灑

漢サイ慣シャ漢サ

訓そそぐ

五代・大毗盧經
74_916_6

五代・大毗盧經
75_919_8

五代・大毗盧經
75_921_4

五代・大毗盧經
75_923_3

五代・大毗盧經
75_926_1

五代・大毗盧經
90_1103_2

五代・大毗盧經
96_1174_24

五代・大毗盧經
49_593_2

五代・大毗盧經
53_651_14

五代・大毗盧經
64_804_13

五代・大毗盧經
67_846_14

五代・大毗盧經
68_852_12

五代・大毗盧經
74_908_6

五代・大毗盧經
74_911_1

五代・大毗盧經
74_913_4

五代・大毗盧經
16_212_17

五代・大毗盧經
19_249_18

五代・大毗盧經
19_250_9

五代・大毗盧經
30_375_9

五代・大毗盧經
35_422_2

五代・大毗盧經
35_422_6

五代・大毗盧經
36_428_2

五代・大毗盧經
36_428_6

初唐・毛詩傳
3_32_5

晚唐・摩訶止觀
11_101_19

五代・大毗盧經
5_57_10

五代・大毗盧經
6_61_12

五代・大毗盧經
8_100_23

五代・大毗盧經
10_117_1

五代・大毗盧經
10_117_21

五代・大毗盧經
15_192_4

## 灉

ヨウ

訓—

初唐・古文尚書
1_4_3

# 牛部

## 牛 ⺧

漢ギュウ 呉ゴ
訓うし

初唐•古文尚書 4_34_24
初唐•古文尚書 28_275_16
初唐•禮記正義 18_272_2
初唐•禮記正義 18_273_18
初唐•禮記正義 18_274_21
中唐・翰苑 2_21_35
中唐・翰苑 4_47_39

中唐・翰苑 4_48_22
中唐・翰苑 6_75_31
中唐・翰苑 10_127_34
中唐・翰苑 10_127_38
中唐・翰苑 10_128_19
中唐・翰苑 11_143_24
中唐・翰苑 11_144_20

中唐・翰苑 12_149_6
中唐・翰苑 12_153_11
中唐・翰苑 12_154_26
中唐・翰苑 14_176_1
中唐・翰苑 16_201_18
中唐・翰苑 17_216_38
中唐・翰苑 17_220_15

中唐・翰苑 17_220_19
中唐・翰苑 18_233_3
中唐・翰苑 19_242_28
中唐・翰苑 19_246_14
中唐・翰苑 19_248_9
中唐・翰苑 19_251_43
中唐・翰苑 22_284_29

中唐・翰苑 31_397_30
中唐・翰苑 35_455_3
中唐・翰苑 40_508_23
中唐・翰苑 40_513_35
中唐・翰苑 44_559_16
晚唐•摩訶止觀 11_97_28
晚唐•摩訶止觀 11_99_19

晚唐•摩訶止觀 58_491_20
五代•大毗盧經 7_79_8
五代•大毗盧經 67_842_4
五代•大毗盧經 80_971_17
五代•大毗盧經 92_1131_12

## 牟

漢ボウ 呉ム
訓なく

初唐•禮記正義
15_230_14

中唐・翰苑
27_349_26

中唐・翰苑
27_350_11

中唐・翰苑
27_350_44

中唐・翰苑
27_352_28

五代•大毗盧經
12_143_3

五代•大毗盧經
14_176_19

五代•大毗盧經
71_878_3

五代•大毗盧經
77_934_3

## 牡

慣ボ 漢ボウ
訓おす

中唐・翰苑
2_10_37

## 牢

漢ロウ
訓ひとや

初唐•禮記正義
4_56_6

初唐•禮記正義
6_84_24

初唐•禮記正義
6_87_17

初唐•禮記正義
6_88_24

初唐•禮記正義
6_93_23

初唐•禮記正義
7_98_22

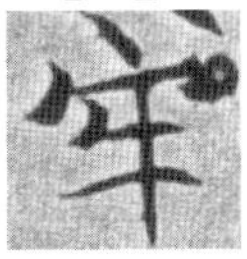
初唐•禮記正義
7_110_14

中唐・翰苑
17_216_8

中唐・翰苑
22_285_20

中唐・翰苑
38_485_23

中唐・翰苑
38_486_8

中唐・翰苑
38_486_22

中唐・翰苑
38_492_17

中唐・翰苑
38_493_2

中唐・翰苑
39_495_30

中唐・翰苑
39_496_22

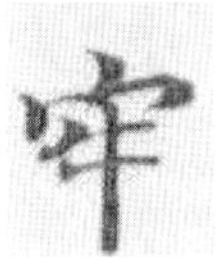
中唐・翰苑
41_522_6

中唐・翰苑
41_523_21

晚唐•摩訶止觀
19_169_23

五代•大毗盧經
10_122_23

五代•大毗盧經
63_784_3

五代•大毗盧經
65_819_6

五代•大毗盧經
92_1129_2

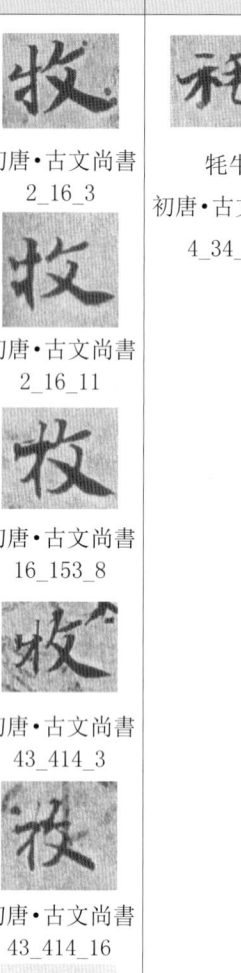

## 牧 牧

漢現ボク呉モク
訓まき

初唐•古文尚書
2_16_3

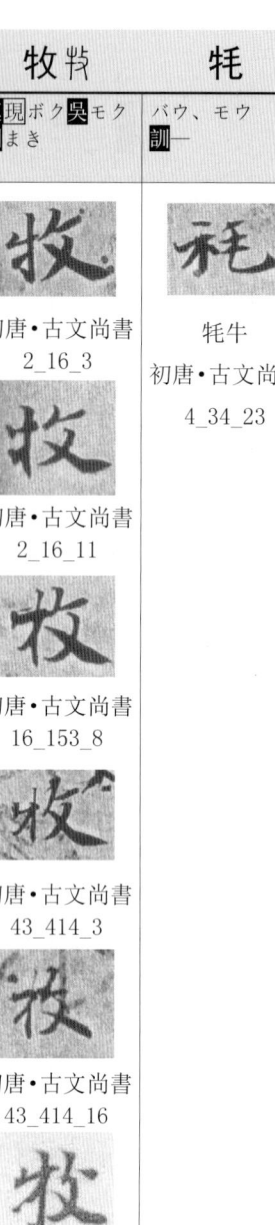

初唐•古文尚書
2_16_11

初唐•古文尚書
16_153_8

初唐•古文尚書
43_414_3

初唐•古文尚書
43_414_16

中唐・翰苑
2_14_22

中唐・翰苑
2_20_22

中唐・翰苑
2_21_6

## 牦

バウ、モウ
訓—

牦牛
初唐•古文尚書
4_34_23

## 物 物

慣現モツ漢現ブツ呉モチ
訓もの

晚唐•摩訶止觀
8_74_22

晚唐•摩訶止觀
11_94_14

晚唐•摩訶止觀
51_431_8

晚唐•摩訶止觀
56_471_3

晚唐•摩訶止觀
56_472_11

五代•大毗盧經
2_17_11

五代•大毗盧經
59_722_1

中唐・翰苑
19_252_26

中唐・翰苑
20_263_29

中唐・翰苑
20_264_35

中唐・翰苑
25_328_2

中唐・翰苑
43_547_21

晚唐•摩訶止觀
8_74_1

晚唐•摩訶止觀
8_74_8

晚唐•摩訶止觀
8_74_15

初唐•禮記正義
19_288_21

初唐•禮記正義
20_306_11

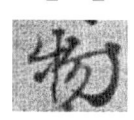

初唐•禮記正義
21_324_16

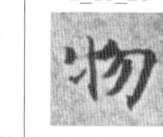

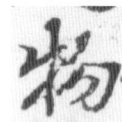

初唐•禮記正義
22_326_17

初唐•禮記正義
25_387_27

中唐・翰苑
10_128_21

中唐・翰苑
12_145_22

中唐・翰苑
12_151_36

初唐•禮記正義
4_64_14

初唐•禮記正義
4_65_19

初唐•禮記正義
6_91_26

初唐•禮記正義
10_150_18

總明
初唐•禮記正義
10_161_26

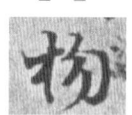

初唐•禮記正義
18_275_24

初唐•禮記正義
19_287_6

初唐•禮記正義
19_288_8

初唐•古文尚書
2_14_5

初唐•古文尚書
2_15_23

初唐•古文尚書
4_27_2

初唐•古文尚書
4_36_6

初唐•古文尚書
5_46_14

初唐•古文尚書
12_111_24

初唐•古文尚書
31_293_8

初唐•古文尚書
31_294_13

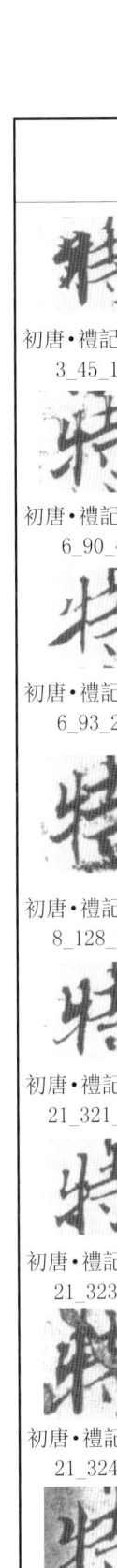

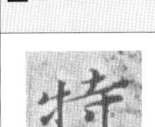

| 特 | 特 | | | 牲 | | |
|---|---|---|---|---|---|---|
| | 漢現トク呉ドク<br>訓おうし | | | 漢現セイ呉ショウ<br>訓いけにえ | | |
| 初唐•禮記正義<br>3_45_16 | 初唐•古文尚書<br>3_24_21 | 初唐•禮記正義<br>29_452_11 | 初唐•禮記正義<br>8_122_13 | 初唐•古文尚書<br>28_274_12 | 收養<br>中唐・翰苑<br>16_211_42 | 中唐・翰苑<br>3_22_43 |
| 初唐•禮記正義<br>6_90_4 | 初唐•古文尚書<br>3_24_27 | 初唐•禮記正義<br>18_273_1 | 初唐•禮記正義<br>8_124_10 | 初唐•古文尚書<br>28_275_20 | 魏收<br>中唐・翰苑<br>19_250_5 | 中唐・翰苑<br>4_41_12 |
| 初唐•禮記正義<br>6_93_24 | 初唐•古文尚書<br>21_200_23 | | 初唐•禮記正義<br>9_130_9 | 初唐•古文尚書<br>28_275_30 | 收東萊諸縣<br>中唐・翰苑<br>23_301_12 | 中唐・翰苑<br>4_42_6 |
| 初唐•禮記正義<br>8_128_14 | 初唐•古文尚書<br>25_241_8 | | 初唐•禮記正義<br>9_137_20 | 初唐•禮記正義<br>3_44_24 | 中唐・翰苑<br>23_301_30 | 收羌戎<br>中唐・翰苑<br>6_73_30 |
| 初唐•禮記正義<br>21_321_16 | 初唐•古文尚書<br>32_306_13 | | 初唐•禮記正義<br>9_140_10 | 初唐•禮記正義<br>3_45_17 | 魏收<br>中唐・翰苑<br>25_326_6 | 中唐・翰苑<br>11_136_25 |
| 初唐•禮記正義<br>21_323_8 | 初唐•古文尚書<br>48_467_12 | | 初唐•禮記正義<br>18_272_16 | 初唐•禮記正義<br>5_76_11 | | 脫營字<br>中唐・翰苑<br>11_140_19 |
| 初唐•禮記正義<br>21_324_8 | 初唐・毛詩傳<br>7_78_12 | | 初唐•禮記正義<br>25_382_1 | 初唐•禮記正義<br>6_90_5 | | 中唐・翰苑<br>13_164_44 |
| 初唐•禮記正義<br>21_325_2 | 初唐•禮記正義<br>3_44_23 | | | 初唐•禮記正義<br>6_93_25 | | 收養<br>中唐・翰苑<br>15_200_39 |

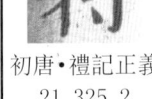

| 犃 | 犀 | 犍 | 牽 | 犂 | | |
|---|---|---|---|---|---|---|
| バン<br>訓— | 漢セイ呉サイ<br>訓さい | 漢ケン<br>訓うし | ケン<br>訓ひきづな | リ漢レイ<br>訓すき | | |

## 犃

五代•大毗盧經
15_193_8

五代•大毗盧經
22_278_3

五代•大毗盧經
38_448_2

五代•大毗盧經
67_847_21

## 犀

初唐•古文尚書
4_34_17

中唐・翰苑
8_103_34

中唐・翰苑
35_454_2

中唐・翰苑
35_455_2

中唐・翰苑
43_551_20

## 犍

晚唐•摩訶止觀
21_182_1

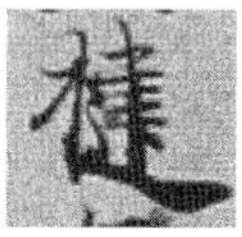

晚唐•摩訶止觀
22_188_21

## 牽

初唐•禮記正義
11_165_19

初唐•禮記正義
14_211_16

初唐•禮記正義
18_281_13

晚唐•摩訶止觀
22_193_10

五代•大毗盧經
57_693_5

## 犂

初唐•古文尚書
3_20_16

初唐•古文尚書
40_383_26

中唐・翰苑
15_195_2

中唐・翰苑
43_544_34

##

五代•大毗盧經
55_681_11

五代•大毗盧經
95_1162_3

##

初唐•禮記正義
22_328_17

初唐•禮記正義
22_329_8

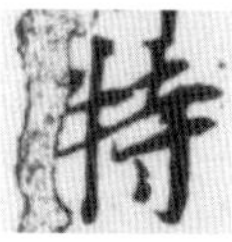

初唐•禮記正義
25_379_10

周宣王時
中唐・翰苑
2_16_7

伏波將軍
中唐・翰苑
34_442_19

五代•大毗盧經
7_77_21

五代•大毗盧經
30_377_26

五代•大毗盧經
39_457_14

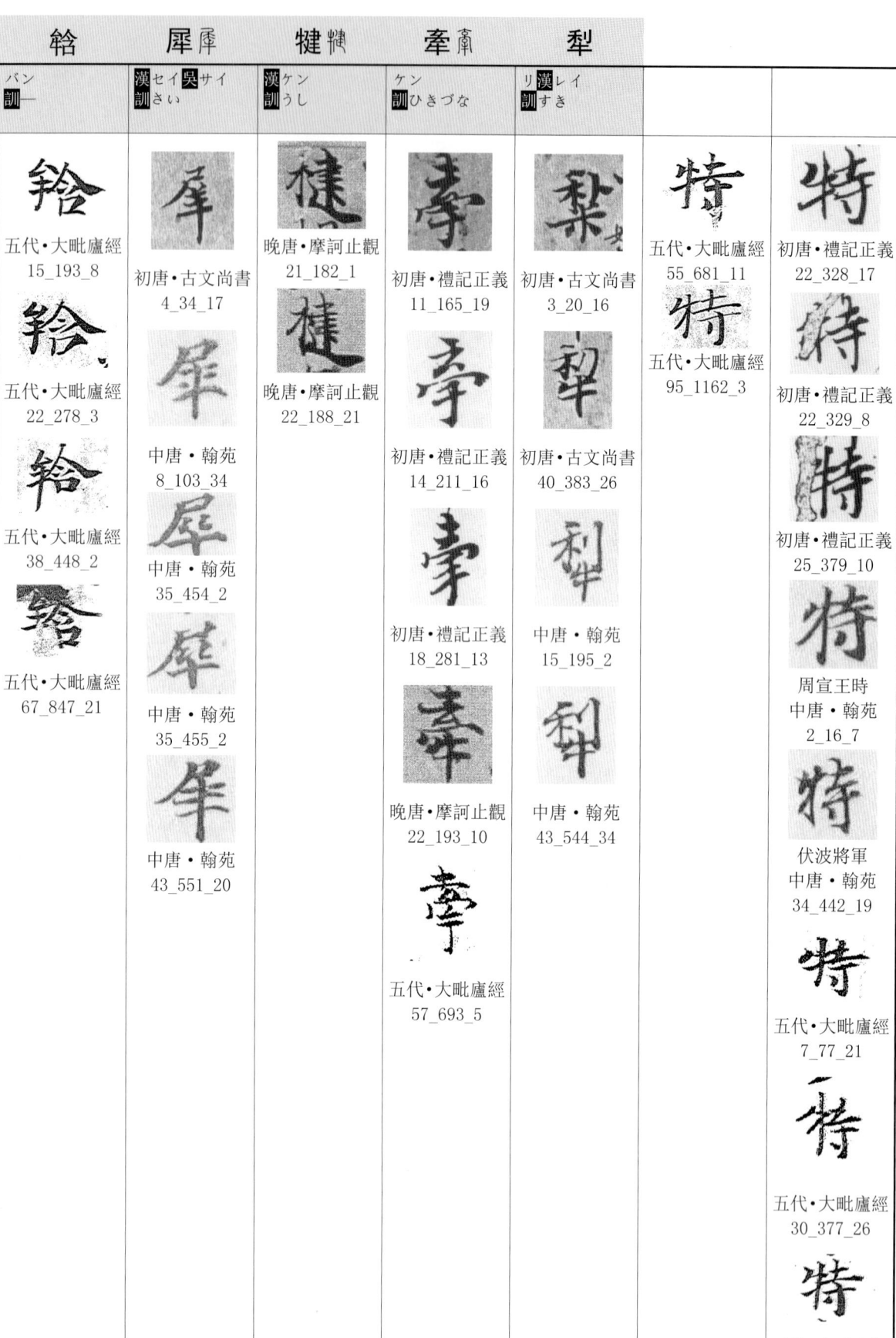

## 犢

漢 トク
訓 こうし

中唐・翰苑
5_59_3

## 犧

慣 現 ギ 漢 キ
訓 いけにえ

初唐•古文尚書
28_274_10

初唐•古文尚書
28_275_11

初唐•禮記正義
29_452_10

# 手部

## 才 キ

漢現サイ呉現ザイ
訓さい

初唐•古文尚書
15_137_5

初唐•古文尚書
16_153_1

初唐•古文尚書
20_192_1

初唐•古文尚書
21_200_38

初唐•古文尚書
32_297_6

初唐•古文尚書
32_304_21

初唐•古文尚書
35_333_17

初唐•古文尚書
36_340_21

初唐•古文尚書
36_342_4

初唐•古文尚書
36_342_20

初唐•古文尚書
39_375_3

初唐•古文尚書
43_421_13

初唐•古文尚書
47_458_10

初唐•古文尚書
48_464_2

初唐•古文尚書
49_474_14

中唐 • 翰苑
38_484_25

晚唐•摩訶止觀
22_188_3

五代•大毗盧經
30_376_32

五代•大毗盧經
85_1038_7

五代•大毗盧經
85_1041_7

五代•大毗盧經
90_1095_4

## 手 キ

呉現シュ慣ス漢シュウ
訓て

初唐•古文尚書
23_221_9

初唐 • 毛詩傳
5_56_21

初唐•禮記正義
12_179_19

初唐•禮記正義
12_179_23

初唐•禮記正義
12_180_20

初唐•禮記正義
12_181_3

初唐•禮記正義
12_181_9

初唐•禮記正義
12_184_21

初唐•禮記正義
12_185_15

初唐•禮記正義
12_185_19

初唐•禮記正義
12_189_17

初唐•禮記正義
12_189_24

初唐•禮記正義
12_190_16

初唐•禮記正義
13_201_26

初唐•禮記正義
13_202_16

初唐•禮記正義
13_204_1

初唐•禮記正義
13_205_26

初唐•禮記正義
16_251_17

初唐•禮記正義
16_252_11

初唐•禮記正義
16_252_25

初唐•禮記正義
16_253_4

初唐•禮記正義 16_253_28
初唐•禮記正義 17_254_4
初唐•禮記止義 17_254_14
初唐•禮記正義 17_260_13
初唐•禮記正義 19_288_2
初唐•禮記正義 19_294_29
初唐•禮記正義 20_305_2

初唐•禮記正義 20_305_15
初唐•禮記正義 20_306_14
初唐•禮記正義 20_306_17
初唐•禮記正義 20_306_26
初唐•禮記正義 20_309_10
初唐•禮記正義 21_319_18
中唐・翰苑 14_180_18

中唐・翰苑 15_191_21
中唐・翰苑 17_217_27
中唐・翰苑 29_377_31
晚唐•摩訶止觀 1_9_18
晚唐•摩訶止觀 2_12_24
晚唐•摩訶止觀 10_85_6
五代•密教部類 6_86_18

五代•大毗盧經 3_24_28
五代•大毗盧經 3_24_36
五代•大毗盧經 3_25_6
五代•大毗盧經 7_78_13
五代•大毗盧經 9_105_20
五代•大毗盧經 10_117_12
五代•大毗盧經 13_157_10

五代•大毗盧經 14_181_15
五代•大毗盧經 19_239_6
五代•大毗盧經 19_240_6
五代•大毗盧經 19_243_6
五代•大毗盧經 21_270_8
五代•大毗盧經 23_295_8
五代•大毗盧經 24_311_12

五代•大毗盧經 25_317_9
五代•大毗盧經 25_317_21
五代•大毗盧經 25_317_33
五代•大毗盧經 25_320_8
五代•大毗盧經 26_327_13
五代•大毗盧經 27_346_8
五代•大毗盧經 35_413_9

五代•大毗盧經 35_414_14
五代•大毗盧經 39_471_5
五代•大毗盧經 46_560_11
五代•大毗盧經 46_562_20
五代•大毗盧經 46_566_10
五代•大毗盧經 54_664_2
五代•大毗盧經 54_665_20

# 打

慣 現 ダ　漢 テイ　呉 チョウ

訓 うつ

中唐・翰苑
28_359_29

晩唐・摩訶止觀
40_346_24

晩唐・摩訶止觀
40_347_3

晩唐・摩訶止觀
40_348_4

五代・大毗盧經
49_597_3

五代・大毗盧經
64_797_31

五代・大毗盧經
66_827_24

五代・大毗盧經
93_1137_12

五代・大毗盧經
93_1137_25

五代・大毗盧經
93_1144_8

五代・大毗盧經
93_1144_14

五代・大毗盧經
94_1149_14

五代・大毗盧經
86_1051_19

五代・大毗盧經
86_1057_46

五代・大毗盧經
89_1085_16

五代・大毗盧經
92_1126_16

五代・大毗盧經
92_1129_7

五代・大毗盧經
92_1134_5

五代・大毗盧經
93_1137_5

五代・大毗盧經
79_961_9

五代・大毗盧經
80_971_11

五代・大毗盧經
80_977_7

五代・大毗盧經
82_996_25

五代・大毗盧經
84_1023_8

五代・大毗盧經
85_1045_15

五代・大毗盧經
85_1048_25

五代・大毗盧經
71_870_7

五代・大毗盧經
73_895_7

五代・大毗盧經
77_934_24

五代・大毗盧經
78_945_15

五代・大毗盧經
78_945_19

五代・大毗盧經
78_948_26

五代・大毗盧經
78_951_10

五代・大毗盧經
59_723_3

五代・大毗盧經
60_738_10

五代・大毗盧經
60_743_2

五代・大毗盧經
63_782_1

五代・大毗盧經
64_795_15

五代・大毗盧經
64_799_3

五代・大毗盧經
64_802_16

五代・大毗盧經
54_666_20

五代・大毗盧經
57_705_13

五代・大毗盧經
57_706_3

五代・大毗盧經
58_709_7

五代・大毗盧經
58_709_13

五代・大毗盧經
58_717_2

五代・大毗盧經
58_717_17

## 折

漢現セツ
訓おる

初唐•古文尚書
42_402_8

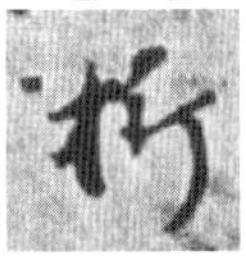
初唐•古文尚書
42_406_12

初唐•古文尚書
46_452_16

初唐•古文尚書
47_457_31

初唐•古文尚書
47_458_2

初唐•古文尚書
47_458_13

初唐•古文尚書
47_458_20

## 抑

漢現ヨク
訓おさえる

初唐•禮記正義
12_190_13

## 抄

呉ショウ
訓とる

中唐・翰苑
7_80_7

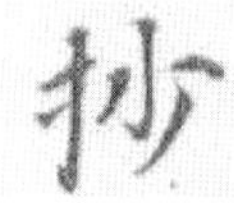
中唐・翰苑
16_201_13

中唐・翰苑
17_216_22

## 扶

漢現フ、ホ
訓たすける

初唐•禮記正義
13_198_1

中唐・翰苑
8_95_29

中唐・翰苑
15_195_1

中唐・翰苑
20_258_15

中唐・翰苑
27_355_25

五代•大毗盧經
2_17_17

## 拒

漢現キョ
訓こばむ

中唐・翰苑
4_43_39

中唐・翰苑
4_48_32

中唐・翰苑
34_443_26

## 抓

漢ソウ
訓かく

飛狐口
中唐・翰苑
2_18_35

## 扞

カン
訓ふせぐ

扞戊使
中唐・翰苑
5_54_8

中唐・翰苑
30_384_41

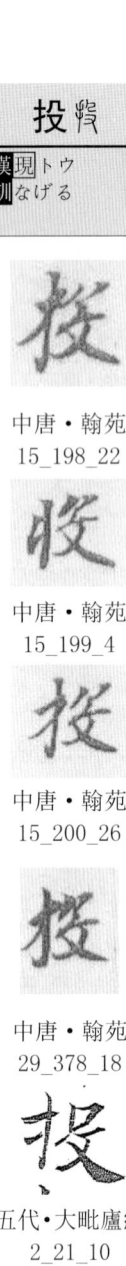

| | 拔 | 把 | 投 | | | |
|---|---|---|---|---|---|---|
| | 慣現バツ 漢ハツ 訓ぬく | 漢ハ 訓つか | 漢現トウ 訓なげる | | | |
| 晚唐•摩訶止觀 36_308_29 | 中唐・翰苑 7_91_19 | 五代•大毗盧經 82_996_29 | 中唐・翰苑 15_198_22 | 五代•大毗盧經 54_659_12 | 初唐•禮記正義 21_314_13 | 初唐•古文尚書 47_459_27 |
| 晚唐•摩訶止觀 36_310_27 | 中唐・翰苑 8_105_24 | 五代•大毗盧經 85_1048_26 | 中唐・翰苑 15_199_4 | | 中唐・翰苑 21_271_33 | 初唐•古文尚書 49_477_5 |
| 晚唐•摩訶止觀 36_311_20 | 西方之援 中唐・翰苑 9_106_27 | 五代•大毗盧經 93_1144_11 | 中唐・翰苑 15_200_26 | | 中唐・翰苑 22_285_4 | 初唐•禮記正義 20_308_23 |
| 晚唐•摩訶止觀 44_377_10 | 中唐・翰苑 21_273_34 | | 中唐・翰苑 29_378_18 | | 中唐・翰苑 25_326_18 | 初唐•禮記正義 20_310_11 |
| 晚唐•摩訶止觀 46_391_14 | 中唐・翰苑 21_275_30 | | 五代•大毗盧經 2_21_10 | | 五代•大毗盧經 7_84_13 | 初唐•禮記正義 20_310_19 |
| 晚唐•摩訶止觀 48_410_15 | 晚唐•摩訶止觀 20_178_10 | | 五代•大毗盧經 98_1210_8 | | 五代•大毗盧經 18_229_24 | 初唐•禮記正義 20_310_24 |
| 晚唐•摩訶止觀 51_434_5 | 晚唐•摩訶止觀 25_212_29 | | | | 五代•大毗盧經 18_229_26 | 初唐•禮記正義 21_313_13 |
| 五代•大毗盧經 85_1033_18 | 晚唐•摩訶止觀 27_229_24 | | | | | |

| 拖 | | 拘 | | 押 | 抽 | |
|---|---|---|---|---|---|---|
| タ<br>訓ひく | | ク慣現コウ<br>訓とどめる | | 漢オウ/漢コウ<br>訓おす | 漢チュウ<br>訓ぬく | |
| <br>曳拖也<br>初唐•禮記正義<br>20_307_9<br><br>前後拖<br>初唐•禮記正義<br>20_308_4 | <br>中唐・翰苑<br>31_405_38<br><br>中唐・翰苑<br>32_411_21<br><br>中唐・翰苑<br>33_424_15<br><br>中唐・翰苑<br>34_444_21<br><br>五代•大毗盧經<br>71_875_16 | <br>初唐•禮記正義<br>13_203_6<br><br>初唐•禮記正義<br>13_204_7<br><br>初唐・十誦律<br>3_33_1<br><br>初唐・十誦律<br>3_33_6<br><br>初唐・十誦律<br>3_33_12<br><br>初唐・十誦律<br>6_103_8<br><br>中唐・翰苑<br>21_270_30<br><br>中唐・翰苑<br>31_405_14 | <br>五代•大毗盧經<br>51_622_7<br><br>五代•大毗盧經<br>58_708_22<br><br>五代•大毗盧經<br>85_1048_14<br><br>五代•大毗盧經<br>88_1079_16 | <br>中唐・翰苑<br>18_238_11<br><br>五代•大毗盧經<br>13_155_28<br><br>五代•大毗盧經<br>21_270_13<br><br>五代•大毗盧經<br>23_296_6<br><br>五代•大毗盧經<br>26_327_9<br><br>五代•大毗盧經<br>28_349_10<br><br>五代•大毗盧經<br>50_620_17<br><br>五代•大毗盧經<br>50_621_12 | <br>初唐•禮記正義<br>16_248_18<br><br>五代•密教部類<br>1_3_15<br><br>五代•大毗盧經<br>16_201_6<br><br>五代•大毗盧經<br>39_456_16<br><br>五代•大毗盧經<br>80_976_6 | <br>五代•大毗盧經<br>86_1054_3 |

| 招 | | 拙 | 拆 | 抱 | 抵 | 披 |
|---|---|---|---|---|---|---|
| 現ショウ漢キョウ<br>訓まねく | | 漢現セツ<br>訓つたない | 漢タク<br>訓ひらく | 漢現ホウ<br>訓いだく | 漢現テイ/漢シ<br>訓おしのける | 現ヒ<br>訓ひらく |

**招**

初唐•古文尚書
23_219_1

初唐•古文尚書
23_219_22

中唐・翰苑
12_156_2

中唐・翰苑
34_444_40

中唐・翰苑
35_447_8

中唐・翰苑
35_449_33

中唐・翰苑
44_557_10

五代•大毗盧經
15_196_17

**(no heading)**

晚唐•摩訶止観
41_350_9

晚唐•摩訶止観
41_351_7

晚唐•摩訶止観
62_519_5

**拙**

初唐•古文尚書
8_65_7

初唐•古文尚書
8_65_23

晚唐•摩訶止観
23_200_8

晚唐•摩訶止観
23_201_8

晚唐•摩訶止観
29_252_8

晚唐•摩訶止観
40_344_26

晚唐•摩訶止観
40_345_10

晚唐•摩訶止観
40_345_27

**拆**

五代•大毗盧經
37_437_10

**抱**

布袍
中唐・翰苑
18_233_27

中唐・翰苑
41_520_39

**抵**

中唐・翰苑
17_223_29

中唐・翰苑
20_264_36

中唐・翰苑
31_404_4

中唐・翰苑
40_508_31

**披**

五代•大毗盧經
46_556_1

五代・大毗盧經 51_630_18
五代・大毗盧經 53_651_18
五代・大毗盧經 97_1187_40

## 抳

ヂ、二
訓 とまる

五代・大毗盧經 13_158_9
五代・大毗盧經 47_579_40
五代・大毗盧經 56_682_3
五代・大毗盧經 56_691_18
五代・大毗盧經 58_717_14
五代・大毗盧經 58_720_10
五代・大毗盧經 64_801_16
五代・大毗盧經 74_916_3

五代・大毗盧經 78_944_18

## 拏

漢 ダ 呉 ナ
訓 つかむ

五代・大毗盧經 10_111_24
五代・大毗盧經 15_191_14
五代・大毗盧經 16_212_13
五代・大毗盧經 16_212_18
五代・大毗盧經 19_250_10
五代・大毗盧經 20_254_11
五代・大毗盧經 26_330_11
五代・大毗盧經 29_364_15

五代・大毗盧經 35_420_11
五代・大毗盧經 36_426_11
五代・大毗盧經 38_450_14
五代・大毗盧經 48_591_10
五代・大毗盧經 49_599_16
五代・大毗盧經 54_668_16
五代・大毗盧經 56_684_15

五代・大毗盧經 64_802_21
五代・大毗盧經 64_804_14
五代・大毗盧經 66_831_29
五代・大毗盧經 66_831_37
五代・大毗盧經 67_846_10
五代・大毗盧經 67_846_15
五代・大毗盧經 56_691_13

五代・大毗盧經 78_952_12
五代・大毗盧經 80_971_14
五代・大毗盧經 80_973_3
五代・大毗盧經 82_1005_14
五代・大毗盧經 83_1018_1
五代・大毗盧經 85_1034_10
五代・大毗盧經 85_1042_4
五代・大毗盧經 75_918_19

漢 ケツ
訓 ひっさける 現
シ

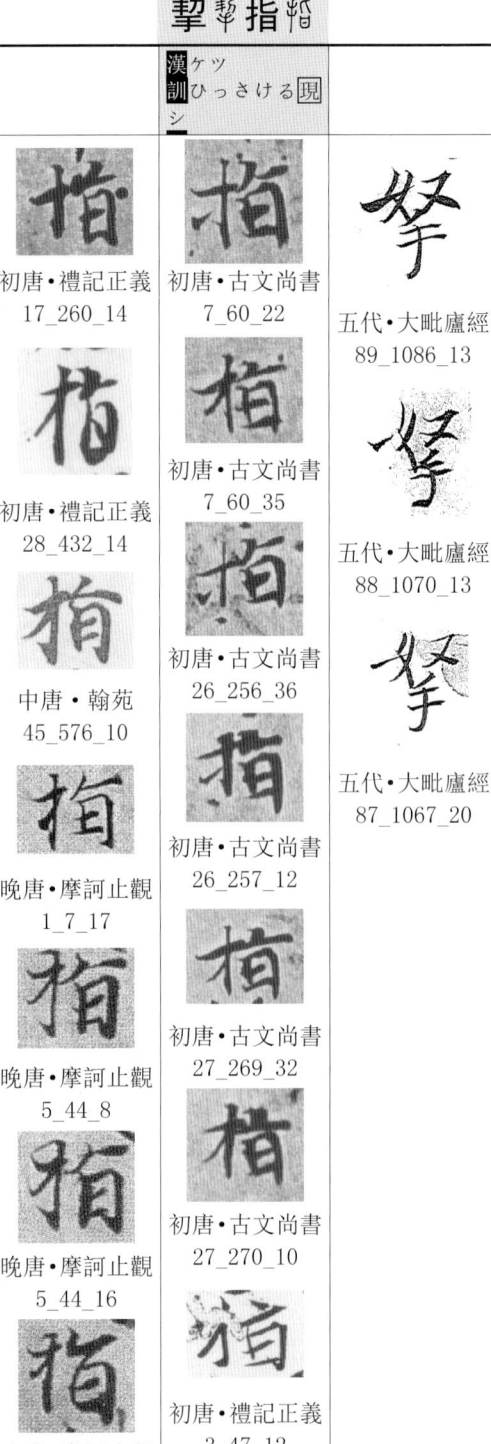

五代・大毗盧經 89_1086_13
五代・大毗盧經 88_1070_13
五代・大毗盧經 87_1067_20

初唐・古文尚書 7_60_22
初唐・古文尚書 7_60_35
初唐・古文尚書 26_256_36
初唐・古文尚書 26_257_12
初唐・古文尚書 27_269_32
初唐・古文尚書 27_270_10
初唐・禮記正義 3_47_12
初唐・禮記正義 17_259_24

初唐・禮記正義 17_260_14
初唐・禮記正義 28_432_14
中唐・翰苑 45_576_10
晚唐・摩訶止觀 1_7_17
晚唐・摩訶止觀 5_44_8
晚唐・摩訶止觀 5_44_16
晚唐・摩訶止觀 14_122_21
晚唐・摩訶止觀 14_123_17

晚唐・摩訶止觀 14_125_13
晚唐・摩訶止觀 15_134_21
晚唐・摩訶止觀 17_148_1
晚唐・摩訶止觀 17_148_17
晚唐・摩訶止觀 17_149_12
晚唐・摩訶止觀 17_150_4
晚唐・摩訶止觀 17_150_18
晚唐・摩訶止觀 17_151_12

晚唐・摩訶止觀 17_152_4
晚唐・摩訶止觀 17_152_18
晚唐・摩訶止觀 18_153_3
晚唐・摩訶止觀 18_153_15
晚唐・摩訶止觀 18_154_1
晚唐・摩訶止觀 18_154_18
晚唐・摩訶止觀 26_226_13
晚唐・摩訶止觀 28_238_18

晚唐・摩訶止觀 31_269_19
晚唐・摩訶止觀 31_270_9
晚唐・摩訶止觀 56_478_8
晚唐・摩訶止觀 56_478_23
晚唐・摩訶止觀 57_479_4
晚唐・摩訶止觀 57_479_15
晚唐・摩訶止觀 57_480_2
五代・大毗盧經 7_78_20

五代・大毗盧經 7_78_37
五代・大毗盧經 17_222_18
五代・大毗盧經 27_340_10
五代・大毗盧經 49_602_4
五代・大毗盧經 53_652_23
五代・大毗盧經 54_665_10
五代・大毗盧經 54_666_9
五代・大毗盧經 72_889_12

# 持

漢訓 チ 呉 現 ジ もつ

五代•大毗盧經 73_895_8
五代•大毗盧經 80_975_14
五代•大毗盧經 84_1025_43
五代•大毗盧經 85_1044_9

初唐•古文尚書 9_75_12
扶持 初唐•禮記正義 13_198_2
左手持轡 初唐•禮記正義 16_252_12
奉持 初唐•禮記正義 19_286_19
奉持 初唐•禮記正義 19_287_10
奉持 初唐•禮記正義 19_288_6
初唐•禮記正義 20_297_26

執持也 初唐•禮記正義 19_294_15
持奉 初唐•禮記正義 20_300_17
持奉 初唐•禮記正義 20_300_25
執持 初唐•禮記正義 20_306_1
奉持 初唐•禮記正義 20_309_8
初唐・十誦律 3_42_6
初唐・十誦律 3_51_4

初唐・十誦律 4_63_1
初唐・十誦律 3_51_8
初唐・十誦律 4_65_9
初唐・十誦律 4_66_15
初唐・十誦律 4_69_14
初唐・十誦律 4_70_2
初唐・十誦律 5_75_1
初唐・十誦律 5_89_2

初唐・十誦律 6_99_13
初唐・十誦律 9_172_10
初唐・十誦律 19_373_6
中唐・翰苑 8_100_19
中唐・翰苑 10_123_18
中唐・翰苑 15_188_38
持節 中唐・翰苑 25_333_1
持節 中唐・翰苑 27_355_44

特盛 中唐・翰苑 34_439_7
中唐・翰苑 30_389_4
晚唐•摩訶止觀 14_123_7
晚唐•摩訶止觀 14_123_15
晚唐•摩訶止觀 56_472_8
五代•密教部類 3_27_11
五代•密教部類 5_73_3
五代•密教部類 5_73_13

五代•密教部類 6_77_11
五代•密教部類 6_89_11
五代•大毗盧經 1_1_11
五代•大毗盧經 2_2_11
五代•大毗盧經 2_6_1
五代•大毗盧經 3_24_25
五代•大毗盧經 7_77_16
五代•大毗盧經 7_78_5

五代•大毗盧經
7_84_3

五代•大毗盧經
10_113_3

五代•大毗盧經
10_124_1

五代•大毗盧經
11_141_20

五代•大毗盧經
12_143_17

五代•大毗盧經
12_144_17

五代•大毗盧經
12_145_17

五代•大毗盧經
12_146_17

五代•大毗盧經
12_147_17

五代•大毗盧經
12_153_19

五代•大毗盧經
13_157_11

五代•大毗盧經
13_159_6

五代•大毗盧經
14_171_9

五代•大毗盧經
14_173_9

五代•大毗盧經
14_179_7

五代•大毗盧經
16_201_20

五代•大毗盧經
16_203_15

五代•大毗盧經
16_203_25

五代•大毗盧經
17_220_13

五代•大毗盧經
17_223_7

五代•大毗盧經
19_239_7

五代•大毗盧經
19_240_7

五代•大毗盧經
19_243_7

五代•大毗盧經
23_295_3

五代•大毗盧經
24_311_20

五代•大毗盧經
25_318_2

五代•大毗盧經
25_320_11

五代•大毗盧經
25_324_7

五代•大毗盧經
26_332_33

五代•大毗盧經
28_355_15

五代•大毗盧經
28_362_13

五代•大毗盧經
30_380_3

五代•大毗盧經
30_380_14

五代•大毗盧經
30_381_21

五代•大毗盧經
34_409_11

五代•大毗盧經
70_862_11

五代•大毗盧經
71_863_11

五代•大毗盧經
71_866_1

五代•大毗盧經
71_870_12

五代•大毗盧經
72_885_9

五代•大毗盧經
72_888_17

五代•大毗盧經
77_934_14

五代•大毗盧經
77_936_9

五代•大毗盧經
78_951_16

五代•大毗盧經
80_965_19

五代•大毗盧經
80_971_12

五代•大毗盧經
80_975_2

五代•大毗盧經
80_979_14

五代•大毗盧經
85_1041_3

五代•大毗盧經
85_1041_13

五代•大毗盧經
85_1042_9

五代•大毗盧經
85_1044_26

五代•大毗盧經
85_1046_1

五代•大毗盧經
89_1093_3

五代•大毗盧經
89_1093_6

五代•大毗盧經
90_1099_3

## 括

漢現カツ
訓くくる

晚唐•摩訶止觀
19_167_6

## 挺

漢テイ 吳チョウ
訓ぬく

中唐・翰苑
24_311_3

## 拽

漢エイ
訓ひく

五代•大毗盧經
66_830_22

## 捄

漢キュウ
訓もる

初唐・毛詩傳
5_52_26

## 拱

漢キョウ
訓こまぬく

初唐•古文尚書
31_295_11

初唐•古文尚書
31_296_4

初唐•禮記正義
18_273_3

初唐•禮記正義
19_294_28

中唐・翰苑
25_326_35

五代•大毗盧經
93_1141_1

五代•大毗盧經
97_1188_14

五代•大毗盧經
97_1195_1

五代•大毗盧經
97_1196_16

五代•大毗盧經
97_1199_1

五代•大毗盧經
98_1201_10

五代•大毗盧經
98_1203_8

五代•大毗盧經
91_1112_12

五代•大毗盧經
92_1126_17

五代•大毗盧經
92_1130_6

五代•大毗盧經
92_1133_4

五代•大毗盧經
92_1134_15

五代•大毗盧經
92_1135_13

五代•大毗盧經
92_1135_21

五代•大毗盧經
92_1136_7

## 按

アン
訓 おさえる

- 五代・大毗盧經 9_105_26
- 五代・大毗盧經 10_124_13

## 拜

漢 現 ハイ
訓 おがむ

- 初唐・古文尚書 21_202_19
- 初唐・古文尚書 23_228_24
- 初唐・禮記正義 15_234_5
- 初唐・禮記正義 15_234_22
- 初唐・禮記正義 15_234_26
- 初唐・禮記正義 15_235_2
- 初唐・禮記正義 15_235_8
- 初唐・禮記正義 15_235_23

- 初唐・禮記正義 15_236_15
- 初唐・禮記正義 30_468_18
- 中唐・翰苑 7_79_36
- 中唐・翰苑 8_92_18
- 中唐・翰苑 8_92_24
- 中唐・翰苑 11_136_1
- 中唐・翰苑 11_137_4
- 中唐・翰苑 11_144_38

- 中唐・翰苑 11_144_43
- 中唐・翰苑 12_158_32
- 中唐・翰苑 17_218_27
- 中唐・翰苑 18_235_15
- 中唐・翰苑 22_284_9
- 中唐・翰苑 25_328_15
- 中唐・翰苑 35_446_15
- 中唐・翰苑 36_464_35

- 中唐・翰苑 44_558_14

## 拳

漢 ケン 呉 ゲン
訓 こぶし

- 五代・大毗盧經 7_78_17
- 五代・大毗盧經 10_117_7
- 五代・大毗盧經 10_124_7
- 五代・大毗盧經 15_194_20
- 五代・大毗盧經 17_215_2
- 五代・大毗盧經 17_217_12
- 五代・大毗盧經 19_244_20
- 五代・大毗盧經 19_245_7

- 五代・大毗盧經 19_245_20
- 五代・大毗盧經 19_246_7
- 五代・大毗盧經 21_270_6
- 五代・大毗盧經 23_294_17
- 五代・大毗盧經 23_296_2
- 五代・大毗盧經 24_311_14
- 五代・大毗盧經 25_315_8
- 五代・大毗盧經 50_619_2

## 捉

慣ソク 漢サク
訓とらえる

初唐・十誦律
2_27_13

初唐・十誦律
8_133_12

初唐・十誦律
8_134_7

初唐・十誦律
8_153_13

初唐・十誦律
9_154_8

晚唐•摩訶止觀
45_386_8

五代•大毗盧經
65_818_17

## 挹

ユウ
訓くむ

中唐・翰苑
16_214_6

中唐・翰苑
29_381_8

中唐・翰苑
30_383_14

晚唐•摩訶止觀
1_4_8

## 挾

漢キョウ
訓はさむ

中唐・翰苑
30_387_24

五代•大毗盧經
19_252_13

## 振

現シン
訓ふる

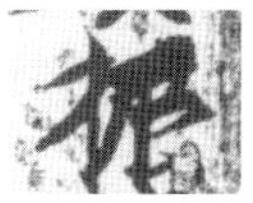
初唐•禮記正義
3_42_28

初唐•禮記正義
5_70_16

初唐•禮記正義
11_171_22

初唐•禮記正義
11_173_25

中唐・翰苑
33_424_13

中唐・翰苑
34_443_25

五代•大毗盧經
16_201_8

五代•大毗盧經
30_377_12

---

五代•大毗盧經
85_1048_9

五代•大毗盧經
91_1119_15

五代•大毗盧經
93_1141_9

五代•大毗盧經
63_788_15

五代•大毗盧經
64_797_8

五代•大毗盧經
66_827_3

五代•大毗盧經
72_889_7

五代•大毗盧經
73_900_25

五代•大毗盧經
80_976_5

五代•大毗盧經
80_976_17

五代•大毗盧經
85_1046_17

五代•大毗盧經
50_620_12

五代•大毗盧經
51_622_2

五代•大毗盧經
51_622_16

五代•大毗盧經
51_622_26

五代•大毗盧經
51_623_15

五代•大毗盧經
56_684_21

五代•大毗盧經
58_708_17

五代•大毗盧經
63_783_3

| | | 捺 | 捷 | 捕 | 捘 | 挫 |
|---|---|---|---|---|---|---|
| | | 慣ナツ 漢ダツ<br>訓おす | ショウ<br>訓かつ | 漢 現ホ 呉ブ<br>訓とらえる | ソン<br>訓おす | 慣ザ 漢サ<br>訓くじく |
| <br>五代•大毗盧經<br>88_1074_14<br><br>五代•大毗盧經<br>96_1174_14<br><br>五代•大毗盧經<br>97_1191_1 | <br>五代•大毗盧經<br>21_268_25<br><br>五代•大毗盧經<br>21_269_3<br><br>五代•大毗盧經<br>23_301_3<br><br>五代•大毗盧經<br>23_301_18<br><br>五代•大毗盧經<br>30_381_11<br><br>五代•大毗盧經<br>44_535_10<br><br>五代•大毗盧經<br>59_723_15<br><br>五代•大毗盧經<br>85_1038_14 | <br>五代•大毗盧經<br>5_52_18<br><br>五代•大毗盧經<br>5_53_7<br><br>五代•大毗盧經<br>5_58_1<br><br>五代•大毗盧經<br>6_61_10<br><br>五代•大毗盧經<br>6_67_3<br><br>五代•大毗盧經<br>17_220_1<br><br>五代•大毗盧經<br>18_230_6<br><br>五代•大毗盧經<br>19_250_19 | <br>中唐・翰苑<br>2_9_9<br><br>中唐・翰苑<br>2_11_7<br><br>中唐・翰苑<br>27_352_25 | <br>中唐・翰苑<br>12_149_26<br><br>中唐・翰苑<br>16_206_24<br><br>中唐・翰苑<br>16_206_40<br><br>中唐・翰苑<br>31_406_35<br><br>中唐・翰苑<br>38_486_25 | <br>兩道援之<br>中唐・翰苑<br>15_197_16 | <br>初唐•禮記正義<br>15_235_12<br><br>初唐•禮記正義<br>15_235_24<br><br>晚唐•摩訶止觀<br>29_249_1 |

## 掩

エン
訓 おおう

初唐・古文尚書 41_399_16

初唐・禮記正義 17_267_9

初唐・禮記正義 21_320_5

初唐・禮記正義 25_385_10

中唐・翰苑 2_15_26

中唐・翰苑 37_470_33

晚唐・摩訶止觀 11_101_23

五代・大毗盧經 23_298_35

五代・大毗盧經 78_947_4

## 授

呉 現 ジュ
訓 さずける

初唐・禮記正義 12_184_5

初唐・禮記正義 12_185_6

初唐・禮記正義 12_185_20

初唐・禮記正義 13_199_2

初唐・禮記正義 13_200_8

初唐・禮記正義 13_202_21

初唐・禮記正義 13_203_23

初唐・禮記正義 13_205_19

初唐・禮記正義 18_278_19

初唐・禮記正義 18_279_2

初唐・禮記正義 18_279_22

初唐・禮記正義 18_280_20

初唐・禮記正義 20_309_16

初唐・禮記正義 21_315_19

初唐・禮記正義 24_372_13

初唐・禮記正義 25_373_25

初唐・禮記正義 25_374_25

初唐・禮記正義 25_376_10

初唐・禮記正義 25_376_17

中唐・翰苑 15_190_15

中唐・翰苑 15_190_43

中唐・翰苑 15_191_14

中唐・翰苑 21_273_6

中唐・翰苑 24_311_5

中唐・翰苑 27_356_33

中唐・翰苑 39_506_11

晚唐・摩訶止觀 2_12_5

五代・密教部類 4_48_1

五代・密教部類 4_49_5

五代・密教部類 4_51_15

五代・密教部類 4_53_5

五代・密教部類 4_56_1

五代・密教部類 4_57_7

五代・密教部類 5_70_1

五代・密教部類 5_71_3

五代・密教部類 5_72_1

五代・密教部類 6_74_1

五代・大毗盧經 2_9_8

五代・大毗盧經 2_14_12

五代・大毗盧經 13_158_17

## 捨

シャ
訓すてる

五代・大毗盧經 13_160_17
五代・大毗盧經 39_467_12
五代・大毗盧經 43_515_17
五代・大毗盧經 43_522_18
五代・大毗盧經 52_640_23
五代・大毗盧經 53_652_24
五代・大毗盧經 57_696_18

初唐・禮記正義 27_422_25
初唐・十誦律 5_92_2
初唐・十誦律 5_92_15
初唐・十誦律 6_95_6
初唐・十誦律 6_97_2
初唐・十誦律 6_99_1
初唐・般若經 12_164_11
初唐・般若經 12_172_10

初唐・般若經 12_172_16
初唐・般若經 12_174_4
初唐・般若經 25_379_8
初唐・般若經 25_387_15
初唐・般若經 25_388_4
初唐・般若經 25_389_11
繡袷 中唐・翰苑 8_103_12
中唐・般若經 10_158_13

中唐・般若經 10_160_15
中唐・般若經 10_162_17
中唐・般若經 10_165_3
中唐・般若經 11_187_1
中唐・般若經 11_188_3
中唐・般若經 11_189_5
中唐・般若經 11_190_8
中唐・般若經 12_193_7

中唐・般若經 12_194_11
中唐・般若經 12_195_15
中唐・般若經 12_197_3
中唐・般若經 12_200_5
中唐・般若經 12_201_6
中唐・般若經 12_202_8
中唐・般若經 12_203_12
晚唐・摩訶止觀 6_52_4

晚唐・摩訶止觀 10_85_14
晚唐・摩訶止觀 11_97_11
晚唐・摩訶止觀 33_284_4
晚唐・摩訶止觀 45_387_8
晚唐・摩訶止觀 48_409_11
五代・大毗盧經 2_12_6
五代・大毗盧經 2_14_4
五代・大毗盧經 3_25_8

五代・大毗盧經 5_59_9
五代・大毗盧經 10_122_37
五代・大毗盧經 26_335_4
五代・大毗盧經 35_422_1
五代・大毗盧經 36_428_1
五代・大毗盧經 43_524_8
五代・大毗盧經 56_684_16
五代・大毗盧經 57_694_20

## 推

慣 現 スイ 漢 タイ
訓 おす

初唐・毛詩傳
8_84_4

初唐・禮記正義
4_56_19

初唐・禮記正義
4_66_23

中唐・翰苑
11_139_1

中唐・翰苑
16_202_11

中唐・翰苑
16_203_9

堆髻
中唐・翰苑
37_481_23

中唐・翰苑
38_488_39

## 捶

スイ
訓 むちうつ

傍插鳥羽
中唐・翰苑
25_326_25

五代・大毗盧經
78_951_12

五代・大毗盧經
79_957_9

五代・大毗盧經
84_1023_10

五代・大毗盧經
85_1044_12

五代・大毗盧經
85_1045_19

五代・大毗盧經
87_1063_26

五代・大毗盧經
91_1110_15

五代・大毗盧經
91_1110_22

## 捻

慣 ネン 漢 ジョウ
訓 ひねる

五代・大毗盧經
10_117_18

五代・大毗盧經
20_263_17

五代・大毗盧經
21_270_15

五代・大毗盧經
28_353_16

五代・大毗盧經
50_617_13

五代・大毗盧經
51_625_29

五代・大毗盧經
75_924_17

五代・大毗盧經
77_934_17

## 掬

漢 キク
訓 すくう

五代・密教部類
6_86_20

五代・大毗盧經
91_1113_32

五代・大毗盧經
93_1138_42

五代・大毗盧經
57_699_16

五代・大毗盧經
59_726_16

五代・大毗盧經
68_857_19

五代・大毗盧經
71_874_20

五代・大毗盧經
71_877_2

五代・大毗盧經
72_880_1

五代・大毗盧經
73_900_21

五代・大毗盧經
86_1058_17

## 控

漢現コウ
訓ひかえる

中唐・翰苑
3_35_17

## 掠

リャク漢リョウ
訓かすめる

中唐・翰苑
6_74_23

中唐・翰苑
28_361_30

## 探

現タン
訓さぐる

晩唐•摩訶止觀
16_143_15

五代•大毗盧經
37_433_2

## 掘

漢現クツ
訓ほる

中唐・翰苑
22_296_14

晩唐•摩訶止觀
60_510_15

五代•大毗盧經
72_880_14

五代•大毗盧經
72_882_18

## 採

現サイ
訓とる

中唐・翰苑
24_313_23

中唐・翰苑
24_314_17

晩唐•摩訶止觀
33_284_24

晩唐•摩訶止觀
33_285_8

晩唐•摩訶止觀
33_287_7

晩唐•摩訶止觀
40_341_6

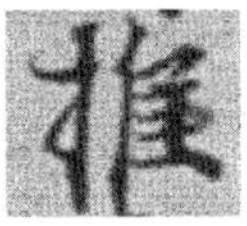
晩唐•摩訶止觀
43_367_9

晩唐•摩訶止觀
57_485_19

晩唐•摩訶止觀
31_271_23

晩唐•摩訶止觀
31_274_18

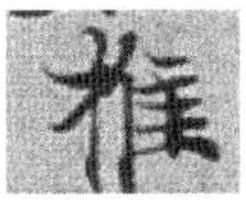
晩唐•摩訶止觀
32_277_9

晩唐•摩訶止觀
32_277_26

晩唐•摩訶止觀
32_280_5

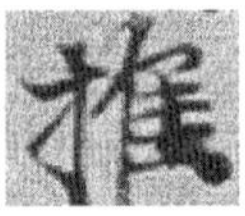
晩唐•摩訶止觀
32_280_18

晩唐•摩訶止觀
32_282_1

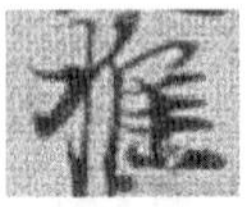
晩唐•摩訶止觀
32_282_14

## 掃

漢 現 ソウ
訓 はく

初唐・毛詩傳
3_24_8

初唐・毛詩傳
3_31_9

初唐・禮記正義
18_268_24

初唐・禮記正義
18_269_23

## 捽

漢 ソツ
訓 つかむ

中唐・翰苑
21_270_8

## 接

ショウ 慣 現 セツ
訓 つぐ

初唐・古文尚書
31_292_8

初唐・禮記正義
3_35_8

初唐・禮記正義
22_331_10

初唐・禮記正義
26_397_30

中唐・翰苑
2_12_13

中唐・翰苑
4_44_3

中唐・翰苑
7_87_11

接氏羌
中唐・翰苑
7_87_27

中唐・翰苑
13_170_5

中唐・翰苑
14_173_2

中唐・翰苑
14_173_14

中唐・翰苑
14_174_4

中唐・翰苑
16_213_6

中唐・翰苑
16_214_1

中唐・翰苑
16_214_5

中唐・翰苑
17_225_6

中唐・翰苑
17_228_2

中唐・翰苑
17_228_16

中唐・翰苑
17_228_34

与倭界接
中唐・翰苑
18_238_37

中唐・翰苑
18_239_9

中唐・翰苑
20_258_14

中唐・翰苑
20_259_1

中唐・翰苑
20_259_7

中唐・翰苑
20_259_11

中唐・翰苑
24_319_18

接籬
中唐・翰苑
25_331_11

中唐・翰苑
26_335_37

至接九梯
中唐・翰苑
30_385_17

中唐・翰苑
30_386_18

中唐・翰苑
37_481_3

与條支接
中唐・翰苑
42_543_25

中唐・翰苑
43_546_27

五代・大毗盧經
35_415_15

五代・大毗盧經
43_521_49

## 揚

現ヨウ
訓あげる

揚州
初唐・古文尚書
4_27_17

初唐・古文尚書
23_228_30

對揚
初唐・古文尚書
24_229_15

揚其善聲
初唐・古文尚書
32_299_25

初唐・古文尚書
36_345_11

答揚
初唐・古文尚書
36_345_25

揚名
初唐・古文尚書
40_381_7

揚之水
初唐・毛詩傳
4_38_1

揚之水
初唐・毛詩傳
4_40_19

揚之水
初唐・毛詩傳
4_41_9

揚之水
初唐・毛詩傳
4_44_17

揚之水
初唐・毛詩傳
5_46_19

揚之水
初唐・毛詩傳
5_49_1

桂陽
中唐・翰苑
36_461_31

不得揚飛
初唐・禮記正義
18_271_18

略定揚越
中唐・翰苑
42_533_2

敷揚
晚唐・摩訶止觀
1_3_7

稱揚
晚唐・摩訶止觀
20_170_18

稱揚
晚唐・摩訶止觀
21_181_9

外揚
晚唐・摩訶止觀
21_183_10

對揚漸頓
晚唐・摩訶止觀
28_238_8

## 搭

漢トウ
訓のせる

五代・大毗盧經
25_317_13

## 揖

ユウ/シュウ
訓えしゃく

初唐・禮記正義
14_219_5

## 提

漢現テイ呉ダイ
訓さげる

初唐・禮記正義
19_287_15

初唐・禮記正義
19_288_9

初唐・禮記正義
19_288_18

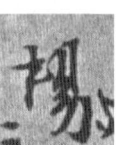

初唐・禮記正義
19_293_1

初唐・禮記正義
19_293_16

初唐・禮記正義
19_294_9

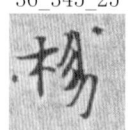

初唐・禮記正義
20_299_1

初唐・禮記正義
20_299_17

初唐・禮記正義
20_299_26

初唐・禮記正義
20_305_10

初唐・十誦律
1_4_11

初唐・十誦律
1_6_5

初唐・十誦律
1_8_9

初唐・十誦律
1_10_4

初唐・十誦律
2_13_9

初唐・十誦律
2_14_9

提
初唐・十誦律
2_18_8

提
初唐・十誦律
2_23_1

提
初唐・十誦律
2_25_2

提
初唐・十誦律
6_106_9

提
初唐・十誦律
6_107_9

提
初唐・十誦律
6_108_15

提
初唐・十誦律
6_109_8

提
初唐・十誦律
6_110_5

提
初唐・十誦律
6_111_2

提
初唐・十誦律
6_111_16

提
初唐・十誦律
6_112_5

提
初唐・十誦律
6_112_15

提
初唐・十誦律
7_113_12

提
初唐・十誦律
7_114_8

提
初唐・十誦律
7_115_8

提
初唐・十誦律
7_116_9

提
初唐・十誦律
7_117_9

提
初唐・十誦律
10_188_3

提
初唐・十誦律
10_188_14

提
初唐・十誦律
10_191_9

提
初唐・十誦律
10_192_10

提
初唐・十誦律
10_194_14

提
初唐・十誦律
11_195_9

提
初唐・十誦律
11_197_7

提
初唐・十誦律
11_197_18

提
初唐・十誦律
11_210_5

提
初唐・十誦律
11_210_16

提
初唐・十誦律
12_215_16

提
初唐・十誦律
12_218_8

提
初唐・十誦律
12_219_17

提
初唐・十誦律
12_220_17

提
初唐・十誦律
12_224_3

提
初唐・十誦律
12_227_4

提
初唐・十誦律
12_231_8

提
初唐・十誦律
12_233_5

提
初唐・十誦律
13_235_17

提
初唐・十誦律
13_238_12

提
初唐・十誦律
13_241_1

提
初唐・十誦律
13_242_10

提
初唐・十誦律
13_245_8

提
初唐・十誦律
13_247_8

提
初唐・十誦律
13_250_10

提
初唐・十誦律
13_253_10

提
初唐・十誦律
14_255_10

提
初唐・十誦律
14_258_14

提
初唐・十誦律
14_261_5

提
初唐・十誦律
14_263_9

提
初唐・十誦律
14_266_8

提
初唐・十誦律
14_268_14

提
初唐・十誦律
14_269_9

提
初唐・十誦律
14_270_11

提
初唐・十誦律
18_345_13

提
初唐・十誦律
18_350_1

提
初唐・十誦律
19_359_9

提
初唐・十誦律
19_360_10

提
初唐・十誦律
19_361_16

| | | | | | | |
|---|---|---|---|---|---|---|
| 中唐•般若經 19_334_15 | 中唐•般若經 18_324_10 | 中唐•般若經 17_294_6 | 中唐•般若經 17_287_2 | 中唐•般若經 5_68_2 | 初唐•般若經 14_207_12 | 初唐•十誦律 19_362_17 |
| 中唐•般若經 19_335_11 | 中唐•般若經 18_325_6 | 中唐•般若經 17_296_17 | 中唐•般若經 17_287_11 | 中唐•般若經 6_86_2 | 初唐•般若經 27_415_8 | 初唐•十誦律 19_368_14 |
| 中唐•般若經 19_336_8 | 中唐•般若經 19_326_3 | 中唐•般若經 17_297_12 | 中唐•般若經 17_288_6 | 中唐•般若經 7_113_2 | 初唐•般若經 27_415_14 | 初唐•十誦律 19_372_7 |
| 晚唐•摩訶止觀 1_10_20 | 中唐•般若經 19_328_12 | 中唐•般若經 17_298_6 | 中唐•般若經 17_288_17 | 中唐•般若經 9_137_2 | 初唐•般若經 27_417_4 | 初唐•般若經 14_197_15 |
| 晚唐•摩訶止觀 2_11_21 | 中唐•般若經 19_329_10 | 中唐•般若經 17_299_1 | 中唐•般若經 17_289_12 | 中唐•般若經 10_157_2 | 初唐•般若經 27_423_12 | 初唐•般若經 14_198_4 |
| 晚唐•摩訶止觀 2_15_22 | 中唐•般若經 19_330_7 | 中唐•般若經 17_304_2 | 中唐•般若經 17_292_2 | 中唐•般若經 11_186_2 | 中唐•翰苑 20_262_43 | 初唐•般若經 14_199_8 |
| 晚唐•摩訶止觀 2_17_5 | 中唐•般若經 19_331_5 | 中唐•般若經 18_323_2 | 中唐•般若經 17_292_15 | 中唐•般若經 12_208_2 | 中唐•般若經 2_4_2 | 初唐•般若經 14_205_10 |
| 晚唐•摩訶止觀 6_52_12 | 中唐•般若經 19_334_1 | 中唐•般若經 18_323_13 | 中唐•般若經 17_293_10 | 中唐•般若經 15_257_2 | 中唐•般若經 3_32_2 | 初唐•般若經 14_206_3 |

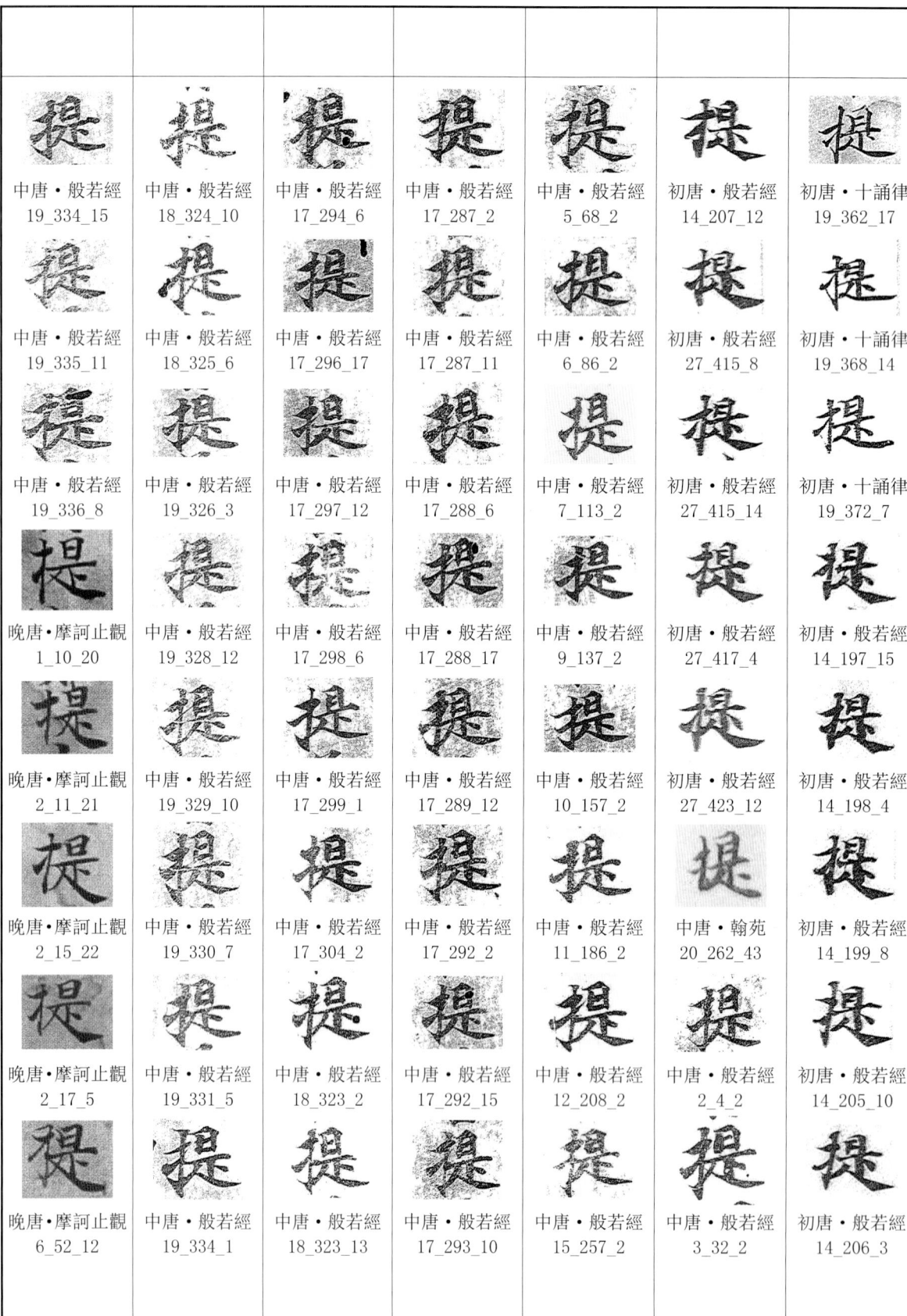

| | | | | | | |
|---|---|---|---|---|---|---|
| 五代•大毗盧經 69_860_18 | 五代•大毗盧經 28_362_37 | 五代•大毗盧經 5_55_9 | 五代•密教部類 5_60_2 | 晚唐•摩訶止觀 61_515_20 | 晚唐•摩訶止觀 59_499_19 | 晚唐•摩訶止觀 7_57_8 |
| 五代•大毗盧經 71_863_18 | 五代•大毗盧經 31_395_7 | 五代•大毗盧經 6_65_7 | 五代•密教部類 5_64_8 | 五代•密教部類 4_45_6 | 晚唐•摩訶止觀 59_500_15 | 晚唐•摩訶止觀 8_66_22 |
| 五代•大毗盧經 71_874_10 | 五代•大毗盧經 35_410_18 | 五代•大毗盧經 14_172_2 | 五代•大毗盧經 2_2_18 | 五代•密教部類 4_48_10 | 晚唐•摩訶止觀 60_506_16 | 晚唐•摩訶止觀 12_102_13 |
| 五代•大毗盧經 84_1025_11 | 五代•大毗盧經 37_440_2 | 五代•大毗盧經 15_189_32 | 五代•大毗盧經 2_12_10 | 五代•密教部類 4_50_3 | 晚唐•摩訶止觀 60_507_5 | 晚唐•摩訶止觀 20_174_17 |
| 五代•大毗盧經 93_1145_28 | 五代•大毗盧經 38_443_2 | 五代•大毗盧經 17_218_35 | 五代•大毗盧經 3_22_20 | 五代•密教部類 4_51_3 | 晚唐•摩訶止觀 60_507_25 | 晚唐•摩訶止觀 20_178_26 |
| 五代•大毗盧經 96_1177_35 | 五代•大毗盧經 38_446_3 | 五代•大毗盧經 17_225_12 | 五代•大毗盧經 3_35_18 | 五代•密教部類 4_52_2 | 晚唐•摩訶止觀 60_509_4 | 晚唐•摩訶止觀 21_182_2 |
| 五代•大毗盧經 96_1180_24 | 五代•人毗盧經 58_717_35 | 五代•大毗盧經 17_225_25 | 五代•大毗盧經 4_45_3 | 五代•密教部類 4_57_2 | 晚唐•摩訶止觀 61_511_12 | 晚唐•摩訶止觀 26_223_6 |
| 五代•大毗盧經 96_1182_19 | 五代•大毗盧經 62_766_10 | 五代•大毗盧經 23_291_17 | 五代•大毗盧經 4_47_3 | 五代•密教部類 5_59_2 | 晚唐•摩訶止觀 61_515_11 | 晚唐•摩訶止觀 26_227_6 |

| 掣 | 揆 | 搔 | 換 | 援 | 插 | 揣 |
| --- | --- | --- | --- | --- | --- | --- |
| 漢セイ漢セツ<br>訓ひく | 漢キ<br>訓はかる | ソウ<br>訓かく | 漢カン<br>訓かえる | 漢現エン<br>訓ひく | ソウ<br>訓さす | スイ慣シ<br>訓はかる |
| <br>五代•大毗盧經<br>55_676_1 | 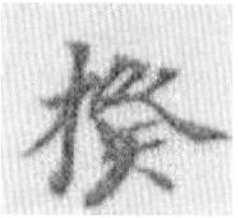<br>中唐・翰苑<br>10_128_11 | <br>初唐•禮記正義<br>18_269_1<br><br>初唐•禮記正義<br>18_270_16 | <br>中唐・翰苑<br>36_458_37 | <br>中唐・翰苑<br>34_442_22<br><br>中唐・翰苑<br>34_443_4<br><br>中唐・翰苑<br>36_459_3<br><br>中唐・翰苑<br>36_461_20<br><br>中唐・翰苑<br>36_462_2 | <br>中唐・翰苑<br>30_388_3<br><br>中唐・翰苑<br>30_388_29 | <br>晚唐•摩訶止觀<br>55_469_12 |

漢 現 ショウ
訓 たなごころ

初唐・古文尚書
41_397_3

初唐・禮記正義
5_74_1

初唐・十誦律
5_73_7

初唐・十誦律
8_141_4

無常
中唐・翰苑
11_140_2

中唐・翰苑
21_272_44

中唐・翰苑
21_275_34

晚唐・摩訶止觀
12_106_5

晚唐・摩訶止觀
47_405_23

五代・大毗盧經
2_4_22

五代・大毗盧經
2_5_7

五代・大毗盧經
5_51_9

五代・大毗盧經
5_51_15

五代・大毗盧經
9_105_25

五代・大毗盧經
20_260_10

五代・大毗盧經
23_295_21

五代・大毗盧經
23_298_10

五代・大毗盧經
28_351_20

五代・大毗盧經
28_353_6

五代・大毗盧經
28_354_5

五代・大毗盧經
41_489_3

五代・大毗盧經
41_489_6

五代・大毗盧經
43_519_3

五代・大毗盧經
46_559_2

五代・大毗盧經
58_708_7

五代・大毗盧經
72_889_16

五代・大毗盧經
73_899_19

五代・大毗盧經
77_934_22

五代・大毗盧經
77_935_4

五代・大毗盧經
78_946_11

五代・大毗盧經
79_954_11

五代・大毗盧經
79_957_12

五代・大毗盧經
79_961_11

五代・大毗盧經
80_965_16

五代・大毗盧經
80_974_20

五代・大毗盧經
80_977_20

五代・大毗盧經
80_979_25

五代・大毗盧經
85_1040_5

五代・大毗盧經
85_1040_15

五代・大毗盧經
85_1042_12

五代・大毗盧經
87_1062_26

五代・大毗盧經
90_1097_14

五代・大毗盧經
90_1106_10

五代・大毗盧經
91_1110_13

五代・大毗盧經
93_1144_15

五代・大毗盧經
98_1202_5

| | 摧 | 搦 | 摛 | | 揺 | 損 |
|---|---|---|---|---|---|---|
| | 漢サイ<br>訓くだく | 慣ジャク漢ダク<br>呉ニャク<br>訓からめる | 漢チ呉チ<br>訓しく | | 現ヨウ<br>訓ゆれる | 現ソン<br>訓そこなう |
| 五代•大毗盧經<br>71_873_3 | 中唐・翰苑<br>13_161_24 | 五代•大毗盧經<br>37_437_11 | 中唐・翰苑<br>19_249_13 | 五代•大毗盧經<br>43_519_10 | 中唐・翰苑<br>11_140_23 | 初唐・毛詩傳<br>10_102_21 |
| 五代•大毗盧經<br>72_880_11 | 五代•大毗盧經<br>15_189_19 | 五代•大毗盧經<br>38_451_1 | | | 中唐・翰苑<br>11_142_38 | 初唐•禮記正義<br>15_235_25 |
| 五代•大毗盧經<br>78_944_20 | 五代•大毗盧經<br>17_214_11 | | | | 中唐・翰苑<br>42_537_14 | 中唐・翰苑<br>14_174_23 |
| | 五代•大毗盧經<br>17_218_41 | | | | 中唐・翰苑<br>42_538_9 | 五代•大毗盧經<br>2_11_2 |
| | 五代•大毗盧經<br>53_647_18 | | | | 中唐・翰苑<br>42_539_7 | |
| | 五代•大毗盧經<br>64_793_11 | | | | 晩唐•摩訶止觀<br>9_82_2 | |
| | 五代•大毗盧經<br>68_856_24 | | | | 晩唐•摩訶止觀<br>35_303_28 | |
| | 五代•大毗盧經<br>69_859_5 | | | | 五代•大毗盧經<br>28_352_17 | |

## 播

ハ
訓 ばん

初唐•古文尚書
7_60_15

初唐•古文尚書
42_403_6

初唐•古文尚書
43_415_1

初唐・毛詩傳
10_106_10

中唐・翰苑
23_297_7

五代•大毗盧經
3_33_4

五代•大毗盧經
9_108_25

五代•大毗盧經
13_158_8

## 撮

漢 現 サツ
訓 とる

晚唐•摩訶止觀
19_167_18

## 撲

慣 現 ボク 漢 ハク
訓 うつ

初唐•古文尚書
9_79_11

初唐•古文尚書
9_79_21

## 撻

漢 タツ
訓 むちうつ

初唐•古文尚書
23_223_10

初唐•古文尚書
23_223_29

## 撩

リョウ 漢 ロウ
訓 おさめる

竹王夷獠
中唐・翰苑
38_489_21

## 摯

シ
訓 とる

初唐•古文尚書
26_252_20

初唐•古文尚書
26_253_6

初唐•禮記正義
14_212_6

## 摘

漢 テキ 漢 タク 呉 チャク
訓 つむ

五代•大毗盧經
88_1078_4

| | | 摩 | 撰 | 撞 | 撫 | |
|---|---|---|---|---|---|---|
| | | 呉現マ<br>訓する | セン漢サン呉セン漢サン<br>訓そろえる | 慣シュ漢トウ呉ドウ<br>訓つく | 慣ブ漢フ<br>訓なでる | |
| <br>中唐・般若經<br>15_251_1<br><br>中唐・般若經<br>15_252_8<br><br>中唐・般若經<br>17_304_10<br><br>中唐・般若經<br>17_305_7<br><br>中唐・般若經<br>18_306_3<br>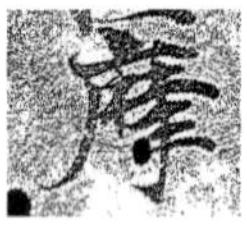<br>中唐・般若經<br>18_306_17<br><br>中唐・般若經<br>18_309_9 | <br>初唐・般若經<br>26_402_17<br><br>初唐・般若經<br>26_403_8<br><br>初唐・般若經<br>26_405_1<br><br>初唐・般若經<br>27_419_3<br><br>初唐・般若經<br>27_419_13<br><br>初唐・般若經<br>27_421_7<br><br>中唐・般若經<br>15_249_12 | <br>初唐•禮記正義<br>18_269_2<br><br>初唐・般若經<br>13_186_13<br><br>初唐・般若經<br>13_187_4<br><br>初唐・般若經<br>13_188_11<br><br>初唐・般若經<br>14_201_5<br><br>初唐・般若經<br>14_201_15<br><br>初唐・般若經<br>14_203_7 | <br>中唐・翰苑<br>1_1_8 | <br>中唐・翰苑<br>44_556_7 | 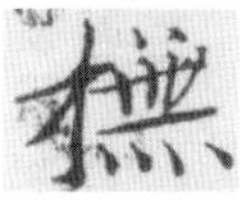<br>初唐•禮記正義<br>12_189_14<br><br>初唐•禮記正義<br>13_201_23<br><br>初唐•禮記正義<br>13_202_13<br><br>初唐•禮記正義<br>13_204_12<br><br>中唐・翰苑<br>43_553_14 | <br>五代•大毗盧經<br>26_335_3<br><br>五代•大毗盧經<br>55_680_15<br><br>五代•大毗盧經<br>58_717_13<br><br>五代•大毗盧經<br>63_777_4<br><br>五代•大毗盧經<br>64_801_15<br><br>五代•大毗盧經<br>78_949_12<br><br>五代•大毗盧經<br>86_1052_15 |

中唐・般若經 18_310_7
中唐・般若經 18_311_4
中唐・般若經 18_312_2
中唐・般若經 18_314_15
中唐・般若經 18_315_12
中唐・般若經 18_316_8
中唐・般若經 18_317_5

晚唐•摩訶止觀 1_1_1
晚唐•摩訶止觀 2_18_5
晚唐•摩訶止觀 2_20_2
晚唐•摩訶止觀 11_94_6
晚唐•摩訶止觀 21_181_26
晚唐•摩訶止觀 62_523_1
五代•密教部類 2_20_17

五代•密教部類 4_42_2
五代•密教部類 4_54_2
五代•大毗盧經 3_25_9
五代•大毗盧經 5_58_12
五代•大毗盧經 7_87_2
五代•大毗盧經 8_100_28
五代•大毗盧經 9_109_12

五代•大毗盧經 13_157_3
五代•大毗盧經 14_171_3
五代•大毗盧經 14_178_4
五代•大毗盧經 15_192_1
五代•大毗盧經 16_205_17
五代•大毗盧經 16_205_19
五代•大毗盧經 16_212_14

五代•大毗盧經 17_219_11
五代•大毗盧經 17_220_16
五代•大毗盧經 18_227_23
五代•大毗盧經 19_250_6
五代•大毗盧經 20_254_1
五代•大毗盧經 20_255_8
五代•大毗盧經 20_255_14

五代•大毗盧經 20_261_12
五代•大毗盧經 21_269_13
五代•大毗盧經 22_284_2
五代•大毗盧經 23_294_11
五代•大毗盧經 23_300_10
五代•大毗盧經 23_301_1
五代•大毗盧經 26_330_14

五代•大毗盧經 26_335_1
五代•大毗盧經 28_360_17
五代•大毗盧經 29_370_16
五代•大毗盧經 29_371_22
五代•大毗盧經 31_394_1
五代•大毗盧經 31_394_3
五代•大毗盧經 40_473_20

五代•大毗盧經 42_510_11
五代•大毗盧經 44_533_3
五代•大毗盧經 45_544_10
五代•大毗盧經 46_566_8
五代•大毗盧經 48_585_9
五代•大毗盧經 51_631_17
五代•大毗盧經 52_636_7

五代•大毗盧經 52_636_10
五代•大毗盧經 53_645_20
五代•大毗盧經 54_658_4
五代•大毗盧經 54_661_22
五代•大毗盧經 56_685_21
五代•大毗盧經 56_686_2
五代•大毗盧經 56_688_9

五代•大毗盧經 56_691_9
五代•大毗盧經 58_715_17
五代•大毗盧經 58_715_19
五代•大毗盧經 61_755_12
五代•大毗盧經 61_760_12
五代•大毗盧經 62_764_13
五代•大毗盧經 63_779_5

五代•大毗盧經 64_804_10
五代•大毗盧經 67_846_11
五代•大毗盧經 71_868_3
五代•大毗盧經 71_868_5
五代•大毗盧經 71_874_2
五代•大毗盧經 72_882_2
五代•大毗盧經 72_882_5

五代•大毗盧經 72_888_9
五代•大毗盧經 78_952_11
五代•大毗盧經 78_952_15
五代•大毗盧經 80_967_19
五代•大毗盧經 80_968_2
五代•大毗盧經 80_968_19
五代•大毗盧經 80_973_11

五代•大毗盧經 81_987_17
五代•大毗盧經 81_990_3
五代•大毗盧經 81_991_17
五代•大毗盧經 81_994_12
五代•大毗盧經 81_994_15
五代•大毗盧經 82_1005_2
五代•大毗盧經 83_1008_8

五代•大毗盧經 83_1012_2
五代•大毗盧經 85_1036_8
五代•大毗盧經 85_1036_14
五代•大毗盧經 85_1037_4
五代•大毗盧經 88_1080_12
五代•大毗盧經 89_1082_2
五代•大毗盧經 89_1083_13

## 擐

漢 カン
訓 つらぬく

五代•大毗盧經
7_88_12

初唐•禮記正義
7_99_25

初唐•禮記正義
10_154_8

初唐•禮記正義
10_154_22

五代•大毗盧經
37_437_12

## 擇

漢 現 タク
訓 えらぶ

初唐•古文尚書
42_411_5

初唐•古文尚書
42_411_25

初唐•古文尚書
43_412_20

初唐•古文尚書
43_417_1

初唐•古文尚書
43_417_22

初唐•古文尚書
44_431_27

初唐•古文尚書
44_432_24

## 擎

漢 ケイ
訓 ささげる

初唐•禮記正義
19_295_22

初唐•禮記正義
20_306_8

五代•大毗盧經
97_1199_9

五代•大毗盧經
98_1206_10

五代•大毗盧經
93_1147_1

五代•大毗盧經
94_1148_11

五代•大毗盧經
95_1163_1

五代•大毗盧經
95_1163_9

五代•大毗盧經
95_1168_7

五代•大毗盧經
96_1173_16

五代•大毗盧經
97_1197_14

五代•大毗盧經
89_1092_11

五代•大毗盧經
89_1092_16

五代•大毗盧經
90_1097_1

五代•大毗盧經
90_1101_11

五代•大毗盧經
90_1102_12

五代•大毗盧經
90_1104_15

五代•大毗盧經
92_1128_6

## 擢

慣テキ 漢タク
訓ぬく

權勢
中唐・翰苑
3_32_26

中唐・翰苑
24_310_17

## 操

漢現ソウ
訓あやつる

操幣
初唐•禮記正義
20_304_22

五代•密教部類
5_62_16

五代•大毗盧經
14_179_6

五代•大毗盧經
64_795_16

五代•大毗盧經
80_965_14

## 擁

現ヨウ
訓いだく

中唐・翰苑
5_52_34

中唐・翰苑
26_342_26

五代•大毗盧經
8_100_26

## 擔

漢現タン
訓になう

五代•大毗盧經
4_43_16

五代•大毗盧經
36_432_6

五代•大毗盧經
37_433_1

五代•大毗盧經
68_857_22

五代•大毗盧經
68_858_6

振武
中唐・翰苑
28_361_8

中唐・翰苑
28_364_22

中唐・翰苑
29_378_1

中唐・翰苑
34_439_20

中唐・翰苑
36_464_23

五代•密教部類
1_5_13

五代•密教部類
1_7_10

初唐•禮記正義
16_241_6

初唐•禮記正義
21_322_18

初唐•禮記正義
24_370_18

初唐•禮記正義
29_449_14

初唐•禮記正義
29_450_6

中唐・翰苑
10_126_4

中唐・翰苑
16_203_20

中唐・翰苑
17_217_28

## 據

漢現キョ 呉現コ
訓よる

初唐•古文尚書
1_2_27

初唐•古文尚書
2_11_4

初唐•古文尚書
4_28_2

初唐•古文尚書
5_38_18

初唐•禮記正義
2_25_27

初唐•禮記正義
4_61_2

初唐•禮記正義
6_92_19

初唐•禮記正義
14_222_3

## 擲

漢テキ 呉ジャク
訓なげうつ

中唐・翰苑
36_467_22

五代・大毗盧經
16_201_7

## 擊

慣ゲキ 漢ケキ
訓うつ

初唐・毛詩傳
3_32_8

中唐・翰苑
4_47_10

中唐・翰苑
5_52_15

中唐・翰苑
5_56_28

中唐・翰苑
6_64_33

中唐・翰苑
6_75_7

中唐・翰苑
6_77_22

中唐・翰苑
7_78_29

中唐・翰苑
8_102_34

中唐・翰苑
10_131_35

中唐・翰苑
12_158_11

中唐・翰苑
13_160_17

中唐・翰苑
15_187_7

中唐・翰苑
15_188_10

中唐・翰苑
15_188_34

中唐・翰苑
15_196_18

中唐・翰苑
16_201_26

中唐・翰苑
16_203_17

中唐・翰苑
16_206_27

中唐・翰苑
16_212_28

中唐・翰苑
23_298_9

中唐・翰苑
23_304_11

中唐・翰苑
34_440_10

中唐・翰苑
34_442_36

中唐・翰苑
36_462_15

中唐・翰苑
38_494_40

中唐・翰苑
41_526_6

中唐・翰苑
42_535_22

中唐・翰苑
42_538_23

五代・大毗盧經
19_246_4

五代・大毗盧經
66_827_31

## 擣

漢トウ
訓つく

晚唐・摩訶止觀
12_104_28

## 攝

ショウ 慣 現 セツ
漢 ジョウ
訓 おさめる

初唐•古文尚書
17_162_15

中唐・翰苑
13_166_34

中唐・翰苑
35_450_26

晚唐•摩訶止觀
15_134_3

晚唐•摩訶止觀
16_140_5

晚唐•摩訶止觀
16_140_7

晚唐•摩訶止觀
20_178_6

## 攘

漢 ジョウ
訓 はらう

初唐•古文尚書
28_274_5

初唐•古文尚書
28_275_7

初唐•古文尚書
40_384_7

初唐•古文尚書
40_384_27

初唐•禮記正義
12_186_5

初唐•禮記正義
12_186_16

中唐・翰苑
12_150_20

## 攀

ハン
訓 よじる

晚唐•摩訶止觀
58_494_6

## 擾

漢 ジョウ
訓 みだれる

初唐•古文尚書
41_397_15

晚唐•摩訶止觀
24_206_15

## 擯

ヒン
訓 しりぞける

初唐•禮記正義
26_397_28

晚唐•摩訶止觀
52_438_24

晚唐•摩訶止觀
52_439_28

五代•大毗盧經
19_245_14

五代•大毗盧經
42_510_23

五代•大毗盧經
50_620_22

五代•大毗盧經
80_980_12

## 擬

現 ギ
訓 なぞらえる

初唐•禮記正義
11_173_10

初唐•禮記正義
11_173_18

初唐•禮記正義
16_239_16

初唐•禮記正義
19_283_8

初唐•禮記正義
26_404_18

中唐・翰苑
42_539_21

晚唐•摩訶止觀
26_221_25

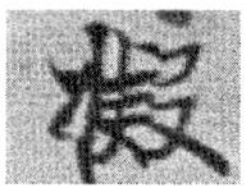
晚唐•摩訶止觀
51_437_20

## 攣

レン
訓 ひく

中唐・翰苑
7_80_26

中唐・翰苑
7_82_39

## 攞

ラ
訓 えらぶ

五代・大毗盧經
28_360_15

五代・大毗盧經
29_365_5

五代・大毗盧經
35_421_11

五代・大毗盧經
36_427_11

五代・大毗盧經
45_540_26

五代・大毗盧經
83_1010_12

## 攜

漢 現 ケイ
訓 たずさえる

中唐・翰苑
41_520_10

中唐・翰苑
44_557_11

五代・大毗盧經
96_1174_9

五代・大毗盧經
96_1175_2

五代・大毗盧經
41_494_32

五代・大毗盧經
46_556_12

五代・大毗盧經
51_630_9

五代・大毗盧經
53_651_23

五代・大毗盧經
64_795_1

五代・大毗盧經
66_822_16

五代・大毗盧經
87_1063_8

五代・大毗盧經
6_68_11

五代・大毗盧經
7_84_15

五代・大毗盧經
9_102_15

五代・大毗盧經
26_332_38

五代・大毗盧經
26_333_15

五代・大毗盧經
26_336_24

五代・大毗盧經
27_339_31

晚唐・摩訶止觀
52_438_5

晚唐・摩訶止觀
52_438_9

晚唐・摩訶止觀
52_438_13

晚唐・摩訶止觀
52_441_1

五代・密教部類
3_32_10

五代・密教部類
3_34_25

五代・大毗盧經
4_46_9

# 毛部

## 毛

慣現モウ漢ボウ
吳モウ
訓け

初唐•古文尚書
4_34_10

初唐•古文尚書
4_34_22

初唐•古文尚書
5_43_18

初唐・毛詩傳
1_1_8

中唐・翰苑
2_9_12

中唐・翰苑
2_16_1

中唐・翰苑
11_137_11

中唐・翰苑
14_176_20

中唐・翰苑
19_252_8

中唐・翰苑
24_319_6

中唐・翰苑
24_322_1

中唐・翰苑
25_331_14

中唐・翰苑
30_387_20

中唐・翰苑
30_388_27

中唐・翰苑
32_415_4

中唐・翰苑
33_428_28

晚唐•摩訶止觀
13_114_8

## 旄

漢ボウ吳モウ
訓はた

初唐•古文尚書
3_24_13

家耄孫于荒
初唐•古文尚書
27_269_2

耄亂
初唐•古文尚書
27_269_16

耄荒
初唐•古文尚書
39_380_4

耄亂
初唐•古文尚書
39_380_21

## 毫

漢コウ吳ゴウ
訓ほそげ

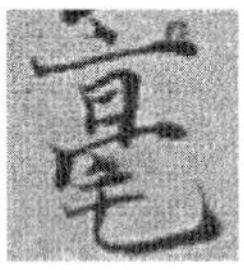
晚唐•摩訶止觀
29_254_4

五代•大毗盧經
12_146_19

五代•大毗盧經
17_215_9

五代•大毗盧經
23_294_18

五代•大毗盧經
25_315_1

五代•大毗盧經
25_315_10

五代•大毗盧經
25_315_12

五代•大毗盧經
65_821_20

五代•大毗盧經
71_871_13

五代•大毗盧經
72_888_3

五代•大毗盧經
72_890_1

五代•大毗盧經
73_901_8

| | | | 氀 | 毼 | 毳 | 毱 |
|---|---|---|---|---|---|---|
| | | | 漢ル漢ス呉ル<br>訓— | 漢カツ<br>訓けおりもの | 慣ゼイ漢セイ/<br>漢セツ<br>訓むくげ | 漢キク/漢キュウ<br>訓まり |
| | | | <br>中唐・翰苑<br>11_143_6 | <br>中唐・翰苑<br>11_143_7 | <br>中唐・翰苑<br>11_137_12<br><br>中唐・翰苑<br>14_175_10 | <br>晚唐•摩訶止観<br>1_10_5 |

# 气部

## 氛

フン
訓き

中唐・翰苑
5_57_13

## 氣

漢現ケ呉現キ
訓いき

初唐・毛詩傳
5_55_26

初唐•禮記正義
3_49_28

中唐・翰苑
5_57_12

中唐・翰苑
16_209_1

中唐・翰苑
16_210_42

中唐・翰苑
16_211_22

中唐・翰苑
24_322_23

中唐・翰苑
30_384_14

中唐・翰苑
38_489_28

中唐・翰苑
40_511_9

晚唐•摩訶止觀
12_105_9

# 片部

## 牖 牖

漢 ユウ
訓 まど

中唐・翰苑
45_576_12

中唐・翰苑
45_577_5

## 斤部

### 斥

漢現セキ
訓しりぞける

初唐・毛詩傳
7_68_3

### 斧

フ
訓おの

初唐・禮記正義
27_423_10

### 斫

シャク
訓きる

五代・大毗盧經
61_756_14

### 斬

慣ザン漢サン
訓きる

中唐・翰苑
5_62_26

中唐・翰苑
6_75_10

中唐・翰苑
13_160_25

中唐・翰苑
13_165_4

中唐・翰苑
13_166_3

中唐・翰苑
13_168_24

中唐・翰苑
13_169_6

中唐・翰苑
15_187_10

中唐・翰苑
15_188_20

中唐・翰苑
15_190_42

中唐・翰苑
22_293_18

中唐・翰苑
23_298_10

中唐・翰苑
23_304_13

中唐・翰苑
36_462_5

中唐・翰苑
41_526_33

中唐・翰苑
41_527_14

晚唐•摩訶止觀
3_21_10

## 斯

シ
訓さく

- 初唐・十誦律 19_368_4
- 中唐・翰苑 6_73_15
- 中唐・翰苑 6_74_40
- 中唐・翰苑 10_124_17
- 中唐・翰苑 17_215_2
- 中唐・翰苑 17_220_3
- 中唐・翰苑 27_350_24
- 中唐・翰苑 27_352_15
- 中唐・翰苑 27_353_28
- 中唐・翰苑 30_392_3
- 中唐・翰苑 32_418_29
- 中唐・翰苑 32_419_33
- 中唐・翰苑 34_434_9
- 中唐・翰苑 41_530_19
- 中唐・翰苑 42_539_24
- 晩唐・摩訶止觀 10_91_9
- 晩唐・摩訶止觀 13_119_18
- 晩唐・摩訶止觀 13_119_23
- 五代・大毗盧經 81_983_2
- 五代・大毗盧經 81_984_12
- 五代・大毗盧經 84_1027_3

## 新

現シン
訓あたらしい

- 初唐・古文尚書 7_54_4
- 初唐・古文尚書 7_54_14
- 初唐・古文尚書 9_81_15
- 初唐・古文尚書 10_82_4
- 初唐・古文尚書 12_107_11
- 初唐・古文尚書 15_136_8
- 初唐・古文尚書 15_137_1
- 初唐・古文尚書 16_149_12
- 初唐・古文尚書 16_150_7
- 初唐・古文尚書 47_456_10
- 初唐・禮記正義 28_439_20
- 初唐・禮記正義 29_459_22
- 初唐・禮記正義 30_471_5
- 初唐・禮記正義 30_473_15
- 初唐・禮記正義 30_475_25
- 中唐・翰苑 1_4_5
- 中唐・翰苑 3_27_40
- 中唐・翰苑 8_101_6
- 中唐・翰苑 8_102_26
- 中唐・翰苑 9_108_31
- 中唐・翰苑 25_331_21
- 中唐・翰苑 25_333_8
- 中唐・翰苑 25_333_22
- 中唐・翰苑 25_334_27
- 中唐・翰苑 26_336_32
- 中唐・翰苑 26_337_6
- 中唐・翰苑 26_341_17
- 中唐・翰苑 26_341_28

初唐・般若經
5_66_12

初唐・般若經
6_71_11

初唐・般若經
6_74_12

初唐・般若經
6_78_6

初唐・般若經
6_81_7

初唐・般若經
7_86_5

初唐・般若經
7_90_12

初唐・般若經
4_39_11

初唐・般若經
4_42_12

初唐・般若經
4_47_11

初唐・般若經
4_50_12

初唐・般若經
5_55_11

初唐・般若經
5_58_12

初唐・般若經
5_63_11

初唐・般若經
2_13_5

初唐・般若經
2_16_16

初唐・般若經
3_19_17

初唐・般若經
3_23_11

初唐・般若經
3_26_12

初唐・般若經
3_31_11

初唐・般若經
3_34_12

初唐・古文尚書
47_460_17

初唐・古文尚書
47_462_8

初唐・古文尚書
47_463_7

初唐・禮記正義
10_156_29

初唐・禮記正義
29_450_22

初唐・般若經
2_6_16

初唐・般若經
2_10_4

# 斷

現ダン
訓たつ

初唐・古文尚書
7_51_22

初唐・古文尚書
7_52_4

初唐・古文尚書
14_126_29

初唐・古文尚書
14_127_24

初唐・古文尚書
42_403_20

初唐・古文尚書
43_418_27

初唐・古文尚書
43_419_17

晚唐・摩訶止觀
35_307_13

晚唐・摩訶止觀
43_372_21

五代・密教部類
1_1_15

五代・密教部類
1_3_17

五代・密教部類
2_22_1

五代・密教部類
3_34_39

中唐・翰苑
26_342_6

中唐・翰苑
26_343_8

中唐・翰苑
27_353_5

中唐・翰苑
31_404_12

中唐・翰苑
33_423_38

雜居其間
中唐・翰苑
35_456_4

中唐・翰苑
42_534_11

初唐・般若經
7_95_5

初唐・般若經
7_98_6

初唐・般若經
19_291_4

初唐・般若經
20_296_6

初唐・般若經
20_300_16

初唐・般若經
20_305_13

初唐・般若經
20_309_1

初唐・般若經
21_316_6

初唐・般若經
21_319_11

初唐・般若經
22_325_4

初唐・般若經
22_328_12

初唐・般若經
22_332_7

初唐・般若經
22_335_15

初唐・般若經
22_339_16

初唐・般若經
23_343_7

初唐・般若經
23_347_17

初唐・般若經
23_351_8

初唐・般若經
23_352_2

初唐・般若經
23_353_1

初唐・般若經
23_354_13

初唐・般若經
23_356_3

初唐・般若經
24_359_14

初唐・般若經
24_363_15

初唐・般若經
24_367_10

初唐・般若經
24_371_4

初唐・般若經
25_374_10

初唐・般若經
25_378_1

初唐・般若經
25_383_10

初唐・般若經
25_387_4

初唐・般若經
25_390_13

初唐・般若經
26_394_4

初唐・般若經
26_398_5

初唐・般若經
26_402_5

初唐・般若經
26_406_4

初唐・般若經
27_410_7

初唐・般若經
27_414_11

初唐・般若經
27_418_5

初唐・般若經
27_422_11

中唐・翰苑
17_219_25

中唐・翰苑
24_310_29

中唐・翰苑
32_412_23

中唐・般若經
6_86_17

中唐・般若經
6_88_15

中唐・般若經
6_90_13

中唐・般若經
6_92_12

中唐・般若經
7_96_7

中唐・般若經
7_97_15

中唐・般若經
7_99_6

中唐・般若經
7_100_15

| | | | | | | |
|---|---|---|---|---|---|---|
| | | | | | | |
| | | <br>五代•大毗盧經<br>55_676_18 | <br>晚唐•摩訶止觀<br>61_514_10 | <br>晚唐•摩訶止觀<br>41_357_7 | <br>晚唐•摩訶止觀<br>16_142_22 | <br>中唐 • 般若經<br>7_104_4 |
| | | <br>五代•大毗盧經<br>65_819_9 | <br>五代•大毗盧經<br>17_225_21 | <br>晚唐•摩訶止觀<br>41_357_18 | <br>晚唐•摩訶止觀<br>37_319_2 | <br>中唐 • 般若經<br>7_105_10 |
| | | <br>五代•大毗盧經<br>73_898_4 | <br>五代•大毗盧經<br>23_298_22 | <br>晚唐•摩訶止觀<br>52_444_1 | <br>晚唐•摩訶止觀<br>37_319_29 | <br>中唐 • 般若經<br>7_106_16 |
| | | <br>五代•大毗盧經<br>77_933_15 | <br>五代•大毗盧經<br>23_299_4 | <br>晚唐•摩訶止觀<br>60_506_26 | <br>晚唐•摩訶止觀<br>37_320_22 | <br>中唐 • 般若經<br>7_108_6 |
| | | <br>五代•大毗盧經<br>82_1004_6 | <br>五代•大毗盧經<br>39_472_5 | <br>晚唐•摩訶止觀<br>60_508_4 | 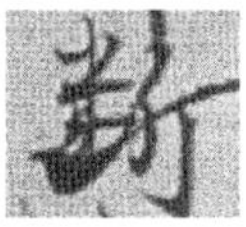<br>晚唐•摩訶止觀<br>38_328_16 | <br>晚唐•摩訶止觀<br>6_52_16 |
| | | <br>五代•大毗盧經<br>82_1004_12 | <br>五代•大毗盧經<br>55_673_38 | <br>晚唐•摩訶止觀<br>60_508_8 | <br>晚唐•摩訶止觀<br>38_331_27 | <br>晚唐•摩訶止觀<br>10_91_7 |
| | | <br>五代•大毗盧經<br>98_1211_7 | <br>五代•大毗盧經<br>55_676_5 | <br>晚唐•摩訶止觀<br>61_513_22 | <br>晚唐•摩訶止觀<br>39_336_21 | <br>晚唐•摩訶止觀<br>13_117_24 |

# 爪部

## 爪

漢ソウ
訓つめ

五代・大毗盧經
46_568_12

## 爭

漢現ソウ
訓あらそう

初唐・禮記正義
19_285_20

中唐・翰苑
9_118_24

中唐・翰苑
16_207_24

## 爰

漢エン
訓ひく

初唐・古文尚書
6_47_10

初唐・古文尚書
15_140_25

初唐・古文尚書
18_172_4

初唐・古文尚書
40_387_11

中唐・翰苑
11_140_31

中唐・翰苑
26_339_5

中唐・翰苑
30_388_11

中唐・翰苑
34_436_17

中唐・翰苑
37_473_23

中唐・翰苑
37_480_5

## 爲

現イ
訓つくる/ため

初唐・古文尚書
1_3_11

初唐・古文尚書
3_22_13

初唐・古文尚書
3_25_20

初唐・古文尚書
4_30_9

初唐・古文尚書
5_39_23

初唐・古文尚書
5_40_11

初唐・古文尚書
5_42_4

初唐・古文尚書
9_73_19

初唐・古文尚書
9_80_28

初唐・古文尚書
10_91_29

初唐・古文尚書
11_97_10

初唐・古文尚書
12_104_3

初唐・古文尚書
12_110_19

初唐・古文尚書
13_116_14

初唐•古文尚書
13_121_11

初唐•古文尚書
15_135_15

初唐•古文尚書
15_135_19

初唐•古文尚書
16_147_8

初唐•古文尚書
16_153_23

初唐•古文尚書
17_162_12

初唐•古文尚書
17_165_4

初唐•古文尚書
18_172_20

初唐•古文尚書
19_177_18

初唐•古文尚書
20_187_28

初唐•古文尚書
20_190_12

初唐•古文尚書
20_196_14

初唐•古文尚書
21_204_2

初唐•古文尚書
23_224_27

初唐•古文尚書
24_235_30

初唐•古文尚書
25_248_11

初唐•古文尚書
27_260_11

初唐•古文尚書
27_265_16

初唐•古文尚書
27_266_3

初唐•古文尚書
27_266_18

初唐•古文尚書
28_272_9

初唐•古文尚書
29_279_26

初唐•古文尚書
29_280_12

初唐•古文尚書
31_286_21

初唐•古文尚書
31_286_24

初唐•古文尚書
31_295_27

初唐•古文尚書
32_297_16

初唐•古文尚書
32_297_20

初唐•古文尚書
32_297_27

初唐•古文尚書
32_299_15

初唐•古文尚書
32_299_19

初唐•古文尚書
32_301_2

初唐•古文尚書
32_301_8

初唐•古文尚書
32_303_15

初唐•古文尚書
32_303_21

初唐•古文尚書
32_305_7

初唐•古文尚書
34_318_14

初唐•古文尚書
34_321_23

初唐•古文尚書
34_323_19

初唐•古文尚書
35_334_22

初唐•古文尚書
37_351_6

初唐•古文尚書
38_365_16

初唐•古文尚書
39_378_7

初唐•古文尚書
39_379_17

初唐•古文尚書
39_380_11

初唐•古文尚書
40_384_19

初唐•古文尚書
40_386_23

初唐•古文尚書
40_387_14

初唐•古文尚書
40_388_14

初唐•禮記正義 2_30_19
初唐•禮記正義 2_30_25
初唐•禮記正義 2_31_7
初唐•禮記正義 3_34_11
初唐•禮記正義 3_34_20
初唐•禮記正義 3_35_12
初唐•禮記正義 3_38_7

初唐•禮記正義 1_14_4
初唐•禮記正義 1_14_24
初唐•禮記正義 2_20_10
初唐•禮記正義 2_23_18
初唐•禮記正義 2_27_9
初唐•禮記正義 2_27_17
初唐•禮記正義 2_30_14

初唐・毛詩傳 7_73_6
初唐・毛詩傳 7_77_10
初唐・毛詩傳 8_82_26
初唐・毛詩傳 10_103_29
初唐•禮記正義 1_3_22
初唐•禮記正義 1_8_24
初唐•禮記正義 1_10_25

初唐・毛詩傳 1_9_26
初唐・毛詩傳 2_11_18
初唐・毛詩傳 4_43_8
初唐・毛詩傳 4_43_21
初唐・毛詩傳 4_43_25
初唐・毛詩傳 6_64_8
初唐・毛詩傳 6_64_19

初唐•古文尚書 44_426_12
初唐•古文尚書 46_445_1
初唐•古文尚書 46_446_6
初唐•古文尚書 48_466_20
初唐•古文尚書 48_471_16
初唐•古文尚書 49_475_18
初唐•古文尚書 49_478_27

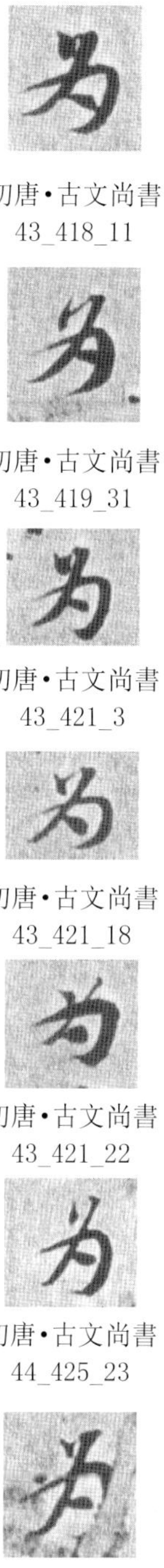

初唐•古文尚書 43_418_11
初唐•古文尚書 43_419_31
初唐•古文尚書 43_421_3
初唐•古文尚書 43_421_18
初唐•古文尚書 43_421_22
初唐•古文尚書 44_425_23
初唐•古文尚書 44_426_7

初唐•古文尚書 40_390_26
初唐•古文尚書 40_391_2
初唐•古文尚書 41_393_30
初唐•古文尚書 41_395_21
初唐•古文尚書 42_406_34
初唐•古文尚書 43_413_3
初唐•古文尚書 43_414_14

初唐•禮記正義
3_41_20

初唐•禮記正義
3_42_13

初唐•禮記正義
3_42_16

初唐•禮記正義
3_44_6

初唐•禮記正義
4_58_7

初唐•禮記正義
4_59_11

初唐•禮記正義
4_64_3

初唐•禮記正義
4_66_9

初唐•禮記正義
5_67_4

初唐•禮記正義
5_68_6

初唐•禮記正義
5_71_16

初唐•禮記正義
6_83_26

初唐•禮記正義
6_85_17

初唐•禮記正義
6_86_4

初唐•禮記正義
7_99_11

初唐•禮記正義
7_100_3

初唐•禮記正義
7_101_15

初唐•禮記正義
7_103_9

初唐•禮記正義
7_105_12

初唐•禮記正義
7_105_21

初唐•禮記正義
7_106_10

初唐•禮記正義
7_107_8

初唐•禮記正義
7_112_29

初唐•禮記正義
8_114_13

初唐•禮記正義
8_117_11

初唐•禮記正義
8_124_18

初唐•禮記正義
8_124_31

初唐•禮記正義
8_127_7

初唐•禮記正義
9_131_24

初唐•禮記正義
9_134_30

初唐•禮記正義
9_142_6

初唐•禮記正義
10_148_30

初唐•禮記正義
10_149_20

初唐•禮記正義
10_149_27

初唐•禮記正義
10_150_5

初唐•禮記正義
10_150_13

初唐•禮記正義
10_152_1

初唐•禮記正義
10_155_25

初唐•禮記正義
10_162_20

初唐•禮記正義
11_164_11

初唐•禮記正義
11_170_3

初唐•禮記正義
11_175_19

初唐•禮記正義
13_199_11

初唐•禮記正義
13_199_17

初唐•禮記正義
13_199_25

初唐•禮記正義
13_200_4

初唐•禮記正義
13_200_24

初唐•禮記正義
13_201_3

初唐•禮記正義
14_211_11

初唐•禮記正義
14_217_7

初唐•禮記正義
15_224_13

初唐•禮記正義
15_225_2

初唐•禮記正義
15_227_18

初唐•禮記正義
15_229_4

初唐•禮記正義
15_232_23

初唐•禮記正義
15_233_10

初唐•禮記正義
15_234_15

初唐•禮記正義
15_234_24

初唐•禮記正義
15_238_14

初唐•禮記正義
17_254_9

初唐•禮記正義
17_255_6

初唐•禮記正義
17_260_19

初唐•禮記正義
17_261_13

初唐•禮記正義
17_262_7

初唐•禮記正義
17_262_22

初唐•禮記正義
17_262_28

初唐•禮記正義
17_262_31

初唐•禮記正義
17_264_3

初唐•禮記正義
17_264_13

初唐•禮記正義
17_264_24

初唐•禮記正義
18_268_13

初唐•禮記正義
18_268_15

初唐•禮記正義
18_269_19

初唐•禮記正義
18_274_12

初唐•禮記正義
18_276_9

初唐•禮記正義
18_282_9

初唐•禮記正義
19_283_9

初唐•禮記正義
19_284_17

初唐•禮記正義
19_285_22

初唐•禮記正義
19_291_9

初唐•禮記正義
19_294_5

初唐•禮記正義
19_295_8

初唐•禮記正義
19_295_21

初唐•禮記正義
20_297_24

初唐•禮記正義
20_298_21

初唐•禮記正義
20_299_15

初唐•禮記正義
20_301_26

初唐•禮記正義
22_328_5

初唐•禮記正義
22_328_12

初唐•禮記正義
22_328_26

初唐•禮記正義
22_331_14

初唐•禮記正義
22_332_7

初唐•禮記正義
22_335_7

初唐•禮記正義
22_338_6

初唐•禮記正義
22_340_2

初唐•禮記正義
22_340_10

初唐•禮記正義
23_341_14

初唐•禮記正義
23_342_5

初唐·禮記正義 24_359_22
初唐·禮記正義 24_360_12
初唐·禮記正義 24_361_1
初唐·禮記正義 24_361_27
初唐·禮記正義 24_362_20
初唐·禮記正義 24_367_1
初唐·禮記正義 24_367_8

初唐·禮記正義 24_367_13
初唐·禮記正義 24_367_27
初唐·禮記正義 24_368_24
初唐·禮記正義 24_369_6
初唐·禮記正義 25_382_13
初唐·禮記正義 25_385_17
初唐·禮記正義 25_386_4

初唐·禮記正義 26_393_5
初唐·禮記正義 26_402_14
初唐·禮記正義 26_403_28
初唐·禮記正義 26_405_17
初唐·禮記正義 27_411_7
初唐·禮記正義 27_419_14
初唐·禮記正義 27_426_2

初唐·禮記正義 28_430_7
初唐·禮記正義 28_436_19
初唐·禮記正義 28_441_23
初唐·禮記正義 29_447_12
初唐·禮記正義 29_448_28
初唐·禮記正義 29_449_15
初唐·禮記正義 29_449_28

初唐·禮記正義 30_460_25
初唐·禮記正義 30_462_9
初唐·禮記正義 30_462_13
初唐·禮記正義 30_463_30
初唐·禮記正義 30_464_20
初唐·禮記正義 30_465_26
初唐·禮記正義 30_468_22

初唐·禮記正義 30_469_2
初唐·禮記正義 30_469_12
初唐·十誦律 19_365_10
初唐·般若經 3_27_12
初唐·般若經 3_28_9
初唐·般若經 3_30_5
初唐·般若經 4_35_12

初唐·般若經 4_36_9
初唐·般若經 4_38_5
初唐·般若經 4_43_12
初唐·般若經 4_44_9
初唐·般若經 4_46_5
初唐·般若經 5_51_12
初唐·般若經 5_52_9

初唐•般若經
5_54_5

初唐•般若經
5_59_12

初唐•般若經
5_60_9

初唐•般若經
5_62_5

初唐•般若經
6_67_12

初唐•般若經
6_68_9

初唐•般若經
6_70_5

初唐•般若經
7_99_9

初唐•般若經
7_99_12

初唐•般若經
16_234_7

初唐•般若經
16_235_4

初唐•般若經
16_237_2

初唐•般若經
16_242_15

初唐•般若經
16_243_12

初唐•般若經
17_245_10

初唐•般若經
17_251_6

初唐•般若經
17_252_3

初唐•般若經
17_254_1

初唐•般若經
17_259_13

初唐•般若經
18_260_10

初唐•般若經
18_262_8

初唐•般若經
18_268_4

初唐•般若經
18_269_1

初唐•般若經
18_270_16

初唐•般若經
18_276_12

初唐•般若經
19_277_9

初唐•般若經
19_279_7

初唐•般若經
21_310_6

初唐•般若經
21_310_9

中唐•翰苑
2_15_25

中唐•翰苑
2_21_7

中唐•翰苑
2_21_29

中唐•翰苑
3_22_22

中唐•翰苑
3_25_31

中唐•翰苑
3_30_29

中唐•翰苑
3_31_26

中唐•翰苑
3_31_35

中唐•翰苑
3_32_34

中唐•翰苑
3_33_36

中唐•翰苑
3_34_1

中唐•翰苑
4_36_25

中唐•翰苑
4_37_2

中唐•翰苑
4_37_8

中唐•翰苑
4_38_4

中唐•翰苑
4_38_16

中唐•翰苑
4_44_9

中唐•翰苑
4_45_31

中唐•翰苑
4_45_37

中唐•翰苑
5_52_6

中唐・翰苑
5_54_7

中唐・翰苑
5_55_30

中唐・翰苑
5_61_2

中唐・翰苑
6_67_5

中唐・翰苑
6_69_25

中唐・翰苑
6_71_5

中唐・翰苑
6_73_23

中唐・翰苑
7_82_24

中唐・翰苑
7_83_13

中唐・翰苑
7_85_19

中唐・翰苑
7_88_9

中唐・翰苑
8_94_35

中唐・翰苑
8_94_44

中唐・翰苑
8_95_4

中唐・翰苑
8_104_10

中唐・翰苑
8_105_30

中唐・翰苑
9_106_36

中唐・翰苑
9_107_1

中唐・翰苑
9_110_1

中唐・翰苑
9_113_1

中唐・翰苑
9_113_8

中唐・翰苑
9_117_7

中唐・翰苑
11_134_34

中唐・翰苑
11_135_21

中唐・翰苑
11_136_19

中唐・翰苑
11_136_33

中唐・翰苑
11_137_13

中唐・翰苑
11_139_2

中唐・翰苑
11_139_20

中唐・翰苑
11_139_32

中唐・翰苑
11_140_10

中唐・翰苑
11_141_3

中唐・翰苑
11_142_12

中唐・翰苑
11_142_23

中唐・翰苑
11_143_18

中唐・翰苑
11_144_25

中唐・翰苑
12_145_3

中唐・翰苑
12_145_25

中唐・翰苑
12_147_9

中唐・翰苑
12_148_12

中唐・翰苑
12_149_22

中唐・翰苑
12_155_25

中唐・翰苑
12_156_11

中唐・翰苑
12_158_39

中唐・翰苑
13_164_21

中唐・翰苑
38_488_8

中唐・翰苑
38_488_12

中唐・翰苑
38_488_31

中唐・翰苑
38_488_41

中唐・翰苑 38_490_7

中唐・翰苑 38_490_24

中唐・翰苑 38_491_43

中唐・翰苑 38_493_13

中唐・翰苑 39_495_5

中唐・翰苑 39_495_20

中唐・翰苑 39_498_25

中唐・翰苑 39_500_13

中唐・翰苑 39_502_26

中唐・翰苑 39_503_7

中唐・翰苑 39_503_12

中唐・翰苑 39_503_18

中唐・翰苑 39_503_38

中唐・翰苑 39_505_13

中唐・翰苑 39_505_30

中唐・翰苑 39_506_5

中唐・翰苑 40_508_9

中唐・翰苑 40_509_11

中唐・翰苑 40_509_27

中唐・翰苑 40_510_8

中唐・翰苑 40_512_14

中唐・翰苑 40_513_14

中唐・翰苑 40_513_25

中唐・翰苑 41_522_24

中唐・翰苑 41_529_16

中唐・翰苑 41_530_41

中唐・翰苑 42_536_2

中唐・翰苑 42_536_16

中唐・翰苑 42_537_33

中唐・翰苑 42_537_39

中唐・翰苑 42_538_39

中唐・翰苑 42_539_8

中唐・翰苑 42_540_23

中唐・翰苑 42_541_11

中唐・翰苑 42_541_36

中唐・翰苑 43_547_10

中唐・翰苑 43_547_35

中唐・翰苑 43_548_13

中唐・翰苑 43_548_17

中唐・般若經 6_82_5

中唐・般若經 6_85_14

中唐・般若經 7_109_12

中唐・般若經 7_112_14

中唐・般若經 8_133_15

中唐・般若經 9_136_14

中唐・般若經 10_153_11

中唐・般若經 10_156_14

中唐・般若經 11_183_1

中唐・般若經 11_185_14

中唐・般若經
12_204_13

中唐・般若經
12_207_14

中唐・般若經
13_228_3

中唐・般若經
15_253_10

中唐・般若經
15_256_14

中唐・般若經
16_283_5

中唐・般若經
16_286_14

中唐・般若經
17_300_1

中唐・般若經
17_303_14

中唐・般若經
18_322_14

中唐・般若經
19_337_8

晚唐•摩訶止觀
1_5_21

晚唐•摩訶止觀
1_6_2

晚唐•摩訶止觀
2_13_16

晚唐•摩訶止觀
2_19_4

晚唐•摩訶止觀
2_20_9

晚唐•摩訶止觀
3_21_2

晚唐•摩訶止觀
3_24_10

晚唐•摩訶止觀
3_26_17

晚唐•摩訶止觀
4_35_24

晚唐•摩訶止觀
4_38_22

晚唐•摩訶止觀
5_42_20

晚唐•摩訶止觀
5_44_11

晚唐•摩訶止觀
5_44_20

晚唐•摩訶止觀
5_45_2

晚唐•摩訶止觀
5_45_7

晚唐•摩訶止觀
6_47_2

晚唐•摩訶止觀
6_47_23

晚唐•摩訶止觀
6_49_3

晚唐•摩訶止觀
6_49_17

晚唐•摩訶止觀
8_67_14

晚唐•摩訶止觀
9_80_17

晚唐•摩訶止觀
10_89_12

晚唐•摩訶止觀
12_103_8

晚唐•摩訶止觀
12_104_27

晚唐•摩訶止觀
14_121_12

晚唐•摩訶止觀
14_121_23

晚唐•摩訶止觀
14_122_15

晚唐•摩訶止觀
15_132_2

晚唐•摩訶止觀
15_132_26

晚唐•摩訶止觀
15_133_18

晚唐•摩訶止觀
16_137_12

晚唐•摩訶止觀
16_137_16

晚唐•摩訶止觀
16_139_13

晚唐•摩訶止觀
16_139_21

晚唐•摩訶止觀
16_141_26

晚唐•摩訶止觀
19_163_19

晚唐•摩訶止觀
19_167_19

晚唐•摩訶止觀
20_174_5

晚唐•摩訶止觀
20_176_18

晚唐•摩訶止觀
20_177_22

晚唐•摩訶止觀
21_185_19

晚唐•摩訶止觀
22_193_4

晚唐•摩訶止觀
23_196_6

晚唐•摩訶止觀
23_198_21

晚唐•摩訶止觀
23_198_23

晚唐•摩訶止觀
23_200_18

晚唐•摩訶止觀
24_204_29

晚唐•摩訶止觀
24_211_4

晚唐•摩訶止觀
26_221_27

晚唐•摩訶止觀
26_222_24

晚唐•摩訶止觀
26_224_18

晚唐•摩訶止觀
26_224_27

晚唐•摩訶止觀
26_225_26

晚唐•摩訶止觀
27_231_2

晚唐•摩訶止觀
28_239_15

晚唐•摩訶止觀
30_257_23

晚唐•摩訶止觀
30_266_27

晚唐•摩訶止觀
31_269_4

晚唐•摩訶止觀
31_269_24

晚唐•摩訶止觀
31_274_12

晚唐•摩訶止觀
32_278_22

晚唐•摩訶止觀
32_280_27

晚唐•摩訶止觀
33_290_18

晚唐•摩訶止觀
34_293_18

晚唐•摩訶止觀
34_296_12

晚唐•摩訶止觀
34_296_26

晚唐•摩訶止觀
34_298_20

晚唐•摩訶止觀
36_310_11

晚唐•摩訶止觀
36_310_20

晚唐•摩訶止觀
36_311_12

晚唐•摩訶止觀
36_313_19

晚唐•摩訶止觀
37_317_15

晚唐•摩訶止觀
38_327_5

晚唐•摩訶止觀
38_327_10

晚唐•摩訶止觀
38_327_15

晚唐•摩訶止觀
39_337_19

晚唐•摩訶止觀
40_349_4

晚唐•摩訶止觀
40_349_10

晚唐•摩訶止觀
40_349_18

晚唐•摩訶止觀
40_349_25

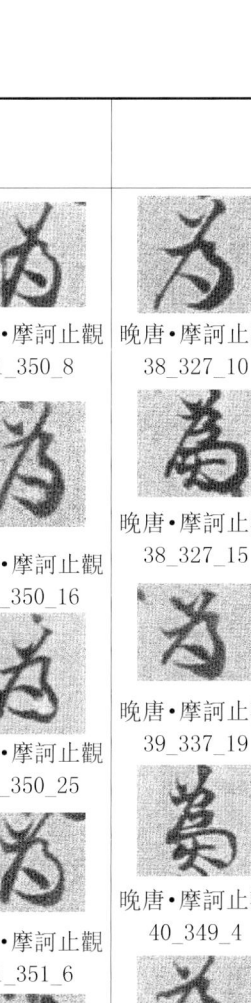

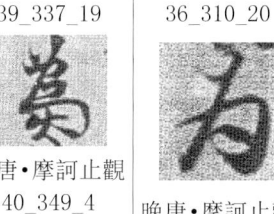

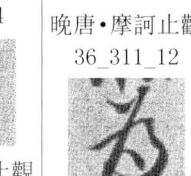

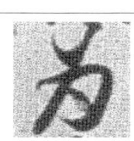

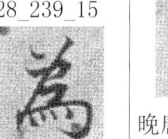

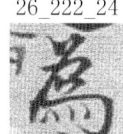

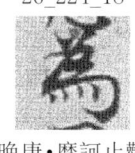

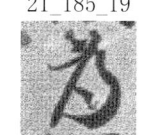

晚唐•摩訶止觀
41_350_8

晚唐•摩訶止觀
41_350_16

晚唐•摩訶止觀
41_350_25

晚唐•摩訶止觀
41_351_6

晚唐•摩訶止觀
41_351_16

晚唐•摩訶止觀
41_351_25

晚唐•摩訶止觀
41_352_10

晚唐•摩訶止觀
41_352_21

晚唐•摩訶止觀
41_353_2

晚唐•摩訶止觀
41_353_9

晚唐•摩訶止觀
41_353_18

晚唐•摩訶止觀
41_353_25

晚唐•摩訶止觀
41_354_6

晚唐•摩訶止觀
41_354_14

晚唐•摩訶止觀
41_354_22

晚唐•摩訶止觀
41_354_26

晚唐•摩訶止觀
41_355_4

晚唐•摩訶止觀
41_355_9

晚唐•摩訶止觀
41_355_17

晚唐•摩訶止觀
41_355_26

晚唐•摩訶止觀
41_356_11

晚唐•摩訶止觀
41_356_20

晚唐•摩訶止觀
41_357_5

晚唐•摩訶止觀
41_357_16

晚唐•摩訶止觀
43_367_19

晚唐•摩訶止觀
44_378_23

晚唐•摩訶止觀
44_381_28

晚唐•摩訶止觀
46_392_8

晚唐•摩訶止觀
46_393_15

晚唐•摩訶止觀
48_408_20

晚唐•摩訶止觀
48_410_20

晚唐•摩訶止觀
50_422_24

晚唐•摩訶止觀
50_424_8

晚唐•摩訶止觀
50_425_5

晚唐•摩訶止觀
51_430_30

晚唐•摩訶止觀
51_434_28

晚唐•摩訶止觀
52_438_25

晚唐•摩訶止觀
52_442_20

晚唐•摩訶止觀
52_443_16

晚唐•摩訶止觀
52_444_16

晚唐•摩訶止觀
52_445_13

晚唐•摩訶止觀
53_451_19

晚唐•摩訶止觀
54_458_12

晚唐•摩訶止觀
54_458_22

晚唐•摩訶止觀
56_470_23

晚唐•摩訶止觀
56_471_5

晚唐•摩訶止觀
56_472_19

晚唐•摩訶止觀
57_482_25

晚唐•摩訶止觀
57_483_26

晚唐•摩訶止觀
57_484_3

晚唐•摩訶止觀
57_486_14

晚唐•摩訶止觀
58_493_7

晚唐•摩訶止觀
58_494_21

晚唐•摩訶止觀
58_494_23

晚唐•摩訶止觀
61_517_28

晚唐•摩訶止觀
62_521_11

# 舜

シュン
訓むくげ

初唐•古文尚書
23_223_4

初唐•古文尚書
23_223_23

五代•大毗盧經
97_1194_14

五代•大毗盧經
97_1196_4

五代•大毗盧經
98_1202_19

五代•大毗盧經
98_1202_26

五代•大毗盧經
98_1202_34

五代•大毗盧經
96_1177_6

五代•大毗盧經
96_1180_40

五代•大毗盧經
96_1181_6

五代•大毗盧經
96_1181_22

五代•大毗盧經
97_1186_11

五代•大毗盧經
98_1202_13

五代•大毗盧經
97_1186_14

五代•大毗盧經
86_1051_38

五代•大毗盧經
87_1062_5

五代•大毗盧經
89_1089_18

五代•大毗盧經
91_1109_18

五代•大毗盧經
92_1122_3

五代•人毗盧經
94_1149_32

五代•大毗盧經
94_1150_9

五代•大毗盧經
77_934_25

五代•大毗盧經
79_960_20

五代•大毗盧經
79_964_19

五代•大毗盧經
80_966_4

五代•大毗盧經
80_971_19

五代•大毗盧經
83_1009_11

五代•大毗盧經
85_1034_19

五代•大毗盧經
85_1044_15

五代•大毗盧經
66_831_17

五代•大毗盧經
67_836_6

五代•大毗盧經
67_842_13

五代•大毗盧經
67_848_42

五代•大毗盧經
68_853_7

五代•大毗盧經
71_869_16

五代•大毗盧經
72_886_11

五代•大毗盧經
77_928_8

五代•密教部類
1_4_2

五代•密教部類
1_5_19

五代•密教部類
2_22_12

五代•密教部類
3_37_21

五代•密教部類
6_86_30

五代•大毗盧經
2_8_8

五代•大毗盧經
5_50_5

## 爵 

漢 現 シャク
訓 さかずき

初唐・古文尚書
20_194_13

初唐・古文尚書
20_194_25

初唐・古文尚書
27_260_9

初唐・禮記正義
26_394_2

初唐・禮記正義
26_394_12

初唐・禮記正義
29_457_22

初唐・禮記正義
29_448_3

初唐・禮記正義
30_460_10

初唐・禮記正義
30_470_17

中唐・翰苑
17_219_1

中唐・翰苑
21_273_8

中唐・翰苑
27_356_31

中唐・翰苑
37_472_22

中唐・翰苑
37_473_7

中唐・翰苑
33_429_33

中唐・翰苑
17_218_28

父

現フ/慣現ホ漢
現フ
訓ちち

# 父部

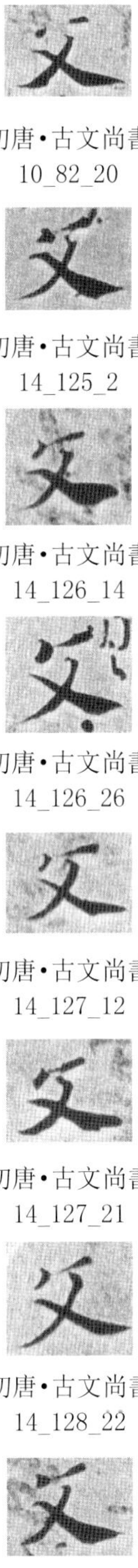

初唐•古文尚書 10_82_20

初唐•古文尚書 14_125_2

初唐•古文尚書 14_126_14

初唐•古文尚書 14_126_26

初唐•古文尚書 14_127_12

初唐•古文尚書 14_127_21

初唐•古文尚書 14_128_22

初唐•古文尚書 14_129_4

初唐•古文尚書 14_129_21

初唐•古文尚書 14_131_1

初唐•古文尚書 21_207_25

初唐•古文尚書 26_259_13

初唐•古文尚書 27_260_23

初唐•古文尚書 27_260_27

初唐•古文尚書 27_268_18

初唐•古文尚書 27_270_27

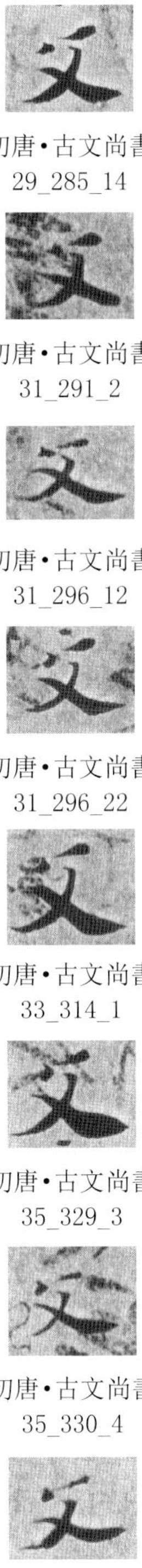

初唐•古文尚書 29_285_14

初唐•古文尚書 31_291_2

初唐•古文尚書 31_296_12

初唐•古文尚書 31_296_22

初唐•古文尚書 33_314_1

初唐•古文尚書 35_329_3

初唐•古文尚書 35_330_4

初唐•古文尚書 35_332_20

初唐•古文尚書 36_349_2

初唐•古文尚書 43_421_26

初唐•古文尚書 43_422_20

初唐 • 毛詩傳 4_40_6

初唐 • 毛詩傳 6_64_2

初唐 • 毛詩傳 8_80_1

初唐 • 毛詩傳 9_100_10

初唐 • 毛詩傳 10_105_2

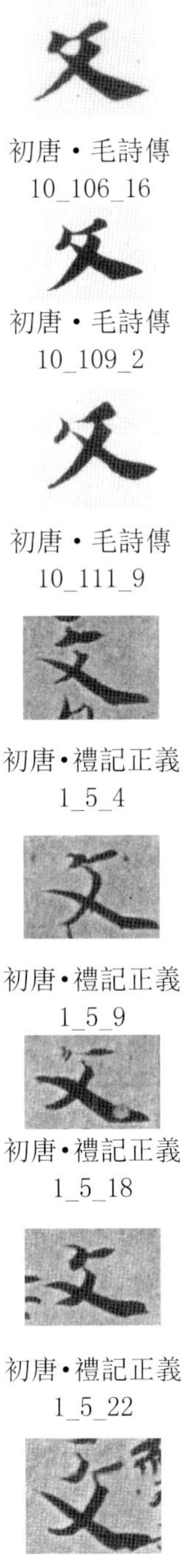

初唐 • 毛詩傳 10_106_16

初唐 • 毛詩傳 10_109_2

初唐 • 毛詩傳 10_111_9

初唐•禮記正義 1_5_4

初唐•禮記正義 1_5_9

初唐•禮記正義 1_5_18

初唐•禮記正義 1_5_22

初唐•禮記正義 1_6_22

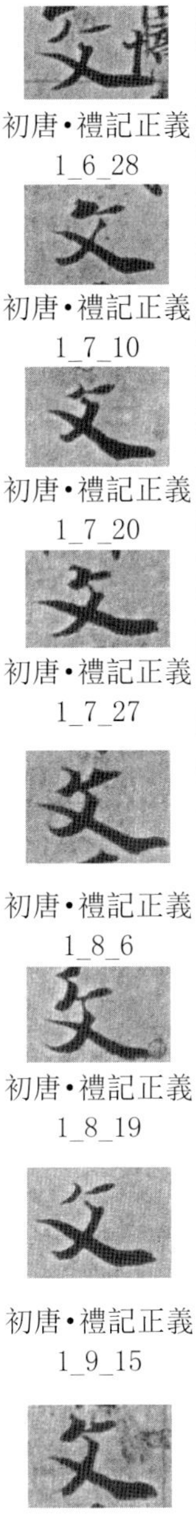

初唐•禮記正義 1_6_28

初唐•禮記正義 1_7_10

初唐•禮記正義 1_7_20

初唐•禮記正義 1_7_27

初唐•禮記正義 1_8_6

初唐•禮記正義 1_8_19

初唐•禮記正義 1_9_15

初唐•禮記正義 2_28_11

| | | | | | | |
|---|---|---|---|---|---|---|
| | | | | | | |
| | 晚唐•摩訶止觀<br>40_346_17<br>晚唐•摩訶止觀<br>40_348_1<br>晚唐•摩訶止觀<br>56_470_22<br>五代•大毗盧經<br>3_29_8<br>五代•大毗盧經<br>79_960_25 | 中唐 • 翰苑<br>38_488_32<br>中唐 • 翰苑<br>38_490_29<br>中唐 • 翰苑<br>41_520_34<br>中唐 • 翰苑<br>41_530_15<br>晚唐•摩訶止觀<br>24_206_12<br>晚唐•摩訶止觀<br>24_206_25<br>晚唐•摩訶止觀<br>24_207_5<br>晚唐•摩訶止觀<br>33_288_6 | 中唐 • 翰苑<br>15_198_21<br>中唐 • 翰苑<br>22_296_16<br>中唐 • 翰苑<br>23_304_15<br>中唐 • 翰苑<br>29_376_18<br>中唐 • 翰苑<br>30_387_3<br>中唐 • 翰苑<br>30_390_18<br>中唐 • 翰苑<br>32_415_41<br>中唐 • 翰苑<br>35_449_17 | 初唐 • 十誦律<br>7_126_10<br>初唐 • 十誦律<br>8_145_6<br>中唐 • 翰苑<br>4_37_17<br>中唐 • 翰苑<br>11_137_27<br>中唐 • 翰苑<br>11_137_40<br>中唐 • 翰苑<br>11_142_1<br>中唐 • 翰苑<br>12_145_1<br>中唐 • 翰苑<br>12_149_14 | 初唐•禮記正義<br>7_107_10<br>初唐•禮記正義<br>7_108_24<br>初唐•禮記正義<br>15_229_23<br>初唐•禮記正義<br>26_392_12<br>初唐•禮記正義<br>26_394_11<br>初唐•禮記正義<br>26_408_25<br>初唐•禮記正義<br>27_410_10<br>初唐•禮記正義<br>27_414_10 | 初唐•禮記正義<br>2_28_16<br>初唐•禮記正義<br>2_28_23<br>初唐•禮記正義<br>2_28_27<br>初唐•禮記正義<br>2_29_29<br>初唐•禮記正義<br>2_30_2<br>初唐•禮記正義<br>2_30_6<br>初唐•禮記正義<br>2_30_18<br>初唐•禮記正義<br>2_30_24 |

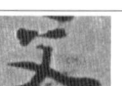

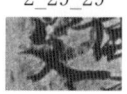

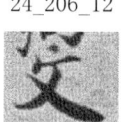

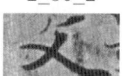

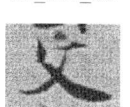

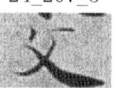

# 月部

## 月

慣ガツ 漢ゲツ
訓つき

初唐•古文尚書 4_29_4

初唐•古文尚書 19_186_11

初唐•古文尚書 35_330_38

初唐•古文尚書 36_339_10

初唐・毛詩傳 1_8_2

初唐・毛詩傳 1_8_10

初唐・毛詩傳 1_9_19

初唐・毛詩傳 1_9_31

初唐・毛詩傳 2_14_10

初唐・毛詩傳 2_18_11

初唐・毛詩傳 6_61_12

初唐・毛詩傳 6_64_10

初唐・毛詩傳 6_65_9

初唐・毛詩傳 6_65_13

初唐・毛詩傳 6_66_21

初唐・毛詩傳 7_68_16

初唐・毛詩傳 7_69_18

初唐・毛詩傳 7_69_22

初唐・毛詩傳 7_72_2

初唐・毛詩傳 7_72_15

初唐・毛詩傳 7_72_19

初唐•禮記正義 3_39_9

初唐•禮記正義 6_87_22

初唐•禮記正義 6_88_1

初唐•禮記正義 6_97_16

初唐•禮記正義 6_97_22

初唐•禮記正義 8_122_5

初唐•禮記正義 8_122_26

初唐•禮記正義 8_123_7

初唐•禮記正義 8_124_17

初唐•禮記正義 8_124_24

初唐•禮記正義 8_124_26

初唐•禮記正義 8_126_21

初唐•禮記正義 8_126_26

初唐•禮記正義 8_127_24

初唐•禮記正義 8_128_6

初唐•禮記正義 8_129_22

初唐•禮記正義 8_129_24

初唐•禮記正義 9_130_1

初唐•禮記正義 9_130_17

初唐•禮記正義 9_131_17

初唐•禮記正義 9_133_1

中唐・翰苑
3_29_26

中唐・翰苑
3_29_28

中唐・翰苑
3_29_30

中唐・翰苑
5_52_9

中唐・翰苑
7_90_1

中唐・翰苑
7_90_11

中唐・翰苑
7_90_39

初唐・十誦律
5_84_16

初唐・十誦律
5_86_9

初唐・十誦律
5_87_17

初唐・十誦律
5_89_15

初唐・十誦律
5_90_4

中唐・翰苑
2_15_5

中唐・翰苑
2_19_41

初唐・十誦律
4_66_4

初唐・十誦律
4_70_18

初唐・十誦律
5_74_7

初唐・十誦律
5_75_15

初唐・十誦律
5_77_2

初唐・十誦律
5_82_17

初唐・十誦律
5_83_14

初唐•禮記正義
10_153_19

初唐•禮記正義
22_334_15

初唐•禮記正義
25_384_11

初唐•禮記正義
29_447_18

初唐・十誦律
2_14_2

初唐・十誦律
2_14_4

初唐・十誦律
4_64_16

初唐•禮記正義
9_138_10

初唐•禮記正義
9_138_12

初唐•禮記正義
9_138_19

初唐•禮記正義
9_139_5

初唐•禮記正義
9_139_22

初唐•禮記正義
9_140_3

初唐•禮記正義
9_140_20

初唐•禮記正義
9_135_2

初唐•禮記正義
9_135_4

初唐•禮記正義
9_135_21

初唐•禮記正義
9_135_23

初唐•禮記正義
9_136_24

初唐•禮記正義
9_137_19

初唐•禮記正義
9_138_3

初唐•禮記正義
9_133_4

初唐•禮記正義
9_133_13

初唐•禮記正義
9_133_18

初唐•禮記正義
9_133_27

初唐•禮記正義
9_134_6

初唐•禮記正義
9_134_11

初唐•禮記正義
9_134_25

中唐·翰苑
8_93_10

中唐·翰苑
8_94_2

中唐·翰苑
8_94_8

中唐·翰苑
8_102_22

中唐·翰苑
9_106_9

中唐·翰苑
12_146_28

中唐·翰苑
12_152_41

中唐·翰苑
14_178_5

中唐·翰苑
15_200_13

中唐·翰苑
17_219_8

中唐·翰苑
18_229_31

中唐·翰苑
18_239_23

中唐·翰苑
18_240_19

中唐·翰苑
22_284_12

中唐·翰苑
29_374_30

中唐·翰苑
30_384_35

中唐·翰苑
36_462_1

中唐·翰苑
38_486_38

中唐·翰苑
43_549_23

中唐·翰苑
43_550_4

中唐·翰苑
43_550_18

中唐·翰苑
44_560_12

晚唐·摩訶止觀
1_2_19

晚唐·摩訶止觀
15_130_17

晚唐·摩訶止觀
20_178_16

晚唐·摩訶止觀
32_275_18

晚唐·摩訶止觀
35_300_27

晚唐·摩訶止觀
36_311_28

晚唐·摩訶止觀
45_383_10

晚唐·摩訶止觀
45_386_11

晚唐·摩訶止觀
60_504_26

晚唐·摩訶止觀
62_520_4

五代·密教部類
2_24_6

五代·密教部類
3_34_46

五代·大毗盧經
12_144_9

五代·大毗盧經
14_176_4

五代·大毗盧經
23_297_10

五代·大毗盧經
28_353_5

五代·大毗盧經
40_484_16

五代·大毗盧經
40_485_12

五代·大毗盧經
40_485_20

五代·大毗盧經
41_486_7

五代·大毗盧經
44_525_15

五代·大毗盧經
45_548_5

五代·大毗盧經
46_566_19

五代·大毗盧經
50_615_6

五代·大毗盧經
54_661_10

五代·大毗盧經
63_775_20

五代·大毗盧經
63_783_8

五代・大毗盧經 64_793_18
五代・大毗盧經 65_821_13
五代・大毗盧經 80_975_24
五代・大毗盧經 84_1022_5
五代・大毗盧經 85_1036_1
五代・大毗盧經 85_1038_11
五代・大毗盧經 85_1045_11

五代・大毗盧經 85_1045_26
五代・大毗盧經 88_1072_1
五代・大毗盧經 88_1073_9
五代・大毗盧經 92_1135_17

## 有

漢現ユウ/呉現ウ
訓ある

初唐・古文尚書 1_8_14
初唐・古文尚書 3_24_18
初唐・古文尚書 5_39_15
初唐・古文尚書 5_41_26
初唐・古文尚書 6_49_24
初唐・古文尚書 6_50_8
初唐・古文尚書 7_53_4

初唐・古文尚書 7_53_21
初唐・古文尚書 7_57_5
初唐・古文尚書 8_61_21
初唐・古文尚書 8_67_6
初唐・古文尚書 8_67_17
初唐・古文尚書 8_67_23
初唐・古文尚書 8_69_21

初唐・古文尚書 9_71_42
初唐・古文尚書 9_76_28
初唐・古文尚書 10_87_28
初唐・古文尚書 11_92_1
初唐・古文尚書 11_92_17
初唐・古文尚書 11_99_14
初唐・古文尚書 12_104_6

初唐・古文尚書 12_106_10
初唐・古文尚書 14_124_6
初唐・古文尚書 14_126_2
初唐・古文尚書 14_128_14
初唐・古文尚書 15_141_12
初唐・古文尚書 15_143_17
初唐・古文尚書 17_157_16

初唐・古文尚書 18_171_15
初唐・古文尚書 19_186_9
初唐・古文尚書 19_186_21
初唐・古文尚書 20_188_15
初唐・古文尚書 21_204_30
初唐・古文尚書 21_206_19
初唐・古文尚書 22_213_15

初唐·古文尚書 23_221_15
初唐·古文尚書 23_228_17
初唐·古文尚書 24_233_29
初唐·古文尚書 24_236_22
初唐·古文尚書 24_238_28
初唐·古文尚書 24_238_30
初唐·古文尚書 25_241_4
初唐·古文尚書 25_247_27
初唐·古文尚書 26_251_18
初唐·古文尚書 26_253_24
初唐·古文尚書 26_254_15
初唐·古文尚書 27_261_37
初唐·古文尚書 27_262_4
初唐·古文尚書 27_265_21
初唐·古文尚書 28_278_4
初唐·古文尚書 31_292_4
初唐·古文尚書 31_292_12
初唐·古文尚書 31_292_28
初唐·古文尚書 32_306_19
初唐·古文尚書 32_306_22
初唐·古文尚書 33_307_12
初唐·古文尚書 33_313_13
初唐·古文尚書 34_322_8
初唐·古文尚書 35_330_17
初唐·古文尚書 35_337_18
初唐·古文尚書 36_348_21
初唐·古文尚書 36_349_11
初唐·古文尚書 37_356_12
初唐·古文尚書 37_358_27
初唐·古文尚書 37_359_1
初唐·古文尚書 37_359_20
初唐·古文尚書 38_361_17
初唐·古文尚書 38_369_14
初唐·古文尚書 40_383_4
初唐·古文尚書 40_385_4
初唐·古文尚書 40_389_17
初唐·古文尚書 41_393_22
初唐·古文尚書 41_397_30
初唐·古文尚書 41_399_15
初唐·古文尚書 41_400_11
初唐·古文尚書 42_410_10
初唐·古文尚書 42_410_18
初唐·古文尚書 42_410_20
初唐·古文尚書 42_411_23
初唐·古文尚書 43_422_19
初唐·古文尚書 44_423_31
初唐·古文尚書 44_424_24
初唐·古文尚書 44_428_16
初唐·古文尚書 44_430_5

| | | | | | | |
|---|---|---|---|---|---|---|
| 初唐・毛詩傳<br>10_107_3 | 初唐・毛詩傳<br>5_47_16 | 初唐・毛詩傳<br>3_31_3 | 初唐・毛詩傳<br>3_27_2 | 初唐•古文尚書<br>49_478_3 | 初唐•古文尚書<br>47_456_35 | 初唐•古文尚書<br>44_431_6 |
| 初唐・毛詩傳<br>10_109_12 | 初唐・毛詩傳<br>5_48_7 | 初唐・毛詩傳<br>3_31_11 | 初唐・毛詩傳<br>3_27_5 | 初唐•古文尚書<br>49_478_5 | 初唐•古文尚書<br>47_456_38 | 初唐•古文尚書<br>45_435_6 |
| 初唐・毛詩傳<br>10_112_6 | 初唐・毛詩傳<br>5_51_11 | 初唐・毛詩傳<br>4_33_10 | 初唐・毛詩傳<br>3_27_14 | 初唐・毛詩傳<br>1_5_7 | 初唐•古文尚書<br>48_465_26 | 初唐•古文尚書<br>45_441_6 |
| 初唐•禮記正義<br>1_4_9 | 初唐・毛詩傳<br>6_63_35 | 初唐・毛詩傳<br>4_33_13 | 初唐・毛詩傳<br>3_28_4 | 初唐・毛詩傳<br>3_22_2 | 初唐•古文尚書<br>48_469_10 | 初唐•古文尚書<br>45_441_14 |
| 初唐•禮記正義<br>1_12_19 | 初唐・毛詩傳<br>7_78_1 | 初唐・毛詩傳<br>4_33_16 | 初唐・毛詩傳<br>3_28_12 | 初唐・毛詩傳<br>3_23_3 | 初唐•古文尚書<br>48_473_8 | 初唐•古文尚書<br>46_453_25 |
| 初唐•禮記正義<br>1_15_25 | 初唐・毛詩傳<br>8_84_9 | 初唐・毛詩傳<br>4_37_2 | 初唐・毛詩傳<br>3_30_16 | 初唐・毛詩傳<br>3_23_8 | 初唐•古文尚書<br>49_476_19 | 初唐•古文尚書<br>46_454_17 |
| 初唐•禮記正義<br>1_16_21 | 初唐・毛詩傳<br>9_93_7 | 初唐・毛詩傳<br>4_41_40 | 初唐・毛詩傳<br>3_30_19 | 初唐・毛詩傳<br>3_24_2 | 初唐•古文尚書<br>49_477_16 | 初唐•古文尚書<br>47_455_6 |

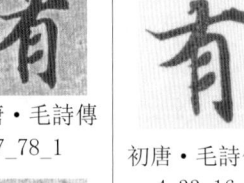

| | | | | | | |
|---|---|---|---|---|---|---|
| 初唐•禮記正義 11_164_26 | 初唐•禮記正義 9_137_22 | 初唐•禮記正義 8_113_18 | 初唐•禮記正義 7_103_5 | 初唐•禮記正義 7_99_14 | 初唐•禮記正義 5_75_23 | 初唐•禮記正義 2_18_20 |
| 初唐•禮記正義 11_165_17 | 初唐•禮記正義 9_138_14 | 初唐•禮記正義 8_116_15 | 初唐•禮記正義 7_105_3 | 初唐•禮記正義 7_100_9 | 初唐•禮記正義 5_78_28 | 初唐•禮記正義 2_19_6 |
| 初唐•禮記正義 11_173_4 | 初唐•禮記正義 9_140_12 | 初唐•禮記正義 8_116_21 | 初唐•禮記正義 7_106_19 | 初唐•禮記正義 7_100_15 | 初唐•禮記正義 5_81_10 | 初唐•禮記正義 2_19_24 |
| 初唐•禮記正義 11_174_19 | 初唐•禮記正義 10_147_11 | 初唐•禮記正義 8_119_1 | 初唐•禮記正義 7_106_25 | 初唐•禮記正義 7_101_21 | 初唐•禮記正義 6_89_13 | 初唐•禮記正義 3_37_13 |
| 初唐•禮記正義 11_176_20 | 初唐•禮記正義 10_147_25 | 初唐•禮記正義 8_120_58 | 初唐•禮記正義 7_108_26 | 初唐•禮記正義 7_102_9 | 初唐•禮記正義 6_91_9 | 初唐•禮記正義 4_64_5 |
| 初唐•禮記正義 11_178_15 | 初唐•禮記正義 10_156_22 | 初唐•禮記止義 8_120_67 | 初唐•禮記正義 7_111_14 | 初唐•禮記正義 7_102_20 | 初唐•禮記正義 6_92_25 | 初唐•禮記正義 4_64_17 |
| 初唐•禮記正義 12_192_8 | 初唐•禮記正義 10_159_8 | 初唐•禮記正義 9_131_8 | 初唐•禮記正義 8_113_4 | 初唐•禮記正義 7_103_1 | 初唐•禮記正義 6_93_7 | 初唐•禮記正義 4_65_23 |

| | | | | | | |
|---|---|---|---|---|---|---|
| 初唐•禮記正義<br>12_193_25 | 初唐•禮記正義<br>16_251_6 | 初唐•禮記正義<br>19_284_3 | 初唐•禮記正義<br>21_317_25 | 初唐•禮記正義<br>22_327_13 | 初唐•禮記正義<br>24_369_18 | 初唐•禮記正義<br>25_384_8 |
| 初唐•禮記正義<br>13_197_18 | 初唐•禮記正義<br>17_262_14 | 初唐•禮記正義<br>19_287_7 | 初唐•禮記正義<br>21_318_21 | 初唐•禮記正義<br>22_335_22 | 初唐•禮記正義<br>24_370_13 | 初唐•禮記正義<br>25_384_17 |
| 初唐•禮記正義<br>14_216_20 | 初唐•禮記正義<br>17_265_6 | 初唐•禮記正義<br>19_287_13 | 初唐•禮記正義<br>21_321_6 | 初唐•禮記正義<br>22_338_10 | 初唐•禮記正義<br>25_377_7 | 初唐•禮記正義<br>25_384_21 |
| 初唐•禮記正義<br>14_217_12 | 初唐•禮記正義<br>18_272_15 | 初唐•禮記正義<br>19_288_23 | 初唐•禮記正義<br>21_321_9 | 初唐•禮記正義<br>23_344_7 | 初唐•禮記正義<br>25_379_12 | 初唐•禮記正義<br>25_385_1 |
| 初唐•禮記正義<br>15_224_18 | 初唐•禮記正義<br>18_276_12 | 初唐•禮記正義<br>20_296_11 | 初唐•禮記正義<br>21_323_2 | 初唐•禮記正義<br>23_344_10 | 初唐•禮記正義<br>25_379_23 | 初唐•禮記正義<br>25_389_23 |
| 初唐•禮記正義<br>15_226_3 | 初唐•禮記正義<br>18_279_16 | 初唐•禮記正義<br>21_316_4 | 初唐•禮記正義<br>21_324_9 | 初唐•禮記正義<br>24_366_23 | 初唐•禮記正義<br>25_382_11 | 初唐•禮記正義<br>26_390_4 |
| 初唐•禮記正義<br>15_226_21 | 初唐•禮記正義<br>18_282_17 | 初唐•禮記正義<br>21_316_23 | 初唐•禮記正義<br>22_326_4 | 初唐•禮記正義<br>24_367_23 | 初唐•禮記正義<br>25_384_1 | 初唐•禮記正義<br>26_394_4 |

初唐•禮記正義 26_395_9
初唐•禮記正義 26_396_2
初唐•禮記正義 26_398_16
初唐•禮記正義 26_399_19
初唐•禮記正義 27_412_11
初唐•禮記正義 27_418_30
初唐•禮記正義 27_419_27

初唐•禮記正義 27_420_24
初唐•禮記正義 27_421_12
初唐•禮記正義 27_422_8
初唐•禮記正義 28_428_1
初唐•禮記正義 28_432_11
初唐•禮記正義 28_433_7
初唐•禮記正義 28_435_7

初唐•禮記正義 29_446_25
初唐•禮記正義 29_447_2
初唐•禮記正義 29_448_12
初唐•禮記正義 29_449_1
初唐•禮記正義 29_449_3
初唐•禮記正義 29_450_1
初唐•禮記正義 29_450_3

初唐•禮記正義 29_450_12
初唐•禮記正義 29_457_24
初唐•禮記正義 30_460_12
初唐•禮記正義 30_461_7
初唐•禮記正義 30_462_20
初唐•禮記正義 30_463_16
初唐•禮記正義 30_464_8

初唐•禮記正義 30_465_17
初唐•禮記正義 30_466_5
初唐•禮記正義 30_472_14
初唐•禮記正義 30_474_4
初唐・十誦律 1_5_12
初唐・十誦律 1_7_16
初唐・十誦律 1_9_7

初唐・十誦律 1_10_9
初唐・十誦律 6_106_12
初唐・十誦律 6_108_2
初唐・十誦律 6_108_7
初唐・十誦律 6_110_11
初唐・十誦律 6_111_8
初唐・十誦律 6_112_9

初唐・十誦律 7_120_11
初唐・十誦律 7_131_8
初唐・十誦律 8_133_1
初唐・十誦律 8_139_9
初唐・十誦律 8_141_10
初唐・十誦律 8_150_12
初唐・十誦律 8_153_1

初唐・十誦律 9_161_2
初唐・十誦律 9_161_7
初唐・十誦律 9_161_11
初唐・十誦律 9_161_17
初唐・十誦律 9_162_7
初唐・十誦律 9_165_12
初唐・十誦律 9_167_13

初唐・十誦律 9_168_1
初唐・十誦律 9_168_5
初唐・十誦律 9_168_11
初唐・十誦律 9_169_1
初唐・十誦律 9_170_3
初唐・十誦律 10_175_1
初唐・十誦律 10_175_12

初唐・十誦律 10_176_2
初唐・十誦律 10_177_7
初唐・十誦律 10_185_6
初唐・十誦律 10_186_1
初唐・十誦律 10_186_11
初唐・十誦律 17_335_7
初唐・十誦律 17_336_10

初唐・十誦律 18_337_2
初唐・十誦律 18_337_14
初唐・十誦律 18_338_7
初唐・十誦律 18_339_7
初唐・十誦律 18_339_13
初唐・十誦律 18_340_6
初唐・十誦律 18_340_15

初唐・十誦律 18_341_10
初唐・十誦律 18_342_3
初唐・般若經 6_82_7
初唐・般若經 7_99_8
初唐・般若經 19_292_6
初唐・般若經 21_310_5
中唐・翰苑 2_9_20

中唐・翰苑 2_10_2
中唐・翰苑 2_11_28
中唐・翰苑 2_14_8
中唐・翰苑 3_29_19
中唐・翰苑 3_33_7
中唐・翰苑 4_40_40
中唐・翰苑 4_43_38

中唐・翰苑 23_306_5
中唐・翰苑 23_306_11
中唐・翰苑 23_306_19
中唐・翰苑 23_306_28
中唐・翰苑 23_307_11
中唐・翰苑 23_307_35
中唐・翰苑 24_312_2

中唐・般若經
11_190_16

中唐・般若經
12_197_11

中唐・般若經
12_204_15

中唐・般若經
12_206_4

中唐・般若經
13_213_6

中唐・般若經
13_220_10

中唐・般若經
13_228_5

中唐・般若經
2_19_6

中唐・般若經
10_153_13

中唐・般若經
10_155_2

中唐・般若經
10_165_16

中唐・般若經
11_174_5

中唐・般若經
11_183_3

中唐・般若經
11_184_8

中唐・翰苑
43_553_15

中唐・翰苑
45_570_5

中唐・翰苑
45_576_3

中唐・翰苑
45_577_7

中唐・翰苑
45_578_2

中唐・翰苑
45_581_6

中唐・般若經
2_11_13

中唐・翰苑
40_515_9

中唐・翰苑
41_519_9

中唐・翰苑
42_540_7

中唐・翰苑
43_550_39

中唐・翰苑
43_551_42

中唐・翰苑
43_552_7

中唐・翰苑
43_553_9

中唐・翰苑
26_337_32

中唐・翰苑
39_501_34

中唐・翰苑
39_504_2

中唐・翰苑
39_504_10

中唐・翰苑
40_508_17

中唐・翰苑
40_510_15

中唐・翰苑
40_510_23

中唐・翰苑
25_329_41

中唐・翰苑
25_330_29

中唐・翰苑
25_330_34

中唐・翰苑
25_333_24

中唐・翰苑
25_333_44

中唐・翰苑
26_335_16

中唐・翰苑
26_336_37

中唐・翰苑
24_312_33

中唐・翰苑
24_314_13

中唐・翰苑
25_323_9

中唐・翰苑
25_323_41

中唐・翰苑
25_324_40

中唐・翰苑
25_325_1

中唐・翰苑
25_326_30

中唐・般若經
15_253_12

中唐・般若經
15_255_1

中唐・般若經
15_266_3

中唐・般若經
16_274_9

中唐・般若經
16_283_7

中唐・般若經
16_284_13

中唐・般若經
17_290_2

中唐・般若經
17_294_13

中唐・般若經
17_300_3

中唐・般若經
17_301_9

中唐・般若經
18_307_10

中唐・般若經
18_312_12

中唐・般若經
18_318_10

中唐・般若經
18_320_16

中唐・般若經
19_326_10

中唐・般若經
19_331_12

中唐・般若經
19_337_10

中唐・般若經
19_338_16

晚唐•摩訶止觀
6_48_23

晚唐•摩訶止觀
6_49_20

晚唐•摩訶止觀
7_60_14

晚唐•摩訶止觀
7_61_14

晚唐•摩訶止觀
8_66_5

晚唐•摩訶止觀
8_67_19

晚唐•摩訶止觀
9_79_23

晚唐•摩訶止觀
10_90_21

晚唐•摩訶止觀
10_92_3

晚唐•摩訶止觀
11_99_13

晚唐•摩訶止觀
12_106_19

晚唐•摩訶止觀
13_115_11

晚唐•摩訶止觀
13_118_14

晚唐•摩訶止觀
14_120_20

晚唐•摩訶止觀
14_122_12

晚唐•摩訶止觀
16_136_24

晚唐•摩訶止觀
16_143_12

晚唐•摩訶止觀
20_177_13

晚唐•摩訶止觀
20_177_15

晚唐•摩訶止觀
22_187_1

晚唐•摩訶止觀
23_198_20

晚唐•摩訶止觀
23_198_24

晚唐•摩訶止觀
23_200_17

晚唐•摩訶止觀
23_200_19

晚唐•摩訶止觀
24_204_2

晚唐•摩訶止觀
24_204_11

晚唐•摩訶止觀
24_207_23

晚唐•摩訶止觀
45_390_15

晚唐•摩訶止觀
45_390_29

晚唐•摩訶止觀
46_393_22

晚唐•摩訶止觀
47_405_26

五代•大毗盧經 25_319_28
五代•大毗盧經 25_319_36
五代•大毗盧經 26_332_40
五代•大毗盧經 73_898_6
五代•大毗盧經 78_942_17
五代•大毗盧經 78_942_24
五代•大毗盧經 79_960_16

五代•大毗盧經 13_168_2
五代•大毗盧經 14_169_18
五代•大毗盧經 18_229_3
五代•大毗盧經 18_233_7
五代•大毗盧經 23_290_16
五代•大毗盧經 25_319_15
五代•大毗盧經 25_319_18

五代•大毗盧經 5_50_9
五代•大毗盧經 9_106_13
五代•大毗盧經 9_107_10
五代•大毗盧經 9_107_21
五代•大毗盧經 10_122_5
五代•大毗盧經 11_129_7
五代•大毗盧經 13_162_13

晚唐•摩訶止觀 62_520_18
五代•密教部類 2_9_17
五代•密教部類 3_37_24
五代•密教部類 6_83_12
五代•密教部類 6_84_12
五代•大毗盧經 2_19_17
五代•大毗盧經 3_24_30

晚唐•摩訶止觀 56_476_17
晚唐•摩訶止觀 56_476_19
晚唐•摩訶止觀 56_476_22
晚唐•摩訶止觀 57_483_11
晚唐•摩訶止觀 59_501_24
晚唐•摩訶止觀 60_509_21
晚唐•摩訶止觀 62_520_16

晚唐•摩訶止觀 50_428_1
晚唐•摩訶止觀 50_428_7
晚唐•摩訶止觀 51_431_25
晚唐•摩訶止觀 51_432_11
晚唐•摩訶止觀 52_440_23
晚唐•摩訶止觀 54_459_6
晚唐•摩訶止觀 54_459_28

晚唐•摩訶止觀 50_423_17
晚唐•摩訶止觀 50_424_7
晚唐•摩訶止觀 50_424_11
晚唐•摩訶止觀 50_424_14
晚唐•摩訶止觀 50_424_18
晚唐•摩訶止觀 50_424_21
晚唐•摩訶止觀 50_427_27

## 肓

コウ
訓むなもと

初唐•禮記正義
9_136_18

中唐・翰苑
15_187_6

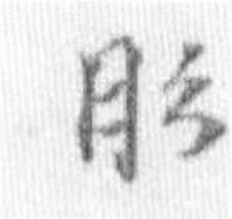
中唐・翰苑
15_188_3

## 肜

漢ユウ
訓—

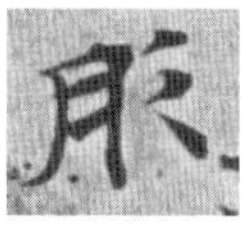
初唐•古文尚書
24_230_3

初唐•古文尚書
24_232_15

初唐•古文尚書
24_233_3

初唐•古文尚書
24_233_13

初唐•古文尚書
24_233_20

初唐•古文尚書
24_233_27

中唐・翰苑
5_58_30

中唐・翰苑
14_186_3

## 肘

チュウ
訓ひじ

五代•大毗盧經
25_317_18

五代•大毗盧經
64_797_16

## 肖

現ショウ
訓にる

初唐•古文尚書
18_171_1

初唐•古文尚書
18_171_42

中唐・翰苑
21_277_21

五代•大毗盧經
89_1087_31

五代•大毗盧經
89_1088_5

五代•大毗盧經
94_1149_37

五代•大毗盧經
94_1156_23

五代•大毗盧經
96_1176_22

五代•大毗盧經
96_1181_29

五代•大毗盧經
82_1005_8

五代•大毗盧經
83_1008_17

五代•大毗盧經
84_1019_20

五代•大毗盧經
84_1019_33

五代•大毗盧經
84_1025_7

五代•大毗盧經
87_1064_18

五代•大毗盧經
88_1072_41

| | | | | 服 | 肱 | 肯 |
|---|---|---|---|---|---|---|
| | | | | 漢フク<br>訓きる | コウ<br>訓ひじ | 現コウ/漢カイ<br>訓うべなう |
| 初唐•禮記正義<br>18_276_22 | 初唐•古文尚書<br>46_453_22 | 初唐•古文尚書<br>33_311_20 | 初唐•古文尚書<br>20_191_19 | 初唐•古文尚書<br>4_35_10 | 初唐•古文尚書<br>23_221_2 | 初唐•古文尚書<br>29_281_27 |
| 初唐•禮記正義<br>18_277_19 | 初唐•古文尚書<br>46_453_33 | 初唐•古文尚書<br>35_329_8 | 初唐•古文尚書<br>21_201_4 | 初唐•古文尚書<br>4_35_17 | 初唐•古文尚書<br>35_334_16 | 初唐•古文尚書<br>43_417_20 |
| 初唐•禮記正義<br>19_289_1 | 初唐•古文尚書<br>46_454_8 | 初唐•古文尚書<br>35_330_10 | 初唐•古文尚書<br>21_201_14 | 初唐•古文尚書<br>6_49_12 | 初唐•古文尚書<br>35_334_27 | 晚唐•摩訶止觀<br>56_477_19 |
| 初唐•禮記正義<br>19_292_1 | 初唐・毛詩傳<br>4_43_33 | 初唐•古文尚書<br>35_336_4 | 初唐•古文尚書<br>24_238_14 | 初唐•古文尚書<br>6_49_26 | 五代•大毗盧經<br>16_211_6 | |
| 初唐•禮記正義<br>21_318_12 | 初唐・毛詩傳<br>9_92_29 | 初唐•古文尚書<br>35_336_23 | 初唐•古文尚書<br>25_241_16 | 初唐•古文尚書<br>7_56_1 | 五代•大毗盧經<br>16_211_8 | |
| 初唐•禮記正義<br>21_320_8 | 初唐•禮記正義<br>11_177_7 | 初唐•古文尚書<br>41_401_18 | 初唐•古文尚書<br>33_308_3 | 初唐•古文尚書<br>8_66_8 | 五代•大毗盧經<br>35_414_17 | |
| 初唐•禮記正義<br>25_385_5 | 初唐•禮記正義<br>11_177_22 | 初唐•古文尚書<br>45_436_9 | 初唐•古文尚書<br>33_309_2 | 初唐•古文尚書<br>8_70_10 | 五代•大毗盧經<br>63_789_17 | |
| 初唐•禮記正義<br>29_447_11 | 初唐•禮記正義<br>11_178_5 | 初唐•古文尚書<br>45_436_15 | 初唐•古文尚書<br>33_309_22 | 初唐•古文尚書<br>19_176_16 | | |

## 股

漢訓 コ また

五代•大毗盧經 63_790_17

五代•大毗盧經 67_840_22

五代•大毗盧經 68_849_23

五代•大毗盧經 92_1126_19

初唐•古文尚書 23_221_1

初唐•古文尚書 35_334_15

初唐•古文尚書 35_334_26

五代•大毗盧經 4_40_14

五代•大毗盧經 54_662_15

五代•大毗盧經 58_708_4

五代•大毗盧經 58_708_12

五代•大毗盧經 58_709_17

五代•大毗盧經 19_242_9

五代•大毗盧經 27_343_27

五代•大毗盧經 46_562_12

五代•大毗盧經 71_869_7

中唐 • 翰苑 43_547_19

中唐 • 翰苑 43_555_31

中唐 • 翰苑 44_562_4

晚唐•摩訶止觀 54_457_20

五代•大毗盧經 7_88_20

五代•大毗盧經 10_117_31

五代•大毗盧經 14_177_15

五代•大毗盧經 17_214_4

中唐 • 翰苑 25_327_35

中唐 • 翰苑 29_376_24

中唐 • 翰苑 30_383_1

中唐 • 翰苑 31_399_29

中唐 • 翰苑 32_409_27

中唐 • 翰苑 32_415_11

中唐 • 翰苑 33_432_33

中唐 • 翰苑 41_519_29

中唐 • 翰苑 12_151_23

中唐 • 翰苑 16_201_42

中唐 • 翰苑 18_238_44

中唐 • 翰苑 19_242_27

中唐 • 翰苑 19_247_7

中唐 • 翰苑 19_247_26

中唐 • 翰苑 21_270_41

中唐 • 翰苑 25_327_9

初唐•禮記正義 29_448_18

初唐•禮記正義 29_449_19

初唐•禮記正義 29_452_20

初唐•禮記正義 29_453_1

中唐 • 翰苑 4_36_11

中唐 • 翰苑 4_43_23

中唐 • 翰苑 8_93_7

中唐 • 翰苑 8_103_10

| | | 胡 | 肩 | 育 | 肥 | 肪 |
|---|---|---|---|---|---|---|
| | | 漢コ唐ウ呉ゴ<br>訓えびす | 現ケン<br>訓かた | 現イク<br>訓そだつ | 漢ヒ呉ビ<br>訓こえる | 漢ホウ呉ボウ<br>訓あぶら |
| 中唐・翰苑<br>6_71_33 | 中唐・翰苑<br>2_17_1 | 初唐・毛詩傳<br>8_81_17 | 初唐・古文尚書<br>16_154_22 | 初唐・古文尚書<br>15_136_1 | 中唐・翰苑<br>7_90_24 | 五代・密教部類<br>6_78_20 |
| 中唐・翰苑<br>6_74_1 | 中唐・翰苑<br>2_19_3 | 初唐・毛詩傳<br>8_83_3 | 初唐・古文尚書<br>16_155_10 | 初唐・古文尚書<br>15_136_12 | 中唐・翰苑<br>19_246_1 | 五代・密教部類<br>6_89_27 |
| 中唐・翰苑<br>8_105_41 | 中唐・翰苑<br>2_19_24 | 初唐・毛詩傳<br>8_86_18 | 初唐・古文尚書<br>17_158_16 | 中唐・翰苑<br>15_188_16 | 中唐・翰苑<br>19_254_8 | |
| 中唐・翰苑<br>10_127_48 | 中唐・翰苑<br>4_40_9 | 初唐・毛詩傳<br>8_87_6 | 中唐・翰苑<br>41_524_2 | | 中唐・翰苑<br>19_254_13 | |
| 中唐・翰苑<br>10_128_38 | 中唐・翰苑<br>4_41_28 | 初唐・十誦律<br>5_73_4 | 晩唐・摩訶止觀<br>10_86_4 | | 中唐・翰苑<br>25_324_20 | |
| 是故<br>中唐・翰苑<br>10_129_26 | 中唐・翰苑<br>4_42_4 | 初唐・十誦律<br>7_119_4 | 五代・大毗盧經<br>25_317_14 | | 五代・大毗盧經<br>89_1091_12 | |
| 中唐・翰苑<br>10_129_30 | 中唐・翰苑<br>5_60_12 | 中唐・翰苑<br>2_14_36 | 五代・大毗盧經<br>67_838_10 | | | |
| 中唐・翰苑<br>10_131_40 | 中唐・翰苑<br>6_66_11 | 中唐・翰苑<br>2_15_27 | | | | |

## 胃

イ
訓 いぶくろ

初唐•古文尚書 16_147_13

初唐•古文尚書 21_199_6

五代•大毗盧經 75_924_15

五代•大毗盧經 78_951_14

五代•大毗盧經 82_996_10

五代•大毗盧經 82_1000_13

五代•大毗盧經 90_1100_5

五代•大毗盧經 91_1119_20

五代•大毗盧經 92_1134_10

五代•大毗盧經 28_350_20

五代•大毗盧經 41_487_14

五代•大毗盧經 50_617_10

五代•大毗盧經 51_623_20

五代•大毗盧經 51_625_26

五代•大毗盧經 63_792_13

五代•大毗盧經 72_885_24

中唐・翰苑 38_487_41

中唐・翰苑 38_488_7

晚唐•摩訶止觀 13_113_9

晚唐•摩訶止觀 59_501_22

五代•大毗盧經 7_78_38

五代•大毗盧經 20_263_10

五代•大毗盧經 26_327_11

## 背

漢 ハイ
訓 せ

初唐•古文尚書 40_391_12

初唐•禮記正義 16_252_21

初唐•禮記正義 20_310_15

中唐・翰苑 6_67_2

中唐・翰苑 9_118_9

中唐・翰苑 14_178_22

朝鮮國 中唐・翰苑 20_260_13

中唐・翰苑 30_394_15

中唐・翰苑 44_556_16

中唐・翰苑 44_563_7

晚唐•摩訶止觀 61_517_27

中唐・翰苑 11_133_11

中唐・翰苑 11_134_16

中唐・翰苑 11_135_2

中唐・翰苑 13_170_8

中唐・翰苑 13_170_23

中唐・翰苑 15_193_28

中唐・翰苑 19_243_19

中唐・翰苑 19_247_42

## 冑

チュウ
訓 よつぎ

初唐・古文尚書
20_190_21

初唐・古文尚書
20_190_26

中唐・翰苑
13_172_1

## 胝

チ
訓 たこ

五代・大毗盧經
2_11_16

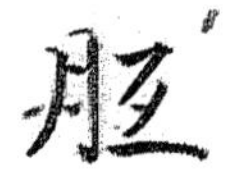
五代・大毗盧經
17_215_14

五代・大毗盧經
44_530_20

五代・大毗盧經
45_550_24

五代・大毗盧經
46_560_10

五代・大毗盧經
46_562_5

五代・大毗盧經
47_581_3

五代・大毗盧經
47_581_16

五代・大毗盧經
98_1202_22

五代・大毗盧經
98_1202_25

## 胸

漢 キョウ
訓 むね

五代・大毗盧經
7_78_22

五代・大毗盧經
12_150_1

五代・大毗盧經
78_946_4

五代・大毗盧經
78_951_25

## 胎

現 タイ
訓 はらご

中唐・翰苑
19_249_10

晚唐・摩訶止觀
2_12_21

五代・密教部類
2_16_7

五代・密教部類
3_26_1

五代・密教部類
5_62_1

五代・密教部類
5_62_25

五代・密教部類
5_71_1

五代・密教部類
6_75_1

五代・密教部類
6_86_11

五代・大毗盧經
2_2_15

五代・大毗盧經
13_161_18

五代・大毗盧經
14_175_22

五代・大毗盧經
16_204_27

五代・大毗盧經
35_410_15

五代・大毗盧經
57_702_15

五代・大毗盧經
69_860_15

五代・大毗盧經
71_863_15

五代・大毗盧經
90_1107_17

| | 朔 | | | 朕 | | 胥 |
|---|---|---|---|---|---|---|
| | サク<br>訓ついたち | | | 漢現チン呉ジン<br>訓われ | | 漢ショ呉ソ<br>訓しおから |
| <br>中唐・翰苑<br>8_105_8<br><br>中唐・翰苑<br>9_110_19<br><br>中唐・翰苑<br>40_514_41 | <br>初唐•禮記正義<br>28_427_24<br><br>中唐・翰苑<br>2_17_12<br><br>中唐・翰苑<br>5_54_23<br><br>中唐・翰苑<br>5_57_5<br><br>中唐・翰苑<br>5_58_35<br><br>中唐・翰苑<br>5_61_21<br>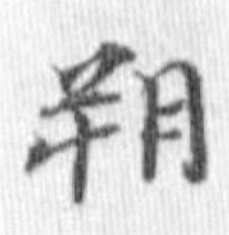<br>中唐・翰苑<br>6_71_20<br><br>中唐・翰苑<br>6_71_40 | <br>初唐•古文尚書<br>43_422_9<br><br>初唐•古文尚書<br>48_464_7<br><br>初唐•古文尚書<br>48_465_12 | <br>初唐•古文尚書<br>16_145_12<br><br>初唐•古文尚書<br>16_147_14<br><br>初唐•古文尚書<br>16_148_27<br><br>初唐•古文尚書<br>16_154_20<br><br>初唐•古文尚書<br>17_156_11<br><br>初唐•古文尚書<br>18_175_22<br><br>初唐•古文尚書<br>22_209_5<br><br>初唐•古文尚書<br>23_220_9 | <br>初唐•古文尚書<br>9_77_28<br><br>初唐•古文尚書<br>11_100_8<br><br>初唐•古文尚書<br>11_100_13<br><br>初唐•古文尚書<br>12_108_13<br><br>初唐•古文尚書<br>13_120_11<br><br>初唐•古文尚書<br>13_122_23<br><br>初唐•古文尚書<br>14_129_16<br><br>初唐•古文尚書<br>15_142_10 | <br>初唐•古文尚書<br>18_171_35<br><br>初唐•古文尚書<br>40_389_25<br><br>初唐•古文尚書<br>47_460_3 | <br>初唐•古文尚書<br>6_48_6<br><br>初唐•古文尚書<br>9_75_28<br><br>初唐•古文尚書<br>9_77_30<br><br>初唐•古文尚書<br>10_82_21<br><br>初唐•古文尚書<br>11_101_25<br><br>初唐•古文尚書<br>12_111_31<br><br>初唐•古文尚書<br>14_132_9 |

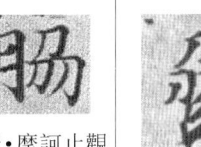

## 朗

ロウ
訓ほがらか

晚唐•摩訶止觀
1_6_1

晚唐•摩訶止觀
4_30_22

晚唐•摩訶止觀
16_139_15

晚唐•摩訶止觀
20_173_15

## 脅

現キョウ、コウ/キュウ
訓おどす/わき

初唐•古文尚書
8_65_18

初唐•古文尚書
10_83_31

初唐•古文尚書
13_117_27

初唐•禮記正義
19_289_17

初唐•禮記正義
19_292_15

中唐・翰苑
5_60_27

中唐・翰苑
6_66_19

晚唐•摩訶止觀
2_12_15

## 能

呉現ノウ漢ドウ
/漢ダイ
訓あたう

初唐•古文尚書
6_48_5

初唐•古文尚書
6_48_19

初唐•古文尚書
7_52_27

初唐•古文尚書
8_68_19

初唐•古文尚書
9_72_16

初唐•古文尚書
13_119_9

初唐•古文尚書
14_124_3

初唐•古文尚書
14_124_19

初唐•古文尚書
16_155_29

初唐•古文尚書
17_165_10

初唐•古文尚書
19_181_26

初唐•古文尚書
20_192_25

初唐•古文尚書
20_194_3

初唐•古文尚書
20_194_9

初唐•古文尚書
20_196_3

初唐•古文尚書
21_204_22

初唐•古文尚書
22_211_28

初唐•古文尚書
22_214_10

初唐•古文尚書
22_217_27

初唐•古文尚書
23_219_10

初唐•古文尚書
23_219_16

初唐•古文尚書
23_223_17

初唐•古文尚書
23_224_4

初唐•古文尚書
23_225_22

初唐•古文尚書
23_228_4

初唐•古文尚書
25_247_22

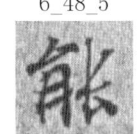

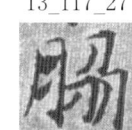

初唐•古文尚書
26_254_25

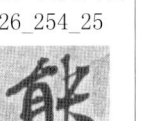

初唐•古文尚書
26_255_14

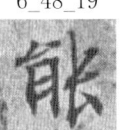

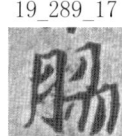

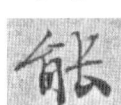

初唐•古文尚書
26_256_22

初唐•古文尚書
31_287_10

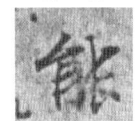

初唐•古文尚書
31_294_10

初唐•古文尚書
32_300_26

| | | | | | | |
|---|---|---|---|---|---|---|
| 初唐•禮記正義<br>27_421_17 | 初唐•禮記正義<br>4_54_20 | 初唐・毛詩傳<br>10_104_17 | 初唐・毛詩傳<br>3_22_10 | 初唐•古文尚書<br>41_401_28 | 初唐•古文尚書<br>35_332_24 | 初唐•古文尚書<br>33_310_24 |
| 初唐•禮記正義<br>27_425_14 | 初唐•禮記正義<br>4_66_28 | 初唐・毛詩傳<br>10_106_9 | 初唐・毛詩傳<br>3_23_6 | 初唐•古文尚書<br>42_409_15 | 初唐•古文尚書<br>35_332_35 | 初唐•古文尚書<br>33_311_31 |
| 初唐•禮記正義<br>30_469_6 | 初唐•禮記正義<br>5_80_1 | 初唐・毛詩傳<br>10_108_10 | 初唐・毛詩傳<br>3_23_12 | 初唐•古文尚書<br>42_411_14 | 初唐•古文尚書<br>35_338_9 | 初唐•古文尚書<br>33_313_1 |
| 初唐・十誦律<br>4_65_8 | 初唐•禮記正義<br>20_302_8 | 初唐・毛詩傳<br>10_111_5 | 初唐・毛詩傳<br>3_24_6 | 初唐•古文尚書<br>43_412_27 | 初唐•古文尚書<br>37_353_17 | 初唐•古文尚書<br>33_313_31 |
| 初唐・十誦律<br>4_66_14 | 初唐•禮記正義<br>22_330_27 | 初唐•禮記正義<br>1_1_21 | 初唐・毛詩傳<br>3_27_19 | 初唐•古文尚書<br>45_439_9 | 初唐•古文尚書<br>38_363_6 | 初唐•古文尚書<br>33_317_3 |
| 初唐・十誦律<br>5_74_17 | 初唐•禮記正義<br>27_420_4 | 初唐•禮記正義<br>4_52_19 | 初唐・毛詩傳<br>3_27_25 | 初唐•古文尚書<br>45_440_18 | 初唐•古文尚書<br>38_368_20 | 初唐•古文尚書<br>33_317_15 |
| 初唐・十誦律<br>7_125_17 | 初唐•禮記正義<br>27_420_13 | 初唐•禮記正義<br>4_52_26 | 初唐・毛詩傳<br>5_50_13 | 初唐•古文尚書<br>46_453_15 | 初唐•古文尚書<br>39_374_12 | 初唐•古文尚書<br>33_317_26 |
| 初唐・十誦律<br>8_144_13 | 初唐•禮記正義<br>27_420_20 | 初唐•禮記正義<br>4_53_29 | 初唐・毛詩傳<br>7_76_8 | 初唐•古文尚書<br>47_461_26 | 初唐•古文尚書<br>40_381_4 | 初唐•古文尚書<br>34_323_24 |

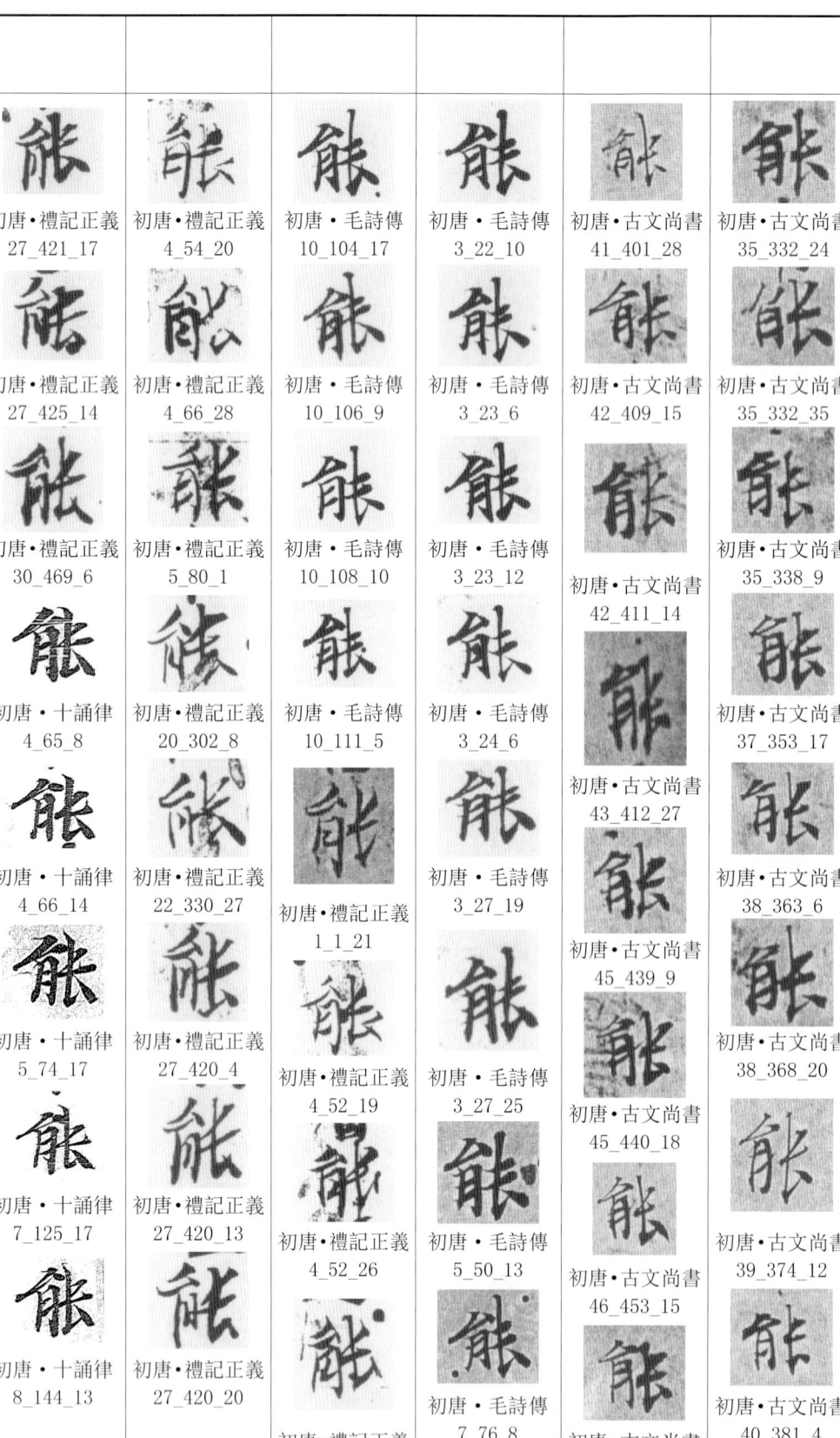

初唐·十誦律
11_200_2

初唐·十誦律
11_203_8

初唐·十誦律
11_203_15

初唐·十誦律
11_205_7

初唐·十誦律
11_206_9

初唐·十誦律
13_240_6

初唐·十誦律
18_348_1

中唐·翰苑
4_36_16

中唐·翰苑
4_40_35

中唐·翰苑
4_45_30

中唐·翰苑
8_99_33

中唐·翰苑
9_116_6

中唐·翰苑
10_127_5

中唐·翰苑
10_128_32

中唐·翰苑
10_129_41

中唐·翰苑
10_130_19

中唐·翰苑
11_138_24

中唐·翰苑
11_142_42

中唐·翰苑
11_143_10

中唐·翰苑
16_206_16

中唐·翰苑
18_235_26

中唐·翰苑
19_252_17

中唐·翰苑
21_271_13

熊津城
中唐·翰苑
28_367_40

中唐·翰苑
29_377_8

中唐·翰苑
29_377_26

中唐·翰苑
29_382_3

中唐·翰苑
29_382_47

中唐·翰苑
31_396_4

中唐·翰苑
31_406_37

中唐·翰苑
33_428_1

中唐·翰苑
36_467_28

中唐·翰苑
37_475_11

中唐·翰苑
37_475_30

中唐·翰苑
37_481_31

中唐·翰苑
38_487_39

中唐·翰苑
38_488_30

中唐·般若經
2_11_14

中唐·般若經
2_19_7

中唐·般若經
4_49_4

中唐·般若經
4_56_11

中唐·般若經
6_94_1

中唐·般若經
7_101_12

中唐·般若經
8_118_12

中唐·般若經
8_126_2

中唐·般若經
9_141_4

中唐·般若經
9_147_5

中唐·般若經
10_165_17

中唐·般若經
11_174_6

中唐·般若經
11_190_17

中唐·般若經
12_197_12

中唐·般若經
13_213_7

中唐·般若經
13_220_11

中唐·般若經
15_266_4

中唐·般若經
16_274_10

中唐·般若經
17_290_3

中唐・般若經 17_294_14
中唐・般若經 18_307_11
中唐・般若經 18_312_13
中唐・般若經 19_326_11
中唐・般若經 19_331_13
晚唐•摩訶止觀 3_23_2
晚唐•摩訶止觀 7_58_7
晚唐•摩訶止觀 9_78_14

晚唐•摩訶止觀 10_85_21
晚唐•摩訶止觀 13_117_26
晚唐•摩訶止觀 40_341_23
晚唐•摩訶止觀 40_341_25
晚唐•摩訶止觀 40_344_15
晚唐•摩訶止觀 40_344_22
晚唐•摩訶止觀 40_345_7
晚唐•摩訶止觀 40_345_16

晚唐•摩訶止觀 41_351_13
晚唐•摩訶止觀 41_351_21
晚唐•摩訶止觀 42_363_20
晚唐•摩訶止觀 43_372_11
晚唐•摩訶止觀 44_379_20
晚唐•摩訶止觀 47_406_13
晚唐•摩訶止觀 47_406_23
晚唐•摩訶止觀 48_407_5

晚唐•摩訶止觀 54_456_4
晚唐•摩訶止觀 54_460_26
晚唐•摩訶止觀 55_462_8
晚唐•摩訶止觀 55_464_28
晚唐•摩訶止觀 55_465_25
晚唐•摩訶止觀 55_466_17
晚唐•摩訶止觀 55_468_14
晚唐•摩訶止觀 55_468_26

晚唐•摩訶止觀 55_469_19
晚唐•摩訶止觀 56_472_25
晚唐•摩訶止觀 57_480_13
晚唐•摩訶止觀 60_508_18
五代•大毗盧經 2_11_1
五代•大毗盧經 2_12_15
五代•大毗盧經 2_20_5
五代•大毗盧經 6_70_18

五代•大毗盧經 6_72_26
五代•大毗盧經 7_75_6
五代•大毗盧經 7_85_5
五代•大毗盧經 7_85_17
五代•大毗盧經 8_95_12
五代•大毗盧經 8_96_39
五代•大毗盧經 8_99_5
五代•大毗盧經 11_140_1

五代•大毗盧經 15_195_29
五代•大毗盧經 15_196_16
五代•大毗盧經 17_216_11
五代•大毗盧經 17_218_14
五代•大毗盧經 17_218_24
五代•大毗盧經 17_223_11
五代•大毗盧經 17_224_2
五代•大毗盧經 17_224_9

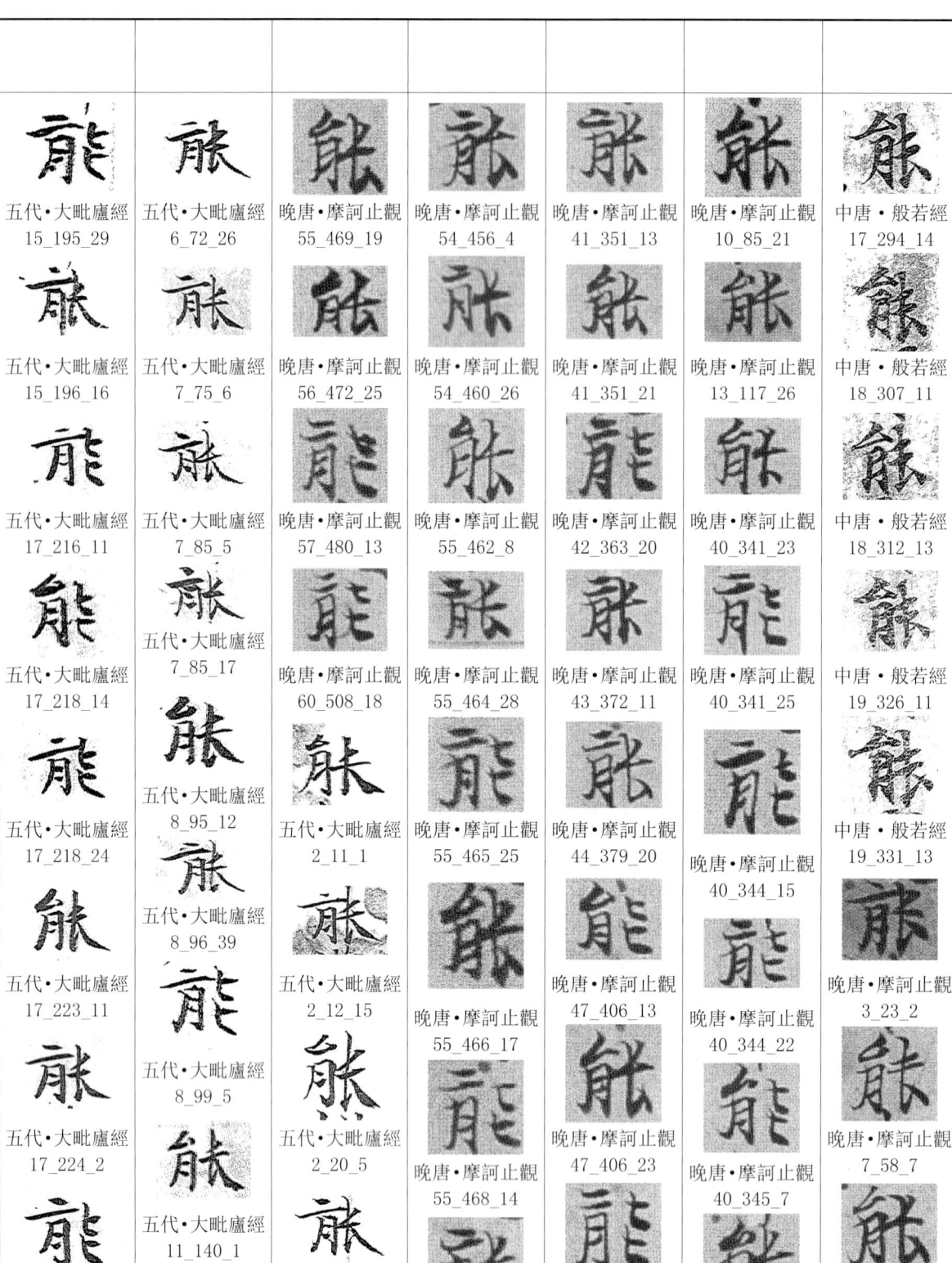

五代·大毗盧經
18_229_4

五代·大毗盧經
18_232_9

五代·大毗盧經
18_232_25

五代·大毗盧經
19_244_17

五代·大毗盧經
19_248_35

五代·大毗盧經
21_266_13

五代·大毗盧經
23_298_20

五代·大毗盧經
23_299_3

五代·大毗盧經
24_311_27

五代·大毗盧經
25_315_17

五代·大毗盧經
25_320_17

五代·大毗盧經
25_322_11

五代·大毗盧經
26_327_35

五代·大毗盧經
27_339_11

五代·大毗盧經
27_339_25

五代·大毗盧經
27_340_17

五代·大毗盧經
27_343_19

五代·大毗盧經
29_373_18

五代·大毗盧經
30_380_13

五代·大毗盧經
32_398_4

五代·大毗盧經
32_399_6

五代·大毗盧經
33_404_2

五代·大毗盧經
42_508_8

五代·大毗盧經
44_528_6

五代·大毗盧經
54_668_29

五代·大毗盧經
55_676_17

五代·大毗盧經
57_696_17

五代·大毗盧經
59_721_24

五代·大毗盧經
60_745_11

五代·大毗盧經
61_750_24

五代·大毗盧經
61_750_34

五代·大毗盧經
64_800_1

五代·大毗盧經
64_804_5

五代·大毗盧經
64_804_24

五代·大毗盧經
64_807_24

五代·大毗盧經
65_820_19

五代·大毗盧經
68_849_18

五代·大毗盧經
71_871_2

五代·大毗盧經
72_884_8

五代·大毗盧經
72_891_17

五代·大毗盧經
73_893_15

五代·大毗盧經
73_893_25

五代·大毗盧經
74_914_19

五代·大毗盧經
77_934_7

五代·大毗盧經
77_938_5

五代·大毗盧經
78_942_2

五代·大毗盧經
78_943_18

五代·大毗盧經
78_944_13

五代·大毗盧經
82_999_12

五代·大毗盧經
84_1025_14

五代·大毗盧經
85_1033_9

五代·大毗盧經
86_1060_17

五代·大毗盧經
88_1072_23

五代·大毗盧經
90_1106_25

五代·大毗盧經
94_1149_31

五代·大毗盧經
96_1180_21

慣現ダツ 漢タツ/漢タイ/漢エツ
訓ぬく

初唐・十誦律 4_72_12
初唐・十誦律 8_140_17
初唐・般若經 9_128_6
初唐・般若經 9_128_11
初唐・般若經 9_129_15
初唐・般若經 10_143_13
初唐・般若經 10_144_2
初唐・般若經 10_145_7

初唐・般若經 10_147_4
初唐・般若經 10_147_13
初唐・般若經 11_149_4
初唐・般若經 22_340_12
初唐・般若經 22_340_17
初唐・般若經 23_342_6
初唐・般若經 23_356_16
初唐・般若經 23_357_5

初唐・般若經 24_358_12
初唐・般若經 24_360_11
初唐・般若經 24_361_3
初唐・般若經 24_362_13
中唐・翰苑 3_27_24
中唐・般若經 7_113_8
中唐・般若經 7_114_5
中唐・般若經 7_114_15

中唐・般若經 8_115_9
中唐・般若經 8_116_1
中唐・般若經 8_116_14
中唐・般若經 8_117_7
中唐・般若經 8_118_3
中唐・般若經 8_120_8
中唐・般若經 8_121_5
中唐・般若經 8_121_16

中唐・般若經 8_122_12
中唐・般若經 8_123_5
中唐・般若經 8_124_2
中唐・般若經 8_124_13
中唐・般若經 8_125_10
中唐・般若經 8_128_2
中唐・般若經 8_129_8
中唐・般若經 8_130_3

中唐・般若經 8_130_12
中唐・般若經 8_131_8
中唐・般若經 8_132_1
中唐・般若經 8_132_14
晚唐•摩訶止觀 7_60_12
晚唐•摩訶止觀 7_61_23
晚唐•摩訶止觀 7_62_13
晚唐•摩訶止觀 11_101_2

晚唐•摩訶止觀 13_116_8
晚唐•摩訶止觀 13_118_10
晚唐•摩訶止觀 14_124_15
晚唐•摩訶止觀 23_197_17
晚唐•摩訶止觀 23_199_6
晚唐•摩訶止觀 23_202_10
晚唐•摩訶止觀 35_307_25
晚唐•摩訶止觀 44_378_21

## 朝

## 望

| | 漢チョウ<br>訓あさ | | 漢現ボウ呉現モウ<br>訓のぞむ | | | |
|---|---|---|---|---|---|---|
| 初唐•禮記正義<br>18_277_18 | 初唐•古文尚書<br>5_39_3 | 中唐•翰苑<br>9_115_13 | 初唐•禮記正義<br>28_431_22 | 五代•大毗盧經<br>51_627_39 | 晚唐•摩訶止觀<br>51_434_16 | 晚唐•摩訶止觀<br>44_378_27 |
| 初唐•禮記正義<br>19_288_26 | 初唐•古文尚書<br>5_39_18 | 中唐•翰苑<br>10_122_22 | 初唐•禮記正義<br>28_433_3 | 五代•大毗盧經<br>51_628_16 | 晚唐•摩訶止觀<br>51_436_13 | 晚唐•摩訶止觀<br>46_392_6 |
| 初唐•禮記正義<br>19_291_30 | 初唐•古文尚書<br>7_57_19 | 中唐•翰苑<br>20_262_30 | 初唐•禮記正義<br>28_434_23 | 五代•大毗盧經<br>51_630_16 | 五代•大毗盧經<br>4_46_14 | 晚唐•摩訶止觀<br>46_392_12 |
| 初唐•禮記正義<br>21_321_1 | 初唐•古文尚書<br>15_140_19 | 中唐•翰苑<br>20_264_9 | 中唐•翰苑<br>3_28_15 | 五代•大毗盧經<br>64_805_6 | 五代•大毗盧經<br>11_140_7 | 晚唐•摩訶止觀<br>48_409_24 |
| 初唐•禮記正義<br>22_329_2 | 初唐•古文尚書<br>18_173_2 | 中唐•翰苑<br>23_309_19 | 中唐•翰苑<br>8_101_7 | 五代•大毗盧經<br>64_806_10 | 五代•大毗盧經<br>24_310_14 | 晚唐•摩訶止觀<br>48_410_24 |
| 初唐•禮記正義<br>22_330_21 | 初唐•毛詩傳<br>3_24_3 | 中唐•翰苑<br>24_320_8 | 中唐•翰苑<br>8_102_27 | 五代•大毗盧經<br>65_818_4 | 五代•大毗盧經<br>27_337_35 | 晚唐•摩訶止觀<br>49_419_16 |
| 初唐•禮記正義<br>22_333_2 | 初唐•禮記正義<br>13_208_24 | 中唐•翰苑<br>32_408_8 | 中唐•翰苑<br>10_119_24 | 五代•大毗盧經<br>87_1064_4 | 五代•大毗盧經<br>47_574_31 | 晚唐•摩訶止觀<br>51_433_17 |
| 初唐•禮記正義<br>22_333_20 | 初唐•禮記正義<br>18_276_21 | 晚唐•摩訶止觀<br>19_169_14 | | 五代•大毗盧經<br>89_1087_18 | 五代•大毗盧經<br>51_627_4 | 晚唐•摩訶止觀<br>51_433_23 |

中唐・翰苑
32_421_16

中唐・翰苑
35_451_39

中唐・翰苑
35_453_28

中唐・翰苑
43_554_26

中唐・翰苑
43_555_26

五代•大毗盧經
11_139_13

五代•大毗盧經
46_567_12

五代•大毗盧經
63_778_17

中唐・翰苑
20_265_46

中唐・翰苑
20_267_10

中唐・翰苑
20_267_24

中唐・翰苑
24_322_5

中唐・翰苑
25_323_10

胡國
中唐・翰苑
27_354_12

中唐・翰苑
31_401_17

中唐・翰苑
31_402_6

中唐・翰苑
14_182_17

中唐・翰苑
15_192_29

中唐・翰苑
17_222_36

中唐・翰苑
17_223_19

中唐・翰苑
20_259_2

中唐・翰苑
20_262_4

中唐・翰苑
20_262_13

中唐・翰苑
20_263_23

晁錯
中唐・翰苑
4_39_18

中唐・翰苑
4_44_36

中唐・翰苑
6_77_5

中唐・翰苑
7_87_14

中唐・翰苑
8_92_15

中唐・翰苑
8_105_27

中唐・翰苑
12_154_21

中唐・翰苑
12_154_38

初唐•禮記正義
29_457_27

初唐•禮記正義
30_460_15

初唐•禮記正義
30_461_2

初唐•禮記正義
30_470_22

初唐•禮記正義
30_471_26

初唐•禮記正義
30_474_3

初唐・十誦律
19_370_2

晁錯
中唐・翰苑
4_38_26

初唐•禮記正義
23_351_15

初唐•禮記正義
23_351_21

初唐•禮記正義
23_352_25

初唐•禮記正義
25_377_12

初唐•禮記正義
25_380_5

初唐•禮記正義
27_421_9

初唐•禮記正義
29_447_1

初唐•禮記正義
29_448_8

初唐•禮記正義
22_334_7

初唐•禮記正義
23_345_23

初唐•禮記正義
23_345_30

初唐•禮記正義
23_346_14

初唐•禮記正義
23_347_8

初唐•禮記正義
23_348_13

初唐•禮記正義
23_348_16

初唐•禮記正義
23_348_17

## 期

漢キ/呉ゴ
訓とき

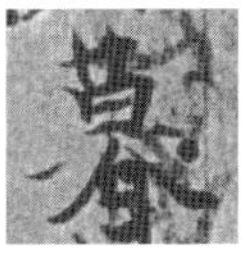
初唐•禮記正義
2_27_6

中唐・翰苑
9_110_26

晚唐•摩訶止觀
15_135_6

晚唐•摩訶止觀
19_169_21

## 腎

呉ジン
訓じん

初唐•古文尚書
15_142_2

## 腊

漢セキ 呉シャク
訓ほじし

初唐•禮記正義
25_382_3

## 勝

現ショウ
訓かつ

初唐•古文尚書
25_243_13

初唐•古文尚書
25_244_29

初唐•禮記正義
20_302_11

初唐•禮記正義
20_303_15

初唐•禮記正義
20_304_6

初唐•禮記正義
27_417_13

初唐•禮記正義
28_433_8

初唐•禮記正義
28_433_10

初唐・十誦律
19_368_5

初唐・般若經
7_99_5

初唐・般若經
9_131_7

初唐・般若經
10_132_2

初唐・般若經
10_133_13

初唐・般若經
21_310_2

初唐・般若經
23_343_17

初唐・般若經
23_344_12

初唐・般若經
23_346_8

中唐・翰苑
2_11_29

中唐・翰苑
6_72_9

中唐・翰苑
6_75_35

中唐・翰苑
10_121_5

中唐・翰苑
10_127_37

中唐・翰苑
10_129_10

中唐・翰苑
21_271_1

中唐・翰苑
22_295_30

中唐・翰苑
42_533_30

中唐・般若經
3_33_6

中唐・般若經
4_41_12

中唐・般若經
4_45_16

晚唐•摩訶止觀
2_13_11

晚唐•摩訶止觀
21_182_19

晚唐•摩訶止觀
26_225_9

| 腰 | 腕 | | | | | |
|---|---|---|---|---|---|---|
| ヨウ<br>訓こし | ワン<br>訓うで | | | | | |
| 五代•大毗盧經<br>10_117_9<br>五代•大毗盧經<br>17_217_14<br>五代•大毗盧經<br>23_297_15<br>五代•大毗盧經<br>27_346_3<br>五代•大毗盧經<br>56_684_23 | 五代•大毗盧經<br>93_1141_20 | 五代•大毗盧經<br>78_944_4<br>五代•大毗盧經<br>78_944_10<br>五代•大毗盧經<br>78_944_12<br>五代•大毗盧經<br>78_944_22<br>五代•大毗盧經<br>78_948_24<br>五代•大毗盧經<br>85_1033_10<br>五代•大毗盧經<br>98_1204_14<br>五代•大毗盧經<br>98_1211_13 | 五代•大毗盧經<br>39_458_10<br>五代•大毗盧經<br>43_522_12<br>五代•大毗盧經<br>43_523_16<br>五代•大毗盧經<br>74_912_2<br>五代•大毗盧經<br>77_934_8<br>五代•大毗盧經<br>77_938_6<br>五代•大毗盧經<br>78_942_3<br>五代•大毗盧經<br>78_943_19 | 五代•大毗盧經<br>25_322_10<br>五代•大毗盧經<br>25_322_12<br>五代•大毗盧經<br>29_374_20<br>五代•大毗盧經<br>32_397_23<br>五代•大毗盧經<br>32_398_5<br>五代•大毗盧經<br>32_398_9<br>五代•大毗盧經<br>32_398_12<br>五代•大毗盧經<br>32_398_15 | 五代•大毗盧經<br>4_45_5<br>五代•大毗盧經<br>9_108_19<br>五代•大毗盧經<br>14_182_8<br>五代•大毗盧經<br>14_183_11<br>五代•大毗盧經<br>18_232_10<br>五代•大毗盧經<br>19_242_3<br>五代•大毗盧經<br>19_252_10<br>五代•大毗盧經<br>25_322_3 | 晚唐•摩訶止觀<br>26_228_2<br>晚唐•摩訶止觀<br>27_237_9<br>晚唐•摩訶止觀<br>33_289_3<br>晚唐•摩訶止觀<br>34_293_20<br>晚唐•摩訶止觀<br>54_459_21<br>晚唐•摩訶止觀<br>54_461_17<br>晚唐•摩訶止觀<br>57_481_6<br>五代•大毗盧經<br>3_35_15 |

| 膜 | 膢 | 腳 | 腫 | 腹 | 腥 | 腸 |
|---|---|---|---|---|---|---|
| 漢ボ 吳モ<br>訓まく | ヨウ<br>訓とも | 漢キャク 吳カク<br>唐キャ<br>訓あし | 漢ショウ 吳シュ<br>訓はれる | 現フク<br>訓はら | ショウ 漢セイ<br>訓なまぐさい | 漢チョウ<br>訓はらわた |
| <br>五代•大毗盧經<br>26_327_22 | <br>初唐•禮記正義<br>26_391_2 | <br>初唐•禮記正義<br>20_307_13<br>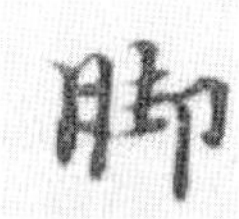<br>中唐 • 翰苑<br>25_328_18 | <br>中唐 • 翰苑<br>14_180_21 | <br>初唐•古文尚書<br>12_109_21<br><br>初唐•古文尚書<br>15_142_1<br><br>初唐•古文尚書<br>15_142_14<br><br>五代•密教部類<br>6_86_29 | 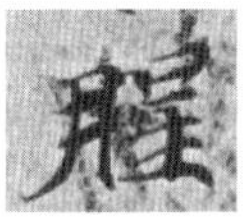<br>初唐•古文尚書<br>41_392_16<br><br>初唐•古文尚書<br>41_393_37 | <br>初唐•古文尚書<br>15_142_3<br><br>臘月祭天<br>中唐 • 翰苑<br>17_219_7 |

| 膺 | 膳 | 膟 | 膝 | 膚 | 膂 | 膏 |
|---|---|---|---|---|---|---|
| 漢ヨウ呉オウ<br>訓むね | 漢セン呉ゼン<br>訓くう | リツ、シュツ<br>訓— | 漢シツ<br>訓ひざ | 現フ<br>訓はだ | 漢リョ呉ロ<br>訓せぼね | コウ/呉コウ<br>訓あぶら |
| <br>初唐•古文尚書<br>34_320_1 | <br>繕修<br>中唐・翰苑<br>10_122_4 | <br>初唐•古文尚書<br>18_167_15 | <br>五代•大毗盧經<br>9_105_12<br><br>五代•大毗盧經<br>16_202_15 | <br>初唐•古文尚書<br>8_62_8<br><br>初唐•古文尚書<br>8_63_1<br><br>晚唐•摩訶止觀<br>62_521_15 | <br>初唐•古文尚書<br>35_334_18 | <br>初唐•禮記正義<br>9_136_17<br><br>中唐・翰苑<br>29_380_14<br><br>中唐・翰苑<br>30_384_37 |

| 贏 | 臚 | 臛 | 臘 | 臍 | 臑 | 臂 |
| --- | --- | --- | --- | --- | --- | --- |
| 漢エイ<br>訓もうける | 漢リョ呉ロ<br>訓かわ | カク、コク<br>訓あつもの | 漢ロウ<br>訓— | 漢セイ呉サイ<br>訓へそ | ドウ/漢ジュ/漢ジ/漢デイ<br>訓— | ヒ<br>訓ひじ |
| <br>晩唐•摩訶止觀<br>23_196_4 | <br>中唐・翰苑<br>21_275_39 | <br>五代•大毗盧經<br>37_438_14 | <br>五代•大毗盧經<br>18_231_19 | <br>五代•大毗盧經<br>27_343_3 | <br>中唐・翰苑<br>30_387_35 | <br>初唐•禮記正義<br>19_288_14<br><br>初唐・十誦律<br>2_28_1<br><br>五代•大毗盧經<br>43_519_5 |

# 氏部

## 氏

現 シ
訓 うじ

初唐・古文尚書 11_96_11
初唐・古文尚書 15_139_10
初唐・古文尚書 17_159_12
初唐・古文尚書 18_171_3
初唐・古文尚書 19_184_12
初唐・古文尚書 21_205_10
初唐・古文尚書 24_230_11
初唐・古文尚書 25_242_11

初唐・古文尚書 26_258_9
初唐・古文尚書 34_326_11
初唐・古文尚書 37_350_11
初唐・古文尚書 39_377_11
初唐・毛詩傳 1_1_13
初唐・禮記正義 1_4_24
初唐・禮記正義 1_11_22
初唐・禮記正義 2_29_15

初唐・禮記正義 3_43_6
初唐・禮記正義 4_58_5
初唐・禮記正義 8_123_22
初唐・禮記正義 9_136_12
初唐・禮記正義 9_142_14
初唐・禮記正義 11_169_5
初唐・禮記正義 18_274_2
初唐・禮記正義 22_327_26

初唐・禮記正義 22_328_3
初唐・禮記正義 24_359_12
初唐・禮記正義 24_365_5
初唐・禮記正義 24_365_13
初唐・禮記正義 26_395_29
初唐・禮記正義 27_410_23
初唐・禮記正義 27_411_2
初唐・禮記正義 27_411_28

初唐・禮記正義 28_430_23
初唐・禮記正義 28_443_15
初唐・禮記正義 29_444_45
初唐・禮記正義 29_449_11
初唐・禮記正義 30_465_4
初唐・禮記正義 30_465_16
初唐・十誦律 19_365_5
初唐・十誦律 19_367_2

中唐・翰苑 2_13_21
中唐・翰苑 3_27_31
中唐・翰苑 3_33_10
中唐・翰苑 3_33_13
中唐・翰苑 3_33_16
中唐・翰苑 3_33_18
中唐・翰苑 3_33_35
中唐・翰苑 3_33_39

# 氐

漢テイ/呉タイ
訓いたる

中唐・翰苑 38_483_19
中唐・翰苑 40_507_18
中唐・翰苑 40_508_27
中唐・翰苑 40_510_21

五代・大毗盧經 31_396_2
五代・大毗盧經 39_460_6
五代・大毗盧經 41_488_12
五代・大毗盧經 60_742_10

中唐・翰苑 36_467_36
中唐・翰苑 37_471_36
中唐・翰苑 37_472_10
中唐・翰苑 42_537_27
中唐・翰苑 43_549_24
中唐・翰苑 43_550_5
中唐・翰苑 43_550_19
五代・大毗盧經 28_355_2

中唐・翰苑 30_394_6
中唐・翰苑 33_427_14
中唐・翰苑 36_465_34
中唐・翰苑 36_466_17
中唐・翰苑 36_466_19
中唐・翰苑 36_466_21
中唐・翰苑 36_466_23
中唐・翰苑 36_466_40

中唐・翰苑 27_358_23
中唐・翰苑 27_358_25
中唐・翰苑 27_358_27
中唐・翰苑 27_358_29
中唐・翰苑 27_358_31
中唐・翰苑 27_358_33
中唐・翰苑 27_358_35
中唐・翰苑 30_386_2

中唐・翰苑 7_86_32
中唐・翰苑 8_99_12
中唐・翰苑 8_99_14
中唐・翰苑 9_106_10
中唐・翰苑 11_135_11
中唐・翰苑 11_139_44
中唐・翰苑 20_258_7
中唐・翰苑 26_343_13

中唐・翰苑 3_33_42
中唐・翰苑 4_36_27
中唐・翰苑 4_37_35
中唐・翰苑 5_54_12
中唐・翰苑 5_55_3
中唐・翰苑 7_82_41
中唐・翰苑 7_86_24
中唐・翰苑 7_86_26

# 民 民

呉 現 ミン
訓 たみ

初唐・古文尚書 1_5_14
初唐・古文尚書 6_47_23
初唐・古文尚書 6_47_36
初唐・古文尚書 6_48_17
初唐・古文尚書 7_55_16
初唐・古文尚書 7_56_9
初唐・古文尚書 7_56_31
初唐・古文尚書 7_57_10

初唐・古文尚書 7_60_26
初唐・古文尚書 8_61_9
初唐・古文尚書 8_61_26
初唐・古文尚書 8_68_2
初唐・古文尚書 8_69_7
初唐・古文尚書 9_74_5
初唐・古文尚書 9_74_24
初唐・古文尚書 9_75_26

初唐・古文尚書 9_76_17
初唐・古文尚書 9_77_21
初唐・古文尚書 11_97_8
初唐・古文尚書 11_97_18
初唐・古文尚書 11_97_23
初唐・古文尚書 11_98_13
初唐・古文尚書 11_99_25
初唐・古文尚書 11_101_5

初唐・古文尚書 11_101_18
初唐・古文尚書 11_102_6
初唐・古文尚書 12_103_27
初唐・古文尚書 12_104_5
初唐・古文尚書 12_105_20
初唐・古文尚書 13_114_33
初唐・古文尚書 13_120_12
初唐・古文尚書 13_121_14

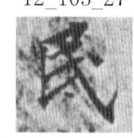

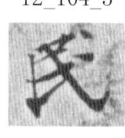

初唐・古文尚書 13_121_21
初唐・古文尚書 14_125_7
初唐・古文尚書 14_125_14
初唐・古文尚書 14_126_1
初唐・古文尚書 14_126_4
初唐・古文尚書 16_146_12
初唐・古文尚書 16_147_19
初唐・古文尚書 16_149_6

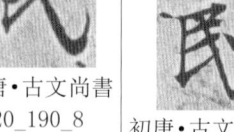

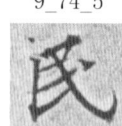

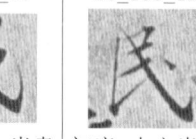

初唐・古文尚書 16_150_2
初唐・古文尚書 16_154_18
初唐・古文尚書 17_158_13
初唐・古文尚書 17_158_22
初唐・古文尚書 18_170_22
初唐・古文尚書 19_179_5
初唐・古文尚書 20_188_12
初唐・古文尚書 20_188_20

初唐・古文尚書 20_188_28
初唐・古文尚書 20_189_13
初唐・古文尚書 20_190_8
初唐・古文尚書 21_207_31
初唐・古文尚書 22_208_6
初唐・古文尚書 23_228_3
初唐・古文尚書 23_228_13
初唐・古文尚書 24_235_26

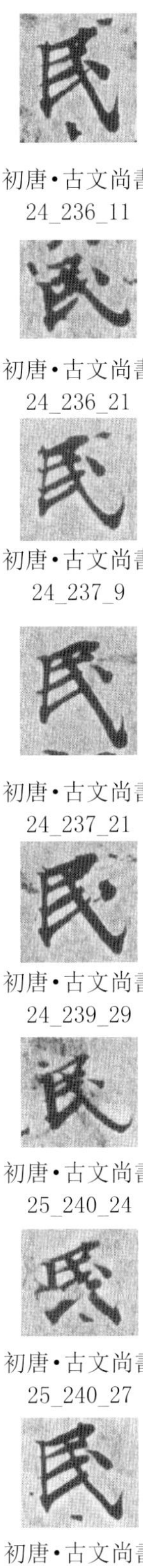

初唐•古文尚書 24_236_11
初唐•古文尚書 24_236_21
初唐•古文尚書 24_237_9
初唐•古文尚書 24_237_21
初唐•古文尚書 24_239_29
初唐•古文尚書 25_240_24
初唐•古文尚書 25_240_27
初唐•古文尚書 26_252_6

初唐•古文尚書 26_253_9
初唐•古文尚書 26_254_20
初唐•古文尚書 27_265_31
初唐•古文尚書 27_266_12
初唐•古文尚書 28_274_3
初唐•古文尚書 28_276_4
初唐•古文尚書 28_276_17
初唐•古文尚書 28_276_26

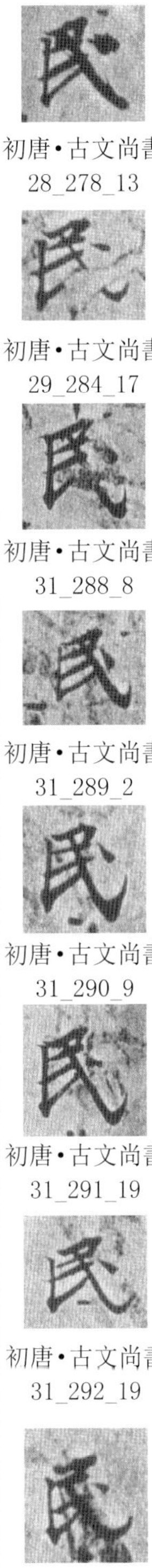

初唐•古文尚書 28_278_13
初唐•古文尚書 29_284_17
初唐•古文尚書 31_288_8
初唐•古文尚書 31_289_2
初唐•古文尚書 31_290_9
初唐•古文尚書 31_291_19
初唐•古文尚書 31_292_19
初唐•古文尚書 31_292_42

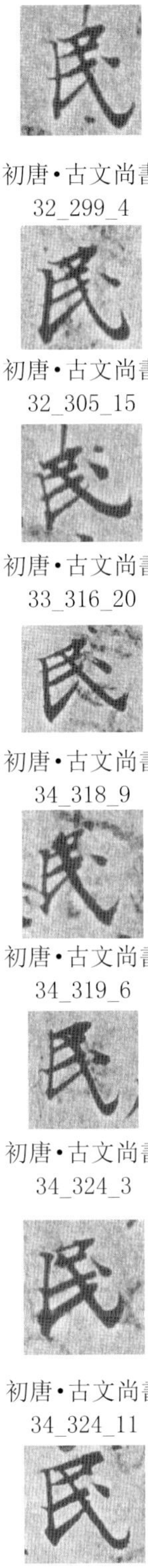

初唐•古文尚書 32_299_4
初唐•古文尚書 32_305_15
初唐•古文尚書 33_316_20
初唐•古文尚書 34_318_9
初唐•古文尚書 34_319_6
初唐•古文尚書 34_324_3
初唐•古文尚書 34_324_11
初唐•古文尚書 35_336_15

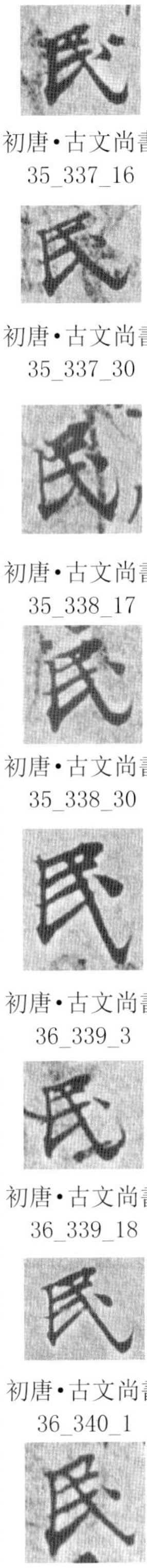

初唐•古文尚書 35_337_16
初唐•古文尚書 35_337_30
初唐•古文尚書 35_338_17
初唐•古文尚書 35_338_30
初唐•古文尚書 36_339_3
初唐•古文尚書 36_339_18
初唐•古文尚書 36_340_1
初唐•古文尚書 36_340_14

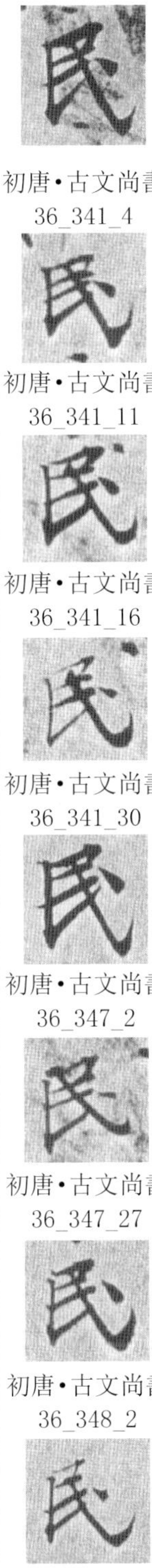

初唐•古文尚書 36_341_4
初唐•古文尚書 36_341_11
初唐•古文尚書 36_341_16
初唐•古文尚書 36_341_30
初唐•古文尚書 36_347_2
初唐•古文尚書 36_347_27
初唐•古文尚書 36_348_2
初唐•古文尚書 36_348_7

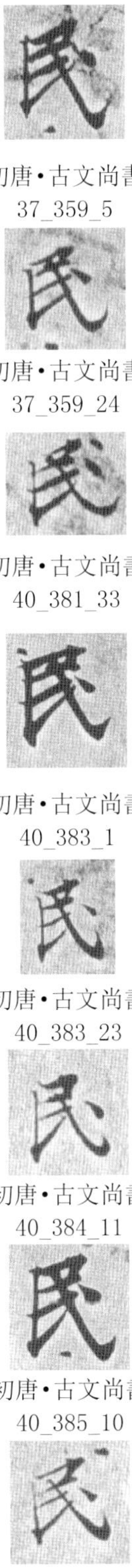

初唐•古文尚書 37_359_5
初唐•古文尚書 37_359_24
初唐•古文尚書 40_381_33
初唐•古文尚書 40_383_1
初唐•古文尚書 40_383_23
初唐•古文尚書 40_384_11
初唐•古文尚書 40_385_10
初唐•古文尚書 40_386_16

初唐•古文尚書 40_387_26
初唐•古文尚書 40_389_6
初唐•古文尚書 40_389_23
初唐•古文尚書 40_390_15
初唐•古文尚書 41_392_6
初唐•古文尚書 41_393_20
初唐•古文尚書 41_394_17
初唐•古文尚書 41_395_31

初唐•古文尚書 41_397_12
初唐•古文尚書 41_399_26
初唐•古文尚書 41_400_8
初唐•古文尚書 41_400_16
初唐•古文尚書 41_401_3
初唐•古文尚書 41_401_16
初唐•古文尚書 42_402_3
初唐•古文尚書 42_402_9

初唐•古文尚書 42_403_18
初唐•古文尚書 42_404_14
初唐•古文尚書 42_404_31
初唐•古文尚書 42_405_2
初唐•古文尚書 42_405_13
初唐•古文尚書 42_406_9
初唐•古文尚書 42_406_33
初唐•古文尚書 42_409_4

初唐•古文尚書 42_409_28
初唐•古文尚書 43_414_17
初唐•古文尚書 43_415_26
初唐•古文尚書 43_416_20
初唐•古文尚書 43_417_18
初唐•古文尚書 43_419_11
初唐•古文尚書 43_420_10
初唐•古文尚書 43_421_21

初唐•古文尚書 44_425_4
初唐•古文尚書 44_425_20
初唐•古文尚書 44_429_3
初唐•古文尚書 44_430_9
初唐•古文尚書 44_432_18
初唐•古文尚書 47_460_12
初唐•古文尚書 48_466_4
初唐 • 毛詩傳 3_24_11

初唐 • 毛詩傳 4_41_34
初唐 • 毛詩傳 4_41_37
初唐 • 毛詩傳 5_48_31
初唐 • 毛詩傳 8_90_2
初唐 • 毛詩傳 9_91_21
初唐 • 毛詩傳 9_92_36
初唐 • 毛詩傳 9_94_5
初唐 • 毛詩傳 9_94_12

初唐 • 毛詩傳 9_97_4
初唐•禮記正義 4_51_1
初唐•禮記正義 5_76_2
初唐•禮記正義 10_151_8
初唐•禮記正義 10_154_7
初唐•禮記正義 10_155_28
初唐•禮記正義 10_156_9
初唐•禮記正義 28_427_8

# 欠部

## 欠 㰲

慣ケツ 漢ケン
訓かける

五代•密教部類 1_5_8

五代•密教部類 3_39_25

五代•大毗盧經 8_100_9

五代•大毗盧經 10_114_4

五代•大毗盧經 12_151_13

五代•大毗盧經 19_241_20

五代•大毗盧經 22_277_10

五代•大毗盧經 36_432_2

五代•大毗盧經 40_474_25

五代•大毗盧經 43_511_25

五代•大毗盧經 43_514_15

五代•大毗盧經 67_846_16

## 次 㳄

現シ 慣現ジ/慣シ
訓つぐ/つぎ

初唐•古文尚書 44_429_17

初唐•古文尚書 46_447_11

初唐•禮記正義 3_39_11

初唐•禮記正義 5_72_4

初唐•禮記正義 11_178_7

初唐•禮記正義 16_242_1

初唐•禮記正義 25_381_26

初唐•禮記正義 26_391_4

初唐・十誦律 7_122_3

初唐・十誦律 7_127_16

初唐・十誦律 7_129_6

初唐・十誦律 8_146_9

初唐・十誦律 8_148_15

初唐・十誦律 12_232_14

初唐・十誦律 13_244_3

初唐・十誦律 13_246_14

初唐・十誦律 13_249_2

初唐・十誦律 13_252_1

初唐・十誦律 13_254_16

初唐・十誦律 14_257_4

初唐・十誦律 14_260_7

初唐・十誦律 14_262_11

初唐・十誦律 14_264_15

初唐・般若經 2_4_2

初唐・般若經 9_131_10

初唐・般若經 10_132_5

初唐・般若經 10_133_16

初唐・般若經 14_209_2

初唐・般若經 23_344_3

初唐・般若經 23_344_15

初唐・般若經 23_346_11

中唐・翰苑 3_30_39

| | | | | | | |
|---|---|---|---|---|---|---|
| 晚唐·摩訶止觀 4_36_19 | 中唐·般若經 10_156_2 | 中唐·翰苑 32_419_36 | 中唐·翰苑 21_278_10 | 中唐·翰苑 21_273_21 | 中唐·翰苑 19_245_34 | 中唐·翰苑 3_31_6 |
| 晚唐·摩訶止觀 5_40_1 | 中唐·般若經 11_185_2 | 中唐·翰苑 32_419_41 | 中唐·翰苑 25_330_28 | 中唐·翰苑 21_273_33 | 中唐·翰苑 19_245_38 | 中唐·翰苑 3_31_12 |
| 晚唐·摩訶止觀 5_40_20 | 中唐·般若經 12_207_2 | 中唐·般若經 2_3_2 | 中唐·翰苑 25_330_33 | 中唐·翰苑 21_273_46 | 中唐·翰苑 19_245_42 | 中唐·翰苑 3_31_19 |
| 晚唐·摩訶止觀 5_41_9 | 中唐·般若經 15_256_2 | 中唐·般若經 3_31_2 | 中唐·翰苑 29_375_43 | 中唐·翰苑 21_274_17 | 中唐·翰苑 21_271_16 | 中唐·翰苑 3_32_5 |
| 晚唐·摩訶止觀 5_41_21 | 中唐·般若經 16_286_2 | 中唐·般若經 5_67_2 | 中唐·翰苑 32_410_8 | 中唐·翰苑 21_274_28 | 中唐·翰苑 21_271_31 | 中唐·翰苑 3_32_37 |
| 晚唐·摩訶止觀 5_43_3 | 中唐·般若經 17_303_2 | 中唐·般若經 6_85_2 | 中唐·翰苑 32_410_13 | 中唐·翰苑 21_274_48 | 中唐·翰苑 21_271_42 | 中唐·翰苑 7_82_4 |
| 晚唐·摩訶止觀 5_46_11 | 中唐·般若經 18_322_2 | 中唐·般若經 7_112_2 | 中唐·翰苑 32_410_18 | 中唐·翰苑 21_275_6 | 中唐·翰苑 21_272_9 | 中唐·翰苑 18_229_30 |
| 晚唐·摩訶止觀 6_48_11 | 晚唐·摩訶止觀 1_5_15 | 中唐·般若經 9_136_2 | 中唐·翰苑 32_419_32 | 中唐·翰苑 21_275_13 | 中唐·翰苑 21_273_9 | 中唐·翰苑 19_245_30 |

五代•大毗盧經 17_214_6
五代•大毗盧經 17_222_1
五代•大毗盧經 23_297_17
五代•大毗盧經 25_322_21
五代•大毗盧經 26_327_26
五代•大毗盧經 36_428_9
五代•大毗盧經 43_521_11
五代•大毗盧經 44_525_2

五代•大毗盧經 14_181_1
五代•大毗盧經 14_184_11
五代•大毗盧經 14_184_16
五代•大毗盧經 15_193_15
五代•大毗盧經 16_200_1
五代•大毗盧經 16_201_1
五代•大毗盧經 16_203_1
五代•大毗盧經 16_207_1

五代•大毗盧經 8_94_16
五代•大毗盧經 10_113_4
五代•大毗盧經 10_117_25
五代•大毗盧經 12_152_11
五代•大毗盧經 12_153_16
五代•大毗盧經 13_162_16
五代•大毗盧經 14_174_8
五代•大毗盧經 14_176_11

晚唐•摩訶止觀 48_411_10
晚唐•摩訶止觀 51_436_24
晚唐•摩訶止觀 61_518_26
晚唐•摩訶止觀 62_519_10
晚唐•摩訶止觀 62_519_16
五代•大毗盧經 2_8_10
五代•大毗盧經 7_76_1
五代•大毗盧經 7_88_11

晚唐•摩訶止觀 27_231_11
晚唐•摩訶止觀 27_231_15
晚唐•摩訶止觀 27_232_10
晚唐•摩訶止觀 27_232_13
晚唐•摩訶止觀 28_239_20
晚唐•摩訶止觀 36_315_30
晚唐•摩訶止觀 42_358_15
晚唐•摩訶止觀 42_360_12

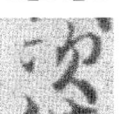

晚唐•摩訶止觀 16_137_14
晚唐•摩訶止觀 16_137_21
晚唐•摩訶止觀 23_200_16
晚唐•摩訶止觀 23_201_14
晚唐•摩訶止觀 23_202_8
晚唐•摩訶止觀 24_211_24
晚唐•摩訶止觀 25_213_22
晚唐•摩訶止觀 26_227_3

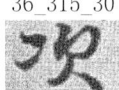

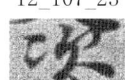

晚唐•摩訶止觀 11_93_11
晚唐•摩訶止觀 11_93_14
晚唐•摩訶止觀 11_93_17
晚唐•摩訶止觀 11_101_12
晚唐•摩訶止觀 12_107_19
晚唐•摩訶止觀 12_107_23
晚唐•摩訶止觀 13_111_25
晚唐•摩訶止觀 16_136_5

欲 欬 欣

| | | | 欲 | 欬 | 欣 | |
|---|---|---|---|---|---|---|
| | | | 漢ヨク 訓ほっする | 呉ガイ 訓せき | 慣ゴン 漢キン 呉コン 訓よろこぶ | |
| 初唐•古文尚書 39_376_4 | 初唐•古文尚書 24_237_7 | 初唐•古文尚書 12_113_29 | 初唐•古文尚書 6_47_38 | 初唐•禮記正義 17_258_16 | 中唐 • 翰苑 43_549_5 | 五代•大毗盧經 44_529_6 |
| 初唐•古文尚書 47_457_17 | 初唐•古文尚書 25_241_12 | 初唐•古文尚書 13_116_11 | 初唐•古文尚書 7_55_8 | 初唐•禮記正義 17_258_23 | 晚唐•摩訶止觀 21_184_4 | 五代•大毗盧經 80_970_1 |
| 初唐•古文尚書 49_478_21 | 初唐•古文尚書 26_252_9 | 初唐•古文尚書 13_117_17 | 初唐•古文尚書 7_57_13 | 初唐•禮記正義 17_259_1 | 晚唐•摩訶止觀 26_222_10 | 五代•大毗盧經 80_971_6 |
| 初唐 • 毛詩傳 1_3_5 | 初唐•古文尚書 26_253_12 | 初唐•古文尚書 14_126_9 | 初唐•古文尚書 8_64_10 | 初唐•禮記正義 17_259_13 | 晚唐•摩訶止觀 45_383_21 | 五代•大毗盧經 80_975_6 |
| 初唐 • 毛詩傳 2_11_14 | 初唐•古文尚書 27_269_19 | 初唐•古文尚書 19_176_26 | 初唐•古文尚書 9_71_10 | | | 五代•大毗盧經 89_1091_16 |
| 初唐 • 毛詩傳 4_43_30 | 初唐•古文尚書 29_280_15 | 初唐•古文尚書 19_177_16 | 初唐•古文尚書 9_74_18 | | | 五代•大毗盧經 92_1130_16 |
| 初唐•禮記正義 3_34_10 | 初唐•古文尚書 29_281_21 | 初唐•古文尚書 21_200_1 | 初唐•古文尚書 12_107_13 | | | 五代•大毗盧經 97_1184_35 |
| 初唐•禮記正義 4_62_17 | 初唐•古文尚書 38_364_6 | 初唐•古文尚書 21_207_26 | 初唐•古文尚書 12_112_19 | | | 五代•大毗盧經 98_1200_6 |

初唐•禮記正義
4_62_24

初唐•禮記正義
6_88_17

初唐•禮記正義
6_95_18

初唐•禮記正義
7_101_7

初唐•禮記正義
12_184_10

初唐•禮記正義
12_187_2

初唐•禮記正義
12_190_7

初唐•禮記正義
13_205_6

初唐•禮記正義
18_270_12

初唐•禮記正義
21_322_23

初唐•禮記正義
22_338_14

初唐•十誦律
1_10_14

初唐•十誦律
4_64_14

初唐•十誦律
4_66_2

初唐•十誦律
4_70_16

初唐•十誦律
5_74_5

初唐•十誦律
5_82_15

初唐•十誦律
5_91_13

初唐•十誦律
8_143_6

初唐•十誦律
8_146_6

初唐•十誦律
8_147_2

初唐•十誦律
8_148_12

初唐•十誦律
8_149_1

初唐•十誦律
8_150_5

初唐•十誦律
8_150_10

初唐•十誦律
9_155_9

初唐•十誦律
9_156_11

初唐•十誦律
10_193_2

初唐•十誦律
14_266_2

初唐•十誦律
14_268_8

中唐•翰苑
4_37_29

中唐•翰苑
5_61_23

中唐•翰苑
8_102_3

中唐•翰苑
9_109_3

中唐•翰苑
9_109_13

中唐•翰苑
9_116_36

本故
中唐•翰苑
9_117_14

中唐•翰苑
10_119_11

中唐•翰苑
10_121_17

中唐•翰苑
10_129_37

中唐•翰苑
15_190_41

中唐•翰苑
16_210_31

中唐•翰苑
16_212_14

中唐•翰苑
18_238_4

中唐•翰苑
19_243_2

中唐•翰苑
19_255_38

中唐•翰苑
20_265_33

中唐•翰苑
20_268_13

中唐•翰苑
20_269_21

中唐•翰苑
30_393_26

中唐•翰苑
33_429_37

中唐•翰苑
37_476_7

中唐•翰苑
42_534_7

晚唐•摩訶止觀
5_40_25

晚唐•摩訶止觀
11_100_19

晚唐•摩訶止觀
12_106_9

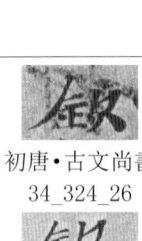

| | 欽 | 款 | | | | |
|---|---|---|---|---|---|---|
| | 漢キン 呉コン<br>訓つつしむ | 現カン<br>訓まこと | | | | |
| 初唐•古文尚書<br>34_324_26<br>初唐•古文尚書<br>37_358_4<br>初唐•古文尚書<br>39_375_2<br>晩唐•摩訶止觀<br>21_181_10 | 初唐•古文尚書<br>8_61_4<br>初唐•古文尚書<br>12_109_8<br>初唐•古文尚書<br>16_155_9<br>初唐•古文尚書<br>17_156_18<br>初唐•古文尚書<br>19_179_29<br>初唐•古文尚書<br>20_189_10<br>初唐•古文尚書<br>21_199_8<br>初唐•古文尚書<br>23_218_26 | 中唐・翰苑<br>9_107_8<br>中唐・翰苑<br>14_186_8 | 五代•大毗盧經<br>75_925_14<br>五代•大毗盧經<br>92_1133_8<br>五代•大毗盧經<br>97_1186_12<br>五代•大毗盧經<br>74_910_14 | 五代•大毗盧經<br>2_4_1<br>五代•大毗盧經<br>2_9_1<br>五代•大毗盧經<br>3_24_18<br>五代•大毗盧經<br>3_28_16<br>五代•大毗盧經<br>32_398_42<br>五代•大毗盧經<br>32_399_14<br>五代•大毗盧經<br>43_521_1<br>五代•大毗盧經<br>74_912_22 | 晩唐•摩訶止觀<br>26_223_13<br>晩唐•摩訶止觀<br>29_250_27<br>晩唐•摩訶止觀<br>45_388_25<br>晩唐•摩訶止觀<br>45_389_14<br>晩唐•摩訶止觀<br>45_390_9<br>晩唐•摩訶止觀<br>45_390_23<br>晩唐•摩訶止觀<br>46_391_2<br>晩唐•摩訶止觀<br>49_418_25<br>晩唐•摩訶止觀<br>52_438_11 | 晩唐•摩訶止觀<br>14_127_5<br>晩唐•摩訶止觀<br>21_179_16<br>晩唐•摩訶止觀<br>21_180_27<br>晩唐•摩訶止觀<br>21_182_18<br>晩唐•摩訶止觀<br>21_186_20<br>晩唐•摩訶止觀<br>22_187_10<br>晩唐•摩訶止觀<br>22_187_23<br>晩唐•摩訶止觀<br>22_189_5<br>晩唐•摩訶止觀<br>26_220_24 |

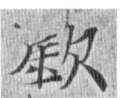

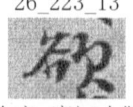

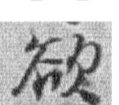

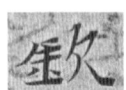

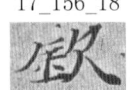

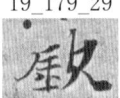

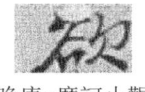

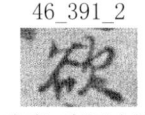

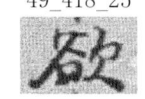

| | | 歎 | 歊 | | | 歌 |
|---|---|---|---|---|---|---|
| | | タン<br>訓たたえる | コウ<br>訓たたく | | | 現カ<br>訓うた |
| 晚唐•摩訶止観<br>10_84_11 | 初唐・般若經<br>6_82_12 | 初唐•古文尚書<br>25_240_13 | 中唐・翰苑<br>23_305_28 | 五代•大毗盧經<br>89_1092_8 | 中唐・翰苑<br>39_504_28 | 中唐・翰苑<br>12_151_19 |
| 五代•密教部類<br>2_21_5 | 初唐・般若經<br>6_83_7 | 初唐•古文尚書<br>31_286_13 | | | 中唐・翰苑<br>41_523_1 | 中唐・翰苑<br>17_219_17 |
| 五代•大毗盧經<br>3_24_17 | 初唐・般若經<br>7_85_1 | 初唐•古文尚書<br>35_328_22 | | | 中唐・翰苑<br>43_547_37 | 中唐・翰苑<br>17_221_12 |
| 五代•大毗盧經<br>31_391_29 | 初唐・般若經<br>19_292_11 | 初唐•古文尚書<br>36_339_22 | | | 中唐・翰苑<br>43_554_46 | 中唐・翰苑<br>17_223_1 |
| | 初唐・般若經<br>20_293_6 | 初唐•古文尚書<br>36_340_16 | | | 五代•大毗盧經<br>14_172_11 | 中唐・翰苑<br>18_237_19 |
| | 初唐・般若經<br>20_295_2 | 初唐•古文尚書<br>36_342_8 | | | 五代•大毗盧經<br>22_281_16 | 中唐・翰苑<br>18_240_5 |
| | 中唐・翰苑<br>36_468_2 | 初唐•古文尚書<br>39_375_11 | | | 五代•大毗盧經<br>85_1038_18 | 中唐・翰苑<br>29_375_14 |
| | 中唐・翰苑<br>45_579_3 | 初唐•古文尚書<br>44_431_4 | | | 五代•大毗盧經<br>85_1039_1 | 中唐・翰苑<br>29_375_19 |

## 歡

現 カン
訓 よろこぶ

初唐•古文尚書
31_292_1

謂衆心歡
初唐•禮記正義
5_74_25

初唐•禮記正義
27_426_28

中唐・翰苑
4_42_14

虧中國之固
中唐・翰苑
10_123_7

中唐・翰苑
14_176_33

晚唐•摩訶止觀
10_84_16

晚唐•摩訶止觀
10_90_25

五代•大毗盧經
16_200_18

五代•大毗盧經
23_287_9

五代•大毗盧經
47_575_16

五代•大毗盧經
79_961_27

五代•大毗盧經
84_1026_3

五代•大毗盧經
94_1156_27

## 歠

漢 セツ
訓 すする

中唐・翰苑
16_202_26

## 殳部

### 段
吳ダン漢タン
訓きたえる

晚唐•摩訶止觀
36_315_28

晚唐•摩訶止觀
42_362_18

晚唐•摩訶止觀
46_395_20

### 殺
漢サツ吳セツ/漢サイ
訓ころす

中唐・翰苑
6_69_33

中唐・翰苑
19_245_40

中唐・翰苑
35_446_8

中唐・翰苑
37_471_8

中唐・翰苑
37_475_40

中唐・翰苑
37_476_30

中唐・翰苑
39_496_17

### 殼
漢現カク/漢コク
訓から

破殼而出。
中唐・翰苑
19_252_37

### 毀
キ
訓こわす

中唐・翰苑
22_296_37

晚唐•摩訶止觀
44_377_26

五代•大毗盧經
2_9_19

### 殷
漢イン/漢アン
訓さかん

初唐•古文尚書
5_40_4

初唐•古文尚書
11_102_34

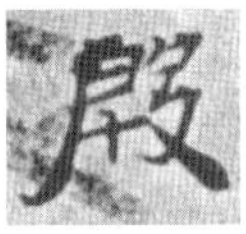
初唐•古文尚書
12_103_5

初唐•古文尚書
21_206_16

初唐•古文尚書
24_233_11

初唐•古文尚書
25_243_1

初唐•古文尚書
25_243_25

初唐•古文尚書
25_247_6

初唐•古文尚書
25_248_4

初唐•古文尚書
25_248_28

初唐•古文尚書
26_256_32

初唐•古文尚書
26_257_8

初唐•古文尚書
26_257_25

初唐•古文尚書
26_259_1

初唐•古文尚書
27_261_28

初唐•古文尚書
27_262_1

# 殿

漢テン 呉デン
訓との

| | | | | | | |
|---|---|---|---|---|---|---|
| 五代•大毗盧經 13_167_14 | 五代•大毗盧經 2_20_15 | 初唐•禮記正義 29_451_24 | 初唐•古文尚書 42_405_10 | 初唐•古文尚書 32_305_14 | 初唐•古文尚書 28_276_3 | 初唐•古文尚書 27_263_27 |
| | 五代•大毗盧經 3_24_1 | 初唐•禮記正義 29_452_22 | 初唐•禮記正義 9_130_22 | 初唐•古文尚書 33_308_16 | 初唐•古文尚書 28_276_16 | 初唐•古文尚書 27_266_27 |
| | | 初唐•禮記正義 29_453_14 | 初唐•禮記正義 24_363_2 | 初唐•古文尚書 33_309_7 | 初唐•古文尚書 28_277_30 | 初唐•古文尚書 27_267_12 |
| | | 初唐•禮記正義 29_457_1 | 初唐•禮記正義 24_364_2 | 初唐•古文尚書 33_310_15 | 初唐•古文尚書 29_282_2 | 初唐•古文尚書 27_267_27 |
| | | 中唐・翰苑 20_260_22 | 初唐•禮記正義 27_416_21 | 初唐•古文尚書 33_314_9 | 初唐•古文尚書 31_286_7 | 初唐•古文尚書 27_269_8 |
| | | 中唐・翰苑 20_267_3 | 初唐•禮記正義 28_442_4 | 初唐•古文尚書 33_315_12 | 初唐•古文尚書 31_287_12 | 初唐•古文尚書 27_270_14 |
| | | 晚唐•摩訶止觀 10_84_8 | 初唐•禮記正義 28_442_8 | 初唐•古文尚書 33_316_18 | 初唐•古文尚書 31_288_22 | 初唐•古文尚書 28_271_30 |
| | | 五代•大毗盧經 2_12_3 | 初唐•禮記正義 29_446_1 | 初唐•古文尚書 42_404_37 | 初唐•古文尚書 31_290_8 | 初唐•古文尚書 28_274_2 |

## 毆 

漢オウ漢ク
訓なぐる

高山岐峻
中唐・翰苑
41_520_20

## 轂 

コク
訓こしき

初唐・禮記正義
17_266_17

初唐・禮記正義
17_266_20

初唐・禮記正義
17_267_6

## 㲉

カク
訓たまご

（㲉）
晩唐・摩訶止観
54_459_16

# 文部

文 ⽂

漢ブン呉モン
訓ふみ

初唐•古文尚書
2_9_5

初唐•古文尚書
2_9_14

初唐•古文尚書
21_198_5

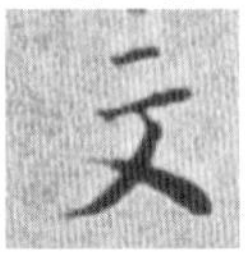
初唐•古文尚書
25_247_8

初唐•古文尚書
28_271_12

初唐•古文尚書
29_285_17

初唐•古文尚書
31_286_34

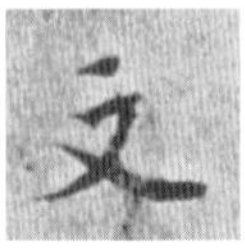
初唐•古文尚書
31_294_16

初唐•古文尚書
34_325_11

初唐•古文尚書
35_331_7

初唐•古文尚書
36_342_5

初唐•古文尚書
36_342_9

初唐•古文尚書
36_343_17

初唐•古文尚書
36_345_12

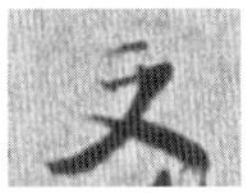
初唐•古文尚書
36_345_26

初唐•古文尚書
36_347_23

初唐•古文尚書
37_355_3

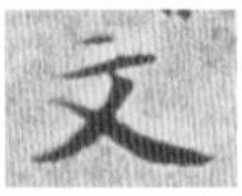
初唐•古文尚書
37_359_13

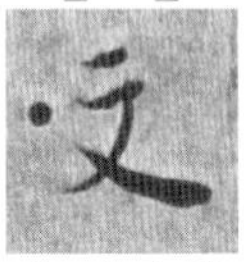
初唐•古文尚書
47_462_25

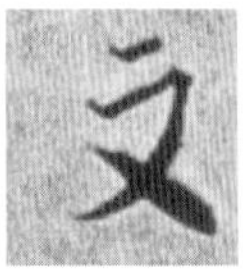
初唐•古文尚書
47_463_9

初唐•禮記正義
1_4_5

初唐•禮記正義
1_16_5

初唐•禮記正義
2_17_8

初唐•禮記正義
2_17_23

初唐•禮記正義
2_19_2

初唐•禮記正義
2_21_4

初唐•禮記正義
3_36_18

初唐•禮記正義
3_41_8

初唐•禮記正義
4_52_3

初唐•禮記正義
4_53_14

初唐•禮記正義
4_61_5

初唐•禮記正義
6_94_14

初唐•禮記正義
10_157_7

初唐•禮記正義
10_162_11

初唐•禮記正義
11_168_1

初唐•禮記正義
18_273_25

初唐•禮記正義
18_274_5

初唐•禮記正義
18_281_1

初唐•禮記正義
19_287_3

初唐•禮記正義
22_338_9

初唐•禮記正義
22_340_5

初唐•禮記正義
22_340_13

初唐•禮記正義
23_342_12

初唐•禮記正義
23_344_2

初唐•禮記正義
24_363_9

初唐•禮記正義
25_389_11

初唐•禮記正義
28_437_25

初唐•禮記正義
29_444_32

中唐•翰苑
2_9_15

無交婚姻
中唐•翰苑
3_33_30

中唐•翰苑
3_34_17

中唐•翰苑
4_39_7

中唐•翰苑
4_43_5

中唐•翰苑
4_49_23

中唐•翰苑
5_50_32

中唐•翰苑
8_101_11

中唐•翰苑
11_143_2

中唐•翰苑
17_217_14

中唐•翰苑
18_238_22

中唐•翰苑
24_322_27

中唐•翰苑
25_324_38

中唐•翰苑
25_330_24

中唐•翰苑
28_360_34

中唐•翰苑
29_377_5

中唐•翰苑
29_377_24

文字
中唐•翰苑
30_387_10

中唐•翰苑
32_410_25

中唐•翰苑
32_412_1

中唐•翰苑
32_413_2

中唐•翰苑
32_413_14

中唐•翰苑
33_422_27

先父
中唐•翰苑
34_434_26

天子
中唐•翰苑
38_490_17

中唐•翰苑
38_493_29

文帝
中唐•翰苑
42_541_7

晚唐•摩訶止觀
3_28_17

晚唐•摩訶止觀
4_31_5

晚唐•摩訶止觀
4_32_8

晚唐•摩訶止觀
13_111_24

晚唐•摩訶止觀
13_112_20

晚唐•摩訶止觀
13_114_15

晚唐•摩訶止觀
13_114_19

晚唐•摩訶止觀
13_115_13

晚唐•摩訶止觀
13_115_17

晚唐•摩訶止觀
13_116_9

晚唐•摩訶止觀
14_123_9

晚唐•摩訶止觀
14_124_8

晚唐•摩訶止觀
15_131_21

晚唐•摩訶止觀
15_132_1

晚唐•摩訶止觀
15_132_6

晚唐•摩訶止觀
15_132_8

晚唐•摩訶止觀
15_132_12

晚唐•摩訶止觀
15_132_14

晚唐•摩訶止觀
15_132_17

晚唐•摩訶止觀
15_132_21

晚唐•摩訶止觀
15_133_3

晚唐•摩訶止觀
19_163_11

晚唐•摩訶止觀
19_163_13

晚唐•摩訶止觀
19_164_24

晚唐•摩訶止觀
19_165_13

晚唐•摩訶止觀
19_165_18

晚唐•摩訶止觀
19_165_20

晚唐•摩訶止觀
19_165_22

晚唐•摩訶止觀
19_165_25

| | | | | | | |
|---|---|---|---|---|---|---|
| | | | | <br>五代•大毗盧經<br>78_951_19<br><br>五代•大毗盧經<br>85_1036_12<br><br>五代•大毗盧經<br>85_1045_2<br><br>五代•大毗盧經<br>89_1085_2<br><br>五代•大毗盧經<br>97_1197_4 | <br>五代•大毗盧經<br>41_487_15<br><br>五代•大毗盧經<br>42_506_1<br><br>五代•大毗盧經<br>50_615_12<br><br>五代•大毗盧經<br>50_616_10<br><br>五代•大毗盧經<br>51_625_1<br><br>五代•大毗盧經<br>52_639_13<br><br>五代•大毗盧經<br>52_640_15<br><br>五代•大毗盧經<br>53_652_20 | 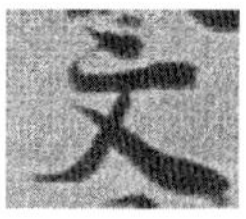<br>晚唐•摩訶止觀<br>19_166_7<br><br>晚唐•摩訶止觀<br>31_269_2<br><br>晚唐•摩訶止觀<br>53_449_7<br><br>五代•密教部類<br>2_22_15<br><br>五代•密教部類<br>4_49_9<br><br>五代•密教部類<br>4_51_19<br><br>五代•大毗盧經<br>14_182_20<br><br>五代•大毗盧經<br>19_242_15 |

# 方部

## 方

現 ホウ
訓 かた

初唐・古文尚書 3_22_22
初唐・古文尚書 3_23_20
初唐・古文尚書 7_55_4
初唐・古文尚書 18_167_10
初唐・古文尚書 18_168_16
初唐・古文尚書 18_170_17
初唐・古文尚書 27_261_35
初唐・古文尚書 27_262_8

初唐・古文尚書 27_265_32
初唐・古文尚書 27_266_16
初唐・古文尚書 28_271_32
初唐・古文尚書 28_272_18
初唐・古文尚書 31_289_30
初唐・古文尚書 31_290_25
初唐・古文尚書 35_332_7
初唐・古文尚書 35_332_30

初唐・古文尚書 40_381_16
初唐・古文尚書 40_381_31
初唐・古文尚書 40_391_24
初唐・古文尚書 41_393_9
初唐・古文尚書 42_407_11
初唐・古文尚書 42_408_21
初唐・古文尚書 43_413_20
初唐・古文尚書 46_452_2

初唐・毛詩傳 6_63_1
初唐・毛詩傳 6_65_18
初唐・禮記正義 2_25_17
初唐・禮記正義 3_35_5
初唐・禮記正義 4_60_5
初唐・禮記正義 12_193_19
初唐・禮記正義 13_207_2
初唐・禮記正義 17_260_17

初唐・禮記正義 21_315_15
初唐・禮記正義 22_331_7
初唐・禮記正義 22_331_24
初唐・十誦律 3_34_6
初唐・十誦律 3_36_9
初唐・十誦律 3_38_13
初唐・十誦律 6_103_6
初唐・十誦律 19_373_15

中唐・翰苑 2_12_6
中唐・翰苑 2_16_14
中唐・翰苑 4_42_38
中唐・翰苑 4_45_34
中唐・翰苑 5_54_24
中唐・翰苑 5_57_6
中唐・翰苑 5_58_37
中唐・翰苑 5_61_22

中唐·翰苑 6_71_21
中唐·翰苑 6_71_41
中唐·翰苑 6_72_31
中唐·翰苑 7_87_5
中唐·翰苑 7_87_21
中唐·翰苑 8_98_22
中唐·翰苑 8_98_26
中唐·翰苑 8_98_30
中唐·翰苑 8_98_34
中唐·翰苑 8_105_9
中唐·翰苑 9_106_25
中唐·翰苑 9_110_20
中唐·翰苑 14_175_3
中唐·翰苑 15_198_1
中唐·翰苑 17_218_13
中唐·翰苑 17_225_15
中唐·翰苑 17_225_24
中唐·翰苑 18_241_19
中唐·翰苑 18_241_27
中唐·翰苑 20_262_42
中唐·翰苑 20_264_22
中唐·翰苑 20_265_21
中唐·翰苑 20_266_13
中唐·翰苑 20_269_8
中唐·翰苑 24_311_12
中唐·翰苑 26_335_25
中唐·翰苑 26_335_38
中唐·翰苑 28_363_27
中唐·翰苑 28_363_34
中唐·翰苑 28_363_41
中唐·翰苑 28_365_7
中唐·翰苑 28_365_20
中唐·翰苑 28_366_3
中唐·翰苑 28_366_12
中唐·翰苑 28_366_14
中唐·翰苑 28_366_31
中唐·翰苑 28_366_37
中唐·翰苑 28_367_3
中唐·翰苑 28_367_11
中唐·翰苑 28_367_25
中唐·翰苑 28_368_2
中唐·翰苑 28_368_9
中唐·翰苑 28_368_13
中唐·翰苑 28_369_24
中唐·翰苑 31_403_16
中唐·翰苑 31_405_2
中唐·翰苑 31_406_19
中唐·翰苑 32_408_5
中唐·翰苑 32_411_33
中唐·翰苑 33_427_2
中唐·翰苑 35_447_6
中唐·翰苑 35_448_13
中唐·翰苑 36_463_9
中唐·翰苑 36_464_38
中唐·翰苑 36_465_18
中唐·翰苑 36_465_20

中唐・翰苑 37_473_13
中唐・翰苑 37_482_10
中唐・翰苑 40_509_3
中唐・翰苑 43_548_2
中唐・翰苑 43_552_6
中唐・翰苑 43_553_16
晚唐•摩訶止觀 4_30_8
晚唐•摩訶止觀 8_73_1

晚唐•摩訶止觀 8_73_8
晚唐•摩訶止觀 8_73_15
晚唐•摩訶止觀 8_73_22
晚唐•摩訶止觀 9_76_24
晚唐•摩訶止觀 9_76_27
晚唐•摩訶止觀 9_77_3
晚唐•摩訶止觀 9_77_6
晚唐•摩訶止觀 11_97_12

晚唐•摩訶止觀 14_121_6
晚唐•摩訶止觀 14_121_19
晚唐•摩訶止觀 15_134_9
晚唐•摩訶止觀 15_134_26
晚唐•摩訶止觀 16_140_17
晚唐•摩訶止觀 17_151_5
晚唐•摩訶止觀 20_174_8
晚唐•摩訶止觀 20_174_24

晚唐•摩訶止觀 20_175_7
晚唐•摩訶止觀 20_175_24
晚唐•摩訶止觀 20_176_11
晚唐•摩訶止觀 21_181_7
晚唐•摩訶止觀 22_188_11
晚唐•摩訶止觀 22_192_23
晚唐•摩訶止觀 27_236_11
晚唐•摩訶止觀 29_252_10

晚唐•摩訶止觀 29_253_7
晚唐•摩訶止觀 29_253_15
晚唐•摩訶止觀 29_254_10
晚唐•摩訶止觀 29_255_10
晚唐•摩訶止觀 29_255_20
晚唐•摩訶止觀 29_256_1
晚唐•摩訶止觀 29_256_9
晚唐•摩訶止觀 30_260_19

晚唐•摩訶止觀 30_261_14
晚唐•摩訶止觀 30_263_21
晚唐•摩訶止觀 31_267_26
晚唐•摩訶止觀 33_286_8
晚唐•摩訶止觀 33_289_23
晚唐•摩訶止觀 34_297_13
晚唐•摩訶止觀 35_303_14
晚唐•摩訶止觀 37_317_5

晚唐•摩訶止觀 38_326_24
晚唐•摩訶止觀 38_327_3
晚唐•摩訶止觀 41_357_2
晚唐•摩訶止觀 52_440_26
晚唐•摩訶止觀 52_441_3
晚唐•摩訶止觀 52_444_21
晚唐•摩訶止觀 58_491_25
晚唐•摩訶止觀 62_519_25

晚唐·摩訶止觀 62_520_20
五代·密教部類 4_53_17
五代·大毗盧經 2_4_8
五代·大毗盧經 2_21_18
五代·大毗盧經 3_30_18
五代·大毗盧經 3_35_4
五代·大毗盧經 5_49_2
五代·大毗盧經 5_49_19

五代·大毗盧經 5_55_20
五代·大毗盧經 7_85_9
五代·大毗盧經 8_96_12
五代·大毗盧經 13_163_2
五代·大毗盧經 14_172_6
五代·大毗盧經 14_181_7
五代·大毗盧經 14_181_20
五代·大毗盧經 14_182_7

五代·大毗盧經 14_182_12
五代·大毗盧經 14_183_7
五代·大毗盧經 14_183_12
五代·大毗盧經 14_183_17
五代·大毗盧經 15_195_32
五代·大毗盧經 17_222_20
五代·大毗盧經 17_223_9
五代·大毗盧經 18_227_4

五代·大毗盧經 18_227_8
五代·大毗盧經 18_229_31
五代·大毗盧經 18_230_14
五代·大毗盧經 18_236_2
五代·大毗盧經 19_238_3
五代·大毗盧經 19_239_13
五代·大毗盧經 19_240_12
五代·大毗盧經 19_241_18

五代·大毗盧經 21_268_29
五代·大毗盧經 25_315_16
五代·大毗盧經 26_327_33
五代·大毗盧經 27_340_26
五代·大毗盧經 29_366_16
五代·大毗盧經 35_416_1
五代·大毗盧經 39_455_14
五代·大毗盧經 39_470_8

五代·大毗盧經 44_531_10
五代·大毗盧經 45_546_2
五代·大毗盧經 45_546_19
五代·大毗盧經 50_606_17
五代·大毗盧經 50_609_10
五代·大毗盧經 54_657_5
五代·大毗盧經 57_702_2
五代·大毗盧經 59_729_2

五代·大毗盧經 60_734_1
五代·大毗盧經 63_774_14
五代·大毗盧經 67_835_4
五代·大毗盧經 67_837_10
五代·大毗盧經 67_840_2
五代·大毗盧經 67_843_10
五代·大毗盧經 71_866_12
五代·大毗盧經 71_867_12

## 於 

オ/漢ヨ呉オ
訓ああ

五代•大毗盧經 73_896_7
五代•大毗盧經 78_945_5
五代•大毗盧經 84_1021_4
五代•大毗盧經 89_1091_2
五代•大毗盧經 90_1095_9
五代•大毗盧經 97_1186_27
五代•大毗盧經 97_1188_19
五代•大毗盧經 97_1199_6

初唐•古文尚書 1_2_3
初唐•古文尚書 1_2_13
初唐•古文尚書 3_24_11
初唐•古文尚書 4_29_7
初唐•古文尚書 5_39_17
初唐•古文尚書 5_40_6
初唐•古文尚書 5_45_5
初唐•古文尚書 6_47_11

初唐•古文尚書 6_47_18
初唐•古文尚書 6_48_28
初唐•古文尚書 7_54_12
初唐•古文尚書 8_69_6
初唐•古文尚書 8_69_9
初唐•古文尚書 9_71_6
初唐•古文尚書 9_71_18
初唐•古文尚書 9_71_34

初唐•古文尚書 9_74_23
初唐•古文尚書 9_75_18
初唐•古文尚書 9_76_21
初唐•古文尚書 9_78_30
初唐•古文尚書 10_84_28
初唐•古文尚書 10_85_21
初唐•古文尚書 10_90_3
初唐•古文尚書 11_98_24

初唐•古文尚書 11_102_25
初唐•古文尚書 12_103_7
初唐•古文尚書 13_117_22
初唐•古文尚書 13_120_23
初唐•古文尚書 13_121_7
初唐•古文尚書 14_128_21
初唐•古文尚書 14_130_11
初唐•古文尚書 14_133_27

初唐•古文尚書 15_135_17
初唐•古文尚書 15_135_21
初唐•古文尚書 15_136_34
初唐•古文尚書 15_137_24
初唐•古文尚書 15_141_11
初唐•古文尚書 15_142_18
初唐•古文尚書 16_146_6
初唐•古文尚書 16_148_24

初唐•古文尚書 16_151_9
初唐•古文尚書 16_155_22
初唐•古文尚書 17_157_4
初唐•古文尚書 17_161_24
初唐•古文尚書 17_161_29
初唐•古文尚書 18_170_21
初唐•古文尚書 18_172_14
初唐•古文尚書 21_202_5

初唐•古文尚書 21_202_12
初唐•古文尚書 21_204_7
初唐•古文尚書 22_209_12
初唐•古文尚書 23_223_30
初唐•古文尚書 23_228_8
初唐•古文尚書 24_233_26
初唐•古文尚書 25_241_10
初唐•古文尚書 26_250_3
初唐•古文尚書 26_251_21
初唐•古文尚書 26_256_25
初唐•古文尚書 26_257_24
初唐•古文尚書 27_262_30
初唐•古文尚書 27_263_22
初唐•古文尚書 27_264_17
初唐•古文尚書 27_268_7
初唐•古文尚書 27_268_10
初唐•古文尚書 27_269_22
初唐•古文尚書 28_278_8
初唐•古文尚書 29_280_27
初唐•古文尚書 29_281_18
初唐•古文尚書 31_287_2
初唐•古文尚書 31_289_9
初唐•古文尚書 32_303_29
初唐•古文尚書 33_309_27
初唐•古文尚書 33_313_28
初唐•古文尚書 34_318_22
初唐•古文尚書 34_322_5
初唐•古文尚書 34_325_17
初唐•古文尚書 35_330_24
初唐•古文尚書 36_345_5
初唐•古文尚書 36_346_10
初唐•古文尚書 37_353_18
初唐•古文尚書 39_371_8
初唐•古文尚書 39_372_23
初唐•古文尚書 39_375_25
初唐•古文尚書 40_383_20
初唐•古文尚書 40_388_10
初唐•古文尚書 40_389_7
初唐•古文尚書 40_391_7
初唐•古文尚書 41_393_15
初唐•古文尚書 41_400_14
初唐•古文尚書 42_404_30
初唐•古文尚書 42_405_12
初唐•古文尚書 42_406_23
初唐•古文尚書 42_408_14
初唐•古文尚書 42_409_17
初唐•古文尚書 42_409_27
初唐•古文尚書 42_410_24
初唐•古文尚書 42_410_28
初唐•古文尚書 43_413_11
初唐•古文尚書 43_416_23
初唐•古文尚書 43_420_25
初唐•古文尚書 44_425_18
初唐•古文尚書 45_436_21
初唐•古文尚書 47_457_22
初唐•古文尚書 47_459_11

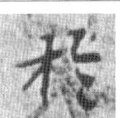

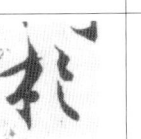

初唐・古文尚書 47_462_18

初唐・古文尚書 48_465_22

初唐・古文尚書 48_469_18

初唐・古文尚書 48_473_12

初唐・古文尚書 49_475_16

初唐・古文尚書 49_478_17

初唐・毛詩傳 2_13_11

初唐・毛詩傳 2_16_19

初唐・毛詩傳 4_34_15

初唐・毛詩傳 4_40_9

初唐・毛詩傳 6_64_37

初唐・毛詩傳 6_65_16

初唐・毛詩傳 8_80_25

初唐・禮記正義 1_13_3

初唐・禮記正義 2_20_1

初唐・禮記正義 2_20_21

初唐・禮記正義 2_21_3

初唐・禮記正義 2_22_11

初唐・禮記正義 2_23_5

初唐・禮記正義 2_23_13

初唐・禮記正義 2_24_5

初唐・禮記正義 2_24_28

初唐・禮記正義 3_35_10

初唐・禮記正義 3_40_18

初唐・禮記正義 4_54_15

初唐・禮記正義 5_67_25

初唐・禮記正義 5_78_18

初唐・禮記正義 6_91_11

初唐・禮記正義 6_91_24

初唐・禮記正義 7_100_24

初唐・禮記正義 7_112_10

初唐・禮記正義 8_118_16

初唐・禮記正義 8_120_72

初唐・禮記正義 9_139_11

初唐・禮記正義 10_149_17

初唐・禮記正義 10_150_21

初唐・禮記正義 10_161_17

初唐・禮記正義 10_163_23

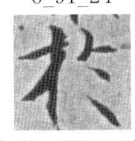

初唐・禮記正義 11_168_22

初唐・禮記正義 11_178_27

初唐・禮記正義 13_208_9

初唐・禮記正義 14_210_21

初唐・禮記正義 15_232_7

初唐・禮記正義 16_245_8

初唐・禮記正義 19_295_26

初唐・禮記正義 20_297_18

初唐・禮記正義 20_298_15

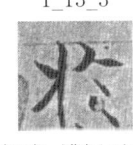

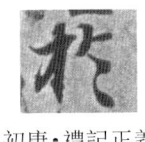

初唐・禮記正義 20_298_25

初唐・禮記正義 20_299_12

初唐・禮記正義 21_311_11

初唐・禮記正義 21_313_7

初唐・禮記正義 21_313_24

初唐・禮記正義 21_314_26

初唐・禮記正義 21_317_3

初唐・禮記正義 21_317_21

初唐・禮記正義 21_324_2

初唐•禮記正義 23_348_1
初唐•禮記正義 23_353_26
初唐•禮記正義 23_354_8
初唐•禮記正義 24_366_15
初唐•禮記正義 25_374_27
初唐•禮記正義 25_383_21
初唐•禮記正義 26_391_5
初唐•禮記正義 26_391_10

初唐•禮記正義 26_403_9
初唐•禮記正義 26_404_19
初唐•禮記正義 27_413_7
初唐•禮記正義 27_419_1
初唐•禮記正義 28_431_17
初唐•禮記正義 28_435_13
初唐•禮記正義 28_440_2
初唐•禮記正義 28_440_10

初唐•禮記正義 29_445_27
初唐•禮記正義 29_446_11
初唐•禮記正義 29_446_27
初唐•禮記正義 29_447_4
初唐•禮記正義 29_448_7
初唐•禮記正義 29_448_14
初唐•禮記正義 29_457_26
初唐•禮記正義 30_460_14

初唐•禮記正義 30_461_9
初唐•禮記正義 30_463_18
初唐•禮記正義 30_470_5
初唐•禮記正義 30_470_21
初唐•禮記正義 30_474_2
初唐•禮記正義 30_474_10
初唐・十誦律 2_21_2
初唐・十誦律 6_100_4

初唐・十誦律 10_182_4
初唐・十誦律 11_207_17
中唐・翰苑 2_16_16
中唐・翰苑 2_18_18
中唐・翰苑 2_19_35
中唐・翰苑 2_20_25
中唐・翰苑 3_24_4
中唐・翰苑 3_24_22

中唐・翰苑 4_36_4
中唐・翰苑 4_41_13
中唐・翰苑 4_42_9
中唐・翰苑 4_48_28
中唐・翰苑 5_59_5
中唐・翰苑 5_59_26
中唐・翰苑 5_61_27
中唐・翰苑 5_62_15

中唐・翰苑 5_63_7
中唐・翰苑 6_67_12
中唐・翰苑 6_71_1
中唐・翰苑 6_77_40
中唐・翰苑 7_79_41
中唐・翰苑 8_96_8
中唐・翰苑 8_97_31
中唐・翰苑 8_100_11

| | | | | | | |
|---|---|---|---|---|---|---|
| 中唐·翰苑 45_578_7 | 中唐·翰苑 42_543_42 | 中唐·翰苑 39_495_9 | 中唐·翰苑 36_466_26 | 中唐·翰苑 31_402_12 | 中唐·翰苑 27_355_16 | 中唐·翰苑 8_101_5 |
| 中唐·翰苑 45_581_1 | 中唐·翰苑 43_544_39 | 中唐·翰苑 40_507_7 | 中唐·翰苑 36_467_1 | 中唐·翰苑 32_412_20 | 中唐·翰苑 29_376_15 | 中唐·翰苑 11_133_9 |
| 晚唐·摩訶止觀 1_2_23 | 中唐·翰苑 43_552_23 | 中唐·翰苑 40_508_38 | 中唐·翰苑 36_467_24 | 中唐·翰苑 33_431_6 | 中唐·翰苑 29_376_39 | 中唐·翰苑 22_285_12 |
| 晚唐·摩訶止觀 1_5_4 | 中唐·翰苑 43_552_34 | 中唐·翰苑 40_511_23 | 中唐·翰苑 37_471_16 | 中唐·翰苑 33_433_2 | 中唐·翰苑 30_384_9 | 中唐·翰苑 23_297_9 |
| 晚唐·摩訶止觀 3_23_11 | 中唐·翰苑 44_557_16 | 中唐·翰苑 40_516_3 | 中唐·翰苑 38_483_37 | 中唐·翰苑 35_453_35 | 中唐·翰苑 30_391_11 | 中唐·翰苑 23_299_8 |
| 晚唐·摩訶止觀 3_23_15 | 中唐·翰苑 44_562_6 | 中唐·翰苑 41_521_15 | 中唐·翰苑 38_489_8 | 中唐·翰苑 35_457_16 | 中唐·翰苑 30_391_16 | 中唐·翰苑 23_301_41 |
| 晚唐·摩訶止觀 5_41_26 | 中唐·翰苑 44_562_13 | 中唐·翰苑 41_524_21 | 中唐·翰苑 38_491_20 | 中唐·翰苑 36_460_22 | 中唐·翰苑 30_393_10 | 中唐·翰苑 24_310_23 |
| 晚唐·摩訶止觀 7_56_19 | 中唐·翰苑 44_567_14 | 中唐·翰苑 41_529_7 | 中唐·翰苑 38_492_10 | 中唐·翰苑 36_462_33 | 中唐·翰苑 31_399_19 | 中唐·翰苑 26_343_40 |

晚唐•摩訶止觀 8_70_8
晚唐•摩訶止觀 8_70_15
晚唐•摩訶止觀 8_70_22
晚唐•摩訶止觀 8_71_4
晚唐•摩訶止觀 8_71_18
晚唐•摩訶止觀 8_71_25
晚唐•摩訶止觀 8_72_5
晚唐•摩訶止觀 8_72_12

晚唐•摩訶止觀 8_72_25
晚唐•摩訶止觀 8_73_6
晚唐•摩訶止觀 8_73_13
晚唐•摩訶止觀 8_73_20
晚唐•摩訶止觀 8_73_27
晚唐•摩訶止觀 8_74_6
晚唐•摩訶止觀 8_74_13
晚唐•摩訶止觀 8_74_20

晚唐•摩訶止觀 9_75_4
晚唐•摩訶止觀 9_75_21
晚唐•摩訶止觀 9_76_1
晚唐•摩訶止觀 9_81_21
晚唐•摩訶止觀 9_82_4
晚唐•摩訶止觀 10_88_21
晚唐•摩訶止觀 10_89_16
晚唐•摩訶止觀 11_96_19

晚唐•摩訶止觀 13_118_19
晚唐•摩訶止觀 15_132_19
晚唐•摩訶止觀 16_140_8
晚唐•摩訶止觀 16_140_16
晚唐•摩訶止觀 19_165_17
晚唐•摩訶止觀 19_166_1
晚唐•摩訶止觀 20_173_25
晚唐•摩訶止觀 21_184_23

晚唐•摩訶止觀 21_186_12
晚唐•摩訶止觀 24_207_7
晚唐•摩訶止觀 25_214_17
晚唐•摩訶止觀 25_219_20
晚唐•摩訶止觀 25_219_23
晚唐•摩訶止觀 26_220_1
晚唐•摩訶止觀 26_220_4
晚唐•摩訶止觀 26_223_9

晚唐•摩訶止觀 26_223_14
晚唐•摩訶止觀 26_224_10
晚唐•摩訶止觀 26_224_15
晚唐•摩訶止觀 26_226_17
晚唐•摩訶止觀 27_237_23
晚唐•摩訶止觀 33_287_6
晚唐•摩訶止觀 34_297_11
晚唐•摩訶止觀 35_303_22

晚唐•摩訶止觀 37_322_3
晚唐•摩訶止觀 42_361_8
晚唐•摩訶止觀 42_361_16
晚唐•摩訶止觀 42_362_1
晚唐•摩訶止觀 42_362_12
晚唐•摩訶止觀 45_387_25
晚唐•摩訶止觀 46_396_8
晚唐•摩訶止觀 49_418_20

漢 キ
訓 はた

升旍綏車
初唐・禮記正義
11_174_8

五代・大毗盧經
92_1134_19

五代・大毗盧經
94_1152_25

五代・大毗盧經
97_1185_18

五代・大毗盧經
97_1193_3

五代・大毗盧經
97_1193_13

五代・大毗盧經
98_1210_3

五代・大毗盧經
82_1004_19

五代・大毗盧經
83_1008_24

五代・大毗盧經
83_1009_6

五代・大毗盧經
85_1041_14

五代・大毗盧經
85_1046_2

五代・大毗盧經
88_1072_20

五代・大毗盧經
89_1088_4

五代・大毗盧經
91_1109_8

五代・大毗盧經
77_935_9

五代・大毗盧經
78_942_10

五代・大毗盧經
78_942_22

五代・大毗盧經
78_945_2

五代・大毗盧經
79_964_3

五代・大毗盧經
79_964_12

五代・大毗盧經
80_968_18

五代・大毗盧經
80_976_11

五代・大毗盧經
3_29_1

五代・大毗盧經
64_807_19

五代・大毗盧經
67_843_8

五代・大毗盧經
68_851_23

五代・大毗盧經
72_881_18

五代・大毗盧經
72_882_8

五代・大毗盧經
72_883_2

五代・大毗盧經
73_901_7

五代・密教部類
1_3_10

五代・密教部類
6_88_27

五代・大毗盧經
2_9_2

五代・大毗盧經
2_10_9

五代・大毗盧經
2_14_9

五代・大毗盧經
2_16_2

五代・大毗盧經
2_18_16

五代・大毗盧經
2_19_9

晚唐・摩訶止觀
49_419_18

晚唐・摩訶止觀
51_433_1

晚唐・摩訶止觀
51_433_15

晚唐・摩訶止觀
51_433_22

晚唐・摩訶止觀
55_462_23

晚唐・摩訶止觀
56_473_25

晚唐・摩訶止觀
57_479_22

晚唐・摩訶止觀
58_492_16

# 施

漢シ/慣セ
訓ほどこす

初唐•古文尚書 8_69_3
初唐•古文尚書 31_296_15
初唐•古文尚書 34_319_2
發号施令 初唐•古文尚書 37_358_33
初唐•古文尚書 37_359_17
初唐•古文尚書 40_389_9
初唐•古文尚書 43_415_11
初唐•古文尚書 43_416_26

初唐•禮記正義 10_147_27
初唐・十誦律 8_140_1
初唐・十誦律 9_160_10
初唐・十誦律 9_163_17
初唐・十誦律 9_165_4
初唐・十誦律 9_167_7
初唐・十誦律 9_169_14
初唐・十誦律 9_170_4

初唐・十誦律 9_170_8
初唐・十誦律 9_171_12
初唐・般若經 7_87_9
初唐・般若經 7_87_17
初唐・般若經 7_89_7
初唐・般若經 20_297_11
初唐・般若經 20_298_2
初唐・般若經 20_299_11

中唐・翰苑 11_133_8
中唐・翰苑 16_201_44
中唐・翰苑 18_238_24
中唐・翰苑 28_360_6
中唐・翰苑 29_382_28
中唐・翰苑 35_452_19
母族 中唐・翰苑 40_511_2
旄牛 中唐・翰苑 40_513_34

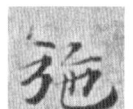

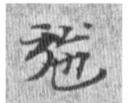

中唐・般若經 2_4_7
中唐・般若經 2_6_5
中唐・般若經 2_8_1
中唐・般若經 2_9_16
中唐・般若經 2_12_11
中唐・般若經 2_14_5
中唐・般若經 2_15_16
中唐・般若經 2_17_12

中唐・般若經 3_21_6
中唐・般若經 3_22_17
中唐・般若經 3_24_9
中唐・般若經 3_26_4
晚唐•摩訶止觀 2_16_4
晚唐•摩訶止觀 3_27_7
晚唐•摩訶止觀 9_82_7
晚唐•摩訶止觀 25_219_7

晚唐•摩訶止觀 27_237_29
晚唐•摩訶止觀 38_328_5
晚唐•摩訶止觀 38_331_19
晚唐•摩訶止觀 55_469_22
五代•大毗盧經 4_40_8
五代•大毗盧經 21_266_34
五代•大毗盧經 23_287_8
五代•大毗盧經 23_288_2

| 旉 | 旅 | 旃 | 旁 | | | |
|---|---|---|---|---|---|---|
| フ<br>訓しきのびる | 漢リョ呉ロ<br>訓たび | セン<br>訓はた | ホウ<br>訓かたわら | | | |
| <br>初唐•古文尚書<br>4_30_16<br><br>初唐•古文尚書<br>15_141_26<br><br>初唐•古文尚書<br>17_158_12<br><br>初唐•古文尚書<br>29_285_21<br>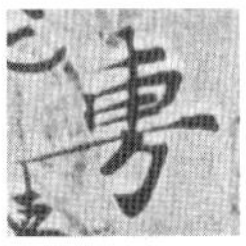<br>初唐•古文尚書<br>35_336_10 | <br>初唐•禮記正義<br>3_42_29<br><br>初唐•禮記正義<br>29_452_1<br><br>中唐・翰苑<br>34_438_15 | <br>中唐・翰苑<br>43_545_10<br><br>中唐・翰苑<br>43_548_16<br><br>五代•大毗盧經<br>71_876_2 | <br>初唐•古文尚書<br>18_170_1<br><br>初唐•古文尚書<br>18_170_18<br><br>初唐•古文尚書<br>23_218_28 | <br>五代•大毗盧經<br>88_1072_28<br><br>五代•大毗盧經<br>88_1072_40<br><br>五代•大毗盧經<br>93_1138_32<br><br>五代•大毗盧經<br>93_1138_36<br><br>五代•大毗盧經<br>96_1181_5<br><br>五代•大毗盧經<br>96_1181_21 | <br>五代•大毗盧經<br>54_666_17<br><br>五代•大毗盧經<br>55_677_1<br><br>五代•大毗盧經<br>55_679_5<br><br>五代•大毗盧經<br>55_679_29<br><br>五代•大毗盧經<br>73_893_16<br><br>五代•大毗盧經<br>73_893_28<br><br>五代•大毗盧經<br>74_912_19<br><br>五代•大毗盧經<br>74_915_19 | <br>五代•大毗盧經<br>23_295_14<br><br>五代•大毗盧經<br>25_320_1<br><br>五代•大毗盧經<br>25_324_14<br><br>五代•大毗盧經<br>50_606_11<br><br>五代•大毗盧經<br>54_658_30<br><br>五代•大毗盧經<br>54_662_16<br><br>五代•大毗盧經<br>54_663_3<br><br>五代•大毗盧經<br>54_665_18 |

| 旗 | 旌 | | 旋 | | | 族 |
| --- | --- | --- | --- | --- | --- | --- |
| 漢キ<br>訓はた | ショウ漢セイ<br>訓はた | | 漢セン<br>訓めぐらす | | | 呉ゾク漢ソウ<br>訓あつまる |
| <br>初唐•古文尚書<br>35_330_35<br><br>中唐・翰苑<br>43_554_44 | <br>初唐•古文尚書<br>3_24_12<br><br>初唐•古文尚書<br>32_298_1<br><br>初唐•古文尚書<br>35_330_34<br><br>中唐・翰苑<br>13_165_16 | <br>五代•大毗盧經<br>39_456_3<br><br>五代•大毗盧經<br>41_489_4<br><br>五代•大毗盧經<br>43_521_45<br><br>五代•大毗盧經<br>56_691_2<br><br>五代•大毗盧經<br>63_792_16<br><br>五代•大毗盧經<br>89_1087_28<br><br>五代•大毗盧經<br>98_1209_7 | <br>初唐•禮記正義<br>16_248_16<br><br>中唐・翰苑<br>31_403_36<br>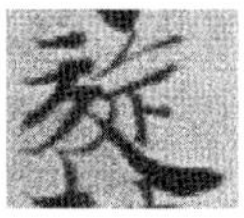<br>晚唐•摩訶止觀<br>13_113_20<br><br>五代•大毗盧經<br>17_222_16<br><br>五代•大毗盧經<br>20_260_14<br><br>五代•大毗盧經<br>20_263_30<br><br>五代•大毗盧經<br>24_304_18<br><br>五代•大毗盧經<br>35_415_12 | <br>中唐・翰苑<br>27_358_38<br><br>中唐・翰苑<br>29_374_4 | <br>中唐・翰苑<br>11_137_38<br><br>中唐・翰苑<br>11_143_28<br><br>中唐・翰苑<br>12_147_13<br><br>中唐・翰苑<br>21_279_10<br><br>中唐・翰苑<br>21_279_38<br><br>中唐・翰苑<br>21_281_46<br><br>中唐・翰苑<br>24_322_4<br><br>中唐・翰苑<br>27_357_21 | <br>初唐•古文尚書<br>48_464_5<br><br>初唐•古文尚書<br>48_464_23<br><br>初唐・毛詩傳<br>7_76_12<br><br>初唐・毛詩傳<br>8_80_22<br><br>初唐•禮記正義<br>30_469_25<br><br>初唐•禮記正義<br>30_471_9<br><br>初唐•禮記正義<br>30_472_6<br><br>中唐・翰苑<br>3_33_24 |

# 火部

## 火

火火

現 カ
訓 ひ

初唐·古文尚書
8_64_7

初唐·古文尚書
8_65_3

初唐·古文尚書
9_78_36

初唐·古文尚書
9_79_13

初唐·毛詩傳
6_64_24

初唐·般若經
6_75_3

初唐·般若經
6_75_11

初唐·般若經
6_77_1

初唐·般若經
19_284_11

初唐·般若經
19_285_2

初唐·般若經
19_286_11

中唐·翰苑
2_19_33

中唐·翰苑
2_21_40

中唐·翰苑
9_115_16

晚唐·摩訶止觀
2_19_9

晚唐·摩訶止觀
5_40_13

晚唐·摩訶止觀
21_179_8

晚唐·摩訶止觀
21_179_25

晚唐·摩訶止觀
24_206_11

晚唐·摩訶止觀
44_376_18

五代·大毗盧經
12_146_4

五代·大毗盧經
12_152_13

五代·大毗盧經
15_189_14

五代·大毗盧經
16_203_23

五代·大毗盧經
18_237_3

五代·大毗盧經
20_263_8

五代·大毗盧經
20_263_22

五代·大毗盧經
23_296_4

五代·大毗盧經
23_296_21

五代·大毗盧經
27_340_12

五代·大毗盧經
27_346_11

五代·大毗盧經
28_349_18

五代·大毗盧經
28_350_19

五代·大毗盧經
28_352_9

五代·大毗盧經
28_354_15

五代·大毗盧經
28_355_8

五代·大毗盧經
28_362_14

五代·大毗盧經
28_362_19

五代·大毗盧經
40_475_11

五代·大毗盧經
41_487_9

五代·大毗盧經
41_488_9

五代·大毗盧經
42_506_18

五代·大毗盧經
42_508_35

五代·大毗盧經
46_561_19

五代·大毗盧經
50_607_11

五代·大毗盧經
50_617_6

五代·大毗盧經
50_620_15

五代·大毗盧經
50_621_8

# 灰

現 カイ
訓 はい

中唐・翰苑
30_387_44

晚唐・摩訶止觀
23_200_9

晚唐・摩訶止觀
23_201_7

五代・大毗盧經
11_133_13

五代・大毗盧經
79_964_18

五代・大毗盧經
91_1119_17

五代・大毗盧經
92_1133_6

五代・大毗盧經
92_1134_12

五代・大毗盧經
92_1136_5

五代・大毗盧經
94_1149_21

五代・大毗盧經
85_1045_6

五代・大毗盧經
85_1045_20

五代・大毗盧經
85_1046_8

五代・大毗盧經
85_1048_15

五代・大毗盧經
90_1099_18

五代・大毗盧經
90_1100_3

五代・大毗盧經
90_1106_11

五代・大毗盧經
91_1110_19

五代・大毗盧經
80_974_16

五代・大毗盧經
80_976_19

五代・大毗盧經
80_979_1

五代・大毗盧經
80_979_11

五代・大毗盧經
80_981_3

五代・大毗盧經
82_996_13

五代・大毗盧經
84_1022_9

五代・大毗盧經
84_1023_14

五代・大毗盧經
77_931_9

五代・大毗盧經
77_934_19

五代・大毗盧經
78_945_23

五代・大毗盧經
78_946_2

五代・大毗盧經
78_947_1

五代・大毗盧經
78_951_13

五代・大毗盧經
78_951_17

五代・大毗盧經
79_964_8

五代・大毗盧經
63_777_20

五代・大毗盧經
63_779_10

五代・大毗盧經
67_837_4

五代・大毗盧經
67_839_18

五代・大毗盧經
72_885_23

五代・大毗盧經
74_914_12

五代・大毗盧經
75_924_14

五代・大毗盧經
75_924_19

五代・大毗盧經
51_622_9

五代・大毗盧經
51_625_21

五代・大毗盧經
54_658_8

五代・大毗盧經
54_661_18

五代・大毗盧經
54_662_9

五代・大毗盧經
54_665_8

五代・大毗盧經
54_667_6

五代・大毗盧經
58_707_1

## 炎

エン漢タン
訓ほのお

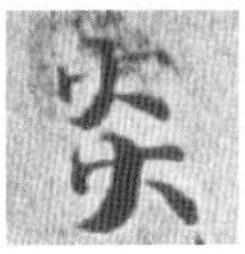
初唐•古文尚書
9_79_14

中唐・翰苑
34_441_20

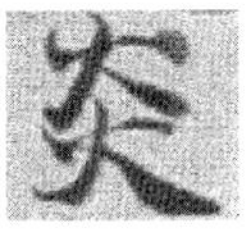
晩唐•摩訶止観
45_385_23

五代•大毗盧經
45_540_24

## 炬

慣コ漢キョ
訓たいまつ

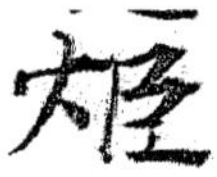
五代•大毗盧經
12_148_13

## 炙

シャ漢セキ
訓あぶる

参問倭地
中唐・翰苑
31_403_19

初唐・十誦律
19_373_11

中唐・翰苑
25_327_41

五代•大毗盧經
12_146_9

五代•大毗盧經
63_777_19

初唐•古文尚書
28_272_15

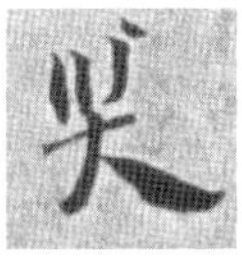
初唐•古文尚書
28_273_16

初唐•古文尚書
28_275_1

初唐•古文尚書
28_275_38

初唐•古文尚書
28_278_26

初唐•古文尚書
29_279_1

初唐•禮記正義
9_137_23

初唐•禮記正義
9_140_13

## 災

サイ
訓わざわい

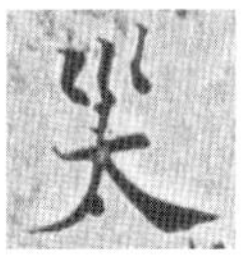
初唐•古文尚書
9_73_7

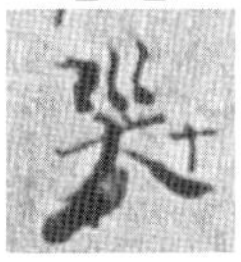
初唐•古文尚書
9_73_26

初唐•古文尚書
10_86_4

初唐•古文尚書
10_86_20

初唐•古文尚書
12_103_11

初唐•古文尚書
12_113_11

初唐•古文尚書
12_113_27

初唐•古文尚書
28_271_28

## 灼

シャク
訓やく

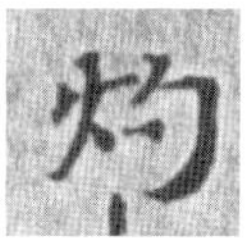
初唐•古文尚書
42_408_16

初唐•古文尚書
45_438_16

晩唐•摩訶止観
33_288_20

五代•大毗盧經
37_437_5

## 烏

オ呉ウ
訓からす

初唐•古文尚書
11_100_18

初唐•古文尚書
14_131_22

初唐•古文尚書
16_152_11

初唐•古文尚書
17_164_8

初唐•古文尚書
19_179_27

初唐•古文尚書
19_185_18

初唐•古文尚書
23_219_32

初唐•古文尚書
24_239_24

初唐•禮記正義
8_129_5

初唐•禮記正義
9_130_4

初唐•禮記正義
9_131_31

初唐•禮記正義
9_135_15

初唐•禮記正義
9_135_18

## 烋

コウ
訓さいわい

初唐•古文尚書
19_182_22

初唐•古文尚書
20_192_14

初唐•古文尚書
24_229_4

初唐•古文尚書
44_427_8

初唐•古文尚書
44_427_10

初唐•禮記正義
3_40_6

初唐•禮記正義
8_116_20

初唐•禮記正義
8_128_10

五代•大毗盧經
13_167_20

## 烈

漢現レツ
訓はげしい

初唐•古文尚書
7_52_17

初唐•古文尚書
23_225_3

初唐•古文尚書
33_317_25

初唐•古文尚書
34_325_3

初唐•古文尚書
36_342_23

初唐•古文尚書
38_362_12

中唐・翰苑
35_453_12

五代•大毗盧經
8_96_28

## 炷

漢シュ
訓ともしび

晚唐•摩訶止觀
57_484_11

## 炭

タン
訓すみ

初唐•古文尚書
1_4_5

中唐・翰苑
10_129_6

初唐•古文尚書 26_254_3

初唐•古文尚書 26_255_5

初唐•古文尚書 29_285_12

初唐•古文尚書 31_296_20

初唐•古文尚書 33_313_38

初唐•古文尚書 34_323_7

初唐•古文尚書 35_328_14

初唐•古文尚書 36_341_34

初唐•古文尚書 39_374_31

初唐•古文尚書 43_421_9

初唐•古文尚書 47_463_28

初唐•古文尚書 48_473_27

中唐•翰苑 1_3_3

中唐•翰苑 6_75_18

中唐•翰苑 8_104_21

中唐•翰苑 11_132_4

中唐•翰苑 11_134_11

中唐•翰苑 11_134_29

中唐•翰苑 11_136_10

中唐•翰苑 11_138_17

中唐•翰苑 11_141_13

中唐•翰苑 11_144_1

中唐•翰苑 12_146_8

中唐•翰苑 12_148_1

中唐•翰苑 12_150_8

中唐•翰苑 12_151_1

中唐•翰苑 12_155_12

中唐•翰苑 12_157_4

中唐•翰苑 12_158_27

中唐•翰苑 13_159_18

中唐•翰苑 13_161_14

中唐•翰苑 13_162_9

中唐•翰苑 13_163_18

中唐•翰苑 13_164_24

中唐•翰苑 13_167_43

中唐•翰苑 13_168_15

中唐•翰苑 13_168_37

故因号焉
中唐•翰苑 13_171_9

中唐•翰苑 14_174_1

中唐•翰苑 14_177_13

中唐•翰苑 15_193_18

中唐•翰苑 15_194_15

中唐•翰苑 15_195_30

中唐•翰苑 15_196_26

收養焉
中唐•翰苑 15_200_41

中唐•翰苑 19_255_19

中唐•翰苑 19_255_21

中唐•翰苑 26_345_45

中唐•翰苑 27_352_16

中唐•翰苑 28_370_15

中唐•翰苑 35_449_26

中唐•翰苑 43_545_6

中唐•翰苑 43_545_17

焉 烝

| | | | エン<br>訓なんぞ | ショウ 慣ジョウ<br>訓むす | | |
|---|---|---|---|---|---|---|
| 中唐・翰苑 16_203_3 | 中唐・翰苑 3_32_39 | 初唐・毛詩傳 8_83_6 | 初唐・古文尚書 2_9_25 | 初唐・古文尚書 10_85_25 | 烏波大龍王 五代・大毗盧經 80_970_11 | 中唐・翰苑 43_547_15 |
| 烏集 中唐・翰苑 16_205_22 | 中唐・翰苑 4_49_21 | 初唐・毛詩傳 8_87_1 | 初唐・古文尚書 41_401_30 | | 烏摩妃 五代・大毗盧經 89_1082_1 | 中唐・翰苑 43_548_8 |
| 中唐・翰苑 16_213_3 | 烏桓 中唐・翰苑 5_61_29 | 初唐・毛詩傳 8_87_9 | 初唐・毛詩傳 4_39_15 | | 烏摩爾 五代・大毗盧經 89_1083_12 | 晩唐・摩訶止觀 32_276_20 |
| 中唐・翰苑 18_229_2 | 烏桓 中唐・翰苑 5_62_3 | 初唐・毛詩傳 10_106_3 | 初唐・毛詩傳 5_51_14 | | 難陀烏波龍 五代・大毗盧經 89_1091_8 | 五代・密教部類 6_88_28 |
| 中唐・翰苑 18_231_38 | 烏桓 中唐・翰苑 6_73_28 | 初唐・禮記正義 15_226_9 | 初唐・毛詩傳 6_61_1 | | | 五代・大毗盧經 37_439_4 |
| 中唐・翰苑 20_257_42 | 中唐・翰苑 11_134_36 | 初唐・禮記正義 16_251_9 | 初唐・毛詩傳 6_64_21 | | | 五代・大毗盧經 50_615_20 |
| 中唐・翰苑 20_258_8 | 烏桓 中唐・翰苑 13_160_30 | 初唐・禮記正義 19_290_8 | 初唐・毛詩傳 8_81_20 | | | 五代・大毗盧經 50_621_1 |
| | | | | | | 五代・大毗盧經 52_641_1 |

## 無

漢現ブ 呉現ム
訓ない

初唐•古文尚書
6_47_37

初唐•古文尚書
7_51_31

初唐•古文尚書
7_52_23

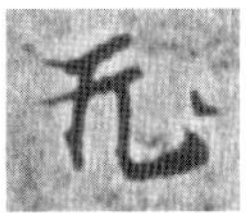
初唐•古文尚書
7_57_4

初唐•古文尚書
7_59_8

初唐•古文尚書
8_61_20

初唐•古文尚書
8_62_17

初唐•古文尚書
9_71_40

## 焚

漢フン
訓やきがり

晩唐•摩訶止観
21_179_26

五代•大毗盧經
2_11_13

五代•大毗盧經
11_133_4

五代•大毗盧經
20_263_1

## 煮

慣ジャ 漢ショ
訓にる

晩唐•摩訶止観
29_248_27

## 烽

漢ホウ
訓のろし

中唐・翰苑
2_19_32

中唐・翰苑
2_21_39

中唐・翰苑
44_561_13

中唐・翰苑
45_578_14

中唐・翰苑
45_580_14

中唐・翰苑
45_581_12

五代•密教部類
1_5_11

五代•大毗盧經
85_1037_3

中唐・翰苑
35_452_8

中唐・翰苑
35_452_20

中唐・翰苑
37_471_47

中唐・翰苑
40_513_8

中唐・翰苑
41_528_39

烏戈
中唐・翰苑
42_543_17

中唐・翰苑
43_552_41

中唐・翰苑
20_265_12

中唐・翰苑
23_307_36

中唐・翰苑
23_308_13

中唐・翰苑
24_312_10

中唐・翰苑
26_339_23

中唐・翰苑
28_363_23

中唐・翰苑
30_393_42

| | | | | | | |
|---|---|---|---|---|---|---|
| 初唐•古文尚書 9_75_20 | 初唐•古文尚書 15_136_30 | 初唐•古文尚書 20_193_2 | 初唐•古文尚書 24_238_10 | 初唐•古文尚書 27_265_24 | 初唐•古文尚書 31_290_26 | 初唐•古文尚書 34_324_9 |
| 初唐•古文尚書 11_99_13 | 初唐•古文尚書 15_141_15 | 初唐•古文尚書 21_202_10 | 初唐•古文尚書 25_240_4 | 初唐•古文尚書 27_267_19 | 初唐•古文尚書 31_292_43 | 初唐•古文尚書 34_324_23 |
| 初唐•古文尚書 11_101_14 | 初唐•古文尚書 16_145_20 | 初唐•古文尚書 22_208_30 | 初唐•古文尚書 25_240_31 | 初唐•古文尚書 27_267_22 | 初唐•古文尚書 31_294_31 | 初唐•古文尚書 35_332_33 |
| 初唐•古文尚書 13_114_24 | 初唐•古文尚書 16_147_1 | 初唐•古文尚書 22_214_18 | 初唐•古文尚書 25_244_19 | 初唐•古文尚書 27_270_9 | 初唐•古文尚書 33_307_2 | 初唐•古文尚書 35_337_1 |
| 初唐•古文尚書 14_124_18 | 初唐•古文尚書 17_157_14 | 初唐•古文尚書 22_217_26 | 初唐•古文尚書 25_248_37 | 初唐•古文尚書 28_275_37 | 初唐•古文尚書 34_320_19 | 初唐•古文尚書 35_338_13 |
| 初唐•古文尚書 14_124_22 | 初唐•古文尚書 17_157_29 | 初唐•古文尚書 23_218_16 | 初唐•古文尚書 26_253_10 | 初唐•古文尚書 28_278_18 | 初唐•古文尚書 34_321_27 | 初唐•古文尚書 35_338_19 |
| 初唐•古文尚書 14_132_20 | 初唐•古文尚書 19_177_13 | 初唐•古文尚書 23_225_21 | 初唐•古文尚書 26_257_21 | 初唐•古文尚書 29_280_10 | 初唐•古文尚書 34_322_9 | 初唐•古文尚書 36_339_27 |
| 初唐•古文尚書 15_136_25 | 初唐•古文尚書 19_178_14 | 初唐•古文尚書 24_236_26 | 初唐•古文尚書 27_260_16 | 初唐•古文尚書 29_282_21 | 初唐•古文尚書 34_323_21 | 初唐•古文尚書 36_344_5 |

初唐•古文尚書
37_356_5

初唐•古文尚書
37_356_15

初唐•古文尚書
37_357_13

初唐•古文尚書
37_358_26

初唐•古文尚書
37_359_19

初唐•古文尚書
38_361_9

初唐•古文尚書
38_364_12

初唐•古文尚書
38_365_6

初唐•古文尚書
38_367_1

初唐•古文尚書
38_367_6

初唐•古文尚書
38_367_10

初唐•古文尚書
38_369_22

初唐•古文尚書
39_371_5

初唐•古文尚書
40_384_14

初唐•古文尚書
40_388_8

初唐•古文尚書
40_388_25

初唐•古文尚書
40_389_13

初唐•古文尚書
40_389_15

初唐•古文尚書
40_391_5

初唐•古文尚書
41_393_13

初唐•古文尚書
41_393_21

初唐•古文尚書
41_395_33

初唐•古文尚書
41_397_29

初唐•古文尚書
41_399_14

初唐•古文尚書
41_401_27

初唐•古文尚書
42_404_4

初唐•古文尚書
42_408_27

初唐•古文尚書
42_411_22

初唐•古文尚書
43_412_19

初唐•古文尚書
43_417_19

初唐•古文尚書
43_419_24

初唐•古文尚書
43_420_22

初唐•古文尚書
44_424_12

初唐•古文尚書
44_424_23

初唐•古文尚書
45_441_29

初唐•古文尚書
45_442_16

初唐•古文尚書
46_451_14

初唐•古文尚書
46_452_5

初唐•古文尚書
47_458_22

初唐•古文尚書
47_461_28

初唐•古文尚書
48_468_11

初唐•古文尚書
48_469_8

初唐•古文尚書
48_473_7

初唐•古文尚書
49_476_20

初唐•古文尚書
49_478_28

初唐・毛詩傳
1_10_5

初唐・毛詩傳
2_11_10

初唐・毛詩傳
2_12_3

初唐・毛詩傳
2_15_3

初唐・毛詩傳
2_16_8

初唐・毛詩傳
2_18_2

初唐・毛詩傳
2_18_17

初唐・毛詩傳
2_20_3

初唐・毛詩傳
5_46_16

初唐・毛詩傳
5_54_5

初唐・毛詩傳
5_55_5

初唐•禮記正義 30_475_12
初唐•禮記正義 30_475_14
初唐・十誦律 6_100_5
初唐・十誦律 6_102_3
初唐・十誦律 7_121_12
初唐・十誦律 7_132_8
初唐・十誦律 8_151_13
初唐・十誦律 10_185_9

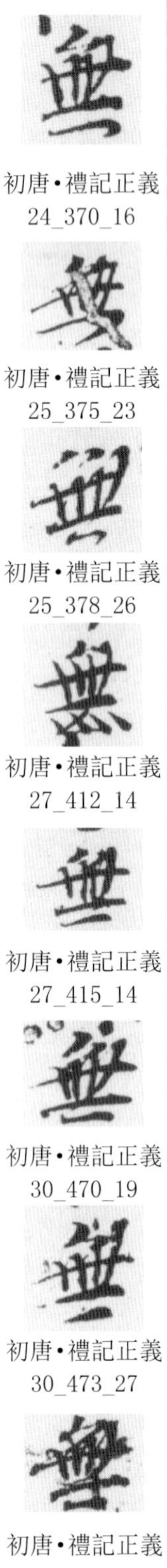

初唐•禮記正義 24_370_16
初唐•禮記正義 25_375_23
初唐•禮記正義 25_378_26
初唐•禮記正義 27_412_14
初唐•禮記正義 27_415_14
初唐•禮記正義 30_470_19
初唐•禮記正義 30_473_27
初唐•禮記正義 30_474_15

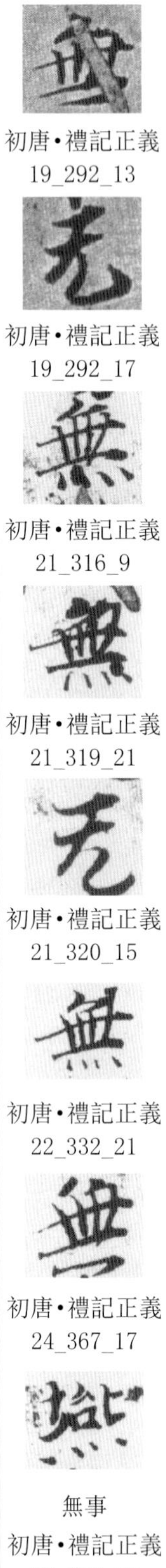

初唐•禮記正義 19_292_13
初唐•禮記正義 19_292_17
初唐•禮記正義 21_316_9
初唐•禮記正義 21_319_21
初唐•禮記正義 21_320_15
初唐•禮記正義 22_332_21
初唐•禮記正義 24_367_17
無事 初唐•禮記正義 24_368_17

初唐•禮記正義 8_116_24
初唐•禮記正義 10_159_14
初唐•禮記正義 10_161_7
初唐•禮記正義 13_198_19
初唐•禮記正義 15_234_20
初唐•禮記正義 16_240_25
初唐•禮記正義 17_254_18
初唐•禮記正義 17_260_8

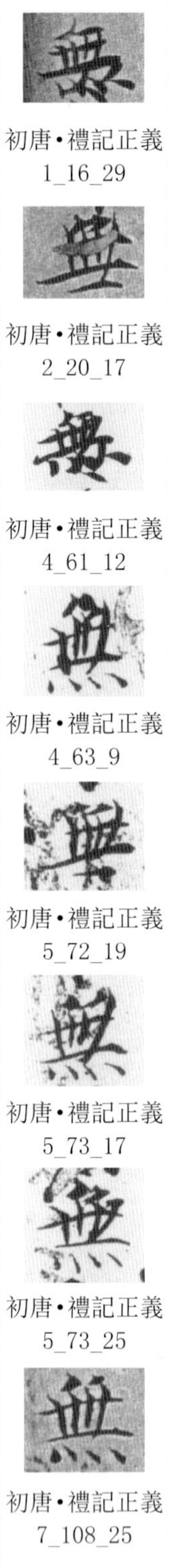

初唐•禮記正義 1_16_29
初唐•禮記正義 2_20_17
初唐•禮記正義 4_61_12
初唐•禮記正義 4_63_9
初唐•禮記正義 5_72_19
初唐•禮記正義 5_73_17
初唐•禮記正義 5_73_25
初唐•禮記正義 7_108_25

初唐・毛詩傳 8_87_3
初唐・毛詩傳 9_93_20
初唐・毛詩傳 9_94_15
初唐・毛詩傳 9_96_2
初唐・毛詩傳 10_105_23
初唐•禮記正義 1_15_14
初唐•禮記正義 1_15_28
初唐•禮記正義 1_16_10

初唐・毛詩傳 7_77_6
初唐・毛詩傳 8_79_11
初唐・毛詩傳 8_80_4
初唐・毛詩傳 8_80_33
初唐・毛詩傳 8_82_31
初唐・毛詩傳 8_83_20
初唐・毛詩傳 8_85_14
初唐・毛詩傳 8_86_5

初唐·十誦律 12_220_6
初唐·十誦律 12_223_8
初唐·十誦律 12_226_9
初唐·十誦律 12_229_8
初唐·十誦律 14_272_11
初唐·十誦律 14_273_4
初唐·十誦律 14_273_16
初唐·十誦律 14_274_8

初唐·十誦律 15_275_8
初唐·十誦律 15_276_14
初唐·十誦律 15_277_4
初唐·十誦律 15_277_14
初唐·十誦律 15_278_9
初唐·十誦律 15_279_1
初唐·十誦律 15_281_10
初唐·十誦律 15_282_6

初唐·十誦律 15_282_15
初唐·十誦律 15_283_12
初唐·十誦律 15_286_6
初唐·十誦律 15_286_15
初唐·十誦律 15_287_12
初唐·十誦律 15_288_5
初唐·十誦律 15_290_11
初唐·十誦律 15_291_9

初唐·十誦律 15_292_6
初唐·十誦律 15_292_16
初唐·十誦律 15_295_14
初唐·十誦律 16_296_6
初唐·十誦律 16_297_3
初唐·十誦律 16_297_13
初唐·十誦律 16_298_8
初唐·十誦律 16_302_11

初唐·十誦律 16_303_4
初唐·十誦律 16_303_16
初唐·十誦律 16_304_8
初唐·十誦律 16_306_14
初唐·十誦律 16_307_14
初唐·十誦律 16_308_9
初唐·十誦律 16_309_1
初唐·十誦律 16_311_17

初唐·十誦律 16_312_10
初唐·十誦律 16_313_5
初唐·十誦律 16_313_14
初唐·十誦律 16_314_11
初唐·十誦律 17_317_6
初唐·十誦律 17_317_15
初唐·十誦律 17_320_7
初唐·十誦律 17_320_17

初唐·十誦律 17_322_10
初唐·十誦律 17_322_16
初唐·十誦律 17_323_8
初唐·十誦律 17_324_5
初唐·十誦律 17_324_15
初唐·十誦律 17_326_13
初唐·十誦律 17_327_5
初唐·十誦律 17_328_2

| | | | | | | |
|---|---|---|---|---|---|---|
| 初唐・般若經<br>3_34_4 | 初唐・般若經<br>3_26_4 | 初唐・般若經<br>3_19_9 | 初唐・般若經<br>2_12_14 | 初唐・般若經<br>2_6_8 | 初唐・十誦律<br>17_336_13 | 初唐・十誦律<br>17_328_12 |
| 初唐・般若經<br>3_34_6 | 初唐・般若經<br>3_26_6 | 初唐・般若經<br>3_19_11 | 初唐・般若經<br>2_12_16 | 初唐・般若經<br>2_6_10 | 初唐・十誦律<br>18_337_8 | 初唐・十誦律<br>17_329_7 |
| 初唐・般若經<br>3_34_9 | 初唐・般若經<br>3_26_9 | 初唐・般若經<br>3_19_14 | 初唐・般若經<br>2_13_2 | 初唐・般若經<br>2_6_13 | 初唐・十誦律<br>18_339_16 | 初唐・十誦律<br>17_331_10 |
| 初唐・般若經<br>3_34_11 | 初唐・般若經<br>3_26_11 | 初唐・般若經<br>3_19_16 | 初唐・般若經<br>2_13_4 | 初唐・般若經<br>2_6_15 | 初唐・十誦律<br>18_340_9 | 初唐・十誦律<br>17_332_3 |
| 初唐・般若經<br>4_39_3 | 初唐・般若經<br>3_31_3 | 初唐・般若經<br>3_23_3 | 初唐・般若經<br>2_16_8 | 初唐・般若經<br>2_9_13 | 初唐・十誦律<br>18_341_4 | 初唐・十誦律<br>17_332_15 |
| 初唐・般若經<br>4_39_5 | 初唐・般若經<br>3_31_5 | 初唐・般若經<br>3_23_5 | 初唐・般若經<br>2_16_10 | 初唐・般若經<br>2_9_15 | 初唐・十誦律<br>18_341_13 | 初唐・十誦律<br>17_333_8 |
| 初唐・般若經<br>4_39_8 | 初唐・般若經<br>3_31_8 | 初唐・般若經<br>3_23_8 | 初唐・般若經<br>2_16_13 | 初唐・般若經<br>2_10_1 | 初唐・十誦律<br>18_342_10 | 初唐・十誦律<br>17_335_13 |
| 初唐・般若經<br>4_39_10 | 初唐・般若經<br>3_31_10 | 初唐・般若經<br>3_23_10 | 初唐・般若經<br>2_16_15 | 初唐・般若經<br>2_10_3 | 初唐・十誦律<br>19_372_12 | 初唐・十誦律<br>17_336_3 |

初唐・般若經 4_42_4
初唐・般若經 4_42_6
初唐・般若經 4_42_9
初唐・般若經 4_42_11
初唐・般若經 4_47_3
初唐・般若經 4_47_5
初唐・般若經 4_47_8
初唐・般若經 4_47_10

初唐・般若經 4_50_4
初唐・般若經 4_50_6
初唐・般若經 4_50_9
初唐・般若經 4_50_11
初唐・般若經 5_55_3
初唐・般若經 25_377_10
初唐・般若經 25_377_12
初唐・般若經 25_377_15

初唐・般若經 25_377_17
初唐・般若經 25_378_11
初唐・般若經 25_378_15
初唐・般若經 25_380_1
初唐・般若經 25_381_16
初唐・般若經 25_383_2
初唐・般若經 25_383_4
初唐・般若經 25_383_7

初唐・般若經 25_383_9
初唐・般若經 25_384_4
初唐・般若經 25_384_10
初唐・般若經 25_385_17
初唐・般若經 25_386_13
初唐・般若經 25_386_15
初唐・般若經 25_387_1
初唐・般若經 25_387_3

初唐・般若經 25_390_5
初唐・般若經 25_390_7
初唐・般若經 25_390_10
初唐・般若經 25_390_12
初唐・般若經 26_393_13
初唐・般若經 26_393_15
初唐・般若經 26_394_1
初唐・般若經 26_394_3

初唐・般若經 26_397_14
初唐・般若經 26_397_16
初唐・般若經 26_398_2
初唐・般若經 26_398_4
初唐・般若經 26_401_14
初唐・般若經 26_401_16
初唐・般若經 26_402_2
初唐・般若經 26_402_4

初唐・般若經 26_405_13
初唐・般若經 26_405_15
初唐・般若經 26_406_1
初唐・般若經 26_406_3
初唐・般若經 27_409_16
初唐・般若經 27_410_1
初唐・般若經 27_410_4
初唐・般若經 27_410_6

| | | | | | | |
|---|---|---|---|---|---|---|
| 中唐•翰苑 24_310_9 | 中唐•翰苑 19_248_5 | 中唐•翰苑 14_184_36 | 中唐•翰苑 11_139_5 | 中唐•翰苑 4_43_30 | 初唐•般若經 27_422_3 | 初唐•般若經 27_414_3 |
| 中唐•翰苑 24_311_23 | 中唐•翰苑 19_255_40 | 中唐•翰苑 15_194_27 | 中唐•翰苑 11_139_35 | 中唐•翰苑 8_93_3 | 初唐•般若經 27_422_5 | 初唐•般若經 27_414_5 |
| 中唐•翰苑 24_312_4 | 中唐•翰苑 20_268_31 | 中唐•翰苑 15_194_40 | 中唐•翰苑 11_140_1 | 中唐•翰苑 8_93_17 | 初唐•般若經 27_422_8 | 初唐•般若經 27_414_8 |
| 中唐•翰苑 24_312_16 | 中唐•翰苑 20_268_42 | 中唐•翰苑 16_201_29 | 中唐•翰苑 11_144_33 | 中唐•翰苑 9_112_20 | 初唐•般若經 27_422_10 | 初唐•般若經 27_414_10 |
| 中唐•翰苑 24_312_30 | 中唐•翰苑 21_282_4 | 中唐•翰苑 16_202_6 | 中唐•翰苑 12_149_17 | 中唐•翰苑 10_119_21 | 初唐•般若經 27_423_7 | 初唐•般若經 27_417_14 |
| 中唐•翰苑 24_312_35 | 中唐•翰苑 22_284_42 | 中唐•翰苑 17_221_8 | 中唐•翰苑 12_156_20 | 中唐•翰苑 10_122_37 | 初唐•般若經 27_423_17 | 初唐•般若經 27_417_16 |
| 中唐•翰苑 25_333_39 | 中唐•翰苑 22_285_19 | 中唐•翰苑 18_234_38 | 中唐•翰苑 12_157_9 | 中唐•翰苑 11_136_27 | 中唐•翰苑 3_33_29 | 初唐•般若經 27_418_2 |
| 中唐•翰苑 27_349_19 | 中唐•翰苑 22_286_9 | 中唐•翰苑 18_235_16 | 中唐•翰苑 12_158_15 | 中唐•翰苑 11_137_42 | 中唐•翰苑 3_34_16 | 初唐•般若經 27_418_4 |

中唐·翰苑 28_359_21

中唐·翰苑 29_375_35

中唐·翰苑 29_378_8

中唐·翰苑 30_383_16

中唐·翰苑 30_383_20

中唐·翰苑 30_383_43

中唐·翰苑 30_384_17

中唐·翰苑 30_387_9

中唐·翰苑 30_387_38

中唐·翰苑 30_389_31

中唐·翰苑 30_391_28

中唐·翰苑 30_393_6

中唐·翰苑 31_399_27

中唐·翰苑 31_405_43

中唐·翰苑 32_409_8

中唐·翰苑 32_419_58

中唐·翰苑 33_429_31

中唐·翰苑 34_435_11

中唐·翰苑 35_453_11

中唐·翰苑 35_455_28

中唐·翰苑 36_464_1

中唐·翰苑 37_482_14

中唐·翰苑 37_482_23

中唐·翰苑 39_503_2

中唐·翰苑 40_517_39

中唐·翰苑 42_537_7

中唐·翰苑 42_538_6

中唐·翰苑 42_538_26

中唐·翰苑 42_538_37

中唐·翰苑 45_573_13

中唐·般若經 2_6_1

中唐·般若經 8_116_6

中唐·般若經 8_116_9

中唐·般若經 8_116_11

中唐·般若經 8_117_2

中唐·般若經 8_117_15

中唐·般若經 8_117_17

中唐·般若經 8_120_13

中唐·般若經 8_120_17

中唐·般若經 8_121_2

中唐·般若經 8_121_10

中唐·般若經 8_122_7

中唐·般若經 8_122_9

中唐·般若經 8_123_10

中唐·般若經 8_123_14

中唐·般若經 11_177_11

中唐·般若經 11_178_6

中唐·般若經 11_179_11

中唐·般若經 11_179_15

中唐·般若經 11_180_12

中唐·般若經 11_181_8

中唐·般若經 11_185_16

中唐·般若經 11_186_6

中唐·般若經 11_186_13

中唐·般若經 11_187_6

中唐·般若經 11_187_9

| | | | | | | |
|---|---|---|---|---|---|---|
| 中唐・般若經<br>16_286_16 | 中唐・般若經<br>16_268_7 | 中唐・般若經<br>13_226_2 | 中唐・般若經<br>13_211_16 | 中唐・般若經<br>12_201_13 | 中唐・般若經<br>12_195_2 | 中唐・般若經<br>11_188_10 |
| 中唐・般若經<br>17_287_15 | 中唐・般若經<br>16_269_6 | 中唐・般若經<br>15_250_12 | 中唐・般若經<br>13_215_8 | 中唐・般若經<br>12_202_3 | 中唐・般若經<br>12_195_9 | 中唐・般若經<br>11_188_17 |
| 中唐・般若經<br>17_289_4 | 中唐・般若經<br>16_271_12 | 中唐・般若經<br>15_251_7 | 中唐・般若經<br>13_216_5 | 中唐・般若經<br>12_202_13 | 中唐・般若經<br>12_196_3 | 中唐・般若經<br>11_189_10 |
| 中唐・般若經<br>17_292_6 | 中唐・般若經<br>16_272_11 | 中唐・般若經<br>15_256_16 | 中唐・般若經<br>13_218_3 | 中唐・般若經<br>12_202_16 | 中唐・般若經<br>12_196_7 | 中唐・般若經<br>11_189_13 |
| 中唐・般若經<br>17_293_14 | 中唐・般若經<br>16_276_17 | 中唐・般若經<br>15_257_15 | 中唐・般若經<br>13_218_17 | 中唐・般若經<br>12_207_16 | 中唐・般若經<br>12_199_10 | 中唐・般若經<br>12_192_11 |
| 中唐・般若經<br>17_297_4 | 中唐・般若經<br>16_277_15 | 中唐・般若經<br>15_259_7 | 中唐・般若經<br>13_222_15 | 中唐・般若經<br>12_208_12 | 中唐・般若經<br>12_199_17 | 中唐・般若經<br>12_193_1 |
| 中唐・般若經<br>17_298_10 | 中唐・般若經<br>16_280_1 | 中唐・般若經<br>15_262_4 | 中唐・般若經<br>13_223_11 | 中唐・般若經<br>12_209_8 | 中唐・般若經<br>12_200_10 | 中唐・般若經<br>12_193_12 |
| 中唐・般若經<br>17_303_16 | 中唐・般若經<br>16_280_16 | 中唐・般若經<br>15_263_13 | 中唐・般若經<br>13_225_6 | 中唐・般若經<br>13_211_3 | 中唐・般若經<br>12_200_13 | 中唐・般若經<br>12_193_16 |

| | | | | | | |
|---|---|---|---|---|---|---|
| | | | | | | |
| 晚唐•摩訶止觀 6_55_8 | 晚唐•摩訶止觀 6_53_12 | 晚唐•摩訶止觀 6_49_16 | 中唐 • 般若經 19_336_3 | 中唐 • 般若經 19_330_2 | 中唐 • 般若經 18_323_17 | 中唐 • 般若經 17_304_17 |
| 晚唐•摩訶止觀 7_57_21 | 晚唐•摩訶止觀 6_53_14 | 晚唐•摩訶止觀 6_50_13 | 晚唐•摩訶止觀 2_14_7 | 中唐 • 般若經 19_330_11 | 中唐 • 般若經 18_324_5 | 中唐 • 般若經 18_306_10 |
| 晚唐•摩訶止觀 7_60_18 | 晚唐•摩訶止觀 6_53_17 | 晚唐•摩訶止觀 6_51_7 | 晚唐•摩訶止觀 2_14_21 | 中唐 • 般若經 19_330_17 | 中唐 • 般若經 18_325_1 | 中唐 • 般若經 18_309_16 |
| 晚唐•摩訶止觀 7_61_13 | 晚唐•摩訶止觀 6_53_20 | 晚唐•摩訶止觀 6_52_1 | 晚唐•摩訶止觀 3_23_23 | 中唐 • 般若經 19_333_13 | 中唐 • 般若經 18_325_10 | 中唐 • 般若經 18_311_11 |
| 晚唐•摩訶止觀 7_63_7 | 晚唐•摩訶止觀 6_53_22 | 晚唐•摩訶止觀 6_52_5 | 晚唐•摩訶止觀 5_41_5 | 中唐 • 般若經 19_334_5 | 中唐 • 般若經 18_325_15 | 中唐 • 般若經 18_315_5 |
| 晚唐•摩訶止觀 7_64_4 | 晚唐•摩訶止觀 6_54_1 | 晚唐•摩訶止觀 6_52_13 | 晚唐•摩訶止觀 5_41_11 | 中唐 • 般若經 19_334_10 | 中唐 • 般若經 19_328_7 | 中唐 • 般若經 18_316_15 |
| 晚唐•摩訶止觀 7_64_12 | 晚唐•摩訶止觀 6_54_13 | 晚唐•摩訶止觀 6_52_22 | 晚唐•摩訶止觀 5_43_10 | 中唐 • 般若經 19_335_6 | 中唐 • 般若經 19_328_16 | 中唐 • 般若經 18_322_16 |
| 晚唐•摩訶止觀 7_65_1 | 晚唐•摩訶止觀 6_55_6 | 晚唐•摩訶止觀 6_53_8 | 晚唐•摩訶止觀 5_46_18 | 中唐 • 般若經 19_335_15 | 中唐 • 般若經 19_329_5 | 中唐 • 般若經 18_323_8 |

晚唐•摩訶止觀
7_65_3

晚唐•摩訶止觀
8_66_19

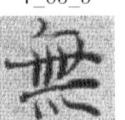

晚唐•摩訶止觀
8_67_15

晚唐•摩訶止觀
9_80_5

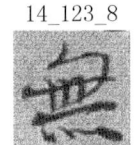

晚唐•摩訶止觀
10_92_6

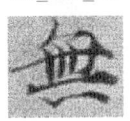

晚唐•摩訶止觀
10_92_14

晚唐•摩訶止觀
10_92_16

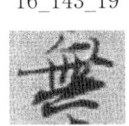

晚唐•摩訶止觀
10_92_18

晚唐•摩訶止觀
11_97_16

晚唐•摩訶止觀
11_100_5

晚唐•摩訶止觀
11_101_20

晚唐•摩訶止觀
12_102_3

晚唐•摩訶止觀
12_109_12

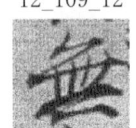

晚唐•摩訶止觀
12_109_17

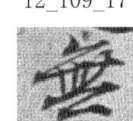

晚唐•摩訶止觀
12_109_19

晚唐•摩訶止觀
13_113_18

晚唐•摩訶止觀
13_115_14

晚唐•摩訶止觀
13_117_25

晚唐•摩訶止觀
13_118_1

晚唐•摩訶止觀
13_118_13

晚唐•摩訶止觀
13_119_6

晚唐•摩訶止觀
13_119_8

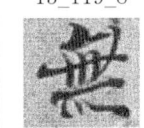

晚唐•摩訶止觀
13_119_14

晚唐•摩訶止觀
13_119_16

晚唐•摩訶止觀
14_121_4

晚唐•摩訶止觀
14_123_8

晚唐•摩訶止觀
14_124_19

晚唐•摩訶止觀
15_128_21

晚唐•摩訶止觀
15_129_12

晚唐•摩訶止觀
15_129_16

晚唐•摩訶止觀
15_129_20

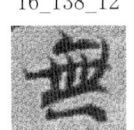

晚唐•摩訶止觀
15_129_26

晚唐•摩訶止觀
15_130_2

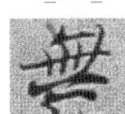

晚唐•摩訶止觀
15_130_14

晚唐•摩訶止觀
16_136_14

晚唐•摩訶止觀
16_136_16

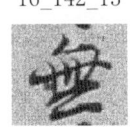

晚唐•摩訶止觀
16_136_19

晚唐•摩訶止觀
16_138_2

晚唐•摩訶止觀
16_138_12

晚唐•摩訶止觀
16_139_3

晚唐•摩訶止觀
16_142_1

晚唐•摩訶止觀
16_142_3

晚唐•摩訶止觀
16_142_11

晚唐•摩訶止觀
16_142_13

晚唐•摩訶止觀
16_143_19

晚唐•摩訶止觀
19_169_19

晚唐•摩訶止觀
20_172_18

晚唐•摩訶止觀
20_172_22

晚唐•摩訶止觀
20_173_6

晚唐•摩訶止觀
20_173_9

晚唐•摩訶止觀
20_173_16

晚唐•摩訶止觀
21_181_13

晚唐•摩訶止觀
22_189_26

晚唐•摩訶止觀
22_191_18

晚唐•摩訶止觀
22_193_26

晚唐•摩訶止觀
23_198_12

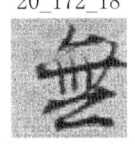

晚唐•摩訶止觀
23_198_22

晚唐•摩訶止觀
23_198_26

晚唐•摩訶止觀
25_214_19

晚唐•摩訶止觀
25_215_25

晚唐•摩訶止觀
25_216_10

晚唐•摩訶止觀
25_217_16

晚唐•摩訶止觀
28_240_10

晚唐•摩訶止觀
28_240_13

晚唐•摩訶止觀
28_240_15

晚唐•摩訶止觀
28_242_4

晚唐•摩訶止觀
28_242_20

晚唐•摩訶止觀
28_242_24

晚唐•摩訶止觀
28_243_25

晚唐•摩訶止觀
28_244_6

晚唐•摩訶止觀
28_245_11

晚唐•摩訶止觀
28_245_18

晚唐•摩訶止觀
28_246_4

晚唐•摩訶止觀
28_246_12

晚唐•摩訶止觀
28_246_17

晚唐•摩訶止觀
28_246_26

晚唐•摩訶止觀
29_250_22

晚唐•摩訶止觀
29_252_2

晚唐•摩訶止觀
29_253_2

晚唐•摩訶止觀
51_432_4

晚唐•摩訶止觀
51_433_16

晚唐•摩訶止觀
52_441_17

晚唐•摩訶止觀
52_443_5

晚唐•摩訶止觀
53_447_22

晚唐•摩訶止觀
53_447_26

晚唐•摩訶止觀
53_448_2

晚唐•摩訶止觀
53_448_6

晚唐•摩訶止觀
53_448_9

晚唐•摩訶止觀
53_448_14

晚唐•摩訶止觀
53_448_28

晚唐•摩訶止觀
53_450_4

晚唐•摩訶止觀
53_450_8

晚唐•摩訶止觀
53_451_25

晚唐•摩訶止觀
55_462_12

晚唐•摩訶止觀
55_462_26

晚唐•摩訶止觀
55_462_28

晚唐•摩訶止觀
55_464_7

晚唐•摩訶止觀
56_473_5

晚唐•摩訶止觀
56_473_12

晚唐•摩訶止觀
56_473_14

晚唐•摩訶止觀
56_473_16

晚唐•摩訶止觀
56_473_18

晚唐•摩訶止觀
56_474_29

晚唐•摩訶止觀
56_475_4

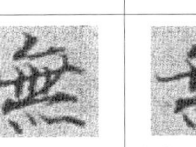

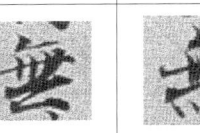

晚唐•摩訶止觀
56_476_13

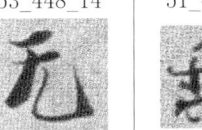

晚唐•摩訶止觀
56_476_21

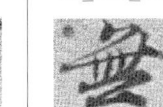

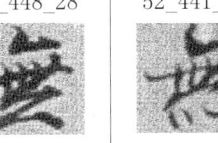

晚唐•摩訶止觀
56_478_29

晚唐•摩訶止觀
57_479_2

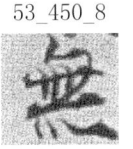

晚唐•摩訶止觀
57_485_16

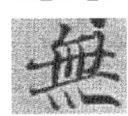

晚唐•摩訶止觀
57_485_27

晚唐•摩訶止觀
59_498_18

晚唐•摩訶止觀
59_502_20

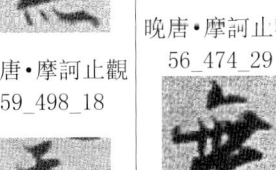

晚唐•摩訶止觀
60_503_20

晚唐•摩訶止觀
60_504_10

晚唐•摩訶止觀
60_508_6

晚唐•摩訶止觀
60_508_22

晚唐•摩訶止觀
60_509_25

晚唐•摩訶止觀
61_512_24

晚唐•摩訶止觀
61_514_28

晚唐•摩訶止觀
62_521_18

五代•密教部類
3_27_15

五代•密教部類
4_45_16

五代•密教部類
4_46_1

五代•密教部類
6_77_31

五代•密教部類
6_78_11

五代•大毗盧經
2_5_12

五代•大毗盧經
2_14_5

五代•大毗盧經
3_24_3

五代•大毗盧經
3_28_3

五代•大毗盧經
3_29_17

五代•大毗盧經
3_30_1

五代•大毗盧經
3_30_12

五代•大毗盧經
4_41_15

五代•大毗盧經
4_46_3

五代•大毗盧經
5_59_19

五代•大毗盧經
71_871_1

五代•大毗盧經
71_872_1

五代•大毗盧經
72_882_6

五代•大毗盧經
72_884_3

五代•大毗盧經
73_897_22

五代•大毗盧經
73_897_24

五代•大毗盧經
73_902_16

五代•大毗盧經
73_904_11

五代•大毗盧經
74_914_10

五代•大毗盧經
74_914_24

五代•大毗盧經
75_924_1

五代•大毗盧經
77_933_18

五代•大毗盧經
77_934_6

五代•大毗盧經
77_938_4

五代•大毗盧經
78_942_1

五代•大毗盧經
78_943_17

五代•大毗盧經
82_999_8

五代•大毗盧經
82_1000_12

五代•大毗盧經
83_1018_9

五代•大毗盧經
84_1019_17

五代•大毗盧經
85_1033_8

五代•大毗盧經
86_1057_34

五代•大毗盧經
88_1073_5

五代•大毗盧經
89_1087_14

五代•大毗盧經
89_1087_19

五代•大毗盧經
89_1087_30

五代•大毗盧經
89_1087_38

五代•大毗盧經
90_1106_28

五代•大毗盧經
90_1106_39

五代•大毗盧經
92_1128_16

五代•大毗盧經
93_1138_18

五代•大毗盧經
93_1138_29

五代•大毗盧經
93_1139_4

五代・大毗盧經 96_1177_16

五代・大毗盧經 96_1177_18

五代・大毗盧經 96_1178_10

五代・大毗盧經 96_1181_7

五代・大毗盧經 96_1181_23

五代・大毗盧經 97_1187_36

五代・大毗盧經 97_1187_43

## 焦

現ショウ
訓こげる

焦伯 初唐・禮記正義 27_414_24

中唐・翰苑 2_9_5

中唐・翰苑 2_12_1

中唐・翰苑 2_12_9

中唐・翰苑 2_12_26

## 然

漢現ゼン 呉現ネン
訓もえる

初唐・古文尚書 13_119_2

初唐・古文尚書 22_217_7

初唐・古文尚書 42_408_17

初唐・古文尚書 49_477_20

初唐・毛詩傳 2_12_14

初唐・毛詩傳 2_13_22

初唐・毛詩傳 4_41_1

初唐・毛詩傳 4_41_25

初唐・毛詩傳 8_80_30

初唐・毛詩傳 9_93_6

初唐・毛詩傳 10_104_2

初唐・禮記正義 1_6_9

初唐・禮記正義 1_13_24

初唐・禮記正義 2_29_5

初唐・禮記正義 3_44_9

初唐・禮記正義 3_45_29

初唐・禮記正義 5_78_1

初唐・禮記正義 6_97_10

初唐・禮記正義 10_147_2

初唐・禮記正義 11_175_22

初唐・禮記正義 11_178_11

初唐・禮記正義 13_196_20

初唐・禮記正義 13_202_22

初唐・禮記正義 13_203_1

初唐・禮記正義 13_203_10

初唐・禮記正義 18_270_24

初唐・禮記正義 19_289_21

初唐・禮記正義 21_315_2

初唐・禮記正義 22_334_18

初唐・禮記正義 22_340_18

初唐・禮記正義 23_348_7

初唐・禮記正義 23_353_4

初唐・禮記正義 24_361_31

初唐・禮記正義 26_393_20

初唐・禮記正義 26_396_25

初唐・禮記正義 26_407_31

初唐・禮記正義 27_413_11

初唐・禮記正義 27_413_16

初唐・禮記正義 27_420_29

初唐・禮記正義 29_455_3

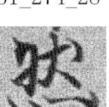

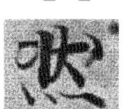

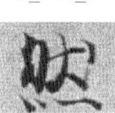

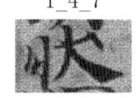

| | | | | | | |
|---|---|---|---|---|---|---|
| 晚唐•摩訶止觀 61_518_11 | 晚唐•摩訶止觀 25_218_5 | 晚唐•摩訶止觀 6_54_19 | 中唐・翰苑 45_575_1 | 中唐・翰苑 10_119_27 | 初唐・十誦律 6_99_7 | 初唐•禮記正義 30_473_11 |
| 五代•密教部類 1_2_7 | 晚唐•摩訶止觀 31_274_28 | 晚唐•摩訶止觀 10_87_1 | 中唐・翰苑 45_579_1 | 中唐・翰苑 10_126_11 | 初唐・十誦律 9_154_4 | 初唐・十誦律 2_20_16 |
| 五代•密教部類 5_73_24 | 晚唐•摩訶止觀 36_309_15 | 晚唐•摩訶止觀 10_87_11 | 晚唐•摩訶止觀 1_4_7 | 中唐・翰苑 11_144_17 | 初唐・十誦律 9_172_4 | 初唐・十誦律 3_40_14 |
| 五代•大毗盧經 11_138_10 | 晚唐•摩訶止觀 39_340_20 | 晚唐•摩訶止觀 13_116_12 | 晚唐•摩訶止觀 4_30_23 | 中唐・翰苑 14_178_16 | 中唐・翰苑 4_43_36 | 初唐・十誦律 3_41_17 |
| 五代•大毗盧經 11_140_15 | 晚唐•摩訶止觀 42_364_20 | 晚唐•摩訶止觀 14_120_8 | 晚唐•摩訶止觀 4_34_18 | 中唐・翰苑 20_268_47 | 中唐・翰苑 4_44_22 | 初唐・十誦律 4_61_3 |
| 五代•大毗盧經 12_148_15 | 晚唐•摩訶止觀 49_416_18 | 晚唐•摩訶止觀 16_139_16 | 晚唐•摩訶止觀 5_46_1 | 中唐・翰苑 30_389_6 | 中唐・翰苑 7_82_5 | 初唐・十誦律 4_62_12 |
| 五代•大毗盧經 14_178_2 | 晚唐•摩訶止觀 49_420_18 | 晚唐•摩訶止觀 16_142_24 | 晚唐•摩訶止觀 6_48_1 | 中唐・翰苑 44_566_2 | 中唐・翰苑 7_83_34 | 初唐・十誦律 5_88_13 |
| 五代•大毗盧經 19_251_13 | 晚唐•摩訶止觀 51_435_15 | 晚唐•摩訶止觀 20_173_13 | 晚唐•摩訶止觀 6_51_20 | 中唐・翰苑 45_572_6 | 中唐・翰苑 9_114_43 | 初唐・十誦律 6_98_3 |

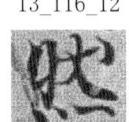

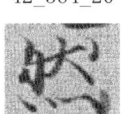

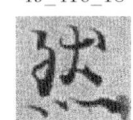

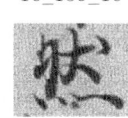

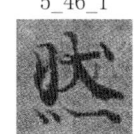

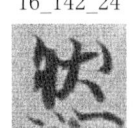

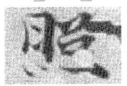

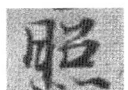

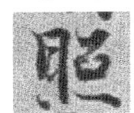

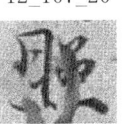

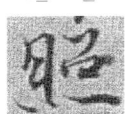

| | | 照 | | 焰 | 焯 | |
| --- | --- | --- | --- | --- | --- | --- |
| | | ショウ<br>訓てる | | エン<br>訓ほのお | ショウ<br>訓あきらか | |
| 晚唐•摩訶止觀<br>53_450_22 | 晚唐•摩訶止觀<br>12_107_16 | 初唐•古文尚書<br>36_348_17 | 五代•大毗盧經<br>67_841_16 | 晚唐•摩訶止觀<br>43_373_17 | 初唐•古文尚書<br>42_407_8 | 五代•大毗盧經<br>51_629_7 |
| 晚唐•摩訶止觀<br>53_452_24 | 晚唐•摩訶止觀<br>12_107_20 | 初唐 • 毛詩傳<br>3_22_6 | 五代•大毗盧經<br>67_843_3 | 五代•大毗盧經<br>8_89_5 | | 五代•大毗盧經<br>52_640_6 |
| 晚唐•摩訶止觀<br>58_490_21 | 晚唐•摩訶止觀<br>12_107_24 | 中唐 • 翰苑<br>19_249_5 | 五代•大毗盧經<br>80_971_7 | 五代•大毗盧經<br>8_94_11 | | 五代•大毗盧經<br>53_652_32 |
| 晚唐•摩訶止觀<br>59_498_16 | 晚唐•摩訶止觀<br>29_251_23 | 中唐 • 翰苑<br>19_250_40 | 五代•大毗盧經<br>80_975_15 | 五代•大毗盧經<br>11_139_9 | | 五代•大毗盧經<br>56_686_17 |
| 五代•大毗盧經<br>14_171_1 | 晚唐•摩訶止觀<br>34_297_10 | 晚唐•摩訶止觀<br>5_45_5 | 五代•大毗盧經<br>80_977_1 | 五代•大毗盧經<br>12_153_7 | | 五代•大毗盧經<br>67_834_12 |
| 五代•大毗盧經<br>19_243_2 | 晚唐•摩訶止觀<br>36_312_23 | 晚唐•摩訶止觀<br>6_54_25 | 五代•大毗盧經<br>82_1005_1 | 五代•大毗盧經<br>19_241_16 | | 五代•大毗盧經<br>67_843_5 |
| 五代•大毗盧經<br>22_285_5 | 晚唐•摩訶止觀<br>47_400_9 | 晚唐•摩訶止觀<br>7_64_26 | 五代•大毗盧經<br>83_1008_7 | 五代•大毗盧經<br>57_692_11 | | 五代•大毗盧經<br>86_1057_31 |
| 五代•大毗盧經<br>43_518_20 | 晚唐•摩訶止觀<br>47_400_23 | 晚唐•摩訶止觀<br>7_65_4 | 五代•大毗盧經<br>83_1012_1 | 五代•大毗盧經<br>67_839_17 | | 五代•大毗盧經<br>93_1145_31 |

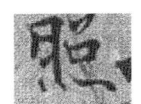

# 煞

漢 サツ
訓 ころす

五代・大毗盧經
44_530_7

五代・大毗盧經
72_888_12

五代・大毗盧經
83_1009_12

五代・大毗盧經
88_1072_19

五代・大毗盧經
93_1145_43

初唐・古文尚書
6_47_28

初唐・古文尚書
6_48_1

初唐・古文尚書
40_387_7

初唐・古文尚書
40_388_6

初唐・古文尚書
47_457_14

初唐・禮記正義
27_409_26

初唐・十誦律
7_126_9

初唐・十誦律
7_126_12

初唐・十誦律
8_145_5

初唐・十誦律
8_145_8

初唐・十誦律
18_348_10

中唐・翰苑
2_18_14

中唐・翰苑
2_21_34

中唐・翰苑
5_52_27

中唐・翰苑
5_61_6

中唐・翰苑
6_74_13

中唐・翰苑
6_74_36

中唐・翰苑
9_108_34

中唐・翰苑
9_109_4

中唐・翰苑
9_109_14

中唐・翰苑
11_137_26

中唐・翰苑
12_148_31

中唐・翰苑
12_149_13

中唐・翰苑
12_157_36

中唐・翰苑
15_191_22

中唐・翰苑
15_195_4

中唐・翰苑
15_199_9

中唐・翰苑
16_210_32

中唐・翰苑
16_212_15

中唐・翰苑
17_217_31

中唐・翰苑
17_218_4

中唐・翰苑
17_220_14

中唐・翰苑
19_255_8

中唐・翰苑
20_267_32

中唐・翰苑
20_267_37

中唐・翰苑
22_284_28

中唐・翰苑
22_285_31

中唐・翰苑
32_409_31

中唐・翰苑
37_475_12

中唐・翰苑
38_485_20

中唐・翰苑
39_505_26

晚唐・摩訶止觀
11_98_18

晚唐・摩訶止觀
11_99_2

五代・大毗盧經
65_810_7

五代・大毗盧經
82_1004_10

## 熙

キ
訓ひかる

中唐・翰苑
7_78_9

中唐・翰苑
12_158_3

中唐・翰苑
27_355_32

五代・大毗盧經
72_883_11

## 煢

漢ケイ
訓ひとりもの

初唐・毛詩傳
8_85_11

## 煌

コウ
訓かがやく

中唐・翰苑
9_112_17

中唐・翰苑
14_173_4

中唐・翰苑
14_174_32

中唐・翰苑
14_184_20

## 煩

漢ハン 呉ボン
訓わずらう

初唐・古文尚書
21_199_10

初唐・古文尚書
21_200_13

初唐・十誦律
19_371_14

晚唐・摩訶止觀
7_60_3

晚唐・摩訶止觀
32_275_24

晚唐・摩訶止觀
32_276_22

晚唐・摩訶止觀
32_277_5

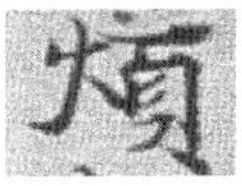
晚唐・摩訶止觀
32_279_19

晚唐・摩訶止觀
32_280_1

晚唐・摩訶止觀
40_347_9

晚唐・摩訶止觀
50_428_29

五代・大毗盧經
9_102_17

五代・大毗盧經
9_102_30

五代・大毗盧經
19_250_25

五代・大毗盧經
20_256_1

五代・大毗盧經
23_298_39

五代・大毗盧經
25_322_19

五代・大毗盧經
25_322_25

五代・大毗盧經
32_397_28

五代・大毗盧經
48_586_20

五代・大毗盧經
58_713_16

五代・大毗盧經
65_818_30

五代・大毗盧經
67_832_8

五代・大毗盧經
67_848_29

五代・大毗盧經
72_880_4

五代・大毗盧經
72_882_19

五代・大毗盧經
82_1004_17

五代・大毗盧經
91_1109_12

| | 燕 | 熟 | | 熱 | | 熊 |
|---|---|---|---|---|---|---|
| | エン<br>訓つばめ | 呉ジュク<br>訓うれる | | 慣ネン漢ゼツ呉ネチ<br>訓あつい | | 漢ユウ<br>訓くま |
| <br>中唐・翰苑<br>22_295_15<br><br>中唐・翰苑<br>22_295_18<br><br>中唐・翰苑<br>23_302_43<br><br>中唐・翰苑<br>27_358_24<br><br>中唐・翰苑<br>22_290_26 | <br>初唐•禮記正義<br>14_219_9<br><br>中唐・翰苑<br>15_192_24<br>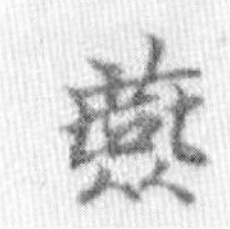<br>中唐・翰苑<br>15_193_6<br><br>中唐・翰苑<br>20_265_40<br><br>中唐・翰苑<br>21_281_39<br><br>中唐・翰苑<br>22_287_8<br><br>中唐・翰苑<br>22_294_31 | <br>初唐•禮記正義<br>28_428_29<br><br>中唐・翰苑<br>8_102_38<br><br>中唐・翰苑<br>12_146_30<br>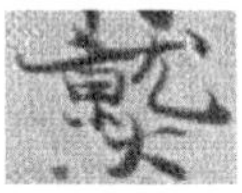<br>晚唐•摩訶止觀<br>24_209_26 | <br>五代•大毗盧經<br>88_1072_26<br><br>五代•大毗盧經<br>91_1113_15 | 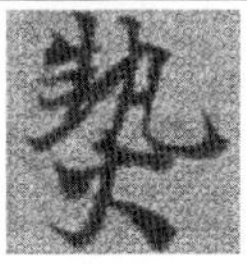<br>晚唐•摩訶止觀<br>11_101_6<br>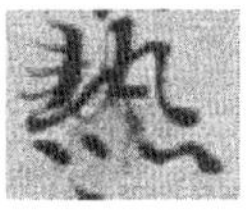<br>晚唐•摩訶止觀<br>48_408_26<br><br>五代•大毗盧經<br>27_343_23<br><br>五代•大毗盧經<br>27_344_23<br><br>五代•大毗盧經<br>54_659_14<br><br>五代•大毗盧經<br>54_665_14<br><br>五代•大毗盧經<br>57_694_4<br><br>五代•大毗盧經<br>57_696_40 | <br>初唐•禮記正義<br>29_444_44<br><br>初唐•禮記正義<br>29_449_10<br><br>中唐・翰苑<br>29_372_12<br><br>中唐・翰苑<br>29_372_26 | <br>初唐•禮記正義<br>1_11_21<br><br>初唐•禮記正義<br>2_29_14<br><br>初唐•禮記正義<br>18_274_1<br><br>初唐•禮記正義<br>22_328_2<br><br>初唐•禮記正義<br>24_359_11<br><br>初唐•禮記正義<br>26_395_28<br><br>初唐•禮記正義<br>28_430_22<br><br>初唐•禮記正義<br>28_443_14 |

| 燃 | 燋 | | 燒 | 燎 | | 餤 |
|---|---|---|---|---|---|---|
| 吳ネン漢ゼン<br>訓もえる | 漢シャク<br>訓あかりとり | | 現ショウ<br>訓やく | リョウ<br>訓やきがり | | エン<br>訓ほおの |
| <br>晚唐•摩訶止觀<br>28_246_1<br><br>晚唐•摩訶止觀<br>28_246_7<br><br>晚唐•摩訶止觀<br>56_477_3 | <br>晚唐•摩訶止觀<br>57_484_10 | <br>晚唐•摩訶止觀<br>29_248_26<br><br>五代•大毗盧經<br>11_132_16<br><br>五代•大毗盧經<br>11_134_4<br><br>五代•大毗盧經<br>97_1188_10 | <br>中唐・翰苑<br>5_61_11<br><br>中唐・翰苑<br>12_151_37<br><br>中唐・翰苑<br>12_153_15<br><br>中唐・翰苑<br>30_387_41<br><br>中唐・翰苑<br>35_446_5<br><br>中唐・翰苑<br>40_511_5<br><br>晚唐•摩訶止觀<br>10_85_5<br><br>晚唐•摩訶止觀<br>12_105_3 | <br>初唐•古文尚書<br>9_79_1 | <br>五代•大毗盧經<br>63_777_15<br><br>五代•大毗盧經<br>63_779_19<br><br>五代•大毗盧經<br>67_838_20<br><br>五代•大毗盧經<br>67_840_13<br><br>五代•大毗盧經<br>79_964_14 | <br>五代•大毗盧經<br>12_146_10<br><br>五代•大毗盧經<br>14_178_7<br>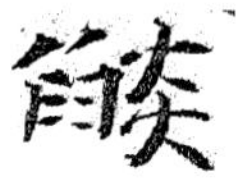<br>五代•大毗盧經<br>17_216_9<br><br>五代•大毗盧經<br>21_272_5<br><br>五代•大毗盧經<br>28_361_6<br><br>五代•大毗盧經<br>35_416_10<br><br>五代•大毗盧經<br>46_568_4<br><br>五代•大毗盧經<br>57_702_14 |

| 燾 | 燈 | 營 | 燧 | 燉 | | 熾 |
|---|---|---|---|---|---|---|
| トウ<br>訓てらす | トウ<br>訓ともしび | 漢エイ<br>訓いとなむ | 漢スイ<br>訓ひうち | 漢トン<br>訓あきらか | | シ<br>訓さかん |
| 初唐•古文尚書<br>3_23_2 | 初唐・十誦律<br>19_372_11<br>晚唐•摩訶止觀<br>42_364_24<br>晚唐•摩訶止觀<br>56_477_4<br>晚唐•摩訶止觀<br>56_477_21<br>五代•大毗盧經<br>14_171_5<br>五代•大毗盧經<br>21_270_1<br>五代•大毗盧經<br>39_464_9<br>五代•大毗盧經<br>46_556_8 | 初唐•古文尚書<br>17_161_3<br>初唐•古文尚書<br>17_161_21<br>中唐・翰苑<br>6_74_12<br>中唐・翰苑<br>8_92_17<br>中唐・翰苑<br>13_161_6<br>中唐・翰苑<br>15_190_28<br>中唐・翰苑<br>31_404_7 | 中唐・翰苑<br>2_17_13 | 中唐・翰苑<br>14_173_3<br>中唐・翰苑<br>14_174_31<br>中唐・翰苑<br>14_184_19 | 五代•大毗盧經<br>23_291_20<br>五代•大毗盧經<br>25_318_8<br>五代•大毗盧經<br>40_480_7<br>五代•大毗盧經<br>44_526_15<br>五代•大毗盧經<br>79_964_13<br>五代•大毗盧經<br>96_1178_7 | 中唐・翰苑<br>2_16_10<br>中唐・翰苑<br>14_180_4<br>中唐・翰苑<br>14_184_25<br>中唐・翰苑<br>40_518_10<br>晚唐•摩訶止觀<br>42_364_19<br>五代•大毗盧經<br>12_148_14<br>五代•大毗盧經<br>17_216_8<br>五代•大毗盧經<br>19_248_10 |

## 燼

吳 ジン
訓 もえのこり

五代•大毗盧經
11_133_14

## 爍 爍

シャク
訓 とかす

晚唐•摩訶止觀
33_288_21

睒爍如電耀
晚唐•摩訶止觀
43_373_3

五代•大毗盧經
71_873_13

# 斗部

## 斗
慣ト漢トウ
訓ます

初唐•古文尚書
19_186_13

中唐・翰苑
40_509_8

## 料
リョウ
訓はかる

晩唐•摩訶止観
18_153_21

## 斜
漢シャ
訓ななめ

晩唐•摩訶止観
29_251_16

## 斛
コク
訓ます

中唐・翰苑
10_127_32

中唐・翰苑
10_127_45

# 户部

## 户 戶

漢 コ
訓 と

初唐・毛詩傳 7_71_12

初唐・毛詩傳 7_72_5

初唐・毛詩傳 7_72_12

中唐・翰苑 3_32_20

中唐・翰苑 7_84_17

中唐・翰苑 7_85_32

中唐・翰苑 7_88_40

中唐・翰苑 13_168_5

中唐・翰苑 18_230_14

中唐・翰苑 18_230_38

中唐・翰苑 18_233_34

中唐・翰苑 18_235_9

中唐・翰苑 18_238_28

中唐・翰苑 20_268_44

中唐・翰苑 28_368_41

中唐・翰苑 28_369_6

中唐・翰苑 31_407_8

中唐・翰苑 32_419_24

中唐・翰苑 37_478_5

中唐・翰苑 40_515_12

## 所 所

吳 現 ジョ 漢 ソ
訓 ところ

初唐•古文尚書 1_1_29

初唐•古文尚書 3_19_16

初唐•古文尚書 3_20_20

初唐•古文尚書 4_29_5

初唐•古文尚書 4_36_21

初唐•古文尚書 5_44_4

初唐•古文尚書 6_47_30

初唐•古文尚書 6_49_6

初唐•古文尚書 6_49_25

初唐•古文尚書 7_57_12

初唐•古文尚書 7_59_13

初唐•古文尚書 7_60_28

初唐•古文尚書 8_62_13

初唐•古文尚書 8_63_9

初唐•古文尚書 8_64_22

初唐•古文尚書 9_71_41

初唐•古文尚書 9_75_13

初唐•古文尚書 9_80_31

初唐•古文尚書 10_83_18

初唐•古文尚書 10_85_29

初唐•古文尚書 10_87_29

初唐•古文尚書 10_87_34

初唐•古文尚書 12_104_2

初唐•古文尚書 12_108_18

初唐•古文尚書
12_111_22

初唐•古文尚書
13_116_16

初唐•古文尚書
14_131_31

初唐•古文尚書
15_140_14

初唐•古文尚書
17_161_15

初唐•古文尚書
18_170_7

初唐•古文尚書
18_171_13

初唐•古文尚書
18_171_45

初唐•古文尚書
20_193_12

初唐•古文尚書
21_198_21

初唐•古文尚書
21_198_26

初唐•古文尚書
21_201_10

初唐•古文尚書
21_202_6

初唐•古文尚書
21_202_13

初唐•古文尚書
22_213_16

初唐•古文尚書
22_214_15

初唐•古文尚書
22_217_10

初唐•古文尚書
23_224_24

初唐•古文尚書
24_232_21

初唐•古文尚書
24_239_21

初唐•古文尚書
25_240_34

初唐•古文尚書
25_243_15

初唐•古文尚書
26_251_32

初唐•古文尚書
26_251_35

初唐•古文尚書
26_253_41

初唐•古文尚書
26_254_22

初唐•古文尚書
26_257_16

初唐•古文尚書
27_267_23

初唐•古文尚書
28_276_18

初唐•古文尚書
29_280_11

初唐•古文尚書
29_285_7

初唐•古文尚書
31_292_44

初唐•古文尚書
32_297_15

初唐•古文尚書
32_297_26

初唐•古文尚書
32_301_12

初唐•古文尚書
32_302_6

初唐•古文尚書
33_310_23

初唐•古文尚書
33_315_4

初唐•古文尚書
34_325_22

初唐•古文尚書
35_332_34

初唐•古文尚書
35_336_22

初唐•古文尚書
36_342_11

初唐•古文尚書
36_347_17

初唐•古文尚書
36_349_5

初唐•古文尚書
37_354_23

初唐•古文尚書
38_365_23

初唐•古文尚書
38_369_30

初唐•古文尚書
39_375_18

初唐•古文尚書
40_381_20

初唐•古文尚書
40_386_37

初唐•古文尚書
40_386_43

初唐•古文尚書
41_393_28

初唐•古文尚書
41_399_13

初唐•古文尚書
41_401_25

初唐•古文尚書
42_404_22

初唐•古文尚書
42_405_8

| | | | | | | |
|---|---|---|---|---|---|---|
| 初唐•禮記正義 3_48_14 | 初唐•禮記正義 2_26_18 | 初唐•禮記正義 1_13_7 | 初唐 • 毛詩傳 7_77_12 | 初唐•古文尚書 47_457_9 | 初唐•古文尚書 45_433_1 | 初唐•古文尚書 43_416_14 |
| 初唐•禮記正義 4_50_21 | 初唐•禮記正義 2_28_28 | 初唐•禮記正義 1_13_22 | 初唐 • 毛詩傳 8_80_5 | 初唐•古文尚書 47_461_18 | 初唐•古文尚書 45_433_10 | 初唐•古文尚書 43_419_30 |
| 初唐•禮記正義 4_51_2 | 初唐•禮記正義 2_31_22 | 初唐•禮記正義 1_14_18 | 初唐 • 毛詩傳 8_82_4 | 初唐•古文尚書 47_461_21 | 初唐•古文尚書 45_433_18 | 初唐•古文尚書 44_426_4 |
| 初唐•禮記正義 4_57_8 | 初唐•禮記正義 2_32_6 | 初唐•禮記正義 1_15_24 | 初唐 • 毛詩傳 8_86_6 | 初唐•古文尚書 48_468_5 | 初唐•古文尚書 45_437_15 | 初唐•古文尚書 44_426_9 |
| 初唐•禮記正義 4_61_16 | 初唐•禮記正義 2_32_30 | 初唐•禮記正義 1_16_9 | 初唐 • 毛詩傳 10_107_4 | 初唐•古文尚書 48_471_18 | 初唐•古文尚書 45_438_11 | 初唐•古文尚書 44_426_14 |
| 初唐•禮記正義 4_65_14 | 初唐•禮記正義 3_40_23 | 初唐•禮記正義 1_16_20 | 初唐 • 毛詩傳 10_107_15 | 初唐•古文尚書 49_477_18 | 初唐•古文尚書 45_438_23 | 初唐•古文尚書 44_426_18 |
| 初唐•禮記正義 5_75_16 | 初唐•禮記正義 3_41_10 | 初唐•禮記正義 2_19_7 | 初唐•禮記正義 1_8_7 | 初唐 • 毛詩傳 2_11_25 | 初唐•古文尚書 45_441_15 | 初唐•古文尚書 44_429_24 |
| 初唐•禮記正義 5_75_24 | 初唐•禮記正義 3_45_27 | 初唐•禮記正義 2_22_7 | 初唐•禮記正義 1_12_18 | 初唐 • 毛詩傳 4_41_35 | 初唐•古文尚書 47_456_29 | 初唐•古文尚書 44_432_23 |

初唐•禮記正義 5_81_6
初唐•禮記正義 6_82_14
初唐•禮記正義 6_83_6
初唐•禮記正義 6_95_17
初唐•禮記正義 7_104_1
初唐•禮記正義 7_104_10
初唐•禮記正義 7_105_20
初唐•禮記正義 7_112_8

初唐•禮記正義 8_127_2
初唐•禮記正義 10_147_26
初唐•禮記正義 10_149_7
初唐•禮記正義 10_151_5
初唐•禮記正義 10_151_14
初唐•禮記正義 10_156_6
初唐•禮記正義 10_156_20
初唐•禮記正義 10_159_1

初唐•禮記正義 10_163_6
初唐•禮記正義 11_174_14
初唐•禮記正義 11_175_13
初唐•禮記正義 12_184_23
初唐•禮記正義 12_195_3
初唐•禮記正義 13_196_18
初唐•禮記正義 13_200_2
初唐•禮記正義 13_200_11

初唐•禮記正義 14_210_13
初唐•禮記正義 14_216_18
初唐•禮記正義 15_234_21
初唐•禮記正義 15_235_5
初唐•禮記正義 16_240_22
初唐•禮記正義 16_252_14
初唐•禮記正義 17_254_19
初唐•禮記正義 17_263_8

初唐•禮記正義 19_283_12
初唐•禮記正義 19_286_17
初唐•禮記正義 19_291_21
初唐•禮記正義 20_301_14
初唐•禮記正義 21_311_1
初唐•禮記正義 21_318_3
初唐•禮記正義 21_319_25
初唐•禮記正義 23_341_9

初唐•禮記正義 23_341_16
初唐•禮記正義 23_345_18
初唐•禮記正義 23_346_1
初唐•禮記正義 23_351_16
初唐•禮記正義 25_375_21
初唐•禮記正義 25_382_10
初唐•禮記正義 25_383_18
初唐•禮記正義 26_390_5

初唐•禮記正義 26_406_23
初唐•禮記正義 27_424_24
初唐•禮記正義 28_428_10
初唐•禮記正義 28_438_27
初唐•禮記正義 28_443_1
初唐•禮記正義 29_448_19
初唐 • 十誦律 2_20_1
初唐 • 十誦律 8_134_14

| | | | | | | |
|---|---|---|---|---|---|---|
| 中唐·翰苑 7_80_6 | 初唐·般若經 25_380_2 | 初唐·般若經 18_262_10 | 初唐·般若經 16_242_17 | 初唐·般若經 6_68_11 | 初唐·般若經 4_46_7 | 初唐·般若經 3_27_14 |
| 中唐·翰苑 7_80_14 | 初唐·般若經 25_381_17 | 初唐·般若經 18_268_6 | 初唐·般若經 16_243_14 | 初唐·般若經 6_70_7 | 初唐·般若經 5_51_14 | 初唐·般若經 3_28_11 |
| 中唐·翰苑 8_94_24 | 中唐·翰苑 2_18_13 | 初唐·般若經 18_269_3 | 初唐·般若經 17_245_12 | 初唐·般若經 11_163_15 | 初唐·般若經 5_52_11 | 初唐·般若經 3_30_7 |
| 中唐·翰苑 9_116_28 | 中唐·翰苑 4_41_37 | 初唐·般若經 18_271_1 | 初唐·般若經 17_251_8 | 初唐·般若經 12_165_5 | 初唐·般若經 5_54_7 | 初唐·般若經 4_35_14 |
| 中唐·翰苑 10_123_15 | 中唐·翰苑 4_43_32 | 初唐·般若經 18_276_14 | 初唐·般若經 17_252_5 | 初唐·般若經 12_167_1 | 初唐·般若經 5_59_14 | 初唐·般若經 4_36_11 |
| 中唐·翰苑 11_139_26 | 中唐·翰苑 4_46_4 | 初唐·般若經 19_277_11 | 初唐·般若經 17_254_3 | 初唐·般若經 16_234_9 | 初唐·般若經 5_60_11 | 初唐·般若經 4_38_7 |
| 中唐·翰苑 12_149_25 | 中唐·翰苑 5_51_5 | 初唐·般若經 19_279_9 | 初唐·般若經 17_259_15 | 初唐·般若經 16_235_6 | 初唐·般若經 5_62_7 | 初唐·般若經 4_43_14 |
| 中唐·翰苑 14_173_27 | 中唐·翰苑 5_56_6 | 初唐·般若經 25_378_12 | 初唐·般若經 18_260_12 | 初唐·般若經 16_237_4 | 初唐·般若經 6_67_14 | 初唐·般若經 4_44_11 |

中唐・翰苑
15_193_22

中唐・翰苑
15_194_41

中唐・翰苑
16_201_27

中唐・翰苑
16_201_34

中唐・翰苑
19_250_39

中唐・翰苑
19_253_20

中唐・翰苑
20_268_32

中唐・翰苑
21_272_32

中唐・翰苑
21_277_2

中唐・翰苑
22_290_35

中唐・翰苑
22_293_16

中唐・翰苑
24_310_39

中唐・翰苑
24_318_11

中唐・翰苑
24_322_20

中唐・翰苑
25_324_9

中唐・翰苑
25_334_1

中唐・翰苑
26_341_30

中唐・翰苑
26_343_16

中唐・翰苑
28_363_2

中唐・翰苑
28_365_27

中唐・翰苑
28_369_35

中唐・翰苑
31_397_43

中唐・翰苑
33_429_43

中唐・翰苑
33_430_41

中唐・翰苑
35_455_7

中唐・翰苑
37_470_7

中唐・翰苑
38_488_33

中唐・翰苑
38_490_1

中唐・翰苑
39_495_6

中唐・翰苑
39_502_23

中唐・翰苑
40_509_20

中唐・翰苑
40_512_11

中唐・翰苑
40_513_6

中唐・翰苑
40_514_37

中唐・翰苑
40_514_42

中唐・翰苑
40_517_16

中唐・翰苑
40_517_40

中唐・翰苑
40_518_15

中唐・翰苑
41_522_19

中唐・翰苑
44_556_25

中唐・翰苑
45_575_7

中唐・翰苑
45_576_7

中唐・般若經
3_29_8

中唐・般若經
3_29_16

中唐・般若經
5_64_10

中唐・般若經
5_65_16

中唐・般若經
6_82_8

中唐・般若經
6_83_6

中唐・般若經
6_83_14

中唐・般若經
7_109_15

中唐・般若經
7_110_13

中唐・般若經
7_111_4

中唐・般若經
9_134_1

中唐・般若經
9_134_16

中唐・般若經
9_135_24

中唐・般若經
10_153_14

中唐·般若經 10_154_12
中唐·般若經 10_155_3
中唐·般若經 10_157_17
中唐·般若經 10_160_2
中唐·般若經 10_162_4
中唐·般若經 10_164_7
中唐·般若經 10_168_6
中唐·般若經 10_169_17

中唐·般若經 10_171_11
中唐·般若經 11_173_6
中唐·般若經 11_176_15
中唐·般若經 11_178_7
中唐·般若經 11_179_16
中唐·般若經 11_181_9
中唐·般若經 11_183_4
中唐·般若經 11_184_1

中唐·般若經 11_184_9
中唐·般若經 12_205_14
中唐·般若經 12_206_5
中唐·般若經 13_228_6
中唐·般若經 15_253_13
中唐·般若經 15_254_11
中唐·般若經 15_255_2
中唐·般若經 16_283_8

中唐·般若經 16_284_6
中唐·般若經 16_284_14
中唐·般若經 17_300_4
中唐·般若經 17_301_2
中唐·般若經 17_301_10
中唐·般若經 18_318_11
中唐·般若經 18_320_9
中唐·般若經 18_320_17

中唐·般若經 19_337_11
中唐·般若經 19_338_17
晚唐•摩訶止觀 2_15_1
晚唐•摩訶止觀 3_21_7
晚唐•摩訶止觀 3_22_20
晚唐•摩訶止觀 3_25_5
晚唐•摩訶止觀 3_28_25
晚唐•摩訶止觀 4_31_21

晚唐•摩訶止觀 4_32_20
晚唐•摩訶止觀 4_35_14
晚唐•摩訶止觀 7_63_8
晚唐•摩訶止觀 8_67_17
晚唐•摩訶止觀 8_67_21
晚唐•摩訶止觀 12_108_24
晚唐•摩訶止觀 13_115_4
晚唐•摩訶止觀 13_118_2

晚唐•摩訶止觀 13_118_23
晚唐•摩訶止觀 13_119_3
晚唐•摩訶止觀 14_127_22
晚唐•摩訶止觀 16_137_26
晚唐•摩訶止觀 16_138_8
晚唐•摩訶止觀 18_158_25
晚唐•摩訶止觀 19_162_7
晚唐•摩訶止觀 19_164_5

晚唐•摩訶止觀
22_187_2

晚唐•摩訶止觀
22_190_19

晚唐•摩訶止觀
23_196_9

晚唐•摩訶止觀
26_221_3

晚唐•摩訶止觀
27_230_25

晚唐•摩訶止觀
28_245_14

晚唐•摩訶止觀
28_247_27

晚唐•摩訶止觀
29_248_8

晚唐•摩訶止觀
30_266_9

晚唐•摩訶止觀
31_267_20

晚唐•摩訶止觀
31_268_19

晚唐•摩訶止觀
33_288_26

晚唐•摩訶止觀
34_294_14

晚唐•摩訶止觀
36_309_13

晚唐•摩訶止觀
37_321_17

晚唐•摩訶止觀
38_325_30

晚唐•摩訶止觀
38_326_13

晚唐•摩訶止觀
38_330_4

晚唐•摩訶止觀
39_340_8

晚唐•摩訶止觀
40_341_18

晚唐•摩訶止觀
40_342_2

晚唐•摩訶止觀
40_344_10

晚唐•摩訶止觀
40_344_17

晚唐•摩訶止觀
40_345_4

晚唐•摩訶止觀
40_345_13

晚唐•摩訶止觀
40_346_3

晚唐•摩訶止觀
41_351_14

晚唐•摩訶止觀
41_351_22

晚唐•摩訶止觀
41_351_23

晚唐•摩訶止觀
41_352_19

晚唐•摩訶止觀
42_363_3

晚唐•摩訶止觀
42_363_15

晚唐•摩訶止觀
42_363_25

晚唐•摩訶止觀
42_364_6

晚唐•摩訶止觀
42_365_7

晚唐•摩訶止觀
43_371_24

晚唐•摩訶止觀
43_372_5

晚唐•摩訶止觀
43_372_12

晚唐•摩訶止觀
43_373_22

晚唐•摩訶止觀
44_379_22

晚唐•摩訶止觀
46_396_22

晚唐•摩訶止觀
47_399_25

晚唐•摩訶止觀
47_401_4

晚唐•摩訶止觀
48_408_14

晚唐•摩訶止觀
48_408_22

晚唐•摩訶止觀
51_436_4

晚唐•摩訶止觀
52_441_18

晚唐•摩訶止觀
52_443_23

晚唐•摩訶止觀
52_444_4

晚唐•摩訶止觀
53_447_18

晚唐•摩訶止觀
53_453_8

晚唐•摩訶止觀
53_453_16

晚唐•摩訶止觀
58_49[illegible]_10

晚唐•摩訶止觀
59_496_17

晚唐•摩訶止觀
59_496_20

晚唐•摩訶止觀
59_496_25

晚唐•摩訶止觀 59_501_23

晚唐•摩訶止觀 59_502_9

晚唐•摩訶止觀 62_521_19

五代•大毗盧經 2_8_3

五代•大毗盧經 2_11_19

五代•大毗盧經 2_14_11

五代•大毗盧經 2_15_12

五代•大毗盧經 2_16_5

五代•大毗盧經 2_18_19

五代•大毗盧經 2_20_12

五代•大毗盧經 3_28_5

五代•大毗盧經 3_29_21

五代•大毗盧經 4_45_19

五代•大毗盧經 4_46_5

五代•大毗盧經 5_50_10

五代•大毗盧經 5_59_5

五代•大毗盧經 5_59_12

五代•大毗盧經 6_64_1

五代•大毗盧經 6_69_3

五代•大毗盧經 6_71_1

五代•大毗盧經 7_88_18

五代•大毗盧經 8_93_1

五代•大毗盧經 11_141_19

五代•大毗盧經 13_162_12

五代•大毗盧經 15_197_23

五代•大毗盧經 16_201_11

五代•大毗盧經 16_203_8

五代•大毗盧經 17_218_30

五代•大毗盧經 18_231_14

五代•大毗盧經 21_268_3

五代•大毗盧經 21_268_14

五代•大毗盧經 22_280_9

五代•大毗盧經 23_287_11

五代•大毗盧經 26_326_33

五代•大毗盧經 31_391_14

五代•大毗盧經 31_391_27

五代•大毗盧經 32_398_37

五代•大毗盧經 39_454_18

五代•大毗盧經 39_468_14

五代•大毗盧經 40_479_19

五代•大毗盧經 43_515_6

五代•大毗盧經 48_586_24

五代•大毗盧經 49_598_4

五代•大毗盧經 51_627_10

五代•大毗盧經 52_640_17

五代•大毗盧經 53_652_22

五代•大毗盧經 55_673_25

五代•大毗盧經 55_679_18

五代•大毗盧經 57_693_4

五代•大毗盧經 57_696_15

五代•大毗盧經 57_696_21

五代•大毗盧經 57_703_13

五代•大毗盧經 64_804_21

五代•大毗盧經 65_818_32

五代•大毗盧經 66_829_40

五代•大毗盧經 67_834_14

| | | 扇 | 扁 | 戾 | | |
|---|---|---|---|---|---|---|
| | | セン<br>訓おうぎ | ヘン<br>訓ひらたい | 漢レイ 呉ライ<br>訓もどす | | |
| | | <br>中唐・翰苑<br>18_235_32<br><br>中唐・翰苑<br>20_263_31<br>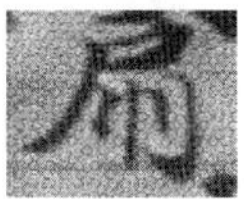<br>晚唐•摩訶止觀<br>11_100_25<br><br>晚唐•摩訶止觀<br>15_130_22<br><br>晚唐•摩訶止觀<br>20_178_25 | <br>中唐・翰苑<br>18_237_6<br><br>中唐・翰苑<br>18_238_7<br><br>中唐・翰苑<br>18_238_19 | <br>初唐•古文尚書<br>28_273_23 | <br>五代•大毗盧經<br>96_1180_37<br><br>五代•大毗盧經<br>96_1181_4<br><br>五代•大毗盧經<br>96_1181_28<br><br>五代•大毗盧經<br>97_1186_7<br><br>五代•大毗盧經<br>97_1187_37<br><br>五代•大毗盧經<br>97_1187_44<br><br>五代•大毗盧經<br>97_1188_1<br><br>五代•大毗盧經<br>98_1212_9 | <br>五代•大毗盧經<br>67_840_6<br><br>五代•大毗盧經<br>71_878_35<br><br>五代•大毗盧經<br>79_957_36<br><br>五代•大毗盧經<br>83_1008_14<br><br>五代•大毗盧經<br>92_1128_17<br><br>五代•大毗盧經<br>94_1156_22<br><br>五代•大毗盧經<br>96_1176_25<br><br>五代•大毗盧經<br>96_1177_26 |

# 心部

## 心

シン
訓こころ

初唐•古文尚書 7_58_21
初唐•古文尚書 7_59_7
初唐•古文尚書 7_59_12
初唐•古文尚書 8_67_30
初唐•古文尚書 8_69_2
初唐•古文尚書 10_90_8
初唐•古文尚書 12_108_14
初唐•古文尚書 12_109_7
初唐•古文尚書 12_109_22
初唐•古文尚書 13_115_17
初唐•古文尚書 13_116_6
初唐•古文尚書 13_119_18
初唐•古文尚書 13_122_2
初唐•古文尚書 13_122_8
初唐•古文尚書 13_123_20
初唐•古文尚書 14_125_21
初唐•古文尚書 14_126_6
初唐•古文尚書 14_133_10
初唐•古文尚書 14_133_29
初唐•古文尚書 15_141_27
初唐•古文尚書 15_142_13
初唐•古文尚書 16_147_28
初唐•古文尚書 17_157_6
初唐•古文尚書 17_158_18
初唐•古文尚書 17_158_30
初唐•古文尚書 18_175_20
初唐•古文尚書 18_175_23
初唐•古文尚書 19_176_10
初唐•古文尚書 19_176_14
初唐•古文尚書 19_178_1
初唐•古文尚書 19_178_17
初唐•古文尚書 21_203_27
初唐•古文尚書 23_223_6
初唐•古文尚書 25_247_19
初唐•古文尚書 28_271_9
初唐•古文尚書 33_310_9
初唐•古文尚書 33_311_17
初唐•古文尚書 33_311_26
初唐•古文尚書 33_317_35
初唐•古文尚書 34_318_13
初唐•古文尚書 34_323_16
初唐•古文尚書 34_323_29
初唐•古文尚書 35_332_36
初唐•古文尚書 35_333_20
初唐•古文尚書 35_334_17
初唐•古文尚書 35_334_28
初唐•古文尚書 35_337_31
初唐•古文尚書 35_338_18
初唐•古文尚書 36_339_26
初唐•古文尚書 38_363_4
初唐•古文尚書 45_441_9
初唐・毛詩傳 2_20_14
初唐・毛詩傳 5_48_32
初唐・毛詩傳 6_63_31
初唐・毛詩傳 6_63_34
初唐・毛詩傳 7_69_12
初唐・毛詩傳 7_72_9
初唐・毛詩傳 9_92_2
初唐・毛詩傳 9_93_11

| | | | | | | |
|---|---|---|---|---|---|---|
| 晚唐•摩訶止觀 19_167_24 | 晚唐•摩訶止觀 3_25_3 | 中唐・般若經 6_86_3 | 初唐・十誦律 11_196_7 | 初唐・十誦律 7_115_2 | 初唐•禮記正義 20_296_47 | 初唐•禮記正義 1_6_14 |
| 晚唐•摩訶止觀 48_407_17 | 晚唐•摩訶止觀 4_32_11 | 中唐・般若經 7_113_3 | 初唐・十誦律 13_240_9 | 初唐・十誦律 7_117_3 | 初唐•禮記正義 20_297_1 | 初唐•禮記正義 4_58_15 |
| 晚唐•摩訶止觀 48_411_4 | 晚唐•摩訶止觀 4_33_9 | 中唐・般若經 9_137_3 | 初唐・十誦律 13_241_9 | 初唐・十誦律 7_127_5 | 初唐•禮記正義 20_298_1 | 初唐•禮記正義 5_74_24 |
| 晚唐•摩訶止觀 48_411_17 | 晚唐•摩訶止觀 7_57_2 | 中唐・般若經 10_157_3 | 初唐・十誦律 19_362_10 | 初唐・十誦律 8_145_18 | 初唐•禮記正義 20_299_13 | 初唐•禮記正義 6_95_16 |
| 晚唐•摩訶止觀 49_416_31 | 晚唐•摩訶止觀 9_83_24 | 中唐・般若經 11_186_3 | 中唐・翰苑 20_269_25 | 初唐・十誦律 9_160_13 | 初唐・十誦律 1_11_6 | 初唐•禮記正義 6_96_10 |
| 晚唐•摩訶止觀 49_417_24 | 晚唐•摩訶止觀 10_84_5 | 中唐・般若經 12_208_3 | 中唐・翰苑 41_519_22 | 初唐・十誦律 9_162_9 | 初唐・十誦律 2_20_14 | 初唐•禮記正義 9_145_9 |
| 晚唐•摩訶止觀 49_418_8 | 晚唐•摩訶止觀 11_95_3 | 中唐・般若經 15_257_3 | 中唐・翰苑 43_548_32 | 初唐・十誦律 9_166_12 | 初唐・十誦律 4_53_6 | 初唐•禮記正義 19_289_8 |
| 晚唐•摩訶止觀 49_419_21 | 晚唐•摩訶止觀 12_102_14 | 中唐・般若經 17_287_3 | 中唐・般若經 2_4_3 | 初唐・十誦律 9_167_10 | 初唐・十誦律 4_71_16 | 初唐•禮記正義 19_295_3 |
| 晚唐•摩訶止觀 49_420_16 | 晚唐•摩訶止觀 12_106_8 | 中唐・般若經 17_304_3 | 中唐・般若經 3_32_3 | 初唐・十誦律 9_169_3 | 初唐・十誦律 5_92_17 | 初唐•禮記正義 19_295_7 |
| 晚唐•摩訶止觀 49_420_20 | 晚唐•摩訶止觀 16_142_15 | 中唐・般若經 18_323_3 | | | 初唐・十誦律 7_113_6 | 初唐•禮記正義 20_296_5 |

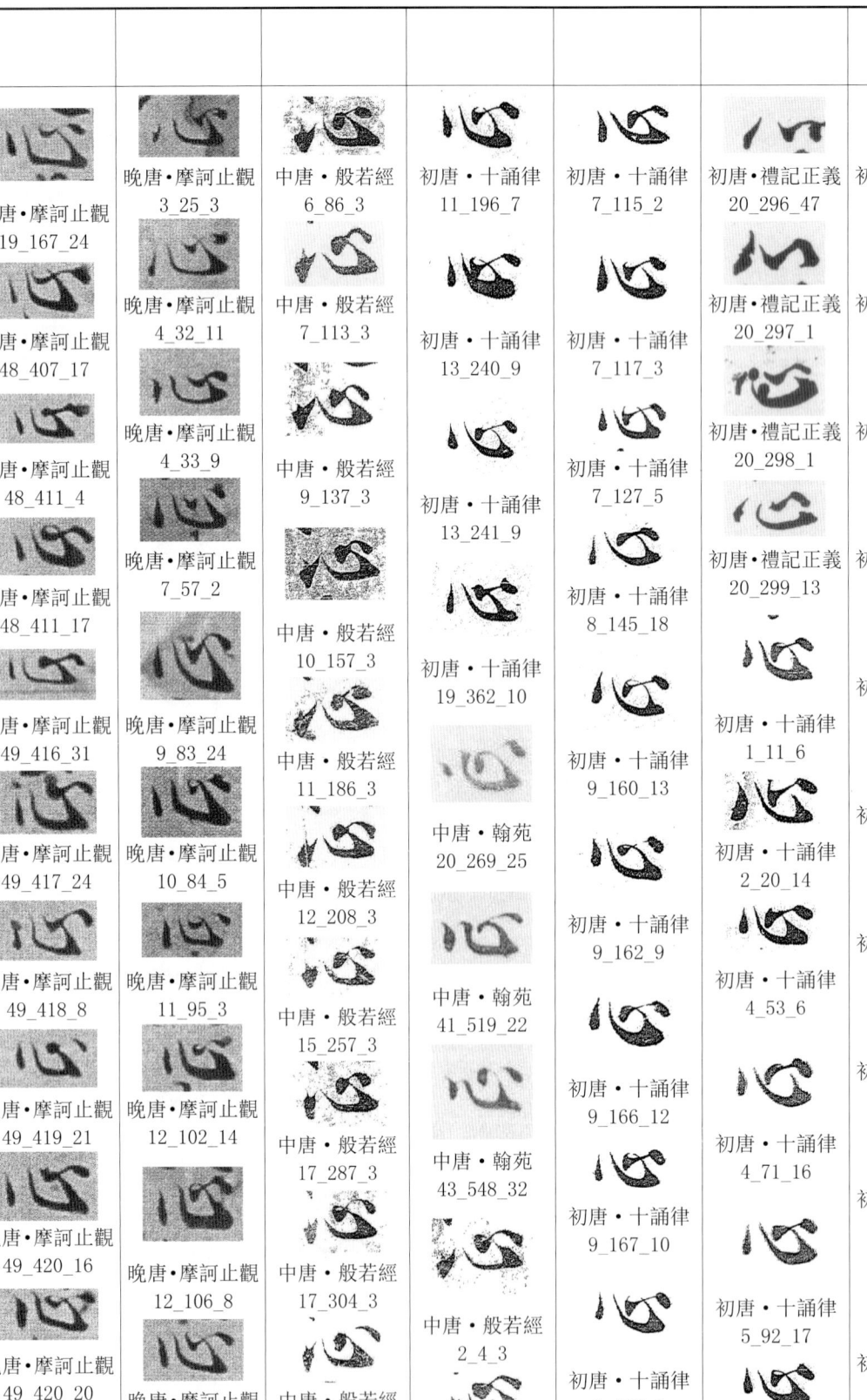

晚唐•摩訶止觀 50_422_5
晚唐•摩訶止觀 50_423_22
晚唐•摩訶止觀 50_426_10
晚唐•摩訶止觀 50_426_26
晚唐•摩訶止觀 50_427_31
晚唐•摩訶止觀 50_428_3
晚唐•摩訶止觀 50_428_17
晚唐•摩訶止觀 51_431_15
晚唐•摩訶止觀 51_432_19
晚唐•摩訶止觀 51_434_21

晚唐•摩訶止觀 52_439_9
晚唐•摩訶止觀 52_439_14
晚唐•摩訶止觀 53_449_20
晚唐•摩訶止觀 53_450_2
晚唐•摩訶止觀 53_450_29
晚唐•摩訶止觀 54_457_10
晚唐•摩訶止觀 54_458_21
晚唐•摩訶止觀 54_461_27
晚唐•摩訶止觀 55_465_11
晚唐•摩訶止觀 55_467_18

晚唐•摩訶止觀 55_467_29
晚唐•摩訶止觀 56_475_27
晚唐•摩訶止觀 56_478_13
晚唐•摩訶止觀 56_478_27
晚唐•摩訶止觀 57_479_9
晚唐•摩訶止觀 57_480_7
晚唐•摩訶止觀 57_480_11
晚唐•摩訶止觀 57_480_29
晚唐•摩訶止觀 57_484_1
晚唐•摩訶止觀 57_484_5

晚唐•摩訶止觀 58_488_10
晚唐•摩訶止觀 58_489_2
晚唐•摩訶止觀 58_489_30
晚唐•摩訶止觀 58_490_9
晚唐•摩訶止觀 58_494_8
晚唐•摩訶止觀 59_496_9
晚唐•摩訶止觀 59_497_15
晚唐•摩訶止觀 59_497_20
晚唐•摩訶止觀 59_499_4
晚唐•摩訶止觀 60_504_4

晚唐•摩訶止觀 61_512_5
晚唐•摩訶止觀 61_512_10
晚唐•摩訶止觀 61_512_15
晚唐•摩訶止觀 61_513_10
晚唐•摩訶止觀 61_513_15
晚唐•摩訶止觀 61_514_18
五代•密教部類 4_45_7
五代•密教部類 4_45_10
五代•密教部類 4_48_11
五代•密教部類 4_50_4

五代•密教部類 4_51_4
五代•密教部類 4_52_3
五代•密教部類 4_57_3
五代•密教部類 5_59_3
五代•密教部類 5_60_3
五代•密教部類 5_64_9
五代•密教部類 5_67_7
五代•密教部類 5_68_5
五代•密教部類 5_68_7
五代•密教部類 5_69_7

五代•大毗盧經 2_9_21
五代•大毗盧經 2_12_11
五代•大毗盧經 2_14_7
五代•大毗盧經 2_19_11
五代•大毗盧經 2_21_1
五代•大毗盧經 3_28_20
五代•大毗盧經 3_35_20
五代•大毗盧經 4_45_4
五代•大毗盧經 4_47_4
五代•大毗盧經 5_55_11

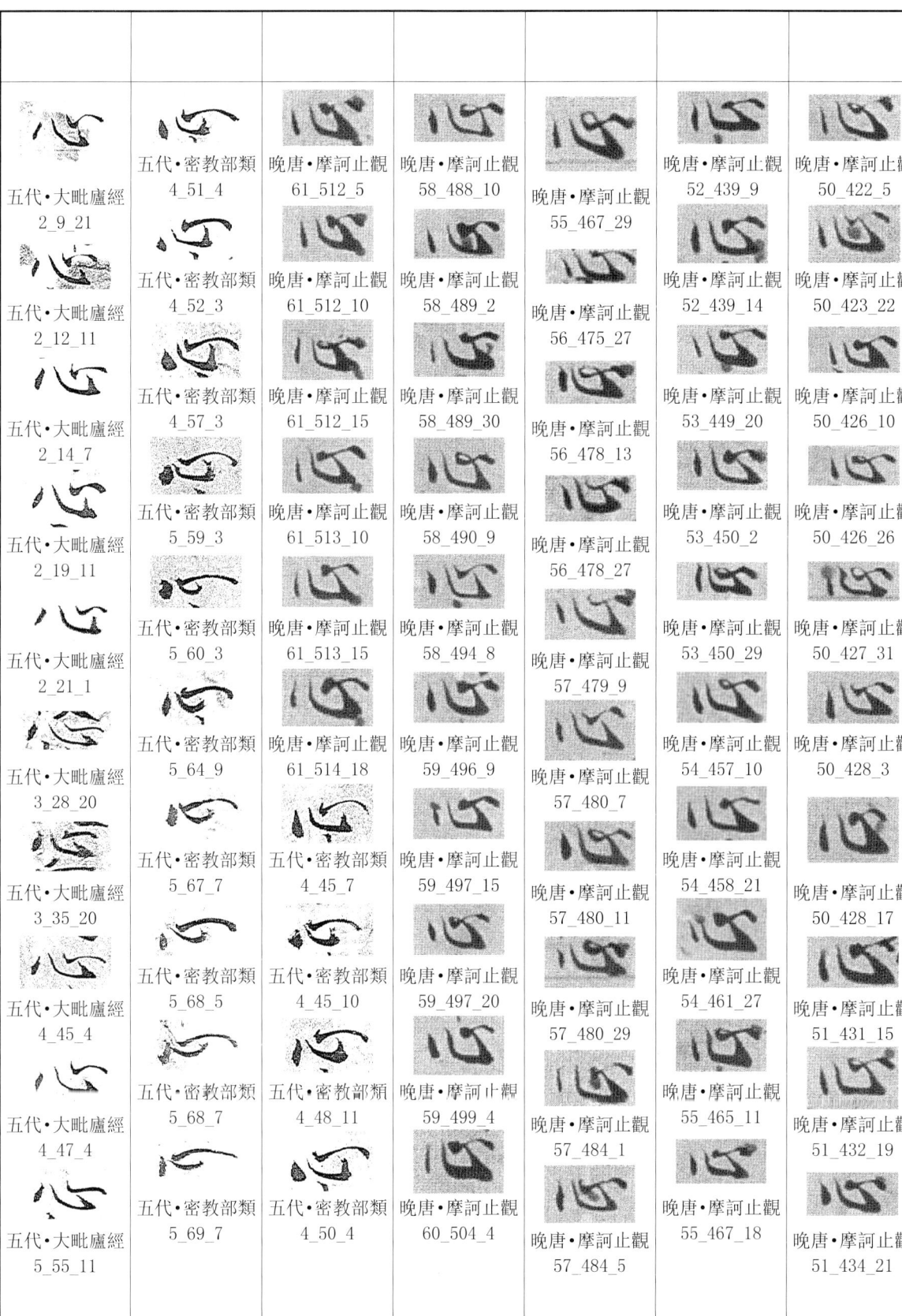

# 必

漢 ヒツ
訓 かならず

初唐•禮記正義 13_196_14
初唐•禮記正義 13_197_4
初唐•禮記正義 13_199_1
初唐•禮記正義 13_200_7
初唐•禮記正義 13_203_22
初唐•禮記正義 15_224_6
初唐•禮記正義 15_224_27
初唐•禮記正義 15_225_6

初唐•禮記正義 10_152_17
初唐•禮記正義 10_152_26
初唐•禮記正義 10_153_9
初唐•禮記正義 10_160_2
初唐•禮記正義 10_160_16
初唐•禮記正義 10_160_27
初唐•禮記正義 11_172_29
初唐•禮記正義 12_194_15

初唐•古文尚書 20_196_11
初唐•古文尚書 26_257_27
初唐•古文尚書 27_261_20
初唐•古文尚書 27_262_12
初唐•古文尚書 35_338_25
初唐•古文尚書 43_412_24
初唐•古文尚書 47_461_2
初唐•禮記正義 4_51_18

初唐•古文尚書 10_87_32
初唐•古文尚書 13_121_1
初唐•古文尚書 14_127_23
初唐•古文尚書 14_130_2
初唐•古文尚書 16_145_15
初唐•古文尚書 17_158_23
初唐•古文尚書 19_176_18
初唐•古文尚書 19_177_8

五代•大毗盧經 96_1182_20
五代•大毗盧經 97_1195_4
五代•大毗盧經 97_1195_17
五代•大毗盧經 98_1210_1

五代•大毗盧經 15_189_33
五代•大毗盧經 15_196_9
五代•大毗盧經 16_209_20
五代•大毗盧經 17_214_9
五代•大毗盧經 17_218_10
五代•大毗盧經 17_225_13
五代•大毗盧經 19_245_8
五代•大毗盧經 20_261_19
五代•大毗盧經 96_1180_25
五代•大毗盧經 96_1180_27

五代•大毗盧經 6_68_4
五代•大毗盧經 6_68_15
五代•大毗盧經 6_70_11
五代•大毗盧經 7_78_44
五代•大毗盧經 7_85_2
五代•大毗盧經 9_105_18
五代•大毗盧經 11_140_19
五代•大毗盧經 12_145_19
五代•大毗盧經 12_149_16
五代•大毗盧經 14_179_18

## 志

シ
訓こころざし

初唐•古文尚書
10_87_17

初唐•古文尚書
10_87_31

初唐•古文尚書
10_87_35

初唐•古文尚書
12_107_4

初唐•古文尚書
12_107_21

初唐•古文尚書
15_142_11

初唐•古文尚書
15_142_23

初唐•古文尚書
17_156_12

五代•大毗盧經
52_643_29

五代•大毗盧經
53_652_34

五代•大毗盧經
63_789_8

五代•大毗盧經
64_808_1

五代•大毗盧經
79_953_8

五代•大毗盧經
83_1006_11

五代•大毗盧經
97_1191_6

## 忙

漢ボウ呉モウ
訓いそがしい

五代•大毗盧經
31_386_5

五代•大毗盧經
38_445_6

五代•大毗盧經
40_473_12

五代•大毗盧經
49_593_16

五代•大毗盧經
51_632_1

五代•大毗盧經
52_635_13

五代•大毗盧經
52_636_5

五代•大毗盧經
52_638_23

中唐・翰苑
44_565_11

晚唐•摩訶止觀
43_371_12

晚唐•摩訶止觀
59_496_7

五代•大毗盧經
17_217_6

五代•大毗盧經
97_1184_43

五代•大毗盧經
97_1187_1

五代•大毗盧經
97_1187_6

初唐•禮記正義
29_444_46

中唐・翰苑
9_116_7

中唐・翰苑
10_122_31

中唐・翰苑
10_128_20

中唐・翰苑
10_131_13

中唐・翰苑
15_200_18

中唐・翰苑
25_328_22

中唐・翰苑
35_449_42

初唐•禮記正義
18_281_7

初唐•禮記正義
18_282_4

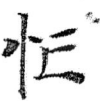

初唐•禮記正義
21_315_9

初唐•禮記正義
21_316_22

初唐•禮記正義
21_317_12

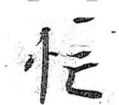

初唐•禮記正義
27_414_12

初唐•禮記正義
27_417_22

初唐•禮記正義
27_421_10

初唐•禮記正義
15_225_16

初唐•禮記正義
15_226_2

初唐•禮記正義
15_227_23

初唐•禮記正義
16_245_17

初唐•禮記正義
17_256_24

初唐•禮記正義
18_276_20

初唐•禮記正義
18_277_17

初唐•禮記正義
18_280_3

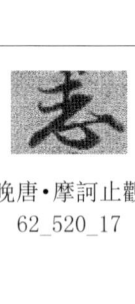

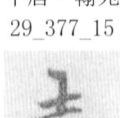

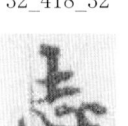

| | | | | | | |
|---|---|---|---|---|---|---|
| 晚唐•摩訶止觀 62_520_17 | 中唐•翰苑 29_377_15 | 中唐•翰苑 27_348_20 | 中唐•翰苑 23_299_12 | 中唐•翰苑 20_259_25 | 初唐•禮記正義 22_333_24 | 初唐•古文尚書 22_209_6 |
| | 中唐•翰苑 31_403_10 | 中唐•翰苑 27_349_8 | 中唐•翰苑 24_315_9 | 中唐•翰苑 20_261_15 | 初唐•禮記正義 28_435_25 | 初唐•古文尚書 22_209_16 |
| | 中唐•翰苑 32_417_3 | 中唐•翰苑 27_357_4 | 中唐•翰苑 24_320_3 | 中唐•翰苑 20_264_5 | 初唐•禮記正義 28_441_17 | 初唐•古文尚書 22_214_25 |
| | 中唐•翰苑 32_418_32 | 中唐•翰苑 27_357_30 | 中唐•翰苑 25_332_13 | 中唐•翰苑 20_266_24 | 初唐•十誦律 1_5_6 | 初唐•古文尚書 22_215_7 |
| | 中唐•翰苑 32_420_14 | 中唐•翰苑 28_365_1 | 中唐•翰苑 25_334_25 | 中唐•翰苑 22_289_32 | 初唐•十誦律 1_7_1 | 初唐•古文尚書 22_216_5 |
| | 中唐•翰苑 33_423_2 | 中唐•翰苑 28_370_13 | 中唐•翰苑 26_335_20 | 中唐•翰苑 22_290_16 | 中唐•翰苑 2_11_13 | 初唐•古文尚書 22_216_23 |
| | 中唐•翰苑 36_461_26 | 中唐•翰苑 29_372_24 | 中唐•翰苑 26_337_23 | 中唐•翰苑 22_292_17 | 悉度去之 中唐•翰苑 5_59_14 | 初唐•古文尚書 23_219_11 |
| | 中唐•翰苑 45_569_12 | 中唐•翰苑 29_374_23 | 中唐•翰苑 26_343_6 | 中唐•翰苑 22_292_35 | 中唐•翰苑 19_253_25 | 初唐•古文尚書 23_219_20 |

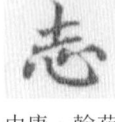

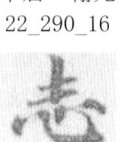

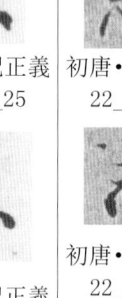

| 忍 | 忌 | 忱 | | | 忘 | 忒 |
|---|---|---|---|---|---|---|
| 吳ニン 漢ジン<br>訓しのぶ | キ<br>訓いむ | 漢シン<br>訓まこと | | | 漢ボウ<br>訓わすれる | トク<br>訓たがう |
| 初唐•古文尚書<br>29_279_17 | 初唐•古文尚書<br>42_411_2 | 初唐•古文尚書<br>12_109_11 | 中唐・般若經<br>12_193_17 | 初唐・般若經<br>25_386_1 | 初唐•古文尚書<br>21_197_1 | 初唐•古文尚書<br>32_298_4 |
| 初唐・十誦律<br>3_37_6 | 初唐•古文尚書<br>42_411_18 | 初唐•古文尚書<br>12_111_27 | 中唐・般若經<br>12_195_3 | 中唐・翰苑<br>9_115_22 | 初唐•禮記正義<br>28_443_25 | |
| 初唐・十誦律<br>3_40_3 | 初唐•禮記正義<br>2_31_23 | 初唐•古文尚書<br>21_203_16 | 中唐・般若經<br>12_196_8 | 中唐・翰苑<br>30_393_7 | 初唐•禮記正義<br>30_472_24 | |
| 初唐・十誦律<br>3_40_17 | 初唐•禮記正義<br>30_465_6 | | 中唐・般若經<br>12_199_11 | 中唐・般若經<br>11_186_7 | 初唐・般若經<br>12_169_4 | |
| 初唐・十誦律<br>3_41_15 | 中唐・翰苑<br>16_212_10 | | 中唐・般若經<br>12_200_14 | 中唐・般若經<br>11_187_10 | 初唐・般若經<br>12_169_10 | |
| 初唐・十誦律<br>4_55_16 | | | 中唐・般若經<br>12_201_14 | 中唐・般若經<br>11_188_11 | 初唐・般若經<br>12_170_15 | |
| 初唐・十誦律<br>4_60_2 | | | 中唐・般若經<br>12_203_1 | 中唐・般若經<br>11_189_14 | 初唐・般若經<br>25_384_5 | |
| 初唐・十誦律<br>4_61_6 | | | | 中唐・般若經<br>12_192_12 | 初唐・般若經<br>25_384_11 | |

| | 漢 チュウ<br>訓 まごころ | テン<br>訓 はずかしめる | | | | |
|---|---|---|---|---|---|---|
| 初唐•古文尚書<br>14_130_18 | 初唐•古文尚書<br>10_84_27 | 初唐•古文尚書<br>35_336_6 | 五代•大毗盧經<br>98_1209_3 | 中唐・般若經<br>2_10_13 | 初唐・十誦律<br>9_172_2 | 初唐・十誦律<br>4_62_10 |
| 初唐•古文尚書<br>14_131_15 | 初唐•古文尚書<br>12_110_6 | | | 晚唐•摩訶止觀<br>11_99_17 | 初唐・十誦律<br>11_208_16 | 初唐・十誦律<br>5_85_16 |
| 初唐•古文尚書<br>35_329_6 | 初唐•古文尚書<br>12_110_22 | | | 五代•大毗盧經<br>2_20_7 | 初唐・十誦律<br>11_214_12 | 初唐・十誦律<br>5_88_11 |
| 初唐•古文尚書<br>35_330_8 | 初唐•古文尚書<br>12_112_11 | | | 五代•大毗盧經<br>8_95_14 | 初唐・般若經<br>7_91_5 | 初唐・十誦律<br>6_94_13 |
| 初唐•古文尚書<br>35_336_24 | 初唐•古文尚書<br>14_127_15 | | | 五代•大毗盧經<br>8_96_41 | 初唐・般若經<br>20_301_11 | 初唐・十誦律<br>6_97_8 |
| 初唐•古文尚書<br>37_355_15 | 初唐•古文尚書<br>14_127_19 | | | 五代•大毗盧經<br>17_222_5 | 中唐・般若經<br>2_5_4 | 初唐・十誦律<br>6_98_6 |
| 初唐•古文尚書<br>37_356_17 | 初唐•古文尚書<br>14_128_27 | | | 五代•大毗盧經<br>18_236_18 | 中唐・般若經<br>2_7_1 | 初唐・十誦律<br>6_99_5 |
| 初唐•古文尚書<br>39_374_27 | 初唐•古文尚書<br>14_130_1 | | | 五代•大毗盧經<br>59_732_13 | 中唐・般若經<br>2_8_15 | 初唐・十誦律<br>9_169_10 |

# 念

呉 ネン
訓 おもう

初唐•禮記正義 15_226_4
初唐•十誦律 19_370_13
中唐•翰苑 4_44_32

初唐•古文尚書 12_104_15
初唐•古文尚書 12_109_9
初唐•古文尚書 12_109_24
初唐•古文尚書 13_118_6
初唐•古文尚書 14_128_25
初唐•古文尚書 14_128_29
初唐•古文尚書 14_133_1
初唐•古文尚書 14_133_18

初唐•古文尚書 16_153_34
初唐•古文尚書 16_154_14
初唐•古文尚書 22_216_16
初唐•古文尚書 22_217_20
初唐•古文尚書 27_269_7
初唐•古文尚書 32_304_20
初唐•古文尚書 32_305_24
初唐•古文尚書 43_421_11

初唐•古文尚書 43_421_14
初唐•古文尚書 44_424_26
初唐•毛詩傳 9_94_28
初唐•毛詩傳 9_96_21
初唐•十誦律 2_17_2
初唐•十誦律 2_20_2
初唐•十誦律 2_22_5
初唐•十誦律 10_192_17

初唐•十誦律 10_193_11
初唐•十誦律 11_196_8
初唐•十誦律 14_267_11
初唐•十誦律 18_351_15
初唐•般若經 10_135_15
初唐•般若經 10_136_3
初唐•般若經 10_137_7
初唐•般若經 23_348_12

初唐•般若經 23_348_17
初唐•般若經 23_350_6
中唐•般若經 6_86_7
中唐•般若經 6_88_6
中唐•般若經 6_90_3
中唐•般若經 6_92_2
中唐•般若經 6 95_13
中唐•般若經 7_97_5

中唐•般若經 7_98_12
中唐•般若經 7_100_4
中唐•般若經 7_103_11
中唐•般若經 7_105_1
中唐•般若經 7_106_6
中唐•般若經 7_107_13
晚唐•摩訶止觀 6_50_22
晚唐•摩訶止觀 7_57_16

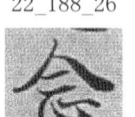

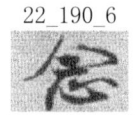

| | | | | | | |
|---|---|---|---|---|---|---|
| 五代•大毗盧經<br>39_471_20 | 五代•大毗盧經<br>12_150_17 | 五代•密教部類<br>3_39_9 | 晚唐•摩訶止觀<br>50_426_9 | 晚唐•摩訶止觀<br>43_374_9 | 晚唐•摩訶止觀<br>22_187_21 | 晚唐•摩訶止觀<br>20_177_27 |
| 五代•大毗盧經<br>41_494_16 | 五代•大毗盧經<br>12_153_18 | 五代•大毗盧經<br>2_11_9 | 晚唐•摩訶止觀<br>50_426_25 | 晚唐•摩訶止觀<br>44_379_17 | 晚唐•摩訶止觀<br>22_188_26 | 晚唐•摩訶止觀<br>20_178_1 |
| 五代•大毗盧經<br>42_503_15 | 五代•大毗盧經<br>18_228_18 | 五代•大毗盧經<br>2_13_4 | 晚唐•摩訶止觀<br>57_484_29 | 晚唐•摩訶止觀<br>45_389_5 | 晚唐•摩訶止觀<br>22_190_6 | 晚唐•摩訶止觀<br>21_179_14 |
| 五代•大毗盧經<br>43_523_22 | 五代•大毗盧經<br>20_255_22 | 五代•大毗盧經<br>8_95_7 | 晚唐•摩訶止觀<br>58_488_9 | 晚唐•摩訶止觀<br>46_391_8 | 晚唐•摩訶止觀<br>23_203_14 | 晚唐•摩訶止觀<br>21_180_25 |
| 五代•大毗盧經<br>51_627_8 | 五代•大毗盧經<br>28_353_13 | 五代•大毗盧經<br>9_104_4 | 五代•密教部類<br>3_35_9 | 晚唐•摩訶止觀<br>46_393_4 | 晚唐•摩訶止觀<br>25_212_16 | 晚唐•摩訶止觀<br>21_182_15 |
| 五代•大毗盧經<br>51_628_25 | 五代•大毗盧經<br>30_383_3 | 五代•大毗盧經<br>10_122_11 | 五代•密教部類<br>3_36_11 | 晚唐•摩訶止觀<br>48_411_16 | 晚唐•摩訶止觀<br>27_229_3 | 晚唐•摩訶止觀<br>21_184_2 |
| 五代•大毗盧經<br>51_629_3 | 五代•大毗盧經<br>30_385_2 | 五代•大毗盧經<br>11_130_7 | 五代•密教部類<br>3_37_9 | 晚唐•摩訶止觀<br>48_414_7 | 晚唐•摩訶止觀<br>35_307_17 | 晚唐•摩訶止觀<br>21_185_2 |
| 五代•大毗盧經<br>53_645_9 | 五代•大毗盧經<br>39_467_7 | 五代•大毗盧經<br>11_139_16 | 五代•密教部類<br>3_38_9 | 晚唐•摩訶止觀<br>49_416_30 | 晚唐•摩訶止觀<br>43_372_25 | 晚唐•摩訶止觀<br>21_186_18 |

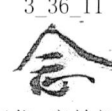

## 忽

漢 コツ
訓 たちまち

初唐•古文尚書
39_380_24

初唐•禮記正義
17_260_10

初唐・十誦律
2_20_15

中唐・翰苑
23_303_38

中唐・翰苑
23_307_17

中唐・翰苑
38_487_15

晚唐•摩訶止觀
43_374_14

五代•大毗盧經
15_197_13

五代•大毗盧經
68_851_28

五代•大毗盧經
68_851_32

五代•大毗盧經
77_938_22

五代•大毗盧經
84_1019_26

五代•大毗盧經
85_1033_6

五代•大毗盧經
63_784_7

五代•大毗盧經
64_793_6

五代•大毗盧經
64_796_3

五代•大毗盧經
64_804_16

五代•大毗盧經
64_807_30

五代•大毗盧經
65_821_11

五代•大毗盧經
66_822_28

五代•大毗盧經
67_840_3

五代•大毗盧經
19_250_13

五代•大毗盧經
20_254_14

五代•大毗盧經
26_332_29

五代•大毗盧經
39_461_15

五代•大毗盧經
53_654_11

五代•大毗盧經
60_737_13

五代•大毗盧經
63_781_1

五代•大毗盧經
63_783_6

## 忿

漢 フン
訓 いかる

初唐•禮記正義
1_4_14

中唐・翰苑
14_184_30

中唐・翰苑
36_460_19

五代•密教部類
2_19_20

五代•大毗盧經
15_192_8

五代•大毗盧經
17_218_8

五代•大毗盧經
19_239_4

五代•大毗盧經
19_247_11

五代•大毗盧經
97_1195_19

五代•大毗盧經
97_1198_16

五代•大毗盧經
53_647_3

五代•大毗盧經
53_647_25

五代•大毗盧經
54_665_2

五代•大毗盧經
56_686_11

五代•大毗盧經
57_693_15

五代•大毗盧經
58_713_19

五代•大毗盧經
60_737_9

五代•大毗盧經
97_1192_4

## 怯

漢 キュウ 呉 グ
訓 おびえる

晩唐•摩訶止観 58_487_25

## 怙

漢 コ
訓 たのむ

初唐•古文尚書 33_308_23

初唐•古文尚書 33_309_14

初唐・毛詩傳 10_105_5

初唐・毛詩傳 10_105_11

初唐・毛詩傳 10_106_20

## 怵

慣 ジュツ 漢 チュツ
訓 おそれる

初唐•古文尚書 37_353_33

## 怖

漢 ホ 呉 フ
訓 こわい

中唐・翰苑 4_48_9

中唐・翰苑 7_79_2

中唐・翰苑 15_187_17

中唐・翰苑 39_496_41

中唐・翰苑 41_527_13

晩唐•摩訶止観 7_65_15

晩唐•摩訶止観 10_90_23

五代•大毗盧經 3_33_7

五代•大毗盧經 8_99_12

五代•大毗盧經 9_102_3

五代•大毗盧經 15_192_23

五代•大毗盧經 17_218_1

五代•大毗盧經 18_236_10

五代•大毗盧經 19_239_18

五代•大毗盧經 25_320_25

五代•大毗盧經 25_320_43

五代•大毗盧經 25_322_36

五代•大毗盧經 47_574_43

五代•大毗盧經 47_574_53

五代•大毗盧經 47_581_20

五代•大毗盧經 48_582_25

五代•大毗盧經 48_583_15

五代•大毗盧經 48_583_31

五代•大毗盧經 48_583_48

五代•大毗盧經 49_596_16

五代•大毗盧經 64_805_11

五代•大毗盧經 66_827_19

五代•大毗盧經 68_857_4

五代•大毗盧經 83_1008_21

五代•大毗盧經 84_1021_14

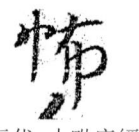

五代•大毗盧經 94_1149_34

# 怛

慣ダツ 漢タツ
訓いたむ

五代•大毗盧經 3_26_9
五代•大毗盧經 4_37_10
五代•大毗盧經 4_41_4
五代•大毗盧經 4_42_3
五代•大毗盧經 4_42_9
五代•大毗盧經 4_43_1
五代•大毗盧經 4_43_20
五代•大毗盧經 5_48_7
五代•大毗盧經 5_52_5
五代•大毗盧經 5_57_5
五代•大毗盧經 6_61_5
五代•大毗盧經 6_61_18
五代•大毗盧經 6_66_5
五代•大毗盧經 6_66_15
五代•大毗盧經 6_73_24
五代•大毗盧經 7_87_1
五代•大毗盧經 9_101_8
五代•大毗盧經 9_102_8
五代•大毗盧經 9_102_19
五代•大毗盧經 9_106_1
五代•大毗盧經 9_109_24
五代•大毗盧經 10_111_1
五代•大毗盧經 10_111_16
五代•大毗盧經 11_125_15
五代•大毗盧經 15_192_25
五代•大毗盧經 15_197_17
五代•大毗盧經 15_198_9
五代•大毗盧經 17_220_20
五代•大毗盧經 17_226_14
五代•大毗盧經 18_228_1
五代•大毗盧經 18_230_17
五代•大毗盧經 19_251_2
五代•大毗盧經 20_262_1
五代•大毗盧經 21_264_17
五代•大毗盧經 21_271_11
五代•大毗盧經 22_275_5
五代•大毗盧經 22_283_20
五代•大毗盧經 24_302_6
五代•大毗盧經 26_326_1
五代•大毗盧經 26_330_18
五代•大毗盧經 26_336_31
五代•大毗盧經 27_347_11
五代•大毗盧經 28_361_18
五代•大毗盧經 29_367_10
五代•大毗盧經 29_370_11
五代•大毗盧經 29_371_1
五代•大毗盧經 29_373_11
五代•大毗盧經 30_375_1
五代•大毗盧經 30_384_11
五代•大毗盧經 30_385_4
五代•大毗盧經 31_389_19
五代•大毗盧經 32_398_19
五代•大毗盧經 32_401_1
五代•大毗盧經 32_402_3
五代•大毗盧經 33_405_5
五代•大毗盧經 33_407_6
五代•大毗盧經 38_450_10
五代•大毗盧經 43_516_5
五代•大毗盧經 44_534_20
五代•大毗盧經 47_572_20

五代・大毗盧經 48_583_1
五代・大毗盧經 48_592_14
五代・大毗盧經 49_598_21
五代・大毗盧經 49_602_13
五代・大毗盧經 51_622_11
五代・大毗盧經 52_635_18
五代・大毗盧經 53_648_2
五代・大毗盧經 54_669_17
五代・大毗盧經 55_670_24

五代・大毗盧經 55_670_28
五代・大毗盧經 55_671_1
五代・大毗盧經 55_677_12
五代・大毗盧經 56_682_7
五代・大毗盧經 56_684_10
五代・大毗盧經 58_714_9
五代・大毗盧經 58_717_9
五代・大毗盧經 58_718_15

## 性

漢セイ 呉ショウ
訓さが

初唐・古文尚書 26_250_18
初唐・古文尚書 26_251_30
初唐・毛詩傳 5_52_19
初唐・毛詩傳 10_103_6
初唐・般若經 8_100_10
初唐・般若經 8_101_10
初唐・般若經 8_101_13
初唐・般若經 8_101_16

初唐・般若經 8_102_1
初唐・般若經 8_102_10
初唐・般若經 8_102_12
初唐・般若經 8_104_4
初唐・般若經 8_104_6
初唐・般若經 8_109_1
初唐・般若經 8_109_5
初唐・般若經 8_109_9

初唐・般若經 8_109_12
初唐・般若經 8_109_15
初唐・般若經 12_172_11
初唐・般若經 12_172_17
初唐・般若經 12_174_5
初唐・般若經 21_311_7
初唐・般若經 21_312_7
初唐・般若經 21_312_10

初唐・般若經 21_312_13
初唐・般若經 21_312_15
初唐・般若經 21_313_7
初唐・般若經 21_313_9
初唐・般若經 21_315_2
初唐・般若經 21_315_4
初唐・般若經 21_320_6
初唐・般若經 21_320_10

初唐・般若經 21_320_14
初唐・般若經 21_320_17
初唐・般若經 21_321_3
初唐・般若經 25_387_16
初唐・般若經 25_388_5
初唐・般若經 25_389_12
中唐・翰苑 9_114_42
中唐・翰苑 11_137_21

中唐・翰苑
14_184_29

中唐・翰苑
20_264_42

中唐・翰苑
20_269_2

中唐・翰苑
30_389_27

中唐・般若經
3_34_11

中唐・般若經
3_35_11

中唐・般若經
3_35_14

中唐・般若經
3_35_17

中唐・般若經
3_36_1

中唐・般若經
3_38_14

中唐・般若經
4_39_14

中唐・般若經
4_40_3

中唐・般若經
4_40_5

中唐・般若經
4_42_17

中唐・般若經
4_43_17

中唐・般若經
4_44_3

中唐・般若經
4_44_6

中唐・般若經
4_47_4

中唐・般若經
4_48_4

中唐・般若經
4_48_10

中唐・般若經
4_48_12

中唐・般若經
4_51_12

中唐・般若經
4_51_14

中唐・般若經
4_53_2

中唐・般若經
4_53_4

中唐・般若經
4_54_9

中唐・般若經
4_54_11

中唐・般若經
4_55_17

中唐・般若經
4_56_2

中唐・般若經
5_59_5

中唐・般若經
5_60_12

中唐・般若經
5_61_15

中唐・般若經
5_61_17

中唐・般若經
5_63_4

中唐・般若經
5_63_6

中唐・般若經
5_68_17

中唐・般若經
5_69_4

中唐・般若經
5_69_11

中唐・般若經
5_69_14

中唐・般若經
5_71_10

中唐・般若經
5_71_14

中唐・般若經
5_72_1

中唐・般若經
5_72_4

中唐・般若經
5_72_7

中唐・般若經
5_74_3

中唐・般若經
5_74_7

中唐・般若經
5_74_11

中唐・般若經
5_74_14

中唐・般若經
5_74_17

中唐・般若經
5_76_14

中唐・般若經
6_77_1

中唐・般若經
6_77_5

中唐・般若經
6_77_8

中唐・般若經
6_77_11

中唐・般若經
11_187_2

中唐・般若經
11_188_4

中唐・般若經 11_189_6

中唐・般若經 11_190_9

中唐・般若經 12_193_8

中唐・般若經 12_194_12

中唐・般若經 12_195_16

中唐・般若經 12_197_4

中唐・般若經 12_200_6

中唐・般若經 12_201_7

中唐・般若經 12_202_9

中唐・般若經 12_203_13

晚唐•摩訶止觀 4_38_25

晚唐•摩訶止觀 6_54_17

晚唐•摩訶止觀 9_83_3

晚唐•摩訶止觀 12_103_11

晚唐•摩訶止觀 14_124_10

晚唐•摩訶止觀 24_207_16

晚唐•摩訶止觀 31_274_24

晚唐•摩訶止觀 32_276_3

晚唐•摩訶止觀 32_278_7

晚唐•摩訶止觀 32_278_18

晚唐•摩訶止觀 32_279_8

晚唐•摩訶止觀 32_280_24

晚唐•摩訶止觀 32_282_20

晚唐•摩訶止觀 35_303_24

晚唐•摩訶止觀 38_328_23

晚唐•摩訶止觀 39_340_22

晚唐•摩訶止觀 40_341_16

晚唐•摩訶止觀 40_342_21

晚唐•摩訶止觀 40_344_8

晚唐•摩訶止觀 40_347_13

晚唐•摩訶止觀 42_365_5

晚唐•摩訶止觀 42_365_17

晚唐•摩訶止觀 42_365_25

晚唐•摩訶止觀 43_367_11

晚唐•摩訶止觀 44_380_7

晚唐•摩訶止觀 44_380_10

晚唐•摩訶止觀 44_380_13

晚唐•摩訶止觀 44_380_17

晚唐•摩訶止觀 46_398_27

晚唐•摩訶止觀 47_400_2

晚唐•摩訶止觀 47_400_18

晚唐•摩訶止觀 48_413_27

晚唐•摩訶止觀 52_443_19

晚唐•摩訶止觀 54_457_5

晚唐•摩訶止觀 55_463_6

晚唐•摩訶止觀 56_473_21

晚唐•摩訶止觀 56_474_3

晚唐•摩訶止觀 57_479_12

晚唐•摩訶止觀 57_479_28

晚唐•摩訶止觀 58_494_15

晚唐•摩訶止觀 60_503_24

五代•大毗盧經 6_68_16

五代•大毗盧經 7_77_29

五代•大毗盧經 7_81_5

五代•大毗盧經 7_81_8

五代•大毗盧經 7_82_5

| 思 | | 怪 | 怡 | | | |
|---|---|---|---|---|---|---|
| シ<br>訓おもう | | 漢カイ呉ケ<br>訓あやしい | イ<br>訓よろこぶ | | | |
| 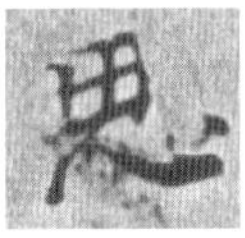<br>初唐•古文尚書<br>10_90_1 | <br>五代•大毗盧經<br>68_851_15 | <br>初唐•古文尚書<br>2_15_3 | <br>中唐・翰苑<br>37_475_31 | <br>五代•大毗盧經<br>93_1139_3 | <br>五代•大毗盧經<br>47_579_23 | <br>五代•大毗盧經<br>27_346_24 |
| <br>初唐•古文尚書<br>12_103_16 | | <br>初唐•古文尚書<br>2_15_8 | <br>五代•大毗盧經<br>72_883_12 | <br>五代•大毗盧經<br>94_1152_23 | 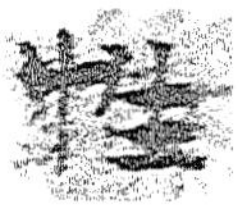<br>五代•大毗盧經<br>51_632_20 | <br>五代•大毗盧經<br>32_398_30 |
| <br>初唐•古文尚書<br>12_113_23 | | <br>初唐•古文尚書<br>18_168_4 | | <br>五代•大毗盧經<br>94_1152_27 | <br>五代•大毗盧經<br>54_668_22 | <br>五代•大毗盧經<br>32_398_32 |
| <br>初唐•古文尚書<br>18_168_28 | | <br>中唐・翰苑<br>15_199_8 | | | <br>五代•大毗盧經<br>55_670_20 | 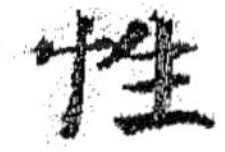<br>五代•大毗盧經<br>32_398_41 |
| <br>初唐•古文尚書<br>36_340_22 | | <br>中唐・翰苑<br>33_429_7 | | | <br>五代•大毗盧經<br>56_690_24 | <br>五代•大毗盧經<br>32_399_13 |
| <br>初唐•古文尚書<br>36_341_22 | | <br>五代•大毗盧經<br>54_662_5 | | | <br>五代•大毗盧經<br>60_745_16 | 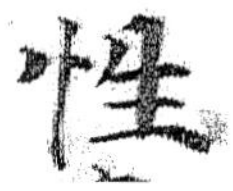<br>五代•大毗盧經<br>39_453_16 |
| <br>初唐•古文尚書<br>37_354_8 | | <br>五代•大毗盧經<br>55_673_3 | | | 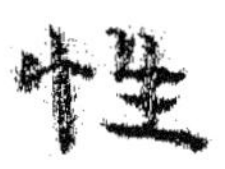<br>五代•大毗盧經<br>65_813_38 | <br>五代•大毗盧經<br>39_454_10 |
| <br>初唐•古文尚書<br>37_354_22 | | <br>五代•大毗盧經<br>55_673_18 | | | <br>五代•大毗盧經<br>88_1072_14 | <br>五代•大毗盧經<br>43_523_7 |

| | | | | | | |
|---|---|---|---|---|---|---|
| 五代•大毗盧經 51_623_7 | 晚唐•摩訶止觀 53_447_1 | 晚唐•摩訶止觀 47_401_16 | 晚唐•摩訶止觀 14_125_20 | 中唐•翰苑 43_548_30 | 初唐•般若經 8_110_9 | 初唐•毛詩傳 1_4_14 |
| 五代•大毗盧經 53_654_2 | 晚唐•摩訶止觀 53_451_29 | 晚唐•摩訶止觀 47_402_5 | 晚唐•摩訶止觀 29_253_19 | 中唐•般若經 5_70_8 | 初唐•般若經 8_111_2 | 初唐•毛詩傳 1_5_14 |
| 五代•大毗盧經 54_659_2 | 晚唐•摩訶止觀 58_489_7 | 晚唐•摩訶止觀 47_402_25 | 晚唐•摩訶止觀 30_258_21 | 中唐•般若經 5_73_1 | 初唐•般若經 8_112_12 | 初唐•毛詩傳 1_10_10 |
| 五代•大毗盧經 54_666_13 | 晚唐•摩訶止觀 59_501_25 | 晚唐•摩訶止觀 47_403_25 | 晚唐•摩訶止觀 35_305_17 | 中唐•般若經 5_75_11 | 初唐•般若經 21_321_14 | 初唐•毛詩傳 2_11_24 |
| 五代•大毗盧經 57_698_2 | 晚唐•摩訶止觀 61_514_11 | 晚唐•摩訶止觀 49_417_7 | 晚唐•摩訶止觀 37_321_25 | 中唐•般若經 6_78_5 | 初唐•般若經 21_322_7 | 初唐•毛詩傳 2_15_8 |
| 五代•大毗盧經 78_945_13 | 五代•密教部類 6_88_15 | 晚唐•摩訶止觀 49_418_15 | 晚唐•摩訶止觀 39_336_19 | 中唐•般若經 6_81_7 | 初唐•般若經 21_324_1 | 初唐•毛詩傳 2_19_4 |
| 五代•大毗盧經 78_948_22 | 五代•大毗盧經 11_130_6 | 晚唐•摩訶止觀 51_433_4 | 晚唐•摩訶止觀 42_362_7 | 晚唐•摩訶止觀 3_29_24 | 中唐•翰苑 9_117_20 | 初唐•禮記正義 6_96_30 |
| 五代•大毗盧經 80_974_22 | 五代•大毗盧經 30_377_18 | 晚唐•摩訶止觀 51_433_11 | 晚唐•摩訶止觀 45_384_1 | 晚唐•摩訶止觀 12_110_10 | 中唐•翰苑 33_431_25 | 初唐•禮記正義 6_97_4 |

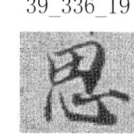

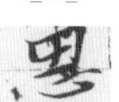

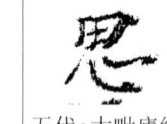

## 恃

吳ジ 漢シ
訓たのむ

初唐・古文尚書
33_309_15

初唐・古文尚書
34_320_22

初唐・古文尚書
38_361_12

初唐・古文尚書
38_362_14

初唐・毛詩傳
10_105_12

中唐・翰苑
24_318_21

五代・大毗盧經
20_256_9

五代・大毗盧經
25_316_12

五代・大毗盧經
25_319_13

中唐・翰苑
3_22_8

中唐・翰苑
4_40_3

中唐・翰苑
6_69_17

中唐・翰苑
10_119_25

中唐・翰苑
10_120_1

中唐・翰苑
20_256_2

中唐・翰苑
42_535_11

## 急

キュウ
訓いそぐ

初唐・禮記正義
6_96_6

初唐・十誦律
15_289_1

初唐・十誦律
15_294_1

初唐・十誦律
16_299_4

初唐・十誦律
16_305_4

初唐・十誦律
16_310_4

初唐・十誦律
16_315_7

中唐・翰苑
2_11_40

五代・大毗盧經
68_856_28

五代・大毗盧經
68_857_15

五代・大毗盧經
79_957_32

初唐・毛詩傳
1_5_17

初唐・毛詩傳
9_92_9

初唐・十誦律
8_133_16

初唐・十誦律
8_133_17

初唐・十誦律
8_134_3

初唐・十誦律
8_153_17

初唐・十誦律
9_154_1

中唐・翰苑
9_118_5

## 怨

漢エン 吳オン 漢ウン
訓うらむ

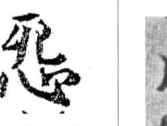

初唐・古文尚書
28_277_3

初唐・古文尚書
36_339_6

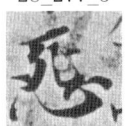

初唐・古文尚書
36_339_21

初唐・古文尚書
36_340_5

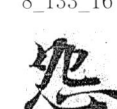

初唐・古文尚書
36_341_10

初唐・古文尚書
36_341_13

初唐・古文尚書
41_400_13

初唐・古文尚書
41_401_6

## 恤

慣ジュウ漢シュウ
訓うれえる

初唐•古文尚書
11_101_20

初唐•古文尚書
14_132_7

初唐•古文尚書
41_401_36

初唐・毛詩傳
8_89_13

初唐・毛詩傳
8_90_6

初唐・毛詩傳
9_93_13

初唐•禮記正義
18_268_2

初唐•禮記正義
18_268_26

## 恬

漢テン
訓やすい

中唐・翰苑
14_179_15

中唐・翰苑
14_183_29

五代•大毗盧經
21_268_9

## 恫

慣ドウ漢トウ
訓いたむ

初唐•古文尚書
9_74_9

恫痛也。
初唐•古文尚書
9_74_26

## 恒

漢コウ呉ゴウ
訓つね

初唐•古文尚書
27_265_7

初唐•古文尚書
32_303_2

初唐•禮記正義
16_246_1

初唐•禮記正義
17_254_28

初唐•禮記正義
20_303_9

初唐・十誦律
19_370_3

初唐・般若經
12_172_8

初唐・般若經
12_172_14

初唐・般若經
12_174_2

初唐・般若經
25_387_13

初唐・般若經
25_388_2

初唐・般若經
25_389_9

中唐・翰苑
31_398_3

中唐・般若經
11_186_16

中唐・般若經
11_188_1

中唐・般若經
11_189_3

中唐・般若經
11_190_6

中唐・般若經
12_193_5

中唐・般若經
12_194_9

中唐・般若經
12_195_13

中唐・般若經
12_197_1

中唐・般若經
12_200_3

中唐・般若經
12_201_4

中唐・般若經
12_202_6

中唐・般若經
12_203_10

晚唐•摩訶止觀
2_20_7

晚唐•摩訶止觀
10_85_15

晚唐•摩訶止觀
47_405_7

晚唐•摩訶止觀
59_499_26

五代•大毗盧經
27_338_5

|  |  |  | 怒 | 恨 | 恪 |  |
| --- | --- | --- | --- | --- | --- | --- |
|  |  |  | 漢ド呉ヌ<br>訓おこる | 漢コン呉ゴン<br>訓うらむ | 漢カク<br>訓つつしむ |  |
| <br>五代·大毗盧經<br>63_783_7 | <br>五代·大毗盧經<br>26_332_30 | <br>五代·密教部類<br>2_19_21 | <br>初唐·古文尚書<br>12_112_7 | 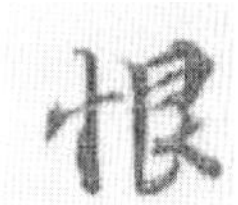<br>中唐・翰苑<br>9_118_6 | <br>初唐·古文尚書<br>6_49_13 | <br>初唐·禮記正義<br>18_270_3 |
| <br>五代·大毗盧經<br>63_784_8 | <br>五代·大毗盧經<br>27_341_14 | <br>五代·大毗盧經<br>14_179_2 | <br>初唐·古文尚書<br>12_112_33 | <br>五代·大毗盧經<br>2_10_14 | <br>中唐・翰苑<br>22_286_18 | <br>初唐·禮記正義<br>18_270_22 |
| <br>五代·大毗盧經<br>64_793_7 | <br>五代·大毗盧經<br>39_461_16 | <br>五代·大毗盧經<br>15_192_9 | <br>初唐·古文尚書<br>15_143_6 |  | <br>中唐・翰苑<br>22_288_3 |  |
| <br>五代·大毗盧經<br>64_796_4 | <br>五代·大毗盧經<br>46_568_7 | <br>五代·大毗盧經<br>17_218_9 | <br>初唐·古文尚書<br>15_144_6 |  |  |  |
| <br>五代·大毗盧經<br>64_804_17 | <br>五代·大毗盧經<br>53_654_12 | <br>五代·大毗盧經<br>19_239_5 | <br>中唐・翰苑<br>3_22_26 |  |  |  |
| <br>五代·大毗盧經<br>65_821_12 | <br>五代·大毗盧經<br>58_718_16 | <br>五代·大毗盧經<br>19_247_12 | <br>中唐・翰苑<br>11_137_24 |  |  |  |
| <br>五代·大毗盧經<br>66_822_29 | <br>五代·大毗盧經<br>60_737_14 | <br>五代·大毗盧經<br>19_250_14 | <br>中唐・翰苑<br>15_190_40 |  |  |  |
| <br>五代·大毗盧經<br>67_838_17 | <br>五代·大毗盧經<br>63_781_2 | <br>五代·大毗盧經<br>20_254_15 | 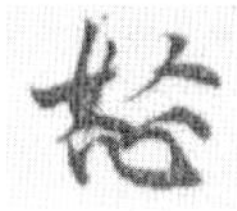<br>中唐・翰苑<br>27_350_36 |  |  |  |

五代•大毗盧經
67_840_4

五代•大毗盧經
67_841_19

五代•大毗盧經
68_851_29

五代•大毗盧經
68_851_33

五代•大毗盧經
77_938_23

五代•大毗盧經
84_1019_27

五代•大毗盧經
84_1020_3

五代•大毗盧經
85_1033_7

## 怠

漢 タイ
訓 おこたる

初唐•古文尚書
9_71_22

初唐•古文尚書
15_141_5

初唐•古文尚書
15_141_17

初唐•古文尚書
25_249_28

初唐•古文尚書
28_276_13

初唐•古文尚書
28_277_19

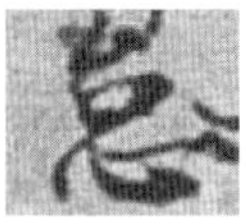
晚唐•摩訶止觀
54_461_10

## 恚

イ
訓 いかる

晚唐•摩訶止觀
46_391_4

五代•大毗盧經
3_28_17

## 恐

漢 キョウ
訓 おそれる

初唐•古文尚書
9_76_24

初唐•古文尚書
9_78_2

初唐•古文尚書
9_78_18

初唐•古文尚書
9_78_26

初唐•古文尚書
13_115_28

初唐•古文尚書
18_167_12

初唐•古文尚書
18_168_17

初唐•古文尚書
24_239_6

初唐•古文尚書
25_243_22

初唐•古文尚書
25_246_20

初唐•古文尚書
31_289_3

初唐•禮記正義
11_166_7

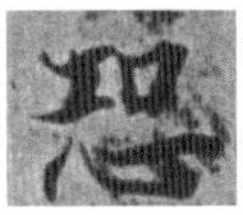
初唐•禮記正義
11_167_3

初唐•禮記正義
12_193_24

初唐•禮記正義
13_197_17

中唐・翰苑
5_56_3

中唐・翰苑
7_79_1

中唐・翰苑
9_117_18

中唐・翰苑
10_121_8

中唐・翰苑
39_497_5

中唐・翰苑
42_534_1

晚唐•摩訶止觀
10_90_22

五代•密教部類
2_22_13

五代•大毗盧經
2_5_11

五代•大毗盧經
8_99_11

五代•大毗盧經
9_102_2

五代•大毗盧經
15_192_22

五代•大毗盧經
25_322_35

五代•大毗盧經
47_574_42

五代•大毗盧經
47_581_19

五代•大毗盧經
48_582_24

五代•大毗盧經
48_583_14

| | | 恩 | | 恭 | | |
|---|---|---|---|---|---|---|
| | | オン<br>訓めぐむ | | 漢キョウ<br>訓うやうやしい | | |
| 晚唐•摩訶止觀<br>55_469_25 | 中唐・翰苑<br>9_114_23 | 初唐・毛詩傳<br>8_81_5 | 晚唐•摩訶止觀<br>54_459_4 | 初唐•古文尚書<br>15_135_2 | 五代•大毗盧經<br>94_1149_33 | 五代•大毗盧經<br>48_583_30 |
| 五代•大毗盧經<br>43_524_1 | 中唐・翰苑<br>28_359_17 | 初唐•禮記正義<br>1_8_2 | 五代•大毗盧經<br>3_24_5 | 初唐•古文尚書<br>38_367_15 | | 五代•大毗盧經<br>48_583_47 |
| | 中唐・翰苑<br>28_364_8 | 初唐•禮記正義<br>2_22_16 | 五代•大毗盧經<br>23_292_6 | 初唐・十誦律<br>2_26_1 | | 五代•大毗盧經<br>49_596_15 |
| | 中唐・翰苑<br>34_444_2 | 初唐•禮記正義<br>3_47_8 | 五代•大毗盧經<br>43_523_18 | 初唐・十誦律<br>2_26_13 | | 五代•大毗盧經<br>64_805_10 |
| | 中唐・翰苑<br>34_444_38 | 初唐•禮記正義<br>5_81_18 | | 中唐・翰苑<br>11_136_5 | | 五代•大毗盧經<br>68_857_3 |
| | 中唐・翰苑<br>36_465_22 | 初唐•禮記正義<br>8_119_8 | | 中唐・翰苑<br>25_328_26 | | 五代•大毗盧經<br>83_1008_20 |
| | 中唐・翰苑<br>40_518_31 | 初唐•禮記正義<br>25_379_4 | | 中唐・翰苑<br>33_422_26 | | 五代•大毗盧經<br>84_1021_13 |
| | 晚唐•摩訶止觀<br>10_86_16 | 初唐•禮記正義<br>27_413_8 | | 中唐・翰苑<br>36_458_12 | | 五代•大毗盧經<br>93_1138_16 |

## 悍

漢カン
訓たけし

中唐・翰苑
11_137_22

中唐・翰苑
30_389_29

五代•大毗盧經
15_193_6

五代•大毗盧經
31_390_8

## 悟

ゴ
訓さとる

晩唐•摩訶止觀
2_14_13

晩唐•摩訶止觀
19_168_27

晩唐•摩訶止觀
24_210_2

晩唐•摩訶止觀
39_337_25

晩唐•摩訶止觀
39_338_1

五代•大毗盧經
28_353_22

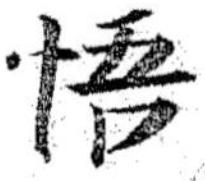
五代•大毗盧經
28_356_12

五代•大毗盧經
31_387_7

## 悚

漢ショウ
訓おそれる

初唐•古文尚書
37_354_14

## 恣

シ
訓ほしいまま

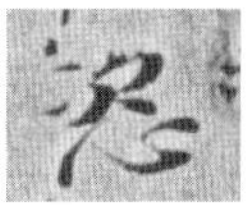
初唐•古文尚書
33_310_18

晩唐•摩訶止觀
27_235_15

晩唐•摩訶止觀
58_494_9

晩唐•摩訶止觀
59_499_6

晩唐•摩訶止觀
59_500_6

五代•大毗盧經
15_189_8

五代•大毗盧經
25_320_32

五代•大毗盧經
97_1196_3

## 息

呉ソク
訓いき

初唐•古文尚書
12_113_9

中唐・翰苑
11_135_31

中唐・翰苑
14_184_8

中唐・翰苑
42_542_18

中唐・翰苑
42_542_25

中唐・翰苑
42_543_33

晩唐•摩訶止觀
5_44_26

晩唐•摩訶止觀
15_131_1

## 悖

慣ボツ漢ハイ
訓もとる

初唐•古文尚書
32_306_10

初唐・毛詩傳
9_93_8

五代•大毗盧經
2_20_20

五代•大毗盧經
3_31_4

初唐・十誦律
11_203_3

初唐・十誦律
11_206_6

初唐・十誦律
11_207_10

初唐・十誦律
11_208_10

初唐・十誦律
11_209_8

晚唐•摩訶止觀
2_19_14

五代•密教部類
4_49_8

五代•密教部類
4_51_18

初唐・十誦律
10_182_16

初唐・十誦律
10_183_14

初唐・十誦律
10_184_7

初唐・十誦律
10_184_13

初唐・十誦律
10_187_9

初唐・十誦律
10_194_3

初唐・十誦律
11_201_1

初唐・十誦律
11_202_6

## 悔

漢カイ呉ケ
訓くいる

初唐•古文尚書
9_74_11

初唐•古文尚書
9_75_16

初唐•古文尚書
11_95_3

初唐•古文尚書
11_95_14

初唐•古文尚書
37_354_28

初唐•禮記正義
7_108_28

初唐・十誦律
9_162_10

初唐・十誦律
9_169_4

五代•大毗盧經
63_786_7

五代•大毗盧經
78_948_35

五代•大毗盧經
87_1064_10

五代•大毗盧經
98_1200_16

## 悅

エツ
訓よろこぶ

晚唐•摩訶止觀
20_170_22

晚唐•摩訶止觀
21_184_12

晚唐•摩訶止觀
24_209_4

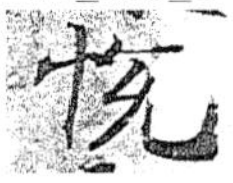
五代•大毗盧經
2_17_19

五代•大毗盧經
21_266_11

五代•大毗盧經
21_268_19

五代•大毗盧經
39_458_11

五代•大毗盧經
59_729_13

| | 情 | 悆 | 悠 | | 患 | 恕 |
|---|---|---|---|---|---|---|
| | 呉ジョウ漢セイ<br>訓なさけ | ヨ<br>訓わすれる | ユウ<br>訓うれえる | | 漢カン呉ゲン<br>訓わずらう | 慣ジョ漢ショ<br>訓ゆるす |
| <br>一謂之幘<br>中唐・翰苑<br>25_327_18<br><br>貴者冠幘<br>中唐・翰苑<br>25_329_9<br><br>中唐・翰苑<br>31_407_38<br><br>五代・大毗盧經<br>2_19_18<br><br>五代・大毗盧經<br>10_122_6<br><br>五代・大毗盧經<br>26_332_41<br><br>五代・大毗盧經<br>26_336_21 | <br>初唐・古文尚書<br>8_64_35<br><br>初唐・古文尚書<br>9_78_13<br><br>初唐・古文尚書<br>14_124_13<br><br>初唐・古文尚書<br>17_157_11<br><br>初唐・古文尚書<br>47_459_23<br><br>中唐・翰苑<br>8_101_4<br><br>中唐・翰苑<br>9_114_32<br><br>中唐・翰苑<br>11_144_12 | <br>初唐・古文尚書<br>20_188_8 | <br>初唐・毛詩傳<br>10_106_22<br><br>初唐・毛詩傳<br>10_109_6<br><br>初唐・毛詩傳<br>10_111_13<br><br>中唐・翰苑<br>35_451_25 | <br>五代・大毗盧經<br>11_141_10<br><br>五代・大毗盧經<br>25_320_28<br><br>五代・大毗盧經<br>39_455_13 | <br>初唐・古文尚書<br>9_77_1<br><br>初唐・古文尚書<br>21_197_2<br><br>初唐・古文尚書<br>41_400_9<br><br>中唐・翰苑<br>2_9_24<br><br>中唐・翰苑<br>29_382_43<br><br>中唐・翰苑<br>30_383_12<br><br>中唐・翰苑<br>33_427_21<br><br>中唐・翰苑<br>34_438_10 | <br>初唐・古文尚書<br>42_410_21<br><br>五代・大毗盧經<br>92_1125_1 |

| | 惟 | 惕 | 悼 | 惜 | | |
|---|---|---|---|---|---|---|
| | 漢イ呉ユイ<br>訓おもう | 漢テキ<br>訓つつしむ | 漢トウ<br>訓いたむ | 漢セキ呉シャク<br>訓おしい | | |
| <br>初唐•古文尚書<br>3_21_7<br><br>初唐•古文尚書<br>3_22_1<br>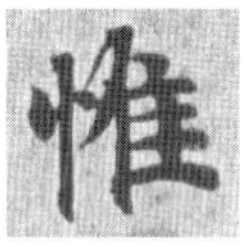<br>初唐•古文尚書<br>3_22_3<br>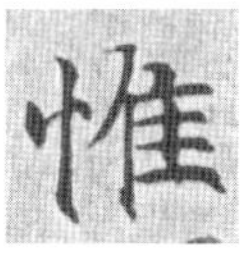<br>初唐•古文尚書<br>4_27_16<br>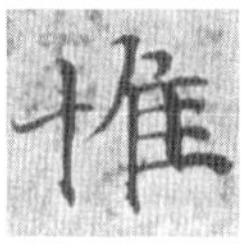<br>初唐•古文尚書<br>4_31_3<br><br>初唐•古文尚書<br>4_31_7<br><br>初唐•古文尚書<br>4_32_8<br><br>初唐•古文尚書<br>4_33_10 | <br>初唐•古文尚書<br>1_2_22<br><br>初唐•古文尚書<br>1_6_11<br><br>初唐•古文尚書<br>1_6_15<br><br>初唐•古文尚書<br>1_7_3<br><br>初唐•古文尚書<br>2_10_23<br><br>初唐•古文尚書<br>2_13_7<br><br>初唐•古文尚書<br>2_14_6<br><br>初唐•古文尚書<br>3_17_14 | <br>初唐•古文尚書<br>8_63_26<br><br>初唐•古文尚書<br>37_354_1 | <br>中唐 • 翰苑<br>20_269_14<br><br>中唐 • 翰苑<br>34_436_24 | <br>中唐 • 翰苑<br>41_528_30 | <br>五代•大毗盧經<br>26_336_16<br><br>五代•大毗盧經<br>88_1072_42<br><br>五代•大毗盧經<br>89_1087_34<br><br>五代•大毗盧經<br>89_1088_6<br><br>五代•大毗盧經<br>61_757_20 | <br>五代•大毗盧經<br>27_339_34<br><br>五代•大毗盧經<br>54_669_23<br><br>五代•大毗盧經<br>58_713_9<br><br>五代•大毗盧經<br>61_751_2<br><br>五代•大毗盧經<br>73_893_33<br><br>五代•大毗盧經<br>83_1008_18<br><br>五代•大毗盧經<br>87_1064_19 |

初唐•古文尚書 4_34_11
初唐•古文尚書 5_38_14
初唐•古文尚書 5_42_14
初唐•古文尚書 5_42_19
初唐•古文尚書 5_45_19
初唐•古文尚書 7_59_21
初唐•古文尚書 8_63_21
初唐•古文尚書 9_72_7

初唐•古文尚書 9_80_2
初唐•古文尚書 9_81_7
初唐•古文尚書 9_81_14
初唐•古文尚書 10_91_36
初唐•古文尚書 11_92_13
初唐•古文尚書 11_93_7
初唐•古文尚書 11_97_4
初唐•古文尚書 11_101_4

初唐•古文尚書 12_105_3
初唐•古文尚書 12_105_19
初唐•古文尚書 12_106_1
初唐•古文尚書 12_106_27
初唐•古文尚書 12_110_9
初唐•古文尚書 12_111_30
初唐•古文尚書 17_163_20
初唐•古文尚書 17_165_18

初唐•古文尚書 18_166_3
初唐•古文尚書 18_170_30
初唐•古文尚書 19_177_23
初唐•古文尚書 19_180_2
初唐•古文尚書 19_180_22
初唐•古文尚書 19_185_1
初唐•古文尚書 20_188_6
初唐•古文尚書 20_188_9

初唐•古文尚書 20_188_30
初唐•古文尚書 20_189_4
初唐•古文尚書 20_189_8
初唐•古文尚書 20_189_12
初唐•古文尚書 20_190_15
初唐•古文尚書 20_190_19
初唐•古文尚書 20_191_7
初唐•古文尚書 20_191_12

初唐•古文尚書 20_192_4
初唐•古文尚書 20_192_21
初唐•古文尚書 20_193_6
初唐•古文尚書 20_194_1
初唐•古文尚書 20_194_8
初唐•古文尚書 20_194_18
初唐•古文尚書 20_195_6
初唐•古文尚書 20_196_18

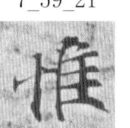

初唐•古文尚書 21_198_12
初唐•古文尚書 21_198_18
初唐•古文尚書 21_201_3
初唐•古文尚書 21_202_29
初唐•古文尚書 21_204_14
初唐•古文尚書 22_209_2
初唐•古文尚書 22_209_25
初唐•古文尚書 22_210_22

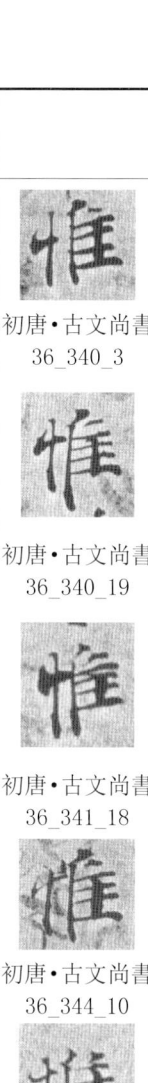

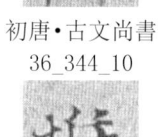

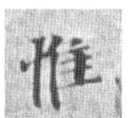

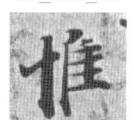

| | | | | | | |
|---|---|---|---|---|---|---|
| 初唐•古文尚書 36_340_3 | 初唐•古文尚書 35_328_28 | 初唐•古文尚書 34_320_40 | 初唐•古文尚書 33_312_3 | 初唐•古文尚書 31_293_1 | 初唐•古文尚書 23_223_2 | 初唐•古文尚書 22_211_12 |
| 初唐•古文尚書 36_340_19 | 初唐•古文尚書 35_331_1 | 初唐•古文尚書 34_321_17 | 初唐•古文尚書 33_313_5 | 初唐•古文尚書 32_303_8 | 初唐•古文尚書 23_226_23 | 初唐•古文尚書 22_212_12 |
| 初唐•古文尚書 36_341_18 | 初唐•古文尚書 35_331_14 | 初唐•古文尚書 34_322_25 | 初唐•古文尚書 33_313_12 | 初唐•古文尚書 32_304_12 | 初唐•古文尚書 23_227_1 | 初唐•古文尚書 22_214_22 |
| 初唐•古文尚書 36_344_10 | 初唐•古文尚書 35_332_8 | 初唐•古文尚書 34_323_3 | 初唐•古文尚書 33_314_7 | 初唐•古文尚書 33_308_21 | 初唐•古文尚書 24_234_7 | 初唐•古文尚書 22_216_12 |
| 初唐•古文尚書 36_344_22 | 初唐•古文尚書 35_332_19 | 初唐•古文尚書 34_323_13 | 初唐•古文尚書 33_315_8 | 初唐•古文尚書 33_310_12 | 初唐•古文尚書 24_235_5 | 初唐•古文尚書 23_218_19 |
| 初唐•古文尚書 36_346_22 | 初唐•古文尚書 35_338_2 | 初唐•古文尚書 34_323_25 | 初唐•古文尚書 33_315_33 | 初唐•古文尚書 33_311_27 | 初唐•古文尚書 25_249_9 | 初唐•古文尚書 23_218_22 |
| 初唐•古文尚書 36_347_9 | 初唐•古文尚書 36_339_4 | 初唐•古文尚書 34_324_5 | 初唐•古文尚書 33_316_2 | 初唐•古文尚書 33_311_33 | 初唐•古文尚書 29_285_16 | 初唐•古文尚書 23_221_3 |
| 初唐•古文尚書 37_352_15 | 初唐•古文尚書 36_339_19 | 初唐•古文尚書 34_324_17 | 初唐•古文尚書 33_316_9 | 初唐•古文尚書 33_312_1 | 初唐•古文尚書 31_287_17 | 初唐•古文尚書 23_221_7 |

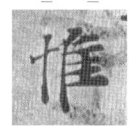

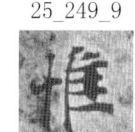

初唐•古文尚書
37_354_2

初唐•古文尚書
37_354_16

初唐•古文尚書
38_360_6

初唐•古文尚書
38_361_5

初唐•古文尚書
38_366_10

初唐•古文尚書
38_367_23

初唐•古文尚書
38_369_6

初唐•古文尚書
38_369_10

初唐•古文尚書
38_369_16

初唐•古文尚書
38_369_24

初唐•古文尚書
39_372_1

初唐•古文尚書
39_372_12

初唐•古文尚書
39_373_17

初唐•古文尚書
39_374_1

初唐•古文尚書
39_374_17

初唐•古文尚書
40_382_9

初唐•古文尚書
40_385_17

初唐•古文尚書
40_386_22

初唐•古文尚書
41_392_15

初唐•古文尚書
41_393_35

初唐•古文尚書
41_400_20

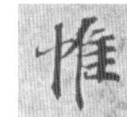

初唐•古文尚書
41_400_24

初唐•古文尚書
42_402_10

初唐•古文尚書
42_404_36

初唐•古文尚書
42_405_7

初唐•古文尚書
42_407_14

初唐•古文尚書
42_408_29

初唐•古文尚書
42_410_7

初唐•古文尚書
42_410_26

初唐•古文尚書
42_411_32

初唐•古文尚書
43_412_26

初唐•古文尚書
43_413_27

初唐•古文尚書
43_414_13

初唐•古文尚書
43_415_23

初唐•古文尚書
43_416_17

初唐•古文尚書
43_417_10

初唐•古文尚書
43_418_8

初唐•古文尚書
44_426_11

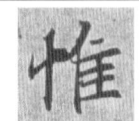

初唐•古文尚書
44_428_20

初唐•古文尚書
44_429_8

初唐•古文尚書
44_429_20

初唐•古文尚書
45_433_4

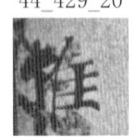

初唐•古文尚書
45_433_13

初唐•古文尚書
45_437_2

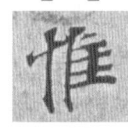

初唐•古文尚書
45_437_4

初唐•古文尚書
44_425_11

初唐•古文尚書
45_437_6

初唐•古文尚書
45_437_8

初唐•古文尚書
45_437_10

初唐•古文尚書
45_438_15

初唐•古文尚書
45_440_27

初唐•古文尚書
45_441_10

初唐•古文尚書
46_444_7

初唐•古文尚書
46_452_22

初唐•古文尚書
46_452_24

初唐•古文尚書
46_452_30

初唐•古文尚書
47_455_17

初唐•古文尚書
47_457_33

初唐•古文尚書
47_458_15

初唐•古文尚書
47_459_3

初唐•古文尚書
47_459_19

初唐•古文尚書
48_465_18

初唐•古文尚書
48_465_29

初唐•古文尚書
48_469_28

初唐•古文尚書
48_470_15

初唐•古文尚書
48_471_1

初唐•古文尚書
48_471_7

初唐•古文尚書
48_471_14

初唐•古文尚書
49_475_35

初唐•古文尚書
49_476_15

初唐•古文尚書
48_471_25

初唐・毛詩傳
9_93_23

初唐・毛詩傳
9_96_5

初唐•禮記正義
1_16_15

初唐•禮記正義
2_18_17

初唐•禮記正義
2_18_26

初唐•禮記正義
9_137_12

晚唐•摩訶止觀
29_253_20

晚唐•摩訶止觀
42_362_8

晚唐•摩訶止觀
47_401_17

晚唐•摩訶止觀
61_514_12

五代•大毗盧經
78_945_14

五代•大毗盧經
78_948_23

## 悉

漢 シツ
訓 つくす

初唐•古文尚書
7_57_25

初唐•禮記正義
12_187_9

初唐•禮記正義
29_454_19

初唐•禮記正義
29_457_7

中唐・翰苑
6_68_8

中唐・翰苑
6_72_19

中唐・翰苑
8_96_18

中唐・翰苑
13_169_16

中唐・翰苑
15_191_11

中唐・翰苑
16_201_31

中唐・翰苑
23_304_19

中唐・翰苑
34_443_12

中唐・翰苑
36_468_19

中唐・翰苑
38_487_27

中唐・翰苑
40_517_33

晚唐•摩訶止觀
18_158_12

晚唐•摩訶止觀
24_210_16

晚唐•摩訶止觀
24_211_7

晚唐•摩訶止觀
25_213_27

晚唐•摩訶止觀
25_217_1

晚唐•摩訶止觀
25_218_9

晚唐•摩訶止觀
25_219_1

晚唐•摩訶止觀
27_233_2

晚唐•摩訶止觀
27_233_11

# 惡

アク
訓にくむ

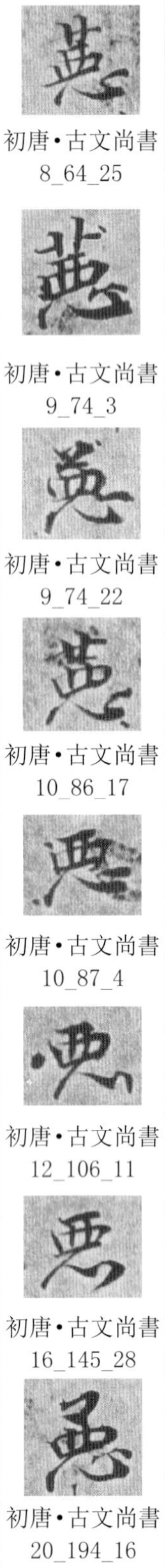

初唐・古文尚書 8_64_25
初唐・古文尚書 9_74_3
初唐・古文尚書 9_74_22
初唐・古文尚書 10_86_17
初唐・古文尚書 10_87_4
初唐・古文尚書 12_106_11
初唐・古文尚書 16_145_28
初唐・古文尚書 20_194_16

五代・大毗盧經 97_1186_24
五代・大毗盧經 97_1195_9
五代・大毗盧經 98_1213_21
五代・大毗盧經 74_914_22

五代・大毗盧經 51_629_12
五代・大毗盧經 51_632_22
五代・大毗盧經 60_735_16
五代・大毗盧經 62_771_19
五代・大毗盧經 73_893_30
五代・大毗盧經 73_906_12
五代・大毗盧經 80_968_14

五代・大毗盧經 15_186_4
五代・大毗盧經 15_196_24
五代・大毗盧經 17_223_13
五代・大毗盧經 17_224_1
五代・大毗盧經 21_266_29
五代・大毗盧經 40_482_16
五代・大毗盧經 48_591_14
五代・大毗盧經 51_628_3

五代・大毗盧經 3_36_4
五代・大毗盧經 6_62_17
五代・大毗盧經 8_93_8
五代・大毗盧經 9_106_29
五代・大毗盧經 10_122_40
五代・大毗盧經 11_133_3
五代・大毗盧經 11_141_6
五代・大毗盧經 14_184_2

晚唐・摩訶止觀 52_440_1
晚唐・摩訶止觀 61_517_9
五代・密教部類 2_17_3
五代・密教部類 2_21_10
五代・密教部類 3_40_2
五代・大毗盧經 2_9_6
五代・大毗盧經 2_11_12
五代・大毗盧經 3_31_1

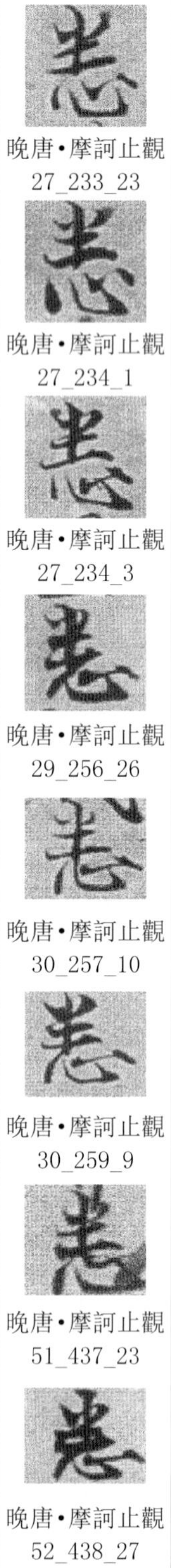

晚唐・摩訶止觀 27_233_23
晚唐・摩訶止觀 27_234_1
晚唐・摩訶止觀 27_234_3
晚唐・摩訶止觀 29_256_26
晚唐・摩訶止觀 30_257_10
晚唐・摩訶止觀 30_259_9
晚唐・摩訶止觀 51_437_23
晚唐・摩訶止觀 52_438_27

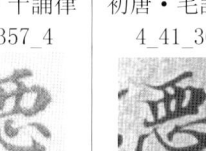

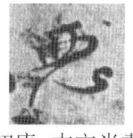

| | | | | | | |
|---|---|---|---|---|---|---|
| 五代•大毗盧經 15_191_19 | 晚唐•摩訶止觀 25_213_3 | 晚唐•摩訶止觀 21_181_24 | 初唐•十誦律 19_357_4 | 初唐•毛詩傳 4_41_36 | 初唐•古文尚書 33_310_4 | 初唐•古文尚書 25_243_6 |
| 五代•大毗盧經 15_191_25 | 晚唐•摩訶止觀 27_230_1 | 晚唐•摩訶止觀 21_185_6 | 中唐•翰苑 5_56_13 | 初唐•毛詩傳 9_93_9 | 初唐•古文尚書 33_311_8 | 初唐•古文尚書 25_243_18 |
| 五代•大毗盧經 20_254_17 | 晚唐•摩訶止觀 56_471_20 | 晚唐•摩訶止觀 22_190_10 | 中唐•翰苑 14_184_35 | 初唐•禮記正義 16_249_23 | 初唐•古文尚書 38_369_33 | 初唐•古文尚書 26_254_29 |
| 五代•大毗盧經 23_298_26 | 晚唐•摩訶止觀 56_472_21 | 晚唐•摩訶止觀 22_190_22 | 中唐•翰苑 19_253_43 | 初唐•十誦律 7_124_14 | 初唐•古文尚書 40_383_14 | 初唐•古文尚書 26_256_10 |
| 五代•大毗盧經 37_434_28 | 晚唐•摩訶止觀 56_474_22 | 晚唐•摩訶止觀 23_199_2 | 晚唐•摩訶止觀 5_46_15 | 初唐•十誦律 7_127_4 | 初唐•古文尚書 40_386_11 | 初唐•古文尚書 32_298_12 |
| 五代•大毗盧經 38_450_15 | 晚唐•摩訶止觀 57_480_19 | 晚唐•摩訶止觀 23_201_16 | 晚唐•摩訶止觀 10_92_22 | 初唐•十誦律 8_145_17 | 初唐•古文尚書 40_387_6 | 初唐•古文尚書 32_299_7 |
| 五代•大毗盧經 40_475_2 | 五代•大毗盧經 9_104_11 | 晚唐•摩訶止觀 24_204_8 | 晚唐•摩訶止觀 20_178_22 | 初唐•十誦律 18_346_15 | 初唐•古文尚書 40_391_3 | 初唐•古文尚書 32_299_20 |
| 五代•大毗盧經 41_500_11 | 五代•大毗盧經 15_191_16 | 晚唐•摩訶止觀 24_204_19 | 晚唐•摩訶止觀 21_180_6 | 初唐•十誦律 18_348_16 | 初唐•古文尚書 47_457_19 | 初唐•古文尚書 32_301_3 |

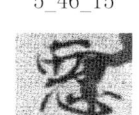

五代•大毗盧經
43_517_16

五代•大毗盧經
54_658_26

五代•大毗盧經
54_663_9

五代•大毗盧經
55_680_4

五代•大毗盧經
64_802_23

五代•大毗盧經
64_802_27

五代•大毗盧經
64_803_7

五代•大毗盧經
81_987_11

五代•大毗盧經
91_1113_19

五代•大毗盧經
97_1186_1

## 惹

漢 ジャ
訓 ひく

五代•大毗盧經
4_41_9

五代•大毗盧經
4_44_4

五代•大毗盧經
5_52_14

五代•大毗盧經
5_57_13

五代•大毗盧經
6_66_20

五代•大毗盧經
10_111_10

五代•大毗盧經
18_231_3

五代•大毗盧經
18_232_6

五代•大毗盧經
22_284_6

五代•大毗盧經
23_300_17

五代•大毗盧經
23_301_11

五代•大毗盧經
24_303_8

五代•大毗盧經
25_314_1

五代•大毗盧經
25_316_15

五代•大毗盧經
31_393_3

五代•大毗盧經
32_398_6

五代•大毗盧經
35_420_7

五代•大毗盧經
36_426_7

五代•大毗盧經
43_511_26

五代•大毗盧經
47_576_1

五代•大毗盧經
49_597_2

五代•大毗盧經
50_613_16

五代•大毗盧經
50_613_19

五代•大毗盧經
55_680_18

五代•大毗盧經
65_810_9

五代•大毗盧經
68_853_26

五代•大毗盧經
68_853_31

五代•大毗盧經
74_910_13

五代•大毗盧經
74_912_21

五代•大毗盧經
75_925_13

五代•大毗盧經
77_930_17

五代•大毗盧經
78_944_1

五代•大毗盧經
79_955_11

五代•大毗盧經
88_1078_7

五代•大毗盧經
94_1154_18

## 惠

漢 ケイ 呉 エ
訓 めぐむ

初唐・古文尚書 34_319_1

中唐・翰苑 34_445_14

中唐・翰苑 36_465_2

中唐・翰苑 37_472_3

晩唐・摩訶止觀 11_96_8

晩唐・摩訶止觀 17_149_11

晩唐・摩訶止觀 17_149_17

晩唐・摩訶止觀 26_224_26

晩唐・摩訶止觀 35_307_23

晩唐・摩訶止觀 41_357_14

晩唐・摩訶止觀 44_375_13

晩唐・摩訶止觀 59_496_14

晩唐・摩訶止觀 59_498_9

晩唐・摩訶止觀 59_501_10

晩唐・摩訶止觀 59_502_27

晩唐・摩訶止觀 60_504_15

五代・密教部類 5_63_10

五代・大毗盧經 3_32_7

五代・大毗盧經 6_70_9

五代・大毗盧經 10_117_11

五代・大毗盧經 14_175_16

五代・大毗盧經 19_245_19

五代・大毗盧經 23_298_2

五代・大毗盧經 27_340_20

五代・大毗盧經 27_346_7

五代・大毗盧經 28_362_8

五代・大毗盧經 42_508_7

五代・大毗盧經 42_508_9

五代・大毗盧經 52_643_18

五代・大毗盧經 53_645_16

五代・大毗盧經 53_647_15

五代・大毗盧經 65_813_10

五代・大毗盧經 66_827_29

五代・大毗盧經 67_838_2

五代・大毗盧經 72_880_19

五代・大毗盧經 72_889_6

五代・大毗盧經 73_899_14

五代・大毗盧經 74_909_8

五代・大毗盧經 77_934_26

五代・大毗盧經 79_961_8

五代・大毗盧經 80_965_11

五代・大毗盧經 80_979_19

五代・大毗盧經 84_1021_16

五代・大毗盧經 87_1062_19

五代・大毗盧經 94_1149_13

## 惑

呉ワク
訓まどう

初唐•禮記正義 4_58_3
中唐・翰苑 31_407_34
晚唐•摩訶止觀 16_138_7
晚唐•摩訶止觀 37_317_27
晚唐•摩訶止觀 37_318_13
晚唐•摩訶止觀 40_346_12
晚唐•摩訶止觀 40_349_16
晚唐•摩訶止觀 40_349_23
晚唐•摩訶止觀 42_361_6
晚唐•摩訶止觀 42_361_17
晚唐•摩訶止觀 42_361_26
晚唐•摩訶止觀 42_362_13

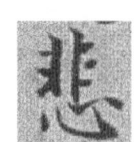

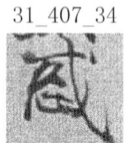

## 悲

ヒ
訓かなしい

初唐・般若經 12_164_7
初唐・般若經 25_379_4
中唐・翰苑 33_431_24
中唐・翰苑 43_547_32
中唐・般若經 10_158_9
中唐・般若經 10_160_11
中唐・般若經 10_162_13
中唐・般若經 10_164_16
晚唐•摩訶止觀 5_41_24
晚唐•摩訶止觀 15_130_9
晚唐•摩訶止觀 23_198_14
晚唐•摩訶止觀 25_214_23
晚唐•摩訶止觀 25_218_25
晚唐•摩訶止觀 44_377_4
晚唐•摩訶止觀 48_410_12
晚唐•摩訶止觀 51_433_29
晚唐•摩訶止觀 54_457_13
晚唐•摩訶止觀 55_464_19
五代•大毗盧經 2_13_21
五代•大毗盧經 2_19_15
五代•大毗盧經 10_122_38
五代•大毗盧經 12_145_4
五代•大毗盧經 13_161_17
五代•大毗盧經 16_204_26
五代•大毗盧經 23_287_6
五代•大毗盧經 26_327_1
五代•大毗盧經 26_330_12
五代•大毗盧經 46_562_17
五代•大毗盧經 47_573_30
五代•大毗盧經 47_574_14
五代•大毗盧經 47_578_17
五代•大毗盧經 47_579_7
五代•大毗盧經 54_658_21
五代•大毗盧經 54_660_17
五代•大毗盧經 54_664_1
五代•大毗盧經 54_664_18
五代•大毗盧經 54_665_1
五代•大毗盧經 54_668_24
五代•大毗盧經 56_691_1
五代•大毗盧經 56_691_23

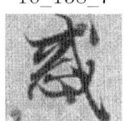

| 慨 | 惶 | 愧 | 愉 | 慍 | 惰 | |
|---|---|---|---|---|---|---|
| 慣ガイ 漢カイ<br>訓なげく | 漢コウ<br>訓おそれる | キ<br>訓とがめる | ユ 漢トウ<br>訓たのしむ | 漢ウン 呉オン<br>訓うらむ | 漢カン<br>訓おこたる | |
| <br>中唐・翰苑<br>31_396_1 | <br>中唐・翰苑<br>5_56_2<br><br>中唐・翰苑<br>39_497_4<br><br>中唐・翰苑<br>41_527_12 | <br>初唐•古文尚書<br>23_223_7<br><br>初唐・十誦律<br>1_11_8<br><br>晩唐•摩訶止觀<br>22_194_1<br>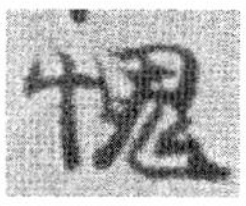<br>晩唐•摩訶止觀<br>55_465_10<br><br>五代•大毗盧經<br>22_286_16 | <br>初唐・毛詩傳<br>3_29_16<br><br>初唐・毛詩傳<br>3_30_3<br><br>初唐・毛詩傳<br>3_30_8 | <br>中唐・翰苑<br>7_79_30 | 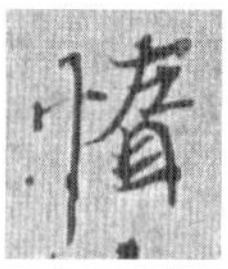<br>初唐•古文尚書<br>8_70_1<br><br>初唐•古文尚書<br>9_71_23 | <br>五代•大毗盧經<br>57_692_17<br><br>五代•大毗盧經<br>57_692_25<br><br>五代•大毗盧經<br>57_693_3<br><br>五代•大毗盧經<br>71_872_8<br><br>五代•大毗盧經<br>71_874_19<br><br>五代•大毗盧經<br>73_904_24<br><br>五代•大毗盧經<br>91_1113_30 |

## 想

吳 ソウ 慣 ソ
訓 おもう

初唐・十誦律 14_269_13

初唐・十誦律 14_269_16

初唐・十誦律 14_270_4

初唐・般若經 2_7_7

初唐・般若經 2_7_13

初唐・般若經 2_9_1

初唐・般若經 14_212_13

初唐・般若經 15_213_2

## ⿰忄典

テン
訓 はじる

初唐・古文尚書 9_75_25

初唐・古文尚書 39_370_9

## 惱

吳 ノウ
訓 なやむ

初唐・般若經 6_82_15

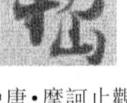

初唐・般若經 6_83_10

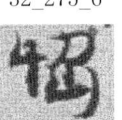

初唐・般若經 7_85_4

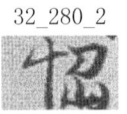

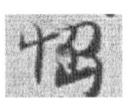

初唐・般若經 19_292_14

初唐・般若經 20_293_9

初唐・般若經 20_295_5

晚唐・摩訶止觀 7_60_4

晚唐・摩訶止觀 11_101_7

晚唐・摩訶止觀 25_214_13

晚唐・摩訶止觀 32_275_6

晚唐・摩訶止觀 32_275_25

晚唐・摩訶止觀 32_276_23

晚唐・摩訶止觀 32_277_6

晚唐・摩訶止觀 32_279_20

晚唐・摩訶止觀 32_280_2

晚唐・摩訶止觀 40_347_10

晚唐・摩訶止觀 50_428_30

晚唐・摩訶止觀 56_475_6

五代・大毗盧經 9_102_18

五代・大毗盧經 9_102_31

五代・大毗盧經 19_250_26

五代・大毗盧經 20_256_2

五代・大毗盧經 23_298_40

五代・大毗盧經 25_322_20

五代・大毗盧經 27_343_24

五代・大毗盧經 27_344_24

五代・大毗盧經 32_397_29

五代・大毗盧經 48_586_21

五代・大毗盧經 54_659_15

五代・大毗盧經 54_665_15

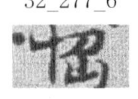

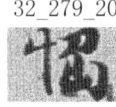

五代・大毗盧經 57_694_5

五代・大毗盧經 57_696_41

五代・大毗盧經 58_713_17

五代・大毗盧經 65_818_31

五代・大毗盧經 67_832_9

五代・大毗盧經 67_848_30

五代・大毗盧經 72_880_5

五代・大毗盧經 72_882_20

五代・大毗盧經 82_1004_18

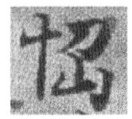

五代・大毗盧經 88_1072_27

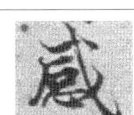

## 愚

グ
訓おろか

中唐・翰苑
4_44_7

中唐・翰苑
5_57_10

中唐・翰苑
33_431_31

中唐・翰苑
45_571_1

晚唐•摩訶止觀
44_382_27

晚唐•摩訶止觀
49_418_19

五代•大毗盧經
2_4_17

五代•大毗盧經
2_10_3

晚唐•摩訶止觀
26_224_29

晚唐•摩訶止觀
26_226_1

晚唐•摩訶止觀
42_361_19

晚唐•摩訶止觀
52_445_22

晚唐•摩訶止觀
19_168_2

晚唐•摩訶止觀
20_170_5

晚唐•摩訶止觀
24_205_27

晚唐•摩訶止觀
24_208_4

晚唐•摩訶止觀
24_210_8

晚唐•摩訶止觀
24_211_15

晚唐•摩訶止觀
25_218_1

晚唐•摩訶止觀
26_220_7

## 感

カン
訓かんじる

初唐•古文尚書
12_109_27

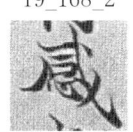

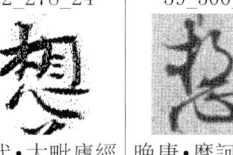

初唐•古文尚書
25_240_15

中唐・翰苑
14_183_3

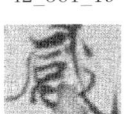

中唐・翰苑
27_352_4

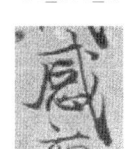

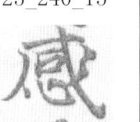

中唐・翰苑
34_445_10

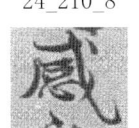

中唐・翰苑
44_564_7

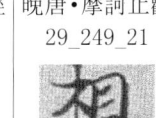

中唐・翰苑
44_565_2

中唐・翰苑
45_581_4

五代•大毗盧經
22_278_24

五代•大毗盧經
22_278_31

五代•大毗盧經
24_309_22

五代•大毗盧經
92_1128_19

晚唐•摩訶止觀
59_500_5

晚唐•摩訶止觀
59_501_26

五代•大毗盧經
12_142_20

五代•大毗盧經
12_147_11

五代•大毗盧經
13_166_20

五代•大毗盧經
14_170_8

五代•大毗盧經
14_175_35

五代•大毗盧經
16_204_18

初唐・般若經
15_214_9

晚唐•摩訶止觀
13_113_7

晚唐•摩訶止觀
28_243_17

晚唐•摩訶止觀
29_249_21

晚唐•摩訶止觀
43_373_16

晚唐•摩訶止觀
45_390_18

晚唐•摩訶止觀
51_433_12

晚唐•摩訶止觀
59_500_1

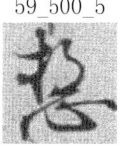

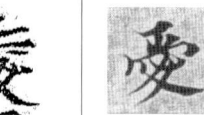

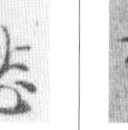

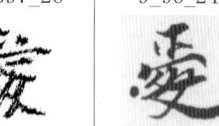

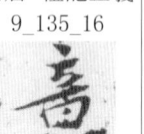

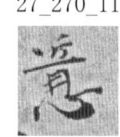

| | 意 | | 愛 | 愆 | | 愁 |
|---|---|---|---|---|---|---|
| | イ<br>訓こころ | | アイ<br>訓あいする | ケン<br>訓あやまる | | 漢シュウ<br>訓うれい |
| 初唐•禮記正義<br>9_132_1 | 初唐•古文尚書<br>19_182_10 | 五代•大毗盧經<br>32_397_26 | 初唐・毛詩傳<br>9_96_24 | 初唐•古文尚書<br>23_218_5 | 中唐・翰苑<br>43_547_33 | 初唐•古文尚書<br>27_269_26 |
| 初唐•禮記正義<br>9_135_16 | 初唐•古文尚書<br>27_270_11 | 五代•大毗盧經<br>55_671_35 | 初唐•禮記正義<br>14_222_28 | 初唐•古文尚書<br>23_218_6 | | 初唐・般若經<br>6_82_11 |
| 初唐•禮記正義<br>9_136_6 | 初唐•古文尚書<br>43_413_9 | 五代•大毗盧經<br>90_1095_3 | 初唐・般若經<br>6_82_5 | 初唐•古文尚書<br>37_354_11 | | 初唐・般若經<br>6_83_6 |
| 初唐•禮記正義<br>28_442_25 | 初唐•古文尚書<br>48_467_2 | | 初唐・般若經<br>19_292_4 | 初唐•古文尚書<br>38_362_1 | | 初唐・般若經<br>7_84_17 |
| 初唐・十誦律<br>9_170_12 | 初唐・毛詩傳<br>9_93_3 | | 中唐・翰苑<br>41_530_11 | 五代•大毗盧經<br>78_944_2 | | 初唐・般若經<br>19_292_10 |
| 初唐・十誦律<br>9_174_4 | 初唐•禮記正義<br>4_62_28 | | 晚唐•摩訶止觀<br>30_263_9 | | | 初唐・般若經<br>20_293_5 |
| 初唐・十誦律<br>18_356_3 | 初唐•禮記正義<br>8_117_30 | | 晚唐•摩訶止觀<br>46_394_30 | | | 初唐・般若經<br>20_295_1 |
| 初唐・般若經<br>2_13_16 | 初唐•禮記正義<br>9_130_6 | | 五代•大毗盧經<br>14_169_19 | | | 中唐・翰苑<br>10_119_9 |

初唐·般若經 2_14_7
初唐·般若經 2_15_14
初唐·般若經 5_64_3
初唐·般若經 5_64_7
初唐·般若經 5_65_11
初唐·般若經 6_67_4
初唐·般若經 6_67_8
初唐·般若經 6_67_10

初唐·般若經 6_68_7
初唐·般若經 6_70_3
初唐·般若經 15_219_12
初唐·般若經 15_220_3
初唐·般若經 15_221_12
初唐·般若經 18_272_16
初唐·般若經 18_273_3
初唐·般若經 18_274_8

初唐·般若經 18_276_4
初唐·般若經 18_276_8
初唐·般若經 18_276_10
初唐·般若經 19_277_7
初唐·般若經 19_279_5
中唐·翰苑 4_45_10
中唐·翰苑 10_122_42
中唐·翰苑 15_190_37

中唐·翰苑 19_243_1
中唐·翰苑 33_433_28
中唐·翰苑 35_453_16
中唐·翰苑 40_517_3
晚唐·摩訶止觀 8_66_3
晚唐·摩訶止觀 13_113_1
晚唐·摩訶止觀 15_129_5
晚唐·摩訶止觀 15_131_10

晚唐·摩訶止觀 15_133_22
晚唐·摩訶止觀 17_149_19
晚唐·摩訶止觀 17_150_25
晚唐·摩訶止觀 17_151_19
晚唐·摩訶止觀 17_152_12
晚唐·摩訶止觀 17_152_25
晚唐·摩訶止觀 18_154_3
晚唐·摩訶止觀 18_154_13

晚唐·摩訶止觀 18_154_22
晚唐·摩訶止觀 18_158_11
晚唐·摩訶止觀 19_161_1
晚唐·摩訶止觀 19_161_16
晚唐·摩訶止觀 19_167_4
晚唐·摩訶止觀 19_167_13
晚唐·摩訶止觀 21_186_26
晚唐·摩訶止觀 23_203_1

晚唐·摩訶止觀 24_204_27
晚唐·摩訶止觀 24_209_2
晚唐·摩訶止觀 25_218_3
晚唐·摩訶止觀 25_218_14
晚唐·摩訶止觀 26_220_20
晚唐·摩訶止觀 27_234_24
晚唐·摩訶止觀 27_236_9
晚唐·摩訶止觀 28_239_9

晚唐•摩訶止觀 37_324_13
晚唐•摩訶止觀 39_333_7
晚唐•摩訶止觀 41_350_6
晚唐•摩訶止觀 41_350_14
晚唐•摩訶止觀 42_358_17
晚唐•摩訶止觀 42_359_5
晚唐•摩訶止觀 42_359_17
晚唐•摩訶止觀 42_360_6

晚唐•摩訶止觀 43_366_8
晚唐•摩訶止觀 43_370_14
晚唐•摩訶止觀 43_371_2
晚唐•摩訶止觀 43_371_16
晚唐•摩訶止觀 50_426_1
晚唐•摩訶止觀 51_431_22
晚唐•摩訶止觀 52_441_26
晚唐•摩訶止觀 54_461_5

晚唐•摩訶止觀 57_482_4
晚唐•摩訶止觀 61_511_13
晚唐•摩訶止觀 61_516_14
晚唐•摩訶止觀 61_517_4
晚唐•摩訶止觀 61_518_9
五代•密教部類 1_7_19
五代•大毗盧經 2_12_13
五代•大毗盧經 2_17_20

五代•大毗盧經 2_19_12
五代•大毗盧經 3_23_18
五代•大毗盧經 3_28_10
五代•大毗盧經 4_39_14
五代•大毗盧經 6_72_16
五代•大毗盧經 7_76_14
五代•大毗盧經 28_354_9
五代•大毗盧經 31_391_6

五代•大毗盧經 39_456_8
五代•大毗盧經 39_458_1
五代•大毗盧經 39_458_12
五代•大毗盧經 39_464_5
五代•大毗盧經 39_471_14
五代•大毗盧經 40_477_3
五代•大毗盧經 45_552_15
五代•大毗盧經 52_640_10

五代•大毗盧經 57_700_20
五代•大毗盧經 58_710_3
五代•大毗盧經 59_726_3
五代•大毗盧經 59_729_14
五代•大毗盧經 60_737_3
五代•大毗盧經 72_888_19
五代•大毗盧經 78_946_13
五代•大毗盧經 79_957_2

五代•大毗盧經 79_957_19
五代•大毗盧經 82_1004_11
五代•大毗盧經 97_1184_10
五代•大毗盧經 97_1192_2
五代•大毗盧經 97_1195_18
五代•大毗盧經 97_1198_6
五代•大毗盧經 98_1200_17

## 慈

ジ

訓 いつくしむ

初唐・禮記正義
28_429_15

初唐・般若經
12_164_5

初唐・般若經
25_379_2

並勇健
中唐・翰苑
13_163_30

中唐・翰苑
41_519_24

中唐・般若經
10_158_7

中唐・般若經
10_160_9

中唐・般若經
10_162_11

中唐・般若經
10_164_14

晚唐・摩訶止觀
1_3_10

晚唐・摩訶止觀
5_41_23

晚唐・摩訶止觀
44_377_3

晚唐・摩訶止觀
48_410_11

晚唐・摩訶止觀
51_433_28

五代・密教部類
6_83_18

五代・大毗盧經
2_13_20

五代・大毗盧經
10_122_3

五代・大毗盧經
17_220_26

五代・大毗盧經
20_262_7

五代・大毗盧經
23_287_5

五代・大毗盧經
27_340_21

五代・大毗盧經
28_355_1

五代・大毗盧經
31_395_10

五代・大毗盧經
31_396_1

五代・大毗盧經
31_396_14

五代・大毗盧經
39_460_5

五代・大毗盧經
41_488_11

五代・大毗盧經
50_611_11

五代・大毗盧經
54_659_7

五代・大毗盧經
54_664_7

五代・大毗盧經
56_688_2

五代・大毗盧經
56_690_9

五代・大毗盧經
56_690_21

五代・大毗盧經
60_742_9

五代・大毗盧經
68_851_20

五代・大毗盧經
71_872_10

五代・大毗盧經
73_904_23

五代・大毗盧經
79_960_24

## 慎

漢 シン

訓 つつしむ

初唐・古文尚書
20_192_18

初唐・古文尚書
31_288_21

初唐・古文尚書
32_301_20

初唐・古文尚書
32_302_17

初唐・古文尚書
33_315_37

初唐・古文尚書
33_317_4

初唐・古文尚書
34_324_6

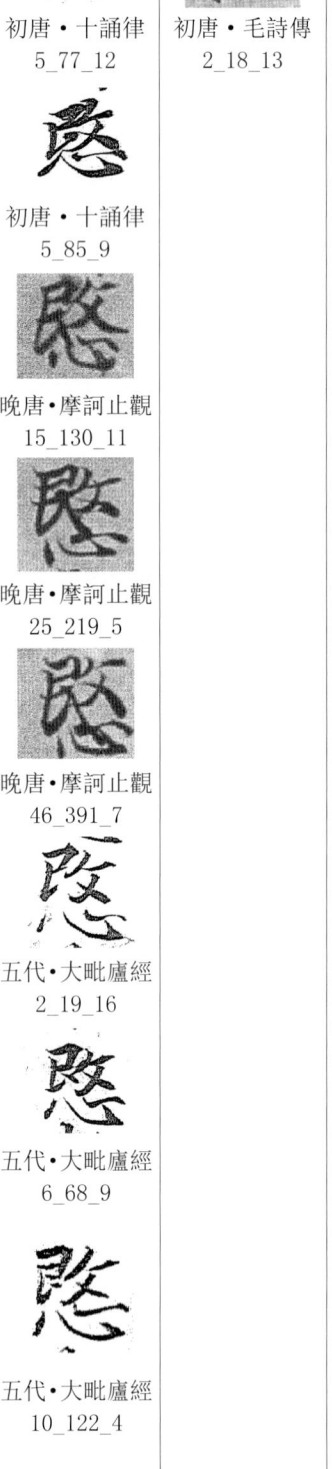

| 慜 | 慆 | | | | | |
|---|---|---|---|---|---|---|
| 漢ビン 呉ミン<br>訓あわれむ | トウ<br>訓よろこぶ | | | | | |
| 初唐・十誦律<br>5_77_12<br>初唐・十誦律<br>5_85_9<br>晚唐•摩訶止觀<br>15_130_11<br>晚唐•摩訶止觀<br>25_219_5<br>晚唐•摩訶止觀<br>46_391_7<br>五代•大毗盧經<br>2_19_16<br>五代•大毗盧經<br>6_68_9<br>五代•大毗盧經<br>10_122_4 | 初唐・毛詩傳<br>2_18_13 | 中唐・翰苑<br>31_399_3<br>滇國<br>中唐・翰苑<br>37_481_7<br>中唐・翰苑<br>37_481_9<br>晚唐•摩訶止觀<br>13_112_15 | 中唐・翰苑<br>30_392_12<br>中唐・翰苑<br>30_393_13<br>中唐・翰苑<br>30_394_30<br>中唐・翰苑<br>30_395_12<br>中唐・翰苑<br>30_395_20<br>中唐・翰苑<br>31_396_29<br>中唐・翰苑<br>31_398_29 | 中唐・翰苑<br>29_379_2<br>中唐・翰苑<br>29_381_12<br>中唐・翰苑<br>30_386_1<br>中唐・翰苑<br>30_388_14<br>中唐・翰苑<br>30_388_19<br>中唐・翰苑<br>30_390_12<br>中唐・翰苑<br>30_390_16 | 初唐•禮記正義<br>27_410_26<br>初唐•禮記正義<br>27_412_27<br>初唐•禮記正義<br>29_456_13<br>中唐・翰苑<br>1_5_2<br>中唐・翰苑<br>16_213_11<br>中唐・翰苑<br>16_214_10<br>中唐・翰苑<br>22_294_14 | 初唐•古文尚書<br>34_324_19<br>初唐•古文尚書<br>38_365_27<br>初唐•古文尚書<br>38_366_15<br>初唐•禮記正義<br>10_154_9<br>初唐•禮記正義<br>20_302_28<br>初唐•禮記正義<br>21_314_12<br>初唐•禮記正義<br>22_338_16 |

| 慚 | 慬 | 慳 | | | 慕 | |
|---|---|---|---|---|---|---|
| 呉ザン<br>訓はじめる | キン<br>訓うれえる | 漢カン呉ケン<br>訓おしむ | | | 漢ボ<br>訓したう | |
| <br>初唐・十誦律<br>1_11_7<br><br>中唐・翰苑<br>2_11_41<br>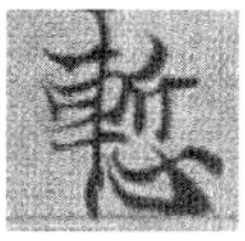<br>晚唐•摩訶止觀<br>22_193_27<br><br>晚唐•摩訶止觀<br>55_465_9<br><br>五代•大毗盧經<br>22_286_15 | <br>中唐・翰苑<br>7_78_21<br><br>中唐・翰苑<br>12_158_9 | <br>晚唐•摩訶止觀<br>22_193_20 | <br>中唐・翰苑<br>41_530_12 | <br>中唐・翰苑<br>22_295_20<br><br>中唐・翰苑<br>25_333_13<br><br>中唐・翰苑<br>26_342_21<br><br>中唐・翰苑<br>36_458_13<br><br>中唐・翰苑<br>40_511_21<br><br>中唐・翰苑<br>40_516_22<br><br>中唐・翰苑<br>40_518_21 | <br>初唐•古文尚書<br>10_91_27<br><br>初唐•古文尚書<br>31_292_46<br><br>初唐•古文尚書<br>32_300_10<br><br>初唐•古文尚書<br>32_301_7<br><br>中唐・翰苑<br>5_50_2<br><br>中唐・翰苑<br>14_182_19<br><br>中唐・翰苑<br>22_287_11 | <br>五代•大毗盧經<br>18_237_17<br><br>五代•大毗盧經<br>54_658_22<br><br>五代•大毗盧經<br>56_684_28<br><br>五代•大毗盧經<br>71_872_9 |

| 慧 | 慘 | 憧 | 慷 | 慢 |
| --- | --- | --- | --- | --- |
| 漢ケイ 呉エ<br>訓さとい | サン 慣ザン<br>訓みじめ | ショウ<br>訓おそれる | コウ<br>訓いきどおる | 呉マン<br>訓おこたる |

五代•大毗盧經
17_215_1

五代•大毗盧經
23_294_9

五代•大毗盧經
23_294_16

五代•大毗盧經
23_295_7

五代•大毗盧經
23_296_1

五代•大毗盧經
23_299_30

五代•大毗盧經
24_308_3

五代•大毗盧經
2_20_3

五代•大毗盧經
7_76_7

五代•大毗盧經
8_93_12

五代•大毗盧經
9_105_19

五代•大毗盧經
10_124_11

五代•大毗盧經
15_194_17

五代•大毗盧經
15_195_1

初唐•禮記正義
18_268_1

初唐•禮記正義
18_268_23

初唐•禮記正義
18_270_1

晚唐•摩訶止觀
4_31_4

晚唐•摩訶止觀
17_144_21

晚唐•摩訶止觀
17_145_1

晚唐•摩訶止觀
22_190_25

晚唐•摩訶止觀
45_383_22

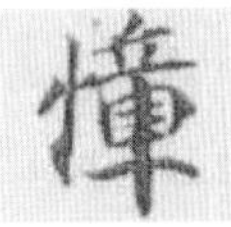
中唐 • 翰苑
27_358_17

中唐 • 翰苑
30_395_25

初唐•古文尚書
7_59_10

初唐•古文尚書
11_99_16

初唐•禮記正義
18_277_15

初唐•禮記正義
27_424_19

晚唐•摩訶止觀
57_486_5

晚唐•摩訶止觀
58_488_3

五代•大毗盧經
48_583_42

# 憂

漢 ユウ 呉 ウ
訓 うれえる

初唐・古文尚書
11_102_14

初唐・古文尚書
12_108_12

初唐・古文尚書
12_113_15

初唐・古文尚書
13_114_6

初唐・古文尚書
14_132_17

初唐・古文尚書
17_162_30

初唐・古文尚書
17_163_8

五代・大毗盧經
63_790_20

五代・大毗盧經
63_792_18

五代・大毗盧經
73_895_6

五代・大毗盧經
80_975_18

五代・大毗盧經
80_977_6

五代・大毗盧經
85_1041_11

五代・大毗盧經
60_743_20

五代・大毗盧經
60_744_3

五代・大毗盧經
61_755_3

五代・大毗盧經
61_760_3

五代・大毗盧經
62_764_2

五代・大毗盧經
62_767_3

五代・大毗盧經
63_789_14

五代・大毗盧經
58_707_16

五代・大毗盧經
58_708_16

五代・大毗盧經
58_710_12

五代・大毗盧經
59_730_3

五代・大毗盧經
60_743_3

五代・大毗盧經
60_743_8

五代・大毗盧經
60_743_16

五代・大毗盧經
54_664_11

五代・大毗盧經
54_666_15

五代・大毗盧經
55_675_22

五代・大毗盧經
55_676_12

五代・大毗盧經
56_684_29

五代・大毗盧經
56_686_31

五代・大毗盧經
57_698_4

五代・大毗盧經
50_620_11

五代・大毗盧經
50_621_18

五代・大毗盧經
51_623_12

五代・大毗盧經
53_645_2

五代・大毗盧經
54_659_4

五代・大毗盧經
54_663_2

五代・大毗盧經
54_663_18

五代・大毗盧經
25_315_7

五代・大毗盧經
26_328_15

五代・大毗盧經
29_369_17

五代・大毗盧經
38_443_5

五代・大毗盧經
45_543_21

五代・大毗盧經
45_543_24

五代・大毗盧經
46_566_12

# 慮

リョ
訓おもんばかる

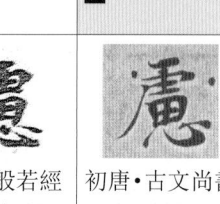

初唐・般若經
20_301_15

初唐・般若經
22_333_3

初唐・般若經
22_333_8

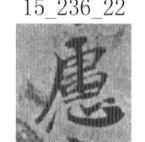

初唐・般若經
22_334_14

中唐・翰苑
10_121_13

擊北虜
中唐・翰苑
15_188_36

中唐・翰苑
21_270_16

中唐・翰苑
24_312_31

初唐・古文尚書
20_195_1

初唐・古文尚書
36_341_23

初唐・禮記正義
15_236_22

初唐・禮記正義
17_256_12

初唐・般若經
7_91_9

初唐・般若經
9_121_5

初唐・般若經
9_121_10

初唐・般若經
9_122_14

夏時雨雲色。
五代・大毗盧經
64_794_6

五代・大毗盧經
71_876_3

遼東太守耿夔等
中唐・翰苑
7_78_27

中唐・翰苑
10_129_24

中唐・翰苑
14_181_30

中唐・翰苑
30_389_32

晚唐・摩訶止觀
45_383_14

五代・大毗盧經
25_320_27

五代・大毗盧經
57_706_14

初唐・禮記正義
28_430_5

初唐・般若經
6_82_14

初唐・般若經
6_83_9

初唐・般若經
7_85_3

初唐・般若經
19_292_13

初唐・般若經
20_293_8

初唐・般若經
20_295_4

初唐・毛詩傳
2_19_21

初唐・毛詩傳
5_46_14

初唐・毛詩傳
5_46_17

初唐・毛詩傳
8_90_7

初唐・禮記正義
27_416_30

初唐・禮記正義
27_422_12

初唐・禮記正義
27_423_19

初唐・古文尚書
35_333_1

初唐・古文尚書
42_404_28

初唐・毛詩傳
1_4_12

初唐・毛詩傳
1_5_12

初唐・毛詩傳
2_19_6

初唐・毛詩傳
2_19_9

初唐・毛詩傳
2_19_13

| | 憍 | 憒 | 憚 | 憤 | 慼 | |
|---|---|---|---|---|---|---|
| | キョウ<br>訓おごる | 漢カイ<br>訓みだれる | 漢タン<br>訓はばかる | 漢フン<br>訓いきどおる | 漢セキ<br>訓うれえる | |

中唐・般若經
6_85_3

中唐・般若經
7_102_13

中唐・般若經
7_110_8

中唐・般若經
7_112_3

中唐・般若經
8_127_3

中唐・般若經
9_134_11

中唐・般若經
9_136_3

中唐・般若經
9_148_5

初唐・古文尚書
33_309_33

中唐・般若經
2_3_3

中唐・般若經
3_20_8

中唐・般若經
3_29_3

中唐・般若經
3_31_3

中唐・般若經
4_57_12

中唐・般若經
5_67_3

中唐・般若經
6_83_1

五代・大毗盧經
2_17_13

設壇墠
中唐・翰苑
23_301_40

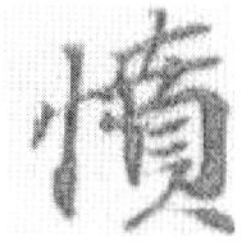
大加主著幩
中唐・翰苑
22_284_40

初唐・古文尚書
11_101_26

中唐・般若經
2_7_5

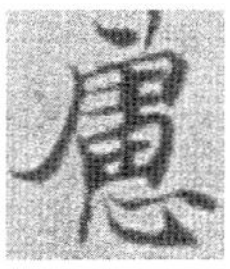
晚唐・摩訶止觀
20_175_11

晚唐・摩訶止觀
20_177_7

| 憑 | 憩 | 慰 | 憐 |
|---|---|---|---|
| 漢ヒョウ 訓よる | 漢ケイ 訓いこい | イ 訓なぐさめる | レン 訓あわれむ |

初唐・十誦律
19_368_3

中唐・翰苑
28_368_17

中唐・翰苑
31_401_1

中唐・翰苑
36_463_3

五代・大毗盧經
23_293_1

中唐・翰苑
6_72_5

中唐・翰苑
35_446_33

中唐・翰苑
41_527_27

晚唐・摩訶止觀
20_170_21

初唐・古文尚書
47_460_10

初唐・十誦律
5_77_11

初唐・十誦律
5_85_8

中唐・翰苑
34_445_30

晚唐・摩訶止觀
15_130_10

晚唐・摩訶止觀
25_219_4

中唐・般若經
17_300_14

中唐・般若經
17_303_3

中唐・般若經
18_313_14

中唐・般若經
18_320_4

中唐・般若經
18_322_3

中唐・般若經
19_332_14

中唐・般若經
19_338_4

五代・大毗盧經
55_673_9

中唐・般若經
13_221_12

中唐・般若經
13_228_16

中唐・般若經
15_254_6

中唐・般若經
15_256_3

中唐・般若經
16_275_11

中唐・般若經
16_284_1

中唐・般若經
16_286_3

中唐・般若經
17_295_15

中唐・般若經
10_154_7

中唐・般若經
10_156_3

中唐・般若經
11_175_7

中唐・般若經
11_183_14

中唐・般若經
11_185_3

中唐・般若經
12_198_13

中唐・般若經
12_205_9

中唐・般若經
12_207_3

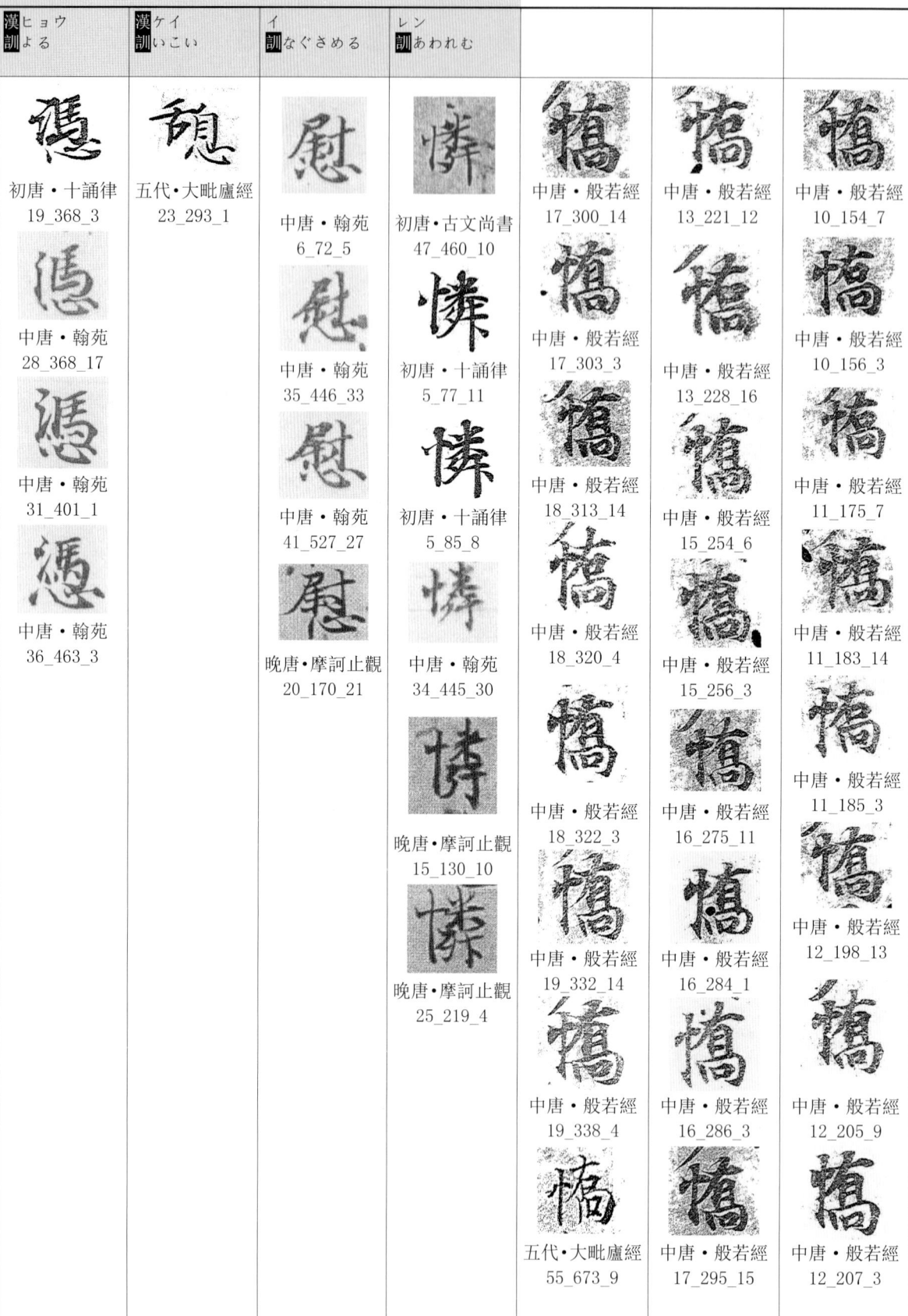

## 憲

ケン 訓のり

初唐•古文尚書 20_189_7

初唐•古文尚書 20_189_16

初唐•古文尚書 23_218_1

初唐•古文尚書 39_375_10

## 憾

漢カン 訓うらむ

五代•大毗盧經 61_753_11

五代•大毗盧經 67_847_20

## 憸

セン 訓よこしま

初唐•古文尚書 9_76_14

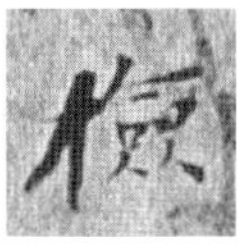
初唐•古文尚書 39_371_9

## 懈

漢カイ 呉ケ 訓おこたる

初唐•古文尚書 28_277_18

晚唐•摩訶止觀 54_461_9

## 憶

呉オク 訓おぼえる

初唐・十誦律 10_180_2

初唐・十誦律 10_180_13

初唐・十誦律 10_186_10

初唐・十誦律 10_192_16

初唐・十誦律 18_351_14

五代•大毗盧經 9_104_3

五代•大毗盧經 18_228_17

五代•大毗盧經 20_255_21

五代•大毗盧經 20_256_6

五代•大毗盧經 27_337_39

五代•大毗盧經 51_627_7

五代•大毗盧經 51_628_24

五代•大毗盧經 51_629_2

五代•大毗盧經 51_629_24

五代•大毗盧經 52_636_14

五代•大毗盧經 52_639_32

五代•大毗盧經 53_645_8

五代•大毗盧經 53_647_2

五代•大毗盧經 53_647_24

五代•大毗盧經 56_686_10

五代•大毗盧經 56_687_2

五代•大毗盧經 57_693_25

五代•大毗盧經 57_696_29

呉オウ 漢ヨウ
訓こたえる

| | | | | | | |
|---|---|---|---|---|---|---|
| 初唐・十誦律 18_349_10 | 初唐・十誦律 16_316_4 | 初唐・十誦律 15_276_5 | 初唐・十誦律 14_260_5 | 初唐・十誦律 13_248_17 | 初唐・十誦律 13_237_15 | 初唐・古文尚書 45_435_28 |
| 初唐・十誦律 18_350_11 | 初唐・十誦律 17_319_4 | 初唐・十誦律 15_280_5 | 初唐・十誦律 14_262_5 | 初唐・十誦律 13_251_11 | 初唐・十誦律 13_240_10 | 初唐・古文尚書 45_436_17 |
| 初唐・十誦律 18_351_4 | 初唐・十誦律 17_322_4 | 初唐・十誦律 15_285_5 | 初唐・十誦律 14_262_9 | 初唐・十誦律 13_251_16 | 初唐・十誦律 13_241_10 | 初唐・禮記正義 1_8_4 |
| 初唐・十誦律 18_351_12 | 初唐・十誦律 17_326_4 | 初唐・十誦律 15_290_5 | 初唐・十誦律 14_264_8 | 初唐・十誦律 13_254_10 | 初唐・十誦律 13_243_13 | 初唐・禮記正義 3_35_6 |
| 初唐・十誦律 18_352_4 | 初唐・十誦律 17_330_4 | 初唐・十誦律 15_295_5 | 初唐・十誦律 14_264_13 | 初唐・十誦律 13_254_14 | 初唐・十誦律 13_244_1 | 初唐・禮記正義 3_44_17 |
| 初唐・十誦律 18_352_13 | 初唐・十誦律 17_335_4 | 初唐・十誦律 16_300_5 | 初唐・十誦律 14_267_14 | 初唐・十誦律 14_256_14 | 初唐・十誦律 13_246_7 | 初唐・禮記正義 3_45_11 |
| 初唐・十誦律 18_353_5 | 初唐・十誦律 18_339_4 | 初唐・十誦律 16_306_5 | 初唐・十誦律 14_269_2 | 初唐・十誦律 14_257_2 | 初唐・十誦律 13_246_12 | 初唐・禮記正義 6_97_14 |
| 初唐・十誦律 18_353_15 | 初唐・十誦律 18_345_4 | 初唐・十誦律 16_311_5 | 初唐・十誦律 14_271_5 | 初唐・十誦律 14_260_1 | 初唐・十誦律 13_248_13 | 初唐・禮記正義 28_431_5 |

初唐・十誦律 18_354_7
初唐・十誦律 18_355_9
初唐・十誦律 18_356_9
初唐・十誦律 19_357_14
初唐・十誦律 19_358_5
初唐・十誦律 19_359_3
初唐・十誦律 19_360_3
初唐・十誦律 19_361_10

中唐・翰苑 5_55_15
中唐・翰苑 9_110_35
中唐・翰苑 9_113_6
中唐・翰苑 9_113_15
中唐・翰苑 14_181_5
中唐・翰苑 14_183_12
中唐・翰苑 14_183_16
中唐・翰苑 20_260_6

中唐・翰苑 24_316_4
中唐・翰苑 34_443_29
中唐・翰苑 34_444_35
中唐・翰苑 36_460_33
中唐・般若經 2_12_8
中唐・般若經 2_13_2
中唐・般若經 2_14_2
中唐・般若經 2_14_14

中唐・般若經 2_15_13
中唐・般若經 2_16_9
中唐・般若經 2_17_9
中唐・般若經 8_122_5
中唐・般若經 8_123_1
中唐・般若經 8_123_12
中唐・般若經 8_124_9
中唐・般若經 8_125_3

中唐・般若經 9_142_14
中唐・般若經 9_143_6
中唐・般若經 9_143_16
中唐・般若經 9_144_7
中唐・般若經 9_144_16
中唐・般若經 9_145_8
中唐・般若經 9_146_1
中唐・般若經 9_146_10

中唐・般若經 10_167_9
中唐・般若經 10_168_2
中唐・般若經 10_169_4
中唐・般若經 10_169_13
中唐・般若經 10_170_14
中唐・般若經 10_171_7
中唐・般若經 11_172_9
中唐・般若經 11_173_2

中唐・般若經 12_192_9
中唐・般若經 12_193_3
中唐・般若經 12_193_14
中唐・般若經 12_194_7
中唐・般若經 12_194_17
中唐・般若經 12_195_11
中唐・般若經 12_196_5
中唐・般若經 12_196_16

中唐・般若經 13_214_17
中唐・般若經 13_215_10
中唐・般若經 13_216_7
中唐・般若經 13_216_16
中唐・般若經 13_217_12
中唐・般若經 13_218_5
中唐・般若經 13_219_2
中唐・般若經 13_219_12

中唐・般若經 15_267_13
中唐・般若經 16_268_9
中唐・般若經 16_269_8
中唐・般若經 16_270_3
中唐・般若經 16_271_1
中唐・般若經 16_271_14
中唐・般若經 16_272_13
中唐・般若經 16_273_9

中唐・般若經 17_291_12
中唐・般若經 17_292_8
中唐・般若經 17_293_3
中唐・般若經 17_293_16
中唐・般若經 18_309_3
中唐・般若經 18_310_1
中唐・般若經 18_310_15
中唐・般若經 18_311_13

中唐・般若經 19_328_3
中唐・般若經 19_329_1
中唐・般若經 19_329_15
中唐・般若經 19_330_13
晚唐•摩訶止觀 4_35_2
晚唐•摩訶止觀 11_96_1
晚唐•摩訶止觀 17_147_4
晚唐•摩訶止觀 18_155_5

晚唐•摩訶止觀 19_161_23
晚唐•摩訶止觀 20_170_16
晚唐•摩訶止觀 24_205_28
晚唐•摩訶止觀 24_208_5
晚唐•摩訶止觀 24_210_9
晚唐•摩訶止觀 24_211_16
晚唐•摩訶止觀 25_218_2
晚唐•摩訶止觀 25_218_26

晚唐•摩訶止觀 26_220_8
晚唐•摩訶止觀 33_290_20
晚唐•摩訶止觀 34_293_21
晚唐•摩訶止觀 35_302_4
晚唐•摩訶止觀 44_377_5
晚唐•摩訶止觀 45_385_15
晚唐•摩訶止觀 45_386_3
晚唐•摩訶止觀 45_386_17

晚唐•摩訶止觀 45_387_7
晚唐•摩訶止觀 45_387_18
晚唐•摩訶止觀 45_390_5
晚唐•摩訶止觀 52_445_29
晚唐•摩訶止觀 59_496_16
晚唐•摩訶止觀 59_497_23
晚唐•摩訶止觀 60_505_7
晚唐•摩訶止觀 60_505_19

## 懷

漢カイ 呉エ
訓なつく

初唐•古文尚書 12_107_9
初唐•古文尚書 13_119_16
初唐•古文尚書 22_216_2
初唐•古文尚書 35_333_21
初唐•毛詩傳 9_92_8
初唐•禮記正義 6_96_27
初唐•禮記正義 6_96_29
中唐•翰苑 6_70_1

## 懶

ラン
訓おこたる

初唐•十誦律 7_119_11
初唐•十誦律 7_121_8
初唐•十誦律 7_130_6
初唐•十誦律 7_132_4
初唐•十誦律 8_149_14
初唐•十誦律 8_151_9

## 徵

漢チョウ
訓こらす

初唐•古文尚書 10_91_11
初唐•古文尚書 43_415_22
初唐•古文尚書 43_416_11
初唐•古文尚書 43_416_15
初唐•古文尚書 47_456_43
初唐•古文尚書 47_457_11

## 懵

漢ボウ
訓くらい

五代•大毗盧經 55_681_12
五代•大毗盧經 92_1124_16

五代•大毗盧經 50_606_3
五代•大毗盧經 54_660_8
五代•大毗盧經 85_1045_23
五代•大毗盧經 96_1179_5
五代•大毗盧經 96_1180_1
五代•大毗盧經 96_1183_1
五代•大毗盧經 97_1192_14
五代•大毗盧經 97_1196_10

五代•大毗盧經 17_214_20
五代•大毗盧經 22_281_11
五代•大毗盧經 39_464_3
五代•大毗盧經 39_469_6
五代•大毗盧經 40_480_17
五代•大毗盧經 40_481_13
五代•大毗盧經 43_522_16
五代•大毗盧經 46_570_3

五代•大毗盧經 2_14_18
五代•大毗盧經 6_69_4
五代•大毗盧經 9_105_6
五代•大毗盧經 12_153_17
五代•大毗盧經 14_179_14
五代•大毗盧經 14_180_6
五代•大毗盧經 14_184_17
五代•大毗盧經 17_214_7

中唐・翰苑
45_578_13

晚唐・摩訶止觀
57_485_10

## 懼 懼

漢ク 呉グ
訓おそれる

初唐・古文尚書
8_64_29

初唐・古文尚書
35_333_23

初唐・古文尚書
35_334_5

初唐・古文尚書
37_354_15

初唐・古文尚書
48_464_10

初唐・古文尚書
48_465_7

中唐・翰苑
9_112_1

五代・密教部類
4_51_17

五代・大毗盧經
3_31_3

初唐・十誦律
11_203_2

初唐・十誦律
11_206_5

初唐・十誦律
11_207_9

初唐・十誦律
11_208_9

初唐・十誦律
11_209_7

晚唐・摩訶止觀
2_19_13

五代・密教部類
2_20_23

五代・密教部類
4_49_7

## 懺

慣ザン 漢サン
訓くいる

初唐・十誦律
10_182_15

初唐・十誦律
10_183_13

初唐・十誦律
10_184_6

初唐・十誦律
10_184_12

初唐・十誦律
10_187_8

初唐・十誦律
10_194_2

初唐・十誦律
11_200_17

初唐・十誦律
11_202_5

## 懸

慣ケ 漢ケン
訓かける

中唐・翰苑
18_233_15

中唐・翰苑
18_239_6

中唐・翰苑
18_241_5

中唐・翰苑
20_261_2

中唐・翰苑
22_293_7

五代・大毗盧經
13_168_12

中唐・翰苑
35_456_22

中唐・翰苑
38_486_36

中唐・翰苑
40_514_27

中唐・翰苑
40_515_28

中唐・翰苑
41_520_38

五代・大毗盧經
2_9_18

# 爿部

## 牀

漢ソウ 呉ショウ
訓だい

中唐・翰苑
45_577_12

## 牁

カ
訓ふなつなぎ

中唐・翰苑
38_485_4

中唐・翰苑
38_489_10

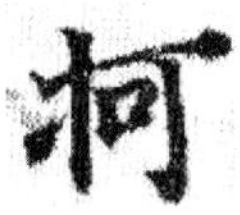
中唐・翰苑
38_490_11

中唐・翰苑
38_491_36

中唐・翰苑
38_492_2

中唐・翰苑
39_500_19

中唐・翰苑
39_504_32

## 牂

ソウ 慣ショウ
訓めひつじ

中唐・翰苑
38_485_3

中唐・翰苑
38_489_9

中唐・翰苑
38_490_10

中唐・翰苑
38_491_35

中唐・翰苑
38_492_1

中唐・翰苑
39_500_18

中唐・翰苑
39_504_31

## 將

漢ショウ 呉ソウ
訓ひきいる

初唐•古文尚書
7_52_3

初唐•古文尚書
7_52_19

初唐•古文尚書
12_107_27

初唐•古文尚書
13_115_1

初唐•古文尚書
13_123_9

初唐•古文尚書
15_137_10

初唐•古文尚書
15_144_20

初唐•古文尚書
16_148_3

初唐•古文尚書
16_148_18

初唐•古文尚書
18_169_15

初唐•古文尚書
20_187_26

初唐•古文尚書
25_248_9

初唐•古文尚書
26_257_28

初唐•古文尚書
27_262_11

初唐•古文尚書
27_267_13

初唐•古文尚書
28_274_16

初唐•古文尚書
33_310_2

初唐•古文尚書
33_311_6

初唐•古文尚書
48_473_20

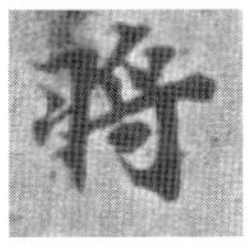
初唐・毛詩傳
1_9_20

初唐・毛詩傳
3_24_13

初唐・毛詩傳
4_39_10

初唐・毛詩傳
5_51_10

初唐・毛詩傳
7_77_9

初唐・毛詩傳
10_106_18

初唐•禮記正義
5_71_26

初唐•禮記正義
10_161_14

初唐•禮記正義
10_162_16

初唐•禮記正義
10_163_11

初唐•禮記正義
14_211_10

初唐•禮記正義
16_247_23

初唐•禮記正義
16_249_6

初唐•禮記正義
16_249_12

初唐•禮記正義
25_380_28

初唐•禮記正義
29_458_21

初唐・十誦律
2_28_2

中唐・翰苑
2_11_10

中唐・翰苑
2_18_23

中唐・翰苑
2_19_8

中唐・翰苑
2_21_10

中唐・翰苑
3_22_30

中唐・翰苑
3_24_30

中唐・翰苑
3_25_13

中唐・翰苑
3_25_19

中唐・翰苑
3_27_14

中唐・翰苑
4_46_2

中唐・翰苑
4_47_5

中唐・翰苑
5_51_14

中唐・翰苑
5_55_12

中唐・翰苑
5_58_9

中唐・翰苑
5_61_17

中唐・翰苑
6_65_17

中唐・翰苑
6_65_22

中唐・翰苑
6_67_38

中唐・翰苑
6_68_9

中唐・翰苑
6_70_24

中唐・翰苑
6_74_32

中唐・翰苑
6_77_37

中唐・翰苑
7_78_6

中唐・翰苑
7_78_13

中唐・翰苑
7_84_7

中唐・翰苑
7_87_2

中唐・翰苑
7_87_18

中唐・翰苑
9_107_21

中唐・翰苑
9_108_8

中唐・翰苑
9_110_14

中唐・翰苑
10_123_44

中唐・翰苑
10_125_16

中唐・翰苑
12_157_44

中唐・翰苑
12_158_6

中唐・翰苑
13_160_7

中唐・翰苑
15_196_37

中唐・翰苑
19_253_21

中唐・翰苑
21_277_34

中唐・翰苑
21_278_16

中唐・翰苑
22_287_20

中唐・翰苑
23_302_14

中唐・翰苑
27_356_11

| | | | | | | |
|---|---|---|---|---|---|---|
| | | | |  中唐・翰苑 39_498_31 |  中唐・翰苑 34_439_31 |  中唐・翰苑 27_356_22 |
| | | | |  中唐・翰苑 39_499_24 |  中唐・翰苑 34_442_25 |  中唐・翰苑 28_359_45 |
| | | | |  中唐・翰苑 41_526_1 |  中唐・翰苑 34_442_31 |  中唐・翰苑 28_361_45 |
| | | | |  中唐・翰苑 42_543_36 |  中唐・翰苑 36_459_35 |  中唐・翰苑 28_364_6 |
| | | | |  中唐・翰苑 45_581_2 |  中唐・翰苑 36_461_17 |  中唐・翰苑 32_414_32 |
| | | | |  晚唐•摩訶止觀 24_208_26 |  中唐・翰苑 36_461_23 |  中唐・翰苑 33_428_4 |
| | | | |  五代•密教部類 2_22_7 |  中唐・翰苑 38_491_4 |  中唐・翰苑 33_428_6 |
| | | | |  五代•大毗盧經 60_739_9 |  中唐・翰苑 39_496_5 |  中唐・翰苑 33_429_13 |

# 毋部

## 毋

漢ブ 呉ム
訓ない

中唐・翰苑 4_37_22
中唐・翰苑 22_292_40
中唐・翰苑 42_536_15

## 母

慣ボ 漢ボウ 呉モ
訓はは

初唐・毛詩傳 9_100_11
初唐・毛詩傳 10_105_3
初唐・毛詩傳 10_106_17
初唐・毛詩傳 10_109_3
初唐・毛詩傳 10_111_10
初唐・禮記正義 1_5_5
初唐・禮記正義 1_5_10
初唐・禮記正義 1_5_19

初唐・禮記正義 1_5_23
初唐・禮記正義 1_6_23
初唐・禮記正義 1_7_11
初唐・禮記正義 1_7_21
初唐・禮記正義 1_7_28
初唐・禮記正義 1_8_11
初唐・禮記正義 1_8_20
初唐・禮記正義 1_9_8

初唐・禮記正義 1_9_16
初唐・禮記正義 2_24_17
初唐・禮記正義 2_25_6
初唐・禮記正義 2_26_6
初唐・禮記正義 2_28_12
初唐・禮記正義 2_28_17
初唐・禮記正義 15_231_22
初唐・禮記正義 30_465_23

初唐・十誦律 7_126_11
初唐・十誦律 8_145_7
中唐・翰苑 11_137_34
中唐・翰苑 11_137_36
中唐・翰苑 12_145_2
中唐・翰苑 12_145_31
中唐・翰苑 16_211_41
中唐・翰苑 19_250_26

中唐・翰苑 19_252_22
中唐・翰苑 19_252_24
中唐・翰苑 19_255_10
中唐・翰苑 29_372_3
中唐・翰苑 29_376_19
中唐・翰苑 30_390_19
中唐・翰苑 33_432_41
中唐・翰苑 34_435_3

毒 每

吳現ドク漢トク
訓どく

吳現マイ漢バイ
訓つね

晚唐•摩訶止觀
36_314_7

五代•大毗盧經
11_140_9

五代•大毗盧經
47_574_20

五代•大毗盧經
66_827_33

五代•大毗盧經
67_848_28

中唐•翰苑
29_380_4

中唐•翰苑
29_382_29

中唐•翰苑
43_549_21

中唐•翰苑
43_550_32

中唐•翰苑
43_550_36

中唐•翰苑
43_551_15

晚唐•摩訶止觀
11_98_13

晚唐•摩訶止觀
11_98_23

初唐•古文尚書
8_69_31

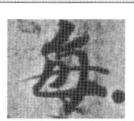

初唐•古文尚書
9_71_17

初唐•古文尚書
9_72_11

初唐•古文尚書
9_72_24

初唐•古文尚書
9_75_7

初唐•古文尚書
28_271_26

初唐•古文尚書
28_272_13

中唐•翰苑
16_205_1

初唐•禮記正義
11_178_12

初唐•禮記正義
27_417_6

中唐•翰苑
5_56_16

中唐•翰苑
28_363_40

中唐•翰苑
32_415_29

五代•大毗盧經
56_688_12

五代•大毗盧經
63_789_7

五代•大毗盧經
71_877_8

五代•大毗盧經
72_884_10

五代•大毗盧經
72_885_7

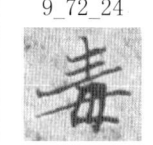

五代•大毗盧經
80_972_7

五代•大毗盧經
80_976_2

五代•大毗盧經
82_1005_4

五代•大毗盧經
97_1194_9

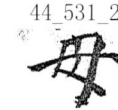

晚唐•摩訶止觀
56_471_4

五代•密教部類
2_18_14

五代•大毗盧經
3_29_9

五代•大毗盧經
5_48_6

五代•大毗盧經
39_460_15

五代•大毗盧經
44_529_15

五代•大毗盧經
44_531_2

五代•大毗盧經
50_614_2

中唐•翰苑
38_488_4

中唐•翰苑
40_511_1

中唐•翰苑
41_519_25

中唐•翰苑
41_530_16

晚唐•摩訶止觀
24_206_13

晚唐•摩訶止觀
24_206_26

晚唐•摩訶止觀
24_207_6

晚唐•摩訶止觀
33_288_7

# 示部

## 示示

漢現シ 呉現ジ
訓しめす

初唐•古文尚書
17_158_21

初唐•古文尚書
35_338_29

初唐•禮記正義
6_96_3

中唐・翰苑
4_45_5

中唐・翰苑
5_56_11

中唐・翰苑
9_113_41

中唐・翰苑
11_140_32

中唐・翰苑
12_147_21

中唐・翰苑
30_393_36

中唐・翰苑
40_514_23

中唐・翰苑
41_526_18

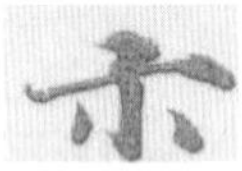
中唐・翰苑
44_567_6

晚唐•摩訶止觀
11_96_24

晚唐•摩訶止觀
13_119_9

晚唐•摩訶止觀
14_120_6

晚唐•摩訶止觀
16_143_16

晚唐•摩訶止觀
19_163_9

晚唐•摩訶止觀
19_165_14

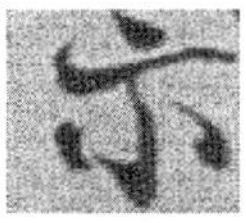
晚唐•摩訶止觀
60_506_5

晚唐•摩訶止觀
60_510_4

五代•密教部類
1_8_20

五代•密教部類
6_88_43

五代•大毗盧經
16_200_2

五代•大毗盧經
19_244_10

五代•大毗盧經
26_332_21

五代•大毗盧經
53_654_9

五代•大毗盧經
64_803_3

五代•大毗盧經
72_883_7

## 祁祁

漢キ 呉ギ
訓おおいに

初唐•古文尚書
36_339_31

中唐・翰苑
41_530_18

五代•大毗盧經
90_1102_9

## 社社

漢シャ 呉ジャ
訓やしろ

初唐•古文尚書
3_23_1

初唐•古文尚書
15_140_20

初唐•禮記正義
3_45_6

初唐•禮記正義
3_45_20

初唐•禮記正義
3_46_22

初唐•禮記正義
3_47_23

初唐•禮記正義
3_48_11

杜崇
中唐・翰苑
6_65_5

## 祐

ユウ
訓たすけ

果拓焉
中唐・翰苑
4_49_20

## 袟

チツ
訓まつりのじゅん

中唐・翰苑
32_416_25

## 祇

漢キ 呉ギ
訓くにつかみ

初唐・古文尚書
28_274_8

初唐・古文尚書
41_397_34

次有樊秖
中唐・翰苑
19_245_37

初唐・禮記正義
30_466_3

初唐・禮記正義
30_467_22

中唐・翰苑
23_302_4

中唐・翰苑
30_391_32

中唐・翰苑
41_530_37

初唐・禮記正義
8_125_15

初唐・禮記正義
8_125_18

初唐・禮記正義
9_136_22

初唐・禮記正義
9_137_2

初唐・禮記正義
9_139_9

初唐・禮記正義
29_451_5

初唐・禮記正義
29_451_17

初唐・禮記正義
30_460_23

## 祀

漢シ 呉ジ
訓まつる

初唐・古文尚書
17_163_3

初唐・古文尚書
21_199_4

初唐・古文尚書
21_200_22

初唐・古文尚書
25_240_3

初唐・古文尚書
25_241_3

初唐・禮記正義
1_11_16

初唐・禮記正義
5_70_14

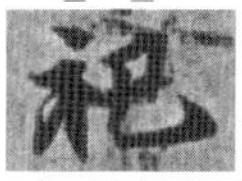
初唐・禮記正義
7_98_15

杜崇
中唐・翰苑
6_68_26

中唐・翰苑
7_90_37

盛壯
中唐・翰苑
8_94_4

中唐・翰苑
23_300_11

中唐・翰苑
35_454_4

五代・大毗盧經
31_393_15

五代・大毗盧經
92_1133_16

五代・大毗盧經
92_1133_19

## 祝

漢シュク 漢シュウ
漢チョ
訓いわい

- 初唐•禮記正義 2_20_5
- 中唐・翰苑 34_445_11
- 中唐・翰苑 35_446_16
- 中唐・翰苑 40_513_9

## 神

漢シン 呉ジン
訓かみ

- 初唐•古文尚書 13_118_9
- 初唐•古文尚書 21_199_14
- 初唐•古文尚書 21_200_11
- 初唐•古文尚書 25_248_32
- 初唐•古文尚書 28_274_7
- 初唐•古文尚書 41_397_13
- 初唐•古文尚書 41_397_28
- 初唐•禮記正義 4_51_9
- 初唐•禮記正義 4_52_13
- 初唐•禮記正義 4_52_28
- 初唐•禮記正義 4_54_2
- 初唐•禮記正義 4_54_17
- 初唐•禮記正義 4_60_1
- 初唐•禮記正義 4_60_8
- 初唐•禮記正義 4_60_26
- 初唐•禮記正義 9_144_18
- 初唐•禮記正義 10_154_20
- 初唐•禮記正義 10_155_1
- 初唐•禮記正義 15_238_18
- 初唐•禮記正義 16_239_17
- 初唐•禮記正義 16_239_21
- 初唐・般若經 10_139_3
- 初唐・般若經 11_157_8
- 初唐・般若經 11_157_13
- 初唐・般若經 11_158_17
- 初唐・般若經 23_352_4
- 初唐・般若經 24_371_14
- 初唐・般若經 24_372_2
- 初唐・般若經 24_373_8
- 中唐・翰苑 3_30_6
- 耿種 中唐・翰苑 6_77_39
- 中唐・翰苑 7_90_21
- 中唐・翰苑 8_99_41
- 中唐・翰苑 12_152_8
- 中唐・翰苑 12_152_29
- 中唐・翰苑 12_152_36
- 中唐・翰苑 16_211_38
- 中唐・翰苑 18_239_10
- 中唐・翰苑 18_239_28
- 中唐・翰苑 18_240_36
- 中唐・翰苑 18_241_10
- 中唐・翰苑 22_283_9
- 中唐・翰苑 22_285_11
- 中唐・翰苑 29_375_7
- 中唐・翰苑 35_453_41
- 中唐・翰苑 36_467_19
- 中唐・翰苑 36_468_37
- 中唐・翰苑 36_469_27

中唐・翰苑 37_470_18
中唐・翰苑 38_490_38
中唐・翰苑 40_512_42
中唐・翰苑 43_552_8
中唐・翰苑 45_580_16
中唐・般若經 6_87_2
中唐・般若經 6_88_17
中唐・般若經 6_90_15

中唐・般若經 6_92_14
中唐・般若經 9_137_15
中唐・般若經 9_138_14
中唐・般若經 9_139_13
中唐・般若經 9_140_13
中唐・般若經 9_143_9
中唐・般若經 9_144_10
中唐・般若經 9_145_11

中唐・般若經 9_146_13
中唐・般若經 9_149_12
中唐・般若經 9_150_11
中唐・般若經 9_151_10
中唐・般若經 9_152_10
晚唐•摩訶止觀 10_91_11
晚唐•摩訶止觀 31_272_16
晚唐•摩訶止觀 34_299_13

晚唐•摩訶止觀 35_304_16
晚唐•摩訶止觀 35_304_25
晚唐•摩訶止觀 62_520_5
五代•密教部類 1_6_20
五代•密教部類 3_27_8
五代•密教部類 6_77_8
五代•密教部類 6_89_8
五代•大毗盧經 1_1_8

五代•大毗盧經 2_2_8
五代•大毗盧經 9_105_5
五代•大毗盧經 10_113_2
五代•大毗盧經 10_122_25
五代•大毗盧經 21_266_27
五代•大毗盧經 24_311_25
五代•大毗盧經 34_409_8
五代•大毗盧經 35_410_8

五代•大毗盧經 40_479_18
五代•大毗盧經 50_612_16
五代•大毗盧經 51_625_18
五代•大毗盧經 69_860_8
五代•大毗盧經 70_862_8
五代•大毗盧經 71_863_8
五代•大毗盧經 83_1008_3
五代•大毗盧經 83_1008_23

五代•大毗盧經 85_1034_5
五代•大毗盧經 85_1041_2
五代•大毗盧經 86_1060_2
五代•大毗盧經 87_1062_2
五代•大毗盧經 89_1087_42
五代•大毗盧經 91_1114_15
五代•大毗盧經 92_1129_3
五代•大毗盧經 94_1149_6

# 祖 祖

現 ソ
訓 せんぞ

初唐•古文尚書 6_47_14
初唐•古文尚書 6_50_34
初唐•古文尚書 10_82_18
初唐•古文尚書 10_85_6
初唐•古文尚書 14_124_32
初唐•古文尚書 14_126_13
初唐•古文尚書 14_126_24
初唐•古文尚書 14_127_13

初唐•古文尚書 14_127_22
初唐•古文尚書 14_128_23
初唐•古文尚書 14_129_2
初唐•古文尚書 14_129_20
初唐•古文尚書 14_131_2
初唐•古文尚書 16_148_7
初唐•古文尚書 23_225_4
初唐•古文尚書 24_231_21

初唐•古文尚書 24_234_4
初唐•古文尚書 24_235_12
初唐•古文尚書 24_239_4
初唐•古文尚書 25_243_20
初唐•古文尚書 25_243_23
初唐•古文尚書 25_246_18
初唐•古文尚書 25_249_18
初唐•古文尚書 26_255_1

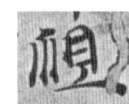

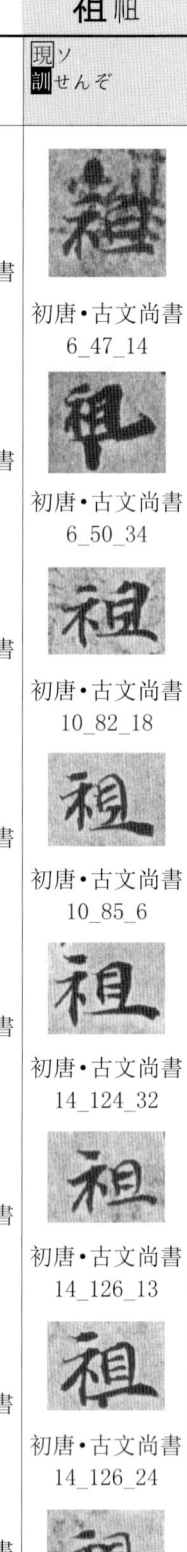

初唐•古文尚書 27_262_16
初唐•古文尚書 35_329_1
初唐•古文尚書 35_330_5
初唐•古文尚書 35_332_21
初唐•古文尚書 35_333_12
初唐•古文尚書 35_336_7
初唐•古文尚書 35_336_20
初唐•古文尚書 35_337_4

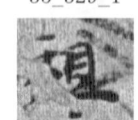

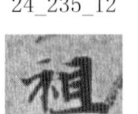

初唐•古文尚書 36_348_12
初唐•古文尚書 36_349_3
初唐・毛詩傳 8_86_12
初唐•禮記正義 1_5_21
初唐•禮記正義 1_6_5
初唐•禮記正義 1_7_19
初唐•禮記正義 1_9_26
初唐•禮記正義 1_10_11

初唐•禮記正義 1_10_20
初唐•禮記正義 1_11_7
初唐•禮記正義 1_11_9
初唐•禮記正義 2_20_3
初唐•禮記正義 3_34_2
初唐•禮記正義 7_111_1
初唐•禮記正義 28_438_9
初唐•禮記正義 29_456_23

初唐•禮記正義 30_460_6
初唐•禮記正義 30_460_22
中唐・翰苑 2_14_40
中唐・翰苑 3_35_9
中唐・翰苑 13_172_23
中唐・翰苑 19_250_22
中唐・翰苑 20_263_18
中唐・翰苑 20_266_15

| | 祠 | 祗 | 祚 | 祧 | | |
|---|---|---|---|---|---|---|
| | 漢シ<br>訓ほこら | シ<br>訓つつしむ | 漢ソ<br>訓さいわい | チョウ<br>訓みたまや | | |
| 初唐•禮記正義<br>5_76_8 | 初唐•禮記正義<br>3_38_12 | 初唐•古文尚書<br>19_182_18 | 初唐•古文尚書<br>3_22_14 | 初唐•禮記正義<br>30_467_9 | 中唐・翰苑<br>37_478_2 | 中唐・翰苑<br>23_301_34 |
| 中唐・翰苑<br>3_29_22 | 初唐•禮記正義<br>3_39_22 | 初唐•古文尚書<br>27_262_17 | 中唐・翰苑<br>27_356_16 | | 中唐・翰苑<br>45_573_8 | 中唐・翰苑<br>23_302_8 |
| 中唐・翰苑<br>3_30_14 | 初唐•禮記正義<br>3_39_26 | 初唐•古文尚書<br>31_294_2 | 中唐・翰苑<br>36_469_8 | | 晚唐•摩訶止觀<br>4_33_23 | 中唐・翰苑<br>23_307_1 |
| 中唐・翰苑<br>7_90_9 | 初唐•禮記正義<br>3_40_3 | 初唐•古文尚書<br>31_296_26 | 當作祏<br>中唐・翰苑<br>40_512_24 | | 五代•大毗盧經<br>51_625_11 | 中唐・翰苑<br>27_356_14 |
| 中唐・翰苑<br>12_152_37 | 初唐•禮記正義<br>3_40_16 | 初唐•古文尚書<br>37_359_6 | | | 五代•大毗盧經<br>75_919_2 | 中唐・翰苑<br>27_357_11 |
| 中唐・翰苑<br>12_153_9 | 初唐•禮記正義<br>3_41_6 | 初唐•古文尚書<br>39_373_22 | | | | 中唐・翰苑<br>29_371_12 |
| 中唐・翰苑<br>22_283_7 | 初唐•禮記正義<br>3_41_23 | 初唐•古文尚書<br>42_406_3 | | | | 租稅之賦<br>中唐・翰苑<br>34_435_16 |
| 中唐・翰苑<br>27_354_19 | 初唐•禮記正義<br>3_42_14 | 中唐・翰苑<br>21_270_40 | | | | 中唐・翰苑<br>37_477_14 |

## 祭

吳 サイ
訓 まつる

初唐•古文尚書
21_199_3

初唐•古文尚書
21_199_17

初唐•古文尚書
24_231_3

初唐•古文尚書
24_233_5

初唐•古文尚書
24_233_10

初唐•古文尚書
25_241_2

初唐•禮記正義
1_10_13

乙丁己辛癸
初唐•禮記正義
3_44_3

## 票

ヒョウ
訓 ひく

蘖栗伽仙真言
五代•大毗盧經
81_993_2

栗寗娑囒
五代•大毗盧經
97_1191_7

## 祥

現 ショウ
訓 さいわい

五代•大毗盧經
71_870_9

五代•大毗盧經
90_1094_7

五代•大毗盧經
24_307_26

五代•大毗盧經
39_460_2

五代•大毗盧經
45_547_3

五代•大毗盧經
45_552_3

五代•大毗盧經
45_552_9

五代•大毗盧經
45_553_12

五代•大毗盧經
46_554_14

五代•大毗盧經
50_610_5

中唐・翰苑
16_209_11

中唐・翰苑
19_249_14

中唐・翰苑
23_300_37

中唐・翰苑
35_456_21

五代•密教部類
2_13_3

五代•大毗盧經
2_18_6

五代•大毗盧經
14_183_5

五代•大毗盧經
23_294_2

初唐•古文尚書
14_130_30

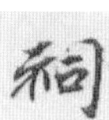

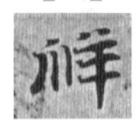

初唐•古文尚書
44_431_1

初唐•古文尚書
49_478_1

初唐•禮記正義
6_95_6

初唐•禮記正義
15_237_23

初唐•禮記正義
16_239_25

初唐•禮記正義
16_240_19

初唐•禮記正義
16_245_5

中唐・翰苑
27_357_17

中唐・翰苑
35_449_32

中唐・翰苑
37_471_46

中唐・翰苑
41_529_8

中唐・翰苑
41_530_43

# 禍 禍

漢 カ
訓 わざわい

初唐•禮記正義
30_468_8

初唐•古文尚書
9_73_2

初唐•古文尚書
9_73_21

初唐•古文尚書
9_75_6

初唐•古文尚書
9_78_32

初唐•古文尚書
12_112_30

初唐•古文尚書
13_114_35

初唐•古文尚書
26_253_37

初唐•古文尚書
32_301_6

五代•大毗盧經
21_268_31

中唐・翰苑
41_530_36

中唐・翰苑
22_284_14

中唐・翰苑
22_284_26

中唐・翰苑
22_285_17

中唐・翰苑
29_375_1

中唐・翰苑
30_391_31

中唐・翰苑
40_511_27

癸丑
中唐・翰苑
44_560_16

中唐・翰苑
8_97_33

中唐・翰苑
14_186_2

中唐・翰苑
15_187_5

中唐・翰苑
15_188_2

中唐・翰苑
17_219_9

中唐・翰苑
17_220_16

中唐・翰苑
18_239_26

中唐・翰苑
18_240_34

初唐•禮記正義
7_98_14

初唐•禮記正義
10_154_25

初唐•禮記正義
22_333_5

初唐•禮記正義
22_333_26

中唐・翰苑
3_30_4

中唐・翰苑
7_90_16

中唐・翰苑
7_91_2

中唐・翰苑
7_91_15

初唐•禮記正義
3_45_19

初唐•禮記正義
3_47_17

初唐•禮記正義
3_48_10

初唐•禮記正義
3_48_25

初唐•禮記正義
5_70_13

初唐•禮記正義
6_86_1

初唐•禮記正義
6_90_24

初唐•禮記正義
6_93_9

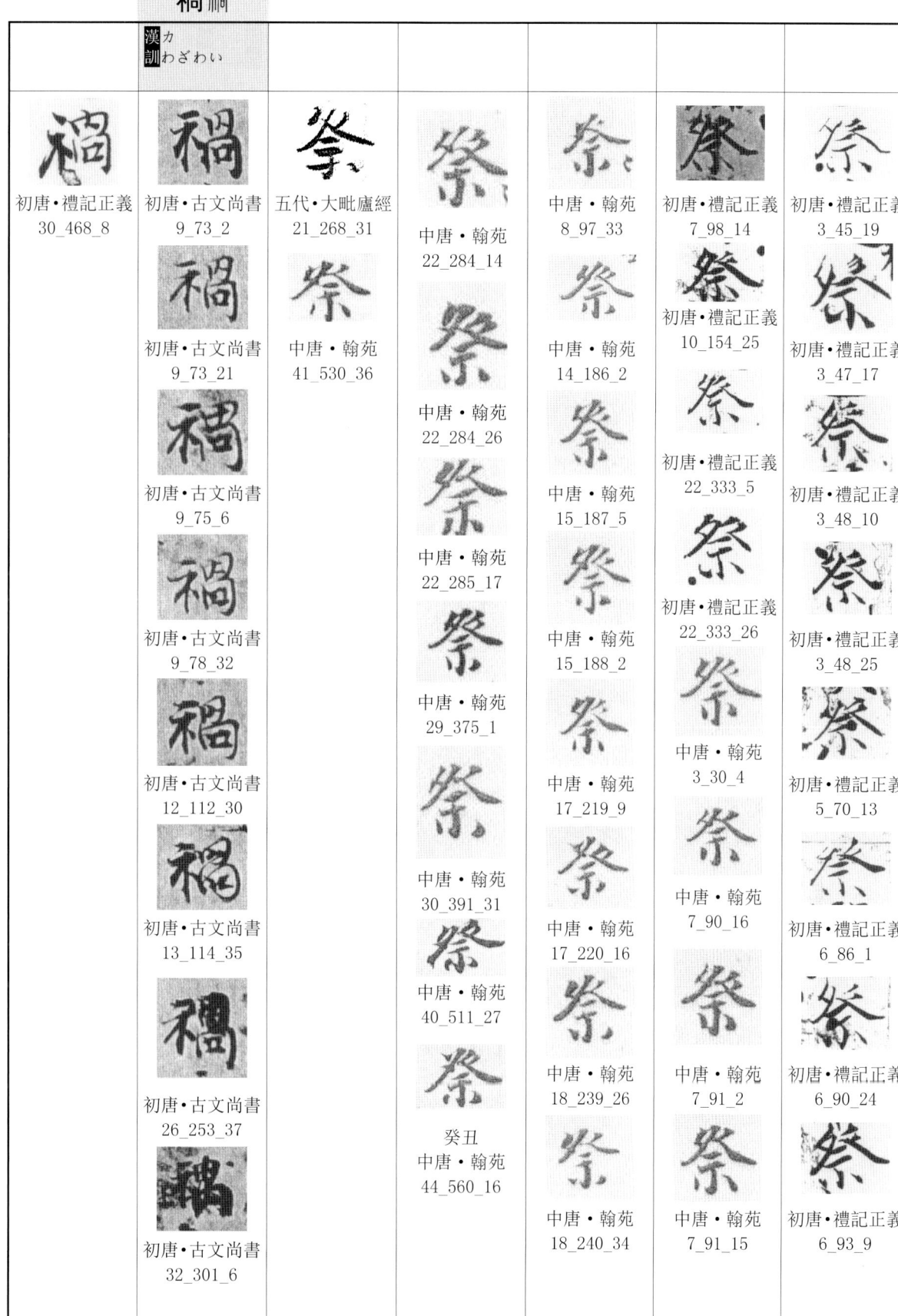

## 祿 祿

ロク
訓さいわい

初唐•古文尚書 32_305_32

初唐•古文尚書 32_306_23

初唐•禮記正義 27_425_4

初唐•禮記正義 29_448_4

初唐•禮記正義 29_457_23

初唐•禮記正義 30_460_11

初唐•禮記正義 30_470_18

## 禁 禁

漢キン 呉コン
訓かりば

初唐•古文尚書 15_143_21

初唐•禮記正義 2_31_2

初唐•禮記正義 2_31_16

初唐•禮記正義 2_32_7

初唐•禮記正義 17_258_6

中唐・翰苑 20_267_28

焚其宮室
中唐・翰苑 22_296_33

中唐・翰苑 42_540_10

五代•大毗盧經 68_858_3

五代•大毗盧經 68_858_11

## 福 福

漢フク
訓ひもろぎ

初唐•古文尚書 8_67_24

初唐•古文尚書 10_86_2

初唐•古文尚書 10_86_16

初唐•古文尚書 32_301_5

初唐•古文尚書 32_301_11

初唐•古文尚書 34_320_3

初唐•古文尚書 34_320_36

初唐・十誦律 19_370_5

初唐・十誦律 19_373_9

中唐・翰苑 15_191_33

晚唐•摩訶止觀 34_297_7

晚唐•摩訶止觀 36_313_27

五代•大毗盧經 5_50_12

五代•大毗盧經 6_70_20

五代•大毗盧經 8_93_11

五代•大毗盧經 21_266_35

五代•大毗盧經 54_661_2

五代•大毗盧經 92_1132_20

五代•大毗盧經 93_1138_20

## 禪 禪

漢セン 呉ゼン
訓ゆずる

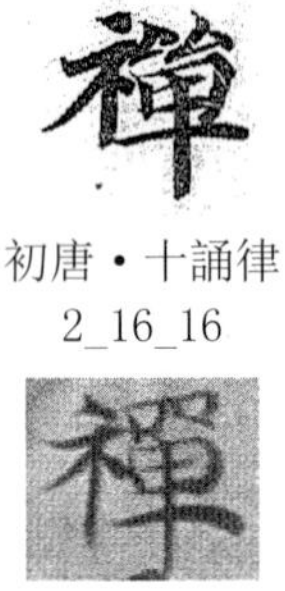
初唐・十誦律 2_16_16
晚唐•摩訶止觀 3_26_21

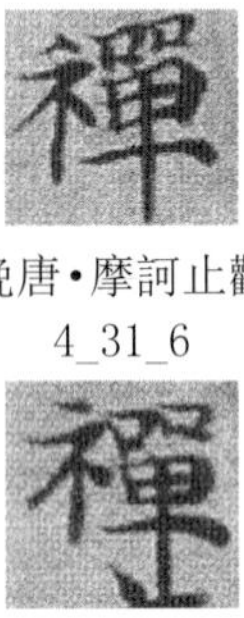
晚唐•摩訶止觀 4_31_6
晚唐•摩訶止觀 5_40_22

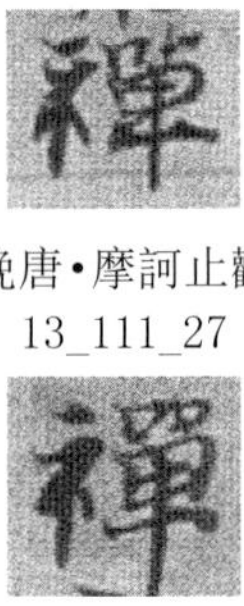
晚唐•摩訶止觀 13_111_27
晚唐•摩訶止觀 13_113_5

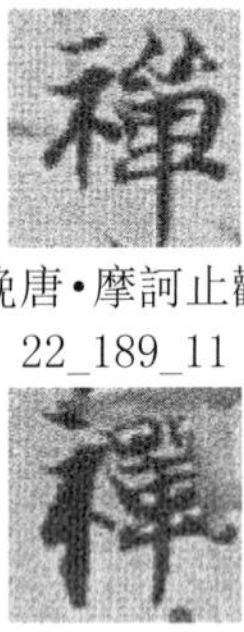
晚唐•摩訶止觀 22_189_11
晚唐•摩訶止觀 22_191_2

## 禦 禦

漢ギョ 呉ゴ
訓はらう

## 禮 禮

漢レイ 呉ライ
訓のり

晩唐・摩訶止觀
22_191_4

晩唐・摩訶止觀
24_208_9

晩唐・摩訶止觀
34_299_26

五代・密教部類
4_46_5

五代・大毗盧經
21_266_10

五代・大毗盧經
21_268_18

五代・大毗盧經
60_733_8

五代・大毗盧經
92_1130_12

中唐・翰苑
4_42_36

中唐・翰苑
10_122_30

中唐・翰苑
21_271_15

中唐・翰苑
29_380_11

中唐・翰苑
39_504_42

初唐・古文尚書
18_172_16

初唐・古文尚書
21_199_9

初唐・古文尚書
21_200_12

初唐・古文尚書
32_306_4

初唐・古文尚書
33_307_3

初唐・古文尚書
33_311_22

初唐・古文尚書
42_403_15

初唐・古文尚書
42_405_15

初唐・古文尚書
42_406_11

初唐・毛詩傳
1_2_11

初唐・毛詩傳
1_3_10

初唐・毛詩傳
1_5_5

初唐・毛詩傳
2_11_17

初唐・毛詩傳
2_12_16

初唐・毛詩傳
2_13_24

初唐・毛詩傳
2_15_12

初唐・毛詩傳
4_42_1

初唐・毛詩傳
6_63_5

初唐・禮記正義
2_17_25

初唐・禮記正義
2_18_13

初唐・禮記正義
2_18_22

初唐・禮記正義
2_25_26

初唐・禮記正義
3_40_8

初唐・禮記正義
3_42_21

初唐・禮記正義
3_46_26

初唐・禮記正義
3_49_1

初唐・禮記正義
4_55_6

初唐・禮記正義
5_80_3

初唐・禮記正義
5_80_5

初唐・禮記正義
5_80_30

常祀筮日
初唐・禮記正義
6_84_26

初唐・禮記正義
6_85_11

初唐・禮記正義
6_87_20

初唐・禮記正義
6_89_25

初唐・禮記正義
6_90_7

初唐・禮記正義
6_96_19

初唐・禮記正義
7_106_30

初唐・禮記正義
7_107_26

初唐・禮記正義
7_108_13

初唐・禮記正義
7_112_26

初唐•禮記正義
8_114_18

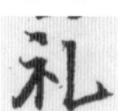

初唐•禮記正義
8_117_8

魯郊常祀
初唐•禮記正義
8_123_28

初唐•禮記正義
8_125_1

初唐•禮記正義
8_125_11

初唐•禮記正義
8_127_21

初唐•禮記正義
9_136_7

初唐•禮記正義
9_140_9

初唐•禮記正義
10_163_1

初唐•禮記正義
11_165_2

初唐•禮記正義
12_194_23

初唐•禮記正義
13_198_28

初唐•禮記正義
13_207_14

初唐•禮記正義
14_211_5

初唐•禮記正義
14_211_12

初唐•禮記正義
14_212_25

初唐•禮記正義
14_216_9

初唐•禮記正義
14_219_10

初唐•禮記正義
14_221_28

初唐•禮記正義
14_222_6

初唐•禮記正義
15_224_30

初唐•禮記正義
15_237_21

初唐•禮記正義
16_244_16

初唐•禮記正義
17_254_5

初唐•禮記正義
17_261_5

初唐•禮記正義
17_265_4

初唐•禮記正義
18_273_9

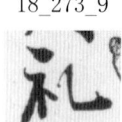

初唐•禮記正義
18_274_10

初唐•禮記正義
19_285_3

初唐•禮記正義
19_285_6

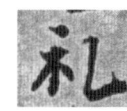

初唐•禮記正義
19_294_12

初唐•禮記正義
20_301_7

初唐•禮記正義
20_304_9

初唐•禮記正義
20_309_19

初唐•禮記正義
21_321_4

初唐•禮記正義
23_343_27

初唐•禮記正義
23_347_17

初唐•禮記正義
23_352_14

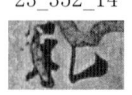

初唐•禮記正義
23_353_1

初唐•禮記正義
24_356_18

初唐•禮記正義
24_362_6

初唐•禮記正義
24_363_6

初唐•禮記正義
24_364_3

初唐•禮記正義
24_364_17

初唐•禮記正義
24_368_4

初唐•禮記正義
24_371_13

初唐•禮記正義
25_374_6

初唐•禮記正義
25_376_4

初唐•禮記正義
25_377_21

初唐•禮記正義
25_378_11

初唐•禮記正義
25_380_14

初唐•禮記正義
25_381_4

初唐•禮記正義
25_383_6

初唐•禮記正義
25_386_10

初唐•禮記正義
26_396_18

初唐•禮記正義
27_414_4

# 禰 禰

慣ネ 漢デイ 呉ナイ
訓—

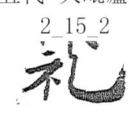

| | | | | | | |
|---|---|---|---|---|---|---|
| 初唐•禮記正義 1_10_23 | 五代•密教部類 2_20_22 | 中唐・翰苑 32_418_4 | 中唐・翰苑 24_311_10 | 初唐・十誦律 5_73_1 | 初唐•禮記正義 28_438_25 | 初唐•禮記正義 27_416_22 |
| 五代•大毗盧經 11_127_6 | 五代•大毗盧經 2_15_2 | 中唐・翰苑 35_448_9 | 中唐・翰苑 25_330_10 | 中唐・翰苑 4_36_34 | 初唐•禮記正義 28_440_20 | 初唐•禮記正義 28_431_26 |
| 五代•大毗盧經 21_269_4 | 五代•大毗盧經 2_21_14 | 中唐・翰苑 35_456_15 | 中唐・翰苑 29_372_2 | 中唐・翰苑 4_37_19 | 初唐•禮記正義 28_442_9 | 初唐•禮記正義 28_433_25 |
| 五代•大毗盧經 65_814_3 | 五代•大毗盧經 3_24_7 | 中唐・翰苑 35_457_40 | 中唐・翰苑 29_376_13 | 中唐・翰苑 4_44_37 | 初唐•禮記正義 28_442_17 | 初唐•禮記正義 28_434_3 |
| 五代•大毗盧經 81_982_13 | 五代•大毗盧經 3_24_11 | 中唐・翰苑 44_557_13 | 中唐・翰苑 30_389_9 | 中唐・翰苑 9_115_33 | 初唐•禮記正義 29_450_21 | 初唐•禮記正義 28_436_22 |
| 五代•大毗盧經 96_1172_8 | 五代•大毗盧經 3_24_23 | 中唐・翰苑 44_566_9 | 中唐・翰苑 30_390_8 | 中唐・翰苑 18_239_12 | 初唐•禮記正義 29_451_7 | 初唐•禮記正義 28_437_4 |
| | 五代•大毗盧經 22_285_8 | 晚唐•摩訶止觀 3_23_44 | 中唐・翰苑 32_416_21 | 中唐・翰苑 19_246_19 | 初唐•禮記正義 29_457_13 | 初唐•禮記正義 28_437_20 |
| | 五代•大毗盧經 97_1197_20 | 晚唐•摩訶止觀 21_183_13 | 中唐・翰苑 32_417_47 | 中唐・翰苑 20_267_16 | 初唐•禮記正義 30_473_20 | 初唐•禮記正義 28_438_4 |
| | 五代•大毗盧經 98_1210_10 | | | | | |

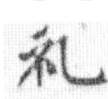

# 甘部

## 甘

現 カン
訓 あまい

初唐・古文尚書
21_206_12

初唐・古文尚書
21_206_14

中唐・翰苑
2_17_6

中唐・翰苑
2_19_36

中唐・翰苑
3_26_23

中唐・翰苑
4_41_17

中唐・翰苑
9_111_14

中唐・翰苑
26_339_32

中唐・翰苑
35_448_1

中唐・翰苑
35_449_38

中唐・翰苑
40_517_23

晚唐・摩訶止観
1_9_20

晚唐・摩訶止観
10_88_11

五代・大毗盧經
21_266_15

五代・大毗盧經
27_343_10

五代・大毗盧經
27_344_17

五代・大毗盧經
32_400_4

五代・大毗盧經
54_666_1

五代・大毗盧經
86_1052_19

五代・大毗盧經
88_1072_33

# 石部

## 石 𥐘

漢現セキ慣現シャク慣現コク呉ジャク

初唐•古文尚書 2_15_4
初唐•古文尚書 2_15_11
初唐•古文尚書 3_25_17
初唐•古文尚書 4_34_5
初唐•古文尚書 5_45_8
初唐•古文尚書 5_45_11
初唐・毛詩傳 4_40_23
初唐・毛詩傳 4_41_22

初唐・毛詩傳 5_45_2
初唐・毛詩傳 5_47_4
初唐・十誦律 3_35_1
中唐・翰苑 10_120_30
中唐・翰苑 15_198_17
中唐・翰苑 15_200_44
中唐・翰苑 16_201_21
中唐・翰苑 16_202_17

中唐・翰苑 16_205_15
中唐・翰苑 16_207_4
中唐・翰苑 22_294_18
中唐・翰苑 23_299_2
中唐・翰苑 23_300_14
中唐・翰苑 23_300_22
中唐・翰苑 23_300_35
中唐・翰苑 23_303_30

中唐・翰苑 23_306_12
中唐・翰苑 23_306_20
中唐・翰苑 23_309_17
中唐・翰苑 27_350_2
中唐・翰苑 27_350_6
中唐・翰苑 28_365_14
中唐・翰苑 28_368_25
衍文 中唐・翰苑 29_372_6

中唐・翰苑 29_382_23
中唐・翰苑 30_393_17
中唐・翰苑 31_397_18
中唐・翰苑 33_430_38
中唐・翰苑 36_467_25
中唐・翰苑 37_473_20
中唐・翰苑 37_476_12
中唐・翰苑 41_520_25

中唐・翰苑 41_528_33
中唐・翰苑 44_564_1
晚唐•摩訶止觀 22_189_14
晚唐•摩訶止觀 36_314_3
晚唐•摩訶止觀 62_521_6
五代•大毗盧經 67_839_5

## 砌 

漢セイ 吳サイ
訓みぎり

五代•大毗盧經
24_302_3

## 砥 

シ
訓と

初唐•古文尚書
5_44_25

初唐•古文尚書
5_45_3

## 砮 

漢ド
訓やじり

初唐•古文尚書
5_45_1

初唐•古文尚書
5_45_10

中唐・翰苑
30_393_18

中唐・翰苑
31_397_19

## 破 

ハ
訓やぶる

初唐・十誦律
7_126_16

初唐・十誦律
8_145_12

初唐・十誦律
10_191_14

初唐・十誦律
11_195_2

初唐・十誦律
11_197_12

初唐・十誦律
11_210_10

初唐・十誦律
12_216_4

初唐・十誦律
18_348_14

中唐・翰苑
4_47_21

中唐・翰苑
5_62_21

中唐・翰苑
6_64_34

中唐・翰苑
6_74_7

中唐・翰苑
7_78_30

中唐・翰苑
9_110_12

中唐・翰苑
10_121_38

中唐・翰苑
11_135_25

中唐・翰苑
12_158_13

中唐・翰苑
13_168_18

中唐・翰苑
14_173_28

中唐・翰苑
15_187_8

中唐・翰苑
19_252_18

中唐・翰苑
19_252_36

中唐・翰苑
22_290_36

中唐・翰苑
23_303_13

中唐・翰苑
34_442_37

中唐・翰苑
36_462_3

中唐・翰苑
36_462_22

中唐・翰苑
41_526_31

晚唐•摩訶止觀
22_190_21

晚唐•摩訶止觀
22_193_14

晚唐•摩訶止觀
26_225_4

晚唐•摩訶止觀
26_225_7

## 碓

漢 タイ
訓 うす

中唐・翰苑
36_459_34

## 碁

慣 ゴ 漢 キ
訓 ご

碁射
中唐・翰苑
29_377_9

圍碁
中唐・翰苑
29_378_21

## 硤

現 コウ
訓 —

中唐・翰苑
24_310_26

五代•大毗盧經
66_828_3

五代•大毗盧經
77_938_9

五代•大毗盧經
15_192_18

五代•大毗盧經
27_339_14

五代•大毗盧經
48_584_16

五代•大毗盧經
49_597_4

五代•大毗盧經
49_597_11

五代•大毗盧經
51_627_17

五代•大毗盧經
54_658_25

五代•大毗盧經
65_819_15

晚唐•摩訶止觀
53_450_23

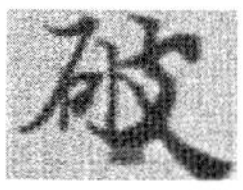
晚唐•摩訶止觀
53_452_13

晚唐•摩訶止觀
53_452_20

晚唐•摩訶止觀
53_452_25

晚唐•摩訶止觀
60_503_19

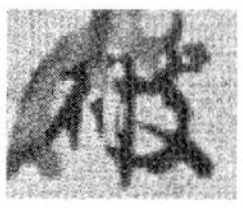
晚唐•摩訶止觀
61_514_7

五代•大毗盧經
9_110_9

五代•大毗盧經
15_192_12

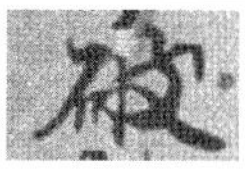
晚唐•摩訶止觀
37_323_16

晚唐•摩訶止觀
38_330_9

晚唐•摩訶止觀
42_363_16

晚唐•摩訶止觀
42_363_21

晚唐•摩訶止觀
42_363_26

晚唐•摩訶止觀
44_375_15

晚唐•摩訶止觀
53_449_12

晚唐•摩訶止觀
53_450_16

| 磐 | 磋 | 碣 | 碩 | 碧 | 碎 | 碑 |
|---|---|---|---|---|---|---|
| 漢ハン呉バン<br>訓いわ | サ<br>訓みがく | 漢ケツ<br>訓たちいし | 漢セキ<br>訓おおきい | 漢ヘキ呉ヒャク<br>訓みどり | サイ<br>訓くだく | ヒ<br>訓たていし |
| <br>初唐・禮記正義<br>21_314_24<br><br>中唐・翰苑<br>44_558_16<br><br>中唐・翰苑<br>44_558_34<br><br>中唐・翰苑<br>44_559_10 | <br>五代・大毗盧經<br>35_420_6<br>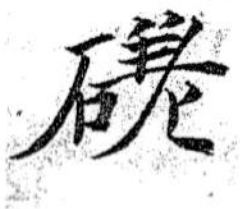<br>五代・大毗盧經<br>36_426_6 | <br>初唐・古文尚書<br>1_1_2<br><br>中唐・翰苑<br>13_172_32 | <br>初唐・毛詩傳<br>5_54_3<br><br>初唐・毛詩傳<br>5_54_21<br><br>初唐・毛詩傳<br>6_57_5 | <br>中唐・翰苑<br>11_142_31<br><br>中唐・翰苑<br>24_314_26<br><br>中唐・翰苑<br>39_504_11 | <br>五代・大毗盧經<br>49_597_12<br><br>五代・大毗盧經<br>51_627_18<br><br>五代・大毗盧經<br>65_819_18<br>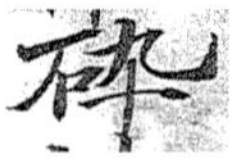<br>五代・大毗盧經<br>71_873_4 | <br>中唐・翰苑<br>23_297_2<br><br>中唐・翰苑<br>23_298_24<br><br>中唐・翰苑<br>23_298_36<br><br>五代・密教部類<br>2_21_16 |

## 磨 磬

磨：吳マ 漢バ 訓みがく

磬：ケイ 訓むなしい

### 磬

初唐•古文尚書 3_25_4

初唐•古文尚書 3_25_21

初唐•禮記正義 17_259_12

### 磨

初唐・十誦律 1_4_5

初唐・十誦律 1_6_1

初唐・十誦律 1_8_5

初唐・十誦律 1_9_17

初唐・十誦律 2_13_5

初唐・十誦律 2_17_16

初唐・十誦律 2_22_14

初唐・十誦律 2_24_15

初唐・十誦律 2_32_2

初唐・十誦律 3_52_17

初唐・十誦律 4_56_16

初唐・十誦律 4_59_14

初唐・十誦律 4_71_10

初唐・十誦律 5_76_6

初唐・十誦律 5_77_10

初唐・十誦律 5_84_4

初唐・十誦律 5_85_7

初唐・十誦律 5_86_17

初唐・十誦律 5_87_7

初唐・十誦律 5_88_8

初唐・十誦律 6_104_8

初唐・十誦律 6_104_16

初唐・十誦律 8_153_7

初唐・十誦律 9_155_2

初唐・十誦律 9_156_2

初唐・十誦律 9_158_12

初唐・十誦律 9_158_16

初唐・十誦律 9_161_16

初唐・十誦律 9_165_9

初唐・十誦律 9_166_6

初唐・十誦律 9_168_10

初唐・十誦律 9_170_1

初唐・十誦律 18_355_5

初唐・十誦律 18_355_14

初唐・十誦律 18_356_5

初唐・十誦律 18_356_15

初唐・十誦律 19_357_10

初唐・十誦律 19_358_1

初唐・十誦律 19_358_7

初唐・十誦律 19_358_16

晚唐•摩訶止觀 2_11_7

晚唐•摩訶止觀 33_288_25

五代•大毗盧經 4_38_8

五代•大毗盧經 7_80_10

五代•大毗盧經 10_120_12

五代•大毗盧經 13_163_18

五代•大毗盧經 24_303_5

五代•大毗盧經 25_313_17

| 礫 | | | 礙 | 礪 | 磻 | |
|---|---|---|---|---|---|---|
| 漢レキ<br>訓こいし | | | 漢ガイ呉ゲ<br>訓さまたげる | レイ<br>訓あらと | 漢ハン<br>訓やのねいし | |
| <br>中唐・翰苑<br>24_313_2<br><br>五代•大毗盧經<br>37_437_9 | <br>晚唐•摩訶止觀<br>52_443_6<br><br>五代•大毗盧經<br>18_229_9<br><br>五代•大毗盧經<br>89_1087_32 | <br>晚唐•摩訶止觀<br>13_113_19<br>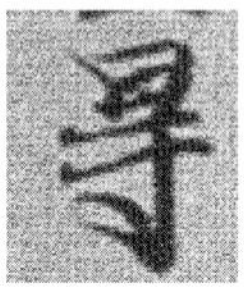<br>晚唐•摩訶止觀<br>20_173_17<br><br>晚唐•摩訶止觀<br>38_325_7<br><br>晚唐•摩訶止觀<br>39_336_12<br><br>晚唐•摩訶止觀<br>41_357_13<br><br>晚唐•摩訶止觀<br>48_408_19<br><br>晚唐•摩訶止觀<br>55_463_1 | <br>初唐•古文尚書<br>37_356_7<br><br>初唐•禮記正義<br>29_459_17<br><br>初唐・般若經<br>12_164_2<br><br>初唐・般若經<br>25_378_16<br><br>中唐・般若經<br>10_158_4<br><br>中唐・般若經<br>10_160_6<br><br>中唐・般若經<br>10_162_8<br><br>中唐・般若經<br>10_164_11 | <br>初唐•古文尚書<br>5_44_24<br><br>初唐•古文尚書<br>5_45_6<br><br>初唐•古文尚書<br>18_174_1<br><br>初唐•古文尚書<br>18_174_4<br><br>中唐・翰苑<br>25_325_25<br><br>中唐・翰苑<br>25_329_46 | <br>中唐・翰苑<br>41_520_24 | <br>五代•大毗盧經<br>39_454_15<br><br>五代•大毗盧經<br>58_710_7<br><br>五代•大毗盧經<br>60_735_19<br><br>五代•大毗盧經<br>61_761_17 |

# 目部

## 目 目

吴モク漢ボク
訓め

初唐•古文尚書 39_370_13

初唐•禮記正義 5_75_11

初唐•禮記正義 5_75_15

中唐・翰苑 2_12_24

中唐・翰苑 5_55_36

中唐・翰苑 18_229_11

中唐・翰苑 18_230_18

中唐・翰苑 18_231_18

晚唐•摩訶止觀 3_25_15

晚唐•摩訶止觀 4_35_5

晚唐•摩訶止觀 9_80_2

晚唐•摩訶止觀 17_145_3

晚唐•摩訶止觀 17_145_6

晚唐•摩訶止觀 17_151_4

晚唐•摩訶止觀 17_151_15

晚唐•摩訶止觀 20_171_10

晚唐•摩訶止觀 34_295_12

五代•密教部類 1_3_7

五代•密教部類 1_8_18

五代•密教部類 3_34_41

五代•密教部類 6_89_15

五代•大毗盧經 2_21_2

五代•大毗盧經 8_99_19

五代•大毗盧經 20_253_17

五代•大毗盧經 22_277_1

五代•大毗盧經 24_302_12

五代•大毗盧經 27_337_2

五代•大毗盧經 33_405_16

五代•大毗盧經 43_516_21

五代•大毗盧經 45_540_28

五代•大毗盧經 46_560_17

五代•大毗盧經 51_627_33

五代•大毗盧經 64_794_2

五代•大毗盧經 67_838_12

五代•大毗盧經 67_845_16

五代•大毗盧經 71_874_6

五代•大毗盧經 85_1033_13

五代•大毗盧經 85_1037_12

五代•大毗盧經 85_1048_2

## 盲 盲

慣モウ漢ボウ
訓めくら

晚唐•摩訶止觀 9_80_9

晚唐•摩訶止觀 14_122_16

晚唐•摩訶止觀 48_408_6

# 相

吳ソウ/漢ショウ
訓あい

初唐•古文尚書 1_7_23
初唐•古文尚書 6_48_20
初唐•古文尚書 6_50_33
初唐•古文尚書 9_73_14
初唐•古文尚書 9_75_23
初唐•古文尚書 9_76_19
初唐•古文尚書 9_77_13
初唐•古文尚書 9_78_17

初唐•古文尚書 10_83_11
初唐•古文尚書 11_102_12
初唐•古文尚書 12_112_21
初唐•古文尚書 14_132_21
初唐•古文尚書 14_133_3
初唐•古文尚書 14_133_15
初唐•古文尚書 14_133_21
初唐•古文尚書 16_153_19

初唐•古文尚書 16_153_32
初唐•古文尚書 16_154_7
初唐•古文尚書 17_160_27
初唐•古文尚書 17_162_13
初唐•古文尚書 18_172_7
初唐•古文尚書 18_172_22
初唐•古文尚書 19_186_24
初唐•古文尚書 25_244_9

初唐•古文尚書 25_249_5
初唐•古文尚書 27_265_13
初唐•古文尚書 27_266_2
初唐•古文尚書 28_275_32
初唐•古文尚書 33_307_34
初唐•古文尚書 33_308_7
初唐•古文尚書 33_315_24
初唐•古文尚書 34_318_18

初唐•古文尚書 40_383_16
初唐•古文尚書 40_384_16
初唐•古文尚書 40_384_25
初唐•古文尚書 40_390_21
初唐•古文尚書 41_397_40
初唐•古文尚書 45_438_6
初唐•古文尚書 45_443_35
初唐•古文尚書 46_448_17

初唐•古文尚書 46_451_8
初唐•古文尚書 47_460_26
初唐•古文尚書 48_466_3
初唐 • 毛詩傳 8_79_2
初唐 • 毛詩傳 8_84_3
初唐 • 毛詩傳 9_92_11
初唐 • 毛詩傳 10_104_6
初唐•禮記正義 4_61_10

初唐•禮記正義 9_142_28
初唐•禮記正義 9_144_4
初唐•禮記正義 9_144_9
初唐•禮記正義 9_145_2
初唐•禮記正義 11_178_6
初唐•禮記正義 14_211_3
初唐•禮記正義 15_232_19
初唐•禮記正義 16_252_20

初唐•禮記正義 16_253_7

初唐•禮記正義 17_254_7

初唐•禮記正義 17_264_10

初唐•禮記正義 23_345_29

初唐•禮記正義 23_346_24

初唐•禮記正義 23_348_25

初唐•禮記正義 23_351_14

初唐•禮記正義 23_353_7

初唐•禮記正義 25_387_11

初唐•禮記正義 25_387_19

初唐•禮記正義 26_394_19

初唐•禮記正義 26_394_24

初唐•禮記正義 27_417_9

初唐•禮記正義 28_428_21

初唐•禮記正義 28_428_25

初唐•禮記正義 30_461_20

初唐•禮記正義 30_463_9

初唐•禮記正義 30_465_5

初唐•禮記正義 30_470_26

初唐•十誦律 3_34_8

初唐•十誦律 3_36_10

初唐•十誦律 3_36_13

初唐•十誦律 3_38_15

初唐•十誦律 3_39_1

初唐•十誦律 18_353_9

初唐•般若經 8_100_13

初唐•般若經 8_100_16

初唐•般若經 10_146_17

初唐•般若經 10_147_9

初唐•般若經 11_148_17

初唐•般若經 12_179_1

初唐•般若經 12_179_5

初唐•般若經 12_179_10

初唐•般若經 12_179_14

初唐•般若經 13_181_1

初唐•般若經 13_181_5

初唐•般若經 21_311_10

初唐•般若經 21_311_13

初唐•般若經 24_360_7

初唐•般若經 24_360_16

初唐•般若經 24_362_9

初唐•般若經 26_394_14

初唐•般若經 26_395_1

初唐•般若經 26_395_6

初唐•般若經 26_395_10

初唐•般若經 26_396_16

初唐•般若經 26_397_3

中唐•翰苑 4_48_40

中唐•翰苑 5_52_13

中唐•翰苑 5_60_14

中唐•翰苑 6_71_24

中唐•翰苑 6_71_35

中唐•翰苑 7_88_36

中唐•翰苑 8_98_14

中唐•翰苑 8_99_23

中唐•翰苑 10_127_14

中唐•翰苑 10_130_35
中唐•翰苑 11_137_43
中唐•翰苑 11_139_7
中唐•翰苑 11_140_22
中唐•翰苑 11_142_5
中唐•翰苑 12_148_29
中唐•翰苑 12_148_37
中唐•翰苑 12_148_39

中唐•翰苑 12_151_21
中唐•翰苑 14_174_3
中唐•翰苑 14_174_18
中唐•翰苑 15_194_18
中唐•翰苑 17_221_2
中唐•翰苑 18_240_12
中唐•翰苑 19_242_16
中唐•翰苑 19_244_42

中唐•翰苑 20_267_31
中唐•翰苑 20_267_38
中唐•翰苑 20_267_44
中唐•翰苑 20_268_40
中唐•翰苑 21_270_39
中唐•翰苑 21_270_45
中唐•翰苑 21_272_30
中唐•翰苑 22_286_1

中唐•翰苑 23_303_41
中唐•翰苑 23_306_39
中唐•翰苑 24_316_34
中唐•翰苑 24_322_7
中唐•翰苑 26_343_31
中唐•翰苑 26_344_10
中唐•翰苑 29_376_9
中唐•翰苑 30_389_34

中唐•翰苑 31_403_7
中唐•翰苑 32_409_3
中唐•翰苑 32_409_29
中唐•翰苑 32_415_43
中唐•翰苑 33_432_18
中唐•翰苑 34_435_38
中唐•翰苑 34_439_16
中唐•翰苑 34_442_6

中唐•翰苑 36_464_11
中唐•翰苑 36_465_15
中唐•翰苑 36_466_22
中唐•翰苑 36_467_39
中唐•翰苑 36_468_23
中唐•翰苑 38_493_17
中唐•翰苑 38_493_39
中唐•翰苑 39_504_33

中唐•翰苑 42_533_38
中唐•翰苑 43_544_16
中唐•般若經 3_28_12
中唐•般若經 3_30_1
中唐•般若經 3_34_14
中唐•般若經 3_34_17
中唐•般若經 3_38_17
中唐•般若經 4_39_3

中唐・般若經 4_43_3
中唐・般若經 4_43_6
中唐・般若經 4_47_7
晚唐•摩訶止觀 33_290_22
晚唐•摩訶止觀 34_291_16
晚唐•摩訶止觀 34_291_19
晚唐•摩訶止觀 34_291_22
晚唐•摩訶止觀 34_291_27

晚唐•摩訶止觀 34_292_9
晚唐•摩訶止觀 34_292_22
晚唐•摩訶止觀 34_292_24
晚唐•摩訶止觀 34_292_28
晚唐•摩訶止觀 34_293_22
晚唐•摩訶止觀 34_294_10
晚唐•摩訶止觀 34_294_27
晚唐•摩訶止觀 34_296_16

晚唐•摩訶止觀 34_297_8
晚唐•摩訶止觀 34_297_20
晚唐•摩訶止觀 34_297_26
晚唐•摩訶止觀 34_298_2
晚唐•摩訶止觀 34_298_24
晚唐•摩訶止觀 35_302_3
晚唐•摩訶止觀 35_305_22
晚唐•摩訶止觀 39_336_10

晚唐•摩訶止觀 39_337_14
晚唐•摩訶止觀 40_347_16
晚唐•摩訶止觀 42_359_24
晚唐•摩訶止觀 43_366_11
晚唐•摩訶止觀 43_372_14
晚唐•摩訶止觀 44_379_14
晚唐•摩訶止觀 46_393_25
晚唐•摩訶止觀 46_395_7

晚唐•摩訶止觀 46_395_13
晚唐•摩訶止觀 46_395_24
晚唐•摩訶止觀 46_396_1
晚唐•摩訶止觀 48_411_13
晚唐•摩訶止觀 48_414_24
晚唐•摩訶止觀 53_447_23
晚唐•摩訶止觀 53_448_7
晚唐•摩訶止觀 53_448_10

晚唐•摩訶止觀 53_448_13
晚唐•摩訶止觀 54_459_1
晚唐•摩訶止觀 57_482_22
晚唐•摩訶止觀 58_487_3
晚唐•摩訶止觀 59_496_15
晚唐•摩訶止觀 59_497_22
晚唐•摩訶止觀 59_500_10
晚唐•摩訶止觀 59_501_7

晚唐•摩訶止觀 59_501_20
晚唐•摩訶止觀 60_503_10
晚唐•摩訶止觀 60_505_16
晚唐•摩訶止觀 61_512_17
五代•密教部類 6_86_13
五代•大毗盧經 2_14_17
五代•大毗盧經 10_117_17
五代•大毗盧經 10_124_10

## 眩

吳ゲン漢ケン
訓くらむ

初唐•古文尚書
19_176_3

初唐•古文尚書
19_176_20

中唐・翰苑
8_104_8

中唐・翰苑
9_106_34

中唐・翰苑
42_542_12

中唐・翰苑
43_544_36

## 眉

漢ビ吳ミ
訓まゆ

下肩三寸
中唐・翰苑
41_523_38

五代•大毗盧經
19_242_13

五代•大毗盧經
35_415_1

五代•大毗盧經
72_889_9

## 眇

漢ビョウ吳ミョウ
訓すがめ

初唐•禮記正義
15_232_6

初唐•禮記正義
15_232_13

## 省

吳ショウ/漢セイ
訓かえりみる

初唐•古文尚書
28_271_11

中唐・翰苑
9_115_5

中唐・翰苑
10_121_21

中唐・翰苑
10_122_20

中唐・翰苑
22_292_33

中唐・翰苑
40_510_4

五代•大毗盧經
91_1110_21

五代•大毗盧經
92_1133_9

五代•大毗盧經
92_1134_9

五代•大毗盧經
92_1134_14

五代•大毗盧經
93_1141_16

五代•大毗盧經
93_1145_38

五代•大毗盧經
94_1149_15

五代•大毗盧經
96_1179_12

五代•大毗盧經
82_996_11

五代•大毗盧經
85_1040_9

五代•大毗盧經
85_1040_19

五代•大毗盧經
87_1062_22

五代•大毗盧經
87_1063_25

五代•大毗盧經
88_1079_13

五代•大毗盧經
90_1098_4

五代•大毗盧經
90_1106_13

五代•大毗盧經
11_138_13

五代•大毗盧經
11_141_12

五代•大毗盧經
77_931_15

五代•大毗盧經
77_932_6

五代•大毗盧經
77_932_9

五代•大毗盧經
77_932_13

五代•大毗盧經
80_977_15

五代•大毗盧經
80_979_13

| | | | | 眼 | 眚 | 眠 |
|---|---|---|---|---|---|---|
| | | | | 漢現ガン呉現ゲン呉ゴン<br>訓まなこ | 漢セイ呉ショウ<br>訓わざわい | 慣ミン漢ベン呉メン<br>訓ねむる |
| 中唐・般若經<br>9_142_17 | 初唐・般若經<br>16_236_17 | 初唐・般若經<br>15_217_14 | 初唐・般若經<br>3_27_10 | 初唐・般若經<br>2_10_13 | 初唐・古文尚書<br>20_191_15 | 中唐・翰苑<br>31_397_35 |
| 中唐・般若經<br>9_144_2 | 初唐・般若經<br>24_368_11 | 初唐・般若經<br>16_230_11 | 初唐・般若經<br>3_28_7 | 初唐・般若經<br>2_10_17 | | |
| 中唐・般若經<br>9_145_2 | 初唐・般若經<br>24_368_15 | 初唐・般若經<br>16_230_15 | 初唐・般若經<br>3_30_3 | 初唐・般若經<br>2_12_3 | | |
| 中唐・般若經<br>9_146_4 | 初唐・般若經<br>24_370_3 | 初唐・般若經<br>16_232_3 | 初唐・般若經<br>11_154_9 | 初唐・般若經<br>3_24_3 | | |
| 中唐・般若經<br>9_149_4 | 中唐・般若經<br>9_137_7 | 初唐・般若經<br>16_233_16 | 初唐・般若經<br>11_154_13 | 初唐・般若經<br>3_24_7 | | |
| 中唐・般若經<br>9_150_4 | 中唐・般若經<br>9_138_7 | 初唐・般若經<br>16_234_3 | 初唐・般若經<br>11_155_16 | 初唐・般若經<br>3_25_10 | | |
| 中唐・般若經<br>9_151_2 | 中唐・般若經<br>9_139_5 | 初唐・般若經<br>16_234_5 | 初唐・般若經<br>15_216_5 | 初唐・般若經<br>3_27_4 | | |
| 中唐・般若經<br>9_152_2 | 中唐・般若經<br>9_140_5 | 初唐・般若經<br>16_235_2 | 初唐・般若經<br>15_216_9 | 初唐・般若經<br>3_27_8 | | |

五代・大毗盧經 39_461_4
五代・大毗盧經 45_549_9
五代・大毗盧經 46_556_20
五代・大毗盧經 50_613_4
五代・大毗盧經 54_658_19
五代・大毗盧經 57_704_14
五代・大毗盧經 63_788_13
五代・大毗盧經 67_848_40

## 眷

ケン
訓 かえりみる

晚唐・摩訶止觀 21_179_18
五代・大毗盧經 7_78_9
五代・大毗盧經 7_84_36
五代・大毗盧經 10_122_27
五代・大毗盧經 14_180_16
五代・大毗盧經 14_184_4
五代・大毗盧經 19_243_14
五代・大毗盧經 22_280_16

五代・大毗盧經 72_885_10
五代・大毗盧經 72_885_14
五代・大毗盧經 72_885_33
五代・大毗盧經 72_887_5
五代・大毗盧經 98_1200_10
五代・大毗盧經 98_1201_13

五代・大毗盧經 26_331_6
五代・大毗盧經 44_537_3
五代・大毗盧經 47_573_21
五代・大毗盧經 47_575_10
五代・大毗盧經 47_579_16
五代・大毗盧經 47_579_27
五代・大毗盧經 60_738_12
五代・大毗盧經 72_883_10

五代・大毗盧經 26_327_28
五代・大毗盧經 26_327_37
五代・大毗盧經 26_327_42
五代・大毗盧經 26_328_3
五代・大毗盧經 26_328_8
五代・大毗盧經 26_328_16
五代・大毗盧經 26_328_27
五代・大毗盧經 26_328_36

晚唐・摩訶止觀 29_250_14
晚唐・摩訶止觀 58_491_22
晚唐・摩訶止觀 59_498_13
五代・大毗盧經 2_7_11
五代・大毗盧經 12_150_10
五代・大毗盧經 23_296_12
五代・大毗盧經 26_327_3
五代・大毗盧經 26_327_16

晚唐・摩訶止觀 2_16_3
晚唐・摩訶止觀 2_16_7
晚唐・摩訶止觀 14_122_13
晚唐・摩訶止觀 15_131_16
晚唐・摩訶止觀 20_171_9
晚唐・摩訶止觀 24_204_3
晚唐・摩訶止觀 26_225_25
晚唐・摩訶止觀 28_247_26

## 睽

ケイ漢キ
訓そむける

初唐•禮記正義
5_78_30

## 睒

セン
訓ぬすみみる

晚唐•摩訶止觀
43_373_2

五代•大毗盧經
37_434_1

## 睡

漢スイ
訓ねむる

初唐・十誦律
7_119_13

初唐・十誦律
7_121_15

初唐・十誦律
7_130_8

初唐・十誦律
7_132_11

初唐・十誦律
8_149_16

初唐・十誦律
8_151_16

中唐・翰苑
32_414_28

## 督

現トク
訓みる

初唐•古文尚書
14_131_19

初唐•禮記正義
27_409_25

中唐・翰苑
21_276_32

中唐・翰苑
25_333_4

中唐・翰苑
27_356_2

中唐・翰苑
28_360_35

中唐・翰苑
28_360_40

中唐・翰苑
28_363_33

## 睇

漢テイ呉ダイ
訓ぬすみみる

五代•大毗盧經
5_57_9

五代•大毗盧經
6_61_11

五代•大毗盧經
11_127_21

五代•大毗盧經
71_878_22

五代•大毗盧經
85_1037_19

五代•大毗盧經
85_1039_9

五代•大毗盧經
85_1047_5

五代•大毗盧經
89_1092_4

五代•大毗盧經
91_1119_6

五代•大毗盧經
92_1132_4

五代•大毗盧經
96_1177_13

## 瞞

漢バン 呉マン
訓だます

五代•大毗盧經 18_227_18

五代•大毗盧經 51_626_11

## 瞑

慣メイ 漢ベイ 呉ショウ
訓くらい

初唐•古文尚書 19_176_2

初唐•古文尚書 19_176_19

晚唐•摩訶止觀 56_472_6

五代•大毗盧經 2_11_7

五代•大毗盧經 64_797_30

## 瞋

シン
訓いからす

晚唐•摩訶止觀 20_178_4

晚唐•摩訶止觀 28_245_1

晚唐•摩訶止觀 29_250_28

晚唐•摩訶止觀 40_346_23

晚唐•摩訶止觀 40_346_27

晚唐•摩訶止觀 40_348_3

晚唐•摩訶止觀 46_391_3

晚唐•摩訶止觀 50_428_22

## 睺

コウ
訓かため

晚唐•摩訶止觀 2_16_11

晚唐•摩訶止觀 2_16_13

五代•大毗盧經 80_968_7

五代•大毗盧經 89_1092_12

五代•大毗盧經 89_1092_17

五代•大毗盧經 95_1163_2

五代•密教部類 6_74_8

五代•密教部類 6_74_10

五代•密教部類 6_80_16

五代•密教部類 6_83_16

五代•密教部類 6_84_23

五代•密教部類 6_85_11

## 睿

エイ
訓あきらか

中唐・翰苑 1_1_11

五代•密教部類 2_11_2

五代•密教部類 2_12_2

五代•密教部類 2_14_2

五代•密教部類 2_14_11

五代•密教部類 3_27_24

五代•密教部類 3_32_27

五代•密教部類 3_38_14

| | | | 瞻 | 瞿 | 瞽 | 瞳 |
|---|---|---|---|---|---|---|
| | | | セン<br>訓みおろす | 漢ク<br>訓みる | 漢コ<br>訓めいし | 慣ドウ漢トウ<br>訓ひとみ |

## 瞻

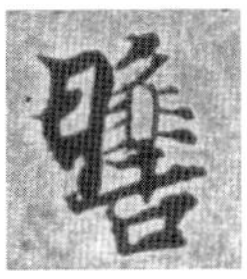
初唐•禮記正義
17_266_10

中唐・翰苑
35_450_6

五代•大毗盧經
36_432_8

五代•大毗盧經
63_790_14

## 瞿

初唐・毛詩傳
2_12_7

初唐・毛詩傳
2_12_12

初唐・毛詩傳
2_13_20

五代•密教部類
3_28_1

五代•密教部類
3_41_9

五代•大毗盧經
80_966_19

五代•大毗盧經
80_967_9

## 瞽

晚唐•摩訶止觀
9_80_10

## 瞳

晚唐•摩訶止觀
3_25_18

# 田部

## 田

呉現デン 漢テン
訓た

初唐•古文尚書 1_1_38
初唐•古文尚書 1_7_2
初唐•古文尚書 2_13_6
初唐•古文尚書 2_13_14
初唐•古文尚書 3_21_6
初唐•古文尚書 3_21_14
初唐•古文尚書 4_32_7
初唐•古文尚書 4_32_17

初唐•古文尚書 5_42_18
初唐•古文尚書 5_43_5
初唐•古文尚書 8_66_9
初唐•古文尚書 8_70_11
初唐•古文尚書 9_71_35
初唐•古文尚書 21_207_19
初唐•古文尚書 32_300_23
初唐•禮記正義 2_25_11

初唐•禮記正義 2_27_24
初唐•禮記正義 3_42_24
中唐・翰苑 9_106_32
中唐・翰苑 16_205_6
中唐・翰苑 18_234_14
中唐・翰苑 18_239_24
中唐・翰苑 19_254_26
中唐・翰苑 20_267_18

卑離國 中唐・翰苑 27_351_18
中唐・翰苑 27_352_14
中唐・翰苑 31_406_1
中唐・翰苑 34_435_7
中唐・翰苑 37_476_19
中唐・翰苑 37_481_33
中唐・翰苑 39_501_37
中唐・翰苑 39_504_4

中唐・翰苑 40_508_19
晚唐•摩訶止觀 3_22_2
晚唐•摩訶止觀 28_244_11
晚唐•摩訶止觀 28_244_17
晚唐•摩訶止觀 43_374_2
五代•大毗盧經 21_266_36

## 甲

現コウ 慣現カン
訓かいわれ

初唐•古文尚書 6_50_31
初唐•古文尚書 20_190_20
初唐•古文尚書 20_190_24
初唐•禮記正義 3_37_18
初唐•禮記正義 3_38_10
初唐•禮記正義 3_39_20
初唐•禮記正義 3_41_21

# 由

漢 現 ユウ 呉 現 ユ
慣 現 ユイ
訓 よし

初唐•禮記正義 11_171_24
初唐•禮記正義 12_190_4
初唐•禮記正義 13_198_12
初唐•禮記正義 13_204_24
初唐•禮記正義 26_406_24
初唐•禮記正義 27_424_25
初唐•禮記正義 27_426_9
中唐・翰苑 2_17_10

初唐•古文尚書 7_53_5
初唐•古文尚書 7_53_22
初唐•古文尚書 7_55_17
初唐•古文尚書 48_468_8
初唐•古文尚書 48_473_15
初唐•禮記正義 1_8_5
初唐•禮記正義 11_169_18
初唐•禮記正義 11_171_17

五代•大毗盧經 85_1044_14
五代•大毗盧經 85_1048_17
五代•大毗盧經 90_1099_5
五代•大毗盧經 90_1100_4
五代•大毗盧經 91_1110_17
五代•大毗盧經 84_1023_13

五代•大毗盧經 28_362_38
五代•大毗盧經 28_363_9
五代•大毗盧經 50_607_5
五代•大毗盧經 50_617_15
五代•大毗盧經 50_620_20
五代•大毗盧經 50_621_16
五代•大毗盧經 51_623_19
五代•大毗盧經 28_362_3

初唐・十誦律 5_87_11
初唐・十誦律 5_86_2
中唐・翰苑 29_374_17
中唐・翰苑 29_375_41
五代•大毗盧經 7_88_15
五代•大毗盧經 17_214_5
五代•大毗盧經 28_350_11
五代•大毗盧經 28_353_25

初唐・十誦律 3_38_8
初唐・十誦律 3_36_4
初唐・十誦律 5_73_17
初唐・十誦律 5_75_5
初唐・十誦律 5_76_10
初唐・十誦律 5_82_10
初唐・十誦律 5_83_5
初唐・十誦律 5_84_8

初唐•禮記正義 3_40_27
初唐•禮記正義 3_45_23
初唐•禮記正義 3_47_25
初唐•禮記正義 3_48_13
初唐•禮記正義 10_153_26
初唐•禮記正義 15_234_8
初唐•禮記正義 15_235_20

申 𤰔

現シン
訓もうす

五代・大

五代・大毗盧經
27_340_11
毗盧經
92_1132_13

五代・大毗盧經
92_1135_10

五代・大毗盧經
92_1136_18

五代・大毗盧經
63_791_3

中唐・翰苑
13_159_3

中唐・翰苑
30_388_5

中唐・翰苑
34_436_11

中唐・翰苑
36_459_1

中唐・翰苑
40_517_32

五代・密教部類
5_61_2

五代・大毗盧經
80_976_22

初唐・古文尚書
32_301_16

初唐・古文尚書
43_420_33

初唐・禮記正義
6_96_8

初唐・禮記正義
19_290_5

初唐・禮記正義
19_290_9

中唐・翰苑
6_72_32

立句龍王車紐
中唐・翰苑
6_73_21

五代・大毗盧經
53_647_12

五代・大毗盧經
65_810_3

五代・大毗盧經
91_1110_24

五代・大毗盧經
97_1186_33

五代・大毗盧經
97_1193_2

五代・大毗盧經
98_1202_37

五代・大毗盧經
9_104_1

五代・大毗盧經
18_229_18

五代・大毗盧經
23_291_1

五代・大毗盧經
30_376_8

五代・大毗盧經
30_380_9

五代・大毗盧經
46_559_13

五代・大毗盧經
46_561_3

五代・大毗盧經
47_579_19

晚唐・摩訶止觀
22_190_28

晚唐・摩訶止觀
22_191_5

五代・密教部類
1_5_7

五代・大毗盧經
2_5_3

五代・大毗盧經
2_13_5

五代・大毗盧經
3_28_2

五代・大毗盧經
8_93_6

五代・大毗盧經
8_96_14

中唐・翰苑
15_187_14

中唐・翰苑
16_201_37

中唐・翰苑
25_334_2

中唐・翰苑
26_340_18

中唐・翰苑
35_447_24

晚唐・摩訶止觀
3_27_13

晚唐・摩訶止觀
16_137_19

晚唐・摩訶止觀
22_190_23

# 男 田力

漢 現 ダン 呉 現 ナン
訓 おとこ

初唐・古文尚書
46_447_3

初唐・毛詩傳
6_63_2

初唐・禮記正義
14_210_2

初唐・禮記正義
14_210_5

初唐・禮記正義
17_254_16

初唐・禮記正義
21_325_18

初唐・禮記正義
22_332_11

初唐・禮記正義
23_341_2

初唐・禮記正義
23_342_27

初唐・禮記正義
23_348_11

初唐・禮記正義
23_349_28

初唐・禮記正義
23_353_6

初唐・禮記正義
23_354_7

初唐・禮記正義
24_357_23

初唐・禮記正義
24_358_22

初唐・禮記正義
25_380_23

初唐・十誦律
7_126_1

初唐・十誦律
8_144_14

初唐・十誦律
18_348_2

中唐・翰苑
3_27_33

中唐・翰苑
7_80_10

中唐・翰苑
11_141_7

中唐・翰苑
11_142_3

中唐・翰苑
11_143_8

中唐・翰苑
16_211_14

中唐・翰苑
17_217_45

中唐・翰苑
18_235_19

中唐・翰苑
19_242_35

中唐・翰苑
19_252_35

中唐・翰苑
20_268_2

中唐・翰苑
22_296_27

中唐・翰苑
25_328_41

中唐・翰苑
30_388_25

中唐・翰苑
30_390_21

中唐・翰苑
32_409_22

中唐・翰苑
32_411_14

中唐・翰苑
32_411_44

中唐・翰苑
33_423_20

中唐・翰苑
33_432_9

中唐・翰苑
35_448_22

中唐・翰苑
38_484_16

中唐・翰苑
38_487_1

勇戇
中唐・翰苑
40_508_29

中唐・般若經
2_3_8

中唐・般若經
3_31_8

中唐・般若經
4_57_17

中唐・般若經
6_85_8

中唐・般若經
7_103_1

中唐・般若經
7_112_8

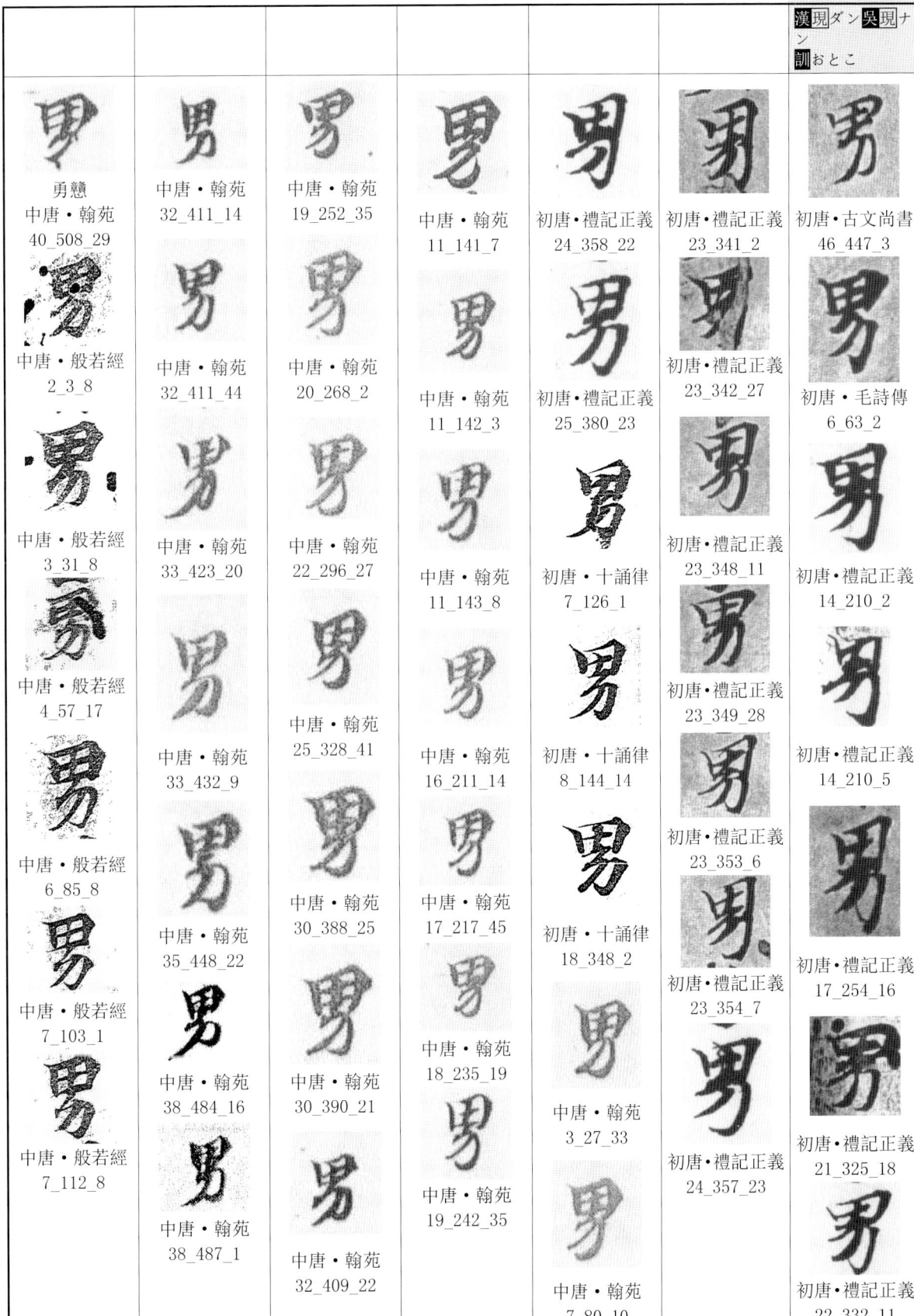

# 畏 𢁉

イ
訓 おそれる

初唐•古文尚書 44_428_9
初唐•古文尚書 48_470_29
初唐•古文尚書 48_471_13
初唐•毛詩傳 5_48_25
初唐•禮記正義 10_155_3
初唐•禮記正義 10_156_3
初唐•般若經 11_163_16
初唐•般若經 12_165_6

初唐•古文尚書 41_400_21
初唐•古文尚書 41_401_17
初唐•古文尚書 42_410_6
初唐•古文尚書 43_417_13
初唐•古文尚書 44_427_4
初唐•古文尚書 44_427_6
初唐•古文尚書 44_428_3
初唐•古文尚書 45_441_28

初唐•古文尚書 28_272_29
初唐•古文尚書 32_300_9
初唐•古文尚書 32_301_1
初唐•古文尚書 35_333_27
初唐•古文尚書 35_334_2
初唐•古文尚書 40_391_21
初唐•古文尚書 41_394_13
初唐•古文尚書 41_400_19

初唐•古文尚書 8_64_28
初唐•古文尚書 8_69_29
初唐•古文尚書 9_71_15
初唐•古文尚書 13_117_5
初唐•古文尚書 26_252_16
初唐•古文尚書 28_273_14
初唐•古文尚書 28_273_19

中唐•般若經 18_322_8
中唐•般若經 19_333_2
五代•大毗盧經 39_452_17
五代•大毗盧經 85_1036_6

中唐•般若經 12_207_8
中唐•般若經 13_221_17
中唐•般若經 15_256_8
中唐•般若經 16_275_16
中唐•般若經 17_296_3
中唐•般若經 17_303_8
中唐•般若經 18_314_2

中唐•般若經 8_127_8
中唐•般若經 9_136_8
中唐•般若經 9_148_10
中唐•般若經 10_156_8
中唐•般若經 11_175_12
中唐•般若經 11_185_8
中唐•般若經 12_199_1

| 禺 | 畎 | | | | | |
| --- | --- | --- | --- | --- | --- | --- |
| グ、ギョウ<br>訓おながざる | ケン<br>訓みそ | | | | | |
| 中唐・翰苑<br>3_31_16 | 初唐•古文尚書<br>2_14_18 | 五代•大毗盧經<br>48_584_3 | 五代•大毗盧經<br>23_295_13 | 中唐・般若經<br>11_179_17 | 中唐・般若經<br>10_162_5 | 初唐・般若經<br>12_167_2 |
| 中唐・翰苑<br>5_59_2 | 初唐•古文尚書<br>2_15_5 | 五代•大毗盧經<br>48_584_7 | 五代•大毗盧經<br>25_320_3 | 中唐・般若經<br>11_181_10 | 中唐・般若經<br>10_164_8 | 初唐・般若經<br>25_378_13 |
| 中唐・翰苑<br>39_504_8 | 初唐•古文尚書<br>3_23_23 | 五代•大毗盧經<br>54_658_32 | 五代•大毗盧經<br>25_320_26 | 五代•密教部類<br>3_27_16 | 中唐・般若經<br>10_168_7 | 初唐・般若經<br>25_380_3 |
| | 初唐•古文尚書<br>5_42_7 | 五代•大毗盧經<br>54_662_18 | 五代•大毗盧經<br>25_320_44 | 五代•密教部類<br>4_45_17 | 中唐・般若經<br>10_170_1 | 初唐・般若經<br>25_382_1 |
| | | 五代•大毗盧經<br>54_663_5 | 五代•大毗盧經<br>30_376_15 | 五代•密教部類<br>4_46_2 | 中唐・般若經<br>10_171_12 | 中唐・翰苑<br>16_201_41 |
| | | 五代•大毗盧經<br>54_666_19 | 五代•大毗盧經<br>48_583_20 | 五代•密教部類<br>6_78_12 | 中唐・般若經<br>11_173_7 | 中唐・翰苑<br>29_382_42 |
| | | 五代•大毗盧經<br>55_677_3 | 五代•大毗盧經<br>48_583_24 | 五代•大毗盧經<br>18_236_7 | 中唐・般若經<br>11_176_16 | 中唐・般若經<br>10_158_1 |
| | | 五代•大毗盧經<br>55_679_4 | 五代•大毗盧經<br>48_583_36 | 五代•大毗盧經<br>19_238_12 | 中唐・般若經<br>11_178_8 | 中唐・般若經<br>10_160_3 |

現 カイ
訓 さかい

初唐・古文尚書 1_1_25
初唐・古文尚書 1_3_17
初唐・古文尚書 5_40_9
初唐・古文尚書 18_171_10
初唐・古文尚書 32_300_24
初唐・禮記正義 2_31_13
初唐・禮記正義 2_31_28
初唐・十誦律 2_31_13

初唐・十誦律 2_32_15
初唐・十誦律 3_34_7
初唐・十誦律 3_36_16
初唐・十誦律 3_37_16
初唐・十誦律 3_38_14
初唐・十誦律 3_39_4
初唐・十誦律 3_39_15
初唐・十誦律 3_40_12

初唐・十誦律 3_41_12
初唐・十誦律 3_52_9
初唐・十誦律 4_54_11
初唐・十誦律 4_55_4
初唐・十誦律 4_56_8
初唐・十誦律 4_57_14
初唐・十誦律 4_58_7
初唐・十誦律 4_59_6

初唐・十誦律 4_60_11
初唐・十誦律 4_62_1
初唐・十誦律 5_91_15
初唐・十誦律 5_91_17
初唐・十誦律 5_92_4
初唐・十誦律 5_92_6
初唐・十誦律 6_94_7
初唐・十誦律 6_95_5

初唐・十誦律 6_95_7
初唐・十誦律 6_96_8
初唐・十誦律 6_97_1
初唐・十誦律 6_97_3
初唐・十誦律 6_97_16
初唐・十誦律 6_97_17
初唐・十誦律 6_98_17
初唐・十誦律 6_99_2

初唐・十誦律 6_100_17
初唐・十誦律 6_101_3
初唐・十誦律 6_101_12
初唐・十誦律 6_101_16
初唐・十誦律 6_102_14
初唐・十誦律 6_102_17
初唐・十誦律 8_135_14
初唐・十誦律 8_136_17

初唐・十誦律 9_155_12
初唐・十誦律 9_156_14
初唐・十誦律 13_241_12
初唐・般若經 3_24_4
初唐・般若經 3_24_8
初唐・般若經 3_25_11
初唐・般若經 3_27_3
初唐・般若經 3_27_6

初唐・般若經
18_264_9

初唐・般若經
18_264_13

初唐・般若經
18_266_1

初唐・般若經
18_267_12

初唐・般若經
18_267_15

初唐・般若經
18_268_13

初唐・般若經
18_270_11

初唐・般若經
18_272_17

初唐・般若經
18_273_4

初唐・般若經
18_274_9

初唐・般若經
18_276_3

初唐・般若經
18_276_6

初唐・般若經
19_277_4

初唐・般若經
19_279_2

初唐・般若經
19_281_8

初唐・般若經
19_281_12

初唐・般若經
19_282_17

初唐・般若經
19_284_15

初唐・般若經
19_285_6

初唐・般若經
19_286_15

初唐・般若經
21_320_4

初唐・般若經
21_321_12

初唐・般若經
21_321_16

初唐・般若經
21_322_3

初唐・般若經
21_322_9

初唐・般若經
21_323_14

初唐・般若經
21_324_3

中唐・翰苑
18_238_36

中唐・翰苑
19_244_23

中唐・翰苑
22_294_16

中唐・翰苑
23_298_6

中唐・翰苑
26_336_26

中唐・翰苑
28_370_20

中唐・翰苑
29_371_18

中唐・翰苑
29_372_33

中唐・翰苑
30_385_27

中唐・翰苑
30_386_29

中唐・翰苑
42_543_44

中唐・翰苑
43_544_2

中唐・般若經
5_68_15

中唐・般若經
5_70_6

中唐・般若經
5_70_10

中唐・般若經
5_71_8

中唐・般若經
5_72_16

中唐・般若經
5_73_3

中唐・般若經
5_74_1

中唐・般若經
5_75_9

中唐・般若經
5_75_13

中唐・般若經
5_76_12

中唐・般若經
6_78_3

中唐・般若經
6_78_7

中唐・般若經
6_81_3

中唐・般若經
6_81_9

晚唐•摩訶止觀
5_41_15

晚唐•摩訶止觀
5_44_10

晚唐•摩訶止觀 6_50_20
晚唐•摩訶止觀 6_51_2
晚唐•摩訶止觀 6_51_12
晚唐•摩訶止觀 6_51_15
晚唐•摩訶止觀 6_51_18
晚唐•摩訶止觀 18_158_9
晚唐•摩訶止觀 20_173_3
晚唐•摩訶止觀 22_187_11

晚唐•摩訶止觀 24_210_24
晚唐•摩訶止觀 26_221_6
晚唐•摩訶止觀 28_238_5
晚唐•摩訶止觀 28_247_5
晚唐•摩訶止觀 28_247_14
晚唐•摩訶止觀 29_249_14
晚唐•摩訶止觀 32_281_7
晚唐•摩訶止觀 33_285_14

晚唐•摩訶止觀 33_289_25
晚唐•摩訶止觀 34_298_6
晚唐•摩訶止觀 36_313_7
晚唐•摩訶止觀 36_314_21
晚唐•摩訶止觀 36_315_9
晚唐•摩訶止觀 37_319_3
晚唐•摩訶止觀 37_319_9
晚唐•摩訶止觀 37_320_1

晚唐•摩訶止觀 37_323_9
晚唐•摩訶止觀 40_342_8
晚唐•摩訶止觀 40_343_5
晚唐•摩訶止觀 40_343_25
晚唐•摩訶止觀 40_344_27
晚唐•摩訶止觀 40_345_20
晚唐•摩訶止觀 40_348_24
晚唐•摩訶止觀 40_349_6

晚唐•摩訶止觀 40_349_13
晚唐•摩訶止觀 40_349_20
晚唐•摩訶止觀 41_350_2
晚唐•摩訶止觀 41_350_10
晚唐•摩訶止觀 41_350_27
晚唐•摩訶止觀 41_351_10
晚唐•摩訶止觀 41_351_18
晚唐•摩訶止觀 41_352_1

晚唐•摩訶止觀 41_352_12
晚唐•摩訶止觀 41_352_25
晚唐•摩訶止觀 41_353_4
晚唐•摩訶止觀 41_353_13
晚唐•摩訶止觀 41_353_20
晚唐•摩訶止觀 41_353_29
晚唐•摩訶止觀 41_354_8
晚唐•摩訶止觀 41_354_18

晚唐•摩訶止觀 41_354_28
晚唐•摩訶止觀 41_355_13
晚唐•摩訶止觀 41_355_20
晚唐•摩訶止觀 41_355_24
晚唐•摩訶止觀 41_356_2
晚唐•摩訶止觀 41_356_13
晚唐•摩訶止觀 41_356_25
晚唐•摩訶止觀 43_374_17

晚唐•摩訶止觀 46_393_27
晚唐•摩訶止觀 46_395_2
晚唐•摩訶止觀 46_395_8
晚唐•摩訶止觀 46_395_25
晚唐•摩訶止觀 48_412_4
晚唐•摩訶止觀 49_418_22
晚唐•摩訶止觀 49_419_1
晚唐•摩訶止觀 49_421_25

晚唐•摩訶止觀 50_422_7
晚唐•摩訶止觀 50_427_5
晚唐•摩訶止觀 50_427_8
晚唐•摩訶止觀 50_427_11
晚唐•摩訶止觀 51_437_22
晚唐•摩訶止觀 60_505_23
五代•密教部類 2_16_9
五代•密教部類 2_16_14

五代•密教部類 3_26_3
五代•密教部類 3_31_3
五代•密教部類 5_58_10
五代•密教部類 5_62_8
五代•密教部類 5_63_3
五代•密教部類 6_75_3
五代•大毗盧經 5_49_6
五代•大毗盧經 5_55_21

五代•大毗盧經 5_60_6
五代•大毗盧經 7_75_19
五代•大毗盧經 7_76_4
五代•大毗盧經 7_77_18
五代•大毗盧經 7_80_14
五代•大毗盧經 7_81_17
五代•大毗盧經 7_82_3
五代•大毗盧經 9_103_27

五代•大毗盧經 9_103_34
五代•大毗盧經 10_117_34
五代•大毗盧經 13_159_10
五代•大毗盧經 14_173_14
五代•大毗盧經 14_174_11
五代•大毗盧經 14_177_10
五代•大毗盧經 15_188_20

五代•大毗盧經 17_223_5
五代•大毗盧經 17_225_2
五代•大毗盧經 17_225_28
五代•大毗盧經 18_227_19
五代•大毗盧經 18_229_23
五代•大毗盧經 18_229_33
五代•大毗盧經 18_234_17
五代•大毗盧經 18_237_2

五代•大毗盧經 19_243_5
五代•大毗盧經 21_264_21
五代•大毗盧經 22_281_4
五代•大毗盧經 22_284_8
五代•大毗盧經 23_290_18
五代•大毗盧經 25_314_4
五代•大毗盧經 26_328_25
五代•大毗盧經 26_336_22

# 畢

漢 ヒツ
訓 おわる

| | | | | | | |
|---|---|---|---|---|---|---|
| 五代・大毗盧經 39_453_14 | 五代・大毗盧經 51_626_27 | 五代・大毗盧經 68_856_5 | 初唐・古文尚書 25_248_2 | 初唐・毛詩傳 2_18_1 | 中唐・翰苑 12_153_13 | 晚唐・摩訶止觀 48_412_7 |
| 五代・大毗盧經 39_456_4 | 五代・大毗盧經 56_682_15 | 五代・大毗盧經 73_905_6 | 初唐・古文尚書 29_284_7 | 初唐・禮記正義 11_171_7 | 中唐・翰苑 14_178_15 | 晚唐・摩訶止觀 48_414_15 |
| 五代・大毗盧經 39_472_18 | 五代・大毗盧經 56_683_12 | 五代・大毗盧經 77_939_15 | 初唐・古文尚書 29_284_20 | 初唐・禮記正義 11_173_27 | 中唐・翰苑 18_240_22 | 晚唐・摩訶止觀 50_422_18 |
| 五代・大毗盧經 40_474_3 | 五代・大毗盧經 60_745_10 | 五代・大毗盧經 79_961_23 | 初唐・古文尚書 31_286_15 | 初唐・般若經 7_99_14 | 中唐・般若經 3_38_1 | 晚唐・摩訶止觀 55_469_20 |
| 五代・大毗盧經 40_474_18 | 五代・大毗盧經 62_762_15 | 五代・大毗盧經 84_1025_33 | 初唐・古文尚書 33_317_19 | 初唐・般若經 21_310_11 | 中唐・般若經 4_42_4 | 五代・大毗盧經 73_904_9 |
| 五代・大毗盧經 43_515_3 | 五代・大毗盧經 64_807_17 | 五代・大毗盧經 90_1107_16 | 初唐・古文尚書 34_325_25 | 中唐・翰苑 2_15_8 | 中唐・般若經 4_46_8 | 五代・大毗盧經 89_1087_23 |
| 五代・大毗盧經 45_544_16 | 五代・大毗盧經 65_819_42 | 五代・大毗盧經 97_1186_36 | 初唐・毛詩傳 1_9_7 | 軍臣單于 中唐・翰苑 2_17_17 | 晚唐・摩訶止觀 36_309_8 | 五代・大毗盧經 97_1198_20 |
| 五代・大毗盧經 49_593_5 | 五代・大毗盧經 68_852_15 | 五代・大毗盧經 98_1209_10 | | | | |

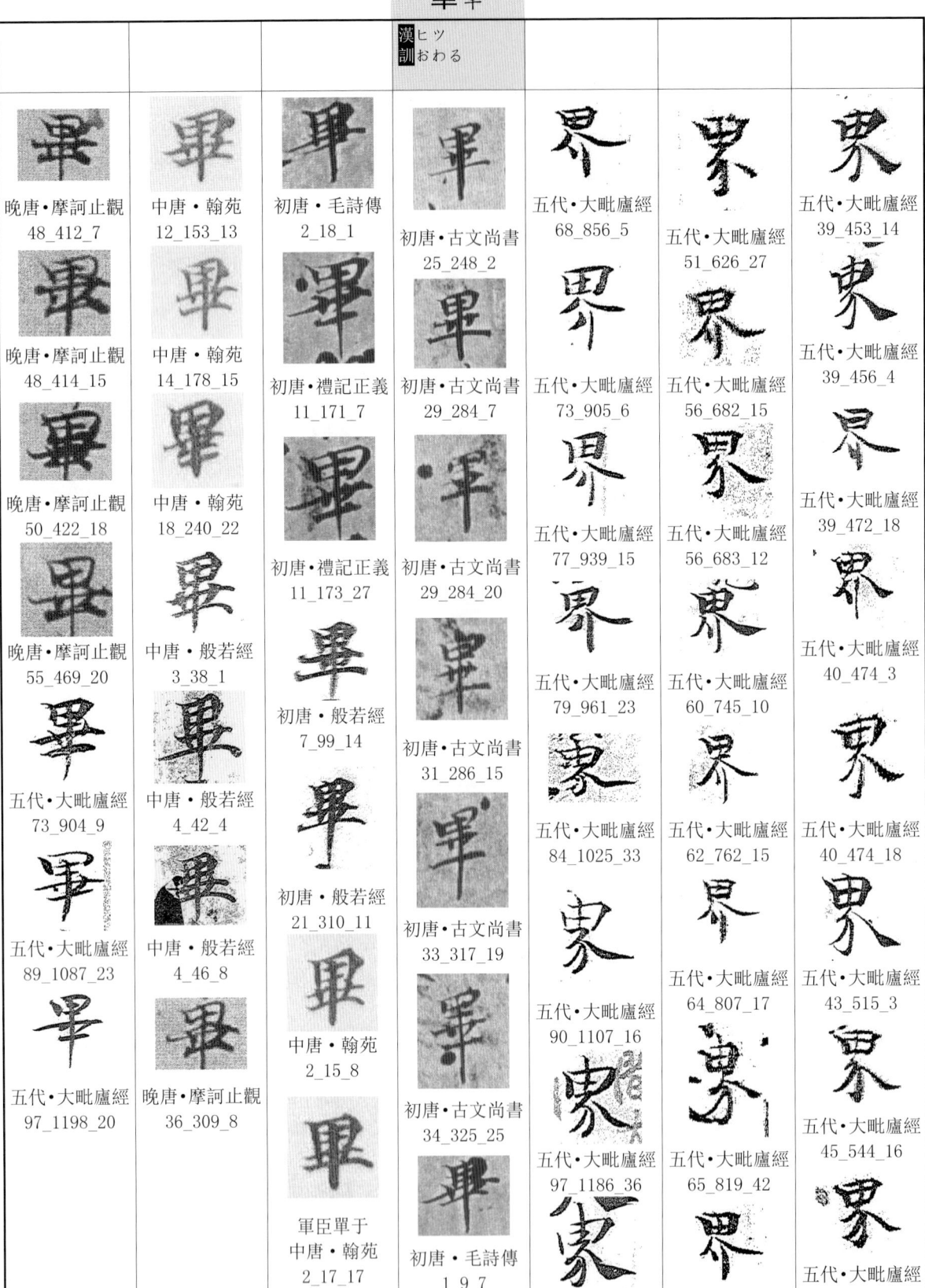

| | | 畜 | 畝 | | 留 | 畔 |
|---|---|---|---|---|---|---|
| | | チク<br>訓 たくわえる | 慣 ホ 漢 ボウ<br>訓 せ | | 漢 リュウ 呉 ル<br>訓 とめる | 漢 ハン<br>訓 あぜ |
| <br>晚唐•摩訶止觀<br>22_194_4<br><br>晚唐•摩訶止觀<br>21_180_15 | <br>中唐・翰苑<br>16_205_7<br><br>中唐・翰苑<br>17_216_32<br><br>中唐・翰苑<br>33_428_25<br><br>中唐・翰苑<br>37_482_20<br><br>中唐・翰苑<br>38_483_7<br><br>中唐・翰苑<br>39_501_43<br><br>中唐・翰苑<br>40_518_35<br><br>中唐・翰苑<br>11_140_18 | <br>初唐•古文尚書<br>13_117_8<br><br>初唐•古文尚書<br>13_118_1<br><br>初唐•古文尚書<br>14_125_13<br><br>中唐・翰苑<br>2_14_21<br><br>中唐・翰苑<br>7_90_32<br><br>中唐・翰苑<br>9_108_21<br><br>中唐・翰苑<br>11_144_23 | <br>初唐•古文尚書<br>5_42_8<br><br>初唐•古文尚書<br>8_70_12<br><br>初唐•古文尚書<br>9_71_36<br><br>初唐•古文尚書<br>42_404_18<br><br>中唐・翰苑<br>4_41_41 | <br>中唐・翰苑<br>40_510_27<br><br>五代•大毗盧經<br>45_551_16 | <br>初唐・十誦律<br>3_43_13<br><br>初唐・十誦律<br>3_46_8<br><br>中唐・翰苑<br>3_25_27<br><br>中唐・翰苑<br>12_155_16<br><br>中唐・翰苑<br>37_470_10<br>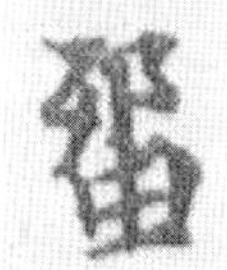<br>中唐・翰苑<br>39_499_36<br><br>中唐・翰苑<br>43_555_15 | <br>初唐•古文尚書<br>1_1_3<br><br>中唐・翰苑<br>9_118_10<br>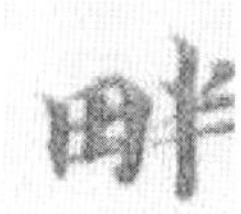<br>中唐・翰苑<br>24_321_33<br><br>五代•大毗盧經<br>49_597_1 |

イ
訓 こと

初唐・古文尚書 2_15_9
初唐・古文尚書 24_231_18
初唐・古文尚書 24_234_2
初唐・古文尚書 24_234_21
初唐・古文尚書 24_234_26
初唐・古文尚書 25_241_15
初唐・古文尚書 32_299_9
初唐・古文尚書 32_303_10

初唐・古文尚書 32_303_28
初唐・古文尚書 40_387_2
初唐・古文尚書 44_423_19
初唐・古文尚書 48_464_27
初唐・毛詩傳 8_80_13
初唐・毛詩傳 8_80_34
初唐・毛詩傳 8_82_10
初唐・毛詩傳 8_83_12

初唐・毛詩傳 9_92_1
初唐・禮記正義 1_2_8
初唐・禮記正義 3_41_14
初唐・禮記正義 9_135_17
初唐・禮記正義 9_138_25
初唐・禮記正義 10_156_16
初唐・禮記正義 13_207_28
初唐・禮記正義 14_210_1

初唐・禮記正義 14_210_15
初唐・禮記正義 14_214_26
初唐・禮記正義 18_273_26
初唐・禮記正義 18_276_16
初唐・禮記正義 25_383_20
初唐・禮記正義 26_408_16
初唐・禮記正義 27_419_17
初唐・禮記正義 30_465_22

初唐・十誦律 1_5_3
初唐・十誦律 1_6_15
初唐・十誦律 7_124_6
初唐・十誦律 10_186_17
初唐・十誦律 12_218_12
初唐・十誦律 12_221_14
初唐・十誦律 12_224_16
初唐・十誦律 12_227_17

初唐・十誦律 12_231_13
初唐・十誦律 12_234_2
初唐・十誦律 13_236_13
初唐・十誦律 13_239_6
初唐・十誦律 14_266_13
初唐・十誦律 14_270_16
初唐・十誦律 18_346_7
初唐・般若經 8_100_7

初唐・般若經 8_109_8
初唐・般若經 21_311_4
初唐・般若經 21_320_13
中唐・翰苑 3_31_40
中唐・翰苑 3_33_5
中唐・翰苑 4_43_35
中唐・翰苑 14_175_19
中唐・翰苑 15_200_21

中唐・翰苑
16_201_9

中唐・翰苑
19_247_15

中唐・翰苑
19_253_24

中唐・翰苑
20_266_11

中唐・翰苑
20_269_5

中唐・翰苑
30_383_32

中唐・翰苑
35_455_17

中唐・翰苑
36_463_25

中唐・翰苑
40_517_18

中唐・翰苑
43_548_5

中唐・翰苑
43_551_10

中唐・翰苑
45_573_15

中唐・般若經
3_38_11

中唐・般若經
4_42_14

中唐・般若經
4_47_1

中唐・般若經
5_71_17

中唐・般若經
6_77_4

晚唐•摩訶止觀
5_45_25

晚唐•摩訶止觀
7_61_15

晚唐•摩訶止觀
9_77_21

晚唐•摩訶止觀
18_154_5

晚唐•摩訶止觀
18_154_12

晚唐•摩訶止觀
25_214_2

晚唐•摩訶止觀
25_218_13

晚唐•摩訶止觀
25_219_12

晚唐•摩訶止觀
26_221_17

晚唐•摩訶止觀
26_227_21

晚唐•摩訶止觀
26_228_27

晚唐•摩訶止觀
27_229_12

晚唐•摩訶止觀
27_230_10

晚唐•摩訶止觀
27_230_28

晚唐•摩訶止觀
28_242_12

晚唐•摩訶止觀
32_278_9

晚唐•摩訶止觀
35_304_21

晚唐•摩訶止觀
38_332_9

晚唐•摩訶止觀
39_333_25

晚唐•摩訶止觀
49_415_21

晚唐•摩訶止觀
49_415_25

晚唐•摩訶止觀
53_451_7

五代•密教部類
2_9_2

五代•密教部類
3_30_20

五代•密教部類
3_36_22

五代•密教部類
3_38_18

五代•密教部類
5_73_19

五代•密教部類
6_84_27

五代•密教部類
6_85_23

五代•大毗盧經
11_138_14

五代•大毗盧經
25_322_17

五代•大毗盧經
29_366_26

五代•大毗盧經
51_629_21

五代•大毗盧經
52_634_18

五代•大毗盧經
97_1185_2

現 リャク
訓 おさめる

初唐•古文尚書
2_11_14

初唐•古文尚書
2_12_3

初唐•禮記正義
1_16_25

初唐•禮記正義
7_107_27

初唐•禮記正義
22_340_15

中唐・翰苑
2_18_15

中唐・翰苑
5_56_7

中唐・翰苑
5_61_7

中唐・翰苑
7_80_15

中唐・翰苑
11_144_9

中唐・翰苑
13_166_30

中唐・翰苑
16_201_8

中唐・翰苑
16_213_15

中唐・翰苑
17_217_6

中唐・翰苑
17_220_6

中唐・翰苑
17_225_10

中唐・翰苑
18_229_14

中唐・翰苑
18_237_13

中唐・翰苑
19_242_2

中唐・翰苑
20_258_20

中唐・翰苑
21_279_3

中唐・翰苑
22_283_16

中唐・翰苑
29_376_14

中唐・翰苑
30_385_31

中唐・翰苑
31_404_29

中唐・翰苑
32_411_2

中唐・翰苑
32_419_30

中唐・翰苑
34_437_15

中唐・翰苑
35_447_7

中唐・翰苑
36_460_36

中唐・翰苑
39_504_29

中唐・翰苑
40_512_33

中唐・翰苑
42_532_26

晚唐•摩訶止観
5_39_9

晚唐•摩訶止観
10_87_20

晚唐•摩訶止観
15_133_10

晚唐•摩訶止観
17_146_14

晚唐•摩訶止観
17_146_17

晚唐•摩訶止観
17_152_26

晚唐•摩訶止観
18_153_8

晚唐•摩訶止観
18_153_25

晚唐•摩訶止観
18_154_17

晚唐•摩訶止観
20_173_23

晚唐•摩訶止観
20_177_21

晚唐•摩訶止観
22_192_6

晚唐•摩訶止観
27_235_21

晚唐•摩訶止観
28_239_8

晚唐•摩訶止観
31_274_8

五代•密教部類
1_7_15

五代•密教部類
1_8_22

五代•密教部類
3_35_7

五代•密教部類
3_36_9

五代•密教部類
3_37_7

五代•密教部類
3_38_7

五代•密教部類
3_39_7

五代•大毗盧經
18_234_3

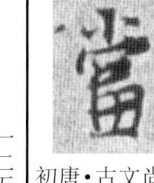

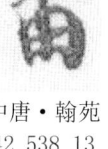

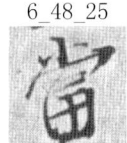

| | 當 | 畺 | | 畫 | 番 | 畯 |
|---|---|---|---|---|---|---|
| | 現トウ<br>訓あたる | キョウ<br>訓さかい | | 漢カク<br>訓かぎる | 慣現バン漢ハン<br>訓たび | シュン<br>訓たおさ |
| 初唐•古文尚書<br>16_149_16<br>初唐•古文尚書<br>16_153_16<br>初唐•古文尚書<br>17_157_9<br>初唐•古文尚書<br>17_158_2<br>初唐•古文尚書<br>18_173_11<br>初唐•古文尚書<br>19_178_11<br>初唐•古文尚書<br>22_209_9 | 初唐•古文尚書<br>1_7_24<br>初唐•古文尚書<br>4_27_4<br>初唐•古文尚書<br>6_48_25<br>初唐•古文尚書<br>8_66_26<br>初唐•古文尚書<br>10_87_24<br>初唐•古文尚書<br>14_133_13<br>初唐•古文尚書<br>15_136_20 | 初唐•古文尚書<br>32_300_6<br>初唐•古文尚書<br>49_476_1 | 晚唐•摩訶止觀<br>46_396_12<br>五代•大毗盧經<br>2_19_19<br>五代•大毗盧經<br>10_112_9<br>五代•大毗盧經<br>39_466_7<br>五代•大毗盧經<br>46_562_6<br>五代•大毗盧經<br>67_835_5<br>五代•大毗盧經<br>96_1183_7 | 初唐•古文尚書<br>32_301_17<br>初唐•古文尚書<br>32_302_8<br>初唐•古文尚書<br>35_330_36<br>初唐•禮記正義<br>24_357_15<br>初唐•禮記正義<br>24_366_12<br>初唐•禮記正義<br>24_369_27<br>中唐 • 翰苑<br>43_552_38<br>晚唐•摩訶止觀<br>46_394_8 | 中唐 • 翰苑<br>20_260_12<br>中唐 • 翰苑<br>42_538_13<br>中唐 • 翰苑<br>42_542_28<br>晚唐•摩訶止觀<br>38_332_7<br>晚唐•摩訶止觀<br>51_437_19<br>晚唐•摩訶止觀<br>52_438_23 | 初唐•古文尚書<br>23_219_2<br>初唐•古文尚書<br>23_219_23 |

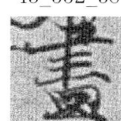

初唐•古文尚書 22_211_27
初唐•古文尚書 25_240_25
初唐•古文尚書 25_241_7
初唐•古文尚書 32_298_18
初唐•古文尚書 32_302_9
初唐•古文尚書 32_302_15
初唐•古文尚書 35_338_26

初唐•古文尚書 36_341_21
初唐•古文尚書 36_344_23
初唐•古文尚書 36_345_23
初唐•古文尚書 36_347_10
初唐•古文尚書 36_348_24
初唐•古文尚書 38_365_12
初唐•古文尚書 38_366_13

初唐•古文尚書 39_372_29
初唐•古文尚書 39_375_20
初唐•古文尚書 43_415_6
初唐•古文尚書 44_424_19
初唐•古文尚書 44_427_12
初唐•古文尚書 44_432_21
初唐•古文尚書 44_432_30

初唐•古文尚書 45_433_8
初唐•古文尚書 45_435_31
初唐•古文尚書 45_437_17
初唐•古文尚書 45_440_15
初唐•古文尚書 45_442_11
初唐•古文尚書 45_443_36
初唐•古文尚書 46_452_31

初唐•古文尚書 46_453_12
初唐•古文尚書 47_460_9
初唐•古文尚書 47_460_32
初唐•古文尚書 47_461_24
初唐•古文尚書 47_462_14
初唐•古文尚書 47_463_15
初唐•古文尚書 48_465_24

初唐•古文尚書 48_466_25
初唐•古文尚書 48_467_5
初唐•古文尚書 48_471_11
初唐•古文尚書 49_475_8
初唐•古文尚書 49_475_13
初唐・毛詩傳 1_9_32
初唐・毛詩傳 2_11_6

初唐・毛詩傳 2_11_22
初唐・毛詩傳 2_13_9
初唐・毛詩傳 2_13_16
初唐・毛詩傳 4_43_7
初唐・毛詩傳 7_68_17
初唐・毛詩傳 10_103_17
初唐•禮記正義 2_31_29

初唐•禮記正義
5_75_17

初唐•禮記正義
9_136_9

初唐•禮記正義
9_136_20

初唐•禮記正義
11_166_17

初唐•禮記正義
12_185_13

初唐•禮記正義
13_197_8

初唐•禮記正義
13_202_12

初唐•禮記正義
13_203_27

初唐•禮記正義
15_229_3

初唐•禮記正義
18_274_7

初唐•禮記正義
19_286_4

初唐•禮記正義
19_288_3

初唐•禮記正義
19_288_4

初唐•禮記正義
19_288_15

初唐•禮記正義
19_292_20

初唐•禮記正義
20_299_28

初唐•禮記正義
21_318_1

初唐•禮記正義
21_319_23

初唐•禮記正義
22_334_17

初唐•禮記正義
23_353_3

初唐•禮記正義
25_373_12

初唐•禮記正義
25_381_12

初唐•禮記正義
26_407_30

初唐•禮記正義
27_415_26

初唐•禮記正義
27_420_21

初唐•禮記正義
28_432_30

初唐•禮記止義
30_462_25

初唐•禮記正義
30_472_17

初唐•十誦律
2_17_4

初唐•十誦律
2_17_11

初唐•十誦律
2_18_3

初唐•十誦律
2_18_14

初唐•十誦律
2_22_7

初唐•十誦律
2_26_12

初唐•十誦律
3_48_11

初唐•十誦律
4_67_1

初唐•十誦律
5_76_15

初唐•十誦律
8_135_6

初唐•十誦律
10_178_9

初唐•十誦律
10_190_12

初唐•十誦律
10_193_16

初唐•十誦律
11_196_12

初唐•十誦律
11_214_16

中唐•翰苑
3_31_34

中唐•翰苑
3_32_19

中唐•翰苑
3_34_8

中唐•翰苑
4_40_1

中唐•翰苑
4_49_7

中唐•翰苑
5_54_25

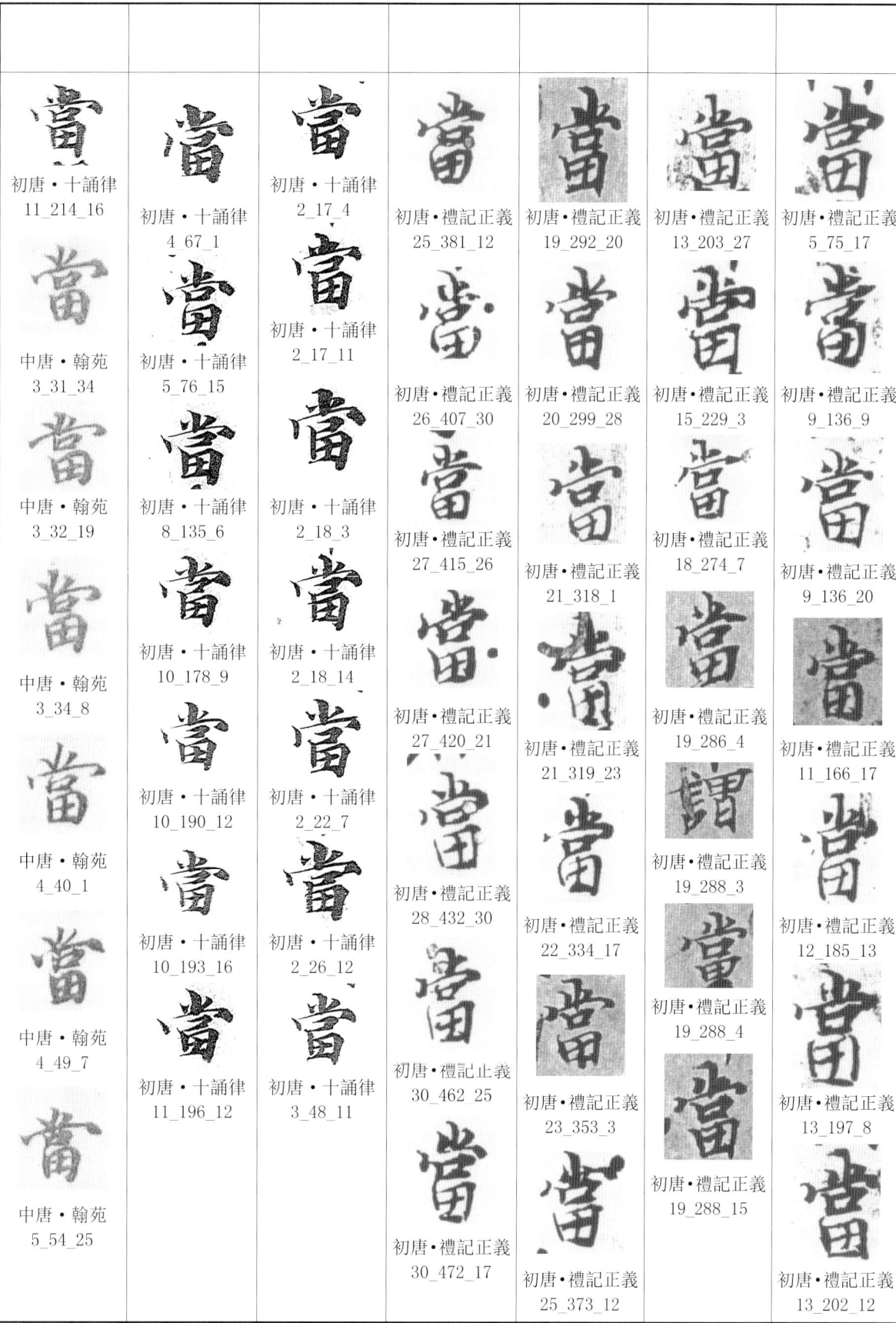

中唐・翰苑
7_84_16

中唐・翰苑
7_85_15

中唐・翰苑
7_85_31

中唐・翰苑
7_88_39

中唐・翰苑
10_121_44

中唐・翰苑
10_127_40

中唐・翰苑
14_173_18

中唐・翰苑
23_300_39

中唐・翰苑
36_468_13

中唐・翰苑
38_486_24

未嘗
中唐・翰苑
38_494_25

中唐・般若經
3_29_10

中唐・般若經
5_65_10

中唐・般若經
6_83_8

中唐・般若經
7_110_15

中唐・般若經
9_135_18

中唐・般若經
10_154_14

中唐・般若經
11_184_3

中唐・般若經
12_205_16

中唐・般若經
15_254_13

中唐・般若經
16_284_8

中唐・般若經
17_301_4

中唐・般若經
18_320_11

中唐・般若經
19_338_11

晚唐•摩訶止觀
4_31_8

晚唐•摩訶止觀
12_105_21

晚唐•摩訶止觀
12_106_25

晚唐•摩訶止觀
12_110_7

晚唐•摩訶止觀
12_110_12

晚唐•摩訶止觀
12_110_22

晚唐•摩訶止觀
15_133_15

晚唐•摩訶止觀
26_220_11

晚唐•摩訶止觀
29_250_2

晚唐•摩訶止觀
31_270_13

晚唐•摩訶止觀
39_338_8

晚唐•摩訶止觀
44_375_7

晚唐•摩訶止觀
48_414_4

晚唐•摩訶止觀
49_418_5

晚唐•摩訶止觀
49_419_17

晚唐•摩訶止觀
49_421_14

晚唐•摩訶止觀
55_469_26

晚唐•摩訶止觀
57_481_10

晚唐•摩訶止觀
57_482_8

晚唐•摩訶止觀
57_482_15

晚唐•摩訶止觀
61_517_22

五代•大毗盧經
2_8_17

五代•大毗盧經
2_19_8

五代•大毗盧經
4_46_16

五代•大毗盧經
5_59_15

疊 疇

| 疊 | 疇 | | | | | |
|---|---|---|---|---|---|---|
| 吴現ジョウ漢チョウ 訓たたむ | チュウ 訓うね | | | | | |

中唐・翰苑
8_96_3

中唐・翰苑
24_313_7

中唐・翰苑
25_330_41

中唐・翰苑
27_351_20

初唐•古文尚書
19_182_15

中唐・翰苑
16_214_21

五代•大毗盧經
98_1210_11

五代•大毗盧經
98_1212_7

五代•大毗盧經
80_979_9

五代•大毗盧經
85_1037_8

五代•大毗盧經
96_1183_2

五代•大毗盧經
97_1184_41

五代•大毗盧經
97_1193_19

五代•大毗盧經
97_1195_3

五代•大毗盧經
98_1202_1

五代•大毗盧經
53_647_23

五代•大毗盧經
53_652_28

五代•大毗盧經
54_658_16

五代•大毗盧經
57_693_24

五代 •大毗盧經 65_814_11

五代•大毗盧經
68_849_29

五代•大毗盧經
79_957_13

五代•大毗盧經
13_162_19

五代•大毗盧經
14_176_12

五代•大毗盧經
16_203_2

五代•大毗盧經
17_216_1

五代•大毗盧經
25_317_36

五代•大毗盧經
50_607_6

五代•大毗盧經
51_629_23

五代•大毗盧經
6_70_2

五代•大毗盧經
7_78_21

五代•大毗盧經
7_88_16

五代•大毗盧經
8_94_1

五代•大毗盧經
8_95_6

五代•大毗盧經
9_105_17

五代•大毗盧經
11_130_2

# 皿部

## 盈

漢エイ
訓みちる

初唐・毛詩傳
5_52_7

初唐・毛詩傳
5_56_18

中唐・翰苑
16_214_20

五代・大毗盧經
16_204_17

## 益

漢エキ 呉ヤク
訓おおい

初唐・毛詩傳
5_55_28

初唐・禮記正義
19_293_4

初唐・十誦律
10_182_7

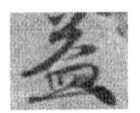

初唐・十誦律
10_185_7

初唐・十誦律
10_185_10

中唐・翰苑
9_106_30

中唐・翰苑
39_500_14

中唐・翰苑
40_514_7

中唐・翰苑
40_516_10

中唐・翰苑
41_522_12

中唐・翰苑
41_525_9

中唐・翰苑
41_528_22

晚唐・摩訶止觀
3_23_5

晚唐・摩訶止觀
3_23_24

晚唐・摩訶止觀
3_24_12

晚唐・摩訶止觀
9_78_25

晚唐・摩訶止觀
9_79_10

晚唐・摩訶止觀
9_83_9

晚唐・摩訶止觀
14_125_21

晚唐・摩訶止觀
24_210_11

晚唐・摩訶止觀
25_214_20

晚唐・摩訶止觀
25_217_3

晚唐・摩訶止觀
25_217_10

晚唐・摩訶止觀
25_218_27

晚唐・摩訶止觀
27_232_6

晚唐・摩訶止觀
27_232_11

晚唐・摩訶止觀
27_232_14

晚唐・摩訶止觀
27_232_17

晚唐・摩訶止觀
27_232_20

晚唐・摩訶止觀
27_232_22

晚唐・摩訶止觀
27_232_25

晚唐・摩訶止觀
27_237_22

晚唐・摩訶止觀
37_321_26

晚唐・摩訶止觀
45_384_2

晚唐・摩訶止觀
49_418_16

晚唐・摩訶止觀
52_444_11

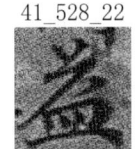

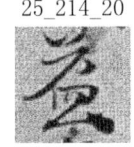

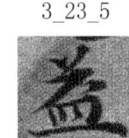

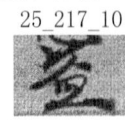

五代・大毗盧經
4_46_18

五代・大毗盧經
6_64_9

五代・大毗盧經
30_385_16

五代・大毗盧經
42_503_14

## 盟

慣 現 メイ 漢 ベイ
慣 モウ
訓 ちかう

初唐•古文尚書 40_390_11
初唐•古文尚書 40_391_14
中唐・翰苑 22_283_5
中唐・翰苑 22_284_20
中唐・翰苑 37_476_13
中唐・翰苑 37_476_37
中唐・翰苑 20_268_41
中唐・翰苑 29_382_39
中唐・翰苑 34_438_5
中唐・翰苑 42_534_2
中唐・翰苑 42_535_7
晚唐•摩訶止觀 56_470_28

## 盗

漢 トウ
訓 ぬすむ

初唐•古文尚書 27_264_12
初唐•古文尚書 28_275_25
中唐・翰苑 3_22_6
中唐・翰苑 7_91_25
中唐・翰苑 9_117_41
中唐・翰苑 10_119_36
中唐・翰苑 17_217_39
中唐・翰苑 20_267_45
中唐・翰苑 36_464_29
中唐・翰苑 41_526_9
五代•大毗盧經 8_96_19
五代•大毗盧經 19_248_11

## 盛

呉 現 ジョウ
訓 さかる

初唐•禮記正義 25_374_5
中唐・翰苑 8_94_3
中唐・翰苑 11_135_4
中唐・翰苑 14_174_29
中唐・翰苑 16_202_41
中唐・翰苑 26_344_17
中唐・翰苑 34_439_8
初唐•古文尚書 2_9_19
初唐•古文尚書 7_53_15
初唐•古文尚書 42_405_11
初唐・毛詩傳 4_39_2
初唐・毛詩傳 4_41_31
初唐・毛詩傳 5_51_6
初唐・毛詩傳 5_53_31
初唐・毛詩傳 8_84_20
五代•大毗盧經 55_670_2
五代•大毗盧經 61_750_46
五代•大毗盧經 92_1131_7
五代•大毗盧經 96_1180_42
五代•大毗盧經 97_1187_45

## 盜

ボウ
訓みちる

初唐•古文尚書
6_49_21

## 監

漢カン呉ケン
訓かんがみる

初唐•古文尚書
22_217_31

初唐•古文尚書
24_235_7

初唐•古文尚書
28_276_2

初唐•古文尚書
41_392_5

初唐•古文尚書
41_401_1

初唐•古文尚書
43_414_29

初唐•古文尚書
49_474_3

初唐•古文尚書
49_475_10

初唐•古文尚書
49_477_26

初唐•禮記正義
11_166_3

初唐•禮記正義
11_166_26

初唐•禮記正義
11_170_23

鹽池
中唐・翰苑
16_203_43

鐵官鹽官
中唐・翰苑
22_290_9

鹽澤
中唐・翰苑
24_316_12

鹽難
中唐・翰苑
24_317_30

中唐・翰苑
27_351_31

鹽鐵
中唐・翰苑
30_387_39

中唐・翰苑
30_393_41

中唐・翰苑
33_431_15

鹽水
中唐・翰苑
36_469_24

鹽神
中唐・翰苑
37_470_17

魚鹽
中唐・翰苑
37_470_6

鹽池
中唐・翰苑
39_501_35

不見鹽穀
中唐・翰苑
41_519_42

鹽難水
中唐・翰苑
24_315_26

## 盡

呉ジン
訓つきる

初唐•古文尚書
6_47_25

初唐•古文尚書
6_47_39

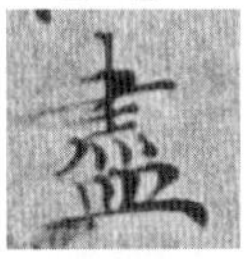
初唐•古文尚書
10_90_7

初唐•古文尚書
12_110_5

初唐•古文尚書
14_128_26

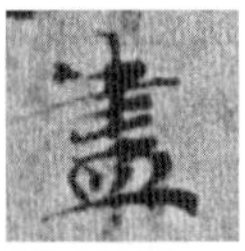
初唐•古文尚書
34_323_27

初唐・毛詩傳
10_106_1

初唐•禮記正義
21_317_6

初唐・十誦律
19_370_12

中唐・翰苑
2_15_23

中唐・翰苑
2_17_3

中唐・翰苑
4_41_22

中唐・翰苑
6_77_20

中唐・翰苑
7_79_13

中唐・翰苑
44_558_9

晚唐•摩訶止觀
2_19_22

五代•大毗盧經
67_839_4

## 盤 

呉バン 漢ハン
訓おおざら

初唐•古文尚書
7_55_12

初唐•古文尚書
10_89_18

初唐•古文尚書
11_96_3

初唐•古文尚書
11_97_1

初唐•古文尚書
13_123_14

初唐•古文尚書
17_160_6

初唐•古文尚書
21_206_13

初唐•古文尚書
21_206_15

五代•大毗盧經
49_597_14

五代•大毗盧經
64_807_13

五代•大毗盧經
86_1057_35

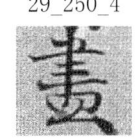

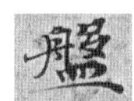

五代•大毗盧經
89_1087_37

五代•大毗盧經
3_30_13

五代•大毗盧經
5_50_19

五代•大毗盧經
6_64_17

五代•大毗盧經
11_132_17

五代•大毗盧經
39_462_15

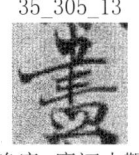

五代•大毗盧經
40_474_16

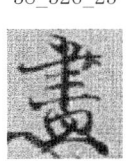

五代•大毗盧經
49_595_22

晚唐•摩訶止觀
7_58_8

晚唐•摩訶止觀
29_250_4

晚唐•摩訶止觀
31_268_6

晚唐•摩訶止觀
35_305_13

晚唐•摩訶止觀
38_326_23

晚唐•摩訶止觀
60_505_4

晚唐•摩訶止觀
60_510_26

中唐・翰苑
10_128_24

中唐・翰苑
15_187_13

中唐・翰苑
18_231_21

晝夜
中唐・翰苑
18_239_29

中唐・翰苑
18_241_28

中唐・翰苑
34_441_2

中唐・翰苑
35_453_26

中唐・翰苑
7_82_15

中唐・翰苑
8_95_33

中唐・翰苑
8_97_16

中唐・翰苑
8_98_23

中唐・翰苑
8_98_27

中唐・翰苑
8_98_31

中唐・翰苑
8_98_35

## 盧

ロ
訓 めしいれ

初唐•禮記正義 11_168_25
初唐•禮記正義 11_169_11
中唐・翰苑 18_238_32
中唐・翰苑 26_340_15
中唐・翰苑 27_350_22
中唐・翰苑 27_351_1
中唐・翰苑 27_351_11

中唐・翰苑 27_351_26
中唐・翰苑 27_351_45
中唐・翰苑 27_352_8
中唐・翰苑 27_352_26
中唐・翰苑 27_352_29
中唐・翰苑 27_352_37
中唐・翰苑 43_548_12

晚唐•摩訶止觀 49_421_3
五代•密教部類 3_27_3
五代•密教部類 6_77_3
五代•密教部類 6_77_19
五代•密教部類 6_78_3
五代•密教部類 6_79_3
五代•密教部類 6_80_3

五代•密教部類 6_81_3
五代•密教部類 6_82_3
五代•密教部類 6_83_3
五代•密教部類 6_84_3
五代•密教部類 6_85_3
五代•密教部類 6_86_3
五代•密教部類 6_87_3

五代•密教部類 6_88_3
五代•密教部類 6_89_3
五代•大毗盧經 1_1_3
五代•大毗盧經 2_2_3
五代•大毗盧經 2_7_4
五代•大毗盧經 7_77_39
五代•大毗盧經 22_280_2

五代•大毗盧經 22_284_16
五代•大毗盧經 33_408_3
五代•大毗盧經 35_410_3
五代•大毗盧經 40_478_4
五代•大毗盧經 69_860_3
五代•大毗盧經 70_862_3
五代•大毗盧經 71_863_3

## 盬

漢 コ
訓 しお

初唐・毛詩傳 10_104_15
初唐・毛詩傳 10_105_6
初唐・毛詩傳 10_108_8
初唐・毛詩傳 10_111_3

鹽 

エン
訓 しお

初唐•古文尚書
2_14_2

初唐•古文尚書
22_210_23

初唐•古文尚書
22_210_25

中唐 • 翰苑
36_468_36

生 𡳿

漢セイ 呉ショウ
訓いきる

# 生部

## 生

初唐・古文尚書 3_21_3
初唐・古文尚書 3_24_28
初唐・古文尚書 4_30_27
初唐・古文尚書 6_48_9
初唐・古文尚書 6_48_23
初唐・古文尚書 7_53_23
初唐・古文尚書 9_72_10
初唐・古文尚書 9_72_23

初唐・古文尚書 9_77_7
初唐・古文尚書 13_114_18
初唐・古文尚書 13_114_31
初唐・古文尚書 13_121_24
初唐・古文尚書 15_137_6
初唐・古文尚書 16_154_27
初唐・古文尚書 17_157_25
初唐・古文尚書 26_254_6

初唐・古文尚書 26_254_14
初唐・古文尚書 27_269_12
初唐・古文尚書 28_272_7
初唐・古文尚書 34_318_8
初唐・古文尚書 34_319_5
初唐・古文尚書 42_404_19
初唐・禮記正義 1_4_12
初唐・禮記正義 1_4_15

初唐・禮記正義 4_60_29
初唐・禮記正義 4_64_15
初唐・禮記正義 4_65_21
初唐・禮記正義 14_216_16
初唐・禮記正義 16_240_20
初唐・禮記正義 16_253_12
初唐・禮記正義 26_403_20
初唐・禮記正義 26_405_9

初唐・禮記正義 26_407_23
初唐・般若經 3_27_15
初唐・般若經 3_28_12
初唐・般若經 3_30_8
初唐・般若經 4_35_15
初唐・般若經 4_36_12
初唐・般若經 4_38_8
初唐・般若經 4_43_15

初唐・般若經 4_44_12
初唐・般若經 4_46_8
初唐・般若經 5_51_15
初唐・般若經 5_52_12
初唐・般若經 5_54_8
初唐・般若經 5_59_15
初唐・般若經 5_60_12
初唐・般若經 5_62_8

| | | | | | | |
|---|---|---|---|---|---|---|
| 初唐·般若經 6_67_15 | 初唐·般若經 16_243_1 | 初唐·般若經 18_262_11 | 初唐·般若經 21_321_2 | 中唐·翰苑 18_238_3 | 中唐·翰苑 24_321_40 | 中唐·翰苑 36_467_9 |
| 初唐·般若經 6_68_12 | 初唐·般若經 16_243_15 | 初唐·般若經 18_268_7 | 中唐·翰苑 4_41_31 | 中唐·翰苑 19_251_13 | 中唐·翰苑 31_399_40 | 中唐·翰苑 38_487_23 |
| 初唐·般若經 6_70_8 | 初唐·般若經 17_245_13 | 初唐·般若經 18_269_4 | 中唐·翰苑 4_47_17 | 中唐·翰苑 19_253_22 | 中唐·翰苑 33_423_21 | 中唐·翰苑 38_490_2 |
| 初唐·般若經 6_82_8 | 初唐·般若經 17_251_9 | 初唐·般若經 18_271_2 | 中唐·翰苑 8_92_22 | 中唐·翰苑 20_264_33 | 中唐·翰苑 33_423_26 | 中唐·翰苑 38_492_26 |
| 初唐·般若經 8_109_14 | 初唐·般若經 17_252_6 | 初唐·般若經 18_276_15 | 中唐·翰苑 9_118_20 | 中唐·翰苑 23_300_12 | 中唐·翰苑 33_424_21 | 中唐·翰苑 38_494_20 |
| 初唐·般若經 16_234_10 | 初唐·般若經 17_254_4 | 初唐·般若經 19_277_12 | 中唐·翰苑 15_199_2 | 中唐·翰苑 23_305_37 | 中唐·翰苑 33_432_3 | 中唐·翰苑 45_570_3 |
| 初唐·般若經 16_235_7 | 初唐·般若經 17_259_16 | 初唐·般若經 19_279_10 | 中唐·翰苑 16_211_13 | 中唐·翰苑 24_310_14 | 中唐·翰苑 35_448_38 | 中唐·翰苑 45_572_11 |
| 初唐·般若經 16_237_5 | 初唐·般若經 18_260_13 | 初唐·般若經 19_292_7 | 中唐·翰苑 17_220_29 | 中唐·翰苑 24_321_23 | 中唐·翰苑 36_466_43 | 中唐·翰苑 45_573_2 |

中唐・般若經 5_69_13

中唐・般若經 5_72_6

中唐・般若經 5_74_16

中唐・般若經 6_77_10

晚唐•摩訶止觀 1_5_9

晚唐•摩訶止觀 2_15_13

晚唐•摩訶止觀 3_23_47

晚唐•摩訶止觀 3_25_11

晚唐•摩訶止觀 4_35_15

晚唐•摩訶止觀 6_51_17

晚唐•摩訶止觀 6_53_3

晚唐•摩訶止觀 7_56_20

晚唐•摩訶止觀 7_59_15

晚唐•摩訶止觀 7_59_22

晚唐•摩訶止觀 9_78_9

晚唐•摩訶止觀 9_78_17

晚唐•摩訶止觀 9_83_22

晚唐•摩訶止觀 10_90_14

晚唐•摩訶止觀 10_91_3

晚唐•摩訶止觀 10_92_13

晚唐•摩訶止觀 11_95_13

晚唐•摩訶止觀 13_117_3

晚唐•摩訶止觀 13_117_11

晚唐•摩訶止觀 14_121_14

晚唐•摩訶止觀 15_128_12

晚唐•摩訶止觀 16_136_1

晚唐•摩訶止觀 16_136_15

晚唐•摩訶止觀 16_136_17

晚唐•摩訶止觀 16_137_6

晚唐•摩訶止觀 16_137_13

晚唐•摩訶止觀 16_142_2

晚唐•摩訶止觀 16_142_7

晚唐•摩訶止觀 16_142_12

晚唐•摩訶止觀 19_165_4

晚唐•摩訶止觀 19_168_17

晚唐•摩訶止觀 20_173_20

晚唐•摩訶止觀 21_180_16

晚唐•摩訶止觀 22_194_5

晚唐•摩訶止觀 23_196_25

晚唐•摩訶止觀 23_203_11

晚唐•摩訶止觀 24_207_19

晚唐•摩訶止觀 25_215_19

晚唐•摩訶止觀 26_222_21

晚唐•摩訶止觀 26_223_20

晚唐•摩訶止觀 26_224_21

晚唐•摩訶止觀 26_225_21

晚唐•摩訶止觀 27_232_4

晚唐•摩訶止觀 28_240_8

晚唐•摩訶止觀 28_240_11

晚唐•摩訶止觀 28_240_17

晚唐•摩訶止觀 28_242_15

晚唐•摩訶止觀 28_242_21

晚唐•摩訶止觀 28_246_13

晚唐•摩訶止觀 30_261_12

晚唐•摩訶止觀 30_261_17

晚唐•摩訶止觀 30_262_28

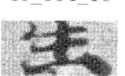

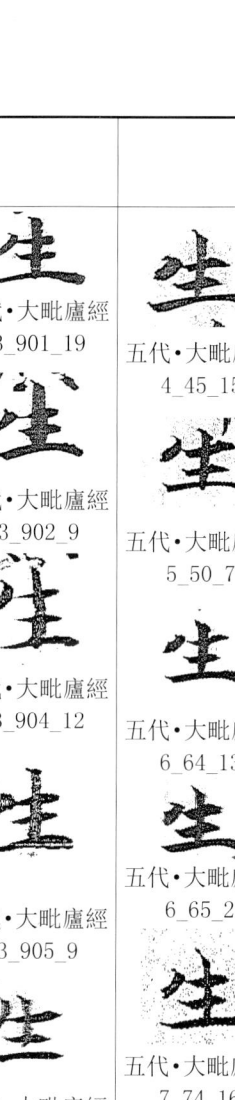

晚唐•摩訶止觀 44_382_21
晚唐•摩訶止觀 45_384_6
晚唐•摩訶止觀 45_384_16
晚唐•摩訶止觀 45_387_21
晚唐•摩訶止觀 45_388_5
晚唐•摩訶止觀 45_388_28
晚唐•摩訶止觀 45_389_17
晚唐•摩訶止觀 45_390_12

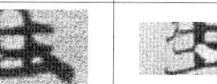

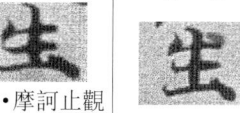

晚唐•摩訶止觀 45_390_26
晚唐•摩訶止觀 46_391_10
晚唐•摩訶止觀 46_395_16
晚唐•摩訶止觀 46_396_7
晚唐•摩訶止觀 48_412_26
晚唐•摩訶止觀 48_413_1
晚唐•摩訶止觀 48_413_16
晚唐•摩訶止觀 49_417_16

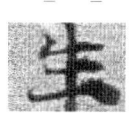

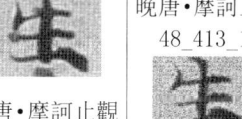

晚唐•摩訶止觀 49_417_28
晚唐•摩訶止觀 49_419_26
晚唐•摩訶止觀 49_420_7
晚唐•摩訶止觀 50_427_16
晚唐•摩訶止觀 52_443_11
晚唐•摩訶止觀 52_445_10
晚唐•摩訶止觀 52_445_19
晚唐•摩訶止觀 54_457_6

晚唐•摩訶止觀 56_473_9
晚唐•摩訶止觀 56_473_13
晚唐•摩訶止觀 56_475_11
晚唐•摩訶止觀 56_475_20
晚唐•摩訶止觀 56_475_28
晚唐•摩訶止觀 56_476_7
晚唐•摩訶止觀 56_477_23
晚唐•摩訶止觀 57_479_1

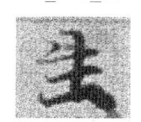

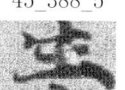

晚唐•摩訶止觀 57_483_3
晚唐•摩訶止觀 59_501_16
五代•大毗盧經 2_9_4
五代•大毗盧經 2_13_7
五代•大毗盧經 2_20_13
五代•大毗盧經 3_29_20
五代•大毗盧經 3_30_3
五代•大毗盧經 4_45_14

五代•大毗盧經 4_45_15
五代•大毗盧經 5_50_7
五代•大毗盧經 6_64_13
五代•大毗盧經 6_65_2
五代•大毗盧經 7_74_16
五代•大毗盧經 7_76_5
五代•大毗盧經 72_891_22
五代•大毗盧經 73_898_32

五代•大毗盧經 73_901_19
五代•大毗盧經 73_902_9
五代•大毗盧經 73_904_12
五代•大毗盧經 73_905_9
五代•大毗盧經 90_1106_38
五代•大毗盧經 90_1107_10
五代•大毗盧經 91_1113_35
五代•大毗盧經 91_1117_23

五代·大毗盧經
93_1139_5

五代·大毗盧經
93_1145_12

五代·大毗盧經
93_1145_16

五代·大毗盧經
94_1154_22

五代·大毗盧經
96_1176_17

五代·大毗盧經
96_1181_2

五代·大毗盧經
97_1186_18

五代·大毗盧經
97_1198_7

## 產 産

漢 サン
訓 うむ

中唐・翰苑
9_117_43

中唐・翰苑
11_140_20

中唐・翰苑
15_200_15

中唐・翰苑
38_486_39

中唐・翰苑
39_501_44

晚唐•摩訶止觀
43_374_7

晚唐•摩訶止觀
59_501_17

# 矢部

## 矢

現 シ
訓 や

初唐•古文尚書
5_45_13

初唐•古文尚書
5_46_11

中唐・翰苑
8_100_22

中唐・翰苑
11_143_13

中唐・翰苑
17_216_25

中唐・翰苑
19_254_35

中唐・翰苑
19_254_40

中唐・翰苑
29_382_14

中唐・翰苑
30_393_16

中唐・翰苑
30_394_9

中唐・翰苑
31_397_21

## 矣

イ
訓 —

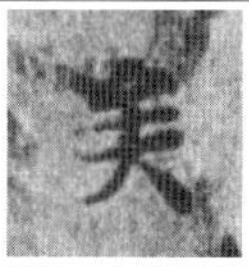
初唐•古文尚書
31_290_36

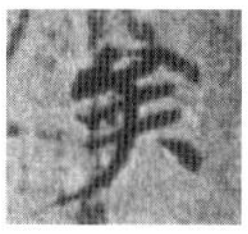
初唐•古文尚書
31_292_47

初唐•古文尚書
32_299_32

初唐•古文尚書
33_313_11

初唐•古文尚書
39_380_32

初唐•古文尚書
48_468_33

初唐•古文尚書
48_472_7

初唐・毛詩傳
1_6_3

初唐・毛詩傳
1_9_13

初唐・毛詩傳
3_29_12

初唐・毛詩傳
3_32_13

初唐・毛詩傳
4_35_11

初唐・毛詩傳
6_63_25

初唐・毛詩傳
6_65_19

初唐•禮記正義
1_1_24

初唐•禮記正義
2_29_13

初唐•禮記正義
9_140_5

初唐•禮記正義
19_291_4

初唐•禮記正義
30_464_1

初唐•禮記正義
30_468_16

中唐・翰苑
7_81_29

中唐・翰苑
8_95_26

中唐・翰苑
10_127_47

中唐・翰苑
35_453_8

中唐・翰苑
45_577_1

中唐・翰苑
45_580_2

晚唐•摩訶止觀
15_135_24

晚唐•摩訶止觀
20_176_7

晩唐•摩訶止觀
44_379_9

晩唐•摩訶止觀
46_392_23

晩唐•摩訶止觀
48_411_9

晩唐•摩訶止觀
49_418_14

五代•密教部類
2_9_23

## 知 𥎿

現 チ
訓 しる

初唐•古文尚書
1_1_33

初唐•古文尚書
7_51_19

初唐•古文尚書
7_52_1

初唐•古文尚書
7_52_24

初唐•古文尚書
8_62_11

初唐•古文尚書
8_62_18

初唐•古文尚書
8_63_7

初唐•古文尚書
17_164_10

初唐•古文尚書
17_165_1

初唐•古文尚書
21_202_24

初唐•古文尚書
21_203_3

初唐•古文尚書
21_207_30

初唐•古文尚書
22_217_9

初唐•古文尚書
25_247_35

初唐•古文尚書
25_248_20

初唐•古文尚書
25_248_38

初唐•古文尚書
26_251_28

初唐•古文尚書
27_261_18

初唐•古文尚書
29_281_14

初唐•古文尚書
49_476_13

初唐 • 毛詩傳
3_25_12

初唐 • 毛詩傳
5_51_2

初唐•禮記正義
3_34_8

初唐•禮記正義
4_60_7

初唐•禮記正義
4_60_10

初唐•禮記正義
4_61_8

初唐•禮記正義
6_86_23

初唐•禮記正義
7_106_21

初唐•禮記正義
7_108_5

初唐•禮記正義
7_109_24

初唐•禮記正義
7_110_4

初唐•禮記正義
7_112_16

初唐•禮記正義
8_113_22

初唐•禮記正義
10_159_25

初唐•禮記正義
11_165_27

初唐•禮記正義
14_214_14

初唐•禮記正義
14_215_19

初唐•禮記正義
16_240_8

初唐•禮記正義
16_241_12

初唐•禮記正義
17_264_1

初唐•禮記正義
19_289_20

初唐•禮記正義
19_291_29

初唐•禮記正義
19_293_6

初唐•禮記正義
22_333_10

初唐•禮記正義
23_343_23

初唐•禮記正義
23_347_13

初唐•禮記正義
23_347_28

初唐•禮記正義
23_350_21

中唐・般若經 16_284_9
中唐・般若經 17_301_5
中唐・般若經 18_320_12
中唐・般若經 19_338_12
晚唐•摩訶止觀 1_5_10
晚唐•摩訶止觀 4_31_22
晚唐•摩訶止觀 4_32_5
晚唐•摩訶止觀 4_33_18

中唐・般若經 5_65_11
中唐・般若經 6_83_9
中唐・般若經 7_110_16
中唐・般若經 9_135_19
中唐・般若經 10_154_15
中唐・般若經 11_184_4
中唐・般若經 12_205_17
中唐・般若經 15_254_14

中唐・翰苑 33_429_42
中唐・翰苑 34_440_27
中唐・翰苑 35_456_10
中唐・翰苑 35_457_31
中唐・翰苑 40_510_31
中唐・翰苑 45_571_16
中唐・翰苑 45_580_13
中唐・般若經 3_29_11

中唐・翰苑 19_246_6
中唐・翰苑 19_253_40
中唐・翰苑 19_255_12
中唐・翰苑 21_270_18
中唐・翰苑 25_327_19
中唐・翰苑 30_390_3
中唐・翰苑 31_396_14
中唐・翰苑 31_397_39

初唐・十誦律 11_205_4
中唐・翰苑 4_45_15
中唐・翰苑 4_49_27
中唐・翰苑 6_68_6
中唐・翰苑 17_226_28
中唐・翰苑 18_232_25
中唐・翰苑 18_234_13
中唐・翰苑 18_235_13

初唐・十誦律 1_10_15
初唐・十誦律 2_19_13
初唐・十誦律 4_68_7
初唐・十誦律 9_163_14
初唐・十誦律 10_175_15
初唐・十誦律 10_176_17
初唐・十誦律 10_185_5
初唐・十誦律 11_199_15

初唐•禮記正義 23_352_10
初唐•禮記正義 24_361_30
初唐•禮記正義 24_362_13
初唐•禮記正義 27_421_28
初唐•禮記正義 28_428_28
初唐•禮記正義 28_430_12
初唐•禮記正義 29_444_47
初唐•禮記正義 29_455_16

晚唐•摩訶止觀
5_39_17

晚唐•摩訶止觀
12_105_17

晚唐•摩訶止觀
12_106_26

晚唐•摩訶止觀
12_110_13

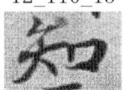

晚唐•摩訶止觀
13_111_22

晚唐•摩訶止觀
13_114_21

晚唐•摩訶止觀
13_118_22

晚唐•摩訶止觀
14_125_1

晚唐•摩訶止觀
14_127_15

晚唐•摩訶止觀
15_132_5

晚唐•摩訶止觀
16_138_11

晚唐•摩訶止觀
16_139_2

晚唐•摩訶止觀
19_162_26

晚唐•摩訶止觀
19_168_23

晚唐•摩訶止觀
20_173_1

晚唐•摩訶止觀
20_175_12

晚唐•摩訶止觀
20_177_8

晚唐•摩訶止觀
21_185_4

晚唐•摩訶止觀
22_190_8

晚唐•摩訶止觀
25_217_19

晚唐•摩訶止觀
26_220_12

晚唐•摩訶止觀
27_234_25

晚唐•摩訶止觀
28_239_6

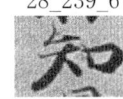

晚唐•摩訶止觀
29_248_2

晚唐•摩訶止觀
29_250_9

晚唐•摩訶止觀
30_259_22

晚唐•摩訶止觀
31_270_14

晚唐•摩訶止觀
34_291_8

晚唐•摩訶止觀
34_291_18

晚唐•摩訶止觀
34_296_31

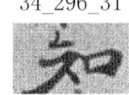

晚唐•摩訶止觀
39_338_9

晚唐•摩訶止觀
42_360_8

晚唐•摩訶止觀
45_383_5

晚唐•摩訶止觀
48_408_2

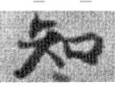

晚唐•摩訶止觀
48_414_5

晚唐•摩訶止觀
49_418_6

晚唐•摩訶止觀
49_421_15

心知
晚唐•摩訶止觀
51_432_20

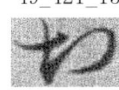

晚唐•摩訶止觀
51_437_8

不知
晚唐•摩訶止觀
52_439_20

不知
晚唐•摩訶止觀
52_442_7

晚唐•摩訶止觀
55_469_27

晚唐•摩訶止觀
56_472_26

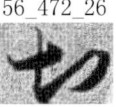

知本
晚唐•摩訶止觀
56_474_1

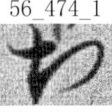

解知信入者
晚唐•摩訶止觀
56_474_7

晚唐•摩訶止觀
56_478_15

晚唐•摩訶止觀
57_479_26

須知六即
晚唐•摩訶止觀
57_486_19

不知
晚唐•摩訶止觀
58_491_8

知識
晚唐•摩訶止觀
58_492_2

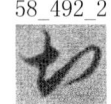

知一切
晚唐•摩訶止觀
58_492_24

不知
晚唐•摩訶止觀
59_495_21

知光圓滿
晚唐•摩訶止觀
60_507_15

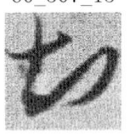

無知
晚唐•摩訶止觀
60_509_26

知識
晚唐•摩訶止觀
60_510_2

得知
晚唐•摩訶止觀
60_510_8

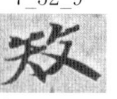

| 矧 | | 矩 | | | | |
|---|---|---|---|---|---|---|
| シン<br>訓いわんや | | ク<br>訓さしがね | | | | |
| 初唐•古文尚書<br>7_52_9<br>初唐•古文尚書<br>9_76_5 | 五代•大毗盧經<br>52_638_22<br>五代•大毗盧經<br>52_643_28<br>五代•大毗盧經<br>53_652_5<br>五代•大毗盧經<br>53_652_33 | 五代•大毗盧經<br>15_198_15<br>五代•大毗盧經<br>18_232_21<br>五代•大毗盧經<br>18_233_2<br>五代•大毗盧經<br>18_235_6<br>五代•大毗盧經<br>18_235_9<br>五代•大毗盧經<br>19_251_16<br>五代•大毗盧經<br>52_635_12<br>五代•大毗盧經<br>52_636_4 | 五代•大毗盧經<br>97_1186_21<br>五代•大毗盧經<br>98_1212_4 | 五代•大毗盧經<br>65_818_33<br>五代•大毗盧經<br>72_883_9<br>五代•大毗盧經<br>79_961_21<br>五代•大毗盧經<br>91_1118_3<br>五代•大毗盧經<br>96_1179_6<br>五代•大毗盧經<br>96_1180_2<br>五代•大毗盧經<br>97_1184_34<br>五代•大毗盧經<br>97_1184_42 | 五代•大毗盧經<br>40_482_6<br>五代•大毗盧經<br>48_586_25<br>五代•大毗盧經<br>51_632_6<br>五代•大毗盧經<br>51_632_8<br>五代•大毗盧經<br>52_633_4<br>五代•大毗盧經<br>54_658_17<br>五代•大毗盧經<br>60_745_12<br>五代•大毗盧經<br>60_748_18 | 晚唐•摩訶止觀<br>62_521_20<br>五代•大毗盧經<br>3_29_13<br>五代•大毗盧經<br>4_46_4<br>五代•大毗盧經<br>5_49_11<br>五代•大毗盧經<br>14_181_4<br>五代•大毗盧經<br>32_399_4<br>五代•大毗盧經<br>32_399_8<br>五代•大毗盧經<br>40_481_16 |

## 短

現タン
訓みずかい

初唐•古文尚書
9_76_9

初唐•禮記正義
4_61_14

初唐•禮記正義
4_61_26

初唐•禮記正義
4_63_4

初唐•禮記正義
4_63_20

初唐•禮記正義
4_64_7

初唐•禮記正義
4_65_10

初唐•禮記正義
4_66_13

初唐•禮記正義
5_67_5

初唐•禮記正義
5_67_21

初唐•禮記正義
5_68_10

中唐・翰苑
19_247_46

晚唐•摩訶止觀
29_252_15

晚唐•摩訶止觀
41_355_15

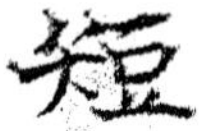
五代•大毗盧經
43_514_11

## 矯

現キョウ
訓ためる

矯虔
初唐•古文尚書
40_384_8

矯稱上命
初唐•古文尚書
40_384_28

初唐•禮記正義
15_236_23

# 禾部

## 私

漢字音・訓: 現シ　訓わたくし

初唐•古文尚書
20_194_6

初唐•古文尚書
48_469_16

初唐•禮記正義
1_15_17

初唐•禮記正義
1_16_11

初唐•禮記正義
1_16_30

初唐•禮記正義
17_267_12

中唐・翰苑
15_200_35

中唐・翰苑
19_253_38

中唐・翰苑
26_338_13

晚唐•摩訶止觀
13_112_16

五代•密教部類
3_30_12

五代•密教部類
3_34_49

五代•密教部類
3_39_27

五代•密教部類
4_51_34

五代•密教部類
6_77_33

五代•密教部類
6_85_17

## 秉

漢ヘイ　訓とる

初唐•古文尚書
25_247_17

初唐•古文尚書
27_265_25

初唐•古文尚書
42_408_8

## 秫

慣ジュツ　漢シュツ　訓もちあわ

五代•大毗盧經
10_120_7

五代•大毗盧經
25_313_12

五代•大毗盧經
61_760_10

## 秋

漢現シュウ　訓あき

初唐•古文尚書
8_66_15

初唐•古文尚書
8_67_18

初唐•禮記正義
5_78_4

初唐•禮記正義
5_79_22

初唐•禮記正義
8_121_11

初唐•禮記正義
9_132_8

初唐•禮記正義
9_141_17

初唐•禮記正義
27_414_29

中唐・翰苑
7_90_22

中唐・翰苑
7_90_36

中唐・翰苑
10_128_40

中唐・翰苑
12_157_1

中唐・翰苑
13_172_6

中唐・翰苑
22_287_6

中唐・翰苑
22_290_23

中唐・翰苑
22_295_12

秦 秤 科

中唐・翰苑
29_375_17

中唐・翰苑
44_563_12

科
カ
訓はかる

中唐・翰苑
11_138_6

秤
ショウ
訓はかり

五代・大毗盧經
85_1035_19

秦
シン
訓—

無奈
中唐・翰苑
10_119_22

中唐・翰苑
14_179_10

中唐・翰苑
14_183_24

中唐・翰苑
16_204_7

中唐・翰苑
16_206_1

中唐・翰苑
16_206_36

中唐・翰苑
19_243_11

中唐・翰苑
19_244_9

中唐・翰苑
19_245_2

中唐・翰苑
19_245_9

中唐・翰苑
25_333_12

中唐・翰苑
26_336_19

中唐・翰苑
26_337_29

中唐・翰苑
34_437_8

中唐・翰苑
37_472_2

中唐・翰苑
37_474_15

中唐・翰苑
42_532_22

中唐・翰苑
42_533_11

中唐・翰苑
42_533_37

中唐・翰苑
42_535_18

中唐・翰苑
42_537_28

中唐・翰苑
42_538_5

中唐・翰苑
42_538_22

中唐・翰苑
43_551_32

# 乘

漢ショウ呉ジョウ
訓のる

| | | | | | | |
|---|---|---|---|---|---|---|
| 初唐・古文尚書 12_110_29 | 初唐・禮記正義 11_175_17 | 初唐・禮記正義 16_240_2 | 初唐・禮記正義 16_243_27 | 初唐・禮記正義 17_256_4 | 中唐・翰苑 2_16_22 | 中唐・翰苑 19_254_16 |
| 初唐・古文尚書 25_243_10 | 初唐・禮記正義 11_176_26 | 初唐・禮記正義 16_240_11 | 初唐・禮記正義 16_244_18 | 初唐・禮記正義 17_258_9 | 中唐・翰苑 9_118_17 | 追兵垂及 中唐・翰苑 20_256_21 |
| 初唐・古文尚書 25_243_12 | 初唐・禮記正義 13_206_22 | 初唐・禮記正義 16_240_23 | 初唐・禮記正義 16_244_22 | 初唐・禮記正義 17_261_16 | 中唐・翰苑 12_151_33 | 中唐・翰苑 22_295_29 |
| 初唐・毛詩傳 2_17_13 | 初唐・禮記正義 13_209_16 | 初唐・禮記正義 16_241_14 | 初唐・禮記正義 16_245_12 | 初唐・禮記正義 18_276_17 | 中唐・翰苑 16_212_38 | 中唐・翰苑 29_382_35 |
| 初唐・禮記正義 9_139_6 | 初唐・禮記正義 13_209_28 | 初唐・禮記正義 16_241_17 | 初唐・禮記正義 16_246_6 | 初唐・禮記正義 18_277_10 | 中唐・翰苑 18_233_2 | 中唐・翰苑 34_440_3 |
| 初唐・禮記正義 10_161_28 | 初唐・禮記正義 14_210_8 | 初唐・禮記正義 16_241_23 | 初唐・禮記正義 16_251_1 | 初唐・禮記正義 18_277_23 | 中唐・翰苑 19_242_29 | 中唐・翰苑 36_469_16 |
| 初唐・禮記正義 10_163_7 | 初唐・禮記正義 14_210_12 | 初唐・禮記正義 16_242_10 | 初唐・禮記正義 16_252_16 | 初唐・禮記正義 18_279_14 | 中唐・翰苑 19_246_12 | 中唐・翰苑 42_540_38 |
| 初唐・禮記正義 11_174_22 | 初唐・禮記正義 15_238_24 | 初唐・禮記正義 16_242_21 | 初唐・禮記正義 17_255_15 | 初唐・禮記正義 28_436_10 | 中唐・翰苑 19_248_11 | 中唐・翰苑 43_547_17 |

晚唐•摩訶止觀 4_37_5
晚唐•摩訶止觀 6_47_12
晚唐•摩訶止觀 12_102_6
晚唐•摩訶止觀 12_103_19
晚唐•摩訶止觀 18_160_24
晚唐•摩訶止觀 19_161_10
晚唐•摩訶止觀 19_162_21
晚唐•摩訶止觀 22_191_23

晚唐•摩訶止觀 28_247_22
晚唐•摩訶止觀 29_250_8
晚唐•摩訶止觀 32_281_5
晚唐•摩訶止觀 33_283_7
晚唐•摩訶止觀 36_314_18
晚唐•摩訶止觀 36_315_5
晚唐•摩訶止觀 36_315_16
晚唐•摩訶止觀 37_317_4

晚唐•摩訶止觀 37_317_23
晚唐•摩訶止觀 37_318_23
晚唐•摩訶止觀 37_319_19
晚唐•摩訶止觀 37_321_20
晚唐•摩訶止觀 37_322_25
晚唐•摩訶止觀 37_323_7
晚唐•摩訶止觀 38_332_17
晚唐•摩訶止觀 41_357_1

晚唐•摩訶止觀 42_359_22
晚唐•摩訶止觀 42_361_25
晚唐•摩訶止觀 48_408_25
晚唐•摩訶止觀 52_444_5
晚唐•摩訶止觀 54_461_19
晚唐•摩訶止觀 55_467_17
晚唐•摩訶止觀 55_467_28
晚唐•摩訶止觀 56_470_2

晚唐•摩訶止觀 56_470_9
晚唐•摩訶止觀 61_514_6
五代•密教部類 3_32_12
五代•密教部類 3_34_27
五代•密教部類 4_43_15
五代•密教部類 4_45_3
五代•密教部類 4_48_8
五代•密教部類 4_49_3

五代•密教部類 4_51_13
五代•大毗盧經 3_22_13
五代•大毗盧經 8_91_9
五代•大毗盧經 25_322_24
五代•大毗盧經 28_357_23
五代•大毗盧經 32_397_32
五代•大毗盧經 51_626_25
五代•大毗盧經 58_712_20

五代•大毗盧經 67_842_1
五代•大毗盧經 68_850_21
五代•大毗盧經 82_999_32
五代•大毗盧經 85_1043_13
五代•大毗盧經 90_1108_18
五代•大毗盧經 93_1145_33
五代•大毗盧經 98_1211_9

## 租 𥝢

現 ソ
訓 みつぎ

中唐・翰苑
2_21_24

中唐・翰苑
37_476_21

## 秘 祕

現 ヒ
訓 ひめる

晚唐•摩訶止觀
18_155_7

晚唐•摩訶止觀
18_155_16

晚唐•摩訶止觀
18_155_23

晚唐•摩訶止觀
18_156_24

晚唐•摩訶止觀
18_157_12

晚唐•摩訶止觀
18_158_18

晚唐•摩訶止觀
28_239_1

晚唐•摩訶止觀
36_313_8

晚唐•摩訶止觀
36_313_23

晚唐•摩訶止觀
52_440_25

五代•密教部類
1_5_16

五代•密教部類
2_9_12

五代•密教部類
2_10_3

五代•密教部類
4_45_12

五代•大毗盧經
6_72_12

五代•大毗盧經
11_129_3

五代•大毗盧經
11_132_8

五代•大毗盧經
11_137_6

五代•大毗盧經
13_160_16

五代•大毗盧經
13_161_14

五代•大毗盧經
23_290_12

五代•大毗盧經
26_327_31

五代•大毗盧經
35_413_18

五代•大毗盧經
39_452_12

五代•大毗盧經
39_462_3

五代•大毗盧經
40_478_19

五代•大毗盧經
40_479_5

五代•大毗盧經
40_479_11

五代•大毗盧經
42_508_18

五代•大毗盧經
43_522_1

五代•大毗盧經
43_522_8

五代•大毗盧經
43_522_13

五代•大毗盧經
44_525_3

五代•大毗盧經
45_546_6

五代•大毗盧經
54_660_1

五代•大毗盧經
57_706_18

五代•大毗盧經
63_774_3

五代•大毗盧經
96_1176_1

五代•大毗盧經
96_1178_13

五代•大毗盧經
96_1180_17

五代•大毗盧經
96_1180_32

五代•大毗盧經
96_1182_3

## 移

現イ
訓うつる

初唐•古文尚書 31_289_28

中唐・翰苑 2_14_25

中唐・翰苑 4_41_26

中唐・翰苑 7_88_1

中唐・翰苑 42_534_40

晚唐•摩訶止觀 28_241_11

晚唐•摩訶止觀 35_307_20

五代•大毗盧經 46_569_1

## 程

漢テイ
訓ほど

中唐・翰苑 34_439_18

中唐・翰苑 34_442_8

中唐・翰苑 34_442_40

## 稍

漢ソウ呉ショウ
訓ちいさい

中唐・翰苑 4_45_28

中唐・翰苑 10_120_39

中唐・翰苑 12_158_29

中唐・翰苑 14_180_2

中唐・翰苑 26_337_35

五代•大毗盧經 42_508_27

五代•大毗盧經 60_744_9

五代•大毗盧經 64_797_19

五代•大毗盧經 78_951_22

## 税

慣現ゼイ漢セイ
訓みつぎ

中唐・翰苑 34_435_17

## 稜

ロウ慣リョウ
訓かど

中唐・翰苑 5_62_1

## 稠

漢チュウ
訓しげる

五代•大毗盧經 83_1009_2

## 稟

漢ヒン
訓こめぐら

初唐・古文尚書 18_166_12

初唐・古文尚書 18_166_14

晩唐・摩訶止観 27_232_5

## 稱

ショウ
訓はかる

初唐・古文尚書 5_46_34

初唐・古文尚書 15_138_14

初唐・古文尚書 24_229_14

初唐・古文尚書 35_328_23

初唐・古文尚書 39_379_22

初唐・古文尚書 40_384_29

初唐・禮記正義 1_12_12

初唐・禮記正義 4_55_5

初唐・禮記正義 20_301_10

初唐・禮記正義 25_389_5

初唐・禮記正義 26_397_9

初唐・禮記正義 26_398_25

初唐・禮記正義 26_399_11

初唐・禮記正義 26_400_11

初唐・禮記正義 26_400_21

初唐・禮記正義 26_401_11

初唐・禮記正義 26_407_19

初唐・禮記正義 27_409_7

初唐・禮記正義 27_409_16

初唐・禮記正義 27_410_16

初唐・禮記正義 27_411_10

初唐・禮記正義 27_413_26

初唐・禮記正義 27_414_7

初唐・禮記正義 27_414_21

初唐・禮記正義 27_415_2

初唐・禮記正義 27_415_7

初唐・禮記正義 27_415_12

初唐・禮記正義 27_416_12

初唐・禮記正義 27_416_16

初唐・禮記正義 27_420_23

初唐・禮記正義 27_422_15

初唐・十誦律 1_9_4

中唐・翰苑 2_9_2

中唐・翰苑 3_29_8

中唐・翰苑 7_83_3

中唐・翰苑 8_93_11

中唐・翰苑 13_162_38

中唐・翰苑 13_163_12

中唐・翰苑 13_163_26

圓栅
中唐・翰苑 17_215_37

中唐・翰苑 21_270_26

中唐・翰苑 21_282_3

中唐・翰苑 25_332_25

中唐・翰苑 26_342_30

中唐・翰苑 31_402_17

中唐・翰苑 32_410_30

中唐・翰苑 32_413_30

中唐・翰苑 32_414_23

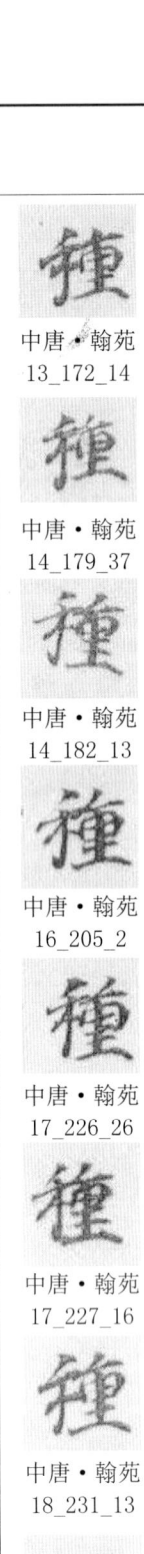

# 種 穜

呉シュ 漢ショウ
訓たね

中唐・翰苑 32_421_21
中唐・翰苑 35_448_11
中唐・翰苑 35_453_37
中唐・翰苑 40_516_18
中唐・翰苑 42_541_2
中唐・翰苑 43_554_37
中唐・翰苑 45_579_12
晩唐•摩訶止觀 10_84_10

晩唐•摩訶止觀 20_170_17
晩唐•摩訶止觀 20_174_25
晩唐•摩訶止觀 20_175_19
晩唐•摩訶止觀 20_176_6
晩唐•摩訶止觀 21_181_8
晩唐•摩訶止觀 29_249_9
晩唐•摩訶止觀 30_258_4
晩唐•摩訶止觀 33_286_9

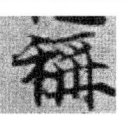

晩唐•摩訶止觀 41_350_22
晩唐•摩訶止觀 41_351_3
晩唐•摩訶止觀 46_394_15
五代•大毗盧經 46_558_5
五代•大毗盧經 46_563_19
五代•大毗盧經 54_657_10
五代•大毗盧經 54_660_12
五代•大毗盧經 57_704_10

初唐•古文尚書 2_14_15
初唐•古文尚書 3_18_27
初唐•古文尚書 15_136_5
初唐•古文尚書 15_136_33
初唐•古文尚書 42_403_7
初唐•古文尚書 42_404_16
初唐・毛詩傳 10_105_17
初唐・毛詩傳 10_106_11

初唐•禮記正義 24_369_20
初唐・十誦律 3_50_15
初唐・十誦律 3_50_16
初唐・十誦律 4_69_7
初唐・十誦律 4_69_8
初唐・十誦律 6_106_14
初唐・十誦律 6_112_11
初唐・十誦律 7_125_5

初唐・十誦律 7_125_6
初唐・十誦律 8_144_1
初唐・十誦律 8_144_2
初唐・十誦律 18_347_6
初唐・十誦律 18_347_7
中唐・翰苑 7_86_38
中唐・翰苑 12_147_4
中唐・翰苑 12_156_4

中唐・翰苑 13_172_14
中唐・翰苑 14_179_37
中唐・翰苑 14_182_13
中唐・翰苑 16_205_2
中唐・翰苑 17_226_26
中唐・翰苑 17_227_16
中唐・翰苑 18_231_13
中唐・翰苑 18_231_36

晚唐•摩訶止觀
31_273_6

晚唐•摩訶止觀
31_273_12

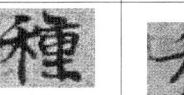

晚唐•摩訶止觀
31_273_17

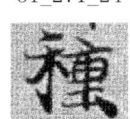

晚唐•摩訶止觀
31_273_24

晚唐•摩訶止觀
31_274_11

晚唐•摩訶止觀
34_299_11

晚唐•摩訶止觀
35_306_13

晚唐•摩訶止觀
39_333_19

晚唐•摩訶止觀
31_270_28

晚唐•摩訶止觀
31_271_15

晚唐•摩訶止觀
31_271_24

晚唐•摩訶止觀
31_272_5

晚唐•摩訶止觀
31_272_14

晚唐•摩訶止觀
31_272_20

晚唐•摩訶止觀
31_272_25

晚唐•摩訶止觀
31_272_30

晚唐•摩訶止觀
28_247_16

晚唐•摩訶止觀
29_248_15

晚唐•摩訶止觀
29_249_15

晚唐•摩訶止觀
29_249_18

晚唐•摩訶止觀
29_251_2

晚唐•摩訶止觀
29_251_5

晚唐•摩訶止觀
29_256_16

晚唐•摩訶止觀
31_270_21

晚唐•摩訶止觀
14_121_8

晚唐•摩訶止觀
15_133_2

晚唐•摩訶止觀
17_147_2

晚唐•摩訶止觀
20_171_3

晚唐•摩訶止觀
22_193_3

晚唐•摩訶止觀
23_199_10

晚唐•摩訶止觀
24_211_29

晚唐•摩訶止觀
27_234_10

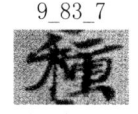

晚唐•摩訶止觀
4_36_14

晚唐•摩訶止觀
9_81_5

晚唐•摩訶止觀
9_81_9

晚唐•摩訶止觀
9_81_13

晚唐•摩訶止觀
9_81_17

晚唐•摩訶止觀
9_83_7

晚唐•摩訶止觀
12_104_25

晚唐•摩訶止觀
12_105_16

中唐・翰苑
36_458_10

中唐・翰苑
38_483_20

中唐・翰苑
38_493_20

中唐・翰苑
39_498_6

中唐・翰苑
39_505_23

中唐・翰苑
40_515_24

中唐・翰苑
41_521_2

中唐・翰苑
41_527_33

中唐・翰苑
20_263_33

中唐・翰苑
20_265_16

中唐・翰苑
25_323_42

中唐・翰苑
25_324_30

中唐・翰苑
26_335_18

中唐・翰苑
26_341_13

中唐・翰苑
27_348_8

中唐・翰苑
29_381_27

| | | | | | | |
|---|---|---|---|---|---|---|
| 五代·大毗盧經<br>39_464_14 | 五代·大毗盧經<br>25_320_38 | 五代·大毗盧經<br>22_279_9 | 五代·大毗盧經<br>15_193_12 | 晚唐·摩訶止觀<br>54_456_24 | 晚唐·摩訶止觀<br>40_342_16 | 晚唐·摩訶止觀<br>39_334_18 |
| 五代·大毗盧經<br>43_518_13 | 五代·大毗盧經<br>26_332_23 | 五代·大毗盧經<br>22_279_10 | 五代·大毗盧經<br>16_209_18 | 五代·大毗盧經<br>3_35_9 | 晚唐·摩訶止觀<br>41_357_22 | 晚唐·摩訶止觀<br>39_336_14 |
| 五代·大毗盧經<br>93_1139_27 | 五代·大毗盧經<br>26_332_24 | 五代·大毗盧經<br>22_282_25 | 五代·大毗盧經<br>18_233_18 | 五代·大毗盧經<br>5_49_15 | 晚唐·摩訶止觀<br>42_360_10 | 晚唐·摩訶止觀<br>39_336_24 |
| 五代·大毗盧經<br>93_1144_1 | 五代·大毗盧經<br>27_339_27 | 五代·大毗盧經<br>22_286_1 | 五代·大毗盧經<br>19_250_17 | 五代·大毗盧經<br>5_49_16 | 晚唐·摩訶止觀<br>43_366_21 | 晚唐·摩訶止觀<br>39_337_7 |
| 五代·大毗盧經<br>94_1154_16 | 五代·大毗盧經<br>27_339_28 | 五代·大毗盧經<br>22_286_2 | 五代·大毗盧經<br>20_254_20 | 五代·大毗盧經<br>11_129_16 | 晚唐·摩訶止觀<br>46_394_11 | 晚唐·摩訶止觀<br>39_338_14 |
| 五代·大毗盧經<br>96_1171_21 | 五代·大毗盧經<br>29_371_17 | 五代·大毗盧經<br>25_320_23 | 五代·大毗盧經<br>22_276_2 | 五代·大毗盧經<br>11_130_18 | 晚唐·摩訶止觀<br>46_394_24 | 晚唐·摩訶止觀<br>39_338_18 |
| 五代·大毗盧經<br>96_1175_15 | 五代·大毗盧經<br>29_371_18 | 五代·大毗盧經<br>25_320_24 | 五代·大毗盧經<br>22_277_15 | 五代·大毗盧經<br>11_131_11 | 晚唐·摩訶止觀<br>50_423_30 | 晚唐·摩訶止觀<br>39_338_23 |
| 五代·大毗盧經<br>96_1175_16 | 五代·大毗盧經<br>39_464_13 | 五代·大毗盧經<br>25_320_37 | 五代·大毗盧經<br>22_279_1 | 五代·大毗盧經<br>14_175_26 | 晚唐·摩訶止觀<br>53_451_3 | 晚唐·摩訶止觀<br>39_340_15 |

| 稹 | | 稽 | | | | 穀 |
|---|---|---|---|---|---|---|
| シン<br>訓むらがる | | 漢ケイ<br>訓とどめる | | | | 現コク<br>訓たなつもの |
| <br>初唐・毛詩傳<br>10_104_3 | <br>五代•大毗盧經<br>97_1197_18<br><br>五代•大毗盧經<br>2_7_1 | <br>初唐•古文尚書<br>21_202_20<br><br>初唐•古文尚書<br>23_228_25<br><br>中唐・翰苑<br>9_107_5<br><br>中唐・翰苑<br>9_114_24<br><br>中唐・翰苑<br>31_402_43<br><br>中唐・翰苑<br>32_412_22<br><br>五代•大毗盧經<br>66_831_21 | <br>中唐・翰苑<br>41_524_11<br><br>中唐・翰苑<br>30_383_35<br><br>中唐・翰苑<br>41_520_1 | <br>樂崇迎鼓<br>中唐・翰苑<br>17_218_8<br><br>中唐・翰苑<br>19_246_5<br><br>中唐・翰苑<br>20_267_42<br><br>中唐・翰苑<br>25_324_28<br><br>中唐・翰苑<br>28_361_26<br><br>中唐・翰苑<br>39_505_32<br><br>中唐・翰苑<br>39_506_7 | <br>初唐•禮記正義<br>9_132_21<br><br>初唐•禮記正義<br>26_406_3<br><br>初唐•禮記正義<br>27_411_3<br><br>初唐•禮記正義<br>27_411_29<br><br>中唐・翰苑<br>12_147_7<br><br>中唐・翰苑<br>16_214_19<br><br>中唐・翰苑<br>17_215_22<br><br>中唐・翰苑<br>19_242_22 | <br>初唐•古文尚書<br>42_403_11<br><br>初唐•古文尚書<br>42_404_21<br><br>五穀<br>初唐・毛詩傳<br>10_106_13<br><br>初唐•禮記正義<br>9_132_3<br><br>五穀<br>初唐•禮記正義<br>9_134_21<br><br>穀梁傳<br>初唐•禮記正義<br>9_141_23<br>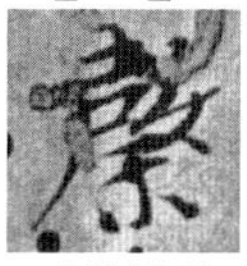<br>子執穀璧<br>初唐•禮記正義<br>23_342_25 |

## 穆

漢ボク呉モク
訓あつい

初唐•古文尚書
34_327_1

初唐•古文尚書
34_327_11

初唐•古文尚書
37_351_1

初唐•古文尚書
39_375_29

初唐•古文尚書
39_378_13

初唐•古文尚書
39_378_22

初唐•古文尚書
39_380_14

初唐•古文尚書
39_380_26

晩唐•摩訶止観
20_176_13

晩唐•摩訶止観
20_176_26

晩唐•摩訶止観
56_475_1

五代•大毗盧經
3_28_6

五代•大毗盧經
8_93_2

## 積

漢セキ呉シャク
訓つむ

初唐•古文尚書
8_68_14

初唐•古文尚書
8_69_22

初唐•古文尚書
22_215_24

初唐•古文尚書
22_216_8

中唐・翰苑
4_40_13

中唐・翰苑
13_160_42

中唐・翰苑
37_470_41

晩唐•摩訶止観
1_7_5

## 稼

漢現カ
訓かせぐ

初唐•古文尚書
8_66_20

初唐•禮記正義
23_342_7

中唐・翰苑
35_457_21

## 稻

漢トウ
訓いね

初唐・毛詩傳
10_111_7

中唐・翰苑
17_226_27

中唐・翰苑
39_504_3

中唐・翰苑
6_64_25

中唐・翰苑
7_78_2

## 稷

漢ショク
訓きび

初唐•古文尚書
8_70_18

初唐•古文尚書
9_71_39

初唐•古文尚書
42_403_4

初唐•古文尚書
42_404_11

初唐・毛詩傳
10_105_1

初唐・毛詩傳
10_109_1

初唐•禮記正義
3_45_7

中唐・翰苑
5_63_9

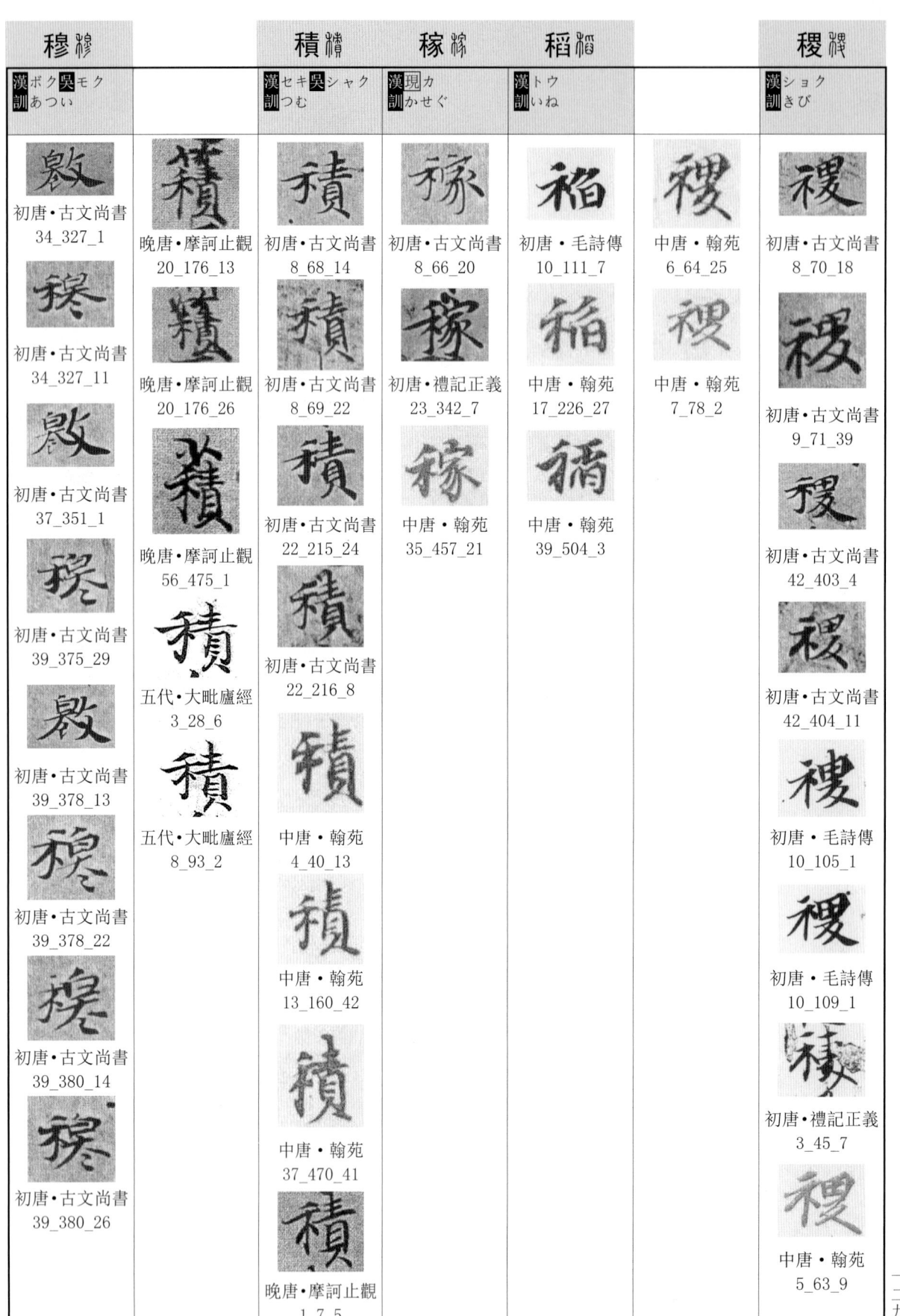

| 穫 | 穡 | 穟 | 穗 | 穌 | 穄 | |
|---|---|---|---|---|---|---|
| 漢現カク<br>訓かる | 漢ショク<br>訓とりいれ | 漢スイ<br>訓ほ | ケイ、エ<br>訓きのな | 漢ソ呉ス<br>訓よみがえる | セイ<br>訓くろきび | |
| <br>中唐・翰苑<br>2_12_10 | <br>中唐・翰苑<br>12_146_16<br><br>中唐・翰苑<br>12_146_18 | <br>中唐・翰苑<br>22_283_11<br><br>中唐・翰苑<br>22_285_9 | <br>中唐・翰苑<br>8_103_18 | <br>五代・大毗盧經<br>87_1065_11 | <br>中唐・翰苑<br>12_146_13<br><br>中唐・翰苑<br>12_146_24 | <br>初唐・古文尚書<br>42_406_37 |

## 穰

漢ジョウ
訓ゆたか

五代•大毗盧經
27_341_11

五代•大毗盧經
38_444_21

## 穬

カン
訓おおあわ

五代•大毗盧經
46_569_9

中唐・翰苑
20_259_4

中唐・翰苑
20_266_28

中唐・翰苑
25_323_12

中唐・翰苑
25_324_32

晚唐•摩訶止觀
23_196_17

晚唐•摩訶止觀
60_510_13

五代•大毗盧經
8_93_19

## 穢

慣アイ漢ワイ呉エ
訓あれる

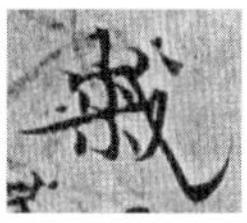
初唐•古文尚書
13_115_11

中唐・翰苑
7_87_12

中唐・翰苑
8_105_25

中唐・翰苑
16_209_13

中唐・翰苑
16_210_10

中唐・翰苑
17_227_7

中唐・翰苑
17_228_14

中唐・翰苑
20_258_11

上海出版资金项目
Shanghai Publishing Funds

臧克和◎主編

# 日藏唐代漢字鈔本字形表

第三册

華東師範大學出版社

# 白部

## 白 白

漢ハク 呉ビャク
訓しろ

初唐•古文尚書
2_12_14

初唐•古文尚書
3_23_8

初唐・毛詩傳
4_40_22

初唐・毛詩傳
4_41_21

初唐・毛詩傳
5_45_1

初唐・毛詩傳
5_45_8

初唐・毛詩傳
5_47_3

初唐•禮記正義
4_55_2

初唐•禮記正義
11_170_20

初唐•禮記正義
11_171_3

白已駕
初唐•禮記正義
11_171_11

初唐•禮記正義
14_213_16

初唐•禮記正義
24_364_8

初唐•禮記正義
24_365_24

初唐•禮記正義
26_402_28

初唐•禮記正義
27_426_15

初唐・十誦律
1_11_13

初唐・十誦律
3_38_2

初唐・十誦律
3_49_4

初唐・十誦律
4_57_2

初唐・十誦律
4_67_11

初唐・十誦律
5_87_3

初唐・十誦律
5_87_4

初唐・十誦律
6_95_10

初唐・十誦律
7_123_13

初唐・十誦律
7_125_14

初唐・十誦律
8_141_5

初唐・十誦律
8_144_10

初唐・十誦律
9_163_1

初唐・十誦律
9_171_5

初唐・十誦律
9_171_6

初唐・十誦律
11_209_11

初唐・十誦律
12_215_5

初唐・十誦律
18_345_5

初唐・十誦律
18_347_15

中唐・翰苑
3_34_13

中唐・翰苑
8_96_9

中唐・翰苑
8_97_32

中唐・翰苑
8_97_37

中唐・翰苑
8_98_24

中唐・翰苑
12_147_15

中唐・翰苑
12_148_8

中唐・翰苑
17_217_16

中唐・翰苑
24_316_45

中唐・翰苑
25_328_39

中唐・翰苑
25_329_34

中唐・翰苑
25_330_40

中唐・翰苑
28_361_1

中唐・翰苑 28_362_27
中唐・翰苑 33_432_46
中唐・翰苑 35_451_20
中唐・翰苑 35_456_18
中唐・翰苑 36_458_31
中唐・翰苑 37_471_33
中唐・翰苑 37_473_15
中唐・翰苑 38_483_16

中唐・翰苑 40_507_16
中唐・翰苑 40_511_19
中唐・翰苑 40_515_1
晚唐•摩訶止觀 2_12_23
晚唐•摩訶止觀 55_465_19
晚唐•摩訶止觀 55_467_12
五代•大毗盧經 2_4_6
五代•大毗盧經 2_15_9

五代•大毗盧經 6_69_21
五代•大毗盧經 8_92_5
五代•大毗盧經 10_122_18
五代•大毗盧經 12_146_18
五代•大毗盧經 14_174_14
五代•大毗盧經 17_215_8
五代•大毗盧經 19_238_19
五代•大毗盧經 19_240_4

五代•大毗盧經 19_243_18
五代•大毗盧經 19_247_7
五代•大毗盧經 28_361_30
五代•大毗盧經 39_470_6
五代•大毗盧經 44_526_8
五代•大毗盧經 44_533_8
五代•大毗盧經 45_548_14
五代•大毗盧經 45_550_3

五代•大毗盧經 46_554_2
五代•大毗盧經 46_555_11
五代•大毗盧經 46_558_12
五代•大毗盧經 46_559_19
五代•大毗盧經 46_561_13
五代•大毗盧經 46_565_18
五代•大毗盧經 46_566_5
五代•大毗盧經 46_567_16

五代•大毗盧經 46_568_18
五代•大毗盧經 48_591_1
五代•大毗盧經 49_593_14
五代•大毗盧經 50_611_18
五代•大毗盧經 59_729_9
五代•大毗盧經 59_729_12
五代•大毗盧經 59_729_17
五代•大毗盧經 71_869_12

五代•大毗盧經 71_872_12
五代•大毗盧經 73_899_11
五代•大毗盧經 73_900_20
五代•大毗盧經 73_900_28
五代•大毗盧經 73_904_1
五代•大毗盧經 73_904_21
五代•大毗盧經 85_1045_25
五代•大毗盧經 85_1046_3

百 㠿

漢 ハク 吳 ヒャク
訓 もも

五代•大毗盧經
90_1096_15

五代•大毗盧經
98_1210_13

初唐•古文尚書
5_39_19

初唐•古文尚書
9_72_5

初唐•古文尚書
9_72_19

初唐•古文尚書
15_142_7

初唐•古文尚書
15_142_19

初唐•古文尚書
16_152_17

初唐•古文尚書
17_161_1

初唐•古文尚書
17_161_12

初唐•古文尚書
17_165_22

初唐•古文尚書
17_165_30

初唐•古文尚書
19_185_5

初唐•古文尚書
39_380_2

初唐•古文尚書
39_380_19

初唐•古文尚書
39_380_34

初唐•古文尚書
42_405_24

初唐•古文尚書
42_406_21

初唐•古文尚書
44_431_24

初唐•古文尚書
44_432_15

初唐•古文尚書
45_442_26

初唐•古文尚書
45_443_22

初唐•古文尚書
46_444_18

初唐•古文尚書
46_445_3

初唐•古文尚書
46_446_8

初唐•古文尚書
46_446_17

初唐•古文尚書
46_449_10

初唐•古文尚書
46_449_16

初唐•古文尚書
46_450_7

初唐•毛詩傳
1_6_4

初唐•禮記正義
4_52_10

初唐•般若經
2_2_12

中唐•翰苑
1_4_7

中唐•翰苑
2_20_17

中唐•翰苑
3_23_7

中唐•翰苑
3_23_21

中唐•翰苑
3_23_31

中唐•翰苑
5_51_36

中唐•翰苑
6_71_27

中唐•翰苑
6_75_14

中唐•翰苑
7_88_29

中唐•翰苑
10_121_28

中唐•翰苑
10_123_23

中唐•翰苑
29_377_17

中唐・翰苑
30_392_24

中唐・翰苑
31_401_28

中唐・翰苑
31_406_21

中唐・翰苑
32_416_4

中唐・翰苑
32_419_5

中唐・翰苑
32_419_18

中唐・翰苑
32_419_38

中唐・翰苑
32_420_27

中唐・翰苑
33_422_19

中唐・翰苑
36_462_30

有一白獸
中唐・翰苑
37_474_21

中唐・翰苑
37_475_20

白獸
中唐・翰苑
37_475_41

中唐・翰苑
39_495_26

中唐・翰苑
39_501_4

中唐・翰苑
40_509_4

中唐・翰苑
40_515_8

中唐・翰苑
40_515_13

中唐・翰苑
40_515_19

中唐・翰苑
41_520_30

中唐・翰苑
41_530_22

中唐・翰苑
42_536_14

中唐・翰苑
42_543_9

中唐・翰苑
43_546_7

中唐・翰苑
43_550_41

中唐・翰苑
43_550_45

中唐・翰苑
43_554_14

中唐・翰苑
44_558_2

中唐・般若經
19_340_12

晚唐・摩訶止觀
1_9_24

晚唐・摩訶止觀
3_27_9

晚唐・摩訶止觀
3_28_9

晚唐・摩訶止觀
10_86_7

晚唐・摩訶止觀
56_476_26

五代・大毗盧經
12_149_13

五代・大毗盧經
13_166_11

五代・大毗盧經
19_248_14

五代・大毗盧經
43_518_17

五代・大毗盧經
43_521_3

五代・大毗盧經
64_795_13

五代・大毗盧經
68_849_8

五代・大毗盧經
90_1095_1

五代・大毗盧經
90_1095_20

五代・大毗盧經
93_1138_28

五代・大毗盧經
98_1202_17

## 皂

漢 ソウ
訓 どんぐり

中唐・翰苑 21_272_10

中唐・翰苑 21_272_23

中唐・翰苑 21_272_34

中唐・翰苑 21_278_1

中唐・翰苑 28_360_10

## 的

漢 テキ
訓 まど

晚唐•摩訶止觀 59_499_12

晚唐•摩訶止觀 59_501_5

## 皆

漢 現 カイ
訓 みな

初唐•古文尚書 2_15_24

初唐•古文尚書 4_27_3

初唐•古文尚書 4_34_3

初唐•古文尚書 5_41_7

初唐•古文尚書 5_45_7

初唐•古文尚書 5_46_15

初唐•古文尚書 11_99_9

初唐•古文尚書 11_102_30

初唐•古文尚書 12_109_17

初唐•古文尚書 14_131_33

初唐•古文尚書 16_147_23

初唐•古文尚書 16_152_23

初唐•古文尚書 17_158_5

初唐•古文尚書 19_178_10

初唐•古文尚書 19_186_20

初唐•古文尚書 21_198_24

初唐•古文尚書 21_201_12

初唐•古文尚書 23_220_20

初唐•古文尚書 25_248_36

初唐•古文尚書 27_265_20

初唐•古文尚書 28_276_22

初唐•古文尚書 28_278_6

初唐•古文尚書 34_320_21

初唐•古文尚書 36_344_1

初唐•古文尚書 37_358_7

初唐•古文尚書 37_358_11

初唐•古文尚書 38_360_2

初唐•古文尚書 38_365_11

初唐•古文尚書 38_367_24

初唐•古文尚書 38_368_14

初唐•古文尚書 40_391_4

初唐•古文尚書 41_398_23

初唐•古文尚書 41_400_10

初唐•古文尚書 42_409_9

初唐•古文尚書 42_411_13

初唐•古文尚書 43_422_7

初唐•古文尚書 43_422_15

初唐•古文尚書 45_438_9

初唐•古文尚書 45_442_10

初唐•古文尚書 47_460_34

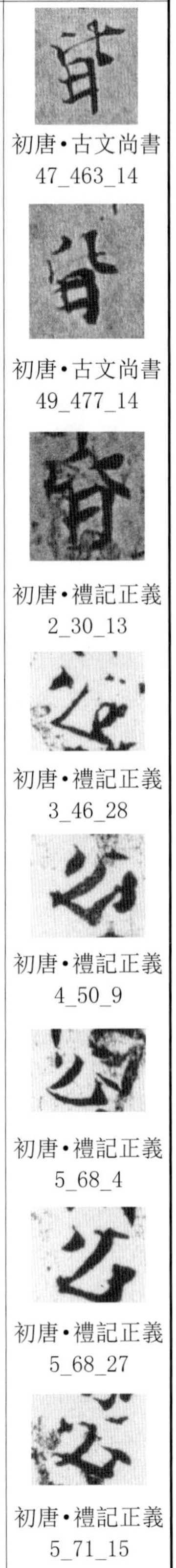

初唐·古文尚書 47_463_14
初唐·古文尚書 49_477_14
初唐·禮記正義 2_30_13
初唐·禮記正義 3_46_28
初唐·禮記正義 4_50_9
初唐·禮記正義 5_68_4
初唐·禮記正義 5_68_27
初唐·禮記正義 5_71_15

初唐·禮記正義 5_79_25
初唐·禮記正義 5_81_25
初唐·禮記正義 6_86_20
初唐·禮記正義 6_93_16
初唐·禮記正義 8_115_23
初唐·禮記正義 8_127_6
初唐·禮記正義 9_132_11
初唐·禮記正義 9_141_6

初唐·禮記正義 9_146_3
初唐·禮記正義 10_157_23
初唐·禮記正義 11_165_6
初唐·禮記正義 14_215_8
初唐·禮記正義 16_242_16
初唐·禮記正義 16_246_10
初唐·禮記正義 16_247_20
初唐·禮記正義 19_284_24

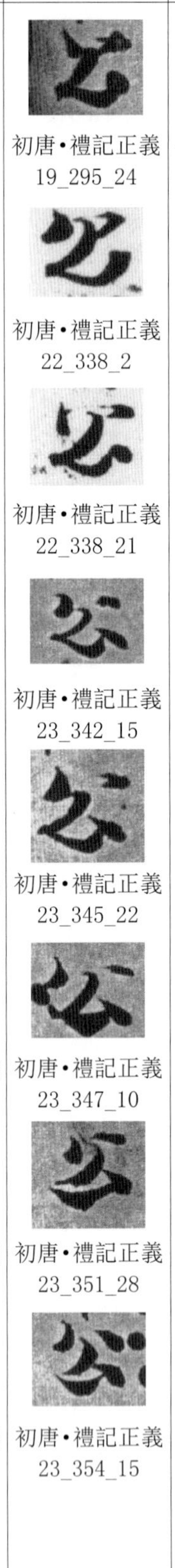

初唐·禮記正義 19_295_24
初唐·禮記正義 22_338_2
初唐·禮記正義 22_338_21
初唐·禮記正義 23_342_15
初唐·禮記正義 23_345_22
初唐·禮記正義 23_347_10
初唐·禮記正義 23_351_28
初唐·禮記正義 23_354_15

初唐·禮記正義 24_363_18
初唐·禮記正義 25_375_1
初唐·禮記正義 25_375_10
初唐·禮記正義 25_375_18
初唐·禮記正義 25_377_22
初唐·禮記正義 25_378_4
初唐·禮記正義 25_378_25
初唐·禮記正義 25_380_8

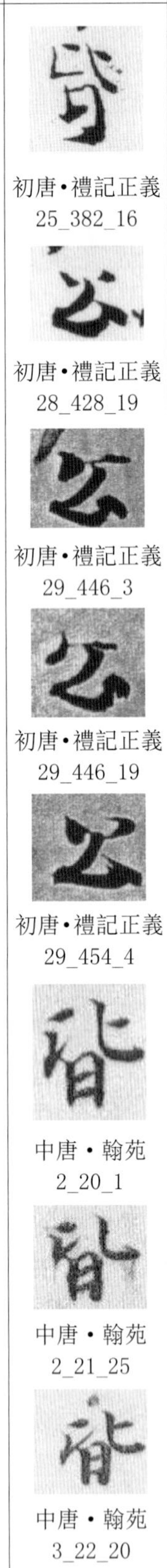

初唐·禮記正義 25_382_16
初唐·禮記正義 28_428_19
初唐·禮記正義 29_446_3
初唐·禮記正義 29_446_19
初唐·禮記正義 29_454_4
中唐·翰苑 2_20_1
中唐·翰苑 2_21_25
中唐·翰苑 3_22_20

中唐·翰苑 3_31_29
中唐·翰苑 5_52_20
中唐·翰苑 5_55_26
中唐·翰苑 5_60_24
中唐·翰苑 6_75_25
中唐·翰苑 7_86_19
中唐·翰苑 7_90_41
中唐·翰苑 8_100_18

| | | | | | | |
|---|---|---|---|---|---|---|
| 中唐•翰苑<br>8_102_42 | 中唐•翰苑<br>13_162_36 | 中唐•翰苑<br>16_212_32 | 中唐•翰苑<br>19_246_38 | 中唐•翰苑<br>24_318_15 | 中唐•翰苑<br>28_368_16 | 中唐•翰苑<br>33_432_36 |
| 中唐•翰苑<br>9_112_41 | 中唐•翰苑<br>13_167_4 | 中唐•翰苑<br>17_217_1 | 中唐•翰苑<br>19_247_8 | 背山向海<br>中唐•翰苑<br>25_324_22 | 中唐•翰苑<br>28_369_21 | 中唐•翰苑<br>34_435_24 |
| 中唐•翰苑<br>10_120_21 | 中唐•翰苑<br>13_168_40 | 中唐•翰苑<br>17_217_25 | 中唐•翰苑<br>19_247_20 | 中唐•翰苑<br>28_360_31 | 中唐•翰苑<br>28_369_36 | 中唐•翰苑<br>34_445_1 |
| 中唐•翰苑<br>11_135_16 | 中唐•翰苑<br>14_174_41 | 中唐•翰苑<br>18_231_32 | 中唐•翰苑<br>21_270_42 | 中唐•翰苑<br>28_360_46 | 中唐•翰苑<br>29_376_22 | 中唐•翰苑<br>35_446_36 |
| 中唐•翰苑<br>11_137_2 | 中唐•翰苑<br>14_180_13 | 中唐•翰苑<br>18_233_21 | 中唐•翰苑<br>21_276_14 | 中唐•翰苑<br>28_362_41 | 中唐•翰苑<br>29_382_27 | 中唐•翰苑<br>35_447_17 |
| 中唐•翰苑<br>12_145_24 | 中唐•翰苑<br>14_185_16 | 中唐•翰苑<br>18_238_18 | 中唐•翰苑<br>21_279_34 | 中唐•翰苑<br>28_363_10 | 中唐•翰苑<br>30_383_7 | 中唐•翰苑<br>35_449_37 |
| 中唐•翰苑<br>12_153_14 | 中唐•翰苑<br>15_191_38 | 中唐•翰苑<br>18_238_26 | 中唐•翰苑<br>21_282_7 | 中唐•翰苑<br>28_363_35 | 中唐•翰苑<br>31_407_26 | 中唐•翰苑<br>36_460_32 |
| 中唐•翰苑<br>12_155_35 | 中唐•翰苑<br>16_203_1 | 中唐•翰苑<br>18_238_41 | 中唐•翰苑<br>23_309_14 | 中唐•翰苑<br>28_364_7 | 中唐•翰苑<br>32_411_46 | 中唐•翰苑<br>36_462_11 |

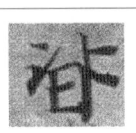

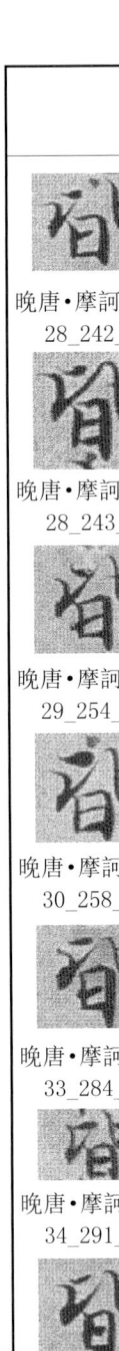

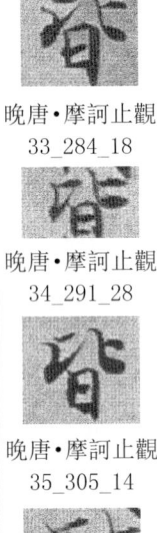

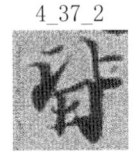

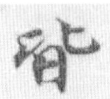

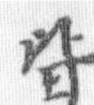

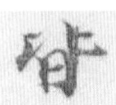

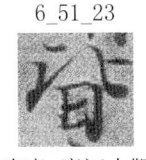

| | | | | | | |
|---|---|---|---|---|---|---|
| 晚唐•摩訶止觀 28_242_9 | 晚唐•摩訶止觀 13_116_5 | 晚唐•摩訶止觀 3_27_19 | 中唐・般若經 11_184_5 | 中唐・翰苑 43_550_30 | 中唐・翰苑 38_493_31 | 中唐・翰苑 36_466_24 |
| 晚唐•摩訶止觀 28_243_4 | 晚唐•摩訶止觀 13_116_7 | 晚唐•摩訶止觀 4_37_2 | 中唐・般若經 12_206_1 | 中唐・翰苑 44_556_18 | 中唐・翰苑 39_500_37 | 中唐・翰苑 36_467_8 |
| 晚唐•摩訶止觀 29_254_16 | 晚唐•摩訶止觀 14_122_5 | 晚唐•摩訶止觀 6_49_14 | 中唐・般若經 15_254_15 | 中唐・般若經 3_29_12 | 中唐・翰苑 40_512_20 | 中唐・翰苑 36_468_1 |
| 晚唐•摩訶止觀 30_258_15 | 晚唐•摩訶止觀 19_164_19 | 晚唐•摩訶止觀 6_51_23 | 中唐・般若經 16_284_10 | 中唐・般若經 5_65_12 | 中唐・翰苑 41_523_23 | 中唐・翰苑 37_471_24 |
| 晚唐•摩訶止觀 33_284_18 | 晚唐•摩訶止觀 23_203_15 | 晚唐•摩訶止觀 6_52_19 | 中唐・般若經 17_301_6 | 中唐・般若經 6_83_10 | 中唐・翰苑 41_523_36 | 中唐・翰苑 37_480_19 |
| 晚唐•摩訶止觀 34_291_28 | 晚唐•摩訶止觀 24_205_22 | 晚唐•摩訶止觀 7_63_3 | 中唐・般若經 18_320_13 | 中唐・般若經 7_110_17 | 中唐・翰苑 41_525_12 | 中唐・翰苑 37_481_22 |
| 晚唐•摩訶止觀 35_305_14 | 晚唐•摩訶止觀 25_213_28 | 晚唐•摩訶止觀 7_65_5 | 中唐・般若經 19_338_13 | 中唐・般若經 9_135_20 | 中唐・翰苑 41_527_34 | 中唐・翰苑 38_493_10 |
| 晚唐•摩訶止觀 35_305_19 | 晚唐•摩訶止觀 27_233_29 | 晚唐•摩訶止觀 12_108_14 | 晚唐•摩訶止觀 3_22_17 | 中唐・般若經 10_154_16 | 中唐・翰苑 42_537_17 | 中唐・翰苑 38_493_22 |

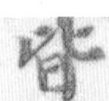

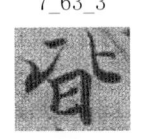

晚唐•摩訶止觀 36_308_17
晚唐•摩訶止觀 36_315_6
晚唐•摩訶止觀 37_322_26
晚唐•摩訶止觀 38_329_9
晚唐•摩訶止觀 38_330_26
晚唐•摩訶止觀 38_331_7
晚唐•摩訶止觀 39_334_2
晚唐•摩訶止觀 39_334_19

晚唐•摩訶止觀 39_335_3
晚唐•摩訶止觀 39_336_15
晚唐•摩訶止觀 39_336_25
晚唐•摩訶止觀 39_337_8
晚唐•摩訶止觀 42_359_19
晚唐•摩訶止觀 47_406_1
晚唐•摩訶止觀 48_414_1
晚唐•摩訶止觀 51_431_17

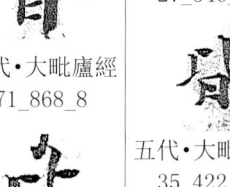

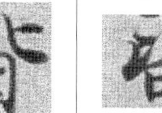

晚唐•摩訶止觀 51_434_24
晚唐•摩訶止觀 51_436_9
晚唐•摩訶止觀 51_436_19
晚唐•摩訶止觀 53_452_14
晚唐•摩訶止觀 53_452_17
晚唐•摩訶止觀 57_485_13
晚唐•摩訶止觀 58_493_2
晚唐•摩訶止觀 59_502_3

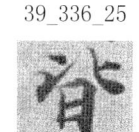

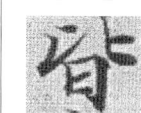

晚唐•摩訶止觀 61_516_25
五代•密教部類 1_4_17
五代•大毗盧經 2_20_19
五代•大毗盧經 3_31_2
五代•大毗盧經 3_36_3
五代•大毗盧經 6_64_18
五代•大毗盧經 7_83_24
五代•大毗盧經 8_93_13

五代•大毗盧經 12_153_12
五代•大毗盧經 13_167_18
五代•大毗盧經 17_217_8
五代•大毗盧經 18_227_9
五代•大毗盧經 19_243_16
五代•大毗盧經 20_260_26
五代•大毗盧經 21_266_30
五代•大毗盧經 23_288_4

五代•大毗盧經 23_288_11
五代•大毗盧經 25_320_31
五代•大毗盧經 27_346_15
五代•大毗盧經 35_422_12
五代•大毗盧經 37_434_9
五代•大毗盧經 39_464_19
五代•大毗盧經 53_651_25
五代•大毗盧經 53_652_27

五代•大毗盧經 64_796_6
五代•大毗盧經 65_814_15
五代•大毗盧經 68_856_10
五代•大毗盧經 71_868_8
五代•大毗盧經 71_878_31
五代•大毗盧經 74_914_23
五代•大毗盧經 79_957_25
五代•大毗盧經 79_960_7

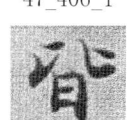

## 敫

キョウ
訓さけぶ

三韓之故地
中唐・翰苑
26_335_7

中唐・翰苑
36_458_27

## 皓

漢コウ
訓ひかる

初唐・毛詩傳
5_45_3

初唐・毛詩傳
5_45_5

五代・大毗盧經
45_548_4

五代・大毗盧經
46_561_4

## 皇

漢現コウ呉現オウ
訓かがやく

中唐・翰苑
14_179_12

中唐・翰苑
27_358_3

中唐・翰苑
33_430_8

中唐・翰苑
41_521_13

中唐・翰苑
44_562_8

晚唐・摩訶止觀
1_2_14

初唐・古文尚書
23_225_7

初唐・古文尚書
41_394_1

初唐・古文尚書
41_399_21

初唐・禮記正義
7_110_31

初唐・禮記正義
11_169_4

初唐・禮記正義
22_327_25

初唐・十誦律
19_365_1

中唐・翰苑
8_101_28

五代・大毗盧經
80_976_21

五代・大毗盧經
85_1047_4

五代・大毗盧經
94_1158_16

五代・大毗盧經
96_1179_7

五代・大毗盧經
96_1180_3

五代・大毗盧經
96_1180_39

五代・大毗盧經
96_1181_32

五代・大毗盧經
97_1188_6

# 瓜部

瓠 

漢 コ
訓 ひさご

中唐・翰苑
33_426_8

中唐・翰苑
33_428_34

中唐・翰苑
33_428_40

中唐・翰苑
33_429_23

中唐・翰苑
33_430_27

中唐・翰苑
33_430_29

# 疒部

## 疣

ユウ 漢イウ
訓いぼ

晚唐•摩訶止觀
13_115_20

## 病

漢ヘイ 呉ビョウ
訓やまい

初唐•古文尚書
19_176_23

初唐•古文尚書
28_278_16

初唐•古文尚書
29_281_10

初唐•古文尚書
32_299_17

初唐•古文尚書
39_373_12

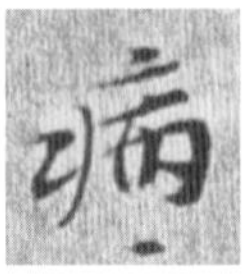
初唐•古文尚書
45_437_16

初唐•古文尚書
45_438_10

初唐•古文尚書
45_438_22

初唐•古文尚書
47_457_6

初唐•古文尚書
47_457_23

初唐•禮記正義
27_424_7

初唐•禮記正義
27_424_15

初唐•禮記正義
27_424_22

初唐•禮記正義
28_427_3

初唐・十誦律
4_64_13

初唐・十誦律
4_66_7

初唐・十誦律
4_70_13

初唐・十誦律
5_74_2

初唐・十誦律
5_75_7

初唐・十誦律
5_76_14

初唐・十誦律
5_86_4

初唐・十誦律
5_87_13

初唐・十誦律
8_141_12

中唐・翰苑
10_129_22

中唐・翰苑
41_528_19

中唐・翰苑
42_533_18

中唐・翰苑
42_534_20

晚唐•摩訶止觀
24_206_24

晚唐•摩訶止觀
24_207_1

晚唐•摩訶止觀
24_207_8

晚唐•摩訶止觀
24_207_24

晚唐•摩訶止觀
24_209_16

晚唐•摩訶止觀
48_408_27

## 疾

漢シツ
訓やまい

初唐・古文尚書
13_120_7

初唐・古文尚書
13_121_6

初唐・古文尚書
13_122_18

初唐・古文尚書
19_176_5

初唐・古文尚書
22_215_11

初唐・古文尚書
27_269_11

初唐・毛詩傳
4_41_15

初唐・禮記正義
1_3_10

初唐・禮記正義
12_188_14

初唐・禮記正義
18_270_14

初唐・禮記正義
27_420_8

初唐・禮記正義
27_420_25

初唐・禮記正義
27_422_16

初唐・禮記正義
27_426_20

初唐・禮記正義
28_428_9

初唐・

初唐・禮記正義
28_428_2
禮記正義
28_430_8

初唐・十誦律
11_201_14

初唐・十誦律
11_207_1

中唐・翰苑
10_129_21

中唐・翰苑
10_130_11

中唐・翰苑
34_440_20

中唐・翰苑
39_495_13

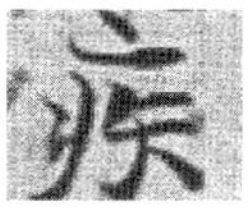
晚唐・摩訶止觀
43_373_8

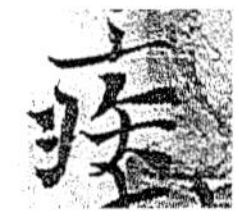
五代・大毗盧經
35_414_8

五代・大毗盧經
42_509_2

## 疲

慣ヒ
訓つかれる

中唐・翰苑
25_325_10

## 疵

漢シ
訓きず

初唐・古文尚書
45_437_1

## 痛

慣ツウ漢トウ
訓いたい

初唐・古文尚書
9_75_1

初唐・古文尚書
9_75_14

中唐・翰苑
18_236_36

中唐・翰苑
41_528_29

| 療 | 瘳 | 瘠 | 瘡 | 瘝 | 瘦 | 瘂 |
| --- | --- | --- | --- | --- | --- | --- |
| リョウ<br>訓いやす | 慣リョウ漢チュウ<br>訓いえる | 漢セキ<br>訓やせる | ショウ<br>訓きず | カン<br>訓やむ | 慣ソウ漢シュウ<br>訓やせる | ア<br>訓おし |
| <br>中唐・翰苑<br>29_376_5 | <br>初唐•古文尚書<br>12_112_9<br><br>初唐•古文尚書<br>12_113_1<br><br>初唐•古文尚書<br>19_176_7<br><br>初唐•禮記正義<br>5_71_12 | <br>初唐•古文尚書<br>28_277_26<br><br>初唐•古文尚書<br>28_278_15 | <br>中唐・翰苑<br>41_528_20 | <br>初唐•古文尚書<br>39_373_1 | <br>五代•大毗盧經<br>77_932_20 | <br>晚唐•摩訶止觀<br>12_103_23 |

## 癉

タン

訓 やみつかれる

初唐•古文尚書
32_298_11

## 癡

チ

訓 おろか

初唐・十誦律
18_352_7

中唐・翰苑
34_434_17

晚唐•摩訶止觀
16_138_6

晚唐•摩訶止觀
20_178_5

晚唐•摩訶止觀
21_184_14

晚唐•摩訶止觀
28_245_2

晚唐•摩訶止觀
29_251_1

晚唐•摩訶止觀
45_386_6

晚唐•摩訶止觀
46_391_5

晚唐•摩訶止觀
50_428_23

晚唐•摩訶止觀
56_472_17

五代•大毗盧經
3_28_18

五代•大毗盧經
26_336_29

五代•大毗盧經
27_337_49

五代•大毗盧經
27_337_52

五代•大毗盧經
45_543_27

# 立部

## 立 亼

現リュウ 慣 現リツ
訓たつ

| | | | | | |
|---|---|---|---|---|---|
| 初唐・古文尚書 3_22_28 | 初唐・古文尚書 20_188_23 | 初唐・古文尚書 34_321_26 | 初唐・禮記正義 11_175_12 | 初唐・禮記正義 21_312_5 | 初唐・禮記正義 30_464_28 |
| 初唐・古文尚書 15_138_8 | 初唐・古文尚書 20_189_25 | 初唐・古文尚書 42_409_11 | 初唐・禮記正義 12_182_5 | 初唐・禮記正義 21_313_4 | 初唐・禮記正義 30_465_20 |
| 初唐・古文尚書 15_141_19 | 初唐・古文尚書 22_213_9 | 初唐・古文尚書 49_475_14 | 初唐・禮記正義 12_182_23 | 初唐・禮記正義 21_315_20 | 初唐・禮記正義 30_469_10 |
| 初唐・古文尚書 16_146_3 | 初唐・古文尚書 25_244_16 | 初唐・禮記正義 4_50_23 | 初唐・禮記正義 12_183_10 | 初唐・禮記正義 25_376_15 | 中唐・翰苑 2_17_21 |
| 初唐・古文尚書 18_172_5 | 初唐・古文尚書 29_281_22 | 初唐・禮記正義 4_56_9 | 初唐・禮記正義 13_209_15 | 初唐・禮記正義 29_451_22 | 中唐・翰苑 5_51_40 |
| 初唐・古文尚書 18_172_18 | 初唐・古文尚書 29_281_32 | 初唐・禮記正義 5_70_7 | 初唐・禮記正義 13_209_21 | 初唐・禮記正義 30_460_26 | 中唐・翰苑 5_60_28 |
| 初唐・古文尚書 20_187_3 | 初唐・古文尚書 32_299_21 | 初唐・禮記正義 10_163_22 | 初唐・禮記正義 20_308_20 | 初唐・禮記正義 30_462_14 | 中唐・翰苑 6_64_2 |
| 初唐・古文尚書 20_187_20 | 初唐・古文尚書 33_315_32 | 初唐・禮記正義 11_166_16 | 初唐・禮記正義 20_309_21 | 初唐・禮記正義 30_463_28 | 中唐・翰苑 6_73_17 |

| | | | | | | |
|---|---|---|---|---|---|---|
| 五代•大毗盧經<br>12_152_2 | 晚唐•摩訶止觀<br>7_61_3 | 中唐・翰苑<br>42_535_43 | 中唐・翰苑<br>37_481_17 | 中唐・翰苑<br>27_358_18 | 中唐・翰苑<br>18_240_42 | 中唐・翰苑<br>7_86_11 |
| 五代•大毗盧經<br>20_255_30 | 晚唐•摩訶止觀<br>9_78_7 | 中唐・翰苑<br>42_538_36 | 中唐・翰苑<br>38_484_28 | 中唐・翰苑<br>31_399_36 | 中唐・翰苑<br>23_301_23 | 中唐・翰苑<br>8_104_25 |
| 五代•大毗盧經<br>27_337_17 | 晚唐•摩訶止觀<br>9_83_20 | 中唐・翰苑<br>45_578_6 | 中唐・翰苑<br>38_490_8 | 中唐・翰苑<br>32_409_21 | 中唐・翰苑<br>23_301_31 | 中唐・翰苑<br>9_108_32 |
| 五代•大毗盧經<br>51_627_11 | 晚唐•摩訶止觀<br>14_126_16 | 晚唐•摩訶止觀<br>3_23_9 | 中唐・翰苑<br>40_509_40 | 中唐・翰苑<br>32_409_33 | 中唐・翰苑<br>23_302_41 | 中唐・翰苑<br>10_131_14 |
| 五代•大毗盧經<br>57_696_22 | 晚唐•摩訶止觀<br>16_140_22 | 晚唐•摩訶止觀<br>3_23_13 | 中唐・翰苑<br>40_514_16 | 中唐・翰苑<br>32_414_21 | 中唐・翰苑<br>23_309_7 | 中唐・翰苑<br>13_166_32 |
| 五代•大毗盧經<br>67_834_15 | 晚唐•摩訶止觀<br>38_327_21 | 晚唐•摩訶止觀<br>4_34_13 | 中唐・翰苑<br>41_530_42 | 中唐・翰苑<br>35_457_35 | 中唐・翰苑<br>25_326_32 | 中唐・翰苑<br>16_202_20 |
| 五代•大毗盧經<br>97_1186_8 | 晚唐•摩訶止觀<br>39_338_17 | 晚唐•摩訶止觀<br>7_58_18 | 中唐・翰苑<br>42_533_39 | 中唐・翰苑<br>36_460_42 | 中唐・翰苑<br>27_357_1 | 中唐・翰苑<br>16_207_16 |
| 五代•大毗盧經<br>97_1186_29 | 五代•大毗盧經<br>12_150_7 | 晚唐•摩訶止觀<br>7_59_13 | 中唐・翰苑<br>42_535_29 | 中唐・翰苑<br>36_468_28 | 中唐・翰苑<br>27_357_9 | 中唐・翰苑<br>18_231_11 |

## 竟

キョウ 漢ケイ
訓つきる

初唐•禮記正義 11_167_17

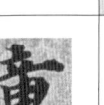

初唐•禮記正義 11_168_6

初唐•禮記正義 11_170_26

初唐•禮記正義 12_181_23

初唐・十誦律 3_41_13

初唐・十誦律 4_62_8

初唐・十誦律 5_88_9

初唐・十誦律 6_99_3

晚唐•摩訶止觀 17_149_6

晚唐•摩訶止觀 17_152_16

晚唐•摩訶止觀 19_166_29

晚唐•摩訶止觀 27_236_1

晚唐•摩訶止觀 27_236_24

晚唐•摩訶止觀 27_237_16

晚唐•摩訶止觀 28_238_20

晚唐•摩訶止觀 16_137_11

晚唐•摩訶止觀 16_137_15

晚唐•摩訶止觀 16_143_6

晚唐•摩訶止觀 16_143_24

晚唐•摩訶止觀 17_147_11

晚唐•摩訶止觀 17_147_19

晚唐•摩訶止觀 17_148_14

中唐・翰苑 14_185_42

中唐・翰苑 40_516_28

晚唐•摩訶止觀 6_47_9

晚唐•摩訶止觀 15_133_17

晚唐•摩訶止觀 15_135_22

晚唐•摩訶止觀 16_136_8

晚唐•摩訶止觀 16_137_3

初唐・毛詩傳 6_59_4

初唐・毛詩傳 7_75_4

初唐・毛詩傳 8_88_4

初唐・毛詩傳 9_98_4

初唐・毛詩傳 10_113_4

初唐•禮記正義 29_450_23

中唐・翰苑 4_39_24

## 章

現ショウ
訓あや

初唐•古文尚書 4_35_5

初唐•古文尚書 32_298_9

初唐•古文尚書 42_408_18

初唐・毛詩傳 2_21_4

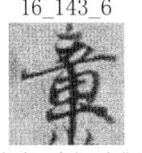

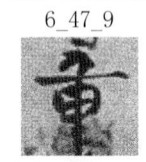

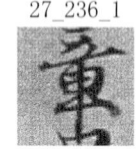

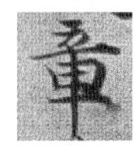

初唐・毛詩傳 4_37_5

初唐・毛詩傳 5_49_5

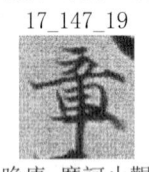

初唐・毛詩傳 5_49_10

## 詅

レイ
訓いく

晚唐•摩訶止觀 48_409_14

| | | | | | | |
|---|---|---|---|---|---|---|
| 晚唐•摩訶止觀<br>5_39_11 | 初唐・般若經<br>7_99_15 | 初唐・十誦律<br>18_354_14 | 初唐・十誦律<br>13_238_15 | 初唐・十誦律<br>12_215_9 | 初唐・十誦律<br>9_171_17 | 初唐・十誦律<br>7_114_16 |
| 晚唐•摩訶止觀<br>7_61_19 | 初唐・般若經<br>21_310_12 | 初唐・十誦律<br>18_355_7 | 初唐・十誦律<br>18_344_4 | 初唐・十誦律<br>12_223_4 | 初唐・十誦律<br>10_187_13 | 初唐・十誦律<br>7_116_17 |
| 晚唐•摩訶止觀<br>7_62_3 | 中唐・翰苑<br>18_239_25 | 初唐・十誦律<br>18_355_16 | 初唐・十誦律<br>18_351_11 | 初唐・十誦律<br>12_224_6 | 初唐・十誦律<br>10_191_2 | 初唐・十誦律<br>7_119_3 |
| 晚唐•摩訶止觀<br>7_65_7 | 中唐・翰苑<br>38_492_7 | 初唐・十誦律<br>18_356_7 | 初唐・十誦律<br>18_352_2 | 初唐・十誦律<br>12_226_5 | 初唐・十誦律<br>10_194_7 | 初唐・十誦律<br>7_122_8 |
| 晚唐•摩訶止觀<br>8_69_4 | 中唐・般若經<br>3_33_16 | 初唐・十誦律<br>19_357_12 | 初唐・十誦律<br>18_352_11 | 初唐・十誦律<br>12_227_7 | 初唐・十誦律<br>11_196_17 | 初唐・十誦律<br>7_128_4 |
| 晚唐•摩訶止觀<br>26_226_6 | 中唐・般若經<br>3_38_2 | 初唐・十誦律<br>19_358_3 | 初唐・十誦律<br>18_353_3 | 初唐・十誦律<br>12_229_4 | 初唐・十誦律<br>11_202_7 | 初唐・十誦律<br>7_129_11 |
| 晚唐•摩訶止觀<br>26_226_10 | 中唐・般若經<br>4_42_5 | 初唐・十誦律<br>19_359_1 | 初唐・十誦律<br>18_353_13 | 初唐・十誦律<br>12_233_8 | 初唐・十誦律<br>11_207_11 | 初唐・十誦律<br>8_142_3 |
| 晚唐•摩訶止觀<br>27_230_15 | 中唐・般若經<br>4_46_9 | 初唐・十誦律<br>19_364_14 | 初唐・十誦律<br>18_354_5 | 初唐・十誦律<br>13_236_3 | 初唐・十誦律<br>11_209_15 | 初唐・十誦律<br>8_149_2 |

(竟)

晚唐•摩訶止觀 31_271_11
晚唐•摩訶止觀 33_285_20
晚唐•摩訶止觀 36_309_9
晚唐•摩訶止觀 48_412_8
晚唐•摩訶止觀 48_414_16
晚唐•摩訶止觀 50_422_19
晚唐•摩訶止觀 52_440_7
晚唐•摩訶止觀 58_487_10

晚唐•摩訶止觀 60_507_2
晚唐•摩訶止觀 60_509_2
晚唐•摩訶止觀 60_509_8
晚唐•摩訶止觀 61_513_1
晚唐•摩訶止觀 61_515_17
五代•大毗盧經 27_338_4
五代•大毗盧經 73_904_10
五代•大毗盧經 89_1087_24

## 竦

漢ショウ
訓つつしむ

中唐・翰苑 23_308_3
中唐・翰苑 41_524_16
中唐・翰苑 41_525_21
中唐・翰苑 41_527_21
中唐・翰苑 41_527_24
中唐・翰苑 41_527_38
中唐・翰苑 41_528_18

## 童

慣ドウ漢トウ
訓わらべ

初唐•古文尚書 16_150_22
初唐•古文尚書 43_422_5
五代•大毗盧經 2_10_4
五代•大毗盧經 50_610_18
五代•大毗盧經 51_622_13
五代•大毗盧經 51_623_9
五代•大毗盧經 51_626_30
五代•大毗盧經 51_627_25

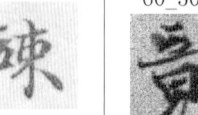

五代•大毗盧經 52_639_3
五代•大毗盧經 52_643_32
五代•大毗盧經 53_648_6
五代•大毗盧經 53_650_3
五代•大毗盧經 53_654_4
五代•大毗盧經 63_788_19
五代•大毗盧經 67_839_13
五代•大毗盧經 85_1043_9

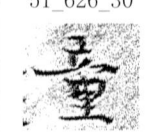

## 竪

呉ジュ
訓たつ

晚唐•摩訶止觀 9_80_19
晚唐•摩訶止觀 17_146_20
晚唐•摩訶止觀 17_146_23
晚唐•摩訶止觀 18_153_11
晚唐•摩訶止觀 18_153_20
晚唐•摩訶止觀 30_260_7
晚唐•摩訶止觀 33_285_22
晚唐•摩訶止觀 33_286_23

晚唐•摩訶止觀 44_375_14
晚唐•摩訶止觀 61_511_18
晚唐•摩訶止觀 61_511_23
五代•大毗盧經 6_70_14
五代•大毗盧經 7_78_18
五代•大毗盧經 28_350_8
五代•大毗盧經 41_486_13
五代•大毗盧經 46_560_3

| 競 | | 端 | 竭 | | | |
|---|---|---|---|---|---|---|
| キョウ<br>訓きそう | | 現タン<br>訓はし | 漢ケツ<br>訓せおいあげる | | | |
| 初唐•古文尚書<br>10_91_28 | 晚唐•摩訶止觀<br>50_424_10 | 初唐•禮記正義<br>21_317_17 | 中唐・翰苑<br>4_41_24 | 五代•大毗盧經<br>90_1098_12 | 五代•大毗盧經<br>80_979_20 | 五代•大毗盧經<br>50_620_13 |
| 晚唐•摩訶止觀<br>15_128_24 | 晚唐•摩訶止觀<br>50_425_6 | 中唐・翰苑<br>14_175_6 | 晚唐•摩訶止觀<br>52_441_5 | 五代•大毗盧經<br>90_1106_22 | 五代•大毗盧經<br>84_1022_7 | 五代•大毗盧經<br>51_622_5 |
| 晚唐•摩訶止觀<br>62_521_4 | 五代•大毗盧經<br>39_457_2 | 中唐・翰苑<br>14_175_30 | | 五代•大毗盧經<br>91_1119_16 | 五代•大毗盧經<br>84_1023_17 | 五代•大毗盧經<br>54_662_8 |
| | 五代•大毗盧經<br>54_658_13 | 中唐・翰苑<br>14_176_10 | | 五代•大毗盧經<br>92_1132_17 | 五代•大毗盧經<br>84_1024_20 | 五代•大毗盧經<br>58_707_3 |
| | 五代•大毗盧經<br>54_666_10 | 中唐・翰苑<br>40_517_7 | | 五代•大毗盧經<br>93_1138_13 | 五代•大毗盧經<br>85_1044_34 | 五代•大毗盧經<br>64_797_14 |
| | 五代•大毗盧經<br>78_948_30 | 晚唐•摩訶止觀<br>22_193_6 | | 五代•大毗盧經<br>93_1141_11 | 五代•大毗盧經<br>85_1046_20 | 五代•大毗盧經<br>73_899_13 |
| | 五代•大毗盧經<br>97_1194_5 | 晚唐•摩訶止觀<br>27_231_9 | | | 五代•大毗盧經<br>88_1079_19 | 五代•大毗盧經<br>77_931_8 |
| | | 晚唐•摩訶止觀<br>50_422_26 | | | 五代•大毗盧經<br>90_1097_17 | 五代•大毗盧經<br>80_976_8 |

# 穴部

## 穴

漢 現 ケツ
訓 あな

中唐・翰苑
22_283_12

中唐・翰苑
22_285_10

中唐・翰苑
23_304_26

中唐・翰苑
23_306_30

中唐・翰苑
23_307_22

中唐・翰苑
29_380_15

中唐・翰苑
30_384_23

中唐・翰苑
30_385_9

中唐・翰苑
30_387_1

中唐・翰苑
36_466_38

中唐・翰苑
36_467_3

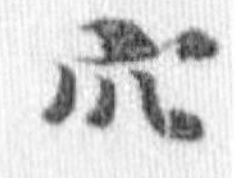
中唐・翰苑
36_467_26

## 究

漢 キュウ 呉 ク
訓 きわめる

初唐・毛詩傳
9_95_8

初唐・毛詩傳
9_95_14

晚唐•摩訶止観
7_61_18

晚唐•摩訶止観
7_62_2

晚唐•摩訶止観
7_65_6

晚唐•摩訶止観
8_69_3

晚唐•摩訶止観
26_226_5

晚唐•摩訶止観
26_226_9

晚唐•摩訶止観
27_230_14

晚唐•摩訶止観
33_285_19

晚唐•摩訶止観
52_440_6

晚唐•摩訶止観
58_487_9

晚唐•摩訶止観
60_507_1

晚唐•摩訶止観
60_509_1

晚唐•摩訶止観
60_509_7

晚唐•摩訶止観
61_512_27

晚唐•摩訶止観
61_515_16

五代•大毗盧經
27_338_3

## 空

慣 現 クウ
訓 そら

初唐•禮記正義
11_172_40

初唐•禮記正義
11_175_27

初唐•禮記正義
12_181_2

初唐•禮記正義
12_184_26

初唐•禮記正義
16_239_3

初唐•禮記正義
16_239_12

初唐•禮記正義
16_239_20

初唐•禮記正義
16_240_26

初唐•禮記正義
16_241_4

初唐•禮記正義
16_242_25

初唐•禮記正義
16_249_24

初唐•禮記正義
18_280_8

初唐・十誦律
4_55_6

初唐・十誦律
4_58_9

初唐・十誦律
6_102_6

初唐・般若經
6_75_5

初唐・般若經
6_75_13

初唐・般若經
6_77_3

初唐・般若經
7_95_15

初唐・般若經
7_96_2

初唐・般若經
7_97_5

初唐・般若經
7_98_14

初唐・般若經
7_98_17

初唐・般若經
21_310_1

初唐・般若經
21_310_4

初唐・般若經
21_310_7

初唐・般若經
21_310_10

初唐・般若經
21_310_13

初唐・般若經
21_310_16

初唐・般若經
21_311_1

初唐・般若經
21_311_5

初唐・般若經
21_311_8

初唐・般若經
21_311_11

初唐・般若經
21_311_14

初唐・般若經
21_312_1

初唐・般若經
21_312_5

初唐・般若經
21_312_8

初唐・般若經
21_312_11

初唐・般若經
21_312_16

初唐・般若經
21_313_3

初唐・般若經
21_313_10

初唐・般若經
21_314_15

初唐・般若經
21_315_5

初唐・般若經
21_321_11

初唐・般若經
23_356_14

初唐・般若經
23_357_3

初唐・般若經
24_358_10

中唐・翰苑
10_127_2

中唐・翰苑
28_362_12

中唐・般若經
4_52_15

中唐・般若經
4_53_5

中唐・般若經
4_53_13

中唐・般若經
4_54_5

中唐・般若經
4_54_12

中唐・般若經
4_55_4

中唐・般若經
4_55_13

中唐・般若經
4_56_3

中唐・般若經
5_58_10

中唐・般若經
5_59_1

中唐・般若經
5_59_16

中唐・般若經
5_60_6

中唐・般若經
5_60_13

中唐・般若經
5_61_3

中唐・般若經
5_61_11

中唐・般若經 5_62_1
中唐・般若經 5_62_9
中唐・般若經 5_63_7
中唐・般若經 5_70_5
中唐・般若經 5_72_15
中唐・般若經 6_78_2
中唐・般若經 7_113_6
中唐・般若經 7_114_13

中唐・般若經 8_115_16
中唐・般若經 8_117_5
中唐・般若經 8_120_6
中唐・般若經 8_121_14
中唐・般若經 8_123_3
中唐・般若經 8_127_17
中唐・般若經 8_129_6
中唐・般若經 8_130_10

中唐・般若經 8_131_16
晚唐•摩訶止觀 2_14_10
晚唐•摩訶止觀 4_35_21
晚唐•摩訶止觀 7_63_24
晚唐•摩訶止觀 9_78_20
晚唐•摩訶止觀 9_82_21
晚唐•摩訶止觀 15_128_8
晚唐•摩訶止觀 28_243_5

晚唐•摩訶止觀 28_243_8
晚唐•摩訶止觀 28_243_11
晚唐•摩訶止觀 28_243_15
晚唐•摩訶止觀 28_244_14
晚唐•摩訶止觀 28_244_18
晚唐•摩訶止觀 28_244_21
晚唐•摩訶止觀 28_245_16
晚唐•摩訶止觀 29_254_9

晚唐•摩訶止觀 30_266_20
晚唐•摩訶止觀 33_283_19
晚唐•摩訶止觀 33_283_23
晚唐•摩訶止觀 34_292_2
晚唐•摩訶止觀 36_308_22
晚唐•摩訶止觀 36_312_1
晚唐•摩訶止觀 38_326_7
晚唐•摩訶止觀 38_326_18

晚唐•摩訶止觀 38_327_1
晚唐•摩訶止觀 38_327_4
晚唐•摩訶止觀 38_327_7
晚唐•摩訶止觀 38_329_10
晚唐•摩訶止觀 38_329_15
晚唐•摩訶止觀 38_330_14
晚唐•摩訶止觀 38_331_2
晚唐•摩訶止觀 38_331_9

晚唐•摩訶止觀 38_331_17
晚唐•摩訶止觀 38_331_25
晚唐•摩訶止觀 38_332_13
晚唐•摩訶止觀 39_333_5
晚唐•摩訶止觀 39_333_12
晚唐•摩訶止觀 39_334_3
晚唐•摩訶止觀 39_334_8
晚唐•摩訶止觀 39_334_12

| | | | | | | |
|---|---|---|---|---|---|---|
| 五代·大毗盧經 12_152_6 | 五代·密教部類 6_88_41 | 晚唐·摩訶止觀 50_423_3 | 晚唐·摩訶止觀 48_413_8 | 晚唐·摩訶止觀 46_397_18 | 晚唐·摩訶止觀 45_386_15 | 晚唐·摩訶止觀 39_334_16 |
| 五代·大毗盧經 78_946_14 | 五代·大毗盧經 6_70_13 | 晚唐·摩訶止觀 50_423_7 | 晚唐·摩訶止觀 48_414_9 | 晚唐·摩訶止觀 46_397_24 | 晚唐·摩訶止觀 45_386_22 | 晚唐·摩訶止觀 39_335_25 |
| 五代·大毗盧經 78_946_19 | 五代·大毗盧經 8_92_6 | 晚唐·摩訶止觀 50_423_10 | 晚唐·摩訶止觀 48_414_17 | 晚唐·摩訶止觀 46_398_21 | 晚唐·摩訶止觀 45_386_27 | 晚唐·摩訶止觀 39_336_16 |
| 五代·大毗盧經 78_951_15 | 五代·大毗盧經 8_100_14 | 晚唐·摩訶止觀 58_488_19 | 晚唐·摩訶止觀 49_416_2 | 晚唐·摩訶止觀 47_399_7 | 晚唐·摩訶止觀 45_387_16 | 晚唐·摩訶止觀 39_337_18 |
| 五代·大毗盧經 79_954_9 | 五代·大毗盧經 10_117_16 | 五代·密教部類 3_30_9 | 晚唐·摩訶止觀 50_422_10 | 晚唐·摩訶止觀 47_399_10 | 晚唐·摩訶止觀 45_388_8 | 晚唐·摩訶止觀 39_337_26 |
| 五代·大毗盧經 79_957_8 | 五代·大毗盧經 11_141_15 | 五代·密教部類 3_32_22 | 晚唐·摩訶止觀 50_422_20 | 晚唐·摩訶止觀 48_411_20 | 晚唐·摩訶止觀 45_388_16 | 晚唐·摩訶止觀 44_379_27 |
| 五代·大毗盧經 80_974_18 | 五代·大毗盧經 12_147_9 | 五代·密教部類 3_34_35 | 晚唐·摩訶止觀 50_422_23 | 晚唐·摩訶止觀 48_412_9 | 晚唐·摩訶止觀 46_391_24 | 晚唐·摩訶止觀 45_385_13 |
| 五代·大毗盧經 80_975_1 | 五代·大毗盧經 12_148_5 | 五代·密教部類 4_51_29 | 晚唐·摩訶止觀 50_422_27 | 晚唐·摩訶止觀 48_412_22 | 晚唐·摩訶止觀 46_392_2 | 晚唐·摩訶止觀 45_386_1 |

| 突 | 穹 |
| --- | --- |
| 漢 トツ<br>訓 つく | キュウ<br>訓 そら |

**突**

中唐・翰苑
23_304_5

**穹**

中唐・翰苑
11_135_28

中唐・翰苑
11_136_31

中唐・翰苑
43_548_11

五代・大毗盧經
92_1136_6

五代・大毗盧經
93_1137_8

五代・大毗盧經
93_1141_10

五代・大毗盧經
94_1149_17

五代・大毗盧經
98_1200_9

五代・大毗盧經
90_1106_12

五代・大毗盧經
91_1110_11

五代・大毗盧經
91_1110_14

五代・大毗盧經
92_1128_13

五代・大毗盧經
92_1133_3

五代・大毗盧經
92_1134_16

五代・大毗盧經
92_1135_6

五代・大毗盧經
92_1135_20

五代・大毗盧經
85_1048_13

五代・大毗盧經
87_1062_24

五代・大毗盧經
87_1063_24

五代・大毗盧經
88_1079_22

五代・大毗盧經
89_1087_25

五代・大毗盧經
89_1087_26

五代・大毗盧經
90_1097_16

五代・大毗盧經
90_1099_1

五代・大毗盧經
85_1040_7

五代・大毗盧經
85_1041_15

五代・大毗盧經
85_1042_18

五代・大毗盧經
85_1044_2

五代・大毗盧經
85_1044_11

五代・大毗盧經
85_1044_25

五代・大毗盧經
85_1045_18

五代・大毗盧經
85_1046_9

五代・大毗盧經
80_976_7

五代・大毗盧經
80_979_12

五代・大毗盧經
80_979_23

五代・大毗盧經
82_996_20

五代・大毗盧經
83_1018_11

五代・大毗盧經
84_1022_8

五代・大毗盧經
84_1023_9

五代・大毗盧經
84_1025_29

| | | 窮 | 窣 | 窟 | 窘 | 穿 |
|---|---|---|---|---|---|---|
| | | 漢キュウ<br>訓きわめる | ソツ<br>訓にわか | 慣クツ漢コツ<br>訓いわや | 漢キン<br>訓つまる | セン<br>訓あな |
| <br>中唐・翰苑<br>30_385_23<br><br>中唐・翰苑<br>30_386_38<br><br>晚唐•摩訶止觀<br>1_3_16<br><br>晚唐•摩訶止觀<br>7_58_4<br><br>晚唐•摩訶止觀<br>12_110_3<br><br>晚唐•摩訶止觀<br>34_295_15<br><br>晚唐•摩訶止觀<br>35_305_12 | <br>初唐•古文尚書<br>49_476_21<br><br>初唐•禮記正義<br>20_304_1<br><br>初唐・十誦律<br>19_372_1<br><br>初唐・十誦律<br>19_372_13<br><br>中唐・翰苑<br>9_112_21<br><br>中唐・翰苑<br>10_125_12<br><br>中唐・翰苑<br>25_327_10 | <br>初唐•古文尚書<br>12_110_15<br><br>初唐•古文尚書<br>12_110_25<br><br>初唐•古文尚書<br>16_155_27<br><br>初唐•古文尚書<br>34_321_6<br><br>初唐•古文尚書<br>34_321_12<br><br>初唐•古文尚書<br>34_322_1<br><br>初唐•古文尚書<br>34_322_10 | <br>五代•大毗盧經<br>31_396_21<br><br>五代•大毗盧經<br>45_553_7 | <br>初唐・十誦律<br>2_16_4<br><br>初唐・十誦律<br>2_21_7 | <br>中唐・翰苑<br>10_119_46<br><br>中唐・翰苑<br>13_159_10<br><br>中唐・翰苑<br>23_303_37 | <br>中唐・翰苑<br>25_329_27<br><br>中唐・翰苑<br>41_523_24<br><br>五代•大毗盧經<br>52_642_21<br><br>五代•大毗盧經<br>65_813_5<br><br>五代•大毗盧經<br>65_813_36 |

| | | 竊 | 竈 | 竄 | 窺 | |
|---|---|---|---|---|---|---|
| | | 漢セツ<br>訓うかがう | ソウ<br>訓かまど | サン慣ザン<br>訓かくれる | キ<br>訓うかがう | |
| | | <br>初唐•古文尚書<br>27_264_7<br><br>初唐•古文尚書<br>27_264_13<br><br>初唐•古文尚書<br>28_274_6<br><br>晚唐•摩訶止觀<br>43_372_17<br><br>晚唐•摩訶止觀<br>43_372_19<br><br>五代•密教部類<br>1_3_1 | <br>中唐・翰苑<br>18_238_25 | <br>中唐・翰苑<br>14_173_30<br><br>中唐・翰苑<br>22_296_11<br><br>中唐・翰苑<br>22_296_12 | <br>初唐•禮記正義<br>15_231_24 | <br>五代•大毗盧經<br>30_376_29<br><br>五代•大毗盧經<br>30_376_35<br><br>五代•大毗盧經<br>96_1177_10 |

# 疋部

## 疋 𤴔

漢ソ 呉ショ
訓あし

中唐・翰苑
33_423_32

## 疏 𤴙

漢ソ 呉ショ
訓とおる

初唐•古文尚書
38_365_10

中唐・翰苑
6_66_8

中唐・翰苑
8_103_24

中唐・翰苑
11_133_5

中唐・翰苑
13_171_22

中唐・翰苑
25_334_15

中唐・翰苑
27_349_5

中唐・翰苑
40_516_17

中唐・翰苑
42_536_26

中唐・翰苑
44_557_14

中唐・翰苑
44_557_24

五代•密教部類
6_82_7

五代•密教部類
6_85_22

五代•密教部類
6_88_10

五代•密教部類
6_88_39

五代•大毗盧經
2_17_18

## 疑 𤴸

漢ギ
訓うたがう

初唐•古文尚書
45_439_18

初唐•古文尚書
45_439_24

初唐•古文尚書
45_440_5

初唐•古文尚書
45_440_10

初唐•古文尚書
45_442_22

初唐•古文尚書
45_443_13

初唐•古文尚書
46_444_3

初唐•古文尚書
46_445_8

初唐•古文尚書
46_446_12

初唐•古文尚書
46_447_32

初唐•古文尚書
46_448_11

初唐•古文尚書
46_452_13

初唐•禮記正義
4_51_12

初唐•禮記正義
10_156_12

初唐•禮記正義
10_156_24

初唐•禮記正義
10_157_27

初唐•禮記正義
10_158_2

初唐•禮記正義
10_158_16

初唐•禮記正義
10_159_9

初唐・十誦律
9_162_8

初唐・十誦律
9_169_2

初唐・十誦律
10_189_13

初唐・十誦律
10_190_10

初唐・十誦律
11_195_17

| | | | | | | |
|---|---|---|---|---|---|---|
| | | | <br>五代•大毗盧經<br>97_1188_2 | <br>五代•大毗盧經<br>39_472_8 | 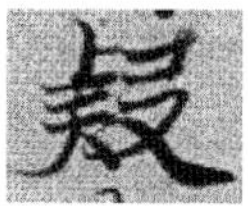<br>晚唐•摩訶止觀<br>10_91_8 | <br>初唐・十誦律<br>11_212_15 |
| | | | | <br>五代•大毗盧經<br>54_662_4 | 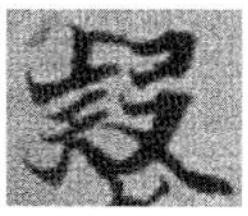<br>晚唐•摩訶止觀<br>13_116_13 | <br>初唐・十誦律<br>11_214_6 |
| | | | | <br>五代•大毗盧經<br>55_673_2 | <br>晚唐•摩訶止觀<br>20_171_14 | <br>中唐・翰苑<br>6_70_2 |
| | | | | <br>五代•大毗盧經<br>55_673_17 | <br>晚唐•摩訶止觀<br>27_229_17 | <br>中唐・翰苑<br>6_71_36 |
| | | | | <br>五代•大毗盧經<br>55_673_26 | <br>晚唐•摩訶止觀<br>27_229_20 | <br>晚唐•摩訶止觀<br>4_34_3 |
| | | | | 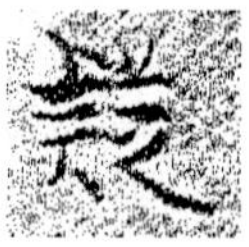<br>五代•大毗盧經<br>55_673_40 | 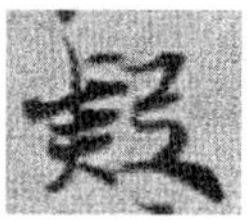<br>晚唐•摩訶止觀<br>58_487_24 | <br>晚唐•摩訶止觀<br>5_45_15 |
| | | | | <br>五代•大毗盧經<br>66_831_24 | <br>五代•密教部類<br>6_86_38 | <br>晚唐•摩訶止觀<br>7_65_19 |
| | | | | <br>五代•大毗盧經<br>66_831_32 | <br>五代•密教部類<br>6_88_48 | <br>晚唐•摩訶止觀<br>10_87_2 |

# 皮部

皮

漢現 ヒ
訓 かわ

初唐•古文尚書
4_34_18

初唐•禮記正義
21_323_23

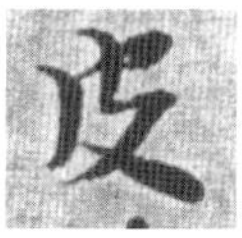

初唐•禮記正義
23_349_23

初唐•禮記正義
25_381_24

初唐•禮記正義
25_385_22

中唐•翰苑
4_40_18

中唐•翰苑
12_154_33

中唐•翰苑
14_176_19

中唐•翰苑
18_236_24

中唐•翰苑
27_348_26

中唐•翰苑
30_384_33

中唐•翰苑
31_399_41

中唐•翰苑
33_432_24

中唐•翰苑
34_435_31

中唐•翰苑
41_519_39

晚唐•摩訶止觀
40_349_15

五代•大毗盧經
67_842_19

# 癶部

## 癸 癸 癸

キ
訓 みずのと

祭天
中唐・翰苑
22_284_15

## 登 登

現 トウ 慣 現 ト
訓 のぼる

初唐・古文尚書
11_99_22

初唐・禮記正義
11_172_50

初唐・禮記正義
11_174_16

初唐・禮記正義
12_185_10

初唐・禮記正義
14_221_7

祭祀
初唐・禮記正義
29_451_4

祭祀
初唐・禮記正義
29_451_16

中唐・翰苑
8_96_10

中唐・翰苑
8_97_34

中唐・翰苑
8_97_38

中唐・翰苑
9_107_7

中唐・翰苑
22_293_10

中唐・翰苑
25_325_5

中唐・翰苑
37_473_9

中唐・翰苑
37_475_37

五代・大毗盧經
40_474_5

五代・大毗盧經
41_494_42

## 發 發

慣 現 ホツ 呉 ホチ
漢 現 ハツ
訓 はなつ

初唐・古文尚書
9_76_1

初唐・古文尚書
9_76_26

初唐・古文尚書
11_98_17

初唐・古文尚書
27_268_24

初唐・古文尚書
27_269_10

初唐・古文尚書
37_358_31

初唐・古文尚書
37_359_15

初唐・古文尚書
41_392_13

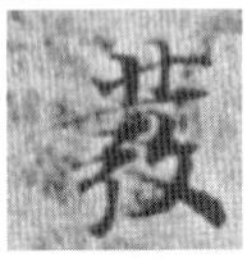
初唐・古文尚書
41_393_33

初唐・禮記正義
14_215_14

初唐・禮記正義
14_217_10

初唐・禮記正義
21_315_5

初唐・禮記正義
27_426_11

初唐・十誦律
19_371_5

中唐・翰苑
5_58_4

中唐・翰苑
6_67_17

中唐・翰苑
6_69_10

中唐・翰苑
9_109_29

中唐・翰苑
10_122_2

中唐・翰苑
10_124_26

中唐・翰苑
10_125_38

中唐・翰苑
10_131_21

中唐・翰苑
13_160_41

中唐・翰苑
15_191_8

中唐・翰苑
15_197_3

中唐・翰苑
21_273_3

中唐・翰苑
23_303_29

中唐・翰苑
24_320_16

中唐・翰苑
29_382_2

中唐・翰苑
34_439_35

中唐・翰苑
36_461_27

中唐・翰苑
37_477_18

中唐・翰苑
41_520_28

中唐・翰苑
42_540_27

中唐・翰苑
43_544_19

中唐・般若經
5_67_15

中唐・般若經
6_85_15

中唐・般若經
7_112_15

中唐・般若經
9_136_15

中唐・般若經
10_156_15

中唐・般若經
11_185_15

中唐・般若經
15_256_15

中唐・般若經
16_286_15

中唐・般若經
17_303_15

中唐・般若經
18_322_15

晚唐•摩訶止觀
3_25_23

晚唐•摩訶止觀
7_57_1

晚唐•摩訶止觀
11_95_2

晚唐•摩訶止觀
12_102_11

晚唐•摩訶止觀
18_158_24

晚唐•摩訶止觀
18_159_5

晚唐•摩訶止觀
18_159_9

晚唐•摩訶止觀
19_167_22

晚唐•摩訶止觀
19_168_13

晚唐•摩訶止觀
19_169_12

晚唐•摩訶止觀
20_174_2

晚唐•摩訶止觀
21_179_3

晚唐•摩訶止觀
21_180_14

晚唐•摩訶止觀
21_182_5

晚唐•摩訶止觀
22_187_9

晚唐•摩訶止觀
22_188_15

晚唐•摩訶止觀
22_189_21

晚唐•摩訶止觀
22_191_17

晚唐•摩訶止觀
24_205_11

晚唐•摩訶止觀
24_205_15

晚唐•摩訶止觀
24_206_4

晚唐•摩訶止觀
24_208_6

晚唐•摩訶止觀
27_235_5

晚唐•摩訶止觀
27_236_4

晚唐•摩訶止觀
31_271_17

晚唐•摩訶止觀
31_271_27

晚唐•摩訶止觀
31_272_8

晚唐•摩訶止觀
31_274_4

晚唐•摩訶止觀
31_274_20

晚唐•摩訶止觀
32_277_22

晚唐•摩訶止觀
32_278_3

晚唐•摩訶止觀
32_280_14

晚唐•摩訶止觀
32_282_10

晚唐•摩訶止觀
33_285_3

晚唐•摩訶止觀
33_286_10

晚唐•摩訶止觀
33_286_27

晚唐•摩訶止觀
33_287_27

晚唐•摩訶止觀
33_290_28

晚唐•摩訶止觀
34_294_1

晚唐•摩訶止觀
34_296_22

晚唐•摩訶止觀
34_299_1

晚唐•摩訶止觀
34_299_15

晚唐•摩訶止觀
35_306_16

晚唐•摩訶止觀
39_338_25

晚唐•摩訶止觀
39_339_20

晚唐•摩訶止觀
44_378_28

晚唐•摩訶止觀
46_392_13

晚唐•摩訶止觀
48_410_25

晚唐•摩訶止觀
53_449_15

晚唐•摩訶止觀
53_449_17

晚唐•摩訶止觀
53_449_27

晚唐•摩訶止觀
53_450_5

晚唐•摩訶止觀
53_450_7

晚唐•摩訶止觀
53_450_26

晚唐•摩訶止觀
54_456_16

晚唐•摩訶止觀
55_462_27

晚唐•摩訶止觀
55_467_15

晚唐•摩訶止觀
55_467_26

晚唐•摩訶止觀
60_504_3

晚唐•摩訶止觀
61_512_4

晚唐•摩訶止觀
61_513_9

五代•大毗盧經
4_45_11

五代•大毗盧經
4_47_1

五代•大毗盧經
9_105_2

五代•大毗盧經
15_189_30

五代•大毗盧經
17_221_11

五代•大毗盧經
17_225_9

五代•大毗盧經
20_259_6

五代•大毗盧經
31_396_9

五代•大毗盧經
38_443_4

五代•大毗盧經
41_494_11

五代•大毗盧經
43_523_14

五代•大毗盧經
45_551_9

五代•大毗盧經
46_559_12

五代•大毗盧經
54_659_8

五代•大毗盧經
55_670_12

五代•大毗盧經
55_670_17

五代•大毗盧經
60_737_2

五代•大毗盧經
63_779_18

五代•大毗盧經
63_781_11

五代•大毗盧經
65_814_7

五代•大毗盧經
66_825_17

五代•大毗盧經
66_825_19

五代•大毗盧經
68_858_14

五代•大毗盧經
68_858_19

五代•大毗盧經
73_901_18

五代•大毗盧經
75_922_1

五代•大毗盧經
98_1201_4

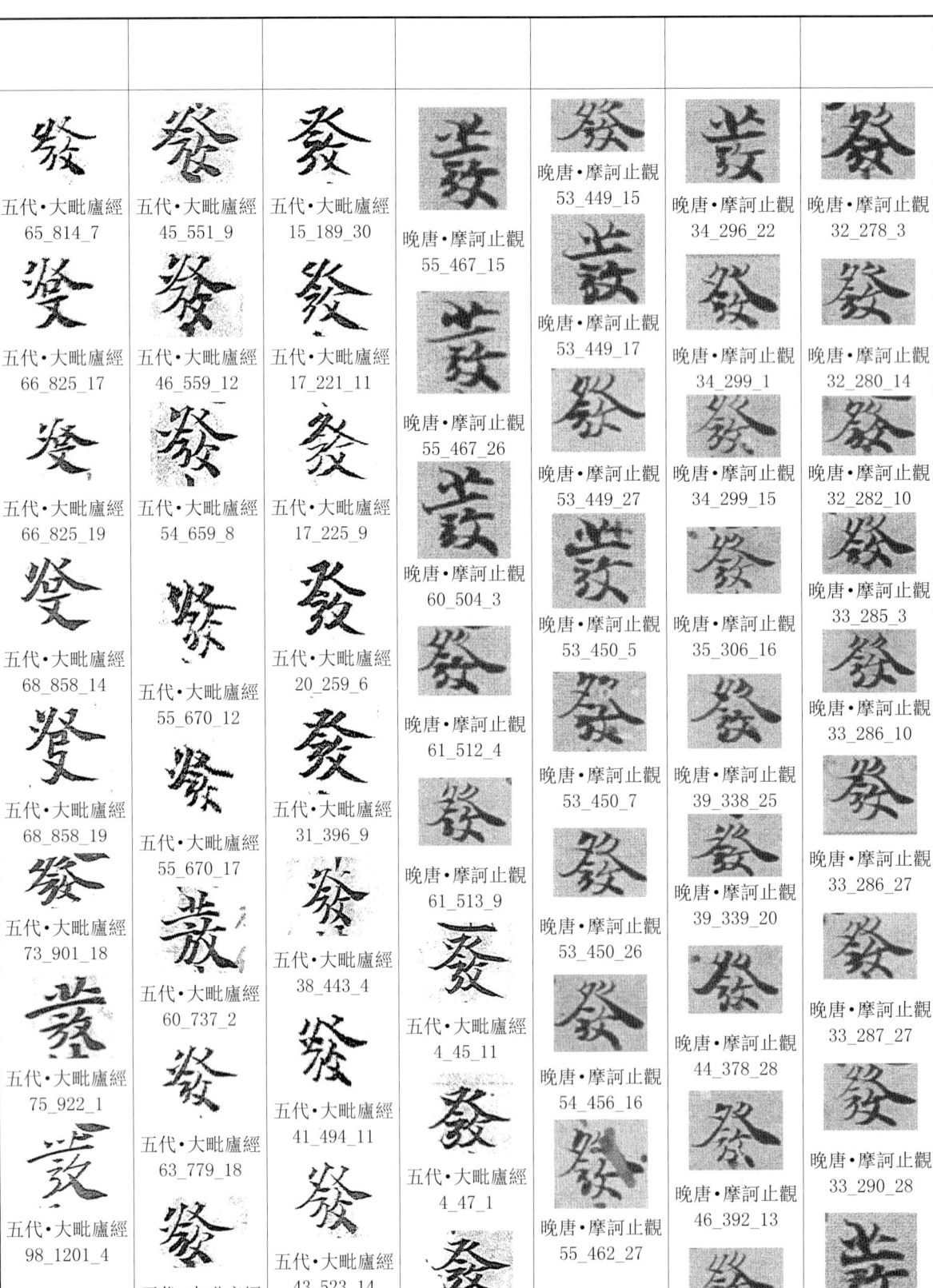

# 矛部

## 矜矝

漢キン漢ケイ
訓あわれむ

初唐•古文尚書
20_196_1

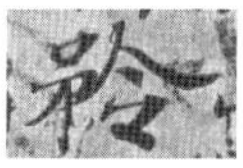
初唐•古文尚書
33_309_35

初唐•古文尚書
33_310_21

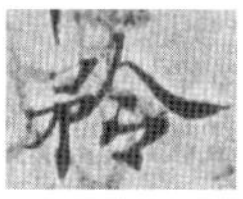
初唐•古文尚書
41_394_4

初唐•古文尚書
41_395_11

初唐•禮記正義
17_259_17

中唐・翰苑
18_237_1

## 矟

サク
訓ほこ

五代•大毗盧經
82_996_30

# 耒部

## 耘

ウン
訓くさぎる

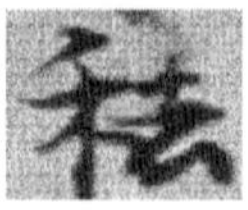
晩唐•摩訶止觀
60_510_10

## 耕 耕

漢現コウ呉キョウ
訓たがやす

初唐•古文尚書
3_20_4

初唐•古文尚書
5_42_5

初唐•古文尚書
8_66_19

初唐・毛詩傳
1_10_2

初唐•禮記正義
8_126_4

初唐•禮記正義
8_126_7

初唐•禮記正義
27_425_6

中唐・翰苑
12_147_3

中唐・翰苑
35_457_20

中唐・翰苑
37_481_32

晩唐•摩訶止觀
44_377_19

五代•大毗盧經
7_79_7

## 耗 耗

慣現モウ漢現コウ
訓へる

中唐・翰苑
14_174_24

## 耦 耦

慣グウ漢ゴウ
訓たぐい

初唐・毛詩傳
1_10_1

## 耨

ジョウ漢ドウ
訓くわ

中唐・翰苑
45_578_1

# 老部

## 老

現 ロウ
訓 おいる

初唐・古文尚書 7_60_6
初唐・古文尚書 10_88_6
初唐・古文尚書 10_88_17
初唐・古文尚書 10_88_22
初唐・古文尚書 28_273_25
初唐・古文尚書 40_381_2
初唐・禮記正義 14_213_8
初唐・禮記正義 14_213_13

初唐・禮記正義 14_213_18
初唐・禮記正義 14_215_9
初唐・禮記正義 25_388_20
初唐・禮記正義 25_389_19
初唐・禮記正義 26_390_22
初唐・禮記正義 26_392_14
初唐・十誦律 2_15_9
初唐・十誦律 3_40_2

初唐・十誦律 3_43_9
初唐・十誦律 3_46_6
初唐・十誦律 4_60_1
初唐・十誦律 4_64_9
初唐・十誦律 4_65_17
初唐・十誦律 4_70_12
初唐・十誦律 5_73_14
初唐・十誦律 5_74_4

初唐・十誦律 5_75_9
初唐・十誦律 5_76_12
初唐・十誦律 5_79_10
初唐・十誦律 5_79_13
初唐・十誦律 5_80_15
初唐・十誦律 5_81_6
初唐・十誦律 5_82_14
初唐・十誦律 5_83_9

初唐・十誦律 5_84_12
初唐・十誦律 5_86_6
初唐・十誦律 5_87_15
初唐・十誦律 6_97_7
初唐・十誦律 8_139_17
初唐・十誦律 9_160_9
初唐・十誦律 9_161_1
初唐・十誦律 10_177_16

初唐・十誦律 10_179_16
初唐・十誦律 10_181_16
初唐・十誦律 10_190_6
初唐・般若經 6_82_9
初唐・般若經 6_83_4
初唐・般若經 7_84_15
初唐・般若經 19_292_8
初唐・般若經 20_293_3

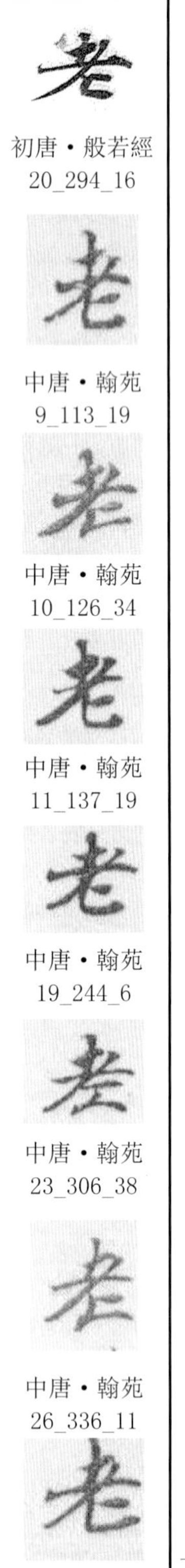

初唐・般若經 20_294_16

中唐・翰苑 9_113_19

中唐・翰苑 10_126_34

中唐・翰苑 11_137_19

中唐・翰苑 19_244_6

中唐・翰苑 23_306_38

中唐・翰苑 26_336_11

中唐・翰苑 26_341_20

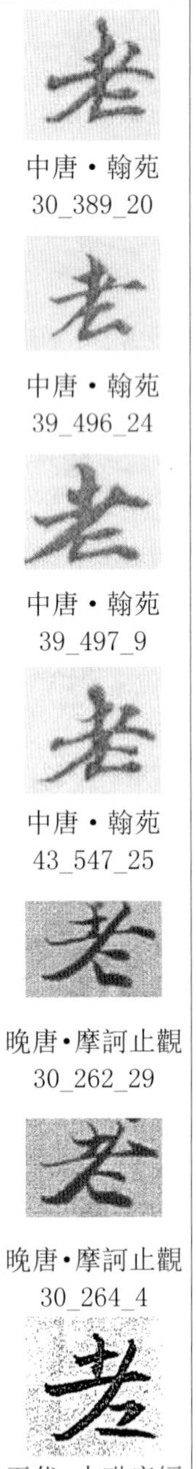

中唐・翰苑 30_389_20

中唐・翰苑 39_496_24

中唐・翰苑 39_497_9

中唐・翰苑 43_547_25

晩唐・摩訶止觀 30_262_29

晩唐・摩訶止觀 30_264_4

五代・大毗盧經 27_343_30

## 考

漢 コウ
訓 かんがえる

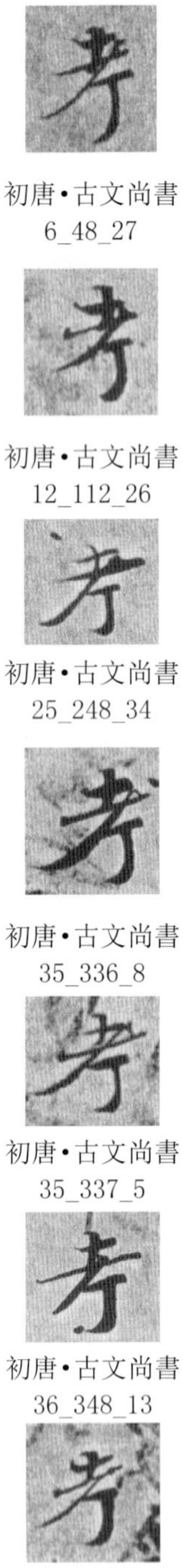

初唐・古文尚書 6_48_27

初唐・古文尚書 12_112_26

初唐・古文尚書 25_248_34

初唐・古文尚書 35_336_8

初唐・古文尚書 35_337_5

初唐・古文尚書 36_348_13

初唐・古文尚書 45_441_16

初唐・毛詩傳 3_32_3

初唐・毛詩傳 3_32_7

初唐・十誦律 19_366_2

## 者

現 シャ
訓 もの

初唐・古文尚書 2_15_14

初唐・古文尚書 3_22_8

初唐・古文尚書 3_23_17

初唐・古文尚書 4_36_26

初唐・古文尚書 7_57_17

初唐・古文尚書 10_85_13

初唐・古文尚書 11_99_17

初唐・古文尚書 11_102_28

初唐・古文尚書 14_132_28

初唐・古文尚書 16_155_24

初唐・古文尚書 16_155_34

初唐・古文尚書 20_188_17

初唐・古文尚書 21_206_22

初唐・古文尚書 22_213_4

初唐・古文尚書 23_225_24

初唐・古文尚書 24_236_24

初唐・古文尚書 24_237_2

初唐・古文尚書 25_240_22

初唐・古文尚書 26_253_29

初唐・古文尚書 27_265_29

初唐・古文尚書 28_273_11

初唐•古文尚書 28_275_41
初唐•古文尚書 28_276_21
初唐•古文尚書 31_290_21
初唐•古文尚書 33_307_14
初唐•古文尚書 34_323_6
初唐•古文尚書 40_381_34
初唐•古文尚書 40_389_20

初唐•古文尚書 41_393_8
初唐•古文尚書 41_393_39
初唐•古文尚書 41_393_42
初唐•古文尚書 41_395_15
初唐•古文尚書 41_395_23
初唐•古文尚書 41_399_18
初唐•古文尚書 42_404_6

初唐•古文尚書 43_413_14
初唐•古文尚書 43_418_14
初唐•古文尚書 44_423_6
初唐•古文尚書 44_423_34
初唐•古文尚書 44_424_31
初唐•古文尚書 45_433_22
初唐•古文尚書 45_439_4

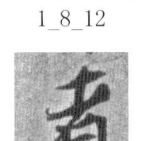

初唐•古文尚書 46_447_24
初唐•古文尚書 47_455_9
初唐•古文尚書 48_465_28
初唐•古文尚書 49_478_15
初唐・毛詩傳 2_19_14
初唐・毛詩傳 4_40_3
初唐・毛詩傳 4_41_27

初唐・毛詩傳 5_48_24
初唐・毛詩傳 5_53_11
初唐・毛詩傳 6_64_17
初唐・毛詩傳 6_66_16
初唐・毛詩傳 7_68_2
初唐・毛詩傳 7_68_5
初唐・毛詩傳 7_73_3

初唐・毛詩傳 7_74_2
初唐・毛詩傳 8_83_26
初唐・毛詩傳 9_94_21
初唐・毛詩傳 9_94_26
初唐・毛詩傳 9_96_19
初唐・毛詩傳 9_101_7
初唐・毛詩傳 10_103_13

初唐・毛詩傳 10_104_4
初唐•禮記正義 1_1_13
初唐•禮記正義 1_3_4
初唐•禮記正義 1_8_12
初唐•禮記正義 1_9_9
初唐•禮記正義 1_10_12
初唐•禮記正義 1_11_27

初唐•禮記正義
1_13_25

初唐•禮記正義
1_14_20

初唐•禮記正義
2_17_11

初唐•禮記正義
2_19_22

初唐•禮記正義
2_21_22

初唐•禮記正義
2_22_25

初唐•禮記正義
2_26_20

初唐•禮記正義
2_27_5

初唐•禮記正義
2_32_14

初唐•禮記正義
2_33_1

初唐•禮記正義
2_33_22

初唐•禮記正義
3_34_22

初唐•禮記正義
3_36_26

初唐•禮記正義
3_39_28

初唐•禮記正義
3_46_1

初唐•禮記正義
3_47_18

初唐•禮記正義
3_48_20

初唐•禮記正義
4_50_15

初唐•禮記正義
4_50_26

初唐•禮記正義
4_57_14

初唐•禮記正義
4_58_13

初唐•禮記正義
4_58_21

初唐•禮記正義
4_60_20

初唐•禮記正義
4_62_7

初唐•禮記正義
4_65_17

初唐•禮記正義
4_66_14

初唐•禮記正義
5_67_27

初唐•禮記正義
5_69_29

初唐•禮記正義
5_77_17

初唐•禮記正義
5_81_15

初唐•禮記正義
6_82_16

初唐•禮記正義
6_83_8

初唐•禮記正義
6_88_15

初唐•禮記正義
6_90_2

初唐•禮記正義
6_92_12

初唐•禮記正義
6_94_13

初唐•禮記正義
7_98_11

初唐•禮記正義
7_100_17

初唐•禮記正義
7_101_23

初唐•禮記正義
7_105_10

初唐•禮記正義
7_106_27

初唐•禮記正義
7_108_10

初唐•禮記正義
7_109_30

初唐•禮記正義
7_112_22

初唐•禮記正義
8_114_7

初唐•禮記正義
8_115_6

初唐•禮記正義
8_118_4

初唐•禮記正義
8_119_24

初唐•禮記正義
8_120_57

初唐•禮記正義 8_127_5
初唐•禮記正義 9_132_10
初唐•禮記正義 9_145_4
初唐•禮記正義 10_147_8
初唐•禮記正義 10_149_22
初唐•禮記正義 10_150_7
初唐•禮記正義 10_150_27

初唐•禮記正義 10_151_12
初唐•禮記正義 10_152_4
初唐•禮記正義 10_152_19
初唐•禮記正義 10_153_14
初唐•禮記正義 10_153_25
初唐•禮記正義 10_154_21
初唐•禮記正義 10_155_7

初唐•禮記正義 10_156_13
初唐•禮記正義 20_307_7
初唐•禮記正義 21_311_17
初唐•禮記正義 21_312_23
初唐•禮記正義 21_314_8
初唐•禮記正義 21_315_17
初唐•禮記正義 21_316_6

初唐•禮記正義 21_318_23
初唐•禮記正義 21_320_17
初唐•禮記正義 21_322_12
初唐•禮記正義 21_323_11
初唐•禮記正義 21_325_13
初唐•禮記正義 22_327_9
初唐•禮記正義 22_331_6

初唐•禮記正義 22_333_11
初唐•禮記正義 22_339_25
初唐•禮記正義 22_340_1
初唐•禮記正義 22_340_9
初唐•禮記正義 23_341_23
初唐•禮記正義 23_343_24
初唐•禮記正義 23_347_14

初唐•禮記正義 23_350_22
初唐•禮記正義 23_352_11
初唐•禮記正義 30_471_7
初唐•禮記正義 30_473_5
初唐•禮記正義 30_475_21
初唐•禮記正義 30_475_27
初唐•十誦律 4_61_1

初唐•十誦律 6_98_1
中唐•翰苑 2_12_16
中唐•翰苑 2_15_19
中唐•翰苑 3_28_2
中唐•翰苑 3_30_35
中唐•翰苑 3_31_38
中唐•翰苑 4_44_4

中唐・翰苑
4_44_17

中唐・翰苑
4_48_38

中唐・翰苑
5_59_18

中唐・翰苑
6_66_15

中唐・翰苑
7_80_22

中唐・翰苑
7_83_22

中唐・翰苑
7_86_4

中唐・翰苑
7_91_7

中唐・翰苑
7_91_22

中唐・翰苑
7_91_34

中唐・翰苑
7_91_37

中唐・翰苑
7_91_41

中唐・翰苑
8_95_32

中唐・翰苑
8_95_36

中唐・翰苑
28_368_26

中唐・翰苑
28_368_30

中唐・翰苑
28_368_34

中唐・翰苑
28_368_43

中唐・翰苑
28_369_8

中唐・翰苑
29_376_42

中唐・翰苑
30_391_1

中唐・翰苑
31_397_24

中唐・翰苑
31_402_13

中唐・翰苑
33_428_9

中唐・翰苑
33_431_38

中唐・翰苑
34_443_8

中唐・翰苑
35_447_13

中唐・翰苑
35_453_17

中唐・翰苑
36_459_29

中唐・翰苑
36_467_30

中唐・翰苑
36_468_12

中唐・翰苑
37_474_14

中唐・翰苑
37_475_14

中唐・翰苑
37_476_28

中唐・翰苑
37_480_18

中唐・翰苑
38_483_31

中唐・翰苑
38_486_10

中唐・翰苑
39_495_35

中唐・翰苑
39_499_11

中唐・翰苑
39_502_20

中唐・翰苑
40_507_19

中唐・翰苑
40_509_17

中唐・翰苑
40_512_8

中唐・翰苑
41_522_38

中唐・翰苑
41_523_34

中唐・翰苑
41_528_6

中唐・翰苑
43_544_24

中唐・翰苑
43_553_12

中唐・翰苑
45_572_12

| | | | | | | |
|---|---|---|---|---|---|---|
| 晚唐•摩訶止觀<br>1_2_10 | 中唐·般若經<br>17_299_14 | 中唐·般若經<br>13_227_16 | 中唐·般若經<br>10_167_8 | 中唐·般若經<br>7_113_4 | 中唐·般若經<br>5_64_3 | 中唐·翰苑<br>45_575_17 |
| 晚唐•摩訶止觀<br>1_5_11 | 中唐·般若經<br>17_304_4 | 中唐·般若經<br>15_253_6 | 中唐·般若經<br>11_182_14 | 中唐·般若經<br>8_120_3 | 中唐·般若經<br>5_68_4 | 中唐·翰苑<br>45_578_5 |
| 晚唐•摩訶止觀<br>2_12_12 | 中唐·般若經<br>18_309_2 | 中唐·般若經<br>15_257_4 | 中唐·般若經<br>11_186_4 | 中唐·般若經<br>8_133_11 | 中唐·般若經<br>6_80_7 | 中唐·般若經<br>2_4_4 |
| 晚唐•摩訶止觀<br>2_14_12 | 中唐·般若經<br>18_318_4 | 中唐·般若經<br>15_267_12 | 中唐·般若經<br>12_192_8 | 中唐·般若經<br>9_137_4 | 中唐·般若經<br>6_82_1 | 中唐·般若經<br>2_12_7 |
| 晚唐•摩訶止觀<br>3_23_35 | 中唐·般若經<br>18_323_4 | 中唐·般若經<br>16_283_1 | 中唐·般若經<br>12_204_9 | 中唐·般若經<br>9_142_13 | 中唐·般若經<br>6_86_4 | 中唐·般若經<br>3_28_3 |
| 晚唐•摩訶止觀<br>3_23_37 | 中唐·般若經<br>19_328_2 | 中唐·般若經<br>17_287_4 | 中唐·般若經<br>12_208_4 | 中唐·般若經<br>10_153_7 | 中唐·般若經<br>6_95_9 | 中唐·般若經<br>3_32_4 |
| 晚唐•摩訶止觀<br>3_23_39 | 中唐·般若經<br>19_337_4 | 中唐·般若經<br>17_291_11 | 中唐·般若經<br>13_214_16 | 中唐·般若經<br>10_157_4 | 中唐·般若經<br>7_109_8 | 中唐·般若經<br>4_50_12 |

者 晚唐•摩訶止觀 3_23_41
者 晚唐•摩訶止觀 3_24_24
者 晚唐•摩訶止觀 3_25_10
者 晚唐•摩訶止觀 3_29_13
者 晚唐•摩訶止觀 4_33_7
者 晚唐•摩訶止觀 4_34_4
者 晚唐•摩訶止觀 4_38_19

者 晚唐•摩訶止觀 5_43_9
者 晚唐•摩訶止觀 5_45_16
者 晚唐•摩訶止觀 51_432_12
者 晚唐•摩訶止觀 51_436_8
者 晚唐•摩訶止觀 52_439_18
者 晚唐•摩訶止觀 52_442_11
者 晚唐•摩訶止觀 52_444_19

者 晚唐•摩訶止觀 52_445_17
者 晚唐•摩訶止觀 53_446_7
者 晚唐•摩訶止觀 53_447_7
者 晚唐•摩訶止觀 53_449_5
者 晚唐•摩訶止觀 54_456_18
者 晚唐•摩訶止觀 55_466_14
者 晚唐•摩訶止觀 55_467_19

者 晚唐•摩訶止觀 56_471_29
者 晚唐•摩訶止觀 56_472_23
者 晚唐•摩訶止觀 56_474_10
者 晚唐•摩訶止觀 57_481_3
者 晚唐•摩訶止觀 57_483_5
者 晚唐•摩訶止觀 57_483_25
者 晚唐•摩訶止觀 58_487_15

者 晚唐•摩訶止觀 58_488_7
者 晚唐•摩訶止觀 58_490_27
者 晚唐•摩訶止觀 59_495_3
者 晚唐•摩訶止觀 59_500_16
者 晚唐•摩訶止觀 60_503_8
者 晚唐•摩訶止觀 60_505_13
者 晚唐•摩訶止觀 60_506_1

者 晚唐•摩訶止觀 60_507_6
者 晚唐•摩訶止觀 60_510_1
者 五代•密教部類 1_5_3
者 五代•密教部類 2_9_15
者 五代•密教部類 2_23_14
者 五代•密教部類 5_73_6
者 五代•密教部類 5_73_15

者 五代•大毗盧經 2_4_4
者 五代•大毗盧經 2_15_16
者 五代•大毗盧經 4_43_7
者 五代•大毗盧經 5_55_14
者 五代•大毗盧經 8_95_5
者 五代•大毗盧經 8_95_10
者 五代•大毗盧經 8_96_47

耆 耇

| | 耆 | 耇 | | | | |
|---|---|---|---|---|---|---|
| | シ<br>訓おいる | 漢コウ呉ク<br>訓としより | | | | |

中唐・翰苑 26_336_10
中唐・翰苑 26_338_27
中唐・翰苑 26_341_19
中唐・翰苑 33_424_12
中唐・翰苑 39_496_23
中唐・翰苑 39_497_8

初唐・十誦律 3_43_17
初唐・十誦律 3_46_12
中唐・翰苑 6_64_14
中唐・翰苑 7_84_25
中唐・翰苑 7_85_13
中唐・翰苑 7_85_22
中唐・翰苑 19_244_5
中唐・翰苑 21_274_16

初唐・古文尚書 28_273_1
初唐・古文尚書 28_273_24

五代・大毗盧經 94_1156_25
五代・大毗盧經 97_1185_4
五代・大毗盧經 97_1186_47
五代・大毗盧經 97_1188_5
五代・大毗盧經 97_1197_17
五代・大毗盧經 98_1211_15

五代・大毗盧經 64_807_26
五代・大毗盧經 66_829_24
五代・大毗盧經 68_852_26
五代・大毗盧經 79_964_2
五代・大毗盧經 90_1095_19
五代・大毗盧經 92_1130_18
五代・大毗盧經 92_1130_20

五代・大毗盧經 15_189_22
五代・大毗盧經 15_195_20
五代・大毗盧經 63_790_7
五代・大毗盧經 64_793_15
五代・大毗盧經 64_803_11
五代・大毗盧經 64_803_26
五代・大毗盧經 64_804_9

五代・大毗盧經 8_97_5
五代・大毗盧經 9_109_9
五代・大毗盧經 10_122_7
五代・大毗盧經 11_132_5
五代・大毗盧經 11_136_5
五代・大毗盧經 11_138_8
五代・大毗盧經 12_149_5

# 耳部

漢ジ 吳二
訓みみ

初唐・古文尚書 8_64_31
初唐・古文尚書 24_231_11
初唐・古文尚書 24_231_14
初唐・古文尚書 39_370_12
初唐・古文尚書 40_388_17
初唐・毛詩傳 5_53_20
初唐・毛詩傳 9_94_33

初唐・禮記正義 1_9_27
初唐・禮記正義 1_15_12
初唐・禮記正義 2_17_2
初唐・禮記正義 2_23_11
初唐・禮記正義 2_24_11
初唐・禮記正義 2_26_5
初唐・禮記正義 2_26_22

初唐・禮記正義 3_41_4
初唐・禮記正義 4_63_7
初唐・禮記正義 5_80_4
初唐・禮記正義 9_136_25
初唐・禮記正義 11_172_42
初唐・禮記正義 15_229_9
初唐・禮記正義 15_234_1

初唐・禮記正義 22_338_13
初唐・禮記正義 27_411_21
初唐・禮記正義 27_414_23
初唐・禮記正義 30_473_10
初唐・般若經 2_13_12
初唐・般若經 2_14_3
初唐・般若經 2_15_10

初唐・般若經 3_32_3
初唐・般若經 3_32_7
初唐・般若經 3_33_10
初唐・般若經 4_35_4
初唐・般若經 4_35_8
初唐・般若經 4_35_10
初唐・般若經 4_36_7

初唐・般若經 4_38_3
初唐・般若經 15_219_8
初唐・般若經 15_219_16
初唐・般若經 15_221_8
初唐・般若經 16_239_2
初唐・般若經 16_239_6
初唐・般若經 16_240_11

## 刵

漢 ジ
訓 みみきる

初唐•古文尚書
40_387_15

晚唐•摩訶止觀
61_518_25

晚唐•摩訶止觀
62_519_9

五代•大毗盧經
25_317_28

五代•大毗盧經
26_326_35

五代•大毗盧經
78_947_5

五代•大毗盧經
78_947_7

五代•大毗盧經
97_1187_21

晚唐•摩訶止觀
27_236_10

晚唐•摩訶止觀
27_236_20

晚唐•摩訶止觀
29_251_27

晚唐•摩訶止觀
39_333_8

晚唐•摩訶止觀
42_362_21

晚唐•摩訶止觀
57_482_17

晚唐•摩訶止觀
57_483_19

晚唐•摩訶止觀
26_221_18

晚唐•摩訶止觀
26_222_14

晚唐•摩訶止觀
26_227_22

晚唐•摩訶止觀
26_228_1

晚唐•摩訶止觀
26_228_28

晚唐•摩訶止觀
27_229_13

晚唐•摩訶止觀
27_230_11

中唐・翰苑
44_564_11

中唐・翰苑
44_565_6

晚唐•摩訶止觀
6_49_9

晚唐•摩訶止觀
19_162_19

晚唐•摩訶止觀
22_192_9

晚唐•摩訶止觀
24_206_6

晚唐•摩訶止觀
25_219_13

中唐・翰苑
18_233_18

中唐・翰苑
25_329_17

中唐・翰苑
25_329_28

中唐・翰苑
31_398_2

中唐・翰苑
31_403_6

中唐・翰苑
41_523_27

中唐・翰苑
41_523_35

初唐・般若經
16_242_7

初唐・般若經
16_242_11

初唐・般若經
16_242_13

初唐・般若經
16_243_10

初唐・般若經
17_245_8

中唐・翰苑
5_55_35

中唐・翰苑
5_56_35

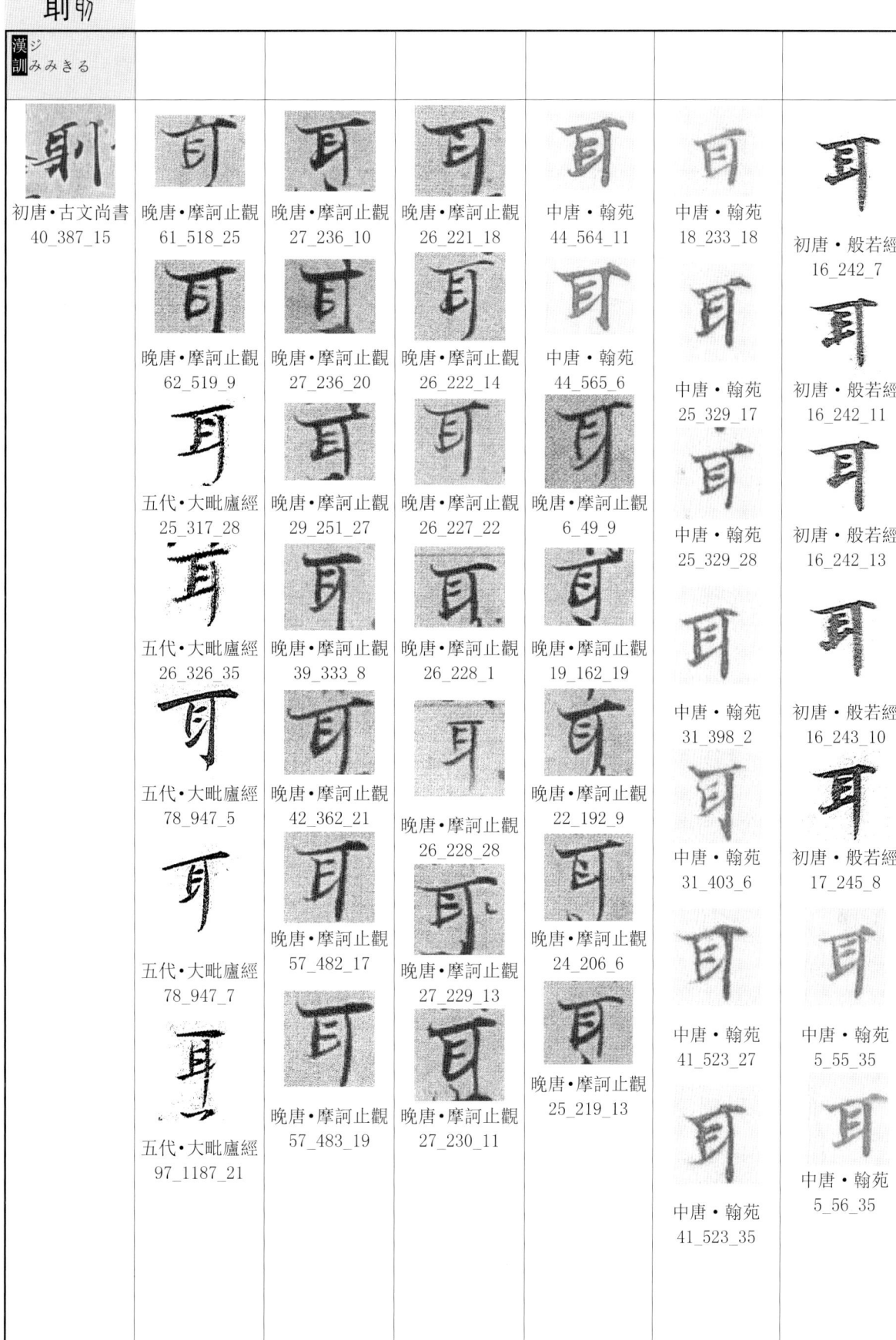

ヤ
訓 や

初唐•古文尚書 36_344_6
初唐•禮記正義 22_331_27
中唐・翰苑 3_25_24
中唐・翰苑 5_59_7
中唐・翰苑 6_69_38
中唐・翰苑 6_71_14
中唐・翰苑 9_111_25
中唐・翰苑 12_150_21

中唐・翰苑 31_405_15
中唐・翰苑 32_419_67
中唐・翰苑 44_565_14
晚唐•摩訶止觀 2_17_16
晚唐•摩訶止觀 3_23_25
晚唐•摩訶止觀 3_28_16
晚唐•摩訶止觀 5_40_9
晚唐•摩訶止觀 6_52_18

晚唐•摩訶止觀 25_213_4
晚唐•摩訶止觀 27_235_12
晚唐•摩訶止觀 51_432_14
晚唐•摩訶止觀 57_481_1
五代•密教部類 3_29_12
五代•密教部類 4_42_3
五代•密教部類 4_47_5
五代•密教部類 4_54_3

五代•密教部類 4_56_4
五代•大毗盧經 6_70_6
五代•大毗盧經 7_74_22
五代•大毗盧經 7_77_10
五代•大毗盧經 7_83_18
五代•大毗盧經 11_130_21
五代•大毗盧經 11_135_15

五代•大毗盧經 15_196_15
五代•大毗盧經 16_200_5
五代•大毗盧經 18_227_28
五代•大毗盧經 18_234_25
五代•大毗盧經 39_464_1
五代•大毗盧經 39_469_10
五代•大毗盧經 44_528_17
五代•大毗盧經 45_553_1

五代•大毗盧經 48_588_1
五代•大毗盧經 52_639_18
五代•大毗盧經 90_1099_10
五代•大毗盧經 91_1110_28
五代•大毗盧經 92_1128_5
五代•大毗盧經 92_1133_17
五代•大毗盧經 92_1133_20
五代•大毗盧經 97_1185_14

五代•大毗盧經 11_138_20
五代•大毗盧經 98_1209_15

| 聖 | 聒 | 聊 | 恥 | | 耿 | 耽 |
|---|---|---|---|---|---|---|
| ショウ漢現セイ 訓ひじり | カツ 訓やかましい | リョウ 訓いささか | 現チ 訓はじる | | コウ漢ケイ 訓あきらか | 漢タン 訓ふける |
| 初唐•古文尚書 19_181_6 | 聒聒 初唐•古文尚書 8_62_3 | 初唐・毛詩傳 5_50_2 | 初唐•古文尚書 21_197_26 | 中唐・翰苑 13_160_9 | 初唐•古文尚書 6_47_8 | 晚唐•摩訶止觀 22_190_15 |
| 初唐•古文尚書 19_181_19 | 聒聒 初唐•古文尚書 8_62_15 | 初唐・毛詩傳 5_52_2 | 初唐•古文尚書 21_198_1 | 中唐・翰苑 15_196_39 | 初唐•古文尚書 7_51_3 | 晚唐•摩訶止觀 44_376_24 |
| 初唐•古文尚書 20_189_5 | | 初唐・毛詩傳 5_52_12 | 初唐•古文尚書 23_223_8 | 中唐・翰苑 23_297_5 | 中唐・翰苑 3_23_39 | 五代•大毗盧經 47_578_11 |
| 初唐•古文尚書 20_189_20 | | 初唐・毛詩傳 5_55_14 | 初唐•古文尚書 23_223_25 | 中唐・翰苑 23_297_18 | 中唐・翰苑 3_25_14 | 五代•大毗盧經 95_1162_7 |
| 初唐•古文尚書 23_221_8 | | 初唐・毛詩傳 5_56_13 | 五代•大毗盧經 11_126_10 | 中唐・翰苑 23_298_34 | 中唐・翰苑 3_27_37 | |
| 初唐•古文尚書 23_221_20 | | 初唐・毛詩傳 6_57_13 | 五代•大毗盧經 24_302_2 | | 中唐・翰苑 6_77_38 | |
| 初唐•古文尚書 37_355_8 | | 初唐・毛詩傳 6_59_2 | 五代•大毗盧經 29_368_17 | | 中唐・翰苑 7_78_26 | |
| 初唐•古文尚書 38_368_10 | | | 五代•大毗盧經 79_959_15 | | 中唐・翰苑 13_159_1 | |

初唐•古文尚書 38_369_2
初唐•禮記正義 4_50_18
初唐•禮記正義 10_151_2
初唐•禮記正義 10_151_23
初唐•禮記正義 10_151_28
初唐•禮記正義 10_152_12
初唐•禮記正義 10_152_18
初唐•禮記正義 10_152_24

初唐•禮記正義 10_153_11
初唐•禮記正義 10_153_30
初唐•禮記正義 27_413_14
初唐•十誦律 19_370_1
初唐•般若經 8_114_9
初唐•般若經 8_114_14
初唐•般若經 9_116_1
初唐•般若經 9_117_13

初唐•般若經 9_118_3
初唐•般若經 9_119_9
初唐•般若經 10_139_12
初唐•般若經 10_140_8
初唐•般若經 10_141_18
初唐•般若經 22_325_16
初唐•般若經 22_326_4
初唐•般若經 22_327_10

初唐•般若經 22_329_7
初唐•般若經 22_329_14
初唐•般若經 22_331_5
初唐•般若經 23_352_11
初唐•般若經 23_353_5
初唐•般若經 23_354_17
中唐•翰苑 4_44_35
中唐•翰苑 9_114_9

中唐•翰苑 31_398_14
中唐•翰苑 31_399_33
中唐•翰苑 35_453_21
中唐•翰苑 39_497_31
中唐•翰苑 40_518_29
中唐•翰苑 44_561_16
中唐•翰苑 45_570_15
中唐•翰苑 45_575_16

中唐•翰苑 45_579_9
中唐•翰苑 45_581_3
中唐•般若經 6_87_13
中唐•般若經 6_89_11
中唐•般若經 6_91_9
中唐•般若經 6_93_8
中唐•般若經 7_96_11
中唐•般若經 7_98_2

中唐•般若經 7_99_10
中唐•般若經 7_101_2
中唐•般若經 7_104_8
中唐•般若經 7_105_14
中唐•般若經 7_107_3
中唐•般若經 7_108_10
晚唐•摩訶止觀 3_22_24
晚唐•摩訶止觀 6_49_12

晚唐•摩訶止觀 17_144_10
晚唐•摩訶止觀 17_144_12
晚唐•摩訶止觀 17_148_10
晚唐•摩訶止觀 17_148_15
晚唐•摩訶止觀 18_156_16
晚唐•摩訶止觀 18_156_21
晚唐•摩訶止觀 21_181_19
晚唐•摩訶止觀 22_190_18

晚唐•摩訶止觀 25_219_21
晚唐•摩訶止觀 26_220_5
晚唐•摩訶止觀 27_231_6
晚唐•摩訶止觀 28_240_4
晚唐•摩訶止觀 33_284_7
晚唐•摩訶止觀 33_290_6
晚唐•摩訶止觀 34_293_6
晚唐•摩訶止觀 34_295_1

晚唐•摩訶止觀 34_296_8
晚唐•摩訶止觀 34_298_16
晚唐•摩訶止觀 35_301_14
晚唐•摩訶止觀 35_302_25
晚唐•摩訶止觀 35_304_5
晚唐•摩訶止觀 35_306_5
晚唐•摩訶止觀 41_356_8
晚唐•摩訶止觀 45_389_10

晚唐•摩訶止觀 50_425_28
晚唐•摩訶止觀 52_444_13
晚唐•摩訶止觀 56_471_19
晚唐•摩訶止觀 56_471_23
晚唐•摩訶止觀 57_485_20
晚唐•摩訶止觀 58_487_19
晚唐•摩訶止觀 58_487_27
五代•大毗盧經 2_18_12

五代•大毗盧經 3_29_6
五代•大毗盧經 9_103_21
五代•大毗盧經 10_122_21
五代•大毗盧經 11_129_12
五代•大毗盧經 15_194_5
五代•大毗盧經 16_204_21
五代•大毗盧經 18_234_11
五代•大毗盧經 18_234_30

五代•大毗盧經 18_234_35
五代•大毗盧經 23_287_1
五代•大毗盧經 27_346_26
五代•大毗盧經 40_479_13
五代•大毗盧經 44_532_13
五代•大毗盧經 46_558_6
五代•大毗盧經 46_565_12
五代•大毗盧經 46_567_2

五代•大毗盧經 57_703_11
五代•大毗盧經 58_717_21
五代•大毗盧經 61_757_8
五代•大毗盧經 88_1079_33
五代•大毗盧經 97_1197_9
五代•大毗盧經 98_1210_4
五代•大毗盧經 98_1210_14
五代•大毗盧經 98_1211_18

## 聘

漢 ヘイ
訓 とう

初唐・禮記正義 15_231_12
初唐・禮記正義 20_304_8
初唐・禮記正義 21_321_2
初唐・禮記正義 22_329_3
初唐・禮記正義 23_343_26
初唐・禮記正義 23_347_16
初唐・禮記正義 23_347_18
初唐・禮記正義 23_347_22

初唐・禮記正義 23_352_13
初唐・禮記正義 23_354_26
初唐・禮記正義 23_355_3
初唐・禮記正義 23_355_7
初唐・禮記正義 24_356_7
初唐・禮記正義 24_362_5
初唐・禮記正義 24_368_3
初唐・禮記正義 24_371_12

初唐・禮記正義 25_376_3
初唐・禮記正義 25_377_15
初唐・禮記正義 25_378_10
初唐・禮記正義 25_382_26
初唐・禮記正義 25_383_5
初唐・禮記正義 25_383_10
初唐・禮記正義 25_386_9
初唐・禮記正義 27_416_27

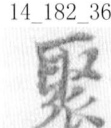

## 聚

慣 シュウ 漢 シュ
呉 ジュ
訓 あつまる

初唐・古文尚書 28_277_2
初唐・古文尚書 48_470_16
初唐・十誦律 2_30_17
初唐・十誦律 4_54_15
初唐・十誦律 4_54_16
初唐・十誦律 4_55_2
初唐・十誦律 4_58_2

初唐・十誦律 4_58_5
初唐・十誦律 4_58_8
初唐・十誦律 6_100_8
初唐・十誦律 6_101_10
初唐・十誦律 6_102_4
中唐・翰苑 14_182_36
中唐・翰苑 14_184_27

中唐・翰苑 16_212_33
中唐・翰苑 18_240_4
中唐・翰苑 34_440_40
中唐・翰苑 36_464_12
中唐・翰苑 37_481_28
中唐・翰苑 42_535_14
晚唐・摩訶止觀 20_176_14

晚唐・摩訶止觀 20_176_27
晚唐・摩訶止觀 56_475_2
五代・大毗盧經 6_70_22
五代・大毗盧經 12_144_14
五代・大毗盧經 71_868_19
五代・大毗盧經 71_871_20
五代・大毗盧經 73_895_10

五代•大毗盧經 73_900_16

五代•大毗盧經 74_914_2

五代•大毗盧經 74_914_18

## 聟

漢現セイ
訓むこ

中唐・翰苑 4_37_4

中唐・翰苑 11_144_28

## 聲

現ショウ漢現セイ
訓こえ

初唐•古文尚書 32_298_16

初唐•古文尚書 32_299_28

初唐・毛詩傳 10_102_15

初唐•禮記正義 17_258_24

初唐•禮記正義 17_264_9

初唐·禮記正義 20_308_22

初唐•禮記正義 20_310_13

初唐•禮記正義 20_310_18

初唐•禮記正義 22_340_26

初唐•禮記正義 23_341_8

初唐•禮記正義 23_342_6

初唐•禮記正義 28_428_20

初唐・般若經 3_20_7

初唐・般若經 3_20_15

初唐・般若經 3_22_5

初唐・般若經 4_35_2

初唐・般若經 4_36_3

初唐・般若經 4_37_16

初唐・般若經 15_226_11

初唐・般若經 15_227_2

初唐・般若經 16_228_11

初唐・般若經 16_242_5

初唐・般若經 16_243_6

初唐・般若經 17_245_4

中唐・翰苑 3_24_3

中唐・翰苑 17_221_15

中唐・翰苑 33_424_11

中唐・翰苑 38_484_9

晚唐•摩訶止觀 29_251_17

晚唐•摩訶止觀 30_264_26

晚唐•摩訶止觀 34_295_17

晚唐•摩訶止觀 54_459_8

晚唐•摩訶止觀 54_459_19

五代•大毗盧經 9_106_15

五代•大毗盧經 9_107_12

| | 職 | 聰 | | | | |
|---|---|---|---|---|---|---|
| | 漢ショク 呉シキ<br>訓つかさ | 漢ソウ<br>訓さとい | | | | |

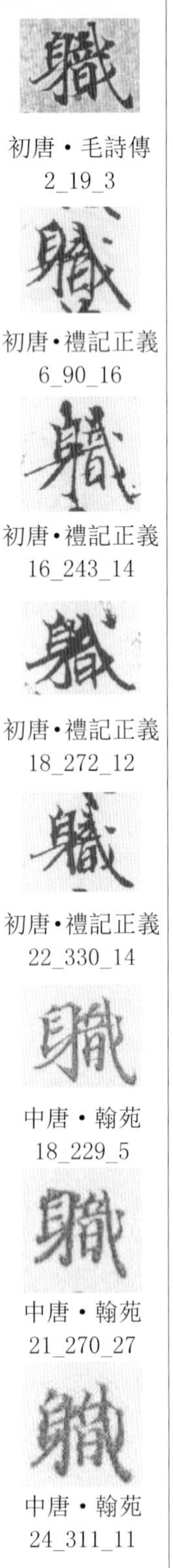

初唐・毛詩傳 2_19_3

初唐・禮記正義 6_90_16

初唐・禮記正義 16_243_14

初唐・禮記正義 18_272_12

初唐・禮記正義 22_330_14

中唐・翰苑 18_229_5

中唐・翰苑 21_270_27

中唐・翰苑 24_311_11

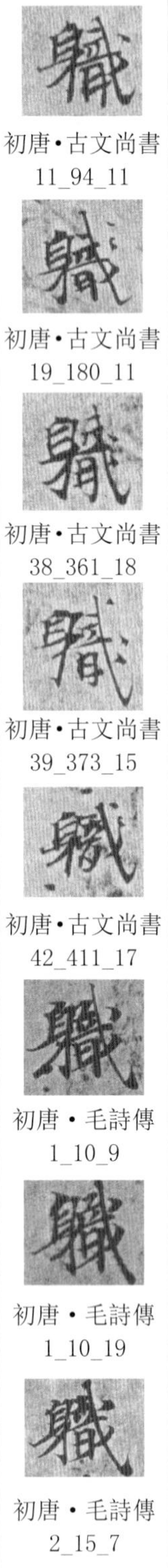

初唐・古文尚書 11_94_11

初唐・古文尚書 19_180_11

初唐・古文尚書 38_361_18

初唐・古文尚書 39_373_15

初唐・古文尚書 42_411_17

初唐・毛詩傳 1_10_9

初唐・毛詩傳 1_10_19

初唐・毛詩傳 2_15_7

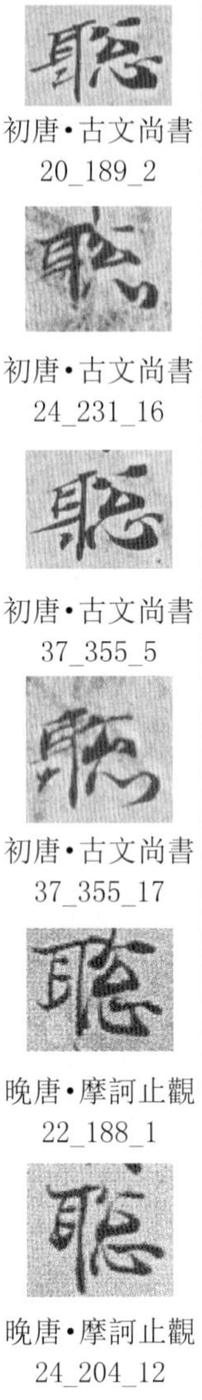

初唐・古文尚書 20_189_2

初唐・古文尚書 24_231_16

初唐・古文尚書 37_355_5

初唐・古文尚書 37_355_17

晚唐・摩訶止觀 22_188_1

晚唐・摩訶止觀 24_204_12

五代・大毗盧經 77_938_28

五代・大毗盧經 79_961_18

五代・大毗盧經 84_1025_20

五代・大毗盧經 86_1053_5

五代・大毗盧經 87_1064_5

五代・大毗盧經 94_1156_14

五代・大毗盧經 96_1173_15

五代・大毗盧經 63_780_5

五代・大毗盧經 64_794_15

五代・大毗盧經 64_803_28

五代・大毗盧經 71_872_4

五代・大毗盧經 73_902_19

五代・大毗盧經 74_909_19

五代・大毗盧經 77_928_3

五代・大毗盧經 37_436_14

五代・大毗盧經 49_601_17

五代・大毗盧經 51_626_17

五代・大毗盧經 52_639_7

五代・大毗盧經 52_643_9

五代・大毗盧經 52_643_39

五代・大毗盧經 55_671_43

五代・大毗盧經 11_136_8

五代・大毗盧經 11_139_17

五代・大毗盧經 14_169_20

五代・大毗盧經 21_267_18

五代・大毗盧經 21_267_21

五代・大毗盧經 35_422_14

五代・大毗盧經 36_428_11

中唐・翰苑
25_328_30

中唐・翰苑
30_393_8

中唐・翰苑
31_404_19

## 聹

ネイ
訓みみあか

五代・大毗盧經
79_959_14

## 聽

現チョウ 漢テイ
訓きく

初唐・古文尚書
10_89_11

初唐・古文尚書
10_90_11

初唐・古文尚書
11_100_7

初唐・古文尚書
19_177_21

初唐・古文尚書
24_237_27

初唐・古文尚書
37_355_19

初唐・古文尚書
39_371_21

初唐・古文尚書
43_422_8

初唐・古文尚書
44_423_25

初唐・古文尚書
45_433_28

初唐・古文尚書
45_434_17

初唐・古文尚書
45_441_24

初唐・古文尚書
45_442_5

初唐・古文尚書
46_452_6

初唐・古文尚書
48_467_3

初唐・古文尚書
48_467_14

初唐・古文尚書
48_467_26

初唐・古文尚書
48_468_16

初唐・古文尚書
48_469_13

初唐・古文尚書
49_474_12

初唐・古文尚書
49_475_26

初唐・禮記正義
13_202_19

初唐・十誦律
1_3_11

初唐・十誦律
1_4_1

初唐・十誦律
1_4_7

初唐・十誦律
1_4_15

初唐・十誦律
1_12_15

初唐・十誦律
2_29_6

初唐・十誦律
2_31_4

初唐・十誦律
3_36_2

初唐・十誦律
3_38_6

初唐・十誦律
3_51_17

初唐・十誦律
4_53_17

初唐・十誦律
4_57_6

初唐・十誦律
4_70_11

初唐・十誦律
5_82_7

初唐・十誦律
5_85_17

初唐・十誦律
6_93_12

初唐・十誦律
6_94_14

初唐・十誦律
6_95_14

## 聾 聾

漢 ロウ
訓 つんぼ

晚唐•摩訶止觀
12_103_21

五代•大毗盧經
13_162_20

五代•大毗盧經
39_453_2

五代•大毗盧經
45_546_15

五代•大毗盧經
50_606_5

中唐・翰苑
19_253_31

中唐・翰苑
34_443_11

晚唐•摩訶止觀
13_119_11

晚唐•摩訶止觀
18_157_13

晚唐•摩訶止觀
25_215_11

晚唐•摩訶止觀
25_216_19

晚唐•摩訶止觀
25_216_23

五代•大毗盧經
11_130_4

初唐・十誦律
19_362_11

中唐・翰苑
3_34_6

中唐・翰苑
5_50_15

中唐・翰苑
6_68_38

中唐・翰苑
10_131_44

中唐・翰苑
12_149_3

中唐・翰苑
15_200_30

中唐・翰苑
16_211_40

初唐・十誦律
13_246_13

初唐・十誦律
13_249_1

初唐・十誦律
13_251_17

初唐・十誦律
13_254_15

初唐・十誦律
14_257_3

初唐・十誦律
14_260_6

初唐・十誦律
14_262_10

初唐・十誦律
14_264_14

初唐・十誦律
9_167_5

初唐・十誦律
9_169_11

初唐・十誦律
11_204_10

初唐・十誦律
11_208_17

初唐・十誦律
11_213_11

初唐・十誦律
11_214_13

初唐・十誦律
12_232_13

初唐・十誦律
13_244_2

# 臣部

## 臣

漢シン 呉ジン
訓おみ

初唐•古文尚書 7_57_20

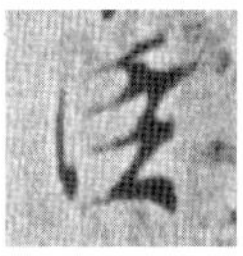
初唐•古文尚書 7_57_31

初唐•古文尚書 8_68_18

初唐•古文尚書 8_69_25

初唐•古文尚書 9_74_16

初唐•古文尚書 10_83_10

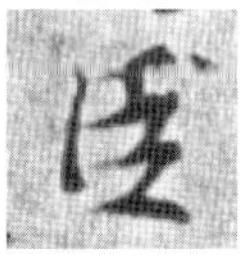
初唐•古文尚書 10_85_18

初唐•古文尚書 10_89_21

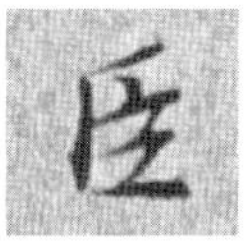
初唐•古文尚書 11_92_5

初唐•古文尚書 12_110_20

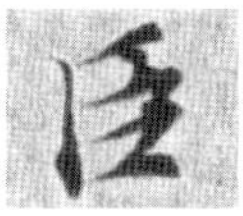
初唐•古文尚書 14_128_18

初唐•古文尚書 14_133_12

初唐•古文尚書 15_143_15

初唐•古文尚書 16_149_21

初唐•古文尚書 16_151_30

初唐•古文尚書 17_164_2

初唐•古文尚書 18_166_8

初唐•古文尚書 18_168_2

初唐•古文尚書 19_181_20

初唐•古文尚書 19_182_4

初唐•古文尚書 20_187_22

初唐•古文尚書 20_189_9

初唐•古文尚書 20_190_2

初唐•古文尚書 21_206_18

初唐•古文尚書 23_221_6

初唐•古文尚書 23_221_17

初唐•古文尚書 23_222_21

初唐•古文尚書 24_232_5

初唐•古文尚書 25_243_27

初唐•古文尚書 29_279_14

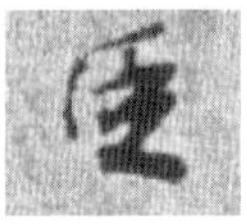
初唐•古文尚書 29_280_13

初唐•古文尚書 34_327_25

初唐•古文尚書 35_332_1

初唐•古文尚書 35_332_23

初唐•古文尚書 35_334_31

初唐•古文尚書 36_346_6

初唐•古文尚書 36_347_16

初唐•古文尚書 37_351_13

初唐•古文尚書 37_355_12

初唐•古文尚書 37_356_9

初唐•古文尚書 37_358_6

初唐•古文尚書 38_361_31

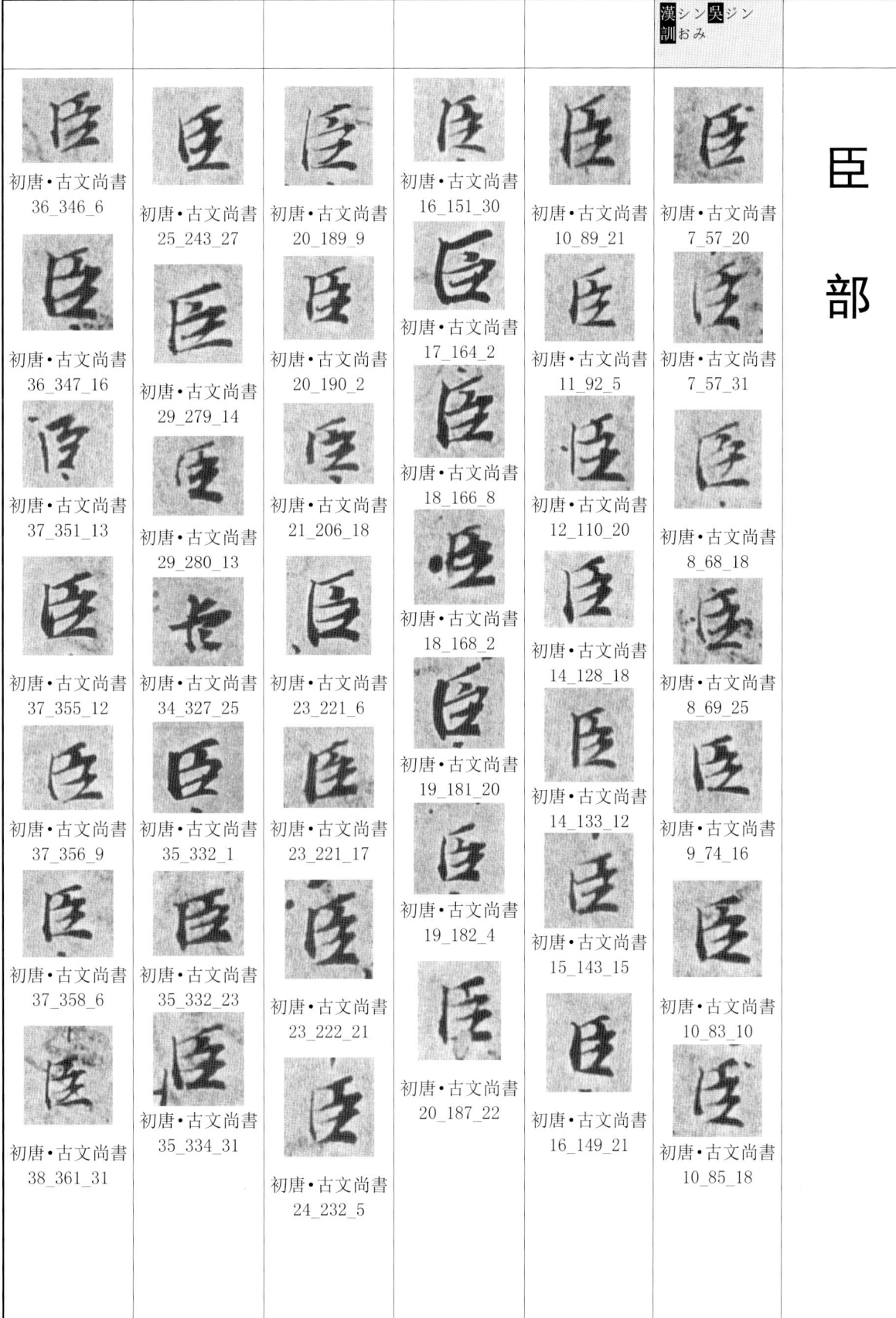

初唐•禮記正義 26_393_14

初唐•禮記正義 26_394_6

初唐•禮記正義 26_401_17

初唐•禮記正義 26_402_12

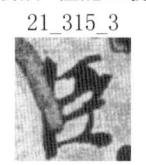

初唐•禮記正義 26_406_12

初唐•禮記正義 26_406_28

初唐•禮記正義 26_407_5

初唐•禮記正義 21_314_19

初唐•禮記正義 21_315_3

初唐•禮記正義 23_354_25

初唐•禮記正義 25_382_24

初唐•禮記正義 26_392_6

初唐•禮記正義 26_392_11

初唐•禮記正義 26_392_15

初唐•禮記正義 19_295_20

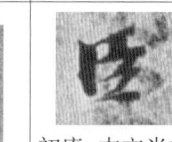

初唐•禮記正義 20_297_23

初唐•禮記正義 20_298_20

初唐•禮記正義 20_302_22

初唐•禮記正義 20_310_6

初唐•禮記正義 21_312_20

初唐•禮記正義 21_314_5

初唐•禮記正義 15_227_2

初唐•禮記正義 16_242_19

初唐•禮記正義 17_258_7

初唐•禮記正義 18_276_25

初唐•禮記正義 18_277_7

初唐•禮記正義 19_286_16

初唐•禮記正義 19_294_3

初唐•禮記正義 1_4_8

初唐•禮記正義 2_21_19

初唐•禮記正義 2_22_10

初唐•禮記正義 2_23_22

初唐•禮記正義 12_186_14

初唐•禮記正義 13_197_7

初唐•禮記正義 14_214_23

初唐•古文尚書 38_368_23

初唐•古文尚書 38_369_7

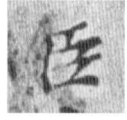

初唐•古文尚書 38_369_11

初唐•古文尚書 38_369_17

初唐•古文尚書 38_369_25

初唐•古文尚書 39_372_27

初唐 • 毛詩傳 8_81_2

初唐•古文尚書 38_362_18

初唐•古文尚書 38_364_5

初唐•古文尚書 38_365_5

初唐•古文尚書 38_366_22

初唐•古文尚書 38_367_32

初唐•古文尚書 38_368_5

初唐•古文尚書 38_368_13

# 臥 卧

ガ
訓 ふす

晩唐•摩訶止観
9_79_15

中唐・翰苑
44_558_15

中唐・翰苑
44_558_24

中唐・翰苑
44_558_33

臣磐
中唐・翰苑
44_559_9

晩唐•摩訶止観
54_459_3

中唐・翰苑
27_355_19

巨壑
中唐・翰苑
29_380_6

中唐・翰苑
33_429_6

中唐・翰苑
35_452_25

中唐・翰苑
37_471_25

中唐・翰苑
43_552_2

中唐・翰苑
44_558_8

中唐・翰苑
18_229_7

中唐・翰苑
18_230_28

中唐・翰苑
19_255_5

中唐・翰苑
27_350_14

中唐・翰苑
27_351_19

中唐・翰苑
27_352_32

中唐・翰苑
27_353_3

中唐・翰苑
9_114_27

中唐・翰苑
9_116_31

中唐・翰苑
10_121_7

中唐・翰苑
10_131_15

中唐・翰苑
10_131_29

中唐・翰苑
13_172_25

中唐・翰苑
14_179_4

中唐・翰苑
2_17_18

中唐・翰苑
3_30_33

中唐・翰苑
3_31_43

中唐・翰苑
4_37_26

中唐・翰苑
4_43_22

中唐・翰苑
4_44_6

中唐・翰苑
7_86_18

初唐•禮記正義
26_408_21

初唐•禮記正義
28_437_15

初唐•禮記正義
28_439_26

初唐•禮記正義
28_440_8

初唐•禮記正義
29_444_39

初唐•禮記正義
30_464_25

初唐・十誦律
19_366_10

## 臤

ケン
訓かしこい

惟其賢
初唐•古文尚書
20_194_20

惟后非賢
初唐•古文尚書
23_226_26

## 臨

現リン
訓のぞむ

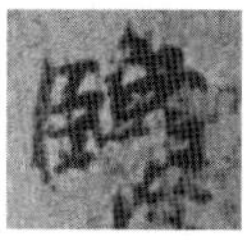

初唐•禮記正義
2_17_7

初唐•禮記正義
2_17_22

初唐•禮記正義
2_19_1

中唐・翰苑
4_46_8

中唐・翰苑
15_189_5

中唐・翰苑
27_352_42

中唐・翰苑
34_441_17

中唐・翰苑
34_442_12

中唐・翰苑
34_442_34

五代•大毗盧經
10_122_42

# 襾部

西

漢現セイ 呉現サイ
訓にし

初唐•古文尚書 1_2_29

初唐•古文尚書 2_11_6

初唐•古文尚書 25_242_1

初唐•古文尚書 25_244_23

初唐•古文尚書 25_244_31

初唐•古文尚書 25_246_1

初唐•古文尚書 34_320_7

初唐•禮記正義 7_104_24

初唐•禮記正義 7_109_9

初唐•禮記正義 13_207_1

初唐•禮記正義 28_435_9

中唐•翰苑 1_5_7

中唐•翰苑 1_6_3

中唐•翰苑 1_6_5

中唐•翰苑 2_9_19

中唐•翰苑 2_19_13

中唐•翰苑 3_26_5

中唐•翰苑 3_26_17

四角
中唐•翰苑 3_31_4

中唐•翰苑 5_53_1

中唐•翰苑 5_53_20

中唐•翰苑 6_71_22

中唐•翰苑 7_78_16

中唐•翰苑 7_87_26

中唐•翰苑 8_98_21

中唐•翰苑 8_105_33

中唐•翰苑 9_106_24

中唐•翰苑 9_107_23

中唐•翰苑 9_112_14

中唐•翰苑 9_117_27

中唐•翰苑 10_125_33

中唐•翰苑 12_150_6

中唐•翰苑 14_180_6

中唐•翰苑 16_202_43

中唐•翰苑 16_203_16

中唐•翰苑 16_203_26

中唐•翰苑 17_225_18

中唐•翰苑 17_226_21

中唐•翰苑 17_227_20

中唐•翰苑 18_238_29

中唐•翰苑 18_241_18

中唐•翰苑 19_247_36

中唐•翰苑 20_260_24

中唐•翰苑 21_281_24

中唐•翰苑 22_286_27

中唐•翰苑 22_289_21

中唐•翰苑 23_301_3

中唐•翰苑 23_308_18

# 要

現 ヨウ
訓 いる

初唐•古文尚書 32_303_6
初唐•古文尚書 32_303_22
初唐•古文尚書 47_455_24
初唐•古文尚書 47_456_40
初唐•禮記正義 5_75_14
初唐•禮記正義 27_414_13
中唐・翰苑 5_62_12
中唐・翰苑 10_130_38

五代•密教部類 6_79_16
五代•大毗盧經 21_268_28
五代•大毗盧經 39_455_18
五代•大毗盧經 45_549_12
五代•大毗盧經 59_729_1
五代•大毗盧經 67_835_3
五代•大毗盧經 85_1033_1
五代•大毗盧經 89_1091_17

中唐・翰苑 42_543_21
中唐・翰苑 43_546_12
中唐・翰苑 43_546_17
中唐・翰苑 43_549_28
中唐・翰苑 43_550_24
中唐・翰苑 43_551_29
中唐・翰苑 43_552_5
晚唐•摩訶止觀 44_381_3

中唐・翰苑 29_373_10
中唐・翰苑 30_386_17
中唐・翰苑 31_397_32
中唐・翰苑 32_415_10
中唐・翰苑 32_419_47
中唐・翰苑 35_448_32
中唐・翰苑 37_479_1
中唐・翰苑 37_480_15

中唐・翰苑 26_344_38
中唐・翰苑 27_349_13
中唐・翰苑 28_364_21
中唐・翰苑 28_367_14
中唐・翰苑 28_367_31
中唐・翰苑 29_371_38
中唐・翰苑 29_372_14
中唐・翰苑 29_373_1

中唐・翰苑 24_317_24
中唐・翰苑 24_317_37
中唐・翰苑 24_318_39
中唐・翰苑 24_320_18
中唐・翰苑 24_320_28
中唐・翰苑 24_320_34
中唐・翰苑 26_335_29
中唐・翰苑 26_336_1

中唐・翰苑 23_308_27
中唐・翰苑 23_309_3
中唐・翰苑 24_313_19
中唐・翰苑 24_315_14
中唐・翰苑 24_315_23
中唐・翰苑 24_315_29
中唐・翰苑 24_315_32
中唐・翰苑 24_316_10

覆 覃 䙴

| | | | | | | |
|---|---|---|---|---|---|---|
| | | 現フク 慣フウ 漢フ<br>訓おおう | エン 漢タン<br>訓うまい | セン<br>訓うつる | | |
| 五代·大毗盧經<br>73_899_20<br>五代·大毗盧經<br>73_905_3<br>五代·大毗盧經<br>85_1040_3 | 初唐·禮記正義<br>21_324_24<br>初唐·禮記正義<br>22_326_19<br>初唐·禮記正義<br>22_330_28<br>初唐·禮記正義<br>22_332_18<br>中唐·翰苑<br>9_114_13<br>晚唐·摩訶止觀<br>16_138_9<br>五代·大毗盧經<br>3_28_19 | 初唐·古文尚書<br>3_23_18<br>初唐·古文尚書<br>32_305_9<br>初唐·古文尚書<br>40_390_9<br>初唐·禮記正義<br>4_57_19<br>初唐·禮記正義<br>4_57_22<br>初唐·禮記正義<br>10_149_16<br>初唐·禮記正義<br>13_197_20 | 覃帝澤於夷都<br>中唐·翰苑<br>40_515_32 | 初唐·古文尚書<br>11_97_9<br>初唐·古文尚書<br>12_103_30<br>初唐·古文尚書<br>12_108_2<br>初唐·古文尚書<br>15_137_14<br>初唐·古文尚書<br>15_140_4<br>初唐·古文尚書<br>16_147_21<br>初唐·古文尚書<br>31_288_9 | 五代·大毗盧經<br>28_362_31<br>五代·大毗盧經<br>28_363_6<br>五代·大毗盧經<br>97_1193_17 | 中唐·翰苑<br>24_310_37<br>中唐·翰苑<br>25_329_40<br>中唐·翰苑<br>37_476_14<br>晚唐·摩訶止觀<br>3_24_4<br>晚唐·摩訶止觀<br>20_176_16<br>晚唐·摩訶止觀<br>54_461_23<br>五代·密教部類<br>4_46_6<br>五代·大毗盧經<br>27_337_29 |

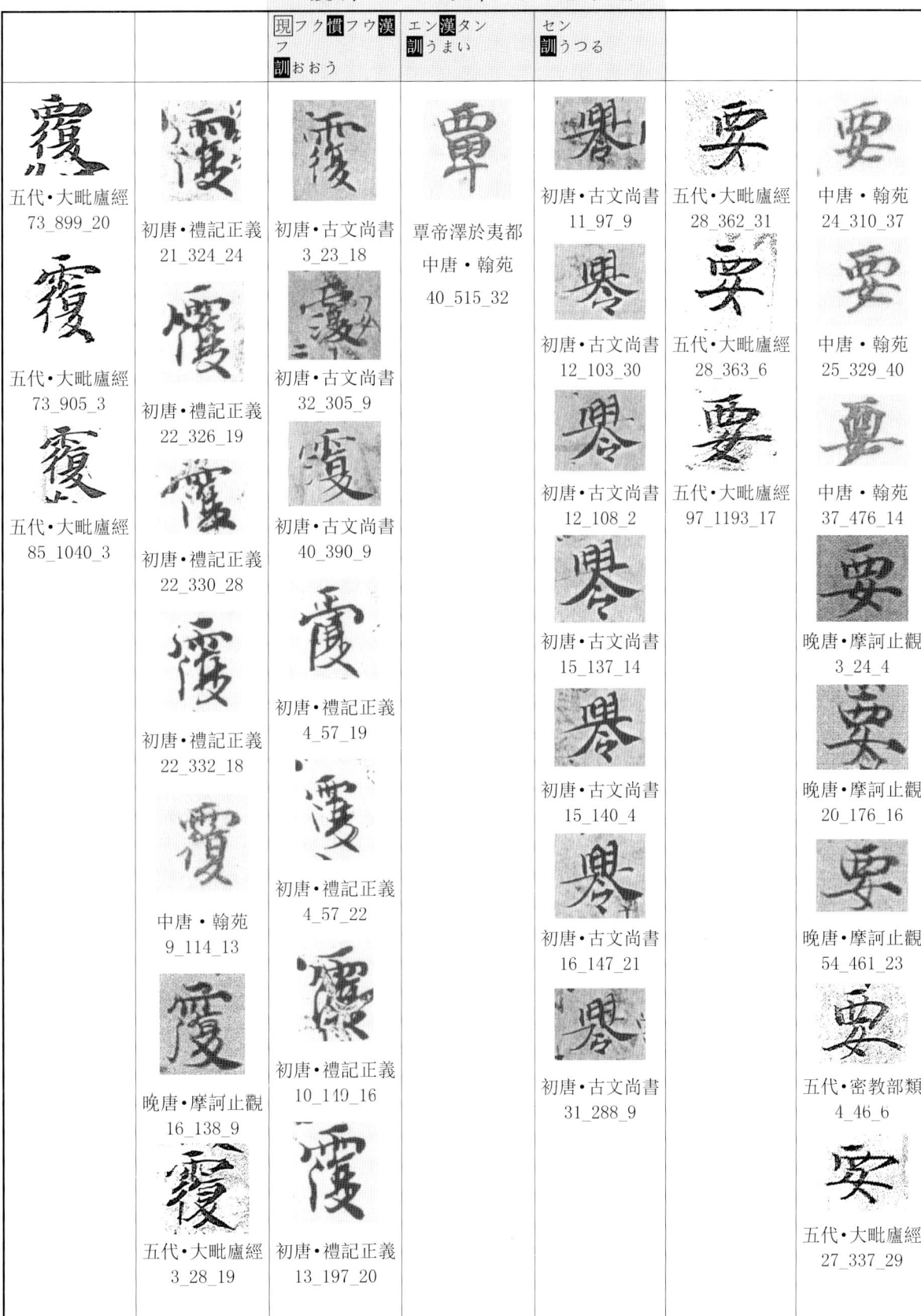

而 㒳

漢 ジ 呉 二

訓 ほおひげ

# 而部

初唐•古文尚書 1_1_13

初唐•古文尚書 1_6_5

初唐•古文尚書 2_9_23

初唐•古文尚書 3_19_24

初唐•古文尚書 4_36_24

初唐•古文尚書 5_37_19

初唐•古文尚書 5_39_12

初唐•古文尚書 7_51_28

初唐•古文尚書 8_66_3

初唐•古文尚書 8_67_9

初唐•古文尚書 9_75_15

初唐•古文尚書 9_77_10

初唐•古文尚書 9_77_29

初唐•古文尚書 9_78_16

初唐•古文尚書 10_87_5

初唐•古文尚書 11_101_19

初唐•古文尚書 12_103_19

初唐•古文尚書 12_107_22

初唐•古文尚書 13_119_19

初唐•古文尚書 13_120_20

初唐•古文尚書 13_120_25

初唐•古文尚書 13_121_15

初唐•古文尚書 14_126_7

初唐•古文尚書 14_128_33

初唐•古文尚書 14_129_25

初唐•古文尚書 15_135_11

初唐•古文尚書 15_144_12

初唐•古文尚書 16_155_39

初唐•古文尚書 17_162_24

初唐•古文尚書 18_171_32

初唐•古文尚書 19_182_11

初唐•古文尚書 19_183_5

初唐•古文尚書 20_190_5

初唐•古文尚書 21_198_4

初唐•古文尚書 21_200_16

初唐•古文尚書 21_203_6

初唐•古文尚書 21_204_25

初唐•古文尚書 21_207_13

初唐•古文尚書 22_214_8

初唐•古文尚書 24_229_13

初唐•古文尚書 24_231_12

初唐•古文尚書 24_234_25

初唐•古文尚書 26_251_24

初唐•古文尚書 26_251_34

初唐•古文尚書 26_259_20

初唐•古文尚書 27_261_25

初唐•古文尚書 27_266_10

初唐•古文尚書 28_275_4

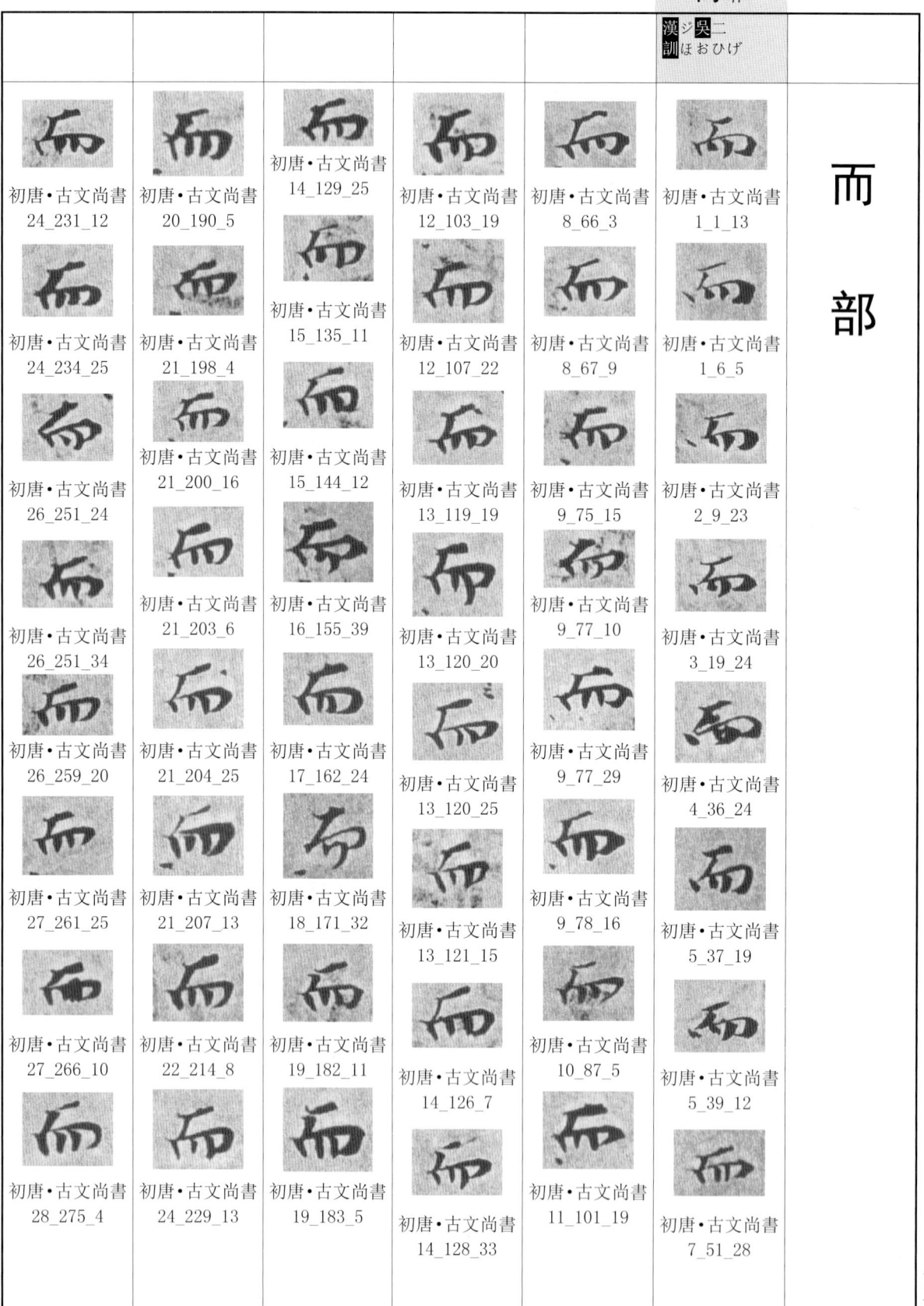

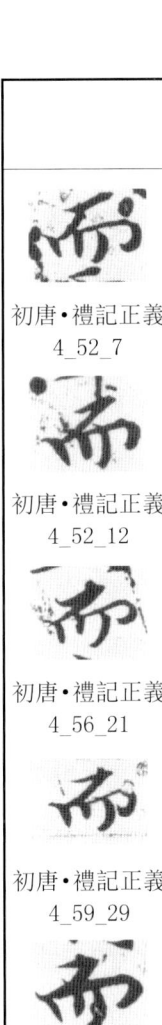

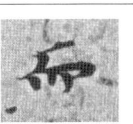

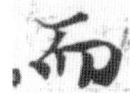

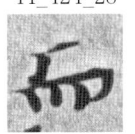

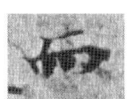

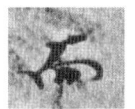

| | | | | | | |
|---|---|---|---|---|---|---|
| 初唐•禮記正義<br>4_52_7 | 初唐•禮記正義<br>2_28_8 | 初唐 • 毛詩傳<br>6_63_6 | 初唐•古文尚書<br>49_478_24 | 初唐•古文尚書<br>44_424_28 | 初唐•古文尚書<br>36_347_33 | 初唐•古文尚書<br>28_277_7 |
| 初唐•禮記正義<br>4_52_12 | 初唐•禮記正義<br>2_30_31 | 初唐 • 毛詩傳<br>6_63_14 | 初唐 • 毛詩傳<br>1_4_4 | 初唐•古文尚書<br>45_443_7 | 初唐•古文尚書<br>39_375_12 | 初唐•古文尚書<br>28_278_17 |
| 初唐•禮記正義<br>4_56_21 | 初唐•禮記正義<br>2_32_11 | 初唐 • 毛詩傳<br>6_64_23 | 初唐 • 毛詩傳<br>1_5_3 | 初唐•古文尚書<br>46_454_23 | 初唐•古文尚書<br>40_381_3 | 初唐•古文尚書<br>33_307_1 |
| 初唐•禮記正義<br>4_59_29 | 初唐•禮記正義<br>2_33_19 | 初唐 • 毛詩傳<br>6_66_25 | 初唐 • 毛詩傳<br>2_16_17 | 初唐•古文尚書<br>47_462_3 | 初唐•古文尚書<br>40_386_17 | 初唐•古文尚書<br>33_312_20 |
| 初唐•禮記正義<br>4_60_28 | 初唐•禮記正義<br>3_34_17 | 初唐 • 毛詩傳<br>7_77_5 | 初唐 • 毛詩傳<br>3_25_10 | 初唐•古文尚書<br>47_462_6 | 初唐•古文尚書<br>40_387_4 | 初唐•古文尚書<br>33_315_14 |
| 初唐•禮記正義<br>4_64_16 | 初唐•禮記正義<br>3_44_21 | 初唐 • 毛詩傳<br>9_96_14 | 初唐 • 毛詩傳<br>3_27_17 | 初唐•古文尚書<br>47_462_12 | 初唐•古文尚書<br>42_403_19 | 初唐•古文尚書<br>34_323_30 |
| 初唐•禮記正義<br>4_64_20 | 初唐•禮記正義<br>3_45_14 | 初唐 • 毛詩傳<br>9_96_23 | 初唐 • 毛詩傳<br>4_39_12 | 初唐•古文尚書<br>49_475_29 | 初唐•古文尚書<br>43_415_15 | 初唐•古文尚書<br>35_328_21 |
| 初唐•禮記正義<br>4_64_25 | 初唐•禮記正義<br>3_47_2 | 初唐 • 毛詩傳<br>9_100_12 | 初唐 • 毛詩傳<br>5_48_22 | 初唐•古文尚書<br>49_478_12 | 初唐•古文尚書<br>43_418_22 | 初唐•古文尚書<br>35_328_26 |

初唐•禮記正義 5_77_14
初唐•禮記正義 5_79_9
初唐•禮記正義 6_82_10
初唐•禮記正義 6_96_1
初唐•禮記正義 8_113_7
初唐•禮記正義 8_114_31
初唐•禮記正義 8_116_23
初唐•禮記正義 8_118_10

初唐•禮記正義 8_125_29
初唐•禮記正義 8_126_2
初唐•禮記正義 8_126_8
初唐•禮記正義 8_126_10
初唐•禮記正義 9_133_21
初唐•禮記正義 9_134_1
初唐•禮記正義 9_138_17
初唐•禮記正義 10_154_10

初唐•禮記正義 10_154_24
初唐•禮記正義 10_155_24
初唐•禮記正義 10_156_2
初唐•禮記正義 10_156_25
初唐•禮記正義 10_158_17
初唐•禮記正義 10_159_10
初唐•禮記正義 10_159_28
初唐•禮記正義 10_160_13

初唐•禮記正義 10_160_29
初唐•禮記正義 11_165_23
初唐•禮記正義 11_171_1
初唐•禮記正義 11_174_2
初唐•禮記正義 11_175_11
初唐•禮記正義 11_175_16
初唐•禮記正義 11_176_23
初唐•禮記正義 12_181_24

初唐•禮記正義 12_182_4
初唐•禮記正義 12_182_10
初唐•禮記正義 12_182_20
初唐•禮記正義 12_184_12
初唐•禮記正義 12_187_22
初唐•禮記正義 12_188_7
初唐•禮記正義 12_190_18
初唐•禮記正義 13_196_11

初唐•禮記正義 13_198_5
初唐•禮記正義 13_202_5
初唐•禮記正義 13_203_19
初唐•禮記正義 13_205_8
初唐•禮記正義 13_205_30
初唐•禮記正義 14_211_13
初唐•禮記正義 14_214_1
初唐•禮記正義 14_214_30

初唐•禮記正義 14_217_5
初唐•禮記正義 14_220_14
初唐•禮記正義 14_220_23
初唐•禮記正義 15_224_29
初唐•禮記正義 15_228_8
初唐•禮記正義 15_231_11
初唐•禮記正義 15_233_18
初唐•禮記正義 15_234_27

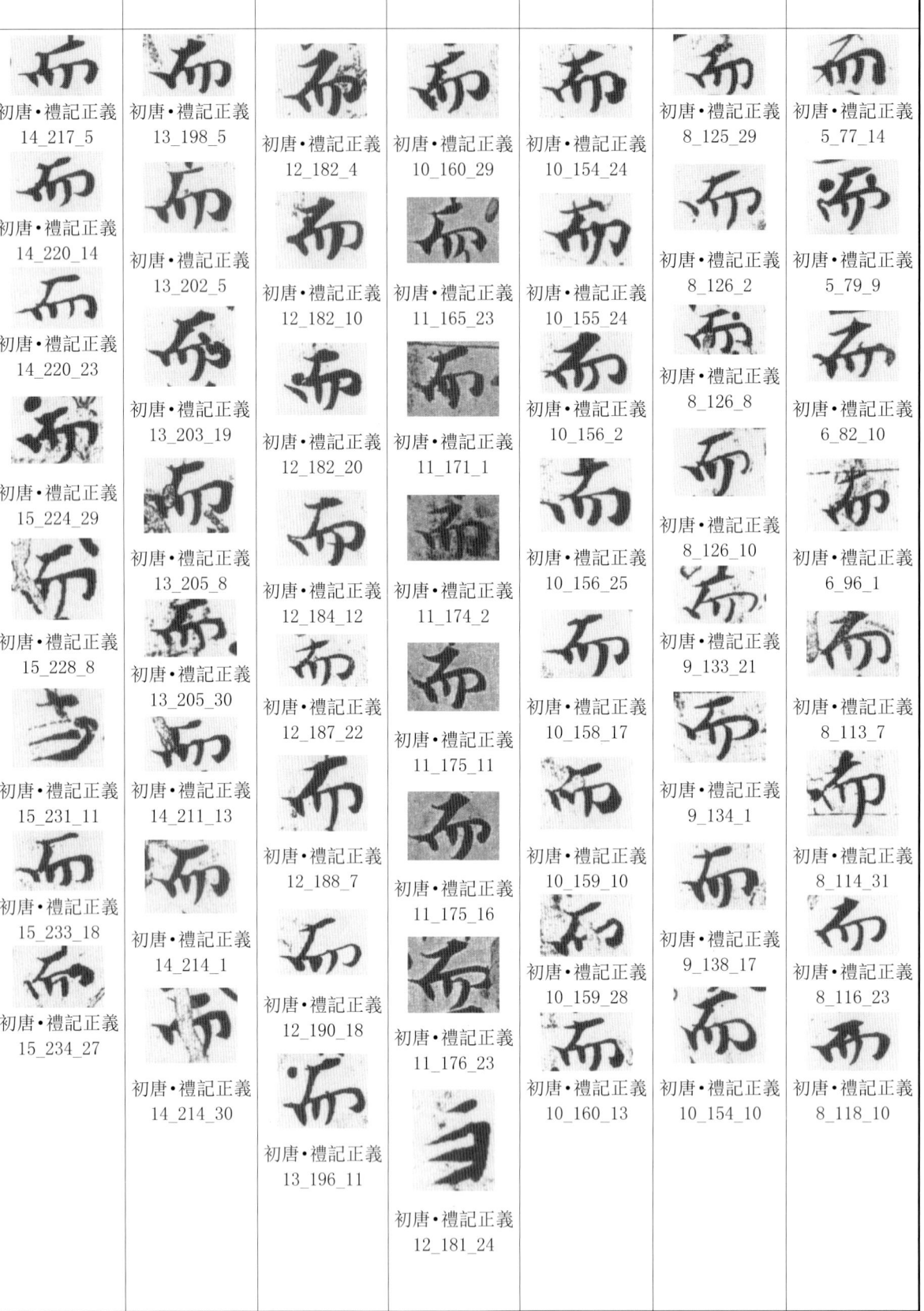

初唐•禮記正義 15_235_21

初唐•禮記正義 15_236_14

初唐•禮記正義 16_245_23

初唐•禮記正義 16_250_10

初唐•禮記正義 16_250_17

初唐•禮記正義 17_254_22

初唐•禮記正義 17_257_24

初唐•禮記正義 17_259_9

初唐•禮記正義 17_266_8

初唐•禮記正義 18_273_4

初唐•禮記正義 18_276_2

初唐•禮記正義 18_277_20

初唐•禮記正義 18_279_13

初唐•禮記正義 18_279_19

初唐•禮記正義 18_280_13

初唐•禮記正義 19_288_17

初唐•禮記正義 19_290_13

初唐•禮記正義 19_292_7

初唐•禮記正義 20_303_6

初唐•禮記正義 20_308_12

初唐•禮記正義 21_312_13

初唐•禮記正義 21_314_15

初唐•禮記正義 21_315_13

初唐•禮記正義 21_319_16

初唐•禮記正義 21_322_1

初唐•禮記正義 21_323_9

初唐•禮記正義 21_325_3

初唐•禮記正義 21_325_11

初唐•禮記正義 22_327_3

初唐•禮記正義 24_372_12

初唐•禮記正義 25_377_25

初唐•禮記正義 25_385_11

初唐•禮記正義 26_390_1

初唐•禮記正義 26_391_8

初唐•禮記正義 26_393_3

初唐•禮記正義 26_399_25

初唐•禮記正義 26_405_19

初唐•禮記正義 27_409_6

初唐•禮記正義 27_409_18

初唐•禮記正義 27_412_13

初唐•禮記正義 27_425_17

初唐•禮記正義 28_430_17

初唐•禮記正義 28_431_23

初唐•禮記正義 28_433_15

初唐•禮記正義 28_434_20

初唐•禮記正義 28_435_26

初唐•禮記正義 28_436_13

初唐•禮記正義 29_455_22

初唐•禮記正義 29_458_14

初唐•禮記正義 30_462_3

初唐•禮記正義 30_469_16

初唐•禮記正義 30_470_16

初唐•禮記正義 30_471_2

初唐•禮記正義 30_475_16

初唐・十誦律 1_9_9

中唐・翰苑 2_14_23

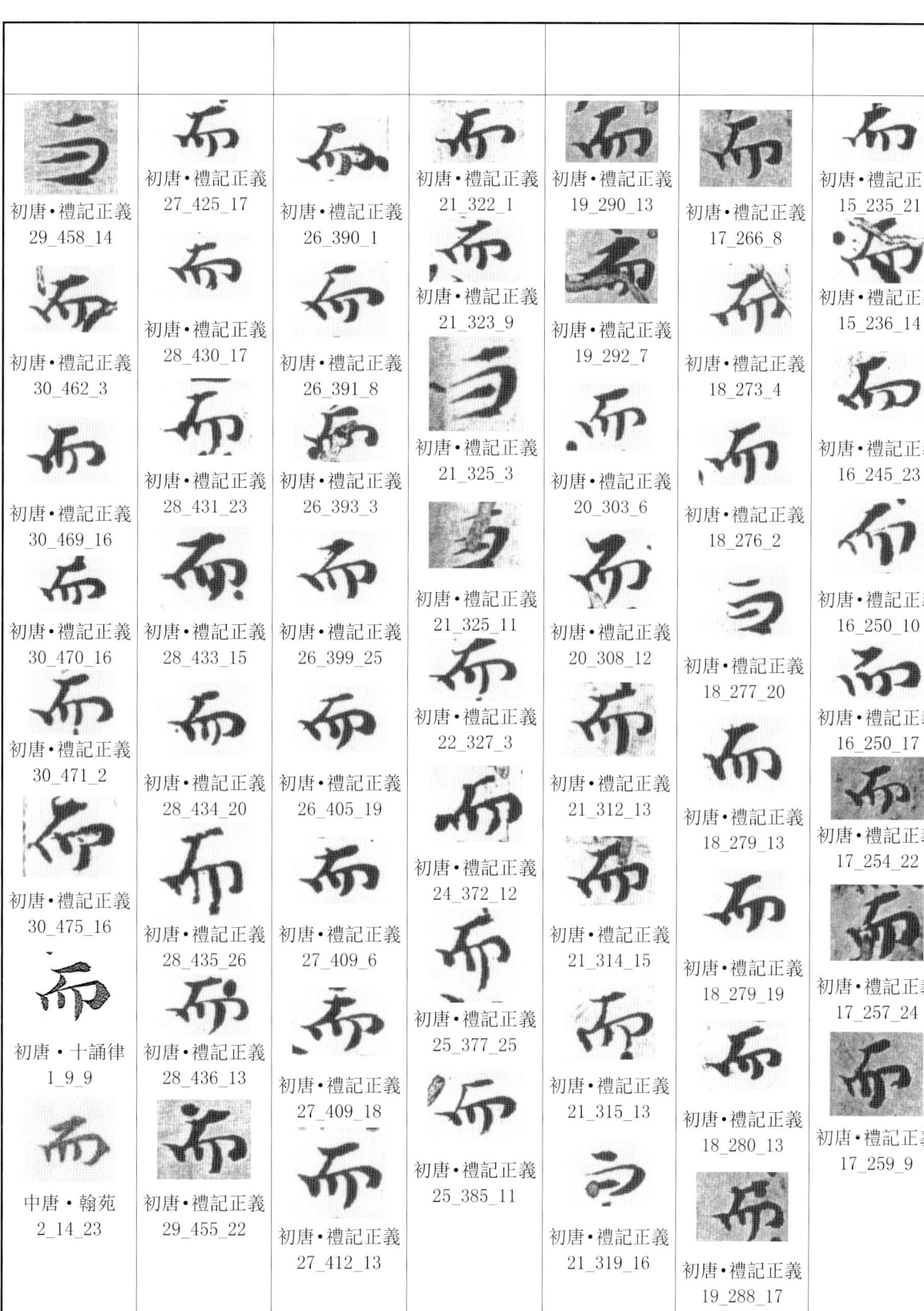

中唐・翰苑
3_27_22

中唐・翰苑
3_29_6

中唐・翰苑
4_37_40

中唐・翰苑
4_40_27

中唐・翰苑
4_40_34

中唐・翰苑
4_41_33

中唐・翰苑
4_43_18

中唐・翰苑
4_43_24

中唐・翰苑
6_67_32

中唐・翰苑
7_82_3

中唐・翰苑
7_82_9

中唐・翰苑
7_82_19

中唐・翰苑
7_82_34

中唐・翰苑
7_87_30

中唐・翰苑
7_88_3

中唐・翰苑
7_91_14

中唐・翰苑
8_92_12

中唐・翰苑
8_92_30

中唐・翰苑
8_93_2

中唐・翰苑
8_94_23

中唐・翰苑
8_95_28

中唐・翰苑
8_104_26

中唐・翰苑
8_105_32

中唐・翰苑
9_106_38

中唐・翰苑
9_108_4

中唐・翰苑
9_110_31

中唐・翰苑
9_115_17

中唐・翰苑
11_137_29

中唐・翰苑
12_145_39

中唐・翰苑
12_146_29

中唐・翰苑
12_147_20

中唐・翰苑
12_151_38

中唐・翰苑
12_154_42

中唐・翰苑
13_163_33

中唐・翰苑
14_174_25

中唐・翰苑
14_186_9

中唐・翰苑
15_189_10

中唐・翰苑
15_191_24

中唐・翰苑
15_199_22

中唐・翰苑
15_200_14

中唐・翰苑
16_209_8

中唐・翰苑
16_212_6

中唐・翰苑
16_212_46

中唐・翰苑
17_216_16

中唐・翰苑
19_247_29

中唐・翰苑
19_250_1

中唐・翰苑
19_251_10

中唐・翰苑
19_252_38

中唐・翰苑
20_261_9

中唐・翰苑
20_263_7

中唐・翰苑
20_264_31

中唐・翰苑
20_264_38

中唐・翰苑
22_288_13

中唐・翰苑
22_292_11

中唐・翰苑
22_292_19

中唐・翰苑
22_296_40

中唐·翰苑
23_308_6

中唐·翰苑
24_319_24

中唐·翰苑
25_323_33

中唐·翰苑
25_323_46

中唐·翰苑
25_325_26

中唐·翰苑
25_328_40

中唐·翰苑
25_329_10

中唐·翰苑
25_330_1

中唐·翰苑
25_331_2

中唐·翰苑
26_343_1

中唐·翰苑
27_348_35

中唐·翰苑
29_374_12

中唐·翰苑
29_375_20

中唐·翰苑
29_381_1

中唐·翰苑
29_381_31

中唐·翰苑
29_382_44

中唐·翰苑
30_383_28

中唐·翰苑
30_387_25

中唐·翰苑
30_389_13

中唐·翰苑
30_389_18

中唐·翰苑
30_391_26

中唐·翰苑
31_404_25

黠面
中唐·翰苑
32_411_48

中唐·翰苑
32_416_23

中唐·翰苑
33_427_25

中唐·翰苑
33_429_8

中唐·翰苑
33_429_20

中唐·翰苑
33_429_40

中唐·翰苑
33_430_33

中唐·翰苑
34_438_6

中唐·翰苑
34_441_22

中唐·翰苑
35_448_26

中唐·翰苑
35_448_43

中唐·翰苑
35_449_14

中唐·翰苑
35_451_18

中唐·翰苑
35_451_38

中唐·翰苑
35_455_13

中唐·翰苑
35_455_38

中唐·翰苑
37_476_2

中唐·翰苑
37_481_29

中唐·翰苑
38_484_19

中唐·翰苑
38_488_35

中唐·翰苑
38_491_22

中唐·翰苑
39_496_35

中唐·翰苑
39_501_11

中唐·翰苑
39_503_4

中唐·翰苑
39_504_25

中唐·翰苑
40_510_33

中唐·翰苑
41_524_3

中唐·翰苑
43_551_11

中唐·翰苑
44_563_1

中唐·翰苑
44_563_9

中唐·翰苑
44_564_9

中唐·翰苑
44_568_15

中唐·翰苑
45_575_2

中唐·翰苑
45_578_11

中唐・翰苑
45_578_15

中唐・翰苑
45_579_2

中唐・翰苑
45_580_15

中唐・翰苑
45_581_5

晚唐•摩訶止觀
1_5_14

晚唐•摩訶止觀
1_6_5

晚唐•摩訶止觀
1_7_18

晚唐•摩訶止觀
3_26_22

晚唐•摩訶止觀
5_46_3

晚唐•摩訶止觀
5_46_8

晚唐•摩訶止觀
6_48_3

晚唐•摩訶止觀
6_48_8

晚唐•摩訶止觀
6_49_19

晚唐•摩訶止觀
6_54_23

晚唐•摩訶止觀
6_55_20

晚唐•摩訶止觀
7_59_4

晚唐•摩訶止觀
7_60_17

晚唐•摩訶止觀
7_61_2

晚唐•摩訶止觀
7_64_8

晚唐•摩訶止觀
7_64_21

晚唐•摩訶止觀
8_66_4

晚唐•摩訶止觀
8_67_3

晚唐•摩訶止觀
9_77_17

晚唐•摩訶止觀
9_82_3

晚唐•摩訶止觀
9_83_4

晚唐•摩訶止觀
13_115_18

晚唐•摩訶止觀
14_120_4

晚唐•摩訶止觀
14_125_16

晚唐•摩訶止觀
15_130_6

晚唐•摩訶止觀
17_147_14

晚唐•摩訶止觀
17_147_22

晚唐•摩訶止觀
19_164_13

晚唐•摩訶止觀
20_171_11

晚唐•摩訶止觀
21_183_8

晚唐•摩訶止觀
22_192_25

晚唐•摩訶止觀
23_195_24

晚唐•摩訶止觀
24_205_3

晚唐•摩訶止觀
24_206_2

晚唐•摩訶止觀
29_252_22

晚唐•摩訶止觀
29_254_24

晚唐•摩訶止觀
30_257_22

晚唐•摩訶止觀
31_274_3

晚唐•摩訶止觀
31_274_27

晚唐•摩訶止觀
35_303_21

晚唐•摩訶止觀
35_305_23

晚唐•摩訶止觀
36_310_28

晚唐•摩訶止觀
36_311_21

晚唐•摩訶止觀
36_312_31

晚唐•摩訶止觀
36_313_4

晚唐•摩訶止觀
37_322_10

晚唐•摩訶止觀
38_325_4

晚唐•摩訶止觀
38_330_15

晚唐•摩訶止觀
39_336_3

晚唐•摩訶止觀
39_336_7

晚唐•摩訶止觀
45_384_24

晚唐•摩訶止觀
45_385_6

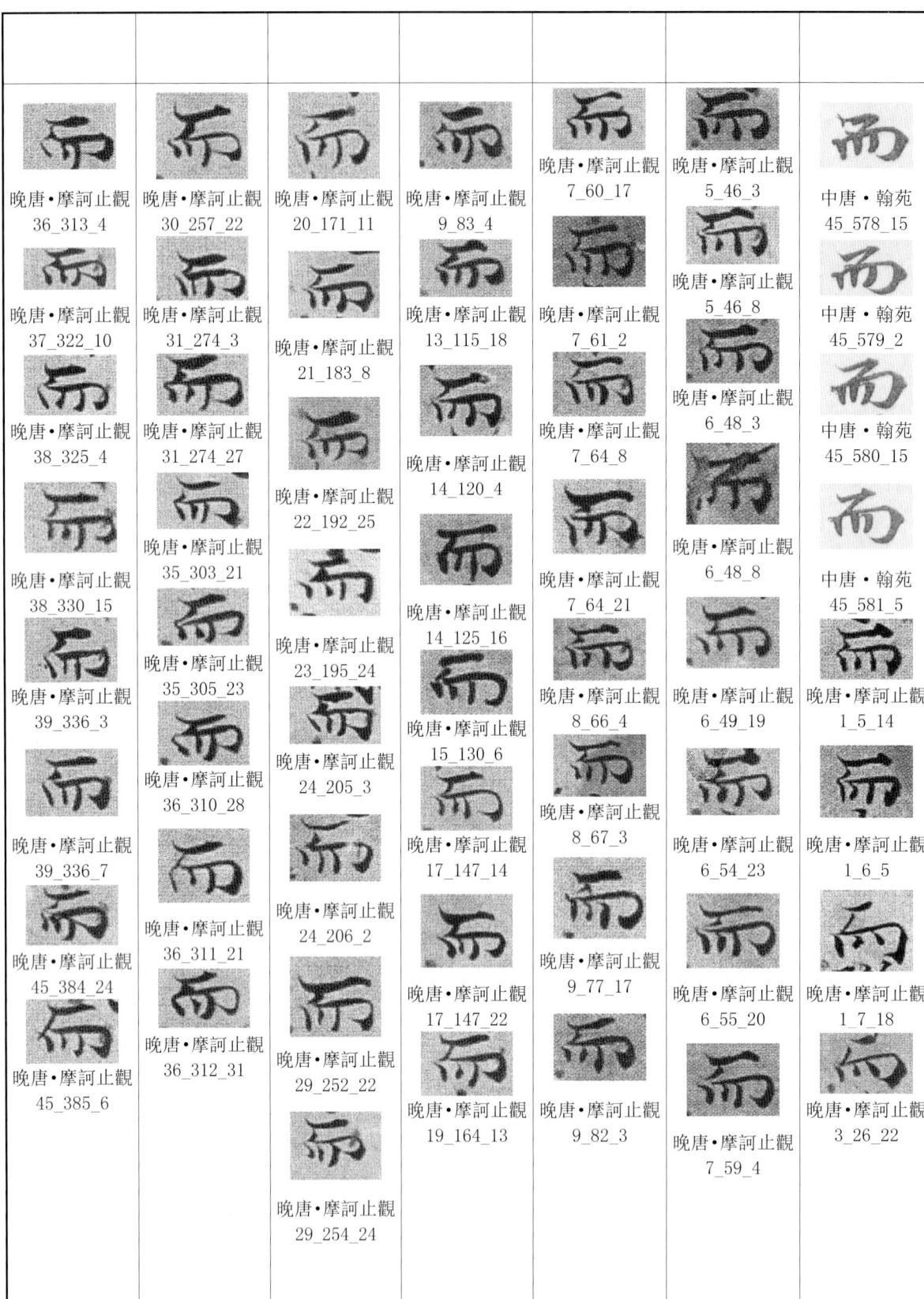

| | | | | | | |
|---|---|---|---|---|---|---|
| 五代•大毗盧經<br>16_209_6 | 五代•大毗盧經<br>12_154_1 | 五代•大毗盧經<br>7_78_25 | 晚唐•摩訶止觀<br>57_483_14 | 晚唐•摩訶止觀<br>53_449_26 | 晚唐•摩訶止觀<br>49_415_24 | 晚唐•摩訶止觀<br>45_388_1 |
| 五代•大毗盧經<br>19_241_11 | 五代•大毗盧經<br>14_170_1 | 五代•大毗盧經<br>7_82_6 | 晚唐•摩訶止觀<br>60_509_24 | 晚唐•摩訶止觀<br>53_450_6 | 晚唐•摩訶止觀<br>49_418_24 | 晚唐•摩訶止觀<br>46_396_6 |
| 五代•大毗盧經<br>19_248_27 | 五代•大毗盧經<br>14_173_19 | 五代•大毗盧經<br>7_84_7 | 晚唐•摩訶止觀<br>60_510_14 | 晚唐•摩訶止觀<br>53_450_10 | 晚唐•摩訶止觀<br>50_425_9 | 晚唐•摩訶止觀<br>48_413_15 |
| 五代•大毗盧經<br>22_281_18 | 五代•大毗盧經<br>14_184_13 | 五代•大毗盧經<br>8_96_42 | 晚唐•摩訶止觀<br>61_518_3 | 晚唐•摩訶止觀<br>54_456_15 | 晚唐•摩訶止觀<br>51_433_10 | 晚唐•摩訶止觀<br>48_414_27 |
| 五代•大毗盧經<br>23_292_8 | 五代•大毗盧經<br>15_194_1 | 五代•大毗盧經<br>8_97_2 | 五代•密教部類<br>6_86_22 | 晚唐•摩訶止觀<br>56_470_26 | 晚唐•摩訶止觀<br>51_433_20 | 晚唐•摩訶止觀<br>49_415_1 |
| 五代•大毗盧經<br>25_319_29 | 五代•大毗盧經<br>15_194_14 | 五代•大毗盧經<br>11_134_8 | 五代•密教部類<br>6_88_37 | 晚唐•摩訶止觀<br>56_471_8 | 晚唐•摩訶止觀<br>52_440_8 | 晚唐•摩訶止觀<br>49_415_8 |
| 五代•大毗盧經<br>25_322_7 | 五代•大毗盧經<br>15_195_8 | 五代•大毗盧經<br>11_135_6 | 五代•大毗盧經<br>2_21_12 | 晚唐•摩訶止觀<br>56_475_18 | 晚唐•摩訶止觀<br>53_446_22 | 晚唐•摩訶止觀<br>49_415_10 |
| 五代•大毗盧經<br>26_334_4 | 五代•大毗盧經<br>15_196_11 | 五代•大毗盧經<br>12_142_18 | 五代•大毗盧經<br>3_24_15 | 晚唐•摩訶止觀<br>56_477_17 | 晚唐•摩訶止觀<br>53_448_22 | 晚唐•摩訶止觀<br>49_415_22 |

# 耐

慣タイ 漢ダイ 呉ナイ
訓たえる

中唐・翰苑 22_291_13
中唐・翰苑 22_291_21
中唐・翰苑 22_294_28
中唐・翰苑 22_296_44
晚唐•摩訶止觀 21_182_22

五代•大毗盧經 79_964_6
五代•大毗盧經 85_1040_18
五代•大毗盧經 85_1048_10
五代•大毗盧經 86_1051_33
五代•大毗盧經 91_1109_14
五代•大毗盧經 92_1135_9
五代•大毗盧經 94_1152_29
五代•大毗盧經 97_1197_13

五代•大毗盧經 68_851_37
五代•大毗盧經 68_853_4
五代•大毗盧經 71_870_3
五代•大毗盧經 72_881_21
五代•大毗盧經 72_882_17
五代•大毗盧經 77_935_11
五代•大毗盧經 77_938_13
五代•大毗盧經 78_942_25

五代•大毗盧經 63_778_1
五代•大毗盧經 65_819_45
五代•大毗盧經 65_821_22
五代•大毗盧經 66_831_20
五代•大毗盧經 67_838_13
五代•大毗盧經 67_841_8
五代•大毗盧經 68_849_17
五代•大毗盧經 68_851_30

五代•大毗盧經 57_695_26
五代•大毗盧經 57_696_32
五代•大毗盧經 58_717_30
五代•大毗盧經 58_717_38
五代•大毗盧經 59_728_8
五代•大毗盧經 61_750_23
五代•大毗盧經 62_762_18
五代•大毗盧經 62_766_15

五代•大毗盧經 47_579_9
五代•大毗盧經 48_584_4
五代•大毗盧經 50_609_1
五代•大毗盧經 50_612_11
五代•大毗盧經 50_618_16
五代•大毗盧經 50_619_18
五代•大毗盧經 52_643_40
五代•大毗盧經 55_673_37

五代•大毗盧經 39_463_8
五代•大毗盧經 40_482_14
五代•大毗盧經 40_483_8
五代•大毗盧經 43_511_22
五代•大毗盧經 43_518_9
五代•大毗盧經 43_524_12
五代•大毗盧經 46_563_3
五代•大毗盧經 47_575_7

# 至部

至

現 シ
訓 いたる

初唐・古文尚書
1_1_30

初唐・古文尚書
3_18_2

初唐・古文尚書
3_18_5

初唐・古文尚書
7_57_26

初唐・古文尚書
8_68_3

初唐・古文尚書
8_69_8

初唐・古文尚書
11_93_19

初唐・古文尚書
11_99_6

初唐・古文尚書
11_99_10

初唐・古文尚書
12_112_31

初唐・古文尚書
16_150_28

初唐・古文尚書
16_151_11

初唐・古文尚書
23_225_18

初唐・古文尚書
24_234_15

初唐・古文尚書
25_248_22

初唐・古文尚書
26_253_7

初唐・古文尚書
26_253_33

初唐・古文尚書
27_267_31

初唐・古文尚書
27_268_9

初唐・古文尚書
34_318_26

初唐・古文尚書
41_397_36

初唐・古文尚書
43_421_4

初唐・古文尚書
44_423_32

初唐・古文尚書
45_434_6

初唐・古文尚書
45_434_9

初唐・古文尚書
45_441_20

初唐・古文尚書
46_447_22

初唐・毛詩傳
2_13_10

初唐・毛詩傳
2_16_2

初唐・禮記正義
1_9_24

初唐・禮記正義
2_31_26

初唐・禮記正義
3_34_26

初唐・禮記正義
3_35_24

初唐・禮記正義
3_38_9

初唐・禮記正義
3_49_23

初唐・禮記正義
5_71_6

初唐・禮記正義
5_73_2

初唐・禮記正義
6_90_19

初唐・禮記正義
7_99_13

初唐・禮記正義
8_118_15

初唐・禮記正義
8_120_62

初唐・禮記正義
8_120_71

| | | | | | | |
|---|---|---|---|---|---|---|
| 初唐・般若經<br>6_70_2<br>初唐・般若經<br>6_83_3<br>初唐・般若經<br>7_84_14<br>初唐・般若經<br>7_92_4<br>初唐・般若經<br>7_93_15<br>初唐・般若經<br>8_102_8<br>初唐・般若經<br>8_104_2 | 初唐・般若經<br>4_44_6<br>初唐・般若經<br>4_46_2<br>初唐・般若經<br>5_52_6<br>初唐・般若經<br>5_54_2<br>初唐・般若經<br>5_60_6<br>初唐・般若經<br>5_62_2<br>初唐・般若經<br>6_68_6 | 初唐・十誦律<br>3_33_10<br>初唐・十誦律<br>5_90_2<br>初唐・十誦律<br>19_372_9<br>初唐・般若經<br>3_28_6<br>初唐・般若經<br>3_30_2<br>初唐・般若經<br>4_36_6<br>初唐・般若經<br>4_38_2 | 初唐•禮記正義<br>27_416_28<br>初唐•禮記正義<br>28_434_7<br>初唐•禮記正義<br>28_437_5<br>初唐•禮記正義<br>29_449_6<br>初唐•禮記正義<br>29_458_1<br>初唐•禮記正義<br>30_460_7<br>初唐•禮記正義<br>30_475_2 | 初唐•禮記正義<br>20_305_3<br>初唐•禮記正義<br>20_308_26<br>初唐•禮記正義<br>21_319_1<br>初唐•禮記正義<br>24_371_15<br>初唐•禮記正義<br>25_377_27<br>初唐•禮記正義<br>25_388_21<br>初唐•禮記正義<br>26_397_14 | 初唐•禮記正義<br>13_196_6<br>初唐•禮記正義<br>13_204_18<br>初唐•禮記正義<br>15_229_6<br>初唐•禮記正義<br>18_275_18<br>初唐•禮記正義<br>19_286_6<br>初唐•禮記正義<br>19_293_15<br>初唐•禮記正義<br>19_295_12 | 初唐•禮記正義<br>8_126_24<br>初唐•禮記正義<br>9_133_2<br>初唐•禮記正義<br>9_145_15<br>初唐•禮記正義<br>11_168_21<br>初唐•禮記正義<br>12_188_19<br>初唐•禮記正義<br>12_189_8<br>初唐•禮記正義<br>12_193_16 |

初唐·般若經 8_110_17
初唐·般若經 8_112_10
初唐·般若經 10_140_6
初唐·般若經 10_141_16
初唐·般若經 12_165_8
初唐·般若經 12_167_4
初唐·般若經 16_235_1

初唐·般若經 16_236_16
初唐·般若經 16_243_9
初唐·般若經 17_245_7
初唐·般若經 17_251_17
初唐·般若經 17_253_15
初唐·般若經 18_260_7
初唐·般若經 18_262_5

初唐·般若經 18_268_15
初唐·般若經 18_270_13
初唐·般若經 19_277_6
初唐·般若經 19_279_4
初唐·般若經 20_293_2
初唐·般若經 20_294_15
初唐·般若經 20_302_10

初唐·般若經 20_304_6
初唐·般若經 21_313_5
初唐·般若經 21_314_17
初唐·般若經 21_322_5
初唐·般若經 21_323_16
初唐·般若經 23_353_3
初唐·般若經 23_354_15

初唐·般若經 25_380_5
初唐·般若經 25_382_3
中唐·翰苑 2_11_15
中唐·翰苑 2_16_15
中唐·翰苑 2_16_31
中唐·翰苑 2_20_5
中唐·翰苑 3_25_22

中唐·翰苑 3_26_7
中唐·翰苑 6_67_27
中唐·翰苑 7_81_13
中唐·翰苑 7_82_6
中唐·翰苑 7_85_30
中唐·翰苑 8_97_10
中唐·翰苑 8_102_17

中唐·翰苑 8_102_25
中唐·翰苑 8_102_31
中唐·翰苑 8_105_7
中唐·翰苑 9_106_33
中唐·翰苑 9_110_27
中唐·翰苑 9_112_15
中唐·翰苑 10_123_19

中唐・翰苑 10_126_27

中唐・翰苑 10_131_26

中唐・翰苑 11_142_17

中唐・翰苑 12_146_26

中唐・翰苑 12_148_26

中唐・翰苑 12_151_16

中唐・翰苑 12_154_43

中唐・翰苑 14_184_18

中唐・翰苑 15_196_3

中唐・翰苑 16_212_22

中唐・翰苑 16_212_43

中唐・翰苑 20_257_8

中唐・翰苑 20_257_35

中唐・翰苑 20_265_4

中唐・翰苑 22_294_12

中唐・翰苑 23_302_32

中唐・翰苑 23_307_7

中唐・翰苑 23_307_14

中唐・翰苑 23_309_12

中唐・翰苑 24_315_31

中唐・翰苑 24_317_39

中唐・翰苑 28_363_46

中唐・翰苑 28_369_9

中唐・翰苑 29_373_21

中唐・翰苑 30_385_16

中唐・翰苑 30_395_22

中唐・翰苑 31_404_14

中唐・翰苑 31_405_3

中唐・翰苑 31_405_29

中唐・翰苑 31_406_9

中唐・翰苑 31_406_15

中唐・翰苑 31_406_29

中唐・翰苑 32_408_27

中唐・翰苑 32_411_34

中唐・翰苑 32_414_13

中唐・翰苑 32_419_13

中唐・翰苑 33_431_5

中唐・翰苑 34_442_33

中唐・翰苑 35_446_30

中唐・翰苑 36_469_23

中唐・翰苑 37_477_12

中唐・翰苑 37_482_6

中唐・翰苑 38_491_15

中唐・翰苑 40_509_33

中唐・翰苑 40_513_18

中唐・翰苑 40_514_39

中唐・翰苑 41_524_1

中唐・翰苑 41_526_3

中唐・翰苑 41_530_29

| | | | | | | |
|---|---|---|---|---|---|---|
| 晚唐•摩訶止觀 1_3_18 | 中唐・般若經 16_268_15 | 中唐・般若經 10_170_3 | 中唐・般若經 7_99_8 | 中唐・般若經 4_55_15 | 中唐・般若經 2_16_14 | 中唐・翰苑 42_535_10 |
| 晚唐•摩訶止觀 11_98_3 | 中唐・般若經 16_272_3 | 中唐・般若經 10_171_14 | 中唐・般若經 7_100_17 | 中唐・般若經 5_60_8 | 中唐・般若經 2_18_10 | 中唐・翰苑 42_543_31 |
| 晚唐•摩訶止觀 11_98_21 | 中唐・般若經 16_273_15 | 中唐・般若經 11_173_9 | 中唐・般若經 7_104_6 | 中唐・般若經 5_61_13 | 中唐・般若經 3_22_3 | 中唐・翰苑 43_544_10 |
| 晚唐•摩訶止觀 13_117_9 | 中唐・般若經 16_277_7 | 中唐・般若經 11_177_1 | 中唐・般若經 7_105_12 | 中唐・般若經 5_63_2 | 中唐・般若經 3_25_7 | 中唐・翰苑 43_549_27 |
| 晚唐•摩訶止觀 15_135_13 | 中唐・般若經 16_278_16 | 中唐・般若經 11_178_10 | 中唐・般若經 7_107_1 | 中唐・般若經 6_81_5 | 中唐・般若經 3_27_1 | 中唐・翰苑 43_550_26 |
| 晚唐•摩訶止觀 16_136_10 | 中唐・般若經 16_280_8 | 中唐・般若經 11_180_2 | 中唐・般若經 7_108_8 | 中唐・般若經 7_96_9 | 中唐・般若經 4_51_10 | 中唐・般若經 2_13_7 |
| 晚唐•摩訶止觀 17_149_20 | 中唐・般若經 16_282_1 | 中唐・般若經 11_181_12 | 中唐・般若經 10_168_9 | 中唐・般若經 7_97_17 | 中唐・般若經 4_54_7 | 中唐・般若經 2_15_2 |

| | | | | | | |
|---|---|---|---|---|---|---|
| 五代•大毗盧經 48_585_3 | 五代•大毗盧經 31_392_19 | 五代•大毗盧經 16_202_16 | 晚唐•摩訶止觀 60_504_22 | 晚唐•摩訶止觀 46_397_20 | 晚唐•摩訶止觀 35_300_15 | 晚唐•摩訶止觀 17_150_26 |
| 五代•大毗盧經 64_795_12 | 五代•大毗盧經 35_415_8 | 五代•大毗盧經 17_225_15 | 晚唐•摩訶止觀 61_515_13 | 晚唐•摩訶止觀 46_398_2 | 晚唐•摩訶止觀 37_324_23 | 晚唐•摩訶止觀 17_151_7 |
| 五代•大毗盧經 64_803_13 | 五代•大毗盧經 39_452_7 | 五代•大毗盧經 21_265_7 | 五代•大毗盧經 5_59_17 | 晚唐•摩訶止觀 46_398_23 | 晚唐•摩訶止觀 43_366_15 | 晚唐•摩訶止觀 17_151_20 |
| 五代•大毗盧經 71_878_27 | 五代•大毗盧經 39_458_3 | 五代•大毗盧經 30_376_23 | 五代•大毗盧經 6_65_5 | 晚唐•摩訶止觀 47_399_12 | 晚唐•摩訶止觀 45_385_1 | 晚唐•摩訶止觀 18_158_14 |
| 五代•大毗盧經 96_1177_2 | 五代•大毗盧經 43_515_8 | 五代•大毗盧經 30_378_14 | 五代•大毗盧經 7_78_43 | 晚唐•摩訶止觀 47_400_14 | 晚唐•摩訶止觀 45_389_8 | 晚唐•摩訶止觀 19_162_15 |
| 五代•大毗盧經 96_1178_17 | 五代•大毗盧經 43_521_18 | 五代•大毗盧經 30_378_32 | 五代•大毗盧經 11_136_12 | 晚唐•摩訶止觀 47_402_15 | 晚唐•摩訶止觀 45_389_28 | 晚唐•摩訶止觀 20_171_25 |
| | 五代•大毗盧經 45_551_3 | 五代•大毗盧經 31_389_11 | 五代•大毗盧經 15_196_14 | 晚唐•摩訶止觀 60_504_7 | 晚唐•摩訶止觀 46_397_2 | 晚唐•摩訶止觀 30_264_3 |

## 致

チ
訓 いたす

初唐・古文尚書 3_19_22
初唐・古文尚書 4_30_7
初唐・古文尚書 4_36_25
初唐・古文尚書 5_46_26
初唐・古文尚書 9_80_32
初唐・古文尚書 11_93_8
初唐・古文尚書 11_93_10
初唐・古文尚書 24_237_16

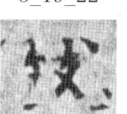

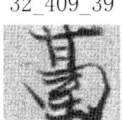

初唐・古文尚書 26_257_17
初唐・古文尚書 27_262_24
初唐・古文尚書 28_273_28
初唐・古文尚書 34_318_21
初唐・毛詩傳 10_104_10
初唐・毛詩傳 10_105_9
初唐・毛詩傳 10_105_26
初唐・禮記正義 5_77_3

初唐・禮記正義 25_382_20
初唐・禮記正義 25_383_7
初唐・禮記正義 30_466_24
初唐・禮記正義 30_469_14
中唐・翰苑 2_9_7
中唐・翰苑 4_43_25
中唐・翰苑 13_159_6
中唐・翰苑 15_189_11

中唐・翰苑 26_344_15
中唐・翰苑 27_351_37
中唐・翰苑 30_393_32
中唐・翰苑 31_396_5
中唐・翰苑 33_433_6
中唐・翰苑 34_441_23
中唐・翰苑 35_453_42
晩唐・摩訶止觀 11_101_8

晩唐・摩訶止觀 25_212_24
晩唐・摩訶止觀 26_228_13
晩唐・摩訶止觀 62_520_22

## 臺

漢 タイ 呉 ダイ
訓 うてな

中唐・翰苑 31_401_7
中唐・翰苑 31_402_25
中唐・翰苑 32_408_1
中唐・翰苑 32_409_39
晩唐・摩訶止觀 44_377_27
五代・大毗盧經 13_166_4
五代・大毗盧經 19_238_5

五代・大毗盧經 63_775_11
五代・大毗盧經 71_869_15

## 虍部

### 虎

漢コ
訓とら

初唐•古文尚書
35_333_5

初唐•古文尚書
35_333_25

初唐•禮記正義
4_55_3

初唐•禮記正義
25_381_21

初唐•禮記正義
26_402_29

初唐•禮記正義
27_426_16

晚唐•摩訶止觀
48_409_7

### 虐

漢現ギャク
訓しいたげる

五代•大毗盧經
67_842_18

初唐•古文尚書
13_120_10

初唐•古文尚書
13_121_12

初唐•古文尚書
25_244_18

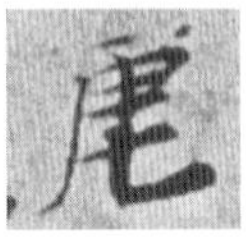
初唐•古文尚書
28_277_12

初唐•古文尚書
40_385_20

初唐•古文尚書
40_386_25

初唐•古文尚書
40_388_3

初唐•古文尚書
40_388_30

初唐•古文尚書
40_391_20

初唐•古文尚書
41_393_1

初唐•古文尚書
41_394_11

初唐•古文尚書
41_395_22

初唐•古文尚書
43_418_13

五代•大毗盧經
37_437_3

### 虔

ケン
訓つつしむ

初唐•古文尚書
40_384_9

### 虖

漢コ呉ク
訓ほえる

初唐•古文尚書
11_100_19

初唐•古文尚書
14_131_23

初唐•古文尚書
16_152_12

初唐•古文尚書
17_164_9

初唐•古文尚書
19_179_28

初唐•古文尚書
19_185_19

初唐•古文尚書
23_220_1

初唐・古文尚書
24_239_25

初唐・古文尚書
26_254_4

初唐・古文尚書
26_255_6

初唐・古文尚書
29_285_13

初唐・古文尚書
31_296_21

初唐・古文尚書
33_313_39

初唐・古文尚書
34_323_8

初唐・古文尚書
35_328_15

初唐・古文尚書
36_342_1

初唐・古文尚書
39_375_1

初唐・古文尚書
43_421_10

初唐・古文尚書
47_463_29

初唐・古文尚書
48_173_28

## 處

漢 現 ショ 吳 ソ
訓 ところ

初唐・毛詩傳
10_103_22

初唐・禮記正義
10_149_11

初唐・禮記正義
12_195_8

初唐・禮記正義
16_245_21

初唐・禮記正義
19_288_25

初唐・禮記正義
20_296_13

初唐・禮記正義
29_453_21

初唐・十誦律
2_16_14

初唐・十誦律
2_28_14

初唐・十誦律
2_30_15

初唐・十誦律
4_55_10

初唐・十誦律
4_58_13

初唐・十誦律
6_96_16

初唐・十誦律
6_97_14

初唐・十誦律
6_98_15

初唐・十誦律
6_102_7

初唐・十誦律
8_133_4

初唐・十誦律
8_153_4

初唐・十誦律
10_175_4

初唐・十誦律
10_186_4

初唐・十誦律
10_189_4

初唐・十誦律
10_192_4

初唐・十誦律
11_199_4

初唐・十誦律
11_201_13

初唐・十誦律
11_204_15

初唐・十誦律
11_206_17

初唐・十誦律
11_212_4

初唐・十誦律
11_213_15

初唐・十誦律
16_313_13

初唐・十誦律
16_313_16

初唐・十誦律
16_314_6

初唐・十誦律
16_314_13

初唐・十誦律
16_316_12

初唐・十誦律
17_317_2

初唐・十誦律
17_317_8

初唐・十誦律
17_317_14

初唐・十誦律
17_317_17

初唐・十誦律
17_319_12

初唐・十誦律
17_320_9

初唐・十誦律
17_320_16

| | | | | | | |
|---|---|---|---|---|---|---|
| 初唐・般若經 2_13_17 | 初唐・十誦律 18_341_6 | 初唐・十誦律 18_337_10 | 初唐・十誦律 17_333_1 | 初唐・十誦律 17_329_3 | 初唐・十誦律 17_325_6 | 初唐・十誦律 17_321_2 |
| 初唐・般若經 2_14_8 | 初唐・十誦律 18_341_12 | 初唐・十誦律 18_337_16 | 初唐・十誦律 17_333_7 | 初唐・十誦律 17_329_9 | 初唐・十誦律 17_326_12 | 初唐・十誦律 17_322_12 |
| 初唐・般若經 2_15_15 | 初唐・十誦律 18_341_15 | 初唐・十誦律 18_338_2 | 初唐・十誦律 17_333_10 | 初唐・十誦律 17_330_15 | 初唐・十誦律 17_326_15 | 初唐・十誦律 17_323_1 |
| 初唐・般若經 2_17_9 | 初唐・十誦律 18_342_5 | 初唐・十誦律 18_338_9 | 初唐・十誦律 17_335_15 | 初唐・十誦律 17_331_5 | 初唐・十誦律 17_327_7 | 初唐・十誦律 17_323_7 |
| 初唐・般若經 2_17_13 | 初唐・十誦律 18_342_12 | 初唐・十誦律 18_339_15 | 初唐・十誦律 17_336_5 | 初唐・十誦律 17_331_12 | 初唐・十誦律 17_327_14 | 初唐・十誦律 17_323_17 |
| 初唐・般若經 3_18_16 | 初唐・般若經 2_10_14 | 初唐・十誦律 18_340_1 | 初唐・十誦律 17_336_12 | 初唐・十誦律 17_332_2 | 初唐・十誦律 17_328_4 | 初唐・十誦律 17_324_7 |
| 初唐・般若經 3_20_12 | 初唐・般若經 2_11_1 | 初唐・十誦律 18_340_8 | 初唐・十誦律 17_336_15 | 初唐・十誦律 17_332_5 | 初唐・十誦律 17_328_11 | 初唐・十誦律 17_324_14 |
| 初唐・般若經 3_21_3 | 初唐・般若經 2_12_4 | 初唐・十誦律 18_340_11 | 初唐・十誦律 18_337_4 | 初唐・十誦律 17_332_11 | 初唐・十誦律 17_328_14 | 初唐・十誦律 17_324_17 |

| | | | | | | |
|---|---|---|---|---|---|---|
| 晚唐•摩訶止觀<br>2_15_3 | 中唐・翰苑<br>29_381_37 | 中唐・翰苑<br>12_145_20 | 初唐・般若經<br>23_345_3 | 初唐・般若經<br>15_225_1 | 初唐・般若經<br>15_216_6 | 初唐・般若經<br>3_22_10 |
| 晚唐•摩訶止觀<br>9_77_19 | 中唐・翰苑<br>30_384_8 | 中唐・翰苑<br>19_252_32 | 初唐・般若經<br>23_346_9 | 初唐・般若經<br>15_226_16 | 初唐・般若經<br>15_216_10 | 初唐・般若經<br>6_82_2 |
| 晚唐•摩訶止觀<br>19_168_10 | 中唐・翰苑<br>30_387_2 | 中唐・翰苑<br>21_276_36 | 初唐・般若經<br>23_346_16 | 初唐・般若經<br>15_227_7 | 初唐・般若經<br>15_217_15 | 初唐・般若經<br>9_131_8 |
| 晚唐•摩訶止觀<br>20_172_16 | 不更<br>中唐・翰苑<br>37_473_2 | 中唐・翰苑<br>22_290_41 | 中唐・翰苑<br>2_12_28 | 初唐・般若經<br>16_228_16 | 初唐・般若經<br>15_219_13 | 初唐・般若經<br>9_131_15 |
| 晚唐•摩訶止觀<br>27_229_23 | 中唐・翰苑<br>38_491_37 | 中唐・翰苑<br>22_292_30 | 中唐・翰苑<br>4_40_16 | 初唐・般若經<br>19_292_1 | 初唐・般若經<br>15_220_4 | 初唐・般若經<br>10_132_3 |
| 晚唐•摩訶止觀<br>27_230_9 | 中唐・翰苑<br>38_491_38 | 衍文<br>中唐・翰苑<br>26_340_32 | 中唐・翰苑<br>6_72_23 | 初唐・般若經<br>23_344_1 | 初唐・般若經<br>15_221_13 | 初唐・般若經<br>10_132_10 |
| 晚唐•摩訶止觀<br>28_238_26 | 中唐・翰苑<br>40_512_32 | 中唐・翰苑<br>29_373_15 | 中唐・翰苑<br>7_91_3 | 初唐・般若經<br>23_344_8 | 初唐・般若經<br>15_223_9 | 初唐・般若經<br>10_133_14 |
| 晚唐•摩訶止觀<br>33_283_21 | 中唐・翰苑<br>40_518_16 | 中唐・翰苑<br>29_381_35 | 中唐・翰苑<br>11_136_29 | 初唐・般若經<br>23_344_13 | 初唐・般若經<br>15_223_13 | 初唐・般若經<br>10_134_4 |

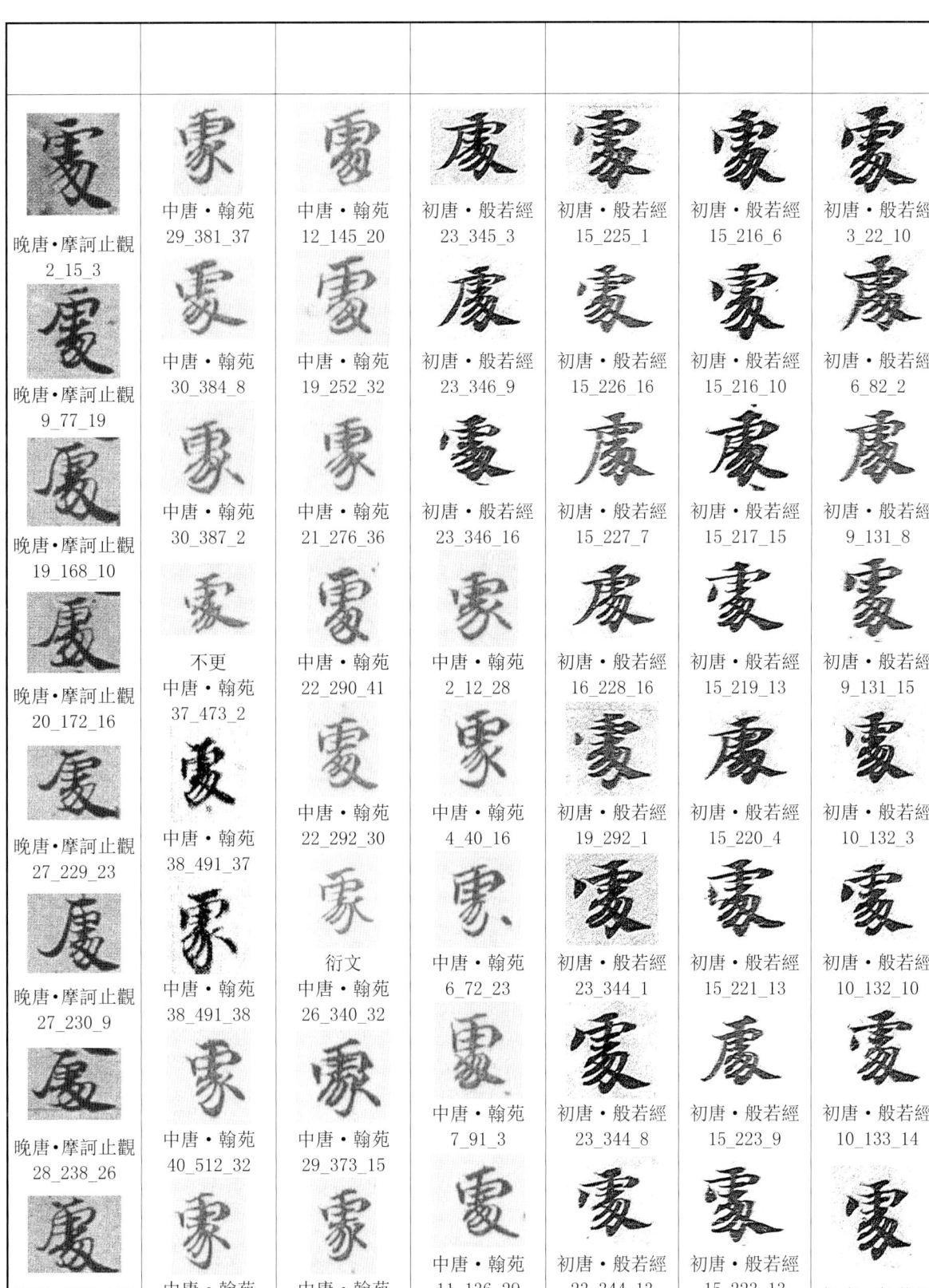

晚唐•摩訶止觀 33_288_17
晚唐•摩訶止觀 36_311_29
晚唐•摩訶止觀 44_375_5
晚唐•摩訶止觀 45_389_6
晚唐•摩訶止觀 47_406_7
晚唐•摩訶止觀 49_421_9
晚唐•摩訶止觀 51_431_11
晚唐•摩訶止觀 55_464_9

晚唐•摩訶止觀 56_476_15
晚唐•摩訶止觀 56_476_24
晚唐•摩訶止觀 57_481_16
晚唐•摩訶止觀 58_493_23
五代•密教部類 4_53_20
五代•大毗盧經 2_9_10
五代•大毗盧經 2_16_7
五代•大毗盧經 2_19_14

五代•大毗盧經 5_59_7
五代•大毗盧經 5_59_21
五代•大毗盧經 6_72_20
五代•大毗盧經 8_93_20
五代•大毗盧經 10_117_24
五代•大毗盧經 18_227_5
五代•大毗盧經 25_315_11
五代•大毗盧經 28_353_14

五代•大毗盧經 28_362_28
五代•大毗盧經 30_376_12
五代•大毗盧經 30_383_4
五代•大毗盧經 35_413_15
五代•大毗盧經 35_416_5
五代•大毗盧經 39_462_12
五代•大毗盧經 39_468_20
五代•大毗盧經 39_470_12

五代•大毗盧經 45_539_21
五代•大毗盧經 46_554_3
五代•大毗盧經 46_565_19
五代•大毗盧經 46_568_19
五代•大毗盧經 48_583_37
五代•大毗盧經 48_591_2
五代•大毗盧經 51_628_13
五代•大毗盧經 57_702_12

五代•大毗盧經 58_707_14
五代•大毗盧經 58_714_2
五代•大毗盧經 58_716_7
五代•大毗盧經 58_716_21
五代•大毗盧經 60_737_10
五代•大毗盧經 65_820_9
五代•大毗盧經 66_831_12
五代•大毗盧經 71_870_16

五代•大毗盧經 71_878_19
五代•大毗盧經 78_942_32
五代•大毗盧經 83_1008_16
五代•大毗盧經 86_1060_11
五代•大毗盧經 92_1128_12
五代•大毗盧經 92_1128_14
五代•大毗盧經 97_1199_5
五代•大毗盧經 98_1201_18

## 彪

慣ヒョウ漢ニュウ
訓あや

中唐・翰苑 13_170_13

## 虛

漢現キョ呉現コ
訓おか

初唐・古文尚書 48_468_24
初唐・禮記正義 17_260_1
初唐・禮記正義 17_260_11
初唐・般若經 8_109_3
初唐・般若經 8_110_5
初唐・般若經 21_320_8
初唐・般若經 21_321_10
中唐・翰苑 3_33_2

中唐・翰苑 10_127_3
中唐・般若經 5_69_2
中唐・般若經 5_70_4
中唐・般若經 5_71_12
中唐・般若經 5_72_14
中唐・般若經 5_74_5
中唐・般若經 5_75_7
中唐・般若經 5_76_16

中唐・般若經 6_78_1
晩唐・摩訶止觀 15_131_3
晩唐・摩訶止觀 21_181_16
晩唐・摩訶止觀 34_292_1
晩唐・摩訶止觀 38_327_16
晩唐・摩訶止觀 39_334_9
晩唐・摩訶止觀 50_422_9
晩唐・摩訶止觀 52_442_25

晩唐・摩訶止觀 62_521_3
五代・大毗盧經 6_69_19
五代・大毗盧經 6_70_10
五代・大毗盧經 11_141_14
五代・大毗盧經 14_183_18
五代・大毗盧經 16_205_14
五代・大毗盧經 21_273_13
五代・大毗盧經 21_274_1

五代・大毗盧經 22_278_12
五代・大毗盧經 23_293_13
五代・大毗盧經 23_299_31
五代・大毗盧經 24_312_16
五代・大毗盧經 28_349_3
五代・大毗盧經 28_350_13
五代・大毗盧經 28_362_9
五代・大毗盧經 31_386_6

五代・大毗盧經 41_488_1
五代・大毗盧經 41_488_16
五代・大毗盧經 44_537_1
五代・大毗盧經 46_566_13
五代・大毗盧經 50_617_3
五代・大毗盧經 54_661_3
五代・大毗盧經 59_729_3
五代・大毗盧經 60_742_17

## 虜

ロ 慣 リョ
訓 いけどる

中唐・翰苑 10_130_13
中唐・翰苑 10_130_24
中唐・翰苑 10_130_37
中唐・翰苑 10_131_41
中唐・翰苑 15_191_6
中唐・翰苑 15_194_28
中唐・翰苑 22_293_21

中唐・翰苑 4_44_18
中唐・翰苑 4_45_27
中唐・翰苑 5_51_8
中唐・翰苑 5_56_30
中唐・翰苑 5_59_9
中唐・翰苑 6_69_27
中唐・翰苑 8_94_18

中唐・翰苑 13_165_1
中唐・翰苑 15_187_24
中唐・翰苑 28_361_14
五代・大毗盧經 83_1016_15

## 虞

グ
訓 おそれ

初唐・古文尚書 18_171_7
初唐・古文尚書 26_250_16
初唐・古文尚書 31_290_1
初唐・毛詩傳 1_3_12
初唐・禮記正義 24_364_28
中唐・翰苑 2_14_5
中唐・翰苑 13_161_20
中唐・翰苑 13_164_40

五代・大毗盧經 86_1057_29
五代・大毗盧經 90_1097_8
五代・大毗盧經 90_1106_7
五代・大毗盧經 97_1184_47
五代・大毗盧經 97_1187_31
五代・大毗盧經 98_1200_8

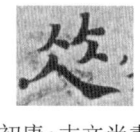

五代・大毗盧經 61_755_1
五代・大毗盧經 63_783_14
五代・大毗盧經 63_784_14
五代・大毗盧經 71_870_19
五代・大毗盧經 72_881_28
五代・大毗盧經 72_885_18
五代・大毗盧經 75_924_9
五代・大毗盧經 83_1008_34

五代・大毗盧經 60_743_6
五代・大毗盧經 60_745_1
五代・大毗盧經 60_747_15
五代・大毗盧經 60_748_9
五代・大毗盧經 61_750_21
五代・大毗盧經 61_752_1
五代・大毗盧經 61_753_17
五代・大毗盧經 61_754_15

## 號 

吳ゴウ 漢コウ
訓さけぶ

初唐•古文尚書
17_160_21

初唐•古文尚書
18_171_8

中唐・翰苑
7_82_31

中唐・翰苑
7_86_12

中唐・翰苑
38_484_8

中唐・翰苑
42_540_22

中唐・翰苑
43_554_36

## 虧 

キ
訓かける

初唐•古文尚書
46_453_28

中唐・翰苑
8_94_9

# 虫部

## 虫

漢チュウ
訓むし

中唐・翰苑
14_184_24

中唐・翰苑
37_470_27

中唐・翰苑
37_470_30

晩唐•摩訶止觀
59_495_11

晩唐•摩訶止觀
59_495_19

## 虹

漢コウ
訓にじ

五代•大毗盧經
41_487_2

## 蚊

漢ブン
訓か

五代•大毗盧經
2_5_5

## 蚩

シ
訓わらう

初唐•古文尚書
40_382_7

初唐•古文尚書
40_383_8

初唐•古文尚書
40_383_30

初唐•古文尚書
40_386_8

初唐•古文尚書
40_386_33

## 蛇

慣現ダ漢タ呉現ジャ
訓へび

中唐・翰苑
12_147_19

中唐・翰苑
12_150_2

晩唐•摩訶止觀
48_409_9

五代•大毗盧經
96_1174_3

## 蛬

漢キョウ
訓きりぎりす

初唐・毛詩傳
1_8_7

初唐・毛詩傳
1_8_26

| | 蜜 | 蜻 | 蜀 | 蛾 | 蜃 | 蛟 |
|---|---|---|---|---|---|---|
| | 慣ミツ漢ビツ<br>訓みつ | 漢セイ<br>訓とんぼ | 漢ショク呉ゾク<br>訓いもむし | ガ、ギ<br>訓が | 漢シン呉ジン<br>訓みずち | 漢コウ呉キョウ<br>訓みずち |
| <br>初唐・般若經<br>20_298_5 | <br>初唐・般若經<br>2_2_6 | <br>蜻蛉縣<br>中唐・翰苑<br>39_504_5 | <br>中唐・翰苑<br>37_474_29 | <br>中唐・翰苑<br>14_182_35 | <br>中唐・翰苑<br>24_322_22 | <br>中唐・翰苑<br>32_413_6 |
| <br>初唐・般若經<br>20_299_14 | <br>初唐・般若經<br>7_87_12 | | <br>中唐・翰苑<br>37_480_21 | <br>中唐・翰苑<br>14_184_26 | | |
| <br>初唐・般若經<br>20_302_3 | <br>初唐・般若經<br>7_88_3 | | <br>中唐・翰苑<br>40_510_6 | | | |
| <br>初唐・般若經<br>20_302_15 | <br>初唐・般若經<br>7_89_10 | | <br>中唐・翰苑<br>40_513_24 | | | |
| <br>初唐・般若經<br>20_304_11 | <br>初唐・般若經<br>7_91_14 | | <br>中唐・翰苑<br>41_525_18 | | | |
| <br>中唐・翰苑<br>40_508_26 | <br>初唐・般若經<br>7_92_9 | | | | | |
| <br>中唐・翰苑<br>44_557_8 | <br>初唐・般若經<br>7_94_3 | | | | | |
| <br>晚唐・摩訶止觀<br>18_155_10 | <br>初唐・般若經<br>20_297_14 | | | | | |

中唐・般若經
2_4_10

中唐・般若經
2_5_13

中唐・般若經
2_6_8

中唐・般若經
2_8_4

中唐・般若經
2_9_7

中唐・般若經
2_10_2

中唐・般若經
2_11_5

中唐・般若經
2_13_12

中唐・般若經
2_14_8

中唐・般若經
2_15_7

中唐・般若經
2_16_2

中唐・般若經
2_17_2

中唐・般若經
2_17_15

中唐・般若經
2_18_15

中唐・般若經
3_20_6

中唐・般若經
3_22_8

中唐・般若經
3_23_3

中唐・般若經
3_24_1

中唐・般若經
3_25_12

中唐・般若經
3_26_7

中唐・般若經
3_27_6

中唐・般若經
3_29_1

中唐・般若經
3_30_7

中唐・般若經
4_50_3

中唐・般若經
4_57_10

中唐・般若經
5_65_1

中唐・般若經
5_66_7

中唐・般若經
6_79_14

中唐・般若經
6_82_16

中唐・般若經
6_84_5

中唐・般若經
6_94_17

中唐・般若經
7_102_11

中唐・般若經
7_110_6

中唐・般若經
7_111_12

中唐・般若經
8_119_11

中唐・般若經
8_127_1

中唐・般若經
9_134_9

中唐・般若經
9_135_32

中唐・般若經
9_142_4

中唐・般若經
10_154_5

中唐・般若經
10_155_11

中唐・般若經
10_166_16

中唐・般若經
11_175_5

中唐・般若經
11_183_12

中唐・般若經
11_184_17

中唐・般若經
12_191_16

中唐・般若經
12_198_11

中唐・般若經
12_205_7

中唐・般若經
12_206_13

中唐・般若經
13_214_7

中唐・般若經
13_221_10

中唐・般若經
13_228_14

中唐・般若經
15_254_4

中唐・般若經
15_255_10

中唐・般若經
15_267_3

中唐・般若經
16_275_9

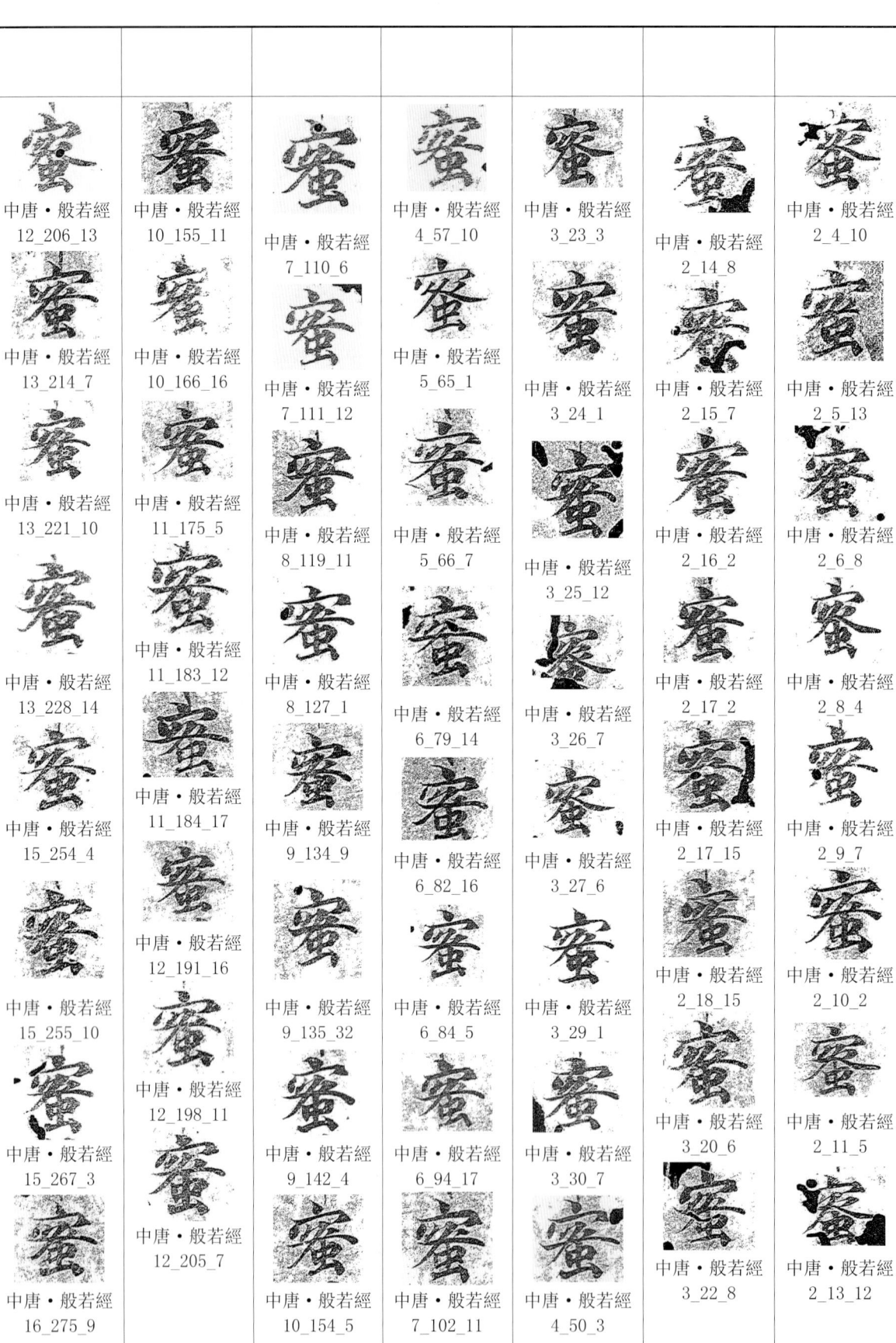

| 蝮 | 蝎 | | | | | |
|---|---|---|---|---|---|---|
| フク<br>訓まむし | 漢カツ<br>訓さそり | | | | | |
| 中唐・翰苑<br>12_150_1 | 五代・大毗盧經<br>85_1035_17 | 五代・大毗盧經<br>60_734_5<br>五代・大毗盧經<br>60_734_11<br>五代・大毗盧經<br>60_734_17<br>五代・大毗盧經<br>60_735_4 | 五代・大毗盧經<br>14_171_19<br>五代・大毗盧經<br>39_461_1<br>五代・大毗盧經<br>59_732_4<br>五代・大毗盧經<br>59_732_10<br>五代・大毗盧經<br>59_732_16<br>五代・大毗盧經<br>60_733_5<br>五代・大毗盧經<br>60_733_11<br>五代・大毗盧經<br>60_733_18 | 晚唐・摩訶止觀<br>25_213_17<br>晚唐・摩訶止觀<br>33_287_4<br>晚唐・摩訶止觀<br>51_430_24<br>晚唐・摩訶止觀<br>51_435_11<br>五代・大毗盧經<br>7_75_14<br>五代・大毗盧經<br>9_109_2<br>五代・大毗盧經<br>13_161_11<br>五代・大毗盧經<br>13_161_15 | 中唐・般若經<br>18_320_2<br>中唐・般若經<br>19_327_10<br>中唐・般若經<br>19_332_12<br>中唐・般若經<br>19_338_2<br>中唐・般若經<br>19_339_8<br>中唐・般若經<br>19_340_6<br>晚唐・摩訶止觀<br>2_12_2<br>晚唐・摩訶止觀<br>25_212_9 | 中唐・般若經<br>16_283_16<br>中唐・般若經<br>16_285_5<br>中唐・般若經<br>17_291_2<br>中唐・般若經<br>17_295_13<br>中唐・般若經<br>17_300_12<br>中唐・般若經<br>17_302_1<br>中唐・般若經<br>18_308_10<br>中唐・般若經<br>18_313_12 |

| 蟬 | 蟀 | 蟋 | 螺 | 蟄 | 螃 | 融 |
|---|---|---|---|---|---|---|
| 漢セン呉ゼン<br>訓せみ | シュツ<br>訓こおろぎ | 漢シツ<br>訓こおろぎ | ラ<br>訓にな | 慣チツ漢チュウ<br>訓かくれる | ハウ<br>訓かに | 漢ユウ<br>訓とおる |
| <br>中唐・翰苑<br>20_261_8 | <br>初唐・毛詩傳<br>1_7_2 | <br>初唐・毛詩傳<br>1_7_1 | <br>五代・大毗盧經<br>23_293_12 | 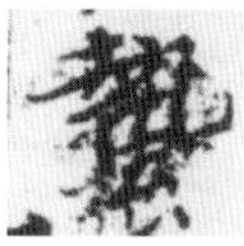<br>初唐・禮記正義<br>8_125_28 | <br>五代・大毗盧經<br>90_1096_6 | <br>中唐・翰苑<br>25_327_32 |
| <br>中唐・翰苑<br>20_262_22 | <br>初唐・毛詩傳<br>1_8_6 | <br>初唐・毛詩傳<br>1_8_5 | <br>五代・大毗盧經<br>24_304_3 | <br>初唐・禮記正義<br>9_138_16 | | <br>晩唐・摩訶止觀<br>20_172_4 |
| | <br>初唐・毛詩傳<br>2_13_28 | <br>初唐・毛詩傳<br>2_13_27 | <br>五代・大毗盧經<br>24_304_12 | | | <br>晩唐・摩訶止觀<br>51_431_1 |
| | <br>初唐・毛詩傳<br>2_17_2 | <br>初唐・毛詩傳<br>2_17_1 | <br>五代・大毗盧經<br>44_529_3 | | | |
| | <br>初唐・毛詩傳<br>2_21_2 | <br>初唐・毛詩傳<br>2_21_1 | | | | |

## 蠶

漢サン
訓かいこ

初唐•古文尚書
1_5_1

初唐•古文尚書
1_5_22

初唐•古文尚書
2_9_12

初唐•古文尚書
2_16_19

中唐・翰苑
19_246_7

中唐・翰苑
20_263_8

中唐・翰苑
20_267_19

中唐・翰苑
41_524_12

## 蠲

漢ケン漢ケイ
訓やすで

初唐•古文尚書
43_419_5

## 蠡

リ
訓むしばむ

初唐•古文尚書
4_28_9

初唐•古文尚書
4_28_17

中唐・翰苑
3_24_27

中唐・翰苑
3_30_42

中唐・翰苑
6_67_42

中唐・翰苑
7_84_4

中唐・翰苑
7_84_6

中唐・翰苑
7_88_7

## 蠙

ヒン、ヘン
訓どぶがい

初唐•古文尚書
3_25_7

初唐•古文尚書
3_25_22

初唐•古文尚書
3_26_8

## 蠕

漢ジュ呉ニュ
訓うごめく

中唐・翰苑
14_176_22

## 蟹

漢カイ
訓かに

五代•大毗盧經
90_1096_7

## 蟻

ギ
訓あり

中唐・翰苑
8_96_6

五代•大毗盧經
2_5_6

蠻 𢉎

漢 バン
訓 えびす

晚唐•摩訶止観
23_197_2

初唐•古文尚書
34_320_10

中唐・翰苑
1_5_6

中唐・翰苑
10_123_24

中唐・翰苑
30_392_25

中唐・翰苑
33_425_2

中唐・翰苑
33_427_1

中唐・翰苑
33_433_41

中唐・翰苑
34_434_15

中唐・翰苑
34_436_6

中唐・翰苑
34_436_28

中唐・翰苑
34_437_17

中唐・翰苑
34_439_5

中唐・翰苑
34_440_26

中唐・翰苑
34_441_5

中唐・翰苑
34_443_20

中唐・翰苑
34_444_12

中唐・翰苑
34_445_27

中唐・翰苑
35_448_15

中唐・翰苑
36_458_5

中唐・翰苑
36_458_8

中唐・翰苑
36_458_28

中唐・翰苑
36_460_30

中唐・翰苑
36_464_9

中唐・翰苑
36_466_11

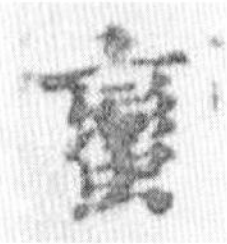
中唐・翰苑
37_472_12

中唐・翰苑
37_474_12

中唐・翰苑
37_478_18

中唐・翰苑
40_517_35

中唐・翰苑
40_518_13

中唐・翰苑
41_528_4

# 网部

罔

漢ボウ呉モウ
訓あみ

初唐•古文尚書 7_51_18
初唐•古文尚書 8_61_5
初唐•古文尚書 8_70_15
初唐•古文尚書 11_101_2
初唐•古文尚書 13_114_14
初唐•古文尚書 14_124_2
初唐•古文尚書 15_142_25
初唐•古文尚書 16_146_18

初唐•古文尚書 17_156_15
初唐•古文尚書 18_166_10
初唐•古文尚書 19_177_27
初唐•古文尚書 20_192_12
初唐•古文尚書 20_194_14
初唐•古文尚書 21_201_23
初唐•古文尚書 22_208_17
初唐•古文尚書 22_211_8

初唐•古文尚書 22_217_1
初唐•古文尚書 23_226_1
初唐•古文尚書 24_239_30
初唐•古文尚書 25_248_18
初唐•古文尚書 26_252_7
初唐•古文尚書 27_264_1
初唐•古文尚書 27_265_6
初唐•古文尚書 28_272_28

初唐•古文尚書 28_277_27
初唐•古文尚書 29_279_25
初唐•古文尚書 31_291_20
初唐•古文尚書 31_293_17
初唐•古文尚書 34_319_21
初唐•古文尚書 34_323_9
初唐•古文尚書 34_324_1
初唐•古文尚書 35_337_26

初唐•古文尚書 35_337_32
初唐•古文尚書 36_343_15
初唐•古文尚書 37_356_27
初唐•古文尚書 37_358_1
初唐•古文尚書 37_358_35
初唐•古文尚書 40_383_33
初唐•古文尚書 40_389_1
初唐•古文尚書 40_390_4

初唐•古文尚書 41_392_7
初唐•古文尚書 41_396_9
初唐•古文尚書 42_407_12
初唐•古文尚書 42_411_3
初唐•古文尚書 43_416_32
初唐•古文尚書 44_423_38
初唐•古文尚書 44_424_5
初唐•古文尚書 47_458_4

| | | | 置 | 罣 | 罘 | |
|---|---|---|---|---|---|---|
| | | | 現チ<br>訓おく | カイ漢ケイ<br>訓かける | 漢フ<br>訓うさぎあみ | |
| <br>中唐・翰苑<br>18_230_23 | <br>冒頓<br>中唐・翰苑<br>8_97_18 | <br>中唐・翰苑<br>2_21_21 | <br>初唐・古文尚書<br>3_23_6 | <br>晚唐・摩訶止觀<br>48_408_18 | <br>初唐・毛詩傳<br>8_86_3 | <br>初唐・古文尚書<br>48_467_23 |
| <br>中唐・翰苑<br>19_252_29 | <br>中唐・翰苑<br>8_105_34 | <br>中唐・翰苑<br>4_48_27 | <br>初唐・古文尚書<br>18_172_9 | | | 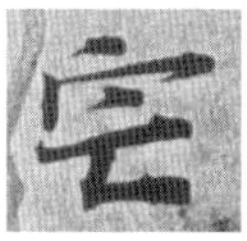<br>初唐・古文尚書<br>48_472_15 |
| <br>中唐・翰苑<br>21_276_27 | <br>中唐・翰苑<br>9_116_41 | <br>中唐・翰苑<br>5_53_3 | <br>初唐・禮記正義<br>12_179_21 | | | |
| <br>中唐・翰苑<br>21_276_35 | <br>冒頓<br>中唐・翰苑<br>11_134_21 | <br>中唐・翰苑<br>5_54_2 | <br>初唐・禮記正義<br>12_181_1 | | | |
| <br>中唐・翰苑<br>21_277_10 | <br>中唐・翰苑<br>16_206_35 | <br>冒頓<br>中唐・翰苑<br>7_82_7 | <br>初唐・禮記正義<br>12_181_7 | | | |
| <br>中唐・翰苑<br>21_277_19 | <br>中唐・翰苑<br>16_211_17 | <br>中唐・翰苑<br>7_83_36 | <br>初唐・禮記正義<br>12_184_19 | | | |
| <br>中唐・翰苑<br>22_288_11 | <br>中唐・翰苑<br>18_229_23 | <br>中唐・翰苑<br>7_88_26 | <br>中唐・翰苑<br>2_19_6 | | | |

中唐 • 翰苑
23_301_7

中唐 • 翰苑
23_301_17

中唐 • 翰苑
23_303_1

中唐 • 翰苑
28_364_14

中唐 • 翰苑
28_369_37

中唐 • 翰苑
29_376_37

中唐 • 翰苑
30_389_8

中唐 • 翰苑
31_406_13

中唐 • 翰苑
31_407_11

中唐 • 翰苑
33_430_1

中唐 • 翰苑
34_436_18

中唐 • 翰苑
34_437_20

中唐 • 翰苑
34_443_16

中唐 • 翰苑
35_455_10

中唐 • 翰苑
38_494_1

中唐 • 翰苑
40_508_32

中唐 • 翰苑
40_513_28

觸冒險津
中唐 • 翰苑
41_520_15

中唐 • 翰苑
41_522_4

中唐 • 翰苑
42_533_4

中唐 • 翰苑
42_541_18

中唐 • 翰苑
43_551_5

晚唐•摩訶止觀
4_38_7

晚唐•摩訶止觀
6_55_19

晚唐•摩訶止觀
11_94_9

晚唐•摩訶止觀
11_98_12

晚唐•摩訶止觀
11_98_22

五代•大毗盧經
8_92_16

五代•大毗盧經
12_149_17

五代•大毗盧經
13_161_7

五代•大毗盧經
14_176_8

五代•大毗盧經
14_181_12

五代•大毗盧經
16_209_7

五代•大毗盧經
20_260_11

五代•大毗盧經
24_311_15

五代•大毗盧經
25_315_9

五代•大毗盧經
42_508_38

五代•大毗盧經
45_549_15

五代•大毗盧經
47_577_20

五代•大毗盧經
50_607_20

五代•大毗盧經
54_662_13

五代•大毗盧經
54_664_22

五代•大毗盧經
60_735_8

五代•大毗盧經
63_791_9

五代•大毗盧經
67_836_12

五代•大毗盧經
67_841_15

五代•大毗盧經
68_856_20

五代•大毗盧經
72_889_8

五代•大毗盧經
73_895_11

五代・大毗盧經
77_928_2

五代・大毗盧經
77_931_2

五代・大毗盧經
80_965_7

五代・大毗盧經
80_967_12

五代・大毗盧經
80_968_17

五代・大毗盧經
89_1085_21

五代・大毗盧經
89_1091_5

五代・大毗盧經
92_1127_7

五代・大毗盧經
92_1134_18

五代・大毗盧經
97_1193_6

## 罪

吳ザイ 漢サイ
訓つみ

初唐・古文尚書
10_90_23

初唐・古文尚書
10_91_9

初唐・古文尚書
11_92_29

初唐・古文尚書
13_120_6

初唐・古文尚書
13_121_5

初唐・古文尚書
13_122_17

初唐・古文尚書
13_123_6

初唐・古文尚書
13_123_10

初唐・古文尚書
14_130_20

初唐・古文尚書
15_142_26

初唐・古文尚書
15_144_1

初唐・古文尚書
21_204_34

初唐・古文尚書
23_224_29

初唐・古文尚書
24_237_28

初唐・古文尚書
24_238_15

初唐・古文尚書
25_241_17

初唐・古文尚書
26_251_44

初唐・古文尚書
26_253_21

初唐・古文尚書
26_255_8

初唐・古文尚書
26_256_9

初唐・古文尚書
27_265_4

初唐・古文尚書
27_265_23

初唐・古文尚書
28_275_39

初唐・古文尚書
28_277_21

初唐・古文尚書
28_278_5

初唐・古文尚書
39_374_23

初唐・古文尚書
40_388_9

初唐・古文尚書
40_389_14

初唐・古文尚書
41_393_14

初唐・古文尚書
43_419_25

初唐・古文尚書
43_420_4

初唐・古文尚書
43_420_20

初唐・古文尚書
45_435_7

初唐・古文尚書
45_436_4

初唐・古文尚書
45_438_14

| | | | | | | |
|---|---|---|---|---|---|---|
| 初唐・十誦律 11_196_11 | 初唐・十誦律 10_182_12 | 初唐・十誦律 8_151_14 | 初唐・十誦律 7_121_13 | 初唐•古文尚書 48_470_2 | 初唐•古文尚書 46_451_13 | 初唐•古文尚書 45_438_28 |
| 初唐・十誦律 11_199_14 | 初唐・十誦律 10_183_10 | 初唐・十誦律 9_159_5 | 初唐・十誦律 7_125_12 | 初唐•古文尚書 48_470_17 | 初唐•古文尚書 46_452_4 | 初唐•古文尚書 45_438_33 |
| 初唐・十誦律 11_199_17 | 初唐・十誦律 10_186_12 | 初唐・十誦律 10_175_13 | 初唐・十誦律 7_131_13 | 初唐•古文尚書 48_470_27 | 初唐•古文尚書 46_453_3 | 初唐•古文尚書 45_443_3 |
| 初唐・十誦律 11_202_2 | 初唐・十誦律 10_187_5 | 初唐・十誦律 10_176_1 | 初唐・十誦律 7_132_9 | 初唐•古文尚書 48_471_19 | 初唐•古文尚書 46_454_1 | 初唐•古文尚書 46_444_12 |
| 初唐・十誦律 11_202_16 | 初唐・十誦律 10_189_12 | 初唐・十誦律 10_178_13 | 初唐・十誦律 8_138_8 | 初唐•禮記正義 30_467_16 | 初唐•古文尚書 46_454_19 | 初唐•古文尚書 46_445_17 |
| 初唐・十誦律 11_205_3 | 初唐・十誦律 10_193_1 | 初唐・十誦律 10_179_12 | 初唐・十誦律 8_144_8 | 初唐・十誦律 G_105_4 | 初唐•古文尚書 47_460_33 | 初唐•古文尚書 46_446_22 |
| 初店・丨誦律 11_205_5 | 初唐・十誦律 11_195_16 | 初唐・十誦律 10_181_3 | 初唐・十誦律 8_150_17 | 初唐・十誦律 7_120_16 | | 初唐•古文尚書 46_448_5 |

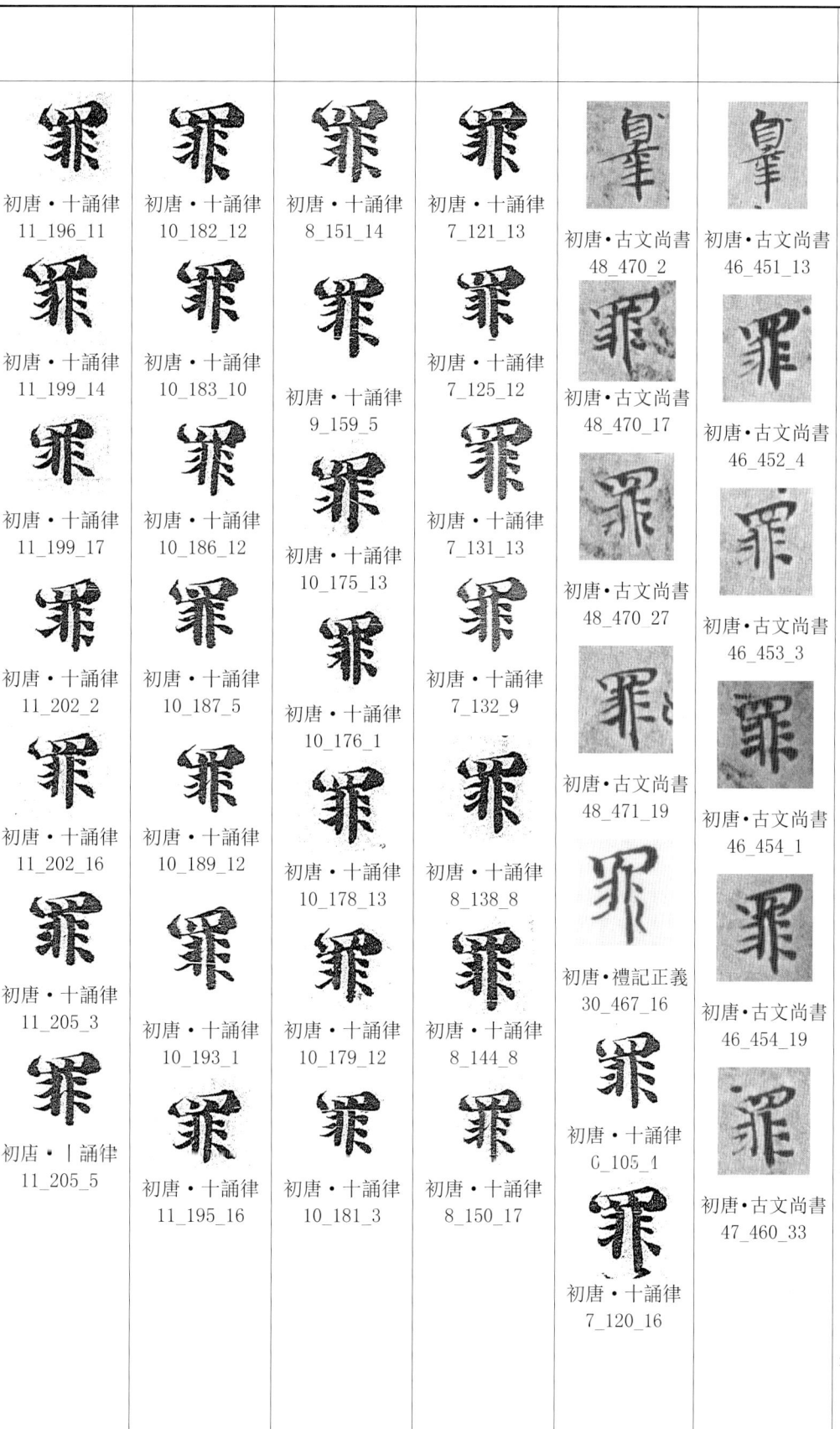

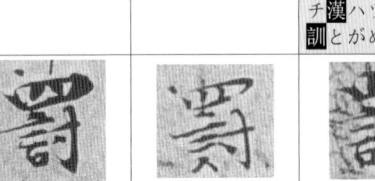

# 罰

| | | 慣現バツ呉現バチ漢ハツ<br>訓とがめる | | | | |
|---|---|---|---|---|---|---|
| 初唐•古文尚書<br>45_435_22 | 初唐•古文尚書<br>12_106_18 | 初唐•古文尚書<br>10_83_6 | 五代•大毗盧經<br>3_30_14 | 中唐•翰苑<br>22_285_23 | 初唐•十誦律<br>12_229_9 | 初唐•十誦律<br>11_206_2 |
| 初唐•古文尚書<br>45_435_34 | 初唐•古文尚書<br>13_123_29 | 初唐•古文尚書<br>10_83_30 | 五代•大毗盧經<br>3_32_2 | 中唐•翰苑<br>35_456_1 | 初唐•十誦律<br>18_347_13 | 初唐•十誦律<br>11_207_6 |
| 初唐•古文尚書<br>45_436_7 | 初唐•古文尚書<br>14_124_15 | 初唐•古文尚書<br>10_86_27 | 五代•大毗盧經<br>8_93_4 | 中唐•翰苑<br>37_473_4 | 初唐•十誦律<br>18_353_8 | 初唐•十誦律<br>11_208_6 |
| 初唐•古文尚書<br>45_436_18 | 初唐•古文尚書<br>14_130_16 | 初唐•古文尚書<br>11_92_19 | 五代•大毗盧經<br>11_132_20 | 晚唐•摩訶止觀<br>2_19_18 | 初唐•十誦律<br>19_358_14 | 初唐•十誦律<br>11_209_4 |
| 初唐•古文尚書<br>45_439_22 | 初唐•古文尚書<br>14_131_12 | 初唐•古文尚書<br>11_92_28 | 五代•大毗盧經<br>12_148_19 | 晚唐•摩訶止觀<br>34_297_6 | 中唐•翰苑<br>7_79_40 | 初唐•十誦律<br>12_220_7 |
| 初唐•古文尚書<br>45_440_8 | 初唐•古文尚書<br>26_256_19 | 初唐•古文尚書<br>11_94_28 | 五代•大毗盧經<br>82_999_24 | 五代•大毗盧經<br>2_20_14 | 中唐•翰苑<br>7_91_32 | 初唐•十誦律<br>12_223_9 |
| 初唐•古文尚書<br>45_442_25 | 初唐•古文尚書<br>43_420_14 | 初唐•古文尚書<br>11_95_8 | 五代•大毗盧經<br>97_1187_41 | 五代•大毗盧經<br>3_28_14 | 中唐•翰苑<br>12_148_25 | 初唐•十誦律<br>12_226_10 |
| 初唐•古文尚書<br>45_443_17 | 初唐•古文尚書<br>43_420_27 | 初唐•古文尚書<br>12_105_13 | | | | |

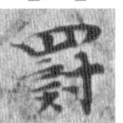

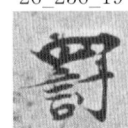

## 罽

ケイ
訓うおあみ

中唐・翰苑 17_217_15

中唐・翰苑 18_232_8

中唐・翰苑 18_232_23

中唐・翰苑 9_115_27

中唐・翰苑 10_122_17

中唐・翰苑 10_123_37

## 罷

慣ヒ 漢ハイ 漢ハ
漢ヒ
訓やめる

初唐・古文尚書 21_204_33

初唐・毛詩傳 10_106_6

中唐・翰苑 2_20_16

中唐・翰苑 4_36_3

中唐・翰苑 9_112_23

中唐・翰苑 9_113_38

中唐・翰苑 9_115_2

初唐・古文尚書 48_473_1

初唐・古文尚書 48_473_22

初唐・禮記正義 19_283_4

初唐・禮記正義 19_283_23

初唐・禮記正義 19_284_23

中唐・翰苑 9_115_38

五代・大毗盧經 18_234_33

初唐・古文尚書 47_456_3

初唐・古文尚書 47_456_42

初唐・古文尚書 47_457_8

初唐・古文尚書 47_461_12

初唐・古文尚書 47_461_22

初唐・古文尚書 48_471_2

初唐・古文尚書 48_472_6

初唐・古文尚書 48_472_10

初唐・古文尚書 46_449_6

初唐・古文尚書 46_449_12

初唐・古文尚書 46_450_3

初唐・古文尚書 46_450_16

初唐・古文尚書 46_450_24

初唐・古文尚書 46_454_12

初唐・古文尚書 47_455_4

初唐・古文尚書 47_455_12

初唐・古文尚書 45_443_30

初唐・古文尚書 45_443_33

初唐・古文尚書 46_445_11

初唐・古文尚書 46_446_15

初唐・古文尚書 46_447_35

初唐・古文尚書 46_448_14

初唐・古文尚書 46_448_24

初唐・古文尚書 46_449_1

## 羂

ケン
訓 わな

五代・大毗盧經 46_555_3

五代・大毗盧經 67_838_4

五代・大毗盧經 85_1039_19

## 羅

現 ラ
訓 あみ

初唐・禮記正義 4_66_5

初唐・十誦律 1_4_10

初唐・十誦律 1_6_4

初唐・十誦律 1_7_13

初唐・十誦律 1_8_8

初唐・十誦律 1_10_3

初唐・十誦律 2_13_8

初唐・十誦律 2_14_8

初唐・十誦律 2_18_7

初唐・十誦律 2_22_17

初唐・十誦律 2_24_2

初唐・十誦律 2_25_1

初唐・十誦律 5_89_5

初唐・十誦律 6_106_8

初唐・十誦律 6_107_8

初唐・十誦律 6_108_14

初唐・十誦律 6_109_7

初唐・十誦律 6_110_4

初唐・十誦律 6_111_1

初唐・十誦律 6_111_15

初唐・十誦律 6_112_4

初唐・十誦律 6_112_14

初唐・十誦律 7_113_11

初唐・十誦律 7_114_7

初唐・十誦律 7_115_7

初唐・十誦律 7_115_15

初唐・十誦律 7_116_8

初唐・十誦律 7_117_8

初唐・十誦律 7_117_16

初唐・十誦律 13_238_11

初唐・十誦律 13_240_17

初唐・十誦律 13_242_9

初唐・十誦律 13_245_7

初唐・十誦律 13_247_7

初唐・十誦律 13_250_9

初唐・十誦律 13_253_9

初唐・十誦律 14_255_9

初唐・十誦律 14_261_4

初唐・十誦律 14_263_8

初唐・十誦律 14_266_7

初唐・十誦律 14_268_13

初唐・十誦律 14_269_8

初唐•十誦律
14_270_10

初唐•十誦律
18_345_12

初唐•十誦律
18_348_12

初唐•十誦律
18_350_16

初唐•十誦律
19_359_8

初唐•十誦律
19_360_9

初唐•十誦律
19_361_15

初唐•十誦律
19_362_16

初唐•般若經
2_2_5

初唐•般若經
7_87_11

初唐•般若經
7_88_2

初唐•般若經
7_89_9

初唐•般若經
7_91_13

初唐•般若經
7_92_8

初唐•般若經
7_94_2

初唐•般若經
13_183_2

初唐•般若經
13_183_10

初唐•般若經
13_184_17

初唐•般若經
13_193_15

初唐•般若經
13_194_8

初唐•般若經
13_195_17

初唐•般若經
20_297_13

初唐•般若經
20_298_4

初唐•般若經
20_299_13

初唐•般若經
20_302_2

初唐•般若經
20_302_14

初唐•般若經
20_304_10

初唐•般若經
26_399_2

初唐•般若經
26_399_10

初唐•般若經
26_401_2

初唐•般若經
27_411_4

初唐•般若經
27_411_14

初唐•般若經
27_413_8

中唐•翰苑
1_4_6

中唐•翰苑
5_55_34

中唐•翰苑
8_101_1

今罷乘塞
中唐•翰苑
9_118_16

中唐•翰苑
16_203_38

中唐•翰苑
21_271_29

中唐•翰苑
25_331_22

中唐•翰苑
25_333_9

中唐•翰苑
25_333_23

中唐•翰苑
25_334_28

中唐•翰苑
26_336_33

中唐•翰苑
26_337_7

中唐•翰苑
26_341_9

中唐•翰苑
26_341_18

中唐•翰苑
26_341_23

中唐•翰苑
26_341_29

中唐·翰苑 26_342_7
中唐·翰苑 26_342_20
中唐·翰苑 26_343_9
中唐·翰苑 31_404_13
中唐·翰苑 37_477_36
中唐·般若經 1_1_5
中唐·般若經 2_4_9

中唐·般若經 2_5_12
中唐·般若經 2_6_7
中唐·般若經 2_8_3
中唐·般若經 2_9_6
中唐·般若經 2_10_1
中唐·般若經 2_11_4
中唐·般若經 2_12_13

中唐·般若經 2_13_11
中唐·般若經 2_14_7
中唐·般若經 2_15_6
中唐·般若經 2_16_1
中唐·般若經 2_17_1
中唐·般若經 2_17_14
中唐·般若經 2_18_14

中唐·般若經 3_20_5
中唐·般若經 3_21_8
中唐·般若經 11_184_16
中唐·般若經 12_191_15
中唐·般若經 12_198_10
中唐·般若經 12_205_6
中唐·般若經 12_206_12

中唐·般若經 13_214_6
中唐·般若經 13_221_9
中唐·般若經 13_228_13
中唐·般若經 15_249_1
中唐·般若經 15_250_6
中唐·般若經 15_251_13
中唐·般若經 15_254_3

中唐·般若經 15_255_9
中唐·般若經 15_258_14
中唐·般若經 15_259_1
中唐·般若經 15_260_17
中唐·般若經 15_261_4
中唐·般若經 15_263_3
中唐·般若經 15_263_7

中唐·般若經 15_265_7
中唐·般若經 15_265_11
中唐·般若經 15_267_2
中唐·般若經 16_268_17
中唐·般若經 16_270_11
中唐·般若經 16_272_5
中唐·般若經 16_273_17

中唐・般若經 16_275_8

中唐・般若經 16_277_9

中唐・般若經 16_279_1

中唐・般若經 16_280_10

中唐・般若經 16_282_3

中唐・般若經 16_283_15

中唐・般若經 16_285_4

中唐・般若經 17_291_1

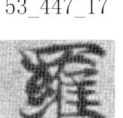

中唐・般若經 17_295_12

中唐・般若經 17_300_11

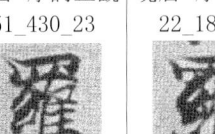

中唐・般若經 17_301_17

中唐・般若經 18_308_9

中唐・般若經 18_313_11

中唐・般若經 18_320_1

中唐・般若經 18_321_7

中唐・般若經 19_327_9

中唐・般若經 19_332_11

中唐・般若經 19_338_1

中唐・般若經 19_339_7

中唐・般若經 19_340_5

晚唐・摩訶止觀 2_14_2

晚唐・摩訶止觀 2_14_18

晚唐・摩訶止觀 2_16_10

晚唐・摩訶止觀 2_16_12

晚唐・摩訶止觀 2_17_10

晚唐・摩訶止觀 2_18_6

晚唐・摩訶止觀 2_20_4

晚唐・摩訶止觀 3_21_5

晚唐・摩訶止觀 3_23_28

晚唐・摩訶止觀 3_26_1

晚唐・摩訶止觀 12_102_24

晚唐・摩訶止觀 12_103_17

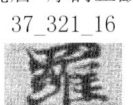

晚唐・摩訶止觀 12_105_26

晚唐・摩訶止觀 20_178_27

晚唐・摩訶止觀 21_183_24

晚唐・摩訶止觀 22_187_16

晚唐・摩訶止觀 25_212_8

晚唐・摩訶止觀 25_213_16

晚唐・摩訶止觀 33_287_3

晚唐・摩訶止觀 37_321_16

晚唐・摩訶止觀 45_389_30

晚唐・摩訶止觀 51 430 2

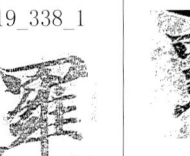

晚唐・摩訶止觀 51_430_23

晚唐・摩訶止觀 51_435_10

晚唐・摩訶止觀 53_447_17

晚唐・摩訶止觀 54_457_23

晚唐・摩訶止觀 54_460_19

晚唐・摩訶止觀 56_471_6

五代・密教部類 1_1_18

五代•密教部類
1_4_14

五代•密教部類
3_30_4

五代•密教部類
3_41_2

五代•密教部類
4_43_6

五代•大毗盧經
7_75_13

五代•大毗盧經
9_104_13

五代•大毗盧經
10_112_4

五代•大毗盧經
11_129_11

五代•大毗盧經
11_137_10

五代•大毗盧經
12_153_5

五代•大毗盧經
13_161_10

五代•大毗盧經
13_162_10

五代•大毗盧經
14_171_18

五代•大毗盧經
14_180_15

五代•大毗盧經
15_187_11

五代•大毗盧經
15_190_10

五代•大毗盧經
33_403_3

五代•大毗盧經
39_453_7

五代•大毗盧經
39_460_18

五代•大毗盧經
39_466_10

五代•大毗盧經
39_469_13

五代•大毗盧經
40_480_12

五代•大毗盧經
40_485_10

五代•大毗盧經
41_486_5

五代•大毗盧經
42_501_4

五代•大毗盧經
42_503_5

五代•大毗盧經
44_525_10

五代•大毗盧經
45_546_10

五代•大毗盧經
45_550_11

五代•大毗盧經
45_553_4

五代•大毗盧經
46_558_9

五代•大毗盧經
46_565_15

五代•大毗盧經
47_577_2

五代•大毗盧經
48_588_4

五代•大毗盧經
48_589_17

五代•大毗盧經
50_607_15

五代•大毗盧經
50_614_8

五代•大毗盧經
51_622_12

五代•大毗盧經
59_732_3

五代•大毗盧經
59_732_9

五代•大毗盧經
59_732_15

五代•大毗盧經
60_733_4

五代•大毗盧經
60_733_10

五代•大毗盧經
60_733_17

五代•大毗盧經
60_734_4

五代•大毗盧經
60_734_10

五代•大毗盧經
60_734_16

五代•大毗盧經
60_735_3

五代•大毗盧經
60_738_21

五代·大毗盧經 60_741_3

五代·大毗盧經 60_744_7

五代·大毗盧經 61_752_16

五代·大毗盧經 63_775_14

五代·大毗盧經 63_780_20

五代·大毗盧經 63_791_12

五代·大毗盧經 65_816_13

五代·大毗盧經 67_836_20

五代·大毗盧經 71_867_5

五代·大毗盧經 71_874_3

五代·大毗盧經 71_875_18

五代·大毗盧經 80_966_18

五代·大毗盧經 80_968_6

五代·大毗盧經 80_968_10

五代·大毗盧經 80_969_10

五代·大毗盧經 80_970_19

五代·大毗盧經 80_971_9

五代·大毗盧經 80_973_15

五代·大毗盧經 80_973_19

五代·大毗盧經 84_1021_9

五代·大毗盧經 84_1021_20

五代·大毗盧經 84_1022_12

五代·大毗盧經 84_1023_1

五代·大毗盧經 84_1027_1

五代·大毗盧經 84_1030_1

五代·大毗盧經 85_1038_2

五代·大毗盧經 85_1038_15

五代·大毗盧經 85_1042_7

五代·大毗盧經 85_1043_18

五代·大毗盧經 87_1067_2

五代·大毗盧經 88_1079_4

五代·大毗盧經 89_1085_20

五代·大毗盧經 89_1091_13

五代·大毗盧經 89_1091_20

五代·大毗盧經 89_1092_13

五代·大毗盧經 89_1092_18

五代·大毗盧經 90_1095_17

五代·大毗盧經 90_1097_4

五代·大毗盧經 90_1101_15

五代·大毗盧經 90_1101_21

五代·大毗盧經 90_1103_10

五代·大毗盧經 91_1120_11

五代·大毗盧經 93_1137_2

五代·大毗盧經 95_1160_4

五代·大毗盧經 95_1160_9

五代·大毗盧經 95_1163_3

五代·大毗盧經 95_1163_11

五代·大毗盧經 95_1165_6

五代·大毗盧經 96_1183_10

# 肉部

## 肉

吳 現 ニク 漢 ジク
訓 にく

初唐・毛詩傳
7_76_14

中唐・翰苑
4_40_26

中唐・翰苑
11_137_7

中唐・翰苑
30_384_30

中唐・翰苑
40_517_29

中唐・翰苑
41_519_37

中唐・翰苑
43_548_20

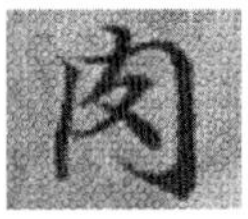
晚唐•摩訶止觀
2_16_6

晚唐•摩訶止觀
40_347_25

晚唐•摩訶止觀
40_349_22

五代•大毗盧經
26_328_2

## 腐

漢 現 フ
訓 くさる

中唐・翰苑
30_391_25

# 缶部

## 缺

漢 ケツ
訓 かける

初唐•古文尚書
36_343_16

初唐•古文尚書
36_344_7

# 舌部

## 舌

慣現ゼツ漢セツ
訓した

初唐・般若經 2_13_14
初唐・般若經 2_14_5
初唐・般若經 2_15_12
初唐・般若經 4_48_3
初唐・般若經 4_48_7
初唐・般若經 4_49_10
初唐・般若經 5_51_4
初唐・般若經 5_51_8

初唐・般若經 5_51_10
初唐・般若經 5_52_7
初唐・般若經 5_54_3
初唐・般若經 15_219_10
初唐・般若經 15_220_1
初唐・般若經 15_221_10
初唐・般若經 17_256_1
初唐・般若經 17_256_5

初唐・般若經 17_257_10
初唐・般若經 17_259_5
初唐・般若經 17_259_9
初唐・般若經 17_259_11
初唐・般若經 18_260_8
初唐・般若經 18_262_6
晚唐・摩訶止觀 56_471_16
五代・大毗盧經 28_351_1

五代・大毗盧經 29_366_3
五代・大毗盧經 29_366_11
五代・大毗盧經 29_367_21
五代・大毗盧經 71_873_8
五代・大毗盧經 96_1179_11
五代・大毗盧經 97_1194_4

## 舍

現シャ
訓やどる

初唐・禮記正義 13_208_6
初唐・十誦律 1_3_4
初唐・十誦律 2_15_4
初唐・十誦律 2_15_16
初唐・十誦律 3_33_3
初唐・十誦律 3_33_8
初唐・十誦律 3_33_14
初唐・十誦律 3_43_4

初唐・十誦律 4_64_3
初唐・十誦律 4_64_10
初唐・十誦律 4_68_10
初唐・十誦律 5_91_3
初唐・十誦律 6_103_10
初唐・十誦律 9_160_4
初唐・十誦律 18_344_2
中唐・翰苑 8_102_14

中唐・翰苑
11_136_34

中唐・翰苑
21_276_8

中唐・翰苑
26_345_31

中唐・翰苑
26_345_36

中唐・翰苑
28_362_23

晚唐・摩訶止観
1_8_15

五代・大毗盧經
3_25_2

五代・大毗盧經
9_110_10

五代・大毗盧經
71_874_13

五代・大毗盧經
80_969_14

五代・大毗盧經
89_1091_18

五代・大毗盧經
90_1099_14

五代・大毗盧經
90_1100_9

五代・大毗盧經
91_1113_3

五代・大毗盧經
91_1114_12

五代・大毗盧經
91_1115_13

五代・大毗盧經
91_1116_3

五代・大毗盧經
91_1119_4

五代・大毗盧經
91_1120_2

## 舐

漢シ呉ジ
訓なめる

中唐・翰苑
38_488_1

中唐・翰苑
38_488_34

## 舒

慣ジョ漢ショ
訓のべる

五代・大毗盧經
9_105_21

五代・大毗盧經
10_117_14

五代・大毗盧經
10_124_12

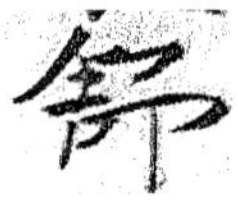
五代・大毗盧經
13_155_22

五代・大毗盧經
17_215_3

五代・大毗盧經
18_237_7

五代・大毗盧經
19_245_9

五代・大毗盧經
23_295_10

五代・大毗盧經
23_296_3

五代・大毗盧經
23_296_20

五代・大毗盧經
23_297_1

五代・大毗盧經
43_519_4

五代・大毗盧經
50_620_3

五代・大毗盧經
58_708_18

五代・大毗盧經
77_935_7

五代・大毗盧經
85_1042_14

五代・大毗盧經
92_1133_11

# 竹部

## 竹

現チク
訓たけ

初唐・古文尚書
4_30_18

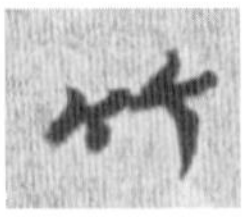
初唐・古文尚書
4_30_22

初唐・古文尚書
5_46_7

初唐・禮記正義
18_269_15

初唐・十誦律
3_44_16

初唐・十誦律
3_47_11

中唐・翰苑
37_475_33

中唐・翰苑
37_480_8

中唐・翰苑
38_483_44

中唐・翰苑
38_484_11

中唐・翰苑
38_484_34

中唐・翰苑
38_489_18

中唐・翰苑
38_489_24

中唐・翰苑
38_490_34

## 竺

漢チク 呉ジク
訓あつい

初唐・古文尚書
16_149_2

初唐・古文尚書
35_329_5

中唐・翰苑
43_549_4

中唐・翰苑
43_549_16

中唐・翰苑
43_552_28

晚唐・摩訶止觀
4_34_20

晚唐・摩訶止觀
20_174_20

晚唐・摩訶止觀
20_175_4

晚唐・摩訶止觀
20_175_17

## 笑

現ショウ
訓わらう

中唐・翰苑
45_575_3

五代・大毗盧經
19_241_10

五代・大毗盧經
45_548_12

五代・大毗盧經
46_559_17

五代・大毗盧經
50_611_15

五代・大毗盧經
63_790_12

五代・大毗盧經
64_794_14

五代・大毗盧經
71_873_10

五代・大毗盧經
72_883_15

## 符

漢フ 呉ブ
訓わりふ

中唐・翰苑
34_435_14

中唐・翰苑
35_447_22

中唐・翰苑
38_485_27

中唐・翰苑
42_536_8

晚唐・摩訶止觀
26_220_18

## 第

呉 現ダイ 漢テイ
訓ついで

初唐・古文尚書
1_7_6

初唐・古文尚書
3_21_18

初唐・古文尚書
4_33_1

初唐・古文尚書
4_33_5

初唐・古文尚書
5_43_6

初唐・古文尚書
5_43_9

初唐・古文尚書
11_96_6

初唐・古文尚書
15_139_4

初唐・古文尚書
17_159_6

初唐・古文尚書
17_160_8

初唐・古文尚書
19_184_6

初唐・古文尚書
21_205_4

初唐・古文尚書
24_230_5

初唐・古文尚書
25_242_5

初唐・古文尚書
26_258_3

初唐・古文尚書
34_326_5

初唐・古文尚書
37_350_5

初唐・古文尚書
39_377_5

初唐・古文尚書
43_422_2

初唐・古文尚書
44_423_2

初唐・古文尚書
49_479_3

初唐・毛詩傳
1_1_6

初唐・毛詩傳
7_77_8

初唐・毛詩傳
8_83_2

初唐・毛詩傳
8_83_22

初唐・毛詩傳
8_87_5

初唐・禮記正義
30_465_24

初唐・禮記正義
30_469_23

初唐・禮記正義
30_471_11

初唐・禮記正義
30_472_10

初唐・禮記正義
30_473_9

初唐・十誦律
1_1_4

初唐・十誦律
1_1_8

初唐・十誦律
1_2_7

初唐・十誦律
2_19_8

初唐・十誦律
2_23_13

初唐・十誦律
5_77_14

初唐・十誦律
5_77_16

初唐・十誦律
12_232_15

初唐・十誦律
13_244_4

初唐・十誦律
13_246_15

初唐・十誦律
13_249_3

| | | | | | | |
|---|---|---|---|---|---|---|
| 晚唐•摩訶止觀<br>11_93_18 | 中唐・般若經<br>19_340_10 | 中唐・翰苑<br>28_360_26 | 中唐・翰苑<br>28_359_27 | 初唐・般若經<br>23_346_12 | 初唐・般若經<br>2_2_10 | 初唐・十誦律<br>13_252_2 |
| 晚唐•摩訶止觀<br>13_111_26 | 晚唐•摩訶止觀<br>1_1_6 | 中唐・翰苑<br>28_360_36 | 中唐・翰苑<br>28_359_31 | 中唐・翰苑<br>1_1_4 | 初唐・般若經<br>2_3_7 | 初唐・十誦律<br>13_254_17 |
| 晚唐•摩訶止觀<br>16_136_6 | 晚唐•摩訶止觀<br>4_33_2 | 中唐・翰苑<br>28_360_41 | 中唐・翰苑<br>28_359_35 | 子弟<br>中唐・翰苑<br>3_31_33 | 初唐・般若經<br>9_131_11 | 初唐・十誦律<br>14_257_5 |
| 晚唐•摩訶止觀<br>30_257_7 | 晚唐•摩訶止觀<br>5_44_12 | 中唐・翰苑<br>28_361_5 | 中唐・翰苑<br>28_360_2 | 中唐・翰苑<br>3_32_38 | 初唐・般若經<br>10_132_6 | 初唐・十誦律<br>14_260_8 |
| 晚唐•摩訶止觀<br>30_258_23 | 晚唐•摩訶止觀<br>5_44_17 | 中唐・翰苑<br>28_361_10 | 中唐・翰苑<br>28_360_8 | 中唐・翰苑<br>28_359_8 | 初唐・般若經<br>10_133_17 | 初唐・十誦律<br>14_262_12 |
| 晚唐•摩訶止觀<br>51_436_25 | 晚唐•摩訶止觀<br>11_93_12 | 中唐・翰苑<br>28_361_15 | 中唐・翰苑<br>28_360_14 | 中唐・翰苑<br>28_359_15 | 初唐・般若經<br>23_344_4 | 初唐・十誦律<br>14_264_16 |
| 晚唐•摩訶止觀<br>57_479_16 | 晚唐•摩訶止觀<br>11_93_15 | 中唐・般若經<br>2_2_7 | 中唐・翰苑<br>28_360_20 | 中唐・翰苑<br>28_359_23 | 初唐・般若經<br>23_344_16 | 初唐・十誦律<br>19_364_5 |

五代•大毗盧經
7_83_14

五代•大毗盧經
7_77_6

五代•密教部類
6_75_5

五代•密教部類
5_58_1

五代•密教部類
4_56_7

五代•密教部類
2_25_5

晚唐•摩訶止觀
62_523_6

五代•大毗盧經
45_551_13

五代•大毗盧經
43_521_29

五代•大毗盧經
18_234_1

五代•大毗盧經
14_184_12

五代•大毗盧經
14_183_1

五代•大毗盧經
13_162_17

五代•大毗盧經
10_113_5

五代•大毗盧經
91_1117_17

五代•大毗盧經
91_1114_23

五代•大毗盧經
71_866_8

五代•大毗盧經
63_781_8

五代•大毗盧經
62_772_3

## 笥 笥

シ 唐ス
訓 はこ

初唐•古文尚書
20_191_11

## 等 䓁

現 トウ
訓 ととのえる

初唐・毛詩傳
5_55_8

初唐•禮記正義
5_71_14

初唐•禮記正義
8_114_26

初唐•禮記正義
8_115_16

初唐•禮記正義
13_200_20

初唐•禮記正義
13_201_22

初唐•禮記正義
13_203_13

初唐•禮記正義
13_208_5

初唐•禮記正義
13_208_8

初唐•禮記正義
19_292_2

初唐•禮記正義
22_336_2

初唐•禮記正義
24_362_22

初唐•禮記正義
26_391_24

初唐•禮記正義
26_395_19

初唐・十誦律
13_251_14

初唐・十誦律
13_254_4

初唐・十誦律
13_254_9

初唐・十誦律
14_256_8

初唐・十誦律
14_256_13

初唐・十誦律
14_259_12

初唐・十誦律
14_259_17

初唐・十誦律
14_261_16

初唐・十誦律
14_262_4

初唐・十誦律
14_264_3

初唐・十誦律
14_264_11

初唐・十誦律
14_269_1

初唐・般若經
8_109_11

初唐・般若經
10_139_8

初唐・般若經
14_205_8

初唐・般若經
14_206_1

初唐・般若經
14_207_10

初唐・般若經
17_257_4

初唐・般若經
17_258_15

初唐・般若經
18_261_13

初唐・般若經
18_264_2

初唐・般若經
18_265_11

初唐・般若經
18_267_5

初唐・般若經
18_270_4

初唐・般若經
18_272_10

初唐・般若經
18_274_2

初唐・般若經
18_275_13

初唐・般若經
19_278_12

初唐・般若經
19_281_1

初唐・般若經
19_282_10

初唐・般若經
19_284_4

初唐・般若經
19_286_4

初唐・般若經
19_288_4

初唐・般若經
19_289_13

初唐・般若經
19_291_7

初唐・般若經
20_294_7

初唐・般若經
20_297_4

初唐・般若經
20_299_4

初唐・般若經
20_301_2

初唐・般若經
20_303_14

初唐・般若經
20_306_1

初唐・般若經
20_307_10

初唐・般若經
20_309_4

初唐・般若經
21_314_8

初唐・般若經
21_316_11

初唐・般若經
21_318_3

初唐・般若經
21_319_14

初唐・般若經
21_320_16

初唐・般若經
21_323_7

初唐・般若經
22_325_9

初唐・般若經
22_327_3

初唐・般若經
22_328_15

初唐・般若經
22_330_13

初唐・般若經
22_332_12

初唐・般若經
22_334_6

初唐・般若經
22_336_1

初唐·般若經
22_338_3

初唐·般若經
22_340_4

初唐·般若經
22_341_15

初唐·般若經
23_343_10

初唐·般若經
23_346_1

初唐·般若經
23_348_5

初唐·般若經
23_349_16

初唐·般若經
23_351_11

初唐·般若經
23_354_5

初唐·般若經
23_356_8

初唐·般若經
24_358_4

初唐·般若經
24_359_17

初唐·般若經
24_362_2

初唐·般若經
24_364_3

初唐·般若經
24_365_16

初唐·般若經
24_368_4

初唐·般若經
24_369_13

初唐·般若經
24_371_7

初唐·般若經
24_373_1

初唐·般若經
25_374_15

初唐·般若經
25_376_9

初唐·般若經
25_378_4

初唐·般若經
25_381_9

初唐·般若經
25_383_15

初唐·般若經
25_385_11

初唐·般若經
25_387_7

初唐·般若經
25_389_3

初唐·般若經
26_391_1

初唐·般若經
26_392_12

初唐·般若經
26_394_7

初唐·般若經
26_396_9

初唐·般若經
26_398_10

初唐·般若經
26_400_10

初唐·般若經
26_402_8

初唐·般若經
26_404_8

初唐·般若經
27_407_4

初唐·般若經
27_408_15

初唐·般若經
27_410_10

初唐·般若經
27_412_14

初唐·般若經
27_414_16

初唐·般若經
27_416_12

初唐·般若經
27_418_10

初唐·般若經
27_420_14

初唐·般若經
27_422_16

初唐·般若經
27_423_10

中唐·翰苑
3_24_29

中唐·翰苑
6_64_19

中唐·翰苑
6_65_26

中唐·翰苑
6_68_28

中唐·翰苑
6_69_26

中唐·翰苑
6_73_16

中唐·翰苑
6_74_2

中唐·翰苑
7_78_28

中唐·翰苑
7_79_17

中唐·翰苑
7_79_35

中唐·翰苑
9_111_17

中唐·翰苑
10_131_31

中唐·翰苑
12_154_9

中唐·翰苑
12_157_18

中唐·翰苑
12_158_10

中唐·翰苑
13_168_39

中唐·翰苑
14_182_11

中唐·翰苑
15_187_42

中唐·翰苑
15_197_25

中唐·翰苑
17_222_31

中唐·翰苑
19_255_23

中唐·翰苑
20_269_30

中唐·翰苑
21_270_3

中唐·翰苑
21_278_36

中唐·翰苑
25_325_28

中唐·翰苑
26_344_23

中唐·翰苑
28_359_3

中唐·翰苑
28_359_10

中唐·翰苑
28_359_38

中唐·翰苑
29_378_29

中唐·翰苑
32_417_12

中唐·翰苑
33_422_15

中唐·翰苑
33_423_18

中唐·翰苑
33_424_16

中唐·翰苑
34_439_19

中唐·翰苑
34_442_9

中唐·翰苑
34_442_30

中唐·翰苑
34_442_41

中唐·翰苑
34_444_15

中唐·翰苑
35_446_1

中唐·翰苑
36_462_9

中唐·翰苑
36_462_21

中唐·翰苑
36_464_7

中唐·翰苑
39_498_24

中唐·翰苑
40_515_7

中唐·翰苑
41_526_28

中唐·翰苑
41_527_11

中唐·翰苑
42_533_31

中唐·翰苑
44_559_17

中唐·般若經
2_3_13

中唐·般若經
2_12_1

中唐·般若經
2_19_11

中唐·般若經
3_21_1

中唐・般若經
3_27_15

中唐・般若經
3_31_13

中唐・般若經
4_56_15

中唐・般若經
5_58_5

中唐・般若經
5_63_15

中唐・般若經
5_67_13

中唐・般若經
5_69_10

中唐・般若經
5_72_3

中唐・般若經
5_74_13

中唐・般若經
6_77_7

中唐・般若經
6_79_2

中唐・般若經
6_85_13

中唐・般若經
9_141_8

中唐・般若經
9_147_9

中唐・般若經
9_148_15

中唐・般若經
10_153_2

中唐・般若經
10_156_13

中唐・般若經
10_166_4

中唐・般若經
11_174_10

中唐・般若經
11_175_17

中唐・般若經
11_182_9

中唐・般若經
11_185_13

中唐・般若經
12_191_4

中唐・般若經
12_197_16

中唐・般若經
12_199_6

中唐・般若經
12_204_4

中唐・般若經
12_207_13

中唐・般若經
13_213_11

中唐・般若經
13_220_15

中唐・般若經
13_222_5

中唐・般若經
13_227_11

中唐・般若經
15_253_1

中唐・般若經
15_256_13

中唐・般若經
15_266_8

中唐・般若經
16_274_14

中唐・般若經
16_276_4

中唐・般若經
16_282_13

中唐・般若經
16_286_13

中唐・般若經
17_290_7

中唐・般若經
17_295_1

中唐・般若經
17_296_8

中唐・般若經
17_299_9

中唐・般若經
17_303_13

中唐・般若經
18_307_15

中唐・般若經
18_312_17

中唐・般若經
18_314_7

中唐・般若經
18_317_16

中唐・般若經
18_322_13

中唐・般若經
18_323_11

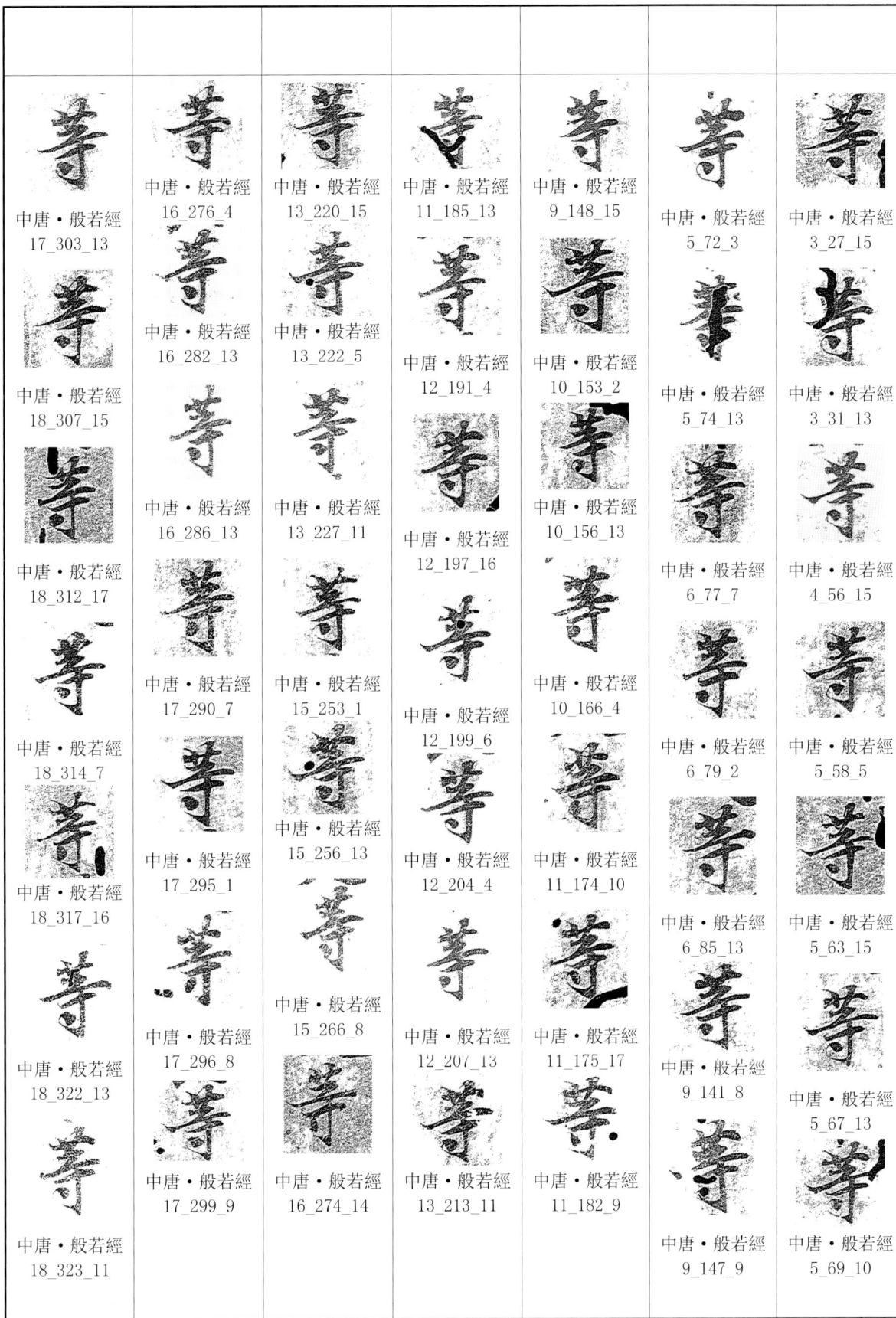

中唐・般若經
18_324_8

中唐・般若經
18_325_4

中唐・般若經
19_326_1

中唐・般若經
19_326_15

中唐・般若經
19_328_10

中唐・般若經
19_329_8

中唐・般若經
19_330_5

中唐・般若經
19_331_3

中唐・般若經
19_331_17

中唐・般若經
19_333_7

中唐・般若經
19_333_16

中唐・般若經
19_334_13

中唐・般若經
19_335_9

中唐・般若經
19_336_6

中唐・般若經
19_336_16

晚唐•摩訶止觀
4_30_9

晚唐•摩訶止觀
13_111_4

晚唐•摩訶止觀
17_147_1

晚唐•摩訶止觀
20_177_3

晚唐•摩訶止觀
23_199_9

晚唐•摩訶止觀
26_224_24

晚唐•摩訶止觀
27_230_16

晚唐•摩訶止觀
27_234_9

晚唐•摩訶止觀
30_263_12

晚唐•摩訶止觀
31_268_28

晚唐•摩訶止觀
37_317_13

晚唐•摩訶止觀
37_322_1

晚唐•摩訶止觀
39_339_19

晚唐•摩訶止觀
40_348_18

晚唐•摩訶止觀
41_357_21

晚唐•摩訶止觀
43_367_14

晚唐•摩訶止觀
44_376_7

晚唐•摩訶止觀
47_403_18

晚唐•摩訶止觀
47_404_17

晚唐•摩訶止觀
53_452_7

晚唐•摩訶止觀
55_464_24

晚唐•摩訶止觀
55_465_22

晚唐•摩訶止觀
60_504_8

晚唐•摩訶止觀
60_507_7

晚唐•摩訶止觀
60_508_12

五代•大毗盧經
2_4_14

五代•大毗盧經
2_21_20

五代•大毗盧經
4_45_17

五代•大毗盧經
5_50_14

五代•大毗盧經
6_72_18

五代•大毗盧經
6_73_19

五代•大毗盧經
7_74_6

五代•大毗盧經
8_96_4

五代•大毗盧經
8_99_13

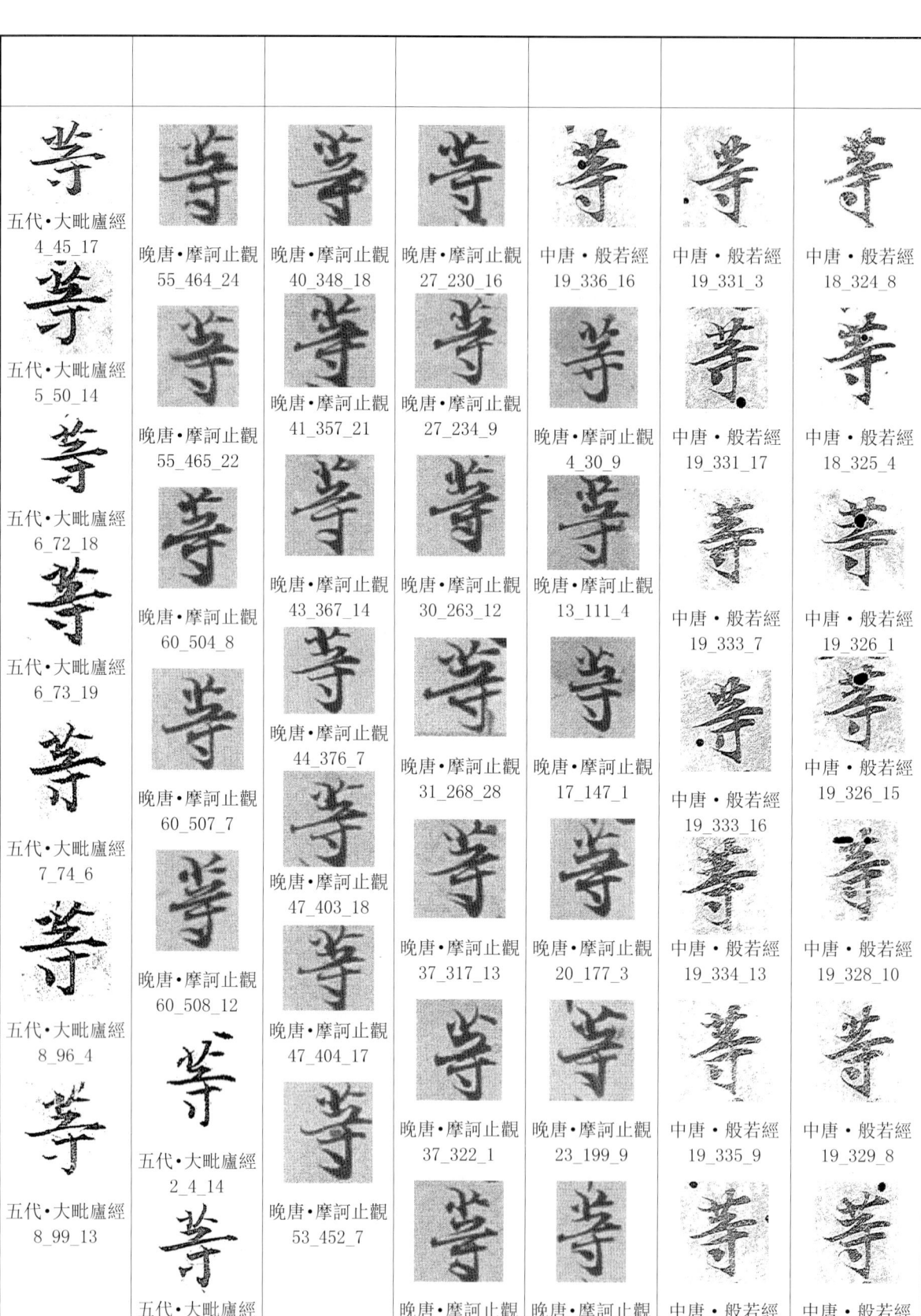

五代·大毗盧經
9_104_15

五代·大毗盧經
9_109_11

五代·大毗盧經
10_122_14

五代·大毗盧經
11_136_17

五代·大毗盧經
11_137_4

五代·大毗盧經
11_138_3

五代·大毗盧經
12_142_16

五代·大毗盧經
13_161_5

五代·大毗盧經
13_168_8

五代·大毗盧經
14_169_10

五代·大毗盧經
14_171_20

五代·大毗盧經
14_179_10

五代·大毗盧經
16_205_22

五代·大毗盧經
21_273_12

五代·大毗盧經
23_299_16

五代·大毗盧經
30_378_23

五代·大毗盧經
31_386_8

五代·大毗盧經
31_386_14

五代·大毗盧經
31_387_5

五代·大毗盧經
31_389_2

五代·大毗盧經
31_389_18

五代·大毗盧經
31_392_18

五代·大毗盧經
31_394_14

五代·大毗盧經
31_394_32

五代·大毗盧經
32_398_1

五代·大毗盧經
35_416_12

五代·大毗盧經
39_452_6

五代·大毗盧經
39_455_11

五代·大毗盧經
39_463_3

五代·大毗盧經
39_471_18

五代·大毗盧經
39_472_20

五代·大毗盧經
41_494_33

五代·大毗盧經
43_521_17

五代·大毗盧經
43_521_24

五代·大毗盧經
43_521_34

五代·大毗盧經
43_521_41

五代·大毗盧經
44_531_5

五代·大毗盧經
47_573_19

五代·大毗盧經
47_574_24

五代·大毗盧經
53_652_13

五代·大毗盧經
54_667_7

五代·大毗盧經
55_679_24

五代·大毗盧經
63_774_12

五代·大毗盧經
64_796_5

五代·大毗盧經
64_798_13

五代·大毗盧經
64_798_18

五代·大毗盧經
64_799_16

五代·大毗盧經
64_803_56

五代·大毗盧經
65_814_14

策 筐

漢サク
訓むち

キョウ
訓かご

初唐・禮記正義
18_269_12

初唐・禮記正義
18_269_27

初唐・禮記正義
18_270_7

初唐・禮記正義
18_278_1

中唐・翰苑
4_39_3

中唐・翰苑
6_76_10

中唐・翰苑
9_108_10

初唐・禮記正義
11_176_6

初唐・禮記正義
11_176_10

初唐・禮記正義
12_180_15

初唐・禮記正義
12_181_13

初唐・禮記正義
12_184_18

初唐・禮記正義
17_267_28

初唐・禮記正義
18_268_20

初唐・禮記正義
10_149_19

初唐・禮記正義
10_150_6

初唐・禮記正義
10_150_8

初唐・禮記正義
10_150_12

初唐・禮記正義
10_163_21

初唐・禮記正義
11_165_12

初唐・禮記正義
11_166_24

初唐・古文尚書
2_9_21

五代・大毗盧經
94_1156_13

五代・大毗盧經
96_1176_19

五代・大毗盧經
96_1183_21

五代・大毗盧經
97_1184_15

五代・大毗盧經
98_1200_15

五代・大毗盧經
80_974_23

五代・大毗盧經
84_1022_15

五代・大毗盧經
85_1039_15

五代・大毗盧經
90_1095_5

五代・大毗盧經
90_1096_20

五代・大毗盧經
91_1119_10

五代・大毗盧經
92_1131_10

五代・大毗盧經
71_867_15

五代・大毗盧經
71_874_5

五代・大毗盧經
71_878_30

五代・大毗盧經
72_882_3

五代・大毗盧經
72_882_7

五代・大毗盧經
79_957_24

五代・大毗盧經
79_960_6

## 筏

慣バツ 漢ハツ
訓いかだ

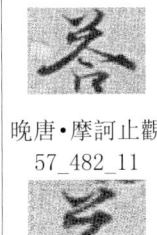

晚唐•摩訶止觀 45_387_2

## 筋

漢キン 呉コン
訓すじ

晚唐•摩訶止觀 54_460_7

## 答

トウ
訓こたえる

晚唐•摩訶止觀 42_363_11
晚唐•摩訶止觀 51_436_3
晚唐•摩訶止觀 57_482_11
晚唐•摩訶止觀 57_484_7
晚唐•摩訶止觀 61_511_16
晚唐•摩訶止觀 61_513_27
晚唐•摩訶止觀 61_516_20
五代•大毗盧經 81_990_2

晚唐•摩訶止觀 18_155_12
晚唐•摩訶止觀 18_156_7
晚唐•摩訶止觀 18_160_8
晚唐•摩訶止觀 18_160_22
晚唐•摩訶止觀 19_161_26
晚唐•摩訶止觀 19_164_23
晚唐•摩訶止觀 24_205_17
晚唐•摩訶止觀 42_361_5

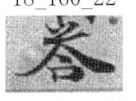

初唐・十誦律 3_50_8
初唐・十誦律 4_68_17
初唐・十誦律 9_164_6
初唐・十誦律 10_178_14
初唐・十誦律 10_180_10
中唐・翰苑 25_328_3
中唐・翰苑 31_397_28
晚唐•摩訶止觀 18_154_8

初唐•古文尚書 24_229_7
初唐•古文尚書 24_229_9
初唐•古文尚書 36_345_24
初唐•禮記正義 2_25_13
初唐•禮記正義 2_28_1
初唐•禮記正義 27_416_1
初唐•禮記正義 28_441_19
初唐・十誦律 1_6_11

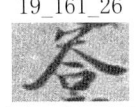

中唐・翰苑 9_109_36
中唐・翰苑 9_111_1
中唐・翰苑 10_123_27
中唐・翰苑 13_163_36
中唐・翰苑 14_179_16
中唐・翰苑 22_289_6
中唐・翰苑 30_395_23

# 筮

漢セイ 呉ゼイ
訓めどぎ

初唐•禮記正義 3_36_10
初唐•禮記正義 4_50_14
初唐•禮記正義 4_50_25
初唐•禮記正義 4_51_17
初唐•禮記正義 4_54_12
初唐•禮記正義 4_54_19
初唐•禮記正義 4_56_3

初唐•禮記正義 4_56_10
初唐•禮記正義 4_57_13
初唐•禮記正義 4_57_26
初唐•禮記正義 4_58_16
初唐•禮記正義 4_58_20
初唐•禮記正義 4_61_25
初唐•禮記正義 4_62_18

初唐•禮記正義 4_63_3
初唐•禮記正義 4_63_19
初唐•禮記正義 4_65_4
初唐•禮記正義 5_67_19
初唐•禮記正義 5_68_9
初唐•禮記正義 5_68_14
初唐•禮記正義 5_68_24

初唐•禮記正義 5_68_29
初唐•禮記正義 5_69_4
初唐•禮記正義 5_69_12
初唐•禮記正義 5_69_20
初唐•禮記正義 5_71_33
初唐•禮記正義 5_72_11
初唐•禮記正義 5_72_20

初唐•禮記正義 5_73_18
初唐•禮記正義 5_73_28
初唐•禮記正義 5_73_30
初唐•禮記正義 5_74_3
初唐•禮記正義 5_74_8
初唐•禮記正義 5_74_17
初唐•禮記正義 5_74_30

初唐•禮記正義 5_75_10
初唐•禮記正義 5_75_20
初唐•禮記正義 5_75_29
初唐•禮記正義 5_76_7
初唐•禮記正義 5_76_10
初唐•禮記正義 5_76_18
初唐•禮記正義 5_76_28

初唐•禮記正義 5_77_16
初唐•禮記正義 5_77_21
初唐•禮記正義 5_78_24
初唐•禮記正義 5_79_11
初唐•禮記正義 5_79_16
初唐•禮記正義 5_79_29
初唐•禮記正義 5_80_8

初唐•禮記正義
5_81_1

初唐•禮記正義
5_81_11

初唐•禮記正義
5_81_22

初唐•禮記正義
6_82_5

初唐•禮記正義
6_82_25

初唐•禮記正義
6_83_17

初唐•禮記正義
6_84_21

初唐•禮記正義
6_84_27

初唐•禮記正義
6_85_7

初唐•禮記正義
6_86_8

初唐•禮記正義
6_86_26

初唐•禮記正義
6_87_26

初唐•禮記正義
6_88_14

初唐•禮記正義
6_89_1

初唐•禮記正義
6_90_26

初唐•禮記正義
6_91_28

初唐•禮記正義
6_92_11

初唐•禮記正義
7_99_2

初唐•禮記正義
7_99_21

初唐•禮記正義
7_100_14

初唐•禮記正義
7_101_12

初唐•禮記正義
7_101_19

初唐•禮記正義
7_102_2

初唐•禮記正義
7_102_19

初唐•禮記正義
7_102_23

初唐•禮記正義
7_103_4

初唐•禮記正義
7_105_8

初唐•禮記正義
7_105_15

初唐•禮記正義
7_105_25

初唐•禮記正義
7_105_31

初唐•禮記正義
7_106_24

初唐•禮記正義
7_107_11

初唐•禮記正義
7_107_13

初唐•禮記正義
7_108_2

初唐•禮記正義
7_109_28

初唐•禮記正義
7_109_34

初唐•禮記正義
7_111_13

初唐•禮記正義
7_112_2

初唐•禮記正義
8_115_19

初唐•禮記正義
8_116_9

初唐•禮記正義
8_116_13

初唐•禮記正義
8_116_19

初唐•禮記正義
8_116_22

初唐•禮記正義
8_116_28

初唐•禮記正義
8_117_22

初唐•禮記正義
8_118_25

初唐•禮記正義
8_119_21

初唐•禮記正義
8_120_56

初唐•禮記正義
8_121_3

節 筭

| | 節 | 筭 | | | | |
|---|---|---|---|---|---|---|
| | 漢 現 セツ 呉 現 セチ<br>訓 ふし | 現 サン<br>訓 かぞえる | | | | |
| 初唐・禮記正義 28_437_13<br>初唐・十誦律 19_370_14<br>中唐・翰苑 4_36_35<br>中郎將 中唐・翰苑 6_65_16<br>中唐・翰苑 8_105_19<br>中唐・翰苑 13_166_1<br>中唐・翰苑 18_240_17 | 初唐・禮記正義 3_36_7<br>初唐・禮記正義 4_50_5<br>初唐・禮記正義 15_237_1<br>初唐・禮記正義 19_286_14<br>初唐・禮記正義 19_287_1<br>初唐・禮記正義 20_300_22<br>初唐・禮記正義 25_389_2 | 中唐・翰苑 37_476_25<br>晚唐・摩訶止觀 2_12_11 | 初唐・禮記正義 10_156_27<br>初唐・禮記正義 10_158_18<br>初唐・禮記正義 10_158_30<br>初唐・禮記正義 10_159_11 | 初唐・禮記正義 10_149_21<br>初唐・禮記正義 10_149_23<br>初唐・禮記正義 10_150_26<br>初唐・禮記正義 10_151_18<br>初唐・禮記正義 10_153_8<br>初唐・禮記正義 10_154_5<br>初唐・禮記正義 10_155_23 | 初唐・禮記正義 9_146_14<br>初唐・禮記正義 10_147_1<br>初唐・禮記正義 10_148_9<br>初唐・禮記正義 10_148_28<br>初唐・禮記正義 10_149_6<br>初唐・禮記正義 10_149_12<br>初唐・禮記正義 10_149_18 | 初唐・禮記正義 9_142_26<br>初唐・禮記正義 9_143_17<br>初唐・禮記正義 9_143_21<br>初唐・禮記正義 9_144_16<br>初唐・禮記正義 9_144_25<br>初唐・禮記正義 9_145_16<br>初唐・禮記正義 9_146_5 |

## 箋 笺

セン
訓 ふだ

初唐・毛詩傳 8_80_8
初唐・毛詩傳 8_82_1
初唐・毛詩傳 8_83_10
初唐・毛詩傳 8_84_22
初唐・毛詩傳 9_92_17
初唐・毛詩傳 9_94_2
初唐・毛詩傳 9_96_9

初唐・毛詩傳 5_54_10
初唐・毛詩傳 5_55_22
初唐・毛詩傳 6_63_26
初唐・毛詩傳 6_66_10
初唐・毛詩傳 6_67_19
初唐・毛詩傳 7_69_10
初唐・毛詩傳 7_72_7

初唐・毛詩傳 3_30_6
初唐・毛詩傳 4_33_4
初唐・毛詩傳 4_41_6
初唐・毛詩傳 4_43_4
初唐・毛詩傳 4_44_9
初唐・毛詩傳 5_48_17
初唐・毛詩傳 5_52_15

初唐・毛詩傳 1_1_14
初唐・毛詩傳 1_8_19
初唐・毛詩傳 2_11_2
初唐・毛詩傳 2_12_20
初唐・毛詩傳 2_15_17
初唐・毛詩傳 2_17_9
初唐・毛詩傳 2_19_11

五代・大毗盧經 75_924_21
五代・大毗盧經 80_975_5
五代・大毗盧經 85_1045_22
五代・大毗盧經 92_1134_8
五代・大毗盧經 92_1136_10

五代・大毗盧經 16_203_28
五代・大毗盧經 20_263_26
五代・大毗盧經 21_270_18
五代・大毗盧經 28_352_13
五代・大毗盧經 28_353_8
五代・大毗盧經 28_354_17
五代・大毗盧經 60_742_15

中唐・翰苑 21_275_1
中唐・翰苑 21_275_8
中唐・翰苑 25_333_2
中唐・翰苑 27_356_1
中唐・翰苑 32_414_26
中唐・翰苑 38_483_42
中唐・翰苑 40_509_34

## 箴

シン
訓はり

初唐•古文尚書
7_57_2

初唐•古文尚書
7_57_14

初唐•古文尚書
9_75_31

初唐•古文尚書
9_76_22

鄭箴
初唐•禮記正義
9_136_16

## 篋

キョウ
訓はこ

晚唐•摩訶止観
43_374_21

## 範

漢ハン
訓のり

初唐•禮記正義
5_81_9

初唐•禮記正義
6_83_5

## 管

現カン
訓くだ

中唐・翰苑
28_363_42

## 箘

漢キン
訓やだけ

初唐•古文尚書
5_45_20

初唐•古文尚書
5_46_4

## 箕

キ
訓み

初唐•古文尚書
27_261_1

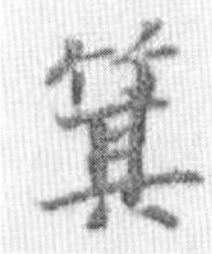
中唐・翰苑
20_262_10

中唐・翰苑
20_264_11

中唐・翰苑
20_267_6

初唐・毛詩傳
10_103_10

初唐・毛詩傳
10_105_14

初唐・毛詩傳
10_107_5

初唐・毛詩傳
10_110_2

初唐•禮記正義
11_174_11

初唐•禮記正義
12_191_5

| 篚 | | 築 | 篤 | 箭 | | 篇 |
|---|---|---|---|---|---|---|
| ヒ<br>訓かたみ | | 漢現チク<br>訓きずく | トク<br>訓あつい | セン<br>訓やだけ | | ヘン<br>訓ふだ |
| <br>初唐•古文尚書<br>2_9_3<br><br>初唐•古文尚書<br>2_9_22<br><br>初唐•古文尚書<br>2_16_14<br><br>初唐•古文尚書<br>3_26_15<br><br>初唐•古文尚書<br>4_35_22 | <br>中唐・翰苑<br>18_238_1<br><br>中唐・翰苑<br>24_310_28<br><br>中唐・翰苑<br>35_447_20<br><br>中唐・翰苑<br>18_236_13 | <br>初唐•古文尚書<br>18_170_25<br>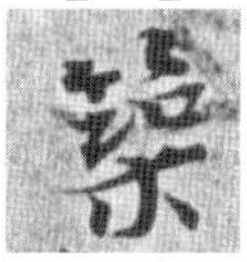<br>初唐•古文尚書<br>18_171_26<br><br>初唐•古文尚書<br>18_171_37<br><br>中唐・翰苑<br>10_120_44<br><br>中唐・翰苑<br>14_183_30<br><br>中唐・翰苑<br>15_192_4<br><br>中唐・翰苑<br>15_193_31 | <br>初唐・毛詩傳<br>6_57_8 | <br>初唐•古文尚書<br>4_30_19<br><br>中唐・翰苑<br>24_319_26<br><br>晚唐•摩訶止觀<br>54_460_21<br><br>五代•大毗盧經<br>68_849_26 | <br>初唐•禮記正義<br>19_285_16 | <br>初唐•古文尚書<br>17_162_9<br><br>初唐•古文尚書<br>35_328_9<br><br>初唐•古文尚書<br>37_352_8<br><br>初唐•禮記正義<br>10_161_18<br><br>初唐•禮記正義<br>14_215_23<br><br>初唐•禮記正義<br>14_216_6<br><br>初唐•禮記正義<br>14_217_2 |

| | | | 簡 | 篠 | 篦 | 篹 |
|---|---|---|---|---|---|---|
| | | | 漢カン呉ケン<br>訓ふだ | ショウ<br>訓しの | 漢ヘイ<br>訓へら | 漢サン呉セン<br>訓うばう |
| <br>晚唐•摩訶止觀<br>61_518_14 | <br>晚唐•摩訶止觀<br>23_200_14 | <br>晚唐•摩訶止觀<br>18_153_22 | 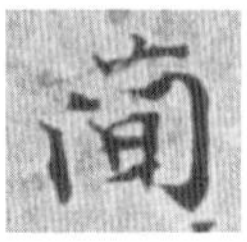<br>初唐•古文尚書<br>16_154_4 | <br>初唐•古文尚書<br>4_30_13 | <br>五代•大毗盧經<br>26_327_19 | <br>篹位<br>中唐・翰苑<br>10_124_24 |
| <br>晚唐•摩訶止觀<br>61_518_24 | <br>晚唐•摩訶止觀<br>23_201_12 | <br>晚唐•摩訶止觀<br>20_174_11 | <br>初唐•古文尚書<br>38_366_16 | <br>初唐•古文尚書<br>4_30_17 | | |
| <br>晚唐•摩訶止觀<br>62_519_8 | <br>晚唐•摩訶止觀<br>23_202_7 | <br>晚唐•摩訶止觀<br>20_176_22 | <br>初唐•古文尚書<br>45_435_3 | <br>初唐•古文尚書<br>4_33_20 | | |
| | <br>晚唐•摩訶止觀<br>23_202_25 | <br>晚唐•摩訶止觀<br>20_176_25 | <br>初唐•古文尚書<br>45_435_24 | | | |
| | <br>晚唐•摩訶止觀<br>51_435_18 | <br>晚唐•摩訶止觀<br>20_177_19 | <br>初唐•古文尚書<br>45_441_2 | | | |
| | <br>晚唐•摩訶止觀<br>54_456_7 | <br>晚唐•摩訶止觀<br>23_197_26 | <br>初唐•古文尚書<br>45_441_30 | | | |
| | <br>晚唐•摩訶止觀<br>56_471_17 | <br>晚唐•摩訶止觀<br>23_198_18 | <br>初唐•禮記正義<br>19_285_18 | | | |

| 籲 | 籬 | 籠 | 籌 | 籍 | 簬 | 簜 |
|---|---|---|---|---|---|---|
| ユ、ヤク<br>訓よぶ | リ<br>訓まがき | 漢ロウ<br>訓かご | チュウ<br>訓かずとり | 漢現セキ呉ジャク<br>訓ふみ | ロ<br>訓たけ | トウ<br>訓おおきいたけ |
| <br>初唐•古文尚書<br>12_106_22 | <br>中唐・翰苑<br>14_184_37<br><br>中唐・翰苑<br>25_331_12 | <br>晩唐•摩訶止観<br>20_172_11<br><br>晩唐•摩訶止観<br>32_275_17 | <br>晩唐•摩訶止観<br>59_502_1 | <br>初唐•古文尚書<br>33_313_27<br><br>初唐•古文尚書<br>36_347_24<br><br>中唐・翰苑<br>3_34_29<br><br>浚稽山<br>中唐・翰苑<br>9_110_29<br><br>中唐・翰苑<br>42_538_25 | <br>初唐•古文尚書<br>5_45_21<br><br>初唐•古文尚書<br>5_46_5 | <br>初唐•古文尚書<br>4_30_14<br><br>初唐•古文尚書<br>4_30_20<br><br>初唐•古文尚書<br>4_33_21 |

# 臼部

## 臾

ユ
訓しばらく

須臾
中唐・翰苑
24_322_10

## 舅

キュウ
訓しゅうと

初唐•禮記正義
1_8_15

中唐・翰苑
6_69_20

勇健
中唐・翰苑
11_138_22

## 擧

漢現キョ
訓あげる

初唐•古文尚書
20_188_1

初唐•古文尚書
44_423_15

初唐•禮記正義
2_24_27

初唐•禮記正義
8_117_27

初唐•禮記正義
10_147_18

初唐•禮記正義
20_307_1

初唐•禮記正義
20_307_23

初唐•禮記正義
29_455_5

初唐・十誦律
10_185_8

初唐・十誦律
10_185_13

中唐・翰苑
6_67_35

中唐・翰苑
8_93_24

扶輿
中唐・翰苑
8_95_30

中唐・翰苑
40_515_23

晩唐•摩訶止觀
1_7_15

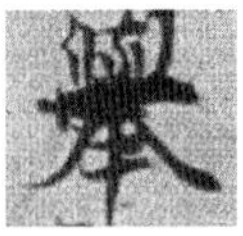
晩唐•摩訶止觀
9_80_14

晩唐•摩訶止觀
10_87_21

晩唐•摩訶止觀
15_130_21

晩唐•摩訶止觀
22_193_1

晩唐•摩訶止觀
26_227_13

晩唐•摩訶止觀
26_228_15

晩唐•摩訶止觀
31_274_9

晩唐•摩訶止觀
50_422_22

晩唐•摩訶止觀
50_424_6

晩唐•摩訶止觀
50_425_2

晩唐•摩訶止觀
54_461_22

五代•大毗盧經
19_245_1

五代•大毗盧經
19_245_18

五代•大毗盧經
35_414_13

五代•大毗盧經
46_565_7

五代•大毗盧經
54_663_1

五代•大毗盧經
56_682_4

五代•大毗盧經
56_682_39

五代•大毗盧經
58_710_19

五代•大毗盧經
64_797_21

五代•大毗盧經
96_1177_30

五代•大毗盧經
96_1179_1

五代•大毗盧經
96_1181_19

# 舊 舊

漢 現 キュウ 呉 グ
訓 ふるい

初唐•古文尚書
7_55_22

初唐•古文尚書
7_59_24

初唐•古文尚書
9_81_9

初唐•古文尚書
9_81_13

初唐•古文尚書
10_82_1

初唐•古文尚書
10_82_10

初唐•古文尚書
21_206_9

初唐•古文尚書
28_273_3

初唐•古文尚書
32_302_5

初唐•古文尚書
33_308_22

初唐•古文尚書
35_336_3

初唐•古文尚書
36_346_26

初唐•古文尚書
36_347_21

初唐•古文尚書
45_438_5

初唐・毛詩傳
9_94_31

初唐•禮記正義
10_158_25

初唐•禮記正義
11_167_22

初唐•禮記正義
11_174_20

初唐•禮記正義
14_216_8

初唐•禮記正義
28_443_5

初唐•禮記正義
29_444_52

初唐•禮記正義
29_447_13

初唐•禮記正義
29_449_16

初唐•禮記正義
29_450_18

初唐・十誦律
10_177_1

初唐・十誦律
10_183_1

初唐・十誦律
11_206_12

初唐・十誦律
12_217_8

初唐・十誦律
14_260_10

初唐・十誦律
14_261_9

初唐・十誦律
14_262_14

初唐・十誦律
14_265_8

中唐・翰苑
3_23_2

中唐・翰苑
9_117_21

中唐・翰苑
21_270_12

中唐・翰苑
32_412_4

中唐・翰苑
34_434_23

五代•密教部類
1_1_16

五代•密教部類
1_4_10

五代•密教部類
1_6_16

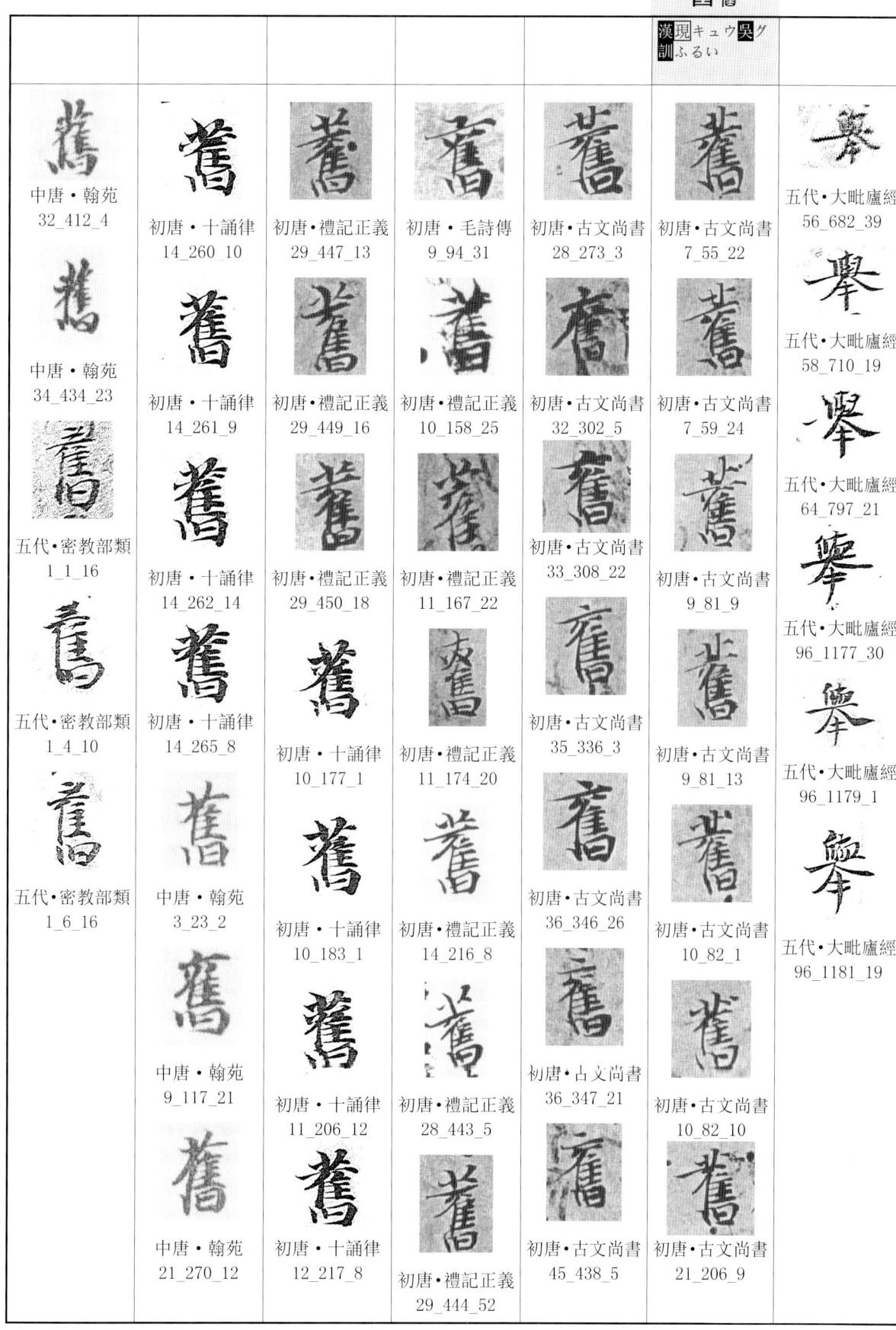

# 自部

自 𦣹

漢シ 呉ジ

訓みずから

初唐・古文尚書 5_38_1

初唐・古文尚書 5_38_5

初唐・古文尚書 8_63_17

初唐・古文尚書 8_70_3

初唐・古文尚書 9_71_27

初唐・古文尚書 9_72_9

初唐・古文尚書 9_72_22

初唐・古文尚書 9_73_6

初唐・古文尚書 9_73_25

初唐・古文尚書 9_80_5

初唐・古文尚書 9_80_27

初唐・古文尚書 10_86_14

初唐・古文尚書 10_86_18

初唐・古文尚書 11_93_17

初唐・古文尚書 12_110_10

初唐・古文尚書 12_110_12

初唐・古文尚書 12_110_23

初唐・古文尚書 12_112_6

初唐・古文尚書 12_112_32

初唐・古文尚書 13_115_13

初唐・古文尚書 13_115_24

初唐・古文尚書 13_123_16

初唐・古文尚書 13_123_26

初唐・古文尚書 15_137_19

初唐・古文尚書 17_157_27

初唐・古文尚書 17_158_6

初唐・古文尚書 19_176_32

初唐・古文尚書 22_208_10

初唐・古文尚書 22_208_19

初唐・古文尚書 22_217_28

初唐・古文尚書 24_234_27

初唐・古文尚書 24_237_11

初唐・古文尚書 25_249_14

初唐・古文尚書 26_250_1

初唐・古文尚書 26_251_6

初唐・古文尚書 28_275_2

初唐・古文尚書 28_277_13

初唐・古文尚書 29_282_24

初唐・古文尚書 29_282_27

初唐・古文尚書 32_306_17

初唐・古文尚書 33_310_26

初唐・古文尚書 33_311_9

初唐•禮記正義
27_420_22

初唐•禮記正義
28_430_15

初唐•禮記正義
28_430_27

初唐•禮記正義
30_460_5

初唐•禮記正義
30_469_1

初唐・十誦律
1_9_3

初唐・十誦律
2_27_12

初唐•禮記正義
22_328_25

初唐•禮記正義
23_345_28

初唐•禮記正義
26_397_8

初唐•禮記正義
26_399_10

初唐•禮記正義
26_400_20

初唐•禮記正義
26_404_16

初唐•禮記正義
27_418_26

初唐•禮記正義
16_245_14

初唐•禮記正義
16_245_26

初唐•禮記正義
16_247_14

初唐•禮記正義
16_250_20

初唐•禮記正義
17_259_15

初唐•禮記正義
18_277_21

初唐•禮記正義
18_279_11

初唐•禮記正義
11_166_12

初唐•禮記正義
13_202_20

初唐•禮記正義
13_203_3

初唐•禮記正義
13_204_6

初唐•禮記正義
15_227_24

初唐•禮記正義
15_228_21

初唐•禮記正義
16_242_9

初唐・毛詩傳
3_27_26

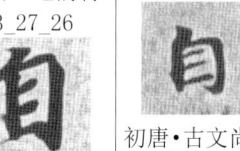

初唐・毛詩傳
9_91_5

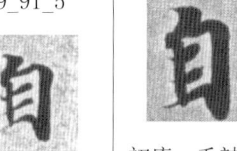

初唐・毛詩傳
9_92_3

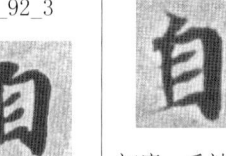

初唐・毛詩傳
9_95_5

初唐•禮記正義
2_27_20

初唐•禮記正義
3_46_19

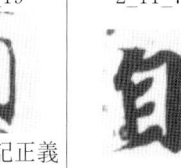

初唐•禮記正義
3_49_21

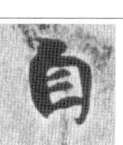

初唐•古文尚書
46_452_12

初唐•古文尚書
49_475_4

初唐・毛詩傳
1_3_11

初唐・毛詩傳
1_9_11

初唐・毛詩傳
1_9_16

初唐・毛詩傳
2_11_7

初唐・毛詩傳
3_23_14

初唐•古文尚書
38_368_9

初唐•古文尚書
38_368_30

初唐•古文尚書
40_386_28

初唐•古文尚書
43_412_4

初唐•古文尚書
43_413_2

初唐•古文尚書
44_424_16

初唐•古文尚書
44_428_5

初唐・十誦律
8_142_9

初唐・十誦律
10_180_1

初唐・十誦律
10_180_12

初唐・十誦律
10_193_8

初唐・十誦律
11_196_5

初唐・十誦律
18_352_15

初唐・十誦律
19_371_4

初唐・般若經
8_100_12

初唐・般若經
8_101_12

初唐・般若經
8_101_17

初唐・般若經
8_102_11

初唐・般若經
8_104_5

初唐・般若經
21_311_9

初唐・般若經
21_312_9

初唐・般若經
21_312_14

初唐・般若經
21_313_8

初唐・般若經
21_315_3

中唐・翰苑
5_52_26

中唐・翰苑
5_52_36

中唐・翰苑
5_56_27

中唐・翰苑
5_57_14

中唐・翰苑
6_71_8

中唐・翰苑
6_71_34

中唐・翰苑
7_81_9

中唐・翰苑
7_85_24

中唐・翰苑
7_88_25

中唐・翰苑
8_94_43

中唐・翰苑
9_116_16

百有餘年
中唐・翰苑
10_120_16

中唐・翰苑
10_122_25

中唐・翰苑
10_127_41

中唐・翰苑
10_130_2

中唐・翰苑
11_139_19

中唐・翰苑
11_140_17

中唐・翰苑
11_141_27

中唐・翰苑
11_144_42

中唐・翰苑
12_148_36

中唐・翰苑
12_149_12

中唐・翰苑
13_162_37

中唐・翰苑
13_163_11

中唐・翰苑
13_163_25

中唐・翰苑
13_168_13

中唐・翰苑
14_173_21

中唐・翰苑
14_174_30

中唐・翰苑
14_184_14

中唐・翰苑
15_188_5

中唐・翰苑
15_191_39

中唐・翰苑
16_204_5

中唐・翰苑
16_205_18

衣尚白
中唐・翰苑
17_217_10

中唐・翰苑
19_244_7

中唐・翰苑
19_250_19

中唐・翰苑
19_254_15

中唐・翰苑
20_263_30

中唐・翰苑
20_268_14

中唐・翰苑
21_271_10

中唐・翰苑
22_284_6

中唐・翰苑
23_301_22

中唐・翰苑
23_302_40

中唐・翰苑
23_305_40

中唐・翰苑
23_309_10

中唐・翰苑
25_332_24

目支國
中唐・翰苑
27_350_39

中唐・翰苑
27_355_7

中唐・翰苑
29_381_2

中唐・翰苑
31_399_6

中唐・翰苑
31_402_2

中唐・翰苑
31_404_6

中唐・翰苑
32_411_31

中唐・翰苑
32_412_6

中唐・翰苑
32_413_25

中唐・翰苑
32_414_22

中唐・翰苑
32_414_45

中唐・翰苑
32_421_20

中唐・翰苑
33_432_17

中唐・翰苑
36_460_41

中唐・翰苑
36_461_8

中唐・翰苑
37_482_25

中唐・翰苑
38_483_10

中唐・翰苑
38_484_27

中唐・翰苑
39_497_15

中唐・翰苑
39_503_31

中唐・翰苑
39_505_29

中唐・翰苑
40_514_30

中唐・翰苑
41_523_31

中唐・翰苑
42_534_13

中唐・翰苑
42_535_16

中唐・翰苑
42_535_28

中唐・翰苑
42_540_20

中唐・翰苑
43_547_34

中唐・翰苑
44_556_35

中唐・翰苑
45_572_13

中唐・般若經
3_35_18

中唐・般若經
3_38_16

中唐・般若經
4_39_16

中唐・般若經
4_40_4

中唐・般若經
4_43_2

中唐・般若經
4_44_2

中唐・般若經 4_47_6
中唐・般若經 4_48_6
中唐・般若經 4_48_11
中唐・般若經 4_51_13
中唐・般若經 4_53_3
中唐・般若經 4_54_10
中唐・般若經 4_56_1

中唐・般若經 5_59_6
中唐・般若經 5_60_11
中唐・般若經 5_61_16
中唐・般若經 5_63_5
晚唐•摩訶止觀 2_20_12
晚唐•摩訶止觀 5_42_1
晚唐•摩訶止觀 7_59_5

晚唐•摩訶止觀 7_62_14
晚唐•摩訶止觀 7_62_18
晚唐•摩訶止觀 7_65_10
晚唐•摩訶止觀 8_69_11
晚唐•摩訶止觀 8_69_20
晚唐•摩訶止觀 8_70_4
晚唐•摩訶止觀 9_75_27

晚唐•摩訶止觀 9_76_11
晚唐•摩訶止觀 9_77_24
晚唐•摩訶止觀 9_82_17
晚唐•摩訶止觀 13_113_24
晚唐•摩訶止觀 13_115_19
晚唐•摩訶止觀 16_141_10
晚唐•摩訶止觀 16_141_17

晚唐•摩訶止觀 17_145_15
晚唐•摩訶止觀 17_145_18
晚唐•摩訶止觀 17_147_5
晚唐•摩訶止觀 17_150_12
晚唐•摩訶止觀 17_150_21
晚唐•摩訶止觀 19_168_21
晚唐•摩訶止觀 20_170_15

晚唐•摩訶止觀 20_173_18
晚唐•摩訶止觀 23_195_22
晚唐•摩訶止觀 23_197_3
晚唐•摩訶止觀 23_197_16
晚唐•摩訶止觀 24_205_10
晚唐•摩訶止觀 24_205_18
晚唐•摩訶止觀 27_237_19

晚唐•摩訶止觀 31_274_25
晚唐•摩訶止觀 37_317_24
晚唐•摩訶止觀 37_318_11
晚唐•摩訶止觀 41_350_13
晚唐•摩訶止觀 44_380_6
晚唐•摩訶止觀 44_380_22
晚唐•摩訶止觀 44_381_20

晚唐•摩訶止觀 52_445_1
晚唐•摩訶止觀 55_464_21
晚唐•摩訶止觀 57_481_11
五代•大毗盧經 2_19_10
五代•大毗盧經 6_68_13
五代•大毗盧經 6_72_32
五代•大毗盧經 7_81_4

五代•大毗盧經 7_82_4
五代•大毗盧經 7_82_9
五代•大毗盧經 7_82_17
五代•大毗盧經 7_83_21
五代•大毗盧經 7_84_8
五代•大毗盧經 11_137_19
五代•大毗盧經 11_140_17

五代•大毗盧經 12_144_18
五代•大毗盧經 12_147_3
五代•大毗盧經 13_164_18
五代•大毗盧經 14_171_11
五代•大毗盧經 14_180_18
五代•大毗盧經 14_181_9
五代•大毗盧經 22_280_18

五代•大毗盧經 27_346_23
五代•大毗盧經 39_453_15
五代•大毗盧經 39_461_7
五代•大毗盧經 39_466_11
五代•大毗盧經 39_468_9
五代•大毗盧經 40_479_21
五代•大毗盧經 40_481_17

五代•大毗盧經 42_504_9
五代•大毗盧經 43_511_23
五代•大毗盧經 43_524_9
五代•大毗盧經 45_546_4
五代•大毗盧經 45_549_19
五代•大毗盧經 45_550_6
五代•大毗盧經 47_571_2

五代•大毗盧經 47_574_49
五代•大毗盧經 47_577_25
五代•大毗盧經 48_583_45
五代•大毗盧經 49_601_29
五代•大毗盧經 50_613_7
五代•大毗盧經 54_668_26
五代•大毗盧經 54_668_40

五代•大毗盧經 56_690_11
五代•大毗盧經 56_690_23
五代•大毗盧經 56_690_37
五代•大毗盧經 57_692_28
五代•大毗盧經 59_731_1
五代•大毗盧經 60_737_17
五代•大毗盧經 60_738_5

## 臭

現 シュウ
訓 くさい

初唐•古文尚書
12_111_3

初唐•古文尚書
12_111_19

初唐•古文尚書
13_115_14

初唐•古文尚書
13_115_25

初唐•古文尚書
41_393_38

晚唐•摩訶止觀
21_184_10

五代•大毗盧經
94_1152_31

五代•大毗盧經
94_1153_5

五代•大毗盧經
97_1187_19

五代•大毗盧經
90_1106_23

五代•大毗盧經
91_1109_6

五代•大毗盧經
91_1109_15

五代•大毗盧經
92_1127_3

五代•大毗盧經
92_1134_13

五代•大毗盧經
93_1145_30

五代•大毗盧經
94_1152_5

五代•大毗盧經
82_999_40

五代•大毗盧經
82_1004_21

五代•大毗盧經
85_1035_3

五代•大毗盧經
85_1037_1

五代•大毗盧經
85_1044_4

五代•大毗盧經
86_1051_35

五代•大毗盧經
89_1087_45

五代•大毗盧經
73_893_26

五代•大毗盧經
78_942_13

五代•大毗盧經
78_942_18

五代•大毗盧經
78_945_11

五代•大毗盧經
78_948_1

五代•大毗盧經
80_967_13

五代•大毗盧經
80_969_6

五代•大毗盧經
60_745_13

五代•大毗盧經
63_776_8

五代•大毗盧經
63_791_18

五代•大毗盧經
67_841_3

五代•大毗盧經
71_870_22

五代•大毗盧經
72_881_23

五代•大毗盧經
72_882_12

# 血部

## 血

漢現ケツ 呉現ケチ
訓ち

- 初唐・十誦律 7_127_9
- 初唐・十誦律 8_146_3
- 初唐・十誦律 18_349_4
- 中唐・翰苑 37_471_41
- 中唐・翰苑 38_489_27
- 晩唐・摩訶止観 5_40_14
- 晩唐・摩訶止観 21_180_19

## 衆

漢現シュウ 呉シュ
訓おおい

- 初唐・古文尚書 7_57_24
- 初唐・古文尚書 7_57_29
- 初唐・古文尚書 7_58_6
- 初唐・古文尚書 9_78_5
- 初唐・古文尚書 9_78_31
- 初唐・古文尚書 9_80_4
- 初唐・古文尚書 10_91_38
- 初唐・古文尚書 11_92_4
- 初唐・古文尚書 11_93_5
- 初唐・古文尚書 11_93_15
- 初唐・古文尚書 11_98_8
- 初唐・古文尚書 11_98_26
- 初唐・古文尚書 11_99_8
- 初唐・古文尚書 12_107_16
- 初唐・古文尚書 13_117_10
- 初唐・古文尚書 15_141_1
- 初唐・古文尚書 15_141_14
- 初唐・古文尚書 15_143_2
- 初唐・古文尚書 16_151_10
- 初唐・古文尚書 16_153_10
- 初唐・古文尚書 16_154_3
- 初唐・古文尚書 16_154_17
- 初唐・古文尚書 23_219_27
- 初唐・古文尚書 26_256_11
- 初唐・古文尚書 29_284_5
- 初唐・古文尚書 29_284_18
- 初唐・古文尚書 33_309_8
- 初唐・古文尚書 41_393_5
- 初唐・古文尚書 41_395_12
- 初唐・古文尚書 43_418_10
- 初唐・古文尚書 45_434_13
- 初唐・古文尚書 45_440_26
- 初唐・古文尚書 45_441_8
- 初唐・古文尚書 48_470_24
- 初唐・古文尚書 48_473_5
- 初唐・古文尚書 49_478_11
- 初唐・毛詩傳 5_53_25
- 初唐・禮記正義 5_74_23
- 初唐・禮記正義 14_215_22
- 初唐・禮記正義 17_259_20

| | | | | | | |
|---|---|---|---|---|---|---|
| 晚唐•摩訶止觀<br>12_105_8 | 晚唐•摩訶止觀<br>6_51_16 | 中唐・翰苑<br>28_362_32 | 中唐・翰苑<br>13_162_31 | 中唐・翰苑<br>5_62_36 | 初唐・十誦律<br>6_110_14 | 初唐•禮記正義<br>17_260_21 |
| 晚唐•摩訶止觀<br>14_121_13 | 晚唐•摩訶止觀<br>7_59_14 | 中唐・翰苑<br>29_381_28 | 中唐・翰苑<br>13_163_7 | 中唐・翰苑<br>8_96_7 | 初唐・十誦律<br>6_111_12 | 初唐・十誦律<br>2_28_6 |
| 晚唐•摩訶止觀<br>19_165_3 | 晚唐•摩訶止觀<br>9_78_8 | 中唐・翰苑<br>32_408_7 | 中唐・翰苑<br>13_163_20 | 中唐・翰苑<br>9_116_9 | 初唐・十誦律<br>19_360_14 | 初唐・十誦律<br>6_107_5 |
| 晚唐•摩訶止觀<br>19_168_16 | 晚唐•摩訶止觀<br>9_78_16 | 中唐・翰苑<br>32_415_12 | 中唐・翰苑<br>13_167_3 | 中唐・翰苑<br>10_125_41 | 中唐・翰苑<br>3_32_31 | 初唐・十誦律<br>6_107_17 |
| 晚唐•摩訶止觀<br>21_180_11 | 晚唐•摩訶止觀<br>9_83_21 | 中唐・翰苑<br>36_464_26 | 中唐・翰苑<br>13_167_18 | 中唐・翰苑<br>11_139_39 | 中唐・翰苑<br>4_47_30 | 初唐・十誦律<br>6_108_5 |
| 晚唐•摩訶止觀<br>24_204_18 | 晚唐•摩訶止觀<br>10_90_13 | 中唐・翰苑<br>36_467_44 | 中唐・翰苑<br>13_169_14 | 中唐・翰苑<br>12_154_16 | 中唐・翰苑<br>5_51_16 | 初唐・十誦律<br>6_108_11 |
| 晚唐•摩訶止觀<br>25_215_12 | 晚唐•摩訶止觀<br>11_94_3 | 中唐・翰苑<br>39_495_32 | 中唐・翰苑<br>14_179_38 | 中唐・翰苑<br>12_157_7 | 中唐・翰苑<br>5_55_29 | 初唐・十誦律<br>6_109_4 |
| 晚唐•摩訶止觀<br>26_222_20 | 晚唐•摩訶止觀<br>11_95_12 | 中唐・翰苑<br>39_496_39 | 中唐・翰苑<br>16_205_3 | 中唐・翰苑<br>13_162_19 | 皐林<br>中唐・翰苑<br>5_58_40 | 初唐・十誦律<br>6_110_1 |

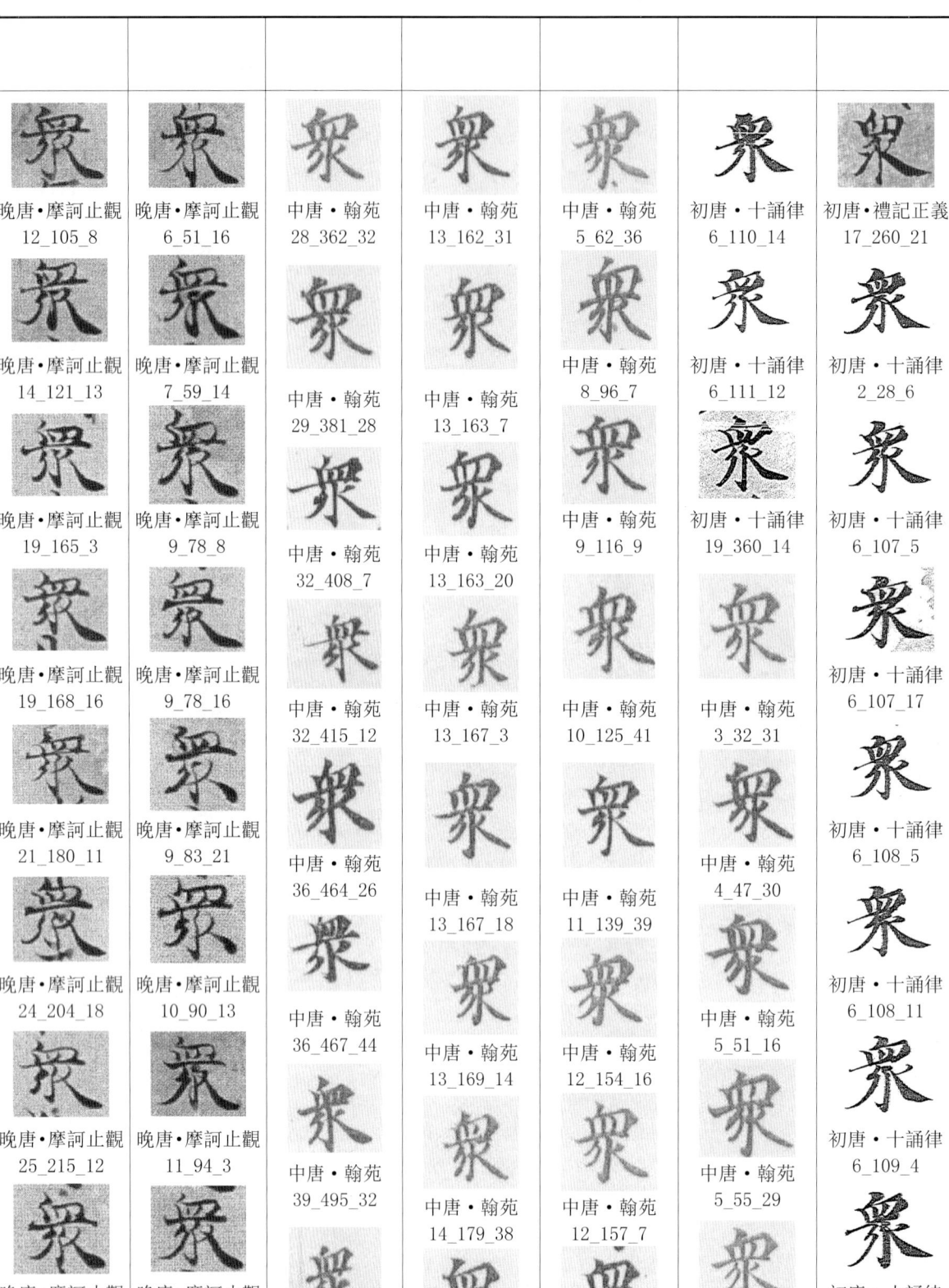

晚唐•摩訶止觀 26_223_19
晚唐•摩訶止觀 26_224_20
晚唐•摩訶止觀 26_225_20
晚唐•摩訶止觀 27_232_3
晚唐•摩訶止觀 31_273_2
晚唐•摩訶止觀 32_277_20
晚唐•摩訶止觀 33_290_11
晚唐•摩訶止觀 34_293_11

晚唐•摩訶止觀 34_294_22
晚唐•摩訶止觀 35_300_4
晚唐•摩訶止觀 35_302_6
晚唐•摩訶止觀 35_302_10
晚唐•摩訶止觀 36_311_13
晚唐•摩訶止觀 36_313_20
晚唐•摩訶止觀 38_325_13
晚唐•摩訶止觀 38_327_23

晚唐•摩訶止觀 39_339_10
晚唐•摩訶止觀 45_387_20
衆生 晚唐•摩訶止觀 46_391_9
晚唐•摩訶止觀 49_417_15
衆生 晚唐•摩訶止觀 49_417_27
晚唐•摩訶止觀 49_419_19
晚唐•摩訶止觀 49_119_25
晚唐•摩訶止觀 49_420_6

衆生 晚唐•摩訶止觀 51_432_26
晚唐•摩訶止觀 52_445_9
晚唐•摩訶止觀 52_445_18
晚唐•摩訶止觀 54_460_24
晚唐•摩訶止觀 56_473_8
五代•大毗盧經 2_8_5
五代•大毗盧經 2_17_12
五代•大毗盧經 3_22_21

五代•大毗盧經 3_28_13
五代•大毗盧經 3_29_19
五代•大毗盧經 3_35_21
五代•大毗盧經 5_49_14
五代•大毗盧經 5_59_10
五代•大毗盧經 6_64_5
五代•大毗盧經 6_64_12
五代•大毗盧經 7_74_15

五代•大毗盧經 7_84_6
五代•大毗盧經 7_84_19
五代•大毗盧經 8_93_3
五代•大毗盧經 9_109_23
五代•大毗盧經 11_136_10
五代•大毗盧經 11_141_8
五代•大毗盧經 12_148_18
五代•大毗盧經 12_154_3

五代•大毗盧經 13_164_16
五代•大毗盧經 13_166_13
五代•大毗盧經 14_169_3
五代•大毗盧經 14_172_9
五代•大毗盧經 14_174_9
五代•大毗盧經 14_178_9
五代•大毗盧經 15_194_4
五代•大毗盧經 15_196_36

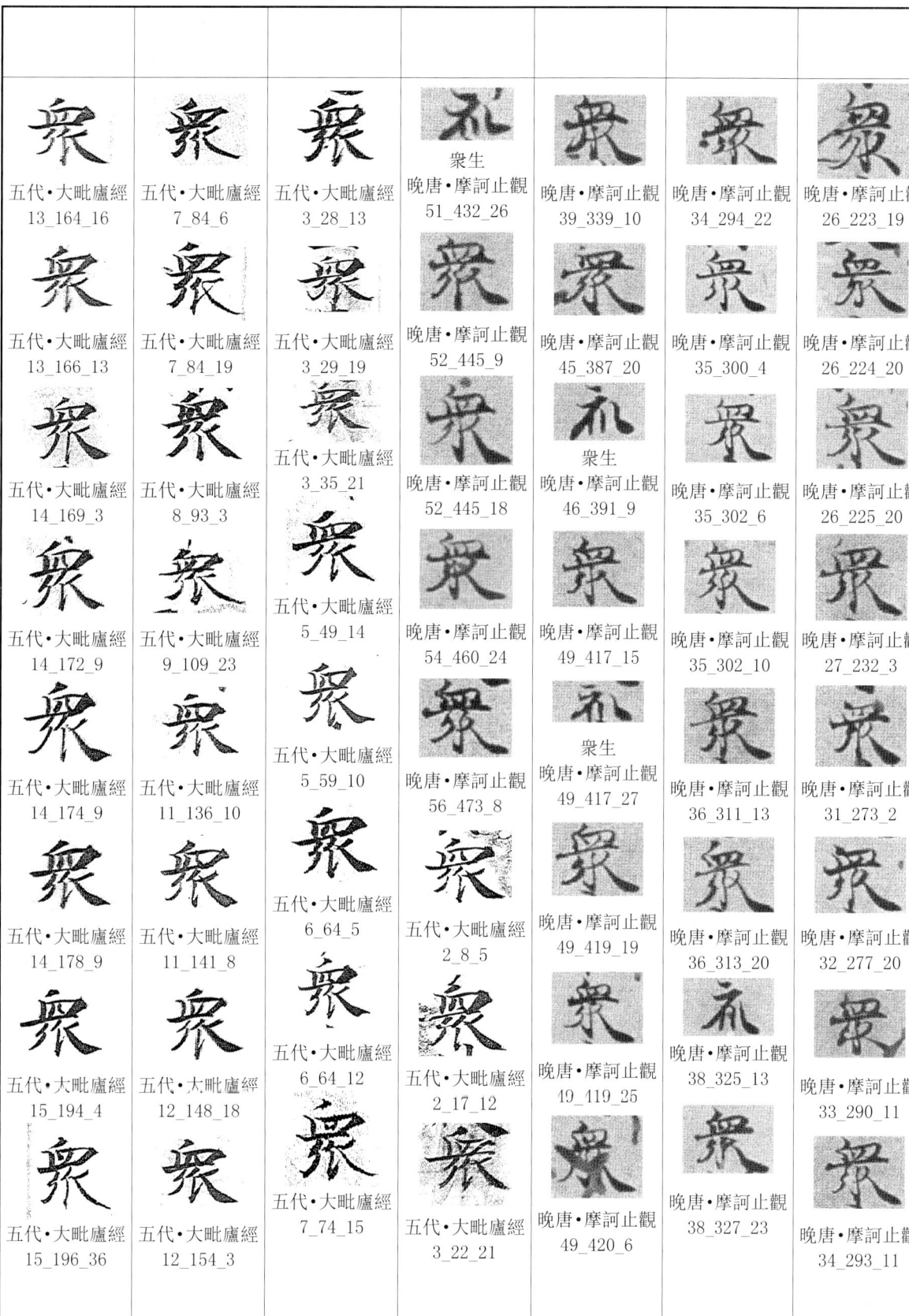

五代•大毗盧經 16_204_20

五代•大毗盧經 16_204_34

五代•大毗盧經 17_218_28

五代•大毗盧經 18_234_31

五代•大毗盧經 18_237_20

五代•大毗盧經 19_241_14

五代•大毗盧經 19_243_3

五代•大毗盧經 20_260_21

五代•大毗盧經 22_280_15

五代•大毗盧經 23_287_2

五代•大毗盧經 23_289_2

五代•大毗盧經 23_289_7

五代•大毗盧經 23_290_9

五代•大毗盧經 25_320_21

五代•大毗盧經 26_328_12

五代•大毗盧經 26_328_20

五代•大毗盧經 27_337_23

五代•大毗盧經 30_376_13

五代•大毗盧經 30_385_13

五代•大毗盧經 31_395_13

五代•大毗盧經 32_398_25

五代•大毗盧經 32_399_9

五代•大毗盧經 39_455_7

五代•大毗盧經 39_461_17

五代•大毗盧經 39_472_2

五代•大毗盧經 40_478_13

五代•大毗盧經 44_528_12

五代•大毗盧經 44_532_19

五代•大毗盧經 46_557_6

五代•大毗盧經 48_583_27

五代•大毗盧經 50_609_20

五代•大毗盧經 51_624_12

五代•大毗盧經 51_629_16

五代•大毗盧經 54_658_15

五代•大毗盧經 54_668_33

五代•大毗盧經 55_673_23

五代•大毗盧經 55_679_34

五代•大毗盧經 56_682_13

五代•大毗盧經 56_682_19

五代•大毗盧經 56_683_7

五代•大毗盧經 57_693_21

五代•大毗盧經 57_696_3

五代•大毗盧經 57_696_36

五代•大毗盧經 57_696_45

五代•大毗盧經 57_700_12

五代•大毗盧經 59_722_15

五代•大毗盧經 59_722_23

五代•大毗盧經 60_745_21

五代•大毗盧經 61_750_36

五代•大毗盧經 63_781_5

五代•大毗盧經 63_790_8

五代•大毗盧經 64_795_3

五代•大毗盧經 64_795_8

五代•大毗盧經 64_795_18

五代•大毗盧經 64_798_9

五代•大毗盧經 64_806_1

五代·大毗盧經 67_836_8
五代·大毗盧經 67_848_24
五代·大毗盧經 68_849_15
五代·大毗盧經 72_889_3
五代·大毗盧經 72_891_21
五代·大毗盧經 73_905_8
五代·大毗盧經 77_928_5
五代·大毗盧經 77_931_5
五代·大毗盧經 78_945_10
五代·大毗盧經 78_948_36
五代·大毗盧經 79_957_21
五代·大毗盧經 79_957_33
五代·大毗盧經 80_969_3
五代·大毗盧經 80_969_20
五代·大毗盧經 80_972_19
五代·大毗盧經 80_973_2
五代·大毗盧經 80_973_10
五代·大毗盧經 80_973_20
五代·大毗盧經 82_999_14
五代·大毗盧經 82_1004_15
五代·大毗盧經 83_1008_32
五代·大毗盧經 84_1026_6
五代·大毗盧經 84_1030_3
五代·大毗盧經 85_1035_2
五代·大毗盧經 85_1035_8
五代·大毗盧經 85_1037_15
五代·大毗盧經 85_1039_5
五代·大毗盧經 87_1064_11
五代·大毗盧經 89_1092_3
五代·大毗盧經 89_1092_20
五代·大毗盧經 90_1094_15
五代·大毗盧經 90_1096_10
五代·大毗盧經 90_1106_37
五代·大毗盧經 90_1107_9
五代·大毗盧經 91_1113_34
五代·大毗盧經 92_1127_2
五代·大毗盧經 93_1145_11
五代·大毗盧經 94_1154_21
五代·大毗盧經 96_1174_4
五代·大毗盧經 96_1179_15
五代·大毗盧經 96_1181_1
五代·大毗盧經 97_1186_17
五代·大毗盧經 98_1210_15
五代·大毗盧經 98_1211_20

# 舟部

## 舟

現シュウ 呉シュ
訓ふね

初唐•古文尚書
12_110_30

初唐•古文尚書
12_111_12

初唐•古文尚書
18_174_16

初唐•古文尚書
18_174_22

中唐・翰苑
34_440_21

中唐・翰苑
36_465_28

## 般

慣ハン 漢ハツ
訓めぐる

初唐•古文尚書
11_99_19

初唐•古文尚書
15_139_1

初唐•古文尚書
15_140_1

初唐・十誦律
19_369_4

初唐・般若經
2_2_2

初唐・般若經
7_91_10

初唐・般若經
7_92_5

初唐・般若經
7_93_16

初唐・般若經
20_301_16

初唐・般若經
20_302_11

初唐・般若經
20_304_7

中唐・翰苑
43_550_27

中唐・般若經
1_1_2

中唐・般若經
2_7_6

中唐・般若經
2_9_3

中唐・般若經
2_11_1

中唐・般若經
2_13_8

中唐・般若經
2_15_3

中唐・般若經
2_16_15

中唐・般若經
2_18_11

中唐・般若經
3_22_4

中唐・般若經
3_23_14

中唐・般若經
3_27_2

中唐・般若經
19_340_2

晚唐•摩訶止觀
3_26_10

晚唐•摩訶止觀
7_60_6

晚唐•摩訶止觀
7_61_20

晚唐•摩訶止觀
7_62_4

晚唐•摩訶止觀
12_105_23

晚唐•摩訶止觀
13_116_3

晚唐•摩訶止觀
14_123_3

晚唐•摩訶止觀
25_212_5

晚唐•摩訶止觀
25_213_13

五代•大毗盧經
60_733_14

五代•大毗盧經
67_836_13

五代•大毗盧經
67_841_11

五代•大毗盧經
92_1134_1

# 船 船

漢 現 セン
訓 ふね

中唐・翰苑
19_248_12

中唐・翰苑
24_318_18

中唐・翰苑
24_319_3

中唐・翰苑
24_319_5

中唐・翰苑
29_382_36

中唐・翰苑
34_440_22

中唐・翰苑
36_461_22

中唐・翰苑
36_468_8

中唐・翰苑
36_469_18

中唐・翰苑
38_491_19

中唐・翰苑
38_491_34

五代・大毗盧經
47_577_14

# 色部

色

漢ショク 呉シキ
訓いろ

初唐•古文尚書 1_6_3
初唐•古文尚書 3_22_6
初唐•古文尚書 3_22_11
初唐•古文尚書 3_22_23
初唐•古文尚書 28_275_8
初唐•古文尚書 31_293_14
初唐•古文尚書 31_294_26
初唐•古文尚書 38_366_4

初唐•古文尚書 38_367_9
初唐•禮記正義 14_218_19
初唐•禮記正義 24_364_22
初唐•禮記正義 24_366_11
初唐•禮記正義 24_366_25
初唐・般若經 2_4_10
初唐・般若經 2_4_13
初唐・般若經 2_5_15

初唐・般若經 2_17_8
初唐・般若經 2_17_12
初唐・般若經 3_18_15
初唐・般若經 3_27_2
初唐・般若經 3_28_3
初唐・般若經 3_29_16
初唐・般若經 6_81_17
初唐・般若經 9_124_10

初唐・般若經 9_125_2
初唐・般若經 9_126_10
初唐・般若經 14_209_12
初唐・般若經 14_209_15
初唐・般若經 14_211_2
初唐・般若經 15_223_8
初唐・般若經 15_223_12
初唐・般若經 15_224_17

初唐・般若經 16_233_14
初唐・般若經 16_234_15
初唐・般若經 16_236_13
初唐・般若經 19_291_16
初唐・般若經 22_336_12
初唐・般若經 22_337_4
初唐・般若經 22_338_14
邑落雜居 中唐・翰苑 18_234_33

中唐・翰苑 20_261_11
中唐・翰苑 24_311_6
中唐・翰苑 24_317_2
中唐・翰苑 25_330_31
中唐・翰苑 33_432_31
中唐・翰苑 43_549_8
中唐・翰苑 43_552_21
晚唐•摩訶止觀 2_18_14

| | | | | | | |
|---|---|---|---|---|---|---|
| 色<br>五代•大毗盧經<br>40_483_5 | 色<br>五代•大毗盧經<br>19_240_5 | 色<br>五代•大毗盧經<br>14_174_15 | 色<br>五代•大毗盧經<br>8_92_3 | 色<br>晚唐•摩訶止觀<br>33_284_16 | 色<br>晚唐•摩訶止觀<br>19_163_26 | 色<br>晚唐•摩訶止觀<br>5_41_4 |
| 色<br>五代•大毗盧經<br>40_483_20 | 色<br>五代•大毗盧經<br>19_241_1 | 色<br>五代•大毗盧經<br>14_174_19 | 色<br>五代•大毗盧經<br>8_94_7 | 色<br>晚唐•摩訶止觀<br>34_294_23 | 色<br>晚唐•摩訶止觀<br>19_164_16 | 色<br>晚唐•摩訶止觀<br>5_41_6 |
| 色<br>五代•大毗盧經<br>40_484_15 | 色<br>五代•大毗盧經<br>19_242_7 | 色<br>五代•大毗盧經<br>14_174_23 | 色<br>五代•大毗盧經<br>12_143_10 | 色<br>晚唐•摩訶止觀<br>43_373_12 | 色<br>晚唐•摩訶止觀<br>22_189_25 | 色<br>晚唐•摩訶止觀<br>6_51_4 |
| 色<br>五代•大毗盧經<br>41_486_20 | 色<br>五代•大毗盧經<br>19_247_8 | 色<br>五代•大毗盧經<br>14_175_6 | 色<br>五代•大毗盧經<br>12_146_12 | 色<br>晚唐•摩訶止觀<br>45_390_16 | 色<br>晚唐•摩訶止觀<br>22_190_1 | 色<br>晚唐•摩訶止觀<br>11_94_4 |
| 色<br>五代•大毗盧經<br>41_487_19 | 色<br>五代•大毗盧經<br>19_252_14 | 色<br>五代•大毗盧經<br>14_175_10 | 色<br>五代•大毗盧經<br>12_147_15 | 色<br>晚唐•摩訶止觀<br>46_394_13 | 色<br>晚唐•摩訶止觀<br>28_243_13 | 色<br>晚唐•摩訶止觀<br>11_94_16 |
| 色<br>五代•大毗盧經<br>41_488_4 | 色<br>五代•大毗盧經<br>22_279_17 | 色<br>五代•大毗盧經<br>14_177_7 | 色<br>五代•大毗盧經<br>12_153_10 | 色<br>晚唐•摩訶止觀<br>46_396_17 | 色<br>晚唐•摩訶止觀<br>29_249_17 | 色<br>晚唐•摩訶止觀<br>15_131_18 |
| 色<br>五代•大毗盧經<br>41_488_15 | 色<br>五代•大毗盧經<br>26_328_6 | 色<br>五代•大毗盧經<br>14_179_5 | 色<br>五代•大毗盧經<br>13_164_7 | 色<br>晚唐•摩訶止觀<br>50_424_25 | 色<br>晚唐•摩訶止觀<br>30_262_23 | 色<br>晚唐•摩訶止觀<br>19_163_15 |
| 色<br>五代•大毗盧經<br>44_525_20 | 色<br>五代•大毗盧經<br>27_346_21 | 色<br>五代•大毗盧經<br>19_238_17 | 色<br>五代•大毗盧經<br>14_174_10 | 色<br>晚唐•摩訶止觀<br>58_489_21 | 色<br>晚唐•摩訶止觀<br>31_268_25 | 色<br>晚唐•摩訶止觀<br>19_163_16 |

| | | | | | | |
|---|---|---|---|---|---|---|
| | | | | <br>五代·大毗盧經<br>64_794_10 | <br>五代·大毗盧經<br>50_610_10 | <br>五代·大毗盧經<br>44_529_20 |
| | | | | <br>五代·大毗盧經<br>67_835_17 | <br>五代·大毗盧經<br>52_634_20 | <br>五代·大毗盧經<br>45_548_2 |
| | | | | <br>五代·大毗盧經<br>71_867_10 | <br>五代·大毗盧經<br>60_745_22 | <br>五代·大毗盧經<br>46_558_13 |
| | | | | <br>五代·大毗盧經<br>72_888_15 | <br>五代·大毗盧經<br>61_750_4 | <br>五代·大毗盧經<br>46_561_8 |
| | | | | <br>五代·大毗盧經<br>73_900_7 | <br>五代·大毗盧經<br>63_775_5 | <br>五代·大毗盧經<br>46_562_15 |
| | | | | <br>五代·大毗盧經<br>77_936_8 | <br>五代·大毗盧經<br>63_775_17 | <br>五代·大毗盧經<br>46_564_9 |
| | | | | <br>五代·大毗盧經<br>80_965_2 | <br>五代·大毗盧經<br>63_778_20 | <br>五代·大毗盧經<br>46_567_15 |
| | | | | <br>五代·大毗盧經<br>80_972_5 | <br>五代·大毗盧經<br>63_792_5 | <br>五代·大毗盧經<br>49_602_17 |

# 衣部

衣

漢 現 イ 呉 エ
訓 ころも

初唐•古文尚書
20_191_8

初唐•古文尚書
42_405_18

初唐・毛詩傳
3_28_5

初唐・毛詩傳
4_42_5

初唐・毛詩傳
4_42_22

初唐・毛詩傳
4_43_16

初唐・毛詩傳
5_45_10

初唐•禮記正義
11_171_16

初唐•禮記正義
11_173_26

初唐•禮記正義
17_256_29

初唐•禮記正義
17_257_1

初唐•禮記正義
17_257_20

初唐•禮記正義
19_289_10

初唐•禮記正義
19_292_9

初唐•禮記正義
19_292_22

初唐•禮記正義
21_318_18

初唐•禮記正義
21_320_12

初唐•禮記正義
24_356_27

初唐•禮記正義
24_366_14

初唐•禮記正義
24_369_25

初唐•禮記正義
25_383_25

初唐•禮記正義
25_384_13

初唐•禮記正義
25_384_19

初唐•禮記正義
25_384_23

初唐•禮記正義
25_386_1

初唐•禮記正義
28_443_23

初唐・十誦律
3_44_8

初唐・十誦律
3_47_3

初唐・十誦律
3_52_14

初唐・十誦律
4_56_13

初唐・十誦律
4_59_11

初唐・十誦律
4_60_16

初唐・十誦律
4_62_6

初唐・十誦律
4_72_11

初唐・十誦律
7_123_14

初唐・十誦律
7_125_15

初唐・十誦律
8_140_16

初唐・十誦律
8_144_11

初唐・十誦律
18_345_6

初唐・十誦律
18_347_16

中唐・翰苑
8_92_45

中唐・翰苑
8_103_14

中唐・翰苑
11_137_14

中唐・翰苑
12_151_35

中唐・翰苑
12_156_8

中唐・翰苑
14_178_29

中唐・翰苑
14_180_16

中唐・翰苑
17_217_8

# 衫

サン
訓ころも

中唐・翰苑 25_329_35
五代・大毗盧經 37_434_2
五代・大毗盧經 37_434_6
五代・大毗盧經 58_718_11

五代・大毗盧經 44_530_5
五代・大毗盧經 46_556_3
五代・大毗盧經 46_559_20
五代・大毗盧經 59_729_10
五代・大毗盧經 61_750_9
五代・大毗盧經 61_750_19
五代・大毗盧經 71_869_10
五代・大毗盧經 93_1144_4

五代・大毗盧經 10_117_30
五代・大毗盧經 13_168_15
五代・大毗盧經 19_238_20
五代・大毗盧經 19_240_2
五代・大毗盧經 19_241_7
五代・大毗盧經 19_242_10
五代・大毗盧經 25_320_12
五代・大毗盧經 25_324_8

中唐・翰苑 33_432_32
中唐・翰苑 33_433_9
中唐・翰苑 38_493_30
中唐・翰苑 40_513_43
中唐・翰苑 41_519_38
中唐・翰苑 43_555_30
晚唐・摩訶止觀 2_18_20
晚唐・摩訶止觀 55_469_6

中唐・翰苑 30_384_20
中唐・翰苑 30_384_31
中唐・翰苑 31_399_22
中唐・翰苑 31_399_28
中唐・翰苑 31_399_44
中唐・翰苑 32_419_64
中唐・翰苑 33_431_11
中唐・翰苑 33_431_22

中唐・翰苑 20_257_31
中唐・翰苑 21_272_11
中唐・翰苑 21_272_24
中唐・翰苑 21_272_35
中唐・翰苑 21_278_2
中唐・翰苑 25_328_38
中唐・翰苑 25_328_43
中唐・翰苑 25_329_33

中唐・翰苑 17_217_11
中唐・翰苑 18_233_11
中唐・翰苑 18_238_43
中唐・翰苑 19_247_6
中唐・翰苑 19_247_25
中唐・翰苑 19_248_2
中唐・翰苑 20_257_20
中唐・翰苑 20_257_25

| 祏 | 衷 | 衰 | 袁 | 袂 | 衽 | 袪 |
|---|---|---|---|---|---|---|
| タク<br>訓えりひらく | 漢チュウ<br>訓はだぎ | 現スイ/漢サイ<br>訓みの | 漢エン呉オン<br>訓— | 漢ベイ漢ケツ<br>訓たもと | 漢ジン呉ニン<br>訓おくみ | 漢キョ呉コ<br>訓そで |
| <br>開源拓構<br>中唐・翰苑<br>25_332_3 | <br>不喪身之地<br>中唐・翰苑<br>25_327_38 | <br>初唐•禮記正義<br>2_29_2<br><br>初唐•禮記正義<br>29_447_16<br><br>陸梁之迹已衰<br>中唐・翰苑<br>8_104_17<br><br>殷道衰<br>中唐・翰苑<br>20_267_5<br><br>吾衰也<br>中唐・翰苑<br>45_579_15 | <br>中唐・翰苑<br>13_167_30<br><br>中唐・翰苑<br>13_168_32 | <br>初唐・毛詩傳<br>9_91_11 | <br>初唐•古文尚書<br>34_319_20<br><br>初唐•古文尚書<br>34_320_16 | 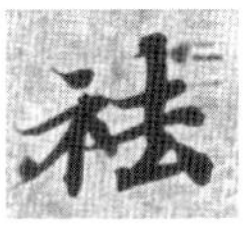<br>初唐・毛詩傳<br>9_91_4<br><br>初唐・毛詩傳<br>9_91_10<br><br>初唐・毛詩傳<br>9_92_22<br><br>初唐・毛詩傳<br>9_95_12 |

## 袒

漢 タン
訓 ほころびる

初唐•禮記正義 25_385_25

初唐•禮記正義 25_386_15

初唐・十誦律 4_72_9

初唐・十誦律 8_140_14

中唐・翰苑 30_385_1

## 袍

漢 ホウ 呉 ボウ
訓 わたいれ

初唐•禮記正義 25_384_2

中唐・翰苑 8_103_20

## 被

漢 ヒ
訓 こうむる

初唐•古文尚書 34_320_13

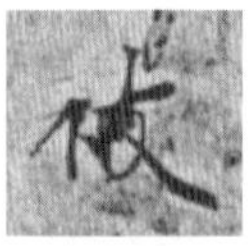
初唐•古文尚書 41_393_6

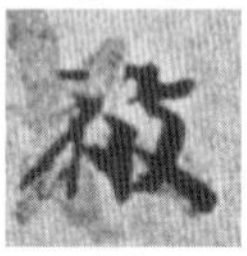
初唐•古文尚書 41_395_13

初唐•禮記正義 19_283_21

初唐•禮記正義 19_284_21

初唐•禮記正義 29_459_18

中唐・翰苑 3_27_8

中唐・翰苑 6_69_29

中唐・翰苑 9_114_11

中唐・翰苑 15_191_18

中唐・翰苑 16_204_29

中唐・翰苑 39_497_24

中唐・翰苑 40_512_21

中唐・翰苑 42_534_29

中唐・翰苑 44_562_3

晚唐•摩訶止觀 18_156_17

五代•大毗盧經 7_88_19

五代•大毗盧經 17_214_3

五代•大毗盧經 28_362_32

五代•大毗盧經 28_363_7

五代•大毗盧經 46_562_11

五代•大毗盧經 59_729_8

五代•大毗盧經 61_750_13

五代•大毗盧經 71_869_6

五代•大毗盧經 92_1126_13

## 袤

漢 ボウ
訓 ながさ

初唐•禮記正義 24_357_2

## 裙

漢クン
訓もすそ

五代・大毗盧經
67_842_20

## 補

漢ホ 呉フ
訓おぎなう

五代・大毗盧經
18_233_21

五代・大毗盧經
18_235_3

五代・大毗盧經
28_362_27

五代・大毗盧經
38_446_4

## 裂

漢レツ
訓さく

晩唐・摩訶止観
19_168_5

晩唐・摩訶止観
20_170_27

## 裁

漢サイ 呉ザイ
訓たつ

初唐・古文尚書
7_53_25

今哉
中唐・翰苑
9_115_9

不犯約哉
中唐・翰苑
9_116_13

五代・大毗盧經
58_713_18

## 袈

漢カ 呉ケ
訓—

五代・大毗盧經
25_317_7

五代・大毗盧經
71_869_8

## 袷

コウ
訓あわせる

中唐・翰苑
8_103_16

## 袴

コ
訓はかま

中唐・翰苑
25_327_11

中唐・翰苑
25_329_39

| | 裼 | 裟 | 裔 | 裏 | | 裘 |
|---|---|---|---|---|---|---|
| | 漢セキ<br>訓はだぬぐ | サ<br>訓けさ | エイ<br>訓すそ | リ<br>訓うら | | キュウ<br>訓かわごろも |
| <br>初唐•禮記正義<br>21_322_16<br><br>初唐•禮記正義<br>21_322_21<br><br>初唐•禮記正義<br>21_323_3<br><br>初唐•禮記正義<br>21_325_12<br><br>初唐•禮記正義<br>22_326_21<br><br>初唐•禮記正義<br>22_327_4<br><br>初唐•禮記正義<br>22_327_14 | <br>初唐•禮記正義<br>19_286_23<br><br>初唐•禮記正義<br>21_316_8<br><br>初唐•禮記正義<br>21_318_17<br><br>初唐•禮記正義<br>21_318_25<br><br>初唐•禮記正義<br>21_320_11<br><br>初唐•禮記正義<br>21_321_7<br><br>初唐•禮記正義<br>21_322_2 | <br>五代•大毗盧經<br>25_317_8<br><br>五代•大毗盧經<br>71_869_9 | <br>中唐・翰苑<br>2_13_24 | <br>五代•大毗盧經<br>7_78_24<br><br>五代•大毗盧經<br>7_78_34 | <br>中唐・翰苑<br>17_217_20<br><br>中唐・翰苑<br>43_545_11 | <br>初唐・毛詩傳<br>8_89_2<br><br>初唐・毛詩傳<br>9_91_2<br><br>初唐・毛詩傳<br>9_92_20<br><br>初唐・毛詩傳<br>9_95_2<br><br>初唐・毛詩傳<br>9_98_2<br><br>初唐•禮記正義<br>25_384_9<br><br>中唐・翰苑<br>14_175_7 |

## 裳

ショウ
訓もすそ

初唐•古文尚書
20_191_9

初唐・毛詩傳
3_28_6

中唐・翰苑
8_93_1

中唐・翰苑
33_431_12

中唐・翰苑
33_433_10

## 裨

ヒ
訓おぎなう

中唐・翰苑
7_88_33

## 裸

ラ
訓はだか

中唐・翰苑
30_384_46

初唐•禮記正義
25_386_29

初唐•禮記正義
25_387_10

初唐•禮記正義
25_387_16

初唐•禮記正義
25_378_5

初唐•禮記正義
25_378_19

初唐•禮記正義
25_383_16

初唐•禮記正義
25_384_18

初唐•禮記正義
25_385_28

初唐•禮記正義
25_386_5

初唐•禮記正義
25_386_12

初唐•禮記正義
24_372_24

初唐•禮記正義
25_373_6

初唐•禮記正義
25_373_13

初唐•禮記正義
25_376_13

初唐•禮記正義
25_376_22

初唐•禮記正義
25_376_27

初唐•禮記正義
25_377_10

初唐•禮記正義
22_327_20

初唐•禮記正義
22_328_13

初唐•禮記正義
22_328_27

初唐•禮記正義
22_329_25

初唐•禮記正義
24_369_11

初唐•禮記正義
24_371_3

初唐•禮記正義
24_372_20

## 褱

カイ
訓おもう

初唐•古文尚書
12_103_3

初唐•古文尚書
12_106_23

初唐•古文尚書
13_118_21

初唐•古文尚書
22_215_20

初唐•古文尚書
37_355_14

## 褒

漢ホウ
訓ほめる

初唐•禮記正義
7_101_8

## 褌

コン
訓ふんどし

初唐•禮記正義
25_384_3

## 褐

漢カツ呉カチ
訓ぬのこ

五代•大毗盧經
55_673_11

## 褎

ユウ
訓そで

羔裘豹褎
初唐・毛詩傳
9_95_4

褎猶袪也
初唐・毛詩傳
9_95_10

褎善貶過，
中唐・翰苑
44_567_1

## 裹

カ
訓つつむ

中唐・翰苑
19_252_27

中唐・翰苑
21_272_22

中唐・翰苑
45_577_11

晚唐•摩訶止觀
11_94_5

## 製

現セイ
訓たつ

中唐・翰苑
33_432_34

| 襲 | 襮 | 襦 | | | 襄 | 褻 |
|---|---|---|---|---|---|---|
| 現シュウ、ジュウ<br>訓おそう | ハク<br>訓ぬいとり | 漢ジュ<br>訓はだぎ | | | ジョウ、ショウ<br>訓はらう | 漢セツ<br>訓はだぎ |
| <br>初唐•禮記正義<br>4_53_26<br><br>初唐•禮記正義<br>9_142_29<br><br>初唐•禮記正義<br>9_143_4<br><br>初唐•禮記正義<br>9_144_6<br><br>初唐•禮記正義<br>9_145_3<br><br>初唐•禮記正義<br>9_146_9<br><br>初唐•禮記正義<br>9_146_16 | <br>初唐・毛詩傳<br>4_42_7<br><br>初唐・毛詩傳<br>4_42_12 | <br>中唐・翰苑<br>8_103_19 | <br>楚傾襄王<br>中唐・翰苑<br>38_490_43<br><br>楚傾襄王<br>中唐・翰苑<br>39_499_20 | <br>中唐・翰苑<br>23_299_19<br><br>中唐・翰苑<br>23_300_7<br><br>中唐・翰苑<br>23_301_42<br><br>中唐・翰苑<br>27_349_24<br><br>中唐・翰苑<br>27_349_27<br><br>數襄十里<br>中唐・翰苑<br>30_386_32<br><br>秦昭襄王<br>中唐・翰苑<br>37_474_17 | <br>初唐•古文尚書<br>4_36_23<br><br>初唐•禮記正義<br>5_78_12<br><br>初唐•禮記正義<br>8_121_26<br><br>初唐•禮記正義<br>8_122_20<br><br>初唐•禮記正義<br>8_125_22<br><br>晉襄廿二年<br>初唐•禮記正義<br>30_466_10<br><br>屯定襄<br>中唐・翰苑<br>5_55_9 | <br>初唐•古文尚書<br>11_99_1<br><br>初唐•古文尚書<br>11_99_15 |

| | | | | | | |
|---|---|---|---|---|---|---|
| | | | | | | |
| | 初唐•禮記正義<br>25_387_8<br>初唐•禮記正義<br>25_387_17<br>初唐•禮記正義<br>25_388_5<br>初唐•禮記正義<br>26_394_10<br>中唐・翰苑<br>3_25_40<br>五代•大毗盧經<br>46_566_3 | 初唐•禮記正義<br>25_375_19<br>初唐•禮記正義<br>25_375_26<br>初唐•禮記正義<br>25_377_26<br>初唐•禮記正義<br>25_378_15<br>初唐•禮記正義<br>25_383_22<br>初唐•禮記正義<br>25_384_22<br>初唐•禮記正義<br>25_385_18 | 初唐•禮記正義<br>24_371_10<br>初唐•禮記正義<br>25_373_20<br>初唐•禮記正義<br>25_374_3<br>初唐•禮記正義<br>25_374_14<br>初唐•禮記正義<br>25_374_19<br>初唐•禮記正義<br>25_374_24<br>初唐•禮記正義<br>25_375_11 | 初唐•禮記正義<br>21_325_4<br>初唐•禮記正義<br>22_327_15<br>初唐•禮記正義<br>22_327_21<br>初唐•禮記正義<br>22_328_14<br>初唐•禮記正義<br>22_328_28<br>初唐•禮記正義<br>22_329_12<br>初唐•禮記正義<br>24_369_12 | 初唐•禮記正義<br>21_321_10<br>初唐•禮記正義<br>21_321_18<br>初唐•禮記正義<br>21_322_17<br>初唐•禮記正義<br>21_322_22<br>初唐•禮記正義<br>21_323_4<br>初唐•禮記正義<br>21_323_10<br>初唐•禮記正義<br>21_324_25 | 初唐•禮記正義<br>9_146_19<br>初唐•禮記正義<br>10_147_10<br>初唐•禮記正義<br>19_286_8<br>初唐•禮記正義<br>19_286_24<br>初唐•禮記正義<br>21_316_13<br>初唐•禮記正義<br>21_320_9<br>初唐•禮記正義<br>21_320_19 |

# 羊部

## 羊

現ヨウ
訓ひつじ

初唐•古文尚書
28_275_17

初唐•禮記正義
1_2_11

初唐•禮記正義
1_4_18

初唐•禮記正義
3_39_3

初唐•禮記正義
3_41_17

初唐•禮記正義
3_42_7

初唐•禮記正義
3_43_12

初唐•禮記正義
8_126_30

初唐•禮記正義
8_127_16

初唐•禮記正義
8_127_34

初唐•禮記正義
9_131_28

初唐•禮記正義
9_135_10

初唐•禮記正義
9_141_1

初唐•禮記正義
9_141_22

初唐•禮記正義
15_230_22

初唐•禮記正義
26_408_19

初唐•禮記正義
28_427_29

中唐・翰苑
4_48_1

中唐・翰苑
6_75_32

中唐・翰苑
11_144_22

中唐・翰苑
12_149_7

中唐・翰苑
12_153_12

中唐・翰苑
14_175_28

中唐・翰苑
16_201_19

中唐・翰苑
27_348_25

中唐・翰苑
40_508_24

中唐・翰苑
41_530_26

晚唐•摩訶止觀
58_491_21

五代•大毗盧經
80_966_2

五代•大毗盧經
92_1131_11

## 羌

キョウ
訓えびす

中唐・翰苑
1_6_4

中唐・翰苑
7_80_13

中唐・翰苑
7_87_29

中唐・翰苑
9_106_2

中唐・翰苑
9_117_28

中唐・翰苑
40_510_19

## 美 美

漢 ビ 呉 ミ
訓 うつくしい

初唐•古文尚書 3_26_11

初唐•古文尚書 4_34_4

初唐•古文尚書 5_46_6

初唐•古文尚書 15_144_35

初唐•古文尚書 19_183_3

初唐•古文尚書 20_193_4

初唐•古文尚書 21_201_6

初唐•古文尚書 21_201_8

初唐•古文尚書 23_226_21

初唐•古文尚書 24_229_11

初唐•古文尚書 31_295_23

初唐•古文尚書 33_309_3

初唐•古文尚書 33_309_26

初唐•古文尚書 34_325_16

初唐•古文尚書 36_343_1

初唐•古文尚書 38_360_3

初唐•古文尚書 44_428_12

初唐•古文尚書 44_428_18

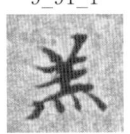

初唐・毛詩傳 5_55_1

初唐・毛詩傳 6_66_7

初唐•禮記正義 7_101_9

初唐•禮記正義 21_317_9

初唐•禮記正義 21_319_4

中唐・翰苑 4_41_15

中唐・翰苑 5_63_8

中唐・翰苑 6_64_24

中唐・翰苑 7_78_1

中唐・翰苑 18_232_10

中唐・翰苑 19_246_2

中唐・翰苑 19_247_23

中唐・翰苑 23_297_8

中唐・翰苑 24_311_31

中唐・翰苑 25_324_21

中唐・翰苑 29_377_12

中唐・翰苑 35_449_20

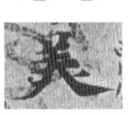

中唐・翰苑 40_517_24

中唐・翰苑 41_524_8

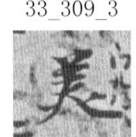

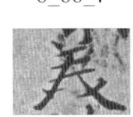

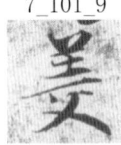

五代•大毗盧經 21_269_20

五代•大毗盧經 87_1064_9

五代•大毗盧經 87_1066_4

五代•大毗盧經 94_1156_19

## 羔 美

漢 コウ
訓 こひつじ

初唐・毛詩傳 8_89_1

初唐・毛詩傳 9_91_1

初唐・毛詩傳 9_92_19

初唐・毛詩傳 9_95_1

初唐・毛詩傳 9_98_1

## 羞

シュウ
訓すすめる

初唐・古文尚書
13_118_18

初唐・古文尚書
17_156_7

初唐・古文尚書
20_190_18

中唐・翰苑
20_268_27

## 義

ギ
訓みち

初唐・古文尚書
11_93_2

初唐・古文尚書
13_119_15

初唐・古文尚書
14_131_18

初唐・古文尚書
17_158_26

初唐・古文尚書
22_211_21

初唐・占乂尚書
24_235_28

初唐・古文尚書
24_236_23

初唐・古文尚書
24_237_1

初唐・古文尚書
24_237_14

初唐・古文尚書
24_238_11

初唐・古文尚書
29_279_15

初唐・古文尚書
31_292_10

初唐・古文尚書
32_303_14

初唐・古文尚書
33_309_21

初唐・古文尚書
33_313_3

初唐・古文尚書
33_313_15

初唐・古文尚書
40_384_23

初唐・古文尚書
40_391_9

初唐・古文尚書
41_396_15

初唐・古文尚書
41_397_1

初唐・古文尚書
46_451_6

初唐・毛詩傳
2_12_17

初唐・毛詩傳
2_13_25

初唐・毛詩傳
4_42_2

初唐・禮記正義
1_2_9

初唐・禮記正義
1_4_25

初唐・禮記正義
1_5_12

初唐・禮記正義
1_10_2

初唐・禮記正義
1_12_23

初唐・禮記正義
2_27_2

初唐・禮記正義
3_36_3

初唐・禮記正義
3_37_27

初唐・禮記正義
3_38_15

初唐・禮記正義
3_41_15

初唐・禮記正義
3_43_19

初唐・禮記正義
3_46_10

初唐・禮記正義
6_87_13

初唐・禮記正義
6_94_24

初唐・禮記正義
6_95_13

初唐・禮記正義
7_99_17

初唐・禮記正義
8_114_2

初唐・禮記正義
8_117_3

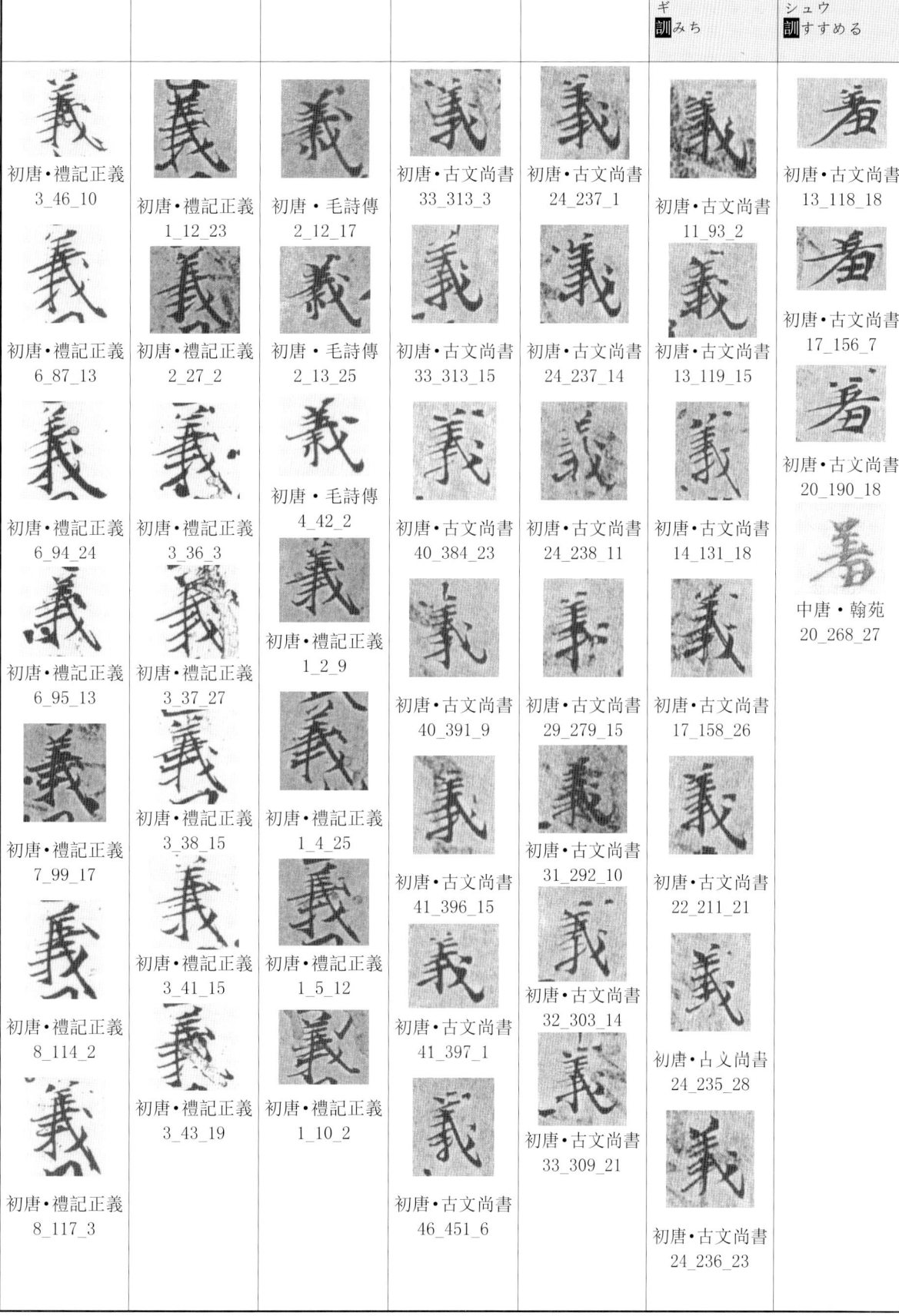

初唐•禮記正義 8_121_14
初唐•禮記正義 8_127_1
初唐•禮記正義 9_138_26
初唐•禮記正義 9_143_2
初唐•禮記正義 9_145_21
初唐•禮記正義 10_147_13
初唐•禮記正義 10_149_2

初唐•禮記正義 10_150_14
初唐•禮記正義 10_151_20
初唐•禮記正義 10_161_21
初唐•禮記正義 13_199_6
初唐•禮記正義 13_204_22
初唐•禮記正義 13_206_11
初唐•禮記正義 13_209_19

初唐•禮記正義 14_210_25
初唐•禮記正義 14_212_17
初唐•禮記正義 14_216_2
初唐•禮記正義 14_217_18
初唐•禮記正義 15_229_11
初唐•禮記正義 15_235_9
初唐•禮記正義 15_237_11

初唐•禮記正義 16_240_6
初唐•禮記正義 16_241_20
初唐•禮記正義 16_251_19
初唐•禮記正義 17_255_19
初唐•禮記正義 17_257_5
初唐•禮記正義 17_257_8
初唐•禮記正義 17_258_18

初唐•禮記正義 17_263_23
初唐•禮記正義 18_272_7
初唐•禮記正義 18_282_20
初唐•禮記正義 19_285_9
初唐•禮記正義 19_285_13
初唐•禮記正義 19_286_10
初唐•禮記正義 19_293_19

初唐•禮記正義 20_300_13
初唐•禮記正義 20_305_7
初唐•禮記正義 20_309_3
初唐•禮記正義 21_315_24
初唐•禮記正義 21_316_15
初唐•禮記正義 21_322_7
初唐•禮記正義 22_327_23

初唐•禮記正義 22_340_16
初唐•禮記正義 24_369_14
初唐•禮記正義 25_388_25
初唐•禮記正義 26_396_23
初唐•禮記正義 26_397_18
初唐•禮記正義 26_408_17
初唐•禮記正義 27_412_3

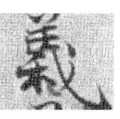

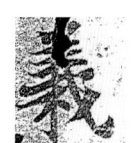

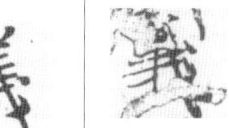

初唐•禮記正義 27_417_2

初唐•禮記正義 28_429_3

初唐•禮記正義 28_430_10

初唐•禮記正義 28_432_2

初唐•禮記正義 28_434_13

初唐•禮記正義 28_437_9

初唐•禮記正義 29_444_41

初唐•禮記正義 29_458_5

初唐•禮記正義 30_464_3

初唐•禮記正義 30_470_8

初唐•禮記正義 30_473_23

初唐•禮記正義 30_475_6

初唐•般若經 7_99_6

初唐•般若經 21_310_3

中唐•翰苑 4_44_38

中唐•翰苑 9_115_34

中唐•翰苑 14_182_20

中唐•翰苑 18_241_14

中唐•翰苑 20_267_17

中唐•翰苑 27_355_31

中唐•翰苑 32_416_22

中唐•翰苑 32_417_39

中唐•翰苑 32_417_43

中唐•翰苑 35_457_41

中唐•翰苑 40_516_24

中唐•翰苑 40_518_22

中唐•般若經 3_33_7

中唐•般若經 3_37_10

中唐•般若經 4_41_13

中唐•般若經 4_45_17

晚唐•摩訶止觀 4_36_7

晚唐•摩訶止觀 5_44_14

晚唐•摩訶止觀 5_44_19

晚唐•摩訶止觀 6_49_25

晚唐•摩訶止觀 11_100_7

晚唐•摩訶止觀 15_132_28

晚唐•摩訶止觀 21_183_12

晚唐•摩訶止觀 22_194_8

晚唐•摩訶止觀 24_208_25

晚唐•摩訶止觀 25_213_10

晚唐•摩訶止觀 25_217_9

晚唐•摩訶止觀 25_218_15

晚唐•摩訶止觀 26_226_24

晚唐•摩訶止觀 27_230_20

晚唐•摩訶止觀 27_231_3

晚唐•摩訶止觀 30_257_9

晚唐•摩訶止觀 30_259_1

晚唐•摩訶止觀 30_259_20

晚唐•摩訶止觀 31_267_10

| | | | | | | |
|---|---|---|---|---|---|---|
| 五代•大毗盧經<br>23_298_24 | 五代•大毗盧經<br>17_225_29 | 五代•密教部類<br>6_89_13 | 五代•密教部類<br>6_78_7 | 晚唐•摩訶止觀<br>56_478_1 | 晚唐•摩訶止觀<br>48_411_7 | 晚唐•摩訶止觀<br>38_325_16 |
| 五代•大毗盧經<br>24_310_15 | 五代•大毗盧經<br>19_250_1 | 五代•大毗盧經<br>8_91_7 | 五代•密教部類<br>6_79_7 | 晚唐•摩訶止觀<br>61_515_23 | 晚唐•摩訶止觀<br>49_421_12 | 晚唐•摩訶止觀<br>38_328_13 |
| 五代•大毗盧經<br>25_322_4 | 五代•大毗盧經<br>20_261_20 | 五代•大毗盧經<br>8_91_18 | 五代•密教部類<br>6_80_7 | 晚唐•摩訶止觀<br>61_516_10 | 晚唐•摩訶止觀<br>51_435_13 | 晚唐•摩訶止觀<br>38_329_27 |
| 五代•大毗盧經<br>26_330_13 | 五代•大毗盧經<br>21_265_5 | 五代•大毗盧經<br>8_91_29 | 五代•密教部類<br>6_83_7 | 五代•密教部類<br>4_48_13 | 晚唐•摩訶止觀<br>52_442_5 | 晚唐•摩訶止觀<br>43_367_16 |
| 五代•大毗盧經<br>26_330_17 | 五代•大毗盧經<br>21_268_13 | 五代•大毗盧經<br>8_100_15 | 五代•密教部類<br>6_84_7 | 五代•密教部類<br>4_53_22 | 晚唐•摩訶止觀<br>53_451_24 | 晚唐•摩訶止觀<br>44_378_3 |
| 五代•大毗盧經<br>26_333_20 | 五代•大毗盧經<br>22_276_5 | 五代•大毗盧經<br>9_107_24 | 五代•密教部類<br>6_85_7 | 五代•密教部類<br>5_62_15 | 晚唐•摩訶止觀<br>54_455_11 | 晚唐•摩訶止觀<br>44_379_7 |
| 五代•大毗盧經<br>30_376_30 | 五代•大毗盧經<br>22_276_7 | 五代•大毗盧經<br>11_139_20 | 五代•密教部類<br>6_87_7 | 五代•密教部類<br>6_76_3 | 晚唐•摩訶止觀<br>54_455_14 | 晚唐•摩訶止觀<br>46_392_21 |

五代•大毗盧經 32_397_21

五代•大毗盧經 40_474_14

五代•大毗盧經 47_574_4

五代•大毗盧經 47_574_11

五代•大毗盧經 47_574_41

五代•大毗盧經 47_574_44

五代•大毗盧經 47_575_18

五代•大毗盧經 47_575_26

五代•大毗盧經 47_576_7

五代•大毗盧經 47_576_17

五代•大毗盧經 47_580_3

五代•大毗盧經 48_583_16

五代•大毗盧經 48_586_15

五代•大毗盧經 48_587_4

五代•大毗盧經 48_587_16

五代•大毗盧經 51_630_25

五代•大毗盧經 52_643_36

五代•大毗盧經 53_652_2

五代•大毗盧經 55_671_7

五代•大毗盧經 55_671_13

五代•大毗盧經 55_673_14

五代•大毗盧經 55_676_21

五代•大毗盧經 56_689_21

五代•大毗盧經 60_748_19

五代•大毗盧經 60_748_21

五代•大毗盧經 60_748_26

五代•大毗盧經 61_750_10

五代•大毗盧經 64_803_37

五代•大毗盧經 65_810_2

五代•大毗盧經 66_831_9

五代•大毗盧經 67_832_5

五代•大毗盧經 68_850_16

五代•大毗盧經 68_850_18

五代•大毗盧經 71_879_18

五代•大毗盧經 72_887_16

五代•大毗盧經 73_896_22

五代•大毗盧經 73_897_17

五代•大毗盧經 74_909_16

五代•大毗盧經 77_940_5

五代•大毗盧經 78_943_20

五代•大毗盧經 82_1004_3

五代•大毗盧經 82_1004_5

五代•大毗盧經 84_1019_32

五代•大毗盧經 84_1025_2

五代•大毗盧經 90_1108_19

五代•大毗盧經 90_1108_24

五代•大毗盧經 91_1113_24

五代•大毗盧經 91_1114_25

五代•大毗盧經 91_1117_19

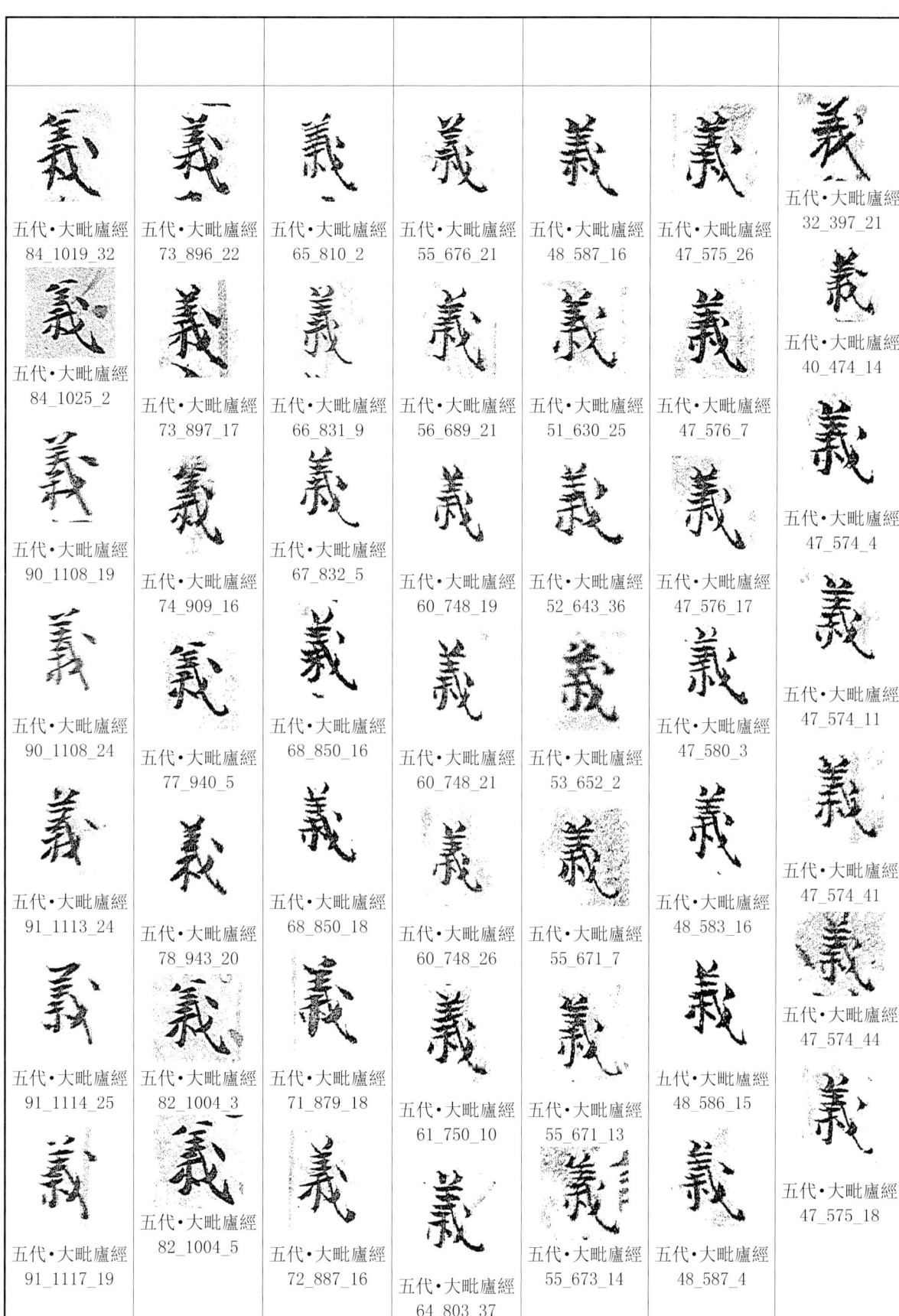

## 羯

慣カツ漢ケツ
訓—

初唐・十誦律 2_32_1
初唐・十誦律 3_52_16
初唐・十誦律 4_56_15
初唐・十誦律 4_59_13
初唐・十誦律 4_71_9
初唐・十誦律 5_76_5
初唐・十誦律 5_77_9
初唐・十誦律 5_84_3

初唐・十誦律 1_4_4
初唐・十誦律 1_5_17
初唐・十誦律 1_8_4
初唐・十誦律 1_9_16
初唐・十誦律 2_13_4
初唐・十誦律 2_17_15
初唐・十誦律 2_22_13
初唐・十誦律 2_24_14

五代・大毗盧經 14_180_9
五代・大毗盧經 60_745_26

中唐・翰苑 27_352_10
中唐・翰苑 31_407_37
中唐・翰苑 37_470_31
中唐・翰苑 37_474_25
中唐・翰苑 43_552_1
五代・大毗盧經 4_45_13
五代・大毗盧經 5_50_6

初唐・古文尚書 38_363_25
初唐・古文尚書 38_364_10
初唐・古文尚書 41_397_43
初唐・古文尚書 41_398_14
中唐・翰苑 10_119_40
中唐・翰苑 23_307_19
中唐・翰苑 24_322_2

## 群

呉グン漢クン
訓むれる

初唐・古文尚書 7_57_30
初唐・古文尚書 8_68_17
初唐・古文尚書 9_74_15
初唐・古文尚書 14_133_11
初唐・古文尚書 15_143_14
初唐・古文尚書 17_164_1
初唐・古文尚書 38_361_30

五代・大毗盧經 91_1118_1
五代・大毗盧經 91_1118_6
五代・大毗盧經 94_1157_15
五代・大毗盧經 94_1158_2
五代・大毗盧經 94_1158_9
五代・大毗盧經 96_1171_33

# 羲 羲

キ 慣 ギ
訓 —

| | | | | | | |
|---|---|---|---|---|---|---|
| 伏羲<br>初唐•禮記正義<br>10_151_25 | 五代•大毗盧經<br>77_930_12 | 晚唐•摩訶止觀<br>33_288_24 | 初唐・十誦律<br>18_355_4 | 初唐・十誦律<br>9_171_1 | 初唐・十誦律<br>9_156_1 | 初唐・十誦律<br>5_85_6 |
| | 五代•大毗盧經<br>80_968_3 | 五代•大毗盧經<br>13_163_17 | 初唐・十誦律<br>18_355_13 | 初唐・十誦律<br>9_171_8 | 初唐・十誦律<br>9_158_11 | 初唐・十誦律<br>5_86_16 |
| | 五代•大毗盧經<br>85_1043_17 | 五代•大毗盧經<br>15_186_6 | 初唐・十誦律<br>18_356_4 | 初唐・十誦律<br>9_171_15 | 初唐・十誦律<br>9_158_15 | 初唐・十誦律<br>5_87_6 |
| | 五代•大毗盧經<br>96_1172_1 | 五代•大毗盧經<br>39_454_14 | 初唐・十誦律<br>18_356_14 | 初唐・十誦律<br>9_172_15 | 初唐・十誦律<br>9_161_15 | 初唐・十誦律<br>5_88_7 |
| | 五代•大毗盧經<br>96_1174_22 | 五代•大毗盧經<br>47_573_23 | 初唐・十誦律<br>19_357_9 | 初唐・十誦律<br>9_173_7 | 初唐・十誦律<br>9_165_8 | 初唐・十誦律<br>6_104_7 |
| | | 五代•大毗盧經<br>47_578_14 | 初唐・十誦律<br>19_357_18 | 初唐・十誦律<br>9_173_13 | 初唐・十誦律<br>9_166_5 | 初唐・十誦律<br>6_104_15 |
| | | 五代•大毗盧經<br>58_710_6 | 初唐・十誦律<br>19_358_15 | 初唐・十誦律<br>9_174_10 | 初唐・十誦律<br>9_168_9 | 初唐・十誦律<br>8_153_6 |
| | | 五代•大毗盧經<br>60_735_18 | 晚唐•摩訶止觀<br>2_11_6 | 初唐・十誦律<br>18_354_11 | 初唐・十誦律<br>9_169_17 | 初唐・十誦律<br>9_155_1 |

| | | | | 羹 | 羶 | 羸 |
|---|---|---|---|---|---|---|
| | | | | コウ 唐 カン<br>訓 あつもの | セン<br>訓 なまくさい | ルイ<br>訓 やせる |
| | | | | <br>初唐・古文尚書<br>22_210_20<br><br>初唐・古文尚書<br>22_210_29 | <br>五代・大毗盧經<br>18_230_13 | <br>中唐・翰苑<br>44_556_27 |

# 米部

## 米

漢ベイ 慣メ 呉マイ
訓こめ

中唐・翰苑
25_325_13

五代•大毗盧經
92_1131_4

## 粗

ソ
訓あらい

中唐・翰苑
29_371_13

## 粟

慣ゾク 漢ショク 呉ソク
訓もみ

大粟
中唐・翰苑
18_234_22

中唐・翰苑
39_497_2

封賢粟等
中唐・翰苑
39_498_3

## 粥

シュク
訓かゆ

中唐・翰苑
2_14_14

## 粤

漢エツ 呉オチ
訓ここに

初唐•古文尚書
17_164_7

初唐•古文尚書
17_164_12

初唐•古文尚書
18_167_4

初唐•古文尚書
18_173_1

初唐•古文尚書
19_180_21

初唐•古文尚書
19_185_17

初店•古文尚書
21_200_36

初唐•古文尚書
21_202_22

初唐•古文尚書
21_206_2

初唐•古文尚書
22_212_5

初唐•古文尚書
23_219_31

初唐•古文尚書
23_222_24

初唐•古文尚書
23_224_11

初唐•古文尚書
23_228_27

初唐•占义尚書
25_246_25

初唐•古文尚書
26_252_11

初唐・古文尚書
26_254_2

初唐・古文尚書
26_255_4

初唐・古文尚書
27_260_22

初唐・古文尚書
27_267_30

初唐・古文尚書
27_268_17

初唐・古文尚書
28_271_1

## 粲 

サン
訓いい

初唐・毛詩傳
7_73_2

初唐・毛詩傳
7_73_7

初唐・毛詩傳
7_74_1

## 梁 

リョウ
訓あわ

稻梁
初唐・毛詩傳
10_111_8

## 精 

現ショウ漢現セイ
訓しらげよね

初唐・十誦律
18_344_1

初唐・般若經
7_91_6

初唐・般若經
20_301_12

中唐・翰苑
3_26_40

中唐・翰苑
8_97_21

中唐・翰苑
34_434_5

中唐・翰苑
34_435_36

中唐・翰苑
34_439_14

中唐・般若經
2_5_5

中唐・般若經
2_7_2

中唐・般若經
2_8_16

中唐・般若經
2_10_14

中唐・般若經
2_12_5

中唐・般若經
2_19_15

中唐・般若經
3_20_2

中唐・般若經
3_28_1

中唐・般若經
3_28_14

中唐・般若經
3_30_3

中唐・般若經
4_49_12

中唐・般若經
4_49_16

中唐・般若經
4_57_2

中唐・般若經
4_57_6

中唐・般若經
5_64_1

中唐・般若經
5_64_14

中唐・般若經
5_66_3

中唐・般若經
6_79_6

中唐・般若經
6_80_5

中唐・般若經
6_82_12

中唐・般若經
6_84_1

中唐・般若經
6_94_9

中唐・般若經
6_94_13

中唐・般若經
6_95_7

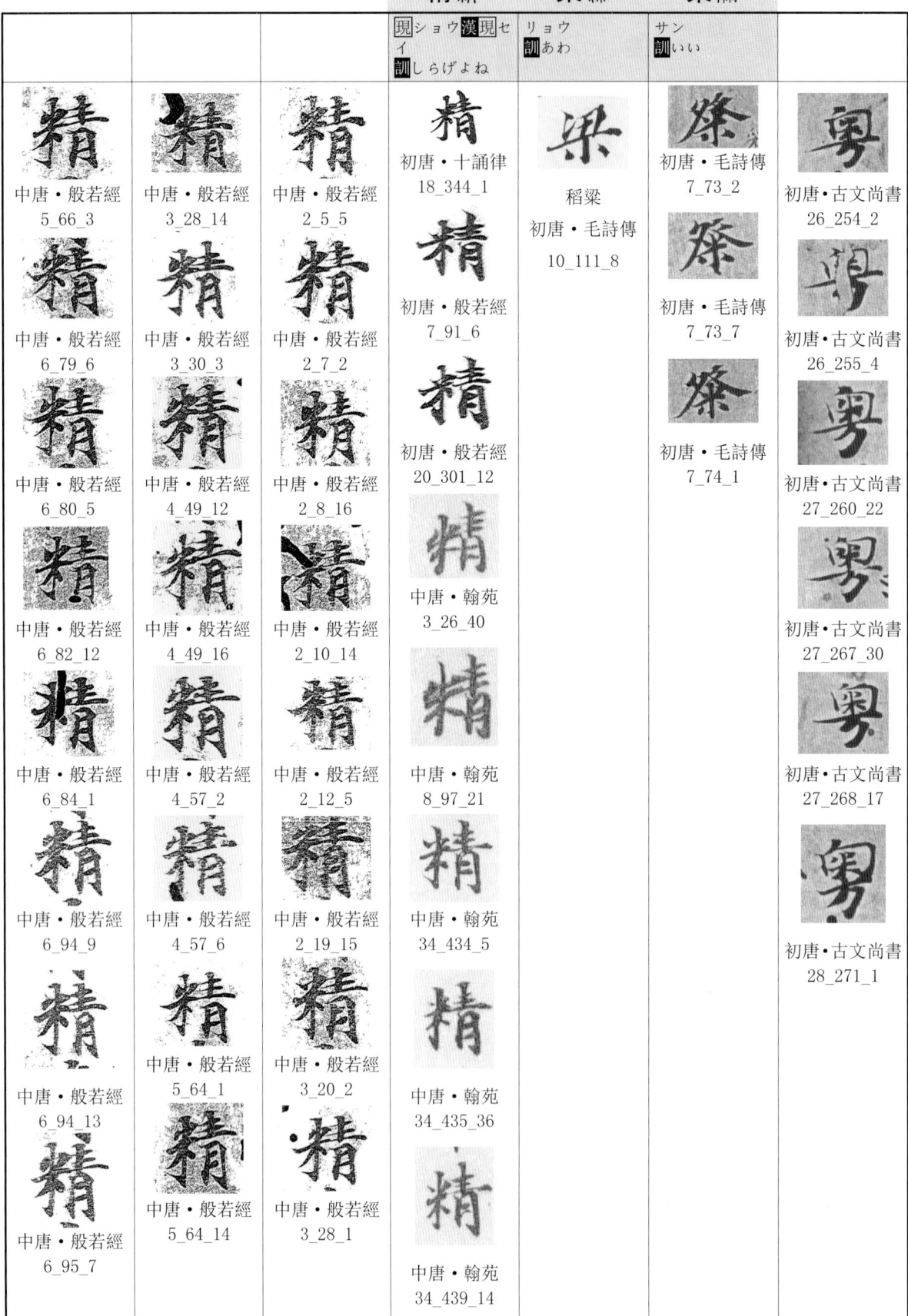

中唐・般若經 7_102_3

中唐・般若經 7_102_7

中唐・般若經 7_109_6

中唐・般若經 7_110_2

中唐・般若經 7_111_8

中唐・般若經 8_119_3

中唐・般若經 8_120_1

中唐・般若經 8_126_10

中唐・般若經 8_126_14

中唐・般若經 8_133_9

中唐・般若經 9_134_5

中唐・般若經 9_135_28

中唐・般若經 9_141_12

中唐・般若經 9_141_16

中唐・般若經 9_142_11

中唐・般若經 9_147_13

中唐・般若經 9_147_17

中唐・般若經 10_153_5

中唐・般若經 10_154_1

中唐・般若經 10_155_7

中唐・般若經 10_166_8

中唐・般若經 10_166_12

中唐・般若經 10_167_6

中唐・般若經 11_174_14

中唐・般若經 11_175_1

中唐・般若經 11_183_8

中唐・般若經 11_184_13

中唐・般若經 12_191_8

中唐・般若經 12_191_12

中唐・般若經 12_198_3

中唐・般若經 12_198_7

中唐・般若經 12_204_7

中唐・般若經 12_205_3

中唐・般若經 12_206_9

中唐・般若經 13_213_15

中唐・般若經 13_214_3

中唐・般若經 13_214_14

中唐・般若經 13_221_2

中唐・般若經 13_221_6

中唐・般若經 13_227_14

中唐・般若經 13_228_10

中唐・般若經 15_253_4

中唐・般若經 15_253_17

中唐・般若經 15_255_6

中唐・般若經 15_266_12

中唐・般若經 15_266_16

中唐・般若經 15_267_10

中唐・般若經 16_275_1

中唐・般若經 16_275_5

中唐・般若經 16_282_16

中唐・般若經 16_283_12

中唐・般若經 16_285_1

中唐・般若經 17_290_11

中唐・般若經 17_290_15

中唐・般若經 17_291_9

中唐・般若經 17_295_5

| 糞 | 糜 | 糒 | 粹 | | | |
|---|---|---|---|---|---|---|
| フン<br>訓くそ | 漢ビ<br>訓かゆ | 漢ヒ 呉ビ<br>訓ほしいい | 現スイ<br>訓もっぱら | | | |
| 糞州<br>中唐・翰苑<br>6_74_27 | 晚唐•摩訶止觀<br>52_441_15 | 中唐・翰苑<br>10_127_29<br>中唐・翰苑<br>10_129_12 | 初唐•古文尚書<br>21_198_34 | 中唐・般若經<br>19_339_4<br>晚唐•摩訶止觀<br>19_169_25<br>晚唐•摩訶止觀<br>20_176_15<br>晚唐•摩訶止觀<br>26_223_23<br>晚唐•摩訶止觀<br>29_252_20<br>五代•大毗盧經<br>43_523_10<br>五代•大毗盧經<br>54_657_17<br>五代•大毗盧經<br>60_733_1 | 中唐・般若經<br>18_321_4<br>中唐・般若經<br>19_327_2<br>中唐・般若經<br>19_327_6<br>中唐・般若經<br>19_327_17<br>中唐・般若經<br>19_332_4<br>中唐・般若經<br>19_332_8<br>中唐・般若經<br>19_337_2<br>中唐・般若經<br>19_337_15 | 中唐・般若經<br>17_299_12<br>中唐・般若經<br>17_300_8<br>中唐・般若經<br>18_308_2<br>中唐・般若經<br>18_308_6<br>中唐・般若經<br>18_308_17<br>中唐・般若經<br>18_313_4<br>中唐・般若經<br>18_318_2<br>中唐・般若經<br>18_319_3 |

# 糝

漢 サン
訓 こながき

- 五代・大毗盧經 20_258_3
- 五代・大毗盧經 20_261_3
- 五代・大毗盧經 21_264_3
- 五代・大毗盧經 21_267_3
- 五代・大毗盧經 21_271_3
- 五代・大毗盧經 30_381_3
- 五代・大毗盧經 31_386_11
- 五代・大毗盧經 31_392_3
- 五代・大毗盧經 32_397_3
- 五代・大毗盧經 35_417_3
- 五代・大毗盧經 35_418_3
- 五代・大毗盧經 35_419_3
- 五代・大毗盧經 36_423_3
- 五代・大毗盧經 36_424_3
- 五代・大毗盧經 36_425_3
- 五代・大毗盧經 36_429_3
- 五代・大毗盧經 36_430_3
- 五代・大毗盧經 36_430_9
- 五代・大毗盧經 37_434_22
- 五代・大毗盧經 40_475_4
- 五代・大毗盧經 41_491_3
- 五代・大毗盧經 41_496_3
- 五代・大毗盧經 41_496_10
- 五代・大毗盧經 41_498_3
- 五代・大毗盧經 41_500_3
- 五代・大毗盧經 42_507_3
- 五代・大毗盧經 45_543_3
- 五代・大毗盧經 47_572_3
- 五代・大毗盧經 48_582_3
- 五代・大毗盧經 48_586_3
- 五代・大毗盧經 48_589_3
- 五代・大毗盧經 48_592_3
- 五代・大毗盧經 49_596_3
- 五代・大毗盧經 49_601_3
- 五代・大毗盧經 50_604_3
- 五代・大毗盧經 51_626_3
- 五代・大毗盧經 51_631_3
- 五代・大毗盧經 52_635_3
- 五代・大毗盧經 52_638_3
- 五代・大毗盧經 52_642_3
- 五代・大毗盧經 53_646_3
- 五代・大毗盧經 53_649_3
- 五代・大毗盧經 53_651_3
- 五代・大毗盧經 54_655_3
- 五代・大毗盧經 54_669_3
- 五代・大毗盧經 55_675_3
- 五代・大毗盧經 55_678_3
- 五代・大毗盧經 55_681_3
- 五代・大毗盧經 56_685_3
- 五代・大毗盧經 56_689_3
- 五代・大毗盧經 57_692_3
- 五代・大毗盧經 57_695_3
- 五代・大毗盧經 57_699_3
- 五代・大毗盧經 58_712_3
- 五代・大毗盧經 58_715_3
- 五代・大毗盧經 58_718_3

五代·大毗盧經 59_721_3
五代·大毗盧經 59_724_3
五代·大毗盧經 59_727_3
五代·大毗盧經 60_747_3
五代·大毗盧經 61_753_3
五代·大毗盧經 61_756_3
五代·大毗盧經 61_759_3
五代·大毗盧經 61_761_3
五代·大毗盧經 62_765_3
五代·大毗盧經 64_802_3
五代·大毗盧經 64_809_3
五代·大毗盧經 65_817_3
五代·大毗盧經 66_822_3
五代·大毗盧經 66_825_3
五代·大毗盧經 66_830_3
五代·大毗盧經 71_879_3
五代·大毗盧經 72_886_3
五代·大毗盧經 72_891_3
五代·大毗盧經 73_897_3
五代·大毗盧經 74_910_4
五代·大毗盧經 74_912_10
五代·大毗盧經 75_920_10
五代·大毗盧經 75_922_10
五代·大毗盧經 77_929_3
五代·大毗盧經 77_933_3
五代·大毗盧經 77_939_3
五代·大毗盧經 78_943_4
五代·大毗盧經 78_949_3
五代·大毗盧經 78_952_3
五代·大毗盧經 78_952_16
五代·大毗盧經 79_953_6
五代·大毗盧經 79_953_7
五代·大毗盧經 79_955_3
五代·大毗盧經 79_959_3
五代·大毗盧經 80_980_3
五代·大毗盧經 81_982_3
五代·大毗盧經 81_984_3
五代·大毗盧經 83_1006_3
五代·大毗盧經 83_1010_3
五代·大毗盧經 86_1052_3
五代·大毗盧經 86_1055_3
五代·大毗盧經 86_1058_3
五代·大毗盧經 87_1061_3
五代·大毗盧經 87_1065_3
五代·大毗盧經 87_1067_10
五代·大毗盧經 88_1070_3
五代·大毗盧經 88_1074_3
五代·大毗盧經 88_1076_10
五代·大毗盧經 89_1089_3
五代·大毗盧經 91_1111_3
五代·大毗盧經 91_1117_3
五代·大毗盧經 93_1139_18
五代·大毗盧經 94_1157_3

## 糶

チョウ
訓うりよね

中唐・翰苑
31_406_5

## 糧

現リョウ慣現ロウ
訓かて

中唐・翰苑
10_125_5

中唐・翰苑
10_126_2

中唐・翰苑
10_127_8

中唐・翰苑
10_128_26

中唐・翰苑
10_128_27

中唐・翰苑
16_206_44

中唐・翰苑
23_303_39

中唐・翰苑
34_440_29

# 聿部

## 聿

漢イツ呉イチ
訓かく

初唐・毛詩傳
1_7_6

初唐・毛詩傳
1_8_13

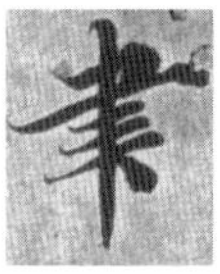
初唐・毛詩傳
2_14_2

## 肆

シ
訓とく

初唐・古文尚書
16_147_30

初唐・古文尚書
16_150_10

## 肅

現シュク
訓はやい

初唐・毛詩傳
10_102_1

初唐・毛詩傳
10_102_11

初唐・毛詩傳
10_107_17

初唐・毛詩傳
10_110_6

初唐・禮記正義
8_117_6

中唐・翰苑
1_5_1

中唐・翰苑
16_213_10

中唐・翰苑
16_214_9

肅慎
中唐・翰苑
22_294_13

中唐・翰苑
29_379_1

中唐・翰苑
29_381_11

中唐・翰苑
30_385_33

中唐・翰苑
30_388_13

中唐・翰苑
30_388_18

中唐・翰苑
30_395_19

肅慎
中唐・翰苑
31_396_28

中唐・翰苑
31_398_28

中唐・翰苑
31_399_2

## 肇

チョウ
訓はじめる

中唐・翰苑
25_332_5

# 艮部

## 良

現リョウ呉ロウ
訓よい

初唐•古文尚書 18_169_1

初唐•古文尚書 18_169_13

初唐•古文尚書 21_201_19

初唐•古文尚書 23_221_5

初唐•古文尚書 23_221_16

初唐•古文尚書 37_356_16

初唐•古文尚書 37_356_18

初唐•古文尚書 37_358_8

初唐•古文尚書 38_360_11

初唐•古文尚書 38_367_26

初唐•古文尚書 39_372_11

初唐•古文尚書 39_372_19

初唐•古文尚書 47_458_1

初唐•古文尚書 47_458_17

初唐・毛詩傳 2_12_5

初唐・毛詩傳 2_13_1

初唐・毛詩傳 2_16_10

初唐・毛詩傳 2_20_5

初唐・毛詩傳 6_66_3

初唐・毛詩傳 6_66_5

初唐・毛詩傳 6_66_29

初唐・毛詩傳 6_67_11

初唐・毛詩傳 7_68_20

初唐•禮記正義 15_230_9

中唐・翰苑 3_23_29

中唐・翰苑 7_85_2

不足給食
中唐・翰苑 16_205_13

中唐・翰苑 24_322_31

中唐・翰苑 31_405_44

中唐・翰苑 34_445_12

中唐・翰苑 35_446_17

中唐・翰苑 35_446_39

中唐・翰苑 35_447_19

晚唐•摩訶止觀 1_5_16

晚唐•摩訶止觀 52_440_21

## 艱

漢カン呉ケン
訓なやむ

初唐•古文尚書 21_203_1

初唐•古文尚書 21_203_18

初唐•古文尚書 21_204_3

初唐•古文尚書 22_208_1

初唐•古文尚書 36_340_20

初唐•古文尚書 36_340_24

艸部

## 艾

ガイ
訓 よもぎ

中唐・翰苑
10_131_39

## 芬

フン
訓 こうばしい

初唐・毛詩傳
5_52_20

## 花

漢 カ 呉 ケ
訓 はな

中唐・翰苑
28_359_44

晩唐・摩訶止観
15_128_16

晩唐・摩訶止観
36_311_24

晩唐・摩訶止観
59_497_1

五代・大毗盧經
2_2_14

五代・大毗盧經
7_78_7

五代・大毗盧經
10_117_27

五代・大毗盧經
13_157_12

五代・大毗盧經
13_159_4

五代・大毗盧經
13_159_8

五代・大毗盧經
13_164_5

五代・大毗盧經
13_166_3

五代・大毗盧經
13_168_19

五代・大毗盧經
14_169_9

五代・大毗盧經
14_172_5

五代・大毗盧經
14_174_24

五代・大毗盧經
16_203_20

五代・大毗盧經
16_207_3

五代・大毗盧經
19_238_4

五代・大毗盧經
19_241_5

五代・大毗盧經
19_243_20

五代・大毗盧經
20_260_1

五代・大毗盧經
20_260_22

五代・大毗盧經
22_278_28

五代・大毗盧經
22_278_29

五代・大毗盧經
22_286_4

五代・大毗盧經
23_294_5

五代・大毗盧經
24_306_2

五代・大毗盧經
26_328_41

五代・大毗盧經
28_352_22

五代・大毗盧經
35_410_14

五代・大毗盧經
39_456_14

五代·大毗盧經 39_459_5
五代·大毗盧經 39_464_8
五代·大毗盧經 39_468_5
五代·大毗盧經 40_485_5
五代·大毗盧經 41_486_12
五代·大毗盧經 41_492_10
五代·大毗盧經 41_494_2
五代·大毗盧經 42_508_25

五代·大毗盧經 42_508_46
五代·大毗盧經 44_526_10
五代·大毗盧經 45_547_10
五代·大毗盧經 45_548_10
五代·大毗盧經 45_549_7
五代·大毗盧經 45_551_7
五代·大毗盧經 46_556_7
五代·大毗盧經 46_556_17

五代·大毗盧經 46_562_19
五代·大毗盧經 46_564_14
五代·大毗盧經 46_566_9
五代·大毗盧經 49_593_15
五代·大毗盧經 49_593_21
五代·大毗盧經 50_608_5
五代·大毗盧經 50_611_5
五代·大毗盧經 50_611_20

五代·大毗盧經 50_618_14
五代·大毗盧經 54_664_15
五代·大毗盧經 58_710_14
五代·大毗盧經 59_729_19
五代·大毗盧經 60_743_12
五代·大毗盧經 60_743_23
五代·大毗盧經 61_758_2
五代·大毗盧經 62_765_22

五代·大毗盧經 62_766_6
五代·大毗盧經 63_775_9
五代·大毗盧經 64_796_9
五代·大毗盧經 69_860_14
五代·大毗盧經 71_863_14
五代·大毗盧經 71_869_14
五代·大毗盧經 72_888_10
五代·大毗盧經 73_902_4

五代·大毗盧經 74_909_15
五代·大毗盧經 78_945_21
五代·大毗盧經 78_946_16
五代·大毗盧經 78_951_2
五代·大毗盧經 79_957_16
五代·大毗盧經 85_1045_28
五代·大毗盧經 85_1046_5
五代·大毗盧經 97_1198_9

五代·大毗盧經 98_1200_14
五代·大毗盧經 98_1203_4

## 苗 苗

漢ビョウ 呉ミョウ
訓なえ

初唐•古文尚書 40_385_9
初唐•古文尚書 40_386_4
初唐•古文尚書 40_386_40
初唐•古文尚書 40_387_20
初唐•古文尚書 40_389_5
初唐•古文尚書 40_390_13
初唐•古文尚書 41_392_18
初唐•古文尚書 41_393_19

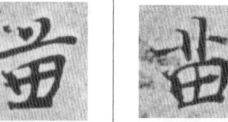

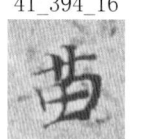

初唐•古文尚書 41_394_16
初唐•古文尚書 41_395_30
初唐•古文尚書 41_400_3
初唐•古文尚書 41_400_15
初唐•古文尚書 41_401_2
初唐•古文尚書 43_415_25
初唐•古文尚書 43_416_19
初唐•古文尚書 43_417_17

初唐•古文尚書 43_419_9
初唐•古文尚書 43_420_9
初唐•古文尚書 43_421_20
中唐・翰苑 2_13_23
中唐・翰苑 32_410_34

## 苦 苦

漢コ 呉ク
訓にがい

初唐•古文尚書 12_110_13
初唐•古文尚書 12_110_26
初唐•古文尚書 22_208_2
初唐•古文尚書 47_457_24
初唐・毛詩傳 9_93_17
初唐・毛詩傳 10_103_31
初唐・十誦律 18_354_9
初唐・般若經 6_82_13

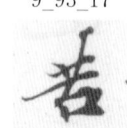

初唐・般若經 6_83_8
初唐・般若經 7_85_2
初唐・般若經 8_114_8
初唐・般若經 8_114_13
初唐・般若經 8_115_17
初唐・般若經 19_292_12
初唐・般若經 20_293_7
初唐・般若經 20_295_3

初唐・般若經 22_325_15
初唐・般若經 22_326_3
初唐・般若經 22_327_9
中唐・翰苑 3_35_23
中唐・翰苑 10_119_10
中唐・翰苑 19_244_14
中唐・翰苑 41_522_39
中唐・般若經 2_6_13

中唐・般若經 2_7_15
中唐・般若經 2_14_13
中唐・般若經 2_15_12
中唐・般若經 3_24_6
中唐・般若經 4_40_10
中唐・般若經 4_52_11
中唐・般若經 4_53_9
中唐・般若經 5_60_17

中唐·般若經 17_305_14 | 中唐·般若經 15_261_10 | 中唐·般若經 13_210_12 | 中唐·般若經 11_179_3 | 中唐·般若經 9_144_15 | 中唐·般若經 8_115_14 | 中唐·般若經 5_71_5

中唐·般若經 18_310_14 | 中唐·般若經 16_270_2 | 中唐·般若經 13_216_15 | 中唐·般若經 11_187_16 | 中唐·般若經 9_150_8 | 中唐·般若經 8_122_4 | 中唐·般若經 6_88_11

中唐·般若經 18_316_2 | 中唐·般若經 16_270_17 | 中唐·般若經 13_217_11 | 中唐·般若經 11_188_8 | 中唐·般若經 9_150_16 | 中唐·般若經 8_122_17 | 中唐·般若經 6_89_17

中唐·般若經 18_324_14 | 中唐·般若經 16_278_10 | 中唐·般若經 13_224_3 | 中唐·般若經 12_194_6 | 中唐·般若經 10_159_15 | 中唐·般若經 8_129_13 | 中唐·般若經 7_97_10

中唐·般若經 19_329_14 | 中唐·般若經 16_279_7 | 中唐·般若經 13_224_15 | 中唐·般若經 12_194_16 | 中唐·般若經 10_161_8 | 中唐·般若經 8_130_8 | 中唐·般若經 7_98_8

晚唐·摩訶止觀 2_14_9 | 中唐·般若經 17_288_10 | 中唐·般若經 15_249_7 | 中唐·般若經 12_201_2 | 中唐·般若經 10_169_12 | 中唐·般若經 9_138_11 | 中唐·般若經 7_105_6

晚唐·摩訶止觀 6_52_2 | 中唐·般若經 17_293_2 | 中唐·般若經 15_250_1 | 中唐·般若經 12_201_11 | 中唐·般若經 10_170_13 | 中唐·般若經 9_139_2 | 中唐·般若經 7_106_3

晚唐·摩訶止觀 6_53_13 | 中唐·般若經 17_297_16 | 中唐·般若經 15_260_2 | 中唐·般若經 12_209_17 | 中唐·般若經 11_178_3 | 中唐·般若經 9_144_6 | 中唐·般若經 8_115_2

晚唐•摩訶止觀 21_185_7
晚唐•摩訶止觀 21_185_11
晚唐•摩訶止觀 23_199_23
晚唐•摩訶止觀 23_200_1
晚唐•摩訶止觀 23_200_5
晚唐•摩訶止觀 28_241_6
晚唐•摩訶止觀 28_242_23
晚唐•摩訶止觀 28_246_24

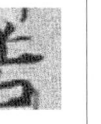

晚唐•摩訶止觀 28_247_6
晚唐•摩訶止觀 30_262_19
晚唐•摩訶止觀 31_267_23
晚唐•摩訶止觀 31_267_25
晚唐•摩訶止觀 31_268_4
晚唐•摩訶止觀 31_274_2
晚唐•摩訶止觀 32_275_3
晚唐•摩訶止觀 32_278_10

晚唐•摩訶止觀 32_278_14
晚唐•摩訶止觀 32_278_29
晚唐•摩訶止觀 32_279_3
晚唐•摩訶止觀 32_279_9
晚唐•摩訶止觀 36_309_1
晚唐•摩訶止觀 39_339_16
晚唐•摩訶止觀 40_341_20
晚唐•摩訶止觀 40_342_17

晚唐•摩訶止觀 40_343_12
晚唐•摩訶止觀 40_343_21
晚唐•摩訶止觀 40_347_6
晚唐•摩訶止觀 40_348_26
晚唐•摩訶止觀 42_361_1
晚唐•摩訶止觀 42_362_23
晚唐•摩訶止觀 42_363_12
晚唐•摩訶止觀 43_374_23

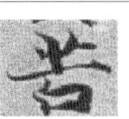

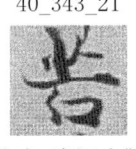

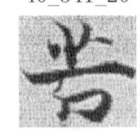

晚唐•摩訶止觀 44_377_11
晚唐•摩訶止觀 45_384_4
晚唐•摩訶止觀 45_384_21
晚唐•摩訶止觀 45_384_23
晚唐•摩訶止觀 45_385_24
晚唐•摩訶止觀 46_391_16
晚唐•摩訶止觀 46_391_22
晚唐•摩訶止觀 46_395_23

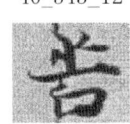

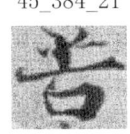

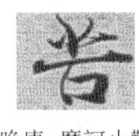

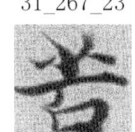

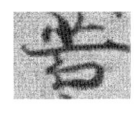

晚唐•摩訶止觀 46_395_29
晚唐•摩訶止觀 48_409_17
晚唐•摩訶止觀 48_410_16
晚唐•摩訶止觀 50_427_23
晚唐•摩訶止觀 51_434_7
晚唐•摩訶止觀 54_461_2
晚唐•摩訶止觀 61_518_18
五代•大毗盧經 4_45_16

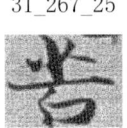

五代•大毗盧經 5_59_11
五代•大毗盧經 6_65_4
五代•大毗盧經 56_686_24
五代•大毗盧經 57_693_9
五代•大毗盧經 91_1113_9
五代•大毗盧經 91_1113_33

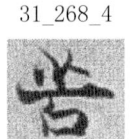

# 若

漢現ジャク呉現ニャク
訓わかい

初唐•古文尚書 7_52_34
初唐•古文尚書 7_58_2
初唐•古文尚書 8_64_5
初唐•古文尚書 8_65_29
初唐•古文尚書 8_66_6
初唐•古文尚書 9_77_19
初唐•古文尚書 9_78_35
初唐•古文尚書 10_87_13

初唐•古文尚書 12_106_21
初唐•古文尚書 12_110_28
初唐•古文尚書 17_156_13
初唐•古文尚書 18_173_22
初唐•古文尚書 18_174_9
初唐•古文尚書 18_174_25
初唐•古文尚書 18_175_24
初唐•古文尚書 19_176_35

初唐•古文尚書 19_182_19
初唐•古文尚書 19_186_1
初唐•古文尚書 20_189_11
初唐•古文尚書 21_202_2
初唐•古文尚書 22_209_20
初唐•古文尚書 22_210_17
初唐•古文尚書 23_223_9
初唐•古文尚書 23_223_27

初唐•古文尚書 24_237_24
初唐•古文尚書 27_260_21
初唐•古文尚書 27_266_31
初唐•古文尚書 27_270_4
初唐•古文尚書 27_270_29
初唐•古文尚書 29_282_8
初唐•古文尚書 29_285_10
初唐•古文尚書 31_292_35

初唐•古文尚書 32_303_27
初唐•古文尚書 33_308_11
初唐•古文尚書 33_313_21
初唐•古文尚書 34_324_27
初唐•古文尚書 35_328_12
初唐•古文尚書 35_333_3
初唐•古文尚書 36_344_17
初唐•古文尚書 36_346_17

初唐•古文尚書 37_352_11
初唐•古文尚書 37_359_7
初唐•古文尚書 39_372_5
初唐•古文尚書 39_372_32
初唐•古文尚書 39_373_4
初唐•古文尚書 40_382_3
初唐•古文尚書 40_385_2
初唐•古文尚書 40_387_25

初唐・毛詩傳 6_63_8
初唐•禮記正義 1_2_21
初唐•禮記正義 1_3_5
初唐•禮記正義 1_5_25
初唐•禮記正義 1_7_3
初唐•禮記正義 1_14_2
初唐•禮記正義 2_19_5
初唐•禮記正義 2_20_26

初唐•禮記正義 2_23_12
初唐•禮記正義 6_83_20
初唐•禮記正義 9_131_2
初唐•禮記正義 13_200_16
初唐•禮記正義 15_235_18
初唐•禮記正義 19_283_14
初唐•禮記正義 24_370_6

初唐•禮記正義 2_29_25
初唐•禮記正義 6_93_1
初唐•禮記正義 9_136_2
初唐•禮記正義 13_201_6
初唐•禮記正義 16_242_20
初唐•禮記正義 19_284_9
初唐•禮記正義 25_382_22

初唐•禮記正義 4_63_13
初唐•禮記正義 7_98_24
初唐•禮記正義 9_143_19
初唐•禮記正義 13_202_17
初唐•禮記正義 16_246_13
初唐•禮記正義 19_291_11
初唐•禮記正義 25_385_19

初唐•禮記正義 5_68_19
初唐•禮記正義 8_116_16
初唐•禮記正義 9_144_8
初唐•禮記正義 14_214_16
初唐•禮記正義 16_253_1
初唐•禮記正義 20_307_15
初唐•禮記正義 25_386_21

初唐•禮記正義 5_72_3
初唐•禮記正義 8_118_19
初唐•禮記正義 10_155_20
初唐•禮記正義 14_214_25
初唐•禮記正義 17_259_6
初唐•禮記正義 21_313_2
初唐•禮記正義 26_402_13

初唐•禮記正義 5_72_29
初唐•禮記正義 8_118_24
初唐•禮記正義 10_159_7
初唐•禮記正義 14_220_26
初唐•禮記正義 17_260_7
初唐•禮記正義 21_314_10
初唐•禮記正義 26_404_4

初唐•禮記正義 6_82_3
初唐•禮記正義 8_119_17
初唐•禮記正義 12_180_9
初唐•禮記正義 14_222_19
初唐•禮記正義 17_266_22
初唐•禮記正義 21_317_5
初唐•禮記正義 26_405_6

初唐•禮記正義 6_82_19
初唐•禮記正義 8_126_28
初唐•禮記正義 13_196_5
初唐•禮記正義 14_223_16
初唐•禮記正義 18_281_23
初唐•禮記正義 23_345_10
初唐•禮記正義 26_407_21

| | | | | | | |
|---|---|---|---|---|---|---|
| 初唐・十誦律<br>13_243_11 | 初唐・十誦律<br>13_238_3 | 初唐・十誦律<br>12_217_13 | 初唐・十誦律<br>3_35_4 | 初唐・十誦律<br>2_32_16 | 初唐・禮記正義<br>29_456_27 | 初唐・禮記正義<br>27_420_11 |
| 初唐・十誦律<br>13_243_16 | 初唐・十誦律<br>13_240_5 | 初唐・十誦律<br>12_220_8 | 初唐・十誦律<br>3_35_6 | 初唐・十誦律<br>3_33_4 | 初唐・禮記正義<br>30_462_19 | 初唐・禮記正義<br>27_421_14 |
| 初唐・十誦律<br>13_245_1 | 初唐・十誦律<br>13_241_5 | 初唐・十誦律<br>12_223_10 | 初唐・十誦律<br>3_37_1 | 初唐・十誦律<br>3_34_9 | 初唐・禮記正義<br>30_463_22 | 初唐・禮記正義<br>28_430_25 |
| 初唐・十誦律<br>13_245_16 | 初唐・十誦律<br>13_242_1 | 初唐・十誦律<br>12_226_11 | 初唐・十誦律<br>4_55_11 | 初唐・十誦律<br>3_34_11 | 初唐・禮記正義<br>30_469_21 | 初唐・禮記正義<br>28_432_13 |
| 初唐・十誦律<br>13_246_1 | 初唐・十誦律<br>13_243_3 | 初唐・十誦律<br>12_230_11 | 初唐・十誦律<br>11_208_11 | 初唐・十誦律<br>3_34_13 | 初唐・禮記正義<br>30_472_4 | 初唐・禮記正義<br>28_432_23 |
| 初唐・十誦律<br>13_246_3 | 初唐・十誦律<br>13_243_5 | 初唐・十誦律<br>12_230_13 | 初唐・十誦律<br>11_209_1 | 初唐・十誦律<br>3_34_15 | 初唐・十誦律<br>2_16_3 | 初唐・禮記正義<br>28_443_17 |
| 初唐・十誦律<br>13_246_5 | 初唐・十誦律<br>13_243_7 | 初唐・十誦律<br>12_232_16 | 初唐・十誦律<br>11_214_7 | 初唐・十誦律<br>3_34_17 | 初唐・十誦律<br>2_25_16 | 初唐・禮記正義<br>29_451_15 |
| 初唐・十誦律<br>13_246_16 | 初唐・十誦律<br>13_243_9 | 初唐・十誦律<br>13_235_7 | 初唐・十誦律<br>12_217_11 | 初唐・十誦律<br>3_35_2 | | |

| | | | | | | |
|---|---|---|---|---|---|---|
| 初唐・十誦律 13_248_5 | 初唐・十誦律 13_253_1 | 初唐・十誦律 14_256_9 | 初唐・十誦律 14_261_13 | 初唐・十誦律 14_264_6 | 初唐・十誦律 18_353_4 | 初唐・十誦律 19_358_4 |
| 初唐・十誦律 13_248_7 | 初唐・十誦律 13_254_1 | 初唐・十誦律 14_256_11 | 初唐・十誦律 14_261_15 | 初唐・十誦律 14_265_11 | 初唐・十誦律 18_353_14 | 初唐・十誦律 19_359_12 |
| 初唐・十誦律 13_248_9 | 初唐・十誦律 13_254_3 | 初唐・十誦律 14_258_1 | 初唐・十誦律 14_261_17 | 初唐・十誦律 14_265_13 | 初唐・十誦律 18_354_6 | 初唐・十誦律 19_360_13 |
| 初唐・十誦律 13_250_1 | 初唐・十誦律 13_254_5 | 初唐・十誦律 14_259_9 | 初唐・十誦律 14_262_2 | 初唐・十誦律 14_267_17 | 初唐・十誦律 18_354_15 | 初唐・十誦律 19_369_5 |
| 初唐・十誦律 13_251_3 | 初唐・十誦律 13_254_7 | 初唐・十誦律 14_259_11 | 初唐・十誦律 14_262_13 | 初唐・十誦律 14_268_2 | 初唐・十誦律 18_355_8 | 初唐・般若經 2_2_3 |
| 初唐・十誦律 13_251_5 | 初唐・十誦律 14_255_1 | 初唐・十誦律 14_259_13 | 初唐・十誦律 14_263_17 | 初唐・十誦律 18_351_3 | 初唐・十誦律 18_355_17 | 初唐・般若經 2_5_9 |
| 初唐・十誦律 13_251_7 | 初唐・十誦律 14_256_5 | 初唐・十誦律 14_259_15 | 初唐・十誦律 14_264_2 | 初唐・十誦律 18_352_3 | 初唐・十誦律 18_356_8 | 初唐・般若經 2_5_14 |
| 初唐・十誦律 13_251_9 | 初唐・十誦律 14_256_7 | 初唐・十誦律 14_260_9 | 初唐・十誦律 14_264_4 | 初唐・十誦律 18_352_12 | 初唐・十誦律 19_357_13 | 初唐・般若經 2_6_1 |

| | | | | | | |
|---|---|---|---|---|---|---|
| 初唐•般若經<br>18_270_9 | 初唐•般若經<br>17_257_14 | 初唐•般若經<br>17_248_11 | 初唐•般若經<br>16_236_12 | 初唐•般若經<br>15_225_4 | 初唐•般若經<br>15_217_6 | 初唐•般若經<br>14_202_14 |
| 初唐•般若經<br>18_271_7 | 初唐•般若經<br>18_261_11 | 初唐•般若經<br>17_249_1 | 初唐•般若經<br>16_237_10 | 初唐•般若經<br>16_228_3 | 初唐•般若經<br>15_217_13 | 初唐•般若經<br>14_203_2 |
| 初唐•般若經<br>18_273_17 | 初唐•般若經<br>18_262_1 | 初唐•般若經<br>17_249_6 | 初唐•般若經<br>16_240_3 | 初唐•般若經<br>16_228_10 | 初唐•般若經<br>15_218_1 | 初唐•般若經<br>14_206_16 |
| 初唐•般若經<br>18_274_7 | 初唐•般若經<br>18_262_16 | 初唐•般若經<br>17_253_4 | 初唐•般若經<br>16_240_10 | 初唐•般若經<br>16_229_2 | 初唐•般若經<br>15_220_17 | 初唐•般若經<br>14_207_4 |
| 初唐•般若經<br>18_274_12 | 初唐•般若經<br>18_265_9 | 初唐•般若經<br>17_253_11 | 初唐•般若經<br>16_240_15 | 初唐•般若經<br>16_231_12 | 初唐•般若經<br>15_221_7 | 初唐•般若經<br>14_207_15 |
| 初唐•般若經<br>19_278_10 | 初唐•般若經<br>18_265_16 | 初唐•般若經<br>17_254_9 | 初唐•般若經<br>17_244_13 | 初唐•般若經<br>16_232_2 | 初唐•般若經<br>15_221_16 | 初唐•般若經<br>14_211_5 |
| 初唐•般若經<br>19_278_17 | 初唐•般若經<br>18_266_4 | 初唐•般若經<br>17_257_2 | 初唐•般若經<br>17_245_3 | 初唐•般若經<br>16_232_7 | 初唐•般若經<br>15_224_9 | 初唐•般若經<br>15_214_7 |
| 初唐•般若經<br>19_279_15 | 初唐•般若經<br>18_270_2 | 初唐•般若經<br>17_257_9 | 初唐•般若經<br>17_246_1 | 初唐•般若經<br>16_236_5 | 初唐•般若經<br>15_224_16 | 初唐•般若經<br>15_214_14 |

| | | | | | | |
|---|---|---|---|---|---|---|
| 中唐・般若經 9_151_12 | 中唐・般若經 9_149_14 | 中唐・般若經 7_101_10 | 中唐・般若經 7_98_14 | 中唐・般若經 2_5_17 | 中唐・翰苑 38_486_33 | 中唐・翰苑 12_148_28 |
| 中唐・般若經 9_151_14 | 中唐・般若經 9_149_16 | 中唐・般若經 7_102_16 | 中唐・般若經 7_98_16 | 中唐・般若經 2_6_10 | 中唐・翰苑 38_487_20 | 中唐・翰苑 12_149_19 |
| 中唐・般若經 9_152_3 | 中唐・般若經 9_150_5 | 中唐・般若經 9_146_15 | 中唐・般若經 7_99_13 | 中唐・般若經 2_6_12 | 谿谷 中唐・翰苑 38_494_11 | 中唐・翰苑 19_242_23 |
| 中唐・般若經 9_152_5 | 中唐・般若經 9_150_7 | 中唐・般若經 9_146_17 | 中唐・般若經 7_99_15 | 中唐・般若經 2_7_7 | 中唐・般若經 1_1_3 | 中唐・翰苑 21_270_25 |
| 中唐・般若經 9_152_12 | 中唐・般若經 9_150_13 | 中唐・般若經 9_147_3 | 中唐・般若經 7_100_6 | 中唐・般若經 7_97_7 | 中唐・般若經 2_3_6 | 中唐・翰苑 21_278_12 |
| 中唐・般若經 9_152_14 | 中唐・般若經 9_150_15 | 中唐・般若經 9_148_8 | 中唐・般若經 7_100_8 | 中唐・般若經 7_97_9 | 中唐・般若經 2_5_10 | 中唐・翰苑 24_322_14 |
| 中唐・般若經 10_156_6 | 中唐・般若經 9_151_3 | 中唐・般若經 9_149_5 | 中唐・般若經 7_101_5 | 中唐・般若經 7_98_5 | 中唐・般若經 2_5_15 | 中唐・翰苑 25_324_29 |
| 中唐・般若經 10_157_9 | 中唐・般若經 9_151_5 | 中唐・般若經 9_149_7 | 中唐・般若經 7_101_7 | 中唐・般若經 7_98_7 | | [illegible] |

中唐·般若經 11_187_15 | 中唐·般若經 11_190_2 | 中唐·般若經 12_194_3 | 中唐·般若經 15_264_7 | 中唐·般若經 16_269_16 | 中唐·般若經 16_273_4 | 中唐·般若經 19_334_4

中唐·般若經 11_188_5 | 中唐·般若經 11_190_10 | 中唐·般若經 12_194_5 | 中唐·般若經 15_265_14 | 中唐·般若經 16_270_1 | 中唐·般若經 16_273_6 | 中唐·般若經 19_334_16

中唐·般若經 11_188_7 | 中唐·般若經 11_190_12 | 中唐·般若經 15_261_9 | 中唐·般若經 15_265_16 | 中唐·般若經 16_270_14 | 中唐·般若經 16_274_3 | 中唐·般若經 19_335_1

中唐·般若經 11_188_14 | 中唐·般若經 11_190_15 | 中唐·般若經 15_262_1 | 中唐·般若經 15_266_2 | 中唐·般若經 16_270_16 | 中唐·般若經 16_274_5 | 中唐·般若經 19_335_12

中唐·般若經 11_188_16 | 中唐·般若經 12_192_15 | 中唐·般若經 15_262_3 | 中唐·般若經 16_268_4 | 中唐·般若經 16_271_9 | 中唐·般若經 16_274_8 | 中唐·般若經 19_335_14

中唐·般若經 11_189_7 | 中唐·般若經 12_192_17 | 中唐·般若經 15_263_10 | 中唐·般若經 16_268_6 | 中唐·般若經 16_271_11 | 中唐·般若經 16_275_14 | 中唐·般若經 19_336_9

中唐·般若經 11_189_9 | 中唐·般若經 12_193_9 | 中唐·般若經 15_263_12 | 中唐·般若經 16_269_3 | 中唐·般若經 16_272_8 | 中唐·般若經 16_276_14 | 中唐·般若經 19_336_11

中唐·般若經 11_189_17 | 中唐·般若經 12_193_11 | 中唐·般若經 15_264_5 | 中唐·般若經 16_269_5 | 中唐·般若經 16_272_10 | 中唐·般若經 16_276_16 | 中唐·般若經 19_340_3

晚唐•摩訶止觀 1_6_9

晚唐•摩訶止觀 3_24_7

晚唐•摩訶止觀 3_26_11

晚唐•摩訶止觀 7_60_7

晚唐•摩訶止觀 7_61_21

晚唐•摩訶止觀 7_62_5

晚唐•摩訶止觀 11_99_20

晚唐•摩訶止觀 12_105_2

晚唐•摩訶止觀 12_105_24

晚唐•摩訶止觀 12_110_4

晚唐•摩訶止觀 13_115_24

晚唐•摩訶止觀 13_115_26

晚唐•摩訶止觀 13_116_4

晚唐•摩訶止觀 13_117_17

晚唐•摩訶止觀 13_117_19

晚唐•摩訶止觀 14_122_1

晚唐•摩訶止觀 14_122_3

晚唐•摩訶止觀 14_123_4

晚唐•摩訶止觀 14_124_24

晚唐•摩訶止觀 14_126_6

晚唐•摩訶止觀 14_126_8

晚唐•摩訶止觀 14_127_4

晚唐•摩訶止觀 15_128_23

晚唐•摩訶止觀 15_131_24

晚唐•摩訶止觀 18_158_20

晚唐•摩訶止觀 19_161_19

晚唐•摩訶止觀 19_163_22

晚唐•摩訶止觀 19_164_7

晚唐•摩訶止觀 20_172_25

晚唐•摩訶止觀 20_177_24

晚唐•摩訶止觀 21_179_11

晚唐•摩訶止觀 21_180_22

晚唐•摩訶止觀 21_182_12

晚唐•摩訶止觀 21_183_26

晚唐•摩訶止觀 21_184_26

晚唐•摩訶止觀 21_186_15

晚唐•摩訶止觀 22_187_18

晚唐•摩訶止觀 22_188_23

晚唐•摩訶止觀 38_325_26

晚唐•摩訶止觀 38_328_26

晚唐•摩訶止觀 38_330_1

晚唐•摩訶止觀 39_333_9

晚唐•摩訶止觀 39_335_22

晚唐•摩訶止觀 40_343_4

晚唐•摩訶止觀 40_347_7

晚唐•摩訶止觀 40_347_18

晚唐•摩訶止觀 41_357_27

晚唐•摩訶止觀 42_358_7

晚唐•摩訶止觀 42_358_19

晚唐•摩訶止觀 42_359_7

晚唐•摩訶止觀 42_360_3

晚唐•摩訶止觀 42_362_9

晚唐•摩訶止觀 43_366_5

晚唐•摩訶止觀 43_373_9

晚唐•摩訶止觀 45_389_3

晚唐•摩訶止觀 45_389_23

# 茂

漢ボウ 呉モ
訓しげる

初唐•古文尚書 1_6_18
中唐•翰苑 12_147_14

五代•大毗盧經 67_836_14
五代•大毗盧經 67_841_12
五代•大毗盧經 92_1134_2
五代•大毗盧經 96_1177_8
五代•大毗盧經 96_1180_7
五代•大毗盧經 97_1185_1
五代•大毗盧經 97_1187_22

五代•密教部類 2_9_16
五代•密教部類 2_23_11
五代•大毗盧經 2_19_4
五代•大毗盧經 5_52_10
五代•大毗盧經 18_234_18
五代•大毗盧經 27_337_32
五代•大毗盧經 40_480_18
五代•大毗盧經 60_733_15

晚唐•摩訶止觀 57_479_21
晚唐•摩訶止觀 57_483_1
晚唐•摩訶止觀 57_484_22
晚唐•摩訶止觀 57_485_15
晚唐•摩訶止觀 57_485_26
晚唐•摩訶止觀 58_493_19
晚唐•摩訶止觀 59_495_4
晚唐•摩訶止觀 60_505_5

晚唐•摩訶止觀 56_472_24
晚唐•摩訶止觀 56_475_26
晚唐•摩訶止觀 56_476_16
晚唐•摩訶止觀 56_477_2
晚唐•摩訶止觀 56_477_22
晚唐•摩訶止觀 56_478_14
晚唐•摩訶止觀 56_478_28
晚唐•摩訶止觀 57_479_10

晚唐•摩訶止觀 53_451_21
晚唐•摩訶止觀 54_456_3
晚唐•摩訶止觀 55_462_16
晚唐•摩訶止觀 55_466_3
晚唐•摩訶止觀 55_467_14
晚唐•摩訶止觀 55_467_25
晚唐•摩訶止觀 55_469_14
晚唐•摩訶止觀 56_470_20

晚唐•摩訶止觀 48_411_26
晚唐•摩訶止觀 48_411_28
晚唐•摩訶止觀 49_421_27
晚唐•摩訶止觀 50_426_2
晚唐•摩訶止觀 51_432_2
晚唐•摩訶止觀 51_432_9
晚唐•摩訶止觀 52_439_15
晚唐•摩訶止觀 52_440_5

| | 苞 | 苑 | 苓 | 苫 | 英 | 芮 |
|---|---|---|---|---|---|---|
| | 漢ホウ吳ヒョウ<br>訓つと | 漢エン吳オン<br>訓まきば | 漢レイ吳リョウ<br>訓みみなぐさ | セン<br>訓とま | ヨウ漢エイ<br>訓はなぶさ | ゼイ<br>訓めばえ |
| <br>初唐・毛詩傳<br>10_110_12<br><br>初唐•禮記正義<br>4_66_4<br><br>中唐・翰苑<br>26_337_19<br><br>中唐・翰苑<br>27_347_6 | <br>初唐•古文尚書<br>3_20_14<br><br>初唐•古文尚書<br>3_21_1<br><br>初唐•古文尚書<br>4_36_9<br><br>初唐•古文尚書<br>4_36_22<br><br>初唐・毛詩傳<br>10_102_7<br><br>初唐・毛詩傳<br>10_102_20<br><br>初唐・毛詩傳<br>10_108_3 | <br>玄菟<br>中唐・翰苑<br>16_213_22<br><br>中唐・翰苑<br>43_546_20 | <br>初唐•禮記正義<br>11_169_24 | <br>五代•大毗盧經<br>74_910_12 | 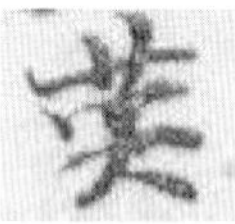<br>中唐・翰苑<br>43_552_44 | <br>中唐・翰苑<br>42_538_17 |

| | 草 | 莖 | 荊 | 茅 | 范 | 苟 |
|---|---|---|---|---|---|---|
| | 漢ソウ呉ゾウ<br>訓くさ | 慣ケイ漢コウ<br>訓くき | 漢ケイ<br>訓いばら | 漢ボウ呉ミョウ<br>訓かや | 漢ハン<br>訓いがた | 漢コウ呉ク<br>訓いやしくも |
| 中唐・翰苑<br>4_41_21 | 初唐・古文尚書<br>4_35_16 | 初唐・毛詩傳<br>3_27_10 | 初唐・古文尚書<br>5_38_10 | 白茅<br>初唐・古文尚書<br>3_23_9 | 中唐・翰苑<br>3_24_7 | 初唐・古文尚書<br>9_71_26 |
| 中唐・翰苑<br>7_87_43 | 初唐・古文尚書<br>27_264_10 | 五代・大毗盧經<br>13_164_10 | 初唐・古文尚書<br>5_38_15 | 北單于弟薁鞬<br>中唐・翰苑<br>4_47_14 | 中唐・翰苑<br>3_29_9 | 初唐・古文尚書<br>12_112_17 |
| 中唐・翰苑<br>10_128_7 | 初唐・禮記正義<br>19_283_1 | 五代・大毗盧經<br>39_456_17 | 初唐・古文尚書<br>5_38_19 | | 中唐・翰苑<br>11_134_6 | 初唐・古文尚書<br>12_113_28 |
| 中唐・翰苑<br>11_136_23 | 初唐・禮記正義<br>19_283_7 | 五代・大毗盧經<br>39_462_11 | 中唐・翰苑<br>24_310_3 | | 中唐・翰苑<br>23_297_12 | 中唐・翰苑<br>35_453_5 |
| 中唐・翰苑<br>12_146_21 | 初唐・禮記正義<br>23_342_10 | | 晚唐・摩訶止觀<br>1_2_24 | | 中唐・翰苑<br>26_335_9 | |
| 中唐・翰苑<br>18_233_28 | 中唐・翰苑<br>2_14_20 | | 晚唐・摩訶止觀<br>13_114_24 | | 中唐・翰苑<br>27_347_25 | |
| 中唐・翰苑<br>24_310_11 | 中唐・翰苑<br>4_41_16 | | | | 中唐・翰苑<br>33_427_5 | |
| | | | | | 涉危歷險<br>中唐・翰苑<br>41_519_11 | |

## 茘

漢リ 漢レイ
訓おおにら

中唐・翰苑
15_192_25

中唐・翰苑
15_193_7

## 茹

漢ジョ 呉ニョ
訓ゆびきな

中唐・翰苑
19_252_9

初唐・毛詩傳
3_24_10

中唐・翰苑
38_494_14

中唐・翰苑
41_519_28

## 荒

コウ
訓あれる

初唐・古文尚書
11_100_15

初唐・古文尚書
27_269_23

初唐・毛詩傳
2_12_4

初唐・毛詩傳
2_12_9

初唐・毛詩傳
2_12_22

初唐・毛詩傳
2_16_9

初唐・毛詩傳
2_20_4

## 荏

漢ジン 呉ニン
訓え

荏都國
中唐・翰苑
37_482_31

荏都國
中唐・翰苑
37_482_34

晩唐・摩訶止觀
60_510_12

晩唐・摩訶止觀
62_521_7

五代・大毗盧經
2_18_7

中唐・翰苑
24_321_42

中唐・翰苑
28_370_24

中唐・翰苑
29_371_25

中唐・翰苑
33_432_27

晩唐・摩訶止觀
11_99_14

晩唐・摩訶止觀
20_175_26

晩唐・摩訶止觀
20_177_1

## 莫

漢バク呉マク
訓くれ

初唐•古文尚書
47_457_25

初唐•禮記正義
4_59_18

初唐・十誦律
8_139_7

初唐・十誦律
10_185_11

中唐・翰苑
2_21_27

中唐・翰苑
4_47_4

中唐・翰苑
16_204_27

## 荊

ヘツ
訓たねまく

晚唐•摩訶止觀
1_5_3

## 華

慣ケ漢カ呉ゲ
訓はな

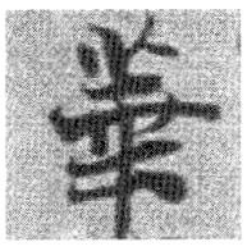
晚唐•摩訶止觀
12_102_19

晚唐•摩訶止觀
12_106_2

晚唐•摩訶止觀
12_107_8

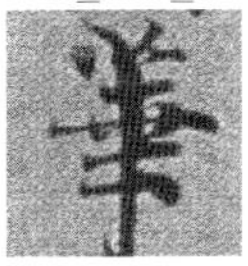
晚唐•摩訶止觀
14_121_2

晚唐•摩訶止觀
14_126_11

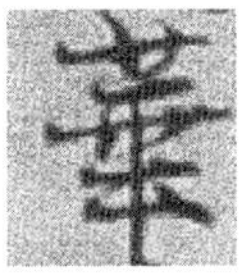
晚唐•摩訶止觀
49_417_21

五代•大毗盧經
57_703_10

中唐・翰苑
28_370_10

中唐・翰苑
29_376_16

中唐・翰苑
32_415_36

中唐・翰苑
32_416_16

中唐・翰苑
32_417_20

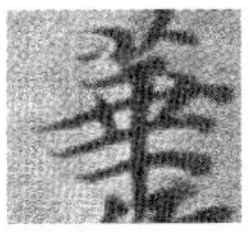
晚唐•摩訶止觀
3_25_21

晚唐•摩訶止觀
11_95_19

初唐•禮記正義
16_243_8

初唐•禮記正義
28_435_10

中唐・翰苑
18_234_5

中唐・翰苑
20_263_10

中唐・翰苑
21_271_38

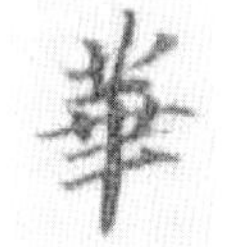
中唐・翰苑
25_331_9

中唐・翰苑
27_350_27

五代•大毗盧經
64_808_2

## 莽

漢ボウ呉モウ
訓くさむら

中唐・翰苑
10_124_23

中唐・翰苑
10_131_42

中唐・翰苑
20_261_27

中唐・翰苑
35_454_16

中唐・翰苑
39_505_1

五代•大毗盧經
38_442_1

五代•大毗盧經
63_789_9

中唐・翰苑 20_263_16

中唐・翰苑 21_271_26

中唐・翰苑 21_277_38

中唐・翰苑 23_306_31

中唐・翰苑 27_351_10

中唐・翰苑 27_352_36

中唐・翰苑 43_547_23

晚唐•摩訶止觀 4_32_4

五代•大毗盧經 3_26_4

五代•大毗盧經 3_35_2

五代•大毗盧經 6_73_2

五代•大毗盧經 7_80_2

五代•大毗盧經 8_90_2

五代•大毗盧經 8_98_2

五代•大毗盧經 10_118_2

五代•大毗盧經 11_125_2

五代•大毗盧經 12_151_2

五代•大毗盧經 15_191_2

五代•大毗盧經 15_197_2

五代•大毗盧經 16_205_2

五代•大毗盧經 16_208_2

五代•大毗盧經 16_212_2

五代•大毗盧經 17_219_2

五代•大毗盧經 17_226_2

五代•大毗盧經 19_249_2

五代•大毗盧經 20_253_2

五代•大毗盧經 20_258_2

五代•大毗盧經 20_261_2

五代•大毗盧經 21_264_2

五代•大毗盧經 21_267_2

五代•大毗盧經 21_271_2

五代•大毗盧經 22_275_2

五代•大毗盧經 23_300_2

五代•大毗盧經 24_305_2

五代•大毗盧經 24_307_2

五代•大毗盧經 24_308_8

五代•大毗盧經 24_310_2

五代•大毗盧經 24_312_2

五代•大毗盧經 25_316_2

五代•大毗盧經 25_319_2

五代•大毗盧經 25_321_2

五代•大毗盧經 26_325_2

五代•大毗盧經 26_329_2

五代•大毗盧經 26_333_2

五代•大毗盧經 27_341_2

五代•大毗盧經 27_344_2

五代•大毗盧經 28_360_2

五代•大毗盧經 29_364_2

五代•大毗盧經 29_367_2

五代·大毗盧經 29_370_2

五代·大毗盧經 29_373_2

五代·大毗盧經 30_377_2

五代·大毗盧經 30_381_2

五代·大毗盧經 30_384_2

五代·大毗盧經 31_388_2

五代·大毗盧經 31_392_2

五代·大毗盧經 32_397_2

五代·大毗盧經 36_423_2

五代·大毗盧經 36_424_2

五代·大毗盧經 36_425_2

五代·大毗盧經 36_429_2

五代·大毗盧經 36_431_2

五代·大毗盧經 37_434_21

五代·大毗盧經 37_435_2

五代·大毗盧經 38_441_2

五代·大毗盧經 38_444_2

五代·大毗盧經 38_447_2

五代·大毗盧經 38_450_2

五代·人毗盧經 38_451_3

五代·大毗盧經 40_473_2

五代·大毗盧經 41_491_2

五代·大毗盧經 42_502_2

五代·大毗盧經 42_507_2

五代·大毗盧經 42_510_2

五代·大毗盧經 43_514_2

五代·大毗盧經 43_516_2

五代·大毗盧經 43_520_2

五代·大毗盧經 44_534_2

五代·大毗盧經 44_535_24

五代·大毗盧經 44_538_2

五代·大毗盧經 45_543_2

五代·大毗盧經 47_572_2

五代·大毗盧經 47_578_2

五代·大毗盧經 48_582_2

五代·大毗盧經 48_586_2

五代·大毗盧經 49_596_2

五代·大毗盧經 49_599_2

五代·大毗盧經 49_601_2

五代·大毗盧經 50_604_2

五代·大毗盧經 51_626_2

五代·大毗盧經 51_631_2

五代·大毗盧經 52_635_2

五代·大毗盧經 52_638_2

五代·大毗盧經 52_642_2

五代·大毗盧經 53_646_2

五代·大毗盧經 53_649_2

五代·大毗盧經 53_651_2

五代·大毗盧經 54_655_2

五代·大毗盧經 54_669_2

五代·大毗盧經 55_675_2

五代·大毗盧經 55_678_2

五代·大毗盧經 55_681_2

五代·大毗盧經 56_685_2

五代·大毗盧經 56_689_2

五代·大毗盧經 57_692_2

五代·大毗盧經 57_695_2

五代·大毗盧經 57_699_2

五代·大毗盧經 58_712_2

五代·大毗盧經 58_715_2

五代·大毗盧經 58_718_2

五代·大毗盧經 59_721_2

五代·大毗盧經 59_724_2

五代·大毗盧經 61_756_2

五代·大毗盧經 61_759_2

五代·大毗盧經 61_761_2

五代·大毗盧經 62_765_2

五代·大毗盧經 62_768_2

五代·大毗盧經 62_771_2

五代·大毗盧經 64_802_2

五代·大毗盧經 64_809_2

五代·大毗盧經 65_812_2

五代·大毗盧經 65_817_2

五代·大毗盧經 66_822_2

五代·大毗盧經 66_825_2

五代·大毗盧經 66_827_8

五代·大毗盧經 66_830_2

五代·大毗盧經 67_845_2

五代·大毗盧經 68_850_2

五代·大毗盧經 71_879_2

五代·大毗盧經 72_886_2

五代·大毗盧經 72_891_2

五代·大毗盧經 73_897_2

五代·大毗盧經 73_906_2

五代·大毗盧經 74_910_2

五代·大毗盧經 74_912_9

五代·大毗盧經 74_915_2

五代·大毗盧經 75_918_2

五代·大毗盧經 75_920_9

五代·大毗盧經 75_922_9

五代·大毗盧經 75_925_2

五代·大毗盧經 77_929_2

五代·大毗盧經 77_933_2

五代·大毗盧經 77_939_2

五代·大毗盧經 78_943_2

五代·大毗盧經 78_949_2

五代·大毗盧經 78_952_2

五代·大毗盧經 79_955_2

五代·大毗盧經
79_959_2

五代·大毗盧經
79_962_2

五代·大毗盧經
80_980_2

五代·大毗盧經
81_982_2

五代·大毗盧經
81_984_2

五代·大毗盧經
81_987_2

五代·大毗盧經
81_991_2

五代·大毗盧經
81_994_2

五代·大毗盧經
82_997_2

五代·大毗盧經
82_1003_2

五代·大毗盧經
83_1006_2

五代·大毗盧經
83_1010_2

五代·大毗盧經
83_1013_2

五代·大毗盧經
83_1016_2

五代·大毗盧經
84_1019_2

五代·大毗盧經
84_1024_2

五代·大毗盧經
84_1028_2

五代·大毗盧經
85_1031_2

五代·大毗盧經
86_1049_2

五代·大毗盧經
86_1052_2

五代·大毗盧經
86_1055_2

五代·大毗盧經
86_1058_2

五代·大毗盧經
87_1061_2

五代·大毗盧經
87_1065_2

五代·大毗盧經
87_1067_9

五代·大毗盧經
88_1070_2

五代·大毗盧經
88_1074_2

五代·大毗盧經
88_1080_2

五代·大毗盧經
89_1083_2

五代·大毗盧經
89_1086_2

五代·大毗盧經
89_1089_2

五代·大毗盧經
90_1104_2

五代·大毗盧經
90_1108_2

五代·大毗盧經
91_1111_2

五代·大毗盧經
91_1114_2

五代·大毗盧經
91_1117_2

五代·大毗盧經
92_1124_2

五代·大毗盧經
93_1139_17

五代·大毗盧經
93_1142_2

五代·大毗盧經
93_1146_2

五代·大毗盧經
94_1148_2

五代·大毗盧經
94_1151_2

五代·大毗盧經
94_1154_2

五代·大毗盧經
94_1157_2

五代·大毗盧經
95_1161_2

五代·大毗盧經
95_1164_2

五代·大毗盧經
95_1166_2

五代·大毗盧經
95_1169_2

五代·大毗盧經
96_1171_11

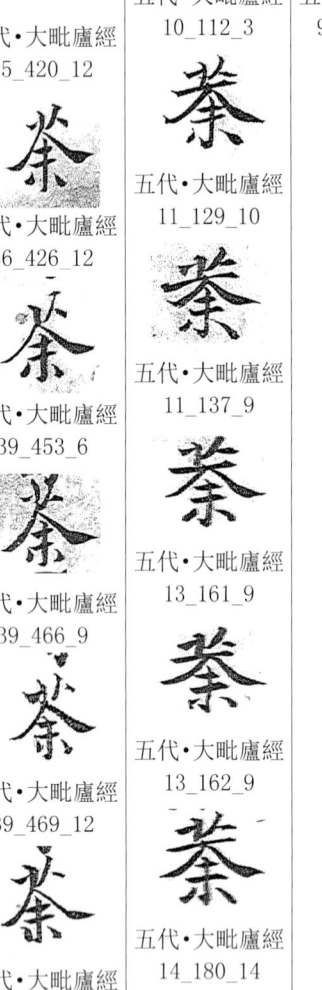

| | | 荼 | | | 莊 | |
| --- | --- | --- | --- | --- | --- | --- |
| | | 漢ト呉ド<br>訓にがな | | | 漢現ソウ呉ショウ<br>訓いなか | |
| 五代・大毗盧經<br>40_485_9 | 五代・大毗盧經<br>19_239_10 | 晚唐・摩訶止觀<br>15_135_8 | 五代・大毗盧經<br>57_702_18 | 晚唐・摩訶止觀<br>34_295_26 | 初唐・禮記正義<br>3_39_4 | 五代・大毗盧經<br>97_1190_2 |
| 五代・大毗盧經<br>41_486_4 | 五代・大毗盧經<br>19_243_9 | 晚唐・摩訶止觀<br>60_508_21 | 五代・大毗盧經<br>63_776_9 | 五代・大毗盧經<br>7_84_40 | 初唐・十誦律<br>19_367_14 | 五代・大毗盧經<br>98_1204_2 |
| 五代・大毗盧經<br>44_525_9 | 五代・大毗盧經<br>35_420_12 | 五代・大毗盧經<br>10_112_3 | 五代・大毗盧經<br>93_1139_11 | 五代・大毗盧經<br>13_164_19 | 中唐・翰苑<br>39_498_28 | |
| 五代・大毗盧經<br>45_546_9 | 五代・大毗盧經<br>36_426_12 | 五代・大毗盧經<br>11_129_10 | | 五代・大毗盧經<br>13_165_14 | 中唐・翰苑<br>39_499_12 | |
| 五代・大毗盧經<br>50_607_14 | 五代・大毗盧經<br>39_453_6 | 五代・大毗盧經<br>11_137_9 | | 五代・大毗盧經<br>39_461_8 | 晚唐・摩訶止觀<br>7_59_6 | |
| 五代・大毗盧經<br>59_726_13 | 五代・大毗盧經<br>39_466_9 | 五代・大毗盧經<br>13_161_9 | | 五代・大毗盧經<br>41_497_3 | 晚唐・摩訶止觀<br>8_69_22 | |
| 五代・大毗盧經<br>60_738_20 | 五代・大毗盧經<br>39_469_12 | 五代・大毗盧經<br>13_162_9 | | 五代・大毗盧經<br>46_564_6 | 晚唐・摩訶止觀<br>9_76_13 | |
| 五代・大毗盧經<br>63_780_19 | 五代・大毗盧經<br>40_480_11 | 五代・大毗盧經<br>14_180_14 | | 五代・大毗盧經<br>49_593_24 | 晚唐・摩訶止觀<br>13_112_11 | |

| | 著 | 萊 | 莎 | 荷 | 莋 | |
|---|---|---|---|---|---|---|
| | 漢チョ 訓いちじるしい | ライ 訓あかざ | サ 訓はますげ | 漢カ 訓に | セキ 訓— | |
|  初唐・十誦律 3_44_5 |  初唐・古文尚書 42_408_19 |  初唐・古文尚書 2_15_28 |  中唐・翰苑 44_558_41 |  晚唐・摩訶止觀 10_86_5 |  中唐・翰苑 40_512_5 |  五代・大毗盧經 80_974_13 |
|  初唐・十誦律 3_46_17 |  初唐・禮記正義 15_234_11 | 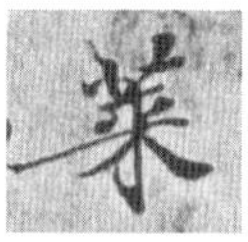 初唐・古文尚書 2_16_4 | |  五代・大毗盧經 2_16_16 |  中唐・翰苑 40_512_15 |  五代・大毗盧經 80_977_16 |
|  初唐・十誦律 4_72_10 |  初唐・禮記正義 15_235_19 | | |  五代・大毗盧經 59_722_13 |  中唐・翰苑 40_516_19 |  五代・大毗盧經 85_1045_3 |
|  初唐・十誦律 8_140_15 |  初唐・禮記正義 15_236_12 | | | | |  五代・大毗盧經 89_1085_3 |
|  中唐・翰苑 6_70_8 |  初唐・禮記正義 21_311_2 | | | | |  五代・大毗盧經 96_1177_3 |
|  中唐・翰苑 9_107_13 |  初唐・禮記正義 25_385_3 | | | | |  五代・大毗盧經 96_1183_9 |
|  中唐・翰苑 11_142_25 |  初唐・禮記正義 29_449_18 | | | | | |

## 蔄　菆　菁

蔄
ボウ
訓みのごめ

五代・大毗盧經
95_1162_4

菆
シュウ
訓むらがる

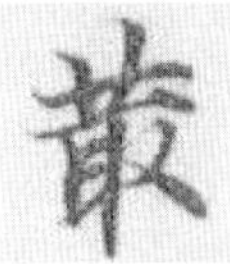
中唐・翰苑
40_515_6

菁
漢セイ呉ショウ
訓かぶ

初唐・毛詩傳
8_84_15

初唐・毛詩傳
8_84_17

初唐・毛詩傳
8_85_2

五代・大毗盧經
61_750_14

五代・大毗盧經
61_750_16

五代・大毗盧經
72_885_27

五代・大毗盧經
82_996_32

五代・大毗盧經
90_1098_5

五代・大毗盧經
93_1141_17

中唐・翰苑
45_581_9

晚唐・摩訶止觀
19_162_16

晚唐・摩訶止觀
25_215_3

晚唐・摩訶止觀
33_288_13

晚唐・摩訶止觀
56_473_19

晚唐・摩訶止觀
60_504_17

五代・大毗盧經
41_489_9

中唐・翰苑
29_376_6

中唐・翰苑
33_431_18

中唐・翰苑
35_455_39

中唐・翰苑
36_463_7

中唐・翰苑
36_465_4

中唐・翰苑
38_483_4

中唐・翰苑
38_493_32

中唐・翰苑
17_226_25

中唐・翰苑
20_257_18

中唐・翰苑
20_257_23

中唐・翰苑
20_257_28

中唐・翰苑
22_284_39

中唐・翰苑
22_285_3

中唐・翰苑
25_326_17

（菩）

初唐・般若經 14_201_3

初唐・般若經 14_201_13

初唐・般若經 14_203_5

初唐・般若經 27_415_13

初唐・般若經 27_417_3

初唐・般若經 27_419_1

初唐・般若經 27_419_11

初唐・般若經 27_421_5

## 菩

慣ボ 漢ホ 呉ブ
訓ほとけぐさ

初唐・十誦律 19_368_13

初唐・十誦律 19_372_6

初唐・般若經 11_150_15

初唐・般若經 11_151_4

初唐・般若經 11_152_9

初唐・般若經 14_197_14

初唐・般若經 14_198_3

初唐・般若經 14_199_7

## 菊

キク
訓きく

初唐・毛詩傳 5_56_19

初唐・毛詩傳 5_56_23

## 菟

漢ト
訓うさぎ

中唐・翰苑 16_213_28

中唐・翰苑 20_259_17

中唐・翰苑 20_259_28

中唐・翰苑 22_293_39

中唐・翰苑 24_315_12

中唐・翰苑 35_456_19

中唐・翰苑 36_458_32

## 菜

サイ
訓な

初唐・毛詩傳 9_94_9

東萊
中唐・翰苑 23_301_14

## 菓

カ
訓くだもの

中唐・翰苑 25_324_41

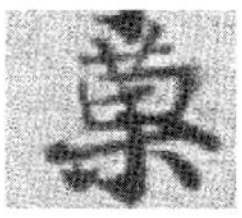
晚唐•摩訶止觀 47_405_24

## 萌

慣ホウ 漢ボウ
訓めばえ

晚唐•摩訶止觀 12_109_13

初唐・般若經 27_423_11
中唐・般若經 2_4_1
中唐・般若經 3_32_1
中唐・般若經 5_68_1
中唐・般若經 6_86_1
中唐・般若經 7_113_1
中唐・般若經 9_137_1
中唐・般若經 10_157_1

中唐・般若經 11_186_1
中唐・般若經 12_208_1
中唐・般若經 15_257_1
中唐・般若經 17_287_1
中唐・般若經 17_287_10
中唐・般若經 17_288_5
中唐・般若經 17_288_16
中唐・般若經 17_289_11

中唐・般若經 17_292_1
中唐・般若經 17_292_14
中唐・般若經 17_293_9
中唐・般若經 17_294_5
中唐・般若經 17_296_16
中唐・般若經 17_297_11
中唐・般若經 17_298_5
中唐・般若經 17_298_17

中唐・般若經 17_304_1
中唐・般若經 18_311_17
中唐・般若經 18_314_13
中唐・般若經 18_315_10
中唐・般若經 18_316_6
中唐・般若經 18_317_3
中唐・般若經 18_323_1
中唐・般若經 18_323_12

中唐・般若經 18_324_9
中唐・般若經 18_325_5
中唐・般若經 19_326_2
中唐・般若經 19_328_11
中唐・般若經 19_329_9
中唐・般若經 19_330_6
中唐・般若經 19_331_4
中唐・般若經 19_333_17

中唐・般若經 19_334_14
中唐・般若經 19_335_10
晚唐・摩訶止觀 3_29_10
晚唐・摩訶止觀 5_42_4
晚唐・摩訶止觀 6_52_11
晚唐・摩訶止觀 7_56_17
晚唐・摩訶止觀 7_57_7
晚唐・摩訶止觀 7_58_10

晚唐・摩訶止觀 8_66_21
晚唐・摩訶止觀 9_77_22
晚唐・摩訶止觀 9_82_11
晚唐・摩訶止觀 12_102_12
晚唐・摩訶止觀 20_174_16
晚唐・摩訶止觀 26_223_5
晚唐・摩訶止觀 26_227_5
晚唐・摩訶止觀 27_235_6

晚唐•摩訶止觀 27_236_5
晚唐•摩訶止觀 30_264_28
晚唐•摩訶止觀 30_265_9
晚唐•摩訶止觀 30_265_18
晚唐•摩訶止觀 30_265_27
晚唐•摩訶止觀 31_271_18
晚唐•摩訶止觀 32_280_15
晚唐•摩訶止觀 33_286_11

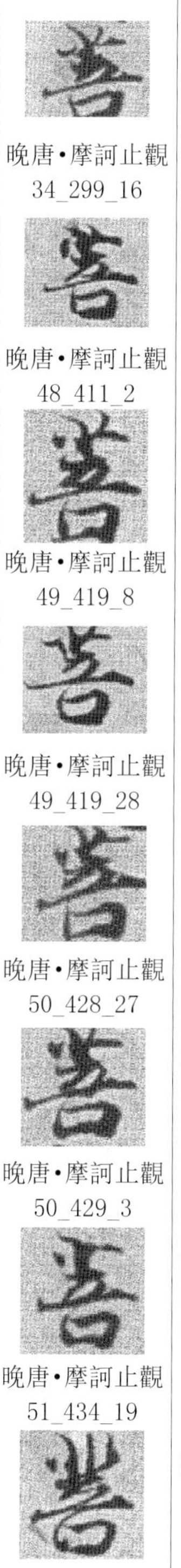

晚唐•摩訶止觀 34_299_16
晚唐•摩訶止觀 48_411_2
晚唐•摩訶止觀 49_419_8
晚唐•摩訶止觀 49_419_28
晚唐•摩訶止觀 50_428_27
晚唐•摩訶止觀 50_429_3
晚唐•摩訶止觀 51_434_19
晚唐•摩訶止觀 52_439_7

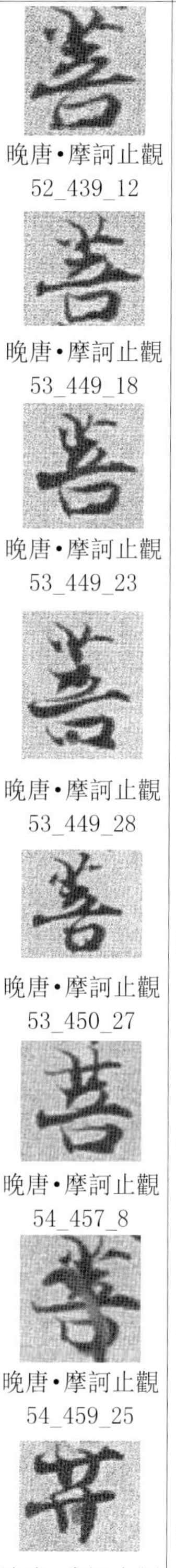

晚唐•摩訶止觀 52_439_12
晚唐•摩訶止觀 53_449_18
晚唐•摩訶止觀 53_449_23
晚唐•摩訶止觀 53_449_28
晚唐•摩訶止觀 53_450_27
晚唐•摩訶止觀 54_457_8
晚唐•摩訶止觀 54_459_25
晚唐•摩訶止觀 55_462_5

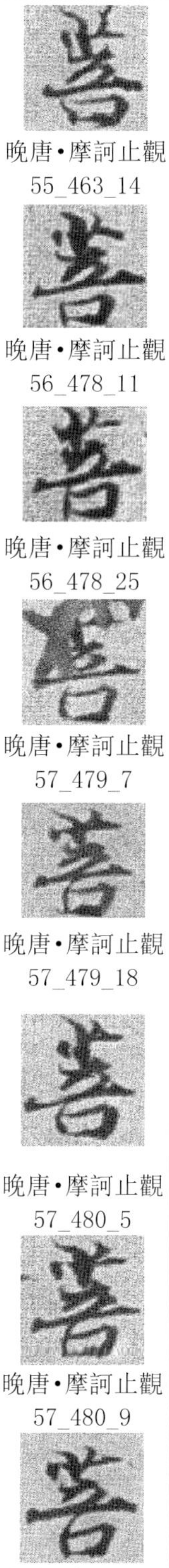

晚唐•摩訶止觀 55_463_14
晚唐•摩訶止觀 56_478_11
晚唐•摩訶止觀 56_478_25
晚唐•摩訶止觀 57_479_7
晚唐•摩訶止觀 57_479_18
晚唐•摩訶止觀 57_480_5
晚唐•摩訶止觀 57_480_9
晚唐•摩訶止觀 57_480_27

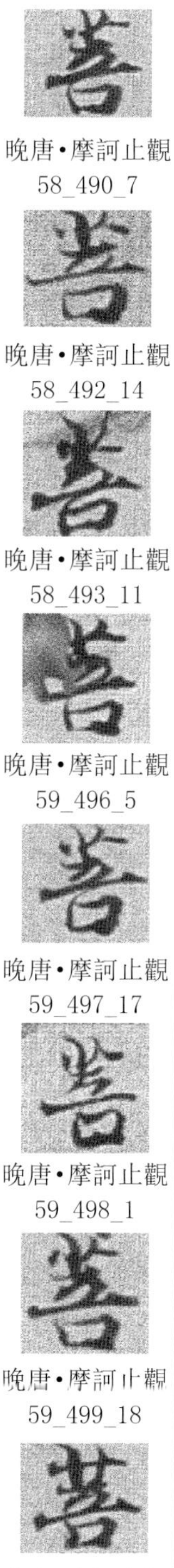

晚唐•摩訶止觀 58_490_7
晚唐•摩訶止觀 58_492_14
晚唐•摩訶止觀 58_493_11
晚唐•摩訶止觀 59_496_5
晚唐•摩訶止觀 59_497_17
晚唐•摩訶止觀 59_498_1
晚唐•摩訶止觀 59_499_18
晚唐•摩訶止觀 59_500_14

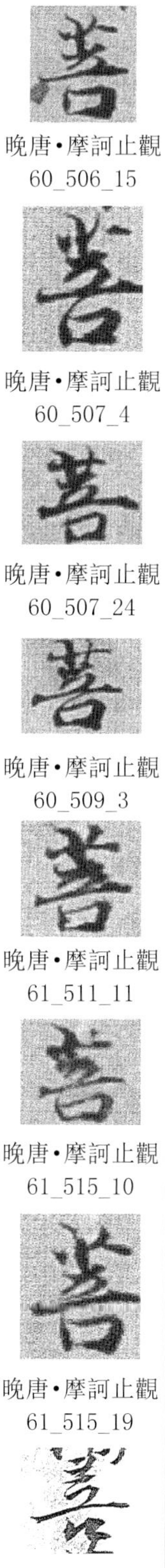

晚唐•摩訶止觀 60_506_15
晚唐•摩訶止觀 60_507_4
晚唐•摩訶止觀 60_507_24
晚唐•摩訶止觀 60_509_3
晚唐•摩訶止觀 61_511_11
晚唐•摩訶止觀 61_515_10
晚唐•摩訶止觀 61_515_19
五代•密教部類 2_19_8

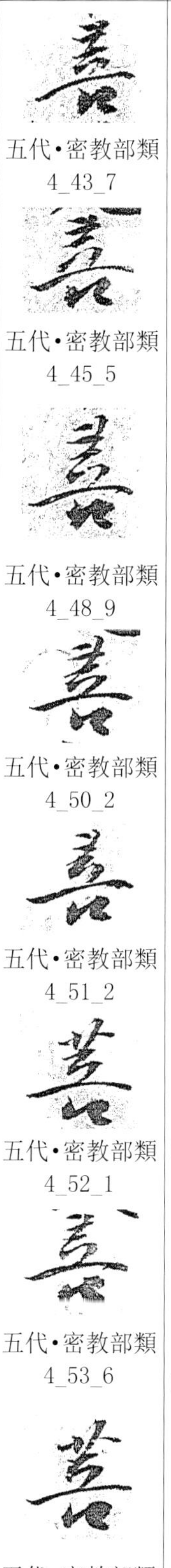

五代•密教部類 4_43_7
五代•密教部類 4_45_5
五代•密教部類 4_48_9
五代•密教部類 4_50_2
五代•密教部類 4_51_2
五代•密教部類 4_52_1
五代•密教部類 4_53_6
五代•密教部類 4_57_1

| | | | | | | |
|---|---|---|---|---|---|---|
| 五代·密教部類 5_59_1 | 五代·大毗盧經 4_47_2 | 五代·大毗盧經 16_199_6 | 五代·大毗盧經 60_734_12 | 五代·大毗盧經 60_737_11 | 五代·大毗盧經 60_740_5 | 五代·大毗盧經 61_752_5 |
| 五代·密教部類 5_60_1 | 五代·大毗盧經 5_55_8 | 五代·大毗盧經 17_218_34 | 五代·大毗盧經 60_734_18 | 五代·大毗盧經 60_737_19 | 五代·大毗盧經 60_740_12 | 五代·大毗盧經 61_755_4 |
| 五代·密教部類 5_64_7 | 五代·大毗盧經 6_65_6 | 五代·大毗盧經 17_225_11 | 五代·大毗盧經 60_735_13 | 五代·大毗盧經 60_738_7 | 五代·大毗盧經 60_740_18 | 五代·大毗盧經 61_758_4 |
| 五代·大毗盧經 2_2_17 | 五代·大毗盧經 7_77_32 | 五代·大毗盧經 17_225_24 | 五代·大毗盧經 60_735_21 | 五代·大毗盧經 60_738_16 | 五代·大毗盧經 60_741_6 | 五代·大毗盧經 61_760_4 |
| 五代·大毗盧經 2_12_9 | 五代·大毗盧經 11_136_1 | 五代·大毗盧經 21_274_4 | 五代·大毗盧經 60_736_4 | 五代·大毗盧經 60_738_22 | 五代·大毗盧經 60_741_14 | 五代·大毗盧經 62_762_6 |
| 五代·大毗盧經 3_22_19 | 五代·大毗盧經 14_172_1 | 五代·大毗盧經 27_337_13 | 五代·大毗盧經 60_736_9 | 五代·大毗盧經 60_739_5 | 五代·大毗盧經 60_744_4 | 五代·大毗盧經 62_764_3 |
| 五代·大毗盧經 3_35_17 | 五代·大毗盧經 15_189_31 | 五代·大毗盧經 60_733_12 | 五代·大毗盧經 60_736_14 | 五代·大毗盧經 60_739_10 | 五代·大毗盧經 60_745_4 | 五代·大毗盧經 71_874_9 |
| 五代·大毗盧經 4_45_2 | 五代·大毗盧經 15_194_8 | 五代·大毗盧經 60_733_19 | 五代·大毗盧經 60_737_6 | 五代·大毗盧經 60_739_15 | 五代·大毗盧經 61_750_30 | 五代·大毗盧經 84_1025_10 |

五代•大毗盧經 93_1145_27
五代•大毗盧經 96_1178_3
五代•大毗盧經 96_1180_23
五代•大毗盧經 96_1182_10
五代•大毗盧經 96_1182_14
五代•大毗盧經 96_1182_18
五代•大毗盧經 97_1185_9
五代•大毗盧經 98_1211_4

## 菀

漢ウツ
訓しげる

初唐・毛詩傳 3_29_9
初唐・毛詩傳 3_29_17
初唐・毛詩傳 3_32_10
初唐・毛詩傳 4_35_8
中唐・翰苑 1_1_2
晚唐•摩訶止觀 1_7_23

## 葉

現ヨウ
訓は

初唐・古文尚書 5_44_19
初唐・毛詩傳 7_78_6
初唐・毛詩傳 7_78_22
初唐・毛詩傳 8_84_14
初唐・毛詩傳 8_84_19
初唐•禮記正義 18_269_17
初唐・十誦律 3_43_12
初唐・十誦律 3_45_16

初唐・十誦律 3_50_3
中唐・翰苑 37_482_7
晚唐•摩訶止觀 1_8_10
晚唐•摩訶止觀 3_21_19
五代•大毗盧經 2_17_16
五代•大毗盧經 13_164_12
五代•大毗盧經 39_456_11
五代•大毗盧經 39_458_17

五代•大毗盧經 44_528_19
五代•大毗盧經 44_529_5
五代•大毗盧經 46_556_2
五代•大毗盧經 71_874_12

## 葬

現ソウ
訓ほうむる

初唐•禮記正義 6_83_21
初唐•禮記正義 6_83_24
初唐•禮記正義 6_84_13
初唐•禮記正義 6_85_13
初唐•禮記正義 6_86_3
初唐•禮記正義 6_86_10
初唐•禮記正義 6_86_27

初唐•禮記正義 6_95_3
初唐•禮記正義 6_96_21
初唐•禮記正義 7_108_22
初唐•禮記正義 15_238_11
初唐•禮記正義 15_238_22
初唐•禮記正義 16_239_27
初唐•禮記正義 16_240_9

萬 葛

漢バン呉マン
訓よろず

漢カツ呉カチ
訓くず

中唐・翰苑
6_75_22

中唐・翰苑
7_85_35

中唐・翰苑
7_86_14

中唐・翰苑
8_97_2

中唐・翰苑
8_97_24

中唐・翰苑
8_97_26

中唐・翰苑
8_105_14

中唐・翰苑
4_47_31

中唐・翰苑
4_48_3

中唐・翰苑
5_51_27

中唐・翰苑
5_60_22

中唐・翰苑
5_62_27

中唐・翰苑
6_72_16

中唐・翰苑
6_74_4

初唐•禮記正義
1_2_23

初唐•禮記正義
4_66_6

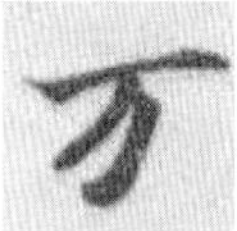
中唐・翰苑
2_18_11

中唐・翰苑
3_23_12

中唐・翰苑
3_23_26

中唐・翰苑
3_35_20

中唐・翰苑
4_47_7

初唐•古文尚書
13_121_20

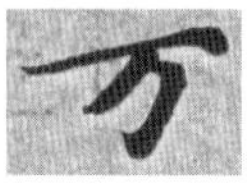
初唐•古文尚書
16_147_18

初唐•古文尚書
17_165_20

初唐•古文尚書
33_307_27

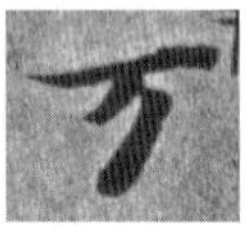
初唐•古文尚書
33_308_9

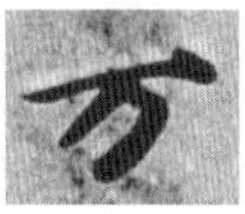
初唐•古文尚書
37_359_8

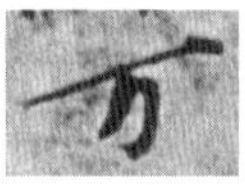
初唐•古文尚書
37_359_29

初唐•古文尚書
2_14_10

初唐•古文尚書
4_35_18

初唐•禮記正義
25_384_14

中唐・翰苑
29_376_34

中唐・翰苑
30_391_10

初唐•禮記正義
16_241_7

初唐•禮記正義
27_412_20

初唐•禮記正義
27_415_11

中唐・翰苑
12_151_17

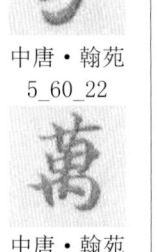

中唐・翰苑
17_220_32

中唐・翰苑
22_286_6

中唐・翰苑
29_376_29

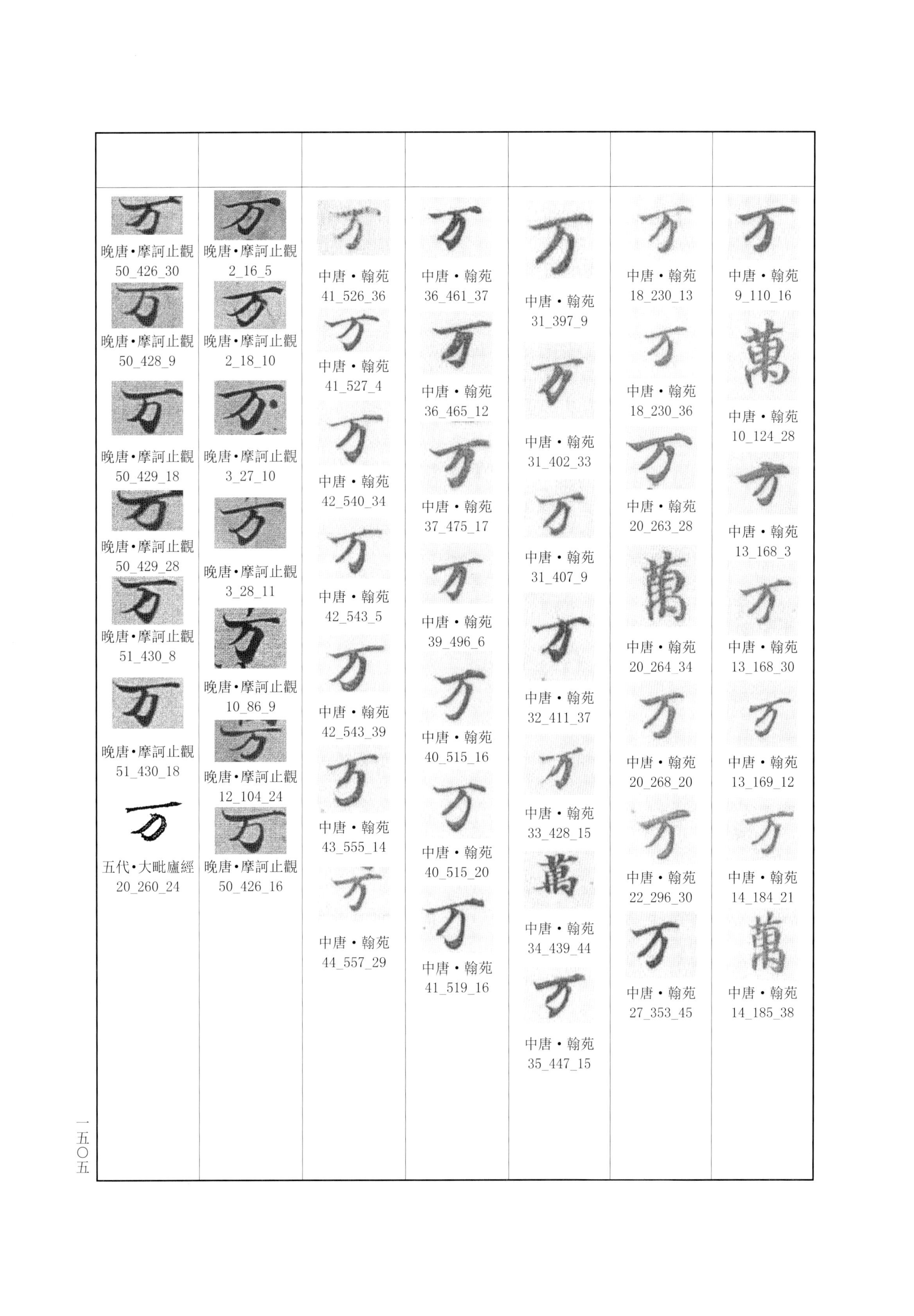

| | | | | | | |
|---|---|---|---|---|---|---|
| 晚唐•摩訶止觀 50_426_30 | 晚唐•摩訶止觀 2_16_5 | 中唐・翰苑 41_526_36 | 中唐・翰苑 36_461_37 | 中唐・翰苑 31_397_9 | 中唐・翰苑 18_230_13 | 中唐・翰苑 9_110_16 |
| 晚唐•摩訶止觀 50_428_9 | 晚唐•摩訶止觀 2_18_10 | 中唐・翰苑 41_527_4 | 中唐・翰苑 36_465_12 | 中唐・翰苑 31_402_33 | 中唐・翰苑 18_230_36 | 中唐・翰苑 10_124_28 |
| 晚唐•摩訶止觀 50_429_18 | 晚唐•摩訶止觀 3_27_10 | 中唐・翰苑 42_540_34 | 中唐・翰苑 37_475_17 | 中唐・翰苑 31_407_9 | 中唐・翰苑 20_263_28 | 中唐・翰苑 13_168_3 |
| 晚唐•摩訶止觀 50_429_28 | 晚唐•摩訶止觀 3_28_11 | 中唐・翰苑 42_543_5 | 中唐・翰苑 39_496_6 | 中唐・翰苑 32_411_37 | 中唐・翰苑 20_264_34 | 中唐・翰苑 13_168_30 |
| 晚唐•摩訶止觀 51_430_8 | 晚唐•摩訶止觀 10_86_9 | 中唐・翰苑 42_543_39 | 中唐・翰苑 40_515_16 | 中唐・翰苑 33_428_15 | 中唐・翰苑 20_268_20 | 中唐・翰苑 13_169_12 |
| 晚唐•摩訶止觀 51_430_18 | 晚唐•摩訶止觀 12_104_24 | 中唐・翰苑 43_555_14 | 中唐・翰苑 40_515_20 | 中唐・翰苑 34_439_44 | 中唐・翰苑 22_296_30 | 中唐・翰苑 14_184_21 |
| 五代•大毗盧經 20_260_24 | 晚唐•摩訶止觀 50_426_16 | 中唐・翰苑 44_557_29 | 中唐・翰苑 41_519_16 | 中唐・翰苑 35_447_15 | 中唐・翰苑 27_353_45 | 中唐・翰苑 14_185_38 |

五代•大毗盧經
31_395_8

五代•大毗盧經
41_494_27

五代•大毗盧經
41_497_1

五代•大毗盧經
68_849_10

五代•大毗盧經
86_1057_24

五代•大毗盧經
96_1177_24

五代•大毗盧經
98_1202_12

五代•大毗盧經
98_1202_18

## 董

漢トウ
訓ただす

薫粥
中唐・翰苑
2_14_13

中唐・翰苑
23_299_22

## 落 蓫

ラク
訓おちる

初唐・十誦律
2_30_18

初唐・十誦律
4_54_17

初唐・十誦律
4_55_3

初唐・十誦律
4_58_3

初唐・十誦律
4_58_6

初唐・十誦律
6_100_9

初唐・十誦律
6_101_11

初唐・十誦律
6_102_5

中唐・翰苑
6_68_11

中唐・翰苑
10_120_34

中唐・翰苑
11_138_4

中唐・翰苑
11_139_10

中唐・翰苑
11_139_18

中唐・翰苑
12_148_35

中唐・翰苑
12_149_29

中唐・翰苑
13_162_23

中唐・翰苑
13_162_35

中唐・翰苑
13_163_10

中唐・翰苑
13_163_24

中唐・翰苑
13_169_15

中唐・翰苑
14_174_38

中唐・翰苑
14_184_38

中唐・翰苑
15_193_41

中唐・翰苑
16_201_40

中唐・翰苑
17_216_46

中唐・翰苑
18_234_34

中唐・翰苑
30_384_3

中唐・翰苑
36_466_28

中唐・翰苑
37_481_42

中唐・翰苑
40_510_25

五代•密教部類
6_86_34

五代•大毗盧經
26_330_1

# 蓮

レン
訓はす

五代•大毗盧經 37_438_8
五代•大毗盧經 44_538_17
五代•大毗盧經 97_1196_19
五代•大毗盧經 98_1202_15

五代•大毗盧經 2_2_13
五代•大毗盧經 2_7_14
五代•大毗盧經 2_16_18
五代•大毗盧經 7_78_6
五代•大毗盧經 13_159_3
五代•大毗盧經 13_164_4
五代•大毗盧經 13_165_9

五代•大毗盧經 13_166_14
五代•大毗盧經 16_203_19
五代•大毗盧經 19_243_19
五代•大毗盧經 20_260_9
五代•大毗盧經 22_278_27
五代•大毗盧經 23_294_4
五代•大毗盧經 24_306_1

五代•大毗盧經 28_352_21
五代•大毗盧經 28_354_11
五代•大毗盧經 35_410_13
五代•大毗盧經 39_456_13
五代•大毗盧經 40_483_11
五代•大毗盧經 40_485_4
五代•大毗盧經 41_486_11

五代•大毗盧經 41_488_7
五代•大毗盧經 41_494_1
五代•大毗盧經 42_506_16
五代•大毗盧經 42_508_33
五代•大毗盧經 42_508_45
五代•大毗盧經 44_526_9
五代•大毗盧經 44_533_9

五代•大毗盧經 45_547_19
五代•大毗盧經 45_548_15
五代•大毗盧經 45_549_6
五代•大毗盧經 45_551_6
五代•大毗盧經 46_556_6
五代•大毗盧經 46_556_16
五代•大毗盧經 46_559_5

五代•大毗盧經 46_562_18
五代•大毗盧經 46_567_17
五代•大毗盧經 50_608_4
五代•大毗盧經 50_609_15
五代•大毗盧經 50_611_4
五代•大毗盧經 50_611_19
五代•大毗盧經 50_617_2

中唐・翰苑
24_315_15

中唐・翰苑
32_419_65

晩唐・摩訶止観
22_189_8

晩唐・摩訶止観
25_219_8

晩唐・摩訶止観
26_221_13

晩唐・摩訶止観
26_227_17

晩唐・摩訶止観
26_228_22

晩唐・摩訶止観
27_229_8

## 蓋

カイ 慣ガイ
訓おおい

初唐・古文尚書
41_398_13

初唐・古文尚書
41_399_17

初唐・禮記正義
21_320_10

初唐・禮記正義
22_332_14

初唐・禮記正義
22_338_1

初唐・禮記正義
23_342_2

初唐・禮記正義
28_428_15

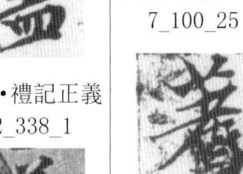

中唐・翰苑
20_260_25

初唐・禮記正義
4_61_1

初唐・禮記正義
4_61_6

初唐・禮記正義
6_82_1

初唐・禮記正義
7_100_25

初唐・禮記正義
10_150_4

## 著

シ
訓めどぎ

初唐・禮記正義
4_51_21

初唐・禮記正義
4_51_26

初唐・禮記正義
4_52_9

初唐・禮記正義
4_52_25

初唐・禮記正義
4_56_15

初唐・禮記正義
4_59_21

初唐・禮記正義
4_59_25

五代・大毗盧經
71_869_13

五代・大毗盧經
73_902_3

五代・大毗盧經
77_934_15

五代・大毗盧經
77_935_14

五代・大毗盧經
84_1022_1

五代・大毗盧經
85_1046_4

五代・大毗盧經
92_1135_15

五代・大毗盧經
60_743_22

五代・大毗盧經
61_758_1

五代・大毗盧經
62_765_21

五代・大毗盧經
63_775_8

五代・大毗盧經
64_796_8

五代・大毗盧經
69_860_13

五代・大毗盧經
71_863_13

五代・大毗盧經
50_618_13

五代・大毗盧經
50_619_12

五代・大毗盧經
50_619_17

五代・大毗盧經
57_703_9

五代・大毗盧經
58_710_13

五代・大毗盧經
59_729_18

五代・大毗盧經
60_743_11

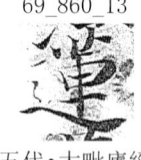

## 蒙

漢ボウ吳モウ 訓おおう

初唐•古文尚書 3_18_15

初唐•禮記正義 22_326_18

中唐・翰苑 9_114_19

中唐・翰苑 14_179_14

中唐・翰苑 14_183_28

中唐・翰苑 19_250_25

中唐・翰苑 19_253_1

## 蒼

ソウ 訓あお

初唐・毛詩傳 10_106_24

初唐・毛詩傳 10_109_8

初唐・毛詩傳 10_112_2

中唐・翰苑 23_309_16

中唐・翰苑 34_437_6

中唐・翰苑 36_461_34

## —

中唐・翰苑 39_497_22

五代•大毗盧經 26_331_3

五代•大毗盧經 72_887_2

## 蒭

慣スウ漢ス漢シュウ 訓まぐさ

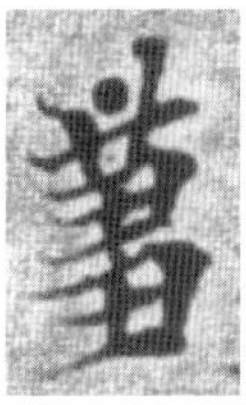
初唐・毛詩傳 6_63_10

初唐・毛詩傳 7_68_27

初唐•禮記正義 18_282_16

初唐•禮記正義 18_282_22

中唐・翰苑 39_495_2

中唐・翰苑 39_496_11

中唐・翰苑 39_496_13

## 蓌

サ 訓いつわる

初唐•禮記正義 15_235_1

初唐•禮記正義 15_235_11

初唐•禮記正義 15_236_8

初唐•禮記正義 15_236_24

初唐•禮記正義 15_237_2

## 蓬

漢ホウ 訓よもぎ

中唐・翰苑 12_146_20

## —

五代•大毗盧經 13_168_5

五代•大毗盧經 14_183_9

五代•大毗盧經 54_657_14

五代•大毗盧經 54_668_4

五代•大毗盧經 54_668_35

五代•大毗盧經 71_872_14

五代•大毗盧經 73_899_22

五代•大毗盧經 73_904_3

| 蔡 | 蔽 | 蒸 | 蒲 | 蒞 | | |
|---|---|---|---|---|---|---|
| サイ<br>訓のり | 漢ヘイ漢ヘッ<br>訓おおう | ショウ慣ジョウ<br>訓むす | 漢ホ呉ブ唐フ<br>訓がま | リ漢レイ<br>訓のぞむ | | |
| <br>初唐•禮記正義<br>3_39_18<br><br>初唐•禮記正義<br>30_467_1<br><br>初唐•禮記正義<br>30_467_26 | 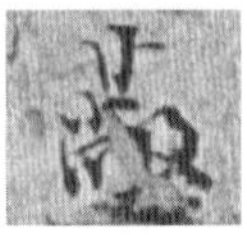<br>初唐•古文尚書<br>10_84_22<br><br>中唐・翰苑<br>37_470_34<br><br>五代•大毗盧經<br>8_99_3<br><br>五代•大毗盧經<br>8_99_21<br><br>五代•大毗盧經<br>28_357_10<br><br>五代•大毗盧經<br>55_670_3<br><br>五代•大毗盧經<br>79_963_1 | 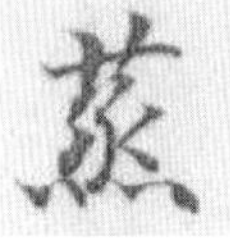<br>中唐・翰苑<br>23_305_29 | <br>初唐•禮記正義<br>23_341_4<br><br>初唐•禮記正義<br>23_341_13<br><br>初唐•禮記正義<br>23_342_9<br><br>初唐•禮記正義<br>23_343_2<br><br>中唐・翰苑<br>24_321_44<br><br>中唐・翰苑<br>29_378_23 | <br>初唐•禮記正義<br>7_103_14<br><br>初唐•禮記正義<br>7_104_8<br><br>初唐•禮記正義<br>7_108_14<br><br>初唐•禮記正義<br>7_112_27 | <br>中唐・翰苑<br>20_256_3<br><br>中唐・翰苑<br>20_256_38<br><br>中唐・翰苑<br>20_257_7<br><br>中唐・翰苑<br>20_257_34<br><br>中唐・翰苑<br>23_307_3<br><br>五代•大毗盧經<br>2_15_17 | <br>中唐・翰苑<br>19_253_6<br><br>中唐・翰苑<br>19_253_17<br><br>中唐・翰苑<br>19_253_37<br><br>中唐・翰苑<br>19_254_22<br><br>中唐・翰苑<br>19_254_29<br><br>中唐・翰苑<br>19_254_37<br><br>中唐・翰苑<br>19_255_16 |

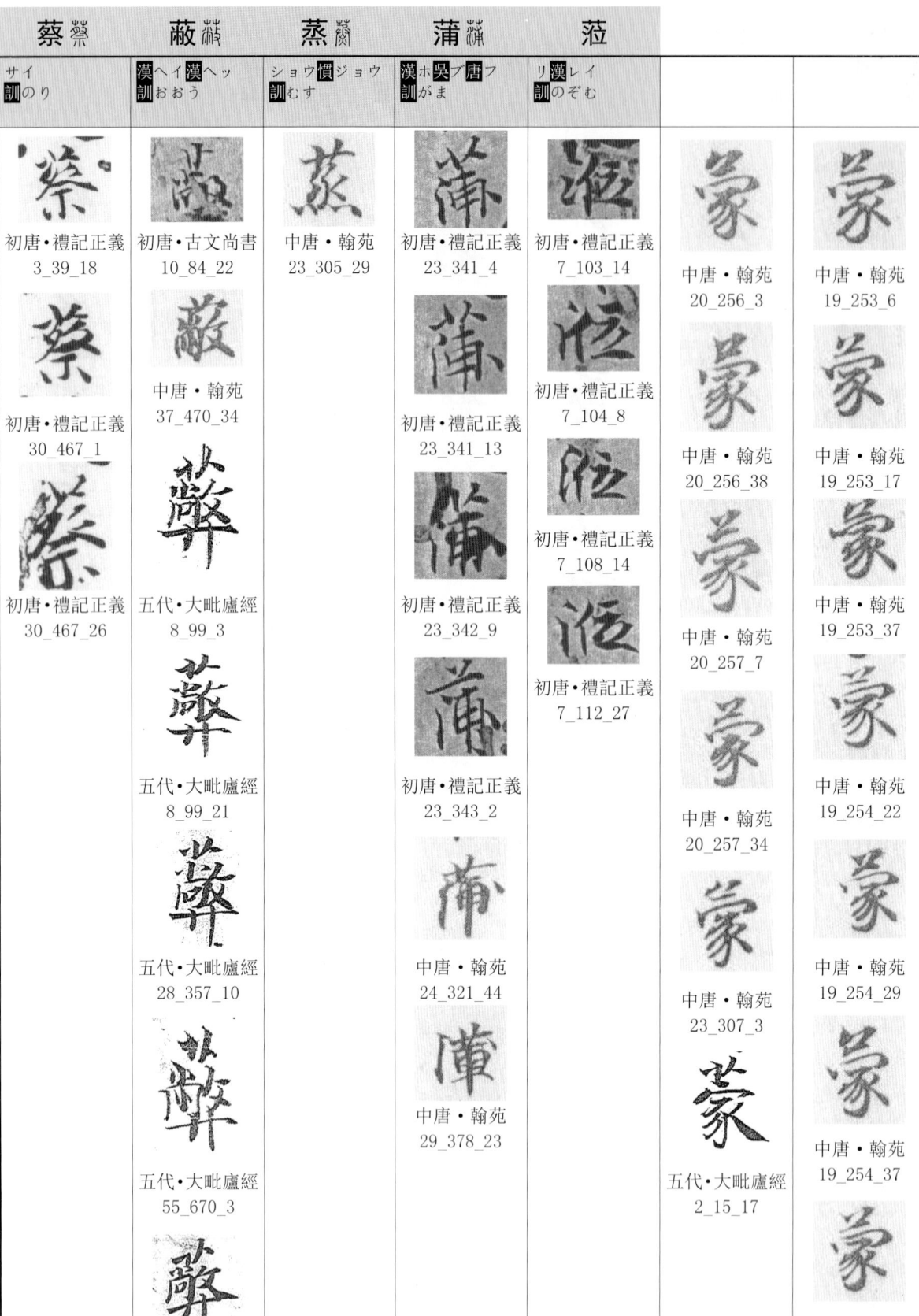

## 薪

現シン
訓たきぎ

初唐・毛詩傳
6_62_4

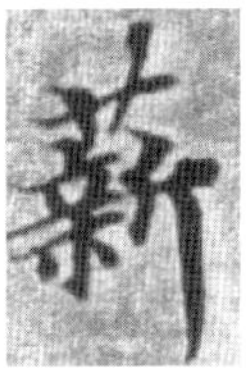
初唐・毛詩傳
6_63_9

初唐・毛詩傳
6_64_36

初唐・禮記正義
27_422_10

初唐•禮記正義
27_422_27

初唐•禮記正義
27_423_3

初唐•禮記正義
27_424_10

## 薦

セン、シン
訓すすめる

初唐•禮記正義
7_110_27

初唐•禮記正義
24_363_23

初唐•禮記正義
24_364_18

## 薨

コウ
訓みまかる

初唐•禮記正義
27_415_6

## 蕩

漢トウ
訓ゆるやか

初唐•古文尚書
16_146_14

初唐•古文尚書
16_146_27

初唐•古文尚書
32_306_6

初唐•古文尚書
33_307_9

中唐・翰苑
39_504_24

晚唐•摩訶止觀
4_34_9

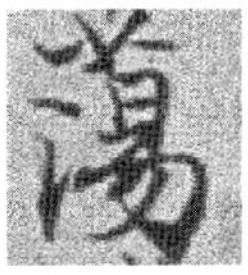
晚唐•摩訶止觀
46_396_15

## 蕃

慣バン漢ハン
訓しげる

初唐・毛詩傳
5_51_4

初唐・毛詩傳
5_52_5

初唐・毛詩傳
5_53_2

初唐・毛詩傳
5_56_16

中唐・翰苑
1_2_1

中唐・翰苑
1_7_1

中唐・翰苑
8_101_3

## 薁

オク
訓えびづる

中唐・翰苑
4_47_15

中唐・翰苑
5_51_9

中唐・翰苑
5_52_1

中唐・翰苑
5_56_31

中唐・翰苑
5_60_37

中唐・翰苑
5_63_1

中唐・翰苑
6_64_11

## 蕤

漢ズイ
訓しべ

五代•密教部類
3_29_1

五代•密教部類
3_29_10

初唐•禮記正義
27_425_16

初唐•禮記正義
27_425_22

初唐•禮記正義
28_429_24

中唐・翰苑
10_129_5

晚唐•摩訶止觀
21_180_1

## 薄

漢ハク呉バク
訓うすい

中唐・翰苑
2_16_27

無文書簿
中唐・翰苑
3_34_19

中唐・翰苑
15_191_31

中唐・翰苑
21_271_41

中唐・翰苑
40_517_38

中唐・翰苑
41_520_27

晚唐•摩訶止觀
40_348_6

晚唐•摩訶止觀
47_402_8

晚唐•摩訶止觀
60_504_13

五代•大毗盧經
23_290_3

五代•大毗盧經
35_413_3

五代•大毗盧經
37_438_5

## 薩

漢サツ呉サチ
訓すくう

初唐・十誦律
3_41_8

初唐・十誦律
3_52_5

初唐・十誦律
4_54_3

初唐・十誦律
4_56_4

初唐・十誦律
4_57_10

初唐・十誦律
4_59_2

初唐・十誦律
4_60_7

初唐・十誦律
4_61_14

初唐・十誦律
6_94_1

初唐・十誦律
6_95_1

初唐・十誦律
6_96_1

初唐・十誦律
6_96_13

初唐・十誦律
6_97_11

初唐・十誦律
6_98_12

初唐・十誦律
6_104_4

初唐・十誦律
6_104_12

初唐・十誦律
7_113_8

初唐・十誦律
7_114_15

初唐・十誦律
7_115_4

初唐・十誦律
7_116_16

初唐・十誦律
7_117_5

初唐・十誦律
8_133_6

初唐・十誦律
8_135_3

初唐・十誦律
8_136_4

初唐・十誦律
8_137_15

初唐・十誦律
8_138_2

初唐・十誦律
9_161_6

初唐・十誦律
9_167_17

初唐·十誦律
9_170_15

初唐·十誦律
9_173_4

初唐·十誦律
9_174_7

初唐·十誦律
10_175_6

初唐·十誦律
10_186_6

初唐·十誦律
10_187_16

初唐·十誦律
10_188_10

初唐·十誦律
10_189_6

初唐·十誦律
10_191_5

初唐·十誦律
10_191_16

初唐·十誦律
10_192_6

初唐·十誦律
10_194_10

初唐·十誦律
11_195_4

初唐·十誦律
11_197_3

初唐·十誦律
11_199_6

初唐·十誦律
11_210_1

初唐·十誦律
11_210_12

初唐·十誦律
11_212_6

初唐·十誦律
12_215_12

初唐·十誦律
12_216_6

初唐·十誦律
12_217_6

初唐·十誦律
12_217_16

初唐·十誦律
12_218_4

初唐·十誦律
12_220_13

初唐·十誦律
12_223_16

初唐·十誦律
12_226_17

初唐·十誦律
12_230_6

初唐·十誦律
12_230_16

初唐·十誦律
12_231_4

初唐·十誦律
12_233_1

初唐·十誦律
13_235_6

初唐·十誦律
13_235_13

初唐·十誦律
13_238_2

初唐·十誦律
13_238_8

初唐·十誦律
13_240_14

初唐·般若經
11_150_16

初唐·般若經
11_151_5

初唐·般若經
11_152_10

初唐·般若經
14_201_4

初唐·般若經
14_201_7

初唐·般若經
14_201_14

初唐·般若經
14_201_17

初唐·般若經
14_203_6

初唐·般若經
14_203_9

初唐·般若經
24_364_10

初唐·般若經
24_364_16

初唐·般若經
24_366_6

初唐·般若經
27_419_2

初唐·般若經
27_419_5

| | | | | | | |
|---|---|---|---|---|---|---|
| 五代•大毗盧經 4_41_2 | 五代•密教部類 4_43_8 | 晚唐•摩訶止觀 3_29_11 | 中唐 • 般若經 18_314_17 | 中唐 • 般若經 18_310_6 | 中唐 • 般若經 17_305_6 | 初唐 • 般若經 27_419_12 |
| 五代•大毗盧經 4_42_21 | 五代•密教部類 4_53_7 | 晚唐•摩訶止觀 5_42_5 | 中唐 • 般若經 18_315_11 | 中唐 • 般若經 18_310_9 | 中唐 • 般若經 17_305_9 | 初唐 • 般若經 27_419_15 |
| 五代•大毗盧經 4_43_18 | 五代•大毗盧經 3_26_7 | 晚唐•摩訶止觀 7_56_18 | 中唐 • 般若經 18_315_14 | 中唐 • 般若經 18_311_3 | 中唐 • 般若經 18_306_2 | 初唐 • 般若經 27_421_6 |
| 五代•大毗盧經 5_52_3 | 五代•大毗盧經 3_33_2 | 晚唐•摩訶止觀 7_58_11 | 中唐 • 般若經 18_316_7 | 中唐 • 般若經 18_311_6 | 中唐 • 般若經 18_306_5 | 初唐 • 般若經 27_421_9 |
| 五代•大毗盧經 5_53_11 | 五代•大毗盧經 3_33_6 | 晚唐•摩訶止觀 9_77_23 | 中唐 • 般若經 18_316_10 | 中唐 • 般若經 18_312_1 | 中唐 • 般若經 18_306_16 | 中唐 • 翰苑 21_276_29 |
| 五代•大毗盧經 5_57_3 | 五代•大毗盧經 4_37_3 | 晚唐•摩訶止觀 9_82_12 | 中唐 • 般若經 18_317_4 | 中唐 • 般若經 18_312_4 | 中唐 • 般若經 18_307_2 | 中唐 • 般若經 17_304_9 |
| 五代•大毗盧經 5_58_5 | 五代•大毗盧經 4_37_9 | 五代•密教部類 2_19_9 | 中唐 • 般若經 18_317_7 | 中唐 • 般若經 18_314_14 | 中唐 • 般若經 18_309_11 | 中唐 • 般若經 17_304_12 |

五代·大毗盧經 6_61_3
五代·大毗盧經 6_61_15
五代·大毗盧經 6_61_17
五代·大毗盧經 6_66_3
五代·大毗盧經 6_67_7
五代·大毗盧經 7_77_33
五代·大毗盧經 7_80_15
五代·大毗盧經 7_83_8
五代·大毗盧經 7_84_44
五代·大毗盧經 8_98_3
五代·大毗盧經 8_98_20
五代·大毗盧經 9_101_4
五代·大毗盧經 11_136_2
五代·大毗盧經 15_194_9
五代·大毗盧經 15_195_36
五代·大毗盧經 15_197_15
五代·大毗盧經 54_658_29
五代·大毗盧經 54_658_34
五代·大毗盧經 54_658_38
五代·大毗盧經 54_659_6
五代·大毗盧經 54_659_11
五代·大毗盧經 54_659_17
五代·大毗盧經 54_662_20
五代·大毗盧經 54_663_20
五代·大毗盧經 54_664_10
五代·大毗盧經 54_668_7
五代·大毗盧經 54_668_11
五代·大毗盧經 54_669_16
五代·大毗盧經 55_671_48
五代·大毗盧經 55_673_5
五代·大毗盧經 55_673_34
五代·大毗盧經 55_677_5
五代·大毗盧經 55_677_9
五代·大毗盧經 55_677_11
五代·大毗盧經 55_680_7
五代·大毗盧經 55_680_12
五代·大毗盧經 56_682_6
五代·大毗盧經 56_684_4
五代·大毗盧經 56_688_5
五代·大毗盧經 56_691_5
五代·大毗盧經 57_692_21
五代·大毗盧經 57_694_7
五代·大毗盧經 57_694_11
五代·大毗盧經 57_698_6
五代·大毗盧經 57_699_14
五代·大毗盧經 57_704_19
五代·大毗盧經 57_705_6
五代·大毗盧經 57_705_11
五代·大毗盧經 57_705_15

| | | | | | | |
|---|---|---|---|---|---|---|
| 五代•大毗盧經 60_745_5 | 五代•大毗盧經 60_739_16 | 五代•大毗盧經 60_737_12 | 五代•大毗盧經 60_735_6 | 五代•大毗盧經 59_732_18 | 五代•大毗盧經 58_717_4 | 五代•大毗盧經 57_705_19 |
| 五代•大毗盧經 61_750_31 | 五代•大毗盧經 60_740_6 | 五代•大毗盧經 60_737_20 | 五代•大毗盧經 60_735_14 | 五代•大毗盧經 60_733_7 | 五代•大毗盧經 58_720_4 | 五代•大毗盧經 57_706_5 |
| 五代•大毗盧經 61_752_6 | 五代•大毗盧經 60_740_13 | 五代•大毗盧經 60_738_8 | 五代•大毗盧經 60_735_22 | 五代•大毗盧經 60_733_13 | 五代•大毗盧經 59_723_5 | 五代•大毗盧經 57_706_10 |
| 五代•大毗盧經 61_755_5 | 五代•大毗盧經 60_740_19 | 五代•大毗盧經 60_738_17 | 五代•大毗盧經 60_736_5 | 五代•大毗盧經 60_733_20 | 五代•大毗盧經 59_723_20 | 五代•大毗盧經 57_706_17 |
| 五代•大毗盧經 61_758_5 | 五代•大毗盧經 60_741_7 | 五代•大毗盧經 60_738_23 | 五代•大毗盧經 60_736_10 | 五代•大毗盧經 60_734_7 | 五代•大毗盧經 59_726_5 | 五代•大毗盧經 58_711_4 |
| 五代•大毗盧經 61_760_5 | 五代•大毗盧經 60_741_15 | 五代•大毗盧經 60_739_6 | 五代•大毗盧經 60_736_15 | 五代•大毗盧經 60_734_13 | 五代•大毗盧經 59_732_6 | 五代•大毗盧經 58_711_9 |
| 五代•大毗盧經 62_762_7 | 五代•大毗盧經 60_744_5 | 五代•大毗盧經 60_739_11 | 五代•大毗盧經 60_737_7 | 五代•大毗盧經 60_734_19 | 五代•大毗盧經 59_732_12 | 五代•大毗盧經 58_714_4 |

五代·大毗盧經
62_764_4

五代·大毗盧經
62_767_5

五代·大毗盧經
62_770_5

五代·大毗盧經
63_781_17

五代·大毗盧經
63_781_22

五代·大毗盧經
63_782_6

五代·大毗盧經
63_782_9

五代·大毗盧經
63_782_12

五代·大毗盧經
63_782_17

五代·大毗盧經
63_783_5

五代·大毗盧經
63_783_11

五代·大毗盧經
63_783_22

五代·大毗盧經
63_784_6

五代·大毗盧經
63_784_13

五代·大毗盧經
63_784_21

五代·大毗盧經
63_785_5

五代·大毗盧經
63_785_10

五代·大毗盧經
63_785_16

五代·大毗盧經
63_786_5

五代·大毗盧經
63_786_12

五代·大毗盧經
63_786_17

五代·大毗盧經
63_787_6

五代·大毗盧經
63_787_12

五代·大毗盧經
63_789_5

五代·大毗盧經
64_799_5

五代·大毗盧經
65_812_12

五代·大毗盧經
65_820_1

五代·大毗盧經
66_829_15

五代·大毗盧經
67_845_3

五代·大毗盧經
67_845_14

五代·大毗盧經
67_846_1

五代·大毗盧經
67_847_7

五代·大毗盧經
68_852_1

五代·大毗盧經
68_857_6

五代·大毗盧經
68_857_21

五代·大毗盧經
71_879_14

五代·大毗盧經
72_880_25

五代·大毗盧經
79_962_14

五代·大毗盧經
94_1157_16

五代·大毗盧經
95_1166_17

五代·大毗盧經
96_1172_6

五代·大毗盧經
96_1178_4

五代·大毗盧經
96_1182_11

五代·大毗盧經
96_1182_15

五代·大毗盧經
97_1184_28

五代·大毗盧經
97_1185_10

五代·大毗盧經
97_1190_3

五代·大毗盧經
97_1190_9

五代·大毗盧經
98_1204_11

五代·大毗盧經
98_1206_3

| | | | 藏 | 藍 | 蕭 | |
|---|---|---|---|---|---|---|
| | | | 漢ソウ呉ゾウ<br>訓くら | ラン<br>訓あい | ショウ<br>訓よもぎ | |
| 五代•密教部類<br>3_26_2 | 晚唐•摩訶止觀<br>51_435_4 | 晚唐•摩訶止觀<br>32_281_22 | 初唐•禮記正義<br>4_60_14 | 中唐・翰苑<br>27_350_37 | 初唐•禮記正義<br>15_231_14 | 五代•大毗盧經<br>98_1206_11 |
| 五代•密教部類<br>4_46_4 | 晚唐•摩訶止觀<br>56_470_17 | 晚唐•摩訶止觀<br>35_303_8 | 中唐・翰苑<br>24_321_29 | 中唐・翰苑<br>29_371_6 | 中唐・翰苑<br>25_326_36 | 五代•大毗盧經<br>98_1207_1 |
| 五代•密教部類<br>5_62_2 | 晚唐•摩訶止觀<br>58_488_14 | 晚唐•摩訶止觀<br>36_313_25 | 晚唐•摩訶止觀<br>1_6_13 | 晚唐•摩訶止觀<br>1_6_4 | | 五代•大毗盧經<br>98_1211_5 |
| 五代•密教部類<br>5_71_2 | 晚唐•摩訶止觀<br>58_488_20 | 晚唐•摩訶止觀<br>48_408_10 | 晚唐•摩訶止觀<br>1_8_20 | 五代•大毗盧經<br>37_433_11 | | 五代•大毗盧經<br>98_1213_10 |
| 五代•密教部類<br>6_75_2 | 晚唐•摩訶止觀<br>60_503_27 | 晚唐•摩訶止觀<br>48_412_14 | 晚唐•摩訶止觀<br>3_21_15 | 五代•大毗盧經<br>95_1164_12 | | 五代•大毗盧經<br>98_1213_12 |
| 五代•密教部類<br>6_86_12 | 晚唐•摩訶止觀<br>60_509_23 | 晚唐•摩訶止觀<br>48_414_21 | 晚唐•摩訶止觀<br>3_24_15 | | | |
| 五代•密教部類<br>6_88_26 | 晚唐•摩訶止觀<br>60_510_24 | 晚唐•摩訶止觀<br>50_426_20 | 晚唐•摩訶止觀<br>4_32_24 | | | |
| 五代•大毗盧經<br>2_2_16 | 五代•密教部類<br>2_16_8 | 晚唐•摩訶止觀<br>50_427_2 | 晚唐•摩訶止觀<br>28_239_3 | | | |

## 藉　薰　藂

| 藉 | 薰 | 藂 |
| --- | --- | --- |
| 漢 シャ<br>訓 しきもの | 現 クン<br>訓 かおる | 漢 ソウ<br>訓 くさむら |

**藉**

初唐•禮記正義 21_316_5

初唐•禮記正義 21_316_10

初唐•禮記正義 21_317_26

初唐•禮記正義 21_318_22

初唐•禮記正義 21_319_22

初唐•禮記正義 21_320_16

初唐•禮記正義 24_356_11

**薰**

晚唐•摩訶止觀 13_113_12

**藂**

初唐•古文尚書 3_21_2

五代•大毗盧經 69_860_16

五代•大毗盧經 69_861_4

五代•大毗盧經 71_864_5

五代•大毗盧經 90_1107_18

五代•大毗盧經 41_494_3

五代•大毗盧經 46_569_12

五代•大毗盧經 49_602_6

五代•大毗盧經 58_711_2

五代•大毗盧經 59_729_5

五代•大毗盧經 60_735_11

五代•大毗盧經 62_766_4

五代•大毗盧經 62_766_14

五代•大毗盧經 21_274_3

五代•大毗盧經 23_294_20

五代•大毗盧經 23_299_27

五代•大毗盧經 25_315_3

五代•大毗盧經 28_349_1

五代•大毗盧經 28_356_3

五代•大毗盧經 35_410_16

五代•大毗盧經 35_411_2

五代•大毗盧經 2_3_7

五代•大毗盧經 9_103_28

五代•大毗盧經 13_159_9

五代•大毗盧經 13_161_19

五代•大毗盧經 14_183_14

五代•大毗盧經 14_183_20

五代•大毗盧經 16_204_28

五代•大毗盧經 17_222_11

(continued)

晚唐•摩訶止觀
52_441_7

晚唐•摩訶止觀
52_441_11

晚唐•摩訶止觀
54_457_24

五代•大毗盧經
8_98_11

五代•大毗盧經
10_112_11

五代•大毗盧經
33_405_11

五代•大毗盧經
33_405_19

五代•大毗盧經
37_438_6

## 藥

現ヤク
訓くすり

初唐•古文尚書
18_175_25

初唐•古文尚書
19_176_17

初唐・般若經
1_1_1

中唐・翰苑
28_361_35

中唐・翰苑
40_513_1

晚唐•摩訶止觀
10_85_3

晚唐•摩訶止觀
24_209_20

晚唐•摩訶止觀
36_314_9

## 藩

漢ハン
訓かきね

中唐・翰苑
24_310_35

中唐・翰苑
26_343_24

## 藤

漢トウ呉ドウ
訓ふじ

初唐・十誦律
19_365_3

## 藪

漢ソウ
訓やぶ

五代•大毗盧經
80_966_12

## 藝

現ゲイ
訓うえる

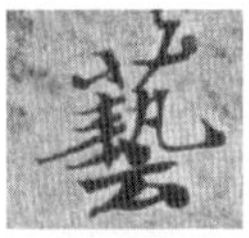
初唐•古文尚書
3_18_18

初唐•古文尚書
3_19_1

初唐・毛詩傳
10_104_18

初唐・毛詩傳
10_105_16

初唐・毛詩傳
10_108_11

初唐・毛詩傳
10_111_6

初唐•禮記正義
6_90_17

初唐•禮記正義
24_356_23

初唐•禮記正義
24_369_17

初唐•禮記正義
24_370_10

初唐•禮記正義
25_375_24

初唐•禮記正義
25_377_8

中唐・翰苑
5_55_19

## 蘂

漢 ズイ
訓 しべ

五代•大毗盧經 13_164_15
五代•大毗盧經 39_456_19
五代•大毗盧經 39_460_10
五代•大毗盧經 74_909_23

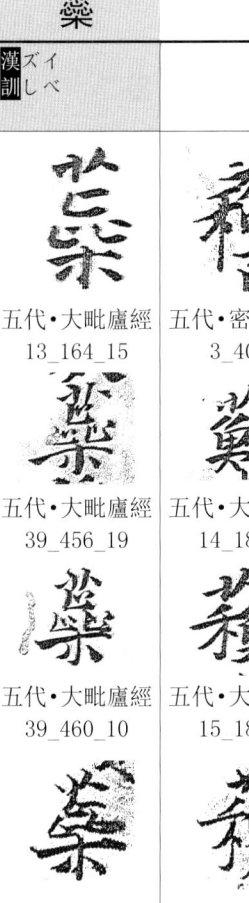

五代•密教部類 3_40_1
五代•大毗盧經 14_184_1
五代•大毗盧經 15_186_3
五代•大毗盧經 53_645_19
五代•大毗盧經 60_735_15
五代•大毗盧經 60_736_6
五代•大毗盧經 97_1195_8

中唐・翰苑 22_286_13
中唐・翰苑 22_286_23
中唐・翰苑 22_288_8
中唐・翰苑 27_352_33
中唐・翰苑 36_460_12
中唐・翰苑 41_530_17
五代•密教部類 2_17_2

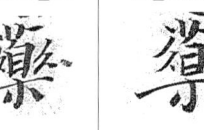

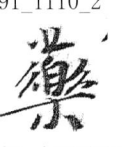

## 蘇

漢 ソ 呉 ス
訓 しそ

初唐•禮記正義 1_4_13
初唐•禮記正義 4_62_23
中唐・翰苑 5_61_41
中唐・翰苑 13_163_4
中唐・翰苑 13_167_12
中唐・翰苑 18_240_43
中唐・翰苑 18_241_11

五代•大毗盧經 90_1106_2
五代•大毗盧經 90_1106_33
五代•大毗盧經 90_1108_11
五代•大毗盧經 90_1108_16
五代•大毗盧經 91_1110_2
五代•大毗盧經 91_1111_11
五代•大毗盧經 91_1112_10
五代•大毗盧經 96_1172_17

五代•大毗盧經 88_1072_32
五代•大毗盧經 88_1077_16
五代•大毗盧經 90_1094_13
五代•大毗盧經 90_1095_2
五代•大毗盧經 90_1098_7
五代•大毗盧經 90_1098_18
五代•大毗盧經 90_1100_13
五代•大毗盧經 90_1101_9

五代•大毗盧經 43_516_24
五代•大毗盧經 67_845_11
五代•大毗盧經 67_845_19
五代•大毗盧經 78_950_4
五代•大毗盧經 80_969_16
五代•大毗盧經 82_997_17
五代•大毗盧經 83_1006_19
五代•大毗盧經 85_1031_18

| | | | 蘖 | 藺 | 藹 | 藻 |
|---|---|---|---|---|---|---|
| | | | 漢ゲツ<br>訓ひこばえ | リン<br>訓い | アイ<br>訓さかん | ソウ<br>訓も |
| <br>五代•大毗盧經<br>19_251_7 | <br>五代•大毗盧經<br>9_110_4 | <br>五代•大毗盧經<br>5_52_7 | <br>初唐•古文尚書<br>7_53_6 | <br>初唐•禮記正義<br>14_223_5 | <br>中唐・翰苑<br>24_319_21 | <br>初唐•禮記正義<br>1_15_20 |
| <br>五代•大毗盧經<br>20_262_13 | <br>五代•大毗盧經<br>10_119_14 | <br>五代•大毗盧經<br>5_57_7 | <br>初唐•古文尚書<br>7_53_24 | <br>初唐•禮記正義<br>14_223_12 | <br>五代•大毗盧經<br>37_439_10 | <br>初唐•禮記正義<br>19_289_23 |
| <br>五代•大毗盧經<br>21_265_2 | <br>五代•大毗盧經<br>11_125_17 | <br>五代•大毗盧經<br>6_61_8 | <br>五代•大毗盧經<br>3_26_11 | <br>初唐•禮記正義<br>15_224_1 | | <br>初唐•禮記正義<br>21_316_25 |
| <br>五代•大毗盧經<br>21_271_16 | <br>五代•大毗盧經<br>15_198_11 | <br>五代•大毗盧經<br>6_66_8 | <br>五代•大毗盧經<br>4_37_17 | | | <br>初唐•禮記正義<br>21_317_14 |
| <br>五代•大毗盧經<br>22_275_7 | <br>五代•大毗盧經<br>17_221_6 | <br>五代•大毗盧經<br>8_98_8 | <br>五代•大毗盧經<br>4_41_6 | | | <br>初唐•禮記正義<br>21_319_10 |
| <br>五代•大毗盧經<br>22_277_18 | <br>五代•大毗盧經<br>17_226_19 | <br>五代•大毗盧經<br>8_99_1 | <br>五代•大毗盧經<br>4_43_4 | | | <br>初唐•禮記正義<br>24_356_14 |
| <br>五代•大毗盧經<br>24_302_9 | <br>五代•大毗盧經<br>18_230_19 | <br>五代•大毗盧經<br>9_101_11 | <br>五代•大毗盧經<br>4_44_2 | | | <br>中唐・翰苑<br>20_257_30 |

# 蘭

ラン
訓らん

| | | | | | | |
|---|---|---|---|---|---|---|
| 初唐•禮記正義 11_168_3 | 五代•大毗盧經 81_993_1 | 五代•大毗盧經 56_688_23 | 五代•大毗盧經 43_516_8 | 五代•大毗盧經 32_399_2 | 五代•大毗盧經 29_373_15 | 五代•大毗盧經 26_330_21 |
| 初唐•禮記正義 11_168_23 | 五代•大毗盧經 82_995_1 | 五代•大毗盧經 56_690_2 | 五代•大毗盧經 45_539_23 | 五代•大毗盧經 32_402_6 | 五代•大毗盧經 30_375_4 | 五代•大毗盧經 26_336_33 |
| 初唐•禮記正義 11_169_22 | 五代•大毗盧經 91_1114_16 | 五代•大毗盧經 60_748_12 | 五代•大毗盧經 47_572_22 | 五代•大毗盧經 32_402_12 | 五代•大毗盧經 30_384_14 | 五代•大毗盧經 27_347_14 |
| 初唐•禮記正義 17_265_20 | 五代•大毗盧經 92_1124_15 | 五代•大毗盧經 61_761_12 | 五代•大毗盧經 48_592_17 | 五代•大毗盧經 33_405_8 | 五代•大毗盧經 30_385_23 | 五代•大毗盧經 28_357_8 |
| 中唐・翰苑 3_33_17 | 五代•大毗盧經 94_1151_10 | 五代•大毗盧經 67_845_8 | 五代•大毗盧經 51_632_4 | 五代•大毗盧經 33_407_11 | 五代•大毗盧經 31_389_22 | 五代•大毗盧經 28_361_21 |
| 中唐・翰苑 3_33_38 | 五代•大毗盧經 95_1164_10 | 五代•大毗盧經 68_852_5 | 五代•大毗盧經 52_636_1 | 五代•大毗盧經 40_474_4 | 五代•大毗盧經 31_389_27 | 五代•大毗盧經 29_367_12 |
| 中唐・翰苑 7_86_25 | 五代•大毗盧經 96_1175_13 | 五代•大毗盧經 77_930_8 | 五代•大毗盧經 55_670_8 | 五代•大毗盧經 40_474_9 | 五代•大毗盧經 31_392_15 | 五代•大毗盧經 29_370_14 |

| | | | | | | |
|---|---|---|---|---|---|---|
| | | | | | | |
| | | | | | <br>中唐・翰苑<br>41_523_16<br><br>晚唐•摩訶止觀<br>57_481_18<br><br>五代•大毗盧經<br>97_1190_18 | <br>中唐・翰苑<br>13_159_7<br><br>中唐・翰苑<br>16_211_30<br><br>中唐・翰苑<br>33_433_12<br><br>中唐・翰苑<br>38_491_17<br><br>中唐・翰苑<br>38_491_31<br><br>中唐・翰苑<br>41_522_34<br><br>中唐・翰苑<br>41_523_13 |

# 羽部

## 羽 羽

現ウ
訓はね

初唐•古文尚書
3_18_16

初唐•古文尚書
3_23_22

初唐•古文尚書
3_24_9

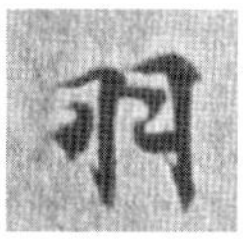
初唐•古文尚書
3_24_14

初唐•古文尚書
4_34_9

初唐•古文尚書
4_34_19

初唐•古文尚書
4_34_21

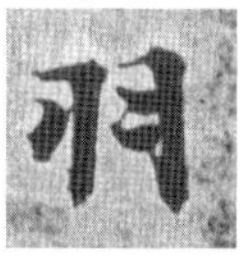
初唐•古文尚書
5_43_17

初唐・毛詩傳
9_99_2

初唐・毛詩傳
10_102_4

初唐・毛詩傳
10_102_14

初唐・毛詩傳
10_113_2

中唐・翰苑
18_241_24

中唐・翰苑
19_242_42

中唐・翰苑
24_322_3

中唐・翰苑
25_325_31

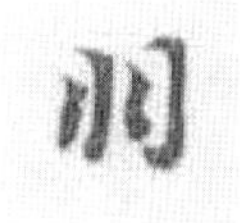
中唐・翰苑
25_326_27

中唐・翰苑
30_388_4

中唐・翰苑
30_388_28

五代•大毗盧經
13_155_19

五代•大毗盧經
72_885_17

五代•大毗盧經
82_996_9

五代•大毗盧經
88_1079_11

五代•大毗盧經
91_1110_9

五代•大毗盧經
92_1135_4

## 翄

シ
訓つばさ

五代•大毗盧經
80_974_2

## 翊 翊

ヨク
訓とびこえる

初唐•古文尚書
35_334_13

## 翼

漢 現 ヨク
訓 つばさ

初唐•古文尚書
35_334_25

初唐・毛詩傳
10_107_20

五代•大毗盧經
19_245_2

五代•大毗盧經
54_658_11

## 翳

漢 エイ
訓 きぬがさ

中唐・翰苑
21_274_37

五代•大毗盧經
37_439_9

## 翮

漢 カク
訓 はねのもと

初唐・毛詩傳
10_110_15

## 翰

漢 カン
訓 やまどり

中唐・翰苑
1_1_1

## 翕

キュウ
訓 おこる

中唐・翰苑
41_529_2

中唐・翰苑
41_529_15

中唐・翰苑
41_530_30

五代•大毗盧經
23_297_18

五代•大毗盧經
32_398_38

五代•大毗盧經
97_1194_7

## 習

漢 シュウ 呉 ジュウ
訓 ならう

初唐•古文尚書
40_386_7

初唐•禮記正義
18_279_4

中唐・翰苑
13_171_13

晚唐•摩訶止觀
18_159_11

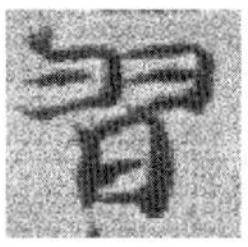
晚唐•摩訶止觀
24_209_10

晚唐•摩訶止觀
26_228_8

晚唐•摩訶止觀
26_228_16

晚唐•摩訶止觀
47_402_17

## 翻

呉ホン 漢ハン
訓ひるがえる

中唐・翰苑
13_159_5

中唐・翰苑
31_407_35

中唐・翰苑
39_495_23

晩唐•摩訶止觀
5_40_8

晩唐•摩訶止觀
46_396_3

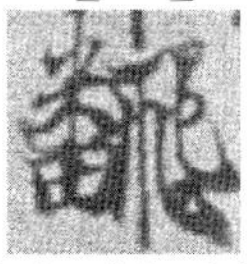
晩唐•摩訶止觀
50_429_9

五代•密教部類
1_6_17

## 耀

ヨウ
訓かがやく

中唐・翰苑
24_311_4

晩唐•摩訶止觀
9_81_12

晩唐•摩訶止觀
35_300_21

晩唐•摩訶止觀
43_373_6

五代•大毗盧經
85_1035_7

五代•大毗盧經
85_1036_2

# 糸部

## 紅

慣ク漢コウ呉グ
訓べに

五代・大毗盧經
92_1135_14

## 紆

ウ
訓まがる

晚唐・摩訶止觀
47_399_22

初唐・古文尚書
27_263_12

初唐・古文尚書
28_272_8

初唐・古文尚書
28_272_20

初唐・古文尚書
28_273_37

初唐・古文尚書
28_278_10

初唐・古文尚書
29_280_19

初唐・古文尚書
32_305_1

## 紂

チュウ
訓しりがい

初唐・古文尚書
25_244_6

初唐・古文尚書
25_247_15

初唐・古文尚書
25_247_20

初唐・古文尚書
26_251_5

初唐・古文尚書
26_256_4

初唐・古文尚書
26_259_22

初唐・古文尚書
27_260_12

初唐・古文尚書
27_261_14

## 糺

現キュウ
訓あざなう

初唐・古文尚書
38_362_2

## 系

漢ケイ
訓かける

中唐・翰苑
11_133_7

## 約 

現 ヤク
訓 しばる

初唐・古文尚書 40_391_16
初唐・禮記正義 15_232_18
初唐・禮記正義 23_352_12
中唐・翰苑 4_38_15
中唐・翰苑 9_116_12
中唐・翰苑 12_148_18
中唐・翰苑 30_387_16
中唐・翰苑 36_467_27

中唐・翰苑 36_468_9
晚唐・摩訶止觀 5_43_14
晚唐・摩訶止觀 18_154_27
晚唐・摩訶止觀 18_155_6
晚唐・摩訶止觀 23_199_20
晚唐・摩訶止觀 23_200_21
晚唐・摩訶止觀 23_201_19
晚唐・摩訶止觀 23_202_13

晚唐・摩訶止觀 38_325_20
晚唐・摩訶止觀 40_342_7
晚唐・摩訶止觀 40_342_19
晚唐・摩訶止觀 43_367_2
晚唐・摩訶止觀 43_367_24
晚唐・摩訶止觀 43_368_7
晚唐・摩訶止觀 43_368_18
晚唐・摩訶止觀 43_369_2

晚唐・摩訶止觀 43_369_15
晚唐・摩訶止觀 43_370_1
晚唐・摩訶止觀 43_370_13
晚唐・摩訶止觀 51_434_25
晚唐・摩訶止觀 51_435_2
晚唐・摩訶止觀 52_440_13
晚唐・摩訶止觀 52_440_17
晚唐・摩訶止觀 57_483_20

晚唐・摩訶止觀 61_516_15
晚唐・摩訶止觀 61_517_5
晚唐・摩訶止觀 61_518_17
晚唐・摩訶止觀 61_518_27
晚唐・摩訶止觀 62_519_11
晚唐・摩訶止觀 62_519_17
五代・大毗盧經 66_831_7

## 紇 

漢 コツ
訓 —

初唐・禮記正義 30_463_25
初唐・禮記正義 30_464_14
初唐・禮記正義 30_466_16
初唐・禮記正義 30_467_3
初唐・禮記正義 30_467_14
初唐・禮記正義 30_469_4
初唐・禮記正義 30_469_13
中唐・翰苑 20_257_36

五代・大毗盧經 44_535_6
五代・大毗盧經 49_595_10
五代・大毗盧經 66_822_12
五代・大毗盧經 68_856_13

| 素 | 素 | 紀 | 紀 | 紐 | 級 | 級 |
|---|---|---|---|---|---|---|
|  | 漢ソ 呉ス<br>訓しろいと |  | キ<br>訓おさめる | 慣チュウ 漢ジュウ<br>訓ひも |  | キュウ<br>訓しな |

中唐・翰苑
27_352_43

中唐・翰苑
36_465_3

五代・大毗盧經
12_144_8

五代・大毗盧經
19_240_1

五代・大毗盧經
22_283_1

五代・大毗盧經
22_284_22

五代・大毗盧經
44_530_2

初唐・毛詩傳
4_42_4

初唐・毛詩傳
5_45_9

初唐・禮記正義
27_421_20

中唐・翰苑
14_177_1

中唐・翰苑
27_347_8

中唐・翰苑
27_348_29

中唐・翰苑
27_351_3

中唐・翰苑
30_383_22

初唐・古文尚書
31_289_24

初唐・古文尚書
31_290_15

初唐・古文尚書
31_291_1

初唐・古文尚書
35_329_16

初唐・古文尚書
35_330_21

中唐・翰苑
22_289_1

中唐・翰苑
22_294_19

中唐・翰苑
29_375_33

毗紐夜摩女
五代・大毗盧經
80_967_17

那羅毗紐妃
五代・大毗盧經
85_1038_4

資財
中唐・翰苑
41_526_40

五代・大毗盧經
18_229_21

中唐・翰苑
5_62_31

中唐・翰苑
6_75_15

中唐・翰苑
13_160_29

中唐・翰苑
15_188_25

其後
中唐・翰苑
15_188_27

中唐・翰苑
21_278_37

中唐・翰苑
26_345_16

中唐・翰苑
41_526_38

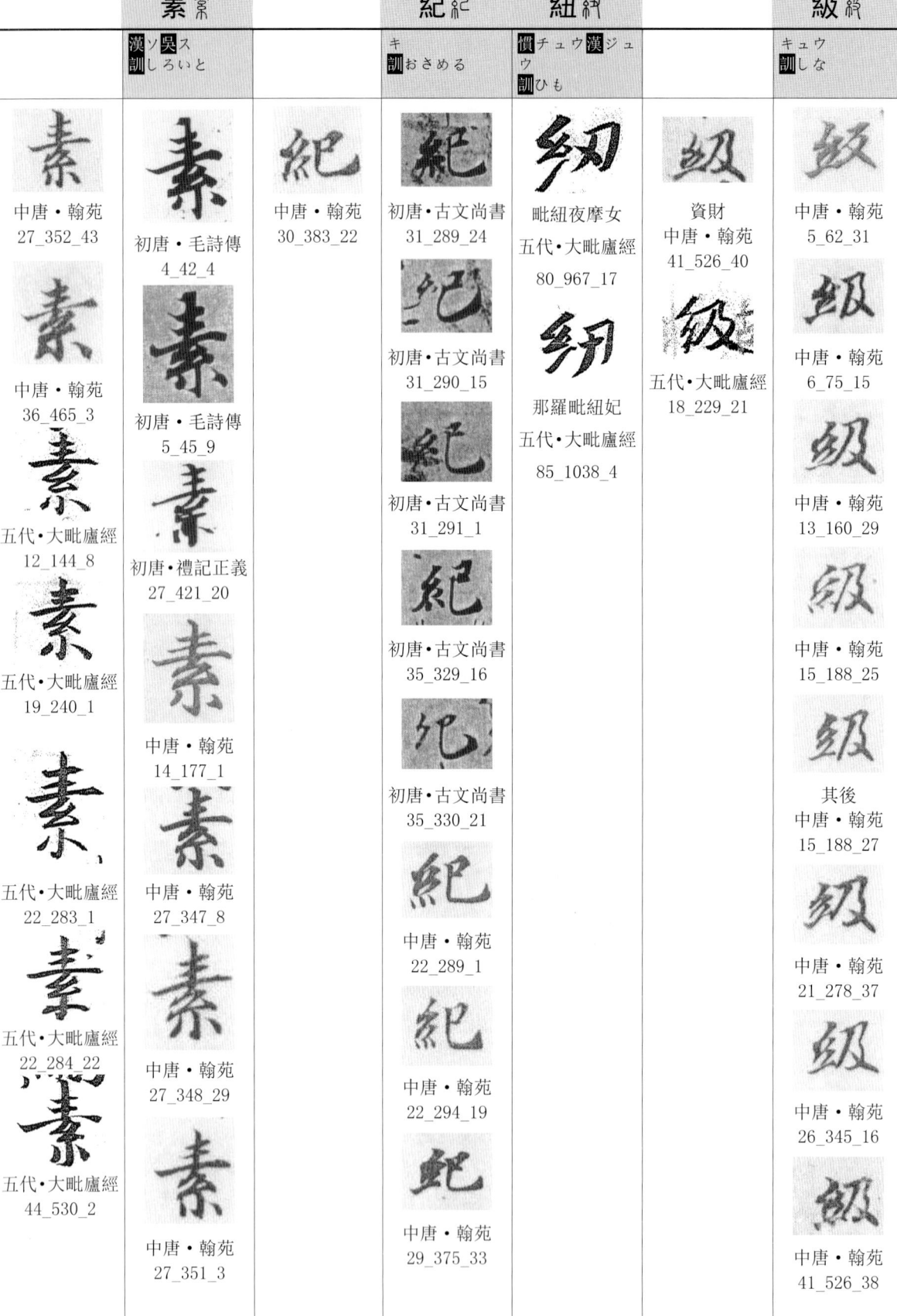

## 純

漢シュン 吳ジュン
訓きいと

初唐・古文尚書 28_275_9

初唐・毛詩傳 4_43_26

中唐・翰苑 13_164_5

中唐・翰苑 13_165_5

晚唐・摩訶止觀 6_54_5

晚唐・摩訶止觀 21_185_17

五代・人毗盧經 46_566_4

## 紊

慣ビン 漢ブン
訓みだれる

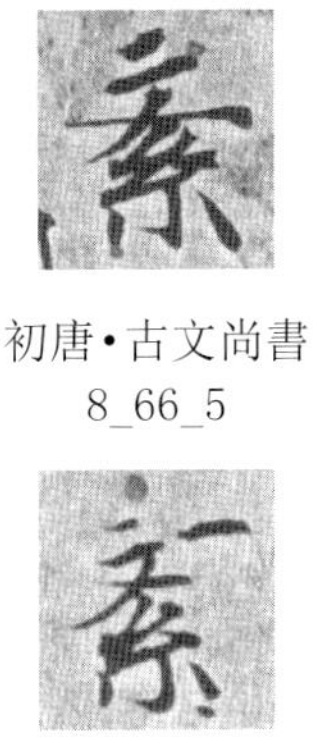

初唐・古文尚書 8_66_5

初唐・古文尚書 8_66_16

五代・大毗盧經 68_849_36

五代・大毗盧經 82_996_17

五代・大毗盧經 85_1048_21

五代・大毗盧經 85_1048_28

五代・大毗盧經 86_1057_43

五代・大毗盧經 37_435_11

五代・大毗盧經 37_438_13

五代・大毗盧經 40_475_5

五代・大毗盧經 41_496_11

五代・大毗盧經 46_555_4

五代・大毗盧經 48_587_1

五代・大毗盧經 67_838_5

五代・大毗盧經 19_240_14

五代・大毗盧經 23_296_17

五代・大毗盧經 26_332_3

五代・大毗盧經 26_332_8

五代・大毗盧經 26_335_6

五代・大毗盧經 26_335_15

五代・大毗盧經 26_336_6

## 索

漢 現サク
訓なわ

初唐・禮記正義 11_176_17

中唐・翰苑 11_135_9

中唐・翰苑 27_350_3

中唐・翰苑 27_350_7

中唐・翰苑 36_460_3

五代・大毗盧經 8_100_13

五代・大毗盧經 16_199_22

五代・大毗盧經 46_561_5

五代・大毗盧經 49_602_12

五代・大毗盧經 65_813_23

五代・大毗盧經 72_880_8

五代・大毗盧經 85_1039_20

五代・大毗盧經 95_1161_12

五代・大毗盧經 96_1173_4

## 納

慣トウ 慣ナン 慣ナッ 慣ナ 呉ノウ 漢ドウ

初唐・古文尚書 18_173_4
初唐・古文尚書 18_173_12
初唐・古文尚書 21_197_12
初唐・古文尚書 21_197_20
初唐・禮記正義 5_78_11
初唐・禮記正義 30_467_27
初唐・禮記正義 30_468_24
中唐・翰苑 6_72_6

中唐・翰苑 14_186_6
衍文 中唐・翰苑 16_203_30
網羅 中唐・翰苑 16_203_37
網捕 中唐・翰苑 16_206_23
中唐・翰苑 41_527_28
五代・大毗盧經 20_259_1
五代・大毗盧經 62_765_17
五代・大毗盧經 62_768_15

## 紛

フン
訓まぎれる

魁頭露紒 中唐・翰苑 18_233_25
五代・大毗盧經 14_169_12

## 累

ルイ
訓わずらわせる

初唐・古文尚書 35_337_3
中唐・翰苑 10_122_6
中唐・翰苑 10_130_26
中唐・翰苑 12_152_2
中唐・翰苑 23_303_12
中唐・翰苑 28_365_13
中唐・翰苑 28_368_24

## 紺

漢カン 呉コン
訓こんいろ

五代・大毗盧經 14_177_18

## 細

呉サイ 漢セイ
訓ほそい

初唐・古文尚書 2_14_9
初唐・古文尚書 3_26_26
初唐・古文尚書 4_27_5
初唐・古文尚書 4_36_2
初唐・古文尚書 5_45_4
初唐・禮記正義 22_326_15
初唐・禮記正義 22_340_7
中唐・翰苑 2_19_14

立句龍王車紐 中唐・翰苑 6_73_22
中唐・翰苑 20_257_24
中唐・翰苑 23_306_1
中唐・翰苑 24_321_41
中唐・翰苑 43_547_8
晚唐・摩訶止觀 40_348_8
晚唐・摩訶止觀 41_351_26
晚唐・摩訶止觀 41_352_11

晚唐•摩訶止觀
62_519_24

五代•大毗盧經
9_109_16

五代•大毗盧經
85_1031_16

## 組 組

現ソ
訓くみ

初唐•禮記正義
24_366_26

初唐•禮記正義
24_367_4

初唐•禮記正義
24_368_13

初唐•禮記正義
24_369_1

## 終 終

漢シュウ 呉シュ
訓おわる

初唐•古文尚書
19_180_4

初唐•古文尚書
19_180_15

初唐•古文尚書
22_208_16

初唐•古文尚書
22_208_27

初唐•古文尚書
22_216_17

初唐•古文尚書
22_217_17

初唐•古文尚書
33_310_5

初唐•古文尚書
33_311_10

初唐•古文尚書
33_316_14

初唐•古文尚書
33_317_29

初唐•古文尚書
34_318_16

初唐•古文尚書
44_425_10

初唐•古文尚書
44_425_12

初唐•古文尚書
44_426_10

初唐•古文尚書
44_426_15

初唐•禮記正義
4_66_17

初唐•禮記正義
10_161_16

中唐・翰苑
8_99_31

中唐・翰苑
9_106_41

中唐・翰苑
10_121_15

中唐・翰苑
11_137_30

中唐・翰苑
20_268_38

中唐・翰苑
23_305_30

中唐・翰苑
30_389_23

中唐・翰苑
30_390_6

中唐・翰苑
45_578_10

晚唐•摩訶止觀
3_21_20

晚唐•摩訶止觀
15_135_9

晚唐•摩訶止觀
15_135_18

晚唐•摩訶止觀
19_167_8

晚唐•摩訶止觀
20_172_20

晚唐•摩訶止觀
20_173_8

晚唐•摩訶止觀
58_487_18

晚唐•摩訶止觀
58_487_26

五代•大毗盧經
15_189_42

五代•大毗盧經
79_960_17

五代•大毗盧經
97_1187_35

五代•大毗盧經
97_1192_10

五代•大毗盧經
97_1193_10

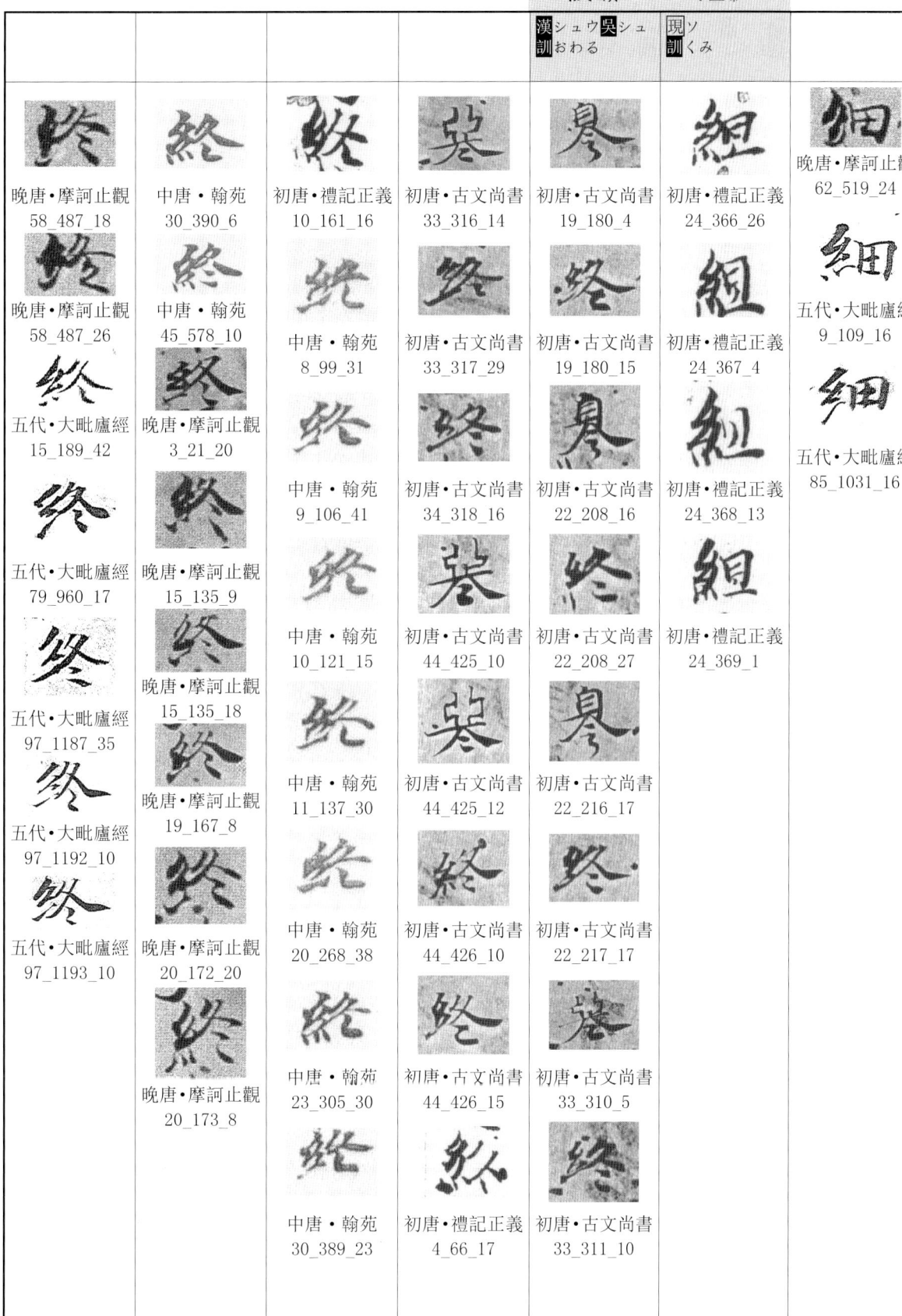

| | 結 | 紫 | 絜 | 紹 | 紵 | 絃 |
|---|---|---|---|---|---|---|
| | 漢ケツ呉ケチ<br>訓むすぶ | 現シ<br>訓むらさき | 漢ケツ呉ケチ<br>訓くくる | 漢現ショウ呉ジョウ<br>訓つぐ | 漢チョ<br>訓いちび | 呉ゲン<br>訓いと |
| <br>初唐・十誦律<br>3_41_11 | <br>初唐•禮記正義<br>10_158_28 | <br>中唐・翰苑<br>25_330_21 | <br>初唐•古文尚書<br>43_419_28 | <br>初唐•古文尚書<br>7_54_21 | <br>初唐•古文尚書<br>4_36_3 | <br>初唐•古文尚書<br>3_17_2 |
| <br>初唐・十誦律<br>3_52_8 | <br>初唐•禮記正義<br>29_456_1 | <br>中唐・翰苑<br>28_360_4 | <br>初唐・毛詩傳<br>5_45_7 | <br>初唐•古文尚書<br>23_227_20 | | |
| <br>初唐・十誦律<br>4_54_9 | <br>初唐・十誦律<br>2_13_16 | <br>中唐・翰苑<br>32_420_7 | | <br>初唐•古文尚書<br>38_362_10 | | |
| <br>初唐・十誦律<br>4_56_7 | <br>初唐・十誦律<br>2_31_12 | <br>中唐・翰苑<br>33_423_45 | | <br>中唐・翰苑<br>21_274_42 | | |
| <br>初唐・十誦律<br>4_57_13 | <br>初唐・十誦律<br>2_32_14 | <br>五代•大毗盧經<br>71_868_16 | | <br>中唐・翰苑<br>21_274_46 | | |
| <br>初唐・十誦律<br>4_59_5 | <br>初唐・十誦律<br>3_37_15 | <br>五代•大毗盧經<br>91_1115_14 | | | | |
| <br>初唐・十誦律<br>4_60_10 | <br>初唐・十誦律<br>3_39_14 | | | | | |
| <br>初唐・十誦律<br>4_61_17 | <br>初唐・十誦律<br>3_40_11 | | | | | |

# 絡

ラク
訓からむ

晚唐•摩訶止觀
33_289_10

五代•大毗盧經
13_168_10

五代•大毗盧經
27_339_35

五代•大毗盧經
97_1199_17

五代•大毗盧經
17_223_3

五代•大毗盧經
18_227_12

五代•大毗盧經
18_227_16

五代•大毗盧經
18_229_32

五代•大毗盧經
18_230_5

五代•大毗盧經
19_238_13

五代•大毗盧經
19_239_19

五代•大毗盧經
19_242_4

五代•大毗盧經
7_75_2

五代•大毗盧經
7_76_2

五代•大毗盧經
7_83_1

五代•大毗盧經
10_117_33

五代•大毗盧經
14_174_3

五代•大毗盧經
15_188_19

五代•大毗盧經
17_215_17

五代•大毗盧經
17_222_9

晚唐•摩訶止觀
27_235_3

晚唐•摩訶止觀
32_278_21

晚唐•摩訶止觀
39_340_18

晚唐•摩訶止觀
42_358_1

晚唐•摩訶止觀
56_476_4

五代•大毗盧經
2_4_2

五代•大毗盧經
2_5_22

五代•大毗盧經
6_70_3

中唐・翰苑
15_190_27

中唐・翰苑
16_209_9

中唐・翰苑
25_328_44

中唐・翰苑
34_444_26

晚唐•摩訶止觀
1_8_17

晚唐•摩訶止觀
7_60_8

晚唐•摩訶止觀
20_172_9

晚唐•摩訶止觀
27_234_20

初唐・十誦律
6_94_6

初唐・十誦律
6_96_7

初唐・十誦律
6_100_16

初唐・十誦律
6_102_13

中唐・翰苑
3_34_26

中唐・翰苑
4_38_12

中唐・翰苑
8_96_5

中唐・翰苑
14_176_32

| | 絕 | 統 | 絞 | 絢 | 絳 | 給 |
|---|---|---|---|---|---|---|
| | 慣ゼツ漢セツ呉ゼチ<br>訓たえる | 漢現トウ<br>訓すべる | 漢コウ呉キョウ<br>訓しめる | ケン<br>訓あや | コウ<br>訓あか | キュウ漢キョウ<br>訓たまう |
| <br>初唐•古文尚書<br>24_236_13 | <br>初唐•古文尚書<br>7_52_5 | <br>中唐・翰苑<br>7_80_29 | <br>五代•大毗盧經<br>16_203_22 | <br>初唐•禮記正義<br>24_368_12 | <br>初唐•禮記正義<br>24_369_5 | <br>初唐•古文尚書<br>37_357_2 |
| <br>初唐•古文尚書<br>24_237_17 | <br>初唐•古文尚書<br>7_52_20 | <br>中唐・翰苑<br>28_369_22 | <br>五代•大毗盧經<br>23_293_17 | <br>初唐•禮記正義<br>24_370_3 | | <br>中唐・翰苑<br>12_156_6 |
| <br>初唐•古文尚書<br>25_249_15 | <br>初唐•古文尚書<br>7_57_8 | <br>中唐・翰苑<br>31_404_22 | <br>五代•大毗盧經<br>75_924_13 | <br>五代•大毗盧經<br>39_457_1 | | <br>中唐・翰苑<br>14_185_31 |
| <br>初唐•古文尚書<br>26_250_2 | <br>初唐•古文尚書<br>9_79_33 | <br>中唐・翰苑<br>35_455_8 | <br>五代•大毗盧經<br>85_1040_10 | | | <br>中唐・翰苑<br>16_205_12 |
| <br>初唐•古文尚書<br>26_251_7 | <br>初唐•古文尚書<br>14_127_25 | | <br>五代•大毗盧經<br>93_1137_7 | | | <br>中唐・翰苑<br>19_254_20 |
| <br>初唐•古文尚書<br>32_305_21 | <br>初唐•古文尚書<br>14_132_10 | | | | | |
| <br>初唐•古文尚書<br>32_305_25 | <br>初唐•古文尚書<br>14_132_23 | | | | | |
| <br>初唐•古文尚書<br>41_394_15 | <br>初唐•古文尚書<br>15_136_22 | | | | | |

## 經 經　絲 絲

漢 ケイ 呉 キョウ
訓 へる

シ
訓 いと

中唐・翰苑
24_317_18

中唐・翰苑
24_318_12

中唐・翰苑
24_320_30

中唐・翰苑
25_325_20

中唐・翰苑
25_327_22

中唐・翰苑
29_373_4

中唐・翰苑
31_398_21

中唐・翰苑
31_404_11

初唐•古文尚書
17_161_20

初唐•古文尚書
18_171_14

初唐•古文尚書
31_290_13

初唐•禮記正義
21_322_14

初唐•禮記正義
27_426_5

初唐•禮記正義
29_459_25

初唐・十誦律
19_367_10

初唐・般若經
2_2_8

初唐•古文尚書
2_9_1

初唐•古文尚書
2_14_19

初唐•古文尚書
2_16_16

初唐•古文尚書
2_16_20

中唐・翰苑
38_494_12

中唐・翰苑
40_509_9

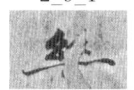

中唐・翰苑
42_535_12

中唐・翰苑
45_572_14

五代•大毗盧經
28_361_12

五代•大毗盧經
82_999_29

中唐・翰苑
10_121_43

中唐・翰苑
14_181_23

中唐・翰苑
17_221_17

中唐・翰苑
21_280_20

中唐・翰苑
21_280_24

中唐・翰苑
31_403_23

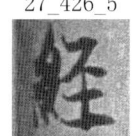

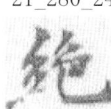

中唐・翰苑
31_403_32

中唐・翰苑
33_431_1

初唐•禮記正義
30_460_20

初唐•禮記正義
30_462_17

中唐・翰苑
2_17_27

中唐・翰苑
4_43_40

中唐・翰苑
4_45_12

中唐・翰苑
8_105_40

中唐・翰苑
9_116_30

中唐・翰苑
9_118_14

初唐•古文尚書
41_395_28

初唐•古文尚書
41_396_5

初唐•古文尚書
41_397_22

初唐•古文尚書
42_410_23

初唐•古文尚書
42_410_27

初唐•古文尚書
43_420_16

初唐•古文尚書
43_420_30

初唐•禮記正義
29_448_1

中唐・翰苑
33_432_1

中唐・般若經
1_1_8

中唐・般若經
19_340_8

晚唐•摩訶止觀
1_4_23

晚唐•摩訶止觀
2_13_3

晚唐•摩訶止觀
3_25_22

晚唐•摩訶止觀
3_27_5

晚唐•摩訶止觀
3_29_5

晚唐•摩訶止觀
7_56_2

晚唐•摩訶止觀
8_70_1

晚唐•摩訶止觀
10_86_18

晚唐•摩訶止觀
10_86_24

晚唐•摩訶止觀
10_87_12

晚唐•摩訶止觀
11_97_24

晚唐•摩訶止觀
12_106_15

晚唐•摩訶止觀
13_117_1

晚唐•摩訶止觀
14_120_18

晚唐•摩訶止觀
14_122_10

晚唐•摩訶止觀
14_124_22

晚唐•摩訶止觀
15_128_6

晚唐•摩訶止觀
20_171_5

晚唐•摩訶止觀
20_172_6

晚唐•摩訶止觀
24_207_3

晚唐•摩訶止觀
24_208_10

晚唐•摩訶止觀
25_212_10

晚唐•摩訶止觀
25_213_18

晚唐•摩訶止觀
26_223_10

晚唐•摩訶止觀
26_224_11

晚唐•摩訶止觀
26_225_14

晚唐•摩訶止觀
26_226_18

晚唐•摩訶止觀
27_229_15

晚唐•摩訶止觀
28_240_3

晚唐•摩訶止觀
30_264_9

晚唐•摩訶止觀
31_271_13

晚唐•摩訶止觀
32_276_4

晚唐•摩訶止觀
32_279_17

晚唐•摩訶止觀
32_281_23

晚唐•摩訶止觀
33_284_8

晚唐•摩訶止觀
34_299_29

晚唐•摩訶止觀
35_306_29

晚唐•摩訶止觀
42_364_11

晚唐•摩訶止觀
44_376_1

晚唐•摩訶止觀
45_384_18

晚唐•摩訶止觀
45_388_21

晚唐•摩訶止觀
49_418_17

晚唐•摩訶止觀
50_423_20

晚唐•摩訶止觀
53_449_10

晚唐•摩訶止觀
55_463_23

晚唐•摩訶止觀
56_470_18

晚唐•摩訶止觀
56_478_6

晚唐•摩訶止觀
58_492_6

晚唐•摩訶止觀
59_502_7

晚唐•摩訶止觀
60_506_8

五代•密教部類
1_3_19

五代•密教部類
2_18_18

五代•密教部類
2_22_3

| | | | | | | |
|---|---|---|---|---|---|---|
| 五代•大毗盧經 70_862_12 | 五代•大毗盧經 2_2_12 | 五代•密教部類 6_83_6 | 五代•密教部類 6_76_2 | 五代•密教部類 3_38_11 | 五代•密教部類 3_32_18 | 五代•密教部類 3_26_7 |
| 五代•大毗盧經 71_863_12 | 五代•大毗盧經 2_7_19 | 五代•密教部類 6_84_6 | 五代•密教部類 6_77_12 | 五代•密教部類 3_39_16 | 五代•密教部類 3_33_11 | 五代•密教部類 3_27_12 |
| 五代•大毗盧經 97_1187_12 | 五代•大毗盧經 2_10_20 | 五代•密教部類 6_85_6 | 五代•密教部類 6_77_24 | 五代•密教部類 3_39_32 | 五代•密教部類 3_34_11 | 五代•密教部類 3_28_3 |
| 五代•大毗盧經 98_1203_6 | 五代•大毗盧經 2_17_3 | 五代•密教部類 6_86_6 | 五代•密教部類 6_78_6 | 五代•密教部類 3_40_7 | 五代•密教部類 3_34_33 | 五代•密教部類 3_29_3 |
| | 五代•大毗盧經 33_408_6 | 五代•密教部類 6_87_6 | 五代•密教部類 6_79_6 | 五代•密教部類 3_41_5 | 五代•密教部類 3_34_54 | 五代•密教部類 3_29_13 |
| | 五代•大毗盧經 35_410_12 | 五代•密教部類 6_88_6 | 五代•密教部類 6_80_6 | 五代•密教部類 4_43_9 | 五代•密教部類 3_35_11 | 五代•密教部類 3_30_5 |
| | 五代•大毗盧經 48_587_12 | 五代•密教部類 6_89_12 | 五代•密教部類 6_81_6 | 五代•密教部類 4_44_12 | 五代•密教部類 3_36_13 | 五代•密教部類 3_30_16 |
| | 五代•大毗盧經 69_860_12 | 五代•大毗盧經 1_1_12 | 五代•密教部類 6_82_6 | 五代•密教部類 4_53_15 | 五代•密教部類 3_37_11 | 五代•密教部類 3_31_7 |

## 緊

キン
訓きびしい

五代•大毗盧經
20_254_26

五代•大毗盧經
21_270_9

五代•大毗盧經
66_830_19

五代•大毗盧經
67_833_24

五代•大毗盧經
95_1165_4

五代•大毗盧經
96_1173_11

## 綈

漢テイ
訓つむぎ

中唐 • 翰苑
8_103_44

## 絺

チ
訓ほそぬの

初唐•古文尚書
2_14_3

初唐•古文尚書
2_14_8

五代•大毗盧經
71_875_17

初唐•禮記正義
13_200_9

初唐•禮記正義
13_202_8

初唐•禮記正義
13_205_20

初唐•禮記正義
18_278_20

初唐•禮記正義
18_279_23

初唐•禮記正義
18_280_21

中唐 • 翰苑
4_42_35

中唐 • 翰苑
43_553_13

初唐•禮記正義
11_173_17

初唐•禮記正義
11_174_1

初唐•禮記正義
11_174_9

初唐•禮記正義
11_174_13

初唐•禮記正義
12_184_6

初唐•禮記正義
12_185_4

初唐•禮記正義
12_185_21

初唐•禮記正義
13_199_4

## 綏

スイ、タ
訓たれひも

初唐•古文尚書
14_126_21

初唐•古文尚書
15_140_24

初唐•古文尚書
23_228_2

初唐•古文尚書
31_287_24

初唐•禮記正義
11_172_44

初唐•禮記正義
11_172_49

初唐•禮記正義
11_173_3

初唐•禮記正義
11_173_9

## 綃

ショウ
訓きぎぬ

五代•大毗盧經
14_177_11

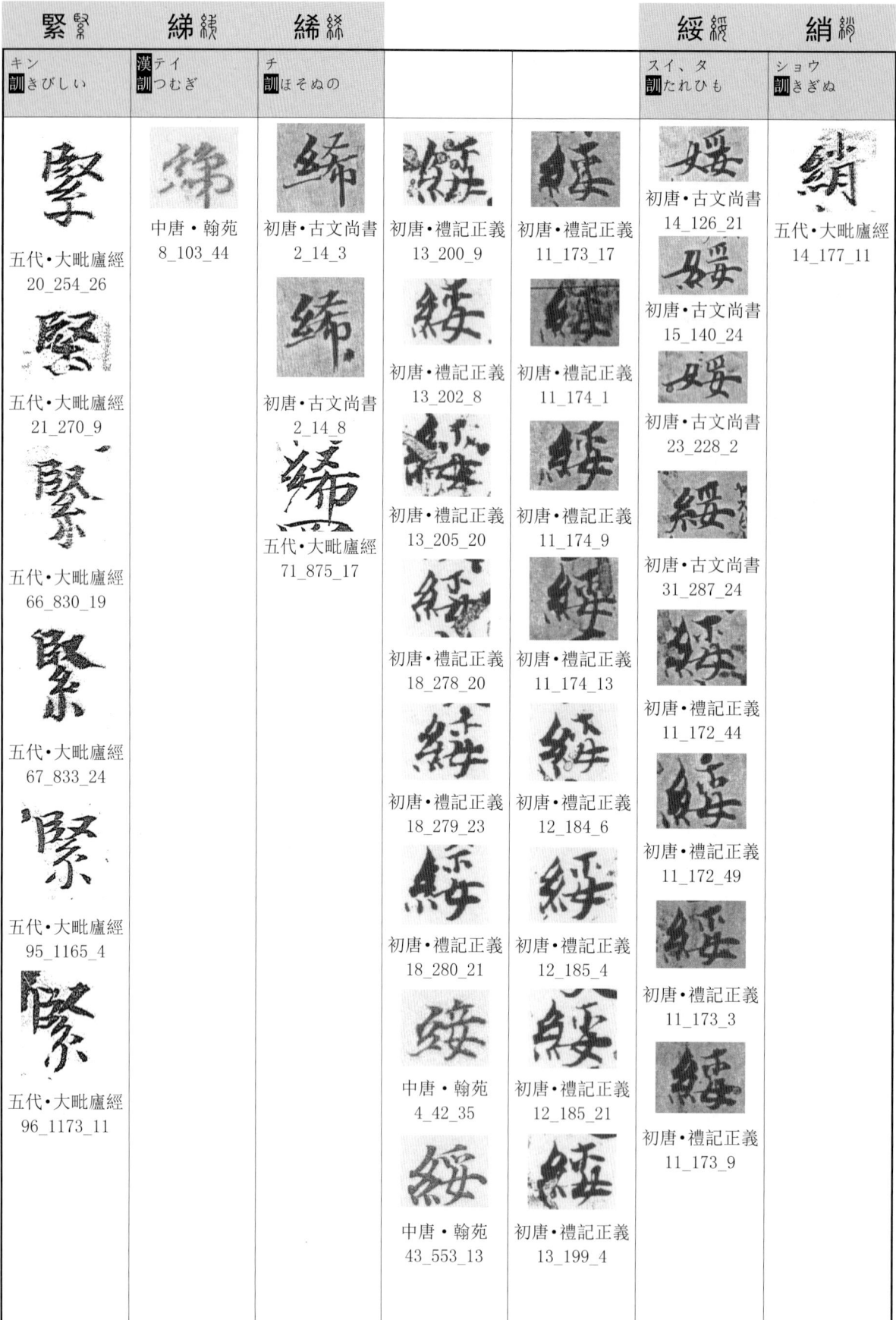

| | 網 | 綱 | 綽 | 緋 | 緒 | 綺 |
|---|---|---|---|---|---|---|
| | 呉現モウ漢ボウ<br>訓あみ | 現コウ<br>訓つな | シャク<br>訓ゆるやか | ヒ<br>訓あか | 漢ジョ慣チョ<br>訓お | キ<br>訓あやぎぬ |
| <br>五代・大毗盧經<br>50_618_5 | <br>初唐・古文尚書<br>8_65_30 | <br>初唐・古文尚書<br>8_65_32 | <br>五代・大毗盧經<br>37_437_6 | <br>中唐・翰苑<br>45_577_16 | <br>初唐・古文尚書<br>35_331_12 | <br>初唐・古文尚書<br>2_9_16 |
| <br>五代・大毗盧經<br>51_630_2 | <br>初唐・古文尚書<br>8_67_2 | <br>初唐・古文尚書<br>8_67_4 | | | <br>中唐・翰苑<br>13_170_4 | <br>中唐・翰苑<br>8_103_13 |
| <br>五代・大毗盧經<br>55_673_41 | <br>中唐・翰苑<br>16_204_10 | <br>中唐・翰苑<br>30_383_21 | | | <br>中唐・翰苑<br>33_427_4 | <br>中唐・翰苑<br>43_555_5 |
| <br>五代・大毗盧經<br>96_1177_37 | <br>晚唐・摩訶止觀<br>5_41_2 | <br>五代・大毗盧經<br>96_1177_36 | | | 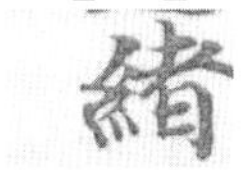<br>中唐・翰苑<br>42_532_10 | <br>五代・大毗盧經<br>57_703_1 |
| | <br>晚唐・摩訶止觀<br>19_168_7 | | | | | |
| | <br>晚唐・摩訶止觀<br>20_171_2 | | | | | |
| | <br>五代・大毗盧經<br>50_614_13 | | | | | |
| | <br>五代・大毗盧經<br>50_617_18 | | | | | |

## 綴

漢テイ
訓つづる

中唐・翰苑
18_232_3

中唐・翰苑
18_233_10

## 綢

漢チュウ
訓まとう

初唐・毛詩傳
6_60_1

初唐・毛詩傳
6_62_1

初唐・毛詩傳
6_62_11

初唐・毛詩傳
7_68_24

初唐・毛詩傳
7_71_5

初唐・毛詩傳
7_75_1

中唐・翰苑
28_362_25

## 綵

漢サイ
訓あや

中唐・翰苑
12_151_28

晩唐•摩訶止観
46_396_21

五代•大毗盧經
39_456_20

## 維

漢現イ呉ユイ
訓つな

中唐・翰苑
2_14_3

中唐・翰苑
7_81_11

中唐・翰苑
8_104_22

五代•大毗盧經
44_529_10

中唐・翰苑
39_506_17

中唐・翰苑
43_554_33

## 綬

呉ジュ
訓ひも

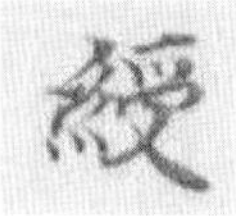
中唐・翰苑
15_193_11

中唐・翰苑
17_221_25

中唐・翰苑
17_222_28

中唐・翰苑
32_420_8

中唐・翰苑
33_422_5

中唐・翰苑
33_423_46

中唐・翰苑
34_435_27

中唐・翰苑
38_485_17

## 綿

漢ベン呉メン
訓わた

初唐・毛詩傳
6_62_15

中唐・翰苑
17_226_30

中唐・翰苑
18_234_18

| | 縁 | 縒 | 縋 | 緩 | 練 | 綠 |
|---|---|---|---|---|---|---|
| | エン<br>訓ふち | シ<br>訓よる | 漢ツイ<br>訓かける | 漢カン<br>訓ゆるい | レン<br>訓ねる | 漢リョク呉ロク<br>訓みどり |
| <br>初唐・十誦律<br>7_121_11 | <br>初唐・十誦律<br>1_12_2 | <br>五代•大毗盧經<br>79_953_9 | <br>中唐・翰苑<br>18_236_25 | <br>晚唐•摩訶止觀<br>19_167_14 | 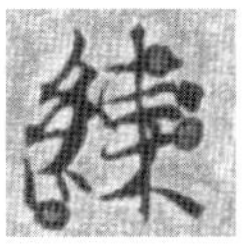<br>三諫不從<br>初唐•禮記正義<br>29_447_22 | <br>中唐・翰苑<br>8_103_45 |
| <br>初唐・十誦律<br>7_131_11 | <br>初唐・十誦律<br>3_44_12 | | | | <br>初唐・十誦律<br>2_16_2 | <br>緣邊諸郡<br>中唐・翰苑<br>12_155_41 |
| <br>初唐・十誦律<br>7_132_7 | <br>初唐・十誦律<br>3_47_7 | | | | <br>初唐・十誦律<br>2_30_13 | |
| <br>初唐・十誦律<br>8_150_15 | <br>初唐・十誦律<br>3_49_10 | | | | <br>晚唐•摩訶止觀<br>13_113_11 | |
| <br>初唐・十誦律<br>8_151_12 | <br>初唐・十誦律<br>3_51_1 | | | | <br>五代•大毗盧經<br>2_19_3 | |
| <br>初唐・十誦律<br>9_163_7 | <br>初唐・十誦律<br>4_67_17 | | | | | |
| <br>初唐・般若經<br>3_27_13 | <br>初唐・十誦律<br>4_69_10 | | | | | |
| <br>初唐・般若經<br>3_28_10 | <br>初唐・十誦律<br>7_120_14 | | | | | |

| | | | | | | |
|---|---|---|---|---|---|---|
| 晚唐•摩訶止觀 11_101_17 | 中唐・翰苑 41_520_22 | 初唐・般若經 19_277_10 | 初唐・般若經 17_254_2 | 初唐・般若經 16_234_8 | 初唐・般若經 5_52_10 | 初唐・般若經 3_30_6 |
| 晚唐•摩訶止觀 13_113_15 | 晚唐•摩訶止觀 4_35_13 | 初唐・般若經 19_279_8 | 初唐・般若經 17_259_14 | 初唐・般若經 16_235_5 | 初唐・般若經 5_54_6 | 初唐・般若經 4_35_13 |
| 晚唐•摩訶止觀 14_120_22 | 晚唐•摩訶止觀 4_37_7 | 中唐・翰苑 2_18_37 | 初唐・般若經 18_260_11 | 初唐・般若經 16_237_3 | 初唐・般若經 5_59_13 | 初唐・般若經 4_36_10 |
| 晚唐•摩訶止觀 14_121_11 | 晚唐•摩訶止觀 6_50_6 | 中唐・翰苑 5_58_5 | 初唐・般若經 18_262_9 | 初唐・般若經 16_242_16 | 初唐・般若經 5_60_10 | 初唐・般若經 4_38_6 |
| 晚唐•摩訶止觀 14_127_21 | 晚唐•摩訶止觀 6_50_18 | 中唐・翰苑 16_203_6 | 初唐・般若經 18_268_5 | 初唐・般若經 16_243_13 | 初唐・般若經 5_62_6 | 初唐・般若經 4_43_13 |
| 晚唐•摩訶止觀 15_133_12 | 晚唐•摩訶止觀 9_79_24 | 中唐・翰苑 16_204_25 | 初唐・般若經 18_269_2 | 初唐・般若經 17_245_11 | 初唐・般若經 6_67_13 | 初唐・般若經 4_44_10 |
| 晚唐•摩訶止觀 16_136_26 | 晚唐•摩訶止觀 9_80_6 | 中唐・翰苑 31_397_25 | 初唐・般若經 18_270_17 | 初唐・般若經 17_251_7 | 初唐・般若經 6_68_10 | 初唐・般若經 4_46_6 |
| 晚唐•摩訶止觀 16_137_18 | 晚唐•摩訶止觀 10_92_9 | 中唐・翰苑 34_441_6 | 初唐・般若經 18_276_13 | 初唐・般若經 17_252_4 | 初唐・般若經 6_70_6 | 初唐・般若經 5_51_13 |

晚唐•摩訶止觀
25_214_7

晚唐•摩訶止觀
25_217_20

晚唐•摩訶止觀
25_218_11

晚唐•摩訶止觀
25_219_16

晚唐•摩訶止觀
25_219_22

晚唐•摩訶止觀
26_220_3

晚唐•摩訶止觀
26_222_18

晚唐•摩訶止觀
26_226_28

晚唐•摩訶止觀
27_233_6

晚唐•摩訶止觀
27_233_8

晚唐•摩訶止觀
27_233_17

晚唐•摩訶止觀
27_233_20

晚唐•摩訶止觀
27_233_28

晚唐•摩訶止觀
27_234_6

晚唐•摩訶止觀
30_262_18

晚唐•摩訶止觀
30_263_20

晚唐•摩訶止觀
30_264_20

晚唐•摩訶止觀
30_265_7

晚唐•摩訶止觀
30_266_8

晚唐•摩訶止觀
31_267_17

晚唐•摩訶止觀
31_268_13

晚唐•摩訶止觀
31_269_13

晚唐•摩訶止觀
31_270_5

晚唐•摩訶止觀
31_271_3

晚唐•摩訶止觀
38_325_29

晚唐•摩訶止觀
38_326_12

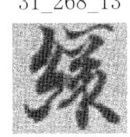

晚唐•摩訶止觀
38_326_22

晚唐•摩訶止觀
38_327_24

晚唐•摩訶止觀
38_328_1

晚唐•摩訶止觀
38_330_3

晚唐•摩訶止觀
41_356_18

晚唐•摩訶止觀
42_363_2

晚唐•摩訶止觀
42_364_5

晚唐•摩訶止觀
42_365_1

晚唐•摩訶止觀
43_366_1

晚唐•摩訶止觀
43_371_14

晚唐•摩訶止觀
43_371_23

晚唐•摩訶止觀
48_412_25

晚唐•摩訶止觀
48_412_27

晚唐•摩訶止觀
52_442_16

晚唐•摩訶止觀
52_445_16

晚唐•摩訶止觀
52_445_27

晚唐•摩訶止觀
53_446_4

晚唐•摩訶止觀
53_447_27

晚唐•摩訶止觀
53_448_3

晚唐•摩訶止觀
53_448_15

晚唐•摩訶止觀
56_470_24

晚唐•摩訶止觀
56_473_3

晚唐•摩訶止觀
56_475_15

晚唐•摩訶止觀
56_478_20

晚唐•摩訶止觀
57_481_26

晚唐•摩訶止觀
57_482_20

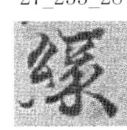

五代•密教部類
1_7_4

五代•大毗盧經
2_11_11

五代•大毗盧經
41_494_22

五代•大毗盧經
48_583_39

| 縢 | | | | 縣 | 縠 | |
|---|---|---|---|---|---|---|
| 漢 トウ<br>訓 からげる | | | | 漢 ケン<br>訓 かける | 漢 コク<br>訓 ちりめん | |
| 初唐•禮記正義 4_53_8 | 中唐・翰苑 39_500_24<br>中唐・翰苑 39_503_1<br>中唐・翰苑 39_504_6<br>中唐・翰苑 40_512_17<br>中唐・翰苑 41_522_10<br>中唐・翰苑 41_522_22<br>中唐・翰苑 44_561_8 | 中唐・翰苑 28_364_13<br>中唐・翰苑 34_439_27<br>中唐・翰苑 34_444_23<br>中唐・翰苑 35_455_12<br>中唐・翰苑 36_459_33<br>中唐・翰苑 36_464_3<br>中唐・翰苑 36_464_16<br>中唐・翰苑 38_490_32 | 中唐・翰苑 20_264_13<br>中唐・翰苑 21_277_23<br>中唐・翰苑 22_289_26<br>中唐・翰苑 22_292_12<br>中唐・翰苑 22_292_20<br>中唐・翰苑 24_312_32<br>中唐・翰苑 24_315_17<br>中唐・翰苑 24_315_19 | 初唐•禮記正義 21_311_9<br>初唐•禮記正義 21_312_14<br>初唐•禮記正義 21_313_22<br>中唐・翰苑 5_55_32<br>中唐・翰苑 15_194_29<br>中唐・翰苑 15_194_31<br>中唐・翰苑 20_260_28<br>中唐・翰苑 20_263_21 | 五代•大毗盧經 14_177_12 | 五代•大毗盧經 49_601_19<br>五代•大毗盧經 55_671_39<br>五代•大毗盧經 77_930_6<br>五代•大毗盧經 77_931_3<br>五代•大毗盧經 77_932_4<br>五代•大毗盧經 77_932_16<br>五代•大毗盧經 91_1113_21 |

## 縧

慣ジョウ 漢トウ
訓さなだ

初唐・禮記正義 14_211_24

## 縛

吳バク
訓しばる

五代・大毗盧經 92_1136_17
五代・大毗盧經 93_1138_11
五代・大毗盧經 85_1046_11
五代・大毗盧經 89_1087_7
五代・大毗盧經 89_1087_15
五代・大毗盧經 90_1098_10
五代・大毗盧經 90_1099_17
五代・大毗盧經 90_1100_17
五代・大毗盧經 91_1112_16
五代・大毗盧經 92_1132_10
五代・大毗盧經 73_897_23
五代・大毗盧經 73_897_25
五代・大毗盧經 73_900_27
五代・大毗盧經 77_931_7
五代・大毗盧經 77_935_22
五代・大毗盧經 82_999_9
五代・大毗盧經 82_999_16
五代・大毗盧經 85_1045_5
五代・大毗盧經 64_797_10
五代・大毗盧經 64_801_5
五代・大毗盧經 65_818_12
五代・大毗盧經 65_818_27
五代・大毗盧經 65_818_34
五代・大毗盧經 65_819_1
五代・大毗盧經 65_819_4
五代・大毗盧經 73_897_16
五代・大毗盧經 23_296_14
五代・大毗盧經 24_309_21
五代・大毗盧經 27_339_12
五代・大毗盧經 46_560_2
五代・大毗盧經 51_623_14
五代・大毗盧經 54_662_7
五代・大毗盧經 57_706_22
五代・大毗盧經 63_791_2

## 縟

漢ジュク
訓しげし

初唐・禮記正義 22_338_12
初唐・禮記正義 22_340_6

## 縞

コウ
訓しろぎぬ

初唐・古文尚書
3_26_18

初唐・古文尚書
3_26_22

五代・大毗盧經
44_530_1

## 縑

ケン
訓きぬ

中唐・翰苑
19_242_25

中唐・翰苑
19_246_10

## 縊

漢エイ漢イ
訓くびる

五代・大毗盧經
37_439_2

五代・大毗盧經
57_695_11

五代・大毗盧經
92_1124_11

## 繁

漢ハン
訓しげし

中唐・翰苑
14_184_7

五代・密教部類
2_22_14

## 繇

ヨウ
訓したがう

初唐・古文尚書
1_6_12

初唐・古文尚書
1_6_17

初唐・古文尚書
16_150_19

初唐・古文尚書
31_291_12

初唐・古文尚書
32_306_3

初唐・古文尚書
33_310_3

初唐・古文尚書
33_312_10

初唐・古文尚書
36_346_23

初唐・古文尚書
42_406_17

初唐・古文尚書
44_423_40

中唐・翰苑
10_121_22

## 縛

バク
訓しばる

晚唐・摩訶止觀
13_116_6

晚唐・摩訶止觀
23_197_4

晚唐・摩訶止觀
23_199_5

晚唐・摩訶止觀
23_202_9

晚唐・摩訶止觀
44_378_13

晚唐・摩訶止觀
44_378_25

晚唐・摩訶止觀
46_391_28

晚唐・摩訶止觀
46_392_10

| | 總 | | 縱 | 縵 | 績 | |
|---|---|---|---|---|---|---|
| | 漢ソウ<br>訓ふさ | | 慣ジョウ漢ショウ<br>訓たて | 漢バン呉マン<br>訓ゆるやか | 漢セキ<br>訓つむぐ | |
| 中唐・翰苑<br>18_230_10 | 初唐・古文尚書<br>17_157_21 | 晚唐・摩訶止觀<br>44_376_26 | 中唐・翰苑<br>5_59_22 | 中唐・翰苑<br>45_577_9 | 初唐・古文尚書<br>16_145_10 | 晚唐・摩訶止觀<br>48_407_23 |
| 中唐・翰苑<br>21_270_17 | 初唐・古文尚書<br>17_157_30 | 晚唐・摩訶止觀<br>49_417_2 | 中唐・翰苑<br>8_97_20 | | 初唐・古文尚書<br>31_295_2 | 晚唐・摩訶止觀<br>48_409_23 |
| 中唐・翰苑<br>24_321_35 | 初唐・古文尚書<br>19_185_4 | 五代・大毗盧經<br>97_1194_11 | 中唐・翰苑<br>10_131_24 | | 初唐・古文尚書<br>35_329_15 | 晚唐・摩訶止觀<br>48_410_22 |
| 中唐・翰苑<br>26_341_2 | 初唐・禮記正義<br>8_115_7 | | 中唐・翰苑<br>16_206_4 | | 中唐・翰苑<br>16_204_1 | 晚唐・摩訶止觀<br>51_433_7 |
| 晚唐・摩訶止觀<br>5_46_20 | 初唐・禮記正義<br>8_115_22 | | 中唐・翰苑<br>29_380_3 | | 中唐・翰苑<br>22_295_3 | 晚唐・摩訶止觀<br>51_433_14 |
| 晚唐・摩訶止觀<br>6_48_22 | 初唐・禮記正義<br>17_262_11 | | 中唐・翰苑<br>33_426_3 | | 中唐・翰苑<br>36_463_11 | 晚唐・摩訶止觀<br>51_434_14 |
| 晚唐・摩訶止觀<br>14_123_6 | 初唐・禮記正義<br>17_262_30 | | 中唐・翰苑<br>39_504_38 | | 中唐・翰苑<br>41_524_18 | 晚唐・摩訶止觀<br>51_436_11 |
| 晚唐・摩訶止觀<br>14_123_14 | 初唐・禮記正義<br>25_389_3 | | 晚唐・摩訶止觀<br>13_113_22 | | | |

| | | 繞 | 繠 | 繆 | | |
|---|---|---|---|---|---|---|
| | | 漢ジョウ呉ニョウ<br>訓まとう | ズイ<br>訓たれる | リョウ漢キュウ<br>漢ビュウ漢ボク<br>訓まとう | | |
| 五代・大毗盧經<br>46_563_7 | 五代・大毗盧經<br>13_166_15 | 中唐・翰苑<br>3_26_18 | 初唐・禮記正義<br>17_265_1 | 初唐・毛詩傳<br>6_60_2 | 五代・大毗盧經<br>42_502_18 | 晚唐・摩訶止觀<br>15_135_19 |
| 五代・大毗盧經<br>51_624_15 | 五代・大毗盧經<br>14_180_20 | 中唐・翰苑<br>7_89_3 | 初唐・禮記正義<br>17_265_8 | 初唐・毛詩傳<br>6_62_2 | 五代・大毗盧經<br>49_602_3 | 晚唐・摩訶止觀<br>30_262_7 |
| 五代・大毗盧經<br>63_774_20 | 五代・大毗盧經<br>22_280_20 | 中唐・翰苑<br>7_91_8 | | 初唐・毛詩傳<br>6_62_12 | | 晚唐・摩訶止觀<br>31_270_17 |
| 五代・大毗盧經<br>63_790_10 | 五代・大毗盧經<br>25_317_17 | 中唐・翰苑<br>7_91_11 | | 初唐・毛詩傳<br>7_68_25 | | 晚唐・摩訶止觀<br>52_440_27 |
| 五代・大毗盧經<br>64_795_10 | 五代・大毗盧經<br>39_463_10 | 中唐・翰苑<br>28_366_15 | | 初唐・毛詩傳<br>7_71_6 | | 晚唐・摩訶止觀<br>60_509_11 |
| 五代・大毗盧經<br>67_840_15 | 五代・大毗盧經<br>40_484_20 | 五代・大毗盧經<br>3_24_13 | | 初唐・毛詩傳<br>7_75_2 | | 五代・密教部類<br>1_1_11 |
| 五代・大毗盧經<br>71_868_15 | 五代・大毗盧經<br>41_486_10 | 五代・大毗盧經<br>7_84_10 | | | | 五代・大毗盧經<br>8_100_3 |
| 五代・大毗盧經<br>80_972_15 | 五代・大毗盧經<br>44_526_20 | 五代・大毗盧經<br>8_94_15 | | | | 五代・大毗盧經<br>14_171_8 |

| 繩 | 繹 | | 繫 | 繒 | 織 | |
|---|---|---|---|---|---|---|
| 呉ジョウ<br>訓なわ | 漢エキ呉ヤク<br>訓ぬく | | 漢ケイ<br>訓つなぐ | ソウ漢ショウ<br>訓きぬ | 漢ショク呉シキ<br>訓おる | |
| 初唐•古文尚書<br>19_180_25 | 初唐•古文尚書<br>24_233_16 | 初唐•禮記正義<br>26_403_8 | 初唐•禮記正義<br>4_59_2 | 初唐•古文尚書<br>3_26_21 | 初唐•古文尚書<br>2_9_4 | 五代•大毗盧經<br>85_1035_5 |
| 初唐•古文尚書<br>19_181_10 | | 攻擊<br>中唐・翰苑<br>15_194_20 | 初唐•禮記正義<br>11_178_26 | 初唐•古文尚書<br>3_26_24 | 初唐•古文尚書<br>2_9_13 | 五代•大毗盧經<br>85_1047_8 |
| 初唐•古文尚書<br>38_361_34 | | 中唐・翰苑<br>30_391_15 | 初唐•禮記正義<br>24_367_2 | 初唐•禮記正義<br>24_365_10 | 初唐•古文尚書<br>4_35_23 | 五代•大毗盧經<br>92_1127_5 |
| 初唐•禮記正義<br>11_173_1 | | 晚唐•摩訶止觀<br>6_50_17 | 初唐•禮記正義<br>24_367_21 | 初唐•禮記正義<br>24_365_18 | 初唐•古文尚書<br>4_36_1 | |
| 初唐•禮記正義<br>24_366_27 | | 五代•大毗盧經<br>57_692_22 | 初唐•禮記正義<br>24_368_9 | 初唐•禮記正義<br>24_365_25 | 中唐・翰苑<br>11_143_4 | |
| 中唐・翰苑<br>12_151_29 | | | 初唐•禮記止義<br>24_368_16 | 中唐・翰苑<br>8_104_1 | 中唐・翰苑<br>20_267_20 | |
| 中唐・翰苑<br>18_236_21 | | | 初唐•禮記正義<br>24_368_21 | 中唐・翰苑<br>40_517_21 | 中唐・翰苑<br>33_432_21 | |
| 中唐・翰苑<br>30_390_2 | | | | 中唐・翰苑<br>43_555_8 | | |

<table>
<tr><td></td><td></td><td>繅繰</td><td></td><td>繡繍</td><td>纏</td><td></td></tr>
<tr><td></td><td></td><td>漢ソウ<br>訓くる</td><td></td><td>シュウ<br>訓ぬいとり</td><td>テン<br>訓なわ</td><td></td></tr>
<tr>
<td><br>初唐•禮記正義<br>25_380_1<br><br>初唐•禮記正義<br>25_386_23<br><br>初唐•禮記正義<br>25_387_2</td>
<td><br>初唐•禮記正義<br>25_373_24<br><br>初唐•禮記正義<br>25_374_12<br><br>初唐•禮記正義<br>25_375_3<br><br>初唐•禮記正義<br>25_375_14<br><br>初唐•禮記正義<br>25_377_24<br><br>初唐•禮記正義<br>25_378_28<br><br>初唐•禮記正義<br>25_379_13</td>
<td><br>初唐•禮記正義<br>24_356_20<br><br>初唐•禮記正義<br>24_369_16<br><br>初唐•禮記正義<br>24_370_9<br><br>初唐•禮記正義<br>24_370_25<br><br>初唐•禮記正義<br>24_371_5<br><br>初唐•禮記正義<br>24_372_9<br><br>初唐•禮記正義<br>25_373_11</td>
<td><br>中唐・翰苑<br>11_140_30<br><br>中唐・翰苑<br>11_143_3<br><br>中唐・翰苑<br>17_217_13<br><br>渾彌<br>中唐・翰苑<br>20_263_1<br><br>中唐・翰苑<br>21_277_41<br><br>中唐・翰苑<br>43_555_6</td>
<td><br>初唐・毛詩傳<br>4_42_17<br><br>初唐・毛詩傳<br>4_43_6<br><br>初唐・毛詩傳<br>5_45_12<br><br>初唐・毛詩傳<br>5_45_17<br><br>初唐•禮記正義<br>23_353_14<br><br>中唐・翰苑<br>8_103_11<br><br>中唐・翰苑<br>8_103_15<br><br>中唐・翰苑<br>8_103_37</td>
<td><br>中唐・翰苑<br>4_42_28</td>
<td><br>中唐・翰苑<br>30_391_14<br><br>中唐・翰苑<br>30_391_24<br><br>中唐・翰苑<br>36_460_16</td>
</tr>
</table>

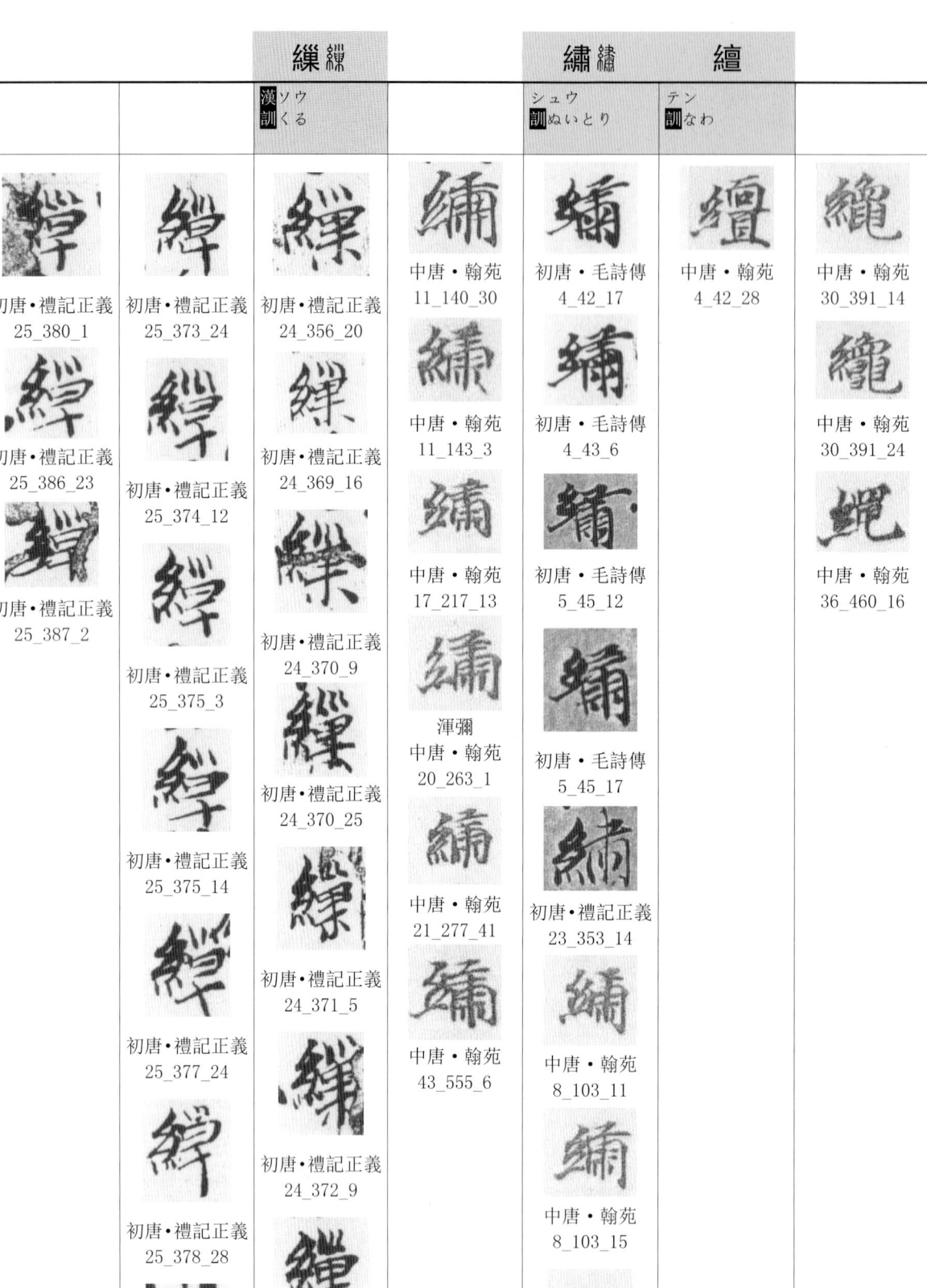

瀆盧國
中唐・翰苑
26_340_14

中唐・翰苑
30_387_18

織績木皮
中唐・翰苑
33_432_22

## 續

吳ゾク漢ショク
訓つぐ

初唐•古文尚書
13_116_25

初唐•古文尚書
13_117_19

中唐・翰苑
13_170_14

中唐・翰苑
14_173_5

其瀆盧國
中唐・翰苑
18_238_31

中唐・翰苑
22_290_11

中唐・翰苑
24_312_24

## 繼

漢ケイ
訓つぐ

初唐•古文尚書
23_228_5

初唐•古文尚書
35_332_12

初唐•古文尚書
35_336_17

初唐•古文尚書
37_353_21

初唐•古文尚書
38_363_7

中唐・翰苑
7_84_26

中唐・翰苑
11_139_8

中唐・翰苑
38_493_40

## 繽

漢ヒン
訓—

五代•大毗盧經
14_169_11

## 纁

クン
訓うすあか

初唐•禮記正義
24_368_8

## 纚

シ
訓つむぎ

中唐・翰苑
43_545_22

## 纂

サン
訓あつめる

中唐・翰苑
27_354_20

| 纘 | 纛 | 纖 | 纔 | 纏 | 纈 |
|---|---|---|---|---|---|
| サン<br>訓つぐ | 漢トウ<br>訓はたぼこ | 現セン<br>訓いとすじ | 漢サン漢サイ<br>訓わずか | 漢テン呉デン<br>訓まとう | 漢ケツ呉ケチ<br>訓しぼり |
| <br>初唐•古文尚書<br>35_336_1 | <br>中唐・翰苑<br>42_541_1 | <br>初唐•古文尚書<br>3_26_25<br><br>初唐•古文尚書<br>3_26_27 | <br>晚唐•摩訶止觀<br>1_3_17<br><br>晚唐•摩訶止觀<br>21_186_27<br><br>五代•大毗盧經<br>7_75_1<br><br>五代•大毗盧經<br>9_104_2<br><br>五代•大毗盧經<br>17_215_16 | <br>初唐・毛詩傳<br>6_62_14<br><br>晚唐•摩訶止觀<br>33_289_9<br><br>五代•大毗盧經<br>4_45_20 | <br>中唐・翰苑<br>21_273_31<br>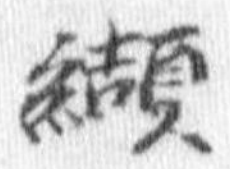<br>中唐・翰苑<br>25_330_23 |

# 走部

## 走 𧺆

漢ソウ 呉シュ
訓はしる

初唐•禮記正義 11_166_10

中唐・翰苑 3_27_20

中唐・翰苑 3_30_24

中唐・翰苑 4_41_10

中唐・翰苑 10_120_3

中唐・翰苑 10_130_17

中唐・翰苑 12_158_21

中唐・翰苑 13_168_41

中唐・翰苑 15_191_12

中唐・翰苑 16_212_20

中唐・翰苑 19_255_31

中唐・翰苑 20_256_18

中唐・翰苑 23_304_9

中唐・翰苑 25_328_23

中唐・翰苑 26_340_3

中唐・翰苑 33_430_34

中唐・翰苑 38_487_35

晚唐•摩訶止觀 48_409_13

## 赴 𧺆

現フ
訓おもむく

初唐•禮記正義 4_58_9

初唐•禮記正義 4_58_11

初唐•禮記正義 4_58_24

初唐•禮記正義 30_463_10

中唐・翰苑 6_69_15

晚唐•摩訶止觀 26_222_11

五代•大毗盧經 15_195_9

五代•大毗盧經 98_1212_15

## 起 𧺆

キ
訓おきる

初唐•古文尚書 1_6_7

初唐•古文尚書 8_62_5

初唐•古文尚書 8_62_22

初唐•古文尚書 13_115_10

初唐•古文尚書 20_190_17

初唐•古文尚書 20_190_22

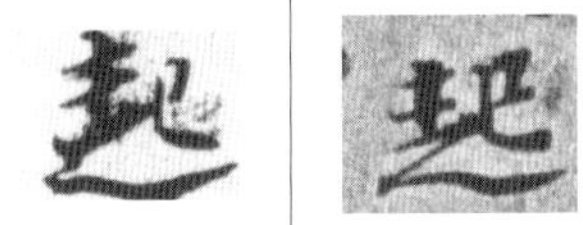
初唐•古文尚書 23_222_10
初唐•禮記正義 6_96_2

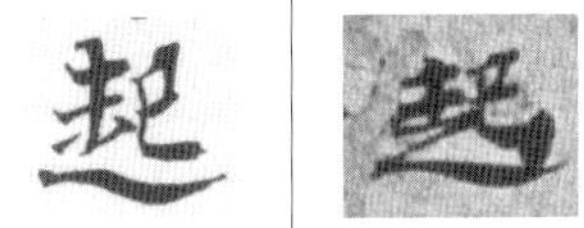
初唐•古文尚書 27_266_14
初唐•禮記正義 18_271_15

初唐•古文尚書 28_273_8

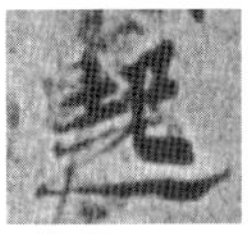
初唐•古文尚書 29_279_6

初唐•古文尚書 37_354_21

初唐•古文尚書 37_357_30

初唐•古文尚書 37_358_24

初唐•古文尚書 40_390_20

初唐•禮記正義 20_308_1

初唐•禮記正義 24_372_11

初唐・十誦律 2_21_12

初唐・十誦律 4_72_7

初唐・十誦律 7_128_14

初唐・十誦律 8_139_8

初唐・十誦律 8_140_12

初唐・十誦律 8_148_6

初唐・十誦律 12_221_9

初唐・十誦律 12_224_8

初唐・十誦律 12_224_12

初唐・十誦律 12_227_12

初唐・十誦律 12_233_14

初唐・十誦律 13_236_5

初唐・十誦律 13_236_9

初唐・十誦律 13_237_10

初唐・十誦律 13_239_1

初唐・十誦律 19_360_17

爲趙邊將 中唐・翰苑 2_21_8

中唐・翰苑 6_66_22

中唐・翰苑 6_77_30

中唐・翰苑 9_118_7

中唐・翰苑 10_120_12

中唐・翰苑 14_184_13

投赴 中唐・翰苑 15_191_41

中唐・翰苑 23_303_23

中唐・翰苑 34_437_1

中唐・翰苑 34_437_12

中唐・翰苑 35_447_21

中唐・翰苑 41_530_34

中唐・翰苑 43_550_28

晚唐•摩訶止觀 3_23_42

晚唐•摩訶止觀 7_58_15

晚唐•摩訶止觀 8_70_18

晚唐•摩訶止觀 8_72_1

晚唐•摩訶止觀 8_73_9

晚唐•摩訶止觀 8_74_9

晚唐•摩訶止觀 15_133_13

晚唐•摩訶止觀 15_134_18

晚唐•摩訶止觀 16_136_2

晚唐•摩訶止觀 16_136_21

晚唐•摩訶止觀 16_137_7

晚唐•摩訶止觀 16_137_17

晚唐•摩訶止觀 16_140_15

晚唐•摩訶止觀 16_141_13

晚唐•摩訶止觀 16_142_4

晚唐•摩訶止觀 16_142_8

晚唐•摩訶止觀 16_142_14

晚唐•摩訶止觀 17_150_14

晚唐•摩訶止觀 17_151_1

晚唐•摩訶止觀 17_151_26

晚唐•摩訶止觀 20_173_21

晚唐•摩訶止觀 20_178_18

晚唐•摩訶止觀 21_180_2

晚唐•摩訶止觀 21_181_20

晚唐•摩訶止觀 21_183_16

越 䞈

漢エツ 呉オチ 漢カツ
訓こす

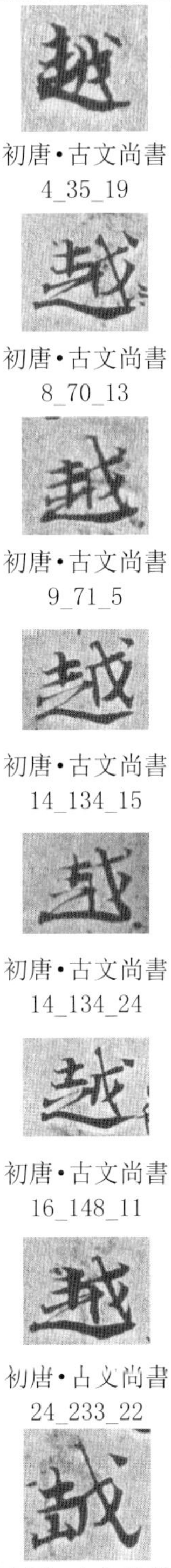

初唐・古文尚書 4_35_19
初唐・古文尚書 8_70_13
初唐・古文尚書 9_71_5
初唐・古文尚書 14_134_15
初唐・古文尚書 14_134_24
初唐・古文尚書 16_148_11
初唐・古文尚書 24_233_22
初唐・古文尚書 40_388_32

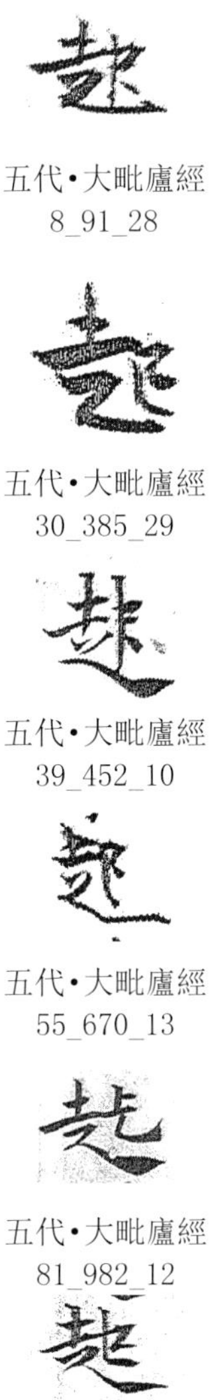

五代・大毗盧經 8_91_28
五代・大毗盧經 30_385_29
五代・大毗盧經 39_452_10
五代・大毗盧經 55_670_13
五代・大毗盧經 81_982_12
五代・大毗盧經 86_1057_33

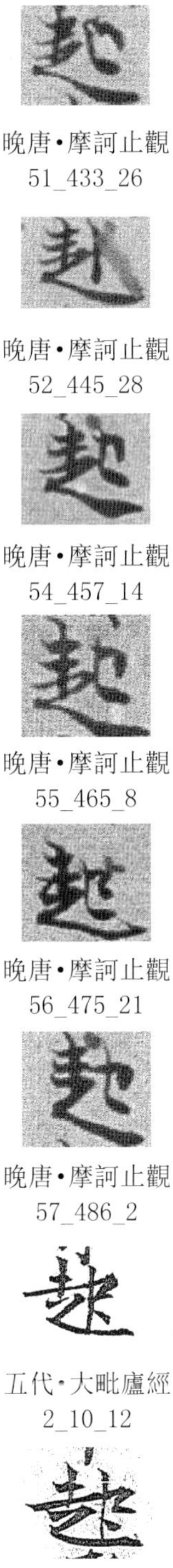

晚唐・摩訶止觀 51_433_26
晚唐・摩訶止觀 52_445_28
晚唐・摩訶止觀 54_457_14
晚唐・摩訶止觀 55_465_8
晚唐・摩訶止觀 56_475_21
晚唐・摩訶止觀 57_486_2
五代・大毗盧經 2_10_12
五代・大毗盧經 4_45_10

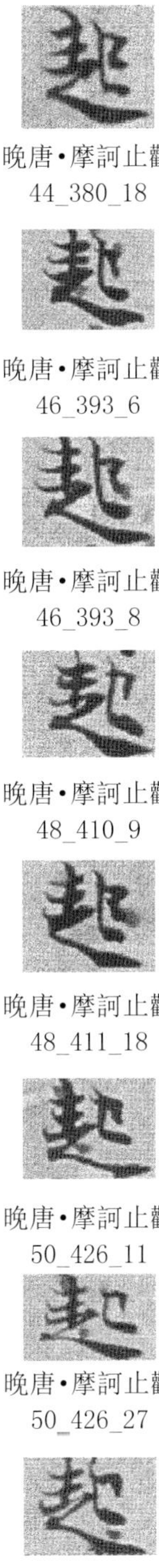

晚唐・摩訶止觀 44_380_18
晚唐・摩訶止觀 46_393_6
晚唐・摩訶止觀 46_393_8
晚唐・摩訶止觀 48_410_9
晚唐・摩訶止觀 48_411_18
晚唐・摩訶止觀 50_426_11
晚唐・摩訶止觀 50_426_27
晚唐・摩訶止觀 50_427_9

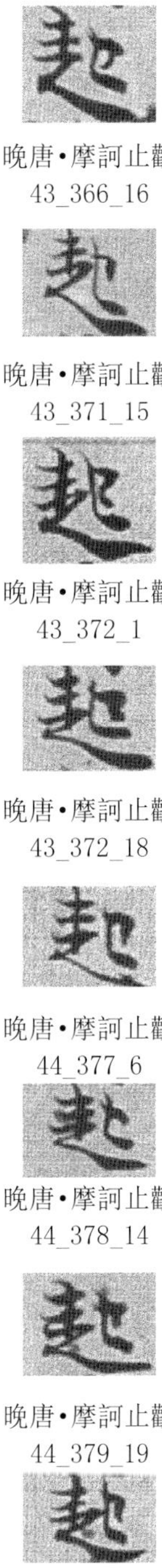

晚唐・摩訶止觀 43_366_16
晚唐・摩訶止觀 43_371_15
晚唐・摩訶止觀 43_372_1
晚唐・摩訶止觀 43_372_18
晚唐・摩訶止觀 44_377_6
晚唐・摩訶止觀 44_378_14
晚唐・摩訶止觀 44_379_19
晚唐・摩訶止觀 44_380_3

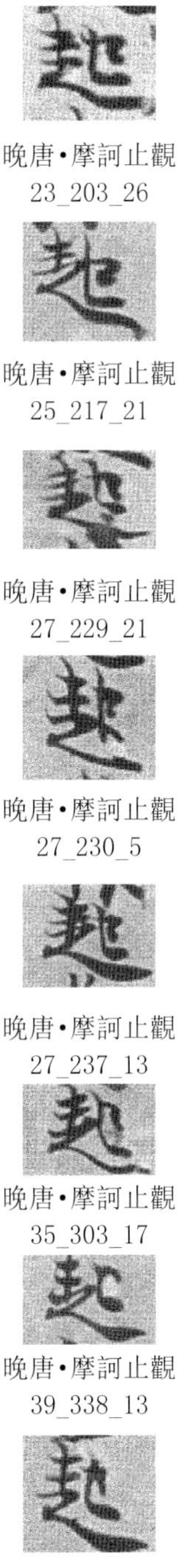

晚唐・摩訶止觀 23_203_26
晚唐・摩訶止觀 25_217_21
晚唐・摩訶止觀 27_229_21
晚唐・摩訶止觀 27_230_5
晚唐・摩訶止觀 27_237_13
晚唐・摩訶止觀 35_303_17
晚唐・摩訶止觀 39_338_13
晚唐・摩訶止觀 39_339_17

晚唐・摩訶止觀 21_184_17
晚唐・摩訶止觀 21_186_6
晚唐・摩訶止觀 22_194_12
晚唐・摩訶止觀 22_194_17
晚唐・摩訶止觀 22_194_24
晚唐・摩訶止觀 23_195_16
晚唐・摩訶止觀 23_195_25
晚唐・摩訶止觀 23_203_24

| | | | | | | |
|---|---|---|---|---|---|---|
| 五代•大毗盧經<br>68_850_24 | 五代•大毗盧經<br>18_234_20 | 中唐・翰苑<br>42_537_10 | 中唐・翰苑<br>41_523_12 | 中唐・翰苑<br>36_458_26 | 初唐・十誦律<br>9_170_5 | 初唐・十誦律<br>7_126_6 |
| 五代•大毗盧經<br>97_1185_11 | 五代•大毗盧經<br>18_234_34 | 中唐・翰苑<br>42_537_18 | 中唐・翰苑<br>41_531_2 | 中唐・翰苑<br>38_492_11 | 初唐・十誦律<br>9_170_9 | 初唐・十誦律<br>8_140_2 |
| 五代•大毗盧經<br>97_1186_44 | 五代•大毗盧經<br>19_247_3 | 中唐・翰苑<br>42_538_11 | 中唐・翰苑<br>42_532_15 | 中唐・翰苑<br>39_495_18 | 初唐・十誦律<br>9_171_13 | 初唐・十誦律<br>8_145_2 |
| 五代•大毗盧經<br>97_1186_46 | 五代•大毗盧經<br>19_249_28 | 中唐・翰苑<br>42_538_30 | 南越王趙<br>中唐・翰苑<br>42_532_17 | 中唐・翰苑<br>39_498_9 | 初唐・十誦律<br>18_348_7 | 初唐・十誦律<br>9_160_11 |
| | 五代•大毗盧經<br>39_457_17 | 中唐・翰苑<br>42_539_1 | 中唐・翰苑<br>42_533_3 | 中唐・翰苑<br>39_500_20 | 中唐・翰苑<br>1_6_2 | 初唐・十誦律<br>9_164_1 |
| | 五代•大毗盧經<br>40_474_13 | 中唐・翰苑<br>42_540_12 | 中唐・翰苑<br>42_535_31 | 中唐・翰苑<br>39_503_32 | 中唐・翰苑<br>23_301_10 | 初唐・十誦律<br>9_165_5 |
| | 五代•大毗盧經<br>47_577_17 | 中唐・翰苑<br>44_563_16 | 中唐・翰苑<br>42_536_4 | 中唐・翰苑<br>39_503_39 | 中唐・翰苑<br>35_450_20 | 初唐・十誦律<br>9_167_8 |
| | 五代•大毗盧經<br>63_784_19 | 五代•大毗盧經<br>18_234_15 | 中唐・翰苑<br>42_537_5 | 中唐・翰苑<br>39_506_12 | 中唐・翰苑<br>35_451_10 | 初唐・十誦律<br>9_169_15 |

## 趄

シヨ
訓たちもとおる

中唐・翰苑
34_445_8

## 超

チョウ
訓こえる

晚唐•摩訶止觀
44_375_22

五代•大毗盧經
14_177_8

五代•大毗盧經
39_457_16

五代•大毗盧經
40_474_12

五代•大毗盧經
51_626_23

五代•大毗盧經
60_748_20

五代•大毗盧經
63_784_18

## 趍

シ
訓たちもとおる

中唐・翰苑
34_445_7

## 趙

漢チョウ
訓こえる

初唐•禮記正義
28_441_20

中唐・翰苑
2_18_32

中唐・翰苑
3_22_24

中唐・翰苑
42_532_5

中唐・翰苑
42_533_25

中唐・翰苑
42_540_17

## 趣

漢シュ呉ソク漢ソウ
訓おもむく

中唐・翰苑
17_218_12

晚唐•摩訶止觀
8_67_7

晚唐•摩訶止觀
16_137_20

晚唐•摩訶止觀
56_474_16

五代•大毗盧經
54_658_27

五代•大毗盧經
54_663_10

五代•大毗盧經
55_680_5

五代•大毗盧經
56_682_30

五代•大毗盧經
91_1114_21

五代•大毗盧經
91_1115_1

五代•大毗盧經
94_1149_25

五代•大毗盧經
96_1175_17

五代•大毗盧經
96_1180_20

五代•大毗盧經
97_1186_2

## 趨

慣スウ呉ソク
訓はしる

初唐•禮記正義
12_188_15

初唐•禮記正義
12_193_8

中唐・翰苑
8_95_1

# 赤部

## 赤

漢現セキ呉現シャク
訓あか

初唐・古文尚書
3_20_8

初唐・毛詩傳
7_78_16

初唐・禮記正義
24_365_9

匈奴亦去
中唐・翰苑
2_20_9

中唐・翰苑
8_103_43

中唐・翰苑
12_150_14

中唐・翰苑
12_152_11

中唐・翰苑
12_152_13

中唐・翰苑
15_193_12

中唐・翰苑
16_214_22

中唐・翰苑
17_215_26

亦多曰臣智
中唐・翰苑
18_230_25

中唐・翰苑
20_265_24

中唐・翰苑
21_281_20

中唐・翰苑
28_360_16

中唐・翰苑
30_383_39

中唐・翰苑
36_466_35

中唐・翰苑
36_467_2

中唐・翰苑
43_545_23

五代・大毗盧經
8_94_6

五代・大毗盧經
12_145_12

五代・大毗盧經
14_174_18

五代・大毗盧經
19_247_6

五代・大毗盧經
46_561_12

五代・大毗盧經
73_902_21

五代・大毗盧經
80_965_5

五代・大毗盧經
85_1048_27

## 赦

シャ
訓ゆるす

初唐・古文尚書
43_421_30

初唐・古文尚書
45_436_25

初唐・古文尚書
45_439_20

初唐・古文尚書
45_439_26

初唐・古文尚書
45_440_6

初唐・古文尚書
45_440_11

初唐・古文尚書
45_442_23

初唐・古文尚書
45_443_15

初唐・古文尚書
46_444_4

初唐・古文尚書
46_445_9

初唐・古文尚書
46_446_13

初唐・古文尚書
46_447_33

中唐・翰苑
7_79_43

攻殺縣令
中唐・翰苑
36_464_15

殺伐
中唐・翰苑
43_550_12

## 赧

慣タン漢ダン
訓あからめる

五代·大毗盧經
4_37_16

五代·大毗盧經
7_86_16

五代·大毗盧經
8_90_11

五代·大毗盧經
15_191_11

五代·大毗盧經
16_212_11

五代·大毗盧經
19_249_11

五代·大毗盧經
20_253_11

五代·大毗盧經
24_308_16

五代·大毗盧經
35_419_11

五代·大毗盧經
36_425_11

五代·大毗盧經
36_431_11

五代·大毗盧經
37_436_11

五代·大毗盧經
49_603_13

五代·大毗盧經
59_727_11

五代·大毗盧經
64_802_11

五代·大毗盧經
64_809_11

五代·大毗盧經
65_812_11

五代·大毗盧經
65_817_11

五代·大毗盧經
66_822_11

五代·大毗盧經
66_825_11

五代·大毗盧經
66_827_17

五代·大毗盧經
66_830_11

五代·大毗盧經
67_834_1

五代·大毗盧經
68_850_11

五代·大毗盧經
85_1036_10

五代·大毗盧經
95_1168_13

## 赫

カク
訓あかい

中唐・翰苑
13_172_8

五代·大毗盧經
11_139_11

五代·大毗盧經
12_149_7

五代·大毗盧經
46_568_1

## 赭

シャ
訓あかつち

中唐・翰苑
14_178_28

中唐・翰苑
14_180_17

# 車部

シャ
訓くるま

初唐・古文尚書 33_308_2
初唐・毛詩傳 2_17_6
初唐・毛詩傳 2_17_16
初唐・毛詩傳 3_28_13
初唐・禮記正義 10_161_13
初唐・禮記正義 10_161_29
初唐・禮記正義 10_162_15

初唐・禮記正義 10_163_4
初唐・禮記正義 10_163_9
初唐・禮記正義 11_164_4
初唐・禮記正義 11_165_22
初唐・禮記正義 11_165_28
初唐・禮記正義 11_168_2
初唐・禮記正義 11_168_10

初唐・禮記正義 11_169_16
初唐・禮記正義 11_170_1
初唐・禮記正義 11_172_51
初唐・禮記正義 11_174_10
初唐・禮記正義 12_183_18
初唐・禮記正義 12_185_11
初唐・禮記正義 12_186_25

初唐・禮記正義 12_187_14
初唐・禮記正義 12_187_18
初唐・禮記正義 12_187_20
初唐・禮記正義 12_188_6
初唐・禮記正義 12_188_17
初唐・禮記正義 12_189_6
初唐・禮記正義 12_190_2

初唐・禮記正義 12_190_10
初唐・禮記正義 12_190_21
初唐・禮記正義 12_190_24
初唐・禮記正義 12_191_12
初唐・禮記正義 12_191_20
初唐・禮記正義 12_192_2
初唐・禮記正義 12_192_4

初唐・禮記正義 12_193_10
初唐・禮記正義 12_193_13
初唐・禮記正義 12_194_7
初唐・禮記正義 12_194_10
初唐・禮記正義 12_194_19
初唐・禮記正義 12_195_23
初唐・禮記正義 13_196_3

| | | | | | | |
|---|---|---|---|---|---|---|
| 初唐•禮記正義 17_259_3 | 初唐•禮記正義 17_256_10 | 初唐•禮記正義 16_244_21 | 初唐•禮記正義 16_240_3 | 初唐•禮記正義 14_223_17 | 初唐•禮記正義 13_208_20 | 初唐•禮記正義 13_196_16 |
| 初唐•禮記正義 17_260_4 | 初唐•禮記正義 17_256_18 | 初唐•禮記正義 16_245_6 | 初唐•禮記正義 16_240_12 | 初唐•禮記正義 15_237_7 | 初唐•禮記正義 13_208_26 | 初唐•禮記正義 13_198_10 |
| 初唐•禮記正義 17_261_2 | 初唐•禮記正義 17_256_27 | 初唐•禮記正義 16_246_7 | 初唐•禮記正義 16_240_24 | 初唐•禮記正義 15_237_27 | 初唐•禮記正義 14_220_16 | 初唐•禮記正義 13_198_18 |
| 初唐•禮記正義 17_261_9 | 初唐•禮記正義 17_257_3 | 初唐•禮記正義 16_249_1 | 初唐•禮記正義 16_241_10 | 初唐•禮記正義 15_238_16 | 初唐•禮記正義 14_220_25 | 初唐•禮記正義 13_199_22 |
| 初唐•禮記正義 17_261_17 | 初唐•禮記正義 17_257_11 | 初唐•禮記正義 16_249_9 | 初唐•禮記正義 16_241_18 | 初唐•禮記正義 15_238_26 | 初唐•禮記正義 14_221_8 | 初唐•禮記正義 13_205_11 |
| 初唐•禮記正義 17_263_6 | 初唐•禮記正義 17_257_21 | 初唐•禮記正義 16_251_7 | 初唐•禮記止義 16_241_24 | 初唐•禮記止義 16_239_5 | 初唐•禮記正義 14_222_13 | 初唐•禮記正義 13_206_23 |
| 初唐•禮記正義 17_265_14 | 初唐•禮記正義 17_258_12 | 初唐•禮記正義 17_255_17 | 初唐•禮記正義 16_243_20 | 初唐•禮記正義 16_239_26 | 初唐•禮記正義 14_222_21 | 初唐•禮記正義 13_207_4 |

軍 軌

クン慣現グン
訓—

現キ
訓わだち

中唐・翰苑
7_78_36

中唐・翰苑
8_100_35

中唐・翰苑
9_107_22

中唐・翰苑
9_108_9

中唐・翰苑
9_118_32

中唐・翰苑
10_124_1

中唐・翰苑
10_127_7

中唐・翰苑
10_128_13

中唐・翰苑
2_18_24

中唐・翰苑
2_19_9

中唐・翰苑
3_26_27

中唐・翰苑
5_55_13

中唐・翰苑
6_65_23

中唐・翰苑
6_67_26

中唐・翰苑
6_74_18

中唐・翰苑
7_78_7

初唐•禮記正義
18_271_2

中唐・翰苑
7_91_35

五代•大毗盧經
2_8_7

五代•大毗盧經
96_1183_27

中唐・翰苑
35_447_1

輔政
中唐・翰苑
35_454_17

中唐・翰苑
43_554_42

中唐・翰苑
44_558_42

五代•大毗盧經
4_37_18

五代•大毗盧經
92_1127_13

五代•大毗盧經
95_1169_11

中唐・翰苑
4_48_18

中唐・翰苑
5_61_18

中唐・翰苑
5_63_22

中唐・翰苑
7_78_4

中唐・翰苑
10_123_42

中唐・翰苑
12_157_42

中唐・翰苑
22_293_8

初唐•禮記正義
18_277_4

初唐•禮記正義
18_279_17

初唐•禮記正義
20_307_3

初唐•禮記正義
20_308_8

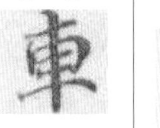

初唐•禮記正義
20_308_15

中唐・翰苑
2_10_33

中唐・翰苑
4_46_7

初唐•禮記正義
17_265_19

初唐•禮記正義
17_265_23

初唐•禮記正義
17_266_19

初唐•禮記正義
17_267_18

初唐•禮記正義
18_271_5

初唐•禮記正義
18_271_8

初唐•禮記正義
18_275_22

| 軸 軸<br>吳ジク 漢チク<br>訓しんぎ | 軒 軒<br>現ケン<br>訓のき | | | | | |
| --- | --- | --- | --- | --- | --- | --- |
| <br>晚唐•摩訶止觀<br>12_103_1 | <br>中唐・翰苑<br>42_539_19 | <br>五代•大毗盧經<br>60_739_12 | <br>中唐・翰苑<br>38_491_14 | <br>中唐・翰苑<br>32_414_33 | <br>中唐・翰苑<br>23_302_15 | <br>中唐・翰苑<br>12_158_1 |
| <br>晚唐•摩訶止觀<br>13_112_8 | <br>中唐・翰苑<br>43_544_35 | <br>五代•大毗盧經<br>63_787_15 | <br>中唐・翰苑<br>39_505_14 | <br>中唐・翰苑<br>33_428_7 | <br>中唐・翰苑<br>25_333_18 | <br>中唐・翰苑<br>13_160_8 |
| | | | <br>中唐・翰苑<br>41_527_7 | <br>中唐・翰苑<br>33_429_14 | <br>中唐・翰苑<br>26_339_17 | <br>中唐・翰苑<br>15_193_13 |
| | | | <br>五代•大毗盧經<br>9_109_22 | <br>中唐・翰苑<br>34_439_32 | <br>中唐・翰苑<br>27_356_7 | <br>中唐・翰苑<br>15_196_38 |
| | | | <br>五代•大毗盧經<br>17_216_20 | <br>中唐・翰苑<br>34_441_11 | <br>中唐・翰苑<br>27_356_12 | <br>中唐・翰苑<br>15_198_29 |
| | | | <br>五代•大毗盧經<br>28_355_14 | <br>中唐・翰苑<br>34_442_20 | <br>中唐・翰苑<br>27_356_23 | <br>中唐・翰苑<br>17_220_12 |
| | | | <br>五代•大毗盧經<br>28_362_47 | <br>中唐・翰苑<br>36_461_18 | <br>中唐・翰苑<br>28_361_4 | <br>中唐・翰苑<br>21_277_35 |
| | | | <br>五代•大毗盧經<br>45_548_8 | <br>中唐・翰苑<br>36_461_24 | <br>中唐・翰苑<br>28_362_6 | <br>中唐・翰苑<br>22_284_22 |

## 輕

漢現ケイ
訓かるい

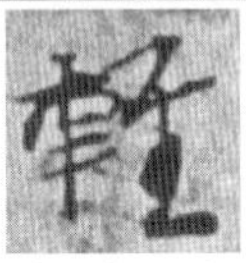
初唐•古文尚書
20_190_33

初唐•古文尚書
34_324_25

初唐•古文尚書
37_353_30

初唐•古文尚書
39_379_5

初唐•古文尚書
45_433_16

初唐•古文尚書
45_442_17

初唐•古文尚書
46_447_20

初唐•古文尚書
46_453_20

## 較

コウ漢現カク
訓よこぎ

中唐・翰苑
31_402_40

## 輅

漢ロ
訓みくるま

五代•大毗盧經
92_1127_14

## 軾

漢ショク呉シキ
訓しきみ

初唐•禮記正義
11_178_28

晚唐•摩訶止觀
4_30_7

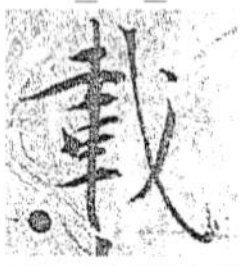
五代•密教部類
1_8_13

五代•密教部類
2_9_14

五代•密教部類
3_40_12

## 載

サイ
訓のせる

初唐•古文尚書
1_8_5

初唐•古文尚書
1_8_12

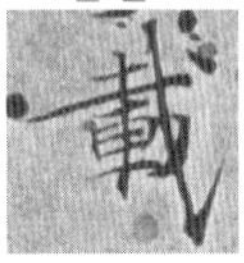
初唐•古文尚書
12_111_5

初唐•古文尚書
12_111_23

初唐•禮記正義
18_277_26

初唐•禮記正義
18_278_12

中唐・翰苑
22_296_18

中唐・翰苑
32_419_31

## 軨

漢レイ
訓てすり

初唐•禮記正義
11_167_21

初唐•禮記正義
11_168_28

初唐•禮記正義
11_169_7

初唐•禮記正義
11_170_8

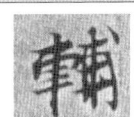

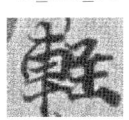

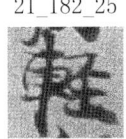

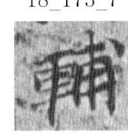

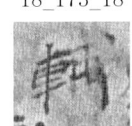

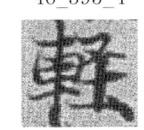

| | 輔 輔<br>慣ホ 漢フ 呉ブ<br>訓ためぎ | | | | | |
|---|---|---|---|---|---|---|
| 初唐•古文尚書<br>42_409_29 | 初唐•古文尚書<br>18_169_11 | 晚唐•摩訶止觀<br>42_358_11 | 晚唐•摩訶止觀<br>21_182_25 | 中唐・翰苑<br>3_27_15 | 初唐•禮記正義<br>18_276_10 | 初唐•古文尚書<br>46_453_32 |
| 初唐・毛詩傳<br>8_82_17 | 初唐•古文尚書<br>18_173_7 | 晚唐•摩訶止觀<br>42_359_11 | 晚唐•摩訶止觀<br>24_209_17 | 中唐・翰苑<br>3_34_10 | 初唐•禮記正義<br>20_300_8 | 初唐•古文尚書<br>46_454_9 |
| 初唐・毛詩傳<br>8_82_24 | 初唐•古文尚書<br>18_173_18 | 晚唐•摩訶止觀<br>46_395_4 | 晚唐•摩訶止觀<br>40_341_28 | 中唐・翰苑<br>10_130_5 | 初唐•禮記正義<br>20_302_19 | 初唐•古文尚書<br>46_454_24 |
| 中唐・翰苑<br>7_88_17 | 初唐•古文尚書<br>31_294_14 | 晚唐•摩訶止觀<br>46_395_10 | 晚唐•摩訶止觀<br>40_343_20 | 中唐・翰苑<br>11_135_5 | 初唐•禮記正義<br>20_303_4 | 初唐•古文尚書<br>46_454_27 |
| 中唐・翰苑<br>40_514_14 | 初唐•古文尚書<br>35_334_24 | 晚唐•摩訶止觀<br>46_395_21 | 晚唐•摩訶止觀<br>40_343_24 | 中唐・翰苑<br>11_142_13 | 初唐•禮記正義<br>20_307_4 | 初唐•古文尚書<br>47_455_14 |
| 中唐・翰苑<br>40_516_15 | 初唐•古文尚書<br>37_358_17 | 晚唐•摩訶止觀<br>46_395_27 | 晚唐•摩訶止觀<br>40_344_3 | 中唐・翰苑<br>15_190_31 | 初唐•禮記正義<br>20_308_9 | 初唐•古文尚書<br>47_456_6 |
| 五代•大毗盧經<br>2_16_10 | 初唐•古文尚書<br>39_375_22 | | 晚唐•摩訶止觀<br>40_347_21 | 中唐・翰苑<br>18_236_18 | 初唐•禮記正義<br>22_326_14 | 初唐•古文尚書<br>47_456_13 |
| | 初唐•古文尚書<br>41_399_4 | | 晚唐•摩訶止觀<br>40_349_11 | 中唐・翰苑<br>34_440_13 | 中唐・翰苑<br>3_25_36 | 初唐•禮記正義<br>6_86_5 |

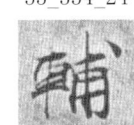

## 輒輙

チョウ
訓わきぎ

初唐•古文尚書
6_50_11

中唐・翰苑
5_56_25

中唐・翰苑
15_188_37

中唐・翰苑
18_236_19

中唐・翰苑
18_240_8

中唐・翰苑
33_431_30

中唐・翰苑
35_448_41

中唐・翰苑
37_470_20

中唐・翰苑
39_497_23

五代•大毗盧經
43_522_17

## 輤

セン
訓—

輜重
中唐・翰苑
10_129_46

輜重
中唐・翰苑
10_130_27

## 輪輪

リン
訓わ

初唐•禮記正義
11_167_12

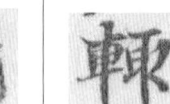

初唐•禮記正義
11_168_11

初唐•禮記正義
17_261_10

初唐•禮記正義
17_261_19

初唐•禮記正義
20_308_16

中唐・翰苑
37_476_42

晚唐•摩訶止觀
1_3_22

晚唐•摩訶止觀
9_77_9

晚唐•摩訶止觀
10_88_20

晚唐•摩訶止觀
10_89_1

晚唐•摩訶止觀
11_95_10

晚唐•摩訶止觀
11_100_12

晚唐•摩訶止觀
22_190_11

晚唐•摩訶止觀
33_289_5

晚唐•摩訶止觀
60_503_16

五代•密教部類
3_34_47

五代•大毗盧經
2_21_9

五代•大毗盧經
6_69_15

五代•大毗盧經
7_83_4

五代•大毗盧經
7_85_13

五代•大毗盧經
7_85_23

五代•大毗盧經
9_103_32

五代•大毗盧經
9_105_23

五代•大毗盧經
12_143_15

五代•大毗盧經
12_146_15

五代•大毗盧經
12_152_17

五代•大毗盧經
13_155_25

五代•大毗盧經
14_174_5

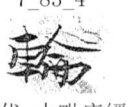

五代•大毗盧經
14_176_5

五代•大毗盧經
17_215_5

五代•大毗盧經
17_222_15

五代•大毗盧經
18_237_10

## 輩 輩

漢 ハイ
訓 ともがら

中唐・翰苑
10_119_41

中唐・翰苑
32_413_22

中唐・翰苑
32_415_34

五代・大毗盧經
2_4_16

## 輜 輜

シ
訓 ほろぐるま

輜重
中唐・翰苑
3_25_28

## （輪）

五代・大毗盧經
90_1099_19

五代・大毗盧經
92_1133_7

五代・大毗盧經
92_1133_14

五代・大毗盧經
92_1135_7

五代・大毗盧經
92_1136_20

五代・大毗盧經
93_1137_9

五代・人毗盧經
94_1149_22

五代・大毗盧經
98_1210_7

五代・大毗盧經
79_961_14

五代・大毗盧經
80_977_10

五代・大毗盧經
80_979_22

五代・大毗盧經
82_996_14

五代・大毗盧經
85_1042_10

五代・大毗盧經
85_1043_4

五代・大毗盧經
85_1044_31

五代・大毗盧經
85_1048_16

五代・大毗盧經
28_362_15

五代・大毗盧經
35_415_13

五代・大毗盧經
39_469_18

五代・大毗盧經
73_900_12

五代・大毗盧經
73_901_2

五代・大毗盧經
74_914_13

五代・大毗盧經
77_931_10

五代・大毗盧經
79_954_14

五代・大毗盧經
23_296_22

五代・大毗盧經
28_349_9

五代・大毗盧經
28_349_13

五代・大毗盧經
28_350_7

五代・大毗盧經
28_352_5

五代・大毗盧經
28_352_15

五代・大毗盧經
28_355_9

五代・大毗盧經
28_361_9

五代・大毗盧經
19_245_3

五代・大毗盧經
20_263_19

五代・大毗盧經
20_263_24

五代・大毗盧經
21_270_11

五代・大毗盧經
23_292_20

五代・大毗盧經
23_293_9

五代・大毗盧經
23_293_19

五代・大毗盧經
23_296_16

## 轄
漢 カツ
訓 くさび

初唐•禮記正義
11_168_29

初唐•禮記正義
11_169_9

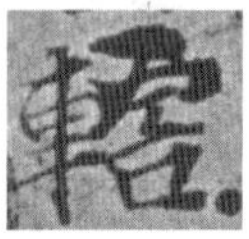
初唐•禮記正義
11_169_19

## 轅
エン
訓 ながえ

初唐•禮記正義
11_176_22

初唐•禮記正義
11_177_4

初唐•禮記正義
12_179_9

五代•大毗盧經
20_258_16

五代•大毗盧經
30_379_2

五代•大毗盧經
45_553_2

五代•大毗盧經
48_588_2

五代•大毗盧經
48_589_15

五代•大毗盧經
72_885_29

五代•大毗盧經
75_922_18

五代•大毗盧經
81_991_15

## 輸
シュ 慣 現 ユ
訓 おくる

初唐•古文尚書
15_142_16

初唐•古文尚書
47_462_5

初唐•古文尚書
47_462_15

中唐・翰苑
2_21_26

中唐・翰苑
34_437_34

中唐・翰苑
37_477_3

中唐・翰苑
37_478_1

五代•大毗盧經
11_127_20

## 輯
シュウ
訓 あつめる

中唐・翰苑
42_536_13

## 輻
フク
訓 や

五代•大毗盧經
71_875_7

五代•大毗盧經
71_875_12

## 輝
現 キ
訓 かがやく

中唐・翰苑
24_313_4

晚唐•摩訶止觀
33_288_18

晚唐•摩訶止觀
35_301_2

五代•大毗盧經
12_145_10

五代•大毗盧經
14_178_6

五代•大毗盧經
46_559_11

五代•大毗盧經
63_779_20

# 輿

ヨ
訓こし

初唐•禮記正義 17_257_17

# 轉

テン
訓めぐる

初唐•古文尚書 46_447_21
初唐•禮記正義 8_129_8
初唐•禮記正義 8_129_18
初唐•禮記正義 12_185_22
初唐•禮記正義 13_205_13
初唐•禮記正義 17_266_23
中唐・翰苑 2_14_24

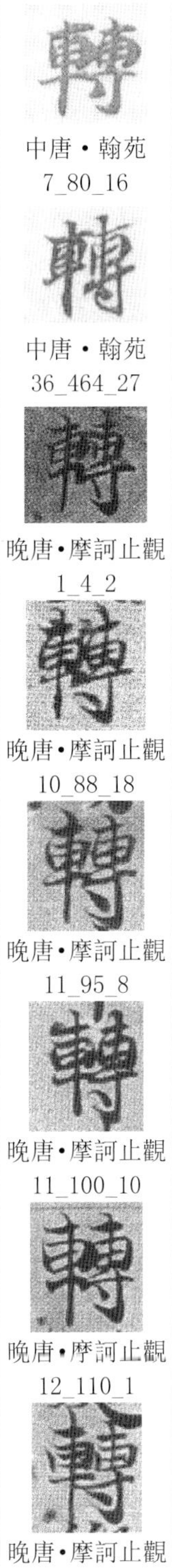

中唐・翰苑 7_80_16
中唐・翰苑 36_464_27
晚唐•摩訶止觀 1_4_2
晚唐•摩訶止觀 10_88_18
晚唐•摩訶止觀 11_95_8
晚唐•摩訶止觀 11_100_10
晚唐•摩訶止觀 12_110_1
晚唐•摩訶止觀 13_113_21

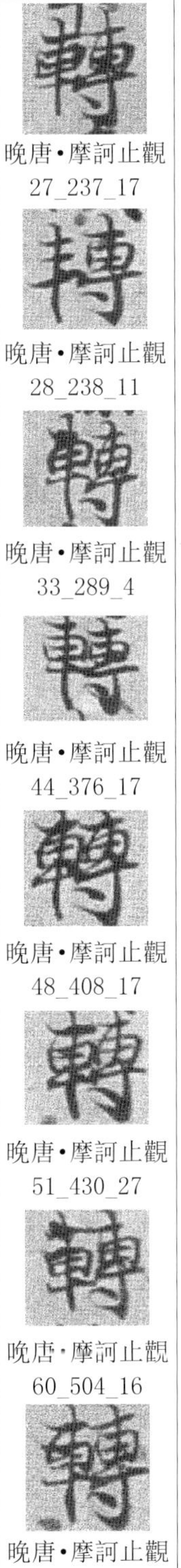

晚唐•摩訶止觀 27_237_17
晚唐•摩訶止觀 28_238_11
晚唐•摩訶止觀 33_289_4
晚唐•摩訶止觀 44_376_17
晚唐•摩訶止觀 48_408_17
晚唐•摩訶止觀 51_430_27
晚唐•摩訶止觀 60_504_16
晚唐•摩訶止觀 60_507_10

晚唐•摩訶止觀 62_519_22
五代•大毗盧經 3_30_6
五代•大毗盧經 7_76_17
五代•大毗盧經 7_78_26
五代•大毗盧經 7_85_16
五代•大毗盧經 7_85_18
五代•大毗盧經 14_176_13
五代•大毗盧經 16_209_11

五代•大毗盧經 17_222_17
五代•大毗盧經 19_238_9
五代•大毗盧經 19_240_16
五代•大毗盧經 20_260_15
五代•大毗盧經 20_263_31
五代•大毗盧經 24_304_19
五代•大毗盧經 31_394_20
五代•大毗盧經 35_422_11

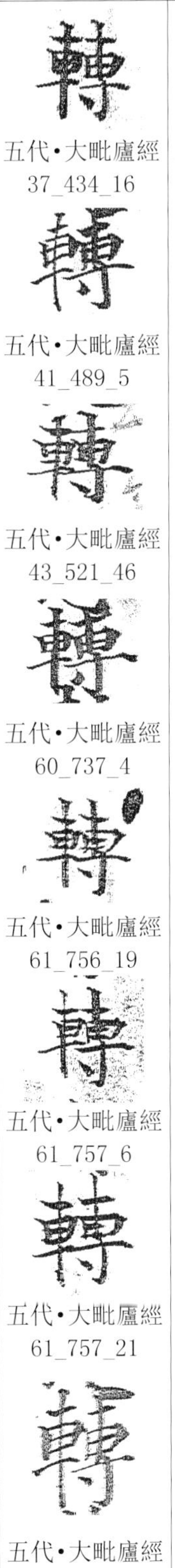

五代•大毗盧經 37_434_16
五代•大毗盧經 41_489_5
五代•大毗盧經 43_521_46
五代•大毗盧經 60_737_4
五代•大毗盧經 61_756_19
五代•大毗盧經 61_757_6
五代•大毗盧經 61_757_21
五代•大毗盧經 63_792_17

| | | | | 轡 | 轍 | |
|---|---|---|---|---|---|---|
| | | | | 漢ヒ<br>訓たずな | 漢テツ<br>訓わだち | |
| | | <br>初唐•禮記正義<br>12_184_16<br><br>初唐•禮記正義<br>12_185_17<br><br>初唐•禮記正義<br>12_190_1<br><br>初唐•禮記正義<br>16_252_13 | <br>初唐•禮記正義<br>12_180_2<br><br>初唐•禮記正義<br>12_180_7<br><br>初唐•禮記正義<br>12_180_17<br><br>初唐•禮記正義<br>12_180_25<br><br>初唐•禮記正義<br>12_181_15<br><br>初唐•禮記正義<br>12_181_21<br><br>初唐•禮記正義<br>12_184_4 | <br>初唐•禮記正義<br>11_176_8<br><br>初唐•禮記正義<br>11_176_14<br><br>初唐•禮記正義<br>11_178_17<br>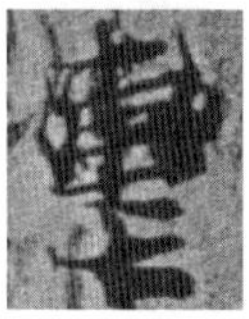<br>初唐•禮記正義<br>11_178_25<br><br>初唐•禮記正義<br>12_179_6<br><br>初唐•禮記正義<br>12_179_15<br><br>初唐•禮記正義<br>12_179_17 | <br>初唐•禮記正義<br>18_271_6<br><br>初唐•禮記正義<br>18_271_21 | <br>五代•大毗盧經<br>71_871_17<br><br>五代•大毗盧經<br>89_1087_29<br><br>五代•大毗盧經<br>96_1179_14 |

# 豆部

## 豆

漢 現 トウ 呉 現 ズ
訓 まめ

中唐・翰苑
17_218_24

中唐・翰苑
25_330_9

中唐・翰苑
30_383_10

## 豈

漢 キ 慣 ガイ 漢 カイ
訓 かちどき

初唐•古文尚書
10_83_23

初唐•古文尚書
13_117_3

初唐•古文尚書
13_117_24

初唐•古文尚書
26_254_24

初唐・毛詩傳
8_79_10

初唐・毛詩傳
8_80_32

初唐・毛詩傳
8_85_13

初唐・毛詩傳
9_93_19

初唐・毛詩傳
9_96_1

中唐・翰苑
2_10_40

中唐・翰苑
4_37_11

中唐・翰苑
4_45_1

中唐・翰苑
4_49_13

中唐・翰苑
44_567_11

晚唐•摩訶止觀
24_210_4

晚唐•摩訶止觀
28_244_15

晚唐•摩訶止觀
62_520_24

晚唐•摩訶止觀
28_243_6

## 豐

漢 ホウ 慣 ブ 漢 フウ 呉 フ
訓 ゆたか

初唐•古文尚書
21_200_24

初唐•古文尚書
25_240_5

初唐•古文尚書
25_241_9

五代•大毗盧經
21_266_40

五代•大毗盧經
21_269_19

五代•大毗盧經
46_555_7

# 酉部

## 配

漢 現 ハイ
訓 くばる

初唐•古文尚書
10_85_19

初唐•古文尚書
36_345_18

初唐•古文尚書
36_346_9

初唐•古文尚書
39_372_16

初唐•古文尚書
43_412_9

初唐•古文尚書
43_413_6

初唐•古文尚書
48_466_6

初唐•古文尚書
48_466_21

初唐•禮記正義
1_8_22

中唐・翰苑
13_161_9

中唐・翰苑
14_178_18

中唐・翰苑
33_430_25

中唐・翰苑
38_489_6

中唐・翰苑
38_490_27

中唐・翰苑
39_500_25

## 酒

呉 現 シュ
訓 さけ

初唐•古文尚書
22_209_22

初唐•古文尚書
22_210_2

初唐•古文尚書
27_263_3

初唐•古文尚書
28_272_5

初唐・毛詩傳
4_33_17

中唐・翰苑
8_94_22

中唐・翰苑
8_105_35

中唐・翰苑
14_174_33

中唐・翰苑
16_204_23

中唐・翰苑
17_219_16

中唐・翰苑
18_240_1

中唐・翰苑
19_244_38

中唐・翰苑
30_391_22

中唐・翰苑
37_477_5

中唐・翰苑
40_517_25

## 醄

ク
訓 くるう

初唐•古文尚書
27_263_1

初唐•古文尚書
27_263_16

初唐•古文尚書
28_272_3

## 酢

慣 現 サク 漢 サク
訓 す

初唐•古文尚書
22_210_28

初唐•古文尚書
22_210_32

| 醍 | 醐 | 醇 | 醉 | 酸 | 酬 | 酪 |
|---|---|---|---|---|---|---|
| 漢テイ呉タイ漢テイ呉ダイ<br>訓— | ゴ、コ<br>訓ちちしる | 漢シュウ呉ジュウ<br>訓もっぱら | スイ<br>訓よう | サン<br>訓すい | 漢シュウ<br>訓すすめる | 現ラク<br>訓ちちざけ |
| 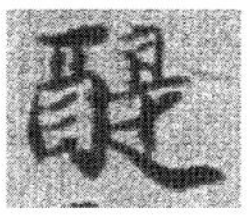<br>晚唐•摩訶止觀<br>11_98_4<br>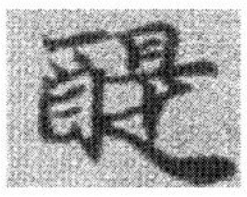<br>晚唐•摩訶止觀<br>11_98_24<br>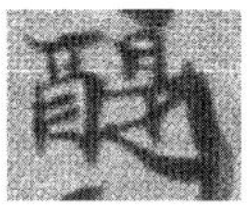<br>晚唐•摩訶止觀<br>11_99_25 | <br>晚唐•摩訶止觀<br>11_98_5<br><br>晚唐•摩訶止觀<br>11_98_26<br><br>晚唐•摩訶止觀<br>11_99_1<br><br>晚唐•摩訶止觀<br>11_99_26 | <br>初唐•古文尚書<br>21_198_19<br><br>初唐•古文尚書<br>21_198_33 | <br>五代•大毗盧經<br>92_1129_12 | <br>中唐 • 翰苑<br>17_215_33<br><br>形小而駿<br>中唐 • 翰苑<br>23_307_27 | <br>初唐•禮記正義<br>29_452_2 | <br>中唐 • 翰苑<br>4_40_29<br><br>中唐 • 翰苑<br>11_137_9<br><br>中唐 • 翰苑<br>43_548_24 |

## 醴

ライ
訓あまざけ

初唐•古文尚書
22_209_23

初唐•古文尚書
22_210_3

## 醯

漢ケイ呉カイ
訓す

五代•密教部類
3_28_2

五代•大毗盧經
88_1079_2

五代•大毗盧經
90_1102_11

五代•大毗盧經
91_1120_9

五代•大毗盧經
94_1151_14

## 醮

現ショウ
訓まつる

中唐・翰苑
22_283_14

## 醫

イ
訓いやす

中唐・翰苑
24_312_3

中唐・翰苑
24_312_15

中唐・翰苑
24_312_34

中唐・翰苑
29_376_4

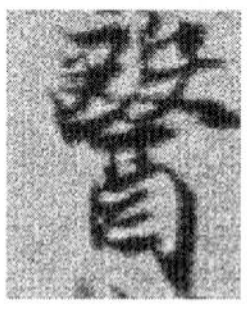
晚唐•摩訶止觀
52_440_22

## 醟

エイ
訓よいくるう

初唐•古文尚書
27_263_17

## 醜

現シュウ
訓みにくい

中唐・翰苑
15_192_7

## 醒

漢セイ
訓さめる

晚唐•摩訶止觀
19_168_26

# 辰部

## 辰

漢シン 呉ジン 訓たつ

中唐・翰苑 12_152_43
中唐・翰苑 17_226_4
中唐・翰苑 17_226_9
中唐・翰苑 17_226_14
中唐・翰苑 17_228_3
中唐・翰苑 17_228_18
中唐・翰苑 17_228_20
中唐・翰苑 18_230_15

中唐・翰苑 18_231_5
中唐・翰苑 18_231_15
中唐・翰苑 18_237_15
中唐・翰苑 18_238_15
中唐・翰苑 19_242_4
中唐・翰苑 19_244_3
中唐・翰苑 19_246_44
中唐・翰苑 19_246_46

中唐・翰苑 25_334_20
中唐・翰苑 26_336_2
中唐・翰苑 26_337_14
中唐・翰苑 26_337_25
中唐・翰苑 26_338_6
中唐・翰苑 26_338_16
中唐・翰苑 26_338_22
中唐・翰苑 26_338_35

中唐・翰苑 26_338_42
中唐・翰苑 26_339_8
中唐・翰苑 26_339_13
中唐・翰苑 26_339_21
中唐・翰苑 26_339_31
中唐・翰苑 26_339_42
中唐・翰苑 26_340_2
中唐・翰苑 26_340_8

中唐・翰苑 26_340_13
中唐・翰苑 26_340_21
中唐・翰苑 26_342_9
中唐・翰苑 26_342_12
中唐・翰苑 33_422_25
中唐・翰苑 33_431_35
五代・大毗盧經 85_1035_10

## 辱

漢ジョク 呉ニク 訓はずかしめる

初唐・古文尚書 35_337_2
初唐・禮記正義 27_421_23
初唐・禮記正義 27_421_25
中唐・翰苑 21_276_28
晚唐・摩訶止觀 11_99_18

## 農

慣現ノウ漢ドウ
訓くさぎる

初唐•古文尚書
8_66_7

初唐•古文尚書
8_67_13

初唐•古文尚書
8_70_2

初唐•古文尚書
9_71_25

初唐•古文尚書
42_403_8

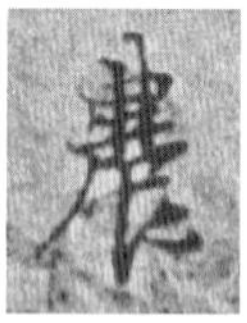
初唐•古文尚書
42_404_17

初唐・毛詩傳
1_9_5

初唐・毛詩傳
1_9_35

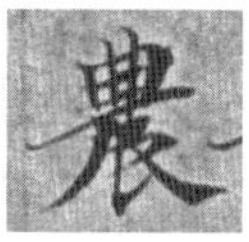
初唐・毛詩傳
2_17_19

中唐・翰苑
4_38_23

中唐・翰苑
4_39_32

中唐・翰苑
18_240_20

## 辴

シン
訓おおわらい

中唐・翰苑
45_574_17

# 豕部

## 豕

シ
訓いのこ

初唐•古文尚書
28_275_18

中唐・翰苑
16_211_19

中唐・翰苑
19_248_10

中唐・翰苑
19_251_34

## 象

漢ショウ呉ゾウ
訓ぞう

初唐•古文尚書
4_34_14

初唐•古文尚書
17_161_19

初唐•古文尚書
18_169_25

初唐•古文尚書
18_170_14

初唐・毛詩傳
6_64_5

初唐•禮記正義
4_64_18

初唐•禮記正義
4_65_3

初唐•禮記正義
4_65_7

初唐•禮記正義
4_65_13

初唐•禮記正義
4_65_24

初唐•禮記正義
5_67_2

初唐•禮記正義
5_70_27

初唐•禮記正義
10_157_18

初唐•禮記正義
13_208_2

初唐•禮記正義
22_336_25

初唐•禮記正義
24_364_10

甚衆
中唐・翰苑
2_18_17

中唐・翰苑
7_83_30

衆遂離散
中唐・翰苑
16_207_26

中唐・翰苑
25_328_11

勇力
中唐・翰苑
29_381_33

中唐・翰苑
34_445_5

中唐・翰苑
34_445_23

中唐・翰苑
35_451_13

中唐・翰苑
35_451_15

中唐・翰苑
38_493_27

中唐・翰苑
42_533_9

中唐・翰苑
42_535_26

中唐・翰苑
43_551_21

中唐・翰苑
43_552_40

晩唐•摩訶止観
15_128_13

晩唐•摩訶止観
22_194_26

晩唐•摩訶止観
23_195_6

晩唐•摩訶止観
23_195_18

| | | | 豫 | 豬 | 豪 | 豢 |
|---|---|---|---|---|---|---|
| | | | ヨ、シャ<br>訓あたえる | チョ<br>訓いのしし | 呉現ゴウ漢コウ<br>訓やまあらし | 慣ケン漢カン<br>訓やしなう |
| | | <br>初唐•禮記正義<br>27_426_29 | <br>初唐•古文尚書<br>4_35_4 | <br>初唐•古文尚書<br>3_19_6 | <br>中唐・翰苑<br>3_29_1 | <br>中唐・翰苑<br>20_258_18 |
| | | <br>初唐•禮記正義<br>28_429_10 | <br>初唐•古文尚書<br>8_61_23 | <br>初唐•古文尚書<br>3_19_19 | <br>中唐・翰苑<br>38_491_6 | |
| | | <br>急務<br>中唐・翰苑<br>4_40_4 | <br>初唐•古文尚書<br>20_188_19 | <br>初唐•古文尚書<br>4_28_11 | <br>中唐・翰苑<br>39_498_29 | |
| | | | <br>初唐•禮記正義<br>4_51_15 | <br>中唐・翰苑<br>17_216_42 | <br>中唐・翰苑<br>39_499_13 | |
| | | | <br>初唐•禮記正義<br>10_157_3 | <br>中唐・翰苑<br>25_331_18 | <br>中唐・翰苑<br>39_499_26 | |
| | | | <br>初唐•禮記正義<br>10_157_14 | <br>中唐・翰苑<br>30_384_27 | <br>中唐・翰苑<br>39_504_35 | |
| | | | <br>初唐•禮記正義<br>10_158_12 | | <br>中唐・翰苑<br>42_533_34 | |
| | | | <br>初唐•禮記正義<br>27_426_24 | | | |

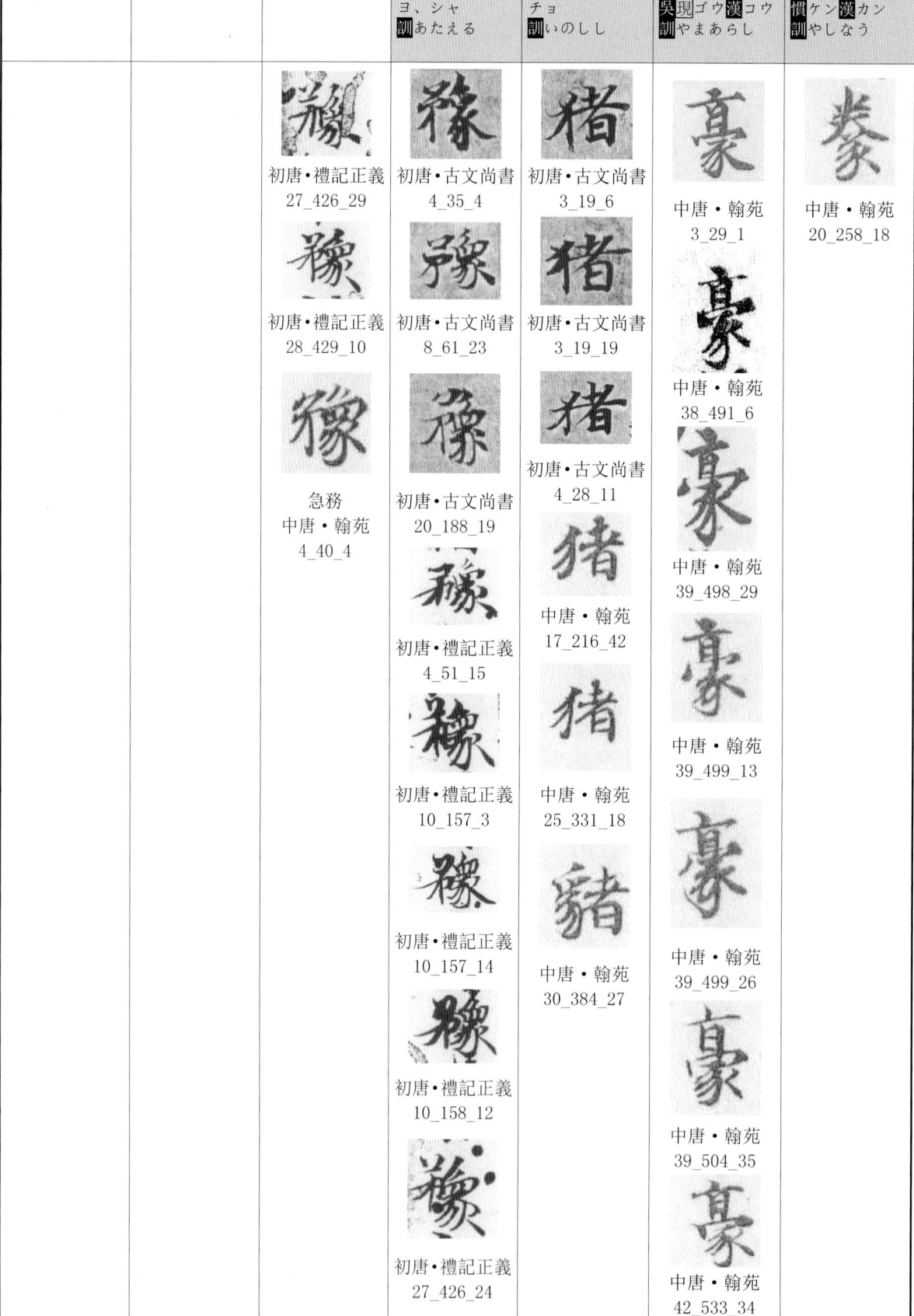

## 貝部

### 貝

ハイ 慣バイ 訓かい

初唐•古文尚書 4_35_24

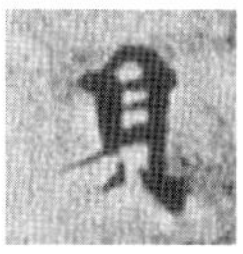

初唐•古文尚書 4_36_4

初唐•古文尚書 14_128_7

初唐•古文尚書 14_128_31

中唐・翰苑 8_100_39

### 貞

漢テイ 呉ジョウ 訓あたる

初唐•古文尚書 1_7_11

初唐•古文尚書 35_329_7

初唐•古文尚書 35_330_9

初唐•禮記正義 5_70_5

初唐•禮記正義 8_114_19

初唐•禮記正義 8_115_10

中唐・翰苑 30_389_12

中唐・般若經 1_1_9

五代•密教部類 1_3_11

五代•密教部類 3_34_37

五代•密教部類 3_39_17

五代•密教部類 3_41_11

五代•密教部類 4_43_12

五代•密教部類 4_51_31

五代•密教部類 6_77_25

五代•密教部類 6_81_11

### 負

漢フ 呉ブ 訓まける

初唐•禮記正義 27_417_14

初唐•禮記正義 27_422_9

初唐•禮記正義 27_422_24

初唐•禮記正義 27_424_9

初唐•禮記正義 27_425_15

初唐•禮記正義 27_425_21

初唐•禮記正義 28_427_5

初唐•禮記正義 28_428_4

初唐•禮記正義 28_429_23

中唐・翰苑 10_128_33

中唐・翰苑 31_401_3

中唐・翰苑 33_430_32

晚唐•摩訶止觀 10_86_6

五代•大毗盧經 59_722_14

## 貢

漢 現 コウ 吳 現 ク
訓 みつぐ

初唐•古文尚書 1_2_9

初唐•古文尚書 1_8_23

初唐•古文尚書 2_9_24

初唐•古文尚書 2_14_1

初唐•古文尚書 2_15_25

初唐•古文尚書 3_21_22

初唐•古文尚書 3_22_2

初唐•古文尚書 4_33_9

初唐•古文尚書 4_36_13

初唐•古文尚書 5_37_4

初唐•古文尚書 5_43_16

初唐•古文尚書 5_46_1

初唐•古文尚書 5_46_27

中唐・翰苑 12_154_22

中唐・翰苑 17_221_22

中唐・翰苑 17_222_19

中唐・翰苑 25_328_31

中唐・翰苑 30_393_4

中唐・翰苑 30_393_14

中唐・翰苑 30_394_8

中唐・翰苑 32_421_15

中唐・翰苑 40_515_26

中唐・翰苑 44_559_3

## 財

漢 サイ 吳 ザイ
訓 たから

初唐•古文尚書 39_372_15

初唐・毛詩傳 3_23_4

初唐・毛詩傳 3_27_15

初唐・毛詩傳 3_28_1

中唐・翰苑 41_526_41

晚唐•摩訶止觀 10_84_23

晚唐•摩訶止觀 43_374_6

五代•大毗盧經 46_555_8

五代•大毗盧經 53_645_15

## 責

漢 サイ 慣 セキ 漢 サク 吳 シャク
訓 せめる

初唐•古文尚書 9_72_12

初唐•古文尚書 9_78_9

初唐•古文尚書 26_255_15

初唐•古文尚書 26_256_23

初唐•古文尚書 38_361_29

初唐•禮記正義 19_283_22

初唐•禮記正義 19_284_22

| | | 貨貨 | 貶貶 | 販販 | 貫貫 | |
|---|---|---|---|---|---|---|
| | | 現カ<br>訓たから | ヘン<br>訓おとしめる | 漢現ハン<br>訓あきなう | 現カン<br>訓つらぬく | |
| <br>初唐•古文尚書<br>48_469_25<br><br>初唐•古文尚書<br>48_470_10<br><br>初唐・毛詩傳<br>3_27_16<br><br>中唐・翰苑<br>19_246_36<br><br>中唐・翰苑<br>19_246_42<br><br>中唐・翰苑<br>19_248_15<br><br>中唐・翰苑<br>24_313_26 | <br>初唐•古文尚書<br>42_410_32<br>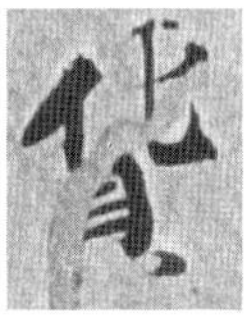<br>初唐•古文尚書<br>43_417_15<br><br>初唐•古文尚書<br>43_418_21<br><br>初唐•古文尚書<br>43_419_14<br><br>初唐•古文尚書<br>45_437_9<br><br>初唐•古文尚書<br>45_438_1<br><br>初唐•古文尚書<br>48_469_12 | <br>初唐•古文尚書<br>16_154_24<br><br>初唐•古文尚書<br>17_157_23<br><br>初唐•古文尚書<br>17_157_31<br><br>初唐•古文尚書<br>39_372_2<br><br>初唐•古文尚書<br>39_372_14<br><br>初唐•古文尚書<br>39_373_8<br>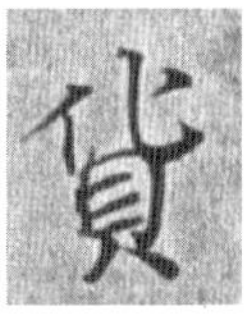<br>初唐•古文尚書<br>39_374_6 | <br>中唐・翰苑<br>44_567_3 | <br>中唐・翰苑<br>34_435_10 | <br>中唐・翰苑<br>18_235_27<br><br>中唐・翰苑<br>18_236_22<br><br>中唐・翰苑<br>28_370_5<br><br>中唐・翰苑<br>35_455_36<br><br>五代•大毗盧經<br>65_813_12 | <br>初唐・十誦律<br>1_7_6<br><br>青州<br>中唐・翰苑<br>13_164_30<br><br>中唐・翰苑<br>17_217_42<br><br>五代•大毗盧經<br>97_1187_4 |

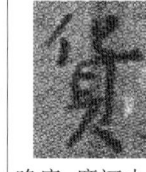

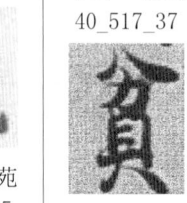

| 賁 | 貳 | 貪 | | | 貪 | |
| --- | --- | --- | --- | --- | --- | --- |
| ヒ漢フン<br>訓おおきい | 吳二漢ジ<br>訓ふやす | 慣ドン漢タン吳トン<br>訓むさぼる | | | 慣ドン漢タン吳トン<br>訓むさぼる | |
| <br>初唐•古文尚書<br>16_151_24<br><br>初唐•古文尚書<br>16_151_26<br><br>中唐・翰苑<br>14_182_8<br><br>中唐・翰苑<br>14_182_27 | <br>初唐•禮記正義<br>11_172_43<br>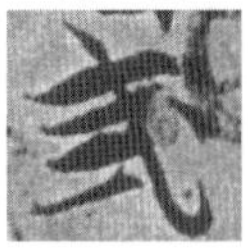<br>初唐•禮記正義<br>11_172_46<br><br>中唐・翰苑<br>9_107_19<br><br>中唐・翰苑<br>36_459_25<br><br>中唐・翰苑<br>36_462_8 | <br>中唐・翰苑<br>9_118_40<br><br>中唐・翰苑<br>36_463_24<br><br>中唐・翰苑<br>40_517_37<br><br>晚唐•摩訶止觀<br>48_410_2<br><br>晚唐•摩訶止觀<br>54_461_1<br><br>晚唐•摩訶止觀<br>60_509_18<br><br>五代•大毗盧經<br>23_289_3 | <br>五代•大毗盧經<br>68_851_36<br><br>五代•大毗盧經<br>68_851_41 | <br>晚唐•摩訶止觀<br>22_193_21<br><br>晚唐•摩訶止觀<br>28_244_26<br>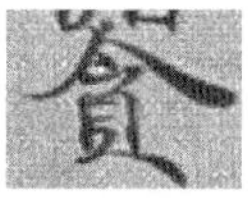<br>晚唐•摩訶止觀<br>29_250_26<br><br>晚唐•摩訶止觀<br>46_391_1<br><br>晚唐•摩訶止觀<br>50_428_21<br>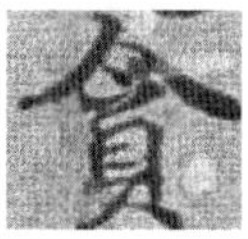<br>晚唐•摩訶止觀<br>56_472_13<br><br>五代•大毗盧經<br>3_28_15<br><br>五代•大毗盧經<br>47_574_23 | <br>初唐•古文尚書<br>2_16_15<br><br>初唐•古文尚書<br>14_128_37<br><br>初唐•古文尚書<br>14_129_24<br><br>初唐•古文尚書<br>16_155_16<br><br>中唐・翰苑<br>9_117_38<br><br>中唐・翰苑<br>14_182_37<br><br>中唐・翰苑<br>40_508_33<br><br>晚唐•摩訶止觀<br>20_178_3 | <br>中唐・翰苑<br>40_508_34<br><br>晚唐•摩訶止觀<br>3_23_30 |

## 貴

現 キ
訓 たっとい

初唐•古文尚書 9_81_23

初唐•古文尚書 10_82_3

初唐•古文尚書 10_82_9

初唐•古文尚書 32_302_39

初唐•古文尚書 32_303_24

初唐•禮記正義 15_228_10

初唐•禮記正義 16_239_7

初唐•禮記正義 22_331_15

初唐•禮記正義 25_373_8

初唐•禮記正義 25_389_27

初唐•禮記正義 26_390_18

初唐•禮記正義 26_391_9

初唐•禮記止義 26_391_18

初唐•禮記正義 26_393_16

初唐•禮記正義 26_404_27

初唐•禮記正義 27_417_20

初唐•禮記正義 29_452_25

初唐•禮記正義 29_453_25

初唐・十誦律 2_26_4

中唐・翰苑 3_30_34

中唐・翰苑 7_86_37

功費 中唐・翰苑 10_120_46

中唐・翰苑 11_137_15

中唐・翰苑 12_151_4

中唐・翰苑 14_175_4

中唐・翰苑 17_215_3

中唐・翰苑 18_232_19

中唐・翰苑 21_278_39

中唐・翰苑 21_279_35

中唐・翰苑 25_326_3

中唐・翰苑 25_326_28

中唐・翰苑 25_329_6

中唐・翰苑 30_385_13

中唐・翰苑 30_389_16

中唐・翰苑 35_449_11

中唐・翰苑 36_458_19

中唐・翰苑 39_502_4

中唐・翰苑 39_505_11

中唐・翰苑 39_505_21

中唐・翰苑 39_506_4

## 貺

キョウ
訓 たまう

中唐・翰苑 19_249_4

| | | | 賀 | 費 | 買 | 貯 |
|---|---|---|---|---|---|---|
| | | | 吳現ガ漢カ<br>訓ほめる | 現ヒ<br>訓ついやす | 漢バイ<br>訓かう | 漢チョ<br>訓たくわえる |
| <br>五代•大毗盧經<br>54_656_7 | <br>五代•大毗盧經<br>10_121_5 | <br>中唐・翰苑<br>43_554_27 | <br>中唐・翰苑<br>12_154_39 | <br>中唐・翰苑<br>2_21_32 | <br>中唐・翰苑<br>22_293_34 | <br>中唐・翰苑<br>24_318_16 |
| <br>五代•大毗盧經<br>55_672_5 | <br>五代•大毗盧經<br>15_187_16 | <br>中唐・翰苑<br>43_555_27 | <br>中唐・翰苑<br>14_182_18 | <br>五代•大毗盧經<br>85_1042_3 | | |
| <br>五代•大毗盧經<br>55_674_5 | <br>五代•大毗盧經<br>15_187_18 | <br>五代•大毗盧經<br>3_34_7 | <br>中唐・翰苑<br>15_193_1 | <br>五代•大毗盧經<br>97_1187_28 | | |
| <br>五代•大毗盧經<br>55_676_26 | <br>五代•大毗盧經<br>15_192_2 | <br>五代•大毗盧經<br>7_74_27 | <br>中唐・翰苑<br>30_392_10 | | | |
| <br>五代•大毗盧經<br>56_686_3 | <br>五代•大毗盧經<br>53_647_34 | <br>五代•大毗盧經<br>9_103_15 | <br>中唐・翰苑<br>30_394_22 | | | |
| <br>五代•大毗盧經<br>56_687_15 | <br>五代•大毗盧經<br>53_649_19 | <br>五代•大毗盧經<br>10_111_4 | <br>中唐・翰苑<br>32_421_17 | | | |
| <br>五代•大毗盧經<br>56_688_10 | <br>五代•大毗盧經<br>53_653_10 | <br>五代•大毗盧經<br>10_116_19 | <br>中唐・翰苑<br>43_553_22 | | | |

## 賊

呉ゾク
訓そこなう

中唐・翰苑
19_244_34

中唐・翰苑
35_447_3

中唐・翰苑
36_462_18

中唐・翰苑
36_465_8

初唐・古文尚書
40_384_1

初唐・古文尚書
40_384_18

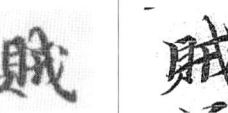

初唐・十誦律
8_133_14

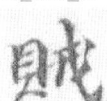

初唐・十誦律
8_153_15

中唐・翰苑
10_119_37

中唐・翰苑
12_148_30

中唐・翰苑
15_190_22

中唐・翰苑
15_197_31

中唐・翰苑
42_535_42

陸賈
中唐・翰苑
42_541_35

## 賈

漢カ
訓あきなう

初唐・禮記正義
24_371_22

初唐・禮記正義
24_372_27

初唐・禮記正義
30_466_22

初唐・禮記正義
30_468_3

初唐・禮記正義
30_468_13

中唐・翰苑
13_159_28

中唐・翰苑
34_435_9

五代・大毗盧經
95_1166_11

五代・大毗盧經
95_1166_16

五代・大毗盧經
95_1167_9

五代・大毗盧經
95_1170_6

五代・大毗盧經
96_1175_23

五代・大毗盧經
97_1191_13

五代・大毗盧經
98_1208_5

五代・大毗盧經
58_716_1

五代・大毗盧經
58_716_27

五代・大毗盧經
58_719_9

五代・大毗盧經
59_722_33

五代・大毗盧經
94_1159_5

五代・大毗盧經
95_1162_20

五代・大毗盧經
95_1165_1

五代・大毗盧經
56_690_45

五代・大毗盧經
56_691_10

五代・大毗盧經
57_693_36

五代・大毗盧經
57_694_15

五代・大毗盧經
57_697_5

五代・大毗盧經
57_701_5

五代・大毗盧經
58_715_18

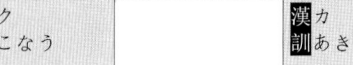

## 賄

慣ワイ 漢カイ
訓まかなう

中唐・翰苑
30_393_2

中唐・翰苑
30_394_28

## 賂

漢ロ
訓まいなう

初唐•古文尚書
42_410_33

## 資

シ
訓たから

初唐•古文尚書
33_311_29

初唐•古文尚書
33_312_19

初唐・十誦律
19_368_8

中唐・翰苑
4_38_25

中唐・翰苑
11_135_32

中唐・翰苑
12_150_16

中唐・翰苑
18_234_1

中唐・翰苑
20_262_20

中唐・翰苑
26_337_20

中唐・翰苑
26_338_37

中唐・翰苑
27_350_42

五代•大毗盧經
2_8_4

## 賓

ヒン
訓まろうど

初唐•禮記正義
13_206_20

初唐•禮記正義
13_207_3

初唐•禮記正義
13_208_10

初唐•禮記正義
14_211_1

初唐•禮記正義
14_220_28

初唐•禮記正義
22_328_8

初唐•禮記正義
22_328_22

初唐•禮記正義
22_329_9

初唐•禮記正義
22_329_22

初唐•禮記正義
24_371_14

初唐•禮記正義
25_373_26

初唐•禮記正義
25_374_18

初唐•禮記正義
25_375_5

初唐•禮記正義
25_376_7

初唐•禮記正義
25_376_26

初唐•禮記正義
25_377_16

初唐•禮記正義
26_398_2

初唐•禮記正義
27_418_21

初唐・十誦律
2_15_12

初唐・十誦律
2_21_5

初唐・十誦律
2_21_16

初唐・十誦律
2_24_6

初唐・十誦律
2_27_16

中唐・翰苑
21_275_35

中唐・翰苑
41_523_8

## 賣

漢現バイ 慣マイ
訓うる

中唐・翰苑
7_80_17

## 賚

ライ
訓たまう

初唐・古文尚書
18_168_32

## 賢

漢現ケン 呉ゲン
訓かしこい

初唐・古文尚書
9_81_19

初唐・古文尚書
11_101_12

初唐・古文尚書
17_160_26

初唐・古文尚書
18_171_31

初唐・古文尚書
20_194_23

初唐・古文尚書
21_206_17

初唐・古文尚書
23_227_2

初唐・古文尚書
23_227_10

初唐・古文尚書
23_227_12

初唐・古文尚書
24_232_4

初唐・古文尚書
25_243_26

初唐・古文尚書
28_273_20

初唐・古文尚書
28_273_31

初唐・古文尚書
29_281_16

初唐・古文尚書
32_304_13

初唐・古文尚書
32_305_8

初唐・古文尚書
40_381_6

初唐・古文尚書
41_401_20

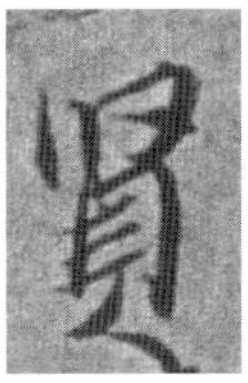
初唐・禮記正義
1_4_7

初唐・禮記正義
26_394_9

初唐・禮記正義
27_413_13

中唐・翰苑
3_30_37

中唐・翰苑
4_47_2

中唐・翰苑
5_51_12

中唐・翰苑
5_52_4

中唐・翰苑
5_52_23

中唐・翰苑
5_54_20

中唐・翰苑
5_58_23

## 賞

ショウ
訓 ほうび

初唐・古文尚書
10_86_32

中唐・翰苑
37_475_15

中唐・翰苑
41_526_22

中唐・翰苑
41_527_6

五代・大毗盧經
97_1197_2

五代・大毗盧經
50_613_10

五代・大毗盧經
68_856_8

五代・大毗盧經
68_856_9

五代・大毗盧經
80_968_1

五代・大毗盧經
88_1079_32

五代・大毗盧經
90_1095_6

五代・大毗盧經
90_1102_1

五代・大毗盧經
28_354_7

五代・大毗盧經
31_391_2

五代・大毗盧經
31_391_20

五代・大毗盧經
31_394_24

五代・大毗盧經
39_459_19

五代・大毗盧經
41_486_2

五代・大毗盧經
41_499_10

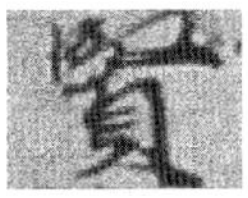
晚唐・摩訶止觀
49_420_29

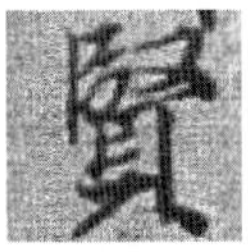
晚唐・摩訶止觀
56_471_18

五代・密教部類
4_51_21

五代・大毗盧經
3_29_5

五代・大毗盧經
9_103_20

五代・大毗盧經
10_122_20

五代・大毗盧經
14_170_11

中唐・翰苑
39_497_1

中唐・翰苑
39_498_2

中唐・翰苑
39_498_22

晚唐・摩訶止觀
7_56_14

晚唐・摩訶止觀
21_181_18

晚唐・摩訶止觀
22_190_17

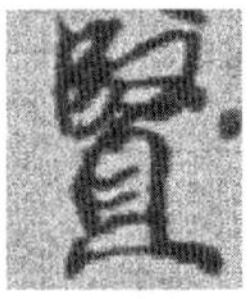
晚唐・摩訶止觀
41_356_7

中唐・翰苑
7_83_39

中唐・翰苑
7_85_1

中唐・翰苑
7_85_27

中唐・翰苑
13_171_27

中唐・翰苑
13_172_19

中唐・翰苑
38_494_36

中唐・翰苑
39_495_39

| 賜 | 賭 | | 賤 | | | 賦 |
|---|---|---|---|---|---|---|
| 現シ 訓たまわる | 漢ト 訓かけ | | 漢セン 呉ゼン 訓やすい | | | 現フ 訓わりあて |
| 初唐•禮記正義 25_388_10 | 五代•大毗盧經 45_544_14 | 中唐・翰苑 11_137_18 | 初唐•禮記正義 6_90_15 | 賊盛 中唐・翰苑 41_526_8 | 初唐•古文尚書 4_32_12 | 初唐•古文尚書 1_1_36 |
| 中唐・翰苑 8_94_19 | | 中唐・翰苑 25_326_4 | 初唐•禮記正義 14_211_14 | | 初唐•古文尚書 4_32_20 | 初唐•古文尚書 1_7_10 |
| 中唐・翰苑 12_155_8 | | 中唐・翰苑 25_326_29 | 初唐•禮記正義 15_227_5 | | 初唐•古文尚書 5_43_2 | 初唐•古文尚書 1_7_18 |
| 中唐・翰苑 14_175_2 | | 中唐・翰苑 25_329_22 | 初唐•禮記正義 15_227_16 | | 初唐•古文尚書 5_43_8 | 初唐•古文尚書 1_8_15 |
| 中唐・翰苑 14_185_26 | | 中唐・翰苑 30_389_19 | 初唐•禮記正義 15_228_7 | | 初唐•古文尚書 28_276_24 | 初唐•古文尚書 2_13_11 |
| 中唐・翰苑 15_193_5 | | | 初唐•禮記正義 24_372_22 | | 中唐・翰苑 34_435_19 | 初唐•古文尚書 2_13_17 |
| 中唐・翰苑 17_222_23 | | | 初唐•禮記正義 25_373_2 | | 中唐・翰苑 37_478_3 | 初唐•古文尚書 3_21_11 |
| 中唐・翰苑 30_394_13 | | | 初唐•禮記正義 27_417_21 | | 中唐・翰苑 40_509_42 | 初唐•古文尚書 3_21_17 |

| 賴 | 賨 | | | 質 | | |
|---|---|---|---|---|---|---|
| 現ライ<br>訓たのむ | ソウ<br>訓みつぎ | | | チ、シ 漢シツ 呉シチ<br>訓しち | | |
| <br>初唐•古文尚書<br>34_319_24<br><br>初唐•古文尚書<br>34_320_23<br><br>初唐•古文尚書<br>38_360_13<br><br>初唐•古文尚書<br>44_429_4<br><br>初唐•古文尚書<br>44_430_10<br><br>晚唐•摩訶止觀<br>2_13_21<br><br>晚唐•摩訶止觀<br>38_327_26<br><br>五代•大毗盧經<br>62_766_2 | <br>中唐・翰苑<br>34_436_9<br><br>中唐・翰苑<br>34_437_44 | <br>五代•大毗盧經<br>60_749_2<br><br>五代•大毗盧經<br>80_969_8<br><br>五代•大毗盧經<br>96_1175_8<br><br>五代•大毗盧經<br>53_648_1 | <br>中唐・翰苑<br>35_452_15<br><br>中唐・翰苑<br>35_452_16<br><br>晚唐•摩訶止觀<br>20_174_27<br><br>五代•大毗盧經<br>3_27_2<br><br>五代•大毗盧經<br>51_622_10<br><br>五代•大毗盧經<br>52_635_17 | <br>初唐•古文尚書<br>38_367_11<br><br>初唐•禮記正義<br>2_21_15<br><br>初唐•禮記正義<br>2_21_28<br><br>初唐•禮記正義<br>13_209_24<br><br>初唐•禮記正義<br>21_319_2<br><br>中唐・翰苑<br>15_193_36<br><br>中唐・翰苑<br>15_194_5 | <br>中唐・翰苑<br>42_541_42<br><br>中唐・翰苑<br>43_546_41<br><br>中唐・翰苑<br>43_547_16<br><br>中唐・翰苑<br>43_554_40 | <br>中唐・翰苑<br>33_422_2<br><br>中唐・翰苑<br>33_433_29<br><br>中唐・翰苑<br>34_435_25<br><br>中唐・翰苑<br>35_452_33<br><br>中唐・翰苑<br>38_485_13<br><br>中唐・翰苑<br>40_517_20<br><br>中唐・翰苑<br>41_520_37<br><br>中唐・翰苑<br>42_541_29 |

| 贛 | 贖 | 贊 | 贈 | 賣 | 購 |
|---|---|---|---|---|---|
| 漢コウ<br>訓たまう | 漢ショク<br>訓あがなう | 現サン<br>訓まみえる | 呉ゾウ漢ソウ<br>訓おくる | セイ<br>訓もたらす | 漢現コウ<br>訓あがなう |
| <br>中唐・翰苑<br>40_508_30 | <br>初唐•古文尚書<br>39_378_17<br><br>初唐•古文尚書<br>39_378_31<br><br>初唐•古文尚書<br>40_381_24<br><br>初唐•古文尚書<br>45_436_3<br><br>中唐・翰苑<br>12_149_9<br><br>中唐・翰苑<br>20_268_15<br><br>中唐・翰苑<br>37_476_35 | <br>初唐•禮記正義<br>4_60_24<br><br>五代•大毗盧經<br>67_846_9 | <br>初唐・十誦律<br>19_366_3<br><br>初唐・十誦律<br>19_366_15<br><br>中唐・翰苑<br>43_555_20<br><br>五代•密教部類<br>6_81_17<br><br>五代•密教部類<br>6_82_12 | <br>中唐・翰苑<br>10_125_1<br><br>中唐・翰苑<br>10_129_2 | <br>中唐・翰苑<br>13_161_21<br><br>中唐・翰苑<br>13_165_2<br><br>中唐・翰苑<br>33_428_10<br><br>中唐・翰苑<br>41_526_21 |

# 見部

## 見

現ケン 呉ゲン
訓みる

初唐•古文尚書 3_25_16
初唐•古文尚書 14_124_11
初唐•古文尚書 14_129_22
初唐•古文尚書 23_223_28
初唐•古文尚書 23_224_18
初唐•古文尚書 25_243_17
初唐•古文尚書 28_271_7
初唐•古文尚書 35_330_20

初唐•古文尚書 37_352_5
初唐•古文尚書 39_378_5
初唐•古文尚書 39_380_9
初唐•古文尚書 41_401_5
初唐•古文尚書 44_428_2
初唐•古文尚書 44_428_11
初唐•古文尚書 46_451_4
初唐•古文尚書 48_470_26

初唐・毛詩傳 4_44_2
初唐・毛詩傳 5_46_8
初唐・毛詩傳 5_50_10
初唐・毛詩傳 6_62_25
初唐・毛詩傳 6_64_27
初唐・毛詩傳 6_65_3
初唐・毛詩傳 6_65_15
初唐・毛詩傳 6_66_1

初唐・毛詩傳 6_66_28
初唐・毛詩傳 7_70_3
初唐・毛詩傳 7_72_27
初唐・毛詩傳 8_83_18
初唐•禮記正義 12_183_7
初唐•禮記正義 14_211_4
初唐•禮記正義 14_213_30
初唐•禮記正義 18_272_24

初唐•禮記正義 18_275_26
初唐•禮記正義 21_317_8
初唐•禮記正義 21_318_14
初唐•禮記正義 21_324_20
初唐•禮記正義 23_346_25
初唐・十誦律 7_124_9
初唐・十誦律 10_176_12
初唐・十誦律 10_184_2

初唐・十誦律 11_200_12
初唐・十誦律 11_205_17
初唐・十誦律 12_219_6
初唐・十誦律 12_222_9
初唐・十誦律 12_225_10
初唐・十誦律 12_228_11
初唐・十誦律 12_232_6
初唐・十誦律 12_234_12

| | | | | | | |
|---|---|---|---|---|---|---|
| 晚唐•摩訶止觀 33_288_3 | 晚唐•摩訶止觀 29_248_3 | 晚唐•摩訶止觀 13_115_25 | 晚唐•摩訶止觀 1_3_19 | 中唐・翰苑 32_421_2 | 中唐・翰苑 9_112_6 | 初唐・十誦律 13_237_6 |
| 晚唐•摩訶止觀 33_290_19 | 晚唐•摩訶止觀 29_250_10 | 晚唐•摩訶止觀 13_116_2 | 晚唐•摩訶止觀 1_7_14 | 中唐・翰苑 35_456_14 | 中唐・翰苑 12_146_31 | 初唐・十誦律 13_239_16 |
| 晚唐•摩訶止觀 34_291_5 | 晚唐•摩訶止觀 29_253_11 | 晚唐•摩訶止觀 14_120_14 | 晚唐•摩訶止觀 2_15_5 | 中唐・翰苑 38_487_32 | 中唐・翰苑 16_205_21 | 初唐・十誦律 14_267_6 |
| 晚唐•摩訶止觀 34_291_15 | 晚唐•摩訶止觀 31_273_4 | 晚唐•摩訶止觀 15_128_3 | 晚唐•摩訶止觀 2_17_21 | 中唐・翰苑 39_504_20 | 中唐・翰苑 16_210_38 | 初唐・十誦律 18_346_10 |
| 晚唐•摩訶止觀 34_292_11 | 晚唐•摩訶止觀 31_273_10 | 晚唐•摩訶止觀 16_143_20 | 晚唐•摩訶止觀 2_18_9 | 中唐・翰苑 40_517_17 | 中唐・翰苑 17_220_4 | 初唐・十誦律 18_356_12 |
| 晚唐•摩訶止觀 34_292_18 | 晚唐•摩訶止觀 31_273_16 | 晚唐•摩訶止觀 19_167_16 | 晚唐•摩訶止觀 9_77_20 | 中唐・翰苑 41_519_41 | 中唐・翰苑 20_257_12 | 中唐・翰苑 4_48_37 |
| 晚唐•摩訶止觀 34_292_21 | 晚唐•摩訶止觀 31_273_21 | 晚唐•摩訶止觀 24_204_25 | 晚唐•摩訶止觀 9_79_26 | 中唐・翰苑 43_551_37 | 中唐・翰苑 23_307_18 | 中唐・翰苑 7_78_34 |
| 晚唐•摩訶止觀 34_292_26 | 晚唐•摩訶止觀 32_276_1 | 晚唐•摩訶止觀 27_230_24 | 晚唐•摩訶止觀 11_101_25 | 中唐・翰苑 45_580_6 | 中唐・翰苑 25_325_27 | 中唐・翰苑 8_105_17 |

晚唐•摩訶止觀 34_293_19
晚唐•摩訶止觀 34_294_6
晚唐•摩訶止觀 34_295_9
晚唐•摩訶止觀 34_296_13
晚唐•摩訶止觀 34_296_28
晚唐•摩訶止觀 34_298_21
晚唐•摩訶止觀 34_299_9
晚唐•摩訶止觀 34_299_20

晚唐•摩訶止觀 35_301_20
晚唐•摩訶止觀 35_302_14
晚唐•摩訶止觀 35_303_2
晚唐•摩訶止觀 35_304_11
晚唐•摩訶止觀 42_360_4
晚唐•摩訶止觀 42_362_5
晚唐•摩訶止觀 43_366_6
晚唐•摩訶止觀 43_366_10

晚唐•摩訶止觀 44_376_9
晚唐•摩訶止觀 44_377_18
晚唐•摩訶止觀 46_394_29
晚唐•摩訶止觀 47_401_7
晚唐•摩訶止觀 47_401_24
晚唐•摩訶止觀 47_402_1
晚唐•摩訶止觀 47_402_24
晚唐•摩訶止觀 47_403_24

晚唐•摩訶止觀 48_408_15
晚唐•摩訶止觀 50_423_24
晚唐•摩訶止觀 51_432_15
晚唐•摩訶止觀 52_438_16
晚唐•摩訶止觀 56_472_15
晚唐•摩訶止觀 60_503_22
晚唐•摩訶止觀 61_514_8
五代•密教部類 1_8_9

五代•密教部類 2_9_18
五代•大毗盧經 7_85_7
五代•大毗盧經 12_149_6
五代•大毗盧經 17_216_2
五代•大毗盧經 23_298_27
五代•大毗盧經 23_299_7
五代•大毗盧經 23_299_11
五代•大毗盧經 23_299_15

五代•大毗盧經 24_311_28
五代•大毗盧經 26_327_44
五代•大毗盧經 26_328_9
五代•大毗盧經 26_328_17
五代•大毗盧經 26_328_28
五代•大毗盧經 26_328_37
五代•大毗盧經 32_397_27
五代•大毗盧經 39_468_15

五代•大毗盧經 41_494_44
五代•大毗盧經 41_495_5
五代•大毗盧經 47_579_20
五代•大毗盧經 47_579_28
五代•大毗盧經 55_671_36
五代•大毗盧經 57_706_8
五代•大毗盧經 72_884_2
五代•大毗盧經 79_957_31

| | | 視視<br>漢シ 吳ジ<br>訓みる | 覓<br>漢ベキ<br>訓もとめる | | 規規<br>現キ<br>訓ぶんまわし | |
|---|---|---|---|---|---|---|
| 初唐•古文尚書<br>49_478_16 | 初唐•古文尚書<br>24_235_24 | 初唐•古文尚書<br>8_64_33 | 初唐・十誦律<br>18_353_7 | 初唐•禮記正義<br>17_264_8 | 初唐•古文尚書<br>7_57_15 | 五代•大毗盧經<br>79_960_13 |
| 初唐•禮記正義<br>11_167_19 | 初唐•古文尚書<br>28_276_15 | 初唐•古文尚書<br>8_65_2 | 初唐・十誦律<br>18_354_1 | 初唐•禮記正義<br>17_264_14 | 初唐•古文尚書<br>32_302_7 | 五代•大毗盧經<br>97_1186_22 |
| 初唐•禮記正義<br>11_168_18 | 初唐•古文尚書<br>37_355_20 | 初唐•古文尚書<br>12_103_26 | 晚唐•摩訶止觀<br>58_494_7 | 初唐•禮記正義<br>17_264_21 | 初唐•禮記正義<br>17_261_7 | |
| 初唐•禮記正義<br>11_170_10 | 初唐•古文尚書<br>39_371_20 | 初唐•古文尚書<br>12_104_4 | | | 初唐•禮記正義<br>17_261_15 | |
| 初唐•禮記正義<br>11_170_13 | 初唐•古文尚書<br>41_393_18 | 初唐•古文尚書<br>19_177_1 | | | 初唐•禮記正義<br>17_262_13 | |
| 初唐•禮記正義<br>11_170_24 | 初唐•古文尚書<br>43_415_7 | 初唐•古文尚書<br>19_177_9 | | | 初唐•禮記正義<br>17_262_21 | |
| 初唐•禮記正義<br>17_260_24 | 初唐•古文尚書<br>43_418_2 | 初唐•古文尚書<br>19_177_20 | | | 初唐•禮記正義<br>17_263_21 | |
| 初唐•禮記正義<br>17_263_9 | 初唐•古文尚書<br>49_475_11 | 初唐•古文尚書<br>23_218_9 | | | 初唐•禮記正義<br>17_264_4 | |

## 親

シン
訓 みずから

初唐•古文尚書 38_365_9

初唐•古文尚書 39_371_6

初唐•古文尚書 45_437_27

初唐・毛詩傳 7_76_9

初唐・毛詩傳 8_80_6

初唐・毛詩傳 8_81_10

初唐・毛詩傳 8_83_24

初唐・毛詩傳 9_92_12

五代•大毗盧經 40_474_1

五代•大毗盧經 45_539_18

五代•大毗盧經 45_553_8

五代•大毗盧經 53_647_9

五代•大毗盧經 55_673_10

五代•大毗盧經 77_929_13

五代•大毗盧經 79_955_12

五代•大毗盧經 6_63_6

五代•大毗盧經 7_80_12

五代•大毗盧經 10_120_15

五代•大毗盧經 17_224_10

五代•大毗盧經 22_283_26

五代•大毗盧經 22_284_23

五代•大毗盧經 26_336_18

五代•大毗盧經 31_396_22

## 覩

漢 ト
訓 みる

中唐・翰苑 43_549_6

晚唐•摩訶止觀 9_80_3

晚唐•摩訶止觀 31_272_3

晚唐•摩訶止觀 31_272_13

晚唐•摩訶止觀 31_272_29

晚唐•摩訶止觀 34_294_21

五代•大毗盧經 4_44_10

五代•大毗盧經 6_62_16

## 覜

チョウ
訓 まみえる

初唐•禮記正義 24_356_6

五代•大毗盧經 2_21_3

五代•大毗盧經 8_96_27

五代•大毗盧經 19_248_19

五代•大毗盧經 19_249_27

五代•大毗盧經 64_797_28

五代•大毗盧經 67_843_7

初唐•禮記正義 17_265_11

初唐•禮記正義 17_266_11

中唐・翰苑 15_190_34

中唐・翰苑 15_199_21

中唐・翰苑 15_200_25

中唐・翰苑 38_484_12

晚唐•摩訶止觀 21_183_7

五代•密教部類 6_81_12

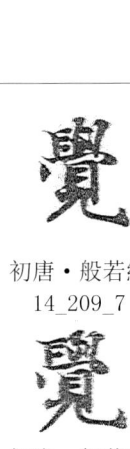

| | 覺 | 覲 | 覯 | | | |
|---|---|---|---|---|---|---|
| | 現カク<br>訓あきらか | 漢キン<br>訓まみえる | 漢コウ<br>訓あう | | | |
| 初唐・般若經<br>14_209_7 | 初唐•古文尚書<br>22_217_2 | 初唐•禮記正義<br>13_207_13 | 初唐・毛詩傳<br>7_70_6 | 中唐・翰苑<br>29_376_28 | 中唐・翰苑<br>3_34_25 | 初唐•禮記正義<br>2_24_3 |
| 初唐・般若經<br>14_210_14 | 初唐•古文尚書<br>22_217_29 | 初唐•禮記正義<br>23_346_15 | 初唐・毛詩傳<br>7_70_8 | 中唐・翰苑<br>42_541_13 | 中唐・翰苑<br>4_38_14 | 初唐•禮記正義<br>2_27_7 |
| 初唐・般若經<br>14_212_7 | 初唐・十誦律<br>19_374_2 | 初唐•禮記正義<br>24_356_17 | 初唐・毛詩傳<br>7_71_3 | 來觀漢地<br>中唐・翰苑<br>43_544_26 | 中唐・翰苑<br>4_42_11 | 初唐•禮記正義<br>2_27_22 |
| 初唐・般若經<br>15_214_3 | 初唐・般若經<br>10_139_9 | 初唐•禮記正義<br>25_381_3 | | 中唐・翰苑<br>44_557_7 | 中唐・翰苑<br>8_102_37 | 初唐•禮記正義<br>2_29_3 |
| 初唐・般若經<br>15_215_17 | 初唐・般若經<br>14_197_13 | 中唐・翰苑<br>9_116_35 | | 五代•大毗盧經<br>2_14_8 | 中唐・翰苑<br>8_103_3 | 初唐•禮記正義<br>6_97_5 |
| 初唐・般若經<br>15_217_9 | 初唐・般若經<br>14_198_2 | 五代•大毗盧經<br>67_847_10 | | 五代•大毗盧經<br>3_30_15 | 中唐・翰苑<br>8_105_6 | 初唐•禮記正義<br>30_471_17 |
| 初唐・般若經<br>15_219_3 | 初唐・般若經<br>14_199_6 | | | 五代•大毗盧經<br>9_106_31 | 中唐・翰苑<br>9_118_48 | 初唐•禮記正義<br>30_474_16 |
| | | | | | 中唐・翰苑<br>12_158_30 | 中唐・翰苑<br>2_18_2 |

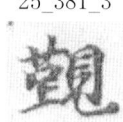

覺
初唐・般若經
15_221_3

覺
初唐・般若經
15_223_3

覺
初唐・般若經
15_224_12

覺
初唐・般若經
15_226_6

覺
初唐・般若經
16_228_6

覺
初唐・般若經
16_230_6

覺
初唐・般若經
16_231_15

覺
初唐・般若經
16_233_9

覺
初唐・般若經
16_236_8

覺
初唐・般若經
16_238_14

覺
初唐・般若經
16_240_6

覺
初唐・般若經
16_241_17

覺
初唐・般若經
17_244_16

覺
初唐・般若經
17_247_5

覺
初唐・般若經
17_248_14

覺
初唐・般若經
17_250_8

覺
初唐・般若經
17_253_7

覺
初唐・般若經
17_255_13

覺
初唐・般若經
17_257_5

覺
初唐・般若經
17_258_16

覺
初唐・般若經
18_261_14

覺
初唐・般若經
18_264_3

覺
初唐・般若經
18_265_12

覺
初唐・般若經
18_267_6

覺
初唐・般若經
18_270_5

覺
初唐・般若經
18_272_11

覺
初唐・般若經
18_274_3

覺
初唐・般若經
18_275_14

覺
初唐・般若經
19_278_13

覺
初唐・般若經
19_281_2

覺
初唐・般若經
19_282_11

覺
初唐・般若經
19_284_5

覺
初唐・般若經
19_286_5

覺
初唐・般若經
19_288_5

覺
初唐・般若經
19_289_14

覺
初唐・般若經
19_291_8

覺
初唐・般若經
20_294_8

覺
初唐・般若經
20_297_5

覺
初唐・般若經
20_299_5

覺
初唐・般若經
20_301_3

覺
初唐・般若經
20_303_15

覺
初唐・般若經
20_306_2

覺
初唐・般若經
20_307_11

覺
初唐・般若經
20_309_5

覺
初唐・般若經
21_314_9

覺
初唐・般若經
21_316_12

覺
初唐・般若經
21_318_4

覺
初唐・般若經
21_319_15

覺
初唐・般若經
21_323_8

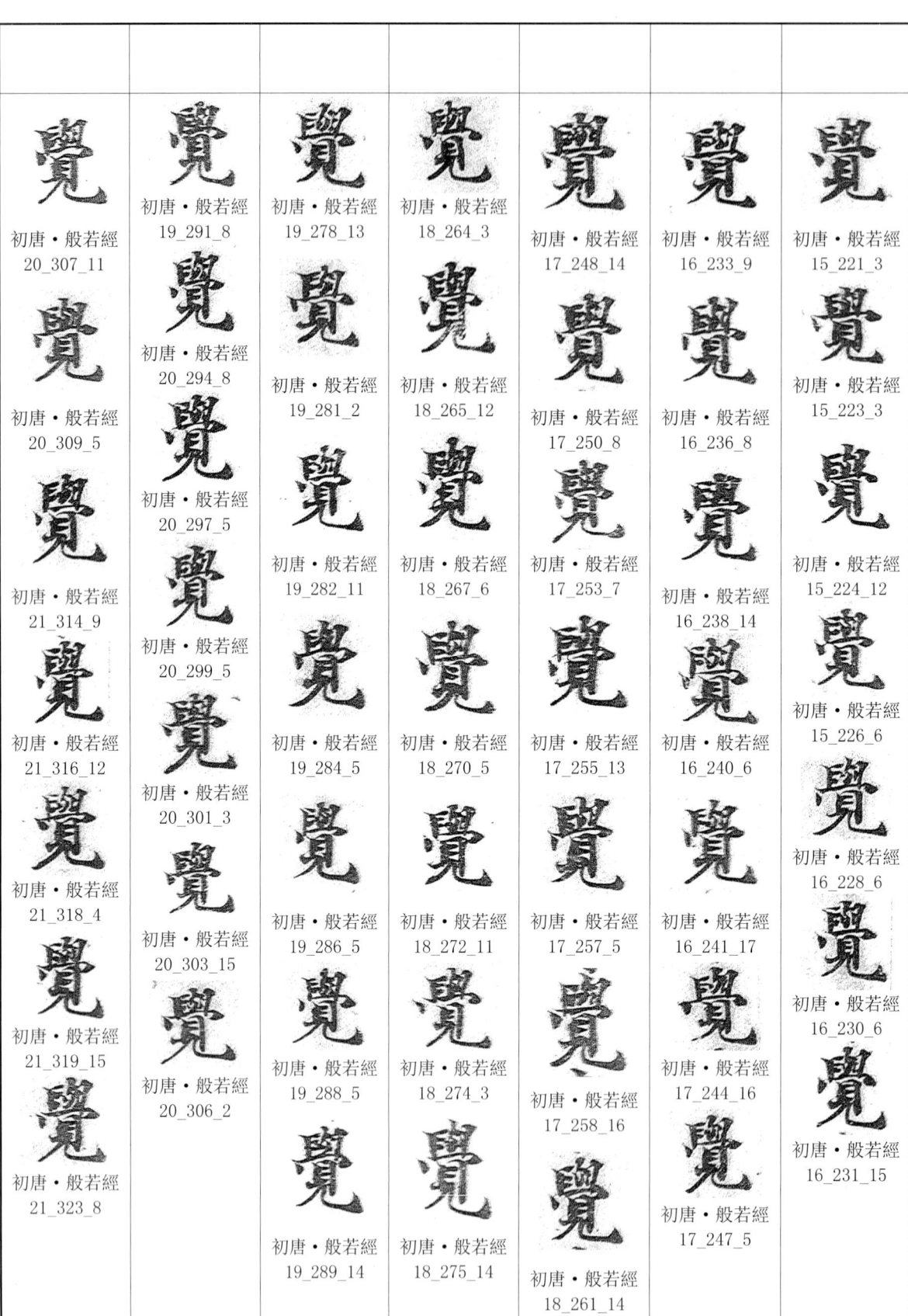

覺 初唐・般若經 22_325_10

覺 初唐・般若經 22_327_4

覺 初唐・般若經 22_328_16

覺 初唐・般若經 22_330_14

覺 初唐・般若經 22_332_13

覺 初唐・般若經 22_334_7

覺 初唐・般若經 22_336_2

覺 初唐・般若經 22_338_4

覺 初唐・般若經 22_340_5

覺 初唐・般若經 22_341_16

覺 初唐・般若經 23_343_11

覺 初唐・般若經 23_346_2

覺 初唐・般若經 23_348_6

覺 初唐・般若經 23_349_17

覺 初唐・般若經 23_351_12

覺 初唐・般若經 23_354_6

覺 初唐・般若經 23_356_9

覺 初唐・般若經 24_358_5

覺 初唐・般若經 24_360_1

覺 初唐・般若經 24_362_3

覺 初唐・般若經 24_364_4

覺 初唐・般若經 24_365_17

覺 初唐・般若經 24_368_5

覺 初唐・般若經 24_369_14

覺 初唐・般若經 24_371_8

覺 初唐・般若經 24_373_2

覺 初唐・般若經 25_374_16

覺 初唐・般若經 25_376_10

覺 初唐・般若經 25_378_5

覺 初唐・般若經 25_381_10

覺 初唐・般若經 25_383_16

覺 初唐・般若經 25_385_12

覺 初唐・般若經 25_387_8

覺 初唐・般若經 25_389_4

覺 初唐・般若經 26_391_2

覺 初唐・般若經 26_392_13

覺 初唐・般若經 26_394_8

覺 初唐・般若經 26_396_10

覺 初唐・般若經 26_398_11

覺 初唐・般若經 26_400_11

覺 初唐・般若經 26_402_9

覺 初唐・般若經 26_404_9

覺 初唐・般若經 27_407_5

覺 初唐・般若經 27_408_16

覺 初唐・般若經 27_410_11

覺 初唐・般若經 27_412_15

覺 初唐・般若經 27_414_17

覺 初唐・般若經 27_415_6

覺 初唐・般若經 27_415_12

初唐・般若經
27_416_13

初唐・般若經
27_417_2

初唐・般若經
27_418_11

初唐・般若經
27_420_15

初唐・般若經
27_422_17

中唐・般若經
6_87_10

中唐・般若經
6_89_8

中唐・般若經
6_91_6

中唐・般若經
6_93_5

中唐・般若經
17_287_9

中唐・般若經
17_288_4

中唐・般若經
17_288_15

中唐・般若經
17_289_10

中唐・般若經
17_291_17

中唐・般若經
17_292_13

中唐・般若經
17_293_8

中唐・般若經
17_294_4

中唐・般若經
17_296_15

中唐・般若經
17_297_10

中唐・般若經
17_298_4

中唐・般若經
17_298_16

晚唐•摩訶止觀
1_7_2

晚唐•摩訶止觀
9_80_8

晚唐•摩訶止觀
10_88_14

晚唐•摩訶止觀
16_138_19

晚唐•摩訶止觀
19_168_22

晚唐•摩訶止觀
30_265_8

晚唐•摩訶止觀
37_322_2

晚唐•摩訶止觀
47_403_19

晚唐•摩訶止觀
47_403_21

晚唐•摩訶止觀
47_404_18

晚唐•摩訶止觀
47_404_20

晚唐•摩訶止觀
48_407_27

晚唐•摩訶止觀
55_462_15

晚唐•摩訶止觀
56_470_25

晚唐•摩訶止觀
60_504_9

晚唐•摩訶止觀
60_507_8

晚唐•摩訶止觀
60_507_14

晚唐•摩訶止觀
60_508_13

晚唐•摩訶止觀
61_515_3

晚唐•摩訶止觀
61_515_15

五代•密教部類
2_14_10

五代•密教部類
3_28_9

五代•密教部類
3_29_8

五代•密教部類
3_33_16

五代•密教部類
3_39_24

五代•密教部類
3_41_14

五代•密教部類
4_43_18

五代•密教部類
4_50_14

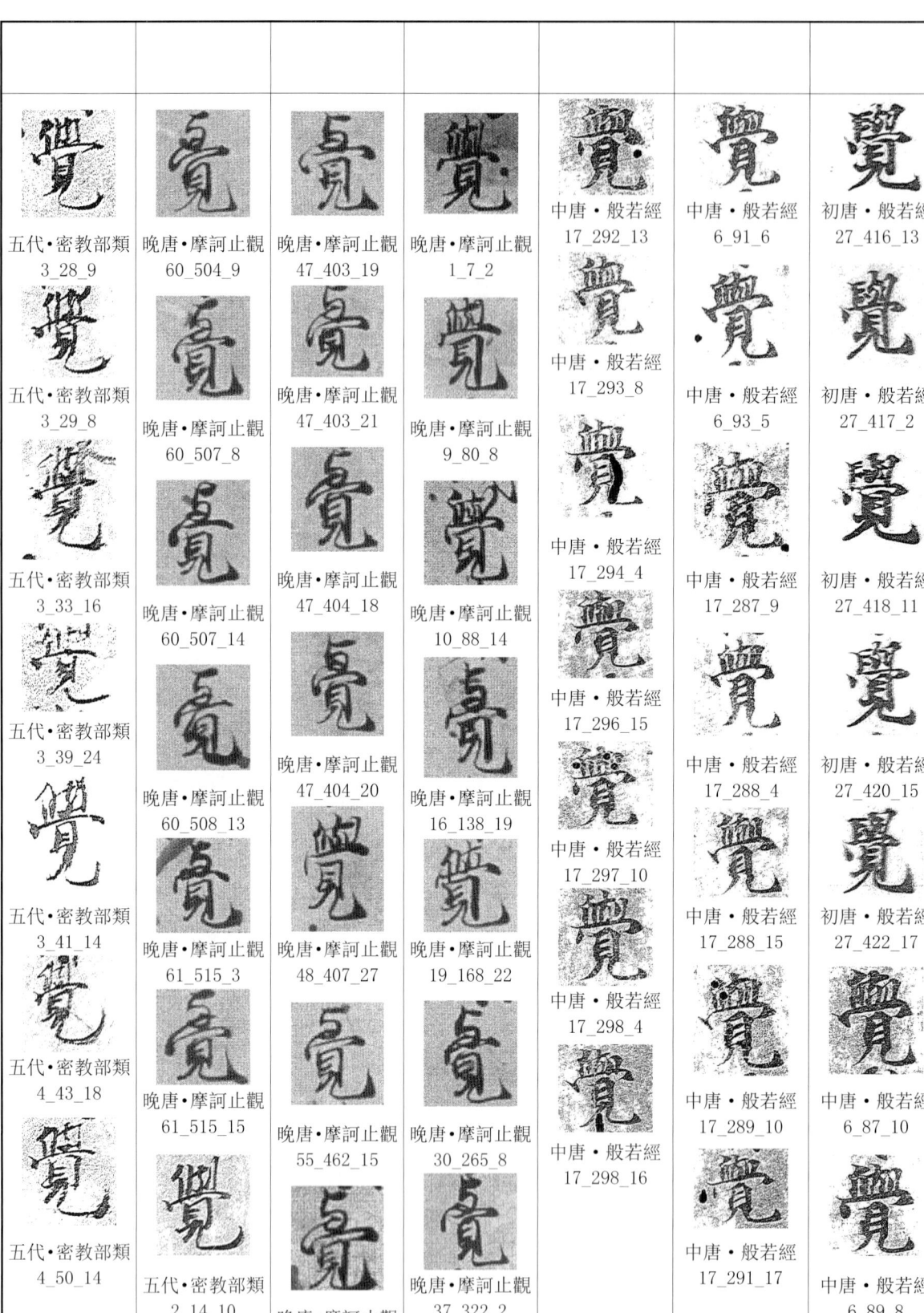

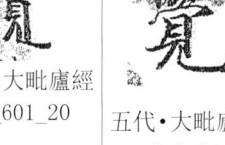

| | | 觀<br>現 カン<br>訓 みる | 覽<br>現 ラン<br>訓 みる | | | |
|---|---|---|---|---|---|---|
| 晚唐•摩訶止觀<br>5_45_1 | 晚唐•摩訶止觀<br>1_1_4 | 初唐•古文尚書<br>8_64_6 | 晚唐•摩訶止觀<br>15_131_13 | 五代•大毗盧經<br>77_931_4 | 五代•大毗盧經<br>13_167_2 | 五代•密教部類<br>5_62_23 |
| 晚唐•摩訶止觀<br>5_45_8 | 晚唐•摩訶止觀<br>1_2_2 | 初唐•古文尚書<br>25_248_27 | 晚唐•摩訶止觀<br>29_254_2 | 五代•大毗盧經<br>77_932_5 | 五代•大毗盧經<br>28_363_3 | 五代•密教部類<br>6_77_30 |
| 晚唐•摩訶止觀<br>5_45_14 | 晚唐•摩訶止觀<br>3_24_20 | 初唐•古文尚書<br>43_417_4 | 五代•密教部類<br>1_5_10 | 五代•大毗盧經<br>77_932_17 | 五代•大毗盧經<br>47_576_16 | 五代•密教部類<br>6_83_19 |
| 晚唐•摩訶止觀<br>6_47_19 | 晚唐•摩訶止觀<br>4_33_8 | 初唐•古文尚書<br>43_418_1 | | | 五代•大毗盧經<br>49_601_20 | 五代•大毗盧經<br>2_6_14 |
| 晚唐•摩訶止觀<br>6_55_1 | 晚唐•摩訶止觀<br>4_34_11 | 中唐・翰苑<br>12_145_36 | | | 五代•大毗盧經<br>55_671_40 | 五代•大毗盧經<br>2_21_21 |
| 晚唐•摩訶止觀<br>6_55_15 | 晚唐•摩訶止觀<br>4_36_16 | 中唐・翰苑<br>16_204_3 | | | 五代•大毗盧經<br>68_854_5 | 五代•大毗盧經<br>9_103_17 |
| 晚唐•摩訶止觀<br>12_110_15 | 晚唐•摩訶止觀<br>4_37_13 | 中店・翰苑<br>22_284_30 | | | 五代•大毗盧經<br>68_856_3 | 五代•大毗盧經<br>13_161_4 |
| 晚唐•摩訶止觀<br>13_113_10 | 晚唐•摩訶止觀<br>5_43_5 | 中唐・般若經<br>1_1_10 | | | | |

晚唐•摩訶止觀
15_134_13

晚唐•摩訶止觀
16_139_22

晚唐•摩訶止觀
16_140_24

晚唐•摩訶止觀
16_141_3

晚唐•摩訶止觀
17_148_9

晚唐•摩訶止觀
17_148_24

晚唐•摩訶止觀
17_149_22

晚唐•摩訶止觀
17_151_22

晚唐•摩訶止觀
18_155_3

晚唐•摩訶止觀
18_155_11

晚唐•摩訶止觀
18_157_18

晚唐•摩訶止觀
18_158_22

晚唐•摩訶止觀
18_159_16

晚唐•摩訶止觀
18_159_24

晚唐•摩訶止觀
18_160_6

晚唐•摩訶止觀
18_160_12

晚唐•摩訶止觀
18_160_20

晚唐•摩訶止觀
19_161_5

晚唐•摩訶止觀
19_168_24

晚唐•摩訶止觀
23_196_3

晚唐•摩訶止觀
23_203_17

晚唐•摩訶止觀
24_209_15

晚唐•摩訶止觀
26_222_3

晚唐•摩訶止觀
27_234_19

晚唐•摩訶止觀
27_235_2

晚唐•摩訶止觀
27_235_11

晚唐•摩訶止觀
27_236_14

晚唐•摩訶止觀
30_264_23

晚唐•摩訶止觀
30_265_4

晚唐•摩訶止觀
30_265_13

晚唐•摩訶止觀
30_265_23

晚唐•摩訶止觀
33_287_23

晚唐•摩訶止觀
39_340_17

晚唐•摩訶止觀
42_358_16

晚唐•摩訶止觀
42_359_4

晚唐•摩訶止觀
42_359_16

晚唐•摩訶止觀
44_377_25

晚唐•摩訶止觀
44_379_11

晚唐•摩訶止觀
46_392_25

晚唐•摩訶止觀
46_396_24

晚唐•摩訶止觀
46_397_3

晚唐•摩訶止觀
46_397_15

晚唐•摩訶止觀
46_397_21

晚唐•摩訶止觀
46_398_14

晚唐•摩訶止觀
46_398_24

晚唐•摩訶止觀
47_399_13

晚唐•摩訶止觀
47_399_26

晚唐•摩訶止觀
47_400_15

晚唐•摩訶止觀
47_405_22

晚唐•摩訶止觀
47_406_9

晚唐•摩訶止觀
48_407_14

晚唐•摩訶止觀
49_420_30

晚唐•摩訶止觀
53_453_9

晚唐•摩訶止觀
53_453_17

晚唐•摩訶止觀
55_462_25

晚唐•摩訶止觀
55_463_4

五代•大毗盧經 23_294_3
五代•大毗盧經 39_460_3
五代•大毗盧經 39_471_19
五代•大毗盧經 39_472_21
五代•大毗盧經 40_478_10
五代•大毗盧經 41_486_16
五代•大毗盧經 45_546_3
五代•大毗盧經 45_549_3

五代•大毗盧經 13_155_12
五代•大毗盧經 13_166_19
五代•大毗盧經 14_175_19
五代•大毗盧經 14_181_8
五代•大毗盧經 18_237_15
五代•大毗盧經 19_240_13
五代•大毗盧經 19_241_12
五代•大毗盧經 23_290_6

五代•大毗盧經 7_82_7
五代•大毗盧經 7_82_16
五代•大毗盧經 7_88_2
五代•大毗盧經 7_88_17
五代•大毗盧經 8_100_20
五代•大毗盧經 11_139_3
五代•大毗盧經 12_150_11
五代•大毗盧經 12_152_12

晚唐•摩訶止觀 61_512_12
晚唐•摩訶止觀 61_516_22
晚唐•摩訶止觀 62_523_4
五代•密教部類 2_19_3
五代•密教部類 5_58_11
五代•大毗盧經 2_14_15
五代•大毗盧經 2_21_4
五代•大毗盧經 6_69_11

晚唐•摩訶止觀 59_499_25
晚唐•摩訶止觀 59_500_3
晚唐•摩訶止觀 59_500_20
晚唐•摩訶止觀 59_501_9
晚唐•摩訶止觀 60_503_2
晚唐•摩訶止觀 60_503_12
晚唐•摩訶止觀 60_506_22
晚唐•摩訶止觀 60_509_10

晚唐•摩訶止觀 58_494_22
晚唐•摩訶止觀 58_494_26
晚唐•摩訶止觀 59_496_10
晚唐•摩訶止觀 59_497_25
晚唐•摩訶止觀 59_498_20
晚唐•摩訶止觀 59_499_3
晚唐•摩訶止觀 59_499_16
晚唐•摩訶止觀 59_499_22

晚唐•摩訶止觀 55_463_12
晚唐•摩訶止觀 55_463_20
晚唐•摩訶止觀 57_482_6
晚唐•摩訶止觀 57_482_24
晚唐•摩訶止觀 57_486_28
晚唐•摩訶止觀 58_490_15
晚唐•摩訶止觀 58_490_23
晚唐•摩訶止觀 58_493_18

| | | | | | | |
|---|---|---|---|---|---|---|
| | | | | <br>五代•大毗盧經<br>67_838_15 | <br>五代•大毗盧經<br>50_613_6 | <br>五代•大毗盧經<br>45_549_18 |
| | | | | <br>五代•大毗盧經<br>71_870_21 | <br>五代•大毗盧經<br>50_618_17 | <br>五代•大毗盧經<br>45_550_5 |
| | | | | <br>五代•大毗盧經<br>72_887_15 | <br>五代•大毗盧經<br>52_641_10 | <br>五代•大毗盧經<br>45_550_12 |
| | | | | <br>五代•大毗盧經<br>85_1045_24 | <br>五代•大毗盧經<br>58_707_12 | <br>五代•大毗盧經<br>46_555_13 |
| | | | | <br>五代•大毗盧經<br>97_1184_5 | <br>五代•大毗盧經<br>60_737_16 | <br>五代•大毗盧經<br>47_571_1 |
| | | | | <br>五代•大毗盧經<br>97_1188_7 | <br>五代•大毗盧經<br>60_738_4 | <br>五代•大毗盧經<br>47_573_11 |
| | | | | <br>五代•大毗盧經<br>97_1193_20 | <br>五代•大毗盧經<br>60_738_13 | <br>五代•大毗盧經<br>47_573_22 |
| | | | | | <br>五代•大毗盧經<br>60_741_11 | <br>五代•大毗盧經<br>47_579_14 |

# 里部

現 リ
訓 さと

初唐•古文尚書 32_298_8
初唐•古文尚書 32_299_12
初唐•禮記正義 15_224_5
初唐•禮記正義 15_224_14
初唐•禮記正義 15_225_5
中唐・翰苑 4_48_13
中唐・翰苑 4_49_12
中唐・翰苑 5_51_38

中唐・翰苑 8_98_7
中唐・翰苑 9_110_25
中唐・翰苑 12_152_21
中唐・翰苑 14_180_9
中唐・翰苑 14_184_23
中唐・翰苑 16_202_37
中唐・翰苑 16_203_29
中唐・翰苑 16_203_36

中唐・翰苑 16_206_7
中唐・翰苑 16_213_31
中唐・翰苑 20_258_30
中唐・翰苑 22_288_30
中唐・翰苑 22_292_7
中唐・翰苑 22_294_11
中唐・翰苑 23_299_10
中唐・翰苑 23_300_10

中唐・翰苑 23_305_20
中唐・翰苑 23_309_1
中唐・翰苑 24_314_12
中唐・翰苑 24_316_3
中唐・翰苑 24_317_17
中唐・翰苑 24_318_45
中唐・翰苑 24_320_37
中唐・翰苑 26_335_42

中唐・翰苑 26_342_4
中唐・翰苑 28_365_9
中唐・翰苑 28_365_43
中唐・翰苑 28_366_7
中唐・翰苑 28_366_25
中唐・翰苑 28_366_33
中唐・翰苑 28_366_45
中唐・翰苑 28_367_19

中唐・翰苑 28_367_38
中唐・翰苑 28_368_4
中唐・翰苑 29_373_8
中唐・翰苑 29_381_23
中唐・翰苑 30_386_34
中唐・翰苑 31_397_10
中唐・翰苑 31_402_36
中唐・翰苑 31_403_41

中唐・翰苑
31_405_21

中唐・翰苑
31_405_28

中唐・翰苑
31_406_22

中唐・翰苑
31_406_28

中唐・翰苑
31_407_3

中唐・翰苑
32_411_41

中唐・翰苑
32_419_6

中唐・翰苑
32_419_27

中唐・翰苑
36_458_21

中唐・翰苑
36_460_31

中唐・翰苑
37_482_13

中唐・翰苑
39_495_28

中唐・翰苑
39_501_6

中唐・翰苑
41_519_17

中唐・翰苑
42_540_36

中唐・翰苑
42_543_10

中唐・翰苑
43_544_7

中唐・翰苑
43_546_8

中唐・翰苑
43_550_1

中唐・翰苑
43_554_17

中唐・翰苑
44_558_3

中唐・翰苑
44_561_12

五代・大毗盧經
10_116_13

五代・大毗盧經
15_186_12

五代・大毗盧經
51_630_28

## 重

ジュウ/漢チュウ
訓おもい

初唐・古文尚書
6_47_21

初唐・古文尚書
6_47_34

初唐・古文尚書
13_120_14

初唐・古文尚書
13_121_3

初唐・古文尚書
14_131_7

初唐・古文尚書
28_276_23

初唐・古文尚書
32_302_10

初唐・古文尚書
37_353_32

初唐・古文尚書
40_386_20

初唐・古文尚書
41_396_3

初唐・古文尚書
41_396_13

初唐・古文尚書
43_414_21

初唐・古文尚書
43_420_21

初唐・古文尚書
45_433_17

初唐・古文尚書
45_441_18

初唐・古文尚書
46_447_23

初唐・古文尚書
46_453_23

初唐・古文尚書
46_454_6

初唐・古文尚書
46_454_10

初唐・古文尚書
46_454_22

初唐・古文尚書
47_455_1

初唐・古文尚書
47_455_16

初唐・古文尚書
47_456_7

初唐・古文尚書
47_456_19

初唐•禮記正義 6_85_18
初唐•禮記正義 20_302_20
初唐•禮記正義 20_302_27
初唐•禮記正義 20_303_12
初唐•禮記正義 20_304_16
初唐•禮記正義 21_314_11
初唐•禮記正義 26_406_21
初唐•禮記正義 28_439_9

初唐•禮記正義 29_453_16
初唐•十誦律 2_26_5
初唐•十誦律 2_27_1
初唐•十誦律 4_65_6
初唐•十誦律 4_66_12
初唐•十誦律 5_74_15
初唐•十誦律 5_80_3
初唐•十誦律 5_80_6

初唐•十誦律 5_81_3
初唐•十誦律 5_81_11
中唐•翰苑 2_13_9
中唐•翰苑 2_15_10
中唐•翰苑 3_25_29
中唐•翰苑 3_34_11
中唐•翰苑 5_61_19
中唐•翰苑 6_75_30

中唐•翰苑 10_127_46
中唐•翰苑 10_129_7
中唐•翰苑 10_130_1
中唐•翰苑 10_130_28
中唐•翰苑 15_195_14
中唐•翰苑 18_232_2
中唐•翰苑 18_233_6
中唐•翰苑 24_311_7

中唐•翰苑 24_322_30
中唐•翰苑 34_434_22
中唐•翰苑 35_451_16
中唐•翰苑 35_451_36
中唐•翰苑 35_455_18
中唐•翰苑 37_475_6
中唐•翰苑 38_490_4
中唐•翰苑 40_510_1

中唐•翰苑 40_510_37
中唐•翰苑 41_526_19
晚唐•摩訶止觀 2_19_6
晚唐•摩訶止觀 12_109_1
晚唐•摩訶止觀 15_130_19
晚唐•摩訶止觀 22_189_19
晚唐•摩訶止觀 24_207_13
晚唐•摩訶止觀 24_209_18

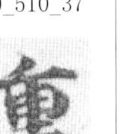

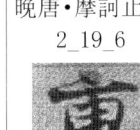

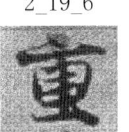

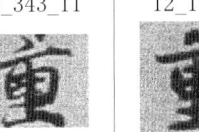

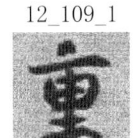

晚唐•摩訶止觀 35_301_1
晚唐•摩訶止觀 38_325_23
晚唐•摩訶止觀 40_342_1
晚唐•摩訶止觀 40_343_11
晚唐•摩訶止觀 40_343_15
晚唐•摩訶止觀 40_344_2
晚唐•摩訶止觀 40_346_26
晚唐•摩訶止觀 40_349_5

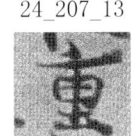

# 野 野

ヤ 漢 ショ
訓 の

晚唐•摩訶止觀 42_358_12
晚唐•摩訶止觀 42_359_12
晚唐•摩訶止觀 46_395_5
晚唐•摩訶止觀 46_395_11
晚唐•摩訶止觀 46_395_22
晚唐•摩訶止觀 46_395_28
晚唐•摩訶止觀 55_467_11
晚唐•摩訶止觀 57_480_15

晚唐•摩訶止觀 57_480_17
晚唐•摩訶止觀 62_520_9
五代•大毗盧經 3_30_11
五代•大毗盧經 6_69_18
五代•大毗盧經 9_102_24
五代•大毗盧經 25_317_30
五代•大毗盧經 31_394_5
五代•大毗盧經 39_469_15

五代•大毗盧經 39_470_3
五代•大毗盧經 47_574_34
五代•大毗盧經 47_574_55
五代•大毗盧經 48_586_17
五代•大毗盧經 65_819_3
五代•大毗盧經 97_1187_3

初唐•古文尚書 3_19_4
初唐•古文尚書 3_19_12
初唐•古文尚書 17_161_6
初唐•古文尚書 17_161_26
初唐•古文尚書 18_170_29
初唐•古文尚書 21_207_6
初唐•古文尚書 21_207_20
初唐•古文尚書 27_264_11

初唐•古文尚書 27_269_24
初唐・毛詩傳 6_65_1
中唐・翰苑 9_110_10
中唐・翰苑 14_175_25
中唐・翰苑 15_194_37
中唐・翰苑 19_252_5
中唐・翰苑 30_391_12
五代•密教部類 2_11_10

五代•密教部類 6_81_15
五代•大毗盧經 3_26_14
五代•大毗盧經 3_34_1
五代•大毗盧經 6_62_12
五代•大毗盧經 18_227_15
五代•大毗盧經 18_227_24
五代•大毗盧經 19_250_20
五代•大毗盧經 20_254_23

五代•大毗盧經 20_255_9
五代•大毗盧經 22_282_4
五代•大毗盧經 22_282_20
五代•大毗盧經 23_301_17
五代•大毗盧經 25_322_30
五代•大毗盧經 26_330_15
五代•大毗盧經 32_398_7
五代•大毗盧經 32_398_29

# 量

リョウ
訓はかる

初唐・禮記正義
19_284_11

初唐・般若經
9_124_7

初唐・般若經
9_124_16

初唐・般若經
9_126_7

初唐・般若經
22_336_9

初唐・般若經
22_337_1

初唐・般若經
22_338_11

中唐・翰苑
15_190_25

五代・大毗盧經
90_1104_17

五代・大毗盧經
93_1146_16

五代・大毗盧經
94_1152_22

五代・大毗盧經
96_1172_3

五代・大毗盧經
96_1174_15

五代・大毗盧經
96_1175_1

五代・大毗盧經
98_1205_14

五代・大毗盧經
98_1205_20

五代・大毗盧經
77_930_5

五代・大毗盧經
82_1001_2

五代・大毗盧經
82_1003_17

五代・大毗盧經
83_1013_14

五代・大毗盧經
83_1017_1

五代・大毗盧經
88_1074_20

五代・大毗盧經
88_1080_18

五代・大毗盧經
89_1089_15

五代・大毗盧經
67_833_5

五代・大毗盧經
68_852_13

五代・大毗盧經
68_853_27

五代・大毗盧經
68_857_20

五代・大毗盧經
68_858_2

五代・大毗盧經
68_858_10

五代・大毗盧經
72_887_7

五代・大毗盧經
72_887_14

五代・大毗盧經
52_642_20

五代・大毗盧經
53_651_17

五代・大毗盧經
54_655_18

五代・大毗盧經
55_680_17

五代・大毗盧經
61_759_14

五代・大毗盧經
62_766_3

五代・大毗盧經
65_818_40

五代・大毗盧經
66_827_23

五代・大毗盧經
48_589_14

五代・大毗盧經
48_589_18

五代・大毗盧經
49_593_3

五代・大毗盧經
49_595_9

五代・大毗盧經
49_597_10

五代・大毗盧經
50_613_17

五代・大毗盧經
50_613_20

五代・大毗盧經
51_632_2

五代・大毗盧經
35_421_9

五代・大毗盧經
36_427_9

五代・大毗盧經
42_503_23

五代・大毗盧經
42_504_3

五代・大毗盧經
44_535_11

五代・大毗盧經
47_573_27

五代・大毗盧經
48_582_21

五代・大毗盧經
48_584_13

# 釐 釐

現 リ
訓 おさめる

初唐•古文尚書
29_284_10

五代•大毗盧經
50_613_3

五代•大毗盧經
57_704_12

五代•大毗盧經
61_754_4

五代•大毗盧經
61_754_12

五代•大毗盧經
64_795_7

五代•大毗盧經
67_835_7

五代•大毗盧經
67_848_39

五代•大毗盧經
74_909_28

五代•大毗盧經
13_166_9

五代•大毗盧經
17_216_17

五代•大毗盧經
21_273_11

五代•大毗盧經
24_312_19

五代•大毗盧經
29_369_14

五代•大毗盧經
39_459_10

五代•大毗盧經
39_463_7

五代•大毗盧經
45_548_19

晚唐•摩訶止觀
59_502_2

五代•大毗盧經
2_14_6

五代•大毗盧經
3_24_4

五代•大毗盧經
3_29_18

五代•大毗盧經
5_49_4

五代•大毗盧經
7_84_2

五代•大毗盧經
8_99_23

五代•大毗盧經
13_162_3

晚唐•摩訶止觀
37_317_17

晚唐•摩訶止觀
37_317_21

晚唐•摩訶止觀
37_318_10

晚唐•摩訶止觀
37_318_20

晚唐•摩訶止觀
37_319_16

晚唐•摩訶止觀
37_320_13

晚唐•摩訶止觀
46_393_24

晚唐•摩訶止觀
46_394_23

晚唐•摩訶止觀
29_253_3

晚唐•摩訶止觀
30_258_6

晚唐•摩訶止觀
30_261_22

晚唐•摩訶止觀
31_267_5

晚唐•摩訶止觀
32_280_20

晚唐•摩訶止觀
32_282_3

晚唐•摩訶止觀
37_316_19

晚唐•摩訶止觀
37_317_1

中唐・般若經
2_2_3

晚唐•摩訶止觀
11_100_6

晚唐•摩訶止觀
16_138_3

晚唐•摩訶止觀
28_240_14

晚唐•摩訶止觀
28_246_18

晚唐•摩訶止觀
28_246_27

晚唐•摩訶止觀
29_250_23

晚唐•摩訶止觀
29_252_3

# 足部

## 足

吳ソク 漢ショク
慣スウ 漢シュ
訓あし

初唐•古文尚書 19_177_4
初唐•古文尚書 19_177_11
初唐•古文尚書 23_221_10
初唐•古文尚書 34_324_14
初唐•古文尚書 38_367_14
初唐•古文尚書 42_405_20
初唐•古文尚書 46_445_19
初唐•禮記正義 1_1_18

初唐•禮記正義 18_282_12
初唐•禮記正義 19_283_15
初唐•禮記正義 20_305_16
初唐•禮記正義 20_307_2
初唐•禮記正義 20_307_24
初唐•禮記正義 20_309_11
初唐•禮記正義 27_418_10
初唐•禮記正義 27_421_22

初唐・十誦律 1_10_16
初唐・十誦律 5_73_3
初唐・般若經 10_139_4
初唐・般若經 23_352_5
中唐・翰苑 6_76_4
中唐・翰苑 9_115_10
中唐・翰苑 14_180_19
中唐・翰苑 16_205_11

中唐・翰苑 23_300_25
中唐・翰苑 23_309_11
中唐・翰苑 25_330_7
中唐・翰苑 34_438_8
中唐・翰苑 38_484_3
中唐・般若經 6_87_3
中唐・般若經 6_89_1
中唐・般若經 6_90_16

中唐・般若經 6_92_15
晚唐•摩訶止觀 12_105_7
晚唐•摩訶止觀 12_106_12
晚唐•摩訶止觀 17_145_4
晚唐•摩訶止觀 17_145_7
晚唐•摩訶止觀 17_151_11
晚唐•摩訶止觀 17_151_17
晚唐•摩訶止觀 22_192_24

晚唐•摩訶止觀 33_285_26
晚唐•摩訶止觀 34_298_8
晚唐•摩訶止觀 36_313_13
晚唐•摩訶止觀 50_425_18
晚唐•摩訶止觀 51_431_19
晚唐•摩訶止觀 52_441_23
晚唐•摩訶止觀 54_460_23
晚唐•摩訶止觀 57_484_26

## 跛

ハ
訓ちんば

初唐•禮記正義
15_232_4

初唐•禮記正義
15_232_10

五代•大毗盧經
5_48_8

五代•大毗盧經
35_421_5

五代•大毗盧經
36_427_5

五代•大毗盧經
56_684_8

五代•大毗盧經
77_937_3

五代•大毗盧經
78_943_13

## 跌

漢テツ
訓つまずく

五代•大毗盧經
81_986_2

## 跋

慣バツ漢ハツ
訓ふむ

中唐 • 般若經
1_1_11

晚唐•摩訶止觀
25_212_23

晚唐•摩訶止觀
26_228_12

五代•大毗盧經
90_1101_13

五代•大毗盧經
90_1101_19

## 趾

シ
訓あし

中唐 • 翰苑
25_334_18

## 距

漢キョ
訓けづめ

西北距河
初唐•古文尚書
1_3_1

初唐•古文尚書
2_11_8

初唐•古文尚書
4_28_5

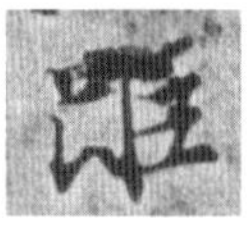
初唐•古文尚書
26_256_27

初唐•古文尚書
27_261_16

---

五代•大毗盧經
67_833_13

五代•大毗盧經
72_889_2

五代•大毗盧經
73_893_35

五代•大毗盧經
90_1106_41

---

晚唐•摩訶止觀
59_498_11

五代•大毗盧經
2_13_18

五代•大毗盧經
12_150_19

五代•大毗盧經
15_195_42

五代•大毗盧經
21_266_41

五代•大毗盧經
31_395_16

五代•大毗盧經
43_513_2

五代•大毗盧經
57_696_27

| | | 路 | | 跪 | 跣 | |
|---|---|---|---|---|---|---|
| | | 現ロ<br>訓じ | | キ<br>訓ひざまず | セン<br>訓はだし | |
| 初唐•禮記正義<br>18_282_8 | 初唐•禮記正義<br>16_244_2 | 初唐•禮記正義<br>9_139_8 | 中唐・翰苑<br>22_284_8 | 初唐•禮記正義<br>11_174_21 | 初唐•古文尚書<br>19_176_36 | 五代•大毗盧經<br>82_998_6 |
| 初唐•禮記正義<br>18_282_14 | 初唐•禮記正義<br>16_244_6 | 初唐•禮記正義<br>13_207_27 | 中唐・翰苑<br>25_328_21 | 初唐•禮記正義<br>11_175_15 | 初唐•古文尚書<br>19_177_7 | 五代•大毗盧經<br>84_1025_36 |
| 初唐•禮記正義<br>19_284_1 | 初唐•禮記正義<br>16_246_17 | 初唐•禮記正義<br>13_208_3 | 五代•大毗盧經<br>9_105_14 | 初唐•禮記正義<br>12_182_9 | 中唐・翰苑<br>6_76_3 | 五代•大毗盧經<br>91_1117_15 |
| 初唐•禮記正義<br>28_435_3 | 初唐•禮記正義<br>18_274_29 | 初唐•禮記正義<br>14_217_22 | | 初唐•禮記正義<br>12_183_5 | 中唐・翰苑<br>7_79_32 | |
| 初唐•禮記正義<br>28_436_1 | 初唐•禮記正義<br>18_275_10 | 初唐•禮記正義<br>16_242_2 | | 初唐•禮記正義<br>21_315_22 | | |
| 初唐・十誦律<br>19_374_3 | 初唐•禮記正義<br>18_276_18 | 初唐•禮記正義<br>16_242_7 | | 初唐・十誦律<br>5_73_5 | | |
| 中唐・翰苑<br>9_106_5 | 初唐•禮記正義<br>18_276_26 | 初唐•禮記正義<br>16_242_15 | | 中唐・翰苑<br>17_217_26 | | |
| 中唐・翰苑<br>15_195_13 | 初唐•禮記正義<br>18_281_5 | 初唐•禮記正義<br>16_242_29 | | 中唐・翰苑<br>18_235_14 | | |

| 踫 | | 路 | 跳 | | | |
|---|---|---|---|---|---|---|
| ハウ 訓— | | タイ 訓たおれる | 現チョウ 訓おどる | | | |

晚唐•摩訶止觀 48_409_15

五代•大毗盧經 86_1050_3

五代•大毗盧經 92_1123_3

五代•大毗盧經 92_1125_3

五代•密教部類 3_30_3

五代•大毗盧經 9_106_27

五代•大毗盧經 9_107_13

五代•大毗盧經 9_109_3

五代•大毗盧經 9_110_25

五代•大毗盧經 32_402_10

五代•大毗盧經 48_585_21

五代•大毗盧經 84_1025_37

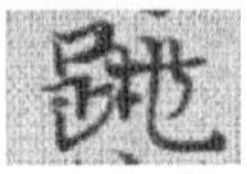
晚唐•摩訶止觀 23_197_13

五代•大毗盧經 72_887_11

五代•大毗盧經 96_1171_20

五代•大毗盧經 96_1171_24

晚唐•摩訶止觀 19_169_15

晚唐•摩訶止觀 40_346_21

五代•大毗盧經 17_220_4

五代•大毗盧經 47_571_11

五代•大毗盧經 47_573_7

五代•大毗盧經 47_577_8

五代•大毗盧經 67_846_13

五代•大毗盧經 68_853_18

中唐 • 翰苑 19_246_23

中唐 • 翰苑 19_251_42

中唐 • 翰苑 23_306_8

中唐 • 翰苑 26_337_21

中唐 • 翰苑 26_339_10

中唐 • 翰苑 26_339_35

中唐 • 翰苑 34_441_7

中唐 • 翰苑 35_451_24

## 蹄

漢テイ
訓ひづめ

中唐・翰苑
17_219_35

中唐・翰苑
17_220_20

中唐・翰苑
22_284_31

## 踰

ユ
訓こえる

初唐•禮記正義
19_283_17

## 踵

漢シュウ
訓おう

初唐•禮記正義
20_305_5

初唐•禮記正義
20_307_6

初唐•禮記正義
20_307_11

初唐•禮記正義
20_308_6

初唐•禮記正義
20_308_18

## 踽

ク
訓せむし

初唐・毛詩傳
8_79_8

初唐・毛詩傳
8_80_2

初唐・毛詩傳
8_80_28

## 踞

漢キョ呉コ
訓うずくまる

中唐・翰苑
11_142_7

## 踐

漢セン
訓ふけ

初唐•禮記正義
3_35_25

初唐•禮記正義
10_160_3

初唐•禮記正義
10_160_6

初唐•禮記正義
10_161_2

中唐・翰苑
27_356_15

中唐・翰苑
42_536_25

中唐・翰苑
42_537_21

## 跡

漢現セキ呉シャク
訓あと

中唐・翰苑
8_104_15

中唐・翰苑
33_431_3

## 蹶

漢ケツ
訓つまずく

初唐・毛詩傳
2_16_12

初唐・毛詩傳
2_16_14

## 蹠

漢セキ
訓—

五代•密教部類
1_8_10

## 蹤

漢ショウ
訓あと

初唐•古文尚書
19_179_21

## 蹛

タイ
訓さる

中唐・翰苑
7_90_27

中唐・翰苑
7_91_6

## 蹙

シュク、セキ
訓せまる

以足蹙路
初唐•禮記正義
18_282_13

## 蹈

漢トウ呉ドウ
訓ふむ

初唐•古文尚書
19_179_17

初唐•古文尚書
26_251_38

初唐•古文尚書
35_333_4

初唐•古文尚書
35_334_3

初唐•古文尚書
39_376_5

## 蹋

漢トウ
訓ふむ

中唐・翰苑
13_165_19

中唐・翰苑
13_166_26

中唐・翰苑
13_167_25

中唐・翰苑
13_167_36

中唐・翰苑
13_168_19

中唐・翰苑
18_240_14

| | | 躐 | 躍 | 蹴 | 蹲 | 蹺 |
|---|---|---|---|---|---|---|
| | | 漢リョウ呉ロウ<br>訓ふむ | ヤク漢テキ<br>訓おどる | 慣シュウ漢シュク<br>訓ける | 漢ソン<br>訓つくばう | キョウ<br>訓— |
| | | <br>初唐•禮記正義<br>15_224_2 | <br>中唐・翰苑<br>8_96_4<br><br>中唐・翰苑<br>16_209_15 | <br>初唐•禮記正義<br>19_283_16 | <br>中唐・翰苑<br>11_142_8 | <br>頂髻徒跣<br>中唐・翰苑<br>35_455_33 |

# 邑部

## 邛

漢キョウ
訓おか

邛人
中唐・翰苑
39_505_8

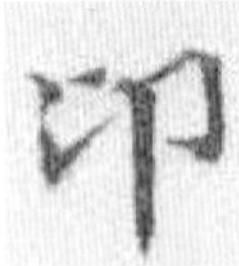
邛穀王
中唐・翰苑
39_505_31

邛穀王
中唐・翰苑
39_506_6

## 邦

ホウ
訓くに

初唐・古文尚書
5_45_24

初唐・古文尚書
6_50_21

初唐・古文尚書
10_91_32

初唐・古文尚書
11_92_9

初唐・古文尚書
12_108_6

初唐・古文尚書
16_145_13

初唐・古文尚書
16_152_13

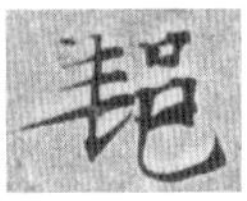
初唐・古文尚書
17_165_21

初唐・古文尚書
19_186_5

初唐・古文尚書
26_257_6

初唐・古文尚書
27_270_15

初唐・古文尚書
28_271_31

初唐・古文尚書
33_314_3

初唐・古文尚書
33_315_2

初唐・古文尚書
37_359_9

初唐・古文尚書
44_430_26

初唐・古文尚書
49_478_4

初唐・禮記正義
30_463_27

中唐・翰苑
19_244_31

中唐・翰苑
31_396_18

大倭王治邪臺
中唐・翰苑
31_402_24

## 邪

ヤ 呉ジャ 漢シャ
訓よこしま

初唐・禮記正義
17_256_6

初唐・十誦律
2_17_10

初唐・十誦律
2_18_2

初唐・十誦律
2_18_13

初唐・十誦律
2_19_3

初唐・十誦律
2_23_8

初唐・十誦律
7_124_15

初唐・十誦律
18_346_16

初唐・十誦律
19_357_5

中唐・翰苑
20_263_12

中唐・翰苑
26_339_24

中唐・翰苑
26_339_44

中唐・翰苑
26_340_10

中唐・翰苑
27_353_30

中唐・翰苑
32_418_23

中唐・翰苑
32_419_14

## 那

漢 ダ　呉 ナ
訓 おおい

中唐・翰苑 32_419_43
中唐・翰苑 32_419_55
中唐・翰苑 33_424_14
晚唐•摩訶止觀 2_15_4
晚唐•摩訶止觀 11_101_24
晚唐•摩訶止觀 27_230_2
晚唐•摩訶止觀 28_245_24

初唐・十誦律 2_15_13
初唐・十誦律 2_19_17
初唐・十誦律 2_21_6
初唐・十誦律 2_21_17
初唐・十誦律 2_24_7
初唐・十誦律 2_27_17
初唐・十誦律 19_358_8
中唐・翰苑 25_333_11

中唐・翰苑 26_341_4
中唐・翰苑 26_341_25
中唐・翰苑 26_342_18
中唐・翰苑 29_371_34
晚唐•摩訶止觀 1_9_14
晚唐•摩訶止觀 2_13_7
晚唐•摩訶止觀 2_19_2
晚唐•摩訶止觀 2_20_21

晚唐•摩訶止觀 3_22_6
晚唐•摩訶止觀 3_27_12
晚唐•摩訶止觀 38_326_15
晚唐•摩訶止觀 49_421_5
晚唐•摩訶止觀 54_460_18
五代•密教部類 3_27_5
五代•密教部類 6_77_5
五代•密教部類 6_77_21

五代•密教部類 6_78_5
五代•密教部類 6_79_5
五代•密教部類 6_80_5
五代•密教部類 6_81_5
五代•密教部類 6_82_5
五代•密教部類 6_83_5
五代•密教部類 6_84_5
五代•密教部類 6_85_5

五代•密教部類 6_86_5
五代•密教部類 6_87_5
五代•密教部類 6_88_5
五代•密教部類 6_88_30
五代•密教部類 6_89_5
五代•大毗盧經 1_1_5
五代•大毗盧經 2_2_5
五代•大毗盧經 2_7_6

五代•大毗盧經 3_25_3
五代•大毗盧經 5_52_19
五代•大毗盧經 7_77_41
五代•大毗盧經 9_104_8
五代•大毗盧經 11_130_15
五代•大毗盧經 20_254_22
五代•大毗盧經 21_273_4
五代•大毗盧經 22_280_4

| 邑 | 邯 | | | | | |
|---|---|---|---|---|---|---|
| 漢ユウ 呉オン 訓みやこ | 漢カン 訓— | | | | | |

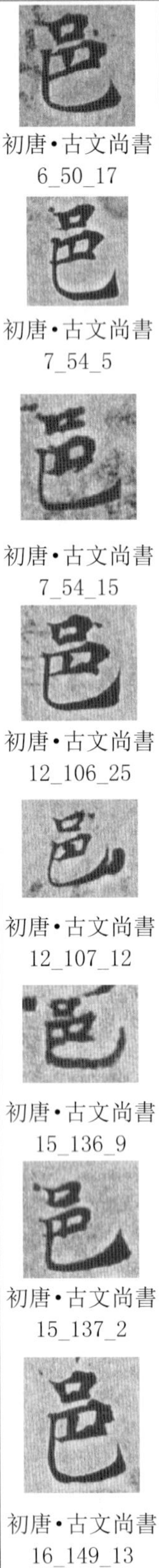

初唐•古文尚書 6_50_17
初唐•古文尚書 7_54_5
初唐•古文尚書 7_54_15
初唐•古文尚書 12_106_25
初唐•古文尚書 12_107_12
初唐•古文尚書 15_136_9
初唐•古文尚書 15_137_2
初唐•古文尚書 16_149_13

中唐・翰苑 20_262_16

五代•大毗盧經 91_1120_3
五代•大毗盧經 93_1143_12
五代•大毗盧經 95_1165_5
五代•大毗盧經 95_1167_2
五代•大毗盧經 98_1202_36
五代•大毗盧經 98_1207_16

五代•大毗盧經 79_953_5
五代•大毗盧經 85_1038_1
五代•大毗盧經 85_1042_6
五代•大毗盧經 86_1049_18
五代•大毗盧經 87_1067_1
五代•大毗盧經 90_1096_17
五代•大毗盧經 90_1101_18
五代•大毗盧經 91_1119_5

五代•大毗盧經 52_639_17
五代•大毗盧經 52_642_19
五代•大毗盧經 55_679_1
五代•大毗盧經 55_679_2
五代•大毗盧經 57_698_16
五代•大毗盧經 69_860_5
五代•大毗盧經 70_862_5
五代•大毗盧經 71_863_5

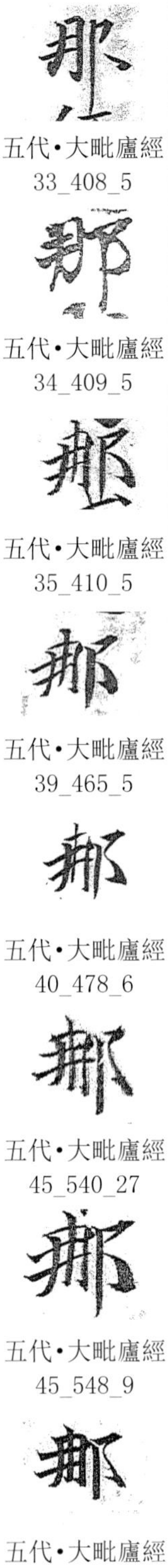

五代•大毗盧經 33_408_5
五代•大毗盧經 34_409_5
五代•大毗盧經 35_410_5
五代•大毗盧經 39_465_5
五代•大毗盧經 40_478_6
五代•大毗盧經 45_540_27
五代•大毗盧經 45_548_9
五代•大毗盧經 49_596_18

五代•大毗盧經 25_321_19
五代•大毗盧經 25_322_1
五代•大毗盧經 25_322_6
五代•大毗盧經 25_322_33
五代•大毗盧經 26_325_13
五代•大毗盧經 26_335_24
五代•大毗盧經 29_371_24
五代•大毗盧經 30_377_20

## 郝

チュ、シュ
訓—

初唐•禮記正義
30_465_11

初唐•禮記正義
30_466_18

## 郅

漢シツ漢チツ
訓いたる

中唐・翰苑
9_111_19

## 邵

漢ショウ
訓—

中唐・翰苑
20_260_7

中唐・翰苑
20_262_1

應邵
中唐・翰苑
24_316_5

---

中唐・翰苑
38_494_6

中唐・翰苑
42_541_20

中唐・翰苑
19_245_19

中唐・翰苑
19_245_44

中唐・翰苑
28_369_39

中唐・翰苑
30_384_2

中唐・翰苑
33_428_14

中唐・翰苑
34_435_21

中唐・翰苑
37_475_16

中唐・翰苑
37_481_27

中唐・翰苑
11_138_3

中唐・翰苑
11_139_9

中唐・翰苑
12_149_28

中唐・翰苑
14_174_37

中唐・翰苑
15_193_40

中唐・翰苑
17_216_45

中唐・翰苑
18_230_1

中唐・翰苑
18_240_29

初唐•古文尚書
16_150_8

初唐•古文尚書
31_288_12

初唐•古文尚書
31_289_11

初唐・毛詩傳
4_40_17

初唐・毛詩傳
5_46_5

初唐・毛詩傳
9_94_10

初唐•禮記正義
5_74_13

初唐•禮記正義
15_226_1

## 郊

現コウ
訓まつり

初唐•古文尚書 15_140_17
初唐•古文尚書 29_284_12
初唐•古文尚書 29_285_3
初唐•古文尚書 32_301_18
初唐•古文尚書 32_302_2
初唐•禮記正義 3_37_2
初唐•禮記正義 3_38_20
初唐•禮記正義 3_40_20

初唐•禮記正義 3_43_22
初唐•禮記正義 3_44_11
初唐•禮記正義 3_44_22
初唐•禮記正義 3_44_26
初唐•禮記正義 3_45_9
初唐•禮記正義 3_45_15
初唐•禮記正義 3_46_21
初唐•禮記正義 3_47_20

初唐•禮記正義 3_49_3
初唐•禮記正義 3_49_11
初唐•禮記正義 8_121_9
初唐•禮記正義 8_121_17
初唐•禮記正義 8_122_8
初唐•禮記正義 8_122_29
初唐•禮記正義 8_123_10
初唐•禮記正義 8_123_26

初唐•禮記正義 8_124_5
初唐•禮記正義 8_125_30
初唐•禮記正義 8_126_12
初唐•禮記正義 8_128_3
初唐•禮記正義 8_128_13
初唐•禮記正義 8_128_21
初唐•禮記正義 9_130_2
初唐•禮記正義 9_130_8

初唐•禮記正義 9_130_30
初唐•禮記正義 9_131_25
初唐•禮記正義 9_132_25
初唐•禮記正義 9_133_5
初唐•禮記正義 9_134_18
初唐•禮記正義 9_135_30
初唐•禮記正義 9_137_10
初唐•禮記正義 9_139_12

初唐•禮記正義 9_139_23
初唐•禮記正義 9_141_15
初唐•禮記正義 11_170_16
中唐・翰苑 23_302_3

## 郎

ロウ
訓おとこ

初唐•禮記正義 3_39_13
中唐・翰苑 3_25_12
中唐・翰苑 5_55_2
中唐・翰苑 6_77_36
中唐・翰苑 7_78_12
中唐・翰苑 9_113_3
中唐・翰苑 21_278_15
中唐・翰苑 25_327_30

## 郎

中唐・翰苑
34_442_24

中唐・翰苑
37_480_2

中唐・翰苑
37_480_27

中唐・翰苑
38_483_30

中唐・翰苑
38_484_31

中唐・翰苑
38_485_7

中唐・翰苑
38_489_16

中唐・翰苑
38_490_31

中唐・翰苑
38_490_37

中唐・翰苑
38_491_13

中唐・翰苑
38_491_28

## 郝

カク
訓 たがやす

中唐・翰苑
12_153_21

中唐・翰苑
12_154_7

## 郤

漢 ケキ 呉 キャク
訓 あおぐ

初唐•禮記正義
15_230_4

初唐•禮記正義
15_231_3

## 郡

呉 現 グン 漢 カン
訓 こおり

中唐・翰苑
2_18_6

中唐・翰苑
5_55_25

中唐・翰苑
5_55_31

中唐・翰苑
6_69_12

中唐・翰苑
6_74_15

中唐・翰苑
6_74_31

中唐・翰苑
7_87_24

中唐・翰苑
8_105_31

中唐・翰苑
8_105_37

中唐・翰苑
10_127_11

中唐・翰苑
12_155_44

中唐・翰苑
12_157_37

中唐・翰苑
13_161_11

中唐・翰苑
13_164_23

中唐・翰苑
13_167_2

中唐・翰苑
15_197_9

群聚歌舞
中唐・翰苑
18_240_3

中唐・翰苑
20_259_29

中唐・翰苑
20_261_19

中唐・翰苑
21_278_19

中唐・翰苑
22_290_14

中唐・翰苑
22_292_24

中唐・翰苑
23_298_5

中唐・翰苑
23_300_46

中唐・翰苑
23_301_6

中唐・翰苑
24_315_13

中唐・翰苑
24_315_38

中唐・翰苑
24_320_7

中唐・翰苑
28_363_43

中唐・翰苑
28_364_5

中唐・翰苑
28_364_12

中唐・翰苑
31_402_28

中唐・翰苑
34_437_23

中唐・翰苑
34_439_26

中唐・翰苑
34_439_37

群蠻遂平
中唐・翰苑
34_443_19

中唐・翰苑
35_455_11

中唐・翰苑
36_466_8

中唐・翰苑
36_466_10

中唐・翰苑
37_475_25

中唐・翰苑
38_485_5

中唐・翰苑
39_500_16

中唐・翰苑
39_500_42

中唐・翰苑
39_503_40

中唐・翰苑
39_505_3

中唐・翰苑
40_508_12

中唐・翰苑
40_509_41

中唐・翰苑
40_510_7

中唐・翰苑
40_513_17

中唐・翰苑
41_522_14

中唐・翰苑
41_522_27

中唐・翰苑
41_525_19

中唐・翰苑
42_533_10

中唐・翰苑
42_535_27

中唐・翰苑
42_537_42

## 都 𨛫

漢 現 ト 呉 現 ツ
訓 みやこ

初唐•古文尚書
1_1_21

初唐•古文尚書
16_152_7

初唐•古文尚書
19_186_7

初唐•古文尚書
20_187_6

初唐•禮記正義
5_74_12

初唐•禮記正義
30_474_14

初唐・十誦律
8_137_5

初唐・十誦律
9_158_2

中唐・翰苑
3_32_3

中唐・翰苑
3_32_11

中唐・翰苑
5_51_23

中唐・翰苑
5_52_18

中唐・翰苑
5_52_30

中唐・翰苑
5_53_6

中唐・翰苑
5_54_14

中唐・翰苑
5_54_28

中唐・翰苑
5_54_36

中唐・翰苑
5_55_5

中唐・翰苑
5_55_21

中唐・翰苑
5_61_39

中唐・翰苑
6_64_29

中唐・翰苑
6_69_22

中唐・翰苑
7_84_11

中唐・翰苑
7_84_21

# 郭

現 カク
訓 くるわ

| | | | | | | |
|---|---|---|---|---|---|---|
| 初唐•古文尚書<br>16_145_22 | 巴郡<br>中唐•翰苑<br>41_529_18 | 中唐•翰苑<br>39_502_28 | 中唐•翰苑<br>32_418_26 | 中唐•翰苑<br>25_333_3 | 中唐•翰苑<br>22_292_27 | 中唐•翰苑<br>7_88_15 |
| 中唐•翰苑<br>4_41_2 | 中唐•翰苑<br>42_539_12 | 中唐•翰苑<br>40_508_11 | 中唐•翰苑<br>32_419_9 | 中唐•翰苑<br>27_356_3 | 中唐•翰苑<br>22_293_12 | 中唐•翰苑<br>7_88_37 |
| 中唐•翰苑<br>18_234_3 | 中唐•翰苑<br>43_544_5 | 中唐•翰苑<br>40_510_11 | 中唐•翰苑<br>36_462_19 | 中唐•翰苑<br>28_363_3 | 中唐•翰苑<br>22_293_17 | 中唐•翰苑<br>9_109_1 |
| 中唐•翰苑<br>18_235_2 | 中唐•翰苑<br>43_547_4 | 中唐•翰苑<br>40_512_6 | 郡徼<br>中唐•翰苑<br>37_480_22 | 又爲五部<br>中唐•翰苑<br>28_363_9 | 中唐•翰苑<br>22_294_23 | 部落<br>中唐•翰苑<br>12_148_34 |
| 中唐•翰苑<br>19_247_5 | 中唐•翰苑<br>44_558_20 | 中唐•翰苑<br>40_512_16 | 中唐•翰苑<br>37_481_14 | 中唐•翰苑<br>28_363_32 | 中唐•翰苑<br>22_295_5 | 中唐•翰苑<br>12_158_41 |
| 中唐•翰苑<br>22_288_35 | 晚唐•摩訶止觀<br>45_383_19 | 中唐•翰苑<br>40_516_5 | 中唐•翰苑<br>37_482_32 | 中唐•翰苑<br>31_401_10 | 中唐•翰苑<br>22_296_3 | 中唐•翰苑<br>15_187_38 |
| 中唐•翰苑<br>22_289_12 | 晚唐•摩訶止觀<br>48_408_12 | 中唐•翰苑<br>40_516_20 | 中唐•翰苑<br>37_482_35 | 中唐•翰苑<br>31_407_6 | 中唐•翰苑<br>22_296_39 | 中唐•翰苑<br>18_229_9 |
| 中唐•翰苑<br>22_289_25 | 五代•大毗盧經<br>27_344_16 | 中唐•翰苑<br>41_522_17 | 中唐•翰苑<br>39_502_18 | 中唐•翰苑<br>32_414_27 | 中唐•翰苑<br>23_300_28 | 中唐•翰苑<br>21_276_31 |

中唐・翰苑
22_290_45

中唐・翰苑
24_312_11

中唐・翰苑
27_349_21

中唐・翰苑
30_384_19

夜郎
中唐・翰苑
39_499_32

中唐・翰苑
43_546_24

## 部

漢 ホ 呉 ブ
訓 すべる

中唐・翰苑
1_2_3

中唐・翰苑
3_23_36

中唐・翰苑
3_25_3

中唐・翰苑
3_25_33

中唐・翰苑
3_26_2

中唐・翰苑
3_26_12

中唐・翰苑
3_30_20

中唐・翰苑
3_32_30

中唐・翰苑
5_51_19

衍文
中唐・翰苑
5_51_20

中唐・翰苑
5_53_4

中唐・翰苑
5_54_4

中唐・翰苑
5_54_18

中唐・翰苑
5_55_28

中唐・翰苑
5_56_19

中唐・翰苑
5_60_19

中唐・翰苑
6_66_13

中唐・翰苑
15_192_6

中唐・翰苑
15_193_35

中唐・翰苑
15_194_1

中唐・翰苑
16_201_10

中唐・翰苑
16_201_39

中唐・翰苑
16_202_44

中唐・翰苑
21_278_38

中唐・翰苑
21_279_14

中唐・翰苑
21_279_18

中唐・翰苑
21_279_22

中唐・翰苑
21_279_29

中唐・翰苑
21_279_33

中唐・翰苑
21_279_43

中唐・翰苑
21_280_6

中唐・翰苑
21_280_10

中唐・翰苑
21_280_14

中唐・翰苑
21_280_18

中唐・翰苑
21_280_22

中唐・翰苑
21_280_26

中唐・翰苑
21_280_30

中唐・翰苑
21_280_34

中唐・翰苑
21_280_38

中唐・翰苑
21_280_42

中唐・翰苑
21_280_46

中唐・翰苑
21_281_2

中唐・翰苑
21_281_6

中唐・翰苑
21_281_10

中唐・翰苑
21_281_14

中唐・翰苑
21_281_21

中唐・翰苑
21_281_25

中唐・翰苑
21_281_29

| | | | | | | |
|---|---|---|---|---|---|---|
| 五代•密教部類<br>2_16_5 | 中唐・翰苑<br>40_518_20 | 汶郡<br>中唐・翰苑<br>39_506_23 | 中唐・翰苑<br>28_362_24 | 中唐・翰苑<br>28_361_38 | 中唐・翰苑<br>22_292_26 | 中唐・翰苑<br>21_281_34 |
| 五代•密教部類<br>2_16_10 | 中唐・翰苑<br>41_519_6 | 中唐・翰苑<br>40_507_4 | 中唐・翰苑<br>28_362_26 | 中唐・翰苑<br>28_361_42 | 中唐・翰苑<br>27_357_25 | 中唐・翰苑<br>21_281_37 |
| 五代•密教部類<br>2_16_15 | 中唐・翰苑<br>41_522_16 | 中唐・翰苑<br>40_508_6 | 中唐・翰苑<br>28_362_29 | 中唐・翰苑<br>28_362_7 | 中唐・翰苑<br>28_361_25 | 中唐・翰苑<br>21_281_41 |
| 五代•密教部類<br>2_17_5 | 剖符<br>中唐・翰苑<br>42_536_7 | 汶山郡<br>中唐・翰苑<br>40_509_30 | 中唐・翰苑<br>28_365_25 | 中唐・翰苑<br>28_362_10 | 中唐・翰苑<br>28_361_27 | 中唐・翰苑<br>21_282_9 |
| 五代•密教部類<br>2_18_5 | 五代•密教部類<br>1_1_9 | 中唐・翰苑<br>40_510_10 | 中唐・翰苑<br>28_365_30 | 中唐・翰苑<br>28_362_13 | 中唐・翰苑<br>28_361_29 | 中唐・翰苑<br>21_282_13 |
| 五代•密教部類<br>2_18_10 | 五代•密教部類<br>1_5_22 | 中唐・翰苑<br>40_510_24 | 中唐・翰苑<br>31_404_27 | 中唐・翰苑<br>28_362_16 | 中唐・翰苑<br>28_361_31 | 中唐・翰苑<br>21_282_21 |
| 五代•密教部類<br>2_18_15 | 五代•密教部類<br>1_6_2 | 中唐・翰苑<br>40_513_27 | 中唐・翰苑<br>34_436_16 | 中唐・翰苑<br>28_362_19 | 中唐・翰苑<br>28_361_34 | 中唐・翰苑<br>21_282_34 |
| 五代•密教部類<br>2_18_20 | 五代•密教部類<br>2_15_3 | 置兩都尉<br>中唐・翰苑<br>40_513_30 | 剖竹視之<br>中唐・翰苑<br>38_484_10 | 中唐・翰苑<br>28_362_21 | 中唐・翰苑<br>28_361_36 | 中唐・翰苑<br>22_290_5 |

| 鄔 | 鄉 | 鄂 | | | | |
|---|---|---|---|---|---|---|
| オ<br>訓— | 漢キョウ 慣ゴウ<br>呉コウ<br>訓さと | ガク<br>訓うてな | | | | |
| 五代•大毗盧經<br>43_521_19<br>五代•大毗盧經<br>74_908_1<br>五代•大毗盧經<br>74_910_15<br>五代•大毗盧經<br>74_912_23<br>五代•大毗盧經<br>74_916_1<br>五代•大毗盧經<br>75_919_3<br>五代•大毗盧經<br>75_920_24<br>五代•大毗盧經<br>75_922_23 | 初唐•禮記正義<br>14_218_10<br>中唐・翰苑<br>8_100_24<br>中唐・翰苑<br>35_448_4<br>中唐・翰苑<br>43_548_42 | 初唐・毛詩傳<br>9_101_13<br>中唐・翰苑<br>37_477_38 | 五代•大毗盧經<br>63_789_6<br>五代•大毗盧經<br>63_791_19<br>五代•大毗盧經<br>66_829_19<br>五代•大毗盧經<br>91_1119_8<br>五代•大毗盧經<br>96_1174_8<br>五代•大毗盧經<br>96_1175_4<br>五代•大毗盧經<br>96_1177_11<br>五代•大毗盧經<br>97_1194_8 | 五代•大毗盧經<br>7_78_8<br>五代•大毗盧經<br>9_106_25<br>五代•大毗盧經<br>9_108_20<br>五代•大毗盧經<br>15_196_5<br>五代•大毗盧經<br>30_377_21<br>五代•大毗盧經<br>45_549_8<br>五代•大毗盧經<br>45_551_8<br>五代•大毗盧經<br>63_781_15 | 五代•密教部類<br>2_21_6<br>五代•密教部類<br>2_21_12<br>五代•密教部類<br>2_21_18<br>五代•密教部類<br>2_21_24<br>五代•密教部類<br>2_25_4<br>五代•密教部類<br>3_36_15<br>五代•密教部類<br>5_72_12<br>五代•密教部類<br>6_75_4 | 五代•密教部類<br>2_19_5<br>五代•密教部類<br>2_19_10<br>五代•密教部類<br>2_19_16<br>五代•密教部類<br>2_19_22<br>五代•密教部類<br>2_20_6<br>五代•密教部類<br>2_20_12<br>五代•密教部類<br>2_20_18<br>五代•密教部類<br>2_20_24 |

（前字續）

初唐•禮記正義
5_67_29

初唐•禮記正義
5_69_16

初唐•禮記正義
5_71_21

初唐•禮記正義
5_72_21

初唐•禮記正義
5_77_7

初唐•禮記正義
5_80_27

初唐•禮記正義
6_82_13

初唐•禮記正義
8_117_29

## 鄭

漢テイ 呉ジョウ
訓かさねる

初唐・毛詩傳
1_1_12

初唐•禮記正義
3_40_22

初唐•禮記正義
3_41_9

初唐•禮記正義
3_42_2

初唐•禮記正義
4_54_6

初唐•禮記正義
4_56_11

初唐•禮記正義
4_63_16

初唐•禮記正義
5_67_8

中唐・翰苑
29_382_40

晚唐•摩訶止觀
59_501_4

五代•大毗盧經
21_268_23

五代•大毗盧經
21_269_2

五代•大毗盧經
95_1164_15

## 鄰

現リン
訓となり

初唐・毛詩傳
2_19_16

初唐・毛詩傳
3_25_4

初唐・毛詩傳
5_47_5

初唐・毛詩傳
5_47_7

中唐・翰苑
13_172_30

中唐・翰苑
17_227_6

中唐・翰苑
28_364_26

## 鄣

ショウ
訓とりで

中唐・翰苑
10_121_36

中唐・翰苑
25_331_7

晚唐•摩訶止觀
38_325_6

## 鄙

ヒ
訓いやしい

中唐・翰苑
21_275_32

五代•大毗盧經
75_925_15

五代•大毗盧經
79_955_13

初唐•禮記正義
9_136_3

初唐•禮記正義
9_137_5

初唐•禮記正義
9_140_22

初唐•禮記正義
9_146_17

初唐•禮記正義
11_166_21

初唐•禮記正義
11_170_5

初唐•禮記正義
12_191_4

初唐•禮記正義
15_229_13

初唐•禮記正義
16_243_21

初唐•禮記正義
16_248_19

初唐•禮記正義
18_273_19

初唐•禮記正義
20_296_42

初唐•禮記正義
21_322_9

初唐•禮記正義
22_333_23

初唐•禮記正義
23_348_29

初唐•禮記正義
23_353_19

初唐•禮記正義
24_356_15

初唐•禮記正義
24_364_26

初唐•禮記正義
25_381_9

初唐•禮記正義
25_386_7

初唐•禮記正義
26_396_15

初唐•禮記正義
27_411_22

初唐•禮記正義
28_441_16

初唐•禮記正義
28_441_18

初唐•禮記正義
28_442_23

初唐•禮記正義
30_460_1

中唐・翰苑
39_498_13

## 鄡

漢ギョウ
訓—

中唐・翰苑
31_396_24

中唐・翰苑
31_397_2

中唐・翰苑
31_397_7

## 酇

サン
訓あつまる

五代•大毗盧經
35_420_8

五代•大毗盧經
36_426_8

# 身部

## 身

シン 慣ケン
訓み

初唐•古文尚書 5_44_21
初唐•古文尚書 9_73_10
初唐•古文尚書 9_74_12
初唐•古文尚書 9_75_9
初唐•古文尚書 9_75_19
初唐•古文尚書 11_94_31
初唐•古文尚書 11_95_12

初唐•古文尚書 13_116_3
初唐•古文尚書 22_216_10
初唐•古文尚書 35_337_23
初唐•古文尚書 35_338_8
初唐•古文尚書 35_338_28
初唐•古文尚書 42_411_8
初唐•古文尚書 42_411_30

初唐•古文尚書 43_412_23
初唐•禮記正義 12_185_23
初唐•禮記正義 13_205_14
初唐•禮記正義 18_279_7
初唐•禮記正義 20_310_8
初唐•禮記正義 20_310_21
初唐•禮記正義 21_312_12

初唐•禮記正義 21_313_8
初唐•禮記正義 21_313_20
初唐•禮記正義 21_314_14
初唐•禮記正義 22_338_20
初唐•禮記正義 22_340_3
初唐•禮記正義 22_340_11
初唐・十誦律 7_127_8

初唐・十誦律 8_142_10
初唐・十誦律 8_146_2
初唐・十誦律 18_349_3
初唐・般若經 2_13_15
初唐・般若經 2_14_6
初唐・般若經 2_15_13
初唐・般若經 5_56_3

初唐・般若經 5_56_7
初唐・般若經 5_57_10
初唐・般若經 5_59_4
初唐・般若經 5_59_8
初唐・般若經 5_59_10
初唐・般若經 5_60_7
初唐・般若經 5_62_3

初唐・般若經 15_219_11
初唐・般若經 15_220_2
初唐・般若經 15_221_11
初唐・般若經 18_264_8
初唐・般若經 18_264_12
初唐・般若經 18_265_17
初唐・般若經 18_267_13

初唐・般若經 18_267_17
初唐・般若經 18_268_2
初唐・般若經 18_268_16
初唐・般若經 18_270_14
中唐・翰苑 15_191_17
中唐・翰苑 15_200_11
中唐・翰苑 16_210_28

中唐・翰苑 18_238_23
中唐・翰苑 19_251_2
中唐・翰苑 25_327_39
中唐・翰苑 30_384_39
中唐・翰苑 30_389_24
中唐・翰苑 32_410_26
中唐・翰苑 32_413_3

中唐・翰苑 32_413_15
中唐・翰苑 38_493_26
中唐・翰苑 43_549_20
中唐・翰苑 43_550_31
中唐・翰苑 43_550_35
中唐・翰苑 43_551_14
晚唐•摩訶止觀 1_9_10

晚唐•摩訶止觀 2_15_15
晚唐•摩訶止觀 2_15_19
晚唐•摩訶止觀 7_60_2
晚唐•摩訶止觀 7_61_17
晚唐•摩訶止觀 10_85_18
晚唐•摩訶止觀 13_118_4
晚唐•摩訶止觀 21_184_11

晚唐•摩訶止觀 21_186_24
晚唐•摩訶止觀 27_237_28
晚唐•摩訶止觀 29_251_7
晚唐•摩訶止觀 29_251_13
晚唐•摩訶止觀 33_288_9
晚唐•摩訶止觀 34_294_9
晚唐•摩訶止觀 34_297_18

晚唐•摩訶止觀 46_396_25
晚唐•摩訶止觀 46_397_16
晚唐•摩訶止觀 46_398_15
晚唐•摩訶止觀 46_398_25
晚唐•摩訶止觀 47_399_27
晚唐•摩訶止觀 60_505_10
晚唐•摩訶止觀 60_505_24

五代·大毗盧經 3_22_7
五代·大毗盧經 3_23_16
五代·大毗盧經 3_28_8
五代·大毗盧經 3_35_10
五代·大毗盧經 4_39_4
五代·大毗盧經 4_39_12
五代·大毗盧經 4_40_9
五代·大毗盧經 4_45_21
五代·大毗盧經 4_46_7
五代·大毗盧經 5_59_14
五代·大毗盧經 5_60_7
五代·大毗盧經 5_60_11
五代·大毗盧經 6_68_3
五代·大毗盧經 6_69_1
五代·大毗盧經 6_72_14
五代·大毗盧經 6_72_33
五代·大毗盧經 6_73_22
五代·大毗盧經 7_74_13
五代·大毗盧經 7_76_12
五代·大毗盧經 7_76_19
五代·大毗盧經 7_77_23
五代·大毗盧經 7_77_30
五代·大毗盧經 7_82_10
五代·大毗盧經 40_476_12
五代·大毗盧經 40_481_18
五代·大毗盧經 43_524_10
五代·大毗盧經 45_550_4
五代·大毗盧經 46_555_12
五代·大毗盧經 46_564_10
五代·大毗盧經 46_567_20
五代·大毗盧經 49_593_26
五代·大毗盧經 49_602_18
五代·大毗盧經 49_602_21
五代·大毗盧經 50_610_7
五代·大毗盧經 53_653_3
五代·大毗盧經 57_702_11
五代·大毗盧經 63_789_19
五代·大毗盧經 63_792_2
五代·大毗盧經 65_819_13
五代·大毗盧經 67_838_18
五代·大毗盧經 67_841_4
五代·大毗盧經 67_843_2
五代·大毗盧經 71_868_20
五代·大毗盧經 71_878_38
五代·大毗盧經 72_884_5
五代·大毗盧經 77_932_18
五代·大毗盧經 78_942_40
五代·大毗盧經 80_965_1
五代·大毗盧經 87_1063_31

## 軀 𩨗

ク
訓 からだ

中唐・翰苑
34_438_21

## 躬 𨉖

漢 キュウ
訓 み

初唐・古文尚書
20_191_17

初唐・古文尚書
22_215_27

初唐・古文尚書
42_407_19

伯執躬圭
初唐・禮記正義
22_337_26

初唐・禮記正義
22_339_17

五代・大毗盧經
97_1198_13

五代・大毗盧經
98_1202_10

五代・大毗盧經
91_1120_13

五代・大毗盧經
93_1139_15

五代・大毗盧經
96_1178_18

五代・大毗盧經
96_1181_17

五代・大毗盧經
97_1184_8

五代・大毗盧經
97_1188_15

# 辵部

## 迂

ウ
訓まがる

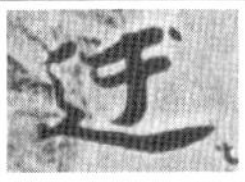
初唐•古文尚書
13_116_4

初唐•古文尚書
13_116_20

## 迅

シン、シュン慣ジン
訓はやい

五代•大毗盧經
42_509_1

五代•大毗盧經
67_843_15

五代•大毗盧經
90_1106_30

## 巡

呉ジュン
訓めぐる

初唐•禮記正義
5_72_30

中唐・翰苑
8_105_4

五代•大毗盧經
23_291_9

## 近

漢キン慣コン呉ゴン
訓ちかい

初唐•古文尚書
5_46_21

初唐•古文尚書
9_79_18

初唐•古文尚書
10_91_4

初唐•古文尚書
12_106_16

初唐•古文尚書
21_200_26

初唐•古文尚書
25_240_11

初唐•古文尚書
25_241_11

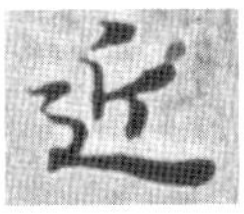
初唐•古文尚書
25_246_6

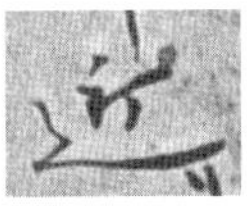
初唐•古文尚書
25_247_31

初唐•古文尚書
29_279_4

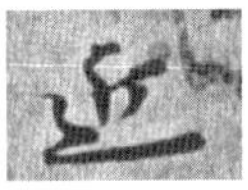
初唐•古文尚書
39_371_7

初唐・毛詩傳
8_79_4

初唐•禮記正義
2_26_11

初唐•禮記正義
3_40_19

初唐•禮記正義
4_66_1

初唐•禮記正義
6_89_31

初唐•禮記正義
6_92_15

初唐•禮記正義
6_94_10

初唐•禮記正義
7_98_9

初唐•禮記正義
7_108_27

初唐•禮記正義
16_245_7

初唐•禮記正義
16_253_6

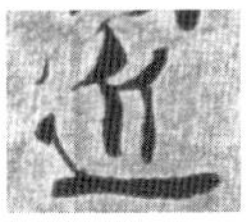
初唐•禮記正義
17_264_11

初唐•禮記正義
17_265_17

## 述

慣ジュツ漢シュツ
訓のべる

初唐•禮記正義 7_104_6

初唐•禮記正義 7_104_16

初唐•禮記正義 7_106_8

初唐•禮記正義 7_106_11

初唐•禮記正義 7_107_18

初唐•禮記正義 7_107_22

初唐•禮記正義 7_109_3

初唐•禮記正義 7_109_16

中唐・翰苑 42_543_41

## 迎

漢ゲイ呉ギョウ
訓むかえる

初唐•古文尚書 13_117_12

初唐•古文尚書 13_117_18

初唐•禮記正義 3_34_30

初唐•禮記正義 3_49_27

初唐•禮記正義 14_220_27

初唐•禮記正義 15_228_23

中唐・翰苑 26_344_36

中唐・翰苑 33_433_5

## 返

慣ヘン漢ハン呉ホン
訓かえす

中唐・翰苑 36_460_21

五代•大毗盧經 89_1087_41

晚唐•摩訶止觀 62_519_7

五代•大毗盧經 24_304_7

五代•大毗盧經 42_508_29

五代•大毗盧經 46_562_2

五代•大毗盧經 46_565_11

五代•大毗盧經 64_797_18

五代•大毗盧經 80_971_1

五代•大毗盧經 94_1150_2

樂崇迎鼓 中唐・翰苑 17_218_7

迎鼓 中唐・翰苑 17_219_21

中唐・翰苑 31_403_8

晚唐•摩訶止觀 23_200_10

晚唐•摩訶止觀 23_201_6

晚唐•摩訶止觀 54_454_2

晚唐•摩訶止觀 60_510_21

晚唐•摩訶止觀 61_518_5

初唐•禮記正義 25_383_26

初唐•禮記正義 28_428_22

初唐・十誦律 11_201_11

初唐・十誦律 11_206_15

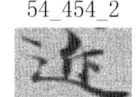

中唐・翰苑 6_72_3

中唐・翰苑 8_102_6

中唐・翰苑 9_109_25

中唐・翰苑 9_117_26

| 迦 | 迫 | 迤 | 迮 | 迪 | | |
|---|---|---|---|---|---|---|
| 漢カン 訓— | 漢ハク 呉ヒャク 訓せまる | イ 漢タ 訓ゆく | 漢サク 訓せまる | 漢テキ 訓すすむ | | |
| 初唐・十誦律 3_43_11 | 初唐•古文尚書 25_247_30 | 晩唐•摩訶止観 39_333_21 | 初唐・毛詩傳 10_104_8 | 初唐•古文尚書 14_124_4 | 中唐・翰苑 45_581_7 | 初唐•禮記正義 7_110_1 |
| 初唐・十誦律 3_43_15 | 初唐・毛詩傳 10_104_7 | | | 初唐•古文尚書 14_130_22 | 晩唐•摩訶止觀 18_157_4 | 初唐•禮記正義 7_110_9 |
| 初唐・十誦律 3_45_15 | 初唐・毛詩傳 10_105_20 | | | 初唐•古文尚書 14_134_5 | 五代•密教部類 4_55_10 | 初唐•禮記正義 7_111_8 |
| 初唐・十誦律 3_50_2 | 中唐・翰苑 6_66_18 | | | 初唐•古文尚書 19_178_28 | 五代•密教部類 4_56_18 | 初唐•禮記正義 7_112_11 |
| 中唐・般若經 2_3_5 | 晩唐•摩訶止観 28_243_1 | | | 初唐•古文尚書 26_251_1 | 五代•密教部類 4_57_16 | 初唐•禮記正義 8_113_13 |
| 中唐・般若經 3_29_5 | 晩唐•摩訶止観 28_244_2 | | | 初唐•古文尚書 29_280_2 | 五代•密教部類 5_59_11 | 初唐•禮記正義 8_113_19 |
| 中唐・般若經 3_31_5 | 五代•大毗盧經 91_1113_18 | | | 初唐•古文尚書 39_370_16 | 五代•密教部類 5_60_11 | 中唐・翰苑 15_192_10 |
| 中唐・般若經 5_65_5 | | | | 初唐•古文尚書 43_415_4 | 五代•密教部類 6_89_22 | 中唐・翰苑 20_257_9 |
| 中唐・般若經 5_67_5 | | | | | | |

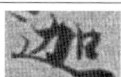

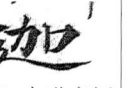

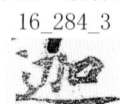

| | | | | | | |
|---|---|---|---|---|---|---|
| 五代•大毗盧經 26_336_28 | 五代•大毗盧經 18_229_13 | 晚唐•摩訶止觀 54_459_11 | 中唐・般若經 18_320_6 | 中唐・般若經 15_254_8 | 中唐・般若經 10_154_9 | 中唐・般若經 6_83_3 |
| 五代•大毗盧經 29_374_30 | 五代•大毗盧經 18_229_15 | 五代•大毗盧經 3_26_13 | 中唐・般若經 18_322_5 | 中唐・般若經 15_256_5 | 中唐・般若經 10_156_5 | 中唐・般若經 6_85_5 |
| 五代•大毗盧經 36_426_1 | 五代•大毗盧經 21_267_22 | 五代•大毗盧經 3_27_14 | 中唐・般若經 19_332_16 | 中唐・般若經 16_275_13 | 中唐・般若經 11_175_9 | 中唐・般若經 7_102_15 |
| 五代•大毗盧經 42_503_11 | 五代•大毗盧經 22_284_1 | 五代•大毗盧經 8_91_1 | 中唐・般若經 19_338_6 | 中唐・般若經 16_284_3 | 中唐・般若經 11_183_16 | 中唐・般若經 7_110_10 |
| 五代•大毗盧經 42_504_27 | 五代•大毗盧經 23_301_8 | 五代•大毗盧經 9_104_10 | 晚唐•摩訶止觀 1_8_9 | 中唐・般若經 16_286_5 | 中唐・般若經 11_185_5 | 中唐・般若經 7_112_5 |
| 五代•大毗盧經 43_521_23 | 五代•大毗盧經 23_301_14 | 五代•大毗盧經 9_110_17 | 晚唐•摩訶止觀 1_10_21 | 中唐・般若經 17_295_17 | 中唐・般若經 12_198_15 | 中唐・般若經 8_127_5 |
| 五代•大毗盧經 43_521_32 | 五代•大毗盧經 24_302_5 | 五代•大毗盧經 14_174_21 | 晚唐•摩訶止觀 2_11_15 | 中唐・般若經 17_300_16 | 中唐・般若經 12_205_11 | 中唐・般若經 9_134_13 |
| 五代•大毗盧經 44_528_18 | 五代•大毗盧經 26_326_5 | 五代•大毗盧經 14_182_19 | 晚唐•摩訶止觀 3_21_18 | 中唐・般若經 17_303_5 | 中唐・般若經 12_207_5 | 中唐・般若經 9_136_5 |
| 五代•大毗盧經 44_529_4 | 五代•大毗盧經 26_330_9 | 五代•大毗盧經 16_199_13 | 晚唐•摩訶止觀 44_377_16 | 中唐・般若經 18_313_16 | 中唐・般若經 13_221_14 | 中唐・般若經 9_148_7 |

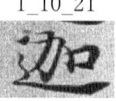

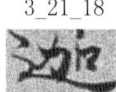

| | 迴 | 逝 | 迺 | | | |
|---|---|---|---|---|---|---|
| | 漢カイ 吳エ 訓めぐる | 漢セイ 訓ゆく | 漢ダイ 吳ナイ 訓すなわち | | | |
| 晚唐•摩訶止觀 61_514_21<br>五代•大毗盧經 6_64_20<br>五代•大毗盧經 6_65_8<br>五代•大毗盧經 25_317_19 | 初唐•禮記正義 12_191_1<br>初唐•禮記正義 12_191_7<br>初唐•禮記正義 12_194_4<br>中唐・翰苑 39_501_2<br>晚唐•摩訶止觀 9_77_10<br>晚唐•摩訶止觀 44_376_16<br>晚唐•摩訶止觀 47_403_10<br>晚唐•摩訶止觀 47_404_13 | 初唐・毛詩傳 2_14_4<br>五代•大毗盧經 16_202_4<br>五代•大毗盧經 60_736_13<br>五代•大毗盧經 92_1128_1<br>五代•大毗盧經 92_1128_4 | 中唐・翰苑 8_99_5<br>中唐・翰苑 8_99_15<br>中唐・翰苑 8_100_6 | 五代•大毗盧經 90_1096_19<br>五代•大毗盧經 90_1097_3<br>五代•大毗盧經 90_1102_4<br>五代•大毗盧經 90_1103_3<br>五代•大毗盧經 90_1103_7<br>五代•大毗盧經 96_1171_23<br>五代•大毗盧經 96_1171_25<br>五代•大毗盧經 98_1207_11 | 五代•大毗盧經 71_878_2<br>五代•大毗盧經 72_887_13<br>五代•大毗盧經 77_934_2<br>五代•大毗盧經 77_938_19<br>五代•大毗盧經 79_953_1<br>五代•大毗盧經 79_953_3<br>五代•大毗盧經 82_997_16<br>五代•大毗盧經 83_1010_11 | 五代•大毗盧經 49_603_10<br>五代•大毗盧經 53_651_12<br>五代•大毗盧經 55_676_3<br>五代•大毗盧經 57_692_14<br>五代•大毗盧經 57_700_3<br>五代•大毗盧經 60_747_13<br>五代•大毗盧經 71_866_17<br>五代•大毗盧經 71_874_11<br>五代•大毗盧經 71_876_1 |

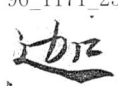

## 追

ツイ 漢タイ
訓おう

初唐・古文尚書 36_345_17
初唐・古文尚書 36_346_8
中唐・翰苑 6_68_18
中唐・翰苑 6_69_14
中唐・翰苑 10_125_13
中唐・翰苑 13_160_16
中唐・翰苑 15_190_9
中唐・翰苑 16_201_25

中唐・翰苑 19_255_45
中唐・翰苑 20_256_19
中唐・翰苑 20_257_1
中唐・翰苑 22_294_3
中唐・翰苑 23_298_8

## 逃

漢トウ
訓にげる

初唐・古文尚書 29_282_11
中唐・翰苑 9_117_22
中唐・翰苑 10_130_16
中唐・翰苑 20_256_17
晚唐・摩訶止観 44_375_3

## 送

漢ソウ
訓おくる

中唐・翰苑 8_92_38
中唐・翰苑 11_144_19
中唐・翰苑 12_145_17
中唐・翰苑 12_151_22
中唐・翰苑 12_151_39
中唐・翰苑 13_169_7
中唐・翰苑 18_241_29
中唐・翰苑 19_242_43

中唐・翰苑 30_390_5
中唐・翰苑 41_530_27
中唐・翰苑 43_555_21
五代・密教部類 6_84_20
五代・大毗盧經 98_1210_2

## 迷

慣メイ 漢ベイ
訓まよう

初唐・十誦律 19_373_14
晚唐・摩訶止観 32_278_13
晚唐・摩訶止観 40_341_19
晚唐・摩訶止観 40_341_24
晚唐・摩訶止観 40_341_26
晚唐・摩訶止観 40_342_3
晚唐・摩訶止観 40_343_9
晚唐・摩訶止観 40_343_18

晚唐・摩訶止観 42_365_8
晚唐・摩訶止観 46_393_16
五代・大毗盧經 5_53_3
五代・大毗盧經 5_57_14
五代・大毗盧經 6_73_17
五代・大毗盧經 7_74_2
五代・大毗盧經 33_406_3
五代・大毗盧經 45_539_13

## 速

ソク
訓はやい

五代•大毗盧經 66_831_4

五代•大毗盧經 66_831_16

五代•大毗盧經 89_1088_2

五代•大毗盧經 90_1106_31

五代•大毗盧經 97_1198_1

中唐・翰苑 27_350_21

晚唐•摩訶止觀 23_203_27

五代•大毗盧經 2_8_19

五代•大毗盧經 5_59_8

五代•大毗盧經 9_109_8

五代•大毗盧經 16_200_6

五代•大毗盧經 20_255_5

五代•大毗盧經 20_256_10

## 退

タイ、トン
訓しりぞく

五代•大毗盧經 15_189_44

五代•大毗盧經 17_217_9

五代•大毗盧經 17_225_23

初唐•古文尚書 7_59_4

初唐•古文尚書 8_68_20

初唐•禮記正義 10_157_25

中唐・翰苑 8_94_11

中唐・翰苑 13_161_17

中唐・翰苑 24_311_26

晚唐•摩訶止觀 38_332_14

五代•大毗盧經 3_22_18

中唐・翰苑 9_114_40

中唐・翰苑 39_495_21

晚唐•摩訶止觀 56_472_2

五代•大毗盧經 11_136_20

## 逆

漢ゲキ呉ギャク
訓さからう

初唐•古文尚書 1_1_16

初唐•古文尚書 44_426_24

初唐•古文尚書 44_427_16

初唐•禮記正義 5_81_12

初唐•禮記正義 6_82_26

初唐•禮記正義 8_120_59

中唐・翰苑 4_45_3

中唐・翰苑 6_74_41

五代•大毗盧經 83_1008_37

五代•大毗盧經 89_1087_33

五代•大毗盧經 95_1170_1

| | 逌 | 逐 | 逗 | | 連 | 逋 |
|---|---|---|---|---|---|---|
| | 漢ユウ<br>訓ここに | 漢チク呉ジク<br>訓おう | 漢トウ呉ズ<br>訓とどまる | | レン<br>訓つらなる | 漢ホ呉フ<br>訓のがれる |
| <br>初唐•古文尚書<br>36_348_15 | <br>初唐•古文尚書<br>4_28_14 | <br>中唐・翰苑<br>12_149_35 | <br>晩唐•摩訶止観<br>26_222_6 | <br>中唐・翰苑<br>20_258_10 | <br>初唐•禮記正義<br>1_8_9 | <br>初唐•古文尚書<br>27_262_18 |
| | <br>初唐•古文尚書<br>7_57_1 | <br>中唐・翰苑<br>14_184_6 | | <br>中唐・翰苑<br>23_303_31 | <br>初唐•禮記正義<br>14_216_14 | <br>初唐•古文尚書<br>27_267_28 |
| | <br>初唐•古文尚書<br>12_103_24 | <br>中唐・翰苑<br>19_251_8 | | <br>中唐・翰苑<br>31_403_34 | <br>中唐・翰苑<br>3_28_12 | |
| | <br>初唐•古文尚書<br>12_108_16 | <br>中唐・翰苑<br>22_291_8 | | <br>中唐・翰苑<br>32_418_28 | <br>中唐・翰苑<br>3_33_3 | |
| | <br>初唐•古文尚書<br>18_166_11 | <br>晩唐•摩訶止観<br>45_385_21 | | 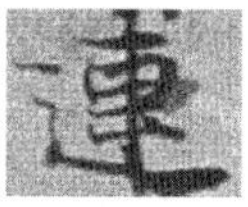<br>晩唐•摩訶止観<br>34_295_13 | <br>中唐・翰苑<br>13_172_9 | |
| | <br>初唐•古文尚書<br>21_198_14 | | | <br>五代•大毗盧經<br>52_643_11 | <br>中唐・翰苑<br>15_188_30 | |
| | <br>初唐•古文尚書<br>22_214_1 | | | <br>五代•大毗盧經<br>71_874_7 | <br>中唐・翰苑<br>17_219_13 | |
| | <br>初唐•古文尚書<br>31_291_21 | | | | <br>中唐・翰苑<br>17_225_2 | |

## 造

慣ゾウ 漢ソウ
訓つくる

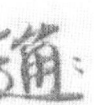

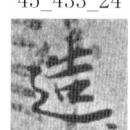

- 初唐・古文尚書 11_98_29
- 初唐・古文尚書 11_99_5
- 初唐・古文尚書 40_383_10
- 初唐・古文尚書 45_433_24
- 初唐・古文尚書 45_434_5
- 初唐・禮記正義 10_153_5
- 中唐・翰苑 4_48_16
- 中唐・翰苑 23_303_17
- 中唐・翰苑 25_330_19
- 中唐・翰苑 25_330_39
- 中唐・翰苑 25_331_6
- 中唐・翰苑 26_346_7
- 中唐・翰苑 33_429_2
- 晩唐・摩訶止観 2_13_20
- 晩唐・摩訶止観 2_14_20
- 晩唐・摩訶止観 6_50_9
- 晩唐・摩訶止観 10_92_17
- 晩唐・摩訶止観 46_394_10
- 五代・大毗盧經 2_10_2
- 五代・大毗盧經 3_28_12
- 五代・大毗盧經 3_30_9
- 五代・大毗盧經 11_129_8

## 逢

漢ホウ
訓あう

- 中唐・翰苑 5_59_20
- 中唐・翰苑 5_60_42
- 中唐・翰苑 5_62_13
- 中唐・翰苑 6_70_26
- 中唐・翰苑 9_115_15
- 中唐・翰苑 10_130_23

## 通

慣現ツウ 呉現ツ
漢トウ
訓とおり

- 初唐・古文尚書 18_171_11
- 初唐・古文尚書 22_209_17
- 初唐・古文尚書 37_356_4
- 初唐・古文尚書 41_396_8
- 初唐・古文尚書 41_397_25
- 初唐・禮記正義 4_55_4
- 初唐・禮記正義 20_301_17
- 初唐・禮記正義 23_346_2
- 初唐・般若經 11_157_9
- 初唐・般若經 11_157_14
- 初唐・般若經 11_159_1
- 初唐・般若經 24_371_15
- 初唐・般若經 24_372_3
- 初唐・般若經 24_373_9
- 中唐・翰苑 2_17_11
- 中唐・翰苑 2_19_34
- 中唐・翰苑 4_45_18
- 中唐・翰苑 4_46_1
- 中唐・翰苑 8_100_28
- 中唐・翰苑 9_106_3
- 中唐・翰苑 9_106_8
- 中唐・翰苑 9_115_14
- 中唐・翰苑 9_117_35
- 中唐・翰苑 11_144_11

| | | | | | | |
|---|---|---|---|---|---|---|
| 晚唐•摩訶止觀 27_229_9 | 晚唐•摩訶止觀 18_154_9 | 晚唐•摩訶止觀 9_82_18 | 中唐・般若經 9_145_12 | 中唐・翰苑 42_542_20 | 中唐・翰苑 30_395_10 | 中唐・翰苑 14_174_7 |
| 晚唐•摩訶止觀 28_238_15 | 晚唐•摩訶止觀 19_164_6 | 晚唐•摩訶止觀 13_117_18 | 中唐・般若經 9_146_14 | 中唐・翰苑 43_547_29 | 中唐・翰苑 31_402_10 | 中唐・翰苑 14_181_9 |
| 晚唐•摩訶止觀 29_250_17 | 晚唐•摩訶止觀 20_172_5 | 晚唐•摩訶止觀 14_122_2 | 中唐・般若經 9_149_13 | 中唐・翰苑 43_551_33 | 中唐・翰苑 35_451_34 | 中唐・翰苑 14_183_10 |
| 晚唐•摩訶止觀 31_272_17 | 晚唐•摩訶止觀 20_172_23 | 晚唐•摩訶止觀 16_137_4 | 中唐・般若經 9_150_12 | 中唐・般若經 9_137_16 | 中唐・翰苑 35_454_5 | 中唐・翰苑 15_187_33 |
| 晚唐•摩訶止觀 32_275_10 | 晚唐•摩訶止觀 20_173_10 | 晚唐•摩訶止觀 17_146_7 | 中唐・般若經 9_151_11 | 中唐・般若經 9_138_15 | 中唐・翰苑 35_455_21 | 中唐・翰苑 15_193_27 |
| 晚唐•摩訶止觀 33_286_20 | 晚唐•摩訶止觀 20_177_14 | 晚唐•摩訶止觀 17_146_10 | 中唐・般若經 9_152_11 | 中唐・般若經 9_139_14 | 中唐・翰苑 38_494_27 | 中唐・翰苑 21_276_10 |
| 晚唐•摩訶止觀 37_324_18 | 晚唐•摩訶止觀 26_225_13 | 晚唐•摩訶止觀 17_152_14 | 晚唐•摩訶止觀 3_28_2 | 中唐・般若經 9_143_10 | 中唐・翰苑 41_522_29 | 中唐・翰苑 23_305_23 |
| 晚唐•摩訶止觀 40_348_11 | 晚唐•摩訶止觀 27_229_1 | 晚唐•摩訶止觀 17_152_21 | 晚唐•摩訶止觀 4_38_18 | 中唐・般若經 9_144_11 | 中唐・翰苑 42_536_9 | 中唐・翰苑 30_392_20 |

# 過

カ
訓 すぎる

| | | | | | | |
|---|---|---|---|---|---|---|
| 初唐•古文尚書 45_436_23 | 初唐•古文尚書 25_249_26 | 初唐•古文尚書 8_65_13 | 五代•大毗盧經 35_410_23 | 晚唐•摩訶止觀 60_508_19 | 晚唐•摩訶止觀 47_406_24 | 晚唐•摩訶止觀 41_354_7 |
| 初唐•古文尚書 45_436_29 | 初唐•古文尚書 33_309_24 | 初唐•古文尚書 8_65_27 | 五代•大毗盧經 39_455_20 | 五代•大毗盧經 2_3_4 | 晚唐•摩訶止觀 48_407_6 | 晚唐•摩訶止觀 41_355_10 |
| 初唐•古文尚書 45_437_13 | 初唐•古文尚書 33_310_19 | 初唐•古文尚書 9_76_29 | 五代•大毗盧經 66_829_20 | 五代•大毗盧經 5_60_16 | 晚唐•摩訶止觀 51_436_18 | 晚唐•摩訶止觀 43_369_1 |
| 初唐•古文尚書 45_438_32 | 初唐•古文尚書 37_354_27 | 初唐•古文尚書 15_143_19 | 五代•大毗盧經 69_861_1 | 五代•大毗盧經 6_65_14 | 晚唐•摩訶止觀 57_482_2 | 晚唐•摩訶止觀 46_397_12 |
| 初唐•古文尚書 47_457_12 | 初唐•古文尚書 38_362_21 | 初唐•古文尚書 21_197_27 | 五代•大毗盧經 71_864_2 | 五代•大毗盧經 11_132_6 | 晚唐•摩訶止觀 57_483_12 | 晚唐•摩訶止觀 46_398_11 |
| 初唐・毛詩傳 2_18_15 | 初唐•古文尚書 39_380_30 | 初唐•古文尚書 21_198_2 | 五代•大毗盧經 86_1057_14 | 五代•大毗盧經 13_163_9 | 晚唐•摩訶止觀 58_492_20 | 晚唐•摩訶止觀 47_399_23 |
| 初唐•禮記正義 8_116_30 | 初唐•古文尚書 42_411_20 | 初唐•古文尚書 23_218_7 | 五代•大毗盧經 89_1087_43 | 五代•大毗盧經 21_266_31 | 晚唐•摩訶止觀 59_496_1 | 晚唐•摩訶止觀 47_401_2 |
| 初唐•禮記正義 8_118_2 | 初唐•古文尚書 45_436_13 | 初唐•古文尚書 23_218_17 | 五代•大毗盧經 96_1180_30 | 五代•大毗盧經 22_278_33 | 晚唐•摩訶止觀 60_508_15 | 晚唐•摩訶止觀 47_406_14 |

## 進

シン
訓すすむ

初唐•古文尚書 3_20_21
初唐•古文尚書 11_99_23
初唐•古文尚書 11_99_27
初唐•古文尚書 13_119_10
初唐•古文尚書 13_122_4
初唐•古文尚書 15_137_23
初唐•古文尚書 16_155_20
初唐•古文尚書 17_156_20

五代•大毗盧經 86_1060_13
五代•大毗盧經 97_1186_43

晩唐•摩訶止觀 53_450_13
晩唐•摩訶止觀 53_450_17
晩唐•摩訶止觀 60_508_20
五代•大毗盧經 2_11_6
五代•大毗盧經 4_39_15
五代•大毗盧經 11_141_9
五代•大毗盧經 14_178_8
五代•大毗盧經 39_455_12

漢遇之 中唐・翰苑 44_557_3
中唐・翰苑 44_567_4
晩唐•摩訶止觀 12_109_3
晩唐•摩訶止觀 12_109_7
晩唐•摩訶止觀 27_230_6
晩唐•摩訶止觀 31_273_19
晩唐•摩訶止觀 39_339_18
晩唐•摩訶止觀 43_366_17

中唐・翰苑 9_113_28
愚人 中唐・翰苑 9_115_41
中唐・翰苑 10_129_32
中唐・翰苑 10_130_30
中唐・翰苑 21_274_49
中唐・翰苑 22_294_5
中唐・翰苑 24_315_37
中唐・翰苑 43_544_11

初唐•禮記正義 30_468_12
初唐・十誦律 12_217_14
初唐・十誦律 12_230_14
初唐・十誦律 14_265_14
初唐・十誦律 14_268_3
中唐・翰苑 3_26_4
中唐・翰苑 5_56_22
中唐・翰苑 8_92_9

初唐•禮記正義 8_119_12
初唐•禮記正義 14_218_17
初唐•禮記正義 14_218_24
初唐•禮記正義 14_220_11
初唐•禮記正義 17_266_16
初唐•禮記正義 17_266_25
初唐•禮記正義 17_267_4
初唐•禮記正義 23_346_17

| | | | | | | |
|---|---|---|---|---|---|---|
| 中唐・般若經<br>6_94_10 | 中唐・般若經<br>5_64_2 | 中唐・般若經<br>3_20_3 | 中唐・翰苑<br>41_526_12 | 中唐・翰苑<br>7_78_38 | 初唐・禮記正義<br>16_251_15 | 初唐・古文尚書<br>17_158_3 |
| 中唐・般若經<br>6_94_14 | 中唐・般若經<br>5_64_15 | 中唐・般若經<br>3_28_2 | 中唐・翰苑<br>41_526_24 | 中唐・翰苑<br>15_191_3 | 初唐・禮記正義<br>16_252_9 | 初唐・古文尚書<br>19_185_14 |
| 中唐・般若經<br>6_95_8 | 中唐・般若經<br>5_66_4 | 中唐・般若經<br>3_28_15 | 中唐・般若經<br>2_5_6 | 中唐・翰苑<br>15_197_29 | 初唐・禮記正義<br>16_253_2 | 初唐・古文尚書<br>37_357_4 |
| 中唐・般若經<br>7_102_4 | 中唐・般若經<br>6_79_7 | 中唐・般若經<br>3_30_4 | 中唐・般若經<br>2_7_3 | 中唐・翰苑<br>23_303_15 | 初唐・禮記正義<br>16_253_26 | 初唐・古文尚書<br>38_365_21 |
| 中唐・般若經<br>7_102_8 | 中唐・般若經<br>6_79_11 | 中唐・般若經<br>4_49_13 | 中唐・般若經<br>2_8_17 | 中唐・翰苑<br>27_356_17 | 初唐・禮記正義<br>17_254_12 | 初唐・毛詩傳<br>4_43_31 |
| 中唐・般若經<br>7_109_7 | 中唐・般若經<br>6_80_6 | 中唐・般若經<br>4_49_17 | 中唐・般若經<br>2_10_15 | 中唐・翰苑<br>33_431_41 | 初唐・般若經<br>7_91_7 | 初唐・禮記正義<br>10_157_24 |
| 中唐・般若經<br>7_110_3 | 中唐・般若經<br>6_82_13 | 中唐・般若經<br>4_50_11 | 中唐・般若經<br>2_12_6 | 中唐・翰苑<br>36_462_14 | 初唐・般若經<br>20_301_13 | 初唐・禮記正義<br>12_187_3 |
| 中唐・般若經<br>17_299_13 | 中唐・般若經<br>6_84_2 | 中唐・般若經<br>4_57_3 | 中唐・般若經<br>2_19_16 | 中唐・翰苑<br>36_464_18 | 中唐・翰苑<br>6_75_6 | 初唐・禮記正義<br>12_188_8 |

| | | | | | | |
|---|---|---|---|---|---|---|
| 中唐・般若經 16_282_17 | 中唐・般若經 15_253_5 | 中唐・般若經 12_206_10 | 中唐・般若經 11_184_14 | 中唐・般若經 10_155_8 | 中唐・般若經 9_135_29 | 中唐・般若經 7_111_9 |
| 中唐・般若經 16_283_13 | 中唐・般若經 15_254_1 | 中唐・般若經 13_213_16 | 中唐・般若經 12_191_9 | 中唐・般若經 10_166_9 | 中唐・般若經 9_141_13 | 中唐・般若經 8_119_4 |
| 中唐・般若經 16_285_2 | 中唐・般若經 15_255_7 | 中唐・般若經 13_214_4 | 中唐・般若經 12_191_13 | 中唐・般若經 10_166_13 | 中唐・般若經 9_142_1 | 中唐・般若經 8_119_8 |
| 中唐・般若經 17_290_12 | 中唐・般若經 15_266_13 | 中唐・般若經 13_214_15 | 中唐・般若經 12_192_7 | 中唐・般若經 10_167_7 | 中唐・般若經 9_142_12 | 中唐・般若經 8_120_2 |
| 中唐・般若經 17_290_16 | 中唐・般若經 15_266_17 | 中唐・般若經 13_221_3 | 中唐・般若經 12_198_4 | 中唐・般若經 11_174_15 | 中唐・般若經 9_147_14 | 中唐・般若經 8_126_11 |
| 中唐・般若經 17_291_10 | 中唐・般若經 15_267_11 | 中唐・般若經 13_221_7 | 中唐・般若經 12_198_8 | 中唐・般若經 11_175_2 | 中唐・般若經 9_147_18 | 中唐・般若經 8_126_15 |
| 中唐・般若經 17_295_6 | 中唐・般若經 16_275_2 | 中唐・般若經 13_227_15 | 中唐・般若經 12_204_8 | 中唐・般若經 11_182_13 | 中唐・般若經 10_153_6 | 中唐・般若經 8_133_10 |
| 中唐・般若經 17_295_10 | 中唐・般若經 16_275_6 | 中唐・般若經 13_228_11 | 中唐・般若經 12_205_4 | 中唐・般若經 11_183_9 | 中唐・般若經 10_154_2 | 中唐・般若經 9_134_6 |

# 逸

漢イツ 呉イチ
訓はしる

| | | | | | | |
|---|---|---|---|---|---|---|
| 五代•大毗盧經 2_20_11 | 初唐・十誦律 7_119_9 | 初唐•古文尚書 8_61_7 | 五代•大毗盧經 54_657_18 | 中唐・般若經 19_337_16 | 中唐・般若經 18_319_4 | 中唐・般若經 17_300_9 |
| 五代•大毗盧經 25_313_21 | 初唐・十誦律 7_121_6 | 初唐•古文尚書 8_61_22 | 五代•大毗盧經 57_698_11 | 中唐・般若經 19_339_5 | 中唐・般若經 18_321_5 | 中唐・般若經 17_301_15 |
| 五代•大毗盧經 32_397_18 | 初唐・十誦律 7_130_4 | 初唐•古文尚書 9_71_29 | 五代•大毗盧經 60_733_2 | 晚唐•摩訶止觀 19_169_26 | 中唐・般若經 19_327_3 | 中唐・般若經 18_308_3 |
| 五代•大毗盧經 65_812_23 | 初唐・十誦律 7_132_2 | 初唐•古文尚書 10_82_23 | 五代•大毗盧經 93_1139_35 | 晚唐•摩訶止觀 26_223_24 | 中唐・般若經 19_327_7 | 中唐・般若經 18_308_7 |
| 五代•大毗盧經 88_1077_22 | 初唐・十誦律 8_149_12 | 初唐•古文尚書 10_83_15 | | 晚唐•摩訶止觀 27_229_27 | 中唐・般若經 19_328_1 | 中唐・般若經 18_309_1 |
| 五代•大毗盧經 97_1193_5 | 初唐・十誦律 8_151_7 | 初唐•古文尚書 20_188_7 | | 晚唐•摩訶止觀 38_332_20 | 中唐・般若經 19_332_5 | 中唐・般若經 18_313_5 |
| | 中唐・翰苑 29_381_3 | 初唐•古文尚書 20_188_18 | | 五代•大毗盧經 7_79_13 | 中唐・般若經 19_332_9 | 中唐・般若經 18_313_9 |
| | 晚唐•摩訶止觀 44_376_27 | 初唐•禮記正義 27_415_29 | | 五代•大毗盧經 31_392_21 | 中唐・般若經 19_337_3 | 中唐・般若經 18_318_3 |

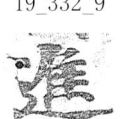

## 逾

ユ
訓こえる

中唐・翰苑
4_46_14

中唐・翰苑
7_89_11

中唐・翰苑
31_398_17

晩唐•摩訶止観
15_129_8

晩唐•摩訶止観
59_500_19

晩唐•摩訶止観
59_500_21

晩唐•摩訶止観
59_500_23

晩唐•摩訶止観
59_500_25

## 逮

漢タイ呉ダイ
訓およぶ

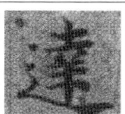

初唐•古文尚書
38_364_24

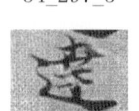

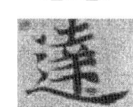

初唐•古文尚書
38_365_25

初唐•古文尚書
41_398_3

初唐•古文尚書
41_398_19

初唐•禮記正義
1_5_1

初唐•禮記正義
1_5_14

初唐•禮記正義
1_6_20

五代•大毗盧經
39_458_7

## 達

漢タツ呉ダチ
訓とおる

初唐•古文尚書
2_10_3

初唐•古文尚書
2_10_20

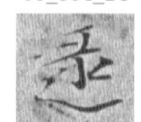

初唐•古文尚書
3_17_7

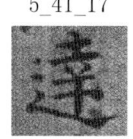

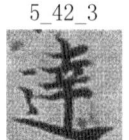

初唐•古文尚書
4_27_11

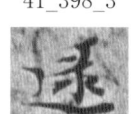

初唐•古文尚書
5_37_13

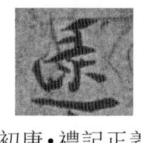

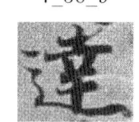

初唐•古文尚書
22_209_18

中唐・翰苑
21_274_9

中唐・翰苑
21_277_13

中唐・翰苑
21_277_31

中唐・翰苑
28_359_11

中唐・翰苑
31_397_16

中唐・翰苑
36_463_2

中唐・翰苑
36_464_6

晩唐•摩訶止観
3_23_34

晩唐•摩訶止観
3_23_40

晩唐•摩訶止観
5_40_16

晩唐•摩訶止観
5_41_3

晩唐•摩訶止観
5_41_17

晩唐•摩訶止観
5_42_3

晩唐•摩訶止観
5_42_15

晩唐•摩訶止観
7_56_9

晩唐•摩訶止観
9_82_19

晩唐•摩訶止観
15_132_9

晩唐•摩訶止観
15_133_5

晩唐•摩訶止観
16_141_28

晩唐•摩訶止観
19_165_19

晩唐•摩訶止観
19_169_20

晩唐•摩訶止観
21_180_9

晩唐•摩訶止観
22_188_7

晩唐•摩訶止観
29_250_18

晩唐•摩訶止観
32_278_28

晩唐•摩訶止観
33_285_15

晩唐•摩訶止観
34_297_5

晩唐•摩訶止観
37_324_19

晩唐•摩訶止観
46_391_21

晩唐•摩訶止観
46_391_29

晩唐•摩訶止観
55_462_22

晩唐•摩訶止観
58_492_21

晩唐•摩訶止観
59_496_2

五代•大毗盧經
4_38_7

## 遏 逼

| 遏 | 逼 | | | | | |
|---|---|---|---|---|---|---|
| 漢アツ<br>訓とめる | 慣ヒツ 漢ヒョク<br>訓せまる | | | | | |

初唐•古文尚書
41_394_14

初唐•古文尚書
41_395_27

晚唐•摩訶止觀
28_242_25

晚唐•摩訶止觀
28_244_1

五代•大毗盧經
96_1180_31

五代•大毗盧經
98_1205_5

五代•大毗盧經
98_1205_7

五代•大毗盧經
98_1206_9

五代•大毗盧經
65_813_3

五代•大毗盧經
65_813_13

五代•大毗盧經
65_814_16

五代•大毗盧經
72_880_27

五代•大毗盧經
78_952_14

五代•大毗盧經
91_1112_1

五代•大毗盧經
96_1173_1

五代•大毗盧經
96_1180_16

五代•大毗盧經
45_544_8

五代•大毗盧經
52_643_22

五代•大毗盧經
56_682_1

五代•大毗盧經
59_721_14

五代•大毗盧經
59_722_7

五代•大毗盧經
61_750_11

五代•大毗盧經
61_761_16

五代•大毗盧經
65_812_16

五代•大毗盧經
25_313_16

五代•大毗盧經
29_368_8

五代•大毗盧經
30_381_19

五代•大毗盧經
31_388_13

五代•大毗盧經
31_393_9

五代•大毗盧經
39_456_1

五代•大毗盧經
40_473_19

五代•大毗盧經
42_502_14

五代•大毗盧經
6_62_13

五代•大毗盧經
7_80_9

五代•大毗盧經
10_120_11

五代•大毗盧經
11_132_7

五代•大毗盧經
18_231_16

五代•大毗盧經
21_264_12

五代•大毗盧經
23_300_18

五代•大毗盧經
24_303_4

五代•密教部類
3_27_21

五代•密教部類
3_30_11

五代•密教部類
3_32_25

五代•密教部類
3_36_18

五代•密教部類
4_45_24

五代•密教部類
4_48_16

五代•密教部類
4_49_13

五代•密教部類
4_50_11

## 運

ウン
訓はこぶ

初唐•禮記正義
8_129_3

初唐•禮記正義
8_129_7

度遼將軍
中唐・翰苑
6_70_25

度遼將軍
中唐・翰苑
12_158_7

度遼將軍
中唐・翰苑
22_287_21

進軍
中唐・翰苑
23_303_16

晚唐•摩訶止觀
55_462_21

五代•密教部類
2_13_4

## 遁

漢トン呉ドン
訓のがれる

初唐•古文尚書
12_112_15

初唐•古文尚書
21_207_3

初唐•古文尚書
21_207_17

初唐•古文尚書
27_269_20

中唐・翰苑
3_27_19

中唐・翰苑
10_130_15

中唐・翰苑
38_483_38

## 遑

漢コウ
訓あわただしい

中唐・翰苑
2_10_25

## 遄

漢セン呉ゼン
訓はやい

晚唐•摩訶止觀
43_373_7

五代•大毗盧經
46_564_20

五代•大毗盧經
61_754_6

五代•大毗盧經
64_803_10

## 遇

グ慣グウ
訓あう

初唐•古文尚書
14_134_19

初唐•古文尚書
15_135_9

初唐•禮記正義
12_195_7

初唐•禮記正義
13_197_1

中唐・翰苑
15_191_5

中唐・翰苑
19_255_34

中唐・翰苑
20_257_11

中唐・翰苑
33_431_32

五代・密教部類
5_62_18

五代・密教部類
5_63_12

五代・大毗盧經
12_142_19

五代・大毗盧經
85_1041_16

五代・大毗盧經
87_1063_27

## 道𨗨

漢トウ呉ドウ
訓みち

初唐・古文尚書
1_3_7

初唐・古文尚書
1_3_13

初唐・古文尚書
2_11_18

初唐・古文尚書
2_12_10

初唐・古文尚書
5_40_13

初唐・古文尚書
5_40_24

初唐・古文尚書
5_41_10

初唐・古文尚書
9_73_28

初唐・古文尚書
10_91_20

初唐・古文尚書
13_114_8

初唐・古文尚書
14_124_20

初唐・古文尚書
14_134_9

初唐・古文尚書
18_168_29

初唐・古文尚書
18_171_12

初唐・古文尚書
18_171_19

初唐・古文尚書
18_171_29

初唐・古文尚書
19_179_16

初唐・古文尚書
19_186_3

初唐・古文尚書
20_187_1

初唐・古文尚書
21_197_23

初唐・古文尚書
21_206_20

初唐・古文尚書
22_214_20

初唐・古文尚書
22_215_23

初唐・古文尚書
22_216_7

初唐・古文尚書
23_225_12

初唐・古文尚書
24_234_16

初唐・古文尚書
24_235_18

初唐・古文尚書
24_239_17

初唐・古文尚書
25_244_20

初唐・古文尚書
27_260_17

初唐・古文尚書
28_277_6

初唐・古文尚書
29_280_28

初唐・古文尚書
31_291_7

初唐・古文尚書
31_292_3

初唐・古文尚書
32_300_14

初唐・古文尚書
32_306_12

初唐・古文尚書
33_307_20

初唐・古文尚書
34_318_1

初唐・古文尚書
34_318_24

初唐・古文尚書
35_337_7

初唐・古文尚書
36_339_16

初唐・古文尚書
36_344_4

初唐・古文尚書
36_345_9

初唐・古文尚書
37_353_19

初唐・古文尚書
41_399_3

初唐・古文尚書
42_406_8

初唐・古文尚書
42_406_29

初唐・古文尚書
42_408_13

| | | | | | | |
|---|---|---|---|---|---|---|
| 中唐・翰苑 21_276_44 | 中唐・翰苑 10_126_17 | 初唐・般若經 23_355_1 | 初唐・般若經 12_178_17 | 初唐・十誦律 7_124_7 | 初唐・毛詩傳 2_20_12 | 初唐・古文尚書 42_409_24 |
| 中唐・翰苑 21_276_46 | 中唐・翰苑 13_159_25 | 初唐・般若經 26_394_13 | 初唐・般若經 12_179_9 | 初唐・十誦律 18_346_8 | 初唐・毛詩傳 3_22_12 | 初唐・古文尚書 43_415_14 |
| 斬獲首虜 中唐・翰苑 22_293_20 | 中唐・翰苑 15_190_19 | 初唐・般若經 26_395_5 | 初唐・般若經 13_180_17 | 初唐・般若經 9_117_12 | 初唐・禮記正義 11_171_5 | 初唐・古文尚書 44_430_19 |
| 中唐・翰苑 28_364_15 | 中唐・翰苑 15_197_15 | 初唐・般若經 26_396_15 | 初唐・般若經 22_329_6 | 初唐・般若經 9_118_2 | 初唐・禮記正義 18_281_8 | 初唐・古文尚書 44_431_19 |
| 中唐・翰苑 29_378_9 | 中唐・翰苑 19_255_33 | 中唐・翰苑 3_25_39 | 初唐・般若經 22_329_13 | 初唐・般若經 9_119_8 | 初唐・禮記正義 18_282_6 | 初唐・古文尚書 44_432_20 |
| 中唐・翰苑 30_392_21 | 中唐・翰苑 20_265_2 | 中唐・翰苑 5_58_11 | 初唐・般若經 22_331_4 | 初唐・般若經 10_139_13 | 初唐・十誦律 1_5_4 | 初唐・古文尚書 47_461_7 |
| 中唐・翰苑 31_398_15 | 中唐・翰苑 20_267_4 | 中唐・翰苑 7_79_38 | 初唐・般若經 23_352_12 | 初唐・般若經 10_140_9 | 初唐・十誦律 1_6_16 | 初唐・古文尚書 48_471_22 |
| 中唐・翰苑 32_419_26 | 中唐・翰苑 20_269_15 | 中唐・翰苑 10_125_9 | 初唐・般若經 23_353_6 | 初唐・般若經 10_142_1 | 初唐・十誦律 3_35_3 | 初唐・古文尚書 48_472_24 |

| | | | | | | |
|---|---|---|---|---|---|---|
| 晚唐•摩訶止觀<br>11_95_6 | 晚唐•摩訶止觀<br>5_42_18 | 中唐・般若經<br>13_226_14 | 中唐・般若經<br>13_212_11 | 中唐・般若經<br>7_101_3 | 中唐・翰苑<br>44_566_6 | 中唐・翰苑<br>34_440_36 |
| 晚唐•摩訶止觀<br>11_97_18 | 晚唐•摩訶止觀<br>6_51_10 | 晚唐•摩訶止觀<br>2_14_14 | 中唐・般若經<br>13_215_12 | 中唐・般若經<br>7_104_9 | 中唐・般若經<br>6_87_14 | 中唐・翰苑<br>35_451_23 |
| 晚唐•摩訶止觀<br>12_106_13 | 晚唐•摩訶止觀<br>6_52_23 | 晚唐•摩訶止觀<br>2_16_21 | 中唐・般若經<br>13_217_1 | 中唐・般若經<br>7_105_15 | 中唐・般若經<br>6_89_12 | 中唐・翰苑<br>42_534_12 |
| 晚唐•摩訶止觀<br>13_117_23 | 晚唐•摩訶止觀<br>6_53_21 | 晚唐•摩訶止觀<br>4_36_6 | 中唐・般若經<br>13_218_7 | 中唐・般若經<br>7_107_4 | 中唐・般若經<br>6_91_10 | 中唐・翰苑<br>42_535_13 |
| 晚唐•摩訶止觀<br>14_127_8 | 晚唐•摩訶止觀<br>8_68_7 | 晚唐•摩訶止觀<br>5_40_19 | 中唐・般若經<br>13_219_14 | 中唐・般若經<br>7_108_11 | 中唐・般若經<br>6_93_9 | 中唐・翰苑<br>43_550_10 |
| 晚唐•摩訶止觀<br>14_127_25 | 晚唐•摩訶止觀<br>10_88_15 | 晚唐•摩訶止觀<br>5_41_8 | 中唐・般若經<br>13_223_1 | 中唐・般若經<br>12_208_15 | 中唐・般若經<br>7_96_12 | 中唐・翰苑<br>43_552_31 |
| 晚唐•摩訶止觀<br>16_142_21 | 晚唐•摩訶止觀<br>10_89_10 | 晚唐•摩訶止觀<br>5_41_20 | 中唐・般若經<br>13_224_5 | 中唐・般若經<br>13_210_2 | 中唐・般若經<br>7_98_3 | 中唐・翰苑<br>43_553_11 |
| 晚唐•摩訶止觀<br>19_164_22 | 晚唐•摩訶止觀<br>11_93_19 | 晚唐•摩訶止觀<br>5_42_6 | 中唐・般若經<br>13_225_9 | 中唐・般若經<br>13_211_6 | 中唐・般若經<br>7_99_11 | 中唐・翰苑<br>43_555_41 |

晚唐•摩訶止觀 20_174_26

晚唐•摩訶止觀 20_177_11

晚唐•摩訶止觀 21_179_10

晚唐•摩訶止觀 21_180_21

晚唐•摩訶止觀 21_182_11

晚唐•摩訶止觀 21_183_25

晚唐•摩訶止觀 21_184_25

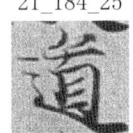

晚唐•摩訶止觀 21_186_14

晚唐•摩訶止觀 22_187_17

晚唐•摩訶止觀 22_188_22

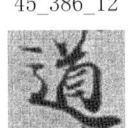

晚唐•摩訶止觀 22_190_2

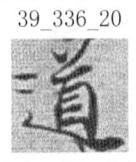

晚唐•摩訶止觀 22_191_24

晚唐•摩訶止觀 22_192_1

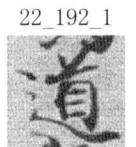

晚唐•摩訶止觀 23_201_20

晚唐•摩訶止觀 23_201_25

晚唐•摩訶止觀 23_202_2

晚唐•摩訶止觀 24_204_9

晚唐•摩訶止觀 24_205_29

晚唐•摩訶止觀 24_209_23

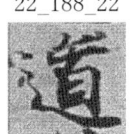

晚唐•摩訶止觀 24_210_3

晚唐•摩訶止觀 26_220_9

晚唐•摩訶止觀 28_240_26

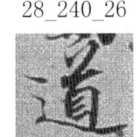

晚唐•摩訶止觀 28_241_18

晚唐•摩訶止觀 28_245_7

晚唐•摩訶止觀 29_251_29

晚唐•摩訶止觀 30_263_15

晚唐•摩訶止觀 31_267_9

晚唐•摩訶止觀 31_268_3

晚唐•摩訶止觀 32_275_7

晚唐•摩訶止觀 32_277_17

晚唐•摩訶止觀 32_279_15

晚唐•摩訶止觀 33_284_21

晚唐•摩訶止觀 33_286_17

晚唐•摩訶止觀 36_308_6

晚唐•摩訶止觀 36_309_23

晚唐•摩訶止觀 36_310_23

晚唐•摩訶止觀 36_311_18

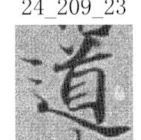

晚唐•摩訶止觀 37_317_7

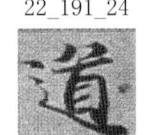

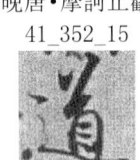

晚唐•摩訶止觀 38_328_12

晚唐•摩訶止觀 38_328_20

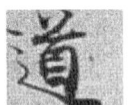

晚唐•摩訶止觀 38_328_25

晚唐•摩訶止觀 39_336_20

晚唐•摩訶止觀 40_344_12

晚唐•摩訶止觀 41_352_4

晚唐•摩訶止觀 41_352_15

晚唐•摩訶止觀 42_363_6

晚唐•摩訶止觀 42_363_17

晚唐•摩訶止觀 45_384_11

晚唐•摩訶止觀 45_386_12

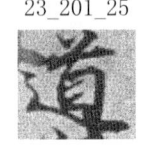

晚唐•摩訶止觀 45_389_2

晚唐•摩訶止觀 45_389_11

晚唐•摩訶止觀 46_391_30

晚唐•摩訶止觀 46_394_17

晚唐•摩訶止觀 46_397_9

晚唐•摩訶止觀 46_398_8

晚唐•摩訶止觀 47_399_20

# 遂

漢スイ 呉ズイ

訓とげる

- 初唐・禮記正義 7_106_7
- 初唐・禮記正義 7_111_7
- 初唐・禮記正義 30_465_7
- 初唐・禮記正義 30_468_26
- 逐王 中唐・翰苑 3_31_10
- 逐骨都侯 中唐・翰苑 3_32_9
- 其餘日逐 中唐・翰苑 3_32_16
- 中唐・翰苑 5_52_25

- 初唐・古文尚書 21_198_7
- 初唐・古文尚書 22_208_29
- 初唐・古文尚書 24_235_16
- 初唐・古文尚書 26_254_28
- 初唐・古文尚書 27_262_25
- 初唐・古文尚書 27_268_4
- 初唐・古文尚書 35_328_7
- 初唐・毛詩傳 1_8_14

- 五代・大毗盧經 51_628_9
- 五代・大毗盧經 51_628_17
- 五代・大毗盧經 57_696_50
- 五代・大毗盧經 73_898_3
- 五代・大毗盧經 77_933_14
- 五代・大毗盧經 86_1060_16
- 五代・大毗盧經 86_1060_19
- 五代・大毗盧經 98_1201_14

- 五代・大毗盧經 15_196_42
- 五代・大毗盧經 27_337_15
- 五代・大毗盧經 39_456_5
- 五代・大毗盧經 40_476_5
- 五代・大毗盧經 40_480_3
- 五代・大毗盧經 44_527_13
- 五代・大毗盧經 44_529_11
- 五代・大毗盧經 51_627_5

- 五代・大毗盧經 9_107_22
- 五代・大毗盧經 11_141_3
- 五代・大毗盧經 13_160_15
- 五代・大毗盧經 13_163_10
- 五代・大毗盧經 14_174_12
- 五代・大毗盧經 14_175_12
- 五代・大毗盧經 15_190_4
- 五代・大毗盧經 15_195_39

- 晚唐・摩訶止觀 56_474_23
- 晚唐・摩訶止觀 59_502_26
- 晚唐・摩訶止觀 60_505_18
- 晚唐・摩訶止觀 60_508_23
- 晚唐・摩訶止觀 61_514_1
- 五代・密教部類 6_89_7
- 五代・大毗盧經 6_71_7
- 五代・大毗盧經 7_75_20

- 晚唐・摩訶止觀 47_400_29
- 晚唐・摩訶止觀 47_404_26
- 晚唐・摩訶止觀 48_412_18
- 晚唐・摩訶止觀 50_424_31
- 晚唐・摩訶止觀 50_425_4
- 晚唐・摩訶止觀 52_442_28
- 晚唐・摩訶止觀 52_443_9
- 晚唐・摩訶止觀 52_445_4

## 遍徧

ヘン
訓あまねし

初唐•禮記正義 11_170_12
初唐・般若經 9_131_14
初唐・般若經 10_132_9
初唐・般若經 10_134_3
初唐・般若經 23_344_7
初唐・般若經 23_345_2
初唐・般若經 23_346_15
中唐・翰苑 15_188_28

中唐・翰苑 39_499_1
中唐・翰苑 43_550_14
中唐・翰苑 43_552_33
中唐・翰苑 45_581_8
五代•密教部類 1_4_21

中唐・翰苑 33_428_41
中唐・翰苑 34_437_2
中唐・翰苑 34_440_38
中唐・翰苑 34_443_21
中唐・翰苑 37_471_43
中唐・翰苑 38_485_19
中唐・翰苑 38_488_37
中唐・翰苑 39_498_4

中唐・翰苑 22_290_37
中唐・翰苑 22_293_4
中唐・翰苑 22_293_32
逐入丸都 中唐・翰苑 22_295_33
中唐・翰苑 23_303_14
中唐・翰苑 23_304_4
中唐・翰苑 26_344_14
中唐・翰苑 32_409_48

中唐・翰苑 15_200_8
中唐・翰苑 15_200_31
中唐・翰苑 16_202_10
中唐・翰苑 16_207_27
中唐・翰苑 16_211_12
中唐・翰苑 19_252_19
中唐・翰苑 20_257_40
中唐・翰苑 20_262_23

逐水草會祭處 中唐・翰苑 7_87_41
逐利 中唐・翰苑 8_95_12
北逐匈奴 中唐・翰苑 8_97_4
中唐・翰苑 12_156_10
中唐・翰苑 13_160_32
中唐・翰苑 13_161_23
中唐・翰苑 13_164_20
中唐・翰苑 14_174_28

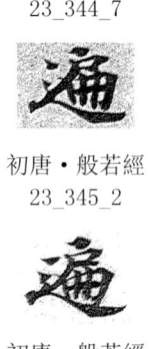

日逐 中唐・翰苑 5_56_34
中唐・翰苑 5_60_13
中唐・翰苑 5_60_40
中唐・翰苑 5_61_5
中唐・翰苑 5_63_17
中唐・翰苑 6_67_16
中唐・翰苑 6_74_21
中唐・翰苑 6_77_29

| | | | | | | |
|---|---|---|---|---|---|---|
| 五代•大毗盧經 33_404_15 | 五代•大毗盧經 25_313_10 | 五代•大毗盧經 17_216_3 | 五代•大毗盧經 12_153_13 | 五代•大毗盧經 6_72_25 | 晚唐•摩訶止觀 41_355_27 | 晚唐•摩訶止觀 9_80_20 |
| 五代•大毗盧經 35_413_12 | 五代•大毗盧經 25_315_14 | 五代•大毗盧經 18_227_11 | 五代•大毗盧經 13_163_14 | 五代•大毗盧經 7_76_16 | 晚唐•摩訶止觀 41_356_12 | 晚唐•摩訶止觀 18_158_5 |
| 五代•大毗盧經 43_515_1 | 五代•大毗盧經 25_321_16 | 五代•大毗盧經 18_229_28 | 五代•大毗盧經 13_166_2 | 五代•大毗盧經 8_89_1 | 晚唐•摩訶止觀 41_356_22 | 晚唐•摩訶止觀 25_219_6 |
| 五代•大毗盧經 43_518_19 | 五代•大毗盧經 26_336_11 | 五代•大毗盧經 20_260_16 | 五代•大毗盧經 13_168_1 | 五代•大毗盧經 8_94_13 | 晚唐•摩訶止觀 49_421_6 | 晚唐•摩訶止觀 33_287_16 |
| 五代•大毗盧經 43_521_52 | 五代•大毗盧經 29_365_13 | 五代•大毗盧經 21_265_6 | 五代•大毗盧經 14_181_3 | 五代•大毗盧經 10_117_20 | 五代•密教部類 6_84_16 | 晚唐•摩訶止觀 34_297_9 |
| 五代•大毗盧經 44_528_3 | 五代•大毗盧經 29_366_14 | 五代•大毗盧經 21_272_15 | 五代•大毗盧經 16_203_18 | 五代•大毗盧經 11_132_3 | 五代•大毗盧經 2_16_19 | 晚唐•摩訶止觀 40_348_13 |
| 五代•大毗盧經 44_530_6 | 五代•大毗盧經 31_391_19 | 五代•大毗盧經 22_278_5 | 五代•大毗盧經 16_210_1 | 五代•大毗盧經 11_134_18 | 五代•大毗盧經 5_49_10 | 晚唐•摩訶止觀 40_348_15 |
| 五代•大毗盧經 45_546_17 | 五代•大毗盧經 31_396_12 | 五代•大毗盧經 22_285_4 | 五代•大毗盧經 17_214_1 | 五代•大毗盧經 12_143_8 | 五代•大毗盧經 6_68_5 | 晚唐•摩訶止觀 41_355_19 |

## 遠

漢エン 呉オン
訓とおい

- 初唐•古文尚書 8_69_33
- 初唐•古文尚書 9_71_19
- 初唐•古文尚書 10_90_20
- 初唐•古文尚書 10_91_3
- 初唐•古文尚書 14_132_11
- 初唐•古文尚書 14_132_24
- 初唐•古文尚書 37_356_1
- 初唐・毛詩傳 1_5_1

- 五代•大毗盧經 6_69_16
- 五代•大毗盧經 11_136_19
- 五代•大毗盧經 27_337_43
- 五代•大毗盧經 96_1183_26
- 五代•大毗盧經 97_1184_32

- 剌韋 中唐・翰苑 11_142_44
- 中唐・翰苑 12_148_20
- 中唐・翰苑 15_189_7
- 中唐・翰苑 19_255_22
- 中唐・翰苑 33_430_13
- 晚唐•摩訶止觀 27_236_27
- 晚唐•摩訶止觀 27_237_2
- 晚唐•摩訶止觀 59_501_21

## 違

現イ
訓ちがう

- 初唐•古文尚書 7_59_6
- 初唐•古文尚書 8_68_23
- 初唐•古文尚書 13_115_21
- 初唐•古文尚書 13_119_21
- 初唐•古文尚書 28_273_22
- 初唐•禮記正義 9_142_16
- 中唐・翰苑 11_139_42
- 剌韋 中唐・翰苑 11_140_28

## 遐

漢カ
訓とおい

- 中唐・翰苑 42_542_19

- 五代•大毗盧經 79_961_1
- 五代•大毗盧經 79_961_20
- 五代•大毗盧經 80_975_10
- 五代•大毗盧經 88_1072_15
- 五代•大毗盧經 93_1145_42
- 五代•大毗盧經 98_1200_4
- 五代•大毗盧經 98_1201_15
- 五代•大毗盧經 98_1202_8

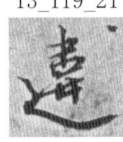

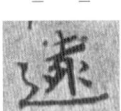

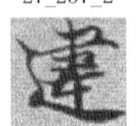

- 五代•大毗盧經 46_559_10
- 五代•大毗盧經 50_611_13
- 五代•大毗盧經 54_666_6
- 五代•大毗盧經 67_843_1
- 五代•大毗盧經 72_883_8
- 五代•大毗盧經 72_883_16
- 五代•大毗盧經 73_905_2
- 五代•大毗盧經 78_946_17

# 遣 𨗳

ケン
訓 つかう

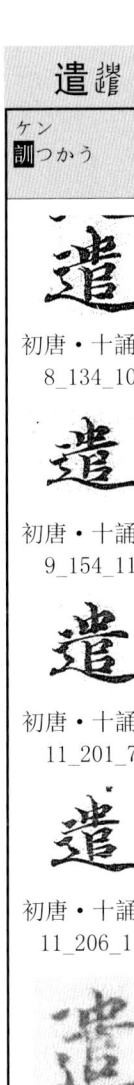

初唐・十誦律 8_134_10
初唐・十誦律 9_154_11
初唐・十誦律 11_201_7
初唐・十誦律 11_206_11
中唐・翰苑 3_24_24
中唐・翰苑 3_25_16
中唐・翰苑 4_44_15

晚唐•摩訶止觀 21_181_5
晚唐•摩訶止觀 24_204_16
晚唐•摩訶止觀 51_431_7
晚唐•摩訶止觀 54_454_7
五代•大毗盧經 2_17_8

中唐・翰苑 35_452_27
中唐・翰苑 40_514_28
中唐・翰苑 41_519_15
中唐・翰苑 42_533_43
中唐・翰苑 43_548_3
晚唐•摩訶止觀 12_109_6
晚唐•摩訶止觀 12_109_10
晚唐•摩訶止觀 15_129_9

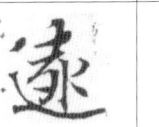

中唐・翰苑 10_121_2
中唐・翰苑 11_133_6
中唐・翰苑 14_173_29
建大木 中唐・翰苑 18_241_1
中唐・翰苑 23_309_18
中唐・翰苑 30_393_33
中唐・翰苑 34_440_32
中唐・翰苑 35_451_26

初唐•禮記正義 12_186_20
初唐•禮記正義 16_253_19
初唐•禮記正義 17_266_7
中唐・翰苑 2_20_11
中唐・翰苑 6_66_9
中唐・翰苑 8_102_13
中唐・翰苑 9_109_20
中唐・翰苑 9_110_2

初唐•禮記正義 4_66_22
初唐•禮記正義 6_87_9
初唐•禮記正義 6_88_19
初唐•禮記正義 6_94_7
初唐•禮記正義 6_94_21
初唐•禮記正義 6_95_28
初唐•禮記正義 6_96_23
初唐•禮記正義 7_98_28

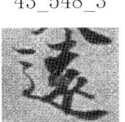

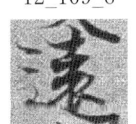

初唐・毛詩傳 1_5_15
初唐・毛詩傳 5_55_16
初唐・毛詩傳 5_56_1
初唐・毛詩傳 6_57_15
初唐・毛詩傳 8_80_19
初唐•禮記正義 2_22_17
初唐•禮記正義 2_24_4
初唐•禮記正義 2_26_8

## 遭　遥

ソウ
訓あう

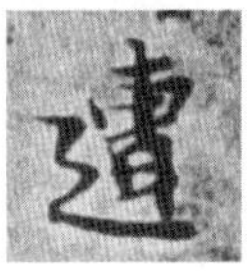
初唐•古文尚書
24_234_19

中唐・翰苑
10_125_24

ヨウ
訓さまよう

中唐・翰苑
17_218_14

中唐・翰苑
42_532_9

中唐・翰苑
43_552_25

中唐・翰苑
44_558_35

晚唐•摩訶止觀
4_34_8

晚唐•摩訶止觀
28_243_10

中唐・翰苑
37_477_28

中唐・翰苑
38_491_3

中唐・翰苑
38_494_38

中唐・翰苑
39_496_1

中唐・翰苑
39_499_23

中唐・翰苑
41_525_15

中唐・翰苑
42_535_40

中唐・翰苑
42_543_29

中唐・翰苑
31_397_11

中唐・翰苑
32_414_40

中唐・翰苑
33_423_11

中唐・翰苑
33_424_7

中唐・翰苑
33_431_26

中唐・翰苑
34_439_28

中唐・翰苑
34_442_16

中唐・翰苑
36_461_14

中唐・翰苑
12_157_41

中唐・翰苑
14_179_13

中唐・翰苑
14_183_27

中唐・翰苑
15_194_3

中唐・翰苑
17_223_32

中唐・翰苑
22_287_17

中唐・翰苑
22_293_37

中唐・翰苑
23_303_6

中唐・翰苑
4_46_25

中唐・翰苑
5_50_23

中唐・翰苑
5_58_21

中唐・翰苑
6_68_29

中唐・翰苑
7_78_3

中唐・翰苑
7_79_21

中唐・翰苑
8_102_19

中唐・翰苑
12_145_16

# 遮

シャ
訓さえぎる

- 中唐・翰苑 10_130_39
- 中唐・翰苑 13_159_23
- 晚唐・摩訶止觀 2_11_14
- 晚唐・摩訶止觀 7_64_17
- 晚唐・摩訶止觀 7_65_2
- 晚唐・摩訶止觀 49_421_4
- 五代・密教部類 3_27_4
- 五代・密教部類 6_77_4
- 五代・密教部類 6_77_20
- 五代・密教部類 6_78_4
- 五代・密教部類 6_79_4
- 五代・密教部類 6_80_4
- 五代・密教部類 6_81_4
- 五代・密教部類 6_82_4
- 五代・密教部類 6_83_4
- 五代・密教部類 6_84_4
- 五代・密教部類 6_85_4
- 五代・密教部類 6_86_4
- 五代・密教部類 6_87_4
- 五代・密教部類 6_88_4
- 五代・密教部類 6_89_4
- 五代・大毗盧經 1_1_4
- 五代・大毗盧經 2_2_4
- 五代・大毗盧經 2_7_5
- 五代・大毗盧經 7_77_40
- 五代・大毗盧經 8_91_3
- 五代・大毗盧經 22_280_3
- 五代・大毗盧經 33_408_4
- 五代・大毗盧經 34_409_4
- 五代・大毗盧經 35_410_4
- 五代・大毗盧經 40_478_5
- 五代・大毗盧經 69_860_4
- 五代・大毗盧經 70_862_4
- 五代・大毗盧經 71_863_4
- 五代・大毗盧經 82_1005_12
- 五代・大毗盧經 85_1036_11
- 五代・大毗盧經 85_1045_1
- 五代・大毗盧經 89_1085_1
- 五代・大毗盧經 90_1099_15
- 五代・大毗盧經 90_1103_9
- 五代・大毗盧經 91_1113_4
- 五代・大毗盧經 91_1114_13
- 五代・大毗盧經 91_1117_20
- 五代・大毗盧經 93_1138_30

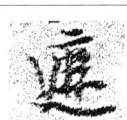

# 適

慣テキ漢セキ漢
テキ呉チャク漢
タク漢シ

- 初唐・古文尚書 16_145_1
- 初唐・古文尚書 46_453_19
- 初唐・古文尚書 46_454_5
- 初唐・毛詩傳 1_9_21
- 初唐・禮記正義 1_10_5
- 初唐・禮記正義 1_10_16
- 初唐・禮記正義 1_11_25
- 初唐・禮記正義 1_12_13

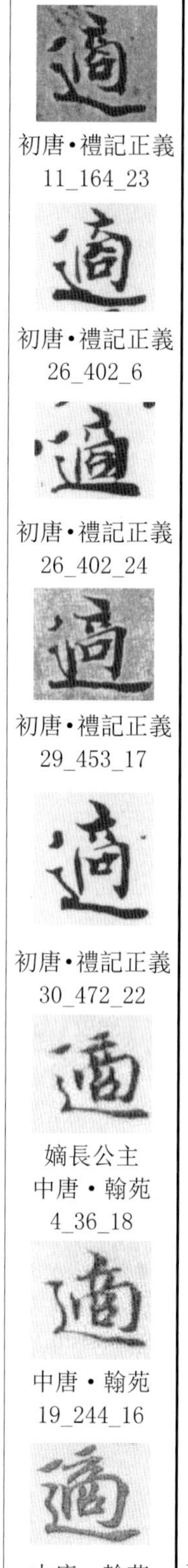

嫡長公主

初唐•禮記正義 11_164_23
初唐•禮記正義 26_402_6
初唐•禮記正義 26_402_24
初唐•禮記正義 29_453_17
初唐•禮記正義 30_472_22
嫡長公主 中唐・翰苑 4_36_18
中唐・翰苑 19_244_16
中唐・翰苑 30_388_12

中唐・翰苑 35_449_43
中唐・翰苑 41_519_5
五代•大毗盧經 78_948_34

## 邁

漢バイ 呉マイ
訓ゆく

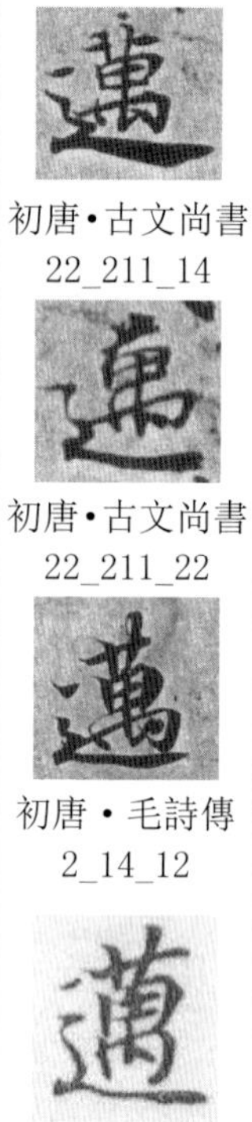

初唐•古文尚書 22_211_14
初唐•古文尚書 22_211_22
初唐・毛詩傳 2_14_12
中唐・翰苑 27_352_7

## 遷

セン
訓うつる

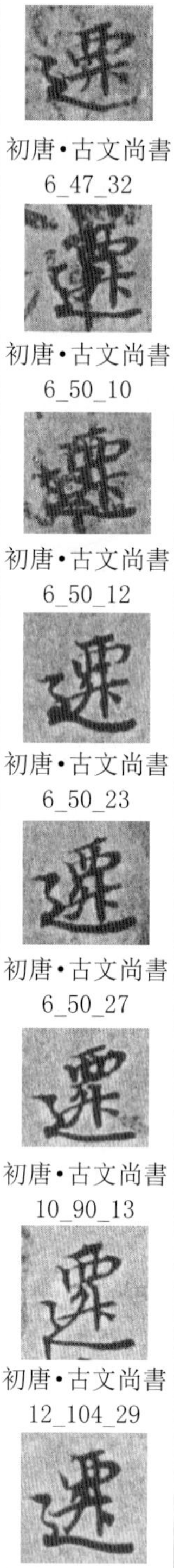

初唐•古文尚書 6_47_32
初唐•古文尚書 6_50_10
初唐•古文尚書 6_50_12
初唐•古文尚書 6_50_23
初唐•古文尚書 6_50_27
初唐•古文尚書 10_90_13
初唐•古文尚書 12_104_29
初唐•古文尚書 15_144_27

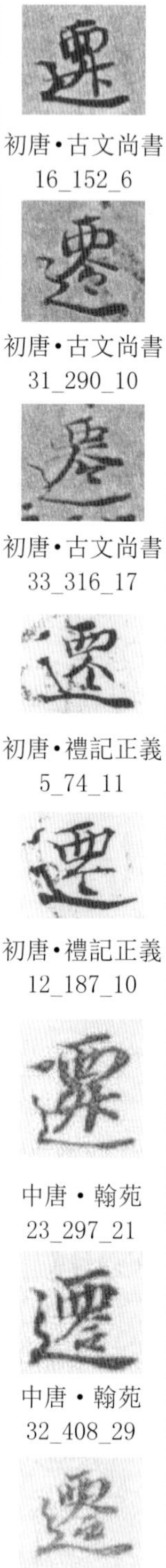

初唐•古文尚書 16_152_6
初唐•古文尚書 31_290_10
初唐•古文尚書 33_316_17
初唐•禮記正義 5_74_11
初唐•禮記正義 12_187_10
中唐・翰苑 23_297_21
中唐・翰苑 32_408_29
中唐・翰苑 37_482_21

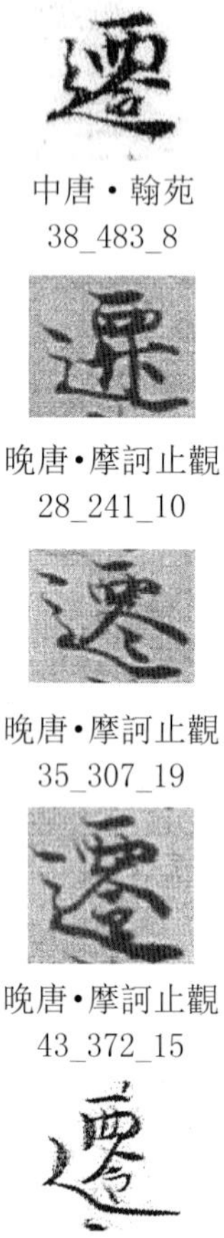

中唐・翰苑 38_483_8
晚唐•摩訶止觀 28_241_10
晚唐•摩訶止觀 35_307_19
晚唐•摩訶止觀 43_372_15
五代•大毗盧經 91_1113_27

## 遼

リョウ
訓はるか

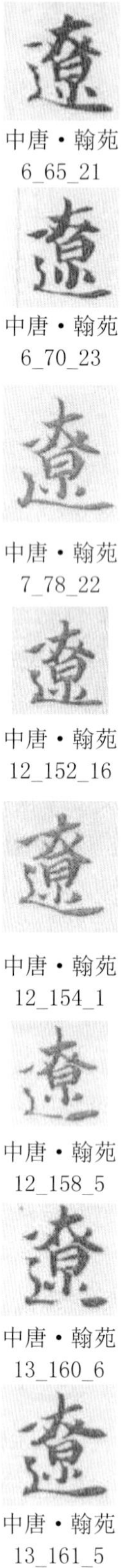

中唐・翰苑 6_65_21
中唐・翰苑 6_70_23
中唐・翰苑 7_78_22
中唐・翰苑 12_152_16
中唐・翰苑 12_154_1
中唐・翰苑 12_158_5
中唐・翰苑 13_160_6
中唐・翰苑 13_161_5

遺）長公主
中唐・翰苑
4_37_30

中唐・翰苑
8_99_10

遺書
中唐・翰苑
8_103_6

中唐・翰苑
8_104_5

中唐・翰苑
25_328_10

## 遺

漢 イ 呉 ユイ
訓 おとす

初唐•古文尚書
15_135_31

初唐•古文尚書
15_136_26

初唐•古文尚書
35_331_11

初唐•古文尚書
35_332_16

初唐•古文尚書
40_383_5

初唐・毛詩傳
1_5_10

初唐・毛詩傳
9_97_12

中唐・翰苑
24_317_13

中唐・翰苑
24_320_5

中唐・翰苑
24_320_12

中唐・翰苑
24_320_31

中唐・翰苑
24_321_37

中唐・翰苑
23_300_44

中唐・翰苑
23_301_2

中唐・翰苑
23_301_5

中唐・翰苑
23_301_25

中唐・翰苑
23_302_24

中唐・翰苑
23_304_17

中唐・翰苑
24_312_22

中唐・翰苑
24_312_28

中唐・翰苑
20_260_36

中唐・翰苑
20_260_43

中唐・翰苑
22_287_19

中唐・翰苑
22_290_3

中唐・翰苑
23_297_10

中唐・翰苑
23_297_20

中唐・翰苑
23_299_17

中唐・翰苑
23_299_26

中唐・翰苑
14_184_15

中唐・翰苑
14_185_22

中唐・翰苑
14_186_27

中唐・翰苑
15_187_1

中唐・翰苑
15_188_42

中唐・翰苑
15_194_22

中唐・翰苑
15_196_36

中唐・翰苑
20_258_27

中唐・翰苑
13_162_24

中唐・翰苑
13_163_2

中唐・翰苑
13_168_42

中唐・翰苑
13_168_44

中唐・翰苑
13_172_31

中唐・翰苑
14_173_15

中唐・翰苑
14_173_31

中唐・翰苑
14_174_43

| | | | 還 | 遽 | 選 | 遲 |
|---|---|---|---|---|---|---|
| | | | 漢現カン呉ゲン<br>訓かえる | 漢キョ<br>訓すみやか | セン、サン<br>訓えらぶ | 漢チ<br>訓おそい |
| <br>中唐・翰苑<br>19_252_20 | <br>中唐・翰苑<br>7_80_5 | <br>初唐・般若經<br>13_195_15 | <br>初唐•禮記正義<br>30_472_19 | <br>中唐・翰苑<br>13_166_2 | <br>初唐•古文尚書<br>10_84_1 | 初唐•古文尚書<br>9_81_1 |
| <br>中唐・翰苑<br>21_274_47 | <br>中唐・翰苑<br>9_110_32 | <br>初唐・般若經<br>27_411_2 | <br>初唐・十誦律<br>3_45_7 | | <br>初唐•古文尚書<br>10_84_9 | 初唐•古文尚書<br>9_81_16 |
| <br>中唐・翰苑<br>22_288_14 | 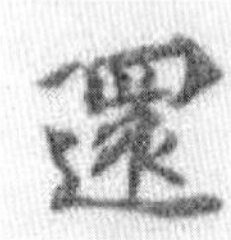<br>中唐・翰苑<br>9_118_36 | <br>初唐・般若經<br>27_411_12 | <br>初唐・十誦律<br>3_48_2 | | <br>初唐•古文尚書<br>38_366_17 | 初唐•禮記正義<br>18_268_16 |
| <br>中唐・翰苑<br>34_441_4 | <br>中唐・翰苑<br>11_144_31 | <br>初唐・般若經<br>27_413_6 | <br>初唐・十誦律<br>11_202_9 | | <br>中唐・翰苑<br>3_23_6 | 初唐•禮記正義<br>18_271_10 |
| <br>中唐・翰苑<br>37_477_21 | <br>中唐・翰苑<br>12_158_22 | <br>中唐・翰苑<br>5_56_5 | <br>初唐・十誦律<br>11_207_13 | | <br>中唐・翰苑<br>3_23_20 | 五代•大毗盧經<br>66_831_22 |
| <br>中唐・翰苑<br>37_477_29 | <br>中唐・翰苑<br>13_169_11 | <br>中唐・翰苑<br>5_56_21 | <br>初唐・十誦律<br>19_362_6 | | <br>中唐・翰苑<br>21_273_5 | |
| <br>中唐・般若經<br>15_258_8 | <br>中唐・翰苑<br>16_201_32 | <br>中唐・翰苑<br>6_71_38 | <br>初唐・般若經<br>13_193_13 | | <br>晚唐•摩訶止觀<br>26_221_22 | |
| <br>中唐・般若經<br>15_258_11 | <br>中唐・翰苑<br>16_210_30 | <br>中唐・翰苑<br>6_77_7 | <br>初唐・般若經<br>13_194_6 | | | |

## 邇

漢 ジ 呉 ニ
訓 ちかい

初唐•古文尚書 8_69_34

初唐•古文尚書 9_71_20

初唐•古文尚書 9_79_7

初唐•古文尚書 10_90_21

## 避

漢 ヒ 呉 ビ
訓 さける

中唐 • 翰苑 20_265_44

中唐 • 翰苑 26_336_18

中唐 • 翰苑 32_413_5

晚唐•摩訶止觀 24_204_6

晚唐•摩訶止觀 33_283_17

晚唐•摩訶止觀 44_375_4

五代•大毗盧經 45_540_6

五代•大毗盧經 54_668_20

初唐•禮記正義 12_186_19

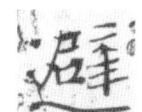

初唐•禮記正義 12_187_13

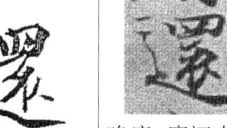

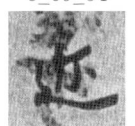

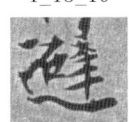

初唐•禮記正義 12_188_3

初唐•禮記正義 16_251_2

初唐•禮記正義 27_416_4

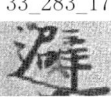

中唐 • 翰苑 19_244_13

中唐 • 翰苑 19_251_3

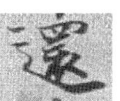

中唐 • 翰苑 19_251_45

初唐•禮記正義 1_13_10

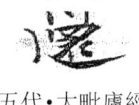

初唐•禮記正義 1_13_17

初唐•禮記正義 2_24_9

初唐•禮記正義 2_26_19

初唐•禮記正義 3_34_12

初唐•禮記正義 6_96_25

初唐•禮記正義 6_97_2

初唐•禮記正義 11_172_38

五代•大毗盧經 55_679_22

五代•大毗盧經 88_1073_1

五代•大毗盧經 98_1209_11

晚唐•摩訶止觀 28_242_3

晚唐•摩訶止觀 46_396_2

晚唐•摩訶止觀 56_475_24

五代•大毗盧經 2_20_17

五代•大毗盧經 3_24_21

五代•大毗盧經 11_133_19

五代•大毗盧經 21_269_9

五代•大毗盧經 27_341_28

中唐 • 般若經 15_260_11

中唐 • 般若經 15_260_14

中唐 • 般若經 15_262_14

中唐 • 般若經 15_262_17

中唐 • 般若經 15_265_1

中唐 • 般若經 15_265_4

晚唐•摩訶止觀 20_178_9

晚唐•摩訶止觀 27_234_15

## 邈

漢バク 呉マク
訓はるか

初唐・古文尚書
33_307_11

晚唐・摩訶止觀
12_109_11

## 邃

スイ
訓おくぶかい

五代・大毗盧經
14_178_17

## 邊

ヘン
訓あたり

其岸邊也
初唐・古文尚書
2_13_3

初唐・禮記正義
11_170_2

初唐・禮記正義
11_172_1

初唐・禮記正義
11_177_10

初唐・禮記正義
20_310_5

初唐・禮記正義
21_311_7

初唐・十誦律
2_30_19

初唐・十誦律
7_125_11

初唐・十誦律
8_144_7

初唐・十誦律
10_187_3

初唐・十誦律
11_202_14

初唐・十誦律
11_208_4

初唐・十誦律
13_235_1

初唐・十誦律
13_237_14

初唐・十誦律
18_347_12

中唐・翰苑
2_14_18

中唐・翰苑
2_18_38

中唐・翰苑
2_19_31

中唐・翰苑
2_20_6

中唐・翰苑
2_21_9

中唐・翰苑
3_35_25

中唐・翰苑
4_39_14

中唐・翰苑
4_39_28

中唐・翰苑
5_58_6

中唐・翰苑
6_72_25

中唐・翰苑
9_112_24

中唐・翰苑
9_113_17

中唐・翰苑
10_119_5

中唐・翰苑
10_123_38

中唐・翰苑
10_125_35

中唐・翰苑
10_126_45

中唐・翰苑
12_155_42

中唐・翰苑
14_181_15

中唐・翰苑
15_189_6

中唐・翰苑
16_203_7

中唐・翰苑
16_204_26

中唐・翰苑
35_450_4

中唐・翰苑
40_509_12

中唐・翰苑
42_536_17

晚唐・摩訶止觀
5_42_13

| | 邏 | 邐 | | | |
|---|---|---|---|---|---|
| | ラ<br>訓めぐる | リ<br>訓つらなる | | | |
| | <br>中唐・翰苑<br>21_277_12 | <br>晚唐•摩訶止觀<br>39_333_20 | <br>五代•大毗盧經<br>46_560_7 | <br>晚唐•摩訶止觀<br>38_332_3 | <br>晚唐•摩訶止觀<br>25_215_26 | <br>晚唐•摩訶止觀<br>6_52_17 |
| | <br>中唐・翰苑<br>21_277_40 | | <br>五代•大毗盧經<br>52_634_12 | <br>晚唐•摩訶止觀<br>39_334_14 | <br>晚唐•摩訶止觀<br>25_217_6 | <br>晚唐•摩訶止觀<br>8_67_2 |
| | <br>五代•大毗盧經<br>95_1161_14 | | <br>五代•大毗盧經<br>63_784_17 | <br>晚唐•摩訶止觀<br>50_425_10 | <br>晚唐•摩訶止觀<br>25_217_14 | <br>晚唐•摩訶止觀<br>8_67_16 |
| | | | <br>五代•大毗盧經<br>67_841_14 | <br>晚唐•摩訶止觀<br>50_425_13 | 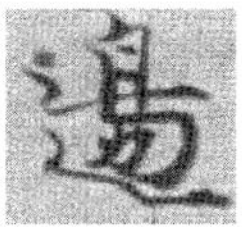<br>晚唐•摩訶止觀<br>25_217_17 | <br>晚唐•摩訶止觀<br>8_67_20 |
| | | | <br>五代•大毗盧經<br>71_872_2 | 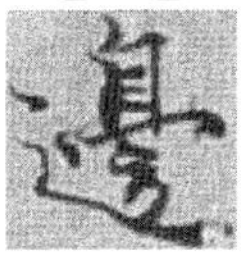<br>晚唐•摩訶止觀<br>50_425_16 | <br>晚唐•摩訶止觀<br>27_237_4 | <br>晚唐•摩訶止觀<br>12_109_18 |
| | | | <br>五代•大毗盧經<br>73_902_17 | <br>晚唐•摩訶止觀<br>56_472_14 | <br>晚唐•摩訶止觀<br>32_281_14 | <br>晚唐•摩訶止觀<br>14_120_12 |
| | | | <br>五代•大毗盧經<br>96_1177_19 | <br>五代•大毗盧經<br>7_78_32 | <br>晚唐•摩訶止觀<br>33_285_16 | 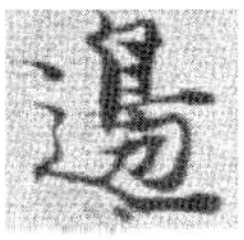<br>晚唐•摩訶止觀<br>23_196_8 |
| | | | | <br>五代•大毗盧經<br>37_434_11 | <br>晚唐•摩訶止觀<br>34_295_5 | <br>晚唐•摩訶止觀<br>25_215_23 |

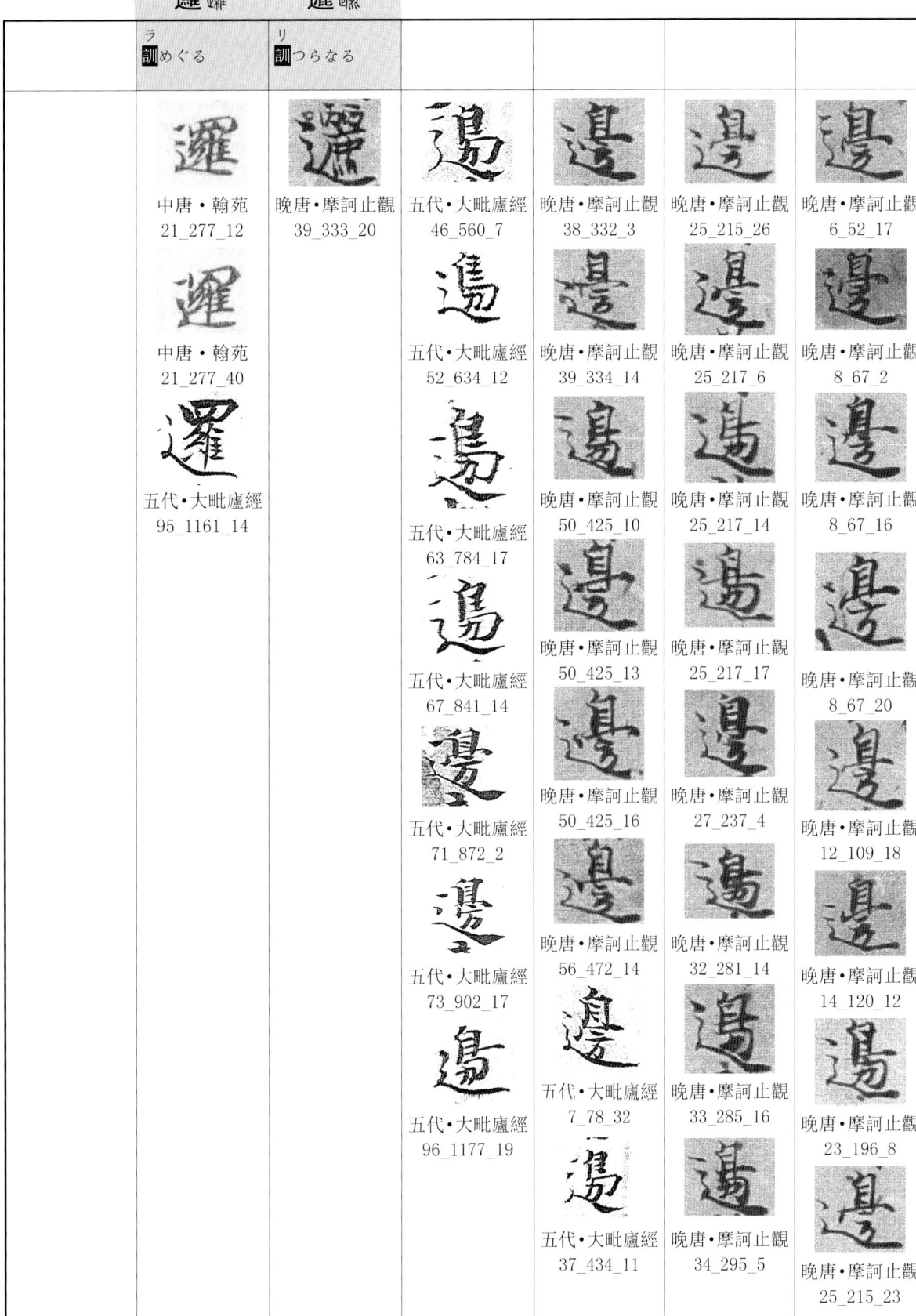

# 采部

## 采

サイ
訓とる

初唐•禮記正義 24_357_14
初唐•禮記正義 24_357_21
初唐•禮記正義 24_357_25
初唐•禮記正義 24_358_4
初唐•禮記正義 24_358_11
初唐•禮記正義 24_358_18
初唐•禮記正義 24_358_24
初唐•禮記正義 24_359_6

初唐•禮記正義 24_359_14
初唐•禮記正義 24_359_18
初唐•禮記正義 24_360_3
初唐•禮記正義 24_360_8
初唐•禮記正義 24_360_25
初唐•禮記正義 24_361_8
初唐•禮記正義 24_361_18
初唐•禮記正義 24_362_9

初唐•禮記正義 24_362_18
初唐•禮記正義 24_366_10
初唐•禮記正義 24_368_28
初唐・十誦律 19_370_10
中唐・翰苑 33_428_30

## 釋

呉シャク漢セキ
漢エキ呉ヤク
訓とく

初唐•禮記正義 23_344_20
初唐・十誦律 1_9_1
晩唐•摩訶止觀 4_32_14
晩唐•摩訶止觀 15_133_24
晩唐•摩訶止觀 19_166_25
晩唐•摩訶止觀 19_166_27
晩唐•摩訶止觀 19_167_2

晩唐•摩訶止觀 44_377_15
晩唐•摩訶止觀 59_498_3
晩唐•摩訶止觀 61_511_8
五代•密教部類 3_39_21
五代•密教部類 3_41_16
五代•密教部類 4_43_20
五代•密教部類 4_53_23

五代•密教部類 6_76_4
五代•密教部類 6_78_13
五代•密教部類 6_83_8
五代•密教部類 6_84_8
五代•密教部類 6_85_8
五代•密教部類 6_87_8
五代•密教部類 6_88_18

五代•密教部類
6_89_14

五代•大毗盧經
9_110_16

五代•大毗盧經
14_182_18

五代•大毗盧經
19_238_2

五代•大毗盧經
63_786_6

五代•大毗盧經
71_866_16

五代•大毗盧經
71_878_1

五代•大毗盧經
73_899_3

五代•大毗盧經
77_934_1

五代•大毗盧經
77_938_18

五代•大毗盧經
85_1036_16

五代•大毗盧經
89_1092_2

五代•大毗盧經
92_1126_4

五代•大毗盧經
92_1132_7

五代•大毗盧經
93_1138_2

五代•大毗盧經
93_1138_22

五代•大毗盧經
93_1138_38

# 谷部

## 谷

現コク
訓たに

初唐•古文尚書
2_15_6

初唐•古文尚書
2_15_19

初唐•古文尚書
3_24_17

中唐・翰苑
3_24_26

中唐・翰苑
3_30_41

中唐・翰苑
5_62_18

中唐・翰苑
6_67_41

中唐・翰苑
7_84_3

中唐・翰苑
7_87_8

中唐・翰苑
7_88_6

中唐・翰苑
9_112_12

中唐・翰苑
10_120_36

中唐・翰苑
12_148_5

中唐・翰苑
12_157_31

中唐・翰苑
13_162_14

中唐・翰苑
25_323_30

中唐・翰苑
30_386_39

中唐・翰苑
43_545_24

晚唐•摩訶止觀
12_107_22

晚唐•摩訶止觀
12_108_5

## 谿

シャク
訓—

初唐•古文尚書
17_162_3

接穢谿
中唐・翰苑
7_87_13

中唐・翰苑
10_120_35

中唐・翰苑
42_535_4

## 豁

カツ
訓ひらける

晚唐•摩訶止觀
20_173_12

# 豸部

## 豹

漢ホウ 呉ヒョウ
訓ひょう

初唐・毛詩傳 9_91_3
初唐・毛詩傳 9_92_21
初唐・毛詩傳 9_95_3
中唐・翰苑 14_176_15
中唐・翰苑 20_266_29
中唐・翰苑 24_322_28
中唐・翰苑 25_324_6
中唐・翰苑 25_324_39

## 貀

ダツ
訓さるるい

中唐・翰苑 14_176_16

## 貐

コウ
訓—

中唐・翰苑 17_215_29
中唐・翰苑 17_217_18

## 貂

チョウ
訓てん

胡貉之地 中唐・翰苑 4_40_10
中唐・翰苑 12_154_32
中唐・翰苑 17_215_1
中唐・翰苑 17_215_28
中唐・翰苑 30_383_42
中唐・翰苑 30_387_19

## 貊

慣ハク 漢バク 呉ミャク
訓えびす

初唐・禮記正義 25_381_22
中唐・翰苑 17_227_8
中唐・翰苑 17_228_15
中唐・翰苑 20_258_12
中唐・翰苑 20_259_5
中唐・翰苑 23_298_2
中唐・翰苑 25_323_13
中唐・翰苑 25_323_40

中唐・翰苑 25_324_11

## 貉

漢 カク
訓 むじな

中唐・翰苑
8_105_26

## 貌

ボウ 漢 バク
訓 かたち

初唐・古文尚書
8_62_20

初唐・古文尚書
45_440_28

初唐・古文尚書
45_441_13

初唐・毛詩傳
2_12_18

初唐・毛詩傳
4_41_4

初唐・毛詩傳
5_47_12

初唐・毛詩傳
5_54_24

初唐・毛詩傳
3_30_1

初唐・毛詩傳
7_70_12

初唐・毛詩傳
7_78_13

初唐・毛詩傳
8_85_7

初唐・毛詩傳
9_92_15

中唐・翰苑
7_83_26

豹貂皮
中唐・翰苑
12_154_31

晚唐•摩訶止觀
25_212_26

# 角部

## 角

現カク
訓かど

中唐・翰苑
3_28_18

中唐・翰苑
3_31_5

中唐・翰苑
3_31_28

中唐・翰苑
8_100_10

中唐・翰苑
8_100_29

中唐・翰苑
14_175_5

中唐・翰苑
14_175_29

中唐・翰苑
14_176_3

中唐・翰苑
14_176_9

中唐・翰苑
29_375_12

携負歸仁
中唐・翰苑
41_520_11

五代・大毗盧經
12_145_15

五代・大毗盧經
25_317_11

五代・大毗盧經
25_317_16

五代・大毗盧經
25_317_25

五代・大毗盧經
25_320_14

五代・大毗盧經
40_483_7

五代・大毗盧經
44_526_5

五代・大毗盧經
63_778_4

五代・大毗盧經
63_778_7

五代・大毗盧經
80_965_9

五代・大毗盧經
80_979_17

## 觚

漢コ
訓さかずき

中唐・翰苑
31_407_19

中唐・翰苑
31_407_22

## 解

漢カイ 呉ゲ
訓とく

初唐・毛詩傳
7_70_5

初唐・毛詩傳
7_70_7

初唐・毛詩傳
7_70_9

初唐・毛詩傳
7_71_2

初唐・禮記正義
3_36_19

初唐・禮記正義
8_120_77

初唐・禮記正義
10_149_4

初唐・禮記正義
10_151_13

| | | | | | | |
|---|---|---|---|---|---|---|
| 中唐・般若經<br>8_115_17 | 中唐・翰苑<br>29_375_22 | 中唐・翰苑<br>5_57_15 | 初唐・般若經<br>23_342_5 | 初唐・般若經<br>10_144_1 | 初唐・十誦律<br>6_96_17 | 初唐・禮記正義<br>10_162_12 |
| 中唐・般若經<br>8_116_13 | 中唐・翰苑<br>29_376_3 | 中唐・翰苑<br>8_95_23 | 初唐・般若經<br>23_356_15 | 初唐・般若經<br>10_145_6 | 初唐・十誦律<br>6_97_15 | 初唐・禮記正義<br>11_167_23 |
| 中唐・般若經<br>8_117_6 | 中唐・翰苑<br>33_431_9 | 中唐・翰苑<br>8_100_26 | 初唐・般若經<br>23_357_4 | 初唐・般若經<br>10_147_3 | 初唐・十誦律<br>6_98_16 | 初唐・禮記正義<br>15_235_4 |
| 中唐・般若經<br>8_118_2 | 中唐・翰苑<br>35_448_42 | 中唐・翰苑<br>15_195_17 | 初唐・般若經<br>24_358_11 | 初唐・般若經<br>10_147_12 | 初唐・般若經<br>2_3_5 | 初唐・禮記正義<br>19_287_4 |
| 中唐・般若經<br>8_120_7 | 中唐・般若經<br>7_113_7 | 中唐・翰苑<br>15_197_33 | 初唐・般若經<br>24_360_10 | 初唐・般若經<br>11_149_3 | 初唐・般若經<br>9_128_5 | 初唐・禮記正義<br>22_339_26 |
| 中唐・般若經<br>8_121_4 | 中唐・般若經<br>7_114_4 | 中唐・翰苑<br>17_219_28 | 初唐・般若經<br>24_361_2 | 初唐・般若經<br>12_164_3 | 初唐・般若經<br>9_128_10 | 初唐・禮記正義<br>25_389_12 |
| 中唐・般若經<br>8_121_15 | 中唐・般若經<br>7_114_14 | 中唐・翰苑<br>20_256_44 | 初唐・般若經<br>24_362_12 | 初唐・般若經<br>22_340_11 | 初唐・般若經<br>9_129_14 | 初唐・禮記正義<br>28_437_26 |
| 中唐・般若經<br>8_122_11 | 中唐・般若經<br>8_115_8 | 中唐・翰苑<br>27_358_28 | 初唐・般若經<br>25_378_17 | 初唐・般若經<br>22_340_16 | 初唐・般若經<br>10_143_12 | 初唐・十誦律<br>6_95_4 |

| | | | | | | |
|---|---|---|---|---|---|---|
| 晚唐•摩訶止觀 42_358_6 | 晚唐•摩訶止觀 40_344_11 | 晚唐•摩訶止觀 36_308_14 | 晚唐•摩訶止觀 15_129_3 | 晚唐•摩訶止觀 5_39_23 | 中唐・般若經 8_130_11 | 中唐・般若經 8_123_4 |
| 晚唐•摩訶止觀 42_361_9 | 晚唐•摩訶止觀 40_344_16 | 晚唐•摩訶止觀 36_310_4 | 晚唐•摩訶止觀 15_132_25 | 晚唐•摩訶止觀 7_60_11 | 中唐・般若經 8_131_7 | 中唐・般若經 8_124_1 |
| 晚唐•摩訶止觀 42_361_14 | 晚唐•摩訶止觀 40_344_18 | 晚唐•摩訶止觀 36_312_9 | 晚唐•摩訶止觀 16_140_14 | 晚唐•摩訶止觀 7_61_22 | 中唐・般若經 8_131_17 | 中唐・般若經 8_124_12 |
| 晚唐•摩訶止觀 42_362_2 | 晚唐•摩訶止觀 40_344_23 | 晚唐•摩訶止觀 38_325_14 | 晚唐•摩訶止觀 19_166_24 | 晚唐•摩訶止觀 7_62_12 | 中唐・般若經 8_132_13 | 中唐・般若經 8_125_9 |
| 晚唐•摩訶止觀 42_362_10 | 晚唐•摩訶止觀 40_345_5 | 晚唐•摩訶止觀 38_329_4 | 晚唐•摩訶止觀 20_172_8 | 晚唐•摩訶止觀 10_90_19 | 中唐・般若經 10_158_5 | 中唐・般若經 8_128_1 |
| 晚唐•摩訶止觀 43_368_8 | 晚唐•摩訶止觀 40_345_8 | 晚唐•摩訶止觀 39_338_16 | 晚唐•摩訶止觀 31_267_15 | 晚唐•摩訶止觀 11_101_1 | 中唐・般若經 10_160_7 | 中唐・般若經 8_128_14 |
| 晚唐•摩訶止觀 43_370_27 | 晚唐•摩訶止觀 40_345_14 | 晚唐•摩訶止觀 39_339_5 | 晚唐•摩訶止觀 35_307_8 | 晚唐•摩訶止觀 13_118_9 | 中唐・般若經 10_162_9 | 中唐・般若經 8_129_7 |
| 晚唐•摩訶止觀 45_384_20 | 晚唐•摩訶止觀 40_345_17 | 晚唐•摩訶止觀 39_340_1 | 晚唐•摩訶止觀 35_307_24 | 晚唐•摩訶止觀 14_124_14 | 中唐・般若經 10_164_12 | 中唐・般若經 8_130_2 |

| | 觸 | 觴 | | | | |
|---|---|---|---|---|---|---|
| | 漢 現 ショク 呉 ソク<br>訓 ふれる | ショウ<br>訓 さかずき | | | | |
| 初唐・般若經<br>4_35_11 | 初唐・般若經<br>3_20_10 | 中唐・翰苑<br>19_244_41 | 五代・大毗盧經<br>65_818_3 | 五代・大毗盧經<br>26_332_18 | 晚唐・摩訶止觀<br>58_491_24 | 晚唐・摩訶止觀<br>45_385_2 |
| 初唐・般若經<br>4_36_8 | 初唐・般若經<br>3_21_1 | | 五代・大毗盧經<br>87_1064_3 | 五代・大毗盧經<br>27_337_8 | 晚唐・摩訶止觀<br>58_492_22 | 晚唐・摩訶止觀<br>46_393_17 |
| 初唐・般若經<br>4_38_4 | 初唐・般若經<br>3_22_8 | | 五代・大毗盧經<br>89_1087_17 | 五代・大毗盧經<br>27_337_34 | 晚唐・摩訶止觀<br>61_511_6 | 晚唐・摩訶止觀<br>46_396_9 |
| 初唐・般若經<br>4_43_9 | 初唐・般若經<br>3_27_9 | | 五代・大毗盧經<br>96_1176_16 | 五代・大毗盧經<br>27_339_22 | 五代・大毗盧經<br>4_46_13 | 晚唐・摩訶止觀<br>49_419_15 |
| 初唐・般若經<br>4_43_11 | 初唐・般若經<br>3_27_11 | | 五代・大毗盧經<br>96_1180_12 | 五代・大毗盧經<br>47_574_30 | 五代・大毗盧經<br>11_137_1 | 晚唐・摩訶止觀<br>50_426_5 |
| 初唐・般若經<br>4_44_8 | 初唐・般若經<br>3_28_8 | | 五代・大毗盧經<br>96_1183_16 | 五代・大毗盧經<br>51_627_3 | 五代・大毗盧經<br>11_140_6 | 晚唐・摩訶止觀<br>55_462_17 |
| 初唐・般若經<br>4_46_4 | 初唐・般若經<br>3_30_4 | | 五代・大毗盧經<br>97_1184_13 | 五代・大毗盧經<br>51_628_15 | 五代・大毗盧經<br>24_310_13 | 晚唐・摩訶止觀<br>56_474_6 |
| 初唐・般若經<br>5_51_9 | 初唐・般若經<br>4_35_9 | | 五代・大毗盧經<br>98_1209_8 | 五代・大毗盧經<br>64_806_9 | 五代・大毗盧經<br>26_332_13 | 晚唐・摩訶止觀<br>56_476_12 |

| | | | | | | |
|---|---|---|---|---|---|---|
| 晚唐•摩訶止觀 30_262_26 | 初唐・般若經 18_270_15 | 初唐・般若經 18_260_9 | 初唐・般若經 16_243_11 | 初唐・般若經 15_227_5 | 初唐・般若經 5_61_16 | 初唐・般若經 5_51_11 |
| 五代•大毗盧經 8_93_18 | 初唐・般若經 18_276_9 | 初唐・般若經 18_262_7 | 初唐・般若經 17_245_9 | 初唐・般若經 16_228_14 | 初唐・般若經 5_62_4 | 初唐・般若經 5_52_8 |
| 五代•大毗盧經 80_978_4 | 初唐・般若經 18_276_11 | 初唐・般若經 18_267_11 | 初唐・般若經 17_251_3 | 初唐・般若經 16_234_4 | 初唐・般若經 6_67_9 | 初唐・般若經 5_54_4 |
| 五代•大毗盧經 98_1202_9 | 初唐・般若經 19_277_8 | 初唐・般若經 18_268_1 | 初唐・般若經 17_251_5 | 初唐・般若經 16_234_6 | 初唐・般若經 6_67_11 | 初唐・般若經 5_59_2 |
| | 初唐・般若經 19_279_6 | 初唐・般若經 18_268_3 | 初唐・般若經 17_252_2 | 初唐・般若經 16_235_3 | 初唐・般若經 6_68_8 | 初唐・般若經 5_59_9 |
| | 初唐・般若經 19_292_2 | 初唐・般若經 18_268_12 | 初唐・般若經 17_253_17 | 初唐・般若經 16_237_1 | 初唐・般若經 6_70_4 | 初唐・般若經 5_59_11 |
| | 中唐・翰苑 38_486_29 | 初唐・般若經 18_268_17 | 初唐・般若經 17_259_10 | 初唐・般若經 16_242_12 | 初唐・般若經 6_82_3 | 初唐・般若經 5_60_3 |
| | 中唐・翰苑 41_520_14 | 初唐・般若經 18_270_10 | 初唐・般若經 17_259_12 | 初唐・般若經 16_242_14 | 初唐・般若經 15_226_14 | 初唐・般若經 5_60_8 |

# 言部

## 言

ギン 漢ゲン 呉ゴン
訓いう

初唐・古文尚書 1_2_8
初唐・古文尚書 2_12_22
初唐・古文尚書 3_20_2
初唐・古文尚書 4_30_2
初唐・古文尚書 5_37_5
初唐・古文尚書 6_47_13
初唐・古文尚書 6_48_16
初唐・古文尚書 7_53_7
初唐・古文尚書 7_54_6
初唐・古文尚書 7_55_5
初唐・古文尚書 7_57_3
初唐・古文尚書 8_61_8
初唐・古文尚書 8_61_25
初唐・古文尚書 8_63_4
初唐・古文尚書 8_63_11
初唐・古文尚書 8_68_11
初唐・古文尚書 8_69_19
初唐・古文尚書 9_71_8
初唐・古文尚書 9_72_3
初唐・古文尚書 9_75_32
初唐・古文尚書 9_76_13
初唐・古文尚書 9_78_1
初唐・古文尚書 9_78_22
初唐・古文尚書 9_79_24
初唐・古文尚書 9_81_21
初唐・古文尚書 10_83_7
初唐・古文尚書 10_84_12
初唐・古文尚書 10_88_20
初唐・古文尚書 10_91_2
初唐・古文尚書 11_94_25
初唐・古文尚書 11_98_11
初唐・古文尚書 11_98_19
初唐・古文尚書 11_100_9
初唐・古文尚書 11_101_8
初唐・古文尚書 11_102_29
初唐・古文尚書 12_107_5
初唐・古文尚書 12_110_17
初唐・古文尚書 12_111_6
初唐・古文尚書 13_114_21
初唐・古文尚書 13_116_7
初唐・古文尚書 13_117_14
初唐・古文尚書 13_119_3
初唐・古文尚書 13_123_3
初唐・古文尚書 14_124_21
初唐・古文尚書 14_127_6
初唐・古文尚書 14_128_35
初唐・古文尚書 14_130_31
初唐・古文尚書 14_131_32

| | | | | | | |
|---|---|---|---|---|---|---|
| 初唐•古文尚書 48_465_3 | 初唐•古文尚書 43_421_1 | 初唐•古文尚書 21_201_11 | 初唐•古文尚書 20_188_22 | 初唐•古文尚書 18_173_10 | 初唐•古文尚書 17_163_22 | 初唐•古文尚書 14_132_15 |
| 初唐•古文尚書 48_467_16 | 初唐•古文尚書 43_422_10 | 初唐•古文尚書 21_201_21 | 初唐•古文尚書 20_189_19 | 初唐•古文尚書 19_176_30 | 初唐•古文尚書 17_163_27 | 初唐•古文尚書 15_142_15 |
| 初唐•古文尚書 49_475_28 | 初唐•古文尚書 44_423_21 | 初唐•古文尚書 21_202_7 | 初唐•古文尚書 20_190_30 | 初唐•古文尚書 19_177_15 | 初唐•古文尚書 18_166_2 | 初唐•古文尚書 15_143_10 |
| 初唐•古文尚書 49_476_12 | 初唐•古文尚書 44_423_28 | 初唐•古文尚書 21_203_2 | 初唐•古文尚書 20_191_18 | 初唐•古文尚書 19_179_6 | 初唐•古文尚書 18_166_7 | 初唐•古文尚書 15_144_25 |
| 初唐・毛詩傳 5_46_15 | 初唐•古文尚書 46_450_15 | 初唐•古文尚書 43_414_19 | 初唐•古文尚書 20_192_15 | 初唐•古文尚書 19_181_7 | 初唐•古文尚書 18_167_19 | 初唐•古文尚書 16_147_22 |
| 初唐・毛詩傳 6_66_17 | 初唐•古文尚書 46_450_19 | 初唐•古文尚書 43_415_5 | 初唐•古文尚書 20_194_21 | 初唐•古文尚書 19_182_24 | 初唐•古文尚書 18_168_24 | 初唐•古文尚書 16_149_14 |
| 初唐・毛詩傳 6_66_31 | 初唐•古文尚書 47_456_1 | 初唐•古文尚書 43_417_16 | 初唐•古文尚書 21_198_27 | 初唐•古文尚書 19_186_28 | 初唐•古文尚書 18_169_6 | 初唐•古文尚書 16_153_15 |
| 初唐・毛詩傳 8_80_16 | 初唐•古文尚書 48_464_8 | 初唐•古文尚書 43_420_19 | 初唐•古文尚書 21_201_2 | 初唐•古文尚書 20_187_19 | 初唐•古文尚書 18_169_18 | 初唐•古文尚書 17_163_14 |

初唐•禮記正義 1_1_11
初唐•禮記正義 1_2_4
初唐•禮記正義 1_7_14
初唐•禮記正義 1_8_10
初唐•禮記正義 1_14_15
初唐•禮記正義 2_23_10
初唐•禮記正義 2_24_8
初唐•禮記正義 2_25_23

初唐•禮記正義 2_26_3
初唐•禮記正義 2_26_15
初唐•禮記正義 3_46_14
初唐•禮記正義 4_52_2
初唐•禮記正義 4_56_22
初唐•禮記正義 4_58_27
初唐•禮記正義 4_64_1
初唐•禮記正義 5_80_20

初唐•禮記正義 7_101_24
初唐•禮記正義 8_117_31
初唐•禮記正義 9_140_24
初唐•禮記正義 9_142_15
初唐•禮記正義 10_150_15
初唐•禮記正義 10_159_20
初唐•禮記正義 10_160_9
初唐•禮記正義 11_178_2

初唐•禮記正義 12_180_13
初唐•禮記正義 14_215_16
初唐•禮記正義 15_233_5
初唐•禮記正義 15_236_11
初唐•禮記正義 16_241_3
初唐•禮記正義 17_264_22
初唐•禮記正義 18_280_17
初唐•禮記正義 20_296_9

初唐•禮記正義 20_301_15
初唐•禮記正義 22_327_6
初唐•禮記正義 22_332_23
初唐•禮記正義 24_370_15
初唐•禮記正義 24_372_19
初唐•禮記正義 26_391_14
初唐•禮記正義 26_396_6
初唐•禮記正義 27_411_19

初唐•禮記正義 27_413_3
初唐•禮記正義 27_415_15
初唐•禮記正義 27_419_20
初唐•禮記正義 27_423_22
初唐•禮記正義 27_425_29
初唐•禮記正義 27_426_25
初唐•禮記正義 28_427_10
初唐•禮記正義 28_431_9

初唐•禮記正義 28_431_11
初唐•禮記正義 28_435_23
初唐•禮記正義 28_436_24
初唐 • 十誦律 1_6_12
初唐 • 十誦律 1_7_8
初唐 • 十誦律 2_22_1
初唐 • 十誦律 3_46_4
初唐 • 十誦律 3_50_9

| | | | | | | |
|---|---|---|---|---|---|---|
| 中唐・翰苑<br>25_331_10 | 中唐・翰苑<br>15_199_12 | 中唐・翰苑<br>10_131_46 | 中唐・翰苑<br>6_66_2 | 初唐・十誦律<br>10_180_11 | 初唐・十誦律<br>7_127_2 | 初唐・十誦律<br>4_69_1 |
| 中唐・翰苑<br>26_336_13 | 中唐・翰苑<br>19_244_8 | 中唐・翰苑<br>12_148_23 | 中唐・翰苑<br>6_77_28 | 初唐・十誦律<br>10_181_14 | 初唐・十誦律<br>8_134_15 | 初唐・十誦律<br>5_79_1 |
| 中唐・翰苑<br>30_383_29 | 中唐・翰苑<br>19_247_10 | 中唐・翰苑<br>12_151_41 | 中唐・翰苑<br>7_79_9 | 初唐・十誦律<br>18_345_2 | 初唐・十誦律<br>8_141_7 | 初唐・十誦律<br>5_79_8 |
| 中唐・翰苑<br>30_387_13 | 中唐・翰苑<br>19_250_20 | 中唐・翰苑<br>13_171_11 | 中唐・翰苑<br>7_83_28 | 初唐・十誦律<br>18_352_16 | 初唐・十誦律<br>8_142_5 | 初唐・十誦律<br>5_79_15 |
| 中唐・翰苑<br>32_415_37 | 中唐・翰苑<br>19_253_4 | 中唐・翰苑<br>14_179_35 | 中唐・翰苑<br>7_91_10 | 初唐・十誦律<br>19_371_7 | 初唐・十誦律<br>8_143_16 | 初唐・十誦律<br>5_80_13 |
| 中唐・翰苑<br>32_416_17 | 中唐・翰苑<br>20_264_29 | 當合上下文爲訾<br>中唐・翰苑<br>15_188_18 | 中唐・翰苑<br>9_107_2 | 中唐・翰苑<br>2_12_17 | 初唐・十誦律<br>9_164_7 | 初唐・十誦律<br>6_101_8 |
| 中唐・翰苑<br>32_417_21 | 中唐・翰苑<br>21_271_39 | 中唐・翰苑<br>15_189_9 | 中唐・翰苑<br>9_109_34 | 中唐・翰苑<br>4_39_26 | 初唐・十誦律<br>10_178_15 | 初唐・十誦律<br>6_103_5 |
| 中唐・翰苑<br>33_433_14 | 中唐・翰苑<br>23_308_21 | 中唐・翰苑<br>15_189_16 | 中唐・翰苑<br>9_113_20 | 中唐・翰苑<br>4_49_3 | 初唐・十誦律<br>10_179_14 | 初唐・十誦律<br>7_123_11 |

中唐・翰苑
35_455_14

中唐・翰苑
35_456_11

中唐・翰苑
40_512_25

中唐・翰苑
43_547_27

中唐・翰苑
45_569_10

中唐・翰苑
45_578_9

晚唐•摩訶止觀
1_5_8

晚唐•摩訶止觀
6_47_3

晚唐•摩訶止觀
6_49_4

晚唐•摩訶止觀
6_55_3

晚唐•摩訶止觀
12_108_19

晚唐•摩訶止觀
13_116_24

晚唐•摩訶止觀
13_117_21

晚唐•摩訶止觀
13_118_15

晚唐•摩訶止觀
14_120_5

晚唐•摩訶止觀
16_138_22

晚唐•摩訶止觀
16_142_19

晚唐•摩訶止觀
18_156_20

晚唐•摩訶止觀
19_161_17

晚唐•摩訶止觀
19_161_24

晚唐•摩訶止觀
19_162_10

晚唐•摩訶止觀
19_164_14

晚唐•摩訶止觀
20_174_9

晚唐•摩訶止觀
20_175_8

晚唐•摩訶止觀
22_192_7

晚唐•摩訶止觀
25_219_14

晚唐•摩訶止觀
26_220_15

晚唐•摩訶止觀
31_268_11

晚唐•摩訶止觀
31_271_22

晚唐•摩訶止觀
32_276_5

晚唐•摩訶止觀
32_279_18

晚唐•摩訶止觀
33_284_9

晚唐•摩訶止觀
38_325_27

晚唐•摩訶止觀
38_326_10

晚唐•摩訶止觀
39_336_18

晚唐•摩訶止觀
40_341_9

晚唐•摩訶止觀
41_350_1

晚唐•摩訶止觀
41_350_19

晚唐•摩訶止觀
41_351_9

晚唐•摩訶止觀
41_351_28

晚唐•摩訶止觀
41_352_24

晚唐•摩訶止觀
41_353_12

晚唐•摩訶止觀
41_353_28

晚唐•摩訶止觀
41_354_17

晚唐•摩訶止觀
41_355_12

晚唐•摩訶止觀
41_356_1

晚唐•摩訶止觀
41_356_24

晚唐•摩訶止觀
44_376_2

晚唐•摩訶止觀
45_386_18

晚唐•摩訶止觀
45_387_19

晚唐•摩訶止觀
45_388_22

晚唐•摩訶止觀
45_390_6

晚唐•摩訶止觀
50_422_3

晚唐•摩訶止觀
50_422_12

晚唐•摩訶止觀
50_422_25

晚唐•摩訶止觀
50_423_12

| | | | | | | |
|---|---|---|---|---|---|---|
| 言<br>五代•大毗盧經<br>3_36_11 | 言<br>五代•密教部類<br>5_68_9 | 言<br>晚唐•摩訶止觀<br>59_497_12 | 言<br>晚唐•摩訶止觀<br>55_465_6 | 言<br>晚唐•摩訶止觀<br>53_446_14 | 言<br>晚唐•摩訶止觀<br>51_437_14 | 言<br>晚唐•摩訶止觀<br>50_424_9 |
| 言<br>五代•大毗盧經<br>4_40_11 | 言<br>五代•密教部類<br>5_69_10 | 言<br>五代•密教部類<br>1_1_6 | 言<br>晚唐•摩訶止觀<br>55_466_2 | 言<br>晚唐•摩訶止觀<br>53_446_18 | 言<br>晚唐•摩訶止觀<br>51_437_25 | 言<br>晚唐•摩訶止觀<br>50_424_23 |
| 言<br>五代•大毗盧經<br>4_47_6 | 言<br>五代•大毗盧經<br>2_3_6 | 言<br>五代•密教部類<br>1_4_4 | 言<br>晚唐•摩訶止觀<br>55_467_24 | 言<br>晚唐•摩訶止觀<br>53_446_23 | 言<br>晚唐•摩訶止觀<br>52_438_18 | 言<br>晚唐•摩訶止觀<br>51_432_24 |
| 言<br>五代•大毗盧經<br>5_51_4 | 言<br>五代•大毗盧經<br>2_8_13 | 言<br>五代•密教部類<br>2_23_17 | 言<br>晚唐•摩訶止觀<br>55_469_3 | 言<br>晚唐•摩訶止觀<br>53_448_23 | 言<br>晚唐•摩訶止觀<br>52_439_1 | 言<br>晚唐•摩訶止觀<br>51_435_21 |
| 言<br>五代•大毗盧經<br>5_56_11 | 言<br>五代•大毗盧經<br>2_15_11 | 言<br>五代•密教部類<br>5_64_12 | 言<br>晚唐•摩訶止觀<br>56_477_9 | 言<br>晚唐•摩訶止觀<br>53_452_12 | 言<br>晚唐•摩訶止觀<br>52_439_24 | 言<br>晚唐•摩訶止觀<br>51_436_1 |
| 言<br>五代•大毗盧經<br>5_60_13 | 言<br>五代•大毗盧經<br>3_23_7 | 言<br>五代•密教部類<br>5_65_8 | 言<br>晚唐•摩訶止觀<br>57_483_2 | 言<br>晚唐•摩訶止觀<br>53_452_15 | 言<br>晚唐•摩訶止觀<br>52_444_15 | 言<br>晚唐•摩訶止觀<br>51_436_5 |
| 言<br>五代•人毗盧經<br>6_65_11 | 言<br>五代•大毗盧經<br>3_24_9 | 言<br>五代•密教部類<br>5_66_12 | 言<br>晚唐•摩訶止觀<br>59_496_22 | 言<br>晚唐•摩訶止觀<br>53_452_18 | 言<br>晚唐•摩訶止觀<br>53_446_2 | 言<br>晚唐•摩訶止觀<br>51_436_15 |
| 言<br>五代•大毗盧經<br>6_72_2 | 言<br>五代•大毗盧經<br>3_32_4 | 言<br>五代•密教部類<br>5_67_9 | 言<br>晚唐•摩訶止觀<br>59_497_4 | 言<br>晚唐•摩訶止觀<br>54_461_24 | 言<br>晚唐•摩訶止觀<br>53_446_10 | 言<br>晚唐•摩訶止觀<br>51_437_2 |

五代·大毗盧經
6_72_22

五代·大毗盧經
7_77_3

五代·大毗盧經
7_79_2

五代·大毗盧經
7_83_11

五代·大毗盧經
8_89_8

五代·大毗盧經
8_97_1

五代·大毗盧經
8_97_8

五代·大毗盧經
9_102_25

五代·大毗盧經
10_113_7

五代·大毗盧經
10_115_4

五代·大毗盧經
10_117_4

五代·大毗盧經
10_124_4

五代·大毗盧經
11_129_6

五代·大毗盧經
11_131_3

五代·大毗盧經
11_132_2

五代·大毗盧經
11_138_7

五代·大毗盧經
13_156_14

五代·大毗盧經
13_158_13

五代·大毗盧經
14_185_4

五代·大毗盧經
15_189_3

五代·大毗盧經
15_189_24

五代·大毗盧經
51_625_8

五代·大毗盧經
51_628_10

五代·大毗盧經
51_630_6

五代·大毗盧經
52_634_7

五代·大毗盧經
52_637_5

五代·大毗盧經
52_641_6

五代·大毗盧經
53_645_6

五代·大毗盧經
53_648_9

五代·大毗盧經
53_650_6

五代·大毗盧經
53_654_7

五代·大毗盧經
54_668_9

五代·大毗盧經
55_673_7

五代·大毗盧經
55_677_7

五代·大毗盧經
55_680_9

五代·大毗盧經
56_684_6

五代·大毗盧經
56_688_7

五代·大毗盧經
56_690_7

五代·大毗盧經
56_691_7

五代·大毗盧經
57_698_8

五代·大毗盧經
58_711_6

五代·大毗盧經
58_713_21

五代·大毗盧經
58_714_6

五代·大毗盧經
58_717_6

五代·大毗盧經
58_717_20

五代·大毗盧經
58_720_6

五代·大毗盧經
59_723_7

五代·大毗盧經
59_726_7

五代·大毗盧經
60_746_4

五代·大毗盧經
61_752_8

五代·大毗盧經
61_755_7

五代·大毗盧經
61_757_7

五代·大毗盧經
61_758_7

五代·大毗盧經
61_760_7

五代·大毗盧經
62_762_4

五代·大毗盧經
62_764_6

## 計

漢 現 ケイ 呉 カイ
訓 はかる

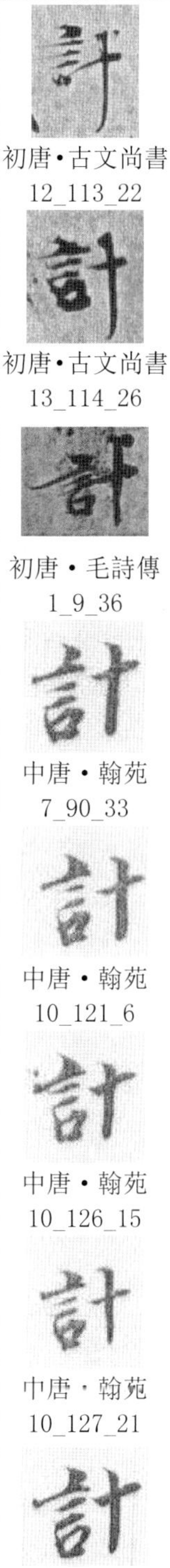

初唐・古文尚書 12_113_22
初唐・古文尚書 13_114_26
初唐・毛詩傳 1_9_36
中唐・翰苑 7_90_33
中唐・翰苑 10_121_6
中唐・翰苑 10_126_15
中唐・翰苑 10_127_21
中唐・翰苑 11_141_16

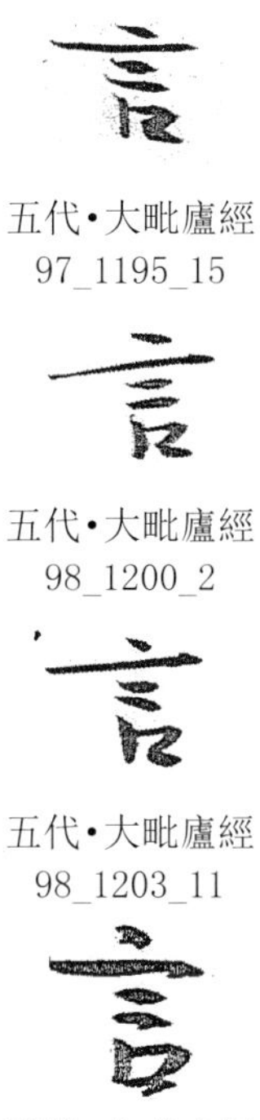

五代・大毗盧經 97_1195_15
五代・大毗盧經 98_1200_2
五代・大毗盧經 98_1203_11
五代・大毗盧經 98_1212_17

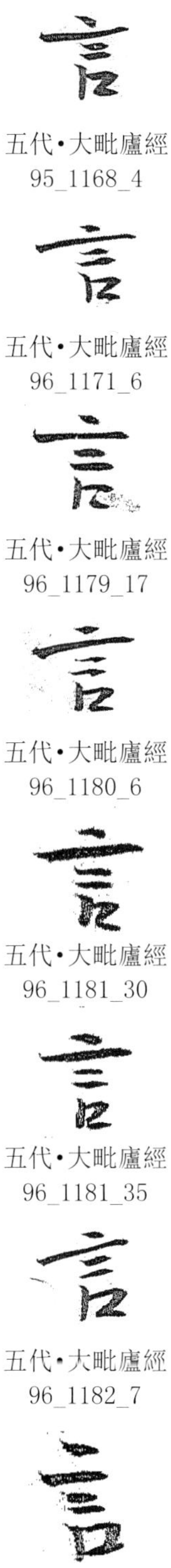

五代・大毗盧經 95_1168_4
五代・大毗盧經 96_1171_6
五代・大毗盧經 96_1179_17
五代・大毗盧經 96_1180_6
五代・大毗盧經 96_1181_30
五代・大毗盧經 96_1181_35
五代・大毗盧經 96_1182_7
五代・大毗盧經 96_1183_20

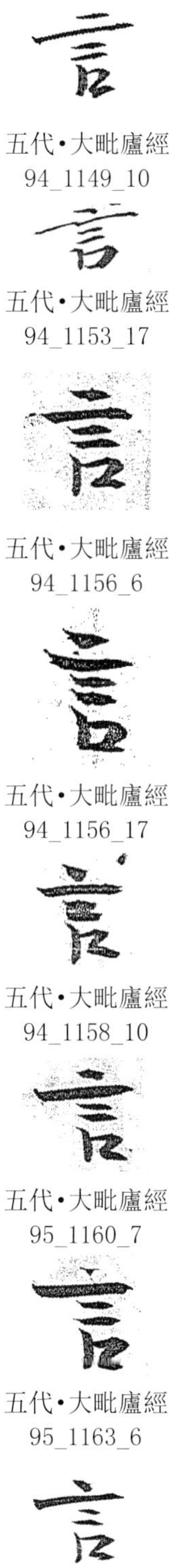

五代・大毗盧經 94_1149_10
五代・大毗盧經 94_1153_17
五代・大毗盧經 94_1156_6
五代・大毗盧經 94_1156_17
五代・大毗盧經 94_1158_10
五代・大毗盧經 95_1160_7
五代・大毗盧經 95_1163_6
五代・大毗盧經 95_1165_8

五代・大毗盧經 69_861_3
五代・大毗盧經 71_864_4
五代・大毗盧經 71_866_3
五代・大毗盧經 71_878_7
五代・大毗盧經 71_878_16
五代・大毗盧經 71_879_16
五代・大毗盧經 72_885_2
五代・大毗盧經 93_1147_5

五代・大毗盧經 66_824_7
五代・大毗盧經 66_824_31
五代・大毗盧經 66_827_5
五代・大毗盧經 66_829_8
五代・大毗盧經 66_829_28
五代・大毗盧經 67_844_10
五代・大毗盧經 67_848_7
五代・大毗盧經 68_855_7

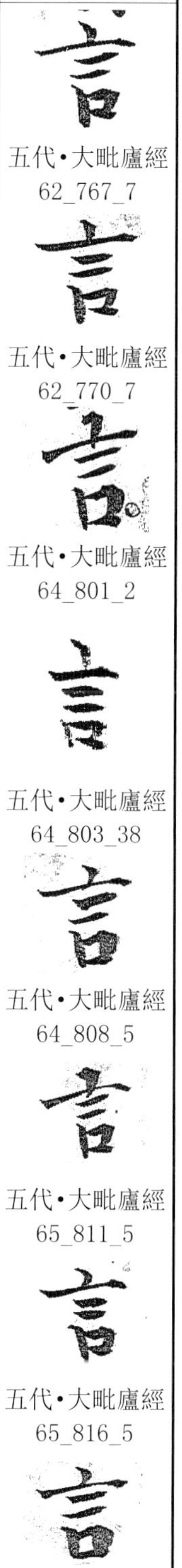

五代・大毗盧經 62_767_7
五代・大毗盧經 62_770_7
五代・大毗盧經 64_801_2
五代・大毗盧經 64_803_38
五代・大毗盧經 64_808_5
五代・大毗盧經 65_811_5
五代・大毗盧經 65_816_5
五代・大毗盧經 65_821_7

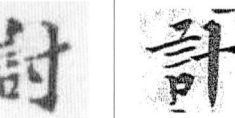

## 訓　討

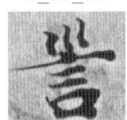

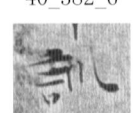

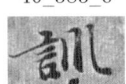

| | | | クン 慣キン<br>訓おしえる | 漢トウ 呉トウ<br>訓うつ | | |
|---|---|---|---|---|---|---|
| 初唐•古文尚書 39_378_27 | 初唐•古文尚書 33_312_8 | 初唐•古文尚書 24_232_8 | 初唐•古文尚書 7_58_10 | 中唐・翰苑 36_461_40 | 五代•大毗盧經 50_621_3 | 中唐・翰苑 13_163_35 |
| 初唐•古文尚書 40_381_22 | 初唐•古文尚書 33_312_12 | 初唐•古文尚書 24_232_20 | 初唐•古文尚書 22_209_3 | 晚唐•摩訶止觀 1_4_14 | 五代•大毗盧經 52_637_1 | 中唐・翰苑 33_429_21 |
| 初唐•古文尚書 40_382_6 | 初唐•古文尚書 33_312_16 | 初唐•古文尚書 24_232_23 | 初唐•古文尚書 22_209_11 | | 五代•大毗盧經 52_637_8 | 晚唐•摩訶止觀 28_246_23 |
| 初唐•古文尚書 40_383_6 | 初唐•古文尚書 33_313_25 | 初唐•古文尚書 24_235_1 | 初唐•古文尚書 22_211_16 | | 五代•大毗盧經 52_639_2 | 晚唐•摩訶止觀 29_249_10 |
| 初唐・毛詩傳 1_1_4 | 初唐•古文尚書 33_317_14 | 初唐•古文尚書 24_235_19 | 初唐•古文尚書 22_212_18 | | 五代•大毗盧經 52_641_3 | 晚唐•摩訶止觀 46_394_21 |
| 初唐•禮記正義 10_155_14 | 初唐•古文尚書 34_322_21 | 初唐•古文尚書 31_288_20 | 初唐•古文尚書 22_213_13 | | 五代•大毗盧經 52_643_31 | 晚唐•摩訶止觀 47_405_14 |
| 中唐・翰苑 11_136_4 | 初唐•古文尚書 36_344_14 | 初唐•古文尚書 32_300_1 | 初唐•古文尚書 22_214_7 | | 五代•大毗盧經 53_647_8 | 五代•大毗盧經 43_511_28 |
| 晚唐•摩訶止觀 15_131_6 | 初唐•古文尚書 39_378_15 | 初唐•古文尚書 33_311_32 | 初唐•古文尚書 24_232_1 | | 五代•大毗盧經 88_1078_5 | 五代•大毗盧經 50_620_6 |

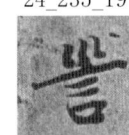

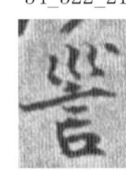

| | | | 記 | 託 | | 訖 |
|---|---|---|---|---|---|---|
| | | | 現キ 訓しるす | タク 訓よる | | キツ 訓おわる |
| 中唐・翰苑 23_298_17 | 初唐•禮記正義 26_407_12 | 初唐•禮記正義 13_207_15 | 初唐•禮記正義 2_24_16 | 初唐•禮記正義 4_63_1 | 五代•大毗盧經 44_538_18 | 初唐•古文尚書 25_247_4 |
| 中唐・翰苑 23_305_3 | 中唐・翰苑 2_14_27 | 初唐•禮記正義 14_216_24 | 初唐•禮記正義 2_25_16 | 中唐・翰苑 41_524_19 | 五代•大毗盧經 49_598_13 | 初唐•古文尚書 25_248_3 |
| 中唐・翰苑 23_308_11 | 中唐・翰苑 2_21_3 | 初唐•禮記正義 17_265_5 | 初唐•禮記正義 2_28_4 | 晚唐•摩訶止觀 43_371_13 | 五代•大毗盧經 49_599_11 | 初唐•古文尚書 42_410_4 |
| 中唐・翰苑 24_314_1 | 中唐・翰苑 7_82_35 | 初唐•禮記正義 23_344_1 | 初唐•禮記正義 4_55_9 | 五代•大毗盧經 37_437_14 | 五代•大毗盧經 68_856_31 | 初唐•古文尚書 42_410_8 |
| 中唐・翰苑 24_316_16 | 中唐・翰苑 20_269_33 | 初唐•禮記正義 24_362_3 | 初唐•禮記正義 5_72_15 | 五代•大毗盧經 79_953_2 | 五代•大毗盧經 91_1111_12 | 中唐・翰苑 29_376_30 |
| 中唐・翰苑 24_321_3 | 中唐・翰苑 22_288_21 | 初唐•禮記正義 24_362_7 | 初唐•禮記正義 6_84_6 | 五代•大毗盧經 79_953_4 | 五代•大毗盧經 98_1213_2 | 五代•大毗盧經 10_120_1 |
| 中唐・翰苑 25_323_3 | 中唐・翰苑 22_289_9 | 初唐•禮記正義 24_368_5 | 初唐•禮記正義 9_146_12 | | | 五代•大毗盧經 11_127_13 |
| 中唐・翰苑 25_330_14 | 中唐・翰苑 22_291_18 | 初唐•禮記正義 25_387_14 | 初唐•禮記正義 13_206_18 | | | 五代•大毗盧經 37_434_5 |

| 詽 | 詎 | 訝 | 訊 | | | |
|---|---|---|---|---|---|---|
| ザン、ゼン<br>訓— | 漢キョ<br>訓とどめる | 漢ガイ呉ゲ<br>訓いぶかる | シン、シュン慣ジン<br>訓とう | | | |
| <br>言用<br>中唐・翰苑<br>20_262_15 | <br>中唐・翰苑<br>18_233_35 | <br>初唐•禮記正義<br>15_229_5<br><br>初唐•禮記正義<br>15_233_11<br><br>初唐•禮記正義<br>15_233_17 | <br>中唐・翰苑<br>26_341_16 | <br>晚唐•摩訶止觀<br>39_340_5<br><br>五代•密教部類<br>4_45_21<br><br>五代•密教部類<br>5_73_25<br>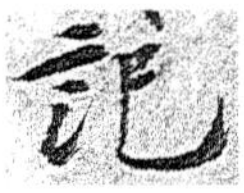<br>五代•密教部類<br>6_78_8<br>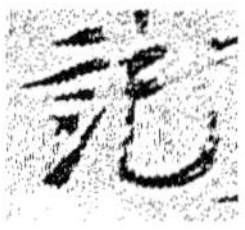<br>五代•密教部類<br>6_78_16<br><br>五代•密教部類<br>6_79_8<br>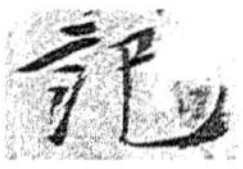<br>五代•密教部類<br>6_80_8<br><br>五代•大毗盧經<br>80_969_7 | <br>遠託異國<br>中唐・翰苑<br>43_548_4<br><br>晚唐•摩訶止觀<br>2_18_12<br>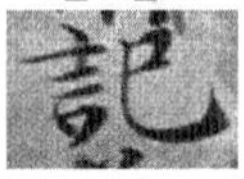<br>晚唐•摩訶止觀<br>3_22_21<br><br>晚唐•摩訶止觀<br>4_32_21<br><br>晚唐•摩訶止觀<br>13_112_17<br><br>晚唐•摩訶止觀<br>13_115_5<br><br>晚唐•摩訶止觀<br>30_260_2<br><br>晚唐•摩訶止觀<br>35_305_3 | <br>中唐・翰苑<br>26_343_27<br><br>中唐・翰苑<br>27_347_11<br><br>中唐・翰苑<br>30_388_16<br><br>中唐・翰苑<br>30_390_13<br><br>中唐・翰苑<br>30_392_13<br>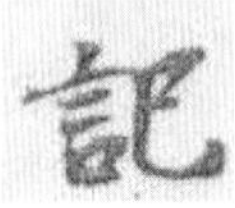<br>中唐・翰苑<br>30_395_13<br><br>中唐・翰苑<br>31_396_26<br><br>中唐・翰苑<br>35_448_10 |

## 訥

慣トツ漢ドツ
訓どもる

五代•大毗盧經 19_249_12

五代•大毗盧經 20_262_12

## 訟

漢ショウ呉ジュ
訓あらそう

初唐•古文尚書 8_62_14

初唐•古文尚書 8_63_10

初唐•古文尚書 48_467_4

中唐・翰苑 3_34_7

中唐・翰苑 11_138_28

## 設

漢セツ呉セチ
訓もうける

初唐•古文尚書 14_133_6

初唐•古文尚書 14_133_24

初唐•古文尚書 19_186_6

初唐•古文尚書 20_187_5

初唐•禮記正義 27_413_1

中唐・翰苑 4_45_24

中唐・翰苑 9_116_38

中唐・翰苑 18_241_26

中唐・翰苑 20_269_17

中唐・翰苑 23_301_38

中唐・翰苑 35_447_5

中唐・翰苑 35_457_27

晚唐•摩訶止觀 9_82_8

晚唐•摩訶止觀 23_203_25

晚唐•摩訶止觀 24_209_19

晚唐•摩訶止觀 38_330_22

晚唐•摩訶止觀 38_331_20

晚唐•摩訶止觀 39_334_10

五代•大毗盧經 4_37_14

五代•大毗盧經 4_44_9

五代•大毗盧經 50_620_7

五代•大毗盧經 50_621_4

五代•大毗盧經 52_637_2

五代•大毗盧經 52_637_10

五代•大毗盧經 68_857_8

五代•大毗盧經 88_1077_3

五代•大毗盧經 93_1138_27

## 許

コ漢キョ呉コ
訓ゆるす

初唐•禮記正義 2_25_22

初唐•禮記正義 4_53_19

初唐•禮記正義 7_107_15

初唐•禮記正義 7_108_29

初唐•禮記正義 15_230_1

初唐•禮記正義 15_231_8

初唐•禮記正義 27_410_25

初唐•禮記正義 27_412_26

初唐・十誦律
2_32_5

初唐・十誦律
4_54_8

初唐・十誦律
6_101_6

初唐・十誦律
6_103_3

中唐・翰苑
7_79_25

中唐・翰苑
9_113_11

中唐・翰苑
37_470_16

五代・大毗盧經
2_15_19

五代・大毗盧經
28_362_23

## 訪

現ホウ
訓おとずれる

初唐・禮記正義
2_32_2

中唐・翰苑
33_427_32

五代・大毗盧經
97_1187_15

## 訣

漢ケツ
訓わかれる

五代・密教部類
4_45_13

## 訶

カ
訓しかる

初唐・般若經
14_201_6

初唐・般若經
14_201_16

初唐・般若經
14_203_8

初唐・般若經
27_419_4

初唐・般若經
27_419_14

初唐・般若經
27_421_8

中唐・般若經
17_304_11

中唐・般若經
17_305_8

中唐・般若經
18_306_4

中唐・般若經
18_307_1

中唐・般若經
18_309_10

中唐・般若經
18_310_8

中唐・般若經
18_311_5

中唐・般若經
18_312_3

中唐・般若經
18_314_16

中唐・般若經
18_315_13

中唐・般若經
18_316_9

中唐・般若經
18_317_6

晩唐・摩訶止観
1_1_2

晩唐・摩訶止観
62_523_2

五代・大毗盧經
3_33_12

五代・大毗盧經
8_100_29

五代・大毗盧經
9_103_4

五代・大毗盧經
14_175_8

| 訴 | 詛 | 評 | | | | |
|---|---|---|---|---|---|---|
| ソ<br>訓うったえる | 漢ソ吳ショ<br>訓ちかう | 現ヒョウ漢ヘイ<br>訓はかる | | | | |
| <br>乘泝沂水<br>中唐・翰苑<br>34_440_4 | <br>初唐•古文尚書<br>40_391_13 | <br>晚唐•摩訶止觀<br>59_498_7 | <br>五代•大毗盧經<br>68_850_14 | <br>五代•大毗盧經<br>49_601_12 | <br>五代•大毗盧經<br>29_367_17 | <br>五代•大毗盧經<br>15_198_6 |
| | | | <br>五代•大毗盧經<br>75_918_12 | <br>五代•大毗盧經<br>51_626_16 | <br>五代•大毗盧經<br>29_370_17 | <br>五代•大毗盧經<br>16_212_15 |
| | | | <br>五代•大毗盧經<br>81_994_16 | <br>五代•大毗盧經<br>56_685_13 | <br>五代•大毗盧經<br>40_476_15 | <br>五代•大毗盧經<br>17_219_12 |
| | | | 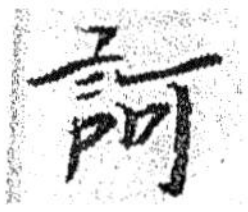<br>五代•大毗盧經<br>84_1019_29 | <br>五代•大毗盧經<br>58_712_12 | <br>五代•大毗盧經<br>42_510_12 | <br>五代•大毗盧經<br>18_227_21 |
| | | | <br>五代•大毗盧經<br>90_1097_2 | <br>五代•大毗盧經<br>58_712_13 | <br>五代•大毗盧經<br>45_545_3 | <br>五代•大毗盧經<br>18_228_25 |
| | | | | <br>五代•大毗盧經<br>58_712_14 | <br>五代•大毗盧經<br>47_575_13 | <br>五代•大毗盧經<br>23_294_12 |
| | | | | <br>五代•大毗盧經<br>68_850_12 | <br>五代•大毗盧經<br>49_601_10 | <br>五代•大毗盧經<br>23_301_10 |
| | | | | <br>五代•大毗盧經<br>68_850_13 | <br>五代•大毗盧經<br>49_601_11 | <br>五代•大毗盧經<br>26_336_27 |

| | 詔 | | 詞 | 詠 | 註 | 詐 |
|---|---|---|---|---|---|---|
| | ショウ<br>訓みことのり | | 漢現シ呉ジ<br>訓ことば | 漢現エイ<br>訓うたう | 慣チュウ漢チュ<br>訓ときあかし | サ<br>訓いつわる |
| 初唐•禮記正義<br>30_461_8<br>初唐•禮記正義<br>30_461_24<br>初唐•禮記正義<br>30_463_17<br>初唐•禮記正義<br>30_470_27<br>初唐•禮記正義<br>30_475_15<br>中唐・翰苑<br>5_50_13<br>中唐・翰苑<br>8_102_10<br>中唐・翰苑<br>10_123_34 | 初唐•古文尚書<br>28_277_28<br>初唐•古文尚書<br>28_278_19<br>初唐•古文尚書<br>29_279_28<br>初唐•禮記正義<br>29_447_3<br>初唐•禮記正義<br>29_448_13<br>初唐•禮記正義<br>29_449_4<br>初唐•禮記正義<br>29_450_4<br>初唐•禮記正義<br>29_450_15 | 初唐•古文尚書<br>47_458_28<br>初唐•古文尚書<br>48_466_13<br>初唐•古文尚書<br>48_467_10<br>初唐•古文尚書<br>48_468_2<br>初唐•古文尚書<br>48_469_5<br>初唐•古文尚書<br>49_476_3<br>五代•大毗盧經<br>87_1064_7<br>五代•大毗盧經<br>94_1156_18 | 初唐•古文尚書<br>32_303_3<br>初唐•古文尚書<br>40_389_4<br>初唐•古文尚書<br>41_400_1<br>初唐•古文尚書<br>43_420_12<br>初唐•古文尚書<br>45_433_30<br>初唐•古文尚書<br>45_434_26<br>初唐•古文尚書<br>46_451_17 | 中唐・翰苑<br>17_218_10<br>診之<br>中唐・翰苑<br>33_429_9<br>中唐・翰苑<br>40_515_31<br>中唐・翰苑<br>44_568_14<br>晚唐•摩訶止觀<br>21_181_11<br>五代•大毗盧經<br>14_172_12<br>五代•大毗盧經<br>22_281_17 | 晚唐•摩訶止觀<br>4_34_21 | 初唐•古文尚書<br>45_437_22<br>初唐•古文尚書<br>48_469_14<br>初唐•禮記正義<br>15_224_24<br>初唐•禮記正義<br>15_236_9<br>初唐•禮記正義<br>15_236_20<br>初唐•禮記正義<br>15_237_4<br>中唐・翰苑<br>4_45_4 |

## 詩

シ
訓うた

初唐・毛詩傳
1_1_9

初唐・毛詩傳
1_3_1

初唐・毛詩傳
3_26_3

初唐・毛詩傳
9_101_1

初唐•禮記正義
2_17_3

初唐•禮記正義
2_17_15

初唐•禮記正義
2_18_10

初唐•禮記正義
2_18_18

## 詰

漢キツ
訓つめる

初唐•古文尚書
40_381_14

## （無標題）

中唐・翰苑
4_36_15

中唐・翰苑
9_107_11

中唐・翰苑
12_156_23

中唐・翰苑
14_186_7

中唐・翰苑
34_436_12

中唐・翰苑
38_492_9

晚唐•摩訶止觀
12_108_18

五代•大毗盧經
39_466_4

## 誠

漢セイ呉ジョウ
訓まこと

初唐•古文尚書
11_93_12

初唐•古文尚書
11_98_23

初唐•古文尚書
12_109_26

初唐•古文尚書
12_112_12

初唐•古文尚書
15_142_17

初唐•古文尚書
21_203_28

初唐•古文尚書
45_441_4

初唐•古文尚書
45_442_2

## 詹

セン漢タン
訓くだい

中唐・翰苑
34_443_23

中唐・翰苑
34_444_13

## 訾

シ
訓そしる

中唐・翰苑
24_315_21

中唐・翰苑
24_316_8

中唐・翰苑
24_316_19

## （無標題）

中唐・翰苑
30_395_24

中唐・翰苑
33_423_35

中唐・翰苑
36_464_34

中唐・翰苑
36_465_23

中唐・翰苑
39_498_8

中唐・翰苑
41_526_15

中唐・翰苑
41_530_38

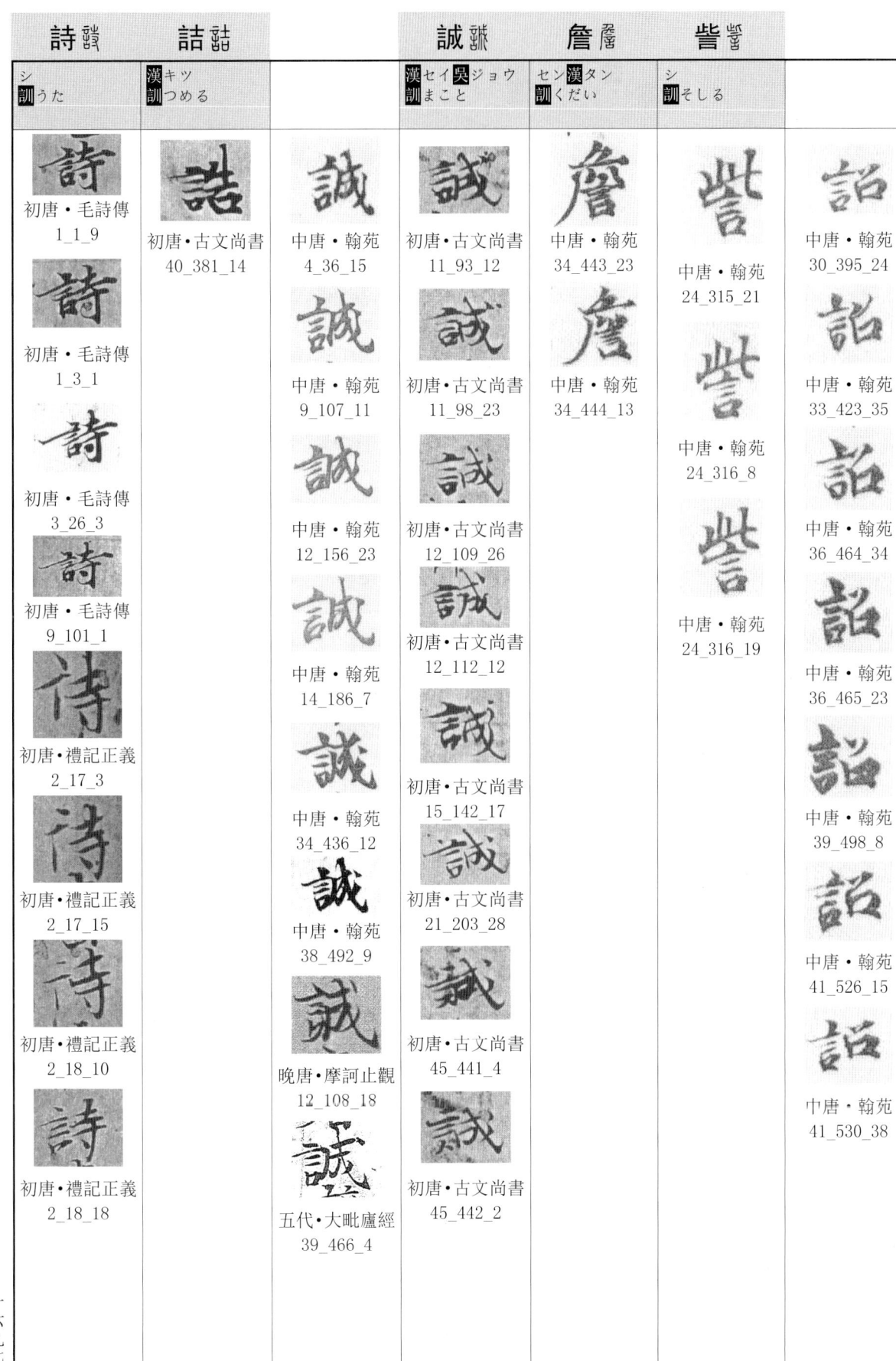

## 話

カイ 慣 ワ
訓 はなす

初唐•古文尚書
11_97_22

初唐•古文尚書
11_98_9

---

初唐•禮記正義
19_284_4

初唐•禮記正義
29_459_12

中唐・翰苑
6_67_39

中唐・翰苑
6_69_30

中唐・翰苑
9_111_18

中唐・翰苑
9_115_39

中唐・翰苑
32_409_30

中唐・翰苑
39_497_26

## 誅

チュ 慣 チュウ
訓 せめる

初唐•古文尚書
26_253_23

初唐•古文尚書
26_256_18

初唐•古文尚書
26_256_29

初唐•古文尚書
40_386_44

初唐•古文尚書
41_395_26

初唐•古文尚書
43_420_6

初唐•禮記正義
18_282_18

初唐•禮記正義
19_283_3

## 誕

漢 現 タン
訓 うそ

初唐•古文尚書
11_98_2

初唐•古文尚書
12_113_13

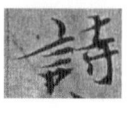

中唐・翰苑
27_350_30

## 試

シ
訓 もちいる

初唐•古文尚書
12_107_28

初唐•古文尚書
12_108_7

初唐•古文尚書
15_137_11

初唐•禮記正義
11_174_27

初唐•禮記正義
11_175_26

初唐•禮記正義
12_181_25

初唐•禮記正義
12_183_12

中唐・翰苑
19_253_39

---

中唐・翰苑
2_9_13

中唐・翰苑
2_16_2

中唐・翰苑
24_319_7

中唐・翰苑
36_460_2

中唐・翰苑
40_516_26

---

初唐•禮記正義
11_174_5

初唐•禮記正義
11_177_19

初唐•禮記正義
12_180_4

初唐•禮記正義
12_186_8

初唐•禮記正義
12_191_6

初唐•禮記正義
14_215_2

初唐•禮記正義
16_248_13

初唐•禮記正義
27_423_4

## 詣

慣ケイ 漢ゲイ
訓いたる

初唐・十誦律
3_44_15

初唐・十誦律
3_47_10

初唐・十誦律
8_134_12

初唐・十誦律
9_154_13

中唐・翰苑
12_148_43

中唐・翰苑
12_153_23

中唐・翰苑
12_154_19

中唐・翰苑
14_174_42

中唐・翰苑
14_182_15

中唐・翰苑
14_185_21

中唐・翰苑
15_188_1

中唐・翰苑
15_188_41

中唐・翰苑
15_192_27

中唐・翰苑
36_465_17

中唐・翰苑
44_559_1

五代・大毗盧經
43_511_14

五代・大毗盧經
80_966_17

## 詺

ベイ
訓なづける

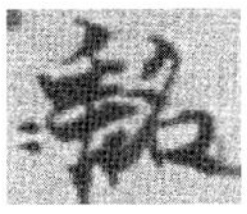
晩唐・摩訶止観
61_513_6

## 該

慣ガイ 漢カイ
訓かねる

初唐・禮記正義
17_255_10

## 詳

ヨウ 漢ショウ
訓くわしい

初唐・古文尚書
41_400_6

初唐・古文尚書
46_453_13

初唐・禮記正義
15_237_6

中唐・翰苑
25_334_5

中唐・翰苑
26_343_20

## 誓

漢セイ 呉ゼイ
訓ちかう

初唐・禮記正義
27_419_7

初唐・禮記正義
28_435_5

初唐・十誦律
19_371_6

中唐・翰苑
37_474_5

晩唐・摩訶止観
43_367_4

晩唐・摩訶止観
44_377_9

晩唐・摩訶止観
44_378_17

晩唐・摩訶止観
46_391_12

| | 語 | 誣 | 誌 | 誡 | | |
|---|---|---|---|---|---|---|
| | 吳ゴ漢ギョ 訓かたる | 慣フ漢ブ 訓しいる | シ 訓しるす | 漢カイ 訓いましめる | | |

初唐•禮記正義 27_411_9

初唐•禮記正義 27_412_6

初唐•禮記正義 28_434_27

初唐・十誦律 1_12_9

初唐・十誦律 2_21_13

初唐・十誦律 2_28_17

初唐・十誦律 3_45_17

初唐・十誦律 3_51_11

初唐•古文尚書 15_144_14

初唐•禮記正義 1_1_16

初唐•禮記正義 2_18_8

初唐•禮記正義 10_158_26

初唐•禮記正義 14_218_9

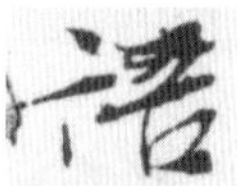
初唐•禮記正義 15_225_25

初唐•禮記正義 17_267_16

初唐•禮記正義 20_303_21

初唐•禮記正義 15_226_12

晚唐•摩訶止觀 50_425_26

五代•大毗盧經 54_660_5

初唐•禮記正義 6_89_9

晚唐•摩訶止觀 2_17_9

五代•大毗盧經 27_337_41

五代•大毗盧經 51_629_26

五代•大毗盧經 57_696_23

五代•大毗盧經 90_1107_5

五代•大毗盧經 97_1186_10

晚唐•摩訶止觀 48_410_13

晚唐•摩訶止觀 51_434_4

五代•大毗盧經 11_137_5

五代•大毗盧經 15_194_13

五代•大毗盧經 18_234_37

五代•大毗盧經 20_255_13

五代•大毗盧經 20_255_31

五代•大毗盧經 27_337_19

| | | | | | | |
|---|---|---|---|---|---|---|
| 五代•大毗盧經 39_457_19 | 晚唐•摩訶止觀 57_482_1 | 晚唐•摩訶止觀 26_220_26 | 中唐 • 翰苑 40_512_26 | 中唐 • 翰苑 30_383_30 | 初唐 • 十誦律 10_190_1 | 初唐 • 十誦律 4_65_11 |
| 五代•大毗盧經 39_471_13 | 五代•大毗盧經 17_214_17 | 晚唐•摩訶止觀 26_221_8 | 中唐 • 翰苑 42_533_27 | 中唐 • 翰苑 30_387_14 | 初唐 • 十誦律 13_235_4 | 初唐 • 十誦律 4_70_5 |
| 五代•大毗盧經 40_476_21 | 五代•大毗盧經 28_351_6 | 晚唐•摩訶止觀 38_332_8 | 中唐 • 翰苑 43_547_26 | 中唐 • 翰苑 32_412_5 | 初唐 • 十誦律 13_237_17 | 初唐 • 十誦律 5_73_11 |
| 五代•大毗盧經 71_873_9 | 五代•大毗盧經 29_366_20 | 晚唐•摩訶止觀 39_334_1 | 中唐 • 翰苑 44_568_5 | 中唐 • 翰苑 33_433_13 | 初唐 • 十誦律 13_241_14 | 初唐 • 十誦律 5_91_7 |
| 五代•大毗盧經 77_933_13 | 五代•大毗盧經 29_366_27 | 晚唐•摩訶止觀 39_335_2 | 晚唐•摩訶止觀 9_79_16 | 中唐 • 翰苑 35_455_15 | 中唐 • 翰苑 13_171_12 | 初唐 • 十誦律 8_139_2 |
| 五代•大毗盧經 86_1060_14 | 五代•大毗盧經 29_369_3 | 晚唐•摩訶止觀 50_425_23 | 晚唐•摩訶止觀 13_117_22 | 中唐 • 翰苑 35_456_12 | 中唐 • 翰苑 15_200_36 | 初唐 • 十誦律 8_143_12 |
| 五代•大毗盧經 96_1181_31 | 五代•大毗盧經 29_369_9 | 晚唐•摩訶止觀 51_432_8 | 晚唐•摩訶止觀 16_142_20 | 中唐 • 翰苑 38_487_18 | 中唐 • 翰苑 19_245_3 | 初唐 • 十誦律 9_164_13 |
| 五代•大毗盧經 97_1192_17 | 五代•大毗盧經 29_371_5 | 晚唐•摩訶止觀 51_434_29 | 晚唐•摩訶止觀 22_193_5 | 中唐 • 翰苑 38_488_6 | 中唐 • 翰苑 19_247_11 | 初唐 • 十誦律 10_183_8 |

五代・大毗盧經
97_1193_18

五代・大毗盧經
97_1194_12

## 誤

現ゴ
訓あやまる

初唐・古文尚書
13_116_17

初唐・古文尚書
21_198_3

初唐・古文尚書
38_362_22

初唐・古文尚書
38_369_26

初唐・禮記正義
3_42_10

初唐・禮記正義
18_274_6

初唐・禮記正義
27_422_2

五代・大毗盧經
97_1187_20

## 誘

現ユウ
訓さそう

中唐・翰苑
8_95_5

中唐・翰苑
22_286_3

中唐・翰苑
34_444_41

中唐・翰苑
35_446_34

中唐・翰苑
36_465_24

晩唐・摩訶止觀
21_180_10

## 誨

カイ
訓おしえる

初唐・古文尚書
9_76_23

初唐・古文尚書
18_173_5

初唐・古文尚書
18_173_14

## 説

漢セツ 慣ゼイ 漢エツ
訓とく

初唐・古文尚書
1_1_23

初唐・古文尚書
17_159_3

初唐・古文尚書
17_160_5

初唐・古文尚書
17_160_31

初唐・古文尚書
17_162_6

初唐・古文尚書
17_162_11

初唐・古文尚書
17_162_18

初唐・古文尚書
18_170_24

初唐・古文尚書
18_171_30

初唐・古文尚書
19_180_17

初唐・古文尚書
19_184_3

初唐・古文尚書
19_185_2

初唐・古文尚書
21_200_29

初唐・古文尚書
21_200_39

初唐・古文尚書
21_202_18

初唐・古文尚書
21_204_15

初唐・古文尚書
21_204_26

初唐・古文尚書
21_205_1

初唐・古文尚書
21_206_5

初唐・古文尚書
22_212_4

初唐・古文尚書
22_213_27

初唐・古文尚書
22_214_14

初唐・古文尚書
23_218_23

初唐・古文尚書
23_220_2

初唐•古文尚書
23_228_23

初唐•毛詩傳
7_70_10

初唐•禮記正義
1_2_12

初唐•禮記正義
1_4_20

初唐•禮記正義
2_20_8

初唐•禮記正義
3_41_18

初唐•禮記正義
3_42_18

初唐•禮記正義
3_43_8

初唐•禮記正義
4_57_16

初唐•禮記正義
4_60_17

初唐•禮記正義
8_123_16

初唐•禮記正義
8_123_24

初唐•禮記正義
9_132_6

初唐•禮記正義
9_135_11

初唐•禮記正義
10_157_6

初唐•禮記正義
19_289_24

初唐•禮記正義
22_328_1

初唐•禮記正義
24_363_7

初唐•禮記正義
26_408_20

初唐•禮記正義
27_409_11

初唐•禮記正義
27_410_24

初唐•禮記正義
27_411_5

初唐 • 十誦律
1_4_8

初唐 • 十誦律
1_6_2

初唐 • 十誦律
1_8_6

初唐 • 十誦律
1_10_1

初唐 • 十誦律
2_13_6

初唐 • 十誦律
2_14_6

初唐 • 十誦律
2_18_5

初唐 • 十誦律
2_22_15

初唐 • 十誦律
2_24_16

初唐 • 十誦律
3_41_2

初唐 • 十誦律
4_61_8

初唐 • 十誦律
6_98_8

初唐 • 十誦律
6_106_6

初唐 • 十誦律
6_107_6

初唐 • 十誦律
6_108_12

初唐 • 十誦律
6_109_5

初唐 • 十誦律
6_109_13

初唐 • 十誦律
6_110_2

初唐 • 十誦律
6_110_10

初唐 • 十誦律
6_110_15

初唐 • 十誦律
6_111_7

初唐 • 十誦律
6_111_13

初唐 • 十誦律
6_112_2

初唐 • 十誦律
6_112_12

初唐 • 十誦律
7_113_9

初唐 • 十誦律
7_114_5

初唐 • 十誦律
13_246_9

初唐 • 十誦律
13_247_5

初唐 • 十誦律
13_248_15

初唐 • 十誦律
13_250_7

初唐 • 十誦律
13_251_13

初唐 • 十誦律
13_253_7

初唐 • 十誦律
13_254_12

初唐 • 十誦律
14_255_7

初唐・十誦律
14_256_16

初唐・十誦律
14_258_11

初唐・十誦律
14_260_3

初唐・十誦律
14_261_2

初唐・十誦律
14_262_7

初唐・十誦律
14_263_6

初唐・十誦律
14_264_10

初唐・十誦律
14_266_5

初唐・十誦律
14_268_11

初唐・十誦律
14_269_6

初唐・十誦律
18_345_10

初唐・十誦律
18_349_15

初唐・十誦律
18_350_14

初唐・十誦律
19_359_6

初唐・十誦律
19_360_7

初唐・十誦律
19_361_13

初唐・十誦律
19_362_14

中唐・翰苑
6_77_8

中唐・翰苑
43_545_2

中唐・般若經
2_4_5

中唐・般若經
2_6_3

中唐・般若經
2_6_14

中唐・般若經
2_7_16

中唐・般若經
2_8_11

中唐・般若經
2_9_14

中唐・般若經
6_82_3

中唐・般若經
6_83_7

中唐・般若經
6_83_12

中唐・般若經
6_86_5

中唐・般若經
6_86_14

中唐・般若經
6_88_4

中唐・般若經
6_88_12

中唐・般若經
6_90_1

中唐・般若經
6_90_10

中唐・般若經
6_91_17

中唐・般若經
6_92_9

中唐・般若經
6_95_5

中唐・般若經
12_204_11

中唐・般若經
12_205_15

中唐・般若經
12_206_3

中唐・般若經
12_208_5

中唐・般若經
12_208_14

中唐・般若經
12_209_10

中唐・般若經
13_210_1

中唐・般若經
13_210_13

中唐・般若經
13_211_5

中唐・般若經
13_212_1

中唐・般若經
13_212_10

中唐・般若經
13_214_12

中唐・般若經
13_228_1

中唐・般若經
15_253_8

中唐・般若經
15_254_12

中唐・般若經
15_254_17

中唐・般若經
15_257_5

中唐・般若經
15_257_17

中唐・般若經
15_259_9

中唐・般若經 15_260_3
中唐・般若經 15_261_11
中唐・般若經 15_262_6
中唐・般若經 15_263_15
中唐・般若經 15_264_10
中唐・般若經 15_267_8
中唐・般若經 16_283_3
中唐・般若經 16_284_7

中唐・般若經 16_284_12
中唐・般若經 17_287_5
中唐・般若經 17_287_17
中唐・般若經 17_288_11
中唐・般若經 17_289_6
中唐・般若經 17_291_7
中唐・般若經 17_299_16
中唐・般若經 17_301_8

中唐・般若經 17_304_5
中唐・般若經 17_305_2
中唐・般若經 18_306_12
中唐・般若經 18_318_6
中唐・般若經 18_320_10
中唐・般若經 18_323_5
中唐・般若經 18_324_2
中唐・般若經 18_324_15

中唐・般若經 18_325_12
中唐・般若經 19_327_15
中唐・般若經 19_337_6
中唐・般若經 19_338_10
中唐・般若經 19_338_15
晚唐•摩訶止觀 1_3_14
晚唐•摩訶止觀 2_17_7
晚唐•摩訶止觀 2_17_23

晚唐•摩訶止觀 3_25_1
晚唐•摩訶止觀 4_35_18
晚唐•摩訶止觀 5_39_1
晚唐•摩訶止觀 5_39_10
晚唐•摩訶止觀 5_39_14
晚唐•摩訶止觀 7_58_3
晚唐•摩訶止觀 8_70_3
晚唐•摩訶止觀 8_70_20

晚唐•摩訶止觀 8_72_3
晚唐•摩訶止觀 8_73_11
晚唐•摩訶止觀 9_75_1
晚唐•摩訶止觀 10_86_20
晚唐•摩訶止觀 10_90_11
晚唐•摩訶止觀 10_91_24
晚唐•摩訶止觀 11_97_15
晚唐•摩訶止觀 12_103_12

晚唐•摩訶止觀 13_117_7
晚唐•摩訶止觀 13_117_16
晚唐•摩訶止觀 13_117_27
晚唐•摩訶止觀 13_118_3
晚唐•摩訶止觀 13_118_16
晚唐•摩訶止觀 13_119_4
晚唐•摩訶止觀 36_311_15
晚唐•摩訶止觀 36_313_22

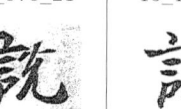

五代·大毗盧經
30_376_19

五代·大毗盧經
30_378_21

五代·大毗盧經
32_400_9

五代·大毗盧經
39_468_12

五代·大毗盧經
39_472_10

五代·大毗盧經
43_511_15

五代·大毗盧經
43_518_10

五代·大毗盧經
49_598_5

五代·大毗盧經
13_162_18

五代·大毗盧經
15_189_18

五代·大毗盧經
15_194_10

五代·大毗盧經
16_210_10

五代·大毗盧經
18_234_4

五代·大毗盧經
24_305_20

五代·大毗盧經
28_352_2

五代·大毗盧經
30_376_4

五代·大毗盧經
2_10_21

五代·大毗盧經
7_84_49

五代·大毗盧經
8_91_16

五代·大毗盧經
9_105_7

五代·大毗盧經
11_130_12

五代·大毗盧經
11_138_16

五代·大毗盧經
12_144_1

五代·大毗盧經
12_147_1

晚唐·摩訶止觀
59_502_10

晚唐·摩訶止觀
59_502_17

晚唐·摩訶止觀
60_506_10

晚唐·摩訶止觀
60_508_25

晚唐·摩訶止觀
61_516_17

五代·密教部類
3_36_2

五代·密教部類
5_73_20

五代·大毗盧經
2_7_21

晚唐·摩訶止觀
56_473_1

晚唐·摩訶止觀
56_474_13

晚唐·摩訶止觀
56_478_18

晚唐·摩訶止觀
58_489_11

晚唐·摩訶止觀
58_492_11

晚唐·摩訶止觀
59_495_9

晚唐·摩訶止觀
59_497_5

晚唐·摩訶止觀
59_497_13

晚唐·摩訶止觀
47_405_20

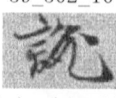

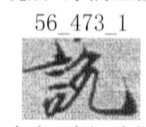

晚唐·摩訶止觀
47_406_17

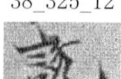

晚唐·摩訶止觀
47_406_21

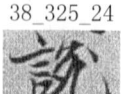

晚唐·摩訶止觀
47_406_27

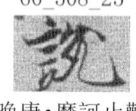

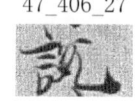

晚唐·摩訶止觀
48_407_3

晚唐·摩訶止觀
48_407_9

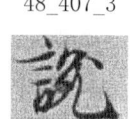

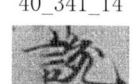

晚唐·摩訶止觀
52_439_17

晚唐·摩訶止觀
56_470_19

晚唐·摩訶止觀
38_325_12

晚唐·摩訶止觀
38_325_24

晚唐·摩訶止觀
38_326_4

晚唐·摩訶止觀
39_340_9

晚唐·摩訶止觀
40_341_14

晚唐·摩訶止觀
41_357_25

晚唐·摩訶止觀
43_366_25

晚唐·摩訶止觀
47_405_17

| | | 誐 | 誑 | 誥 | | |
|---|---|---|---|---|---|---|
| | | ガ<br>訓よい | 漢キョウ<br>訓いつわる | コウ<br>訓つげる | | |
| 五代・大毗盧經<br>31_386_1 | 五代・大毗盧經<br>22_278_6 | 五代・大毗盧經<br>10_118_22 | 五代・大毗盧經<br>29_366_22 | 初唐・古文尚書<br>18_167_3 | 五代・大毗盧經<br>87_1064_15 | 五代・大毗盧經<br>49_601_30 |
| 五代・大毗盧經<br>31_386_2 | 五代・大毗盧經<br>22_278_7 | 五代・大毗盧經<br>10_119_1 | | 初唐・古文尚書<br>18_168_8 | 五代・大毗盧經<br>96_1176_26 | 五代・大毗盧經<br>63_774_7 |
| 五代・大毗盧經<br>32_401_8 | 五代・大毗盧經<br>22_283_3 | 五代・大毗盧經<br>16_205_11 | | 初唐・古文尚書<br>26_259_12 | 五代・大毗盧經<br>96_1179_18 | 五代・大毗盧經<br>63_780_13 |
| 五代・大毗盧經<br>32_401_9 | 五代・大毗盧經<br>24_303_3 | 五代・大毗盧經<br>16_205_12 | | 初唐・禮記正義<br>3_48_17 | 五代・大毗盧經<br>98_1201_6 | 五代・大毗盧經<br>64_804_22 |
| 五代・大毗盧經<br>32_402_16 | 五代・大毗盧經<br>24_312_11 | 五代・大毗盧經<br>18_232_15 | | 初唐・禮記正義<br>3_48_22 | | 五代・大毗盧經<br>65_818_23 |
| 五代・大毗盧經<br>33_406_15 | 五代・大毗盧經<br>24_312_13 | 五代・大毗盧經<br>20_258_19 | | | | 五代・大毗盧經<br>71_870_4 |
| 五代・大毗盧經<br>33_406_16 | 五代・大毗盧經<br>26_329_11 | 五代・大毗盧經<br>21_273_1 | | | | 五代・大毗盧經<br>73_898_12 |
| 五代・大毗盧經<br>35_420_3 | 五代・大毗盧經<br>26_329_12 | 五代・大毗盧經<br>21_273_2 | | | | 五代・大毗盧經<br>77_933_20 |

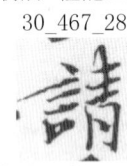

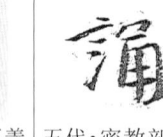

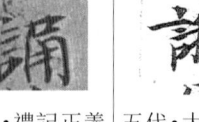

| | 請 | | 誦 | | | |
|---|---|---|---|---|---|---|
| | 漢セイ唐シン呉ジョウ<br>訓こう | | 漢ショウ呉ジュ<br>訓となえる | | | |
| 晚唐•摩訶止觀<br>10_84_21<br>晚唐•摩訶止觀<br>13_114_10<br>五代•大毗盧經<br>2_15_8<br>五代•大毗盧經<br>5_55_4<br>五代•大毗盧經<br>5_56_9<br>五代•大毗盧經<br>5_60_9<br>五代•大毗盧經<br>10_122_17<br>五代•大毗盧經<br>15_194_2 | 初唐•禮記正義<br>30_467_28<br>初唐•禮記正義<br>30_468_25<br>中唐 • 翰苑<br>6_67_4<br>中唐 • 翰苑<br>8_101_18<br>中唐 • 翰苑<br>9_112_22<br>中唐 • 翰苑<br>10_122_35<br>中唐 • 翰苑<br>19_253_26<br>中唐 • 翰苑<br>33_430_16 | 五代•密教部類<br>3_35_10<br>五代•密教部類<br>3_36_12<br>五代•密教部類<br>3_38_10<br>五代•密教部類<br>3_39_10<br>五代•大毗盧經<br>7_78_47<br>五代•大毗盧經<br>97_1192_5<br>五代•大毗盧經<br>97_1195_20<br>五代•大毗盧經<br>97_1198_17 | 初唐•禮記正義<br>2_18_21<br>初唐•禮記正義<br>2_18_25<br>初唐 • 十誦律<br>1_1_2<br>初唐 • 十誦律<br>1_1_6<br>初唐 • 十誦律<br>19_364_2<br>中唐 • 翰苑<br>30_392_6<br>中唐 • 翰苑<br>30_394_34<br>晚唐•摩訶止觀<br>4_30_5 | 五代•大毗盧經<br>72_881_26<br>五代•大毗盧經<br>72_886_15<br>五代•大毗盧經<br>84_1028_17<br>五代•大毗盧經<br>95_1163_12<br>五代•大毗盧經<br>96_1172_15<br>五代•大毗盧經<br>96_1173_6<br>五代•大毗盧經<br>96_1173_19 | 五代•大毗盧經<br>45_539_8<br>五代•大毗盧經<br>61_752_11<br>五代•大毗盧經<br>61_752_12<br>五代•大毗盧經<br>61_753_14<br>五代•大毗盧經<br>61_753_15<br>五代•大毗盧經<br>61_755_9<br>五代•大毗盧經<br>61_755_10<br>五代•大毗盧經<br>72_881_25 | 五代•大毗盧經<br>36_426_3<br>五代•大毗盧經<br>42_504_18<br>五代•大毗盧經<br>42_510_21<br>五代•大毗盧經<br>44_537_10<br>五代•大毗盧經<br>44_537_11<br>五代•大毗盧經<br>44_538_11<br>五代•大毗盧經<br>44_538_12<br>五代•大毗盧經<br>45_539_7 |

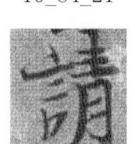

五代・大毗盧經 51_622_21
五代・大毗盧經 53_650_2
五代・大毗盧經 53_651_22
五代・大毗盧經 55_673_45
五代・大毗盧經 66_822_18
五代・大毗盧經 67_841_7

## 諾

漢ダク
訓うべなう

初唐・禮記正義 7_107_16
初唐・禮記正義 7_109_1
五代・大毗盧經 24_302_4
五代・大毗盧經 37_437_15
五代・大毗盧經 38_451_2
五代・大毗盧經 55_676_2
五代・大毗盧經 88_1077_6

## 諏

漢シュ 呉ス 漢ソウ
訓はかる

初唐・禮記正義 6_90_10
初唐・禮記正義 6_91_15

## 諸

漢ショ
訓もろもろ

初唐・古文尚書 3_22_16
初唐・古文尚書 17_161_5
初唐・古文尚書 17_161_8
初唐・古文尚書 18_172_10
初唐・古文尚書 24_232_2
初唐・古文尚書 25_246_10
初唐・古文尚書 25_247_11
初唐・古文尚書 41_398_16

初唐・古文尚書 43_414_8
初唐・古文尚書 44_431_9
初唐・古文尚書 46_454_11
初唐・古文尚書 47_455_2
初唐・古文尚書 48_464_21
初唐・古文尚書 49_474_17
初唐・毛詩傳 4_42_15
初唐・禮記正義 4_55_18

初唐・禮記正義 4_56_27
初唐・禮記正義 4_61_4
初唐・禮記正義 5_68_17
初唐・禮記正義 5_77_28
初唐・禮記正義 6_93_4
初唐・禮記正義 11_165_3
初唐・禮記正義 12_186_13
初唐・禮記正義 14_221_26

初唐・禮記正義 20_297_14
初唐・禮記正義 20_298_16
初唐・禮記正義 20_301_20
初唐・禮記正義 22_330_22
初唐・禮記正義 22_332_3
初唐・禮記正義 22_336_3
初唐・禮記正義 23_345_16
初唐・禮記正義 23_346_22

| | | | | | | |
|---|---|---|---|---|---|---|
| 初唐・十誦律 8_139_3 | 初唐・十誦律 5_91_8 | 初唐・十誦律 3_48_14 | 初唐・十誦律 1_8_15 | 初唐•禮記正義 26_402_9 | 初唐•禮記正義 24_363_16 | 初唐•禮記正義 23_351_3 |
| 初唐・十誦律 8_141_11 | 初唐・十誦律 6_97_5 | 初唐・十誦律 3_51_12 | 初唐・十誦律 1_10_10 | 初唐•禮記正義 26_408_2 | 初唐•禮記正義 24_365_21 | 初唐•禮記正義 23_351_12 |
| 初唐・十誦律 9_158_5 | 初唐・十誦律 6_100_1 | 初唐・十誦律 4_59_16 | 初唐・十誦律 1_12_10 | 初唐•禮記正義 28_427_1 | 初唐•禮記正義 24_366_6 | 初唐•禮記正義 23_353_27 |
| 初唐・十誦律 9_162_4 | 初唐・十誦律 6_101_17 | 初唐・十誦律 4_65_12 | 初唐・十誦律 2_29_1 | 初唐•禮記正義 28_428_6 | 初唐•禮記正義 25_380_3 | 初唐•禮記正義 23_354_9 |
| 初唐・十誦律 9_162_11 | 初唐・十誦律 6_103_13 | 初唐・十誦律 4_65_15 | 初唐・十誦律 3_36_12 | 初唐•禮記正義 28_429_11 | 初唐•禮記正義 26_391_11 | 初唐•禮記正義 23_354_22 |
| 初唐・十誦律 9_164_14 | 初唐・十誦律 6_104_17 | 初唐・十誦律 4_67_4 | 初唐・十誦律 3_38_17 | 初唐•禮記正義 29_454_17 | 初唐•禮記正義 26_391_15 | 初唐•禮記正義 23_355_4 |
| 初唐・十誦律 9_168_15 | 初唐・十誦律 6_106_3 | 初唐・十誦律 4_70_6 | 初唐・十誦律 3_39_17 | 初唐・十誦律 1_3_12 | 初唐•禮記正義 26_400_28 | 初唐•禮記正義 24_357_17 |
| 初唐・十誦律 9_170_17 | 初唐・十誦律 8_137_8 | 初唐・十誦律 5_73_12 | 初唐・十誦律 3_46_1 | 初唐・十誦律 1_5_8 | 初唐•禮記正義 26_402_3 | 初唐•禮記正義 24_362_16 |

諸
初唐・十誦律
9_174_9

諸
初唐・十誦律
10_183_16

諸
初唐・十誦律
11_201_3

諸
初唐・十誦律
11_207_14

諸
初唐・十誦律
12_219_9

諸
初唐・十誦律
12_220_9

諸
初唐・十誦律
12_221_17

諸
初唐・十誦律
12_222_12

諸
初唐・十誦律
12_223_11

諸
初唐・十誦律
12_225_13

諸
初唐・十誦律
12_226_13

諸
初唐・十誦律
12_228_13

諸
初唐・十誦律
12_232_9

諸
初唐・十誦律
12_234_15

諸
初唐・十誦律
13_235_8

諸
初唐・十誦律
13_238_4

諸
初唐・十誦律
13_240_2

諸
初唐・十誦律
19_372_2

諸
初唐・般若經
3_27_16

諸
初唐・般若經
3_28_13

諸
初唐・般若經
3_30_9

諸
初唐・般若經
4_35_16

諸
初唐・般若經
4_36_13

諸
初唐・般若經
4_38_9

諸
初唐・般若經
4_43_16

諸
初唐・般若經
4_44_13

諸
初唐・般若經
4_46_9

諸
初唐・般若經
5_51_16

諸
初唐・般若經
5_52_13

諸
初唐・般若經
5_54_9

諸
初唐・般若經
5_59_16

諸
初唐・般若經
5_60_13

諸
初唐・般若經
5_62_9

諸
初唐・般若經
6_67_16

諸
初唐・般若經
6_68_13

諸
初唐・般若經
6_70_9

諸
初唐・般若經
14_205_3

諸
初唐・般若經
14_205_13

諸
初唐・般若經
14_207_5

諸
初唐・般若經
16_234_11

諸
初唐・般若經
16_235_8

諸
初唐・般若經
16_237_6

諸
初唐・般若經
16_243_2

諸
初唐・般若經
16_243_16

諸
初唐・般若經
17_245_14

諸
初唐・般若經
17_251_10

諸
初唐・般若經
17_252_7

諸
初唐・般若經
17_254_5

諸
初唐・般若經
17_259_17

諸
初唐・般若經
18_260_14

諸
初唐・般若經
18_262_12

諸
初唐・般若經
18_268_8

諸
初唐・般若經
18_269_5

諸
初唐・般若經
18_271_3

諸
初唐・般若經
18_276_16

諸
初唐・般若經
19_277_13

初唐·般若經 19_279_11

初唐·般若經 27_423_5

初唐·般若經 27_423_15

中唐·翰苑 3_30_19

中唐·翰苑 5_52_28

中唐·翰苑 5_54_3

中唐·翰苑 5_58_8

中唐·翰苑 5_60_9

中唐·翰苑 6_69_11

中唐·翰苑 6_73_34

皆詣寔降 中唐·翰苑 6_75_26

中唐·翰苑 7_78_35

中唐·翰苑 7_82_22

中唐·翰苑 7_86_40

中唐·翰苑 7_88_19

中唐·翰苑 7_90_2

中唐·翰苑 9_116_26

中唐·翰苑 9_117_8

中唐·翰苑 12_155_43

中唐·翰苑 13_164_22

中唐·翰苑 17_217_3

詣闕貢獻 中唐·翰苑 17_222_17

中唐·翰苑 18_231_28

中唐·翰苑 18_240_27

中唐·翰苑 19_245_16

中唐·翰苑 19_246_35

中唐·翰苑 21_274_29

中唐·翰苑 21_276_24

中唐·翰苑 21_276_33

中唐·翰苑 21_277_7

中唐·翰苑 22_285_26

中唐·翰苑 23_301_15

中唐·翰苑 25_333_17

中唐·翰苑 27_356_6

中唐·翰苑 28_368_12

中唐·翰苑 28_369_13

中唐·翰苑 28_369_23

中唐·翰苑 33_433_7

其使請曰 中唐·翰苑 35_452_37

中唐·翰苑 36_461_3

中唐·翰苑 37_470_29

傷人者論 中唐·翰苑 37_476_29

中唐·翰苑 37_481_41

中唐·翰苑 38_488_25

中唐·翰苑 42_534_16

中唐·翰苑 42_537_8

中唐·翰苑 42_538_2

中唐·翰苑 42_538_7

中唐·翰苑 42_538_19

中唐·翰苑 42_538_27

中唐·翰苑 42_538_38

請禁南越關市 中唐·翰苑 42_540_9

中唐·翰苑 43_546_25

中唐·般若經 18_323_6

中唐·般若經 18_324_3

中唐·般若經 18_324_16

| | | | | | | |
|---|---|---|---|---|---|---|
| 五代•密教部類 1_1_1 | 晚唐•摩訶止觀 54_457_16 | 晚唐•摩訶止觀 50_429_21 | 晚唐•摩訶止觀 35_302_5 | 晚唐•摩訶止觀 12_110_24 | 中唐 • 般若經 19_336_1 | 中唐 • 般若經 18_325_13 |
| 五代•密教部類 1_3_3 | 晚唐•摩訶止觀 54_458_2 | 晚唐•摩訶止觀 50_429_31 | 晚唐•摩訶止觀 35_304_15 | 晚唐•摩訶止觀 13_116_16 | 晚唐•摩訶止觀 3_22_15 | 中唐 • 般若經 19_328_5 |
| 五代•密教部類 1_4_9 | 晚唐•摩訶止觀 54_458_7 | 晚唐•摩訶止觀 51_430_11 | 晚唐•摩訶止觀 37_324_20 | 晚唐•摩訶止觀 20_171_19 | 晚唐•摩訶止觀 4_35_7 | 中唐 • 般若經 19_329_3 |
| 五代•密教部類 1_7_6 | 晚唐•摩訶止觀 54_459_22 | 晚唐•摩訶止觀 51_430_21 | 晚唐•摩訶止觀 38_331_5 | 晚唐•摩訶止觀 23_195_20 | 晚唐•摩訶止觀 10_92_11 | 中唐 • 般若經 19_329_17 |
| 五代•密教部類 2_9_5 | 晚唐•摩訶止觀 56_474_21 | 晚唐•摩訶止觀 52_441_2 | 晚唐•摩訶止觀 43_370_2 | 晚唐•摩訶止觀 26_227_9 | 晚唐•摩訶止觀 11_100_18 | 中唐 • 般若經 19_330_15 |
| 五代•密教部類 2_9_8 | 晚唐•摩訶止觀 58_494_19 | 晚唐•摩訶止觀 52_441_10 | 晚唐•摩訶止觀 46_396_16 | 晚唐•摩訶止觀 30_260_9 | 晚唐•摩訶止觀 12_104_13 | 中唐 • 般若經 19_333_11 |
| 五代•密教部類 2_18_2 | 晚唐•摩訶止觀 61_516_4 | 晚唐•摩訶止觀 53_452_8 | 晚唐•摩訶止觀 48_409_2 | 晚唐•摩訶止觀 31_271_12 | 晚唐•摩訶止觀 12_107_4 | 中唐 • 般若經 19_334_8 |
| 五代•密教部類 2_18_7 | 晚唐•摩訶止觀 61_516_23 | 晚唐•摩訶止觀 54_456_22 | 晚唐•摩訶止觀 49_420_19 | 晚唐•摩訶止觀 34_292_27 | 晚唐•摩訶止觀 12_110_16 | 中唐 • 般若經 19_335_4 |

五代·密教部類 2_18_12
五代·密教部類 2_18_17
五代·密教部類 2_19_2
五代·密教部類 2_19_7
五代·密教部類 2_19_13
五代·密教部類 2_19_19
五代·密教部類 2_20_3
五代·密教部類 2_20_9

五代·密教部類 2_20_15
五代·密教部類 2_20_21
五代·密教部類 2_21_3
五代·密教部類 2_21_9
五代·密教部類 2_21_15
五代·密教部類 2_21_21
五代·密教部類 5_73_11
五代·大毗盧經 2_4_11

五代·大毗盧經 2_5_17
五代·大毗盧經 2_10_10
五代·大毗盧經 2_12_17
五代·大毗盧經 2_18_9
五代·大毗盧經 3_23_3
五代·大毗盧經 3_23_12
五代·大毗盧經 59_722_11
五代·大毗盧經 59_725_3

五代·大毗盧經 63_791_20
五代·大毗盧經 64_797_1
五代·大毗盧經 64_807_3
五代·大毗盧經 65_814_17
五代·大毗盧經 65_817_20
五代·大毗盧經 67_836_7
五代·大毗盧經 68_852_27
五代·大毗盧經 71_878_28

五代·大毗盧經 72_881_19
五代·大毗盧經 72_882_9
五代·大毗盧經 73_895_3
五代·大毗盧經 73_896_14
五代·大毗盧經 73_905_7
五代·大毗盧經 78_941_9
五代·大毗盧經 79_954_13
五代·大毗盧經 79_961_24

五代·大毗盧經 84_1021_19
五代·大毗盧經 85_1034_3
五代·大毗盧經 85_1040_1
五代·大毗盧經 86_1051_11
五代·大毗盧經 86_1057_12
五代·大毗盧經 90_1106_1
五代·大毗盧經 91_1110_1
五代·大毗盧經 91_1113_1

五代·大毗盧經 91_1116_1
五代·大毗盧經 92_1123_1
五代·大毗盧經 93_1137_17
五代·大毗盧經 93_1138_43
五代·大毗盧經 93_1145_25
五代·大毗盧經 95_1160_1
五代·大毗盧經 95_1165_3
五代·大毗盧經 95_1168_1

五代•大毗盧經
96_1176_8

五代•大毗盧經
96_1176_27

五代•大毗盧經
96_1182_13

五代•大毗盧經
97_1184_25

五代•大毗盧經
97_1185_7

五代•大毗盧經
97_1195_13

五代•大毗盧經
98_1210_18

五代•大毗盧經
98_1211_3

## 課

現カ
訓こころみる

中唐 • 翰苑
7_89_5

中唐 • 翰苑
7_90_29

## 調

バウ
訓しひる

晚唐•摩訶止觀
50_425_27

## 論

リン
訓あげつらう

初唐•禮記正義
1_1_15

初唐•禮記正義
2_18_7

初唐•禮記正義
14_218_8

初唐•禮記正義
15_225_24

初唐•禮記正義
17_267_15

初唐•禮記正義
19_284_10

初唐•禮記正義
19_286_15

初唐•禮記正義
20_302_18

初唐•禮記正義
20_303_20

初唐•禮記正義
27_411_8

初唐•禮記正義
27_412_5

初唐•禮記正義
28_434_26

初唐•禮記正義
28_437_14

初唐 • 十誦律
19_367_11

中唐 • 翰苑
41_528_12

中唐 • 翰苑
44_568_4

晚唐•摩訶止觀
1_4_16

晚唐•摩訶止觀
2_13_10

晚唐•摩訶止觀
2_14_23

晚唐•摩訶止觀
4_32_15

晚唐•摩訶止觀
4_33_10

晚唐•摩訶止觀
4_34_7

晚唐•摩訶止觀
4_34_22

晚唐•摩訶止觀
4_35_10

晚唐•摩訶止觀
6_55_22

晚唐•摩訶止觀
10_87_13

晚唐•摩訶止觀
13_115_22

晚唐•摩訶止觀
16_137_9

晚唐•摩訶止觀
18_155_1

晚唐•摩訶止觀
18_155_9

晚唐•摩訶止觀
18_156_4

晚唐•摩訶止觀
18_159_14

| 調 | 諂 | 諛 |
| --- | --- | --- |
| 現チョウ<br>訓しらべる | テン<br>訓へつらう | ユ<br>訓へつらう |

調

初唐•禮記正義 12_183_11

中唐・翰苑 10_127_10

中唐・翰苑 39_505_7

晚唐•摩訶止觀 21_180_8

五代•大毗盧經 43_523_8

五代•大毗盧經 67_848_23

五代•大毗盧經 96_1180_43

諂

初唐•古文尚書 38_367_18

初唐•古文尚書 38_368_24

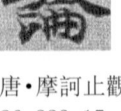

五代•大毗盧經 36_432_10

五代•大毗盧經 56_689_11

諛

初唐•古文尚書 38_367_19

初唐•古文尚書 38_368_6

初唐•古文尚書 38_368_25

論

五代•大毗盧經 8_91_13

五代•大毗盧經 63_785_14

五代•大毗盧經 63_786_20

五代•大毗盧經 82_999_31

晚唐•摩訶止觀 31_270_15

晚唐•摩訶止觀 34_295_18

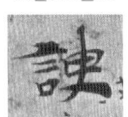

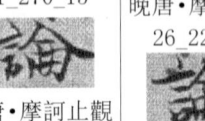

晚唐•摩訶止觀 38_325_21

晚唐•摩訶止觀 52_440_9

晚唐•摩訶止觀 57_484_9

晚唐•摩訶止觀 59_498_4

晚唐•摩訶止觀 61_511_9

晚唐•摩訶止觀 61_511_17

晚唐•摩訶止觀 26_223_15

晚唐•摩訶止觀 26_224_16

晚唐•摩訶止觀 26_225_15

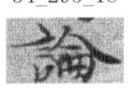

晚唐•摩訶止觀 26_226_19

晚唐•摩訶止觀 26_227_12

晚唐•摩訶止觀 27_229_16

晚唐•摩訶止觀 30_257_24

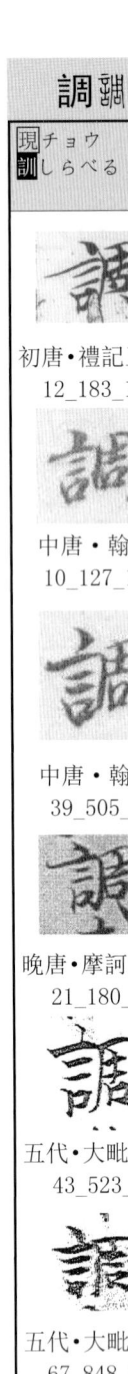

晚唐•摩訶止觀 30_266_4

晚唐•摩訶止觀 19_162_8

晚唐•摩訶止觀 20_171_6

晚唐•摩訶止觀 20_172_7

晚唐•摩訶止觀 22_193_12

晚唐•摩訶止觀 24_206_3

晚唐•摩訶止觀 24_210_14

晚唐•摩訶止觀 24_211_21

晚唐•摩訶止觀 25_215_4

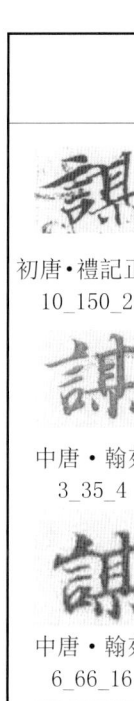

## 誰

漢スイ
訓だれ

初唐・古文尚書 19_182_28
初唐・十誦律 2_26_11
初唐・十誦律 3_39_16
初唐・十誦律 3_40_15
初唐・十誦律 4_59_15
初唐・十誦律 4_61_4
初唐・十誦律 6_97_4
初唐・十誦律 6_98_4

中唐・翰苑 24_319_9
晩唐・摩訶止觀 36_308_30
晩唐・摩訶止觀 36_309_2
晩唐・摩訶止觀 36_309_4
晩唐・摩訶止觀 36_309_6
晩唐・摩訶止觀 45_387_24

## 誼

ギ
訓よい

初唐・古文尚書 24_235_11
初唐・古文尚書 33_309_1
初唐・古文尚書 33_312_4
初唐・古文尚書 40_384_3

## 謀

漢現ボウ呉現ム
訓はかる

初唐・古文尚書 7_59_3
初唐・古文尚書 7_60_3
初唐・古文尚書 8_65_8
初唐・古文尚書 8_65_24
初唐・古文尚書 9_80_23
初唐・古文尚書 9_80_30
初唐・古文尚書 10_90_16
初唐・古文尚書 11_95_7

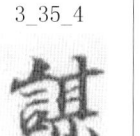

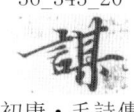

初唐・古文尚書 12_113_6
初唐・古文尚書 12_113_18
初唐・古文尚書 13_122_6
初唐・古文尚書 14_133_17
初唐・古文尚書 16_150_17
初唐・古文尚書 16_151_8
初唐・古文尚書 16_151_32
初唐・古文尚書 16_155_3

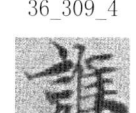

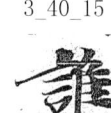

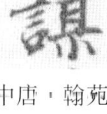

初唐・古文尚書 16_155_30
初唐・古文尚書 36_341_27
初唐・古文尚書 36_342_12
初唐・古文尚書 36_343_20
初唐・毛詩傳 3_25_5
初唐・禮記正義 5_70_33
初唐・禮記正義 6_91_16
初唐・禮記正義 10_150_11

初唐・禮記正義 10_150_20
中唐・翰苑 3_35_4
中唐・翰苑 6_66_16
中唐・翰苑 11_141_17
中唐・翰苑 13_162_1
中唐・翰苑 19_255_7
中唐・翰苑 21_272_47

## 諫

漢 カン
訓 いさめる

初唐・古文尚書 17_164_4
初唐・古文尚書 18_173_13
初唐・古文尚書 19_181_4
初唐・古文尚書 19_181_14
初唐・古文尚書 19_182_2
初唐・古文尚書 19_182_12
初唐・古文尚書 19_183_6
初唐・古文尚書 24_232_10

初唐・古文尚書 24_235_20
初唐・古文尚書 27_261_17
初唐・古文尚書 29_280_18
中唐・翰苑 4_37_37
中唐・翰苑 10_125_19
中唐・翰苑 15_190_16

## 諧

漢 カイ
訓 やわらぐ

中唐・翰苑 32_408_6
五代・大毗盧經 14_169_16

## 諜

チョウ
訓 まわしもの

中唐・翰苑 3_22_2

## 謂

イ
訓 いう

初唐・古文尚書 8_63_13
初唐・古文尚書 12_104_28
初唐・古文尚書 12_106_8
初唐・古文尚書 13_123_17
初唐・古文尚書 14_134_10
初唐・古文尚書 16_151_6
初唐・古文尚書 24_238_27
初唐・古文尚書 38_369_1

初唐・古文尚書 40_386_29
初唐・古文尚書 41_397_21
初唐・古文尚書 42_404_23
初唐・古文尚書 43_420_5
初唐・古文尚書 44_428_6
初唐・古文尚書 44_428_15
初唐・古文尚書 45_434_2
初唐・古文尚書 45_435_26

初唐・古文尚書 46_446_1
初唐・古文尚書 47_462_20
初唐・毛詩傳 1_4_5
初唐・毛詩傳 1_5_16
初唐・毛詩傳 1_9_28
初唐・毛詩傳 2_11_29
初唐・毛詩傳 2_15_20
初唐・毛詩傳 2_19_15

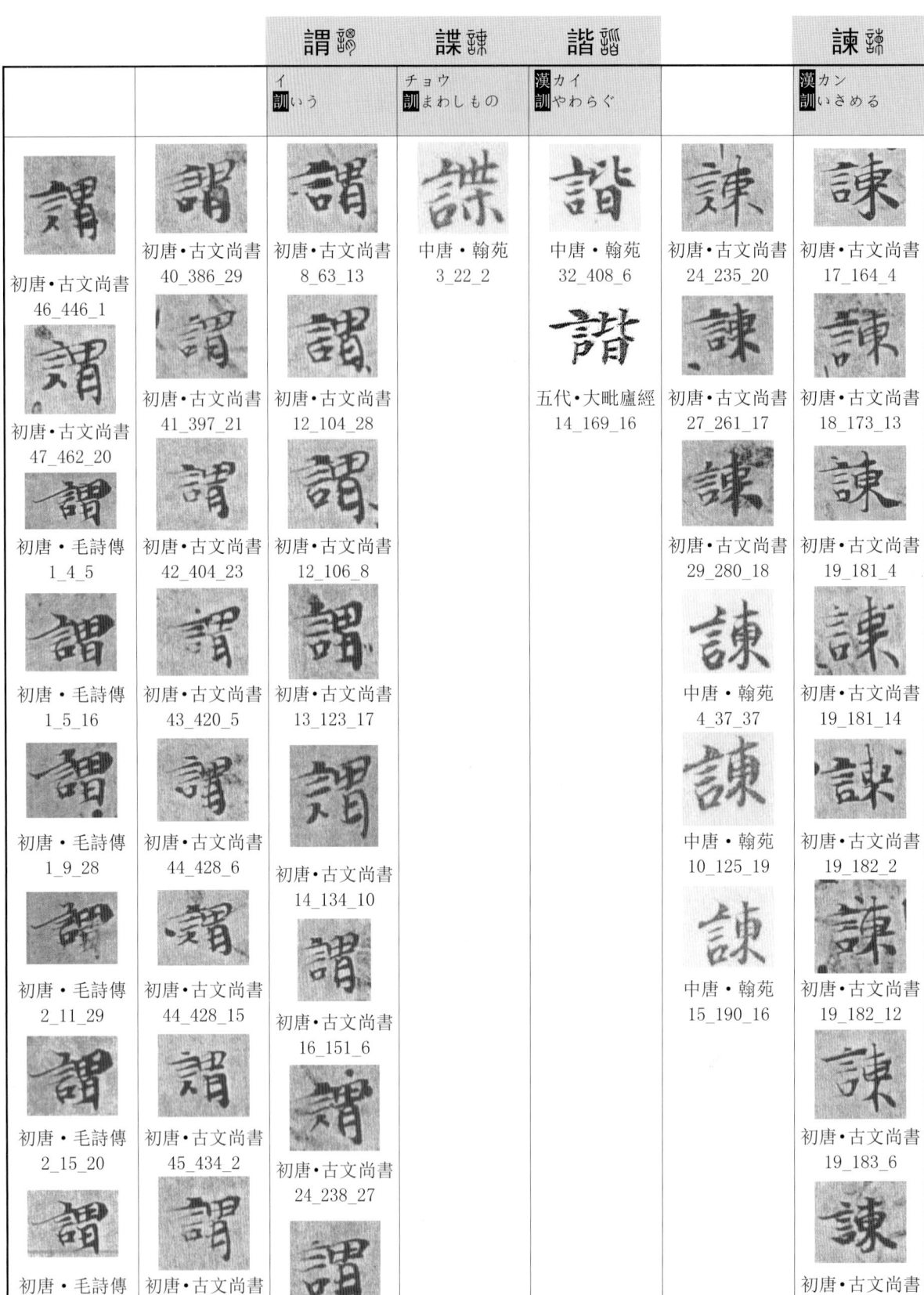

| | | | | | | |
|---|---|---|---|---|---|---|
| 初唐•禮記正義 12_189_5 | 初唐•禮記正義 10_158_9 | 初唐•禮記正義 6_89_22 | 初唐•禮記正義 5_74_22 | 初唐•禮記正義 2_19_23 | 初唐・毛詩傳 7_69_16 | 初唐・毛詩傳 4_44_13 |
| 初唐•禮記正義 12_191_21 | 初唐•禮記正義 10_162_19 | 初唐•禮記正義 6_95_2 | 初唐•禮記正義 5_75_2 | 初唐•禮記正義 2_27_16 | 初唐・毛詩傳 7_72_13 | 初唐・毛詩傳 5_48_28 |
| 初唐•禮記正義 12_195_1 | 初唐•禮記正義 10_163_13 | 初唐•禮記正義 7_98_13 | 初唐•禮記正義 5_75_12 | 初唐•禮記正義 2_31_17 | 初唐・毛詩傳 8_80_12 | 初唐・毛詩傳 5_54_17 |
| 初唐•禮記正義 12_195_21 | 初唐•禮記正義 11_169_6 | 初唐•禮記正義 7_101_14 | 初唐•禮記正義 5_75_22 | 初唐•禮記正義 2_32_28 | 初唐・毛詩傳 8_82_9 | 初唐・毛詩傳 5_54_22 |
| 初唐•禮記正義 13_199_10 | 初唐•禮記正義 11_170_11 | 初唐•禮記正義 8_114_8 | 初唐•禮記正義 5_75_31 | 初唐•禮記正義 3_46_20 | 初唐•禮記正義 1_2_16 | 初唐・毛詩傳 5_54_29 |
| 初唐•禮記正義 13_200_22 | 初唐•禮記正義 11_174_24 | 初唐•禮記正義 8_118_5 | 初唐•禮記正義 5_76_9 | 初唐•禮記正義 3_49_8 | 初唐•禮記正義 1_9_20 | 初唐・毛詩傳 6_61_6 |
| 初唐•禮記正義 13_207_23 | 初唐•禮記正義 12_180_18 | 初唐•禮記正義 8_119_10 | 初唐•禮記正義 5_76_20 | 初唐•禮記正義 4_57_10 | 初唐•禮記正義 2_17_17 | 初唐・毛詩傳 6_62_23 |
| 初唐•禮記正義 14_213_1 | 初唐•禮記正義 12_183_20 | 初唐•禮記正義 10_150_3 | 初唐•禮記正義 5_76_30 | 初唐•禮記正義 5_74_10 | 初唐•禮記正義 2_17_24 | 初唐・毛詩傳 6_63_30 |

初唐•禮記正義
14_216_4

初唐•禮記正義
14_218_26

初唐•禮記正義
14_220_4

初唐•禮記正義
15_226_20

初唐•禮記正義
16_241_25

初唐•禮記正義
16_244_11

初唐•禮記正義
16_248_24

初唐•禮記正義
16_249_5

初唐•禮記正義
18_276_24

初唐•禮記正義
18_281_11

初唐•禮記正義
19_287_26

初唐•禮記正義
19_288_12

初唐•禮記正義
19_294_25

初唐•禮記正義
19_295_6

初唐•禮記正義
20_296_3

初唐•禮記正義
20_305_28

初唐•禮記正義
20_309_25

初唐•禮記正義
21_311_19

初唐•禮記正義
21_317_23

初唐•禮記正義
21_319_19

初唐•禮記正義
21_320_13

初唐•禮記正義
21_320_21

初唐•禮記正義
21_325_14

初唐•禮記正義
22_329_1

初唐•禮記正義
22_336_18

初唐•禮記正義
22_339_4

初唐•禮記正義
22_339_15

初唐•禮記正義
23_344_14

初唐•禮記正義
23_344_26

初唐•禮記正義
23_345_5

初唐•禮記正義
23_345_12

初唐•禮記正義
24_364_6

初唐•禮記正義
24_366_2

初唐•禮記正義
25_375_22

初唐•禮記正義
25_385_15

初唐•禮記正義
25_386_2

初唐•禮記正義
25_387_23

初唐•禮記正義
25_389_6

初唐•禮記正義
26_390_15

初唐•禮記正義
26_390_27

初唐•禮記正義
26_394_25

初唐•禮記正義
26_396_11

初唐•禮記正義
26_398_10

初唐•禮記正義
28_430_1

初唐•禮記正義
28_432_4

初唐•禮記正義
28_438_6

初唐•禮記正義
28_441_1

初唐•禮記正義
29_454_11

初唐•禮記正義
29_456_20

初唐•禮記正義
29_459_10

初唐•禮記正義
30_460_16

初唐•禮記正義
30_471_12

中唐・翰苑
2_11_31

中唐・翰苑
3_31_2

諸官号
中唐・翰苑
3_32_21

中唐・翰苑
4_48_41

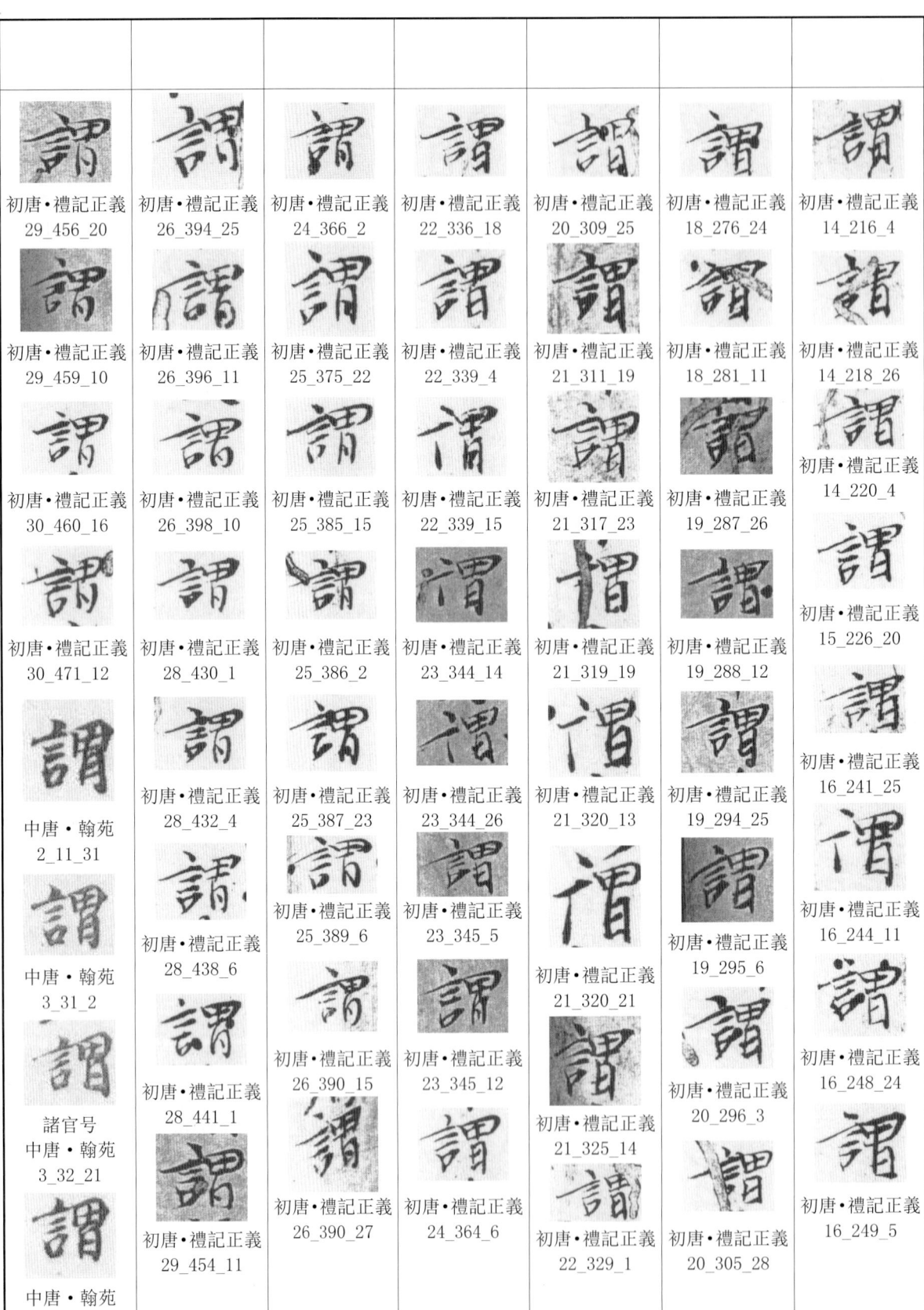

中唐・翰苑 4_49_14

中唐・翰苑 7_83_16

中唐・翰苑 7_85_10

中唐・翰苑 8_99_16

謂見 中唐・翰苑 9_112_5

中唐・翰苑 14_176_7

中唐・翰苑 19_245_6

中唐・翰苑 21_272_6

中唐・翰苑 21_272_33

中唐・翰苑 21_276_42

中唐・翰苑 23_300_27

中唐・翰苑 24_322_21

中唐・翰苑 25_324_10

中唐・翰苑 25_327_16

中唐・翰苑 27_351_4

中唐・翰苑 30_391_2

中唐・翰苑 32_412_7

中唐・翰苑 34_437_43

謂者宗均 中唐・翰苑 34_443_7

中唐・翰苑 35_449_3

中唐・翰苑 36_469_29

中唐・翰苑 38_488_10

中唐・翰苑 39_497_6

中唐・翰苑 39_501_20

中唐・翰苑 41_523_32

中唐・翰苑 44_556_26

中唐・翰苑 45_569_4

中唐・翰苑 45_570_12

晚唐•摩訶止觀 14_127_23

晚唐•摩訶止觀 16_138_1

晚唐•摩訶止觀 19_167_21

晚唐•摩訶止觀 20_171_22

晚唐•摩訶止觀 20_172_1

晚唐•摩訶止觀 28_240_7

晚唐•摩訶止觀 28_247_2

晚唐•摩訶止觀 29_248_12

晚唐•摩訶止觀 29_250_25

晚唐•摩訶止觀 29_252_5

晚唐•摩訶止觀 36_314_16

晚唐•摩訶止觀 36_315_3

晚唐•摩訶止觀 37_317_2

晚唐•摩訶止觀 37_318_21

晚唐•摩訶止觀 37_319_17

晚唐•摩訶止觀 37_321_10

晚唐•摩訶止觀 37_322_23

晚唐•摩訶止觀 37_323_4

晚唐•摩訶止觀 37_324_1

晚唐•摩訶止觀 39_333_10

晚唐•摩訶止觀 39_335_23

晚唐•摩訶止觀 40_346_20

晚唐•摩訶止觀 40_347_8

晚唐•摩訶止觀 40_347_27

晚唐•摩訶止觀 44_380_1

晚唐•摩訶止觀 44_382_28

晚唐•摩訶止觀 46_393_19

晚唐•摩訶止觀 46_394_26

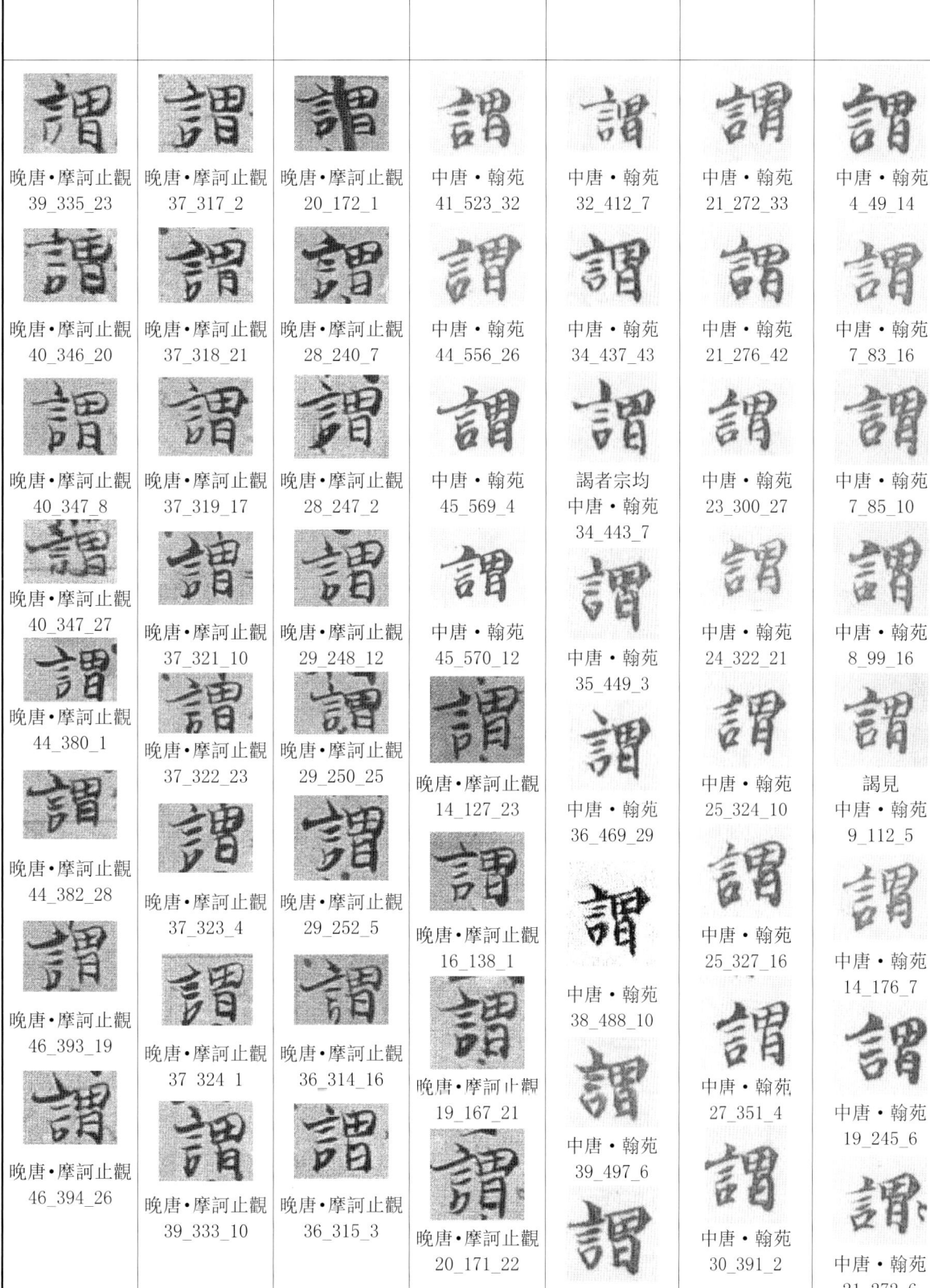

# 謁 𧩼

漢 エツ
訓 こう

中唐・翰苑 21_272_7
中唐・翰苑 31_396_21

五代・大毗盧經 64_803_2
五代・大毗盧經 66_824_9
五代・大毗盧經 67_833_8
五代・大毗盧經 67_840_7
五代・大毗盧經 71_867_1
五代・大毗盧經 72_881_17
五代・大毗盧經 73_896_5
五代・大毗盧經 93_1145_9

五代・大毗盧經 54_658_1
五代・大毗盧經 55_671_29
五代・大毗盧經 55_671_50
五代・大毗盧經 55_679_7
五代・大毗盧經 56_690_22
五代・大毗盧經 57_700_8
五代・大毗盧經 58_712_17
五代・大毗盧經 58_717_32

五代・大毗盧經 42_504_8
五代・大毗盧經 42_507_20
五代・大毗盧經 42_508_3
五代・大毗盧經 47_579_6
五代・大毗盧經 49_601_16
五代・大毗盧經 51_626_19
五代・大毗盧經 51_628_14
五代・大毗盧經 53_652_17

五代・大毗盧經 15_189_7
五代・大毗盧經 15_189_25
五代・大毗盧經 15_191_17
五代・大毗盧經 17_225_6
五代・大毗盧經 18_227_6
五代・大毗盧經 24_309_11
五代・大毗盧經 29_369_7
五代・大毗盧經 32_398_34

五代・大毗盧經 6_71_2
五代・大毗盧經 6_73_20
五代・大毗盧經 7_84_39
五代・大毗盧經 7_87_7
五代・大毗盧經 8_94_17
五代・大毗盧經 9_103_22
五代・大毗盧經 11_134_1
五代・大毗盧經 11_139_6

晚唐・摩訶止觀 46_396_23
晚唐・摩訶止觀 48_409_1
晚唐・摩訶止觀 51_432_3
晚唐・摩訶止觀 51_432_10
晚唐・摩訶止觀 57_486_6
晚唐・摩訶止觀 57_486_22
晚唐・摩訶止觀 62_521_10
五代・密教部類 6_89_26

## 諭 䄙

ユ
訓さとす

中唐・翰苑 4_36_32
中唐・翰苑 10_124_3

## 諦 諦

漢テイ 呉タイ
訓つまびらか

初唐・般若經 8_114_10
初唐・般若經 8_114_15
初唐・般若經 9_116_2
初唐・般若經 9_117_14
初唐・般若經 9_118_4
初唐・般若經 9_119_10
初唐・般若經 22_325_17
初唐・般若經 22_326_5

初唐・般若經 22_327_11
初唐・般若經 22_329_8
初唐・般若經 22_329_15
初唐・般若經 22_331_6
晚唐•摩訶止觀 8_67_10
晚唐•摩訶止觀 14_122_23
晚唐•摩訶止觀 14_123_19
晚唐•摩訶止觀 14_124_2

晚唐•摩訶止觀 23_199_24
晚唐•摩訶止觀 23_200_2
晚唐•摩訶止觀 23_200_6
晚唐•摩訶止觀 23_200_23
晚唐•摩訶止觀 23_200_28
晚唐•摩訶止觀 23_201_4
晚唐•摩訶止觀 23_201_21
晚唐•摩訶止觀 23_201_26

晚唐•摩訶止觀 23_202_3
晚唐•摩訶止觀 23_202_15
晚唐•摩訶止觀 23_202_21
晚唐•摩訶止觀 28_239_19
晚唐•摩訶止觀 28_239_27
晚唐•摩訶止觀 28_242_18
晚唐•摩訶止觀 28_246_15
晚唐•摩訶止觀 29_253_12

晚唐•摩訶止觀 30_258_8
晚唐•摩訶止觀 30_258_13
晚唐•摩訶止觀 30_259_2
晚唐•摩訶止觀 30_260_6
晚唐•摩訶止觀 30_262_11
晚唐•摩訶止觀 30_264_13
晚唐•摩訶止觀 31_270_23
晚唐•摩訶止觀 31_271_10

晚唐•摩訶止觀 32_276_9
晚唐•摩訶止觀 32_276_19
晚唐•摩訶止觀 32_277_13
晚唐•摩訶止觀 32_278_2
晚唐•摩訶止觀 32_280_9
晚唐•摩訶止觀 32_282_5
晚唐•摩訶止觀 33_284_28
晚唐•摩訶止觀 36_308_16

## 謎 䜃 　 諮

| 謎 | 諮 |
|---|---|
| 慣メイ 漢ベイ 訓なぞ | シ 訓はかる |

**謎**

五代・大毗盧經 4_44_6

五代・大毗盧經 10_118_20

五代・大毗盧經 10_119_5

五代・大毗盧經 32_401_12

五代・大毗盧經 32_401_24

五代・大毗盧經 33_406_9

**諮**

初唐・禮記正義 28_428_18

五代・大毗盧經 39_453_1

五代・大毗盧經 39_466_5

五代・大毗盧經 50_606_4

五代・大毗盧經 67_838_14

五代・大毗盧經 91_1113_25

五代・大毗盧經 7_88_1

五代・大毗盧經 9_103_5

五代・大毗盧經 11_130_3

五代・大毗盧經 13_155_11

五代・大毗盧經 15_198_7

五代・大毗盧經 29_368_6

五代・大毗盧經 29_368_25

晚唐・摩訶止觀 51_434_27

晚唐・摩訶止觀 58_489_13

晚唐・摩訶止觀 58_489_15

晚唐・摩訶止觀 58_491_13

晚唐・摩訶止觀 61_518_19

晚唐・摩訶止觀 62_519_2

五代・大毗盧經 2_21_5

五代・大毗盧經 6_69_10

晚唐・摩訶止觀 44_376_12

晚唐・摩訶止觀 44_378_9

晚唐・摩訶止觀 45_384_27

晚唐・摩訶止觀 45_385_9

晚唐・摩訶止觀 46_393_21

晚唐・摩訶止觀 47_401_8

晚唐・摩訶止觀 50_427_24

晚唐・摩訶止觀 50_429_8

晚唐・摩訶止觀 37_317_9

晚唐・摩訶止觀 37_317_12

晚唐・摩訶止觀 38_329_26

晚唐・摩訶止觀 42_358_24

晚唐・摩訶止觀 42_362_6

晚唐・摩訶止觀 43_368_4

晚唐・摩訶止觀 43_368_27

晚唐・摩訶止觀 43_369_26

キ
訓 いむ

| 1 | 2 | 3 | 4 | 5 | 6 | 7 |
|---|---|---|---|---|---|---|
| 初唐•禮記正義 1_5_7 | 初唐•禮記正義 1_13_14 | 初唐•禮記正義 1_15_27 | 初唐•禮記正義 2_20_14 | 初唐•禮記正義 2_23_19 | 初唐•禮記正義 2_26_23 | 初唐•禮記正義 2_29_24 |
| 初唐•禮記正義 1_6_16 | 初唐•禮記正義 1_13_21 | 初唐•禮記正義 1_16_12 | 初唐•禮記正義 2_20_23 | 初唐•禮記正義 2_23_27 | 初唐•禮記正義 2_26_28 | 初唐•禮記正義 2_29_31 |
| 初唐•禮記正義 1_6_26 | 初唐•禮記正義 1_13_28 | 初唐•禮記正義 1_16_23 | 初唐•禮記正義 2_21_6 | 初唐•禮記正義 2_24_19 | 初唐•禮記正義 2_27_10 | 初唐•禮記正義 2_30_20 |
| 初唐•禮記正義 1_7_18 | 初唐•禮記正義 1_14_7 | 初唐•禮記正義 2_17_1 | 初唐•禮記正義 2_21_13 | 初唐•禮記正義 2_24_22 | 初唐•禮記正義 2_28_9 | 初唐•禮記正義 2_30_27 |
| 初唐•禮記正義 1_8_26 | 初唐•禮記正義 1_14_26 | 初唐•禮記正義 2_17_6 | 初唐•禮記正義 2_21_21 | 初唐•禮記正義 2_24_25 | 初唐•禮記正義 2_28_25 | 初唐•禮記正義 2_33_21 |
| 初唐•禮記正義 1_9_13 | 初唐•禮記正義 1_15_5 | 初唐•禮記正義 2_19_8 | 初唐•禮記正義 2_22_8 | 初唐•禮記正義 2_25_7 | 初唐•禮記正義 2_28_29 | 初唐•禮記正義 2_33_28 |
| 初唐•禮記正義 1_9_25 | 初唐•禮記正義 1_15_11 | 初唐•禮記正義 2_19_16 | 初唐•禮記正義 2_22_21 | 初唐•禮記正義 2_26_7 | 初唐•禮記正義 2_29_12 | 初唐•禮記正義 3_34_16 |
| 初唐•禮記正義 1_12_21 | 初唐•禮記正義 1_15_18 | 初唐•禮記正義 2_19_21 | 初唐•禮記正義 2_23_3 | 初唐•禮記正義 2_26_10 | 初唐•禮記正義 2_29_20 | 初唐•禮記正義 26_407_16 |

## 謙

ケン
訓へりくだる

初唐•古文尚書
16_150_25

初唐•古文尚書
44_429_14

初唐•禮記正義
13_201_17

初唐•禮記正義
13_204_16

初唐•禮記正義
27_425_25

初唐•禮記正義
28_434_4

## 謝

漢シャ
訓あやまる

中唐・翰苑
42_542_8

晚唐•摩訶止觀
43_372_20

五代•大毗盧經
22_285_11

## 謡

ヨウ
訓うたい

中唐・翰苑
41_521_11

## 諂

漢トウ
訓うたがう

中唐・翰苑
41_527_20

## 講

現コウ
訓はかる

遂奔買溝
中唐・翰苑
22_293_35

同謀
中唐・翰苑
41_527_17

晚唐•摩訶止觀
3_26_7

## 謨

漢ボ呉モ
訓はかる

初唐•古文尚書
36_342_7

五代•大毗盧經
7_86_2

五代•大毗盧經
13_160_2

五代•大毗盧經
15_186_20

五代•大毗盧經
22_284_20

五代•大毗盧經
26_336_26

五代•大毗盧經
59_723_14

五代•密教部類
2_22_19

| 譖 | 警 | 謬 | | 謹 | 謳 | 謗 |
|---|---|---|---|---|---|---|
| シン、セン<br>訓そしる | キョウ漢現ケイ<br>訓いましめる | 慣ビョウ漢ビュウ呉ミュウ<br>訓あやまる | | 漢現キン<br>訓つつしむ | 漢オウ呉ウ<br>訓うたう | ホウ慣ボウ<br>訓そしる |
| <br>初唐•古文尚書<br>46_452_7 | <br>初唐•古文尚書<br>19_176_33<br><br>五代•大毗盧經<br>9_105_1 | <br>初唐•古文尚書<br>38_362_3<br><br>晚唐•摩訶止觀<br>29_251_26<br><br>晚唐•摩訶止觀<br>29_252_24<br><br>晚唐•摩訶止觀<br>29_255_4<br><br>晚唐•摩訶止觀<br>47_405_28<br><br>五代•大毗盧經<br>82_999_26 | <br>中唐 • 翰苑<br>2_21_38<br><br>中唐 • 翰苑<br>17_216_17 | <br>初唐•古文尚書<br>6_49_14<br><br>初唐•古文尚書<br>6_49_29<br>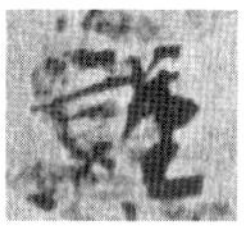<br>初唐•古文尚書<br>32_302_16<br><br>初唐•古文尚書<br>38_366_14<br><br>初唐•禮記正義<br>10_162_5<br><br>初唐•禮記正義<br>27_410_27<br><br>初唐•禮記正義<br>29_455_18<br><br>初唐•禮記正義<br>29_456_8 | <br>中唐 • 翰苑<br>39_504_27 | <br>晚唐•摩訶止觀<br>56_471_13<br><br>晚唐•摩訶止觀<br>57_485_6<br><br>五代•大毗盧經<br>97_1185_6 |

## 譚

漢タン 吳ダン
訓はなし

- 中唐・翰苑 3_24_1
- 中唐・翰苑 3_25_15
- 中唐・翰苑 3_27_38

## 識

シ 吳シキ 漢ショク
訓しる

- 初唐・古文尚書 32_299_1
- 初唐・禮記正義 1_7_9
- 初唐・般若經 2_7_9
- 初唐・般若經 2_7_15
- 初唐・般若經 2_9_3
- 初唐・般若經 3_27_5
- 初唐・般若經 4_35_5
- 初唐・般若經 4_43_5

- 初唐・般若經 5_51_5
- 初唐・般若經 5_59_5
- 初唐・般若經 6_67_5
- 初唐・般若經 6_75_6
- 初唐・般若經 6_75_14
- 初唐・般若經 6_77_4
- 初唐・般若經 6_81_15
- 初唐・般若經 14_212_15

- 初唐・般若經 15_213_4
- 初唐・般若經 15_214_11
- 初唐・般若經 16_233_17
- 初唐・般若經 16_242_8
- 初唐・般若經 17_250_16
- 初唐・般若經 17_259_6
- 初唐・般若經 18_267_14
- 初唐・般若經 18_276_5

- 初唐・般若經 19_284_14
- 初唐・般若經 19_285_5
- 初唐・般若經 19_286_14
- 初唐・般若經 19_291_14
- 中唐・翰苑 19_243_10
- 晚唐・摩訶止觀 1_6_15
- 晚唐・摩訶止觀 2_16_14
- 晚唐・摩訶止觀 14_127_16

- 晚唐・摩訶止觀 28_243_19
- 晚唐・摩訶止觀 29_249_23
- 晚唐・摩訶止觀 30_262_21
- 晚唐・摩訶止觀 35_306_26
- 晚唐・摩訶止觀 42_360_1
- 晚唐・摩訶止觀 43_373_20
- 晚唐・摩訶止觀 45_390_20
- 晚唐・摩訶止觀 54_456_13

- 晚唐・摩訶止觀 58_491_16
- 晚唐・摩訶止觀 58_492_3
- 晚唐・摩訶止觀 60_510_3
- 五代・大毗盧經 3_29_14
- 五代・大毗盧經 4_46_21
- 五代・大毗盧經 51_630_12
- 五代・大毗盧經 92_1128_11

## 證

ショウ漢 セイ呉 ショウ
訓 あかし

初唐•禮記正義 3_40_29

初唐•禮記正義 28_434_16

初唐•禮記正義 29_450_25

初唐•禮記正義 30_464_7

晚唐•摩訶止觀 4_30_17

晚唐•摩訶止觀 5_42_2

晚唐•摩訶止觀 6_53_11

晚唐•摩訶止觀 10_87_10

晚唐•摩訶止觀 10_89_13

晚唐•摩訶止觀 10_91_17

晚唐•摩訶止觀 11_93_5

晚唐•摩訶止觀 11_93_21

晚唐•摩訶止觀 11_94_18

晚唐•摩訶止觀 11_95_15

晚唐•摩訶止觀 11_96_10

晚唐•摩訶止觀 11_97_3

晚唐•摩訶止觀 11_97_20

晚唐•摩訶止觀 11_98_7

晚唐•摩訶止觀 11_99_5

晚唐•摩訶止觀 11_100_2

晚唐•摩訶止觀 12_102_16

晚唐•摩訶止觀 13_111_12

晚唐•摩訶止觀 36_309_7

晚唐•摩訶止觀 37_321_21

晚唐•摩訶止觀 37_322_8

晚唐•摩訶止觀 37_322_15

晚唐•摩訶止觀 37_322_28

晚唐•摩訶止觀 37_323_20

晚唐•摩訶止觀 37_324_6

晚唐•摩訶止觀 45_388_2

五代•密教部類 3_32_14

五代•密教部類 3_34_29

五代•大毗盧經 9_103_24

五代•大毗盧經 10_123_1

五代•大毗盧經 16_204_36

五代•大毗盧經 18_231_15

五代•大毗盧經 30_378_5

五代•大毗盧經 42_507_22

五代•大毗盧經 42_510_20

五代•大毗盧經 55_671_25

五代•大毗盧經 77_933_16

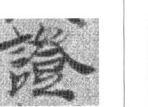

五代•大毗盧經 86_1060_33

五代•大毗盧經 98_1212_3

## 譏

漢 キ
訓 そしる

初唐•禮記正義 1_2_13

初唐•禮記正義 8_119_5

初唐•禮記正義 8_121_12

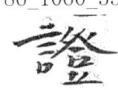

初唐•禮記正義 9_141_18

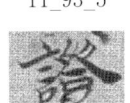

初唐•禮記正義 9_142_7

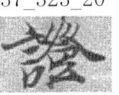

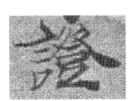

初唐・十誦律 1_7_4

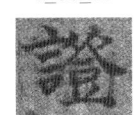

吳 現ゴ 漢コ
訓ひきいる

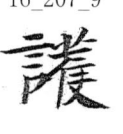

初唐・古文尚書 18_171_27
中唐・翰苑 3_25_20
中唐・翰苑 5_61_40
中唐・翰苑 12_150_17
中唐・翰苑 12_152_5
中唐・翰苑 15_187_39
晚唐・摩訶止觀 24_208_27
五代・密教部類 2_20_16

五代・大毗盧經 2_5_20
五代・大毗盧經 2_13_14
五代・大毗盧經 8_95_9
五代・大毗盧經 8_97_3
五代・大毗盧經 8_100_27
五代・大毗盧經 9_106_23
五代・大毗盧經 10_123_4
五代・大毗盧經 14_182_15

五代・大毗盧經 14_184_6
五代・大毗盧經 15_188_17
五代・大毗盧經 15_189_35
五代・大毗盧經 16_207_9
五代・大毗盧經 17_222_10
五代・大毗盧經 17_224_4
五代・大毗盧經 18_236_5
五代・大毗盧經 18_236_14

五代・大毗盧經 18_236_20
五代・大毗盧經 19_238_14
五代・大毗盧經 19_239_20
五代・大毗盧經 19_242_5
五代・大毗盧經 19_244_15
五代・大毗盧經 19_247_5
五代・大毗盧經 19_248_7
五代・大毗盧經 19_252_4

五代・大毗盧經 24_309_18
五代・大毗盧經 29_371_23
五代・大毗盧經 39_454_19
五代・大毗盧經 50_613_13
五代・大毗盧經 50_613_15
五代・大毗盧經 54_658_36
五代・大毗盧經 54_663_17
五代・大毗盧經 56_684_2

五代・大毗盧經 56_686_30
五代・大毗盧經 56_687_7
五代・大毗盧經 57_693_29
五代・大毗盧經 64_795_2
五代・大毗盧經 83_1008_28
五代・大毗盧經 89_1085_24
五代・大毗盧經 89_1085_26

五代・大毗盧經 95_1163_10
五代・大毗盧經 96_1173_17
五代・大毗盧經 98_1209_5
五代・大毗盧經 94_1152_19

| | | | 議 | | 譯 | 譴 |
|---|---|---|---|---|---|---|
| | | | ギ 訓はかる | | 呉ヤク 漢エキ 訓わけ | ケン 訓せめる |
| 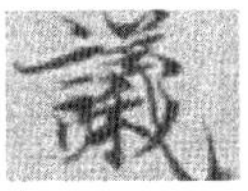 晚唐•摩訶止觀 49_417_8 |  中唐・般若經 5_73_2 |  中唐・翰苑 8_102_33 |  初唐・般若經 8_110_10 |  五代•密教部類 3_34_36 |  中唐・翰苑 17_217_21 |  中唐・翰苑 12_147_22 |
| 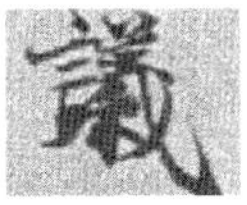 晚唐•摩訶止觀 51_433_5 | 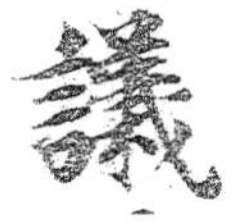 中唐・般若經 5_75_12 |  中唐・翰苑 9_112_38 |  初唐・般若經 8_111_3 |  五代•密教部類 4_51_30 |  中唐・翰苑 31_402_9 | |
|  晚唐•摩訶止觀 53_447_2 |  中唐・般若經 6_78_6 |  中唐・翰苑 10_121_9 |  初唐・般若經 8_112_13 |  五代•密教部類 1_4_11 |  中唐・翰苑 35_451_17 | |
|  晚唐•摩訶止觀 53_452_1 |  中唐・般若經 6_81_8 |  中唐・翰苑 10_123_36 |  初唐・般若經 21_321_15 | |  中唐・翰苑 35_451_37 | |
|  晚唐•摩訶止觀 54_455_23 |  晚唐•摩訶止觀 4_30_1 |  中唐・翰苑 22_285_29 |  初唐・般若經 21_322_8 | | 中唐・翰苑 35_454_6 | |
|  晚唐•摩訶止觀 54_456_2 |  晚唐•摩訶止觀 12_110_11 |  中唐・翰苑 33_429_36 | 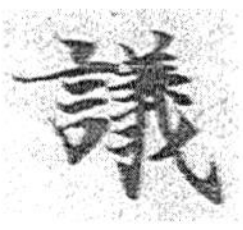 初唐・般若經 21_324_2 | | 中唐・翰苑 35_455_19 | |
|  晚唐•摩訶止觀 58_489_8 |  晚唐•摩訶止觀 30_258_22 |  中唐・翰苑 35_446_14 |  中唐・翰苑 3_30_21 | | 中唐・翰苑 41_520_3 | |
|  五代•密教部類 6_88_16 | 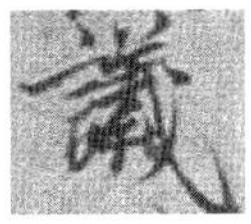 晚唐•摩訶止觀 35_305_18 |  中唐・般若經 5_70_9 |  中唐・翰苑 4_42_17 | | | |

| 讒 | 識 | 讀 | | | 譬 | |
|---|---|---|---|---|---|---|
| 漢サン呉ザン<br>訓そしる | シン<br>訓しるし | 漢現トク呉現ドク<br>訓よむ | | | ヒ<br>訓たとえる | |
| <br>初唐•古文尚書<br>15_143_9 | <br>中唐・翰苑<br>4_49_2 | <br>初唐・毛詩傳<br>3_30_9 | <br>晚唐•摩訶止觀<br>46_396_10 | <br>晚唐•摩訶止觀<br>23_195_11 | <br>中唐・翰苑<br>6_68_32 | <br>五代•大毗盧經<br>30_377_19 |
| | | <br>初唐•禮記正義<br>17_264_20 | <br>晚唐•摩訶止觀<br>49_415_26 | <br>晚唐•摩訶止觀<br>23_195_14 | <br>晚唐•摩訶止觀<br>5_39_7 | <br>五代•大毗盧經<br>51_623_8 |
| | | <br>中唐・翰苑<br>25_327_20 | <br>晚唐•摩訶止觀<br>52_440_19 | <br>晚唐•摩訶止觀<br>23_195_19 | <br>晚唐•摩訶止觀<br>9_76_15 | <br>五代•大毗盧經<br>53_654_3 |
| | | | <br>晚唐•摩訶止觀<br>54_456_25 | <br>晚唐•摩訶止觀<br>23_196_1 | <br>晚唐•摩訶止觀<br>9_80_18 | <br>五代•大毗盧經<br>54_659_3 |
| | | | <br>晚唐•摩訶止觀<br>60_509_13 | <br>晚唐•摩訶止觀<br>23_196_12 | 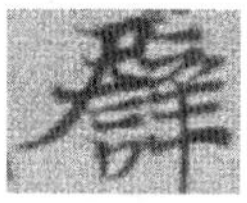<br>晚唐•摩訶止觀<br>12_106_17 | <br>五代•大毗盧經<br>54_666_14 |
| | | | <br>晚唐•摩訶止觀<br>60_509_16 | <br>晚唐•摩訶止觀<br>40_346_15 | <br>晚唐•摩訶止觀<br>12_107_11 | <br>五代•大毗盧經<br>57_698_3 |
| | | | | <br>晚唐•摩訶止觀<br>40_347_1 | <br>晚唐•摩訶止觀<br>22_194_25 | |
| | | | | <br>晚唐•摩訶止觀<br>40_347_5 | <br>晚唐•摩訶止觀<br>23_195_7 | |

## 讓

漢ジョウ
訓ゆずる

初唐•古文尚書
20_196_12

初唐•禮記正義
28_436_26

中唐・翰苑
7_79_4

中唐・翰苑
17_219_3

中唐・翰苑
19_246_22

中唐・翰苑
35_449_22

## 讚

サン
訓ほめる

初唐・十誦律
3_51_2

初唐・十誦律
3_51_6

初唐・十誦律
4_69_11

初唐・十誦律
4_69_13

初唐・十誦律
4_69_16

初唐・十誦律
4_70_1

中唐・翰苑
32_414_12

中唐・翰苑
32_414_17

五代•密教部類
2_21_4

五代•大毗盧經
3_24_16

五代•大毗盧經
3_24_24

五代•大毗盧經
22_281_19

# 辛部

## 辛 辛

シン
訓からい

初唐•禮記正義
3_44_2

初唐•禮記正義
3_45_1

初唐•禮記正義
3_47_22

初唐•禮記正義
3_49_5

初唐•禮記正義
4_50_11

初唐•禮記正義
8_128_8

初唐•禮記正義
9_133_15

初唐•禮記正義
9_133_20

初唐•禮記正義
9_133_29

初唐•禮記正義
9_134_8

初唐•禮記正義
9_134_13

初唐•禮記正義
24_365_12

中唐 • 翰苑
23_306_2

中唐 • 翰苑
33_427_13

中唐 • 翰苑
43_552_22

晚唐•摩訶止觀
48_409_16

## 辜 辜

コ
訓つみ

初唐•古文尚書
23_224_15

初唐•古文尚書
27_265_3

初唐•古文尚書
27_265_22

初唐•古文尚書
39_374_4

初唐•古文尚書
40_387_10

初唐•古文尚書
40_388_26

初唐•古文尚書
40_391_27

初唐•古文尚書
41_394_9

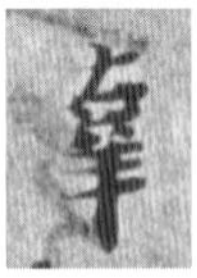
初唐•古文尚書
41_395_18

初唐•古文尚書
43_419_1

## 辟 辟

漢ヘキ 漢ヘイ
訓つみ

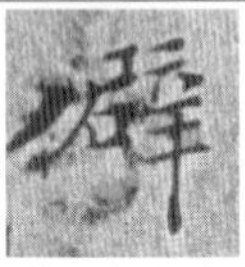
初唐•古文尚書
38_367_13

初唐•古文尚書
45_442_21

初唐•古文尚書
46_444_2

初唐•古文尚書
46_445_7

初唐•古文尚書
46_446_11

初唐•古文尚書
46_447_31

初唐•古文尚書
46_450_1

初唐•禮記正義
12_186_6

| | | 辭 | 辦 | | 辨 | |
|---|---|---|---|---|---|---|
| | | 吳ジ漢シ 訓やめる | 漢ハン吳ベン 訓つとめる | | 吳ベン 訓わきまえる | |

初唐•古文尚書 48_468_21

初唐•古文尚書 48_469_22

初唐•古文尚書 49_476_24

初唐•古文尚書 49_478_31

初唐•禮記正義 2_20_7

初唐•禮記正義 4_59_3

初唐•禮記正義 6_93_15

初唐•禮記正義 6_93_27

初唐•古文尚書 45_435_2

初唐•古文尚書 45_437_24

初唐•古文尚書 46_452_10

初唐•古文尚書 46_453_6

初唐•古文尚書 47_459_7

初唐•古文尚書 47_459_18

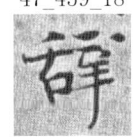

初唐•古文尚書 47_462_11

初唐•古文尚書 47_462_26

初唐•古文尚書 14_124_23

初唐•古文尚書 18_173_16

初唐•古文尚書 26_254_31

初唐•古文尚書 32_303_17

初唐•古文尚書 40_389_19

初唐•古文尚書 41_400_12

初唐•古文尚書 43_420_24

初唐•古文尚書 45_434_23

辦事加持身
五代•大毗盧經 97_1188_11

晚唐•摩訶止觀 25_217_23

晚唐•摩訶止觀 47_402_13

言辦
晚唐•摩訶止觀 51_432_25

辯才
五代•大毗盧經 30_376_31

辯才
五代•大毗盧經 85_1038_6

辯才
五代•大毗盧經 85_1041_6

五代•大毗盧經 96_1177_27

初唐•禮記正義 4_52_20

初唐•禮記正義 20_300_24

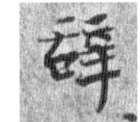

初唐•十誦律 11_203_9

初唐•十誦律 11_203_16

初唐•十誦律 11_206_10

晚唐•摩訶止觀 6_47_24

晚唐•摩訶止觀 22_187_27

晚唐•摩訶止觀 23_196_16

初唐•禮記正義 25_382_18

言語多好譬類
中唐•翰苑 40_512_29

中唐•翰苑 42_533_42

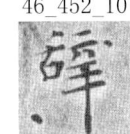

晚唐•摩訶止觀 47_402_19

五代•大毗盧經 15_188_11

五代•大毗盧經 71_873_19

五代•大毗盧經 71_875_8

五代•大毗盧經 71_875_13

# 辯 辯

| | | | | 呉 ベン<br>訓 わける | | |
|---|---|---|---|---|---|---|

中唐・翰苑
4_36_29

皆爲辨
中唐・翰苑
12_145_26

今烏滸人
中唐・翰苑
35_449_27

辮髮
中唐・翰苑
37_482_17

五代•大毗盧經
28_352_1

五代•大毗盧經
30_376_3

初唐•禮記正義
27_422_18

初唐•禮記正義
27_425_26

初唐•禮記正義
28_431_6

初唐•禮記正義
28_431_12

中唐・翰苑
17_217_24

中唐・翰苑
33_429_5

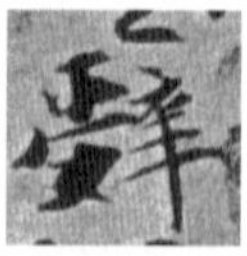
初唐•禮記正義
7_99_22

初唐•禮記正義
7_104_13

初唐•禮記正義
14_215_25

初唐•禮記正義
14_216_11

初唐•禮記正義
14_216_13

初唐•禮記正義
14_217_4

初唐•禮記正義
26_398_5

初唐•禮記正義
27_420_6

# 青部

## 青靑

漢現セイ唐チン
呉現ショウ
訓あお

初唐•古文尚書
2_10_24

中唐・翰苑
8_98_39

中唐・翰苑
14_185_27

中唐・翰苑
21_281_5

中唐・翰苑
24_310_15

中唐・翰苑
25_330_43

中唐・翰苑
28_360_22

中唐・翰苑
29_382_22

中唐・翰苑
40_513_42

中唐・翰苑
41_524_23

晚唐•摩訶止觀
1_6_6

晚唐•摩訶止觀
4_35_4

五代•大毗盧經
2_7_13

五代•大毗盧經
2_16_17

五代•大毗盧經
14_175_5

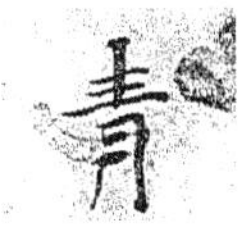
五代•大毗盧經
35_412_1

五代•大毗盧經
41_488_6

五代•大毗盧經
41_488_19

五代•大毗盧經
42_506_15

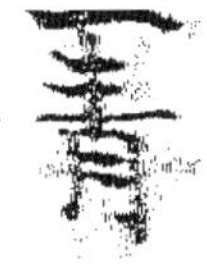
五代•大毗盧經
42_508_32

五代•大毗盧經
46_558_11

五代•大毗盧經
46_559_4

五代•大毗盧經
50_608_3

五代•大毗盧經
50_609_14

五代•大毗盧經
50_611_3

五代•大毗盧經
50_617_1

五代•大毗盧經
50_619_16

五代•大毗盧經
67_842_2

五代•大毗盧經
71_865_1

五代•大毗盧經
80_966_1

## 靖靖

漢セイ呉ジョウ
訓やすい

初唐•古文尚書
9_80_8

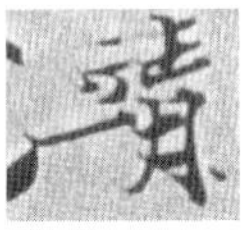
初唐•古文尚書
9_80_22

# 靜

漢現セイ 呉現ジョウ
訓しずまる

初唐・般若經 7_91_8

初唐・般若經 9_121_4

初唐・般若經 9_121_9

初唐・般若經 9_122_13

初唐・般若經 20_301_14

初唐・般若經 22_333_2

初唐・般若經 22_333_7

初唐・般若經 22_334_13

中唐・般若經 2_5_7

中唐・般若經 2_7_4

中唐・般若經 2_9_1

中唐・般若經 2_10_16

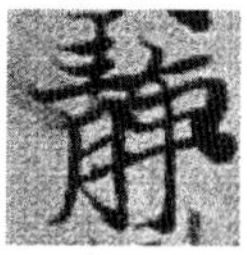
晚唐•摩訶止觀 1_2_4

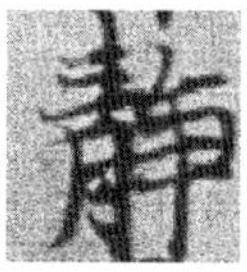
晚唐•摩訶止觀 35_307_27

五代•大毗盧經 38_449_2

# 長部

## 長

漢 チョウ
訓 ながい

初唐・古文尚書 1_6_20
初唐・古文尚書 3_20_22
初唐・古文尚書 4_31_10
初唐・古文尚書 7_54_9
初唐・古文尚書 9_76_10
初唐・古文尚書 10_89_3
初唐・古文尚書 10_90_2

初唐・古文尚書 12_113_7
初唐・古文尚書 12_113_20
初唐・古文尚書 14_132_12
初唐・古文尚書 15_136_13
初唐・古文尚書 15_136_27
初唐・古文尚書 15_138_7
初唐・古文尚書 16_150_5

初唐・古文尚書 16_152_16
初唐・古文尚書 16_153_11
初唐・古文尚書 17_158_27
初唐・古文尚書 20_187_18
初唐・古文尚書 22_214_11
初唐・古文尚書 23_218_15
初唐・古文尚書 23_222_13

初唐・古文尚書 23_222_18
初唐・古文尚書 23_228_11
初唐・古文尚書 24_236_25
初唐・古文尚書 24_237_4
初唐・古文尚書 28_273_2
初唐・古文尚書 28_273_27
初唐・古文尚書 33_313_8

初唐・古文尚書 34_320_32
初唐・古文尚書 37_351_18
初唐・古文尚書 39_375_21
初唐・古文尚書 44_423_13
初唐・古文尚書 44_430_17
初唐・古文尚書 48_464_20
初唐・古文尚書 48_471_12

初唐・毛詩傳 4_35_6
初唐・毛詩傳 5_55_20
初唐・毛詩傳 5_56_2
初唐・禮記正義 4_52_16
初唐・禮記正義 4_56_16
初唐・禮記正義 4_61_13
初唐・禮記正義 4_62_2

初唐•禮記正義 4_62_6
初唐•禮記正義 4_63_6
初唐•禮記正義 4_63_22
初唐•禮記正義 4_64_6
初唐•禮記正義 4_65_8
初唐•禮記正義 4_65_16
初唐•禮記正義 4_66_10

初唐•禮記正義 5_67_23
初唐•禮記正義 5_67_26
初唐•禮記正義 5_68_8
初唐•禮記正義 17_257_25
初唐•禮記正義 19_290_10
初唐•禮記正義 19_291_6
初唐•禮記正義 22_335_11

初唐•禮記正義 22_337_1
初唐•禮記正義 22_338_22
初唐•禮記正義 24_367_15
初唐•禮記正義 24_368_10
初唐•禮記正義 26_394_20
初唐•禮記正義 26_395_6
初唐•禮記正義 26_395_25

初唐•禮記正義 26_396_7
初唐•禮記正義 30_464_27
初唐•十誦律 2_15_8
初唐•十誦律 3_40_1
初唐•十誦律 3_43_8
初唐•十誦律 3_46_5
初唐•十誦律 4_59_17

初唐•十誦律 4_64_8
初唐•十誦律 4_65_16
初唐•十誦律 5_73_13
初唐•十誦律 6_97_6
初唐•十誦律 8_139_16
初唐•十誦律 9_160_8
初唐•十誦律 9_160_17

初唐•十誦律 10_177_15
初唐•十誦律 10_179_15
初唐•十誦律 10_181_15
初唐•十誦律 10_190_5
初唐•十誦律 19_369_2
中唐•翰苑 2_19_11
中唐•翰苑 2_19_38

中唐•翰苑 4_36_19
中唐•翰苑 4_37_31
中唐•翰苑 7_86_10
中唐•翰苑 7_88_22
中唐•翰苑 7_88_28
中唐•翰苑 7_88_30
中唐•翰苑 7_88_32

中唐·翰苑 7_90_3
中唐·翰苑 8_92_28
中唐·翰苑 8_103_17
中唐·翰苑 9_113_18
中唐·翰苑 10_123_26
中唐·翰苑 12_155_29
中唐·翰苑 12_157_38

中唐·翰苑 14_178_24
中唐·翰苑 14_179_17
中唐·翰苑 14_183_31
中唐·翰苑 14_184_42
中唐·翰苑 15_195_5
中唐·翰苑 15_200_24
中唐·翰苑 16_207_19

中唐·翰苑 16_212_5
中唐·翰苑 16_213_23
中唐·翰苑 18_229_20
中唐·翰苑 18_234_26
中唐·翰苑 18_234_30
中唐·翰苑 18_235_17
中唐·翰苑 19_247_21

中唐·翰苑 19_252_41
中唐·翰苑 20_262_35
中唐·翰苑 20_264_7
中唐·翰苑 21_277_15
中唐·翰苑 22_294_33
中唐·翰苑 22_295_31
中唐·翰苑 23_300_15

中唐·翰苑 23_306_37
中唐·翰苑 24_321_24
中唐·翰苑 25_329_38
中唐·翰苑 28_362_1
中唐·翰苑 28_362_38
中唐·翰苑 29_382_8
中唐·翰苑 29_382_17

中唐·翰苑 30_383_45
中唐·翰苑 30_387_8
中唐·翰苑 30_393_20
中唐·翰苑 32_416_7
中唐·翰苑 34_435_23
中唐·翰苑 34_436_2
中唐·翰苑 34_439_38

中唐·翰苑 35_446_9
中唐·翰苑 35_455_26
中唐·翰苑 36_461_28
中唐·翰苑 36_467_15
中唐·翰苑 37_472_15
中唐·翰苑 37_481_19
中唐·翰苑 37_482_16

| | | | | | | |
|---|---|---|---|---|---|---|
| | | | <br>五代•大毗盧經<br>27_343_33 | <br>中唐•翰苑<br>42_543_2 | <br>中唐•翰苑<br>39_506_3 | <br>中唐•翰苑<br>38_483_28 |
| | | | <br>五代•大毗盧經<br>36_428_12 | <br>中唐•翰苑<br>43_546_2 | <br>中唐•翰苑<br>40_512_40 | <br>中唐•翰苑<br>38_484_23 |
| | | | <br>五代•大毗盧經<br>43_523_21 | <br>中唐•翰苑<br>43_552_14 | <br>中唐•翰苑<br>40_518_5 | <br>中唐•翰苑<br>38_488_23 |
| | | | <br>五代•大毗盧經<br>50_618_19 | <br>中唐•翰苑<br>43_554_9 | <br>中唐•翰苑<br>41_521_4 | <br>中唐•翰苑<br>38_493_19 |
| | | | <br>五代•大毗盧經<br>80_970_3 | <br>晚唐•摩訶止觀<br>29_252_14 | <br>中唐•翰苑<br>41_527_41 | <br>中唐•翰苑<br>39_498_27 |
| | | | <br>五代•大毗盧經<br>82_996_2 | <br>五代•大毗盧經<br>9_105_13 | <br>中唐•翰苑<br>42_537_35 | <br>中唐•翰苑<br>39_502_3 |
| | | | <br>五代•大毗盧經<br>86_1060_28 | <br>五代•大毗盧經<br>15_189_37 | 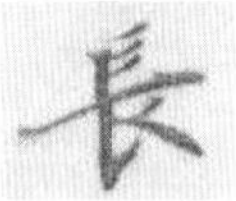<br>中唐•翰苑<br>42_540_30 | <br>中唐•翰苑<br>39_505_10 |

# 雨部

## 雨

現ウ
訓あめ

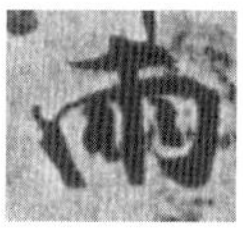
初唐•古文尚書
18_175_7

初唐•古文尚書
18_175_11

初唐•古文尚書
36_339_1

初唐•古文尚書
36_339_12

初唐•禮記正義
5_71_9

初唐・十誦律
3_45_4

初唐・十誦律
3_47_16

中唐・翰苑
9_108_19

中唐・翰苑
33_431_34

中唐・翰苑
35_453_15

中唐・翰苑
39_495_14

中唐・翰苑
41_519_1

晩唐•摩訶止觀
1_9_19

晩唐•摩訶止觀
9_81_19

晩唐•摩訶止觀
11_101_18

晩唐•摩訶止觀
12_103_2

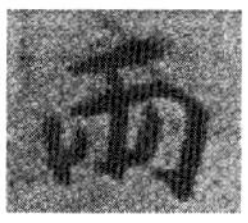
晩唐•摩訶止觀
14_127_1

晩唐•摩訶止觀
25_214_25

五代•大毗盧經
5_56_7

五代•大毗盧經
14_169_7

五代•大毗盧經
64_794_8

五代•大毗盧經
86_1051_32

五代•大毗盧經
86_1057_38

五代•大毗盧經
86_1057_40

## 雩

ウ
訓あまごい

初唐•禮記正義
3_49_13

中唐・翰苑
44_568_13

## 雪

漢現セツ呉セチ
訓ゆき

中唐・翰苑
9_108_20

中唐・翰苑
40_518_39

晩唐•摩訶止觀
11_99_11

晩唐•摩訶止觀
20_171_21

## 雲

現ウン
訓くも

初唐•古文尚書
5_41_12

初唐•古文尚書
5_41_17

初唐•古文尚書
5_46_17

中唐・翰苑
2_18_7

中唐・翰苑
3_26_9

中唐・翰苑
5_50_21

中唐・翰苑
5_54_39

中唐・翰苑
7_87_36

## 雹

漢ハク
訓ひょう

中唐・翰苑
15_197_37

---

晚唐•摩訶止觀
9_81_11

晚唐•摩訶止觀
15_128_11

晚唐•摩訶止觀
25_214_24

五代•大毗盧經
80_972_2

---

## 雷

漢現ライ
訓かみなり

初唐•古文尚書
1_3_24

初唐•古文尚書
1_4_7

初唐•禮記正義
14_223_13

中唐・翰苑
8_104_9

中唐・翰苑
9_106_35

中唐・翰苑
15_199_17

中唐・翰苑
35_453_14

中唐・翰苑
39_495_12

---

## 電

吳デン漢テン
訓いなずま

雹入其口
中唐・翰苑
15_200_1

晚唐•摩訶止觀
9_81_15

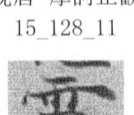

晚唐•摩訶止觀
43_373_5

五代•大毗盧經
14_178_10

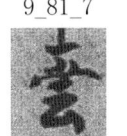

---

五代•大毗盧經
63_776_20

五代•大毗盧經
64_794_9

五代•大毗盧經
68_856_11

五代•大毗盧經
71_876_9

五代•大毗盧經
80_972_4

五代•大毗盧經
86_1057_22

五代•大毗盧經
86_1057_36

五代•大毗盧經
86_1058_15

---

中唐・翰苑
34_441_21

晚唐•摩訶止觀
9_81_7

晚唐•摩訶止觀
15_128_10

晚唐•摩訶止觀
32_275_16

五代•大毗盧經
5_56_4

五代•大毗盧經
13_168_20

五代•大毗盧經
14_169_5

五代•大毗盧經
20_263_34

---

中唐・翰苑
8_95_24

中唐・翰苑
13_159_21

中唐・翰苑
15_196_10

中唐・翰苑
23_304_29

中唐・翰苑
23_305_26

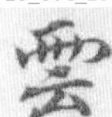

中唐・翰苑
25_330_35

中唐・翰苑
27_353_4

中唐・翰苑
27_353_25

| 霏 | 霖 | 霄 | | 震 | 霆 | 零 |
|---|---|---|---|---|---|---|
| ヒ<br>訓もや | リン<br>訓ながあめ | ショウ<br>訓そら | | 現シン<br>訓ふるう | 漢テイ<br>訓いかずち | 漢現レイ<br>訓おちる |
| <br>中唐・翰苑<br>23_304_28 | <br>初唐•古文尚書<br>18_175_6 | <br>初唐・毛詩傳<br>4_43_9 | <br>中唐・翰苑<br>15_199_18 | <br>初唐•古文尚書<br>4_29_15 | <br>中唐・翰苑<br>10_131_34 | <br>中唐・翰苑<br>16_203_11 |
| | <br>初唐•古文尚書<br>18_175_8 | <br>初唐・毛詩傳<br>4_43_19 | <br>晚唐•摩訶止觀<br>9_81_8 | <br>初唐•古文尚書<br>4_29_19 | | <br>中唐・翰苑<br>36_461_32 |
| | <br>初唐•古文尚書<br>18_175_13 | | <br>五代•大毗盧經<br>77_938_26 | <br>初唐•古文尚書<br>4_30_10 | | <br>中唐・翰苑<br>36_462_34 |
| | | | <br>五代•大毗盧經<br>80_972_1 | <br>初唐•古文尚書<br>16_147_16 | | |
| | | | | <br>中唐・翰苑<br>4_48_8 | | |
| | | | | <br>中唐・翰苑<br>15_187_16 | | |
| | | | | <br>中唐・翰苑<br>39_495_11 | | |

| 霹 | | 露 | 霸 | 霧 | 霜 | 霔 |
|---|---|---|---|---|---|---|
| 漢ヘキ呉ヒャク<br>訓— | | ロ、ロウ<br>訓つゆ | 漢ハク漢ハ<br>訓はたがしら | 呉現ム漢ブ<br>訓きり | 現ソウ<br>訓しも | シュ<br>訓ながあめ |
| <br>五代•大毗盧經<br>92_1131_19 | <br>五代•大毗盧經<br>27_344_18<br><br>五代•大毗盧經<br>32_400_5<br><br>五代•大毗盧經<br>54_666_2<br><br>五代•大毗盧經<br>88_1072_34 | <br>初唐•禮記正義<br>21_324_19<br><br>中唐・翰苑<br>10_126_32<br><br>中唐・翰苑<br>18_233_24<br><br>中唐・翰苑<br>26_339_33<br><br>晚唐•摩訶止觀<br>1_9_21<br><br>晚唐•摩訶止觀<br>10_88_12<br><br>五代•大毗盧經<br>21_266_16<br><br>五代•大毗盧經<br>27_343_12 | <br>中唐・翰苑<br>2_19_20 | <br>中唐・翰苑<br>23_305_27<br><br>中唐・翰苑<br>24_322_8<br><br>中唐・翰苑<br>29_371_20<br><br>五代•大毗盧經<br>12_144_13 | <br>吳霸<br>中唐・翰苑<br>38_490_15<br><br>五代•大毗盧經<br>59_730_15 | <br>晚唐•摩訶止觀<br>1_3_11 |

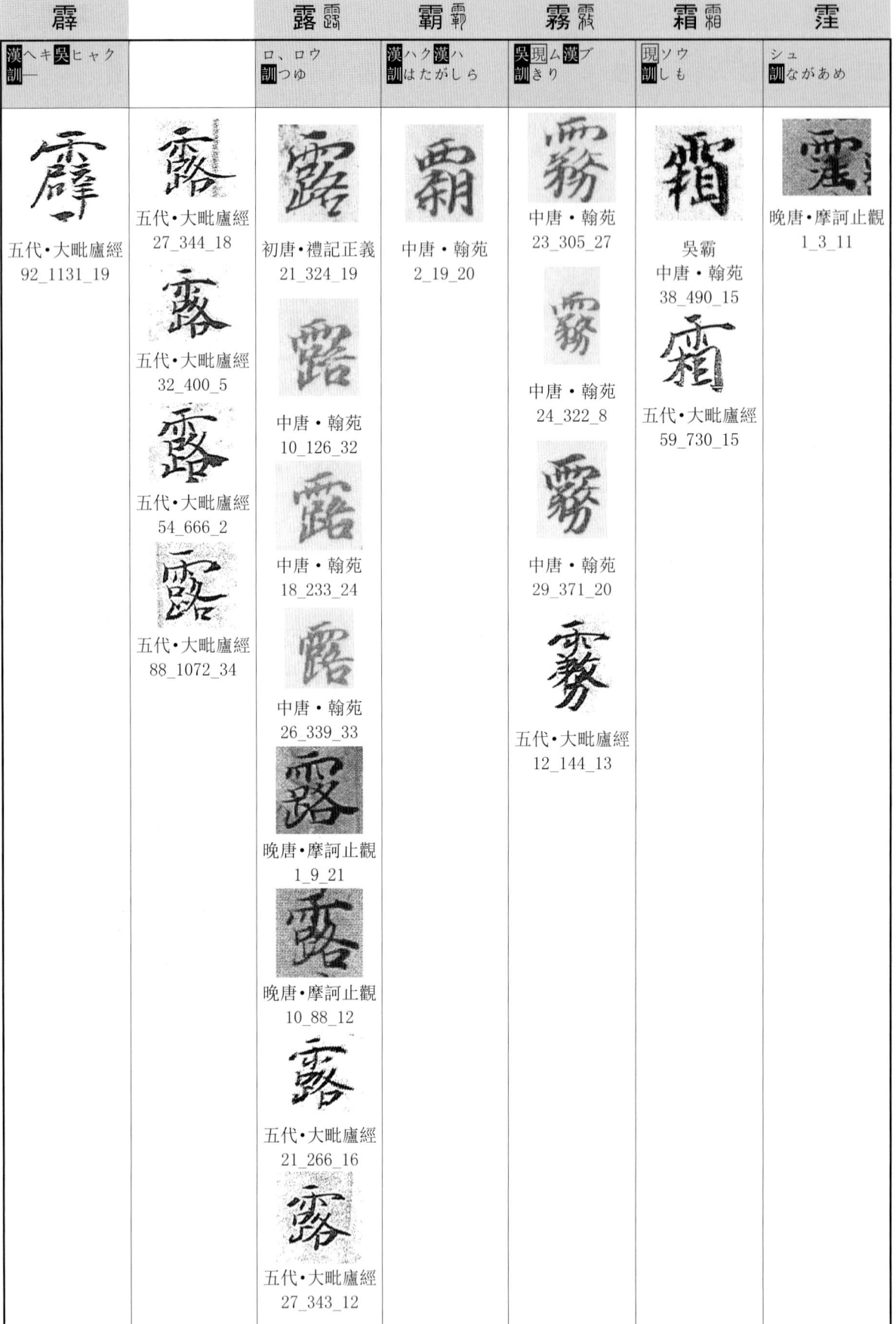

<table>
<tr><th></th><th>靉</th><th></th><th>靈霛</th><th>靂</th><th>靆</th><th>霽</th></tr>
<tr><td></td><td>漢アイ<br>訓—</td><td></td><td>漢現レイ呉現リョウ<br>訓たま</td><td>漢レキ<br>訓—</td><td>漢タイ<br>訓—</td><td>漢セイ呉サイ<br>訓はれる</td></tr>
<tr><td></td>
<td><br>五代•大毗盧經<br>63_776_16</td>
<td><br>初唐•禮記正義<br>25_379_3<br><br>中唐 • 翰苑<br>12_152_9<br><br>中唐 • 翰苑<br>13_162_6<br><br>中唐 • 翰苑<br>19_249_1<br><br>中唐 • 翰苑<br>37_480_10<br><br>中唐 • 翰苑<br>41_529_6<br><br>五代•密教部類<br>2_12_9</td>
<td><br>初唐•古文尚書<br>16_150_20<br><br>初唐•古文尚書<br>16_151_1<br><br>初唐•古文尚書<br>25_248_33<br><br>初唐•古文尚書<br>40_385_13<br><br>初唐•禮記正義<br>3_47_7<br><br>初唐•禮記正義<br>4_52_8<br><br>初唐•禮記正義<br>4_61_9<br><br>初唐•禮記正義<br>5_81_17</td>
<td><br>五代•大毗盧經<br>92_1131_20</td>
<td><br>五代•大毗盧經<br>63_776_17</td>
<td><br>中唐 • 翰苑<br>23_305_33</td>
</tr>
</table>

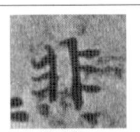

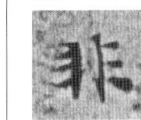

# 非部

## 非

ヒ
訓わるい

初唐•古文尚書 2_14_13
初唐•古文尚書 8_63_15
初唐•古文尚書 8_64_12
初唐•古文尚書 9_80_9
初唐•古文尚書 9_80_18
初唐•古文尚書 9_80_29
初唐•古文尚書 9_81_11
初唐•古文尚書 10_83_5

初唐•古文尚書 10_83_27
初唐•古文尚書 10_86_11
初唐•古文尚書 10_86_26
初唐•古文尚書 10_86_30
初唐•古文尚書 12_105_7
初唐•古文尚書 12_106_7
初唐•古文尚書 13_123_4
初唐•古文尚書 16_150_14

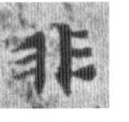

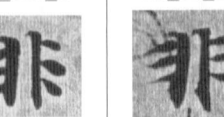

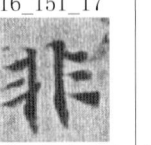

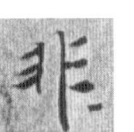

初唐•古文尚書 16_151_4
初唐•古文尚書 16_151_17
初唐•古文尚書 20_191_23
初唐•古文尚書 20_191_30
初唐•古文尚書 20_194_22
初唐•古文尚書 20_195_9
初唐•古文尚書 20_195_11
初唐•古文尚書 21_197_5

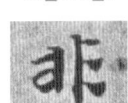

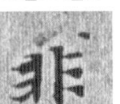

初唐•古文尚書 21_197_16
初唐•古文尚書 21_197_29
初唐•古文尚書 21_198_10
初唐•古文尚書 21_202_23
初唐•古文尚書 22_211_18
初唐•古文尚書 22_214_13
初唐•古文尚書 23_226_25
初唐•古文尚書 23_227_3

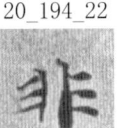

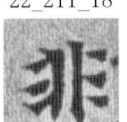

初唐•古文尚書 24_236_8
初唐•古文尚書 24_237_5
初唐•古文尚書 24_239_31
初唐•古文尚書 25_240_32
初唐•古文尚書 25_249_1
初唐•古文尚書 25_249_16
初唐•古文尚書 27_264_25
初唐•古文尚書 27_265_17

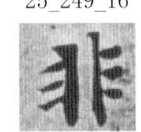

初唐•古文尚書 32_297_23
初唐•古文尚書 38_362_6
初唐•古文尚書 38_363_1
初唐•古文尚書 39_370_19
初唐•古文尚書 39_371_28
初唐•古文尚書 39_371_34
初唐•古文尚書 39_372_6
初唐•古文尚書 42_410_3

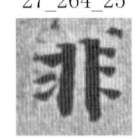

| | | | | | | |
|---|---|---|---|---|---|---|
| 初唐•禮記正義<br>10_161_6 | 初唐•禮記正義<br>8_114_16 | 初唐•禮記正義<br>1_4_21 | 初唐•古文尚書<br>48_470_11 | 初唐•古文尚書<br>47_457_13 | 初唐•古文尚書<br>44_432_5 | 初唐•古文尚書<br>42_410_22 |
| 初唐•禮記正義<br>10_161_8 | 初唐•禮記正義<br>8_124_32 | 初唐•禮記正義<br>3_45_2 | 初唐•古文尚書<br>48_471_3 | 初唐•古文尚書<br>47_457_29 | 初唐•古文尚書<br>44_432_9 | 初唐•古文尚書<br>43_413_25 |
| 初唐•禮記正義<br>12_194_1 | 初唐•禮記正義<br>9_141_31 | 初唐•禮記正義<br>3_45_24 | 初唐•古文尚書<br>48_471_20 | 初唐•古文尚書<br>47_458_5 | 初唐•古文尚書<br>44_432_25 | 初唐•古文尚書<br>43_414_11 |
| 初唐•禮記正義<br>13_199_15 | 初唐•禮記正義<br>9_142_22 | 初唐•禮記正義<br>3_47_26 | 初唐•古文尚書<br>49_474_4 | 初唐•古文尚書<br>47_458_8 | 初唐•古文尚書<br>45_433_3 | 初唐•古文尚書<br>43_414_30 |
| 初唐•禮記正義<br>14_212_5 | 初唐•禮記正義<br>10_152_22 | 初唐•禮記正義<br>3_48_26 | 初唐•古文尚書<br>49_475_1 | 初唐•古文尚書<br>47_458_23 | 初唐•古文尚書<br>45_433_12 | 初唐•古文尚書<br>43_416_21 |
| 初唐•禮記正義<br>14_219_2 | 初唐•禮記正義<br>10_158_22 | 初唐•禮記正義<br>4_60_2 | 初唐•古文尚書<br>49_475_12 | 初唐•古文尚書<br>47_459_1 | 初唐•古文尚書<br>47_455_19 | 初唐•古文尚書<br>44_425_9 |
| 初唐•禮記正義<br>14_219_18 | 初唐•禮記正義<br>10_159_5 | 初唐•禮記正義<br>4_60_18 | 初唐 • 毛詩傳<br>5_53_6 | 初唐•古文尚書<br>47_459_14 | 初唐•古文尚書<br>47_456_32 | 初唐•古文尚書<br>44_426_6 |
| 初唐•禮記正義<br>16_247_15 | 初唐•禮記正義<br>10_159_15 | 初唐•禮記正義<br>6_95_14 | 初唐 • 毛詩傳<br>6_67_1 | 初唐•古文尚書<br>48_469_26 | 初唐•古文尚書<br>47_457_1 | 初唐•古文尚書<br>44_432_1 |

初唐•禮記正義 17_254_15
初唐•禮記正義 22_327_10
初唐•禮記正義 27_424_27
初唐•禮記正義 28_430_13
初唐•禮記正義 28_431_25
初唐•禮記正義 28_433_24
初唐•禮記正義 30_468_9
初唐•禮記正義 30_469_5

初唐・十誦律 6_107_2
初唐・十誦律 6_107_13
初唐・十誦律 6_109_1
初唐・十誦律 6_109_14
初唐・十誦律 7_124_2
初唐・十誦律 10_180_14
初唐・十誦律 14_272_1
初唐・十誦律 14_272_8

初唐・十誦律 14_272_15
初唐・十誦律 15_276_11
初唐・十誦律 15_277_1
初唐・十誦律 15_277_8
初唐・十誦律 15_279_5
初唐・十誦律 15_280_11
初唐・十誦律 15_281_4
初唐・十誦律 15_283_2

初唐・十誦律 15_283_9
初唐・十誦律 15_287_2
初唐・十誦律 15_287_9
初唐・十誦律 15_287_16
初唐・十誦律 15_291_13
初唐・十誦律 15_292_3
初唐・十誦律 15_292_10
初唐・十誦律 16_296_10

初唐・十誦律 16_296_17
初唐・十誦律 16_297_7
初唐・十誦律 16_300_11
初唐・十誦律 16_302_1
初唐・十誦律 16_302_8
初唐・十誦律 16_302_15
初唐・十誦律 16_306_11
初唐・十誦律 16_307_1

初唐・十誦律 16_307_8
初唐・十誦律 16_309_5
初唐・十誦律 16_311_11
初唐・十誦律 16_312_4
初唐・十誦律 16_314_1
初唐・十誦律 16_314_8
初唐・十誦律 17_319_14
初唐・十誦律 17_320_4

初唐・十誦律 17_320_11
初唐・十誦律 17_323_12
初唐・十誦律 17_324_2
初唐・十誦律 17_324_9
初唐・十誦律 17_327_9
初唐・十誦律 17_327_16
初唐・十誦律 17_328_6
初唐・十誦律 17_330_10

| | | | | | | |
|---|---|---|---|---|---|---|
| 晚唐•摩訶止觀<br>25_215_21 | 晚唐•摩訶止觀<br>23_198_16 | 晚唐•摩訶止觀<br>17_144_14 | 晚唐•摩訶止觀<br>6_51_8 | 中唐・翰苑<br>10_123_14 | 初唐・十誦律<br>18_340_3 | 初唐・十誦律<br>17_330_17 |
| 晚唐•摩訶止觀<br>25_215_24 | 晚唐•摩訶止觀<br>23_199_27 | 晚唐•摩訶止觀<br>17_144_16 | 晚唐•摩訶止觀<br>7_65_21 | 中唐・翰苑<br>10_127_33 | 初唐・十誦律<br>18_342_7 | 初唐・十誦律<br>17_331_7 |
| 晚唐•摩訶止觀<br>25_216_3 | 晚唐•摩訶止觀<br>23_200_4 | 晚唐•摩訶止觀<br>20_176_23 | 晚唐•摩訶止觀<br>8_66_1 | 中唐・翰苑<br>10_129_35 | 初唐・十誦律<br>18_346_4 | 初唐・十誦律<br>17_331_14 |
| 晚唐•摩訶止觀<br>25_216_5 | 晚唐•摩訶止觀<br>23_200_13 | 晚唐•摩訶止觀<br>22_192_3 | 晚唐•摩訶止觀<br>15_132_7 | 中唐・翰苑<br>19_253_18 | 中唐・翰苑<br>4_40_39 | 初唐・十誦律<br>17_335_10 |
| 晚唐•摩訶止觀<br>25_216_7 | 晚唐•摩訶止觀<br>23_200_26 | 晚唐•摩訶止觀<br>22_194_13 | 晚唐•摩訶止觀<br>15_132_13 | 中唐・翰苑<br>38_489_26 | 中唐・翰苑<br>5_56_36 | 初唐・十誦律<br>17_335_17 |
| 晚唐•摩訶止觀<br>25_216_9 | 晚唐•摩訶止觀<br>23_201_2 | 晚唐•摩訶止觀<br>22_194_22 | 晚唐•摩訶止觀<br>15_132_15 | 中唐・翰苑<br>45_575_5 | 中唐・翰苑<br>8_99_32 | 初唐・十誦律<br>17_336_7 |
| 晚唐•摩訶止觀<br>25_217_12 | 晚唐•摩訶止觀<br>23_201_11 | 晚唐•摩訶止觀<br>23_195_21 | 晚唐•摩訶止觀<br>17_144_5 | 晚唐•摩訶止觀<br>4_31_19 | 中唐・翰苑<br>9_116_44 | 初唐・十誦律<br>18_338_4 |
| 晚唐•摩訶止觀<br>25_217_15 | 晚唐•摩訶止觀<br>24_210_5 | 晚唐•摩訶止觀<br>23_197_23 | 晚唐•摩訶止觀<br>17_144_7 | 晚唐•摩訶止觀<br>4_35_6 | 中唐・翰苑<br>10_120_20 | 初唐・十誦律<br>18_339_10 |

晚唐•摩訶止觀 28_247_20
晚唐•摩訶止觀 29_250_6
晚唐•摩訶止觀 32_276_7
晚唐•摩訶止觀 32_276_16
晚唐•摩訶止觀 32_281_3
晚唐•摩訶止觀 34_291_21
晚唐•摩訶止觀 34_292_14
晚唐•摩訶止觀 34_292_23
晚唐•摩訶止觀 34_295_25
晚唐•摩訶止觀 36_310_13
晚唐•摩訶止觀 36_310_16
晚唐•摩訶止觀 36_312_15
晚唐•摩訶止觀 36_312_18
晚唐•摩訶止觀 36_315_17
晚唐•摩訶止觀 37_321_11
晚唐•摩訶止觀 37_323_5
晚唐•摩訶止觀 38_328_4
晚唐•摩訶止觀 38_328_21
晚唐•摩訶止觀 38_332_15
晚唐•摩訶止觀 38_332_21
晚唐•摩訶止觀 38_332_23
晚唐•摩訶止觀 39_340_24
晚唐•摩訶止觀 40_347_23
晚唐•摩訶止觀 44_378_11
晚唐•摩訶止觀 44_378_19
晚唐•摩訶止觀 44_378_24
晚唐•摩訶止觀 44_378_26
晚唐•摩訶止觀 45_387_11
晚唐•摩訶止觀 46_391_26
晚唐•摩訶止觀 46_392_4
晚唐•摩訶止觀 46_392_9
晚唐•摩訶止觀 46_392_11
晚唐•摩訶止觀 47_399_1
晚唐•摩訶止觀 47_399_3
晚唐•摩訶止觀 47_399_6
晚唐•摩訶止觀 47_399_8
晚唐•摩訶止觀 47_400_3
晚唐•摩訶止觀 47_400_5
晚唐•摩訶止觀 48_407_10
晚唐•摩訶止觀 48_407_12
晚唐•摩訶止觀 48_410_21
晚唐•摩訶止觀 48_410_23
晚唐•摩訶止觀 48_414_25
晚唐•摩訶止觀 49_415_4
晚唐•摩訶止觀 49_415_6
晚唐•摩訶止觀 49_415_12
晚唐•摩訶止觀 49_415_15
晚唐•摩訶止觀 49_417_9
晚唐•摩訶止觀 50_423_6
晚唐•摩訶止觀 50_423_8
晚唐•摩訶止觀 50_424_17
晚唐•摩訶止觀 50_424_19
晚唐•摩訶止觀 50_424_29
晚唐•摩訶止觀 50_425_12
晚唐•摩訶止觀 50_425_14
晚唐•摩訶止觀 50_427_13

## 靡

慣ヒ 漢ビ 呉ミ
訓わける

初唐・毛詩傳
10_111_2

中唐・翰苑
2_10_17

中唐・翰苑
25_334_3

晚唐•摩訶止觀
34_294_13

五代•大毗盧經
46_559_8

初唐•古文尚書
18_171_23

初唐•古文尚書
18_171_36

初唐•古文尚書
32_304_8

初唐•古文尚書
32_305_3

初唐・毛詩傳
10_104_14

初唐・毛詩傳
10_108_7

中唐・翰苑
2_10_15

五代•大毗盧經
94_1149_27

五代•大毗盧經
94_1149_29

晚唐•摩訶止觀
59_495_24

晚唐•摩訶止觀
61_518_6

晚唐•摩訶止觀
61_518_15

五代•密教部類
1_6_19

五代•大毗盧經
15_190_3

五代•大毗盧經
78_948_13

五代•大毗盧經
82_999_19

五代•大毗盧經
92_1128_18

晚唐•摩訶止觀
53_452_21

晚唐•摩訶止觀
54_456_8

晚唐•摩訶止觀
57_484_12

晚唐•摩訶止觀
57_484_17

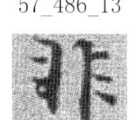

晚唐•摩訶止觀
57_485_22

晚唐•摩訶止觀
57_486_13

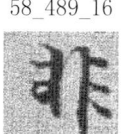

晚唐•摩訶止觀
58_489_16

晚唐•摩訶止觀
58_489_18

晚唐•摩訶止觀
51_436_12

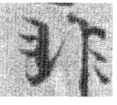

晚唐•摩訶止觀
53_446_19

晚唐•摩訶止觀
53_447_8

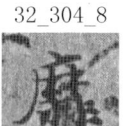

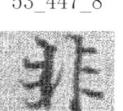

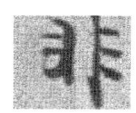

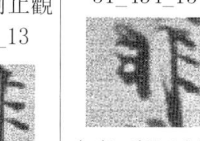

晚唐•摩訶止觀
53_447_11

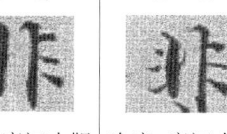

晚唐•摩訶止觀
53_447_13

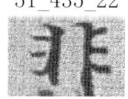

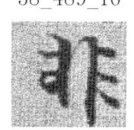

晚唐•摩訶止觀
53_451_13

晚唐•摩訶止觀
53_451_15

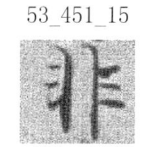

晚唐•摩訶止觀
53_452_19

晚唐•摩訶止觀
51_431_6

晚唐•摩訶止觀
51_431_24

晚唐•摩訶止觀
51_431_27

晚唐•摩訶止觀
51_434_13

晚唐•摩訶止觀
51_434_15

晚唐•摩訶止觀
51_435_19

晚唐•摩訶止觀
51_435_22

晚唐•摩訶止觀
51_436_10

# 隹部

## 集

漢シュウ 呉ジュウ
訓あつまる

初唐・毛詩傳
10_102_5

初唐・毛詩傳
10_102_17

初唐・毛詩傳
10_108_1

初唐・毛詩傳
10_110_10

初唐・十誦律
1_12_3

初唐・十誦律
1_12_5

初唐・十誦律
3_49_11

初唐・十誦律
3_49_13

## 雈

カン
訓こうのとり

中唐・翰苑
24_321_43

## 雅

漢ガ
訓みやび

初唐・禮記正義
23_344_19

五代・大毗盧經
22_281_14

## 雄

漢 現ユウ
訓おす

中唐・翰苑
7_78_15

中唐・翰苑
11_134_1

中唐・翰苑
36_460_6

## 雀

慣ジャク 漢シャク 呉サク
訓すずめ

珠崖儋耳
中唐・翰苑
31_403_4

中唐・翰苑
39_501_33

五代・大毗盧經
60_740_15

五代・大毗盧經
85_1043_15

## 隻

漢セキ
訓ひとつ

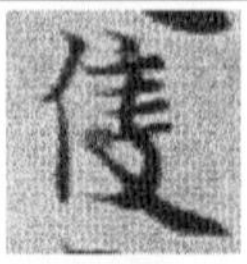
晩唐・摩訶止觀
26_228_24

| | | | | | | |
|---|---|---|---|---|---|---|
| 晚唐•摩訶止觀<br>40_347_19 | 晚唐•摩訶止觀<br>32_279_4 | 晚唐•摩訶止觀<br>29_251_9 | 晚唐•摩訶止觀<br>6_53_15 | 初唐・般若經<br>22_329_4 | 初唐・十誦律<br>9_166_13 | 初唐・十誦律<br>4_53_7 |
| 晚唐•摩訶止觀<br>40_349_1 | 晚唐•摩訶止觀<br>32_279_10 | 晚唐•摩訶止觀<br>30_263_4 | 晚唐•摩訶止觀<br>23_200_22 | 初唐・般若經<br>22_329_11 | 初唐・十誦律<br>12_218_1 | 初唐・十誦律<br>4_68_1 |
| 晚唐•摩訶止觀<br>42_360_24 | 晚唐•摩訶止觀<br>36_309_3 | 晚唐•摩訶止觀<br>31_267_19 | 晚唐•摩訶止觀<br>23_200_27 | 初唐・般若經<br>22_331_2 | 初唐・十誦律<br>12_231_1 | 初唐・十誦律<br>4_68_3 |
| 晚唐•摩訶止觀<br>42_361_10 | 晚唐•摩訶止觀<br>40_341_21 | 晚唐•摩訶止觀<br>31_268_5 | 晚唐•摩訶止觀<br>23_201_3 | 中唐・翰苑<br>8_93_14 | 初唐・十誦律<br>14_266_1 | 初唐・十誦律<br>4_71_17 |
| 晚唐•摩訶止觀<br>42_362_24 | 晚唐•摩訶止觀<br>40_342_18 | 晚唐•摩訶止觀<br>31_274_29 | 晚唐•摩訶止觀<br>28_240_21 | 中唐・翰苑<br>8_95_17 | 初唐・十誦律<br>14_268_7 | 初唐・十誦律<br>6_93_1 |
| 晚唐•摩訶止觀<br>42_363_13 | 晚唐•摩訶止觀<br>40_343_13 | 晚唐•摩訶止觀<br>32_278_11 | 晚唐•摩訶止觀<br>28_241_12 | 中唐・翰苑<br>10_126_23 | 初唐・般若經<br>9_117_10 | 初唐・十誦律<br>9_163_8 |
| 晚唐•摩訶止觀<br>45_384_7 | 晚唐•摩訶止觀<br>40_343_22 | 晚唐•摩訶止觀<br>32_278_15 | 晚唐•摩訶止觀<br>28_244_5 | 晚唐•摩訶止觀<br>1_8_18 | 初唐・般若經<br>9_117_17 | 初唐・十誦律<br>9_163_10 |
| 晚唐•摩訶止觀<br>45_385_10 | 晚唐•摩訶止觀<br>40_347_2 | 晚唐•摩訶止觀<br>32_279_1 | 晚唐•摩訶止觀<br>29_250_20 | 晚唐•摩訶止觀<br>6_52_14 | 初唐・般若經<br>9_119_6 | 初唐・十誦律<br>9_165_2 |

| 雔 | 雒 | 雍 | 雊 | 雉 | | |
|---|---|---|---|---|---|---|
| シヨ<br>訓つがひ | ラク<br>訓みみずく | 漢ヨウ呉ユ<br>訓いだく | 漢コウ呉ク<br>訓— | 漢チ呉ジ<br>訓きじ | | |
| <br>中唐・翰苑<br>20_268_33 | <br>中唐・翰苑<br>31_398_9<br><br>中唐・翰苑<br>31_399_13 | <br>初唐・古文尚書<br>1_4_11<br><br>中唐・翰苑<br>1_1_9<br><br>中唐・翰苑<br>12_149_37 | <br>初唐・古文尚書<br>24_231_13<br><br>初唐・古文尚書<br>24_231_19<br><br>初唐・古文尚書<br>24_233_24 | <br>初唐・古文尚書<br>3_24_6<br><br>初唐・古文尚書<br>24_231_8<br><br>初唐・古文尚書<br>24_233_25<br><br>初唐・古文尚書<br>24_234_1<br><br>中唐・翰苑<br>24_319_23<br><br>中唐・翰苑<br>24_322_16<br><br>中唐・翰苑<br>35_450_8<br><br>中唐・翰苑<br>35_451_21 | <br>五代・大毗盧經<br>3_28_7<br><br>五代・大毗盧經<br>4_45_18<br><br>五代・大毗盧經<br>5_59_13<br><br>五代・大毗盧經<br>15_195_10<br><br>五代・大毗盧經<br>15_195_37<br><br>五代・大毗盧經<br>35_412_8<br><br>五代・大毗盧經<br>68_856_12<br><br>五代・大毗盧經<br>71_865_8 | <br>晚唐・摩訶止觀<br>46_391_23<br><br>晚唐・摩訶止觀<br>46_395_6<br>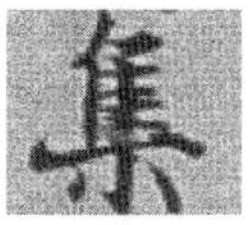<br>晚唐・摩訶止觀<br>46_395_12<br><br>晚唐・摩訶止觀<br>50_429_7<br><br>晚唐・摩訶止觀<br>56_475_5<br><br>五代・密教部類<br>1_2_8<br><br>五代・密教部類<br>3_41_4<br><br>五代・密教部類<br>4_51_27 |

# 雖 䧺

スイ
訓いえども

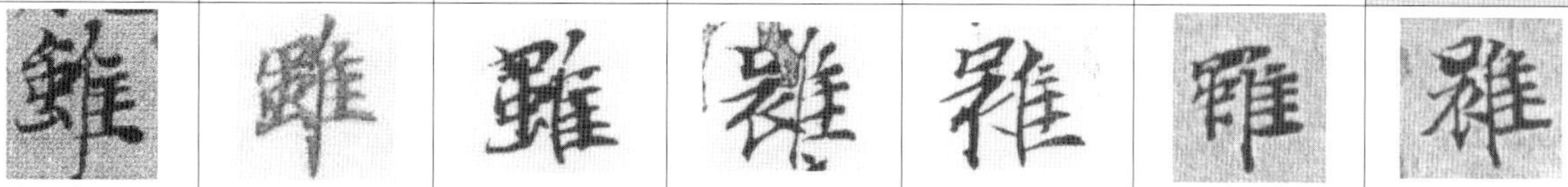

| | | | | | | |
|---|---|---|---|---|---|---|
| 晚唐•摩訶止觀 7_60_13 | 中唐・翰苑 20_268_21 | 初唐•禮記正義 26_399_21 | 初唐•禮記正義 15_228_6 | 初唐•禮記正義 6_82_24 | 初唐•古文尚書 37_357_11 | 初唐•古文尚書 11_95_13 |

| | | | | | | |
|---|---|---|---|---|---|---|
| 晚唐•摩訶止觀 7_60_21 | 中唐・翰苑 21_282_14 | 初唐•禮記正義 28_439_4 | 初唐•禮記正義 16_243_26 | 初唐•禮記正義 6_97_11 | 初唐•古文尚書 40_381_1 | 初唐•古文尚書 20_196_7 |

| | | | | | | |
|---|---|---|---|---|---|---|
| 晚唐•摩訶止觀 13_115_10 | 中唐・翰苑 29_381_29 | 初唐•禮記正義 29_444_33 | 初唐•禮記正義 16_245_20 | 初唐•禮記正義 8_115_17 | 初唐•古文尚書 44_427_3 | 初唐•古文尚書 32_302_4 |

| | | | | | | |
|---|---|---|---|---|---|---|
| 晚唐•摩訶止觀 19_169_10 | 中唐・翰苑 34_438_2 | 初唐•禮記正義 29_452_23 | 初唐•禮記正義 18_277_8 | 初唐•禮記正義 8_124_27 | 初唐•古文尚書 44_427_7 | 初唐•古文尚書 33_308_6 |

| | | | | | | |
|---|---|---|---|---|---|---|
| 晚唐•摩訶止觀 20_170_8 | 中唐・翰苑 35_455_9 | 初唐•禮記正義 30_473_26 | 初唐•禮記正義 18_279_15 | 初唐•禮記正義 12_195_26 | 初唐•古文尚書 44_428_1 | 初唐•古文尚書 33_310_6 |

| | | | | | | |
|---|---|---|---|---|---|---|
| 晚唐•摩訶止觀 23_197_14 | 中唐・翰苑 43_551_7 | 中唐・翰苑 4_43_27 | 初唐•禮記正義 20_303_2 | 初唐•禮記正義 13_202_3 | 初唐•古文尚書 44_428_10 | 初唐•古文尚書 33_311_11 |

| | | | | | | |
|---|---|---|---|---|---|---|
| 晚唐•摩訶止觀 23_198_10 | 晚唐•摩訶止觀 1_3_12 | 中唐・翰苑 11_139_34 | 初唐•禮記正義 25_389_22 | 初唐•禮記正義 15_227_4 | 初唐・毛詩傳 2_11_5 | 初唐•古文尚書 37_356_10 |

| | | | | | | |
|---|---|---|---|---|---|---|
| 晚唐•摩訶止觀 23_200_3 | 晚唐•摩訶止觀 6_55_2 | 中唐・翰苑 19_254_38 | 初唐•禮記正義 26_391_17 | 初唐•禮記正義 15_227_12 | 初唐•禮記正義 2_21_14 | 初唐•古文尚書 37_357_1 |

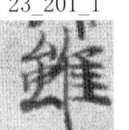

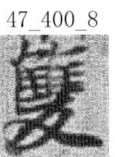

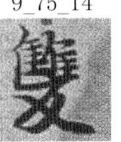

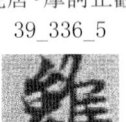

| 離 | | | | 雙 | | |
|---|---|---|---|---|---|---|
| 現リ<br>訓はなれる | | | | ソウ<br>訓ふた | | |
| 初唐•古文尚書<br>16_146_16 | 五代•大毗盧經<br>80_975_22 | 晚唐•摩訶止觀<br>36_312_22 | 晚唐•摩訶止觀<br>8_74_16 | 初唐•禮記正義<br>22_336_16 | 晚唐•摩訶止觀<br>39_336_1 | 晚唐•摩訶止觀<br>23_201_1 |
| 初唐•古文尚書<br>16_146_29 | 五代•大毗盧經<br>90_1097_11 | 晚唐•摩訶止觀<br>47_400_8 | 晚唐•摩訶止觀<br>9_75_14 | 中唐 • 翰苑<br>29_377_11 | 晚唐•摩訶止觀<br>39_336_5 | 晚唐•摩訶止觀<br>23_201_27 |
| 初唐 • 毛詩傳<br>4_34_14 | | 晚唐•摩訶止觀<br>47_400_22 | 晚唐•摩訶止觀<br>9_79_4 | 中唐 • 翰苑<br>29_378_25 | 晚唐•摩訶止觀<br>48_409_22 | 晚唐•摩訶止觀<br>23_202_18 |
| 初唐 • 毛詩傳<br>7_77_1 | | 晚唐•摩訶止觀<br>53_450_21 | 晚唐•摩訶止觀<br>23_197_25 | 中唐 • 翰苑<br>37_476_46 | 晚唐•摩訶止觀<br>54_461_7 | 晚唐•摩訶止觀<br>28_242_5 |
| 初唐 • 十誦律<br>3_52_13 | | 晚唐•摩訶止觀<br>53_452_23 | 晚唐•摩訶止觀<br>23_198_17 | 晚唐•摩訶止觀<br>3_25_17 | 晚唐•摩訶止觀<br>58_491_2 | 晚唐•摩訶止觀<br>29_254_20 |
| 初唐 • 十誦律<br>4_56_12 | | 五代•大毗盧經<br>9_105_11 | 晚唐•摩訶止觀<br>23_200_12 | 晚唐•摩訶止觀<br>8_70_25 | 晚唐•摩訶止觀<br>59_498_25 | 晚唐•摩訶止觀<br>29_256_15 |
| 初唐 • 十誦律<br>4_59_10 | | 五代•大毗盧經<br>25_317_27 | 晚唐•摩訶止觀<br>23_201_10 | 晚唐•摩訶止觀<br>8_72_8 | 五代•密教部類<br>1_6_18 | 晚唐•摩訶止觀<br>30_257_16 |
| 初唐 • 十誦律<br>4_60_15 | | 五代•大毗盧經<br>40_485_16 | 晚唐•摩訶止觀<br>26_228_23 | 晚唐•摩訶止觀<br>8_73_16 | 五代•大毗盧經<br>2_4_21 | 晚唐•摩訶止觀<br>38_329_6 |

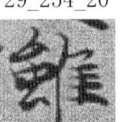

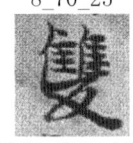

| | | | | | | |
|---|---|---|---|---|---|---|
| 晚唐•摩訶止觀<br>40_344_21 | 晚唐•摩訶止觀<br>15_129_14 | 中唐・翰苑<br>42_543_20 | 中唐・翰苑<br>27_352_30 | 中唐・翰苑<br>26_338_30 | 初唐・般若經<br>8_109_13 | 初唐・十誦律<br>4_62_5 |
| 晚唐•摩訶止觀<br>40_345_6 | 晚唐•摩訶止觀<br>24_204_17 | 中唐・般若經<br>5_69_12 | 中唐・翰苑<br>27_353_10 | 中唐・翰苑<br>27_350_43 | 初唐・般若經<br>21_321_1 | 初唐・十誦律<br>4_71_4 |
| 晚唐•摩訶止觀<br>40_345_25 | 晚唐•摩訶止觀<br>24_205_21 | 中唐・般若經<br>5_72_5 | 中唐・翰苑<br>27_353_16 | 中唐・翰苑<br>27_351_13 | 中唐・翰苑<br>4_41_39 | 初唐・十誦律<br>5_75_17 |
| 晚唐•摩訶止觀<br>44_380_25 | 晚唐•摩訶止觀<br>29_256_23 | 中唐・般若經<br>5_74_15 | 中唐・翰苑<br>27_353_36 | 中唐・翰苑<br>27_351_17 | 中唐・翰苑<br>7_81_27 | 初唐・十誦律<br>5_77_4 |
| 晚唐•摩訶止觀<br>47_402_10 | 晚唐•摩訶止觀<br>33_283_9 | 中唐・般若經<br>6_77_9 | 中唐・翰苑<br>33_433_16 | 中唐・翰苑<br>27_351_34 | 中唐・翰苑<br>16_207_28 | 初唐・十誦律<br>5_83_16 |
| 晚唐•摩訶止觀<br>49_419_5 | 晚唐•摩訶止觀<br>38_328_15 | 晚唐•摩訶止觀<br>10_91_5 | 中唐・翰苑<br>36_466_30 | 中唐・翰苑<br>27_352_3 | 中唐・翰苑<br>16_209_7 | 初唐・十誦律<br>5_85_1 |
| 晚唐•摩訶止觀<br>57_484_15 | 晚唐•摩訶止觀<br>38_331_26 | 晚唐•摩訶止觀<br>14_124_11 | 中唐・翰苑<br>41_526_27 | 中唐・翰苑<br>27_352_12 | 中唐・翰苑<br>16_210_17 | 初唐・十誦律<br>5_86_11 |
| 晚唐•摩訶止觀<br>57_484_20 | 晚唐•摩訶止觀<br>40_342_6 | 晚唐•摩訶止觀<br>15_129_10 | 中唐・翰苑<br>41_527_10 | 中唐・翰苑<br>27_352_20 | 中唐・翰苑<br>26_338_18 | 初唐・十誦律<br>5_88_2 |

# 雜 𩀨

| | 慣ザツ 呉ゾウ 漢ソウ<br>訓まじる | | | | | |
|---|---|---|---|---|---|---|
| 初唐・禮記正義<br>14_215_24 | 初唐・古文尚書<br>2_14_12 | 五代・大毗盧經<br>84_1019_15 | 五代・大毗盧經<br>65_818_24 | 五代・大毗盧經<br>47_581_24 | 五代・大毗盧經<br>25_319_26 | 五代・大毗盧經<br>2_12_7 |
| 初唐・禮記正義<br>14_216_10 | 初唐・古文尚書<br>4_33_3 | 五代・大毗盧經<br>91_1113_26 | 五代・大毗盧經<br>66_822_20 | 五代・大毗盧經<br>48_584_1 | 五代・大毗盧經<br>25_322_16 | 五代・大毗盧經<br>2_17_9 |
| 初唐・禮記正義<br>14_217_3 | 初唐・禮記正義<br>2_24_15 | 五代・大毗盧經<br>91_1117_22 | 五代・大毗盧經<br>71_876_5 | 五代・大毗盧經<br>48_587_18 | 五代・大毗盧經<br>25_322_22 | 五代・大毗盧經<br>4_39_5 |
| 初唐・禮記正義<br>24_362_2 | 初唐・禮記正義<br>2_25_15 | 五代・大毗盧經<br>94_1149_20 | 五代・大毗盧經<br>73_898_23 | 五代・大毗盧經<br>51_626_20 | 五代・大毗盧經<br>26_333_31 | 五代・大毗盧經<br>6_68_19 |
| 初唐・禮記正義<br>26_407_11 | 初唐・禮記正義<br>2_28_3 | 五代・大毗盧經<br>95_1160_11 | 五代・大毗盧經<br>77_930_10 | 五代・大毗盧經<br>55_679_11 | 五代・大毗盧經<br>26_335_8 | 五代・大毗盧經<br>12_150_3 |
| 新降胡<br>中唐・翰苑<br>5_60_10 | 初唐・禮記正義<br>6_84_5 | | 五代・大毗盧經<br>78_948_27 | 五代・大毗盧經<br>63_786_18 | 五代・大毗盧經<br>28_362_18 | 五代・大毗盧經<br>14_177_3 |
| 中唐・翰苑<br>18_234_35 | 初唐・禮記正義<br>6_93_8 | | 五代・大毗盧經<br>82_999_27 | 五代・大毗盧經<br>64_803_53 | 五代・大毗盧經<br>31_393_4 | 五代・大毗盧經<br>16_210_8 |
| 中唐・翰苑<br>19_247_2 | 初唐・禮記正義<br>14_212_23 | | 五代・大毗盧經<br>83_1018_7 | 五代・大毗盧經<br>64_806_4 | 五代・大毗盧經<br>47_574_18 | 五代・大毗盧經<br>18_233_13 |

# 難

吳ナン漢ダン
訓かたい

| | | | | | | |
|---|---|---|---|---|---|---|
| 中唐・翰苑<br>27_353_19 | 中唐・翰苑<br>10_129_44 | 初唐・十誦律<br>8_148_5 | 初唐・古文尚書<br>33_311_28 | 初唐・古文尚書<br>10_87_12 | 五代・大毗盧經<br>14_169_8 | 新城<br>中唐・翰苑<br>22_288_25 |
| 中唐・翰苑<br>33_423_14 | 中唐・翰苑<br>10_131_4 | 初唐・般若經<br>2_3_3 | 初唐・古文尚書<br>36_341_19 | 初唐・古文尚書<br>10_87_23 | 五代・大毗盧經<br>41_488_3 | 中唐・翰苑<br>27_350_34 |
| 散在谿谷<br>中唐・翰苑<br>38_494_10 | 中唐・翰苑<br>13_162_16 | 中唐・翰苑<br>2_10_6 | 初唐・古文尚書<br>36_341_25 | 初唐・古文尚書<br>21_199_16 | 五代・大毗盧經<br>46_558_15 | 中唐・翰苑<br>29_378_30 |
| 中唐・翰苑<br>39_504_39 | 中唐・翰苑<br>13_167_10 | 出雞鹿塞<br>中唐・翰苑<br>3_25_8 | 初唐・古文尚書<br>47_459_9 | 初唐・古文尚書<br>21_200_17 | 五代・大毗盧經<br>57_702_16 | 中唐・翰苑<br>43_555_7 |
| 晩唐・摩訶止観<br>1_8_24 | 中唐・翰苑<br>15_190_24 | 中唐・翰苑<br>10_124_12 | 初唐・古文尚書<br>48_467_13 | 初唐・古文尚書<br>21_202_26 | 五代・大毗盧經<br>61_750_3 | 晩唐・摩訶止観<br>27_231_25 |
| 晩唐・摩訶止観<br>2_11_20 | 中唐・翰苑<br>24_315_27 | 中唐・翰苑<br>10_126_43 | 初唐・十誦律<br>7_128_9 | 初唐・古文尚書<br>21_203_9 | | 晩唐・摩訶止観<br>27_232_1 |
| 晩唐・摩訶止観<br>2_17_4 | 中店・翰苑<br>24_317_31 | 中唐・翰苑<br>10_127_19 | 初店，十誦律<br>7_128_13 | 初唐・古文尚書<br>29_282_12 | | 晩唐・摩訶止観<br>27_232_21 |
| 晩唐・摩訶止観<br>5_39_22 | 中唐・翰苑<br>26_338_29 | 中唐・翰苑<br>10_128_36 | 初唐・十誦律<br>8_148_1 | 初唐・古文尚書<br>33_310_13 | | 晩唐・摩訶止観<br>27_232_24 |

# 讎 讎

シュウ
訓 こたえる

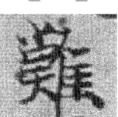

| | | | | | | |
|---|---|---|---|---|---|---|
| 初唐•古文尚書 27_266_5 | 五代•大毗盧經 89_1091_6 | 五代•大毗盧經 79_955_18 | 五代•大毗盧經 55_678_13 | 五代•大毗盧經 19_250_2 | 五代•密教部類 1_8_8 | 晚唐•摩訶止觀 15_131_15 |
| 初唐•古文尚書 27_266_19 | 五代•大毗盧經 98_1209_1 | 五代•大毗盧經 80_970_8 | 五代•大毗盧經 55_681_14 | 五代•大毗盧經 19_252_9 | 五代•大毗盧經 4_44_5 | 晚唐•摩訶止觀 19_167_15 |
| 初唐•古文尚書 28_276_7 | | 五代•大毗盧經 85_1033_16 | 五代•大毗盧經 56_685_15 | 五代•大毗盧經 25_313_1 | 五代•大毗盧經 10_116_2 | 晚唐•摩訶止觀 25_215_13 |
| 初唐•古文尚書 28_276_11 | | 五代•大毗盧經 85_1033_19 | 五代•大毗盧經 57_698_17 | 五代•大毗盧經 27_339_18 | 五代•大毗盧經 10_116_4 | 晚唐•摩訶止觀 25_216_4 |
| 初唐•古文尚書 28_277_4 | | 五代•大毗盧經 86_1054_1 | 五代•大毗盧經 58_715_11 | 五代•大毗盧經 45_541_2 | 五代•大毗盧經 10_116_10 | 晚唐•摩訶止觀 38_325_17 |
| 初唐•古文尚書 28_277_16 | | 五代•大毗盧經 86_1054_4 | 五代•大毗盧經 61_754_1 | 五代•大毗盧經 52_639_22 | 五代•大毗盧經 17_222_3 | 晚唐•摩訶止觀 40_348_16 |
| | | 五代•大毗盧經 86_1055_12 | 五代•大毗盧經 67_848_22 | 五代•大毗盧經 52_642_24 | 五代•大毗盧經 18_236_11 | 晚唐•摩訶止觀 41_357_6 |
| | | 五代•大毗盧經 86_1055_15 | 五代•大毗盧經 71_875_20 | 五代•大毗盧經 55_675_13 | 五代•大毗盧經 19_240_18 | 晚唐•摩訶止觀 51_437_7 |

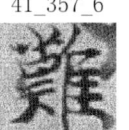

# 阜部

## 阨
漢アク呉ヤク
訓ふさがる

中唐・翰苑
10_125_28

## 阮
漢ゲン
訓—

兵至臨沅
中唐・翰苑
34_442_35

沅水
中唐・翰苑
38_491_8

沅水
中唐・翰苑
39_499_28

## 阯
シ
訓もと

中唐・翰苑
35_446_26

中唐・翰苑
35_448_19

中唐・翰苑
35_448_30

中唐・翰苑
35_450_2

中唐・翰苑
35_450_16

中唐・翰苑
35_455_6

中唐・翰苑
35_457_11

中唐・翰苑
36_459_16

中唐・翰苑
36_460_9

中唐・翰苑
36_460_46

中唐・翰苑
36_462_4

中唐・翰苑
36_464_41

中唐・翰苑
37_481_5

## 阬
現コウ
訓あな

中唐・翰苑
42_534_10

## 防
呉ボウ漢ホウ
訓つつみ

初唐•禮記正義
30_469_15

中唐・翰苑
23_305_43

ア
訓おか

初唐•古文尚書 23_226_3
初唐・十誦律 2_16_1
初唐・十誦律 2_30_12
初唐・十誦律 7_126_13
初唐・十誦律 8_145_9
初唐・十誦律 18_348_11
初唐・般若經 13_193_14
初唐・般若經 13_194_7

初唐・般若經 13_195_16
初唐・般若經 27_411_3
初唐・般若經 27_411_13
初唐・般若經 27_413_7
中唐・翰苑 26_344_47
中唐・翰苑 32_413_21
中唐・翰苑 32_415_28
中唐・翰苑 32_415_33

中唐・般若經 15_258_13
中唐・般若經 15_258_17
中唐・般若經 15_260_16
中唐・般若經 15_261_3
中唐・般若經 15_263_2
中唐・般若經 15_263_6
中唐・般若經 15_265_6
中唐・般若經 15_265_10

中唐・般若經 16_268_16
中唐・般若經 16_270_10
中唐・般若經 16_272_4
中唐・般若經 16_273_16
中唐・般若經 16_277_8
中唐・般若經 16_278_17
中唐・般若經 16_280_9
中唐・般若經 16_282_2

晚唐•摩訶止觀 1_8_23
晚唐•摩訶止觀 21_183_22
晚唐•摩訶止觀 35_300_11
晚唐•摩訶止觀 45_389_29
晚唐•摩訶止觀 52_441_4
晚唐•摩訶止觀 54_457_21
五代•密教部類 1_1_2
五代•密教部類 1_3_4

五代•密教部類 2_9_9
五代•密教部類 4_51_24
五代•密教部類 5_71_4
五代•密教部類 5_72_2
五代•密教部類 5_72_13
五代•密教部類 6_74_2
五代•大毗盧經 4_44_7
五代•大毗盧經 6_73_15

五代•大毗盧經 7_77_42
五代•大毗盧經 9_102_32
五代•大毗盧經 10_118_12
五代•大毗盧經 11_126_15
五代•大毗盧經 12_143_6
五代•大毗盧經 12_151_9
五代•大毗盧經 13_160_10
五代•大毗盧經 14_176_6

| | | | | | | |
|---|---|---|---|---|---|---|
| 五代•大毗盧經 64_794_11 | 五代•大毗盧經 55_675_11 | 五代•大毗盧經 47_574_6 | 五代•大毗盧經 38_444_17 | 五代•大毗盧經 32_397_17 | 五代•大毗盧經 24_307_9 | 五代•大毗盧經 14_176_14 |
| 五代•大毗盧經 71_875_19 | 五代•大毗盧經 55_678_18 | 五代•大毗盧經 48_586_28 | 五代•大毗盧經 39_467_16 | 五代•大毗盧經 32_401_14 | 五代•大毗盧經 24_307_32 | 五代•大毗盧經 15_190_8 |
| 五代•大毗盧經 73_897_19 | 五代•大毗盧經 55_679_9 | 五代•大毗盧經 50_614_6 | 五代•大毗盧經 40_473_10 | 五代•大毗盧經 33_406_1 | 五代•大毗盧經 24_311_8 | 五代•大毗盧經 15_197_11 |
| 五代•大毗盧經 77_937_1 | 五代•大毗盧經 55_681_15 | 五代•大毗盧經 52_643_8 | 五代•大毗盧經 42_504_26 | 五代•大毗盧經 33_406_11 | 五代•大毗盧經 25_316_11 | 五代•大毗盧經 16_208_11 |
| 五代•大毗盧經 78_943_12 | 五代•大毗盧經 57_698_10 | 五代•大毗盧經 53_651_11 | 五代•大毗盧經 42_507_11 | 五代•大毗盧經 35_415_6 | 五代•大毗盧經 27_343_7 | 五代•大毗盧經 18_228_19 |
| 五代•大毗盧經 79_959_11 | 五代•大毗盧經 60_747_12 | 五代•大毗盧經 53_652_31 | 五代•大毗盧經 43_514_10 | 五代•大毗盧經 35_417_10 | 五代•大毗盧經 27_344_11 | 五代•大毗盧經 20_253_15 |
| 五代•大毗盧經 79_962_12 | 五代•大毗盧經 61_753_19 | 五代•大毗盧經 54_655_11 | 五代•大毗盧經 43_517_11 | 五代•大毗盧經 36_423_10 | 五代•大毗盧經 30_377_11 | 五代•大毗盧經 21_267_12 |
| 五代•大毗盧經 80_966_16 | 五代•大毗盧經 62_766_1 | 五代•大毗盧經 54_669_11 | 五代•大毗盧經 47_571_9 | 五代•大毗盧經 38_441_13 | 五代•大毗盧經 32_397_11 | 五代•大毗盧經 23_287_15 |

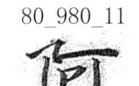

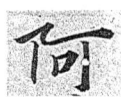

| 阼 | | 附 | 阻 | | | |
|---|---|---|---|---|---|---|
| 漢ソ<br>訓きざはし | | 漢現フ吳ブ<br>訓つく | 吳ソ漢ショ<br>訓はばむ | | | |
| <br>初唐•禮記正義<br>14_219_22<br><br>初唐•禮記正義<br>14_221_17 | <br>中唐・翰苑<br>14_185_19<br><br>中唐・翰苑<br>15_187_21<br><br>中唐・翰苑<br>23_305_41<br><br>中唐・翰苑<br>26_342_33<br><br>中唐・翰苑<br>26_343_38<br><br>中唐・翰苑<br>38_494_41<br><br>中唐・翰苑<br>43_550_21<br><br>晚唐•摩訶止觀<br>24_209_7 | <br>初唐•古文尚書<br>46_453_7<br><br>初唐•禮記正義<br>21_312_1<br><br>初唐•禮記正義<br>21_312_10<br><br>中唐・翰苑<br>3_30_12<br><br>中唐・翰苑<br>4_42_12<br><br>中唐・翰苑<br>9_107_9<br><br>中唐・翰苑<br>12_158_31<br><br>中唐・翰苑<br>13_171_20 | <br>初唐•禮記正義<br>12_193_23<br><br>中唐・翰苑<br>10_130_32<br><br>中唐・翰苑<br>15_190_21<br><br>中唐・翰苑<br>30_395_4<br><br>中唐・翰苑<br>34_438_16<br><br>中唐・翰苑<br>35_451_29<br><br>中唐・翰苑<br>38_494_18<br><br>中唐・翰苑<br>40_508_16 | <br>五代•大毗盧經<br>93_1146_10<br><br>五代•大毗盧經<br>95_1160_2<br><br>五代•大毗盧經<br>95_1161_11<br><br>五代•大毗盧經<br>96_1180_8<br><br>五代•大毗盧經<br>96_1183_11<br><br>五代•大毗盧經<br>97_1196_11<br><br>五代•大毗盧經<br>98_1202_27<br><br>五代•大毗盧經<br>98_1202_31 | <br>五代•大毗盧經<br>84_1025_19<br>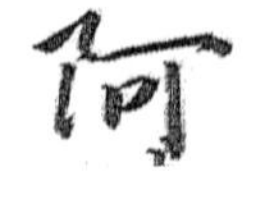<br>五代•大毗盧經<br>85_1033_11<br><br>五代•大毗盧經<br>86_1052_12<br><br>五代•大毗盧經<br>88_1076_19<br><br>五代•大毗盧經<br>89_1087_10<br><br>五代•大毗盧經<br>90_1095_12<br>五代•大毗盧經<br>90_1103_4<br>五代•大毗盧經<br>93_1145_13 | 五代•大毗盧經<br>80_967_1<br>五代•大毗盧經<br>80_968_8<br>五代•大毗盧經<br>80_973_13<br>五代•大毗盧經<br>80_973_17<br>五代•大毗盧經<br>80_980_11<br>五代•大毗盧經<br>81_982_11<br>五代•大毗盧經<br>81_986_1<br>五代•大毗盧經<br>81_992_1 |

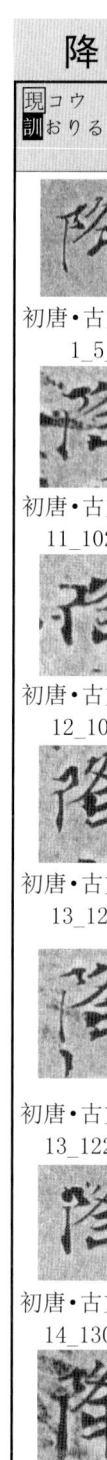

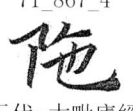

## 陀

漢タ 呉ダ
訓けわしい

初唐・十誦律
1_11_2

初唐・十誦律
5_89_8

初唐・般若經
13_183_1

初唐・般若經
13_183_9

初唐・般若經
13_184_16

初唐・般若經
26_399_1

初唐・般若經
26_399_9

初唐・般若經
26_401_1

中唐・般若經
15_250_5

中唐・般若經
15_251_12

晚唐・摩訶止觀
3_25_24

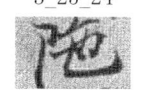

晚唐・摩訶止觀
45_389_25

晚唐・摩訶止觀
47_401_12

晚唐・摩訶止觀
51_430_1

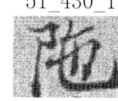

晚唐・摩訶止觀
52_441_6

五代・密教部類
1_1_17

五代・密教部類
1_4_13

五代・密教部類
3_41_1

五代・密教部類
4_43_3

五代・密教部類
4_43_5

五代・大毗盧經
11_130_14

五代・大毗盧經
12_153_4

五代・大毗盧經
39_465_4

五代・大毗盧經
40_484_12

五代・大毗盧經
41_494_9

五代・大毗盧經
42_501_3

五代・大毗盧經
44_533_2

五代・大毗盧經
45_553_3

五代・大毗盧經
48_588_3

五代・大毗盧經
54_658_3

五代・大毗盧經
71_867_4

五代・大毗盧經
80_970_9

五代・大毗盧經
86_1054_2

五代・大毗盧經
86_1054_5

五代・大毗盧經
89_1091_7

五代・大毗盧經
90_1101_14

五代・大毗盧經
90_1101_20

## 陋 陋

漢ロウ
訓せまい

中唐・翰苑
14_179_33

中唐・翰苑
14_179_40

## 降 降

現コウ
訓おりる

初唐・古文尚書
1_5_3

初唐・古文尚書
11_102_35

初唐・古文尚書
12_103_9

初唐・古文尚書
13_120_5

初唐・古文尚書
13_122_14

初唐・古文尚書
14_130_28

初唐・古文尚書
16_145_5

初唐•古文尚書
24_236_1

初唐•古文尚書
26_252_15

初唐•古文尚書
28_271_27

初唐•古文尚書
28_276_1

初唐•古文尚書
31_291_10

初唐•古文尚書
41_397_31

初唐•古文尚書
42_402_6

初唐•古文尚書
42_403_5

初唐•古文尚書
43_419_6

初唐•古文尚書
46_448_16

初唐•禮記正義
13_200_19

初唐•禮記正義
13_201_11

初唐•禮記正義
13_201_21

初唐•禮記正義
13_203_12

初唐•禮記正義
14_219_21

初唐•禮記正義
14_221_15

初唐•禮記正義
20_297_17

初唐•禮記正義
20_298_14

初唐•禮記正義
23_353_10

初唐•禮記正義
23_355_12

初唐•禮記正義
25_376_14

中唐•翰苑
3_28_1

中唐•翰苑
5_60_11

中唐•翰苑
6_64_35

中唐•翰苑
6_66_14

中唐•翰苑
6_72_20

中唐•翰苑
6_75_28

中唐•翰苑
7_79_24

中唐•翰苑
9_108_12

中唐•翰苑
9_109_17

中唐•翰苑
9_109_38

中唐•翰苑
9_117_11

中唐•翰苑
12_158_18

中唐•翰苑
15_194_9

中唐•翰苑
16_209_2

中唐•翰苑
16_211_4

中唐•翰苑
17_219_5

中唐•翰苑
33_426_13

中唐•翰苑
34_443_2

中唐•翰苑
34_443_14

中唐•翰苑
34_445_3

中唐•翰苑
35_446_37

中唐•翰苑
35_447_12

中唐•翰苑
36_462_12

中唐•翰苑
36_462_23

中唐•翰苑
36_465_19

中唐•翰苑
38_485_10

中唐•翰苑
39_498_15

中唐•翰苑
41_527_23

## 陛

漢ヘイ
訓きざはし

中唐・翰苑
4_36_13

五代・大毗盧經
21_273_10

五代・大毗盧經
97_1198_19

## 限

吳ゲン漢カン
訓かぎる

初唐・禮記正義
3_34_21

初唐・禮記正義
3_35_13

初唐・禮記正義
19_291_10

中唐・翰苑
17_225_22

中唐・翰苑
19_254_32

中唐・翰苑
21_270_32

中唐・翰苑
26_335_33

五代・大毗盧經
68_853_8

五代・大毗盧經
68_853_28

五代・大毗盧經
69_859_3

五代・大毗盧經
28_362_43

五代・大毗盧經
44_527_18

五代・大毗盧經
51_627_15

五代・大毗盧經
64_793_8

五代・大毗盧經
65_821_1

五代・大毗盧經
67_844_3

五代・大毗盧經
67_848_18

晚唐・摩訶止觀
11_101_13

五代・大毗盧經
5_56_5

五代・大毗盧經
8_94_18

五代・大毗盧經
10_122_41

五代・大毗盧經
18_236_12

五代・大毗盧經
19_240_19

五代・大毗盧經
19_250_3

中唐・翰苑
41_527_37

中唐・翰苑
43_545_5

晚唐・摩訶止觀
1_7_19

晚唐・摩訶止觀
2_12_9

晚唐・摩訶止觀
2_16_18

晚唐・摩訶止觀
9_81_16

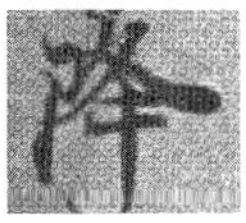
晚唐・摩訶止觀
10_88_8

| 除 | 陟 | 陣 |
|---|---|---|
| 現ジョ 訓のぞく | 漢チョク 訓のぼる | 呉ジン 漢チン 訓じんだて |

**陣**

中唐・翰苑 5_53_8

中唐・翰苑 15_191_46

**陟**

初唐・禮記正義 14_219_23

初唐・禮記正義 14_221_18

**除**

初唐・古文尚書 17_163_23

初唐・古文尚書 19_176_25

初唐・古文尚書 41_396_11

初唐・毛詩傳 1_8_4

初唐・毛詩傳 1_8_16

初唐・毛詩傳 4_41_33

初唐・禮記正義 26_399_8

初唐・十誦律 4_54_14

初唐・十誦律 4_58_1

初唐・十誦律 7_124_17

初唐・十誦律 10_175_16

初唐・十誦律 15_288_15

初唐・十誦律 15_293_15

初唐・十誦律 16_299_1

初唐・十誦律 16_305_1

初唐・十誦律 16_310_1

初唐・十誦律 16_315_4

初唐・十誦律 18_347_1

初唐・十誦律 19_357_7

初唐・十誦律 19_362_3

初唐・十誦律 19_371_13

中唐・翰苑 19_253_27

晚唐・摩訶止觀 11_101_4

晚唐・摩訶止觀 27_229_14

晚唐・摩訶止觀 54_460_27

晚唐・摩訶止觀 57_480_14

晚唐・摩訶止觀 58_487_23

晚唐・摩訶止觀 58_488_2

晚唐・摩訶止觀 60_510_11

五代・大毗盧經 2_20_21

五代・大毗盧經 6_65_1

五代・大毗盧經 6_71_4

五代・大毗盧經 6_72_27

五代・大毗盧經 8_93_9

五代・大毗盧經 8_99_6

五代・大毗盧經 11_140_2

五代・大毗盧經 11_141_7

五代・大毗盧經 12_148_17

五代・大毗盧經 14_183_8

五代・大毗盧經 15_188_12

# 陪 [illegible]

慣 バイ 漢 ハイ
訓 したがう

| | | | | | | |
|---|---|---|---|---|---|---|
| 侍駕陪位<br>初唐·禮記正義<br>12_186_11 | 五代·大毗盧經<br>74_914_20<br>五代·大毗盧經<br>74_917_1<br>五代·大毗盧經<br>82_999_13<br>五代·大毗盧經<br>88_1072_24 | 五代·大毗盧經<br>57_693_6<br>五代·大毗盧經<br>57_694_1<br>五代·大毗盧經<br>57_696_38<br>五代·大毗盧經<br>57_706_11<br>五代·大毗盧經<br>58_713_25<br>五代·大毗盧經<br>68_851_31<br>五代·大毗盧經<br>68_851_38<br>五代·大毗盧經<br>73_900_22 | 五代·大毗盧經<br>54_665_11<br>五代·大毗盧經<br>54_668_1<br>五代·大毗盧經<br>54_668_30<br>五代·大毗盧經<br>55_671_30<br>五代·大毗盧經<br>55_671_51<br>五代·大毗盧經<br>55_673_1<br>五代·大毗盧經<br>55_680_1<br>五代·大毗盧經<br>56_686_21 | 五代·大毗盧經<br>39_454_23<br>五代·大毗盧經<br>43_523_2<br>五代·大毗盧經<br>45_544_6<br>五代·大毗盧經<br>54_657_11<br>五代·大毗盧經<br>54_659_13<br>五代·大毗盧經<br>54_660_13<br>五代·大毗盧經<br>54_662_3<br>五代·大毗盧經<br>54_663_6 | 五代·大毗盧經<br>26_336_30<br>五代·大毗盧經<br>27_337_50<br>五代·大毗盧經<br>27_339_36<br>五代·大毗盧經<br>27_343_20<br>五代·大毗盧經<br>27_344_20<br>五代·大毗盧經<br>28_356_7<br>五代·大毗盧經<br>28_357_14<br>五代·大毗盧經<br>28_357_21 | 五代·大毗盧經<br>16_199_25<br>五代·大毗盧經<br>17_216_12<br>五代·大毗盧經<br>18_232_23<br>五代·大毗盧經<br>18_232_26<br>五代·大毗盧經<br>18_233_6<br>五代·大毗盧經<br>18_233_12<br>五代·大毗盧經<br>23_298_21<br>五代·大毗盧經<br>23_298_25 |

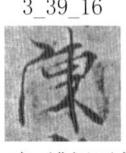

| 陵 | | | | 陳 | 陸 | 院 |
|---|---|---|---|---|---|---|
| 現リョウ<br>訓みささぎ | | | | 漢チン呉ジン<br>訓つらねる | 漢リク呉ロク<br>訓おか | 呉ゲン漢カン<br>訓— |
| 中唐・翰苑<br>5_63_15<br>中唐・翰苑<br>27_348_32<br>中唐・翰苑<br>34_436_5<br>中唐・翰苑<br>34_436_14<br>中唐・翰苑<br>34_437_29<br>中唐・翰苑<br>34_439_1<br>中唐・翰苑<br>34_439_4 | 晩唐•摩訶止観<br>3_26_12<br>晩唐•摩訶止観<br>13_114_4<br>五代•大毗盧經<br>98_1200_7 | 中唐・翰苑<br>9_111_7<br>中唐・翰苑<br>26_338_19<br>中唐・翰苑<br>26_338_32<br>中唐・翰苑<br>26_338_39<br>中唐・翰苑<br>30_387_29<br>中唐・翰苑<br>30_390_10<br>中唐・翰苑<br>30_394_14<br>中唐・翰苑<br>42_533_29 | 初唐•古文尚書<br>33_317_9<br>初唐•禮記正義<br>2_24_12<br>初唐•禮記正義<br>3_39_16<br>初唐•禮記正義<br>7_104_11<br>初唐•禮記正義<br>23_346_10<br>初唐•禮記正義<br>27_424_21<br>初唐•禮記正義<br>29_451_10<br>中唐・翰苑<br>7_79_37 | 初唐•古文尚書<br>13_119_32<br>初唐•古文尚書<br>13_120_21<br>初唐•古文尚書<br>14_131_14<br>初唐•古文尚書<br>20_187_27<br>初唐•古文尚書<br>27_262_19<br>初唐•古文尚書<br>27_262_28<br>初唐•古文尚書<br>31_286_31<br>初唐•古文尚書<br>33_316_4 | 中唐・翰苑<br>8_104_12<br>中唐・翰苑<br>31_396_22<br>中唐・翰苑<br>32_419_2<br>中唐・翰苑<br>42_535_41<br>中唐・翰苑<br>42_539_16<br>中唐・翰苑<br>42_541_34<br>五代•大毗盧經<br>23_289_6 | 五代•密教部類<br>3_34_45<br>五代•密教部類<br>5_58_13<br>五代•密教部類<br>5_73_29<br>五代•大毗盧經<br>50_606_10<br>五代•大毗盧經<br>71_866_10 |

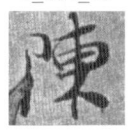

| 陽 | 階 | 陷 | | 陰 | | |
| --- | --- | --- | --- | --- | --- | --- |
| ヨウ<br>訓ひなた | 漢カイ<br>訓きざはし | 漢現カン呉ケン<br>訓おちいる | | 漢イン呉オン<br>訓かげ | | |

初唐•古文尚書
3_24_26

初唐•古文尚書
4_28_21

初唐•古文尚書
5_38_13

初唐•古文尚書
5_38_26

初唐・毛詩傳
7_68_12

初唐•禮記正義
3_38_8

初唐•禮記正義
24_365_4

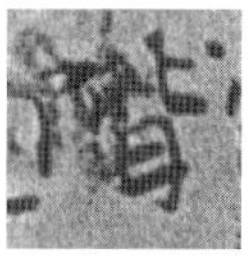
初唐•古文尚書
33_317_2

晚唐•摩訶止觀
5_43_12

五代•密教部類
6_78_18

中唐・翰苑
39_503_6

中唐・翰苑
19_255_11

中唐・翰苑
25_325_8

中唐・翰苑
29_375_23

得以爵除
中唐・翰苑
37_473_8

晚唐•摩訶止觀
6_51_21

晚唐•摩訶止觀
49_418_21

晚唐•摩訶止觀
49_418_29

五代•大毗盧經
18_234_32

初唐•古文尚書
17_163_1

初唐•古文尚書
17_163_4

初唐•古文尚書
40_388_20

初唐・毛詩傳
7_68_11

初唐•禮記正義
4_55_29

初唐•禮記正義
29_452_8

中唐・翰苑
4_40_14

中唐・翰苑
9_113_24

五代•大毗盧經
98_1204_21

中唐・翰苑
34_439_42

中唐・翰苑
34_444_11

中唐・翰苑
36_461_33

中唐・翰苑
36_462_35

中唐・翰苑
44_566_7

晚唐•摩訶止觀
54_459_12

五代•大毗盧經
74_915_13

五代•大毗盧經
98_1204_17

| 隊 | | 隆 | 隅 | | | |
|---|---|---|---|---|---|---|
| 漢 ツイ<br>訓 おちる | | 漢 リュウ<br>訓 なかだか | 慣 グウ<br>訓 すみ | | | |
| <br>中唐・翰苑<br>5_57_8 | <br>中唐・翰苑<br>38_493_35 | <br>初唐•禮記正義<br>29_453_8<br><br>中唐・翰苑<br>15_197_35<br><br>中唐・翰苑<br>30_392_4<br><br>中唐・翰苑<br>31_398_18<br><br>中唐・翰苑<br>38_488_13<br><br>中唐・翰苑<br>38_488_20<br><br>中唐・翰苑<br>38_488_29<br><br>中唐・翰苑<br>38_493_5 | <br>初唐・毛詩傳<br>7_69_4<br><br>初唐・毛詩傳<br>7_69_8<br><br>初唐・毛詩傳<br>7_69_15<br><br>晚唐•摩訶止觀<br>58_491_26<br><br>五代•大毗盧經<br>79_964_5 | <br>中唐・翰苑<br>36_462_20<br><br>中唐・翰苑<br>42_535_1<br><br>中唐・翰苑<br>42_538_14<br><br>中唐・翰苑<br>44_557_28<br><br>中唐・翰苑<br>44_559_5 | <br>中唐・翰苑<br>15_192_26<br><br>中唐・翰苑<br>15_193_8<br><br>中唐・翰苑<br>15_197_5<br><br>中唐・翰苑<br>15_197_7<br><br>中唐・翰苑<br>20_260_44<br><br>中唐・翰苑<br>20_265_28<br><br>中唐・翰苑<br>29_375_24 | <br>初唐•禮記正義<br>29_452_9<br><br>中唐・翰苑<br>2_15_22<br><br>中唐・翰苑<br>2_16_18<br><br>中唐・翰苑<br>6_75_1<br><br>中唐・翰苑<br>10_125_25<br><br>中唐・翰苑<br>15_189_26<br><br>中唐・翰苑<br>15_189_28 |

## 際

吳 現 サイ 漢 セイ
訓 きわ

初唐・般若經 8_100_1

初唐・般若經 8_110_4

初唐・般若經 21_310_15

初唐・般若經 21_321_9

中唐・翰苑 12_156_19

中唐・翰苑 32_420_6

中唐・般若經 3_34_2

中唐・般若經 3_38_5

中唐・般若經 4_42_8

中唐・般若經 4_46_12

中唐・般若經 5_70_3

中唐・般若經 5_72_13

中唐・般若經 5_75_6

中唐・般若經 6_77_17

晚唐•摩訶止觀 7_57_23

晚唐•摩訶止觀 12_109_20

五代•大毗盧經 12_146_20

五代•大毗盧經 17_215_10

## 隘

アイ
訓 せまい

中唐・翰苑 34_439_23

中唐・翰苑 34_440_16

中唐・翰苑 34_440_42

## 隙

慣 ゲキ 漢 ケキ 吳 キャク
訓 すき

中唐・翰苑 10_123_6

## 隕

イン
訓 おちる

初唐•古文尚書 14_134_23

初唐•古文尚書 27_270_17

## 隔

漢 カク
訓 へだてる

中唐・翰苑 8_105_39

晚唐•摩訶止觀 24_210_21

晚唐•摩訶止觀 26_221_12

晚唐•摩訶止觀 41_355_7

## 障

ショウ、ソウ
訓 さわる

初唐・十誦律 19_371_15
五代・大毗盧經 6_72_29
五代・大毗盧經 8_95_4
五代・大毗盧經 8_99_10
五代・大毗盧經 9_102_7
五代・大毗盧經 11_140_5
五代・大毗盧經 12_149_4
五代・大毗盧經 14_183_10

五代・大毗盧經 15_189_11
五代・大毗盧經 15_189_21
五代・大毗盧經 16_199_26
五代・大毗盧經 17_217_4
五代・大毗盧經 27_339_17
五代・大毗盧經 28_356_11
五代・大毗盧經 31_393_7
五代・大毗盧經 47_575_2

五代・大毗盧經 48_584_17
五代・大毗盧經 48_586_26
五代・大毗盧經 48_587_20
五代・大毗盧經 49_595_21
五代・大毗盧經 49_596_23
五代・大毗盧經 54_657_15
五代・大毗盧經 54_660_14
五代・大毗盧經 54_668_5

五代・大毗盧經 54_668_36
五代・大毗盧經 54_668_38
五代・大毗盧經 64_793_14
五代・大毗盧經 65_819_20
五代・大毗盧經 66_823_9
五代・大毗盧經 66_826_3
五代・大毗盧經 66_826_7
五代・大毗盧經 74_917_2

五代・大毗盧經 78_941_10
五代・大毗盧經 86_1057_23
五代・大毗盧經 90_1107_12

## 隨

吳 ズイ 漢 スイ
訓 したがう

初唐・古文尚書 4_28_20
初唐・古文尚書 47_456_4
初唐・禮記正義 3_36_17
初唐・禮記正義 3_46_4
初唐・禮記正義 3_46_29
初唐・禮記正義 10_162_10
初唐・禮記正義 28_437_24
初唐・十誦律 2_32_3

初唐・十誦律 4_54_6
初唐・十誦律 6_101_9
初唐・十誦律 9_170_11
初唐・十誦律 9_174_3
中唐・翰苑 2_14_19
中唐・翰苑 5_58_26
中唐・翰苑 6_76_24
中唐・翰苑 8_94_1

| | | | | | | |
|---|---|---|---|---|---|---|
| 晚唐•摩訶止觀<br>53_452_22 | 晚唐•摩訶止觀<br>42_365_18 | 晚唐•摩訶止觀<br>26_220_22 | 晚唐•摩訶止觀<br>24_208_24 | 晚唐•摩訶止觀<br>10_90_15 | 中唐 • 翰苑<br>27_358_1 | 中唐 • 翰苑<br>10_130_3 |
| 晚唐•摩訶止觀<br>53_452_26 | 晚唐•摩訶止觀<br>42_365_26 | 晚唐•摩訶止觀<br>37_324_14 | 晚唐•摩訶止觀<br>24_210_6 | 晚唐•摩訶止觀<br>11_94_13 | 中唐 • 翰苑<br>29_374_15 | 中唐 • 翰苑<br>10_130_36 |
| 五代•密教部類<br>1_7_18 | 晚唐•摩訶止觀<br>53_449_22 | 晚唐•摩訶止觀<br>41_350_4 | 晚唐•摩訶止觀<br>24_210_25 | 晚唐•摩訶止觀<br>14_127_10 | 中唐 • 翰苑<br>37_482_19 | 中唐 • 翰苑<br>11_136_21 |
| 五代•大毗盧經<br>5_50_20 | 晚唐•摩訶止觀<br>53_450_9 | 晚唐•摩訶止觀<br>41_350_12 | 晚唐•摩訶止觀<br>24_211_11 | 晚唐•摩訶止觀<br>18_158_10 | 中唐 • 翰苑<br>38_483_6 | 中唐 • 翰苑<br>11_144_29 |
| 五代•大毗盧經<br>5_51_1 | 晚唐•摩訶止觀<br>53_450_11 | 晚唐•摩訶止觀<br>42_361_7 | 晚唐•摩訶止觀<br>25_213_25 | 晚唐•摩訶止觀<br>24_208_15 | 中唐 • 翰苑<br>43_544_21 | 中唐 • 翰苑<br>18_240_13 |
| 五代•大毗盧經<br>6_69_2 | 晚唐•摩訶止觀<br>53_450_20 | 晚唐•摩訶止觀<br>42_361_15 | 晚唐•摩訶止觀<br>25_214_11 | 晚唐•摩訶止觀<br>24_208_18 | 晚唐•摩訶止觀<br>1_2_12 | 中唐 • 翰苑<br>20_263_27 |
| 五代•大毗盧經<br>7_84_17 | 晚唐•摩訶止觀<br>53_450_24 | 晚唐•摩訶止觀<br>42_361_27 | 晚唐•摩訶止觀<br>25_218_7 | 晚唐•摩訶止觀<br>24_208_20 | 晚唐•摩訶止觀<br>3_26_13 | 中唐 • 翰苑<br>25_323_32 |
| 五代•大毗盧經<br>7_85_15 | 晚唐•摩訶止觀<br>53_452_16 | 晚唐•摩訶止觀<br>42_362_11 | 晚唐•摩訶止觀<br>25_218_22 | 晚唐•摩訶止觀<br>24_208_22 | 晚唐•摩訶止觀<br>3_28_6 | 中唐 • 翰苑<br>26_343_22 |

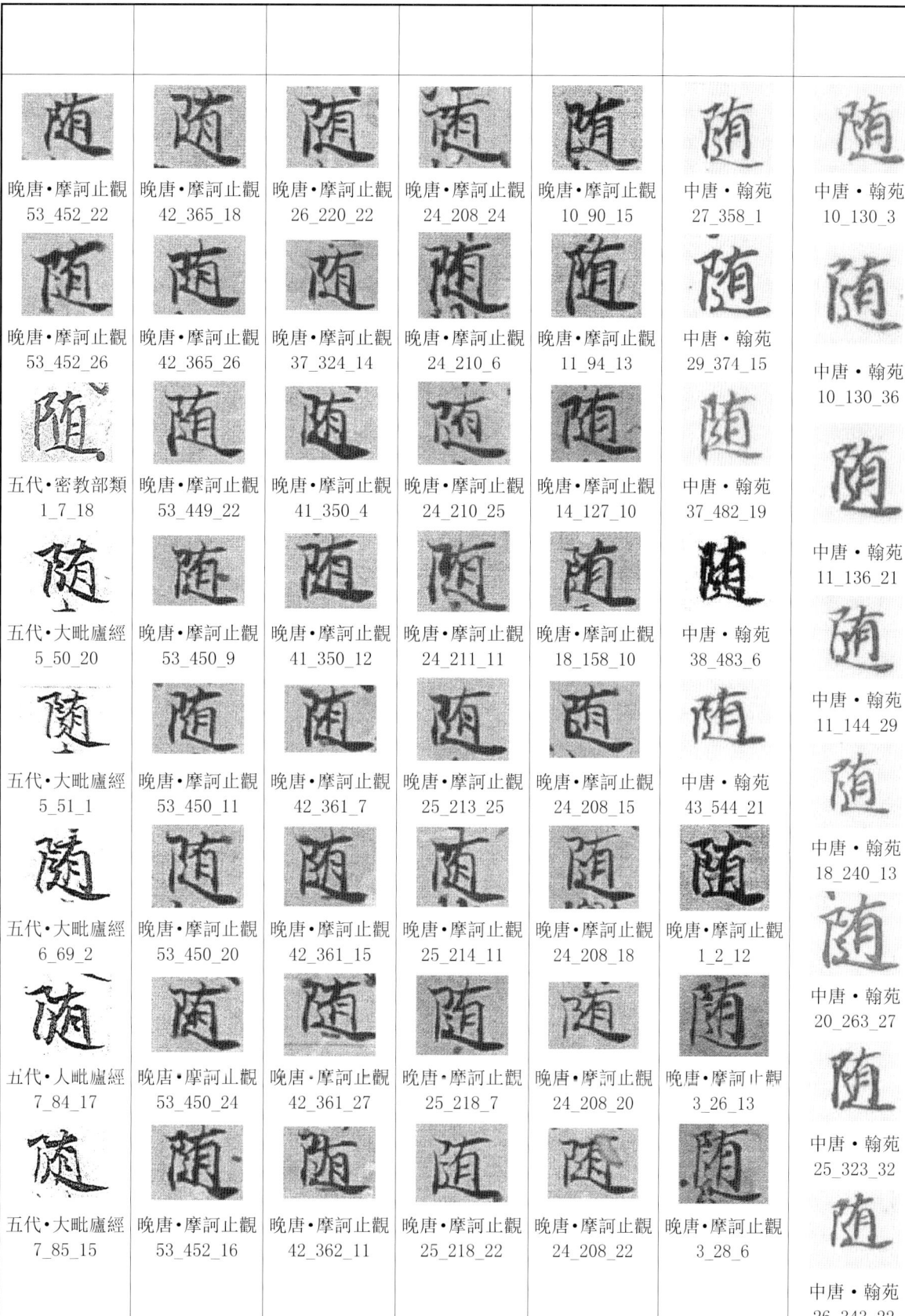

| 隰 | | | 險 | 隧 | | |
|---|---|---|---|---|---|---|
| 慣シツ 漢シュウ<br>訓さわ | | | 現ケン<br>訓けわしい | 漢スイ 呉ズイ<br>訓みち | | |
| <br>初唐・毛詩傳<br>3_27_4<br><br>初唐・毛詩傳<br>3_27_23<br><br>初唐・毛詩傳<br>3_30_18<br><br>初唐・毛詩傳<br>4_33_12 | <br>晚唐・摩訶止觀<br>24_204_7 | <br>中唐・翰苑<br>24_314_30<br><br>中唐・翰苑<br>28_368_19<br><br>中唐・翰苑<br>29_381_39<br><br>中唐・翰苑<br>33_430_43<br><br>中唐・翰苑<br>34_439_22<br><br>中唐・翰苑<br>40_508_15<br><br>中唐・翰苑<br>41_519_13<br><br>中唐・翰苑<br>41_520_16 | <br>初唐・古文尚書<br>8_62_7<br>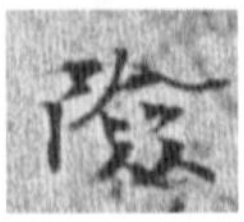<br>初唐・古文尚書<br>8_62_24<br><br>初唐・古文尚書<br>16_145_19<br><br>初唐・禮記正義<br>12_193_22<br><br>初唐・禮記正義<br>13_197_16<br><br>中唐・翰苑<br>10_130_31<br><br>中唐・翰苑<br>15_190_20<br><br>中唐・翰苑<br>22_292_42 | <br>中唐・翰苑<br>9_115_7<br><br>中唐・翰苑<br>10_121_41 | <br>五代・大毗盧經<br>87_1064_13<br><br>五代・大毗盧經<br>96_1181_3<br><br>五代・大毗盧經<br>96_1181_9<br><br>五代・大毗盧經<br>98_1202_6<br><br>五代・大毗盧經<br>98_1212_8 | <br>五代・大毗盧經<br>9_102_29<br><br>五代・大毗盧經<br>15_195_6<br><br>五代・大毗盧經<br>21_265_4<br><br>五代・大毗盧經<br>31_390_1<br><br>五代・大毗盧經<br>45_553_16<br><br>五代・大毗盧經<br>60_745_23<br><br>五代・大毗盧經<br>66_829_38<br><br>五代・大毗盧經<br>78_942_38 |

## 隱𨼆

漢イン 呉オン
訓かくれる

初唐•古文尚書
16_152_24

初唐•古文尚書
16_153_20

初唐•古文尚書
18_171_33

初唐•禮記正義
17_257_7

初唐•禮記正義
28_429_4

初唐•禮記正義
30_473_24

初唐 • 十誦律
5_78_8

晚唐•摩訶止觀
15_130_18

晚唐•摩訶止觀
35_301_5

五代•大毗盧經
77_938_11

## 隮

漢セイ 呉サイ
訓のぼる

初唐•古文尚書
27_270_3

初唐•古文尚書
27_270_18

初唐•古文尚書
29_281_8

# 金部

## 金 金

漢キン 呉コン
訓かね

初唐•古文尚書 4_33_11

初唐•古文尚書 4_33_14

初唐•古文尚書 5_43_21

初唐•古文尚書 45_436_2

初唐•禮記正義 4_53_7

初唐•禮記正義 13_207_26

初唐•禮記正義 16_244_1

初唐•禮記正義 25_382_5

初唐・般若經 1_1_4

中唐・翰苑 1_1_7

中唐・翰苑 2_20_18

中唐・翰苑 3_23_22

中唐・翰苑 3_23_32

中唐・翰苑 8_92_43

中唐・翰苑 8_100_38

中唐・翰苑 8_103_27

中唐・翰苑 8_103_33

中唐・翰苑 11_142_30

中唐・翰苑 11_143_16

中唐・翰苑 17_222_29

中唐・翰苑 18_232_7

中唐・翰苑 18_232_20

中唐・翰苑 25_325_30

中唐・翰苑 25_329_4

中唐・翰苑 25_329_13

中唐・翰苑 25_329_30

中唐・翰苑 25_332_7

中唐・翰苑 25_334_7

中唐・翰苑 26_335_1

中唐・翰苑 26_342_34

中唐・翰苑 26_343_12

中唐・翰苑 26_343_29

中唐・翰苑 33_423_43

中唐・翰苑 34_436_1

中唐・翰苑 37_475_19

中唐・翰苑 39_501_41

中唐・翰苑 39_504_13

中唐・翰苑 43_546_38

中唐・翰苑 43_549_7

中唐・翰苑 43_551_24

中唐・翰苑 43_552_20

晚唐•摩訶止観 3_22_18

晚唐•摩訶止観 3_26_8

晚唐•摩訶止観 4_38_4

晚唐•摩訶止観 12_108_16

晚唐•摩訶止観 54_457_1

晚唐•摩訶止観 54_457_4

晚唐•摩訶止観 54_460_14

五代•密教部類 2_16_12

五代•密教部類 2_19_14

五代•密教部類 3_31_1

五代•密教部類 3_32_1

五代•密教部類 3_33_1

五代•密教部類 3_34_1
五代•密教部類 3_34_16
五代•密教部類 3_35_1
五代•密教部類 3_35_14
五代•密教部類 3_36_3
五代•密教部類 3_37_1
五代•密教部類 3_37_14
五代•密教部類 3_38_1
五代•密教部類 3_39_1

五代•密教部類 4_44_2
五代•密教部類 4_48_4
五代•密教部類 4_53_1
五代•密教部類 5_62_6
五代•密教部類 5_62_9
五代•密教部類 5_62_29
五代•密教部類 5_63_1
五代•密教部類 5_63_4
五代•密教部類 6_86_16

五代•大毗盧經 5_51_12
五代•大毗盧經 7_82_19
五代•大毗盧經 7_83_2
五代•大毗盧經 7_83_6
五代•大毗盧經 7_83_26
五代•大毗盧經 7_84_24
五代•大毗盧經 7_84_34
五代•大毗盧經 7_84_42
五代•大毗盧經 7_86_19

五代•大毗盧經 7_88_9
五代•大毗盧經 7_88_13
五代•大毗盧經 8_90_16
五代•大毗盧經 11_141_17
五代•大毗盧經 12_143_9
五代•大毗盧經 12_143_13
五代•大毗盧經 12_149_9
五代•大毗盧經 12_152_19
五代•大毗盧經 12_153_9

五代•大毗盧經 13_157_8
五代•大毗盧經 13_163_11
五代•大毗盧經 13_163_19
五代•大毗盧經 13_164_8
五代•大毗盧經 14_175_13
五代•大毗盧經 14_181_13
五代•大毗盧經 16_201_3
五代•大毗盧經 16_201_9
五代•大毗盧經 16_204_13

五代•大毗盧經 16_209_16
五代•大毗盧經 16_210_19
五代•大毗盧經 17_216_6
五代•大毗盧經 19_238_16
五代•大毗盧經 22_279_16
五代•大毗盧經 23_294_6
五代•大毗盧經 23_298_7
五代•大毗盧經 24_307_11
五代•大毗盧經 24_307_28

五代•大毗盧經 24_308_1
五代•大毗盧經 26_325_22
五代•大毗盧經 26_326_17
五代•大毗盧經 26_327_18
五代•大毗盧經 28_362_40
五代•大毗盧經 39_454_16
五代•大毗盧經 39_469_17
五代•大毗盧經 39_471_3
五代•大毗盧經 40_478_17

五代·大毗盧經 40_483_19

五代·大毗盧經 40_484_3

五代·大毗盧經 40_484_14

五代·大毗盧經 41_486_8

五代·大毗盧經 41_487_3

五代·大毗盧經 41_487_18

五代·大毗盧經 41_488_14

五代·大毗盧經 43_519_1

五代·大毗盧經 44_529_19

五代·大毗盧經 44_532_1

五代·大毗盧經 46_559_15

五代·大毗盧經 46_564_8

五代·大毗盧經 50_606_13

五代·大毗盧經 50_607_3

五代·大毗盧經 50_610_9

五代·大毗盧經 50_611_8

五代·大毗盧經 55_676_19

五代·大毗盧經 57_703_16

五代·大毗盧經 58_708_13

五代·大毗盧經 58_709_8

五代·大毗盧經 58_709_18

五代·大毗盧經 58_710_8

五代·大毗盧經 59_728_2

五代·大毗盧經 60_735_9

五代·大毗盧經 60_736_1

五代·大毗盧經 60_739_1

五代·大毗盧經 60_739_7

五代·大毗盧經 60_740_3

五代·大毗盧經 63_774_16

五代·大毗盧經 63_775_4

五代·大毗盧經 63_779_13

五代·大毗盧經 63_781_3

五代·大毗盧經 63_781_13

五代·大毗盧經 63_781_18

五代·大毗盧經 63_782_3

五代·大毗盧經 63_782_7

五代·大毗盧經 63_782_13

五代·大毗盧經 63_783_1

五代·大毗盧經 63_783_19

五代·大毗盧經 63_784_1

五代·大毗盧經 63_784_10

五代·大毗盧經 63_785_1

五代·大毗盧經 63_785_6

五代·大毗盧經 63_785_20

五代·大毗盧經 63_786_1

五代·大毗盧經 63_786_9

五代·大毗盧經 63_786_13

五代·大毗盧經 63_787_3

五代·大毗盧經 63_787_8

五代·大毗盧經 63_787_19

五代·大毗盧經 63_788_6

五代·大毗盧經 63_788_11

五代·大毗盧經 63_788_16

五代·大毗盧經 63_789_1

五代·大毗盧經 63_790_3

五代·大毗盧經 63_791_15

五代·大毗盧經 64_793_3

五代·大毗盧經 64_794_16

五代·大毗盧經 64_796_13

五代·大毗盧經 64_797_2

五代·大毗盧經 64_797_6

五代·大毗盧經 64_798_7

五代·大毗盧經 64_798_14

## 釤

サン
訓おほがま

五代·大毗盧經
81_984_18

五代·大毗盧經
81_988_2

五代·大毗盧經
81_992_3

五代·大毗盧經
81_994_18

## 針

シン
訓はり

五代·大毗盧經
60_736_3

五代·大毗盧經
63_790_5

五代·大毗盧經
65_811_3

五代·大毗盧經
65_813_11

五代·大毗盧經
65_813_27

五代·大毗盧經
92_1132_15

五代·大毗盧經
80_974_1

五代·大毗盧經
96_1173_9

五代·大毗盧經
97_1197_7

五代·大毗盧經
98_1202_3

五代·大毗盧經
71_867_9

五代·大毗盧經
71_867_18

五代·大毗盧經
71_868_11

五代·大毗盧經
71_868_17

五代·大毗盧經
73_899_17

五代·大毗盧經
73_900_6

五代·大毗盧經
73_900_11

五代·大毗盧經
73_902_13

五代·大毗盧經
77_936_7

五代·大毗盧經
66_829_5

五代·大毗盧經
66_829_12

五代·大毗盧經
66_829_46

五代·大毗盧經
67_833_19

五代·大毗盧經
67_835_9

五代·大毗盧經
67_835_13

五代·大毗盧經
67_840_19

五代·大毗盧經
67_848_4

五代·大毗盧經
68_855_4

五代·大毗盧經
65_819_40

五代·大毗盧經
65_820_22

五代·大毗盧經
65_821_4

五代·大毗盧經
65_821_16

五代·大毗盧經
66_824_4

五代·大毗盧經
66_824_15

五代·大毗盧經
66_827_1

五代·大毗盧經
66_827_27

五代·大毗盧經
66_828_16

五代·大毗盧經
64_799_1

五代·大毗盧經
64_799_8

五代·大毗盧經
64_799_26

五代·大毗盧經
65_811_1

五代·大毗盧經
65_813_8

五代·大毗盧經
65_813_25

五代·大毗盧經
65_816_1

五代·大毗盧經
65_816_9

五代·大毗盧經
65_819_36

| 鉢 | | | | 鈔 | 鈍 | 釳 |
|---|---|---|---|---|---|---|
| | | | 漢ハツ呉ハチ<br>訓はち | 呉ショウ<br>訓かすめる | 呉ドン漢トン<br>訓にぶい | キツ<br>訓— |
| 五代•大毗盧經<br>32_401_15 | 五代•大毗盧經<br>26_335_16 | 五代•大毗盧經<br>16_199_9 | 五代•大毗盧經<br>3_25_1 | 中唐・翰苑<br>5_56_14 | 晚唐•摩訶止觀<br>15_131_11 | 五代•大毗盧經<br>29_374_16 |
| 五代•大毗盧經<br>33_406_5 | 五代•大毗盧經<br>29_364_10 | 五代•大毗盧經<br>18_228_20 | 五代•大毗盧經<br>4_41_10 | 中唐・翰苑<br>6_64_23 | 晚唐•摩訶止觀<br>31_269_25 | |
| 五代•大毗盧經<br>40_473_13 | 五代•大毗盧經<br>29_368_11 | 五代•大毗盧經<br>18_231_8 | 五代•大毗盧經<br>9_102_33 | 中唐・翰苑<br>16_203_5 | 晚唐•摩訶止觀<br>40_343_7 | |
| 五代•大毗盧經<br>45_547_8 | 五代•大毗盧經<br>29_374_24 | 五代•大毗盧經<br>20_254_4 | 五代•大毗盧經<br>10_118_13 | | 晚唐•摩訶止觀<br>40_344_1 | |
| 五代•大毗盧經<br>46_564_18 | 五代•大毗盧經<br>30_378_24 | 五代•大毗盧經<br>22_283_7 | 五代•大毗盧經<br>10_119_18 | | 晚唐•摩訶止觀<br>40_345_2 | |
| 五代•大毗盧經<br>46_566_6 | 五代•大毗盧經<br>30_378_28 | 五代•大毗盧經<br>23_295_4 | 五代•大毗盧經<br>11_127_9 | | 晚唐•摩訶止觀<br>40_345_23 | |
| 五代•大毗盧經<br>48_585_16 | 五代•大毗盧經<br>31_389_3 | 五代•大毗盧經<br>25_317_2 | 五代•大毗盧經<br>11_127_18 | | 五代•大毗盧經<br>2_4_18 | |
| 五代•大毗盧經<br>49_593_9 | 五代•大毗盧經<br>31_389_7 | 五代•大毗盧經<br>25_317_39 | 五代•大毗盧經<br>15_198_1 | | | |

| 鈴 | 鉛 | | | | | |
|---|---|---|---|---|---|---|
| 漢レイ 唐リン 呉リョウ 訓すず | エン 訓なまり | | | | | |
| 中唐・翰苑 18_239_3 | 初唐・古文尚書 2_15_1 | 五代・大毗盧經 94_1154_23 | 五代・大毗盧經 86_1050_2 | 五代・大毗盧經 72_881_7 | 五代・大毗盧經 57_696_10 | 五代・大毗盧經 51_628_1 |
| 中唐・翰苑 18_241_6 | 中唐・翰苑 43_551_27 | 五代・大毗盧經 95_1162_12 | 五代・大毗盧經 86_1052_21 | 五代・大毗盧經 72_881_11 | 五代・大毗盧經 57_699_21 | 五代・大毗盧經 51_629_4 |
| 中唐・翰苑 25_329_2 | | 五代・大毗盧經 95_1169_12 | 五代・大毗盧經 86_1055_14 | 五代・大毗盧經 72_888_7 | 五代・大毗盧經 58_711_12 | 五代・大毗盧經 51_630_30 |
| 五代・大毗盧經 16_199_24 | | | 五代・大毗盧經 87_1061_11 | 五代・大毗盧經 73_893_2 | 五代・大毗盧經 62_765_16 | 五代・大毗盧經 52_640_1 |
| 五代・大毗盧經 16_201_10 | | | 五代・大毗盧經 93_1143_6 | 五代・大毗盧經 73_893_6 | 五代・大毗盧經 63_779_3 | 五代・大毗盧經 56_686_12 |
| | | | 五代・大毗盧經 94_1152_7 | 五代・大毗盧經 73_906_15 | 五代・大毗盧經 65_820_10 | 五代・大毗盧經 56_691_14 |
| | | | 五代・大毗盧經 94_1152_11 | 五代・大毗盧經 77_929_16 | 五代・大毗盧經 67_833_1 | 五代・大毗盧經 57_694_16 |
| | | | 五代・大毗盧經 94_1154_12 | 五代・大毗盧經 83_1016_16 | 五代・大毗盧經 67_834_6 | 五代・大毗盧經 57_696_6 |

## 銀

漢ギン 呉ゴン
訓しろがね

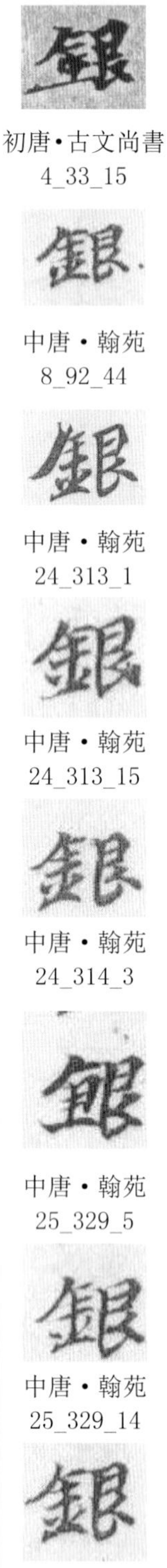

初唐•古文尚書 4_33_15
中唐・翰苑 8_92_44
中唐・翰苑 24_313_1
中唐・翰苑 24_313_15
中唐・翰苑 24_314_3
中唐・翰苑 25_329_5
中唐・翰苑 25_329_14
中唐・翰苑 25_329_42

## 銘

慣メイ 漢ベイ 呉ミュウ
訓しるす

中唐・翰苑 22_291_10
中唐・翰苑 22_294_26
中唐・翰苑 30_392_7
中唐・翰苑 30_394_1
中唐・翰苑 37_473_21
中唐・翰苑 41_528_35
五代•大毗盧經 86_1058_11

## 銅

慣ドウ 漢トウ
訓あかがね

初唐•古文尚書 4_33_16
中唐・翰苑 43_551_26
晚唐•摩訶止觀 60_503_15

## 銜

漢カン 呉ガン
訓くつわ

中唐・翰苑 10_130_33
中唐・翰苑 33_428_42
中唐・翰苑 34_443_28

## 鉤

漢コウ 呉ク
訓かぎ

五代•大毗盧經 15_195_5
五代•大毗盧經 15_195_16
五代•大毗盧經 15_195_27
五代•大毗盧經 15_198_18
五代•大毗盧經 16_199_21
五代•大毗盧經 41_487_12
五代•大毗盧經 50_616_15
五代•大毗盧經 50_619_4

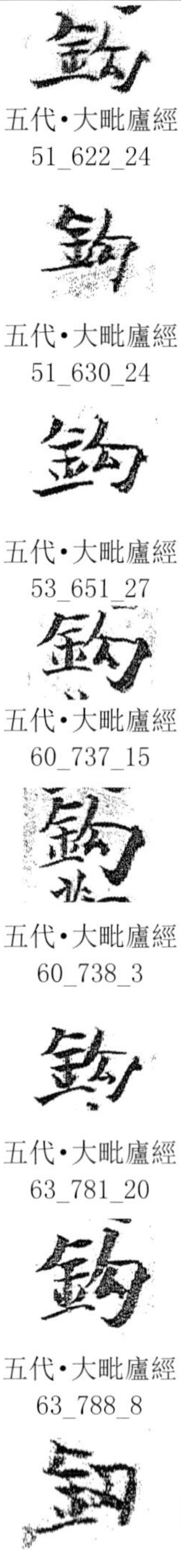

五代•大毗盧經 51_622_24
五代•大毗盧經 51_630_24
五代•大毗盧經 53_651_27
五代•大毗盧經 60_737_15
五代•大毗盧經 60_738_3
五代•大毗盧經 63_781_20
五代•大毗盧經 63_788_8
五代•大毗盧經 68_849_28

五代•大毗盧經 73_901_5
五代•大毗盧經 77_936_5
五代•大毗盧經 82_996_15
五代•大毗盧經 82_996_23
五代•大毗盧經 90_1095_7
五代•大毗盧經 90_1106_18
五代•大毗盧經 93_1141_14

| | 錯 | 錢 | 鋒 | 鋭 | 鋪 | |
|---|---|---|---|---|---|---|
| | 現サク<br>訓といし | セン漢セン呉ゼン<br>訓ぜに | 漢ホウ<br>訓ほこさき | エイ漢タイ<br>訓するどい | 漢ホ呉フ<br>訓しく | |
| <br>五代•大毗盧經<br>57_703_2 | <br>初唐•古文尚書<br>2_14_7 | <br>中唐・翰苑<br>14_185_32 | <br>五代•大毗盧經<br>59_730_11 | <br>中唐・翰苑<br>10_130_6 | <br>中唐・翰苑<br>45_577_15 | <br>中唐・翰苑<br>28_359_43 |
| <br>五代•大毗盧經<br>80_969_5 | <br>初唐•古文尚書<br>2_14_11 | <br>中唐・翰苑<br>37_476_34 | <br>五代•大毗盧經<br>63_782_15 | <br>中唐・翰苑<br>15_190_39 | | <br>中唐・翰苑<br>39_501_42 |
| <br>五代•大毗盧經<br>82_999_25 | <br>初唐•古文尚書<br>4_32_16 | <br>中唐・翰苑<br>37_478_10 | | <br>五代•大毗盧經<br>59_730_12 | | <br>中唐・翰苑<br>43_551_25 |
| <br>五代•大毗盧經<br>93_1138_17 | <br>初唐•古文尚書<br>26_259_3 | | | <br>五代•大毗盧經<br>63_786_3 | | |
| <br>五代•大毗盧經<br>97_1184_39 | <br>初唐•古文尚書<br>26_259_6 | | | <br>五代•大毗盧經<br>65_813_31 | | |
| | <br>初唐•古文尚書<br>47_459_13 | | | | | |
| | <br>中唐・翰苑<br>4_39_1 | | | | | |
| | <br>中唐・翰苑<br>4_39_19 | | | | | |

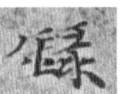

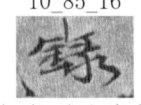

| | | | 錄 | | 錦 | 錫 |
|---|---|---|---|---|---|---|
| | | | 呉ロク<br>訓しるす | | 漢キン<br>訓にしき | 漢セキ 呉シャク<br>呉シ<br>訓すず |
| 五代•密教部類<br>4_42_6 | 五代•密教部類<br>2_12_14 | 五代•密教部類<br>1_5_17 | 初唐•古文尚書<br>10_85_16 | 中唐 • 翰苑<br>25_330_20 | 初唐•古文尚書<br>2_9_15 | 初唐•古文尚書<br>4_36_12 |
| 五代•密教部類<br>4_54_5 | 五代•密教部類<br>2_13_7 | 五代•密教部類<br>1_7_7 | 初唐•古文尚書<br>35_330_22 | 中唐 • 翰苑<br>25_330_32 | 初唐•禮記正義<br>22_326_2 | 中唐 • 翰苑<br>35_457_7 |
| 五代•密教部類<br>5_61_4 | 五代•密教部類<br>2_13_14 | 五代•密教部類<br>1_7_12 | 初唐•禮記正義<br>19_285_11 | 中唐 • 翰苑<br>25_330_37 | 初唐•禮記正義<br>22_326_5 | 中唐 • 翰苑<br>43_551_28 |
| 五代•密教部類<br>5_62_20 | 五代•密教部類<br>2_14_7 | 五代•密教部類<br>2_9_6 | 中唐 • 翰苑<br>22_287_9 | 中唐 • 翰苑<br>33_422_28 | 初唐•禮記正義<br>23_350_11 | 五代•大毗盧經<br>77_931_13 |
| 五代•密教部類<br>5_63_13 | 五代•密教部類<br>2_14_14 | 五代•密教部類<br>2_10_4 | 中唐 • 翰苑<br>22_295_16 | | 中唐 • 翰苑<br>8_103_40 | |
| 五代•密教部類<br>5_70_5 | 五代•密教部類<br>3_34_42 | 五代•密教部類<br>2_11_7 | 五代•密教部類<br>1_1_12 | | 中唐 • 翰苑<br>17_217_12 | |
| 五代•密教部類<br>6_89_16 | 五代•密教部類<br>3_35_18 | 五代•密教部類<br>2_11_14 | 五代•密教部類<br>1_3_8 | | 中唐 • 翰苑<br>18_232_22 | |
| | 五代•密教部類<br>3_39_19 | 五代•密教部類<br>2_12_7 | 五代•密教部類<br>1_3_13 | | 中唐 • 翰苑<br>25_329_1 | |

## 鎧

慣ガイ 漢カイ
訓よろい

初唐•古文尚書
20_190_25

初唐•禮記正義
15_234_9

初唐•禮記正義
15_234_12

初唐•禮記正義
15_236_13

## 鍪

漢ボウ
訓かぶと

初唐•古文尚書
20_190_28

## 鍛

現タン
訓きたえる

中唐・翰苑
11_141_1

## 鎚

漢タイ
訓つち

五代•大毗盧經
80_976_9

## 鍾

漢ショウ
訓さかずき

初唐・毛詩傳
3_23_9

初唐・毛詩傳
3_31_12

中唐・翰苑
17_223_2

中唐・翰苑
36_466_29

中唐・翰苑
37_477_7

中唐・翰苑
44_556_8

## 鍰

カン
訓わ

初唐•古文尚書
45_442_27

初唐•古文尚書
45_443_21

初唐•古文尚書
45_443_23

初唐•古文尚書
46_445_4

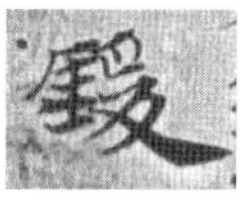

初唐•古文尚書
46_446_9

初唐•古文尚書
46_446_18

初唐•古文尚書
46_448_1

## 鍑

フウ
訓かま

中唐・翰苑
10_129_4

## 鎖

サ
訓くさり

五代•大毗盧經
16_199_23

五代•大毗盧經
63_785_3

五代•大毗盧經
63_791_17

五代•大毗盧經
64_796_15

五代•大毗盧經
65_816_3

五代•大毗盧經
65_816_17

## 鎬

コウ
訓なべ

中唐・翰苑
2_12_4

中唐・翰苑
2_16_12

## 鎮

チン
訓しずめる

初唐•禮記正義
22_332_26

初唐•禮記正義
22_333_17

初唐•禮記正義
22_334_11

初唐•禮記正義
22_334_26

初唐•禮記正義
22_335_4

初唐•禮記正義
22_335_19

中唐・翰苑
14_186_5

中唐・翰苑
24_311_21

中唐・翰苑
27_347_2

中唐・翰苑
27_356_9

中唐・翰苑
27_356_19

中唐・翰苑
31_401_5

## 鏗

漢コウ
訓つく

初唐•禮記正義
2_24_13

初唐•禮記正義
2_27_12

## 鏤

ル
訓はがね

中唐・翰苑
20_262_41

## 鏘

漢ショウ吳ソウ
訓—

五代•大毗盧經
68_849_40

## 鎪

ソウ
訓—

五代•大毗盧經
4_37_11

五代•大毗盧經
9_106_2

五代•大毗盧經
12_144_6

五代•大毗盧經
12_151_10

五代•大毗盧經
19_250_29

五代•大毗盧經
36_431_12

五代•大毗盧經
37_433_12

五代•大毗盧經
40_475_14

## 鐸 鐸

漢タク
訓すず

五代•大毗盧經
37_437_16

五代•大毗盧經
37_438_1

五代•大毗盧經
80_977_5

## 鐶

カン
訓わ

中唐・翰苑
25_329_31

中唐・翰苑
42_540_15

## 鐵 鐵

漢テツ呉テチ
訓くろがね

初唐•古文尚書
18_174_2

初唐•古文尚書
45_443_25

中唐・翰苑
11_141_2

中唐・翰苑
11_143_17

中唐・翰苑
19_246_26

中唐・翰苑
19_246_40

中唐・翰苑
22_290_7

中唐・翰苑
30_387_40

## 鏃 鏃

慣ゾク漢ソク
訓やじり

初唐•古文尚書
5_45_14

青石爲鏃
中唐・翰苑
29_382_25

## 鏡 鏡

呉キョウ漢ケイ
訓かがみ

晩唐•摩訶止觀
34_294_20

晩唐•摩訶止觀
45_383_23

晩唐•摩訶止觀
49_415_29

晩唐•摩訶止觀
49_416_7

五代•大毗盧經
14_178_14

五代・大毗盧經
41_493_10

五代・大毗盧經
42_504_5

五代・大毗盧經
53_652_4

五代・大毗盧經
73_897_11

五代・大毗盧經
73_897_14

五代・大毗盧經
73_897_15

## 鑑 鑑

現カン
訓かがみ

晩唐・摩訶止観
22_188_6

## 鑠 鑠

シャク
訓とかす

五代・大毗盧經
37_438_11

五代・大毗盧經
93_1139_26

## 鑪 鑪

漢ロ
訓いろり

五代・大毗盧經
14_184_20

## 鑿 鑿

漢サク
訓のみ

初唐・毛詩傳
4_40_24

初唐・毛詩傳
4_40_28

初唐・毛詩傳
4_41_23

中唐・翰苑
24_311_22

晩唐・摩訶止観
2_16_1

## 钁 钁

カク
訓くわ

五代・大毗盧經
72_880_18

# 門部

## 門 門

吳モン 漢ボン
訓かど

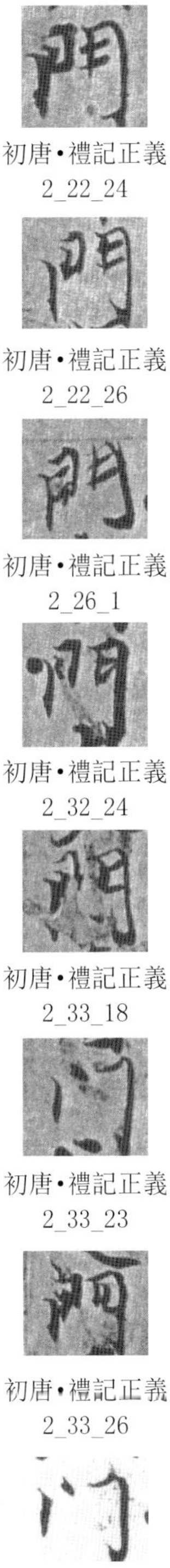

初唐・禮記正義
2_22_24

初唐・禮記正義
2_22_26

初唐・禮記正義
2_26_1

初唐・禮記正義
2_32_24

初唐・禮記正義
2_33_18

初唐・禮記正義
2_33_23

初唐・禮記正義
2_33_26

初唐・禮記正義
3_34_19

初唐・禮記正義
3_34_28

初唐・禮記正義
3_35_4

初唐・禮記正義
3_35_11

初唐・禮記正義
6_91_13

初唐・禮記正義
12_188_22

初唐・禮記正義
12_188_25

初唐・禮記正義
12_189_3

初唐・禮記正義
12_189_10

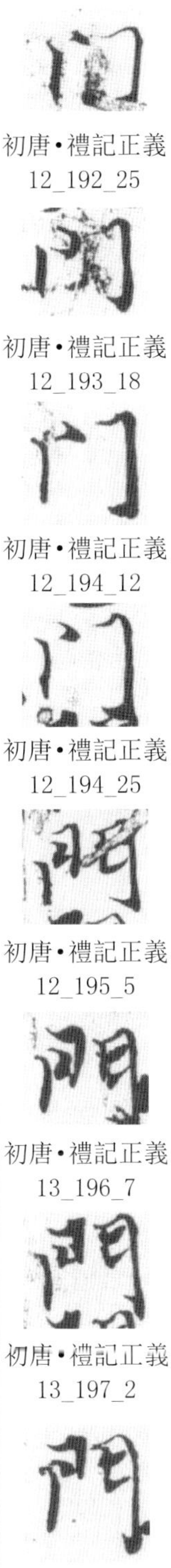

初唐・禮記正義
12_192_25

初唐・禮記正義
12_193_18

初唐・禮記正義
12_194_12

初唐・禮記正義
12_194_25

初唐・禮記正義
12_195_5

初唐・禮記正義
13_196_7

初唐・禮記正義
13_197_2

初唐・禮記正義
13_206_8

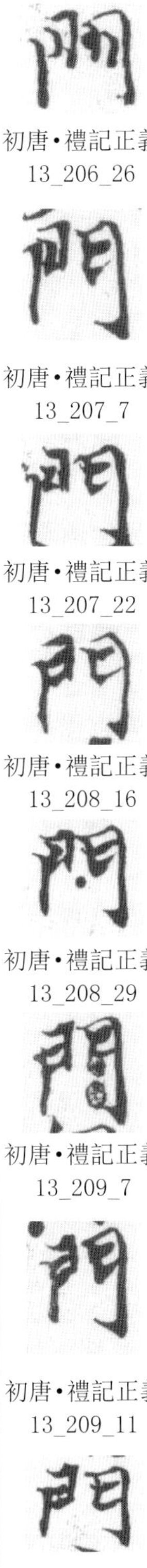

初唐・禮記正義
13_206_26

初唐・禮記正義
13_207_7

初唐・禮記正義
13_207_22

初唐・禮記正義
13_208_16

初唐・禮記正義
13_208_29

初唐・禮記正義
13_209_7

初唐・禮記正義
13_209_11

初唐・禮記正義
14_217_23

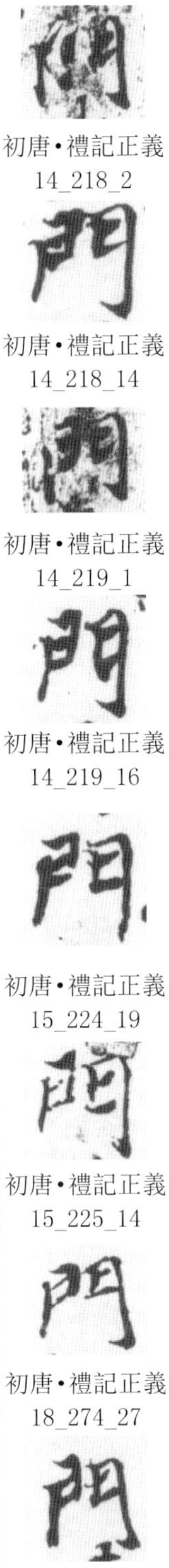

初唐・禮記正義
14_218_2

初唐・禮記正義
14_218_14

初唐・禮記正義
14_219_1

初唐・禮記正義
14_219_16

初唐・禮記正義
15_224_19

初唐・禮記正義
15_225_14

初唐・禮記正義
18_274_27

初唐・禮記正義
18_275_4

初唐・禮記正義
18_275_8

初唐・禮記正義
18_275_19

初唐・禮記正義
18_276_8

初唐・禮記正義
24_371_19

初唐・禮記正義
25_385_13

初唐・禮記正義
28_432_15

初唐・十誦律
1_7_11

初唐・十誦律
1_7_14

| | | | | | | |
|---|---|---|---|---|---|---|
| 中唐・般若經 8_121_6 | 中唐・般若經 7_114_6 | 中唐・翰苑 10_120_38 | 初唐・般若經 26_403_10 | 初唐・般若經 24_358_13 | 初唐・般若經 13_183_4 | 初唐・十誦律 1_8_17 |
| 中唐・般若經 8_121_17 | 中唐・般若經 7_114_16 | 無罪 中唐・翰苑 12_149_18 | 初唐・般若經 26_405_3 | 初唐・般若經 24_360_12 | 初唐・般若經 13_183_12 | 初唐・十誦律 2_24_3 |
| 中唐・般若經 8_122_13 | 中唐・般若經 8_115_10 | 中唐・翰苑 12_157_3 | 中唐・翰苑 2_19_19 | 初唐・般若經 24_361_4 | 初唐・般若經 13_185_2 | 初唐・般若經 10_143_14 |
| 中唐・般若經 8_123_6 | 中唐・般若經 8_116_2 | 中唐・翰苑 17_223_25 | 中唐・翰苑 2_21_1 | 初唐・般若經 24_362_14 | 初唐・般若經 13_186_15 | 初唐・般若經 10_144_3 |
| 中唐・般若經 8_124_3 | 中唐・般若經 8_116_15 | 中唐・翰苑 20_268_43 | 中唐・翰苑 2_21_15 | 初唐・般若經 26_399_4 | 初唐・般若經 13_187_6 | 初唐・般若經 10_145_8 |
| 中唐・般若經 8_124_14 | 中唐・般若經 8_117_8 | 中唐・翰苑 23_298_22 | 中唐・翰苑 5_55_17 | 初唐・般若經 26_399_12 | 初唐・般若經 13_188_13 | 初唐・般若經 10_147_5 |
| 中唐・般若經 8_128_3 | 中唐・般若經 8_118_4 | 中唐・翰苑 24_310_4 | 中唐・翰苑 6_68_23 | 初唐・般若經 26_401_4 | 初唐・般若經 23_356_17 | 初唐・般若經 10_147_14 |
| | 中唐・般若經 8_120_9 | 中唐・般若經 7_113_9 | 中唐・翰苑 6_70_17 | 初唐・般若經 26_403_2 | 初唐・般若經 23_357_6 | 初唐・般若經 11_149_5 |

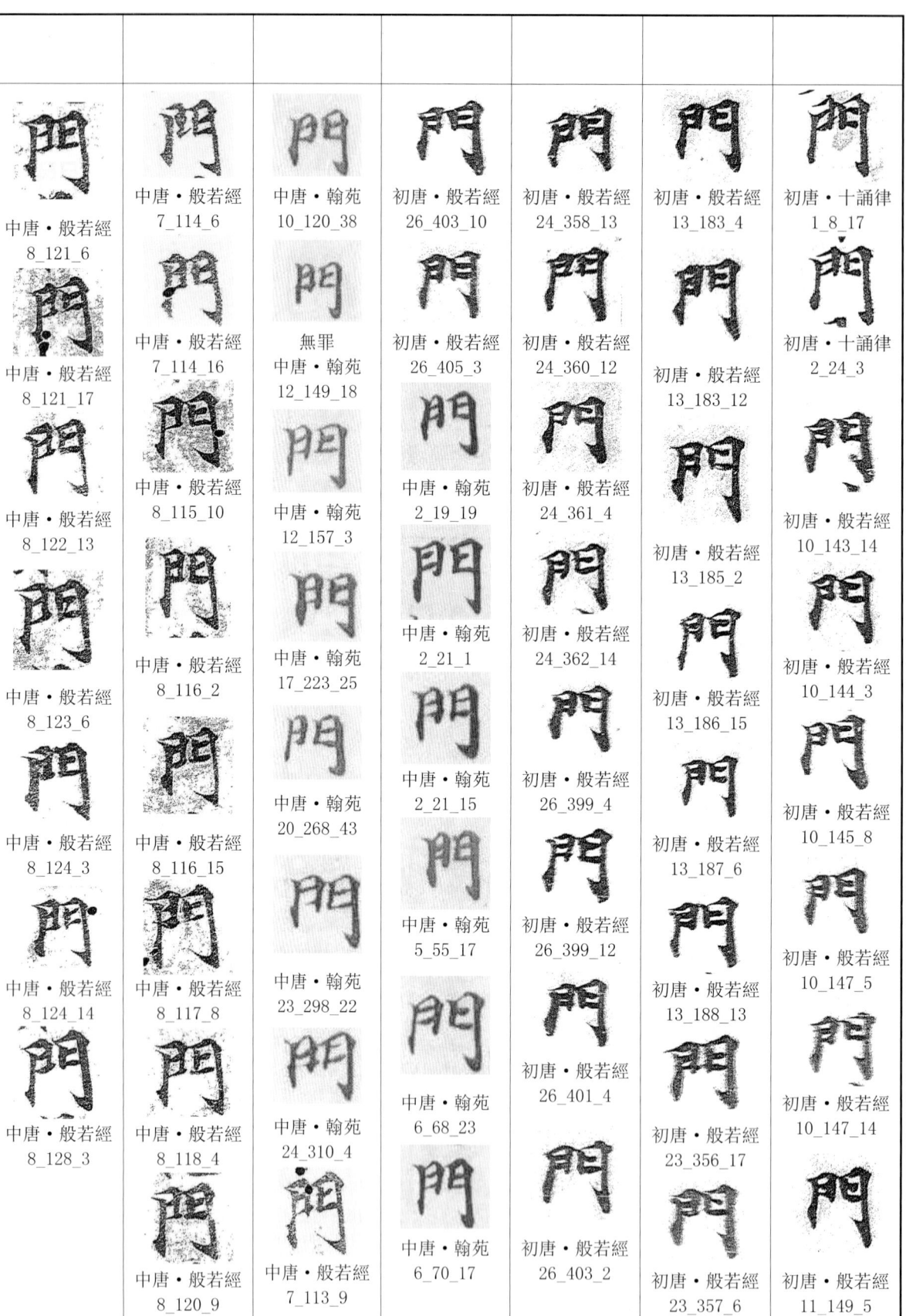

| | | | | | | |
|---|---|---|---|---|---|---|
| 五代•密教部類 2_23_3 | 晚唐•摩訶止觀 50_429_14 | 晚唐•摩訶止觀 19_166_2 | 晚唐•摩訶止觀 18_154_20 | 晚唐•摩訶止觀 3_25_8 | 中唐 • 般若經 15_249_14 | 中唐 • 般若經 8_128_16 |
| 五代•大毗盧經 8_94_5 | 晚唐•摩訶止觀 50_429_24 | 晚唐•摩訶止觀 19_166_10 | 晚唐•摩訶止觀 18_155_26 | 晚唐•摩訶止觀 4_30_21 | 中唐 • 般若經 15_250_8 | 中唐 • 般若經 8_129_9 |
| 五代•大毗盧經 13_163_7 | 晚唐•摩訶止觀 51_430_4 | 晚唐•摩訶止觀 19_166_17 | 晚唐•摩訶止觀 19_163_18 | 晚唐•摩訶止觀 4_31_18 | 中唐 • 般若經 15_251_3 | 中唐 • 般若經 8_130_4 |
| 五代•大毗盧經 14_182_17 | 晚唐•摩訶止觀 51_430_14 | 晚唐•摩訶止觀 19_166_20 | 晚唐•摩訶止觀 19_163_21 | 晚唐•摩訶止觀 5_39_4 | 中唐 • 般若經 15_251_15 | 中唐 • 般若經 8_130_13 |
| 五代•大毗盧經 15_195_22 | 晚唐•摩訶止觀 53_452_10 | 晚唐•摩訶止觀 19_166_23 | 晚唐•摩訶止觀 19_163_24 | 晚唐•摩訶止觀 11_100_24 | 中唐 • 般若經 15_252_10 | 中唐 • 般若經 8_131_9 |
| 五代•大毗盧經 19_244_11 | 晚唐•摩訶止觀 60_506_4 | 晚唐•摩訶止觀 23_199_13 | 晚唐•摩訶止觀 19_164_9 | 晚唐•摩訶止觀 13_112_1 | 晚唐•摩訶止觀 1_5_18 | 中唐 • 般若經 8_132_2 |
| 五代•大毗盧經 19_244_12 | 五代•密教部類 1_2_5 | 晚唐•摩訶止觀 47_404_25 | 晚唐•摩訶止觀 19_164_25 | 晚唐•摩訶止觀 13_112_25 | 晚唐•摩訶止觀 1_10_2 | 中唐 • 般若經 15_249_3 |
| 五代•大毗盧經 19_248_26 | 五代•密教部類 1_4_8 | 晚唐•摩訶止觀 50_428_14 | 晚唐•摩訶止觀 19_165_29 | 晚唐•摩訶止觀 15_133_7 | 晚唐•摩訶止觀 3_23_29 | |

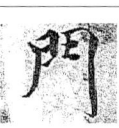

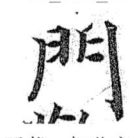

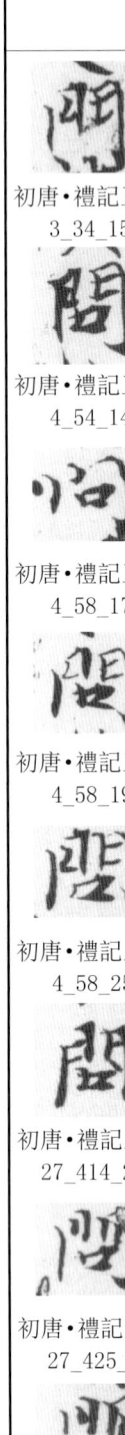

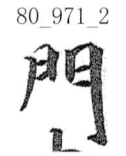

| | 問 | 閉 | | | | |
|---|---|---|---|---|---|---|
| | 吳モン漢ブン<br>訓とう | 漢ヘイ<br>訓とじる | | | | |
| 初唐•禮記正義<br>3_34_15 | 初唐•古文尚書<br>41_399_24 | 初唐•古文尚書<br>46_447_10 | 五代•大毗盧經<br>90_1094_5 | 五代•大毗盧經<br>71_866_14 | 五代•大毗盧經<br>35_414_4 | 五代•大毗盧經<br>19_252_17 |
| 初唐•禮記正義<br>4_54_14 | 初唐•古文尚書<br>41_400_7 | 中唐・翰苑<br>6_68_22 | 五代•大毗盧經<br>90_1099_11 | 五代•大毗盧經<br>80_970_7 | 五代•大毗盧經<br>39_455_17 | 五代•大毗盧經<br>21_266_17 |
| 初唐•禮記正義<br>4_58_17 | 初唐•禮記正義<br>2_24_14 | 中唐・翰苑<br>19_250_33 | 五代•大毗盧經<br>92_1126_2 | 五代•大毗盧經<br>80_971_2 | 五代•大毗盧經<br>40_481_5 | 五代•大毗盧經<br>22_276_4 |
| 初唐•禮記正義<br>4_58_19 | 初唐•禮記正義<br>2_27_13 | 中唐・翰苑<br>20_268_46 | 五代•大毗盧經<br>92_1129_20 | 五代•大毗盧經<br>85_1033_2 | 五代•大毗盧經<br>47_574_8 | 五代•大毗盧經<br>22_277_4 |
| 初唐•禮記正義<br>4_58_25 | 初唐•禮記正義<br>2_31_1 | 中唐・翰苑<br>21_271_8 | 五代•大毗盧經<br>92_1130_4 | 五代•大毗盧經<br>85_1037_6 | 五代•大毗盧經<br>48_586_30 | 五代•大毗盧經<br>28_351_7 |
| 初唐•禮記正義<br>27_414_26 | 初唐•禮記正義<br>2_32_12 | 五代•大毗盧經<br>22_284_14 | 五代•大毗盧經<br>96_1182_8 | 五代•大毗盧經<br>89_1086_12 | 五代•大毗盧經<br>50_615_19 | 五代•大毗盧經<br>29_369_15 |
| 初唐•禮記正義<br>27_425_9 | 初唐•禮記正義<br>2_33_10 | | 五代•大毗盧經<br>97_1184_19 | 五代•大毗盧經<br>89_1091_3 | 五代•大毗盧經<br>67_839_7 | 五代•大毗盧經<br>35_412_5 |
| 初唐•禮記正義<br>28_432_12 | 初唐•禮記正義<br>2_33_20 | | | 五代•大毗盧經<br>90_1094_1 | 五代•大毗盧經<br>71_865_5 | 五代•大毗盧經<br>35_413_20 |

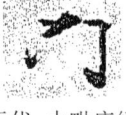

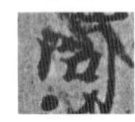

# 開

現 カイ
訓 ひらく

初唐•古文尚書 14_131_3
初唐•古文尚書 19_176_8
初唐•古文尚書 21_197_14
初唐•古文尚書 36_343_26
初唐•古文尚書 47_460_23
建闕梁 中唐・翰苑 9_116_22
中唐・翰苑 11_136_35
中唐・翰苑 16_209_19

晚唐•摩訶止觀 61_511_7
晚唐•摩訶止觀 61_513_19
晚唐•摩訶止觀 61_516_12

晚唐•摩訶止觀 24_205_7
晚唐•摩訶止觀 42_360_23
晚唐•摩訶止觀 42_362_22
晚唐•摩訶止觀 42_365_3
晚唐•摩訶止觀 51_435_16
晚唐•摩訶止觀 53_449_9
晚唐•摩訶止觀 55_468_21
晚唐•摩訶止觀 57_481_24

晚唐•摩訶止觀 17_147_8
晚唐•摩訶止觀 18_153_24
晚唐•摩訶止觀 18_154_26
晚唐•摩訶止觀 18_155_24
晚唐•摩訶止觀 18_159_17
晚唐•摩訶止觀 18_160_13
晚唐•摩訶止觀 19_161_8
晚唐•摩訶止觀 19_163_8

中唐・翰苑 43_551_46
中唐・翰苑 43_552_29
中唐・翰苑 44_563_2
中唐・翰苑 44_568_3
中唐・翰苑 45_569_2
中唐・翰苑 45_569_16
中唐・翰苑 45_574_2
中唐・翰苑 45_575_12

初唐・十誦律 10_190_13
初唐・十誦律 11_196_13
初唐・十誦律 11_201_17
初唐・十誦律 11_214_17
中唐・翰苑 3_35_27
中唐・翰苑 9_113_13
中唐・翰苑 31_397_22
中唐・翰苑 31_403_20

初唐•禮記正義 28_432_24
初唐•禮記正義 28_434_17
初唐•禮記正義 28_435_19
初唐・十誦律 1_5_7
初唐・十誦律 3_49_17
初唐・十誦律 4_68_9
初唐・十誦律 9_163_16
初唐・十誦律 10_177_14

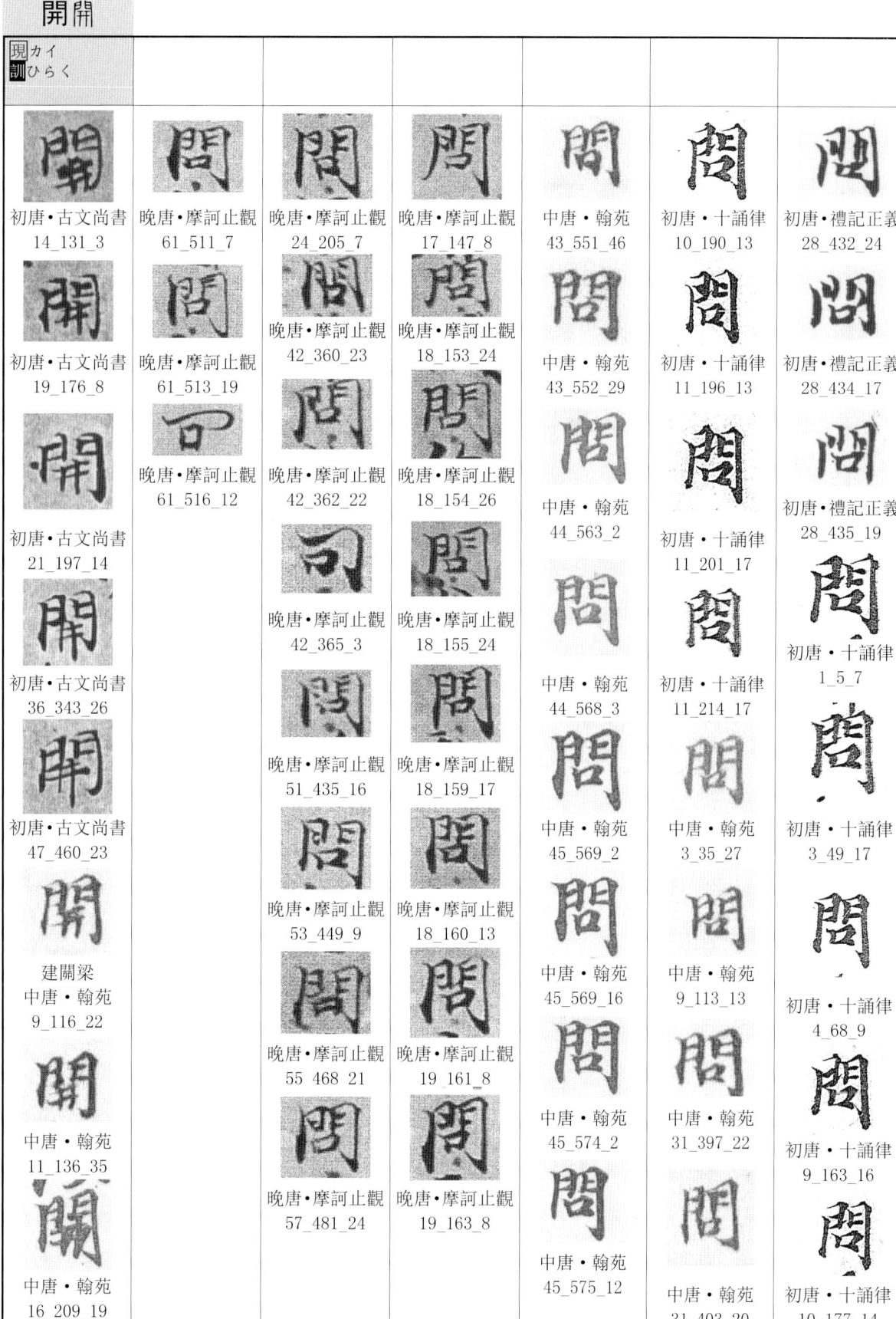

中唐・翰苑
18_235_8

中唐・翰苑
20_259_19

中唐・翰苑
20_260_2

中唐・翰苑
20_261_26

中唐・翰苑
22_288_36

中唐・翰苑
25_332_1

中唐・翰苑
35_446_31

中唐・翰苑
35_450_3

中唐・翰苑
36_465_21

中唐・翰苑
37_471_12

中唐・翰苑
39_502_24

中唐・翰苑
40_508_1

中唐・翰苑
40_509_21

中唐・翰苑
40_512_12

中唐・翰苑
41_523_6

中唐・翰苑
42_532_3

谿關
中唐・翰苑
42_535_5

南越關市
中唐・翰苑
42_540_13

晚唐•摩訶止觀
1_2_13

晚唐•摩訶止觀
11_100_21

晚唐•摩訶止觀
15_133_16

晚唐•摩訶止觀
16_138_18

晚唐•摩訶止觀
20_171_7

晚唐•摩訶止觀
22_192_11

晚唐•摩訶止觀
22_192_16

晚唐•摩訶止觀
30_264_10

晚唐•摩訶止觀
30_264_15

晚唐•摩訶止觀
60_503_25

晚唐•摩訶止觀
60_510_25

五代•大毗盧經
2_7_8

五代•大毗盧經
13_165_1

五代•大毗盧經
14_170_19

五代•大毗盧經
19_244_9

五代•大毗盧經
19_245_4

五代•大毗盧經
20_260_19

五代•大毗盧經
20_263_27

五代•大毗盧經
21_266_14

五代•大毗盧經
28_353_21

五代•大毗盧經
31_387_6

五代•大毗盧經
31_390_7

五代•大毗盧經
39_459_3

五代•大毗盧經
40_483_16

五代•大毗盧經
40_485_1

五代•大毗盧經
41_492_8

五代•大毗盧經
45_547_11

五代•大毗盧經
55_670_16

五代•大毗盧經
58_707_5

五代•大毗盧經
58_710_20

五代•大毗盧經
60_744_10

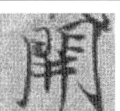

五代•大毗盧經
64_796_18

五代•大毗盧經
80_975_8

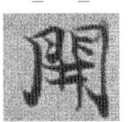

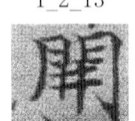

五代•大毗盧經
85_1044_32

五代•大毗盧經
93_1145_32

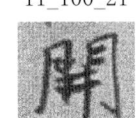

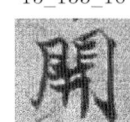

五代•大毗盧經
97_1186_19

五代•大毗盧經
98_1209_19

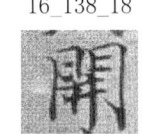

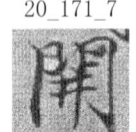

## 閒

漢カン呉ケン
訓あいだ

## 閑

漢現カン呉ケン
訓ふせぐ

初唐•古文尚書
33_310_10

初唐•古文尚書
33_311_23

文馬伏闕
中唐・翰苑
4_49_26

初唐•古文尚書
18_170_23

初唐•古文尚書
22_208_7

初唐・十誦律
11_207_4

初唐・十誦律
14_274_12

初唐・十誦律
15_275_12

初唐・十誦律
15_279_12

初唐・十誦律
15_283_16

初唐・十誦律
15_288_9

初唐・十誦律
15_293_9

初唐・十誦律
16_298_12

初唐・十誦律
16_304_12

初唐・十誦律
16_309_12

初唐・十誦律
16_314_15

中唐・翰苑
2_16_43

中唐・翰苑
3_22_1

虜聞漢兵來
中唐・翰苑
5_59_10

夜聞漢軍至
中唐・翰苑
6_67_24

中唐・翰苑
8_99_8

中唐・翰苑
9_109_9

聞此言故
中唐・翰苑
9_109_32

中唐・翰苑
12_145_10

中唐・翰苑
15_199_16

中唐・翰苑
18_231_2

中唐・翰苑
23_305_21

中唐・翰苑
25_333_30

中唐・翰苑
27_349_18

開皇
中唐・翰苑
27_358_2

中唐・翰苑
30_384_12

中唐・翰苑
32_408_31

中唐・翰苑
35_456_7

聞陳勝等作亂
中唐・翰苑
42_533_28

晚唐•摩訶止觀
6_53_19

晚唐•摩訶止觀
6_54_4

晚唐•摩訶止觀
10_89_20

晚唐•摩訶止觀
21_184_6

晚唐•摩訶止觀
21_185_10

晚唐•摩訶止觀
21_185_14

晚唐•摩訶止觀
23_198_4

晚唐•摩訶止觀
23_199_22

晚唐•摩訶止觀
24_205_2

晚唐•摩訶止觀
24_210_20

晚唐•摩訶止觀
26_221_11

晚唐•摩訶止觀
33_289_12

晚唐•摩訶止觀
44_381_16

晚唐•摩訶止觀
59_501_14

晚唐•摩訶止觀
61_518_23

五代•大毗盧經
2_16_14

五代•大毗盧經
11_136_15

| | | 聞 | 閔 | 悶 | | |
|---|---|---|---|---|---|---|
| | | 漢ブン 呉モン<br>訓きく | 漢ビン 呉ミン<br>訓あわれむ | 呉モン<br>訓もだえる | | |
| 初唐・毛詩傳<br>5_48_4 | 初唐・古文尚書<br>32_305_29 | 初唐・古文尚書<br>12_104_20 | 初唐・毛詩傳<br>1_3_3 | 初唐・古文尚書<br>27_269_27 | 五代・大毗盧經<br>72_889_10 | 五代・大毗盧經<br>12_152_5 |
| 初唐・禮記正義<br>1_6_12 | 初唐・古文尚書<br>32_306_16 | 初唐・古文尚書<br>12_104_27 | | | 五代・大毗盧經<br>80_969_4 | 五代・大毗盧經<br>13_162_5 |
| 初唐・禮記正義<br>27_416_14 | 初唐・古文尚書<br>34_321_14 | 初唐・古文尚書<br>21_201_24 | | | 五代・大毗盧經<br>88_1072_22 | 五代・大毗盧經<br>17_225_20 |
| 初唐・禮記正義<br>30_468_14 | 初唐・古文尚書<br>34_322_13 | 初唐・古文尚書<br>21_202_11 | | | 五代・大毗盧經<br>93_1145_8 | 五代・大毗盧經<br>35_415_2 |
| 初唐・十誦律<br>1_11_3 | 初唐・古文尚書<br>41_392_14 | 初唐・古文尚書<br>22_212_10 | | | 五代・大毗盧經<br>96_1171_27 | 五代・大毗盧經<br>39_457_11 |
| 初唐・十誦律<br>7_114_3 | 初唐・古文尚書<br>41_393_34 | 初唐・古文尚書<br>22_213_7 | | | 五代・大毗盧經<br>97_1192_12 | 五代・大毗盧經<br>57_703_5 |
| 初唐・十誦律<br>7_116_4 | 初唐・古文尚書<br>49_476_26 | 初唐・古文尚書<br>22_214_2 | | | 五代・大毗盧經<br>97_1192_15 | 五代・大毗盧經<br>64_803_19 |
| 初唐・十誦律<br>7_118_13 | 初唐・毛詩傳<br>5_47_15 | 初唐・古文尚書<br>22_214_16 | | | 五代・大毗盧經<br>97_1194_15 | 五代・大毗盧經<br>64_807_12 |

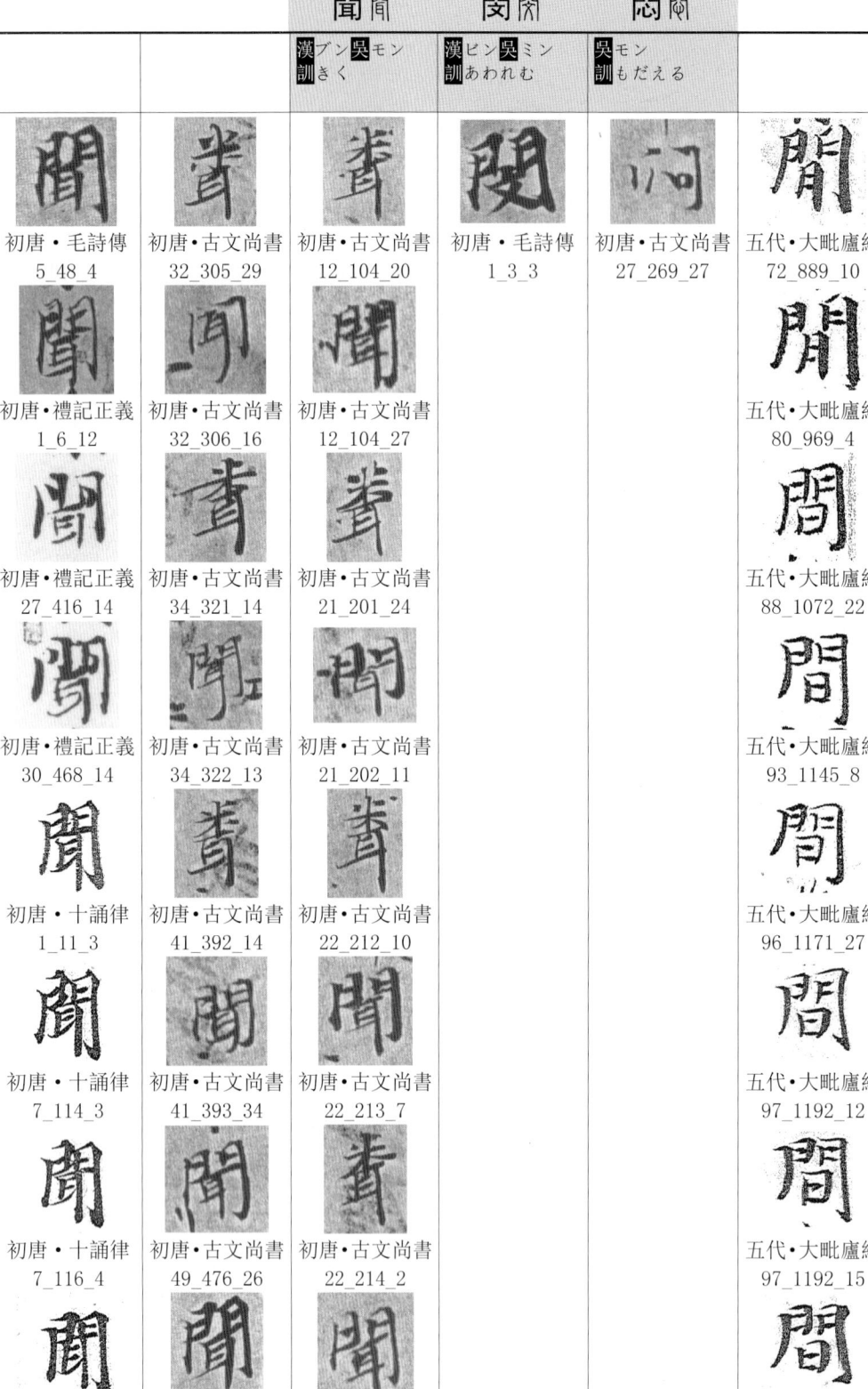

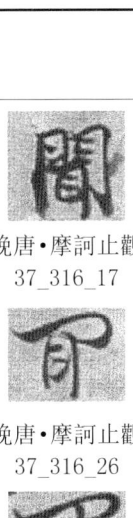

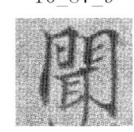

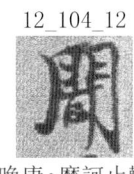

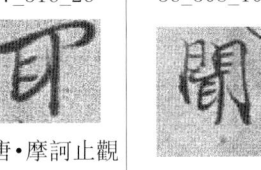

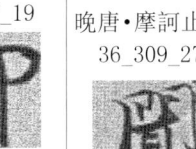

| | | | | | | |
|---|---|---|---|---|---|---|
| 晚唐•摩訶止觀 37_316_17 | 晚唐•摩訶止觀 35_307_2 | 晚唐•摩訶止觀 16_139_24 | 晚唐•摩訶止觀 10_87_9 | 晚唐•摩訶止觀 7_58_12 | 中唐・翰苑 38_484_4 | 初唐・十誦律 19_373_4 |
| 晚唐•摩訶止觀 37_316_26 | 晚唐•摩訶止觀 36_308_10 | 晚唐•摩訶止觀 20_171_20 | 晚唐•摩訶止觀 12_104_12 | 晚唐•摩訶止觀 7_59_18 | 中唐・翰苑 38_487_16 | 中唐・翰苑 4_37_12 |
| 晚唐•摩訶止觀 37_317_19 | 晚唐•摩訶止觀 36_309_27 | 晚唐•摩訶止觀 20_171_26 | 晚唐•摩訶止觀 12_106_10 | 晚唐•摩訶止觀 7_59_21 | 中唐・翰苑 40_517_12 | 中唐・翰苑 4_45_21 |
| 晚唐•摩訶止觀 37_318_18 | 晚唐•摩訶止觀 36_312_5 | 晚唐•摩訶止觀 21_181_3 | 晚唐•摩訶止觀 13_118_8 | 晚唐•摩訶止觀 7_62_20 | 晚唐•摩訶止觀 1_2_8 | 中唐・翰苑 10_119_16 |
| 晚唐•摩訶止觀 37_319_14 | 晚唐•摩訶止觀 36_314_13 | 晚唐•摩訶止觀 24_209_27 | 晚唐•摩訶止觀 13_119_15 | 晚唐•摩訶止觀 7_63_13 | 晚唐•摩訶止觀 1_4_12 | 中唐・翰苑 16_206_19 |
| 晚唐•摩訶止觀 37_320_11 | 晚唐•摩訶止觀 36_314_29 | 晚唐•摩訶止觀 30_264_27 | 晚唐•摩訶止觀 14_125_11 | 晚唐•摩訶止觀 7_65_12 | 晚唐•摩訶止觀 1_6_10 | 中唐・翰苑 32_412_2 |
| 晚唐•摩訶止觀 37_320_26 | 晚唐•摩訶止觀 36_315_12 | 晚唐•摩訶止觀 31_272_19 | 晚唐•摩訶止觀 14_127_12 | 晚唐•摩訶止觀 7_65_16 | 晚唐•摩訶止觀 2_14_11 | 中唐・翰苑 33_430_3 |
| 晚唐•摩訶止觀 37_321_7 | 晚唐•摩訶止觀 37_316_6 | 晚唐•摩訶止觀 35_306_12 | 晚唐•摩訶止觀 15_130_15 | 晚唐•摩訶止觀 10_84_14 | 晚唐•摩訶止觀 3_24_1 | 中唐・翰苑 36_465_9 |

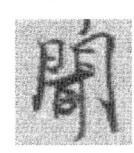

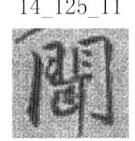

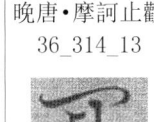

| | 閭 | 閩 | | | | |
|---|---|---|---|---|---|---|
| | 漢 リョ 呉 ロ<br>訓 さと | 漢 ビン<br>訓 — | | | | |
| 中唐・翰苑<br>24_311_24<br>中唐・翰苑<br>24_312_5<br>中唐・翰苑<br>24_312_17<br>中唐・翰苑<br>24_312_36 | 初唐・禮記正義<br>12_194_13<br>初唐・禮記正義<br>12_194_26<br>初唐・禮記正義<br>12_195_6<br>初唐・禮記正義<br>13_196_8<br>初唐・禮記正義<br>13_197_3<br>初唐・禮記正義<br>15_225_10<br>初唐・禮記正義<br>15_225_15<br>中唐・翰苑<br>21_276_37 | 中唐・翰苑<br>42_537_4<br>中唐・翰苑<br>42_537_40<br>中唐・翰苑<br>42_538_40<br>中唐・翰苑<br>42_539_3 | 五代・大毗盧經<br>94_1156_24<br>五代・大毗盧經<br>90_1097_7 | 五代・大毗盧經<br>21_268_4<br>五代・大毗盧經<br>41_494_26<br>五代・大毗盧經<br>49_601_18<br>五代・大毗盧經<br>55_671_44<br>五代・大毗盧經<br>77_928_4<br>五代・大毗盧經<br>84_1026_1<br>五代・大毗盧經<br>90_1101_2 | 晚唐・摩訶止觀<br>58_491_11<br>晚唐・摩訶止觀<br>58_492_8<br>晚唐・摩訶止觀<br>58_493_21<br>晚唐・摩訶止觀<br>58_494_4<br>晚唐・摩訶止觀<br>59_495_6<br>晚唐・摩訶止觀<br>59_498_8<br>五代・密教部類<br>2_9_19<br>五代・大毗盧經<br>11_136_9 | 晚唐・摩訶止觀<br>37_322_20<br>晚唐・摩訶止觀<br>37_323_1<br>晚唐・摩訶止觀<br>37_323_25<br>晚唐・摩訶止觀<br>37_324_15<br>晚唐・摩訶止觀<br>39_338_10<br>晚唐・摩訶止觀<br>43_366_12<br>晚唐・摩訶止觀<br>43_367_12<br>晚唐・摩訶止觀<br>57_484_27 |

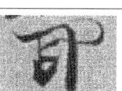

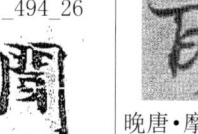

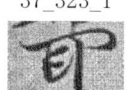

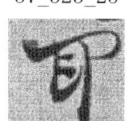

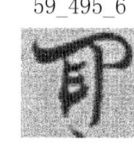

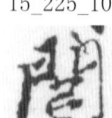

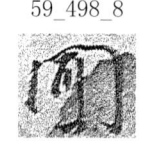

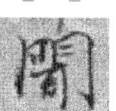

## 閻

エン
訓ちまた

五代•大毗盧經
37_433_9

五代•大毗盧經
49_599_20

五代•大毗盧經
55_677_17

五代•大毗盧經
82_999_1

五代•大毗盧經
82_1005_13

五代•大毗盧經
96_1183_12

五代•密教部類
5_72_3

五代•密教部類
5_72_14

五代•密教部類
6_74_3

五代•大毗盧經
5_53_2

五代•大毗盧經
7_77_43

五代•大毗盧經
23_287_16

五代•大毗盧經
24_311_9

五代•大毗盧經
96_1180_9

## 闍

漢ト
訓うてな

初唐・十誦律
3_44_1

初唐・十誦律
3_46_13

晩唐•摩訶止觀
2_18_23

五代•密教部類
1_1_3

五代•密教部類
1_3_5

五代•密教部類
2_9_10

五代•密教部類
4_51_25

五代•密教部類
5_71_5

## 閬

ロウ
訓たかい

中唐・翰苑
37_475_26

## 閱

漢エツ
訓かぞえる

初唐•古文尚書
45_442_28

初唐•古文尚書
45_443_27

初唐•古文尚書
46_444_9

初唐•古文尚書
46_445_14

初唐•古文尚書
46_446_19

初唐•古文尚書
46_448_2

## 閡

漢ガイ 呉ゲ
訓とざす

初唐・十誦律
10_188_8

五代•大毗盧經
32_400_15

| | 闕 | 闊 | 闇 | 闌 | | 閼 |
|---|---|---|---|---|---|---|
| | 漢ケツ<br>訓モン | 漢カツ<br>訓ひろい | 漢アン 呉オン<br>訓くらい | ラン<br>訓てすり | | 慣ア 漢アツ<br>訓ふさぐ |
| <br>中唐・翰苑<br>44_559_2<br><br>五代・大毗盧經<br>38_446_5<br><br>五代・大毗盧經<br>97_1193_12 | <br>中唐・翰苑<br>5_58_38<br><br>中唐・翰苑<br>12_153_24<br><br>中唐・翰苑<br>12_154_20<br><br>中唐・翰苑<br>14_182_16<br><br>中唐・翰苑<br>15_192_28<br><br>中唐・翰苑<br>17_222_18<br><br>中唐・翰苑<br>33_429_3 | <br>中唐・翰苑<br>24_318_31<br><br>中唐・翰苑<br>24_320_42<br><br>中唐・翰苑<br>24_321_7 | <br>晩唐・摩訶止觀<br>9_80_12<br><br>晩唐・摩訶止觀<br>56_476_28<br><br>晩唐・摩訶止觀<br>56_477_6<br><br>晩唐・摩訶止觀<br>56_477_24<br><br>晩唐・摩訶止觀<br>57_481_15<br><br>晩唐・摩訶止觀<br>60_505_2 | <br>中唐・翰苑<br>13_160_36 | <br>五代・大毗盧經<br>97_1198_3<br><br>五代・大毗盧經<br>98_1201_1 | <br>中唐・翰苑<br>3_27_30<br><br>中唐・翰苑<br>4_36_26<br><br>中唐・翰苑<br>8_99_11<br><br>中唐・翰苑<br>8_99_13<br><br>開圍一角<br>中唐・翰苑<br>8_100_7<br><br>中唐・翰苑<br>11_135_10<br><br>五代・大毗盧經<br>14_170_14<br><br>五代・大毗盧經<br>16_201_13 |

| | | | 闢 | 闡 | 闥 | 關 |
|---|---|---|---|---|---|---|
| | | | 漢ヘキ 吳ビャク<br>訓ひらく | セン<br>訓ひらく | 漢タツ<br>訓にわ | 漢カン 吳ケン<br>訓せき |
| | | | <br>中唐・翰苑<br>19_250_2<br><br>中唐・翰苑<br>42_536_22 | <br>初唐・古文尚書<br>33_317_21 | <br>五代・大毗盧經<br>87_1063_10<br><br>五代・大毗盧經<br>92_1136_12<br><br>五代・大毗盧經<br>94_1156_2 | <br>初唐・禮記正義<br>25_385_20<br><br>中唐・翰苑<br>6_77_12<br><br>開夷狄之隙<br>中唐・翰苑<br>10_123_2<br><br>中唐・翰苑<br>34_435_12<br><br>晚唐・摩訶止觀<br>21_185_23 |

隶部

隸 隸

漢 レイ 漢 イ
訓 しもべ

五代•大毗盧經
33_406_13

# 革部

## 革

漢カク
訓かわ

初唐•古文尚書
4_34_8

初唐•古文尚書
4_34_16

初唐•古文尚書
5_43_20

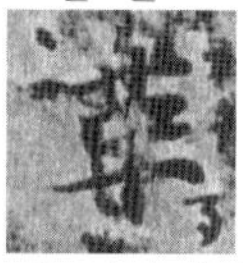
初唐•古文尚書
31_291_14

初唐•禮記正義
16_243_19

初唐•禮記正義
16_244_5

初唐•禮記正義
16_246_16

初唐•禮記正義
29_454_22

初唐・十誦律
4_72_13

初唐・十誦律
8_141_1

中唐・翰苑
4_36_6

中唐・翰苑
32_419_62

## 靺

慣マツ漢バツ
訓—

中唐・翰苑
24_316_42

中唐・翰苑
25_331_16

五代•大毗盧經
6_63_5

## 靻

ソ
訓—

初唐•禮記正義
11_169_2

## 鞍

アン
訓くら

初唐•禮記正義
15_230_20

中唐・翰苑
11_143_14

## 鞠

漢キク
訓まり

初唐•古文尚書
12_110_11

初唐•古文尚書
12_110_14

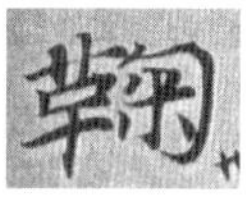
初唐•古文尚書
16_155_1

初唐•古文尚書
47_462_23

初唐•禮記正義
20_303_27

中唐・翰苑
27_351_39

中唐・翰苑
34_438_14

| 鞭 | 鞮 | 鞨 | 鞬 | 鞜 |
|---|---|---|---|---|
| 漢ヘン呉ベン<br>訓むち | 漢テイ<br>訓かわぐつ | カツ<br>訓かわぐつ | 漢ケン<br>訓ゆぶくろ | トウ<br>訓くつ |
| <br>初唐•禮記正義<br>18_269_11<br><br>初唐•禮記正義<br>18_277_27 | <br>中唐・翰苑<br>3_31_17<br><br>中唐・翰苑<br>5_52_2<br><br>中唐・翰苑<br>5_56_32<br><br>中唐・翰苑<br>5_60_38<br><br>中唐・翰苑<br>6_64_12<br><br>中唐・翰苑<br>7_80_27<br><br>中唐・翰苑<br>7_82_40<br><br>中唐・翰苑<br>32_410_22 | <br>中唐・翰苑<br>24_316_43<br><br>中唐・翰苑<br>25_331_17 | <br>中唐・翰苑<br>4_47_16<br><br>中唐・翰苑<br>5_51_10<br><br>中唐・翰苑<br>5_63_2<br><br>中唐・翰苑<br>15_196_4 | <br>中唐・翰苑<br>25_330_11 |

# 頁部

## 頃

漢ケイ 吳キョウ
訓ころ

五代·大毗盧經 97_1199_12

## 頂

吳チョウ 漢テイ
訓いただき

中唐・翰苑 43_551_41

晚唐·摩訶止觀 13_114_23

晚唐·摩訶止觀 34_295_11

晚唐·摩訶止觀 35_300_17

五代·密教部類 2_16_4

五代·密教部類 2_18_9

五代·密教部類 2_25_3

五代·密教部類 3_26_5

五代·密教部類 3_31_5

五代·密教部類 3_32_3

五代·密教部類 3_33_3

五代·密教部類 3_34_3

五代·密教部類 3_34_18

五代·密教部類 3_35_3

五代·密教部類 3_36_5

五代·密教部類 3_37_3

五代·密教部類 3_38_3

五代·密教部類 3_39_3

五代·密教部類 3_40_5

五代·密教部類 4_44_10

五代·密教部類 4_47_2

五代·密教部類 4_48_3

五代·密教部類 4_53_3

五代·密教部類 4_57_9

五代·密教部類 5_65_6

五代·密教部類 5_66_10

五代·密教部類 5_67_6

五代·密教部類 5_69_6

五代·密教部類 5_70_3

五代·大毗盧經 2_15_4

五代·大毗盧經 7_78_30

五代·大毗盧經 8_92_19

五代·大毗盧經 12_147_19

五代·大毗盧經 15_195_12

五代·大毗盧經 16_209_9

五代·大毗盧經 22_285_7

五代·大毗盧經 23_294_15

五代·大毗盧經 24_309_3

五代·大毗盧經 24_309_14

| | 順 | 項 | | | | |
|---|---|---|---|---|---|---|
| | 吳ジュン漢シュウ<br>訓すなお | 漢コウ吳ゴウ<br>訓うなじ | | | | |
| 初唐•古文尚書<br>20_190_4 | 初唐•古文尚書<br>2_10_6 | 中唐・翰苑<br>42_538_24 | 五代•大毗盧經<br>74_914_4 | 五代•大毗盧經<br>73_900_19 | 五代•大毗盧經<br>50_610_15 | 五代•大毗盧經<br>24_309_17 |
| 初唐•古文尚書<br>22_215_6 | 初唐•古文尚書<br>5_37_17 | | 五代•大毗盧經<br>74_917_4 | 五代•大毗盧經<br>73_901_15 | 五代•大毗盧經<br>67_838_6 | 五代•大毗盧經<br>24_311_3 |
| 初唐•古文尚書<br>24_238_7 | 初唐•古文尚書<br>8_66_24 | | 五代•大毗盧經<br>75_920_4 | 五代•大毗盧經<br>73_901_20 | 五代•大毗盧經<br>73_895_5 | 五代•大毗盧經<br>24_311_17 |
| 初唐•古文尚書<br>27_261_15 | 初唐•古文尚書<br>12_107_7 | | 五代•大毗盧經<br>75_922_4 | 五代•大毗盧經<br>73_902_10 | 五代•大毗盧經<br>73_895_12 | 五代•大毗盧經<br>24_311_29 |
| 初唐•古文尚書<br>27_261_22 | 初唐•古文尚書<br>12_108_21 | | 五代•大毗盧經<br>75_924_5 | 五代•大毗盧經<br>73_902_20 | 五代•大毗盧經<br>73_896_17 | 五代•大毗盧經<br>32_400_22 |
| 初唐•古文尚書<br>31_286_10 | 初唐•古文尚書<br>17_157_3 | | 五代•大毗盧經<br>85_1045_9 | 五代•大毗盧經<br>73_904_5 | 五代•大毗盧經<br>73_896_27 | 五代•大毗盧經<br>39_467_11 |
| 初唐•古文尚書<br>33_311_14 | 初唐•古文尚書<br>19_182_32 | | 五代•大毗盧經<br>97_1197_15 | 五代•大毗盧經<br>74_909_3 | 五代•大毗盧經<br>73_899_10 | 五代•大毗盧經<br>43_519_6 |
| 初唐•古文尚書<br>33_313_2 | 初唐•古文尚書<br>19_186_32 | | 五代•大毗盧經<br>98_1209_16 | 五代•大毗盧經<br>74_912_4 | 五代•大毗盧經<br>73_900_2 | 五代•大毗盧經<br>43_523_5 |

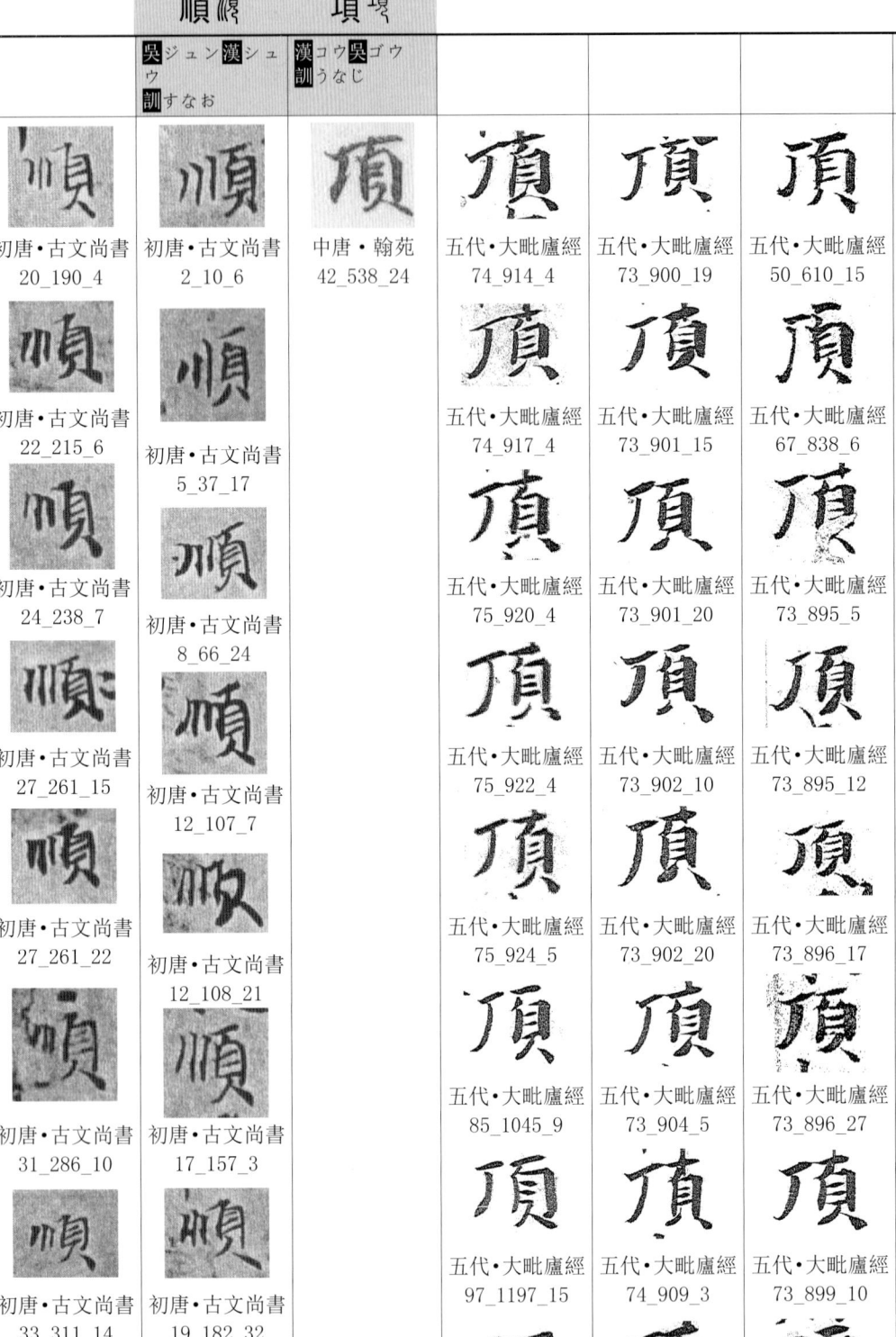

# 須

漢シュ 呉ス
訓ひげ

| | | | | | | |
|---|---|---|---|---|---|---|
| 中唐・翰苑 3_28_22 | 初唐・禮記正義 10_151_16 | 初唐・古文尚書 18_174_3 | 晚唐・摩訶止觀 27_237_1 | 中唐・翰苑 20_264_44 | 初唐・古文尚書 40_383_2 | 初唐・古文尚書 33_313_19 |
| 中唐・翰苑 3_33_11 | 初唐・禮記正義 10_153_10 | 初唐・古文尚書 22_210_4 | 晚唐・摩訶止觀 27_237_7 | 中唐・翰苑 20_269_4 | 初唐・古文尚書 44_423_11 | 初唐・古文尚書 33_313_32 |
| 中唐・翰苑 3_33_40 | 初唐・禮記正義 13_197_25 | 初唐・古文尚書 22_210_12 | 晚唐・摩訶止觀 38_330_27 | 中唐・翰苑 21_279_15 | 初唐・禮記正義 3_38_4 | 初唐・古文尚書 34_322_32 |
| 中唐・翰苑 7_86_30 | 初唐・禮記正義 13_201_16 | 初唐・古文尚書 22_210_30 | 晚唐・摩訶止觀 38_332_11 | 中唐・翰苑 21_280_40 | 初唐・禮記正義 3_38_23 | 初唐・古文尚書 34_325_10 |
| 中唐・翰苑 24_322_9 | 初唐・禮記正義 24_371_2 | 初唐・古文尚書 23_227_9 | 五代・大毗盧經 87_1064_14 | 中唐・翰苑 32_414_37 | 初唐・禮記正義 3_48_1 | 初唐・古文尚書 35_328_18 |
| 晚唐・摩訶止觀 13_111_21 | 初唐・禮記正義 24_371_9 | 初唐・古文尚書 23_227_13 | 五代・大毗盧經 96_1181_10 | 中唐・翰苑 33_433_26 | 中唐・翰苑 9_114_36 | 初唐・古文尚書 36_345_4 |
| 晚唐・摩訶止觀 33_284_3 | 初唐・禮記正義 26_405_31 | 初唐・禮記正義 6_85_19 | 五代・大毗盧經 97_1187_7 | 中唐・翰苑 34_445_18 | 中唐・翰苑 13_159_15 | 初唐・古文尚書 37_353_6 |
| 晚唐・摩訶止觀 15_132_4 | 初唐・禮記正義 28_431_1 | 初唐・禮記正義 8_124_2 | 五代・大毗盧經 97_1187_24 | 中唐・翰苑 44_558_4 | 中唐・翰苑 17_223_9 | 初唐・古文尚書 37_359_26 |

頓 頑

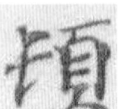

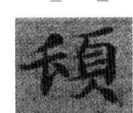

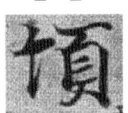

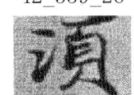

| | | | 漢トン<br>訓ぬかずく | 漢ガン 呉ゲン<br>訓かたくな | | |
|---|---|---|---|---|---|---|
| 晚唐•摩訶止觀<br>11_93_6 | 中唐・翰苑<br>42_542_6 | 中唐・翰苑<br>11_135_24 | 中唐・翰苑<br>3_35_14 | 初唐•古文尚書<br>31_288_7 | 晚唐•摩訶止觀<br>59_496_8 | 晚唐•摩訶止觀<br>38_326_19 |
| 晚唐•摩訶止觀<br>11_95_16 | 晚唐•摩訶止觀<br>4_37_1 | 中唐・翰苑<br>13_165_20 | 中唐・翰苑<br>4_36_37 | 初唐•古文尚書<br>31_289_1 | 五代•大毗盧經<br>2_5_8 | 晚唐•摩訶止觀<br>38_330_8 |
| 晚唐•摩訶止觀<br>11_97_21 | 晚唐•摩訶止觀<br>4_38_12 | 中唐・翰苑<br>13_166_27 | 中唐・翰苑<br>7_82_8 | 初唐•古文尚書<br>31_290_20 | 五代•大毗盧經<br>18_227_10 | 晚唐•摩訶止觀<br>42_359_26 |
| 晚唐•摩訶止觀<br>11_100_3 | 晚唐•摩訶止觀<br>5_43_18 | 中唐・翰苑<br>13_167_26 | 中唐・翰苑<br>8_97_19 | 初唐•古文尚書<br>32_299_3 | 五代•大毗盧經<br>71_874_8 | 晚唐•摩訶止觀<br>45_389_24 |
| 晚唐•摩訶止觀<br>12_108_10 | 晚唐•摩訶止觀<br>5_45_23 | 中唐・翰苑<br>13_167_37 | 中唐・翰苑<br>8_99_18 | 初唐•古文尚書<br>33_316_19 | 五代•大毗盧經<br>96_1183_14 | 晚唐•摩訶止觀<br>47_401_11 |
| 晚唐•摩訶止觀<br>13_114_18 | 晚唐•摩訶止觀<br>6_50_3 | 中唐・翰苑<br>13_168_20 | 中唐・翰苑<br>8_100_5 | 初唐•古文尚書<br>40_387_23 | 五代•大毗盧經<br>97_1192_19 | 晚唐•摩訶止觀<br>52_441_19 |
| 晚唐•摩訶止觀<br>18_154_25 | 晚唐•摩訶止觀<br>6_55_13 | 中唐・翰苑<br>14_173_26 | 中唐・翰苑<br>11_134_22 | | | 晚唐•摩訶止觀<br>55_469_15 |
| 晚唐•摩訶止觀<br>28_238_10 | 晚唐•摩訶止觀<br>7_56_6 | 中唐・翰苑<br>16_204_6 | 中唐・翰苑<br>11_135_7 | | | 晚唐•摩訶止觀<br>57_486_18 |

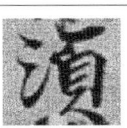

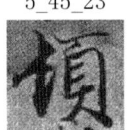

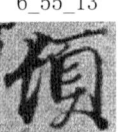

## 領

吳現リョウ漢レイ
訓うなじ

初唐・毛詩傳 4_42_13
初唐・毛詩傳 4_43_22
中唐・翰苑 3_34_20
中唐・翰苑 5_55_27
中唐・翰苑 6_71_9
中唐・翰苑 20_260_17
中唐・翰苑 21_278_29
中唐・翰苑 28_363_13

中唐・般若經 16_272_15
中唐・般若經 16_273_1
中唐・般若經 16_276_11
中唐・般若經 16_278_1
中唐・般若經 16_278_4
中唐・般若經 16_279_9
中唐・般若經 16_279_12
中唐・般若經 16_281_2

中唐・般若經 15_263_16
中唐・般若經 15_264_2
中唐・般若經 15_267_15
中唐・般若經 16_268_1
中唐・般若經 16_269_10
中唐・般若經 16_269_13
中唐・般若經 16_271_3
中唐・般若經 16_271_6

初唐・般若經 27_409_4
中唐・翰苑 17_222_37
中唐・般若經 15_257_6
中唐・般若經 15_257_9
中唐・般若經 15_259_10
中唐・般若經 15_259_13
中唐・般若經 15_261_12
中唐・般若經 15_261_15

## 預

現ヨ
訓あずける

初唐・禮記正義 4_63_15
初唐・禮記正義 4_64_10
初唐・禮記正義 27_419_23
初唐・般若經 13_190_8
初唐・般若經 13_190_13
初唐・般若經 13_191_17
初唐・般若經 27_407_10
初唐・般若經 27_407_15

## 頌

漢ヨウ
訓ほめる

頊田不租
中唐・翰苑 37_476_18

晚唐・摩訶止觀 28_238_13
晚唐・摩訶止觀 28_238_17
晚唐・摩訶止觀 42_360_20

| | | 頭 | 頡 | | 頫 | |
|---|---|---|---|---|---|---|
| | | 漢トウ 慣ト 呉ズ<br>訓あたま | 慣キツ 漢ケツ<br>訓— | | ハ<br>訓かたよる | |
| 中唐・翰苑<br>16_207_23<br>中唐・翰苑<br>18_233_23<br>中唐・翰苑<br>18_238_6<br>中唐・翰苑<br>18_238_13<br>中唐・翰苑<br>18_238_20<br>中唐・翰苑<br>19_248_1<br>中唐・翰苑<br>20_263_13<br>中唐・翰苑<br>21_272_12 | 中唐・翰苑<br>5_50_31<br>中唐・翰苑<br>7_81_14<br>中唐・翰苑<br>11_142_11<br>中唐・翰苑<br>14_178_1<br>中唐・翰苑<br>14_180_15<br>中唐・翰苑<br>14_182_10<br>中唐・翰苑<br>14_182_31<br>中唐・翰苑<br>16_207_15 | 初唐•禮記正義<br>11_169_1<br>初唐•禮記正義<br>11_169_10<br>初唐•禮記正義<br>12_191_2<br>初唐•禮記正義<br>17_266_3<br>初唐•禮記正義<br>17_266_24<br>初唐・十誦律<br>1_11_1<br>中唐・翰苑<br>2_14_35<br>中唐・翰苑<br>4_48_4 | 五代•大毗盧經<br>4_38_9<br>五代•大毗盧經<br>84_1019_9 | 五代•大毗盧經<br>41_486_18<br>五代•大毗盧經<br>48_584_11 | 中唐・翰苑<br>5_56_4<br>中唐・翰苑<br>35_455_42<br>中唐・翰苑<br>40_510_30<br>五代•密教部類<br>1_6_14<br>五代•密教部類<br>3_37_23<br>五代•大毗盧經<br>22_277_23<br>五代•大毗盧經<br>35_421_6<br>五代•大毗盧經<br>36_427_6 | 中唐・翰苑<br>28_363_38<br>中唐・翰苑<br>35_447_26<br>中唐・翰苑<br>39_505_34<br>中唐・翰苑<br>41_522_20 |

| 頷 | 頻 | 頸 | | | | |
| --- | --- | --- | --- | --- | --- | --- |
| 漢カン 呉ガン<br>訓あご | 漢ヒン 呉ビン<br>訓ひそめる | 漢ケイ<br>訓くび | | | | |
| <br>晚唐•摩訶止觀<br>62_520_14 | 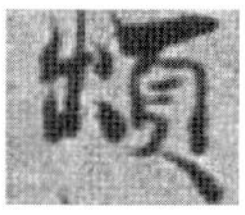<br>晚唐•摩訶止觀<br>54_459_13 | <br>中唐・翰苑<br>18_233_16 | <br>五代•大毗盧經<br>77_935_10 | <br>五代•大毗盧經<br>7_79_10 | <br>中唐・翰苑<br>33_428_8 | <br>中唐・翰苑<br>21_272_25 |
| <br>五代•大毗盧經<br>37_434_4 | <br>五代•大毗盧經<br>44_529_2 | <br>五代•大毗盧經<br>65_819_11 | <br>五代•大毗盧經<br>78_945_17 | <br>五代•大毗盧經<br>40_484_19 | <br>中唐・翰苑<br>33_429_1 | <br>中唐・翰苑<br>21_278_3 |
| | <br>五代•大毗盧經<br>52_642_18 | | <br>五代•大毗盧經<br>80_974_8 | <br>五代•大毗盧經<br>45_549_17 | <br>中唐・翰苑<br>35_455_37 | <br>中唐・翰苑<br>21_278_20 |
| | | | <br>五代•大毗盧經<br>80_975_13 | <br>五代•大毗盧經<br>49_595_2 | <br>晚唐•摩訶止觀<br>1_8_2 | <br>中唐・翰苑<br>24_317_5 |
| | | | <br>五代•大毗盧經<br>87_1062_21 | <br>五代•大毗盧經<br>63_779_4 | <br>晚唐•摩訶止觀<br>10_85_10 | <br>中唐・翰苑<br>25_326_16 |
| | | | <br>五代•大毗盧經<br>92_1131_2 | <br>五代•大毗盧經<br>67_842_16 | <br>五代•大毗盧經<br>7_78_19 | <br>中唐・翰苑<br>25_327_43 |
| | | | | <br>五代•大毗盧經<br>71_868_4 | <br>五代•大毗盧經<br>7_78_28 | <br>中唐・翰苑<br>30_388_31 |
| | | | | <br>五代•大毗盧經<br>72_888_8 | <br>五代•大毗盧經<br>7_78_36 | <br>中唐・翰苑<br>30_391_18 |

| 願 | | 顛 | 額 | 顒 | 顔 | 題 |
|---|---|---|---|---|---|---|
| 呉ガン漢ゲン 訓ねがう | | テン 訓いただき | 漢ガク呉ギャク 訓ひたい | 漢ギョウ 訓あおぐ | 漢ガン呉ゲン 訓かお | 呉現ダイ漢テイ 訓ひたい |
| 初唐・禮記正義 28_436_7 | 初唐・十誦律 9_167_11 | 初唐・古文尚書 7_53_1 | 五代・大毗盧經 16_202_17 | 晩唐・摩訶止觀 22_188_12 | 五代・大毗盧經 50_611_12 | 中唐・翰苑 3_28_13 |
| 初唐・十誦律 19_368_2 | 晩唐・摩訶止觀 19_165_6 | 初唐・古文尚書 7_53_17 | 五代・大毗盧經 20_260_12 | 五代・大毗盧經 98_1205_3 | | 中唐・翰苑 3_33_4 |
| 初唐・十誦律 19_369_9 | 晩唐・摩訶止觀 19_165_10 | 初唐・古文尚書 14_134_14 | 五代・大毗盧經 20_263_28 | 五代・大毗盧經 98_1205_4 | | 中唐・翰苑 35_447_32 |
| 初唐・般若經 10_147_2 | 晩唐・摩訶止觀 44_375_16 | 初唐・古文尚書 14_134_22 | | | | 中唐・翰苑 35_448_17 |
| 初唐・般若經 10_147_11 | | 初唐・古文尚書 27_270_2 | | | | 五代・密教部類 1_7_16 |
| 初唐・般若經 11_149_2 | | 初唐・古文尚書 27_270_16 | | | | |
| 初唐・般若經 24_360_9 | | 初唐・古文尚書 29_281_7 | | | | |
| 初唐・般若經 24_361_1 | | 初唐・十誦律 9_160_14 | | | | |

初唐・般若經 24_362_11
中唐・翰苑 9_112_4
中唐・翰苑 9_112_8
中唐・翰苑 12_155_15
中唐・翰苑 37_470_9
中唐・翰苑 40_518_3
中唐・翰苑 41_521_5
中唐・翰苑 42_542_9

中唐・翰苑 43_548_35
中唐・般若經 7_114_3
中唐・般若經 8_115_7
中唐・般若經 8_116_12
中唐・般若經 8_118_1
中唐・般若經 8_121_3
中唐・般若經 8_122_10
中唐・般若經 8_123_17

中唐・般若經 8_125_8
中唐・般若經 8_128_13
中唐・般若經 8_130_1
中唐・般若經 8_131_6
中唐・般若經 8_132_12
晚唐•摩訶止觀 10_87_8
晚唐•摩訶止觀 33_290_1
晚唐•摩訶止觀 34_293_1

晚唐•摩訶止觀 34_296_3
晚唐•摩訶止觀 34_298_11
晚唐•摩訶止觀 35_301_8
晚唐•摩訶止觀 35_302_20
晚唐•摩訶止觀 35_303_29
晚唐•摩訶止觀 35_305_27
晚唐•摩訶止觀 35_307_30
晚唐•摩訶止觀 36_309_16

晚唐•摩訶止觀 36_311_7
晚唐•摩訶止觀 36_313_14
晚唐•摩訶止觀 39_338_20
晚唐•摩訶止觀 43_368_19
晚唐•摩訶止觀 46_391_13
晚唐•摩訶止觀 48_410_14
晚唐•摩訶止觀 62_519_15
五代•密教部類 1_7_3

五代•大毗盧經 2_5_16
五代•大毗盧經 2_12_18
五代•大毗盧經 3_35_16
五代•大毗盧經 4_45_6
五代•大毗盧經 5_55_16
五代•大毗盧經 5_59_1
五代•大毗盧經 10_122_9
五代•大毗盧經 10_122_39

五代•大毗盧經 14_179_9
五代•大毗盧經 14_180_7
五代•大毗盧經 16_200_10
五代•大毗盧經 17_218_31
五代•大毗盧經 20_256_8
五代•大毗盧經 22_286_17
五代•大毗盧經 23_295_20
五代•大毗盧經 24_305_18

五代·大毗盧經
25_315_19

五代·大毗盧經
25_324_2

五代·大毗盧經
26_326_12

五代·大毗盧經
26_326_34

五代·大毗盧經
26_329_18

五代·大毗盧經
27_337_45

五代·大毗盧經
31_395_14

五代·大毗盧經
41_494_12

五代·大毗盧經
41_494_20

五代·大毗盧經
43_523_17

五代·大毗盧經
44_532_20

五代·大毗盧經
44_536_4

五代·大毗盧經
44_538_16

五代·大毗盧經
50_606_12

五代·大毗盧經
51_627_12

五代·大毗盧經
51_629_11

五代·大毗盧經
52_636_17

五代·大毗盧經
52_639_20

五代·大毗盧經
52_640_9

五代·大毗盧經
52_640_21

五代·大毗盧經
53_654_15

五代·大毗盧經
54_665_19

五代·大毗盧經
55_679_19

五代·大毗盧經
55_679_28

五代·大毗盧經
56_686_19

五代·大毗盧經
56_687_4

五代·大毗盧經
57_693_19

五代·大毗盧經
57_693_27

五代·大毗盧經
57_695_19

五代·大毗盧經
57_696_5

五代·大毗盧經
57_696_16

五代·大毗盧經
57_696_24

五代·大毗盧經
57_696_31

五代·大毗盧經
57_699_19

五代·大毗盧經
57_700_17

五代·大毗盧經
60_734_8

五代·大毗盧經
61_750_40

五代·大毗盧經
65_814_5

五代·大毗盧經
65_814_8

五代·大毗盧經
67_833_18

五代·大毗盧經
67_834_16

五代·大毗盧經
72_889_5

五代·大毗盧經
72_891_15

五代·大毗盧經
72_891_23

五代·大毗盧經
73_893_8

五代·大毗盧經
73_893_24

五代·大毗盧經
84_1026_7

五代·大毗盧經
90_1107_6

五代·大毗盧經
98_1201_5

五代·大毗盧經
98_1211_17

## 類

ルイ 漢ライ
訓たぐい

初唐・古文尚書 5_45_17
初唐・古文尚書 15_136_29
初唐・古文尚書 18_168_10
初唐・毛詩傳 1_6_9
初唐・禮記正義 19_289_12
中唐・翰苑 11_133_13
中唐・翰苑 11_134_27
中唐・翰苑 11_137_39

中唐・翰苑 15_192_8
中唐・翰苑 24_310_2
中唐・翰苑 30_383_6
中唐・翰苑 39_504_34
中唐・翰苑 40_512_30
晚唐・摩訶止觀 10_90_16
晚唐・摩訶止觀 15_130_23
五代・密教部類 1_1_10

五代・密教部類 1_6_1
五代・密教部類 1_6_3
五代・密教部類 1_6_9
五代・密教部類 1_6_11
五代・密教部類 2_15_4
五代・大毗盧經 7_84_18
五代・大毗盧經 26_332_26
五代・大毗盧經 78_942_39

五代・大毗盧經 87_1063_12
五代・大毗盧經 96_1177_12

## 顙

ソウ
訓ひたい

初唐・古文尚書 45_443_6

## 顧

漢コ
訓かえりみる

初唐・古文尚書 9_75_29
初唐・古文尚書 9_76_20
初唐・毛詩傳 2_12_15
初唐・毛詩傳 2_13_23
初唐・毛詩傳 8_81_4
初唐・禮記正義 10_162_1
初唐・禮記正義 12_190_19
初唐・禮記正義 12_190_26

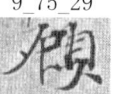

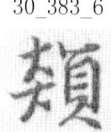

初唐・禮記正義 12_191_10
初唐・禮記正義 12_193_1
初唐・禮記正義 12_194_5
初唐・禮記正義 17_266_14
初唐・禮記正義 17_267_1
初唐・禮記正義 17_267_22
初唐・禮記工義 22_331_21
初唐・禮記正義 28_431_21

中唐・翰苑
15_189_4

中唐・翰苑
15_190_2

初唐•禮記正義
28_433_2

初唐•禮記正義
28_434_22

中唐・翰苑
7_79_3

中唐・翰苑
45_577_3

五代•大毗盧經
67_841_2

五代•大毗盧經
67_843_6

## 顯 顯

現ケン 慣ゲン
訓あきらか

初唐•古文尚書
22_208_18

初唐•古文尚書
22_208_31

初唐•古文尚書
31_296_11

初唐•古文尚書
35_330_31

初唐•古文尚書
36_342_3

初唐•古文尚書
36_342_14

中唐・翰苑
15_190_36

中唐・翰苑
15_191_26

中唐・翰苑
15_191_42

中唐・翰苑
20_260_40

中唐・翰苑
25_326_38

中唐・翰苑
44_560_7

晚唐•摩訶止觀
14_123_13

晚唐•摩訶止觀
18_155_2

晚唐•摩訶止觀
18_155_15

晚唐•摩訶止觀
18_157_8

晚唐•摩訶止觀
18_159_2

晚唐•摩訶止觀
20_173_24

晚唐•摩訶止觀
20_174_14

晚唐•摩訶止觀
27_234_14

晚唐•摩訶止觀
27_237_31

晚唐•摩訶止觀
28_239_12

晚唐•摩訶止觀
42_360_13

晚唐•摩訶止觀
42_360_17

晚唐•摩訶止觀
42_360_21

晚唐•摩訶止觀
46_392_19

晚唐•摩訶止觀
48_411_5

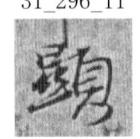

晚唐•摩訶止觀
51_435_24

晚唐•摩訶止觀
51_437_11

晚唐•摩訶止觀
52_438_14

五代•大毗盧經
14_179_3

五代•大毗盧經
15_188_15

五代•大毗盧經
55_670_22

五代•大毗盧經
66_824_28

五代•大毗盧經
72_883_6

## 顬

ネイ
訓いただき

五代•大毗盧經
10_120_21

五代•大毗盧經
88_1078_1

# 面部

## 面

吳メン 漢ベン 訓おも

初唐•古文尚書 40_388_22

初唐•禮記正義 7_104_25

初唐•禮記正義 7_109_10

初唐•禮記正義 8_113_9

初唐•禮記正義 11_168_15

初唐•禮記正義 14_218_5

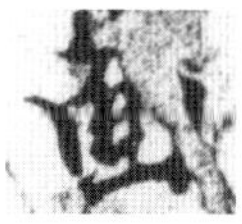

初唐•禮記正義 14_219_3

初唐•禮記正義 14_219_19

初唐•禮記正義 24_371_25

中唐・翰苑 28_365_12

中唐・翰苑 31_404_2

中唐・翰苑 32_408_21

中唐・翰苑 32_410_28

中唐・翰苑 40_509_7

中唐・翰苑 43_552_18

五代•大毗盧經 17_218_6

五代•大毗盧經 19_239_1

五代•大毗盧經 50_613_12

五代•大毗盧經 60_741_10

五代•大毗盧經 67_839_6

五代•大毗盧經 92_1129_14

# 韭部

## 韱

セン

訓やまにら

初唐•古文尚書 3_26_17

## 韰

カイ

訓せまい

初唐•古文尚書 1_2_10

# 骨部

## 骨

漢コツ
訓ほね

初唐・毛詩傳
7_76_13

中唐・翰苑
3_32_2

中唐・翰苑
3_32_10

中唐・翰苑
5_51_22

中唐・翰苑
5_52_17

中唐・翰苑
5_52_29

中唐・翰苑
5_53_5

中唐・翰苑
5_54_13

中唐・翰苑
5_54_27

中唐・翰苑
5_54_35

中唐・翰苑
5_55_4

中唐・翰苑
5_55_20

中唐・翰苑
6_69_21

中唐・翰苑
7_84_20

中唐・翰苑
7_88_14

中唐・翰苑
19_249_16

中唐・翰苑
20_257_38

中唐・翰苑
23_307_37

中唐・翰苑
23_308_14

晚唐•摩訶止觀
40_347_24

## 髀

ヒ漢ヘイ
訓もも

初唐•禮記正義
19_292_19

## 髏

ロウ
訓—

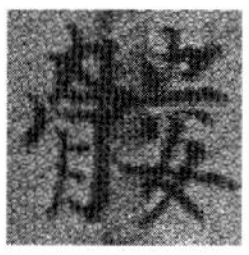
晚唐•摩訶止觀
3_23_32

五代•大毗盧經
67_842_12

## 體

漢テイ呉タイ
訓からだ

初唐•古文尚書
28_275_12

初唐•古文尚書
32_303_5

初唐•古文尚書
35_334_29

初唐•禮記正義
1_8_25

初唐•禮記正義
18_270_10

初唐•禮記正義
21_318_9

初唐•禮記正義
25_383_27

中唐・翰苑
7_84_27

# 髑

漢トク呉ドク
訓—

晩唐•摩訶止觀
3_23_31

五代•大毗盧經
67_842_11

五代•大毗盧經
65_820_25

五代•大毗盧經
72_883_17

五代•大毗盧經
72_886_12

五代•大毗盧經
77_929_12

五代•大毗盧經
87_1061_15

五代•大毗盧經
88_1072_13

五代•大毗盧經
96_1183_15

五代•大毗盧經
97_1184_12

五代•大毗盧經
48_583_8

五代•大毗盧經
48_592_19

五代•大毗盧經
51_627_20

五代•大毗盧經
51_628_4

五代•大毗盧經
51_632_23

五代•大毗盧經
62_771_20

五代•大毗盧經
64_799_29

五代•大毗盧經
64_809_26

五代•大毗盧經
29_368_27

五代•大毗盧經
32_397_12

五代•大毗盧經
47_573_28

五代•大毗盧經
47_573_32

五代•大毗盧經
47_574_16

五代•大毗盧經
47_576_14

五代•大毗盧經
47_579_33

五代•大毗盧經
47_580_9

五代•大毗盧經
20_258_15

五代•大毗盧經
20_261_18

五代•大毗盧經
21_264_13

五代•大毗盧經
21_271_12

五代•大毗盧經
22_281_5

五代•大毗盧經
22_283_17

五代•大毗盧經
26_330_16

五代•大毗盧經
28_361_26

晩唐•摩訶止觀
34_295_24

晩唐•摩訶止觀
38_330_11

晩唐•摩訶止觀
41_353_7

晩唐•摩訶止觀
54_456_11

五代•大毗盧經
6_62_18

五代•大毗盧經
8_89_2

五代•大毗盧經
12_143_20

五代•大毗盧經
14_180_5

中唐・翰苑
17_220_38

晩唐•摩訶止觀
7_60_20

晩唐•摩訶止觀
7_61_1

晩唐•摩訶止觀
15_133_27

晩唐•摩訶止觀
16_140_2

晩唐•摩訶止觀
18_153_9

晩唐•摩訶止觀
29_252_7

晩唐•摩訶止觀
29_255_23

# 香部

## 香

吳現コウ漢現キョウ
訓かおり

初唐•古文尚書 41_392_10
初唐•古文尚書 41_393_24
初唐・毛詩傳 5_52_21
初唐・般若經 3_20_8
初唐・般若經 3_20_16
初唐・般若經 3_22_6
初唐・般若經 4_43_2
初唐・般若經 4_44_3

初唐・般若經 15_226_12
初唐・般若經 15_227_3
初唐・般若經 16_228_12
初唐・般若經 17_250_13
初唐・般若經 17_251_14
初唐・般若經 17_253_12
晚唐•摩訶止觀 1_4_13
晚唐•摩訶止觀 6_51_6

晚唐•摩訶止觀 12_104_6
晚唐•摩訶止觀 12_104_18
晚唐•摩訶止觀 12_104_26
晚唐•摩訶止觀 19_164_18
晚唐•摩訶止觀 33_284_17
晚唐•摩訶止觀 50_424_2
晚唐•摩訶止觀 50_424_27
五代•大毗盧經 10_117_26

五代•大毗盧經 13_155_13
五代•大毗盧經 13_156_7
五代•大毗盧經 13_168_18
五代•大毗盧經 14_184_19
五代•大毗盧經 16_204_8
五代•大毗盧經 20_257_2
五代•大毗盧經 20_263_2
五代•大毗盧經 20_263_33

五代•大毗盧經 22_286_3
五代•大毗盧經 39_464_7
五代•大毗盧經 39_464_12
五代•大毗盧經 46_556_10
五代•大毗盧經 71_873_18
五代•大毗盧經 71_874_4
五代•大毗盧經 97_1198_8
五代•大毗盧經 98_1200_13

## 馨

漢ケイ吳キョウ
訓かおる

初唐•古文尚書 41_392_9
初唐•古文尚書 41_393_23

# 鬼部

## 鬼

現キ
訓おに

初唐•禮記正義
4_51_8

初唐•禮記正義
10_154_19

初唐•禮記正義
15_238_17

中唐・翰苑
7_90_20

中唐・翰苑
12_152_35

中唐・翰苑
18_239_27

中唐・翰苑
18_241_9

中唐・翰苑
36_467_18

晚唐•摩訶止觀
2_16_15

晚唐•摩訶止觀
21_182_6

晚唐•摩訶止觀
22_193_25

晚唐•摩訶止觀
48_409_6

五代•大毗盧經
21_266_28

五代•大毗盧經
80_972_18

五代•大毗盧經
80_973_1

五代•大毗盧經
83_1008_12

五代•大毗盧經
90_1096_13

五代•大毗盧經
91_1113_11

五代•大毗盧經
94_1149_30

## 魂

漢コン呉ゴン
訓たましい

初唐•禮記正義
15_238_15

初唐•禮記正義
15_238_23

初唐•禮記正義
16_241_9

中唐・翰苑
12_150_12

中唐・翰苑
12_152_28

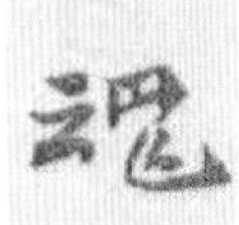
中唐・翰苑
35_449_34

中唐・翰苑
35_449_40

中唐・翰苑
37_471_30

## 魁

漢カイ
訓かしら

中唐・翰苑
16_207_14

中唐・翰苑
16_207_22

中唐・翰苑
18_233_22

## 魄

漢ハク
訓たましい

中唐・翰苑
37_471_31

## 魅

漢ビ呉ミ
訓もののけ

五代•大毗盧經 83_1008_13

## 魏

ギ
訓たかい

初唐•禮記正義 1_2_22
中唐・翰苑 13_165_13
中唐・翰苑 13_168_11
中唐・翰苑 16_213_14
中唐・翰苑 17_217_5
中唐・翰苑 17_220_5
中唐・翰苑 17_225_9
中唐・翰苑 18_229_13
中唐・翰苑 18_237_12
中唐・翰苑 19_242_1
中唐・翰苑 19_250_4
中唐・翰苑 19_250_6
中唐・翰苑 20_258_19
中唐・翰苑 21_279_2
中唐・翰苑 22_283_15
中唐・翰苑 22_290_34
中唐・翰苑 22_292_34
中唐・翰苑 23_299_11
中唐・翰苑 25_326_5
中唐・翰苑 25_326_8
中唐・翰苑 26_335_19
中唐・翰苑 26_337_22
中唐・翰苑 27_348_19
中唐・翰苑 27_349_7
中唐・翰苑 27_355_17
中唐・翰苑 30_385_30
中唐・翰苑 31_403_9
中唐・翰苑 31_404_28
中唐・翰苑 32_411_1
中唐・翰苑 33_423_1
中唐・翰苑 33_423_39

## 魔

呉マ漢バ
訓まもの

晚唐•摩訶止觀 1_7_20
晚唐•摩訶止觀 10_88_9
晚唐•摩訶止觀 22_187_15
五代•大毗盧經 8_94_20
五代•大毗盧經 9_109_15
五代•大毗盧經 10_111_7
五代•大毗盧經 10_111_9
五代•大毗盧經 12_149_2
五代•大毗盧經 17_214_14
五代•大毗盧經 17_216_19
五代•大毗盧經 17_218_2
五代•大毗盧經 17_218_44
五代•大毗盧經 19_241_17
五代•大毗盧經 19_248_33
五代•大毗盧經 28_362_46
五代•大毗盧經 44_527_20

| | | | | | | |
|---|---|---|---|---|---|---|
| | | | | | <br>五代•大毗盧經<br>80_977_2<br><br>五代•大毗盧經<br>82_999_2<br><br>五代•大毗盧經<br>88_1079_1<br><br>五代•大毗盧經<br>89_1085_10<br><br>五代•大毗盧經<br>91_1120_8 | <br>五代•大毗盧經<br>47_581_26<br><br>五代•大毗盧經<br>51_627_23<br><br>五代•大毗盧經<br>51_627_31<br><br>五代•大毗盧經<br>53_647_21<br><br>五代•大毗盧經<br>66_823_8<br><br>五代•大毗盧經<br>80_971_8<br>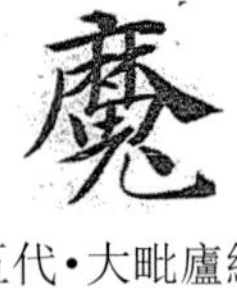<br>五代•大毗盧經<br>80_975_16 |

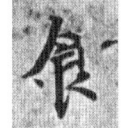

# 食部

食

漢ショク呉ジキ
訓くう

初唐•古文尚書
10_85_20

初唐•古文尚書
18_171_41

初唐•古文尚書
23_227_6

初唐•古文尚書
23_227_15

初唐•古文尚書
26_250_14

初唐•古文尚書
26_251_20

初唐•古文尚書
28_274_17

初唐•古文尚書
28_275_35

初唐•古文尚書
42_405_19

初唐・毛詩傳
4_33_18

初唐・毛詩傳
10_109_5

初唐•禮記正義
13_206_15

初唐•禮記正義
18_282_23

初唐•禮記正義
19_283_13

初唐・十誦律
2_30_2

初唐・十誦律
2_30_5

中唐・翰苑
2_15_17

中唐・翰苑
4_40_25

中唐・翰苑
10_127_27

中唐・翰苑
10_127_43

中唐・翰苑
10_129_11

中唐・翰苑
11_137_6

中唐・翰苑
12_156_9

中唐・翰苑
16_206_45

中唐・翰苑
17_218_21

中唐・翰苑
19_251_27

中唐・翰苑
19_251_30

中唐・翰苑
19_251_38

中唐・翰苑
19_254_1

中唐・翰苑
23_303_42

辰韓
中唐・翰苑
26_337_11

中唐・翰苑
30_383_5

中唐・翰苑
30_384_28

中唐・翰苑
30_388_2

中唐・翰苑
34_441_1

中唐・翰苑
35_449_1

中唐・翰苑
38_490_28

中唐・翰苑
39_496_36

中唐・翰苑
40_517_26

中唐・翰苑
41_519_36

中唐・翰苑
43_548_22

晩唐•摩訶止観
11_99_21

## 飲

漢イン 呉オン
訓のむ

中唐・翰苑
4_40_28

中唐・翰苑
10_129_13

中唐・翰苑
11_137_8

中唐・翰苑
14_178_13

中唐・翰苑
25_325_16

中唐・翰苑
30_383_4

五代・大毗盧經
10_117_28

五代・大毗盧經
21_266_1

## 飢

現キ
訓うえる

中唐・翰苑
9_108_23

中唐・翰苑
10_125_31

中唐・翰苑
34_442_42

晚唐・摩訶止觀
22_191_13

五代・大毗盧經
91_1113_13

---

五代・大毗盧經
90_1107_8

五代・大毗盧經
90_1108_23

五代・大毗盧經
91_1109_9

五代・大毗盧經
91_1111_16

五代・大毗盧經
91_1112_18

五代・大毗盧經
97_1189_1

五代・大毗盧經
97_1199_11

五代・大毗盧經
67_832_6

五代・大毗盧經
67_833_10

五代・大毗盧經
84_1024_17

五代・大毗盧經
84_1025_15

五代・大毗盧經
86_1057_21

五代・大毗盧經
90_1106_26

五代・大毗盧經
90_1106_36

五代・大毗盧經
23_287_14

五代・大毗盧經
23_288_7

五代・大毗盧經
23_288_8

五代・大毗盧經
49_595_17

五代・大毗盧經
49_596_21

五代・大毗盧經
64_803_15

五代・大毗盧經
67_832_3

五代・大毗盧經
21_266_12

五代・大毗盧經
21_266_33

五代・大毗盧經
21_268_21

五代・大毗盧經
21_268_33

五代・大毗盧經
21_269_7

五代・大毗盧經
21_269_12

五代・大毗盧經
22_286_6

晚唐・摩訶止觀
52_441_13

晚唐・摩訶止觀
55_469_13

晚唐・摩訶止觀
59_495_12

五代・大毗盧經
10_117_29

五代・大毗盧經
19_250_27

五代・大毗盧經
20_254_24

五代・大毗盧經
21_266_2

| | | 餘 | 餉 | | 飾 | |
|---|---|---|---|---|---|---|
| | | 現ヨ<br>訓あます | ショウ<br>訓かれいい | | 漢ショク呉シキ<br>訓かざる | |
| 初唐・十誦律<br>7_115_17<br>初唐・十誦律<br>7_118_9<br>初唐・十誦律<br>10_183_15<br>初唐・十誦律<br>10_190_2<br>中唐・翰苑<br>1_3_8<br>中唐・翰苑<br>3_22_32<br>中唐・翰苑<br>3_27_2<br>中唐・翰苑<br>3_32_14 | 初唐•禮記正義<br>24_365_20<br>初唐•禮記正義<br>24_366_1<br>初唐•禮記正義<br>25_379_15<br>初唐•禮記正義<br>27_418_8<br>初唐•禮記正義<br>27_423_27<br>初唐•禮記正義<br>29_455_9<br>初唐・十誦律<br>1_7_9<br>初唐・十誦律<br>7_113_16 | 初唐•古文尚書<br>1_1_27<br>初唐•古文尚書<br>1_2_4<br>初唐•古文尚書<br>1_2_14<br>初唐•古文尚書<br>32_304_14<br>初唐•古文尚書<br>32_305_18<br>初唐•禮記正義<br>12_184_24<br>初唐•禮記正義<br>16_242_13<br>初唐•禮記正義<br>19_291_22 | 中唐・翰苑<br>8_98_16 | 中唐・翰苑<br>18_232_1<br>中唐・翰苑<br>18_233_13<br>中唐・翰苑<br>28_359_42<br>中唐・翰苑<br>34_434_4<br>五代•大毗盧經<br>13_167_10<br>五代•大毗盧經<br>26_327_15<br>五代•大毗盧經<br>50_609_12<br>五代•大毗盧經<br>93_1144_6 | 初唐•古文尚書<br>33_309_23<br>初唐•禮記正義<br>21_317_7<br>初唐•禮記正義<br>22_335_9<br>初唐•禮記正義<br>22_338_8<br>初唐•禮記正義<br>24_368_1<br>初唐•禮記正義<br>24_368_25<br>黄金飾具<br>中唐・翰苑<br>8_103_28<br>中唐・翰苑<br>11_142_28 | 五代•大毗盧經<br>21_266_32<br>五代•大毗盧經<br>22_286_5 |

中唐・翰苑
4_47_8

中唐・翰苑
4_47_32

中唐・翰苑
4_47_37

中唐・翰苑
5_51_28

中唐・翰苑
5_51_37

中唐・翰苑
5_52_10

中唐・翰苑
5_60_21

中唐・翰苑
5_62_30

中唐・翰苑
6_72_17

中唐・翰苑
6_75_8

中唐・翰苑
6_75_23

中唐・翰苑
7_80_24

中唐・翰苑
7_81_18

中唐・翰苑
7_86_1

中唐・翰苑
8_97_25

中唐・翰苑
8_98_6

中唐・翰苑
9_110_24

中唐・翰苑
10_120_18

中唐・翰苑
10_128_25

中唐・翰苑
11_133_12

中唐・翰苑
11_134_26

中唐・翰苑
13_160_3

中唐・翰苑
13_160_14

中唐・翰苑
13_162_22

中唐・翰苑
13_162_34

中唐・翰苑
13_163_9

中唐・翰苑
13_163_23

中唐・翰苑
13_168_4

中唐・翰苑
13_168_29

中唐・翰苑
13_169_10

中唐・翰苑
13_169_13

中唐・翰苑
14_180_8

中唐・翰苑
14_184_22

中唐・翰苑
15_188_24

中唐・翰苑
16_202_36

中唐・翰苑
16_203_15

中唐・翰苑
16_203_35

中唐・翰苑
16_206_32

中唐・翰苑
16_208_2

中唐・翰苑
16_210_7

中唐・翰苑
16_212_45

中唐・翰苑
16_213_30

中唐・翰苑
17_215_9

中唐・翰苑
17_218_20

飲酒歌舞
中唐・翰苑
17_219_15

中唐・翰苑
17_220_9

中唐・翰苑
17_222_10

中唐・翰苑
17_223_16

中唐・翰苑
18_230_12

中唐・翰苑
18_230_37

中唐・翰苑
19_250_18

中唐・翰苑
19_250_31

中唐・翰苑
19_251_21

中唐・翰苑
19_252_12

中唐・翰苑
19_253_12

中唐・翰苑
19_254_10

中唐•翰苑
19_255_3

中唐•翰苑
19_255_28

中唐•翰苑
19_255_43

中唐•翰苑
20_258_16

中唐•翰苑
20_259_13

中唐•翰苑
20_266_7

中唐•翰苑
22_294_10

中唐•翰苑
22_296_31

中唐•翰苑
23_300_17

中唐•翰苑
23_307_6

中唐•翰苑
24_314_11

中唐•翰苑
24_320_44

中唐•翰苑
24_321_9

中唐•翰苑
26_343_34

中唐•翰苑
27_353_41

中唐•翰苑
27_353_46

中唐•翰苑
27_354_22

中唐•翰苑
27_355_9

中唐•翰苑
27_355_26

中唐•翰苑
27_355_40

中唐•翰苑
27_356_29

中唐•翰苑
27_356_37

中唐•翰苑
27_358_12

中唐•翰苑
27_358_16

中唐•翰苑
28_365_21

中唐•翰苑
29_376_27

中唐•翰苑
29_381_18

中唐•翰苑
29_381_22

中唐•翰苑
30_383_27

中唐•翰苑
30_386_7

中唐•翰苑
31_401_29

中唐•翰苑
31_402_15

中唐•翰苑
31_403_40

中唐•翰苑
31_405_20

中唐•翰苑
31_405_27

中唐•翰苑
31_406_27

中唐•翰苑
31_407_10

中唐•翰苑
32_411_40

中唐•翰苑
32_420_17

中唐•翰苑
32_420_28

中唐•翰苑
34_440_1

中唐•翰苑
34_444_18

中唐•翰苑
36_461_38

中唐•翰苑
36_462_10

中唐•翰苑
36_462_31

中唐•翰苑
36_465_13

中唐•翰苑
36_468_17

中唐•翰苑
37_470_43

獸飲人血
中唐•翰苑
37_471_39

中唐•翰苑
37_475_1

中唐•翰苑
37_478_4

中唐•翰苑
39_495_27

中唐•翰苑
39_496_7

中唐•翰苑
39_496_38

中唐•翰苑
39_501_5

中唐•翰苑
40_515_10

晚唐•摩訶止觀
8_67_6

晚唐•摩訶止觀
7_62_16

晚唐•摩訶止觀
7_62_8

中唐・翰苑
42_540_35

中唐・翰苑
41_530_23

中唐・翰苑
41_527_30

中唐・翰苑
41_527_3

中唐・翰苑
40_515_15

晚唐•摩訶止觀
17_148_12

晚唐•摩訶止觀
12_104_5

晚唐•摩訶止觀
12_103_4

晚唐•摩訶止觀
11_96_20

晚唐•摩訶止觀
10_87_5

晚唐•摩訶止觀
10_86_23

晚唐•摩訶止觀
8_72_17

晚唐•摩訶止觀
8_71_10

晚唐•摩訶止觀
59_500_4

晚唐•摩訶止觀
51_431_10

晚唐•摩訶止觀
48_409_20

晚唐•摩訶止觀
47_406_6

晚唐•摩訶止觀
39_338_4

晚唐•摩訶止觀
29_249_13

晚唐•摩訶止觀
18_153_12

晚唐•摩訶止觀
17_149_4

五代•大毗盧經
97_1195_6

五代•大毗盧經
89_1087_39

五代•大毗盧經
64_803_23

五代•大毗盧經
18_237_19

五代•大毗盧經
17_217_2

五代•大毗盧經
15_196_3

晚唐•摩訶止觀
61_517_15

## 養

現ヨウ
訓やしなう

初唐•古文尚書
13_118_2

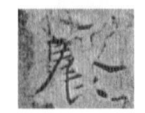

初唐•古文尚書
31_292_25

初唐・毛詩傳
9_100_8

初唐•禮記正義
23_341_11

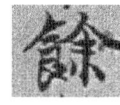

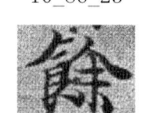

初唐・十誦律
2_26_8

初唐・十誦律
2_26_16

中唐・翰苑
11_142_20

中唐・翰苑
12_151_24

中唐・翰苑
15_200_40

中唐・翰苑
16_211_43

中唐・翰苑
19_248_8

中唐・翰苑
19_253_34

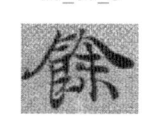

中唐・翰苑
19_254_6

中唐・翰苑
30_384_26

中唐・翰苑
38_484_20

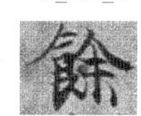

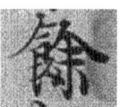

晚唐•摩訶止觀
55_464_14

晚唐•摩訶止觀
55_465_4

晚唐•摩訶止觀
55_465_28

晚唐•摩訶止觀
55_466_20

晚唐•摩訶止觀
55_468_17

晚唐•摩訶止觀
55_469_1

| 館 | 餚 | 餐 | 餓 | | | |
|---|---|---|---|---|---|---|
| 現カン<br>訓やかた | コウ<br>訓ごちそう | サン<br>訓ゆうめし | 現ガ<br>訓うえる | | | |
| <br>初唐•禮記正義<br>13_208_11<br><br>中唐・翰苑<br>15_193_37 | <br>五代•大毗盧經<br>39_464_15 | <br>初唐•禮記正義<br>27_421_21<br><br>中唐・翰苑<br>39_506_24<br><br>中唐・翰苑<br>40_507_5 | <br>中唐・翰苑<br>6_77_18<br><br>晚唐•摩訶止觀<br>22_193_24<br><br>五代•大毗盧經<br>91_1113_10 | <br>五代•大毗盧經<br>60_740_10<br><br>五代•大毗盧經<br>71_876_8<br><br>五代•大毗盧經<br>88_1079_26 | <br>五代•大毗盧經<br>22_286_8<br><br>五代•大毗盧經<br>23_287_13<br><br>五代•大毗盧經<br>31_394_16<br><br>五代•大毗盧經<br>31_394_22<br><br>五代•大毗盧經<br>31_394_38<br><br>五代•大毗盧經<br>31_394_41<br><br>五代•大毗盧經<br>46_556_15 | <br>五代•密教部類<br>6_88_8<br><br>五代•密教部類<br>6_88_35<br><br>五代•大毗盧經<br>2_8_2<br><br>五代•大毗盧經<br>14_172_17<br><br>五代•大毗盧經<br>14_173_18<br><br>五代•大毗盧經<br>21_274_8<br><br>五代•大毗盧經<br>22_279_12 |

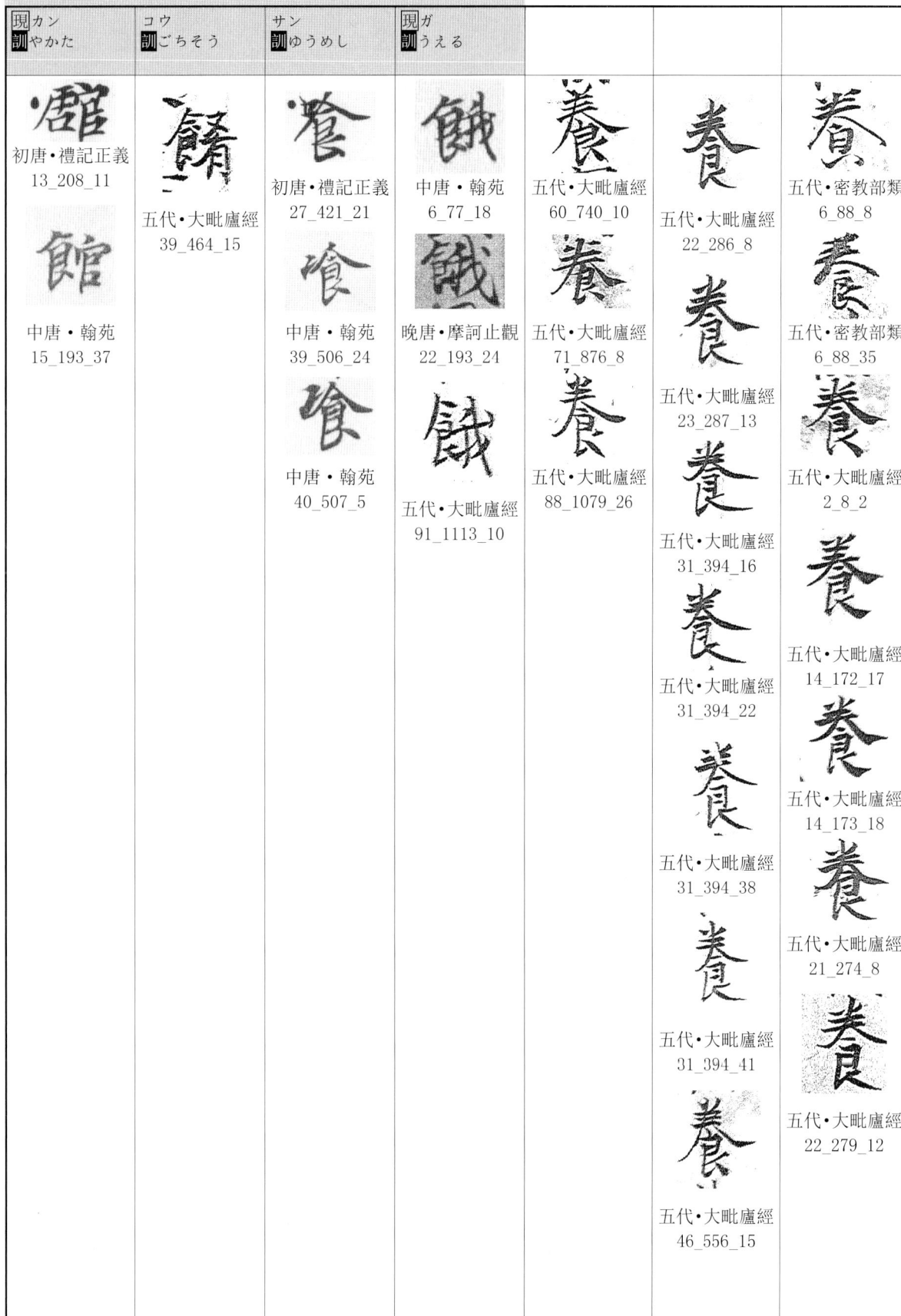

| 饗 | 饋 | 饍 | 饒 | 饉 |
|---|---|---|---|---|
| 漢キョウ<br>訓もてなす | 漢キ 吳ギ<br>訓おくる | 漢セン 吳ゼン<br>訓ぜん | 漢ジョウ 吳ニョウ<br>訓ゆたか | 漢キン<br>訓うえる |
| <br>中唐・翰苑<br>2_21_36 | <br>中唐・翰苑<br>11_143_22 | <br>五代・大毗盧經<br>39_464_16 | <br>中唐・翰苑<br>14_176_34 | <br>中唐・翰苑<br>10_125_32 |
| <br>中唐・翰苑<br>12_155_7 | | | <br>中唐・翰苑<br>14_178_9 | |
| <br>中唐・翰苑<br>22_283_1 | | | <br>中唐・翰苑<br>39_501_40 | |
| <br>中唐・翰苑<br>38_489_7 | | | <br>五代・大毗盧經<br>2_18_2 | |

風

漢フウ 呉フ
訓かぜ

# 風部

初唐•古文尚書 23_220_13
初唐•古文尚書 31_289_27
初唐•古文尚書 32_298_15
初唐•古文尚書 32_299_24
初唐•古文尚書 32_304_15
初唐•古文尚書 32_305_19
初唐•毛詩傳 1_1_11
初唐•毛詩傳 1_4_10

初唐•毛詩傳 1_5_11
初唐•毛詩傳 9_97_13
初唐•禮記正義 2_33_11
初唐•禮記正義 28_443_7
初唐•般若經 6_75_4
初唐•般若經 6_75_12
初唐•般若經 6_77_2
初唐•般若經 19_284_12

初唐•般若經 19_285_3
初唐•般若經 19_286_12
中唐•翰苑 4_36_31
中唐•翰苑 4_45_32
中唐•翰苑 10_128_47
中唐•翰苑 14_181_7
中唐•翰苑 14_183_8
中唐•翰苑 17_221_20

中唐•翰苑 18_235_30
中唐•翰苑 19_243_14
中唐•翰苑 19_247_12
中唐•翰苑 20_264_1
中唐•翰苑 20_265_26
中唐•翰苑 22_285_5
中唐•翰苑 23_305_44
中唐•翰苑 25_326_19

中唐•翰苑 25_327_14
中唐•翰苑 25_329_26
中唐•翰苑 26_343_25
中唐•翰苑 30_384_42
中唐•翰苑 30_395_2
中唐•翰苑 33_431_33
中唐•翰苑 35_453_13
中唐•翰苑 36_463_23

中唐•翰苑 39_495_16
中唐•翰苑 40_517_13
中唐•翰苑 41_520_5
中唐•翰苑 44_568_10
晚唐•摩訶止觀 1_9_4
晚唐•摩訶止觀 11_101_3
晚唐•摩訶止觀 15_130_25
晚唐•摩訶止觀 23_195_1

晚唐•摩訶止觀
23_195_13

晚唐•摩訶止觀
23_196_11

五代•密教部類
6_86_32

五代•大毗盧經
10_117_15

五代•大毗盧經
12_146_14

五代•大毗盧經
12_152_7

五代•大毗盧經
14_182_6

五代•大毗盧經
15_195_2

五代•大毗盧經
16_203_21

五代•大毗盧經
16_203_26

五代•大毗盧經
17_215_4

五代•大毗盧經
18_237_9

五代•大毗盧經
19_245_10

五代•大毗盧經
20_263_12

五代•大毗盧經
20_263_18

五代•大毗盧經
21_270_14

五代•大毗盧經
23_293_7

五代•大毗盧經
23_293_16

五代•大毗盧經
23_296_15

五代•大毗盧經
23_297_8

五代•大毗盧經
26_327_8

五代•大毗盧經
27_339_39

五代•大毗盧經
27_346_12

五代•大毗盧經
28_349_6

五代•大毗盧經
28_350_3

五代•大毗盧經
28_350_16

五代•大毗盧經
28_351_8

五代•大毗盧經
28_351_18

五代•大毗盧經
28_352_4

五代•大毗盧經
28_353_15

五代•大毗盧經
28_353_24

五代•大毗盧經
28_354_13

五代•大毗盧經
28_355_7

五代•大毗盧經
28_362_12

五代•大毗盧經
40_475_7

五代•大毗盧經
40_483_15

五代•大毗盧經
40_484_6

五代•大毗盧經
42_506_19

五代•大毗盧經
42_508_36

五代•大毗盧經
46_560_5

五代•大毗盧經
46_561_18

五代•大毗盧經
46_565_8

五代•大毗盧經
50_617_12

五代•大毗盧經
50_621_13

五代•大毗盧經
51_622_8

五代•大毗盧經
51_622_17

五代•大毗盧經
54_661_17

五代•大毗盧經
54_664_12

五代•大毗盧經
54_667_2

五代•大毗盧經
58_707_9

五代•大毗盧經
58_707_19

五代•大毗盧經
63_776_14

五代•大毗盧經
63_791_4

五代•大毗盧經
67_837_1

五代•大毗盧經
67_840_1

五代•大毗盧經
72_885_22

飄 颺 颰

**飄** ヒョウ 漢ヘイ 訓つむじかぜ

中唐・翰苑
39_495_17

**颺** ヨウ 訓あげる

中唐・翰苑
19_243_7

晚唐・摩訶止觀
45_385_22

**颰** ハツ 訓はやて

五代・密教部類
4_43_4

五代・大毗盧經
90_1106_16

五代・大毗盧經
92_1132_12

五代・大毗盧經
92_1134_6

五代・大毗盧經
92_1136_3

五代・大毗盧經
93_1141_12

五代・大毗盧經
85_1042_20

五代・大毗盧經
85_1046_13

五代・大毗盧經
85_1048_18

五代・大毗盧經
87_1063_23

五代・大毗盧經
88_1079_21

五代・大毗盧經
89_1087_1

五代・大毗盧經
90_1097_18

五代・大毗盧經
90_1098_14

五代・大毗盧經
80_975_21

五代・大毗盧經
80_976_18

五代・大毗盧經
80_979_27

五代・大毗盧經
82_996_19

五代・大毗盧經
84_1022_6

五代・大毗盧經
84_1023_15

五代・大毗盧經
85_1039_6

五代・大毗盧經
85_1041_12

五代・大毗盧經
72_889_11

五代・大毗盧經
73_899_15

五代・大毗盧經
73_901_1

五代・大毗盧經
75_924_12

五代・大毗盧經
77_934_16

五代・大毗盧經
78_947_2

五代・大毗盧經
78_951_11

五代・大毗盧經
79_957_10

# 音部

## 音

吳現オン 漢現イン

訓おとずれる

初唐•古文尚書
25_244_8

初唐•禮記正義
28_429_2

初唐•禮記正義
30_473_22

中唐・翰苑
17_221_14

中唐・翰苑
35_451_31

晚唐•摩訶止觀
2_14_5

晚唐•摩訶止觀
10_90_9

晚唐•摩訶止觀
18_158_4

晚唐•摩訶止觀
20_174_21

晚唐•摩訶止觀
20_175_5

五代•密教部類
2_19_4

五代•大毗盧經
10_119_13

五代•大毗盧經
14_170_4

五代•大毗盧經
14_172_15

五代•大毗盧經
15_187_24

五代•大毗盧經
22_281_15

五代•大毗盧經
29_366_13

五代•大毗盧經
30_378_19

五代•大毗盧經
30_379_13

五代•大毗盧經
37_434_18

五代•大毗盧經
39_459_15

五代•大毗盧經
39_460_4

五代•大毗盧經
40_485_7

五代•大毗盧經
41_486_17

五代•大毗盧經
41_497_9

五代•大毗盧經
46_555_15

五代•大毗盧經
47_579_15

五代•大毗盧經
50_608_10

五代•大毗盧經
60_741_13

五代•大毗盧經
71_872_3

五代•大毗盧經
73_902_18

五代•大毗盧經
78_946_18

五代•大毗盧經
79_961_2

五代•大毗盧經
79_961_17

五代•大毗盧經
85_1041_10

五代•大毗盧經
87_1063_2

五代•大毗盧經
87_1063_38

五代•大毗盧經
87_1066_5

五代•大毗盧經
89_1093_17

五代•大毗盧經
89_1093_20

五代•大毗盧經
93_1137_15

五代•大毗盧經
94_1156_21

五代•大毗盧經
94_1158_1

五代•大毗盧經
94_1158_14

| 響響 | 韻韻 |
| --- | --- |
| 漢現キョウ<br>訓ひびく | 慣イン漢ウン<br>訓ひびき |
| <br>中唐・翰苑<br>35_452_13 | <br>五代・大毗盧經<br>14_169_17 |

# 首部

## 首 𦣻

呉 現 シュ
訓 くび

初唐•古文尚書
21_202_21

初唐•古文尚書
23_228_26

初唐•禮記正義
2_31_14

初唐•禮記正義
12_191_8

初唐•禮記正義
14_217_11

初唐•禮記正義
15_224_17

初唐•禮記正義
29_454_3

中唐・翰苑
6_72_30

中唐・翰苑
6_74_42

中唐・翰苑
6_75_11

中唐・翰苑
8_94_17

中唐・翰苑
9_114_25

中唐・翰苑
13_160_26

中唐・翰苑
13_165_6

中唐・翰苑
13_168_26

中唐・翰苑
15_188_21

中唐・翰苑
15_188_39

中唐・翰苑
18_237_7

中唐・翰苑
21_282_31

中唐・翰苑
27_358_34

中唐・翰苑
30_388_10

中唐・翰苑
31_396_13

中唐・翰苑
33_429_15

封爵之道
中唐・翰苑
33_429_35

中唐・翰苑
35_448_39

中唐・翰苑
41_526_34

中唐・翰苑
42_542_7

晚唐•摩訶止觀
7_56_15

晚唐•摩訶止觀
12_104_19

晚唐•摩訶止觀
31_274_13

晚唐•摩訶止觀
33_288_23

晚唐•摩訶止觀
59_497_2

五代•大毗盧經
2_7_2

五代•大毗盧經
12_149_11

五代•大毗盧經
19_242_16

五代•大毗盧經
64_798_20

五代•大毗盧經
85_1043_12

五代•大毗盧經
88_1079_3

五代•大毗盧經
91_1120_10

五代•大毗盧經
96_1176_7

五代•大毗盧經
96_1176_21

五代•大毗盧經
96_1177_33

# 韋部

## 韋

イ
訓 なめしがわ

- 初唐•古文尚書 16_151_19
- 初唐•古文尚書 16_152_1
- 初唐•禮記正義 24_356_26
- 初唐•禮記正義 24_366_13
- 初唐•禮記正義 24_369_24

## 韓

漢 カン
訓 いげた

- 初唐•禮記正義 16_247_5
- 中唐•翰苑 1_4_2
- 中唐•翰苑 5_54_11
- 中唐•翰苑 6_76_7
- 中唐•翰苑 6_76_22
- 中唐•翰苑 7_79_5
- 中唐•翰苑 9_111_24
- 中唐•翰苑 17_224_2
- 中唐•翰苑 17_225_12
- 中唐•翰苑 17_226_1
- 中唐•翰苑 17_226_5
- 中唐•翰苑 17_226_11
- 中唐•翰苑 17_226_18
- 中唐•翰苑 17_227_13
- 中唐•翰苑 17_227_18
- 中唐•翰苑 17_228_4
- 中唐•翰苑 17_228_21
- 中唐•翰苑 18_229_17
- 中唐•翰苑 18_231_8
- 中唐•翰苑 18_231_24
- 中唐•翰苑 18_231_35
- 中唐•翰苑 18_232_16
- 中唐•翰苑 18_234_11
- 中唐•翰苑 18_236_6
- 中唐•翰苑 18_237_16
- 中唐•翰苑 18_238_16
- 中唐•翰苑 18_239_18
- 中唐•翰苑 19_242_5
- 中唐•翰苑 19_242_10
- 中唐•翰苑 19_244_4
- 中唐•翰苑 19_244_17
- 中唐•翰苑 19_244_20
- 中唐•翰苑 19_245_10
- 中唐•翰苑 19_246_30
- 中唐•翰苑 19_247_1
- 中唐•翰苑 19_247_34
- 中唐•翰苑 19_248_17
- 中唐•翰苑 25_333_14
- 中唐•翰苑 26_335_5
- 中唐•翰苑 26_335_15

| | | | | | | |
|---|---|---|---|---|---|---|
| | | | |  中唐・翰苑 27_347_22 |  中唐・翰苑 26_337_12 |  中唐・翰苑 26_335_22 |
| | | | |  中唐・翰苑 27_348_5 |  中唐・翰苑 26_337_26 |  中唐・翰苑 26_335_44 |
| | | | |  中唐・翰苑 27_348_23 |  中唐・翰苑 26_337_30 |  中唐・翰苑 26_336_3 |
| | | | |  中唐・翰苑 27_349_11 |  中唐・翰苑 26_340_22 |  中唐・翰苑 26_336_6 |
| | | | |  中唐・翰苑 31_405_11 |  中唐・翰苑 26_341_12 |  中唐・翰苑 26_336_21 |
| | | | |  中唐・翰苑 31_405_16 |  中唐・翰苑 26_342_10 |  中唐・翰苑 26_336_23 |
| | | | | |  中唐・翰苑 26_342_22 |  中唐・翰苑 26_336_39 |
| | | | | |  中唐・翰苑 27_347_4 |  中唐・翰苑 26_337_3 |

# 飛部

飛 飛

ヒ
訓 とぶ

飛雉
初唐•古文尚書
24_231_7

初唐•禮記正義
18_271_19

中唐 • 翰苑
2_18_34

中唐 • 翰苑
3_28_20

中唐 • 翰苑
4_41_8

中唐 • 翰苑
14_180_29

中唐 • 翰苑
14_181_19

中唐 • 翰苑
19_243_6

中唐 • 翰苑
37_470_32

中唐 • 翰苑
40_517_30

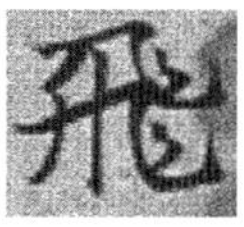
晚唐•摩訶止觀
4_38_20

晚唐•摩訶止觀
21_183_5

# 門部

## 鬧

慣トウ 漢ドウ
訓さわがしい

五代・大毗盧經
2_17_14

## 鬪

漢トウ
訓たたかう

初唐・十誦律
19_362_4

中唐・翰苑
11_138_27

中唐・翰苑
11_141_23

# 髟部

## 髡

コン
訓 そる

髡頭
中唐・翰苑
11_142_10

中唐・翰苑
14_177_3

中唐・翰苑
14_180_14

中唐・翰苑
19_243_15

## 髦

漢 ボウ 呉 モウ
訓 ぬきでる

中唐・翰苑
2_14_34

## 髮

漢 ハツ
訓 かみ

初唐・古文尚書
34_320_14

初唐・禮記正義
14_212_15

初唐・禮記正義
14_213_6

初唐・禮記正義
14_213_15

初唐・禮記正義
14_213_20

初唐・禮記正義
14_215_5

中唐・翰苑
11_142_21

中唐・翰苑
14_177_20

髣髴
中唐・翰苑
17_221_3

中唐・翰苑
19_243_16

中唐・翰苑
19_247_24

中唐・翰苑
25_331_19

中唐・翰苑
32_413_1

中唐・翰苑
36_461_25

中唐・翰苑
37_482_18

晩唐・摩訶止観
2_12_22

晩唐・摩訶止観
2_13_15

五代・大毗盧經
14_177_19

五代・大毗盧經
19_242_18

五代・大毗盧經
46_560_19

五代・大毗盧經
46_566_1

五代・大毗盧經
46_568_15

五代・大毗盧經
67_838_7

## 髯

漢 ゼン
訓 ひげ

五代・大毗盧經
30_382_3

五代・大毗盧經
38_447_16

五代・大毗盧經
48_586_12

五代・大毗盧經
48_586_13

五代・大毗盧經
51_631_11

五代・大毗盧經
58_715_12

五代・大毗盧經
58_720_13

五代・大毗盧經
66_826_8

| 鬚 | | 鬘 | 髺 | 髻 | 髴 | |
|---|---|---|---|---|---|---|
| 漢シュ 呉ス<br>訓ひげ | | 漢バン 呉マン<br>訓かつら | カツ<br>訓— | 漢ケイ<br>訓もとどり | フツ<br>訓にかよう | |
| <br>五代•大毗盧經<br>13_164_14 | <br>五代•大毗盧經<br>49_593_22<br><br>五代•大毗盧經<br>63_778_12<br><br>五代•大毗盧經<br>78_946_8<br><br>五代•大毗盧經<br>79_954_2<br><br>五代•大毗盧經<br>89_1093_7<br><br>五代•大毗盧經<br>97_1198_10 | <br>五代•大毗盧經<br>8_94_12<br><br>五代•大毗盧經<br>11_139_10<br><br>五代•大毗盧經<br>13_168_7<br><br>五代•大毗盧經<br>20_260_2<br><br>五代•大毗盧經<br>28_361_3<br><br>五代•大毗盧經<br>28_361_8<br><br>五代•大毗盧經<br>46_560_15<br><br>五代•大毗盧經<br>46_568_5 | <br>中唐・翰苑<br>11_142_24<br><br>中唐・翰苑<br>33_431_17<br><br>中唐・翰苑<br>35_455_31<br><br>中唐・翰苑<br>37_481_24<br><br>中唐・翰苑<br>40_512_22 | <br>五代•大毗盧經<br>8_92_13<br><br>五代•大毗盧經<br>19_242_19<br><br>五代•大毗盧經<br>45_548_16<br><br>五代•大毗盧經<br>46_560_20<br><br>五代•大毗盧經<br>50_610_12<br><br>五代•大毗盧經<br>50_615_11<br><br>五代•大毗盧經<br>50_616_1<br><br>五代•大毗盧經<br>60_741_2 | <br>中唐・翰苑<br>17_221_4 | <br>五代•大毗盧經<br>66_826_9 |

# 馬部

馬

漢バ 呉マ 呉メ 訓うま

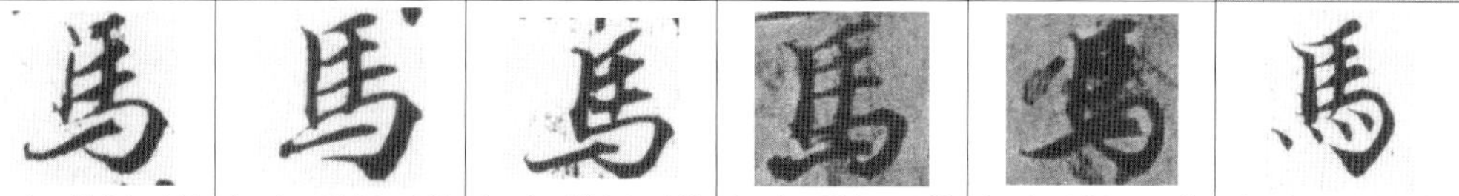

初唐・毛詩傳 3_28_14
初唐•禮記正義 11_167_4
初唐•禮記正義 11_178_14
初唐•禮記正義 14_211_25
初唐•禮記正義 18_275_14
初唐•禮記正義 18_281_15

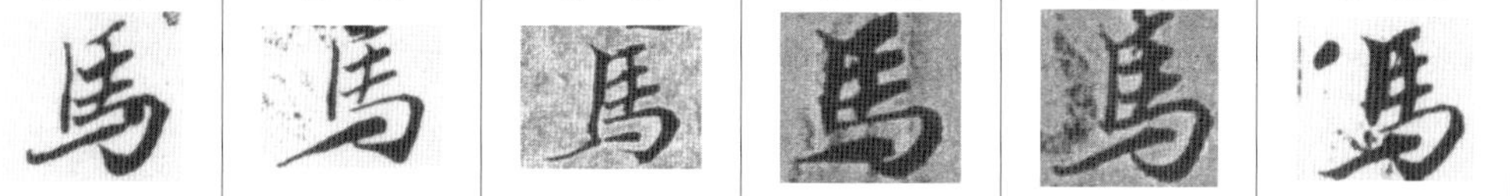

初唐•禮記正義 10_163_24
初唐•禮記正義 11_170_17
初唐•禮記正義 11_178_19
初唐•禮記正義 17_265_12
初唐•禮記正義 18_276_1
初唐•禮記正義 18_282_3

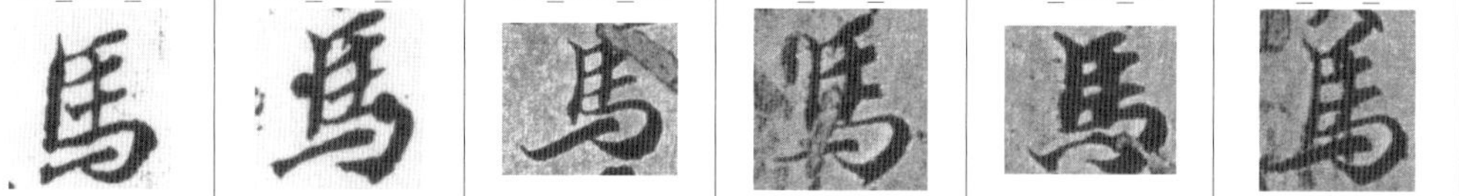

初唐•禮記正義 11_165_13
初唐•禮記正義 11_176_11
初唐•禮記正義 11_178_23
初唐•禮記正義 17_266_12
初唐•禮記正義 18_276_6
初唐•禮記正義 18_282_15

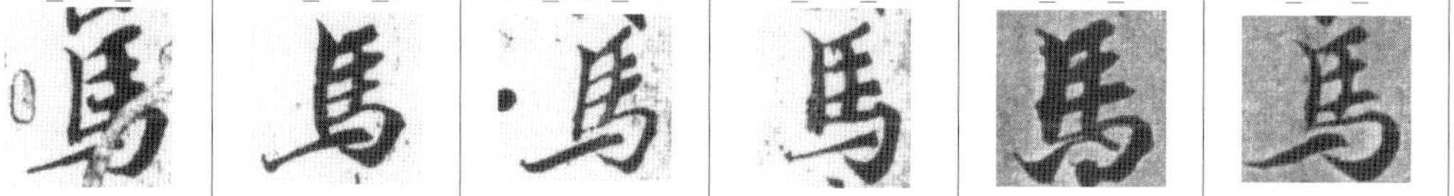

初唐•禮記正義 11_165_20
初唐•禮記正義 11_176_16
初唐•禮記正義 12_179_4
初唐•禮記正義 18_268_21
初唐•禮記正義 18_276_19
初唐•禮記正義 18_282_24

初唐•禮記正義 11_166_8
初唐•禮記正義 11_176_25
初唐•禮記正義 12_179_12
初唐•禮記正義 18_270_9
初唐•禮記正義 18_277_1
初唐•禮記正義 19_283_11

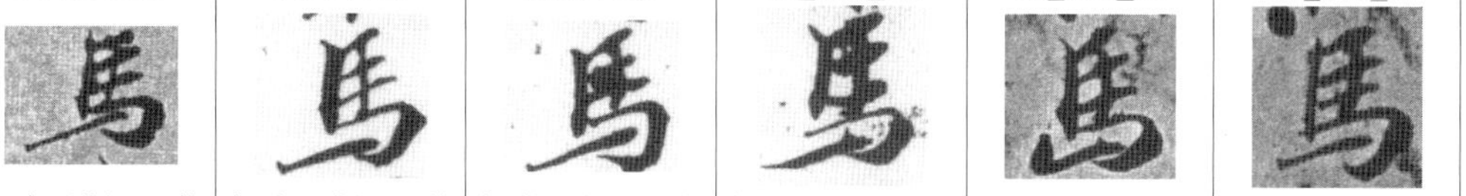

初唐•禮記正義 11_166_14
初唐•禮記正義 11_177_8
初唐•禮記正義 12_182_13
初唐•禮記正義 18_272_20
初唐•禮記正義 18_277_5
初唐•禮記正義 19_284_2

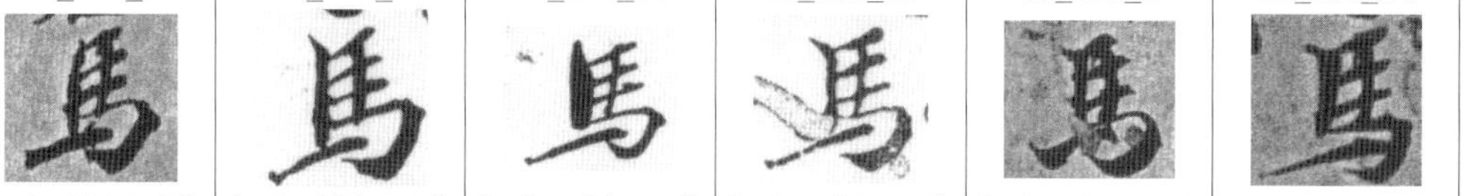

初唐•禮記正義 11_166_18
初唐•禮記正義 11_177_13
初唐•禮記正義 14_210_18
初唐•禮記正義 18_275_1
初唐•禮記正義 18_278_9
初唐•禮記正義 19_284_13

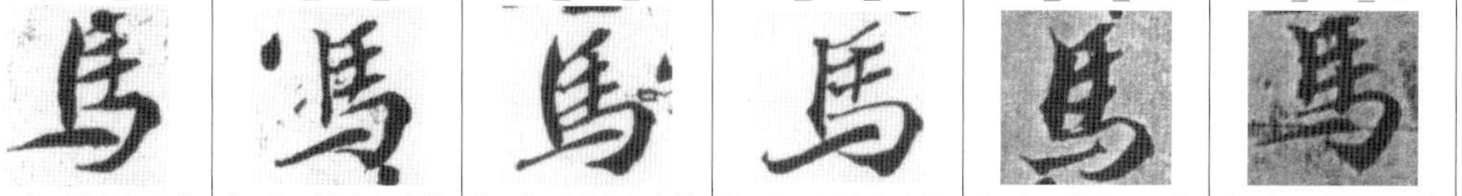

初唐•禮記正義 11_166_27
初唐•禮記正義 11_177_17
初唐•禮記正義 14_211_8
初唐•禮記正義 18_275_11
初唐•禮記正義 18_281_6
初唐•禮記正義 21_323_18

| | | | | | | |
|---|---|---|---|---|---|---|
| 中唐·翰苑<br>22_293_6 | 中唐·翰苑<br>19_242_30 | 中唐·翰苑<br>17_227_17 | 中唐·翰苑<br>15_196_33 | 中唐·翰苑<br>11_144_21 | 中唐·翰苑<br>6_73_1 | 初唐·禮記正義<br>21_323_25 |
| 中唐·翰苑<br>22_296_9 | 中唐·翰苑<br>19_244_19 | 中唐·翰苑<br>18_231_34 | 中唐·翰苑<br>16_202_39 | 中唐·翰苑<br>12_149_5 | 中唐·翰苑<br>6_74_20 | 初唐·禮記正義<br>23_349_18 |
| 中唐·翰苑<br>23_303_8 | 中唐·翰苑<br>19_246_15 | 中唐·翰苑<br>18_232_15 | 中唐·翰苑<br>16_211_29 | 中唐·翰苑<br>12_151_34 | 中唐·翰苑<br>6_74_33 | 初唐·禮記正義<br>28_429_20 |
| 中唐·翰苑<br>23_304_22 | 中唐·翰苑<br>19_246_29 | 中唐·翰苑<br>18_233_4 | 中唐·翰苑<br>16_211_31 | 中唐·翰苑<br>12_154_27 | 中唐·翰苑<br>7_90_23 | 中唐·翰苑<br>3_27_11 |
| 中唐·翰苑<br>23_305_5 | 中唐·翰苑<br>19_247_33 | 中唐·翰苑<br>18_234_10 | 中唐·翰苑<br>17_215_25 | 中唐·翰苑<br>13_170_12 | 中唐·翰苑<br>8_98_37 | 中唐·翰苑<br>3_30_25 |
| 中唐·翰苑<br>23_305_25 | 中唐·翰苑<br>19_251_44 | 中唐·翰苑<br>18_236_5 | 中唐·翰苑<br>17_216_36 | 中唐·翰苑<br>14_175_26 | 中唐·翰苑<br>8_98_40 | 中唐·翰苑<br>4_47_34 |
| 中唐·翰苑<br>23_307_12 | 中唐·翰苑<br>19_253_35 | 中唐·翰苑<br>18_239_17 | 中唐·翰苑<br>17_225_30 | 中唐·翰苑<br>15_190_12 | 中唐·翰苑<br>11_135_13 | 中唐·翰苑<br>4_49_24 |
| 中唐·翰苑<br>23_307_20 | 中唐·翰苑<br>20_260_26 | 中唐·翰苑<br>19_242_9 | 中唐·翰苑<br>17_226_17 | 中唐·翰苑<br>15_193_15 | 中唐·翰苑<br>11_143_23 | 中唐·翰苑<br>5_50_33 |

# 馭

漢 ギョ
訓 あやつる

| | | | | | | |
|---|---|---|---|---|---|---|
| 初唐•禮記正義 16_250_21 | 晚唐•摩訶止觀 2_13_12 | 中唐・翰苑 34_442_28 | 中唐・翰苑 31_405_31 | 中唐・翰苑 27_347_21 | 中唐・翰苑 25_325_2 | 中唐・翰苑 23_307_30 |
| 初唐•禮記正義 18_279_12 | 晚唐•摩訶止觀 2_18_13 | 中唐・翰苑 36_459_2 | 中唐・翰苑 32_410_7 | 中唐・翰苑 27_348_22 | 中唐・翰苑 26_335_43 | 中唐・翰苑 24_315_16 |
| | 五代•大毗盧經 45_549_16 | 中唐・翰苑 36_461_19 | 中唐・翰苑 32_410_11 | 中唐・翰苑 27_349_10 | 中唐・翰苑 26_336_5 | 中唐・翰苑 24_315_18 |
| | 五代•大毗盧經 49_595_1 | 中唐・翰苑 38_483_17 | 中唐・翰苑 32_410_16 | 中唐・翰苑 27_353_33 | 中唐・翰苑 26_337_2 | 中唐・翰苑 24_315_20 |
| | 五代•大毗盧經 92_1127_12 | 中唐・翰苑 40_507_17 | 中唐・翰苑 32_418_30 | 中唐・翰苑 27_354_3 | 中唐・翰苑 26_339_25 | 中唐・翰苑 24_316_7 |
| | | 中唐・翰苑 40_508_22 | 中唐・翰苑 32_419_15 | 中唐・翰苑 31_396_12 | 中唐・翰苑 26_339_40 | 中唐・翰苑 24_316_18 |
| | | 中唐・翰苑 44_556_21 | 中唐・翰苑 32_419_34 | 中唐・翰苑 31_397_31 | 中唐・翰苑 26_340_5 | 中唐・翰苑 24_321_31 |
| | | 中唐・翰苑 44_558_30 | 中唐・翰苑 34_442_21 | 中唐・翰苑 31_401_6 | 中唐・翰苑 27_347_3 | 中唐・翰苑 25_324_43 |

## 馮

漢フウ
訓たのむ

恒馮式也
初唐•禮記正義
16_246_2

中唐 • 翰苑
22_289_2

中唐 • 翰苑
22_290_27

## 馱

漢タ 呉ダ
訓のせる

五代•大毗盧經
4_37_6

五代•大毗盧經
6_62_15

五代•大毗盧經
6_73_7

五代•大毗盧經
7_80_7

五代•大毗盧經
7_80_11

五代•大毗盧經
9_107_6

五代•大毗盧經
10_116_3

五代•大毗盧經
10_116_5

五代•大毗盧經
10_116_11

五代•大毗盧經
10_118_8

五代•大毗盧經
10_120_13

五代•大毗盧經
10_120_20

五代•大毗盧經
11_125_8

五代•大毗盧經
12_151_7

五代•大毗盧經
15_187_13

五代•大毗盧經
15_187_15

五代•大毗盧經
15_197_7

五代•大毗盧經
16_205_7

五代•大毗盧經
36_424_7

五代•大毗盧經
36_427_4

五代•大毗盧經
36_429_7

五代•大毗盧經
36_430_7

五代•大毗盧經
37_434_26

五代•大毗盧經
37_435_7

五代•大毗盧經
38_441_7

五代•大毗盧經
38_444_7

五代•大毗盧經
38_447_7

五代•大毗盧經
38_447_13

五代•大毗盧經
38_450_7

五代•大毗盧經
40_473_7

五代•大毗盧經
40_473_21

五代•大毗盧經
41_491_7

五代•大毗盧經
41_493_7

五代•大毗盧經
41_496_7

五代•大毗盧經
41_498_7

五代•大毗盧經
41_500_7

五代•大毗盧經
42_502_7

五代•大毗盧經
42_502_13

五代•大毗盧經
42_503_9

五代•大毗盧經
42_503_17

五代•大毗盧經
42_503_19

五代•大毗盧經
42_503_21

五代•大毗盧經
42_504_1

五代•大毗盧經
42_507_7

五代•大毗盧經
42_510_7

五代•大毗盧經
43_514_8

五代•大毗盧經
43_520_7

五代•大毗盧經
44_534_7

馱 五代·大毗盧經 44_538_7

馱 五代·大毗盧經 45_543_7

馱 五代·大毗盧經 45_544_13

馱 五代·大毗盧經 47_572_7

馱 五代·大毗盧經 47_578_7

馱 五代·大毗盧經 48_582_7

馱 五代·大毗盧經 48_586_7

馱 五代·大毗盧經 48_589_7

馱 五代·大毗盧經 48_589_16

馱 五代·大毗盧經 48_592_7

馱 五代·大毗盧經 49_596_7

馱 五代·大毗盧經 49_599_7

馱 五代·大毗盧經 49_601_7

馱 五代·大毗盧經 50_604_7

馱 五代·大毗盧經 51_625_15

馱 五代·大毗盧經 51_626_7

馱 五代·大毗盧經 51_631_7

馱 五代·大毗盧經 52_635_7

馱 五代·大毗盧經 52_638_7

馱 五代·大毗盧經 52_642_7

馱 五代·大毗盧經 53_646_7

馱 五代·大毗盧經 53_649_7

馱 五代·大毗盧經 53_651_7

馱 五代·大毗盧經 54_655_7

馱 五代·大毗盧經 54_669_7

馱 五代·大毗盧經 55_675_7

馱 五代·大毗盧經 55_678_7

馱 五代·大毗盧經 55_681_7

馱 五代·大毗盧經 56_682_11

馱 五代·大毗盧經 56_685_7

馱 五代·大毗盧經 56_689_7

馱 五代·大毗盧經 57_692_7

馱 五代·大毗盧經 57_695_7

馱 五代·大毗盧經 57_699_7

馱 五代·大毗盧經 58_712_7

馱 五代·大毗盧經 58_715_7

馱 五代·大毗盧經 58_718_7

馱 五代·大毗盧經 58_720_8

馱 五代·大毗盧經 58_720_11

馱 五代·大毗盧經 59_721_7

馱 五代·大毗盧經 59_724_7

馱 五代·大毗盧經 59_727_7

馱 五代·大毗盧經 60_747_7

馱 五代·大毗盧經 61_753_7

馱 五代·大毗盧經 61_756_7

馱 五代·大毗盧經 61_759_7

馱 五代·大毗盧經 61_760_11

馱 五代·大毗盧經 61_761_7

馱 五代·大毗盧經 62_765_7

馱 五代·大毗盧經 62_768_7

馱 五代·大毗盧經 62_771_7

馱 五代·大毗盧經 65_818_8

馱 五代·大毗盧經 96_1171_16

馱 五代·大毗盧經 97_1190_6

馱 五代·大毗盧經 98_1204_7

馱 五代·大毗盧經 98_1206_2

| 駝 | 駟 | 駮 | 駄 | | | 馳 |
|---|---|---|---|---|---|---|
| 漢タ呉ダ<br>訓らくだ | シ<br>訓— | ハク漢バク<br>訓まだら | 漢タ呉ダ<br>訓のせる | | | 漢チ呉ジ<br>訓はせる |
| <br>中唐・翰苑<br>3_30_28 | <br>中唐・翰苑<br>8_101_27 | <br>初唐•禮記正義<br>3_42_3 | <br>晩唐•摩訶止観<br>2_11_19 | <br>晩唐•摩訶止観<br>48_409_12 | <br>初唐•禮記正義<br>14_223_18 | <br>初唐・毛詩傳<br>3_29_2 |
| <br>中唐・翰苑<br>5_50_29 | <br>中唐・翰苑<br>20_264_8 | <br>初唐•禮記正義<br>9_138_24 | <br>晩唐•摩訶止観<br>2_12_1 | <br>晩唐•摩訶止観<br>58_493_25 | <br>初唐•禮記正義<br>18_268_11 | <br>初唐•禮記正義<br>12_181_17 |
| | <br>中唐・翰苑<br>27_351_44 | <br>初唐•禮記正義<br>27_412_25 | <br>晩唐•摩訶止観<br>2_18_7 | <br>五代•大毗盧經<br>9_104_19 | <br>初唐•禮記正義<br>18_269_7 | <br>初唐•禮記正義<br>14_222_10 |
| | | | <br>晩唐•摩訶止観<br>2_19_23 | | <br>中唐・翰苑<br>3_24_2 | <br>初唐•禮記正義<br>14_222_12 |
| | | | 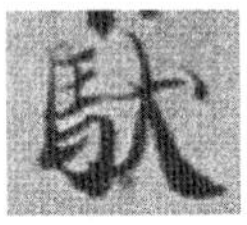<br>晩唐•摩訶止観<br>20_175_22 | | <br>馳望<br>中唐・翰苑<br>20_262_29 | <br>初唐•禮記正義<br>14_222_14 |
| | | | <br>晩唐•摩訶止観<br>20_176_9 | | <br>中唐・翰苑<br>38_492_8 | <br>初唐•禮記正義<br>14_222_20 |
| | | | <br>五代•大毗盧經<br>73_897_7 | | <br>中唐・翰苑<br>42_539_18 | <br>初唐•禮記正義<br>14_222_27 |
| | | | | | <br>晩唐•摩訶止観<br>45_385_20 | <br>初唐•禮記正義<br>14_223_3 |

| 駱 | | | 駕 | 駑 | 罵 | 駐 |
|---|---|---|---|---|---|---|
| ラク<br>訓かわらげ | | | 慣ガ漢カ<br>訓のる | 漢ド<br>訓にぶい | 漢バ<br>訓ののしる | チュ慣チュウ<br>訓とどまる |
| <br>中唐・翰苑<br>3_30_27<br><br>中唐・翰苑<br>5_50_28<br><br>騒動<br>中唐・翰苑<br>11_132_1<br><br>中唐・翰苑<br>12_154_40 | <br>中唐・翰苑<br>2_10_35<br><br>中唐・翰苑<br>4_48_20<br><br>中唐・翰苑<br>8_101_25<br><br>中唐・翰苑<br>19_246_13 | <br>初唐•禮記正義<br>11_167_15<br><br>初唐•禮記正義<br>11_168_5<br><br>初唐•禮記正義<br>11_170_25<br><br>初唐•禮記正義<br>11_171_6<br>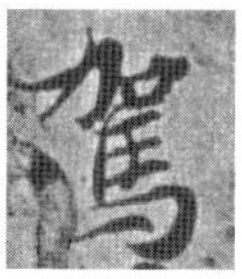<br>初唐•禮記正義<br>11_171_13<br><br>初唐•禮記正義<br>12_186_10<br><br>初唐•禮記正義<br>13_207_18 | <br>初唐•禮記正義<br>10_161_15<br><br>初唐•禮記正義<br>10_162_17<br><br>初唐•禮記正義<br>10_163_12<br><br>初唐•禮記正義<br>10_163_15<br><br>初唐•禮記正義<br>11_165_21<br><br>初唐•禮記正義<br>11_166_4<br><br>初唐•禮記正義<br>11_167_8 | <br>中唐・翰苑<br>19_254_3 | <br>晚唐•摩訶止観<br>56_471_22 | <br>初唐•禮記正義<br>12_190_9 |

| | 騎 | 駿 | 騂 | 騁 | 駹 | 駢 |
|---|---|---|---|---|---|---|
| | 漢キ 呉ギ<br>訓のる | シュン<br>訓はやい | 漢セイ 呉ショウ<br>訓あかうま | 漢テイ<br>訓はせる | 漢ボウ<br>訓まだら | 漢ヘン 呉ベン<br>訓ならぶ |
| <br>中唐・翰苑<br>7_86_2<br><br>中唐・翰苑<br>7_86_15<br><br>中唐・翰苑<br>8_97_27<br><br>中唐・翰苑<br>8_98_19<br><br>中唐・翰苑<br>8_101_23<br><br>中唐・翰苑<br>8_105_15<br><br>中唐・翰苑<br>9_110_17<br><br>中唐・翰苑<br>10_123_43 | <br>中唐・翰苑<br>2_18_12<br><br>中唐・翰苑<br>2_19_26<br><br>中唐・翰苑<br>3_25_6<br><br>中唐・翰苑<br>3_27_16<br><br>中唐・翰苑<br>3_35_21<br><br>中唐・翰苑<br>5_62_11<br><br>中唐・翰苑<br>6_69_13<br><br>中唐・翰苑<br>7_78_5 | <br>中唐・翰苑<br>19_253_44 | <br>初唐•禮記正義<br>29_452_12<br><br>中唐・翰苑<br>8_98_36 | <br>中唐・翰苑<br>37_473_11 | <br>中唐・翰苑<br>8_96_1<br><br>中唐・翰苑<br>8_98_28<br><br>中唐・翰苑<br>8_98_38<br><br>中唐・翰苑<br>37_482_41<br><br>中唐・翰苑<br>38_483_12<br><br>中唐・翰苑<br>40_509_15 | <br>中唐・翰苑<br>8_100_40 |

| 騰 | 騶 | 騷 | 騙 | 騑 | | |
|---|---|---|---|---|---|---|
| 漢トウ 訓のぼる | 慣スウ漢シュウ 訓うまかい | 漢ソウ呉ソウ 訓さわぐ | ヒョク 訓らくだ | ヒ 訓そえうま | | |
|  中唐・翰苑 24_314_25  晚唐•摩訶止観 4_38_21 |  初唐•禮記正義 12_187_23 |  姓騷氏 中唐・翰苑 42_537_26  晚唐•摩訶止観 24_206_14 |  中唐・翰苑 9_114_39 |  初唐•禮記正義 11_177_12 |  中唐・翰苑 43_554_43  晚唐•摩訶止観 2_18_11 |  中唐・翰苑 11_136_14  中唐・翰苑 12_157_43  中唐・翰苑 15_190_32  中唐・翰苑 16_201_23  中唐・翰苑 18_233_1  中唐・翰苑 20_257_2  中唐・翰苑 29_377_21  中唐・翰苑 42_543_40 |

| 驕 | 驂 | 駒 |  | 驅 | 騖 | 騫 |
|---|---|---|---|---|---|---|
| キョウ<br>訓おごる | サン<br>訓そえうま | ク<br>訓こま |  | ク<br>訓かける | 漢ブ呉ム<br>訓はせる | ケン<br>訓そこなう |
| <br>初唐•古文尚書<br>33_310_17<br><br>初唐•禮記正義<br>17_259_16<br><br>五代•大毗盧經<br>81_990_1 | <br>初唐•禮記正義<br>11_177_16<br><br>初唐•禮記正義<br>11_177_26<br><br>初唐•禮記正義<br>11_178_22<br><br>初唐•禮記正義<br>12_179_3<br><br>中唐・翰苑<br>15_193_14 | <br>鉤輿<br>初唐•禮記正義<br>17_257_16 | 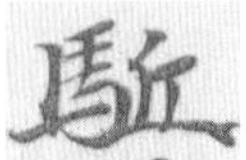<br>中唐・翰苑<br>3_23_38<br><br>中唐・翰苑<br>22_295_1<br><br>中唐・翰苑<br>22_295_32 | <br>初唐・毛詩傳<br>3_29_4<br><br>初唐•禮記正義<br>12_181_26<br><br>初唐•禮記正義<br>12_182_11<br><br>初唐•禮記正義<br>12_187_21<br><br>初唐•禮記正義<br>12_188_5<br>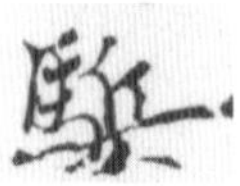<br>初唐•禮記正義<br>16_250_12<br><br>初唐•禮記正義<br>18_268_4<br><br>初唐・十誦律<br>18_355_11 | <br>中唐・翰苑<br>24_314_28<br><br>中唐・翰苑<br>36_465_30 | <br>中唐・翰苑<br>16_207_8<br><br>中唐・翰苑<br>16_207_17<br><br>中唐・翰苑<br>43_546_36 |

| 驤 | 驢 | | 驗 | 驛 | | 驚 |
|---|---|---|---|---|---|---|
| 慣ジョウ漢ショウ<br>訓あがる | 漢リョ呉ロ<br>訓うさぎうま | | ゲン慣ケン<br>訓しるし | 漢エキ<br>訓うまや | | 漢ケイ呉キョウ<br>訓おどろく |
| <br>初唐•禮記正義<br>11_177_24 | <br>中唐・翰苑<br>44_556_20 | <br>五代•大毗盧經<br>23_288_13 | <br>初唐•古文尚書<br>45_435_8<br>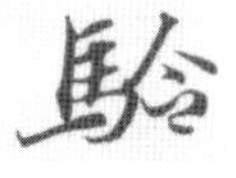<br>初唐•禮記正義<br>22_332_17<br><br>中唐・翰苑<br>4_46_10<br><br>中唐・翰苑<br>6_76_6<br><br>中唐・翰苑<br>19_243_17<br><br>中唐・翰苑<br>22_286_16<br><br>中唐・翰苑<br>31_398_13<br><br>晚唐•摩訶止觀<br>4_33_17 | <br>中唐・翰苑<br>12_154_41<br><br>中唐・翰苑<br>15_187_34 | <br>晚唐•摩訶止觀<br>55_468_20<br><br>五代•大毗盧經<br>9_103_16<br><br>五代•大毗盧經<br>47_576_15<br><br>五代•大毗盧經<br>68_854_4<br><br>五代•大毗盧經<br>68_856_2 | <br>初唐•禮記正義<br>17_259_19<br><br>中唐・翰苑<br>3_26_38<br><br>中唐・翰苑<br>5_60_15<br><br>中唐・翰苑<br>24_319_25<br><br>中唐・翰苑<br>29_372_21<br><br>中唐・翰苑<br>38_487_34<br><br>中唐・翰苑<br>39_496_40 |

# 驪 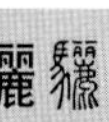

漢 リ 漢 レイ
訓 くろい

中唐・翰苑
8_96_2

中唐・翰苑
8_98_32

中唐・翰苑
8_98_41

中唐・翰苑
16_213_7

中唐・翰苑
16_214_3

中唐・翰苑
19_250_13

中唐・翰苑
20_258_3

中唐・翰苑
20_258_24

中唐・翰苑
20_260_20

中唐・翰苑
20_260_32

中唐・翰苑
22_288_6

中唐・翰苑
22_290_40

中唐・翰苑
22_293_3

中唐・翰苑
22_293_15

中唐・翰苑
22_295_28

中唐・翰苑
22_296_5

中唐・翰苑
23_298_16

中唐・翰苑
23_305_2

中唐・翰苑
23_305_12

中唐・翰苑
23_306_43

中唐・翰苑
23_308_10

中唐・翰苑
24_310_22

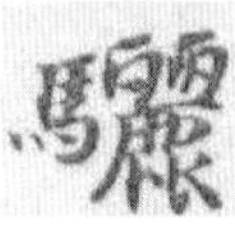
中唐・翰苑
24_313_22

中唐・翰苑
24_313_28

中唐・翰苑
24_316_15

中唐・翰苑
24_316_22

中唐・翰苑
24_317_46

中唐・翰苑
24_321_2

中唐・翰苑
25_323_2

中唐・翰苑
25_323_25

中唐・翰苑
25_323_37

中唐・翰苑
25_326_15

中唐・翰苑
25_327_7

中唐・翰苑
25_328_35

中唐・翰苑
25_330_13

中唐・翰苑
26_344_4

中唐・翰苑
27_355_22

晚唐•摩訶止觀
62_520_12

# 高部

## 高 高

コウ
訓 たかい

初唐•古文尚書
1_5_8

初唐•古文尚書
4_31_14

初唐•古文尚書
13_119_35

初唐•古文尚書
14_129_9

初唐•古文尚書
14_130_23

初唐•古文尚書
16_148_6

初唐•古文尚書
17_160_1

初唐•古文尚書
17_160_17

初唐•古文尚書
17_160_22

初唐•古文尚書
19_178_30

初唐•古文尚書
21_200_19

初唐•古文尚書
21_203_12

初唐•古文尚書
21_207_28

初唐•古文尚書
24_230_1

初唐•古文尚書
24_231_1

初唐•古文尚書
24_232_13

初唐•古文尚書
24_232_17

初唐•古文尚書
24_233_1

初唐•古文尚書
24_233_18

初唐•禮記正義
2_20_2

初唐•禮記正義
17_259_5

初唐•禮記正義
17_260_6

初唐•禮記正義
17_261_20

初唐•禮記正義
19_289_7

初唐•禮記正義
19_292_5

初唐•禮記正義
19_294_19

初唐•禮記正義
19_295_25

初唐•禮記正義
20_300_19

初唐•禮記正義
24_365_3

初唐•禮記正義
24_365_11

初唐•禮記正義
29_453_20

中唐 • 翰苑
1_4_3

中唐 • 翰苑
2_14_39

中唐 • 翰苑
3_32_35

中唐 • 翰苑
3_35_8

中唐 • 翰苑
5_58_36

中唐 • 翰苑
8_96_16

中唐 • 翰苑
8_97_7

中唐 • 翰苑
8_97_29

中唐 • 翰苑
8_99_3

中唐 • 翰苑
8_100_13

中唐 • 翰苑
12_157_29

中唐•翰苑
16_202_31

中唐•翰苑
19_248_20

中唐•翰苑
19_250_11

中唐•翰苑
20_258_1

中唐•翰苑
20_258_22

中唐•翰苑
20_260_18

中唐•翰苑
20_260_30

中唐•翰苑
20_260_39

中唐•翰苑
20_269_31

中唐•翰苑
21_281_43

中唐•翰苑
21_282_1

中唐•翰苑
22_283_18

中唐•翰苑
22_288_5

中唐•翰苑
22_288_19

中唐•翰苑
22_289_7

中唐•翰苑
22_291_16

中唐•翰苑
22_293_1

中唐•翰苑
23_298_15

中唐•翰苑
23_305_1

中唐•翰苑
23_305_11

中唐•翰苑
23_306_15

中唐•翰苑
23_306_42

中唐•翰苑
23_308_9

中唐•翰苑
24_310_21

中唐•翰苑
24_313_21

中唐•翰苑
24_313_27

中唐•翰苑
24_316_14

中唐•翰苑
24_316_21

中唐•翰苑
24_317_45

中唐•翰苑
24_321_1

中唐•翰苑
25_323_1

中唐•翰苑
25_323_6

中唐•翰苑
25_323_23

中唐•翰苑
25_326_14

中唐•翰苑
25_327_6

中唐•翰苑
25_328_34

中唐•翰苑
25_330_12

中唐•翰苑
26_344_3

中唐•翰苑
27_355_21

中唐•翰苑
27_356_13

中唐•翰苑
33_427_12

中唐•翰苑
37_477_13

中唐•翰苑
41_520_18

中唐•翰苑
41_524_17

中唐•翰苑
42_535_34

中唐•翰苑
42_540_4

中唐•翰苑
43_550_20

晚唐•摩訶止觀
4_31_10

晚唐•摩訶止觀
4_32_6

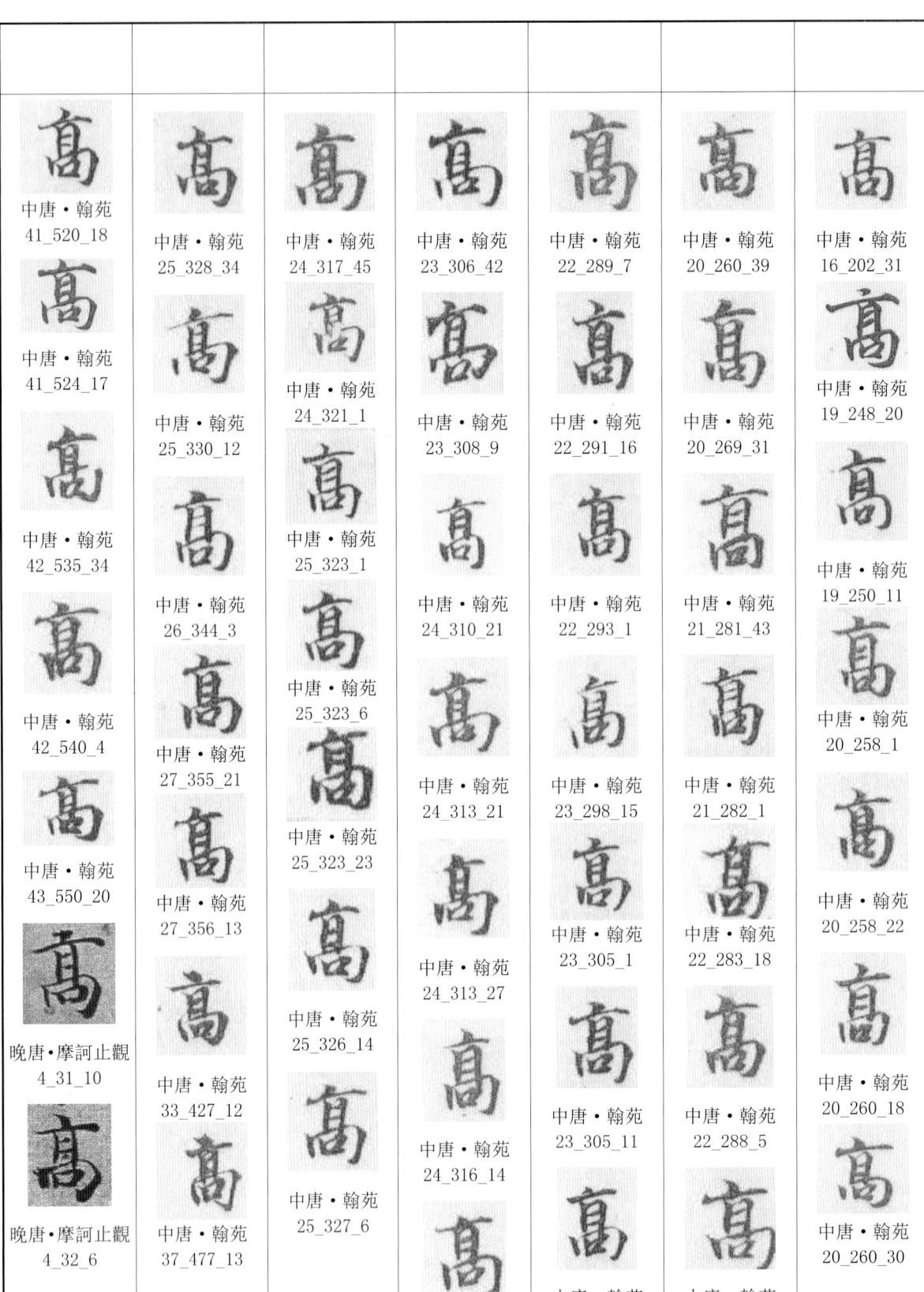

| | | | | | | |
|---|---|---|---|---|---|---|
| | | | | <br>五代•大毗盧經<br>77_935_8<br><br>五代•大毗盧經<br>92_1126_9 | <br>五代•密教部類<br>6_81_14<br><br>五代•大毗盧經<br>8_100_18<br><br>五代•大毗盧經<br>18_237_13<br><br>五代•大毗盧經<br>48_583_46<br><br>五代•大毗盧經<br>64_797_20<br><br>五代•大毗盧經<br>67_848_14<br><br>五代•大毗盧經<br>71_873_1 | 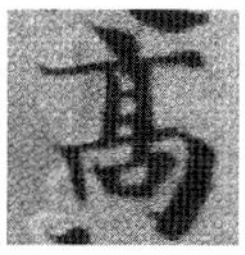<br>晚唐•摩訶止觀<br>4_33_22<br><br>晚唐•摩訶止觀<br>12_107_17<br><br>晚唐•摩訶止觀<br>12_108_8<br><br>晚唐•摩訶止觀<br>21_183_4<br><br>晚唐•摩訶止觀<br>22_188_2<br><br>晚唐•摩訶止觀<br>57_485_18<br><br>五代•密教部類<br>2_11_9 |

黃

漢コウ呉オウ
訓き

# 黃部

初唐•古文尚書
3_23_4

初唐•古文尚書
3_23_14

初唐•古文尚書
40_386_35

初唐•古文尚書
45_443_24

初唐•禮記正義
5_78_15

初唐•禮記正義
14_212_14

初唐•禮記正義
14_213_5

初唐•禮記正義
14_213_21

初唐•禮記正義
14_215_4

初唐•禮記正義
24_367_12

中唐・翰苑
8_103_26

中唐・翰苑
8_103_32

中唐・翰苑
17_223_24

中唐・翰苑
20_265_23

中唐・翰苑
21_280_9

中唐・翰苑
21_280_13

中唐・翰苑
24_319_19

中唐・翰苑
24_320_25

中唐・翰苑
28_360_32

中唐・翰苑
33_428_11

中唐・翰苑
35_453_4

中唐・翰苑
35_454_28

中唐・翰苑
37_474_2

中唐・翰苑
37_476_43

中唐・翰苑
42_540_39

中唐・翰苑
43_548_37

中唐・翰苑
43_552_19

五代•大毗盧經
14_174_22

五代•大毗盧經
39_470_4

五代•大毗盧經
41_488_13

五代•大毗盧經
46_561_11

五代•大毗盧經
63_792_4

五代•大毗盧經
71_868_9

五代•大毗盧經
73_900_14

# 麥部

## 麥

漢 バク
訓 むぎ

五代•大毗盧經
28_362_22

五代•大毗盧經
46_569_10

## 麴

漢 キク
訓 こうじ

初唐•古文尚書
22_209_26

初唐•古文尚書
22_210_5

# 鹵部

## 鹵

ロ
訓 しお

中唐・翰苑
8_94_26

中唐・翰苑
10_128_3

## 鹹

漢 カン
訓 しおから

初唐•古文尚書
22_210_26

初唐•古文尚書
22_210_31

# 鳥部

## 鳥

チョウ
訓とり

初唐•古文尚書
4_28_13

初唐•古文尚書
4_28_23

初唐•古文尚書
4_34_20

初唐•古文尚書
4_35_7

初唐•古文尚書
4_35_13

初唐・毛詩傳
10_102_13

中唐・翰苑
4_41_9

中唐・翰苑
8_93_13

中唐・翰苑
8_95_15

中唐・翰苑
12_145_37

中唐・翰苑
12_146_32

中唐・翰苑
14_180_28

中唐・翰苑
14_181_20

中唐・翰苑
18_241_23

中唐・翰苑
19_242_41

中唐・翰苑
19_252_6

中唐・翰苑
25_326_26

大島十五所
中唐・翰苑
28_369_32

中唐・翰苑
28_370_26

中唐・翰苑
38_488_5

中唐・翰苑
39_504_14

中唐・翰苑
43_544_31

晩唐•摩訶止觀
54_459_15

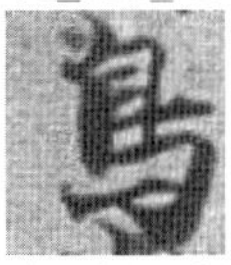
晩唐•摩訶止觀
54_459_23

五代•大毗盧經
92_1131_1

## 鳩

漢キュウ呉ク
訓はと

晩唐•摩訶止觀
2_18_4

五代•大毗盧經
80_974_11

五代•大毗盧經
85_1036_13

## 鳶

エン
訓とび

中唐・翰苑
36_459_39

| 鴻 | 鵄 | 鴟 | 鴨 | 鴇 | 鴈 | 鳴 |
|---|---|---|---|---|---|---|
| 漢コウ<br>訓おおとり | シ<br>訓とび | シ<br>訓とび | 漢オウ<br>訓かも | 漢ホウ<br>訓のがん | 漢ガン<br>訓かり | 慣メイ呉ミョウ<br>訓なく |
| <br>中唐・翰苑<br>21_275_38<br><br>中唐・翰苑<br>39_498_14 | <br>晩唐•摩訶止観<br>21_183_3 | <br>初唐•古文尚書<br>40_384_2<br><br>初唐•古文尚書<br>40_384_20 | <br>中唐・翰苑<br>24_316_29<br><br>中唐・翰苑<br>24_317_4<br><br>中唐・翰苑<br>24_317_9 | <br>初唐・毛詩傳<br>9_99_1<br><br>初唐・毛詩傳<br>10_102_3<br><br>初唐・毛詩傳<br>10_103_4<br><br>初唐・毛詩傳<br>10_103_33<br><br>初唐・毛詩傳<br>10_107_19<br><br>初唐・毛詩傳<br>10_110_8<br><br>初唐・毛詩傳<br>10_113_1 | <br>初唐•古文尚書<br>4_28_25<br><br>初唐•禮記正義<br>11_177_27<br><br>中唐・翰苑<br>2_20_26<br><br>中唐・翰苑<br>2_21_14<br><br>中唐・翰苑<br>5_55_16<br><br>中唐・翰苑<br>6_70_16<br><br>中唐・翰苑<br>12_157_2 | <br>初唐•古文尚書<br>4_28_24<br><br>初唐•古文尚書<br>24_231_20<br><br>中唐・翰苑<br>12_147_8<br><br>中唐・翰苑<br>22_286_21<br><br>晩唐•摩訶止観<br>2_13_13<br><br>晩唐•摩訶止観<br>2_13_19<br><br>晩唐•摩訶止観<br>54_459_18 |

## 鷙

シ 漢 チツ
訓 あらどり

中唐・翰苑
14_184_31

## 鶴

漢 カク
訓 つる

晚唐•摩訶止觀
1_8_4

晚唐•摩訶止觀
2_20_18

晚唐•摩訶止觀
20_171_27

五代•大毗盧經
40_475_9

五代•大毗盧經
40_476_19

五代•大毗盧經
41_498_11

五代•大毗盧經
63_789_10

五代•大毗盧經
64_808_3

## 鶏 雞

ケイ
訓 にわとり

中唐・翰苑
16_211_1

中唐・翰苑
18_234_28

中唐・翰苑
28_370_1

中唐・翰苑
29_371_5

中唐・翰苑
32_413_23

中唐・翰苑
32_415_35

中唐・翰苑
39_504_12

## 鵮

カン
訓 —

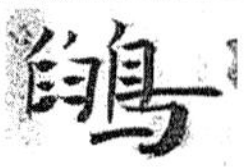

五代•大毗盧經
95_1161_19

五代•大毗盧經
95_1162_2

## 鵡

ム
訓 —

中唐・翰苑
39_501_31

## 鵠

漢 コク
訓 くぐい

初唐・毛詩傳
5_45_16

初唐・毛詩傳
5_46_2

中唐・翰苑
43_548_38

| 鷲  | 鸚  | | | | | |
|---|---|---|---|---|---|---|
| 漢シュウ吳ジュ 訓わし | 漢オウ吳ヨウ 訓— | | | | | |
|  晚唐•摩訶止觀 1_8_1 |  中唐・翰苑 39_501_30 | | | | | |

# 魚部

## 魚

漢ギョ呉ゴ
訓うお

初唐•古文尚書
3_25_10

初唐•古文尚書
3_26_12

初唐•禮記正義
25_382_2

初唐•禮記正義
27_413_28

中唐 • 翰苑
16_204_4

中唐 • 翰苑
16_206_14

中唐 • 翰苑
16_206_41

中唐 • 翰苑
16_212_30

中唐 • 翰苑
16_213_12

中唐 • 翰苑
20_256_29

中唐 • 翰苑
20_256_41

中唐 • 翰苑
20_258_17

中唐 • 翰苑
31_406_36

中唐 • 翰苑
37_470_5

中唐 • 翰苑
38_486_26

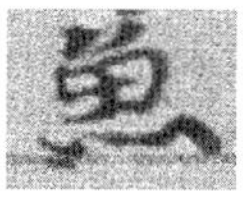
晚唐•摩訶止觀
22_194_27

晚唐•摩訶止觀
23_195_10

晚唐•摩訶止觀
23_195_26

五代•大毗盧經
80_968_5

## 魯

ロ
訓おろか

初唐•禮記正義
8_118_29

初唐•禮記正義
8_121_6

初唐•禮記正義
8_123_25

初唐•禮記正義
8_128_12

初唐•禮記正義
9_130_7

初唐•禮記正義
9_137_8

初唐•禮記正義
9_139_15

初唐•禮記正義
9_140_6

初唐•禮記正義
9_141_12

初唐•禮記正義
28_440_4

初唐•禮記正義
29_445_17

初唐•禮記正義
30_465_12

初唐•禮記正義
30_466_9

中唐 • 翰苑
13_163_28

五代•大毗盧經
18_233_20

五代•大毗盧經
18_235_2

五代•大毗盧經
44_537_13

# 鮮

セン
訓あざやか

初唐•古文尚書
11_101_27

初唐•古文尚書
32_306_1

初唐・毛詩傳
4_41_2

中唐・翰苑
1_3_5

中唐・翰苑
5_61_36

中唐・翰苑
7_87_15

中唐・翰苑
8_105_28

中唐・翰苑
12_157_12

中唐・翰苑
12_158_19

中唐・翰苑
13_169_23

中唐・翰苑
13_170_18

中唐・翰苑
13_171_3

中唐・翰苑
13_172_11

中唐・翰苑
14_173_9

中唐・翰苑
14_174_26

中唐・翰苑
14_175_14

中唐・翰苑
14_177_10

中唐・翰苑
14_179_7

中唐・翰苑
14_179_27

中唐・翰苑
14_181_11

中唐・翰苑
14_182_2

中唐・翰苑
14_184_2

中唐・翰苑
14_185_12

中唐・翰苑
14_186_21

中唐・翰苑
15_187_30

中唐・翰苑
15_189_21

中唐・翰苑
15_192_20

中唐・翰苑
15_193_38

中唐・翰苑
15_194_24

中唐・翰苑
15_194_38

中唐・翰苑
15_195_26

中唐・翰苑
15_196_21

中唐・翰苑
15_198_14

中唐・翰苑
16_204_19

中唐・翰苑
20_259_3

中唐・翰苑
20_260_14

中唐・翰苑
20_261_30

中唐・翰苑
20_262_5

中唐・翰苑
20_262_14

中唐・翰苑
20_263_24

中唐・翰苑
20_265_47

中唐・翰苑
20_266_27

中唐・翰苑
20_267_11

中唐・翰苑
20_267_25

中唐・翰苑
24_313_6

中唐・翰苑
25_323_11

中唐・翰苑
26_339_38

中唐・翰苑
31_402_7

五代•大毗盧經
8_92_4

五代•大毗盧經
46_559_18

五代•大毗盧經
46_564_12

| 鱗 | 鱉 | 鰥 | 鯷 | 鯉 |
|---|---|---|---|---|
| リン<br>訓うろこ | 慣ベツ漢ヘツ<br>訓すっぽん | カン、コン<br>訓やもお | 漢テイ呉ダイ<br>訓おおなまず | リ<br>訓こい |
| <br>中唐・翰苑<br>16_204_20 | <br>初唐•禮記正義<br>17_257_23 | <br>初唐•古文尚書<br>41_398_10 | <br>中唐・翰苑<br>17_225_3 | <br>初唐•禮記正義<br>27_409_1 |
| | | <br>初唐•古文尚書<br>41_399_10 | <br>中唐・翰苑<br>17_226_32 | <br>初唐•禮記正義<br>27_411_11 |
| | | <br>初唐•古文尚書<br>41_399_27 | <br>中唐・翰苑<br>17_226_35 | <br>初唐•禮記正義<br>27_412_8 |
| | | | | <br>初唐•禮記正義<br>27_413_17 |
| | | | | <br>初唐•禮記正義<br>27_413_24 |

# 麻部

## 麻
慣マ 漢バ
訓あさ

中唐・翰苑
20_257_19

中唐・翰苑
26_345_22

中唐・翰苑
28_367_46

中唐・翰苑
30_383_36

中唐・翰苑
32_417_15

中唐・翰苑
40_508_18

## 麾
キ
訓さしずばた

初唐•禮記正義
17_260_15

初唐•禮記正義
18_270_17

# 鹿部

## 鹿

ロク
訓しか

中唐・翰苑
15_198_23

中唐・翰苑
15_199_5

中唐・翰苑
15_200_27

中唐・翰苑
25_329_16

中唐・翰苑
39_495_1

中唐・翰苑
39_496_10

中唐・翰苑
39_496_12

中唐・翰苑
39_497_21

晩唐・摩訶止観
1_7_22

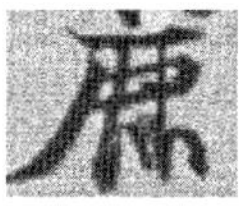
晩唐・摩訶止観
45_385_19

## 麁

ソ
訓はなれる

初唐・禮記正義
22_338_11

初唐・禮記正義
22_340_14

中唐・翰苑
17_216_12

晩唐・摩訶止観
40_348_7

晩唐・摩訶止観
41_351_17

晩唐・摩訶止観
41_352_22

晩唐・摩訶止観
62_520_28

## 麋

漢ビ
訓なれしか

中唐・翰苑
36_459_30

## 麗

リ漢レイ
訓うるわしい

初唐・古文尚書
33_307_26

初唐・古文尚書
33_308_5

初唐・古文尚書
40_388_34

初唐・古文尚書
43_416_6

初唐・禮記正義
4_62_12

中唐・翰苑
1_4_4

中唐・翰苑
18_237_5

中唐・翰苑
19_248_21

中唐・翰苑
20_263_11

中唐・翰苑
20_267_1

中唐・翰苑
20_269_32

中唐・翰苑
21_282_2

中唐・翰苑
22_283_19

中唐・翰苑
22_288_20

中唐・翰苑
22_289_8

中唐・翰苑
22_291_17

| | | | | 麟 | 麞 | |
|---|---|---|---|---|---|---|
| | | | | リン<br>訓— | ショウ<br>訓のろ | |
| | | | | <br>中唐・翰苑<br>44_564_8<br><br>中唐・翰苑<br>44_565_3<br><br>中唐・翰苑<br>44_565_13<br><br>中唐・翰苑<br>44_567_15 | <br>晚唐•摩訶止觀<br>23_197_11 | <br>晚唐•摩訶止觀<br>33_288_19<br><br>五代•大毗盧經<br>9_101_1<br><br>五代•大毗盧經<br>11_126_17<br><br>五代•大毗盧經<br>11_126_21<br><br>五代•大毗盧經<br>18_233_17<br><br>五代•大毗盧經<br>18_235_1 |

黹部

黼 

慣ホ漢フ
訓あや

初唐・毛詩傳
4_42_18

初唐・毛詩傳
4_43_11

初唐・毛詩傳
4_43_20

初唐・毛詩傳
5_45_18

初唐•禮記正義
23_353_17

中唐・翰苑
10_129_3

# 鼎部

鼎鼎

漢 テイ
訓 かなえ

升鼎
初唐•古文尚書
24_231_10

元鼎六年
中唐・翰苑
38_484_40

元鼎六年
中唐・翰苑
39_503_26

元鼎六年
中唐・翰苑
40_507_9

元鼎六年
中唐・翰苑
40_513_10

元鼎六年
中唐・翰苑
40_507_23

元鼎六年
中唐・翰苑
40_509_23

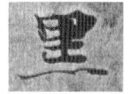

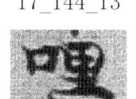

# 黑部

## 黑

現コク
訓くろ

初唐•古文尚書
1_6_1

初唐•古文尚書
1_6_4

初唐•古文尚書
3_26_20

初唐•禮記正義
24_365_17

初唐•禮記正義
29_452_13

中唐・翰苑
8_99_1

中唐・翰苑
16_214_26

中唐・翰苑
17_217_17

中唐・翰苑
21_280_33

中唐・翰苑
30_387_11

中唐・翰苑
36_466_36

中唐・翰苑
36_467_10

五代•大毗盧經
12_146_11

五代•大毗盧經
14_175_9

五代•大毗盧經
19_242_6

五代•大毗盧經
39_470_7

五代•大毗盧經
77_935_13

五代•大毗盧經
77_936_6

五代•大毗盧經
80_971_3

五代•大毗盧經
80_972_9

五代•大毗盧經
83_1010_13

## 默

呉モク 漢ボク
訓だまる

初唐•古文尚書
17_163_5

初唐•古文尚書
17_163_10

初唐•古文尚書
18_168_27

初唐•禮記正義
13_208_19

初唐•禮記正義
13_208_25

初唐・十誦律
3_40_13

初唐・十誦律
3_41_16

初唐・十誦律
4_61_2

初唐・十誦律
4_62_11

初唐・十誦律
5_88_12

初唐・十誦律
6_98_2

初唐・十誦律
6_99_6

初唐・十誦律
9_172_3

晚唐•摩訶止觀
9_79_17

晚唐•摩訶止觀
14_126_9

晚唐•摩訶止觀
15_129_1

晚唐•摩訶止觀
17_144_13

晚唐•摩訶止觀
17_144_17

晚唐•摩訶止觀
17_148_11

晚唐•摩訶止觀
17_148_22

| 黠 | 黜 | | | | 點 | 黔 |
|---|---|---|---|---|---|---|
| 漢カツ<br>訓さとい | 漢チュツ<br>訓しりぞける | | | | 現テン<br>訓ぼち | 漢ケン<br>訓くろい |
| <br>中唐・翰苑<br>34_434_19 | <br>初唐・古文尚書<br>7_58_19<br><br>初唐・古文尚書<br>8_67_28<br><br>初唐・禮記正義<br>29_459_19 | <br>五代・大毗盧經<br>84_1020_1<br><br>五代・大毗盧經<br>84_1025_8 | <br>五代・大毗盧經<br>63_776_5<br><br>五代・大毗盧經<br>63_777_7<br><br>五代・大毗盧經<br>63_779_7<br><br>五代・大毗盧經<br>64_803_34<br><br>五代・大毗盧經<br>66_822_26<br><br>五代・大毗盧經<br>73_898_7<br><br>五代・大毗盧經<br>79_964_17<br><br>五代・大毗盧經<br>84_1019_24 | <br>五代・大毗盧經<br>16_209_5<br><br>五代・大毗盧經<br>39_467_20<br><br>五代・大毗盧經<br>40_485_14<br><br>五代・大毗盧經<br>41_488_20<br><br>五代・大毗盧經<br>44_526_12<br><br>五代・大毗盧經<br>47_575_22<br><br>五代・大毗盧經<br>55_671_16<br><br>五代・大毗盧經<br>55_671_24 | <br>盜賊桀黠<br>中唐・翰苑<br>10_119_39<br><br>中唐・翰苑<br>28_362_17<br><br>文身黥面<br>中唐・翰苑<br>32_410_27<br><br>黥面<br>中唐・翰苑<br>32_411_47<br><br>舐而黠<br>中唐・翰苑<br>38_488_36<br><br>五代・大毗盧經<br>8_92_7<br><br>五代・大毗盧經<br>12_147_10<br><br>五代・大毗盧經<br>13_165_13 | <br>中唐・翰苑<br>34_437_21 |

## 黨 

現トウ
訓なかま

初唐•古文尚書
25_246_15

初唐・毛詩傳
5_55_11

初唐•禮記正義
14_218_11

初唐・十誦律
8_134_1

初唐・十誦律
8_134_4

初唐・十誦律
8_134_6

初唐・十誦律
9_154_2

初唐・十誦律
9_154_7

中唐・翰苑
6_75_9

而賞其父
中唐・翰苑
35_449_15

中唐・翰苑
40_510_40

五代•大毗盧經
15_198_12

## 黷 

漢トク
訓けがす

初唐•古文尚書
21_199_1

初唐•古文尚書
21_200_5

# 黍部

## 黍 𪏽

ショ
訓きび

初唐•古文尚書
8_70_17

初唐•古文尚書
9_71_38

初唐・毛詩傳
10_104_19

初唐・毛詩傳
10_108_12

## 黎 𪏽

リ漢レイ
訓くろい

初唐•古文尚書
25_242_4

初唐•古文尚書
25_243_11

初唐•古文尚書
25_244_26

初唐•古文尚書
25_245_3

初唐•古文尚書
25_246_5

初唐•古文尚書
25_247_28

初唐•古文尚書
41_396_4

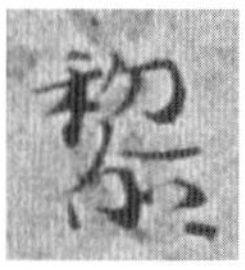
初唐•古文尚書
41_396_16

## 黏 𪏽

吳現ネン漢デン
訓ねばる

中唐・翰苑
20_261_7

中唐・翰苑
20_262_21

# 鼓部

鼓 鼔

漢 現 コ

訓 つづみ

初唐・毛詩傳
3_23_10

初唐・毛詩傳
3_31_13

初唐・毛詩傳
3_32_1

初唐・毛詩傳
4_34_4

初唐•禮記正義
16_249_14

中唐・翰苑
17_219_22

中唐・翰苑
17_223_26

中唐・翰苑
18_239_4

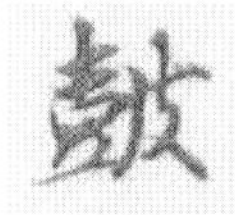
中唐・翰苑
18_241_7

中唐・翰苑
29_375_11

中唐・翰苑
43_554_45

中唐・翰苑
44_556_9

五代•大毗盧經
39_459_14

五代•大毗盧經
40_485_6

五代•大毗盧經
41_497_8

五代•大毗盧經
63_777_1

五代•大毗盧經
85_1038_16

# 黽部

## 鼇

ゴウ
訓おおがめ

中唐・翰苑
17_225_7

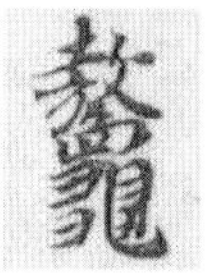

中唐・翰苑
17_226_41

## 鼈

慣ベツ 漢ヘツ
訓すっぽん

中唐・翰苑
16_212_31

中唐・翰苑
19_249_12

中唐・翰苑
20_256_30

中唐・翰苑
20_256_42

鼠部

## 鼲

コン

訓 おじぎねずみ

中唐・翰苑
14_175_9

中唐・翰苑
14_176_17

鼻 鼻

漢ヒ 呉ビ 訓はな

# 鼻部

初唐•古文尚書 40_388_18

初唐•古文尚書 46_444_14

初唐・般若經 2_13_13

初唐・般若經 2_14_4

初唐・般若經 2_15_11

初唐・般若經 4_40_3

初唐・般若經 4_40_7

初唐・般若經 4_41_10

初唐・般若經 4_43_4

初唐・般若經 4_43_8

初唐・般若經 4_43_10

初唐・般若經 4_44_7

初唐・般若經 4_46_3

初唐・般若經 15_219_9

初唐・般若經 15_219_17

初唐・般若經 15_221_9

初唐・般若經 17_247_10

初唐・般若經 17_247_14

初唐・般若經 17_249_2

初唐・般若經 17_250_15

初唐・般若經 17_251_2

初唐・般若經 17_251_4

初唐・般若經 17_252_1

初唐・般若經 17_253_16

中唐・翰苑 41_523_25

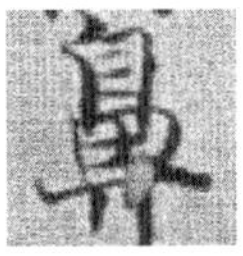
晚唐•摩訶止觀 35_300_12

五代•大毗盧經 10_119_12

五代•大毗盧經 20_253_16

五代•大毗盧經 22_282_7

# 齊部

## 齊

漢 セイ 呉 ザイ
訓 ととのえる

初唐・古文尚書
11_94_3

初唐・古文尚書
11_94_14

初唐・古文尚書
37_355_7

初唐・古文尚書
37_356_3

初唐・古文尚書
44_425_2

初唐・古文尚書
44_425_17

初唐・古文尚書
47_455_18

初唐・古文尚書
47_455_20

初唐・古文尚書
47_456_31

初唐・古文尚書
47_456_33

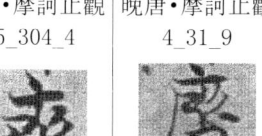

初唐・禮記正義
2_29_1

初唐・禮記正義
15_230_16

初唐・禮記正義
15_231_13

初唐・禮記正義
15_231_19

初唐・禮記正義
18_272_1

初唐・禮記正義
18_272_10

初唐・禮記正義
18_273_17

初唐・禮記正義
18_274_20

初唐・禮記正義
20_298_2

初唐・禮記正義
28_427_27

初唐・禮記正義
28_440_3

初唐・禮記正義
28_440_5

初唐・禮記正義
30_469_18

中唐・翰苑
2_12_27

中唐・翰苑
24_313_9

中唐・翰苑
25_326_39

中唐・翰苑
25_333_34

中唐・翰苑
26_341_5

中唐・翰苑
29_372_20

晚唐・摩訶止觀
4_31_9

晚唐・摩訶止觀
33_290_5

晚唐・摩訶止觀
34_293_5

晚唐・摩訶止觀
34_296_7

晚唐・摩訶止觀
34_298_15

晚唐・摩訶止觀
35_301_13

晚唐・摩訶止觀
35_302_24

晚唐・摩訶止觀
35_304_4

晚唐・摩訶止觀
35_306_4

臍上
五代・大毗盧經
12_144_19

舒水如來臍
五代・大毗盧經
23_297_5

引上當臍
五代・大毗盧經
25_317_37

眉間咽心臍
五代・大毗盧經
35_415_5

臍下
五代•大毗盧經
87_1063_16

齎 

漢セイ 呉サイ
訓もたらす

中唐・翰苑
10_127_42

中唐・翰苑
41_530_25

中唐・翰苑
43_546_37

# 齒部

## 齒 𠁽

現 シ
訓 は

初唐•古文尚書
4_34_7

初唐•古文尚書
4_34_13

初唐•古文尚書
5_43_19

初唐•禮記正義
14_215_7

初唐•禮記正義
19_283_25

初唐•禮記正義
19_284_6

中唐・翰苑
32_408_4

## 齠

漢 チョウ
訓 みそっぱ

五代•大毗盧經
36_432_9

# 龍部

## 龍

慣リュウ 漢リョウ
訓たつ

初唐・禮記正義
13_208_21

中唐・翰苑
3_29_21

中唐・翰苑
6_72_28

中唐・翰苑
6_73_13

中唐・翰苑
6_73_19

中唐・翰苑
6_74_38

中唐・翰苑
7_89_7

中唐・翰苑
7_90_14

中唐・翰苑
32_413_7

中唐・翰苑
37_474_3

中唐・翰苑
37_476_44

中唐・翰苑
38_487_9

中唐・翰苑
38_487_17

中唐・翰苑
38_487_33

中唐・翰苑
38_487_42

中唐・翰苑
38_493_28

中唐・翰苑
42_533_22

晩唐・摩訶止觀
2_15_10

晩唐・摩訶止觀
2_15_16

晩唐・摩訶止觀
4_32_18

晩唐・摩訶止觀
4_33_14

晩唐・摩訶止觀
4_33_19

晩唐・摩訶止觀
9_80_15

晩唐・摩訶止觀
9_81_20

晩唐・摩訶止觀
12_102_25

晩唐・摩訶止觀
48_409_8

晩唐・摩訶止觀
62_520_13

五代・大毗盧經
14_183_16

五代・大毗盧經
19_240_11

五代・大毗盧經
23_292_3

五代・大毗盧經
35_412_2

五代・大毗盧經
71_865_2

五代・大毗盧經
80_970_10

五代・大毗盧經
80_970_14

五代・大毗盧經
80_974_9

五代・大毗盧經
85_1034_6

五代・大毗盧經
85_1034_16

五代・大毗盧經
85_1035_1

五代・大毗盧經
85_1037_14

五代・大毗盧經
85_1037_16

五代・大毗盧經
85_1040_2

五代・大毗盧經
85_1040_12

五代・大毗盧經
86_1051_9

五代・大毗盧經
86_1051_12

五代・大毗盧經
86_1051_24

五代・大毗盧經
86_1054_12

五代・大毗盧經
86_1057_2

五代・大毗盧經
86_1057_8

## 龔

漢 キョウ
訓 つつしむ

初唐•古文尚書
11_93_24

初唐•古文尚書
14_134_17

初唐•古文尚書
16_149_4

初唐•古文尚書
16_154_26

初唐•古文尚書
18_168_26

中唐・翰苑
37_477_41

## 龐

漢 ホウ
訓 まじる

中唐・翰苑
6_70_3

中唐・翰苑
6_70_19

中唐・翰苑
6_72_1

中唐・翰苑
7_78_14

中唐・翰苑
7_79_34

中唐・翰苑
15_197_1

五代•大毗盧經
86_1057_13

五代•大毗盧經
86_1057_19

五代•大毗盧經
89_1091_10

五代•大毗盧經
96_1172_16

五代•大毗盧經
96_1174_2

# 龜部

龜

キ 漢キュウ 訓かめ

初唐・古文尚書 6_48_29

初唐・古文尚書 25_248_17

初唐・古文尚書 25_248_30

初唐・禮記正義 4_51_20

初唐・禮記正義 4_52_4

初唐・禮記正義 4_52_24

初唐・禮記正義 4_53_24

初唐・禮記正義 4_54_18

初唐・禮記正義 4_55_13

初唐・禮記正義 4_55_28

初唐・禮記正義 4_59_22

初唐・禮記正義 4_61_7

初唐・禮記正義 4_62_1

初唐・禮記正義 4_63_5

初唐・禮記正義 4_63_21

初唐・禮記正義 4_65_2

初唐・禮記正義 5_67_22

初唐・禮記正義 5_68_7

初唐・禮記正義 5_80_14

初唐・禮記正義 5_80_25

初唐・禮記正義 5_81_13

初唐・禮記正義 6_82_2

初唐・禮記正義 7_99_20

初唐・禮記正義 7_100_8

初唐・禮記正義 7_100_26

初唐・禮記正義 7_101_11

初唐・禮記正義 7_101_17

初唐・禮記正義 7_102_1

初唐・禮記正義 7_102_17

初唐・禮記正義 7_102_29

初唐・禮記正義 7_103_12

初唐・禮記正義 7_104_27

初唐・禮記正義 7_105_2

初唐・禮記正義 7_106_18

初唐・禮記正義 7_108_8

初唐・禮記正義 7_109_12

初唐・禮記正義 7_109_21

初唐・禮記正義 7_112_20

初唐・禮記正義 8_113_2

初唐・禮記正義 8_113_10

初唐・禮記正義 8_113_26

初唐・禮記正義 8_119_20

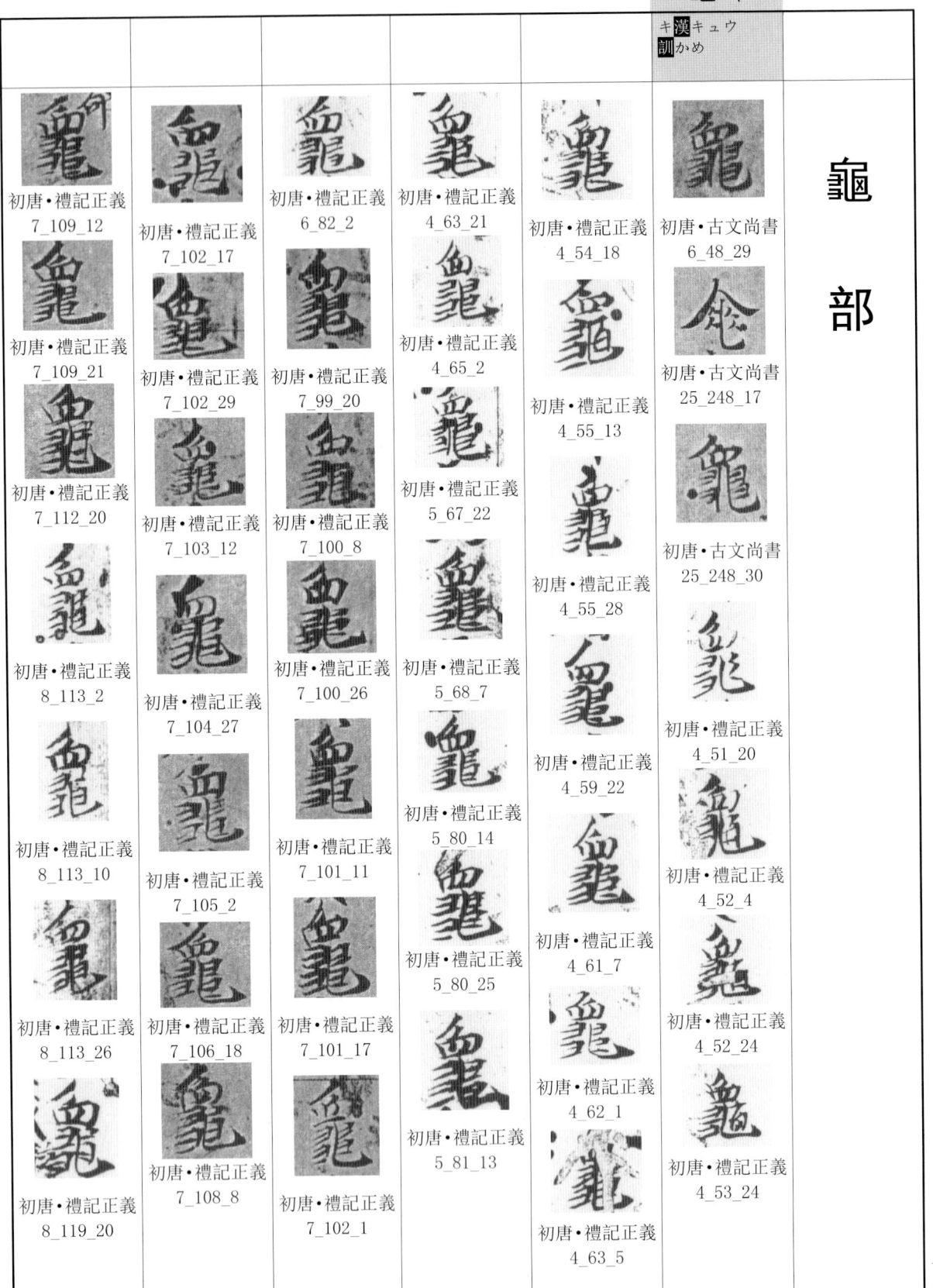

初唐•禮記正義
8_120_55

初唐•禮記正義
8_121_2

初唐•禮記正義
9_144_15

初唐•禮記正義
10_148_4

初唐•禮記正義
10_148_29

初唐•禮記正義
10_149_10

初唐•禮記正義
10_149_15

初唐•禮記正義
10_149_25

初唐•禮記正義
25_381_18

初唐•禮記正義
25_382_4

初唐•禮記正義
25_388_1

初唐•禮記正義
30_468_20

中唐・翰苑
29_376_7

中唐・翰苑
43_553_17

中唐・翰苑
43_553_26

中唐・翰苑
43_554_22

中唐・翰苑
44_556_22

五代•大毗盧經
85_1034_18

# 附錄一：部首索引

說明：本表取自中國漢語大字典編輯委員會編纂《漢語大字典》（第二版）200部，其中『屮』『龠』『鬲』部下無轄字，省去。部首按照筆劃順序排列，下方中文數字爲該部所在正文頁碼。


## 一畫

一部 一
丨部 六一
丿部 七〇
丶部 八五
乙部 九六

## 二畫

十部 一〇八
厂部 一二一
匚部 一二四
卜部 一二六
冂部 一二九
人部 一三七
八部 二二七
勹部 二六四
匕部 二六六
儿部 二六八
几部 二七七
亠部 二七九
冫部 二九一
冖部 二九二
凵部 二九四
卩部 二九八
刀部 三〇八
力部 三三六
厶部 三四六
又部 三四九
廴部 三六〇

## 三畫

干部 三六二
工部 三六五
土部 三七〇
寸部 三九九
廾部 四〇六
大部 四〇七
尢部 四三一
弋部 四三二
小部 四三四
口部 四三七
囗部 五一一
巾部 五二七
山部 五四四
彳部 五五一
彡部 五八七
夕部 五九〇
夂部 六〇〇
广部 六〇二
宀部 六一二
彐部 六三七
尸部 六三八
己部 六四八
弓部 六五二
子部 六六〇
女部 六七一
幺部 七〇二
巛部 七〇五

## 四畫

王部 七〇六
无部 七二三
木部 七二五
支部 七六八
犬部 七七一
歹部 七八〇
戈部 七八四
比部 八〇一
牙部 八〇六
瓦部 八〇七
止部 八〇八
攴部 八二五
日部 八五一
水部 九〇九
牛部 九八〇
手部 九八六
毛部 一〇二二
气部 一〇二四
片部 一〇二五
斤部 一〇二六
爪部 一〇三一
父部 一〇四五
月部 一〇四七
氏部 一〇八〇
欠部 一〇八五
殳部 一〇九三
文部 一〇九六
方部 一〇九九
火部 一一一三
斗部 一一四二
户部 一一四三
心部 一一五三
爿部 一二〇九
毋部 一二一二

## 五畫

示部 一二一四
甘部 一二二六
石部 一二二七
目部 一二三三
田部 一二四四
皿部 一二六四
生部 一二七〇
矢部 一二七五
禾部 一二八一
白部 一二九五
瓜部 一三〇五
疒部 一三〇六
立部 一三一〇
穴部 一三一六
疋部 一三二三
皮部 一三二五
癶部 一三二六
矛部 一三二九

## 六畫

耒部 一三三〇
老部 一三三一
耳部 一三四〇
臣部 一三五一
襾部 一三五五
而部 一三五八
至部 一三六七
虍部 一三七四
虫部 一三八二
网部 一三八九
肉部 一四〇二
缶部 一四〇三
舌部 一四〇四
竹部 一四〇六
臼部 一四二六
自部 一四二八
血部 一四三五
舟部 一四四〇
色部 一四四二
衣部 一四四五
羊部 一四五五
米部 一四六五
聿部 一四七二
艮部 一四七三
艸部 一四七四
羽部 一五二五
糸部 一五二八

## 七畫

走部 一五五五
赤部 一五六〇
車部 一五六二
豆部 一五七三
酉部 一五七四
辰部 一五七七
豕部 一五七九
貝部 一五八一
見部 一五九四
里部 一六〇七
足部 一六一三
邑部 一六二二
身部 一六三三
辵部 一六三七
采部 一六七二
谷部 一六七四
豸部 一六七五
角部 一六七七
言部 一六八二
辛部 一七三四

**八畫**

青部 一七三七
長部 一七三九
雨部 一七四三
非部 一七四八
隹部 一七五四
阜部 一七六三
金部 一七八〇
門部 一七九三
隶部 一八〇六

**九畫**

革部 一八〇七
頁部 一八〇九
面部 一八二一
韭部 一八二二
骨部 一八二三
香部 一八二五
鬼部 一八二六
食部 一八二九
風部 一八三七
音部 一八四〇
首部 一八四二
韋部 一八四三
飛部 一八四五

**一〇畫**

鬥部 一八四六
髟部 一八四七
馬部 一八四九
高部 一八六一

**一一畫**

黄部 一八六四
麥部 一八六五
鹵部 一八六六
鳥部 一八六七
魚部 一八七一
麻部 一八七四
鹿部 一八七五

**一二畫**

黹部 一八七七
鼎部 一八七八
黑部 一八七九
黍部 一八八二

**一三畫**

鼓部 一八八三
黽部 一八八四
鼠部 一八八五

**一四畫**

鼻部 一八八六
齊部 一八八七

**一五畫**

齒部 一八八九

**一六畫**

龍部 一八九〇

**一八畫**

龜部 一八九二

# 附錄二：筆劃檢字表

說明：(1)表中單字按照筆劃數排列，筆劃數相同，則按照筆順的前三筆類型排列，次序爲横、豎、撇、點、捺、折。

(2)字下角阿拉伯數字爲該字在本書所收錄文獻中的使用頻率，字下中文數字部分是該字在本書中的頁碼。

## 一畫

| 字 | 頻率 | 頁碼 |
|---|---|---|
| 一 | 1157 | 一 |
| 乙 | 12 | 九六 |

## 二畫

| 字 | 頻率 | 頁碼 |
|---|---|---|
| 二 | 1165 | 七 |
| 人 | 622 | 一三七 |
| 十 | 325 | 一〇八 |
| 乃 | 316 | 七〇 |
| 又 | 227 | 三四九 |
| 入 | 218 | 一四二 |
| 力 | 197 | 三三六 |
| 七 | 191 | 一〇 |
| 八 | 143 | 二二七 |
| 卜 | 141 | 一二六 |
| 九 | 91 | 九六 |
| 刀 | 24 | 三〇八 |
| 了 | 17 | 九七 |
| 丁 | 15 | 一〇 |
| 乂 | 7 | 七〇 |
| 厶 | 1 | 三四六 |

## 三畫

| 字 | 頻率 | 頁碼 |
|---|---|---|
| 也 | 1700 | 九八 |
| 之 | 1492 | 八五 |
| 大 | 748 | 四〇七 |
| 三 | 745 | 一一 |
| 子 | 473 | 六六〇 |
| 上 | 388 | 二五 |
| 下 | 240 | 二一 |
| 女 | 235 | 六七一 |
| 于 | 208 | 一七 |
| 及 | 172 | 七六 |
| 山 | 136 | 五四四 |
| 已 | 100 | 六四八 |
| 小 | 98 | 四三四 |
| 士 | 97 | 三七一 |
| 叉 | 95 | 三五三 |
| 千 | 84 | 一一三 |
| 亡 | 68 | 二七九 |
| 凡 | 66 | 二七七 |
| 土 | 58 | 三七〇 |
| 尸 | 50 | 六三八 |
| 口 | 48 | 四三七 |
| 寸 | 34 | 三九九 |
| 己 | 34 | 六四八 |
| 干 | 21 | 三六二 |
| 才 | 21 | 九八六 |
| 乞 | 20 | 九八 |
| 夕 | 18 | 五九〇 |
| 久 | 17 | 七六 |
| 弓 | 14 | 六五二 |
| 川 | 13 | 七六 |
| 丈 | 6 | 二五 |
| 巾 | 4 | 五二七 |
| 巳 | 4 | 六五〇 |
| 丸 | 3 | 七六 |
| 刃 | 2 | 三〇八 |
| 工 | 1 | 三六五 |
| 弋 | 1 | 四三二 |

## 四畫

| 字 | 頻率 | 頁碼 |
|---|---|---|
| 不 | 1326 | 三四 |
| 以 | 924 | 一五一 |
| 曰 | 722 | 八五五 |
| 引 | 631 | 六五二 |
| 切 | 546 | 三〇八 |
| 云 | 458 | 三〇 |
| 中 | 453 | 六一 |
| 王 | 438 | 七〇六 |
| 五 | 392 | 四〇 |
| 心 | 391 | 一一五三 |
| 天 | 343 | 四一二 |
| 比 | 339 | 八〇一 |
| 方 | 225 | 一〇九九 |
| 日 | 214 | 八五一 |
| 分 | 209 | 三一一 |
| 水 | 181 | 九〇九 |
| 支 | 170 | 七六八 |
| 內 | 167 | 一二九 |
| 今 | 160 | 一四八 |
| 夫 | 155 | 四一八 |
| 月 | 152 | 一〇四七 |
| 六 | 151 | 二三一 |
| 文 | 126 | 一〇九六 |
| 手 | 114 | 九八六 |
| 公 | 110 | 二二九 |
| 木 | 100 | 七二五 |
| 氏 | 97 | 一〇八〇 |
| 父 | 95 | 一〇四五 |
| 火 | 93 | 一一三 |
| 少 | 79 | 四三五 |
| 化 | 71 | 一四六 |
| 止 | 69 | 八〇八 |
| 元 | 56 | 二六八 |
| 太 | 54 | 四二一 |
| 予 | 51 | 一〇四 |
| 反 | 41 | 三五四 |
| 牛 | 40 | 九八〇 |
| 仁 | 36 | 一四五 |
| 廿 | 34 | 一一五 |
| 卅 | 34 | 一一五 |
| 尺 | 33 | 六三九 |
| 凶 | 29 | 二九四 |
| 孔 | 29 | 六六四 |
| 旡 | 26 | 四五 |
| 屯 | 21 | 四五 |
| 勿 | 20 | 二六四 |
| 户 | 20 | 一一四三 |
| 升 | 19 | 七九 |
| 卞 | 18 | 九一 |
| 毛 | 18 | 一〇二二 |
| 牙 | 17 | 八〇六 |
| 尤 | 13 | 一〇四 |
| 互 | 12 | 四六 |
| 巴 | 12 | 六五〇 |
| 欠 | 12 | 一〇八五 |
| 仇 | 11 | 一四六 |
| 从 | 11 | 一四八 |
| 犬 | 11 | 七七一 |
| 丹 | 9 | 九一 |
| 匹 | 9 | 一二四 |
| 夭 | 8 | 四二二 |
| 介 | 7 | 一四八 |
| 允 | 6 | 二六九 |
| 仍 | 5 | 一四八 |
| 兮 | 5 | 二二九 |
| 午 | 5 | 三六二 |
| 幻 | 5 | 七〇二 |
| 巨 | 4 | 一二四 |
| 尹 | 4 | 六三九 |
| 友 | 3 | 三五四 |
| 戈 | 3 | 七八四 |
| 毋 | 3 | 一二一二 |
| 井 | 2 | 三〇 |
| 厄 | 2 | 一二一 |
| 刈 | 2 | 三一一 |
| 瓦 | 2 | 八〇七 |
| 斗 | 2 | 一一四二 |
| 丑 | 1 | 四六 |
| 夬 | 1 | 一〇四 |
| 仄 | 1 | 一四五 |
| 什 | 1 | 一四六 |
| 仆 | 1 | 一四六 |
| 爪 | 1 | 一〇三一 |

## 五畫

| 字 | 頻率 | 頁碼 |
|---|---|---|
| 生 | 463 | 一二七〇 |
| 四 | 392 | 五一一 |
| 丘 | 296 | 五〇 |
| 正 | 249 | 八〇九 |
| 用 | 221 | 一三二 |
| 布 | 215 | 五二七 |
| 出 | 196 | 二九四 |
| 可 | 181 | 四三八 |
| 民 | 178 | 一〇八二 |
| 世 | 163 | 四六 |
| 左 | 160 | 三六五 |
| 本 | 136 | 七二八 |
| 外 | 132 | 五九〇 |
| 令 | 129 | 一六一 |
| 他 | 126 | 一五九 |
| 弗 | 120 | 六五四 |
| 右 | 117 | 四四二 |
| 北 | 112 | 二六六 |

白 107 一二九五
立 106 一三一○
去 99 三四六
主 98 九二
平 98 三六二
加 84 三三八
功 80 三三七
未 78 七二七
奴 66 六七二
母 66 一二一二
尼 65 六三九
必 65 一一五六
玉 54 七一二
句 53 四四六
古 50 四三七
失 47 四二二
永 47 九一二
石 46 一二二七
甲 46 一二四四
由 46 一二四五
目 39 一二三三
乎 38 八○
田 38 一二四四
代 37 一五七
且 34 四九
兄 34 二六九
号 34 四四四
付 29 一五八
示 28 一二一四
半 26 九四
召 26 四四七
玄 23 二八○
犯 23 七七一

甘 21 一二二六
史 20 四四五
弘 19 六五六
申 19 一二四六
司 18 四四七
皮 17 一三二五
仙 16 一五八
末 16 七二八
台 15 四四八
占 14 一二八
巧 14 三六五
只 14 四四五
丕 13 四九
穴 12 一三一六
冬 11 六○○
矢 11 一二七五
幼 10 七○二
旦 10 八六三
弁 8 四○六
市 8 五三一
宄 7 六一二
打 7 九八八
冊 6 一一六
匝 6 一二四
冉 6 一三二
央 6 四二二
叵 6 四四二
囚 5 五一一
孕 5 六六五
仕 4 一五八
包 4 二六四
氏 4 一○八一
叶 3 四四五

戊 3 七八四
聿 3 一四七二
邛 3 一六二○
仡 2 一五九
仞 2 一六○
叱 2 四四五
丙 1 四八
乍 1 八○
卉 1 一一六
仮 1 一六一
刊 1 三一五
叩 1 四四六
汁 1 九一二
斥 1 一○二六
疋 1 一三二三
艾 1 一四七四

## 六畫

有 919 一○五○
合 690 四五七
如 657 六七四
多 535 五九三
而 510 一三五八
此 414 八一三
行 412 五五一
名 391 四五九
自 327 一四二八
在 309 三七六
至 292 一三六七
地 286 三七三
亦 247 二八○
同 198 四五○
次 186 一○八五

印 171 二九八
因 169 五一七
先 168 二七二
成 148 七八四
百 148 一二九七
年 142 八一
臣 131 一三五一
共 128 二三四
色 128 一四四二
死 117 七八○
安 114 六一三
西 109 一三五五
光 108 二七○
夷 101 四二三
衣 97 一四四五
字 95 六六五
刑 92 三一五
耳 86 一三四○
那 86 一六二一
吉 84 四四八
各 78 四六四
向 77 四五五
老 63 一三三一
好 53 六八三
似 52 一六六
后 52 四五六
守 51 六一二
匈 49 二六四
汝 48 九一三
州 47 九四
伏 42 一六三
交 39 二八五
式 38 四三二

吒 37 四五四
曳 34 八六四
圭 32 三七三
列 31 三一六
朱 30 七三一
舌 30 一四○四
羊 30 一四五五
伐 29 一六四
伊 27 一六六
羽 25 一五二五
任 24 一六五
邪 23 一六二○
妃 22 六八三
池 22 九一五
延 21 三六○
曲 21 八六三
旬 21 八六四
邦 21 一六二○
寺 18 三九九
仰 17 一六五
吃 16 四五四
戎 16 七八四
吏 15 五○
忙 15 一一五七
竹 14 一四○六
阯 13 一七六三
危 12 三○一
宅 12 六一三
妄 12 六八二
旨 12 八六五
江 11 九一三
肉 11 一四○二
考 10 一三三二

牟 9 九八一
匡 8 一二四
休 8 一六四
兆 8 二七五
充 8 二七五
存 8 六六五
全 7 一六七
巟 7 二八六
血 7 一四三五
再 6 一三六
戌 6 七八四
舟 6 一四四○
仲 5 一九五
冰 5 二六一
污 5 九一四
灰 5 一一一四
虫 5 一三八二
乩 3 一○五
伎 3 一六五
亥 3 二八六
吊 3 四五三
收 3 八二五
汙 3 九一三
祁 3 一二一四
迅 3 一六三七
巡 3 一六三七
阮 3 一七六三
劣 2 三四○
吁 2 四五四
宇 2 六一二
早 2 八六三
汗 2 九一四
扞 2 九八九

米 2 一四六五
迂 2 一六三七
防 2 一七六三
亘 1 五一
仿 1 一六六
刖 1 三一七
刎 1 三一七
劦 1 三四〇
吐 1 四五三
㕣 1 四五五
回 1 五二〇
夙 1 五九三
朴 1 七三一
阨 1 一七六三
阬 1 一七六三

## 七畫

言 699 一六八二
我 433 七八八
住 337 一八一
佛 313 一八四
即 302 三〇二
何 263 一六七
求 262 九一五
作 243 一七六
君 216 四七〇
沒 209 九一八
別 207 三一七
身 191 一六三三
見 162 一五九四
阿 139 一七六四
車 127 一五六二
初 105 三二一

花 82 一四七四
尾 78 六四〇
位 76 一八〇
里 74 一六〇七
兵 73 二三六
更 72 五一
男 72 一二四七
利 69 三二〇
告 68 四六八
戒 68 七八七
伽 65 一七四
妙 61 六八四
足 60 一六一三
形 57 五八七
志 57 一一五七
弟 55 二三七
但 51 一七二
近 48 一六三七
吽 47 四六七
陀 47 一七六七
伯 42 一七三
克 41 二七五
坐 40 三八二
辰 39 一五七七
沙 35 九一八
良 35 一四七三
邑 34 一六二二
忍 33 一一五九
矣 33 一二七五
赤 27 一五六〇
佉 25 一七一
步 24 八二一
牢 24 九八一

忘 23 一一五九
沃 22 九二一
折 22 九八九
角 22 一六七七
祀 21 一二一五
災 20 一一一五
谷 20 一六七四
改 18 八二五
究 18 一三一六
走 18 一五五五
助 17 三四〇
劫 17 三四〇
吾 17 四六五
吠 17 四六六
役 17 五五七
攻 17 八二五
沈 17 九二二
私 17 一二八一
辛 17 一七三四
社 16 一二一四
附 16 一七六六
宋 15 六一六
余 14 一八八
含 14 四六九
序 14 六〇二
決 14 九二二
杖 13 七三二
束 13 七三三
困 11 五二〇
杜 11 七三二
狂 11 七七一
佐 10 一七二
狁 10 七七二

肜 10 一〇六〇
迎 10 一六三八
呂 9 四六七
免 8 二七六
孝 8 六六七
狄 8 七七二
阻 8 一七六六
吳 7 四六八
圻 6 三八一
壯 6 三八二
夾 6 四二五
吹 6 四六六
希 6 五三一
汶 6 九二二
扶 6 九八九
投 6 九九〇
每 6 一二一三
羌 6 一四五五
均 5 三八一
孚 5 六六七
妥 5 六八四
杕 5 七三二
忌 5 一一五九
皂 5 一二九九
豖 5 一五七九
貝 5 一五八一
坊 4 三八一
吞 4 四六五
吼 4 四六八
妒 4 六八四
李 4 七三三
灼 4 一一一五
佑 3 一七二

攸 3 一七三
佞 3 一七六
判 3 三二一
呈 3 四六六
姊 3 六八五
妨 3 六八六
沖 3 九一八
抄 3 九八九
拒 3 九八九
把 3 九九〇
肖 3 一〇六〇
忱 3 一一五九
豆 3 一五七三
邵 3 一六一三
甫 2 五二
佚 2 一七五
伺 2 一八八
卵 2 三〇一
努 2 三四一
坑 2 三八二
宏 2 六一六
玗 2 七一三
杞 2 七三三
旱 2 八六五
沐 2 九一七
沅 2 九一七
沂 2 九二一
肘 2 一〇六〇
返 2 一六三八
阼 2 一七六六
冷 1 二九一
刻 1 三二三
劭 1 三四一

坂 1 三八一
弄 1 四〇六
吟 1 四六六
囧 1 五二〇
岑 1 五四六
岠 1 五四六
彤 1 五八八
庇 1 六〇二
完 1 六一六
妓 1 六八四
妣 1 六八四
妤 1 六八六
妖 1 六八六
杅 1 七三二
杓 1 七三三
杏 1 七三三
沇 1 九二二
牡 1 九八一
抓 1 九八九
抑 1 九八九
肓 1 一〇六〇
忒 1 一一五九
芬 1 一四七四
系 1 一五二八
邯 1 一六二二

## 八畫

若 1473 一四七九
者 749 一三三二
其 735 二三八
法 590 九二四
所 505 一一四三
於 479 一一〇三

| | | |
|---|---|---|
| 空 | 447 | 一三一六 |
| 非 | 349 | 一七四八 |
| 來 | 280 | 一八八 |
| 事 | 242 | 五四 |
| 明 | 232 | 八六七 |
| 金 | 231 | 一七八〇 |
| 門 | 211 | 一七九三 |
| 波 | 204 | 九三五 |
| 命 | 190 | 四七七 |
| 知 | 189 | 一二七六 |
| 性 | 177 | 一一六六 |
| 彼 | 175 | 五五九 |
| 長 | 168 | 一七三九 |
| 東 | 161 | 七三五 |
| 苦 | 151 | 一四七六 |
| 或 | 148 | 七九六 |
| 使 | 147 | 一九三 |
| 居 | 130 | 六四二 |
| 受 | 127 | 三五六 |
| 定 | 119 | 六一六 |
| 念 | 114 | 一一六一 |
| 怛 | 111 | 一一六五 |
| 迦 | 110 | 一六三九 |
| 果 | 97 | 七三九 |
| 並 | 95 | 二四九 |
| 降 | 80 | 一七六七 |
| 武 | 79 | 八二一 |
| 治 | 78 | 九三四 |
| 服 | 77 | 一〇六一 |
| 卷 | 75 | 三〇五 |
| 和 | 74 | 四七六 |
| 奉 | 72 | 四二五 |
| 尚 | 70 | 二四六 |
| 卑 | 69 | 一一七 |
| 周 | 68 | 四八〇 |
| 依 | 67 | 一九八 |
| 底 | 66 | 六〇二 |
| 往 | 64 | 五五八 |
| 注 | 64 | 九三二 |
| 具 | 63 | 二四八 |
| 官 | 61 | 六二〇 |
| 兩 | 58 | 五三 |
| 取 | 56 | 三五五 |
| 宗 | 55 | 六一八 |
| 宜 | 54 | 六一九 |
| 始 | 53 | 六八八 |
| 耶 | 50 | 一三四二 |
| 罔 | 50 | 一三八九 |
| 夜 | 44 | 二八七 |
| 姓 | 44 | 六八七 |
| 郊 | 44 | 一六二四 |
| 享 | 42 | 二八六 |
| 到 | 42 | 三二四 |
| 建 | 41 | 三六〇 |
| 呼 | 41 | 四七四 |
| 物 | 40 | 九八二 |
| 制 | 39 | 三二五 |
| 屈 | 38 | 六四四 |
| 河 | 37 | 九二三 |
| 拏 | 36 | 九九三 |
| 承 | 35 | 一〇六 |
| 舍 | 35 | 一四〇四 |
| 垂 | 34 | 三八三 |
| 易 | 34 | 八六六 |
| 供 | 32 | 一九六 |
| 典 | 32 | 二四七 |
| 怖 | 31 | 一一六四 |
| 妻 | 30 | 六八六 |
| 青 | 30 | 一七三七 |
| 忿 | 29 | 一一六三 |
| 表 | 28 | 五二 |
| 直 | 28 | 一一六 |
| 刺 | 24 | 三二三 |
| 述 | 24 | 一六三八 |
| 雨 | 24 | 一七四三 |
| 采 | 22 | 一六七二 |
| 固 | 21 | 五二一 |
| 牧 | 21 | 九八二 |
| 苗 | 21 | 一四七六 |
| 卒 | 20 | 一一八 |
| 佩 | 20 | 一九七 |
| 侍 | 20 | 一九七 |
| 弩 | 20 | 六五七 |
| 放 | 20 | 八二六 |
| 況 | 20 | 九三一 |
| 味 | 19 | 四七四 |
| 忠 | 19 | 一一六〇 |
| 郎 | 19 | 一六二四 |
| 奔 | 18 | 四二七 |
| 帛 | 18 | 五三一 |
| 林 | 18 | 七三四 |
| 昔 | 17 | 八六五 |
| 拔 | 17 | 九九〇 |
| 兒 | 16 | 二七六 |
| 刻 | 14 | 三二五 |
| 庚 | 13 | 六〇四 |
| 狀 | 13 | 七七三 |
| 押 | 13 | 九九一 |
| 拘 | 13 | 九九一 |
| 例 | 12 | 一九七 |
| 征 | 12 | 五五七 |
| 股 | 12 | 一〇六二 |
| 咎 | 11 | 四八二 |
| 妾 | 11 | 六八七 |
| 泥 | 11 | 九三四 |
| 招 | 11 | 九九二 |
| 拙 | 11 | 九九二 |
| 苞 | 11 | 一四八八 |
| 併 | 10 | 一九九 |
| 岸 | 10 | 五四六 |
| 孤 | 9 | 六六八 |
| 狗 | 9 | 七七二 |
| 抳 | 9 | 九九三 |
| 怪 | 9 | 一一六九 |
| 竺 | 9 | 一四〇六 |
| 限 | 9 | 一七六九 |
| 乳 | 8 | 一〇五 |
| 叔 | 8 | 三五六 |
| 奇 | 8 | 四二七 |
| 府 | 8 | 六〇二 |
| 委 | 8 | 六八七 |
| 析 | 8 | 七三四 |
| 枝 | 8 | 七三四 |
| 沮 | 8 | 九三一 |
| 忽 | 8 | 一一六三 |
| 虎 | 8 | 一三七四 |
| 范 | 8 | 一四八九 |
| 迪 | 8 | 一六三九 |
| 呬 | 7 | 四七四 |
| 岱 | 7 | 五四七 |
| 季 | 7 | 六六七 |
| 肱 | 7 | 一〇六一 |
| 肩 | 7 | 一〇六三 |
| 迫 | 7 | 一六三九 |
| 杵 | 6 | 七三五 |
| 昌 | 6 | 八六六 |
| 昆 | 6 | 八六六 |
| 沫 | 6 | 九二三 |
| 泣 | 6 | 九三三 |
| 肥 | 6 | 一〇六三 |
| 呵 | 5 | 四七三 |
| 妹 | 5 | 六八七 |
| 昏 | 5 | 八七一 |
| 泗 | 5 | 九三一 |
| 抽 | 5 | 九九一 |
| 怙 | 5 | 一一六四 |
| 佽 | 4 | 一九八 |
| 京 | 4 | 二八七 |
| 奈 | 4 | 四二七 |
| 宛 | 4 | 六二〇 |
| 板 | 4 | 七三五 |
| 昇 | 4 | 八六六 |
| 抵 | 4 | 九九二 |
| 欣 | 4 | 一〇八八 |
| 炎 | 4 | 一一一五 |
| 衫 | 4 | 一四四六 |
| 苟 | 4 | 一四八九 |
| 協 | 3 | 一一七 |
| 侈 | 3 | 一九七 |
| 岳 | 3 | 五四七 |
| 孟 | 3 | 六六八 |
| 姑 | 3 | 六八七 |
| 枉 | 3 | 七三三 |
| 枚 | 3 | 七三四 |
| 松 | 3 | 七三五 |
| 泮 | 3 | 九三三 |
| 爭 | 3 | 一〇三一 |
| 肯 | 3 | 一〇六一 |
| 育 | 3 | 一〇六三 |
| 衹 | 3 | 一二一五 |
| 盲 | 3 | 一二三三 |
| 秉 | 3 | 一二八一 |
| 穹 | 3 | 一三二〇 |
| 佳 | 2 | 一九三 |
| 侉 | 2 | 一九三 |
| 佷 | 2 | 二〇〇 |
| 幸 | 2 | 三八三 |
| 咄 | 2 | 四七五 |
| 屆 | 2 | 六四四 |
| 弧 | 2 | 六五六 |
| 弦 | 2 | 六五六 |
| 杻 | 2 | 七三五 |
| 狐 | 2 | 七七二 |
| 戕 | 2 | 七九八 |
| 泊 | 2 | 九三二 |
| 沿 | 2 | 九三二 |
| 泯 | 2 | 九三四 |
| 拖 | 2 | 九九一 |
| 抱 | 2 | 九九二 |
| 肪 | 2 | 一〇六三 |
| 怡 | 2 | 一一六九 |
| 的 | 2 | 一二九九 |
| 臤 | 2 | 一三五四 |
| 茂 | 2 | 一四八七 |
| 苑 | 2 | 一四八八 |
| 茅 | 2 | 一四八九 |
| 郝 | 2 | 一六二三 |
| 陋 | 2 | 一七六七 |

卓 1 一一七
卦 1 一二八
佯 1 二〇〇
佼 1 二〇〇
兔 1 二七六
券 1 二二六
劾 1 三四一
奄 1 三二七
咒 1 四二四
呴 1 四七五
咈 1 四七五
呶 1 四七六
帚 1 五三一
徂 1 五五八
玨 1 七一三
杶 1 七三四
杭 1 七三五
杼 1 七三五
旻 1 八七一
沬 1 九二三
沾 1 九三一
泡 1 九三二
牦 1 九八二
拆 1 九九二
披 1 九九二
氛 1 一〇二四
斧 1 一〇二六
炙 1 一一一五
炬 1 一一一五
戾 1 一一五二
忝 1 一一六〇
怯 1 一一六四
怵 1 一一六四
牀 1 一二〇九
袟 1 一二一五
耵 1 一三四一
臥 1 一三五三
臾 1 一四二六
苓 1 一四八八
苫 1 一四八八
英 1 一四八八
芮 1 一四八八
糾 1 一五二八
郅 1 一六二三
迮 1 一六三九
迤 1 一六三九

## 九畫

故 932 八二七
是 846 八七四
相 427 一二三四
界 342 一二五〇
則 335 三二六
皆 282 一二九九
後 258 五六三
持 186 九九五
前 156 二五一
風 149 一八三七
南 148 一一九
帝 129 五三二
城 113 三八三
侯 107 二〇六
神 104 一二一六
重 104 一六〇八
除 90 一七七〇
味 81 八七二
施 78 一一一〇
食 77 一八二九
毗 75 八〇五
俗 73 二〇二
既 71 七二三
畏 71 一二四八
祖 70 一二一八
思 64 一一六九
哩 61 四八三
信 57 二〇四
度 56 六〇四
便 55 二〇〇
政 55 八二六
郡 55 一六二五
指 52 九九四
軍 50 一五六四
垢 49 三八五
音 44 一八四〇
香 43 一八二五
首 43 一八四二
冠 42 二九二
威 42 六八九
美 41 一四五六
怒 40 一一七三
約 39 一五二九
品 37 四八四
胡 37 一〇六三
客 35 六二二
拳 35 九九八
室 33 六二三
修 31 二〇二
封 31 四〇〇
甚 30 五八
恒 30 一一七二
背 29 一〇六四
兹 27 二五四
係 26 二〇四
拜 25 九九八
哀 24 四八五
春 24 八七一
草 24 一四八九
計 24 一六八九
娜 23 六九一
冒 22 八七二
面 22 一八二一
勇 21 三四一
珍 21 七一四
毒 21 一二一三
祠 21 一二一九
鬼 21 一八二六
迷 20 一六四二
骨 20 一八二三
昭 19 八八四
急 19 一一七一
怨 19 一一七一
要 19 一三五六
保 18 二〇一
叛 18 三五九
差 18 三六八
胎 18 一〇六五
秋 18 一二八一
牲 17 九八三
皇 17 一三〇四
剎 16 三三一
咸 16 四八二
某 16 七四一
貞 16 一五八一
幽 15 七〇二
星 15 八八三
紂 15 一五二八
負 15 一五八一
侵 14 二〇六
契 14 四二八
待 14 五六二
虐 14 一三七四
逆 14 一六四三
厚 13 一二一
庭 13 六〇五
弭 13 六五七
柔 13 七四三
送 13 一六四二
追 13 一六四二
啥 12 四八五
宣 12 六二二
枳 12 七四二
矩 12 一二七九
紇 12 一五二九
迴 12 一六四一
革 12 一八〇七
飛 12 一八四五
奏 11 四二八
哉 11 四八二
胥 11 一〇六六
退 11 一六四三
泉 10 九三八
爰 10 一〇三一
胝 10 一〇六五
恤 10 一七二
荒 10 一四九〇
級 10 一五三〇
胤 9 八四
姦 9 六九一
柏 9 七四二
紀 9 一五三〇
卻 8 三〇六
勉 8 三四一
帥 8 五三二
衍 8 五六三
染 8 九三九
津 8 九四〇
祇 8 一二一九
赴 8 一五五五
姻 7 六九〇
洎 7 九四〇
怠 7 一一七四
峒 7 一二〇九
矜 7 一三二九
柬 6 七四三
洞 6 九三九
洛 6 九三九
恃 6 一一七一
省 6 一二三八
荊 6 一四八九
針 6 一七八三
唎 5 四八五
曷 5 八八四
拱 5 九九七
穿 5 一三二一
耐 5 一三六六
羔 5 一四五六
軌 5 一五六四
逝 5 一六四一

## 一〇畫

| | | |
|---|---|---|
| 晉 | 18 | 八八四 |
| 恩 | 18 | 一一七五 |
| 豈 | 18 | 一五七三 |
| 畜 | 17 | 一二五五 |
| 栝 | 16 | 七四五 |
| 納 | 16 | 一五三二 |
| 陵 | 16 | 一七七二 |
| 陰 | 16 | 一七七三 |
| 弱 | 15 | 六五七 |
| 息 | 15 | 一一七六 |
| 配 | 15 | 一五七四 |
| 酒 | 15 | 一五七四 |
| 連 | 15 | 一六四四 |
| 條 | 14 | 七四七 |
| 耆 | 14 | 一三三九 |
| 郭 | 14 | 一六二七 |
| 訖 | 14 | 一六九一 |
| 原 | 13 | 一二一 |
| 烋 | 13 | 一一一六 |
| 耿 | 13 | 一三四三 |
| 速 | 13 | 一六四三 |
| 倚 | 12 | 二〇八 |
| 容 | 12 | 六二六 |
| 桼 | 12 | 七四八 |
| 恭 | 12 | 一一七五 |
| 悦 | 12 | 一一七七 |
| 耕 | 12 | 一三三〇 |
| 氣 | 11 | 一〇二四 |
| 朔 | 11 | 一〇六六 |
| 校 | 10 | 七四五 |
| 栗 | 10 | 七四七 |
| 涅 | 10 | 九四一 |
| 候 | 9 | 二一二 |
| 倍 | 9 | 二一二 |
| 兼 | 9 | 二五八 |
| 唐 | 9 | 四八七 |
| 浪 | 9 | 九四五 |
| 振 | 9 | 九九九 |
| 烈 | 9 | 一一一六 |
| 悟 | 9 | 一一七六 |
| 留 | 9 | 一二五五 |
| 笑 | 9 | 一四〇六 |
| 財 | 9 | 一五八二 |
| 逌 | 9 | 一六四四 |
| 奚 | 8 | 四二八 |
| 峰 | 8 | 五四七 |
| 格 | 8 | 七四五 |
| 桑 | 8 | 七四九 |
| 脅 | 8 | 一〇六七 |
| 殺 | 8 | 一〇九三 |
| 恥 | 8 | 一三四三 |
| 莽 | 8 | 一四九一 |
| 豹 | 8 | 一六七五 |
| 倒 | 7 | 二〇八 |
| 健 | 7 | 二一三 |
| 務 | 7 | 三四二 |
| 徐 | 7 | 五六八 |
| 展 | 7 | 六四五 |
| 班 | 7 | 七一五 |
| 桂 | 7 | 七四四 |
| 捉 | 7 | 九九九 |
| 牂 | 7 | 一二〇九 |
| 純 | 7 | 一五三一 |
| 陸 | 7 | 一七七二 |
| 席 | 6 | 五三六 |
| 徑 | 6 | 五六七 |
| 珞 | 6 | 七一三 |
| 效 | 6 | 八三九 |
| 消 | 6 | 九四一 |
| 浴 | 6 | 九四四 |
| 眩 | 6 | 一二三八 |
| 臭 | 6 | 一四三四 |
| 逢 | 6 | 一六四五 |
| 託 | 6 | 一六九一 |
| 倉 | 5 | 二一三 |
| 冥 | 5 | 二九三 |
| 晃 | 5 | 八八八 |
| 浦 | 5 | 九四〇 |
| 涉 | 5 | 九四一 |
| 捕 | 5 | 一〇〇〇 |
| 旄 | 5 | 一〇二二 |
| 扇 | 5 | 一一五二 |
| 畝 | 5 | 一二五五 |
| 蚩 | 5 | 一三八二 |
| 衰 | 5 | 一四四七 |
| 袓 | 5 | 一四四八 |
| 辱 | 5 | 一五七七 |
| 躬 | 5 | 一六三六 |
| 逐 | 5 | 一六四四 |
| 飢 | 5 | 一八三〇 |
| 匪 | 4 | 一二四 |
| 亳 | 4 | 二八八 |
| 哭 | 4 | 四八七 |
| 島 | 4 | 五四八 |
| 娉 | 4 | 六九六 |
| 核 | 4 | 七四六 |
| 涇 | 4 | 九四一 |
| 挹 | 4 | 九九九 |
| 朗 | 4 | 一〇六七 |
| 欬 | 4 | 一〇八八 |
| 砮 | 4 | 一二二八 |
| 畔 | 4 | 一二五五 |
| 耽 | 4 | 一三四三 |
| 羞 | 4 | 一四五七 |
| 借 | 3 | 二〇九 |
| 值 | 3 | 二〇九 |
| 倫 | 3 | 二一一 |
| 剕 | 3 | 三三一 |
| 哲 | 3 | 四八六 |
| 員 | 3 | 四八七 |
| 庫 | 3 | 六〇五 |
| 宰 | 3 | 六二六 |
| 挫 | 3 | 一〇〇〇 |
| 旅 | 3 | 一一一一 |
| 旁 | 3 | 一一一一 |
| 旃 | 3 | 一一一一 |
| 悍 | 3 | 一一七六 |
| 荷 | 3 | 一四九七 |
| 茬 | 3 | 一四九七 |
| 匿 | 2 | 一二五 |
| 剠 | 2 | 三三四 |
| 埋 | 2 | 三八六 |
| 哩 | 2 | 四八七 |
| 哥 | 2 | 四八七 |
| 峻 | 2 | 五四八 |
| 姬 | 2 | 六九六 |
| 珣 | 2 | 七一四 |
| 珪 | 2 | 七一四 |
| 桐 | 2 | 七四五 |
| 栴 | 2 | 七四五 |
| 桀 | 2 | 七四八 |
| 狼 | 2 | 七七三 |
| 狹 | 2 | 七七三 |
| 浩 | 2 | 九四三 |
| 挾 | 2 | 九九九 |
| 恚 | 2 | 一一七四 |
| 悖 | 2 | 一一七七 |
| 恕 | 2 | 一一七八 |
| 砥 | 2 | 一二二八 |
| 租 | 2 | 一二八五 |
| 缺 | 2 | 一四〇三 |
| 舐 | 2 | 一四〇五 |
| 袁 | 2 | 一四四七 |
| 袍 | 2 | 一四四八 |
| 紊 | 2 | 一五三一 |
| 紛 | 2 | 一五三二 |
| 軒 | 2 | 一五六五 |
| 逋 | 2 | 一六四四 |
| 討 | 2 | 一六九〇 |
| 倡 | 1 | 二一〇 |
| 俾 | 1 | 二一一 |
| 凌 | 1 | 二九一 |
| 涑 | 1 | 二九一 |
| 冢 | 1 | 二九三 |
| 剥 | 1 | 三三四 |
| 剖 | 1 | 三三四 |
| 堉 | 1 | 三八七 |
| 喻 | 1 | 四八七 |
| 峽 | 1 | 五四七 |
| 峭 | 1 | 五四七 |
| 宴 | 1 | 六二六 |
| 珮 | 1 | 七一四 |
| 柴 | 1 | 七四七 |
| 殉 | 1 | 七八二 |
| 晡 | 1 | 八八五 |
| 涌 | 1 | 九四五 |
| 浚 | 1 | 九四五 |
| 捘 | 1 | 一〇〇〇 |
| 烝 | 1 | 一一一八 |
| 料 | 1 | 一一四二 |
| 悚 | 1 | 一一七六 |
| 恣 | 1 | 一一七六 |
| 眠 | 1 | 一二三九 |
| 眚 | 1 | 一二三九 |
| 疲 | 1 | 一三〇七 |
| 竛 | 1 | 一三一二 |
| 耘 | 1 | 一三三〇 |
| 耗 | 1 | 一三三〇 |
| 虔 | 1 | 一三七四 |
| 衷 | 1 | 一四四七 |
| 袥 | 1 | 一四四七 |
| 莂 | 1 | 一四九一 |
| 莎 | 1 | 一四九七 |
| 逗 | 1 | 一六四四 |
| 訊 | 1 | 一六九二 |
| 隻 | 1 | 一七五四 |
| 陷 | 1 | 一七七三 |

## 十一畫

| | | |
|---|---|---|
| 淨 | 1086 | 九五三 |
| 清 | 858 | 九四五 |
| 國 | 378 | 五二一 |
| 菩 | 372 | 一四九九 |
| 得 | 326 | 五七二 |
| 處 | 312 | 一三七五 |
| 常 | 279 | 五三七 |
| 惟 | 212 | 一一七九 |
| 從 | 175 | 五六九 |

| 字 | 次數 | 頁碼 |
|---|---|---|
| 曼 | 160 | 八九一 |
| 進 | 154 | 一六四八 |
| 欲 | 118 | 一〇八八 |
| 第 | 112 | 一四〇七 |
| 異 | 111 | 一二五六 |
| 將 | 105 | 一二〇九 |
| 現 | 98 | 七一六 |
| 教 | 96 | 八三九 |
| 執 | 86 | 三八七 |
| 野 | 84 | 一六一〇 |
| 竟 | 83 | 一三一二 |
| 脫 | 81 | 一〇七二 |
| 眼 | 78 | 一二三九 |
| 頂 | 72 | 一八〇九 |
| 悉 | 67 | 一一八三 |
| 過 | 66 | 一六四七 |
| 密 | 62 | 六二八 |
| 動 | 59 | 三四二 |
| 問 | 59 | 一七九六 |
| 捨 | 58 | 一〇〇二 |
| 略 | 56 | 一二五八 |
| 婆 | 50 | 六九七 |
| 敢 | 50 | 八四二 |
| 徙 | 48 | 五六八 |
| 授 | 48 | 一〇〇一 |
| 焉 | 48 | 一一一八 |
| 理 | 45 | 七一五 |
| 假 | 43 | 二一五 |
| 祭 | 41 | 一二二〇 |
| 著 | 41 | 一四九七 |
| 深 | 40 | 九五九 |
| 率 | 39 | 二八九 |
| 終 | 39 | 一五三三 |
| 視 | 39 | 一五九七 |
| 章 | 37 | 一三一二 |
| 梨 | 35 | 七五一 |
| 接 | 35 | 一〇〇五 |
| 黃 | 35 | 一八六四 |
| 帶 | 34 | 五三六 |
| 象 | 34 | 一五七九 |
| 梵 | 33 | 七四九 |
| 唯 | 31 | 四八九 |
| 側 | 30 | 二一三 |
| 商 | 30 | 二八八 |
| 寂 | 28 | 六二七 |
| 情 | 27 | 一一七八 |
| 設 | 27 | 一六九三 |
| 唵 | 26 | 四八八 |
| 庶 | 26 | 六〇六 |
| 宿 | 26 | 六二七 |
| 赧 | 26 | 一五六一 |
| 陽 | 26 | 一七七三 |
| 鳥 | 25 | 一八六七 |
| 眷 | 24 | 一二四〇 |
| 婦 | 23 | 六九九 |
| 貨 | 23 | 一五八三 |
| 救 | 22 | 八四一 |
| 推 | 22 | 一〇〇三 |
| 逸 | 22 | 一六五一 |
| 堅 | 21 | 三八九 |
| 尉 | 20 | 四〇一 |
| 康 | 20 | 六〇七 |
| 捺 | 20 | 一〇〇〇 |
| 虜 | 20 | 一三七四 |
| 奢 | 19 | 四二九 |
| 梁 | 19 | 七五二 |
| 盛 | 19 | 一二六五 |
| 細 | 19 | 一五三二 |
| 魚 | 19 | 一八七一 |
| 淺 | 18 | 九五一 |
| 渠 | 18 | 九五二 |
| 族 | 18 | 一一一二 |
| 貪 | 18 | 一五八四 |
| 許 | 18 | 一六九三 |
| 斬 | 17 | 一〇二六 |
| 偶 | 16 | 二一四 |
| 啓 | 16 | 四九〇 |
| 強 | 16 | 六五八 |
| 撿 | 16 | 一〇〇三 |
| 敗 | 15 | 八四二 |
| 淮 | 15 | 九五八 |
| 望 | 15 | 一〇七三 |
| 旋 | 15 | 一一一二 |
| 赦 | 15 | 一五六〇 |
| 偏 | 14 | 二一五 |
| 堂 | 14 | 三八九 |
| 猛 | 14 | 七七四 |
| 參 | 13 | 三四八 |
| 娶 | 13 | 六九七 |
| 專 | 12 | 四〇一 |
| 張 | 12 | 六五八 |
| 毫 | 12 | 一〇二二 |
| 船 | 12 | 一四四一 |
| 崇 | 11 | 五四八 |
| 患 | 11 | 一一七八 |
| 習 | 11 | 一五二六 |
| 責 | 11 | 一五八二 |
| 規 | 11 | 一五九七 |
| 唱 | 10 | 四八八 |
| 鹿 | 1 | 一八七五 |
| 偈 | 9 | 二一三 |
| 副 | 9 | 三三四 |
| 庾 | 9 | 六〇六 |
| 婚 | 9 | 六九八 |
| 掩 | 9 | 一〇〇一 |
| 隆 | 9 | 一七七四 |
| 勒 | 8 | 三四二 |
| 基 | 8 | 三八九 |
| 敘 | 8 | 八四二 |
| 移 | 8 | 一二八六 |
| 逮 | 8 | 一六五二 |
| 逾 | 8 | 一六五二 |
| 產 | 7 | 一二七四 |
| 瓠 | 7 | 一三〇五 |
| 聊 | 7 | 一三四三 |
| 莵 | 7 | 一四九九 |
| 累 | 7 | 一五三二 |
| 貧 | 7 | 一五八四 |
| 埵 | 6 | 三八七 |
| 寇 | 6 | 六二七 |
| 屠 | 6 | 六四五 |
| 婁 | 6 | 六九七 |
| 敕 | 6 | 八四一 |
| 淫 | 6 | 九五八 |
| 淪 | 6 | 九五八 |
| 菀 | 6 | 一五〇三 |
| 閉 | 6 | 一七九六 |
| 麻 | 6 | 一八七四 |
| 崔 | 5 | 五四八 |
| 婢 | 5 | 六九八 |
| 曹 | 5 | 八九一 |
| 淳 | 5 | 九五八 |
| 淥 | 5 | 九六〇 |
| 牽 | 5 | 九八四 |
| 甹 | 5 | 一一一一 |
| 符 | 5 | 一四〇七 |
| 紹 | 5 | 一五三四 |
| 貫 | 5 | 一五八三 |
| 距 | 5 | 一六一四 |
| 訟 | 5 | 一六九三 |
| 隅 | 5 | 一七七四 |
| 釤 | 5 | 一七八三 |
| 乾 | 4 | 一〇六 |
| 兜 | 4 | 二七六 |
| 庸 | 4 | 六〇七 |
| 晦 | 4 | 八九三 |
| 涯 | 4 | 九五二 |
| 犂 | 4 | 九八四 |
| 掘 | 4 | 一〇〇四 |
| 掃 | 4 | 一〇〇五 |
| 旌 | 4 | 一一一二 |
| 悠 | 4 | 一一七八 |
| 蛇 | 4 | 一三八二 |
| 組 | 4 | 一五三三 |
| 鄉 | 4 | 一六三〇 |
| 雪 | 4 | 一七四三 |
| 雀 | 4 | 一七五四 |
| 偵 | 3 | 二一四 |
| 停 | 3 | 二一四 |
| 偽 | 3 | 二一五 |
| 域 | 3 | 三八七 |
| 帳 | 3 | 五四二 |
| 崩 | 3 | 五四八 |
| 敏 | 3 | 八四二 |
| 晝 | 3 | 八九三 |
| 涿 | 3 | 九五二 |
| 淹 | 3 | 九五二 |
| 捷 | 3 | 一〇〇〇 |
| 菁 | 3 | 一四九八 |
| 酗 | 3 | 一五七四 |
| 覓 | 3 | 一五九七 |
| 訝 | 3 | 一六九二 |
| 訪 | 3 | 一六九四 |
| 階 | 3 | 一七七三 |
| 偷 | 2 | 二一四 |
| 埴 | 2 | 三八七 |
| 爽 | 2 | 四二九 |
| 崖 | 2 | 五四八 |
| 崛 | 2 | 五四九 |
| 彫 | 2 | 五八八 |
| 寄 | 2 | 六二七 |
| 娙 | 2 | 六九八 |
| 梧 | 2 | 七五〇 |
| 梅 | 2 | 七五〇 |
| 梯 | 2 | 七五一 |
| 梟 | 2 | 七五一 |
| 敚 | 2 | 八四二 |
| 晨 | 2 | 八九一 |
| 淩 | 2 | 九五一 |
| 涼 | 2 | 九五八 |
| 淄 | 2 | 九六〇 |
| 掠 | 2 | 一〇〇四 |
| 採 | 2 | 一〇〇四 |
| 探 | 2 | 一〇〇四 |
| 烽 | 2 | 一一一九 |
| 斛 | 2 | 一一四二 |
| 惕 | 2 | 一一七九 |
| 悼 | 2 | 一一七九 |

票 2 一二二〇
袴 2 一四四九
袈 2 一四四九
萊 2 一四九七
菜 2 一四九九
菊 2 一四九九
菓 2 一四九九
絃 2 一五三四
鄂 2 一六三〇
訥 2 一六九三
雩 2 一七四三
麥 2 一八六五
鹵 2 一八六六
區 1 一二五
匐 1 二六五
勘 1 三四二
啉 1 四八八
啶 1 四八九
唾 1 四八九
[illegible] 1 四九〇
啖 1 四九〇
術 1 五六八
彩 1 五八八
廊 1 六〇七
彗 1 六三七
孰 1 六六九
婇 1 六九八
巢 1 七〇五
梢 1 七四九
械 1 七五〇
梱 1 七五〇
桴 1 七五〇
梓 1 七五〇

程 1 七五〇
猜 1 七七三
戚 1 七九八
敝 1 八四二
淑 1 九五二
涸 1 九五三
混 1 九五三
淡 1 九五九
涵 1 九五九
捶 1 一〇〇三
掬 1 一〇〇三
控 1 一〇〇四
捽 1 一〇〇五
斜 1 一一四二
悆 1 一一七八
惜 1 一一七九
疵 1 一三〇七
彪 1 一三七九
罣 1 一三九〇
笥 1 一四〇九
袤 1 一四四八
袷 1 一四四九
粗 1 一四六五
菆 1 一四九八
菌 1 一四九八
萌 1 一四九九
翊 1 一五二五
紺 1 一五三二
紵 1 一五三四
販 1 一五八三
貶 1 一五八三
趾 1 一六一四
豽 1 一六七五

詎 1 一六九二
詶 1 一六九二
訣 1 一六九四
隊 1 一七七四
鉉 1 一七八四
頃 1 一八〇九

## 一二畫

無 1526 一一一九
爲 808 一〇三一
智 593 八九五
等 401 一四〇九
道 256 一六五五
衆 255 一四三五
提 244 一〇〇六
善 226 四九六
賀 223 一五八六
喃 190 四九二
發 138 一三二六
復 136 五七九
然 107 一一三三
勝 100 一〇七五
尊 93 四〇二
敬 91 八四三
萬 86 一五〇四
厥 84 一二一
徧 80 一六六〇
集 80 一七五四
達 76 一六五二
惡 75 一一八四
朝 73 一〇七三
猶 71 七七四
單 70 四九三

虛 70 一三七九
普 69 九〇一
開 66 一七九七
間 64 一七九九
遂 61 一六五九
越 60 一五五七
結 58 一五三四
量 58 一六一一
散 57 八四五
訶 56 一六九四
掌 48 一〇一一
順 48 一八一〇
就 47 四三一
悲 47 一一八八
絕 46 一五三六
惠 45 一一八七
御 43 五七八
惱 43 一一九〇
貴 40 一五八五
須 39 一八一一
喜 38 四九〇
報 37 三九〇
極 37 七五三
落 37 一五〇六
惹 36 一一八六
答 33 一四一七
雲 33 一七四三
喪 32 四九一
備 30 二一六
圍 30 五二四
最 30 八九三
策 29 一四一六
幾 25 七〇二

葬 23 一五〇三
詔 23 一六九六
揚 22 一〇〇六
勞 21 三四三
斯 21 一〇二七
運 21 一六五四
違 21 一六八二
黑 21 一八七九
葉 20 一五〇三
棄 19 七五四
登 18 一三二六
喻 17 四九五
疏 17 一三二三
舒 17 一四〇五
焰 16 一一三五
童 16 一三一四
琮 15 七一八
晝 15 一二五九
短 15 一二八〇
詞 15 一六九六
博 14 一二〇
堯 14 三九〇
游 14 九六二
盜 14 一二六五
堪 13 三九〇
湯 12 九六一
欽 12 一〇九〇
惑 12 一一八八
嘔 11 四九四
跛 11 一六一四
遇 11 一六五四
循 10 五八一
椒 10 七五三

鄡 10 一六三〇
飲 10 一八三〇
割 9 三三五
禍 9 一二二一
稍 9 一二八六
嗟 8 四九五
富 8 六二九
寒 8 六二九
殘 8 七八三
渡 8 九六二
傍 7 二一七
創 7 三三五
[illegible] 7 九〇二
温 7 九六一
禄 7 一二二二
竦 7 一三一四
罨 7 一三五七
超 7 一五五九
遁 7 一六五四
詐 7 一六九六
詠 7 一六九六
鈍 7 一七八四
鼎 7 一八七八
尋 6 四〇四
寔 6 六三〇
番 6 一二五九
紫 6 一五三四
貂 6 一六七五
募 5 三四三
喬 5 四九六
弼 5 六五八
楛 5 七五二
景 5 八九四

## 一三畫

| 字 | 次數 | 頁碼 |
|---|---|---|
| 嗅 | 1 | 一三五八 |
| 蜃 | 1 | 一三八三 |
| 裔 | 1 | 一四五〇 |
| 裸 | 1 | 一四五一 |
| 裨 | 1 | 一四五一 |
| 粱 | 1 | 一四六六 |
| 蓬 | 1 | 一五〇九 |
| 蒸 | 1 | 一五一〇 |
| 綃 | 1 | 一五四〇 |
| 綈 | 1 | 一五四〇 |
| 趑 | 1 | 一五五九 |
| 輅 | 1 | 一五六六 |
| 較 | 1 | 一五六六 |
| 軾 | 1 | 一五六六 |
| 酬 | 1 | 一五七五 |
| 豢 | 1 | 一五八〇 |
| 賂 | 1 | 一五八八 |
| 覞 | 1 | 一五九八 |
| 跳 | 1 | 一六一六 |
| 跰 | 1 | 一六一六 |
| 鄙 | 1 | 一六三一 |
| 貉 | 1 | 一六七六 |
| 詰 | 1 | 一六九七 |
| 詻 | 1 | 一六九九 |
| 該 | 1 | 一六九九 |
| 雹 | 1 | 一七四四 |
| 頌 | 1 | 一八一三 |

## 一四畫

| 字 | 次數 | 頁碼 |
|---|---|---|
| 說 | 461 | 一七〇二 |
| 種 | 238 | 一二八八 |
| 漢 | 218 | 九六八 |
| 僧 | 156 | 二二一 |
| 滿 | 143 | 九七一 |
| 精 | 125 | 一四六六 |
| 蜜 | 118 | 一三八三 |
| 實 | 110 | 六三〇 |
| 聞 | 109 | 一八〇〇 |
| 爾 | 105 | 五九 |
| 隨 | 85 | 一七七六 |
| 語 | 74 | 一七〇〇 |
| 稱 | 73 | 一二八七 |
| 僕 | 68 | 二二〇 |
| 廣 | 62 | 六〇八 |
| 塵 | 59 | 三九四 |
| 對 | 57 | 四〇四 |
| 麼 | 55 | 七〇三 |
| 罰 | 55 | 一三九四 |
| 疑 | 49 | 一三二三 |
| 誐 | 49 | 一七〇七 |
| 盡 | 48 | 一二六六 |
| 輕 | 46 | 一五六六 |
| 鄭 | 46 | 一六三一 |
| 遮 | 44 | 一六六五 |
| 漸 | 43 | 九六七 |
| 齊 | 43 | 一八八七 |
| 獄 | 40 | 七七六 |
| 境 | 34 | 三九三 |
| 箋 | 34 | 一四二一 |
| 聚 | 31 | 一三四六 |
| 鼻 | 29 | 一八八六 |
| 監 | 26 | 一二六六 |
| 賓 | 25 | 一五八八 |
| 誓 | 21 | 一六九九 |
| 適 | 20 | 一六六五 |
| 壽 | 19 | 三九四 |
| 寧 | 19 | 六三三 |
| 歌 | 17 | 一〇九一 |
| 誦 | 17 | 一七〇八 |
| 察 | 16 | 六三三 |
| 臧 | 16 | 七九九 |
| 嘉 | 15 | 五〇二 |
| 槃 | 15 | 七五八 |
| 慕 | 15 | 一一九七 |
| 睿 | 15 | 一二四二 |
| 端 | 15 | 一三一五 |
| 輔 | 15 | 一五六七 |
| 貌 | 15 | 一六七六 |
| 圖 | 14 | 五二六 |
| 鄰 | 13 | 一六三一 |
| 嗽 | 12 | 五〇二 |
| 演 | 12 | 九七三 |
| 熊 | 12 | 一一三八 |
| 網 | 12 | 一五四一 |
| 間 | 12 | 一八〇二 |
| 領 | 12 | 一八一三 |
| 摧 | 11 | 一〇一二 |
| 銀 | 11 | 一七八六 |
| 墮 | 10 | 三九六 |
| 曄 | 10 | 九〇五 |
| 綬 | 10 | 一五四二 |
| 頗 | 10 | 一八一四 |
| 奪 | 9 | 四二九 |
| 臺 | 9 | 一三七三 |
| 舞 | 8 | 五九九 |
| 誤 | 8 | 一七〇二 |
| 僖 | 7 | 二二〇 |
| 弊 | 7 | 四〇六 |
| 截 | 7 | 七九九 |
| 漏 | 7 | 九七三 |
| 慢 | 7 | 一一九八 |
| 蔽 | 7 | 一五一〇 |
| 綢 | 7 | 一五四二 |
| 豪 | 7 | 一五八〇 |
| 銘 | 7 | 一七八六 |
| 馱 | 7 | 一八五四 |
| 鳴 | 7 | 一八六八 |
| 寡 | 6 | 六三〇 |
| 榮 | 6 | 七五九 |
| 嘗 | 6 | 九〇四 |
| 暮 | 6 | 九〇四 |
| 睽 | 6 | 一二四二 |
| 緊 | 6 | 一五四〇 |
| 趙 | 6 | 一五五九 |
| 誘 | 6 | 一七〇二 |
| 構 | 5 | 七五八 |
| 漆 | 5 | 九七二 |
| 漁 | 5 | 九七三 |
| 慚 | 5 | 一一九七 |
| 裳 | 5 | 一四五一 |
| 維 | 5 | 一五四二 |
| 誥 | 5 | 一七〇七 |
| 厭 | 4 | 一二三 |
| 僚 | 4 | 二一九 |
| 僭 | 4 | 二二〇 |
| 暱 | 4 | 九〇五 |
| 漫 | 4 | 九七三 |
| 熙 | 4 | 一一三七 |
| 箕 | 4 | 一四三二 |
| 裹 | 4 | 一四五二 |
| 綱 | 4 | 一五四一 |
| 綺 | 4 | 一五四一 |
| 緒 | 4 | 一五四一 |
| 赫 | 4 | 一五六一 |
| 閩 | 4 | 一八〇二 |
| 墟 | 3 | 三九四 |
| 墜 | 3 | 三九六 |
| 寢 | 3 | 六三〇 |
| 槨 | 3 | 七五八 |
| 堨 | 3 | 九〇四 |
| 滯 | 3 | 九七一 |
| 漯 | 3 | 九七二 |
| 膏 | 3 | 一〇七八 |
| 碧 | 3 | 一二三〇 |
| 碩 | 3 | 一二三〇 |
| 蔡 | 3 | 一五一〇 |
| 綿 | 3 | 一五四二 |
| 綵 | 3 | 一五四二 |
| 誨 | 3 | 一七〇二 |
| 銜 | 3 | 一七八六 |
| 銅 | 3 | 一七八六 |
| 靺 | 3 | 一八〇七 |
| 駁 | 3 | 一八五四 |
| 塹 | 2 | 三九四 |
| 幣 | 2 | 五四二 |
| 屣 | 2 | 六四五 |
| 瑤 | 2 | 七二一 |
| 瑭 | 2 | 七二一 |
| 旗 | 2 | 一〇一二 |
| 慬 | 2 | 一一九七 |
| 磋 | 2 | 一二三〇 |
| 碣 | 2 | 一二三〇 |
| 竭 | 2 | 一三一五 |
| 罥 | 2 | 一三四七 |
| 箘 | 2 | 一四二二 |
| 褎 | 2 | 一四五二 |
| 綴 | 2 | 一五四二 |
| 綠 | 2 | 一五四三 |
| 酸 | 2 | 一五七五 |
| 遺 | 2 | 一六六四 |
| 誣 | 2 | 一七〇〇 |
| 誠 | 2 | 一七〇〇 |
| 雒 | 2 | 一七五六 |
| 隧 | 2 | 一七七八 |
| 闋 | 2 | 一八〇三 |
| 厲 | 1 | 一二三 |
| 儆 | 1 | 二一九 |
| 瑕 | 1 | 五〇二 |
| [illegible] | 1 | 五〇二 |
| 嘀 | 1 | 五〇二 |
| 幗 | 1 | 五四二 |
| 幘 | 1 | 五四二 |
| 彰 | 1 | 五八八 |
| 寬 | 1 | 六三〇 |
| 寤 | 1 | 六三二 |
| 嫚 | 1 | 七〇〇 |
| 模 | 1 | 七五八 |
| 橐 | 1 | 七五八 |
| 暢 | 1 | 九〇〇 |
| 瞑 | 1 | 九〇五 |
| 暨 | 1 | 九〇五 |
| 漕 | 1 | 九六五 |
| 漩 | 1 | 九七三 |
| 摘 | 1 | 一〇一三 |
| 膜 | 1 | 一〇一七 |
| 膂 | 1 | 一〇七八 |
| 歊 | 1 | 一〇九一 |
| 慳 | 1 | 一一九七 |

## 一六畫

蕘 1 一五一一
翰 1 一五二六
翮 1 一五二六
縠 1 一五四六
縢 1 一五四六
縧 1 一五四七
輯 1 一五七〇
醜 1 一五七六
醒 1 一五七六
踰 1 一六一七
遽 1 一六六八
諜 1 一七一八
諮 1 一七二四
辦 1 一七三五
霏 1 一七四五
霔 1 一七四六
雔 1 一七五六
鍪 1 一八二二
餚 1 一八三五
駢 1 一八五六
黔 1 一八八〇

## 一七畫

應 276 一二〇四
禮 146 一二二三
糝 109 一四六九
雖 72 一七五七
聲 66 一三四七
藏 66 一五一八
韓 62 一八四三
軀 62 一八九二
舊 53 一四二七
鮮 51 一八七二
濟 36 九七七
彌 35 六五九
擊 31 一〇一九
魏 31 一八二七
總 26 一五四九
點 26 一八八〇
檀 24 七六六
爵 16 一〇四四
襄 16 一四五三
縛 15 一五四八
戲 14 八〇〇
擬 14 一〇二〇
藉 14 一五一九
繇 11 一五四八
縱 11 一五四九
濕 10 九七六
臨 10 一三五四
優 8 二二六
績 7 一五四九
謨 7 一七二六
鍰 7 一七八九
鞠 7 一八〇七
聰 6 一三四八
蟋 6 一三八六
蜂 6 一三八六
艱 6 一四七三
繆 6 一五五〇
蹋 6 一六一八
謙 6 一七二六
鍾 6 一七八九
闇 6 一八〇四
駹 6 一八五六
壑 5 三九八
環 5 七二一
濱 5 九七七
禦 5 一二二三
藍 5 一五一八
蹈 5 一六一八
斂 4 八四九
螺 4 一三八六
翼 4 一五二六
邇 4 一六六九
谿 4 一六七四
韃 4 一八〇八
嶺 3 五五〇
徽 3 五八六
孀 3 七〇一
檢 3 七六五
戴 3 八〇〇
臂 3 一〇七九
轂 3 一〇九五
矯 3 一二八〇
罽 3 一三九五
趨 3 一五五九
轄 3 一五七〇
轅 3 一五七〇
覯 3 一五九九
謝 3 一七二六
講 3 一七二六
謗 3 一七二七
闊 3 一八〇四
黜 3 一八八〇
壙 2 三九八
噒 2 五〇五
孺 2 六七〇
檐 2 七六五
濫 2 九七六
擢 2 一〇一八
擲 2 一〇一九
毿 2 一二九三
虧 2 一三八一
蟄 2 一三八六
褻 2 一四五三
翳 2 一五二六
繁 2 一五四八
賚 2 一五九三
邈 2 一六七〇
霜 2 一七四六
騂 2 一八五六
鴻 2 一八六八
黏 2 一八八二
償 1 二二六
壓 1 三九八
嚂 1 五〇五
嚐 1 五〇五
嚑 1 五〇五
嚒 1 五〇五
嚮 1 五〇五
巀 1 五四九
嬪 1 七〇一
嬰 1 七〇一
櫛 1 七六五
檣 1 七六五
檄 1 七六五
檍 1 七六六
濬 1 九七六
濮 1 九七六
擣 1 一〇一九
擯 1 一〇二〇
膺 1 一〇七八
瑴 1 一〇九五
磻 1 一二三二
瞳 1 一二四三
穗 1 一二九三
療 1 一三〇八
癉 1 一三〇九
糞 1 一四六八
糜 1 一四六八
藁 1 一五一九
薰 1 一五一九
縵 1 一五四九
輿 1 一五七一
醟 1 一五七六
邃 1 一六七〇
豁 1 一六七四
謟 1 一七二六
謠 1 一七二六
鍑 1 一七八九
鍪 1 一七八九
鎚 1 一七八九
鍛 1 一七八九
闌 1 一八〇四
隸 1 一八〇六
鞜 1 一八〇八
髀 1 一八二三
騁 1 一八五六
駿 1 一八五六
鵖 1 一八六八
麋 1 一八七五

## 一八畫

斷 172 一〇二八
離 101 一七五八
邊 72 一六七〇
歸 70 八二三
轉 51 一五七一
雜 29 一七六〇
璧 27 一七二二
繞 27 一五五〇
雙 26 一七五八
騎 26 一八五六
簡 24 一四二四
嚕 23 五〇五
職 19 一三四八
覆 18 一三五七
穢 15 一二九四
巂 12 五五〇
鎮 12 一七九〇
謹 11 一七二七
闕 10 一八〇四
糧 8 一四七一
繒 8 一五五一
鞮 8 一八〇八
嚘 7 五〇六
禰 7 一二二五
瞿 7 一二四三
藝 7 一五二〇
翻 7 一五二七
織 7 一五五一
獵 6 七七八
曜 6 九〇六
豐 6 一五七三
覲 6 一五九九
謬 6 一七二七
鎖 6 一七九〇

響 1 一八四一
騶 1 一八五七
齠 1 一八八九

二一畫

囊 260 九〇七
屬 71 六四六
攝 30 一〇二〇
顧 22 一八一九
權 14 一七六七
歡 14 一〇九二
鏤 14 一七九一
鬘 14 一八四八
露 13 一七四六
驅 11 一八五八
續 10 一五五三
懼 9 一二〇八
鐵 9 一七九一
鷄 9 一八六九
蠡 8 一三八七
瓔 7 七二二
夔 6 六〇一
辯 6 一七三六
鶴 6 一八六九
驂 5 一八五八
囂 3 五〇九
纏 3 一五五四
覽 3 一六〇三
鐸 3 一七九一
鰥 3 一八七三
齎 3 一八八八
攜 2 一〇二一
纈 2 一五五四
躍 2 一六一九
鄭 2 一六三二
闢 2 一八〇五
儺 1 二二六
灘 1 九七九
竈 1 一三二二
霸 1 一七四六
霹 1 一七四六
鐶 1 一七九一
駒 1 一八五八

二二畫

囉 244 五〇九
聽 76 一三四九
體 58 一八二三
襲 48 一四五三
灑 31 九七九
讋 18 一五七二
驚 12 一八五九
巖 9 五五〇
贖 7 一五九三
玁 6 七七九
攞 6 一〇二一
竊 6 一三二二
龔 6 一八九一
疊 4 一二六三
囊 3 五〇九
邏 3 一六七一
讀 3 一七三二
驕 3 一八五八
穰 2 一二九四
籠 2 一四二五
髑 2 一八二四
鬚 2 一八四八
鬪 2 一八八五
儻 1 二二六
亹 1 二九〇
戀 1 五五〇
彎 1 六五九
聾 1 一三五〇
躪 1 一六一九
邐 1 一六七一
霽 1 一七四七
鑒 1 一七九二
鷙 1 一八六九
鰲 1 一八七三
麞 1 一八七六

二三畫

變 52 八四九
顯 48 一八二〇
驗 9 一八五九
讎 6 一七六二
纔 5 一五五四
麟 4 一八七六
曬 3 九〇八
攣 2 一〇二一
纖 2 一五五四
鑠 2 一七九二
[illegible] 2 一八二〇
驛 2 一八五九
龕 2 一八八四
玃 1 七七九
蠲 1 一三八七
靆 1 一七四七
鷺 1 一八七〇
鱗 1 一八七三

二四畫

觀 163 一六〇三
靈 16 一七四七
蠶 9 一三八七
讓 6 一七二三
囕 4 五〇〇
鹽 4 一二六九
鬭 3 一八四六
籬 2 一四二五
嚶 1 五〇〇
嘌 1 五〇〇
贛 1 一五九三
讒 1 一七三二
讖 1 一七三二
靂 1 一七四七
鑪 1 一七九二

二五畫

蠻 30 一三八八
鼈 4 一八八四
灣 1 九七九
糶 1 一四七一
纘 1 一五五四
纛 1 一五五四
靉 1 一七四七

二六畫

讚 12 一七三三
驢 1 一八五九

二七畫

黷 2 一八八一
驤 1 一八五九

二八畫

鑿 5 一七九二
钁 1 一七九二
鸚 1 一八七〇

二九畫

驪 38 一八六〇
鬱 4 五八九

三二畫

籲 1 一四二五

# 附錄三：日本字音檢字表

說明：(1)本檢字表以日語五十音圖片假名爲序進行分類、排列。
(2)以日本字音的第一個音爲檢索內容。
(3)字右側中文數字爲對應頁碼。
(4)同音字按照筆畫順序排列。

## 【ア】

**ア**
阿 一七六四
痘 一三〇八
閼 一八〇四

**アイ**
埃 三八六
哀 四八五
隘 一七七五
愛 一一九二
穢 一二九四
藹 一五二二
靉 一七四七

**アク**
厄 一二一
阨 一七六三
惡 一一八四

**アツ**
遏 一六五三
壓 三九八

**アン**
安 六一三
按 九九八
案 七四八
唵 四八八
[illegible] 四九三
暗 九〇三
鞍 一八〇七
闇 一八〇四

## 【イ】

**イ**
已 六四八
以 一五一
夷 四二三
伊 一六六
衣 一四四五
位 一八〇
矣 一二七五
易 八六六
委 六八七
迤 一六三九
依 一九八
怡 一一六九
威 六八九
胃 一〇六四
畏 一二四八
韋 一八四三
恚 一一七四
倚 二〇八
異 一二五六
移 一二八六
惟 一一七九
尉 四〇一
圍 五二四
爲 一〇三一
渭 九六一
違 一六六二
暆 九〇三
意 一一九二
維 一五四二
遺 一六六七
慰 一二〇二
謂 一七一八
醫 一五七六
彝 六三七

**イキ**
域 三八七

**イク**
育 一〇六三

**イチ**
壹 三九一

**イツ**
一 一
聿 一四七二
佚 一七五
逸 一六五一
溢 九六六

**イン**
尹 六三九
引 六五二
允 二六九
因 五一七
印 二九八
犾 七七二
沇 九二二
咽 四八五
胤 八四
姻 六九〇
陰 一七七三
淫 九五八
婬 六九八
飲 一八三〇
隕 一七七五
殷 一〇九三
隱 一七七九
韻 一八四一

## 【ウ】

**ウ**
迂 一六三七
宇 六一二
羽 一五二五
玗 七一三
杅 七三二
雨 一七四三
禹 八四
紆 一五二八
雩 一七四三

**ウツ**
苑 一五〇三
鬱 五八九

**ウン**
云 三三〇
耘 一三三〇
雲 一七四三
運 一六五四
慍 一一八九
暈 九〇三

## 【エ】

**エイ**
永 九一二
曳 八六四
抴 九九七
映 八八三
洩 九三九
盈 一二六四
詠 一六九六
裔 一四五〇
睿 一二四二
榮 七五九
影 五八九
衛 五八六
鋭 一七八七
殪 七八三
衞 五八六
營 一一四〇
縊 一五四八
翳 一五二六
嬰 七〇一
罃 一五七六
嬴 一〇七九
瓔 七二二

**エキ**
亦 二八〇
役 五五七

奕 四二八
益 一二六四
嶧 五四九
繹 一五五一
驛 一八五九

**エツ**

曰 八五五
悅 一一七七
越 一五五七
粵 一四六五
閱 一八〇三
謁 一七二二

**エン**

延 三六〇
苑 一四八八
奄 四二七
炎 一一一五
沿 九三二
宛 六二〇
垣 三八五
衍 五六三
弇 四〇六
爰 一〇三一
怨 一一七一
洹 九三九
袁 一四四七
員 四八七
宴 六二六
焉 一一一八
掩 一〇〇一
淹 九五二
淡 九五九
琰 七一八
覃 一三五七
援 一〇一〇
猒 七七四
焰 一一三五
淵 九六二
媛 六九九
瑗 七二〇
遠 一六六二
園 五二四
圓 五二四
鉛 一七八五
厭 一二三
鳶 一八六七
演 九七三
嫚 七〇〇
緣 一五四三
燕 一一三八
閻 一八〇三
餤 一一三九
檐 七六五
轅 一五七〇
檿 七六六
鹽 一二六九

## 〔オ〕

**オ**

汙 九一三
污 九一四
於 一一〇三
烏 一一一六
鄔 一六三〇
塢 三九一
鳴 五〇一
噁 五〇三

**オウ**

王 七〇六
央 四二二
枉 七三三
押 九九一
往 五五八
甌 八〇七
毆 一〇九五
鴨 一八六八
應 一二〇四
謳 一七二七
鸚 一八七〇

**オク**

沃 九二一
屋 六四五
奥 四二九
薁 一五一一
憶 一二〇三
檍 七六六

**オツ**

乙 九六
嗢 四九四

**オン**

音 一八四〇
恩 一一七五
温 九六一

## 〔カ〕

**カ**

下 二一
戈 七八四
化 一四六
火 一一一三
可 四三八
加 三三八
花 一四七四
何 一六七
卦 一二八
果 七三九
呵 四七三
佳 一九三
侉 一九三
河 九二三
柯 七四一
泂 一二〇九
科 一二八二
哿 四八六
荷 一四九七
哥 四八七
夏 六〇〇
家 六二四
菓 一四九九
過 一六四七
貨 一五八三
假 二一五
袈 一四四九
訶 一六九四
禍 一二二一
遐 一六六二
賈 一五八七
暇 九〇二
嫁 七〇〇
嘉 五〇二
睱 五〇二
歌 一〇九一
裹 一四五二
寡 六三〇
稼 一二九二
課 一七一五

**ガ**

牙 八〇六
瓦 八〇七
我 七八七
臥 一三五三
雅 一七五四
賀 一五八六
蛾 一三八三
誐 一七〇七
餓 一八三五
駕 一八五五

**カイ**

介 一四八
夬 一〇四
灰 一一一四
回 五二〇
亥 二八六
戒 七八七
改 八二五
怪 一一六九
屆 六九四
皆 一二九九
界 一二五〇
迴 一六四一
海 九四一
悔 一一七七
械 七五〇
晦 八九三
罣 一三九〇
階 一七七三
開 一七九七
庬 六〇七
湏 九〇六
蓋 一五〇八
槐 七五六
魁 一八二六
會 九〇三
解 一六七七
話 一六九八
誡 一七〇〇
誨 一七〇二
憒 一二〇一
鍇 一八二二
諧 一七一八
褢 一四五二
懈 一二〇三
壞 三九八
蟹 一三八七
懷 一二〇七

**ガイ**

乂 七〇
刈 三一一
艾 一四七四
外 五九〇
劾 三四一
欬 一〇八八
害 六二三
崖 五四八
訝 一六九二
涯 九五二
慨 一一八九
該 一六九九
閡 一八〇三
鎧 一七八九
礙 一二三二

**カク**

各 四六四
角 一六七七
玨 七一三
郝 一六二五
革 一八〇七
恪 一一七三
客 六二二
埆 三八七
格 七四五
核 七四六
郭 一六二七
殼 一〇九三
畫 一二五九
隔 一七七五

貉 一六七六　廓 六〇八　赫 一五六一　槨 七五八　幗 五四二　翮 一五二六　獲 七七六　觳 一〇九五　穫 一二九三　覺 一五九九　矐 一〇七九　鶴 一八六九　玃 七七九　鑊 一七九二

ガク
岳 五四七　鄂 一六三〇　崿 五四九　學 六六九　壑 三九八　額 一八一六

カツ
括 九九七　曷 八八四　活 九三九　栝 七四五　葛 一五〇四　聒 一三四三　割 三三五　渴 九六一　鬝 一〇二三

---

褐 一四五二　蝎 一三八五　羯 一四六二　髻 一八四八　轄 一五七〇　闊 一八〇四　豁 一六七四　鞨 一八〇八　黠 一八八〇

ガツ
月 一〇四七　嶭 五四九

カン
干 三六二　刊 三一五　甘 一二二六　扞 九八九　汗 九一四　邯 一六二二　旱 八六五　完 六一六　卷 三〇五　官 六二〇　迦 一六三九　柬 七四三　咸 四八二　唅 四八五　冠 二九二　奐 四二八　姦 六九一　桓 七四四

---

悍 一一七六　陷 一七七三　勘 三四二　貫 一五八三　患 一一七八　涵 九五九　敢 八四二　紺 一五三二　款 一〇九〇　戡 七九九　棺 七五三　換 一〇一〇　萑 一七五四　閑 一七九九　間 一七九九　惰 一一八九　寒 六二九　幹 三六四　感 一一九一　監 一二六六　管 一四二二　銜 一七八六　漢 九六八　慳 一一九七　寬 六三〇　瘝 一三〇八　澗 九七四　緩 一五四三　翰 一五二六　擐 一〇一七　圜 五二六　還 一六六八　頷 一八一五

---

館 一八三五　諫 一七一八　憾 一二〇三　環 七二一　艱 一四七三　韓 一八四三　鍰 一七八九　檻 七六六　簡 一四二四　勸 三四五　關 一八〇五　穬 一二九四　鴿 一八六九　鹹 一八六六　嚾 五〇八　灌 九七八　歡 一〇九二　鐶 一七九一　鰥 一八七三　鑒 一七九二　觀 一六〇三

ガン
丸 七六　含 四六九　岸 五四六　眼 一二三九　頑 一八一二　鴈 一八六八　顏 一八一六　願 一八一六　巖 五五〇

---

〔キ〕

キ
己 六四八　旡 四五　卉 一一六　宄 六一二　伎 一六五　危 三〇一　祁 一二一四　圻 三八一　杞 七三三　希 五三一　忌 一一五九　妓 六八四　其 二三八　奇 四二七　呬 四七四　季 六六七　祇 一二一五　枳 七四二　軌 一五六四　鬼 一八二六　旂 一一〇九　洎 九四〇　既 七二三　癸 一三二六　紀 一五三〇　起 一五五五　豈 一五七三　飢 一八三〇　記 一六九一　姬 六九六

---

規 一五九七　基 三八九　寄 六二七　琦 七一八　琪 七一八　喜 四九〇　期 一〇七五　揆 一〇一〇　貴 一五八五　喟 四九五　晷 八九四　棄 七五四　愧 一一八九　幾 七〇二　跪 一六一五　暉 九〇二　毀 一〇九三　熙 一一三七　箕 一四二二　僖 二二〇　旗 一一一二　暨 九〇五　綺 一五四一　輝 一五七〇　麾 一八七四　嬉 七〇一　機 七六四　冀 二六三　器 五〇四　諱 一七二五　羲 一四六三　窺 一三二二　虧 一三八一

---

龜 一八九二　徽 五八六　騎 一八五六　歸 八二三　譏 一七二九　饋 一八三六　夔 六〇一

ギ
宜 六一九　僞 二一五　義 一四五七　疑 一三二三　儀 二二四　誼 一七一七　劓 三三五　擬 一〇二〇　戲 八〇〇　魏 一八二七　蟻 一三八七　犧 九八五　議 一七三一

キク
菊 一四九九　掬 一〇〇三　毱 一〇二三　麴 一八六五　鞠 一八〇七

キチ
吉 四四八

**キツ** 仡 一五九　吃 四五四　訖 一六九一　釳 一七八四　喫 四九三　詰 一六九七　頡 一八一四　橘 七六五

**キャ** 伽 一七四

**キャク** 卻 三○六　脚 一○七七　噱 五○三　屩 六四六

**ギャク** 虐 一三七四

**キュウ** 九 九六　久 七六　及 七六　弓 六五二　仇 一四六　丘 五○　伋 一六一　休 一六四

求 九一五　究 一三一六　咎 四八二　泣 九三三　怯 一一六四　穹 一三二○　糾 一五二八　捄 九九七　急 一一七一　級 一五三○　躬 一六三六　救 八四一　翕 一五二六　廏 六○八　給 一五三六　裘 一四五○　舅 一四二六　鳩 一八六七　窮 一三二一　舊 一四二七

**ギュウ** 牛 九八○

**キョ** 巨 一二四　去 三四六　拒 九八九　岠 五四六　居 六四二　袪 一四四七　距 一六一四　詎 一六九二

渠 九五二　虛 一三七九　墟 三九四　踞 一六一七　噓 五○三　據 一○一八　遽 一六六八　擧 一四二六

**ギョ** 魚 一八七一　馭 一八五一　御 五七八　禦 一二二三

**キョウ** 凶 二九四　邛 一六二○　叶 四四五　共 二三四　匡 一二四　匈 二六四　劦 三四○　杏 七三三　狂 七七一　羌 一四五五　協 一一七　供 一九六　享 二八六　況 九三一　拱 九九七　胸 一○六五　恐 一一七四

恭 一一七五　挾 九九九　峽 五四七　狹 七七三　脅 一○六七　教 八三九　梟 七五一　竟 一三一二　強 六五八　鄉 一六三○　蛬 一三八二　貺 一五八五　喬 四九六　筐 一四一六　畺 一二五九　敫 一三○四　誑 一七○七　嶠 五四九　篋 一四二二　僵 二二四　僑 二○一　嬌 七○一　橋 七六四　興 二六三　徼 五八六　彊 六五八　矯 一二八○　嚮 五○五　警 一七二七　蹺 一六一九　鏡 一七九一　競 一三一五　響 一八四一

饗 一八三六　驕 一八五八　龔 一八九一

**ギョウ** 玉 七一二　堯 三九○　喁 四九五　鄴 一六三二　僥 二二三　曉 九○六　凝 二九一　顒 一八一六

**キョク** 曲 八六三　極 七五三　棘 七五四

**キン** 巾 五二七　今 一四八　均 三八一　近 一六三七　金 一七八○　矜 一三二九　琴 七一八　筋 一四一七　欽 一○九○　禽 二一七　窘 一三二一　勤 三四四

禁 一二二二　僅 二一八　緊 一五四○　箘 一四二二　慬 一一九七　錦 一七八八　覲 一五九九　謹 一七二七　饉 一八三六

**ギン** 吟 四六六　言 一六八二　沂 九二一　銀 一七八六

【ク】

**ク** 句 四四六　吁 四五四　拘 九九一　具 二四八　呴 四七五　栩 七四三　矩 一二七九　紅 一五二八　俱 二一○　酗 一五七四　區 一二五　踽 一六一七　瞿 一二四三

軀 一六三六　驅 一八五八　駒 一八五八　懼 一二○八

**グ** 禺 一二四九　遇 一六五四　虞 一三八○　愚 一一九一

**クウ** 空 一三一六

**グウ** 宮 六二六　偶 二一四　隅 一七四四　嵎 五四九　耦 一三三○

**クツ** 屈 六四四　掘 一○○四　崛 五四九　窟 一三二一

**クン** 君 四七○　軍 一五六四　訓 一六九○　裙 一四四九

勳 三四五　薫 一五一九　嚔 五〇五　纁 一五五三

**グン**　郡 一六二五　群 一四六二

**【ケ】**

**ケ**　華 一四九一　氣 一〇二四　懸 一二〇八

**ケイ**　兮 二三九　兄 二六九　刑 三一五　圭 三七三　乩 一〇五　形 五八七　囧 五二〇　系 一五二八　京 二八七　契 四二八　荊 一四八九　莖 一四八九　係 二〇四　計 一六八九　珪 七一四

桂 七四四　徑 五六七　奚 四二八　卿 三〇六　剄 三三四　涇 九四一　彗 六三七　頃 一八〇九　啓 四九〇　敬 八四三　惠 一一八七　景 八九四　䀠 九〇二　傾 二一九　詣 一六九九　煢 一一三七　溪 九六六　經 一五三七　境 三九三　睽 一二四一　輕 一五六六　儆 二一九　慧 一一九八　稽 一二九一　慶 六一〇　磬 一二三一　髻 一八四八　擎 一〇一七　頸 一八一五　憩 一二〇二　罽 一三九五　穗 一二九三　瓊 七二一

嶲 五五〇　繫 一五五一　醯 一五七六　謦 一八二五　繼 一五五三　攜 一〇二一　鷄 一八六九　驚 一八五九

**ゲイ**　迎 一六三八　藝 一五二〇

**ケキ**　郤 一六二五

**ゲキ**　逆 一六四三　戟 七九八　隙 一七七五　激 九七六　檄 七六五　擊 一〇一九

**ケツ**　欠 一〇八五　穴 一三一六　血 一四三五　決 九二二　缺 一四〇三　桀 七四八　偈 二一三

訣 一六九四　絜 一五三四　厥 一二一　結 一五三四　揭 九〇四　碣 一二三〇　竭 一三一五　潔 九七四　闕 一八〇四　蹶 一六一八　纈 一五五四

**ゲツ**　刖 三一七　蘖 一五二二

**ケン**　犬 七七一　見 一五九四　臤 一三五四　券 三二六　肩 一〇六三　建 三六〇　畎 一二四九　倦 二〇五　拳 九九八　軒 一五六五　虔 一三七四　健 二一三　兼 二五八　乾 一〇六　堅 三八九　牽 九八四

眷 一二四〇　楗 七五三　喧 四九六　犍 九八四　絢 一五三六　遣 一六六三　愆 一一九二　豢 一五八〇　嫌 七〇〇　賢 一五八九　儉 二二三　劍 三三五　險 一七七八　縣 一五四六　黔 一八八〇　獫 七七八　憲 一二〇三　縑 一五四八　鞬 一八〇八　檢 七六五　謙 一七二六　羂 一三九六　獻 七七八　譴 一七三一　騫 一八五八　權 七六七　顯 一八二〇　蠲 一三八七

**ゲン**　元 二六八　幻 七〇二　玄 二八〇

阮 一七六三　沅 九一七　弦 六五六　限 一七六九　院 一七七二　原 一二一　眩 一二三八　現 七一六　絃 一五三四　減 九六〇　源 九六六　噞 五〇四　嚴 五〇六　儼 二二六　驗 一八五九

**【コ】**

**コ**　互 四六　户 一一四三　古 四三七　乎 八〇　苦 一四七六　虎 一三七四　呼 四七四　股 一〇六二　狐 七七二　炬 一一一五　怙 一一六四　弧 六五六　孤 六六八

姑 六八七　胡 一〇六三　故 八二七　枯 七四一　庫 六〇五　瓠 一三〇五　虜 一三七四　許 一六九三　涸 九五三　袴 一四四九　壺 三九一　楛 七五二　觚 一六六七　湖 九六〇　鼓 一八八三　辜 一七三四　瞽 一二四三　盬 一二六八　顧 一八一九

**ゴ**　五 四〇　午 三六二　吾 四六五　吳 四六八　後 五六三　悟 一一七六　梧 七五〇　碁 一二二九　語 一七〇〇　誤 一七〇二　寤 六三二　醐 一五七五

護 一七三〇

**コ**

固 五二一

**コウ**

工 三六五
口 四三七
公 二二九
孔 六六四
巧 三六五
功 三三七
甲 一二四四
叩 六四六
弘 六五六
考 一三三二
光 二七〇
仰 一六五
向 四五五
后 四五六
行 五五一
交 二八五
巟 二八六
江 九一三
阮 一七六三
好 六八三
孝 六六七
攻 三二五
坑 三八二
更 五一
夾 四二五
吽 四六七
吼 四六八
佉 一七一
肓 一〇六〇
宏 六一六
幸 三八三
苟 一四八九
杭 七三五
肯 一〇六一
佼 二〇〇
肱 一〇六一
狗 七七二
郊 一六二四
庚 六〇四
降 一七六七
耇 一三三九
垢 三八五
巷 六五一
荒 一四九〇
厚 一二一
虹 一三八二
昴 八八三
香 一八二五
侯 二〇六
皇 一三〇四
洪 九三九
洽 九四〇
羔 一四五六
恒 一一七二
耕 一三三〇
貢 一五八二
耿 一三四三
校 七四五
晃 八八八
剛 三三一
烋 一一一六
候 二一二
高 一八六九
效 八三三
浩 九四三
黄 八六四
控 一〇〇四
毫 一〇二二
康 六〇七
寇 六二九
袷 一〇四〇
項 一八一九
硤 一二二三
蛟 一三八四
逭 一六五四
皓 一三〇四
豞 一六七五
猴 七七四
湟 九六二
惶 一八九
絳 一五三六
絞 一五三六
較 一五六六
鉤 一七八六
雊 一七五六
煌 一一三七
溝 九六三
構 七五八
睺 一二四二
誥 一七〇七
膏 一〇七八
廣 六〇八
歊 一〇九一
慷 一一九八
綱 一五四一
璜 七二一
墝 三九六
横 七五九
薨 一五一一
購 一五九三
衡 五八六
餚 一八三五
縞 一五四八
覯 一五九九
壙 三九八
講 一七二六
鴻 一八六八
曠 九〇六
鎬 一七九〇
鏗 一七九〇
羹 一四六四
贛 一五九三

**ゴウ**

号 四四四
合 四五七
劫 三四〇
栲 七四一
傲 二一七
業 七五七
號 一三八一
豪 一五八〇
囂 五〇九
鼇 一八八四

**コク**

克 二七五
告 四六八
谷 一六七四
刻 三二五
哭 四八七
唃 四八七
國 五二一
斛 一一四二
黑 一八七九
穀 一二九一
縠 一五四六
轂 一〇九五
鵠 一八六九

**ゴク**

獄 七七六

**コツ**

乞 九八
忽 一一六三
骨 一八二三
紇 一五二九
榾 七五六

**コン**

困 五二〇
昆 八六六
佷 二〇〇
昏 八七一
恨 一一七三
根 七四六
梱 七五〇
混 九五三
婚 六九八
琨 七一八
渾 九六二
魂 一八二六
髡 一八四七
褌 一四五二
墾 三九七
鼲 一八八五

**ゴン**

欣 一〇八八

## 〔サ〕

**サ**

左 三六五
乍 八〇
佐 一七二
莎 一四九七
娑 六九二
嗟 四九五
詐 一六九六
蓌 一五〇九
嗦 五〇〇
裟 一四五〇
磋 一二三〇
樝 七五九
鎖 一七九〇

**ザ**

坐 三八二
挫 一〇〇〇
座 六〇五

**サイ**

才 九八六
再 一三六
災 一一一五
采 一六七二
哉 四八二
柴 七四七
財 一五八二
宰 六二六
責 一五八二
菜 一四九九
採 一〇〇四
彩 五八八
猜 七七三
祭 一二二〇
婇 六九八
細 一五三二
裁 一四四九
最 八九三
載 一五六六
碎 一二三〇
際 一七七五
蔡 一五一〇
摧 一〇一二
綵 一五四二
灑 九七九

**ザイ**

在 三七六
罪 一三九二

射 四〇〇
赦 一五六〇
奢 四二九
捨 一〇〇二
斜 一一四二
[illegible] 五〇二
遮 一六六五
赭 一五六一
寫 六三四
藉 一五一九
謝 一七二六

ジャ

煮 一一一九
惹 一一八六

シャク

杓 七三三
灼 一一一五
斫 一〇二六
綽 一五四一
燋 一一三九
谿 一六七四
爵 一〇四四
爍 一一四一
釋 一六七二
鑠 一七九二

ジャク

若 一四七九
雀 一七五四
搦 一〇一二

---

シュ

手 九八六
主 九二
朱 七三一
守 六一二
狩 七七三
炷 一一一六
首 一八四二
姝 六九〇
珠 七一四
殊 七八二
酒 一五七四
須 一八一一
種 一二八八
趣 一五五九
撞 一〇一四
諏 一七〇九
輸 一五七〇
霔 一七四六
鬚 一八四八

ジュ

入 一四二
戌 七八四
咒 四七四
受 三五六
授 一〇〇一
竪 一三一四
壽 三九四
綬 一五四二
澍 九七四
樹 七六三

---

儒 二二五
孺 六七〇
襦 一四五三
蠕 一三八七

シュウ

什 一四六
卌 一一六
囚 五一一
舟 一四四〇
州 九四
收 八二五
取 三五五
周 四八〇
宗 六一八
春 八七一
秋 一二八一
修 二〇二
洲 九四〇
脩 二〇九
臭 一四三四
羞 一四五七
娶 六九七
菆 一四九八
習 一五二六
終 一五三三
戢 七九九
集 一七五四
衆 一四三五
就 四三一
楫 七五六
酬 一五七五
嗅 一三五八

---

愁 一一九二
聚 一三四六
醇 一五七五
輯 一五七〇
醜 一五七六
踵 一六一七
濕 九七六
蹴 一六一九
繡 一五五二
襲 一四五三
饈 一七六二
鷲 一八七〇

ジュウ

十 一〇八
廿 一一五
从 一四八
汁 九一二
戎 七八四
充 二七五
住 一八一
杻 七三五
重 一六〇八
恤 一一七二
殉 七八二
從 五六九
楯 七五六
準 九六六
獸 七七八

シュク

夙 五九三
叔 三五六

---

祝 一二一六
孰 六六九
淑 九五二
宿 六二七
粥 一四六五
肅 一四七二
蹙 一六一八
儵 二二六

ジュク

熟 一一三八
縟 一五四七

シュツ

蟀 一三八六

ジュツ

述 一六三八
怵 一一六四
秫 一二八一
術 五六八

シュン

徇 五六二
珣 七一四
峻 五四八
浚 九四五
純 一五三一
淳 九五八
畯 一二五九
舜 一〇四三
駿 一八五六

---

濬 九七六

ジュン

旬 八六四
巡 一六三七
順 一八一〇
循 五八一
潤 九七四

ショ

初 三二一
杵 七三五
沮 九三一
俎 二〇八
胥 一〇六六
書 八八八
處 一三七五
庶 六〇六
趄 一五五九
黍 一八八二
湑 九六三
諸 一七〇九
雛 一七五六

ジョ

女 六七一
汝 九一三
如 六七四
助 三四〇
序 六〇二
所 一一四三
茹 一四九〇

---

除 一七七〇
徐 五六八
恕 一一七八
敘 八四二
暑 八九四
舒 一四〇五
緒 一五四一

ショウ

小 四三四
少 四三五
升 七九
召 四四七
抄 九八九
肖 一〇六〇
邵 一六二三
劭 三四一
松 七三五
招 九九二
尚 二四六
昇 八六六
昌 八六六
妾 六八七
戕 七九八
承 一〇六
省 一二三八
昭 八八四
秤 一二八二
峭 五四七
乘 一二八三
笑 一四〇六
倡 二一〇
涉 九四一

消 九四一　悚 一一七六　祥 一二二〇　烝 一一一八　梢 七四九　捷 一〇〇〇　接 一〇〇五　常 五三七　唱 四八八　象 一五七九　訟 一六九三　商 二八八　章 一三一二　旌 一一一二　清 九四五　將 一二〇九　紹 一五三四　椒 七五三　焦 一一三三　鈔 一七八四　勝 一〇七五　詔 一六九六　竦 一三一四　掌 一〇一一　焯 一一三五　聖 一三四三　蒸 一五一〇　照 一一三五　像 二一九　傷 二一九　腥 一〇七七　腫 一〇七七　鄆 一六三一

障 一七七六　綃 一五四〇　嘗 九〇四　裳 一四五一　稱 一二八七　餉 一八三一　誦 一七〇八　彰 五八八　精 一四六六　憧 一一九八　璋 七二一　殤 七八三　霄 一七四五　漿 九七三　賞 一五九〇　瘡 一三〇八　蕭 一五一八　篠 一四二四　燒 一一三九　聲 一三四七　檣 七六五　償 二二六　鍾 一七八九　蹤 一六一八　觴 一六八〇　樵 七六六　醮 一五七六　鏘 一七九〇　證 一七二九　攝 一〇二〇　麞 一八七六

**ジョウ**

丈 二五　上 二五　仍 一四八　杖 七三二　狀 七七三　條 七四七　盛 一二六五　情 一一七八　場 三九〇　嬈 七〇〇　耨 一三三〇　緜 一五四七　襄 一四五三　縱 一五四九　擾 一〇二〇　繞 一五五〇　繩 一五五一　壤 三九八　攘 一〇二〇　饒 一八三六　孃 七〇一　疊 一二六三　穰 一二九四　讓 一七三三　驤 一八五九

**ショク**

色 一四四二　食 一八二九　埴 三八七　殖 七八三　寔 六三〇　嗇 五〇〇

軾 一五六六　蜀 一三八三　飾 一八三一　稷 一二九二　職 一三四八　穡 一二九三　織 一五五一　觸 一六八〇　贖 一五九三

**ジョク**

辱 一五七七　弱 六五七

**シン**

心 一一五三　申 一二四六　臣 一三五一　迅 一六三七　辰 一五七七　岑 五四六　身 一六三三　辛 一七三四　忱 一一五九　甚 五八　哂 四八三　矧 一二七九　信 二〇四　侵 二〇六　針 一七八三　津 九四〇　神 一二一六　秦 一二八二

真 二五四　振 九九九　晉 八八四　訊 一六九二　晨 八九一　進 一六四八　深 九五九　蜃 一三八三　嗔 五〇〇　新 一〇二七　愼 一一九五　寢 六三〇　震 一七四五　瞋 一二四二　積 一二九一　箴 一四二二　審 六三三　薪 一五一一　親 一五九八　賑 一五七八　譖 一七二七　讖 一七三二

**ジン**

人 一三七　刃 三〇八　仞 一六〇　任 一六五　沈 九二二　荏 一四九〇　衽 一四四七　陣 一七七〇　腎 一〇七五

尋 四〇四　塵 三九四　盡 一二六六　潭 九七四　燼 一一四一

## 〔ス〕

**スイ**

水 九〇九　出 二九四　吹 四六六　垂 三八三　衰 一四四七　推 一〇〇三　捶 一〇〇三　崔 五四八　揣 一〇一〇　遂 一六五九　睡 一二四一　綏 一五四〇　粹 一四六八　隧 一七七八　醉 一五七五　誰 一七一七　燧 一一四〇　雖 一七五七　穟 一二九三　邃 一六七〇

**ズイ**

瑞 七二〇

隨 一七七六　蕤 一五一一　繠 一五五〇　蘂 一五二一

**スウ**

崇 五四八　蒭 一五〇九　樞 七六〇　數 八四七　趨 一五五九　騶 一八五七

**スン**

寸 三九九

## 〔セ〕

**ゼ**

是 八七四

**セイ**

井 三〇　正 八〇九　世 四六　生 一二七〇　西 一三五五　成 七八四　青 一七三七　妻 六八六　制 三二五　征 五五七

竈 一三二二　鏝 一七九一　繅 一五五二　穎 一八一九　藻 一五二二　騷 一八五七

**ゾウ**
造 一六四五　臧 七九九　贈 一五九三

**ソク**
仄 一四五　束 七三三　足 一六一三　即 三〇二　唧 四八二　則 三二六　促 二〇二　速 一六四三　捉 九九九　息 一一七六　側 二一三　測 九六一　塞 三九二

**ゾク**
俗 二〇二　族 一一一二　粟 一四六五　賊 一五八七

---

續 一五五三　屬 六四六　鏃 一七九一

**ソツ**
卒 一一八　帥 五三二　捽 一〇〇五　窣 一三二一

**ソン**
拵 一〇〇〇　孫 六六八　尊 四〇二　損 一〇一二　蹲 一六一九

〔タ〕

**タ**
太 四二一　他 一五九　吒 四五四　多 五九三　陀 一七六七　拖 九九一　咤 四八五　姹 六九一　埵 三八七　唾 四八九　馱 一八五二　駄 一八五四

---

駝 一八五四

**ダ**
打 九八八　那 一六二一　拏 九九三　娜 六九一　蛇 一三八二　[illegible] 四九〇　墮 三九六

**タイ**
大 四〇七　代 一五七　台 四四八　岱 五四七　耐 一三六六　殆 七八二　待 五六二　胎 一〇六五　泰 九三八　退 一六四三　怠 一一七四　帶 五三六　逮 一六五二　替 八九三　璹 七一九　碓 一二二九　跆 一六一六　臺 一三七三　對 四〇四　滯 九七一　戴 八〇〇

---

鎚 一七八九　蹛 一六一八　隸 一七四七

**ダイ**
乃 七〇　內 一二九　迺 一六四一　第 一四〇七　嬭 七〇一　題 一八一六

**タク**
宅 六一三　拆 九九二　卓 一一七　託 一六一一　祏 一四四七　涿 九五二　柝 七五二　橐 七五八　槖 七六五　擇 一〇一七　澤 九七五　鐸 一七九一

**ダク**
諾 一七〇九　濁 九七五

**タツ**
敓 八四二

---

達 一六五二　撻 一〇一三　闥 一八〇五

**ダツ**
怛 一一六五　貀 一六七五　脫 一〇七二　奪 四二九　獺 七七八

**タン**
丹 九一　旦 八六三　但 一七二　炭 一一一六　耽 一三四三　袒 一四四八　赧 一五六一　探 一〇〇四　啖 四九〇　堪 三九〇　單 四九三　短 一二八〇　湛 九六〇　湍 九六一　椴 七五六　誕 一六九八　亶 二九〇　噉 五〇二　端 一三一五　歎 一〇九一　儋 二二三

---

憚 一二〇一　擔 一〇一八　曇 九〇六　檀 七六六　鍛 一七八九　癉 一三〇九　譚 一七二八

**ダン**
男 一二四七　妥 六八四　段 一〇九三　暖 九〇二　彈 六五八　壇 三九七　斷 一〇二八

〔チ〕

**チ**
地 三七三　池 九一五　知 一二七六　治 九三四　持 九九五　胝 一〇六五　恥 一三四三　致 一三七三　值 二〇九　智 八九五　馳 一八五四　摛 一〇一二

---

置 一三九〇　雉 一七五六　鴟 六〇八　絺 一五四〇　質 一五九二　遲 一六六八　癡 一三〇九

**ヂ**
抳 九九三

**チク**
竹 一四〇六　竺 一四〇六　逐 一六四四　畜 一二五五　築 一四二三

**チツ**
袟 一二一五　蟄 一三八六

**チュ**
邾 一六二三　誅 一六九八　駐 一八五五

**チュウ**
中 六一　丑 四六　虫 一三八二　仲 一六五

肘 一〇六〇
沖 九一八
抽 九九一
忠 一一六〇
注 九三二
柱 七四三
冑 一〇六八
紂 一五二〇
紐 一五三七
衷 一四四四
偷 二一三
晝 八九三
註 一六九六
稠 一二八六
綢 一五四二
疇 一二六三
籌 一四二五

チュツ
黜 一八八〇

チュン
杶 七三四

チョ
杼 七三五
著 一四九七
紵 一五三四
貯 一五八六
樗 七六〇
豬 一五八〇

チョウ
吊 四五三
兆 二七五
長 一七三九
祧 一二一九
冢 二九三
頂 一八〇九
帳 二四二
停 五一四
鳥 一六六七
彫 五八八
張 五五八
超 一五七九
朝 一〇七三
貂 一六七五
跳 一六一六
覜 一五九八
腸 一〇七七
趙 一五五九
暢 九〇五
肇 一四七二
輒 一五六八
徵 五八五
調 一七一六
澄 九七五
諜 一七一八
懲 一二〇七
寵 六三四
齠 一八八九
聽 一三四九
糶 一四七一

チョク
直 一一六
陟 一七七〇
敕 八四一

チン
珍 七一四
朕 一〇六六
陳 一七七二
鎮 一七九〇

〔ツ〕

ツイ
追 一六四二
隊 一七七四
槌 七五六
墜 三九六
縋 一五四三

ツウ
通 一六四五
痛 一三〇七

〔テ〕

テイ
丁 一〇
氐 一〇八一
杕 七三二
呈 四六六
弟 二三七
抵 九九二
底 六〇二
定 六一六
柢 七四二
挺 九九七
貞 一五八一
亭 二八八
庭 六〇五
帝 五三二
剃 三三一
娣 六九一
桯 七五〇
梯 七五一
啶 四八九
偵 二一四
提 一〇〇六
鼎 一八七八
睇 一二四一
啼 四九六
程 一二八六
渧 九六三
楟 七五七
綈 一五四〇
霆 一七四五
鄭 一六三一
綴 一五四二
醍 一五七五
蹄 一六一七
諦 一七二三
騁 一八五六
鞮 一八〇八
鯷 一八七三
體 一八二三

デイ
泥 九三四

テキ
狄 七七二
迪 一六三九
的 一二九九
惕 一一七九
摘 一〇一三
適 一六六五
敵 八四八
擢 一〇一八
擲 一〇一九

デキ
溺 九六七

テツ
姪 六九〇
哲 四八六
跌 一六一四
徹 五八六
澈 九七五
轍 一五七二
鐵 一七九一

デツ
哩 四八七

テン
天 四一二
忝 一一六〇
典 二四七
沾 九三一
殄 七八二
恬 一一七二
展 六四五
奠 四二九
㥏 一一九〇
瑑 七二〇
椽 七五七
傳 二一七
滇 九六三
殿 一〇九四
諂 一七一六
廛 六一〇
點 一八八〇
轉 一五七一
顛 一八一六
繵 一五五二
纏 一五五四

デン
田 一二四四
電 一七四四

〔ト〕

ト
斗 一一四二
吐 四五三
妒 六八四
兔 二七六
都 一六二六
荼 一四九六
徒 五六八
菟 一四九九
屠 六四五
渡 九六二
[illegible] 五〇〇
塗 三九三
圖 五二六
覩 一五九八
賭 一五九一
闍 一八〇三

ド
土 三七〇
奴 六七二
杜 七三二
努 三四一
呶 四七六
弩 六五七
度 六〇四
怒 一一七三
砮 一二二八
駑 一八五五

トウ
刀 三〇八
冬 六〇〇
豆 一五七三
投 九九〇
彤 五八八
東 七三五
到 三二四

逃 一六四二
逗 一六四四
倒 二○八
島 五四八
討 一六九○
唐 四八七
凍 二九一
納 一五三二
兜 二七六
悼 一一七九
塔 三九○
董 一五○六
搭 一○○六
棠 七五四
等 一四○九
答 一四一七
道 一六五五
盜 一二六五
湯 九六一
登 一三二六
統 一五三六
當 一二五九
惱 一一九六
瑭 七二一
蕩 一五一一
鬧 一八四六
幢 五四三
稻 一二九二
樑 七六四
橙 七六四
頭 一八一四
滕 一五四六
燈 一一四○

鞜 一八○八
擣 一○一九
蹋 一六一八
蹈 一六一八
諂 一七二六
燾 一一四○
藤 一五二○
蕩 一四二五
黨 一八八一
騰 一八五七
儻 二二六
鬬 一八四六
纛 一五五四

**ドウ**
同 四五○
洞 九三九
恫 一一七二
桐 七四五
堂 三八九
動 三四二
猱 七七五
童 一三一四
銅 一七八六
導 四○五
儜 二二五
瞳 一二四三
臑 一○七九
曩 九○七

**トク**
忒 一一五九
匿 一二五

特 九八三
得 五七二
督 一二四一
德 五八二
篤 一四二三
瀆 九七七
櫝 七六七
犢 九八五
髑 一八二四
讀 一七三二
黷 一八八一

**ドク**
毒 一二一三
獨 七七七

**トツ**
咄 四七五
突 一三二○
訥 一六九三

**トン**
屯 四五
遁 一六五四
敦 八四六
頓 一八一二
墩 三九七
燉 一一四○

**ドン**
吞 四六五
貪 一五八四

貧 一五八四
鈍 一七八四

## 【ナ】

**ナ**
奈 四二七

**ナツ**
捺 一○○○

**ナン**
南 一一九
喃 四九二
難 一七六一

## 【ニ】

**ニ**
仁 一四五
貳 一五八四

**ニク**
肉 一四○二

**ニュウ**
乳 一○五
柔 七四三

**ニン**
忍 一一五九

姙 六九○

## 【ヌ】

## 【ネ】

**ネ**
禰 一二二五

**ネイ**
佞 一七六
寧 六三三
聹 一三四九
鬡 一八二○

**ネツ**
涅 九四一

**ネン**
年 八八一
念 一一六一
捻 一○○三
熱 一一三八
燃 一一三九
黏 一八八二

## 【ノ】

**ノウ**
能 一○六七
惱 一一九○

農 一五七八
囊 五○九

## 【ハ】

**ハ**
巴 六五○
叵 四四二
把 九九○
波 九三五
派 九四○
破 一二二八
琶 七一九
跛 一六一四
頗 一八一四
播 一○一三

**バ**
馬 一八四九
婆 六九七
麼 七○三
罵 一八五五

**ハイ**
貝 一五八一
吠 四六六
佩 一九七
背 一○六四
拜 九九八
珮 七一四
配 一五七四
倍 二一二

敗 八四二
輩 一五六九
廢 六一○

**バイ**
沫 九二三
昧 八七二
陪 一七七一
埋 三八六
梅 七五○
買 一五八六
媒 六九九
賣 一五八九
邁 一六六六

**ハウ**
跰 一六一六
螃 一三八六

**バウ**
牦 九八二
謀 一七一五

**ハク**
白 一二九五
朴 七三一
百 一二九七
伯 一七三
迫 一六三九
帛 五三一
泊 九三二
柏 七四二

鍑 一七八九

**フク**

伏 一六三　服 一〇六一　副 三三四　匐 二六五　復 五七九　腹 一〇七七　福 一二二二　蝮 一三八五　輻 一五七〇　覆 一三五七

**フツ**

不 三四　弗 六五四　咈 四七五　髴 一八四八

**ブツ**

勿 二六四　佛 一八四

**フン**

分 三一一　刎 三一七　芬 一四七四　氛 一〇二四　忿 一一六三　紛 一五三二　焚 一一一九

棼 七五二　墳 三九六　濆 九七四　憤 一二〇一　奮 四三〇　糞 一四六八

**ブン**

文 一〇九六　汶 九二二　蚊 一三八二　聞 一八〇〇

## 〔へ〕

**ヘイ**

丙 四八　平 三六二　兵 二三六　秉 一二八一　併 一九九　並 二四九　柄 七四一　昺 八七二　瓶 八〇七　陛 一七六九　病 一三〇六　娉 六九六　敝 八四二　閉 一七九六　敞 八四六　聘 一三四六

蔽 一五一〇　弊 四〇六　幣 五四二　篦 一四二四　斃 五〇五

**ベイ**

米 一四六五　袂 一四四七　詺 一六九九

**ヘキ**

辟 一七三四　碧 一二三〇　壁 三九七　璧 七二二　霹 一七四六　闢 一八〇五

**ベキ**

覓 一五九七

**ヘツ**

莂 一四九一

**ベツ**

別 三一七　鱉 一八七三　鼈 一八八四

**ヘン**

卞 九一

返 一六三八　便 二〇〇　扁 一一五二　貶 一五八三　偏 二一五　遍 一六六〇　篇 一四二三　駢 一八五六　鞭 一八〇八　邊 一六七〇　變 八四九

**ベン**

弁 四〇六　俛 二〇四　勉 三四一　沔 九六〇　綿 一五四二　辧 一七三五　辯 一七三六

## 〔ホ〕

**ホ**

布 五二七　甫 五二　步 八二一　怖 一一六四　保 二〇一　逋 一六四四　晡 八八五　捕 一〇〇〇

畝 一二五五　部 一六二八　浦 九四〇　普 九〇一　補 一四四九　蒲 一五一〇　輔 一五六七　鋪 一七八七　黼 一八七七

**ボ**

戊 一七八四　母 一二一二　牡 九八一　菩 一四九九　募 三四三　墓 三九二　暮 九〇四　慕 一一九七　模 七五八　膜 一〇七七　謨 一七二六

**ホウ**

方 一〇九九　包 二六四　邦 一六二〇　[illegible] 四五五　仿 一六六　妨 六八六　奉 四二五　苞 一四八八　抱 九九二

肪 一〇六三　放 八二六　泡 九三〇　封 四〇二　峰 五四七　豹 一六七五　逢 一六四五　旁 一一一　袍 一四四八　萌 一四九九　崩 五四八　訪 一六九四　烽 一一一九　彭 五八八　報 三九〇　傍 二一七　蓬 一五〇九　鋒 一七八七　鴇 一八六八　褒 一四五二　謗 一七二七　豐 一五七三　龐 一八九一　寶 六三四

**ボウ**

亡 二七九　忙 一一五七　防 一七六三　妄 六八二　牟 九八一　忘 一一五九　茂 一四八七

茅 一四八九　罔 一三八九　侔 二〇〇　某 七四一　冒 八七二　莽 一四九一　剖 三三四　旄 一〇二二　莔 一四九八　袲 一四四八　望 一〇七三　瑁 七二〇　蒙 一五〇九　楙 七五七　盜 一二六六　髦 一八四七　貌 一六七六　暴 九〇六　謀 一七一七　駹 一八五六　鍪 一七八九　懵 一二〇七

**ホク**

仆 一四六　北 二六六　濮 九七六

**ボク**

卜 一二六　木 七二五　沐 九一七　牧 九八二

僕 二二〇
撲 一〇一三
墨 三九七
樸 七六四
穆 一二九二

ホツ
發 一三二六

ボッ
坊 三八一

ボツ
沒 九一八
勃 三四一
悖 一一七七

ホン
本 七二八
奔 四二七
叛 三五九
翻 一五二七

ボン
凡 二七七

〔マ〕

マ
麻 一八七四
摩 一〇一四

磨 一二三一
嚒 五〇五
魔 一八二七

マイ
每 一二一三
枚 七三四
妹 六八七

マツ
末 七二八
沫 九二三
靺 一八〇七

マン
慢 一一九八

〔ミ〕

ミ
未 七二七
味 四七四

ミツ
密 六二八
蜜 一三八三

ミョウ
妙 六八四

ミン
民 一〇八二
眠 一二三九

〔ム〕

ム
務 三四二
夢 五九八
霧 一七四六
鵡 一八六九

〔メ〕

メイ
名 四五九
明 八六七
命 四七七
迷 一六四二
冥 二九三
盟 一二六五
鳴 一八六八
暝 九〇五
銘 一七八六
瞑 一二四二
謎 一七二四

メツ
滅 九六三

メン
免 二七六

面 一八二一

〔モ〕

モウ
毛 一〇二二
盲 一二三三
孟 六六八
耗 一三三〇
猛 七七四
網 一五四一

モク
目 一二三三
默 一八七九

モツ
物 九八二

モン
門 一七九三
問 一七九六
悶 一八〇〇
[illegible] 五一〇

〔ヤ〕

ヤ
也 九八
邪 一六二〇
耶 一三四二

野 一六一〇
夜 二八七

ヤク
約 一五二九
藥 一五二〇
譯 一七三一
躍 一六一九

〔ユ〕

ユ
臾 一四二六
柚 七四二
庾 六〇六
逾 一六五二
喩 四九五
愉 一一八九
瑜 七二〇
楡 七五六
諛 一七一六
踰 一六一七
諭 一七二三
籲 一四二五

ユイ
唯 四八九

ユウ
又 三四九
尤 一〇四
友 三五四
右 四四二
由 一二四五
有 一〇五〇
邑 一六二二
佑 一七二
攸 一七三
彤 一〇六〇
疣 一三〇六
祐 一二一五
勇 三四一
幽 七〇二
挹 九九九
逌 一六四四
涌 九四五
悠 一一七八
雄 一七五四
揖 一〇〇六
猶 七七四
游 九六二
誘 一七〇二
褎 一四五二
熊 一一三八
憂 一一九九
牖 一〇二五
融 一三八六
優 二二六

〔ヨ〕

ヨ
予 一〇四
余 一八八
好 六八六
愈 一一七八
與 二五八
預 一八一三
餘 一八三一
豫 一五八〇
輿 一五七一

ヨウ
夭 四二二
用 一三二
孕 六六五
幼 七〇二
羊 一四五五
妖 六八六
英 一四八八
要 一三五六
殃 七八二
昜 八七二
容 六二六
庸 六〇七
陽 一七七三
揚 一〇〇六
葉 一五〇三
楪 七五五
楊 七五五
揺 一〇一二
遥 一六六四
頌 一八一三
腰 一〇七六
滕 一〇七七
詳 一六九九
雍 一七五六

瑶 七二一
曄 九〇五
養 一八三四
擁 一〇一八
謡 一七二六
膺 一〇七八
繇 一五四八
曜 九〇六
颶 一八三九
耀 一五二七
灘 九七九

**ヨク**

弋 四三二
抑 九八九
浴 九四四
欲 一〇八八
翊 一五二五
億 二二四
翼 一五二六

## 〔ラ〕

**ラ**

裸 一四五一
螺 一三八六
羅 一三九六
擺 一〇二一
囉 五〇九
邏 一六七一

**ライ**

來 一八八
萊 一四九七
雷 一七四四
賚 一五八九
頼 一五九二
醴 一五七六

**ラク**

洛 九三九
珞 七一三
落 一五〇六
絡 一五三五
酪 一五七五
雒 一七五六
喀 五〇三
樂 七六一
駱 一八五五

**ラツ**

刺 三二三
喇 四九三

**ラン**

卵 三〇一
啉 四八八
亂 一〇六
藍 一五一八
嚂 五〇五
闌 一八〇四
濫 九七六
懶 一二〇七
蘭 一五二三
嚂 五〇八
瀾 九七八
覽 一六〇三
巒 五五〇
囕 五一〇

## 〔リ〕

**リ**

吏 五〇
李 七三三
里 一六〇七
利 三二〇
荔 一四九〇
哩 四八三
唎 四八五
狸 七七三
理 七一五
梨 七五一
犂 九八四
菈 一五一〇
裏 一四五〇
黎 一八八二
履 六四六
釐 一六一二
喱 五〇六
鯉 一八七三
離 一七五八
麗 一八七五
蠡 一三八七
邐 一六七一
獵 七七九
籬 一八六〇
驪 一四二五

**リク**

六 二三一
陸 一七七二

**リツ**

律 五六七
栗 七四七
率 二八九
嘌 五〇一
膟 一〇七八

**リャク**

掠 一〇〇四
略 一二五八

**リュウ**

立 一三一〇
柳 七四二
留 一二五五
流 九四四
隆 一七七四
劉 三三五
戮 七九九
龍 一八九〇

**リョ**

呂 四六七
侶 二〇一
旅 一一一一
閭 一八〇二
膂 一〇七八
慮 一二〇〇
廬 六一一
臚 一〇七九
驢 一八五九

**リョウ**

了 九七
良 一四七三
兩 五三
亮 二八八
凌 二九一
料 一一四二
陵 一七七二
聊 一三四三
淩 九五一
涼 九五八
梁 七五二
椋 七五三
量 一六一一
嘹 五〇二
粱 一四六六
僚 二一九
領 一八一三
漁 九七三
遼 一六六六
撩 一〇一三
寮 六三三
瘳 一三〇八
燎 一一三九
療 一三〇八
繆 一五五〇
獵 七七八
糧 一四七一
躐 一六一九

**リョク**

力 三三六
綠 一五四三

**リン**

林 七三四
倫 二一一
淪 九五八
鄰 一六三一
輪 一五六八
論 一七一五
霖 一七四五
廩 六一一
臨 一三五四
噒 五〇五
藺 一五二二
鱗 一八七三
麟 一八七六

## 〔ル〕

**ル**

氀 一〇二三
鏤 一七九〇

**ルイ**

累 一五三二
漯 九七二
羸 一四六四
類 一八一九

## 〔レ〕

**レイ**

令 一六一
冷 二九一
苓 一四八八
例 一九七
戾 一一五二
竛 一三一二
軨 一五六六
零 一七四五
鈴 一七八五
厲 一二三
隷 一八〇六
嶺 五五〇
禮 一二二三
礪 一二三二
嚟 五〇六
靈 一七四七

**レキ**

歷 八二三
曆 九〇六
瀝 九七八
礫 一二三二
靂 一七四七

**レツ**

列 三一六

劣 三四〇
烈 一一一六
裂 一四四九

**レン**

連 一六四四
蓮 一五〇七
廉 六〇八
憐 一二〇二
練 一五四三
斂 八四九
瀲 九七八
攣 一〇二一

## 〔ロ〕

**ロ**

鹵 一八六六
輅 一五六六
虜 一三八〇
路 一六一五
賂 一五八八
魯 一八七一
盧 一二六八
[illegible] 五〇四
嚕 五〇五
簵 一四二五
露 一七四六
鑪 一七九二

**ロウ**

老 一三三一
弄 四〇六
牢 九八一
郎 一六二四
陋 一七六七
狼 七七三
浪 九四五
朗 一〇六七
婁 六九七
廊 六〇七
勞 三四三
橯 七五五
稜 一二八六
僂 二一八
漏 九七三
樓 七六〇
嘮 五〇三
閬 一八〇三
櫓 七六七
朧 一〇七九
髏 一八二三
籠 一四二五
聾 一三五〇

**ロク**

勒 三四二
鹿 一八七五
淥 九六〇
祿 一二二二
錄 一七八八

## 〔ワ〕

**ワ**

于 一七
和 四七六
倭 二一二

**ワイ**

淮 九五八
賄 一五八八
濊 九七六

**ワク**

或 七九六
惑 一一八八

**ワン**

腕 一〇七六
彎 六五九
灣 九七九

# 附錄四：本書所用文獻異體字對照表

又—ナ 三—叁 下—丅 之—㞢 于—亐 上—丄 仙—仚 丕—丕 四—亖 世—丗 匝—帀 仞—仭 年—秊 因—囙 宅—厇 夷—𡰥 冰—氷 吊—弔 克—尅剋 役—伇

羌—羗 佑—祐 沈—沉 祀—禩 陀—陁 災—灾 沒—没 牢—窂 姊—姉 佛—仏 初—初 更—叓 步—歩 妒—妬姤 劫—刦刧 別—别 並—竝并 承—羕 罔—⿱宀亡 呼—嘑

牀—床 迤—迆 刺—刾 的—旳 典—[illegible] 法—灋 享—亯 使—[illegible] 咒—呪 居—屋 玨—珏 肯—肎 卒—卆 協—恊 和—咊 明—眀 岳—嶽 育—毓 其—亓 剎—刹

契—[illegible] 柏—栢 恪—⿱各心 逆—⿺辶屰 毗—毘 洎—臮 姦—奸姧 姙—妊 度—⿸广乇 界—堺 怒—[illegible] 秋—秌 怨—惌[illegible] 姪—侄 奕—弈 陣—敶 則—⿰鼎刂 勃—勃 信—㐰 狸—貍

胸—胷 玆—茲玆 耕—⿰木井 躬—躳 耽—躭 畝—畮 徑—俓 訓—[illegible] 耘—秐 笑—咲 海—[illegible] 島—嶌 耗—秏 陰—侌 時—旹 莽—莾 恐—[illegible] 脅—脇 晃—晄 效—効

哲—悊 峰—峯 恥—耻 秘—祕 剛—[illegible][illegible] 高—髙 赧—[illegible] 得—淂 埴—[illegible] 啓—啟 專—専 敕—勅 率—[illegible] 逮—逯 船—舩 淫—滛 曼—⿱曰男 野—埜 敘—叙敍 動—堹

視—眎 國—国 弼—弻 復—澓 厥—[illegible] 萬—万 [illegible]—鞠 遍—徧 爲—爲 惡—悪 須—湏 無—无 詞—詈 傲—慠 款—欵 遁—遯 答—荅 粥—鬻 間—閒 黑—黒

游—遊 惠—恵 博—愽 猶—猷 最—㝡 策—筞 廄—厩 惱—[illegible] 疏—䟽踈 皓—晧 節—莭 筮—莁 鼓—皷 罪—辠 跡—迹 號—号 準—准 腰—⿱要月 勤—懃 竪—豎

愆—僁
亂—𤔔乱
與—与
殷—慇
慎—昚
飾—餝
群—羣
笄—筓
腸—膓
裸—臝
歲—嵗

粵—粵
聟—壻婿
慚—慙
聞—䎽
網—䋄网
罰—罸
橐—槖
賓—賔
察—詧
褎—裦袖
圖—啚

綱—綗
睿—叡
寧—寍甯
貌—皃
慷—忼
綿—緜
暱—昵
褌—幝
僭—僣
歎—嘆
鞍—鞌

險—嶮
黎—𥞊
德—悳
稷—禝
諂—讇
廟—庴庿
審—宷
遲—迡
緩—緩
篇—萹
覩—睹

劍—劒
敷—敷
儞—你
篤—萬
餐—飡
默—嘿
館—舘
學—斆
衡—奥衡
儒—需
築—筑

聰—聡
藂—叢
禮—礼
彌—弥旀
孺—孺
總—惣
繞—遶
藝—埶蓺
糧—粮
禰—祢
蹠—跖

離—離
職—軄
簡—蕳
樵—樵
辭—辝辤
礙—㝵
懶—嬾
關—閞
藻—薻
寶—寳珤
攜—擕

覽—覧
鷄—雞
驅—駈
體—躰
鱉—鼈
鑒—鑑
蠶—蝅
鬭—鬬鬪

# 附錄五：部分形體差異部件對照表

| 例字 | 差异部件 | |
|---|---|---|
| 纉纘 | 賛 | 贊 |
| 搖摇 | 䍃 | 䍃 |
| 滾滚 | 袞 | 衮 |
| 淸清 | 靑 | 青 |
| 旣既 | 皀 | 艮 |
| 溫温 | 𥁕 | 昷 |
| 橫横 | 黃 | 黄 |
| 潔潔 | 衆 | 眾 |
| 髙高 | 髙 | 高 |
| 儞你 | 爾 | 尔 |
| 祿禄 | 彔 | 录 |
| 換换 | 奐 | 奂 |
| 靜静 | 爭 | 争 |
| 娛娱 | 吳 | 吴 |
| 纖纎 | 𢦏 | 戋 |
| 鎭鎮 | 眞 | 真 |
| 悅悦 | 兌 | 兑 |
| 遠遠 | 袁 | 袁 |
| 惠惠 | 叀 | 叀 |
| 萊莱 | 來 | 来 |
| 絕絶 | 刀 | ⺈ |
| 硏研 | 幵 | 开 |
| 侶侣 | 呂 | 吕 |
| 彥彦 | 产 | 产 |
| 鉤鈎 | 句 | 勾 |
| 述述 | 朮 | 术 |
| 尙尚 | 八 | 丷 |
| 綠绿 | 彑 | 彐 |
| 黙默 | 黒 | 黑 |
| 挾挟 | 夾 | 夹 |

# 跋

相遇是因緣。狩野直喜與羅振玉的相遇拉開了日中近代學界的序幕，催生了京都學派；岡村繁與王元化的相遇證實了二十世紀日中學界有真誠情懷，由此融匯了百年日中學術之精華。

二〇一四年之夏，我與臧克和先生正式相遇在公元五七年漢光武帝所賜『漢委奴國王』金印發光二百三十周年之地的日本福岡志賀島上，埋藏在我們心中已久的對日藏唐代漢字寫本的學術渴望非常偶然地遽然合二爲一，由此釀造出這套《日藏唐代漢字抄本字形表》系列。

想起二十多年前，師從恩師岡村繁博士一字一字咀嚼著細川家永青文庫藏《敦煌本文選注》唐抄本時，我便有了收集日藏唐抄本編唐抄本字形表的願望並開始收集，得到了恩師的肯定鼓励。二〇〇〇年末私淑恩師王元化先生贈我中國剛出版的《古文字詁林》時也鼓勵我早日完成日藏唐抄本漢字字形研究並予刊行。其間，我陸續收集到了經部、史部、子部、集部的自奈良時代至平安時代的多種他抄本和自抄本。尤其是幸運地得到日本國寶《翰苑》卷第三十（唐代他抄本）藏主太宰府天滿宮社家西高辻家的支持，允許拜覽真跡以及對《翰苑》進行全面的研究，所以日本國寶《翰苑》卷第三十的全貌能展現在本書，亦可謂天下孤本《翰苑》『衣錦還鄉』。在此謹向西高辻家表示崇高的敬意，同時也向爲此做出努力的太宰府天滿宮禰宜味酒安則、權禰宜毛利清彥表示深深的謝意。

九州大學名譽教授日本漢學界泰斗岡村繁博士對《說文解字》有獨特的研究，造詣深邃，對我的漢字發展史研究關心已久，聽我說唐抄本字形表可以在中國大陸問世極爲高興，當即允承本書顧問，去年十二月二十六日淩晨享天壽大往生，享年九十有二。恩師在淨土之國保佑《日藏唐代漢字抄本字形表》系列的順利問世並後續有集。我惟以實際成果才能回報師恩。

東京大學名譽教授松丸道雄先生是日本研究青銅金文的第一人，又是日本中國古代史學界泰斗。其父松丸東魚乃日本近代篆刻大家，與吳昌碩交遊並私淑其印風。二〇〇四年應中國社科院殷商研究所等的邀請，與松丸先生考察中國甲骨文和青銅器金文等出土現場，松丸先生的身傳言教使筆者終身受益。再次感謝松丸先生應允擔任本書顧問。

大東文化大學名譽教授、無窮會圖書館名譽館長、日本經學界泰斗濱久雄博士不僅是本書編輯委員陳秋萍的恩師，也是筆者私淑二十多年的導師。濱久雄博士與中國經學專家湯志鈞教授的學術交誼極深，每年均有學術專著問世並寄贈我們，以此不斷勉勵我們。今者，九十二高齡的濱久雄博士極爲高興地擔任本書顧問，並寫信鼓勵我們要編好這套《日藏唐代漢字抄本字形表》系列，造福於漢字文化圈，令人感激不已。

《日藏唐代漢字抄本字形表》的問世乃集漢字文化圈日中韓越四國之因緣，在此也深深感謝中韓越三國的本書顧問。

要感謝直接策劃此書的華東師範大學出版社董事長兼社長王焰女士和統籌此書的華東師範大學中國文字研究與應用中心主任臧克和先生，以及著名學者、華東師範大學校務委員會主任童世駿先生和華東師範大學副校長梅兵女士的卓越指導和鼎力支持，還有參與編寫本書工作團隊成員的辛勤付出。

我與主編臧克和先生以及副主編郭瑞先生都屬猴，本書又將問世於猴年，可謂奇遇良緣。漢字讓我們相遇結緣，我們也將爲漢字文化和字母文化攜手共建人類文化而盡心盡力。

海村惟一於日本博多聽濤閣

二〇一五年十二月十三日